SOINS INFIRMIERS
SANTÉ MENTALE
ET PSYCHIATRIE

KATHERINE M. FORTINASH, MSN, RNCS, CNS
Clinicienne
Soins infirmiers en santé mentale et psychiatrie chez l'adulte ;
Clinicienne en chef
Hôpital Sharp Mesa Vista
Services de santé (comportement) Sharp
San Diego, Californie ;
Consultante
San Diego, Californie

PATRICIA A. HOLODAY-WORRET, MSN, RNCS, CNS
Clinicienne
Soins infirmiers en santé mentale et psychiatrie chez l'adulte
Enseignante, Soins infirmiers en santé mentale et psychiatrie
Collège Palomar
San Marcos, Californie ;
Consultante
San Diego, Californie

ADAPTATION DE : HÉLÈNE BOISSONNEAULT
MARIE-JOSÉE DÉSY
NICOLE DUPONT
FRANCINE FISET
MARLÈNE FORTIN
ALICE GUILLEMETTE
ALAIN HUOT
NANCY LÉGARÉ
CAROLE LEMIRE
FRANCE MALTAIS
ÉLISE PHANEUF
MANON QUESNEL
VIVIANNE SABA
IVAN L. SIMONEAU
ANNE ST-ANTOINE

Beauchemin

SOINS INFIRMIERS
SANTÉ MENTALE ET PSYCHIATRIE

Traduction de *Psychiatric Mental Health Nursing*, Second Edition, by Katherine M. Fortinash and Patricia A. Holoday-Worret. © 2000 by Mosby, Inc.

© 2003, **GB** Groupe **Beauchemin**, éditeur ltée

3281, avenue Jean-Béraud
Laval (Québec) H7T 2L2
Téléphone :   (514) 334-5912
                1 800 361-4504
Télécopieur :   (450) 688-6269
www.beaucheminediteur.com

Le photocopillage entraîne une baisse des achats de livres à tel point que la possibilité pour les auteurs de créer des œuvres nouvelles et de les faire éditer par des professionnels est menacée.

Nous reconnaissons l'aide financière du gouvernement du Canada par l'entremise du Programme d'aide au développement de l'industrie de l'édition (PADIÉ) pour nos activités d'édition.

ISBN : 2-7616-1770-3

Dépôt légal : 3ᵉ trimestre 2003
Bibliothèque nationale du Québec
Bibliothèque nationale du Canada

Imprimé au Canada

1 2 3 4 5   06 05 04 03

Équipe de l'ouvrage français

Édition : Judith Lefebvre

Charge de projet : Sophie Lamontre

Traduction : Cotramar

Adaptation : Hélène Boissonneault, Marie-Josée Désy, Nicole Dupont, Marlène Fortin, Francine Fiset, Alice Guillemette, Alain Huot, Nancy Légaré, Carole Lemire, France Maltais, Élise Phaneuf, Manon Quesnel, Vivianne Saba, Ivan L. Simoneau, Anne St-Antoine

Révision scientifique : Nancy Légaré, Vivianne Saba, Ivan L. Simoneau, Anne St-Antoine

Recherche : Claudine Bourgès, Francine Hammond, Majorie Perreault

Révision linguistique : John Alarie, Hélène Morin, Philippe Sicard, Anne-Marie Taravella, Brigitte Vandal

Correction d'épreuves : Claire Campeau, France Drapeau, Manuela Giroux, Christine Langevin, Isabelle Rolland

Marquage éditorial : Majorie Perreault, Violaine Sigouin

Conception graphique : Dessine-moi un mouton inc.

Production : Caractéra inc.

Impression : Imprimeries Transcontinental inc.

Page couverture et ouvertures de parties : Patrice Halley. *Les sentinelles du Saint-Laurent. Sur la route des phares du Québec.* Éditions de l'Homme, 2002.

AVANT-PROPOS

Pourquoi avoir privilégié le phare pour représenter notre ouvrage en soins infirmiers, santé mentale et psychiatrie ? Avant tout, parce qu'un phare prévient le naufrage, les dangers et les accidents ; sa solidité lui permet de résister aux intempéries. Un phare éclaire. Il sert de guide.

Selon l'interprétation traditionnelle de cette symbolique, ce serait à l'intervenant de tenir ce rôle. Hélas, l'expérience a démontré que cette attribution engendre, à long terme, l'épuisement plutôt que l'épanouissement pour l'intervenant et la dépendance plutôt que la croissance pour le client.

Nous croyons, quant à nous, que l'appropriation des connaissances présentées dans ce manuel conjuguée à une véritable alliance thérapeutique aideront l'infirmière à fournir au client les moyens de retrouver son phare intérieur, bâti sur ses propres forces. Des forces qui lui permettront de composer avec les différentes expériences de la vie quotidienne, de cheminer éventuellement vers son autonomie, et de se concentrer sur ses ressources plutôt que sur ses limites.

Cette perspective nous a guidé tout au long de l'adaptation de ce volume dont la spécificité est de mettre en valeur la conception des soins infirmiers : Science et Art. Ainsi, de nombreuses notions théoriques sont présentées tout au long des différents chapitres. De plus, ces notions sont articulées pour que l'infirmière, tant débutante qu'experte, puisse les exploiter afin de s'ajuster à la complexité croissante des situations de soins. En d'autres termes, ce volume présente des possibilités de retrouver l'ouverture qui permettra à l'infirmière d'entrer en relation significative avec son client, ce qui constitue souvent un véritable défi.

La démarche de soins infirmiers présente une collecte de données appropriées à la situation, des diagnostics infirmiers, c'est-à-dire des problèmes de soins que l'infirmière est habilitée à traiter, une énumération de résultats escomptés, des pistes de planification et d'exécution avec une liste d'interventions justifiées. Ce savoir est essentiel pour l'infirmière qui cherche à développer son jugement clinique et à étoffer sa pensée critique. Des soins infirmiers dans le milieu de vie du client, des encadrés sur l'enseignement au client et sa famille et des plans de soins complètent ces compétences.

Pour faire le pont entre la théorie et la démarche de soins infirmiers, des critères d'évolution positive, c'est-à-dire des comportements attendus du client à sa sortie de l'hôpital, sont présentés. Ces critères se veulent des pistes réalistes tant pour la novice que pour l'experte afin que le processus de soins puisse se développer avec souplesse, rigueur et respect.

Cet ouvrage fournit le bagage nécessaire pour vivre de belles aventures de soins infirmiers en santé mentale et en psychiatrie, que ce soit pour l'étudiante, l'infirmière débutante, l'infirmière en milieu général ou communautaire, l'infirmière psychiatrique ou encore pour l'enseignante. Chacune trouvera dans ce volume les moyens d'appliquer, à sa façon, ce que notre pionnière, Hildegard Peplau préconisait déjà dans les années 1950, et que nous appelons aujourd'hui encore *l'utilisation thérapeutique de soi*.

Pour ceux et celles qui vivent au quotidien avec la maladie mentale et qui sont en démarche vers la santé mentale, pour les étudiantes, les infirmières et les aidants naturels qui vivent l'impact de cette souffrance, nous souhaitons apporter connaissance, sagesse et espoir.

Vivianne Saba, M.Sc.inf.

REMERCIEMENTS

L'éditeur tient à souligner l'excellent travail des consultants et des consultantes qui ont permis, grâce à leurs commentaires éclairés, d'enrichir les versions provisoires de chacun des chapitres. Il remercie :

Colette Arpin-Poirier, Cégep régional de Lanaudière (Joliette)
Denise Aubin, Collège de Bois-de-Boulogne
André Barette, Cégep de Lévis-Lauzon
Chantal Beaudoin, C.S.S.S. Duval St-François
Martine Bérubé, Collège François-Xavier-Garneau
Martine Boivin, Collège de Chicoutimi
France Carrier, infirmière, C.H. de Granby
Céline Charland, infirmière retraitée, C.H. de Granby
Pasquale Fiore, École des métiers des Faubourgs
Nathalie Gagnon, Collège François-Xavier-Garneau
Thérèse Galarneau, Collège de Chicoutimi
Gaétane Girard, Collège Montmorency
Mireille Jodoin, Collège de Saint-Jean-sur-Richelieu
Francine Laquerre, C.H. de Granby
Céline Larouche, Collège de Bois-de-Boulogne
Colette Milot, Collège Édouard-Montpetit
Éliane Montpetit, Collège de l'Outaouais
Chantal Morin, La Cité Collégiale
Bernice Nadeau, Anapharm
Josée Pilon, Collège de l'Outaouais
Yves Proulx, ASSTSAS

L'éditeur tient également à remercier Me Nathalie Jackson et Me Dominique Gagné pour leur précieuse contribution au chapitre 5, Francine Lawrence du Collège de Sherbrooke, Raymonde Cossette et l'équipe d'enseignantes en santé mentale et psychiatrie du Cégep du Vieux-Montréal. Toutes ont généreusement partagé leur savoir et expertise afin de contribuer à l'enrichissement de l'ouvrage.

LES CARACTÉRISTIQUES DU MANUEL

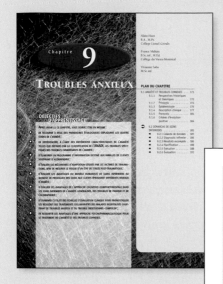

Ouverture de chapitre

La page d'ouverture présente les objectifs d'apprentissage, c'est-à-dire les notions qui devront être maîtrisées suite à la lecture du chapitre. Elle propose également un plan de chapitre numéroté qui permet au lecteur de se faire rapidement une idée de l'organisation logique du contenu et de trouver l'information recherchée. En vis-à-vis de l'ouverture de chapitre, la rubrique « Mots-clés » familiarisera le lecteur avec la terminologie liées aux nouvelles notions.

Encadrés

Voici présentés quelques-uns des nombreux encadrés qui enrichissent cet ouvrage.

Des encadrés « Soins infirmiers dans le milieu de vie » abordent divers troubles et enjeux dans la perspective des soins infirmiers communautaires.

Des encadrés « Enseignement au client » offrent à la future infirmière des pistes d'enseignement pour amener le client à prendre part à son traitement.

Près d'une trentaine d'encadrés présentent les critères du DSM-IV selon les troubles psychiatriques abordés.

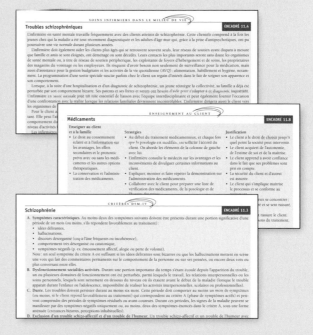

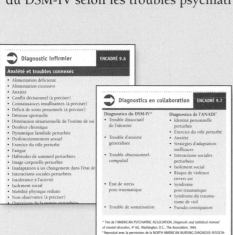

Des encadrés « Diagnostic infirmier » et « Diagnostics en collaboration » dressent la liste des diagnostics relatifs au trouble psychiatrique étudié.

Tableaux

Des tableaux complètent l'information déjà abordée dans le chapitre ou résument les notions afin d'en faciliter la compréhension.

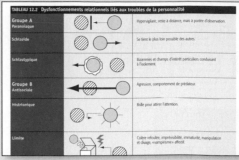

FIGURE 8.4   L'infirmière utilise le toucher pour communiquer

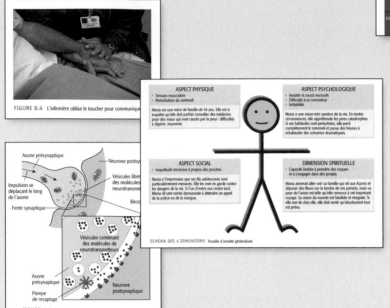

FIGURE 4.4   Synapse
Tiré de LEWIS, S.M., et autres. *Medical-surgical nursing : assessment and management of clinical problems*, 4ᵉ éd., Saint Louis, Mosby, 1996.

Figures

Plusieurs figures et schémas montrent clairement les concepts et permettent à l'étudiante de visualiser les nouvelles notions.

Démarche de soins infirmiers

Pour chaque trouble psychiatrique, des sections « Démarche de soins infirmiers » enracinent les notions scientifiques dans la pratique infirmière. L'étudiante y trouvera donc des lignes directrices pour effectuer sa collecte de données, des interventions de soins infirmiers pertinentes et des diagnostics infirmiers bien construits. Cette formule souple lui permettra de construire des plans de soins infirmiers personnalisés.

Également dans cette section, en guise d'exemple, un « Plan de soins infirmiers » détaillé vient illustrer la démarche de soins infirmiers.

Concepts-clés et Situations cliniques

À la fin de chaque chapitre, l'étudiante trouvera une section « Concepts-clés » lui permettant une révision rapide des points importants.

Également présentés en fin de chapitre, des « Situations cliniques », suivies de questions à court développement, renforceront et développeront chez l'étudiante l'intégration les nouvelles connaissances et l'exercice de son jugement clinique.

Annexes

À la fin de l'ouvrage, le lecteur trouvera plusieurs annexes pertinentes. Entre autres, la liste des diagnostics de l'ANADI et du DSM-IV, une liste exhaustive des ressources québécoises et canadiennes en santé mentale et psychiatrie, des exemples d'ECOS et plusieurs outils cliniques d'évaluation et d'observation.

Les auteurs de l'équipe québécoise...

Une équipe de 15 auteurs spécialisés a contribué à l'adaptation québécoise de cet ouvrage de référence. Cliniciens, enseignants chevronnés, consultants spécialisés, ces auteurs ont tous une solide expérience pratique du milieu soignant.

Hélène Boissonneault, B.Sc.inf., D.A.P.,
Collège de Limoilou

Marie-Josée Désy, M.Sc.inf.,
Hôpital Rivière-des-Prairies

Nicole Dupont, B.Sc.inf.,
Pavillon Albert-Prévost

Francine Fiset, B.Sc.inf., M.A. (sexologie)

Marlène Fortin, B.Sc.inf.,
Collège de Limoilou

Alice Guillemette, B.Sc.inf.,
Cégep de Shawinigan

Alain Huot, B.A., M.Ps.,
Collège Lionel-Groulx

Nancy Légaré, B.Pharm., BCPP,
Hôpital Louis-Hippolyte Lafontaine

Carole Lemire, B.Sc.inf., M.Éd.,
Professeure à l'Université du Québec à Trois-Rivières

France Maltais, B.Sc.inf., M.Éd.,
Collège du Vieux-Montréal

Élise Phaneuf, B.Sc. (ergothérapie),
Hôpital Sainte-Croix

Manon Quesnel, B.Sc.inf.,
Pavillon Albert-Prévost

Vivianne Saba, M.Sc.inf.

Ivan L. Simoneau, inf., Ph.D.Éd. (psychopédagogie),
Collège de Sherbrooke

Anne St-Antoine, B.Ps., B.Éd.,
Collège de Saint-Laurent

TABLE DES MATIÈRES

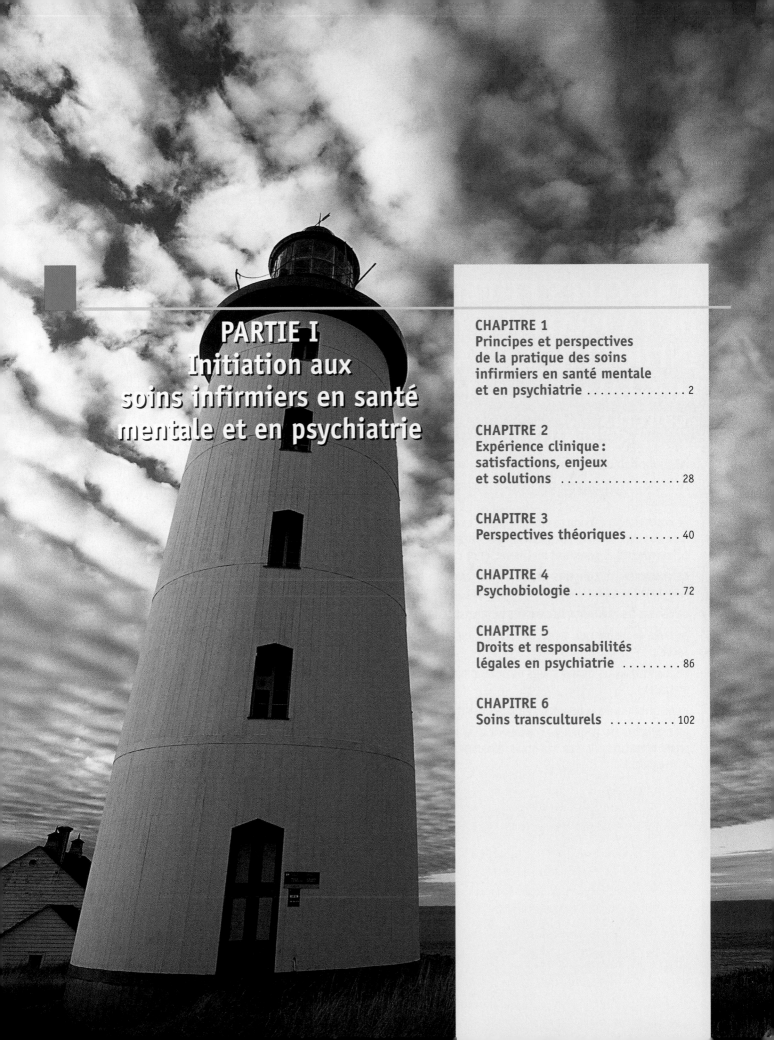

PARTIE I
Initiation aux soins infirmiers en santé mentale et en psychiatrie

Ivan L. Simoneau
inf., Ph.D.Éd. (psychopédagogie)
Collège de Sherbrooke

Chapitre **1**

PRINCIPES ET PERSPECTIVES DE LA PRATIQUE DES SOINS INFIRMIERS EN SANTÉ MENTALE ET EN PSYCHIATRIE

OBJECTIFS D'APPRENTISSAGE

APRÈS AVOIR LU CE CHAPITRE, VOUS DEVRIEZ ÊTRE EN MESURE :

- DE DÉFINIR ET DE DÉCRIRE LES SOINS INFIRMIERS EN SANTÉ MENTALE ET EN PSYCHIATRIE ;

- DE COMPRENDRE LA VISION CONTEMPORAINE DE LA PRATIQUE DE L'EXERCICE INFIRMIER EN SANTÉ MENTALE ET EN PSYCHIATRIE, TELLE QUE PROPOSÉE PAR L'ORDRE DES INFIRMIÈRES ET INFIRMIERS DU QUÉBEC, ET DE L'INTÉGRER À SA PRATIQUE ;

- DE COMPARER LES CONCEPTS RELATIFS À LA SANTÉ MENTALE ET CEUX QUI SE RAPPORTENT AUX PROBLÈMES DE SANTÉ MENTALE ;

- DE DÉCRIRE LES PRINCIPAUX MÉCANISMES DE DÉFENSE DU MOI ;

- DE FAIRE LA DISTINCTION ENTRE LA RELATION THÉRAPEUTIQUE ET LA RELATION SOCIALE ;

- DE COMPRENDRE LES QUATRE ÉTAPES DE LA RELATION INFIRMIÈRE-CLIENT ET DE LES EXPLIQUER ;

- DE DISCUTER DES RÔLES DES DIVERS MEMBRES DE L'ÉQUIPE SOIGNANTE ;

- DE CONNAÎTRE LES TENDANCES CONTEMPORAINES DANS LES SOINS DE SANTÉ ET LEURS RÉPERCUSSIONS SUR LES SOINS INFIRMIERS EN SANTÉ MENTALE ET EN PSYCHIATRIE.

MOTS-CLÉS

Alliance thérapeutique: relation entre le thérapeute et le client; méthode couramment utilisée pour aider le client à retrouver un mieux-être.

Autodiagnostic: analyse de ses propres pensées, sentiments, perceptions et attitudes vis-à-vis d'un client particulier.

Contenu: sujets ou thèmes de discussion abordés durant une conversation.

Démarche: série d'étapes interdépendantes permettant de progresser vers un but.

Épigenèse: concept de développement, élaboré par Erikson, qui inclut les composantes génétiques et environnementales présentes dès la conception et au cours de la vie, et qui déterminent la personnalité et les réactions saines ou destructives vis-à-vis du milieu.

Incidence: fréquence de l'occurrence d'un trouble donné au cours d'une période donnée (nombre de nouveaux cas).

Mécanisme de défense: processus psychologique inné ou acquis qui permet d'ignorer les menaces et les agents stressants internes ou externes.

Nomenclature: groupe de mots ou termes qui apparaissent dans un ensemble ou dans un système.

Objectivité: possibilité de rester neutre et exempt de partialité, de préjugés ou d'identification personnelle au cours d'interactions avec d'autres personnes, et de traiter l'information en se basant sur des faits.

Prévalence: nombre de cas existants d'un trouble donné enregistré dans une population normale à un moment donné.

Prévention primaire: mesures visant la réduction de l'incidence des troubles mentaux dans la population et dirigées sur l'occurrence des maladies mentales, en mettant l'accent sur la promotion de la santé et la prévention des troubles.

Prévention secondaire: mesures visant la réduction de la prévalence des désordres mentaux grâce à la reconnaissance précoce des problèmes et leur traitement immédiat; elle intervient une fois que le problème apparaît et vise à réduire la durée et l'importance de l'épisode.

Prévention tertiaire: mesures visant à la fois à réduire les effets résiduels d'un trouble et à permettre la réadaptation de l'individu.

Stéréotype: conception simplifiée et courante ou image signifiante acceptée par les membres d'une communauté.

Stigmatisation: accusation infamante portée à l'encontre d'une personne.

Subjectivité: primauté donnée à ses propres mots, attitudes et opinions dans une interaction avec une autre personne.

Les soins infirmiers en santé mentale et en psychiatrie répondent à un besoin clairement défini dans l'ensemble de la discipline. L'infirmière aide les clients (individus, familles, public) à recouvrer et à conserver leur santé mentale et elle leur propose des traitements lorsque des troubles mentaux ou une crise existentielle perturbent leur développement et leur fonctionnement.

1.1 DESCRIPTION DES SOINS INFIRMIERS EN SANTÉ MENTALE ET EN PSYCHIATRIE

Les soins infirmiers en santé mentale et en psychiatrie constituent une spécialisation centrée fondamentalement sur l'utilisation de l'alliance thérapeutique et d'interventions biologiques et interpersonnelles avec les clients. Le mandat de ces professionnels comprend la promotion de la santé mentale, la prévention et le traitement des troubles mentaux, et la réadaptation à la suite d'un dysfonctionnement. Il est à noter que cette spécialité de la pratique des soins infirmiers est reconnue par l'Ordre des infirmières et infirmiers du Québec (OIIQ).

Au Québec, les besoins de la population en matière de soins en santé mentale et en psychiatrie se font criants; ils demeurent une préoccupation constante pour le ministère de la Santé et des Services sociaux (MSSS, 1989, 1998, 2001).

Dans ce contexte, l'OIIQ se soucie de la qualité des soins et des services dispensés par les infirmières en santé mentale et en psychiatrie. En effet, une réflexion approfondie sur l'exercice infirmier en santé mentale et en psychiatrie a fait partie intégrante d'un mémoire intitulé *La vision contemporaine de l'exercice infirmier au Québec: La pratique infirmière en santé mentale et en psychiatrie* (OIIQ, 2002). Le mémoire rapporte en particulier que, compte tenu de certains éléments du modèle américain de l'exercice des soins infirmiers en santé mentale et en psychiatrie et compte tenu des besoins actuels et anticipés de la clientèle québécoise, la pratique infirmière québécoise en santé mentale et en psychiatrie s'organise de plus en plus autour:

- des périodes de développement (enfant, adolescent, adulte, personne agée);
- d'un trouble mental ou émotionnel particulier (dépendances, dépressions profondes, maladies mentales persistantes);
- d'une clientèle particulière (personne, communauté, groupe, couple, famille);
- d'un rôle déterminé, tel que coordonnatrice de suivi, consultante-infirmière de liaison (ANA, 2000).

1.1.1 Exercice infirmier en santé mentale et en psychiatrie au Québec

L'évolution marquée des connaissances en santé mentale et en psychiatrie oblige les infirmières qui exercent dans ce domaine à maintenir et à accroître leurs compétences en santé mentale et en psychiatrie. Cette évolution crée également des impératifs pour adapter en conséquence la formation des infirmières en santé mentale et en psychiatrie, qu'il s'agisse de la formation initiale ou de formation continue.

Selon les besoins déterminés et les attentes de la personne, les activités de l'infirmière en santé mentale et en psychiatrie visent la prévention et la promotion de la santé, l'accroissement et le maintien des compétences affectives et sociales, le traitement des problèmes de santé mentale ou des troubles mentaux ainsi que celui des incapacités qu'ils engendrent, la réadaptation et la réinsertion sociale. De plus, l'infirmière en santé mentale et en psychiatrie doit mettre en pratique les principes de la réadaptation sociale.

Avec ses nouvelles dispositions, la Loi sur les infirmières et les infirmiers reconnaît et confirme la pratique des infirmières en santé mentale et en psychiatrie, notamment celle des infirmières praticiennes. Cette loi entraîne une diversification des compétences qui requiert l'actualisation de certaines compétences acquises et le développement de nouvelles compétences.

Par conséquent, l'OIIQ a publié en 2003 un guide intitulé *L'exercice infirmier en santé mentale et psychiatrie*. La publication de ce guide s'inscrit dans la foulée des transformations et de l'évolution de la pratique infirmière en santé mentale et en psychiatrie. Il s'inspire des connaissances actuelles en sciences de la santé, et particulièrement en soins infirmiers en santé mentale et en psychiatrie, et des *Perspectives de l'exercice de la profession d'infirmière* publiées par l'OIIQ en 2001. Le guide se veut un outil destiné à promouvoir la qualité de l'exercice professionnel dans ce domaine. Les indicateurs de qualité de l'exercice (voir encadré 1.1), qui se retrouvent dans le guide, peuvent être utilisés pour aider les infirmières et les gestionnaires qui travaillent dans ce domaine à porter un jugement critique sur la pratique et à orienter les changements qui s'imposent dans une perspective d'amélioration.

1.1.2 Rôle élargi de l'infirmière praticienne en santé mentale et en psychiatrie au Québec

Selon l'OIIQ (2003), après une formation complémentaire et une autorisation par règlements, l'infirmière en santé mentale et en psychiatrie pourra, en plus d'exercer ses activités cliniques d'infirmière, prescrire et interpréter des examens diagnostiques, notamment des dosages médicamenteux, utiliser des techniques diagnostiques invasives ou présentant des risques de préjudices.

De plus, l'infirmière contribuera au diagnostic des problèmes de santé physique et mentale et des troubles mentaux, prescrira des médicaments et autres substances, et ajustera des médicaments, notamment les antidépresseurs, les neuroleptiques et les anxiolytiques ainsi que la médication pour atténuer les effets secondaires des psychotropes. Elle prescrira aussi des traitements médicaux et utilisera

des techniques ou appliquera des traitements médicaux invasifs ou présentant des risques de préjudices.

1.1.3 Regard sur l'avenir

L'évolution rapide des connaissances scientifiques, en psycho-immunologie, en neurobiologie et en psychopharmacologie, et le phénomène de la désinstitutionnalisation auquel les infirmières ont contribué, ont une influence de plus en plus marquée sur la pratique infirmière en santé mentale et en psychiatrie. Celles qui exercent dans ce domaine auront à relever de multiples défis pour intégrer ces nouvelles connaissances à leur pratique et pour développer de nouvelles avenues aux plans de la clinique, de la gestion des soins, de l'enseignement et de la recherche, afin de mieux répondre aux besoins de cette clientèle.

1.2 PRÉPARATION AUX SOINS INFIRMIERS EN SANTÉ MENTALE ET EN PSYCHIATRIE

Pour donner des soins appropriés et signifiants aux clients dans un établissement de santé mentale et de psychiatrie, il faut à la fois connaître et bien comprendre les concepts propres à la santé mentale et aux troubles mentaux. Cette connaissance et cette compréhension ne peuvent s'acquérir que par une formation théorique spécialisée et par le développement de compétences éprouvées sur le terrain, soit au contact du monde de la santé mentale et de la psychiatrie.

Indicateurs de la qualité de l'exercice infirmier en santé mentale et en psychiatrie **ENCADRÉ 1.1**

- L'alliance thérapeutique.
- L'évaluation de la condition physique et mentale d'une personne.
- Le milieu thérapeutique.
- L'administration de médicaments.
- Les soins et l'assistance dans les activités liées aux habitudes et au mode de vie.
- Les activités psychothérapeutiques.
- Les activités psycho-éducatrices et de réadaptation.
- Les activités de soutien à la famille et aux proches.
- Les mesures générales de protection de la personne.
- Les mesures de prévention et d'intervention auprès des personnes violentées.
- Les mesures de prévention et de contrôle de la violence de la personne.
- Les mesures d'isolement et de contention.
- Les mesures de prévention et de contrôle du suicide.
- La planification et la coordination des soins et des traitements.

Lévesque-Barbès, Hélène, Ordre des infirmières et infirmiers du Québec. *Perspectives de l'exercice de la profession d'infirmière*, Montréal, OIIQ, 2001.

1.2.1 Formation

Au Québec, la formation de base des infirmières est offerte au collégial (MEQ). Après avoir terminé ce programme d'études d'une durée de trois ans, l'étudiante doit réussir un examen d'admission pour obtenir le droit de pratique.

La formation portant sur les soins en santé mentale et en psychiatrie fait partie depuis toujours de la formation de l'infirmière. À ce sujet, Petitat (1989) rapporte que l'exercice infirmier en santé mentale et en psychiatrie est reconnu depuis 1944 au chapitre des spécialités de la pratique infirmière.

Au fil des années et avec le développement des sciences infirmières, les programmes de formation infirmière se sont transformés dans le but de permettre aux infirmières d'acquérir des compétences dans le domaine de la santé mentale et de la psychiatrie qui reflètent l'évolution des besoins des clientèles et la transformation du réseau de la santé et des services sociaux. La formation dispensée à l'ordre d'enseignement collégial prépare les infirmières à intervenir auprès des personnes qui requièrent des soins infirmiers en santé mentale et en psychiatrie et auprès de leurs proches. Les programmes de baccalauréat en sciences infirmières assurent la formation d'infirmières qui possèdent les compétences nécessaires pour intervenir auprès des personnes qui présentent des problèmes de santé mentale, aussi bien qu'auprès des familles et des groupes (OIIQ, 2002).

Il est aussi possible, pour les infirmières diplômées, d'approfondir les connaissances et les habiletés acquises en santé mentale et en psychiatrie dans le cadre de programmes de formation continue et de perfectionnement. Des programmes de certificat ainsi que des micro-programmes en santé mentale et en psychiatrie ont été conçus à cette fin. Par ailleurs, les programmes de baccalauréat, de maîtrise, de diplôme de deuxième cycle et de doctorat en sciences infirmières permettent de choisir une concentration ou un cheminement en santé mentale et en psychiatrie. Les champs d'expertise auprès de groupes cibles sont variés; ils incluent notamment les soins aux personnes âgées et aux familles (OIIQ, 2002).

Pour affiner son jugement clinique, pour résoudre les problèmes en tenant compte de l'état de santé mentale du client et de sa situation, l'infirmière a besoin de s'appuyer sur des connaissances théoriques suffisantes. Ces connaissances relèvent de plusieurs disciplines:
- les sciences physiques;
- les sciences naturelles;
- les sciences du comportement;
- les sciences sociales;
- l'art et la science des soins infirmiers.

1.2.2   Expérience

Les infirmières qui pratiquent dans le domaine de la santé mentale et de la psychiatrie conviennent unanimement de l'importance d'une formation solide, mais elles ajoutent que rien ne remplace l'expérience. Les connaissances et les techniques apprises ne peuvent être mises en pratique que dans une confrontation avec la réalité, au moment de prendre des décisions ou de sélectionner les interventions appropriées et efficaces avec les clients. Même si les troubles mentaux sont classifiés selon des critères scientifiques et spécifiques, il faut surtout du temps et de la pratique pour en arriver à discerner avec flair les manifestations symptomatiques. Chaque être humain est unique et, par conséquent, la manifestation de ses symptômes l'est aussi, ce qui peut déformer l'interprétation du personnel soignant inexpérimenté. Les infirmières des établissements de santé mentale et de psychiatrie reconnaissent l'importance de contacts répétés avec de nombreux clients différents pour acquérir à la fois confiance et compétence professionnelle.

1.3 EXERCICE INFIRMIER EN SANTÉ MENTALE ET EN PSYCHIATRIE

1.3.1 Objectifs

Toute profession élabore ses propres normes de pratique qui servent de modèle et permettent d'évaluer les performances et la compétence. Ces normes reflètent les valeurs, les priorités et les critères d'excellence qui ont cours dans cette profession.

Les normes de pratique constituent aussi des lignes de conduite pour la prestation des soins aux clients au cours des interventions visant la promotion et la protection de la santé, la prévention de la maladie et des blessures, et au cours du processus de guérison.

Les étapes de la démarche de soins pour les infirmières en santé mentale et en psychiatrie ont été établies par l'*American Nurses Association* (ANA, 1994b); elles servent à orienter les tâches de l'infirmière. La démarche de soins infirmiers structure la conceptualisation, l'élaboration, la mise en œuvre et l'évaluation des soins infirmiers en santé mentale et en psychiatrie.

1.3.2 Normes de pratique en soins infirmiers psychiatriques de l'*American Nurses Association*: normes de soins*

Norme 1 – Collecte des données
L'infirmière en santé mentale et en psychiatrie recueille les données concernant le client.

Au cours de l'entretien avec le client ou avec une personne de confiance, l'infirmière obtient l'information pertinente afin de prendre des décisions concernant la situation du client et d'amorcer un plan de soins. Au cours de l'entrevue, elle utilise ses habiletés en observation, en communication et en analyse pour effectuer la

---

* American Nurses Association (1994). *A statement on psychiatric-mental health clinical nursing practice and standards of psychiatric-mental health clinical nursing practice*, Washington, D.C., 1994b, The Association.

collecte des données de dépendance et d'indépendance. Une fois qu'elle a recueilli les données, elle les analyse, elle établit les priorités et, enfin, elle pose le diagnostic infirmier.

Norme 2 – Diagnostic infirmier

L'infirmière en santé mentale et en psychiatrie analyse les données dans le but de poser le diagnostic.

À partir de la synthèse et de l'analyse des données recueillies, l'infirmière relève les indices dans le comportement du client. Ces derniers révèlent ses besoins, ses problèmes ou ses troubles psychiatriques réels ou potentiels. Par la suite, les diagnostics infirmiers sont établis en utilisant la classification reconnue par l'Association nord-américaine pour le diagnostic infirmier (ANADI). Ces diagnostics infirmiers sont également associés au diagnostic psychiatrique du client, chaque fois que possible.

Norme 3 – Détermination des résultats escomptés

L'infirmière en santé mentale et en psychiatrie précise les objectifs visés pour chaque client.

Conjointement, l'infirmière et le client établissent les objectifs en matière de santé (les résultats escomptés) visés par le traitement et les soins. Avant tout, les objectifs doivent être clairs, mais ils doivent aussi être réalistes, atteignables, mesurables et centrés sur les besoins du client. Ils constituent non seulement un but pour le client, mais également une valeur de référence permettant de mesurer les progrès ou, à l'inverse, de constater une stagnation.

Norme 4 – Planification

L'infirmière en santé mentale et en psychiatrie élabore un plan de soins qui détaille les interventions retenues pour atteindre les objectifs ou les résultats escomptés.

Un plan de soins individualisé comportant un ordre de priorité est établi par l'infirmière en collaboration avec le client ou ses proches. Les membres de l'équipe soignante doivent s'en inspirer et le modifier en fonction de l'évolution de l'état du client.

Norme 5 – Exécution

L'infirmière en santé mentale et en psychiatrie réalise les interventions inscrites au plan de soins.

L'infirmière en santé mentale intervient selon son degré de formation et son expérience. Elle sélectionne les interventions en fonction des besoins du client, de sa propre pratique et du plan de soins, et elle les met en œuvre.

Niveau de pratique élémentaire

À ce niveau, les infirmières interviennent selon les modalités suivantes.

Counseling

L'infirmière en santé mentale et en psychiatrie utilise le counseling pour aider les clients à améliorer ou à récupérer leurs mécanismes d'adaptation, pour favoriser leur santé mentale et pour prévenir les troubles mentaux et leur impact sur l'autonomie.

Les outils propres au counseling comprennent les techniques d'entrevue et d'entretien, les techniques de communication et de résolution de problèmes, les interventions en cas de crise, la gestion du stress et, finalement, les approches de modification des comportements.

Thérapie par le milieu

L'infirmière en santé mentale et en psychiatrie organise, structure et maintient un milieu thérapeutique en collaboration avec le client et le reste du personnel soignant.

L'environnement ou le milieu de vie du client est utilisé comme outil thérapeutique pour modifier les comportements, pour enseigner les techniques et pour encourager la communication entre le client et les autres. L'infirmière en thérapie par le milieu fournit une structure et un soutien qui favorisent la récupération grâce aux jeux de rôles et aux interactions qui résultent de l'alliance thérapeutique.

Autosoins

L'infirmière en santé mentale et en psychiatrie organise des activités basées sur la routine quotidienne du client pour favoriser son autonomie et son bien-être psychologique et physique.

Les soins infirmiers en santé mentale et en psychiatrie se fondent essentiellement sur la promotion de l'indépendance du client en prenant en compte son potentiel, ses capacités et ses aptitudes propres. En accord avec ce principe, on demande aux clients de se prendre en charge, ce qui renforce leur estime de soi et améliore, par conséquent, leur fonctionnement général et leur état de santé.

Interventions psychobiologiques

L'infirmière en santé mentale et en psychiatrie applique sa connaissance des interventions psychobiologiques et utilise ses connaissances cliniques pour contribuer au rétablissement du client et pour diminuer les risques de rechute et le développement d'autres incapacités.

Dans le cadre psychiatrique, par exemple dans les milieux hospitaliers ou dans les centres d'hébergement, les interventions infirmières auprès des clients nécessitent souvent l'administration de médicaments. C'est alors à l'infirmière d'approfondir elle-même ses connaissances et d'enrichir son expérience dans ce domaine. D'autres interventions psychologiques requièrent également la participation de l'infirmière, son habileté d'observation et sa compétence en matière de pédagogie.

Enseignement au client

L'infirmière en santé mentale et en psychiatrie aide les clients à adopter un mode de vie sain, productif et

satisfaisant par la planification, l'élaboration et la mise en œuvre d'interventions éducatives.

L'infirmière dispense des enseignements sur de multiples sujets en milieu de santé mentale et de psychiatrie et les rétroactions du client qu'elle reçoit fournissent l'information nécessaire pour ajuster les interventions éducatives à venir.

Prise en charge

L'infirmière en santé mentale et en psychiatrie réalise la prise en charge et coordonne l'ensemble des services de santé pour assurer une continuité des soins.

L'infirmière participe au traitement du client et assure un suivi global à l'aide des autres membres de l'équipe soignante ou d'organismes, le cas échéant.

Promotion et maintien de la santé

L'infirmière en santé mentale et en psychiatrie planifie les interventions pour promouvoir et maintenir la santé mentale et éviter l'apparition de troubles mentaux.

En plus des interventions secondaires en psychiatrie, qu'elle dispense une fois que les troubles ont été reconnus, l'infirmière fait la promotion de la santé mentale et de la prévention des troubles.

Niveau de pratique avancé

Les interventions suivantes ne peuvent être réalisées que par des infirmières de pratique avancée qui détiennent une expertise reconnue ou un diplôme spécialisé de sciences infirmières en santé mentale et en psychiatrie.

Psychothérapie

L'infirmière de pratique avancée en santé mentale et en psychiatrie peut pratiquer la psychothérapie individuelle, de groupe, familiale et infantile. Elle emploie aussi d'autres thérapies pour aider les clients à prendre soin de leur santé mentale, à prévenir les troubles et les déficiences et à améliorer leur état ou pour leur permettre de recouvrer leur état préalable de même que leurs habiletés fonctionnelles.

La spécialiste des soins infirmiers en santé mentale et en psychiatrie applique ses multiples connaissances au traitement des clients. L'infirmière et le client établissent un contrat et acceptent d'en respecter les conditions. À ce niveau, l'infirmière est autonome dans ses pratiques thérapeutiques, mais elle collabore cependant avec les autres, en fonction des diverses problématiques de santé.

Ordonnances

Aux États-Unis, la spécialiste des soins infirmiers psychiatriques rédige des ordonnances selon les pratiques infirmières de l'État afin de traiter les symptômes des troubles psychiatriques et d'améliorer l'état du client.

Dans ce cadre particulier, l'infirmière de pratique avancée prescrit des médicaments suivant le schéma posologique du client, avec la pleine connaissance de la nature des agents pharmacologiques. Toutefois, il est à noter que cette pratique n'est pas encore en vigueur au Québec.

Consultation

L'infirmière de pratique avancée en santé mentale et en psychiatrie est sollicitée à titre de consultante auprès des membres du personnel soignant et d'autres groupes afin d'optimiser le plan de soins des clients et d'ajuster les connaissances. Enfin, l'infirmière propose les pistes de changement qui conviennent aux diverses organisations.

Ainsi, à ce niveau, l'infirmière clinicienne de pratique avancée offre des consultations sur la modification des services ou des systèmes, selon les besoins.

Évaluation

L'infirmière de pratique avancée en santé mentale et en psychiatrie évalue les progrès du client en fonction des objectifs visés et des résultats escomptés.

C'est en effet à cette étape qu'a lieu l'évaluation.

La démarche de soins infirmiers fournit un cadre pour orienter le traitement et les soins infirmiers en santé mentale et en psychiatrie, et les évaluer. De façon plus précise, le plan de soins définit clairement les interventions de l'infirmière de même que les objectifs et les résultats escomptés durant le traitement du client dans un établissement psychiatrique.

Le champ d'action de la pratique en santé mentale et en psychiatrie dépend également de la connaissance et du respect des normes professionnelles. Certaines normes portent directement sur les soins fournis au client (qualité des soins, éthique, évaluation de la performance, collaboration, utilisation des ressources appropriées) ; d'autres normes se rapportent à l'activité professionnelle elle-même (recherche, études universitaires, spécialisation, pratique avancée, éducation continue, adhésion à une organisation) (ANA, 1994b).

1.3.3 Autres normes de rendement

Les normes de soins de l'ANA, déjà mentionnées, précisent les deux niveaux de pratique infirmière dans le cadre de la spécialisation en santé mentale et en psychiatrie (infirmière généraliste et infirmière de pratique avancée) et fournissent les critères de responsabilité et d'imputabilité selon ces niveaux respectifs. La liste suivante présente les autres normes qui guident le rendement en soins infirmiers :

- normes professionnelles de pratique ;
- code professionnel infirmier ;
- agrément dans la spécialisation ;
- licence d'infirmière technicienne (inf.) ;
- loi sur la pratique des soins infirmiers de l'OIIQ ;
- niveau de scolarité de l'infirmière ;
- compétences personnelles ;
- politiques et directives de l'institution ;
- description de tâches dans le milieu de travail (clairement définie).

En plus de ces normes, les infirmières choisissent également un domaine de pratique dans une des spécialités suivantes :

- pratique clinique ;
- éducation ;
- administration ;
- recherche.

1.4 SANTÉ MENTALE ET TROUBLES MENTAUX : UN CONTINUUM

Les infirmières en santé mentale et en psychiatrie doivent avoir une connaissance approfondie et une excellente compréhension de la santé mentale et des troubles mentaux. Les termes *santé mentale* et *troubles mentaux* sont complexes et échappent à toute définition simpliste. Les paragraphes suivants en donnent un aperçu.

1.4.1 Santé mentale

La santé mentale comprend une multiplicité de composantes qui, pour la plupart, ne peuvent être mesurées scientifiquement. Pour cette raison, il n'existe pas de définition concise ou exhaustive de cette expression, bien que l'on rencontre plusieurs définitions dans la documentation spécialisée. Ceci met en évidence le fait que les êtres humains ne peuvent être ni définis ni décrits et qu'ils demeurent, somme toute, singuliers. Chaque personne est unique, tout comme ses interactions avec le reste du monde.

Deux individus différents n'auront jamais une expérience identique. Même deux enfants nés dans la même famille, issus des mêmes parents, auront une expérience de la vie totalement différente. Deux personnes confrontées aux mêmes événements peuvent les percevoir sensiblement de la même façon, mais ce sont tout de même des perceptions distinctes. Les réactions individuelles sont donc considérées comme saines ou pathologiques suivant des normes psychiatriques, psychologiques et socioculturelles.

Il s'avère plus facile de définir la santé physique, puisque cette notion repose sur des paramètres issus des sciences biologiques (anatomie, physiologie, chimie, microbiologie). Ces paramètres sont mesurables au moyen d'examens diagnostiques très précis (examens de laboratoire, examens pathologiques, radiologiques ou examens de médecine nucléaire). Il est possible d'élaborer des définitions précises de la santé physique en se référant à la

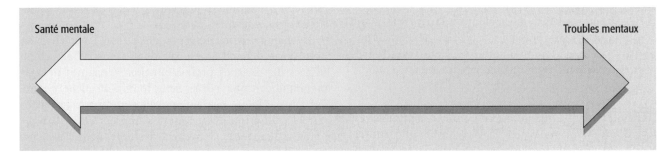

FIGURE 1.1 Représentation unidimensionnelle du continuum de la santé mentale et des troubles mentaux

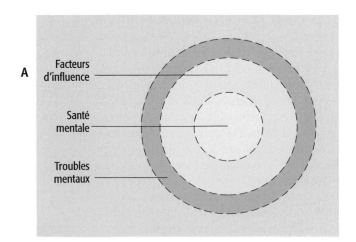

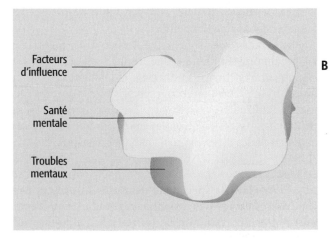

FIGURE 1.2 A. La santé mentale se situe au centre, entourée par les facteurs d'influence; les troubles mentaux se situent en périphérie. Les pointillés délimitent les diverses composantes pour illustrer leur état dynamique et les changements continuels qui se produisent, au cours de l'existence, selon les caractéristiques personnelles de chaque individu, ses relations interpersonnelles, l'environnement et les circonstances. B. Représentation de l'évolution dans une perspective dynamique.

présence ou à l'absence de manifestations et de symptômes physiologiques ou anatomiques spécifiques. Il est, par contre, beaucoup plus difficile d'identifier les troubles mentaux en l'absence de méthodes diagnostiques exactes et objectives.

La santé mentale est souvent représentée selon un modèle linéaire dans lequel les états émotionnels évolueraient sur une échelle graduée qui va du bien-être optimal au trouble extrême. Cette représentation unidimensionnelle, illustrée dans la figure 1.1, n'inclut pas tous les éléments pris en compte dans la santé mentale ni tous les facteurs déterminants présents en cas de troubles. La figure 1.2 illustre de façon plus complète la santé mentale et les troubles mentaux.

L'encadré 1.2 énumère des composantes de la santé mentale. Il n'est cependant pas nécessaire de présenter toutes les caractéristiques de cet encadré pour avoir une bonne santé mentale. Par ailleurs, on rencontrera certaines de ces caractéristiques même chez les sujets les plus touchés par la maladie.

Les facteurs qui influencent la santé mentale ou les troubles mentaux sont nombreux et variés (voir encadré 1.3). Ces facteurs se divisent sommairement en facteurs intrapersonnels, interpersonnels ou environnementaux.

Chaque enfant vient au monde avec certaines réactions innées ; un bébé n'est pas une page blanche ou une *tabula rasa* (Kaplan et Sadock, 1994). Des travaux récents viennent de démontrer que le nouveau-né dispose de ses réactions propres et interagit avec l'environnement selon un mode particulier qui lui est unique.

Le concept d'**épigenèse**, introduit par Erikson en 1963, allègue que plusieurs facteurs influencent le développement et la personnalité de l'individu. Pour Erikson, les caractéristiques génétiques et l'environnement, présents dès la conception (grossesse, développement intra-utérin, accouchement), se manifestent tout au long de l'existence et déterminent la personnalité d'un sujet ainsi que son attitude fondamentale, plus ou moins saine ou destructive, par rapport à l'existence. Pour être en bonne santé, chacun doit être en mesure de structurer de façon satisfaisante ses

---

Composantes de la santé mentale   ENCADRÉ 1.2

- Présence des composantes anatomiques et physiologiques nécessaires au fonctionnement normal.
- Absence de signes ou de symptômes de troubles mentaux.
- Aucune déficience ou souffrance mentale et émotionnelle excessive.

Aptitude à :
- Se percevoir soi-même, percevoir les autres et les événements correctement ;
- Reconnaître ses propres forces et faiblesses, ses capacités et ses limites ;
- Établir une distinction entre l'imagination et la réalité ;
- Penser clairement, soit :
  - résoudre les problèmes,
  - exercer son jugement,
  - raisonner logiquement,
  - parvenir à des conclusions pertinentes ;
- Franchir avec succès les divers stades de développement ;
- Acquérir et maintenir une autonomie, soit :
  - concept de soi,
  - image de soi-même,
  - estime de soi ;
- S'accepter soi-même et accepter les autres comme des êtres différents mais semblables ;
- Aimer la vie ;
- Apprécier la beauté, la joie et la bonté en soi-même, chez les autres et dans l'environnement ;
- Être créatif ;
- Être optimiste mais réaliste ;
- Mettre à profit ses talents ;
- S'impliquer dans des actions significatives et constructives ;
- Participer aux jeux ;

- Développer un sens de l'humour et l'utiliser à bon escient ;
- Exprimer ses émotions ;
- Présenter des comportements cohérents ;
- Se rendre responsable de ses actions ;
- Contrôler ses impulsions et ses actes ;
- Rendre des comptes ;
- Respecter les règles de la société et ses sanctions ;
- Apprendre de ses propres expériences ;
- Maintenir un ensemble de valeurs et de croyances ;
- S'adapter aux agents stressants internes et externes de manière constructive ;
- Recouvrer ou améliorer ses fonctions après une crise ;
- Savoir attendre une gratification ;
- Fonctionner de manière indépendante ;
- Avoir des attentes réalistes envers soi-même et les autres ;
- S'adapter à son environnement social ;
- Établir des relations avec les autres, soit :
  - nouer des liens,
  - maintenir des relations fortes, significatives et affectueuses qui évoluent,
  - travailler et se distraire facilement avec les autres,
  - établir des relations intimes appropriées et sélectives,
  - répondre aux besoins des autres,
  - sentir et montrer de la compassion et de l'empathie,
  - maintenir des interactions interpersonnelles socialement et culturellement acceptables,
  - gérer les conflits personnels de façon constructive,
  - donner et recevoir avec facilité,
  - apprendre des autres et savoir leur enseigner,
  - fonctionner de manière indépendante ;
- Rechercher un accomplissement personnel ;
- Développer sa propre spiritualité.

Facteurs influençant la santé mentale ou les troubles mentaux   ENCADRÉ 1.3

- Facteurs héréditaires, soit :
  - prédispositions,
  - capacités,
  - limites ;
- Environnement et expérience durant la grossesse (de la conception à la naissance) ;
- Facteurs psychoneuro-immunologiques ;
- Influences biochimiques ;
- Influences hormonales ;
- Famille, soit :
  - composition,
  - ordre de naissance,
  - liens,
  - santé mentale des autres membres ;
- Événements au cours du développement, soit ;
  - achèvement des différentes étapes,
  - résolution des crises de développement ;
- Culture ;
- Sous-culture ;
- Valeurs ;
- Ensemble de croyances ;
- Perception de soi ;
- Habiletés cognitives, soit :
  - capacité,
  - volonté ;
- Traits de caractère ;
- Buts et aspirations ;
- Perception du monde ;
- Agents stressants internes ;
- Agents stressants externes ;
- Réseaux de soutien, soit :
  - choix,
  - disponibilité ;
- Influences négatives, soit :
  - internes/externes,
  - troubles mentaux,
  - délits,
  - drogues,
  - agents stressants psychosociaux,
  - pauvreté ;
- Facteurs démographiques ;
- Localisation géographique ;
- Habitudes et croyances concernant la santé ;
- Spiritualité et religion.

expériences, à chaque étape de sa vie, et de se confronter à l'environnement en s'y adaptant. Le concept de l'adaptation est au cœur de l'idée promulguée par Erikson.

Plusieurs penseurs se sont intéressés aux origines de la santé mentale et ont élaboré des théories à ce sujet, reprises ensuite par leurs disciples. Le débat demeure ouvert sur l'influence de la génétique ou de l'environnement sur la santé mentale (inné/acquis).

Depuis peu, le pendule oscille de nouveau du côté de la biologie comme facteur causal déterminant pour la santé mentale ou la maladie. Les infirmières en santé mentale et en psychiatrie doivent s'informer de l'évolution des recherches dans leur domaine et toujours garder à l'esprit les facteurs écologiques, sociologiques, comportementaux, culturels et spirituels susceptibles d'influer sur la santé des clients.

Mécanismes de défense

La plupart des individus en bonne santé souhaitent se sentir bien avec eux-mêmes et avec les autres ; ils veulent atteindre leurs objectifs et réussir dans leurs projets et dans leurs relations, et ils font des efforts en ce sens. Ils veulent vivre heureux dans le monde réel. Somme toute, les individus sains visent à éviter l'anxiété, la détresse, les malaises et la souffrance.

Les adultes d'âge mûr réalisent néanmoins que certains aspects négatifs font partie de l'existence, tels que les responsabilités trop lourdes, les désillusions, les pertes, la honte, les échecs et les rejets. Afin de maintenir un niveau de satisfaction adéquat, chacun a recours à différents mécanismes pour se sentir bien et éviter la souffrance. Certains de ces mécanismes constituent des réactions automatiques, alors que d'autres sont des stratégies apprises et soigneusement planifiées.

Ces réactions automatiques ont d'abord été décrites en détail par Freud, qui les a appelées *mécanismes de défense du moi* et les considérait comme inconscientes. Cette idée a rapidement été remise en question par les autres écoles de psychologie qui rejetaient les concepts freudiens ou qui les reprenaient. Des théories positives ont démontré que ces stratégies et méthodes, si elles étaient adoptées consciemment et couplées à la fois à des techniques apprises et à une pratique répétée, pouvaient réduire de façon dramatique le dysfonctionnement de certains individus et leur permettre d'exercer un contrôle sur leurs actions. De nombreux thérapeutes étaient d'avis que les mécanismes de défense automatiques utilisés par leurs clients s'avéraient une façon efficace de s'adapter au stress et de contrôler l'anxiété, mais que la plupart des individus pouvaient également apprendre et utiliser des stratégies soigneusement élaborées pour surmonter certaines difficultés psychologiques et les crises existentielles.

Le concept de **mécanismes de défense**, modalités selon lesquelles les clients s'adaptent aux désagréments de la vie, continue d'être étudié et examiné dans les travaux en sciences infirmières, en psychiatrie, en psychologie et en travail social, dans la formulation des bilans interdisciplinaires de traitement. Il faut comprendre les mécanismes automatiques et les stratégies conscientes que le client emploie et en tenir compte pendant le traitement. Ces deux types de mécanismes de défense, réactions automatiques (voir encadré 1.4) et stratégies conscientes (voir encadré 1.5), sont présentés dans cet ouvrage.

Mécanismes de défense et stratégies

Refoulement: processus inconscient qui consiste à éviter ou à éliminer du champ de conscience les idées ou les pulsions inacceptables.

Exemple: un homme adulte qui a été victime d'une agression sexuelle lorsqu'il était enfant ne garde aucun souvenir de l'événement.

Déni: refus de percevoir ou de se confronter à certains des aspects déplaisants de la réalité extérieure.

Exemple: dénégation d'un diagnostic d'issue fatale, comme le sida.

Rationalisation: utilisation d'explications logiques, factices et socialement acceptables, pour justifier une réalité déplaisante et l'éliminer du champ de conscience.

Exemple: un étudiant du secondaire qui n'est pas admis dans un programme collégial en Techniques policières déclare qu'il ne peut pas supporter la discipline.

Projection: attribuer à autrui ou à un autre groupe ses propres sentiments ou motivations inacceptables.

Exemple: une personne paranoïaque fait usage fréquemment de la projection en considérant « les autres » comme hostiles.

Déplacement: la décharge des sentiments réprimés (fréquemment l'hostilité) sur une personne ou un objet qui crée moins de détresse que l'original.

Exemple: après s'être fait sermonner par son patron, une femme rentre à la maison et se querelle avec son voisin pour une histoire de stationnement.

Formation réactionnelle: élimination d'une pulsion inacceptable de la conscience et refoulement qui se transforme en un comportement contraire et exagéré.

Exemple: une femme qui refuse un enfant avant sa naissance devient surprotectrice après l'accouchement en refusant de le quitter.

Intellectualisation: emploi excessif de processus abstraits et de généralisations pour éviter ou minimiser des sentiments douloureux.

Exemple: un homme en instance de divorce se lance dans de longues et prétentieuses discussions sur les statistiques et les procédures de divorce, dans le cadre d'un groupe de soutien, sans jamais parler de ses propres émotions et craintes.

Annulation: repentance ou tentative d'éluder des actes ou des pensées inacceptables.

Exemples: 1) un homme qui a une maîtresse offre une nouvelle voiture à sa femme; 2) un professionnel, après avoir attaqué l'une de ses collègues et lui avoir fait perdre son emploi, propose ensuite de l'aider à prendre soin de son enfant.

Compensation: façon de contrebalancer ses déficiences dans un domaine en excellant dans un autre.

Exemple: un jeune homme qui échoue dans les sports se consacre à ses études et devient premier de classe.

Identification: assimilation de l'image d'une personne que l'on souhaite imiter au point d'agir, de penser et de sentir comme celle-ci (mimétisme mental inconscient).

Exemple: les membres d'une bande de rue s'habillent exactement comme leur chef et l'imitent en cambriolant les voisins.

Introjection: internalisation des qualités d'un objet comme s'il faisait partie du sujet lui-même.

Exemple: un enfant qui a peur d'un dragon « devient » lui-même un dragon au cours d'un jeu, en assimilant ainsi une expérience terrifiante.

Sublimation: modification d'une pulsion instinctive, mais socialement inacceptable vers un comportement constructif acceptable.

Exemples: 1) un jeune homme agressif devient un joueur de hockey célèbre; 2) une jeune femme dotée de pulsions sexuelles très fortes devient sculpteure.

Régression: retour à une phase d'adaptation plus précoce.

Exemples: 1) un adolescent, sous l'effet du stress, se recroqueville sur son lit en tenant un ours en peluche, suce son pouce et refuse de parler; 2) un adulte, admis dans une unité psychiatrique avec un diagnostic de psychose, couvre le mur d'excréments.

Suppression: renoncement conscient à une impulsion, une idée, ou un affect. La personne est parfaitement consciente de ce comportement.

Exemple: un homme qui s'apprête à donner un discours très important se fait annoncer par sa femme qu'elle veut divorcer. Il décide de rejeter cette idée de sa pensée jusqu'à la fin du discours pour terminer sa tâche.

Humour: mise en valeur des aspects ironiques ou amusants au moment d'une crise, d'un conflit ou d'une source de stress.

Exemple: deux individus qui sortent d'une pièce après s'être fait sermonner par leur patron éclatent de rire après s'être longuement retenus. Ils se moquent de la seule chose qui a retenu leur attention – une mèche de cheveux du patron, dressée à la verticale, qui oscillait pendant que ce dernier marchait en les houspillant.

Clivage: cloisonnement des affects de types opposés et impossibilité d'intégrer les aspects positifs et négatifs de sa propre psyché ou de celle des autres, avec pour résultat une image polarisée de soi-même et d'autrui, bonne ou mauvaise.

Exemple: une cliente dans une unité psychiatrique déclare à l'infirmière A qu'elle est « la plus gentille, la plus intelligente, la mieux formée de toute l'unité ». Elle affirme à l'infirmière B, qui pose des limites à son comportement, qu'elle est « la plus stupide et la plus insensible et qu'elle a dû obtenir son diplôme par pure chance ».

Introspection: analyse de son propre comportement, de ses pensées et sentiments pour en déduire la réaction appropriée.

Affirmation de soi-même: expression de ses pensées et de ses sentiments d'une façon directe, dénuée de manipulation ou d'intimidation.

Altruisme: dévouement au service des autres de manière à régler les conflits et les tensions; l'altruisme diffère d'une formation réactionnelle en ce qu'il est gratifiant sans constituer un renoncement.

Exemple: certains religieux, prêtres, rabbins, ministres du culte, infirmiers, docteurs, pompiers ainsi que le personnel paramédical, pour n'en citer que quelques-uns, se consacrent aux autres d'une manière désintéressée et en retirent une satisfaction.

Besoin d'affiliation: demande d'aide et de soutien aux autres, en cas de conflit ou de stress, sans les rendre responsables de la prise en charge de sa propre personne.

Exemple: une femme, après son veuvage, traverse le pays pour s'installer près de sa famille d'origine et de ses anciens amis.

Anticipation : prévision des événements à venir et de leurs conséquences, examen des diverses possibilités, solutions et options qui peuvent comprendre une anticipation affective (une « répétition mentale » des événements futurs).

Exemple : un avocat, très consciencieux professionnellement, qui doit se présenter à une entrevue pour devenir partenaire dans une étude, passe le reste de la journée à répéter et à imaginer cet entretien.

Demande et rejet d'aide : demandes répétées d'aide, de suggestions ou de conseils pour ensuite les rejeter ; cette requête couvre en fait des reproches ou des sentiments d'hostilité envers les autres ; les plaintes peuvent concerner des problèmes de la vie quotidienne, des symptômes physiques ou psychologiques.

Exemple : une mère appelle constamment ses enfants adultes et mariés pour se plaindre de ses maux et de sa solitude et refuse de suivre les conseils qu'ils lui donnent pour améliorer sa situation.

Comportement passif-agressif : expression d'une agressivité envers les autres d'une manière indirecte et déguisée ; la docilité apparente masque, en fait, une hostilité sous-jacente et un ressentiment.

Exemple : une jolie fille, jalouse de sa meilleure amie parce que celle-ci sort avec un garçon qui lui plaît, accepte de dîner avec son amie, mais arrive une heure en retard en se confondant en excuses.

Toute-puissance : fait de se sentir supérieur aux autres ou d'agir comme tel, en croyant avoir un pouvoir ou des dons exceptionnels.

Exemple : le fils incompétent et raté d'un magnat de l'industrie se pavane dans un somptueux bureau et traite les autres d'une manière condescendante.

Isolement des affects : séparation des pensées et des idées, des affects qui les accompagnent originellement.

Exemple : une femme décrit en détail l'accident de son ami, renversé et tué par un camion, sans démontrer aucune émotion.

Fantasmes : gratification des frustrations, au niveau des désirs, des réalisations et des relations, en leur substituant rêveries et imaginations.

Exemple : une finissante de l'école secondaire, peu populaire et sortant fort peu, passe son temps à imaginer qu'elle s'habille pour aller au bal des finissants avec le champion de volleyball de l'école.

Passage à l'acte : recours à l'action, au lieu de la réflexion ou de l'approfondissement des sentiments, pour faire face au stress ou au conflit.

Exemple : une étudiante, qui vient d'apprendre son échec dans un cours, brise une vitre de la classe et va prendre six bières.

Mécanismes d'adaptation	ENCADRÉ 1.5

- Faire de l'exercice
- Appeler un ami
- S'entretenir avec un parent ou un proche
- Aller au cinéma
- Pleurer
- Manger
- Danser
- Lire
- Faire du bénévolat
- Écrire dans un journal
- Dormir
- Pratiquer la relaxation
- Aller au théâtre
- Aller à l'église ou à une réunion communautaire
- Écrire à ses amis ou à sa famille
- S'engager dans une tâche utile

1.4.2 Troubles mentaux

Il semble logique que toute déviation par rapport aux facteurs influençant la santé mentale ou les troubles mentaux (voir encadré 1.3) serve à définir les troubles mentaux. Le *trouble mental* échappe néanmoins à toute définition précise. Au cours de récentes discussions sur ce terme, l'*American Psychiatric Association* (APA) a déclaré que ce terme « implique une distinction entre les troubles physiques et psychiques, ce qui constitue un anachronisme réducteur de la dualité corps/esprit » (APA, 1994). En d'autres termes, le mot *mental* ne recouvre pas adéquatement toutes les significations des troubles mentaux.

Tout comme le concept de santé mentale, l'idée de troubles mentaux englobe une réalité trop vaste pour se réduire à une seule définition opérante. On trouvera dans le *Diagnostic and Statistical Manual of Mental Disorders*, 4e édition (DSM-IV), une très bonne description de tous les troubles mentaux, alors que leur définition demeure imparfaite. En 1994, l'APA a présenté le trouble mental comme : « … un comportement clinique significatif, un syndrome psychologique ou une attitude qui se trouve chez un individu et s'associe à une détresse présente (un symptôme douloureux), à une incapacité (impossibilité d'accomplir certains actes dans un ou plusieurs domaines fonctionnels importants) ou à un risque accru de décès, de souffrance, de handicap ou de perte importante d'autonomie ».

Recherche et épidémiologie concernant les troubles mentaux

La plupart des personnes qui souffrent de troubles mentaux ont de fortes chances d'être traitées par des médecins généralistes, des internes, des psychologues, des infirmières et des travailleurs sociaux, des professionnels qui ne sont pas psychiatres. Il est indispensable, pour les professionnels de la santé dans tous les domaines, d'avoir une connaissance suffisante de la psychopathologie (Maxman et Ward, 1995).

Quelques pistes épidémiologiques

Il est important de savoir que le MSSS, au moyen de la *Politique de la Santé et du Bien-Être* publiée en 1992, se positionne clairement en ce qui a trait à la santé mentale.

En effet, deux objectifs généraux, sur un total de 19, portent spécifiquement sur la santé mentale :

- objectif 16 : d'ici l'an 2002, diminuer les problèmes de santé mentale ;
- objectif 17 : d'ici l'an 2002, réduire de 15 % le nombre de suicides et de parasuicides.

Les voies d'actions prioritaires à l'égard de ces objectifs sont les suivantes :

- adopter une philosophie d'action axée sur le milieu (accès au service, adaptation au contexte des diverses populations, accroissement de l'intégration) ;
- agir en priorité sur les conditions de vie.

Il est également important de connaître la définition du concept de « détresse psychologique » proposée par le MSSS (1992).

Ainsi, la détresse psychologique constitue une facette de la santé qui témoigne de la présence de symptômes indirectement reliés à des désordres psychiatriques. Elle est un bon indicateur pour cibler les populations à risque et définir la demande de services en santé mentale. Un niveau de détresse psychologique élevé est notamment associé aux états dépressifs, aux états anxieux, à certains symptômes d'agressivité et de troubles cognitifs.

Selon le MSSS (2001), l'indice de détresse psychologique est mesuré en prenant en compte les quatre facteurs suivants : la dépression, l'anxiété, les troubles cognitifs et l'irritabilité. Quoiqu'il ne soit pas un révélateur de troubles de maladie mentale, l'indice de détresse psychologique est associé à divers comportements ou dysfonctionnements tels qu'une augmentation de la consommation d'alcool et de médicaments psychotropes, un recours accru aux services de santé ou encore une évaluation négative, par la personne, de son propre état de santé.

Santé mentale au Québec : des données significatives

Le rapport du ministère de la Santé et des services sociaux, intitulé *Le système de santé et de services sociaux du Québec : Une image chiffrée*, rapporte la nette croissance du phénomène de la détresse psychologique au Québec (MSSS, 2001).

Soixante-quinze pour cent (75 %) de la population québécoise a une bonne santé mentale. Toutefois, une personne sur cinq (20 %) connaîtra un problème de santé mentale au cours de sa vie.

La détresse psychologique est plus fréquente chez les femmes que les hommes et chez les jeunes âgés de 15 à 24 ans. De plus, la détresse psychologique est deux fois plus fréquente chez les personnes de milieu défavorisé que chez les personnes mieux nanties.

Les conclusions de ce rapport révèlent que la détresse psychologique a gagné du terrain au Québec depuis dix ans. Enfin, une analyse plus fine des données met en lumière le fait que l'indice de détresse psychologique est plus élevé chez les personnes célibataires que chez les personnes mariées, et ce, pour les deux sexes. Il en est de même pour

les personnes sans emploi, les femmes qui étudient et les hommes qui restent à la maison. Pour conclure, le rapport révèle que, depuis dix ans, la proportion de personnes qui présentent des idées suicidaires est en hausse alarmante, tant chez les femmes que chez les hommes. Ce phénomène prend de l'ampleur dans tous les groupes d'âge, sauf chez les personnes âgées de 65 ans et plus, groupe dans lequel le problème régresse.

Il existe des liens étroits entre l'état de santé psychologique, les conditions socio-économiques et l'environnement social de la personne. Ainsi, toute condition qui nuit à l'adaptation réciproque entre la personne et son milieu constitue un obstacle à la santé mentale (p. ex. pauvreté, discrimination, etc.).

Il faut reconnaître que l'accès aux services de santé demeure difficile pour les personnes aux prises avec des problèmes de santé mentale, car ces dernières sont le plus souvent isolées, peu scolarisées et pauvres. Il reste beaucoup de développement à faire au plan de la réadaptation de ces personnes. Suite au « virage ambulatoire » dans le réseau de la santé au Québec, des efforts ont été consacrés à la réadaptation et à la désinstitutionnalisation des soins de santé mentale.

Il y a donc lieu de reconnaître l'importance, pour l'infirmière qui œuvre dans le réseau de la santé du Québec, de porter une attention particulière aux problèmes de détresse psychologique qui pourraient être associés à des problèmes d'ordre physique.

Implications pour les infirmières

Les infirmières sont conscientes que les individus en bonne santé doivent recourir à leurs mécanismes de défense dans les situations de crise auxquelles ils font face tout au long de leur existence. La récupération et l'adaptation après des moments de tension s'évaluent au moyen des critères suivants :

- maintien du contact avec la réalité ;
- retour à l'équilibre ;
- engagement continu dans un travail productif ;
- preuve de développement cognitif et émotionnel ;
- capacité à résoudre les problèmes ;
- engagement continu dans des réseaux de relations interpersonnelles et sociales.

Les problèmes risquent de surgir dans les cas suivants :

- les agents stressants internes ou externes dépassent la résistance de l'individu ;
- la personne pense qu'elle ne pourra pas surmonter l'obstacle ;
- le sujet utilise exclusivement un ou plusieurs mécanismes de défense, plus spécialement ceux qui créent une distorsion de la réalité.

Une fois que l'infirmière a discerné les mécanismes de défense du client, il est possible de les accepter comme des tentatives pour l'individu d'affronter la situation ou bien d'intervenir si ces mécanismes inhibent le développement ou interfèrent avec la perception de la réalité. Il faut se rappeler que l'intervention de l'infirmière dépend de son degré de formation et de son expérience clinique.

Une infirmière novice en santé mentale et en psychiatrie n'affronte généralement pas les mécanismes de défense du client et ne tente pas de lui refléter ses mécanismes de défense psychologiques. Elle se concentre plutôt sur l'aide et le soutien à lui apporter en relevant ses caractéristiques positives et en développant ses points forts au cours de la relation infirmière-client.

Une infirmière expérimentée dépasse ces limites et affronte les mécanismes de défense inadaptés du client afin de lui permettre d'optimiser ses ressources émotionnelles et cognitives. Réagissant intuitivement à l'attitude de l'infirmière, le client effectue des changements comportementaux qu'il peut essayer en toute sécurité au cours de cette relation d'aide, puis il appliquera ces nouveaux comportements dans la vie de tous les jours, à la suite de la thérapie.

Psychobiologie

Les années 1990 sont considérées comme la *décennie du cerveau*. Les recherches épidémiologiques sont «fondées sur l'hypothèse que la maladie comporte à la fois des facteurs de causalité et de prévention» (Betemps et Ragiel, 1994). L'évaluation systématique des populations présentant des symptômes reconnaissables permet ainsi de les découvrir. L'épidémiologie utilise des méthodes de mesure scientifique: la prévalence et l'incidence.

La **prévalence** désigne le nombre de cas d'un trouble donné, dans une population normale, à un moment donné. L'**incidence** concerne la fréquence de l'occurrence d'un trouble donné, au cours d'une période de temps donnée (nombre de nouveaux cas).

Avant la Deuxième Guerre mondiale, le modèle biologique influençait considérablement l'épidémiologie. Néanmoins, durant ce conflit, le stress est apparu comme une cause majeure de troubles de santé mentale. Cette conclusion a motivé la prépondérance accordée aux facteurs sociaux émotifs et modifié les études sur l'étiologie et l'épidémiologie des troubles mentaux aux États-Unis (Grob, 1992; Klerman, 1990). À cette époque, le développement de cadres de référence sociologiques et psychologiques en psychiatrie a détourné les interventions de la biologie pour les orienter vers la psychosociologie des troubles mentaux.

Au cours des années 1970, les interventions se sont intéressées de nouveau en priorité aux causes biologiques des troubles psychiques. C'est la recherche *Epidemiologic Catchment Area* (ECA), amorcée par le *National Institute of Mental Health* (NIMH), qui a provoqué ce retournement (Klerman, 1986). Les objectifs fondamentaux de cette étude sont les suivants:

- évaluer le taux de prévalence et d'incidence des troubles mentaux particuliers;

- estimer les taux d'utilisation des services de santé mentale;
- étudier les facteurs influençant le développement et la prolongation des troubles;
- étudier les facteurs qui influencent l'utilisation des services (Eaton, 1984).

Les études de l'ECA ont constitué un point tournant dans la recherche, qui s'est de nouveau consacrée aux facteurs biologiques des troubles mentaux. Depuis 1985, on assiste à une explosion des recherches dans ce domaine et, au cours des dix dernières années, on en a appris plus sur les troubles psychiatriques qu'au cours de toute l'histoire de l'humanité. Les conclusions des recherches en biologie sont présentées tout au long de cet ouvrage.

Stigmatisation des maladies mentales

Le manuel du DSM-IV (APA, 1994), qui présente les troubles mentaux, prend soin de préciser que cette classification des maladies n'est pas une classification des personnes. Cette mise en garde s'avère particulièrement importante pour l'infirmière en santé mentale et en psychiatrie qui agit comme le porte-parole du client et qui, à ce titre, doit combattre les **stéréotypes**, les jugements catégoriques, les désignations irrévérencieuses et la **stigmatisation** généralement associés à la maladie mentale. Bref, le diagnostic désigne le mal dont souffre une personne, pas la personne elle-même.

Exemple 1

Formulation correcte: «Un jeune homme de 19 ans est admis parce qu'il menace de se suicider après avoir pris de l'*ecstasy* et du *speed* durant plusieurs jours. Il est installé au calme, sous étroite surveillance.»

Formulation incorrecte: «Un drogué aux amphétamines est admis parce qu'il menace de se tuer. Il est installé dans la chambre 25 avec l'alcoolique.»

Exemple 2

Formulation correcte: «Une famille vient de s'ajouter à mes cas. Le père a été diagnostiqué pour une maladie affective bipolaire, en phase maniaque. Sa fille a un comportement incontrôlable, dû à l'alcoolisme.»

Formulation incorrecte: «Ils viennent de me rajouter un maniaque. Sa fille alcoolique habite avec lui. Ils se battent en permanence.»

Les infirmières qui se spécialisent en psychiatrie sont sans cesse confrontées à des situations où elles doivent se remémorer, et parfois rappeler aux autres, que les réactions et les comportements des clients sont provoqués par la maladie. *Le client n'est pas la maladie.* On doit continuer de respecter l'individu, indépendamment de son état ou de sa situation. Bien qu'il faille parfois contraindre ses actes, le client doit pouvoir conserver sa dignité, ce qui sera facilité par une attitude respectueuse de la part des infirmières.

Au-delà de leur pratique quotidienne, les infirmières auront l'occasion de lutter contre le caractère infamant de la maladie mentale en informant le grand public des causes et des traitements de ces affections et des besoins des personnes souffrant de troubles mentaux. Ces derniers, ainsi que leurs familles, continuent d'être stigmatisés et catalogués en raison de l'ignorance et de la crainte. La stigmatisation aggrave les problèmes des clients en psychiatrie, problèmes qui sont encore accentués par la tendance actuelle à détourner les fonds réservés à leur traitement. En raison des réaffectations budgétaires, l'itinérance augmente et tout ce qui concerne cette question risque fort de s'aggraver. Les personnes souffrant de troubles mentaux affrontent en effet une multiplicité de problèmes, dont:

- l'itinérance;
- la discrimination dans le logement;
- les conditions de vie instables;
- la discrimination dans le travail;
- la perte de l'estime de soi;
- les traitements inappropriés ou inadéquats;
- l'impossibilité de se faire soigner;
- l'aliénation, l'isolement;
- la perte des droits individuels.

Si on les soutient et si on les encadre convenablement et positivement, ces individus sont capables d'obtenir les avantages suivants:

- un accès à l'éducation;
- des offres d'emploi;
- des traitements adéquats;
- un logement convenable;
- la recherche médicale sur leurs troubles;
- des contacts humains personnels et gratifiants.

En raison de leur maladie, les personnes souffrant de troubles mentaux (avec un diagnostic psychiatrique) suscitent l'inquiétude ou sont perçues comme dangereuses, violentes et agressives. En réalité, elles risquent bien plus d'être passives, repliées sur elles-mêmes et solitaires. Les infirmières sont appelées à jouer un rôle important pour modifier ou changer de façon significative l'attitude du grand public en regard des troubles mentaux afin de promouvoir l'acceptation des clients et éviter leur rejet. (Les principaux troubles mentaux sont décrits dans la troisième partie de cet ouvrage.)

1.4.3 Diagnostics psychiatriques

Les diagnostics psychiatriques sont des descriptions précises et des classifications des troubles mentaux. Pour justifier leur importance et leur nécessité, mentionnons les raisons suivantes: la communication, le traitement, le pronostic et le financement.

Communication

Chaque diagnostic psychiatrique correspond à un ensemble déterminé de symptômes ou à un syndrome. Les critères établis pour chaque trouble permettent aux membres du personnel soignant de communiquer entre eux, sans avoir à expliquer les symptômes, lorsqu'ils discutent du diagnostic. Le personnel devrait néanmoins garder à l'esprit que chaque client représente l'expression unique d'un trouble.

La formation des individus dans ce domaine s'avère efficace parce qu'elle permet une classification psychiatrique des troubles clairement définie qui peut ainsi être communiquée aux étudiantes de façon structurée.

Traitement

Les membres de l'équipe soignante sont formés pour conceptualiser, élaborer et dispenser le traitement spécifique des symptômes en fonction du diagnostic du client. Ils savent que les approches (biologique et interpersonnelle) peuvent varier selon le diagnostic. Par exemple, la préparation de l'équipe soignante et de l'environnement psychiatrique pour un client qui arrive avec un diagnostic de schizophrénie paranoïde, sera différente de celle requise associé à des symptômes psychotiques aigus et un comportement agressif, lors de l'admission d'une personne complètement repliée sur elle-même, avec un diagnostic de dépression majeure.

Pronostic

Le pronostic varie selon le trouble psychiatrique. Le personnel soignant doit toujours conserver l'espoir et le communiquer à ses clients. Il est conscient que l'objectif du traitement consiste à amener les clients à retrouver leur niveau de fonctionnement préalable à l'aggravation d'un trouble de nature aiguë ou chronique, sans s'attendre à une guérison complète de la maladie. Le pronostic pour certains troubles d'adaptation s'avère plus favorable que le pronostic dans des cas de schizophrénie qui évoluent souvent vers un état chronique.

Financement

Il est évident qu'il faut de l'argent pour payer les services fournis aux clients, quel que soit l'établissement psychiatrique. Que les fonds soient de nature privée ou publique, il importe de respecter certains critères pour recevoir les paiements, et le diagnostic du client constitue l'un de ces critères.

À plus grande échelle, les fonds pour la recherche sont destinés à des diagnostics choisis. La recherche est réalisée par le secteur privé (les compagnies pharmaceutiques) ou par le secteur public (les institutions de santé mentale).

1.4.4 Nomenclatures des diagnostics

DSM

L'*American Psychiatric Association* a élaboré une **nomenclature** qui est généralement acceptée comme le critère officiel de diagnostic par les milieux cliniques et ceux de la recherche et de l'éducation. Les diagnostics sont publiés dans le *Diagnostic and Statistical Manual of Mental Disorders*,

4ᵉ édition (DSM-IV)*. Pour en apprendre davantage sur le système d'évaluation multiaxiale du DSM-IV, reportez-vous à l'annexe B, qui comprend également la liste complète des diagnostics.

ANADI

Le corps infirmier a aussi élaboré ses propres diagnostics infirmiers. De nombreux diagnostics publiés par l'Association nord-américaine pour le diagnostic infirmier (ANADI) peuvent être utilisés dans un établissement psychiatrique. La classification infirmière de l'ANADI est relativement récente ; toutefois, chaque conférence ou publication permet d'ajouter de nouveaux diagnostics pour les clients en psychiatrie. La liste complète des diagnostics infirmiers se trouve à l'annexe A.

Démarche de soins infirmiers

La **démarche** de soins infirmiers est une méthode scientifique de résolution des problèmes qui permet à l'infirmière de dispenser des soins complets au client. La démarche de soins comprend six étapes : la collecte des données, le diagnostic infirmier, la détermination des résultats, la planification, l'exécution et l'évaluation. Le chapitre 7 est consacré à une description exhaustive et à une explication de la démarche de soins infirmiers, telle qu'elle se présente dans le cadre des soins en santé mentale et en psychiatrie.

1.4.5 Diagnostics en collaboration

Le corps infirmier, désireux d'établir les sciences infirmières comme une discipline à part entière, a traversé une phase où il essayait d'établir sa propre classification, distincte des diagnostics médicaux. Les manuels destinés aux infirmières en psychiatrie comportaient souvent des titres de chapitres décrivant le comportement des clients plutôt que des diagnostics psychiatriques. Il s'avérait difficile, pour le néophyte en santé mentale et en psychiatrie, d'associer le diagnostic psychiatrique (reconnu) d'un trouble mental avec le diagnostic infirmier et les traitements afférents. La coexistence des diagnostics médicaux et infirmiers semble essentielle pour assurer un traitement interdisciplinaire et collégial des clients. C'est seulement au moyen de cette synergie qu'on pourra répondre à tous les besoins. Les cheminements cliniques sont utilisés dans de nombreux établissements psychiatriques comme autant d'outils interdisciplinaires durant le traitement du client. Quelques-uns de ces cheminements critiques sont présentés au chapitre 7.

1.5 RÔLE DE L'INFIRMIÈRE

Traditionnellement, les infirmières en santé mentale et en psychiatrie se sont concentrées sur l'aspect psychosocial

---

* *Manuel diagnostique et statistique des troubles mentaux*, Paris, Masson, à paraître en 2003.

de la relation avec le client (individus, groupe, famille et grand public) pendant que celui-ci menait sa vie, réunissait ou échouait dans les défis, les tâches et les problèmes quotidiens. Au cours de ces interventions, les infirmières en psychiatrie se focalisaient principalement sur la perception, les réactions intellectuelles et émotionnelles ainsi que sur le comportement du client par rapport aux agents stressants internes et externes, et pendant les crises. De plus, elles analysaient les facteurs qui accentuaient ou inhibaient la capacité du client à surmonter les difficultés réelles ou perçues qui menaçaient son équilibre. La relation interpersonnelle (**alliance thérapeutique**) dominait toutes les interactions de l'infirmière, et cette relation représente encore l'essentiel du traitement. Même si d'autres facteurs biologiques et scientifiques ont une influence majeure, l'interaction entre l'infirmière et le client sert de catalyseur pour la participation du client et sa progression vers un mieux-être.

Les soins infirmiers en santé mentale et en psychiatrie ont évolué considérablement au cours des dernières décennies. On se rappellera que cette spécialité n'a pas eu droit de cité avant le milieu des années cinquante et que les textes spécialisés dans le domaine, publiés antérieurement, restent souvent vagues et ambigus lorsqu'ils décrivent l'alliance thérapeutique entre l'infirmière et le client. Ils ne fournissent que très peu d'information sur les interventions ou les justifications des soins infirmiers. Et même si la plupart des auteurs s'accordaient à penser que la relation entre l'infirmière et le client était essentielle au bien-être de ce dernier, les exemples d'interactions réussies avec les clients n'ont jamais été clairement décrits de manière à permettre aux infirmières d'établir une alliance thérapeutique efficace.

Aux États-Unis, l'adoption du *National Mental Health Act*, en 1946, a permis à la profession de répondre à un mandat élargi dans le domaine de la santé mentale. Plusieurs programmes de troisième cycle ont été mis en place et plusieurs infirmières hors pair en sont issues ; elles « ont démontré, dès les années cinquante, l'importance des relations entre l'infirmière et le client » (Lego, 1995). La portée de l'alliance thérapeutique n'a jamais été démentie. Cette relation, qui est à la fois un art et une science, est décrite ci-dessous.

1.5.1 Relation infirmière-client

Art

La relation thérapeutique infirmière-client est un art ; elle constitue la base des soins infirmiers en santé mentale et en psychiatrie. On désigne souvent cette relation sous le terme d'*alliance thérapeutique*, car elle constitue une entente thérapeutique qui a pour but de promouvoir le changement, de favoriser le développement et de soigner les blessures psychologiques et émotionnelles. Pour ces raisons, on la considère comme l'une des composantes cruciales de l'ensemble du processus de prestation des soins de santé (Lego, 1995 ; Peplau, 1952 ; Ruben, 1990 et Thompson, 1990). Son objectif ultime reste le mieux-être du client (Bernstein et Bernstein, 1985).

Hildegard Peplau, une des pionnières du domaine des soins infirmiers en santé mentale et en psychiatrie, a décrit pour la première fois cette relation dans son ouvrage *Interpersonal Relations in Nursing* (1952). Par la suite, Peplau et d'autres auteurs et infirmières praticiennes en psychiatrie ont formé et raffiné la théorie des soins infirmiers en décrivant et en interprétant cette relation. Même si des changements importants sont survenus entre 1974 et 1994 dans les traitements des personnes affligées de troubles mentaux réels ou potentiels, « cette relation particulière est demeurée au centre de la pratique des soins infirmiers en santé mentale et en psychiatrie » (Beeber, 1995).

L'art de cette relation thérapeutique se caractérise essentiellement par la participation du client, favorisée par l'infirmière, en vue de l'atteinte d'un mieux-être. Cette particularité, caractéristique d'un bon thérapeute, fut reconnue, il y a plus de trente ans, par Carkhuff

(Carkhuff, 1969 ; Carkhuff et Traux, 1967) et elle fait désormais partie des conditions fondamentales pour l'établissement de relations interpersonnelles. L'empathie, la cordialité, l'authenticité, la révélation de soi, la concrétude, l'immédiateté, la confrontation et le respect en sont les principales composantes (voir encadré 1.6).

Concept d'assistance

L'infirmière vise avant tout la participation du client à son propre traitement, dans la mesure de ses capacités. L'objectif ultime vise, pour ce dernier, à atteindre l'autonomie, à partir d'une introspection et d'une prise en charge personnelle. Pour favoriser cette progression, l'infirmière doit en comprendre le concept avant de donner des soins dans l'établissement de santé mentale et de psychiatrie.

Ce processus d'assistance demeure complexe et les membres du personnel soignant n'en ont pas l'exclusivité, puisque toutes les personnes compréhensives et concernées y ont recours. Plusieurs motivations peuvent expliquer le besoin de venir en aide. Il est impératif que les infirmières

---

Caractéristiques essentielles d'un bon thérapeute		**ENCADRÉ 1.6**
Empathie	Considérée par beaucoup comme l'élément le plus important d'une relation thérapeutique, elle est nécessaire pour que le client se sente compris ; elle consiste à se placer dans la perspective du client sans perdre ni son objectivité ni son identité.	Concrétude	Implique l'utilisation de termes simples et précis plutôt qu'un jargon vague, abstrait ou nébuleux ; c'est une façon d'aider le client à s'exprimer concrètement et à mieux se connaître, de l'aider aussi à résoudre les problèmes et à formuler des plans et des options.
Chaleur	Consiste à être complètement et pleinement attentif à l'interaction pour conférer au client l'impression d'être accepté et important ; un rapport chaleureux signifie également fournir des soins désintéressés et éviter tous les imbroglios émotionnels, en conservant des limites claires.	Immédiateté	Les interactions et la communication se concentrent sur la relation interpersonnelle telle qu'elle existe dans le « ici et maintenant » ; la relation du client avec l'infirmière est une sorte d'instantané des problèmes qui existent dans les autres relations du client et qui doivent être abordées.
Authenticité	Les messages verbaux et non verbaux confirment tout à fait les sentiments de l'infirmière ; des réponses vraies, sincères et honnêtes ne consistent pas pour autant à « tout dire » ; il importe d'exercer une discrimination dans le choix des messages, toujours pour le mieux-être du client.	Confrontation	Une confrontation constructive est nécessaire pour modifier les comportements du client. Si ce dernier ne prend pas conscience de ses difficultés ou qu'il ne les affronte pas, il continuera à reproduire les mêmes schèmes autodestructeurs et ne pourra atteindre un mieux-être. L'infirmière peut lui refléter les incohérences et les bizarreries de son comportement. Il faut agir au bon moment, avec beaucoup de chaleur et surtout éviter un accès d'impatience provoqué par une frustration.
Révélation de soi	L'infirmière transmet une information personnelle (idées, impressions et expériences) seulement lorsque cela s'avère pertinent dans l'intérêt et les préoccupations du client (on se concentre sur ses besoins) ; elle doit rediriger la conversation sur les problèmes, la situation ou la réalité du client et l'aider à reconnaître que ses problèmes ne sont pas uniques – qu'il n'est pas seul et que les autres peuvent l'aider dans les moments difficiles ; l'infirmière base sa réussite sur la résolution des problèmes.	Respect	Un regard positif sans conditions doit être posé sur le client, qui demeure un individu unique quelle que soit sa situation présente ; en valorisant le client et en considérant son côté humain, on ne tolère pas pour autant les comportements inappropriés.

en santé mentale et en psychiatrie, qui travaillent avec une population foncièrement vulnérable, analysent leurs propres motivations et soient conscientes des besoins et des raisons qui les poussent à se mettre au service des autres. Certaines raisons, citées par Brammer en 1993, sont expliquées ci-dessous :

- *Désir de contribuer à la société.* Le sentiment de vouloir rendre à la vie ce qu'elle a donné décrit bien la passion altruiste d'améliorer les choses. En contribuant à la société, l'individu se réalise. Il est évidemment recommandé de commencer par une aide concrète et tangible plutôt que de se lancer dans des projets grandioses.

- *Besoin de protéger les autres.* En prenant soin des autres, on peut les aider. Pourtant, il arrive que l'on soit contreproductif en tentant de remédier aux conséquences des décisions ou des comportements d'autrui (p. ex. l'attitude protectrice d'un membre de la famille envers une personne alcoolique). Il importe d'analyser objectivement l'état du client et sa situation avant de déterminer si ce dernier requiert, pour son propre bien, une protection ou si, au contraire, cela ne risque pas d'encourager sa dépendance plutôt que d'éliminer des comportements inadaptés.

- *Recherche d'affection.* Si, en cherchant à aider les autres, on compte plutôt satisfaire ses propres besoins d'amour et d'attention, le résultat peut s'avérer inverse de celui escompté. Il importe d'être conscient du besoin de se sentir utile, car aider les autres au détriment de ses propres besoins conduit inévitablement à une déception et à un épuisement professionnel qui amoindrissent finalement la capacité de porter assistance. Les clients ne doivent en aucun cas être la source de cet amour.

- *Besoin de contrôle ou de pouvoir.* Les clients perçoivent souvent ceux qui les aident comme tout-puissants, en raison de leurs connaissances présumées, et cela ajoute à leur propre vulnérabilité durant une maladie ou un dysfonctionnement aigu ou chronique. Lorsque les soignants sont conscients de leur besoin d'influencer et d'en retirer prestige et louanges, ils peuvent modifier leurs motivations pour se concentrer sur les besoins du client. La gratitude et les éloges en seront d'autant mieux reçus.

- *Recherche d'une satisfaction personnelle.* Des individus sains et équilibrés, professionnels impliqués dans l'assistance à autrui, décrivent souvent la satisfaction qu'ils tirent de leur travail et de l'observation des personnes qui surmontent l'adversité et arrivent à se réaliser. Savoir que l'on a contribué à cette évolution apporte une grande satisfaction.

- *Besoin d'approfondissement personnel.* En travaillant avec des clients affligés de nombreux problèmes, la personne qui les aide peut mettre à profit cette relation pour résoudre ses propres difficultés. Il faut rester vigilant au cours de cet apprentissage indirect pour ne pas oublier de se centrer sur les besoins du client. Nombreux sont les individus qui, après s'être consacrés à leurs propres ennuis, sont devenus thérapeutes et ont pu, grâce à leur empathie et leur intuition, permettre à leurs clients de se transformer et d'évoluer.

Certaines raisons pour lesquelles un individu s'investit dans le domaine de la psychothérapie viennent d'être énoncées. Néanmoins, nombre de motifs demeurent inconscients et pourront être clarifiés par un processus d'**autodiagnostic** qui consiste à examiner ses propres perceptions, ses pensées, ses sentiments et son attitude vis-à-vis d'un client particulier. On peut également découvrir ses motivations par un enseignement continu et le suivi d'éducateurs, de mentors ou de collègues, qui aideront le soignant à se confronter aux points problématiques.

Résultats

Une relation d'aide vise à assister une autre personne dans les domaines suivants :

- s'aider soi-même ;
- rediriger sa vie ;
- trouver un sens à l'existence ;
- résoudre des problèmes ;
- surmonter une crise ;
- partager sa vie avec les autres au travail, dans le jeu et en amour.

Aider ne signifie pas faire quelque chose *à* quelqu'un ou *pour* quelqu'un, alors que cette personne peut fonctionner de manière autonome ou avec une assistance. C'est seulement lorsque le client prend la responsabilité de sa propre vie de manière indépendante (dans la mesure de ses possibilités, selon son âge, l'étape de son développement et sa situation) qu'il peut librement évoluer. La tâche du soignant consiste à prendre conscience de ses propres besoins, des besoins du client et à utiliser ses habiletés pour rendre le client à même de construire sa vie.

Science

On utilise fréquemment le terme *science* pour décrire une opérationalisation de la relation infirmière-client. Les caractéristiques essentielles, déjà mentionnées, en plus du désir d'aider les autres dans le cadre de la santé mentale et de la psychiatrie, sont des conditions préalables pour donner des soins infirmiers dans ce domaine d'exercice. L'infirmière doit également savoir comment aider. Cela implique l'apprentissage de techniques concrètes, utilisées conjointement avec les caractéristiques précédemment mentionnées. On emploiera ces techniques au cours d'interventions conçues spécifiquement en fonction des besoins et des problèmes du client qui auront été définis au préalable.

Il y a seulement une quarantaine d'années, les interventions infirmières avec les clients dans des établissements de santé mentale et de psychiatrie consistaient essentiellement à assurer leur sécurité, à suivre les directives des médecins et à assurer le confort du client (par tous les moyens disponibles). Soigner signifiait surtout surveiller. Les manuels de sciences infirmières ne donnaient pas d'instructions précises concernant l'instauration d'une alliance thérapeutique efficace et signifiante au bénéfice du client, et les indications relatives à l'intervention des infirmières demeuraient vagues, ambiguës, abstraites et générales. À l'heure actuelle, des recommandations claires et précises décrivent les activités des infirmières avec les clients en santé mentale et en psychiatrie.

Pour être efficace, l'alliance thérapeutique infirmière-client doit satisfaire à plusieurs conditions. En plus de posséder les caractéristiques déjà définies et d'avoir la volonté ou le désir d'aider les gens à résoudre leurs problèmes, l'infirmière doit aussi connaître les contenus suivants, sans pourtant s'y limiter :
- principes de la relation infirmière-client ;
- champ de la pratique infirmière ;
- santé et troubles mentaux ;
- diagnostics psychiatriques (DSM, ANADI) ;
- démarche de soins infirmiers ;
- modalités des traitements thérapeutiques ;
- épidémiologie et recherches actuelles ;
- prévention des troubles mentaux (avec les différents niveaux) ;
- rôle de l'équipe en santé mentale ;
- tendances et prospective.

Principes de l'alliance thérapeutique infirmière-client

La relation thérapeutique interpersonnelle qui s'établit entre l'infirmière et le client constitue un agent de changement et d'évolution pour ce dernier. On trouvera ci-dessous les principes et les lignes de conduite qu'il faut observer pour soutenir et protéger cette relation :
- la relation est thérapeutique plutôt que sociale ;
- l'accent est mis sur les problèmes du client plutôt que sur ceux de l'infirmière ou sur d'autres questions ;
- la relation est de propos délibéré et orientée vers des buts ;
- la relation est objective plutôt que subjective ;
- la relation est limitée dans le temps plutôt qu'indéfinie.

Thérapeutique plutôt que sociale

La relation thérapeutique vise à aider les clients à résoudre leurs problèmes, à prendre des décisions, à progresser, à apprendre des stratégies d'adaptation, à se débarrasser de comportements non désirables, à renforcer leur amour-propre et à examiner leurs relations. Les rencontres entre l'infirmière et le client ne sont pas destinées à leur apporter une satisfaction mutuelle. Même si l'infirmière se comporte de façon aimable avec le client, elle n'est pas là pour être son amie. Puisque chacun possède des limites et un rôle défini qui structurent toute relation, surtout dans le cas d'une relation thérapeutique, toute tentative de rapprochement avec le client brouille les limites et amène à confondre les rôles. L'infirmière doit aider le client à prendre conscience des limites et à s'entraîner à les établir lui-même (voir encadré 1.7).

Exemples de limites sociales et de comportements inadaptés   ENCADRÉ 1.7

- Aller contre ses droits et ses valeurs personnelles pour faire plaisir à quelqu'un d'autre
- Ne pas remarquer si quelqu'un outrepasse de manière inappropriée ses propres limites
- Ne pas se rendre compte que quelqu'un envahit son territoire
- Adopter un ton intime à la première rencontre
- Tomber amoureux d'une personne dont on vient de faire la connaissance
- S'éprendre de quelqu'un qui nous touche
- Être obsédé par une personne
- Agir dès la première pulsion sexuelle
- Être sexuel pour son partenaire et non pour soi-même
- Accepter de la nourriture, des cadeaux, des attouchements ou des propositions sexuelles sans le vouloir
- Toucher une personne sans lui demander la permission
- Prendre tout ce que l'on peut, simplement par besoin de prendre
- Donner tout ce que l'on peut, simplement par besoin de donner
- Se laisser dépouiller par les autres
- Laisser les autres diriger sa vie
- Laisser les autres décrire sa propre réalité
- Se laisser définir par les autres
- Croire que les autres peuvent anticiper ses besoins
- S'attendre à ce que les autres répondent à ses besoins automatiquement
- S'effondrer afin d'obtenir de l'aide de quelqu'un
- Négliger ses propres besoins
- Se faire exploiter physiquement et sexuellement
- Commettre des abus avec la nourriture
- Prêter de l'argent que l'on ne possède pas
- Flirter ; envoyer des messages ambivalents
- Tout raconter

Il est normal de commencer un entretien par un brin de conversation ; ceci permet d'établir ou de maintenir un rapport social. Il arrive que, durant une rencontre, on se laisse aller à une conversation superficielle, mais, dans la majorité des cas, les échanges doivent être focalisés et thérapeutiques. Le tableau 1.1 compare des rapports thérapeutiques et des rapports sociaux.

Centrée sur le client

Souvent, le client fait dévier la conversation loin de ses problèmes ; il parle du temps qu'il fait ou de sujets qui concernent plutôt l'infirmière (son apparence, ses difficultés personnelles, les problèmes dans le milieu). L'infirmière reconnaît ces techniques de diversion qui constituent une forme de résistance. Elle réagit avec détachement et ramène le client sur le sujet. Ce comportement peut avoir pour motif le refus d'aborder un sujet angoissant, l'ennui, la répétition d'un sujet déjà abordé avec un autre thérapeute ou l'impossibilité de se concentrer en raison d'un trouble mental.

TABLEAU 1.1	Interventions thérapeutiques et interactions sociales
Thérapeutique	**Social**
Offrir au client une aide thérapeutique.	Partager l'amitié de façon égale.
Se concentrer sur les besoins du client.	Répondre aux besoins de chacun.
Discuter de la perception, des pensées, des sentiments et du comportement du client.	Partager les idées et les expériences.
Écouter activement et communiquer en utilisant les outils et les techniques thérapeutiques.	Exprimer ses opinions et donner des conseils.
Encourager le client à choisir les sujets de discussion.	Aborder les sujets au hasard ou au gré de chacun.
Inciter le client à résoudre les problèmes pour devenir indépendant.	Insister pour aider un ami ; tolérer la dépendance.
Ne garder aucun secret qui puisse nuire au client.	S'engager à garder un secret à tout prix.
Établir les objectifs avec le client.	Ne pas accorder d'importance aux objectifs de la relation.
Rester objectif.	S'impliquer subjectivement.
Conserver des limites saines.	Accepter des limites floues.
Évaluer les interactions avec le client.	Éviter d'évaluer la relation.

Orientée vers des buts

La fonction première d'une alliance thérapeutique est d'aider les clients à atteindre des objectifs d'adaptation. Le client et l'infirmière font ensemble la part de ce qui doit être fait et de ce qui peut être fait. Ensuite, ils s'entendent pour y travailler ensemble, en modifiant, au besoin, les stratégies pour atteindre les objectifs qu'ils ont fixés. Les activités qui en découlent sont habituellement nombreuses et variées, mais chaque action est soigneusement planifiée en fonction des objectifs du client.

Objective plutôt que subjective

L'infirmière ne peut jouer un rôle thérapeutique que si elle demeure objective. L'**objectivité** nécessite l'absence de discrimination, de préjugés et de parti pris ; elle requiert une interaction avec le client basée sur des faits. Si, au contraire, la **subjectivité** prédomine dans la relation, celle-ci évoluera selon les sentiments, l'attitude et les opinions de l'infirmière ou du client. En agissant subjectivement vis-à-vis du client ou de sa situation, l'infirmière perd de son efficacité. Lorsqu'elle prend du recul, elle peut voir les choses de façon plus réaliste, objective, factuelle et impersonnelle.

De toute évidence, cela ne signifie pas que l'infirmière se coupe émotionnellement ou se protège en intellectualisant à outrance ou en évitant toute réaction. Par ses connaissances, sa prise de conscience et son expérience, l'infirmière peut demeurer objective, mais aussi sensible aux besoins du client et à sa situation.

L'infirmière qui se montre empathique sans devenir sympathique pendant une intervention auprès d'un client, même si elle a traversé une situation semblable, constitue un bon exemple d'objectivité. Dans le cas d'une infirmière qui a perdu un enfant dans un accident et qui rencontre un client déprimé et souffrant de la mort récente d'un enfant, l'infirmière démontrera son objectivité en permettant au client d'exprimer ses pensées et ses sentiments et en lui répondant de façon chaleureuse et empathique ; bref, en se consacrant à lui. Cette approche permet au client de libérer ses émotions réprimées dans un processus normal de deuil, de se sentir compris, de réorganiser ses pensées et de résoudre ses problèmes.

La subjectivité non thérapeutique consisterait au contraire, pour une infirmière dans un cas semblable, à subordonner la situation du client à sa propre expérience. Cette approche représente une perte des limites thérapeutiques causée par l'identification aux problèmes du client. Ce dernier réagirait probablement de façon négative et cesserait de se confier, parce qu'il se sentirait diminué et nié. Il s'inquiéterait aussi de la fragilité et de la compétence d'une infirmière incapable d'affronter ses propres problèmes.

Limitée dans le temps

Avant d'entreprendre une intervention dans le cadre de l'alliance thérapeutique, l'infirmière doit fixer, avec le client, un calendrier qui comprend la date et l'heure de leurs rencontres de même que le nombre de rendez-vous prévus. Une telle organisation permet au client de réaliser que cette alliance de travail comporte des limites circonscrites par le temps (p. ex. le client ne peut avoir l'infirmière à sa disposition chaque fois qu'il le souhaite et aussi longtemps qu'il le veut).

Plusieurs raisons justifient le principe d'une intervention limitée dans le temps. Il arrive que des clients n'aient pas compris l'importance de poser des limites dans leurs propres relations et qu'ils ignorent que des problèmes surviennent inévitablement en l'absence de telles limites. Lorsque les participants définissent la durée d'une relation, les incertitudes qui déclenchent l'anxiété se trouvent éliminées. Les individus sont alors en mesure de décider comment utiliser les moments passés ensemble. Toutes les alliances thérapeutiques ont un aboutissement et l'on évitera bien des souffrances si l'infirmière et le client connaissent d'avance les conditions de leur relation et s'y conforment. Cette relation représente un microcosme des autres relations du client et lui sert de modèle pour modifier celles-ci.

Étapes de la relation infirmière-client

Chaque alliance thérapeutique infirmière-client est unique en raison des qualités de chacune des personnes engagées dans le processus d'interaction et de la dynamique propre à cette relation. Néanmoins, on distingue plusieurs phases inéluctables dans cette alliance. Une infirmière suffisamment vigilante perçoit ces phases, à mesure qu'elles se présentent, pour faciliter les progrès du client.

Phase d'orientation préalable

Durant cette phase initiale, avant même que l'infirmière et le client ne se rencontrent, l'infirmière doit accomplir plusieurs tâches. La première consiste à réunir l'information sur le client, sur son état et sa situation actuelle. Cette information provient de toutes les sources disponibles (le dossier du client, les rapports de l'équipe, le rapport du médecin traitant, les données fournies par sa famille ou par d'autres sources fiables: la police ou les ambulanciers).

À partir de l'information recueillie, l'infirmière entame une période d'auto-diagnostic de ses pensées, de ses sentiments, de ses perceptions et de son attitude à l'égard du client concerné. Les jugements, préjugés ou stéréotypes peuvent influencer le contact d'une façon non thérapeutique. Si l'infirmière apprend des choses qui lui rappellent un être cher, ou, au contraire, une personne méprisée ou redoutée, sa réaction risque d'être subjective et inefficace en l'absence d'un examen clair de ces associations.

Prenons l'exemple de l'infirmière A, dont le père souffrait d'une dépendance alcoolique et qui faisait preuve de violence verbale envers sa mère lorsqu'il avait bu. Quelles réactions peut avoir cette infirmière dans les cas suivants si elle ne pratique pas un autodiagnostic?
- Un homme est admis dans l'unité en état d'ébriété parce qu'il maltraite sa femme.
- Une mère de famille est admise dans l'unité, car elle souffre de dépression grave. Son mari boit et la brutalise.

Si elle veut éviter les jugements faciles et les stéréotypes, l'infirmière A devra faire des efforts conscients pour examiner chaque situation et la replacer dans une perspective objective.

Phase d'orientation

Après une première présentation, l'infirmière et le client établissent les prémices de l'alliance thérapeutique. Durant cette étape, ils font connaissance, apprennent à se faire confiance et acceptent le processus qui s'amorce et au cours duquel le client va commencer à travailler sur des questions importantes.

Contrat

Durant la phase d'orientation, on passe un contrat. Il peut s'agir d'un contrat formel ou informel, écrit ou verbal. Les infirmières utilisent, la plupart du temps, des contrats verbaux et informels avec les clients qu'elles voient constamment dans leur milieu de soins. Il est parfois nécessaire d'écrire un contrat plus explicite et formel avec des clients qui sont vus à l'extérieur de ce milieu.

Même un contrat succinct peut être efficace. Par exemple, une infirmière informe un client dans un service de consultation externe: «Je suis votre personne ressource tant que vous demeurez dans cette unité. Je travaille du lundi au vendredi de 8 heures à 16 heures. En raison de votre horaire, il me semble que le meilleur moment pour nous rencontrer serait à 9 heures. Est-ce que cela convient?» Si le client accepte, le contrat est passé.

En milieu communautaire (soins à domicile, traitement à temps partiel, maison de transition), l'infirmière passera probablement un contrat par écrit avec le client, en précisant la date, le jour et l'heure des rencontres, et le numéro de téléphone où l'on peut la joindre pour lui poser des questions entre les rendez-vous. Certains contrats définissent clairement le comportement attendu du client entre les rencontres et les objectifs à atteindre.

Quel que soit le type de contrat, l'infirmière expliquera les buts des rencontres et le rôle de chacun des participants. Ensemble, ils conviendront des buts à long terme et des objectifs à court terme.

La totale implication de l'infirmière est essentielle; celle-ci doit respecter tous ses rendez-vous avec le client. Si les circonstances l'en empêchent, elle contacte le client pour expliquer la situation et reporter le rendez-vous. On s'attend que, de son côté, le client respecte ses engagements et on le lui rappelle au besoin.

Durant la phase d'orientation, le client et l'infirmière dégagent conjointement les forces, les limites et les problèmes du client. Ils établissent les critères d'évaluation des résultats et établissent un plan de soins. Les réactions du client durant cette phase peuvent varier considérablement.

Phase de travail

La transition entre la phase d'orientation et la phase de travail s'effectue lorsque le client prend la responsabilité de modifier son comportement et s'engage à travailler sur les problèmes et les préoccupations qui ont bouleversé sa vie.

En fixant un ordre de priorité des besoins du client, pour déterminer les problèmes dont il faut s'occuper immédiatement, on peut les gérer de façon organisée. Selon la règle de base, les problèmes de santé et de sécurité priment tous les autres. On s'assure notamment que le client ne constitue pas un danger pour lui-même ni pour les autres et l'on veille à ses besoins physiques avant de commencer la thérapie. Les attitudes socialement inacceptables sont ensuite modifiées (remarques hostiles, jurons, isolement, mauvaise hygiène). L'infirmière aide le client à transformer ses comportements problématiques dans un environnement sécuritaire dans lequel il peut explorer de nouvelles habiletés et de nouvelles activités.

Avec les acquis et l'expérience, l'infirmière discerne le moment où le client aborde la phase de travail. Il arrive que certains clients leur racontent des « histoires », mais ne fassent rien pour changer. L'infirmière expérimentée sait différencier la manipulation du véritable processus d'évolution.

Phase de clôture

L'alliance thérapeutique se termine à cette étape. Durant la phase d'orientation, l'infirmière fixe des dates de rencontre avec le client afin qu'il sache que la relation va s'amorcer, mais elle annonce, par le fait même, que cette relation aura un terme. Cela évite toute confusion de la part du client qui ne peut ni ne veut reconnaître les limites de cette relation. Il cherche parfois à prendre contact avec l'infirmière hors de l'établissement ou une fois qu'il en est sorti, mais l'infirmière ne poursuit pas cette relation après la fin du traitement.

La phase de clôture survient lorsque l'état du client s'améliore, qu'il a reçu l'autorisation de sortir, temporairement ou pour de bon. Lorsqu'elle peut anticiper la clôture, l'infirmière a recours à différentes stratégies pour préparer cette éventualité. La fin d'un traitement risque parfois de s'avérer traumatisante pour des clients qui en sont venus à valoriser une relation d'aide. Pour anticiper la phase de clôture, l'infirmière peut :

- réduire le temps passé avec le client à chacune des sessions et espacer celles-ci à mesure que l'état du client s'améliore ;
- amorcer un travail de préparation pour envisager la situation future du client après son congé, plutôt que de se cantonner sur des problèmes nouveaux ou passés ;
- amener le client à constater les progrès réalisés et discuter avec lui de sa croissance ;
- aider le client à exprimer ce qu'il ressent au moment de mettre fin à cette relation, et si cette relation a été agréable, le lui dire.

Lorsque l'infirmière reconnaît au fur et à mesure les étapes de la relation et qu'elle est consciente des stratégies et des réactions propres à chaque phase, la thérapie se déroule plus facilement. L'infirmière n'est pas prise au dépourvu ni choquée devant des réactions différentes de celles qu'elle a anticipées. Lorsque, au contraire, elle n'est pas au courant des réactions possibles du client, elle peut se culpabiliser pour ce qui lui paraîtra un échec et elle risque

même d'abandonner une relation peu gratifiante et infructueuse. À l'inverse, lorsque l'infirmière peut prévoir les réactions éventuelles, elle peut choisir d'avance les stratégies qui faciliteront les progrès du client.

1.6 RÔLES DE L'ÉQUIPE MULTIDISCIPLINAIRE EN SANTÉ MENTALE ET EN PSYCHIATRIE

Les infirmières jouent un rôle majeur dans toutes les phases des soins en santé mentale (la prévention, le traitement et la réadaptation) ; elles travaillent donc souvent en collaboration avec les membres des autres disciplines.

Des équipes multidisciplinaires se chargent habituellement du traitement des clients en santé mentale. Les rôles des membres des équipes varient grandement ; toutefois, chaque personne contribue à aider le client à atteindre et à maintenir un mieux-être optimal.

Une relation saine entre les membres de l'équipe et le client vise à obtenir l'indépendance du client dans la mesure de ses capacités. Les membres de l'équipe fournissent au client les moyens de se réapproprier une vie et des relations à travers lesquelles il peut pratiquer les comportements appris. Même si les membres de l'équipe collaborent à la formulation des buts et des objectifs pour le client à l'intérieur du système, le rôle de chacun est en bonne partie déterminé par la nature même de sa spécialité, soit :

- sa philosophie ;
- ses bases conceptuelles ;
- ses cadres théoriques ;
- sa formation préalable ;
- ses finalités ;
- ses méthodes d'intervention.

Les différents rôles de l'équipe en santé mentale sont résumés dans l'encadré 1.8.

1.7 TRAITEMENT

L'entrée dans le système de santé mentale se fait selon diverses modalités. Les clients peuvent chercher volontairement une intervention dans le milieu de la santé mentale et de la psychiatrie, soit chez un thérapeute, dans une clinique communautaire ou dans un établissement de soins de courte durée. Ils peuvent également être amenés par un membre de leur famille ou des amis, une institution, des ambulanciers ou des représentants de la loi. Les raisons suivantes justifient une intervention et un traitement :

- Les symptômes sont douloureux ou insupportables. Exemple : chaque jour, une mère de quatre enfants est incapable de quitter sa maison avant de l'avoir nettoyée compulsivement.
- Le client ou ses proches n'arrivent plus à contrôler les symptômes.

Rôles de l'équipe multidisciplinaire en santé mentale et en psychiatrie   ENCADRÉ 1.8

Infirmière en santé mentale et en psychiatrie

Les infirmières possèdent la description de tâches la plus vaste de tous les membres de l'équipe. Cette tâche dépend de leur diplôme et de leur titre professionnel, de la politique interne de l'établissement de santé mentale et de psychiatrie, et de leur expérience. Les infirmières interviennent avec les clients individuellement ou en groupe, elles font un suivi du traitement, administrent les médicaments, participent aux nombreux traitements psychiatriques et physiques, vont aux rencontres multidisciplinaires, enseignent aux clients et à leurs familles, se chargent des dossiers médicaux, jouent le rôle de représentants du client, interagissent avec les proches, analysent les problèmes psychiatriques, biologiques, psychosociaux, culturels et spirituels du client et interviennent dans ces domaines.

Les infirmières techniciennes et bachelières fournissent un soutien direct au client. En plus de s'occuper du client, elles jouent un rôle élargi dans la gestion de l'unité et la prise de décision. Au niveau de la maîtrise et du doctorat, les infirmières agissent en tant qu'infirmières de pratique avancée dans des thérapies individuelles, de groupes ou familiales, et se voient attribuer des fonctions de plus en plus importantes dans les établissements de santé mentale et de psychiatrie. Elles peuvent également travailler de façon autonome en pratique privée.

Aux États-Unis, l'infirmière de pratique avancée peut prescrire certains médicaments et gérer les cas. Il faut détenir un baccalauréat, une maîtrise ou un doctorat pour enseigner les soins infirmiers. Les infirmières diplômées (maîtrise et doctorat) poursuivent souvent des recherches en psychiatrie ou administrent des unités, des services ou des établissements de santé mentale et de psychiatrie.

Travailleur social psychiatrique

Cet emploi, qui correspond à une formation de deuxième cycle universitaire, permet de travailler avec les clients sur une base individuelle, de mener des sessions de thérapie collective, de travailler avec la famille des clients et de servir d'agent de liaison avec la communauté pour placer les clients après leur sortie. Les travailleurs sociaux mettent particulièrement l'accent sur une intervention avec le client dans son environnement social.

Technicien en loisirs ou récréologue

Le technicien en loisirs est en contact direct avec le client et il se rapporte habituellement à l'équipe multidisciplinaire. Les techniciens en loisirs sont formés pour observer et noter les manifestations cliniques et les symptômes ainsi que l'évolution des clients dans des contextes de loisirs (ateliers d'art ou de musique, salon de beauté) et d'activités sportives (individuelles et de groupe). Les activités de loisirs ont aussi une fonction psychoéducative : elles permettent aux clients d'acquérir et de développer des compétences de base. Enfin, il est à noter que les diverses activités ont aussi pour objectif d'influencer positivement l'estime de soi des clients. Les interventions du technicien en loisirs visent essentiellement le développement des compétences et des habiletés propres aux dimensions physique, psychologique, sociale et spirituelle des clients.

Préposé aux bénéficiaires en santé mentale et en psychiatrie

C'est un poste qui ne requiert aucune formation de base et la personne qui l'occupe travaille sous la surveillance d'une infirmière autorisée pour aider les clients dans leurs activités quotidiennes, tenir l'horaire des activités et apporter un soutien général. Certains travailleurs en santé mentale ont une formation limitée en psychiatrie. Ils n'administrent aucun médicament.

Psychiatre

C'est un médecin autorisé qui se spécialise en psychiatrie. Ses responsabilités comprennent l'admission des clients dans les établissements de soins de courte durée, la prescription d'agents psychopharmacologiques et la surveillance de leur prise, l'administration des électrochocs, l'animation des thérapies individuelles et familiales et la participation aux rencontres interdisciplinaires concernant ses clients.

Psychologue

Ce praticien autorisé détient un doctorat en psychologie. Il existe plusieurs débouchés dans ce domaine. Les psychologues analysent et traitent les problèmes psychologiques et psychosociaux des individus, des familles ou des groupes (dans un milieu professionnel, pédagogique ou général). Ils ne prescrivent et n'administrent aucun médicament. De nombreux psychologues font passer des tests psychométriques pour aider à diagnostiquer les troubles mentaux.

Conseiller matrimonial ou familial

Ces individus autorisés travaillent fréquemment en pratique privée. Ils sont formés pour œuvrer auprès des individus, des familles et des groupes et ils s'attachent particulièrement aux relations interpersonnelles.

Responsable de la prise en charge globale

Ce poste est redéfini constamment. Les infirmières sont qualifiées pour occuper ce poste en raison de leur formation générale. Les responsables de la prise en charge globale se chargent de la prestation de soins individualisés et coordonnés de manière économique. La gestion des soins de santé et la prise en charge globale ne constituent pas deux concepts interchangeables. La gestion des soins de santé désignent un système de compression des coûts au moyen de programmes pour diriger, contrôler et approuver l'accès aux services et les coûts dans le système de distribution des soins médicaux. La prise en charge globale, pour sa part, s'intéresse à la stratégie des soins gérés (Mullahy, 1995). Les responsables de la prise en charge globale connaissent les différents types d'hospitalisation et les établissements de consultation externes, la protection donnée par les organismes payeurs (compagnies d'assurances, organisations de soins de santé intégrés, organismes dispensateurs de services à tarifs préférentiels) et les conséquences des législations fédérale et provinciales. Les responsables de la prise en charge globale servent de liens entre les divers organismes pour fournir aux clients les meilleurs résultats possibles.

Exemple : le client refuse de prendre les médicaments qui permettent de maîtriser les symptômes positifs associés à une schizophrénie chronique.

- Le trouble perturbe la routine quotidienne.

  Exemple : un homme est si déprimé qu'il se trouve dans l'incapacité de se lever pour aller travailler, de se charger des tâches domestiques et de prendre soin de sa famille.

- Les symptômes provoquent une crise.

  Exemple : un adolescent est admis à l'hôpital après avoir fait une tentative de suicide.

- Les troubles mentaux conduisent à des conduites criminelles.

  Exemple : une mère célibataire avec deux jeunes enfants est mise en prison parce qu'elle consomme et fait le trafic de la cocaïne.

Les infirmières en santé mentale et en psychiatrie sont souvent appelées à dispenser des soins dans des environnements divers et dans des conditions qui diffèrent de celles qu'offrent les institutions psychiatriques.

1.7.1 Modalités des traitements thérapeutiques

Une véritable révolution dans le domaine des soins de santé mentale s'est produite au cours des dernières années lorsque l'hospitalisation traditionnelle des malades a été remplacée par toute une série d'autres modèles de prise en charge. Ces options peuvent constituer des solutions de remplacement économiques, imaginatives et davantage orientées vers le client par rapport aux traitements traditionnels. Si elles prennent conscience de ce virage thérapeutique, les infirmières pourront fournir un traitement optimal à leurs clients.

L'infirmière peut utiliser de nombreuses méthodes d'intervention avec le client dans de nombreux environnements de santé mentale et de psychiatrie, qui vont de l'unité hospitalière au centre de traitement, en passant par le service de consultations externes, la clinique, la résidence ou le centre communautaire, le milieu de vie, sans oublier le centre de crise, le centre de placement ou l'école. Le choix des méthodes d'intervention en fonction des besoins et des problèmes du client dépend de différents facteurs, dont :

- les problèmes que présente le client ;
- sa connaissance des méthodes de traitement ;
- ses capacités et son habileté à faire des choix ;
- le bagage théorique, la formation et la philosophie du thérapeute ;
- le type d'institution ;
- les ressources disponibles.

Les approches varient grandement en fonction de la multiplicité des thérapies disponibles. Au cours d'un traitement, il n'est pas rare d'utiliser conjointement plusieurs méthodes (approche éclectique). Généralement, les clients admis dans un établissement psychiatrique de soins de courte durée reçoivent à la fois une thérapie biologique et

psychothérapeutique. Les traitements biologiques comprennent les médicaments, la sismothérapie et, plus rarement, la neurochirurgie. Les traitements psychothérapeutiques, employés plus fréquemment quel que soit le cadre théorique ou le modèle conceptuel sur lequel ils se basent, peuvent prendre la forme d'une thérapie individuelle ou de groupe et de traitements auxiliaires. La Partie IV présente l'ensemble des modalités concernant les traitements thérapeutiques disponibles dans des établissements traditionnels et non traditionnels.

1.7.2 Évolution dans le traitement

Dans le passé, lorsque des individus souffraient de troubles mentaux sérieux et continus qui les empêchaient de fonctionner dans la société, on les internait. Il pouvait s'agir d'hôpitaux publics, où ces malades demeuraient, la plupart du temps, le reste de leur vie, ou d'établissements privés, si la famille avait les moyens de les payer. Les grands changements survenus dans la manière de traiter les gens souffrant de troubles mentaux leur ont permis de sortir des institutions et de se réinsérer dans la société.

La désinstitutionnalisation s'est amorcée sous l'impulsion de plusieurs facteurs : d'abord, la volonté politique et les subventions accordées par les gouvernements pour la réinsertion sociale des clients souffrant de troubles mentaux : ensuite, la mise au point et l'introduction de molécules antipsychotiques, dans les années cinquante, qui ont procuré un soulagement et une amélioration de la santé chez des clients souffrant de schizophrénie et de symptômes psychotiques. Grâce à ces molécules, les clients ont pu, dans bien des cas, réintégrer la société.

Prévention des troubles mentaux

Pour aider à remplir ce mandat de traiter les clients dans la communauté, Gerald Caplan propose, dans son livre *Principles of Preventive Psychiatry* publié en 1964, un modèle de prévention pour les malades souffrant de troubles mentaux. Ce modèle, largement reconnu, est encore utilisé aujourd'hui. Conçu à l'origine pour la psychiatrie, il a été adopté dans plusieurs autres disciplines. Les infirmières en santé mentale et en psychiatrie se guident sur ses principes et il est plus spécifiquement destiné aux infirmières en santé communautaire en raison de son adaptabilité aux problèmes et aux besoins d'ordre biologique, psychologique ou social.

Le modèle de Caplan propose trois niveaux de prévention pour les maladies ou les troubles : *prévention primaire, prévention secondaire* et *prévention tertiaire*. Par la suite, certains théoriciens ont soutenu qu'il existe en réalité quatre niveaux, puisque le niveau primaire comprend deux étapes : la promotion et la prévention (Clark, 1992 ; Leavell, 1965).

Niveaux de prévention

- **Prévention primaire** : elle s'intéresse avant tout à la réduction de l'incidence des troubles mentaux dans la communauté. Elle se concentre sur l'occurrence des problèmes de santé mentale, en mettant l'accent sur la promotion de la santé et la prévention des troubles. Les interventions infirmières concernent à la fois le client et l'environnement. L'infirmière peut ainsi aider le client à prendre conscience des agents stressants et à y faire face, mais elle peut également intervenir pour réduire ou contrôler les agents stressants dans la communauté.

- **Prévention secondaire** : elle s'attache à réduire la prévalence des troubles mentaux par un repérage des problèmes précoces et un traitement rapide. Cette étape survient une fois que le problème est apparu et elle vise à raccourcir l'évolution de la maladie et la durée de l'épisode.
- **Prévention tertiaire** : elle poursuit un double objectif : réduire les effets résiduels du trouble mental et réhabiliter le sujet qui vient d'en souffrir. L'encadré 1.9 donne des exemples de prévention primaire, secondaire et tertiaire.

Lorsque les infirmières en santé mentale et en psychiatrie se seront familiarisées avec ce modèle, elles le trouveront particulièrement utile ; surtout si leur pratique s'étend dans la communauté. Dans un contexte visant la rationalisation budgétaire, les interventions sont appelées à se multiplier au niveau primaire. Cette prévention primaire

---

Niveaux de prévention: exemples   ENCADRÉ 1.9

Prévention primaire
- Enseigner les techniques de réduction du stress et de gestion du stress à toutes les clientèles.
- Donner des séminaires aux enfants d'âge scolaire et aux parents sur l'action des drogues et leurs effets.
- Enseigner les compétences parentales et le développement normal de l'enfant aux couples en attente de la naissance d'un enfant.
- Diriger un groupe pour nettoyer le terrain d'un immeuble locatif problématique et le transformer en jardin.

Prévention secondaire
- Traiter les individus dans tous les établissements psychiatriques (consultations externes, résidences, cliniques, centres de traitement de jour) après que le diagnostic a été posé et par toutes les méthodes thérapeutiques acceptées (traitements interactifs ou biologiques).
- Diriger les clients présentant des symptômes aux autres intervenants de soins de santé mentale (test psychométrique, consultations médicales, thérapie familiale).

Prévention tertiaire
- Fournir à la famille un soutien et de l'information pour les aider à déceler rapidement les symptômes susceptibles de survenir.
- Encourager les couples à suivre une thérapie pour qu'ils parviennent à modifier leurs relations conjugales.
- Fournir une thérapie de groupe en consultation externe pour que les membres s'apportent information et soutien mutuels et puissent évaluer conjointement leurs progrès.

---

se justifie d'autant plus qu'elle permet aux clients d'éviter autant que possible les contraintes, grâce à une prise de conscience et à une meilleure éducation.

1.8 AVENIR

1.8.1 Prestation des soins

Une question domine, sans nul doute, tout le champ de la santé mentale : celle de la gestion des soins de santé. Il s'agit d'un système où les fournisseurs de soins régissent et déterminent la façon dont les soins de santé sont fournis et financés. Pour les clients et les familles qui souffrent de troubles mentaux ou d'autres problèmes, les résultats de la gestion des soins de santé sont, au bas mot, inefficaces. Les observateurs honnêtes et francs considèrent que la gestion des soins de santé, spécialement pour la population touchée par des troubles chroniques et permanents, se sont avérés rien de moins que désastreux. À cet égard, en 1997, *The National Alliance for Mental Illness* déplorait l'inadéquation dramatique des services offerts à cette population (NAMI, 1997).

Durant les années quatre-vingt, on a connu « une explosion sans précédent dans les soins psychiatriques » (Mohr, 1998). On a pour preuve l'augmentation du nombre d'institutions psychiatriques durant cet âge d'or. À l'aube d'un siècle nouveau, l'accès aux soins continue d'être refusé en permanence aux clients souffrant de troubles mentaux, ou alors ceux-ci reçoivent des traitements inadéquats en raison des contraintes budgétaires. L'état et la situation du client ne déterminent plus l'intervention et le traitement, qui dépendent uniquement de la disponibilité des ressources financières, gérées par des organismes de soins qui se veulent presque exclusivement rentables.

Les clients, particulièrement ceux qui souffrent de troubles mentaux importants et chroniques, sont fréquemment traités à domicile ou dans des institutions communautaires, ou encore dans des établissements de soins de courte durée, où le temps de traitement et le suivi sont grandement réduits en raison de la politique actuelle. Le manque de fonds oblige à autoriser la sortie des clients avant qu'ils ne soient prêts à partir. On finit souvent par retrouver ces mêmes clients dans le système, après quelque temps, incapables de fonctionner en raison des symptômes persistants de troubles non traités. On a baptisé ce phénomène le *syndrome de la porte tournante*.

Dans ce contexte, la pratique des infirmières s'est transformée. Pour offrir un service efficace au client, elles doivent faire beaucoup avec peu. Par ces temps difficiles, elles ont à faire preuve d'une grande souplesse. Au cours de l'histoire, elles ont souvent mis à profit un changement pour favoriser une prise de conscience. Pour poursuivre dans cet esprit et faire face à un tel défi, elles peuvent saisir cette occasion pour fournir des soins consciencieux, même si elles ont des contacts limités avec le client et si celui-ci doit sortir hâtivement en raison des compressions budgétaires.

Les infirmières en santé mentale et en psychiatrie peuvent saisir les nombreuses occasions qui se présentent. L'avantage incontestable de pouvoir gérer les besoins médicaux et la médication des clients, dans un contexte de diminution des ressources, leur permettra d'élargir leur rôle. De plus, celles qui se tiennent au courant des tendances et des problèmes actuels en s'impliquant activement dans les organisations politiques, professionnelles ou de consommateurs, participeront aux discussions et aux processus de décision afin de proposer des solutions constructives aux problèmes cruciaux dans le domaine de la santé.

1.8.2 Autres progrès

En dehors des facteurs économiques et politiques qui influencent l'avenir des soins infirmiers en santé mentale et en psychiatrie, d'autres facteurs retiennent l'attention.

Psychobiologie

Le Congrès américain a déclaré les années 1990 la « décennie du cerveau », car on a plus appris sur les troubles mentaux et leur traitement dans cette dernière décennie qu'au cours de toute l'histoire. On a réalisé de grandes avancées pour déterminer la cause de certains troubles, et leur traitement ne devrait pas tarder à suivre. Par conséquent, il s'avère nécessaire de renforcer les enseignements portant sur des notions de psychobiologie dans les programmes d'enseignement de soins infirmiers, tant au niveau d'enseignement collégial qu'au niveau universitaire.

Technologie médicale

La lectrice trouvera, dans le présent ouvrage, les retombées de l'essor technologique sur la psychiatrie. Les techniques modernes d'imagerie cérébrale comme l'imagerie par résonance magnétique (IRM), la tomographie par émission de positons (TEP) et la tomodensitométrie ont révolutionné l'examen diagnostique des maladies mentales. La chirurgie cérébrale réalisée par des méthodes stéréotaxiques risque de devenir encore plus sophistiquée à l'avenir. Par ailleurs, la recherche sur les rythmes circadiens et leur influence sur les troubles mentaux est à l'origine de nombreuses publications.

La découverte constante d'agents psychopharmacologiques va certainement modifier le traitement des troubles mentaux. Les clients seront en mesure de gérer automatiquement leurs concentrations de médicaments et de les ajuster avant qu'un symptôme mineur n'évolue en trouble important. On pourra, par exemple, suivre les niveaux d'anxiété grâce à des appareils discrets qui avertiront le sujet de prendre son médicament avant qu'une crise de panique ne se déclare.

1.8.3 Pensée critique en santé mentale et en psychiatrie

La pensée critique constitue l'un des meilleurs instruments dont dispose l'infirmière pour analyser les situations et les **contenus**, pour chercher des solutions et prendre des décisions. Cet instrument repose entièrement sur la logique et sur les faits. La pensée critique est une compétence acquise, qui évolue avec les connaissances, l'expérience, les intentions et la pratique, et qui se manifeste dans le jugement clinique. Chaque infirmière se doit d'acquérir cette compétence. Certaines disciplines dans le domaine des soins infirmiers peuvent s'avérer plus faciles parce qu'elles présentent une structure plus prévisible ou des formules toutes faites pour travailler avec le client. Les soins infirmiers en santé mentale et en psychiatrie, même s'ils comportent des principes structurants, font néanmoins continuellement appel à la pensée critique en raison de la nature dynamique de la relation avec le client et du caractère unique des manifestations des troubles mentaux.

On peut définir la pensée critique comme l'utilisation d'aptitudes cognitives et de stratégies déterminées, intentionnelles et raisonnées, aux fins de faciliter une prise de décision et une résolution des problèmes.

Les conditions suivantes sont requises pour développer la pensée critique :
- une attitude ouverte en ce qui concerne la pensée critique et le désir de l'appliquer en santé mentale et en psychiatrie (ouverture d'esprit, prise de conscience des blocages psychologiques et des préjugés) ;
- la volonté et la possibilité de faire appel aux principes de la pensée critique ;
- la pratique d'exercices structurés pour faciliter le transfert de l'information, quel que soit le contexte ;
- l'apprentissage et l'application des méthodes d'autocontrôle de façon à pouvoir examiner la pensée critique et obtenir de la rétroaction.

Dans le contexte d'un établissement psychiatrique, le recours à la pensée critique permettra à l'infirmière d'interagir et de communiquer avec le client de façon plus efficace, de suspendre son jugement moral, de fournir une information factuelle à ses collègues et de résoudre les problèmes dans la perspective des objectifs visés par le client.

CONCEPTS-CLÉS

- Les soins infirmiers en santé mentale et en psychiatrie constituent une des spécialités des soins infirmiers.
- L'alliance thérapeutique infirmière-client constitue la base des soins infirmiers en santé mentale et en psychiatrie.

- L'alliance thérapeutique se centre sur les besoins du client.
- Les quatre étapes de l'alliance thérapeutique sont l'orientation préalable, l'orientation proprement dite, le travail et la clôture.
- Les normes de soins de l'OIIQ suivent les étapes de la démarche de soins infirmiers et servent de cadre pour l'exécution et l'évaluation des soins infirmiers en santé mentale et en psychiatrie.
- Il n'existe pas de définition précise de la santé mentale. La santé mentale dépend d'une multitude de facteurs.
- Les mécanismes de défense du moi constituent des processus psychologiques destinés à protéger le sujet des agents stressants internes ou externes ainsi que des dangers.
- Le traitement conventionnel des clients dans un service de consultation externe tend à disparaître pour être remplacé par un système de soins dans le milieu de vie ou à domicile.
- Les soins en santé mentale et en psychiatrie les plus efficaces sont dispensés par une équipe multidisciplinaire qui applique les connaissances de plusieurs domaines de la santé mentale.
- La recherche psychobiologique confirme l'origine biologique de nombreux troubles mentaux, avec des implications importantes pour les soins infirmiers en santé mentale et en psychiatrie.
- Les progrès technologiques influenceront grandement les soins infirmiers en santé mentale et en psychiatrie dans les années à venir.
- Le jugement clinique manifesté par la pensée critique constitue un outil essentiel pour les soins infirmiers en santé mentale et en psychiatrie.

Ivan L. Simoneau
inf., Ph.D.Éd. (psychopédagogie)
Collège de Sherbrooke

Chapitre **2**

Expérience clinique : Satisfactions, enjeux et solutions

OBJECTIFS D'APPRENTISSAGE

APRÈS AVOIR LU CE CHAPITRE, VOUS DEVRIEZ ÊTRE EN MESURE :

- D'ÉNONCER LES RAISONS POUR LESQUELLES LES INFIRMIÈRES REDOUTENT D'ŒUVRER DANS UN ÉTABLISSEMENT DE SANTÉ MENTALE ET DE PSYCHIATRIE ;

- DE COMPRENDRE ET D'EXPLIQUER LES ORIENTATIONS ET LES INTENTIONS DES ÉTABLISSEMENTS DE SANTÉ MENTALE ET DE PSYCHIATRIE ;

- DE SOULIGNER L'IMPORTANCE DE SE CENTRER SUR LES FORCES DU CLIENT ;

- D'EXAMINER LES PRIORITÉS CLINIQUES DES DIAGNOSTICS INFIRMIERS ET DES INTERVENTIONS INFIRMIÈRES EN SANTÉ MENTALE ET EN PSYCHIATRIE ;

- DE PRIVILÉGIER ET DE JUSTIFIER L'OBSERVATION DES SYMPTÔMES FLUCTUANTS PLUTÔT QUE DES COMPORTEMENTS ET DES RÉACTIONS STATIQUES (LE *PLUS OU MOINS* AU LIEU DU *TOUT OU RIEN*) ;

- DE COMPRENDRE L'IMPORTANCE D'ÉVITER LES RÉPONSES D'ÉVALUATION DANS LA COMMUNICATION AVEC LE CLIENT ;

- DE COMPRENDRE LA NÉCESSITÉ D'OBSERVER ET D'OBJECTIVER LE COMPORTEMENT DU CLIENT PLUTÔT QUE D'INFÉRER ;

- DE COMPRENDRE ET D'INTÉGRER LES RAISONS QUI CONDUISENT À PRÉFÉRER L'OBSERVATION AUX INFÉRENCES ET À PROPOSER DES OPTIONS PLUTÔT QUE DES SOLUTIONS ;

- DE DISCUTER DE L'IMPORTANCE D'APPRENDRE À COMPOSER AVEC SES FRUSTRATIONS RELATIVES À LA NON-OBSERVANCE DU CLIENT ET À SON MANQUE DE COLLABORATION.

Plusieurs raisons justifient le choix d'œuvrer dans les soins infirmiers en santé mentale et en psychiatrie. Mais deux raisons essentielles l'emportent sur les autres : la grande satisfaction que les infirmières tirent des relations interpersonnelles avec les clients (individus, groupes, familles et communauté) et leur intime conviction que les résultats positifs obtenus sont dus à ces interactions. La prise en charge des clients dans les établissements de santé mentale et de psychiatrie procure donc bien des **satisfactions**, mais elle pose également certains **enjeux**.

2.1 SATISFACTIONS PERSONNELLES ET PROFESSIONNELLES

Lorsqu'elles évoquent les nombreuses satisfactions que leur procure leur travail avec les clients en santé mentale et en psychiatrie, les infirmières sont intarissables. Les commentaires suivants en sont la preuve :

- « Il est absolument impossible de s'ennuyer dans cette branche des soins infirmiers. »
- « Aider une personne suicidaire à retrouver le goût de vivre, cela donne un sens à ma vie. »
- « Les jours se suivent, mais ils ne se ressemblent pas, grâce à la nature dynamique de la pensée et du comportement des clients. »
- « Avec le temps, j'en suis venue à penser qu'il n'y a pas de souffrance plus grande que celle de ces clients, et je considère que mon aide s'avère un grand privilège. »

- « Quand j'entends la réaction d'un client qui prend soudainement conscience de quelque chose en s'écriant "Ah !", c'est pour moi un véritable cadeau. »
- « Travailler avec une famille et la voir se retrouver et se rétablir après le bouleversement causé par la maladie d'un de ses membres, c'est une expérience enrichissante pour l'infirmière qui a la chance d'en être témoin. »
- « Le champ d'action est vraiment vaste dans ma branche. Cela va bien au-delà de s'occuper des pensées et des émotions des autres. »

La prise en charge des clients dans cette spécialité oblige souvent à dépasser les connaissances et les apprentissages. En effet, les clients qui se trouvent dans ces établissements doivent surmonter, outre les problèmes d'ordre psychique et émotionnel auxquels ils font face, de nombreuses autres difficultés dans la vie de tous les jours. Que ces difficultés relèvent du domaine physique, culturel, spirituel ou social, il incombe à l'infirmière d'intervenir au nom et dans l'intérêt des clients.

Les personnes souffrantes sont souvent incapables de signaler leurs problèmes physiques en raison de leurs symptômes : état de conscience altéré, difficulté à interpréter les stimuli internes ou impossibilité de traiter l'information. L'infirmière se doit d'être à l'affût des malaises physiques, car souvent les clients ne les traduisent pas en termes explicites, comme dans le cas clinique suivant :

Nancy a été admise à la suite d'un diagnostic de psychose, sans autre spécification. Elle était incohérente et souffrait de délire et d'hallucinations. Au milieu d'un flot de paroles, elle ne cessait de répéter : « J'ai des couteaux qui me transpercent quand je vais aux toilettes. » Les membres de l'équipe ne parvenaient pas à déchiffrer ce message. Cependant, Denise, l'infirmière responsable, a demandé une culture des urines, ce qui a permis de déceler une grave infection urinaire chez la cliente et de la traiter aux antibiotiques.

Dans cet exemple, si l'infirmière s'était seulement bornée à noter les symptômes cognitifs et comportementaux de la cliente et à les interpréter de façon restrictive, elle n'aurait pu éviter les complications chez la cliente. Mais, consciente de l'importance de la vision holistique en soins infirmiers, elle l'a appliquée dans un cadre de santé mentale et de psychiatrie.

2.2 ENJEUX ET RÉSOLUTION DE PROBLÈMES

Les soins infirmiers en santé mentale et en psychiatrie offrent de nombreuses satisfactions, certes, mais il importe également d'être réaliste et de reconnaître les problèmes auxquels on se heurte dans ce milieu, au début. Certains de ces problèmes sont mentionnés ci-dessous afin de faire prendre conscience, aux infirmières novices, des obstacles qu'elles auront à surmonter lorsqu'elles commenceront à interagir avec des clients en détresse. Le présent ouvrage

TABLEAU 2.1	**Solutions possibles aux enjeux qui se présentent dans les établissements de santé mentale et de psychiatrie**
Enjeux	**Solutions**
Dissiper les craintes et l'anxiété en évitant de catégoriser les clients souffrant de troubles mentaux.	Étudier et comprendre les diagnostics psychiatriques (DSM-IV). Choisir des lieux et des locaux sécuritaires pour commencer les interactions. Se familiariser avec la politique générale de l'unité et avec ses attentes. Interagir avec les clients.
Analyser ses doutes concernant ses difficultés et ses inquiétudes concernant son propre équilibre mental.	Apprendre les principes des soins infirmiers en santé mentale et en psychiatrie. Étudier et mettre en pratique les techniques de communication thérapeutique. Se mettre à la disposition des clients, afin de prendre de l'expérience. Recourir à ses compétences en matière de communication thérapeutique. Revoir les enseignements concernant les limites personnelles. Rechercher une supervision ou un counseling. Maintenir un ensemble de croyances réalistes. Utiliser les affirmations positives.
Se concentrer sur l'action en formulant une orientation et des intentions.	Prévoir chaque jour des objectifs élaborés en fonction des besoins du client. Valider ces objectifs avec le client et le personnel soignant en fonction du plan de soins. Viser l'atteinte des objectifs en y travaillant constamment. Impliquer, si possible, le client dans la poursuite des objectifs.
Se centrer sur les forces du client.	Identifier, avec le client, ses forces. Porter son attention sur ces forces. Réagir positivement à ce qui concerne les atouts du client. Encourager les activités et les comportements qui renforceront ces aspects positifs.
Établir un ordre de priorité dans les diagnostics infirmiers et dans les interventions.	Veiller avant tout à la sécurité et à la santé du client, pour éviter qu'il ne s'inflige des souffrances ou n'en inflige aux autres.
Penser en termes de *plus ou moins* au lieu de *tout ou rien*.	S'assurer que les résultats escomptés sont ambitieux mais réalistes. Éviter de présumer de l'évolution du client. Se préparer aux circonstances imprévisibles dans la progression vers un mieux-être et les accepter. Se garder de toute opinion tranchée.
Éviter les réponses d'évaluation dans les communications avec le client.	Se concentrer sur les comportements et non sur la personne. Rester neutre sans être indifférent. Éviter les réponses d'évaluation. Se limiter à des constatations objectives.
Émettre des constatations plutôt que des inférences.	Observer plutôt que déduire. Valider ses interprétations avec le client pour en arriver à des conclusions communes. Étudier les obstacles à l'application du plan de soins avec le client.
Offrir des options plutôt que des solutions.	Aider le client à exprimer ses inquiétudes et à parler de ses difficultés. Lui permettre d'exprimer ses sentiments. Aider le client à résoudre ses problèmes et à trouver des solutions. Éviter de donner des conseils. Offrir de multiples options ou des solutions de rechange uniquement dans le cas où le client serait incapable d'en trouver par lui-même. Faciliter les choix.
Éviter d'éprouver une frustration vis-à-vis du client.	Mettre le client au centre du plan de soins. Enseigner les techniques qui favorisent son épanouissement personnel. Travailler en collaboration avec le client.

vise à les préparer à affronter les difficultés en leur suggérant des solutions ou en leur permettant d'en élaborer elles-mêmes. Nous ne prétendons pas que les solutions présentées ici soient une panacée ; elles constituent surtout l'amorce d'une discussion avec les collègues ou les enseignants sur les réactions possibles de l'infirmière dans des situations susceptibles de se produire dans un établissement.

De toute façon, les problèmes réels ne manqueront pas d'être mobilisateurs, stimulants, formateurs et, avant tout, intéressants. L'infirmière qui affrontera ces difficultés avec diligence en tirera de nombreuses satisfactions. Certains problèmes majeurs et quelques-unes des solutions se trouvent au tableau 2.1.

2.3 ENJEU : LA CRAINTE D'ENTRER DANS UN ÉTABLISSEMENT DE SANTÉ MENTALE ET DE PSYCHIATRIE

Toute expérience nouvelle génère une certaine anxiété ; il s'agit en fait d'une réaction saine pour l'individu qui intègre de nouvelles informations et qui se prépare au changement. Néanmoins, lorsqu'une infirmière passe, pour la première fois, le seuil d'un établissement de santé mentale et de psychiatrie, ses craintes dépassent souvent largement ses espérances – craintes justifiées pour bien des raisons et dues, entre autres, aux **préjugés**, aux **stéréotypes** et au **doute de soi**.

2.3.1 Préjugés

Avoir un préjugé, c'est se faire une opinion simplifiée et standardisée d'une personne ou d'un groupe, la plupart du temps sans disposer de l'information adéquate. Malheureusement, les préjugés du grand public à l'endroit des personnes aux prises avec des troubles de santé mentale sont tenaces, car ces personnes sont souvent étiquetées comme « folles », « incontrôlables » ou « dangereuses ». Les films et les livres contribuent à renforcer cette image irréaliste et à nourrir les craintes. Dans un tel contexte, l'infirmière débutante, sans expérience, risque de se sentir menacée.

Les solutions à ce problème consistent à :
- étudier les diagnostics psychiatriques et les comprendre (DSM-IV) ;
- choisir des lieux et des locaux sécuritaires pour commencer les interactions ;
- se familiariser avec la politique générale de l'unité et avec ses attentes (organisme et programme infirmier) ;
- interagir avec les clients.

Une compréhension adéquate du large spectre des troubles mentaux, associée à la possibilité d'intervenir auprès des clients en souffrance, permettront de dissiper rapidement les stéréotypes. Seul un faible pourcentage des sujets affectés de troubles mentaux est dangereux, et, dans une unité gérée efficacement, ces rares clients ne se trouvent pas en contact direct avec les autres. L'infirmière novice considérera progressivement les clients comme des êtres humains qui ont des problèmes à résoudre, et elle cessera d'en avoir peur.

La responsabilité de la sécurité dans l'unité, une question d'une importance capitale, incombe à l'établissement et au personnel. L'infirmière se doit de bien connaître chaque unité, ses politiques, sa procédure et les attentes concernant son rôle. Des infirmières novices et inexpérimentées ne sont pas affectées à une unité où les clients présentent un danger potentiel, à moins que ces unités ne soient surveillées par un personnel spécifiquement formé qui en assure la sécurité. En règle générale, une unité bien gérée est sécuritaire.

De toute évidence, l'infirmière novice cherchera à éviter toute perturbation. Néanmoins, si un incident se produit, l'infirmière novice doit demander immédiatement de l'aide à une personne expérimentée et la seconder pour faire sortir les clients qui ne sont pas impliqués, et ce, pour leur propre bien, mais aussi pour éviter une montée en flèche de l'anxiété.

2.3.2 Doute de soi

La remise en question de ses propres capacités peut avoir plusieurs causes. Dans le contexte d'un établissement de santé mentale et de psychiatrie, les deux raisons principales sont l'inquiétude concernant sa propre démarche et les angoisses relatives à sa propre santé mentale.

Remise en question de ses propres capacités

Les infirmières qui manquent d'expérience avec les clients dans ce genre d'établissement confient fréquemment qu'elles « ne savent pas quoi leur dire ». Elles assistent aux interactions entre les clients et les membres aguerris de l'équipe soignante qui, eux, semblent avoir le don de trouver les mots justes et appropriés. Il importe de leur rappeler que ce processus de communication, si simple en apparence, est à la fois un art et une science. Une science qui peut s'apprendre et qui, avec la pratique, devient un art pour la plupart !

Les solutions à ce problème consistent à :
- apprendre les principes des soins infirmiers en santé mentale et en psychiatrie ;
- étudier et connaître les principes et les techniques de la communication thérapeutique, et les mettre en pratique ;
- se mettre à la disposition des clients, afin de prendre de l'expérience ;
- recourir à ses compétences en matière de communication thérapeutique.

Les infirmières novices en santé mentale et en psychiatrie doivent étudier les techniques de communication thérapeutique adéquates et les pratiquer dans le but d'optimiser la qualité des interventions auprès des clients et de faire passer efficacement les messages. Le chapitre 8 présente l'ensemble de ces techniques.

En outre, les infirmières novices doivent se montrer réalistes dans leurs attentes. On ne s'attend pas à ce qu'elles se transforment en thérapeutes expérimentées dès leurs premiers entretiens avec les clients. Avec le temps, les occasions et le perfectionnement, elles finiront par réussir. Elles seront à même de raffiner leurs interventions et leur pertinence, d'agir au moment opportun et de s'améliorer tout en en faisant profiter les clients.

La justesse des mots importe moins que la capacité de faire passer le courant et de démontrer de la sollicitude.

Les erreurs sont inévitables dans la communication, mais elles seront vite pardonnées et oubliées si le client sent que l'infirmière démontre une véritable empathie et une réelle volonté de l'aider dans son cheminement vers un mieux-être.

Préoccupations concernant sa propre santé mentale

Certaines infirmières en santé mentale et en psychiatrie redoutent que leur stabilité psychique ne résiste pas à ce type de soins et qu'elle soit affectée par leur séjour dans un tel environnement. L'infirmière qui n'arrive pas à maintenir ses limites personnelles risque de ne pas se sentir suffisamment capable, émotionnellement, de tolérer la complexité des problèmes humains en milieu de santé mentale et de psychiatrie. Cela se vérifie dans le cas d'une infirmière qui a souffert antérieurement de problèmes émotionnels ou d'un dysfonctionnement psychique ou qui traverse une période difficile et stressante.

Les nouvelles venues disent souvent : « J'ai peur que cela m'arrive à moi » ou « Mes difficultés me paraissent plus graves que les leurs – pourquoi sont-ils hospitalisés et pas moi ? » Le lecteur aura, sans aucun doute, entendu parler du « syndrome de l'étudiant en médecine », qui consiste à s'imaginer que l'on souffre de tous les symptômes de chaque maladie étudiée ! En effet, les infirmières novices ont souvent tendance à sous-estimer leur capacité de fonctionner au milieu des tensions psychosociales.

Les solutions à ce problème consistent à :

- revoir les enseignements concernant les limites personnelles ;
- demander l'aide d'un superviseur ou d'un conseiller ;
- maintenir un ensemble de croyances réalistes ;
- recourir aux affirmations positives.

Dans une relation thérapeutique, il est essentiel de maintenir des limites personnelles. On peut cependant montrer une réelle empathie envers la situation du client sans s'impliquer jusqu'à en perdre toute objectivité et toute efficacité. Ce sujet est traité, plus à fond, dans les chapitres 1 et 8. L'infirmière qui établit des limites claires et qui préserve un *ego* sain n'aura aucune difficulté à maintenir son équilibre mental.

On ne doit pas passer sous silence les inquiétudes concernant sa propre santé mentale. Si l'on aborde le sujet dans une conférence réunissant les étudiants ou le personnel, l'infirmière sera soulagée d'apprendre que ses préoccupations sont partagées et qu'il existe des pistes de solution. En cas d'inquiétudes graves, il lui faudra en discuter avec l'enseignant ou la personne-ressource, qui analysera objectivement le problème et la conseillera sur la pertinence de consulter un thérapeute.

Les pensées autodestructrices ressassées continuellement ont tendance à devenir des prophéties qui se réalisent. Lorsqu'on se tourmente, lorsqu'on doute constamment de soi, il devient difficile ou même impossible de s'acquitter de sa tâche. Par opposition, la pensée positive repose sur un ensemble de croyances positives, une attitude ouverte envers le monde et envers les autres, et sur la conviction qu'il est possible de parvenir à ses fins, tout en demeurant réaliste quant aux objectifs.

En faisant des efforts conscients pour maintenir une attitude positive, l'infirmière peut également recourir aux affirmations positives, au moyen de messages d'autonomie et d'autoconfirmation. L'effet Pygmalion fonctionne aussi dans le sens de la réussite. Les exemples suivants sont autant de messages d'affirmation positive :

- « Je suis en mesure d'étudier et de mettre en pratique ces nouvelles connaissances même si c'est difficile. »
- « Je m'améliore régulièrement dans mes interactions infirmière-client. »
- « J'ai maintenant atteint le niveau requis dans les entretiens avec les clients. »
- « J'utilise les techniques de communication thérapeutique. »
- « Je trouve que je suis de plus en plus détendue et compétente. »
- « Les enseignantes, les professeurs et le personnel sont là pour m'aider. »
- « Le client prend en charge sa propre guérison et je suis là pour faciliter ses progrès dans la mesure de mes moyens, qui s'améliorent constamment. »

On ne le répétera jamais assez, les craintes disparaissent et le niveau de confiance croît avec le temps, l'expérience et les connaissances, favorisant de ce fait les relations interpersonnelles.

2.4 ENJEU : ORIENTATION ET INTENTIONS

Il est difficile d'entrer dans un milieu inconnu et de se charger de l'exécution de ses tâches. L'infirmière qui pénètre dans un établissement de santé mentale et de psychiatrie vient, avant tout, pour aider le client à :

- prendre conscience des problèmes personnels et relationnels qui l'empêchent d'évoluer et qui affectent son épanouissement personnel ;
- aborder les difficultés durant les interactions thérapeutiques ;
- s'engager dans un processus de résolution de problèmes ;
- partager ses pensées et ses impressions ;
- déterminer les aspects positifs en soi et dans la vie en général ;
- s'accepter soi-même et accepter les autres ;
- acquérir de nouvelles habiletés, se sentir à la hauteur et améliorer ses relations personnelles.

Pour aider le client dans ces domaines, l'infirmière doit tout d'abord avoir un plan (orientation) et être prête à s'engager en s'appuyant sur des principes solides (intentions). L'infirmière qui ne s'implique pas pleinement dans la relation soignant-soigné n'arrive pas à atteindre les objectifs fixés et à répondre aux besoins définis, et le client non plus. Être proactif signifie dépasser l'observation et l'analyse pour devenir un véritable facilitateur. Cela ne signifie pas pour autant que l'infirmière prend en charge le client ou fait des choses à sa place. Cela présuppose, par contre, que l'infirmière et le client travaillent conjointement à la formulation d'un plan de soins individualisé et à sa mise en œuvre.

Les buts et les objectifs ne seront atteints que si le plan élaboré oriente les interventions et repose sur des intentions fermes. Des objectifs concernant le client ou un plan de soins, qui sont parfaits sur papier, mais qui ne sont pas suivis, ne mènent à rien. Si l'on ne garde pas le plan de soins à l'esprit, on risque fort de se limiter à analyser, à observer puis à noter, sans interagir avec des intentions claires.

Les solutions à ce problème consistent à :

- prévoir chaque jour des objectifs élaborés en fonction des besoins du client ;
- valider ces objectifs avec le client et le personnel soignant, en fonction du plan de soins (équipe interdisciplinaire) ;
- viser l'atteinte des objectifs en s'y efforçant constamment ;
- impliquer, si possible, le client dans la poursuite des objectifs.

2.5 ENJEU : ACCENT MIS SUR LES FORCES DU CLIENT

Certaines infirmières en santé mentale et en psychiatrie, parce qu'elles débutent dans la carrière ou qu'elles vivent une rotation de personnel, se concentrent uniquement sur les troubles du client, au point d'en oublier ses forces et ses aspects positifs. Le caractère dramatique et souvent fascinant des troubles psychiatriques explique facilement cette focalisation sur les dysfonctionnements plutôt que sur les aspects sains d'une personnalité. Par ailleurs, il y a tant à découvrir sur les troubles mentaux et sur leur traitement que cela requiert une énergie, épuisable, qui ne s'investit pas dans l'exploration des atouts et des ressources du soigné.

Les solutions à ce problème consistent à :

- discerner *avec* le client ses forces ;
- concentrer son attention sur ces forces ;
- réagir positivement à ce qui concerne les atouts du client ;
- encourager les activités et les comportements qui renforceront ces aspects positifs.

En passant du temps avec un client, on le soutient et on lui permet de surmonter les problèmes occasionnés par sa maladie. Mais il est encore plus important de l'aider à se consolider moralement, de développer ses compétences, de renforcer ses habiletés et de lui donner des raisons de vivre (voir figure 2.1). Dans le cadre du plan de soins,

FIGURE 2.1 Interaction entre une infirmière psychiatrique et un adolescent. L'infirmière et l'adolescent discutent de ses forces. Celui-ci en dresse une liste pour la garder en référence et y réfléchir.
Copyright Cathy Lander-Goldberg, Lander Photographics

l'infirmière lui propose des activités et encourage sa participation pour favoriser sa santé mentale et affective.

Pour bien des raisons, certains clients se trouvent dans l'impossibilité de préciser leurs forces au moment de leur admission dans l'établissement. C'est le cas notamment des clients psychotiques, de ceux qui souffrent d'une dépression importante, de ceux qui abusent de substances toxiques ou de ceux qui se sentent complètement dévalorisés. Dès que ces symptômes s'atténuent, l'infirmière peut se consacrer à découvrir les aptitudes du client. Pour ce faire, elle peut faire appel aux interventions suivantes :

- demander au client son opinion sur ses aptitudes et ses forces ;
- interroger le client sur les raisons qui le motivent à améliorer son état ;
- laisser au client suffisamment de temps pour réfléchir, car les idées ne lui viennent pas toujours aisément ;
- suggérer au client de faire une liste de ses forces, s'il est incapable de les exprimer ;

- si le client n'a aucune idée sur la question, interroger le conjoint, les enfants, les amis ou les proches afin d'obtenir des renseignements;
- consulter les autres membres de l'équipe soignante pour obtenir leur avis sur les aptitudes du client.

Les membres de l'équipe peuvent également noter ces aptitudes dans le dossier du client, ainsi que les progrès réalisés, afin d'en informer les autres. Ceci aura pour effet d'assurer la continuité des soins et de favoriser un renforcement constant.

Note: les clients qui se font une très haute opinion d'eux-mêmes n'auront sans doute aucune difficulté à inventorier leurs atouts et leurs qualités, réelles ou imaginaires. L'infirmière doit être prête à tolérer ce comportement, dans la mesure de l'acceptable, et doit avoir recours aux techniques thérapeutiques pour aider les clients à reprendre contact avec la réalité.

2.6 ENJEU: ÉTABLIR LES PRIORITÉS CLINIQUES

Il est essentiel d'établir des priorités en ce qui concerne les diagnostics infirmiers et les interventions afin de pouvoir répondre adéquatement aux besoins du client. On fixe les priorités en plusieurs étapes:
- collecte des données pertinentes;
- organisation et tri de l'information;
- prise en charge des besoins selon l'ordre de priorité suivant:
  1. santé et sécurité,
  2. conflits intrapersonnels,
  3. conflits interpersonnels.

2.6.1 Priorités des diagnostics infirmiers

Lorsqu'un client est hospitalisé pour des problèmes de santé mentale, la collecte de données à l'admission doit révéler clairement les problèmes les plus urgents. Cependant, il arrive que cette information soit incomplète et que l'infirmière doive interroger le client et ses proches pour être en mesure de déterminer les priorités des diagnostics infirmiers.

Selon un principe fondamental des soins infirmiers en santé mentale et en psychiatrie, la santé et la sécurité physiques doivent être assurées avant tout, comme l'illustre la situation suivante:

Une jeune femme de 23 ans est admise à l'unité après avoir tenté de se suicider. Elle souffre de dépression grave depuis plusieurs semaines et abuse de l'alcool et d'autres drogues. Depuis l'âge de 16 ans, elle est traitée pour anorexie mentale et, dans le mois précédant son admission, elle a perdu 7 kg.

Malgré la gravité de tous ces problèmes, la principale inquiétude et la priorité absolue concernent la protection de la vie de la cliente.

Escorté par les policiers appelés à la rescousse, un homme âgé de 63 ans entre dans un établissement de soins de courte durée parce qu'il hurle de manière incohérente après s'être barricadé dans son appartement. Il est très affecté par la mort récente de sa femme et le propriétaire, inquiet de son comportement, a dû appeler la police. Au moment de son admission, une infirmière experte fait une analyse du comportement du client au cours d'un entretien. Au milieu de ses déclarations extravagantes, il confesse que «sa femme lui donnait de l'insuline parce qu'elle l'aimait». L'infirmière demande alors au laboratoire de faire immédiatement une analyse de sa glycémie. On s'aperçoit ainsi que les symptômes cognitifs et comportementaux du client étaient attribuables à un déséquilibre insulinique, et que la vigilance de l'infirmière a permis d'éviter une aggravation de son cas.

Dans cet exemple, une infirmière experte s'est rendu compte de la maladie du client et des conséquences de celle-ci sur ses réactions et sur son comportement. Dans les établissements de santé mentale et de psychiatrie, on a parfois davantage tendance à porter son attention sur les troubles cognitifs et comportementaux et sur les problèmes de communication et à ignorer d'autres problèmes relatifs aux dimensions physique, culturelle, spirituelle et psychosociale. L'exercice des soins infirmiers commande une vision holistique, qui cherche à englober toutes les facettes du client, quel que soit le type d'unité où celui-ci est admis.

Les solutions à ce problème consistent à:
- établir une liste de toutes les perturbations et des besoins du client, après en avoir fait une analyse complète;
- convertir les dysfonctionnements du client en diagnostics infirmiers;
- *classer* ces diagnostics infirmiers par ordre d'importance;
- établir des priorités, à la fois pour les diagnostics et pour les interventions.

Après avoir recueilli les antécédents de santé, l'infirmière doit classer, par ordre de priorité, tous les problèmes révélés par l'analyse. Dans un établissement de santé mentale et de psychiatrie, il est facile d'oublier les problèmes de santé physique ou autres, lorsque les troubles cognitifs et comportementaux et les problèmes de communication semblent colossaux. Si l'on débute dans ce milieu, il est recommandé de s'exercer sur des situations cliniques hypothétiques qui présentent une multitude de problèmes divers afin de s'habituer à établir des priorités.

2.6.2 Priorités dans les interventions infirmières

Il faut également établir des priorités d'intervention dans le cadre de chaque diagnostic infirmier. Dans un plan de soins qui comprend un diagnostic infirmier de violence, avec un risque de sévices auto-infligés, l'infirmière est consciente que son intervention vise à établir une relation avec le client pour lui permettre d'exprimer ses sentiments et ses pensées sur le suicide et sur ses raisons de vivre. Toutefois, cette intervention, même si elle a une importance majeure dans les soins infirmiers en santé mentale et en psychiatrie, reste secondaire par rapport aux mesures destinées à assurer la sécurité du client et à prévenir toute automutilation.

Les solutions à ce problème consistent à :

- examiner les manifestations spécifiques du client dans le cadre du diagnostic infirmier ;
- établir les priorités d'intervention pour chaque diagnostic infirmier.

2.7 ENJEU : LE *PLUS OU MOINS* AU LIEU DU *TOUT OU RIEN*

La psychiatrie diffère fondamentalement des sciences biophysiques, plus exactes et vérifiables par nature, et elle peut paraître difficile d'approche à l'infirmière novice. Le *Manuel diagnostique et statistique des troubles mentaux*, 4e édition (DSM-IV), fournit des définitions, des descriptions et une catégorisation des diagnostics psychiatriques qui paraissent claires et vérifiables. Néanmoins, la complexité de la nature humaine fait que les mêmes symptômes se manifestent et s'expriment de façon unique chez chaque client.

Au début, l'infirmière risque de penser en termes absolus : elle voudra que les symptômes soient présents ou absents dans leur totalité (c'est-à-dire *tout ou rien*). Comme il est impossible de mesurer les symptômes reliés aux troubles cognitifs et comportementaux et aux problèmes de communication au moyen de tests de laboratoire, de graphiques et de courbes, il arrive que des infirmières débutantes les passent sous silence ou les ignorent complètement. Un changement subtil peut néanmoins annoncer une évolution dramatique. Il est donc important de noter l'aggravation ou l'amélioration des symptômes, comme le démontre le cas suivant :

Charlotte a été admise dans une unité de soins de courte durée ; elle faisait du jogging au centre d'un boulevard à très lourde circulation en narguant les conducteurs. Elle portait plusieurs couches de vêtements aux couleurs criardes, des talons hauts et des bijoux à foison. À son entrée, elle s'est bruyamment plainte d'avoir été amenée contre sa volonté, et en violation de ses « droits fondamentaux ». Elle a été diagnostiquée comme souffrant d'une maladie affective bipolaire en phase maniaque.

Après plusieurs jours passés dans un environnement tranquille, la routine quotidienne de l'unité, les interventions du personnel soignant et les médicaments (qu'elle avait cessé de prendre avant son admission) lui ont permis de se calmer. Son dossier et les rapports des soignants indiquaient qu'elle était prête à retourner chez elle.

Juste avant la sortie de la cliente, la personne-ressource a remarqué que celle-ci commençait à changer de vêtements très fréquemment et que sa conversation tournait autour des « choses très importantes » qu'elle prévoyait de réaliser, une fois arrivée à la maison. Ce même membre de l'équipe lui a demandé si elle avait pris ses médicaments. Charlotte admet alors qu'elle les avait jetés dans les toilettes parce qu'elle

devenait trop « normale » pour mener à bien ses projets. Sa sortie a été reportée.

Les solutions à ce problème consistent à :

- s'assurer que les résultats escomptés sont ambitieux mais réalistes ;
- éviter de présumer de l'évolution du client ;
- se préparer aux imprévus dans la progression vers un mieux-être et les accepter ;
- se garder de toute opinion tranchée.

Les symptômes évoluent de manière dynamique et se déclinent plus dans des nuances de gris qu'en noir et blanc. On doit donc observer leur fluctuation au lieu de rechercher des modèles statiques de comportements.

À titre d'exemple, un client paranoïaque peut faire preuve de méfiance en parlant fort et en utilisant un ton accusateur au moment de son admission ; il se calmera probablement ensuite, mais il restera sur ses gardes en conservant une attitude suspicieuse et contenue. Les symptômes de paranoïa demeurent, mais leur manifestation se modifie selon les stimuli internes du client, sa personnalité, l'environnement de l'unité et la situation ou les événements du moment.

Par ailleurs, il faut rédiger des plans de soins qui reflètent de manière réaliste les symptômes, comme dans l'exemple de plan de soins infirmiers suivant, dans lequel on remarquera que des attentes réalistes prévoient une atténuation des symptômes (plus ou moins) plutôt que leur disparition totale (tout ou rien).

Diagnostic infirmier : opérations de la pensée perturbées en raison de l'impossibilité de traiter les stimuli internes et externes et reliées à un stress dans la famille et au travail, qui se manifeste par un comportement suspicieux et circonspect et par des remarques selon lesquelles les autres clients volent ses vêtements et lui veulent du mal.

Résultats escomptés :

Correct

Le client montrera une diminution du délire de persécution dans une semaine.

Incorrect

Le délire paranoïde aura cessé dans une semaine.

Dans certains cas, il est totalement irréaliste d'espérer la disparition des symptômes. Le plan de traitement de l'équipe interdisciplinaire vise une diminution de leur intensité dans un laps de temps raisonnable et admet que, pour atteindre ces objectifs, les clients requièrent de l'aide. Néanmoins, pour certains clients, la « guérison » ne peut tout simplement pas être envisagée.

2.8 ENJEU : ÉVITER LES RÉPONSES D'ÉVALUATION

Selon la règle d'or qui prévaut en matière de soins infirmiers en santé mentale et en psychiatrie, l'infirmière doit éviter les réponses d'évaluation et les réponses qui indiquent une approbation ou une désapprobation (du type « bien ou mal », « bon ou mauvais ») en ce qui concerne l'apparence, les progrès ou les comportements du client. Une constatation neutre s'avère la meilleure réponse que puisse fournir l'infirmière. Pour s'en convaincre, il suffit d'examiner la situation clinique suivante :

Madame H., âgée de 72 ans, vient d'être hospitalisée à la suite du décès de son époux, après 53 ans de mariage. Bien qu'elle ait souffert de dépression grave et de dévalorisation chronique, son mari était resté loyal et aimant. Après son admission, Madame H. porte continuellement des vêtements obscurs et tristes et elle ne fait sa toilette qu'à la demande répétée du personnel soignant. Plusieurs jours passent et, un matin, elle prend sa douche et arrive au petit-déjeuner vêtue d'une robe rose imprimée. Aline, une infirmière novice qui s'occupe de l'unité, lui dit : «Bonjour, madame H., comme cette robe rose vous va bien ! Bien mieux que tous les vêtements sombres que vous portez d'habitude.» Madame H. baisse la tête et retourne dans sa chambre. Elle refuse le déjeuner, le dîner et toutes les activités en prétextant qu'elle ne se sent pas bien. Le soir venu, elle se présente au souper habillée de façon triste et sombre.

Les gens déprimés ou repliés sur eux-mêmes refusent les compliments qui réfutent la perception négative qu'ils ont d'eux-mêmes. Les louanges contrecarrent l'attitude ancrée du client qui pense : «je suis laid», «je suis inutile» et «je ne vaux rien». Le client n'enregistre pas du tout le compliment ou, s'il l'entend, il ne lui prête aucune valeur. Quant à la désapprobation, elle ne peut servir qu'à renforcer la maladie. Elle est donc à proscrire aussi.

À l'inverse, certaines infirmières qui ont appris à éviter une approbation ou une désapprobation directes font parfois montre d'indifférence. Cependant, la neutralité et l'indifférence sont deux attitudes distinctes. L'**indifférence** consiste à avoir un comportement réservé, insouciant et distant par rapport aux besoins et à la situation du client. Cela représente l'antithèse même des soins infirmiers en santé mentale et en psychiatrie. Les infirmières peuvent conserver une attitude chaleureuse et créer un environnement accueillant tout en maintenant une **neutralité**, c'est-à-dire une interaction avec le client, fondée sur le respect et l'acceptation, sans approbation ni désapprobation excessives. Montrer de l'indifférence vis-à-vis d'un client cognitivement et émotionnellement atteint équivaut à demander à une personne de prendre une douche froide au cœur de l'hiver. C'est le meilleur moyen d'annihiler tout espoir.

Les solutions pour éviter les réponses d'évaluation consistent à :

- se concentrer sur les comportements et non sur la personne ;
- rester neutre sans être indifférent ;
- éviter les réponses d'évaluation ;
- se limiter à des constatations objectives.

Il faut évidemment imposer certaines limites aux comportements autodestructeurs et, ce faisant, l'infirmière commentera les comportements en se gardant d'émettre une opinion sur la personne, comme l'illustre la comparaison des deux exemples suivants :

Formulation correcte : «À la réunion de groupe, hier, nous avons convenu que tout le monde serait prêt à partir à 8 heures du matin pour l'excursion. Vous avez refusé de vous habiller et nous sommes en retard. L'autobus part dans 15 minutes.» (*Commentaire sur le comportement.*)

Formulation incorrecte : «Vous êtes lent et on ne peut vous faire confiance. Tout le monde est déjà dans l'autobus et vous en veut d'avoir retardé le départ.» (*Commentaire sur la personne*).

Une constatation neutre rend compte du comportement de la personne. Si l'on reprend le cas de Madame H. et sa robe rose, un commentaire neutre et approprié aurait été formulé ainsi : «Vous portez une robe rose aujourd'hui.» Cela n'implique aucun acquiescement ni reproche. On se limite à reconnaître le fait, ce qui, éventuellement, pourrait susciter une réaction du client et lui permettre de prendre conscience de ses problèmes. Par contre, les réponses d'évaluation bloquent toute communication, et le client se replie sur lui-même dans une attitude défensive.

On trouve ci-dessous deux exemples de commentaires neutres :

- «Pierre, vous avez décidé de participer au groupe aujourd'hui. Les chaises ne sont pas attribuées, vous pouvez vous asseoir où vous voulez.»
- «Geneviève, je remarque que tu as obtenu tous les points, hier, pour être allée à l'école et avoir suivi toutes les activités prévues.»

D'autres raisons incitent à bannir les réponses d'évaluation : si le personnel complimente le client prématurément, ce dernier peut redouter de ne plus recevoir d'aide. Même s'il s'emploie à essayer de nouveaux comportements, il risque de se sentir vulnérable et de retourner à ses anciennes façons de faire pour récupérer le soutien qu'il croit perdu. Un client peut aussi croire que son comportement n'est acceptable que s'il correspond aux jugements énoncés. S'il n'arrive pas à agir d'une certaine manière, il se sentira encore plus dévalorisé.

Certaines infirmières en santé mentale et en psychiatrie s'inscrivent en faux contre cette pratique et n'hésitent pas à complimenter un comportement positif. Cela n'est bénéfique que si le client est prêt à recevoir des compliments ; chaque cas restant unique, l'infirmière doit exercer son jugement clinique. Néanmoins, l'infirmière se doit de comprendre le client avant de choisir les réponses à donner.

2.9 ENJEU : OBSERVER AU LIEU D'INFÉRER

Il est parfois difficile, pour une infirmière nouvelle dans un établissement de santé mentale et de psychiatrie, d'éviter de formuler des inférences sur le comportement d'un client.

Une **inférence** consiste à interpréter le comportement, à en déduire les motivations et à tirer des conclusions hâtives, sans disposer de toute l'information. Lorsqu'elle fait des inférences, l'infirmière interprète le comportement du client : elle lui prête des motifs et un but sur lesquels elle fonde ensuite son jugement. Un tel processus ouvre la porte à bien des erreurs et à bien des injustices.

Le danger des jugements par inférence, c'est que, pour tirer ses conclusions, l'infirmière se fonde uniquement sur sa propre expérience et sur ses schèmes de référence, qui parfois correspondent très peu ou pas du tout au comportement réel du client. De plus, en sautant ainsi aux conclusions, l'infirmière enlève au client toute possibilité de résoudre son problème et d'exprimer ses pensées et ses opinions sur des questions importantes. Une conclusion erronée peut ainsi conduire à se fourvoyer sur les objectifs du traitement.

Interpréter le comportement du client par inférence n'est pas obligatoirement mauvais. Des infirmières expérimentées le font tous les jours, mais elles se gardent bien de tirer des conclusions trop hâtives.

Les solutions à ce problème consistent à :
- observer plutôt que déduire ;
- valider ses interprétations avec le client pour en arriver à des conclusions communes ;
- étudier les obstacles à l'application du plan de soins avec le client.

Pour éviter les inférences, l'infirmière s'efforce de comprendre la perception qu'a le client des événements qui l'affectent directement au lieu de se faire sa propre opinion. Elle tire ainsi des conclusions à partir des réactions du client, sans les interpréter et en se limitant simplement à observer. Par exemple :
- « J'ai vu votre femme s'en aller, Jean, et maintenant vous pleurez. »
- « Thomas, hier tu étais assis tout seul, et aujourd'hui d'autres jeunes se sont joints à toi. »
- « Martine, ce que tu viens de dire a fait réagir tout le groupe. »

On remarquera que l'infirmière ne tire aucune conclusion de ces situations tout à fait significatives. Il se peut qu'elle trouve difficile de renoncer à donner son opinion, mais c'est une stratégie nécessaire et efficace.

En général, le client répondra à la remarque de l'infirmière et on pourra ainsi commencer à communiquer, à raisonner et à résoudre le problème. Une infirmière experte ira au-delà de l'observation pour passer à l'interprétation. La différence essentielle consiste à valider cette interprétation avec le client et à en tirer une conclusion commune ou, à tout le moins, à en arriver à une prise de conscience pour une discussion ultérieure. L'exemple suivant résume ce processus en quatre étapes :
1. « Je viens de voir votre femme quitter l'unité de soins, Jean, et maintenant vous pleurez. » (*Observation.*)
2. « Vous avez mentionné qu'elle viendrait aujourd'hui pour discuter du divorce. » (*Interprétation.*)
3. « Est-ce pour cela que vous vous sentez triste maintenant ? » (*Validation.*)
4. « C'est peut-être un moment propice pour discuter de votre relation. » (*Proposition pour aborder le problème.*)

On constate, en l'occurrence, que l'infirmière n'essaie pas de deviner : elle base en fait son raisonnement sur l'information dont elle dispose déjà et elle laisse, de plus, au client l'occasion de valider cette information. En dernier lieu, il importe de remarquer que l'infirmière signale qu'elle est disposée à analyser cet événement avec le client dans un cadre de communication thérapeutique.

2.10 ENJEU : OPTIONS AU LIEU DE SOLUTIONS

Inquiètes de ne pas avoir toutes les réponses aux problèmes des clients, les infirmières peuvent se sentir dépassées avant même de commencer à travailler dans un établissement de santé mentale et de psychiatrie. Mais, en dernier ressort, ce sont les clients qui sont responsables de leurs choix, et non les infirmières.

Les solutions à ce problème consistent à :
- aider le client à exprimer ses inquiétudes et à parler de ses difficultés ;
- permettre au client d'exprimer ses sentiments ;
- aider le client à résoudre ses problèmes et à trouver des solutions ;
- éviter de donner des conseils ;
- offrir de multiples options ou des solutions de rechange uniquement si le client est incapable d'en trouver par lui-même ;
- faciliter les choix.

L'infirmière amorce la communication thérapeutique avec le client et facilite l'expression de ses pensées et de ses sentiments. Lorsque celui-ci est en mesure de comprendre ce qu'elle lui dit, elle met en place le processus de résolution de problèmes et le client élabore ses propres solutions.

Il est important d'éviter de prodiguer des conseils. Le client n'a que faire de l'opinion de l'infirmière ; ce qu'il recherche, c'est une écoute attentive qui lui procure un soulagement. Si le client demande à l'infirmière : « Que feriez-vous ? » ou « Que devrais-je faire ? », elle se borne à répondre : « Je pense qu'il est préférable que vous décidiez de ce qui vous convient le mieux. Revenons à ce que vous pensez. »

Il existe une autre raison pour refuser de donner son avis ou une solution : ce type de réponse revient à nier les capacités du client et il se sentira diminué et même infantilisé, comme si l'un de ses parents lui dictait sa conduite. Il se peut, en outre, que la solution de l'infirmière ne convienne ni à sa façon de vivre, ni à l'image qu'il se fait de lui-même.

Si, pour une raison quelconque (dépression, déficience ou déficit intellectuels, crise), le client se montre incapable de trouver une réponse, l'infirmière peut lui suggérer des options ou des solutions de rechange. C'est une façon de l'aider et de l'encourager sans pour autant lui donner des réponses ou des conseils, comme le montrent les remarques suivantes :

- « Il y a des choses qui ont bien marché avec des gens dans la même situation... (proposer plusieurs options). Cela vous paraît-il raisonnable ? »
- « Avez-vous pensé à... (donner plusieurs choix) ? »
- « Quelles possibilités aurez-vous, une fois sorti ? Celles qui me viennent à l'esprit seraient... (donner plusieurs choix réalistes et adéquats). »

L'infirmière devrait être plus explicite pour aider son client lorsque celui-ci ne voit aucune solution, comme dans l'exemple suivant : « Vous dites que vous êtes un bourreau de travail et que vous n'arrivez pas à vous détendre depuis que vous possédez votre propre entreprise. Quels étaient vos loisirs auparavant ? Si vous aviez le temps, lequel vous tenterait le plus ? Qu'est-ce qui vous plaît tant dans (le golf, la pêche, etc.) ? Qui peut se charger de votre entreprise lorsque vous êtes en vacances ? Comme vous travaillez du lundi au vendredi, quand avez-vous le temps de (jouer au golf, aller à la pêche, etc.) ? » La plupart des clients connaissent la solution ; ils ont juste besoin d'aide pour qu'elle leur apparaisse.

2.11 ENJEU : FRUSTRATIONS DUES AUX CLIENTS

Frustrer signifie priver, réduire à néant, faire échouer et entraver les projets et les plans d'une autre personne. La **frustration** est un état d'esprit difficile à vivre, à tolérer ou parfois même à oublier. Elle survient lorsque les efforts et les projets ne produisent pas les résultats escomptés. La frustration est courante dans le domaine de la santé et les infirmières en santé mentale et en psychiatrie n'y échappent pas.

Après de longues études théoriques et une formation en clinique pour expérimenter les techniques apprises, l'infirmière novice entre dans le milieu de la santé mentale et de la psychiatrie pour prendre en charge des clients qui souffrent et qui traversent souvent une crise existentielle. On commence par dresser très soigneusement un plan pour interagir avec le client et pour intervenir sur le plan de ses problèmes et de ses besoins. Pour ce faire, on réalise un portrait analytique du client, des événements et de sa situation. On détermine les problèmes et les besoins, on formule un plan et on le met en œuvre, tout en évaluant les progrès.

Il se peut que l'infirmière réalise une ou plusieurs interventions couronnées de succès. Mais il arrive aussi que les clients refusent de coopérer, même dans les opérations les mieux planifiées. Lorsque le client a des intentions différentes et refuse de suivre le plan de l'infirmière pour une raison ou une autre, cela amène de la frustration. En plus d'être frustrée, l'infirmière peut perdre confiance en elle-même, se sentir confuse, rejetée et ressentir de la colère doublée d'un sentiment d'échec. Ce sont des réactions démesurées vis-à-vis d'un client rebelle et, avec le temps, elles tendront à s'atténuer et à disparaître, parce qu'elles ne conduisent à rien.

Les solutions à ce problème consistent à :

- mettre le client au centre du plan de soins ;
- lui enseigner les techniques qui favorisent son épanouissement personnel ;
- travailler en collaboration avec le client.

En cas de frustration excessive, il est nécessaire de prendre du recul, de replacer les événements en perspective, de revoir certains principes de base des soins infirmiers en santé mentale et en psychiatrie. Il est possible d'en discuter et de procéder à une validation avec les membres du personnel appropriés, l'enseignant et les pairs.

L'infirmière peut avoir oublié que le plan de soins et les interventions doivent être :

- centrés sur le client plutôt que sur le soignant ;
- orientés vers des buts (ceux du client plutôt que ceux de l'infirmière). Si cette dernière ignore les besoins du client ou ses objectifs en établissant le plan, on ne pourra atteindre les buts ;
- objectifs et non subjectifs dans leur approche. L'infirmière doit conserver une perspective adéquate et maintenir les limites avec le client et les problèmes.

Des infirmières novices réagissent souvent à une frustration en renonçant au plan de soins, et, dans les cas extrêmes, en abandonnant le client. Lorsque l'infirmière acquiert une meilleure compréhension du besoin fondamental qu'a chaque individu de conserver une certaine mainmise sur son existence (même si cette domination est relative en raison des symptômes), elle commence à comprendre ce que signifie travailler *avec* le client, plutôt que *sur* le client. Lorsque ce dernier constate qu'il participe suffisamment à l'élaboration de son plan de soins, en règle générale, sa collaboration augmente dans la mesure de ses capacités. L'infirmière doit donc collaborer avec le client pour qu'ils puissent formuler ensemble le plan de soins.

Les objectifs mentionnés ci-après, orientés sur le client, doivent être visés par l'infirmière :

- tenir compte des capacités et des aptitudes du client à prendre en charge son propre traitement ;
- inclure le client dans le plan de soins ;
- accompagner le client pour qu'il puisse comprendre les bienfaits de s'aider soi-même ;
- encourager le client à adopter des comportements visant l'élimination des dysfonctionnements et le maintien de la santé et du mieux-être ;
- faire valoir et enseigner des façons de faire au client pour qu'il effectue les changements possibles ;
- faire l'éloge de toute tentative d'amélioration ;
- mesurer continuellement les progrès et réévaluer les changements.

L'infirmière a tout intérêt à placer au premier plan les objectifs personnels du client pour répondre à ses besoins. Ce qui comprend :

- accepter le besoin du client de conserver une certaine maîtrise de son existence ;
- s'abstraire de ses préoccupations personnelles ;
- refuser d'abandonner le client en cas de frustration (trouver d'autres options) ;
- rester objective face aux problèmes ;
- rester détendue. Faire preuve d'humour et employer des techniques de relaxation afin de détendre l'atmosphère ;
- revoir souvent les principes de base ;
- demander l'assistance d'un supérieur hiérarchique (membre du personnel, professeur) pour valider ses propres progrès et ceux du client.

CONCEPTS-CLÉS

- Les étudiantes redoutent parfois d'entrer dans un établissement de santé mentale et de psychiatrie en raison de leurs préjugés sur la dangerosité et de leurs inquiétudes personnelles.
- Les étudiantes doivent rester réalistes en ce qui a trait à leurs attentes.
- Avant d'intervenir auprès des clients, il est souhaitable que l'infirmière soit le plus équilibrée possible sur les plans cognitif, affectif et comportemental.
- Une infirmière proactive atteindra les buts fixés pour le traitement du client.
- En se centrant sur les forces du client, on promeut sa santé mentale et affective.
- Toute intervention vise à assurer prioritairement la sécurité physique du client.
- Les commentaires faits au client doivent concerner son comportement, plutôt que sa personne.
- Plutôt que d'émettre des réponses d'évaluation, il vaut mieux faire des observations et laisser le client conclure.
- En adoptant une approche thérapeutique par la résolution de problèmes, on implique le client et on renforce son estime de soi, alors que, si on lui fournit des solutions, on lui fait sentir qu'il est incapable de maîtriser la situation.

France Maltais
B. Sc.inf., M.Éd.
Collège du Vieux-Montréal

Chapitre 3

PERSPECTIVES THÉORIQUES

OBJECTIFS D'APPRENTISSAGE

APRÈS AVOIR LU CE CHAPITRE, VOUS DEVRIEZ ÊTRE EN MESURE :

- D'ABORDER LES CONCEPTS FONDAMENTAUX DE CHACUNE DES THÉORIES PRÉSENTÉES ET LEURS APPLICATIONS ;

- DE COMPARER ET DIFFÉRENCIER LES DIVERSES APPROCHES THÉORIQUES DE TRAITEMENT ;

- DE DÉCRIRE LES CONCEPTS CLÉS DE LA THÉRAPIE ADLÉRIENNE, DE LA THÉRAPIE RATIONNELLE-ÉMOTIVE (TRE) D'ELLIS, DE LA THÉRAPIE COGNITIVE DE BECK ET DE L'APPROCHE COGNITIVO-COMPORTEMENTALE ;

- D'ÉVALUER LA PERTINENCE DES DIFFÉRENTES THÉRAPIES EN FONCTION DES BESOINS ET DES SYMPTÔMES DES CLIENTS ;

- D'APPLIQUER LES DIFFÉRENTES THÉORIES À DES SITUATIONS CLINIQUES RÉELLES ;

- D'ÉLABORER UN PLAN DE SOINS INFIRMIERS SELON UNE OU PLUSIEURS DES THÉORIES PRÉSENTÉES.

MOTS-CLÉS

Alter ego : fonction du thérapeute qui consiste à renvoyer au client ses propres comportements et émotions, débarrassés de leurs connotations négatives.

Attention positive inconditionnelle : position adoptée par le thérapeute qui consiste en une acceptation inconditionnelle du client ; elle repose sur le postulat que le client a une tendance naturelle à progresser de lui-même vers l'intégration.

Autorégulation de l'organisme : concept selon lequel un besoin, une fois satisfait, s'efface pour laisser la place au besoin suivant.

But final : selon la théorie adlérienne, aspiration inconsciente à une situation idéale ou parfaite. Ce but motive l'individu dans ses actions concrètes et influence sa façon d'aborder la vie.

Ça : instance de la personnalité où se retrouvent les instincts, les pulsions, les tendances héréditaires et innées, figés dans le psychisme d'une personne.

Complexe d'infériorité : sentiment normal qui, selon la théorie adlérienne, surgit au moment où l'individu prend conscience de ses imperfections. Ce sentiment l'incite à lutter pour maîtriser la situation et atteindre une compétence.

Contexte interactif comportemental : concept selon lequel le comportement d'un individu est façonné et renforcé par son interaction avec le système social, et réciproquement (le système étant lui-même façonné et renforcé par l'intermédiaire de cette même interaction).

Distorsion cognitive : modes de pensée rigides et figés qui masquent les aspects contextuels d'une situation qui sont caractéristiques des personnes dépressives.

État du moi : ensemble cohérent d'émotions construit à partir des expériences similaires chez l'enfant et accompagné d'un ensemble connexe, cohérent et observable de modèles de comportements. L'analyse transactionnelle définit trois états du moi : le parent, l'adulte et l'enfant.

Formation figure/fond : concept selon lequel le besoin prédominant ou l'intérêt particulier d'un organisme définit la réalité du moment ; il s'agit d'une composante de la Gestalt-thérapie.

Libido : énergie des pulsions qui trouvent leur origine dans le ça.

Lois : diverses règles de conduite élaborées par les êtres humains pour satisfaire leurs désirs et leurs besoins. Il y a les lois universelles comme la loi de la pesanteur, les lois élaborées par les humains qui sont les lois civiles (Code de la route, Code de déontologie) et les lois personnelles.

Moi : instance structurante de la personnalité, en contact avec la réalité, qui agit comme médiatrice entre cette même réalité et le ça pour satisfaire les besoins de manière acceptable.

Perfection : se rapporte à des critères d'évaluation extrêmement subjectifs d'une personne à une autre et, du fait même, « inatteignables ».

Principe de plaisir : principe selon lequel l'activité psychique a pour but la recherche du plaisir tout en évitant la douleur. Ce principe illustre l'objectif du ça en cherchant à satisfaire les besoins et les instincts innés.

Principe de réalité : principe ayant pour but d'écarter une satisfaction immédiate jusqu'à ce que l'objet correspondant à la satisfaction recherchée soit trouvé. Ce principe régule l'instance du moi.

Recadrage : technique permettant de changer le point de vue d'une situation donnée en lui en substituant un autre, correspondant toujours aux faits, mais modifiant totalement le sens de la situation.

Surmoi : instance de la personnalité qui se constitue par l'intériorisation des demandes, des interdictions ainsi que des idéaux des êtres chers (notamment les parents). Le surmoi est organisé en deux sous-systèmes : la conscience (représentant les exigences et interdits parentaux) et l'idéal du moi (représentant les valeurs morales des parents).

Triade cognitive : mode de pensée, observé chez les personnes dépressives, caractérisé par une évaluation de soi négative, une vision négative du présent ainsi qu'une représentation négative du futur.

Valeur extrinsèque : valeur qui relève des caractéristiques extérieures, qui changent constamment, d'un être humain, d'un animal ou d'un objet.

Valeur intrinsèque : valeur essentielle qui ne change jamais et ne se modifie pas, d'un être humain, d'un animal ou d'un objet à l'autre, à moins qu'il ne soit détruit.

3.1 PERSPECTIVES THÉORIQUES

Les différentes théories sur le comportement humain ont toutes pour objectif d'établir des cadres de référence qui permettent de comprendre la complexité du psychisme humain. Elles représentent la volonté des théoriciens d'interpréter et d'organiser les interactions et les comportements en un modèle cohérent à partir duquel il sera possible de prédire des comportements et d'en interpréter la signification, puis d'intervenir de manière efficace.

Les théories ont le mérite de fournir une analyse structurée du comportement humain et, ce faisant, de proposer des stratégies qui permettent de le modifier. À titre d'exemple, si l'on considère qu'un comportement perturbé résulte de conflits psychiques selon la théorie psychanalytique, le traitement découlant de ce diagnostic implique alors une certaine exposition au conflit dans le but d'arriver à le résoudre. Par contre, si ce même comportement est interprété comme provenant d'une pensée ou d'une croyance irrationnelle selon les théories cognitives, il semble logique, pour le traiter efficacement, de changer ou d'infirmer ce système de croyances erroné. Les fondements théoriques fournissent ainsi une base de travail cohérente pour la recherche d'un traitement cohérent.

La difficulté, bien sûr, réside dans les multiples manières d'envisager, de structurer et d'interpréter le comportement humain. La variété des perspectives théoriques reflète la créativité et la vision du monde de leurs fondateurs et s'inspire des influences culturelles et sociales de l'époque. Il n'existe pas de théorie dominante du comportement humain, seulement des comportements humains qui peuvent être interprétés différemment, selon les théories. Chaque praticien adopte une approche qui correspond à sa propre vision du monde et à sa formation, et sa pratique s'inscrit alors dans ce contexte théorique. Le thérapeute peut également décider d'approfondir plusieurs approches théoriques et de les appliquer en fonction des besoins de ses clients. Beaucoup de thérapeutes privilégient cette approche, que l'on qualifie d'éclectique. Les problèmes de ses clients étant souvent nombreux et d'ordres variés (biologiques, émotifs, intellectuels et comportementaux), l'intervenant a intérêt à connaître plus d'une méthode d'intervention. Dans cette optique, un intervenant qui se familiarise avec plusieurs modes d'intervention est en mesure de mieux aider son client.

Par conséquent, l'infirmière aura tout intérêt à connaître les diverses théories et leurs applications respectives. Qu'elle soit débutante ou praticiennne chevronnée, l'infirmière se devra d'explorer les perspectives théoriques et la manière dont elles se traduisent dans les diverses situations qu'elle rencontre dans sa pratique. Comme pour n'importe quel outil, l'efficacité de l'approche employée dépendra en grande partie de l'habilité et du jugement de son utilisateur. Il est important de ne pas opposer une école de pensée à une autre, car elles sont toutes complémentaires. Elles ont toutes leur utilité propre. Une approche thérapeutique donnée sera efficace si l'intervenant l'utilise au bon moment au cours du processus de guérison, si elle convient à la personne selon ses caractéristiques propres, et si elle est utilisée dans un milieu thérapeutique adéquat. Ainsi, pour solutionner un problème donné (biologique, émotif, intellectuel ou comportemental), on a intérêt à utiliser un mode d'intervention qui lui convient. Par exemple, une approche biologique (prescription de molécules) sera préférée à toute autre approche durant la phase aiguë de la dépression nerveuse, alors que l'approche analytique, au même moment, n'aurait pas sa place. Un peu plus tard dans le traitement, alors que les symptômes aigus de la maladie seront légèrement apaisés, une approche de type humaniste aidera le bénéficiaire à exprimer sa souffrance. Plus tard au cours du traitement, tout en conservant les techniques d'empathie propres à l'approche humaniste, l'infirmière pourra choisir une confrontation de type cognitivo-comportementale. Cette approche pourrait éventuellement aider le client à envisager de façon plus réaliste son langage intérieur et ses croyances, qu'il exprime, par exemple, en se répétant régulièrement qu'il ne vaut rien, que personne ne peut rien pour lui et qu'il n'a aucun pouvoir sur sa vie.

Les théories présentées dans ce chapitre permettent de comprendre sur quels fondements reposent les différentes approches. Ainsi l'étudiante pourra établir une communication aidante avec un individu, intervenir auprès des personnes requérant des soins infirmiers en santé mentale, composer avec les réactions et les comportements d'une personne et enrichir sa pratique d'outils d'aide complémentaires.

3.1.1 Théorie psychanalytique

Sigmund Freud (1856-1939) fut le premier à bâtir une théorie structurée de la personnalité (voir fig. 3.1). Avant lui, la réflexion sur le développement de la personnalité était fondée sur de vagues considérations philosophiques. Freud a construit sa théorie sur l'observation clinique de ses clients dans l'exercice de sa pratique privée et selon ses propres interprétations subjectives. À cause du caractère subjectif de son approche, la validité de sa théorie a été contestée. Néanmoins, la théorie de la personnalité de Freud a jeté les bases de la psychanalyse, et elle a été élargie et revue depuis par d'autres théoriciens.

Aperçu théorique

Freud a structuré sa théorie de la personnalité autour de trois axes majeurs : les niveaux de conscience, la sexualité et les instances de la personnalité. Selon lui, l'individu est mû par ses pulsions instinctives. La personnalité s'organise de manière à maîtriser ces pulsions pour le bien de l'individu. Cette censure implique, à certains moments, une répression de certaines pulsions, pensées ou expériences. Freud a avancé que les pulsions refoulées continuaient d'affecter le comportement d'un individu tout au long de sa vie, pour le meilleur ou pour le pire, sans que l'individu en prenne conscience.

Concepts de base

Niveaux de conscience

L'hypothèse de base de Freud postule que tout comportement est significatif, comme peuvent en témoigner les « petites erreurs quotidiennes », soit les lapsus, les trous de mémoire et les actes manqués déclenchés par un désir intentionnel, connu ou non de l'individu (Freud, 1979).

FIGURE 3.1 Sigmund Freud, 1856-1939
Bettmann Archive

son pouce. Bien que les différentes étapes de l'éducation au XIXe siècle à Vienne différaient chronologiquement de celles de l'époque contemporaine, le processus était identique. Les interventions des adultes, qu'il peut interpréter comme une désapprobation, un rejet ou des menaces de punition, conduisent l'enfant à renoncer au plaisir. Au début, l'enfant se contente de faire semblant d'accepter le comportement imposé par ses parents, mais, petit à petit, il accepte les valeurs des adultes. Pour que cette acceptation ait lieu, l'enfant doit passer par une inversion des émotions associées aux plaisirs physiques antérieurs. Ce faisant, la mémoire rejette les expériences agréables et, conséquemment, toute la période de la vie rattachée à ces souvenirs. Cette phase est alors considérée comme « dégradante » et « repoussante » par rapport aux normes des adultes (Freud, 1979). Elle est ainsi reléguée dans l'inconscient, l'instance psychique siège des pensées, des émotions et des souvenirs « oubliés » ou refoulés. Selon la théorie freudienne, tout cela se produit dans les cinq premières années de l'existence, ce qui explique l'absence de souvenirs de la petite enfance chez la plupart des gens. Cette partie « oubliée » du moi reste cependant active et façonne les relations et les interactions.

Instances de la personnalité et niveaux de conscience

D'autres processus interviennent dans l'organisation de la personnalité tout au long de l'enfance. Selon Freud, la personnalité se compose de trois instances, ou systèmes : le ça, le moi et le surmoi – chacune ayant un rôle précis dans la personnalité.

Ça

Le **ça** incarne l'instance de la personnalité qui renferme les tendances héréditaires innées et fixées dans l'appareil psychique d'une personne. Le ça renferme les *pulsions*, les forces primitives sous-jacentes aux tensions qui émettent les demandes somatiques (physiologiques) : la faim, le toucher, la soif, la sexualité. Il existe de nombreuses pulsions instinctives, et Freud estime qu'elles représentent « les causes premières de toute activité » (Freud, 1960). Freud distingue deux principales catégories instinctuelles opposées : les pulsions de vie et les pulsions de mort. Les pulsions de vie tendent à relier les choses pour former des unités toujours plus grandes qu'elles s'efforcent de préserver. Les pulsions de mort, quant à elles, tendent à défaire ces liens et à détruire les choses, jusqu'à leur réduction ultime à l'état inorganique (Freud, 1960). La nature du ça permet aux pulsions conflictuelles d'exister conjointement et d'exercer leur influence sur le comportement d'un individu. Le ça se caractérise par une subjectivité face à l'expérience et un manque de logique, de temporalité ou de moralité. Le rôle du ça dans la personnalité consiste à satisfaire les besoins innés et les pulsions. La recherche du plaisir en évitant la douleur est régie par le **principe de plaisir**.

Lorsque l'individu n'est pas conscient de ce désir, on considère que celui-ci surgit de l'inconscient. Freud pense que les gens ne connaissent qu'une petite partie de leur vie intérieure et absolument rien des émotions et des pensées qui se trouvent à l'extérieur de leur champ de conscience (Freud, 1979).

Dans la théorie freudienne du développement, l'inconscient se construit durant les premières années, conformément au déroulement suivant : un nouveau-né vient au monde avec une multiplicité de besoins physiques, faim, soif et bien-être, qui, une fois assouvis, lui procurent du plaisir. Son objectif principal dans la vie est d'obtenir ce plaisir (Freud, 1979). L'enfant apprécie par conséquent toutes les occasions de plaisir : sucer son pouce, éliminer ou se masturber, etc. Néanmoins, à la fin de sa première année, l'enfant réalise que sa mère, la personne qui lui prodigue des soins et répond à ses besoins, ne lui appartient pas exclusivement et qu'il doit la partager avec la fratrie et le père. Il devient jaloux des autres, et cette jalousie coïncide avec le moment où ces derniers expriment plus d'attentes à son égard. On lui demande de renoncer à ses plaisirs pour commencer à devenir « civilisé » en commençant l'apprentissage de la propreté et en cessant de sucer

Libido

Le ça renferme les pulsions de l'individu et sa recherche acharnée du plaisir. Ces pulsions libèrent une énergie psychique. Cette énergie, qui alimente les pulsions sexuelles tout au long de l'existence, s'appelle la **libido** (Freud, 1979). Les pulsions du ça et la recherche permanente du plaisir qui en découle ont été soumises au mécanisme du refoulement dès les premières années de l'enfance. En conséquence, le ça et son énergie, la libido, résident dans l'inconscient et exercent leur influence hors du champ de la conscience. Pour Freud, le ça est l'instance psychique qui exerce l'influence la plus importante sur la personnalité tout au long de la vie.

Moi

Le **moi** se différencie du ça et intervient comme intermédiaire entre le ça et la réalité extérieure. Il joue un rôle de médiateur entre les pulsions du ça et les contraintes du milieu, afin d'atteindre un assouvissement acceptable et efficace des besoins. Seule partie de la personnalité en contact avec la réalité, le moi est dirigé par le **principe de réalité**, qui a pour but de reporter la gratification immédiate jusqu'à ce qu'un objet approprié de satisfaction soit trouvé. Le moi est, par conséquent, logique, organisé et causal. Il participe à la résolution de problème. Les fonctions de protection externes du moi incluent la perception (la mémorisation des expériences), l'adaptation, la fuite et l'intervention (la tentative de modifier le monde à son avantage). Par ailleurs, les fonctions de protection internes du moi gèrent les demandes des pulsions en décidant de les satisfaire, de les refouler ou de les censurer (Freud, 1960). Le moi organise la personnalité et s'efforce d'atteindre l'harmonie entre la réalité extérieure, le ça et le surmoi. Un exercice délicat qui suscite souvent l'anxiété. Le moi est l'instance du psychisme qui éprouve de l'anxiété, un signal qui permet à l'individu de se protéger d'un danger qu'il perçoit (Freud, 1960). Puisque le moi est le siège des souvenirs dont on se rappelle, on l'associe à un niveau de conscience appelé le préconscient. Le contenu du préconscient peut transiter de l'inconscient vers le conscient, mais il peut également se heurter à une résistance (Freud, 1960). La conscience perçoit une expérience au moment où celle-ci survient. Elle se traduit par la perception du monde extérieur. Lorsque l'attention se détourne d'une expérience, cette dernière passe au niveau préconscient, d'où elle pourra par la suite être récupérée.

Surmoi

Le **surmoi** est issu du moi et s'en distingue en tant qu'intériorisation des demandes, des interdictions et des idéaux exprimés par les proches (notamment des parents). En fait, le surmoi peut être envisagé comme un prolongement de l'influence parentale (Freud, 1960). Le surmoi consiste en deux systèmes reflétant l'influence parentale : la conscience morale et l'idéal du moi. La *conscience morale* représente les demandes et les interdictions des parents. Elle reflète ce que l'individu pense que ses parents considèrent comme inacceptable moralement. L'*idéal du moi*, à l'inverse, reflète ce que l'individu perçoit que ses parents considèrent comme moralement acceptable. Il inclut les idéaux concernant la force, le pouvoir, la beauté et la réussite. L'individu se soumet aux normes de moralité et à l'idéal du moi et poursuit ainsi sa relation avec ses parents, relation qui se prolonge dans ses autres relations. Le moi doit intervenir afin d'atteindre un degré satisfaisant d'interaction avec le surmoi, car les conflits surgissent lorsqu'un individu n'arrive pas être à la hauteur des exigences du surmoi. Lorsqu'elle n'est pas en mesure de combler les attentes de son idéal du moi, la personne se sent honteuse et coupable, et son estime de soi en souffre.

Sexualité

Le second thème introduit par Freud dans sa théorie de la personnalité est celui de la sexualité. Avant ses travaux de recherche, on considérait que la sexualité intervenait uniquement après la puberté. L'une des plus grandes contributions de Freud a été de reconnaître l'importance de la sexualité dès la naissance et son évolution graduelle d'une phase à la suivante (Freud, 1979). Freud émet l'hypothèse selon laquelle les différents stades du développement sexuel sont prédéterminés et alimentés par l'énergie de la libido. Cette énergie se concentre dans les parties ciblées du corps, considérées comme des zones érogènes, en y provoquant des tensions. Le soulagement de ces tensions provient de la manipulation de ces zones et il est synonyme de plaisir. Selon Freud, l'énergie libidinale se déplace progressivement de la bouche (le stade oral – de la naissance à 18 mois), à l'anus (le stade anal – 18 mois à 3 ans), au pénis (le stade phallique – 3 ans à 5 ans) et, plus tard, à toute la zone génitale (le stade génital – 15 ans). Freud ne tient pas compte de la période de latence (de 5 à 12 ans) et de la période prépubertaire (de 12 à 15 ans). Freud ne tient pas compte de la période de latence (de 5 à 12 ans) et de la période prépubertaire (de 12 à 15 ans). Elles furent ajoutées plus tard par sa fille, Anna Freud.

Pour Freud, chacune de ces périodes comporte une finalité, et le développement concomitant de mécanismes de défense permet à celle-ci de s'accomplir.

- **Stade oral (de la naissance à 18 mois) :** ce stade se caractérise par le besoin de sucer. Le nourrisson retire du plaisir à assouvir ce besoin. S'il ne peut obtenir le sein, le nourrisson sucera son premier jouet, sa première couverture, etc.

- **Stade anal (18 mois à 3 ans) :** ce stade est marqué par la prise de conscience grandissante du sphincter anal et de la capacité ou de l'incapacité de le maîtriser. Lorsqu'il va à la selle, l'enfant retire du plaisir du fait qu'il est capable de « produire » ou d'expulser les excréments de son corps.

- **Stade phallique (3 ans à 5 ans) :** ce stade est sans doute la composante la plus contestée de la théorie de Freud. Freud indique que, pendant cette période, le jeune garçon touche son pénis pour en obtenir du plaisir et imagine une activité sexuelle avec la première femme de sa vie : sa mère. Cependant, ce garçon craint les représailles de son père sous la forme d'une castration. Ce désir de la mère, doublé de la peur de la vengeance du père est appelé complexe d'Œdipe (basé sur l'histoire d'Œdipe, roi mythique de Thèbes, qui tua son père et épousa sa mère). Selon Anna Freud, ce conflit est si grand que le garçon se réfugie dans une période de latence, caractérisée par l'absence d'intérêt sexuel (Freud, 1979).

  Selon Freud, à ce même stade de développement, les filles sont soumises à un traumatisme de type différent. Elles essaient de ressembler aux garçons, mais se rendent compte de « l'infériorité du clitoris » face au pénis. Par dépit, elles se désintéresseraient alors de la vie sexuelle (Freud, 1979). Cet aspect de la théorie freudienne sur la sexualité féminine a été critiqué ultérieurement par d'autres psychanalystes et est considéré comme un point de vue machiste.

- **Stade génital (15 ans et plus) :** ce stade représente la maturité sexuelle et le plaisir dans les relations hétérosexuelles.

Techniques

Les techniques de la psychanalyse découlent du postulat selon lequel il est possible de résoudre les conflits de l'inconscient, qui causent les troubles psychiques, en les faisant transiter vers le préconscient puis, finalement, vers le conscient. Une fois qu'il prend conscience de ces éléments perturbateurs, l'individu peut décider de s'y adapter et d'y faire face. Les trois principales voies d'accès à ce contenu inconscient sont : les associations libres au cours d'une séance de thérapie, l'interprétation des rêves et des dessins libres ainsi que la compréhension des phénomènes de transfert et de contre-transfert.

Les modalités d'application de l'approche psychanalytique sont d'abord la psychanalyse, utilisée par les psychanalystes, où l'accent est mis sur le transfert. La psychothérapie psychanalytique peut être employée par des thérapeutes ; les interventions seront alors axées sur le transfert, en incluant la clarification, la modification des mécanismes de défense, la suggestion et le soutien. Il existe également d'autres démarches, telles que la psychothérapie dynamique brève, la psychothérapie de groupe, le psychodrame psychanalytique et la psychothérapie conjugale et familiale.

Associations libres

Durant la séance de thérapie, on encourage l'individu à relaxer et à exprimer tout ce qui lui passe par la tête sans juger de l'à-propos ou de la cohérence de ses paroles. Pour faciliter ce processus, le client s'allonge sur un divan ou un canapé et le thérapeute s'assoit derrière lui, en dehors de son champ de vision, afin d'éviter tout contact visuel qui pourrait interférer avec le flot des pensées du client. Le psychanalyste est attentif aux thèmes et aux distorsions récurrentes du contenu exposé et aide le client à clarifier ce contenu par différents moyens. L'analyste peut faire une *interprétation*, en suggérant une cause sous-jacente à l'émotion exprimée par le client. Au fil de la thérapie, l'analyste examine les *possibilités de transfert* à travers lesquelles les émotions refoulées du client et ses relations passées sont susceptibles d'être « mises en acte » dans sa relation actuelle avec le thérapeute. L'analyste étudiera la *résistance* que le client oppose à la progression de la thérapie. Cette résistance se manifeste par l'évitement (l'annulation des rendez-vous, l'échec des associations libres ou le discours sur les choses futiles) ou par des moyens plus énergiques (rejeter une interprétation ou la « mise en acte » d'un besoin). Ce phénomène se manifeste lorsqu'on approche du cœur des conflits et représente pour le thérapeute des indices de contenus refoulés.

Interprétation des rêves

Freud considère le rêve comme un moyen d'accéder à l'inconscient. Il croit que chaque rêve réclame la satisfaction d'un besoin intrinsèque ou la solution à un conflit. Qui plus est, selon lui, les rêves font un plus grand usage de la mémoire et des symboles linguistiques, le ça disposant d'une plus grande liberté dans les rêves que pendant les périodes d'éveil (Freud, 1960). Par conséquent, l'interprétation des rêves implique des associations libres du client autour de son rêve, afin que l'analyste puisse en dégager les symboles et les significations inconscientes et profondes.

Les conflits intériorisés cherchent à s'exprimer par des manifestations dont le sens échappe à l'individu lui-même. Les principales voies d'accès à cette vie imaginaire sont les différents modes d'expression symbolique, tels que le dessin libre, qui devient un outil intéressant de communication et de compréhension pendant une relation thérapeutique.

Transfert et contre-transfert

Dans toute relation thérapeutique, une réaction de transfert et de contre-transfert peut se produire (Bérubé, 1991). Le transfert désigne en psychanalyse un processus psychodynamique par lequel les désirs inconscients s'actualisent sur certains objets, notamment sur le thérapeute. Le client éprouve envers son thérapeute des sentiments qu'il a déjà éprouvés envers une figure significative de son passé, généralement un membre de sa famille ou une personne en position d'autorité. Le transfert tire son origine des idées et des espoirs conscients de la personne et aussi de tout ce qui a été réprimé et est devenu inconscient. Le transfert est dit positif si les sentiments en cause sont du domaine de l'attachement, comme l'amour, le désir, l'admiration, la dévotion, etc. Le transfert négatif désigne tout sentiment hostile, comme la haine, la colère, la méfiance, l'aversion, l'antipathie, l'envie, etc. Le phénomène de transfert fournit des indices précieux sur le fonctionnement psychique du client.

La notion de contre-transfert a été élaborée pour désigner une résistance inconsciente du thérapeute face au transfert du client. Le contre-transfert signale l'influence du client sur les sentiments inconscients de l'intervenant. Le client propose ou impose à son thérapeute des pensées, des émotions ou une attitude que celui-ci n'a pas avantage à entendre ou tolérer. Il est recommandé à l'intervenant de se méfier de ses propres réactions au transfert de son client, car celles-ci peuvent entraver le déroulement du processus thérapeutique.

3.1.2 Thérapie adlérienne

Alfred Adler (1870-1937) a apporté une contribution majeure au développement du modèle psychodynamique de la thérapie. Sa théorie du développement de la personnalité prend sa source dans les disciplines suivantes : la psychothérapie, l'éducation et l'anthropologie. Après une première collaboration avec Freud, Adler, déçu de l'approche biologiquement déterministe de Freud, créa sa propre théorie de la psychologie individuelle, laquelle considérait la nature humaine comme ancrée socialement. Cette approche de la thérapie se concentre sur l'établissement et la progression de la relation thérapeutique. Elle offre un cadre de référence permettant de comprendre les individus au sein de leur contexte social.

Aperçu théorique

Adler conserve un point de vue optimiste sur la nature humaine. Il considère que les individus sont capables de vivre ensemble en collaborant, en cherchant à progresser sur le plan individuel et à s'accomplir, contribuant ainsi au bien-être commun. Adler insiste sur l'unité de la personnalité. Il perçoit les gens comme des êtres complets et intégrés. Ce point de vue insiste sur la nature intentionnelle du comportement et maintient que la direction adoptée par les individus importe beaucoup plus que leur point de départ. Les individus sont considérés comme les acteurs et les créateurs de leur propre vie, comme des personnes qui sont en mesure d'adopter un style de vie unique traduisant leurs objectifs. Les individus tendent ainsi à se construire eux-mêmes plutôt que d'être simplement façonnés par les expériences de leur enfance (Corey, 1991).

Concepts de base

Approche phénoménologique

Selon Saint-Laurent et Pinard (1999), l'approche phénoménologique de la psychologie est l'une des approches qui ont influencé la thérapie cognitive. Elle est enracinée dans la philosophie stoïcienne grecque, car elle soutient que la

vision de soi et de son propre monde détermine largement le comportement. L'empereur Marc Aurèle, dans ses *Pensées pour moi-même* écrit : « Si quelque objet extérieur te chagrine, ce n'est pas lui, c'est le jugement que tu portes sur lui qui te trouble. » L'élément clé de la thérapie adlérienne est de se concentrer tout simplement sur la manière dont l'individu comprend le monde. Adler concède à Freud le fait que la personnalité d'un individu soit largement influencée par les six premières années de sa vie. Toutefois, contrairement à Freud, mais en accord avec les

APPLICATION CLINIQUE
Théorie psychanalytique　　ENCADRÉ 3.1

La cliente, une femme de 42 ans, est traitée pour une dépression qui dure depuis 6 mois. Elle a divorcé une première fois et est maintenant remariée depuis 6 ans. Elle a eu 2 enfants de son premier mariage : un garçon de 14 ans et une fille de 11 ans. Elle travaillait comme caissière dans une banque jusqu'à ce que les symptômes de la dépression l'obligent à arrêter, il y a de ça 4 mois. Ses parents habitent la même ville qu'elle, mais elle ne les voit que très rarement.

Denise a souffert d'anhédonie (perte du plaisir de vivre), de perte d'appétit, d'anxiété et d'insomnie ponctuée de cauchemars.

L'interaction qui suit s'est produite 4 mois après le début du traitement avec le psychanalyste. Denise avait auparavant raconté un rêve récurrent, celui d'un jeune enfant pleurant dans le noir. Des yeux occupaient la place des étoiles dans le ciel. Plus l'enfant pleurait, plus il rapetissait.

Denise : (En colère) Vous restez assis là, comme si de rien n'était. Je ne sais même pas si vous m'écoutez.
Thérapeute : (Silence)
Denise : Alors ? Vous m'écoutez ?
Thérapeute : (Silence)
Denise : (Avec tristesse) Ça ne m'étonne pas. Je parle et personne ne m'écoute, même lorsque je les paie pour ça.
Thérapeute : (Silence)
Denise : Pourquoi personne ne fait attention à moi ? Ne pouvez-vous faire attention à moi, espèce de salaud ?
Thérapeute : (Silence)
Denise : (D'une petite voix) Je me sens toute petite.
Thérapeute : (Silence)
Thérapeute : C'est l'expérience de votre rêve : pleurer devant des yeux qui vous regardent, mais n'agissent pas comme vous vous y attendriez. Parce que rien ne bouge ou que personne ne vient vous délivrer, vous vous sentez insignifiante et ressentez de la colère. Il serait peut-être utile que vous réfléchissiez à la personne de qui vous attendez une action. La colère que vous projetez sur moi évoque une vraie colère envers votre père.

En poursuivant ce travail, Denise a finalement découvert sa colère contre son père, causée par l'absence de celui-ci tout au long de son éducation, un modèle qui s'est perpétué dans ses relations avec ses époux.

cognitivistes Beck et Ellis, il soutient que ce ne sont pas les événements eux-mêmes qui influencent le développement de la personnalité, mais plutôt la perception et l'interprétation de ces événements par l'individu (Corey, 1991). Selon Adler, les individus attribuent une signification à ces expériences de vie et, qui plus est, en font une réalité subjective de laquelle ils dépendent. Cette approche phénoménologique, tout d'abord élaborée par Adler, a été depuis intégrée à plusieurs autres formes de thérapie, comme la Gestalt-thérapie, la thérapie existentielle et la thérapie cognitivo-comportementale.

Développement de la personnalité

Adler conçoit le développement de la personnalité comme un processus créatif et actif. Contrairement à Freud, il croit que les hommes sont conduits par des pulsions sociales plutôt que par des pulsions sexuelles, avec, au centre de la personnalité, une conscience et un comportement intentionnel dirigé vers un but (Corey, 1991).

Adler affirme que le développement de la personnalité débute dès la petite enfance et que le **complexe d'infériorité** apparaît progressivement chez les enfants au moment où ils prennent conscience de leurs imperfections. « Nous faisons face à des sentiments d'impuissance dans notre lutte pour atteindre la compétence, la maîtrise de soi et la perfection » (Corey, 1991). Selon Adler, à partir du moment où l'on fait face à un complexe d'infériorité, on est amené à lutter pour atteindre la supériorité. Adler soutient que « le désir de réussir incite les gens à se maîtriser et leur permet ainsi de surmonter les obstacles » (Corey, 1991). La supériorité telle qu'envisagée par Adler correspond, pour l'individu, au développement de son propre potentiel par opposition au fait de vouloir être supérieur aux autres. Chaque individu poursuit une recherche de la compétence qui correspond à son style de vie propre.

Adler décrit le **but final** comme une situation idéale de perfection, de réalisation ou de triomphe sur les sentiments d'infériorité. Cette aspiration est inconsciente. C'est la volonté d'atteindre cet objectif qui motive les actions de l'individu dans le présent et influence son approche de l'existence. Adler nomme cette approche spécifique *style de vie* et la conçoit comme une manière d'aborder ou d'éviter les trois tâches imposées par l'existence : le travail, la vie amoureuse et l'insertion sociale.

Sens de la communauté

L'une des contributions les plus significatives d'Adler a sans aucun doute été sa reconnaissance de l'existence d'une relation entre l'individu et la société. Les hommes ressentent le besoin fondamental d'être acceptés, de vivre en sécurité et de se sentir utiles. Le *Gemeinschaftsgefühl*, ou l'intérêt social, réfère à la « conscience qu'a l'individu de faire partie de la communauté humaine » et à « l'attitude de l'individu envers la société, incluant la recherche d'un avenir meilleur pour l'humanité » (Corey, 1991).

Adler n'entrevoit pas de « conflit fondamental entre le soi et la société ». Il considère que le développement de la personne et son intégration dans le monde constituent des processus qui influent positivement l'un sur l'autre. « Plus le développement d'un individu est grand, plus cet individu interagit positivement avec les autres, plus il est amené à se réaliser et à s'épanouir » (Corey, 1991).

Conception des troubles psychologiques

Adler interprète les troubles psychologiques comme résultant le plus souvent de la réunion de deux conditions : un complexe d'infériorité exagéré ainsi qu'un sens de la communauté insuffisant. Dans ces conditions, une personne risque de subir ou d'anticiper un échec dans une tâche qu'elle considère comme impossible, ce qui aura pour conséquence de la décourager. Adler a tendance à utiliser le terme *découragé* au lieu de *pathologique* ou *malade*. Lorsqu'il est découragé, l'individu tente souvent de se libérer ou de masquer son sentiment d'infériorité plutôt que de chercher à le surmonter. Il essaie de se remonter le moral en utilisant des « trucs » qui lui évitent d'avoir à confronter réellement ces difficultés, en apparence insurmontables.

Les personnes découragées tentent de protéger la perception qu'elles ont d'elles-mêmes en utilisant des *mécanismes de sauvegarde* pour s'excuser d'avoir échoué ou pour déprécier les autres. Les dispositifs de sauvegarde incluent les symptômes, la dépréciation, les accusations, les auto-accusations, la culpabilité et différentes techniques de distanciation. L'anxiété, les phobies et la dépression sont des symptômes qui servent d'excuses pour éviter les obligations de l'existence et rejeter la responsabilité sur les autres. De cette manière, les individus utilisent leurs symptômes pour se protéger d'un échec réel ou possible dans les tâches imposées par l'existence. Il se peut qu'un individu réussisse dans une ou deux de ces tâches tout en ayant des difficultés dans une autre (la profession, la vie amoureuse ou l'insertion sociale).

Techniques

Le counseling adlérien est décrit comme une relation diplomatique de travail et de collaboration qui établit un sentiment d'égalité (Stein, 1998). Le travail implique habituellement de découvrir le but inconscient final et les modèles sous-jacents qui lui correspondent, de les explorer et de les modifier. Durant le counseling, le thérapeute informe et enseigne, il guide et encourage. L'encouragement est considéré comme le meilleur moyen de changer les convictions d'un individu. Le courage représente la volonté d'agir en harmonie avec les intérêts sociaux (Corey, 1991).

La thérapie adlérienne comprend 12 étapes ou 4 stades. À l'intérieur de chacun de ces stades, on encourage les changements cognitifs, émotionnels et comportementaux. Par souci de clarté et de concision, nous vous présentons une brève explication de ces quatre stades :

- établissement de la relation thérapeutique ;
- exploration de la dynamique psychologique du client ;
- encouragement à l'intéroception, ou à la compréhension de soi ;
- aide au client à faire de nouveaux choix.

Ces stades permettent aux thérapeutes adlériens d'adapter leur approche au caractère unique de chaque individu plutôt que de suivre des techniques prédéterminées. Le thérapeute travaille toujours à l'intérieur du cadre phénoménologique.

Stade 1 : établir une relation

Ce stade sert à amorcer une relation avec le client pour l'aider à se montrer plus coopératif (démontré sa capacité à collaborer au cours de la thérapie). Une des façons de créer une relation thérapeutique est d'amener le client à définir ses forces et ses atouts. Durant ce stade, les qualités principales du thérapeute sont l'écoute, l'accompagnement, l'empathie et la manifestation de sa confiance en la capacité de changement du client. Une fois que le client se sent accepté et compris, il est plus à même de se concentrer sur ses propres objectifs thérapeutiques. Comme dans les approches cognitives, les thérapeutes adlériens utilisent le questionnement socratique (c.-à-d. des questions destinées à révéler des ignorances cachées ou à élucider des vérités connues de tous) afin de clarifier les objectifs du client et ses convictions sur lui-même, sur les autres et sur la vie. Les idées erronées sont énumérées et corrigées selon le sens commun. Les symptômes fournissent souvent une occasion d'éclaircissement, car ils sont souvent utilisés comme échappatoire par le client. Pour mettre cela en évidence, le thérapeute peut poser une question socratique : « Si vous ne souffriez pas de ces symptômes, que feriez-vous ? » La réponse du client s'avère souvent assez révélatrice.

Stade 2 : explorer la dynamique psychologique du client

L'objectif de ce stade est d'aider le client à comprendre son style de vie et son incidence sur son fonctionnement dans toutes les tâches de la vie (Corey, 1991). Le rôle du thérapeute consiste ici à aider le client à dépasser son point de vue étroit. En travaillant toujours à l'intérieur du cadre phénoménologique, le thérapeute étudie les motifs, les croyances, les sentiments et les objectifs du client. Les thérapeutes adlériens vont au-delà des sentiments pour en explorer les croyances sous-jacentes. Ils confrontent alors le client avec ses croyances erronées afin de l'en libérer (Corey, 1991).

Durant ce stade, le thérapeute s'engage dans une analyse du style de vie du client, incluant les membres de sa famille d'origine, leurs relations avec le client, ainsi que ses souvenirs d'enfance et leur signification particulière. Cette évaluation permet au client de découvrir la logique et les interprétations qui constituent la base de sa perception subjective de la réalité. Le thérapeute évalue également le fonctionnement du client dans les trois tâches de la vie : le travail, la vie amoureuse et l'insertion sociale. Il questionne le client sur la satisfaction éprouvée et le nombre d'objectifs atteints dans chaque domaine.

Stade 3 : encourager la compréhension de soi

À ce stade, le thérapeute amène le client à mieux se comprendre en relevant les comportements et les objectifs autodestructeurs, en émettant des hypothèses et en suggérant des interprétations. Les thérapeutes adlériens entrevoient la compréhension de soi non pas comme une condition nécessaire au changement de comportement, mais simplement comme un atout complémentaire. Les interprétations sont destinées à faciliter la prise de conscience chez le client de la logique et des objectifs qui lui sont particuliers et de leur effet sur son comportement actuel. Puisque personne ne peut vraiment connaître le monde intérieur de l'autre, les interprétations sont présentées sous la forme d'une discussion ouverte, à explorer tout au long de la séance (p. ex. « Se pourrait-il que… ? » ou « Il me semble que… ») (Corey, 1991). Il est important que ces interprétations s'inscrivent dans une atmosphère d'empathie pour le client, empathie créée au cours des stades précédents.

Stade 4 : aider la réorientation

Le dernier stade est pragmatique et implique de mettre en pratique la compréhension de soi (Corey, 1991). Le thérapeute et le client recherchent activement ensemble des solutions pour permettre au client d'effectuer des changements dans sa vie qui correspondent à ses nouveaux objectifs. Les clients sont souvent encouragés à agir comme s'ils étaient déjà la personne qu'ils souhaitent être. Cela leur permet de saper leurs suppositions autolimitatives (Corey, 1991). Les thérapeutes adlériens utilisent plusieurs techniques à ce stade, mais ils privilégient toujours la mieux adaptée aux objectifs et aux points de vue du client.

3.1.3 Analyse transactionnelle

L'analyse transactionnelle (AT) fournit un cadre de compréhension facile pour l'étude de la communication humaine et de ses problèmes. Elle constitue une approche simple et directe qui permet d'analyser et de faire évoluer la communication. Elle est d'approche facile pour nombre de clients et d'étudiants. Ce style de thérapie a fait de nombreux adeptes dès son introduction par Eric Berne en 1961. En fait, l'analyse transactionnelle permet de reconnaître les positions de vie dysfonctionnelles que l'individu a adoptées en analysant et en corrigeant les modèles de communication, tant internes (monologue intérieur) qu'externes (communication avec les autres), ou en examinant la façon dont ces mêmes dysfonctionnements s'expriment tout au long de la vie.

et d'affronter efficacement le monde extérieur. L'individu

Thérapie adlérienne — ENCADRÉ 3.2

APPLICATION CLINIQUE

Denise consulte un thérapeute adlérien depuis quelques semaines et elle en est à explorer sa propre dynamique (stade 2), pendant que celui-ci la guide dans sa compréhension de soi (stade 3). À l'instar d'autres formes de thérapie, les différents stades se chevauchent souvent les uns les autres.

Denise : Je suis tellement incompétente. J'ai l'impression d'être incapable de faire les choses correctement.

Thérapeute : Vous me semblez découragée, Denise. Je sais que vous éprouvez des difficultés depuis quelque temps maintenant. Se pourrait-il « qu'être incapable de faire les choses correctement » soit devenu pour vous un style de vie ?

Denise : En ce moment, on dirait bien. Mais j'ai l'impression que ça a toujours été le cas – toute ma vie.

Thérapeute : Je me demande comment cela se fait ?

Denise : J'ai toujours pensé que, si je faisais « bien » les choses, mes parents – enfin tout le monde – le remarqueraient et tout serait parfait.

Thérapeute : Il me semble alors que pour vous l'objectif est d'obtenir que les autres vous acceptent et vous considèrent. Ne pensez-vous pas ?

Aperçu théorique

Selon Berne, les jeunes enfants sont constamment en train d'organiser leurs expériences. Ils regroupent les pensées, les actions et les sentiments similaires qui s'organisent en différents états du moi. Un **état du moi** est défini comme un ensemble cohérent de sentiments accompagné d'un ensemble connexe, cohérent et observable de modèles de comportements (Berne, 1964). Berne définit ainsi trois états du moi : *le parent*, *l'adulte* et *l'enfant*. Les individus passent aisément d'un état du moi à un autre, suivant la situation. Ces états du moi sont aisément reconnaissables pour un observateur et ils sont cohérents dans le temps.

État du parent

L'état du moi qui correspond au parent reflète les attitudes, les croyances et les modèles comportementaux appris auprès des personnes qui font figure d'autorité. Le parent peut représenter le « bon parent » compréhensif (le *parent nourricier*) ou le « mauvais parent » insatisfait (le *parent autoritaire*). Le rôle du parent est de fixer des limites, de protéger, de soutenir et d'éduquer. Lorsqu'elle agit selon un rôle prédéterminé, qui provient de ses images parentales, la personne économise du temps, car ce rôle lui fournit des solutions et des réponses automatiques (Berne, 1964).

État de l'adulte

L'état du moi adulte autorise l'individu à juger objectivement de la réalité d'une situation, hors des jugements de valeur et de l'affectivité. L'adulte traite les données rationnellement et permet à l'individu de résoudre les problèmes

et d'affronter efficacement le monde extérieur. L'individu recourt à son moi adulte, considéré comme l'état rationnel du moi, pour arbitrer les conflits entre le parent automatique et l'enfant impulsif. Lorsqu'une personne communique à travers cet état du moi, ses comportements et ses décisions se traduisent par une réaction fondée et rationnelle à la situation.

État de l'enfant

L'état du moi enfant renferme les désirs et les pulsions spontanées de l'individu. Les pulsions créatives, ludiques et intuitives sont associées à l'*enfant spontané* ou à l'*enfant libre*. La honte, la peur, l'anxiété et les inhibitions qui surviennent lorsque l'enfant spontané est réprimé d'une quelconque manière par l'influence parentale caractérisent *l'enfant adapté*. Le rôle de l'enfant est de ressentir les émotions, d'agir spontanément et de façon intuitive. Lorsqu'une personne agit sous l'influence de cet état du moi, les décisions qu'elle prendra seront impulsives.

Positions de vie

Berne affirme qu'une personne communique toujours selon un état du moi ou un autre, sans en être nécessairement consciente. L'effet cumulatif des premières expériences de la vie amène l'individu à adopter une *position de vie*. Cette position de vie s'établit en fait par la comparaison qu'effectue l'individu entre sa propre valeur et celle des autres. Berne distingue quatre positions de vie : je vais bien, tu vas bien ; je vais bien, tu ne vas pas bien ; je ne vais pas bien, tu vas bien ; et je ne vais pas bien, tu ne vas pas bien. Pour Berne, la position de base de l'individu s'accomplit dans ses communications avec lui-même et les autres. En analysant les modèles de communication inefficaces, le thérapeute et le client peuvent déceler les sources de dysfonctionnement ainsi que les solutions de rechange.

Concept de base

Modèles de communication

Comme, selon lui, l'individu s'exprime toujours à partir d'un des trois états du moi (parent, adulte ou enfant), Berne se sert de ces états pour analyser la communication. L'analyse transactionnelle représente l'individu sous trois états du moi distincts (voir illustration ci-dessous).

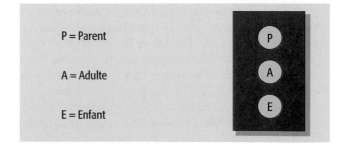

P = Parent
A = Adulte
E = Enfant

Lorsqu'il analyse les communications entre deux personnes, Berne observe les transactions entre celles-ci. Une transaction est la plus petite unité d'interaction entre deux personnes et elle est représentée par des flèches désignant le stimulus et la réponse (voir voir illustration ci-dessous).

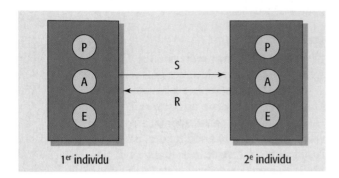

1ᵉʳ individu   2ᵉ individu

Dans cet exemple, le premier individu s'adresse à l'état adulte du deuxième individu à partir de son propre état adulte. De la même façon, le deuxième individu lui répond en communiquant avec son état adulte. Cela illustre une transaction *complémentaire*. L'échange complémentaire est également appelé échange parallèle, puisque les échanges s'effectuent au même niveau (les flèches étant parallèles). Ces échanges s'effectuent entre des états du moi de même nature, complémentaires. L'exemple ci-dessus pourrait avoir lieu entre deux collègues de travail – deux adultes en interaction. La figure suivante illustre une transaction parallèle entre une mère et son enfant.

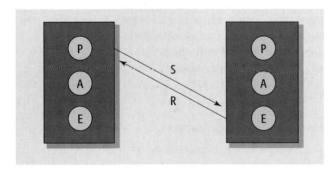

Pour Berne, une communication est efficace et fonctionnelle si elle est complémentaire (Berne, 1964), parce qu'ainsi elle est vécue comme étant mutuellement satisfaisante et elle permet la poursuite de la communication.

Les différences surgissent à partir du moment où les transactions ne suivent plus de trajectoires complémentaires (ou parallèles). Cela signifie que la communication n'a plus lieu entre deux états de même nature. Une telle transaction est connue sous le nom de transaction croisée (voir illustration suivante).

Dans ce cas, la première personne amorce un échange adulte-adulte. La deuxième personne, cependant, répond en adoptant le rôle du moi parent, comme si elle s'adressait

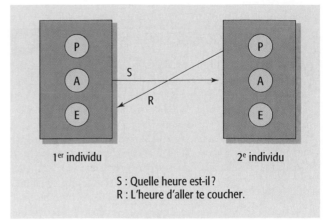

1ᵉʳ individu   2ᵉ individu

S : Quelle heure est-il?
R : L'heure d'aller te coucher.

à un enfant. Voilà un exemple de transaction croisée. Ces transactions sont vécues comme étant dysfonctionnelles et ont pour effet de mettre un terme à la communication ou d'inhiber les échanges futurs. La forme la plus commune de cet échange croisé intervient dans le cas d'une réponse parent-enfant ou enfant-parent à un stimulus de type adulte-adulte (Berne, 1964).

Signes de reconnaissance

Les signes de reconnaissance renvoient aux concepts de validation de l'analyse transactionnelle. Tous les êtres humains tentent de valider leur existence grâce à la parole et au toucher. Les échanges qui se concluent par un renforcement de l'estime de soi sont perçus comme des signes de reconnaissance positifs. Ceux, par contre, qui produisent des sentiments négatifs et de dévalorisation sont considérés comme des signes de reconnaissance négatifs. Les signes de reconnaissance conditionnels sont octroyés à la suite de l'accomplissement de quelque chose, alors que les signes de reconnaissance inconditionnels sont accordés pour le simple fait d'exister.

Techniques

Les techniques de l'analyse transactionnelle sont en fait les étapes de la progression dans la thérapie. Elles sont destinées à aider les individus à prendre conscience de leur façon d'interagir, véritable reflet de leur position de vie. Cette approche, éducative et stimulante, est structurée en quatre stades : l'analyse structurale, l'analyse transactionnelle, l'analyse du jeu psychologique et l'analyse du scénario de vie. On obtient un meilleur taux de réussite à ces différents stades en travaillant en groupe.

Analyse structurale

L'analyse structurale représente la première partie de la thérapie. Elle débute par la détermination, par le client, du problème ou du symptôme à traiter au cours de la thérapie. Le client est alors informé des rôles et des finalités des différents états du moi. Un travail d'aide lui permet de préciser le phénomène associé à sa propre représentation des états du moi et d'isoler clairement chacun de ces états. Ce travail s'effectue par l'intermédiaire de l'analyse des transactions avec le thérapeute ou par l'intermédiaire de l'analyse d'exemples donnés par le client.

L'objectif global de l'analyse structurale est d'aider le client à fonctionner principalement dans l'état du moi en prise avec la réalité, soit l'état du moi adulte (Berne, 1972). Toutefois, pour réaliser cet objectif, le thérapeute et son client doivent déterminer l'état du moi qui provoque les symptômes présentés par le client (Berne, 1972). Il convient donc d'activer l'état du moi adulte pour arbitrer de manière rationnelle les états du moi les plus répressifs et les plus impulsifs. Le but de l'analyse structurale est la maîtrise des conflits internes par le diagnostic des états du moi. De cette façon, l'état du moi adulte peut conserver la maîtrise de la personnalité dans les situations stressantes. Au terme de l'analyse structurale, le client pourra décider de mettre fin à la thérapie ou de passer à la phase suivante.

Analyse transactionnelle

Une fois qu'ils sont conscients de leurs différents états du moi, les clients s'habituent à reconnaître les moments et la manière dont ils sont activés. L'objectif à long terme de cette phase est de cantonner l'état du moi adulte dans le rôle actif de la personnalité, mais aussi de déterminer les moments les plus propices pour libérer plutôt l'enfant ou l'adulte, tout comme de déterminer les moments où mettre fin à leurs transactions (Berne, 1972). En groupe, les clients sont sensibilisés au moment et à la manière dont leur moi parent et leur moi enfant l'emportent sur leur moi adulte. Ils apprennent ainsi à formuler des réponses adultes aux stimuli.

L'une des techniques spécifiques de l'analyse transactionnelle, dont les thérapeutes se servent tout au long de la thérapie, mais tout particulièrement à ce stade, consiste à amener le client à se sentir responsable du choix de réponses appropriées aux situations. Cela signifie que le client doit transposer les réponses inappropriées, parent ou enfant, au domaine de l'adulte. Autant que faire se peut, ces réponses sont recadrées de façon positive. Après avoir analysé ses transactions, le client peut mettre fin à la thérapie ou décider de la poursuivre et de se sensibiliser à la façon dont les différents états du moi peuvent influencer ses interactions à un degré supérieur.

Jeu psychologique

Les jeux sont considérés comme la représentation d'un ensemble de transactions récurrentes ayant une motivation dissimulée ou inavouée (Berne, 1972). Selon Berne, les jeux prennent origine dans la prime enfance, alors qu'ils sont consciemment inventés par l'enfant. Toutefois, avec le temps, ils se figent en modèles, sans aucun lien avec leur origine, et leur nature en est alors obscurcie (Berne, 1964). Berne considère les jeux comme nécessaires et souhaitables, puisqu'ils permettent de structurer

le temps. La question est de savoir si les jeux que joue l'individu lui procurent un résultat satisfaisant (Berne, 1964).

Les jeux trouvent leur source dans les transactions cachées qui sont liées à la position de vie qu'adopte l'individu. Une transaction cachée implique que le joueur prétend réaliser une chose tout en faisant une autre. Par conséquent, tous les jeux impliquent une forme d'escroquerie (Berne, 1972). Berne et ses disciples ont défini plusieurs types de jeux, mais tous comportent les deux caractéristiques suivantes : le caractère inavoué du jeu, ainsi que le « gain qu'il en tire » (Berne, 1964). Les gains sont les sentiments que le jeu provoque chez l'individu.

Plutôt que de faire l'inventaire des jeux définis par Berne, le présent ouvrage en présente un seul pour démontrer ses caractéristiques. À titre d'exemple, voici un jeu courant entre époux, intitulé « Si ce n'était de toi ». Dans ce jeu, la femme se plaint à son mari du fait que celui-ci limite ses activités sociales, de telle sorte qu'elle n'a jamais pu apprendre à danser. Alors qu'elle commence à changer certaines attitudes pendant sa thérapie, son mari renonce à sa position antérieure et elle est ainsi en mesure d'élargir ses activités sociales. Elle prend donc des leçons de danse pour s'apercevoir finalement qu'elle a une peur horrible des pistes de danse. Son mari autoritaire lui rendait en fait un réel service en lui évitant de prendre conscience de ses peurs.

L'analyse transactionnelle de ce jeu est représentée de la manière suivante. Les lignes pointillées représentent la transaction cachée (voir illustration ci-dessous).

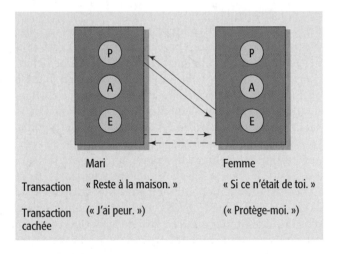

	Mari	Femme
Transaction	« Reste à la maison. »	« Si ce n'était de toi. »
Transaction cachée	(« J'ai peur. »)	(« Protège-moi. »)

Au plan social, il s'agit d'un jeu parent-enfant, le mari jouant le rôle du parent en demandant à sa femme de rester chez eux pour s'occuper de la maison. De son côté, la femme adopte le rôle de l'enfant en répondant « Si ce n'était de toi ».

La transaction cachée s'effectue entre les états du moi enfant, le mari se servant de sa position dominante pour cacher la peur de son état du moi enfant concernant l'abandon du domicile conjugal par sa femme, et l'état du moi enfant de la femme recherchant la protection de son mari contre les situations angoissantes (Berne, 1964).

Scénario existentiel

La théorie du scénario soutient que l'enfant prend très tôt les décisions concernant son rôle dans ses relations avec les autres et commence à établir un plan de vie basé sur ces décisions (Goulding et Goulding, 1979). Ainsi, l'analyse du scénario représente le dernier stade de la thérapie et se concentre sur l'étude des modèles qui ont façonné les relations de toute une vie. Le scénario est envisagé comme une adaptation à partir des expériences de la prime enfance. Cette adaptation, mise en scène tout au long de l'existence, consiste à manipuler les autres pour les amener à jouer les rôles appropriés (Berne, 1972). Le scénario est analysé grâce à l'examen des éléments rassemblés à l'intérieur et à l'extérieur du groupe, jusqu'à ce que sa nature devienne évidente (Berne, 1972).

3.1.4 Gestalt-thérapie

Fred (Fritz) Perls, fondateur de la Gestalt-thérapie, a commencé sa carrière en tant que psychanalyste, mais avec le temps, il a divergé d'opinion avec Freud. Plus spécifiquement, Perls considérait que les conflits psychiques ne découlaient pas des conflits entre le ça, le moi et le surmoi, mais provenaient plutôt des interactions de l'individu avec la société. La Gestalt-thérapie est considérée comme un type de psychologie humaniste.

Aperçu théorique

Perls envisage les êtres humains comme des « organismes » dotés d'une nature propre, mais faisant également partie de la nature elle-même. L'organisme a des émotions, des pulsions, un intellect ainsi qu'un bagage d'expériences lui permettant de s'orienter et de s'épanouir dans la vie. Perls émet la théorie selon laquelle la société formule des demandes à l'organisme (ou à l'individu) afin qu'il se conforme à certains modèles de comportement. Selon lui, tant qu'un individu se plie aux attentes de la société, il se distance de ses propres expériences émotionnelles. Du même coup, il se dissocie de la nature elle-même (Stevens, 1975). L'individu ne peut plus, dès lors, fonctionner à pleine capacité, à cause de cette aliénation et de cette séparation de sa nature propre. En fait, si cette situation se prolonge, son fonctionnement peut finir par se dégrader et, qui plus est, il deviendra progressivement dépendant de la société elle-même pour établir ses propres normes de comportement et obtenir une approbation et une aide. Perls constate encore une fois que le fonctionnement de l'individu est réduit au minimum puisque celui-ci, au lieu de s'autoréguler, se base sur des facteurs externes susceptibles de lui faire des demandes inappropriées.

Concepts de base

Grand chef et sous-fifre

Perls a créé les termes *grand chef* et *sous-fifre* pour illustrer cette lutte. Le grand chef renvoie au surmoi, les « je devrais » de la vie en société. Perls constate qu'il s'agit d'une force si grande qu'elle est rarement comprise. Le sous-fifre, quant à lui, symbolise le ça, les pulsions et les désirs, et il s'efforce constamment d'échapper au grand chef – en fait, le grand chef et le sous-fifre sont en conflit permanent, car ils luttent pour détenir le contrôle. Pour un gestaltiste, la guérison représente la fin de la lutte pour le pouvoir entre le grand chef et le sous-fifre, et cette lutte pour la suprématie est alors remplacée par leur interaction et leur reconnaissance mutuelle et naturelle (Stevens, 1975).

Formation figure/fond

La **formation figure/fond** est un autre principe de la Gestalt-thérapie. Il implique en fait que la réalité est déterminée par les intérêts et les besoins particuliers d'un individu, que « quel que soit le besoin prédominant de l'organisme, celui-ci influence la réalité telle qu'elle apparaît » (Stevens, 1975). Pour clarifier les choses, examinons la situation suivante : deux personnes entrent dans un restaurant. La première, complètement affamée, a travaillé toute la journée et sauté à la fois le petit déjeuner et le déjeuner. Elle a de toute évidence besoin de manger. En entrant dans le restaurant, elle remarque le plateau des desserts à l'entrée, l'odeur provenant des cuisines et les plats que les clients mangent.

Une seconde personne entre dans le restaurant pour téléphoner. Sa voiture vient de tomber en panne devant le restaurant et elle est en retard pour un repas d'affaires avec un client. Elle a besoin de joindre son client pour l'informer de son retard et d'appeler un taxi. En entrant dans le restaurant, elle scrute l'entrée pour trouver un téléphone. Elle ne se rend pas bien compte qu'elle se trouve dans un restaurant ; pour elle, c'est un bâtiment public accessible et situé à proximité de sa voiture en panne.

Ces deux exemples montrent que la réalité est vécue de façon différente et illustrent le point de vue gestaltiste : la réalité dépend des besoins de chacun. Une fois le besoin satisfait, celui-ci s'estompe et fait place au besoin suivant. Perls décrit cela comme l'**autorégulation de l'organisme** (Stevens, 1975).

Toutefois, si le besoin n'est pas assouvi, un conflit s'ensuit, car l'organisme n'est pas en mesure de tolérer une situation en suspens. La Gestalt-thérapie se propose de mettre un terme aux conflits irrésolus. Par conséquent, la Gestalt-thérapie insiste avant tout sur le moment présent, sur l'« ici et maintenant » ou le « premier plan ». Les événements et les expériences passés sont utiles en ce qu'ils influencent le moment présent. Les thérapeutes gestaltistes les mettent en lumière pour que l'individu puisse les intégrer.

APPLICATION CLINIQUE
Analyse transactionnelle   ENCADRÉ 3.3

Dans une consultation de groupe, une des clientes, Denise, suit une analyse transactionnelle pour surmonter ses symptômes dépressifs. Elle a jusqu'ici reconnu sa position de vie sous la forme de « Je ne vais pas bien, tu vas bien » et travaille actuellement, avec les autres membres, à s'informer sur l'activation des états du moi.

Le groupe travaille depuis à peu près 45 minutes, mais Denise est restée jusqu'alors silencieuse.

Thérapeute : Denise, vous avez décidé de rester silencieuse ce soir.

Denise : Je n'ai pas grand-chose à offrir. J'apprends beaucoup en vous écoutant.

Un membre du groupe : Voulez-vous dire que vous apprenez beaucoup en écoutant le thérapeute ou en écoutant le groupe ?

Denise : Le thérapeute, j'imagine. Je veux dire, c'est l'expert et nous essayons tous d'apprendre de lui.

Un membre du groupe : J'ai l'impression que vous vous exprimez à partir de votre moi enfant. Papa détient toutes les réponses pour nous, pauvres petits.

Denise : J'ai l'impression d'avoir besoin d'aide. Je me sens honteuse et triste, j'ai peur et je veux que quelqu'un m'aide.

Thérapeute : Peut-être que ce quelqu'un est plus proche que vous ne le pensez. Denise, quel aurait été votre dernier commentaire si vous l'aviez exprimé à partir de votre moi adulte à la place de l'enfant ?

Denise : Vous voulez dire, à propos du fait que j'ai peur ?

Thérapeute : Oui.

Denise : Euh ! je ressens des impressions désagréables... qui passeront probablement avec le temps, quand je déciderai de les éliminer... J'aimerais trouver la façon de les éliminer.

Dans sa dernière déclaration, Denise a trouvé, grâce à son moi adulte, la réponse rationnelle qui l'aidera à résoudre ses problèmes.

Techniques

Dialogues

La technique la plus connue de la Gestalt-thérapie est sans doute celle des *dialogues*. Dans cet exercice, le client est assis en face d'une chaise libre qui représente une réalité du premier plan. Il peut s'agir d'une personne, d'une sensation physique ou d'une émotion. L'individu entretient ainsi une conversation avec la chaise vide, faisant état de ses inquiétudes ou de son point de vue. À la fin de cette déclaration, le thérapeute demande à l'individu de changer de chaise et de rôle afin de répondre aux préoccupations qu'il vient d'exprimer. Un homme peut ainsi s'adresser à la chaise vide de son père, et occuper ensuite la position de père pour se voir répondre au fils. Le thérapeute perpétue cet échange en alternance jusqu'à ce que l'individu atteigne une certaine intégration et que son besoin s'estompe.

Cette technique illustre l'approche gestaltique de la *différenciation* et de l'*intégration*. Elle autorise le client à appréhender les nombreuses dimensions du moment. En fait, les « dialogueurs » se souviennent fréquemment des sons, de la lumière, des tons de voix, des couleurs, des saisons, des émotions, des interactions des autres de même que de leurs propres attentes et de leurs réactions. Cette apport multiple de la mémoire enrichit et approfondit l'expérience, qui a pu s'estomper dans le conflit. En prenant conscience des nombreuses dimensions de la situation, en les acceptant et en demeurant à leur écoute, l'individu se trouve alors en mesure de les intégrer. Il n'est plus forcé d'obéir au « grand chef », car il a trouvé le moyen de synthétiser tous les éléments de son expérience qu'il a reconnus en les revivant. Perls avait l'habitude de dire qu'« écouter véritablement signifie comprendre » (Stevens, 1975).

Cet aspect des travaux de la Gestalt se retrouve dans le travail sur le rêve. Selon Perls, le rêve est un message qui, loin de contenir uniquement le code qui permet de déchiffrer la situation que la personne vit, fournit également la clé qui lui permet d'échapper au cauchemar où elle est enfermée. Au cours de la Gestalt-thérapie, la personne met en acte les différents éléments du songe et perçoit leur message. Selon la Gestalt-théorie, chaque partie du rêve représente un aspect de la vie de l'individu et divulgue, conséquemment, une vérité que l'individu se montre réticent à entendre ou à accepter. En exprimant de fait les différentes parties de ce rêve durant la thérapie, l'individu éveillé se trouve forcé, comme tout acteur, de s'identifier à ces différentes réalités et, dans les termes de la Gestalt, de les écouter.

3.1.5 Psychothérapie centrée sur le client

Aperçu théorique

La psychothérapie centrée sur le client est une autre forme de thérapie inspirée de la psychologie humaniste. Elle a été proposée dans le courant des années 1940 par Carl Rogers, un psychiatre américain (voir figure 3.2). Rogers, qui reconnaît sa dette envers la Gestalt-théorie, insiste lui aussi sur la richesse de l'expérience et il fait confiance au potentiel humain pour progresser. C'est en fait cette croyance fondamentale dans la capacité de l'être humain à aller de l'avant, à changer de manière constructive et à atteindre la complétude qui sous-tend la thérapie centrée sur le client (ou thérapie rogérienne). L'hypothèse centrale maintient que l'individu « a la capacité de faire face de manière constructive à tous les aspects de l'existence susceptibles de se manifester à sa conscience » (Rogers, 1951). La difficulté réside dans le fait que plusieurs aspects de la vie ou des expériences du client sont masqués par la honte, la culpabilité ou le déni. L'individu s'évertue alors à réprimer les pensées ou les sentiments qui

APPLICATION CLINIQUE
Gestalt-thérapie

ENCADRÉ 3.4

Denise participe à un groupe de consultation externe et toute l'attention se concentre sur elle. Elle est assise face à une chaise vide, au centre du cercle, et le thérapeute est debout à côté d'elle. Elle vient de dire au groupe qu'elle plaint son père, car il a dû travailler très dur toute sa vie.

Thérapeute : Faites comme si votre père était assis dans cette chaise. Que voudriez-vous qu'il sache ?

Denise : Bonjour, papa. Ça fait longtemps. Tu as l'air bien... Enfin... il me semble.

Thérapeute : (Silence)

Denise : Je ne sais vraiment pas quoi te dire, Papa... Sauf te dire merci d'avoir pris soin de moi.

Thérapeute : (Silence)

Thérapeute : Pouvez-vous vous souvenir d'un moment en particulier où il a pris soin de vous ?

Denise : Non, je ne peux pas.

Thérapeute : Dites-le-lui.

Denise : Papa, je ne sais pas quoi te dire et j'en ai honte. Je sais que tu as dû travailler dur pour subvenir à nos besoins. Mais, moi aussi, je travaille fort et j'ai malgré tout plus de temps pour mes enfants que tu ne nous en as consacré. Quel était le problème ? Est-ce que c'était moi ?

Thérapeute : Changez de chaise et répondez à votre fille.

Denise : (Dans le rôle du père) Bonjour, Denise. Je ne sais pas trop quoi te répondre non plus... J'imagine que je ne l'ai jamais su. J'ai toujours compté sur ta mère pour s'occuper de vous. J'ai essayé de te montrer que je t'aimais, mais je crois que je ne suis pas doué pour exprimer mes émotions. Est-ce que ça t'a blessée ?

Thérapeute : Changez de chaise de nouveau.

Denise : Ce n'est pas grave, Papa. C'est juste toutes ces petites choses qui me donnent l'impression que je ne vaux pas grand-chose... si même mon propre père ne m'aime pas.

Thérapeute : (Silence)

Thérapeute : Changez de chaise une nouvelle fois.

Denise : (Dans le rôle du père) Denise, je t'aime. Je suis juste incapable de te le montrer. Tu as toujours été une petite fille si tranquille. Je ne savais jamais ce que tu pensais. Je ne sais pas ce à quoi pensent les filles. Bon Dieu, j'ai grandi avec quatre frères ! Mais, Denise, ne savais-tu pas que je t'aimais ?

Thérapeute : Changez de chaise.

Denise : Oui, enfin... j'imagine. Je me souviens de toi en train de me porter dans mon lit lorsque je m'endormais en regardant la télé avec toi. J'ai toujours aimé ça.

Thérapeute : (Silence)

Denise : Je crois que j'étais impressionnée par toi, Papa. Je ne savais pas quoi te dire, mais je ne croyais pas que ça serait dur pour toi. Tu avais l'air de pouvoir faire face à tout. Tu savais toujours quoi faire, alors j'imaginais que tu aurais dû savoir quoi faire avec moi aussi.

La conversation s'est poursuivie jusqu'à ce que Denise et son « père » sentent qu'ils avaient terminé.

FIGURE 3.2 Carl Rogers, 1902-1987
Source : Bettmann Archive

ne correspondent pas à l'image qu'il a de lui-même. Cette répression peut compromettre sa perception de soi ou ses relations interpersonnelles. De plus, Rogers (1951) reconnaît qu'avec sa diversification, la société s'avère de moins en moins apte à fournir une définition du soi à l'individu. L'objectif de la thérapie centrée sur le client est de faire affleurer à la conscience les pensées et les sentiments enfouis dans l'espoir que l'individu sera capable de les accepter, de les intégrer dans un concept de soi élargi et de vivre plus pleinement et plus librement, son énergie ne se gaspillant plus dans la négation.

Concepts de base

Rogers croit que chaque organisme humain renferme « une personne à part entière, structurée de façon unique » qui peut directement être appréhendée dans une situation thérapeutique (Kovel, 1976). La conviction qu'au cœur de l'organisme humain se trouve un soi organisé dont l'énergie première se concentre sur l'intégration des expériences constitue l'une des dogmes de la psychothérapie centrée sur le client. Selon un autre postulat de la thérapie centrée sur le client, les relations interpersonnelles sont à la source de la santé comme de la névrose, puisque c'est dans ses relations qu'une personne se définit.

Par conséquent, dans la psychothérapie centrée sur le client, la relation thérapeutique permet de soutenir l'évolution interne du soi dans sa tentative de comprendre, d'accepter et d'intégrer les expériences refoulées. Cela constitue le cœur même de la thérapie rogérienne.

Techniques

Bien qu'elle soit fondée sur des prémisses simples, la psychothérapie centrée sur le client exige beaucoup du thérapeute. Cette thérapie exige de ce dernier qu'il adhère totalement, autant que faire se peut, au postulat selon lequel l'individu tend naturellement à progresser vers l'intégration, car c'est de cette conviction que découleront toutes leurs actions et leurs paroles. En fait, la seule « technique » de cette psychothérapie consiste en une relation pleine d'empathie envers le client et en une acceptation inconditionnelle. Cette relation, qui est appelée **attention positive inconditionnelle**, implique que le thérapeute soit convaincu que le client est en mesure de se diriger lui-même (Rogers, 1951).

Pour transmettre cette conviction au client, le thérapeute tente d'assimiler le cadre de référence et la perception du monde de celui-ci en les lui énonçant à nouveau, d'une façon qui démontre son acceptation et évite tout jugement. Le thérapeute ne cherche pas à changer ou à critiquer les pensées ou les perceptions du client. En fait, c'est exactement l'opposé qui se produit. Le thérapeute accepte simplement et totalement ce que dit le client et reformule ses propos en supprimant les connotations négatives ajoutées par ce dernier. Cette technique permet au thérapeute d'agir comme un **alter ego** et de refléter les attitudes et les sentiments du client, qui peut alors se percevoir « de manière plus claire et se reconnaître de manière plus tangible » (Rogers, 1951). Le thérapeute accepte avec empathie les aspects négatifs ou contradictoires de l'individu aussi bien que ses côtés les plus positifs. Au fur et à mesure qu'il expérimente l'acceptation du thérapeute, le client reprend confiance et se tranquillise. Il devient apte à explorer les éléments nouveaux ou contradictoires de son moi, avec la même acceptation que le thérapeute. Grâce à cette acceptation de soi, le client peut accepter et assimiler un plus grand nombre d'expériences et les considérer de manière plus ouverte. Il peut ainsi progresser vers une réorganisation du soi plus intégrale et plus sereine, dans la mesure où celle-ci est plus acceptable.

3.1.6 Thérapie comportementale

La thérapie comportementale consiste à tenter de modifier un comportement observable. Elle diffère des autres thérapies en ce qu'elle *se concentre sur le comportement plutôt que sur la cause*. Le comportement peut se traduire par une réaction émotionnelle, une verbalisation ou une action.

Aperçu théorique

Ivan Pavlov (1849-1936) fut l'un des premiers théoriciens à travailler avec le concept des comportements. Pavlov a décrit le comportement acquis qu'il a observé lorsqu'un stimulus déclenchait une réponse. Il est célèbre pour ses études sur la salivation des chiens. Pavlov a tout d'abord remarqué que les chiens salivaient lorsqu'ils apercevaient la nourriture et, qui plus est, avant qu'ils aient commencé à manger. Dans ses expériences, Pavlov faisait sonner une cloche en présentant de la nourriture aux chiens : ceux-ci salivaient. Après avoir répété cette séquence plusieurs fois, les chiens salivaient au son de la cloche, qu'il y ait ou non de la nourriture. Pavlov a nommé cette réaction *réflexe conditionné*, ou *conditionnement classique*.

B. F. Skinner (1904-1990), un autre théoricien qui est à l'origine des travaux behavioristes, était convaincu que pratiquement tous les comportements proviennent d'expériences environnementales acquises. Il soutenait non seulement que le comportement humain était complètement déterminé par l'expérience d'un individu, mais également que chacun apprenait de ses expériences répétées. C'est ce qu'on appelle le *conditionnement opérant*.

Ces deux théoriciens ont étudié le comportement, mais Pavlov a démontré que le stimulus survenait avant le comportement, alors que Skinner persistait à croire que le renforcement devait intervenir après que le comportement se manifeste. Il est évident que les théories du comportement de Pavlov ont été élaborées de manière plus expérimentale que celles de Skinner, qui a adopté une approche plus rétrospective.

Concepts de base

Alors que toutes les thérapies impliquent, dans une certaine mesure, un apprentissage de la part du client, les tenants de la thérapie comportementale considèrent l'apprentissage du client comme le point central de leur

APPLICATION CLINIQUE

Psychothérapie centrée sur le client ENCADRÉ 3.5

Denise consulte un thérapeute rogérien pour traiter une dépression. Elle suit maintenant sa thérapie depuis près de six semaines.

Thérapeute : Entrez, Denise. Je suis content de vous voir.

Denise : Merci, je suis heureuse de vous voir également. J'ai l'impression que c'est le seul endroit où je sens que je vaux quelque chose.

Thérapeute : Vous sentez que vous valez quelque chose ici.

Denise : Oui. Partout ailleurs, je sens que je ne réussis rien : comme épouse, mère, fille et même comme employée.

Thérapeute : Vous tenez beaucoup de rôles et faites beaucoup de choses.

Denise : Je crois, mais je m'inquiète de savoir si je les fais bien.

Thérapeute : Vous tentez de faire de votre mieux pour beaucoup de gens.

Denise : En effet. C'est difficile et je ne sais jamais si ce que je fais est bien.

Thérapeute : Et pourtant vous continuez de faire de votre mieux.

Le thérapeute manifeste son approbation et la regarde avec approbation. Il l'encourage à progresser vers l'intégration.

Technique de psychothérapie centrée sur le client
ENCADRÉ 3.6

- Permettre au client de diriger la thérapie. Le thérapeute ne doit pas proposer les thèmes à aborder.
- Tenter de refléter avec exactitude la perception du client dans une optique d'acceptation et d'empathie totale.
- Ne formuler aucun jugement (garder à l'esprit que le moi intérieur du client évolue vers un mieux-être).
- Adopter une attitude reflétant une volonté d'aider le client.

travail. Les thérapeutes du comportement engagent le client dans une activité qui le met face à un comportement troublant ou inadapté. En portant son attention sur son problème de comportement, le client s'en dissocie. Le problème consiste alors en quelque chose que le client *a* plutôt qu'en quelque chose que le client *est*. Ce processus, dans son essence, incite le client à se mettre dans la peau d'un « scientifique » et le rend apte à étudier le problème sous un angle intellectuel plutôt qu'émotionnel, ce qui favorise la distanciation ; le problème peut alors être observé, analysé et affronté. À partir du moment où le problème n'est plus perçu comme une partie intrinsèque de la personne, un traitement agressif devient possible, et il n'interfère pas avec la relation client-thérapeute. *A fortiori*, ce traitement agressif renforcera la relation thérapeutique, le thérapeute et le client travaillant de concert à résoudre le problème.

Le premier objectif de la thérapie du comportement est de ramener le problème à quelque chose de tangible, clair et bien défini. Cela permet au client de croire que la difficulté peut être contrée plus efficacement et, du même coup, son sentiment d'impuissance et son accablement s'estompent. Ainsi, le fait de définir le problème soulage en partie le client.

Techniques

Désensibilisation systématique

La désensibilisation systématique, une thérapie comportementale, a été mise au point par Joseph Wolpe dans le but de traiter les phobies. Le traitement débute par une série de tâches graduelles que le client doit accomplir. On lui demande de réaliser une activité reliée à la phobie, mais qui ne dépasse pas ses capacités. Comme cette tâche est facile à accomplir, le client prend confiance en lui-même et ressent, par anticipation, le désir de « poursuivre le traitement ». À ce stade, le client veut normalement confronter sa phobie et dépasser les demandes du thérapeute. Alors que le traitement suit son cours, les activités, ou tâches, tendent à s'approcher de plus en plus de l'anxiété phobique et, finalement, le client est prêt à l'affronter. C'est d'ailleurs généralement lui qui finit par insister alors que le thérapeute tente encore, d'une certaine manière, de le retenir dans son élan.

Au moment opportun, le client devra affronter une exposition dans la « vie réelle », et celle-ci devra durer une heure ou plus afin que la manifestation psychologique ou physique des émotions ou de la peur puisse s'estomper naturellement. Une exposition prolongée permet au client de se détendre, malgré une confrontation à la situation phobique.

On demande habituellement au client de tenir un journal ou de noter les événements qui surviennent au cours de son expérience thérapeutique. Il se trouve ainsi dans la position d'un « scientifique » qui recense, à mesure qu'ils se présentent, les réactions, les sentiments et les pensées associés à la thérapie. Ce processus aide également à cerner et définir le problème et à le dissocier du client. Il permet également d'observer de façon distincte et précise les symptômes physiques, tout en réduisant les probabilités que le client présente, ultérieurement, des réactions exagérées à l'événement.

Entraînement à la relaxation

L'entraînement à la relaxation fait également partie des techniques de la thérapie comportementale. Il existe diverses techniques de relaxation pour réduire l'anxiété ou la nervosité, ou pour traiter les troubles du sommeil.

Une de ces techniques, connue sous le nom de *respiration abdominale*, peut être utilisée seule ou combinée à d'autres modes de relaxation. Le client inspire profondément, en ouvrant bien la cage thoracique et en soulevant l'abdomen, puis il expire. Ce type de respiration détend le corps et procure ainsi une impression de quiétude.

La *relaxation progressive* est une autre technique de relaxation qui nécessite la contraction et le relâchement systématiques de différents groupes de muscles. Le client est ainsi en mesure de différencier la tension de la relaxation, une première étape vers un traitement efficace.

Une autre technique, appelée *autogénique*, utilise l'autopersuasion pour favoriser la relaxation. En utilisant des phrases du type « Je peux y faire face », « Je suis calme » ou « Je suis détendu », on parvient à se détendre progressivement.

3.1.7 Thérapie rationnelle-émotive

Aperçu théorique

La thérapie rationnelle-émotive (TRE) a été élaborée par Albert Ellis dans le courant des années 1960 et 1970, alors qu'il était déçu de l'efficacité de l'approche psychanalytique et que l'approche comportementale lui semblait limitée. Ellis pensait que les individus étaient en mesure de choisir activement et consciemment leur propre orientation. Il a conçu la TRE pour aider les personnes à approcher de façon scientifique leur propre situation afin de tester la validité de leurs hypothèses. Ellis qualifiait son approche d'« humaniste », car elle encourageait les clients à s'engager dans la plus humaine des activités : réfléchir

Thérapie comportementale   ENCADRÉ 3.7

Denise consulte un thérapeute behavioriste pour affronter différents aspects de sa dépression. Depuis qu'elle a perdu son emploi, elle a remarqué que son anxiété s'est ravivée et que d'anciennes peurs reviennent au premier plan. Sa peur d'aller à l'épicerie est particulièrement incommodante.

À sa première séance, elle raconte les sensations physiques ressenties alors qu'elle était à l'épicerie. Elle a été prise de vertiges, puis est devenue nauséeuse. Elle a également noté des palpitations cardiaques si fortes qu'elle a craint une crise cardiaque.

Avec son thérapeute, elle a cerné le problème et l'a défini en ces termes: « sentiments de panique et de peur dans une épicerie ».

Le thérapeute commence le traitement en informant Denise des caractéristiques physiques de ses symptômes. La première mission de Denise est de tenir un journal pour y noter ses sentiments, leur intensité et leur durée, ainsi que l'événement déclencheur. Cette étape amorce le travail de segmentation du problème et de son observation scientifique plutôt qu'émotionnelle.

---

sur la réflexion (Ellis, 1973). Bien qu'Ellis se définisse comme un humaniste, son travail novateur est précurseur de la thérapie cognitive du comportement. Le choix de l'épithète « cognitif » s'avère judicieux, car il met en lumière le processus intellectuel comme cible d'intervention.

L'objectif de la TRE est d'aider les individus à s'accepter de manière inconditionnelle, non pas en termes de performance ou d'accomplissement, mais simplement en termes « d'existence ». Ellis fait remarquer que l'acceptation de soi ne signifie pas l'estime de soi, puisque s'estimer, c'est se classer ou s'évaluer soi-même. En réalité, il considère comme « ridicule » le fait de s'évaluer soi-même de quelque manière que ce soit. Selon Ellis, les seuls aspects d'un être humain qu'on puisse évaluer sont les traits psychologiques et les performances, qui sont nettement dissociés du soi (voir plus loin Illusion par généralisation excessive). On dira de soi ou des autres que nous sommes globalement de bons ou de mauvais individus: une telle est une bonne mère, un tel est un bon étudiant. Cette façon de penser résulte d'un mécanisme de généralisation excessive et de pensée dichotomique (Beck, 1962), car un être humain ne peut jamais être totalement bon ou mauvais. Malheureusement, ou heureusement, il n'existe pas de critères objectifs sûrs pour évaluer globalement un être humain. Donc, selon l'approche cognitive, il est préférable de s'abstenir d'évaluer ou de juger globalement. L'être humain pose des actes et adopte des attitudes, mais il n'est pas ces actes et ces attitudes. Pourtant, Ellis constate que beaucoup de personnes choisissent de forger leur estime de soi en fonction de postulats philosophiques irrationnels sur la vie et le soi.

Concepts de base

Idées irréalistes ou croyances irrationnelles

Ellis (1992) et Auger (1974) s'accordent avec d'autres pour dire qu'un individu se doit d'interpréter les données de l'environnement afin de lui donner un sens et de s'y adapter. Un postulat fondamental de la TRE consiste à dire que les émotions et les actions d'un individu sont influencées par son interprétation des données recueillies. Ellis soutient que la plupart des individus basent leur interprétation sur des suppositions erronées qui ont été apprises si tôt dans l'enfance qu'elles ne sont pas remises en question. Ces pensées irrationnelles sont énumérées dans l'encadré 3.8. Les émotions sont générées par des pensées ou des croyances irréalistes, qui s'avèrent toujours semblables pour chaque émotion. Ainsi, les idées du sujet, celles qu'il se répète dans son langage intérieur, indiquent au thérapeute la nature de l'émotion vécue et, inversement, l'émotion que le sujet ressent révèle son système de pensées.

Émotions

Selon Ellis et d'autres défenseurs de l'approche cognitive, comme Auger (1974) et Beck (1954), les émotions qui peuvent devenir dysfonctionnelles sont regroupées selon cinq registres: la tristesse, l'anxiété, la culpabilité, l'hostilité et la déprime (voir tableau 3.1). Ces émotions ne sont pas nécessairement dysfonctionnelles. Elles le deviennent lorsqu'elles sont trop fréquentes ou trop intenses, lorsqu'elles perdurent ou encore lorsqu'elles surviennent dans des circonstances inappropriées (Maltais, 2002). Les

Pensées irrationnelles fondamentales   ENCADRÉ 3.8

Selon Albert Ellis (TRE)

1. Il est absolument indispensable, pour un être humain adulte, d'être aimé et approuvé par la grande majorité de ses proches.
2. Chacun se doit d'être parfaitement compétent, d'être à la hauteur et de réussir tout ce qu'il entreprend, à tous les égards, afin de se sentir utile.
3. Certaines personnes sont méchantes, cruelles ou infâmes et, en conséquence, on devrait les blâmer et les punir sévèrement.
4. Les choses sont terribles et catastrophiques lorsqu'elles ne correspondent pas à nos attentes.
5. Le malheur provient d'une cause externe et les gens n'ont que peu ou pas d'emprise sur la terreur ou les troubles qu'ils ressentent.
6. Il est plus facile de fuir que d'échouer devant les difficultés de la vie et ses responsabilités.
7. Le passé d'un individu influence de façon déterminante son comportement actuel et, en conséquence, quelque chose qui l'a affecté profondément dans le passé doit continuer de l'affecter indéfiniment.

Tiré de Ellis A: *Humanistic psychotherapy*, New York, McGraw-Hill, 1973.

attitudes de dramatisation et de non-acceptation des événements et de leurs conséquences contribuent à rendre
l'émotion dysfonctionnelle. Ainsi, un léger souci peut
dégénérer en anxiété modérée et même en angoisse.

ABCD de l'interaction (ou système ÉPEC)

Pour désigner l'interaction qui existe entre les pensées et
les émotions, Ellis à proposé un ABC de la thérapie rationnelle-émotive. Cottraux (2001) utilisera l'acronyme ÉPEC

TABLEAU 3.1   Liens entre les principales émotions dysfonctionnelles, les pensées irréalistes et les comportements

Émotions	◇ Idées irréalistes ✳ Attitudes dysfonctionnelles	Comportements
Tristesse mélancolie, blues, vague à l'âme, mal-être, spleen, désappointement, affliction, abattement, accablement, découragement, désespoir, etc.	◇ Ce n'est pas une bonne affaire pour moi. ✳ Je ne l'accepte pas. ✳ C'est grave.	«Que c'est dommage!» «Je m'ennuie d'eux.» «Je me sens seul.» «J'aimerais être là-bas.» Non verbal: pleurs, isolement, faciès triste
Anxiété soucis, inquiétude, appréhension, nervosité, stress, crainte, frayeur, phobie, effroi, épouvante, affolement, angoisse, panique, etc.	◇ Un danger me menace. ◇ Si ce danger se présente, je ne pourrai pas y faire face. ✳ Je ne l'accepte pas. ✳ C'est grave. (dramatisation)	«Je suis inquiète…» (des résultats, de ne pas lui plaire, de l'avoir blessé, que mes amours ne durent pas, de ne pas avoir suffisamment d'argent, etc.) «J'ai peur…» (de le perdre, de mourir, de tomber, etc.) «Je ne m'en sortirai pas.» «Je n'ai aucun outil pour m'en sortir.» «Je ne suis pas capable.» «Je ne veux pas essayer.» «Ça va être épouvantable, dramatique, affreux!» «Je vais en mourir…» «Je suis perdu…» «Ma vie vient de finir…» Non verbal: sueurs, tremblements, tics, insomnie, pose beaucoup de questions, se fait des scénarios
Culpabilité regret, remords, auto-accusation, honte, mécontentement de soi	◇ Je n'avais pas le droit d'agir comme je l'ai fait. ◇ J'aurais dû agir comme cela… ◇ Je n'aurais pas dû penser ceci… ◇ Je mérite une punition. ✳ Je ne l'accepte pas d'avoir agi ainsi. ✳ C'est grave.	«Qu'est-ce que j'ai fait!» «Je n'aurais jamais dû dire ceci.» «Je n'aurais jamais dû faire cela.» Non verbal: rougeur du visage, isolement, regard fuyant, isolement
Hostilité déception, impatience, irritation, indignation, haine, agressivité, rancune, révolte, colère, fureur, rage	◇ Tu n'avais pas le droit d'agir comme tu l'as fait. ◇ Tu aurais dû agir ou penser comme cela (sous-entendu comme moi). ◇ Tu mérites une punition. ✳ Je n'accepte pas que tu aies agi ainsi. ✳ C'est grave.	«Tu n'aurais pas dû faire telle chose…» «Vous auriez dû me dire cela avant…» «Tu aurais dû faire comme je te l'avais demandé…» «La vie devrait se dérouler comme je l'ai prévue.» «Si tu étais intelligent, tu penserais comme moi.» «Je n'accepte pas cela…» «C'est très grave de…» «Je ne te le pardonne pas.» «Pour ta faute, je vais te faire payer…» Non verbal: gestes brusques ou violents, bouscule les choses, serre les dents, etc.
Déprime **(baisse d'estime de soi ou autodévalorisation)** honte, dépression, découragement, désespoir	◇ Je ne vaux rien. ◇ Ma valeur personnelle est diminuée par ce qui arrive. ◇ Je suis moins qu'un être humain. ✳ Je ne l'accepte pas. ✳ C'est grave.	«Je suis une mauvaise personne, un minable, un nigaud, un idiot, etc.» «Je ne fais que des erreurs.» «Je ne peux rien pour rehausser ma valeur personnelle.» «Personne ne peut m'aider.» Non verbal: évitement, autopunition, autodépréciation, se compare régulièrement aux autres, compétition excessive

pour désigner le système événement-pensée-émotion-comportement, défini dans la théorie initiale de Beck.

Augendre (1986a, 1986b, 1986c, 1988) et Fillion (1993) reprennent l'ABC d'Ellis en y ajoutant la lettre *D* pour désigner le comportement. Notez qu'il s'agit d'un procédé mnémotechnique fondé sur l'orthographe anglaise des étapes de la démarche.

A représente l'agent qui est à l'origine de l'idée ou de la croyance, qui en est l'occasion. *B* (pour *belief*) représente les idées et les croyances activées par *A*. Les idées peuvent être réalistes ou irréalistes. Une idée réaliste (*Br*) peut se baser sur des données, alors qu'une idée irréaliste (*Bi*) n'est fondée sur rien de vérifiable ou de tangible. *C* représente l'émotion, éventuellement dysfonctionnelle, qui est la conséquence de la croyance et des idées (*B*). Les émotions dysfonctionnelles mènent à des comportements *D* (pour *demonstration*) dysfonctionnels ou autodestructeurs.

Voici un exemple de ce schéma ABCD: un élève a obtenu une note assez basse à un examen important et cette note représente l'agent déclencheur (A). Si l'élève l'envisage comme un signe de piètre performance dans ce cours et qu'il admet qu'il aurait pu obtenir de meilleurs résultats, sa croyance ou son idée est réaliste (Br), puisque cela peut être vérifié par des données mesurables. En conséquence, l'élève reprend confiance en lui (C) et il a la possibilité de demander de l'aide supplémentaire, de participer à un groupe d'étude ou de suivre des leçons particulières (D). Il s'agit de la conséquence réaliste, conduisant à une réaction saine et valorisante (D). Si, toutefois, l'élève se cantonne dans une croyance ou une idée irréaliste (Bi), le scénario sera différent. Il pourra penser: « Cela prouve que je suis incompétent et que je ne pourrai jamais rien faire de bon. Il faut que je fasse mieux. » Cette idée risque de le déprimer (C) et de l'empêcher de se confronter à une expérience difficile et, pour finir, de lui faire abandonner l'école (D). En résumé, l'événement (piètre performance scolaire) a été l'OCCASION de se faire des idées qui ont CAUSÉ l'émotion (la déprime) qui s'est traduite par un comportement d'abandon ou de réussite, selon la lecture de l'événement. Pour reconnaître rapidement les hypothèses erronées et modifier les comportements dévalorisants qui en découlent, Ellis suggère d'essayer une combinaison d'approches cognitives et de techniques comportementales, dans le cadre d'une relation thérapeutique qui incite l'individu à exprimer ses émotions, d'où l'appellation actuelle d'approche cognitivo-comportementale, reprise et utilisée par des auteurs français et québécois, tels que Chambon (1994), Marie-Cardine (1994), Lalonde (2001), Saint-Laurent et Pinard (2001), puis Cottraux (2001), pour ne nommer que ceux-là.

Qu'importe l'approche, le thérapeute doit adopter une position d'acceptation inconditionnelle de l'individu. Cela en accord avec l'hypothèse fondamentale selon laquelle le soi doit être totalement admis, alors que les traits ou les comportements peuvent faire l'objet d'une évaluation. Le thérapeute TRE est actif et directif, il sensibilise l'individu à la méthode scientifique et à l'application de cette méthode à son propre cas.

Techniques

Étape 1: explication de la démarche

La thérapie débute par un aperçu de la TRE. Le thérapeute, ou l'infirmière dans une relation d'aide, explique au client que ses pensées affectent ses émotions, ses réactions et son comportement, mais que nombre de ces pensées sont inexactes et que l'essentiel du travail consiste à examiner ces pensées et à juger méthodiquement leur validité.

Étape 2: questionnement socratique

L'intervenant, tout en gardant une attitude d'empathie et en rassurant le sujet quant à son acceptation inconditionnelle, questionne alors activement le client afin de découvrir les émotions qui le rendent mal à l'aise, les idées ou les croyances qui génèrent ces émotions et son système de valeurs. Le thérapeute TRE est direct, il met à l'épreuve son client et il le met en doute souvent. La thérapie se déroule au moyen de questions qui suscitent la réflexion plutôt que d'interprétations ou d'affirmations (voir tableau 3.2). Le but est toujours d'aider le client à prendre conscience des pensées dévalorisantes et à lutter contre celles-ci.

Étape 3: prise de conscience des croyances irréalistes ou des illusions

Tout au long de ce processus, le thérapeute fait remarquer à maintes reprises que la réalité ne correspond pas aux croyances irrationnelles de l'individu. Maltais (2002) a répertorié les illusions les plus courantes selon les auteurs

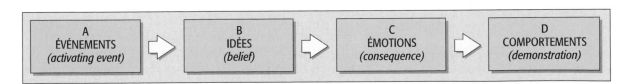

FIGURE 3.3 ABCD de la démarche rationnelle-émotive

cognitivistes (Auger, 1974, 2000; Ellis, 1967, 1992) et les a groupées en sept illusions nuisibles menant inévitablement à des conclusions erronées. Il est essentiel pour l'intervenant qui utilise une approche cognitive de connaître ces formes de pensées illusoires, car il aura très souvent, dans sa pratique, l'occasion d'amener son client à les découvrir lui-même.

APPLICATION CLINIQUE

Thérapie rationnelle-émotive   ENCADRÉ 3.9

Denise en est au tout début de la TRE. Elle a été informée du déroulement de la thérapie et en connaît l'ABCD et les idées irrationnelles.

Denise : Je ne vaux rien.

Thérapeute : Pourquoi dites-vous cela ?

Denise : Je ne suis pas capable d'être une bonne épouse, ni une bonne mère, ni une bonne fille. J'ai même perdu mon travail. Je suis une ratée à tous les niveaux.

Thérapeute : Prenons-les un par un. Par lequel voulez-vous commencer ?

Denise : Euh, être une mère.

Thérapeute : D'accord. Qu'est-ce qui vous fait croire que vous n'êtes pas une bonne mère ?

Denise : Je n'ai pas de patience avec les enfants. Je leur réponds agressivement plus souvent qu'auparavant... Je ne fais plus rien pour eux. J'avais l'habitude de leur faire des biscuits ou de les aider dans leurs devoirs.

Thérapeute : Continuez-vous de faire à manger ?

Denise : Bien sûr, mais les repas ne sont plus aussi bons qu'avant.

Thérapeute : Parlez-vous à vos enfants ?

Denise : Bien sûr ! Je m'occupe d'eux, mais je ne m'implique pas autant que je le devrais.

Thérapeute : Alors, vous les nourrissez et vous parlez avec eux, n'est-ce pas ?

Denise : Oui, c'est ça.

Thérapeute : Cependant, vous pensez que vous ne faites pas toutes les choses que vous devriez, comme aider les enfants à faire leurs devoirs et leur faire des biscuits. N'est-ce pas ?

Denise : Oui.

Thérapeute : Alors, parce que vous ne faites pas au moins deux choses que vous pensez devoir faire, vous avez décidé que vous n'étiez pas une bonne mère ? Est-ce bien cela que vous pensez ?

Denise : Oui, en effet.

Thérapeute : Sur quoi vous basez-vous pour affirmer cela ?

Denise : Sur une des idées irrationnelles, j'imagine, celle selon laquelle je dois être parfaitement compétente en tout, en tout temps, pour valoir quelque chose.

Le thérapeute continue d'attirer l'attention de Denise sur ses croyances irrationnelles jusqu'à ce qu'elle reconnaisse que la réalité ne corrobore pas ces croyances.

Illusion de la perfection

L'illusion de **perfection** repose sur l'idée que nous devons nécessairement bien faire les choses, toujours réussir et être parfait en tout. Le coût pour entretenir une illusion de la sorte est très élevé : le sujet risque de se sentir très stressé et de dépenser beaucoup d'énergie pour prouver à son entourage et à lui-même qu'il peut faire mieux que les autres. Ainsi, non seulement l'individu risque de s'épuiser à la tâche, mais il empêche les autres de l'apprécier à sa juste valeur. Conséquemment, la personne n'arrive jamais à s'aimer vraiment et à être à la hauteur par rapport aux autres, car ses objectifs sont tout simplement inaccessibles. Il est avantageux pour le patient d'apprendre à accepter que certaines choses ne peuvent pas changer et que personne n'a le pouvoir de changer les idées des autres.

Illusion d'approbation

L'illusion d'approbation (ou le besoin d'être aimé) repose sur l'idée que, pour être heureux, il n'est pas seulement souhaitable, mais vital de recevoir l'approbation, de façon quasi unanime, des personnes de notre entourage. Les gens qui croient en cette illusion vont chercher très loin l'accord des autres, et ils ont de la difficulté à prendre des décisions personnelles, car ils se soucient énormément de ce que pensent leur conjoint, leurs amis, leurs parents, leurs collègues, etc. Ils sont aux prises avec ce qu'Auger appelle le besoin prétendu d'être aimé. Pour jouer du violoncelle, une personne a absolument besoin d'un violoncelle, mais personne n'a absolument besoin de l'amour de quiconque pour connaître le bonheur, à moins que cette personne n'entretienne cette idée. Les personnes nous aiment, explique Auger (1974), parce que nous correspondons à leurs besoins et à leurs désirs, ce qui, en soi, est une bonne affaire pour eux.

Illusion des impératifs

L'illusion des impératifs (c.-à-d. le devoir versus le pouvoir et l'exigence versus la préférence) amène le sujet à prendre ses désirs pour la réalité. C'est une source très fréquente de mécontentement. Il est facile de comprendre la frustration à laquelle s'exposerait une personne qui croirait, par exemple, qu'il ne devrait pas pleuvoir pendant les fins de semaine, ou que nous devrions pouvoir aimer la même personne toute notre vie. Ellis (1996) mentionne que l'être humain a l'habitude de prendre ses préférences pour des exigences, ce qui ne modifie en rien la réalité et ne la modifiera jamais.

Cela souligne l'importance pour l'intervenant en thérapie rationnelle-émotive de comprendre le principe des lois. En fait, la satisfaction des désirs et des besoins des êtres humains a conduit ces derniers à élaborer diverses règles de conduite, que nous appellerons des **lois**. Il y a les lois universelles, comme la loi de la pesanteur, et les lois humaines, qui sont les lois civiles (Code de la route, Code de déontologie) et les lois personnelles (la morale, les

TABLEAU 3.2 Liens entre les principales émotions dysfonctionnelles, les pensées irréalistes et le questionnement socratique

Émotions dysfonctionnelles	◇ Idées irréalistes immédiates ✳ Attitudes dysfonctionnelles	*Questionnement socratique* *(confrontation des idées irréalistes)*
Tristesse mélancolie, blues, vague à l'âme, mal-être, désappointement, affliction, abattement, accablement, découragement, désespoir, etc.	◇ Que c'est dommage! ◇ Ce n'est pas une bonne affaire pour moi. ✳ Je ne l'accepte pas. ✳ C'est catastrophique.	*Comment puis-je être certain que ce qui est arrivé est si mauvais pour moi?* *Même si ça ne me plaît pas, puis-je changer ma condition actuelle? Ma condition humaine implique qu'il y a des deuils à faire. Quel est mon meilleur choix? Où est mon réel pouvoir?* *Où commence la catastrophe? Est-ce dommage ou ennuyeux, plutôt que terrible et horrible?*
Anxiété soucis, inquiétude, appréhension, nervosité, stress, crainte, frayeur, phobie, effroi, épouvante, affolement, angoisse, panique, etc.	◇ Un danger me menace. (anticipation) ◇ Si ce danger se présente, je ne pourrai pas y faire face. (anticipation) ✳ Je ne l'accepte pas. ✳ C'est catastrophique.	*Quel est ce danger? Est-il réel? Quelles sont les conséquences réelles? Suis-je capable d'évaluer la dimension du danger et la probabilité que ce danger arrive?* *Quel est mon degré de vulnérabilité? Ai-je du pouvoir sur la situation, sur l'autre ou sur les conséquences?* *Quel est mon meilleur choix?* *Que puis-je faire maintenant?* *Où commence la catastrophe? Est-ce plutôt dommage que terrible?* *Que peut-il m'arriver de pire?*
Culpabilité regret, remords, auto-accusation, honte, mécontentement de soi	◇ Je n'avais pas le droit d'agir comme je l'ai fait. ◇ J'aurais dû agir ou penser comme cela… ◇ Je n'aurais pas dû penser ou faire ceci… ✳ Je ne l'accepte pas d'avoir agi ainsi. Je mérite une punition. ✳ C'est catastrophique.	*Avec les pensées que j'avais et les autres facteurs présents à ce moment-là, pouvais-je faire autrement?* *J'accepte d'être un être humain qui, par définition, est faillible et imparfait.* *J'ai commis une erreur, mais ma valeur personnelle intrinsèque n'est pas affectée (jugement de l'acte et non de la personne). Que puis-je faire maintenant?* *Où commence la catastrophe? Est-ce dommage ou ennuyeux plutôt que terrible et horrible?*
Hostilité déception, impatience, irritation, indignation, haine, agressivité, rancune, révolte, colère, fureur, rage	◇ Tu n'avais pas le droit d'agir comme tu l'as fait. ◇ Tu aurais dû agir ou penser comme cela. (sous-entendu comme moi) ✳ Je n'accepte pas que tu aies agi ainsi. ✳ Tu mérites une punition. ✳ C'est catastrophique.	*Quelle est la validité de la loi qui est en cause? Où est l'obligation de…?* *L'autre est-il obligé de penser comme moi et de faire comme je le fais? Qui possède la Vérité? Où sont mes exigences, et mes préférences?* *Les humains agissent toujours pour leur avantage.* *Les humains ne choisissent pas les idées qui bombardent leur cerveau pas plus que les battements de leur cœur.* *Tout est permis, mais tout n'est pas opportun et utile. Une punition est parfois nécessaire comme garde-fou.* *Où commence la catastrophe? Est-ce dommage ou ennuyeux plutôt que terrible et horrible?*
Déprime **(baisse d'estime de soi ou auto-dévalorisation)** honte, dépression, découragement, désespoir	◇ Je ne vaux rien. ◇ Ma valeur personnelle est diminuée par ce qui arrive. ◇ Je suis moins qu'un être humain. ✳ Je ne l'accepte pas. ✳ C'est catastrophique.	*Existe-t-il un humain parfait?* *Je corresponds aux préférences de la personne qui me donne de l'affection selon les besoins et les désirs de cette dernière. La valeur extrinsèque est attribuée par d'autres.* *Pourquoi croire aux critères d'évaluation de l'autre pour ma personne plutôt qu'aux miens? Quel est mon meilleur choix?* *Où commence la catastrophe? Est-ce dommage ou ennuyeux plutôt que terrible et horrible?*

principes). Plus les lois seront rigides et nombreuses, plus les émotions dysfonctionnelles, comme l'agressivité et la culpabilité, seront fréquentes et intenses.

Illusion par généralisation excessive

L'illusion par généralisation excessive se présente le plus souvent de deux façons. La première se rencontre lorsque l'individu base une croyance sur une quantité limitée de preuves (voir plus loin *Distorsions cognitives*). Par exemple : « Je ferai une mauvaise infirmière parce que je viens de faire une faute d'asepsie » ou « Ma professeure manque totalement de jugement parce qu'elle vient de me faire ce reproche ». Il y a ici un jugement global d'une personne fait à partir d'un fait unique. Comment réussir à évaluer un individu avec exactitude ? Pour pouvoir y répondre, Auger (1974) fait une distinction entre la **valeur intrinsèque** et la **valeur extrinsèque** d'un être humain, d'un animal ou d'un objet. En thérapie, la confusion entre valeur intrinsèque et valeur extrinsèque se rencontre fréquemment, et l'intervenant doit s'exercer à expliquer ce qui les distingue, ce qui peut aider particulièrement la personne dépressive, qui a tendance à se dévaluer.

Selon Adler et Towne (1998), une seconde catégorie de généralisation excessive se rencontre lorsque l'individu amplifie certains faits. En voici quelques exemples : « Tu ne m'écoutes jamais », « Il est toujours en retard », « Je ne sais rien faire », etc. Ce type de raisonnement est pratiquement toujours inexact et mène souvent aux reproches, à la colère et au découragement. L'intervenant en thérapie cognitive utilisera les questions d'éclaircissement et aidera le patient à remplacer ces généralisations par des messages beaucoup plus justes à son endroit et à l'endroit des autres, par exemple : « J'ai parfois l'impression que… », « Il a été trois fois en retard cette semaine… », « Je remarque qu'en ce moment tu montres… », etc.

Illusion de causalité

Cette illusion repose sur la croyance irrationnelle selon laquelle les émotions sont causées par notre entourage plutôt que par notre propre langage intérieur (Adler et Towne, 1998). Beck et Ellis, dans leur approche cognitive, et Adler, dans son approche phénoménologique, se sont intéressés de près à ce type de raisonnement. Il est grandement utile pour un client de se rendre compte qu'il n'est pas la cause des émotions éprouvées par les autres. C'est dans la tâche de l'intervenant en thérapie rationnelle-émotive d'informer le client qu'il est responsable de ses émotions, que tous les humains agissent en conformité avec leurs besoins et leurs idées et que prendre la responsabilité des émotions des autres est dangereux, irrationnel, inutile et va à l'encontre de bonnes relations interpersonnelles.

Illusion d'impuissance

L'illusion d'impuissance consiste à croire que la satisfaction personnelle est conditionnée par des facteurs indé-

pendants de la volonté de l'individu. Les personnes qui se considèrent comme des victimes des événements font des déclarations comme : « Je suis née comme cela ; je ne peux rien y changer » et « C'est un monde que je ne peux pas changer ». Cette illusion d'impuissance repose sur deux croyances irréalistes qu'Ellis (1992) énonce comme suit : « Je devrais vivre confortablement et sans souffrance tout le temps » et « Il est plus facile de fuir les difficultés de la vie et d'échapper à ses responsabilités que d'y faire face ». Cette peur de l'effort constitue fréquemment le principal obstacle dans la bonne marche d'une psychothérapie cognitive. L'intervenant en thérapie rationnelle-émotive aidera son client à prononcer des phrases comme « Je ne sais pas comment » ou, tout simplement, « Je ne veux pas ». Une fois que les « Je ne peux pas » ont été remplacés par des « Je vais essayer », il devient clair qu'il s'agit soit d'une question de choix, soit d'un appel à l'action, ce qui est fort différent et plus responsabilisant que de se dire impuissant devant une situation donnée.

Illusion des prévisions catastrophiques

« Je ne peux plus endurer de vivre comme cela », « Je ne pourrai jamais supporter de perdre mon emploi, de couler mon examen, de devenir vieille, que mon copain me laisse. » Voilà des craintes fondées sur l'hypothèse que, si un malheur peut se produire, il se produira, et les conséquences seront terribles, épouvantables, dramatiques. Cette croyance relève également de l'intolérance ou d'un niveau peu élevé de tolérance qui occasionne un état de frustration à l'occasion d'épreuves réelles ou anticipées, qui sont souvent les incontournables de la vie. Cette illusion peut être atténuée si le thérapeute réussit à accroître le seuil de tolérance aux frustrations du sujet.

Étape 4 : mise en application dans le quotidien

Les thérapeutes se servent de techniques comportementales pour ébranler l'aspect cognitif du comportement dévalorisant. Lorsque l'individu s'acclimate et prend conscience du processus, le thérapeute lui propose des « activités à faire à la maison ». Celles-ci servent à vérifier certaines croyances irrationnelles ou à remettre en cause les comportements issus de ce genre de croyances. À cette fin, on lui propose de tenir un journal d'enregistrement des ABCD, un outil fréquemment utilisé en thérapie rationnelle-émotive (voir tableau 3.3).

Ce travail devrait toujours se concentrer sur les symptômes les plus incommodants du client. Ces activités évoluent progressivement et sont uniques à chaque individu. Ellis a confié des tâches de plus en plus importantes à ceux qui avaient tendance à la procrastination et a également incité les individus timides à parler en public. Les garde-fous sont des balises proposées par le sujet et son intervenant pour mettre fin aux comportements destructeurs. Cet outil d'aide propre à la thérapie rationnelle-

TABLEAU 3.3	Tableau d'enregistrement des pensées et des émotions dysfonctionnelles			
A	**B**	**C**	**D**	**Questionnement et prise de conscience**
Décrire l'événement qui a été l'occasion de vous faire des idées.	Inscrire le plus tôt possible toutes les idées que vous avez eues lors de cet événement.	Inscrire la principale émotion qui se dégage de cet événement et qui est causé par vos idées irréalistes.	Inscrire les comportements inappropriés.	Questionner vos idées en vérifiant la justesse de votre raisonnement. Regarder le problème autrement. Remplacer les idées irréalistes en répondant franchement aux questions que vous vous êtes posées.
J'ai eu une conversation houleuse avec mon ami.	*Il me contrarie souvent.* *Il pense toujours avoir raison.* *Il ne devrait pas me contredire.* *S'il m'aimait vraiment, il ne me contredirait pas toujours.*	HOSTILITÉ	Argumentations, cris, insultes.	*Me contrarie-t-il si souvent?* Il a souvent des opinions contraires aux miennes. *Quelle est la loi qui dit qu'il devrait toujours penser comme moi?* Il a le droit d'avoir ses propres opinions, il est assez vieux pour cela. *Est-ce une preuve d'amour de ne pas contredire quelqu'un?* Il peut me contrarier et cela ne fait pas la preuve qu'il ne m'aime pas. C'est tout simplement la preuve que nous sommes des personnes différentes, qui pensent différemment.
J'ai dévoilé un secret.	*Je suis vraiment impardonnable.* *J'aurais dû me taire.* *Je suis vraiment malhonnête.*	CULPABILITÉ	Isolement, rupture de la communication	*Avec les facteurs en cause, est-ce que je pouvais faire autrement?* Avec les facteurs en cause (probablement un grand besoin d'être aimé par la personne qui m'écoutait), je ne pouvais pas faire autrement, sinon je l'aurais fait. Il faut analyser les facteurs.

émotive est un moyen d'atteindre à court terme les objectifs poursuivis dans la relation d'aide et ne devrait pas être perçu comme une punition par son utilisateur.

3.1.8 Thérapie cognitive

La thérapie cognitive fut mise au point par Aaron Beck dans le courant des années 1970, comme prolongement de ses études sur la dépression. Beck acceptait l'hypothèse freudienne selon laquelle la dépression représente une forme d'hostilité qui amène le client à se replier sur lui-même par besoin de souffrir. En examinant les recherches portant sur la dépression, Beck découvrit que les personnes dépressives interprétaient systématiquement leurs expériences sous un angle négatif. Après avoir corroboré cette découverte, Beck élabora une théorie de la dépression et, ultérieurement, une approche thérapeutique se fondant sur la reconnaissance et la contradiction des pensées négatives d'un individu (ou cognitions). Beck reconnaît la contribution des thérapies comportementales dans l'élaboration de la thérapie cognitive – particulièrement évidente dans certaines techniques thérapeutiques (Beck et coll., 1979). Par contre, il accorde beaucoup plus d'importance aux expériences internes (ou psychiques) de ses clients que les behavioristes (Beck et coll., 1979).

Aperçu théorique

Beck soutient, tout comme d'autres théoriciens, que la façon dont une personne structure le monde à travers ses pensées et ses jugements influence largement ses affects et ses comportements. L'exemple classique de la bouteille à moitié remplie illustre bien cette affirmation. Si l'on perçoit la bouteille comme étant à moitié vide, on se sentira bouleversé de crainte qu'il manque, ou qu'il vienne à manquer, d'eau. À l'opposé, si on réagit en considérant que la bouteille est à moitié pleine, on s'estime déjà heureux qu'il y ait de l'eau dans la bouteille et l'on nourrit l'espoir qu'il y en ait plus.

Concepts de base

Beck a exploré ce concept avec des gens ayant souffert de dépression et il a constaté une cohérence dans la manière dont ceux-ci structurent leurs expériences. Il a fait état de cette constatation par l'intermédiaire d'un modèle cognitif de la dépression.

Triade cognitive

Beck emploie le terme **triade cognitive** pour désigner trois caractéristiques communes de la pensée des personnes dépressives. Premièrement, elles entretiennent une vision négative d'elles-mêmes, avec une certaine tendance à se considérer comme déficientes (sur le plan psychologique, moral ou physique). En raison de ces défauts supposés, ces personnes ont tendance à se dévaloriser. Deuxièmement, les personnes dépressives ont une propension à juger les événements de la vie d'un point de vue constamment négatif (la bouteille est *toujours* à moitié vide). Ces personnes sont portées à mal interpréter l'information disponible, si bien qu'elles aboutissent à un résultat négatif (p. ex. l'échec, l'humiliation, le rejet ou le sentiment de ne pas être à la hauteur). Troisièmement, les personnes dépressives ne croient pas en l'avenir et présument que les difficultés actuelles vont se perpétuer, de même que le désespoir, la frustration et les échecs (voir figure 3.8).

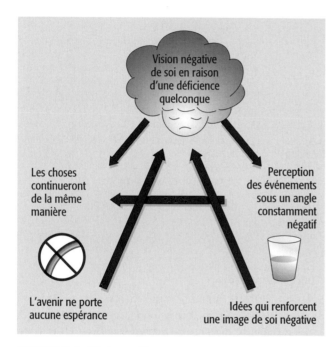

FIGURE 3.4 Triade cognitive

Pour Beck, la triade cognitive est essentielle à la compréhension de la dépression. Il envisage tous les autres symptômes de la dépression comme se rattachant à ces modèles cognitifs d'image de soi négative, d'interprétation continuellement négative des expériences et de représentation négative de l'avenir.

Schémas

Le terme *schéma* réfère à une organisation, par l'individu, de l'information reçue en modèles compréhensibles. Beck souligne que les gens sont amenés à conceptualiser les situations de diverses façons, mais qu'un individu garde la même cohérence dans sa propre interprétation d'ensembles similaires de données. Ces schémas, assimilés au cours des années, illustrent les attitudes ou les hypothèses que la personne a construites à partir de ses expériences personnelles. Les schémas influencent la manière dont un individu structure ses expériences sur le plan cognitif et, en conséquence, la manière dont il y répond. Beck soutient que, dans les états dépressifs, les schémas dysfonctionnels deviennent prépondérants, et les données que la personne retire d'une situation sont déformées pour correspondre au schéma. L'individu n'est plus, dès lors, en mesure d'associer un schéma approprié à une situation parce que le schéma dysfonctionnel domine une grande partie de sa pensée. En fait, n'importe quel stimulus suffit à déclencher ce schéma dysfonctionnel. Cela expliquerait pourquoi les gens qui souffrent de dépression ne peuvent pas « voir » ou apprécier les nombreux agréments de leur vie.

Distorsions cognitives (biais cognitifs)

Le psychisme d'une personne dépressive se caractérise par une **distorsion cognitive**. Beck qualifie la pensée dépressive de « primitive » par opposition à une pensée plus mature. La pensée primitive est plus catégorique que nuancée, plus encline au préjugé qu'à l'ouverture et plus figée que mouvante. C'est une pensée où tout est « noir ou blanc » avec une prédominance du noir. Le contexte ou la singularité échappent à la pensée primitive, rigide et immuable. L'individu dépressif s'enferme dans une perception sans nuances et unidimensionnelle et dans une attitude du « tout ou rien » selon laquelle il se considère, lui-même ainsi que ses actions, comme « mauvais à tout point de vue ». Les modèles de distorsion cognitive sont les suivants :

Inférence arbitraire ou déduction arbitraire

Tirer une conclusion alors qu'aucune preuve ne l'étaye (p. ex. une personne décide que son patron est mécontent de son travail parce que celui-ci ne l'a pas saluée en arrivant le matin). C'est l'erreur logique la plus fréquente et qui est à l'origine de toutes les autres erreurs logiques.

Abstraction sélective

Se concentrer sur un unique détail dans une situation, extraire ce détail de son contexte et attribuer une signification à la situation à partir de ce détail singulier. À titre d'exemple, une femme propose à son mari dépressif d'économiser assez d'argent pour faire un magnifique voyage. Lors de cette discussion, elle mentionne : « J'ai toujours voulu aller là-bas. » Le mari dépressif extrait cette assertion de son contexte et se persuade qu'il est un mauvais mari parce qu'il n'a jamais deviné cela et, en fait, n'a jamais pu combler les besoins de sa femme d'aucune façon.

Surgénéralisation ou dramatisation

Tirer une conclusion en se fondant sur un incident précis pour l'appliquer ensuite de manière générale. À titre d'exemple, une personne renverse par erreur un verre d'eau, alors qu'elle parle avec une autre, et en conclut qu'elle doit être complètement inadaptée socialement, étant incapable de soutenir même la plus simple des conversations.

Amplification des erreurs et minimisation des réussites

Créer une distorsion en raison d'une incapacité à évaluer l'importance ou la signification d'un événement. À titre d'exemple, une coquille échappe à un réviseur dans une publication. Celui-ci se culpabilise pendant des mois pour son incompétence.

Personnalisation

Tendance à considérer que les événements extérieurs dépendent de soi sans qu'aucune raison ne justifie un tel lien. À titre d'exemple, une mère confectionne des biscuits pour la classe de son enfant. Le jour suivant, plusieurs élèves sont malades. La mère se convainc que c'est à cause de ses biscuits, sans savoir si les enfants malades en ont mangé.

Pensée absolue ou dichotomique

Tendance à répartir les expériences en deux catégories opposées, sans nuances (p. ex. bien ou mal, parfait ou désastreux, sain ou malade, valable ou nul).

En résumé, la triade cognitive, les schémas et la distorsion cognitive constituent les bases de la thérapie cognitive de la dépression élaborée par Beck. Les techniques de la thérapie cognitive se fondent naturellement sur cette base théorique.

Techniques

L'approche de la thérapie cognitive comprend une combinaison de techniques cognitives et comportementales, d'où est issue la thérapie cognitivo-comportementale actuelle. Les techniques cognitives amènent les clients à déceler leurs pensées automatiques négatives et à découvrir le lien entre ces pensées et leurs humeurs et leurs actions. Nous pouvons résumer cet enchaînement par le système ÉPEC (voir chapitre 11), qui est en pratique similaire à l'ABCD de Legendre.

Les techniques cognitives aident également les individus à valider la présence ou l'absence de preuves justifiant la pensée automatique et à réévaluer cette dernière selon une interprétation basée sur la réalité (semblable à l'approche scientifique d'Ellis). Les techniques comportementales, quant à elles, servent à démontrer aux individus qu'ils peuvent en finir avec leurs modèles dysfonctionnels.

En dépit des différences conceptuelles et stylistiques entre la thérapie rationnelle-émotive et la thérapie cognitive, Ellis et Beck ont grandement contribué à la fondation et à l'essor de ce qu'allait devenir la thérapie cognitivo-comportementale élaborée dans des pays francophones, comme le Québec et la France (Saint-Laurent et Pinard, 2001).

Utilisation de la relation thérapeutique

Beck mentionne à plusieurs reprises que le thérapeute doit s'assurer de bien maîtriser la théorie avant de se consacrer à la thérapie. Il met en garde contre le caractère « artificiel » de ces techniques, si elles ne s'appuient pas sur une solide compréhension théorique. Il insiste, d'autre part, sur l'importance de construire une relation thérapeutique et de cultiver ses talents de relationniste. Il ne suffit pas de bien maîtriser les techniques ; les interventions doivent découler d'une bonne compréhension de la théorie et se dérouler à l'intérieur d'une relation thérapeutique solide, basée sur le souci de l'autre, l'acceptation et l'empathie. Beck souligne que l'efficacité d'une relation thérapeutique dépend grandement de la capacité du client à ressentir et à extérioriser ses émotions. Très souvent, les gens dépressifs pensent qu'ils ne peuvent pas discuter ouvertement de leurs sentiments. Ils se croient obligés de cacher leur immense désespoir derrière une façade. Cela risque de les amener à se considérer comme malhonnêtes et à se traiter de menteurs. Ils ne pourront être francs dans leurs sentiments que dans une relation thérapeutique efficace. Une telle relation leur redonnera un sens de l'honnêteté et de la sincérité (Beck et coll., 1979).

Même s'il soutient que tous les sentiments sont acceptables et peuvent être révélés, Beck conseille de structurer la thérapie de telle sorte qu'elle ne soit pas entièrement consacrée à leur expression. Le rôle de la thérapie est d'étudier les attitudes à l'origine des émotions, et cette démarche requiert un véritable travail de collaboration.

Le thérapeute commence par intégrer le « paradigme personnel » du client. Dans le cas présent, le paradigme représente le modèle ou l'opinion que la personne a d'elle-même. Le paradigme du client constitue sa version personnelle de la triade cognitive, des schémas et de la distorsion cognitive. Le thérapeute amène le client à rapporter des événements passés ou présents qui confirment ses idées négatives, dans le but de découvrir les schèmes de pensée sous-jacents. Le thérapeute ne fait aucune tentative pour contrecarrer ou rejeter ces croyances. Le thérapeute cognitif pose plutôt des questions qui amènent le client à réfléchir. Ces questions servent à élucider ce que pense le client ainsi qu'à ouvrir le champ à d'autres possibilités qu'il ignore. Beck considère le questionnement adroit comme un procédé utile pour répertorier, étudier et corriger les cognitions et les croyances (Beck et coll., 1979).

Conjointement, le thérapeute et le client redéfinissent le problème principal du client sous forme de symptôme cible sur lequel ils peuvent concentrer leur travail. Un symptôme cible peut être défini comme « toute composante d'un trouble dépressif qui se traduit par une souffrance ou une incapacité fonctionnelle » (Beck et coll., 1979). Beck en donne cinq catégories : les symptômes affectifs, les symptômes de motivation (p. ex. le désir de fuir), les difficultés cognitives, les symptômes comportementaux et, pour finir, les symptômes physiologiques ou végétatifs. La sélection du symptôme cible est effectuée en déterminant lequel est le plus incapacitant pour le client, mais également lequel répond le mieux à une thérapie. Le travail consiste dès lors à discerner et à modifier la pensée qui déclenche ces symptômes.

Techniques de réattribution

Les techniques de réattribution représentent probablement les techniques cognitives les plus connues. Ces techniques sont destinées à aider l'individu dépressif qui s'attribue automatiquement la responsabilité de tout ce qui va mal. Elles permettent à la personne dépressive de réaliser qu'il existe plusieurs raisons pour lesquelles les choses vont mal, la plupart du temps extérieures à sa présence dans ce monde. Cette technique a aussi été appelée «déresponsabilisation», car elle soulage le client d'un lourd fardeau de responsabilité par rapport à l'existence.

Cette technique implique que le client établisse un compte rendu en quatre colonnes comportant les en-têtes suivants: situation, émotions, pensées automatiques, autres interprétations.

Le client prend ainsi note des situations qui déclenchent des sentiments négatifs et répertorie ces sentiments ainsi que les pensées automatiques qui leur sont associées. Il est mis au défi de fournir d'autres explications possibles à une situation et, ce faisant, il commence à évaluer et à modifier ses pensées automatiques.

Techniques comportementales

Beck insiste sur le fait que les techniques comportementales sont utilisées en supplément du travail cognitif. L'une des principales raisons justifiant l'utilisation d'une technique comportementale est de montrer au client que les suppositions et les conclusions négatives sont incorrectes, afin de pouvoir libérer la voie à l'amélioration de la performance dans les facettes de la vie qui importent au client.

Une fois qu'il a aidé le client à définir les données à étudier, le thérapeute conçoit une expérimentation visant à rendre le client plus précis dans ses observations et ses pensées et à tenir compte de leur échelonnement. À titre d'exemple, le thérapeute peut demander au client de tenir un programme de ses activités afin de valider l'hypothèse suivant laquelle l'inactivité accentue la pensée négative. Si c'est le cas, alors le fait d'entreprendre des activités contribuera sans doute à diminuer la formulation de telles pensées. La tâche du client consiste alors à dresser un programme de ses activités quotidiennes et à noter leur effet sur la cognition. Elle consiste également à noter tout changement en ce qui concerne la pensée dépressive qui peut accompagner ces activités. L'objectif est d'amener le client à observer (au lieu d'évaluer) tout ce qu'il accomplit tout au long de la journée.

Une telle «expérimentation» démontre plusieurs choses: le client peut organiser des activités; des subtilités que renferment les réactions peuvent avoir jusqu'ici échappé au client; les activités peuvent exercer une influence sur le désespoir. Aucune de ces assertions n'est suggérée au client, qui devra les découvrir grâce à son devoir et au questionnement adroit du thérapeute.

Technique de la maîtrise et du plaisir

La technique de la maîtrise et du plaisir constitue l'étape suivante de la thérapie. La maîtrise renvoie au sentiment d'accomplissement que la personne ressent lorsqu'elle réalise une tâche, alors que le plaisir réfère au sentiment agréable qui l'accompagne. Selon cette technique, le client classe une activité suivant son niveau de maîtrise de la tâche et le plaisir qu'il éprouve en l'effectuant. C'est une façon de contrer la pensée unidimensionnelle du client en le faisant réagir aux variations survenant dans la réussite et le plaisir, si subtiles soient-elles (Beck et coll., 1979).

Entraînement cognitif

Dans l'entraînement cognitif, on demande au client d'imaginer toutes les étapes de la réalisation d'une tâche. Cet entraînement est utile pour éliminer les modèles de pensée répétitifs qui empêchent si souvent le client dépressif d'accomplir les choses.

APPLICATION CLINIQUE

Thérapie cognitive

ENCADRÉ 3.10

Le compte rendu suivant constitue le «devoir» de Denise et représente un exemple d'une technique de réattribution.

Situation	Émotions	Pensées automatiques	Autres interprétations
• Les enfants sont arrivés en retard à l'école.	• Colère et honte. • J'ai fait une erreur.	• J'aurais dû les aider plus ce matin. J'ai mal fait les choses.	• Ils ont traîné sur le chemin de l'école. Les horloges ne fonctionnent pas.
• J'ai oublié le nom d'une personne que j'étais en train de présenter à un ami.	• Gêne et humiliation.	• Je perds la mémoire. Je ne fais rien de bien. Je n'ai aucune diplomatie.	• Il arrive à tout le monde d'oublier des choses. • Je ne l'ai rencontrée qu'une seule fois, il y a déjà plus d'un mois.
• J'ai brûlé les biscuits.	• Honte et tristesse.	• Je suis nulle. Je rate même les choses les plus simples.	• La minuterie n'a pas sonné. Les enfants ne m'ont pas avertie.

Une fois que le client démontre sa capacité à observer ses actions et ses pensées, le thérapeute passe à un niveau plus élevé de technique cognitive afin de l'aider à découvrir son propre raisonnement et à tester la validité de ses pensées automatiques. C'est à cette étape que le thérapeute et le client agissent en réelle collaboration, au moment où le client apprend à observer et à enregistrer ses pensées, ses images et son monologue intérieur, et que le thérapeute continue de l'aider à observer et reconnaître ses pensées dysfonctionnelles. Après que le client a décelé une pensée automatique, le thérapeute lui pose des questions pour l'aider à établir un rapport entre sa pensée et certains comportements qu'il a observés, plus spécialement ceux qui résultent d'expériences récentes. Pour le soutenir dans cette tâche, on lui donne un devoir.

On prolonge la thérapie jusqu'à ce que le client soit en mesure de discerner ses pensées automatiques, de reconnaître leur effet sur ses sentiments et sur son comportement et d'élaborer des cognitions plus équilibrées et des monologues intérieurs correspondant mieux à la réalité.

3.1.9 Thérapie stratégique

Les théoriciens spécialisés en communication affirment que la structure actuelle du langage construit une réalité pour les individus. Ils avancent que le choix, l'utilisation et l'organisation des mots modifient les perceptions qu'a un individu de ses propres expériences. Effectivement, plusieurs théoriciens soutiennent que le fait de définir une expérience à l'aide de mots limite et restreint l'expérience en question (voir encadré 3.6). Par conséquent, les théoriciens de la communication ont longuement étudié la manière dont le langage influence les perceptions et les réactions d'une personne et, sous l'angle thérapeutique, l'utilisation des mots comme vecteur de la santé mentale.

La thérapie stratégique, une forme de thérapie par la communication, est entrevue comme une forme de traitement efficace qui produit rapidement des résultats. Il existe plusieurs variations de la thérapie stratégique (la thérapie axée sur la recherche de solutions, la thérapie de courte durée), mais elles doivent toutes leur origine au travail novateur de Gregory Bateson, Don Jackson, Paul Watzlawick, John Weakland et Richard Fish, du *Mental Research Institute* (MRI) de Palo Alto, en Californie, qui a été réalisé dans les années 1950 et 1960. Ce groupe a adopté une approche résolument différente dans sa tentative de réduire le temps de traitement pour les individus et leur famille. Ils ont étudié le processus même du changement. L'école de Palo Alto a étudié la formulation des problèmes, la conservation du système humain et la façon de provoquer le changement dans ce système (Greene, 1991).

Aperçu théorique

La thérapie stratégique est en rupture par rapport aux approches médicales basées sur un modèle. Dans le modèle médical, le soignant diagnostique un trouble ou un dysfonctionnement pour ensuite le traiter. La thérapie stratégique est basée sur l'approche de l'un de ses fondateurs, l'anthropologue Gregory Bateson. Alors qu'il travaillait avec des anciens combattants psychotiques dans un hôpital, Bateson en vint à se demander à quel contexte humain leur comportement aliéné pouvait correspondre. Selon ce point de vue anthropologique, tout comportement a un sens dans le contexte où il se manifeste, et cela constitue l'une des hypothèses sous-jacentes de la thérapie stratégique. Son corollaire est que le comportement se façonne et se renforce continuellement en fonction du cadre de référence de l'individu (c.-à-d. sa famille), et vice versa. On appelle ce phénomène le **contexte interactif comportemental** (Fish, Weakland et Segal, 1986). Avec le temps, les modèles de comportements émergent entre les gens. Certains de ces modèles peuvent être considérés comme problématiques. Un thérapeute qui utilise la thérapie stratégique étudie toujours le comportement problématique dans le contexte des comportements environnants.

Le groupe du MRI formule la théorie selon laquelle les comportements sont perçus comme problématiques selon la perception de la réalité qu'ont les individus. La plupart des gens estiment qu'il existe une réalité, basée sur des vérités objectives, et que leur propre pensée reflète cette réalité. Si cette supposition était vérifiable, elle impliquerait alors que toute personne ayant une vision différente de la réalité est « aliénée » ou « mauvaise » (Watzlawick, 1977). Les membres de l'école de Palo Alto maintiennent qu'il n'existe pas de réalité *unique*. Chaque personne construit plutôt sa propre réalité en fonction de ses communications avec les autres (Watzlawick, 1977). À titre d'exemple, le comportement d'un enfant peut être perçu comme « entêté » par une personne, et « déterminé » par une autre. Chaque définition crée ainsi une « réalité » distincte pour l'enfant et la personne qui émet le jugement. Si le comportement de l'enfant est considéré comme « entêté », il peut alors être interprété comme problématique et requérant un traitement. S'il est perçu comme « déterminé », il peut conduire l'enfant à se sentir fier et valorisé. Comme le dit Shakespeare, « Rien n'est bien ou mal, mais la pensée le fait croire ». Ce concept de réalité dépendant de la communication de chacun est essentiel. Dans cet ordre d'idées, le changement est abordé à l'intérieur d'un cadre de référence communicationnel et de la vision de la réalité de la personne qui souffre. Afin de favoriser le

---

Exercice de thérapie stratégique   ENCADRÉ 3.11

Prenez conscience de la position de votre corps en ce moment : les différents points de pression, la sensation des vêtements sur votre peau, la position de vos muscles. En disant simplement « assis », « debout » ou « couché », on décrit assurément cette position, mais on lui enlève toutes les nuances possibles. Il en est de même pour la nature des interactions sociales plus complexes.

changement, le thérapeute doit s'imprégner de la vision que le client se fait de la réalité de son problème.

Après avoir effectué des recherches approfondies sur le changement, le groupe du MRI a défini deux ordres de changements. Les *changements de premier ordre* sont des changements effectués à l'intérieur d'un système qui, lui, reste inchangé. Les *changements de second ordre* modifient le système lui-même. Les changements de second ordre sont discontinus et apparaissent par conséquent illogiques à l'intérieur du système (Watzlawick, 1974). Deux exemples classiques utilisés par le MRI serviront à illustrer ces deux types de changements. *Exemple d'un changement de premier ordre*: Une femme se sent prisonnière d'un cauchemar. Elle tente à plusieurs reprises d'y mettre fin: elle court, se cache et essaye de modifier le déroulement du rêve. Cela est un changement de premier ordre. La dormeuse tente, de l'intérieur, de changer le déroulement du rêve. *Exemple d'un changement de second ordre*: La seule façon de mettre fin à son cauchemar est de se réveiller pour se trouver dans un état complètement différent. Il s'agit d'un changement de second ordre puisqu'il modifie le système lui-même, de l'extérieur (Watzlawick, 1974).

La thérapie stratégique déclenche des changements de second ordre dans les systèmes humains. Ces changements paraissent illogiques vus de l'intérieur du système lui-même. Les thérapeutes qui emploient la thérapie stratégique maintiennent que l'intéroception n'est pas un préalable indispensable au changement. En revanche, il faut que les gens apprennent à agir d'une façon différente à partir du moment où ils voient les choses sous un angle différent. Cette affirmation est compatible avec le concept selon lequel la réalité est mise en forme par l'intermédiaire de la communication, et que les comportements constituent une forme de communication.

Concepts de base

Pour travailler dans cette optique, il est indispensable de bien comprendre deux concepts: les *tentatives de solution* et la *position*.

Tentatives de solution

Cette approche repose sur les notions de formulation et de persistance du problème. Le modèle du MRI décrit le problème d'un client comme un comportement ciblé (action, pensée ou sentiment) qui préoccupe le client, ou comme tout autre comportement qui est interprété comme déviant ou perturbant d'une quelconque manière. De plus, *tous les efforts du client pour mettre fin à ce comportement ou le modifier ont été vains,* et le client cherche l'aide du thérapeute pour changer cette situation (Fish, Weakland et Segal, 1986). Il y a deux éléments importants ici: (1) les tentatives répétées de changement du client ont échoué; et (2) la demande d'aide du client concerne un problème précis, et non une transformation de la personnalité. L'approche de la thérapie stratégique se concentre sur le changement relatif au problème qui a été ciblé.

Suivant le modèle du MRI, les problèmes résultent de tentatives mal conduites ou mal ciblées qui cherchent à changer un ensemble de difficultés. En d'autres mots, ce sont les solutions qui causent le problème. Une tentative de solution correspond simplement à une tentative honnête de changer une situation gênante, à des essais qui se sont soldés par des échecs répétés, aggravant du même coup la situation. La plupart des tentatives de solution représentent des changements du premier ordre et se déclinent simplement comme des variations sur un même thème. Prenons l'exemple d'un couple se plaignant de l'attitude provocante, selon leur perception, de leur fils adolescent, comme son refus de respecter l'heure de rentrer à la maison. Ils grondent et punissent leur fils pour qu'il se conforme à leurs règles, mais ces tentatives ont pour unique effet de le rendre encore plus arrogant. Leurs solutions ne sont qu'une variation sur le thème « Tu vas nous obéir ». Elles ne servent qu'à perpétuer le problème et, éventuellement, à l'aggraver.

Il existe trois façons d'échouer devant une difficulté: une action est nécessaire, mais rien n'est entrepris (le cas du déni); une action est prise alors qu'elle ne le devrait pas (le cas d'un problème inexistant pourtant perçu comme réel); et une action est entreprise au mauvais niveau (c.-à-d. qu'un changement 1 est entrepris alors qu'un changement 2 s'impose) (Watzlawick, 1974).

Les solutions tentées perpétuent un *comportement qui entretient le problème* – la solution est en fait le problème, et toutes les tentatives les plus raisonnables pour le résoudre ne font que l'aggraver. Le groupe du MRI soutient que les gens persistent dans ce comportement, en entretenant involontairement le problème avec la meilleure des intentions. Ils n'envisagent pas le problème en tant qu'indice d'une situation pathologique (Fish, Weakland et Segal, 1986). Partant du fait que ce sont les tentatives de solution qui empirent – ou du moins entretiennent – le problème, les thérapeutes de la thérapie stratégique orientent leurs interventions vers ces tentatives de solution plutôt que vers le problème lui-même (Watzlawick, 1974).

Position

Pour savoir comment intervenir, il importe que le thérapeute comprenne la position du client face au problème – ses valeurs, ses opinions et ses priorités (Fish, Weakland et Segal, 1986). En résumé, la position du client part de sa vision de la « réalité » de la situation. Elle s'exprime par son langage, sa perception et ses motivations. Il est primordial que le thérapeute intègre la position du client s'il veut par la suite être en mesure de proposer une intervention que le client pourra accepter et réaliser (Greene, 1991). L'une des positions qu'il faut considérer à tout prix est de savoir si le client se trouve « préoccupé de façon bienveillante » par le comportement ou s'il se sent plutôt persécuté par celui-ci. La préoccupation bienveillante implique que le comportement problématique n'est pas délibéré (c.-à-d. qu'il est causé par la maladie ou par une faiblesse). Quant à la persécution, elle implique une perpétration volontaire du comportement et elle est perçue comme « mauvaise » par le client. Dans l'exemple du fils adolescent, la position des parents consiste à considérer que leur fils agit « mal » en rentrant délibérément et sciemment tard. Le même cas serait interprété différemment si le couple considérait que le comportement de leur fils est hors de son contrôle à cause d'une déficience, attribuable à l'angoisse du trop-plein de travail scolaire ou à l'incapacité de lire l'heure en raison de troubles d'apprentissage. L'intervention du thérapeute se doit d'être toujours en accord avec la position adoptée par le client.

Techniques

Les techniques de la thérapie stratégique sont destinées à créer un « événement fortuit » qui procure au client un recadrage de son problème. Watzlawick (1977) raconte l'histoire suivante pour décrire ces événements fortuits.

Un homme vient consulter, car il a une peur bleue des éléphants et, pour les éloigner, il a pris l'habitude de taper sans cesse dans ses mains. Le thérapeute peut envisager cette situation de plusieurs façons : soit instaurer une relation basée sur la confiance pour pouvoir dire à l'homme qu'il n'y a aucune raison d'avoir peur des éléphants ; soit s'attarder à déceler les causes de cette peur des éléphants, dans l'hypothèse que cet homme en comprenant la source de sa peur y mettra fin ; soit introduire des éléphants dans la thérapie et démontrer qu'il n'y a aucune raison d'en avoir peur. Or, un beau jour, en se rendant à sa séance de thérapie, l'homme a un accident et se casse les deux mains. En dépit du fait qu'il ne peut plus taper des mains, aucun éléphant ne s'approche et il constate ainsi qu'il n'y a aucun besoin de claquer de mains. Cet événement imprévu a déclenché une transformation émotionnelle. L'objectif des interventions stratégiques est de créer des événements fortuits, mais planifiés, qui mènent à des transformations émotionnelles. Les événements fortuits planifiés mettent fin au comportement qui entretient le problème ou modifient la vision qu'a le client du problème, faisant ainsi disparaître les troubles qui en découlent (Fish, Weakland et Segal, 1986).

Prescription des symptômes

La prescription des symptômes consiste, pour le thérapeute, à donner au client comme remède son symptôme. La prescription des symptômes est utile lorsque la tentative de solution a tenté de susciter une réaction qui ne pouvait être que spontanée. Cela se produit souvent dans le cas de fonctions physiologiques, où de légers écarts sont considérés comme des problèmes (p. ex. l'orientation sexuelle, l'insomnie, les trous de mémoire, les fonctions d'élimination). Le client perçoit le symptôme comme spontané et en dehors de sa volonté (p. ex. « Je suis frigide », « Je suis impuissant », « Je ne dors pas », « Je ne me souviens pas »,

APPLICATION CLINIQUE
Thérapie stratégique   ENCADRÉ 3.12

Denise participe à son deuxième entretien avec son thérapeute.

Denise : Je ne peux rien faire de bon. Je ne vaux rien.

Thérapeute : Dans quoi échouez-vous ?

Denise : Ma vie ! Exactement, ma vie est un échec total. Je fais brûler les biscuits, je me réveille en retard, je perds mon travail et les clés de ma voiture. On dirait que je ne suis pas capable de réussir quoi que ce soit. Tout le monde le constate ; ils ne me le disent pas pour être gentils avec moi.

Thérapeute : Bien, j'ai une suggestion à vous faire. Mais il se peut que vous la trouviez trop difficile à exécuter, parce que vous semblez être perfectionniste et les perfectionnistes ont beaucoup de difficultés à accepter cette suggestion.

Denise : Allez-y. Je suis prête à tout.

Thérapeute : Ça sera difficile pour vous. Je veux que vous trouviez trois erreurs parfaites, telles que vous le dites. Ces erreurs doivent rester secrètes et vous ne devez confier à personne ce que vous avez planifié d'échouer. Vous allez dire à votre famille que vous allez commettre des erreurs durant la journée et, à la fin de cette journée, vous leur demanderez s'ils ont trouvé de quoi il s'agissait.

Denise : Je fais déjà trois erreurs par jour.

Thérapeute : Oui, mais je veux que vous les fassiez volontairement, et non de manière spontanée.

Quand Denise revint deux semaines plus tard, elle raconta toute contente que personne n'avait remarqué ses erreurs planifiées.

« J'ai mouillé mon pantalon »), mais il s'efforce en même temps de mettre fin à ces comportements. Les tentatives de solution contribuent toutefois à entretenir le comportement symptomatique. En prescrivant les symptômes, on recommande au client de cesser ces tentatives et on l'incite à adopter un autre comportement. Le thérapeute de la thérapie stratégique donne des raisons logiques et des instructions pour éliminer les comportements liés aux « tentatives de solution ». On demande souvent au client de provoquer le symptôme à des fins diagnostiques ou comme un premier pas vers la maîtrise du comportement (Fish, Weakland et Segal, 1986).

On demandera, à titre d'exemple, à l'homme impuissant de ne pas avoir d'érection pour pouvoir étudier ses pensées durant la relation sexuelle. Il se trouve ainsi incapable de demeurer impuissant et apprécie la relation sexuelle. Ainsi, la « tentative de solution » (« Je dois avoir une érection ») est interrompue par l'instruction « N'ayez sous aucun prétexte une érection », et le client retrouve un fonctionnement normal.

Une autre variation de la prescription des symptômes peut être employée lorsque la tentative de solution consiste

TABLEAU 3.4 Résumé des approches théoriques

	Psychanalytique	Adlérienne	Analyse transactionnelle	Gestlat	Centrée sur le client	Comportementale	Rationnelle-émotive	Cognitive	Stratégique
Orientation fondamentale	Tout comportement a une signification. Le comportement est influencé par des pulsions et des conflits inconscients.	Le comportement puise ses fondements dans le social, il est intentionnel et conscient.	Les positions de vie se répercutent sur l'adoption de nouveaux modèles de communication. Il est possible d'accroître l'efficacité et de réduire le dysfonctionnement en clarifiant les communications.	Les conflits psychiques surgissent des interactions avec la société.	Les êtres humains progressent vers le changement constructif et l'intégration.	Le comportement est acquis.	L'individu peut choisir de modifier ses pensées et ainsi changer ses émotions et son comportement pour atteindre un équilibre.	L'affect de l'individu et son comportement sont déterminés par la représentation que celui-ci se fait du monde au moyen de pensées et de suppositions.	La réalité se construit à travers la communication avec les autres.
Concepts	Ça, moi, surmoi Inconscient et préconscient	Approche phénoménologique But final *Gemeinschaftsgefühl*	États du moi : parent, adulte, enfant Jeux structurels Analyse du scénario de vie	Organisme ; grand chef et sous-fifre Formation figure/fond	Les relations interpersonnelles constituent les fondements de la santé et de la névrose.	Conditionnement Séparation du client de son problème	ABCD de l'interaction Croyances	Système ÉPEC Triade cognitive Schémas Distorsion cognitive	Tentatives de solutions Position
Objectif	Révéler le conflit inconscient et permettre au moi de s'y confronter.	Devenir une personne fonctionnelle.	Interagir selon l'état du moi approprié.	Reconnaissance mutuelle et intégration du grand chef et du sous-fifre de l'organisme grâce à la résolution d'une situation inachevée.	Prise de conscience et acceptation des aspects du soi.	Modifier les comportements observables.	Développer des habiletés pour contrecarrer les prémisses irrationnelles, changer l'émotion et modifier le comportement	Développer des cognitions équilibrées et le monologue intérieur pour changer l'émotion et le comportement.	Diminuer la douleur qui résulte d'une perception de la situation.
Techniques	Interprétation des rêves Associations libres	Questionnement socratique Encouragement	Analyse structurale Analyse transactionnelle Analyse du jeu structurel Analyse du scénario existentiel	Dialogues Travail du rêve	Regard inconditionnellement positif Relations thérapeutiques Alter ego	Désensibilisation systématique Entraînement à la relaxation	Approche cognitivo-comportementale : journal de bord tâches progressives questionnement garde-fous	Cognitive : questionnement Comportementale : programme d'activités entraînement cognitif	Recadrage Prescription des symptômes

à éviter une situation angoissante. C'est souvent le cas des états reliés à la peur et à l'anxiété (les phobies, la peur de l'échec, la peur de parler en public ou d'entamer une relation). Dans ces situations, on demande au client de se confronter à la tâche en question sans chercher à la maîtriser (Fish, Weakland et Segal, 1986). À titre d'exemple, on demande au client qui souffre d'une phobie de la conduite de s'asseoir dans une voiture 30 minutes par jour et de réfléchir sur les risques de la conduite. Pendant ce temps, le conducteur ne doit jamais prendre en compte les plaisirs liés à la conduite et doit rester assis sans jamais prendre le volant. Une fois encore, cette situation met fin à la solution d'évitement du client, et cela le pousse à maîtriser la situation en adoptant un comportement différent.

Recadrage

Le **recadrage** est un outil verbal puissant, utilisé pour déclencher un changement de second ordre. Il consiste à changer le cadre et le point de vue émotionnel ou conceptuel à partir duquel une situation est analysée, en repositionnant celle-ci «dans un autre cadre qui correspond aussi bien ou même mieux aux éléments de cette situation, changeant par le fait même sa signification tout entière» (Watzlawick, 1974). Un recadrage ne change en rien la vision du client concernant la situation problématique. Il se contente de rendre absolu l'ancien cadre de référence du client. Pour réussir, cette opération de recadrage doit toujours correspondre à la position du client et être en harmonie avec sa compréhension de la situation. Cependant, le recadrage modifie la manière dont est perçue la situation.

À titre d'exemple, une femme de 40 ans est hospitalisée pour une dépression à tendance suicidaire. Elle est déprimée parce qu'elle n'a jamais l'impression de plaire à ses parents. Le personnel remarque que ses parents la critiquent et lui font souvent des réflexions désobligeantes. Elle continue d'essayer de leur plaire pour se faire répéter qu'elle ne sera jamais aussi bonne que ses frères et sœurs qui ont quitté la maison. Dans cette situation, la solution choisie était ses tentatives répétées de plaire à ses parents. On a expérimenté un recadrage de la situation et obtenu des résultats probants. Les parents ont félicité leur fille d'être si gentille et si aimante. Manifestement, ses parents ont eu peur de perdre leur rôle de parent et elle leur a donné l'occasion de continuer à exercer ce rôle. En leur permettant de la critiquer, elle les a rassurés sur le fait que leur travail de parent n'était pas achevé et devait se poursuivre.

CONCEPTS-CLÉS

- Les théories du comportement humain sont élaborées dans le but de fournir des cadres de travail permettant d'améliorer la compréhension du comportement humain dans toute sa complexité, de le définir ou de l'interpréter pour servir de base à des interventions efficaces (voir tableau 3.4).
- L'approche psychanalytique se fonde sur l'idée que tout comportement a une signification et qu'il est influencé par des pulsions et des conflits inconscients entre le ça, le moi, le surmoi, l'inconscient et le préconscient.
- La thérapie adlérienne considère les humains comme des êtres ancrés socialement, en mesure d'adopter un style de vie qui leur est propre plutôt que de se laisser façonner par les expériences de l'enfance.
- L'analyse transactionnelle repose sur l'idée selon laquelle la position de l'individu se reflète dans la communication et qu'un dysfonctionnement peut être atténué en clarifiant la communication dans chacun des états du moi.
- La Gestalt-thérapie est basée sur la conception selon laquelle les conflits psychiques proviennent des interactions avec la société et que seule l'intégration de tous les organismes peut offrir la complétude.
- L'approche centrée sur le client repose sur le postulat selon lequel les êtres humains progressent vers le changement constructif et l'intégration et que les relations interpersonnelles constituent le fondement de la santé et de la névrose.
- L'approche comportementale maintient que le comportement est acquis. Par conséquent, le conditionnement du client et sa séparation du problème à travers la désensibilisation systématique et la relaxation peuvent modifier un comportement indésirable.
- La thérapie rationnelle-émotive se fonde sur l'idée que les individus peuvent privilégier certaines pensées ou comportements et, par le fait même, décider de favoriser ou de limiter l'acceptation de soi. Grâce aux tâches cognitives, le thérapeute peut offrir l'occasion au client de défier les prémisses irrationnelles et de changer son comportement.
- La thérapie cognitive (de Beck) considère que le comportement d'un individu est influencé par sa conception du monde, au moyen de pensées et de suppositions. Grâce aux activités cognitives et comportementales, l'individu peut élaborer des pensées et des monologues intérieurs équilibrés.
- La thérapie stratégique part du principe que chaque personne élabore sa propre réalité à partir de sa communication avec les autres, qui modifie en retour sa perception de chaque situation.
- Chacune de ces théories présente différentes techniques destinées à favoriser les comportements souhaitables.

Ivan L. Simoneau
inf., Ph.D.Éd. (psychopédagogie)
Collège de Sherbrooke

Chapitre 4

PSYCHOBIOLOGIE

OBJECTIFS D'APPRENTISSAGE

APRÈS AVOIR LU CE CHAPITRE, VOUS DEVRIEZ ÊTRE EN MESURE :

- D'IDENTIFIER LES DIVERSES STRUCTURES ANATOMIQUES DU SYSTÈME NERVEUX CENTRAL ;
- DE DÉCRIRE LES FONCTIONS PHYSIOLOGIQUES DU SYSTÈME NERVEUX CENTRAL ;
- DE DÉCRIRE LE FONCTIONNEMENT NORMAL DES NEURONES ;
- DE DISCUTER DU RÔLE DES NEUROTRANSMETTEURS COURANTS DANS LE FONCTIONNEMENT DU SYSTÈME NERVEUX CENTRAL ;
- DE DÉCRIRE LE MÉCANISME ÉLECTROCHIMIQUE DU SYSTÈME NERVEUX CENTRAL ;
- DE DÉCRIRE LES SOINS INFIRMIERS SPÉCIFIQUES POUR LE CLIENT QUI DOIT SUBIR UN EXAMEN D'IMAGERIE CÉRÉBRALE ;
- DE RECONNAÎTRE LES SYMPTÔMES COMPORTEMENTAUX COURANTS QUI SE MANIFESTENT CHEZ DES CLIENTS QUI PRÉSENTENT DES ANOMALIES STRUCTURELLES AU CERVEAU ET UN DIAGNOSTIC DE TROUBLE MENTAL.

MOTS-CLÉS

Aire prémotrice : partie du lobe frontal responsable du mouvement coordonné de muscles volontaires.

Amygdale cérébelleuse : partie du système limbique qui module des états émotifs courants comme les sentiments de colère et d'agressivité, l'amour ou l'aisance en société.

Axone : partie du neurone qui transmet des signaux du corps cellulaire du neurone aux boutons synaptiques pour se connecter à d'autres neurones.

Cerveau : plus grande structure du système nerveux central ; elle peut être subdivisée en hémisphères gauche et droit, et elle contient quatre lobes.

Circonvolution : repli en relief visible sur la surface du cortex cérébral.

Corps calleux : gros faisceau de substance blanche qui relie les côtés gauche et droit du cortex cérébral.

Cortex associatif : partie du lobe frontal cérébral qui s'acquitte d'une grande partie des activités propres à l'humain, comme le raisonnement, la planification, la mémoire à court terme, l'intuition, l'inhibition et le jugement ; c'est la partie du cerveau qui contribue le plus à définir la personnalité.

Cortex cérébral : mince couche de substance grise constituant la surface des deux hémisphères cérébraux ; aire de convergence de l'information relative à la sensation, à la parole, à la pensée, à la fonction motrice volontaire et à la perception.

Cortex moteur : partie du lobe frontal responsable du contrôle de l'activité motrice volontaire de muscles particuliers.

Dendrite : partie du neurone qui reçoit les signaux provenant d'autres neurones et les transmet au corps cellulaire du neurone.

Hippocampe : aire située dans le pli intérieur du lobe temporal, sous le thalamus ; lieu d'intersection entre le stockage des souvenirs et leur reproduction avec une coloration émotive.

Hypothalamus : partie du système limbique, située profondément dans le cerveau, qui contribue à réguler certaines des fonctions les plus fondamentales de l'organisme humain, comme les cycles sommeil-repos, la température corporelle et les pulsions physiques liées à la faim et au sexe.

Lobe frontal : le plus gros des quatre lobes du cerveau ; il est responsable de la fonction motrice, des fonctions intellectuelles supérieures, de la mémoire et du jugement.

Lobe occipital : division du cerveau responsable du fonctionnement visuel.

Lobe pariétal : division du cerveau qui a une fonction de centre de traitement des informations.

Lobe temporal : l'un des quatre lobes du cerveau, responsable de l'ouïe et de la réception de l'information auditive.

Neurone : cellule nerveuse et unité élémentaire de fonctionnement du cerveau, constituée d'un corps cellulaire, d'un axone et de troncs dendritiques.

Neurotransmetteur : composé chimique libéré par des cellules présynaptiques lorsqu'elles sont stimulées et qui active des cellules postsynaptiques et les fait agir à titre de messagers dans le système nerveux central. L'acétylcholine, la dopamine, la norépinéphrine, la sérotonine et l'acide gamma-aminobutyrique (GABA) font partie des neurotransmetteurs ciblés en psychobiologie.

Noyaux gris centraux : aire du système nerveux central constituée de corps cellulaires et responsable de fonctions motrices et de l'association.

Potentiel d'action : onde de dépolarisation électrique qui se déplace le long d'un neurone pour transférer de l'information ; lorsque l'impulsion atteint l'extrémité du neurone, elle stimule la production et la libération de composés chimiques appelés neurotransmetteurs.

Scissure : rainure en surface du cerveau, qui descend profondément.

Sillon : rainure peu profonde de la surface du cerveau, entre les circonvolutions.

Substance blanche : tissu cérébral composé des axones myélinisés des neurones.

Substance grise : tissu cérébral composé de corps cellulaires nerveux et de dendrites.

Système limbique : groupe de structures profondes du cerveau ; il est responsable de la modulation des instincts, des pulsions, des besoins et des émotions.

Système moteur extrapyramidal : groupe de fibres nerveuses responsable d'une grande partie du fonctionnement moteur involontaire du système nerveux central ; il peut être affecté négativement par certains médicaments employés dans le traitement de la maladie mentale.

Système nerveux central : division du système nerveux humain comprenant le cerveau et la moelle épinière.

Système nerveux périphérique : division du système nerveux qui englobe tous les nerfs qui ne se trouvent pas dans le cerveau ou dans la moelle épinière, y compris les nerfs crâniens.

Thalamus : partie du système limbique ; principalement une structure de régulation servant à relayer toute l'information sensorielle, sauf l'odorat, du système nerveux périphérique au cortex du système nerveux central.

Les années 90 ont déjà été appelées la décennie du cerveau. Une chose est certaine, jamais auparavant n'avait-on appris autant sur l'organe le plus complexe du corps humain. Les nouvelles technologies ont offert aux chercheurs la possibilité d'examiner le cerveau comme jamais auparavant et de comprendre son mode de fonctionnement complexe. Cette accélération dans la découverte du cerveau nous a permis de mieux comprendre les principes biologiques de base des troubles mentaux. Ces nouvelles connaissances ont beaucoup influencé la nature des traitements et des soins à offrir aux personnes atteintes de troubles mentaux et le rôle de l'infirmière en santé mentale et en psychiatrie. L'infirmière en santé mentale et en psychiatrie d'aujourd'hui œuvre dans un contexte de soins des clients qui est considérablement différent de celui qui prévalait il y a à peine dix ans. Les troubles mentaux sont perçus davantage dans une perspective de désordre lié au fonctionnement du cerveau; on publie des ouvrages de vulgarisation pour expliquer la chimie du cerveau au grand public, et l'on met au point des traitements médicaux spécifiques destinés à des structures de plus en plus précises du cerveau. L'infirmière en soins psychiatriques doit connaître l'anatomie et la physiologie du cerveau, et elle devra de plus en plus se tenir au fait des approches psychobiologiques dans le traitement des troubles mentaux.

4.1 COMPRÉHENSION DES FONCTIONS NEUROBIOLOGIQUES

Bien que les approches en vue de comprendre le modèle psychobiologique des troubles mentaux remontent à l'Antiquité, la compréhension moderne de cette biologie a pris forme avec l'avancement actuel des neurosciences (Carpenter et Buchanan, 1994). Les modèles psychobiologiques de soins infirmiers intègrent des connaissances provenant de nombreux domaines, notamment de la neuroanatomie, de la neurophysiologie, de la neuropharmacologie, de l'imagerie cérébrale (comme la tomodensitométrie [TDM], la tomographie par émission de positrons [TEP], l'imagerie par résonance magnétique [IRM] et la tomographie par émission de simple photon), de la neurochimie et de la neuropsychologie. En outre, de nouveaux champs de recherche en émergence jouent un rôle de plus en plus important dans la compréhension des troubles mentaux, notamment la neuroendocrinologie (étude de l'effet de substances, normalement présentes, sur le fonctionnement du cerveau), la psycho-immunologie (étude de l'incidence d'événements psychosociaux sur le fonctionnement biologique d'une personne) et la génétique (étude du rôle des gènes dans le développement de troubles mentaux) (Collins, 1997).

De plus en plus, les infirmières emploient le modèle biologique pour comprendre les clients atteints de troubles mentaux graves et pour les traiter. Les symptômes associés aux troubles mentaux se manifestent souvent dans le comportement. Un client atteint d'un trouble mental se comporte souvent d'une manière qui semble inusitée aux yeux de la société. Son trouble peut s'exprimer de diverses façons : certains entendent des voix, certains envisagent le suicide, et d'autres sont désorganisés au point de porter un manteau d'hiver par une chaude journée d'été. Lorsqu'elle comprend l'anomalie structurale ou neurochimique qui touche le client atteint d'un trouble mental, l'infirmière en santé mentale et en psychiatrie peut mieux évaluer son comportement et planifier des interventions salutaires. Les meilleurs soins infirmiers psychiatriques reposent sur la compréhension du fonctionnement normal du cerveau et sur la façon dont la maladie l'a altéré. Qu'un client souffre de trouble bipolaire, de schizophrénie, de trouble panique, de dépression grave, de démence ou de toute autre maladie liée au cerveau, la compréhension du cerveau normal et de son fonctionnement constitue le point de départ de tous les aspects des soins infirmiers.

4.2 NEUROANATOMIE ET NEUROPHYSIOLOGIE DU SYSTÈME NERVEUX HUMAIN

Les pensées, les sentiments et les actes de l'humain proviennent de son système nerveux. Bien que le cerveau ne pèse que de 1,4 à 2,3 kg, il contient plus de 100 milliards de neurones, ce qui en fait le plus complexe et le plus vital des organes humains (Haines, 1997). Le système nerveux de l'humain est composé de deux parties distinctes, mais interreliées. La première partie, le **système nerveux central** (SNC), est composée de la moelle épinière et du cerveau, soit, en d'autres termes, tous les tissus du système nerveux qui sont protégés par les os du crâne ou par des vertèbres. La deuxième partie, le **système nerveux périphérique** (SNP), englobe les nerfs qui relient le système nerveux central à tout le reste du corps, y compris les nerfs crâniens qui partent juste à l'extérieur du tronc cérébral.

Bien que le système nerveux périphérique joue un rôle crucial dans le fonctionnement humain, la compréhension des troubles mentaux fait le plus souvent appel à une compréhension approfondie de la structure et de la fonction du SNC. C'est pourquoi le présent chapitre est axé sur la compréhension du SNC et sur la façon d'appliquer cette connaissance pour donner des soins infirmiers à des personnes atteintes de troubles mentaux.

4.2.1 Neuroanatomie

Comprendre les structures normales du cerveau et leur influence sur le comportement humain représente l'une des meilleures façons de saisir toute la complexité du cerveau. Le tissu cérébral est classé en substance blanche et en substance grise. La **substance blanche** est constituée des axones myélinisés des neurones, alors que la **substance grise** est composée des corps cellulaires nerveux et des dendrites. La substance grise est la partie du cerveau qui travaille, et comme elle comprend les corps cellulaires, elle comprend également les synapses qui relient les corps cellulaires.

4.2.2 Cerveau

Le **cerveau**, qui, pour les anatomistes, ne correspond qu'à la partie la plus volumineuse de ce que l'on désigne en général comme le cerveau, se divise en deux moitiés, appelées hémisphères cérébraux. Les hémisphères cérébraux comptent pour la plus grande partie du SNC et englobent le cortex cérébral, le système limbique et les noyaux gris centraux. Ces structures seront abordées de façon détaillée plus loin dans le chapitre. La figure 4.1 illustre les divisions du SNC.

Les hémisphères cérébraux regroupent plus de 70 % des neurones du SNC et sont responsables de nombreuses fonctions, notamment de l'ouïe et de la vision. Chez la plupart des gens, un hémisphère domine, et celui-ci est responsable de l'expression linguistique. L'hémisphère gauche, qui est dominant chez près de 95 % des gens, coordonne principalement les fonctions du côté droit du corps. L'hémisphère droit, qui est dominant chez seulement 5 % des gens, coordonne les fonctions du côté gauche du corps. Chez la plupart des droitiers, de même que chez environ la moitié des gauchers, c'est l'hémisphère gauche qui domine. Dans certains cas rares, la dominance peut être mixte, un côté dominant pour l'expression linguistique, et l'autre pour des fonctions de motricité fine, comme l'écriture.

Bien que la latéralisation du cerveau ait présenté de l'intérêt pour les chercheurs, l'activité humaine coordonnée exige une interrelation et une communication complexes entre les deux hémisphères. Ces deux hémisphères sont reliés par une importante lame de substance blanche : le **corps calleux**. L'information sensorimotrice circule constamment entre les deux hémisphères par des voies nerveuses contenues dans le corps calleux. Comme l'information d'un hémisphère est constamment transmise à l'autre en passant par ce lien, le corps calleux doit être intact pour produire un comportement bilatéral complet, coordonné et fluide.

Le **cortex cérébral** est la mince couche de substance grise qui constitue la surface des deux hémisphères. C'est le cortex cérébral qui est responsable d'une grande partie des comportements dits humains. Les aires du cerveau responsables des sensations, de la parole, de la réflexion, des fonctions motrices volontaires et des perceptions convergent dans cette partie du SNC. Le tissu cortical cérébral, peu importe où il se trouve, remplit l'une de ces quatre fonctions : fonction sensorielle primaire, fonction motrice primaire, fonction sensorielle secondaire, ou fonction d'association.

La surface la plus extérieure du cortex cérébral contient des plis ondulés avec plusieurs rainures et des renfoncements. Les rainures peu profondes s'appellent des **sillons**, alors que les rainures plus profondes sont les **scissures**. Les parties surélevées sont les **circonvolutions**. Ces sillons, scissures et circonvolutions donnent au cerveau l'aspect typique qu'on lui connaît et créent des points de repère qui indiquent des aires définies du cerveau. Ces plis et ces sillons permettent également une augmentation étonnante de la superficie globale du cerveau. La présence des plis et des sillons permet au cortex cérébral de contenir près de 70 % du total des neurones dans le SNC, avec un réseau

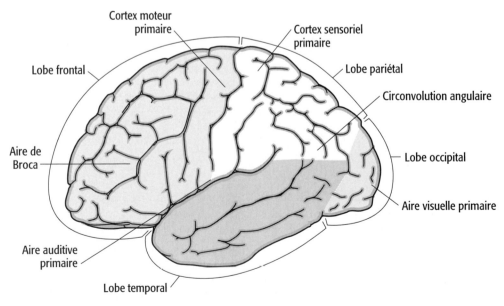

FIGURE 4.1 Carte du cortex

Tiré de HAMBY, R., et autres. *Alzheimer's disease : a handbook for caregivers*, 3e éd., Saint Louis, Mosby, 1998.

constitué de plus de 112 kilomètres d'axones et de dendrites ; cette surface, si elle était étalée, couvrirait près de 75 centimètres carrés.

Le cerveau peut également être divisé en quatre régions distinctes plus petites : les lobes. Il s'agit du lobe frontal, du lobe temporal, du lobe occipital et du lobe pariétal. Bien que ces lobes travaillent en interrelation, ils ont chacun leur fonction distincte. Une grande partie des symptômes qui se manifestent chez des clients atteints de troubles mentaux peut être interprétée comme une perturbation du fonctionnement normal d'un ou de plusieurs lobes. Le tableau 4.1 présente les fonctions normales de chaque lobe, ainsi que les symptômes typiques de perturbations dans chaque région cérébrale.

Le **lobe frontal** est le plus gros des lobes du cerveau, et l'humain a le lobe frontal le plus développé de tous les mammifères. Le fonctionnement du lobe frontal explique une grande partie de ce qui rend le comportement humain particulier. Le lobe frontal compte plusieurs structures importantes qui lui confèrent sa fonction de premier plan.

Le **cortex moteur** se situe devant un sillon profond, appelé « gyrus précentral ». Le cortex moteur du lobe central coordonne l'activité motrice volontaire de muscles particuliers. Les nerfs du lobe frontal peuvent être suivis directement jusqu'aux nerfs périphériques qui innervent les muscles du corps ; ils forment une bosse pyramidale, le faisceau corticospinal. À cause de sa forme particulière, ce réseau nerveux est aussi appelé « faisceau pyramidal ». Celui-ci traverse l'intersection du bulbe rachidien et de la moelle épinière. C'est à ce point que le faisceau devient croisé, ou décussé. C'est, en partie, cet entrecroisement qui explique pourquoi le cortex moteur droit coordonne, en fait, l'activité motrice volontaire du côté gauche du corps, et vice versa.

Le lobe frontal contient également deux autres structures importantes : l'**aire prémotrice**, responsable du mouvement coordonné des muscles volontaires, et le **cortex associatif**. Le cortex associatif accomplit un bon nombre des activités propres à l'humain ; c'est l'aire du cerveau qui joue le plus grand rôle dans la personnalité. Des dommages

TABLEAU 4.1	**Fonctions normales et symptômes de dysfonctionnement du cerveau**		
Lobe	Endroit	Fonction normale	Symptômes d'altérations dans le fontionnement du cerveau
Frontal	Partie antérieure du cerveau	Programmation et exécution des fonctions motrices Fonctions intellectuelles supérieures, comme la planification, l'abstraction, l'apprentissage par essais et erreurs, et la prise de décision Intuition intellectuelle, jugement Expression de l'émotion	Changements dans l'affect (p. ex. aplatissement [affect plat]) Altération de la production de la parole Altération du fonctionnement moteur Comportement impulsif et désinhibé Altération du processus décisionnel Pensée concrète
Pariétal	Sous le crâne, postérieur à la scissure de Rolando	Perception sensorielle, captage de l'information de l'environnement, organisation de cette information et communication au reste du cerveau Aires d'association permettant des fonctions comme lire une carte avec exactitude, lire l'heure, construire une cabane d'oiseau ou s'habiller	Altération des perceptions sensorielles (p. ex. moindre conscience de la douleur) Difficultés avec les concepts temporels (p. ex. incapacité de se présenter à l'heure aux rendez-vous) Altération de l'hygiène personnelle Altération de l'aptitude à calculer Incapacité d'exécuter adéquatement les gestes moteurs fins de l'écriture Confusion de la gauche et de la droite Capacité d'attention réduite
Temporal	Sous le crâne, des deux côtés, communément appelé la tempe	Principal responsable de l'ouïe et de la réception d'information par les oreilles	Hallucinations auditives Intérêt sexuel accru Baisse de motivation Altération de la mémoire Altération des réactions émotives
Occipital	Lobe cérébral le plus postérieur, à l'arrière de la tête	Principal responsable de la vue et de la réception d'information par les yeux	Hallucinations visuelles

à cette aire du lobe frontal provoquent des changements de personnalité. Le raisonnement, la planification, la mémoire à court terme, l'intuition, l'inhibition et le jugement, ce que l'on appelle couramment les fonctions exécutives, sont toutes des fonctions liées au cortex associatif. Ces fonctions exécutives contribuent à réprimer et à moduler les impulsions et les actes plus primitifs. Souvent, lorsque l'activité des fonctions exécutives est perturbée, des symptômes de trouble mental apparaissent (Crow, 1997).

Le **lobe temporal** joue le plus grand rôle au chapitre de la parole, de la mémoire et de l'émotion. L'aire de Wernicke, un secteur spécialisé du lobe temporal, est responsable de la capacité verbale. L'expression écrite, l'expression verbale et la reconnaissance visuelle, critiques pour la communication, sont des fonctions du lobe temporal. Des dommages au lobe temporal (p. ex. un accident vasculaire cérébral) peuvent entraîner une aphasie. D'autres structures du lobe temporal contribuent à la mémoire, en particulier celles qui sont liées aux signaux visuels et auditifs.

Le **lobe occipital** est celui qui joue le plus grand rôle dans la fonction visuelle. La reconnaissance de la couleur, l'aptitude à reconnaître et à nommer les objets, et l'aptitude à suivre visuellement des objets mobiles sont des fonctions du lobe occipital. Ce dernier est sensible à l'hypoxie ; un traumatisme dans cette région du cerveau peut mener à la cécité, même si les nerfs optiques sont intacts. Une lésion du lobe occipital peut provoquer des hallucinations visuelles et d'autres anomalies du fonctionnement visuel, comme l'alexie (incapacité de lire).

Le **lobe pariétal** fonctionne comme un centre de traitement de l'information. L'information sensorielle, par exemple l'information visuelle, tactile et auditive, est traitée dans l'aire de la sensibilité générale du lobe pariétal.

Noyaux gris centraux

Les **noyaux gris centraux** sont constitués de cellules étroitement liées aux fonctions motrices et à l'association. Les noyaux gris centraux traitent l'information liée aux mouvements, par exemple la marche, au fur et à mesure que les gestes s'accomplissent, et ils modulent et corrigent le travail musculaire pour produire le mouvement. Les noyaux gris centraux se trouvent derrière le cortex frontal et présentent de nombreuses connexions avec le cortex, au-dessus, et les structures mésencéphaliques, au-dessous. Les noyaux gris centraux interviennent dans l'apprentissage et la programmation du comportement. Les activités bien apprises et répétées au cours de la vie deviennent intégrées et automatisées. Les aptitudes motrices complexes qu'exigent la marche, l'alimentation ou la conduite automobile deviennent tellement intégrées qu'il n'est pas nécessaire d'y penser consciemment pour les accomplir. Une grande partie de ces activités complexes sont liées au fonctionnement des noyaux gris centraux ; cela explique, en partie, pourquoi certaines personnes atteintes de démence longtemps après une perte de mémoire grave ou une incapacité verbale découlant de dommages au lobe frontal en sont toujours capables. Des altérations dans cette aire contribuent également à expliquer les associations bizarres, aléatoires ou illogiques, souvent symptomatiques de troubles mentaux graves, comme la schizophrénie (Crow, 1997).

Le **système moteur extrapyramidal**, un groupe de fibres nerveuses responsable du fonctionnement moteur involontaire du SNC, constitue une voie nerveuse qui part des noyaux gris centraux et qui les relie au thalamus et au cortex cérébral. Le tonus musculaire, les réflexes courants et le fonctionnement moteur automatique de la marche (posture) sont contrôlés par cette voie nerveuse. La voie extrapyramidale fonctionne en maintenant l'équilibre entre les neurones excitateurs et les neurones inhibiteurs. Des maladies comme la maladie de Huntington ou de Parkinson provoquent un dysfonctionnement de cette voie motrice et occasionnent des symptômes de mouvements musculaires anormaux.

Certains médicaments employés pour traiter des troubles mentaux peuvent également produire une altération du fonctionnement des noyaux gris centraux. Ainsi, le syndrome parkinsonien se manifeste souvent comme un effet secondaire des antipsychotiques typiques comme la chlorpromazine (Largactil) et l'halopéridol (Haldol).

Système limbique

Les instincts, les pulsions, les besoins et les émotions sont associés aux structures plus profondes du cerveau, appelées **système limbique** ou lobe limbique. On parle souvent d'un « système » parce que ses fonctions sembleraient le résultat des actions interreliées et étroitement coordonnées de ses diverses structures. Le tableau 4.2 et la figure 4.2 présentent les composantes structurelles du système limbique.

TABLEAU 4.2	Structures du système limbique
Structure	**Fonction**
Amygdale cérébelleuse	Modulation des états émotifs Régulation des réactions affectives aux événements
Thalamus	Transmission de toute l'information sensorielle, sauf l'odorat Filtrage de l'information relative aux émotions, à l'humeur et à la mémoire afin d'éviter de surcharger le cortex
Hypothalamus	Régulation de fonctions humaines de base comme les cycles sommeil-repos, la température corporelle, les pulsions sexuelles et les pulsions physiques de la faim
Hippocampe	Contrôle de l'apprentissage et du rappel d'un événement avec le souvenir associé

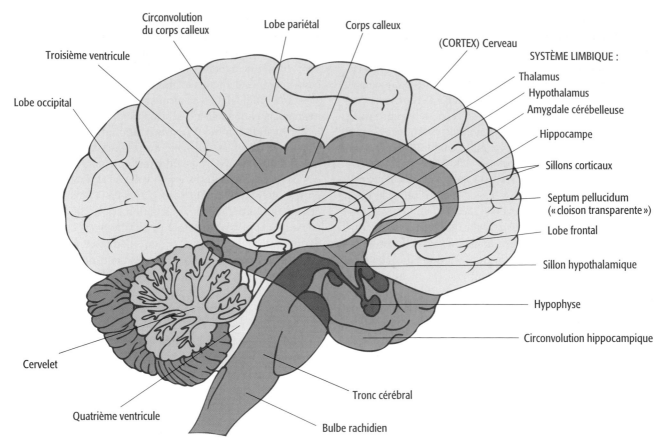

FIGURE 4.2 Système limbique

Une partie du système limbique, l'**amygdale cérébelleuse**, participe au fonctionnement émotionnel et à la régulation des réactions affectives aux événements. Cette amygdale adapte les états émotifs courants, comme la colère, l'agressivité, l'amour ou l'aisance en société. L'amygdale cérébelleuse comporte des connexions directes avec des aires du cerveau liées à l'odorat. La fonction de régulation émotionnelle du système limbique est liée intégralement aux voies olfactives reliées à l'amygdale. Des pulsions primitives comme la stimulation sexuelle et l'agressivité font également partie des fonctions de l'amygdale. Cette aire du système limbique intéresse de plus en plus les chercheurs qui tentent de déterminer l'étiologie biologique du trouble bipolaire. Certains chercheurs ont avancé l'hypothèse selon laquelle des impulsions rapides et mal synchronisées de neurones dans l'amygdale contribuent à l'évolution des symptômes typiques du trouble bipolaire.

Le **thalamus** est une autre partie du système limbique, c'est essentiellement une passerelle de régulation qui agit comme porte d'entrée du cortex cérébral. La fonction du thalamus consiste à relayer toute l'information sensorielle, sauf l'odorat, du SNP au cortex du SNC. Cette structure au rôle critique contribue à filtrer l'information qui arrive au cortex pour éviter de le surcharger. Ainsi, la plus grande partie de l'information concernant les émotions, l'humeur et la mémoire qui parvient au cortex passe par le thalamus et y est régulée.

L'**hypothalamus**, une autre partie du système limbique, est situé profondément dans le cerveau et il contribue à normaliser certaines des fonctions les plus fondamentales de l'organisme humain, comme les cycles sommeil-repos, la température corporelle et les pulsions physiques liées à la faim et au sexe. Un dysfonctionnement de cette région du cerveau est courant dans de nombreux troubles mentaux. Les problèmes de sommeil et d'appétit que l'on constate chez le client dépressif, les changements d'humeur saisonniers et les problèmes de régulation de la température qui se manifestent souvent chez le client schizophrène (p. ex. porter un paletot d'hiver, en été) peuvent s'expliquer en partie par un problème de régulation hypothalamique.

L'**hippocampe** se trouve dans le pli intérieur de chaque lobe temporal, sous le thalamus. Il présente des connexions directes avec l'hypothalamus et l'amygdale. L'hippocampe est le lieu d'intersection du stockage des souvenirs et de leur reproduction avec une coloration émotive. L'hippocampe nous permet d'évoquer un événement en reconstituant les souvenirs avec les émotions qui y sont associées, ce qui nous fait rire ou pleurer. Il joue un rôle important dans le codage, la consolidation et l'extraction des souvenirs. La maladie d'Alzheimer cause des dommages à l'hippocampe, ce qui entraîne des troubles de mémoire à court terme et de la difficulté à apprendre.

4.2.3 Neurophysiologie

Le cerveau est constitué d'environ 140 milliards de cellules nerveuses. Vingt milliards de ces cellules participent directement au traitement de l'information, et chacune d'entre elles peut compter jusqu'à 15 000 connexions physiques directes avec d'autres cellules cérébrales. Ce réseau important de connexions de cellules cérébrales est ce qui permet aux nombreuses et différentes aires du cerveau de communiquer entre elles. Des stimuli nerveux sont constamment envoyés et reçus à l'intérieur de ces cellules, et ces stimuli ou messages activent et désactivent les diverses structures du cerveau. Cette activité constante des cellules nerveuses du cerveau explique la complexité des perceptions et des comportements qui font de nous des humains. L'immense quantité d'interconnexions synaptiques nous aide également à comprendre pourquoi le cerveau est bien plus complexe et subtil que tout ordinateur que l'homme a pu construire jusqu'à maintenant.

Chaque cellule nerveuse (**neurone**) est constituée d'un corps cellulaire, d'une tige (axone) et de troncs dendritiques. Les **dendrites** reçoivent les signaux provenant d'autres neurones et les transmettent au corps cellulaire du neurone. L'axone transmet les signaux du corps cellulaire du neurone pour établir la connexion avec d'autres neurones et cellules (voir figure 4.3).

Fonctionnement électrique des cellules nerveuses

Les neurones sont interconnectés à l'intérieur du cerveau et ils transmettent les influx à la fois au moyen d'impulsions électriques et d'activité chimique. Lorsqu'un neurone reçoit un stimulus, chimique ou physique, il transmet une onde de dépolarisation électrique, le **potentiel d'action**. Cette impulsion électrique se déplace le long de la cellule nerveuse et, lorsqu'elle atteint l'extrémité du neurone, stimule la production et la libération de composés chimiques appelés « **neurotransmetteurs** ». Ces neurotransmetteurs franchissent la fente synaptique, de moins de 20 nm, qui sépare les neurones et ils induisent le neurone adjacent à produire un potentiel d'action (voir figure 4.4).

Lorsqu'un neurotransmetteur franchit la synapse et atteint le dendrite d'un neurone adjacent, cette cellule est stimulée. Ce neurone nouvellement stimulé transmet alors une impulsion par onde de dépolarisation le long de l'axone jusqu'à la prochaine fente synaptique. Le stimulus, prenant maintenant la forme d'un message chimique, franchit la synapse et stimule les cellules voisines. Ce processus se répète des milliards de fois par jour et permet le fonctionnement complexe des structures du SNC.

Beaucoup de médicaments qui servent à traiter les troubles mentaux agissent au niveau cellulaire en influençant l'aptitude des neurones à émettre des impulsions par la dépolarisation de la membrane cellulaire. Un médicament peut augmenter ou réduire le potentiel d'action, c'est-à-dire l'aptitude à la dépolarisation, de la membrane cellulaire du neurone. Lorsqu'un médicament réduit le potentiel de la membrane des neurones, il exerce un effet dit excitateur qui rend le neurone plus réceptif aux stimuli. Inversement, un médicament qui augmente le potentiel de la membrane rend le neurone moins réceptif aux stimuli ; il produit donc un effet inhibiteur.

Neurotransmetteurs : fonctionnement chimique des cellules nerveuses

De nombreux progrès récents dans l'étude et le traitement des troubles mentaux sont liés à une meilleure compréhension de l'action des neurotransmetteurs. Lorsque la dépolarisation du neurone atteint la synapse, le stimulus est transféré d'un signal électrique intracellulaire à un signal chimique extracellulaire. Par conséquent, pour traiter les troubles mentaux, on utilise des médicaments qui interviennent dans la fente synaptique et autour de celle-ci, et qui agissent sur les neurotransmetteurs. La découverte de nouveaux médicaments s'inspire principalement de l'étude des neurotransmetteurs, qui constituent le réseau de messagerie chimique du cerveau.

Lorsque le neurotransmetteur a accompli son travail en transférant un stimulus à un neurone adjacent, le messager chimique est enlevé de la zone synaptique par l'un de ces trois processus naturels :
- Le neurotransmetteur quitte la zone par un phénomène naturel de diffusion, c'est-à-dire la migration d'une substance d'une aire de forte concentration à une aire de faible concentration.
- Le neurotransmetteur est décomposé par dégradation enzymatique.
- Le neurotransmetteur est recapté et retourné en stockage dans le neurone présynaptique.

De nombreux médicaments servant à traiter les troubles mentaux font appel à ces trois mécanismes. Une classe d'antidépresseurs, les inhibiteurs sélectifs du recaptage de la sérotonine (ISRS), agit sur le mécanisme de recaptage, alors que la classe des inhibiteurs de la monoamine-oxydase (IMAO) influence le degré de dégradation enzymatique survenant dans la fente synaptique.

Les neurotransmetteurs acheminent deux types différents de messages. Certains neurotransmetteurs acheminent des messages excitateurs, alors que d'autres transmettent des messages inhibiteurs. Une cellule nerveuse stimulée par un neurotransmetteur excitateur sera « activée », ou stimulée pour entreprendre une action quelconque. Une cellule nerveuse stimulée par un neurotransmetteur inhibiteur sera « désactivée », ce qui ralentira des actions ou y mettra fin. Les anxiolytiques sont un exemple de

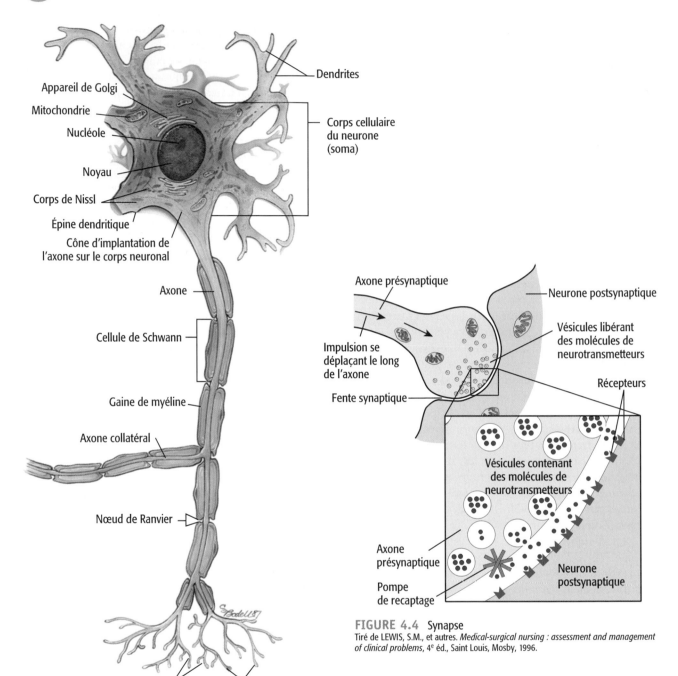

FIGURE 4.3 Caractéristiques structurelles du neurone: dendrites, corps cellulaire et axones
Tiré de LEWIS, SM, et autres. *Medical-surgical nursing: assessment and management of clinical problems*, 4ᵉ éd., Saint Louis, Mosby, 1996.

FIGURE 4.4 Synapse
Tiré de LEWIS, S.M., et autres. *Medical-surgical nursing: assessment and management of clinical problems*, 4ᵉ éd., Saint Louis, Mosby, 1996.

neurotransmetteurs inhibiteurs. De nombreux anxiolytiques agissent sur le système de l'acide gamma-aminobutyrique (GABA). Le GABA est un neurotransmetteur inhibiteur; il exerce un effet calmant sur un client qui souffre d'anxiété.

L'interaction sophistiquée de cellules nerveuses dans les différentes aires du cerveau constitue le point de départ de toutes les activités complexes du SNC.

Différents neurotransmetteurs se trouvent dans diverses aires et régions du cerveau, ce qui permet une différentiation poussée des fonctions du tissu cérébral. Des interruptions du fonctionnement normal du cerveau peuvent être provoquées par un dysfonctionnement de la structure ou de la chimie du cerveau. De tels problèmes interrompent le flux normal des impulsions et entraînent des symptômes de troubles mentaux qui se manifestent par des comportements inhabituels.

On a répertorié plus de 100 substances qui servent ou qui peuvent servir de messagers chimiques dans le SNC. Elles ne peuvent pas toutes être classées parmi les neurotransmetteurs. Sir Henry Dale a formulé une règle fondamentale sur la transmission synaptique : un neurone produit la même substance de transmission à toutes ses synapses. Cette règle a abouti à la formulation de quatre critères qu'une substance chimique doit respecter pour être considérée comme un neurotransmetteur (voir encadré 4.1).

Critères de définition d'une substance comme neurotransmetteur   ENCADRÉ 4.1

- Le produit chimique doit être synthétisé dans le neurone.
- Le produit chimique doit être présent dans le bouton présynaptique et libéré en quantité suffisante pour exercer un effet particulier sur un neurone récepteur.
- Au moment d'une application exogène en concentration raisonnable (à titre de médicament), le médicament reproduit exactement l'action du neurotransmetteur endogène.
- Il existe un mécanisme spécifique pour retirer la substance de son site d'action, la fente synaptique.

Les neurotransmetteurs peuvent se classer dans l'un des trois groupes suivants : les amines biogènes, les acides aminés et les peptides. Cinq neurotransmetteurs courants, décrits au tableau 4.3, jouent un rôle important dans la compréhension des troubles mentaux.

L'acétylcholine est la première substance dont on a découvert la fonction de neurotransmetteur. Elle peut se trouver presque partout dans le cerveau, mais elle est particulièrement concentrée dans les noyaux gris centraux et le cortex moteur du cerveau. L'acétylcholine est le principal neurotransmetteur en cause dans la maladie d'Alzheimer. On croit qu'une réduction du niveau de ce neurotransmetteur provoque bon nombre des manifestations comportementales de la maladie, ce qui aiderait à expliquer pourquoi des médicaments comme le donépézil (Aricept) sont utiles dans le traitement de la maladie d'Alzheimer. L'Aricept et d'autres médicaments similaires inhibent la cholinestérase (l'enzyme qui dissocie l'acétylcholine), ce qui augmente le taux d'acétylcholine disponible et, par conséquent, atténue les symptômes de la maladie d'Alzheimer (Selkoe, 1992).

Les récepteurs d'acétylcholine peuvent se diviser en deux types : muscariniques et nicotiniques. De nombreux médicaments, notamment les neuroleptiques antipsychotiques plus anciens ou de première génération, entrent en interaction avec l'acétylcholine et ses sites récepteurs pour produire des effets secondaires anticholinergiques. Lorsque les récepteurs muscariniques d'acétylcholine sont bloqués par l'action de certaines molécules pharmaceutiques, des effets tels que la sécheresse de la bouche, la vision embrouillée, la constipation et la rétention urinaire surviennent. Ces effets secondaires peuvent déranger le client et constituent un motif courant de non-observance du traitement. Dans un cas grave, le blocage des récepteurs muscariniques peut provoquer de la confusion et du délire chez le client, en particulier s'il est âgé. Une bonne éducation du client et des soins infirmiers conçus pour gérer les effets secondaires jouent un rôle considérable dans les soins infirmiers en santé mentale et en psychiatrie.

Le neurotransmetteur dopamine est bien localisé dans le SNC. Les voies dopaminergiques comprennent le locus niger, le mésencéphale et l'hypothalamus. Les cellules du mésencéphale contenant de la dopamine se prolongent jusqu'au cortex limbique, que l'on croit être la partie du cerveau qui est perturbée dans les cas de schizophrénie. Les taux de dopamine seraient excessivement élevés chez des clients qui souffrent de schizophrénie, et la plupart des médicaments servant au traitement de la schizophrénie agissent en partie en réduisant les taux de dopamine ou la transmission de celle-ci.

La norépinéphrine se concentre dans une petite aire du cerveau, le locus cœruleus. Elle a un certain effet modulateur, et plusieurs études indiquent maintenant que des clients souffrant de troubles de l'humeur, en particulier d'une dépression grave, peuvent souffrir d'un déficit de noradrénaline. Cette dernière se trouve en forte concentration dans les nerfs sympathiques, ce qui contribue à expliquer son rôle dans la réaction de lutte ou de fuite.

La sérotonine présente un mode d'action très similaire à celui de la noradrénaline. La production de sérotonine commence dans le tronc cérébral et se concentre principalement dans les noyaux du raphé, mais la sérotonine est

---

TABLEAU 4.3 Neurotransmetteurs

Neurotransmetteur	Type	Action	Substrat de synthèse	Lieu de synthèse
Acétylcholine	Monoamine	Excitateur	Acétyl coenzyme A + choline	Noyau de Meynert dans le cortex
Dopamine	Monoamine	Excitateur	Tyrosine	Locus niger
Norépinéphrine	Monoamine	Excitateur	Tyrosine	Locus cœruleus
Sérotonine	Monoamine	Excitateur	Tryptophane	Noyaux du raphé dans le tronc cérébral
Acide gamma-aminobutyrique (GABA)	Acide aminé	Inhibiteur	Glutamate	Aucun corps cellulaire localisé

aussi largement dispersée dans le cortex cérébral. La séro-tonine participe à de nombreuses fonctions que nous tenons pour acquises. Maintenir une température corpo-relle normale, assurer un cycle sommeil-repos normal, gouverner l'appétit et les humeurs ; tout cela dépend en grande partie d'un taux adéquat de sérotonine. Des pro-blèmes d'importance clinique surviennent lorsque le taux de sérotonine est trop bas, et de nombreux symptômes de comportement, tels que ceux qui se manifestent souvent dans les états dépressifs, surviennent lorsque le taux de sérotonine disponible est bas.

La dépression présente une démonstration de l'utilité des neurotransmetteurs dans le développement de la ma-ladie mentale. On admet généralement qu'il existe deux sous-types de dépression grave : l'un provenant d'un désé-quilibre de norépinéphrine, et l'autre, d'un déséquilibre de sérotonine. Ces deux variantes sont abordées plus en détail au chapitre 10. Les deux principales classes d'anti-dépresseurs, les tricycliques et les ISRS, diffèrent principale-ment dans leur effet sur les niveaux de norépinéphrine ou de sérotonine. C'est pourquoi certains médicaments qui visent spécifiquement l'action de la sérotonine, comme la fluoxétine (Prozac) ou la paroxétine (Paxil), fonctionnent bien avec certains clients, mais non avec d'autres.

4.3 PROCÉDURES DE DIAGNOSTIC ET D'ÉVALUATION

4.3.1 Imagerie cérébrale

Ces vingt dernières années, l'évolution des techniques d'imagerie a radicalement changé notre compréhension du fonctionnement du cerveau. L'anatomie du cerveau peut maintenant être cartographiée dans le moindre détail, pour le plus grand plaisir de la communauté scientifique qui va de découverte en découverte. Les techniques qui permettent l'observation du cerveau peuvent se répartir en deux groupes :

- Techniques qui mesurent la structure (imagerie anatomique).
- Techniques qui mesurent le fonctionnement (imagerie fonctionnelle).

Les techniques d'imagerie anatomique comprennent la tomodensitométrie (TDM) et l'imagerie par résonance magnétique (IRM). Les techniques d'imagerie fonction-nelle comprennent la tomographie par émission de posi-trons (TEP) et la tomographie par émission de simple photon, qui mesurent des fonctions métaboliques et de neurotransmission (Margolin, 1993).

4.3.2 Imagerie anatomique

Tomodensitométrie (TDM)

La première de ces nouvelles techniques d'imagerie céré-brale a été découverte par des scientifiques de l'*Electronic Music Industry* (EMI), une succursale de *Capitol Records*, dont les fonds provenaient en partie de la vente des disques des Beatles. Une tomodensitométrie du cerveau produit une vue tridimensionnelle des structures du cer-veau qui peut faire une fine distinction entre les densités, ce que ne permet pas une radiographie ordinaire. Les ano-malies relevées par tomodensitométrie ne sont pas spéci-fiques à un type quelconque de trouble mental ; elles ne peuvent servir à révéler un trouble donné. La TDM peut toutefois offrir des indices convaincants que des pro-blèmes relatifs au cerveau sont possibles. Des anomalies non spécifiques ont été constatées par tomodensitométrie chez des clients atteints de schizophrénie, de trouble bipo-laire, de divers troubles de l'humeur, d'alcoolisme, de démence vasculaire et de la maladie d'Alzheimer. La tomo-densitométrie est d'usage très répandu à cause de sa grande disponibilité et de son coût relativement modique. Parmi ses inconvénients, notons la sous-estimation de l'atrophie cérébrale et l'incapacité de produire une image dans les perspectives sagittale et coronale.

Imagerie par résonance magnétique (IRM)

L'IRM n'est pas influencée par les os et, contrairement à la TDM, elle permet d'imager des structures du cerveau près du crâne et de percevoir la distinction entre la substance blanche et la substance grise. L'IRM est maintenant offerte dans la plu-part des hôpitaux. Il existe toutefois des contre-indications à son utilisation chez certains clients (voir tableau 4.4).

Un client claustrophobe est souvent incapable de subir un examen complet à cause de la conception des appareils d'IRM. L'appareil a la forme d'un tube fermé dans lequel le client doit s'allonger sans bouger. À cause du milieu confiné de l'appareil, il est nécessaire de donner une information précise au client avant l'examen, puis de surveiller attentivement son niveau d'anxiété pendant l'examen. L'IRM a permis de constater des changements neuroanatomiques chez des clients atteints de schizo-phrénie, notamment une taille accrue des ventricules, une réduction du lobe temporal, une réduction de l'hippo-campe et une atrophie corticale.

4.3.3 Imagerie fonctionnelle

La tomographie par émission de simple photon et la tomo-graphie par émission de positrons (TEP) produisent des renseignements sur la circulation sanguine vers le cerveau. Les deux techniques font appel à des agents radiopharma-ceutiques qui traversent facilement la barrière hémato-encéphalique intacte. La TEP demeure au premier plan des procédures d'imagerie cérébrale à cause de l'informa-tion qu'elle procure. Cependant, un examen de TEP est extrêmement coûteux, car il exige un cyclotron.

Tomographie par émission de positrons (TEP)

La TEP repose sur le principe du balayage à coïncidence. Les images du cerveau sont produites par l'interaction

TABLEAU 4.4 Soins infirmiers spécifiques aux procédures d'imagerie cérébrale

Examen	Facteurs généraux	Soins infirmiers courants	Contre-indications courantes
Imagerie anatomique Tomodensitométrie (TDM)	Vue tridimensionnelle des structures du cerveau Différenciation de la densité des structures, contrairement à la radiographie habituelle Durée de l'examen : 15 à 30 minutes Repas de liquides clairs avant l'examen	Expliquer l'objet de l'examen et de toutes les procédures. Rassurer le client sur la sécurité de l'examen et l'absence de risque lié à l'exposition à la radiation. Évaluer le degré d'anxiété du client et surveiller les symptômes de claustrophobie. Rassurer le client sur la perception courante d'un bruit de fond monotone. Expliquer au client le besoin de rester allongé avec la plus grande immobilité possible pour assurer une bonne imagerie. Si l'on utilise de l'iode de contraste, surveiller les signes de troubles allergiques.	Allergie à l'iode (la TDM n'exige pas toujours de l'iode) Incapacité de rester complètement immobile Claustrophobie
Imagerie par résonance magnétique (IRM)	Vue distincte des tissus de substance blanche et de substance grise Durée de l'examen : 15 à 60 minutes	Expliquer l'objet de l'examen et de toutes les procédures. Rassurer le client en expliquant que l'examen fait appel à des aimants (électromagnétisme), et qu'il n'y a pas de risque d'exposition à la radiation. Évaluer le degré d'anxiété du client et surveiller les symptômes de claustrophobie. Expliquer au client le besoin de rester allongé avec la plus grande immobilité possible pour assurer une bonne imagerie. Expliquer au client qu'on placera sur sa tête un casque de plastique transparent avec une antenne. Rassurer le client sur la perception courante d'un bruit de fond monotone.	Incapacité de rester complètement immobile Claustrophobie Stimulateur cardiaque Implants métalliques, plaques, vis, ou appareils orthopédiques Matériel de maintien des fonctions vitales nécessaire pour le client Pompe à perfusion Généralement exclus pour une cliente enceinte

d'un radionucléide émetteur de positrons avec un électron. Les deux particules cessent d'exister et se convertissent en deux photons se déplaçant en directions opposées. Seul un cyclotron permet de produire des radionucléides émetteurs de positrons. L'appareil et la procédure exigent une équipe de soutien formée de physiciens, de chimistes et d'informaticiens.

Tomographie par émission de simple photon (TESP)

La tomographie par émission de simple photon est plus répandue et moins dispendieuse que la TEP. Des examens de tomographie par émission de simple photon ont permis de déceler des anomalies dans le cortex frontal, dans les lobes occipital et temporal, et dans les circonvolutions parahippocampiques chez des clients atteints de trouble panique.

Le tableau 4.4 énonce les soins infirmiers spécifiques pour les clients qui subissent un examen d'imagerie cérébrale.

4.4 SYNTHÈSE

4.4.1 Liens entre la neuroanatomie, la neurochimie, le comportement et les troubles mentaux

Chaque structure du cerveau et chaque molécule biochimique que ce dernier produit et utilise a une fonction spécifique. Selon la perspective de la psychobiologie, certaines maladies mentales résultent d'altérations des structures ou des fonctions du cerveau. Comme la maladie

TABLEAU 4.4 Soins infirmiers spécifiques aux procédures d'imagerie mentale (suite)

Examen	Facteurs généraux	Soins infirmiers courants	Contre-indications courantes
Tomographie par émission de positrons (TEP)	Image bidimensionnelle. Mesure du fonctionnement physiologique et chimique, comme le captage du glucose par les cellules du cerveau ; également, information sur les structures anatomiques Durée de l'examen : 45 à 60 minutes	Expliquer l'objet de l'examen et de toutes les procédures. Rassurer le client en expliquant que l'examen fait appel à des aimants (électromagnétisme), et qu'il n'y a pas de risque d'exposition à la radiation. Évaluer le degré d'anxiété du client et surveiller les symptômes de claustrophobie. Expliquer qu'il y aura un délai d'environ 45 minutes entre l'injection de l'isotope et la procédure de balayage. Expliquer au client qu'il devra peut-être porter un masque et des bouchons d'oreilles pour atténuer les stimuli environnementaux pendant l'examen (lumière et bruit de fond). Expliquer au client le besoin de rester allongé avec la plus grande immobilité possible pour assurer une bonne imagerie. Éviter que le client s'endorme pendant l'examen, afin de ne pas fausser les résultats.	Incapacité de rester complètement immobile Claustrophobie Niveau grave d'angoisse Usage récent de calmants ou tranquillisants, parce que ces médicaments modifient l'utilisation cellulaire du glucose Allaitement maternel Besoin d'un cyclotron dispendieux
Tomographie par émission de simple photon (TESP)	Utilisation d'isotopes à longue demi-vie Cyclotron sur place non nécessaire		Allaitement maternel Incapacité de rester complètement immobile Claustrophobie

affecte différentes aires du cerveau, certaines anomalies de l'activité cérébrale s'ensuivront, et elles se manifesteront souvent sous forme d'altération du comportement du client. Le tableau 4.5 présente les liens entre un dysfonctionnement des neurotransmetteurs et l'expression de symptômes de troubles mentaux.

TABLEAU 4.5 Lien entre un dysfonctionnement des neurotransmetteurs et les troubles mentaux

Neurotransmetteur	Dysfonctionnement	Trouble mental
Dopamine	Augmentation	Schizophrénie
Sérotonine	Diminution	Dépression
Norépinéphrine	Diminution	Dépression
Acide gamma-aminobutyrique	Diminution	Troubles anxieux
Acétylcholine	Diminution	Maladie d'Alzheimer

Les soins infirmiers en santé mentale et en psychiatrie consistent à fournir des soins infirmiers à des clients dont la maladie trouve sa source dans le cerveau. Toutes les étapes de la démarche de soins infirmiers doivent se dérouler dans le contexte de la compréhension que possède l'infirmière du problème biochimique du client. L'interprétation des résultats de l'évaluation infirmière, abordée au chapitre 7, ajoutée à la compréhension qu'a l'infirmière de la psychobiologie normale, permet d'élaborer des soins infirmiers efficaces qui aideront le client à atteindre le mieux-être.

L'infirmière en santé mentale et en psychiatrie doit de plus en plus appliquer des principes de psychobiologie aux soins de clients atteints de troubles mentaux. L'OIIQ (2003) insiste sur l'importance pour l'infirmière de posséder de solides connaissances en neurobiologie dans le cadre des normes de pratique pour les soins infirmiers en santé mentale et en psychiatrie. Une grande partie des préjugés rattachés à la maladie mentale vient d'un manque de compréhension du fondement biologique de ces troubles. L'enseignement au client représente une part importante du rôle de l'infirmière en santé mentale et en psychiatrie, et ce, à mesure que l'on fait de nouvelles découvertes sur les structures et le fonctionnement du SNC.

Les soins destinés aux clients qui souffrent de troubles mentaux ne cessent d'évoluer en fonction des découvertes récentes des chercheurs. La quête d'information sur la structure et le fonctionnement du cerveau se poursuivra. C'est pourquoi le rôle et la fonction de l'infirmière en santé mentale et en psychiatrie devraient continuer d'évoluer. La connaissance des causes psychobiologiques des troubles mentaux occupe maintenant une place essentielle dans une pratique efficace de soins infirmiers psychiatriques. Tous les aspects des soins infirmiers, de la première à la dernière évaluation, doivent intégrer des principes biologiques afin d'assurer des soins infirmiers complets et de qualité.

CONCEPTS-CLÉS

- Le Congrès américain a désigné la dernière décennie du vingtième siècle comme la décennie du cerveau.

- On a plus appris sur le fonctionnement du cerveau au cours des 15 dernières années qu'on en a jamais appris auparavant.
- Le cerveau est l'organe le plus complexe du corps humain, et l'un des plus importants du fait de ses nombreuses fonctions.
- On commence à comprendre les troubles mentaux dans la perspective de maladies liées au cerveau qui comportent des éléments anatomiques ou physiologiques. Il est donc primordial que l'infirmière maîtrise les connaissances liées à l'anatomie et à la physiologie du cerveau et aux autres systèmes en interaction avec le système nerveux, et qu'elle connaisse bien les approches psychobiologiques de traitement des troubles mentaux.
- Ce chapitre constitue une introduction à l'étude de la structure et au fonctionnement du cerveau humain, et il aborde certains troubles qui peuvent survenir en cas de perturbation de ces structures et fonctions.
- Les techniques modernes d'imagerie cérébrale ont grandement amélioré la capacité de comprendre les maladies mentales ; ces techniques sont présentées dans ce chapitre.

Carole Lemire
B.Sc.inf., M.Éd.

En collaboration avec
Mᵉ Dominique Gagné et
Mᵉ Nathalie Jackson, Flynn, Rivard
s.e.n.c.

Chapitre 5

DROITS ET RESPONSABILITÉS LÉGALES EN PSYCHIATRIE

OBJECTIFS D'APPRENTISSAGE

APRÈS AVOIR LU CE CHAPITRE, VOUS DEVRIEZ ÊTRE EN MESURE :

- DE RETRACER LES FAITS HISTORIQUES CONCERNANT LE TRAITEMENT DES INDIVIDUS ATTEINTS DE MALADIE MENTALE ;

- DE FAIRE LA DISTINCTION ENTRE LES DIFFÉRENTS RÉGIMES DE PROTECTION DES PERSONNES INAPTES ;

- DE NOMMER ET DÉCRIRE LES DIVERSES FORMES D'ADMISSION DANS UN ÉTABLISSEMENT DE SANTÉ MENTALE ET DE PSYCHIATRIE ;

- DE DÉFINIR LES CIRCONSTANCES QUI CONDUISENT AU RECOURS À LA GARDE EN ÉTABLISSEMENT ;

- DE FAIRE LA DISTINCTION ENTRE L'APTITUDE À SUBIR UN PROCÈS ET LA DÉFENSE FONDÉE SUR L'ALIÉNATION MENTALE ;

- D'ÉNONCER LES DROITS DES CLIENTS EN SANTÉ MENTALE ET D'EXPLIQUER LEUR MISE EN APPLICATION ;

- D'ÉNONCER LES RAISONS JUSTIFIANT L'UTILISATION DE MESURES DE CONTENTION ;

- D'ILLUSTRER LE CONCEPT DE FAUTE PROFESSIONNELLE DANS LE CADRE DE LA PRATIQUE COURANTE ;

- D'EXPLIQUER EN QUOI CONSISTE L'INCONDUITE SEXUELLE ;

- DE FAIRE LA DISTINCTION ENTRE LA CONFIDENTIALITÉ ET LE SECRET PROFESSIONNEL.

MOTS-CLÉS

Charte des droits et libertés de la personne du Québec: loi provinciale qui établit les droits fondamentaux, tels que le droit à la vie, le droit à l'intégrité et à la liberté de la personne, les droits judiciaires en cas d'arrestation ou de détention, etc.

Code des professions: loi cadre québécoise qui régit l'ensemble des professions auxquelles le législateur a accordé le droit à l'autoréglementation. On associe à cette loi cadre la *Loi modifiant le Code des professions et d'autres dispositions législatives dans le domaine de la santé*, en vigueur depuis le 30 janvier 2003 et qui touche notamment la *Loi sur les infirmières et les infirmiers*.

Confidentialité: principe de loi qui établit le droit de l'individu au respect de sa dignité, de sa réputation et de sa vie privée.

Conseiller au majeur: l'un des trois régimes de protection des personnes inaptes en vigueur au Québec. Ce régime vise l'individu relativement autonome qui a besoin d'une aide ponctuelle ou dans un contexte particulier.

Curatelle au majeur: l'un des trois régimes de protection des personnes inaptes en vigueur au Québec. Ce régime vise les individus inaptes de façon totale et permanente.

Dangerosité: état d'une personne souffrant de troubles mentaux et pouvant constituer un danger physique pour elle-même ou pour autrui. Cette notion provient du domaine de la criminologie et est utilisée dans les évaluations psychiatriques.

Dilemme éthique: situation dans laquelle l'infirmière doit faire un choix selon sa conscience et ses valeurs fondamentales plutôt que selon les lois, certaines lois pouvant entrer en contradiction apparente dans une situation donnée.

Garde autorisée: le fait de garder légalement en établissement une personne selon des normes précises d'évaluation psychiatrique et de durée. Cette garde doit être autorisée par un juge et varie généralement de 21 jours à 6 mois.

Garde préventive: mesure exceptionnelle qui permet à un établissement, dans certaines conditions précisées par la loi, de garder une personne sans la nécessité de son consentement ni d'une autorisation du tribunal. La durée maximale de la garde préventive est de 72 heures.

Garde provisoire: mesure autorisée par le tribunal qui permet de garder une personne pendant un maximum de sept jours, sans nécessité de son consentement, dans le but de lui faire passer une évaluation psychiatrique.

Mandat en cas d'inaptitude: document légal par lequel un individu en pleine possession de ses capacités mentales et physiques accorde à une autre personne le pouvoir de prendre soin de lui et d'administrer ses biens au cas où il deviendrait inapte à le faire.

Secret professionnel: obligation d'un membre d'un ordre professionnel à respecter la confidentialité, c'est-à-dire à respecter la dignité, la réputation et la vie privée de ses clients.

Tutelle au majeur: l'un des trois régimes de protection des personnes inaptes en vigueur au Québec. Ce régime vise les individus jugés inaptes partiellement ou temporairement.

5.1 APERÇU HISTORIQUE

5.1.1 Antiquité et Moyen Âge

Dans l'Antiquité, on attribuait la maladie mentale à des forces surnaturelles. Il faut attendre le médecin grec Hippocrate (460-377 av. J.-C.) pour que l'être humain cherche des causes naturelles aux troubles mentaux.

Le concept de maladie mentale, tout comme l'incapacité de mener une vie sociale normale qui y est rattachée, ne date pas d'hier. Déjà, dans la Rome antique, les législateurs s'intéressaient au statut juridique des malades mentaux ; c'est ainsi, notamment, qu'on leur désignait un tuteur ou qu'on décidait de leur inaptitude à passer un contrat. Les tribunaux romains avaient établi que les individus atteints de troubles mentaux n'étaient pas en mesure de se marier. En fait, une fois placés sous tutelle juridique, ces individus perdaient toute capacité juridique (Brakel, Parry et Weiner, 1985).

Au Moyen Âge, plusieurs croyaient que les malades mentaux étaient possédés du démon. On reconnaissait qu'ils ne pouvaient gérer leurs avoirs. Aussi le roi assumait-il la garde de leurs biens, et les profits générés par ces biens servaient à entretenir les malades mentaux eux-mêmes et leur famille. Quand le comportement d'une personne donnait à penser qu'elle souffrait de troubles mentaux, un jury de 12 hommes se réunissait pour décider s'il fallait ou non la confier à la garde d'un ami, qui recevait, en contrepartie, une allocation (Brakel, Parry et Weiner, 1985).

5.1.2 Colonies américaines

Dans les colonies américaines du XVIIe siècle, en l'absence d'institutions spécialisées, les familles devaient se charger des personnes atteintes de maladie mentale. Les individus sans famille ni amis risquaient d'errer de ville en ville, comme des vagabonds, avec lesquels, d'ailleurs, on les confondait en les traitant sur un pied d'égalité. Les personnes souffrant de troubles mentaux étaient souvent considérées comme dangereuses ; c'est pourquoi on adopta une loi à leur sujet, rendant possible leur incarcération, même si la plupart du temps aucune procédure de placement en institution n'était intentée (Brakel, Parry et Weiner, 1985).

Aux États-Unis, il faudra attendre 1752 pour que le Pennsylvania Hospital de Philadelphie soit ouvert aux malades mentaux (Laben et MacLean, 1989). En 1773, un établissement leur est enfin consacré à Williamsburg, en Virginie. L'ouverture de cet hôpital sera suivie, en 1824, par la construction d'une autre institution publique à Lexington, au Kentucky (Brakel, Parry et Weiner, 1985).

5.1.3 Dorothea Dix, réformatrice sociale

C'est en 1841 que Dorothea Dix entreprend une véritable croisade pour améliorer les conditions d'internement des individus souffrant de troubles mentaux. Cette grande réformatrice de la société américaine en devenir consacre ainsi plus de 20 ans à la cause des malades mentaux ; elle parcourt les États-Unis, réclamant un traitement humain et moralement acceptable pour ces malades (Laben et MacLean, 1989). Dorothea Dix est convaincue que la maladie mentale peut se guérir et qu'il est d'une importance capitale d'ouvrir des hôpitaux publics afin d'offrir des soins adéquats aux personnes atteintes de maladie mentale. Son travail se concrétise au Canada, dans les îles Britanniques, en Russie et en Grèce, où l'on met en place des institutions spécialisées.

FIGURE 5.1 Dorothea Lynde Dix. Infirmière dans l'âme, Dorothea Lynde Dix (1802-1887) a été une grande réformatrice sociale qui a consacré plus de 20 ans de sa vie à améliorer les conditions des personnes souffrant de maladie mentale aux États-Unis et ailleurs. À 60 ans, à l'occasion du déclenchement de la guerre de Sécession, elle se porte volontaire pour organiser un corps d'infirmières : on la nomme chef des infirmières de l'armée. À Raleigh, en Caroline du Nord, un hôpital porte encore son nom.
NC Division of Mental Health. Developmental disabilities and substance abuse services. *Dorothea Dix Hospital,* (en ligne), 2003. [http://www.dhhs.state.nc.us/mhddsas/DIX/dorothea.html].

5.1.4 Placement civil des malades mentaux

À la fin du XIXᵉ siècle et au début du XXᵉ, de nombreux États américains adoptèrent différentes lois sur les normes de placement civil des malades mentaux. Entre 1900 et 1955, la population des hôpitaux d'États et de comtés passa de 150 000 à 819 000 (Lafond, 1994). En 1963, l'approbation du *Community Mental Health Centers Act* débloqua des crédits pour la construction des centres de traitement communautaires.

Peu de temps après, les avocats qui militaient en faveur de la défense des droits civils commencèrent à contester les conditions de traitement des gens souffrant de troubles mentaux. Cette contestation s'accentua durant la guerre du Vietnam et elle fut marquée par une perte de confiance de la population envers les institutions, ce qui provoqua une recrudescence de l'activisme pour un meilleur traitement des malades mentaux et la protection de leurs droits. Pour garantir les droits individuels, on remit en question les placements de longue durée qui, dans bien des cas, ne s'accompagnaient d'aucun traitement (Lafond, 1994).

Dans les années 1960-1970, le mouvement de désinstitutionnalisation fit augmenter la demande de soins et de suivis en milieu communautaire. Il importe maintenant de répondre aux besoins d'une clientèle vivant de plus en plus au sein de la communauté. De façon globale, la promotion de la santé, la prévention de la maladie, l'intervention précoce, l'enseignement, le suivi de la clientèle et, le cas échéant, la réinsertion sociale font partie du rôle de l'infirmière en santé mentale et psychiatrie.

5.2 PROTECTION DES PERSONNES INAPTES

Comment définit-on une personne inapte ? Inapte à quoi, en fait ? Une personne est dite « inapte » quand elle ne peut pas prendre soin d'elle-même et de ses biens (MSSS, 1999, p. 61). Il faut prendre garde de ne pas confondre cette notion avec celle d'inaptitude à subir un procès (voir section 5.3.5). Mentionnons, au passage, que la maladie mentale n'est pas la seule cause d'inaptitude. Par exemple, l'altération des facultés mentales ou des capacités physiques liée au vieillissement peut aussi entrer en ligne de compte.

« On identifie quatre types de personnes faisant l'objet d'un mandat d'inaptitude homologué ou d'un régime de tutelle ou de curatelle, soit :

1. Les personnes atteintes de maladies dégénératives, telles que la maladie d'Alzheimer ;
2. Les personnes ayant une déficience intellectuelle ;
3. Les personnes présentant des troubles mentaux ;
4. Les personnes présentant divers syndromes organiques ou un traumatisme crânien » (Curateur public du Québec, 2001).

5.2.1 Inaptitude et besoin de protection

L'inaptitude et le besoin de protection sont étroitement liés. Voyons d'abord comment on détermine l'inaptitude d'une personne ; nous verrons plus loin comment s'appliquent les mesures de protection en fonction de l'inaptitude et des besoins des personnes concernées.

« L'inaptitude d'une personne et son besoin de protection doivent obligatoirement être démontrés par des preuves médicales et psychosociales » (MSSS, 1999, p. 67). C'est pourquoi un médecin (généraliste ou spécialiste) fait une évaluation médicale et un professionnel de la santé (travailleur social, psychologue ou infirmière) procède à une évaluation psychosociale. L'évaluation médicale (antécédents médicaux, symptômes, diagnostic) apporte des précisions sur l'inaptitude, alors que l'évaluation psychosociale (autonomie, conscience de son état de santé et de ses capacités) permet de déterminer la capacité de la personne à s'occuper d'elle-même et à administrer ses biens (MSSS, 1999, p. 67-68).

5.2.2 Régimes de protection

Au Québec, il existe des mesures pour protéger les personnes jugées inaptes : c'est ce qu'on appelle les régimes de protection. Et qui dit régime de protection dit Curateur public : « Le Curateur public est une personne nommée par le gouvernement pour protéger les droits des citoyens que les circonstances rendent incapables de s'occuper d'eux-mêmes ou de gérer leurs propres biens et qui ont donc besoin d'autrui pour agir en leur nom, dans les limites d'un régime de protection » (Curateur public du Québec, 2002, p.2).

Les régimes de protection visent à assurer la protection de la personne inapte, l'administration de ses biens, de même que l'exercice de ses droits.

En vertu de la *Loi sur le curateur public*, en vigueur depuis 1990, on peut nommer un représentant légal pour prendre soin d'une personne inapte. Ce représentant peut être un parent ou un proche ; à défaut, c'est le Curateur public qui est nommé.

Le besoin de protection n'est pas uniforme d'une personne inapte à une autre, pas plus que son degré d'inaptitude à prendre soin d'elle-même. Le *Code civil du Québec* prévoit donc trois grands régimes de protection pour les personnes majeures :
- le conseiller au majeur ;
- la tutelle au majeur ;
- la curatelle au majeur.

Un seul régime est prévu pour les mineurs :
- la tutelle au mineur.

À ces régimes de protection s'ajoute le mandat en cas d'inaptitude, qui n'est pas à proprement parler un régime, mais qui y est lié. Voyons donc en détail toutes ces notions.

Le **conseiller au majeur** est le régime le moins contraignant : il vise la personne relativement autonome, mais qui a besoin d'une aide ponctuelle ou d'une aide dans un contexte particulier (*Code civil du Québec*, article 291). Du point de vue de la loi, le conseiller au majeur n'est pas un représentant légal et, autre point important : « Ce régime ne peut être assumé que par un membre de la famille ou un proche de la personne en question » (Curateur public du Québec, 2002).

L'encadré 5.1 présente un exemple d'application de ce type de régime.

Exemple de conseiller au majeur   ENCADRÉ 5.1
Une personne reçoit un héritage qui lui permet de vivre sans souci s'il est bien administré. Cependant, bien qu'étant capable d'effectuer ses transactions bancaires courantes, elle ne se sent pas en mesure de réaliser des transactions financières plus complexes pour gérer son héritage. Cette personne pourrait donc se voir adjoindre, par le tribunal, un conseiller au majeur pour l'assister dans l'administration de ses biens.

Ministère de la Santé et des Services sociaux (1999), p. 62.

La **tutelle au majeur** est destinée à la personne jugée inapte partiellement ou temporairement (voir encadré 5.2). C'est le régime de protection qui offre le plus de souplesse ; il peut s'appliquer selon trois modes : la tutelle sur les biens seulement, la tutelle sur la personne seulement ou la tutelle sur les biens et la personne (*Code civil du Québec*, article 285). Contrairement au conseiller au majeur, le tuteur au majeur est le représentant légal de la personne sous tutelle. « Le tuteur au majeur représente la personne sous protection dans tous les actes civils. Il veille à son bien-être et administre ses biens avec prudence, diligence et compétence. Toute décision qui concerne le majeur doit être prise dans son intérêt, le respect de ses droits et la sauvegarde de son autonomie. Le tuteur est assisté dans sa tâche par un conseil de tutelle » (Curateur public du Québec, 2002).

Exemple de tutelle au majeur   ENCADRÉ 5.2
Une personne est hospitalisée en psychiatrie et n'est plus en mesure de s'occuper de ses affaires pour un certain temps. Son inaptitude est partielle et temporaire. Dans ce cas, le tribunal peut nommer son conjoint ou un autre de ses proches pour administrer ses biens jusqu'à ce qu'elle redevienne apte à le faire.

Ministère de la Santé et des Services sociaux (1999), p. 63.

La **curatelle au majeur** est prévue pour les personnes inaptes de façon totale et permanente (*Code civil du Québec*, article 281). C'est le régime destiné aux « situations les plus graves » (MSSS, 1999, p. 63). Le curateur au majeur est le représentant légal d'une personne qui a besoin d'être représentée dans tous les actes de sa vie puisqu'elle est inapte, de façon totale et permanente, à prendre soin d'elle-même et à administrer ses biens (voir encadré 5.3).

La tutelle au mineur permet au tribunal de désigner un tuteur pour un mineur dont les parents sont morts ou dans l'incapacité de remplir leurs obligations (*Code civil du Québec*, article 177).

Le **mandat en cas d'inaptitude** permet à toute personne apte de « désigner la personne de son choix pour prendre soin d'elle-même et de ses biens advenant qu'elle devienne inapte » et « rend inutile en principe l'ouverture d'un régime de protection » (Curateur public du Québec, 2002). Il s'agit d'une disposition très répandue au Québec : « Le registre des mandats de la Chambre des notaires du Québec comptait, au printemps 2002, près de 900 000 mandats notariés et le Barreau du Québec avait enregistré plus de 10 000 mandats faits devant un avocat » (Curateur public du Québec, 2002).

Pourquoi tant de gens rédigent-ils un mandat d'inaptitude ? Potter et Perry (2002, p. 398) expliquent très bien le phénomène : « Conscients des difficultés vécues par les clients vivant dans un état neurovégétatif (coma permanent) et les clients en phase terminale, plusieurs individus font connaître leur volonté en matière de soins en faisant un testament biologique ou en signant des procurations ou des mandats d'inaptitude. » Le testament biologique est ce document qui permet à une personne de refuser, à l'avance, toute mesure prise pour la garder en vie si elle se retrouve mentalement inapte (Potter et Perry, 2002, p. 390).

5.3 GARDE EN ÉTABLISSEMENT

Il faut toujours garder à l'esprit que la garde en établissement est une mesure d'exception qui permet de garder une personne dans un établissement de santé ou de services sociaux contre sa volonté. On l'utilise pour « assurer la protection d'une personne dont l'état mental présente un danger pour elle-même ou pour autrui » ; comme elle prive la personne de son droit à la liberté et de son droit à l'intégrité, la garde revêt un caractère juridique et doit, par conséquent, être autorisée par la Cour du Québec (MSSS, 1999, p. 21). En effet, selon l'article 26 du *Code civil du Québec*, « nul ne peut être gardé dans un établissement de santé ou de services sociaux, en vue d'une évaluation psychiatrique ou à la suite d'une évaluation psychiatrique concluant à la nécessité d'une garde, sans son consentement ou sans que la loi ou le tribunal l'autorise ».

Demander la garde en établissement pour un individu peut reposer sur un seul motif : la **dangerosité**. Il faut en effet que l'état mental de cet individu présente un danger pour lui-même ou pour autrui (*Code civil du Québec*, article 27). « Les règles juridiques doivent être rigoureusement suivies puisque la garde en établissement prive temporairement la personne de son droit à la liberté et de son droit à l'intégrité » (MSSS, 1999, p. 21).

En dehors des dispositions du *Code criminel*, seule la *Loi sur la protection des personnes dont l'état mental présente un danger pour elles-mêmes ou pour autrui*, de concert avec le *Code civil du Québec* ; permet l'hospitalisation d'un individu contre son gré (voir encadré 5.4). Il existe trois sortes de garde en établissement : la garde préventive, la garde provisoire et la garde autorisée.

5.3.1 Garde préventive

La **garde préventive** est une mesure exceptionnelle permettant à un établissement de garder une personne contre son gré (sans son consentement et sans autorisation du tribunal) pour une période maximale de 72 heures, si l'état mental de cette personne présente un danger grave et immédiat pour elle-même ou pour autrui.

Le niveau de dangerosité est une question de faits, dont la première évaluation est laissée à l'intervenant (ou autre) : en effet, si, selon le jugement de l'intervenant, l'état mental d'une personne présente un danger grave et immédiat, l'intervenant demandera à un agent de la paix (policier ou autre) que la personne soit conduite dans un établissement et pourra y être mise sous garde préventive sur l'avis d'un médecin. C'est l'évaluation psychiatrique, faite selon des normes précises, qui déterminera par la suite la dangerosité de la personne et permettra au juge de décider de la garde autorisée et de la durée de cette dernière.

Au cours de la période de 72 heures prévue par la loi, on doit obtenir le consentement de la personne si l'on veut la soumettre à une évaluation psychiatrique; sinon, l'établissement doit obtenir l'autorisation du tribunal, à moins que la situation ne soit considérée urgente ou que la personne ne soit considérée inapte. Pendant cette période de 72 heures, on peut légalement interdire à la personne de quitter l'établissement.

5.3.2 Garde provisoire

La **garde provisoire** est autorisée par le tribunal dans le but de soumettre une personne à une évaluation psychiatrique afin de déterminer si elle est dangereuse ou non en raison de son état mental. La garde provisoire est d'une durée maximale de sept jours (*Code civil du Québec*, article 29).

Pour procéder à l'évaluation psychiatrique liée à la garde provisoire, le délai maximal est de 96 heures, et il faut faire appel à deux psychiatres (MSSS, 1999), qui doivent suivre la procédure précisée par la loi. Quant au dépôt de l'évaluation psychiatrique, il doit évidemment être fait avant l'expiration de la garde provisoire. Si l'évaluation psychiatrique conclut que la garde provisoire n'est pas ou n'est plus justifiée, celle-ci prend fin à ce moment et le client peut quitter l'établissement.

5.3.3 Garde autorisée

Il faut que les deux rapports d'évaluation psychiatrique concluent à la nécessité de la garde pour que le juge décide de la **garde autorisée**. La durée de cette garde est généralement de 21 jours à 6 mois.

L'établissement doit vérifier régulièrement si la garde s'avère encore nécessaire; ainsi, on doit faire une nouvelle évaluation psychiatrique du client 21 jours après la décision du tribunal, toujours selon les normes prescrites (deux évaluations provenant chacune d'un psychiatre différent). Par la suite, on doit faire subir au client une évaluation tous les trois mois. Le droit de refuser l'évaluation n'est pas accordé au client. Si l'une ou l'autre de ces évaluations psychiatriques conclut que la garde n'est plus nécessaire, celle-ci prend fin et le client est libre de quitter l'établissement, peu importe que la durée initiale de la garde décidée en cour soit terminée ou non.

5.3.4 Droits de la personne sous garde autorisée

En vertu de la *Loi sur la protection des personnes dont l'état mental présente un danger pour elles-mêmes ou pour autrui*, le client mis sous garde autorisée conserve des droits (voir encadré 5.5), entre autres des droits relatifs à l'information et à la communication; le personnel de l'établissement doit donc veiller à ce que ces droits soient respectés.

5.3.5 Inaptitude à subir un procès et garde

La loi tient pour acquis que toute personne est apte à subir un procès et qu'elle ne souffre pas de troubles mentaux qui

---

Droits du client mis sous garde   ENCADRÉ 5.5

- Dès que la personne est prise en charge, soit en garde préventive ou en garde provisoire, l'établissement doit l'informer du lieu où elle est gardée, du motif de sa garde et de son droit de communiquer immédiatement avec ses proches ou avec un avocat.
- La demande d'évaluation psychiatrique ou de garde doit être signifiée à la personne visée au moins deux jours avant sa présentation au tribunal.
- Exceptionnellement, le juge peut dispenser le requérant de signifier la demande à la personne concernée, s'il considère que cela serait nuisible à la santé ou à la sécurité de cette personne ou d'autrui, ou bien s'il y a urgence.
- L'établissement doit aviser le mandataire, le tuteur ou le curateur (si le client majeur est représenté) ou bien le titulaire de l'autorité parentale ou le tuteur (s'il s'agit d'un mineur) des situations suivantes:
  - la décision de mettre sous garde préventive;
  - le maintien de la garde à la suite d'un rapport de réévaluation;
  - la présentation d'une nouvelle demande au Tribunal administratif du Québec;
  - la décision de mettre fin à la garde.

Ces avis doivent être faits par écrit, sauf dans le cas de la garde préventive, pour laquelle l'avis peut être donné verbalement.

Ministère de la Santé et des Services sociaux (1999), p. 31-34.

---

pourraient l'exempter de la responsabilité criminelle. Il appartient donc à la défense ou à la poursuite de soulever la question et de prouver que, en raison de son état mental, l'accusé n'est pas apte à subir son procès ou qu'il n'est pas responsable de ses actes sur le plan criminel. Selon les dispositions du *Code criminel*, une personne peut être admise à l'hôpital contre son gré en raison de son état mental, si elle est déclarée inapte à subir son procès ou si l'on juge qu'elle ne peut être tenue criminellement responsable en raison de maladie mentale. La figure 5.2 décrit la procédure suivie dans le domaine.

5.4 DROITS DES CLIENTS

Tout citoyen québécois a droit aux soins de santé: « La *Loi sur les services de santé et les services sociaux* consacre le droit de toute personne de recevoir des services de santé et des services sociaux adéquats sur les plans à la fois scientifique, humain et social, avec continuité et de façon personnalisée » (MSSS, 1999, p. 51).

Dans le domaine des soins psychiatriques, l'application de la loi peut demander certains ajustements liés à la nature même de la maladie mentale, mais les droits et les besoins de la personne doivent toujours être respectés. Ainsi, même si la personne doit être informée (au sujet du diagnostic, du traitement et de la continuité des soins), on peut se demander dans quelles circonstances elle est en mesure de donner son consentement éclairé à des soins,

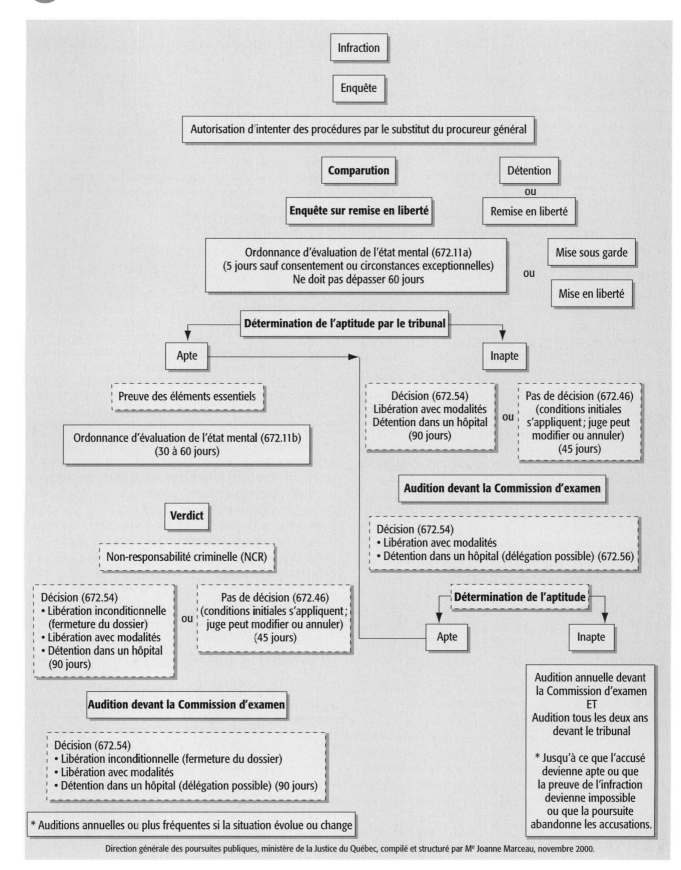

FIGURE 5.2 Procédure en matière de troubles mentaux au *Code criminel*
Tiré du Service de police de la Ville de Montréal (SPVM). Division des affaires juridiques. «L'intervention policière auprès d'une personne présentant un danger pour elle-même ou autrui», (en ligne), janvier 2001. Note : les nombres entre parenthèses renvoient aux articles du *Code criminel*.

quand elle a la capacité de refuser un traitement ou quand une tierce personne a le droit d'accéder à son dossier sans que la confidentialité ne soit violée. Selon la province, les dispositions de la loi peuvent varier. L'encadré 5.6 présente les droits établis par la législation québécoise. C'est pourquoi « les infirmières qui travaillent dans le domaine de la santé mentale doivent connaître la législation qui régit cette pratique dans la province où elles pratiquent » (Potter et Perry, 2002, p. 381). En effet, l'un des rôles de l'infirmière est de faire respecter le droit du client d'être informé et de participer aux décisions des soins qu'il reçoit (Potter et Perry, 2002, p. 381).

Les droits du client selon la législation québécoise — **ENCADRÉ 5.6**

- Être informé du diagnostic et du traitement
- Être informé sur la continuité des soins
- Être informé du coût des services
- Avoir le droit de refuser
- Conserver son intimité
- Donner un consentement éclairé

Potter et Perry (2002), p. 35.

Assurer le droit aux soins de santé signifie qu'un établissement ne peut permettre la sortie à un client si son état de santé ne permet pas son retour ou son intégration à son domicile. En soins psychiatriques, tout comme dans les autres secteurs de la médecine, un établissement de santé ou de services sociaux est tenu de veiller à procurer des services au client ou de faire en sorte qu'un autre établissement lui procure ces services : « Ainsi, si un établissement ne peut offrir lui-même un service parce que ce service ne relève pas de sa mission et de ses fonctions, il a cependant le devoir de diriger la personne vers un autre établissement ou une autre personne qui offre le service qui répond à ses besoins et à son état. *C'est une responsabilité légale de l'établissement* » (MSSS, 1999, p. 53) (c'est nous qui soulignons).

5.4.1 Droit de choisir le professionnel ou l'établissement

Tout citoyen a le droit de choisir le professionnel duquel il recevra des soins et l'établissement où il recevra ces soins. Il est évident, d'une part, que le professionnel a toute liberté de refuser (sauf quand la vie ou l'intégrité de la personne est en jeu) et, d'autre part, que le choix peut être entravé par les contraintes liées à l'organisation des services en santé mentale dans la région concernée (MSSS, 1999, p. 53).

5.4.2 Droit à la représentation

Selon la *Loi sur les services de santé et les services sociaux*, en cas d'inaptitude (voir section 5.2, Protection des personnes inaptes), le représentant du client (mandataire, curateur ou tuteur) est habilité à exercer tous les droits de cette personne : prise de décisions relatives à la santé et au bien-être, consentement aux soins, etc. (MSSS, 1999, p. 56).

5.4.3 Droit d'être accompagné et assisté

La *Loi sur les services de santé et les services sociaux* prévoit aussi que toute personne a le droit d'être accompagnée et assistée dans ses démarches en vue d'obtenir de l'information ou des soins (MSSS, 1999, p. 56). Cependant, il est important de faire la distinction entre un accompagnateur (qui peut être un aidant naturel) et un représentant légal : le premier ne peut pas prendre de décision pour le client, alors que le second le peut.

5.4.4 Droit au consentement aux soins et droit au refus de traitement

Le droit au consentement aux soins est un droit fondamental, reconnu à l'article 10 du *Code civil du Québec* : « Toute personne est inviolable et a droit à son intégrité. Sauf dans les cas prévus par la loi, nul ne peut lui porter atteinte sans son consentement libre et éclairé. » Intimement lié à ce droit au consentement libre et éclairé, le droit de refuser des soins ou des traitements est tout aussi fondamental.

La notion de consentement éclairé est théoriquement claire. En pratique, les choses peuvent ne pas être simples. Potter et Perry (2002, p. 371) soulignent que même l'adoption de ce concept est propice aux controverses : « La validité du concept dépend en effet des compétences de communication de la personne soignante et du degré de compréhension du client et ces compétences ne sont pas toujours faciles à assurer. Les études sur les techniques de communication montrent que le personnel soignant partage davantage l'information avec les clients qui ont des antécédents culturels semblables aux leurs. Lorsqu'il a peu d'affinités avec un client, le personnel soignant est davantage porté à donner des directives ou des conseils qu'à vraiment partager l'information » (Todd, 1982). En fait, en soins psychiatriques, la situation peut devenir encore plus complexe, puisqu'il faut aussi juger de la capacité de la personne à donner ce consentement éclairé (voir section 5.2, Protection des personnes inaptes).

Validité légale du consentement éclairé — **ENCADRÉ 5.7**

Pour qu'un consentement soit légalement valide, les éléments suivants doivent être respectés :

- la personne doit être mentalement et physiquement apte à prendre une décision au sujet du traitement ;
- le consentement doit être donné de façon volontaire et aucune mesure incitative ne doit être utilisée pour son obtention ;
- la personne qui donne son consentement doit très bien comprendre les procédures, les risques et les bienfaits du traitement auquel elle consent.

Potter et Perry (2002), p. 383.

Sauf dans les cas prévus par la loi, tout professionnel de la santé doit donc obtenir un consentement de la part du client, avant de procéder à des soins. La notion de soins couvre les examens, les prélèvements, les traitements, l'hébergement en établissement et toute autre intervention de nature médicale, psychologique ou sociale (MSSS, 1999, p. 7).

Que doit donc savoir un client (ou son représentant) pour pouvoir prendre une décision éclairée relative au consentement ? Plusieurs éléments entrent ici en ligne de compte : la nature, le but et les effets du traitement ; la procédure utilisée ; les risques possibles et les effets secondaires du traitement ; les solutions de rechange existantes ; les conséquences probables sur l'état de santé et le bien-être associées à un refus du traitement (voir encadré 5.7). C'est donc dire que pour pouvoir donner un consentement éclairé, une personne doit être capable de comprendre l'information qui lui est donnée, de raisonner, d'évaluer, d'exercer son jugement et d'exprimer clairement sa décision (MSSS, 1999, p. 9).

Quand un client est jugé inapte à consentir aux soins, la loi oblige le professionnel de la santé à obtenir un consentement substitué d'une autre personne autorisée : il peut s'agir du mandataire, du tuteur ou du curateur du client, s'il y a lieu ; dans les autres cas, il peut s'agir du conjoint légal, d'un proche parent ou d'une personne qui démontre un intérêt particulier pour le client, comme quelqu'un qui a une relation stable et constante avec le client (un conjoint de fait ou un ami) (MSSS, 1999, p. 12).

Notons que, même si le consentement doit être consigné par écrit dans certaines situations (dans les cas d'expérimentation de nouveaux traitements, par exemple), le fait qu'un consentement ait été donné par écrit ne constitue pas en soi une preuve de sa validité : c'est toujours la notion de « libre et éclairé » qui prime (MSSS, 1999, p. 13).

Par ailleurs, il est important de savoir que, dans certaines circonstances, la Cour supérieure du Québec peut autoriser les soins à une personne sans obtenir de consentement de cette dernière ou d'une personne autorisée (voir encadré 5.8).

Exceptions au consentement aux soins

Évidemment, il existe des situations dans lesquelles on peut prodiguer des soins à une personne sans obtenir son consentement ou celui d'une personne autorisée :
- l'urgence ;
- l'évaluation psychiatrique en vue de déterminer la nécessité ou non d'une garde en établissement ;
- la garde en établissement à la suite d'une évaluation psychiatrique (MSSS, 1999, p. 14).

Dans les cas d'urgence, aucune autorisation du tribunal n'est nécessaire : toute situation critique où la vie de la personne est en danger immédiat ou son intégrité est menacée. L'évaluation psychiatrique demandée par le tribunal vise généralement à déterminer si son état mental constitue ou non un danger pour elle-même ou pour autrui. Quant à la

---

ENCADRÉ 5.8 — Le tribunal peut autoriser les soins à une personne sans obtention de consentement

Il est nécessaire d'obtenir l'autorisation du tribunal dans les situations suivantes :
- lorsque la personne autorisée à donner un consentement substitué a un empêchement. Par exemple, la personne autorisée à donner un consentement pour un de ses proches est impossible à joindre en raison d'un voyage à l'extérieur ;
- lorsque la personne autorisée à donner un consentement substitué refuse son consentement sans justifier sa décision. Par exemple, la personne autorisée refuse un traitement pour un de ses proches, bien que ce refus puisse, selon l'équipe soignante, causer du tort à la personne malade ;
- lorsque le majeur inapte refuse catégoriquement les soins qu'on veut lui donner. Par exemple, la personne autorisée à donner un consentement substitué consent à des soins pour un de ses proches jugé inapte à consentir, mais ce dernier s'oppose radicalement au traitement et refuse de se soumettre à ces soins. L'établissement pourra alors s'adresser à la Cour supérieure pour obtenir une ordonnance de traitement.

Ministère de la Santé et des Services sociaux (1999), p. 14.

---

garde en établissement, il s'agit aussi d'une décision du tribunal (voir section 5.3, Garde en établissement).

Enfin, selon le *Code de déontologie des infirmières et infirmiers*, même dans les cas où elle n'a pas à obtenir de consentement de la part du client (ou d'une personne autorisée), l'infirmière est tenue de fournir à ce dernier toute l'information nécessaire pour qu'il puisse comprendre les soins ou les traitements qu'elle lui prodigue (section III, article 40).

5.4.5 Droits relatifs au dossier

D'un côté, toute personne a droit d'accès à son dossier et de l'autre, elle a aussi droit à la confidentialité de son dossier. Comme dans toute loi, il y a des modalités d'application et des exceptions.

De façon générale, tout usager âgé d'au moins 14 ans a le droit d'accéder à un dossier qu'un établissement du réseau de la santé et des services sociaux possède sur lui ; par conséquent, sur demande, une personne peut obtenir une copie écrite de son dossier (MSSS, 1999, p. 45).

L'accès au dossier peut cependant être refusé dans certains cas :
- Les préjudices graves anticipés. « L'infirmière ou l'infirmier peut refuser au client l'accès à un renseignement contenu dans un dossier constitué à son sujet lorsque la divulgation entraînerait vraisemblablement un préjudice grave pour le client ou pour un tiers. L'infirmière ou l'infirmier doit alors en aviser le client par écrit » (OIIQ, 2002).
- Les informations transmises par un tiers. Quand des informations versées au dossier ont été transmises par un tiers qui n'est pas un professionnel de la santé ou un employé

d'un établissement de santé (le conjoint, par exemple), il faut l'autorisation de ce tiers pour transmettre au client les informations concernées (MSSS, 1999, p. 45).

Enfin, la loi permet à l'usager de demander de faire transmettre sans retard son dossier (un extrait, un résumé ou une copie complète) à un autre établissement ou à un autre professionnel (MSSS, 1999, p. 45).

Un dossier étant confidentiel, un tiers doit absolument avoir l'autorisation de la personne concernée pour y avoir accès, à moins que la situation ne soit prévue par la loi :

- Dans le cas d'un mineur (de moins de 14 ans), le titulaire de l'autorité parentale a droit d'accès à son dossier – droit qui peut être refusé, en invoquant la possibilité d'un préjudice au mineur, par le directeur de la protection de la jeunesse, si le mineur est l'objet d'une intervention de sa part, ou par l'établissement, si le mineur refuse l'accès à son dossier à l'autorité parentale et qu'il a plus de 14 ans (*Loi sur les services de santé et les services sociaux*, article 21).
- Le tuteur, le curateur, le mandataire ou l'individu autorisé à consentir aux soins pour une personne a aussi droit d'accès au dossier de cette dernière en autant que les informations transmises soient nécessaires au consentement libre et éclairé (LSSS, article 22).
- A également accès au dossier d'une personne tout individu qui atteste sous serment vouloir ouvrir ou réviser un régime de protection ou bien valider un mandat en cas d'inaptitude pour cette personne ; l'accès est cependant limité à l'évaluation médicale et à l'évaluation psychosociale et seulement dans le cas où ces évaluations concluent à l'inaptitude de la personne (LSSS, article 22).
- Les héritiers légaux (le conjoint, une personne liée par le sang, etc.) d'une personne décédée peuvent, dans certaines circonstances, avoir accès à des informations du dossier de cette personne, si ces informations leur permettent d'exercer leurs droits (LSSS, article 23).
- Un professionnel de la santé et des services sociaux peut, à certaines conditions, accéder au dossier d'un client, particulièrement dans un contexte d'étude, d'enseignement ou de recherche (*Loi sur les services de santé et les services sociaux*, article 19.2).

5.5 CONTENTION ET ISOLEMENT

5.5.1 Quelques définitions

On appelle « mesures de contrôle » les moyens utilisés pour empêcher une personne de s'infliger des lésions ou d'en infliger à d'autres personnes : « la force, l'isolement, les moyens mécaniques (exemple : un moyen de contention tel qu'un gilet de sécurité) ou les substances chimiques (exemple : un médicament) » (MSSS, 1999, p. 17). La contention est une mesure qui limite la liberté de mouvement d'une personne, alors que l'isolement, comme le mot

l'indique, consiste à enfermer une personne dans une pièce dont elle n'est pas libre de sortir.

Il est important de savoir que le recours à l'isolement « s'inspire des mêmes principes généraux et du même processus décisionnel que ceux qui guident l'utilisation judicieuse des mesures de contention » (OIIQ, 2002, p. 43). Cependant, les mesures d'isolement ne sont pas incluses dans les mesures de contention et elles ne sont pas réservées aux professionnels de la santé (OIIQ, 2002, p. 43). Notons aussi que le recours à des médicaments ou à des substances contrôlées « demeure sous la responsabilité du médecin » (OIIQ, 2002, p. 42).

5.5.2 Décision d'utiliser les mesures de contention

Tout comme le médecin et quelques autres professionnels de la santé, comme l'ergothérapeute et le physiothérapeute, l'infirmière peut décider de l'utilisation de mesures de contention. La *Loi modifiant le Code des professions et d'autres dispositions dans le domaine de la santé* (voir encadré 5.10) est très claire à ce sujet :

- l'alinéa 14 de l'article 36 édicte que l'infirmière peut « décider de l'utilisation des mesures de contention » ;
- l'alinéa 36.1 mentionne que l'infirmière peut « utiliser des *techniques* diagnostiques invasives ou *présentant des risques de préjudice* » (c'est nous qui soulignons) ;
- l'alinéa 39.4 apporte des précisions : « L'information, la promotion de la santé et *la prévention* de la maladie, *des accidents* et des problèmes sociaux auprès des individus [...] sont comprises dans le champ d'exercice du membre d'un ordre dans la mesure où elles sont reliées à des activités professionnelles » (c'est nous qui soulignons).

Évidemment, certaines conditions s'appliquent à l'utilisation des mesures de contention.

5.5.3 Conditions et contexte d'utilisation

Le seul motif légal pour utiliser ces mesures est la protection de personnes. « L'utilisation de celles-ci nécessite donc une situation d'urgence qui justifie leur application et qui justifie de passer outre au consentement des soins » (MSSS, 1999, p. 17). C'est pourquoi l'emploi de ces mesures est bien encadré : il doit tenir compte des normes de pratique clinique, des orientations ministérielles, du protocole d'application des mesures adopté par l'établissement et des règles de soins applicables (OIIQ, 2002, p. 39). Chaque établissement doit d'ailleurs adopter un protocole d'application et le faire connaître à ses utilisateurs (MSSS, 1999, p. 17).

En quoi le contexte d'urgence nécessaire à l'application des mesures de contention consiste-t-il ? Il peut s'agir d'un contexte d'intervention planifiée (quand une situation d'urgence est prévisible à cause d'une désorganisation comportementale d'un individu) ou d'un contexte d'intervention non planifiée (en cas de comportement inhabituel et imprévisible) (OIIQ, 2002, p. 39-40). Notons, au passage, qu'une fois la décision prise par l'infirmière, les mesures peuvent être appliquées « par les membres de l'équipe de soins, en conformité avec le plan thérapeutique établi » (OIIQ, 2002, p. 42).

Quoi qu'il en soit, l'utilisation des mesures de contention est très réglementée et encadrée, et l'infirmière se doit d'être au courant des principes sur lesquels elle repose (voir encadré 5.9). Ces principes touchent l'évaluation de l'état de santé de la personne, le jugement clinique à poser, l'analyse des effets indésirables et des avantages, l'obtention du consentement éclairé et sa consignation au dossier, la détermination et la consignation des données pertinentes dans le plan thérapeutique, l'évaluation des mesures de remplacement, la réévaluation régulière de la situation et la consultation d'autres professionnels de la santé.

Principes d'utilisation des mesures de contention — **ENCADRÉ 5.9**

Toute mesure de contention :

- doit être envisagée comme une mesure d'exception ne s'appliquant qu'à la personne dont les comportements sont susceptibles de mettre sa santé, sa sécurité ou celles d'autrui en danger immédiat, dans le respect de la personne, de sa liberté de mouvement, de son autonomie et de sa dignité et uniquement lorsque les autres moyens ont échoué (dernier recours) ;
- requiert une évaluation clinique initiale et continue afin de déterminer la nature du problème et son étiologie, les interventions infirmières requises, les mesures de remplacement les plus appropriées, les mesures de contention envisagées (si elles sont justifiées) ainsi que les modifications à apporter au plan thérapeutique infirmier, s'il y a lieu ;
- se base sur une approche individualisée dans un contexte interdisciplinaire ;
- doit toujours viser un objectif thérapeutique et ne jamais être une mesure punitive ;
- requiert le consentement libre et éclairé de la personne ou de son représentant légal, sauf en situation d'urgence ;
- constitue une mesure dont la durée d'application est limitée au temps minimal indispensable et dont la pertinence est réévaluée de façon continue ;
- doit toujours être optimale sans être excessive, de manière à ne pas brimer inutilement la liberté ni compromettre la sécurité de la personne ou d'autrui ;
- exige une surveillance dont les modalités sont déterminées selon la condition du client et le protocole d'application ;
- doit être balisée par des procédures et contrôlée aux fins de conformité du protocole d'application.

Ordre des infirmières et infirmiers du Québec (2003b), p. 40-41.

5.6 RESPONSABILITÉ PROFESSIONNELLE

Pour qu'une infirmière soit condamnée à payer des dommages-intérêts à un client qui la poursuit en responsabilité professionnelle, le client demandeur devra prouver trois choses :

- que l'infirmière a commis une faute ;

- que le client a subi un préjudice ;
- que la faute de l'infirmière a directement causé le préjudice subi par le client.

5.6.1 Faute

L'infirmière doit toujours exercer son jugement professionnel dans l'exécution de son travail même lorsqu'elle exécute les ordonnances prescrites par les médecins ou par d'autres professionnels : « La négligence dont fait preuve une infirmière lorsqu'elle donne des soins ou un traitement à un client constitue une faute professionnelle » (Morris, 1991, p.119).

En soins infirmiers, un comportement qui ne respecte pas les normes de soins établies peut être considéré comme une faute professionnelle, même si l'infirmière agit auprès de son client avec les meilleures intentions du monde. La faute peut impliquer une erreur dans l'administration des soins ; par exemple, une infirmière omet de vérifier le bracelet d'identification d'un client et lui administre un médicament qui ne lui est pas destiné. Par ailleurs, une infirmière qui exécute un traitement ou prodigue des soins pour lesquels elle n'a pas reçu de formation s'expose à des poursuites judiciaires si un préjudice est causé au client.

C'est l'évaluation des circonstances entourant le préjudice qui permet de déterminer s'il aurait été possible de prévenir ce préjudice en intervenant (ou en s'abstenant d'intervenir) auprès du client. Le juge compare le comportement de l'infirmière poursuivie avec celui qu'aurait eu, dans les mêmes circonstances de temps et de lieu, une infirmière normalement compétente et diligente, consciencieuse et habile. S'il s'avère qu'il y a un écart entre l'attitude de l'infirmière poursuivie et le comportement d'une « bonne infirmière », le juge pourra la condamner à réparer le préjudice provoqué par sa faute.

5.6.2 Préjudice directement causé par la faute de l'infirmière

Le préjudice est le dommage subi par le client ; celui-ci pourra être indemnisé si le dommage est causé directement par la faute de l'infirmière. La valeur de cette indemnité dépend de la gravité du préjudice subi et non de la gravité de la faute. Une faute, même légère, qui constitue un écart avec la norme de compétence de l'infirmière normalement diligente pourrait entraîner la responsabilité complète de l'infirmière à l'égard de tout le préjudice subi par le client.

5.6.3 Notes au dossier

Toute infirmière se doit d'inscrire au dossier du client des notes d'observation précises, complètes, évolutives et objectives. Elle donne ainsi la preuve des soins qu'elle a administrés. Afin de favoriser une communication efficace avec les membres de l'équipe multidisciplinaire, il est important que les notes d'observation soient rédigées clairement et dans un ordre chronologique. En effet, lorsque les informations sont mises à jour régulièrement, les autres professionnels de la santé peuvent prendre connaissance non seulement des traitements reçus par le client, mais aussi du comportement de ce dernier durant la journée. De ce fait, tous les intervenants peuvent ajuster leurs interventions afin de maximiser les traitements du client en cause. Cela revêt toute son importance avec la clientèle en soins psychiatriques, en permettant un traitement plus efficace, en favorisant une meilleure continuité des soins et en aidant à prévenir les erreurs d'intervention.

Tout établissement doit conserver les notes d'observation de l'infirmière. Cette obligation est doublement établie, par la loi et par les règlements de l'établissement. Les notes de l'infirmière dans le dossier doivent contenir suffisamment d'information pour permettre de juger de la qualité des soins reçus par le client. Si un dossier est perdu ou incomplet, la Cour pourra conclure que les soins non consignés sont une preuve de négligence et que cette négligence a causé un préjudice au client. En fait, le dossier de soins établit une description continue des interventions de soins infirmiers et, quand il est rédigé correctement, il constitue la meilleure preuve contre des allégations de négligence ou de violation des normes de soins infirmiers.

Les notes au dossier du client doivent être libellées convenablement. S'il y a une erreur d'inscription, il est important de la corriger en respectant la politique et les procédures de l'établissement. Le fait de masquer ou d'effacer une erreur peut semer le doute et laisser croire qu'il s'agit d'une fraude. La crédibilité d'une infirmière sera mise en doute s'il apparaît qu'elle a modifié ses notes au dossier sans respecter la procédure.

5.6.4 Assurance responsabilité professionnelle

Toute infirmière doit avoir une assurance responsabilité professionnelle. En effet, malgré les efforts qu'elle fournit afin de prodiguer les meilleurs soins possibles, l'infirmière demeure sujette à des poursuites. Toute professionnelle en soins infirmiers exerçant au Québec doit détenir une assurance responsabilité, soit par l'intermédiaire de l'Ordre des infirmières et infirmiers du Québec, soit d'une compagnie d'assurances. Cette assurance est obligatoire en vertu de la *Loi sur les infirmières et les infirmiers* et du *Règlement sur l'assurance-responsabilité professionnelle des infirmières et des infirmiers du Code des professions* (LRQ, 1981).

5.6.5 Loi et normes de soins

Toutes les infirmières sont légalement tenues de connaître les dispositions des lois adoptées dans la province où elles travaillent, ainsi que les lois et les règlements adoptés par leur association ou leur ordre provincial.

Les soins infirmiers spécialisés ont des normes de pratique définies pour la certification des infirmières qui travaillent dans des secteurs précis, comme la salle d'opération, les soins intensifs, les soins psychiatriques, etc. Ces normes, ainsi que la politique et les procédures de l'établissement,

décrivent en détail la façon dont les infirmières doivent effectuer leurs tâches. Par exemple, une procédure ou une politique qui décrit dans ses grandes lignes les étapes à suivre dans l'administration d'une médication donne des informations précises quant à la manière dont les tâches qui y sont liées doivent être exécutées. Ces directives fournissent également une définition des standards de soins.

Une infirmière généraliste doit respecter les normes exigées pour toute infirmière de sa compétence dans l'exécution de son travail. Par contre, une infirmière spécialisée (en soins intensifs ou en soins psychiatriques, par exemple) est tenue de répondre aux normes spécifiques à sa spécialité. Il est important de se rappeler que l'ignorance de la loi ou des normes de soins ne peut pas constituer une défense en cas de poursuite en responsabilité professionnelle.

Les lois visent à protéger le citoyen et la *Loi sur les infirmières et les infirmiers*, de même que la *Loi modifiant le Code des professions et d'autres dispositions législatives dans le domaine de la santé* ne font pas exception (voir encadré 5.10).

5.7 INCONDUITE SEXUELLE

Des études réalisées auprès de travailleurs sociaux, de psychiatres et de psychologues ont montré qu'environ 14% des professionnels avaient eu des relations sexuelles avec un client (Weiner et Wettstein, 1993). Il n'existe aucune étude connue menée auprès des infirmières. Il faut néanmoins savoir que toute infirmière s'expose à des sanctions disciplinaires et à des poursuites légales lorsqu'elle adopte des comportements à caractère intime ou sexuel auprès de clients. La lecture de l'encadré 5.11 le montre bien, même s'il s'agit d'une cause relative à un infirmier auxiliaire.

L'article 38 du *Code de déontologie des infirmières et infirmiers* est très clair au sujet de l'inconduite sexuelle : « Pendant la durée de la relation professionnelle, l'infirmière ou l'infirmier ne peut établir de liens d'amitié, intimes, amoureux ou sexuels avec le client. Pour déterminer la durée de la relation professionnelle, l'infirmière ou l'infirmier doit tenir compte, notamment, de la vulnérabilité du client, de son problème de santé, de la durée de l'épisode de soin et de la probabilité d'avoir à redonner des soins à ce client » (L.R.Q., 2001).

5.8 SECRET PROFESSIONNEL ET CONFIDENTIALITÉ

On confond souvent le secret professionnel avec la **confidentialité**. Bien que ces notions soient étroitement liées, elles sont quand même différentes et, surtout, n'ont pas les mêmes implications. « Les normes à respecter en ce qui concerne l'information confidentielle sont basées sur l'éthique professionnelle [...] ou peuvent être définies par la loi » (Potter et Perry, 2002, p. 302). En fait, quand on fait partie d'un ordre professionnel dans le secteur de la

---

Loi sur les infirmières et les infirmiers (2002)   ENCADRÉ 5.10

36. L'exercice infirmier consiste à évaluer l'état de santé d'une personne, à déterminer et à assurer la réalisation du plan de soins et de traitements infirmiers, à prodiguer les soins et les traitements infirmiers et médicaux dans le but de maintenir la santé, de la rétablir et de prévenir la maladie ainsi qu'à fournir les soins palliatifs.

Dans le cadre de l'exercice infirmier, les activités suivantes sont réservées à l'infirmière et à l'infirmier :

1. évaluer la condition physique et mentale d'une personne symptomatique ;
2. exercer une surveillance clinique de la condition des personnes dont l'état de santé présente des risques, incluant le monitorage et les ajustements du plan thérapeutique infirmier ;
3. initier des mesures diagnostiques et thérapeutiques, selon une ordonnance ;
4. initier des mesures diagnostiques à des fins de dépistage dans le cadre d'une activité découlant de l'application de la *Loi sur la santé publique* (2001, chapitre 60) ;
5. effectuer des examens et des tests diagnostiques invasifs, selon une ordonnance ;
6. effectuer et ajuster les traitements médicaux, selon une ordonnance ;
7. déterminer le plan de traitement relié aux plaies et aux altérations de la peau et des téguments et prodiguer les soins et les traitements qui s'y rattachent ;
8. appliquer des techniques invasives ;
9. contribuer au suivi de la grossesse, à la pratique des accouchements et au suivi postnatal ;
10. effectuer le suivi infirmier des personnes présentant des problèmes de santé complexes ;
11. administrer et ajuster des médicaments ou d'autres substances, lorsqu'ils font l'objet d'une ordonnance ;

12. procéder à la vaccination dans le cadre d'une activité découlant de l'application de la *Loi sur la santé publique* ;
13. mélanger des substances en vue de compléter la préparation d'un médicament, selon une ordonnance ;
14. décider de l'utilisation des mesures de contention ;

36.1 L'infirmière et l'infirmier peuvent, lorsqu'ils y sont habilités par règlements pris en application du paragraphe *b* du premier alinéa de l'article 19 de la *Loi médicale* (chapitre M-9) et du paragraphe *f* de l'article 14 de la présente loi, exercer une ou plusieurs des activités suivantes, visées au deuxième alinéa de l'article 31 de la *Loi médicale* :

1. prescrire des examens diagnostiques ;
2. utiliser des techniques diagnostiques invasives ou présentant des risques de préjudice ;
3. prescrire des médicaments ou d'autres substances ;
4. prescrire des traitements médicaux ;
5. utiliser des techniques ou appliquer des traitements médicaux, invasifs ou présentant des risques de préjudice.

Code des professions

39.3 Aux fins de l'article 37.1 du présent code et du deuxième alinéa de l'article 36 de la *Loi sur les infirmières et les infirmiers* (chapitre I-8), le terme « ordonnance » signifie une prescription donnée à un professionnel par un médecin, par un dentiste ou par un autre professionnel habilité par la loi, ayant notamment pour objet les médicaments, les traitements, les examens ou les soins à dispenser à une personne ou à un groupe de personnes, les circonstances dans lesquelles ils peuvent l'être, de même que les indications possibles. L'ordonnance peut être individuelle ou collective.

39.4 L'information, la promotion de la santé et la prévention de la maladie, des accidents et des problèmes sociaux auprès des individus, des familles et des collectivités sont comprises dans le champ d'exercice du membre d'un ordre dans la mesure où elles sont reliées à ses activités professionnelles.

Loi modifiant le Code des professions et d'autres dispositions législatives dans le domaine de la santé (2002, chapitre 33), citée dans Ordre des infirmières et infirmiers du Québec (2003), p. 4-5.

---

santé, c'est à la fois le *Code civil* et le code de déontologie de cet ordre professionnel qui obligent à la non-divulgation de renseignements jugés confidentiels.

Les personnes qui travaillent dans le secteur de la santé et qui ne sont pas membres d'un ordre professionnel (les préposés aux bénéficiaires, par exemple) sont quand même tenues à la confidentialité ; c'est que la loi édicte que tout individu « a droit au respect de sa dignité, de sa réputation et de sa vie privée » (MSSS, 1999, p. 40). D'une certaine manière, on peut dire que la confidentialité est comprise dans la notion de secret professionnel.

5.8.1 Lien de confiance : un concept vieux comme le monde

La notion de secret professionnel ne date pas d'hier. Il y a près de 2500 ans, Hippocrate (460-377 av. J.-C.), le médecin grec considéré comme le père de la médecine, l'avait déjà intégrée au serment qui porte son nom. On en trouve

une version moderne, incluse dans le serment professionnel adopté par le Bureau du Collège des médecins du Québec, le 15 décembre 1999 : « Je respecterai le secret professionnel et ne révélerai à personne ce qui est venu à ma connaissance dans l'exercice de la profession à moins que le patient ou la loi ne m'y autorise » (CMQ, 2003).

Tout comme le secret professionnel des médecins, le secret professionnel qui lie les infirmières est régi par la loi. En effet, selon l'article 60.4 du *Code des professions*, toute infirmière doit garder le secret concernant les confidences qu'elle peut recevoir dans le cadre de ses fonctions. L'article 31 du *Code de déontologie des infirmières et infirmiers* (voir encadré 5.12) édicte : « L'infirmière ou l'infirmier doit respecter les règles prévues au *Code des professions* relativement au secret qu'il doit préserver quant aux renseignements de nature confidentielle qui viennent à sa connaissance dans l'exercice de sa profession et des cas où il peut être relevé de ce secret. » Finalement, l'article 9 de

Cour d'appel du Québec : pincer les seins d'une bénéficiaire peut constituer une inconduite sexuelle

ENCADRÉ 5.11

Dans cette cause, l'accusé a été innocenté en première instance, puis condamné par la Cour d'appel du Québec qui a renversé ce jugement.

Un infirmier auxiliaire travaillant dans un foyer hébergeant des personnes souffrant de problèmes psychiatriques, aurait, à plus d'une reprise, sur une période de quatre ans, soit de 1988 à 1992, touché et pincé les seins d'une bénéficiaire. Il aurait également touché les testicules de deux autres clients.

Au procès, la preuve du ministère public reposait sur les témoignages de trois compagnons de travail de l'infirmier poursuivi. Ceux-ci ont mentionné que les gestes reprochés avaient été posés à la vue de tous et que deux des victimes avaient spontanément protesté par des gestes ou des paroles. La troisième victime, déficiente profonde, n'aurait pas réagi.

Le juge du procès, en première instance, a acquitté l'intimé pour le motif que les attouchements ne comportaient pas le caractère hostile propre à une agression et ne révélaient aucune véritable intention criminelle. Il a aussi estimé insuffisante la preuve de l'absence de consentement.

La Cour d'appel a renversé la décision du juge en première instance pour les motifs suivants : le ministère public n'a pas à prouver le caractère hostile du geste reproché ; l'agression sexuelle exige d'abord et avant tout une agression.

Le terme « agression sexuelle » est défini à l'article 265, paragraphe 1, du *Code criminel* : il y a agression lorsqu'une personne, d'une manière intentionnelle, emploie la force, directement ou indirectement, contre une autre personne sans son consentement. Dans un contexte d'agression sexuelle, le simple contact physique peut suffire pour que l'on puisse conclure à l'emploi de la force. En l'espèce, l'infirmier a utilisé la force en se livrant volontairement à des attouchements à caractère sexuel sur des bénéficiaires. La motivation de l'agresseur (qu'elle soit la recherche d'un plaisir sexuel, le désir d'infliger des souffrances à autrui ou bien celui d'humilier ou de ridiculiser la victime) ne change rien au caractère criminel de sa conduite.

Par ailleurs, le *Code criminel* prévoit des mécanismes qui encadrent la preuve de consentement et qui ont pour but de tenir compte de l'incapacité de certaines personnes à refuser ou à repousser des attouchements à caractère sexuel.

En l'espèce, le premier juge aurait dû appliquer l'article 273.1, paragraphe 2b, du *Code criminel* dans le cas du déficient profond et conclure à l'absence de consentement. Quant aux deux autres victimes, le juge aurait dû considérer la preuve de leurs réactions négatives spontanées pour conclure à l'absence de consentement.

Un verdict de culpabilité a donc été inscrit.

Source : R. c Bernier, 200-10-000189-949, REJB 1997-02131 (C.A.), R. c Bernier, 150-01-000058-934, 26 octobre 1994 (C.O.).

la *Charte des droits et libertés de la personne du Québec* considère le droit au **secret professionnel** comme un droit fondamental. Ce n'est donc pas un vœu pieux, mais bien une obligation légale civile. La définition de secret professionnel que donne le *Petit Robert* (1997) est d'ailleurs claire : « obligation de ne pas divulguer des faits confidentiels appris dans l'exercice de la profession, hors des cas prévus par la loi ».

Rappelons que les médecins et les infirmières ne sont pas les seuls professionnels tenus au secret professionnel ; en fait, tout membre d'un ordre professionnel l'est, que ce soient les psychologues et les travailleurs sociaux dans le secteur de la santé ou bien les avocats et les comptables agréés dans leurs secteurs respectifs. « Cette obligation témoigne de l'importance de la relation de confiance qui doit s'établir entre le professionnel et la personne qui reçoit ses services » (MSSS, 1999, p. 39). En réalité, le secret professionnel est impliqué par ce lien de confiance ; la loi ne fait que lui donner une forme officielle. En plus des implications juridiques et professionnelles que cela entraîne, trahir le secret professionnel, c'est aussi trahir ce lien de confiance, si important quand il est question de santé.

5.8.2 Qu'est-ce qui est confidentiel ?

La réponse à cette question est, en théorie, assez simple : « Tous les renseignements venus à la connaissance d'un professionnel ou d'un employé d'un établissement du réseau de la santé et des services sociaux ou d'un organisme communautaire dans l'exercice de ses fonctions sont confidentiels » (MSSS, 1999, p. 41). Dans la pratique, cependant, le respect de la confidentialité peut ne pas être évident.

Bien sûr, tout renseignement contenu dans le dossier d'un client est considéré comme confidentiel ; mais sont aussi confidentiels les renseignements transmis verbalement par le client lui-même et non notés au dossier.

5.8.3 Exceptions à la confidentialité

En 2002, l'Assemblée nationale du Québec a adopté une loi permettant à tout professionnel de divulguer de l'information dans les situations qui respectent les conditions suivantes :

- un danger de blessures graves, de mort ou de suicide doit être présent ;
- ce danger doit être imminent ;
- seule l'information nécessaire pour assurer la protection de la vie des personnes visées peut être transmise ;
- l'information ne peut être divulguée qu'aux personnes visées par la menace et à celles qui sont susceptibles de leur venir en aide et d'assurer leur protection.

Par ailleurs, l'infirmière peut être relevée du secret professionnel et de la règle de confidentialité lorsque le client l'autorise à divulguer certains renseignements ou lorsque la loi l'y autorise ou l'y oblige. Si le premier cas paraît assez évident, le second, par contre, ne l'est pas, parce que

Dispositions visant à préserver le secret quant aux renseignements de nature confidentielle — ENCADRÉ 5.12

- L'infirmière ou l'infirmier doit respecter les règles prévues au *Code des professions* relativement au secret qu'il doit préserver quant aux renseignements de nature confidentielle qui viennent à sa connaissance dans l'exercice de sa profession et des cas où il peut être relevé de ce secret.
- L'infirmière ou l'infirmier ne doit pas révéler qu'une personne a fait appel à ses services, sauf si, dans l'intérêt du client, cette révélation est nécessaire.
- L'infirmière ou l'infirmier doit prendre les moyens raisonnables afin de s'assurer que les personnes sous son autorité, sa supervision ou à son emploi ne divulguent pas des renseignements de nature confidentielle concernant le client.
- L'infirmière ou l'infirmier ne doit pas faire usage de renseignements confidentiels au préjudice d'un client ou en vue d'obtenir directement ou indirectement un avantage pour lui-même ou pour autrui.
- L'infirmière ou l'infirmier qui demande à un client de lui révéler des renseignements de nature confidentielle ou qui permet que de tels renseignements lui soient confiés doit s'assurer que le client en connaît les raisons et l'utilisation qui peut en être faite.
- L'infirmière ou l'infirmier doit éviter de tenir ou de participer à des conversations indiscrètes au sujet d'un client et des services qui lui sont rendus.

Code de déontologie des infirmières et infirmiers, section II, articles 31 à 36, p. 7-8 ; tiré du *Code des professions* (L.R.Q., c. C-26, a. 87 ; 2001, c. 78, a. 6).

plusieurs considérations entrent en ligne de compte, surtout en soins psychiatriques.

Potter et Perry (2002, p. 382) brossent un tableau assez clair de la situation : « Les infirmières ne sont pas obligées de divulguer des informations confidentielles à la police sauf si celles-ci menacent la vie, la sécurité ou la santé du client ou d'une tierce personne (p. ex. si un client dit à l'infirmière qu'il a l'intention de blesser ou de tuer quelqu'un) » (Tapp, 1996). Dans la même section, les auteurs précisent également qu'au Québec, la *Loi sur la protection de la jeunesse* oblige les professionnels de la santé à signaler au directeur de la protection de la jeunesse tout mauvais traitement, tant sur le plan physique que sur le plan psychologique, que pourraient subir des personnes mineures. Il est important de se rappeler que la Loi protège l'identité de toute personne qui signale un cas au directeur de la protection de la jeunesse. Enfin, les auteurs soulignent le **dilemme éthique** dans lequel l'infirmière peut se trouver dans les cas où ce respect de la confidentialité menace la sécurité publique : « Dans ce cas, elle doit consulter ses collègues et les autres membres de l'équipe multidisciplinaire afin d'intervenir adéquatement dans la situation » (Potter et Perry, 2002, p. 302).

L'encadré 5.13 résume les exceptions à la règle de confidentialité et du secret professionnel prévues par la loi.

5.8.4 Conséquences sur le plan juridique et sur le plan professionnel

L'infirmière qui ne respecte pas le secret professionnel s'expose à des sanctions disciplinaires et à des poursuites légales. Pour se protéger de telles poursuites, elle doit donc contracter une assurance responsabilité professionnelle.

Exceptions légales à la confidentialité et au secret professionnel — ENCADRÉ 5.13

La loi prévoit [...] des exceptions à la règle de confidentialité et du secret professionnel. Ces exceptions sont les suivantes :

- lorsqu'il y a urgence, c'est-à-dire lorsque la vie, la santé ou la sécurité d'une personne est en danger ;
- lorsqu'une personne est mise sous garde dans un établissement ; dans ce cas, l'établissement doit informer le représentant légal de la personne de sa mise sous garde, de la fin de sa garde ainsi que du plan de soins établi à son égard ;
- lorsqu'une personne majeure (18 ans et plus) est inapte à consentir à recevoir des soins ; dans ce cas, la personne appelée à consentir aux soins pour elle devra recevoir toute l'information nécessaire afin qu'elle puisse donner un consentement libre et éclairé ;
- lorsque la sécurité ou le développement d'un enfant mineur (moins de 18 ans) est compromis ; dans ce cas, le professionnel ou toute autre personne visée doit signaler la situation au directeur de la protection de la jeunesse.

Ministère de la Santé et des Services sociaux (1999), p. 42.

CONCEPTS-CLÉS

- Le concept de maladie mentale, tout comme l'incapacité de mener une vie sociale normale qui y est rattachée, remonte à l'Antiquité.
- Au Québec, il existe des mesures pour protéger les personnes jugées inaptes à s'occuper d'elles-mêmes et à administrer leurs biens : c'est ce qu'on appelle les régimes de protection – le conseiller au majeur ; la tutelle au majeur ; la curatelle au majeur ; la tutelle au mineur.
- En dehors des dispositions du *Code criminel*, seule la *Loi sur la protection des personnes dont l'état mental présente un danger pour elles-mêmes ou pour autrui* de concert avec le *Code civil du Québec* permet de garder en établissement un individu contre son gré.
- Au Québec, il existe trois sortes de garde en établissement : la garde préventive, la garde provisoire et la garde autorisée. Un individu mis sous garde conserve quand même plusieurs droits.
- Selon la loi, tout citoyen québécois a droit aux soins de santé. Des droits particuliers complètent ce droit fondamental.

- La contention est une mesure qui limite la liberté de mouvement d'une personne, alors que l'isolement consiste à enfermer une personne dans une pièce dont elle n'est pas libre de sortir. Il s'agit de mesures d'exceptions encadrées par des principes rigoureux.
- L'infirmière doit respecter les standards de soins définis dans la *Loi sur les infirmières et les infirmiers*, dans les lignes directrices du *Code de déontologie des infirmières et infirmiers* ainsi que dans la politique et les procédures de l'établissement qui l'emploie.
- Une infirmière peut voir sa responsabilité professionnelle engagée dans la situation suivante : l'infirmière (défenderesse) commet une faute, c'est-à-dire qu'elle ne fournit pas une prestation de soins répondant à la norme de diligence raisonnable qui s'impose à elle. Cette faute entraîne des préjudices pour le client (demandeur).
- On confond souvent le secret professionnel avec la confidentialité. Bien que ces notions soient étroitement liées, elles sont quand même différentes et, surtout, n'ont pas les mêmes implications.
- L'infirmière qui ne respecte pas le secret professionnel s'expose à des sanctions disciplinaires et à des poursuites légales.
- L'infirmière peut être relevée du secret professionnel et de la règle de confidentialité lorsque le client l'autorise à divulguer certains renseignements ou bien lorsque la loi l'y autorise ou l'y oblige.

Ivan L. Simoneau
inf., Ph.D.Éd. (psychopédagogie)
Collège de Sherbrooke

Chapitre

6

SOINS TRANSCULTURELS

OBJECTIFS D'APPRENTISSAGE

APRÈS AVOIR LU CE CHAPITRE, VOUS DEVRIEZ ÊTRE EN MESURE :

DE SOULIGNER L'IMPORTANCE POUR L'INFIRMIÈRE DE PROCÉDER À UNE AUTO-ÉVALUATION LORSQU'ELLE SE TROUVE DEVANT DES CLIENTS AUX ANTÉCÉDENTS SOCIOCULTURELS DIFFÉRENTS DES SIENS ;

D'ANALYSER, EN LIEN ÉTROIT AVEC LE PATRIMOINE CULTUREL ET LA SANTÉ MENTALE, LES DIFFICULTÉS DE SOCIALISATION ;

DE COMPARER ET DIFFÉRENCIER LES PROBLÈMES CULTURELS MIS EN CAUSE DANS LE CADRE DE LA SANTÉ MENTALE ;

DE RECONNAÎTRE CERTAINS PROBLÈMES SOCIAUX INTERFÉRANT AVEC LES CROYANCES ET LES PRATIQUES RELATIVES À LA SANTÉ MENTALE ;

DE RÉALISER UNE ÉVALUATION CULTURELLE EN AYANT RECOURS À L'OUTIL D'ÉVALUATION DU PATRIMOINE ;

DE FORMULER DES DIAGNOSTICS INFIRMIERS HYPOTHÉTIQUES EN LIEN AVEC L'ORIENTATION CULTURELLE OU ETHNIQUE DU CLIENT ;

D'ABORDER L'ADAPTATION DE LA PLANIFICATION ET DE L'EXÉCUTION DES INTERVENTIONS INFIRMIÈRES SELON L'ORIENTATION CULTURELLE OU ETHNIQUE DU CLIENT.

Acculturation : processus d'adaptation à une autre culture.

Compétence culturelle : norme de pratique autorisant les clients de chaque culture à recevoir des informations qu'ils sont en mesure de comprendre.

Culture : processus collectif consistant à acquérir des croyances, des modèles dominants de comportements, des valeurs ainsi que des attitudes lors de la socialisation.

Ethnocentrisme : tendance des membres d'un groupe culturel à considérer les membres des autres groupes culturels selon des normes de comportements, d'attitudes et de valeurs issues de leur propre groupe ; croyance en la supériorité de son propre groupe.

Origine ethnique : sentiment d'appartenance d'un groupe culturel spécifique associé au patrimoine social et culturel commun.

Socialisation : processus d'apprentissage des caractéristiques d'une culture donnée.

Xénophobie : peur maladive des étrangers et de tous ceux qui ne font pas partie de son propre groupe ethnique.

6.1 SOINS TRANSCULTURELS

Tout soin de santé est prodigué au sein d'une structure sociale. La structure sociale nord-américaine comprend un éventail de cultures, de traditions et d'ethnies. C'est une responsabilité professionnelle que de se familiariser avec les concepts de soins infirmiers en santé mentale et en psychiatrie dans le cadre culturel et social où ils sont donnés (American Nurses Association, 1993, 1994). Cet aspect permet d'enrichir la pratique professionnelle des soins infirmiers, d'évoluer et de prendre de la maturité grâce à la compréhension de sa propre culture et de celle des autres.

Cette introduction aux questions culturelles dans le cadre des soins infirmiers en santé mentale et en psychiatrie sensibilisera l'étudiante et lui fournira des outils pour réaliser une collecte de données culturelles. Le présent chapitre expose les concepts et les notions relatifs à la culture et sert de point de départ à une investigation plus approfondie dans le domaine. Il est important que l'infirmière se renseigne sur les différences culturelles et ethniques qui existent dans la région d'où est issu le client, ainsi que sur les idées dominantes et la perception relatives à la santé et à la maladie mentale. L'infirmière devrait également élaborer une pensée critique par rapport à ses propres idées, valeurs et conceptions au sujet de la santé et de la maladie mentale. En se détachant de sa propre vision des choses, l'infirmière contribuera à éviter l'**ethnocentrisme**, cette caractéristique humaine universelle qui conduit à juger les autres en partant de ses propres normes de croyances, d'action, de pensée et d'appréciation. Sans l'intégration de cette perspective culturelle de soi et des autres, il est impossible d'offrir des soins infirmiers adéquats. La mise en application de la théorie sociale et culturelle se reflète dans une pratique clinique compatissante et illustre la compétence culturelle de l'infirmière, comme on le verra plus loin dans ce chapitre.

6.1.1 Nécessité de la compréhension culturelle

Dire que l'Amérique est une terre d'immigrés est considéré comme un cliché ; cependant, mis à part les Amérindiens, cette assertion est vraie. Aujourd'hui, la population nord-américaine est plus hétérogène que jamais sur les plans culturel et ethnique et, par conséquent, les soins infirmiers sont prodigués dans des contextes de grande diversité culturelle. Cela ne signifie pas que les différences culturelles se retrouvent majoritairement chez les clients nés à l'étranger, car les disparités culturelles nord-américaines sont également une conséquence des différences régionales et du patrimoine propre à chaque individu. Dans le domaine culturel, les différences entre individus partageant la même culture risquent d'être plus marquées que celles qui existent entre les cultures (Hofstede, 1991). Prenons l'exemple de Charles et Amélie qui, bien qu'habitant la même ville, appartenant au même groupe religieux et partageant la même culture nord-américaine, possèdent des caractéristiques propres qui les rendent uniques. L'idée selon laquelle on peut catégoriser les individus selon leur culture et leur ethnie est absolument erronée. Les disparités régionales, le vieillissement de la population et sa diversification concourent à complexifier les réalités culturelles et probablement à augmenter leur variété.

6.1.2 Origine ethnique et culture

Le terme **origine ethnique** renvoie aux personnes qui, entre autres caractéristiques, proviennent de la même région géographique. L'identité ethnique peut être considérée comme une identité interne et personnelle ou comme une particularité (Mensah, 1993). Les termes *origine ethnique* et *culture* sont parfois employés de manière interchangeable, mais il importe d'en saisir les différences. Le terme **culture** est plus englobant. Il est lié à celui d'origine ethnique, mais n'a pas la même signification et n'est pas aussi précis. Savoir qu'une personne vient de Montréal n'indique pas son origine ethnique, qui peut être indienne, moyen-orientale, amérindienne, allemande, scandinave, etc.

La culture est acquise, transmise de génération en génération et partagée. Elle illustre tout le processus collectif d'acquisition de croyances, de schémas de comportement, de valeurs et d'attitudes appris au cours de la **socialisation**. La culture détermine les normes vestimentaires et linguistiques, les valeurs, les modes de comportement, l'économie, la politique, la loi et le contrôle social, la technologie, mais également les pratiques de santé (Germain, 1992). Bien que les personnes d'une même culture partagent de nombreux aspects de cette culture, chacun possède une façon unique de réagir et d'établir des relations. Une culture ne définit pas un « individu type » (Hostede, 1994), mais renvoie plutôt à un groupe social qui englobe plusieurs personnes, différentes et interdépendantes. La région dans laquelle vivent les gens influence leur culture. Celle-ci a ainsi été comparée à un biotype en biologie ou à la population d'un écosystème donné (Hofstede, 1994).

Une société tout entière, des sous-groupes à l'intérieur de cette même société, incluant les styles de vie et les habitudes, peuvent être considérés comme une culture. À titre d'exemple, la culture d'une école secondaire peut contenir des sous-groupes de personnes impliquées dans les sports, l'informatique, le théâtre, la musique ou les matières théoriques. Les membres de ces sous-groupes peuvent avoir leur propre façon de s'exprimer, choisissent probablement pour amis des personnes qui partagent les mêmes champs d'intérêt et privilégient certaines activités plutôt que d'autres. En étudiant plus en profondeur la société, Geuss (1981) observe en outre que la culture se compose d'un ensemble de croyances, de concepts, de comportements et de tempéraments, de désirs, d'œuvres d'art ainsi que de religions et de rituels religieux. Les valeurs, les principes et les normes guidant les actions d'une personne font également partie de cette vision de la culture. Une culture fournit, par exemple, des règles concernant les contacts physiques et les styles de communication, y compris les échanges de regards et les relations avec les autres. Les valeurs formulées par une culture nous relient à (et/ou nous éloignent de) notre famille, notre collectivité ou notre groupe social. Aux valeurs positives s'ajoutent des valeurs négatives s'exprimant par des termes en *-isme* ou en *-phobie* : racisme, sexisme, âgisme, **xénophobie**, homophobie, etc. Ces mots renvoient souvent aux stéréotypes que nous avons à propos des gens différents et qui peuvent se manifester par des critiques ou des comportements préjudiciables (voir encadré 6.1).

6.1.3 Culture et santé mentale

Chaque culture décide des comportements normaux et de ceux qui sont aberrants, des croyances tolérables et acceptables et de celles qui ne le sont pas. Ces croyances collectives changent au fil du temps et dépendent de plusieurs facteurs. L'acceptation culturelle devient la base des décisions et des actions et fait partie des réalités psychologiques fondamentales de chacun. Ces dernières sont profondément ancrées, difficiles à reconnaître et malaisées à changer (Fielo et Degazon, 1997). Les définitions de la santé et de la maladie mentale peuvent différer d'une structure sociétale à l'autre. Pour illustrer ce point, on remarquera que l'annexe I du *Manuel diagnostique et statistique des troubles mentaux*, 4ᵉ édition (American Psychiatric Association,

Préjugés ou partis pris	ENCADRÉ 6.1
Racisme	Croyance selon laquelle les membres d'une race sont supérieurs à ceux des autres races.
Sexisme	Croyance selon laquelle les membres appartenant à un sexe sont supérieurs à ceux de l'autre sexe.
Hétérosexisme	Croyance selon laquelle tout le monde est ou devrait être hétérosexuel et que l'hétérosexualité est préférable, normale et supérieure.
Âgisme	Croyance selon laquelle les membres d'un groupe d'âge sont supérieurs à ceux des autres groupes d'âge.
Ethnocentrisme	Croyance selon laquelle son propre groupe culturel, ethnique ou professionnel est supérieur aux autres. Une personne juge ainsi les autres en fonction de son propre critère d'appréciation et s'avère incapable ou refuse de saisir en quoi consiste véritablement l'autre groupe.
Xénophobie	Peur maladive des étrangers et de tous ceux qui ne font pas partie de son propre groupe ethnique.

Tiré de l'American Nurses Association : *Multicultural issues in the nursing workforce*, Washington, DC, 1993, The Association.

1994) fournit des informations concernant les syndromes prédominants dans les différentes cultures (syndromes confinés à une culture). Ces informations présentent un intérêt pour les étudiantes en soins infirmiers. Cette annexe souligne également que certains syndromes psychiatriques se retrouvent dans la classification chinoise des troubles mentaux, illustrant ainsi le fait que des cultures différentes considèrent les comportements normaux et anormaux de manière différente.

Influence de la culture sur la santé et la maladie mentale

Il importe d'observer la façon dont chaque membre de l'équipe de santé mentale contribue aux soins du client et à la manière dont leur vision du monde influence les soins en santé mentale et en psychiatrie. On peut étudier les significations de la santé et de la maladie mentale du point de vue de l'individu, de la famille ou du groupe social immédiat ainsi que d'un point de vue professionnel. Kleinman (1980), un sociologue médical, considère que les perceptions des comportements normaux ou anormaux sont influencées et façonnées par la culture. Pour une approche culturelle des soins de santé, il définit trois réalités à considérer dans la maladie. Ces trois manières d'aborder la maladie permettent de comprendre les différents points de vue sur l'expérience de la maladie en elle-même ainsi que sur les interactions entre la culture, la maladie et les prestations de soins de santé. De nombreux systèmes sociaux étant impliqués dans le soin des personnes atteintes de maladies mentales, ces trois optiques constituent un cadre de référence intéressant pour aborder la maladie mentale. Le terme *maladie* recouvre ainsi, selon Kleinman, les trois réalités décrites ci-après.

Première réalité de la maladie

La première réalité de la maladie représente la façon dont une personne souffrante, et les membres de sa famille ou de son entourage perçoivent les symptômes et l'invalidité, les acceptent et s'y adaptent. Partant de ce cadre de référence, l'expérience de la maladie est toujours façonnée culturellement. Pour comprendre cette situation, examinez la manière dont votre famille fait face à la maladie d'un de ses membres. Lorsque vous étiez grippé étant enfant, vous autorisait-on à camper sur le sofa et à regarder la télévision ou étiez-vous confiné à votre lit ? Est-ce que votre mère ou l'un des membres de la famille préparait des plats calmants et vous donnait des médicaments ou vous donnait-on un « remède » unique pour soulager les symptômes ? (À titre d'exemple, au Québec, on offre à la personne enrhumée un bol de soupe au poulet en sachet – une claire incitation à récupérer plus vite !) Qu'arrivait-il si vos deux parents travaillaient ? Qu'advenait-il si plusieurs frères et sœurs étaient malades en même temps ? Que faites-vous maintenant lorsque vous ou votre conjoint êtes malades ? Qu'un membre de la famille élargie tombe malade ? À qui revient le rôle de soignant ? Quels sont les comportements tolérés d'une personne malade à la maison ? Les traumatismes associés aux accidents, comme une jambe cassée, sont-ils abordés différemment des affections chroniques comme le diabète ou la maladie mentale ?

Deuxième réalité de la maladie

La deuxième perception de la maladie est, d'après Kleinman (1988), l'interprétation de la maladie dans le contexte économique, politique et institutionnel. Un taux plus élevé d'empoisonnement par le plomb chez les enfants vivant dans la pauvreté et un taux plus élevé de dépression clinique chez les personnes pauvres et celles abusant de drogues et de l'alcool en sont des exemples. Comment réagit notre société à l'accroissement de ces taux chez certaines populations ? Les fonds pour la recherche sont alloués différemment pour étudier les causes et le traitement de certaines maladies, comme le cancer du sein, les maladies du cœur et l'infection par le VIH. Quelles politiques les compagnies d'assurance adoptent-elles pour le remboursement de certains médicaments ? De quelle manière les forces dans notre société influencent-elles ou font-elles évoluer ces politiques ? Quelles sont les politiques gouvernementales pour le traitement de la maladie mentale et la promotion de la santé mentale ?

Troisième réalité de la maladie

Selon Kleinman (1988), la troisième réalité de la maladie consiste à percevoir le trouble en fonction de sa propre formation professionnelle. Ainsi, après avoir examiné un client et complété son examen psychiatrique, un psychiatre risque d'aboutir à un diagnostic de trouble dépressif majeur, alors que l'infirmière traitant ultérieurement ce client en centre hospitalier peut conclure à un diagnostic infirmier d'habitudes de sommeil perturbées. Chacun « voit » le client et interprète ses symptômes du point de vue de sa formation professionnelle. Le client ressent les symptômes, le médecin nomme ces symptômes ou le syndrome selon la taxinomie des troubles psychiatriques, et l'infirmière nomme les réactions du client à la maladie suivant la taxinomie infirmière. Ces trois membres de l'équipe (le client, le médecin et l'infirmière) considèrent le problème d'une façon légèrement différente – en fonction de leur expérience et de leur formation professionnelle et selon ce que la société juge comme normal et anormal. Tout comme la santé et la maladie mentale, les comportements et les perceptions considérés comme normaux se situent dans un continuum. Au sein des différentes cultures et groupes ethniques, il existe de grandes variations dans la définition et les délimitations de la normalité.

6.1.4 Droit à des services de santé mentale dans le respect de la culture et de l'origine ethnique

Dans des contextes multilingues et multiethniques, l'infirmière est amenée à défendre les droits des clients et de leur famille à l'accessibilité aux soins et à la compréhension du traitement. Il s'agit d'un élément particulièrement crucial dans le domaine de la santé mentale en raison de la terminologie complexe et d'une myriade de comportements et de symptômes qui requièrent une interprétation précise de la part d'un personnel conscient des implications culturelles. Des interprètes doivent être disponibles afin que le client puisse saisir toutes les implications d'un traitement efficace. La diversité culturelle permet aux infirmières et aux autres professionnels de la santé, de prendre conscience que les individus se ressemblent beaucoup plus qu'ils ne diffèrent et ils méritent le meilleur traitement physique et psychologique possible, peu importe leur langue, leur culture ou leur origine ethnique.

6.1.5 Importance de la communication verbale, écrite et non verbale

L'infirmière en santé mentale et en psychiatrie doit avant tout communiquer avec ses collègues, ses clients et leur famille. En tant que professionnelle de la santé, elle communique par l'intermédiaire de mots, de gestes, de sa tenue vestimentaire et de son comportement. Toutes les formes de communications écrites, verbales et non verbales, ont la même importance avec les clients. On transmet davantage d'informations de façon non verbale que verbale. La communication non verbale, utilisée couramment par une grande partie de la population mondiale, détermine le processus et le contexte de transmission des messages. Bien qu'il soit impossible de tirer des conclusions en se basant uniquement sur la culture d'un individu, le fait de comprendre la distinction entre cultures à faible et à fort contexte aidera l'infirmière à saisir les obstacles à la communication et à l'expression.

Cultures à faible et à fort contexte

Le concept de société à faible contexte (ou individualiste) ou à fort contexte (collectiviste) permet d'étudier les aspects comportementaux et communicationnels d'une culture donnée. Cette approche sociologique semble indiquer que l'une des caractéristiques clés d'une culture repose sur les rapports des individus entre eux. Hofstede (1991) définit une société individualiste, ou à faible contexte, comme une société dans laquelle on s'attend des gens qu'ils s'occupent d'eux-mêmes et de leur famille immédiate. Les sociétés à faible contexte donnent une grande importance aux pensées et aux valeurs centrées sur l'individu : l'autonomie, l'initiative individuelle, le droit à la vie privée, l'indépendance émotionnelle et l'universalité (aboutissant à des règles de conduite applicables à tous). Bien que de grandes différences existent parmi les personnes d'une même culture, ces qualités sont généralement typiques des gens fonctionnant dans un environnement démocratique au sein duquel la plupart des membres de la société détiennent un statut juridique et où l'on attend d'eux qu'ils se défendent eux-mêmes. Ces cultures mettent l'accent sur la réflexion individuelle et sur une approche analytique de la situation, qui ne tient pas compte du contexte ou de la situation sociale dans lesquels l'individu agit. En général, ce genre de réflexion est typiquement nord-américain et se retrouve dans d'autres cultures occidentales, notamment en Europe de l'Ouest. Une communication réussie, dans ce genre de culture, requiert une confiance en soi (un contact visuel direct), la possibilité de se défendre soi-même, de surmonter individuellement les problèmes et de débattre d'une opinion. La plupart du temps, ce style d'interactions constitue la norme pour un Nord-Américain ; cependant, une grande partie de la planète ne fonctionne pas suivant ces paramètres.

À l'inverse de la société à faible contexte, dans une société à fort contexte, les individus font partie, tout au long de leur vie, de groupes solides et unis. Ces personnes soulignent l'importance d'une conscience du « nous », d'une identité collective, de la solidarité du groupe, du partage, de la prise de décision en commun, des devoirs et des obligations collectifs, de la dépendance émotionnelle et du « particularisme » (aboutissant à des règles de conduite dépendant du rôle respectif des personnes dans la société) (Hofstede, 1980 ; Kim, 1994). Ces cultures sont considérées à fort contexte parce qu'elles mettent l'accent sur l'individu en tant que membre d'une structure sociétale, placé au sein de relations dont les règles sont inférées par les membres de cette même culture.

Les gens issus d'une culture à fort contexte ont tendance à utiliser une communication plus globale, fondée sur des normes extérieures aux individus, telles que la position sociale. Dans ce type de culture, une communication efficace dépendra du contexte physique et de l'information culturelle intériorisée par les différents interlocuteurs. L'essentiel du message découle de symboles non verbaux et de rôles culturels inhérents à la société.

Ce type d'environnement culturel soutient le développement des individus qui fondent leurs décisions sur des facteurs communs, ne tiennent pas nécessairement à discuter en public, utilisent un langage indirect et évitent les contacts visuels. Les cultures asiatiques, certaines cultures sud-américaines et amérindiennes partagent ces caractéristiques liées à un fort contexte. Les rôles de l'homme et de la femme, dans certaines de ces cultures, peuvent dicter les façons d'interagir avec les professionnels ou les gens extérieurs à la famille. (Il est malgré tout important de garder à l'esprit que de grandes différences existent parmi les individus d'une même culture et de se rappeler que la connaissance de la culture à laquelle appartient un client ne constitue qu'un point de départ.)

Ces deux types de communication et de relation à la société doivent être examinés dans l'évaluation de la culture d'un client. Bien qu'originaires d'une culture à fort contexte, certains clients peuvent devoir être traités dans une culture à faible contexte. Pour que l'infirmière soit à même d'évaluer la réalité de la maladie telle que la perçoit le client, selon Kleinman (1988), elle doit déterminer la capacité d'adaptation du client en fonction d'une culture à fort ou à faible contexte. Le système de santé nord-américain demande que les individus s'expriment eux-mêmes, formulent une opinion divergente et puissent fonctionner à l'extérieur de leur famille. Les individus issus de cultures établies sur des principes différents peuvent constituer un réel défi pour les infirmières (Lester, 1998). Compte tenu du fait que les clients souffrant de maladies mentales chroniques ont souvent une faible estime de soi, des difficultés à traiter l'information et, par le fait même, beaucoup de difficultés à s'exprimer, la défense du client par l'infirmière peut s'avérer, dans de telles situations, de la plus haute importance. Si le personnel soignant est issu d'une culture à faible contexte (analytique et objective) et que le client est issu d'une culture à fort contexte (identification à un groupe et significations symboliques), les problèmes risquent de s'intensifier.

Recours aux services de traducteurs

Les infirmières qui font appel aux services de traduction se doivent d'avoir à leur disposition des indications pour mener à bien cette démarche. En santé mentale, il est fondamental d'obtenir une traduction précise en faisant appel, lorsque c'est possible, à un traducteur qualifié. Il est souvent pratique de se servir d'un membre de la famille ou d'un auxiliaire de l'hôpital ; toutefois, cette façon de faire est déconseillée puisque le client peut éviter d'embarrasser le traducteur ou de révéler des informations culturellement inappropriées. Plusieurs facteurs sont susceptibles d'affecter l'exactitude de la traduction, et il faut être vigilant afin d'éviter les distorsions de la part du traducteur. Il est bon d'utiliser les normes des techniques de communication pour poser des questions par l'intermédiaire d'un interprète, en commençant par l'information générale pour, une fois la communication établie, poser des questions plus délicates. Les modèles de communication relatifs aux cultures à fort contexte peuvent se caractériser par une moins grande utilisation des mots et un plus grand emploi de la communication non verbale. Par conséquent, le traducteur peut paraître ne pas poser la même question que la question énoncée par l'intervieweur. Il est important de tenir compte du contexte de communication et des préférences du client, comme de celles du traducteur. L'équipe soignante se doit d'incorporer un plan adéquat de participation à la traduction pour une évaluation adéquate et continue de l'état du client. L'encadré 6.2 propose des suggestions pour communiquer avec les clients allophones et obtenir des services de traduction.

6.1.6 Soins de santé et minorités

Un haut niveau de pauvreté et de stress se traduit par une élévation de l'incidence des maladies mentales et physiques (American Nurses Association, 1997). L'expression culturelle et le vécu personnel de la maladie (Kleinman, 1980) peuvent être mal interprétés par un praticien en soins de santé qui diagnostique les maux en se basant sur un modèle médical occidental. L'étude de Kleinman sur la maladie et la pauvreté fait valoir le fait que les personnes vivant sous le seuil de la pauvreté ont tendance à éprouver plus de stress et qu'on leur diagnostique plus fréquemment des troubles sévères qu'au reste de la population, soit celle qui ne se trouve pas en situation de pauvreté.

Il a été démontré que les adultes vivant sous le seuil de la pauvreté présentent un risque deux fois plus élevé de développer un trouble psychiatrique à l'Axe I comparativement aux personnes dont les revenus sont égaux ou supérieurs à la moyenne nationale (Bruce, Takeuchi et Leaf, 1991). Les différentes représentations culturelles et ethniques des symptômes contribuent également à cette disparité. Les clients présentant une moins bonne **acculturation** (c.-à-d. une moins bonne adaptation à la nouvelle culture) ne sont pas forcément désireux d'accéder au système de soins (Ruiz, Venegas-Samuels et Alarcon, 1995). Le fait de ne pas être soigné par une personne ayant une compétence culturelle affecte également le traitement du client (Fielo, 1997). La compétence culturelle permet de donner au client des informations qu'il est en mesure de comprendre, peu importe son éducation, son acculturation et son langage. On estime que un à deux tiers des personnes qui reçoivent leur congé d'un établissement psychiatrique retournent dans leur famille (Cook, 1988;

ENCADRÉ 6.2 — Communication avec les clients allophones

- Avoir recours à des interprètes plutôt qu'à des traducteurs. Le traducteur restitue uniquement les mots, d'une langue à l'autre, alors que l'interprète les décode et donne la signification qui se cache derrière le message.
- Faire appel, chaque fois que c'est possible, à un interprète spécialisé dans le dialecte en question.
- Avoir recours à des interprètes formés dans le domaine des soins de santé.
- Accorder à l'interprète un moment seul à seul avec le client.
- Laisser du temps pour la traduction et l'interprétation.
- Rester vigilant aux modifications possibles de l'interprète quant à la description des symptômes : ajout de ses propres idées ou omission d'informations.
- Éviter de faire appel à des proches qui peuvent déformer l'information ou ne pas être objectifs.
- Éviter d'avoir recours à des enfants comme interprètes, en particulier lorsqu'il s'agit de sujets sensibles.
- Faire appel, chaque fois que c'est possible, à des interprètes du même âge et du même sexe que ceux du client.
- Conserver un contact visuel, à la fois avec le client et l'interprète, pour provoquer des réactions et déceler les indices non verbaux.
- Garder à l'esprit que les clients comprennent d'habitude mieux qu'ils ne s'expriment. Ils ont besoin de temps pour penser dans leur propre langue. Ils observent attentivement le langage corporel de l'équipe soignante et sont susceptibles d'oublier, en partie ou complètement, leur français en situation de stress.
- Parler lentement, sans exagérer l'articulation, allouer du temps pour la traduction, préférer la forme active à la forme passive, attendre la réponse et reformuler le message. Ne pas aller trop vite ; ne pas parler fort.
- Utiliser le plus de mots possible dans la langue du client et se servir de la communication non verbale, lorsqu'on ne le comprend pas et lorsque celui-ci ne nous comprend pas.
- Si un interprète n'est pas disponible, un traducteur peut faire l'affaire. Le problème soulevé par la traduction est la possibilité d'omission de parties du message, de distorsions du message, de transmission d'informations non fournies par l'interlocuteur et de messages mal compris.

Note : les différences de classes sociales entre l'interprète et le client peuvent provoquer une censure, de la part de l'interprète, des informations fournies par le client, informations qui peuvent lui paraître naïves ou sans importance.

Goldman, 1982 ; Lefley, 1987). Comment ces clients peuvent-ils s'en sortir si les membres de leur famille ne sont pas à même de faire face au système souvent complexe de santé mentale ou qu'ils divergent d'opinion sur le diagnostic. Le cycle de la pauvreté, illustré à la figure 6.1, perpétue un système social et économique fermé qui comprend notamment une incidence élevée de maladies physiques et mentales et d'abus d'alcool ou de drogue.

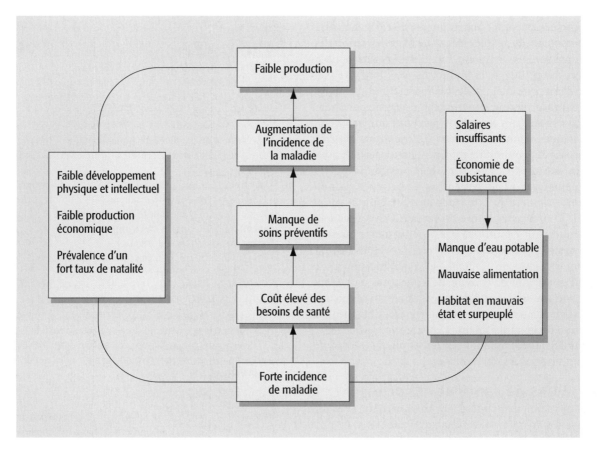

FIGURE 6.1 Cycle de la pauvreté

Tiré de Spector R.E. *Cultural diversity in health and illness*, 4ᵉ édition, Norwalk, Connecticut, Appleton & Lange.

6.1.7 Démarche de soins infirmiers et facteurs culturels

Il est fondamental pour les infirmières de tous les établissements prodiguant des soins de santé de comprendre la signification de la culture et son impact sur la santé mentale et physique des clients. Cette compréhension et cette prise de conscience font partie intégrante de la démarche de soins infirmiers; elles influencent la collecte de données, le diagnostic, la détermination des résultats, la planification, l'intervention et l'évaluation des clients.

Le principal outil infirmier en santé mentale est l'utilisation thérapeutique du soi. C'est dans la relation de l'infirmière avec le client que se manifestent les aspects culturels délicats et habituellement solidement ancrés. Ils ont une répercussion sur le traitement du client.

Alors que l'infirmière met en pratique la démarche de soins infirmiers, il importe, à la fois du point de vue de l'infirmière et du client, de comprendre les significations des problèmes relatifs aux soins de santé. La compréhension de l'infirmière des problèmes culturels complexes qui affectent le client et son interprétation des événements se répercutent à chacune des étapes de la démarche de soins infirmiers.

Collecte de données

De nombreux chercheurs se sont attardés à dépeindre les facteurs culturels influençant la collecte de données. L'origine ethnique, en particulier, risque d'altérer la collecte de données sur les symptômes et sur le niveau de fonctionnement. Lawson et ses collaborateurs (1994) décrivent la façon dont les différences ethniques entre le client et le clinicien empêchent une appréciation claire des dissemblances culturelles dans la présentation des symptômes, et de ce fait, conduisent à des erreurs de diagnostic. De plus, à cause de leur méfiance vis-à-vis du système, certains clients issus de groupes minoritaires auront tendance à recourir tardivement à un traitement, conduisant ainsi à des énoncés de diagnostics plus graves.

L'infirmière doit être aussi informée et humaine que possible. Elle doit être à l'écoute du client pour établir un diagnostic précis afin d'éviter les stéréotypes ou de cataloguer les clients. L'infirmière doit être consciente de son propre bagage culturel, personnel et professionnel, du patrimoine culturel du client et de la signification de la santé mentale dans ce contexte.

Il est important qu'elle développe une compétence culturelle. Selon Purnell et Paulanka (1988), une personne est culturellement compétente lorsque :

- elle développe une conscience de son existence, de ses sensations, de ses pensées et de ses autres ressources sans se laisser abattre par ses expériences antérieures ;
- elle démontre une connaissance et une compréhension de la culture du client ;
- elle accepte et respecte les différences culturelles ;
- elle adapte ses soins pour être congruente avec la culture du client.

L'utilisation de l'outil d'évaluation du patrimoine de Spector (1996) lors de la collecte de données auprès du client constitue un bon point de départ pour recueillir les données relatives à la culture (voir encadré 6.3).

Diagnostic infirmier

Les diagnostics infirmiers des clients sont, à quelques exceptions près, assez semblables, quel que soit leur milieu d'origine. L'infirmière doit être aussi précise que possible dans sa collecte de données pour déterminer le problème du client. À l'heure actuelle, les diagnostics infirmiers reliés à la culture incluent ceux qui sont liés aux obstacles de communication, aux discordances socioculturelles, aux barrières de la langue ainsi qu'aux différences de croyances et de pratiques relatives à la santé et à la maladie.

ALERTES Mme Acosta, une femme de 72 ans, a perdu son mari en raison d'un infarctus du myocarde, il y a de cela à peu près 14 mois. Elle s'est rendue à la clinique médicale de son quartier parce qu'elle avait commencé à ressentir une douleur dans la poitrine et se demandait si ce n'était pas le signe avant-coureur de problèmes cardiaques. En consultant ses antécédents, le praticien remarque que Mme Acosta est vêtue de noir et ajoute un diagnostic de deuil non résolu au dossier. Le praticien a commis une erreur dans l'évaluation de la manifestation culturelle du chagrin de Mme Acosta. Elle est de culture hispanique et, dans cette culture, la coutume veut que l'on porte le noir pendant un an ou plus. Il serait socialement inacceptable pour Mme Acosta de ne pas la suivre.

Le processus d'assignation d'un diagnostic infirmier est particulièrement important. Ces catégories de diagnostics permettent souvent au reste du personnel de « recadrer » les préoccupations de santé par rapport à un client. Elles doivent être aussi précises que possible et refléter le point de vue culturel unique du client. En d'autres mots, elles doivent être culturellement adéquates.

Il arrive souvent que le diagnostic infirmier découle d'une évaluation inexacte. L'infirmière, percevant le comportement du client à travers une lentille ethnocentrique, interprète son comportement comme dysfonctionnel. L'encadré 6.4 présente les erreurs courantes dans l'application des diagnostics infirmiers, qui sont des conséquences d'une mauvaise compréhension reliée aux différences culturelles.

Résultats escomptés

Les résultats escomptés à l'égard du client, au sein des établissements de santé mentale, sont déterminés en fonction de la collecte de données initiale et du processus diagnostique. Une compréhension des problèmes culturels est indispensable pour déterminer les résultats escomptés en soins infirmiers en tenant compte des données obtenues auprès du client et de ses besoins et ses souhaits. Certains clients échouent parfois dans l'atteinte des résultats escomptés parce que de tels résultats vont à l'encontre de leur vision du monde. Plusieurs clients s'en remettront à l'infirmière qu'ils considèrent comme l'« experte ». Néanmoins, les clients ne cherchent pas réellement à mener à terme leurs plans d'enseignement et de sortie de l'hôpital puisque, de leur point de vue, ceux-ci n'ont pas de signification précise et ne leur paraissent pas vraiment utiles pour résoudre leurs problèmes. Cela peut conduire à d'autres erreurs de diagnostics, plus précisément au diagnostic de non-observance thérapeutique. Ce phénomène se produit, la plupart du temps, lorsqu'un client qui veut avoir recours à une méthode curative traditionnelle ou à une approche spécifique à sa culture considère que l'intervention allopathique de l'infirmière entre en conflit avec les modes traditionnels de guérison.

Planification

Au moment d'établir des objectifs de soins et de planifier les interventions de soins infirmiers, l'infirmière prend en compte toutes les variables du client. La famille fait généralement partie du plan de traitement du client et, autant que faire se peut, la communauté à laquelle il appartient également. Les croyances d'un client ont plus de chances de figurer dans son plan de soins en santé mentale, lorsque l'infirmière est consciente de la signification de son comportement et de ses paroles, dans le contexte même de sa culture et de ses traditions.

Exécution

L'exécution des plans de soins infirmiers holistiques, culturellement sensibles, congruents et satisfaisants évoluent au fil du temps et incluent les objectifs suivants :

- maintenir, autant que possible, les pratiques culturelles de santé mentale du client. À titre d'exemple, si le client fait appel à « l'ethnomédication », se renseigner sur sa nature et sur la façon dont cette médication réagit aux médicaments conventionnels ;
- assurer une communication verbale et non verbale efficace entre le client et le personnel soignant en obtenant, si besoin est, les services d'un interprète ;
- favoriser la compréhension du client à l'égard du système allopathique et des raisons justifiant les soins prodigués.

L'infirmière doit être consciente de l'importance de la confiance dont témoignera le client envers les soins

Outil d'évaluation du patrimoine   ENCADRÉ 6.3

1. Où est née votre mère ?
2. Où est né votre père ?
3. Où sont nés vos grands-parents ?
   a) La mère de votre mère ?   c) Le père de votre mère ?
   b) La mère de votre père ?   d) Le père de votre père ?
4. Combien de frères et sœurs avez-vous ?
5. Dans quel environnement avez-vous grandi ?
   a) Urbain   b) Rural   c) En banlieue
6. Dans quel pays vos parents ont-ils grandi ?
   a) Père   b) Mère
7. Quel âge aviez-vous lorsque vous êtes arrivé aux Canada ?
8. Quel âge avaient vos parents lorsqu'ils sont arrivés aux Canada ?
   a) Père   b) Mère
9. Durant votre jeunesse, qui habitait avec vous ? (poser la question de cette manière)
   a) Famille nucléaire   c) Famille monoparentale
   b) Famille étendue   d) Autre
10. Avez-vous gardé contact avec :
    a) vos tantes, oncles, cousins ?   (1) Oui   (2) Non
    b) vos frères et sœurs ?   (1) Oui   (2) Non
    c) vos parents ?   (1) Oui   (2) Non
    d) vos propres enfants ?   (1) Oui   (2) Non
11. Est-ce que la plupart de vos tantes, oncles et cousins vivaient près de chez vous dans votre jeunesse ?
    a) Oui   b) Non
12. Quand vous étiez jeune, à quelle fréquence rendiez-vous visite aux membres de votre famille vivant à l'extérieur de la maison ?
    a) Une fois par jour   d) Une fois par année ou moins
    b) Une fois par semaine e) Jamais
    c) Une fois par mois
13. Votre nom de famille d'origine a-t-il été modifié ?
    a) Oui   b) Non
14. Avez-vous un idéal religieux ?
    a) Oui (préciser lequel)
    b) Non (1 point si la réponse est oui, mais 0 si c'est non)
15. Votre conjoint pratique-t-il la même religion que vous ?
    a) Oui   b) Non
16. Votre conjoint a-t-il la même origine ethnique que vous ?
    a) Oui   b) Non
17. Quel genre d'école fréquentiez-vous ?
    a) Publique (0)   b) Privée   c) Paroissiale
18. Actuellement, habitez-vous un quartier où vos voisins pratiquent la même religion ou proviennent de la même origine ethnique ?
    a) Religion   (1) Oui   (2) Non
    b) Appartenance ethnique (1) Oui   (2) Non

19. Appartenez-vous à une institution religieuse ?
    a) Oui   b) Non
20. Vous décririez-vous comme un membre actif ?
    a) Oui   b) Non
21. À quelle fréquence vous rendez-vous à votre institution religieuse ?
    a) Plus d'une fois par semaine
    b) Une fois par semaine
    c) Une fois par mois (0)
    d) Pour les fêtes uniquement (0)
    e) Jamais
22. Pratiquez-vous votre religion à la maison ?
    a) Oui (veuillez préciser, 1 point attribué à chaque exemple)
    b) La prière
    c) La lecture de la Bible
    d) La célébration des fêtes religieuses
    e) Non
23. Cuisinez-vous selon votre origine ethnique ?
    a) Oui   b) Non
24. Participez-vous à des activités ethniques ?
    a) Oui (veuillez préciser,   d) La danse
       1 point attribué à   e) Les festivals
       chacune des activités)   f) Les costumes
    b) Les chants   g) Autres
    c) Les fêtes   h) Non
25. Vos amis sont-ils de même religion que vous ?
    a) Oui   b) Non
26. Vos amis sont-ils de la même origine ethnique que vous ?
    a) Oui   b) Non
27. Quelle est votre langue maternelle (la langue que vos parents parlaient, autre que l'anglais) ?
28. Parlez-vous cette langue ?
    a) Oui   b) Non
29. Lisez-vous cette langue ?
    a) Oui   b) Non

Un nombre élevé de réponses positives indique proportionnellement des liens très forts au patrimoine traditionnel. (La seule réponse négative qui révèle une identité culturelle concerne la modification du nom de famille d'origine). Ce questionnaire doit être évalué, à partir de la question 10, en accordant 1 point pour les réponses positives, sauf si elles sont notées 0, et 2 points pour les réponses négatives, si le nom de famille de la personne n'a pas été changé. Encore une fois, un pointage élevé, supérieur à 15 points, indique l'appartenance du client à une origine traditionnelle.

Tiré de Spector R.E. : Cultural diversity in health and illness, 4ᵉ édition, Norwalk, Connecticut, 1996, Appleton & Lange.

infirmiers en santé mentale. Les clients appartenant aux communautés culturelles peuvent éprouver une méfiance profondément ancrée envers le système en général et l'infirmière en particulier, *a fortiori* si l'infirmière a des antécédents culturels différents des leurs. Des chercheurs ont remarqué que l'origine ethnique, à titre d'exemple, a

une importance primordiale dans le traitement. Elle peut notamment influencer la manière dont les médicaments sont administrés, le niveau et la fréquence des interventions et les résultats de ces interventions.

L'utilisation de mécanismes de soutien social au cours du processus d'intervention s'avère cruciale pour soigner

Erreurs courantes dans l'application des diagnostics infirmiers　ENCADRÉ 6.4

Les diagnostics infirmiers courants de l'ANADI sont fréquemment mal appliqués à cause d'un manque de compréhension des problèmes culturels.

Stratégies d'adaptation défensives et non-observance thérapeutique

Les clients issus de cultures minoritaires ayant subi de la discrimination, des préjugés et des stéréotypes peuvent se montrer rebelles aux interventions de soins infirmiers appropriées, particulièrement dans le domaine de l'enseignement au client et de la planification de la sortie d'hôpital. La suspicion et la méfiance risquent d'amener l'infirmière à mal interpréter les comportements d'un client et à mal les identifier.

Exercice du rôle perturbé et exercice du rôle parental perturbé

L'utilisation de ces diagnostics implique la compréhension des rôles et des activités parentales reliés à la culture du client. Ils peuvent différer de ceux de l'infirmière et de la culture majoritaire.

Interactions sociales perturbées et communication verbale altérée

L'incompréhension se produit lorsque l'infirmière ne tient pas compte des modèles d'interaction reliés à la culture. Les silences, les contacts visuels peu fréquents, la honte, la peur et les barrières de langue affectent la capacité du client à interagir. Le sexe de l'infirmière et celui du client peuvent également influencer la communication, partant du fait que différents codes de comportements et de rôles sont assignés à chacun des sexes dans de nombreuses cultures.

Opérations de la pensée perturbées

Les schémas et les processus de réflexion qui paraissent faussés peuvent référer à des expressions d'anxiété et de peur typique d'une culture. Une évaluation méticuleuse permettra à l'infirmière de diagnostiquer efficacement l'anxiété ou la peur chez plusieurs clients, plutôt que de considérer que ces comportements sous-tendent des opérations de la pensée perturbées.

---

efficacement. De nombreuses études semblent indiquer que, pour être profitable, l'intervention en santé mentale doit être réalisée dans un cadre où la considération culturelle est de mise (Baker, 1994 ; Friedman, Paradis et Hatch, 1994 ; Hickling et Griffith, 1994 ; Morris et Silove, 1992 ; Nelson et coll., 1992). Ainsi, le recours aux membres de la famille ou du groupe culturel du client pour l'évaluation, la planification et le processus d'intervention peut faciliter les soins infirmiers et assurer l'atteinte de meilleurs résultats pour le client.

Évaluation

L'infirmière évalue les soins en santé mentale, selon une perspective multiculturelle, en décidant de l'atteinte des résultats par le client.

Il est important de déterminer si oui ou non le client a pu conserver ses valeurs et croyances culturelles relatives à la santé et à la maladie mentale. On doit respecter les idéaux et les besoins du client grâce à une communication ouverte. La planification de la sortie du centre hospitalier doit être réaliste et culturellement adéquate. S'il ne se sent pas concerné par les choix de traitement, le client sera moins susceptible d'agir efficacement après sa sortie. Ainsi, l'évaluation des interventions de soins infirmiers est basée sur l'atteinte des résultats par le client, et ces résultats sont déterminés en fonction de leur sensibilité et de leur réalisme relativement à la culture.

CONCEPTS-CLÉS

- Les infirmières en santé mentale et en psychiatrie doivent procéder à l'évaluation des clients et améliorer les plans de soins grâce à une perspective holistique qui tient compte des différences culturelles.
- Les soins infirmiers multiculturels en santé mentale et en psychiatrie impliquent la compréhension de nombreux problèmes, dont les changements démographiques, le patrimoine, la socialisation et l'acculturation.
- Pour aider efficacement une personne issue d'une autre culture, l'infirmière doit tout d'abord prendre conscience de son propre héritage culturel.
- La santé peut se percevoir comme tridimensionnelle, englobant à la fois le corps, la pensée et l'esprit.

SITUATIONS CLINIQUES

1. Maria, une Salvadorienne de 20 ans, est traitée dans une unité psychiatrique pour soulager les symtômes d'une schizophrénie paranoïde. Elle a été admise après avoir été retrouvée devant sa maison, en train de crier et d'agir de façon irrationnelle. Elle s'assoit dans sa chambre, a une apparence soignée et reste silencieuse. Elle s'est isolée des autres clients et paraît se méfier du personnel soignant. Elle limite au minimum les contacts visuels et répond à voix basse lorsque l'infirmière lui pose des questions. Elle dit que sa mère, décédée depuis trois ans, lui apparaît et lui parle. Ces « apparitions » s'avèrent réconfortantes ; aucun ordre n'est exprimé.
   Pensée critique – Collecte de données
   - Quelles sont les difficultés relatives à sa culture qui peuvent influencer Maria ?
   - De quelle manière le processus de collecte de données peut-il être amélioré grâce à une compréhension du patrimoine culturel de Maria ?

- Il est reconnu que les gens d'origine hispanique en situation de stress déclarent souvent entendre la voix de proches décédés. Comment l'infirmière peut-elle différencier ce phénomène culturel d'un processus de pensée psychotique ?
- Quels obstacles risquent d'affecter la communication entre Maria et l'infirmière ?

2. M. Longhouse est un Amérindien d'origine mohawk, âgé de 40 ans, qui souffre de schizophrénie paranoïde pour laquelle il est traité depuis 20 ans. Au cours d'une phase aiguë de la maladie, il est hospitalisé. Durant cette hospitalisation, il souhaite avoir en sa possession son éventail de plumes d'aigle pour pouvoir maîtriser ses hallucinations auditives. Lorsqu'il est angoissé, il agite son éventail devant lui et monologue dans sa langue maternelle. Cette activité effraye certains clients. Une par-tie du personnel croit que son éventail doit lui être retiré parce qu'il perturbe les autres clients, alors que le reste du personnel considère que M. Longhouse doit conserver son éventail si celui-ci l'aide à faire face aux symptômes de sa maladie.

Pensée critique – Intervention
- Comment l'infirmière peut-elle respecter à la fois les besoins de M. Longhouse et ceux des autres clients ?
- L'infirmière doit-elle encourager M. Longhouse à utiliser cet objet ?
- Que devrait faire l'infirmière, en admettant qu'elle doive intervenir, lorsque M. Longhouse se sert de l'éventail ?
- Que représente l'éventail pour M. Longhouse ?
- Quel soutien culturel peut être apporté à M. Longhouse durant son hospitalisation ?

PARTIE II
Dynamique de l'exercice de la profession

Vivianne Saba
M.Sc.inf.

Chapitre **7**

DÉMARCHE DE SOINS INFIRMIERS

OBJECTIFS D'APPRENTISSAGE

APRÈS AVOIR LU CE CHAPITRE, VOUS DEVRIEZ ÊTRE EN MESURE :

DE DISCUTER DU RÔLE DE L'INTUITION, DE LA COMPÉTENCE ET DE LA PENSÉE CRITIQUE, ET DE LEUR APPLICATION DANS LA DÉMARCHE DE SOINS INFIRMIERS EN SANTÉ MENTALE ET EN PSYCHIATRIE ;

DE DÉCRIRE LA NATURE CYCLIQUE DE LA DÉMARCHE DE SOINS INFIRMIERS EN SIX ÉTAPES ;

DE COMPARER ET DIFFÉRENCIER LES GRANDES LIGNES DE LA COLLECTE DE DONNÉES INFIRMIÈRE ET MÉDICALE EN ACCORDANT UNE ATTENTION PARTICULIÈRE À LA TAXINOMIE DE L'ASSOCIATION NORD-AMÉRICAINE POUR LE DIAGNOSTIC INFIRMIER (ANADI) ;

DE FAIRE LA DISTINCTION ENTRE LES DIAGNOSTICS ACTUELS, DE RISQUE ET DE BIEN-ÊTRE, EN INSISTANT SUR LES FORMULATIONS, LES ÉTIOLOGIES ET LES FACTEURS DE RISQUE LES PLUS COURANTS SELON LA LISTE DE L'ANADI ET EN EN DÉCRIVANT LES CARACTÉRISTIQUES ;

DE RECONNAÎTRE LES RÉSULTATS QUI PERMETTENT DE MESURER L'ÉVOLUTION DU COMPORTEMENT DU CLIENT EN FONCTION DE SON DIAGNOSTIC INFIRMIER ;

DE DÉCRIRE LES RÉSULTATS QUI DÉPENDENT DIRECTEMENT DU CORPS INFIRMIER ET DE LA CLASSIFICATION DES RÉSULTATS DE SOINS INFIRMIERS (NOC-CRSI), AINSI QUE LEUR INFLUENCE SUR LA DÉMARCHE DE SOINS INFIRMIERS ;

D'ÉLABORER DES INTERVENTIONS NORMATIVES ET DIRECTIVES DE SOINS INFIRMIERS, À LA FOIS POUR LES DIAGNOSTICS ACTUELS ET LES DIAGNOSTICS DE TYPE RISQUE ;

DE DÉFINIR LA CLASSIFICATION DES INTERVENTIONS DE SOINS INFIRMIERS (NIC-CISI) ET SES LIENS AVEC LA DÉMARCHE DE SOINS INFIRMIERS ;

DE JUSTIFIER CHACUNE DES INTERVENTIONS DE SOINS INFIRMIERS PROPOSÉES ;

DE METTRE EN PLACE UNE ÉVALUATION DES RÉSULTATS POUR MESURER EFFICACEMENT LES PROGRÈS DU CLIENT DANS UN LAPS DE TEMPS DONNÉ.

MOTS-CLÉS

Analyse: opération qui consiste à isoler, à examiner et à interpréter chaque élément de la collecte des données en déterminant les variations par rapport aux comportements ou aux réactions normales. Opération qui consiste également à découvrir les structures et les liens dans les données qui peuvent servir d'indices pour la poursuite des recherches. Processus cognitif utilisé dans le raisonnement diagnostique.

Cheminement clinique: présentation normalisée permettant de prodiguer les soins et d'effectuer le suivi du client au moyen d'une prise en charge, dans le cadre d'un système de prestation de soins interdisciplinaires. (Connu aussi sous le nom de plan d'interventions ou de cheminement critique.)

Classification des interventions de soins infirmiers (NIC-CISI): première classification exhaustive et normalisée des soins infirmiers; mise au point en 1987 par les membres de l'équipe de recherche de l'*Iowa Intervention Project* et publiée en 1991, 1996 et 2000. Elle comporte actuellement 486 interventions.

Classification des résultats de soins infirmiers (NOC-CRSI): première classification exhaustive et normalisée servant à décrire les résultats obtenus par le client qui dépendent directement des interventions de soins infirmiers; mise au point en 1991 par l'*Iowa Intervention Project* et publiée en 1997 et 2000. Les 260 résultats sont assortis d'indicateurs qui décrivent l'état du client, son comportement et ses propres perceptions.

Introspection: aptitude à se percevoir et à se comprendre.

Intuition: compréhension immédiate d'une situation sans passer par l'analyse critique (on parle également de raisonnement intuitif).

Pensée critique: processus intellectuel structuré, qui sert à guider la pensée et l'action et qui comprend la conceptualisation active, l'application, l'analyse, la synthèse et l'évaluation de l'information grâce à l'observation, l'expérience, le raisonnement et la communication.

Synthèse: consiste à combiner, en une seule information, divers éléments tirés de données pertinentes; comparaison des types de comportements avec les théories existantes ou les comportements normaux pour découvrir les forces du client et expliquer ses symptômes; processus cognitif impliqué dans le raisonnement diagnostique.

Taxinomie: classification d'un phénomène connu selon une structure hiérarchique.

La démarche de soins infirmiers est une méthode structurée qui a fait ses preuves. Elle comprend une série d'étapes et d'interventions planifiées qui permettent aux infirmières d'évaluer et de traiter les réactions humaines par rapport aux problèmes de santé actuels ou potentiels. Il s'agissait à l'origine d'un processus en cinq étapes, mais aujourd'hui il en compte six. Ces deux structures sont comparées ci-dessous.

Démarche en cinq étapes

Norme n° I – Collecte de données
Norme n° II – Diagnostic infirmier
Norme n° III – Planification
Norme n° IV – Exécution
Norme n° V – Évaluation

Démarche en six étapes

Norme n° I – Collecte de données
Norme n° II – Diagnostic infirmier
Norme n° III – Résultats escomptés
Norme n° IV – Planification
Norme n° V – Exécution
Norme n° VI – Évaluation

Pour se conformer aux normes les plus récentes de la pratique, on recourra, tout au long de cet ouvrage, à la démarche en six étapes, même si les auteurs reconnaissent les mérites d'un processus en cinq étapes et savent qu'il est encore utilisé. Dans le processus en six étapes, la détermination des résultats est considérée comme une étape en soi, car certains auteurs estiment qu'il est avantageux de dresser une liste des résultats à la suite du diagnostic infirmier et avant l'étape de la planification. Ceux-ci soutiennent que la planification comporte des mesures qui aident le client à atteindre ses objectifs. Lorsqu'on définit ces objectifs, on a de meilleures chances de les atteindre. Dans la démarche en cinq points, la phase de planification incorpore la détermination des résultats, elle n'y constitue donc pas une étape distincte.

L'*Iowa Outcomes Project* a mis au point la **classification des résultats de soins infirmiers** en partie pour que les infirmières puissent discerner les résultats qui dépendent essentiellement de leur action. Afin de pouvoir travailler efficacement dans les organismes de soins gérés, en améliorant la qualité du service et en réduisant les coûts, les infirmières doivent être à même d'évaluer et de documenter les résultats qui découlent directement des soins prodigués au client (Johnson et Maas, 1997).

Indépendamment des moyens utilisés, la démarche infirmière reste une méthode de résolution de problèmes, systémique et active, qui englobe toutes les composantes essentielles des soins à la clientèle, y compris l'attention accordée aux familles, aux proches et à la collectivité. De nombreux théoriciens en arrivent à penser que la démarche de soins infirmiers dépasse l'approche systémique et organisée des problèmes cliniques. À la différence de la plupart des méthodes de résolution de problèmes, linéaires ou épisodiques, dans lesquelles on décèle un problème, on le diagnostique, on le traite, puis on le résout, la démarche de soins infirmiers se caractérise par une approche cyclique, multidimensionnelle et permanente et elle s'incorpore dans le plan de traitement en fonction des réactions fluctuantes du client. La figure 7.1 illustre la nature cyclique de ce processus.

Les étapes de la démarche de soins infirmiers ne suivent pas un ordre strict – débutant par la collecte de données et se terminant par l'évaluation. Il arrive qu'elles soient concomitantes, car l'infirmière peut évaluer à n'importe quel moment sa collecte de données ou même son plan d'action.

La démarche de soins infirmiers, à l'image de l'état de santé du client, est un processus plus dynamique que statique. Pour cette raison, une infirmière experte posera des jugements et prendra des décisions cliniques justifiées et aidera les novices à développer un mode de pensée analytique et des habiletés d'organisation. Les diverses étapes de cette démarche se structurent suivant un schéma circulaire de l'interprétation des données et des soins à la clientèle.

Kritek (1978) fait remarquer que les étapes de ce processus sont à la fois interactives et continues. Il existe une interaction des phases entre elles et une interaction de celles-ci avec le client. À certains moments, les phases convergent et l'infirmière, quant à elle, peut assister le client dans sa prise en charge à tout moment au cours de cette démarche fluide et interactive.

La classification des résultats de soins infirmiers a permis de mettre au point un langage normalisé et global apte à décrire les résultats qui découlent des interventions de l'infirmière, un langage qui définit les résultats de soins infirmiers comme des concepts neutres susceptibles d'être mesurés dans un continuum. Ces concepts neutres, tels que la mobilité et l'hydratation (états physiologiques), ou l'adaptation et le chagrin (états psychologiques), diffèrent des objectifs individuels qui peuvent être ou non atteints (Johnson et Maas, 1997).

Pour les infirmières en santé mentale et en psychiatrie, qu'elles soient étudiantes, récemment diplômées ou cliniciennes d'expérience, le recours à la démarche de soins infirmiers constitue un défi de taille. Dans le contexte de la psychiatrie, ce cheminement s'intéresse avant tout au comportement du client et à sa signification au-delà des paroles, incluant les stresseurs psychosociologiques. Les ressources et les limites psychiques du client, sa capacité d'adaptation et ses mécanismes de défense constituent des composantes essentielles que l'infirmière examine au cours de la démarche.

Les composantes de la santé mentale qui figurent dans l'évaluation holistique des données du client incluent l'examen de l'état mental et des critères bio-psychosociaux, et même spirituels et culturels (voir encadré 7.1). Cette évaluation consiste en une collecte organisée des données

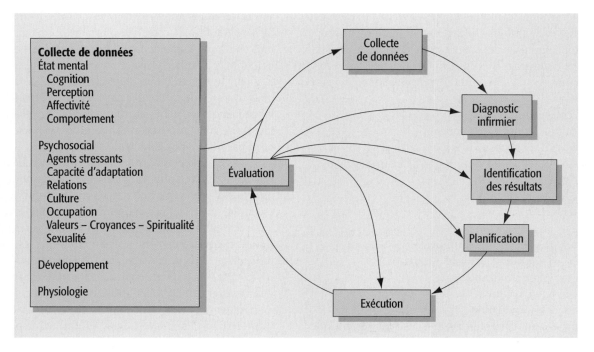

FIGURE 7.1 Nature cyclique de la démarche de soins infirmiers
Tiré de Fortinash K.M., et Holoday-Worret P.A. : *Psychiatric nursing care plans*, 3ᵉ édition, Saint Louis, 1999, Mosby.

sur l'état global de l'individu au moment de l'entrevue. Cela sert de base aux diagnostics infirmiers et médicaux subséquents et à la coordination de toutes les disciplines qui s'articulent autour des soins infirmiers en santé mentale et en psychiatrie.

L'infirmière se concentre tout spécialement sur l'examen de l'état mental, soit l'humeur, les affects, les pensées et les perceptions, afin de traiter les troubles psychiques ou émotionnels. Néanmoins, l'infirmière en santé mentale et en psychiatrie doit être prête à conduire une évaluation multisystémique, similaire à celle qui est utilisée dans le contexte médical ou chirurgical. Nombre de clients présentent des symptômes physiques attribuables aux effets secondaires des médicaments, à la négligence ou à l'auto-destruction. D'autres doivent être placés dans des unités médicales spéciales, à l'intérieur même de l'établissement psychiatrique. Il s'agit généralement de clients plus âgés qui souffrent de maux physiques multiples ou qui présentent des troubles liés à l'alcoolisme ou à la toxicomanie. Dans ce cas, les infirmières doivent être parfaitement conscientes que les clients sont des êtres humains qui ont des problèmes biopsychosociaux et que toutes leurs manifestations sont susceptibles de provoquer des séquelles mentales et physiques.

Dans un établissement psychiatrique, il est rare qu'un client soit mis sous perfusion, qu'il porte un masque à oxygène ou qu'il soit relié à un moniteur cardiaque, néanmoins les douleurs qui l'affligent n'en sont pas moins réelles et invalidantes. L'infirmière a pour tâche de découvrir l'origine de ses souffrances, au moyen de la pensée critique et de la prise de décision, tout en suivant les principes de la démarche de soins infirmiers et en y apportant la richesse de son expérience personnelle.

La démarche de soins infirmiers, la classification des interventions de soins infirmiers (NIC-CISI) et la classification des résultats de soins infirmiers (NOC-CRSI) ne constituent pas une panacée et, dans certains cas, il est difficile de sélectionner l'approche qui convient au comportement des clients. À la différence des interventions dans le domaine médical ou chirurgical, il n'existe pas d'intervention spécifique pour chaque comportement d'un client, et ce dernier peut réagir de façon imprévisible ou se montrer réfractaire aux plans de soins les mieux conçus. Dans ces circonstances, on doit parfois tenter plusieurs approches avant d'obtenir la réaction désirée.

La démarche de soins infirmiers, comme tout autre processus de prise de décision, n'assure pas pour autant un soulagement immédiat des symptômes. Étant donné la nature complexe des troubles mentaux, les clients quittent rarement un établissement psychiatrique sans aucun symptôme. Cela n'empêche pas d'espérer qu'ils parviennent à mieux fonctionner, à la suite des soins d'infirmières prêtes à essayer, avec patience, compréhension et espoir, plusieurs approches acceptables et éprouvées. Au bout du compte, c'est l'infirmière, avec toute la richesse de sa personnalité, qui mène la démarche de soins infirmiers et lui confère son unicité.

7.1 HISTORIQUE ET PERSPECTIVES DE LA DÉMARCHE DE SOINS INFIRMIERS

La démarche de soins infirmiers est une méthode parfaitement éprouvée à partir de laquelle les infirmières prennent des décisions critiques pour prodiguer des soins cliniques. Plusieurs éléments importants interviennent dans ce cheminement : l'intuition, la compétence et la pensée critique.

7.1.1 Intuition et démarche de soins infirmiers

L'**intuition**, également dénommée raisonnement intuitif, est la compréhension immédiate qu'a un individu d'une situation sans passer par l'analyse critique. Un pressentiment, un sentiment viscéral, constituent des exemples d'intuition. On considère généralement qu'une personne qui se base sur l'intuition devrait avoir recours à des données concrètes pour étayer ses impressions (Wescott, 1968). On reconnaît qu'antérieurement les infirmières faisaient souvent appel à l'intuition au moment de l'évaluation et dans le feu de l'action. Avec l'avènement des sciences infirmières, ce type de raisonnement a été délaissé au profit d'approches méthodiques qui permettent de prendre des décisions critiques. L'intuition fut alors qualifiée de technique non scientifique et l'introduction des nouvelles techniques a fait pencher la balance du côté du raisonnement scientifique plutôt que de celui de l'approche intuitive, qui fut dévalorisée (Munhall et Oiler, 1993).

Cette révolution scientifique s'est soldée, dans le domaine des soins infirmiers, par l'abandon de critères intuitifs au profit de méthodes de résolution de problèmes linéaires plus concrètes, considérées comme non sexistes et relativement sûres. Les revues professionnelles ont récemment réintroduit la notion d'intuition en tant que composante valable, en raison de la nature complexe du raisonnement clinique. Certaines considèrent même l'intuition comme faisant partie intégrante de la pensée critique.

Dans un ouvrage marquant, *De novice à expert : Excellence en soins infirmiers* (1984, 1995), Benner décrit le rôle de l'intuition chez les infirmières qui administrent des soins dans des situations critiques et conclut que plusieurs d'entre elles ne sont pas suffisamment conscientes des processus de raisonnement de haut niveau auxquels elles font appel pour analyser les besoins et prodiguer des soins. Pourtant, ces interventions de soins infirmiers reposant sur l'intuition démontrent une perception exceptionnelle et un jugement très sûr. Smith (1988) a fait remarquer que les infirmières perçoivent fréquemment, d'une manière ou d'une autre, la détérioration imminente de l'état du client avant même que les crises ne se produisent.

Compte tenu de ces observations, il paraît logique que les infirmières recourent inévitablement au raisonnement intuitif avant de prendre des décisions cliniques dans le cadre des soins psychiatriques où l'évaluation, les diagnostics et les interventions reposent avant tout sur le comportement changeant des clients. Il semble alors évident que l'intuition intervient durant les différentes phases de la démarche de soins infirmiers et qu'elle fait un retour en force dans le raisonnement clinique. Bien que les mécanismes mentaux de l'intuition restent en partie mystérieux et insaisissables, les résultats du côté client n'en demeurent pas moins impressionnants, et le raisonnement intuitif a définitivement sa place dans la pratique des soins infirmiers cliniques et dans la recherche qui s'y rattache.

Un exemple d'intuition Au cours d'une entrevue très intense avec un client, une infirmière décide de passer à des sujets moins prenants. Questionnée ensuite sur cette stratégie, elle remarque qu'elle a ressenti l'obligation de changer de sujet. Interrogé ultérieurement sur ses impressions durant cette même entrevue, le client reconnaît qu'il a senti monter sa colère, même si, sur le moment, il n'en a pas eu conscience.

7.1.2 Compétence et démarche de soins infirmiers

Arriver à un jugement clinique pondéré exige de la compétence. C'est uniquement grâce à l'expérience clinique que les infirmières peuvent devenir expertes dans des domaines spécialisés (Benner, 1984-1995). La compétence, tout comme l'intuition, influence les phases de la démarche de soins infirmiers. Bien que l'on maintienne que l'intuition ne s'enseigne pas, il est cependant possible de l'acquérir par la pratique clinique. Il s'agit néanmoins d'un processus complexe et difficile à cerner. La compétence et l'intuition constituent des buts valables tout au long d'une carrière professionnelle. L'accès à la compétence, en pratique clinique, peut passer par la maîtrise de l'intuition.

7.1.3 Pensée critique et démarche de soins infirmiers

La **pensée critique**, l'élément le plus important de la démarche de soins infirmiers, demande à la fois un jugement sûr, de l'intuition, de la compétence et même de la créativité. La pensée critique enrichit les connaissances de base de l'infirmière ; elle l'aide à sélectionner les données significatives et à les classer par priorités.

Lorsqu'elle suit cette démarche, l'infirmière intègre son expérience et ses connaissances professionnelles et celles qui proviennent des autres disciplines pour appliquer, dans sa pratique, les théories et les principes. La connaissance des besoins humains fondamentaux, de l'anatomie et de la physiologie, de la croissance, du développement et des mécanismes des maladies, des tendances et des modèles sociologiques de même qu'une ouverture aux diverses cultures, religions et philosophies sont des éléments cruciaux de la pensée critique. Dans chacune des phases de la démarche de soins infirmiers, on a recours aux différentes habiletés de pensée critique énumérées ci-dessous (Wilkinson, 1992) :

- observation (on doit observer de façon planifiée et constante plutôt que de manière épisodique et occasionnelle) ;
- sélection des données valides ;
- validation des données au moyen de l'observation et de la communication ;
- structuration des données en ensembles significatifs ;
- classement des données de façon à pouvoir les récupérer et les présenter efficacement.

La pensée critique dépasse de très loin les simples opérations de l'analyse logique. Elle consiste à questionner les hypothèses sous-jacentes aux idées communément acceptées, aux modes de pensée et aux comportements routiniers afin de pouvoir penser et agir différemment.

7.2 COLLECTE DE DONNÉES

La collecte des données, première phase de la démarche de soins infirmiers, est peut-être la phase la plus décisive puisque c'est le moment où les infirmières recueillent un grand nombre de données sur l'état de santé global du client. *Dans une perspective holistique, la collecte fournit aux infirmières les données pertinentes à partir desquelles elles pourront formuler des diagnostics de façon précise et les classer par priorités. Cette classification, point névralgique du plan de traitement, est établie en fonction des besoins du client et de son état présent.* Durant cette phase, les infirmières obtiennent des données grâce aux méthodes éprouvées de conduite d'entretiens, d'interactions, de comportement verbal et non verbal, fondées sur la connaissance des comportements fonctionnels et dysfonctionnels et le contexte biopsychosocial (Fortisnash et Holoday-Worret, 1999).

Dans le contexte des soins en santé mentale et en psychiatrie, on effectue la collecte des données dans plusieurs environnements (hôpital, clinique externe ou communautaire, domicile). Cela donne l'occasion à l'infirmière d'observer le client pour ainsi modifier la collecte de données, selon son adaptation aux différents milieux et d'enregistrer les progrès réalisés au cours de l'hospitalisation. Durant cette phase, le client représente, idéalement, la première source d'information. Il arrive néanmoins qu'il ne soit pas en mesure, en raison de la gravité de sa maladie, de fournir des antécédents de santé précis et complets. Dans de telles circonstances, il faut interroger une source fiable au nom du client, en gardant à l'esprit que l'information ainsi obtenue doit être évaluée selon la relation qu'entretient cette personne avec le client (Fortinash, 1990).

La collecte de données auprès du client se conforme aux critères suivants : données physiques, psychiatriques, psychosociales, culturelles, spirituelles, sexuelles et données relatives à l'état mental et au développement. Cette méthode comprend également un compte rendu subjectif des symptômes et des troubles que présente le client ainsi que des observations objectives de l'infirmière (Fortinash, 1990 ; Fortinash et Holoday-Worret, 1999). L'encadré 7.1 énumère les éléments de l'examen de l'état mental et les critères psychosociaux qui devront être retenus durant cette collecte.

L'évaluation des forces et de la capacité d'interaction avec le milieu constitue un des éléments fondamentaux de l'examen de l'état mental du client. Cela inclut l'habileté du client à créer des liens, à maintenir une communication et des relations positives et à s'épanouir personnellement. Une collecte effective de données permettant une analyse

de l'adaptation ou de l'inadaptation du client aux agents stressants, internes et externes, suppose une connaissance et une compréhension approfondie de la psychodynamique et de la psychopathologie du comportement humain (Fortinash et Holoday-Worret, 1999).

7.2.1 Entrevue infirmière-client

L'entrevue constitue l'élément essentiel de la collecte de données sur l'état de santé général du client souffrant de troubles mentaux. Elle offre plus de flexibilité, elle est plus

---

Composantes de la collecte des données : état mental et critères psychosociaux   ENCADRÉ 7.1

Examen de l'état mental

Apparence
Habillement, tenue, hygiène, état des cheveux et des ongles, produits de beauté, âge apparent, posture, expression du visage

Comportement/Activité
Baisse de l'activité ou hyperactivité, rigidité, attitude détendue, agitation ou nervosité, démarche et coordination, grimaces, gesticulations, tics, attitude passive, agressive ou bizarre

Attitude
Interactions avec la personne qui réalise l'entretien : collaboration, résistance, comportement amical, hostile, doucereux

Langage
Volume : pauvreté du langage ou des contenus, richesse
Qualité : articulé, cohérent, monotone, bavard, répétitif, spontané, enrobé, hors sujet, divagant, contraint, stéréotypé
Débit : lent, rapide

Humeur et affects
Humeur (intensité, profondeur, durée) : triste, craintive, déprimée, colérique, anxieuse, ambivalente, heureuse, enthousiaste, mégalomane
Affects (intensité, profondeur, durée) : adéquat, apathique, gêné, abrupt, amorphe, instable, euphorique, bizarre

Perceptions
Hallucinations, illusions, dépersonnalisation, déréalisation, distorsions

Pensées
Forme et fond : logique ou illogique, associations libres, fuite des idées, comportement autistique, blocages, transmission de la même idée à plusieurs personnes, néologismes, logorrhée, obsessions, ruminations, délire, pensées abstraites plutôt que concrètes

État de conscience/Cognition
Niveaux de conscience, orientation, concentration, mémoire à court et à long terme ; habileté à comprendre et à traiter l'information ; intelligence

Jugement
Habileté à analyser et à évaluer les situations, à prendre des décisions rationnelles, à comprendre les conséquences de son comportement et à assumer la responsabilité de ses actions

Introspection
Habileté à se percevoir et à comprendre la cause et les caractéristiques de sa propre situation et de celle des autres

Fiabilité
Impression de la personne qui réalise l'entretien en ce qui concerne la véracité et l'exhaustivité de l'information fournie par l'individu

Critères psychosociaux

Agents stressants
Internes : troubles physiques ou psychiques, sentiment de perte, tels que la perte de l'estime de soi ou de l'amour-propre
Externes : perte réelle (deuil d'un proche, divorce, absence d'un réseau d'aide, perte financière ou chômage, retraite, famille dysfonctionnelle)

Facultés d'adaptation
Adaptation aux agents stressants internes et externes ; recours aux mécanismes et aux techniques d'adaptation fonctionnels ; maîtrise des activités quotidiennes

Relations
Engagement et poursuite de relations personnelles satisfaisantes suivant le stade de développement, y compris les relations sexuelles en fonction de l'âge et du statut

Culture
Possibilité de s'adapter et de se conformer aux normes prescrites, aux règles, à l'éthique et à toute autre norme édictée par un groupe

Spiritualité (valeurs et croyances)
Existence d'un système de valeurs et de croyances adéquat, que l'individu considère comme juste, désirable et réconfortant

Occupations
Participation à des activités utiles et valorisantes, qui correspondent au stade de développement et aux normes sociales (travail, éducation, loisirs)

Tiré de FORTINASH, K.M., HOLODAY-WORRET, P.A. *Psychiatric nursing care plans*, 3ᵉ édition., Saint Louis, 1999, Mosby.

révélatrice qu'un questionnaire ou qu'une fiche d'ordinateur, et elle permet à l'infirmière de mettre à profit toutes ses ressources pour explorer certains sujets spécifiques ou certaines questions importantes formulées par le client, sur un mode verbal ou non verbal. L'encadré 7.2 fournit une liste des questions les plus générales à poser durant un entretien infirmière-client.

Pour observer l'état mental du client, le premier outil ou instrument d'évaluation, c'est l'infirmière elle-même. Le succès de l'entretien repose en grande partie sur l'établissement d'un climat de confiance et de respect entre l'infirmière et le client, et entre celle-ci et la famille ou les proches. Au cours de cet entretien, on aura recours aux techniques de communication thérapeutique, telles que l'écoute active et le questionnement en profondeur, pour pouvoir déterminer les besoins immédiats du client et le motiver à entreprendre un traitement (Fortinash, 1999 ; Fortinash et Holoday-Worret, 1999). Le chapitre 8 donne plus de détails sur le développement des habiletés de communication.

7.2.2 Cadres de collecte de données

Les cadres de collecte de données ne constituent pas une nouveauté et ne sont pas non plus l'apanage des sciences infirmières. Les rubriques de l'entrevue permettent de structurer et d'organiser l'information pour pouvoir s'y référer ensuite facilement. La structure de l'entrevue facilite la collecte de données pertinentes qui offrent une vue d'ensemble de ce qui constitue la nature humaine, la santé, la maladie et les soins infirmiers, tels qu'on les conçoit généralement. Le tableau 7.1 compare trois cadres de collecte de données différents. On considère que le modèle médical traditionnel, exposé dans la première colonne, s'avère insuffisant pour approcher de manière globale les soins infirmiers en santé mentale et en psychiatrie, cela vaut également pour la plupart des autres spécialisations des soins infirmiers. Les deux autres colonnes décrivent les deux modèles les plus répandus dans la pratique infirmière actuelle. Ces deux modèles sont abordés subséquemment.

Modes fonctionnels de santé

Élaborés par Marjory Gordon, ces modes de santé s'insèrent au sein des collectes de données biologiques, physiologiques, psychologiques, développementales, culturelles, sociales et spirituelles. En analysant progressivement les modes de santé reliés à ces différentes catégories, on distingue les modes fonctionnels de ceux qui sont dysfonctionnels. Les modes fonctionnels permettent de découvrir les forces du client et ses stratégies d'adaptation, alors que les modes dysfonctionnels sont considérés comme problématiques et correspondent aux diagnostics infirmiers (Gordon, 1994). Les modes de santé fonctionnels constituent l'une des méthodes communément utilisées dans le contexte de la formation ou de la pratique.

Taxinomie de l'ANADI

Au cours de sa septième conférence, en 1986, l'Association nord-américaine pour le diagnostic infirmier (ANADI) a présenté officiellement un système de classification des diagnostics infirmiers. Il s'agit du modèle conceptuel de l'ANADI, intitulé *Taxinomie I – révisée* (ANADI, 1999), qui vient remplacer l'ancienne liste alphabétique des diagnostics comme méthode de classement. En 2000, l'ANADI approuve la taxinomie II où 155 diagnostics infirmiers se retrouvent au sein des 13 domaines et des 46 classes (voir tableau 7.5).

Une **taxinomie** sert à classer les phénomènes selon une structure hiérarchique, elle permet également d'inclure tout nouveau phénomène. La taxinomie, de même que la terminologie des diagnostics, constitue une base scientifique solide pour la discipline et établit également un mode de communication standardisé plus efficace (ANADI, 1999).

Pour traiter un très grand nombre de données, il importe de pouvoir les organiser. Parce qu'ils présentent les données de façon ordonnée, les cadres de référence servent de base pour le raisonnement et ils facilitent le diagnostic (voir plus loin). Une structuration efficace des données permet de récupérer des informations vitales pour le client et de faire des liens essentiels entre les renseignements. Le choix d'une structure aux dépens d'une autre est une affaire de goût (Fortinash et Holoday-Worret, 1999).

7.3 DIAGNOSTIC INFIRMIER

La formulation des diagnostics infirmiers se fait à partir de l'interprétation des données recueillies et par l'application des désignations standard aux problèmes de santé du client et à ses réactions face à la maladie et aux événements. Les diagnostics infirmiers sont consignés par écrit et décrivent l'état de santé d'un individu et les altérations actuelles ou potentielles (connues sous le nom de diagnostics de type risque). Un tel diagnostic reflète les processus biologiques, psychologiques, socioculturels, spirituels ou sexuels de l'individu (voir tableau 7.2). Au cours de la neuvième conférence de l'ANADI, en 1990, les diagnostics infirmiers ont été définis comme « un jugement clinique sur les réactions de l'individu, de la famille ou de la collectivité aux problèmes de santé actuels ou potentiels ou aux processus de vie. Le diagnostic infirmier est un outil dont l'infirmière doit se servir pour choisir les interventions de soins qui lui permettront d'atteindre ses objectifs et de rendre compte des résultats obtenus ».

L'élaboration et l'amélioration de ces diagnostics infirmiers en sont encore aux prémices, il s'agit là d'une tâche très prenante, sujette à de constantes révisions. À preuve, dix-neuf nouveaux diagnostics ont été introduits lors de la dixième conférence de l'ANADI en 1994 et sept autres, en 2000. La liste des catégories diagnostiques les plus courantes (2001-2002) se trouve à l'annexe A.

Entretien infirmière-client : exemples de questions | ENCADRÉ 7.2

Présentation du problème
- Pour quelles raisons êtes-vous ici ?

Troubles actuels
- Quand avez-vous remarqué ce problème pour la première fois ?
- Quels changements avez-vous notés ?
- À quoi attribuez-vous le problème ?
- Êtes-vous préoccupé par certaines idées ou impressions ?

Antécédents familiaux
- Comment décririez-vous votre relation avec vos parents ?
- L'un d'eux souffrait-il de troubles mentaux ou émotionnels ?
- L'un de vos parents a-t-il été suivi par un psychiatre ou un thérapeute ?
- A-t-il reçu des médicaments ou des électrochocs ?
- Ce traitement a-t-il amélioré son état ?

Enfance/Antécédents prémorbides
- Vous entendiez-vous bien avec votre famille et vos amis ?
- Quel genre d'enfant étiez-vous ?

Antécédents médicaux
- Souffrez-vous de problèmes de santé importants ?
- Comment cela influence-t-il votre problème actuel ?

Antécédents psychosociaux/psychiatriques
- Avez-vous déjà consulté pour un trouble émotionnel ou psychiatrique ?
- Avez-vous déjà été traité pour un trouble émotionnel ou psychique ? Vous a-t-on déjà diagnostiqué une maladie mentale ?
- Avez-vous déjà été hospitalisé dans un établissement psychiatrique ?
- Avez-vous déjà pris des médicaments pour soigner des troubles mentaux ou émotionnels ? reçu des électrochocs ?
- Si c'est le cas, ces médicaments ou ces électrochocs ont-ils soulagé vos symptômes ? ou réglé votre problème ?
- À quelle fréquence vos symptômes apparaissent-ils ? (Tous les six mois ; tous les ans ; tous les cinq ans ; c'est le premier épisode.)
- Entre deux épisodes, pendant combien de temps êtes-vous parfaitement capable de fonctionner ? (Semaines ; mois ; années.)
- Qu'est-ce qui, selon vous, peut avoir contribué à vos symptômes ? (Aucune idée ; arrêt des médicaments ; consommation d'alcool ; prise de drogue illicite.)

Agents stressants /Deuils récents
- Avez-vous vécu un deuil, une perte ou un stress récemment ?
- Quelles sont vos relations familiales ou amicales ?
- Est-ce que vous vous entendez bien avec vos collègues de travail ?

Scolarité
- Comment cela allait-il à l'école ?
- Que pensiez-vous de l'école ?

Dossier judiciaire
- Avez-vous déjà eu des démêlés avec la justice ?

Situation conjugale
- Quels sont vos sentiments à l'égard de votre couple ? (Si le client est marié ou a un conjoint de fait.)
- Pouvez-vous décrire vos relations avec vos enfants ? (S'il a des enfants.)
- Quelles sont vos activités familiales ?

Situation sociale
- Parlez-moi de vos amis et de vos activités sociales.
- Pouvez-vous décrire vos relations avec vos amis ?

Réseau de soutien
- Qui appelleriez-vous si vous aviez des problèmes ?
- Actuellement, pensez-vous avoir besoin d'aide ?

Introspection
- Considérez-vous avoir changé depuis l'apparition de vos problèmes ? De quelle manière ?
- Pensez-vous avoir un problème émotionnel ou mental ?
- Croyez-vous avoir besoin d'aide pour résoudre ce problème ?
- Quels sont vos objectifs personnels ?

Système de valeurs et de croyances (incluant la spiritualité)
- Qu'est-ce qui vous réconforte et vous apporte la sérénité ?
- Est-ce que cela pourrait vous aider maintenant ?

Besoins spécifiques (incluant les besoins culturels)
- Comment pouvons-nous vous aider durant votre traitement ?
- De quoi avez-vous le plus besoin en ce moment ?

Objectifs de sortie
- Comment voulez-vous vous sentir lorsque vous serez prêt à sortir ?
- Qu'est-ce qui pourrait, selon vous, vous aider à atteindre cet objectif ?
- Quelles sont les choses que vous feriez différemment maintenant ?
- Qu'est-ce que vous pouvez faire pour empêcher vos symptômes de réapparaître et pour ne pas demeurer à l'hôpital ?
- Quelles sont vos intentions concernant la prise en charge de votre programme thérapeutique ?
- Comment allez-vous occuper vos loisirs ?

Note : ces réactions ne deviennent pertinentes que si elles sont obtenues dans le cadre d'une relation aidante basée sur une confiance mutuelle.

Adapté de Fortinash K.M., Holoday-Worret P.A. *Psychiatric nursing care plans*, 3ᵉ édition, St. Louis, Mosby, 1999 ; et Fortinash K.M. *Assessment of mental states*. Dans Malasanos L., Barkauskas V., Stoltenberg-Allen K., éditeurs *Health Assessment*, 4ᵉ éd., St. Louis, Mosby, 1990.

Les diagnostics infirmiers dotent les infirmières d'un vocabulaire spécialisé. Cette terminologie favorise la communication entre les membres de la profession et simplifie les échanges avec les autres disciplines du réseau de la santé.

L'utilisation d'un vocabulaire spécialisé renforce le professionnalisme et la respectabilité du corps infirmier. Carpenito (1996) reconnaît que la tentative de l'ANADI de revaloriser le statut de la profession en unifiant son

TABLEAU 7.1	Comparaison des cadres de collecte de données, médicaux et infirmiers	
Modèle médical	**Modèles infirmiers**	
Appareils et systèmes physiologiques	**Taxinomie I révisée de l'ANADI**	**Modes fonctionnels de santé (Gordon, 1994)**
Cardiovasculaire	Échanges	Perception de la santé/Gestion de la santé
Respiratoire	Communication	Nutrition/Métabolisme
Neurologique	Relations	Élimination
Endocrinien	Valeurs	Activité/Exercice
Métabolique	Choix	Sommeil/Repos
Hématopoïétique	Mouvements	Cognition/Perception
Tégumentaire	Perceptions	Perception de soi/Concept de soi
Gastro-intestinal	Sensations et sentiments	Rôle/Relation
Génito-urinaire	Connaissances	Sexualité/Reproduction
Reproductif		Adaptation/Tolérance au stress
Psychique		Valeurs et croyances

Tiré de Davie J.K.: The nursing process. Thelan L.A. et coll., éditeurs: *Critical care nursing diagnosis and management,* 3ᵉ édition, Saint Louis, 1998, Mosby.

TABLEAU 7.2	Énoncés des diagnostics infirmiers en fonction des processus de vie	
Diagnostics infirmiers	**Processus de vie**
Alimentation excessive ou déficiente	Biologique
Diminution situationnelle ou chronique de l'estime de soi	Psychologique
Interactions sociales perturbées	Socioculturel
Retard de la croissance et du développement	Relatif au développement
Détresse spirituelle (détresse psychique)	Spirituel
Habitudes sexuelles perturbées	Sexuel

vocabulaire, ce qui améliore la communication entre les infirmières, vise autant la reconnaissance sociale qu'elle vise à «clarifier les soins infirmiers pour les infirmières elles-mêmes».

7.3.1 Raisonnement diagnostique

Une fois que les données ont été recueillies et enregistrées, l'étape suivante consiste à les interpréter en fonction de l'état de santé du client. La pensée critique, en termes de raisonnement diagnostique, comporte deux processus cognitifs majeurs (Wilkinson, 1992):
- **analyse**: consiste à examiner et à interpréter chaque donnée pour relever les variations par rapport aux réactions ou aux comportements typiques. L'analyse comprend également la reconnaissance de liens ou de recoupements entre les données qui pourraient indiquer de nouvelles pistes de recherche;
- **synthèse**: c'est la combinaison de plusieurs données pertinentes en un seul élément d'information. La synthèse implique également une comparaison entre les types de comportement et les théories assimilées afin de découvrir les forces et d'expliquer les symptômes.

Le terme *inférence* désigne le «processus logique par lequel on arrive à une conclusion en raisonnant à partir des indices». Néanmoins, l'utilisation même de ce terme suppose que les indices ne sont pas probants au point de constituer une évidence. En conséquence, pour éviter autant que faire se peut de sauter aux conclusions ou de faire un «saut par inférence», l'infirmière formulera les diagnostics à partir de données factuelles et logiques. Il est possible d'y arriver en mettant de côté les préjugés qui peuvent interférer dans le processus de diagnostic et en restant aussi objectif que possible (Benner, 1984; Carnevali et Thomas, 1993; Tanner et coll., 1987).

7.3.2 Définition des problèmes de santé

La plupart des diagnostics reconnus s'accompagnent d'une définition qui explique et décrit clairement le problème en question. Ces définitions se révèlent particulièrement utiles dans le cas d'étudiantes qui ont parfois besoin d'une description plus précise d'un problème, au-delà de la simple catégorie diagnostique. Les exemples suivants fournissent les définitions de deux catégories diagnostiques similaires qui prêtent souvent à confusion:
- *peur*: «réponse à la perception d'une menace consciemment reconnue comme un danger» (ANADI, 2002);
- *anxiété*: «sensation vague et désagréable n'ayant souvent pas d'origine précise ou connue de l'individu» (ANADI, 2002);
- *sentiment d'impuissance*: «impression que ses propres actes seront sans effet. Sentiment d'être désarmé devant une situation courante ou un événement immédiat» (ANADI, 2002);
- *perte d'espoir*: «état subjectif dans lequel une personne voit peu ou pas de solutions ou de choix personnels valables et est incapable de mobiliser ses forces pour son propre compte» (ANADI, 2002).

7.3.3 Énoncés limitatifs

Pour plus de clarté, certains diagnostics infirmiers requièrent des énoncés limitatifs reposant sur la nature du problème de santé tel qu'il se manifeste chez un client particulier.

On déconseille de recourir aux diagnostics médicaux en tant qu'étiologie des problèmes infirmiers. Il est plus difficile pour l'infirmière de traiter une étiologie qui se présente sous un énoncé de diagnostic médical, la schizophrénie par exemple, car ce type de catégorie semble indiquer toute une série de traitements qui ne relèvent pas uniquement des soins infirmiers.

Néanmoins, les troubles mentaux et médicaux déclenchent de nombreuses manifestations et des comportements qui requièrent l'attention des infirmières et justifient leurs interventions et leurs traitements. Comme dans les exemples suivants :

- communication verbale altérée, résultant d'un trouble bipolaire ;
- alimentation déficiente en raison d'une anorexie mentale ;
- opérations de la pensée perturbées résultant d'un état schizophrénique.

Dans de tels cas, l'infirmière détermine quels sont les facteurs qui contribuent aux symptômes et qui peuvent être traités par des interventions de soins infirmiers et les cite comme étiologies. À titre d'exemple :

- communication verbale altérée reliée à une fuite des idées et à une logorrhée secondaires à un accès maniaque ;
- alimentation déficiente reliée à un apport nutritionnel insuffisant et des besoins hypermétaboliques ou à une perte d'appétit consécutive à une constipation ;
- opérations de la pensée perturbées reliées à des éléments stressants internes et externes, l'impossibilité de réagir aux stimuli internes et externes.

Les facteurs étiologiques mentionnés plus haut accompagnant les diagnostics infirmiers permettent de délimiter plus distinctement les interventions de soins infirmiers.

7.3.4 Principes des caractéristiques

Les caractéristiques – appelées aussi *signes et symptômes* et introduites par l'expression « tel qu'il ressort de » dans le plan de soins infirmiers – constituent les manifestations mesurables et observables et les réactions du client aux problèmes répertoriés (diagnostics infirmiers). Tout comme les diagnostics et les étiologies, les caractéristiques sont formulées à l'aide de termes génériques et nécessitent souvent une modification pour refléter une situation ou une réaction particulière. La caractéristique du diagnostic d'un individu qui a des problèmes d'adaptation peut se formuler ainsi : « résolution de problèmes inadéquate » (ANADI, 2002). L'infirmière peut définir cette caractéristique en citant les déclarations du client, en voici quelques exemples :

- « Je suis incapable de décider si je devrais rester avec ma famille ou déménager pour aller dans un foyer. »
- « Je ne sais pas quoi faire en premier lieu : trouver du travail ou commencer un traitement de jour. »

Par conséquent, les caractéristiques, lorsqu'elles s'appliquent, peuvent servir de critère de collecte des données pour valider un diagnostic. Dans le cas d'une diminution chronique de l'estime de soi, les caractéristiques du diagnostic se formulent ainsi :

- autodépréciation se manifestant dans ses propos (persistante ou chronique) ;
- expression de honte ou de culpabilité (persistante ou chronique) ;
- sentiment d'être incapable de faire face aux événements (persistant ou chronique) ;
- hésitation vis-à-vis des choses ou des situations nouvelles.

7.3.5 Diagnostic de type risque*

On a recours aux facteurs de risque pour évaluer les problèmes de santé potentiels et pour décrire les situations de risque qui transforment un problème potentiel en un problème actuel. Un diagnostic de type risque ne comporte pas de caractéristiques puisque le problème actuel ne s'est pas encore manifesté. Il n'existe pas non plus d'étiologies pour un risque ou un problème potentiel, puisque les étiologies se fondent sur la causalité et n'existent qu'en fonction des effets. Un diagnostic de type risque comprend donc un énoncé en deux parties alors que le diagnostic infirmier actuel en comprend trois. L'encadré 7.3 présente ces deux types de diagnostics, chacun d'eux illustré par deux exemples (ANADI, 2002).

Pour prédire un risque chez un client donné, on doit évaluer la probabilité que le problème survienne. Tout individu qui a des problèmes de santé peut en effet présenter des risques. Un client qui prend des antidépresseurs tricycliques est susceptible d'être affecté par la prise de ces médicaments dans ses diverses fonctions corporelles :

- risques d'accidents (hypotension, vertiges, troubles de la vue), de constipation, de rétention urinaire, d'altération des muqueuses (sécheresse de la bouche).

Exemples de diagnostic de type risque :

- Partie I – Diagnostic infirmier : risque de constipation.
- Partie II – Facteurs de risque : prise d'antidépresseurs tricycliques ; refus de boire de l'eau ou du jus, etc. ; non-observance d'un régime à teneur élevée en fibres.

Parmi les diagnostics approuvés, plusieurs font référence à des états pathologiques potentiels en énumérant les facteurs de risque. En voici quelques exemples :

- risque d'accident ;
- risque de perturbation dans l'exercice du rôle parental ;
- risque de trauma ;
- risque de violence.

---

* Selon la terminologie actuelle de l'ANADI, antérieurement « diagnostic à risque élevé ».

En plus de ces diagnostics qui se définissent explicitement comme des diagnostics de type risque, on peut considérer tout diagnostic infirmier actuel comme un diagnostic de type risque s'il répond aux critères « de risque ». Par exemple, un diagnostic concernant une diminution situationnelle de l'estime de soi peut être formulé comme « risque de diminution situationnellle de l'estime de soi » en présence de facteurs de risque susceptibles de déclencher un problème de santé (sans pour autant que ce dernier ne se soit manifesté) (ANADI, 2002).

7.3.6 Diagnostics infirmiers centrés sur le bien-être

Un diagnostic centré sur le bien-être est en fait constitué de jugements cliniques concernant un individu, une famille ou une collectivité en transition vers un niveau de bien-être ou de fonctionnement supérieur. La plupart de ces diagnostics ne comportent qu'un énoncé unique (p. ex. bien-être spirituel : motivation à s'améliorer ; stratégies d'adaptation familiale : motivation à s'améliorer). Certains des diagnostics les plus récents (ANADI, 2002) comportent seulement des caractéristiques ou des caractéristiques et des facteurs favorisants (p. ex. bien-être spirituel : motivation à s'améliorer ; stratégies d'adaptation d'une collectivité : motivation à s'améliorer).

7.4 RÉSULTATS ESCOMPTÉS

En déterminant les résultats de soins infirmiers, on dispose d'indicateurs de mesure explicites qui peuvent servir de critères au cours de la phase d'évaluation, comme dans l'exemple suivant :
• le diagnostic infirmier actuel a été amélioré ou résolu ;
• le diagnostic de type risque ne s'est pas présenté.

Les résultats découlent de l'énoncé des diagnostics infirmiers et sont en fait la projection des conséquences escomptées des interventions de soins infirmiers sur le client. La figure 7.2 montre un exemple de processus infirmier en illustrant les diagnostics actuels et de type risque propres à la démarche en six étapes. On confond souvent les résultats avec les objectifs du client ou les objectifs de soins infirmiers, mais ceux-ci sont plus spécifiques, descriptifs et mesurables. Par ailleurs, les résultats de soins infirmiers ne décrivent pas les interventions de soins infirmiers. On trouvera à l'encadré 7.4 un énoncé de ces résultats.

Présentation des diagnostics infirmiers — ENCADRÉ 7.3

Énoncés en deux parties
Risque (énoncé en deux parties)
Partie I – Diagnostic infirmier
Risque de violence envers les autres

Partie II – Facteurs de risque
Antécédents de comportements violents
Hyperactivité secondaire à un trouble maniaque
Faible contrôle des impulsions
Remarques agressives

Risque (énoncé en deux parties)
Partie I – Diagnostic infirmier
Risque de sentiment de solitude

Partie II – Facteurs de risque
Isolement social
Carences affectives
Isolement physique
Institutionnalisation de longue durée

Énoncés en trois parties
Problème actuel (énoncé en trois parties)
Partie I – Diagnostic infirmier
Syndrome post-traumatique

Partie II – Facteurs favorisants (reliés à)
Anxiété accablante en raison de :
• viol ou autre agression ;
• maladie grave ;

• catastrophes ;
• guerre

Partie III – Caractéristiques
Répétition de l'événement traumatique (retour en arrière)
Rêves ou cauchemars constants
Pensées envahissantes en regard de l'événement traumatique
Verbalisation excessive de l'événement traumatique

Problème actuel (énoncé en trois parties)
Partie I – Diagnostic infirmier
Confusion chronique

Partie II – Facteurs favorisants (reliés à)
Perte d'orientation secondaire à la maladie d'Alzheimer
État psychotique secondaire au syndrome de Korsakoff
Traumatisme secondaire à une blessure crânienne récente
Pertes de mémoire reliée à la démence

Partie III – Caractéristiques
Difficulté à interpréter les stimuli et à y réagir
Détérioration cognitive progressive ou de longue date
Niveau de conscience inchangé
Socialisation perturbée
Trouble de la mémoire (récente, ancienne)

Exemples d'énoncés des résultats   ENCADRÉ 7.4

Le client :
- ne formulera aucune idée, ni projet suicidaire ;
- ne se livrera à aucune automutilation, ou activité autodestructrice ;
- interprétera les stimuli de façon adéquate ;
- sera en interaction avec les autres clients et le personnel ;
- participera activement aux discussions en groupe ;
- s'adressera au personnel s'il a des idées ou des sensations troublantes ;
- suivra le traitement et prendra ses médicaments.

Les résultats escomptés des soins infirmiers pour un diagnostic actuel sont généralement considérés comme inverses des caractéristiques. En d'autres mots, les signes et les symptômes relevés au cours de la phase de collecte des données visent à établir les diagnostics infirmiers, mais ils servent également à formuler les résultats pour l'amélioration ou la résolution de problèmes (voir figure 7.3).

Diagnostic infirmier
- Déficit de soins personnels : se laver/effectuer ses soins d'hygiène ; se vêtir ou soigner son apparence.
- Relié à la phase aiguë de l'état psychotique.

- Manifestation : apparence négligée ; déficit de soins personnels.

Résultats escomptés
- Apparence propre et soignée
- Se lave et fait sa toilette

Les résultats escomptés dans le cas d'un diagnostic de type risque sont formulés à partir des facteurs de risque qui remplacent les caractéristiques des diagnostics actuels. Les symptômes cliniques sont absents du diagnostic de risque, puisqu'il s'agit d'un énoncé en deux parties (voir figure 7.4). À titre d'exemple :

Diagnostic infirmier
- Risque de violence envers soi

Facteurs de risque
- Antécédents de tentatives de suicide
- Formule des menaces de suicide

Résultats escomptés
- Ne formule aucune menace de suicide
- Ne tente aucun geste suicidaire

L'évaluation des résultats doit comprendre les observations sur le client, son comportement, et son état physique, psychosocial ou tout autre signe observable. Il s'agit néanmoins d'une tâche délicate pour les infirmières en psychiatrie, car les concepts d'anxiété, de désespoir, d'impuissance, d'inadaptation ou d'altération du concept de soi se fondent sur les perceptions subjectives du client

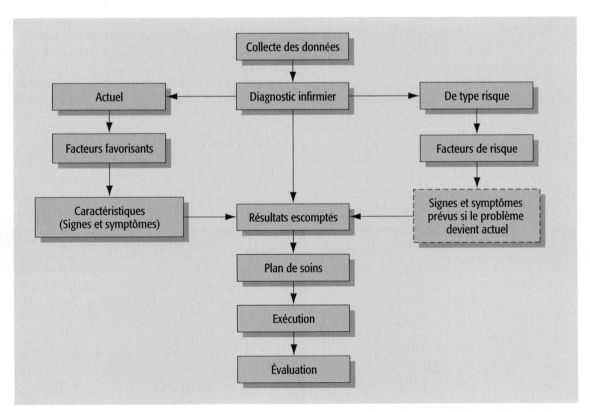

FIGURE 7.2 Démarche de soins infirmiers décrivant les diagnostics actuels et de type risque à partir du modèle en six étapes
Adapté de Fortinash K.M., et Holoday-Worret P.A., *Psychiatric nursing care plans*, 3e éd., St. Louis, Mosby, 1999.

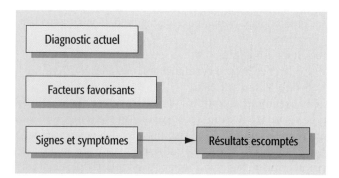

FIGURE 7.3 Élaboration des résultats escomptés pour un diagnostic actuel
Adapté de Davie J.K. : « The nursing process ». Thelan L.A. et collab., éditeurs : *Critical care nursing diagnosis and management*, 3ᵉ éd., St. Louis, Mosby, 1998.

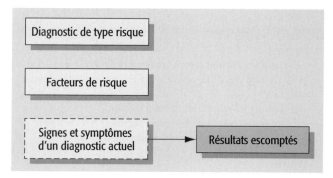

FIGURE 7.4 Élaboration des résultats escomptés pour un diagnostic de type risque
Adapté de Davie J.K. : « The nursing process ». Thelan L.A. et collab., éditeurs : *Critical care nursing diagnosis and management*, 3ᵉ éd., St. Louis, Mosby, 1998.

et restent difficilement mesurables. Les énoncés de résultats tels que « réduction de l'anxiété », « attitude plus optimiste » ou « adaptation adéquate » ne constituent pas des critères pour mesurer les résultats du client. À cette fin, l'infirmière en psychiatrie devra procéder ainsi :

- formuler les résultats de façon qu'ils décrivent clairement le comportement du client ;
- reprendre les mots mêmes du client pour retracer ses idées et ses sentiments chaque fois que cela s'avère pertinent ;
- intégrer certains instruments de mesure ou des paramètres qui permettent de quantifier les progrès du client, la résolution de ses problèmes ou la disparition de ses symptômes.

Le tableau 7.3 donne des exemples de formulations correctes et incorrectes des résultats.

Dans certains cas, les infirmières fixent un délai pour chaque critère afin de pouvoir prévoir le moment de l'évaluation associée à l'atteinte de chaque résultat. Ainsi, elles peuvent s'assurer que les problèmes ne perdurent pas au-delà de l'acceptable. Les critères de résultats qui se trouvent dans ce texte ne comportent pas de dates butoirs ni de calendrier, car si les échéanciers se prêtent bien aux situations concrètes, ils se prêtent mal aux données subjectives liées aux symptômes et aux comportements. Grâce

à des résultats clairs et mesurables, l'infirmière est en mesure de gérer, de traiter, de prévenir et d'améliorer l'état de santé du client.

Tel que nous l'avons mentionné antérieurement, la classification des résultats de soins infirmiers accorde une grande importance à l'établissement de résultats directement issus des interventions et des actions infirmières. Les auteurs de l'*Iowa Outcomes Project* signalent que l'incidence des soins infirmiers sur les résultats obtenus par le client ainsi que la satisfaction de ce dernier indiquent l'importance du rôle de l'infirmière pour ce qui est de la qualité des soins. Cette classification cherche actuellement à établir des liens précis entre la satisfaction du client et les soins infirmiers concomitants. Elle démontre qu'aucun résultat de soins infirmiers ne parvient à donner une idée exhaustive des états, des comportements ou des perceptions du client qui résultent d'une collecte de données approfondie. Le tableau 7.4 établit une comparaison entre les diagnostics ANADI et les résultats de soins infirmiers.

7.5 PLANIFICATION

La phase de planification comprend l'organisation complète du traitement global du client pour assurer que les résultats de soins infirmiers soient obtenus dans les délais,

TABLEAU 7.3	Énoncés des résultats acceptables et inacceptables	
Diagnostic infirmier	**Résultats inacceptables**	**Résultats acceptables**
Anxiété	Réduit son niveau d'anxiété, s'engage dans une réduction du stress.	Exprime une sensation de tranquillité, de détente, sans aucune tension musculaire ou diaphorèse ; pratique la respiration profonde.
Stratégies d'adaptation inefficaces	Démontre des habiletés d'adaptation.	Décide de lui-même de participer au groupe, cherche à interagir avec le personnel plutôt que de rester seul dans sa chambre.
Perte d'espoir	Formule un certain espoir.	Fait des plans pour l'avenir (poursuivre la thérapie à la sortie) ; fait des remarques du genre : « Il faut que je sois bien pour mes enfants ».

TABLEAU 7.4	Comparaison entre les diagnostics de l'ANADI et les résultats de soins infirmiers
Diagnostic de l'ANADI	**Résultats de soins infirmiers**
Mobilité physique réduite	Niveau de mobilité
Perte d'espoir	Espoir
Connaissances insuffisantes (à préciser)	Connaissance: processus de la maladie Connaissance: médication Connaissance: comportements de santé Connaissance: modalités du traitement
Constipation Diarrhée	Élimination intestinale
Incontinence fécale	Continence intestinale Contrôle des symptômes Bien-être Élan vital

Tiré de Johnson M., et Maas M.L. *Nursing outcomes classification (NOC)*, Saint Louis, Mosby, 1997.

de façon efficace et sécuritaire. Au moment de la planification, on sélectionne les interventions de soins infirmiers, dûment justifiées, en fonction des facteurs de risques décelés chez le client et en fonction des caractéristiques. Ce processus de planification comprend les éléments suivants :

- collaboration de l'infirmière avec le client, les proches et l'équipe soignante ;
- détermination des priorités en matière de soins ;
- décisions importantes en ce qui concerne les principes et les pratiques thérapeutiques ; coordination et délégation des responsabilités selon la compétence de l'équipe soignante en fonction des besoins du client.

La planification des soins repose sur les phases antérieures du processus. C'est une étape essentielle pour réaliser l'ultime sélection des interventions de soins infirmiers qui permettront d'atteindre les résultats de soins infirmiers fixés.

7.5.1 Planification de l'équipe interdisciplinaire

Recourir à une équipe soignante interdisciplinaire est habituellement indiqué pour planifier et suivre le traitement du client. Le plan de traitement est généralement construit selon un formulaire standard en plusieurs parties, où sont consignés divers renseignements pertinents en ce qui concerne les soins du client, notamment ses forces, son statut légal, les plans posthospitalisation, les diagnostics médicaux et infirmiers, les thérapies et les données concernant le travail social.

Le plan de traitement est mis en œuvre dès la première rencontre de l'équipe soignante avec le client (idéalement, dans les trois jours suivant l'admission de ce dernier). L'équipe se compose généralement de l'infirmière, du travailleur social, de l'ergothérapeute, du récréologue et du médecin traitant. À moins de contre-indication, le client peut également assister à une partie de la réunion, où chacun des membres de l'équipe a l'occasion de communiquer son point de vue sur le client, selon sa formation et ses compétences. Après cette rencontre initiale, le plan de traitement peut éventuellement être mis à jour à mesure que l'équipe passe plus de temps avec le client et réexamine ses propres critères.

À la figure 7.5, on trouvera un plan de traitement interdisciplinaire d'un client souffrant de trouble bipolaire, un bilan réalisé en conjonction avec le plan de soins infirmiers normalisé de la figure 7.6. Chacun des deux formulaires doit refléter l'information qui figure dans l'autre. À titre d'exemple, les diagnostics infirmiers établis au cours de la rencontre de l'équipe soignante doivent être les mêmes que ceux du plan de soins normalisé du client. De cette façon, on peut assurer un suivi de la collecte des données et du traitement d'un document à l'autre, en garantissant cohérence et fiabilité. Les plans de traitement sont généralement mis à jour chaque fois que l'équipe se réunit pour discuter d'un cas particulier. Il vaut mieux que la seconde rencontre ait lieu, au plus tard, trois ou quatre jours après la première. La tendance actuelle d'écourter les séjours pour tous les clients en soins de courte durée oblige l'équipe soignante à s'organiser efficacement pour répondre aux besoins spécifiques des clients.

7.5.2 Plan de soins normalisé

Le plan de soins normalisé permet de planifier et de mesurer les soins prodigués aux clients (voir figure 7.6). Dans ce type de document, les diagnostics de l'ANADI, les résultats et les interventions sont formulés selon les catégories diagnostiques du DSM-IV sous un format standard. Les infirmières ont de plus en plus recours à ce type de modèle pour :

- éliminer ou réduire la nécessité d'un nouveau plan de soins pour chaque client ;
- faciliter une cohérence des soins selon des lignes de conduite normalisées ;
- limiter au maximum la rédaction pour passer plus de temps à interagir avec le client ;
- respecter les normes de soins et assurer un traitement sûr, effectif et constant ;
- suivre les critères des soins gérés en termes de qualité des résultats et de durée du séjour ;
- s'assurer que les problèmes sont reconnus, évalués et résolus par les soins infirmiers.

Le plan de soins normalisé sert de guide pour personnaliser les soins.

Plan de traitement interdisciplinaire

Ce plan a été formulé lors d'une rencontre de thérapie interdisciplinaire

Date : 1/1/03   Dates de révision : 4/1/03, 7/1/03

Rapporteur : Anne Girard, B.Sc. inf.

Médecin psychiatre : Dr Lapierre

Médecin omnipraticien : Dr Lapierre

Autres professionnels : Hélène Tremblay, TS

Marc-André Gagnon, étudiant en soins infirmiers

Infirmière principale : Marie Leclerc, M. Sc., Inf.

Service thérapeutique : Isabelle Trottier, éducatrice

Répondant :

Nom : Françoise Lavigueur   Relation : curateur temporaire   Nº téléphone : 123-4567

Motifs de l'admission : frappe les autres clients et le personnel au foyer d'hébergement et de soins. Refuse de prendre ses médicaments depuis trois jours.

Statut juridique :   [√] Volontaire

Forces du client :

[√] Verbalisation
[√] Intelligence
[√] Santé physique intacte
[ ] Antécédents de travail continu
[ ] Suivi du traitement

[√] Ressources financières adéquates
[ ] Reconnaît ses problèmes
[√] Soutien des amis
[ ] Débrouillard
[√] Antécédents d'autonomie

Plan de congé préliminaire

Date d'admission : 30/12/02

Durée prévue du séjour : 8 jours

Services requis :

[√] Hébergement et soins
[ ] Placement dans un centre hospitalier spécialisé
[ ] Clinique externe
[ ] Centre de crise
[ ] Centre de réadaptation pour toxicomanes
[√] Groupe d'entraide
[ ] Services communautaires

[ ] Bénéficiaire [√] Curatelle
[√] Services post-hospitaliers
[ ] Psychothérapie, conjugale/familiale
[√] Surveillance de la médication
[ ] Centre de jour (SIM)
[ ] Autre

[√] Garde 72 h/Date d'expiration
[ ] Date d'expiration
Curateur [√] Curatelle [ ] Tutelle
Date : 1/1/03

[ ] Soutien familial

[√] Autre Collabore et fonctionne lorsqu'il prend régulièrement ses médicaments.

Nom du patient : Robert Gauthier   Nom : Françoise Lavigueur

Adressographe :

FIGURE 7.5 Exemple d'un plan de traitement interdisciplinaire pour un client souffrant d'un trouble bipolaire
Reproduit avec l'aimable autorisation de Tri-City Medical Center Mental Health Department, Oceanside, California.

Nom du client : R. Gauthier

Médecin :

Diagnostic : Axes I Trouble bipolaire I
II Différé
III Inconnu
IV Modéré-sévère (3-4)
V 30/60

Signature :

Date	Problèmes	Résultats du client	Date butoir	Intervention	Date Vérif.	Date Obt.
30/12	Risque de violence	Démontre une absence d'agression	30/12	Garantir la sécurité par l'option la moins restrictive	31/12	31/12
30/12	Troubles de la pensée	Verbalise clairement des idées réalistes	3/1	Réorienter dans la réalité par de brefs contacts	31/12	3/1
30/12	Hygiène personnelle déficitaire	Soigne son hygiène	3/1	Au besoin, assistance pour les soins d'hygiène	1/1	3/1
30/12	Connaissances insuffisantes (à préciser)	Déclare qu'il comprend le diagnostic	5/1	Enseigner les signes et les symptômes de la maladie	3/1	6/1

Soins infirmiers :

Collecte de données à l'admission : complétée le :

Plan de soins infirmiers standard (titre) :

Diagnostics infirmiers supplémentaires :

1. Non-observance de la médication   4.
2. Stratégies d'adaptation inefficaces   5.
3. Diminution situationnelle de l'estime de soi   6.

L'ensemble des soins infirmiers individualisés se retrouve dans le dossier du client

Signature :

Services thérapeutiques

Signature de l'ergothérapeute :

Signature de l'éducateur :

Ergothérapeute/Éducateur : démontre un processus logique de la pensée

Problèmes	Résultats du patient	Date butoir	Intervention	Date Vérif.	Date Obt.
[✓] Altération des aptitudes cognitives :			[✓] Groupe de verbalisation – Aide à réaliser les tâches	1/1	3/1
[✓] Déficit de l'attention	Augmente la durée d'attention		[✓] Groupe d'adaptation – S'implique dans les tâches	2/1	5/1
[✓] Concentration	Se concentre sur des tâches/activités		[ ] Créativité		
[✓] Contact avec la réalité	Appréhende la réalité de façon réaliste		[✓] Adaptation – Aide à réaliser les tâches	3/1	5/1
[✓] Désorganisation	Structure et organise la routine (AVQ)		[ ] Entraînement AVQ		
[✓] Sécurité/jugement	Démontre un bon jugement et des comportements sécuritaires		[✓] Fixation d'objectifs – Aide pour les objectifs simples	2/1	4/1
[ ] Orientation			[✓] Participe à des interactions en face à face	30/12	31/12
[✓] Réduction de la participation aux activités	Participe aux tâches et aux activités de groupe		[✓] Formation aux loisirs – S'implique dans la formation	2/1	3/1
[✓] Adaptation inefficace	S'adapte aux situations de groupe		[✓] Aptitudes de communication – Aide pour les interactions de groupe	2/1	3/1
[ ] Repli sur soi-même			[ ] Fonctions motrices/sensorielles		
[✓] Comportement autodestructeur	Ne présente plus de comportement autodestructeur		[ ] Hygiène/toilette		
[✓] Dévalorisation	Verbalise ses points forts		[✓] Sorties communautaires – Participe aux sorties	3/1	3/1
[ ] Autre			[ ] Autre :		

FIGURE 7.5 (Suite)

Travailleur social :

Signature : _____

Collecte de données psychosociales :

Apparence : *légèrement débraillée ; hyperactif ; vêtements ne correspondant pas à l'âge*

Âge _42 ans_ État civil [ ]C [ ]M [√]D [ ]V

Enfants : N /(O)

Entourage familial : *ex-épouse remariée, a quitté la province : aucun contact*

Parents âgés : refusent de l'aider ; aucune autre famille connue

Lieu de naissance : *Québec*

Origine de la famille : *Canadienne*

Profession : *Électricien* Employeur : *sans emploi*

Soutien financier : _____ Représentant du bénéficiaire : _____

Gère ses propres finances

Reçoit l'aide sociale √ Type : _____

Logement : [ ] Maison [ ] Appartement [ ] Refuge

[√] Ressource d'hébergement [ ] Inconnu [ ] Autre :

Demeure : [ ] seul [ ] en famille [ ] avec des amis

Responsable de la prise en charge/curateur : N /(O) Nom : *Françoise Lavigueur*

No téléphone : _____

Formation : [ ] n'a pas fini le secondaire [ ] diplôme universitaire
[√] diplôme d'études secondaires [ ] grade supérieur
[√] études universitaires

Langue maternelle : *Français*

Nécessite un service d'interprétation (N)/O

Hospitalisations psychiatriques antérieures : N /(O) Lieu : _____

Dates : _____

Répondant : *Françoise Lavigueur, curateur*

No téléphone : _____

Objectifs du patient à l'admission :

1. *Contrôler ses pulsions agressives*

2. *Prendre ses médicaments*

3. *Utiliser ses habiletés d'adaptation et de résolution de problèmes*

4. *Renforcer son estime personnelle*

5. *Retrouver le niveau de fonctionnement antérieur ou l'améliorer*

Planification du congé : *retour au foyer d'hébergement avec des services post-hospitaliers*

Date provisoire pour le congé : *7/1/03*

Chambre	Nom	Âge	Date d'admission	Docteur
10-A	*R. Gauthier*	42	30/12/02	*G. Lapierre*

Problèmes et Besoins

	Date Vérif.	Date Vérif.	Date Obt.
[√] Dysfonctionnement familial			
[ ] Problème de placement			
[ ] Problème financier			
[ ] Problème d'emploi			
[ ] Dysfonctionnement quotidien			
[ ] Abus d'alcool ou d'autres drogues			
[√] Fonctionnement limité			
[ ] Problème spirituel			
[√] Mauvaise adaptation			
[√] Système de soutien inadéquat			
[ ] Autre			

Services post-hospitaliers/Interventions

	Date Vérif.	
[√] Contacts familiaux (*la famille refuse de collaborer*)		
[ ] Rencontre familiale		
[ ] Groupe d'habiletés sociales		
[√] Foyer d'hébergement		
[ ] Centre hospitalier spécialisé		
[√] Hôpital de jour pour élargir le réseau de soutien		
[ ] AA/DA/ALANON		
[ ] Soins à domicile		
[ ] Service de réadaptation professionnelle		
[ ] Assurance		
[ ] Autre		
[√] Collecte de données psychosociales poussée (*voir notes travailleur social*)		

Recommandations/collecte de données :

Participer à tous les groupes : interactions à chaque quart de travail.

FIGURE 7.5 (*Suite*)

Trouble bipolaire

Plan de soins standard

Plan de soins d'un client

Date	Inf.	Diagnostics infirmiers	Résultats du client	Évaluation Documentation	Interventions	Résolu Date	Résolu Inf.	Non résolu Date	Non résolu Inf.
30/12	A.G.	1. Opérations de la pensée perturbées R/A une perte de contact avec la réalité, contact avec la réalité, psychose, paranoïa ou délire.	Le client aura un discours logique et orienté vers des buts	Chaque quart de travail	1) Examiner le client pour détecter : a) Nature et contenu du processus de pensée b) Risque de blessures pour soi-même ou autrui c) Aptitude à participer à des activités de groupes d) Habileté à réaliser les AVQ 2) Signaler au médecin : a) Le risque réel ou croissant de blessures pour soi-même ou autrui b) Le refus de manger ou de boire c) Le refus de prendre les médicaments 3) Consigner les données dans les notes d'évolution dans le dossier du client. 4) Réaliser les interventions suivantes : a) Contacts fréquents, soutien et réorientation vers la réalité suivant la tolérance du client. b) Établissement de limites pour contrôler les comportements inappropriés ou potentiellement dangereux au niveau sexuel, financier ou interpersonnel c) Encouragements à participer aux activités de groupe selon la durée de l'attention du client. 5) Exécuter les protocoles suivants : a) Prise en charge des hallucinations et délires b) Traitement au lithium c) Gestion de la médication antipsychotique 6) Valider l'atteinte des résultats lorsque le discours et le comportement sont logiques et orientés vers un but pendant 48 h.	3/1	A.G.		
30/12	M.L.	2. Risque de violence envers soi-même et envers les autres. Facteurs de risque : Délires, hyperactivité, irritabilité	Le client ne se livrera à aucune violence envers lui-même ou autrui.	Chaque quart de travail	1) Exécuter les protocoles suivants en ordre restrictif croissant : a) Prise en charge des comportements agressifs ou de l'agitation b) Imposition d'un temps d'arrêt c) Isolement d) Contention (selon l'option la moins restrictive) 2) Valider le résultat lorsque le client a un comportement dénué de toute agressivité envers lui-même ou autrui pendant 72 h.	31/12	M.L.		

FIGURE 7.6   Exemple de la première page du plan de traitement d'un client souffrant d'un trouble bipolaire

Reproduit avec l'aimable autorisation de Tri-City Medical Center Mental Health Department, Oceanside, California.

7.5.3 Cheminements cliniques

Le **cheminement clinique** – aussi appelé *cheminement critique* ou *plan d'intervention* – est un formulaire normalisé qui permet de suivre le traitement du client et ses progrès au cours de la prise en charge et de la prestation des soins interdisciplinaires. Même si le corps infirmier propose généralement ce cheminement clinique, les autres disciplines en charge du client dans l'établissement psychiatrique peuvent s'impliquer activement dans son élaboration. Ces disciplines comprennent le travail social, l'ergothérapie, la récréologie et les services de diététique, avec l'étroite collaboration des psychiatres. Selon les besoins spécifiques du client, des psychologues, des médecins de famille ou d'autres professionnels sont consultés.

Le cheminement clinique est avant tout un processus consigné par écrit qui résume les comportements des soignants ainsi que les interventions et les résultats escomptés selon les troubles mentaux du client, tels que définis par le DSM-IV. Les grandes lignes de ce cheminement clinique établissent une chronologie, ponctuée d'un certain nombre de jalons en fonction de la durée du séjour prévue pour chaque diagnostic.

Ce cheminement est en fait une projection de toute la durée de traitement du client, de l'admission jusqu'à la sortie d'hôpital, et il comprend les interventions détaillées de chaque discipline, leur démarche et les résultats quotidiens. Il est possible de prolonger ce cheminement pour inclure le suivi systématique du client pendant les soins à domicile ou dans tout autre type d'unité. Le cheminement se poursuit alors aussi longtemps que nécessaire. Un cheminement peut procéder des soins à domicile et être ensuite repris par une équipe interdisciplinaire.

Variances

Les variances – ou observations surprises – surviennent lorsque la réaction du client diffère totalement de celle qui est escomptée. Une variance peut donc être considérée comme une réponse imprévue qui ne cadre pas avec le cheminement clinique et requiert une documentation et une recherche spéciales de la part de l'équipe interdisciplinaire. Les causes de ces variances peuvent être liées, entre autres choses, au client et à sa famille, à l'équipe soignante, à l'hôpital ou à la collectivité. Une variance peut être positive ou négative et elle peut influer sur la durée de séjour du client ou sur ses résultats. Un client qui répond plus rapidement que prévu à la médication ou aux autres formes de traitement représente un exemple de variance positive ; sa durée de séjour à l'hôpital s'en trouve donc raccourcie. En revanche, une variance négative survient lorsque le client n'arrive pas à surmonter la phase maniaque ou à atteindre un taux de lithium acceptable selon le calendrier prévu dans le cheminement clinique (généralement au moment de la sortie d'hôpital) et que son séjour se prolonge.

Les cheminements cliniques garantissent, entre autres choses, une durée de séjour adéquate et la prévention des complications. L'infirmière responsable du cas et l'équipe interdisciplinaire sont en mesure de faire un suivi et une coordination de chaque client et de ses progrès.

On trouve à la figure 7.7 le cheminement clinique d'un client qui souffre d'un trouble bipolaire de type II et dont la durée de séjour est de huit jours. Les résultats escomptés se situent dans les colonnes supérieures alors que les colonnes inférieures regroupent les catégories de soins reconnus comme des processus. L'évaluation des progrès du client s'effectue quotidiennement selon le calendrier de ce cheminement. De nombreuses unités de soins continuent de concevoir, d'améliorer et d'établir des cheminements cliniques dans le but de refléter les nouvelles tendances et la complexité des systèmes de prestations de soins de santé.

7.6 EXÉCUTION

Durant la phase d'exécution, l'infirmière met en place les interventions prescrites à la phase de planification, en tenant compte des facteurs suivants pour le bien des clients et de leur famille :

- promouvoir la santé et la sécurité ;
- faire un suivi de la médication et de ses effets ;
- assurer une alimentation et une hydratation adéquates ;
- promouvoir un environnement thérapeutique et accueillant ;
- établir des rapports fondés sur l'estime, la confiance et la dignité ;
- mettre en place des activités et des groupes thérapeutiques ;
- développer les forces et les stratégies d'adaptation ;
- promouvoir la communication et les habiletés sociales ;
- recourir à la famille et aux réseaux d'aide communautaires ;
- informer selon les besoins ;
- prévenir les récidives en planifiant efficacement la sortie d'hôpital.

7.6.1 Interventions de soins infirmiers

Les interventions de soins infirmiers, connues aussi sous le terme de prescriptions infirmières, constituent l'essentiel de la phase d'exécution et l'étape déterminante de la démarche de soins infirmiers. Elles consistent à gérer et traiter le problème de santé diagnostiqué. La sélection des interventions a pour but d'atteindre les résultats du client et de prévenir ou de réduire les problèmes. Dans la documentation spécialisée et dans la pratique clinique, on s'accorde à penser que les interventions de soins infirmiers se révèlent souvent vagues, non spécifiques et peu concluantes.

La **classification des interventions de soins infirmiers (NIC-CISI)** représente la première classification complète normalisée des traitements et des interventions des infirmières. Ces interventions peuvent être de nature physiologique, comme l'aspiration des sécrétions des voies

Cheminement clinique : Manie
Durée du séjour – 8 jours

Intervalle		Jour de l'admission	Jour 2	Jour 3	Jour 4
Localisation					
R É S U L T A T S	Physiologique	* Ingestion adéquate d'aliments et de liquides, avec de l'aide. * Se conforme à l'évaluation du niveau de lithium.	* Augmentation des temps de sommeil et de repos. * Élimination adéquate.	* Apport liquidien et alimentaire adéquat, si on le lui rappelle. * Élimination adéquate.	* Sommeil : 4 à 6 h. * Démontre une élimination adéquate.
	Psychologique	* S'implique dans des activités de réduction de la stimulation sous la surveillance de l'équipe.	*Reconnaît les personnes et la configuration des lieux.	* Diminution : des mouvements; de la fuite des pensées; de la mégalomanie/de l'euphorie; de l'irritabilité.	* Augmentation de la durée de l'attention. * Épreuve de réalité avec l'équipe. * Reconnaît les personnes, la configuration des lieux et la situation.
	Statut fonctionnel/rôle	* Supporte la visite de l'unité. * Ne se livre à aucun geste agressif envers lui-même ou autrui, avec de l'aide.	*Interagit avec le personnel tel que requis. * Fait sa toilette et s'habille avec de l'aide. * Avec de l'aide, ne se blesse pas et ne blesse pas les autres.	* Participe aux activités de l'unité sous la surveillance du personnel.	* Contrôler ses pulsions au moyen de rappels. * Rappeler le besoin de l'observance des médicaments.
	Réinsertion familiale/communautaire		* Présente ses proches aux membres de l'équipe.	* Assiste aux réunions communautaires sous la surveillance du personnel.	* Les proches participent au traitement/à la planification du congé.
P R O C E S S U S	Planification du congé	* Collecte de données du travailleur social. * Identifier un placement après congé. * Contacter la famille/les proches. * Collecte de données infirmières. * Identifier les antécédents de chronicité. * Observance thérapeutique, forces, besoins, déficit cognitif.	* L'équipe élabore le plan après congé et en discute avec le médecin.	* Évaluation du travailleur social terminée. * Première réunion de l'équipe soignante ( ). * Définition du plan après congé, identification du centre de placement ( ).	* Impliquer la famille/les proches dans le plan après congé. * Revoir les bilans après congé avec le client.
	Enseignement	* Diriger le client vers l'unité. * Informer le client de ses droits. * Vérifier la connaissance du client et de sa famille du trouble et de sa médication.	* Collabore à l'identification des symptômes et reconnaît l'importance de l'observance thérapeutique. * Enseignement à la famille et aux proches selon les besoins.	* Continuer l'identification des symptômes. * Continuer à évaluer les besoins d'apprentissage du client, de la famille et des proches.	* Aider à faire les liens entre les symptômes et les éléments déclencheurs.
	Psychosocial/ spirituel	* Vérifier: sécurité ( ). * État mental ( ). Spiritualité ( ). * Statut légal: Volontaire ( ) Internement de 72 heures (). * Curateur ( ).	* Continuer à vérifier : sécurité ; état mental ; Spiritualité ; statut légal.	* Continuer à vérifier : la sécurité ; l'état mental (la fuite des idées, la mégalomanie, l'euphorie, l'irritabilité) ; les besoins spirituels et légaux.	* Continuer à vérifier : la sécurité ; l'état mental (la fuite des idées, la mégalomanie, l'euphorie, l'irritabilité) ; les besoins spirituels et légaux.
	Consultations	* Examen physique dans les 24 heures.	*Autres consultations au besoin.	* Autres consultations au besoin.	* Autres consultations au besoin.
	Tests/ procédures	* Tests/procédures tels que demandés.	* Tests/procédures tels que demandés.	* Tests/procédures tels que demandés.	* Tests/procédures tels que demandé.
	Traitement	* Surveiller la diurèse. * Habitudes de sommeil et de repos. * Réduire les stimuli. * Sommeil et repas oui ( ) non ( ). * Autre.	* Surveiller la diurèse. * Habitudes de sommeil et de repos. * Réduire les stimuli. * Sommeil et repos oui ( ) non ( ). * Autre.	* Continuer le plan de soins : Vérifier : la diurèse ; le sommeil/repos ; Autre.	* Continuer le plan de soins : Vérifier : la diurèse ; le sommeil/le repos ; autre.
	Médicaments	* Médication telle que prescrite. * Consulter les protocoles adéquats : Lithium. *Autre. * Faire un suivi des effets secondaires. *Toxicité	* Médication telle que prescrite. * Continuer le suivi des effets secondaires/toxicité.	* Médication telle que prescrite. * Continuer le suivi des effets secondaires/de la toxicité.	* Médication telle que prescrite. * Continuer le suivi des effets secondaires/de la toxicité.
	Activités	* Évaluation de l'ergothérapeute. * Brefs contacts individuels. * Orientation vers la réalité. * Intervention pour contrôler les pulsions : Prévenir les blessures pour le client et les autres.	* Entamer des activités de réduction de la stimulation selon la tolérance. * Aider pour les activités d'hygiène et de toilette, AVQ. * Prévenir les risques de blessures pour soi-même et autrui durant les activités.	* Compléter l'évaluation de l'ergothérapeute. * Aider pour les activités d'hygiène et de toilette, AVQ. * Prévenir les risques de blessures pour soi-même et autrui durant les activités.	* Participer à deux groupes quotidiens. * Augmenter les stimuli selon la tolérance. * Prévenir les risques de blessures pour soi-même et autrui durant les activités.
	Alimentation	* Apport liquidien et alimentaire adéquat ; Consommation normale de sel.	* Prévoir des repas simples, des en-cas, des boissons faciles à transporter.	* Encourager la prise des repas en groupe si le client le tolère et sous la surveillance de l'équipe.	* Encourager la prise des repas en groupe si le client le tolère et sous la surveillance de l'équipe.

FIGURE 7.7 Cheminement clinique pour un client souffrant d'un trouble bipolaire
Reproduit avec l'aimable autorisation de Sharp HealthCare Behavioral Health Services, San Diego, California.

Intervalle	Jour 5	Jour 6	Jour 7	Jour 8
Localisation				
RÉSULTATS Physiologique	* Apport liquidien et alimentaire adéquat. * Sommeil: 4 à 6 heures. * Taux du lithium dans la marge thérapeutique. * Autres médicaments dans la marge thérapeutique.	* Sommeil : 5 à 8 heures. * Absence de toxicité médicamenteuse.	* Sommeil : 5 à 8 heures.	*Sommeil : 5 à 8 heures. * Peut se nourrir et réaliser des activités de manière autonome.
Psychologique	* Démontre une meilleure perception de la réalité. * Se concentre sur un sujet durant 5 à 10 minutes.	* Montre des épisodes d'euthymie * Se concentre sur un sujet durant 5 à 10 minutes.	* Arrive à terminer les activités et les tâches du service.	* Est en mesure de compléter seul les activités et les tâches de l'unité. * Est capable de planifier et de structurer la journée.
Statut fonctionnel/rôle	* A un comportement moins envahissant.	* Interaction avec les autres clients. * Aptitude à prendre des décisions simples.	*Démontre un comportement et des activités sécuritaires * Se conforme au traitement médical	*Verbalise le besoin d'une observance thérapeutique continue
Réinsertion familiale/communautaire	* Identifie les besoins après le congé.	* Identifie les besoins après le congé.	* Identifie les besoins après le congé. * Identifie les divers types d'aide et leur utilité.	* Est en mesure de rejoindre le réseau de soutien grâce à une liste. * Énonce les diverses manières de contrôler les symptômes grâce aux médicaments et aux soins de suivi.
PROCESSUS Planification du congé	* Aider le client/la famille/les proches à identifier les besoins après le congé.	* Poursuivre la résolution des problèmes après le congé avec le client/la famille/les proches.	* Deuxième réunion de l'équipe soignante ( ). * Transition au traitement de jour, si indiqué. * Aider le client, la famille et les proches à parachever le plan après congé.	* Réaliser le placement dans un environnement moins contraignant.
Enseignement	* Informer le client/la famille/les proches des effets des médicaments sur les symptômes. * Donner des renseignements sur les médicaments, l'alimentation et le programme d'exercice.	* Souligner l'importance de l'observance thérapeutique après le congé. * Informer de l'effet de l'interaction médicamenteuse sur les symptômes.	*Développer le plan de suivi pour contrôler les symptômes et rejoindre le réseau d'aide.	* Renforcer le plan d'enseignement des soins en suivi avec le client, la famille, les proches, au besoin.
Psychosocial/ spirituel	* Continuer à vérifier : la sécurité ; l'état mental ; les besoins spirituels ; le statut du client (volontaire).	* Continuer à vérifier : la sécurité ; l'état mental ; les besoins spirituels ; le statut du client (volontaire).	* Continuer à vérifier : la sécurité ; l'état mental ; les besoins spirituels ; le statut du client (volontaire).	* Compléter les évaluations : en confirmant : la sécurité ; l'état mental ; les besoins spirituels ; le statut du client.
Consultations	* Compléter les consultations tel que demandé. * Organiser les consultations de suivi dès que demandé.	* Compléter les consultations tel que demandé. * Organiser les consultations de suivi dès que demandé.	* Compléter les consultations, tel que demandé. * Organiser les consultations de suivi dès que demandé.	* Compléter les consultations tel que demandé. * Organiser les consultations de suivi tel que demandé.
Tests/ procédures	* S'assurer que le taux de lithium est dans la marge thérapeutique. * S'assurer que les autres médicaments sont dans la marge thérapeutique. * Tests/procédures au besoin.	* Vérifier que le taux du lithium est dans la marge thérapeutique. * Vérifier que les autres médicaments sont dans la marge thérapeutique. * Tests/procédures au besoin.	* Vérifier que le taux du lithium est dans les normes thérapeutiques. * Vérifier que les autres médicaments sont dans les normes thérapeutiques. * Tests/procédures au besoin.	* Confirmer que le taux du lithium est dans la marge thérapeutique. * Confirmer que les autres médicaments sont dans la marge thérapeutique. * Tests/procédures pour le suivi, tel que demandé.
Traitement	* Continuer le plan de traitement : la diurèse ; le sommeil/le repos; autres.	* Continuer le plan de traitement : la diurèse ; le sommeil/le repos ; autres.	* Transférer dans une unité ouverte ( ) * Revoir les instructions du plan de traitement avec le client, la famille et les proches, au besoin.	* Plan après congé avec les instructions pour le traitement.
Médicaments	*Médication telle que prescrite. * Communiquer aux intervenants, s'il y a lieu, tout changement de médication.	* Médication telle que prescrite. * Communiquer aux intervenants, s'il y a lieu, tout changement de médication.	*Médication telle que prescrite. * Revoir la médication avec le client, la famille et les proches, si besoin est.	* Plan après congé avec les médicaments et les instructions tel que prescrit.
Activités	* Favoriser: L'indépendance au niveau de l 'hygiène et de la toilette ; L'indépendance au niveau des AVQ ; La participation aux groupes.	* Le client participe aux activités du service et du groupe. * Favoriser la prise de décision indépendante.	* Favoriser la participation active à toutes les activités et aux groupes du service; ainsi que la prise de décision autonome.	* S'assurer : de l'aptitude à réaliser les tâches de manière autonome ; de l'aptitude à prendre des décisions de manière indépendante.
Régime/nutrition	* Informer la famille/les proches de l'importance de l'alimentation, de l'hydratation et de la consommation de sel.	* Informer la famille/les proches de l'importance de l'alimentation, de l'hydratation et de la consommation de sel.	*Insister sur l'importance de l'alimentation, de l'hydratation et de la consommation de sel.	* S'assurer des connaissances de la famille/des proches sur l'alimentation, l'hydratation et la consommation de sel.

FIGURE 7.7 (*Suite*)

respiratoires ou les soins des escarres de décubitus, ou psychosociales, comme diminution de l'anxiété ou l'amélioration de la capacité d'adaptation. Il peut s'agir de prévenir les chutes ou les blessures auto-infligées, de promouvoir la santé, l'éducation, la nutrition et la réduction du stress. La classification des interventions de soins infirmiers a pour but de déterminer et de préciser les actions de l'infirmière à partir de l'ensemble du corpus académique tout comme de construire une taxinomie comportant des interventions clairement organisées selon des règles et des principes (Mc Closkey et Bulechek, 1996).

Pour qu'il s'agisse d'interventions de soins infirmiers normalisées, elles ne doivent pas se contenter de suivre le traitement, elles doivent au contraire prescrire une certaine ligne de conduite. Tout au long de cet ouvrage, les interventions présentées reflètent à la fois les réactions typiques et réelles de l'infirmière, mais aussi des comportements qui résultent d'une formation poussée et d'une expérience clinique très vaste.

Dans le contexte d'un établissement psychiatrique, le traitement exige souvent des habiletés de communication verbale qui constituent l'essentiel des interventions psychosociales. De tels traitements visent à modifier l'état du client plutôt qu'à contenir le problème. Les interventions de l'infirmière doivent expliquer le déroulement de l'activité thérapeutique qui vise à faire évoluer le client vers un mieux-être. En voici quelques exemples formulés en termes précis :

- inciter progressivement le client à nouer des liens avec les autres, en commençant par des contacts individuels, puis des réunions informelles, pour en arriver à des activités de groupe structurées ;
- informer le client, sa famille ou ses proches que les effets thérapeutiques des antidépresseurs prendront parfois jusqu'à deux semaines à se manifester alors que les effets désagréables risquent de survenir immédiatement ;
- féliciter le client s'il essaie de communiquer ou d'entamer une activité avec le personnel soignant ou avec les autres clients ou s'il répond aux tentatives des autres en ce sens.

Voici quelques exemples de formulation vague :
- aider le client à interagir avec les autres ;
- transmettre de l'information au client et à sa famille sur les médicaments ;
- féliciter le client pour toute interaction sociale.

Dans le premier groupe d'exemples, l'activité thérapeutique est décrite en termes clairs et explicites, alors que, dans le second, l'activité est décrite en termes vagues et succincts.

Ainsi, des interventions de soins infirmiers qui se contentent simplement de reprendre les directives du médecin n'offrent pas un contenu suffisant pour traiter ou prendre en charge efficacement un problème de santé. Les exemples suivants manquent nettement de clarté :
- faire un suivi des progrès du client ;

- vérifier les taux plasmatiques de lithium ;
- prévenir les services sociaux ;
- obtenir le formulaire de consentement du client ;
- rendre compte des changements d'humeur et d'affect.

Les interventions de soins infirmiers efficaces visent l'amélioration de l'état de santé du client grâce à leur exactitude, leur contenu et leur orientation. Dans un établissement psychiatrique, les infirmières ont constamment à analyser, à diagnostiquer et à traiter l'état de santé des clients. Leur premier défi consiste donc à formuler des interventions efficaces et ciblées et à élaborer des activités infirmières autonomes.

Les interventions de la NIC-CISI sont efficaces autant dans le traitement des affections physiques que psychiques (hypertension ou troubles cognitifs). Elles permettent également de prévenir bien des traumatismes, des chutes ou des automutilations. C'est pour cela que l'on s'y réfère en promotion de la santé et en prévention des problèmes de santé. Leur objectif est de répertorier et de perfectionner les actes infirmiers à partir d'un ensemble de données tirées des publications et de construire une taxinomie comparable à celle de l'ANADI ou de la NOC-CRSI, dans lesquelles les interventions sont systématiquement classées selon des règles et des principes précis. Le tableau 7.5 fournit une comparaison de la NIC avec d'autres classifications reconnues.

7.6.2 Impact des interventions de soins infirmiers sur les étiologies

Les interventions produisent un effet maximal quand elles sont centrées sur les étiologies (facteurs favorisants) qui accompagnent les diagnostics infirmiers ou sur les facteurs de risque dans le cas d'un diagnostic de type risque (la figure 7.8 illustre le premier cas et la figure 7.9, le second). Cela signifie que les soins infirmiers peuvent modifier ou influer sur les étiologies d'une maladie. C'est logique si l'on considère que les étiologies constituent, d'une certaine manière, des facteurs de causalité qui agissent grandement sur la santé ou qui provoquent les troubles (diagnostic infirmier). Du même coup, si les interventions concernent avant tout les facteurs de risque afférents, les diagnostics de risque auront moins tendance à se transformer en diagnostics actuels. Pour obtenir les meilleurs résultats avec le client, il faut examiner méticuleusement les facteurs étiologiques associés à ces troubles (diagnostic infirmier) ou cibler soigneusement les interventions.

7.6.3 Interventions autonomes et en collaboration

Les interventions de collaboration peuvent inclure des actions de type médical, telles que l'administration de médicaments. Cependant, *les interventions autonomes se concentreront avant tout sur les activités, les décisions, les*

TABLEAU 7.5	Comparaison des principales classifications codifiées de psychiatrie et de soins infirmiers				
	CIM-10	**DSM-IV**	**NOC-CRSI**	**ANADI**	**NIC-CISI**
Signification	*Classification statistique internationale des maladies et des problèmes de santé connexes, 10e édition*	*Manuel diagnostique et statistique des troubles mentaux, 4e édition*	*Classification des résultats de soins infirmiers*	*Association nord-américaine pour le diagnostic infirmier Traduction de la taxinomie II*	*Classification des interventions de soins infirmiers*
Édition	Organisation mondiale de la santé	American Psychiatric Association	Mosby/Masson	Association nord-américaine pour le diagnostic infirmier	Mosby/Masson
Codification	Maladies et états morbides	Diagnostics psychiatriques	Résultats de soins infirmiers	Diagnostics infirmiers	Interventions de soins infirmiers
Structuration	En trois volumes : 1. Liste tabulaire : la clasification en soi ; les maladies sont classées selon un sytème ; on y retrouve également la grossesse, la périnatalité, les malformations congénitales, les symptômes qui ne sont pas classés ailleurs, les blessures, les causes externes de morbidité et de mortalité ainsi que les facteurs qui influencent la santé. 2. Mode d'emploi 3. Index alphabétique	Se compose de cinq axes : I. Troubles cliniques et autres affections à traiter cliniquement II. Troubles de la personnalité et la débilité mentale III. Affections d'ordre général IV. Problèmes environnementaux et pschosociaux V. Évaluation globale du fonctionnement (EGF)	Classification des 155 diagnostics infirmiers au sein des 46 classes et des 13 domaines : promotion de la santé, nutrition, élimination, activité et repos, perception et cognition, perception de soi, relations et rôle, sexualité, adaptation et tolérance au stress, principes de vie, sécrité et protection, bien-être, croissance et développement.	Plus de 486 interventions infirmières sont regroupées en 30 classes et 7 domaines : physiologique de base, physiologique complexe, comportemental, sécurité, famille, système de santé communautaire. Chaque intervention comprend un intitulé, une définition, une liste d'activités et une bibliographie indicative.	Plus de 260 résultats de soins infirmiers regroupés en 29 classes et 7 domaines : fontionnel, santé physique, santé psychosociale, connaissance sur la santé et les comportements, perception de la santé, santé de la famille et santé communautaire. Chaque résultat comprend un intitulé, une définition, une série d'indicateurs, une échelle d'évaluation de type Likert et une bibliographie indicative.

traitements et les directives infirmières. À titre d'exemple, voici des interventions de collaboration :

- administrer les antipsychotiques, tel que prescrit ;
- observer les effets extrapyramidaux ;
- commencer à administrer la benztropine (Cogentin), tel que prescrit.

On notera, dans les exemples mentionnés ci-dessus, l'absence de toute action infirmière susceptible d'influencer l'état de santé du client.

7.6.4 Justification des interventions

La justification appuie l'intervention infirmière. Les justifications sont en général comprises dans le plan de soins en pratique clinique ; elles sont habituellement abordées pendant les rencontres de l'équipe soignante. Ces justifications reflètent la responsabilité des infirmières. Dans les chapitres portant sur les maladies, on trouvera des justifications claires et détaillées (en italique), à la suite des interventions sélectionnées, pour faciliter la compréhension de la lectrice. Par exemple :

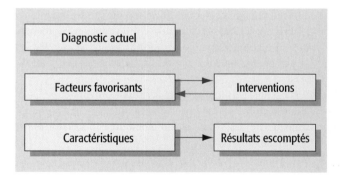

FIGURE 7.8 Formulation des interventions pour un diagnostic actuel. La flèche rouge indique les interventions pour le diagnostic actuel et la flèche bleue indique l'impact de ces interventions sur les étiologies. Adapté de Davie J.K. : « The nursing process ». Thelan L.A. et collab., *Critical care nursing diagnosis and management*, 3e éd., St. Louis, Mosby, 1998.

- écouter activement, observer et répondre aux réactions verbales et non verbales du client *pour lui faire savoir qu'il est valorisé et respecté ;*

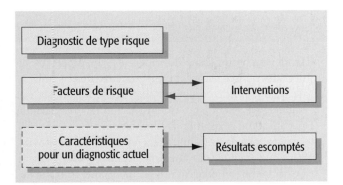

FIGURE 7.9 Formulation des interventions pour un diagnostic de type risque. La flèche rouge indique les interventions pour un diagnostic de type risque, et la flèche bleue indique l'impact de ces interventions sur les facteurs de risque.
Adapté de Davie J.K. « The nursing process », dans Thelan L.A. et autres, *Critical care nursing diagnosis and management*, 3e éd., St. Louis, Mosby, 1998.

- maintenir des contacts brefs et fréquents avec le client tout au long de la journée *pour lui faire sentir qu'il est un membre à part entière de la collectivité* ;
- féliciter le client s'il essaie d'interagir avec les autres ou de participer à des activités du groupe *pour augmenter son estime de soi et renforcer les comportements sains et fonctionnels.*

7.7 ÉVALUATION

L'évaluation des résultats escomptés pour le client doit s'effectuer régulièrement, comme prévu selon les critères de résultats, en tenant compte avant tout des capacités et de l'état du client. Cette phase d'évaluation comprend deux étapes.

1. *L'infirmière compare l'état psychique présent du client avec celui qui est décrit dans les critères de résultat.* L'anxiété du client est-elle retombée à un niveau tolérable ? (Par exemple, le client peut-il rester assis dix minutes, participer à une activité de loisir durant dix minutes, s'engager dans une interaction avec le personnel pendant cinq minutes sans être distrait ? Existe-t-il une diminution significative du rythme, de l'agitation, des mouvements du regard ? Ces résultats ont-ils été atteints dans les délais prévus ?) On peut évaluer l'efficacité ou l'inefficacité des soins infirmiers selon le degré relatif d'atteinte des résultats du client.

2. *L'infirmière examine toutes les raisons qui ont empêché l'atteinte des résultats, si tel est le cas.* Par exemple, il est peut-être trop tôt pour faire une évaluation et le plan d'intervention doit être poursuivi. Le client a peut-être besoin de deux journées supplémentaires d'interactions individuelles avant de participer à des activités de groupe. Les interventions sont peut-être trop intenses et fréquentes ou, à l'inverse, pas assez. Il se peut également que les résultats soient inatteignables, irréalistes ou tout simplement hors de la portée du client et de ses possibilités sur le plan développemental ou sociocultu-

rel. Le diagnostic infirmier est-il valide ? A-t-il été réalisé à partir d'une base de données douteuse ou erronée ? Manque-t-on de renseignements ? Dans quelles conditions s'est effectuée la collecte de données ? A-t-elle été réalisée trop précipitamment ? Les conclusions ont-elles été trop hâtives ? Existait-il des obstacles linguistiques, culturels ou des problèmes de communication ?

Les réponses à ces questions permettront de formuler des recommandations précises. Elles concerneront la poursuite de l'exécution du plan d'action ou la révision des phases préalables de la démarche de soins infirmiers (collecte de données, diagnostic infirmier, résultats escomptés, planification et exécution). L'évaluation des progrès du client et des activités infirmières dans le cadre de cette démarche revêt une importance majeure parce qu'elle implique la responsabilité du corps infirmier en vertu des normes de soins définies par sa propre discipline. L'évaluation informelle des progrès du client et de la démarche infirmière se poursuit donc en continu.

Les figures 7.10 et 7.11 montrent comment l'évaluation dépend des résultats établis et comment elle permet de mesurer l'atteinte des résultats dans le cas des diagnostics réels et des diagnostics de type risque.

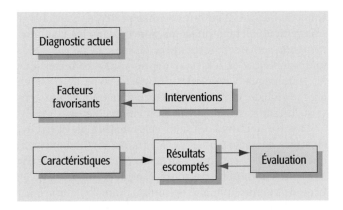

FIGURE 7.10 Processus d'évaluation pour un diagnostic actuel. Les flèches montrent comment l'évaluation dépend des résultats escomptés.
Adapté de Davie J.K. « The nursing process », dans Thelan L.A. et autres, *Critical care nursing diagnosis and management*, 3e éd., St. Louis, Mosby, 1998.

7.8 MILIEU COMMUNAUTAIRE ET MILIEU FAMILIAL

La démarche de soins infirmiers et ses multiples étapes étaient auparavant associées directement aux soins hospitaliers. Le virage ambulatoire oriente le système de prestation des soins vers les soins communautaires ou à domicile, ce qui ouvre de nouveaux horizons pour la démarche de soins infirmiers. Les soins de santé en milieu familial constituent une première solution de rechange à l'hospitalisation. Dans ce nouveau cadre, la démarche de soins infirmiers conserve cependant toute son importance.

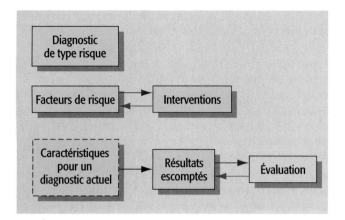

FIGURE 7.11 Processus d'évaluation pour un diagnostic de type risque. Les flèches montrent comment l'évaluation dépend des résultats escomptés.

Adapté de Davie J.K. « The nursing process », dans Thelan L.A. et autres, *Critical care nursing diagnosis and management*, 3ᵉ éd., St. Louis, Mosby, 1998.

7.8.1 Système de prise en charge des soins en santé mentale et en psychiatrie à domicile

L'évolution actuelle dans le réseau de la santé se traduit par une rationalisation des coûts pour la prestation des soins de qualité. Bien que le concept de prise en charge soit véhiculé depuis plusieurs années dans les établissements de soins de courte durée et dans les débats sur la santé publique, ce n'est que depuis tout récemment que les traitements à domicile utilisent ce type de prise en charge globale, et encore plus récemment en ce qui concerne les soins en santé mentale et en psychiatrie.

La prise en charge des soins en santé mentale et en psychiatrie à domicile permet de déterminer méthodiquement quels sont les clients qui pourraient être traités à domicile dans un continuum de soins dans leur milieu de vie. L'équipe interdisciplinaire de soins à domicile, animée par une infirmière autorisée, coordonne toutes les ressources disponibles pour atteindre les objectifs du traitement et pour obtenir les résultats escomptés pour le client, tout en respectant les impératifs de qualité et de coûts. À l'une des extrémités du continuum on trouve le niveau le plus élevé d'autonomie et de mieux-être possible pour le client, alors qu'à l'autre extrémité on trouve la mort, puis entre les deux, les divers degrés de maladie et de mieux-être.

Il est crucial pour la réussite de cette prise en charge de situer précisément la position du client dans ce continuum et que l'équipe soignante évalue, au plus près, la durée du traitement à domicile (Provancha et Hurst, 1994).

CONCEPTS-CLÉS

- La démarche de soins infirmiers est un processus de décision utilisée par les infirmières dans tous les milieux de pratique. Elle comprend six étapes : la collecte des données, le diagnostic, l'identification des résultats, la planification, l'exécution et l'évaluation.
- La démarche de soins infirmiers repose sur une approche continue, cyclique et multidimensionnelle selon laquelle on recueille, on analyse et l'on incorpore continuellement les données dans un plan de soins.
- L'intuition, l'expertise, la capacité d'analyse et la pensée critique sont des éléments importants de cette démarche.
- Les deux principales structures de collecte de données sont la taxinomie de l'ANADI et les modes fonctionnels de santé de Gordon.
- La classification des interventions de soins infirmiers et la classification des résultats de soins infirmiers sont les deux systèmes de classification les plus connus. Ils complètent l'ANADI et représentent également des taxinomies pour les interventions et les résultats escomptés.
- Les diagnostics infirmiers dotent les infirmières d'un vocabulaire distinct, propre à la matière, qui facilite l'élaboration théorique et la constitution d'une discipline scientifique. Les diagnostics de l'ANADI sont les plus acceptés et les plus utilisés.
- Les diagnostics infirmiers se présentent sous deux formes : un énoncé en deux parties qui décrit les risques ou problèmes potentiels et un énoncé en trois parties qui décrit le problème actuel.
- La formulation des résultats à partir des diagnostics infirmiers doit être spécifique et servir d'indicateur de mesure pour évaluer les progrès du client.
- La phase de planification consiste à prévoir l'ensemble du traitement du client et à sélectionner les interventions en collaboration, idéalement, avec le client.
- Un cheminement clinique est un modèle interdisciplinaire individualisé pour prodiguer des soins et accompagner le client.
- La phase d'exécution consiste à mettre en œuvre les interventions prescrites durant la phase de planification.
- L'évaluation des résultats obtenus par le client, tels que définis par les critères de réalisation, doit s'effectuer aux différentes phases.

Chapitre 8

COMMUNICATION

Hélène Boissonneault
B.Sc.inf., D.A.P.
Collège de Limoilou

Marlène Fortin
B.Sc.inf.
Collège de Limoilou

OBJECTIFS D'APPRENTISSAGE

APRÈS AVOIR LU CE CHAPITRE, VOUS DEVRIEZ ÊTRE EN MESURE :

- DE DÉCRIRE LES DIFFÉRENTES COMPOSANTES DE LA COMMUNICATION ;

- DE DISCUTER DES FACTEURS QUI INFLUENCENT LA COMMUNICATION ;

- DE FAIRE LA DISTINCTION ENTRE COMMUNICATION INTRAPERSONNELLE, INTER-PERSONNELLE, SOCIALE, PROFESSIONNELLE OU COLLÉGIALE, FONCTIONNELLE, THÉRAPEUTIQUE OU AIDANTE ;

- DE DÉCRIRE LES CARACTÉRISTIQUES D'UNE COMMUNICATION FONCTIONNELLE EFFICACE ;

- DE DÉCRIRE LES TECHNIQUES VERBALES OU NON VERBALES DE COMMUNICATION QUI FAVORISENT LA COMMUNICATION THÉRAPEUTIQUE ;

- DE DÉCRIRE LES ATTITUDES ET LES HABILETÉS PROPRES À LA COMMUNICATION THÉRAPEUTIQUE ;

- DE DÉCRIRE LE RÔLE DE L'INFIRMIÈRE DANS LA COMMUNICATION THÉRAPEUTIQUE ;

- DE DÉCRIRE LES ATTITUDES ET LES COMPORTEMENTS QUI NUISENT À LA COMMUNI-CATION ;

- DE CONSIDÉRER LES OBSTACLES À LA COMMUNICATION ET LEUR IMPLICATION DANS LA RELATION D'AIDE ;

- D'ÉTABLIR UN PARALLÈLE ENTRE LA COMMUNICATION THÉRAPEUTIQUE ET LA DÉMARCHE DE SOINS INFIRMIERS ;

- DE DÉCRIRE LES OBLIGATIONS ET LES DEVOIRS DE L'INFIRMIÈRE PAR RAPPORT À LA COMMUNICATION ;

- D'EXPLIQUER LES FACTEURS À CONSIDÉRER EN COMMUNICATION.

PLAN DU CHAPITRE

MOTS-CLÉS

Authenticité : qualité qui englobe à la fois la franchise, l'honnêteté et la sincérité.

Canal : méthode par laquelle on envoie un message écrit, verbal ou tactile.

Communication : processus interactif d'émission et de réception de messages entre deux ou plusieurs personnes et leur environnement.

Communication fonctionnelle : communication courante de l'infirmière pour assurer «les échanges de tous les jours avec les personnes soignées, avec les pairs, avec les autres professionnels et avec toutes les personnes qu'elle croise» (Phaneuf, 2002, p. 109).

Communication interpersonnelle : communication entre deux ou plusieurs personnes, comprenant à la fois les messages verbaux et non verbaux.

Communication intrapersonnelle : communication qui se produit à l'intérieur de l'individu.

Communication non verbale : comportements non verbaux d'un individu au cours d'un échange.

Communication thérapeutique : communication qui intervient entre l'infirmière (l'aidant) et le client (l'aidé) ; le contenu a une signification et est concentré sur les préoccupations du client. C'est l'outil le plus important pour le travail de l'infirmière en santé mentale.

Communication verbale : mots prononcés ou écrits qui composent les symboles d'une langue.

Confidentialité : droit du client de refuser que les personnes extérieures à l'équipe soignante aient accès à l'information.

Congruence : cohérence ou concordance du comportement verbal et non verbal.

Contre-transfert : réaction (émotions ou sentiments) de la part de l'infirmière en présence d'un client qu'elle associe à une autre personne.

Dépassement de la limite : aller au-delà des normes établies de la relation thérapeutique.

Émetteur : l'individu qui prend l'initiative de la transmission de l'information.

Empathie : manifestation de sensibilité et de compréhension des sentiments d'autrui, et communication de cette compréhension de façon que le client la perçoive.

Immédiateté : attention soutenue de l'infirmière au moment présent (ici et maintenant) qui l'amène à être à l'affût de ce que vit le client dans l'immédiat, de ce qui se passe dans la relation qui les réunit (Phaneuf, 2002, p. 371).

Message : information (sentiments ou idées) émise et reçue.

Récepteur : l'individu qui reçoit et interprète le message.

Résistance : incapacité, consciente ou inconsciente, à accepter le changement ; déni des nouveaux problèmes.

Respect chaleureux : acceptation et respect du client.

Rétroaction : élément de mesure permettant de jauger l'efficacité du message.

Transfert : processus complexe inconscient par lequel la personne soignée projette sur l'aidante des sentiments et des émotions issus de son passé avec les personnes importantes de sa vie (Postel, J., 1998).

8.1 COMMUNICATION

La **communication** constitue un processus circulaire et dynamique, au cours duquel deux ou plusieurs personnes échangent de l'information entre elles et avec leur environnement. Étant donné que l'on apprend très tôt à communiquer, on pourrait penser que ce processus est assez simple ; en réalité, il s'avère complexe. Pour communiquer, il faut faire des efforts, il faut de l'expérience et de l'intérêt.

La communication est l'outil le plus puissant dont dispose une infirmière en psychiatrie. C'est sur cet outil que repose essentiellement la relation thérapeutique infirmière-client au cours de la démarche de soins infirmiers. Sans une communication efficace, la relation thérapeutique infirmière-client ne peut produire les résultats escomptés ; en fait, elle n'est même pas envisageable. L'infirmière doit par conséquent comprendre les principes généraux de la communication, de même que les principes particuliers de la communication thérapeutique, ou relation d'aide, et les mettre en pratique.

8.1.1 Composantes de la communication

Il y a plusieurs composantes dans la communication : le stimulus, l'émetteur, le message, le canal, le récepteur et la rétroaction. Le stimulus constitue généralement le besoin ou la raison qui motive une personne à communiquer avec une autre. L'**émetteur** est la personne qui amorce la transmission de l'information. Chaque transmission est à la fois verbale et non verbale. Le **message** contient l'information émise et reçue tant sur le plan cognitif (idées) qu'affectif (sentiments). Le **canal** est le moyen de transmission du message : qu'il soit transmis sous forme écrite ou verbale, par l'odorat ou par le toucher, le message sera perçu et interprété (décodage) par l'intermédiaire d'un sens déterminé. Par exemple, on lit une note ou une lettre de ses *yeux* ; on entend un cri, un hurlement ou un murmure de ses *oreilles* ; on respire une odeur corporelle ou un parfum par le *nez* ; on sent une caresse sur sa *peau*.

Le **récepteur** reçoit le message émis et l'interprète. Idéalement, l'interprétation du message par le récepteur devrait coïncider exactement avec l'intention de l'émetteur. La **rétroaction** que le récepteur renvoie à l'émetteur représente l'instrument qui sert à évaluer l'efficacité du message. La rétroaction est un processus continu puisqu'elle renvoie un nouveau stimulus à l'émetteur, qui devient de ce fait le récepteur. Dès lors, dans toute interaction, l'émetteur et le récepteur inversent continuellement les rôles. La figure 8.1 illustre ce processus de communication.

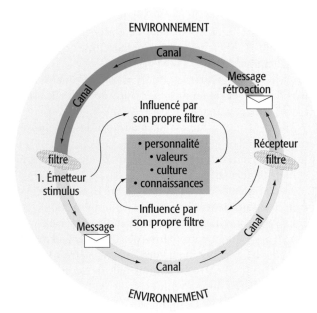

FIGURE 8.1 Modèle du processus de communication

8.1.2 Facteurs influençant la communication

La communication est un processus appris. Elle est soumise à l'influence de nombreux facteurs, comme l'environnement, la relation entre l'émetteur et le récepteur, le contenu du message et le contexte dans lequel il s'insère. L'attitude de l'individu, son origine ethnique, son statut socio-économique, sa dynamique familiale, son expérience, sa formation, sa capacité à établir des liens avec autrui et ses valeurs influencent également la communication.

Les *facteurs contextuels* qui influencent positivement ou négativement l'efficacité de la communication sont le temps, le lieu, l'intensité du bruit, l'intimité, le confort et la température. Le moment de l'interaction peut s'avérer crucial. Il est inutile de discuter ou de raisonner avec un client en situation de crise. Attendre le moment propice peut faire toute la différence entre un apprentissage réussi et un échec.

Le lieu même de l'interaction contribue à renforcer l'importance ou l'authenticité de la communication. Il suffit de penser à l'homme qui souhaite demander une femme en mariage et qui choisit un endroit romantique pour faire sa demande. Dans une telle situation, un lieu soigneusement choisi peut faire la différence entre un « oui », un « peut-être » et un « non ». Dans un endroit bruyant et bondé de monde, le message risque d'être incompris. Pour dire vrai, le choix du lieu en pareille circonstance constitue un message en soi, et il est justement interprété comme tel.

Le *type de relation* existant entre deux personnes qui conversent joue aussi sur la communication. À titre d'exemple, une personne transmet le même message à une de ses connaissances et à un ami intime. Le récepteur (la connaissance ou l'ami intime) réagira tout à fait différemment selon la nature de sa relation avec l'émetteur en question.

Le *contexte*, tout comme le contenu du message, influence également la réaction du récepteur. Le contexte, ou les circonstances, dans lequel le message est transmis doit correspondre au type d'interaction. Au moment de révéler de l'information confidentielle, les personnes ont besoin de sentir qu'elles sont dans un environnement sécuritaire.

L'*attitude* du locuteur a également une incidence sur l'interaction. Elle détermine, de manière générale, la façon dont une personne réagit vis-à-vis d'une autre. Elle est déterminée par les préjugés, les expériences passées, l'ouverture d'esprit et l'acceptation de l'autre. Ainsi, les personnes issues de classes socioéconomiques ou d'ethnies différentes ou ayant des antécédents familiaux particuliers ont souvent de la difficulté à communiquer entre elles, en raison peut-être des barrières de la langue et du niveau de connaissances qui leur sont propres. Aussi, les échanges de regards et la proxémie varient grandement d'une culture à l'autre.

L'éducation reçue et les modes de communication encouragés ou réprimés dans un groupe social donné peuvent influencer considérablement la communication. Un adolescent auquel on demande toujours de se taire parce qu'il « parle trop » peut devenir un adulte réservé ou manquant d'assurance.

Les différences de *niveau de connaissances* peuvent nuire à la communication. Si l'émetteur a une meilleure connaissance sur un sujet que le récepteur, il doit s'assurer que le récepteur comprend le message. Certaines personnes disposent d'une habileté à communiquer avec les autres et savent expliquer clairement, en termes simples et concrets, des notions complexes, alors que d'autres éprouvent de grandes difficultés à s'exprimer et sont facilement intimidées par autrui. Grâce à la maîtrise des techniques de communication, avec de la pratique et une rétroaction, tout le monde peut réussir à communiquer plus aisément et plus clairement tout en augmentant sa confiance en soi.

La *perception* du message est déterminée par l'expérience subjective du récepteur. Pour éviter qu'une mauvaise interprétation perturbe la communication, l'émetteur doit s'assurer que le récepteur a clairement compris le message. La communication dépend ainsi de la compréhension de ce qui a été communiqué, de l'interprétation du message tel qu'émis par l'émetteur et de la rétroaction confirmant l'exactitude de cette interprétation (voir encadré 8.1).

8.1.3 Modes de communication

Communication écrite

La communication écrite sert avant tout à diffuser de l'information. Le lecteur lit pour apprendre, pour comprendre,

CONTEXTE PSYCHOPHYSIOLOGIQUE

Facteurs internes influençant la communication

- Condition physiologique
  (p. ex. douleur, faim, faiblesse, dyspnée)
- État psychologique
  (p. ex. anxiété, colère, désespoir, euphorie)
- Croissance et développement
  (p. ex. âge, tâches développementales)
- Besoins non satisfaits
  (p. ex. sécurité, amour et sentiment d'appartenance)
- Attitudes, valeurs et croyances
  (p. ex. signification de l'expérience d'une maladie)
- Perceptions et personnalité
  (p. ex. optimisme ou pessimisme, introverti ou extraverti)
- Image de soi et estime de soi
  (p. ex. positive ou négative)

CONTEXTE RELATIONNEL

Nature de la relation entre les participants

- Relation sociale, d'aide ou de travail
- Niveau de confiance entre les participants
- Niveau de révélation de soi entre les participants
- Antécédents communs des participants
- Équilibre du pouvoir et du contrôle

CONTEXTE SITUATIONNEL

Raison de la communication

- Échange d'information
- Atteinte des objectifs
- Résolution de problème
- Expression de sentiments

CONTEXTE ENVIRONNEMENTAL

Milieu physique dans lequel la communication prend place

- Niveau d'intimité
- Niveau de bruit
- Niveau de confort et de sécurité
- Niveau de distraction

CONTEXTE CULTUREL

Éléments socioculturels qui influencent l'interaction

- Niveau de scolarité des participants
- Langage et expression
- Coutumes et attentes

mais aussi pour son plaisir. Il est important que l'infirmière puisse rédiger avec clarté, ce qui facilitera la lecture du dossier médical, des rapports d'examens ou des rapports statistiques, et qu'elle sache utiliser le traitement de texte (p. ex.: rapports informatisés). Écrire lisiblement, selon les règles grammaticales est une aptitude fondamentale que la technique ne peut remplacer.

Communication verbale

La **communication verbale** correspond aux sons et aux paroles qui composent les symboles d'une langue. Les mots ayant souvent une signification différente pour chaque personne, il est primordial que l'infirmière les choisisse avec soin. Les régionalismes, les argotismes, les néologismes, les figures de style, les blagues, les clichés, les expressions familières, qui vont de soi entre intimes, sont souvent incompréhensibles pour les autres. Ainsi, l'expression « mettre un peu d'eau dans son vin » signifie, pour quelqu'un qui conserve la capacité de penser à un certain niveau d'abstraction, « faire des concessions ». Par contre, pour un client souffrant de schizophrénie, qui l'interprète concrètement et littéralement, cette phrase peut vouloir dire qu'une personne ajoute effectivement de l'eau dans son verre de vin. De même, l'expression « remuer le fer dans la plaie » peut sembler menaçante pour le client qui souffre de psychose et qui n'est plus en mesure de faire d'associations. Il pourrait se demander pourquoi on s'acharne à torturer quelqu'un en remuant un fer dans sa plaie.

Il est facile de tenir pour acquis que les autres nous ont bien compris. Pour éviter les malentendus, il faut donc vérifier périodiquement leur interprétation, notamment en surveillant leurs réactions non verbales.

Apprendre à communiquer efficacement avec des clients qui, en raison de leur problème de santé mentale, éprouvent des difficultés à communiquer clairement, logiquement ou raisonnablement, et qui parfois sont issus d'une autre culture, devient un vrai défi pour l'infirmière. Dans le chapitre 6, on aborde plus en profondeur les enjeux d'une communication entre personnes issues de groupes culturels différents.

Communication non verbale

De nombreux théoriciens ont démontré que la **communication non verbale** constitue la partie la plus importante du message. Les signaux non verbaux font appel aux cinq sens. Ils enrichissent la signification des messages verbaux en y adjoignant des éléments tels que l'expression des sentiments, la contradiction ou la validation du message verbal et les marques de déférence qui protègent l'ego et préservent la relation. Le comportement non verbal est plus révélateur et sincère que la communication verbale. Par conséquent, avant de tirer des conclusions, l'infirmière doit considérer le message du client dans sa totalité.

On considère que la communication est à 90 % non verbale. Pour parvenir à une communication efficace, les signaux non verbaux doivent être **congruents** au message verbal, c'est-à-dire que le message corporel doit confirmer le message verbal (voir les exemples de communication congruente et non congruente dans l'encadré 8.2).

Les messages non verbaux se regroupent en trois catégories :

- les signaux corporels et l'apparence ;
- la distance (proxémie) ;
- le toucher.

Comparaison de communication congruente et non congruente   ENCADRÉ 8.2

EXEMPLE DE COMMUNICATION CONGRUENTE	EXEMPLE DE COMMUNICATION NON CONGRUENTE
Verbale	*Verbale*
• « Ça fait longtemps que je t'attends. J'étais inquiet. »	• « Ça fait longtemps que je t'attends. J'étais inquiet. »
Non verbale	*Non verbale*
Expression inquiète du visage, bras ouverts, attitude chaleureuse et amicale.	Air renfrogné, voix sarcastique et froide, absence de contact physique.

Signaux corporels

Les signaux corporels comprennent les expressions du regard et de la figure, les réflexes, la posture, la gestuelle des mains et du corps, la démarche, les mouvements oculaires, les maniérismes et les autres mouvements du corps. La posture et les expressions du visage, y compris les mouvements oculaires, représentent tous les deux des messages corporels qui servent à évaluer la réaction d'une personne au message transmis par l'émetteur. Lorsqu'un client renfrogné, la mâchoire et les poings serrés, les yeux plissés et le visage tout rouge dit : « Je suis vraiment ravi que ma mère vienne me rendre visite », il existe une contradiction entre le message verbal et non verbal.

Une attitude fermée, les bras croisés, peut indiquer qu'un client se replie sur lui-même, qu'il ressent une certaine haine ou qu'il est anxieux. Un maintien droit, les épaules rejetées en arrière, peut signifier que le client se sent sûr de lui ou qu'il tente de donner cette impression. La personne qui marche de façon dynamique et avec assurance paraîtra plus optimiste que celle qui marche lentement.

Les infirmières se doivent d'observer attentivement la gestuelle des mains, car elle peut indiquer la colère, l'agitation, la frustration, l'abdication, la relaxation ou l'apathie.

Selon Phaneuf, la gestuelle a des significations diverses et prend de multiples formes suivant la situation. Certains gestes viennent parfois contredire ce qu'une personne veut exprimer (p. ex. : une personne dit être calme et se gratte la tête ou se ronge les ongles continuellement, ou encore une stagiaire infirmière qui a peur au moment de sa première rencontre avec un client et qui se croise les bras).

La personne qui souffre de schizophrénie fait peu de gestes et garde les bras près du corps, tandis que celle qui est négative ou méfiante peut facilement adopter une posture rigide de défense en gardant les bras fermement croisés. La personne qui souffre de maniacodépression, « dans sa phase triste, tout comme celle dépressive, fait des gestes de lassitude et de découragement, baisse les bras, au sens propre et au sens figuré. Dans sa phase agitée, elle gesticule beaucoup, tape du pied, frappe le poing sur la table ou fait de grands gestes des bras pour menacer ou attirer l'attention » (Phaneuf, 2002, p. 74).

Les comportements paralinguistiques (échanges non verbaux) regroupent tous les sons audibles, à l'exception des mots prononcés. Ils incluent le ton de la voix, l'inflexion, l'intervalle entre les mots, le débit, l'accentuation ou l'intensité, les gémissements, la toux, les rires, les pleurs, les grognements, les lamentations et autres sons perceptibles. Combinés aux messages silencieux, ces signaux non verbaux audibles sont à considérer avec le plus grand soin au moment de la collecte des données des clients.

Apparence

L'apparence projette une image de la personne et indique son état psychologique (voir figure 8.2). L'apparence se rapporte à la façon dont une personne porte ses vêtements et ses bijoux, se maquille, se coiffe et assortit ses accessoires vestimentaires, tels que les chapeaux, les sacs à main et les lunettes. L'apparence est déterminée également

FIGURE 8.2 Apparence et perception
ADLER, R. et TOWNE, N. *Communications et interactions*, 2ᵉ éd., Laval, Éditions Études vivantes, 1998.

par les habitudes d'hygiène corporelle. Ces messages non verbaux révèlent la plupart du temps la manière dont la personne souhaite que les autres la perçoivent. Ainsi, une infirmière qui se rend à son travail vêtue d'une blouse décolletée, d'un pantalon moulant et qui porte des talons hauts arbore un style convenant davantage à un rendez-vous qu'à la prestation de soins infirmiers.

Un deuxième exemple concerne une femme âgée portant des vêtements malpropres et négligés au moment de son admission en centre hospitalier (CH). Lorsque l'infirmière des soins à domicile l'a trouvée dans son appartement crasseux, insalubre, cette dame ne s'était pas lavée depuis plusieurs semaines. Une collecte des données ultérieure permet de découvrir que son mari était mort deux mois auparavant, et elle fut subséquemment diagnostiquée et traitée pour une dépression. Son apparence résultait de l'évidente manifestation d'un chagrin non résolu qui la rendait incapable de faire quoi que ce soit.

En même temps qu'elle examine le contenu verbal du discours du client, l'infirmière se doit d'interpréter et de valider son comportement non verbal et d'intégrer cette évaluation à la collecte de données ainsi qu'au plan de soins.

Enfin, les infirmières doivent rester attentives à leurs propres signaux non verbaux. Pour qu'une communication efficace s'établisse, ces signaux doivent révéler un respect et un intérêt sincères pour le client.

Proxémie ou distance

L'utilisation de l'espace constitue un autre message non verbal. Chaque personne maintient une « bulle » ou une délimitation invisible de l'espace qui l'entoure lorsqu'elle entre en interaction avec les autres. Cette distance, zone ou frontière, augmente ou diminue selon la nature de la relation. L'*espace intime* représente la plus petite distance entre deux individus. L'*espace personnel* convient aux relations intimes où le contact physique est possible. L'*espace social* implique une plus grande distance entre les personnes, qui doivent parler plus fort pour se comprendre. Enfin, l'*espace public* est réservé aux rassemblements publics, aux discours, dans les grandes salles ou les auditoriums (voir figure 8.3).

L'infirmière et le client devant respecter mutuellement les distances imposées par chacun, il est primordial de tenir compte du concept d'espace en tant que limite et sécurité. Pour permettre une communication efficace, les deux parties doivent se sentir à l'aise. Certains clients ont de la difficulté à respecter ces limites et sont susceptibles « d'envahir » la « zone intime » des autres clients. Le client qui ressent cette invasion comme une menace peut réagir de façon agressive à une telle violation de son espace intime. En de telles circonstances, l'infirmière devra peut-être aider le client à comprendre l'importance de se tenir à une distance appropriée des autres en établissant clairement, s'il le faut, les limites des clients en centimètres ou en mètres. Si le client viole la zone intime propre à l'infirmière, celle-ci peut se voir obligée,

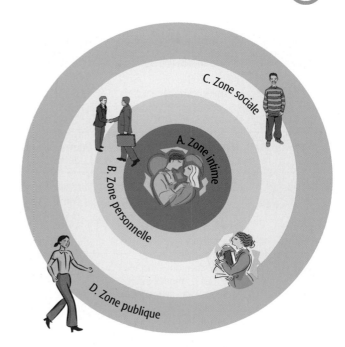

FIGURE 8.3 Les quatre zones de la proxémie
A. Intime (contact physique à 45 cm). B. Personnelle (45 cm à 1, 25 m). C. Sociale (1,20 m à 3,60 m). D. Publique (3,60 m et plus) (Hall, 1969).

dès cette première intrusion, d'établir verbalement une distance que le client devra respecter.

Toucher

Le toucher (voir figure 8.4) est un message non verbal qui concerne à la fois l'action et l'espace intime. Toucher une personne est une façon de signifier que l'on veut entrer en contact avec elle. En soins infirmiers, on utilise le contact physique pour communiquer des messages d'empathie et démontrer de l'intérêt pour le client. L'infirmière doit faire preuve de prudence lorsqu'elle décide d'entrer en contact physiquement avec un client en psychiatrie. Il est important d'obtenir l'assentiment du client afin de prévenir toute réaction vive. L'infirmière doit s'assurer d'avoir préalablement

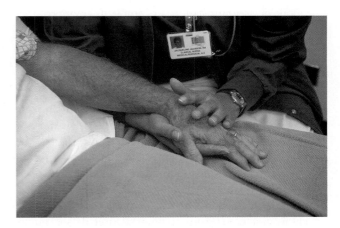

FIGURE 8.4 L'infirmière utilise le toucher pour communiquer.

TABLEAU 8.1	Caractéristiques de la communication fonctionnelle, sociale et thérapeutique		
	Fonctionnelle*	**Sociale**	**Thérapeutique**
Qui?	Infirmière et le client ; ses collègues et toute autre personne de son environnement de travail	Amis, famille, connaissances	L'infirmière et le client
Milieu	Milieu de travail de l'infirmière	Domicile, hors du milieu de travail, tous types de milieux	Établissement clinique ; environnement privé, tranquille, confidentiel, sécuritaire
But visé	Création d'un rapport avec le client, montre la nature humaine chaleureuse et efficace des contacts avec les clients	Poursuite des relations ; partage de l'information, des pensées, des croyances, des idées et des émotions	Promotion de la croissance et du changement du client
Contenu	Conversation qui s'adapte à tous les modes d'intervention, qui assure les échanges de tous les jours avec le client, les pairs, les autres professionnels et avec toutes les personnes qu'elle croise	Conversation sociale concernant les enfants, les vacances, la famille, les loisirs, la spiritualité, le fait d'accorder une faveur ou de donner un conseil	Conversation thérapeutique ; le client exprime ses pensées, ses sentiments, ses inquiétudes, ses craintes et ses problèmes ; il détermine ses besoins
Caractéristiques	Simplicité, concision, précision, clarté, pertinence, souplesse, adaptée au contexte, aux préoccupations et aux intérêts de la personne	Superficielle, légère, souvent dépourvue de but précis ; spontanée, agréable ; orientée à la fois vers l'émetteur et le récepteur, comportant des suggestions, des conseils ; établissement d'une relation personnelle ou intime	Compétence acquise ; avec un but précis, centrée sur le client ; le client détermine les objectifs à réaliser ; échange planifié, difficile, intense ; divulgation d'informations personnelles de la part du client ; établissement d'une relation constructive et personnelle (mais non intime)
Habiletés	Réceptivité, partage	Recours à une variété de ressources durant la socialisation	Utilisation d'habiletés professionnelles spécialisées, recours avant tout à une communication thérapeutique interpersonnelle

*Adaptation de PHANEUF (2002), *Communication, entretien, relation d'aide et validation*, Éditions Chenelière/McGraw-Hill.

établi un contact visuel. Certains clients n'acceptent pas d'être touchés. Ils peuvent même percevoir ce geste comme une menace et réagir de façon agressive, ou alors l'interpréter comme un geste amoureux et y répondre par un rejet ou une réaction sexuelle inappropriée. Le toucher en tant que mode de communication sera étudié ultérieurement et en détail dans le chapitre.

8.1.4 Types de communication

Communication intrapersonnelle

Dans une **communication intrapersonnelle**, un dialogue interne a lieu, au cours duquel les individus s'adressent toutes sortes de messages, positifs et négatifs. Ce dialogue interne peut être profitable pour le client si les messages qu'il se formule à lui-même sont utiles ou positifs.

À titre d'exemple, une cliente de 45 ans participe avec l'infirmière à une séance lui permettant d'établir un ensemble d'objectifs réalistes pour la durée de son séjour en CH. La cliente se dit à elle-même qu'elle est contente d'avoir enfin accompli une tâche utile et qu'elle maîtrise maintenant ce qu'il lui reste à accomplir avant de quitter le CH. Dans ces circonstances, elle s'envoie des messages positifs qui l'aident à guérir.

En santé mentale, un dialogue interne non approprié se produit si cette même personne persiste à s'attribuer des messages négatifs et autodestructeurs (p. ex. : « Je ne fais jamais rien de bien » ou « Je n'irai jamais bien »). Ce type de dialogue interne peut entraver la guérison.

Dans un autre exemple, un client souffrant de schizophrénie entend continuellement des voix intérieures qui lui disent qu'il est maudit et maléfique et que la seule façon de s'en sortir serait de se tuer. On considère ces hallucinations auditives comme un dialogue interne inapproprié.

Ces dialogues internes se présentent également chez l'infirmière. Par exemple, une étudiante infirmière qui doit faire une entrevue peut se dire : « Je ne suis pas capable d'établir une relation avec ce client. » Une telle communication intrapersonnelle peut nuire à l'évolution du contact à établir avec le client.

Communication interpersonnelle

La **communication interpersonnelle** survient entre deux ou plusieurs individus et comporte des messages à la fois verbaux et non verbaux. Elle constitue un processus complexe dans lequel de nombreux facteurs entrent en jeu. Dans son travail, l'infirmière communique à un niveau interpersonnel avec divers individus et groupes. Elle se concentre alors sur la communication *fonctionnelle* et *thérapeutique*, *professionnelle* ou *collégiale*. Quant à la *communication sociale*, elle est essentiellement utilisée hors du milieu de travail et ne sera abordée que sommairement. Le tableau 8.1 contient les caractéristiques des communications sociale, fonctionnelle et thérapeutique.

Communication sociale

La communication sociale intervient dans les situations quotidiennes, généralement à l'extérieur du cadre de travail. Ce type d'interaction comprend par exemple les discussions concernant les affaires et les questions familiales, les activités sociales, les vacances, l'école et la spiritualité. La plupart de ces interactions sont légères, superficielles et souvent dépourvues de but précis. L'objectif de la plupart des communications sociales est ludique et purement relationnel.

Il existe différents niveaux d'intimité dans la communication sociale. La communication entre un parent et son enfant se situe à un degré d'intimité différent de celui d'un échange entre un parent et un professeur. On peut se révéler de bien des façons, mais la norme est de ne pas trop approfondir, à partir du moment où aucune véritable demande d'aide n'est formulée. Lorsque l'aide constitue le résultat escompté de la communication sociale, celle-ci est d'habitude prodiguée sous forme de suggestions et de conseils de la part des amis et de la famille. Cette aide se distingue radicalement de l'aide fournie au client par l'intermédiaire de la communication thérapeutique, ou relation d'aide.

Communication professionnelle ou collégiale

La communication collégiale a pour objectif une collaboration professionnelle avec les collègues de travail.

L'infirmière peut aussi participer à des groupes professionnels de soins de santé, dans son cadre de travail et dans la collectivité. Ce type de communication se nomme communication professionnelle interdisciplinaire.

Les interactions des infirmières en psychiatrie avec les membres de l'équipe de soins relèvent également de la communication professionnelle interdisciplinaire. L'équipe interdisciplinaire se réunit régulièrement pour élaborer, revoir et modifier le plan de traitement du client. Il est fondamental que tous ceux qui contribuent au traitement du client participent activement à ces réunions. L'infirmière peut être désignée comme leader et se charger d'animer les réunions. Elle peut aussi rédiger les comptes rendus, noter les renseignements pertinents relevés au cours des discussions concernant le plan de traitement du client. Les réunions de professionnels en soins infirmiers ont pour but premier le partage des connaissances, la collaboration à un projet donné ou l'avancement de la profession.

Une collaboration efficace doit dépasser les luttes de pouvoir, les jeux d'influence et la compétition qui peuvent survenir quand des professionnels se réunissent. Pendant le processus de collaboration, aucun des membres du groupe ne prévaut sur un autre ou sur le groupe.

Communication fonctionnelle

Le terme fonctionnel signifie « qui s'adapte à une fonction définie, qui réussit dans un secteur donné ». « Le style de communication qui répond à cette description comporte donc des attitudes, des comportements, des qualités conformes à la nature des échanges qui se déroulent dans les services » de soins infirmiers (Phaneuf, 2000, p. 109). Dans son travail de tous les jours, l'infirmière est appelée à communiquer, et cela, en soins généraux comme en psychiatrie. Elle doit adopter les attitudes et développer les habiletés nécessaires à une **communication fonctionnelle** efficace, car la qualité de l'interaction de l'infirmière a aussi pour but l'amélioration de la santé du client.

Selon Phaneuf, ces attitudes et habiletés sont la réceptivité et le partage.

Réceptivité et partage

« Les attitudes de réceptivité sont à la fois verbales et non verbales. Elles comprennent tous les comportements et les attitudes qui, d'une façon ou d'une autre, font savoir à la personne que nous sommes ouvertes à elle, que nous demeurons là pour l'écouter » (Phaneuf, 2002, p. 111).

Cette attitude d'acceptation de l'autre se définit principalement par nos comportements non verbaux déjà décrits à la section 8.3. Quant aux attitudes de partage, elles sont « surtout de nature verbale. Elles permettent des échanges entre les personnes qui communiquent, elles explicitent le message non verbal ou le complètent de manière à en rendre le sens accessible aux deux interlocuteurs » (Phaneuf, 2002, p. 115). Pour y arriver, l'infirmière utilisera, entre autres moyens, les questions, les réponses-reflets et les encouragements. Elle devrait être prévenante quand elle pose des questions au client car il est plus susceptible de se sentir agressé.

Les réponses-reflets permettent, quant à elles, de montrer au client qu'on l'écoute et qu'on le soutient dans ce qu'il est. Il est important de communiquer nos observations par l'utilisation de *reflets simples* qui contribuent grandement à augmenter la compréhension qu'il a de lui-même. De plus, ces observations lui confirment que l'infirmière l'écoute attentivement. La reconnaissance des sentiments par l'utilisation de *reflets de sentiments* est une forme de soutien au client. Il est important de lui faire savoir que ses sentiments sont légitimes et dignes d'intérêt. En matière de sentiments, il n'existe pas de bonnes ni de mauvaises réponses. On ne peut ni les faire disparaître, ni les contester, ni les rejeter. Les encouragements à poursuivre démontrent aussi une attitude de partage. Ils se manifestent par des hochements de la tête et par des expressions telles que « hum hum » ou « je vois ».

L'*écoute active* incorpore à la fois les comportements verbaux et non verbaux nécessaires à la communication. Sans parler, l'infirmière s'incline légèrement vers l'avant, en faisant face au client; elle échange avec lui des regards réconfortants et brefs. L'écoute active a pour but d'aider l'expression des sentiments du client; en lui faisant savoir que l'infirmière accepte sa manière d'être et qu'elle tente de le comprendre (Smith, 1990). Une infirmière qui utilise l'écoute active manifeste ainsi de l'intérêt pour son client. Un client qui essaye de résoudre ses problèmes a besoin de savoir que l'infirmière est là pour l'aider et qu'elle est disposée à le faire.

Clarté et précision

Les infirmières doivent communiquer de façon claire et précise. Il arrive souvent que les clients éprouvent de la difficulté à comprendre l'information qu'on leur donne. Si l'infirmière est précise dans ses propos, la communication en sera améliorée. Communiquer clairement, c'est privilégier les mots simples, utiliser des phrases courtes et poser des questions claires (ouvertes, fermées, d'élucidation). Le jargon médical fait partie intégrante de la vie de l'infirmière, mais celle-ci doit toujours garder à l'esprit que les clients peuvent ne pas le comprendre. Des termes courants tels que « suivre son traitement », « à jeun après minuit » ou « prenez ces comprimés » peuvent être mal interprétés, en particulier par les clients qui ont des problèmes de santé mentale. Des instructions ou des renseignements transmis de manière trop technique peuvent créer de la confusion, et le client risque alors d'être trop embarrassé pour demander des éclaircissements.

Il est important pour l'infirmière d'utiliser ces techniques dans son travail quotidien. Elle doit aussi en tenir compte et les utiliser dans sa relation d'aide, ou communication thérapeutique, avec son client (voir encadré 8.3).

Communication thérapeutique

La **communication thérapeutique** est l'outil le plus important dont dispose l'infirmière en santé mentale. L'art d'interagir sur le plan thérapeutique est une compétence acquise qui implique à la fois la communication verbale et non verbale; son but est de promouvoir la croissance du client. Elle inclut toutes les méthodes de communication vues dans la section sur la communication fonctionnelle en plus des habiletés propres à la relation d'aide, dont nous traiterons un peu plus loin dans ce chapitre.

Au cours de la relation thérapeutique, le client est souvent amené à se remémorer des souvenirs et des situations pénibles qui peuvent raviver des émotions douloureuses. Le fait de partager de tels sentiments peut s'avérer bénéfique pour le client, qui peut ainsi objectiver ces expériences

---

Étude sur la compréhension du vocabulaire professionnel   **ENCADRÉ 8.3**

- Une étude menée par l'University of Alberta Hospital a révélé que bien souvent les clients ne comprennent pas ou comprennent mal le vocabulaire professionnel (Cochrane et coll., 1992). Plusieurs infirmières ont écouté, pendant deux semaines, leurs propres conversations et celles des autres infirmières avec les clients. Chaque fois qu'un mot ou une expression appartenant au jargon professionnel étaient employés, on les répertoriait. Après avoir sélectionné 34 mots et expressions médicales courantes, on fit une enquête sur 101 clients adultes, récemment admis ou à leur quatrième jour d'hospitalisation. Les résultats de l'étude démontrèrent que la plupart des mots étaient définis correctement par plus de la moitié des personnes interrogées. À titre d'exemple, 98 % d'entre elles savaient ce que « B.O. » (bloc opératoire) signifiait. Cependant, les mots ayant une définition précise dans la vie quotidienne, et une autre dans la profession des soins infirmiers, étaient souvent mal interprétés. Les clients nouvellement admis en savaient autant que les clients après quatre jours d'hospitalisation ou que ceux qui avaient déjà été hospitalisés.
- Les infirmières doivent faire un effort conscient pour parler de manière à être comprises. Ceci signifie qu'il faut rejeter les explications abstraites ou trop longues.

---

et les émotions qui y sont associées, puis en discuter tout en se sentant en sécurité. Pour faciliter l'interaction, l'infirmière doit garantir la confidentialité et la tranquillité du lieu, elle doit encourager le client à discuter ouvertement de ses pensées et de ses sentiments, l'écouter attentivement et faire preuve d'acceptation inconditionnelle, d'empathie et de respect.

La communication thérapeutique peut s'avérer intimidante, pour le client comme pour l'infirmière. Discuter de sentiments intenses n'a rien de facile. Beaucoup de clients n'ont jamais abordé ces sujets auparavant, par crainte d'un manque de compréhension des autres ou de représailles, ou de se sentir indignes et complexés. L'intensité des sentiments du client ou de ses réponses verbales risque d'effrayer ou de prendre au dépourvu l'étudiante infirmière ou l'infirmière novice – particulièrement lorsqu'un client désespéré discute ouvertement de son désir de mourir. L'infirmière peut aussi se sentir gênée lorsqu'un client exprime des émotions ou des sentiments analogues aux siens. Son anxiété est susceptible d'augmenter si elle n'a pas appris à faire face efficacement à ses propres problèmes.

En résumé, la communication thérapeutique vise trois buts essentiels:
- permettre au client d'exprimer ses pensées et ses sentiments, de revoir ses comportements et ses expériences de vie, d'une manière constructive;
- comprendre la signification des problèmes du client ainsi que le rôle que celui-ci et ses proches jouent dans la perpétuation de ces problèmes;

- contribuer à l'examen des problèmes du client et à leur résolution.

8.1.5 Éléments personnels importants pour la communication thérapeutique

L'utilisation de soi, par l'infirmière, en tant qu'outil thérapeutique peut se comparer à l'utilisation que le chanteur fait de sa voix pour produire une mélodie. L'infirmière possède en elle tous les éléments essentiels pour aider les autres ; c'est ce qui rend ce métier à la fois passionnant et stimulant.

L'utilisation thérapeutique de soi exige une bonne *connaissance de soi*. L'infirmière ne pourra aider les autres qu'à partir du moment où elle peut s'aider elle-même. Se connaître soi-même est un processus complexe qui dure toute une vie. Les infirmières doivent savoir à quelles valeurs et à quelles croyances elles adhèrent. Il est également important pour elles de connaître et de comprendre leurs propres antécédents familiaux, incluant les questions culturelles et sociales, les valeurs, les partis pris et les préjugés.

Prenons l'exemple d'une infirmière qui a des convictions bien ancrées sur les hommes et leur dépendance à l'alcool. Elle est persuadée qu'ils peuvent s'arrêter de boire s'ils le décident vraiment. Cette conviction est apparue après le décès d'un proche à la suite d'une cirrhose du foie causée par l'alcool. Cette infirmière peut ne pas avoir conscience de cette conviction jusqu'à ce qu'un premier client alcoolique lui soit assigné. Ce n'est qu'après avoir résolu ses propres problèmes qu'elle pourra vraiment parvenir à faire la distinction entre ses propres problèmes et ceux du client. Comme la communication thérapeutique a pour objectif d'aider autrui, il est fondamental que l'infirmière *comprenne ce qui la motive à aider les autres*. Elle doit connaître ses besoins émotionnels afin que ceux-ci n'entrent pas en conflit avec sa capacité à établir un rapport thérapeutique avec les clients. Puisque les clients n'ont pas à se soucier des besoins émotionnels des infirmières, celles-ci doivent veiller à les satisfaire à l'extérieur de leur cadre de travail. L'infirmière qui *maîtrise sa propre vie et ses émotions* peut s'engager dans une communication thérapeutique efficace avec le client tout en gardant la maîtrise de la communication, particulièrement lorsqu'un client se montre intimidant, manipulateur ou menaçant.

De plus, si l'infirmière a une bonne connaissance d'elle-même, et maîtrise ses émotions, elle sera en mesure de donner la priorité aux besoins du client en l'écoutant attentivement et en reconnaissant chez lui les émotions susceptibles de s'opposer à l'échange thérapeutique. À titre d'exemple, une forte anxiété chez l'infirmière peut entraver grandement sa perception du client et brouiller la communication.

Enfin, l'infirmière doit être à même d'*autoévaluer périodiquement ses réactions face au client*. Voici, à cet effet, quelques-unes des questions que l'on peut se poser (Shives, 1994) :

- Ai-je l'esprit ouvert ou suis-je bornée ?
- Ai-je des préjugés en ce qui concerne ce problème ?

- Est-ce que j'accepte le client ? Ou est-ce que je le rejette ?
- Est-ce que je lui apporte un soutien ? Oui ou non ?
- Suis-je objective ? Ou est-ce que je laisse mes préjugés s'immiscer dans mes interactions avec mes clients ?
- Est-ce que je garde mon calme et maîtrise mes propres sentiments ? Ou est-ce que je laisse les inquiétudes, la sympathie ou la haine faire surface ?
- Quels sont mes véritables sentiments ? Est-ce que mes messages non verbaux sont congruents à ma communication verbale ?

8.1.6 Attitudes et habiletés propres à la communication thérapeutique

Authenticité et congruence, affirmation de soi, respect chaleureux, empathie, immédiateté, révélation de soi, confrontation douce et espoir sont des caractéristiques d'une communication thérapeutique réussie. Ces caractéristiques permettent à l'infirmière d'influencer la croissance et le développement personnel et de provoquer des changements positifs chez l'autre en lui permettant de mieux comprendre ce qu'il vit. Ces caractéristiques se manifestent par des comportements verbaux et non verbaux, de même que des attitudes, des croyances et des sentiments propices à une relation d'aide.

Authenticité et congruence

L'authenticité, c'est être soi-même. L'infirmière congruente « est à l'aise avec elle-même, ses comportements s'harmonisent avec ses émotions, ses idées et ses connaissances de la difficulté de l'aidé. Elle manifeste, par cette congruence, son respect d'elle-même et du malade dont elle prend soin » (Phaneuf, 2002, p. 362). Cette authenticité est nécessaire, car c'est ainsi que l'infirmière gagnera la confiance du client. De plus, le client pourra devenir lui-même plus authentique en retour. Cette interaction authentique ne signifie pas que l'infirmière doive révéler de l'information personnelle au client et établir avec lui un rapport social. Celle-ci se concentrera plutôt sur le client et réagira de façon thérapeutique. Une infirmière ne peut s'attendre à ce qu'un client soit franc et honnête avec elle si elle-même ne l'est pas envers lui.

Affirmation de soi

Être authentique signifie aussi s'affirmer. L'affirmation de soi représente l'aptitude à exprimer ses sentiments aisément, avec assurance et d'une manière positive, honnête et franche, dans le respect de soi et des autres (Balzer-Riley, 1996). En s'affirmant ainsi, l'infirmière décide délibérément de la façon dont elle communique avec les autres. L'infirmière qui fait ce choix doit maîtriser ses pensées négatives, condition essentielle de la communication, non seulement avec les clients, mais également avec les superviseurs, les employés, les médecins et les collègues.

L'infirmière peut se familiariser avec certaines techniques de base de l'affirmation de soi. Tout d'abord, elle devra apprendre à utiliser le « je » plutôt que le « vous » (p. ex. : « Je suis responsable de cette erreur de médication » ou « Je me sens blessée lorsque vous me dites cela »). En blâmant l'autre pour son propre comportement, elle réduit à néant toute possibilité de changement. À titre d'exemple, un client qui affirme « Ma mère me met en colère » ou « Dieu m'a ordonné de frapper cet individu » indique qu'il n'est pas maître de son comportement et décline toute responsabilité vis-à-vis de ses actions. En langage non verbal, l'affirmation de soi se traduit par regarder les autres dans les yeux lorsqu'on leur parle.

Un message dans lequel les éléments verbaux et non verbaux sont cohérents est affirmatif. À titre d'exemple, lorsque vous racontez à quelqu'un que vous venez juste d'assister à un accident de voiture atroce en vous rendant au travail, le ton de votre voix et l'expression de votre visage montrent combien vous êtes choquée et triste. Certains clients tenteront parfois de masquer leur vraie tristesse, par le rire ou le sourire, au moment de raconter une expérience très douloureuse à laquelle ils ne savent pas faire face de manière appropriée (voir encadré 8.4).

Respect chaleureux

Le **respect chaleureux** exprime l'égard et l'acceptation. Une infirmière peut, par exemple, valoriser son client en l'appelant par le nom qu'il préfère. Une infirmière accepte ses clients pour ce qu'ils sont et ne s'attend pas à ce qu'ils changent, si ce n'est d'un point de vue thérapeutique.

Le respect chaleureux se communique de mille façons. On peut s'asseoir et écouter attentivement le client, en réagissant de manière appropriée à certains événements qui l'affectent, en validant ses sentiments ou en prenant les mesures adéquates devant un comportement inapproprié. Dans le cas d'un client récemment admis et qui se masturbe sur son lit à la vue de tous, l'infirmière, après avoir considéré la situation et conclu que cette activité ne nuisait à personne, explique au client que ce comportement devrait demeurer privé. Elle ferme alors la porte et laisse le client continuer, mais cette fois hors de la vue des autres.

Le respect chaleureux consiste notamment à rester neutre, à ne pas porter de jugement. L'infirmière doit se garder de juger sévèrement le comportement et les sentiments du client, car ils sont réels et ne peuvent être ni contestés, ni rejetés, ni critiqués. On ne doit pas mettre les clients mal à l'aise. Il est néfaste d'étiqueter les comportements des autres en se basant sur son propre système de valeurs. Une fois que les clients réalisent qu'on ne les juge pas, ils se sentent plus libres d'exprimer leurs pensées et leurs sentiments les plus intimes. Une attitude non évaluatrice ou exempte de jugement aide à dissiper la peur du client d'être incompris ou rejeté. Une telle relation franche ne peut être établie qu'une fois que l'infirmière aura reconnu ses propres pensées et ses sentiments concernant le comportement des clients.

Empathie

L'**empathie**, ou compréhension empathique, représente la capacité de l'infirmière à percevoir le point de vue du client et à lui communiquer cette compréhension. Il existe deux types d'empathie. Le premier type – l'*empathie naturelle*, ou *par trait de caractère*, ou *fondamentale* – est une caractéristique psychologique inhérente qui est présente à différents degrés chez tout le monde. Certaines recherches

---

Comportements d'affirmation de soi	**ENCADRÉ 8.4**

Affirmation de soi
Défendre ses droits et respecter ceux des autres. Utiliser un discours expressif, directif et valorisant. Choisir les paroles et les gestes appropriés.

Communication agressive
Défendre ses droits, mais empiéter sur ceux des autres. S'exprimer d'une manière humiliante ou défiante. Ne pas parvenir à surveiller ou à maîtriser ses paroles ni ses gestes.

Communication d'acquiescement
Ne pas défendre ses droits et accepter que les autres nous dominent et nous maltraitent. Réaliser des tâches contre sa volonté et se sentir victime.

Exemples de comportements d'affirmation de soi
1. Messages « Je » (p. ex. : « Je veux », « Je sens », « Je désire »).
2. Échanges de regards (p. ex. : regarder son interlocuteur dans les yeux au moment d'exprimer une demande ou d'en refuser une).
3. Cohérence entre le discours et l'expression du visage (p. ex. : s'assurer que l'expression du visage correspond à l'intention du message verbal. Les rires accompagnant un message sérieux peuvent miner la crédibilité du message).

Exemple de cheminement pour développer l'affirmation de soi
1. Cibler le comportement que l'individu désire modifier (p. ex. : comment dire non et maintenir sa position).
2. Énumérer une dizaine de situations dans lesquelles il est difficile de dire non, en allant de la moins difficile à la plus ardue.
3. S'entraîner à dire non en utilisant tout d'abord la méthode la moins agressive et en progressant vers des situations plus risquées (p. ex. : en l'exprimant à une photo, sur magnétophone, en rétroaction, dans une mise en situation fictive et ensuite en simulation). S'exercer dans des situations réelles.
4. En s'exerçant à commencer sa réponse par le mot « non », car cela constitue un message clair, sans détour ni excuse.
5. Ajouter une formulation claire et concise (p. ex. : « Je ne réaménagerai pas mon horaire ; j'ai besoin de cette journée de congé »).
6. Confirmer par le contact visuel l'intention du message verbal. Les séances d'entraînement à l'affirmation de soi sont le plus souvent effectuées en petits groupes.

Adapté de Fortinash K.M, Holoday-Worret P.A. : *Psychiatric nursing care plans*, 3ᵉ édition, St. Louis, 1998, Mosby.

suggèrent que l'empathie par trait de caractère est une faculté innée et naturelle, qui évolue tout le long du développement. Ce point de vue suppose que tout individu a une sensibilité instinctive qui se révèle plus ou moins, suivant sa nature, comme c'est le cas pour d'autres caractéristiques du développement humain (Alligood, 1992).

D'autres affirment que le second type d'empathie, *l'empathie exercée* ou *acquise par la formation*, ou *empathie en milieu clinique*, se construit à partir du propre niveau naturel d'empathie de l'infirmière. Cette empathie exercée ou acquise représente ainsi une habileté ou une aptitude utilisée consciemment pour réaliser une intervention thérapeutique (Pike, 1990). Certains chercheurs suggèrent que l'on évalue le niveau d'empathie fondamentale ou naturelle des étudiantes infirmières avant même de leur enseigner les techniques d'empathie clinique (Alligood, 1992; Williams, 1990). Ce test fournirait ainsi un indicateur de base précédant toute formation à l'empathie et permettrait de mesurer l'efficacité de l'apprentissage. Un niveau trop élevé d'empathie naturelle indiquerait que l'infirmière a tendance à se suridentifier et, par conséquent, à trop s'engager dans les problèmes des clients. Un niveau bas indiquerait que l'infirmière ne manifestera pas toujours un intérêt sincère envers les clients.

On ne doit pas confondre empathie et sympathie. La sympathie consiste à s'engager démesurément et à confier ses sentiments après avoir entendu l'autre raconter une expérience similaire à la sienne. Elle n'a rien d'objectif et vise surtout à réduire son propre désarroi.

Se montrer empathique, c'est se concentrer sur le client, c'est prendre conscience de ses sentiments et les comprendre. Dans le cas d'un client qui révèle à l'infirmière que son père est mort d'un accident de voiture un mois avant son arrivée en centre hospitalier, l'infirmière lui répond avec sympathie que sa propre mère est morte d'un accident d'avion et qu'elle aussi s'est sentie triste pendant près d'un an. L'attention est ici portée sur l'infirmière, et le client risque de ne pas savoir comment réagir. Une réponse empathique de la part de l'infirmière pourrait être : « Je comprends que cela a dû être difficile pour vous. Comment vous êtes-vous senti et comment avez-vous réagi à la suite de cette perte ? » L'attention est concentrée alors sur le client pour faciliter sa réponse.

C'est un véritable défi pour l'infirmière que de témoigner de l'empathie en situation de crise. Celle-ci ne dispose habituellement que de peu de temps à passer avec chaque client et elle doit essentiellement recourir à des procédés d'intervention de crise. Des recherches ont montré que l'empathie, spécialement si elle se manifeste tôt dans la relation, est intimement liée à l'atteinte de résultats positifs.

L'empathie se manifeste en deux étapes. Premièrement, lorsqu'un client partage des émotions fortes et pénibles, l'infirmière doit tout d'abord être réceptive et comprendre ce qu'il dit, en se mettant à sa place. Que l'infirmière ait vécu ou non un problème ou une émotion similaire n'a pas d'importance. Deuxièmement, après avoir réintégré son rôle professionnel, l'infirmière doit pouvoir communiquer sa compréhension, imprégnée d'objectivité et de sensibilité envers le client. Cette compréhension reflète la réalité du client et constitue le processus par lequel il effectue les changements qui lui permettront d'atteindre des résultats positifs. Les attitudes et habiletés suivantes aident les infirmières à améliorer leurs réactions empathiques :

Comportement non verbal

- Être physiquement attentive au client en s'asseyant en face de lui, légèrement inclinée vers l'avant, les bras et les mains en position ouverte, en le regardant. Toucher le client et exprimer l'attention qu'on lui porte par des silences appropriés.
- Manifester l'écoute active en étant émotionnellement attentive au client et en faisant abstraction de ses propres problèmes, de ses intérêts personnels ou professionnels, et en concentrant toute son attention sur lui.

Comportement verbal

- Répondre d'un ton approprié à chacune des communications verbales et non verbales du client en utilisant, entres autres moyens, des réponses-reflets pour lui indiquer notre compréhension.
- Relever les points les plus importants du discours du client.
- Se montrer cohérente dans sa propre communication verbale et sa communication non verbale.
- Vérifier si oui ou non les réactions empathiques sont efficaces en notant les indices verbaux et non verbaux du client.

Immédiateté

Il est important en relation d'aide d'utiliser l'**immédiateté**, soit le moment présent. Le client est souvent porté à utiliser le passé comme référence, et l'infirmière doit le ramener au moment présent, car le passé ne peut être refait et ne doit servir qu'à titre d'expérience. Comme Phaneuf le dit bien : « Il s'agit d'une attention soutenue de l'aidante au moment présent qui l'amène à être à l'affût de ce que vit l'aidé dans l'immédiat, de ce qu'il se passe dans la relation qui les unit. Elle devient ainsi une compréhension profonde et directe de l'expérience de l'aidé au cours de l'entretien » (Phaneuf, 2002, p. 371).

Révélation de soi

La révélation de soi vise à favoriser la relation de confiance entre l'aidé et l'aidant. En se révélant soi-même, on s'ouvre à l'autre, et cela peut devenir efficace sur le plan thérapeutique si on le fait avec précaution et jugement. Les infirmières confient certaines de leurs pensées, de leurs sentiments et racontent certains épisodes de leur vie pour montrer au client qu'elles comprennent ce qu'il éprouve.

On révèle continuellement, dans le cadre des relations sociales, ses croyances personnelles, ses points de vue et son vécu. Avec les intimes, on divulgue de l'information très personnelle. Parce qu'une relation thérapeutique professionnelle infirmière-client vise à aider le client, l'infirmière doit considérer soigneusement tout ce qu'elle lui révèle. La révélation de soi par l'infirmière doit *toujours* viser à profiter au client et *jamais* à l'infirmière. Il est par conséquent important de bien choisir l'endroit et le moment de cette révélation de soi et de considérer ses motifs afin de s'assurer de sa finalité (Balzer-Riley, 1996).

Afin d'aider l'infirmière à déterminer si la révélation de soi est pertinente, on a proposé des questions que l'infirmière devrait se poser et qui peuvent lui servir de critères (Stricker et Fisher, 1990).

Servir de modèle et enseigner. Les clients seront-ils en mesure d'apprendre davantage sur eux-mêmes et de faire face plus adéquatement à leurs problèmes existentiels ?

Établir un partenariat thérapeutique. La révélation, grâce à l'obtention d'une meilleure collaboration, encouragera-t-elle une alliance infirmière-client ?

Valider la réalité. Les clients seront-ils confortés dans leurs sentiments en réaction à un événement ?

Encourager l'autonomie du client. La révélation aidera-t-elle le client à extérioriser des sentiments qu'il dissimulait auparavant ?

Pour recourir à la révélation de soi, l'infirmière et le client doivent avoir établi une relation thérapeutique. La logique de la révélation de soi veut que le client, en retour, s'extériorise. L'infirmière doit s'assurer de la pertinence de l'information qu'elle livre et veiller à ne pas trop s'y attarder, car le temps réservé pour le client s'en voit d'autant réduit, ce qui peut mener à une rupture de l'interaction.

Le tableau 8.2 présente un exemple de révélation de soi thérapeutique et un exemple de révélation non thérapeutique.

Les publications spécialisées et les chercheurs s'entendent pour dire que la révélation de soi peut s'avérer primordiale pour le mieux-être du client. L'infirmière doit être consciente du fait que toute révélation de soi n'implique pas nécessairement la divulgation d'information personnelle. Cela peut simplement consister à partager un sentiment. On peut également parvenir à une communication authentique et franche, débouchant sur une alliance thérapeutique, sans forcément faire appel à la révélation de soi. La révélation de soi n'est thérapeutique que si l'infirmière est à l'aise lorsqu'elle y a recours, et uniquement lorsque cette révélation profite au client.

Humour

L'humour peut se révéler très utile en relation d'aide, car il « crée un climat de légèreté et de plaisir » (Phaneuf, 2002, p. 380). On définit le sens de l'humour comme une qualité permettant de rendre les choses drôles, amusantes ou ridicules. C'est une capacité à percevoir, à apprécier et à exprimer ce qui est comique, divertissant ou absurde. Le recours à l'humour en établissement psychiatrique a provoqué des controverses, et certains le considèrent comme non professionnel et inapproprié. Un humour sain déride pourtant l'ambiance ; il incite à rire *avec* les autres et non *des* autres. Il inclut et respecte les autres en préservant leur dignité et convient à la situation. L'ironie ou le sarcasme, quant à eux, excluent les autres et les isolent pour les ridiculiser.

L'humour est un mécanisme de défense éprouvé ; il permet à l'infirmière d'affronter certaines situations difficiles, de prendre un peu de recul vis-à-vis d'un problème et d'alléger l'atmosphère pour quelques instants.

Physiologiquement parlant, il est reconnu que le rire améliore le fonctionnement de l'appareil circulatoire, qu'il stimule le système respiratoire, qu'il accroît le niveau d'oxygène dans le sang et qu'il accélère le rythme cardiaque. Ces changements ont pour effet une élévation du niveau d'adrénaline et rendent l'individu plus vigilant, tout en lui procurant un sentiment de mieux-être. Il paraît que le rire et la convivialité pendant les repas favorisent la digestion. Le rire réduit les craintes et les angoisses psychologiques, atténue les émotions, diminue le stress et allège les tensions (Ferguson et Campinha-Bacote, 1989).

TABLEAU 8.2 Révélation de soi	
Thérapeutique	**Non thérapeutique**
Client : « Je suis vraiment contrarié de devoir quitter le CH aujourd'hui. »	Cliente : « Mon salaud de mari m'a laissée avec trois enfants à faire vivre et je trouve ça difficile. »
Infirmière : « Cela m'a fait plaisir de travailler avec vous. Je sais combien certains départs peuvent être tristes. Lorsque vous serez à la maison, il est important que vous vous serviez d'outils que vous avez acquis ici. »	Infirmière : « Je comprends ce que vous ressentez, mon mari a fait la même chose il y a de cela cinq ans ; il m'a quittée pour une autre femme en me laissant avec deux jeunes enfants. Il ne m'a pas aidée financièrement et ne veut pas voir ses enfants. J'étais aussi très en colère. »
Discussion : L'infirmière fait appel à la révélation de soi à la phase d'achèvement de la relation. Elle valide les sentiments du client et leur alliance, encourageant du même coup le client à transférer dans sa vie personnelle, après son départ, ce qu'il a appris durant le traitement.	Discussion : L'infirmière a recours à la révélation de soi au moment de l'entrevue d'admission et dès le début de la relation, alors qu'aucun rapport n'est encore établi. Qui plus est, elle révèle des informations personnelles en s'étendant trop sur celles-ci. Il semble que cette révélation desserve davantage l'infirmière que le client. L'infirmière est centrée sur elle.

L'infirmière doit évaluer le sens de l'humour du client. Les clients déprimés rient peu et ne manifestent pas de plaisir. Les clients atteints de délires paranoïdes sont, quant à eux, incapables de rire. Ils peuvent même percevoir le rire des autres comme une agression. On ne doit pas l'oublier. À titre d'exemple, des infirmières au poste de soins infirmiers peuvent décider de ne pas rire ni plaisanter derrière la cloison en verre où les clients paranoïaques risquent de les observer et d'interpréter leur comportement comme un affront personnel. D'autre part, des clients maniacodépressifs peuvent rire de n'importe quoi, qu'il s'agisse ou non de situations drôles. Ce sentiment de mieux-être exagéré montre un manque de jugement de la part du client. Il peut même se transformer en sarcasme cinglant et blessant.

Après avoir étudié l'humour en tant qu'important indicateur de la santé d'une personne, certains cliniciens pensent que si l'infirmière pose à ses clients des questions simples pour connaître leur blague favorite, la fréquence à laquelle ils rient et la façon dont leur rire a évolué, elle aura un nouvel aperçu de leur maladie (Ferguson et Campinha-Bacote, 1989).

Confrontation douce

La confrontation douce du client s'effectue tout en restant respectueuse et compréhensive ; c'est une façon de le mettre en garde contre ses pensées, ses sentiments et ses gestes incongrus. Selon Phaneuf, « il s'agit de la manière de faire dans la relation d'aide qui amène l'aidé, sans agressivité ni négativisme, à prendre conscience de ses agissements, de l'illogisme et de l'irréalisme de ses propos ou de ses actions, ou encore de la distance qui existe entre ses paroles et son agir, et entre ce qu'il fait et les objectifs de vie qu'il se donne » (Phaneuf, 2002, p. 364). Cette confrontation met en lumière le problème. On ne doit cependant y faire appel qu'après l'établissement d'une relation de confiance entre l'infirmière et le client (Fortinash et Holoday-Worret, 1999).

Les affirmations qui amorcent la confrontation peuvent être formulées comme dans les exemples suivants :
- « Vous prétendez que..., mais...
- « Je suis étonnée que vous ne vouliez pas..., c'est pourtant ce que vous affirmiez désirer... » (Phaneuf, 2002, p. 365).

8.1.7 Techniques verbales et non verbales favorisant la communication

Il s'agit de méthodes permettant d'encourager les clients à interagir d'une façon qui favorise leur développement et qui les conduit à atteindre leurs objectifs de traitement. Ces techniques visent à créer une atmosphère propice à la communication en vue de la résolution de problèmes. Le tableau 8.3 fournit des exemples de plusieurs de ces techniques.

Le *toucher* est une méthode de communication non verbale qui peut transmettre un grand nombre de messages. Donner une poignée de main à quelqu'un, lui tenir la main, lui donner l'accolade, tous ces contacts permettent de lui manifester des sentiments bienveillants. Les contacts physiques non essentiels, autres que ceux qui sont nécessaires aux procédures, sont profitables au client. C'est un privilège particulièrement conféré aux infirmières. Ces contacts physiques hors intervention vont d'un simple toucher sur le bras à une poignée de main jusqu'à une étreinte prolongée. La chaleur de ces contacts dépend de l'aisance de l'infirmière.

Le toucher comporte une signification différente pour chaque personne ; c'est pourquoi il faut toujours préalablement établir un contact visuel afin d'être en mesure d'évaluer la réaction du client au toucher. Plusieurs variables influencent la signification du contact physique : la durée du contact, la partie du corps touchée, la façon dont s'effectue le contact, tout comme sa fréquence.

L'infirmière doit se montrer prudente lorsqu'elle touche les clients, particulièrement en établissement psychiatrique. L'âge et le sexe du client, son interprétation du geste, ses antécédents culturels et l'à-propos du toucher sont autant d'éléments influençant ses réactions au contact physique.

Lorsqu'elle décide d'établir un contact physique avec le client et, le cas échéant, lorsqu'elle choisit le type de contact approprié, l'infirmière doit tenir compte des réactions potentielles du client. Ainsi, un client déprimé peut réagir positivement au toucher et l'interpréter comme un geste d'intérêt. Un client âgé, dans un état précaire, ou un client qui est en phase terminale peuvent également être réconfortés par le contact physique de l'infirmière. Par contre, un client paranoïaque et hostile peut, pour sa part, mal interpréter ce contact, le percevoir comme une confrontation et frapper l'infirmière en retour. Si on touche l'épaule d'une victime d'agression sexuelle, elle peut se dégager et avoir réellement peur.

Le *toucher au cours d'une intervention* peut consister à positionner le bras d'un client au moment de prendre sa pression ou de lui prélever du sang pour les analyses de laboratoire (voir figure 8.5, A), à le retourner pour changer ses pansements ou sa culotte d'incontinence, à le soulever ou l'aider à se soulever pour qu'il se déplace de son lit à sa chaise roulante, ou à mettre en place une procédure d'isolement ou de contention pour un client très agité et hostile. Le *toucher hors intervention* peut consister à tenir la main d'une cliente âgée qui exprime sa tristesse concernant le décès de son conjoint (voir figure 8.5, B), à prendre dans ses bras un client adolescent qui quitte le centre hospitalier, à serrer la main d'un nouveau client qui est présenté au moment du transfert dans l'unité ou à masser le dos d'un client grabataire.

La décision de recourir au contact physique relève de la préférence personnelle de l'infirmière. Tout dépend du niveau de confort de l'infirmière vis-à-vis du contact physique, de l'aptitude du client à interpréter correctement la situation, ainsi que de l'utilisation appropriée de ces touchers.

Il est important que l'infirmière en soins psychiatriques ait recours au *silence* comme technique d'écoute. Le

TABLEAU 8.3	Techniques de réponse thérapeutique reliées aux étapes de la démarche de soins infirmiers et aux phases de la relation thérapeutique		
Phase de la relation thérapeutique	Étape de la démarche de soins infirmiers	Technique	Exemples
Phase d'orientation	Collecte de données et diagnostic infirmier	Se présenter au client au moment de l'admission.	« Bonjour, je m'appelle Suzanne. Je suis votre infirmière aujourd'hui. »
		Être disponible. L'infirmière adopte une attitude honnête, ouverte et s'intéresse au client.	« Je dois vous demander des informations. Asseyons-nous afin de commencer votre admission. »
		Écouter activement, en ayant recours à la fois aux techniques de communication verbales et non verbales, afin de démontrer que l'infirmière accorde toute son attention au client.	L'infirmière fait face au client et adopte une attitude ouverte, garde le contact visuel avec lui et utilise des messages verbaux et non verbaux pour manifester toute son attention. « Continuez, je vous écoute. »
		Poser des questions. Au cours de l'admission, par l'intermédiaire d'un questionnement adroit, l'infirmière pose des questions ouvertes. Cette habileté permet d'éviter de poser trop de questions personnelles en une seule séance. Ces questions visent à obtenir des réponses pertinentes et en profondeur. On fait appel aux questions fermées pour recueillir de l'information factuelle.	« Que voulez-vous dire ? » « Dites-moi ce que vous ressentez en ce moment. » « Combien d'enfants avez-vous ? » « Cela vous est-il déjà arrivé ? » « Pourquoi avez-vous arrêté de prendre vos médicaments ? »
		Utiliser le silence. Fréquemment utilisé pour permettre au client d'exprimer ses pensées et sentiments, le silence a pour objectif d'obtenir de l'information. Le client, tout comme l'infirmière, doivent se sentir à l'aise lors de ce silence.	L'infirmière reste assise en silence et maintient un contact visuel avec le client, en lui manifestant son intérêt grâce à des signes non verbaux et à des expressions du visage variées.
		Faire preuve d'empathie. L'infirmière se montre chaleureuse et de plus prend en compte les sentiments du client, est centrée sur son mode émotif.	« J'imagine à quel point vous avez été affecté. J'ai l'impression que cela vous a rendu triste. »
		Orienter vers la réalité/fournir de l'information. L'infirmière décrit au client l'unité dans laquelle il se trouve, lui fait faire une courte visite et lui fournit des informations concernant l'unité de soins et les documents relatifs à l'admission.	« Jean, voici un exemplaire des règles de l'unité. Passons en revue quelques points importants. » « Vous vous trouvez actuellement dans l'unité à accès surveillé. »
		Réitérer. L'infirmière reprend le discours du client afin de lui montrer qu'elle l'a compris et passe en revue ce qui a été dit.	« Vous dites que la mort de votre ami vous a fait beaucoup de peine ? » « Vous avez commencé à être déprimé peu après l'accident ? »
		Clarifier. L'infirmière pose des questions précises pour aider le client à élucider certains éléments de son discours.	« Lorsque vous avez essayé l'une des techniques que vous mentionnez, cela vous a-t-il aidé ? » « Laquelle de ces techniques vous a-t-elle fait le plus de bien ? »
		Présenter la réalité. L'infirmière offre un point de vue réaliste au client, tout en restant compréhensive.	« Je sais que vous croyez que des gens vous poursuivent. Je ne crois pas que cela soit le cas. Vous êtes ici en sécurité, et nous sommes là pour vous aider. Ces médicaments atténueront ces pensées. »

TABLEAU 8.3	Techniques de réponse thérapeutique reliées aux étapes de la démarche de soins infirmiers et aux phases de la relation thérapeutique (*suite*)		
Phase de la relation thérapeutique	**Étape de la démarche de soins infirmiers**	**Technique**	**Exemples**
Phase d'orientation	Collecte de données et diagnostic infirmier	Partager les observations. L'infirmière fournit un avis sur ce qui est vu ou entendu, afin de favoriser la verbalisation en utilisant le reflet de sentiment par exemple.	« Je sens que vous êtes inquiet. » « J'ai remarqué que vous aviez eu de la difficulté à dormir la nuit dernière. »
		Encourager la description des perceptions. L'infirmière demande au client de décrire sa situation par des questions ouvertes.	« Aidez-moi à comprendre comment cela vous affecte en ce moment. » « Pouvez-vous me parler davantage de ce que vous avez vécu ? »
		Ordonner les éléments dans le temps : l'infirmière pose des questions afin de déterminer la relation entre les événements et d'aider le client à prendre un peu de recul.	« La naissance de votre enfant précède-t-elle ou suit-elle l'arrivée de votre mère chez vous ? » « Votre abus d'alcool a-t-il débuté tout de suite après votre divorce ? »
		Formuler des doutes. L'infirmière exprime toute incertitude concernant les perceptions du client.	« J'ai de la difficulté à croire que vous n'ayez ressenti aucune joie à l'idée qu'elle soit toujours en vie. » « Êtes-vous sûr d'être resté alité toute une année après cet événement ? »
		Repérer les thèmes récurrents. L'infirmière relève les questions qui reviennent très fréquemment au cours de la conversation.	« Vous avez mentionné ceci à plusieurs reprises. On dirait que c'est très important pour vous. » « Lorsque ceci se répète, comment vous sentez-vous ? »
		Favoriser les comparaisons. L'infirmière questionne le client sur les similarités et les différences existant sur le plan de ses sentiments, ses pensées, ses comportements et de son vécu.	« Ressentez-vous la même chose que la dernière fois que c'est arrivé ou est-ce différent ? »
		Résumer ou faire une synthèse. L'infirmière récapitule ce que le client a dit sur un sujet ou un événement donné.	« Voyons si j'ai bien saisi votre inquiétude concernant... » « D'après ce que vous me dites, votre famille semble être... »
		Bien cerner chaque sujet jusqu'à ce que les éléments importants deviennent clairs, à la fois pour le client et pour l'infirmière.	« Vous parlez de la perte d'un être cher, racontez-moi plus en détail celles que vous avez subies. » « Vous avez abordé sa consommation d'alcool. Soyez plus précis. »
Phase de travail	Identification des objectifs, planification et exécution	Évaluer. L'infirmière encourage le client à estimer l'importance de chaque événement.	« Qu'évoque pour vous ce type de comportement ? » « En y repensant bien, comment cela vous affecte-t-il ? »
		Favoriser l'élaboration du plan pour aider le client à effectuer des changements par étapes et à résoudre ses problèmes.	« Par quelles étapes devrez-vous passer pour y parvenir ? »
		Aider à déterminer des buts pour encourager le client à se fixer des objectifs, pendant et après l'hospitalisation.	« Je vais vous aider à établir quelques buts réalisables pour la durée de votre hospitalisation. Avez-vous quelques idées ? »

TABLEAU 8.3	Techniques de réponse thérapeutique reliées aux étapes de la démarche de soins infirmiers et aux phases de la relation thérapeutique (*suite*)		
Phase de la relation thérapeutique	Étape de la démarche de soins infirmiers	Technique	Exemples
		Fournir de l'information afin d'offrir des données qui aideront le client à se fixer des buts et à établir un plan d'action.	« Cette liste descriptive de centres de crise vous aidera peut-être à choisir celui qui vous convient le mieux après votre congé. » « Je dispose d'un guide de résolution de problème qui décrit les étapes nécessaires pour résoudre des difficultés importantes. »
		Favoriser la prise de décision pour encourager le client à s'efforcer de prendre des décisions saines et porteuses de changement.	« En pesant le pour et le contre, quelle option vous semble la plus appropriée ? » « En regard de cette situation, quelle serait la meilleure décision ? »
		Avoir recours à la simulation. L'infirmière joue le rôle de la personne à qui le client a besoin de dire quelque chose, afin de l'amener à exprimer ce qu'il a sur le cœur.	« Je vais jouer le rôle de votre père, pendant que vous jouerez le vôtre. Voyons ce que vous avez envie de lui dire. » « Avant d'exprimer ce qu'on veut dire à un interlocuteur, il est parfois préférable d'essayer à quelques reprises devant un miroir. »
		Donner un retour d'information. L'infirmière encourage le client en réaction à ses comportements ou à son discours.	« Dites-moi ce que vous avez à dire. Je vous écouterai et vous donnerai franchement mon opinion. » « Lorsque vous êtes parti, je me suis sentie... »
		Stimuler. L'infirmière soutient le client, mais relève fermement toute inaction de sa part.	« Je sais que c'est difficile à faire, mais je crois que cela vous aidera à prendre une décision. » « Je comprends votre inquiétude, cependant vous devez agir maintenant. »
		Fixer des limites. L'infirmière pose des limites au client sur le plan des pensées, sentiments ou comportements.	« Vous êtes encore en colère. Si vous voulez rester dans la pièce de séjour, il va falloir vous calmer. Vous pouvez marcher dans le couloir si vous avez besoin de vous lever. »
Phase d'achèvement	Évaluation	Évaluer les actions afin de permettre au client d'avoir du recul par rapport à son comportement et aux réactions qu'il provoque.	« Lorsque vous avez essayé cette action, comment cela s'est-il passé ? » « Quand vous lui avez dit de partir, comment a-t-elle réagi ? »
		Encourager les comportements sains, ce qui suscite des réactions positives chez le client qui tente de modifier sa conduite et l'aide à prendre des décisions efficaces.	« Avoir à vous défendre, c'est quelque chose de nouveau pour vous. » « Vous y êtes parvenu, vous devez maintenant continuer à vous y exercer. »
		Favoriser la transition après l'hospitalisation pour aider le client à envisager les pensées ou actions à tenter après sa sortie.	« Je sais que vous allez continuer à travailler votre affirmation de soi. » « De quelle façon ce plan de réduction du stress vous sera-t-il utile à la maison ? » « Quelles techniques vont vous servir une fois revenu à la maison ? »

silence ne signifie pas l'absence de communication. Il s'agit plutôt d'un outil de communication utile et intentionnel, qui laisse au client le temps de se sentir à l'aise et de répondre lorsqu'il est prêt. On ne se sert du silence que pour atteindre un but particulier et non pour effrayer ou gêner un client déjà angoissé. Une entrevue réussie

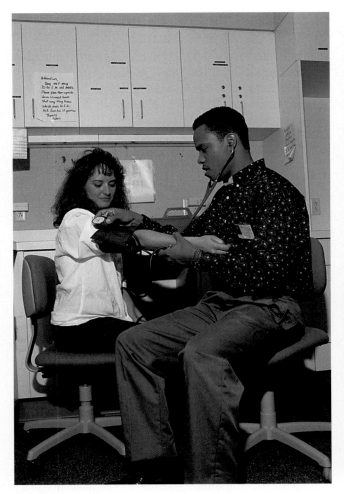 

FIGURE 8.5 A. Positionner le bras d'une cliente au moment de prendre sa pression artérielle est un exemple de toucher au cours d'une intervention. B. Consoler une cliente âgée alors qu'elle pleure la mort de son mari est un exemple de toucher en dehors de l'intervention.

dépend essentiellement de la capacité de l'infirmière à demeurer silencieuse assez longtemps pour permettre au client de lui confier des renseignements pertinents. Le silence donne la possibilité au client de réfléchir à ce qui vient d'être dit, d'évaluer les possibilités et de formuler une réponse.

Le *partage d'observations* par l'utilisation de *reflets simples*, par l'infirmière, contribue grandement à augmenter la compréhension de soi du client. Qui plus est, ces observations lui confirment que l'infirmière l'écoute attentivement.

Le *reflet de sentiment* est une forme de soutien au client. Il est important de lui faire savoir que ses sentiments sont légitimes et dignes d'intérêt. En matière de sentiments, il n'existe pas de bonnes ni de mauvaises réponses. On ne peut ni les faire disparaître, ni les contester, ni les rejeter.

La *communication d'information* est un processus continu pour l'infirmière. L'information donnée permet au client d'améliorer sa connaissance de nombreux sujets reliés à sa maladie et à son traitement. Cette information contribue généralement à réduire ses inquiétudes et à multiplier les ressources possibles et les programmes de soutien pour traiter son problème. À titre d'exemple, l'information peut avoir trait au problème mental du client, aux médicaments, aux groupes de suivi, aux options pour une réinsertion dans le milieu de vie, ainsi qu'aux autres modes de traitement. L'infirmière doit diffuser l'information en tenant compte de la capacité de compréhension du client et de son désir de recevoir l'information en question.

L'*interprétation* du discours du client permet de l'aider à comprendre la véritable signification de son message. L'infirmière doit faire preuve de prudence lorsqu'elle emploie cette technique. Le client peut rejeter l'interprétation de l'infirmière, ce qui risque de bloquer la communication. Aider le client à *approfondir* un sujet précis l'aide à mieux *cerner les sujets* importants. Amener le client à *repérer les thèmes récurrents* l'aide à découvrir ce qui se dégage, de façon répétée, de sa conversation. *Ordonner les événements dans le temps* est également primordial pour aider le client à prendre du recul face à son existence.

Par différentes techniques d'interrogation à l'aide de *questions ouvertes*, on incite les clients à *décrire les perceptions* qui accompagnent leurs pensées et leurs sentiments. Par exemple, certains clients peuvent parfois avoir des hallucinations auditives, entendre des voix imaginaires qui leur enjoignent de se faire mal ou d'attaquer les autres. L'infirmière doit alors se servir de questions afin de mieux comprendre ce qui se passe pour, par la suite, demander à ces clients d'avertir le personnel chaque fois que cela se produit, afin qu'elle-même puisse intervenir et empêcher le client de tenter de se faire mal ou d'agresser les autres. On peut alors envisager des stratégies de traitement pour réduire cette perception et minimiser le comportement dysfonctionnel du client.

Afin d'avoir une vue d'ensemble des comportements passés et présents du client, l'infirmière peut être amenée à lui demander de *comparer* ses inquiétudes actuelles et celles qu'il ressentait lors de sa précédente hospitalisation. Elle peut également lui demander s'il a déjà ressenti auparavant ce qu'il décrit au moment même.

L'une des techniques de l'écoute active consiste à *reformuler* le discours du client pour qu'il sache que l'infirmière l'a écouté et qu'elle le comprend.

Clarifier les propos du client consiste à demander à celui-ci de développer ou de reformuler ce qu'il vient de dire. Cette clarification permet à l'infirmière de mieux comprendre et autorise le client à repenser et à reformuler l'idée ou l'émotion en question.

La *question ouverte indirecte* est une technique à laquelle on recourt lorsque le client éprouve des difficultés à relater les événements de façon crédible. La question indirecte permet de valider nos perceptions sans soulever la méfiance de la part du client (p. ex.: « Vous paraissez déçu, est-ce que je me trompe ? »).

L'infirmière devra régulièrement utiliser le *reflet élucidation* ou l'information fournie par le client. En récapitulant les points principaux abordés par le client, on se concentre mieux sur les questions les plus importantes et directement liées à la situation du client. Une fois que la récapitulation a été établie, le client peut accepter ou refuser chacun des points soulevés et s'entendre, avec l'infirmière, sur un résumé final.

La *simulation* autorise le client à extérioriser, dans un milieu sécuritaire, un événement précis. L'infirmière peut jouer le rôle de l'interlocuteur en cause. Elle peut également fournir un retour d'information au client en réaction aux nombreuses composantes inhérentes au dialogue telles que le ton de la voix, l'affirmation autoritaire, les sentiments et les émotions exprimées et les signes non verbaux (Fortinash et Holoday-Worret, 1999).

8.1.8 Rôles de l'infirmière dans la communication

Les infirmières assument différents rôles au cours de la communication avec les clients : un rôle professionnel et un rôle de modèle. Dans son rôle professionnel, l'infirmière agit en tant qu'enseignante, socialisatrice, technicienne, protectrice, parent, conseillère et thérapeute. Dans son rôle de modèle, elle est respectée du personnel, des étudiants et de la collectivité. Aux yeux de la communauté et du milieu de la santé, l'infirmière a un rôle de modèle en ce qu'elle représente la profession.

Dans son rôle d'enseignante, l'infirmière apprend aux clients ce qu'il faut savoir au sujet de leur maladie et des modalités de traitement. En tant que pédagogue, elle recourt à une communication de qualité pour former le personnel et enseigner à ses clients. En tant que socialisatrice, elle organise des activités pour réunir les clients, afin de briser leur isolement social durant le traitement hospitalier. Dans son rôle de technicienne, l'infirmière change les intraveineuses, administre les médicaments ou prend les signes vitaux. En tant que protectrice, elle informe les clients de leurs droits et de leurs devoirs et les soutient dans leur prise de décision. L'infirmière assure également la liaison entre le client et les autres membres de l'équipe de santé mentale, en vérifiant que les droits du client, aussi bien légaux qu'humains, sont respectés (Fontaine et Fletcher, 1995). Le rôle de parent n'implique pas que l'infirmière remplace le parent, mais plutôt que celle-ci accomplisse les tâches traditionnelles de soins telles que d'assister à l'alimentation, aux soins d'hygiène, à la prise en charge de l'autonomie et de réconforter le client. En tant que conseillère, l'infirmière peut aider le client à résoudre ses problèmes, en particulier ses différends avec sa famille. Grâce à une formation poussée, l'infirmière sera en mesure de jouer le rôle d'un thérapeute, présidant des séances individuelles, de groupe ou familiales au sein du CH, de la clinique, ou dans un cadre communautaire.

Dans toute relation avec un client, l'infirmière peut se glisser dans tous ces rôles. Le nombre de rôles que l'infirmière assume dépend du type et de la durée de la relation individuelle infirmière-client, et du cadre des interactions.

8.1.9 Qualités de l'infirmière dans la communication

Responsabilité

Communiquer de façon responsable implique de se porter garante du résultat de ses interactions professionnelles. Lorsque les infirmières communiquent, elles doivent assumer leur rôle au sein de l'interaction et s'assurer que tous les messages sont reçus et interprétés correctement. Les infirmières qui communiquent de manière responsable favorisent le développement des autres. Une communication responsable implique de s'exprimer à la première personne du singulier.

Loyauté

La loyauté est une autre des caractéristiques essentielles d'une infirmière efficace. Être loyale signifie être responsable et digne de confiance. Les infirmières loyales honorent leurs engagements, tiennent leurs promesses et sont cohérentes dans leur approche et leurs réactions avec les clients. Pour que la confiance s'établisse, les clients doivent pouvoir compter sur les infirmières. Les infirmières loyales respectent la vie privée du client, ses droits et son désir de confidentialité. Les clients doivent être assurés que l'information qu'ils leur confient ne sera pas divulguée hors de l'équipe soignante.

8.1.10 Attitudes et comportements qui nuisent à la communication

Il existe de nombreux comportements qui font obstacle à l'atteinte des résultats souhaités. Plusieurs facteurs expliquent l'échec de certaines interactions. L'insécurité de l'infirmière inexpérimentée en est une. En effet, l'expérience et une certaine maturité permettent de faire face adéquatement aux situations complexes et aux comportements difficiles fréquents chez les clients en psychiatrie.

De plus, il est primordial que les infirmières tirent parti du savoir qu'elles possèdent en s'exerçant constamment et en suivant des cours afin de parfaire leurs habiletés en communication thérapeutique.

L'infirmière peut également avoir des problèmes personnels, non résolus, qui interfèrent avec sa capacité à se concentrer sur le client et ses besoins (voir tableau 8.4).

Il importe qu'elle sache trouver de l'aide pour surmonter ses propres problèmes, afin que ceux-ci n'interfèrent pas avec sa pratique.

Il peut y avoir d'autres raisons qui expliquent les réactions inefficaces de l'infirmière. Elle peut être en colère contre un client parce que ce dernier ne se comporte pas de manière socialement acceptable, parce qu'il refuse de faire ce qu'on lui demande ou bien parce qu'elle se sent personnellement visée par ses paroles. Un client peut être furieux, désabusé, se montrer désemparé et proférer des mots blessants à l'égard de l'infirmière. À titre d'exemple, il pourra dire à une infirmière qui présente de l'embonpoint, au moment où elle le place en isolement: « Sors d'ici, ma grosse... ». Si elle n'arrive pas à se détacher de cette remarque et à réaliser que le client est en fait fâché contre lui-même et qu'il projette sa colère sur elle sous forme d'insulte, l'infirmière contrariée par les paroles du client peut réagir avec colère ou se mettre sur la défensive.

8.1.11 Obstacles à la communication et leur effet sur la relation d'aide

Certains obstacles peuvent surgir dans la relation infirmière-client et altérer la nature de la communication. Ils peuvent résulter du trouble du client en tant que tel ou de son manque de connaissances. Ils peuvent aussi découler de l'inefficacité de l'infirmière, à cause de son manque d'expérience ou de connaissances, ou de ses problèmes

personnels. Pour que la relation puisse évoluer sainement, il faut surmonter ces obstacles.

Voici, pour fins de discussion, quatre obstacles majeurs à la communication thérapeutique: la résistance, le transfert, le contre-transfert et le dépassement de la limite.

Résistance

La **résistance** intervient chez les clients qui, consciemment ou inconsciemment, font abstraction de leurs problèmes pour éviter l'angoisse. Cette résistance peut prendre la forme d'une réserve naturelle et de courte durée concernant l'acceptation d'un problème, ou d'une négation à long terme et fortement ancrée de ce même problème. Cette résistance au changement est dans la nature humaine, mais doit être abordée et traitée à la fois par l'infirmière et le client pour qu'un changement positif puisse se produire. Les infirmières aideront les clients à surmonter cette résistance en leur indiquant leurs forces et leurs progrès.

Ainsi, une infirmière peut rassurer un client qui refuse une sortie du CH imminente par peur de l'échec, de l'abandon ou de la solitude en lui faisant réaliser que de telles angoisses ne sont pas rares au moment du départ. L'infirmière lui rappellera alors les progrès qu'il a accomplis (p. ex.: « Vous avez joué un grand rôle dans la réussite des activités; vous avez même aidé plusieurs groupes. Toutes ces choses vous paraissaient impossibles lors de votre admission dans cet établissement. »). De telles observations renforcent la confiance du client et lui redonnent espoir, tout en amenuisant sa résistance.

Transfert

Le **transfert** est la réaction inconsciente par laquelle les clients associent l'infirmière à un être cher. Le client transfère ainsi sur l'infirmière les sentiments et les attitudes qu'il attribue à l'être cher en question. À titre d'exemple, une infirmière peut devenir l'image de la mère pour un client, uniquement à cause d'une particularité qui lui évoque sa propre mère. Ce même client peut éprouver, en raison de cette ressemblance, des sentiments négatifs vis-à-vis de sa mère et, sans qu'on le provoque, devenir furieux ou préoccupé durant les interactions avec l'infirmière. Bien souvent la réponse intense du client ne correspond en rien à la situation ni au contenu de l'interaction, mais celle-ci ne pourra progresser si l'infirmière n'aborde pas et n'étudie pas les raisons du transfert du client.

L'infirmière peut affronter à la fois la résistance et le transfert en étant prête à entendre les réponses irrationnelles et tendues du client. Elle doit l'écouter attentivement, puis faire appel aux techniques thérapeutiques pour clarifier ses propos et lui renvoyer ses questions pour commencer à résoudre le problème. L'objectif est de faire prendre conscience au client de ce qu'il y a derrière cette résistance et qu'il le reconnaisse.

TABLEAU 8.4	Techniques qui nuisent à la communication thérapeutique		
Technique	**Discussion**	**Technique non thérapeutique**	**Technique thérapeutique**
Prodiguer un semblant de réconfort	L'infirmière relate certains clichés rassurants pour essayer d'aider le client et d'atténuer sa douleur. Cette réponse, loin de se baser sur des faits, fait fi des sentiments du client et met fin à la conversation. Elle provient souvent de l'incapacité de l'infirmière à écouter les émotions négatives du client. Personne n'est jamais en mesure de prédire le résultat d'une situation.	« Ne vous inquiétez pas, tout ira bien. » « Vous verrez, les choses iront bientôt mieux. »	« Je sais que vous traversez beaucoup de choses en ce moment. Faisons une liste et abordons une chose à la fois. En cherchant des solutions, vous pourrez surmonter tout ça. »
Ne pas écouter	L'infirmière est préoccupée par une autre tâche qu'elle doit accomplir, distraite par un bruit ou troublée par ses problèmes personnels.	« Qu'avez-vous dit? » « Pouvez-vous répéter? J'écoutais l'autre infirmière. »	« C'est intéressant. Pourriez-vous expliquer davantage? » « Je comprends tout à fait ce que vous dites... Cela doit être difficile. »
Donner son approbation	Ce qui compte avant tout, c'est la manière dont se sent un client par rapport à ce qu'il exprime. Ce dernier doit, au bout du compte, approuver ses propres actions.	« C'est bien. » « Je suis d'accord. Je crois que vous auriez dû lui dire. »	« Que pensez-vous de ce que vous lui avez dit? » « Comment vous sentez-vous par rapport à tout ça? »
Minimiser le problème	L'infirmière peut y avoir recours lorsqu'il est difficile d'accepter l'énormité d'un problème donné, pour que le client se sente mieux. Cette réponse met fin à la communication.	« Ce n'est rien comparativement au problème de cet autre client. » « Tout le monde ressent cela à un moment ou à un autre. Ce n'est pas très grave. »	« Il s'agit d'un problème difficile pour vous. » « Ça semble très important pour vous d'y faire face. »
Conseiller	Cette réponse brime la capacité du client à résoudre ses propres problèmes. Elle le rend dépendant et démuni. Si la solution que l'infirmière lui donne ne fonctionne pas, le client pourra blâmer l'infirmière. Il ne prend pas la responsabilité de définir ses propres résultats. L'infirmière garde le contrôle et, qui plus est, dévalorise le client, ce qui est contraire à la relation thérapeutique.	« Je crois que vous devriez... » « À mon avis, il serait sage de... » « Pourquoi ne faites-vous pas cela? » « La meilleure solution consiste à... »	« À votre avis, qu'est-ce que vous devriez faire? » « Il existe plusieurs options; abordons-en quelques-unes. La décision finale vous appartient. Je vous écoute, racontez-moi votre problème et je vous aiderai à l'envisager de façon plus éclairée. Nous pourrions établir une liste des pour et des contre afin de vous aider à le résoudre. »
Fournir des réponses en acceptant les assertions du client au pied de la lettre	L'infirmière nourrit les illusions ou les hallucinations du client et lui enlève la possibilité qu'il a de faire face à la réalité. Cette réponse ne favorise en rien un développement sain.	Le client : « Ce téléviseur est en train de me parler. » L'infirmière : « Que vous dit-il? » Le client : « Il y a de l'énergie nucléaire qui passe par cette bouche d'aération. » L'infirmière : « Je vais éteindre le climatiseur pendant un moment. »	Le client : « Ce téléviseur est en train de me parler. » L'infirmière : « Cette émission est destinée à tout le monde. » Le client : « Il y a de l'énergie nucléaire qui passe par cette bouche d'aération. » L'infirmière : « Il y a un vent frais en provenance des bouches d'aération. C'est le système de climatisation. »

TABLEAU 8.4   Techniques qui nuisent à la communication thérapeutique (*suite*)

Technique	Discussion	Technique non thérapeutique	Technique thérapeutique
Changer de sujet	L'infirmière change de sujet au moment crucial, lorsque la discussion prend un tournant difficile, avec pour effet de nier les intérêts exprimés par le client. La communication reste superficielle.	Le client : « Ma mère me rabaisse toujours. » L'infirmière : « C'est intéressant, mais parlons plutôt de... »	Le client : « Ma mère me rabaisse toujours. » L'infirmière : « Racontez-moi. »
Être désobligeante	L'infirmière minimise les sentiments exprimés par le client pour éviter d'avoir à faire face à des sentiments douloureux.	Le client : « Je ne désire plus vivre maintenant que mon enfant a disparu. » L'infirmière : « Tout le monde serait triste à votre place, mais ce n'est pas une raison pour vouloir mourir. »	Le client : « Je ne désire plus vivre maintenant que mon enfant a disparu. » L'infirmière : « Cette perte a dû être très difficile à vivre. Parlez-moi un peu plus de ce que vous ressentez en ce moment. »
Diverger d'opinion	L'infirmière critique le client qui demande de l'aide.	« Je suis en complet désaccord avec votre point de vue. » « Je n'y crois pas du tout. »	« Expliquez-moi la façon dont vous percevez cela. » « Cela me semble difficile à croire. Pouvez-vous me donner plus de détails ? »
Juger	Les réponses de l'infirmière traduisent ses propres valeurs et jugements. Cela démontre un manque d'acceptation des différences du client, créant ainsi un obstacle aux révélations ultérieures.	« Vous n'êtes pas mariée. Pensez-vous qu'avoir cet enfant réglera vos problèmes ? » « Cela n'est certainement pas la meilleure chose à faire en tant que chrétien. » « Vous pensez à divorcer alors que vous avez trois enfants ? »	« Qu'est-ce que le fait d'avoir ce bébé vous apportera ? » « Que pensez-vous de ce que vous vous apprêtez à faire ? » « Discutons de cette option. »
Poser trop de questions	Ceci sert à contrôler la nature des réponses du client. L'infirmière pose plusieurs questions avant même que le client soit prêt à y répondre. Il s'agit d'une technique auto-protectrice de la part de l'infirmière pour éviter l'anxiété des silences inconfortables. Le client se sent accablé et risque de se replier sur lui-même. Les questions précédées du mot « pourquoi » mettent le client sur la défensive et peuvent bloquer les échanges ultérieurs.	« Pourquoi faites-vous cela ? » « Quelle était la véritable cause selon vous ? » « Pourquoi ressentez-vous cela ? » « Pourquoi pensez-vous ainsi ? »	« Dites-moi à quel point ceci vous contrarie. » « Dites-moi, selon vous, quelle en est la cause. » « Racontez-moi comment vous vous sentez lorsque cela arrive. » « Expliquez-moi, si vous le pouvez, ce que vous en pensez. »
Défier	Cette réponse provient de la conviction selon laquelle lorsqu'on défie un client qui a une croyance irréaliste, il est contraint de faire face à la réalité. Le client, ainsi défié, risque de se sentir menacé et de s'ancrer encore plus solidement dans ses convictions.	« Vous n'êtes pas la reine d'Angleterre. » « S'il vous manque une jambe, comment pouvez-vous expliquer le fait que vous réussissiez à monter et à redescendre cet escalier ? »	« J'ai l'impression que vous désirez vous sentir important. » « On dirait que vous aimez croire qu'il vous manque une jambe. Pouvez-vous m'en dire plus ? »

TABLEAU 8.4	Techniques qui nuisent à la communication thérapeutique (*suite*)		
Technique	**Discussion**	**Technique non thérapeutique**	**Technique thérapeutique**
Faire des commentaires superficiels	L'infirmière donne des réponses simples et vides de sens au client, qui peuvent passer pour un manque de compréhension et de respect envers lui en tant qu'individu. Les interactions restent superficielles, maintenant la distance entre l'infirmière et le client. Rien de signifiant ne peut ainsi être communiqué.	« Belle journée, n'est-ce pas ? » « Vous devriez vous sentir bien ; vous quittez le CH aujourd'hui. »	« Comment vous sentez-vous aujourd'hui ? » « Que ressentez-vous par rapport au fait que vous quittiez le CH aujourd'hui ? »
Se défendre	L'infirmière peut croire qu'elle doit se défendre, défendre le personnel ou le CH. Il se peut qu'elle ne prenne pas assez de temps pour écouter les inquiétudes du client. Elle doit s'efforcer d'étudier les pensées et sentiments du client.	« Vous avez un excellent médecin. Jamais il ne dirait une chose pareille. » « Notre personnel est très expérimenté. Jamais aucun de nous ne ferait une telle chose. »	« Qu'est-ce qui vous contrarie tant à propos de votre médecin ? » « Parlez-moi ce qui s'est passé avec l'équipe de soirée. »
Demeurer centrée sur soi-même	L'infirmière ne concentre pas son attention sur le client en songeant à partager ses propres pensées, sentiments ou problèmes. L'attention n'est plus portée sur le client qui demande de l'aide. L'infirmière est plus intéressée à exposer son point de vue que d'écouter activement le client.	« Cela vous est peut-être arrivé l'année dernière, mais il m'est arrivé la même chose deux fois le mois passé, ce qui m'a beaucoup affectée d'ailleurs et... » « Pardonnez-moi, pouvez-vous répéter ? Je vais vous répondre, mais je veux être sûre de ce que vous avez dit. »	« Racontez-moi cet incident plus en détail et de quelle manière il pourrait être relié à votre tristesse actuelle. » « Si je vous ai bien compris, vous avez dit... »
Critiquer les autres	L'infirmière rabaisse les autres.	Le client : « Les membres de l'équipe de jour m'ont laissé fumer deux cigarettes. » L'infirmière : « L'équipe de jour contourne toujours le règlement. Dans mon équipe, on se limite à une seule cigarette. » Le client : « Ma fille est odieuse avec moi. » L'infirmière : « Elle ne doit pas être facile à vivre. »	Le client : « Les membres de l'équipe de jour m'ont laissé fumer deux cigarettes. » L'infirmière : « La politique est de fumer une seule cigarette et c'est celle que nous appliquons. » Le client : « Ma fille est odieuse avec moi. » L'infirmière : « Il semble que vous viviez une période difficile avec votre fille en ce moment. »
Interpréter prématurément	L'infirmière n'attend pas que le client ait terminé d'exprimer ses pensées et sentiments concernant un problème en particulier. Ceci le bouscule et ses commentaires ne sont pas pris en compte. L'infirmière risque de passer à côté de ce que le client tente d'expliquer.	« Je crois que c'est ce que vous vouliez dire. » « Vous croyez peut-être cela de façon consciente, mais inconsciemment... »	« Qu'est-ce que cela signifie selon vous ? » « Vous pensez donc que... »

Contre-transfert

Le **contre-transfert** découle de la réaction émotionnelle de l'infirmière par rapport à un client particulier. Cette réaction irrationnelle, inappropriée et très chargée émoti-vement est provoquée par certaines particularités du client. Elle représente tout simplement le transfert de l'infirmière. Les infirmières réagissent naturellement vis-à-vis de chaque client ; elles en préfèrent certains à d'autres. Le contre-transfert se produit lorsque les sentiments ressentis – positifs ou négatifs – sont intenses et ne correspondent pas à la réalité. Parce qu'il entrave son efficacité thérapeutique, l'infirmière doit rester vigilante aux signes avant-coureurs du contre-transfert.

De temps en temps, les problèmes de contre-transfert remontent à la surface. Bien qu'il s'agisse d'un phénomène naturel, il peut s'avérer destructeur si on l'ignore ou qu'on réfute son importance. L'infirmière est susceptible de se trouver dans une situation de contre-transfert lorsque le client a un comportement perturbateur, agressif, irritant ou qu'il offre une résistance. Si, en réaction, l'infirmière se fâche contre le client, elle perd toute l'objectivité nécessaire pour favoriser un changement sain. Les infirmières peuvent également ressentir une attraction exagérée vis-à-vis d'un client. Elles doivent alors en tenir compte et prendre les mesures nécessaires pour éviter le contre-transfert.

Pour faire face au contre-transfert, il faut poursuivre honnêtement une autoévaluation tout le long de la relation thérapeutique et bien comprendre les antécédents et les problèmes du client. Si cette autoévaluation révèle un problème quelconque, l'infirmière doit se questionner sur ses sentiments. Elle doit effectuer ce travail dès que le problème est décelé. Si elle n'est pas à même de surmonter seule ces sentiments, elle aura besoin de l'aide d'un autre clinicien.

Dépassement de la limite

Le **dépassement de la limite** se produit lorsque l'infirmière va au-delà des normes établies pour la relation thérapeutique et s'engage dans une relation sociale ou personnelle avec le client. Un client peut également tenter d'outrepasser les limites de la relation infirmière-client. Il peut ainsi lui demander : « Quel âge avez-vous ? » ou « Êtes-vous mariée ? » et peut même essayer d'établir, de façon inappropriée, un contact physique avec l'infirmière. Certaines de ces transgressions surviennent souvent si l'infirmière traite le client suivant un horaire inhabituel ou dans un endroit inapproprié, si elle accepte des cadeaux ou des compensations en retour du traitement, si son langage ou son habillement ne conviennent pas, ou si sa révélation de soi ou les contacts physiques qu'elle établit manquent de professionnalisme ou de valeur thérapeutique. Un exemple clair, c'est l'infirmière qui téléphone au client de chez elle, après avoir quitté le CH, uniquement pour discuter avec lui ou parce qu'elle « s'inquiète » à son sujet.

8.1.12 Communication et démarche de soins infirmiers

Il existe de nombreuses occasions de communiquer de façon thérapeutique dans le cadre de la démarche de soins infirmiers. Chaque étape de cette démarche – la collecte des données, le diagnostic infirmier, les résultats escomptés, l'exécution, la planification et l'évaluation – correspond aux trois phases de la relation thérapeutique : phase d'orientation, phase de travail ou d'exploitation et phase d'achèvement ou de conclusion ou de séparation. Certains auteurs utilisent quatre phases ; ils divisent la phase d'orientation en phase de préparation et phase d'orientation. Toutes les techniques de réponses thérapeutiques auxquelles on fait appel correspondent à l'une ou l'autre de ces phases et de ces étapes.

La première tâche de communication de l'infirmière consiste à accueillir le client à son admission. L'infirmière l'informe de la nature de son rôle. Cette phase d'orientation débute par un contact initial. Elle se poursuit avec l'entrevue d'admission et la collecte des données et s'achève avec la formulation d'un diagnostic infirmier. Cette phase peut s'étendre sur une ou plusieurs séances, car on doit recueillir la plupart des données personnelles du client au moment où ce dernier ressent un important besoin d'aide et qu'il est davantage susceptible d'avoir un comportement particulièrement dysfonctionnel.

Durant la phase de travail de la relation, lorsque le plan d'interventions contenant les critères de résultats est établi et exécuté par le client et l'équipe soignante, de nombreuses techniques de communication peuvent être employées. À ce moment, les aptitudes de communication thérapeutique de l'infirmière contribuent à aider le client à se mesurer aux problèmes qui ont provoqué son hospitalisation.

Au cours de la phase d'achèvement, l'évaluation et la planification de la sortie prennent une importance prépondérante. L'infirmière fait appel aux techniques de communication tout en aidant le client à préparer son départ et le suivi médical. Au cours de la relation infirmière-client, l'infirmière doit à tout prix éviter de donner des réponses susceptibles d'entraver la communication thérapeutique (voir tableau 8.4).

Dans le chapitre 19, on aborde plus en détail les différentes phases de la relation thérapeutique.

8.1.13 Obligations et devoirs de l'infirmière face à la communication

Questions de droit

La confidentialité et le consentement éclairé sont des questions de droit qui ont une influence sur la communication infirmière-client. Ces deux sujets sont ici abordés brièvement en ce qui a trait à la relation infirmière-client. Dans le chapitre 5, on examine ces deux questions plus en détail.

Confidentialité

Tous les renseignements que l'infirmière a obtenus du client sont protégés par le droit du client à la vie privée, ou à la **confidentialité**. Ils peuvent être communiqués à l'équipe soignante afin d'établir le plan de traitement le plus efficace qui soit. Toutefois, l'infirmière a le devoir de protéger avec acharnement le respect de la vie privée de son client et son droit à ce que cette information ne soit pas divulguée à des personnes n'appartenant pas à cette équipe.

Toute communication est dès lors considérée comme confidentielle ou privilégiée. Dès la première entrevue avec le client, l'infirmière doit l'informer de la nature confidentielle de l'information recueillie. Le client a également le droit de savoir avec qui l'infirmière partagera cette information. Elle doit lui expliquer que cette information pourra être transmise aux autres membres de l'équipe, par exemple au travailleur social, au médecin et aux autres membres du personnel infirmier, mais pas aux membres de sa famille ni à ses amis. Si un renseignement avait à leur être communiqué, c'est en général le médecin qui s'en charge, et ce, avec la permission formelle du client.

Les clients qui présentent des maladies mentales éprouvent fréquemment de la difficulté à se confier aux autres. Pour encourager le client à communiquer ce qu'il ressent, l'infirmière devra gagner sa confiance grâce à une communication honnête, franche et cohérente. Le client peut néanmoins souhaiter révéler un renseignement que l'infirmière sera dans l'obligation de transmettre aux autres membres de l'équipe. Dans ce cas, elle a la responsabilité de lui dire qu'elle ne sera pas en mesure de garder un tel secret parce qu'elle doit en aviser l'équipe traitante pour le traitement. Il est donc primordial d'informer le client que les renseignements essentiels à sa sécurité ou à celle des autres et ceux qui sont nécessaires au plan de traitement sont connus par différents membres de l'équipe soignante.

À titre d'exemple, un client confie à une étudiante infirmière qu'il veut obtenir un objet contondant dans le but de se blesser, une fois que tout le monde sera couché, car il se sent encore plus déprimé que le jour précédent. L'étudiante lui explique qu'elle doit absolument en informer l'infirmière responsable. Le client la supplie alors de ne rien dire au médecin. L'étudiante lui répond que l'infirmière a le devoir de transmettre au médecin toute révélation qui démontre un comportement préjudiciable pour le client.

Statut juridique et droits du client

L'infirmière dispose de nombreuses occasions pour informer le client de son statut juridique. À titre d'exemple, la police conduit un client au CH en garde provisoire. Le client ne comprend pas nécessairement un terme aussi déroutant. C'est souvent à l'infirmière de l'informer de la nature exacte de son statut juridique, de lui en expliquer les tenants et les aboutissants. Les droits du client sont expliqués au chapitre 5.

Consentement éclairé

Le consentement éclairé signifie simplement qu'un document juridique doit exposer toute procédure à entreprendre ou toute médication à administrer au client. Le médecin doit informer son client, de façon détaillée et compréhensible, des procédures et des médicaments envisagés pour le traitement, afin que celui-ci puisse décider s'il les accepte ou non. L'infirmière doit s'assurer, en collaboration avec le médecin, que le client comprend sommai-

rement le consentement éclairé concernant le traitement, la médication, les médecines douces ou le pronostic avec et sans traitement. L'infirmière peut alors obtenir la signature du client et signer à son tour en tant que témoin.

Une communication infirmière-client efficace est indispensable pour traiter les documents juridiques, et c'est encore plus important avec les clients méfiants. L'infirmière se doit d'être honnête, franche, cohérente et claire lorsqu'elle communique au client l'information de nature juridique. Qui plus est, elle doit informer adéquatement le client pour être ensuite en mesure d'obtenir son consentement au traitement.

8.1.14 Facteurs à considérer

Durée du séjour

Le raccourcissement des séjours hospitaliers pose une autre difficulté à la communication. Pour le client pharmacodépendant, par exemple, la durée du séjour peut ne pas excéder trois jours. Celui qui est atteint de schizophrénie pourra demeurer de trois à sept jours. La communication procède alors d'une intervention de crise, en fonction de laquelle la phase initiale de la relation revêt une tout autre dimension. Les données doivent être recueillies en quelques heures, et l'infirmière doit rapidement établir les rapports. Si le comportement du client ne favorise pas un travail rapide, repos et médication peuvent lui être administrés pour le calmer afin que l'entretien préliminaire et la collecte des données puissent s'effectuer.

Limites physiques

Les soins spéciaux à donner au client représentent également un autre obstacle à la communication. Prenons, à titre d'exemple, un client présentant une déficience auditive. Si le client lit sur les lèvres ou suit les « signes » de l'infirmière, la communication peut alors s'établir. L'infirmière doit s'asseoir de manière à faciliter l'entrevue. Elle souhaitera peut-être informer les autres clients de la raison d'une telle mesure, ce qui est particulièrement judicieux, dans un groupe.

Âge

Communiquer avec les enfants et les adolescents pose un défi de taille. Il arrive souvent que l'infirmière ait à s'occuper de nourrissons, d'enfants et d'adolescents de moins de 18 ans. Avec des clients de ces groupes d'âge, l'infirmière devra adapter sa communication au développement de l'enfant ou de l'adolescent. Il importe par conséquent que l'infirmière établisse l'âge de développement de l'enfant avec lequel elle tente de communiquer. Ceci lui permettra d'adapter son discours, mais également les exemples et le matériel didactique qu'elle utilise, pour présenter les concepts fondamentaux de manière facilement assimilable.

La compréhension du langage n'apparaissant qu'à la fin de la seconde année de vie, jusque-là l'infirmière devra axer sa relation avec l'enfant sur des aptitudes non verbales, par l'intermédiaire d'expressions du visage qui expriment gentillesse et douceur, d'une attitude chaleureuse et attentive et d'un ton de voix apaisant. Il est avantageux de faire participer les parents aux soins de leur enfant car, en plus d'aider l'enfant, cela permet par la même occasion de réduire l'anxiété des parents. Entre l'âge de deux à six ans, l'enfant entame la phase d'acquisition du langage et l'infirmière peut alors commencer à communiquer verbalement avec lui par l'intermédiaire d'explications et d'instructions simples et en maintenant la conversation dans l'ici et le maintenant. Elle peut se servir d'images ou de livres d'histoires pour lui fournir de l'information et clarifier certaines significations.

Durant le stade juvénile, entre six et dix ans, l'infirmière éprouve habituellement moins de difficultés à communiquer avec l'enfant. Celui-ci est habitué que des adultes, autres que ses parents, tels les professeurs ou les entraîneurs, lui donnent des instructions et l'assistent. L'enfant dispose d'un mode de communication plus élaboré et a besoin d'établir des relations significatives et plus étroites, ce qui facilite les interactions. On parvient à communiquer efficacement avec lui en utilisant des exemples concrets, des vidéocassettes ou des livres correspondant à son âge.

Durant la préadolescence, entre 10 et 12 ans, au début de la puberté, le préadolescent demeure réceptif aux adultes et à leur influence. Pour communiquer plus efficacement, l'infirmière commence à employer son langage et se limite à des explications pertinentes, courtes, adaptées à sa compréhension préadolescente.

Le stade adolescent s'amorce à la puberté, généralement de 12 ou 13 ans jusqu'à 18 ou 19 ans. Au début de l'adolescence, l'enfant tente de se forger une identité et de se sentir bien dans sa peau. L'adolescent risque facilement de se sentir gêné ou d'être embarrassé. L'infirmière doit respecter sa vie privée. Elle doit également établir un rapport plus direct avec lui, sans nécessairement passer par ses parents, car l'adolescent essaie de se séparer émotionnellement d'eux pour acquérir son indépendance. Le jeune adolescent commence à se construire une pensée abstraite. Il est à même de saisir les événements passés et présents, mais également de réfléchir et d'aborder l'avenir. L'infirmière peut faire appel à ces aptitudes dans sa relation avec le jeune adolescent. Lorsque celui-ci atteint l'âge de 14 ou 15 ans, l'infirmière peut remarquer qu'il est plus facile de communiquer avec lui en réalisant une activité, car il se sent plus à l'aise face à l'adulte. Le fait que l'infirmière ne soit pas l'un des parents de l'enfant constitue un avantage et facilite le processus de communication. Quel que soit l'âge de l'enfant, l'infirmière doit instaurer une communication verbale et non verbale dans laquelle il se sentira à l'aise. Le degré de réussite de l'infirmière dans sa communication avec un enfant ou un adolescent dépend étroitement de la compréhension qu'elle a de son âge de développement.

L'infirmière doit aider physiquement les clients présentant une déficience visuelle à se rendre aux activités de groupe et à retourner à leur chambre. Elle manifeste ainsi son intérêt et sa compassion, tout comme lorsqu'elle s'assied à côté du client quand elle lui parle. Pour ne pas surprendre le client souffrant de troubles de la vue, l'infirmière doit s'approcher lentement de lui, en parlant d'une voix douce.

Différences linguistiques et culturelles

La société nord-américaine, une des plus diversifiées sur le plan culturel, est en constante évolution. Par conséquent, les infirmières doivent impérativement développer un savoir-faire afin de s'adapter aux diverses cultures. La compétence culturelle se définit comme la capacité d'un système, d'un organisme ou d'un individu à réagir aux besoins uniques d'une population dont la culture diffère de celle de la société dominante ou traditionnelle (Lester, 1998a).

L'identité culturelle doit être prise en compte au moment de la collecte de données initiale. La langue écrite et parlée, les gestes, l'expression du visage et le langage corporel constituent autant de traits culturels transmis et préservés.

Les modèles culturels s'établissent tôt dans l'existence et influencent la façon dont chacun communique ses idées et ses sentiments. Ils affectent également la prise de décision et les méthodes de communication (Lester, 1998a). Même si un groupe culturel partage le même modèle de communication, l'infirmière ne doit pas en déduire que tous les membres de ce même groupe s'expriment sur le même mode. La compétence culturelle n'implique pas que l'infirmière connaisse tout sur toutes les cultures, mais exige plutôt de sa part une capacité à entretenir des relations avec des individus différents d'elle-même. Cela englobe la connaissance de soi, le savoir culturel concernant la maladie et les pratiques de guérison, les techniques de communication interculturelle et une souplesse de comportement (Lester, 1998b).

En respectant et en permettant au client et à sa famille d'échanger librement idées, pensées et sentiments, on facilite une communication interculturelle efficace.

Certains obstacles aux communications verbale et non verbale peuvent contrecarrer une communication efficace pour des clients dont la langue maternelle n'est pas le français. Ces derniers seront ainsi limités en ce qui concerne :

- la compréhension exacte de leur diagnostic, de leur progrès et de leur pronostic ;
- la perception de ce qui se passe et la connaissance des autres procédures à envisager ;
- la confiance en la compétence de l'infirmière et des autres professionnels de soins de santé ;
- la capacité d'expliquer leurs symptômes à l'infirmière.

Les infirmières doivent par conséquent redoubler d'efforts et trouver au besoin un interprète qui soit non seulement en mesure de parler leur langue, mais également de traduire leur pensée, leurs sentiments et leurs émotions.

La plupart des centres hospitaliers disposent d'une liste d'interprètes spécialisés aptes à communiquer la terminologie technique au client. Pour une traduction non technique, l'infirmière peut d'habitude faire appel à un membre du personnel du CH qui parle la langue du client. Dans le chapitre 6, on aborde ce sujet plus en détail.

Clients perçus comme « difficiles »

Les infirmières redoutent parfois de communiquer avec des clients agressifs, impopulaires ou en détresse.

Les clients au comportement *agressif* sont souvent hostiles, grossiers, réfractaires aux autres et manipulateurs. Ce genre de comportement provocateur traduit un manque de respect pour autrui. La réaction normale est de se protéger soi-même et de rejeter le client. Bien que l'estime et la sécurité personnelle de l'infirmière soient attaquées, celle-ci doit faire face à cette agression par l'affirmation de soi, en fixant des limites qui ne l'embarrasseront ni elle ni le client. La plupart des centres psychiatriques offrent une formation pour aider les membres du personnel à gérer ce genre de conduite.

Les clients *impopulaires* présentent une multiplicité de caractéristiques. Les infirmières ont souvent leurs préférences et leurs aversions quant aux clients. Un comportement qu'une infirmière apprécie peut déplaire à une autre. Certaines caractéristiques générales concernant les clients impopulaires sont énumérées dans l'encadré 8.5.

Caractéristiques générales des clients impopulaires | **ENCADRÉ 8.5**

Ces clients :

- prétendent être davantage malades que ce que croit l'infirmière ;
- expriment leur aversion envers le CH ;
- monopolisent le temps et l'attention de l'infirmière ;
- abusent de l'hospitalisation ;
- ne collaborent pas et revendiquent constamment ;
- souffrent de troubles graves et complexes, associés à un pronostic alarmant ;
- souffrent de problèmes qu'ils provoquent (p. ex. : maladie due à l'alcoolisme) ;
- ont des normes sociales ou morales très basses ;
- suscitent un sentiment d'incompétence chez l'infirmière.

Lorsqu'elles ont à travailler avec des clients impopulaires, les infirmières se sentent souvent frustrées, fâchées ou craintives. Ce type de client en vient à être ignoré, étiqueté en tant que fauteur de troubles ou que cas difficile. Celui-ci sera réprimandé, recevra plus de médicaments et, en général, moins de soins que les autres clients.

Le client *en détresse* exprime sa tristesse à la fois verbalement et non verbalement, parfois même en permanence. En s'engageant trop avec un tel client, l'infirmière peut se sentir accablée, et cela risque de perturber la communication. Face à une détresse émotionnelle grave, on se sent complètement impuissant. Dans de telles situations, il est primordial que l'infirmière reste lucide et qu'elle communique, de manière responsable, sa compréhension et son intérêt envers le client, et ce, sans le juger.

L'infirmière a non seulement à affronter des clients en détresse, des clients agressifs ou impopulaires, elle doit parfois en plus s'occuper de professionnels de la santé qui adoptent également de tels comportements. Les soins de santé peuvent être exigeants, émotionnellement et physiquement, ce qui provoque du stress et des conflits dans le milieu de travail. Certains collègues se montrent parfois irritables, colériques, obstinés, parfois même grossiers.

L'infirmière peut avoir recours aux mêmes techniques de communication efficace lorsqu'il s'agit de résoudre les conflits professionnels. Les heurts dans les établissements de soins de santé proviennent souvent des conflits de responsabilité ou de rôle, des rapports de pouvoir, ainsi que des différences de valeurs et de convictions. Pour favoriser le développement, on doit envisager des solutions gagnant-gagnant. Les deux parties auront alors recours à des techniques de résolution de problème créatives. Les efforts de communication sont destinés à comprendre l'autre et la nature des problèmes en jeu, à négocier des compromis et à collaborer en évitant la compétition. Dans de telles situations, l'infirmière doit communiquer de manière responsable, en s'affirmant et en reconnaissant ses torts dans le conflit (Northouse et Northouse, 1992).

CONCEPTS-CLÉS

- Les composantes de la communication sont le stimulus (le motif), l'émetteur, le message, le canal, le récepteur et la rétroaction.
- Les éléments qui influent sur la communication sont : les facteurs environnementaux, la relation entre l'émetteur et le récepteur, le contexte dans lequel s'insère la communication ainsi que les attitudes, les connaissances et la perception des individus impliqués.
- Les techniques de communication non verbale font appel aux cinq sens. Quatre-vingt-dix pour cent de la communication serait non verbale. Pour que la communication soit efficace, les communications verbale et non verbale doivent être cohérentes.
- La communication interpersonnelle – communication entre deux ou plusieurs personnes – peut être sociale, professionnelle ou collégiale, fonctionnelle ou thérapeutique.
- La communication thérapeutique a pour but de permettre au client de s'exprimer pour favoriser un développement sain, de comprendre la signification des problèmes du client, d'aider celui-ci à reconnaître ses problèmes et à les résoudre.

- L'empathie est une qualité primordiale pour la communication thérapeutique ; elle est essentielle au succès de la relation infirmière-client.
- Le respect chaleureux vise à valoriser le client pour ce qu'il est.
- La révélation de soi par l'infirmière, si elle est utilisée à bon escient, peut s'avérer efficace.
- L'immédiateté est la capacité de vivre le moment présent (ici et maintenant).
- L'authenticité implique que l'infirmière est en harmonie avec elle-même.
- La confrontation met « doucement » en lumière les contradictions.
- Les techniques de réponse destinées à favoriser la communication thérapeutique sont les suivantes : garder le silence, offrir soutien et réconfort, fournir de l'information, reformuler, renvoyer ses questions au client, clarifier ses propos et avoir recours à la simulation.
- La résistance, le transfert, le contre-transfert et le dépassement de la limite peuvent être autant d'obstacles à la communication thérapeutique.
- Certaines des techniques de réponse thérapeutique correspondent aux étapes propres à la démarche de soins infirmiers et aux phases de la relation thérapeutique infirmière-client.
- Certains facteurs peuvent compromettre une communication thérapeutique efficace : la durée du séjour du client, ses déficiences physiques, sa langue ou ses caractéristiques culturelles.

PARTIE III
Troubles psychiatriques

Chapitre 9

Alain Huot
B.A., M.Ps
Collège Lionel-Groulx

France Maltais
B.Sc.inf., M.Éd.
Collège du Vieux-Montréal

Vivianne Saba
M.Sc.inf.

TROUBLES ANXIEUX

PLAN DU CHAPITRE

OBJECTIFS D'APPRENTISSAGE

APRÈS AVOIR LU CE CHAPITRE, VOUS DEVRIEZ ÊTRE EN MESURE :

DE RECOURIR À DEUX DES PARADIGMES ÉTIOLOGIQUES EXPLIQUANT LES QUATRE STADES DE L'ANXIÉTÉ ;

DE DIFFÉRENCIER, À L'AIDE DES DIFFÉRENTES CARACTÉRISTIQUES DE L'ANXIÉTÉ TELLES QUE DÉFINIES PAR LA CLASSIFICATION DE L'ANADI, LES TROUBLES SPÉCIFIQUES DES TROUBLES ENVAHISSANTS DE L'ANXIÉTÉ ;

D'ÉLABORER UN PROGRAMME D'INFORMATION DESTINÉ AUX FAMILLES DE CLIENTS SOUFFRANT D'AGORAPHOBIE ;

D'ÉVALUER LES MÉCANISMES D'ADAPTATION UTILISÉS PAR LES VICTIMES DE TRAUMATISME, AFIN DE MESURER LE RISQUE D'UN ÉTAT DE STRESS POST-TRAUMATIQUE ;

D'ÉVALUER LES AVANTAGES DU MODÈLE HUMANISTE DE SOINS INFIRMIERS AU MOMENT DE PRODIGUER DES SOINS AUX CLIENTS ÉPROUVANT DIFFÉRENTS NIVEAUX D'ANXIÉTÉ ;

D'ÉVALUER LES AVANTAGES DE L'APPROCHE COGNITIVO-COMPORTEMENTALE DANS LES SOINS INFIRMIERS DE L'ANXIÉTÉ GÉNÉRALISÉE, DES TROUBLES DE PANIQUE ET DE L'AGORAPHOBIE ;

D'EXAMINER L'UTILITÉ DES ÉCHELLES D'ÉVALUATION CLINIQUE POUR PRONOSTIQUER LES RÉSULTATS DES TRAITEMENTS COLLABORATIFS DES MALADES HOSPITALISÉS SOUFFRANT DE TROUBLES ANXIEUX ET DU TROUBLE OBSESSIONNEL-COMPULSIF ;

DE RESSORTIR LES AVANTAGES D'UNE APPROCHE PSYCHOPHARMACOLOGIQUE POUR LE TRAITEMENT DE L'ANXIÉTÉ ET DES TROUBLES CONNEXES.

MOTS-CLÉS

Agoraphobie : peur des espaces ouverts ou publics, associée à un sentiment de perte de maîtrise et pouvant accompagner la panique.

Anxiété : sentiment vague et imprécis de malaise, de tension, d'appréhension, et parfois même de terreur ou de crainte d'une catastrophe imminente. L'anxiété apparaît à la suite d'une menace envers l'intégrité biologique, psychologique ou sociale d'un individu, menace en provenance de l'extérieur. Il s'agit d'une expérience universelle inhérente à la condition humaine.

Anxiolytique : effet réduisant l'anxiété, comme dans le cas des médicaments anxiolytiques.

Attaque de panique : période distincte de panique caractérisée par de nombreuses manifestations cognitives et physiologiques.

Compulsion : pulsion incessante et répétitive conduisant à l'exécution d'un comportement, comme se laver les mains, vérifier, laver ou ranger les choses, ou poussant à accomplir des actes mentaux, comme prier, compter ou répéter silencieusement certains mots. Le but du comportement donné n'est pas de procurer du plaisir ni une gratification, mais de prévenir ou de réduire l'anxiété ou le désarroi en question. Les actes ont pour but de réduire le désarroi qui accompagne une obsession, ou de prévenir un événement ou une situation terrifiante.

Déni : refus de la réalité qui menace le moi psychologique d'un individu. Le déni se traduit par le fait d'ignorer ou de minimiser l'importance d'un événement, d'une observation, ou d'un sentiment. Il arrive parfois que le déni aide l'individu à combattre les agents stressants de la vie.

Dépersonnalisation : sentiment d'irréalité ou d'aliénation. Les individus souffrant de dépersonnalisation éprouvent de la difficulté à se distinguer des autres. La dépersonnalisation peut survenir dans des cas d'extrême anxiété.

Dissociation : élimination d'un événement envahissant de la conscience d'un individu ; un mécanisme de défense important en cas de trouble dissociatif de l'identité (anciennement connu sous le nom de trouble de la personnalité multiple).

Mécanisme de défense : connu également sous le nom de défense du moi. Processus mental automatique ou semi-automatique permettant de protéger le moi (l'individu) contre l'anxiété résultant de sentiments et de pulsions qui le menacent d'une douleur psychologique, d'un conflit ou d'une révélation. Le déni et le refoulement sont des exemples de mécanismes de défense.

Obsession : idée, pensée ou pulsion persistante, image concernant la mort, les problèmes sexuels, la religion ou tout autre thème conduisant l'individu à résister. Elle provoque une anxiété ou un désarroi marqués.

Panique : état ponctuel d'extrême anxiété. La panique dénature les perceptions de l'individu et compromet sa capacité à intégrer et à distinguer les stimuli environnementaux.

Phobie : trouble principalement caractérisé par l'évitement d'une situation ou d'un objet spécifique, ou par la fuite si cette situation ou cet objet se présente de façon inattendue.

Refoulement : exclusion involontaire d'une expérience douloureuse et menaçante. Le refoulement débute dans l'enfance et continue tout au long de la vie. Il sous-tend tous les autres mécanismes de défense, mais agit également en tant que mécanisme de défense distinct.

Soins infirmiers humanistes : mis au point par les théoriciens Patterson et Zderad, qui envisagent les soins infirmiers en tant que processus interactif entre deux personnes, l'une désirant de l'aide et l'autre étant prête à en donner.

Stress : réaction interne à tout stimulus externe ou interne qui requiert une réponse adaptée de l'organisme. Le stress comporte des dimensions physiologiques et psychologiques.

9.1 ANXIÉTÉ ET TROUBLES CONNEXES

L'**anxiété** fait partie intégrante de l'expérience humaine universelle. Pour la plupart des gens, elle représente un sentiment vague, subjectif et imprécis de malaise, sans objet identifiable, causé par une menace extérieure à l'intégrité de la personne. Le rôle de l'anxiété est d'avertir l'individu d'une menace, d'un conflit ou d'un danger imminents. Lorsque l'individu reçoit le signal d'un danger proche, il est motivé à agir : il faut fuir la situation menaçante ou maîtriser les impulsions dangereuses. L'individu peut même rester figé sur place, immobile.

Les **mécanismes de défense** (voir encadré 1.4) sont les premières techniques auxquelles le moi fait appel dans sa tentative de maîtriser l'anxiété. Ces défenses protègent l'individu des menaces dirigées contre le moi dans ses dimensions biologiques, psychologiques et sociales. Ignorer les signaux de l'anxiété, c'est risquer d'être détruit ou de ne plus exister. Les réactions à l'anxiété sont représentées le long d'un axe de progression (voir tableau 9.1) et les individus arrivent, plus ou moins, à recourir aux différentes méthodes pour maîtriser leurs propres réactions d'anxiété. Ceux qui y parviennent moins bien, ou qui s'appuient principalement sur des mécanismes de défense moins adaptés (comme la dissociation dans le cas du trouble dissociatif, ou la projection dans le cas de la schizophrénie paranoïde), présentent les caractéristiques identifiables des troubles anxieux.

TABLEAU 9.1	Réactions à l'anxiété		
Niveau d'anxiété	Physiologiques	Cognitives/Perceptives	Émotives/Comportementales
Léger	Signes vitaux normaux. Tension musculaire minimale. Pupilles normales, contractées.	Champ de perception étendu. Prise de conscience des multiples stimuli internes et environnementaux. Les pensées peuvent être dispersées, mais sont maîtrisées.	Fait preuve de sentiments de confort et de sécurité relatifs. Voix et apparence calmes et détendues. La performance est automatique; on remarque ici des comportements habituels.
Modéré	Signes vitaux normaux ou légèrement élevés. Tension éprouvée pouvant être inconfortable ou agréable (individu répertorié comme « tendu » ou « excité »).	Vigilance : perception restreinte, canalisée. État optimal concernant la résolution de problèmes et l'apprentissage. Attentif.	Fait preuve de sentiments d'empressement et de défi; énergique. S'engage dans des activités de compétition et apprend de nouvelles aptitudes. Voix, expression du visage intéressées ou concernées.
Sévère	Réaction de « lutte ou de fuite ». Système nerveux autonome stimulé à l'excès (signes vitaux élevés, diaphorèse élevée, miction impérieuse et pollakiurie, diarrhée, bouche sèche, perte d'appétit, pupilles dilatées). Rigidité et tension des muscles. Sens affectés : perte d'audition et de sensibilité à la douleur.	Champ perceptif très restreint. Difficulté à résoudre les problèmes. Attention sélective (se concentre sur des détails). Inattention sélective (fait abstraction des stimuli présentant une menace). Perte de la notion du temps (le déroulement des événements semble plus rapide ou plus lent qu'en réalité). Tendance à la dissociation; vigilambulisme (comportement automatique).	Se sent menacé, effrayé par les nouveaux stimuli; se sent dépassé par les événements. L'activité peut croître ou décroître (l'individu peut faire les cent pas, s'enfuir, se tordre les mains, gémir, trembler, bégayer, devenir complètement désorganisé ou replié sur lui-même, rester figé sur place/être incapable de bouger). Peut paraître et se sentir déprimé. Fait preuve de **déni**; peut se plaindre de maux ou de douleurs; peut être agité ou irritable. Son besoin d'espace augmente. Balaye la pièce du regard, a le regard fixe ou ferme les yeux pour se couper du monde.
Panique	Escalade des symptômes cités ci-dessus jusqu'à ce que le système nerveux végétatif cède. L'individu peut devenir pâle; diminution de la pression artérielle; hypotension. Coordination des muscles défectueuse. Sensibilité à la douleur et audition minimales.	Sens de la perception complètement perturbé ou bloqué. Incapacité d'intégrer les stimuli. Résolution de problèmes et raisonnement logique très peu probables. Impression d'irréalité face à soi, à l'environnement ou aux événements. Dissociation possible.	Se sent impuissant et manque totalement de contrôle de soi. Peut être en colère, terrifié; risque de devenir combatif ou complètement replié sur lui-même, de pleurer ou même de fuir. Est complètement désorganisé. Fait d'habitude preuve de comportements extrêmement actifs ou complètement passifs.

Tiré de FORTINASH K., et P. HOLODAY-WORRET. *Psychiatric nursing care plans*, 3e éd., St. Louis, Mosby, 1999.

9.1.1 Perspectives historiques et théoriques

Dans *Interpersonal Relations in Nursing*, Hildegard Peplau (1952), la pionnière des soins infirmiers psychiatriques, dénombre quatre stades d'anxiété : anxiété légère, anxiété modérée, anxiété sévère et anxiété panique. On associe généralement les personnes fonctionnant de façon optimale à un niveau d'anxiété léger. Ce stade d'anxiété facilite l'apprentissage, la créativité et la croissance personnelle, et permet, par exemple, aux étudiantes en soins infirmiers et aux autres apprenants d'assimiler pour exceller dans leurs études. Un passage occasionnel au stade modéré peut également constituer un mécanisme d'adaptation à des situations stressantes, agréables ou non. Ainsi, une étudiante en soins infirmiers tenue de se surpasser pendant une pré-

sentation orale, ou qui se trouve face à une situation délicate avec un client, peut éprouver une anxiété modérée. Lorsque l'agent stressant est maîtrisé, l'individu adapté revient au niveau d'anxiété léger. L'anxiété modérée ou sévère peut être aiguë ou chronique. Dans les cas d'anxiété sévère, l'énergie est utilisée avant tout pour réduire la douleur et l'inconfort, plutôt que pour faire face à l'environnement, ce qui a pour conséquence d'entraver le fonctionnement de l'individu en question, lequel peut avoir besoin d'aide pour renverser la situation. Dans le cas de l'anxiété panique, l'individu est désorganisé, faisant preuve d'une activité motrice accrue, d'une distorsion du champ de perception et du champ visuel, d'une perte de la pensée rationnelle ainsi que d'une capacité réduite à établir un rapport avec les autres. Les réactions aux différents stades de l'anxiété sont expliquées de façon plus détaillée dans le tableau 9.1.

On peut décrire l'anxiété selon différents degrés, mais également la différencier selon le type. L'état d'alerte est le type d'anxiété vécu lorsqu'un facteur déclenchant est détecté. Il importe de remarquer que le signal d'alerte, même s'il est appris, résulte de difficultés refoulées avec succès, ou surmontées, en recourant à un autre mécanisme de défense. Le facteur déclenchant est dès lors exclu de la conscience de l'individu. L'état d'alerte est le facteur étiologique déterminant des troubles phobiques.

L'anxiété réactionnelle est liée à la structure de la personnalité. Au cours de leur développement, certains individus subissent davantage d'expériences traumatiques que d'autres ou réussissent moins bien à les surmonter, ce qui entraîne une confusion ou un conflit non résolu. On dit de ces individus qu'ils souffrent d'état anxieux, ou qu'ils sont prédisposés à l'anxiété face à un stress. Les situations comparables à l'expérience d'origine suscitent une réaction d'anxiété plus sévère chez les personnes disposant d'un niveau élevé d'anxiété réactionnelle. À titre d'exemple, une femme dont la mère a souffert d'une maladie chronique durant une grande partie de son enfance peut craindre de manière excessive que ses propres enfants attrapent un rhume ou se blessent. Elle limitera alors les activités de ses enfants en étant anxieuse et surprotectrice.

L'anxiété chronique se manifeste dans des situations reconnues comme conflictuelles ou stressantes et au cours desquelles l'individu dispose d'une maîtrise limitée des événements. Elle est souvent perçue comme une anxiété familière. Le « nœud à l'estomac » que ressent un étudiant avant un examen important est un exemple d'anxiété chronique légère. En revanche, une femme ayant de lourds antécédents de cancer dans sa famille et qui reporte la prise d'un rendez-vous avec son médecin de famille après avoir remarqué une masse au sein présente une anxiété chronique sévère et mal adaptée. L'angoisse flottante se caractérise par une sensation envahissante de crainte d'une catastrophe, sans que cette sensation puisse être associée à une idée ou à un événement en particulier. Ce type d'anxiété peut se traduire par un état de panique si l'agent stressant excède les possibilités d'adaptation de la personne.

Les concepts d'anxiété chronique et réactionnelle doivent être connus des infirmières ; ces deux types d'anxiété peuvent être distingués et mesurés à l'aide d'une échelle d'évaluation connue sous le nom d'« inventaire de l'anxiété chronique et de l'anxiété réactionnelle ». Les individus qui ressentent une forte anxiété réactionnelle ont tendance à éprouver une forte anxiété chronique lorsqu'ils sont soumis à des agents stressants importants. Les infirmières capables d'évaluer les niveaux d'anxiété réactionnelle de leurs clients, durant le processus de collecte de données, seront aptes à instaurer rapidement des interventions destinées à les aider à faire face aux fortes réactions d'anxiété chronique en présence d'agents stressants connus.

Anxiété dans le contexte des soins infirmiers psychiatriques

On emploie le terme *anxiété* dans des contextes tellement variés qu'il est important de préciser son usage. L'une des définitions de l'anxiété est « l'incapacité de choisir parmi des potentiels » (May, 1979). Le rôle de l'infirmière dans toute relation infirmière-client consiste à favoriser la compréhension et l'évolution au sein de la relation thérapeutique. Les soins infirmiers visent aussi à faciliter les choix tout au long de la relation. Dans la relation qui s'établit dans le contexte des soins infirmiers, la participation et la responsabilité ne sont pas toujours réparties de façon égale entre l'infirmière et le client, car c'est avant tout l'infirmière qui veut établir une alliance. S'occuper d'un client inconscient et anesthésié, ou d'un individu souffrant de psychose ou de démence, consiste à établir un lien et, par conséquent, une relation. Pour les infirmières en soins psychiatriques, le but premier d'une relation infirmière-client est de se rendre disponible. En établissant une relation, le client et l'infirmière ont tous deux la possibilité de développer leur potentiel humain, bien que la relation soit centrée avant tout sur le client. Dans cette relation, il est primordial, tant pour le client que pour l'infirmière, de reconnaître et de surmonter l'anxiété tout en faisant les choix appropriés.

Influence d'Hildegard Peplau

Dans les années 1950, Peplau décrivait la participation de l'infirmière dans la relation comme existant « pour » le client plutôt qu'« avec » lui. Elle présentait les phases de la relation infirmière-client selon un modèle d'apprentissage social qui paraîtrait aujourd'hui matriarcal, mais qui était cohérent avec la théorie du développement et la pratique des soins infirmiers de l'époque. Peplau est en fait considérée par ses confrères comme la « doyenne » des soins infirmiers psychiatriques.

Selon Peplau, il est primordial pour l'infirmière de reconnaître les choix ou les potentiels existant dans la relation qui s'établit entre elle et le client. Dans *Interpersonal Relations in Nursing*, Peplau (1952) introduit le terme de *gêne inexpliquée* qui comprend les besoins, les frustrations et les conflits surgissant au sein de la relation. Elle considère ces éléments comme des expériences influençant le comportement en insufflant de l'énergie dans la relation. Selon Peplau, on se doit d'étudier l'anxiété, puisque celle-ci se manifeste à la fois chez l'infirmière et chez le client, ainsi que dans la communication interpersonnelle.

Peplau présente également une méthode permettant à l'infirmière d'analyser sa relation avec le client. Cette méthode s'intitule « enregistrement de l'entretien ». L'enregistrement aide les infirmières à développer leur conscience de soi dans l'établissement d'un rapport avec un client, et souligne la valeur de la relation infirmière-client. Cette méthode est couramment utilisée en formation de soins infirmiers, malgré l'avancée technologique que représente la bande vidéo. Suivant cette méthode, l'infirmière retranscrit simplement l'interaction entre elle et le client. Le mieux est d'enregistrer la discussion rapidement après l'interaction, afin que l'information mémorisée soit aussi congruente que possible. L'infirmière « traite » ensuite l'interaction avec un professeur ou un chargé de formation clinique afin d'analyser ses réponses et celles du client, les intentions du client, et son efficacité globale au cours de l'interaction avec ce dernier. Il est important de noter que cette transcription intervient toujours une fois l'interaction terminée et hors de la présence du client. Toutefois, dans le contexte de la relation infirmière-client, le client doit être conscient qu'il prend part à une expérience d'apprentissage précieuse et que la confidentialité des informations révélées sera protégée. Il est important de respecter les protocoles de chaque unité. Le but visé par la transcription de la démarche est d'offrir une modalité pratique permettant aux infirmières de réfléchir, d'une manière sûre et efficace, sur le contenu de l'interaction. Peplau pense que les infirmières, en passant ainsi en revue leurs réponses aux clients ou « soignés », prennent graduellement conscience de ces réponses, ce qui constitue un facteur décisif pour aider les clients à réaliser leurs objectifs et à fonctionner de façon optimale.

Théorie des soins infirmiers humanistes

La théorie des soins infirmiers humanistes peut également s'appliquer au traitement de l'anxiété et des troubles connexes. Patterson et Zderad (1976) ont élaboré une théorie des **soins infirmiers humanistes** fondée sur la théorie existentielle et sur la méthode phénoménologique. La pierre angulaire de leur théorie est le processus interactif existant entre deux personnes : l'une d'entre elles a besoin d'aide et l'autre désire l'aider. Les infirmières et les clients interagissent ; le client « demande » et l'infirmière « répond ». Les soins infirmiers humanistes diffèrent des soins infirmiers interpersonnels de Peplau en ce que, dans la théorie humaniste, l'infirmière est considérée comme une participante. Elle s'efforce de faire partie intégrante du processus et on la décrit dans la relation comme participant « avec » le client plutôt que « pour » lui, à l'inverse de la théorie de Peplau. Dans la théorie humaniste, la disponibilité de l'infirmière pour le client est indispensable à la démarche de soins infirmiers.

Anxiété et pratique psychiatrique

La description de l'anxiété en tant que phénomène d'intérêt pour les soins de santé est relativement récente. Les origines de la psychiatrie en tant que spécialité médicale remontent à la France de la fin du XVIIIe siècle. Avant cette époque, la garde des fous était l'affaire de la loi ou de l'Église. Foucault (1988) soutient que la « folie » a remplacé la mort comme thème principal de l'expérience humaine. Durant le Siècle des lumières et jusqu'au XIXe siècle, les premiers praticiens en psychiatrie se sont concentrés sur les psychoses, troubles mentaux alors perçus comme présentant le plus grand risque pour la société. Toutefois, dans la seconde moitié du XIXe siècle, alors que naissait la théorie psychanalytique, l'anxiété (ou névrose) émergea comme source d'une variété de perturbations émotionnelles et comportementales.

9.1.2 Étiologie

Modèle biologique

Les origines du modèle biologique des troubles anxieux remontent au XIXe siècle, avec les écrits de Charles Darwin. Darwin postule que l'expression émotionnelle et les structures anatomiques changent toutes deux, au cours de l'évolution, pour permettre aux espèces de s'adapter à leur environnement. Il recense par la suite certaines émotions universellement exprimées, par l'intermédiaire de changements moteurs et posturaux. Au tout début du XXe siècle, les chercheurs ont établi une relation entre le système endocrinien et les émotions, en montrant d'abord le rôle de la médullosurrénale dans la production d'adrénaline, provoquant la réaction de « lutte ou de fuite ».

Selye approfondit ce travail, après la Seconde Guerre mondiale, en s'inspirant d'observations sur le stress et l'anxiété des soldats ayant combattu. Une nouvelle conceptualisation du stress remplace le « traumatisme psychique » d'origine. Selye ajoute à cette notion le fait que le système endocrinien et le système nerveux central (SNC), plus spécifiquement l'hypothalamus et l'hypophyse, entretiennent une relation réciproque. Au même moment, on conduit d'importantes recherches concernant la neuropharmacologie du système nerveux autonome dans la régulation des réactions cardiovasculaires, gastro-intestinales et motrices. On remarque que le système nerveux autonome, plus particulièrement le système nerveux sympathique, est réceptif aux stimuli de l'environnement, y compris les états émotionnels. Ces études biologiques établirent l'existence d'une continuité entre les états normaux de peur et d'anxiété et les troubles cliniques (Klerman, 1990). Aujourd'hui, les interventions psychopharmacologiques visent principalement les systèmes de la sérotonine, de l'acide γ aminobutyrique (GABA) et le système noradrénergique (voir chapitre 4).

Modèle psychodynamique

En termes psychanalytiques, on définit l'anxiété comme un avertissement prévenant le moi d'un danger interne ou externe. L'anxiété est indissociable du développement et du fonctionnement de la personnalité ainsi que de la manifestation et du traitement des névroses et des psychoses. Les travaux de Freud ont conduit à considérer la névrose d'angoisse comme une catégorie à part.

La théorie psychanalytique identifie trois types d'anxiété : l'anxiété du réel, l'angoisse morale et l'angoisse névrotique. L'anxiété du réel est une expérience émotionnelle douloureuse résultant de la perception d'un danger en provenance de l'extérieur. La peur est la réaction au danger ; par conséquent, l'anxiété est le pendant de la peur. L'angoisse morale, quant à elle, constitue l'expérience, par le moi, de la culpabilité et de la honte. Enfin, l'angoisse névrotique est la perception d'une menace d'après les instincts de l'individu (Hall, 1954). Selon la théorie freudienne du « signal d'angoisse », l'anxiété est le signal de l'émergence imminente d'un contenu mental inconscient et menaçant. Les symptômes névrotiques apparaissent dans une tentative de défendre l'individu contre l'anxiété ; ils comprennent les manifestations d'hystérie, les obsessions, les compulsions et les phobies.

Modèle interpersonnel

Les modèles psychiatriques interpersonnel et social voient tous deux l'anxiété comme une réaction de l'individu à son environnement externe, contrairement à la vision psychanalytique dans laquelle l'anxiété est une réaction aux pulsions instinctives. Les théoriciens interpersonnels, en particulier Sullivan, pensent que la constitution des symptômes découle d'attentes, d'insécurités, de frustrations et de conflits entre les individus et les groupes primaires. Les groupes primaires englobent la famille, les collègues de travail et les relations sociales.

Tout comme les théoriciens psychanalytiques, les théoriciens interpersonnels accordent beaucoup d'importance aux débuts du développement et aux premières expériences de vie pour la santé mentale future. Selon Sullivan, la perception qu'a le nourrisson de l'anxiété de la personne qui lui prodigue les soins maternels constitue le premier contact de l'individu avec l'anxiété. L'estime de soi se développe dans un contexte d'approbation et de désapprobation de la part des proches. De la désapprobation résulte une menace pour l'estime de soi et la peur du rejet, qui débouchent sur l'anxiété.

Les théoriciens interpersonnels définissent l'anxiété de façon globale. Selon Sullivan, l'une des plus grandes tâches de la psychologie est de comprendre ce qui rend vulnérable à l'anxiété, plutôt que de tenter de faire face aux symptômes de l'anxiété eux-mêmes.

Psychiatrie sociale : modèle environnemental

Les théoriciens sociaux accordent beaucoup d'importance aux conditions sociales dans les comportements déviants et affirment que les symptômes, dont l'anxiété et ses manifestations, découlent d'une relation dynamique entre les individus et leur environnement. La psychiatrie sociale s'est développée après la Seconde Guerre mondiale ; elle considère que le statut socioéconomique, les inégalités raciales et la migration sont des agents stressants équivalant au fait de combattre au sein d'une armée. Les individus réagissent à l'environnement en s'adaptant ou en manifestant certains symptômes – de maladie mentale ou physique –, selon leur capacité à surmonter l'anxiété. L'apport de la psychiatrie sociale a été déterminant pour les recherches actuelles sur les troubles anxieux, particulièrement à l'égard de la méthode d'échantillonnage et du recours aux questionnaires et aux échelles standardisées.

Modèle cognitif : approche cognitivo-comportementale et approche émotivo-rationnelle

Selon l'approche émotivo-rationnelle qui est celle de Ellis et Harper (1992), Beck (1976), et Auger (1974), la personne anxieuse a en tête deux idées principales : 1) un danger la menace ; 2) si ce danger prenait forme, elle ne saurait pas y faire face ou elle n'aurait pas les outils pour y faire face. Lorsque cette anxiété est dysfonctionnelle, il s'ajoute à ces deux idées deux attitudes dysfonctionnelles de base : la non acceptation (« Je ne veux pas, je n'accepte pas ») et la dramatisation (« Ce serait… grave,… épouvantable,… catastrophique »). Les points de suspension évoquent l'emploi possible des termes « très » ou « très très » avant le qualificatif, selon le degré d'anxiété. La gravité de la situation est toujours exagérée lorsque l'anxiété est dysfonctionnelle. Le modèle cognitivo-comportemental présenté par Cottraux (2001) est basé sur la présence, chez le sujet présentant une anxiété généralisée, d'anomalies dans le traitement de l'information, dues à une attention sélective portée aux signaux de danger par rapport aux signaux de sécurité (Rapee et Barlow, 1991). Différents états sont décrits : la vulnérabilité biologique et psychologique ; la focalisation systématique et chronique de l'attention sur des dangers potentiels ; le sentiment d'impuissance à maîtriser les événements, qui se traduit par le pessimisme, le besoin d'être rassuré, les vérifications systématiques et l'évitement d'un grand nombre de situations.

Greiger et Boyd (1980) distinguent quatre formes principales d'anxiété :
- l'anxiété due à la crainte de perdre un être ou un objet cher : « S'il fallait que je perde mon conjoint, mon enfant, ma maison… » ;
- l'anxiété due à la crainte du malaise, surtout la douleur physique et psychique : « S'il fallait que le dentiste me fasse mal, que je fasse une autre attaque de panique… » Il s'agit communément de la « peur d'avoir peur » ;
- l'anxiété due à la peur du rejet ou de la perte de l'estime des autres : « Je dois être aimé par tous ceux que j'estime, et si je ne le suis pas, c'est terrible » ;
- l'anxiété due à la peur de voir baisser sa valeur personnelle : « Je vais vous montrer ce que je sais faire ; si je perds la face ou si cette personne ne m'aime plus, c'est la preuve que je ne vaux rien. »

Le trouble obsessionnel-compulsif (Marchand et Brillon, 1995) se caractérise par la présence d'obsessions (images, impulsions, pensées persistantes involontaires, pénibles et anxiogènes) ou de compulsions (vérifier, compter, nettoyer, manger, boire, jouer) récurrentes. Dans le système obsessionnel, la pensée intrusive est la première donnée du système et elle s'impose au sujet pendant des périodes prolongées. Très souvent, elle entraîne une culpabilité douloureusement ressentie. Le schéma cognitif de base de l'individu obsessionnel, c'est l'exigence d'être vigilant par rapport au danger qu'il peut lui-même provoquer ; si sa vigilance est insuffisante, il devient automatiquement coupable. L'obsessionnel a l'impression qu'il n'est pas maître de ses actes ; il croit que le fait de penser à quelque chose va le pousser à effectuer un certain geste, même s'il ne le veut pas, à moins qu'il n'accomplisse le rituel qui le libère et qui « efface » la pensée. Les rituels (cognitifs ou comportementaux) peuvent donc être considérés comme des tentatives inadaptées de l'obsessionnel pour se réapproprier une certaine maîtrise de ses pensées (Ladouceur et Cottraux, 1993).

La dimension cognitive de la phobie sociale consiste principalement en une peur irrationnelle et persistante de l'opinion d'autrui. L'individu craint d'être observé et jugé par les autres ; il a peur que ses actes prouvent qu'il est inapte ou stupide et s'attend à tout moment à subir un échec ou un rejet social. Marchand et Brillon (1995) énoncent un certain nombre de pensées automatiques trahissant la peur, exprimées fréquemment par les phobiques sociaux : « Mon image n'est pas bonne » ; « On va remarquer que je rougis » ; « Les autres connaissent mieux le sujet que moi » ; « Je suis un perdant », etc.

Théorie comportementale

Les théories comportementales en psychiatrie et en psychologie furent introduites par des cliniciens qui s'interrogeaient sur les défauts du modèle et des méthodes psychanalytiques. Ils virent dans la psychologie expérimentale une source d'idées pour élaborer de nouveaux traitements. Selon les théories comportementales, fondées sur la théorie de l'apprentissage, l'étiologie des symptômes de l'anxiété est la généralisation d'une expérience traumatique antérieure, liée à un cadre ou à un objet sans importance. Prenons l'exemple d'un enfant maladroit, ridiculisé par ses parents alors qu'il joue aux quilles. Il associe la gêne et la honte aux sports d'intérieur et a des attaques de panique durant des parties de basket-ball. Le même genre d'opération cognitive, associant la honte aux manifestations sportives, fait naître l'embarras à la simple idée d'une manifestation sportive, et l'individu en arrive parfois à subir des attaques de panique en lisant simplement la section des sports d'un journal. Par conséquent, dans ce modèle, l'anxiété se manifeste lorsque l'individu reçoit un signal qui lui « prédit » un événement douloureux ou effrayant.

Les premiers thérapeutes du comportement ont concentré leurs efforts sur les troubles anxieux. En 1958, Wolpe, un physicien sud-africain travaillant avec des soldats dont les symptômes conduiraient, aujourd'hui, à diagnostiquer un état de stress post-traumatique (ESPT), signala le succès obtenu par la désensibilisation systématique appliquée aux phobies simples (Wolpe, 1973). La désensibilisation systématique est une méthode dérivée de la théorie de l'apprentissage dans laquelle le client,

profondément détendu, est exposé à des stimuli phobiques classés hiérarchiquement. Cette méthode a été peaufinée, par la suite, pour devenir une *désensibilisation in vivo*, au cours de laquelle on expose progressivement l'individu, généralement accompagné d'un thérapeute, à des situations provoquant un niveau croissant d'anxiété. Ces traitements d'exposition en direct peuvent prendre différentes formes, parmi lesquelles la pratique graduelle, la modélisation participante et la durée brève ou prolongée. En 1981, les comportementalistes ont montré que 60 % à 79 % des clients souffrant d'agoraphobie obtenaient une amélioration significative grâce à ces méthodes de désensibilisation systématique.

9.1.3 Épidémiologie

Répartition par sexe

Fortin (1999) résume les données épidémiologiques sur la prévalence des troubles anxieux à court terme et à vie. Pour tous les troubles décrits dans le DSM-IV, le ratio épidémiologique est de un homme atteint pour deux ou trois femmes. Selon Ross et autres (1988), la prévalence de 6 mois des troubles anxieux, dans l'ensemble de la population, est de 6 % à 8 %, accompagnée d'un taux d'angoisse phobique de 1,5 % environ. On estime que la prévalence à vie des troubles anxieux excède 15 %. Le taux de trouble panique est plus élevé chez les personnes âgées de 24 à 44 ans.

Presque tous les clients atteints d'agoraphobie dans les échantillons cliniques souffrent de trouble panique ou en ont souffert ; le taux est de 95 % selon Fortin (1999). En revanche, on retrouve moins d'antécédents de trouble panique chez les clients atteints d'agoraphobie dans les échantillons épidémiologiques. L'agoraphobie est plus fréquente chez les femmes que chez les hommes.

La phobie simple est courante dans la population prise dans son ensemble. Avec un taux de prévalence à vie de 10 % à 11 % (Fortin, 1999), la prévalence des phobies simples est plus élevée chez les femmes que chez les hommes. Toutefois, la peur des hauteurs et des transfusions est plus forte chez les hommes, puisqu'elle atteint 30 % à 45 %, alors qu'elle ne dépasse pas 10 % à 25 % pour les autres catégories.

Un nombre égal d'hommes et de femmes issus d'échantillons cliniques nécessite un traitement contre la phobie sociale. Cependant, au sein d'échantillons communautaires, la phobie sociale est plus courante chez les femmes. Le taux de prévalence à vie varie de 3 % à 13 % (Taubes, 2000). Dans le cadre des consultations externes, le taux de phobie sociale représente 10 % à 20 % des individus venant se faire soigner pour des troubles anxieux. De la même façon, on observe, chez les hommes et les femmes, un taux égal du trouble obsessionnel-compulsif (TOC) ; la prévalence à vie est évaluée à 2,5 % (Joyal, 2000).

Les estimations concernant la prévalence de l'état de stress post-traumatique (ESPT) varient entre 3 % et 58 %

chez les individus à risque, cette grande variabilité étant due à la fois aux méthodes d'échantillonnage et à la population étudiée. Dans les échantillons communautaires, la prévalence varie de 1 % à 14 % (APA, 1994).

Il est difficile d'estimer la prévalence des troubles dissociatifs. On effectue généralement le diagnostic après que l'individu a cherché à se faire traiter. Les troubles dissociatifs continuent de susciter la controverse. Le manque de données épidémiologiques traduit à la fois la difficulté à trouver des cas et les préjugés des cliniciens. On diagnostique plus fréquemment ce trouble chez les femmes.

Âge d'apparition des troubles

En général, les troubles anxieux se développent durant l'adolescence et au début de l'âge adulte. L'âge caractéristique de l'apparition du trouble panique varie de la fin de l'adolescence au début de la trentaine. Dans de rares cas, il se manifeste durant l'enfance, et peu d'individus en présentent les symptômes, pour la première fois, après l'âge de 45 ans. Le stress aigu et l'état de stress post-traumatique (ESPT) peuvent survenir à tout âge.

Les phobies spécifiques de type situationnel apparaissent durant l'enfance ou au début de l'âge adulte. Les autres types de phobies apparaissent généralement durant l'enfance.

Différences culturelles

La plupart des recherches qui ont mené à l'établissement de la classification du DSM-IV ont été réalisées aux États-Unis. Le manuel a surtout valeur de référence en Amérique du Nord et en Europe, où il sert autant aux cliniciens qu'aux chercheurs scientifiques. Les symptômes utilisés pour reconnaître les troubles sont, de ce fait, représentatifs des valeurs culturelles occidentales (Charbonneau, 1998). L'évaluation des clients souffrant d'anxiété et de troubles connexes doit tenir compte de la différence des normes culturelles. À titre d'exemple, certaines cultures restreignent la participation des femmes aux activités publiques, ce qui réduit le nombre de diagnostics d'agoraphobie chez cette même population. La peur liée à la magie ou aux esprits est courante dans de nombreuses cultures et ne devrait être considérée comme pathologique que si elle est excessive par rapport au contexte culturel en question. Nombre de cultures imposent des rites marquant les événements importants de la vie. L'observation de ces rites n'est pas l'indice d'un trouble obsessionnel-compulsif, sauf si les rites excèdent les normes de cette même culture, s'ils sont exécutés à des moments et en des lieux inappropriés pour cette culture, ou bien s'ils interfèrent avec le fonctionnement social (Charbonneau, 1998).

Il semble qu'à l'exception du trouble obsessionnel-compulsif, et de certaines phobies, l'anxiété et les troubles connexes aient une prévalence plus élevée chez les femmes que chez les hommes. Cette observation peut être la conséquence d'une différence culturelle. Dans l'ensemble, les femmes envisagent plus facilement que les hommes de

suivre un traitement et ont plus de facilité à entrer en contact avec le personnel soignant.

Comorbidité

Les troubles anxieux ne sont pas isolés. Dans une étude sur la pratique médicale générale, Katon et autres (1986) établissent que 13 % des clients suivant un traitement contre la dépression répondent aux critères du trouble panique. Dans ce même échantillon, 25 % d'entre eux ont des antécédents de trouble panique ou de syndromes d'anxiété moins sévères.

Une précédente évaluation de la comorbidité existant entre l'anxiété et la dépression fut proposée en 1959 par Rosh, qui estima que la moitié des clients souffrant du « syndrome de dépersonnalisation d'anxiété phobique » souffraient de dépression à un degré variable (Stein et Unde, 1990). Il existe aussi une comorbidité importante entre les troubles causés par l'abus d'alcool ou d'autres drogues et les troubles anxieux.

Le trouble obsessionnel-compulsif (TOC) se retrouve associé à d'autres troubles anxieux, tout comme l'abus d'alcool ou d'autres drogues, la dépression majeure, et les troubles de l'alimentation. Concernant le syndrome de Gilles de La Tourette, 30 % à 50 % des clients en souffrant sont également atteints du TOC ; cependant, le taux du syndrome de Gilles de La Tourette parmi les clients souffrant du TOC est plus bas, avec une estimation variant de 5 % à 7 %.

Le stress aigu et l'état de stress post-traumatique (ESPT) sont associés à un risque accru de dépression majeure, de divers troubles anxieux, de troubles de somatisation et de troubles liés à l'abus d'alcool ou d'autres drogues. À cause de la nature du trouble et de sa manifestation à la suite d'un événement significatif, il est difficile de déterminer si la comorbidité est antérieure au trouble de stress, ou fait suite à celui-ci. L'encadré 9.1 résume l'épidémiologie des troubles anxieux.

9.1.4 Description clinique

Troubles anxieux

Les troubles anxieux décrits dans ce chapitre sont classifiés selon qu'ils provoquent des symptômes spécifiques ou limités, ou des symptômes envahissants (voir tableau 9.2).

Panique

Au XIXᵉ siècle, les syndromes cliniques comparables à ceux que nous reconnaissons aujourd'hui comme ceux du trouble panique et de l'agoraphobie commencèrent à être relevés. En 1871, un médecin américain, le Dʳ Jacob Da Costa, décrivit des crises de panique survenant chez les soldats ayant servi durant la guerre civile. À peu près au même moment, Westphal, un médecin allemand, rendit publiques les données cliniques de quatre clients souffrant de syndromes de l'agoraphobie classiques. Freud décrivit

Épidémiologie de l'anxiété et des troubles connexes — ENCADRÉ 9.1

Les troubles anxieux se manifestent pendant une durée de 6 mois chez 6 % à 8 % de l'ensemble de la population, accompagnée de phobie chez 1,5 %, et se manifestent toute la vie dans plus de 15 % des cas.

Les troubles anxieux sont diagnostiqués le plus souvent chez les femmes appartenant à la tranche d'âge de 24 à 44 ans.

Dix à onze pourcent de la population générale ont une phobie simple.

La phobie simple est le plus souvent diagnostiquée chez les femmes, exception faite de la peur des hauteurs et de la peur des transfusions.

Le taux de prévalence à vie, en matière de phobie sociale, varie de 3 % à 13 %.

Le trouble obsessionnel-compulsif, présent à part égale chez les hommes et chez les femmes, présente un taux de prévalence à vie de 2,5 %.

La prévalence de l'état de stress post-traumatique varie de 3 % à 58 %.

La plupart des troubles anxieux apparaissent durant l'adolescence et au début de l'âge adulte.

Les différences culturelles influent sur la manifestation des troubles anxieux.

À l'exception du trouble obsessionnel-compulsif et de la phobie sociale, les troubles anxieux sont plus courants chez les femmes que chez les hommes.

Chez les clients souffrant de dépression majeure, le risque de trouble panique est accru de 18,8 % et le risque d'agoraphobie, de 15,3 %.

Bien que 30 % à 50 % des clients souffrant du syndrome de Gilles de La Tourette souffrent du trouble obsessionnel-compulsif, seulement 5 % à 7 % des clients atteints du trouble obsessionnel-compulsif souffrent du syndrome de Gilles de La Tourette.

Le trouble obsessionnel-compulsif coexiste avec les troubles anxieux, l'abus d'alcool ou d'autres drogues, la dépression majeure et les troubles de l'alimentation.

TABLEAU 9.2	Manifestations cliniques de l'anxiété : symptômes et réactions
Manifestations	**Symptômes/Réactions**
Physiologiques Appareil cardiovasculaire	Palpitations, rythme cardiaque élevé, augmentation de la pression artérielle, évanouissements, ralentissement du pouls, baisse de la pression artérielle.
Appareil respiratoire	Respiration rapide, superficielle, poitrine oppressée, souffle court, halètement, gorge serrée.
Appareil digestif	Perte ou gain d'appétit, inconfort abdominal ou sensation de satiété, nausées, brûlures d'estomac, diarrhées.
Système neuromusculaire	Hyperréflexie, insomnie, tremblements, déambulation, maladresse, agitation, bouffées de chaleur, transpirations, tension musculaire.
Appareil génito-urinaire	Baisse de la libido, fréquence ou urgence de la miction.
Cognitives	Baisse de l'attention, incapacité de concentration, mémoire défaillante, jugement déficient, blocage mental, peur de se blesser ou de mourir.
Comportementales	Discours rapide, tension musculaire, légers tremblements des mains, instabilité du caractère, déambulation, hyperventilation.
Affectives	Irritabilité, impatience, nervosité, crainte, appréhension.

tout d'abord les crises de panique comme survenant lorsque « la connexion entre l'anxiété et la menace de danger est complètement perdue de vue... Crises spontanées... représentées par des symptômes considérablement amplifiés... Tremblements, vertiges, palpitations » (Freud, 1963). Freud remarqua également la comorbidité existant entre les troubles anxieux et la dépression.

La Première Guerre mondiale et la Seconde Guerre mondiale contribuèrent au développement des connaissances fondamentales sur les troubles anxieux, tout comme les travaux d'un éminent cardiologue, le Dr Paul Dudley White. White et ses collègues recueillirent des données provenant d'un certain nombre de clients qui leur étaient référés à l'Hôpital général du Massachusetts et qui ne souffraient d'aucune maladie cardiaque. Ils nommèrent le syndrome clinique identifié *asthénie neurocirculatoire*. Au sein de la même institution, des neuropsychiatres identifièrent un symptôme similaire et l'intitulèrent *névrose d'angoisse*. Les cardiologues et les neuropsychiatres en question décrivaient ce que nous appelons aujourd'hui le trouble panique.

L'anxiété **panique** renvoie aux symptômes d'anxiété survenant au cours des attaques de panique. L'anxiété panique diffère de l'anxiété généralisée par l'apparition soudaine de symptômes physiques angoissants, combinée à des pensées terrifiantes, à la peur d'une catastrophe imminente, à la peur de la mort et à celle d'être pris au piège. Toutefois, malgré les progrès réalisés dans la description de la maladie, la conceptualisation analytique de la névrose d'angoisse est restée intacte jusqu'en 1980.

Attaque de panique

Il est important de noter que les attaques de panique, contrairement au trouble panique, ne sont pas répertoriées dans la classification du DSM-IV des maladies psychiatriques. Les **attaques de panique** représentent plutôt des symptômes, correspondant potentiellement à certaines des caractéristiques associées à de nombreux troubles décrits dans ce chapitre. Les attaques de panique sont soudaines ;

ce sont des épisodes spontanés accompagnés de symptômes parmi lesquels les palpitations ou la tachycardie, les vertiges, la dyspnée, et le sentiment d'une mort imminente.

En publiant la classification du DSM-III en 1980, l'APA s'attacha à standariser les critères de diagnostic associés à chacun des troubles psychiatriques. L'un des changements radicaux effectués dans cette classification fut l'introduction du trouble panique et de l'anxiété généralisée en tant que syndromes cliniques distincts remplaçant la névrose d'angoisse. Pour répondre aux critères de l'attaque de panique, quatre des symptômes la décrivant doivent être présents. Les épisodes d'anxiété panique regroupant moins de trois symptômes sont considérés comme des attaques aux symptômes limités.

Les attaques de panique surviennent dans différents troubles anxieux, parmi lesquels le trouble panique, la phobie sociale, la phobie simple et l'ESPT. Les attaques de panique peuvent survenir de façon prévisible dans des situations spécifiques (comme c'est le cas pour des phobies simples), ou peuvent être imprévisibles (APA, 1996). L'encadré 9.2, traitant des critères de la classification du DSM-IV, énumère les symptômes associés à l'attaque de panique.

CRITÈRES DSM-IV
Attaque de panique   ENCADRÉ 9.2

Une période, limitée dans le temps, de peur ou de malaise, au cours de laquelle quatre au moins des symptômes suivants se manifestent soudainement et atteignent un paroxysme en 10 minutes:
- palpitations, battements de cœur, accélération du rythme cardiaque;
- transpiration;
- tremblements;
- sensation de souffle coupé ou d'étouffement;
- sensation d'étranglement;
- douleur ou gêne thoracique;
- nausées ou gêne abdominale;
- vertiges, sensation d'instabilité, sensation de « tête légère » ou d'évanouissement;
- déréalisation ou dépersonnalisation;
- peur de perdre la maîtrise de soi ou de devenir fou;
- peur de mourir;
- paresthésie;
- frissons ou bouffées de chaleur.

Tiré du *DSM-IV, Manuel diagnostique et statistique des troubles mentaux*, Paris, Masson, 1996.

Trouble panique

Certains changements ont été apportés aux critères du trouble panique dans la classification du DSM-IV. La classification du DSM-III-R comme celle du DSM-IV se veulent plus exhaustives, particulièrement en ce qui concerne la fréquence de l'attaque de panique. Pour répondre aux critères du trouble panique de la classification du DSM-III-R, une personne doit ainsi avoir subi au moins quatre attaques

de panique en un mois, ou bien une attaque suivie d'un mois d'inquiétude, cette inquiétude devant porter sur la crainte de subir une autre attaque.

Selon la classification du DSM-IV, publiée en 1994 et légèrement révisée en 2000, on diagnostiquera un trouble panique chez un individu s'il répond aux deux critères suivants: des attaques de panique récurrentes et inattendues; et au moins une attaque suivie pendant un mois ou plus: a) d'une inquiétude persistante d'avoir une autre attaque; b) d'une préoccupation à propos des implications de l'attaque ou de ses conséquences (p. ex. perte de contrôle de soi, crise cardiaque, « devenir fou »); ou c) d'un changement important du comportement en relation avec ces attaques.

Dans un cas de trouble panique sans agoraphobie, l'individu ne présente pas de symptômes agoraphobes, les attaques de panique ne sont pas liées directement aux effets d'une substance (drogue, médicament), et elles ne sont pas la cause d'une maladie physiologique (p. ex. hyperthyroïdie). De plus, l'anxiété n'est pas mieux expliquée par un autre trouble mental, comme le TOC (peur de la contamination) ou l'ESPT (p. ex. en réaction aux stimuli associés à un agent stressant sévère).

Figurant parmi les phobies dans le DSM-III, l'agoraphobie est traitée, dans le DSM-III-R et le DSM-IV, comme une complication particulière du trouble panique. Pour qu'un diagnostic de trouble panique et d'agoraphobie soit posé, l'individu doit répondre aux critères associés au trouble panique et éprouver en même temps des symptômes agoraphobes débilitants.

C'est dans le cadre ambulatoire que l'on soigne, en premier lieu, le trouble panique. Les infirmières sont les premières, parmi le personnel soignant, à entrer en contact avec les clients souffrant d'un trouble panique récent, qu'elles travaillent dans une clinique, dans un cabinet médical ou, plus fréquemment, au service d'urgence d'un établissement hospitalier. L'apparition soudaine des symptômes physiques et les sentiments envahissants d'une catastrophe imminente sont terrifiants; la réaction du client consiste le plus souvent à chercher du réconfort auprès du personnel soignant. Il n'est toutefois pas rare de voir des clients se présenter pour un traitement après 8 à 10 ans de maladie, au rythme d'une ou deux attaques par semaine. Qui plus est, les clients ont appris à éviter les situations qui déclenchent ces attaques. L'attaque peut débuter par un sentiment de malaise général, rapidement suivi (dans un délai de quelques secondes à quelques minutes) par l'apparition de symptômes physiques.

Phobies

Les troubles phobiques, ou **phobies**, sont caractérisés par les attaques de panique éprouvées par le client en réaction à des situations particulières, ou par l'apprentissage consistant à éviter les situations qui provoquent ces mêmes attaques de panique.

Agoraphobie

Conformément au DSM-IV, le premier critère du trouble panique avec agoraphobie est l'existence d'un trouble panique correspondant aux critères déjà énoncés précédemment. Le second critère est que l'individu souffre d'**agoraphobie**, c'est-à-dire une anxiété liée au fait d'être dans un endroit ou dans une situation d'où il est difficile ou embarrassant de s'extraire, aucune aide n'étant par ailleurs immédiatement disponible dans le cas où surviendrait une attaque de panique imprévue ou liée à la situation. Les peurs agoraphobes s'appliquent d'habitude à un ensemble caractéristique de situations, parmi lesquelles le fait de se retrouver seul dehors, d'être dans une foule ou de patienter dans une file d'attente, de se trouver sur un pont ou de voyager en autobus, en train ou en voiture. Le troisième critère est rempli si ces situations agoraphobes sont évitées ou subies dans l'angoisse ou l'anxiété d'avoir une attaque de panique, ou lorsque l'individu nécessite la présence d'un compagnon. Le quatrième critère stipule que les attaques de panique ne sont pas dues aux effets directs d'une substance ou à une affection médicale générale. Finalement, la tendance à éviter l'anxiété ou la phobie n'est pas mieux expliquée par un autre trouble mental décrit dans la section du trouble panique (APA, 1996 ; APA, 2000).

Selon les critères de la classification du DSM-IV, l'agoraphobie peut exister indépendamment du trouble panique. L'individu souffrant d'agoraphobie sans antécédents de trouble panique répond aux critères de l'agoraphobie décrits ci-dessus, mais n'a pas d'antécédents d'attaque de panique. La description de l'agoraphobie est élargie pour inclure « l'éventualité de manifester soudainement des symptômes comparables à ceux de la panique, symptômes que l'individu croit être incapacitants ou extrêmement embarrassants, comme la peur de sortir provoquée par la crainte d'éprouver de soudains épisodes de vertiges ou une crise de diarrhée ». Si l'individu souffre déjà d'un état pathologique comorbide, la peur décrite est clairement supérieure à la peur généralement associée à ce trouble.

Phobies spécifiques

Les critères de la classification du DSM-IV définissent la phobie spécifique comme une peur marquée et persistante, excessive et déraisonnable, déclenchée par la présence ou l'anticipation d'une situation ou d'un objet spécifique : les animaux, les insectes, les hauteurs, un voyage en avion ou la vue du sang. L'exposition au stimulus phobique provoque invariablement une réaction d'angoisse pouvant prendre la forme d'une attaque de panique prévisible (c'est-à-dire que l'individu éprouve certains des symptômes qui sont énumérés dans l'encadré 9.2). Les enfants ayant une phobie spécifique peuvent exprimer leur anxiété en pleurant, en faisant un caprice, en demeurant figés sur place ou en se cramponnant. Les personnes souffrant de phobie simple (à l'exception des enfants) reconnaissent que leur peur est excessive et déraisonnable. Les gens souffrant de phobies évitent les situations phobiques ou les subissent avec angoisse. La tendance à éviter la situation, l'anticipation de l'anxiété, ou la détresse interfèrent de manière significative avec le fonctionnement social, professionnel et routinier de l'individu. Enfin, comme pour le trouble panique et l'agoraphobie, cette maladie ne peut pas être mieux décrite par un autre trouble mental de l'axe I (APA, 1996 ; APA, 2000).

Phobie sociale

La phobie sociale, ou angoisse sociale, se caractérise par une peur marquée et persistante d'une ou de plusieurs situations sociales, au cours desquelles la personne se trouve devant des étrangers ou s'expose au regard scrutateur des autres en prenant la parole. L'individu craint d'agir d'une façon susceptible de l'humilier ou de l'embarrasser (ou de présenter des symptômes d'anxiété). Pour que ce diagnostic soit vérifiable chez les enfants, ceux-ci doivent faire preuve d'une capacité à entretenir des relations sociales avec leurs proches, l'anxiété devant survenir au cours d'interactions avec leurs camarades. De plus, le contact avec la situation sociale appréhendée suscite presque invariablement de l'anxiété, pouvant prendre la forme d'une attaque de panique. Les enfants ont tendance à exprimer leur peur en pleurant ou en se montrant capricieux. Les adultes, quant à eux, reconnaissent que leur peur est excessive et déraisonnable. Les individus souffrant de phobie sociale évitent les situations sociales ou de prise de parole, ou les endurent avec une anxiété ou une angoisse intense (APA, 1996 ; APA, 2000) (voir Situations cliniques 1).

État de stress post-traumatique

L'état de stress post-traumatique (ESPT) fut d'abord décrit comme une catégorie diagnostique dans la classification du DSM-III. C'est chez les soldats qu'on observait le plus communément ce type de réactions succédant aux événements traumatiques. On appelait ce syndrome « traumatisme dû au bombardement » ou « épuisement au combat ».

D'un point de vue théorique, l'ESPT est une catégorie diagnostique des troubles psychiatriques : les agents étiologiques sont identifiables. Récemment, les chercheurs ont commencé à adapter le modèle d'ESPT aux événements traumatiques de l'existence humaine autres que le combat : abus sexuels chez les adultes ou les enfants, violence physique, désastres et processus de deuil. Le niveau d'intensité nécessaire pour qu'un événement ou une expérience devienne un « traumatisme » est controversé, comme l'est la séparation des symptômes de l'ESPT des autres troubles comorbides, notamment l'abus d'alcool ou de drogues, la dépression et l'anxiété. Cependant, étant donné la comorbidité élevée, l'existence de l'ESPT en tant que trouble distinct demeure solidement établie.

Pour qu'un ESPT soit diagnostiqué chez un individu, celui-ci doit avoir subi un événement traumatique précédant l'apparition des symptômes. Il doit avoir vécu ou avoir été témoin d'un événement comportant un risque réel de mort ou de blessure grave, et constituant une menace pour sa propre intégrité physique ou pour celle d'autrui. La réaction de l'individu consiste en une peur intense liée à un sentiment d'impuissance ou d'horreur. Les enfants sont susceptibles d'exprimer cette peur par un comportement agité et désorganisé.

L'ESPT est également caractérisé par l'existence de différents mécanismes faisant revivre l'événement à l'individu. L'un des mécanismes suivants doit être présent : souvenirs répétitifs, envahissants et perturbants de l'événement (pensées, images ou perceptions) ; rêves récurrents portant sur l'événement ; agissements liés à la crainte que l'événement se reproduise ; sensation de détresse psychique intense chaque fois que des indices internes ou externes rappellent l'événement ; réactivité physiologique durant l'exposition à des signaux internes ou externes liés à l'événement.

En outre, l'individu évite les stimuli associés au traumatisme et sa réactivité générale est affaiblie. Il présente au moins trois des réactions suivantes : efforts pour éviter les pensées, les sentiments ou les conversations se rapportant au traumatisme ; efforts pour éviter les personnes ou les endroits évoquant des souvenirs du traumatisme ; incapacité de se souvenir d'un aspect important du traumatisme (**refoulement**) ; réduction de l'intérêt porté à des activités importantes ; impression d'isolement ou de détachement par rapport à autrui ; restriction des affects ; perte de confiance dans l'avenir (une carrière professionnelle ou une vie normale semblent impossibles).

Enfin, l'individu soumis à un ESPT présente des symptômes d'excitation croissante apparus après le traumatisme. Deux des symptômes suivants doivent se manifester : troubles du sommeil, irritabilité ou accès de colère, difficulté de concentration, hypervigilance ou réaction de sursaut exagérée. Les symptômes doivent persister pendant plus d'un mois et causer des perturbations importantes du fonctionnement dans les domaines social ou professionnel ou dans d'autres domaines importants.

L'ESPT est dit aigu lorsque les symptômes persistent pendant un à trois mois ; il est dit chronique si les symptômes persistent pendant plus de trois mois. Quand les symptômes apparaissent plus de six mois après l'événement traumatique, on parle de survenue différée (APA, 1996 ; APA, 2000).

Stress aigu

Le **stress** aigu se distingue de l'ESPT de trois façons : l'individu ressent au moins trois symptômes indiquant la dissociation ; le délai d'apparition et la durée des symptômes sont plus courts ; et les symptômes de dissociation peuvent empêcher l'individu de réagir efficacement au traumatisme. Trois des indices de **dissociation** suivants doivent se manifester : sensation subjective de torpeur ou

de détachement ; conscience de l'environnement réduite (« être dans le brouillard ») ; impression de **dépersonnalisation** ; et amnésie dissociative. La durée des symptômes peut varier de deux jours à un mois. La dissociation peut apparaître durant le traumatisme ou tout de suite après. Comme elle est caractérisée par l'angoisse ou l'altération du fonctionnement social et professionnel, l'individu n'est pas en mesure de mener à bien certaines tâches essentielles (p. ex. obtenir une assistance médicale ou juridique, ou mobiliser ses ressources personnelles).

Trouble d'anxiété généralisée

Le trouble d'anxiété généralisée (TAG) se caractérise par une anxiété et une inquiétude excessives (attente avec appréhension) observées généralement pendant au moins six mois. L'individu éprouve de la difficulté à surmonter son inquiétude face à un certain nombre d'événements et d'activités (voir schéma des 4 dimensions). Trois des six symptômes suivants doivent être présents à un certain degré pendant une période d'au moins six mois : instabilité ; nerfs à fleur de peau ou épuisement rapide ; difficulté de concentration ; irritabilité ; tension musculaire et troubles du sommeil. L'anxiété et l'inquiétude dépassent celles d'un autre trouble de l'axe I (crainte d'avoir une attaque de panique, comme pour le trouble panique, ou peur de la contamination, comme pour le TOC) et ne correspondent pas à un ESPT. Elles interfèrent avec le fonctionnement social ou professionnel normal et ne sont pas causées par les effets directs d'une substance ou par une affection médicale générale. Enfin, elles ne surviennent pas uniquement en présence d'un autre trouble de l'axe I (trouble de l'humeur, psychose, ou trouble envahissant du développement).

Trouble obsessionnel-compulsif

Le trouble obsessionnel-compulsif (TOC) se caractérise par la présence soit d'obsessions, soit de compulsions. Les symptômes obsessionnels-compulsifs, leur gravité et leur changement peuvent être évalués à l'aide de l'échelle de Yale-Brown (voir figure 9.1). On considère qu'une note totale de 16 sur cette échelle reflète déjà une gravité clinique. La classification du DSM-IV définit les **obsessions** comme des pensées, des impulsions ou des représentations ressenties comme étant envahissantes et inappropriées, causant une anxiété et une angoisse excessives. L'individu tente de supprimer ou d'ignorer ces pensées et ces impulsions ou de les neutraliser à l'aide d'une autre pensée ou action. Finalement, l'individu reconnaît que les pensées obsessionnelles sont le produit de sa propre imagination (et qu'elles ne sont pas imposées par l'extérieur, comme c'est le cas pour l'insertion de pensée).

Les **compulsions** sont des comportements répétitifs que l'individu se sent contraint d'accomplir en réaction à une obsession. Le besoin de se laver les mains de façon répétitive par crainte de la contamination, ou celui de s'assurer maintes et maintes fois que les appareils électriques sont bien débranchés avant de quitter la maison, en sont des exemples (voir Situations cliniques 2). Ces comportements ou actes mentaux ont pour but de prévenir ou de réduire l'angoisse qu'implique l'obsession. Ils visent à se prémunir contre une situation menaçante terrifiante (p. ex. un incendie, dans le cas de la vérification des appareils électriques), mais ils constituent une précaution excessive ou inadéquate par rapport au risque réel.

À l'exception des enfants, les individus reconnaissent que leurs obsessions et leurs compulsions sont excessives et déraisonnables. Celles-ci entraînent une angoisse marquée, sont chronophages, ou entravent sérieusement la routine normale ou le fonctionnement professionnel de la personne. Si un autre trouble de l'axe I est présent, le contenu des obsessions et des compulsions ne s'y limite pas (p. ex. rituel alimentaire dans les cas d'anorexie, arrachage des cheveux dans les cas de trichotillomanie). Enfin, le trouble n'est pas attribuable à l'effet direct d'une substance quelconque ni à une affection médicale générale (voir encadré 9.3).

ENSEIGNEMENT AU CLIENT

Trouble obsessionnel-compulsif ENCADRÉ 9.3

Enseignement à la famille du client
- Le trouble obsessionnel-compulsif est un trouble anxieux chronique qui réagit à différentes stratégies de traitement.
- Les pensées, pulsions et images sont involontaires et peuvent se multiplier avec le stress.

Enseignement au client
- Appliquer les stratégies cognitive et comportementale peut aider à faire face à l'anxiété et à réduire les symptômes du trouble.
- La gestion de la pharmacothérapie est une modalité de traitement efficace. Généralement, le traitement est alors jumelé à la prise d'un médicament de la classe des antidépresseurs.
- Les effets secondaires des différentes classes de médicaments doivent être connus. La capacité à reconnaître ces effets secondaires et à en rendre compte est essentielle à la gestion de la pharmacothérapie du client.
- L'atténuation des symptômes grâce à la pharmacothérapie peut prendre des mois.

Troubles somatoformes

Les troubles somatoformes ont tous en commun des symptômes physiques, malgré l'absence d'une maladie organique significative sur le plan clinique.

Peur d'une dysmorphie corporelle

La peur d'une dysmorphie corporelle se caractérise par une préoccupation portant sur un défaut imaginaire de l'apparence. L'individu éprouve une inquiétude excessive par rapport à une légère anomalie physique. Cette préoccupation entraîne une angoisse clinique importante ou un trouble du fonctionnement social ou professionnel. Enfin, la préoccupation n'est pas mieux expliquée par un autre trouble mental (voir Situations cliniques 3).

Trouble douloureux

L'élément essentiel du tableau clinique du trouble douloureux est une douleur (ressentie en un ou plusieurs endroits de l'anatomie) suffisamment forte pour entraîner un trouble clinique important dans au moins une zone de fonctionnement. On estime que les facteurs psychologiques jouent un rôle important dans l'apparition, l'intensité, l'exacerbation ou la persistance de la douleur. Enfin, la douleur n'est pas attribuable à l'humeur, à l'anxiété, ni à un trouble psychique et ne correspond pas aux critères de la dyspareunie. On parlera de « trouble de la douleur associé à des facteurs psychologiques » lorsque l'état pathologique ne joue pas un rôle majeur dans l'apparition, l'intensité ou la persistance des symptômes. Si une affection médicale générale joue un rôle majeur dans la persistance du syndrome, on parlera d'un « trouble associé, à la fois, à des facteurs psychologiques et à un état pathologique général ». Ces deux troubles peuvent être qualifiés d'aigus (s'ils durent moins de six mois) ou de chroniques.

Trouble de somatisation

De façon caractéristique, les clients souffrant d'un trouble de somatisation sollicitent et obtiennent fréquemment des traitements médicaux contre de multiples maladies somatiques. Pour correspondre aux critères de la classification du DSM-IV, les maladies en question doivent survenir avant l'âge de 30 ans et ne pas pouvoir être attribuées à un trouble médical général ni aux effets directs d'une substance. Ainsi, un client souffrant de sclérose en plaques, de lupus érythémateux disséminé, ou d'une autre maladie chronique débilitante apparaissant au début de l'âge adulte, et qui se plaint souvent de troubles touchant plusieurs appareils ou systèmes, ne fera pas l'objet d'un diagnostic de trouble de somatisation si son état pathologique général explique plus adéquatement ses symptômes.

Les symptômes du trouble de somatisation doivent pouvoir être distingués de ceux d'états pathologiques généraux lorsque les trois critères suivants sont vérifiés : plusieurs appareils ou systèmes sont concernés (gastro-intestinal, sexuel/reproductif, neurologique) ; les symptômes apparaissent de façon précoce et chronique, sans signes physiques ou anomalies structurelles (p. ex. changements dégénératifs des os et jointures, associés à des sensations de douleur) ; absence d'anomalies cliniques de laboratoire couramment associées aux états pathologiques généraux. Les critères permettant d'établir précisément le diagnostic sont détaillés dans l'encadré 9.4. Les infirmières œuvrant dans des centres hospitaliers ou dans des cliniques privées sont plus naturellement amenées à rencontrer des clients souffrant du trouble de somatisation que celles qui travaillent au sein de l'unité psychiatrique d'un hôpital.

CRITÈRES DSM-IV

Trouble de somatisation

A. Il existe des antécédents de plaintes somatiques multiples formulées avant l'âge de 30 ans, qui aboutissent, après plusieurs années, à une demande de traitement ou à une altération importante du fonctionnement dans le domaine social ou professionnel, ou dans d'autres domaines.

B. Chacun des critères suivants doit être rempli, les symptômes eux-mêmes survenant à n'importe quel moment de l'évolution du trouble :

Quatre symptômes douloureux : antécédents de douleur touchant au moins quatre endroits (p. ex. tête, abdomen, dos, articulations, extrémités, poitrine, rectum) ou fonctions (douleurs menstruelles, douleurs durant les rapports sexuels ou la miction) ;

Deux symptômes gastro-intestinaux : antécédents d'au moins deux symptômes gastro-intestinaux autres que la douleur (p. ex. nausées, ballonnements, vomissements en dehors de la grossesse, diarrhée ou intolérance à plusieurs aliments différents) ;

Un symptôme sexuel : antécédents d'au moins un symptôme sexuel ou de l'appareil génital autre que la douleur (p. ex. indifférence sexuelle, anomalies de l'érection ou de l'éjaculation, menstruations irrégulières, saignements menstruels excessifs, vomissements tout au long de la grossesse) ;

Un symptôme pseudo-neurologique : antécédents d'au moins un symptôme ou un déficit suggérant un état neurologique qui ne se limite pas à la douleur (symptômes de conversion somatique : trouble de la coordination ou de l'équilibre, paralysie ou faiblesse localisée, difficulté à déglutir ou « boule » dans la gorge, aphonie, rétention urinaire, hallucinations, perte de sensibilité tactile ou de sensibilité douloureuse, diplopie, cécité, surdité, crises convulsives ; symptômes dissociatifs : amnésie ou perte de conscience autre qu'un évanouissement).

C. Soit (1), soit (2) :

1. Après des examens approfondis, chacun des symptômes du critère B ne peut pas s'expliquer entièrement par une affection médicale générale connue ou par les effets directs d'une substance (p. ex. dans le cas d'un abus de drogues ou de médicaments) ;

2. Lorsqu'il existe une relation avec une affection médicale générale, les symptômes physiques ou les modifications sociales ou professionnelles en résultant sont disproportionnés comparativement à l'historique de la maladie, à l'examen physique ou aux analyses de laboratoire.

D. Les symptômes ne sont pas produits intentionnellement ni feints (comme c'est le cas dans le trouble factice ou la simulation).

Tiré du *DSM-IV, Manuel diagnostique et statistique des troubles mentaux*, Paris, Masson, 1996.

Trouble de conversion

Les clients qui consultent pour des symptômes de conversion manifestent un ou plusieurs symptômes ou déficits affectant la motricité volontaire ou la fonction sensorielle, suggérant une affection médicale générale. Cependant, comme dans le cas du trouble de somatisation, le symptôme ou le déficit ne peut être entièrement attribuable à une maladie médicale générale, aux effets directs d'une substance, ni à un comportement ou à une expérience culturellement déterminée. Le symptôme n'est pas produit intentionnellement ni simulé et ne se limite pas à la douleur ni à une dysfonction sexuelle ; il ne survient pas non plus exclusivement dans le contexte d'un trouble de somatisation. Comme pour d'autres troubles de somatisation, le symptôme provoque une angoisse ou un trouble du fonctionnement (significatif sur le plan clinique) dans le domaine social ou professionnel, ou dans une autre zone importante du fonctionnement (voir Situations cliniques 4).

Les caractéristiques cliniques déterminantes du trouble de conversion sont les suivantes : les facteurs psychologiques sont associés à l'apparition ou à l'exacerbation des symptômes ; des conflits ou des agents stressants spécifiques et identifiables précèdent l'apparition des symp-

tômes de conversion ; la personne se désintéresse de la gravité des symptômes, de façon incongrue. On appelle ce manque d'intérêt « la belle indifférence ».

Hypocondrie

« Ne sois pas hypocondriaque ! » se dit couramment, dans des contextes où, toutefois, il ne s'agit probablement pas d'une véritable hypocondrie, telle que la définit la classification du DSM-IV.

Six critères principaux sont associés à ce diagnostic. Premièrement, l'individu est préoccupé par la peur d'être atteint d'un trouble médical grave ; cette peur est basée sur une mauvaise interprétation des symptômes corporels. Deuxièmement, ces interprétations erronées des symptômes persistent, malgré une évaluation médicale en règle et l'obtention de réconfort. Troisièmement, la préoccupation de l'individu concernant ses symptômes n'est pas aussi intense ni déformée que dans le cas d'un trouble délirant ; elle n'est pas non plus aussi limitée que dans le cas de la peur d'une dysmorphie corporelle. Quatrièmement, comme dans le cas d'autres troubles somatoformes, cette préoccupation provoque une angoisse ou un trouble (significatif sur le plan clinique) du fonctionnement dans le domaine social ou professionnel ou dans d'autres zones de fonctionnement. Cinquièmement, la durée du trouble doit être d'au moins six mois. Enfin, comme pour d'autres diagnostics de l'axe I, l'état n'est pas mieux expliqué par un autre trouble anxieux ou somatoforme, ni par un épisode dépressif majeur.

Troubles dissociatifs

Amnésie dissociative

Chez les personnes souffrant d'amnésie dissociative, le symptôme caractéristique est un ou plusieurs épisodes marqués par l'incapacité à se rappeler les souvenirs personnels importants, habituellement de nature traumatique ou stressante. Cette incapacité à se souvenir est trop profonde pour s'expliquer par un simple oubli. De plus, le trouble ne survient pas exclusivement au cours du trouble dissociatif de l'identité, n'est pas dû aux effets directs d'une substance (trou de mémoire par suite d'une intoxication éthylique) et ne résulte pas d'une affection médicale générale (amnésie provoquée par un traumatisme crânien).

Fugue dissociative

La fugue dissociative se caractérise par une fuite soudaine hors de la maison ou du lieu de travail habituel, doublée d'une incapacité à se souvenir de son passé (ou de l'endroit où l'on s'est rendu). L'individu fait preuve de confusion concernant son identité personnelle ou prend une nouvelle identité, qui peut être partielle (« remplir les cases vides »). Comme pour l'amnésie dissociative, le trouble ne survient pas dans le contexte du trouble dissociatif de l'identité et n'est pas dû aux effets directs d'une substance ni à une affection médicale générale.

Trouble dissociatif de l'identité

Aucun autre trouble de la nosologie (classification) psychiatrique actuelle n'a suscité autant la polémique que le trouble dissociatif de l'identité (TDI).

Les critères de la classification du DSM-IV concernant le TDI sont simples. Le premier critère est la présence de deux ou de plusieurs identités ou personnalités distinctes, chacune comportant ses modalités constantes de perception, de relation et de pensée relativement stables en ce qui concerne l'environnement et le soi. Deuxièmement, au moins deux de ces personnalités dominent les comportements de l'individu de façon récurrente. L'individu est incapable de se rappeler les informations personnelles importantes, cette perte de mémoire étant trop grave pour s'expliquer par un simple oubli. Enfin, ces phénomènes ne sont pas dus aux effets directs d'une substance (p. ex. trou de mémoire ou comportement chaotique au cours d'une intoxication éthylique) ni ne peuvent être attribués à une affection médicale générale (épilepsie temporale). Chez les enfants, les symptômes ne peuvent être expliqués ni par un camarade de jeu imaginaire ni par un autre jeu imaginaire.

9.1.5 Pronostic

Le pronostic pour l'anxiété et les troubles connexes dépend des facteurs spécifiques du trouble, du client et du clinicien. Les clients traités pour un trouble panique avec ou sans agoraphobie sont habituellement considérés comme étant atteints de troubles chroniques. Les études de suivi indiquent que, 6 à 10 ans après le traitement, 30 % des clients semblent guéris, tandis que 40 % à 50 % se sentent mieux, mais éprouvent encore certains symptômes ; l'état des 20 % à 30 % qui restent est inchangé ou s'est légèrement dégradé (APA, 1994).

Les phobies spécifiques qui persistent dans l'âge adulte ne se guérissent généralement pas. La phobie sociale évolue de manière souvent continue, apparaissant ou réapparaissant à la suite d'expériences stressantes ou humiliantes. Le pronostic du trouble obsessionnel-compulsif est similaire à celui des autres troubles anxieux, avec des symptômes s'exacerbant et déclinant en fonction des agents stressants. Toutefois, 15 % des clients présentent une détérioration chronique de leur état, compromettant progressivement leur fonctionnement social et professionnel.

Concernant l'état de stress post-traumatique, le pronostic dépend directement de la fréquence à laquelle l'individu est soumis à l'événement stressant, mais aussi de son fonctionnement prémorbide et de son réseau de soutien. Les personnes souffrant de stress aigu se rétablissent en moins de quatre semaines, faute de quoi le diagnostic devient celui d'un ESPT. Environ la moitié des individus ayant fait l'objet d'un diagnostic d'ESPT se rétablissent en trois mois ; l'autre moitié continue à éprouver des symptômes persistants pendant plus d'un an après le traumatisme.

Les troubles somatoformes, à l'exception du trouble de conversion, sont chroniques et fluctuants, se concluant rarement par une rémission complète. Les troubles de conversion s'estompent généralement après deux semaines ; toutefois, on observe des rechutes dans 20 % à 25 % des cas. Un bon pronostic repose sur les facteurs suivants : des agents stressants reconnaissables au moment où les symptômes apparaissent, un traitement précoce, et une intelligence au-dessus de la moyenne.

Les troubles dissociatifs conduisent à des pronostics variés, allant d'une guérison rapide et complète (cas de fugue) à un état chronique épisodique ou continu (cas de trouble dissociatif de l'identité). Le trouble dissociatif de l'identité réapparaît fréquemment en cas de stress ou d'une rechute due à l'abus d'alcool ou de drogues (APA, 1996 ; APA, 2000).

9.1.6 Critères d'évolution positive

Le client sera en mesure :
- de reconnaître les situations et les événements qui déclenchent l'anxiété et de prendre des mesures pour prévenir ces situations ou pour y faire face ;
- de reconnaître les manifestations et les niveaux de l'anxiété ;

ASPECT PHYSIQUE

- Tension musculaire
- Perturbation du sommeil

Maria est une mère de famille de 54 ans. Elle est si inquiète qu'elle doit parfois consulter des médecins pour des maux qui sont causés par la peur : difficultés à digérer, insomnie.

ASPECT PSYCHOLOGIQUE

- Anxiété et soucis excessifs
- Difficulté à se concentrer
- Irritabilité

Maria a une vision très sombre de la vie. En toutes circonstances, elle appréhende les pires catastrophes. Si ses habitudes sont perturbées, elle perd complètement le sommeil et passe des heures à échafauder des scénarios dramatiques.

ASPECT SOCIAL

- Inquiétude excessive à propos des proches

Maria a l'impression que ses fils adolescents sont particulièrement menacés. Elle les met en garde contre les dangers de la vie. Si l'un d'entre eux rentre tard, Maria vit une soirée éprouvante à attendre un appel de la police ou de la morgue.

DIMENSION SPIRITUELLE

- Capacité limitée à prendre des risques et à s'engager dans des projets

Maria aimerait aller voir sa famille qui vit aux Açores et déposer des fleurs sur la tombe de ses parents, mais sa peur de l'avion est telle qu'elle renonce à cet important voyage. Sa vision du monde est fataliste et résignée. Si elle sort de chez elle, elle doit sentir qu'absolument tout est prévu.

SCHÉMA DES 4 DIMENSIONS Trouble d'anxiété généralisée

- d'établir un lien entre les situations ou les événements provoquant l'anxiété et les manifestations de l'anxiété elles-mêmes ;
- d'examiner sereinement les comportements permettant de soulager l'anxiété ;
- d'identifier les techniques et les stratégies d'adaptation permettant de soulager l'anxiété ;
- d'adopter un comportement présentant moins de manifestations d'anxiété ;
- d'avoir recours aux stratégies apprises pour réduire l'anxiété ;
- de montrer qu'il peut résoudre les problèmes, se concentrer et prendre des décisions ;
- d'exprimer le fait d'être décontracté ;
- de dormir toute la nuit ;
- de recourir au soutien du personnel infirmier et médical, de la famille et des amis ;
- de reconnaître l'inévitabilité de l'apparition de l'anxiété ;
- de concevoir qu'il peut tolérer des niveaux d'anxiété gérables ;
- de solliciter l'aide appropriée lorsque l'anxiété n'est pas gérable ;
- de continuer à maîtriser l'anxiété, notamment par la prise de médicaments et par une thérapie.

9.2 DÉMARCHE DE SOINS INFIRMIERS

9.2.1 Collecte de données

De nouvelles modalités de traitement ont considérablement amélioré la qualité de vie et le degré de participation aux activités des personnes souffrant de troubles anxieux. Les infirmières sont désormais préparées à rencontrer des clients souffrant de troubles psychiatriques hors des établissements psychiatriques conventionnels. Il est important pour toutes les infirmières de reconnaître les manifestations dysfonctionnelles de l'anxiété afin de commencer rapidement le traitement.

Les cas de troubles paniques s'observent essentiellement dans un contexte ambulatoire. Le client souffrant d'agoraphobie peut être remarqué par l'infirmière au moment de la préparation pour un examen diagnostique, comme une tomodensitométrie ou une imagerie par résonance magnétique (IRM). Le client qui devient anxieux à la perspective d'entrer dans un espace confiné, au moment où l'infirmière décrit la procédure et les équipements, est susceptible d'être agoraphobe.

La plupart du temps, ce ne sont pas les symptômes d'anxiété qui amènent le client à consulter. L'anxiété, par définition, est un sentiment d'inconfort vague, imprécis. Les infirmières qui font appel à un outil de collecte de données abordant chaque type de réactions humaines obtiennent des signaux en provenance du client souffrant d'anxiété qui indiquent la nécessité d'une collecte de données plus poussée. Les lignes directrices d'une collecte de données détaillée sont énumérées dans l'encadré 9.5 ; elles sont adaptables à toute pratique. Si poser une série de questions pendant une « entrevue d'admission » peut s'avérer une tâche fastidieuse pour l'infirmière et, par conséquent, une épreuve pour le client, avec l'expérience, l'infirmière intègrera la collecte de données au processus continu de la démarche de soins infirmiers. Ainsi, l'observation des types de réactions humaines est réalisée à travers une interaction client-infirmière moins menaçante.

➡ 9.2.2 Diagnostic infirmier

Afin de déterminer quel diagnostic infirmier s'appliquera le plus efficacement au traitement des clients souffrant d'anxiété ou de troubles connexes, l'infirmière s'appuie sur les informations obtenues durant la collecte de données. Elle identifie les caractéristiques liées au diagnostic ciblé chez le client et, avec l'aide de ce dernier, discerne les facteurs étiologiques qui influencent le choix de l'intervention. Il est impossible d'anticiper tous les diagnostics potentiels de chacun des troubles abordés dans ce chapitre. Les diagnostics habituels des clients souffrant d'anxiété et de troubles connexes sont énumérés dans l'encadré 9.6.

➡ 9.2.3 Résultats escomptés

Les critères de résultats diffèrent en fonction des caractéristiques qui définissent le diagnostic infirmier et les diagnostics en collaboration (DSM-IV) de chaque client (voir encadré 9.7). Le fait de déterminer les résultats avant l'exécution du plan de soins guidera à la fois les interventions infirmières et l'évaluation. En pratique, on détermine généralement les résultats de soins infirmiers en fonction des manifestations cliniques présentées par le client.

Résultats escomptés concernant le trouble d'anxiété généralisée

Le client :

- montre une diminution significative du nombre de manifestations physiologiques, cognitives, comportementales et émotionnelles de l'anxiété ;
- utilise des stratégies d'adaptation efficaces ;
- manifeste une capacité accrue à prendre des décisions et à résoudre les problèmes ;
- prouve sa capacité à fonctionner de façon adaptée en étant soumis à des états anxieux légers.

Résultats escomptés concernant le trouble obsessionnel-compulsif

Le client :

- participe activement aux stratégies apprises pour faire face à l'anxiété et réduire les comportements obsessionnels-compulsifs ;
- manifeste une maîtrise de soi accrue en ce qui a trait aux pensées envahissantes et aux comportements rituels ;
- prouve sa capacité à s'adapter efficacement lorsque la rumination ou les rites sont interrompus ;
- passe moins de temps à pratiquer des activités anxiogènes et utilise ce temps à accomplir les activités de la vie quotidienne et à participer aux activités sociales ou de loisirs ;
- surmonte avec succès les périodes de stress accru en reconnaissant que les pensées, pulsions et images sont involontaires, réduisant l'anxiété liée au sentiment de culpabilité.

Résultats escomptés concernant l'état de stress post-traumatique

Le client :

- manifeste de l'intérêt pour sa sécurité personnelle en commençant à verbaliser ses inquiétudes ;
- participe activement aux réunions du groupe de soutien ;
- connaît et sollicite un bon réseau de soutien ;
- prend ses propres décisions pour répondre à ses besoins de santé ;
- utilise des stratégies d'adaptation aux manifestations d'anxiété, comme les techniques de respiration, les exercices d'autorelaxation progressive, la substitution de pensées, d'images et de souvenirs réduisant les manifestations d'anxiété et renforçant les comportements d'affirmation de soi.

Résultats escomptés concernant le trouble de somatisation

Le client :

- augmente son activité physique jusqu'à marcher 1 km à pied, 4 fois par semaine ;
- décrit avec précision les conséquences potentielles de la dépendance aux laxatifs ;
- consulte une diététicienne afin d'analyser ses habitudes alimentaires ;
- tient un registre de son alimentation afin de faire le suivi de ses apports en fibres et en liquide.

Résultats escomptés concernant le trouble dissociatif de l'identité

Le client :

- répond aux membres de l'équipe soignante lorsque ceux-ci l'appellent par son prénom ;
- fait référence à lui-même à la première personne du singulier : « Je pense » ;

Lignes directrices de la collecte de données infirmières concernant les types de réactions humaines

Échanger : type de réaction humaine impliquant le fait de donner et de recevoir.

Déterminer les habitudes d'alimentation et d'élimination. Les clients souffrant de troubles anxieux et de troubles de somatisation éprouvent fréquemment des troubles de l'appétit et des maux gastro-intestinaux, parmi lesquels les gaz, la constipation et la diarrhée. La pollakiurie est un autre de ces symptômes connexes.

Communiquer : type de réaction humaine impliquant le fait de transmettre des messages.

Surveiller les tics, le bégaiement ou d'autres modèles inhabituels de discours. Noter si le client maintient ou non un contact visuel tout au long de l'entrevue, et s'il y a des signes quelconques de bouffées de chaleur. Il existe une comorbidité entre le syndrome de Gilles de la Tourette et le trouble obsessionnel-compulsif ; les bouffées de chaleur et les difficultés du client à communiquer avec ceux qui, à ses yeux, détiennent l'autorité sont courantes dans les phobies sociales.

Établir une relation : type de réaction humaine impliquant le fait de créer des liens.

En établissant le passé social, être particulièrement attentive à l'affect du client lorsque celui-ci décrit les rôles et les problèmes qui y sont liés, incluant la profession, les problèmes financiers et le rôle tenu au foyer. Mesurer la satisfaction du client concernant son rôle et noter ce qui y contribue. Remarquer si le client se présente seul à son rendez-vous avec le personnel soignant. Si le client est accompagné, quelle est la nature du lien entre le client et cette personne ? Les clients exerçant plusieurs rôles courent le risque d'une tension due au rôle, qui se caractérise souvent par des symptômes d'anxiété. Dans le cas contraire, si l'individu décrit une existence isolée, s'enquérir délicatement des facteurs susceptibles de contribuer à cet isolement. Les clients souffrant d'un trouble obsessionnel-compulsif sévère sont isolés, en partie parce que le temps qu'ils consacrent aux rites entrave leur fonctionnement social et professionnel. Les clients souffrant du trouble dissociatif de l'identité éprouvent également des difficultés au niveau du fonctionnement des rôles, ou alors une de leurs personnalités peut être inapte à jouer son rôle. Des inquiétudes chroniques concernant les enfants et les parents, caractéristiques déterminantes des troubles anxieux, peuvent aussi s'exprimer au moyen de ce modèle.

Accorder une valeur : type de réaction humaine impliquant le fait d'attribuer une valeur relative.

Se renseigner à propos de l'environnement culturel et des valeurs du client. Être particulièrement attentive lorsque l'on recueille les données d'un client ayant une expérience culturelle différente de la sienne. Qui plus est, selon les différents syndromes culturels liés à l'anxiété, à la somatisation et aux troubles dissociatifs, les clients peuvent manifester des comportements et des modèles cognitifs considérés comme étant adaptés et syntones dans une culture, mais classés comme pathologiques dans une autre.

Choisir : type de réaction humaine impliquant le fait de prendre une décision.

Évaluer les méthodes habituelles auxquelles le client a recours lorsqu'il fait face aux agents stressants. L'individu fait-il partie d'une unité familiale ? Comment sa famille fait-elle face au changement ? L'individu a-t-il recours à l'alcool pour pouvoir affronter les situations stressantes ou les apparitions en public ? On diagnostique souvent la phobie sociale après avoir détecté un trouble lié à l'utilisation inadéquate d'une substance. Quelle est la méthode habituelle du client pour prendre une décision ? L'individu suit-il d'habitude les recommandations ? À quelles stratégies fait-il appel pour augmenter les chances de succès ?

Les clients souffrant du trouble obsessionnel-compulsif éprouvent, la plupart du temps, des difficultés dans ce modèle. La pensée obsessionnelle et les comportements rituels se développent pour s'adapter aux menaces perçues (cela peut aller des pensées dérangeantes aux réactions motrices d'adaptation qui se généralisent). Si l'on suspecte des symptômes de trouble obsessionnel-compulsif, demander clairement au client s'il existe des tâches qu'il doit effectuer d'une certaine manière et si une interruption dans l'exécution de ces tâches engendre un certain niveau de stress chez lui. Les clients souffrant d'autres troubles anxieux, plus particulièrement du trouble anxieux généralisée, éprouvent souvent des difficultés à s'adapter et à faire des choix, craignant de prendre la mauvaise décision.

Se mouvoir : type de réaction humaine impliquant l'activité.

En se renseignant sur les antécédents de maladies physiques de l'individu, ne pas oublier de demander si des épisodes de dysfonction motrice ont eu lieu ; ceux-ci peuvent faire soupçonner la présence de symptômes de conversion. Si le client indique une blessure traumatique passée, s'informer sur les circonstances de ce traumatisme. Bien que l'état de stress post-traumatique survienne à la suite d'une situation de combat, d'un abus sexuel ou d'un désastre, il peut également être provoqué par des événements moins dramatiques, comme un accident automobile, ou être lié à un chagrin ou à un deuil. Des questions se rapportant aux voyages, aux activités sportives et aux loisirs peuvent fournir des éléments suggérant la présence de symptômes agoraphobes.

Percevoir : type de réaction humaine impliquant la réception d'informations.

Connaître : type de réaction humaine impliquant la compréhension d'informations.

Ces deux modèles réunis composent l'examen traditionnel de l'état mental, qui était jadis un examen essentiel pour les infirmières psychiatriques. Les questions d'orientation et de mémoire sont capitales pour déceler l'anxiété, la somatisation, et les troubles dissociatifs. Être attentive aux signes d'hésitation dans les réponses aux questions sur les antécédents de l'individu, susceptibles d'indiquer des périodes de dissociation. Écouter attentivement lorsque le client décrit un traitement médical antérieur pour un ensemble de maladies pouvant suggérer un trouble de somatisation. Au moment de poser des questions sur la perception de soi et le concept de soi, être attentive aux réponses trahissant une image négative du corps. Les clients souffrant de peur d'une dysmorphie corporelle recherchent, s'ils en ont la possibilité, du réconfort sur une imperfection ressentie.

Ressentir : type de réaction humaine impliquant une prise de conscience subjective de l'information.

Poser des questions directes concernant la douleur et les peurs. Il est plus facile pour l'infirmière de déterminer les symptômes d'anxiété lorsque le client est orienté sur la piste des phénomènes réels (p. ex. « Vos muscles sont-ils parfois tendus, votre bouche est-elle sèche, transpirez-vous beaucoup – particulièrement quand vous vous attendez à quelque chose de désagréable ? » « Éprouvez-vous plus de difficulté à vous concentrer dernièrement ? », « Avez-vous déjà ressenti ces sentiments, soudainement et sans raison ? »). La reconnaissance de plusieurs des caractéristiques de l'attaque de panique garantit une évaluation plus approfondie concernant le trouble panique et l'agoraphobie. Étudier les expériences de honte et de culpabilité pour obtenir d'éventuels signes de phobie sociale.

NOTE : les différentes définitions des types de réaction humaine sont extraites de *Diagnostics infirmiers : guide pour le plan de soins* (4e édition).

Diagnostic infirmier ENCADRÉ 9.6

Anxiété et troubles connexes

- Alimentation déficiente
- Alimentation excessive
- Anxiété
- Conflit décisionnel (à préciser)
- Connaissances insuffisantes (à préciser)
- Déficit de soins personnels (à préciser)
- Détresse spirituelle
- Diminution situationnelle de l'estime de soi
- Douleur chronique
- Dynamique familiale perturbée
- Dysfonctionnement sexuel
- Exercice du rôle perturbé
- Fatigue
- Habitudes de sommeil perturbées
- Image corporelle perturbée
- Inadaptation à un changement dans l'état de santé
- Interactions sociales perturbées
- Intolérance à l'activité
- Isolement social
- Mobilité physique réduite
- Non-observance (à préciser)
- Opérations de la pensée perturbées
- Perte d'espoir
- Peur
- Risque d'atteinte à l'intégrité de la peau
- Risque d'automutilation
- Risque de violence envers les autres
- Risque de violence envers soi
- Sentiment d'impuissance
- Stratégies d'adaptation inefficaces
- Syndrome d'inadaptation à un changement de milieu
- Syndrome du traumatisme de viol : réaction mixte
- Syndrome du traumatisme de viol : réaction silencieuse
- Syndrome post-traumatique
- Trouble de la perception sensorielle (à préciser : visuelle, auditive, kinesthésique, gustative, tactile, olfactive)

- reconnaît les périodes d'anxiété élevée ;
- informe les autres de son mécontentement d'une manière non menaçante ;
- a recours à des comportements d'affirmation de soi pour satisfaire ses besoins.

→ 9.2.4 Planification

Dans le contexte actuel des soins de santé, la planification du traitement relatif à un client souffrant d'anxiété et de troubles connexes est complexe et variée. Les clients souffrant d'un trouble obsessionnel-compulsif sévère étaient jusqu'ici hospitalisés pour suivre un programme structuré de thérapie comportementale. Le traitement relatif au trouble dissociatif de l'identité s'effectuait également au sein d'unités de soins spécialisées, dans le cadre d'une hospitalisation prolongée.

 Diagnostics en collaboration ENCADRÉ 9.7

Diagnostics du DSM-IV*	Diagnostics de l'ANADI†
• Trouble dissociatif de l'identité	• Identité personnelle perturbée
	• Exercice du rôle perturbé
• Trouble d'anxiété généralisée	• Anxiété
	• Stratégies d'adaptation inefficaces
• Trouble obsessionnel-compulsif	• Interactions sociales perturbées
	• Isolement social
	• Risque de violence envers soi
• État de stress post-traumatique	• Syndrome post-traumatique
	• Syndrome du traumatisme de viol
• Trouble de somatisation	• Pseudo-constipation

* Tiré du *DSM-IV, Manuel diagnostique et statistique des troubles mentaux*, Paris, Masson, 1996.
† Reproduit avec la permission de la NORTH AMERICAN NURSING DIAGNOSIS ASSOCIATION. *Diagnostics infirmiers : Définitions et classification*, 2001-2002, Paris, Masson, 2002.

Aujourd'hui, on réserve de plus en plus les hospitalisations aux clients qui présentent un danger imminent pour eux-mêmes ou pour autrui. Les infirmières exercent de moins en moins leur rôle traditionnel se limitant à prodiguer des soins directs aux clients hospitalisés, et doivent s'impliquer davantage en tant que responsables de la prise en charge. Elles doivent, par exemple, désormais fournir des informations au client et à sa famille sur les options de traitement.

→ 9.2.5 Exécution

Le rôle d'une infirmière dans l'exécution du plan de soins d'un client souffrant d'anxiété ou de troubles connexes dépend du contexte du traitement. Les interventions suivantes sont utiles pour les clients aux prises avec des manifestations d'anxiété, indépendamment du diagnostic ou du cadre du traitement. Les situations spécifiques auxquelles les infirmières communautaires peuvent faire face sont énumérées dans l'encadré 9.8.

Interventions de soins infirmiers

1. Évaluer son propre niveau d'anxiété et faire un effort conscient pour rester calme. *L'anxiété se communique facilement d'un individu à un autre, en particulier dans le contexte qui nous occupe* ;
2. Reconnaître dans les comportements d'apaisement utilisés par le client (faire les cent pas, se tordre les mains) des indicateurs d'anxiété, et ce, *afin d'intervenir rapidement pour maîtriser l'anxiété et prévenir l'escalade des manifestations* ;

3. Informer le client de l'importance de réduire sa consommation de caféine, de nicotine, et des autres stimulants du système nerveux central, pour *prévenir ou réduire les manifestations physiques de l'anxiété, comme un rythme cardiaque élevé et un état de grande nervosité;*

4. Enseigner au client comment différencier l'anxiété rattachée à des objets ou à des sources identifiables (maladie, pronostic, hospitalisation, agents stressants connus) de l'anxiété pour laquelle il n'existe pas d'objet ni de source directement reconnaissable. *La connaissance de l'anxiété et de ses composantes connexes favorise, chez le client, la maîtrise de son trouble;*

5. Renseigner le client sur les stratégies de réduction de l'anxiété suivantes:
   – technique d'autorelaxation progressive,
   – exercices de respirations profondes,
   – concentration sur un unique objet situé dans la pièce,
   – écoute de musique douce ou de cassettes de relaxation,
   – imagerie visuelle.
   Les stratégies aident à réduire l'anxiété de différentes façons et distraient le client, en l'empêchant de se concentrer exclusivement sur son anxiété;

6. Aider le client à se constituer des méthodes d'adaptation éprouvées permettant de maîtriser les manifestations de l'anxiété. *Les méthodes d'adaptation couronnées de succès dans le passé sont généralement efficaces pour les situations subséquentes;*

7. Aider le client à repérer les personnes-ressources pouvant l'aider à accomplir des tâches personnelles et des activités que les circonstances actuelles (comme l'hospitalisation) rendent difficiles. *Un solide réseau de soutien peut aider à surmonter les situations ou mener à bien les activités provoquant l'anxiété;*

8. Aider le client à maîtriser les sentiments accablants et les pulsions, grâce à des interactions verbales brèves et directives. *Des interactions individuelles selon une fréquence appropriée peuvent aider à réduire ou à maîtriser les sentiments d'anxiété et les pulsions du client;*

9. Aider le client à organiser son environnement afin de le rendre plus tranquille. *Un environnement faiblement stimulant crée une atmosphère calme, engendrant une moindre dose de stress, ce qui réduit l'anxiété;*

10. Discerner la présence et la gravité de pulsions dépressives et suicidaires chez tous les clients souffrant d'anxiété et de troubles connexes *afin d'éviter les blessures volontaires et d'intervenir tôt pour soigner la dépression;*

11. Avoir recours aux **anxiolytiques** comme mesure la moins restrictive pour réduire l'anxiété. Si besoin est, *un médicament approprié peut accompagner les autres interventions thérapeutiques psychosociales pour gérer le stress.*

Interventions spécifiques liées au TOC*

1. Éviter de juger ou de désapprouver le comportement de la personne soignée;
2. Éviter la confrontation face au comportement rituel;

3. Ne pas exercer de pressions pour changer le comportement rituel;
4. Permettre le rituel sans faire de remarques désobligeantes ou tenter de le faire cesser;
5. Prévoir suffisamment de temps pour terminer les rituels;
6. Aider la personne soignée à établir un emploi du temps pour ses activités quotidiennes et à s'engager dans des activités constructives;
7. Éviter d'introduire trop de changements dans les habitudes quotidiennes;
8. Donner du soutien à la personne soignée pour terminer ses activités, particulièrement celles qui sont nouvelles;
9. Rassurer la personne soignée et l'aider à vivre des moments de relaxation et de plaisir;
10. Aider la personne soignée à identifier les moyens de faire face à son anxiété et aux pensées répétitives qui en découlent;
11. Donner de la rétroaction à la personne soignée à propos de l'expression de l'obsession, et l'aider à parler ouvertement de sa signification;
12. Apprendre à la personne soignée différentes façons de faire face aux conséquences de ses comportements rituels;
13. Apprendre à la personne soignée des techniques pour empêcher les pensées indésirables;
14. Apprendre à la personne soignée à se récompenser pour tout comportement non rituel.

Modalités de traitement supplémentaires

Interventions biologiques

Les interventions pharmacologiques, seules ou combinées à des interventions cognitivo-comportementales, sont parmi les traitements les plus efficaces contre l'anxiété et les troubles connexes. Depuis le début des années 1960, on a largement utilisé les benzodiazépines dans le traitement des troubles anxieux. Ils présentent peu de risques et sont efficaces pour maîtriser, à court terme, les symptômes débilitants de l'anxiété. Le traitement à long terme soulève, quant à lui, les problème d'accoutumance et de dépendance.

Les antidépresseurs tricycliques, les inhibiteurs de la monoamine-oxydase et les benzodiazépines ont prouvé leur efficacité dans le traitement du trouble panique et du TOC. Plus récemment, cependant, par suite d'essais cliniques en double aveugle, on utilise largement les inhibiteurs sélectifs du recaptage de la sérotonine et la venlafaxine (Effexor) pour traiter les troubles anxieux. Ils sont particulièrement efficaces pour traiter le TAG, le TOC et le trouble panique.

---

* Adapté de G.K. Mc Farland, E.L. Wasli et E.A. Gerety. *Diagnostics infirmiers et démarche de soins en santé mentale*, Paris, InterEditions, 1996.

SOINS INFIRMIERS DANS LE MILIEU DE VIE

Anxiété et troubles connexes

Les troubles anxieux se présentent rarement sous leur forme la plus pure. Les clients, qu'ils demandent de l'aide ou qu'ils restent chez eux dans un état d'extrême anxiété, réagissent d'habitude à une crise situationnelle d'origine physique ou psychologique. Une brève intervention (réconfort ou réorientation face à l'environnement) leur est parfois bénéfique.

Les adultes âgés sont susceptibles de devenir extrêmement anxieux face à certains maux somatiques, cette anxiété pouvant aller de simples inquiétudes à propos de la constipation jusqu'à la sensation d'avoir une crise cardiaque. Même si les infirmières en santé mentale ont considéré toutes les demandes d'un client, il est primordial d'examiner médicalement le risque de maladie réelle avant de tenter une intervention psychiatrique. Une fois ce risque exclu, les personnes anxieuses réagiront normalement à des interventions cognitives ou à une médication, ou encore aux deux simultanément. Elles peuvent profiter, en outre, de l'attention d'un réseau de soutien communautaire, comme la famille, ou de celle de l'infirmière visiteuse ou d'un travailleur social.

Le client âgé souffrant de démence évolutive manifeste également une anxiété ou une paranoïa accrues en raison de l'état de confusion même qui caractérise la maladie. Dans certains cas, on doit prescrire des antipsychotiques ou des anxiolytiques et surveiller attentivement le client pour détecter les signes d'hypotension, et tenir compte du risque accru de chute.

Un client souffrant d'un trouble mental chronique, comme la schizophrénie paranoïde, est susceptible de rechercher régulièrement du réconfort auprès de l'infirmière. De la gentillesse et quelques suggestions en vue de réduire le stress seront généralement suffisantes pour ramener le client à une attention normale ; une modification de la médication peut également être indiquée.

De temps à autre, l'infirmière sera en contact avec une personne souffrant d'anxiété sévère tendant vers la panique, tout en étant incapable d'identifier l'agent stressant. Les activités quotidiennes sont gravement perturbées, et un membre de la famille ou un ami se doit d'intervenir en cherchant de l'aide ou en amenant le client dans un centre de soins. Ces clients peuvent réagir aux anxiolytiques, mais ne sont généralement pas en mesure de suivre une thérapie cognitive. Ils continueront d'éprouver une appréhension accablante, malgré le réconfort apporté.

Il est essentiel de reconnaître l'irrationalité des sensations du client et de rester calme jusqu'à ce que les médicaments appropriés agissent pour diminuer l'activité pathologique du cerveau et permettre le rétablissement des systèmes de réponse fonctionnels. Il ne faut pas s'attendre à des réponses de la part du client ; on peut, si la situation le permet, les obtenir d'un proche. Pendant que le client se calme, l'infirmière peut établir une relation thérapeutique avec ce proche, et lui demander de fournir les informations manquantes dans les antécédents.

Si l'intensité de l'anxiété ne peut être atténuée, dans un délai raisonnable, par la dose normale de médicament, l'infirmière travaillant dans le milieu de vie doit envisager d'hospitaliser le client. L'hospitalisation soulagera celui-ci des pressions familiales et des tâches quotidiennes jusqu'à ce que son fonctionnement normal soit rétabli. L'hôpital offre un environnement sûr et peu stressant au sein duquel pourront être suggérées des stratégies d'adaptation efficaces.

Bien qu'on ait utilisé d'autres antidépresseurs tricycliques pour traiter le TOC, des médicaments plus récents, tels la clomipramine (Anafranil), la fluoxétine (Prozac), la paroxétine (Paxil), la sertraline (Zoloft) et la fluvoxamine (Luvox), ont montré une efficacité considérable dans le traitement du TOC. La posologie indiquée pour permettre aux antidépresseurs de contrer les symptômes du TOC peut être supérieure à celle préconisée pour la dépression.

Le traitement pharmacologique de l'ESPT et du trouble dissociatif de l'identité est en grande partie symptomatique. On a recours à différentes combinaisons d'antidépresseurs, d'antipsychotiques et, dans une moindre mesure, de benzodiazépines. On évite généralement les médicaments dans le traitement des troubles somatoformes, à moins que des signes d'anxiété et de dépression ne se manifestent. (Pour des informations plus précises concernant la posologie et les effets secondaires, voir chapitre 20.)

Électroconvulsothérapie

Les électrochocs sont prescrits surtout pour les patients dépressifs et pour les patients maniaco-dépressifs en phase dépressive. Toutefois, ils peuvent être employés pour traiter le TOC lorsque d'autres traitements comportent un risque trop élevé ou ont échoué. Par exemple, l'électroconvulsothérapie constitue un traitement alternatif approprié pour les clients qui, souffrant du TOC, ne réagissent que partiellement à la clomipramine et sont suicidaires. Le mécanisme d'action des électrochocs reste obscur, mais on croit qu'ils améliorent la transmission de la dopamine, de la norépinéphrine et de la sérotonine, et qu'ils libèrent les hormones de l'hypothalamus et de l'hypophyse (Keltner et Folks, 1997).

Psychothérapie

L'intervention psychothérapeutique peut avoir lieu dans un cadre individuel ou en groupe. Un des avantages de la thérapie de groupe est la possibilité, pour le client, de tirer des leçons des succès et des échecs d'autres personnes souffrant de symptômes comparables aux siens. Les thérapies comportementale et cognitivo-comportementale ont prouvé leur efficacité dans divers troubles anxieux.

Thérapie comportementale

Les traitements comportementaux, dont la désensibilisation systématique, sont parmi les plus efficaces pour traiter le trouble panique avec agoraphobie. Tout d'abord, le stimulus phobique est déterminé. On aide les clients à établir une hiérarchie au sein du stimulus phobique. Le thérapeute expose alors le client à des événements hiérarchisés qui augmentent le degré d'anxiété du client. À mesure que le client et le thérapeute progressent dans la hiérarchie, le client acquiert graduellement une maîtrise des niveaux accrus d'anxiété, et ce, jusqu'à la découverte du stimulus phobique (voir chapitre 3).

Thérapie cognitivo-comportementale

La thérapie cognitivo-comportementale est largement employée dans le traitement des troubles anxieux. Cette approche repose sur la compréhension, par le client, du fait que les symptômes sont des réactions acquises aux pensées ou aux sentiments liés à des gestes de la vie quotidienne. Le client et le thérapeute repèrent les manifestations en question, puis étudient les circonstances associées à ces manifestations. Ils conçoivent ensemble des stratégies qui permettront de changer soit les cognitions, soit les comportements. La thérapie cognitivo-comportementale est à envisager dans les traitements à court terme et exige une participation active de la part du client comme de celle du thérapeute.

Dans l'approche cognitivo-comportementale, plutôt que d'écouter passivement, il est préférable d'utiliser le questionnement socratique caractéristique de l'approche cognitive. Les intervenants remettent en cause, spontanément, sans préparation particulière, les idées qui leur semblent non conformes à la réalité. Dans le cas de l'anxiété, l'évaluation minimale consiste à poser les quatre séries de questions suivantes (Maltais, 2002) :

- quel est le danger qui vous menace ? Est-il bien réel ? Il est important de faire préciser le danger réel, qui est souvent flou chez la personne anxieuse. Bien souvent, exprimer quel serait le pire danger possible suffit à faire comprendre au client l'absence de réalisme de ses pensées et diminue instantanément son malaise. Pour plus de réalisme, on peut faire évaluer, sur une échelle de 1 à 10, la probabilité que le danger précédemment formulé prenne forme ou non ;
- si ce danger se présentait, quelles en seraient les conséquences ? Pouvez-vous les évaluer ? Seraient-elles catastrophiques ou seulement désagréables ? L'intervenant cherche à dédramatiser en ramenant le danger à des proportions plus réalistes ;
- est-il possible et approprié d'éviter, de contenir ou de maîtriser ce danger ? Comment pouvez-vous faire face, et avec quels outils ?
- vaut-il mieux affronter ce danger ? S'il est possible d'éviter un danger, il est quelquefois préférable de lui faire face, pour surmonter définitivement une difficulté. « C'est dans l'action qu'on se mesure », dit la maxime. Cela signifie que, si les plus beaux scénarios

– ou les pires – sont toujours possibles dans l'imaginaire, l'action permet de mesurer avec réalisme les mécanismes de défense de la personne anxieuse. Plus le risque est accepté, plus la dramatisation disparaît, l'anxiété étant ramenée à des proportions tolérables.

Le processus thérapeutique des troubles anxieux, incluant le trouble obsessionnel-compulsif et la phobie sociale, s'accomplit en 13 étapes décrites par Marchand et Brillon (1995) : 1) alliance thérapeutique ; 2) évaluation des facteurs déclenchants ; 3) description des étapes de la thérapie cognitive ; 4) dédramatisation des divers symptômes ; 5) distinction entre certaines pensées automatiques et les symptômes anxieux ; 6) recensement des cognitions et des pensées automatiques dysfonctionnelles ; 7) mise en évidence des schémas de base inadéquats ; 8) examen de la validité et de la pertinence des cognitions erronées ; 9) correction des pensées dysfonctionnelles par des pensées plus fonctionnelles ; 10) renforcement des stratégies cognitives et comportementales pour consolider les acquis ; 11) renforcement de l'adaptation au changement tout au long de la session ; 12) planification des stratégies de prévention de la rechute ; 13) première application des stratégies pour amener la fin de la thérapie.

Selon Ladouceur, Fontaine et Cottraux (1992), les traitements cognitivo-comportementaux sont maintenant destinés à traiter l'ensemble du syndrome de panique avec agoraphobie. Les thérapies se déroulent en milieu ambulatoire. Après avoir instauré un climat de confiance, le thérapeute exposera le problème en précisant les relations entre l'hyperventilation, l'accélération cardiaque et les symptômes physiques et psychiques de l'anxiété, de manière à dédramatiser le trouble. Il aidera le client à comprendre son problème à travers l'analyse fonctionnelle et à maîtriser ses attaques de panique. Pour maîtriser les attaques de panique, Cottraux (2001) propose des techniques comme la régularisation respiratoire, le modèle de l'hyperventilation volontaire suivie d'un contrôle rapide par la remise en place du ralentissement respiratoire, les techniques vagales par la sollicitation du réflexe baro-sinusien de Valsalva répété une dizaine de fois pour diminuer le rythme cardiaque, l'exposition en imagination ou l'exposition *in vivo* qui permettront de maîtriser les attaques de panique et, finalement, les techniques cognitives, qui tenteront de déceler les pensées automatiques liées au danger et de les corriger afin de réduire l'anxiété agoraphobique.

Parmi les modalités de traitement et les interventions en collaboration supplémentaires figure la consultation d'ergothérapeutes, de conseillers en réadaptation professionnelle et de psychologues, en fonction du traitement particulier que nécessite le client.

➡ 9.2.6 Évaluation

L'obtention de résultats mesurables constitue la principale difficulté dans l'application de la démarche de soins infirmiers aux soins infirmiers psychiatriques, particulièrement en ce qui concerne les soins infirmiers des clients souffrant d'anxiété et de troubles connexes. Les critères de résultats appliqués aux clients présentant des diagnostics infirmiers extrêmement concrets, comme l'hyperthermie, le débit cardiaque diminué, ou même les opérations de la pensée perturbées par des hallucinations auditives, paraissent évidents et simples si on les compare aux critères à appliquer au concept plus vague de l'anxiété. Heureusement, il existe un grand nombre d'outils pouvant fournir des informations fiables sur les troubles liés à l'anxiété. Bien qu'elles n'aient pas été spécifiquement élaborées pour les infirmières, les échelles d'évaluation clinique fournissent une méthode permettant de mesurer les changements des symptômes sur une période donnée. Ces changements peuvent être le fruit d'interventions particulières (comme l'institution d'un programme comportemental ou un changement de la médication). Les deux échelles d'évaluation communément utilisées par les psychiatres auprès de clients manifestant des troubles anxieux sont l'échelle obsessionnelle-compulsive Yale-Brown (voir figure 9.1) et l'échelle d'anxiété d'Hamilton.

Idéalement, l'infirmière doit évaluer les progrès du client par rapport aux résultats escomptés durant chacune de ses interactions avec ce dernier. S'il ne réalise pas des progrès satisfaisants, l'infirmière modifiera alors le plan de prévision des résultats ou de ses interventions. L'infirmière étudie tous les facteurs liés aux résultats, en tenant compte

de son propre rôle dans l'établissement des attentes, dans la communication claire des objectifs au client, ainsi que dans les autres aspects de l'intervention susceptibles d'avoir eu un effet depuis la détermination des résultats escomptés.

1. Temps perdu à cause des obsessions	0 à 4
2. Interférence causée par les obsessions	0 à 4
3. Détresse associée aux obsessions	0 à 4
4. Résistance aux obsessions	0 à 4
5. Degré de contrôle sur les obsessions	0 à 4
Sous-total des obsessions	0 à 20
1. Temps perdu à cause des compulsions	0 à 4
2. Interférence causée par les compulsions	0 à 4
3. Détresse associée aux compulsions	0 à 4
4. Résistance aux compulsions	0 à 4
5. Degré de contrôle sur les compulsions	0 à 4
Sous-total des compulsions	0 à 20
Total	0 à 40

FIGURE 9.1 Échelle obsessionnelle-compulsive de Yale-Brown
Tiré de LALONDE, Pierre et coll. *Psychiatrie clinique : une approche bio-psycho-sociale*, Boucherville, Gaëtan Morin, 1999.

Plan de soins infirmiers

ENCADRÉ 9.9

COLLECTE DE DONNÉES

Monique, 47 ans, quitte son bureau et se présente au service d'urgence d'un hôpital universitaire en se plaignant de douleurs dans la poitrine et d'essoufflement. Le personnel met alors en place la préparation cardiaque standard pour les clients ressentant une douleur récente à la poitrine. Les antécédents médicaux de Monique montrent qu'elle a souffert d'un psoriasis. Ses signes vitaux sont élevés, son pouls est de 116 ; les résultats de son électrocardiogramme et de ses examens de laboratoire sont normaux. Monique mentionne au personnel que son fils est mort il y a trois mois. On l'envoie consulter une équipe de recherche menant une étude sur le trouble panique et elle est vue par une clinicienne en soins infirmiers psychiatriques. Monique participe au protocole de recherche après avoir donné son consentement éclairé. Au cours de l'entrevue, elle révèle que son fils unique, décédé, était alcoolique et qu'il s'est suicidé. Elle songe à se séparer de son mari avec lequel elle vit depuis 27 ans et qui entretient depuis longtemps une liaison. L'examen de Monique confirme qu'elle éprouve des symptômes limités attaques de panique, dont la fréquence augmente. Elle accepte de se prêter à une évaluation plus détaillée à la suite de l'entrevue initiale.
Pendant cette évaluation, Monique et l'infirmière examinent ses symptômes d'anxiété et de dépression, l'exacerbation de son pso-

riasis et ses maux de têtes chroniques, beaucoup plus prononcés depuis la mort de son fils. En déménageant de la Gaspésie, Monique a obtenu son premier emploi depuis 24 ans. En plus des problèmes financiers et de l'alcoolisme de son fils, elle s'inquiète maintenant fréquemment de sa performance au travail. Elle révèle que la liaison de son mari dure depuis plusieurs années, attribuant le comportement de celui-ci à leurs difficultés d'ordre sexuel. L'infirmière recommande l'essai de médicaments. Monique refuse, ayant peur de devenir dépendante et de perdre la maîtrise de soi.

DIAGNOSTICS DSM-IV

Axe I	Trouble d'anxiété généralisée (avec des symptômes limités attaques de panique)
	Deuil
	Problème de relation avec le partenaire
Axe II	Caractéristiques : dépendance et évitement
Axe III	Psoriasis
	Maux de tête
Axe IV	Gravité des agents stressants psychosociaux : modéré à sévère (6 à 7)
Axe V	EGF = 60 (actuel)
	EGF = 75 (l'an passé)

➡ **Plan de soins infirmiers (suite)**

DIAGNOSTIC INFIRMIER : anxiété de niveau modérément élevé reliée à un manque d'habiletés à repérer les différents agents stressants et composer avec ceux-ci.

DONNÉES : perte récente de son fils, risque de changement de son statut économique, agents stressants excédant la capacité à s'adapter (instabilité, aggravation de son psoriasis, douleurs à la poitrine et essoufflement).

Résultats escomptés	Interventions/Justifications	Évaluation
• Monique recensera les situations courantes qui provoquent l'anxiété.	• Donner des « devoirs » à Monique (p. ex. rédiger un journal des attaques de panique et des maux de tête ; lui proposer d'être à l'affût des modifications de son rythme respiratoire et lui apprendre à le ralentir ; lui présenter différentes techniques de réduction du stress). *En analysant ses réactions d'anxiété, la cliente fait le lien entre les symptômes et les événements déclencheurs.* • Au cours des séances hebdomadaires, revoir avec Monique le journal de ses manifestations de panique. *En abordant les liens entre les événements/ situations et les manifestations, Monique repère les agents stressants qui provoquent l'anxiété, et peut apprendre à les maîtriser ou à les éviter.*	• Monique note que le moment où elle rentre chez elle après le travail est critique pour l'apparition des symptômes. Elle signale que, chaque jour, elle rend visite à sa mère ou fait des courses.
• Monique décrira les signes avant-coureurs de son anxiété.	• Aider Monique à associer ses manifestations d'attaques de panique aux pensées liées à la séparation d'avec son mari *afin d'illustrer des situations spécifiques de sa vie qui déclenchent une anxiété panique.*	• Monique remarque qu'elle ne souffre pas de maux de tête lorsque son mari est parti en voyage.
• Monique fera état de sa volonté d'arriver à tolérer les niveaux léger et modéré de l'anxiété.	• Au cours des séances hebdomadaires, examiner avec Monique les avantages et les inconvénients de la séparation et du divorce *pour l'aider à résoudre le problème en lui proposant des solutions réalistes permettant, dans une certaine mesure, de maîtriser son anxiété.*	• Monique révèle sa réticence à vivre seule.
• Monique fera usage de mécanismes d'adaptation efficaces.	• Au cours des séances hebdomadaires, aborder les stratégies qui permettraient à Monique de mieux maîtriser ses choix. *L'augmentation des choix relatifs aux situations de vie tend à faire diminuer, dans une certaine mesure, la fréquence des réactions anxieuses.*	• Monique informe son mari qu'elle souhaite une séparation. Celui-ci dort maintenant dans l'ancienne chambre de leur fils.

DIAGNOSTIC INFIRMIER : chagrin dysfonctionnel relié à des difficultés personnelles à vivre son deuil suite à la mort de son fils unique.

DONNÉES : perturbation des habitudes de sommeil, manifestations de culpabilité et de tristesse, pleurs, problèmes de concentration, difficulté à parler de la perte, aggravation de réaction somatique (psoriasis).

Résultats escomptés	Interventions/Justifications	Évaluation
• Monique retournera à la maison tout de suite après le travail, sans toutefois aller directement au lit.	• Examiner avec Monique les comportements habituels qui étaient les siens avant la mort de son fils. Envisager les modifications possibles de ces comportements *pour aider Monique à se concentrer sur des activités et des comportements de remplacement qui atténueraient les effets d'un chagrin dysfonctionnel et favoriseraient les stratégies d'adaptation.*	• Monique décrit les moments où elle cuisinait pour son fils. Elle propose de nouvelles actions constructives pouvant modifier cette routine.
• Monique sera capable de parler avec sa famille et ses proches de la mort de son fils.	• Favoriser la reconnaissance du fait que les autres ressentent également la perte du fils de Monique *pour aider celle-ci à comprendre que les autres partagent son chagrin.*	• Monique est capable de rendre visite à sa mère et de parler de son fils sans éprouver de symptômes de panique.
• Monique se donnera la possibilité d'utiliser l'ancienne chambre de son fils comme une partie fonctionnelle de la maison.	• Évoquer la manière dont Monique et son mari peuvent se défaire de certaines des possessions de leur fils, sans qu'ils aient l'impression de trahir sa mémoire *pour faciliter le processus de deuil en osant partager leurs sentiments.*	• Dans l'attente de leur séparation, le mari de Monique emménage dans la chambre de leur fils.

Plan de soins infirmiers (suite)

Diagnostic infirmier : conflit décisionnel portant sur sa vie de couple relié à un manque de soutien et d'informations pertinentes.
Données : incertitude face aux choix à faire, remise en question des valeurs et des croyances personnelles devant une décision à prendre, signes physiques d'angoisse.

Résultats escomptés	Interventions/*Justifications*	Évaluation
• Monique prendra une décision éclairée concernant sa relation avec son mari.	• Au cours des séances hebdomadaires, examiner avec Monique ses attentes concernant le mariage, la manière dont sa relation avec son mari a changé au cours de leur mariage et quel rôle elle a joué dans ces changements *afin d'aider Monique à clarifier ses valeurs et ses attentes ainsi que son rôle dans le mariage, ce qui peut l'aider à faire des choix de vie décisifs.*	• Monique décrit son engagement auprès de son fils durant l'aggravation de son alcoolisme, et les répercussions que cela a eu sur un mariage déjà en difficulté.
• Monique envisagera les conséquences de la séparation et du divorce, et les classera par ordre de priorité en fonction de valeurs sociales, financières et interpersonnelles.	• Revoir, avec Monique, certaines des relations importantes de sa vie. Valider ses observations dans le cadre du processus de clarification des valeurs. *Il est primordial que l'infirmière connaisse ses propres valeurs et ses propres choix et qu'elle fasse clairement la distinction entre sa vision du monde et celle du client.*	• Monique décrit ses relations pleines de conflits avec son père qui abusait fréquemment de l'alcool. Elle critique la domination de sa mère sur son père et reconnaît qu'il existe, de longue date, entre son mari et elle, des désaccords d'ordre sexuel ; elle avoue également que son mari la dégoûte quand il sent la bière.

Diagnostic infirmier : diminution chronique de l'estime de soi reliée à un manque de moyens à utiliser pour développer son affirmation.
Données : autodépréciation dans ses propos, sentiment d'être incapable de faire face aux événements, dépendance passive face à son partenaire conjugal.

Résultats escomptés	Interventions/*Justifications*	Évaluation
• Monique procédera à une auto-évaluation plus positive qu'auparavant.	• Suggérer l'utilisation d'un journal *pour consigner les interactions avec son mari déclenchant des symptômes d'anxiété.* • Pendant les séances hebdomadaires, imaginer d'autres réactions qui seraient plus satisfaisantes pour Monique *afin de l'aider à distinguer les activités engendrant de l'anxiété et à modifier ses réactions, grâce au jeu de rôles et à d'autres stratégies d'apprentissage.*	• Monique signale que ses maux de tête et les symptômes limités d'attaque de panique ont diminué. • Monique évoque fréquemment les discussions engagées avec son mari, auparavant considérées comme insatisfaisantes.
• Monique adoptera des comportements d'affirmation de soi et un mode de relation interpersonnelle positif.	• Fournir, en retour, des informations à Monique sur les comportements observés *pour qu'elle puisse les modifier ou les assumer.* • Aider Monique à reconnaître et à nommer ses sentiments de colère *afin qu'elle puisse commencer à traiter les sentiments correctement, sans faire d'erreur d'interprétation concernant leur nature ou leur signification.*	• Monique aborde le sujet de la thérapie conjugale avec l'infirmière. • Monique demande que son mari l'accompagne aux séances hebdomadaires pour aborder les questions de son alcoolisme, de sa liaison et de leurs difficultés sexuelles.

Diagnostic infirmier : dysfonctionnement sexuel relié à l'existence de valeurs divergentes dans le couple.
Données : conflits relatifs aux valeurs, perturbation de la relation avec son mari, incapacité à atteindre le degré de satisfaction désiré.

Résultats escomptés	Interventions/*Justifications*	Évaluation
• Monique prouvera sa capacité à entretenir une relation intime continue avec son mari.	• Fournir une atmosphère ouverte et neutre lorsque Monique et son mari discutent de leurs différences d'intérêt pour les relations intimes et l'atteinte de la satisfaction *pour garantir à la discussion un environnement non menaçant.*	• Monique et son mari signalent avoir ensemble des relations sexuelles plus satisfaisantes pour chacun.

CONCEPTS-CLÉS

- L'anxiété et les troubles connexes regroupent un grand nombre de maladies présentant les manifestations courantes de l'anxiété.
- Les théories biologique, psychosociale, psychodynamique et sociale expliquent l'étiologie de l'anxiété.
- Il existe une comorbidité élevée entre les troubles anxieux, la dépression et l'abus d'alcool ou de drogues.
- On diagnostique et on traite plus communément les troubles anxieux chez les femmes, bien que le trouble obsessionnel-compulsif soit présent en proportion égale chez les deux sexes.
- Le traitement de l'anxiété et des troubles connexes est multidisciplinaire et comprend généralement plus d'une modalité de traitement.
- L'hospitalisation des clients souffrant de troubles anxieux est de plus en plus rare et est généralement réservée à des cas de crises aiguës.
- Le rôle de l'infirmière dans le traitement de clients souffrant de manifestations d'anxiété varie. Quel que soit le contexte, le rôle de l'infirmière consiste à informer le client et sa famille sur les troubles et leur traitement.
- Le plan de soins infirmiers pour les clients souffrant de symptômes d'anxiété reflète le concept que la maîtrise efficace de l'anxiété fait partie de la vie au quotidien.
- Les infirmières participent activement aux interventions comportementales, élaborées pour atténuer les réactions phobiques.
- Les échelles d'évaluation sont un moyen efficace, pour les infirmières, de mesurer le succès des stratégies mises en place pour réduire l'anxiété.

SITUATIONS CLINIQUES

1. Nicolas, 19 ans, étudie au cégep. Un samedi soir, au cours d'une soirée organisée par l'association étudiante, il est conduit au service d'urgence avec intoxication alcoolique aiguë.

Durant sa première évaluation, l'infirmière interroge Nicolas concernant ses habitudes de consommation d'alcool. Il répond qu'il a commencé à boire à l'âge de 14 ans, quand un de ses amis lui a proposé de boire quelques bières en attendant de se rendre à la fête de l'école. Il raconte également que, depuis qu'il a commencé l'école, il est incapable de prendre part aux plaisanteries, aux bavardages habituels avec les autres élèves. Il n'éprouve cependant pas les mêmes difficultés avec les membres de sa famille. Il a peur de n'avoir rien à apporter à la conversation, il s'inquiète de son apparence et de sa maladresse.

Lorsque Nicolas est entré au secondaire, il a constaté que ce comportement inquiet l'isolaient des autres étudiants de son âge. Ayant souvent vu ses parents entamer les repas de fête avec un verre de vin ou un cocktail, il a alors accepté avec enthousiasme la proposition de son ami de boire une bière avant la fête. À sa grande surprise, il est arrivé particulièrement décontracté et en mesure d'entrer en contact avec les autres. Il a même pu demander à deux filles de danser avec lui!

Il a donc continué de boire avant les fêtes, les réunions et les parties de football et à l'occasion d'autres activités sociales. Il craint d'être alcoolique. Le psychiatre consulté parle longuement à Nicolas de la phobie sociale et lui prescrit de l'imipramine. Nicolas commence également à participer à des réunions de groupe sur les stratégies de comportement à adopter pour faire face à l'anxiété.

Pensée critique – Diagnostic infirmier

- Quels sont les indices fournis par Nicolas qui mèneront au diagnostic infirmier le plus approprié?
- Citez deux croyances de Nicolas susceptibles de l'avoir conduit à agir ainsi au cours de la soirée organisée par l'association étudiante.
- En vous servant de l'information contenue dans ce chapitre et de celle contenue dans le chapitre 13, quel serait le pronostic pour Nicolas?
- Identifiez une autre option pharmacologique envisageable pour Nicolas (voir chapitre 20).
- Comment décririez-vous les avantages de la thérapie de groupe pour Nicolas?

2. Marc est un comptable âgé de 31 ans qui a été déclaré inapte à travailler pour une durée de huit mois. Il raconte qu'il a été hospitalisé pour traiter une dépression qui durait depuis ses études à l'université. Malgré sa dépression, il a obtenu son diplôme avec distinction, ainsi qu'une certification en tant que comptable agréé, et a terminé des études de cycle supérieur.

Marc a d'abord été traité pour le TOC, deux années plus tard, alors qu'il commençait à éprouver des difficultés avec son supérieur. Plusieurs clients de sa compagnie s'étaient plaints à son sujet.

Marc a été soulagé de ses comportements obsessionnels grâce à un traitement à la clomipramine, mais passe maintenant son temps à penser à se tuer. Il est incapable de décider de quelle manière il pourrait se suicider afin de ne pas compromettre le droit de sa famille au versement de l'assurance en cas de décès par accident. Marc a été hospitalisé en vue de subir des électrochocs.

Pensée critique – Planification

- Élaborer un traitement pour l'hospitalisation de Marc en veillant en priorité à sa sécurité.
- Quelles sont les trois pratiques cliniques essentielles à la thérapie à long terme de Marc?
- Quelles méthodes peuvent être utilisées pour évaluer les résultats obtenus grâce au traitement de Marc?

3. Marie-Ève, 28 ans, est chef de publicité. Les quatre chirurgiens plasticiens qu'elle a consultés pour une dermabrasion, dans le but d'effacer trois cicatrices plates sur le haut de son bras droit, l'envoient à un groupe de praticiens en santé mentale. Même au plus chaud de l'été, Marie-Ève ne porte que des vêtements amples à manches longues. Elle est persuadée que les gens remarquent ses bras « bosselés » et qu'ils en rient ; elle se donne beaucoup de mal pour éviter cet embarras et doit supporter la chaleur.

Pensée critique – Résultats escomptés

- Décrivez un résultat clinique qui reflète le fait que Marie-Ève a conscience d'être préoccupée par son problème.
- Énumérez trois stratégies correctrices que Marie-Ève peut utiliser pour réduire ses perceptions exagérées.
- Énoncez deux observations cliniques illustrant les progrès réalisés par Marie-Ève vers la résolution de son problème.
- Quels sont les deux résultats comportementaux qui indiqueraient la capacité de Marie-Ève à mieux affronter son trouble ?

4. Charles est un client de 34 ans d'une unité neurologique d'un centre médical. Il a été traité pendant nombre d'années dans le service psychiatrique de l'établissement pour schizophrénie, ce diagnostic étant principalement basé sur des hallucinations visuelles et auditives constantes mettant en scène le sergent instructeur qu'il avait dans l'armée. Il a été traité antérieurement à l'halopéridol.

Charles est entré dans l'armée à l'âge de 18 ans. Il fut incapable de terminer son entraînement parce qu'il a souffert d'un épisode psychotique au cours duquel il a attaqué son sergent instructeur. Charles avait été admis au département neurologique lorsque, un matin, il dit à sa famille qu'il était incapable de marcher. Charles n'avait pourtant fait aucune chute et ne s'était pas blessé récemment. Aucune anomalie n'a été détectée au cours de son examen physique ni de sa tomodensitométrie. Durant l'examen de son état mental, il a raconté qu'il n'entendait plus aucune voix. Pendant l'évaluation, son manque d'intérêt concernant sa paralysie, un problème apparemment grave, était également remarquable. L'infirmière psychiatrique consultée a appris de la famille de Charles qu'environ un mois avant son admission, sa demande d'invalidité liée au service avait été refusée. Sa famille comptait sur cette ressource financière supplémentaire pour obtenir un meilleur logement, but qu'ils ont évoqué à plusieurs reprises.

Pensée critique – Collecte de données

- Décrivez deux symptômes susceptibles d'indiquer que Charles souffre d'un trouble de conversion.
- De quelle manière le comportement récent de la famille de Charles peut-il jouer un rôle dans la symptomatologie actuelle de Charles ?
- Quel symptôme éprouvé par Charles peut être appelé « la belle indifférence » ?
- Expliquez la façon dont le comportement agressif de Charles durant son épisode psychotique peut avoir influencé sa paralysie ressentie.

Chapitre 10

Alain Huot
B.A., M.Ps.
Collège Lionel-Groulx

France Maltais
B.Sc.inf., M.Éd.
Collège du Vieux-Montréal

Vivianne Saba
M.Sc.inf.

TROUBLES DE L'HUMEUR

OBJECTIFS D'APPRENTISSAGE

APRÈS AVOIR LU CE CHAPITRE, VOUS DEVRIEZ ÊTRE EN MESURE :

DE DÉCRIRE LES THÉORIES BIOLOGIQUES ET PSYCHOSOCIALES RELATIVES À L'ÉTIOLOGIE DES TROUBLES DE L'HUMEUR ;

DE COMPARER ET DE DISTINGUER LES CATÉGORIES DE TROUBLES DÉPRESSIFS ET BIPOLAIRES DU DSM-IV ;

DE DISCUTER L'ÉPIDÉMIOLOGIE ET L'ÉVOLUTION DES TROUBLES DÉPRESSIFS ET BIPOLAIRES ;

D'EXAMINER LES RÉACTIONS, LES PENSÉES ET LES SENTIMENTS PERSONNELS ENVERS LE CLIENT SOUFFRANT DE TROUBLES DE L'HUMEUR QUI POURRAIENT AVOIR UN EFFET SUR LA RELATION THÉRAPEUTIQUE ET SUR LA GESTION DES SOINS ;

D'APPLIQUER LA DÉMARCHE DE SOINS INFIRMIERS AUX CLIENTS SOUFFRANT DE TROUBLES DE L'HUMEUR ;

DE DÉCRIRE LES INTERVENTIONS AUTONOMES ET LES INTERVENTIONS QU'UTILISENT LES INFIRMIÈRES AVEC LES AUTRES PROFESSIONNELS DE LA SANTÉ AUPRÈS DES CLIENTS SOUFFRANT DE TROUBLES DE L'HUMEUR.

PLAN DU CHAPITRE

MOTS-CLÉS

Affect : manifestation externe d'un état émotionnel consécutif à une expérience vécue.

Agitation psychomotrice : activité mouvementée au niveau mental et moteur.

Anhédonie : perte de plaisir et d'intérêt pour des activités précédemment appréciées, ou pour la vie elle-même.

Dépression atypique : dépression caractérisée par l'hypersomnie, la prise de poids, l'humeur réactionnelle et la sensibilité dans les relations interpersonnelles.

Dépression mélancolique : dépression grave caractérisée par l'anhédonie, une dépression aggravée le matin, une perte de poids et un ralentissement psychomoteur.

Dépression unipolaire : désordre caractérisé par un ou des épisodes de dépression sans épisode de manie.

Dysphorie : humeur triste, déprimée.

Dysthymie : dépression légère chronique durant plus de deux ans, pouvant conduire à une dépression plus grave.

Embrasement : création d'une sensibilité électrophysiologique dans le cerveau en raison du stress, d'une modification neuronale.

Euthymie : humeur normale.

Fuite des idées : passage rapide d'une idée à l'autre sans développer chaque idée jusqu'au bout. Se manifeste couramment dans la manie.

Humeur : état émotionnel subjectif qui peut varier selon des influences externes et internes.

Hypomanie : état d'excitation accompagné d'une activité et d'une interaction sociale plus intenses que d'ordinaire ; excitation moins intense que dans la manie.

Incapacité apprise : perception que rien ne peut être fait pour maîtriser les événements, ce qui mène à l'apathie, à la résignation, à l'impuissance et à la dépression.

Manie : humeur exaltée, expansive ou irritable accompagnée d'une hyperactivité, d'un délire de grandeur et de la perte du contact avec la réalité.

Neurotransmission : processus par lequel les signaux électrochimiques sont envoyés au cerveau.

Nihilisme : croyance selon laquelle la vie n'a aucun sens et qu'elle est inutile.

Ralentissement psychomoteur : diminution des processus physiologiques qui a pour résultat un affaiblissement des mouvements, de la parole et du temps de réaction.

Schéma : ensemble des connaissances de soi et du monde à travers lesquelles les situations sont perçues, codées et interprétées.

Trouble affectif saisonnier : type de trouble de l'humeur qui survient à la même époque tous les ans.

Trouble bipolaire : trouble de l'humeur caractérisé par des épisodes de manie et de dépression.

10.1 TROUBLES DE L'HUMEUR

Les troubles de l'humeur sont des troubles psychiatriques courants qui se caractérisent par le dérèglement des émotions. Les personnes souffrant de troubles de l'humeur présentent un ensemble d'émotions allant de l'euphorie ou de l'irritabilité intense à la dépression grave. Les troubles de l'humeur sont également caractérisés par une constellation de symptômes, pouvant comprendre un déficit cognitif, des troubles physiologiques (p. ex. problèmes de sommeil et d'appétit) et une faible estime de soi. Les troubles de l'humeur ont de lourdes conséquences qui aboutissent à une souffrance personnelle et familiale, à une perturbation des relations interpersonnelles et professionnelles, et à des coûts sociaux importants. Ce n'est que depuis quelques années que l'on commence à mieux comprendre les troubles de l'humeur, notamment leur nature récidivante et cyclique et les effets handicapants associés à des épisodes répétés. Les troubles de l'humeur sont maintenant considérés comme de graves problèmes de santé publique en termes de coûts économiques et de souffrance personnelle. Ainsi, la dépression figure au quatrième rang des maladies dans le monde (Murray et Lopez, 1996).

Bien que la plupart des gens vivent des périodes de dépression et des périodes d'euphorie, les variations normales ne durent normalement pas et ne handicapent pas la personne. Les changements d'humeur sont souvent une réponse normale aux événements de la vie. Le deuil et la tristesse à la suite de la perte d'un être cher, ou l'euphorie à l'idée de vacances tant attendues sont des réponses normales et adéquates. La plupart des gens vivent des épisodes de tristesse et de dépression à la suite d'une perte (êtres chers, travail, statut, possessions, p. ex.). Cette tristesse peut durer des jours, des semaines, ou plus longtemps selon les personnes (voir chapitre 26). Les changements d'humeur deviennent, cependant, sources d'une mauvaise adaptation lorsqu'ils persistent, qu'ils sont omniprésents et qu'ils s'accompagnent de symptômes additionnels comme une perturbation du sommeil et de la cognition, empêchant la personne de fonctionner normalement. À ce stade, le dérèglement de l'humeur associé à un ensemble de signes et de symptômes affecte le fonctionnement cognitif, comportemental, spirituel, social et physiologique.

10.1.1 Perspectives historiques et théoriques

Les troubles de l'humeur ont été découverts et décrits dès l'Antiquité. Le terme *mélancolie* aurait été créé par Hippocrate dans sa description des changements du tempérament. En 1896, Kraepelin a distingué la démence précoce (maintenant appelée schizophrénie) de la dépression maniaque. Il a défini la démence précoce comme une maladie chronique caractérisée par une détérioration progressive du fonctionnement du client. Selon Kraepelin (1913, 1921), la dépression maniaque est semblable à des anomalies cycliques de l'humeur, marquée par des antécédents familiaux de troubles analogues et causée par des facteurs physiques innés. Cette distinction est à la base des approches modernes de la compréhension et du diagnostic des troubles de l'humeur.

Depuis Kraepelin, on a tenté à plusieurs reprises de décrire les divers types de dépression et de manie. Freud (1957) distinguait la dépression causée par une mauvaise adaptation du deuil. Dans son célèbre essai *Deuil et mélancolie*, l'auteur expose la théorie psychanalytique de la dépression. Leonhard (1974), psychiatre allemand, a proposé de diviser la maladie maniaco-dépressive en deux types : bipolaire (antécédents de dépression et de manie) et unipolaire (antécédents de dépression seulement). Les catégories cliniques actuelles des **troubles bipolaires** et des troubles unipolaires reposent sur cette différenciation.

Pendant une grande partie du vingtième siècle, diverses formes de troubles bipolaires et unipolaires ont été décrites. À titre d'exemple, la **dépression unipolaire** a été subdivisée en deux catégories : dépression réactionnelle (exogène) et dépression endogène. Il était admis que la dépression réactionnelle était causée par des agents stressants externes et qu'elle était moins grave que la dépression endogène, censée être causée par un dérèglement physiologique. À l'heure actuelle, les professionnels de la santé distinguent diverses formes de troubles bipolaires et de dépression unipolaire. Les chercheurs et les cliniciens continuent de décrire un grand nombre de troubles de l'humeur aux caractéristiques cliniques variées.

Au cours des dernières années, les troubles de l'humeur ont fait l'objet d'une attention croissante de la part du public, en raison de leur omniprésence. Les nouveaux traitements, y compris l'utilisation de médicaments comme la fluoxétine (Prozac), ont suscité des controverses dans la société. Des personnalités, parmi lesquelles le producteur de spectacles Guy Latraverse, Pierre Péladeau, le fondateur du *Journal de Montréal*, et l'humoriste Michel Courtemanche ont publiquement parlé de leurs batailles contre les troubles de l'humeur, et l'on sait maintenant que beaucoup d'autres personnages célèbres, y compris Abraham Lincoln, Guy de Maupassant, Vincent Van Gogh, Ernest Hemingway et Gustave Flaubert souffraient d'un trouble de l'humeur (voir Thériault, 1994).

10.1.2 Étiologie

On a émis diverses théories pour expliquer le développement des troubles de l'humeur, mais leur étiologie reste inconnue. De nombreux chercheurs et cliniciens soutiennent l'hypothèse d'une origine multicausale des troubles de l'humeur, où des facteurs biologiques, psychologiques, sociaux et cognitifs convergent pour promouvoir le développement de la dépression et de la manie. D'autres affir-

ment que certains troubles de l'humeur pourraient être liés à des facteurs étiologiques bien déterminés. Les résultats des recherches suggèrent ainsi que la dépression comprend différents syndromes que l'on peut, avec le temps, réussir à distinguer cliniquement (Kendler et coll., 1996). Chaque composante théorique permet d'expliquer certains aspects des troubles de l'humeur, mais aucune ne rend vraiment compte de leur développement. En général, on considère que les facteurs étiologiques sont essentiellement neurobiologiques ou psychosociaux. Ils sont résumés dans l'encadré 10.1.

Facteurs neurobiologiques

Au cours des 10 dernières années, les recherches sur l'étiologie des troubles de l'humeur ont porté principalement sur les mécanismes biologiques qui pourraient être à l'origine du développement de ces troubles. Ces recherches ont permis de découvrir les corrélats physiologiques de la dépression et de la manie, mais non les relations de cause à effet directes. À titre d'exemple, une étude réalisée en Grande-Bretagne a montré l'existence d'un lien fort entre une humeur dépressive et une pression artérielle systolique basse, mais aucune relation causale directe n'a été établie (Pilgrim et coll., 1992). Parmi les théories biologiques les plus courantes, citons celles relatives à une déficience de la neurotransmission, à un dérèglement neuro-endocrinien et à la transmission génétique.

Déficience de la neurotransmission

Les recherches actuelles relatives à la biologie des troubles de l'humeur portent principalement sur les perturbations

---

Facteurs étiologiques relatifs aux troubles de l'humeur | ENCADRÉ 10.1

Facteurs neurobiologiques
- Déficience de la neurotransmission
- Dérèglement neuro-endocrinien
- Transmission génétique

Facteurs psychosociaux
- Théorie psychanalytique
  - La dépression est le résultat d'une perte.
  - La manie est une défense contre la dépression.
- Théorie cognitive
  - La dépression est le résultat d'un traitement négatif des pensées.
- Théorie de l'incapacité apprise
  - La dépression est le résultat d'un manque ressenti de maîtrise sur les événements.
- Événements de la vie et théorie du stress
  - Des événements significatifs de la vie causent du stress, ce qui entraîne la dépression ou la manie.
- Théorie de la personnalité
  - Les caractéristiques de la personnalité prédisposent un individu aux troubles de l'humeur.

des neurotransmetteurs. L'intérêt pour la neurotransmission a d'abord été suscité par des recherches sur l'action des antidépresseurs. En 1954, on découvrait que les hypertendus qui prenaient de la réserpine déprimaient. Quelques années plus tard, on découvrait que l'isoniazide avait un effet antidépresseur sur les personnes souffrant de tuberculose. En 1958, on a commencé à prescrire l'imipramine comme antidépresseur et à étudier ses mécanismes d'action sur le cerveau. L'hypothèse de la monoamine dans les troubles de l'humeur découle des résultats de ces recherches.

Les neurotransmetteurs monoamines ou amines biogènes sont nécessaires pour l'envoi de signaux électriques au cerveau. Il existe des centaines de neurotransmetteurs dans le cerveau, mais les neurotransmetteurs amines biogènes comprennent les catécholamines de l'épinéphrine, de la norépinéphrine et de la dopamine, l'acétylcholine, et la sérotonine (une indolamine). Par ailleurs, des neurones spécialisés de chacun des neurotransmetteurs atteignent diverses parties du cerveau qui régulent un grand nombre de fonctions, dont l'appétit, le sommeil et la vigilance.

On pense que les systèmes de neurotransmetteurs monoamines, en particulier ceux de la norépinéphrine et de la sérotonine, de leurs métabolites et de leurs récepteurs, sont quelque peu modifiés pendant les épisodes de dépression et de manie. Les toutes dernières recherches sur la neurotransmission ont porté essentiellement sur la modification de la sensibilité des récepteurs neuronaux et sur les propriétés des membranes neuronales dans les troubles de l'humeur.

Selon la théorie de la disponibilité et de la modification des récepteurs, il y aurait une baisse de l'activité de la neurotransmission dans la dépression et une suractivité dans la manie. Les arguments en faveur de cette théorie viennent de l'administration d'inhibiteurs de la monoamine-oxydase (IMAO) aux clients souffrant de dépression. Les IMAO empêchent l'enzyme monoamine-oxydase de fragmenter les neurotransmetteurs, ce qui entraîne une augmentation de la réserve de neurotransmetteurs et, par contrecoup, une diminution de la dépression clinique. D'autres éléments en faveur de la théorie apparaissent clairement dans les recherches montrant comment les médicaments, par exemple la fluoxétine, la paroxétine (Paxil) et la sertraline (Zoloft) (inhibiteurs sélectifs du recaptage de la sérotonine [ISRS]) bloquent de façon sélective le recaptage dans les récepteurs neuronaux présynaptiques, ce qui augmente l'apport de sérotonine dans la fente synaptique (Fuller, 1991). Il est possible que les réponses thérapeutiques à la plupart des antidépresseurs prennent plusieurs semaines, en raison peut-être du retard de la sensibilité ou de la modification du nombre de récepteurs.

Post (1992) a émis l'hypothèse de l'existence d'un phénomène dénommé **embrasement**, au cours duquel la neurotransmission est d'abord modifiée par le stress, ce qui provoque un premier épisode de dépression. Le premier épisode crée une sensibilité électrophysiologique, de telle sorte que l'épisode dépressif ou maniaque suivant exige un stress moindre pour se déclencher. En résumé, l'embrasement provoque un « câblage » du cerveau ou des modifications à long terme du fonctionnement neuronal. Les recherches sur les rats ont montré que la carence maternelle pouvait entraîner une diminution des facteurs neurotrophiques dans l'hippocampe, ce qui finit par endommager le fonctionnement du cerveau en causant une mort précoce des cellules (Post, 1997). Le modèle de l'embrasement rend compte de la nature cyclique et progressive des troubles de l'humeur, et propose que les clients soient traités dès l'apparition des épisodes de troubles et qu'ils prennent les médicaments pendant de longues périodes afin d'éviter une détérioration physiologique.

Les avancées technologiques récentes relatives à l'étude du cerveau fournissent d'autres éléments en faveur de la théorie des troubles du fonctionnement du cerveau pendant la dépression. La scintigraphie par émission de positrons permet aux chercheurs de comparer la physiologie du cerveau des personnes déprimées à celle de personnes non déprimées, et de comparer chez une même personne le fonctionnement du cerveau pendant la dépression et après la phase de récupération. Dans la figure 10.1, on peut observer les différences apparentes dans des cerveaux de personnes déprimées, remises et normales au moyen de la scintigraphie par émission de positrons. La figure 10.2 indique une augmentation du flux sanguin dans les composantes du cerveau de personnes atteintes d'une dépression majeure. La scintigraphie par émission de positrons a permis de découvrir que le cortex préfrontal et le système limbique (y compris le noyau amygdalien) présentent des perturbations physiologiques dans les cerveaux de personnes souffrant de dépression.

Les recherches reposent toujours sur ces théories biochimiques, mais la complexité de la structure biologique et des changements physiologiques survenant au cours des troubles de l'humeur posent encore de sérieux problèmes aux chercheurs. Qui plus est, les définitions et les critères variables de la dépression et de la manie, ainsi que les difficultés que présentent la mesure des concentrations de neurotransmetteurs particuliers, dans des endroits déterminés du cerveau, et l'extraction de structures de cerveau spécifiques à des fins d'analyse constituent un frein aux recherches. Les indicateurs périphériques des neurotransmetteurs et de leurs métabolites, comme ceux contenus dans le sang, l'urine ou le liquide céphalorachidien, peuvent ne pas être liés à leurs quantités ou à leurs mécanismes d'action dans diverses parties du cerveau. De plus, la neurotransmission, en tant qu'activité complexe, comprend différents processus, dont la synthèse et la libération de neurotransmetteurs, la fonction et la modification de sites récepteurs, les interactions entre les différents neurotransmetteurs et hormones, et l'action de ces transmetteurs et hormones sur le matériel génétique au moyen de systèmes de second et de troisième messager.

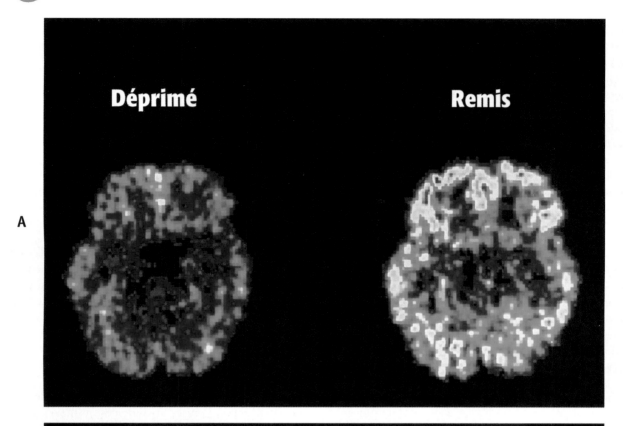

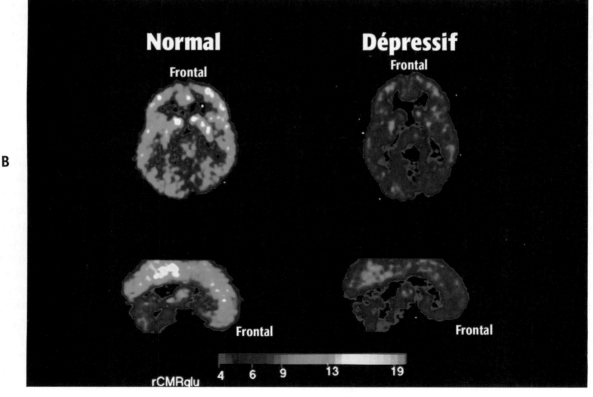

FIGURE 10.1 A. Scintigraphie par émission de positrons du même cerveau pendant une dépression (gauche) et à la guérison après une pharmacothérapie (droite). Plusieurs régions du cerveau, en particulier le cortex préfrontal (en haut), montrent une activité réduite (couleurs plus sombres) pendant la dépression. B. Les scintigraphies d'un sujet normal (gauche) et d'un sujet dépressif (droite) révèlent une activité réduite du cerveau (couleurs plus sombres) pendant la dépression, en particulier dans le cortex préfrontal. Du glucose radioactif a servi de traceur pour visualiser les niveaux d'activité du cerveau.

Avec la permission de Mark Georges, MD, National Institutes of Mental Health Biological Psychiatry Branch, U.S. Department of Health and Human Services.

Dérèglement neuro-endocrinien

Les recherches basées sur les origines biologiques des troubles de l'humeur portent aussi sur le rôle du système endocrinien. Des études indiquent que le dérèglement de l'axe hypothalamo-hypophyso-surrénalien est associé à la dépression. L'axe hypothalamo-hypophyso-surrénalien comprend l'hypothalamus, ainsi que les glandes hypophysaires et surrénales, et maîtrise les réponses physiologiques au stress. L'hypothalamus régule les fonctions endocriniennes et le système nerveux végétatif, et a une influence sur les comportements associés au combat, à la fuite, à l'alimentation et à l'accouplement. En réponse au stress, l'hypothalamus produit une hormone de libération de la corticotrophine (CRH), qui stimule la sécrétion de la corticotrophine par les glandes hypophysaires. À son tour, la corticotrophine entraîne la corticosurrénale à libérer du cortisol dans le sang. Au moyen d'un mécanisme de rétroaction élaboré, les taux de cortisol indiquent à l'hypothalamus, par l'intermédiaire de l'hippocampe, s'il faut augmenter ou diminuer la production de CRH. Les mécanismes physiologiques spécifiques qui émettent des signaux pour déclencher ce processus ne sont pas bien compris, bien que les signaux de stress émis puissent provenir du tronc cérébral, du système nerveux végétatif ou du cortex cérébral (Young et coll., 1993).

L'hyperactivité de l'axe hypothalamo-hypophyso-surrénalien est souvent claire dans la dépression. Jusqu'à 50 % des clients souffrant d'une dépression modérée à grave présentent des taux de cortisol sérique élevés. Ce phénomène a conduit à la mise au point d'une épreuve de freinage à la dexaméthasone, dont on espérait qu'elle pourrait être un indicateur diagnostique biologique de la dépression endogène. L'épreuve suppose qu'au moment de l'administration de dexaméthasone (cortisol synthétique) à des clients pendant la nuit, un signal est envoyé à l'hypothalamus pour arrêter la production de CRH, ce qui conduit à une diminution du débit de celui du corticotrophine et, en conséquence, de celui du cortisol le matin suivant. Pour de nombreux clients souffrant d'une dépression grave, la mesure du taux de cortisol dans le sang le matin suivant a montré une production de cortisol encore très élevée. Des recherches ultérieures sur l'épreuve de freinage à la dexaméthasone ont révélé des problèmes en matière de sélectivité et de spécificité. Elles ne sont pas cohérentes du point de vue des résultats des personnes souffrant d'une dépression ; elles peuvent être influencées par d'autres variables (p. ex. l'âge, le sexe) et les résultats obtenus sont constatés dans d'autres troubles, dont l'alcoolisme et l'anorexie mentale (Zimmerman, Coryell et Pfohl, 1986).

Le fonctionnement de l'axe hypothalamo-hypophyso-surrénalien est lié au cycle de 24 heures des rythmes circadiens qui règlent les processus physiologiques. En raison des troubles de l'humeur, de nombreux cycles normaux sont perturbés. La concentration de cortisol dans le sang est normalement faible en début de matinée et plus élevée en fin d'après-midi, bien que l'on observe souvent des augmentations constantes dans la dépression. Les cycles de sommeil-réveil sont perturbés chez la personne souffrant de troubles de l'humeur et, pendant la dépression, les clients présentent une diminution de la latence de survenue du sommeil paradoxal et une diminution du sommeil de l'onde delta lente peu profonde, ce qui fragmente leur cycle sommeil-réveil. Même les cycles saisonniers semblent avoir un lien avec les troubles de l'humeur. Des épisodes de dépression surviennent pendant les périodes de diminution de la lumière. Ehlers, Frank et Kupfer (1988) ont mentionné l'existence d'une interaction entre le comportement et l'environnement, et ont supposé que l'horloge biologique (des signaux ou des stimuli de l'environnement) modifie la physiologie qui, à son tour, a une influence sur l'humeur. Les recherches sur le dysfonctionnement de l'axe hypothalamo-hypophyso-surrénalien continuent et mettent particulièrement l'accent sur les liens entre les troubles de l'humeur et le stress.

Transmission génétique

Les troubles de l'humeur semblent se transmettre génétiquement. Les données concernant la transmission génétique des troubles de l'humeur viennent des études sur les familles, les jumeaux et les adoptions.

Dans les études portant sur les familles, des familles présentant des troubles de l'humeur ont été sélectionnées, et l'on a comparé le risque de développement de ces troubles chez les parents proches avec le risque présent dans la population générale. Les résultats de ces études montrent clairement que les parents au premier degré de personnes souffrant de troubles bipolaires et de dépression unipolaire courent de plus grands risques de développer des troubles de l'humeur. Ce risque est particulièrement élevé chez les personnes dont les parents souffrent d'un trouble bipolaire, ce qui indique probablement une plus grande composante génétique pour le trouble bipolaire que pour la dépression unipolaire (McGriffin et Katz, 1989).

Les études sur les jumeaux reposent sur l'hypothèse du partage des mêmes gènes chez les jumeaux homozygotes et d'environ 50 % des gènes chez les jumeaux dizygotes. Les résultats des études sur les jumeaux fournissent d'autres arguments en faveur de la transmission génétique des troubles de l'humeur. Si un jumeau homozygote souffre d'un trouble bipolaire, le taux de concordance que l'autre jumeau développe également un trouble de l'humeur est très élevé, allant jusqu'à 100 % dans certaines études. Il s'agit généralement d'une maladie bipolaire. Les taux de concordance chez les jumeaux dizygotes sont moins élevés que ceux que l'on trouve chez les jumeaux homozygotes. Pour ce qui est des troubles unipolaires, les taux de concordance sont également plus élevés chez les jumeaux homozygotes, et les deux types de jumeaux ont

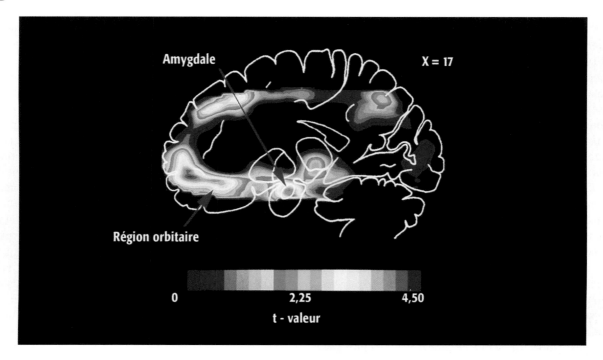

FIGURE 10.2 La scintigraphie par émission de positons indique une augmentation du flux sanguin dans l'amygdale cérébelleuse et le cortex préfrontal chez les personnes souffrant d'une dépression majeure, un sous-type de la maladie familiale dépressive pure. La scintigraphie est une épreuve composite d'images de 13 personnes.
Avec la permission de Wayne C. Drevets, MD, Department of Psychiatry, Washington University School of Medicine, St. Louis.

un taux de concordance plus élevé que celui de la population générale.

En utilisant les études sur l'adoption, les chercheurs peuvent examiner le rôle que jouent à la fois l'environnement et la transmission génétique. En général, les études d'adoption montrent également le rôle des facteurs génétiques dans les troubles de l'humeur. La plupart des études ont particulièrement examiné le trouble bipolaire et montré que l'incidence des troubles de l'humeur est beaucoup plus élevée chez les parents biologiques d'adultes adoptés souffrant d'un trouble bipolaire.

Bien que toutes les informations ci-dessus montrent le rôle de la transmission génétique dans le développement des troubles de l'humeur, en particulier des troubles bipolaires, les recherches n'indiquent pas quels gènes spécifiques ni quels mécanismes génétiques sont en cause dans la transmission. Certaines études scientifiques décrivant le lieu des marqueurs génétiques sur des gènes spécifiques n'ont pas pu être vérifiées, bien que ce type de recherches évolue avec les avancées effectuées dans l'analyse de l'ADN et en génétique. La recherche de l'origine génétique spécifique des troubles de l'humeur continue, l'accent étant mis en particulier sur la localisation génétique et sur les processus génétiques, y compris le rôle de l'expression sélective d'un gène et de la neuromodulation (Barondes, 1998). De nombreux chercheurs s'accordent à penser que les expressions génétiques et la transmission génétique des troubles de l'humeur pourraient être des éléments clés

permettant de comprendre la dépression et les troubles bipolaires, de les diagnostiquer et de les traiter.

Facteurs psychosociaux

Les explications psychosociales du développement des troubles de l'humeur ont donné lieu à de nombreuses positions théoriques, dont la théorie psychanalytique, la théorie cognitive, la théorie de l'incapacité apprise, la théorie des événements de la vie (stress) et la théorie de la personnalité.

Théorie psychanalytique

Le principe de base de la théorie psychanalytique est que les processus inconscients entraînent l'expression de symptômes, parmi lesquels la dépression et la manie. Freud (1957) distinguait la dépression du deuil normal, les deux étant une réponse à une perte réelle ou symbolique. D'après Freud, pendant la dépression, la perte engendre, envers l'objet perdu, des sentiments intenses et hostiles qui sont dirigés contre soi (colère contre soi-même), ce qui engendre de la culpabilité et une perte d'estime de soi.

La dépression est donc associée à la perte et à l'agressivité contre soi. La perte d'un objet physique ou émotionnel est aggravée par la montée de la colère. En lutte contre les sentiments de rejet, l'enfant est incapable de diriger la colère et l'hostilité contre l'objet aimé perdu, par peur de subir un autre rejet et une autre perte, et en raison d'un fort surmoi punitif. L'enfant vit l'ambivalence, ou l'amour et la haine à la fois, pour l'objet d'amour perdu.

Les sentiments de colère et d'agressivité contre soi sont refoulés, et l'enfant interprète la perte comme un rejet et un reflet de son propre manque de valeur personnelle. En conséquence, des réflexes de faible estime de soi, de dépression et d'incapacité apprise s'établissent et s'enracinent au fil des pertes. Ce scénario a lieu tôt dans l'enfance, ce qui crée une vulnérabilité à une perte réelle ou perçue pendant l'âge adulte et entraîne des périodes de dépression.

D'un point de vue psychodynamique, la manie est interprétée comme une défense contre la dépression. Le client nie ses sentiments de colère, de faible estime de soi et de peu de valeur, et inverse l'affect de telle sorte qu'il éprouve une confiance triomphante en lui-même. La manie représente la conquête du surmoi avec peu d'effort pour contrôler les pulsions du ça. Cependant, au bout d'un certain temps, cette vue déformée de la réalité vacille et le client manifeste une hostilité envers les autres, en s'attachant souvent à celles de leurs faiblesses qui ressemblent aux faiblesses internes qu'il essaie lui-même d'éviter.

Peu de données appuient les théories psychodynamiques de la dépression et de la manie, bien qu'il y ait certaines preuves que les clients souffrant de dépression ont vécu une perte et une privation tôt dans l'enfance, au contraire des personnes non déprimées (Boulby, 1969; Brown et Harris, 1978). Les cliniciens remarquent également que la colère est souvent associée à la dépression, bien que la relation entre colère et dépression demeure obscure. Un grand nombre de personnes vivant une perte et de la colère dans la petite enfance ne souffrent jamais de dépression, tandis que d'autres qui n'ont jamais vécu de perte visible ou reconnue souffrent de dépression. La théorie psychanalytique est seulement une explication parmi d'autres pour tenter de rendre compte des dynamiques internes de la dépression et de la manie. La pertinence de cette perspective théorique peut être due à ses références à l'environnement de la petite enfance dans lequel une perte, une perturbation ou un chaos peuvent causer un stress, qui, à son tour, provoque les mécanismes physiologiques décrits ci-dessus.

Théorie cognitive

Le modèle cognitif de la dépression désigne les erreurs de logique comme facteurs responsables de la dépression. L'humeur serait influencée par les structures cognitives sous-jacentes, parmi lesquelles certaines ne sont pas complètement conscientes. Ces structures cognitives ou schémas peuvent être formés par les premières expériences de la vie et prédisposent à effectuer un mauvais traitement des informations. Dans un modèle de diathèse du stress, le traitement négatif, en cas de stress, est activé chez les personnes prédisposées à la dépression avec des schémas négatifs, ce qui entraîne une pensée déprimée (Beck, 1967).

Beck (1967) a distingué plusieurs niveaux de cognition qui influencent la dépression: pensées automatiques, schémas ou suppositions, et distorsions cognitives. Les pensées automatiques sont celles qui peuvent être saisies par la conscience, bien qu'elles apparaissent souvent de façon fugace et ne soient généralement pas reconnues. Elles forment la perception d'une situation par la personne, et c'est cette perception, plutôt que les faits objectifs relatifs à la situation, qui entraîne certaines réponses émotionnelles et comportementales. Si les perceptions sont erronées, les réponses et les déductions ne seront pas adaptées. Par exemple, un client s'est mis en colère, car sa femme a pris des légumes de son jardin pour les donner à ses amis. Il a interprété ce geste comme une tentative de le défaire de ses possessions et a exprimé sa surprise à l'idée que sa femme était peut-être fière de ses légumes et voulait partager son succès avec d'autres personnes qui les apprécieraient.

Les **schémas** sont des représentations internes de soi et du monde. Ils facilitent le traitement des informations, car ils sont utilisés pour comprendre et coder les informations et s'en souvenir. Beck (1967) a proposé trois façons de penser (schémas) qui provoquent la dépression:

- vues négatives, autodévalorisantes de soi. La personne se dit: «Je ne vaux rien», ce qui amène la dévalorisation, la culpabilité ou la honte d'être ou d'agir comme elle l'a fait;
- vues pessimistes du monde, de sorte que les expériences de la vie sont interprétées de façon négative. Le déprimé se répète: «Je ne peux rien pour moi», ce qui fait naître un sentiment d'impuissance. S'ajoute la tristesse, à la pensée que «tout ce qui se passe n'est pas une bonne affaire pour moi» et que «c'est bien dommage que la "réalité" [perçue comme négative] soit faite ainsi»;
- croyance que la négation continuera dans le futur, ce qui provoque une vue obscure des événements à venir. Le déprimé pense: «Personne ne peux rien pour moi. Je ne m'en sortirai jamais.» Ces pensées font naître des sentiments de découragement et de désespoir, exprimés par: «J'aimerais mieux mourir.»

Ces attitudes ancrées entraînent une mauvaise interprétation des événements et des situations, de sorte que les schémas cognitifs du client, qui considère le soi comme bon à rien et estime le monde et l'avenir sans espoir, sont confirmés. Ce traitement cognitif erroné conduit sans cesse à des hypothèses et à des erreurs de logique qui entraînent des symptômes dépressifs et une vision perpétuellement négative de la vie. Ainsi, un client commençait chaque rencontre avec l'infirmière en disant: «Tout cela ne sert à rien. Je sais que les choses ne s'amélioreront jamais.»

Les distorsions négatives lient les schémas et les pensées automatiques. Le traitement erroné des informations comprend les distorsions cognitives, comme une généralisation excessive (tirer des conclusions générales en se basant sur des incidents isolés), une pensée dichotomique (percevoir des événements et des expériences uniquement dans une des deux catégories opposées) et l'amplification (accorder une importance disproportionnée à un seul événement ou une seule erreur). Les mécanismes de généralisation excessive (surgénéralisation) et de pensée dichotomique viennent du fait que l'être humain est porté à donner une valeur personnelle aux individus, ce qui peut amener bien des problèmes ; en effet, les auteurs cognitifs s'accordent à dire qu'il est impossible de le faire de façon objective (Auger, 1974 ; Ellis, 1992). Comment réussir à évaluer un humain avec exactitude ? Pour y parvenir, établissons d'abord la valeur intrinsèque, qui est la valeur essentielle, celle qui ne change jamais chez un humain, un animal ou un objet. Il est avantageux de l'utiliser, car un humain ne pourra jamais, par définition, être moins qu'un être humain. Il faut ensuite apprécier la valeur extrinsèque, qui relève des caractéristiques extérieures fluctuant sous l'influence d'une multitude de facteurs, tous plus subjectifs et variables les uns que les autres – ce qui peut être problématique au cours d'une évaluation. Par exemple, en plein désert, un contenant rempli de diamants perdra toute valeur au profit… d'un verre d'eau, pour la personne assoiffée. De la même façon, pour faire du pâté chinois, le maïs en crème a plus de valeur que le caviar, réputé pour être un mets raffiné et coûteux. Enfin, la personne criminelle qui sait nager prend de la valeur si vous avez besoin d'elle pour vous sauver d'un naufrage. Malheureusement, il n'existe pas de critère objectif sûr pour évaluer globalement un être humain, et la mauvaise habitude qui consiste à se donner – ou à donner à d'autres – une valeur personnelle extrinsèque pourra être une cause de la dépression.

Nous retrouvons également d'autres distorsions cognitives (Cottraux, 1992) :

- l'abstraction sélective, qui consiste à se concentrer sur un détail hors du contexte, de sorte que la forme et la signification globales de la situation ne sont pas perçues. Le sujet dépressif ne retiendra ainsi d'une soirée entre amis que le moment où la conversation a cessé de le mettre en valeur ;
- l'inférence arbitraire, qui consiste à tirer des conclusions sans preuve, sur la base d'informations inadéquates ou impropres : « Cette personne m'a regardé de telle façon, ça veut probablement dire que… » ;
- la personnalisation, qui consiste à surestimer les relations entre les événements défavorables et l'individu. Les échecs, l'incapacité, l'agressivité ou l'indifférence des autres seront reliées automatiquement à la responsabilité personnelle du sujet.

L'exemple suivant illustre chacun de ces types de distorsions. Une femme de 42 ans a déclaré que son supérieur ne s'était pas adressé directement à elle au cours des deux dernières réunions. Elle en avait conclu qu'il devait être mécontent de son rendement (généralisation excessive). La femme a affirmé qu'il n'y avait que deux types d'employés, les bons et les mauvais, et que les mauvais perdaient leur emploi (pensée dichotomique). Les préoccupations de la femme ont commencé lorsqu'elle a oublié de donner un message important à son supérieur. En dépit de bons antécédents professionnels, elle était convaincue qu'elle avait montré à quel point elle était une mauvaise employée (amplification).

De nombreuses recherches plaident en faveur du modèle cognitif de la dépression (Robins et Hayes, 1993). Cela a conduit à mettre au point un traitement spécifique pour la dépression, en utilisant des techniques cognitives employées à court terme et visant à modifier la cognition négative du client.

Théorie de l'incapacité apprise

La théorie de l'incapacité apprise est en fait une variante de la théorie cognitive, imputant les déterminants de la dépression à une cognition faussée. Le terme **incapacité apprise** a d'abord été utilisé pour décrire le manque de motivation dont faisaient preuve les chiens soumis à des chocs de laboratoire qu'ils étaient incapables de maîtriser. D'après la théorie originale de Seligman (1975), les événements stressants vécus sans possibilité de les maîtriser entraînent le développement de l'incapacité, de l'apathie, de l'impuissance et de la dépression.

Cette perspective a été quelque peu modifiée par Abramson, Seligman et Teasdale (1978) qui ont avancé que le problème premier est l'anticipation par la personne (cognition) de l'impossibilité de maîtriser les événements extérieurs. Cette attribution causale aux événements actuels, associée aux perceptions d'expériences passées incontrôlables, amène la personne à penser qu'il lui est impossible de maîtriser l'événement ou la situation. Ceci, à son tour, entraîne une incapacité, une passivité et une tristesse qui peuvent conduire à d'autres symptômes dépressifs, dont une diminution de l'appétit et une faible estime de soi.

Tout récemment, le modèle reformulé de l'incapacité apprise a été révisé et a abouti à la théorie du désespoir de la dépression (Abramson, Melalsy et Alloy, 1989). Selon cette théorie, le désespoir est une cause suffisante de la dépression, et les conclusions négatives auxquelles arrive le client, ainsi que la négation sur le soi, sont des éléments clés de la dépression. L'incapacité devient l'une des composantes du désespoir, le manque ressenti de maîtrise sur les événements jouant un rôle moins central. Lorsque survient un événement déplaisant, les personnes qui ont tendance à déprimer attribuent des caractères de stabilité (versus instabilité), de globalisation (versus spécifique) et d'importance (versus caractère non important) à ces événements. L'exemple du client qui pensait qu'il serait au chômage longtemps (stabilité), que sa vie était gâchée (globalisation) et que le poste qu'il avait occupé avait été le point central de sa vie (importance) illustre bien ce type de réaction.

Les symptômes de dépression, parmi lesquels l'apathie et le manque de motivation (attente de l'incapacité), l'affect déprimé et triste (attente d'un résultat négatif), ainsi que les autres symptômes de la dépression, sont censés être engendrés par ce sentiment de désespoir. L'**affect** est la manifestation externe d'un tonus mental émotionnel. Malheureusement, les mécanismes spécifiques par lesquels ces conditions et ces attributions sont transformées en un système spécifique de symptômes de dépression (ou de manie) demeurent incertains.

Événements de la vie et théorie du stress

On admet généralement l'existence d'un certain type de relation entre les événements de la vie et le début d'une dépression unipolaire. On ne sait toutefois pas clairement dans quelle mesure, sous quelles conditions et chez qui les déterminants sociaux externes et les circonstances négatives de la vie contribuent à l'apparition et à l'évolution des troubles de l'humeur, en particulier des troubles bipolaires (McPherson, Herbison et Romans, 1993). Certains épisodes de dépression et de manie surviennent en l'absence d'agents stressants importants, tandis que d'autres sont clairement associés aux événements de la vie. Le rôle des événements de la vie dans l'apparition de la dépression est particulièrement important dans la dépression non endogène et dans la dysthymie. Il existe moins de données en ce qui concerne le rôle des événements de la vie dans le développement des troubles bipolaires. Il semble que les événements de la vie soient souvent des déclencheurs importants pour les premiers épisodes des troubles bipolaires seulement. Cet argument renforce la théorie de la sensibilisation électrophysiologique de Post, ou de l'embrasement, et suggère l'existence de sous-types de dépression et de manie liés davantage à certaines étiologies (p. ex. biologique, par opposition à psychosociale) qu'à d'autres.

En étudiant la dépression, les chercheurs se sont intéressés au nombre et à la nature des événements de la vie, ainsi qu'à la taille du réseau social du client et au soutien qu'il perçoit en recevoir, au moment du premier épisode et de la récurrence de la manie et de la dépression. Paykel (1979), par exemple, a découvert que les clients souffrant de dépression ont signalé trois fois plus d'événements dans leur vie au cours des six mois précédant la dépression que les personnes non déprimées. Dans une étude à long terme, Brown et Harris (1978) ont signalé que les facteurs sociaux stressants (p. ex. manque d'une relation de confiance intime avec un proche ; avoir au moins 3 enfants à la maison ; être au chômage ; perte de la mère avant l'âge de 11 ans) contribuaient de façon importante à rendre une personne vulnérable à la dépression. D'autres données autorisent à penser que les événements relatifs à une perte sociale, comme la mort d'un être cher, ont des effets importants sur l'apparition de la dépression. Cornelis, Ameling et Delonghe (1989) avancent que l'évaluation émotionnelle d'un événement est aussi importante que le changement qu'il cause dans la vie quotidienne, et que les événements de la vie provoquent divers degrés de stress. L'effet que provoque un événement dépend de mécanismes comme le soutien social et la perception de cet événement par la personne. Les événements de la vie influent très certainement sur le développement et la récurrence de la dépression à travers les expériences psychologiques et, en dernier lieu, biologiques du stress.

Théorie de la personnalité

Pendant des années, les cliniciens spécialisés en psychiatrie ont fait une description de la personnalité déprimée comportant des traits de personnalité et des caractéristiques souvent observés chez les clients souffrant de dépression. Le terme *personnalité dépressive* a été largement utilisé pour décrire des traits de personnalité : qui existent avant, pendant ou après un épisode dépressif ; qui modifient la dépression ; qui sont des variantes d'une personnalité normale plutôt que la conséquence de troubles de l'humeur ; ou qui indiquent un caractère et un tempérament permanents (Phillips et coll., 1990). Les caractéristiques de la personnalité couramment associées à la dépression sont la négation, le pessimisme, une faible estime de soi, une tendance aux soucis et à l'anxiété, une tendance à être hypercritique envers soi et les autres, l'abnégation, une tendance à être sérieux et exagérément responsable, la dépendance par rapport à l'amour et à l'affection des autres, l'exigence, le sentiment de s'ennuyer et d'être vide, l'hypocondrie, la tranquillité, l'incapacité à s'amuser et à se relaxer, et une sensibilité au rejet des autres.

D'après la théorie de la personnalité, ces caractéristiques sont des composantes structurelles de longue date du psychisme de la personne. On ignore toutefois à quel point elles prédisposent un individu aux troubles de l'humeur et si elles sont le résultat d'un épisode de dépression ou de manie, ou, au contraire, des éléments permanents. Certains traits, comme la sensibilité au rejet interpersonnel et le névrosisme (anxiété), rendent une personne plus vulnérable à la dépression (Boyce et coll., 1991). Il semble, cependant, que ces traits interagissent avec d'autres variables, dont l'âge, les facteurs sociaux et les facteurs de stress. Dans une étude prospective, les variables de la personnalité n'ont pas permis d'établir une distinction entre les sujets de moins de 30 ans qui ont été sujets à une dépression et ceux qui n'y ont pas été sujets. Une distinction a pu cependant être établie pour ceux de plus de 30 ans, du point de vue des pulsions et de la force émotionnelle, de l'augmentation de la dépendance, d'une réflexion et d'une pensée introvertie, dans le groupe souffrant de dépression (Hirshfeld et coll., 1989).

Même si certains soutiennent que la personnalité dépressive est un trouble de la personnalité selon l'axe II du DSM-IV, il ne faut pas attribuer ces traits à toutes les personnes souffrant de dépression. La dépression ou la manie peuvent former des caractéristiques comportementales ou renforcer des caractéristiques préexistantes.

10.1.3 Épidémiologie

Les troubles de l'humeur sont courants. La dépression est le problème de santé mentale le plus courant au Québec

(Leblanc, 1999). Les données récentes laissent penser que le risque de souffrir d'un trouble affectif au cours d'une vie est de 19,3 % : 14,7 % pour les hommes et 23,9 % pour les femmes (Kessler et coll., 1994). Étant donné que le taux de prévalence d'un trouble bipolaire au cours d'une vie est environ le même pour les hommes et pour les femmes (respectivement 1,4 % et 1,3 %), une grande partie de cette différence est due à la dépression unipolaire. Les femmes ont un taux de prévalence de 21,3 % pour une dépression majeure et de 8,0 % pour une dysthymie, tandis que les hommes ont un taux de prévalence de seulement 12,7 % pour la dépression majeure et de 4,8 % pour une dysthymie, au cours d'une vie. Un certain nombre de théories expliquent ces différences entre les sexes en invoquant les différences hormonales ou biologiques, les rôles sociaux et le traitement cognitif (Nolen-Hoeksema, 1987). Ces différences socio-sexuelles en matière de dépression n'ont cependant pas été suffisamment expliquées de façon empirique, et des recherches supplémentaires sont nécessaires pour déterminer pourquoi les femmes courent un plus grand risque de dépression que les hommes.

Le premier épisode d'un trouble de l'humeur semble survenir à un âge plus jeune. L'âge moyen d'apparition d'un trouble bipolaire est de 25 à 30 ans. En dépit du fait que l'on considère que l'apparition d'une dépression unipolaire survient à environ 35 ans, quelques données indiquent que l'apparition survient dans des cohortes plus jeunes (Lewinsohn et coll., 1993 ; Leblanc, 1999). La dépression touche le plus souvent le groupe des 25 à 44 ans, mais des personnes plus jeunes courent un risque de plus en plus grand de développer une dépression. Des données indiquent qu'un début de dépression à un jeune âge (adolescence ou début de la vingtaine) ou, au contraire, après l'âge de 55 ans, annonce une maladie plus longue, chronique (Klerman et Weissman, 1992). Les taux de dépression n'augmentent pas de façon notable pendant la ménopause. Le risque de présenter une dépression et une manie augmente en cas d'antécédents familiaux de troubles de l'humeur (Akiskal, 1989).

Des facteurs socioculturels peuvent favoriser le début de la dépression et de la manie. La dépression semble survenir plus fréquemment en Europe et en Amérique du Nord que dans les autres parties du monde (Leblanc, 1999). Il semble également que la dépression soit plus fréquente dans les groupes socio-économiques défavorisés, tandis que les troubles bipolaires surviennent le plus souvent dans les groupes socio-économiques aisés. La dépression et la manie surviennent dans le monde entier, mais l'expression des symptômes est liée aux normes culturelles. Les Asiatiques, par exemple, présentent plutôt des symptômes somatiques de la dépression, tandis que les personnes appartenant aux cultures occidentales manifestent plutôt des modifications de l'humeur et de la cognition.

Dans une société de plus en plus stressante, caractérisée par la mobilité, l'éclatement de la famille et les facteurs de stress économiques, les femmes et les jeunes souffrent davantage de dépression qu'au cours des générations précédentes. Malheureusement, les relations entre les facteurs biologiques, psychologiques, développementaux et socioculturels, et leur influence sur le développement des troubles de l'humeur ne sont pas encore claires. Les données épidémiologiques relatives aux troubles de l'humeur sont résumées dans l'encadré 10.2.

Épidémiologie des troubles de l'humeur — **ENCADRÉ 10.2**

- 19,3 % de la population générale souffre d'un trouble de l'humeur.
- 21,3 % des femmes et 12,7 % des hommes font une dépression majeure au cours de leur vie.
- L'âge moyen de début d'un trouble bipolaire est de 25 à 30 ans.
- L'âge moyen de début de la dépression est situé entre 30 et 40 ans.
- La dépression survient plus fréquemment chez les Blancs et les Hispaniques que chez les Afro-Américains.
- La dépression survient plus fréquemment dans les groupes socioéconomiques défavorisés.
- Les troubles bipolaires surviennent plus fréquemment dans les groupes socioéconomiques aisés.

10.1.4 Description clinique

L'humeur est définie comme l'état émotionnel qui est signalé par le client et qui peut varier en fonction de changements externes et internes. Les troubles de l'humeur sont définis en fonction du cycle d'épisodes vécus dans le temps et du tableau clinique au cours de chaque épisode. Le DSM-IV classifie les troubles de l'humeur sous les troubles dépressifs, troubles bipolaires ou autres troubles de l'humeur. Les signes et les symptômes de ces troubles sont décrits dans les paragraphes suivants.

Troubles dépressifs

Les personnes déprimées n'ont connu que des épisodes de dépression, sans épisodes de troubles maniaques ou hypomaniaques. On appelle aussi ces épisodes *dépression unipolaire*. Les critères d'un épisode dépressif majeur sont présentés dans l'encadré 10.3. Les symptômes cliniques des troubles dépressifs sont résumés dans l'encadré 10.4. Un schéma des 4 dimensions présente des manifestations cliniques de dépression.

Épisode dépressif majeur, isolé ou récurrent

Un épisode de dépression majeure peut être le signe d'un premier épisode ou d'un épisode récurrent de la dépression. Les symptômes apparaissent à la suite du trouble et ne sont pas dûs aux effets d'une drogue, d'une maladie ou de la perte d'un être cher au cours des deux mois précédents.

CRITÈRES DSM-IV

Épisode dépressif majeur   ENCADRÉ 10.3

A. Cinq (ou plus) des symptômes suivants ont été présents pendant deux semaines successives et représentent un changement par rapport au fonctionnement précédent. L'un des symptômes doit être soit une humeur dépressive, soit une perte d'intérêt ou de plaisir.

Note : ne pas inclure les symptômes clairement dus à un état pathologique, à des idées délirantes ou à des hallucinations non congruentes à l'humeur.

- humeur dépressive la plus grande partie de la journée, presque tous les jours, selon une déclaration subjective (p. ex. le client dit se sentir triste ou vide) ou les observations faites par les autres (p. ex. il pleure).

  Note : il peut s'agir d'une humeur irritable chez les enfants et les adolescents ;

- diminution marquée de l'intérêt ou du plaisir pour toutes ou presque toutes les activités pendant la majeure partie de la journée, presque tous les jours (selon une déclaration subjective ou les observations des autres) ;

- perte de poids sans régime ou gain de poids important (changement de plus de 5 % du poids corporel en un mois), ou diminution ou augmentation de l'appétit presque chaque jour.

  Note : évaluer l'échec à faire prendre du poids aux enfants ;

- insomnie ou hypersomnie presque chaque jour ;

- agitation ou ralentissement psychomoteur presque tous les jours (observables par les autres, pas seulement des sentiments subjectifs d'agitation ou de lenteur) ;

- fatigue ou perte d'énergie presque tous les jours ;

- sentiment d'être sans valeur ou culpabilité excessive ou inappropriée (qui peut être délirante) presque tous les jours (pas seulement se blâmer ou se sentir coupable à cause de la maladie) ;

- diminution de la capacité à penser ou à se concentrer, ou indécision presque tous les jours (selon une déclaration subjective ou l'observation des autres) ;

- pensées récurrentes de mort (pas juste la peur de mourir), idées de suicide récurrentes sans plan spécifique, ou tentative de suicide ou plan spécifique pour commettre un suicide ;

B. Les symptômes ne correspondent pas aux critères d'un épisode mixte.

C. Les symptômes causent d'importants signes cliniques de détresse ou un dysfonctionnement social, professionnel ou autre.

D. Les symptômes ne sont pas dus aux effets physiologiques directs d'une substance quelconque (p. ex. une drogue, un médicament) ou à un état pathologique général (p. ex. hypothyroïdie).

E. Le deuil n'explique pas davantage les symptômes (p. ex., après la perte d'un être cher, les symptômes persistent pendant plus de deux mois ou sont caractérisés par un dysfonctionnement marqué, une préoccupation morbide de son manque de valeur, des idées de suicide, des symptômes psychotiques ou un ralentissement psychomoteur).

Tiré du *DSM-IV, Manuel diagnostique et statistique des troubles mentaux*, Paris, Masson, 1996.

SYMPTÔMES CLINIQUES

Troubles dépressifs   ENCADRÉ 10.4

Dépression majeure

Émotionnels
- Anhédonie
- Humeur dépressive

Cognitifs
- Diminution de la capacité à penser, à se concentrer ou à prendre des décisions
- Pensées récurrentes de mort
- Focalisation excessive sur son manque de valeur et sa culpabilité

Comportementaux
- Perte ou gain de poids important ou changement significatif dans l'appétit
- Insomnie ou hypersomnie
- Agitation ou ralentissement psychomoteur
- Fatigue

Sociaux
- Retrait des interactions familiales et sociales
- Problèmes au travail pour organiser, commencer et terminer les tâches

Trouble dysthymique

Émotionnels
- Humeur dépressive
- Anhédonie
- Irritabilité ou humeur colérique

Cognitifs
- Sentiments de faible estime de soi et d'inadéquation
- Sentiment de culpabilité et ressassement du passé
- Difficulté à se concentrer, à mémoriser et à prendre des décisions
- Tendance au pessimisme, au désespoir

Comportementaux
- Fatigue chronique

Sociaux
- Retrait social

Tiré du *DSM-IV, Manuel diagnostique et statistique des troubles mentaux*, Paris, Masson, 1996.

Symptômes émotionnels

Humeur dépressive et **anhédonie**, ou perte d'intérêt et de plaisir pour les activités, sont les deux principaux symptômes de la dépression majeure. Pour poser un diagnostic de dépression majeure, le client doit éprouver l'un de ces symptômes pendant la plus grande partie de la journée, presque tous les jours, pendant au moins deux semaines. Le client peut dire qu'il se sent déprimé, triste, vide ou insensible. Il peut signaler des difficultés à tirer du plaisir ou de la satisfaction de ses activités habituelles, par exemple la nourriture, la sexualité ou les sorties avec des amis.

Bien que le client puisse décrire des sentiments de tristesse ou de pleurs fréquents, certaines personnes souffrant de dépression sont incapables de décrire leurs sentiments ou de signaler une perte d'intérêt, une déconnexion ou une incapacité à ressentir des émotions. Le client peut aussi ressentir de l'anxiété, de l'irritabilité ou de la colère. Le client peut faire état d'un sentiment de solitude, d'impuissance ou de désespoir. L'affect d'une personne souffrant de dépression peut être plat et émoussé et s'exprimer de façon minimale, ou peut paraître plutôt normal lorsque la personne tente de camoufler ses luttes intérieures.

Symptômes cognitifs

Les critères cognitifs de la dépression majeure sont : une diminution de la capacité à penser, à se concentrer ou à prendre des décisions ; des pensées récurrentes de mort ; une focalisation excessive sur son manque de valeur et sa culpabilité. Beaucoup de clients déclarent avoir des difficultés à participer à une tâche ou à une conversation et à se concentrer. Lire un journal ou suivre ce qui se dit pendant une conférence peut être extrêmement difficile. Le client peut être incapable de prendre des décisions pour des questions de routine, comme l'habillement le matin ou les achats à l'épicerie. Les pensées de mort sont souvent récurrentes, y compris les idées de suicide ou de mort de causes naturelles, ou les pensées existentielles sur la mort. Parfois, ces pensées peuvent occuper une grande partie des heures éveillées du client. Les pensées négatives sont souvent présentes, avec des sentiments de manque de valeur et de culpabilité excessive. Le client rumine ses actions passées et sa vision négative de lui-même et du monde. Le client souffrant d'une dépression majeure peut présenter un trouble délirant accompagné d'idées fixes que la logique ne peut pas modifier ; il peut se focaliser sur la persécution, la punition, le **nihilisme** ou les inquiétudes somatiques.

Symptômes comportementaux

Les symptômes comportementaux qui sont des critères de la dépression majeure sont une perte ou un gain de poids, un changement d'appétit important, de l'insomnie ou de l'hypersomnie, une **agitation psychomotrice** ou un **ralentissement psychomoteur**, et de la fatigue. Un gain ou une perte de poids sont significatifs lorsqu'ils représentent un changement d'au moins 5 % du poids corporel en un mois. Parfois, le changement de poids n'est pas apparent, mais le client signale une modification importante de son appétit. Les troubles du sommeil sont courants ; les clients se plaignent de ne pas pouvoir dormir, ou de trop dormir. L'agitation psychomotrice est apparente lorsque le client semble agité, qu'il ne tient pas en place ou qu'il est irritable. En cas de ralentissement psychomoteur, ce sont particulièrement les mouvements et le débit de parole du client qui semblent touchés. Les personnes souffrant de dépression peuvent se montrer agitées et avoir une apparence peu soignée. Ils peuvent négliger leur tenue vestimentaire, leur apparence ou leur hygiène. Ils peuvent avoir une posture voûtée et éviter le contact visuel. De nombreux clients se plaignent de sensations de fatigue et de perte d'énergie, et mentionnent une incapacité à accomplir leurs tâches et un besoin de plus en plus grand de faire des siestes. Ils peuvent sembler très fatigués. Ce symptôme peut amener de nombreux clients à consulter leur médecin de famille ou l'infirmière praticienne, en pensant que la fatigue est le signe d'un problème physique. La dépression est donc souvent diagnostiquée en premier lieu au cours d'une visite chez l'intervenant de soins de première ligne.

Symptômes sociaux

Pour poser un diagnostic de dépression majeure, la convergence des symptômes doit causer une détresse sociale et un dysfonctionnement social et professionnel importants. Le client peut se retirer de sa famille et éviter les interactions sociales. Il peut avoir des problèmes au travail, par exemple des problèmes de fonctions exécutives qui relèvent du lobe frontal du cerveau, avec pour résultat une incapacité à organiser, à commencer et à terminer son travail. Bien que quelques clients soient capables de fonctionner à peu près normalement au travail, c'est souvent au prix de grands sacrifices personnels et familiaux, puisque leur énergie pour l'interaction sociale diminue. Les membres de la famille commencent à se sentir perdus, en colère, coupables, abandonnés et tristes.

La détresse conjugale est souvent citée comme un facteur de stress au moins six mois avant le début d'un épisode dépressif (Schmaling et Becker, 1991). Pendant un épisode, l'humeur, la cognition et le comportement changeants du client peuvent éloigner un être cher qui se sent frustré par son incapacité à aider le partenaire. Malheureusement, il semble que la détresse conjugale continue même après la disparition de l'épisode aigu. Des tensions conjugales continues sont citées comme facteur de récurrence de l'épisode (Schmaling et Becker, 1991).

Troubles dysthymiques

La **dysthymie** se distingue de la dépression majeure par son caractère chronique et léger. Pour poser un diagnostic de dysthymie, le client doit se sentir déprimé et présenter au moins trois des symptômes suivants pendant la plus grande partie de la journée, tous les jours, pendant au moins deux ans (un an pour les enfants et les adolescents) : peu d'appétit ou hyperphagie, insomnie ou hypersomnie, peu d'énergie, faible estime de soi, manque de concentration ou difficulté à prendre des décisions, et sentiment de désespoir. Un épisode de manie ou d'hypomanie n'est pas possible. Le client peut avoir vécu un épisode de dépression majeure avant le début de la dysthymie, à condition qu'il se soit écoulé au moins six mois sans signe ou symptôme de dépression. Après deux années de dysthymie, le client peut souffrir d'une dépression majeure en plus de la dysthymie si les symptômes s'aggravent. Le trouble dysthymique n'est pas dû aux effets de l'alcool ou de la drogue ou à un état pathologique. Ce trouble ne présente pas normalement de caractéristiques psychotiques.

Symptômes émotionnels

L'humeur dépressive est le symptôme prédominant qui doit être présent pour que soit posé un diagnostic de dysthymie. Le client signale qu'il se sent chroniquement « abattu, morose, triste ». Beaucoup de clients sont incapables de se souvenir d'une époque où ils se sont sentis bien ou de leur façon d'être normale. La dysthymie se caractérise aussi par une perte généralisée d'intérêt et de plaisir pour les activités, mais contrairement à la dépression majeure, l'anhédonie n'en est pas le symptôme émotionnel principal. L'irritabilité et la colère sont d'autres symptômes. Le client peut se montrer impatient avec les membres de la famille ou les collègues et piquer des colères. Beaucoup peuvent se sentir coupables de leur état irritable, mais ils se sentent incapables de le maîtriser.

Symptômes cognitifs

Les symptômes cognitifs de la dysthymie sont : une faible estime de soi et l'inadéquation, la culpabilité et le ressassement du passé, la difficulté à se concentrer, à mémoriser et à prendre des décisions, et une pensée négative exprimée par le pessimisme et le désespoir. Le client souffrant de dysthymie a souvent peu d'égard pour lui-même et est rongé par un sentiment d'inadéquation et de manque de confiance en lui. Il réfléchit aux actions passées et s'attribue une culpabilité personnelle. La négation envahit tout ce qu'il fait et tout ce qu'il dit ; la vie semble sans espoir et les situations sont recouvertes d'un voile de pessimisme et de désespoir. Le client se plaint souvent d'une mauvaise mémoire et d'une diminution de la concentration lorsqu'il effectue des tâches. Il peut avoir des problèmes à prendre des décisions, mais ce dysfonctionnement n'est généralement pas aussi grave que dans la dépression majeure.

Symptômes comportementaux

Le client souffrant de dysthymie se plaint couramment de fatigue chronique. Les activités habituelles l'épuisent et il pense souvent qu'il souffre d'une maladie physique ou du syndrome de fatigue chronique. Le client peut se rendre à maintes reprises chez son médecin traitant, en espérant trouver la cause de sa fatigue. Outre la fatigue, le client fait preuve d'une activité et d'une productivité réduites. Tout devient une corvée et il a de la difficulté à terminer les tâches dans les délais habituels.

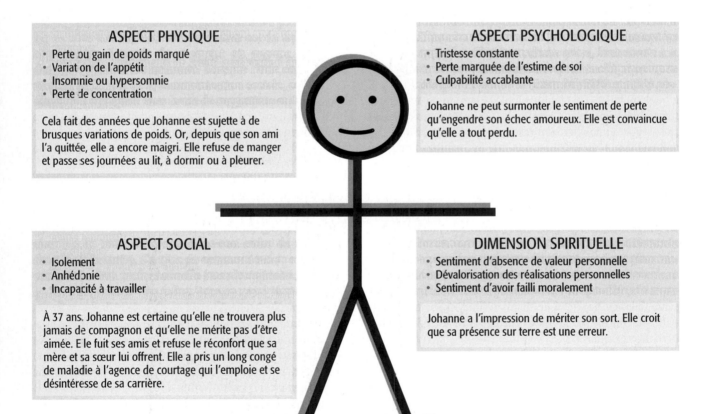

ASPECT PHYSIQUE
- Perte ou gain de poids marqué
- Variation de l'appétit
- Insomnie ou hypersomnie
- Perte de concentration

Cela fait des années que Johanne est sujette à de brusques variations de poids. Or, depuis que son ami l'a quittée, elle a encore maigri. Elle refuse de manger et passe ses journées au lit, à dormir ou à pleurer.

ASPECT PSYCHOLOGIQUE
- Tristesse constante
- Perte marquée de l'estime de soi
- Culpabilité accablante

Johanne ne peut surmonter le sentiment de perte qu'engendre son échec amoureux. Elle est convaincue qu'elle a tout perdu.

ASPECT SOCIAL
- Isolement
- Anhédonie
- Incapacité à travailler

À 37 ans, Johanne est certaine qu'elle ne trouvera plus jamais de compagnon et qu'elle ne mérite pas d'être aimée. Elle fuit ses amis et refuse le réconfort que sa mère et sa sœur lui offrent. Elle a pris un long congé de maladie à l'agence de courtage qui l'emploie et se désintéresse de sa carrière.

DIMENSION SPIRITUELLE
- Sentiment d'absence de valeur personnelle
- Dévalorisation des réalisations personnelles
- Sentiment d'avoir failli moralement

Johanne a l'impression de mériter son sort. Elle croit que sa présence sur terre est une erreur.

SCHÉMA DES 4 DIMENSIONS Dépression

Symptômes sociaux

Le retrait social est courant dans la dysthymie. Le client est fatigué, irritable et déprimé, et ne tire plus satisfaction des sorties et des activités avec la famille et les amis. Les sautes d'humeur et la négation du client peuvent empêcher les gens de rechercher sa compagnie, ce qui augmente son isolement.

Autres troubles dépressifs

Certains types de dépression ne correspondent pas aux critères des troubles dépressifs présentés jusqu'ici. Il en est ainsi du trouble dysphorique prémenstruel, des troubles dépressifs mineurs, des troubles dépressifs brefs récurrents et de la dépression postpsychotique de la schizophrénie. La **dysphorie** est une humeur triste, dépressive. La lectrice est priée de consulter la classification du DSM-IV pour des descriptions plus détaillées de ces diagnostics (voir annexe B).

Troubles bipolaires

Les troubles bipolaires surviennent lorsque le client vit, sur une période donnée, des épisodes dépressifs et des épisodes de **manie** ou d'hypomanie. Les troubles bipolaires se caractérisent par des cycles d'épisodes de manie, d'hypomanie et de dépression. Les épisodes de manie et de dépression ne sont pas dus aux effets de l'alcool ou de la drogue, par exemple d'antidépresseurs, ni à un traitement de choc ou à une photothérapie. Le client peut souffrir d'un trouble bipolaire I ou bipolaire II. L'encadré 10.5 décrit les critères du DSM-IV pour les troubles bipolaires. Même si le public continue d'utiliser le terme psychose maniaco-dépressive (PMD) pour parler des troubles bipolaires, ce terme renvoie à un seul trouble polarisé. Un trouble bipolaire comprend l'ensemble des troubles possibles de l'humeur. Les symptômes cliniques des troubles bipolaires sont résumés dans l'encadré 10.6. Un schéma des 4 dimensions présente les manifestations du trouble bipolaire.

Épisode maniaque

Les épisodes maniaques surviennent lorsque l'humeur est anormalement exaltée, expansive ou irritable de façon persistante pendant au moins une semaine. Au moins trois des symptômes suivants doivent également être présents: augmentation exagérée de l'estime de soi, réduction du besoin de dormir, loquacité plus importante qu'à l'ordinaire, pensées qui défilent, distractibilité, augmentation de l'activité guidée par le but et participation excessive à des activités agréables.

Symptômes émotionnels

Pour poser le diagnostic d'épisode maniaque, le client doit présenter une humeur anormalement exaltée, expansive ou irritable de façon persistante pendant au moins une semaine. Le client semble euphorique, avec des périodes ponctuées par l'irritabilité et la colère. Certains clients

CRITÈRES DSM-IV	
Troubles bipolaires I et II	**ENCADRÉ 10.5**
Type	**Caractéristiques**
Trouble bipolaire I	
Un seul épisode maniaque	Seulement un épisode maniaque
	Pas d'épisodes de dépression majeure dans le passé
Plus récent épisode hypomaniaque	Hypomanie actuelle
	Au moins un épisode précédent de manie
Plus récent épisode maniaque	Manie actuelle
	Au moins un épisode précédent de dépression, d'hypomanie et de manie
Plus récent épisode mixte	Répond aux critères d'un épisode actuel de manie et de dépression
	Au moins un épisode passé de dépression majeure et d'hypomanie
Plus récent épisode dépressif	Épisode de dépression actuel
	Au moins un épisode passé de manie
Trouble bipolaire II	
	Ne doit jamais avoir eu un épisode complet de manie
	Au moins un épisode passé de dépression majeure et d'hypomanie

Adapté du *DSM-IV, Manuel diagnostique et statistique des troubles mentaux*, Paris, Masson, 1996.

signalent une euphorie minime, mais décrivent une irritabilité constante. La labilité émotionnelle, fluctuant entre l'euphorie et la colère, est courante.

Symptômes cognitifs

Une augmentation exagérée de l'estime de soi et le délire de grandeur sont des symptômes courants de la manie. Le client indique qu'il est confiant, capable de faire des choses mieux que les autres. Au fur et à mesure que la manie devient plus intense, le client se décrit dans des termes glorieux et peut s'imaginer qu'il est capable d'exploits et d'accomplissements extraordinaires. Les délires de grandeur peuvent être évidents durant les épisodes de manie graves, lorsque le client pense qu'il possède des dons et des talents extraordinaires ou qu'il est célèbre. Ces délires d'augmentation exagérée de l'estime de soi et de ses capacités sont des caractéristiques psychotiques congruentes de la manie. Du point de vue cognitif, le client victime de manie vit également des perturbations des processus de pensée, caractérisées par des pensées qui défilent et la fuite des idées. La **fuite des idées** est un type de perturbation qui se traduit par un enchaînement rapide et désordonné des idées, dont l'expression verbale est marquée par des associations souvent basées sur des assonances. Il devient difficile de bloquer les stimuli entrants et le client se montre distrait en répondant à des stimuli non pertinents. Le client souffrant de manie réfute souvent le sérieux de son état et manque de jugement en ce qui concerne ses activités et besoins personnels, sociaux et professionnels.

Symptômes comportementaux

La manie se caractérise par une augmentation de la loquacité, une agitation ou un comportement conditionné et une participation excessive à des activités agréables. Au fur et à mesure que la manie progresse, le client devient plus loquace et son débit augmente (accélération de l'expression verbale). Le client peut adopter une apparence marquée par les extrêmes en portant des couleurs criardes, des vêtements inhabituels et un maquillage outré. Le client commence à participer à davantage d'activités, en se chargeant de tâches additionnelles et en entreprenant de nouveaux projets. La productivité peut sembler augmenter étant donné que le client a des tâches supplémentaires, mais au fur et à mesure que la manie devient plus intense, la productivité réelle diminue, car le client devient plus distrait, désorganisé et agité. Il commence à se mouvoir plus rapidement : il fait les cent pas, il remue, il reste rarement immobile. Étant donné que son intuition et son jugement diminuent, le client s'engage dans des activités qu'il perçoit comme plaisantes, mais qui comportent un risque important de danger ou de conséquences négatives. Le client signale souvent des liaisons extraconjugales, des mœurs légères, des dépenses extravagantes, le jeu, un comportement au volant dangereux et des transactions imprudentes.

Symptômes sociaux

Au début, la manie semble promouvoir la sociabilité et le client devient plus sociable et actif. Très vite, cependant, l'intuition et le jugement font défaut, et ce même client devient dérangeant. Il interrompt les conversations et les activités des autres, passe de l'euphorie à la colère et perturbe les interactions sociales. Le client souffrant de manie a de la difficulté à respecter des limites à la fois physiques et émotionnelles ; il empiète sur l'espace physique et se mêle des problèmes personnels des autres. Le client drôle et plein d'esprit devient colérique et isolé au fur et à mesure que le trouble s'aggrave.

Symptômes perceptuels

La distractibilité, c'est-à-dire l'état où l'attention est facilement et fréquemment attirée par des stimuli non pertinents, signale la manie. Le client semble incapable de sélectionner les stimuli périphériques (p. ex. les bruits, les autres voix et les attractions visuelles) qui ne sont pas nécessaires ou pertinents pour la tâche en cours. La distractibilité gêne l'attention, la concentration et la mémoire. Les perturbations perceptuelles peuvent également se manifester sous forme d'hallucinations. Les hallucinations

SYMPTÔMES CLINIQUES
Troubles bipolaires   ENCADRÉ 10.6

Épisode maniaque

Émotionnels
- Humeur anormalement exaltée, expansive ou irritable de façon persistante

Cognitifs
- Sentiments d'une estime de soi exagérément élevée et délire de grandeur
- Perturbation des processus de pensée avec des pensées qui défilent et une fuite des idées

Comportementaux
- Augmentation de la loquacité
- Augmentation d'un comportement ou d'une agitation conditionnés
- Participation excessive à des activités jugées agréables

Sociaux
- Augmentation de la sociabilité
- Comportement intrusif, interruptif et disruptif pendant les conversations ou les activités
- Fluctuations entre l'euphorie et la colère

Perceptuels
- Distractibilité
- Hallucinations

Trouble cyclothymique

Émotionnels
- Périodes d'hypomanie
- Périodes d'humeur déprimée et d'anhédonie
- Irritabilité et humeur colérique

Cognitifs
- Sentiments de faible estime de soi et de manque d'adaptation
- Sentiment de culpabilité et ressassement du passé
- Difficulté à se concentrer, à mémoriser et à prendre des décisions
- Attitude pessimiste et désespoir

Comportementaux
- Fatigue chronique

Sociaux
- Retrait social

DSM-IV, Manuel diagnostique et statistique des troubles mentaux, Paris, Masson, 1996.

maniaques peuvent survenir sous n'importe quel mode sensoriel, mais elles sont généralement auditives, avec des thèmes qui appartiennent au délire de grandeur, au pouvoir et, occasionnellement, à la paranoïa. C'est le signe d'une psychose maniaque.

Épisode hypomaniaque

Les épisodes maniaque et hypomaniaque présentent les mêmes symptômes et se distinguent principalement par leur gravité et leur durée. Les épisodes hypomaniaques ne sont pas suffisamment graves pour causer un dysfonctionnement social et professionnel notable, ni pour exiger une hospitalisation. L'humeur et les perturbations comportementales de l'**hypomanie** doivent cependant clairement

ASPECT PHYSIQUE

- Durant les épisodes dépressifs : mêmes symptômes que la dépression
- Durant les épisodes maniaques : hyposomnie et activité intense

Pierre-Luc est affecté par les saisons. L'hiver, il se terre chez lui et il manque d'énergie. Souvent, il arrête de travailler. L'été, au contraire, il déborde de vitalité, il sort tous les soirs et vit dans l'euphorie.

ASPECT PSYCHOLOGIQUE

- Alternance de cycles de manie et de dépression
- Pertes de contact occasionnelles avec la réalité (état délirant)

Au plus creux de la dépression ou au sommet de ses épisodes maniaques, Pierre-Luc peut succomber à des idées délirantes.

ASPECT SOCIAL

- Durant les épisodes dépressifs : retrait social
- Durant les épisodes maniaques : capacité de travail accrue, intense activité sexuelle, fuite des idées

Pierre-Luc n'arrive pas à s'investir dans une relation quand il est triste. Il a déjà été hospitalisé pour des idées suicidaires. L'été, par contre, il s'engage dans d'innombrables projets et accumule les relations.

DIMENSION SPIRITUELLE

- Sentiment d'abattement durant les épisodes dépressifs
- Sentiment de toute-puissance durant les épisodes maniaques

Pierre-Luc est conscient de son état et concentre son énergie à le gérer. Il prend scrupuleusement ses médicaments et il observe une hygiène de vie. Il a l'impression de maîtriser sa maladie et de pouvoir réaliser malgré tout des projets importants.

SCHÉMA DES 4 DIMENSIONS Trouble bipolaire

représenter un changement radical dans le fonctionnement habituel de la personne pendant au moins quatre jours. Pendant une phase hypomaniaque, le client peut sembler extrêmement heureux et sympathique, à l'aise dans les conversations sociales et plein d'humour. Bien que les moments d'exaltation de l'humeur semblent être désirables, ils représentent des états affectifs dysfonctionnels dont le client ne maîtrise pas complètement les états émotionnels et les comportements qui les accompagnent.

Trouble cyclothymique

Le trouble cyclothymique est un trouble de l'humeur chronique d'une durée d'au moins deux ans (un an pour les enfants et les adolescents), accompagné de nombreux épisodes de symptômes hypomaniaques, d'humeur dépressive et d'anhédonie. Sur une période d'au moins deux années, il est rare qu'il s'écoule deux mois sans que les symptômes se manifestent ; ces symptômes sont moins graves ou intenses que dans les épisodes de dépression majeure ou de manie.

Autres types de troubles de l'humeur

Le DSM-IV fournit également des critères diagnostiques pour les troubles de l'humeur dus à un état médical général et à l'utilisation d'alcool ou de drogue. L'humeur déprimée ou exaltée et les symptômes l'accompagnant découlent d'un état médical général, de l'ingestion ou du sevrage d'un médicament, d'alcool ou de drogue. L'encadré 10.7 présente les types d'états pathologiques et de substances communément associés au développement des troubles de l'humeur.

Autres caractéristiques symptomatiques des troubles de l'humeur

Le DSM–IV reconnaît que certaines caractéristiques des troubles de l'humeur peuvent indiquer différents sous-types des troubles unipolaires et bipolaires. Les personnes souffrant d'un épisode de dépression majeure, faisant partie d'un trouble unipolaire ou bipolaire, peuvent présenter des caractéristiques mélancoliques, atypiques ou saisonnières. Le début de la dépression post-partum constitue un autre type de trouble de l'humeur.

Les caractéristiques de la **dépression mélancolique** sont les suivantes : l'anhédonie et un manque de réactivité à un quelconque stimulus de plaisir ; une humeur particulière où la dépression est perçue comme différente du sentiment ressenti après la mort d'un être cher ; une dépression plus intense le matin ; des troubles du sommeil tôt le matin, avec un réveil au moins deux heures avant l'heure habituelle ; un ralentissement psychomoteur ou une agitation importante ; une perte de poids ou un manque d'appétit notable ; un sentiment de culpabilité excessif.

Encadré 10.7 — États pathologiques et substances associés au développement d'un trouble de l'humeur

États pathologiques
- Hypothyroïdie/ Hyperthyroïdie
- Mononucléose
- Diabète sucré
- Maladie de Cushing
- Anémie pernicieuse
- Pancréatite
- Hépatite
- Sclérose en plaques
- VIH

Substances
- Digitaliques
- Diurétiques thiazidiques
- Réserpine
- Propranolol
- Stéroïdes anabolisants
- Contraceptifs oraux
- Disulfiram
- Sulfamides
- Alcool
- Marijuana

Dans la **dépression atypique**, on constate une humeur réactionnelle, la perte de la capacité à réagir à des stimuli positifs, un gain de poids ou une augmentation de l'appétit importante, une hypersomnie ou une forte impression de lourdeur dans les bras et les jambes, ainsi qu'une sensibilité (présente de longue date) au rejet interpersonnel.

Il y a cycle saisonnier lorsque le début et la rémission d'un épisode de dépression majeure (unipolaire ou bipolaire) surviennent à la même époque chaque année. Ce cycle doit être présent pendant deux années consécutives sans survenue d'épisodes apériodiques. Les épisodes saisonniers des troubles de l'humeur doivent être plus nombreux que les épisodes apériodiques au cours d'une vie. Ce cycle est couramment dénommé **troubles affectifs saisonniers**. Les clients souffrant de troubles affectifs saisonniers font souvent une dépression pendant les mois d'octobre et de novembre et se remettent en mars ou en avril. Les caractéristiques atypiques peuvent également être associées aux troubles affectifs saisonniers. Un cycle saisonnier peut également être observé dans les troubles bipolaires, en particulier dans les troubles bipolaires II, dans lesquels une augmentation de la lumière déclenche des épisodes maniaques ou hypomaniaques.

Les femmes peuvent vivre un trouble de l'humeur, dont la dépression ou la manie, à la suite de la naissance d'un enfant (post-partum). Ces troubles apparaissent généralement au cours des quatre semaines suivant la naissance et consistent en des symptômes de dépression ou de manie décrits ci-dessus. L'encadré 10.8 résume les symptômes cliniques de ces autres troubles de l'humeur.

10.1.5 Pronostic

Récemment, on a accordé une attention grandissante à la compréhension de la vie des personnes souffrant de troubles de l'humeur. Les troubles bipolaires ont traditionnellement été perçus comme récurrents, comportant des cycles de manie et de dépression entrecoupés de cycles d'**euthymie**. La courbe des cycles varie d'une personne à l'autre, avec des épisodes de dépression, de manie et d'euthymie d'une durée variant considérablement. Les troubles bipolaires présentent un fort taux de récurrence et de rechute. Les facteurs qui contribuent à la rechute sont, entre autres : le nombre d'épisodes précédents et de rémissions de ces épisodes ; des antécédents familiaux de troubles bipolaires ; une incapacité fonctionnelle associée à des épisodes ; des épisodes psychotiques et des tentatives de suicide dans le passé (Consensus Development Panel, 1985). Une surveillance et un traitement adéquats permettent de limiter le nombre de récurrences (Keller, 1988).

La dépression majeure, considérée dans le passé comme une occurrence isolée et aiguë, est maintenant considérée comme un trouble sérieux et récidivant pour la majorité des personnes souffrant d'une dépression majeure (Greden, 1993). Les recherches indiquent que 50 % à 85 % des clients souffrant de dépression unipolaire vivent un second épisode et que des épisodes récurrents tendent à être de plus en plus intenses avec des intervalles plus courts entre les épisodes (Angst, 1988). Les épisodes de dépression récurrente sont plus nombreux que les premiers épisodes (Thase, 1992). Vingt pour cent des personnes souffrant de dépression n'ont pas totalement récupéré d'un épisode après un an (Sargeant et coll., 1990). Les effets indésirables à long terme nuisent aux soins auto-administrés, à la productivité, au fonctionnement social et professionnel de même qu'à la santé physique (Tweed, 1993).

Ces données montrent le besoin d'éducation, d'une surveillance à vie et d'un traitement d'entretien pour de nombreuses personnes souffrant de dépression. Le pronostic des troubles de dépression majeure est bon : ces troubles peuvent être bien maîtrisés à l'aide des médicaments, de la psychothérapie et des stratégies mises en place pour que les clients se prennent en charge. Les clients doivent cependant être informés de la nature récurrente de leurs troubles et de l'importance de reconnaître les symptômes et de chercher de l'aide dès le début de la dépression. Malheureusement, beaucoup de personnes ne reconnaissent pas le début d'une récurrence (Hagerty et coll., 1997) et moins d'un tiers des personnes souffrant de dépression demandent de l'aide, ce qui leur fait courir le risque d'une dépression future plus grave.

La dysthymie continue souvent pendant des années avant que les individus ne demandent de l'aide pour leurs symptômes. De nombreuses personnes ne sont pas conscientes du fait que la dépression chronique à bas niveau qui réduit leur énergie est, en fait, une forme de dépression et peut être traitée. Malheureusement, plus de 50 % des personnes souffrant de dysthymie finissent par souffrir d'une dépression majeure (Horwath et coll., 1992).

Grâce à un traitement adéquat, le pronostic de maintien du fonctionnement des personnes souffrant d'un trouble de l'humeur est bon. Par contre, la non-demande d'aide, le manque d'informations sur le trouble, le manque de respect du traitement ou la résistance des symptômes aux traitements traditionnels signifient que certaines personnes seront

Autres troubles de l'humeur · ENCADRÉ 10.8

Dépression mélancolique
Émotionnels
• Anhédonie
• Augmentation de la dépression, le matin
Cognitifs
• Sentiments excessifs de culpabilité
Comportementaux
• Réveil au moins deux heures avant l'heure habituelle et impossibilité de se rendormir
• Agitation ou ralentissement psychomoteur
• Perte de poids importante

Dépression atypique
Émotionnels
• Réactivité de l'humeur
• Capacité à réagir à des stimuli positifs
Cognitifs
• Sensibilité au rejet interpersonnel
Comportementaux
• Prise de poids ou augmentation de l'appétit importante
• Hypersomnie
• Forte impression de lourdeur dans les membres

Troubles affectifs saisonniers
Émotionnels
• Dépression entre octobre/novembre et mars/avril

DSM-IV, Manuel diagnostique et statistique des troubles mentaux, Paris, Masson, 1996.

tellement handicapées qu'elles ne pourront pas fonctionner normalement pendant de longues périodes.

10.1.6 Critères d'évolution positive

La plupart des clients souffrant d'un trouble de l'humeur ne sont pas hospitalisés. Pour ceux qui le sont, on doit s'assurer qu'ils satisfont aux critères suivants avant d'approuver leur sortie de l'hôpital :
• verbaliser des plans réalistes d'avenir ;
• verbaliser l'absence d'intention de commettre un suicide ou d'adopter un comportement suicidaire ;
• verbaliser un plan de demande d'aide (un contrat) si des pensées suicidaires deviennent intenses ou qu'elles commencent à être planifiées ;
• montrer sa capacité à effectuer les autosoins de base relatifs, par exemple, à l'hygiène personnelle ;
• verbaliser les stratégies pour obtenir de l'aide en regard de ses soins, si le besoin est présent ;
• décrire l'état de son humeur et montrer une capacité à identifier les changements par rapport à une humeur euthymique ;
• verbaliser des perceptions réalistes de soi et des capacités qui sont positives et remplies d'espoir ;
• verbaliser des attentes réalistes pour soi et pour les autres ;

• identifier les facteurs psychosociaux ou physiques qui peuvent influer négativement sur l'humeur et la pensée ;
• énoncer des stratégies positives et utiles pour faire face aux menaces, aux inquiétudes et à ces facteurs psychosociaux ou physiques ;
• reconnaître les signes et les symptômes du trouble de l'humeur, y compris les signes avant-coureurs (précoces) qui pourraient indiquer le besoin d'aide ;
• décrire comment contacter, au besoin, des sources d'aide appropriées de validation ou d'intervention ;
• utiliser des techniques et des stratégies apprises pour éviter ou maîtriser les symptômes ;
• verbaliser les connaissances sur le traitement médical et les stratégies nécessaires pour les autosoins ;
• faire appel à la famille ou à des proches comme sources de soutien ;
• structurer ses habitudes de vie pour inclure des activités qui favorisent le soutien social, réduisent le stress et facilitent l'adoption d'un mode de vie sain (p. ex. régime, exercices).

10.2 DÉMARCHE DE SOINS INFIRMIERS

10.2.1 Collecte de données

La prévalence et l'incidence des troubles de l'humeur exigent la reconnaissance précoce, par les infirmières, des manifestations de la dépression et de la manie. La plupart des personnes souffrant d'un trouble de l'humeur, en particulier de dépression, ne recherchent jamais une aide psychiatrique. Le plus souvent, ces individus vont voir leur médecin de famille, se rendent à leur clinique ou aux services d'urgence des hôpitaux pour signaler des symptômes de fatigue ou de manque d'activité, ou pour formuler de vagues plaintes physiques. Beaucoup ne se rendent pas compte qu'ils souffrent d'un trouble de l'humeur.

Les clients souffrant de troubles de l'humeur posent un problème difficile, car leur symptôme principal est soit une dépression, soit une exaltation émotionnelle. Leur dérèglement affectif suscite souvent des réponses émotionnelles chez les infirmières lorsqu'elles s'en occupent, comme la déprime, l'anxiété ou la colère. La négation de la dépression ou l'euphorie expansive, l'hyperactivité et le délire de grandeur de la manie peuvent également provoquer la fatigue, l'irritabilité et la négation chez l'infirmière. Les infirmières s'occupant de clients qui souffrent de troubles de l'humeur doivent donc avoir conscience de leurs propres réactions envers le client et des façons dont ces réactions affectent la relation infirmière-client et les soins qui s'ensuivent.

Le client souffrant de troubles de l'humeur ressent une douleur émotionnelle. Il est incapable de modifier son état émotionnel de façon volontaire. Pourtant, des proches lui font souvent des commentaires comme : « Reprends-toi... Contrôle-toi. » On doit lui dire qu'il n'est pas responsable de son état émotionnel, qu'il vit un trouble psychiatrique. Il devrait être accepté et respecté.

Il est important que les infirmières semblent confiantes, directes et pleines d'espoir. Des commentaires rassurants comme « Je sais que vous vous sentirez mieux bientôt » sont inutiles, car ils peuvent être faussement réconfortants. Il est préférable de donner espoir en disant : « J'ai connu de nombreux clients souffrant de dépression, et ils se sont sentis mieux quelques semaines après avoir commencé leur traitement. »

La communication avec la personne souffrant de dépression dépend de la gravité de celle-ci. Le client souffrant d'une dépression grave peut subir un ralentissement physique et cognitif et avoir des problèmes d'attention, de concentration et de prise de décision. Une communication simple et claire est très utile dans cette situation. L'infirmière doit parfois être plus directive si la personne a du mal à prendre des décisions (p. ex. « C'est l'heure du déjeuner. Je vous accompagne » au lieu de « Aimeriez-vous aller déjeuner ? »). Au fur et à mesure que l'état du client s'améliore, il peut traiter des informations plus complexes du point de vue cognitif et prendre plus facilement des décisions.

La communication avec le client souffrant de manie peut également être difficile. Son hyperactivité, son humeur expansive ou irritable et son incapacité à filtrer les stimuli empêchent une communication efficace. Les infirmières doivent être simples, claires, directes et fermes. Le client doit savoir que l'infirmière l'apprécie et qu'elle s'intéresse à son comportement. Des épisodes aigus de manie ne sont pas des moments opportuns pour examiner les sentiments et les motifs du client. Les interactions devraient être brèves et directes, en minimisant les stimuli non nécessaires. Il est également important de ne pas menacer ni défier un client vivant un épisode maniaque, car le client peut répondre avec agressivité.

Les informations que donne le client peuvent être minimes ou inexactes, en raison d'un dysfonctionnement cognitif, d'un changement de l'humeur ou de troubles comportementaux. Un proche peut être une source importante d'informations lorsque l'infirmière doute de la fiabilité du client. Il peut être nécessaire d'avoir des entretiens courts et directifs si le client a des difficultés comportementales ou cognitives.

La collecte de données comprend des informations sur le problème énoncé et l'état mental, les antécédents psychiatriques, les antécédents développementaux et sociaux, les antécédents familiaux et la santé physique. Les instruments d'évaluation permettent de rassembler les données. Ces instruments comprennent, entre autres, l'inventaire de dépression de Beck, l'échelle d'évaluation de Carroll pour la dépression et l'échelle d'auto-évaluation de la dépression de Zung. L'infirmière peut également demander au client d'évaluer son propre niveau de dépres-

sion ou de manie en demandant de s'auto-évaluer sur une échelle de 1 à 10 (p. ex. « Si 0 représente un sentiment de bien-être et 10 la pire dépression que vous ayez jamais vécue, à combien évaluez-vous votre dépression à l'heure actuelle ? »). Cela permet d'effectuer des comparaisons quotidiennes de l'humeur.

Troubles physiologiques

La physiologie du corps est modifiée pendant les épisodes de dépression et de manie. Pendant la dépression modérée ou grave, les processus du corps ralentissent fréquemment. Le client souffrant de dépression peut signaler et présenter des signes neurovégétatifs de dépression, qui comprennent un ralentissement psychomoteur, de la fatigue, de la constipation, de l'anorexie (perte d'appétit), une perte de poids, une diminution de la libido (pulsions sexuelles) et des troubles du sommeil. Ces symptômes sont associés aux changements de processus corporels qui provoquent une perturbation et un ralentissement du métabolisme normal. Le client peut également décrire de vagues symptômes physiques tels que des céphalées, des dorsalgies, des douleurs gastro-intestinales et des nausées. Le client peut consulter son médecin de famille, pensant que sa fatigue et sa perte d'énergie sont attribuables à une maladie physique. Les troubles du sommeil sont un problème courant. Le client décrit l'insomnie initiale (l'incapacité de s'endormir au coucher), l'insomnie du milieu de la nuit (réveil au milieu de la nuit et impossibilité de se rendormir facilement), et l'insomnie terminale ou tardive (réveil aux premières heures du matin et incapacité de se rendormir). Un autre type de troubles du sommeil constatés dans la dépression est l'hypersomnie, dans laquelle le client dort excessivement, mais ne se sent jamais reposé. Le client souffrant de dépression peut présenter une diminution ou une augmentation de l'appétit accompagnée par les changements de poids correspondants : 5 % d'écart en un mois est déjà significatif. Il dit souvent que la nourriture n'a pas de goût.

Le client souffrant de manie a également des difficultés à s'endormir. Ne ressentant pas ce besoin, le client peut ne dormir que quelques heures par nuit ou pas du tout et se sentir pourtant reposé ensuite. Le comportement hyperactif et l'incapacité à se concentrer sur des tâches empêchent souvent le client de se nourrir adéquatement, ce qui a pour résultat la déshydratation et une alimentation déficiente. Lorsque le client est de plus en plus stimulé, l'activité métabolique augmente et les signes vitaux peuvent s'élever. Sans intervention appropriée, le client souffrant de manie peut courir le risque d'une déshydratation, d'une hypertension et d'un arrêt cardiaque, pouvant conduire à la mort.

➡ 10.2.2 Diagnostic infirmier

L'infirmière utilise les données objectives et subjectives obtenues pendant l'évaluation du client souffrant du trouble de l'humeur pour poser un diagnostic infirmier pertinent. Les données provenant de différentes sources (du client, des proches et d'autres professionnels) sont organisées et mises en relation afin de déterminer les besoins en soins de santé du client (voir encadré 10.9). Les diagnostics infirmiers ci-après s'appliquent aux clients souffrant d'un trouble de l'humeur.

Diagnostics infirmiers pour la dépression

- Constipation
- Fatigue
- Perte d'espoir
- Connaissances insuffisantes (dépression/manie, traitement)
- Alimentation déficiente ou excessive
- Perte d'élan vital
- Sentiment d'impuissance
- Diminution de l'estime de soi

- Opérations de la pensée perturbées
- Déficit de soins personnels : se laver, effectuer ses soins d'hygiène
- Déficit de soins personnels : se vêtir, soigner son apparence
- Déficit de soins personnels : s'alimenter
- Dysfonctionnement sexuel
- Habitudes de sommeil perturbées
- Interactions sociales perturbées
- Détresse spirituelle (détresse humaine)
- Risque de violence envers les autres
- Risque de violence envers soi

Diagnostics infirmiers pour la manie

- Communication verbale altérée
- Stratégies d'adaptation défensives
- Stratégies d'adaptation inefficaces

QUESTIONS POUR LA COLLECTE DE DONNÉES

Troubles de l'humeur

ENCADRÉ 10.9

- Comment décririez-vous votre humeur ? *Pour évaluer la capacité du client à décrire son état émotionnel.*
- Avez-vous remarqué un changement dans votre comportement au cours du mois dernier ? *Pour déterminer la prise de conscience par le client des changements dans son comportement.*
- Pensez-vous que les autres remarquent un changement dans votre comportement, par exemple l'irritabilité ou l'hyperactivité ? *Pour déterminer la sensibilité du client aux observations des autres sur ses modifications comportementales.*
- Quelles activités avez-vous appréciées au cours du mois dernier ? Les avez-vous autant appréciées qu'auparavant ? Pouvez-vous imaginer un événement ou une situation qui vous donnerait du plaisir ? Avez-vous été capable d'apprécier la nourriture et la sexualité au cours du mois dernier ? *Pour déterminer la qualité de vie actuelle du client.*
- Quand avez-vous commencé à vous sentir déprimé ou exalté ? Est-ce que les autres ont remarqué que vous sembliez plus déprimé ou plus exalté qu'à l'ordinaire ? Avez-vous déjà ressenti cela ? Quand ? À quoi cela ressemblait-il ? *Pour établir des modes de comportement.*
- Dormez-vous bien ? Pouvez-vous vous endormir le soir ? Rester endormi ? Est-ce qu'il vous arrive de vous réveiller tôt le matin et d'être incapable de vous rendormir ? Est-ce que vous dormez plus que d'habitude sur une période de 24 heures ? Combien d'heures ? *Pour déterminer les cycles de sommeil.*
- Comment était votre appétit au cours du mois passé ? Combien de kilos avez-vous pris ou perdu au cours du mois dernier ? *Pour déterminer l'état nutritionnel et métabolique.*

- Comment est votre niveau d'énergie ? Vous sentez-vous fatigué tous les jours ? Vos membres vous semblent-ils lourds ? *Pour évaluer la prédisposition à la fatigue.*
- Comment est votre concentration ? Êtes-vous capable d'accomplir des tâches, comme lire un journal ? Pouvez-vous vous concentrer sur des projets ou des activités et les terminer ? Qu'en est-il de votre capacité à prendre des décisions ? *Pour évaluer les capacités cognitives.*
- Comment vous sentez-vous dernièrement ? Vous êtes-vous senti plus coupable que d'ordinaire pour des choses que vous avez faites ? *Pour déterminer le niveau de valeur de soi/d'estime de soi du client.*
- Vous êtes-vous senti particulièrement ralenti, ou est-ce que les autres vous ont dit que vous sembliez bouger ou parler plus lentement que d'habitude ? *Pour déterminer la présence d'un ralentissement sensori-moteur.*
- Vous êtes-vous senti entraîné dans une cadence infernale au point de le remarquer ou que quelqu'un vous en fasse la remarque ? *Pour évaluer la présence de manie ou d'hypomanie.*
- Avez-vous des pensées de mort ou de suicide ? Souvent ? Qu'avez-vous pensé faire en particulier pour vous faire du mal ? *Pour déterminer l'intention ou les projets de suicide.*
- Quels moyens pensez-vous utiliser ? *Pour évaluer la létalité du projet de suicide.*
- Qu'avez-vous fait dernièrement pour gérer vos émotions ? Cela vous a-t-il aidé ? *Pour évaluer les mécanismes ou les stratégies d'adaptation.*
- Comment votre humeur a-t-elle affecté votre travail ? Votre famille ? Votre vie sociale ? *Pour évaluer l'omniprésence de l'humeur actuelle du client.*

- Dynamique familiale perturbée
- Non-observance (du traitement)
- Alimentation déficiente
- Diminution de l'estime de soi
- Trouble de la perception sensorielle (à préciser)
- Habitudes de sommeil perturbées
- Opérations de la pensée perturbées
- Risque de violence envers les autres
- Risque de violence envers soi

➡ 10.2.3 Résultats escomptés

Les résultats de soins infirmiers pour les clients souffrant de troubles de l'humeur sont les comportements et les réponses à court et à long terme qui indiquent une amélioration du fonctionnement. Ces résultats sont basés sur les diagnostics infirmiers et exigent l'exécution de soins infirmiers planifiés. Ils indiquent à l'infirmière comment évaluer la réponse du client au traitement.

Le client :

- sera en sécurité et hors de danger ;
- verbalisera ses idées de suicide et s'engagera à ne pas nuire aux autres ni à lui-même ;
- verbalisera l'absence d'intention ou de plans de suicide ou d'homicide ;
- exprimera le désir de vivre et de ne pas nuire aux autres ;
- fera des plans d'avenir réalistes, en verbalisant des sentiments d'espoir ;
- effectuera ses soins personnels selon ses capacités, son état de santé et son stade de développement ;
- développera des stratégies pour pallier un sommeil inadéquat ;
- établira un programme de repos et d'activités qui lui permettra de remplir son rôle et d'effectuer les autosoins nécessaires ;
- prendra des décisions après examen des options et à l'aide de ses capacités de résolution de problèmes ;
- signalera l'absence d'hallucinations ou de délires ;
- aura des interactions sociales satisfaisantes avec des proches ou des pairs ;
- participera à des activités du milieu, du groupe et de la communauté ;
- signalera l'augmentation de la communication et de la résolution de problèmes avec les membres de la famille pour ce qui est des questions liées à sa maladie ;
- décrira des stratégies d'adaptation pour répondre aux agents stressants en tenant compte de ses forces et de ses limites ;
- signalera une augmentation de son estime et de sa confiance en soi ;
- entreprendra des activités et adoptera des attitudes qui favorisent la confiance, l'appartenance et l'acceptation ;
- décrira les informations sur sa maladie, y compris l'évolution de celle-ci et ses manifestations, ainsi que les ressources disponibles ;
- identifiera les médicaments, leur action, leur posologie, leurs effets secondaires, leurs effets thérapeutiques et les soins personnels spécifiques ;
- adhérera à son plan de traitement et développera des stratégies d'adaptation.

➡ 10.2.4 Planification

Les données récentes relatives à l'épidémiologie et le caractère récidivant de la dépression et de la manie fournissent des indices sur la façon de traiter les clients souffrant de troubles de l'humeur, à l'hôpital et dans la communauté. Les soins infirmiers sont administrés au cours des épisodes aigus de la maladie et pour éviter le risque de rechute. Les interventions pendant les épisodes de dépression ou de manie aigus peuvent être efficaces, mais trop souvent le client comprend peu l'importance d'un suivi. Les interventions doivent être adaptées à ses préoccupations et à ses comportements particuliers. La planification des soins demande non seulement la participation du client, mais aussi celle de ses proches et des autres soignants. Les diagnostics infirmiers posés à partir de données d'évaluation permettent de planifier des interventions visant à atteindre les objectifs désirés pour le client (voir encadré 10.10).

➡ 10.2.5 Exécution

Le plan d'action pour les clients souffrant de troubles de l'humeur varie selon que le client est déprimé ou maniaque. Dans le court terme, il existe des soins infirmiers et des interventions de collaboration efficaces pour réduire l'acuité de l'épisode et promouvoir un fonctionnement optimal. Étant donné la tendance actuelle des hospitalisations à court terme, les infirmières n'ont pas le temps, dans le cadre hospitalier, de voir le client se remettre de l'épisode. Les réponses prévues au traitement devraient cependant être notées et communiquées au client et aux infirmières, ainsi qu'aux proches qui prendront soin du client dans la communauté. Les infirmières qui travaillent au sein de la communauté ont la possibilité d'observer les réponses au traitement à plus long terme (voir encadré 10.11).

Les troubles de l'humeur, bien qu'ils soient tout d'abord un trouble de la régulation émotionnelle, affectent la personne tout entière, du point de vue physique, cognitif, social et spirituel. Des interventions à court terme à l'hôpital ou dans la communauté visent en premier lieu à éviter les actes auto-destructeurs, à promouvoir la santé physique (p. ex. s'alimenter, se laver, soigner son apparence, dormir), à surveiller les effets des médicaments et à rétablir des processus de pensée et une communication altérés. Il faut aussi prendre en compte l'interaction sociale, l'estime de soi, la compréhension de la maladie et de son traitement, l'observance du traitement, la planification de la sortie d'hôpital et la continuation ou l'arrêt des services. Les épisodes de dépression et de manie affectant la famille tout entière, il est important que les proches du client comprennent la maladie afin d'être en mesure d'aider le client à récupérer. Le chapitre 7 présente des cheminements cliniques pour les troubles de l'humeur, décrivant des interventions de collaboration.

Les interventions infirmières pour les clients souffrant de troubles de l'humeur relèvent des domaines de la biologie et de la psychosociologie; elles examinent les effets de la dépression et de la manie tant sur les plans physiologique, cognitif, psychologique et comportemental que sur le plan social. Les infirmières intervenant auprès de clients souffrant de dépression et de manie doivent être très conscientes de leurs réactions vis-à-vis des clients, car la dépression, l'irritabilité, la colère, la négation, l'euphorie et l'hyperactivité du client peuvent modifier leurs réponses. Il est épuisant d'interagir avec des clients qui éveillent en nous des réactions et des sentiments personnels, pendant des rencontres extrêmement difficiles du point de vue psychologique. L'infirmière établit et maintient une communication thérapeutique avec les clients en étant cohérente et en faisant preuve d'une préoccupation bienveillante, d'empathie et d'authenticité. Les clients souffrant de troubles de l'humeur peuvent avoir de la difficulté à nouer une alliance thérapeu-tique, et éviter les relations interpersonnelles. Une présentation bien informée, cohérente et pratique (mais authentique et empathique) est réconfortante pour les clients et favorise leur confiance en l'infirmière.

Interventions de soins infirmiers

1. Évaluer la tendance suicidaire, au besoin en établissant un contrat de vie, *pour assurer la sécurité du client et éviter qu'il soit un danger pour lui-même ou pour les autres*;
2. Maintenir un environnement sûr et sans danger au moyen d'une surveillance étroite et fréquente *pour réduire le risque de violence*;
3. Développer une relation de confiance avec le client *pour l'aider à accepter de communiquer davantage ses pensées et ses sentiments*;
4. Aider le client à verbaliser ses sentiments *pour promouvoir une forme de communication saine et expressive*;
5. Connaître le système de soutien social du client et encourager le client à l'utiliser *pour réduire l'isolement et la solitude, préalables possibles au désespoir*;
6. Féliciter le client pour ses tentatives d'alterner activités et interactions avec les autres *afin d'encourager la socialisation*;

 Diagnostics en collaboration

Diagnostics du DSM-IV*

- Trouble bipolaire I, maniaque ou hypomaniaque
- Trouble bipolaire II
- Trouble cyclothymique
- Trouble dysthymique
- Épisode de dépression majeure
- Trouble de l'humeur dû à un état pathologique
- Trouble de l'humeur causé par l'alcool ou la drogue

Diagnostics ANADI†

- Communication verbale altérée
- Constipation
- Stratégies d'adaptation défensives
- Stratégies d'adaptation inefficaces
- Dynamique familiale perturbée
- Fatigue
- Perte d'espoir
- Connaissances insuffisantes (à préciser)
- Non-observance (à préciser)
- Alimentation déficiente ou excessive
- Sentiment d'impuissance
- Déficit de soins personnels: se laver ou effectuer ses soins d'hygiène
- Déficit de soins personnels: se vêtir ou soigner son apparence
- Déficit de soins personnels: s'alimenter
- Diminution de l'estime de soi
- Trouble de la perception sensorielle (à préciser)
- Dysfonctionnement sexuel
- Habitudes de sommeil perturbées
- Interactions sociales perturbées
- Détresse spirituelle (détresse humaine)
- Opérations de la pensée perturbées
- Risque de violence envers les autres
- Risque de violence envers soi

*Tiré du *DSM-IV, Manuel diagnostique et statistique des troubles mentaux*, Paris, Masson, 1996.
† Tiré de la NORTH AMERICAN NURSING DIAGNOSIS ASSOCIATION. *Diagnostics infirmiers: Définitions et classification, 2001-2002*, Paris, Masson, 2002.

SOINS INFIRMIERS DANS LE MILIEU DE VIE

Troubles de l'humeur

ENCADRÉ 10.11

Travailler avec des personnes souffrant de troubles de l'humeur peut être difficile pour l'infirmière en santé mentale. L'infirmière fait face à un grand nombre de comportements et peut constater que ses recommandations sont minimisées par le client, ou même non considérées. Une personne présentant un épisode maniaque aura souvent des idées de grandeur, exprimera du plaisir à la vue de l'augmentation de son niveau d'activité, et sera irritée lorsqu'elle sera confrontée à un comportement problématique. Au contraire, une personne souffrant de dépression rejettera souvent l'aide offerte, parce que rien ne semble avoir un sens et que le changement paraît impossible. Dans l'un ou l'autre cas, le client peut considérer que le processus d'évaluation est indiscret et les tentatives pour le faire participer au traitement peuvent échouer. L'infirmière doit mener le processus d'évaluation avec soin pour suggérer l'hospitalisation, si nécessaire.

Le contexte et le moment sont importants lorsqu'on évalue une personne souffrant d'un trouble de l'humeur dans la communauté. L'infirmière doit essayer de répondre aux questions suivantes :

- Des agents stressants situationnels ont-ils causé la tristesse ?
- Un processus de deuil a-t-il évolué vers un état dépressif pathologique ?
- Des signes végétatifs sont-ils apparus ? (Les habitudes de sommeil et d'alimentation de la personne ont-elles changé ?)
- Les signes non verbaux comme la posture et l'affect correspondent-ils à l'émotion exprimée ?
- Y a-t-il des antécédents de comportements suicidaires, une tendance suicidaire actuelle ou un plan pour se suicider ?
- La personne a-t-elle été traitée avec succès pour une dépression ?
- La personne est-elle prête à accepter le traitement maintenant ?

L'infirmière doit se montrer impartiale et ne pas essayer de réconforter superficiellement le client ou de lui offrir des conseils situationnels. Elle peut suggérer des traitements possibles et évaluer la réponse du client. Les tests de dépistage de la dépression facilitent le diagnostic.

Évaluer un client qui traverse un épisode maniaque est souvent très difficile et peut être frustrant pour l'infirmière. Le client maniaque répète qu'il va très bien, qu'il n'a besoin de l'aide de personne et qu'il n'aime pas être « interrogé ». Il vaut mieux solliciter l'aide des membres du réseau de soutien du client pour identifier un épisode maniaque en cours, en étudiant les changements de comportement. Le client peut être en train de vivre une augmentation de ses habitudes de dépenses et de son activité sexuelle ou des cycles de sommeil variables. Il est plus facile de convaincre le client de demander de l'aide au début de l'épisode. Plus tard, le client peut être irritable ou fatigué par le manque de sommeil et l'augmentation de la tension, au point de faire une psychose, ce qui nécessite une hospitalisation involontaire.

L'infirmière s'occupant de clients souffrant de troubles de l'humeur au sein de la communauté doit surveiller les doses et l'efficacité des médicaments. Les antidépresseurs peuvent aider les clients à se sentir plus forts, mais ces derniers sont encore suffisamment déprimés pour courir un risque élevé de suicide. Les antimaniaques, tels que le carbonate de lithium et la carbamazépine (Tegretol) peuvent provoquer la mort en cas d'accumulation excessive dans l'organisme. Ces médicaments exigent des tests sanguins réguliers pour vérifier l'observance du traitement et établir une distinction entre les niveaux toxiques et thérapeutiques. Les symptômes de toxicité pouvant ressembler à une aggravation de la maladie, des doses plus importantes de médicament peuvent être administrées si l'évaluation n'est pas faite à temps et de façon critique. L'infirmière doit encourager le client à distinguer les états émotionnels et les symptômes pathologiques ou physiologiques, de façon à ce qu'il puisse demander de l'aide en cas de besoin.

7. Surveiller les ingesta et les excreta liquidiens du client, les apports en aliments, et le poids *afin d'assurer une nutrition et une hydratation adéquates, un poids proportionnel à la taille et aux besoins du métabolisme*;

8. Promouvoir les activités de soins personnels, parmi lesquels les bains, l'habillement, l'alimentation et la mise personnelle *afin de renforcer le fonctionnement du client et d'augmenter son estime de soi*;

9. Aider le client à se fixer des attentes et des objectifs quotidiens *pour favoriser son encadrement et réduire la confusion ou l'anxiété*;

10. Planifier des activités de soins personnels aux heures où le client a davantage d'énergie *pour augmenter la tolérance à l'activité et réduire la fatigue au minimum*;

11. Réduire les choix d'habillement et les tâches à effectuer *pour faciliter le processus de prise de décision, et augmenter les choix au fur et à mesure que le client s'améliore du point de vue cognitif*;

12. Évaluer le processus cognitif et perceptuel du client *pour établir avec précision l'existence de délire ou d'hallucinations pouvant être troublants ou nuisibles pour le client*;

13. Aider le client à reconnaître les pensées négatives et auto-destructrices et à les remplacer par des pensées réalistes *afin de promouvoir des pensées plus exactes, plus positives sur soi* (voir chapitre 3);

14. Encourager le client à participer à des groupes thérapeutiques qui donnent de la rétroaction *pour recadrer sa pensée grâce au soutien des autres* (voir chapitre 3);

15. Fournir des directives et des informations claires et simples dans un environnement offrant peu de stimuli *afin d'encourager la focalisation, l'attention et la concentration avec un minimum de distractions*;

16. Informer le client et ses proches sur la maladie et le traitement *afin de réduire au minimum les sentiments de culpabilité et les remords que le client et sa famille pourraient ressentir par rapport à la maladie*;

17. Augmenter progressivement les niveaux d'activités et d'exercices *afin de réduire la fatigue et d'augmenter la tolérance à l'activité*;

18. Détecter les sources de stress externes et aider le client à s'y adapter de façon plus efficace *afin de réduire les agents stressants et de promouvoir des mécanismes d'adaptation*;

19. Bien informer le client souffrant de dépression sur le trouble et sur les symptômes *pour diminuer les sentiments d'inadéquation, réduire les sentiments de culpabilité et augmenter les connaissances de base de la maladie*;

20. Bien informer le client souffrant de manie sur le trouble et les symptômes *pour diminuer les sentiments d'inadéquation, diminuer la culpabilité et augmenter les connaissances de base des effets de la maladie*.

Modalités de traitement supplémentaires

Psychopharmacologie

Grâce aux recherches sur la neurobiologie de la dépression et de la manie, il y a eu au, cours des 30 dernières années, des avancées majeures dans la mise au point et l'utilisation de médicaments qui traitent les troubles de l'humeur. Le chapitre 20 porte sur ces médicaments. Les nombreux types de médicaments existants semblent fonctionner pour certaines personnes et certains types de dépression et de manie. Le choix du médicament et de la posologie efficace pour une personne donnée est souvent un processus difficile.

Différentes sortes d'antidépresseurs sont utilisées pour traiter les personnes souffrant d'épisodes de dépression majeure et certaines personnes souffrant de dysthymie. Ces médicaments sont, entre autres, les antidépresseurs imipraminiques, les hétérocycliques, les IMAO, les inhibiteurs sélectifs du recaptage de la sérotonine et, plus récemment, les inhibiteurs de recaptage de la sérotonine et de la norépinéphrine. Ces médicaments exercent des effets puissants non seulement sur l'humeur, mais aussi sur l'ensemble des symptômes de la dépression, dont les symptômes neurovégétatifs. Il n'est pas surprenant que les médicaments puissent également créer des effets secondaires gênants et même dangereux. Pris en grande quantité, beaucoup sont toxiques ou même mortels. De plus, il faut parfois compter une à six semaines pour que ces médicaments commencent à produire des effets thérapeutiques, période pendant laquelle les effets secondaires sont, le plus souvent, les plus prononcés. Lorsque le médicament commence à exercer son effet thérapeutique, les effets secondaires diminuent souvent. Vu les données récentes sur la nature récidivante de la dépression et de son effet handicapant au fil du temps, de nombreux clients prennent maintenant ces médicaments pendant des années, voire la vie entière.

Les stabilisateurs de l'humeur traitent la manie chez les clients souffrant de troubles bipolaires. Le principal stabilisateur de l'humeur et le plus couramment utilisé est le lithium, bien que certains anticonvulsivants (p. ex. la carbamazépine, le valproate) semblent également favoriser la stabilisation de l'humeur. Le lithium agit comme un sel dans le corps, et ses concentrations sanguines sont étroitement liées à l'hydratation et aux prises de sodium du client. Le lithium provoque les effets secondaires suivants: effets sur le système nerveux central (tremblements, troubles de mémoire, cognition ralentie), effets gastro-intestinaux (nausée, diarrhée), gain de poids et hypothyroïdie, effets rénaux (polyurie). Les concentrations sanguines sont surveillées pour s'assurer d'une concentration adéquate non toxique. Des concentrations sanguines de 0,5 à 1,0 mEq/L conviennent généralement au traitement d'entretien, tandis que le traitement de la manie aiguë exige des concentrations allant jusqu'à 1,5 mEq/L. La marge de concentration sanguine thérapeutique pour le lithium est étroite; la toxicité peut survenir rapidement et se caractérise par des vomissements, une sédation excessive, une ataxie et, enfin, des convulsions. Une concentration sanguine de lithium de presque 2,0 mEq/L est jugée toxique. Le lithium est éliminé par les reins et devrait être utilisé avec prudence en cas de maladie rénale. Les clients prenant du lithium ne devraient utiliser les diurétiques qu'en faisant preuve d'une grande prudence et sous surveillance étroite, car les diurétiques peuvent provoquer une augmentation rapide des concentrations sanguines de lithium.

Les benzodiazépines sont prescrites aux clients souffrant d'épisodes de dépression ou de manie pour traiter les symptômes associés de l'anxiété, et les sédatifs hypnotiques non barbituriques, pour promouvoir le sommeil, calmer les délires et les comportements extrêmement agités. Les antidépresseurs et les stabilisateurs de l'humeur peuvent réduire et réguler les symptômes liés à l'anxiété et au sommeil, mais leurs effets thérapeutiques prennent plus de temps à se manifester que ceux des autres médicaments mentionnés ci-dessus.

ALERTES L'infirmière doit se montrer vigilante en ce qui concerne les idées suicidaires et les intentions de suicide chez les clients souffrant de dépression ou chez ceux souffrant de manie qui sombrent dans une phase dépressive, ou encore chez ceux dont l'introspection et le jugement sont déficients. Les six premières semaines du traitement antidépresseur, avant que ce dernier ne produise tous ses effets thérapeutiques, sont une période à risque suicidaire particulièrement élevé.

Même si les médicaments ne sont prescrits que par les médecins, les soins infirmiers relatifs à l'administration d'agents pharmacologiques sont complexes. L'infirmière doit comprendre le mécanisme d'action, les posologies (thérapeutiques), les effets secondaires et les questions

Plan de soins infirmiers

COLLECTE DE DONNÉES

Chantal, 41 ans, est mère de deux enfants. Son ex-mari s'est remarié récemment. Chantal vient juste d'apprendre que sa mère souffre d'un cancer du sein à un stade avancé. Quand elle avait la trentaine, elle a eu deux épisodes de comportement maniaque avec délire de grandeur, hyperactivité, dépenses excessives et besoin réduit de sommeil. Pendant ces périodes, Chantal pensait qu'elle avait des dons particuliers pour les finances et qu'elle dirigerait, un jour, une grande société. Elle a également eu 4 épisodes de dépression dans le passé, dont un premier à l'âge de 20 ans. Pendant ces épisodes de dépression, Chantal était incapable d'effectuer son travail de comptable. Elle dormait 14 à 16 heures par jour, elle perdait du poids et envisageait de se suicider. Depuis trois semaines, Chantal déprime de plus en plus : elle dort de 14 à 16 heures par jour ; elle a perdu 8 kilos, son poids normal étant de 52 kilos ; elle ne prend pas soin de son apparence personnelle ; elle bouge et parle plus lentement que d'ordinaire et s'absente du travail. Son ex-mari l'a conduite à l'hôpital après qu'elle lui a confié vouloir mourir. Les enfants sont allés vivre avec leur père pendant le séjour de Chantal à l'hôpital. Elle reconnaît ne pas avoir pris ses médicaments à base de lithium et de fluoxétine (Prozac). Elle est traitée avec un inhalateur de salbutamol (Ventolin) pour son asthme. À l'hôpital, on lui administre 4 fois par jour 300 mg de lithium et 25 mg de nortriptyline (Aventyl).

DIAGNOSTICS DSM-IV

Axe I	Trouble bipolaire I, épisode de dépression en cours
Axe II	Différé
Axe III	Asthme
Axe IV	Gravité des agents stressants psychosociaux : graves (divorce, maladie grave de la mère, enfants vivant avec le mari)
Axe V	EGF = 35 (actuel)
	EGF = 70 (l'an dernier)

Diagnostic infirmier : risque de violence envers soi. Facteurs de risque : humeur déprimée, désespoir et idées de suicide.

Résultats escomptés	Interventions/Justifications	Évaluation
• Chantal n'est plus un danger pour elle-même.	• Évaluer les pensées suicidaires, y compris la fréquence, le plan, les possibilités et les tentatives passées, *pour déterminer les risques et les intentions de se suicider.* • Surveiller étroitement, comme indiqué, *afin d'assurer la sécurité de la cliente.* • Surveiller l'environnement et éliminer les objets potentiellement dangereux (p. ex. des objets pointus, des médicaments amassés et des ceintures) *afin d'assurer un environnement sûr et sans danger.* • Observer les comportements et les déclarations qui peuvent indiquer une intention de se nuire, comme les déclarations de désespoir, les dons d'objets personnels, un calme soudain ou un changement de comportement ; *de tels comportements peuvent être des signes de pensées et d'intentions suicidaires.*	• Chantal n'a pas eu de comportements autodestructeurs.
• Chantal verbalise toute idée de suicide et s'engage à ne pas se faire de mal.	• Faire promettre à Chantal de parler à quelqu'un si ses pensées suicidaires augmentent ou si elle se sent prête à passer aux actes. *Le contrat définit le comportement attendu et lie la cliente à l'infirmière.*	• Chantal a parlé de ses pensées suicidaires avec le personnel lorsqu'elles sont survenues et a promis de ne pas se nuire. • Chantal a signalé l'absence d'intention de se suicider à sa sortie de l'hôpital.
• Chantal est capable de discuter de ses sentiments par rapport à sa situation. • Chantal est capable de fournir des raisons de vivre.	• Encourager Chantal à exprimer ses sentiments au lieu de les réprimer *afin de soulager une accumulation de sentiments et de lui permettre de les partager.* • Encourager Chantal à se concentrer sur les gens et les choses qui importent à ses yeux, par exemple ses enfants, *afin d'augmenter les forces de la cliente et les ressources positives.*	• Chantal a accepté de parler de ses sentiments avec le personnel. • Chantal a fourni des raisons de vivre.
• Chantal connaît des ressources et des options disponibles dans la communauté si elle commence à se sentir suicidaire.	• Encourager Chantal à régler ses problèmes et à trouver des solutions de rechange à l'autodestruction, telles que parler à des amis, *pour promouvoir une activation des stratégies d'adaptation qui augmentent le contrôle de soi.* • Fournir à Chantal des informations sur les ressources disponibles dans la communauté si elle commence à se sentir suicidaire, y compris une ressource en santé mentale dans la communauté ou une ligne d'écoute téléphonique. En lui fournissant ces ressources, nous lui montrons notre soutien.	• Chantal a identifié des ressources, comprenant des gens et des activités, disponibles dans la communauté si elle commence à se sentir suicidaire.

Plan de soins infirmiers (suite)

DIAGNOSTIC INFIRMIER : interactions sociales perturbées, reliée à une faible estime de soi, à un ralentissement psychomoteur, à de l'hypersomnie, à de la fatigue, à une humeur déprimée et à une perte réelle ou perçue.

Résultats escomptés	Interventions/Justifications	Évaluation
• Chantal participe aux activités de l'unité pendant son séjour à l'hôpital. • Chantal commence à développer des relations avec la famille, les amis et les collègues.	• Encourager Chantal à participer à des activités de groupe et de l'unité *afin de promouvoir des interactions sociales; les clients obtiennent le soutien des autres.* • S'organiser pour passer du temps avec Chantal à une heure régulière prévue à l'avance, pour communiquer *afin de fournir un soutien et encourager les relations.* • Aider Chantal à identifier les possibilités d'interactions sociales avec la famille, les amis et les pairs, à la fois à l'hôpital et après sa sortie, *afin de renforcer le réseau de soutien social de la cliente.* • Donner un renforcement positif à Chantal pour sa participation à des interactions sociales *afin d'encourager les interactions adéquates.*	• Chantal a participé à la plupart des activités de l'unité à l'hôpital. • Chantal est entrée en contact avec la famille et les amis pendant son séjour à l'hôpital. • Chantal a défini un plan d'interactions sociales avec la famille et les amis après sa sortie de l'hôpital.

DIAGNOSTIC INFIRMIER : non-observance du traitement (médicaments) reliée à un manque de connaissances sur l'importance de respecter sa médication.

Résultats escomptés	Interventions/Justifications	Évaluation
• Chantal accepte de respecter le traitement et de prendre ses médicaments comme indiqué.	• Informer Chantal sur les médicaments, y compris sur leur capacité et leur efficacité à traiter la dépression et la manie, leurs actions, leurs effets thérapeutiques et leurs effets secondaires, et la posologie normale. *Les connaissances permettent à la cliente de faire des choix éclairés sur les médicaments et favorisent l'observance du traitement prescrit.* • Passer en revue les effets secondaires possibles des médicaments et élaborer, de concert avec Chantal, des stratégies *qui lui permettront de maîtriser la prise des médicaments et de commencer la mise en œuvre de stratégies d'autosoins qui réduisent les effets secondaires.* • Dissuader Chantal d'arrêter de prendre ses médicaments sans consulter son intervenant en santé mentale. *La cliente peut souffrir de symptômes de sevrage et faire une autre dépression.* • Fournir à Chantal des occasions de discuter de ses sentiments par rapport à sa maladie et à la nécessité de prendre des médicaments. *L'expression des valeurs et des sentiments donne à la cliente la possibilité de partager son expérience.*	• Chantal est capable de discuter des raisons de son traitement médical et des actions, des effets secondaires et des doses de médicaments prescrits. • Chantal est capable de décrire des stratégies d'autosoins pour diminuer les effets secondaires de ses médicaments. • Les niveaux de lithium et de nortriptyline de Chantal sont dans les limites thérapeutiques normales.

d'autosoins de chaque médicament. Elle peut ainsi informer les clients sur les médicaments et observer les effets escomptés et les effets non escomptés. En informant davantage les clients sur les médicaments, l'infirmière favorise et encourage l'observance du traitement et la réduction des effets négatifs. Les clients sont capables de discuter de leurs inquiétudes et de faire des choix éclairés au sujet de leur traitement.

Les clients doivent connaître les caractéristiques de ces médicaments pour être en mesure de les utiliser de manière efficace et sûre. Les infirmières enseignent aux clients les activités d'autosoins particulières à un médicament donné,

par exemple les restrictions alimentaires requises pour les IMAO, les précautions relatives à l'hydratation et à la consommation de sel pour le lithium, et la gestion des effets anticholinergiques des antidépresseurs imipraminiques. Les encadrés 10.13 et 10.14 présentent tour à tour des plans d'enseignement pour les clients prenant des inhibiteurs sélectifs du recaptage de la sérotonine et du lithium (voir chapitre 20).

ALERTES Pendant les traitements aux IMAO, il faut éviter la consommation d'aliments contenant de la tyramine. Cela comprend les avocats; le yogourt; le fromage vieilli; le poulet, les viandes et les poissons fumés ou marinés ; les viandes préparées ; la levure ; les fruits trop mûrs ; le pâté de foie au bœuf ou au poulet ; le vin rouge ; la bière ; les boissons gazeuses et les gourganes. Il faut consommer avec modération les boissons contenant de la caféine, le fromage à la crème, le fromage cottage, la crème sure, la sauce soja et le chocolat. Il faut également éviter de prendre les médicaments en vente libre contre la toux, le rhume, les allergies, le rhume des foins, les anorexigènes (coupe-faim), les myorelaxants, les narcotiques, les analgésiques ; et certains médicaments sur ordonnance. L'infirmière devra conseiller au client de contacter le médecin ou l'infirmière avant de prendre un médicament en vente libre, quel qu'il soit.

Intervention biologique

Électroconvulsivothérapie (ECT)

L'électroconvulsivothérapie consiste à provoquer des convulsions en utilisant l'électricité afin de traiter la dépression majeure ou, moins fréquemment, la manie intense non contrôlée par le lithium ou par un antipsychotique. Les recherches ont montré que c'était le traitement le plus efficace pour traiter la dépression psychotique (Depression Guideline Panel, 1993). Le traitement de choc a été introduit dans les années 30, mais il est moins utilisé depuis la découverte des antidépresseurs et du lithium. Au cours des dernières années, les procédures mises au point pour effectuer l'ECT en ont fait un traitement sûr et efficace pour de nombreuses personnes ne répondant pas aux traitements, pharmacologiques ou autres. On ignore comment ce traitement, soulage la dépression et la manie, mais on pense qu'une modification de la **neurotransmission** est en cause. L'électroconvulsivothérapie est présentée de façon plus exhaustive au chapitre 20.

Stimulation magnétique transcrânienne

La stimulation magnétique transcrânienne est une intervention dont les effets antidépresseurs sont à l'étude. Il s'agit d'une procédure non invasive qui consiste à placer un électroaimant sur le cuir chevelu. Le courant électrique est généré au moyen d'oscillations rapides dans le champ magnétique, ce qui provoque la dépolarisation des neurones corticaux. Bien que le mode d'action spécifique de ses effets antidépresseurs demeure obscur, cette intervention peut augmenter les concentrations de monoamine dans le cerveau lorsqu'elle est effectuée à plusieurs reprises. Les premières recherches ont donné des résultats encourageants en ce qui concerne la dépression unipolaire (Georges et coll., 1997).

Photothérapie

Les troubles affectifs saisonniers sont considérés comme un type de trouble de l'humeur, et leurs caractéristiques sont décrites dans la classification du DSM-IV. La photothérapie est un type de traitement qui réduit efficacement les symptômes de ces troubles saisonniers récidivants. Il semble que la quantité de lumière ambiante affecte la sécrétion de mélatonine par le corps pinéal. La mélatonine, ou « hormone de l'obscurité », est notamment un régulateur des

ENSEIGNEMENT AU CLIENT

Inhibiteurs sélectifs du recaptage de la sérotonine
ENCADRÉ 10.13

Enseigner au client

- Le but des inhibiteurs sélectifs du recaptage de la sérotonine est de traiter la dépression. Les médicaments modifient les cellules nerveuses du cerveau, en augmentant la disponibilité de la sérotonine. Une déficience de la sérotonine dans le cerveau semble liée au début de la dépression.
- Il est important de prendre les médicaments comme prescrit ; changer la posologie ou sauter une dose peut nuire au soulagement de la dépression.
- Les effets secondaires courants des inhibiteurs sélectifs du recaptage de la sérotonine sont les nausées et une augmentation de l'anxiété et de l'insomnie. Ces effets secondaires diminuent souvent une fois que le médicament commence à exercer son effet thérapeutique.
- Souvent, le médicament n'améliore pas immédiatement les symptômes de la dépression. Une à six semaines peuvent s'écouler avant que le client ne ressente les effets escomptés. Au début, le client se sent encore déprimé, mais a davantage d'énergie et paraît moins déprimé. Ces médicaments travaillent souvent « de l'extérieur vers l'intérieur ».

cycles biologiques de veille et de sommeil (les cycles circadiens). La sécrétion de mélatonine joue un rôle dans l'ajustement au décalage horaire chez les voyageurs. Une trop grande sécrétion de mélatonine serait également un facteur de dépression saisonnière (Bugeaud et Savard, 2001).

On prescrit la photothérapie aux clients après un interrogatoire psychiatrique complet qui confirme l'occurrence des troubles affectifs saisonniers. La photothérapie, un minimum de 2 500 lux, est habituellement administrée à un client à son réveil. Le client est assis ou allongé en face d'un caisson lumineux pendant une durée pouvant aller de 30 minutes à plusieurs heures, selon la puissance de la source lumineuse. Un effet antidépresseur est habituellement constaté dans les deux à quatre jours qui suivent et atteint son maximum après deux semaines. Le traitement d'entretien consiste à s'asseoir en face de la source lumineuse pendant environ 30 minutes chaque jour. Les effets secondaires sont rares, bien que certains clients signalent de l'irritabilité, des céphalées ou de l'insomnie. La photothérapie n'est pas efficace pour toutes les personnes souffrant de troubles de l'humeur saisonniers ; certaines ne répondent pas au traitement et d'autres n'y répondent que partiellement. En raison des longues périodes qu'il est nécessaire de lui consacrer chaque jour, les recherches actuelles portent sur d'autres méthodes permettant d'obtenir davantage de lumière : l'utilisation, par exemple, de visières à lumière et de lumières qui se reflètent sur le lit tôt le matin avant le réveil.

Intervention familiale

Les troubles de l'humeur ont une influence non seulement sur le client souffrant de dépression ou de manie, mais

Lithium

ENCADRÉ 10.14

Enseignement au client

- Le lithium est un stabilisateur de l'humeur pour les personnes souffrant de manie et de dépression.
- Le lithium modifie la neurotransmission cérébrale, change la fonction des membranes des cellules et inhibe la libération de l'hormone thyroïdienne.
- On ne connaît pas exactement le mode d'action du lithium pour stabiliser l'humeur.
- Avant de commencer l'administration du lithium, on doit effectuer des tests de laboratoire afin de s'assurer du bon fonctionnement du cœur, des reins, de la thyroïde et de l'équilibre électrolytique.
- Il est important de prendre le lithium quotidiennement selon l'ordonnance afin de maintenir une concentration sanguine stable du médicament. Ne pas prendre de doses supplémentaires pour remplacer les doses manquées.
- Il peut s'écouler une semaine avant que le lithium ne commence à faire effet et que la concentration sanguine ne se stabilise. Votre soignant vous fera des prises de sang afin de surveiller les concentrations sanguines de lithium. Les prises de sang à cet effet doivent être effectuées environ 12 heures après la dernière dose de lithium (p. ex., si vous prenez votre dose à 20 h, la prise de sang doit être effectuée à 8 h).
- Les effets secondaires courants du lithium sont une augmentation du débit d'urine, une plus grande soif, de légers tremblements, une faiblesse musculaire, des nausées, un gain de poids et la diarrhée.
- Les concentrations de lithium peuvent augmenter rapidement, ce qui entraîne une toxicité.

- Les signes de la toxicité sont les suivants : nausées et vomissements, tremblements marqués, faiblesse musculaire, secousses musculaires, manque de coordination, atonie et somnolence, confusion, convulsions et coma. La toxicité peut survenir lorsque les concentrations sanguines sont presque de 2,0 mEq/L.
- Il est important de maintenir une concentration sanguine de lithium stable.
- Il ne faut pas changer la quantité de sodium (sel) dans le régime, car une diminution de l'apport en sel peut augmenter la quantité de lithium contenue dans le sang.
- Toute activité ou situation qui peut avoir une influence sur les apports ou pertes en liquides ou en sel peut changer la concentration de lithium dans le sang. Les exercices physiques, les bains de soleil et la grippe sont des exemples de situations où l'on transpire et où l'on perd du sel et des liquides, ce qui augmente la concentration de lithium. Communiquer avec le médecin si vous pensez que la concentration de lithium a changé ou si vous présentez un quelconque effet secondaire ou un premier signe toxique.
- D'autres médicaments peuvent avoir une influence sur la concentration de lithium. Les médicaments (p. ex. les diurétiques, l'ibuprofène, le vérapamil) peuvent augmenter les concentrations de lithium. Consulter le médecin avant de prendre les médicaments en vente libre.
- Le lithium peut entraîner des anomalies congénitales s'il est pris pendant le premier trimestre de la grossesse. En cas de grossesse ou en prévision d'une grossesse, en aviser le médecin.

---

aussi sur la famille tout entière. Le plus souvent, l'infirmière rencontre la famille ou les autres proches durant l'épisode aigu de dépression ou de manie du client. Les conflits et les problèmes de communication qui existaient dans le milieu familial avant le début de l'épisode s'intensifient et le mode de fonctionnement habituel est perturbé.

Les infirmières exerçant à l'hôpital et dans la communauté interagissent avec la famille du client, qui saisit souvent cette occasion pour exprimer sa confusion, sa colère, son inquiétude ou sa frustration. Informer les membres de la famille des troubles du client, en particulier de la nature biologique du trouble, leur permet de recadrer la situation et de moins blâmer le client. Beaucoup sont soulagés d'entendre que l'attitude de cet être cher peut s'expliquer et que ce dernier peut guérir. Ils sont également soulagés de savoir que l'attitude insultante du client (p. ex. irritabilité, incapacité à accepter de l'amour et négation) n'est pas nécessairement dirigée contre les autres membres de la famille, mais qu'elle fait partie des manifestations de la dépression ou de la manie. Les infirmières animent des groupes à l'hôpital et dans la communauté, invitant les clients et les membres de leur famille à s'informer davantage sur la maladie et sur son impact sur la famille.

Les infirmières collaborent également avec les autres professionnels de la santé, y compris avec les infirmières de pratique avancée, pour mesurer le besoin d'une thérapie familiale. Les infirmières observent les interactions client-famille, sont à l'écoute de leurs inquiétudes et recensent les domaines où peuvent surgir des problèmes. On dirige ensuite les personnes vers une thérapie conjugale ou familiale.

Les interventions, dont la préparation de la famille à la sortie de l'hôpital du client, peuvent faciliter le retour du client et sa réinsertion dans la communauté. Des données récentes montrent que, même après une diminution des manifestations, le client qui a vécu des épisodes de troubles affectifs continue d'avoir des difficultés dans ses relations interpersonnelles et professionnelles (Klerman et Weissman, 1992).

Intervention de groupe

L'intervention de groupe peut apporter de nombreux bienfaits pour les clients souffrant de troubles de l'humeur (dont la socialisation, des informations sur la maladie, l'apprentissage de nouvelles stratégies d'adaptation, l'occasion d'exprimer leurs sentiments, l'établissement d'objectifs personnels et la prise de conscience que les autres ont des problèmes similaires, ce qui réduit l'isolement et le désespoir). Les infirmières évaluent la capacité des clients à participer à des groupes en se basant sur l'attitude, l'état mental, la préparation psychologique selon la nature du groupe en question et l'état physiologique du client. À titre d'exemple, les clients souffrant de manie qui sont hyperactifs et extrêmement agités sont incapables d'assister à une discussion de groupe : en s'agitant trop, ils peuvent perturber le groupe. Les clients souffrant d'une dépression grave accompagnée d'un ralentissement psychomoteur et des opérations de la pensée perturbées pourraient avoir des difficultés à suivre la discussion et se sentir dépassés dans le cadre d'un groupe formel. Certains types de groupes (p. ex. rencontre communautaire ou groupes d'activités) peuvent être moins structurés et moins impressionnants qu'une thérapie de groupe formelle.

Non seulement les infirmières évaluent les clients en vue de leur intégration à un groupe, mais elles les encouragent aussi à participer aux activités qui leur conviennent. Certains clients peuvent avoir besoin d'être guidés avec des déclarations telles que : « Il est temps de rejoindre le groupe maintenant. Je vous y accompagne. » D'autres ont seulement besoin d'encouragements ou de rappels.

Les infirmières qualifiées peuvent animer des groupes en collaboration avec d'autres infirmières ou thérapeutes. Les infirmières peuvent démarrer et animer des groupes, par exemple des groupes de formation d'aptitudes sociales et d'éducation. Les clients ont souvent besoin d'obtenir des informations ou de discuter de leurs expériences et de leurs réactions à la fin d'une réunion du groupe. Les infirmières les écoutent, leur permettent d'exprimer leurs sentiments et renforcent les nouvelles prises de conscience ou perceptions vécues.

Intervention psychothérapeutique

En dépit de l'efficacité indiscutable des antidépresseurs et des stabilisateurs de l'humeur, les interventions psychopharmacologiques sont également importantes. Les médicaments posent un certain nombre de problèmes pour les clients. Ils ont des effets secondaires très importants qui créent un malaise, interfèrent avec le fonctionnement habituel et poussent à ne pas respecter le traitement. Vingt à trente pour cent des personnes souffrant de troubles de l'humeur réfractaires aux médicaments nécessitent d'autres formes de traitement. De plus, bien que les troubles de l'humeur soient le résultat de modifications du fonctionnement neurobiologique, une psychopharmacologie est justifiée, car de nombreux problèmes psychologiques, sociaux et interpersonnels accompagnent les épisodes de dépression et de manie.

La thérapie cognitive, la thérapie comportementale, la thérapie cognitivo-émotivo-comportementale, la thérapie des rapports interpersonnels et la thérapie psychodynamique servent à traiter les troubles de l'humeur et les troubles psychosociaux afférents. Chacune d'entre elles a un cadre théorique sous-jacent, une approche et des objectifs différents, mais elles partagent des éléments communs. Le succès de la thérapie est lié à plusieurs facteurs : la nature de la relation entre le thérapeute et le client ; la compréhension, le soutien, l'aide et l'espoir apportés ; l'établissement d'un cadre de travail pour comprendre et interpréter les problèmes du client ; la possibilité d'explorer et d'essayer de nouvelles stratégies d'adaptation.

Thérapie cognitive

La thérapie cognitive tente de corriger les pensées négatives du client par des perceptions plus positives et réalistes. On demande au client d'identifier ses pensées automatiques (et non volontaires) et ses croyances de façon à ce que celles-ci soient examinées logiquement, confrontées à des attributs réalistes et finalement validées, rajustées ou réfutées.

La thérapie cognitive s'est révélée efficace pour traiter les malades externes souffrant d'une dépression unipolaire légère à modérée. Dans les études examinant l'efficacité des médicaments par rapport à la thérapie cognitive, les résultats indiquent que les deux semblent être également efficaces pour les malades externes souffrant de dépression et que la combinaison des deux peut apporter un bienfait supplémentaire (Gloaguen et coll., 1998 ; Scott, 1996). Qui plus est, l'utilisation de la thérapie cognitive peut également augmenter le taux d'amélioration des symptômes de la dépression. Les études de suivi à long terme ne montrent cependant pas de différences. L'utilisation de la thérapie cognitive n'a pas été suffisamment étudiée, même s'il y a lieu de croire qu'elle peut atténuer les symptômes (Stravynski et Greenberg, 1992).

Thérapie comportementale

La thérapie comportementale (ou *behaviorale*), souvent utilisée en conjonction avec la thérapie cognitive pour traiter les malades externes légèrement ou modérément déprimés, est un traitement efficace pour la dépression, donnant d'aussi bons résultats que les médicaments ou la thérapie cognitive (Stravynski et Greenberg, 1992). Il existe toutefois peu d'informations sur son utilité pour les personnes souffrant de manie (Freeman et coll., 1990).

L'approche comportementale est basée sur la théorie de l'apprentissage. Les comportements anormaux, comme les symptômes de la dépression et de la manie, apparaissent en réponse à des événements environnementaux aversifs (négatifs). Ces symptômes sont renforcés par des réponses environnementales positives aux comportements sources d'une mauvaise adaptation, ou par un évitement par peur de conséquences négatives. Le thérapeute en approche comportementale cherche à déterminer avec les clients les comportements à modifier et les facteurs suscitant et renforçant ces comportements. L'imitation de rôles, les jeux de rôle et l'analyse de situation aident les clients à apprendre et à pratiquer divers comportements adaptés qui suscitent un renforcement environnemental positif. La thérapie ne vise pas à comprendre les problèmes sous-jacents ni la psychopathologie : elle cible seulement les comportements spécifiques pouvant être modifiés. La thérapie comportementale présente plusieurs avantages (durée de traitement plus courte que les autres types de thérapie. concentration sur des comportements particuliers qui peuvent être corrigés, etc.) et elle peut s'appliquer à différents types de clients.

Thérapie cognitivo-émotivo-comportementale

Le traitement cognitivo-émotivo-comportemental de la dépression est une psychothérapie brève qui se déroule sur quelques semaines. Cottraux (1992) mentionne le rôle actif du thérapeute, qui se sert de techniques comportementales et cognitives dont le but est d'apprendre au patient à tester ses pensées dépressogènes aussi bien au cours des séances de thérapie que durant les « épreuves de réalité » dans la vie de tous les jours. Les premières séances servent à mettre à jour les pensées automatiques par un questionnement socratique direct (voir chapitre 3) et des jeux de rôle. Une fiche d'auto-enregistrement peut être utilisée. Il convient de faire quelques exemples avec le client. On étudiera les scénarios répétitifs de rejet ou d'échec au cours de la vie du client. L'infirmière, au cours d'une relation d'aide, reflète les règles personnelles rigides sans doute acquises au cours d'expériences précoces. Parallèlement au cours du traitement, l'évaluation du niveau d'activité et de lutte contre l'inactivité sera faite à l'aide d'un plan d'activités hebdomadaires destinées à accroître les plaisirs et d'un programme de tâches graduées destiné à lutter contre l'inertie.

Selon Maltais (2002), l'infirmière clinique, dans sa collecte de données, aura à déterminer dans quel rôle le bénéficiaire se dévalue, afin d'analyser la phrase de la première partie de la triade de Beck : « Je ne vaux rien. » Par exemple, il pourrait se sentir un « bon » père alors qu'il se déprécie comme conjoint. C'est pourquoi il faudra connaître les perceptions de l'individu sur ses rôles d'enfant, d'ami, de travailleur ou d'étudiant, de conjoint et de parent. Comment s'évalue-t-il ? Donne-t-il plus d'importance au jugement des personnes de son entourage qu'à sa propre opinion ? Sur quels critères extrinsèques se base-t-il pour penser qu'il ne vaut rien ? A-t-il conscience que l'évaluation par quiconque de quelque chose ou de quelqu'un dépend des désirs et des besoins de l'évaluateur et non du produit qui est évalué ? Est-il toujours utile de poser certains actes pour ne pas déplaire à certaines personnes ?

Afin de combattre le sentiment d'impuissance exprimé par le « Je ne peux rien pour moi » (deuxième partie de la triade de Beck), l'infirmière, en respectant l'évolution du traitement, tentera d'aider le client à passer aux actes qui peuvent lui rapporter un bénéfice agréable et acceptable pour lui, et à s'abstenir de ceux qui le pénalisent sans profit. Où sont les zones de pouvoir du client ? Confond-il ses actes et sa personne au moment de son évaluation ? Il sera utile de cerner les domaines d'actions et de se fixer des objectifs personnels réalistes, afin d'éviter l'épuisement propre au déprimé qui se lance dans des activité perfectionnistes pour rehausser sa valeur personnelle.

Le découragement et le désespoir exprimés par « tout ce qui se passe n'est pas une bonne affaire pour moi » (troisième partie de la triade de Beck) sont des émotions délicates à aborder ; l'infirmière doit le faire avec délicatesse pour ne pas sembler mettre en doute la souffrance du client. Le client dépressif croit qu'il n'arrivera jamais à s'en sortir seul et que ni lui ni personne ne peut rien pour lui. « J'ai perdu tout mon courage », dira-t-il. « C'est inutile de me battre. » « Plus ça va, plus ça se détériore. » Au moment opportun, l'infirmière tentera de lui montrer que les résultats peuvent être différents si on s'y prend autrement. L'approche cognitivo-émotivo-comportementale renvoie le client à ses propres responsabilités au sujet de sa guérison. L'intervenant peut offrir des outils pour permettre la reconstruction cognitive des idées l'amenant à la tristesse, à la culpabilité, à l'impuissance et au désespoir, mais l'infirmière doit demander la participation active du client dans le processus de guérison. Peut-il améliorer ses stratégies ? Dans le passé, a-t-il réussi des choses grâce à des efforts ? Il est important d'encourager le client à prendre conscience de ses propres capacités ou ressources par le renforcement positif. Cette prise de conscience permettra d'améliorer les interactions sociales, de retrouver un rôle social et professionnel et de prendre soin de soi. La mise en action doit se faire très graduellement et les acquis de tous les jours doivent être soulignés en faisant remarquer au client le cheminement qu'il effectue. Le processus de dépression s'est installé graduellement et, si l'on veut être réaliste, c'est tout aussi graduellement qu'il sera désamorcé. La prise en compte du temps nécessaire à la guérison est primordiale dans la guérison de la dépression. Il faudra donc prévoir une période de réhabilitation proportionnelle à celle qu'il faudrait pour la guérison d'une fracture du fémur par exemple.

Selon Cottraux (1992), les thérapies cognitives peuvent constituer une solution de remplacement par rapport aux antidépresseurs, dans la mesure où certains clients refusent ces antidépresseurs, présentent des contre-indications ou encore les tolèrent mal. Cette solution sera efficace surtout dans les dépressions d'intensité légère ou moyenne. En effet, il est nécessaire que le client ait une mémoire et une concentration suffisantes pour pouvoir faire le lien entre humeur et événements extérieurs, ainsi qu'entre humeur et pensée. Cela implique des capacités d'auto-observation et d'auto-contrôle que la personne atteinte de dépression majeure avec états psychotiques, ou de dépression psychotique pendant une maladie bipolaire, n'a pas.

Thérapie interpersonnelle

Le thérapeute utilisant la thérapie interpersonnelle considère la dépression comme le résultat de modes de relations interpersonnelles pathologiques précoces qui continuent de se répéter à l'âge adulte. L'accent est mis sur le fonctionnement social et les relations interpersonnelles, et une attention particulière est également accordée au milieu. Les événements de la vie, y compris les changements, les pertes et les conflits relationnels, déclenchent des modes relationnels antérieurs et le client ressent un échec, une dévalorisation et une perte. Le but de la thérapie est de comprendre le contexte social des problèmes actuels en se basant sur les relations précédentes, et de permettre ainsi un soulagement des symptômes en résolvant ou en gérant les problèmes interpersonnels actuels. Le client et le thérapeute sélectionnent un ou deux problèmes interpersonnels actuels et examinent de nouvelles stratégies communicationnelles et interpersonnelles, afin de gérer les relations de façon plus efficace.

La thérapie interpersonnelle est efficace chez les clients souffrant d'une dépression légère à modérée, mais elle ne donne pas de meilleurs résultats que les autres types de thérapie. Son utilisation en concomitance avec des médicaments semble favoriser l'observance du traitement médical et allonger la période entre la phase de récupération et un nouvel épisode de dépression majeure (Frank et coll., 1991 ; Klerman, 1990).

Thérapie psychodynamique

La thérapie psychodynamique s'inspire du modèle psychanalytique de Freud (voir chapitre 3). La dépression est considérée comme le résultat de la perte d'un objet aimé dans l'enfance et d'une ambivalence vis-à-vis de cet objet ; elle est due également à l'introjection de la colère contre le moi, ce qui conduit à un blocage de la libido et à un conflit intrapsychique non résolu pendant la phase orale ou anale du développement sexuel. L'estime de soi est alors mise à mal et sapée, et ce cycle de perte se répète tout au long de la vie. Grâce à sa relation avec le thérapeute, le client parvient à découvrir des expériences refoulées, à libérer ses sentiments, à conscientiser et analyser ses mécanismes de défense, à interpréter son comportement actuel et à résoudre sa perte initiale et son manque d'amour.

Il existe peu d'études des effets des psychothérapies psychodynamiques sur la dépression et la manie. Avec le temps, les techniques utilisées dans cette thérapie ont été modifiées, et la tentative de normalisation de l'approche à des fins de recherches a posé des problèmes. La psychothérapie psychodynamique aide certains clients à concevoir des outils qui favorisent un changement de comportement. Beaucoup de clients, cependant, dont ceux souffrant d'une dépression grave, peuvent être incapables de participer à ce genre de thérapie, ou être peu motivés. Pour ces clients, les problèmes comme le déficit de soins personnels, le ralentissement psychomoteur et la fatigue sont des priorités.

➡ 10.2.6 Évaluation

Les infirmières évaluent les progrès des clients en mesurant le degré de réalisation des objectifs établis. Les observations personnelles, les déclarations des clients, les commentaires de la famille, des amis des clients et d'autres soignants servent à mesurer les résultats ou l'absence de résultat. L'évaluation se fait tout au long de l'hospitalisation et peut être poursuivie à la sortie de l'hôpital par les intervenants en santé mentale dans la communauté. Les infirmières travaillant dans des services de soins communautaires, par exemple les services de soins psychiatriques à domicile ou les maisons de transition, peuvent évaluer les résultats des clients qui n'ont jamais été admis dans un hôpital.

La durée des séjours diminuant dans les hôpitaux, les infirmières des unités psychiatriques peuvent ne pas constater de changements importants dans les symptômes de leurs clients. Elles doivent cependant constater des progrès importants pour ce qui est des objectifs prioritaires à court terme, comme l'absence d'une intention suicidaire imminente, un plan pour éviter le retour possible d'idées de suicide après la sortie de l'hôpital, une capacité à mener des activités d'entretien personnel, un soulagement partiel des symptômes neurovégétatifs de la dépression (sommeil, perte de l'appétit, fatigue, ralentissement psychomoteur), une atténuation d'un comportement hyperactif grave de la manie, une amélioration du fonctionnement cognitif et de la communication, et une compréhension de base de la maladie et de son traitement (dont la nécessité de répondre à ses soins personnels). On adresse les clients à des thérapeutes et à des psychiatres et on leur recommande des organismes de soins à domicile et dans la communauté, ainsi que des programmes d'hospitalisation partielle, comme l'hôpital de jour, pour continuer leur traitement dans la communauté.

Les infirmières travaillant auprès des clients dans la communauté constatent des améliorations dans les objectifs à long terme, par exemple une meilleure socialisation, un retour à des activités normales, une réduction des pensées négatives, une augmentation de l'estime de soi, l'utilisation de nouvelles stratégies d'adaptation, la reprise des rôles familiaux et professionnels, une amélioration continue des processus cognitifs (p. ex. attention et concentration), une diminution ou une absence de fatigue et l'observance du traitement. Pour certains clients, ces résultats sont visibles au bout de quelques semaines de psychothérapie ou de traitements médicaux somatiques. Pour d'autres, il peut s'écouler des mois avant l'atteinte d'objectifs à long terme. Des données récentes suggèrent que le retour à des niveaux de fonctionnement semblables à ceux d'avant l'épisode de dépression prend plus de temps qu'on ne le pensait, en particulier si les clients ont subi de multiples épisodes (Klerman et Weissman, 1992).

L'évaluation des clients souffrant de manie est particulière, car les épisodes de manie peuvent être suivis d'épisodes de dépression. Ainsi, même si les clients ont retrouvé un état hypomaniaque ou euthymique à leur sortie de l'hôpital, l'infirmière doit être attentive à tout signe d'un état dépressif. Un suivi attentif après le retour dans la communauté est impératif pour les clients souffrant de troubles bipolaires.

→ Plan de soins infirmiers

COLLECTE DE DONNÉES

Jeanne, âgée de 50 ans, souffre d'un trouble bipolaire diagnostiqué lorsqu'elle avait 26 ans. Elle est professeur de français dans un cégep et est en vacances d'été. Il y a trois semaines, Jeanne a commencé à rester éveillée toutes les nuits pour écrire un roman. Son débit de parole s'est accéléré, et elle a indiqué que ses pensées défilaient. Son bureau est devenu de plus en plus désordonné, et personne ne pouvait y marcher à cause des piles de livres, d'articles et de papiers déposés sur le sol. Elle écrivait pendant quelques minutes, faisait les cent pas dans la maison, puis recommençait à écrire pendant quelques minutes. Elle a commencé à appeler au quotidien *Le Devoir* pour leur dire qu'ils seraient heureux de lire le livre qu'elle était en train de finir, parce que c'était le meilleur roman jamais écrit. Jeanne dit aux gens qu'elle est Marie Cardinal réincarnée. Elle a dépensé plus de 5 000 $ en nouveaux livres pour sa bibliothèque. Elle n'a pas dormi plus de deux heures par nuit depuis plusieurs semaines et ne mange plus depuis deux jours. Son conjoint, Pierre, l'a conduite au service d'urgence psychiatrique. Elle est en colère contre lui et répète qu'il l'empêche de travailler. Au moment de l'admission dans l'unité, elle faisait les cent pas, avait des fuites d'idées, était volubile et avait un comportement colérique, impoli et importun. Elle est vêtue d'une jupe rouge courte, d'un chemisier décolleté rose et d'un chapeau de paille. Elle est nu-pieds. Jeanne porte un maquillage lourd et voyant, et change de vêtements jusqu'à 15 fois par jour. On lui a administré 300 mg de lithium quatre fois par jour et 5 mg d'halopéridol (Haldol) deux fois par jour. Elle suivait un traitement à base de lithium qu'elle a arrêté il y a quatre mois, car ses effets à long terme la préoccupaient.

DIAGNOSTICS DSM-IV

Axe I	Trouble bipolaire I, épisode maniaque en cours
Axe II	Différé
Axe III	Écarter la déshydratation
Axe IV	Gravité des agents stressants psychosociaux : modéré
Axe V:	EGF = 25 (actuel)
	EGF = 78 (l'an dernier)

DIAGNOSTIC INFIRMIER : déficit de soins personnels : se vêtir, soigner son apparence et s'alimenter, relié à une hyperactivité et à une difficulté à se concentrer et à prendre des décisions.

Résultats escomptés	Interventions/*Justifications*	Évaluation
• Jeanne est capable de s'habiller de façon appropriée. • Jeanne mange et boit suffisamment pour assurer un équilibre liquidien et une nutrition adéquate.	• Offrir de l'aide pour choisir les vêtements et effectuer la toilette, *afin de donner des informations et des conseils sur un habillement et une hygiène appropriés contribuant à maintenir l'estime de soi et à éviter les situations gênantes.* • Encourager Jeanne à boire des liquides et à manger des aliments nutritifs, et le lui rappeler *afin de focaliser l'attention de la cliente sur la nécessité de s'alimenter et d'éviter ainsi la déshydratation et l'inanition.* • Offrir à Jeanne des boissons en boîtes et des aliments nutritifs, riches en protéines et en calories, faciles à transporter, *car elle est incapable de rester assise jusqu'à la fin d'un repas.* • Réduire les stimuli environnementaux, comme le bruit ou la présence d'autres personnes, pendant les autosoins (faire prendre les repas à la cliente toute seule dans sa chambre plutôt que dans la salle à manger). *Une réduction des stimuli permet de mieux se concentrer sur les tâches.* • Féliciter et renforcer positivement les efforts de la cliente pour s'alimenter, s'habiller et se laver, *afin de renforcer les comportements appropriés et augmenter l'estime de soi.*	• Jeanne s'habille de façon appropriée et adopte une bonne hygiène. • Jeanne mange et boit suffisamment de liquides pour se maintenir en bonne santé physique.

DIAGNOSTIC INFIRMIER : stratégies d'adaptation défensives reliées à un concept de soi et à des perceptions de soi irréalistes, secondaires à l'épisode maniaque.

Résultats escomptés	Interventions/*Justifications*	Évaluation
• Jeanne respecte les limites établies et répond aux attentes.	• Répéter les règles et les attentes de l'unité de façon calme et factuelle. *Une attitude non menaçante est mieux tolérée par un client souffrant de manie, et la répétition des règles et des attentes peut être nécessaire, étant donné la concentration déficiente et l'impulsivité du client.* • Féliciter Jeanne lorsqu'elle fait des auto-évaluations réalistes et qu'elle répond aux attentes, *afin de fournir un soutien, un renforcement positif et un apprentissage.* • Établir les limites nécessaires de façon calme, factuelle et non menaçante *afin d'éviter de faire vivre une expérience aliénante à la cliente et afin de l'aider à se contrôler.*	• Jeanne énonce les règles et les attentes de l'unité.

Plan de soins infirmiers (suite)

- Jeanne se retient d'interrompre et de perturber les activités et les conversations des autres.

- Jeanne parle de ses pensées, de ses sentiments et de ses comportements de façon réaliste.

- Fournir à Jeanne des occasions d'interaction avec les autres qui soient facilement gérables, par exemple des activités de courte durée, *afin de l'aider à se concentrer, de lui éviter une trop grande stimulation et de lui fournir des occasions de soutien et d'épreuves de réalité.*
- Au fur et à mesure que la cliente s'améliore, encourager l'expression des sentiments, des croyances et des actions *pour l'aider à mieux se connaître et à exprimer ses sentiments.*

- Jeanne arrête d'avoir des comportements importuns et perturbateurs, elle répond aux attentes et respecte les règles de l'unité.

- Jeanne est capable de parler d'elle-même sans délire de grandeur et d'exprimer les sentiments qu'elle ressent.

DIAGNOSTIC INFIRMIER: opérations de la pensée perturbées, reliées à une hyperactivité psychomotrice et à un niveau d'anxiété relativement élevé.

Résultats escomptés	Interventions/Justifications	Évaluation
• Jeanne a des pensées logiques et cohérentes, sans délire de grandeur. • Jeanne est capable de prendre des décisions et d'établir des jugements de façon appropriée.	• Montrer de l'intérêt pour les sentiments sous-jacents de la cliente et faire preuve d'acceptation sans pour autant encourager les délires de grandeur, *afin de promouvoir la confiance et l'estime de soi de la cliente sans renforcer le délire de grandeur.* • Être attentive aux thèmes, aux sentiments et aux significations que cachent les mots de la cliente et y réfléchir, *afin de construire une relation de confiance, de montrer sa compréhension et de renforcer la réalité et l'expression des sentiments.* • Orienter la cliente vers des activités et des sujets appartenant à l'« ici et maintenant » *pour l'aider à se concentrer sur la réalité.* • Féliciter la cliente lorsqu'elle exprime des doutes sur son délire et lorsqu'elle tente d'ordonner ses pensées de façon plus logique et plus pertinente, *afin de promouvoir son estime de soi et une pensée ancrée dans la réalité.* • Utiliser, avec la cliente, des mots et des interactions simples, concrètes et ancrées dans l'« ici et maintenant », et éviter les idées abstraites. *S'exprimer de façon simple, claire et directe peut faciliter la compréhension.* • Informer la cliente sur le lithium. Lui parler de son action, de ses effets thérapeutiques, de ses effets secondaires, de la posologie et de la nécessité de contrôler l'humeur, *car les informations favorisent l'observance du traitement.*	• Jeanne est capable de s'exprimer de façon logique et claire. Elle reconnaît qu'elle n'est pas une auteure célèbre (p. ex. Marie Cardinal). • Jeanne exprime le désir de rester à l'hôpital jusqu'à ce que sa manie soit mieux contrôlée et déclare qu'elle comprend pourquoi son mari l'a conduite à l'hôpital.

DIAGNOSTIC INFIRMIER: non-observance (du traitement médical) reliée à un manque de connaissances sur l'importance de prendre ses médicaments régulièrement afin de conserver une certaine qualité de vie.

Résultats escomptés	Interventions/Justifications	Évaluation
• Jeanne respecte le traitement médical, en prenant ses médicaments comme prescrit. • Jeanne parle de ses sentiments au sujet du lithium et de son trouble bipolaire.	• Informer la cliente sur le trouble bipolaire et la possibilité d'un traitement à long terme, *car les informations favorisent l'observance du traitement.* • Informer la cliente sur le lithium et les autres médicaments au besoin, *car les connaissances favorisent l'observance du traitement.* • Discuter avec la cliente de ses sentiments sur le lithium et du fait de souffrir d'un trouble chronique qui exige une pharmacothérapie, *afin de favoriser une occasion d'exprimer ses sentiments et ses croyances sur les médicaments et sur le trouble bipolaire.*	• Jeanne souligne l'importance de prendre ses médicaments et est d'accord pour continuer le traitement. • Les concentrations sanguines en lithium deux semaines après sa sortie de l'hôpital étaient de 0,95 mEq/L. • Jeanne exprime ses sentiments sur le lithium et sur sa maladie.

CONCEPTS-CLÉS

- Les troubles de l'humeur sont un grave problème de santé publique, et la dépression est considérée comme la quatrième maladie en importance dans le monde.
- À l'heure actuelle, la dépression majeure survient chez des sujets de plus en plus jeunes. Les femmes qui ont des antécédents familiaux de troubles de l'humeur courent un plus grand risque.
- Les troubles de l'humeur sont habituellement récidivants et requièrent un traitement à long terme.
- La dépression unipolaire et les troubles bipolaires constituent les deux grandes catégories de troubles de l'humeur.
- Les théories biologique, cognitive, cognitivo-émotivo-comportementale, psychodynamique et de la personnalité tentent d'expliquer les troubles de l'humeur. Ces troubles sont probablement causés par l'interaction de multiples facteurs, dont une prédisposition génétique et biologique à ce risque.
- La manie et la dépression s'accompagnent de symptômes d'ordre affectif, cognitif, physique, social et spirituel.
- Les soins infirmiers administrés aux personnes souffrant de dépression ou de manie consistent en une collecte de données détaillées, suivie d'une planification et d'interventions adaptées aux différents diagnostics infirmiers qui prennent en compte les besoins physiques, psychosociaux et spirituels.
- Les infirmières collaborent avec d'autres intervenants en santé mentale pour les soins liés aux interventions somatiques, familiales et de groupe.

SITUATIONS CLINIQUES

1. Jacques est un veuf de 55 ans. Il vit seul dans un appartement et a une fille de 32 ans, mariée, qui vit dans une autre ville. Il y a trois mois, Jacques, cadre moyen dans une entreprise d'informatique, a été obligé de prendre une retraite anticipée. Au cours du mois dernier, il a présenté un affect déprimé et s'est tellement replié sur lui-même qu'il a cessé toute activité et qu'il ne rencontre plus ses amis une fois par semaine. Il signale qu'il a des difficultés à s'endormir et à rester endormi, qu'il est agité, qu'il a perdu sept kilos en un mois, qu'il a des difficultés à se concentrer et à prendre des décisions, et qu'il rumine et se sent coupable de la mort de sa femme, survenue 10 ans auparavant. Il a été admis à l'hôpital après que son voisin l'a emmené aux services d'urgence. Là, Jacques a avoué ses plans pour se suicider avec une arme à feu qu'il avait à la maison. Il a eu un épisode précédent de dépression majeure à l'âge de 45 ans, à peu près au moment de la mort de sa femme. Il n'a jamais vraiment commis de tentative de suicide. Jacques est resté 13 jours à l'hôpital.

Il prend 100 mg de sertraline (Zoloft) par jour et 100 mg de chlorhydrate de trazodone au coucher. On envisage de le laisser sortir.

Pensée critique – Évaluation

- Quels indicateurs particuliers l'infirmière devrait-elle utiliser pour évaluer la capacité de Jacques à se nuire, avant sa sortie imminente de l'hôpital ?
- Quels critères de résultats faut-il appliquer pour évaluer la réponse de Jacques au traitement médical ?
- Quels sont les résultats qui montrent le mieux les progrès de Jacques et que l'infirmière devrait évaluer afin de le diriger vers un intervenant de soins psychiatriques dans la communauté ?

2. Mme Bachand, 40 ans, est mère de trois enfants. Elle a été conduite à l'hôpital par son mari, inquiet qu'elle ait perdu sept kilos au cours des semaines passées et qu'elle passe la plus grande partie de la journée à pleurer sur le sofa. La maison n'a pas été nettoyée depuis des semaines et les enfants préparent eux-mêmes les repas et font la lessive. Mme Bachand porte des vêtements ordinaires froissés. Ses mouvements et son débit de parole sont lents. Elle a dit à son mari qu'ils devraient acheter un emplacement au cimetière, sans justification.

Pensée critique – Résultats escomptés

- Quelles informations supplémentaires sur Mme Bachand seraient utiles à l'infirmière pour qu'elle puisse poser des diagnostics infirmiers et fixer des buts ?
- Quels diagnostics infirmiers seraient pertinents pour Mme Bachand ?
- En se basant sur les diagnostics infirmiers, quels objectifs à court et à long terme l'infirmière pourrait-elle fixer avec Mme Bachand ?

3. Anne est une femme de 53 ans qui est arrivée à la clinique médicale en se plaignant de « maux de tête ». Elle paraît fatiguée et triste. Elle bouge lentement et soupire souvent profondément. Elle déclare avoir des difficultés à se sortir du lit le matin en raison de ses maux de tête et d'un malaise général. Anne a pris 16 kilos au cours des trois derniers mois. Elle dit à l'infirmière qu'elle a peur de mourir. Elle est si troublée qu'elle ne fait plus sa sortie de cinéma hebdomadaire avec ses amis.

Pensée critique – Collecte de données

- Quelles données suggèrent la possibilité d'un trouble de l'humeur ?
- Quelles autres informations sur Anne l'infirmière devrait-elle obtenir pour faire une évaluation à ce stade ?
- De quel type de trouble de l'humeur pourrait souffrir Anne ?
- Quels sont les trois critères d'évaluation pertinents pour Anne ?

4. Georges, 48 ans, cadre dans une compagnie d'assurances, est hospitalisé dans une unité de psychiatrie. On a diagnostiqué chez lui un trouble bipolaire I et un épisode maniaque. C'est son cinquième épisode de manie depuis l'apparition du trouble, il y a 23 ans. Il a reconnu avoir passé la nuit dans sa cour à couper des arbres avec une tronçonneuse. Il est devenu de plus en plus actif au cours de la semaine passée : il s'est déplacé en voiture dans toute la province pour rendre visite à des collègues de compagnies d'assurances ; il a commandé de nouveaux meubles pour le bureau et a annoncé qu'il serait le prochain président de la compagnie. La femme de Georges a réussi à le convaincre de se faire hospitaliser. Georges fait les cent pas dans l'unité ; il est incapable de rester assis pendant un repas ; il interrompt les conversations des autres et écrit des notes de service à ses subordonnés.

Pensée critique – Résultats escomptés

- Quelles sont les informations particulières que l'infirmière doit évaluer au moment de l'admission de Georges dans l'unité ?

- Quels sont les diagnostics infirmiers les plus pertinents pour Georges d'après les données ?

- Quels sont les résultats escomptés à court et à long terme que l'infirmière pourrait déterminer avec Georges ?

Chapitre 11

11 Schizophrénies

Alain Huot
B.A., M.Ps.
Collège Lionel-Groulx

France Maltais
B.Sc.inf., M.Éd.
Collège du Vieux-Montréal

Vivianne Saba
M.Sc.inf.

OBJECTIFS D'APPRENTISSAGE

APRÈS AVOIR LU CE CHAPITRE, VOUS DEVRIEZ ÊTRE EN MESURE :

● D'EXPLIQUER LES DIVERSES THÉORIES ET MODÈLES QUI ONT ÉTÉ ÉLABORÉS AU FIL DES ANS POUR DÉCRIRE LES TROUBLES SCHIZOPHRÉNIQUES ;

● DE DISCUTER DES NOMBREUX OUTILS ET DONNÉES D'ÉVALUATION QUI PERMETTENT DE POSER LES DIAGNOSTICS MÉDICAUX ET INFIRMIERS DE SCHIZOPHRÉNIE ;

● D'APPLIQUER LA DÉMARCHE DE SOINS INFIRMIERS AU CLIENT QUI PRÉSENTE LES SYMPTÔMES POSITIFS ET NÉGATIFS DE LA SCHIZOPHRÉNIE ;

● DE FAIRE LA DISTINCTION ENTRE LES RESPONSABILITÉS INFIRMIÈRES LIÉES AU SOIN DES SCHIZOPHRÈNES ET CELLES QUI SE RATTACHENT AUX AUTRES DISCIPLINES, PUIS DE COMPARER LES APPROCHES ;

● D'ÉVALUER LA SITUATION DES PERSONNES ATTEINTES DE SCHIZOPHRÉNIE ET DE LEUR FAMILLE AU SEIN DE LA COLLECTIVITÉ, EN ÉTABLISSANT DES PLANS DE SOINS INFIRMIERS POUR LA PRÉVENTION, LE SUIVI ET L'ENSEIGNEMENT ;

● DE COMPARER LE DÉROULEMENT DE LA MALADIE, LA SYMPTOMATOLOGIE ET LES INTERVENTIONS DE SOINS INFIRMIERS RELATIFS AUX DIFFÉRENTS TYPES DE SCHIZOPHRÉNIES ET LES TROUBLES QUI LEUR SONT ASSOCIÉS, COMME LE TROUBLE SCHIZOAFFECTIF ;

● DE DÉCRIRE LES DIFFÉRENCES ESSENTIELLES ENTRE LES MÉDICAMENTS ANTIPSYCHOTIQUES TYPIQUES ET ATYPIQUES, PARTICULIÈREMENT EN CE QUI A TRAIT À LEURS EFFETS SUR LES SYMPTÔMES NÉGATIFS DE LA SCHIZOPHRÉNIE, PARMI LESQUELS L'APATHIE ET LE RETRAIT SOCIAL ;

● D'ÉVALUER L'EFFICACITÉ DES DIFFÉRENTS TYPES DE TRAITEMENTS EN MILIEU CLINIQUE.

MOTS-CLÉS

Affect (perturbations de l'affect) : expression physique apparente des émotions, allant de la joie au chagrin. **Affect émoussé** : expression réduite des émotions. **Affect plat** : manque total d'expression apparente des émotions. **Affect inadéquat** : affect qui ne correspond pas à l'émotion ressentie (rire alors qu'on se sent triste). **Affect labile** : changement rapide dans l'expression des émotions.

Agnosie : incapacité à reconnaître des stimuli sensoriels familiers tels les bruits ou les objets.

Ambivalence : Attitudes, émotions ou idées contraires qui surgissent simultanément, à l'égard d'une personne, d'un objet ou d'une situation.

Association (désordre du processus d'association) : trouble de la pensée dans lequel la personne passe d'un sujet à l'autre, sans qu'il y ait de relation entre les deux. S'observe généralement dans la schizophrénie.

Autisme (pensée et comportement autistiques) : repli sur soi se manifestant par des interactions sociales perturbées, une communication altérée, des activités restreintes et des intérêts plutôt stéréotypés.

Blocage de la pensée : interruption brutale du flot des idées due à un trouble de la rapidité des associations.

Délire : conviction erronée, irréductible par la logique et non conforme aux croyances du groupe.

Déréalisation : sentiment d'étrangeté, de perte de familiarité avec l'environnement. La déréalisation est typique de la schizophrénie.

Double contrainte : situation où une personne envoie un message contradictoire à une autre personne, lui demandant de réagir à deux options opposées ou de choisir entre elles.

Fuite des idées : changement soudain de sujet au cours d'un discours. On observe la fuite des idées dans la schizophrénie mais il s'agit d'une caractéristique habituelle de la phase maniaque d'un trouble bipolaire. Elle est plus apparente que le relâchement des associations, et peut constituer une réaction à un stimulus stressant.

Hallucination : trouble de la perception sensorielle lié à un des cinq sens, en l'absence de tout stimulus externe.

Illusion : perception déformée d'un objet réel.

Pauvreté de la pensée : trouble psychopathologique de la schizophrénie. Le client se trouve incapable de raisonner logiquement et en séquence, ce qui se reflète dans la pauvreté du contenu de son discours qui est à la fois vague, répétitif et interrompu.

Pensée à processus primaire : pensée prélogique qui vise sa propre réalisation. Elle est associée au principe de plaisir caractéristique de l'instance psychique du ça.

Période prémorbide : période qui précède l'apparition d'un trouble mental. Les caractéristiques de la personnalité peuvent éventuellement indiquer le type de trouble concerné.

Persévération : trouble d'association d'idées caractérisé par la répétition persistante de la même idée en réponse à des questions différentes.

Psychose : présence possible de délires, d'hallucinations et de comportement désorganisé où la personne ne semble pas reconnaître ces symptômes ni ses difficultés à s'adapter à la réalité de la vie.

Symptômes avant-coureurs : symptômes annonciateurs, par exemple la détérioration du fonctionnement, qui peuvent indiquer l'apparition de la maladie mentale ou une rechute.

Symptômes négatifs : perte de capacités qui devraient être présentes et qui se caractérise par une absence de comportements attendus, notamment un affect plat, une pauvreté du vocabulaire, une apparence négligée, un repli sur soi et une apathie.

Symptômes positifs : perturbations qui s'installent, mais qui ne devraient pas êtres présentes, et qui sont aisément observables, notamment des hallucinations, un délire, un relâchement des associations et un comportement désorganisé.

Symptômes résiduels : troubles mineurs qui peuvent perdurer après un épisode de schizophrénie, mais qui ne comprennent ni délires, ni hallucinations, ni incohérence ou comportement déviant.

Trouble schizo-affectif : trouble relié à la schizophrénie, débutant habituellement au début de l'âge adulte, même s'il peut apparaître à n'importe quel moment, de l'adolescence à l'âge mûr. Pour poser le diagnostic, il est essentiel d'avoir un épisode ininterrompu de dépression majeure, de manie, ou un mélange de délires et d'hallucinations pendant au moins deux semaines en l'absence de troubles de l'humeur, et des troubles de l'humeur pendant toute la durée de la maladie.

11.1 SCHIZOPHRÉNIES

La schizophrénie est une maladie que l'on retrouve dans toutes les cultures et dans tous les groupes socioéconomiques (Betemps et Ragiel, 1994 ; Kaplan et Sadock, 1998). En dépit de sa prévalence, aucune étude scientifique et biologique de la schizophrénie n'a été réalisée avant le milieu du XIXe siècle. Les recherches qui mettent en relation ce trouble complexe avec la structure et le fonctionnement du cerveau offrent un certain espoir d'amélioration du traitement.

11.1.1 Perspectives historiques et théoriques

Si la description du génome humain constitue le plus grand accomplissement de la biologie génétique, la compréhension complète de la schizophrénie reviendrait à percer l'un des grands mystères en matière de psychiatrie. Jusqu'à tout récemment, on connaissait fort peu le fonctionnement cognitif du cerveau. Ce n'est que depuis le milieu du XIXe siècle que l'on emploie le terme de *schizophrénie* pour décrire une forme particulière de maladie mentale (Arieti, 1974).

Les schizophrènes sont particulièrement gênants pour la société, en raison de leur **psychose** évidente, et de leur incapacité limitée ou totale à reconnaître la réalité, qui se traduit par une inaptitude à s'insérer dans la vie normale. Les premières notions en matière de reconnaissance et de traitement des psychoses remontent à l'âge de pierre, il y a de cela un demi-million d'années, et sont représentées par des objets et des peintures rupestres. Les premiers écrits sur le sujet sont en sanskrit (une ancienne langue indo-européenne) et remontent à 1 400 ans av. J.-C. La schizophrénie était décrite comme de la possession démoniaque dans les anciennes civilisations, comme l'attestent d'anciens documents hébreux, égyptiens, chinois et grecs.

Au XIXe siècle, deux psychiatres très en vue réalisèrent des progrès importants concernant la reconnaissance des symptômes associés aux troubles schizophréniques. Le premier, Emil Kraepelin (1856-1926) décrivit la *démence précoce*, un syndrome caractérisé par des **hallucinations** (troubles de la perception sensorielle qui impliquent un des cinq sens, en l'absence de tout stimulus externe) et des **délires** (fausses convictions qui résistent à la logique ou au raisonnement).

Un autre psychiatre célèbre, Eugen Bleuler (1857-1939), remarqua l'incohérence entre les émotions, les pensées et les comportements des clients souffrant de schizophrénie. Il proposa le terme nouveau de *schizophrénie*, qui signifie « division de l'esprit ». Néanmoins, cette « division » concerne uniquement les émotions, la pensée et le comportement, sans faire allusion à la personnalité, et ne doit pas être confondue avec le trouble dissociatif de l'identité (voir chapitre 9). Plus tard, Bleuler raffina sa description en la nommant *troubles de la pensée* avec des symptômes fondamentaux, connus comme les quatre A de Bleuler.

- **Association (désordre du processus d'association)** : trouble de la pensée dans lequel le locuteur passe d'un sujet à l'autre, sans aucune continuité.
- **Affect (perturbations de l'affect)** : expression corporelle apparente des émotions, tels la joie, le chagrin et la colère.
  - *Affect émoussé* : expression réduite des émotions.
  - *Affect plat* : manque total d'expression apparente des émotions.
  - *Affect inadéquat* : affect qui ne correspond pas à l'émotion ressentie (rire alors qu'on se sent triste).
  - *Affect labile* : changements rapides dans l'expression émotionnelle.
- **Ambivalence** : attitudes, émotions ou idées contraires surgissant simultanément à l'égard d'une personne, d'un objet ou d'une situation.
- **Autisme (pensée et comportement autistiques)** : trouble de la pensée, dû à l'intrusion d'un monde intérieur imaginaire, qui provoque des réponses et des réactions anormales aux personnes et aux événements du monde réel.

Bleuler a défini les hallucinations et les délires comme des symptômes accessoires de la schizophrénie (Kaplan et Sadock, 1994). Sullivan, un théoricien de l'apprentissage social, a insisté sur l'importance des relations interpersonnelles, car il était convaincu que l'isolement social jouait un rôle essentiel dans la schizophrénie. Schneider, quant à lui, a décrit les expériences délirantes et les bouffées hallucinatoires comme des symptômes de premier rang, classant les symptômes moins marquants, tels les perturbations de la perception, la confusion, les changements d'humeur et l'appauvrissement émotionnel, comme des symptômes de deuxième rang (Kaplan et Sadock, 1998).

11.1.2 Étiologie

Aujourd'hui, la principale étiologie reconnue de la schizophrénie est d'origine biologique. Elle prend en compte les nouvelles découvertes concernant les influences génétiques, le rôle de la neuroanatomie, de l'endocrinologie et de l'immunologie au niveau des symptômes, et l'influence de traumatismes et de maladies. Une gamme de médicaments a été mise au point pour agir sur ces facteurs, qui jouent un rôle dans le déclenchement et les symptômes de la schizophrénie. Les recherches sur le cerveau représentent peut-être la plus grande entreprise scientifique actuelle. L'intérêt pour la schizophrénie s'en trouve renouvelé. L'accumulation de découvertes récentes est un grand défi pour les infirmières, qui doivent intégrer les sciences biologiques aux concepts de soins des modèles psychosociaux.

Facteurs biologiques

Au début du XXe siècle, plusieurs théoriciens considérèrent que la schizophrénie était provoquée par des facteurs biologiques. En 1936, Hans Selye joua un rôle de pionnier grâce à sa recherche sur le syndrome général d'adaptation (SGA). Selye a démontré que les phases d'alarme, de résistance et d'épuisement qui suivaient un stress avaient un lien de causalité avec plusieurs maladies physiologiques (hypertension et ulcère gastro-duodénal) (McCain et Smith, 1994). Des recherches approfondies ont été menées sur les mécanismes neuroendocriniens sous-jacents à la réaction de stress, que les psychiatres considèrent comme une explication possible de plusieurs états psychotiques. Aujourd'hui encore ces fondements font partie de l'approche théorique expliquant cette psychopathologie, ainsi que des théories du stress et de l'adaptation des soins infirmiers psychiatriques (modèle d'adaptation de Roy).

À la lumière des plus récentes recherches, cinq modèles biologiques ont été modifiés :
- le modèle héréditaire/génétique ;
- le modèle neuroanatomique et neurochimique ;

- l'hypothèse des neurotransmetteurs et de la dopamine ;
- le modèle immunologique ;
- le modèle des causes à l'origine du stress, de la maladie et du traumatisme.

Hérédité et influences génétiques

Il y a deux façons de considérer un rapport hypothétique entre l'hérédité et la schizophrénie. La première est illustrée par la célèbre étude sur les jumeaux réalisée en 1953, l'un des premiers exemples du potentiel épidémiologique de l'occurrence de la schizophrénie chez des individus apparentés. Les statistiques de cette recherche ont été remises en question et des études subséquentes ont démontré une incidence beaucoup plus faible de la schizophrénie chez les parents au premier degré que le taux de 80 % qui avait été prédit. Cependant, le risque pour un individu ayant un parent ou un jumeau monozygote de présenter la maladie est sensiblement plus élevé (46 % pour un jumeau monozygote et 10 % pour des frères ou sœurs) que pour le reste de la population (1 % dans le cas de personnes sans antécédents familiaux). Les radiographies obtenues par résonance magnétique de la figure 11.1 permettent de comparer la taille des ventricules cérébraux de jumeaux monozygotes, dont l'un est atteint de schizophrénie.

Les études récentes d'épidémiologie génétique confirment l'hypothèse d'une transmission familiale, sans que l'on sache comment elle s'effectue (Malone, 1990 ; Shore, 1989). Il est prouvé qu'il existe de multiples facteurs de risque corrélés importants à l'origine de la prédisposition ; néanmoins, l'hérédité est considérée comme la composante dominante.

La recherche d'un gène ou d'un site de gène correspondant à la schizophrénie (Tsuang, 1994) est au cœur d'un autre domaine de recherche. L'Institut Salt d'études en biologie de La Jolla en Californie a pour objectif principal de réaliser une carte de la structure génétique humaine qui permettra d'isoler et d'identifier tous les gènes (50 à 100 000) du noyau de la cellule humaine.

Actuellement, environ 5 000 gènes ont été identifiés, dont 2 000 ont été localisés sur les chromosomes. Bien qu'un des chercheurs ait établi un lien entre la schizophrénie et une anomalie du chromosome 5, cette découverte a été contestée, car les analyses subséquentes n'ont pas permis de relier les tendances héréditaires à la schizophrénie à un seul gène majeur.

Facteurs neuroanatomiques et neurochimiques

Récemment, l'étude des facteurs neuroanatomiques et neurochimiques a fait de grands progrès en ce qui concerne la

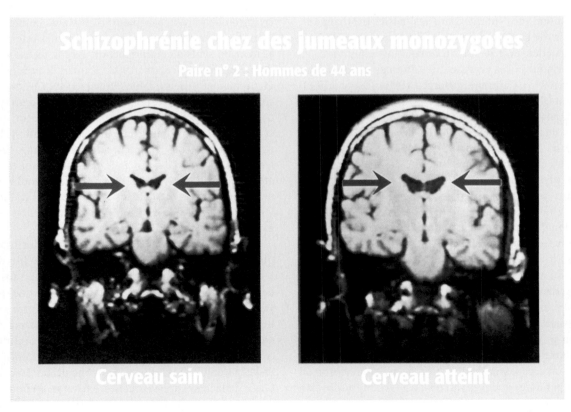

FIGURE 11.1 Perte de volume cérébral associée à la schizophrénie. Sur ces radiographies obtenues par résonance magnétique, on peut comparer la taille des ventricules (espace rempli de fluide dans le diencéphale en forme de papillon) de deux jumeaux monozygotes, dont l'un souffre de schizophrénie (droite). Les ventricules de la personne atteinte sont plus grands.

Reproduit avec l'aimable autorisation du National Institute of Mental Health, Biological psychiatry Branch, U.S. Department of Health and Human Services.

schizophrénie. À partir des travaux de Plum (1972), de Crow (1980), et de collaborateurs, ce domaine s'est élargi jusqu'à inclure l'étude du système nerveux sous les angles de la physiologie, de la chimie et de l'endocrinologie (Hemsley et coll., 1993 ; Joseph, 1993). Il semblerait que le système immunitaire joue également un rôle dans la schizophrénie (Lieberman et Koreen, 1993 ; Tsuang, 1994).

Facteurs structurels et fonctionnels

La structure du système nerveux peut présenter des défauts à la fois importants et microanatomiques qui peuvent provenir de malformations congénitales (Benes, 1993 ; Bogerts, 1993 ; Cannon et Marco, 1994). D'autres chercheurs ont souligné le rôle de l'exposition aux médicaments tératogènes in utero ou celui de traumatismes à la naissance, causant une détérioration graduelle qui semble atteindre de nombreux clients souffrant de schizophrénie chronique. Tous ces éléments semblent faire partie d'un modèle de développement défectueux.

De nos jours, les nouvelles techniques d'électroencéphalogramme (EEG) et d'imagerie cérébrale ont permis de déceler une dilatation ventriculaire, une accentuation des sillons corticaux, des défauts dans le système limbique et une atrophie corticale, tous davantage prononcés dans l'hémisphère gauche. Les clients souffrant de schizophrénie chronique présentent des cerveaux et des lobes frontaux plus petits. Il existe, plus particulièrement, des différences neuroanatomiques subtiles dans les parties du thalamus, du septum, de l'hypothalamus, de l'hippocampe, de l'amygdale cérébelleuse et de la circonvolution cingulaire, en comparaison avec les cerveaux des groupes témoins sains (Bogerts, 1993 ; Cannon et Marco, 1994 ; Joseph, 1993) (voir figure 11.1).

Sur le plan physiologique, on note une diminution de l'activité métabolique ainsi que des ondes cérébrales plus lentes dans les lobes frontaux (Malone, 1990). À microéchelle, un changement dans l'activité des neurotransmetteurs au niveau des synapses entre les cellules nerveuses provoque des anomalies dans les circuits du cerveau (Benes, 1993 ; Cannon et Marco, 1994). Il est difficile d'établir une relation entre une détérioration des neurones et un fonctionnement anormal, mais Previc (1993) soutient que les fonctions de la perception visuelle et oculomotrice du cerveau, situées dans les lobes pariétaux, sont touchées dans le cas d'individus schizophrènes. Par conséquent, ces individus souffrent d'une mauvaise intégration audiovisuelle, de difficultés d'orientation, de temps de réactions prolongés, de problèmes d'accommodation et de distorsions de la perception de l'image corporelle. Certains clients sont incapables de dire si on les regarde ou non, et pensent par conséquent qu'on les observe, en raison d'un dysfonctionnement de la fonction de poursuite oculaire (Clementz, McDowell et Zisook, 1994).

Pour citer une autre corrélation spécifique, Hemsley et ses collaborateurs (1993) croient qu'une lésion de l'hippo-campe peut provoquer des difficultés d'apprentissage et une inaptitude à différencier les informations signifiantes des autres. Ce ne sont que deux exemples des difficultés fonctionnelles éprouvées par les clients en raison d'une altération de la structure neuronale.

Neurotransmetteurs et théorie de la dopamine

Bien que de nombreux neurotransmetteurs jouent un rôle dans les activités corporelles et cérébrales, sept d'entre eux ont une importance particulière dans le cas de la schizophrénie : dopamine, sérotonine, acétylcholine, noradrénaline, cholécystokinine, glutamate et acide Υ-aminobutyrique (GABA). Leurs caractéristiques et fonctions sont pésentées dans le tableau 11.1.

Les théories sur la schizophrénie et le rôle des neurotransmetteurs font état :

- d'un déficit en sérotonine qui pourrait être responsable de certaines formes de schizophrénie ;
- d'une insuffisance de la noradrénaline chez les clients schizophrènes souffrant d'anhédonie ;
- de la théorie de la dopamine.

La théorie de la dopamine est la principale théorie des transmetteurs concernant la schizophrénie. La dopamine influe sur l'humeur, l'affect, les pensées et le comportement moteur. Un excès de dopamine peut provoquer une psychose et un déficit peut causer des troubles au niveau des mouvements. Cette théorie a été récemment contestée en raison de sa portée trop étroite. Il y a de bonnes raisons de penser que d'autres neurotransmetteurs interviennent également, seuls ou en interaction avec le réseau neuronal de la dopamine (Joseph, 1993 ; Kaplan et Sadock, 1998 ; Lieberman et Koreen, 1993 ; Previc, 1993). Selon la théorie de la dopamine, la schizophrénie est liée à un excès de dopamine, comme l'attestent les autopsies de patients schizophrènes, qui montrent une augmentation de deux tiers du nombre des récepteurs de la dopamine. En outre, les effets positifs des anciens antipsychotiques étaient attribuables à leur action en tant qu'antagonistes de la dopamine ; ils bloquaient les récepteurs de la dopamine (figure 11.2) afin de diminuer le taux de celle-ci et ainsi soulager la psychose du client.

L'un des tout derniers antipsychotiques, la clozapine, a quant à elle une action plus sélective sur le blocage des récepteurs. Elle atténue également la psychose sans causer de mouvements désordonnés, comme le faisaient auparavant les autres médicaments (Lieberman et Koreen, 1993). Les autres récepteurs dopaminergiques ont été étudiés dans les dernières années, mais l'on n'a pu établir de corrélation avec la schizophrénie (Macciardi et coll., 1994 ; Sabate et coll., 1994). Bien qu'aucune de ces études n'établisse de façon claire et précise l'existence d'anomalies du système de la dopamine, cette théorie continue de susciter l'intérêt pour la recherche du rôle des neurotransmetteurs et du système neuroendocrinien dans la schizophrénie (Joseph, 1993 ; vanKarmen et coll., 1994).

TABLEAU 11.1	Neurotransmetteurs dans la schizophrénie : type et fonctions	
Neurotransmetteur	**Type**	**Fonctions**
Dopamine	Catécholamine	Régule le comportement moteur et assure la transmission au niveau du cortex. Augmente la vigilance, peut accroître le comportement agressif.
Sérotonine	Indolamine	Transmetteur du tronc cérébral. Module les humeurs, réduit les tendances agressives.
Acétylcholine	Cholinergique	Transmet les signaux aux jonctions neuromusculaires (système nerveux central et système nerveux autonome). Un déficit peut augmenter la confusion et les passages à l'acte. Régule les symptômes extrapyramidaux.
Noradrénaline	Catécholamine	Transmet vers le système nerveux autonome. Déclenche l'hypervigilance, le syndrome de la lutte ou de la fuite.
Cholécystokinine	Peptide	Excite les neurones limbiques. Un déficit a été relié à l'avolition et à l'affect plat.
Glutamate	Acide aminé	Neurotransmetteur de l'excitation.
Acide γ-aminobutyrique (GABA)	Acide aminé	Neurotransmetteur de l'inhibition (neurotransmetteur prédominant dans le cerveau).

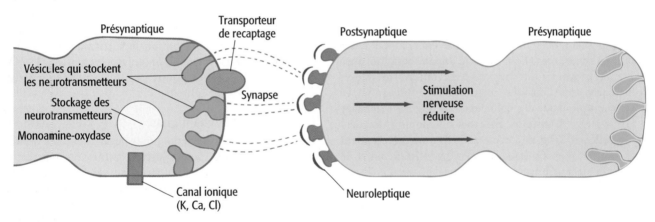

FIGURE 11.2 Action neuroleptique

L'activité des neurotransmetteurs au niveau des synapses est modifiée par les neuroleptiques, qui bloquent les sites des récepteurs synaptiques pour diminuer la stimulation nerveuse.

Interactions neurotransmetteurs-endocrine

Le comportement, les pensées et les sentiments humains sont également déterminés par un système beaucoup plus vaste et complexe : le système endocrinien. On a associé la schizophrénie aux neurotransmetteurs anormaux et aux interactions neuroendocriniennes (Benes, 1993 ; Hemsley et coll., 1993 ; Lieberman et Koreen, 1993 ; Malone, 1990). Bien que l'on n'ait pu apporter la preuve directe d'un dysfonctionnement sérotoninergique, les antipsychotiques comme la clozapine ou la rispéridone doivent leurs effets thérapeutiques uniques à leur action sur les récepteurs de la dopamine et de la sérotonine dans les lobes frontaux. Le rôle de l'acide γ-aminobutyrique dans la schizophrénie est de permettre un équilibre entre la dopamine et le glutamate et d'inhiber les comportements impulsifs.

Plusieurs études récentes se sont intéressées non seulement aux interactions des neurotransmetteurs dans la schizophrénie, mais également aux effets des interactions entre les hormones et les neurotransmetteurs. Les modalités d'interaction entre la dopamine et les sécrétions hormonales de la thyroïde et de l'hypophyse correspondent aux symptômes de la schizophrénie. D'autres modalités concernent les β-endorphines et d'autres composés opioïdes, la cholécystokinine et d'autres neuropeptides, en interaction avec la dopamine. En outre, une composition et une structure anormales de la membrane neuronale pourraient contribuer aux symptômes de la schizophrénie (Lieberman et Koreen, 1993).

Actuellement, les études de neurochimie et de neuroendocrinologie sont fragmentaires mais prometteuses. Il est clair que les corrélations et l'équilibre entre les neuro-transmetteurs et le système neuroendocrinien, qui sont observés dans les cas de schizophrénie, sont différents de ceux des individus sains.

Facteurs immunologiques

L'exposition à un virus, particulièrement au virus de la grippe durant la grossesse, est un facteur de risque pour la schizophrénie. On suppose que le virus de la grippe pourrait créer des anticorps maternels qui, chez le fœtus, deviendraient des autoanticorps et constitueraient une source externe d'altération dans le développement (Cannon et Marco, 1994 ; Malone, 1990 ; Takei et coll., 1994 ; Tsuang, 1994). Il existe peu d'études immunologiques de la schizophrénie et leurs hypothèses dépendent des données épidémiologiques.

Stress, maladie, traumatisme et abus de drogues

Dans son modèle du stress, Selye considère que l'individu est en interaction avec l'environnement et soumis aux multiples stimuli que sont les événements. Cette interaction crée un stress dont l'ampleur et la signification varient selon chaque individu.

Les clients souffrant de schizophrénie chronique doivent en permanence faire face à des événements et à des situations stressantes. Leur activité dopaminergique augmente et provoque un niveau d'excitation très élevé, déclenchant des épisodes récurrents. Le niveau élevé d'excitation provoque des hallucinations intenses (Hemsley et coll., 1993). Plusieurs théories des soins infirmiers (p. ex. celles de King, de Levine et de Neuman) reprennent cette notion et examinent la relation existant entre le stress et la maladie physique ou mentale.

Certaines des dernières études publiées soutiennent que la schizophrénie est liée, au niveau du développement, à une maladie ou un traumatisme survenu durant la vie prénatale ou la petite enfance. Takei et ses collaborateurs (1994) ont étudié les conséquences d'une exposition au virus de la grippe et ont conclu qu'une telle exposition durant le deuxième trimestre de la grossesse comportait un risque important de schizophrénie à l'âge adulte, spécialement chez les filles. On a donc pu observer une différence entre les sexes dans la manifestation de la maladie.

En ce qui concerne les traumatismes, très peu de recherches se sont intéressées aux complications obstétricales ou aux accidents durant l'enfance, qui seraient susceptibles de causer des lésions cérébrales légères et d'empêcher le développement du cortex cérébral. Les complications obstétricales étudiées comprenaient la toxémie prééclamptique, l'hémorragie ante partum, la rupture prématurée des membranes, le travail prolongé, la procidence du cordon, la présentation inhabituelle (le siège), la prématurité ou la grossesse prolongée.

Les recherches sur l'enfance montrent que l'encéphalite engendre un risque de schizophrénie. Certaines études de traumatisme crânien, nécessitant une hospitalisation chez les enfants de moins de 10 ans, indiquent également une différence significative de l'occurrence de la schizophrénie entre les personnes ayant souffert d'un traumatisme crânien prénatal ou durant l'enfance et un groupe témoin. On associe communément les hémorragies dans les ventricules et les lésions ischémiques du cortex à la schizophrénie (Gureje et coll., 1994).

On a également étudié la corrélation entre l'abus de drogues et la schizophrénie (voir encadré 11.1). Selon Linszen et ses collaborateurs (1994), l'abus de cannabis pourrait être un facteur déclenchant de la schizophrénie ou causer des rechutes. Les effets extraordinairement stimulants de la cocaïne provoqueraient également des rechutes chez les clients déjà atteints (Stirling et coll., 1994). La cocaïne produit des changements neurochimiques dans le cerveau en se substituant aux endorphines naturelles et en créant un intense besoin de drogue. Le cocaïnomane finit par expérimenter la même apathie, dépression ou anhédonie que celui qui est atteint de schizophrénie chronique. De plus, de nombreuses preuves viennent corroborer le fait que certaines drogues, prises durant la grossesse, sont liées à des troubles de type schizophrénique durant l'enfance et l'adolescence. Ainsi, une femme enceinte qui consomme de la cocaïne risque d'infliger ce type de trouble à son enfant (Scherling, 1994). Enfin, l'encadré 11.1 démontre la forte corrélation entre le tabagisme et la schizophrénie.

Théories psychodynamiques

Parmi les nombreux facteurs prédisposant à la schizophrénie, il importe aussi de prendre en compte les considérations psychosociales. La plupart des modèles de causalité postulent que la vulnérabilité s'ajoute à un environnement stressant, produisant ainsi les symptômes de la schizophrénie (Kaplan et Sadock, 1998). Les théories psychanalytique, familiale et socioculturelle/environnementale intègrent les facteurs psychosociaux et environnementaux. La théorie des systèmes a également été utilisée pour expliquer les interactions réciproques entre ces théories.

Théories psychanalytiques et développementales

La théorie psychanalytique soutient qu'il existe des distorsions dans la relation mère-enfant, causées par l'anxiété maternelle, laquelle empêche l'enfant de progresser au-delà de la dépendance. Cette dépendance prolongée influe sur l'organisation du moi et l'interprétation de la réalité chez l'enfant, qui grandit en étant incapable d'interpréter la réalité et se réfugie dans un monde imaginaire, où il tente par les hallucinations et les délires de recréer une réalité illusoire ou d'exprimer ses terreurs internes. Les pulsions agressives ou sexuelles ne sont pas maîtrisées par l'individu, et la différenciation moi-objet n'est pas achevée. La conscience de son identité reste faible chez l'individu, d'où sa vulnérabilité au stress (Kaplan et Sadock, 1998).

Schizophrénie et tabagisme

ENCADRÉ 11.1

La prévalence du tabagisme chez les patients souffrant de schizophrénie atteint près de 90 %. Cette prévalence est bien supérieure à celle des autres maladies psychiatriques et trois fois celle de la population générale. Les patients schizophrènes qui fument sont également de plus gros fumeurs, fumant en moyenne 35 à 40 cigarettes par jour. Les patients schizophrènes commencent généralement à fumer à l'adolescence, avant le début de la maladie.

Trois hypothèses ont été proposées afin d'expliquer ce phénomène : le tabagisme constituerait un facteur étiologique de la maladie ; des facteurs génétiques ou environnementaux pourraient prédisposer à la fois à la maladie et au tabagisme ; certains aspects de la schizophrénie pousseraient les patients qui en souffrent à fumer. Cette dernière théorie est celle qui est la mieux soutenue.

La nicotine contenue dans la cigarette a pour effet d'augmenter la transmission dopaminergique dans le système nerveux central. Dans le cortex préfrontal, cet effet se traduit par une augmentation de la concentration, de l'attention et de la vigilance. La nicotine permet également aux patients schizophrènes de mieux filtrer les stimuli sensoriels et favorise les contacts sociaux. Le tabagisme réduit également les symptômes extrapyramidaux induits par les antipsychotiques.

Les conséquences d'une telle prévalence ne sont pas négligeables : elle contribuerait à l'augmentation de la mortalité et de la morbidité importante chez cette clientèle, particulièrement celles liées aux maladies cardiovasculaires et respiratoires. Le tabagisme a également des conséquences sur les ressources financières des patients, en plus d'être associé à un plus grand nombre d'hospitalisations. De plus, les patients schizophrènes qui fument reçoivent généralement des doses moyennes d'antipsychotiques plus élevées, soit parce qu'ils sont plus symptomatiques ou encore parce que la fumée de cigarette induit le métabolisme hépatique de plusieurs antipsychotiques.

Bien que la prévalence du tabagisme soit très élevée dans cette population, le désir de cesser de fumer est autant présent chez les patients schizophrènes que dans la population générale. L'époque où l'on n'encourageait pas ces patients à abandonner la cigarette sous prétexte de les priver d'un de leurs seuls plaisirs est révolue. L'infirmière a donc un rôle important à jouer auprès de cette clientèle, en les encourageant à cesser de fumer et en leur offrant le soutien nécessaire pour traverser la période de sevrage qui est généralement sévère chez ces derniers, compte tenu de leur forte dépendance à la nicotine.

Adapté de la vidéo *Tabagisme et schizophrénie*, de Nancy Légaré, disponible au service d'audiovisuel de l'Hôpital Louis-H. Lafontaine.

Modèle théorique familial

D'après ce modèle, on suppose que l'enfant a été élevé dans une ambiance familiale marquée par la tension et le malheur, ce qui peut ne pas transparaître pour l'observateur extérieur ou même les membres de la famille. Les familles s'efforcent en effet de camoufler ou de réprimer le malheur, encourageant de ce fait l'insensibilité. Cependant, aucune étude n'est parvenue à prouver que des caractéristiques familiales particulières ont un lien *causal* avec la schizophrénie. En considérant la nature réciproque des interprétations, on est incapable de dire si des relations familiales stressantes précèdent ou suivent un épisode schizophrénique.

Certaines caractéristiques familiales ont été reconnues comme particulièrement nocives pour l'enfant. La **double contrainte** est la première de ces caractéristiques. Dans des situations de double contrainte, l'enfant est obligé de faire un choix entre deux perceptions raisonnables mais contradictoires, ce qui occasionne chez lui de la confusion et de l'anxiété. Un message non verbal peut contredire un message verbal, lorsque par exemple un parent déclare qu'il n'est pas fâché du comportement de l'enfant, tout en exprimant une attitude hostile, agressive et destructive.

La seconde caractéristique qui semble particulièrement destructive est l'existence d'une mésentente entre les parents. L'enfant se trouve placé devant l'obligation de soutenir l'un des parents contre l'autre. Une telle situation l'amène à se sentir coupable, car il se sent écartelé. Une lutte de pouvoir dans le couple aboutit souvent à la domination de l'un des deux parents. Cette attitude autoritaire risque d'annihiler la volonté d'indépendance de l'enfant. De plus, le parent forcé de se soumettre peut reporter sa colère contre les enfants et faire de l'un d'eux son souffre-douleur.

Le troisième trouble familial sérieux résulte d'un mode de communication destructeur au sein de la famille. Il arrive qu'un consensus apparent concernant les règles familiales ne soit pas exprimé ouvertement, mais qu'il provoque des comportements violents en cas de transgression. Une hostilité et des critiques constantes détruisent la fonction de protection et de soutien de la famille.

Théories culturelles et environnementales

La schizophrénie se retrouve dans tous les groupes socio-économiques, mais elle se rencontre de façon disproportionnée dans les couches socioéconomiques les plus défavorisées. Diverses hypothèses ont été avancées pour expliquer ce phénomène. Une explication fréquemment citée est « l'hypothèse de la dérive descendante » (Kaplan et Sadock, 1998). Selon cette hypothèse, le client atteint, qui a peu d'aptitudes sociales, s'intègre dans un groupe social défavorisé ou n'arrive pas à faire sa place dans un groupe social plus favorisé.

Par ailleurs, certains spécialistes en sciences sociales pensent que le stress auquel sont soumis les membres des groupes socioéconomiques les plus démunis contribue au développement de la schizophrénie chez une population vulnérable (Fortinash et Holoday-Worret, 1999). Les schizophrènes qui vivent dans un stress psychologique constant ont une faible estime de soi, une mauvaise perception de leur efficacité (manière de se voir comme fonctionnant normalement, partiellement ou pas du tout) et disposent de ressources limitées pour faire face à leur situation. De plus, les familles de ces personnes malades sont rarement en mesure de leur fournir un soutien adéquat (Bendik, 1992).

Un statut socioéconomique défavorisé a des répercussions non seulement sur le plan psychologique, mais aussi sur la biologie et sur le fonctionnement d'un individu, ce qui s'ajoute à ses symptômes chroniques (Cohen, 1993).

Théorie de l'apprentissage

Selon cette théorie, la façon irrationnelle de gérer les situations, la pensée incohérente et les modes de communication déficients des clients schizophrènes peuvent être attribués aux modèles parentaux déficients de la prime enfance : les enfants apprennent ce à quoi ils sont exposés quotidiennement, avec des parents ayant leurs propres problèmes émotifs. Par conséquent, ils sont dans l'impossibilité de développer les habiletés leur permettant d'établir des relations interpersonnelles saines (Fortinash et Holoday-Worret, 1999 ; Kaplan et Sadock, 1998).

Sullivan, principal défenseur de la théorie de l'apprentissage, pensait que l'individu était façonné par ses interactions sociales au cours de son développement. Par conséquent, l'ensemble des sentiments, des pensées et des comportements proviennent de l'expérience de l'individu avec ses proches. Si le père est perçu comme un dictateur mesquin, cette perception sera généralisée aux autres hommes en position d'autorité (professeurs, policiers et employeurs), et elle conditionnera les relations interpersonnelles de cet individu. Si la mère affronte les problèmes en culpabilisant les autres, l'enfant apprendra ce modèle de comportement et s'aliénera les autres en le reproduisant.

Théorie psychophysiologique des effets de l'environnement

Les recherches récentes portent également sur la relation entre l'environnement physique et la schizophrénie. Comme les substances toxiques qui provoquent de nombreuses maladies peuvent être absorbées par la pollution atmosphérique ou par la chaîne alimentaire (plomb et mercure), les chercheurs ont comparé la distribution géographique du sélénium et d'autres oligo-éléments avec la prévalence de la schizophrénie dans la même région. Un excès ou un déficit de certaines substances dans l'environnement pourrait causer la maladie (Brown, 1994).

Modèle cognitif : approche cognitivo-comportementale

Les recherches des dernières années (Briand, Lalonde, Lesage, Morin, 1999) ont fait une large place aux sciences cognitives comme instruments de compréhension de la schizophrénie. Selon ces auteurs, la schizophrénie peut de plus en plus être expliquée par une vulnérabilité du système nerveux central, qui se manifeste dans un contexte présentant d'importants agents stressants socioenvironnementaux. Cette vulnérabilité du système nerveux central permet de comprendre les différentes difficultés éprouvées par la personne atteinte de schizophrénie, notamment les difficultés à soutenir ou à diriger son attention, à entamer ou à planifier une activité, à percevoir les erreurs, à s'adapter à de nouvelles situations. Un lien entre les déficits cognitifs et leurs répercussions fonctionnelles peut alors être établi. Cottraux (2001) montre à la figure 11.3 les facteurs psychobiologiques de vulnérabilité, les agents stressants socioenvironnementaux et les facteurs de protection qui prédisposent un individu à souffrir de troubles schizophréniques.

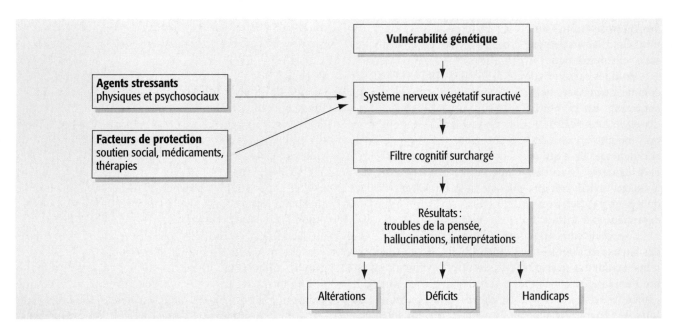

FIGURE 11.3 Schizophrénie : modèle cognitif

L'ensemble de ces facteurs déterminera les altérations à long terme, les déficits et les handicaps associés à la maladie schizophrénique.

Dans la conceptualisation cognitive (Chambon, Laurent, Marie-Cardine, 1995), la fragilité psychologique est liée à la présence de schémas inadéquats et fortement ancrés, et de biais cognitifs (tendance excessive du psychisme à traiter certains types d'informations plutôt que d'autres, ou d'une certaine façon plutôt que d'une autre, nommés également distorsions cognitives ou erreurs logiques) plus fréquents que chez les sujets normaux. Les schémas sont décrits par Cottraux (2001) comme une forme verbale impérative ; ils sont stockés dans la mémoire à long terme et sont latents, silencieux mais activables. Ce sont des anticipations : elles permettent de marquer l'action du passé sur le présent et de traiter automatiquement l'information. Ils sont acquis au cours d'expériences précoces. La vulnérabilité cognitive est ainsi basée sur des croyances extrêmes, rigides et impératives. Selon Chambon et ses collaborateurs (1995), « ces croyances dysfonctionnelles sont le résultat de l'interaction entre la prédisposition génétique de l'individu, l'exposition à des relations néfastes et des événements traumatiques précis. Le cheminement des processus cognitifs à partir d'un stimulus donné est le suivant : perception et interprétation de la situation par le biais de distorsions cognitives, activation du schéma dysfonctionnel dont les croyances de base sont congruentes à l'interprétation, d'où ensuite, production de pensées automatiques, avec les émotions qu'elles entraînent, puis enfin, émission d'un comportement, dont bien souvent les conséquences viendront confirmer le schéma » (voir figure 11.4). Selon Chambon et ses collaborateurs (1995 dans Vidon) : « Le schéma dysfonctionnel central des sujets schizophrènes peut être difficile à identifier. Les thèmes le plus fréquemment rencontrés sont souvent catégoriques et dogmatiques : "le monde est dangereux", "il faut éviter les relations intimes parce qu'elles sont dangereuses", "on est toujours seul au monde", etc. Ces patients pensent au fond d'eux-mêmes que ce monde n'est pas fait pour eux, qu'ils n'y ont aucune place, que toute tentative de leur part pour s'y adapter par des voies normales, en utilisant la logique consensuelle concernant la vie quotidienne, est vouée à l'échec. »

Selon ces mêmes auteurs, les biais cognitifs ou distorsions cognitives jouent un double rôle. D'une part, ils contribuent à la souffrance et aux difficultés du sujet, ainsi qu'à la naissance de ses symptômes, en distordant la réalité et en induisant des interprétations et des émotions pathogènes. D'autre part, ils contribuent au maintien des schémas dysfonctionnels, en dépit de tous les faits extérieurs qui viennent les contredire, en créant un cercle vicieux d'autoconfirmation et d'autovalidation de ces schémas. Selon Chambon et ses collaborateurs (1995), les distorsions cognitives les plus fréquentes des psychotiques chroniques ne sont pas spécifiques à cette pathologie et sont celles décrites par Beck dans les troubles affectifs (voir chapitre 10). Selon Cottraux (2001), les distorsions cognitives du sujet schizophrénique sont principalement : la personnalisation (prendre les choses personnellement), l'abstraction sélective (prendre les choses en dehors de leur contexte) et l'inférence arbitraire (tirer des conclusions sans preuve).

11.1.3 Épidémiologie

L'incidence de la schizophrénie, ou la fréquence des nouveaux cas diagnostiqués dans une population donnée durant une certaine période, est d'environ 0,3 pour 1 000. Le taux d'apparition des nouveaux cas de schizophrénie présente une baisse sensible au Québec, ce que les auteurs n'expliquent pas encore (Lalonde, 1999) (voir encadré 11.2). La prévalence à vie, ou le nombre total de cas pour la population totale, est d'environ 1,5 %. La prévalence et le pronostic de la maladie varient selon des facteurs socioéconomiques, géographiques et culturels ; la schizophrénie revêt plusieurs formes, en fonction de la situation du client et des caractéristiques démographiques (Betemps et Ragiel, 1994 ; Kaplan et Sadock, 1998). Les études sur les familles, les jumeaux et les enfants adoptés ont systématiquement montré un taux de concordance génétique, augmentant avec la proximité biologique (Kaplan et Sadock, 1998 ; Kendler et Diehl, 1993).

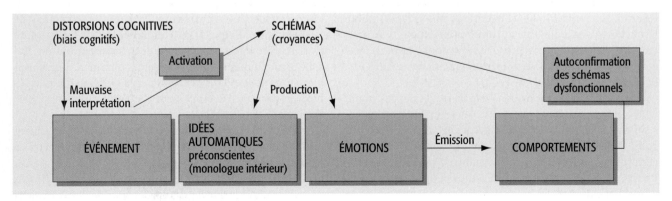

FIGURE 11.4 Cheminement du processus cognitif

- L'incidence des nouveaux cas de schizophrénie est d'environ 0,3 personnes sur 1 000 par an au Canada.
- On a diagnostiqué la schizophrénie chez 1 % de la population du Québec.
- L'âge d'apparition de la maladie est plus élevé chez les femmes que chez les hommes.
- La schizophrénie paranoïde est plus fréquente chez les hommes que chez les femmes.
- La schizophrénie de type désorganisé intervient plus tôt chez les femmes que chez les hommes.
- La prévalence est équivalente chez les femmes et les hommes.
- L'âge d'apparition le plus tardif varie entre 66 et 77 ans.
- Un fœtus femelle exposé au virus de la grippe court plus de risques de développer la maladie qu'un fœtus mâle.
- Les hommes présentent plus fréquemment que les femmes des anomalies structurales du cerveau ou des traumatismes de la petite enfance.
- 50 % des sujets atteints de schizophrénie tentent de se suicider.

Âge et sexe

Deux caractéristiques démographiques, l'âge et le sexe, ont été abondamment étudiées en relation avec la schizophrénie. Ces variables ont un effet interactif. À titre d'exemple, l'âge de l'apparition de la maladie est notablement plus élevé chez les femmes que chez les hommes.

Les sous-types de schizophrénie ont tendance à apparaître à différents moments. Chez les hommes, le type paranoïde, caractérisé par les idées délirantes ou les hallucinations auditives de persécution, apparaît plus tôt que chez les femmes. En revanche, le type désorganisé, qui comprend un discours et un comportement désorganisé ainsi qu'un affect inapproprié, survient plus tôt chez les femmes (Lalonde, 1999 ; American Psychiatric Association [APA], 1994 ; Castle et Murray, 1993). À long terme, néanmoins, il n'existe pas de différence de prévalence de la schizophrénie entre les femmes et les hommes (Kaplan et Sadock, 1998).

Dans une toute récente étude sur l'âge d'apparition de la maladie, les membres les plus âgés avaient de 66 à 77 ans et contribuaient pour environ un tiers du taux de prévalence. Cela contredit les conceptions antérieures, selon lesquelles la schizophrénie apparaît rarement après 50 ans. Les clients qui se trouvaient dans la tranche la plus âgée étaient généralement des femmes présentant des syndromes délirants (Castle et Murray, 1993).

Dans le cas d'une exposition de la mère à la grippe durant le second trimestre de grossesse, les filles présentent un risque de schizophrénie plus élevé à l'âge adulte (Takei et coll., 1994). Les garçons, en revanche, présentent beaucoup plus que les filles des anomalies du cerveau dues à un traumatisme périnatal ou subi durant la petite enfance (Gureje et coll., 1994). En résumé, le sexe est associé à des différences en ce qui concerne l'âge auquel commence la maladie, les déficits physiologiques, le pronostic et la réaction au traitement.

Situation familiale, taux de reproduction et mortalité

L'introduction des agents psychothérapeutiques a permis aux personnes atteintes de schizophrénie d'échapper aux soins constants des établissements psychiatriques publics. Libérés de plusieurs de leurs symptômes et pouvant accéder à des programmes de réadaptation mis à leur disposition, de nombreuses personnes atteintes ont pu mener une vie pratiquement normale et même productive.

Néanmoins, la schizophrénie va de pair avec un taux élevé de suicide. En dépit du soulagement de certains de leurs symptômes, de nombreux schizophrènes sont prédisposés à des épisodes de décompensation caractérisés par une intensification de la maladie. Dans ces moments-là, ils risquent de tenter de se supprimer et ont tendance à provoquer des accidents ou à négliger leur santé, si bien que le taux de morbidité des schizophrènes augmente et qu'ils représentent jusqu'à 50 % des tentatives de suicide dans une population.

Classe socioéconomique

La part de la schizophrénie attribuable aux problèmes sociaux des classes défavorisées continue à faire l'objet de controverses (Betemps et Ragiel, 1994 ; Fortinash et Holoday-Worret, 1999 ; Kaplan et Sadock, 1998). Les mauvaises conditions de vie, notamment dans les cas extrêmes (p. ex. chez les sans-abris), ajoutent au stress vécu par certaines personnes vulnérables. Sur le plan économique, la schizophrénie est la plus coûteuse des maladies mentales. Au Canada, 8 % des personnes hospitalisées souffrent de schizophrénie (Lalonde, 1999).

Culture, géographie et influences saisonnières

Les manifestations de la schizophrénie et son pronostic varient suivant les cultures. Dans les pays en voie de développement, le pronostic de la schizophrénie est meilleur que dans les cultures à technologie évoluée. Les clients des pays du Tiers-Monde ont tendance à souffrir d'attaques plus aiguës au début de leur maladie, mais éprouvent moins d'épisodes récurrents et moins de problèmes de dérèglements affectifs. Les troubles cognitifs sévères sont rares dans le monde occidental. Cependant, après un épisode aigu, l'individu atteint de schizophrénie est plus facilement réintégré dans la famille et la collectivité dans les pays en voie de développement (Betemps et Ragiel, 1994 ; Kaplan et Sadock, 1998).

On a étudié les variations de la prévalence de la schizophrénie dans différentes régions. Sous certains climats, la saison de la naissance constitue un facteur causal. Les bébés qui naissent durant les mois d'hiver courent plus de risques de devenir schizophrènes. Il existe deux explications possibles à ce phénomène. L'une est que la schizophrénie pourrait être liée à une exposition prénatale à une infection virale. L'autre attribue à une libération des ovules trop mûrs l'apparition d'anomalies fœtales au moment de la fécondation (Kaplan et Sadock, 1998).

11.1.4 Description clinique

La schizophrénie, selon la classification du DSM-IV, répond aux critères suivants :
- elle dure au moins six mois, dont au moins un mois comprend des symptômes de phase active ;
- les symptômes de la phase active incluent au moins deux de ces manifestations : hallucinations, délires, comportement désorganisé ou catatonique, et discours désorganisé (voir encadré 11.3).

Il existe cinq sous-types majeurs de schizophrénie et plusieurs troubles étroitement connexes. Les cinq sous-types de schizophrénie sont :
- schizophrénie paranoïde,
- schizophrénie de type désorganisé (antérieurement de type hébéphrénique),
- schizophrénie catatonique,
- schizophrénie de type indifférencié,
- schizophrénie de type résiduel.

Les troubles étroitement connexes sont :
- trouble schizophréniforme,
- trouble schizo-affectif,
- trouble délirant,
- trouble psychotique bref,
- trouble psychotique partagé,
- trouble psychotique d'origine médicale,
- trouble psychotique d'origine médicamenteuse,
- trouble de développement profond (autisme et autres),
- schizophrénie simple,
- trouble dépressif postpsychotique de la schizophrénie,
- trouble psychotique atypique.

Schizophrénie paranoïde

Ce type de schizophrénie provoque moins de déficiences intellectuelles et neurologiques que d'autres et présente un meilleur pronostic. Néanmoins, durant la phase active de la maladie, l'individu est extrêmement malade et ses symptômes constituent un danger pour lui-même et pour autrui.

Les idées délirantes relèvent souvent de la persécution ou de la mégalomanie, et s'inscrivent au sein de thèmes cohérents. Les délires de persécution peuvent provoquer de l'anxiété, de la suspicion, de la colère, de l'hostilité et un comportement violent. Les hallucinations auditives sont fréquentes et liées aux idées délirantes. Les interactions avec les autres demeurent rigides, intenses et contrôlées (APA, 1996 ; APA, 2000 ; Fortinash et Holoday-Worret, 1999 ; Kaplan et Sadock, 1998).

Suivant les critères du DSM-IV relatifs à la schizophrénie (voir encadré 11.3), un diagnostic de schizophrénie paranoïde doit comporter au moins deux des symptômes du critère A : présence d'idées délirantes et d'hallucinations.

Les autres critères pour reconnaître une schizophrénie paranoïde – discours et comportement désorganisé et autres symptômes négatifs – importent moins. Les idées délirantes et les hallucinations doivent être présentes de manière substantielle pendant une période de un mois. Cette période peut être raccourcie si l'on traite adéquatement la maladie. Enfin, si les hallucinations sont particulièrement bizarres, ou si elles comportent des voix qui ordonnent ou qui commentent, ce seul critère diagnostique suffit alors. La schizophrénie paranoïde débute parfois de manière abrupte, déclenchée par plusieurs facteurs stressants (APA, 1996 ; APA, 2000 ; Fortinash et Holoday-Worret, 1999). Les individus atteints de ce trouble mental sont souvent décrits comme des clients de type 1, productifs, avec des symptômes positifs.

Selon Crow (1980), les symptômes de la schizophrénie devraient être classés en **symptômes positifs** (ce syndrome comprend des hallucinations, une logorrhée avec des associations sans suite et un comportement bizarre) et en **symptômes négatifs** (ce syndrome inclut un affect plat, une pauvreté de discours, une mise peu soignée, un repli sur soi et une avolition), afin de pouvoir établir un pronostic (Andreasen et Carpenter, 1993). Le tableau 11.2 présente ces symptômes positifs et négatifs.

Pronostic

L'évolution de la schizophrénie paranoïde est variable, mais progresse généralement de manière plus encourageante que les autres sous-types. De toutes les schizophrénies, la schizophrénie paranoïde est celle qui répond le mieux aux traitements et elle est la plus susceptible de ne comporter qu'un épisode unique, avec rémission complète (APA, 1996 ; APA, 2000 ; Kaplan et Sadock, 1998).

Schizophrénie de type désorganisé

Ce type de schizophrénie, connue antérieurement sous le nom de schizophrénie hébéphrénique en raison de ses débuts précoces et insidieux et de son affect idiot et enfantin, se caractérise par une désintégration sévère de la personnalité. Le discours est incohérent et peut comporter une salade de mots (mélange de mots réels et imaginaires sans suite logique) et des associations par assonances (rimes). Le comportement est bizarre, comprenant à la fois des grimaces, des reniflements, des gesticulations, des balancements, des conduites répétitives et des comportements sexuels sans retenue, comme se masturber en public. Le client atteint de schizophrénie désorganisée se replie sur lui-même et a un comportement social inepte. On peut également rencontrer des déficits psychomoteurs ou intellectuels (telles la pensée concrète, l'interprétation littérale du langage et l'impossibilité de faire des abstractions), la **pensée à processus primaire** prélogique (visant la satisfaction des désirs et associée au principe de plaisir caractéristique du ça, l'une des instances de la personnalité), ainsi qu'une mauvaise coordination (APA, 1996 ; APA, 2000 ; Fortinash et Holoday-Worret, 1999).

CRITÈRES DSM-IV

Schizophrénie

A. Symptômes caractéristiques. Au moins deux des symptômes suivants doivent être présents durant une portion significative d'une période de un mois (ou moins, s'ils répondent favorablement au traitement) :
- idées délirantes,
- hallucinations,
- discours désorganisé (coq-à-l'âne fréquents ou incohérence),
- comportement très désorganisé ou catatonique,
- symptômes négatifs (p. ex. émoussement affectif, alogie ou perte de volonté).

Note : un seul symptôme du critère A est suffisant si les idées délirantes sont bizarres ou que les hallucinations mettent en scène une voix qui fait des commentaires permanents sur le comportement de la personne ou sur ses pensées, ou encore deux voix ou plus conversant entre elles.

B. Dysfonctionnement social/des activités. Durant une portion importante du temps s'étant écoulé depuis l'apparition du trouble, un ou plusieurs domaines de fonctionnement ont été perturbés, parmi lesquels le travail, les relations interpersonnelles ou les soins personnels, lesquels sont nettement en dessous du niveau où ils étaient avant le début de la maladie (lorsque le trouble apparaît durant l'enfance ou l'adolescence, impossibilité de réaliser les activités interpersonnelles, scolaires ou professionnelles).

C. Durée. Les troubles doivent persister durant au moins six mois. Cette période doit comporter au moins un mois de symptômes (ou moins, si le client répond favorablement au traitement) qui correspondent au critère A (phase de symptômes actifs) et peuvent comprendre des périodes de symptômes résiduels ou avant-coureurs. Durant ces périodes, les signes de la maladie peuvent se manifester par des symptômes négatifs uniquement ou, au moins, deux des symptômes énoncés dans le critère A, sous une forme atténuée (croyances bizarres, perceptions inhabituelles).

D. Exclusion d'un trouble schizo-affectif et d'un trouble de l'humeur. Un trouble schizo-affectif et un trouble de l'humeur avec caractéristiques psychotiques ont été éliminés parce que, soit aucun épisode dépressif majeur, maniaque ou mixte n'est survenu simultanément durant la phase active des symptômes, soit la durée totale des troubles de l'humeur (s'ils se sont produits durant cette phase) est demeurée brève par rapport à la durée des périodes actives et résiduelles.

E. Exclusion d'une affection médicale générale ou d'un trouble induit par une substance. La perturbation n'est pas due aux effets physiologiques directs d'une substance (toxicomanie ou médicaments) ni à une affection médicale générale.

F. Relation avec un trouble envahissant du développement. S'il existe des antécédents de trouble autistique ou d'autres troubles envahissants du développement, un diagnostic additionnel de schizophrénie n'est posé que si des idées délirantes ou des hallucinations importantes sont présentes durant au moins un mois (ou moins, si elles répondent favorablement au traitement).

Classification de la durée longitudinale (ne peut être réalisée que si un an s'est écoulé depuis le début de la phase active des symptômes) :
- épisodique avec des symptômes résiduels entre les épisodes (les épisodes se définissent comme la réapparition de symptômes psychotiques importants). Préciser également les symptômes négatifs importants ;
- épisodique sans symptômes résiduels entre les épisodes ;
- continue (les symptômes psychotiques importants sont présents tout au long de la période d'observation). Préciser également les symptômes négatifs importants ;
- épisode isolé au cours d'une rémission partielle. Préciser également les symptômes négatifs importants ;
- épisode isolé au cours d'une rémission complète ;
- modalités autres et non précisées.

Tiré de American Psychiatric Association : *Diagnostic et statistical manual of mental disorders*, 4ᵉ édition, Washington, D. C., 1994, The Association.

Le client atteint de schizophrénie de type désorganisé a tendance à négliger son hygiène ; il est souvent incapable d'accomplir les activités de la vie quotidienne (AVQ) si on ne les lui rappelle pas constamment, sa conduite n'ayant aucun objet ni aucun but (Kaplan et Sadock, 1998). On retrouve de nombreux symptômes de type II ; le développement semble être gravement compromis et stagne depuis l'âge de sept ou huit ans.

Pronostic

Le pronostic relatif à la schizophrénie de type désorganisé est sévère et s'appuie sur des antécédents prémorbides de difficultés d'adaptation qui se poursuivent après la phase active du trouble. La **période prémorbide** correspond au début de la maladie. L'individu peut avoir ou non des idées délirantes ou des hallucinations, mais si elles sont présentes, elles sont fragmentées et désorganisées.

La schizophrénie paranoïde et la schizophrénie de type désorganisé présentent les critères cliniques les plus clairement définis de tous les sous-types de schizophrénie, et ont fait l'objet des études les plus nombreuses. Néanmoins, selon Andreasen et Carpenter (1993), les communautés médicale et pharmacologique n'ont pas porté suffisamment d'attention aux symptômes négatifs. Ce sont pourtant ces symptômes résiduels qui empêchent les clients de conserver un emploi et d'établir des relations interpersonnelles.

TABLEAU 11.2	Symptômes de schizophrénie classés selon le type I (positif) ou le type II (négatif)
Type I : symptômes positifs	**Type II : symptômes négatifs**
Idées délirantes de persécution ou de grandeur	Affect plat ou inadéquat
Idées délirantes d'influence	Pauvreté du contact visuel
Lecture de la pensée ou pensées imposées	Anhédonie, comportement asocial et repli sur soi
Hallucinations auditives ou découlant d'un autre mode sensoriel	Pauvreté du discours, blocage et voix monocorde
Habillement et comportement bizarre	Négligence de l'apparence
Pensée désorganisée et discours tangentiel	Diminution de la spontanéité
Comportement agressif et agité	Pauvreté de l'expression gestuelle
Discours rapide	Avolition, apathie
Présence possible d'idées suicidaires	Relations perturbées avec famille, amis et collègues.
Idées de référence	Déficit de l'attention

Schizophrénie catatonique

Ce type de schizophrénie se caractérise par une perturbation importante de la fonction motrice. Cette perturbation peut se manifester sous forme de stupeur (retard psychomoteur) ou d'excitation (excitation psychomotrice). Cette perturbation se manifeste par la gesticulation, l'immobilité, la catalepsie (flexibilité cireuse), le mutisme et le négativisme. On peut observer, d'une part, une obéissance automatique et, d'autre part, des mouvements excessifs et stériles. Les autres symptômes comprennent l'échopraxie (imitation des gestes d'autrui), l'écholalie (reproduction des paroles des autres), les grimaces et les comportements répétitifs. Une altération rapide survient fréquemment entre ces deux extrêmes (APA, 1994 ; Fortinash et Holiday-Worret, 1999 ; Kaplan et Sadock, 1998).

La schizophrénie catatonique commence souvent de façon très soudaine. La stupeur catatonique peut être précédée d'un repli sur soi, poussé à l'extrême. Cette stupeur traduit la réduction chez l'individu de sa capacité neurologique à filtrer les stimuli externes. On ne trouve aucune différence significative d'âge, de sexe ni d'éducation dans l'incidence de la schizophrénie catatonique. Pour répondre aux critères du DSM-IV sur la schizophrénie catatonique, le client doit manifester au moins deux des comportements suivants : immobilité motrice ou activité motrice excessive, négativisme extrême (résistance à tout ordre ou toute tentative de bouger) ; particularité des mouvements volontaires, grimaces, mouvements répétitifs ou gesticulation ; écholalie et échopraxie (APA, 1996 ; APA, 2000).

Le client atteint de schizophrénie catatonique rend la tâche ardue au personnel infirmier. Lorsqu'il se trouve dans un état d'excitation motrice, il peut développer une hyperpyrexie ou s'effondrer d'épuisement. Il faut le surveiller de près pour qu'il ne se blesse pas ou ne blesse pas les autres. Sa vie est également menacée lorsque, à l'inverse, il se trouve dans une phase de stupeur, car il devient presque végétatif, ne se nourrit pas et risque la malnutrition et la famine. D'autres complications existent, parmi lesquelles les escarres dues à l'immobilité ou aux postures étranges, la constipation ou même la pneumonie de stase chez les personnes âgées.

Les idées délirantes persistent souvent durant l'état de repli sur soi. À titre d'exemple, un client peut être convaincu qu'il doit tenir sa main ouverte en face de lui parce que les forces du bien et du mal s'affrontent dans sa paume et qu'il perturbera l'équilibre du bien et du mal s'il bouge sa main. Chose curieuse, même si cet individu ne semble alors pas prêter attention à l'environnement qui l'entoure, lorsqu'il retrouve un état de conscience normal, il se souvient en détail de ce qui lui est arrivé. Les infirmières doivent être conscientes de ces facteurs et ne rien dire ou ne rien faire qu'elles ne feraient ni ne diraient devant un client dans son état normal.

Pronostic

Le pronostic de la schizophrénie catatonique varie selon l'âge d'apparition de la maladie, souvent situé entre 20 et 35 ans. Cette maladie commence généralement par un épisode aigu, avec un facteur déclenchant identifiable. Si le client dispose d'un bon réseau de soutien avant la maladie, il est fort probable qu'il se remettra de la phase aiguë et qu'il connaîtra une rémission partielle ou complète. On manque de données scientifiques concernant ce type de schizophrénie, spécialement parce qu'il tend à disparaître dans les pays occidentaux, alors qu'il est plus répandu dans les pays en voie de développement, où la rémission est en général complète.

Schizophrénie de type indifférencié

La schizophrénie de type indifférencié correspond au critère A de la schizophrénie, mais elle ne peut être classée ni comme schizophrénie paranoïde, ni comme schizophrénie catatonique ou de type désorganisé. En effet, elle ne répond pas clairement aux critères de diagnostics de ces troubles, mais présente plutôt certains aspects de chaque type. Les manifestations psychotiques sont extrêmes, comprenant des idées délirantes fragmentées, des hallucinations vagues, un comportement bizarre et désorganisé, une désorientation et une incohérence (Fortinash et Holoday-Worret, 1999 ; Kaplan et Sadock, 1998). L'affect est habituellement inadéquat plutôt que plat, et les symptômes catatoniques sont absents. La figure 11.5 présente un cheminement clinique pour un client présentant ce type de psychose.

Le début peut être abrupt, avec un comportement excité incluant des coups ou des morsures, ou bien le client peut souffrir de schizophrénie chronique, adoptant un comportement qui ne correspond plus à un type spécifique, mais plutôt à un mélange de symptômes positifs et négatifs. Habituellement, les **symptômes avant-coureurs** apparaissent au cours de plusieurs années. La croissance et les étapes de développement sont parfois retardées. Le processus de pensée est fragmenté et comporte un fort contenu imaginaire (pensée à processus primaire). L'individu n'a que peu d'amis ou n'en a aucun ; ses relations familiales sont tendues en raison de son comportement bizarre et agité. L'individu néglige son apparence et son hygiène, et il semble s'ennuyer dans la vie. La structure du sommeil est perturbée par des cauchemars et des réveils aux premières heures du jour.

Pronostic

Le pronostic d'un client atteint de schizophrénie de type indifférencié est généralement mauvais, et la maladie a tendance à se chroniciser. Il y a des périodes d'exacerbation et des moments de rémission, pendant lesquels les symptômes négatifs empêchent le client d'effectuer un travail productif, de maintenir des relations normales ou de profiter de la vie (Kaplan et Sadock, 1998).

Schizophrénie de type résiduel

Si une personne a souffert d'un épisode aigu de schizophrénie et ne présente plus de symptômes positifs importants mais seulement quelques symptômes négatifs, elle est diagnostiquée comme souffrant de schizophrénie de type résiduel ou de **symptômes résiduels**. Chez certains clients, cette situation peut se prolonger durant des années, avec ou sans exacerbations. D'autres semblent évoluer vers une rémission complète. Les signes habituels de la maladie qui persistent chez l'individu atteint de troubles chroniques ou subchroniques sont : un léger relâchement des associations, un raisonnement illogique, un émoussement affectif, un retrait social et un comportement excentrique. Les critères de diagnostic pour un client souffrant de schizophrénie de type résiduel sont :

- l'absence d'idées délirantes importantes, les hallucinations, le discours incohérent et le comportement désorganisé ou catatonique ;
- la présence de symptômes négatifs ou de symptômes positifs atténués qui perdurent.

Le tableau 11.3 regroupe 4 types principaux de schizophrénie en présentant leurs symptômes positifs et négatifs prioritaires.

Pronostic

Le pronostic est variable et imprévisible. Il dépend largement des antécédents prémorbides et du réseau de soutien (APA, 1996 ; APA, 2000 ; Kaplan et Sadock, 1998).

Trouble schizophréniforme

Les caractéristiques déterminantes du trouble schizophréniforme sont les mêmes que celles de la schizophrénie, à deux exceptions près. La première est la durée, et la seconde, le dysfonctionnement. La durée est d'au moins un mois, mais de moins de six mois. Si les symptômes persistent six mois ou plus, le diagnostic est modifié pour celui de schizophrénie. Les activités sociales ou le travail peuvent être affectés ou non, alors que, dans le cas de la schizophrénie, la perturbation des activités (relations, scolarité ou travail, autosoins) est effective.

Trouble schizo-affectif

Le **trouble schizo-affectif** est étroitement lié à la schizophrénie et comporte des changements d'humeur qui vont de la manie à la dépression, accompagnés de symptômes psychotiques. La plupart du temps, la manie et la dépression coexistent avec les manifestations psychotiques, mais il doit y avoir au moins deux semaines durant lesquelles seuls les symptômes psychotiques sont présents. Le début de la maladie est aigu et celle-ci survient généralement plus tard que dans le cas de la schizophrénie. Ce trouble a souvent un pronostic meilleur que celui de la schizophrénie, mais moins bon que celui de la dépression.

Symptômes

Symptômes que l'on retrouve durant la phase dépressive :
- manque d'appétit ;
- perte de poids ;
- difficulté à dormir ;
- agitation ;
- ralentissement général ;
- perte d'intérêt pour les activités habituelles (anhédonie) ;
- manque d'énergie et fatigue ;
- sentiment de dévalorisation ;
- autoreproches ;
- culpabilité excessive ;
- impossibilité de se concentrer ou pensées centrées sur la mort et le suicide.

Symptômes que l'on retrouve durant la phase maniaque :
- augmentation de l'activité sociale, sexuelle ou du travail ;
- augmentation de la loquacité ;
- idées rapides qui se bousculent ;
- idées de grandeur ;
- diminution du besoin de sommeil ;
- augmentation des activités centrées sur un but ;
- agitation ;
- estime de soi démesurée ;
- inattention ;
- implication dans des actions autodestructrices.

Symptômes qui peuvent survenir durant les épisodes psychotiques :
- idées délirantes (idées fixes – altération du processus de pensée) ;
- hallucinations (altération des perceptions sensorielles) ;

Psychose

Calendrier / Champ d'action	Jour de l'admission	Jour 2	Jour 3	Jour 4	Jour 5	Jour 6	Jour 7	Jour 8
Physiologique	* S'alimente et boit adéquatement avec de l'aide * Tolère les médicaments	* S'alimente et boit adéquatement avec de l'aide * augmentation du temps de sommeil et de repos * élimination adéquate	* S'alimente correctement si on le lui rappelle * Élimination adéquate	* Dort 3 à 6 heures * Élimination adéquate	* S'alimente et boit convenablement * Concentration des médicaments dans la marge thérapeutique	* Dort 5 à 8 heures * absence d'effets secondaires dus à la toxicité des médicaments	* Dort 5 à 8 heures	* Dort 5 à 8 heures * Peut gérer ses besoins alimentaires adéquatement
Psychologique	* S'oriente dans l'unité selon ses possibilités	* Orientation × 2	* Orientation × 3 * Diminution sensible des hallucinations et des idées délirantes	* Orientation × 4 * Retrouve le contact avec la réalité * Démontre une plus grande confiance	* Donne des preuves d'une pensée orientée vers la réalité	* En mesure de se concentrer 5 ou 10 minutes sur un sujet	* Est en mesure de terminer les tâches et les activités de l'unité	* Peut terminer les tâches et les activités de l'unité * Peut planifier et structurer la journée
État fonctionnel / Rôle	* Avec de l'aide, s'abstient de se blesser ou de blesser les autres	* Ne se blesse pas * Effectue les A.V.Q. de base * S'adresse aux soignants s'il est anxieux	* Ne se blesse pas * Manifeste une plus grande confiance * Amélioration des A.V.Q. * Prend ses médicaments si on le lui rappelle	* Amélioration des A.V.Q. * Contrôle ses pulsions avec de l'aide * Utilise techniques de base de gestion du stress avec de l'aide	* Manifeste un comportement moins envahissant et moins psychotique	* Entre en contact avec ses pairs * Peut prendre des décisions	* Maintient son contrôle	* Maintient son contrôle * Suit le traitement curatif de manière autonome
Réinsertion familiale / Communautaire	* La famille et les proches sont sensibilisés aux objectifs du traitement * La famille et les proches fournissent un historique incluant la médication	* Présente la famille et les proches au personnel	* Assiste aux réunions communautaires/ aux activités du milieu sous la surveillance du personnel * Présente sa famille et ses proches * Communique avec le TS pour la compréhension des buts du traitement et le plan de congé	* La famille et les proches participent à la planification du congé	* Identifie les besoins après congé	* Identifie les besoins après congé	* Identifie les besoins après congé * Est en mesure d'identifier les soutiens et la façon d'y recourir	* Est capable d'identifier des soutiens et de dresser une liste pour y accéder * Établit des plans pour gérer les symptômes, prend ses médicaments et respecte le programme de suivi

R É S U L T A T

NOTE : Le cheminement clinique est un outil qui permet au personnel soignant d'atteindre des résultats de qualité avec le client en prodiguant des soins appropriés et adaptés. Il n'est pas conçu pour être une norme de soins communautaires, remplacer le jugement d'un médecin clinicien, établir un protocole avec les clients ni exclure des thérapies de rechange (voir Éléments de variance à la fin de ce tableau).

Abréviations : FSC formule sanguine complète, AC après congé, DPT durée prévue du traitement, A antécédents, DU diurèse, milieu : environnement thérapeutique du client, ET ergothérapeute, I et C isolement et contention, TS travailleur social

FIGURE 11.5 Cheminement clinique pour la psychose

Calendrier / Champ d'action	Jour de l'admission	Jour 2	Jour 3	Jour 4	Jour 5	Jour 6	Jour 7	Jour 8
Planification du congé	* (TS) Commencer l'évaluation * Identifier le placement AC DPT, joindre la famille, les proches (soins infirmiers) * Identifier les A en termes d'observance du traitement, de déficit cognitif et de chronicité	* L'équipe s'implique dans la planification AC * Discuter avec le médecin	* Évaluation du TS complétée * Identifier un plan AC spécifique * Première rencontre de l'équipe soignante	* Impliquer la famille et les proches dans la planification AC * Revoir le plan avec le client	* Le client, sa famille et les proches manifestent leur compréhension du plan AC et du suivi	* Consolider la compréhension du client, de la famille et des proches du plan AC et du suivi	* Transition au traitement de jour si indiqué * Continuer à identifier et à renforcer le réseau de soutien	* Congé dans un environnement moins restrictif
Éducation	* Orienter le client dans l'unité * L'informer de ses droits * Rencontrer ses proches * Vérifier sa connaissance des médicaments et de la chronicité	* Aider le client à reconnaître les symptômes et à comprendre l'importance de l'observance du traitement * Inclure la famille et les proches au besoin	* Continuer la reconnaissance des symptômes * Continuer à évaluer le niveau de connaissance de la maladie et des médicaments	* Aider à faire le lien entre symptômes et facteurs déclenchants	* Aider à faire le lien entre symptômes et facteurs déclenchants (non-observance thérapeutique et abus de drogue)	* Parfaire l'éducation sur la médication * Importance de l'observance du traitement	* Établir un plan de suivi pour gérer les symptômes * Contacter les personnes du réseau de soutien	* Établir un plan de suivi pour gérer les symptômes
Psychocial/Spirituel/légal	* Évaluer : Les questions de sécurité L'état mental La spiritualité Son statut volontaire	* Continuer à vérifier : Les questions de sécurité L'état mental La spiritualité Son statut volontaire	* Continuer à vérifier : Les questions de sécurité L'état mental La spiritualité Son statut volontaire	* Compléter la vérification et confirmer : Les questions de sécurité L'état mental La spiritualité Son statut volontaire	* Continuer à vérifier : Les questions de sécurité L'état mental La spiritualité Son statut volontaire	* Continuer à vérifier : Les questions de sécurité L'état mental La spiritualité Son statut volontaire	* Continuer à vérifier : Les questions de sécurité L'état mental La spiritualité Son statut volontaire	* Évaluation légale, psychosociale et spirituelle complétée
Consultations	* Examen physique dans les 24 h ( )	* Autres consultations requises	* Autres consultations requises	* Autres consultations requises	* Autres consultations requises	* Autres consultations requises	* Prévoir les consultations de suivi telles que prescrites	* Compléter toutes les consultations
Analyses/procédures	* Concentrations des médicaments ( ) * Dépistage des drogues ( ) * FSC ( ) * Fonction thyroïdienne ( ) * Héroïne ( )	* Autres procédures/analyses telles que prescrites	* Autres procédures/analyses telles que prescrites	* Autres procédures/analyses telles que prescrites	* Autres procédures/analyses telles que prescrites	* Autres procédures/analyses telles que prescrites * S'assurer que les concentrations des médicaments sont dans les marges thérapeutiques	* Autres consultations requises	* Analyses et procédures à réaliser en consultations externes
Traitement	* Suivi de la DU * Suivi de la structure du sommeil/repos * Niveau d'observation, toutes les 15 minutes ( ) toutes les 30 minutes ( ) * Diminuer les stimuli du milieu * Traitement tel que prescrit * I et C oui ( ) non ( )	* Suivi de la DU * Suivi de la structure du sommeil/repos * Niveau d'observation, toutes les 15 minutes ( ) toutes les 30 minutes ( ) * Traitement tel que prescrit	* Suivi de la DU * Suivi de la structure du sommeil/repos * Niveau d'observation, toutes les 15 minutes ( ) toutes les 30 minutes ( ) * Traitement tel que prescrit	* Suivi de la DU * Suivi de la structure du sommeil/repos * Niveau d'observation, toutes les 15 minutes ( ) toutes les 30 minutes ( ) * Continuer le traitement tel que prescrit	* Niveau d'observation, toutes les 15 minutes ( ) toutes les 30 minutes ( ) * Traitement tel que prescrit * Surveiller la structure du sommeil et du repos	* Niveau d'observation, toutes les 15 minutes ( ) toutes les 30 minutes ( ) * Plan de traitement tel que prescrit * Surveiller la structure du sommeil et du repos	* Niveau d'observation, toutes les 15 minutes ( ) toutes les 30 minutes ( ) * Traitement tel que prescrit * Suivi de la structure du sommeil/repos	* Congé avec un traitement précis pour le suivi

R É S U L T A T

FIGURE 11.5 (Suite)

PROCESSUS

Champ d'action	Jour de l'admission	Jour 2	Jour 3	Jour 4	Jour 5	Jour 6	Jour 7	Jour 8
Médicaments	* Médicaments tels que prescrits * Protocole de gestion pour les antipsychotiques * Suivi des effets secondaires * Toxicité	* Médicaments tels que prescrits * Protocole de gestion pour les antipsychotiques * Suivi des effets secondaires * Toxicité	* Médicaments tels que prescrits * Protocole de gestion pour les antipsychotiques * Suivi des effets secondaires * Toxicité	* Médicaments tels que prescrits * Protocole de gestion pour les antipsychotiques * Suivi des effets secondaires * Toxicité	* Médicaments tels que prescrits * Communiquer aux intervenants, s'il y a lieu, tout changement de médication. * Protocole de gestion pour les antipsychotiques * Suivi des effets secondaires * Toxicité	* Médicaments tels que prescrits * Protocole de gestion pour les antipsychotiques * Suivi des effets secondaires * Toxicité * Passer en revue la médication avec la famille ou les proches	* Médicaments tels que prescrits * Protocole de gestion pour les antipsychotiques * Suivi des effets secondaires * Toxicité	* Congé avec médicaments et instructions telles que prescrits
Activités	* Évaluation de l'ergothérapeute orientation dans la réalité/bref contact * Aide pour les A.V.Q. * Intervention pour contrôler les pulsions agressives dirigées envers soi et les autres	* Poursuivre l'évaluation de l'ergothérapeute * Participer aux groupes selon la tolérance * Aide pour les A.V.Q. * Intervention pour contrôler les pulsions agressives dirigées envers soi et les autres	* Évaluation de l'ergothérapeute * Participer aux groupes selon la tolérance * A.V.Q. avec rappels * Intervention pour contrôler les pulsions agressives dirigées envers soi et les autres	* Participer à deux groupes selon la tolérance * Intervention pour contrôler les pulsions agressives dirigées envers soi et les autres	* Autonomie pour les A.V.Q. * Participer à deux groupes par jour * Fournir des occasions de prendre des décisions simples	* Autonomie pour les A.V.Q. * Participer à toutes les activités de l'unité * Fournir des occasions de prendre des décisions simples	* Autonomie pour les A.V.Q. * Participer à toutes les activités de l'unité * Encourager la prise de décision	* Autonomie pour les A.V.Q. * Participer à toutes les activités de l'unité * S'assurer de la prise de décision * Veiller à la sécurité
Alimentation	* Analyse nutritionnelle * Connaître les préférences alimentaires * Pesée à l'arrivée, puis pesée hebdomadaire	* Proposer nourriture et boissons adéquates * Offrir des repas simples * Collations * Boissons à la température de la pièce	* Proposer nourriture et boissons adéquates * Encourager les repas dans le milieu selon la tolérance du client	* Proposer nourriture et boissons adéquates * Encourager les repas dans le milieu selon la tolérance du client	* Proposer nourriture et boissons adéquates * Enseigner à la famille et aux proches l'importance d'une alimentation adéquate	* Proposer nourriture et boissons adéquates * Enseigner à la famille et aux proches l'importance d'une alimentation adéquate	* Renforcer la nécessité d'une alimentation adéquate	* S'assurer des connaissances de la famille et des proches sur l'alimentation * Vérifier la prise d'aliments et de liquides.

Variance de la démarche : P1 : CC complétée plus tôt   P2 : Le client ne suit pas le CC   P3 : Démarche complétée et le client n'obtient pas son congé   P4 : Calendrier initial inapproprié

Éléments de variance

1. Client/famille
   1. État physiologique du client
   2. État psychologique du client
   3. Refus du client/de la famille
   4. Non-disponibilité du client/de la famille
   5. Autre client/famille
   6. Entraves à la communication client/famille
   7. Éléments déjà satisfaits

2. Clinicien
   1. Ordres différent du CC
   2. Actions différent du CC
   3. Temps de réponse
   4. Autre clinicien
   5. Cour/tutelle

3. Unité opérationnelle
   1. Lit non disponible/rendez-vous impossible
   2. Manque de données
   3. Manque d'équipements et de fournitures
   4. Section débordée/fermée
   5. Cour/tutelle
   6. Autre unité opérationnelle

4. Collectivité
   1. Aucune disponibilité de placement
   2. Aucune possibilité de soins à domicile
   3. Retard de l'ambulance
   4. Aucune disponibilité pour le transport
   5. Autre collectivité

FIGURE 11.5 (*Suite*)

Tableau 11.3 Symptômes de la schizophrénie

Type	Symptômes positifs	Symptômes négatifs
Paranoïde *La schizophrénie paranoïde est la plus fréquente. Elle est caractérisée par la prédominance de symptômes positifs (surtout le délire et les hallucinations).*	Hallucinations marquées Idées délirantes élaborées Association incohérente d'idées	Affect plat, discordance entre les idées et les affects Déficit de l'attention
Désorganisée *La schizophrénie désorganisée est caractérisée par la prédominance de symptômes négatifs (affects plats et retrait social).*	Idées délirantes peu élaborées Associations d'idées stéréotypées et répétitives Comportement extrêmement désorganisé	Affect très discordant Apathie, avolition, alogie Retrait social complet, incapacité à établir des liens
Catatonique *La schizophrénie catatonique est rare. Elle est caractérisée par des symptômes moteurs de rigidité.*	Comportement extrêmement désorganisé	Retrait social complet, incapacité à établir des liens
Résiduelle *La schizophrénie résiduelle est une forme chronique de la schizophrénie. Elle est caractérisée par une atténuation des symptômes (délires moins aigus, et prédominance des symptômes négatifs).*	Idées délirantes peu élaborées	Affect émoussé Déficit de l'attention

- incohérence;
- discours ou pensée fortement aberrants;
- comportement très désorganisé;
- immobilité totale;
- absence d'expression du visage (affect plat ou émoussé);
- absence de conversation ou de motivation.

Étiologie

On ne connaît pas encore la cause du trouble schizo-affectif, mais la plupart des chercheurs pensent que son étiologie est due à une combinaison de facteurs biologiques, génétiques et environnementaux.

Déroulement

La plupart des individus atteints de trouble schizo-affectif sont malades à vie. Le déroulement de la maladie varie selon les personnes, mais la plupart expérimentent périodiquement une aggravation de leurs symptômes, dans les moments de tension. Ces rechutes peuvent être assez graves pour limiter leur fonctionnement et même nécessiter une hospitalisation. Après une rechute, on assiste à un retour graduel au fonctionnement antérieur. Entre les récidives, la majorité des gens présentent des symptômes légers.

Traitement

- Psychothérapie. Il est recommandé que l'infirmière et le client collaborent pour établir des objectifs.
- Médicaments. Il s'agit d'antipsychotiques, d'antidépresseurs, de lithium et d'autres psychorégulateurs. On associe souvent plusieurs médicaments.

- Formation. Elle peut se centrer sur les habiletés interpersonnelles, l'apparence et l'hygiène, l'établissement d'un budget, les achats de nourriture, la recherche d'emploi, la cuisine, etc.

Autogestion

Les instructions suivantes peuvent être fournies au client. Ce sont des mesures destinées à améliorer le pronostic. La majorité de ces mesures s'appliquent à tous les types de schizophrénie:

- accepter le fait qu'il s'agit d'une maladie de longue durée;
- prendre conscience de ses forces et de ses limites;
- se fixer des objectifs clairs et réalistes;
- après une rechute, reprendre ses responsabilités graduellement et lentement;
- planifier une routine quotidienne régulière, constante et prévisible;
- avoir un lieu de vie aussi calme et tranquille que possible;
- reconnaître les causes de stress et réduire celui-ci, dans la mesure du possible;
- ne réaliser qu'un seul changement important à la fois;
- s'efforcer d'établir une relation de confiance avec les infirmières et le personnel soignant;
- prendre ses médicaments régulièrement, en respectant la prescription;
- reconnaître les signes avant-coureurs d'une rechute et établir une liste de consignes à appliquer rapidement;
- fréquenter des gens avec qui on se sent bien;
- éviter les drogues illicites;
- manger de manière équilibrée;

- prendre suffisamment de repos ;
- faire de l'exercice régulièrement ;
- s'assurer de la réalité avec une personne de confiance si l'on doute de ses pensées ou de ses sentiments ;
- comparer son comportement avec celui des autres si l'on n'est pas sûr de ses actions ;
- accepter les revers occasionnels.

Traitement des rechutes

En cas de rechute, on peut faire les recommandations suivantes au client :

- établir un plan d'action avec l'infirmière ou le thérapeute (de préférence durant les périodes où tout va bien), au cas où des signes de rechute se manifesteraient ;
- obtenir l'aide d'un ami, d'un membre de la famille ou d'une personne de confiance pendant les rechutes.

Le plan doit répertorier les signes annonçant une rechute. Ces signes sont particuliers à chaque personne, d'où l'importance pour l'infirmière de les identifier avec le client lors d'une phase plus stable. Ces signes peuvent être la réapparition de certaines croyances bizarres ou des perceptions inhabituelles (comme décrites dans l'encadré 11.3) ou encore, le client peut délaisser ses médicaments au profit de relations sociales douteuses (comme expliqué dans l'encadré 11.4). Ce plan doit aussi inclure l'accord du client sur le fait de prévenir l'infirmière ou le thérapeute dès que les signes apparaissent, son engagement à contacter les personnes qui permettent de diminuer la tension et la stimulation, ainsi qu'une liste de moyens destinés à réduire le stress et la stimulation et à favoriser la structuration.

Description des symptômes

Les neuropsychiatres ont tenté de recenser les points communs existant entre les divers types de troubles schizophréniques, tout comme les éléments qui les différencient. Il existe une dimension commune, sous-jacente aux troubles schizophréniques, qui permet de dresser un tableau de certains symptômes sur les plans de la perception, de la cognition, de l'émotion, du comportement et des attitudes sociales. Ces symptômes sont énumérés au tableau 11.4.

Troubles de la perception

Les hallucinations peuvent concerner n'importe lequel des cinq sens (hallucinations auditives, visuelles, tactiles, olfactives ou gustatives), mais elles sont le plus généralement auditives. Les hallucinations auditives sont associées à des anomalies de l'activation des zones du cerveau qui traitent le langage. Lors des procédures d'évaluation, on a pu vérifier que l'aire de Wernicke – l'aire de perception du langage – répondait aux hallucinations comme si le patient entendait réellement des voix. En même temps, l'aire de Broca, qui produit le langage, s'activait comme si le patient parlait (Bentaleb, Stip et Beauregard, 2000 ; Green et coll., 1994 ; Lewandoski, 1991).

La perception de soi est un autre des aspects de la perception que l'on a explorés chez l'individu souffrant de schizophrénie (Fortinash, 1990). L'une des façons, pour l'infirmière, d'évaluer la gravité des troubles de la perception, est d'employer l'expression artistique pour faire exprimer à la personne atteinte la façon dont elle se perçoit et dont elle perçoit le monde. La figure 11.6 illustre l'expression spéciale des perceptions. En raison de leur tendance à généraliser, les schizophrènes formulent souvent une perception négative d'eux-mêmes (Evans et coll., 1994). Néanmoins, Dzurec (1990) a signalé que les clients souffrant de schizophrénie, mais vivant dans un environnement satisfaisant, se considéraient comme se portant bien mentalement, même s'ils étaient handicapés au point de ne pouvoir vivre de manière autonome.

Troubles de la cognition

Selon D'Angelo (1993), les troubles de la pensée peuvent apparaître chez les enfants qui présentent un risque de schizophrénie héréditaire. Les enfants de parents souffrant de schizophrénie ont tendance, au cours du processus d'apprentissage, à être désorganisés sur le plan conceptuel, peut-être parce qu'ils ne sont pas en mesure de catégoriser l'information comme le font les autres enfants. Ces enfants ont également une forte tendance à se laisser distraire (Smothergill et Kraut, 1993). Pour la psychopédagogie des enfants atteints de schizophrénie, cela implique :

- de mettre à profit les moments de relative stabilité ;
- de simplifier les instructions et limiter les distractions ;
- de fournir des informations visuelles et auditives ;
- d'employer des termes directs et clairs ;
- d'enseigner par petites portions en reprenant fréquemment ;
- de ne pas offrir de choix, lesquels provoquent souvent de la confusion.

Les troubles de la pensée ont un effet nuisible sur le langage. Certaines formes subtiles des troubles du langage comprennent la *prolixité circonlocutoire*, dans laquelle la personne digresse et se perd dans des détails insignifiants, et la *pensée tangentielle*, où l'individu dérive hors du sujet. Si la personne est atteinte de façon légère, on pourra déceler ses problèmes en étant attentif aux thèmes récurrents de sa conversation (Hoffman, 1994 ; Kaplan et Sadock, 1998).

Le processus de pensée de la schizophrénie fluctue selon l'état clinique et peut s'aventurer dans un monde imaginaire, avec la pensée autistique, la **persévération** (répétition constante de la même idée en réponse à des questions différentes) ou la **pauvreté de la pensée** (impossibilité de formuler une idée, relâchement des associations) (Gundel et Rudolf, 1993 ; Kaplan et Sadock, 1998). Le client atteint de façon chronique présente, au cours des années, un déclin de la fonction intellectuelle.

Dans le cas d'une schizophrénie apparue à l'âge adulte, la mémoire du client est généralement intacte, alors que la mémoire des personnes souffrant de schizophrénie chroni-

TABLEAU 11.4   Symptômes cliniques de la schizophrénie

Perception	Cognition	Émotion	Comportement	Social
Hallucinations : Auditives : parfois impérieuses ; correspondent au contenu des idées délirantes Visuelles Tactiles : le client peut se sentir prisonnier de toiles d'araignée Olfactives et gustatives : le client refuse de manger parce que la nourriture a mauvais goût ou a une odeur déplaisante Cinesthésiques : sensation d'avoir des vers qui courent à l'intérieur du corps **Illusions :** fausse perception due à une déformation d'objets réels **Altération des sensations internes :** Frisson : impression d'avoir des frissons dans la moelle des os **Agnosie :** impossibilité de reconnaître les stimuli familiers, sons ou objets, appelée parfois «hallucinations négatives» **Distorsion de l'image corporelle :** en ce qui concerne la taille, l'expression du visage, l'activité, la nature des détails et l'exagération ou la réduction des parties du corps **Perception de soi négative :** en ce qui a trait à la compétence et aux aptitudes	**Idées délirantes :** conviction erronée, irréductible à la logique, suscitant de l'angoisse Toute-puissance Persécution Contrôler ou être contrôlé **Déréalisation :** perte des limites du moi, impossibilité de marquer la limite entre son corps et l'environnement Impression d'irréalité ou de distorsion du monde extérieur **Idées de référence :** impression du client que les autres ou les médias s'adressent à lui ou parlent de lui **Erreurs de mémoire :** dues à une mauvaise catégorisation **Baisse de l'attention :** Manque d'assiduité Erreurs dues à des omissions **Mauvaise utilisation du langage :** Néologisme (invention de mots) Incohérence Écholalie et salade de mots Vocabulaire concret et limité Relâchement des associations **Fuite des idées :** changement brusque de sujet dans un flot de paroles.	**Affect labile : gamme d'émotions** Apathie, émoussement affectif Affect plat Réactivité réduite Euphorie exagérée Colère **Affect inadéquat :** rit des événements tristes, pleure lors d'un événement gai **Altération du fonctionnement limbique :** inaptitude à filtrer les stimuli perturbateurs et perte du contrôle volontaire de la réaction	**Faible contrôle des impulsions :** Hurlements en réaction à une frustration Auto-mutilation, pour substituer une douleur physique à une douleur morale Blessure à une partie du corps que l'on croit répugnante Réponse aux hallucinations impérieuses **Impossibilité de surmonter la dépression :** Le client déprimé court un risque de 50% de tentative de suicide Exacerbations et rémissions fréquentes chez le client conscient Manque de soutien social pour aider **Impossibilité de se dominer :** La colère et le manque de contrôle des impulsions mènent à la violence : Agression verbale, destruction matérielle, hétéro-agressions, homicide. Recours à l'abus de substances pour masquer les symptômes psychologiques douloureux **Non-observance du traitement :** perçu comme inutile ou causant trop d'effets secondaires.	**Mauvaises relations avec les autres :** Peu d'amis durant l'enfance ou l'adolescence Préférence pour la solitude **Faible intérêt pour les passe-temps et les activités :** Rêve tout éveillé Ne fonctionne pas bien dans le domaine social ou professionnel Préoccupé et détaché Comportement autistique **Manque d'intérêt pour son apparence :** Hygiène déficiente Personnalité introvertie **Ne participe pas aux activités sportives ou scolaires :** Mauvaise intégration scolaire Retrait des activités **Risque de souffrir de :** Hyperactivité avec déficit de l'attention Symptômes somatiques

FIGURE 11.6 Expression par la peinture de deux personnes ayant vécu une expérience psychotique
Droits réservés Diane Lenoir et Yvon Pépin.

que est affectée par les émotions; les clients enregistrent moins et oublient davantage avec le temps. Ils se souviennent mieux des expériences émotionnelles ou des concepts négatifs que des événements positifs, peut-être parce que les premiers reflètent leur vision négative et déprimée du monde (Calev et Edelist, 1993). Les clients souffrant de schizophrénie chronique ont assez peu conscience de leur état et leur jugement est défaillant.

Troubles émotionnels

Bien que les troubles émotionnels constituent un signe essentiel de toutes les formes de schizophrénie, l'aplatissement de l'affect et un mauvais contact visuel sont plus clairement associés à la schizophrénie de type indifférencié. Les schizophrènes ne peuvent pas adapter leur pensée à la réalité commune; ils bloquent tout ce qui ne s'intègre pas dans leur réalité propre (Gundel et Rudolf, 1993).

Biologiquement, les individus atteints de schizophrénie ne sont pas en mesure de filtrer les stimuli perturbateurs, sans doute en raison d'un déséquilibre des neurotransmetteurs. Un déficit en acide γ-aminobutyrique, par exemple, peut provoquer une montée des stimuli conflictuels et une expression émotionnelle inappropriée et instable, alors qu'un manque de cholécystokinine sera lié, quant à lui, à l'avolition et à un affect plat (voir tableau 11.1). En ce qui concerne le développement, on a trouvé que les enfants qui risquaient de souffrir de schizophrénie présentaient un dysfonctionnement neuromoteur dû à un traumatisme ou à d'autres causes liées à l'apparition d'un affect plat (Dworkin et coll., 1993).

Troubles du comportement

La possibilité d'un comportement violent est ce qu'il y a de plus préoccupant dans la schizophrénie. L'incidence et le type de violence dépendent grandement de certains facteurs: type de schizophrénie diagnostiqué, degré de psychopathologie, antécédents de violence, abus de substances (alcool, drogues, médicaments) et non-observance thérapeutique (Kennedy, 1993; Mulvey, 1994). Sur le plan du diagnostic, il existe une différence substantielle entre la schizophrénie paranoïde et les autres types de schizophrénie; le client atteint de paranoïa a davantage tendance à agresser les autres (Kennedy, 1993; Mulvey, 1994).

Même si le *risque relatif* de violence est plus élevé chez les malades mentaux (tous diagnostics confondus) que dans l'ensemble de la population, le *risque absolu* demeure faible.

Profils de compétence sociale

L'individu atteint de schizophrénie a d'habitude une personnalité schizoïde ou schizotypique. D'après Dworkin et ses collaborateurs (1994), une compétence sociale médiocre compterait pour beaucoup dans le développement de la schizophrénie. La question de l'inné et de l'acquis se pose à nouveau et on émet l'hypothèse que les enfants élevés par des parents schizophrènes imitent ces derniers dans leurs formes de socialisation (Turner, 1993). Il existe un détachement de l'environnement et une relation de type autistique avec la réalité (Gundel et Rudolf, 1993; Kaplan et Sadock, 1998).

Profils biologiques

Les profils symptomatiques sont confirmés par les examens neurologiques, les tests de neuropsychologie et diverses techniques d'imagerie cérébrale (neuro-imagerie) appropriées pour les clients atteints de schizophrénie. Certains de ces examens sont présentés au tableau 11.5. En général, les analyses confirment le constat selon lequel la schizophrénie correspond à des zones de dysfonctionnement diffuses, non localisables. Les preuves d'un dysfonctionnement général sont observées lors d'un premier épisode ou dans le cas de schizophrénie chronique, bien que le degré de déficience puisse varier selon le sous-type. Les individus atteints semblent souffrir de troubles au niveau des circuits d'inhibition des stimuli du cerveau (synchronisation), pouvant mener à une surcharge des stimuli. Ces individus n'arrivent pas à trier les informations et à leur accorder l'attention nécessaire pour résoudre un problème.

L'imagerie cérébrale moderne permet aux scientifiques de reconstituer non seulement une image structurelle du cerveau (actif ou inerte), mais aussi une image fonctionnelle qui indique l'activité des diverses zones. La figure 11.7 montre une cartographie de l'activité électrique cérébrale d'un client souffrant de schizophrénie.

11.1.5 Pronostic

En plus des constatations générales concernant le pronostic de chaque sous-type de schizophrénie, la relation entre les profils symptomatiques et les pronostics a récemment été établie. À titre d'exemple, Goldman et ses collaborateurs (1993) ont étudié les interrelations entre le fonctionnement neuropsychologique et la réponse au traitement, et trouvé que l'aptitude à encoder, à traiter l'information et à interagir avec l'environnement dépend de la possibilité de suivre, de se concentrer et de se souvenir. Une atteinte aux lobes frontaux compromet ces aptitudes; les symptômes négatifs ont tendance à perdurer et à gêner la vie quotidienne.

Malheureusement, même si les nombreux médicaments actuellement sur le marché ont pu soulager certains clients atteints de schizophrénie, ces médicaments ne semblent pas être efficaces pour tous. Les clients souffrant de symptômes positifs sont les plus susceptibles d'être soulagés par les médicaments. Néanmoins, les antipsychotiques atypiques, tel qu'on le verra un peu plus loin, ont des effets sur les symptômes négatifs (Breier et coll., 1994). De plus en plus de clients atteints de schizophrénie sont en mesure de s'intégrer au sein de la collectivité. Les problèmes spécifiques qu'affronte l'infirmière en milieu communautaire sont abordés dans l'encadré 11.4.

11.1.6 Critères d'évolution positive

Pour pouvoir approuver la sortie de l'hôpital d'un client schizophrène et faire en sorte qu'il puisse réintégrer la collectivité, ce client doit satisfaire aux critères suivants :

- montrer qu'il n'est pas suicidaire ;
- verbaliser l'absence d'hallucinations ou maîtriser celles-ci ;
- reconnaître les événements ou les situations anxiogènes qui suscitent les hallucinations ;
- disposer d'une famille ou de proches qui acceptent de lui servir de réseau de soutien ;
- accepter d'être adressé à un médecin, à un thérapeute ou à une ressource qui l'assiste et le surveille, ou bien accepter qu'un proche lui soit adressé ;
- accepter la responsabilité de ses propres actions et de ses soins personnels ;
- décrire les moyens de composer avec l'anxiété, le stress et les problèmes éprouvés dans son milieu de vie ;
- disposer d'un lieu d'habitation sûr : domicile, foyer d'hébergement et de soins, résidence de type familial,

TABLEAU 11.5 Profils biologiques de la schizoprénie	
Tests	**Fonctions**
Examens neurologiques	
Indice d'Apgar du nouveau-né	Coter le fonctionnement du système nerveux du nouveau-né
Test physiologique et anatomique du système nerveux (général)	Découvrir des infections, lésions ou problèmes métaboliques qui risquent d'affecter le système nerveux
Tests neuropsychologiques	
Batterie de tests Halstead-Reitan	Évaluer des fonctions supérieures du cortex
	Détecter les premiers signes de dysfonctionnement cognitif ou mnésique
	Concevoir et évaluer les programmes de remédiation (Osmon, 1991)
Batterie de tests Luria-Nebraska	Prédire le comportement en étudiant le fonctionnement neurologique (Meador et Nichols, 1991)
	Évaluer le client dans divers domaines
Tests auditif et de poursuite oculaire	Découvrir les déficits dans le traitement de l'information (Perry et Braff, 1994)
Examen électrologique	
Test de la réaction électrodermale	Indiquer l'importance des symptômes négatifs du client atteint de schizophrénie (Fuentes et coll., 1993)
Électroencéphalogramme (EEG)	Détecter l'activité électrique lors des crises épileptiques, parfois associées à la schizophrénie.

famille d'accueil, appartement supervisé ou foyer de groupe;

- avoir recours aux ressources communautaires connues: groupes de soutien, centre de jour, programmes de réadaptation ou de formation professionnelle;
- expliquer les éléments suivants concernant la médication: importance, effets escomptés, effets indésirables, posologie et moments des prises, interactions médicamenteuses avec d'autres substances comme la nourriture ou l'alcool.

11.2 DÉMARCHE DE SOINS INFIRMIERS

11.2.1 Collecte de données

Dans le cas d'un schizophrène, la collecte de données est compliquée, du fait des différents symptômes de sa maladie. Les données subjectives sont obtenues grâce au compte rendu des symptômes et aux descriptions du comportement fournis par le client lui-même et ses proches. La collecte objective s'effectue en observant, en utilisant des échelles d'évaluation et en vérifiant les indicateurs biologiques, fournis dans les sections précédentes. L'infirmière en

psychiatrie ne doit pas perdre de vue l'importance de la biologie, si prédominante dans d'autres spécialités. Ainsi, l'ataxie peut signaler des effets secondaires extrapyramidaux liés aux médicaments. De plus, le suivi des signes vitaux, de l'alimentation, de l'exercice et du sommeil est aussi important que dans tout autre cas (Trygstad, 1994).

Bien que la collecte des données comprenne certains indicateurs biologiques, elle repose surtout sur les données psychologiques, pour lesquelles on pourra avoir recours à l'échelle d'évaluation de l'examen de l'état mental (voir chapitre 7). L'examen de l'état mental prend en compte les catégories suivantes: l'apparence générale, le comportement, l'orientation, la mémoire, le processus de pensée, la perception, le fonctionnement intellectuel, les sentiments, l'humeur, l'affect, la connaissance de soi et le jugement. Quatre de ces catégories sont essentielles dans la schizophrénie: les troubles de la perception, des pensées, des sentiments et du comportement (voir encadré 11.5).

Dans le cas des enfants et des adolescents, l'évaluation des symptômes doit prendre en considération le niveau de développement de l'individu. En mesurant les troubles de la pensée chez l'enfant, on doit prendre en considération le fait que son mode de pensée est concret, et que l'abstraction ne fait pas partie de son processus intellectuel normal. De même, parce que le contrôle des impulsions se

SOINS INFIRMIERS DANS LE MILIEU DE VIE

Troubles schizophréniques | ENCADRÉ 11.4

L'infirmière en santé mentale travaille fréquemment avec des clients atteints de schizophrénie. Cette clientèle comprend à la fois les jeunes chez qui la maladie a été tout récemment diagnostiquée et les adultes d'âge mûr qui, grâce à la prise d'antipsychotiques, ont pu poursuivre une vie normale durant plusieurs années.

L'infirmière doit également aider les clients plus âgés qui se retrouvent souvent seuls, leur réseau de soutien ayant disparu à mesure que famille et amis se sont éloignés, ont déménagé ou sont décédés. Leurs contacts les plus importants seront sans doute les organismes de santé mentale ou, à titre de réseau de soutien périphérique, les exploitants de foyers d'hébergement et de soins, les propriétaires des magasins du voisinage ou les employeurs. Ils risquent d'avoir besoin non seulement de surveillance pour la médication, mais aussi d'assistance pour la gestion budgétaire et les activités de la vie quotidienne (AVQ): alimentation, habillement et hygiène, notamment. La programmation d'une sortie spéciale suscite parfois chez le client un regain d'intérêt dans le fait de soigner son apparence et son comportement.

Lorsque, à la suite d'une hospitalisation et d'un diagnostic de schizophrénie, un jeune réintègre la collectivité, sa famille a déjà été perturbée par son comportement bizarre. Ses parents et ses frères et sœurs ont besoin d'aide pour s'adapter à ce diagnostic inquiétant. L'infirmière en santé mentale joue un rôle essentiel de liaison avec l'équipe interdisciplinaire et peut également fournir l'occasion d'une confrontation avec la réalité lorsque les relations familiales deviennent incontrôlables. L'infirmière dirigera aussi le client vers les organismes de service communautaire et les groupes de soutien, tout en assurant la liaison avec l'hôpital.

Pour le client adulte avec un diagnostic de schizophrénie, l'infirmière en santé mentale sert également de point de contact important. Elle peut l'aider à gérer la prise de médicaments, le soutenir dans les moments de tension et prévenir le psychiatre lorsque le comportement du client indique que le traitement pharmacologique ne convient plus – l'objectif étant de maintenir le client à un niveau d'activités fournissant une satisfaction optimale.

Les infirmières en santé mentale doivent également faire face à la toxicomanie et à l'itinérance. De nombreux individus isolés et atteints de schizophrénie considèrent le monde de la rue comme un milieu tolérant et estiment que les drogues illicites sont un équivalent acceptable des médicaments prescrits. L'infirmière en santé mentale qui tente d'intervenir, dans ce cycle, risque de se heurter à une très forte résistance, non seulement de la part du client, mais aussi de la part de la collectivité. Bien souvent, ce genre d'intervention requiert l'aide d'une équipe bien entraînée en santé mentale, de même que l'éducation et la participation de la collectivité tout entière, pour briser ce cycle destructeur. Les infirmières doivent être prêtes à collaborer avec la collectivité afin d'aider les clients à développer leur potentiel.

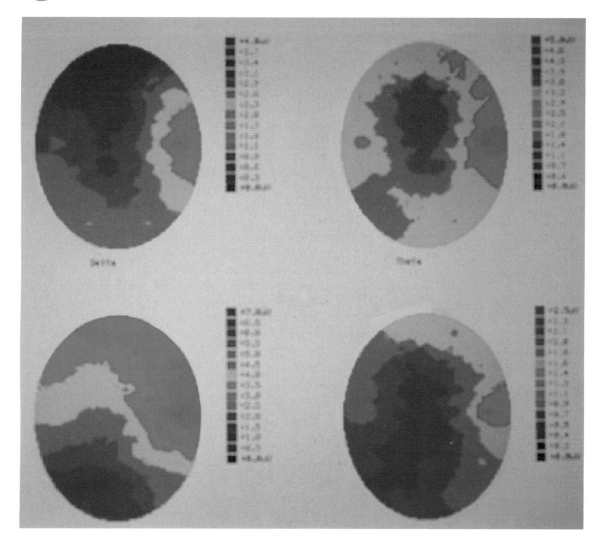

FIGURE 11.7 Cartographie de l'activité électrique cérébrale d'un client souffrant de schizophrénie. La différence de topographie des diverses bandes d'ondes cérébrales indique des différences dans le métabolisme. Lorsqu'on la compare avec la cartographie de l'activité électrique cérébrale des clients sains, les variations viennent confirmer les symptômes tels que les hallucinations ou le repli mental.
Tiré de Orrison W.W., et coll. *Functional brain imaging*, Saint Louis, Mosby, 1995.

développe à l'adolescence, c'est en fonction de l'âge du client que l'on devra mesurer le contrôle des impulsions (Fields et coll., 1994).

➡ 11.2.2 Diagnostic infirmier

Les diagnostics infirmiers sont formulés à partir de l'information recueillie lors de la collecte des données. La précision du diagnostic découle directement d'une collecte approfondie et minutieuse. On trouvera ci-dessous une liste de quelques-uns des diagnostics applicables à la schizophrénie (voir encadré 11.6).

Diagnostics infirmiers pour la schizophrénie
- Communication verbale altérée
- Stratégies d'adaptation inefficaces
- Interactions sociales perturbées
- Anxiété (préciser le niveau)
- Dynamique familiale perturbée
- Déficit de soins personnels : se laver/effectuer ses soins d'hygiène, se vêtir et soigner son apparence, s'alimenter, utiliser les toilettes
- Trouble de la perception sensorielle (à préciser)
- Isolement social
- Opérations de la pensée perturbées
- Risque de violence envers soi
- Risque de violence envers les autres

➡ 11.2.3 Résultats escomptés

Le fait de recenser les résultats escomptés sert à évaluer les modifications du comportement et à anticiper les interventions subséquentes ; cette opération dépend de la gravité des symptômes, du milieu culturel et du pronostic.

QUESTIONS POUR LA COLLECTE DE DONNÉES

Troubles schizophréniques

1. Quelles difficultés avez-vous éprouvées récemment ? En quoi vous sentez-vous différent maintenant ? *Afin de déterminer la perception que le client a du problème.*
2. Est-ce que vous prenez actuellement ou avez déjà pris de l'alcool ou des drogues ? Si oui, quand et en quelle quantité ? *Pour connaître la consommation du client.*
3. Alors que les autres personnes présentes ne sentaient ni ne voyaient rien, avez-vous entendu des sons ou des voix, ou reçu des messages ? Vu des lumières ou des personnes ? Senti des odeurs étranges, agréables ou nauséabondes ? Goûté des choses étranges, bonnes ou mauvaises ? Ou ressenti des sensations de froid ou de chaud ? *Afin de déterminer si le client a des hallucinations.*
4. À quoi ressemblent les voix que vous entendez ? Que vous disent-elles ? Est-ce qu'elles vous tourmentent ? *Pour déterminer si elles lui enjoignent de se blesser ou d'agresser les autres.*

Questions pour déterminer si le client délire

1. Avez-vous l'impression que quelqu'un ou quelque chose de l'extérieur vous domine d'une certaine manière ? Êtes-vous en mesure de dominer les autres ?
2. Avez-vous l'impression d'être surveillé ? Suivi ?
3. Est-ce que les gens parlent de vous ? Si oui, comment le savez-vous ?
4. Vous sentez-vous coupable ? Existe-t-il une raison pour que vous vous sentiez ainsi ? Pensez-vous être mauvais ? Si c'est le cas, qu'est-ce qui vous fait croire cela ?

Points à observer durant la collecte des données

- Modifications cognitives (pensée concrète, idées délirantes, fantasmes ou communication autistique)
- Hallucinations
- Dépersonnalisation
- Somatisation
- Gestes inhabituels, posture, ton de voix, maniérisme
- Affect plat
- Aspect négligé et débraillé
- Réactions à l'interviewer (réceptif, distant, résistant)

Note : la personne schizophrène se sentant très vulnérable, il est indispensable que l'infirmière recueille ces données dans le contexte d'une relation thérapeutique basée sur la confiance mutuelle.

Par conséquent, les résultats escomptés dans le cas de la schizophrénie refléteront probablement des interactions complexes. Le client :

- présentera une diminution considérable de ses hallucinations et de ses idées délirantes ;
- ne manifestera aucun comportement agressif, violent et automutilant ;
- fera preuve d'une pensée et d'un comportement ancrés dans la réalité ;
- s'occupera de son hygiène et de son apparence personnelle et s'impliquera dans les AVQ ;
- entretiendra des contacts sociaux avec ses compagnons et le personnel et participera aux réunions de groupe ;
- se conformera au régime thérapeutique et exprimera sa compréhension du rôle des médicaments dans le soulagement des symptômes psychotiques ;
- fera preuve d'une meilleure adaptation et de méthodes plus efficaces pour résoudre les problèmes ;
- participera avec sa famille à la planification de sa sortie d'hôpital.

➡ 11.2.4 Planification

La planification des interventions et du traitement est un exercice délicat puisqu'elle doit tenir compte de la per-

sonne dans sa globalité et de son milieu social, y compris la famille. Comme les problèmes comportementaux ont plusieurs causes et peuvent varier selon la gravité, il faut envisager des interventions à plusieurs niveaux. Les interventions médicales se centrent généralement sur les facteurs biologiques et impliquent des procédures, comme l'imagerie cérébrale, les traitements somatiques (p. ex. électroconvulsothérapie [ECT]) et la pharmacothérapie. À ce niveau, le rôle de l'infirmière consiste à préparer le client et sa famille en leur expliquant la logique des interventions et en les aidant à suivre le traitement.

Sur les plans social et relationnel, les clients souffrant de schizophrénie sont fragiles, car ils sont incapables d'envisager les choses selon le point de vue des autres. En raison de leur inaptitude à conceptualiser et à interpréter correctement, les individus atteints considèrent que les autres sont imprévisibles, mobilisent l'attention et ont la haute main sur ce qui est « bien » et ce qui est « mal », en termes absolus. Les jeux de rôles qui permettent aux clients de voir les choses selon le point de vue d'autrui s'avèrent utiles. Le plan de traitement devrait être axé sur la socialisation, en faisant participer le client à des activités qui l'aident et qui ne sont pas menaçantes, tout en lui fournissant une information sur l'idée qu'il se fait des autres. Les activités qui excluent la compétition aident à apaiser et à prévenir les tendances agressives. L'infirmière doit être vigilante afin d'éviter les conflits de pouvoir.

Les interactions familiales sont particulièrement difficiles pour un client souffrant de schizophrénie. Si la famille (ou la famille d'accueil) ne comprend pas ce que l'équipe soignante tente de réaliser et comment elle structure le plan de traitement, les clients qui sortent de l'hôpital après une phase psychotique aiguë sont fortement susceptibles de rechuter. Plus le degré de parenté est étroit, plus la tension engendrée par des émotions ambivalentes sera forte, ce qui perturbera un client dont la perception de soi est déficiente (McEnvoy et coll., 1993).

➡ 11.2.5 Exécution

D'abord et avant tout, il faut faire participer le client et sa famille à la démarche thérapeutique, en expliquant et en justifiant toutes les interventions. Des interventions bien planifiées peuvent néanmoins constituer un exercice délicat pour l'infirmière, s'il existe une incompréhension des résultats escomptés, une résistance de la part du client ou de la famille, ou des contraintes financières ou environnementales. Dans la mesure du possible, le client devrait fixer ses propres objectifs ainsi que le rythme du traitement et des progrès.

Au début, il est possible que le client soit si malade qu'il ne soit pas en mesure de comprendre ni d'accepter les dispositions à prendre pour l'aider. Dans ce cas, l'infirmière devra sans doute établir une solide relation thérapeutique avant que ses interventions bien intentionnées ne soient acceptées.

Une relation thérapeutique existant entre un client et une infirmière peut ensuite englober la famille et les proches pour prolonger l'efficacité des interventions proposées. Dans certains cas, les interventions devront s'effectuer dans le cadre scolaire ou dans le milieu de travail. Tout le monde doit être informé du plan thérapeu-

tique, de ses justifications et de ses modalités, afin de pouvoir fonctionner en équipe. Lors de la planification des interventions, on doit aussi tenir compte des antécédents culturels du client.

On doit également porter attention à la situation économique de la famille. Le personnel soignant ne pense pas toujours aux coûts que pourrait entraîner l'exécution du plan de soins, qui comprend une psychothérapie, des médicaments, un régime alimentaire, le transport des clients ambulatoires et d'autres facteurs qui pourraient occasionner des frais imprévus. Il est important d'évaluer ces dépenses, de résoudre les problèmes qu'elles peuvent engendrer et d'inclure les solutions dans le plan.

Interventions de soins infirmiers

Les interventions ci-dessous se sont avérées efficaces durant les interactions avec les clients chez qui on a diagnostiqué une schizophrénie.

1. Évaluer et faire le suivi des facteurs de risque *pour prévenir la violence et promouvoir la sécurité du client et des autres.*
2. Réduire les stimuli de l'environnement *pour recréer un milieu qui permet d'apaiser l'impulsivité et l'agitation du client, et de prévenir les accidents ou les blessures.*
3. Fournir de nombreux « temps morts » et des interactions informelles *pour tranquilliser le client en lui offrant l'occasion de se reposer, de se détendre et d'exprimer ses sentiments impulsifs, avec pour effet de réduire les risques de passage à l'acte.*
4. Cautionner les interventions psychologiques et médicales prescrites et en faire le suivi *pour encourager le client et sa famille à suivre le plan de soins et faire en sorte que le comportement du client ne dégénère pas en violence.*
5. S'exprimer de façon concrète et claire en évitant les remarques abstraites et générales. *Le client risque de ne pas comprendre les messages compliqués, et cela peut*

faire empirer ses idées fausses ou ses hallucinations. Lors de la phase aiguë, les schizophrènes répondent mieux aux messages concrets.

6. Tenter de mettre en lumière les facteurs déclenchants qui aggravent les expériences hallucinatoires du client (agents stressants qui provoquent les altérations de la perception sensorielle). *Bien que les hallucinations aient une étiologie biochimique, elles sont susceptibles, dans le cas de clients vulnérables, d'être aggravées par des agents stressants externes ; le fait de connaître ceux-ci peut permettre d'atténuer la gravité des crises hallucinatoires.*

7. Encourager le client en mettant en valeur ses perceptions fondées sur la réalité, la diminution ou l'arrêt de son comportement agressif, ses interactions sociales adéquates et sa participation aux groupes. *Les remarques justifiées, si elles sont faites au bon moment au cours du traitement (p. ex. lorsque les médicaments ont commencé à faire effet), contribuent à la répétition des comportements fonctionnels.*

8. Enseigner au client, à sa famille ou à ses proches les symptômes, l'importance de l'observance du traitement et du recours continu aux services de soutien thérapeutique après la sortie d'hôpital, *pour permettre au client, à sa famille et à ses proches d'étoffer leurs connaissances de base, pour assurer le soutien thérapeutique et ainsi éviter une rechute après la sortie de l'hôpital.*

9. Distraire le client des idées délirantes qui tendent à exacerber les épisodes agressifs ou potentiellement violents. *Le faire participer à des activités moins anxiogènes et plus fonctionnelles pour mieux l'ancrer dans la réalité et réduire le risque de crises de violence, lesquelles peuvent être provoquées par des idées perturbatrices.*

10. Concentrer son attention sur la signification des idées délirantes du client, ou sur les émotions qu'elles engendrent, plutôt que sur leur contenu en soi *pour pouvoir répondre aux besoins du client, renforcer son contact avec la réalité et lui démontrer la fausseté de ses convictions sans mettre en doute ses capacités ni le menacer.*

11. Accompagner le client aux activités de groupe, en commençant par les plus structurées et les moins menaçantes et en l'initiant aux activités plus spontanées et plus informelles *pour augmenter ses habiletés sociales et le mettre en contact avec la réalité d'une façon non menaçante.*

12. Aider le client à faire sa toilette, à s'habiller et à soigner son apparence jusqu'à ce qu'il puisse le faire de manière indépendante *afin d'éviter les complications et de préserver son estime de soi.*

13. Instaurer une routine et fixer des objectifs d'autosoins en ajoutant des tâches de plus en plus complexes à mesure que l'état du client s'améliore. *La routine et la structuration permettent d'introduire et d'organiser le contact avec la réalité dans le monde du client.*

14. Passer quotidiennement plusieurs moments avec le client, en instaurant une ambiance détendue, *afin de favoriser l'intégration du client au sein de la collectivité en commençant par établir une relation de confiance et de respect.*

15. Évaluer le concept de soi du client. *Une estime de soi très basse risque d'entretenir l'isolement social.*

16. Adopter un modèle de comportement qui favorise les contacts visuels lors des interactions, en maintenant une distance sociale adéquate et une attitude calme, *afin d'aider le client à prendre conscience des comportements sociaux adéquats.*

17. Respecter tous les rendez-vous avec le client *pour établir une relation de confiance en renforçant son estime de soi.*

18. Écouter attentivement la famille et les proches du client, en leur laissant exprimer leurs craintes et leur anxiété relative à la maladie mentale, en leur apportant de l'aide, en ayant une attitude empathique et en insistant sur les forces du client *pour permettre l'expression des émotions réprimées et apaiser les peurs irrationnelles, tout en reconnaissant les préoccupations fondées, pour ainsi redonner espoir et renforcer les liens affectifs entre la famille ou les proches et le client.*

Modalités de traitement supplémentaires

Il est essentiel que l'équipe soignante interdisciplinaire travaille conjointement pour s'occuper des troubles et des symptômes mentaux et émotionnels de chaque client. Par conséquent, les infirmières en psychiatrie, les psychiatres, les psychologues, les travailleurs sociaux, les ergothérapeutes, les récréologues, les pharmaciens, les éducateurs spécialisés (pour les enfants et adolescents) et le personnel de soutien mettent en commun leurs connaissances spécialisées concernant le diagnostic du client, ses problèmes et le plan de soins. On trouvera ci-dessous une brève description des buts et activités de chaque professionnel dans chacune de ces disciplines.

Psychopharmacologie

De nos jours, la psychopharmacologie constitue un traitement somatique de choix. Le pharmacien fournit les médicaments aux clients psychiatriques selon l'ordonnance du médecin, se tient au courant des tout derniers développements en matière de psychotropes et, en collaboration avec le médecin, informe le personnel sur les indications et les effets secondaires des derniers neuroleptiques. Le pharmacien consulte aussi le psychiatre sur les propriétés chimiques des médicaments et leurs interactions alimentaires et médicamenteuses. Dans bien des cas, le pharmacien se charge, en collaboration avec les infirmières et le médecin, de l'éducation du client.

Les psychotropes pour le traitement de la schizophrénie sont présentés plus en détail au chapitre 20. Les psychotropes ont souvent des effets secondaires importants, les deux plus sérieux étant l'acathisie et le syndrome malin des neuroleptiques.

Des médicaments atypiques, comme la clozapine (Clozaril), sont efficaces dans le traitement des troubles résistants. La rispéridone (Risperdal), l'olanzapine (Zyprexa) et la quétiapine (Seroquel) ont permis d'améliorer les symp-tômes négatifs, comme l'apathie, le manque de motivation ou l'asociabilité. Bien que ces nouveaux antipsychotiques aient atténué et, dans certains cas, éliminé les effets indésira-bles sérieux comme les symptômes extrapyramidaux, la dys-kinésie tardive et le syndrome malin, des neuroleptiques, ils peuvent se révéler potentiellement toxiques, d'où l'impor-

---

 Plan de soins infirmiers　　　　　　　　　　　　　　　　　　　　　　**ENCADRÉ 11.7**

COLLECTE DE DONNÉES

À la suite d'un diagnostic de schizophrénie chronique de type indifférencié, M. Bernard, âgé de 29 ans, vit séparé de sa famille en raison de son comportement imprévisible et perturbateur, devenu intolérable. On l'a placé dans un foyer d'hébergement et de soins où son état est stable lorsqu'il prend ses médicaments et suit le programme du centre de jour où il se rend. Le personnel de ce centre lui fournit de l'encadrement, de l'aide et des con-seils, un sentiment d'affiliation et quelques contacts sociaux. En raison de sa maladie, M. Bernard est très influençable. Un jour, l'un de ses « amis » le convainc de prendre le chèque d'allocations du gouvernement qu'il vient de recevoir et de le dépenser en s'amusant. Il arrête de prendre ses médicaments, prend des drogues illicites et ne se présente ni à son foyer ni au centre de jour pen-dant une semaine. Il arrive au centre un matin, débraillé, sale, incohérent et terrifié en déclarant : « J'ai vraiment peur. Tout le monde m'a laissé tombé. J'entends des voix qui me disent que je suis imbécile et complètement nul et que personne ne va m'aider parce que je n'en vaux pas la peine. » Il a été admis dans l'unité de soins intensifs d'un hôpital psychiatrique.

DIAGNOSTIC DSM-IV

Axe I	Schizophrénie chronique de type indifférencié
Axe II	(Troubles de la personnalité) Aucun diagnostic
Axe III	(Diagnostic médical) Aucun
Axe IV	(Sévérité des agents stressants psychosociaux)
	Modérés à sévères = 6 à 7
	Influence néfaste des « amis »
	Rejet des camarades
	Consommation de drogues
	Absence d'un réseau de soutien adéquat (famille, amis)
	Problèmes financiers (mauvais emploi du chèque d'allocations gouvernementales)
Axe V	EGF = 10 (actuellement)
	EGF = 30 (l'année dernière)

DIAGNOSTIC INFIRMIER : trouble de la perception sensorielle (hallucinations auditives) relié à une anxiété de niveau modérément élevé, à l'arrêt des médicaments et à la prise de drogues, et à une faible estime de soi.

Résultats escomptés	Interventions/Justifications	Évaluation
• M. Bernard manifestera une diminution des symptômes et une absence de comporte-ments nuisibles pour lui-même et pour autrui.	• Concentrer davantage son attention sur le contrôle et sur la modification des symptômes que sur leur disparition. *Il se peut qu'au début, les halluci-nations ne soient pas soulagées par les interventions. Conjointement, le client doit développer des habiletés lui permettant de s'y adapter.* • Évaluer M. Bernard en permanence afin d'éviter qu'il se blesse ou blesse les autres, même si ses antécédents ne laissent rien présager de tel. *La frustration, la colère, l'impossibilité de s'adapter et les hallucinations désa-gréables peuvent conduire à un comportement violent.*	• M. Bernard demeure en sécurité dans l'unité de soins, même si ses voix viennent le troubler.
• M. Bernard dira qu'il maîtrise les voix (« les voix ne m'ennuient plus » ou « je ne les entends plus »).	• Faire le suivi des hallucinations de M. Bernard, en observant les com-portements verbaux et non verbaux qui y sont associés (parler tout seul, s'échapper, se précipiter hors de la pièce). *L'infirmière doit tout d'abord identifier le trouble avant de pouvoir intervenir.* • Découvrir, autant que faire se peut, à quel besoin répondent les halluci-nations (dépendance, solitude, rejet). *Les hallucinations viennent souvent remplir le vide créé par l'absence de contact humain. Une fois les hallucina-tions démystifiées, le client se sent soulagé de ses anxiétés et l'infirmière peut mettre à profit l'alliance thérapeutique pour aider le client à élaborer des stratégies de croissance et de changement.* • Sonder les hallucinations auditives pour pouvoir discerner tout contenu violent (hallucinations qui enjoignent de se blesser ou de blesser autrui). *Si le client représente une menace pour lui-même ou pour les autres, il est nécessaire d'intervenir immédiatement. Dans le cas contraire, les discussions sur le contenu des hallucinations ont pour objet d'atténuer les idées négatives.*	• M. Bernard continue de réagir à ses voix. • La fréquence des halluci-nations augmente lors-que M. Bernard est rejeté par ses compagnons, mais des conversations brèves et fréquentes avec le personnel infirmier soulagent son anxiété. • M. Bernard n'entend plus aucun message à contenu menaçant.

Plan de soins infirmiers (suite)

Résultats escomptés	Interventions/*Justifications*	Évaluation
• M. Bernard participera aux conversations avec le personnel et les autres clients.	• Utiliser un langage simple et concret, au lieu d'un vocabulaire abstrait et général. *La perception erronée et altérée du client peut influencer le message et interférer avec sa compréhension.*	• M. Bernard répond de manière cohérente si la conversation est simple et peu exigeante.
	• Fournir des réponses verbales plutôt que des gestes équivoques (hocher la tête pour acquiescer). *Ces derniers peuvent provoquer des perceptions faussées ou une mauvaise interprétation de la réalité.*	• M. Bernard interprète mal les échanges subtils ou les gestes du personnel et des autres clients.
	• Aider M. Bernard à parler lentement et clairement, s'il est incohérent. *Cela l'incite à organiser ses idées et lui permet de se faire comprendre.*	• M. Bernard peut prendre son temps pour se faire comprendre.
• M. Bernard s'impliquera dans le plan de soins pour réduire la fréquence des hallucinations ou les éliminer.	• Aider M. Bernard à mettre fin à ses hallucinations ou à les maîtriser, *afin de lui procurer le sentiment d'agir efficacement et augmenter son estime de soi.*	• M. Bernard continue à pratiquer les techniques qui le soulagent lorsque le personnel le lui rappelle.
	• Enseigner les techniques qui permettent de réprimer les hallucinations. Lui montrer comment chanter, siffler ou taper des mains pour couvrir les voix, lui apprendre à ne pas croire aux messages, à contacter le personnel lorsque les voix sont envahissantes et à entreprendre une activité, un exercice ou un projet lorsque celles-ci apparaissent. *Le client dispose ainsi d'options et peut tenter de se maîtriser.*	
	• Décrire le comportement du client lorsqu'il semble halluciner. « M. Bernard vous avez l'air distrait, est-ce que vous entendez des voix ? » *En commentant le comportement du client de manière acceptable, l'infirmière lui permet de s'exprimer et bâtit une relation de confiance.*	• M. Bernard accepte les commentaires de l'infirmière et essaie les techniques recommandées.
• M. Bernard engagera avec le personnel un dialogue davantage basé sur la réalité.	• Éviter les discussions portant sur des détails. *Si l'infirmière n'est pas d'accord, le client va s'obstiner, renforçant alors l'hallucination.*	• M. Bernard commence à parler un peu plus chaque jour des événements réels, car le personnel l'ancre dans la réalité et l'accepte.
	• Exprimer la réalité perçue par l'infirmière face aux hallucinations de M. Bernard. « Je n'entends pas les voix que vous décrivez, M. Bernard. Les seules voix que j'entends sont celles des personnes qui se trouvent dans la pièce. Je sais que vous entendez des voix, mais elles disparaîtront avec le temps. » *Cela permet au client de faire la distinction entre les voix réelles et les stimuli internes.*	• M. Bernard remarque qu'il entend moins les voix lorsqu'il est en interaction avec le personnel soignant.
	• Éviter d'émettre des jugements. *Cela sape l'estime de soi.*	• M. Bernard dit qu'il apprécie qu'on ne se moque pas de lui.
	• Cautionner le traitement médical, y compris les médicaments. *Cela permet de gérer les symptômes biologiques liés aux hallucinations.*	• M. Bernard prend tous ses médicaments et les symptômes s'atténuent.
	• Dire à M. Bernard que les voix ne disparaissent pas toujours, mais qu'il peut apprendre à les assumer. *Cela permet au client de tolérer des hallucinations persistantes et de continuer à pratiquer les techniques qui le soulagent (siffler, chanter, applaudir).*	• M. Bernard exprime l'espoir qu'il pourra continuer d'appliquer ces stratégies, une fois sorti de l'hôpital.
• M. Bernard nommera deux déclencheurs qui se produisent juste avant le début des hallucinations (p. ex. la frustration, la peur).	• Aider le client à nommer les facteurs déclenchants (agents stressants qui provoquent les hallucinations) : « Qu'est-il arrivé juste avant que vous entendiez les voix ? » *Des situations anxiogènes provoquent souvent les hallucinations. Lorsqu'il les a découvertes, le client établit un lien avec ses hallucinations et commence à pouvoir gérer, éviter et même éliminer ces situations.*	• M. Bernard est en mesure de réduire la fréquence et l'intensité des hallucinations grâce aux techniques apprises (siffler, chanter, applaudir).
	• Continuer à rechercher les thèmes violents dans les hallucinations (les voix qui ordonnent de se blesser soi-même ou de blesser les autres). *S'ils surviennent, il faut intervenir immédiatement pour protéger le client et son entourage. Lorsqu'elle a vérifié que le client n'est pas dangereux pour lui-même ou pour autrui, l'infirmière procède dans le respect de la sécurité du client et de son entourage.*	

Plan de soins infirmiers (suite)

Diagnostic infirmier : isolement social relié à des stratégies d'adaptation inefficaces et à un déficit de soins personnels.

Résultats escomptés	Interventions/Justifications	Évaluation
• M. Bernard s'intéressera aux événements réels et aux gens qui l'entourent.	• Inciter le client à participer graduellement aux activités et aux événements *pour le faire entrer en contact avec la réalité.*	• M. Bernard peut mieux se concentrer sur les activités lorsqu'il est reposé et détendu.
• M. Bernard exprimera sa solitude et son rejet.	• S'adresser à M. Bernard et aux autres membres de l'équipe par leur nom. *Cela accentue le sentiment de réalité et oriente le client.* • Poursuivre la relation infirmière-client pour élucider les questions problématiques. *Cela soulage la tension du client, lui fait sentir qu'il est compris et accepté, et l'encourage à se confier au personnel soignant.*	• M. Bernard répond lorsqu'on l'appelle par son nom. • M. Bernard déclare qu'il se sent compris par le personnel.
• M. Bernard participera aux activités du milieu et à leur programmation.	• Prévoir des occasions (activités, réunions de groupe) pour augmenter les interactions sociales et les aptitudes à apprendre. *Cela procure un sentiment d'appartenance et augmente l'estime de soi ainsi que la maîtrise des habiletés.* • Inciter M. Bernard à prendre soin de son apparence (douche, hygiène dentaire, habillement). *Cela favorise l'acceptation des autres, renforce le mieux-être physique et l'estime de soi.*	• M. Bernard participe toujours aux mêmes groupes. Il évite les groupes de discussion et préfère l'ergothérapie. • M. Bernard continue à se négliger et à manifester d'autres symptômes négatifs (il reste au lit la plupart du temps). • M. Bernard déclare que les voix diminuent lorsqu'il s'engage dans des activités ou des conversations avec les autres.

tance des observations infirmières durant la pharmacothérapie (voir chapitre 20).

Pour que le client retourne dans sa famille et dans la collectivité, l'un des critères importants est qu'il accepte la responsabilité des autosoins, notamment en ce qui concerne les médicaments. Pour les infirmières, cela a des conséquences importantes sur le plan de l'enseignement (voir encadré 11.8).

Thérapie somatique

La thérapie somatique tire son origine du concept du sanatoriun, un établissement où les personnes souffrant de troubles mentaux venaient se reposer et suivre un traitement de santé. L'idée du sanatorium était d'offrir aux clients de l'air pur, des vitamines, un régime diététique, du repos et de la détente. C'est une idée encore valable, même si l'on dispose aujourd'hui d'autres traitements que les traitements palliatifs.

De nos jours, on utilise rarement les thérapies somatiques, à l'exception de l'électroconvulsothérapie (ECT) qui, la plupart du temps, est employée dans les cas de grave dépression ainsi que pour certains syndromes schizophréniques de courte durée présentant des symptômes affectifs (Valente, 1991). L'électroconvulsothérapie ou sismothérapie est aussi indiquée dans le cas d'un client atteint de schizophrénie catatonique. Un traitement comprend généralement 6 à 12 séances. L'infirmière est responsable d'en expliquer la raison, d'obtenir le consentement du client, d'être compa-

tissante, de surveiller, d'aider, d'enseigner à la famille et d'administrer des analgésiques contre les céphalées survenant après le traitement. L'électroconvulsothérapie est abordée en détail au chapitre 20.

D'autres thérapies somatiques ont été abandonnées : la psychochirurgie (lobotomie), le coma insulinique, l'hydrothérapie et la narcothérapie. L'utilisation à des fins thérapeutiques de l'isolement et de la contention vise à permettre au client de maîtriser un comportement de plus en plus agressif, qui risque de s'avérer dangereux pour lui-même et pour autrui (voir tableau 11.6).

Thérapie par le milieu

La thérapie par le milieu consiste à créer un environnement qui accueille, protège et aide le client atteint de troubles mentaux. Elle est utilisée à l'heure actuelle dans les unités psychiatriques et se caractérise par : des programmes de soins individualisés, la responsabilisation du client par son implication dans ces programmes, des attitudes humanistes, un aménagement du milieu et l'établissement de liens avec la famille et la collectivité. L'objectif est d'aider le client à apprendre à gérer le stress et à s'y adapter en premier lieu en microsociété, mais également à corriger les comportements inadaptés dans un contexte de sécurité pour le client.

Réadaptation psychosociale

À mesure que le client se réinsère dans la collectivité, un modèle similaire, le modèle de réadaptation psychosociale,

ENSEIGNEMENT AU CLIENT

Médicaments

Enseigner au client et à la famille	Stratégies	Justification
• Le droit au consentement éclairé et à l'information sur les avantages, les effets secondaires et le pronostic prévu avec ou sans les médicaments et les autres options thérapeutiques. • La conservation et l'administration des médicaments.	• Au début du traitement médicamenteux, et chaque fois que la posologie est modifiée, on sollicite l'accord du client. On aborde les éléments de la colonne de gauche avec lui. • L'infirmière consulte le médecin sur les avantages et les inconvénients de divulguer certaines informations au client. • Expliquer, montrer et faire répéter la démonstration sur l'administration des médicaments. • Collaborer avec le client pour préparer une liste de vérification des médicaments, de la posologie et de l'horaire des prises. • Maîtriser l'environnement : réduire les occasions de distractions, simplifier les directives, enseigner progressivement, vérifier souvent les acquis.	• Le client a le droit de choisir jusqu'à quel point la société peut intervenir. • Le client acquiert de l'autonomie, de l'estime de soi et de la maîtrise. • Le client apprend à avoir confiance dans le fait que ses problèmes sont pris en compte. • La sécurité du client et d'autrui est assurée. • Le client qui s'implique maîtrise le processus et se conforme au traitement. • Le client peut mieux se concentrer ; il est moins frustré et se sent rassuré.
• Les symptômes qui peuvent être atténués ou éliminés par les médicaments ; l'action des médicaments. • Les effets secondaires possibles. • Les interactions alimentaires et médicamenteuses à éviter. • Le recours à l'aide de la famille et des amis.	• Encourager le client qui ne veut pas rechuter ; expliquer simplement que bien des gens contractent diverses maladies et doivent prendre des médicaments. • Montrer au client comment tenir un journal pour consigner ses sentiments, ses pensées et son comportement. • Informer le client des symptômes et incidents qui doivent être signalés, et lui dire à qui ils doivent l'être. • Faire participer les proches aux sessions d'enseignement. • Transmettre toute l'information, répondre aux questions et amorcer la discussion.	• Cela réconforte et rassure le client. • On donne les raisons du traitement. • Le client peut assumer lui-même le traitement et noter ses effets. • Cela permet de limiter les effets secondaires et les complications. • En obtenant le soutien des proches, on diminue l'anxiété de la famille et on permet à l'infirmière de défendre les intérêts du client.

Tiré de Collins-Colon T. : *Do it yourself management for community-based clients*, J. Psychosoc. Nurs. nᵒ 28, vol. 6, p. 25, 1990 et Weiss F. : *The right to refuse : informed consent and the psychosocial nurse*, J. Psychosoc. Nurs., nᵒ 28, vol. 8, p. 25, 1990.

l'aide à s'intégrer à la vie communautaire (Boyd, 1994 ; Olfson et coll., 1993). Ce modèle, qui suppose la collaboration des ressources communautaires, incite les clients à participer avec les autres à la vie collective. Ils peuvent ainsi améliorer les compétences et les talents restés inexploités durant leur maladie. Le modèle diffère du programme de l'hôpital en ce que l'on met davantage l'accent sur l'autonomie de la personne (Harris 1990). L'infirmière psychiatrique peut coordonner la réadaptation psychosociale en évaluant les problèmes physiques, en faisant un suivi du client dans son milieu, en rencontrant la famille, en suggérant aux clients une formation professionnelle et en les dirigeant vers les intervenants en santé mentale. Dans un contexte de fermeture de lits d'hôpital, on s'oriente de plus en plus vers un système de prise en charge dans le milieu et une réadaptation psychosociale (Mann et coll., 1993 ; Thompson et Strand, 1994).

Psychothérapie individuelle

Un psychiatre, un psychologue, un travailleur social en psychiatrie, une infirmière clinicienne en psychiatrie ou un spécialiste en counseling familial peuvent se charger de cette psychothérapie, car ils disposent tous d'une formation de niveau maîtrise ou doctorat et travaillent de manière autonome avec leurs clients. La psychothérapie a pour finalité de provoquer un changement positif chez le client en l'aidant à mettre au point des comportements d'adaptation efficaces et à surmonter le sentiment d'impuissance que la plupart éprouvent. Il existe de nombreux types de thérapie, comme on le verra au chapitre 19. Le choix de la thérapie dépend de l'état du client et des symptômes, mais également de la spécialité du thérapeute. Les niveaux de thérapie sont ainsi classifiés :

• la *thérapie de soutien* permet à la personne d'exprimer ses sentiments et consolide les mécanismes d'adaptation efficaces. Elle est particulièrement recommandée pour les clients souffrant de schizophrénie (Olfson et coll., 1993) ;

• la *thérapie de la rééducation* est adaptée aux clients ayant un bon niveau de fonctionnement. Il s'agit d'une technique de la thérapie cognitive qui emploie les jeux de rôle pour envisager de nouvelles façons de percevoir et de se comporter ;

TABLEAU 11.6	Désescalade d'un comportement agressif	
Concept	**Comportement**	**Justifications**
Maîtrise de l'environnement	Persuader le client de se déplacer vers un autre endroit. Obtenir l'aide des collègues pour éloigner les autres clients, en prenant soin de garder une collègue près de vous.	Éviter que l'anxiété ne se répande; protéger les autres.
Démonstration de confiance et leadership	(Répéter cet exercice avec le personnel soignant pour pratiquer les stratégies.) Fournir des instructions claires. Être brève et assurée. Négocier les options. Si le client dispose d'une arme, dites-lui de la poser sur le sol.	Désamorcer la panique en cas de crise. Éviter les incompréhensions et le fait de ne pas savoir que faire. Donner au client l'impression qu'il peut faire des choix.
Encouragement à la verbalisation	Employer des questions ouvertes et non menaçantes : « Comment? », « Quoi? », « Quand? », pour obtenir des détails, mais pas « Pourquoi? ». Conserver une voix calme et posée.	Se centrer sur les problèmes du client et non sur sa tentative d'exprimer sa colère. Arrêter l'escalade de la colère.
Utilisation de la communication non verbale	Ne pas pénétrer dans l'espace personnel du client en gardant une distance d'environ deux mètres. Positionner votre corps à un angle de 45°. Conserver une posture ouverte, les mains le long du corps, paumes tournées vers l'extérieur.	Véhiculer des messages qui n'intimident pas et démontrer une volonté d'écouter et d'être conciliante.
Auto-identification et empathie	Rappeler au client qui vous êtes. Le monde peut être méchant, mais vous ne lui avez rien fait. Recourir au « nous ». Prouver au client que vous êtes en train de l'écouter en lui disant « Continuez... » et montrer de l'empathie.	Encourager et manifester de la collaboration.
Utilisation des méthodes de désengagement	Se libérer du tirage de cheveux, des prises ou des étreintes selon les instructions de sécurité et les vidéocassettes et reproduire les démonstrations.	Éviter les blessures pour soi-même, le client et autrui.
Utilisation de l'isolement et de la contention	Réviser régulièrement ces procédures.	Permettre au client de retrouver une certaine maîtrise de soi.
Documentation de l'incident, séance de verbalisation avec le personnel	Tenir un rapport détaillé : moment, endroit, circonstances. Analyser et discuter de l'incident.	Conserver un compte rendu précis (à des fins légales). Aider le personnel à apprendre et à effectuer une désescalade. Discuter avec le client, si possible, pour lui éviter de vivre une expérience aliénante.

Adapté de Turnbull J., et coll. « Turn it around : short-term management for agression and anger », *J. Psychosoc. Nurs.*, 1990, n° 28, vol. 6, p. 6.

- la *thérapie reconstructive* n'est pas recommandée pour les clients atteints de schizophrénie (Olfson et coll. 1993). Elle comporte une psychanalyse intensive ou des thérapies de groupe intensives et explore tous les aspects de la vie du client (Weiden et Havens, 1994).

Thérapie de groupe

Le chapitre 19 aborde en détail la thérapie de groupe. Il est important de noter que le type de thérapie de groupe adapté aux clients schizophrènes varie selon leur niveau de fonctionnement. Les infirmières se servent généralement du modèle de Rogers, qui aide le client à exprimer et à clarifier ses sentiments et favorise l'acceptation de soi. Cette thérapie, qui repose sur des techniques de reflets, permet d'observer les changements de comportement par la suite.

Thérapie familiale

Pour une description détaillée de la thérapie familiale, reportez-vous au chapitre 19. Dans le cas d'un client atteint de schizophrénie, tout particulièrement de schizophrénie paranoïde, il sera sans doute nécessaire de commencer par une thérapie familiale individualisée, dans laquelle chaque membre de la famille est suivi par un thérapeute. On recommande également ce type de thérapie comme première étape dans le cas de familles excessivement perturbées. La famille peut progresser ensuite vers une thérapie familiale (famille nucléaire), qui met l'accent sur les modes de communication entre les membres de la famille et protège l'intégrité de chacun d'eux. Selon Bellack et Mueser (1993), les programmes d'intervention qui intègrent une thérapie familiale permettent une adaptation à la maladie du client et ont des effets bénéfiques sur l'évolution de la maladie.

Thérapie comportementale

Il s'agit d'une approche précise pour modifier le comportement. Les différents types utilisés pour la schizophrénie sont présentés ci-après.

Le *conditionnement opérant* est largement utilisé dans les unités qui traitent les enfants et les adolescents, mais également dans les cas où il est nécessaire de contrôler le comportement des autres. Le principe est d'encourager les comportements désirables afin de les amener à se répéter, tout en ignorant les comportements négatifs. Les techniques utilisées comprennent la relaxation et la maîtrise de soi. D'après les résultats obtenus, on peut conclure que cette forme de thérapie permet de réduire les comportements indésirables : repli sur soi, hurlements, incontinence et incohérence. Dans certains cas, des malades chroniques ont pu se préparer à la réinsertion dans la collectivité, les symptômes positifs et négatifs de la schizophrénie s'étant résorbés (Liberman et coll., 1994).

La *thérapie cognitive* examine les rapports entre la distorsion de la pensée et les comportements négatifs. À titre d'exemple, un client qui pense en termes absolus de « tout ou rien » peut refuser de participer à un atelier d'artisanat parce qu'il est convaincu qu'il ne fait jamais rien de bien. Le « devoir » des clients les plus aptes consiste à séparer les pensées négatives des sentiments négatifs. On a recours à la thérapie cognitive lorsque l'on doit diminuer la posologie de neuroleptiques de clients souffrant de symptômes négatifs et dans le cas de clients qui ressentent les effets indésirables des médicaments, ou qui ne répondent pas à la médication.

L'*imagerie mentale* est souvent combinée à la thérapie de relaxation. Le client se remémore les souvenirs agréables. On associe parfois l'imagerie mentale au jeu de rôle.

L'*entraînement à l'affirmation de soi* permet de se libérer de l'anxiété que provoquent les relations interpersonnelles, qui sont généralement problématiques pour le client atteint de schizophrénie. Ce type de conditionnement favorise l'expression, la spontanéité et un comportement valorisant et ciblé.

L'*exercice, la thérapie par le mouvement et la thérapie par la danse* visent à favoriser l'image corporelle du client grâce à une stimulation kinesthésique, mais constitue également une façon de s'adapter au stress (voir chapitre 23).

Approche thérapeutique

« En deux ans de vie dans la communauté, 50 % des patients qui quittent l'hôpital psychiatrique vont rechuter. Ce syndrome dit "de la porte tournante" a conduit à développer une sociothérapie fondée sur les principes de l'apprentissage social et cognitif combinée avec les neuroleptiques. » (Cottraux, 2001).

Les thérapies cognitives centrées sur la modification des croyances et la résolution de problèmes (développement de plans cognitifs) font également partie des autres traitements offerts par la communauté. Elles ne sont pas recommandées dans la phase aiguë de la schizophrénie (Cottraux, 2001), mais sont plutôt utilisées dans un processus de réadaptation sociale. Le processus de résolution de problèmes au cours des activités quotidiennes a été défini par plusieurs auteurs, dont les apports sont résumés à la figure 11.8 (Chambon, Marie-Cardine, 1994) : le chiffre **1** représente les interventions sur les troubles cognitifs neuropsychologiques par le programme IPT (Integrated Psychological Treatment program) de Brenner (Konen et coll., 1993) ; le chiffre **2**, les programmes d'entraînement aux habiletés sociales de Liberman ou les programmes de modification du milieu social (thérapie familiale comportementale, clubs d'entraide) permettant de pallier les déficits en habiletés sociales, cognitives et comportementales (Chambon et Marie-Cardine, 1992 a, b, c) ; le chiffre **3**, la psychothérapie cognitive de type « Beck » (1979-1990), mise au point chez les schizophrènes par Perris (1989), et visant les structures et processus cognitifs de niveau psychologique à l'origine des expériences psychotiques (Chambon et Marie-Cardine, 1993 c).

La flèche **a** souligne le fait que les troubles neuropsychologiques peuvent empêcher l'acquisition de compétences sociales essentielles.

La flèche **b** représente l'importance du type de stratégie cognitivo-comportementale adoptée par le sujet en présence d'un problème ou d'un stress. Le rôle de l'infirmière est important dans le processus de résolution de problèmes et d'adaptation au stress. Les interventions spécifiques interactionnelles sont les suivantes (Konen et coll., 1993) :
- déceler et analyser le problème in vivo ;
- corriger les distorsions cognitives en utilisant la confrontation des comportements, des idées dysfonctionnelles ou

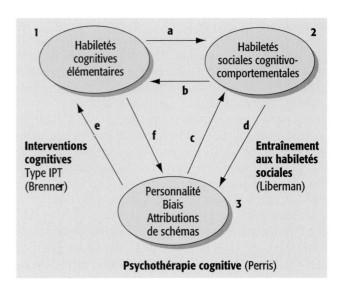

FIGURE 11.8 Modèle intégratif et interactionniste de divers troubles cognitivo-comportementaux dans la psychose et des interventions thérapeutiques disponibles

des émotions (si l'état de santé du client le permet) (voir chapitre 3) ;

- élaborer des solutions de remplacement réalistes ;
- discuter des solutions de remplacement avec le client, sa famille ou son réseau de soutien ;
- choisir l'une des solutions de remplacement en tenant compte de la condition psycho-intellectuelle et sociale du client ;
- mettre en pratique les solutions de façon concertée et réaliste ;
- pratiquer le retour d'information lors des séances thérapeutiques prévues pour analyser le succès ou l'échec de la mise en pratique.

La flèche **c** montre que la personnalité influe sur le choix du type de réponse comportementale. Dans certains cas, un client psychotique a déjà des habiletés sociales adéquates, mais il ne les utilise pas du fait de sa vision biaisée de lui-même, des autres et de la situation globale. Une intervention infirmière cognitive vise à accroître la prise de conscience par le patient des schémas dysfonctionnels, en essayant d'augmenter les capacités d'auto-observation du patient. Il s'agit de l'entraîner à être de plus en plus attentif à ses propres processus psychiques et à ses comportements. La méthode consiste à lui demander d'évoquer ses pensées ou ses images négatives au cours de situations ressenties comme stressantes. Le sujet va alors prendre progressivement conscience de situations particulières où ces schémas sont activés, et de leur signification. L'infirmière s'efforcera de les remettre en question et de construire des schémas plus fonctionnels (voir chapitre 3). Il est quelquefois possible, avec certains clients, de comprendre la provenance de ces schémas dysfonctionnels.

La flèche **d** représente l'influence que peuvent avoir les comportements et les expériences sur les schémas relatifs au soi (piètre estime de soi, impossibilité d'être aimé), aux autres (il est prudent de se tenir à distance des autres, car ils sont dangereux ; il ne faut pas les croire) ou au monde (il est impossible à maîtriser, imprévisible, source de souffrances). Un individu dépourvu de compétences sociales aura le plus grand mal à développer et à maintenir une estime de soi satisfaisante. Le simple manque de savoir-faire cognitif ou comportemental met le sujet dans des situations difficiles, ce qui conduit au renforcement des schémas inadaptés (revoir le modèle cognitif à la figure 11.3). Ainsi, un cercle vicieux s'instaure durablement, dans lequel la perception négative de soi accentue l'échec dans les situations sociales et réciproquement. C'est pourquoi l'infirmière doit porter un jugement réaliste et prudent sur les habiletés sociales du client, afin de ne pas lui faire subir trop de pression ni le mettre en position d'échec. Vidon et ses collaborateurs (1995) présentent les grands principes thérapeutiques de l'entraînement aux habiletés sociales (EHS) :

- favoriser le succès des apprentissages, en décomposant les étapes d'apprentissage, en répétant, en s'assurant que le patient a bien compris, en vérifiant la compréhension et en procédant par étapes courtes et progressives à partir des aptitudes de départ du patient ;
- renforcer au maximum tout succès, en relevant les aspects positifs, en valorisant toute réponse comme la preuve d'une volonté de participer et en soulignant le fait que presque toute tentative comporte le germe de la réussite ;
- tenir compte des déficits neuropsychologiques et attentionnels, en ne donnant pas trop d'explications à la fois, en faisant des phrases courtes et en limitant la durée des séances d'information ;
- tenir compte des troubles de la personnalité en gérant les comportements perturbateurs, en protégeant le client des réactions négatives d'autrui et de toute atteinte à l'estime de soi, en favorisant et en récompensant le succès.

La flèche **e** indique que la manière d'interpréter une situation – et donc de la vivre émotionnellement – peut conduire à des réactions de stress disproportionnées par rapport à sa nature réelle, ce qui perturbe sérieusement les processus de traitement de l'information déjà fragilisés par les anomalies neuropsychologiques. Selon D'Zurilla (1990) et Lezak (1995), la reconnaissance et la gestion des émotions engendrées par un problème sont aussi importantes pour la résolution du problème que l'habileté. Smith et Lazarus (1993) mentionnent qu'une émotion naît lorsque la cognition donne une signification aux événements et produit une variété d'affects. Plus précisément, chaque émotion naît d'une combinaison différente des caractéristiques de l'étape de perception et d'interprétation de la situation. Par ailleurs par la reconnaissance et la gestion des émotions, il est possible de passer à l'étape de planification de la résolution de problèmes. Par des changements de perception de l'environnement – en modifiant l'interprétation de la situation problématique – il est possible de modifier la réaction affective associée.

Enfin, la flèche **f** suggère que les troubles neuropsychologiques peuvent influer directement sur la personnalité. Lorsqu'il ne possède pas l'équipement cognitif de base nécessaire à son adaptation au monde, l'individu développe un mode de contrôle externe et a l'impression de vivre dans un monde dangereux qu'il n'est pas capable de maîtriser.

Selon les auteurs de ce modèle interactionniste, une intervention peut avoir d'autres résultats que ceux qui étaient escomptés. Par exemple, l'entraînement aux habiletés cognitives élémentaires permet une amélioration secondaire d'habiletés cognitives plus complexes, laquelle amélioration retentit sur l'adaptation sociale.

Au Québec, le programme intégratif de thérapies psychologiques (IPT), qui a vu le jour en 1976 grâce à Brenner et à ses collaborateurs, est appliqué dans plus de neuf milieux psychiatriques (Maltais, 2002) à titre expérimental. L'IPT est conduit sous forme de groupes de quatre à huit patients qui se rencontrent deux à quatre fois par semaine. Les séances durent de 30 à 60 minutes. Le programme complet peut s'étendre sur deux à plusieurs mois en fonction de la maladie des patients ou de la fréquence des rencontres. Le groupe peut être dirigé par des infirmières ayant reçu une formation d'animation de quelques jours. Les six sous-programmes de l'IPT sont :

1) la différenciation cognitive ;
2) la perception sociale ;
3) la gestion des émotions ;
4) la communication verbale ;
5) les compétences sociales ;
6) la résolution de problèmes interactionnels.

À chacun des sous-programmes sont associés des objectifs précis correspondant aux activités prévues par le programme IPT. À la suite des premiers modules, les études d'efficacité du programme cité par Briand, Lalonde, Lesage et Morin (1999) montrent une amélioration marquée du fonctionnement cognitif. Les changements comportementaux ne sont visibles qu'en fin de programme. Selon Brenner et ses collaborateurs (1992), «une considération plus importante des émotions dans la compréhension des comportements permettrait peut-être d'augmenter l'efficacité des interventions. La présence d'affectivité dans les conflits quotidiens est inévitable. L'addition de la composante affective à la compréhension du processus de résolution de problèmes permettrait d'encourager des interventions plus près des situations problématiques vécues quotidiennement. » Pour la personne atteinte de schizophrénie, c'est-à-dire qui présente des difficultés cognitives, affectives et comportementales, les approches combinées comme l'IPT et une action in vivo constituent une piste de recherche intéressante pour les années à venir.

Ergothérapie et récréologie

L'ergothérapie sert, entre autres, d'outil diagnostique pour évaluer le niveau fonctionnel et les progrès du client atteint de schizophrénie. L'ergothérapeute vérifie aussi la coordination entre la main et l'œil, ainsi que la perception et la motricité fine grâce aux activités de bricolage. Certains se rendent chez le client pour lui apporter du matériel spécial ou des traitements. À l'heure actuelle, les programmes de réadaptation psychosociale reposent sur des principes d'apprentissage par l'action visant à permettre au client de retrouver ou d'améliorer ses aptitudes ou de développer d'autres habiletés compensatoires, nécessaires à la vie en groupe (Boyd, 1994).

Le récréologue, quant à lui, travaille essentiellement au niveau de la kinesthésie, du mouvement et de la resocialisation, grâce aux activités récréatives. L'accent est mis sur la coopération plutôt que sur la compétition, spécialement lorsqu'il s'agit de schizophrènes. Le récréologue travaille la motivation du client et la planification d'excursions et de sorties. Pour une description plus détaillée de l'ergothérapie et de la récréologie, reportez-vous au chapitre 23.

Thérapies spécifiques pour prévenir les agressions ou le passage à l'acte

Comme il existe un risque de comportement violent chez les clients gravement malades, les infirmières en santé mentale et en psychiatrie prennent certaines mesures pour empêcher les agressions. Il faut tout d'abord prévoir le moment où le comportement violent peut se manifester, en raison d'une tension émotionnelle, de l'attitude des autres ou de leur comportement envers le client atteint de schizophrénie (Vincent et White, 1994). Il faut ensuite savoir employer les habiletés pour désamorcer une escalade afin de contrer les menaces, ou avoir recours aux méthodes physiques pour maîtriser la violence (Turnbull et coll., 1990).

Les habiletés pour désamorcer une escalade sont des techniques (p. ex. OMÉGA, voir annexe C) utiles dans le contexte des relations interpersonnelles, mais elles sont particulièrement importantes pour l'infirmière en psychiatrie. Ces habiletés vont des messages verbaux et non verbaux non menaçants jusqu'au désengagement et à la capacité de repousser physiquement une agression. Le choix des techniques, présentées au tableau 11.6, dépend de la nature de la menace, du degré d'escalade dans la violence et de la réaction du client, laquelle traduit l'efficacité de la technique.

La violence dans les relations interpersonnelles surgit souvent des différences d'attentes concernant les règles sociales ou thérapeutiques et de leur mise en application. Elle peut aussi provenir de l'abus de drogues. Le renforcement négatif peut intervenir, en ce sens qu'un comportement violent intimide les autres et les éloigne de l'agresseur qui exerce ainsi un certain pouvoir (Morrison, 1994). Même si un comportement agressif peut dépendre d'un mauvais fonctionnement du système nerveux central (Harper-Jacques et Reimer, 1992), les intervenants en santé mentale doivent être conscients des comportements qui accentuent la colère, l'agressivité et la violence, quelle que soit la personne qui déclenche l'incident (voir chapitres 24 et 25).

➡ 11.2.6 Évaluation

À son niveau le plus élémentaire, l'évaluation se compose de la formulation des interventions et des objectifs de comportement incorporant les notions de qualité, de quantité et de temps. À titre d'exemple, si le but est de resocialiser une cliente qui s'est isolée alors qu'elle vivait dans l'unité de soins, l'intervention consiste à la faire participer aux discussions de groupe concernant les affaires courantes de l'unité. Pour évaluer l'efficacité de cette intervention, les résultats spécifiques atteints par la cliente devront être formulés en termes mesurables. Un objectif comportemental de départ pourra se lire ainsi : « Le deuxième jour de son arrivée dans l'unité, Marie accompagnera l'infirmière au groupe de discussion, et elle restera 15 minutes avec le groupe. »

On remarquera que le résultat escompté repose sur des critères de temps (le deuxième jour), de qualité (participer au groupe de discussion avec l'infirmière) et de quantité (durant 15 minutes). Ces critères sont observables et mesurables. Si tous les critères sont vérifiés, le niveau minimal acceptable de performance progressera et, le troisième jour, le résultat sera formulé ainsi : « Marie restera une demi-heure et fera au moins un commentaire.»

La démarche de soins infirmiers n'est pas un concept statique, mais plutôt un processus continu d'interaction avec l'environnement. Si l'évaluation montre qu'au deuxième jour les objectifs ne sont pas atteints, les résultats de la cliente et les interventions de l'infirmière doivent être réexaminés et même reformulés à un niveau qui correspond mieux aux habiletés de la cliente. Si les résultats révisés ne sont toujours pas obtenus, la démarche de soins infirmiers doit être réexaminée dans son ensemble. Le succès éventuel de la démarche de soins infirmiers demande patience et ténacité, les gains étant très progressifs, spécialement pour les clients atteints de schizophrénie chronique.

CONCEPTS-CLÉS

- Les troubles schizophréniques constituent le plus important groupe de troubles mentaux.
- Les facteurs biologiques figurent au premier rang de la recherche sur l'étiologie de la schizophrénie. Cinq modèles biologiques sont actuellement envisagés : héréditaire/ génétique, neuroanatomique/neurochimique, fonctionnement des neurotransmetteurs, immunologique et stress/maladie /traumatisme/drogues.
- Les cinq formes cliniques de schizophrénie sont : la schizophrénie paranoïde, la schizophrénie de type désorganisé, la schizophrénie catatonique, la schizophrénie de type indifférencié et la schizophrénie de type résiduel.
- Les critères diagnostiques de la schizophrénie comprennent la manifestation d'au moins deux de ces symptômes, pendant au moins un mois : hallucinations, délire, comportement désorganisé ou catatonique, discours incohérent.
- Il est essentiel de faire participer au plan de soins le client atteint de schizophrénie et sa famille ou ses proches, car

cela contribue à améliorer l'efficacité du traitement.
- On a largement recours à la psychopharmacologie dans le traitement des symptômes de la schizophrénie.
- La thérapie par le milieu, la réadaptation psychosociale, la psychothérapie et les techniques de modification du comportement sont quelques-uns des traitements employés pour soigner les clients souffrant de schizophrénie.

SITUATIONS CLINIQUES

1. Henri est un homme de 40 ans qui vit des prestations sociales, habite dans une maison de chambres et n'a jamais vraiment été capable de gérer son maigre revenu de façon à combler ses besoins. Souffrant de schizophrénie chronique, il est obsédé par l'idée qu'il est le propriétaire de l'hôtel où il habite et que le gérant et la municipalité l'escroquent en prenant l'argent des loyers. Quand à la fin du mois il manque d'argent, il devient grossier et agressif. Craignant de se faire attaquer, le gérant appelle la police qui le fait admettre à l'hôpital psychiatrique. Une dizaine de jours plus tard, il retourne dans la même maison de chambres, où il se tient tranquille pendant un certain temps et prête assistance au gérant. Ce modèle de comportement se répète.

Pensée critique – Résultats escomptés

- Quelle est la signification du délire d'Henri, compte tenu de son faible statut économique ?
- Henri est bien soigné à l'hôpital psychiatrique. Il a toujours satisfait aux critères d'obtention de sa sortie de l'hôpital. À supposer que cela continue, Henri va-t-il persister dans le même délire ? En essayant de l'en détourner, l'infirmière prend-elle un risque ?
- Quelles stratégies d'apprentissage peut-on tenter d'appliquer avec un tel client ? Quelle est la meilleure façon de les mettre en application ?
- Si vous étiez infirmière en santé mentale, comment assureriez-vous le suivi d'Henri ? Quels signes d'anxiété croissante chercheriez-vous à détecter ?

Alain Huot
B.A., M.Ps.
Collège Lionel-Groulx

France Maltais
B.Sc.inf., M.Éd.
Collège du Vieux-Montréal

Vivianne Saba
M.Sc.inf.

Chapitre 12

TROUBLES DE LA PERSONNALITÉ

OBJECTIFS D'APPRENTISSAGE

APRÈS AVOIR LU CE CHAPITRE VOUS DEVRIEZ ÊTRE EN MESURE :

- DE COMMENTER LES TROIS ÉLÉMENTS DU DÉVELOPPEMENT DE LA PERSONNALITÉ DÉCRITS PAR FREUD DANS LES STADES DU DÉVELOPPEMENT PSYCHOSEXUEL ;

- DE RECONNAÎTRE DEUX INDICES BIOLOGIQUES SOUVENT PRÉSENTS CHEZ LES CLIENTS SOUFFRANT D'UN TROUBLE DE LA PERSONNALITÉ ;

- DE DÉCRIRE, TRÈS BRIÈVEMENT, UN COMPORTEMENT, EN FAISANT LA DISTINCTION ENTRE LES GROUPES A, B ET C DE L'AXE II DE LA CLASSIFICATION DU DSM-IV ;

- D'ÉTABLIR DEUX DIAGNOSTICS INFIRMIERS POUR CHAQUE GROUPE DES TROUBLES DE LA PERSONNALITÉ ;

- DE DÉFINIR LES COMPORTEMENTS DE CLIVAGE ET D'INDIQUER DEUX INTERVENTIONS INFIRMIÈRES QUI VONT À L'ENCONTRE DE LA VISION DU MONDE DICHOTOMIQUE DU CLIENT ;

- D'INDIQUER LES PLANS DE SOINS RESPECTIFS DE DEUX TROUBLES DE LA PERSON-NALITÉ, NOTAMMENT LEURS MODALITÉS DE TRAITEMENT EN COLLABORATION AINSI QUE DEUX CRITÈRES DE RÉSULTATS CORRESPONDANT AU DIAGNOSTIC DSM-IV DU CLIENT.

MOTS-CLÉS

Clivage: séparation des aspects positifs et négatifs de soi et des autres. Un individu qui fait appel au mécanisme de défense inconscient du clivage ne peut tolérer l'ambiguïté; tout doit être soit bon soit mauvais, bien ou mal, noir ou blanc, mais jamais gris.

Comorbidité: présence au même moment de plus d'un diagnostic psychiatrique chez un individu.

Dépréciation: attitude face à un conflit émotionnel ou à des agents stressants qui consiste à exagérer ses propres défauts ou ceux des autres.

Idéalisation: tendance d'une personne souffrant du trouble de la personnalité limite à idéaliser au-delà de leurs capacités les personnes ou les groupes qui satisfont ses besoins.

Identification projective: projection de ses conflits émotionnels et de ses agents stressants sur un autre individu qui ne nie pas complètement ce qui est projeté. L'individu reste conscient de ses pulsions, mais les impute de façon erronée à l'autre personne en tant que réactions justifiables.

Objets transitionnels: objets qui rappellent un proche. À titre d'exemple, un homme conserve la photo de sa femme sur son bureau pour s'en souvenir lorsqu'il travaille.

Permanence de l'objet émotionnel: capacité de maintenir une relation sans égard aux frustrations ni aux changements survenant dans cette relation. Également, l'un des stades de la croissance et du développement au cours duquel le trottineur peut conserver l'image de sa mère, même lorsque celle-ci est hors de sa vue.

Relations d'objet: stabilité et profondeur des relations d'un individu avec ses proches qui se manifestent par la chaleur, le dévouement, la sollicitude et le tact.

Thérapie par le milieu: création de l'ambiance de la communauté au sein de l'unité d'hospitalisation d'un hôpital, d'une unité d'hospitalisation à temps partiel ou d'un centre de soins de jour, afin de favoriser l'interaction entre les clients pour permettre de discerner les problèmes dans leurs relations et de les résoudre.

Traits de la personnalité: comportements et modes durables de perception, d'interaction et de pensée relatifs à soi-même et à l'environnement, lesquels se manifestent dans toute une gamme de contextes sociaux et personnels.

Troubles chroniques: diagnostics de l'axe I représentant des modes de comportement qui ne sont pas aussi envahissants ni aussi durables que les troubles de la personnalité.

Troubles de la personnalité: diagnostics de l'axe II, exclusivement attribués à la description des troubles de la personnalité et du retard mental. Ses symptômes ne se limitent pas dans le temps et ne surviennent pas seulement en temps de crise; ils sont envahissants et durables.

12.1 TROUBLES DE LA PERSONNALITÉ

12.1.1 Définition des troubles de la personnalité

Les troubles de la personnalité, tels que définis dans la classification du DSM-IV, correspondent à des modes de comportements et d'interactions durables, envahissants et mal adaptés qui ne sont pas causés par les troubles de l'axe I (Kaplan et Sadock, 1990). Selon la classification du DSM-IV, un trouble de la personnalité est une « modalité durable de l'expérience vécue et des conduites qui dévie notablement de ce qui est attendu dans la culture de l'individu ». Cette modalité envahissante et rigide apparaît à l'adolescence ou au début de l'âge adulte, elle reste stable au fil du temps et elle provoque une détresse ou un dysfonctionnement (American Psychiatric Association [APA], 1996; APA, 2000; Renaud, 1996).

La personnalité de tout être humain repose sur sa propre définition de soi, sur sa capacité à interagir avec autrui et sur ses mécanismes de défense. Quand on étudie les troubles de la personnalité, il est nécessaire d'évaluer dans quelle mesure cette capacité et ces mécanismes sont compromis. On peut déceler les modes de comportement déviants en observant la façon dont les individus interagissent avec les autres et en analysant la perception qu'ils ont de leur entourage ainsi que leur capacité à résoudre les problèmes. Selon Manfield (1992), « le terme *trouble de la personnalité*, également appelé *trouble du soi*, renvoie à l'absence d'un véritable sens du *soi*, ce qui entraîne une perturbation des capacités autorégulatrices. Au lieu de regarder en elles-mêmes pour découvrir leurs sentiments ou prendre des décisions, les personnes qui souffrent de troubles de la personnalité cherchent en dehors d'elles-mêmes des jugements, des indications, des règles et des opinions pour se guider. »

Définition de l'axe II du DSM-IV

Lorsqu'on passe en revue les critères diagnostiques relatifs aux différents troubles de la personnalité (axe II), il importe de différencier les traits de personnalité des troubles de la personnalité. Le DSM-IV a défini six critères diagnostiques généraux qui permettent de reconnaître les troubles de la personnalité, lesquels sont répertoriés dans l'encadré 12.1 (voir aussi figure 12.1).

Les **traits de la personnalité** sont les comportements, les modes de perception, d'interaction et de représentation de soi-même et de l'environnement qui se manifestent dans une

Trouble de la personnnalité — ENCADRÉ 12.1

A. Un mode durable des conduites et de l'expérience vécue qui dévie notablement de ce qui est attendu dans la culture de l'individu. Ce mode se manifeste dans deux ou plusieurs des domaines suivants :
1. La cognition (c.-à-d. la façon de percevoir et d'interpréter les autres, les événements et soi-même).
2. L'affectivité (c.-à-d. la variété, l'intensité, la labilité et la convenance des réactions émotionnelles).
3. Le fonctionnement interpersonnel.
4. L'impulsion caractérielle.
B. Ce mode durable est rigide et envahissant dans de nombreuses situations personnelles et sociales.
C. Ce mode durable conduit à une détresse significative ou à une perturbation des domaines de fonctionnement importants : social ou professionnel.
D. Ce mode est stable, de longue durée, et l'on peut retracer son apparition à l'adolescence ou au début de l'âge adulte.
E. Ce mode durable ne peut s'expliquer par la manifestation ou la conséquence d'un autre trouble mental.
F. Ce mode durable n'est pas dû aux effets physiologiques directs d'une substance (p. ex. un abus de drogue, un médicament) ni à un état pathologique général (p. ex. un traumatisme crânien).

Tiré de l'American Psychiatric Association : *Manuel diagnostique et statistique des troubles mentaux*, 4ᵉ édition, Washington, D.C., 1994, The Association.

multiplicité de contextes sociaux et personnels (APA, 1996 ; APA, 2000). Ces traits peuvent constituer des comportements adaptés ou, à l'inverse, inadaptés, c'est-à-dire des **troubles de la personnalité**, suivant que ce trait est rigide et qu'il entraîne des perturbations fonctionnelles importantes et une détresse subjective. Les symptômes d'un trouble de la personnalité ne sont pas limités dans le temps et ne surviennent pas qu'en temps de crise (APA, 1996 ; APA, 2000 ; Kaplan et Sadock, 1990 ; Kreisman et Straus, 1989). Les comportements sont durables, constants, et ils ne réagissent ni à la psychothérapie à court terme ni à la pharmacothérapie.

Les diagnostics classifiés dans l'axe I sont considérés comme des **troubles chroniques**. Ces diagnostics représentent des modes de comportement de plus courte durée (Kreisman et Straus, 1989). On peut en général soulager les symptômes de ces troubles en recourant aux médicaments, à la psychothérapie et à la thérapie par le milieu pour les symptômes graves. Les troubles de la personnalité sont classés dans l'axe II de la classification du DSM-IV. Ils sont répartis en trois groupes :

Groupe A
- La personnalité paranoïaque, schizoïde ou schizotypique adopte des conduites bizarres ou excentriques.
- La **comorbidité** (c.-à-d. la présence de deux diagnostics chez un même individu souffrant de troubles psychotiques) est davantage associée aux diagnostics de ce groupe.

Groupe B
- La personnalité antisociale, histrionique, narcissique ou limite présente un caractère émotif et emporté.
- Les diagnostics de ce groupe sont souvent accompagnés de troubles affectifs comorbides.

Groupe C
- La personnalité évitante, dépendante ou obsessivo-compulsive appartient au groupe anxieux et craintif.
- Les diagnostics de ce groupe sont souvent reliés aux troubles anxieux (APA, 1996 ; APA, 2000 ; Oldham et Skodol, 1992 ; Widiger et Rogers, 1989).

Un individu présentant un diagnostic de trouble de la personnalité issu de chaque groupe aura une prédisposition à une comorbidité avec les diagnostics de l'axe I. Toutefois, il n'existe pas de règle absolue concernant cette prédisposition ni aucun résultat de recherche probant qui puisse la confirmer (APA, 1996 ; APA, 2000 ; Oldham et Skodol, 1992 ; Widiger et Rogers, 1989).

12.1.2 Théories du développement de la personnalité

Théories freudiennes

Sigmund Freud est l'un des premiers à avoir publié des recherches sur le développement humain et les conflits psychologiques intérieurs. Les deux thèses freudiennes dont traite cette section sont la structure de la personnalité – dans laquelle Freud distingue trois instances fondamentales : le ça, le moi et le surmoi – et les cinq stades du développement psychosexuel.

Freud a décrit ces stades dans *Trois essais sur la théorie de la sexualité* (1905). Quand le premier stade, le stade oral, a été franchi avec succès, l'individu est capable d'interagir avec autrui sans dépendance excessive ni jalousie. La confiance commence alors à se bâtir et, avec elle, un sentiment d'autosuffisance et de confiance en soi. Les individus qui éprouvent de la difficulté durant ce stade manquent souvent de confiance en eux ; ils sont égocentriques, dépendants et jaloux (Tyson et Tyson, 1990).

Le stade anal, le deuxième stade décrit par Freud, débute au moment où l'enfant commence à maîtriser son sphincter pour la rétention ou l'excrétion des matières fécales. Ce stade couvre approximativement la période allant de 1 à 3 ans. La personne qui a franchi ce stade avec succès parviendra à gérer l'ambivalence et l'indécision, de telle sorte qu'elle pourra prendre des décisions sans ressentir de honte ou douter de soi, ce qui lui procurera un certain sens de l'autonomie. Un individu qui éprouve de la difficulté à ce stade est par la suite incapable de prendre des décisions, d'entretenir une amitié ou de partager avec les autres ; il est coléreux, têtu et montre des tendances sadomasochistes (Tyson et Tyson, 1990).

Le stade suivant, selon Freud, est le stade phallique. Il correspond à la période du développement où l'enfant

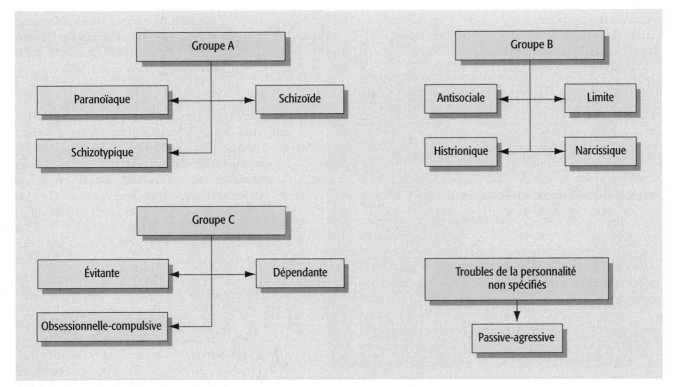

FIGURE 12.1 Carte des troubles de la personnalité

commence à s'intéresser à ses parties génitales. Freud conçoit ce stade sous l'angle du développement masculin ; ainsi, selon sa théorie, l'organe principal préoccupant les garçons comme les filles est le phallus. Ce stade va de l'âge de 3 à 6 ou 7 ans. Au cours de ce stade, l'enfant arrive à maîtriser ses pulsions et à acquérir un sens de l'interaction avec les personnes de son environnement. Les individus qui échouent dans la résolution des conflits inhérents au stade phallique (principalement le complexe d'Œdipe) peuvent présenter de nombreux troubles psychiatriques, notamment ceux reliés à la culpabilité, qui est une fonction du surmoi (c.-à-d. que l'individu qui présente une personnalité antisociale ne dispose pas d'un surmoi bien établi).

Selon Freud, les individus qui ont eu des problèmes à constituer leur identité sexuelle pendant le stade phallique présentent souvent une personnalité antisociale, histrionique, narcissique ou limite. À titre d'exemple, une personnalité histrionique qui agit de façon provocante, tout en niant le mobile sexuel de son comportement, est susceptible d'avoir vécu un conflit d'identité sexuelle.

Le stade suivant du développement psychosexuel est la période de latence, qui apparaît lorsque l'enfant refoule ses instincts libidinaux et qu'il détourne son attention vers l'apprentissage et le travail. Dès lors, le moi se consolide afin d'assurer le contrôle des pulsions. Ce stade survient vers l'âge de 6 ou 7 ans et se prolonge jusqu'à la puberté.

La période de latence est propice à l'exploration de l'environnement et au jeu. L'enfant apprend à faire des choses, à profiter de la vie, à s'amuser et à maîtriser ses instincts et ses émotions. Ce stade est important pour le fonctionnement futur de l'adulte, puisque l'enfant qui acquiert le sens de l'effort est en mesure de différer la satisfaction, ce qui favorise l'apprentissage, le travail et les interactions avec autrui. Les individus qui ont des problèmes au cours du stade de latence ont de la difficulté à se contrôler ; ils se montrent ou bien trop rigides et disciplinés ou bien pas assez.

Le stade génital représente le dernier stade du développement psychosexuel. Ce stade est important, car il offre la possibilité de retravailler les problèmes qui n'ont pu être résolus antérieurement, ce qui permet d'atteindre une identité sexuelle saine et mûre.

Si les individus éprouvent de la difficulté au cours du stade génital, leur sentiment du moi de même que leur capacité à interagir seront compromis. Ils éprouveront également de la difficulté à reconnaître leurs forces et leurs faiblesses, leurs goûts et leurs aversions ainsi que les habiletés qu'ils désirent acquérir. Les individus qui éprouvent de la difficulté à résoudre le stade génital sont susceptibles de manifester les symptômes décrits dans toute la gamme des troubles de la personnalité.

Relations d'objet

Les progrès dans l'étude du comportement humain, plus particulièrement du développement de la structure de la personnalité, ont permis d'élaborer la théorie des relations d'objet. Plusieurs chercheurs ont contribué à cette théorie, qui continue d'être réévaluée. Tyson et Tyson (1990) ont clarifié de la manière suivante la différence entre les relations interpersonnelles et les relations d'objet :

> Les relations interpersonnelles concernent les relations telles qu'elles se vivent entre les personnes. Les **relations d'objet** (ou les relations d'objet « intériorisées ») renvoient aux dimensions intrapsychiques de l'expérience avec les autres – c'est-à-dire aux représentations mentales de soi, de l'autre, ainsi que du rôle de chacun dans leurs interactions.

Processus d'individuation et de séparation

Alors qu'elle étudiait les relations d'objet à partir d'une approche développementale, Margaret Mahler a établi que le processus d'individuation et de séparation survenait entre l'âge de 3 et 25 mois. Mahler a élaboré sa théorie à l'aide d'une étude longitudinale, au cours de laquelle elle a observé des mères normales et leur bébé durant les trois premières années de vie de l'enfant. Dans ce contexte, le terme *séparation* renvoie au développement graduel, chez l'enfant, d'une représentation intrapsychique distincte et séparée de celle de la mère. Le terme *individuation*, quant à lui, est utilisé pour reconnaître la tentative de l'enfant de se construire une identité distincte, dotée de caractéristiques qui lui sont propres (Mahler, 1963 ; Tyson et Tyson, 1990).

Mahler (1963, 1972a) décrit quatre stades dans ce processus de séparation-individuation : la différenciation, l'exploration, le rapprochement et la permanence de l'objet. Ces stades sont expliqués dans l'encadré 12.2.

Théories de Kernberg

Otto Kernberg a étudié des individus qui souffraient de troubles graves de la personnalité et a formulé quelques hypothèses concernant ces troubles et leur développement, essentiellement dans le cas de la personnalité limite et narcissique. Selon Kernberg (1984), une personne émotionnellement saine dispose d'une structure fonctionnelle intégrée du ça, du surmoi et du moi. Cela veut dire qu'elle possède un moi intact, capable de différencier la réalité de l'imaginaire et de dissocier le soi d'un autre objet. Le surmoi est fonctionnel, ni trop rigide ni trop punitif ; il constitue un filtre pour le moi. Le ça n'est pas en conflit avec les deux autres instances : il s'y intègre.

Kernberg a relevé deux tâches essentielles que le moi en formation doit accomplir pour internaliser les relations d'objet. La première tâche consiste, pour l'enfant, à se distinguer des autres, cela afin d'exprimer des sentiments sains quant au soi et à l'identification de l'autre. Cette tâche correspond au stade de la différenciation de Mahler. Selon Kernberg, la seconde tâche relative à l'intériorisation des relations d'objet consiste en l'intégration de « bonnes » et de « mauvaises » images de soi, de même que de « bonnes » et de « mauvaises » images de l'objet (l'autre). Cette

---

Stades du processus d'individuation et de séparation de Mahler ENCADRÉ 12.2

1. *Différenciation.* Survient entre 3 et 8 mois. Durant ce stade, l'enfant commence à différencier sa propre image de celle de sa mère ou de la personne qui s'occupe de lui.
2. *Exploration.* Survient entre 8 et 15 mois. La tâche de l'enfant, à ce stade, consiste à découvrir activement le monde, de telle sorte qu'il semble oublier sa mère. Cela se produit lorsqu'il commence à marcher et se trouve en mesure d'explorer l'environnement autour de lui, dès qu'il peut se déplacer facilement.
3. *Rapprochement.* Survient entre 15 et 22 mois. Dès qu'il a achevé l'exploration de son entourage, l'enfant commence à revenir vers sa mère pour ses besoins émotionnels. Pendant cette période, le trottineur devient lunatique, difficile, et fait des crises de colère, même lorsque sa mère est à ses côtés. L'enfant souhaite que les choses se passent à sa façon, ce qui peut diverger de ce que prévoit sa mère. La tâche de l'enfant consiste à gérer le conflit entre son désir d'indépendance et d'individuation et son besoin d'être aimé et consolé par sa mère.
4. *Apparition de la permanence de l'objet.* Survient autour de l'âge de 25 mois. La permanence de l'objet implique la capacité d'entretenir une relation sans égard à la frustration ni aux changements qui en découlent. À 25 mois, le trottineur pense à sa mère, même si celle-ci n'est pas à ses côtés, et parvient, par conséquent, à se consoler en se la représentant. L'enfant peut avoir besoin d'une couverture ou d'une peluche pour se la rappeler.

Adapté de Mahler M.S. : « Thoughts about development and individuation », *Psychoanal. Study child*, vol. 18, n° 307, 1963 ; et Mahler M.S. : « On the first three subphases of the separation-individuation process », *Int. J. Psychoanal.*, vol. 53, n° 333, 1972.

---

formation d'images mène à des représentations complètes du soi et de l'objet, des représentations qui se distinguent les unes des autres et qui sont réalistes, en ce que ces structures intègrent chacune dans leur système à la fois le bon et le mauvais, la satisfaction et la frustration.

Cet aspect est particulièrement important dans le contexte du trouble de la personnalité limite, que Kernberg appelle l'« organisation de la personnalité limite ». Kernberg considère que le clivage est la principale défense de l'individu souffrant du trouble de la personnalité limite. Le **clivage** est l'incapacité de synthétiser ses propres attributs positifs et négatifs et ceux des autres. Les personnes souffrant du trouble de la personnalité limite manifestent un clivage par leur difficulté à percevoir qu'elles ont à la fois, tout comme les autres, des bons et des mauvais côtés. Ces individus ont tendance à idéaliser des personnes ou des groupes dès lors qu'ils répondent à leurs besoins. Ce processus s'appelle **idéalisation**. À l'inverse, ces mêmes individus peuvent dévaloriser les autres s'ils estiment que ceux-ci ne satisfont pas leurs besoins. C'est ce que l'on nomme la **dépréciation**. L'individu qui souffre du trouble de la personnalité limite se perçoit et perçoit les autres comme étant bons ou mauvais. Il est incapable d'atteindre le stade de la permanence de l'objet, ce qui implique qu'il est incapable d'entretenir un souvenir durable de ses proches. Cet individu est incapable d'avoir recours aux **objets transitionnels** représentant les proches et l'aidant à se les rappeler. À titre d'exemple, un individu qui a atteint le stade de la permanence de l'objet peut se remémorer l'être aimé quand il vit quelque chose qui lui rappelle cette personne : écouter une chanson favorite ou voir un objet précis. Un individu qui est incapable d'atteindre le stade de la permanence de l'objet n'est pas en mesure de se représenter l'être aimé lorsque celui-ci n'est pas à ses côtés. Dès lors, la personne perçoit l'absence d'un proche comme un abandon.

Masterson (1976) a précisé quatre mécanismes de défense qui peuvent bloquer le développement d'un client au cours du processus d'individuation et de séparation et qui l'empêchent d'accéder à l'autonomie : la projection, la dépendance, le déni et l'évitement. Selon Masterson, le client qui souffre d'un trouble de la personnalité limite se trouve pris au piège dans les stades du processus d'individuation et de séparation, incapable d'atteindre le stade de la permanence de l'objet.

Un client qui souffre du trouble de la personnalité limite agit avec autrui non pas en le considérant comme un tout mais comme une partie. Il est incapable d'entretenir une relation avec la frustration quotidienne qu'elle implique et a tendance à ressentir de la colère et de la rage lorsqu'il se sent rejeté ou ignoré. Cet individu ne peut évoquer l'image de l'autre si cet autre n'est pas présent. Si un de ses proches meurt, il ne sera pas en mesure de le pleurer ; il manifestera plutôt un ou plusieurs des six états suivants : la dépression, la colère, la peur, la culpabilité, la passivité ou l'impuissance, et une sensation de manque ou de vide.

Une autre des défenses du client qu'il est important de connaître pour comprendre les individus qui souffrent d'un trouble de la personnalité du groupe B est l'*identification projective*. Cette défense est un type primitif de projection. Kernberg (1984) en a décrit les caractéristiques :

- la tendance à continuer d'expérimenter l'impulsion qui est simultanément projetée sur l'autre personne ;
- la peur de l'autre personne, sous l'influence de l'impulsion projetée ;
- le besoin de contrôler l'autre personne au moyen de ce mécanisme.

Théorie cognitive : approche cognitivo-comportementale

Dans leurs ouvrages, Beck et Freeman (1990), Young (1990), Cottraux et Blackburn (1995), Cousineau (1995) et Cottraux (2001) décrivent un modèle cognitif du fonctionnement mental des troubles de personnalité, connu sous le nom de schémas précoces d'inadaptation (SPI). Ainsi que nous l'avons vu au chapitre 14 (voir aussi figure 11.4), la personnalité réside dans le traitement de l'infor-

mation par des schémas (ou structures cognitives) qui sont à l'origine des pensées automatiques. Ces dernières génèrent ensuite des émotions qui, à leur tour, engendrent des comportements (voir tableau 12.1). Selon Cottraux (2001), certains schémas qui ont trait « à l'autonomie, aux capacités relationnelles, aux valeurs morales, aux limites et standards sociaux » sont construits très tôt dans le développement de l'enfant. De ce fait, les schémas précoces d'inadaptation sont plus stables que ceux que l'on retrouve dans les états d'anxiété ou de dépression. Selon Cousineau, les SPI propres aux sujets souffrant de troubles de la personnalité présentent les caractéristiques suivantes : surgénéralisation, inflexibilité, résistance aux changements et impératifs.

Cousineau mentionne que « les SPI constituent pour l'individu des préoccupations à propos de lui-même et de ses relations interpersonnelles d'une ampleur et d'un envahissement extrêmes ; ils servent à maintenir une vision cognitive cohérente de soi et du monde [...] »

Selon Young, il existe 18 schémas précoces d'inadaptation se subdivisant en 5 grands domaines :

- séparation et rejet : abandon/instabilité, méfiance/abus, carence affective, sentiment d'imperfection et de honte, isolement et sentiment d'exclusion ;
- autonomie et performance altérées : dépendance/incompétence, vulnérabilité au danger, fusion/Moi faible, sentiment d'échec ;
- limites déficientes : sentiment que tout lui est dû/domination, discipline personnelle et maîtrise de soi insuffisantes ;
- centration sur autrui : assujettissement, sacrifice de soi, recherche d'approbation ;
- vigilance à outrance et inhibition : vulnérabilité aux erreurs/négativisme, contrôle à outrance, exigences élevées, sévérité/intolérance.

Pour Cottraux (1995), les événements de la vie viennent confirmer les schémas, ce qui conduit à une structure rigide de la personnalité qui est faite de « modes ». Les modes (narcissique, dépendant, etc.) constituent une adaptation à la réalité qui a été utile, mais qui ne l'est plus. Par exemple, la dépendance à la mère est normale chez l'enfant, mais peut représenter un schéma dysfonctionnel à l'âge adulte.

12.1.3 Contributions biologiques aux troubles de la personnalité

Alors que des chercheurs commençaient à étudier les marqueurs physiologiques associés aux diagnostics de l'axe I, certaines de leurs études furent utilisées avec des résultats probants pour les individus souffrant de troubles de la personnalité. Des études portant sur des familles, notamment sur des jumeaux, démontrent une forte influence génétique et, de ce fait, certains liens entre les facteurs biologiques et la structure de la personnalité (Coryell et

TABLEAU 12.1   Croyances fondamentales et troubles de la personnalité

Personnalité	Croyance centrale	Comportement
Groupe A: Personnalité excentrique et bizarre		
Paranoïaque	Les autres sont des ennemis potentiels.	État de guerre
Schizoïde	J'ai besoin d'espace, sino je deviens confus.	Isolement
Schizotypique	Le monde et les autres sont étranges.	Méfiance
Groupe B: Personnalité dramatique, émotionnelle et désorganisée		
Antisociale	Les autres sont des proies.	Attaque
Histrionique	Je dois impressionner les autres.	Dramatisation
Limite	Personne n'est assez fort pour m'aider.	Fuite ou attaque
Narcissique	Je suis quelqu'un de spécial.	Inflation de soi
Groupe C: Personnalité anxieuse et peureuse		
Évitante	Je peux être «blessé».	Évitement
Dépendante	Je suis faible et sans protection.	Attachement
Obsessionnelle-compulsive	Je ne dois jamais faire aucune erreur.	Perfectionnisme
Troubles non spécifiés		
Passive-agressive	On pourrait «me marcher dessus».	Résistance

Zimmerman, 1989; Kavoussi et Siever, 1991; Marin et coll., 1989; Siever, 1992; Siever et Davis, 1991).

L'une de ces recherches étudiait des personnalités schizotypiques qui présentaient un trouble de poursuite oculaire. Cette perturbation du comportement est décrite comme «l'incapacité à suivre du regard une cible en léger mouvement» (Siever, 1992). Les individus souffrant de schizophrénie éprouvent de la difficulté à suivre des yeux un objet, ce qui tendrait à prouver une déficience de l'intégration neuronale des lobes frontaux (Siever, 1992). L'altération de la poursuite oculaire est associée aux symptômes négatifs de la schizophrénie, à savoir l'isolement social, le détachement, ainsi que l'incapacité à nouer des relations.

Le *masquage rétroactif* est un autre test biologique qui révèle les difficultés cognitivo-perceptives fréquentes chez les clients souffrant d'un trouble de la personnalité schizotypique. Ce test du fonctionnement neuro-intégrateur se compose d'un «processus au cours duquel un stimulus visuel est rapidement suivi par un autre stimulus visuel alors qu'on demande au sujet d'identifier le stimulus d'origine» (Kavoussi et Siever, 1991). Siever (1985) obtient des résultats similaires chez les individus qui souffrent de troubles de la personnalité et chez les schizophrènes, bien que les premiers soient moins atteints.

On peut se servir de la capacité d'attention à des stimuli comme d'un marqueur biologique ou cognitif pour prédire la schizophrénie. Le test de performance continu, version des paires identiques, évalue le degré d'attention aux stimuli. Dans leur étude sur le trouble de la personnalité schizotypique, Roitman et ses collaborateurs (1997)

remarquent que les individus manifestent un déficit verbal et spatial dans le test de la performance continue, version des paires identiques, par comparaison à des sujets sains et à des individus atteints d'autres types de troubles de la personnalité. Les résultats du test étaient similaires au modèle correspondant habituellement aux schizophrènes.

Certaines données neurochimiques sont des indicateurs importants des manifestations biologiques du trouble de la personnalité schizotypique. Siever (1992) a signalé que le taux d'acide homovanillique du liquide céphalorachidien était plus élevé dans les études préliminaires des clients schizotypiques et qu'il était en corrélation avec les symptômes positifs psychotiques de la personnalité schizophrénique, mais sans les symptômes négatifs et déficitaires. Il a soutenu également que le taux d'acide homovanillique du plasma était plus élevé chez les clients souffrant d'un trouble de la personnalité schizotypique, par rapport au groupe témoin (Kavoussi et Siever, 1991). En 1988, des chercheurs ont découvert que les clients qui souffrent d'un trouble de la personnalité limite et qui sont atteints également d'un trouble de la personnalité schizotypique présentaient une aggravation des symptômes psychotiques à la suite d'une injection d'amphétamines.

Chez les clients éprouvant de la difficulté à maîtriser les affects, il est important de considérer certains repères biologiques. On a eu recours au test de freinage à la dexaméthasone (EFD), à l'injection test de TRH et aux études encéphalographiques sur le sommeil comme marqueurs biologiques des troubles affectifs. On a ainsi pu découvrir des résultats d'EFD et de TRH anormaux chez les clients souffrant d'un trouble de la personnalité limite, ce qui a conduit les chercheurs à se demander si ces clients ne souffraient pas plutôt d'une variante des troubles de l'humeur. Toutefois, dans les études qui répartissent les clients atteints de trouble de la personnalité limite selon qu'ils souffrent ou non de dépression, il a été démontré que les sujets non dépressifs obtenaient un plus haut pourcentage de résultats normaux d'EFD et de TRH. Marin et ses collaborateurs (1989) ont déclaré que ces résultats pouvaient être reliés à la dépression plutôt qu'au trouble de la personnalité.

De nombreuses études démontrent des perturbations dans la neurotransmission sérotoninergique centrale, ce qui indique qu'il y a une corrélation entre les comportements agressifs et suicidaires chez les individus atteints de troubles de la personnalité et les niveaux réduits de l'acide 5-hydroxyindole acétique du liquide céphalorachidien, un métabolite majeur de la sérotonine, ce qui indique une réduction de l'activité de la sérotonine (Brown et coll., 1982). Mann et ses collaborateurs (1986) ont découvert que les personnes qui se suicident avaient davantage de récepteurs sérotoninergiques postsynaptiques. Stanley et Stanley (1990) ont fait ressortir certains indices concernant les « marqueurs » sérotoninergiques à la fois présynaptiques et postsynaptiques, donnant à penser qu'une réduction de la neurotransmission de la sérotonine constitue un facteur de risque biochimique sous-jacent au suicide. Marin et ses collaborateurs (1989), de même que Kavoussi et Siever (1991) ont examiné plusieurs études concernant la sérotonine et ses métabolites et ont conclu qu'une réduction sérotoninergique serait liée à des comportements tels que l'impulsivité, l'agression motrice et les tendances suicidaires. Brown et Linnoila (1990) ont étudié les métabolites du liquide céphalorachidien de la sérotonine (5-HIAA) et ils ont trouvé une corrélation entre une réduction de l'activité sérotoninergique et un comportement agressif ou impulsif.

Il est également possible qu'un dysfonctionnement du cerveau puisse moduler et inhiber les réactions agressives aux stimuli de l'environnement (Siever et Davis, 1991). Un faible seuil de tolérance aux calmants et certaines caractéristiques des électroencéphalogrammes sur le sommeil lent différencient les individus souffrant d'un trouble de la personnalité antisociale des individus souffrant d'une dépression à long terme (Siever et Davis, 1991).

La présence de marqueurs biologiques chez les individus souffrant de troubles de la personnalité stimule les chercheurs et les cliniciens, puisque ces indicateurs ouvrent des pistes de recherche utiles pour soigner cette population. À mesure que les fonctions du cerveau et des neurotransmetteurs sont mieux connues et comprises, on remarque un besoin grandissant de recherche dans ce domaine.

12.1.4 Description clinique et épidémiologie

Troubles de la personnalité du groupe A

Le groupe A, qui réunit les personnalités dites bizarres ou excentriques, comprend la personnalité paranoïaque, schizoïde et schizotypique. Les clients de ce groupe éprouvent tous de la difficulté dans leurs relations avec les autres ; ils s'isolent et sont incapables de nouer facilement des liens. Les encadrés 12.3 et 12.4 fournissent un résumé de l'épidémiologie et des symptômes clés relatifs à chaque trouble.

Troubles de la personnalité du groupe B

Le groupe B se compose des personnalités dites flamboyantes ou excessives, à cause de leur comportement théâtral. Les quatre catégories diagnostiques qui le composent sont les suivantes : antisociale, limite, histrionique et narcissique. Les encadrés 12.5 et 12.6 fournissent un résumé de l'épidémiologie et des symptômes clés relatifs à chaque trouble.

SYMPTÔMES CLINIQUES

Troubles de la personnalité du groupe A

ENCADRÉ 12.3

Trouble de la personnalité paranoïaque
- Méfiance, suspicion
- Difficulté à s'adapter au changement
- Susceptibilité, tendance à argumenter
- Sentiment d'avoir été profondément blessé par les autres – souvent sans justification
- Anxiété, difficulté à se détendre
- Tempérament irritable
- Difficulté à résoudre les problèmes
- Manque de sentiments affectueux envers les autres
- Réticence à pardonner des incidents même mineurs
- Jalousie envers le conjoint ou les proches – souvent sans justification

Trouble de la personnalité schizoïde
- Manque de désir de nouer des relations ; apprécie la solitude
- Absence d'émotions intenses
- Affect détaché et égocentrique
- Manque de confiance dans les autres
- Épisodes psychotiques brefs en réaction aux événements stressants
- Difficulté à exprimer la colère
- Réactions passives en cas de crise

Trouble de la personnalité schizotypique
- Interprétation erronée des événements extérieurs ; croyance selon laquelle tous les événements renvoient au soi
- Superstition, obsession pour les phénomènes paranormaux
- Conviction de posséder un pouvoir magique sur les autres
- Affect entravé ou inapproprié
- Anxiété dans les relations sociales

Épidémiologie des troubles de la personnalité du groupe A — ENCADRÉ 12.4

Trouble de la personnalité paranoïaque

- On diagnostique ce trouble chez 0,5 % à 2,5 % de la population.
- De 10 % à 30 % de la population paranoïaque se retrouve dans les centres hospitaliers.
- De 2 % à 10 % des cas diagnostiqués vont dans des cliniques de santé mentale pour clients externes.
- Les familles dans lesquelles on a déjà diagnostiqué un trouble de la personnalité paranoïaque sont plus à risque.
- On diagnostique plus fréquemment ce trouble chez les hommes que chez les femmes.
- L'abus d'alcool ou de drogue est fréquent.

Trouble de la personnalité schizoïde

- On diagnostique plus fréquemment ce trouble chez les hommes que chez les femmes.
- Le taux de prévalence est plus élevé dans les familles dont un ou des membres souffrent de schizophrénie ou de trouble de la personnalité schizotypique.

Trouble de la personnalité schizotypique

- On diagnostique ce trouble chez 3 % de la population.
- De 30 % à 50 % de ces individus souffrent également de dépression majeure.
- Les individus qui souffrent du trouble de la personnalité schizotypique recherchent un traitement contre l'anxiété ou la dépression et non pas contre le trouble dont ils souffrent.
- Les individus dont un ou plus d'un de leurs proches souffrent de schizophrénie sont plus à risque.
- On diagnostique plus fréquemment ce trouble chez les hommes que chez les femmes.

Troubles de la personnalité du groupe C

Le groupe C est composé des personnalités dites anxieuses ou craintives. Il comprend la personnalité évitante ou fuyante, dépendante et obsessivo-compulsive. Les encadrés 12.7 et 12.8 fournissent un résumé de l'épidémiologie et des symptômes clés relatifs à chaque trouble.

Troubles de la personnalité non spécifiés

La catégorie des troubles de la personnalité non spécifiés regroupe les individus dont la personnalité correspond aux critères généraux relatifs aux troubles de la personnalité, sans toutefois correspondre à aucun des critères spécifiques d'un de ces troubles. On utilise également cette catégorie lorsque la personnalité d'un individu correspond aux critères généraux d'un trouble de la personnalité, mais que l'on considère que la personne ne souffre pas d'un trouble de la personnalité inclus dans la classification courante, comme c'est le cas du trouble de la personnalité passive-agressive.

12.1.5 Pronostic

Lorsque l'on prodigue des soins infirmiers aux clients souffrant de troubles de la personnalité, il faut tenir

SYMPTÔMES CLINIQUES

Troubles de la personnalité du groupe B — ENCADRÉ 12.5

Trouble de la personnalité antisociale

- Irresponsabilité
- Impossibilité d'honorer ses obligations financières, de planifier, d'assurer les besoins essentiels de ses enfants
- Implication dans des activités illicites
- Absence de culpabilité
- Difficulté à apprendre de ses erreurs
- Charme initial qui se transforme en froideur, en manipulation et en reproches à l'égard d'autrui
- Manque d'empathie
- Irritabilité
- Abus d'alcool ou de drogues

Trouble de la personnalité limite

- Relations intenses et orageuses
- Perçoit autrui comme étant « bon » ou « mauvais »
- Impulsivité
- Automutilation
- Difficulté d'identification
- Affect négatif ou colérique
- Sentiment de vide ou d'ennui
- Difficulté à rester seul
- Se livre à des actes impulsifs (p. ex. alimentation excessive, dépenses inconsidérées, conduite imprudente, relations sexuelles non protégées)
- Idées suicidaires

Trouble de la personnalité histrionique

- Fluctuation dans les émotions
- Besoin d'attirer l'attention, attitude égocentrique
- Séduction sexuelle et exubérance
- Préoccupation de son apparence physique
- Style de discours spectaculaire et impressionnant
- Logique vague – manque de conviction dans l'argumentation, change souvent d'avis
- Expression superficielle des émotions
- Besoin maladif de satisfaction immédiate
- Hypocondrie, somatisation
- Recours à des gestes suicidaires ou à des menaces pour attirer l'attention

Trouble de la personnalité narcissique

- Mégalomanie
- Manque d'empathie envers autrui
- Besoin d'être admiré
- Fantasmes de succès, de génie, de beauté, d'amour idéal

compte du pronostic d'amélioration. Cela est particulièrement important au cours des étapes de planification et d'évaluation du plan de soins infirmiers. Par définition, les individus qui souffrent de troubles de la personnalité ont des pensées et un comportement rigides et envahissants qui s'écartent des attentes culturelles (APA, 1996 ; APA, 2000). Ces modèles apparaissent à l'adolescence ou au début de l'âge adulte et demeurent stables à long terme. Les symptômes provoquent la détresse de l'individu et la

Trouble de la personnalité antisociale
- On diagnostique généralement ce trouble vers l'âge de 18 ans.
- Les individus ont des antécédents de trouble des conduites remontant avant l'âge de 15 ans.
- On diagnostique plus fréquemment ce trouble chez les hommes que chez les femmes.
- Les caractéristiques de ce trouble se révèlent au début de l'enfance chez les hommes et à la puberté chez les femmes.
- Un fort pourcentage des individus diagnostiqués se retrouve dans des centres de désintoxication ou dans des prisons.
- L'incidence est plus élevée dans les classes socioéconomiques les plus défavorisées.
- L'abus d'alcool ou de drogue est fréquent.
- Les comportements impulsifs sont fréquents.

Trouble de la personnalité limite
- On diagnostique ce trouble chez 2% de la population.
- 10% des cas diagnostiqués sont dans des cliniques de santé mentale pour clients externes.
- 20% des cas diagnostiqués sont hospitalisés dans des établissements psychiatriques.
- 75% des cas diagnostiqués sont des femmes.
- 60% de la population souffrant d'un trouble diagnostiqué est atteinte du trouble de la personnalité limite.
- Les cas diagnostiqués ont des antécédents d'agression sexuelle et de violence physique, de négligence, et de perte prématurée ou de séparation d'un ou des parents.

Trouble de la personnalité histrionique
- On diagnostique plus fréquemment ce trouble chez les femmes que chez les hommes.
- On diagnostique ce trouble chez 2% à 3% de la population.
- De 10% à 15% des individus qui recherchent un traitement souffrent de ce trouble.

Trouble de la personnalité narcissique
- On diagnostique ce trouble chez moins de 1% de la population.
- On diagnostique ce trouble chez 2% à 16% de la population clinique.
- De 50% à 75% des personnes atteintes sont des hommes.

perturbation de son fonctionnement et de ses relations. Par conséquent, le pronostic relatif aux individus souffrant de troubles de la personnalité demeure réservé (voir tableau 12.2).

Un trouble de la personnalité peut se manifester dès l'adolescence par des symptômes reliés au trouble des conduites et se transformer en trouble antisocial à l'âge adulte. Pajer (1988) a passé en revue les études spécialisées afin de vérifier si les filles qui manifestaient des symptômes de trouble des conduites perpétuaient ces mêmes symptômes et présentaient, une fois arrivées à l'âge adulte, un trouble de la personnalité antisociale. Cette recherche a conclu que ces adultes ont un plus haut taux de mortalité, qu'ils adoptent un comportement criminel de 10 à 40 fois plus souvent, qu'ils présentent plusieurs symptômes

psychiatriques comorbides – un comportement suicidaire – et qu'ils entretiennent avec leurs proches des relations perturbées et parfois même violentes. Ils n'atteignent qu'un faible niveau d'instruction, ont des antécédents professionnels moins stables et recourent beaucoup plus fréquemment aux services d'aide sociale ou de protection de l'enfance. Myers, Stewart et Brown (1998) ont étudié la progression des symptômes du trouble des conduites vers ceux du trouble de la personnalité antisociale chez des adolescents qui cherchent à se faire soigner pour abus d'alcool ou de drogue. Ces études ont conclu qu'en entreprenant rapidement une thérapie l'on pouvait diminuer, à l'âge adulte, la gravité du trouble de la personnalité.

Pour améliorer ses modes de fonctionnement, il est nécessaire que le client s'engage à explorer et à évaluer ses pensées et son comportement, particulièrement lorsqu'il est en état de stress. L'infirmière joue un rôle primordial en apportant un soutien au client, en lui procurant des outils pour réaliser cette exploration et en lui offrant un enseignement. Si le client applique ces connaissances à ses comportements dysfonctionnels, il pourra prédire la façon dont il réagira à un agent stressant. Il lui sera possible d'utiliser des stratégies novatrices pour résoudre les problèmes. Il faut reprendre ce processus souvent pour

SYMPTÔMES CLINIQUES

Trouble de la personnalité évitante
- Peur de la critique, de la désapprobation ou du rejet
- Évite les interactions sociales
- Dissimule ses pensées ou ses sentiments
- Vision négative de soi, faible estime de soi

Trouble de la personnalité dépendante
- Soumis, dépendant
- Incapable de prendre des décisions seul
- Ne peut exprimer d'émotions négatives
- Difficulté à compléter les tâches

Trouble de la personnalité obsessivo-compulsive
- Obsession pour la perfection, l'organisation, la structure, le contrôle
- Procrastination
- Abandon des projets à cause de l'insatisfaction
- Dévotion excessive au travail
- Difficulté à se détendre
- Comportement soucieux des règles
- Autocritique et incapacité à se pardonner ses erreurs
- Réticence à déléguer
- Incapacité de se débarrasser de quelque chose
- Insiste pour que les autres se conforment à ses propres méthodes
- Rejet des éloges
- Réticence à dépenser de l'argent
- Entourage composé de relations compassées et formelles
- Obsession pour la logique et l'intellect

parvenir à modifier durablement les modes de pensée et de comportement. Par conséquent, un traitement à long terme, orienté sur la résolution de problèmes et le recadrage cognitif, est indiqué pour ces clients.

Linehan (1993) a étudié les modes de comportement des individus souffrant du trouble de la personnalité limite en s'attachant à relever les modes de comportement répétitifs. Elle s'est ensuite consacrée à découvrir quelles interventions seraient susceptibles d'atténuer les modes de comportement les plus destructeurs, comme le comportement d'automutilation, le clivage et la réactivité émotionnelle intense. Cette recherche a permis d'élaborer une stratégie de traitement appelée thérapie comportementale dialectique (TCD). La base de cette thérapie consiste à recourir au dialogue pour aider le client à retravailler les modes de gestion de crises destructifs. La TCD apprend au client qu'il existe des choix qui, pendant la résolution de crises, peuvent atténuer les pensées suicidaires et les modes de réaction émotionnelle. Cette thérapie se concentre sur l'apprentissage par le client de nouveaux modes de pensée et de comportement.

12.1.6 Critères d'évolution positive

Les clients atteints de troubles de la personnalité sont traités soit à l'interne dans des centres hospitaliers, soit à l'externe dans des centres de jour, des unités d'hospitalisation à temps partiel, des cliniques et des bureaux privés. Avant d'autoriser un client à quitter l'hôpital, il faut considérer les facteurs de risque relatifs à la sécurité du client et d'autrui. Certains clients souffrant de troubles de la per-

sonnalité ont des idées suicidaires qui font partie de leur processus de pensée quotidien. Lorsqu'on les évalue, on se doit de vérifier s'ils ont un plan de suicide et s'ils comptent le mettre à exécution (voir chapitre 25).

Les individus hospitalisés qui souffrent d'un trouble de la personnalité présentent souvent plus d'un diagnostic psychiatrique. Leur vie peut être complexe et chaotique. Un suivi psychiatrique, qu'il s'insère dans un programme d'hospitalisation à temps partiel, dans un traitement en centre de jour ou chez un psychothérapeute, est primordial pour aider le client à surmonter certains de ses problèmes et la crise qui l'a conduit à un séjour en centre hospitalier. Avant d'obtenir son congé, le client doit disposer d'un plan de suivi systématique pour clients externes, et l'on doit déjà avoir fixé son premier rendez-vous.

L'enseignement au client constitue un outil fort utile pour l'aider à comprendre les problèmes psychiatriques qu'il vit, tout comme pour prévenir une rechute. Avant la sortie de l'hôpital, chaque client doit recevoir des renseignements relatifs aux questions suivantes :

- le besoin d'un suivi dans un établissement pour clients externes ;
- les symptômes psychiatriques annonçant la nécessité d'un traitement urgent ;
- de l'information sur tout médicament susceptible de lui être administré.

L'enseignement au client peut être fait dans le cadre de rencontres de groupe ou individuellement. Si l'une des activités du milieu est un groupe de prévention de la rechute ou un groupe sur la médication, il est conseillé que l'infirmière responsable examine les données propres à chaque client avant sa sortie.

Dans le cas des clients traités en établissement pour clients externes, les éléments suivants doivent être pris en considération avant d'autoriser la fin du traitement :

- le client n'a pas l'intention de se blesser ni de blesser autrui et n'y pense plus ; le client maîtrise ses pulsions autodestructrices, comme l'abus d'alcool ou d'autres drogues, lorsqu'il se sent tracassé, ou le vol à l'étalage lorsqu'il se sent vide ;
- le client comprend les symptômes qui ont motivé la psychothérapie ;
- le client sait reconnaître les symptômes indiquant la nécessité d'un autre traitement ;
- le client peut avoir recours à des groupes communautaires d'entraide et de soutien lorsqu'il les juge pertinents.

➲ 12.2 DÉMARCHE DE SOINS INFIRMIERS

➜ 12.2.1 Collecte de données

L'entrevue d'un client qui présente un trouble de la personnalité doit s'effectuer dans un environnement

TABLEAU 12.2 Dysfonctionnements relationnels liés aux troubles de la personnalité

Groupe A Paranoïaque		Hypervigilant ; reste à distance, mais à portée d'observation.
Schizoïde		Se tient le plus loin possible des autres.
Schizotypique		Bizarreries et champs d'intérêt particuliers conduisant à l'isolement.
Groupe B Antisociale		Agression, comportement de prédateur.
Histrionique		Brille pour attirer l'attention.
Limite		Colère refoulée, imprévisibilité, immaturité, manipulation et clivage, «vampirisme» affectif.
Narcissique		Nourri par l'admiration ; va vers l'autre, mais il se place au-dessus de lui.
Groupe C Évitante		Approche jusqu'à se sentir mal à l'aise ; à proximité, il garde une distance ou il recule.
Dépendante		Fusion avec l'autre.
Obsessionnelle-compulsive		Va vers l'autre pour se placer au-dessus, mais pas trop, juste assez pour le contrôler.
Troubles non spécifiés Passive-agressive		Présence a priori d'une opposition très subtile.

confortable, tranquille, privé et sûr, et elle ne doit pas être interrompue. Les individus qui présentent ces troubles peuvent être repliés sur eux-mêmes, sur la défensive, circonspects et impulsifs, ou ils peuvent être, à l'inverse, charmants et amicaux.

L'infirmière ne doit ni juger ni confronter le client durant l'entrevue. Si la colère du client monte ou qu'il émet des remarques hostiles ou menaçantes en réponse aux questions de l'infirmière, une pause peut l'aider à retrouver son calme. On ne doit pas menacer le client d'isolement ni

SOINS INFIRMIERS DANS LE MILIEU DE VIE

Troubles de la personnalité

L'infirmière en soins psychiatriques communautaires se heurte à plusieurs difficultés lorsqu'elle travaille avec des clients présentant des diagnostics de l'axe II. L'ampleur du trouble du client peut ne pas apparaître immédiatement, car les clients souffrant d'un trouble de l'axe II paraîtront maîtriser la situation dans certaines circonstances. Puisque le client est susceptible de dénaturer les suggestions de l'infirmière pour les interpréter comme des critiques ou des reproches et qu'il peut percevoir l'assistance médicale professionnelle comme une ingérence personnelle, les interactions nécessitent une vigilance constante. Le client qui souffre d'un trouble de la personnalité peut nier ou rejeter les tentatives d'aide de l'infirmière. Il persiste alors dans sa détresse et ses plaintes, ce qui occasionne des frustrations de part et d'autre. L'infirmière doit être prudente lorsque le client essaie de monter les membres du personnel les uns contre les autres. Pour tenter de satisfaire ses propres besoins de façon inappropriée, un client peut idéaliser l'un des membres du personnel et en dénigrer un autre. Un tel comportement relève du clivage et doit être abordé de manière calme, ferme et objective par l'infirmière. À titre d'exemple, si un client dit à une infirmière qu'elle est douce et compréhensive, mais qu'il est incompris par tous les autres, l'infirmière ne doit pas se laisser impressionner et elle doit rappeler au client la logique du traitement prodigué par l'ensemble du personnel. Le client peut également tenter de manipuler l'infirmière émotionnellement en lui confiant ses pensées de suicide ou d'automutilation pour justifier une attention prolongée ainsi qu'une hospitalisation. L'infirmière doit toujours réagir calmement et rester objective et neutre, peu importe l'intensité du comportement menaçant du client envers lui-même. Les clients ont besoin d'encouragements pour prendre conscience des résultats de ces comportements et envisager d'autres options possibles. Puisque ses collègues ne sont pas toujours disponibles pour une confrontation avec la réalité, il est particulièrement important que l'infirmière en santé mentale et en soins psychiatriques communautaires conserve la maîtrise de l'interaction ainsi qu'une conscience claire d'elle-même.

Les clients atteints de troubles de l'axe II peuvent souvent paraître charmants et attirants, et posséder un sens de l'humour aiguisé, bien qu'ils semblent incapables de recourir à leurs capacités intellectuelles pour rompre les cycles d'abus d'alcool ou de drogue ou d'automutilation. Une approche cohérente de l'équipe est essentielle, les exigences de ce groupe de clients ayant tendance à susciter un haut taux de frustration et même à « user » les personnes qui en sont responsables. Toutes les décisions concernant le soin de ces clients doivent être prises avec le consensus de l'équipe soignante.

de restrictions, car ce chantage pourrait le conduire à perdre impulsivement la maîtrise de lui-même (voir l'encadré 12.9).

L'encadré 12.10 présente un questionnaire d'évaluation exhaustif à utiliser avec les clients souffrant d'un trouble de la personnalité. Les cinq domaines du comportement humain étudiés sont les domaines physique, émotif, cognitif, social et spirituel.

➡ 12.2.2 Diagnostic infirmier

On établit le diagnostic infirmier en se basant sur l'évaluation approfondie de l'état de santé du client. Le diagnostic infirmier est un énoncé qui définit le problème, ses caractéristiques et les facteurs y contribuant et qui guide l'élaboration du plan de soins infirmiers (Carpenito, 1992) (voir encadré 12.11). Les diagnostics suivants sont ceux que l'on rencontre le plus souvent lorsqu'on traite les clients souffrant d'un trouble de la personnalité.

Diagnostics infirmiers pour les troubles de la personnalité paranoïaque, schizoïde et schizotypique (groupe A)

- Anxiété (préciser le niveau)
- Stratégies d'adaptation individuelles inefficaces
- Isolement social
- Opérations de la pensée perturbées

Diagnostics infirmiers pour les troubles de la personnalité antisociale, limite, histrionique et narcissique (groupe B)

- Stratégies d'adaptation individuelles inefficaces
- Stratégies d'adaptation défensives
- Identité personnelle perturbée
- Diminution chronique de l'estime de soi
- Risque d'automutilation
- Interactions sociales perturbées
- Risque de violence envers les autres
- Risque de violence envers soi

Diagnostics infirmiers pour les troubles de la personnalité évitante, dépendante et obsessivo-compulsive (groupe C)

- Anxiété
- Stratégies d'adaptation individuelles inefficaces
- Diminution chronique de l'estime de soi
- Interactions sociales perturbées

➡ 12.2.3 Résultats escomptés

Un individu présentant un trouble de la personnalité subit tout au long de sa vie des perturbations relatives à son image de soi et à ses relations interpersonnelles. La détermination des résultats implique que le client puisse manifester une compréhension de ce qui pose problème et faire preuve de comportements d'adaptation sains et efficaces. On

Questionnaire pour l'évaluation des troubles de la personnalité   ENCADRÉ 12.10

Domaine physique

- Le client s'adonne-t-il à des activités de la vie quotidiennes d'une manière appropriée ?
- L'hygiène du client est-elle soignée ?
- Le client est-il vêtu convenablement ?
- Le client a-t-il l'air de s'alimenter adéquatement ?
- Semble-t-il s'adonner à un programme d'exercice régulier ?
- Existe-t-il des indices d'une maladie physique ?
- Le client se concentre-t-il sur des préoccupations somatiques ?
- Le client est-il en mesure de maintenir un contact visuel ?
- Le client manifeste-t-il une certaine tension ?
- Le client fait-il preuve d'une stimulation sympathique, d'une excitation cardiovasculaire, d'une vasoconstriction superficielle ou d'une dilatation des pupilles ?
- Le client se plaint-il de troubles du sommeil ?
- Le client parcourt-il la pièce du regard ?
- Le client fait-il preuve de mouvements parasites comme se dandiner ou gesticuler ?
- Le client a-t-il le visage tendu ?
- Sa voix tremble-t-elle ?
- Le client révèle-t-il une méfiance accrue ?
- Peut-on remarquer chez le client une augmentation de la transpiration ?
- Le client a-t-il des antécédents concernant l'un ou plusieurs des états pathologiques suivants ?
  - Épilepsie temporale
  - Trouble évolutif du système nerveux central
  - Traumatisme crânien
  - Déséquilibre hormonal
  - Retard mental
  - Abus d'alcool ou de drogues
  - Manie
- Le client est-il vêtu de manière inappropriée ou aguichante ?
- Le client a-t-il fréquemment des accidents ?
- Le client est-il préoccupé de façon excessive par la séduction physique ?

Domaine émotif

- Le client manifeste-t-il un comportement hostile, exigeant ?
- Le client a-t-il des antécédents d'agressions ?
- Le client est-il émotionnellement instable ?
- Le client maîtrise-t-il mal ses pulsions ?
- Le client manifeste-t-il son intention de se blesser ou de blesser autrui ?
- Le client se méfie-t-il des autres ?
- Le client est-il craintif ou extrêmement anxieux ?
- Le client exprime-t-il des sentiments d'impuissance ?
- Le client semble-t-il inquiet ?
- Le mode de pensée du client comprend-il des sentiments d'incertitude ?
- Le client exprime-t-il ses inquiétudes à propos de conséquences non précisées ?
- Le client a-t-il des inquiétudes persistantes ?
- Le client manifeste-t-il un comportement critique envers lui-même et autrui ?
- Le client démontre-t-il une faible estime de soi ?
- Le client est-il soucieux du jugement d'autrui ?
- Le client exagère-t-il son importance ?

- Le client exprime-t-il des sentiments de culpabilité ou de regret ?
- Le client éprouve-t-il du remords et justifie-t-il le fait de blesser autrui ?
- Le client manque-t-il d'empathie ?
- Le client est-il vindicatif (porté à la vengeance) ?
- Le client fait-il preuve d'un faible niveau de tolérance à la frustration ?
- Le client fait-il preuve d'un manque de motivation ?
- Le client dépend-il des autres pour satisfaire ses besoins ?
- Le comportement du client est-il passif ?
- Le client exprime-t-il la sensation de ne pas être à la hauteur ?
- Le client nie-t-il les émotions fortes, telles la colère et la joie ?
- Le client exprime-il des sentiments de désespoir ?
- Le client manifeste-t-il un comportement sexuellement aguichant et inapproprié ?
- Le client fait-il preuve d'un affect déprimé ?
- Le client manifeste-t-il un affect inapproprié, telles des expressions faciales ridicules ou distantes ?
- Le client affiche-t-il une humeur labile ?

Domaine cognitif

- Le client fait-il preuve d'une interprétation inexacte des stimuli, à la fois internes et externes ?
- Le client éprouve-t-il de la difficulté à comprendre les idées abstraites ?
- Le client est-il en mesure de reconnaître les problèmes ?
- Le client est-il en mesure d'envisager des solutions de rechange pour résoudre les problèmes ?
- Le client blâme-t-il les autres ou lui-même quand il reconnaît son problème ?
- Le client est-il vindicatif pendant la résolution de problèmes ?
- Le client ment-il ?
- Le client est-il en mesure de reconnaître les traits de caractère bons et mauvais chez les autres ?
- Le client distingue-t-il les options positives des options négatives lors de la résolution de problèmes ?
- Le client ressasse-t-il sans cesse certains sujets ?
- Le mode de pensée du client est-il redondant ?
- Le client est-il à même de tolérer une satisfaction différée ?
- Le client peut-il déterminer son propre système de valeur ?
- Le client éprouve-t-il de la difficulté à apprendre de ses erreurs ?
- Le client est-il impulsif ?
- Le client présente-t-il un quelconque déficit de la mémoire à court ou à long terme ?
- Le client est-il préoccupé ?
- Le client souffre-t-il d'un manque de validation consensuelle ?
- Le client décrit-il un quelconque délire ?
- Le client est-il sous l'emprise d'hallucinations ? Si oui, de quel type : auditives, visuelles, tactiles, gustatives, olfactives ? Quel est le contenu de ces hallucinations ?
- Le client a-t-il des expériences extrasensorielles ?
- Le client affirme-t-il avoir des idées de référence ?
- Le client décrit-il des croyances bizarres ou une pensée magique influençant son comportement ?
- Le discours du client est-il appauvri, enclin à la digression, vague ou inopportunément abstrait ?

Questionnaire pour l'évaluation des troubles de la personnalité (suite) — ENCADRÉ 12.10

Domaine social

- Le client préfère-t-il rester seul ?
- Le client exprime-t-il le désir de socialiser tout en nourrissant la crainte de ne pas être accepté par les autres ?
- Le client dépend-il des autres pour satisfaire ses besoins ?
- Le client participe-t-il aux activités familiales ?
- Le client a-t-il des amis ?
- Le client entretient-il des relations instables et conflictuelles au cours desquelles il a peur d'être abandonné ?
- Le client est-il en mesure de découvrir la dynamique des problèmes inhérents aux relations ?
- Le client a-t-il recours à un comportement manipulateur afin de satisfaire prioritairement ses besoins ?
- Le client fait-il preuve de clivage ? Le client accorde-t-il beaucoup de valeur à une relation en particulier, tout en devenant critique et furieux contre les autres personnes ? Le client dévalue-t-il un individu par rapport à un autre et s'en plaint-il à cet autre avec lequel il entretient une relation positive ?
- Le client s'identifie-t-il à un groupe organisé ?
- Le client cherche-t-il à attirer l'attention en désirant être le centre d'intérêt ?
- Le client se préoccupe-t-il de la manière dont les autres le perçoivent ?
- Le client est-il particulièrement sensible aux éloges et aux critiques des autres ?
- Le client rechigne-t-il à faire des cadeaux, à donner de son temps et à soutenir ses amis à moins que cela ne lui profite ?
- Le client favorise-t-il les activités solitaires ?
- Le client participe-t-il à des activités sociales ?

- Le client se sent-il de plus en plus anxieux au cours d'une activité sociale ?
- Le client exprime-t-il son absence de désir d'avoir une expérience sexuelle avec une autre personne ?
- Le client a-t-il de nombreux partenaires sexuels ?
- Le client est-il indifférent aux éloges et aux critiques des autres ?
- Le client s'attend-il à ce que les autres l'exploitent ?
- Le client exploite-t-il les autres dans le but de satisfaire ses besoins ?
- Le client met-il en doute la loyauté et la franchise de ses amis et associés ? Met-il en doute la fidélité de son conjoint ou de son partenaire sexuel ?
- Le client décèle-t-il des significations cachées dans les remarques bienveillantes des autres ?
- Le client éprouve-t-il de la rancune envers les autres ?
- Le client hésite-t-il à se confier aux autres ?
- Le client craint-il que les autres l'excluent ?
- Le client arrive-t-il à honorer ses obligations financières ?
- Le client est-t-il incapable de planifier ? Voyage-t-il sans plan précis ? Ou quitte-t-il un emploi sans en avoir un autre en vue ?
- Le client assure-t-il à ses enfants les besoins physiologiques de base essentiels ?
- Le client s'implique-t-il dans des activités illicites ?
- Le client abuse-t-il de l'alcool ou de drogue ?
- Le client manifeste-t-il la croyance selon laquelle il possède des droits inhérents ?

Domaine spirituel

- Le client croit-il en une puissance supérieure ?
- Le client est-il en mesure de trouver un sens et un but à sa vie ?

---

s'applique, dans ce cas, à aider l'individu à reconnaître les modes de comportement inadaptés, ainsi que les pensées et les émotions qui provoquent de la détresse. L'infirmière et le client peuvent travailler de concert pour explorer la façon de changer ces modes inadaptés pour des stratégies d'adaptation plus efficaces. Le tableau 12.3 présente des stratégies d'adaptation reliées aux troubles de la personnalité.

Les résultats escomptés découlent des diagnostics infirmiers et présentent les réactions ou le comportement que le client devrait avoir à la suite de l'application du plan de soins. Ces résultats sont rédigés en termes clairs et mesurables.

Le client :

1. Ne nourrit plus d'idées suicidaires ;
2. N'a plus l'intention de blesser les autres ;
3. Ne s'automutile pas ;
4. Adopte et maintient un comportement aussi optimal que possible, tel que le démontre sa capacité à fonctionner à la maison, au travail et au sein de la communauté ;
5. Reconnaît deux modes de comportements impulsifs qui apparaissent en période de stress ;
6. Reconnaît lorsqu'il est sous l'emprise d'une distorsion cognitive durant les périodes de stress ;

7. Est en mesure de reconnaître la distorsion cognitive utilisée le plus souvent pendant les périodes de stress ;
8. Désigne une nouvelle méthode de résolution de problèmes ;
9. Se récompense à la fois avec un cadeau (p. ex. un bouquet de fleurs) et une pensée positive lorsqu'il est en mesure de repérer et de réussir à modifier une distorsion cognitive ;
10. Reconnaît certains modes du comportement d'isolement ;
11. Colère de courtes périodes d'interaction avec l'infirmière, les membres de sa famille et ses pairs ;
12. S'identifie à des modèles positifs ;
13. Formule une opinion au cours d'une rencontre de groupe destinée à faciliter une socialisation accrue.

12.2.4 Planification

Au moment de planifier les interventions auprès d'un client présentant un trouble de la personnalité, l'infirmière doit bien comprendre que, généralement, les changements dans le comportement ou les pensées apparaissent lentement.

Ces changements résultent de la perception qu'a le client de la nécessité de se transformer. Les individus atteints d'un trouble de la personnalité entretiennent des

QUESTIONS POUR LA COLLECTE DE DONNÉES

Troubles de la personnalité

ENCADRÉ 12.11

Ces questions impliquent pour l'infirmière d'observer l'apparence, l'état nutritionnel et les manifestations d'anxiété du client.

1. Le client semble-t-il vêtu convenablement ? Maintient-il le contact visuel ? Semble-t-il s'alimenter adéquatement ? Le client manifeste-t-il des signes d'anxiété : une stimulation cardiaque, des battements de pied, des soupirs ou des tensions au visage ? Le client semble-t-il hypervigilant ? Ou replié sur lui-même ?

Les questions suivantes constituent, pour l'infirmière, des suggestions pour lui permettre de déterminer si le client présente des perturbations dans ses relations, dans son processus de pensée et dans son comportement.

2. Comment vous décririez-vous ? Quels aspects de votre personnalité appréciez-vous ? Qu'aimeriez-vous changer ?
3. Décrivez vos relations avec votre conjoint ou votre compagnon, vos enfants, vos parents et avec les autres membres de votre famille. Décrivez vos relations avec vos amis. De quoi vous entretenez-vous avec eux ? Quel genre d'activités faites-vous ensemble ?
4. Comment vous sentez-vous par rapport à votre emploi ? Vous entendez-vous bien avec votre patron et vos collègues ?
5. Si vous avez un problème personnel, à qui faites-vous confiance pour vous aider à le résoudre ?
6. Quelles sont vos principales préoccupations ? Y songez-vous souvent ? En parlez-vous à quelqu'un ? Cela vous aide-t-il ?
7. Avez-vous parfois l'impression de vous faire du mal ou d'en faire aux autres ? Avez-vous déjà été suicidaire ? Vous êtes-vous déjà fait du mal en vous entaillant la peau ou en vous brûlant ? Cela se produit-il fréquemment ?
8. Vous êtes-vous déjà senti désespéré, impuissant, inutile ? Aviez-vous l'impression d'être un fardeau ? Vous sentez-vous ainsi en ce moment ? Vos amis ou votre famille vous apportent-ils un quelconque soutien ?
9. Avez-vous déjà pris de l'alcool ou des drogues illicites ? Avez-vous déjà demandé à votre médecin de vous prescrire des calmants pour diminuer votre nervosité ? Si oui, que vous a-t-il prescrit ? Que prenez-vous en ce moment ?
10. Quelles sont vos pratiques et croyances religieuses ?

---

relations interpersonnelles et croient en des valeurs qui ne reflètent pas la vision de l'ensemble de la population. À cause de ces perturbations, l'infirmière se doit de collaborer aux objectifs fixés durant le traitement avec le client (voir l'encadré 12.12).

➡ 12.2.5 Exécution

L'exécution du plan de soins pour les clients qui souffrent de troubles de la personnalité comprend les interventions orientées vers la modification permanente et sécuritaire des comportements et des pensées perturbateurs et dysfonctionnels (voir les encadrés 12.3 et 12.4).

Interventions de soins infirmiers

1. Évaluer les idées suicidaires du client et déterminer leur létalité *afin de prévenir les préjudices ou les blessures.*
2. Le cas échéant, placer le client sous surveillance étroite, en fonction de son niveau de létalité (p. ex. le client qui a formulé l'intention de se pendre, alors qu'il est dans l'unité, doit être placé sous observation étroite aussi longtemps que son projet demeure valide, en s'assurant qu'il n'a aucun moyen à sa disposition de le mettre à exécution), *afin de prévenir le suicide.*
3. Établir un contrat de sécurité avec le client en lui faisant rédiger une déclaration stipulant qu'il ne fera de mal ni à autrui ni à lui-même. Si l'impulsion suicidaire devient trop forte, encourager le client à s'adresser à un membre du personnel pour discuter de l'intensité de ses idées suicidaires, *afin d'empêcher le client d'agir sous une impulsion suicidaire.*

4. Encourager le client à assister à toutes les réunions de groupe de l'unité *pour recevoir un soutien de la part de ses pairs et envisager les possibilités de résolution de ses problèmes.*
5. Évaluer le passage de la colère à la rage chez le client et les actions impulsives éventuelles qu'il pourrait diriger contre autrui (obtenir, autant que faire se peut, les antécédents de violence) *afin de prévenir les préjudices ou les blessures à autrui.*
6. Obtenir l'accord du client qu'il ne menacera plus le personnel ni ses pairs durant son hospitalisation, *afin d'assurer la sécurité d'autrui.*
7. Enseigner au client d'autres façons de maîtriser la colère ou les comportements et les sentiments impulsifs (p. ex. quitter la pièce au moment d'un conflit ou rechercher un endroit tranquille [une pièce d'isolement déverrouillée]) jusqu'à ce que l'impulsion agressive soit passée. *Retirer le client d'un environnement stimulant et provocant afin de calmer ses impulsions colériques.*
8. Aborder les sentiments de colère dans le cadre d'un groupe de discussion sur l'exploration de solutions de rechange. *Les actions de substitution peuvent détourner le client de ses sentiments colériques et l'aider à concentrer son énergie sur des activités constructives.*
9. Observer le client pour détecter les éventuelles preuves d'automutilation. *Les clients qui ont un comportement autodestructeur ont tendance à répéter de tels actes; d'autres interventions peuvent être nécessaires.*
10. Obtenir l'accord du client à l'effet qu'il entrera en contact avec un membre du personnel lorsqu'il ressentira un besoin d'automutilation, *afin d'assurer sa sécurité.*

TABLEAU 12.3 Stratégies d'adaptation selon certains troubles de la personnalité		
Troubles de la personnalité	**Stratégies surdéveloppées**	**Stratégies sous-développées**
Groupe A Paranoïaque	Vigilance Suspicion Méfiance	Sérénité et quiétude Confiance Accueil et ouverture
Schizoïde	Isolement Autonomie	Intimité Réciprocité
Groupe B Antisociale	Combativité Prédation Exploitation	Empathie Réciprocité Sensibilité sociale
Histrionique	Exhibitionnisme Expressivité Impressionnisme	Réflexivité Maîtrise Systématisation
Narcissique	Compétitivité Amplification	Partage Socialisation
Groupe C Évitante	Vulnérabilité sociale Détournement Inhibition	Grégarisme Affirmation
Dépendante	Recherche d'aide Dépendance affective	Autonomie Mobilisation
Obsessionnelle-compulsive	Maîtrise Responsabilité Systématisation (ordre)	Spontanéité Enjouement
Troubles non spécifiés Passive-agressive	Résistance Sabotage Passivité	Intimité Coopération Assurance

11. Placer le client sous surveillance étroite jusqu'à ce que la forte envie de s'automutiler passe ou jusqu'à ce qu'il soit en mesure d'envisager une autre façon d'obtenir un soulagement émotionnel (p. ex. s'envelopper dans un drap ou participer à un groupe de thérapie par le mouvement) *afin de protéger le client de ses impulsions destructrices et de rediriger celles-ci vers des méthodes constructives de substitution.*

12. En cas d'automutilation, traiter de façon détachée les blessures du client *afin de lui prodiguer des soins sécuritaires tout en restant neutre.*

13. Encourager le client à consigner dans un journal les pensées et les sentiments qui précèdent son besoin soudain d'automutilation *afin d'aider le client à reconnaître ses sentiments et pensées et réduire son impulsivité.*

14. Administrer les anxiolytiques ou les antipsychotiques au client, au besoin, *afin de l'aider à maîtriser son anxiété ou sa rage intense plutôt que de recourir à l'automutilation.*

15. Prendre un temps d'arrêt, utiliser la chambre d'isolement et les contentions si toute autre mesure moins restrictive échoue, *afin de protéger le client.*

16. Aider le client à discerner les modes de pensée qui contribuent à son comportement impulsif. L'amener pro-gressivement à comprendre le rôle que des sentiments intenses (p. ex. l'abandon, la colère, la rage ou l'anxiété) jouent dans le déclenchement des comportements impulsifs ou dans la formulation de fausses idées. Le client emploiera des méthodes utiles et instructives : consigner de tels sentiments et pensées dans un journal et être réceptif au retour d'information des séances de groupe. *On peut apprendre au client à gérer son comportement impulsif et les fausses croyances grâce à une variété de méthodes dans le milieu même où il se trouve.*

17. Recommander l'apprentissage de comportements de substitution pour faire face aux sentiments intenses. Par exemple :
    - reconnaître cet état émotionnel intense et noter, dans un journal, une stratégie visant à réduire l'intensité du sentiment en question, sans toutefois recourir à des actes impulsifs, ni autodestructeurs ;
    - parler de ce sentiment intense en se regardant dans un miroir et en racontant ce que l'on aimerait exprimer à l'objet de sa colère ;
    - indiquer des options saines permettant de surmonter la colère, telles que discuter du problème avec la personne directement impliquée ;

Diagnostics en collaboration ENCADRÉ 12.12

Diagnostics DSM-IV*	Diagnostics de l'ANADI†
Groupe A	
• Trouble de la personnalité paranoïaque	• Anxiété (préciser le niveau)
• Trouble de la personnalité schizoïde	• Stratégies d'adaptation individuelles inefficaces
• Trouble de la personnalité schizotypique	• Isolement social
	• Opérations de la pensée perturbées
Groupe B	
• Trouble de la personnalité antisociale	• Stratégies d'adaptation individuelles inefficaces
• Trouble de la personnalité limite	• Risque de violence envers les autres
• Trouble de la personnalité histrionique	• Risque de violence envers soi
• Trouble de la personnalité narcissique	• Risque d'automutilation
	• Identité personnelle perturbée
	• Diminution chronique de l'estime de soi
	• Interactions sociales perturbées
Groupe C	
• Trouble de la personnalité évitante	• Anxiété (préciser le niveau)
• Trouble de la personnalité dépendante	• Stratégies d'adaptation individuelles inefficaces
• Trouble de la personnalité obsessivo-compulsive	• Diminution chronique de l'estime de soi
	• Interactions sociales perturbées

*Tiré de American Psychiatric Association: Diagnosis and statistical manual of mental disorders, 4ᵉ édition, Washington, D.C., 1994, The Association.
†Tiré de Association nord-américaine pour le diagnostic infirmier. Diagnostics infirmiers: Définitions et classification 2001-2002, Paris, 2002, Masson.

- recourir au jeu de rôles avec le personnel infirmier pour expérimenter différentes approches au problème qui provoque des sentiments intenses ;
- aborder cette question au cours d'une session du groupe de résolution de problèmes afin de recevoir un retour d'information de la part de ses pairs ;
- se gratifier par quelque chose de plaisant et de sain, comme s'acheter des fleurs ou lire un roman.
- *Apprendre les méthodes de substitution pour s'adapter aux sentiments intenses peut aider à atténuer la colère ou l'anxiété et à gérer de manière constructive les agents stressants au quotidien.*

18. Aider le client à explorer les comportements qui sont du ressort de la collectivité, comme le respect de l'environnement, *afin de l'aider à se concentrer sur les changements qu'il peut accomplir pour vivre de façon plus saine et responsable.*

19. Évaluer le système familial du client en observant les dynamiques internes et en analysant le rôle du client au sein de sa famille. *La manière dont le client agit au sein du système familial et le rôle qu'il y joue (p. ex. celui de victime ou de conciliateur) fournit à l'infirmière un aperçu de la perception qu'il a de lui-même* (voir encadré 12.15).

20. Encourager le client, durant la période de travail, à interagir brièvement, mais à plusieurs reprises, *afin d'illustrer l'importance d'interagir avec les autres.*

21. Recourir aux groupes du milieu, comme les groupes de résolution de problèmes ou les groupes orientés vers les autosoins et les responsabilités collectives, *afin d'aider le client à comprendre l'importance d'interagir avec autrui.*

22. Apprendre au client les techniques d'affirmation de soi, l'aider à utiliser le « je » et à accepter des compliments *afin d'accroître sa capacité à entrer en contact avec autrui.*

23. Fournir directement et de façon neutre au client un retour d'information concernant ses interactions avec autrui, le féliciter lorsqu'il exprime ses idées et ses sentiments *pour favoriser l'apprentissage de nouvelles aptitudes sociales.*

Modalités de traitement additionnelles

Une approche interdisciplinaire, impliquant le personnel infirmier, le psychiatre, le psychologue, l'infirmière clinicienne en soins psychiatriques exerçant à un niveau avancé, le travailleur social, l'ergothérapeute, l'artothérapeute, le musicothérapeute, le thérapeute du mouvement et le récréologue, procure l'intervention la plus globale au client souffrant d'un trouble de la personnalité dans un centre hospitalier ou un centre de jour.

ALERTES Les clients souffrant de troubles de la personnalité éprouvent des difficultés à interagir avec les autres. Une de leurs difficultés consiste à établir des limites entre eux-mêmes et les autres. L'un des rôles des soins infirmiers est d'instaurer des limites au sein de la relation thérapeutique, afin de bâtir des relations thérapeutiques sûres, centrées sur le client. L'infirmière doit être particulièrement attentive à sa propre vulnérabilité, notamment en raison d'autres agents stressants, personnels ou professionnels. Smith et ses collaborateurs (1997) ont souligné les moyens permettant de reconnaître et de prévenir un comportement sexuellement inapproprié envers le client. Il est primordial que les infirmières analysent leurs sentiments envers les clients qu'elles ont à leur charge, tout comme les agents stressants de leur environnement. Les infirmières doivent se demander : Est-ce que les agents stressants interfèrent avec le déroulement de mon travail ? Quels sont les moyens de gérer ces problèmes sans devenir vulnérable à l'égard des clients qui sont à ma charge ? Si elles constatent qu'elles sont attirées par un client, les infirmières doivent discuter de leurs sentiments avec une collègue ou obtenir une aide clinique auprès du programme d'assistance des employés.

Thérapie cognitivo-comportementale

Les troubles de personnalité sont les diagnostics psychiatriques les plus couramment rencontrés dans les urgences. « Dans le traitement des troubles de personnalité, l'approche cognitive partage un postulat de base avec la théorie psychanalytique : il est très important de déceler et de modifier les problèmes fondamentaux de ces sujets. » (Cousineau, 1995). Cependant, « changer certains aspects de la personnalité est comparable à s'en aller sur une terre étrangère, et abandonner une image familière de soi », selon Cottraux (2001). À partir de ces deux faits, nous pouvons penser qu'une thérapie des troubles de personnalité sera d'une durée nettement plus longue qu'un traitement cognitif d'une personne anxieuse ou dépressive. Les auteurs estiment qu'une durée de six mois à deux ans sera nécessaire pour réussir une thérapie cognitive des troubles de la personnalité. L'infirmière peut toutefois collaborer patiemment et entreprendre graduellement des interventions qui serviront à modifier les comportements. En relation d'aide formelle ou in vivo, l'infirmière peut :

- participer à l'étude des scénarios de vie. Elle cherchera à préciser comment les expériences personnelles du client lui ont permis de fabriquer ses convictions, c'est-à-dire les croyances qu'il entretient envers lui-même, les autres et son avenir.

L'infirmière doit être capable :

- d'échanger avec le client sur la relation parfois demandante ;
- d'établir clairement les limites de ses interventions et de sa disponibilité et d'expliquer clairement les interventions thérapeutiques ;
- de faire la mise à jour des pensées automatiques et de favoriser leur modification. Elle peut d'abord établir les liens entre les événements, les pensées, les émotions et les comportements dysfonctionnels. Le patient sera entraîné à utiliser une émotion négative comme signal pour prendre conscience de ses pensées automatiques et de ses actions ;
- d'aider le client à distinguer les distorsions cognitives comme la surgénéralisation, l'exagération ou la pensée « en blanc ou en noir ». L'infirmière doit déceler les règles personnelles du client (chercher l'abus) en reliant l'interprétation des événements par le client aux relations qu'il établit avec elle et avec les autres ;

- d'évaluer les avantages et les désavantages de maintenir les modes de comportement actuels et de proposer des solutions de rechange.

Comme les schémas inadaptés précoces sont de longue durée, l'infirmière doit user de patience et être disponible à répéter souvent l'explication de ces méthodes afin de respecter le processus de guérison.

Ergothérapie

L'ergothérapeute évalue les capacités et les limites fonctionnelles du client et l'aide à améliorer son fonctionnement et ses propres aptitudes à la vie quotidienne dans des domaines comme les soins personnels, le travail ou les loisirs. L'ergothérapeute, tout comme l'infirmière, enseigne des stratégies adaptatives pour fonctionner à la maison, à l'école ou au travail. Il organise et codirige, la plupart du temps, les groupes orientés, notamment vers la gestion du stress, l'amélioration des compétences parentales, la résolution de conflits, la gestion du temps, l'établissement du budget, les sentiments et la conscience de soi.

Thérapie par l'art

L'artothérapeute utilise l'art comme moyen d'aider le client à exprimer les pensées et les sentiments qu'il est peut-être incapable de verbaliser. Cette intervention aide le client à comprendre l'origine de son problème en partant d'un point de vue symbolique. L'artothérapeute enseigne également différents moyens d'expression apaisants au client. À titre d'exemple, un client qui ressent une rage intense et qui est enclin à l'automutilation peut recourir à l'art pour représenter ces pulsions plutôt que de les mettre à exécution.

Musicothérapie

Le musicothérapeute recourt à la musique pour aider le client à exprimer les sentiments et les pensées difficiles à verbaliser. La musique aide le client à se détendre et lui offre différentes stratégies apaisantes.

Thérapie par le mouvement

La thérapie par le mouvement apprend au client à bouger son corps lorsqu'il est tendu et lui enseigne des méthodes de relaxation. Cette thérapie est utile pour les clients qui deviennent « engourdis » lorsqu'ils éprouvent des sentiments intenses, comme l'abandon ou la colère, car elle propose des méthodes qui consistent à se toucher soi-même pour retrouver des sensations plus agréables plutôt que de se livrer à l'automutilation.

Récréologie

La récréologie aide les clients souffrant de troubles de la personnalité à explorer différentes façons de s'amuser, sans recourir aux comportements autodestructeurs, comme l'abus d'alcool ou de drogues. Cette modalité convient aux clients éprouvant de la difficulté à socialiser, car les loisirs renforcent les aptitudes sociales.

Pharmacothérapie

Les médicaments peuvent jouer un rôle majeur pour les clients atteints d'un trouble de la personnalité. Les clients qui se montrent violents à l'égard d'autrui peuvent avoir besoin de médicaments pour conserver le contrôle de leurs émotions et de leurs impulsions et maîtriser leur comportement. Keltner et Folks (1993) semblent indiquer que les clients en mesure de prendre un anxiolytique par voie orale ou un médicament de la classe des hypnotiques sont susceptibles de réagir positivement à la benzodiazépine. Les clients très agités ou psychotiques peuvent répondre à un médicament de la classe des antipsychotiques. Quant aux clients faisant preuve de violence extrême et incapables de maîtriser leurs impulsions, on peut leur administrer, par intraveineuse ou par injection intramusculaire, des sédatifs, tels que les benzodiazépines (diazépam), ou des antipsychotiques comme l'halopéridol.

Les clients souffrant de dépression accompagnée de symptômes d'un trouble de la personnalité peuvent bénéficier de la prise d'antidépresseurs. Les antidépresseurs tricycliques (ATC) permettent de soulager la dépression et les signes neurovégétatifs chez les clients souffrant conjointement de dépression et de troubles de la personnalité. Chez ces mêmes clients, les inhibiteurs sélectifs du recaptage de la sérotonine (ISRS) réduisent les symptômes de la dépression. Les ISRS détiennent certains avantages sur les ATC. Ils

---

 Plan de soins infirmiers **ENCADRÉ 12.13**

COLLECTE DE DONNÉES

Jean a été transféré directement du service des urgences à l'unité psychiatrique parce qu'il a été impliqué dans une bagarre dans un bar. Il était alors sous l'influence de la phencyclidine (PCP) et de l'alcool. Le personnel du service des urgences l'a considéré comme médicalement stable, mais a recommandé son admission en raison de sa violence potentielle.

Jean est arrivé en colère dans l'unité, en criant qu'il avait été traité injustement au service des urgences et qu'il n'avait pas besoin d'être admis dans l'unité psychiatrique « avec tous ces fous ». Il a exigé d'avoir une télévision dans sa chambre et demandé une cigarette. Lorsque le personnel a refusé sa requête, il a haussé le ton et s'est montré menaçant. Il a dit à l'infirmière chef qu'il parviendrait à sortir, qu'il avait des amis au conseil d'administration du centre hospitalier et qu'une enquête serait menée sur la façon dont il serait traité, si on ne lui permettait ni de fumer ni de regarder la télévision en privé. Il a rappelé à l'infirmière qu'il avait été admis à la suite d'une bagarre et qu'il « savait quels moyens employer pour sortir d'ici ».

DIAGNOSTIC DSM-IV

Axe I	Abus d'alcool ou de drogue (alcool et PCP)
Axe II	Trouble de la personnalité antisociale
Axe III	Médicalement stable, en raison de l'absence de symptômes
Axe IV	Problèmes avec l'environnement social
Axe V	EGF = 40 (année en cours)
	EGF = 60 (année précédente)

DIAGNOSTIC INFIRMIER : risque de violence envers les autres relié à un manque de moyens pour composer avec ses impulsions.
FACTEURS DE RISQUE : perception des autres comme lui refusant ses droits et son influence sur l'environnement ; antécédents de violence envers les autres ; accroissement des demandes verbales, ton de voix élevé et comportement verbalement menaçant.

Résultats escomptés	Interventions/Justifications	Évaluation
• Jean sera en mesure de maîtriser sa colère afin de ne pas menacer ni blesser autrui.	• Surveiller chez le client l'escalade de la colère à la rage ou aux actions impulsives *afin de prévenir toute aggravation de l'impulsivité et d'empêcher qu'il ne se blesse ou ne blesse les autres.* • Rédiger un contrat selon lequel le client ne menacera plus le personnel ni les autres clients durant son hospitalisation *afin de l'aider à maîtriser ses impulsions.*	• Jean a été en mesure de discuter de ses sentiments concernant son entrée à l'hôpital sans se montrer menaçant ni agressif.
• Jean aura recours aux infirmières, aux membres de l'équipe interdisciplinaire et aux groupes du milieu pour discuter des moyens à utiliser afin de gérer les situations déclenchant la colère et les réactions potentiellement violentes.	• Enseigner au client d'autres façons de surmonter les sentiments de colère (quitter le lieu du conflit pour aller dans un endroit tranquille, une pièce d'isolement, jusqu'à ce que l'impulsion agressive passe), *afin de lui offrir d'autres moyens que la violence pour surmonter les sentiments de colère.* • Aborder, dans le cadre d'une session de groupe, les sentiments de colère, en discutant de la façon dont celle-ci peut s'intensifier jusqu'à devenir incontrôlable, et des moyens permettant de contenir les impulsions violentes, *afin de se servir de la dynamique de groupe pour proposer des solutions de rechange permettant de mieux composer avec la colère au lieu de recourir à la violence.*	• Jean a été à même de maîtriser ses accès de colère, d'exprimer calmement ses requêtes et de partager ses sentiments avec le groupe durant son séjour à l'hôpital.

→ Plan de soins infirmiers (suite)

DIAGNOSTIC INFIRMIER : stratégies d'adaptation individuelles inefficaces, reliées à l'ivresse et au PCP, qui se manifeste par le comportement tapageur et menaçant du client.

Résultats escomptés	Interventions/*Justifications*	Évaluation
• Jean sera en mesure de déterminer quels sont ses besoins de base, d'exprimer calmement et gentiment ses demandes, et d'effectuer certains choix quant au traitement et aux soins qui lui sont prodigués.	• L'infirmière observera les symptômes d'ivresse et de repli sur soi causés par l'alcool et le PCP (lesquels peuvent requérir une médication) et administrera les médicaments au besoin. *Les symptômes d'ivresse et de repli sur soi causés par ces deux substances peuvent provoquer chez le client une certaine irritabilité et la perte de contrôle de ses impulsions.* • L'infirmière aidera Jean à s'adapter progressivement à l'unité en la lui faisant visiter, en le réconfortant par des paroles, en lui indiquant à quel point l'hospitalisation va l'aider et en le laissant libre d'effectuer certains choix relatifs à son traitement, si cela convient. *Grâce à une meilleure compréhension de l'environnement et à une certaine participation aux soins prodigués, le client aura le sentiment de maîtriser la situation.*	• Jean a été à même de réfréner son comportement tapageur et menaçant, après avoir pris les médicaments pour atténuer les symptômes de repli sur soi, et a pu prendre certaines décisions concernant les soins prodigués.

DIAGNOSTIC INFIRMIER : diminution chronique de l'estime de soi reliée à des rétroactions négatives à long terme et au sentiment d'être incapable de faire face aux problèmes.

DONNÉES : comportement autodestructeur (boire et se battre dans un bar), incapacité à accepter les limites constructives établies par le personnel infirmier, et rabaissement d'autrui pour accroître sa propre estime de soi.

Résultats escomptés	Interventions/*Justifications*	Évaluation
• Jean sera en mesure d'affirmer, durant une séance en tête-à-tête avec l'infirmière chargée de son traitement ou dans un groupe de résolution de problèmes du milieu, que son comportement menaçant et son rabaissement d'autrui révèlent une piètre estime de soi.	• Encourager Jean à assister à tous les groupes de résolution de problèmes du milieu, plus particulièrement ceux qui abordent le comportement et les sentiments. *Jean recevra des commentaires de la part des autres membres du groupe sur son comportement menaçant et humiliant. Il obtiendra ainsi une rétroaction similaire en provenance de différentes sources.* • Discuter de la façon dont un comportement menaçant et des remarques désobligeantes éloignent les gens. *Cette discussion aidera Jean à envisager son rôle dans le processus conduisant les autres à ne pas répondre à ses besoins, lequel renforce sa piètre estime de lui-même.*	• Jean s'est adressé à une autre personne pour satisfaire un besoin sans la menacer. Il a trouvé d'autres options pour satisfaire ce besoin au cas où l'autre personne aurait décidé de ne pas l'aider.
• Jean sera en mesure de présenter une caractéristique positive de sa personnalité.	• Aider Jean à dresser une liste de ses forces et des domaines nécessitant un ajustement. *Jean ne perçoit que les aspects négatifs de sa personne. En énonçant à la fois ses forces et ses faiblesses, il acquiert une vision plus équilibrée de lui-même.* • Formuler des remarques positives à Jean lorsqu'il accomplit quelque chose au sein du milieu de l'unité ou qu'il discute avec les autres. *Les remarques positives renforcent les comportements fonctionnels.*	• Jean a été à même de déceler deux de ses forces qu'il apprécie et il a accepté, à l'avenir, de les reconnaître.

diminuent la probabilité de passage à l'acte suicidaire par suite d'une surdose, et présentent des effets secondaires moindres que ceux des ATC. Ils sont cependant plus dispendieux que les ATC. Certains médecins pourront prescrire à la fois des ISRS et des ATC aux clients souffrant d'une dépression sévère. Une fonction importante des soins infirmiers consiste à surveiller les effets secondaires.

Soloff et ses collaborateurs (1991) ont étudié l'impact des médicaments sur les individus souffrant du trouble de la personnalité limite et du trouble de la personnalité schizotypique. Ils ont signalé que l'halopéridol aidait les clients à améliorer leur fonctionnement global, à réduire leurs symptômes schizotypiques, de même que leur hostilité, et à accroître la maîtrise de leurs impulsions. Ils ont également signalé que l'amitriptyline (un médicament de la classe des ATC) réduisait l'hostilité et accroissait la maîtrise des impulsions chez les clients atteints du trouble de la personnalité limite considérés comme instables.

Thérapie individuelle

La thérapie individuelle permet au client d'explorer l'origine de ses problèmes, de découvrir de nouvelles possibilités et de discuter de la façon dont un changement de comportement peut résoudre le problème de départ.

Plan de soins infirmiers

COLLECTE DE DONNÉES

Agnès, une femme de 29 ans, est devenue suicidaire après que son conjoint, Alain, a décidé de mettre fin à leur relation. Elle s'est mise à boire et à prendre du diazépam (Valium) pour se calmer lorsque Alain a rompu avec elle. Leur relation était devenue orageuse, avec des menaces de rupture fréquentes de la part d'Alain. Animée par un désir de vengeance, Agnès s'est rendue à la maison des parents d'Alain, où il demeurait, et a lancé une pierre dans la fenêtre du salon, en hurlant qu'elle aimait Alain et qu'elle ne pouvait vivre sans lui. Elle a crié : « Je ne veux faire de mal à personne. Je veux juste mourir ! » ; puis elle a couru dans la rue et s'est jetée sous une voiture. Le chauffeur de la voiture a donné un violent coup de frein, mais il a renversé Agnès en lui fracturant le bassin. Elle a été admise à l'hôpital, en menaçant de se faire du mal si Alain ne lui revenait pas.

DIAGNOSTIC DSM-IV

Axe I : Abus d'alcool ou d'autres drogues (alcool et diazépam)
Axe II : Trouble de la personnalité limite
Axe III : Fracture du bassin
Axe IV : Problèmes éprouvés avec les groupes de soutien primaires
Axe V : EGF = 30 (année en cours)
　　　　EGF = 60 (année précédente)

Diagnostic infirmier : risque de violence envers soi relié à son interprétation des récents événements sans validation.
Facteurs de risque : sentiments intenses d'abandon, niveau d'anxiété élevé et antécédents de tentatives de suicide.

Résultats escomptés	Interventions/*Justifications*	Évaluation
• Agnès évitera d'agir sous l'impulsion de ses idées suicidaires. • Agnès respectera les conditions de son contrat de sécurité. • Agnès consultera son infirmière lorsqu'elle aura des idées suicidaires.	• Placer la cliente sous étroite surveillance en cas de risque de suicide et évaluer son niveau de pensées dépressives *afin de prévenir toute autre tentative de suicide grâce à une intervention rapide.* • Aider Agnès à rédiger un contrat de sécurité stipulant qu'elle informera le personnel si son idéation suicidaire s'intensifie, *des mesures préventives précoces pouvant être prises pour prévenir un geste suicidaire.* • Apprendre à Agnès à aviser le personnel en cas d'amplification de son idéation suicidaire, *afin de l'aider à devenir une participante active dans la prévention d'un éventuel suicide et lui permettre de devenir davantage consciente de la manière dont ses pensées et ses sentiments influencent son comportement.*	• L'idéation suicidaire d'Agnès a diminué après deux jours d'hospitalisation. • Agnès a été en mesure de recourir au contrat de sécurité pour maîtriser ses impulsions. • Agnès a averti le personnel lorsqu'elle a eu des pensées suicidaires, des sentiments d'abandon et d'autres sentiments troublants.

Diagnostic infirmier : stratégies d'adaptation individuelles inefficaces, au terme d'une relation importante, reliées à un manque de connaissances de moyens favorables pour exprimer son désarroi.
Données : attitude vengeresse de la cliente, comportement impulsif destiné à se faire du mal et recours aux médicaments et à l'alcool.

Résultats escomptés	Interventions/*Justifications*	Évaluation
• Agnès reconnaîtra ses modes de comportement impulsifs durant les périodes de stress, consignera ces sentiments dans un journal et les communiquera au cours de séances de groupes appropriés. • Agnès sera à même de recourir à au moins une nouvelle méthode de résolution de problèmes lui permettant de maîtriser ses pensées et ses impulsions négatives.	• Apprendre à Agnès à faire le lien entre ses sentiments et son comportement et ses réactions aux événements qu'elle vient de vivre, et ce, grâce à la consignation dans un journal de ses pensées et de ses sentiments, à des discussions en tête-à-tête avec l'infirmière assignée et au recours à des groupes du milieu pour clients externes. *La tenue d'un journal aidera Agnès à reconnaître ses sentiments, ses pensées et son mode de comportement impulsif et à atténuer ses réactions.* • Enseigner à la cliente des moyens sains de faire face aux sentiments intenses de colère et de tristesse : exprimer ses sentiments à des amis proches et à sa famille. Lui apprendre à adopter un comportement adapté à l'émotion intense en question : écouter de la musique, prendre un bain chaud, faire de l'exercice, acheter des fleurs ou écrire dans son journal. *Ces activités aideront Agnès à apprendre de nouveaux modèles d'adaptation pour gérer les émotions intenses et douloureuses.*	• Agnès a été en mesure de discuter de ses sentiments intenses de perte et de vide avec l'infirmière qui lui était assignée et au cours des séances de groupes de l'unité. Elle a su se servir de son journal comme d'un mécanisme d'adaptation lorsque les émotions devenaient trop envahissantes. • Agnès a été en mesure de tenir son journal durant l'hospitalisation en y écrivant, sous forme de poésie, la résolution de ses problèmes et en se calmant lorsque les sentiments devenaient trop intenses.

Plan de soins infirmiers (suite)

DIAGNOSTIC INFIRMIER : chagrin dysfonctionnel, relié à la difficulté d'exprimer favorablement ses sentiments et de parler de sa perte.
DONNÉES : fin d'une relation importante, recours de la cliente aux médicaments et à l'alcool, comportement vengeur, idéation suicidaire et comportement impulsif destiné à se faire du mal.

Résultats escomptés	Interventions/*Justifications*	Évaluation
• Agnès reconnaîtra les sentiments engendrés par la fin de sa relation avec Alain : la colère, la peur de se retrouver seule et la tristesse.	• Aborder d'une manière ouverte les sentiments d'Agnès concernant la fin de sa relation avec Alain *afin de l'encourager à discuter de sa douleur, de sa peur de la solitude et de l'abandon, dans le but de favoriser un deuil sain de la relation.*	• À la fin de son hospitalisation, Agnès a été en mesure de parler de la rupture avec Alain, sans songer à se suicider ni éprouver le besoin soudain d'alcool ou de diazépam.
• Agnès discutera de la perte de sa relation avec les membres du groupe ayant vécu une expérience similaire.	• Encourager Agnès à assister aux séances du groupe de résolution de problèmes pour discuter de sa perte avec les autres clients de l'unité, *afin de lui procurer une meilleure perspective de la manière dont les autres ont surmonté une épreuve similaire.*	• Agnès a fait part de sa perte aux membres du groupe approprié.
• Agnès aura recours à des méthodes saines pour faire face à cette perte et n'abusera ni de l'alcool ni du diazépam pour dissimuler ses sentiments.	• Encourager Agnès à écrire ses pensées et ses sentiments concernant la fin de sa relation dans son journal, *car le fait de reconnaître ses pensées et ses sentiments concernant la perte de la relation peut l'aider à accepter les questions en suspens qui y sont associées.*	• Agnès a utilisé la tenue d'un journal comme une méthode saine pour accepter cette perte et surmonter sa douleur.

Puisque le système de soins de santé met l'accent sur la thérapie à court terme, la thérapie individuelle est maintenant orientée vers la résolution de problèmes par opposition aux explorations basées sur le traumatisme d'origine.

Thérapie de groupe

La thérapie de groupe est également orientée vers la résolution de problèmes. Elle repose sur la dynamique de l'individu dans le groupe. Cette thérapie convient particulièrement aux clients qui souffrent d'un trouble de la personnalité du groupe B et à ceux qui sont excessifs et qui requièrent beaucoup d'attention. Les membres du groupe aideront le client à comprendre l'effet de son comportement sur chacun d'entre eux, afin que celui-ci puisse recourir à cette information dans ses interactions quotidiennes avec ses proches.

Thérapie familiale

La thérapie familiale convient au client qui souffre de troubles de la personnalité, car les dynamiques familiales se reproduisent souvent dans ses autres relations, en particulier celles avec son patron ou son conjoint. Les séances familiales consistent en une évaluation du système familial et une exploration de la manière dont les problèmes qui motivent la demande de soins du client affectent la dynamique familiale. L'actuelle tendance à des thérapies à court terme conduit à une exploration de la dynamique ou des traumatismes antérieurs par le biais de l'exploration des problèmes présents.

Thérapie par le milieu

Lorsqu'un client est hospitalisé dans un établissement psychiatrique, il est inscrit à un programme d'hospitalisation à temps partiel, ou dans un centre de jour, et il devient alors partie intégrante du milieu en question. L'objectif de la **thérapie par le milieu** est de former dans ces unités un groupe avec les pairs afin que le client puisse interagir avec eux pour arriver à reconnaître les problèmes survenant dans ses interactions avec les autres et les résoudre. De tels problèmes relationnels peuvent être abordés lors de rencontres de groupes de clients ou d'autres groupes de résolution de problèmes, comme le groupe d'habiletés d'adaptation.

On peut recourir aux rencontres communautaires pour déléguer les tâches de l'unité, comme laver les tables à la fin des repas. On peut se servir de ces rencontres pour demander à chacun des membres de réfléchir à un objectif quotidien s'insérant dans la thérapie et pour discuter de la

ENSEIGNEMENT AU CLIENT

Méthode SEV

- Les clients qui souffrent de troubles de la personnalité éprouvent souvent de la difficulté à reconnaître les origines d'un problème et à trouver les solutions. Dans le cadre du plan de soins, l'infirmière peut initier le client et sa famille aux techniques de résolution de problèmes. Un des problèmes importants est la communication. Kreisman et Strauss (1989) ont suggéré de recourir à la méthode de communication SEV. Cette méthode fut conçue à l'origine pour les clients souffrant du trouble de la personnalité limite qui étaient en crise et incapables de communiquer efficacement. La méthode SEV de Kreisman et Strauss constitue un système de communication en trois parties. Il s'agit d'un outil particulièrement utile pour un client impulsif, sujet à des accès de rage, et dangereux pour lui-même et pour les autres, ou qui exprime des demandes exagérées.
- Le S signifie soutien : l'infirmière exprime son soutien personnel au client.
- Le E signifie empathie, grâce à laquelle l'infirmière reconnaît de façon neutre les sentiments chaotiques de l'individu, en mettant l'accent sur l'expérience douloureuse du client et non sur les sentiments des membres du personnel.
- Le V correspond à l'affirmation d'une vérité, laquelle contribue à souligner la responsabilité du client envers son comportement et sa vie (Kreisman et Strauss, 1989).
- À titre d'exemple, Charles est devenu furieux parce que sa femme, Marie, n'est pas allée faire les courses et n'a pas préparé de repas pour lui, avant de partir en voyage d'affaires. Sa colère est montée et il a bu pour surmonter sa rage. Il s'est rendu à son programme d'hospitalisation à temps partiel en affichant une gueule de bois.

L'infirmière chargée de Charles a pris l'initiative de la discussion concernant sa réaction au voyage d'affaires de Marie.
- **L'infirmière** : Je sais que c'est difficile pour vous lorsque Marie doit partir en voyage d'affaires. (E)
- **Charles** : En effet, ça me met tellement en colère quand elle ne peut pas faire tout le travail qu'elle doit effectuer ici.
- **L'infirmière** : D'accord, je comprends (S). Cependant, le voyage fait partie de ses obligations de travail. (V)
- **Charles** : Oui, je sais, et je pense qu'elle est compétente dans ce qu'elle fait. C'est juste que je me sens si seul, si vide. Alors, j'ai peur et je me mets en colère.
- **L'infirmière** : Pouvez-vous réfléchir sur le genre de choses que vous pourriez faire lorsqu'elle n'est pas là, sur les actions pouvant contribuer à diminuer ce sentiment de vide ? (V)
- **Charles** : Comme quoi ?
- **L'infirmière** : Aller au cinéma un soir où Marie n'est pas là pour voir un film qui ne l'intéresse pas. Faites-vous plaisir en vous faisant livrer un repas. Cela vous aiderait-il ? (V)
- **Charles** : J'essaierai.

manière dont chacun prévoit l'atteindre. Si un événement survient dans l'unité (p. ex. si quelqu'un devient agressif ou introduit de l'alcool ou de la drogue dans l'unité), on en discute pendant les rencontres de groupe.

Comme dans toute autre communauté, la socialisation constitue une partie importante de l'interaction. Que ce soit lors d'hospitalisation à temps partiel ou de soins de jour, les groupes de socialisation abordent les problèmes de socialisation. On exploitera, au sein de ces groupes, un film que vient de regarder le groupe ou des articles dans une revue ou un journal pour enrichir la discussion.

➡ 12.2.6 Évaluation

L'évaluation de la démarche de soins infirmiers est continue, ce qui permet d'assurer une pratique infirmière responsable. Elle se compose de deux étapes :
- l'infirmière compare d'abord le fonctionnement actuel du client avec les résultats escomptés ;
- ensuite, si les résultats escomptés ne sont pas atteints, l'infirmière pose des questions pour en découvrir les raisons (Fortinash et Holoday-Worret, 1999).

CONCEPTS-CLÉS

- Un trouble de la personnalité est un modèle durable, envahissant et inadapté de comportement et d'interaction, qui n'est pas causé par un trouble de l'axe I.
- Il existe plusieurs théories qui expliquent l'apparition d'un trouble de la personnalité. La théorie psychodynamique considère qu'un individu qui présente un trouble de la personnalité a des déficits dans son développement psychosexuel ou échoue dans l'acquisition de la permanence de l'objet émotionnel. Des chercheurs ont émis l'hypothèse que les troubles de la personnalité pourraient avoir un fondement biologique.
- L'axe II de la classification du DSM-IV est organisé en trois groupes : le groupe A, le groupe B et le groupe C.
- Les clients souffrant de troubles de la personnalité éprouvent de la difficulté à interagir avec les autres, à la maison, au travail et au sein de la communauté.
- Lorsqu'on travaille avec des individus atteints de troubles de la personnalité, il est important d'évaluer chaque client en fonction du risque de violence envers lui-même et autrui.

- Les clients souffrant de troubles de la personnalité manifestent souvent des comportements autodestructeurs, comme l'automutilation, les troubles de l'alimentation, l'abus d'alcool ou de drogue et le vol à l'étalage.
- Il est réaliste de s'attendre à ce que le client s'engage en cours de traitement à explorer et à évaluer ses pensées, ses relations et ses comportements, particulièrement en état de stress.

SITUATIONS CLINIQUES

1. Sur les recommandations de son père, Jacques, qui est âgé de 32 ans, consulte une infirmière d'une clinique externe. Le père de Jacques a observé que le comportement d'isolement de son fils a empiré. Ne considérant pas le fait « d'être seul » comme un problème, Jacques ne désirait pas rencontrer l'infirmière. Celle-ci a dû le ramener à trois reprises au sujet de la consultation : la solitude. Il n'a pas répondu spontanément aux questions posées par l'infirmière. Son affect est plat ; il détourne le regard pour éviter le contact visuel et agite nerveusement la jambe. Son apparence est négligée, débraillée, et il porte des vêtements dépareillés. Il a une façon vague, dispersée et imprécise d'aborder son problème et son style de vie.

On vient d'hospitaliser sa mère pour une pneumonie. Cependant, Jacques n'entrevoit pas cet événement comme étant relié à son problème. Il croit que son patron ne l'« aime pas » et le trouve « bizarre ». Jacques raconte qu'il n'a pas d'amis, qu'il a de la difficulté à socialiser et a tendance à se replier davantage sur lui-même lorsqu'il est forcé d'interagir avec les autres. Il est méfiant au cours de l'entretien et ne semble pas comprendre les motifs qui ont incité son père à lui demander de recourir à une aide psychiatrique.

Son problème, selon lui, est qu'il a l'impression qu'il doit « en faire davantage à la maison » en l'absence de sa mère. Cet état de fait lui semble « injuste et est un fardeau ». Jacques ajoute : « Elle est tombée malade uniquement pour ne plus avoir à préparer les repas ni à faire la lessive. Le docteur l'a hospitalisée dans l'unique but de profiter d'elle. Papa m'a envoyé ici pour que

vous puissiez gagner de l'argent. »

Jacques n'a pas rendu visite à sa mère à l'hôpital parce qu'il a peur d'attraper des « microbes ». Bien qu'il n'ait vu aucune raison à cet entretien, il a consenti à retourner à la clinique pour « aider » son père.

Pensée critique – Collecte de données
- Quelles questions l'infirmière devrait-elle poser à Jacques afin de déterminer ses symptômes physiques ?
- De quelle manière l'infirmière peut-elle évaluer son état émotif ?
- Comment peut-on évaluer les problèmes cognitifs de Jacques ?
- Quelles informations concernant Jacques peuvent aider à déterminer son fonctionnement social ?
- Quelles questions l'infirmière peut-elle poser à Jacques pour vérifier sa spiritualité et la concordance de ses valeurs ?

2. Durant les trois dernières années, Johanne a suivi, avec une infirmière, une psychothérapie. Elle a récemment été arrêtée dans un grand magasin pour vol de bonbons et d'un rouge à lèvres à la suite d'une dispute avec son conjoint. Au cours des séances suivant son arrestation, l'infirmière a proposé à Johanne d'explorer la dynamique de cet incident en regard de la dispute l'ayant précédé. Johanne s'est fâchée, puis a pris peur, s'inquiétant de perdre éventuellement le respect de l'infirmière et la relation thérapeutique. Elle s'est précipitée hors de la pièce en claquant la porte et en criant que l'infirmière n'avait pas compris sa douleur. Elle est revenue plusieurs minutes plus tard, s'est excusée et a demandé pardon à l'infirmière.

Pensée critique – Résultats escomptés
- Quelles réactions de Johanne pourraient indiquer à l'infirmière que sa cliente avait une idée de la dynamique inhérente à son comportement impulsif de vol ?
- Quels changements de comportement démontreront que Johanne comprend mieux son impulsion ?
- Décrivez deux résultats réalistes pour Johanne.

Alain Huot
B.A., M.Ps.
Collège Lionel-Groulx

France Maltais
B.Sc.inf., M.Éd.
Collège du Vieux-Montréal

Vivianne Saba
M.Sc.inf.

Chapitre **13**

TROUBLES LIÉS À L'ABUS D'ALCOOL OU DE DROGUES

OBJECTIFS D'APPRENTISSAGE

APRÈS AVOIR LU CE CHAPITRE, VOUS DEVRIEZ ÊTRE EN MESURE :

DE DÉFINIR LES PRINCIPAUX CONCEPTS RELATIFS À L'ABUS DES PSYCHOTROPES ;

DE COMPARER ET DIFFÉRENCIER LES FACTEURS ÉTIOLOGIQUES RELATIFS À L'ABUS D'ALCOOL ET DE DROGUES COURANTES ;

DE DÉCRIRE LES EFFETS À COURT ET À LONG TERME DE L'ABUS DE PSYCHOTROPES SUR LES DIMENSIONS BIOLOGIQUE, PSYCHOSOCIALE, CULTURELLE, COGNITIVE ET SPIRITUELLE DE LA VIE ;

D'APPLIQUER LA DÉMARCHE DE SOINS INFIRMIERS AUX CLIENTS SOUFFRANT DE TROUBLES LIÉS À LA CONSOMMATION D'ALCOOL OU DE DROGUE ;

DE DÉTERMINER LES RESSOURCES COMMUNAUTAIRES APPROPRIÉES POUR LA RÉADAPTATION DES CLIENTS SOUFFRANT DE TROUBLES LIÉS À L'ABUS D'ALCOOL OU DE DROGUE ;

DE DISCUTER DES MALADIES SPÉCIFIQUES À L'ABUS DE PSYCHOTROPES ET À LA DÉPENDANCE AUX PSYCHOTROPES ;

D'ÉVALUER LES AVANTAGES DE L'APPROCHE COGNITIVO-COMPORTEMENTALE DANS LES SOINS INFIRMIERS DESTINÉS À TRAITER LES TROUBLES LIÉS À L'ABUS D'UNE SUBSTANCE.

PLAN DU CHAPITRE

MOTS-CLÉS

Abus : mode inadapté de consommation d'une substance conduisant à des problèmes d'ordre psychosocial, biologique, cognitif (ou perceptuel) ou spirituel (de croyance dans la vie).

Alcoolisme : maladie chronique, progressive, psychosociale et biogénique potentiellement mortelle et caractérisée par des difficultés à limiter l'ingestion de boissons alcooliques, de la tolérance, et une physicodépendance qui entraîne une perte de contrôle, à une réflexion non objective et à des conséquences sociales graves.

Codépendance : mode d'adaptation émotionnel, psychologique et comportemental qu'un individu développe à la suite d'une exposition prolongée à un mode de comportement dysfonctionnel dans la famille d'origine. L'individu éprouve des difficultés à construire une identité et à établir des limites fonctionnelles, ce qui le conduit à s'occuper des autres plutôt que de lui-même.

Demi-vie : temps nécessaire à la diminution de moitié d'une concentration sérique d'un médicament. Les médicaments qui sont administrés à des intervalles inférieurs à leur demi-vie s'accumulent dans l'organisme et atteignent des taux souvent toxiques.

Désintoxication : traitement appliqué à une personne pour l'aider à se libérer d'une physicodépendance à l'alcool ou à une drogue et l'aider à éliminer les symptômes de sevrage graves pouvant survenir lors d'un sevrage brutal. Ce traitement peut être effectué à l'hôpital, dans un centre de jour ou dans un cadre de consultation externe.

Double diagnostic : apparition simultanée chez un individu d'un trouble lié à l'utilisation d'alcool ou de drogue et d'un trouble médical ou psychiatrique.

Enchevêtrement : incapacité d'une personne à se différencier ou à construire une identité personnelle. Les personnes enchevêtrées ont des rôles flous dans la famille et vivent seulement les uns pour les autres. Les rôles des membres sont perméables, avec une tendance à éliminer les interactions extérieures.

Épisode de voile noir : amnésie aiguë antérograde sans formation de la reconnaissance de la mémoire à long terme (p. ex. période de perte de mémoire pendant laquelle on ne se souvient pas de ses activités, causée par une ingestion d'alcool ou d'une drogue).

Physicodépendance : état physiologique d'adaptation à une drogue ou à l'alcool, généralement caractérisé par le développement d'une tolérance aux effets de la drogue et par l'émergence d'un syndrome de sevrage en cas d'abstinence prolongée.

Psychodépendance : consommation compulsive d'alcool ou d'une drogue, conduisant à un besoin de cette drogue ou de cet alcool pour son effet positif ou pour éviter les effets négatifs associés à son absence, ou en raison de l'incapacité de se restreindre

Psychotrope : toute substance chimique ayant un effet sur le système nerveux central.

Rechute – Prévention de la rechute : reprise de la consommation d'alcool ou de drogue, ou retour d'une dépendance, après une période de sobriété. Processus pendant lequel les indicateurs ou les signes d'alerte apparaissent avant la rechute proprement dite. La prévention de la rechute est un moyen d'aider la personne chimiodépendante à maintenir les effets des modifications comportementales pendant une longue période de temps.

Sobriété : état d'abstinence complète d'alcool ou d'une drogue toxicomanogène en association avec une qualité de vie satisfaisante.

Syndrome d'alcoolisme fœtal (SAF) : état causé par une exposition prénatale à l'alcool, dans lequel la personne présente une association de troubles irréversibles à la naissance, dont une dysmorphie faciale, un retard de croissance et des troubles du système nerveux central.

Tératogènes : alcool et drogues qui causent des anomalies congénitales au cours du développement embryonnaire.

Tolérance : adaptation physiologique à l'effet de drogues, qui diminue les effets de la drogue si l'on en prend la même quantité ou qui exige l'augmentation des doses si l'on désire maintenir l'intensité et la durée des effets.

Tolérance croisée : état dans lequel la tolérance à une drogue entraîne une tolérance à des drogues similaires sur le plan chimique. La tolérance, produite à l'origine par l'administration à long terme d'une drogue, se manifeste pour une seconde drogue, qui n'a pas été précédemment administrée (p. ex. tolérance à l'alcool accompagnée d'une tolérance croisée à des anesthésiques ou à des barbituriques volatils).

13.1 TROUBLES LIÉS À L'ABUS D'ALCOOL OU DE DROGUES

Dans la société actuelle, les troubles liés à l'**abus** d'alcool ou de drogues constituent un problème de santé majeur. Ils représentent une grande proportion des dépenses en santé. Un fort pourcentage des admissions dans les services d'urgence et les services aux hospitalisés est imputable aux complications secondaires qui découlent de la consommation abusive de substances **psychotropes**, de façon régulière ou ponctuelle. La consommation de psychotropes (principalement l'alcool) affecte tous les groupes de la société. Les professionnels de la santé sont les premiers appelés à participer à la mise en place de programmes de prévention, de dépistage et de traitement de l'alcoolisme et de la toxicomanie.

13.1.1 Perspectives historiques et théoriques

La consommation de substances psychotropes est observée dans toutes les civilisations. Elle s'en servent à des fins médicales, rituelles et sociales. En Occident, l'alcool est présent dans plusieurs fêtes et cérémonies. Il fait également partie du quotidien, présent sur la table des repas depuis la plus haute antiquité. Les mythologies grecque et romaine avaient d'ailleurs des dieux du vin (Dionysos et Bacchus). Le cannabis a été adopté plus récemment comme drogue récréative en Europe et en Amérique du Nord. Dans d'autres parties du monde, il a longuement été utilisé pour soulager les douleurs et pour stimuler la lucidité. Une immense variété d'autres drogues ont été mises au point ou adoptées par le monde moderne. L'usage de certaines de ces drogues est libre, d'autres doivent être prescrites par des médecins. D'autres encore sont proscrites, mais sont néanmoins consommées à grande échelle et leur usage est plus ou moins toléré par la société.

Utilisation médicale

L'alcool a longtemps été utilisé comme anesthésique. Il servait aussi à nettoyer les plaies et entrait dans la composition de pommades et de toniques. De nombreux médicaments, en particulier les élixirs, étaient à base d'alcool. Un grand nombre des médicaments anciens contenaient des substances aux puissants effets psychoactifs, comme l'opium, l'héroïne et l'alcool. La production de ces substances n'étant pas réglementée, les cas d'intoxication (en particulier de nourrissons), de décès et de dépendance étaient très nombreux. Au dix-neuvième siècle, la morphine et la codéine étaient extraites de l'opium. On a ensuite produit des stupéfiants synthétiques. Aujourd'hui, la production et la consommation de médicaments sont strictement réglementées, mais un vaste marché noir subsiste pour les drogues.

13.1.2 Étiologie

Les données sur l'abus d'alcool ou de drogues montrent qu'aucune théorie ne parvient à en expliquer l'étiologie. L'alcoolisme et la toxicomanie ont longtemps été jugés selon un point de vue moral : on considérait l'ivrognerie comme un manque de volonté. Aujourd'hui, on croit que la consommation abusive et la dépendance ont pour une large part une origine génétique. Saitz et O'Malley (1997) ont noté que l'alcool affecte les opiacés endogènes et divers neurotransmetteurs dans le cerveau, dont l'acide gamma aminobutyrique (GABA), le glutamate et la dopamine. Les principaux facteurs étiologiques de l'abus d'alcool ou de drogues sont présentés dans l'encadré 13.1.

Facteurs étiologiques en rapport avec les théories sur les troubles liés à l'abus d'alcool ou de drogues — ENCADRÉ 13.1

Théories biologiques
- Prédisposition génétique à l'alcoolisme
- Faible réponse à l'éthanol

Théories psychologiques
- Régression et fixation à la phase orale, prégénitale du développement psychosexuel
- Personnalité dépendante
- Faible estime de soi
- Personnalité fondamentalement déprimée
- Intolérance à la frustration et à la douleur
- Manque de succès
- Manque de rapports enrichissants
- Difficulté à établir des relations intimes

Théories familiales
- Enchevêtrement
- Compensation émotionnelle
- Problèmes familiaux sous-jacents
- Problèmes de séparation, d'individuation

Théories de l'apprentissage
- Effet positif des changements de l'humeur
- Renforcement médiatique
- Pression des camarades

Théories biologiques

Jellinek (1946) fut le premier auteur à observer une prédisposition de certaines personnes à l'alcoolisme. Jellinek émit l'hypothèse que le processus de dépendance à l'alcool et la « perte de contrôle » qui s'ensuit pourraient avoir une origine biochimique. Jellinek (1977) proposa l'une des premières classifications de l'alcoolisme après avoir observé que les personnes souffrant d'alcoolisme passent par différentes étapes dont la phase symptomatique préalcoolique, la phase prodromique, la phase cruciale et la phase chronique.

Depuis les années 1950, des études portant sur des jumeaux ont renforcé la thèse d'un facteur génétique prédisposant à l'alcoolisme. Une étude longitudinale scandinave, par exemple, a porté sur trois groupes de jumeaux, tous de parents alcooliques mais qui avaient été élevés dans trois environnements différents (par leurs parents, par des parents adoptifs alcooliques et par des parents adoptifs qui ne consommaient pas d'alcool). Après 25 ans, l'incidence de l'alcoolisme dans les trois groupes était presque identique. Dans une autre étude célèbre, Goodwin et coll. ont étudié des jumeaux identiques, de parents alcooliques et non alcooliques. Tous les jumeaux de l'étude avaient été adoptés à leur naissance. Cinquante pour cent de ces jumeaux avaient été placés dans des familles alcooliques et cinquante pour cent, dans des familles non alcooliques. Les jumeaux des parents biologiques alcooliques sont devenus alcooliques dans une proportion beaucoup plus forte que celle de la population générale.

Schuckit (1985) a signalé que les enfants de pères biologiques alcooliques avaient quatre fois plus tendance à devenir alcooliques, même s'ils étaient adoptés à la naissance par des familles non alcooliques. Les jumeaux de pères biologiques non alcooliques élevés dans des familles alcooliques ne sont pas devenus alcooliques dans une proportion plus forte que dans la population générale. Shuckit (1985) a signalé que les enfants de parents biologiques alcooliques étaient quatre fois plus susceptibles de devenir alcooliques, même lorsqu'ils étaient adoptés à la naissance par une famille non alcoolique. Les jumeaux identiques couraient un risque d'au moins 60 % de devenir alcooliques, tandis que les faux jumeaux couraient un risque d'au plus 30 %. Les recherches ont confirmé que des enfants de parents biologiques non alcooliques élevés par des parents alcooliques ne courent pas un risque plus élevé de devenir alcooliques.

En 1994, Schuckit a publié un rapport s'appuyant sur les résultats obtenus en suivant, sur une période de dix ans, de jeunes adultes peu sensibles à l'éthanol. Les données ont révélé qu'il existait une relation forte entre une réponse plus faible à l'éthanol et l'apparition d'une dépendance à l'alcool.

Théories psychologiques

Différentes théories psychologiques ont été avancées pour expliquer l'abus d'alcool ou de drogues. Les plus anciennes de ces théories ont été élaborées par les psychanalystes. Ceux-ci considéraient la consommation d'alcool comme une manifestation de régression et de fixation de la personne au stade oral du développement psychosexuel. La personne chercherait à combler des besoins primitifs d'affection au moyen de l'alcool. La cigarette et la nourriture peuvent également être utilisées comme agents de gratification orale, servant de substitut à l'affection de la mère.

Les théories interpersonnelles portent surtout sur la personnalité des toxicomanes. Ils seraient incapables de satisfaire leurs besoins à cause d'une structure de personnalité déficiente marquée par une faible estime de soi. La consommation de psychotropes permettrait à ces personnes de réduire leur anxiété et de se sentir maîtres de leur vie.

Des travaux plus récents ont permis de découvrir d'autres facteurs psychologiques associés à l'alcoolisme et à la toxicomanie. Knott (1994) a relevé des traits de personnalité fréquents chez les alcooliques : la propension à être d'humeur dépressive, une intolérance à la frustration et à la douleur, un manque de succès, un manque de relations intimes significatives, une faible estime de soi, une perception de soi inadéquate et une tendance à adopter des comportements à risques. D'autres auteurs ont répertorié également des problèmes d'identité sexuelle, des difficultés dans les relations intimes, des tendances

narcissiques marquées et une insécurité personnelle. À l'heure actuelle, les théories causales psychologiques sont moins bien acceptées ; elles sont jugées insuffisantes pour rendre compte du besoin d'une consommation excessive d'alcool ou d'un autre psychotrope.

Théories des systèmes familiaux

La théorie des systèmes familiaux (Bowen, 1978) peut servir de modèle pour décrire le fonctionnement émotionnel des familles. Certains concepts de Bowen éclairent la dynamique familiale des alcooliques et des toxicomanes.

Les enfants de ces familles ont tendance à être « non différenciés » et **enchevêtrés** dans le système familial. Les personnes enchevêtrées sont incapables de construire une identité personnelle. Elles ont des rôles imprécis dans la famille et vivent seulement les unes pour les autres. Les secrets et les mythes de la famille leur servent de moyen de survie, et on observe une tendance à se couper des relations extérieures. Le « processus de transmission multigénérationnel » peut servir à découvrir les sources de la toxicomanie dans la famille élargie.

Crespi et Sabatelli (1997) ont montré qu'il existait des liens entre l'alcoolisme parental et le processus d'individuation. Les familles dysfonctionnelles ont tendance à restreindre le processus d'individuation.

Miller (1997) a signalé qu'il existe une relation entre la structure familiale et les niveaux de consommation de drogues chez les adolescents. Il a noté l'existence d'une réaction en chaîne, entraînant divers comportements délinquants dont la consommation de drogues, lorsque les parents passent moins de temps avec les adolescents.

Théories de l'apprentissage

La théorie de l'apprentissage par conditionnement opérant contribue elle aussi à expliquer l'abus de psychotropes. La consommation de psychotropes serait renforcée par les changements de l'humeur que ces substances induisent. L'alcool et les drogues procurent des sensations physiques et émotionnelles agréables. L'ivresse augmente le sentiment de confiance en soi et apporte un soulagement à l'anxiété. Les drogues se renforcent donc elles-mêmes. Elles deviennent le centre d'un mode de vie nécessaire pour l'usager. L'attrait conditionné pour les drogues résiste aux conséquences négatives d'une consommation excessive.

On apprend aussi à boire et à consommer d'autres substances psychotropes par imitation. Les enfants reproduisent les comportements de consommation de leurs parents, et les adolescents s'influencent les uns les autres. Les effets de mode qui sont associés aux drogues contribuent à asseoir le statut des jeunes qui les consomment aux yeux de leurs camarades. Pour tous les groupes de la société, la publicité fournit des modèles sur mesure en associant l'alcool et les médicaments à des images de bien-être très attrayantes.

Théorie cognitive

Le hasard joue sans doute un rôle dans l'intoxication à une drogue ou à l'alcool : personnes rencontrées, épisodes de l'enfance ou de la vie adulte, climat familial, etc. Cependant, d'autres personnes placées dans les mêmes circonstances que le toxicomane n'ont pas cédé à l'attrait de la consommation. C'est donc dire selon Auger (1997) que, sans s'en rendre compte, l'individu a contribué à son état de dépendance par des mécanismes intérieurs : les idées fausses que l'on entretient à l'occasion de différents événements de la vie. Pour un adepte de la thérapie cognitivo-émotivo-comportementale (Maltais, 2002), c'est une erreur de dire : « J'ai commencé à boire parce que j'ai perdu mon job. » Il est plus juste de dire : « J'ai commencé à boire quand j'ai perdu mon job, à cause des idées que je me suis faites et qui m'ont donné le goût de boire. » Les idées étant la cause des émotions, nous pouvons conclure dans une approche cognitivo-comportementale que les troubles liés à une substance sont en grande partie causés par un système cognitif inadéquat qui génère des émotions dysfonctionnelles (comme un désir incontrôlable de boire), lesquelles se traduiront par l'abus d'une substance.

13.1.3 Épidémiologie

L'abus de substances psychotropes entraîne des coûts humains et médicaux très élevés. Le Centre canadien de lutte contre l'alcoolisme et les toxicomanies estimait en 1998 le fardeau économique associé à l'abus de l'alcool et des drogues à près de 18 milliards de dollars (soit 2,67 % du PIB canadien), imputables principalement à des dépenses en santé. L'usage du tabac entraîne à lui seul 51 % des surcoûts causés par les drogues, alors que l'alcool compte pour 40 % des coûts totaux. Les substances psychotropes alimentent par ailleurs un immense secteur de l'économie, en même temps qu'un marché noir très lucratif pour le crime organisé.

Les retombées des abus varient selon les substances. La perte de productivité, les maladies, les accidents et la mort prématurée représentent le coût principal de l'alcoolisme, tandis que la criminalité et l'incarcération des jeunes influencent les coûts liés à la consommation de drogues illicites. Quant au tabagisme, plus de 63 % des coûts sont attribuables au cancer du poumon, aux maladies cardiovasculaires, à la bronchite chronique, à l'emphysème et à d'autres maladies chroniques (Horgan et coll., 1990).

Les habitudes de consommation d'alcool et de drogues s'établissent généralement dès l'adolescence. Chez les jeunes Québécois, les enquêtes synthétisées par Guyon et Desjardins (2002) montrent que l'alcool continue d'être prisé, bien que le nombre de gros buveurs ait baissé dans les années 1990 par rapport aux décennies précédentes. Par ailleurs, la banalisation de la consommation du cannabis se confirme : près du tiers des jeunes Québécois de 15 à 24 ans en consommeraient de façon régulière ou occasionnelle. La consommation de cigarettes commence à diminuer, mais elle continue cependant de progresser chez les jeunes filles.

Variables démographiques

Les données de l'ISQ (2000) confirment que l'alcool continue à faire largement partie de la réalité des mœurs au Québec. Près de 81 % des Québécois en consomment à des degrés divers. La quantité moyenne est de 4,9 consommations par semaine. Le taux de consommation est plus élevé chez les hommes (85 % de consommateurs) que chez les femmes (77 %). La consommation d'alcool est en partie proportionnelle aux revenus. Dans la tranche de revenus la plus élevée, le taux de consommation est de 92 %, alors qu'il n'est que de 66 % dans la tranche des revenus les plus faibles.

L'ISQ (2000) indique par ailleurs que 17 % des Québécois âgés de 15 ans et plus (996 000 personnes) consomment d'autres substances psychotropes. Ce taux est plus élevé chez les jeunes et chez les hommes. Chez les hommes de 15 à 24 ans, le taux de consommation de drogues atteint 44 %. La consommation de drogues est légèrement plus élevée chez les personnes les plus scolarisées et chez les personnes très pauvres que dans l'ensemble de la population. La drogue de prédilection des Québécois est la marijuana, qui est la seule drogue qu'ont consommée plus des deux tiers des consommateurs de drogues, principalement les plus jeunes. Quant aux consommateurs de drogues les plus âgés, ils absorbent surtout des tranquillisants et des somnifères.

13.1.4 Abus d'alcool et de drogues chez certains groupes

Inquiétudes périnatales

La consommation et l'abus de substances psychotropes par les femmes enceintes restent fréquents. Bien que la plupart des futures mères arrêtent de consommer des psychotropes durant les trois à quatre premiers mois de la grossesse, 75 % reprennent leur consommation après la grossesse. Le tabac (sous la forme de cigarettes) reste la drogue la plus courante. Environ 25 % à 30 % des femmes exposent leur enfant à la nicotine *in utero*. Le tabagisme pendant la grossesse a pour conséquence une augmentation des fausses couches, des bébés au poids insuffisant à la naissance et la mort prématurée de nourrissons due au syndrome de mort subite du nourrisson (MSN). Chez les enfants plus âgés, on observe une incidence plus grande de maladies respiratoires et un retard du développement cognitif. La consommation prénatale d'alcool est une source d'inquiétude grandissante. D'après les données compilées en 1998 par le Système canadien de surveillance périnatale, de 26 % à 32 % des Québécoises boivent quand elles sont enceintes, et 7 % à 9 % d'entre elles boivent tout au long de leur grossesse.

Un grand nombre des substances consommées par les femmes enceintes sont **tératogènes** pour les enfants, c'est-à-dire qu'elles causent des anomalies congénitales chez le fœtus. Comme de nombreuses femmes enceintes consomment différentes drogues, il est difficile, dans la plupart des cas, de prédire les conséquences pour la progéniture. L'effet des substances sur le fœtus dépend de plusieurs facteurs, dont la quantité consommée par la mère et le mode de consommation, les propriétés de la substance et le temps d'exposition. La phase embryonnaire, de la seconde à la huitième semaine après la conception, est particulièrement critique pour le développement des organes vitaux. L'exposition du fœtus à des drogues après cette période aurait plutôt pour conséquence un retard de croissance intra-utérin et des déficits mentaux et comportementaux plus légers (Cook et coll., 1990).

En général, l'exposition intra-utérine à des drogues est associée à :

- un poids insuffisant à la naissance (petit pour l'âge gestationnel), une taille inférieure à la moyenne et une petite circonférence de la tête ;
- des anomalies physiques congénitales spécifiques ;
- des effets de sevrage légers à graves, dont l'irritabilité, les tremblements, les troubles épileptiques, l'hypertonie, la distension abdominale, une augmentation de la fréquence respiratoire et des vomissements ;
- des atteintes du système nerveux central qui peuvent retarder le développement neurologique ou lui nuire.

Les effets sur le développement du comportement neurologique peuvent comprendre des anomalies comportementales ou des retards de croissance latents. Ces retards ne sont pas toujours décelables à la naissance (Cook et coll., 1990).

Syndrome d'alcoolisme fœtal – Effets liés à l'alcool

Le Système canadien de surveillance périnatale décrit dans son rapport de 1998 les critères diagnostiques du **syndrome d'alcoolisme fœtal (SAF)** et les effets sur le nourrisson de l'exposition à l'alcool durant la période prénatale. Les enfants souffrant du SAF présentent un poids insuffisant à la naissance, certaines caractéristiques faciales et des anomalies neurologiques dont des retards de croissance et des retards intellectuels, ou l'un des deux. Les caractéristiques faciales peuvent être une microcéphalie (circonférence de la tête au-dessous du troisième centile), une microthalmie (petits yeux) ou un raccourcissement des fentes palpébrales, un sillon sous-nasal peu développé, une lèvre supérieure mince, un nez court, un petit menton et l'aplatissement de la région maxillaire (voir figure 13.1).

On dit qu'un enfant souffre d'effets liés à l'alcool lorsqu'il présente des malformations congénitales liées à l'alcool ou des troubles neurologiques du développement liés à l'alcool. Les enfants qui souffrent de malformations congénitales liées à l'alcool présentent diverses anomalies affectant d'autres organes, dont des anomalies cardiaques, des problèmes visuels, des déficiences auditives, des défauts d'alignement des dents et des anomalies génitales mineures. Les enfants souffrant de troubles neurologiques

du développement liés à l'alcool peuvent présenter un retard mental, une déficience de la motricité fine, une hyperactivité évoluant vers des problèmes de distractivité et d'incapacité à percevoir les informations pertinentes et à ignorer les informations non pertinentes. De plus, ces individus souffrent d'un manque de coordination et d'attention ; ils sont dépendants, entêtés ou d'humeur maussade ; ils sont socialement renfermés ; ils utilisent l'intimidation ; ils rient ou pleurent facilement ; ils sont impulsifs et vivent des périodes de forte anxiété.

Que le client soit un adolescent ou un adulte, il faut être conscient qu'il peut éprouver, parfois à l'état latent, d'autres problèmes médicaux ou psychologiques ; il est donc important d'envisager la possibilité d'une comorbidité, la présence de deux troubles ou plus chez la même personne.

Consommation de cocaïne

L'effet sur le fœtus de la consommation de cocaïne par les femmes enceintes varie beaucoup. Pour certains nourrissons, les conséquences sont graves (des doigts manquants, une apoplexie et des malformations des organes principaux), tandis que d'autres enfants ne présentent aucun des effets d'une exposition à la cocaïne. Les effets à long terme sur le comportement des enfants et sur leurs capacités d'apprentissage n'ont pas encore fait l'objet d'une étude scientifique.

Abus d'alcool ou de drogue à l'adolescence

La consommation d'alcool et de drogues est particulièrement prisée chez les adolescents. Par manque d'expérience et de jugement, ils commettent souvent des abus spectaculaires. Des problèmes graves de consommation sont fréquents, mais la classification du DSM-IV ne rend qu'imparfaitement compte des aspects spécifiques de la consommation chez ce groupe d'âge. Les termes « dépendance » et « abus », tels qu'ils sont définis dans la classification du DSM-IV, paraissent particulièrement inappropriés. Le terme de *consommation problématique* convient peut-être mieux pour décrire les abus des adolescents. Malgré des excès graves, ils peuvent ne pas manifester les signes habituels d'une dépendance psychologique ou physique, parce qu'ils n'ont pas consommé d'alcool ou de drogue pendant une période de temps suffisante. La **psychodépendance** est la consommation compulsive d'alcool ou de drogue, pour rechercher l'effet positif produit par la substance ou pour éviter les effets négatifs associés à son absence, ou en raison de l'incapacité à se contrôler. La **physicodépendance** est un état physiologique d'adaptation à une drogue ou à l'alcool, habituellement caractérisé par l'apparition d'une tolérance à leurs effets et par l'émergence d'un syndrome de manque en cas d'abstinence prolongée. Certains adolescents souffrent cependant de problèmes continus dus à la consommation d'alcool ou de drogue, et contractent une véritable dépendance. La consommation de ces adolescents leur pose déjà de sérieux problèmes dans plusieurs domaines de leur vie, dont la famille, l'école, les relations sociales et les résultats professionnels.

Voici des facteurs de risque importants de consommation ou d'abus d'alcool ou de drogues chez l'adolescent :

- décrochage ;
- antécédents de manque affectif ;
- enfants de toxicomanes ;
- victimes d'abus – enfant/parental, sexuel ;
- démêlés avec la justice ;
- antécédents de problèmes mentaux ;

- tentatives de suicide ;
- douleur physique à long terme ;
- familles dysfonctionnelles, divorce ;
- sentiment d'infériorité – émotionnelle, physique, scolaire.

Consommation et milieu de travail

Des organisations de professionnels et d'encadrement des employés se penchent sur les problèmes de dépendance à l'alcool ou à une drogue au sein de différents corps professionnels. Quelques chercheurs se sont penchés sur les problèmes de consommation chez les infirmières. Sullivan et

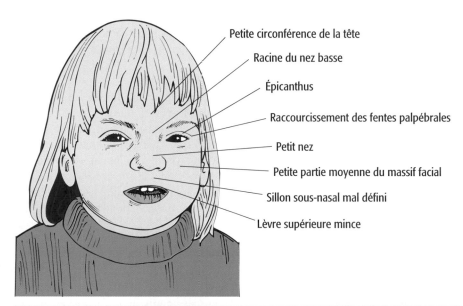

Petite circonférence de la tête
Racine du nez basse
Épicanthus
Raccourcissement des fentes palpébrales
Petit nez
Petite partie moyenne du massif facial
Sillon sous-nasal mal défini
Lèvre supérieure mince

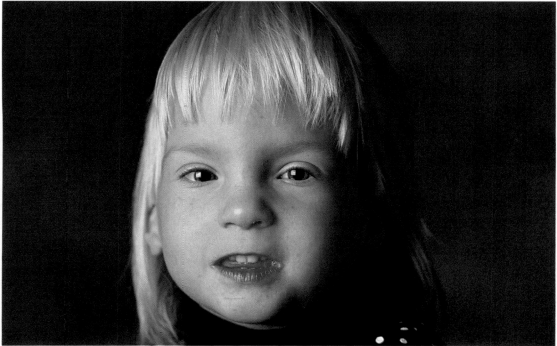

FIGURE 13.1 Syndrome d'alcoolisme fœtal (SAF)
Les formes plus légères des effets produits par l'alcool sur le fœtus et le nourrisson sont dénommées «effets de l'alcool sur le fœtus».

Handley (1992) ont conclu que la prévalence des problèmes d'alcool et de drogues chez les infirmières et les étudiantes infirmières ne dépasse pas celle des autres catégories de la société. Mynatt (1996) a déclaré que les infirmières souffrant d'une incapacité liée à l'alcool mènent une vie chaotique, commencent à consommer de l'alcool ou une drogue à un âge précoce, souffrent souvent d'un manque d'estime de soi et nient l'existence d'un problème.

Plusieurs employeurs, notamment les employeurs institutionnels, ont instauré des Programmes d'aide aux employés (PAE) accessibles en milieu de travail. Ces programmes consistent en des services de conseillers qui peuvent aider les employés ayant des problèmes personnels ou professionnels, ou les adresser à d'autres professionnels. Les PAE comportent généralement un important volet de prévention et d'intervention pour contrer l'alcoolisme et la toxicomanie.

13.1.5 Double diagnostic

Personnes recevant un double diagnostic

La comorbidité est la présence de deux ou plusieurs troubles chez la même personne, pouvant survenir simultanément ou successivement. Si les troubles surviennent simultanément, la comorbidité est également appelée **double diagnostic**, indiquant qu'une personne a deux troubles non liés au départ, mais qui interagissent et causent une recrudescence des symptômes de chaque trouble (Lehman et coll., 1987).

Les personnes qui reçoivent un double diagnostic représentent au moins 50 % des personnes dépendantes de l'alcool ou d'une drogue. Leur taux de déficience physique, sociale et psychologique est plus élevé que chez les personnes ne présentant qu'un seul trouble (Gafoor et Rassool, 1998).

Selon El-Mallakh (1998), qui a étudié les résultats d'une vaste enquête sur la comorbidité, 51 % des personnes souffrant d'un trouble mental sérieux sont également dépendantes de l'alcool ou d'une drogue. Il a remarqué que trop peu d'individus reçoivent un traitement pour les deux troubles en même temps et a souligné l'importance d'un « modèle de traitement intégré ».

Le double diagnostic qui est centré sur les personnes souffrant de troubles psychiatriques est décrit ci-dessous. Landry et coll. (1991) ont étudié les personnes souffrant de dépression et de troubles anxieux et consommant trop d'alcool. Dulit et coll. (1990) ont constaté que la personnalité limite et l'abus d'alcool ou d'une drogue étaient liés dans les deux tiers de la population étudiée. Mueser et coll. (1990), et Cuffel (1992) ont centré leurs recherches sur les personnes atteintes de schizophrénie et la prévalence de la consommation de stimulants et d'hallucinogènes.

Les recherches récentes portant sur les taux de prévalence de double diagnostic chez les populations défavorisées en milieu urbain ont montré que les deux tiers des clients traités dans les services externes des quartiers centraux de villes répondaient aux critères finaux de double diagnostic (Zimberg et coll., 1997).

Personnes infectées par le VIH

La transmission du virus de l'immunodéficience humaine (VIH) survient à la suite d'un contact avec du sang ou des produits sanguins infectés. Le contact sexuel est considéré comme la voie principale de transmission. La consommation d'alcool ou d'une drogue est l'un des facteurs qui contribuent à l'adoption de pratiques sexuelles risquées. La consommation de drogues au moyen de seringues est une autre cause de transmission. Grella, Anglin et Wagalter (1995) ont signalé que de nombreux clients à risque d'infection par le VIH étaient des consommateurs de crack et de cocaïne.

L'alcool est connu pour avoir des effets immunosuppresseurs pouvant augmenter la vulnérabilité d'une personne au VIH ou, si la personne a été exposée au virus, pouvant accélérer l'apparition des symptômes de l'infection par le VIH. On pense également que les habitudes de consommation d'alcool de la personne peuvent augmenter les effets de l'alcool sur le système immunitaire et sur l'infection par le VIH. Les personnes souffrant d'alcoolisme chronique et qui ont des antécédents de maladie du foie peuvent courir un risque plus grand de contracter une infection par le VIH.

13.1.6 Description clinique

Le DSM-IV présente une classification diagnostique de troubles liés à l'alcool ou à une drogue. Chaque classe est divisée en sous-catégories. La plupart des entrées mentionnent la dépendance, l'abus, l'intoxication, le sevrage, le délire, les troubles psychotiques accompagnés de délires, les troubles psychotiques accompagnés d'hallucinations, les troubles de l'humeur, les troubles anxieux, le dysfonctionnement sexuel, les troubles du sommeil et des troubles non autrement dénommés. Les critères du DSM-IV pour l'abus d'alcool ou d'une drogue et la dépendance à ces substances sont présentés dans les encadrés 13.2 et 13.3.

Bien que l'alcool soit la drogue faisant le plus couramment l'objet d'une consommation abusive, diverses autres drogues psychoactives peuvent être consommées de façon abusive, parmi lesquelles les barbituriques, les benzodiazépines, les opiacés, la cocaïne, les stimulants et la nicotine. Chaque type de drogue est brièvement décrit ci-dessous (voir aussi chapitre 20).

Abus d'alcool

L'alcool reste la substance la plus largement consommée en Occident. Par ailleurs, c'est encore celle dont on abuse le plus. L'abus d'alcool et la dépendance à l'alcool donnent lieu à de nombreuses complications physiologiques affectant

Abus d'une substance **ENCADRÉ 13.2**

A. Mode d'utilisation inadéquat d'une substance conduisant à une altération du fonctionnement ou à une souffrance significative sur le plan clinique, caractérisé par la présence d'au moins une des manifestations suivantes, à un moment quelconque sur une période continue de 12 mois :

- consommation récurrente ayant pour conséquence un abandon des obligations principales au travail, à l'école et à la maison (p. ex. absences répétées ou résultats médiocres au travail liés à la consommation d'alcool ou d'une drogue ; absences, suspensions ou expulsions liées à la consommation d'alcool ou d'une drogue) ;
- consommation récurrente d'alcool ou d'une drogue dans des situations comportant un risque de danger physique (p. ex. conduire une voiture ou faire fonctionner une machine lorsque les facultés sont affaiblies) ;
- problèmes récurrents avec la loi à cause de l'alcool ou d'une drogue (p. ex. arrestations pour conduite désordonnée liée à l'alcool ou à une drogue) ;
- consommation continue d'alcool ou d'une drogue bien que la personne sache que cela lui cause des problèmes sociaux ou interpersonnels persistants ou récurrents, exacerbés par les effets de l'alcool ou d'une drogue (p. ex. disputes avec le partenaire sur les conséquences de l'intoxication ; bagarres).

B. Les symptômes n'ont jamais correspondu aux critères de dépendance à l'alcool ou à une drogue pour cette classe de substance.

Tiré de l'American Psychiatric Association, *Diagnostic and statistical manual of mental disorders*, 4ᵉ éd., Paris, Masson, 1996.

plusieurs systèmes de l'organisme. Ces complications ainsi que les signes et les symptômes du sevrage sont traités ci-après.

Effets sur le système neurologique

La consommation excessive d'alcool peut causer des syndromes neurologiques à court terme ainsi que des dommages irréversibles au système nerveux.

Les **épisodes de voile noir** se produisent le plus fréquemment lors d'une consommation excessive d'alcool et sont un signe précoce d'alcoolisme. Les épisodes de voile noir sont une sorte d'état de fugue amnésique durant lequel les personnes n'arrivent pas à se rappeler consciemment leurs activités passées. Ces individus restent conscients et paraissent fonctionner normalement aux yeux de ceux qui les côtoient. Les épisodes de voile noir peuvent être relativement courts – de 24 à 48 heures – ou bien durer une semaine ou plus.

Le début d'une *intoxication alcoolique idiosyncratique* est généralement soudain et caractérisé par de l'agitation, une altération de la conscience, de l'agressivité, de la peur et de l'anxiété. Cette intoxication peut être accompagnée d'une confusion mentale, d'une désorientation, de délires

Dépendance aux drogues **ENCADRÉ 13.3**

Mode d'utilisation inadéquat d'une substance conduisant à une altération du fonctionnement ou à une souffrance significative sur le plan clinique, caractérisé par la présence d'au moins trois des manifestations suivantes, à un moment quelconque sur une période continue de 12 mois :

1. Tolérance définie par l'un des symptômes suivants :
   a) besoin de quantités de plus en plus fortes de la substance pour obtenir une intoxication ou l'effet désiré ;
   b) effet notablement diminué en cas d'utilisation continue d'une même quantité de substance.
2. Sevrage caractérisé par l'une ou l'autre des manifestations suivantes :
   a) syndrome de sevrage caractéristique de la substance ;
   b) la même substance (ou une substance très proche) est prise pour soulager ou éviter les symptômes de sevrage.
3. La substance est souvent prise en quantités plus importantes ou pendant une période plus longue que prévu.
4. Il y a un désir persistant, ou des efforts infructueux, pour diminuer ou maîtriser la consommation de la substance.
5. La personne passe beaucoup de temps à rechercher la drogue (p. ex. consultation de nombreux médecins ou déplacement sur de longues distances), à l'utiliser (p. ex. fumer sans arrêt), ou à récupérer de ses effets.
6. Abandon ou diminution d'activités sociales, professionnelles ou de loisirs importantes, en raison de l'utilisation de la drogue.
7. La personne continue d'utiliser la drogue bien qu'elle sache qu'elle a un problème psychologique ou physique persistant ou récurrent susceptible d'avoir été causé ou exacerbé par cette drogue (p. ex. poursuite de la prise de cocaïne bien que la personne admette une dépression liée à la cocaïne, ou poursuite de la prise de boissons alcoolisées bien que le sujet reconnaisse l'aggravation d'un ulcère du fait de la consommation d'alcool).

Préciser si :
- en présence de physicodépendance, il y a signes de tolérance ou de sevrage (p. ex. présence du critère 1 ou 2) ;
- en l'absence de physicodépendance, il n'y a aucun signe de tolérance ou de sevrage (p. ex. absence des critères 1 ou 2).

Tiré de l'American Psychiatric Association, *Diagnostic and statistical manual of mental disorders*, 4ᵉ éd., Paris, Masson, 1996.

et d'hallucinations. Les tentatives de suicide peuvent survenir à la suite d'hallucinations ou d'un état de forte anxiété et de forte agitation. Les attaques peuvent durer une journée ou plus et se terminent généralement par une longue période de sommeil. Le jour suivant, la personne a la « gueule de bois », c'est-à-dire qu'elle éprouve généralement une céphalée, une irritation gastrique et un malaise général. Le plus souvent, la personne a peu de souvenirs, sinon aucun, de ce qui s'est produit durant l'intoxication idiosyncrasique.

Le *délire aigu alcoolique (delirium tremens)* est la forme la plus sévère du sevrage de l'alcool. Il apparaît 24 à

72 heures après l'arrêt de la consommation. Il survient chez les grands buveurs et se manifeste par un état psychotique aigu. Environ 5 % des alcooliques hospitalisés pour un sevrage d'alcool font un delirium tremens. La confusion et la désorientation relatives au temps et au lieu sont communes. Ces personnes sont aussi la proie d'hallucinations auditives et visuelles très nettes, d'une nature accusatrice et menaçante pour le client, sont victimes d'illusions (cordes illuminées ressemblant à des serpents), éprouvent une agitation extrême, souffrent d'une transpiration abondante, de tachycardie, de tachypnée et peuvent même faire une crise épileptique tonico-clonique (voir encadré 13.5). Sans intervention médicale immédiate, la crise peut entraîner la mort.

Divers protocoles portent sur le traitement du sevrage d'alcool et du délire aigu alcoolique. Les médicaments les plus appropriés au traitement du sevrage d'alcool et à la prévention des crises d'épilepsie et du délire sont les benzodiazépines. La clonidine (Catapres) et la carbamazépine (Tegretol) peuvent être administrées pour atténuer les symptômes (Saitz et O'Malley, 1997).

L'*hallucinose alcoolique aiguë* survient après une longue période d'alcoolisme. Le syndrome se caractérise par des hallucinations auditives menaçantes. Cet état se distingue du delirium tremens en ce que la personne ne perd pas la notion du temps et de l'espace ; pendant les périodes de lucidité, elle peut généralement se souvenir des activités qui ont eu lieu. Quelques personnes intègrent

---

Symptômes et traitement du sevrage d'alcool — ENCADRÉ 13.4

Symptômes de sevrage

- Trémulation ; début 3 à 36 heures après l'arrêt de la consommation
- Augmentation de l'hyperactivité psychomotrice accompagnée de tremblements
- Insomnie
- Anxiété aiguë et agitation extrême
- Tachycardie (120 à 140 battements/minute)
- Hypertension
- Anorexie
- Agitation
- Possibilité de nausées, de crampes abdominales, de vomissements
- Faiblesse
- Désir persistant d'alcool ou d'un sédatif
- Hallucinose aiguë
- Hallucinations auditives ou visuelles prédominantes ; cela peut indiquer que le délire dû au sevrage d'alcool est imminent
- Délire dû au sevrage d'alcool (visions d'horreurs, delirium tremens) ; début 24 à 72 heures après l'arrêt de la consommation ; la plus sérieuse des étapes de sevrage de l'alcool (de 5 % à 36 % de mortalité)
- Désorientation
- Hallucinations
- Idées délirantes
- Délirium (délire intense)
- Forte agitation

Traitement du sevrage

Sevrage imminent

- Surveiller les signes vitaux toutes les trois heures ; avertir le médecin en cas de résultats anormaux
- Fournir un environnement calme, non stimulant, laisser cependant une lampe allumée dans la chambre
- Administrer des sédatifs rapidement comme indiqué (ne pas administrer une quantité insuffisante de sédatifs) ; s'assurer que les médicaments sont pris
- Orienter fréquemment le client vers un lieu ou une personne, lui rappeler une heure ; expliquer calmement et simplement toutes les procédures, les actes courants et les différentes parties du traitement

- Noter de façon précise les ingesta et les excreta (y compris les vomissements, la diarrhée, la perte estimée due à la diaphorèse)
- Ne pas administrer de liquides de force jusqu'à ce qu'on ait la certitude que le client est déshydraté ; s'assurer cependant que le client prend une quantité minimale de liquides sur une période de 24 heures
- Permettre la marche à volonté si elle est indiquée et si le *client est stable*, car elle diminue l'agitation
- Permettre au client d'exprimer ses peurs en ce qui concerne le sevrage ; montrer de la compréhension bienveillante sans faire la morale
- Prendre des précautions en prévision de crises (dégagement des voies respiratoires, côtés de lit montés, retrait des objets potentiellement dangereux)
- Aider le client à pratiquer ses activités quotidiennes (bain, repas, soins buccaux) sans trop le stimuler (p. ex. pas de rasage ni de manucure)
- Fournir de petites collations fréquentes très riches en glucides qui sont facilement digérées : administrer des antiémétiques PRN avant les repas (offrir au client des liquides aromatisés, des gélatines) ; administrer les vitamines prescrites, par exemple des multivitamines, un complexe vitaminique B dont la thiamine, et de la vitamine C
- Analyser l'urine pour évaluer la densité relative et les selles par la méthode au gaïac, afin de déceler un dysfonctionnement gastro-intestinal
- Être présente ; passer du temps avec le client et la famille

Delirium du sevrage d'alcool

- Surveiller les signes vitaux toutes les heures
- Évaluer l'état neurologique toutes les heures
- Encourager le client à tousser et à respirer profondément toutes les 2 heures
- Surveiller attentivement le fonctionnement de la vessie et les selles
- Examiner l'intégrité de la peau
- Intraveineuses, alimentation par sonde, cathéter si prescrit
- Restreindre le client, si nécessaire, pour éviter les blessures
- Examiner le client au moins toutes les 15 minutes
- Administrer les anticonvulsivants prescrits

Tiré de Beare PG, Myers JL. *Adult health nursing*, 2ᵉ éd., St. Louis, Mosby, 1998.

les hallucinations auditives dans un système délirant complexe qui peut être menaçant pour leur entourage immédiat.

Le *syndrome de Wernicke* et le *syndrome de Korsakoff* apparaissent après de nombreuses années de consommation excessive d'alcool. Les syndromes affectent l'ensemble du système neurologique. Le syndrome de Korsakoff désigne des troubles de la mémoire causés par une déficience en vitamines B, dont la thiamine, la riboflavine et l'acide folique. Il se caractérise par une amnésie, la désorientation dans le temps et l'espace, une mémoire déficiente et une neuropathie périphérique grave (p. ex. fourmillements, faiblesse musculaire, muscles douloureux, paresthésie, forte douleur lors des mouvements). Les extrémités, en particulier les extrémités inférieures, sont affectées. Les clients doivent être déplacés avec prudence en raison de la forte douleur qu'ils ressentent. Au cours des soins infirmiers, il faut surtout éviter le pied tombant.

Le syndrome de Wernicke, également appelé *encéphalopathie alcoolique*, survient le plus souvent en même temps que le syndrome de Korsakoff, mais il peut aussi apparaître seul. C'est une maladie neurologique caractérisée par l'ataxie, l'ophthalmoplégie (touchant en particulier le sixième nerf crânien), le nystagmus et la confusion. Elle est causée par une carence grave en vitamine B1, due à une alimentation inadéquate. Au début de la maladie, les clients répondent rapidement à de fortes doses de thiamine administrée par voie parentérale. Si la maladie n'est pas traitée précocement, elle évolue en une maladie chronique grave qui requiert des soins en milieu surveillé. Au cours des dernières années, le stade chronique de la maladie est devenu plus rare, car on commence désormais rapidement le traitement à la thiamine (Kaplan et Sadock, 1994).

Effets sur le foie

Le foie est l'organe du corps le plus affecté par la consommation excessive d'alcool. L'alcool passe directement dans la circulation sanguine par l'estomac et les parois intestinales. Il est traité par le foie, où les enzymes transforment l'alcool en acétaldéhyde, qui est ensuite métabolisé en acide acétique, en bioxyde de carbone et en eau. Le métabolisme de l'alcool libère des quantités excessives d'hydrogène dans le foie, qui inhibent certains processus métaboliques, notamment le métabolisme des corps gras. En conséquence, le gras imbrûlé s'accumule dans le foie et entraîne une stéatose hépatique (Lieber et Leo, 1982).

L'*hépatite alcoolique* s'installe après une longue période (généralement plusieurs années) d'abus d'alcool. C'est une maladie inflammatoire du foie caractérisée par de la fièvre, des frissons, des nausées, des douleurs dans la partie supérieure de l'abdomen et la jaunisse. Le traitement consiste en une abstinence accompagnée d'un soutien nutritionnel. Un traitement précoce de la stéatose hépatique et de l'hépatite alcoolique peut arrêter l'évolution de la maladie.

La cirrhose, qui survient chez 10 % à 20 % des personnes consommant de 120 à 180 g/jour (de 9 à 14 consommations standards) pendant une période de 15 ans, est irréversible (Stein, 1997).

Effets sur le tractus gastro-intestinal

Les affections gastro-intestinales qui se manifestent par un ballonnement, des nausées et des vomissements sont des complications fréquentes d'une grande consommation d'alcool. L'alcool stimule les sécrétions gastriques, ralentit la vidange gastrique et cause des dommages à la muqueuse gastrique, ce qui provoque des ulcères gastriques. La pancréatite aiguë et chronique est le résultat d'une consommation alcoolique chronique et se distingue des gastrites et des ulcères gastriques (Stein, 1997).

Effets sur l'appareil cardiovasculaire

L'alcoolisme chronique peut également affecter l'appareil cardiovasculaire. La cardiomyopathie alcoolique, accompagnée d'une insuffisance cardiaque globale et d'une fibrillation auriculaire, peut survenir. On peut aussi observer un pincement de la tension artérielle différentielle, de la tachycardie, une tension diastolique élevée, de l'hypertension et un œdème périphérique. Selon Donahue et coll. (1986), le risque d'une attaque d'apoplexie hémorragique est deux fois plus élevé pour les consommateurs modérés d'alcool et trois fois plus élevé pour les buveurs excessifs. Les interventions chirurgicales non urgentes sont souvent retardées dans le cas de personnes qui consomment des quantités excessives d'alcool, en raison des effets négatifs de l'alcool sur le système cardiovasculaire.

Effets sur les autres organes

Une consommation excessive d'alcool peut affecter toutes les parties de l'organisme. Les hommes alcooliques peuvent souffrir d'impuissance. Les effets sur l'appareil génital ont été prouvés chez la mère et son enfant à naître ; ces effets sont présentés dans la section relative au syndrome d'alcoolisme fœtale. Les femmes alcooliques souffrent souvent d'infertilité et d'une diminution des menstruations, ce phénomème dénommé « télescopage » survenant en raison d'un développement plus rapide de la dépendance.

La myopathie aiguë est une autre conséquence courante de l'abus d'alcool à long terme ; elle est caractérisée par des crampes soudaines aux jambes. Si l'abus d'alcool continue, une myopathie chronique peut survenir, entraînant une faiblesse et une atrophie des muscles jambiers. Les personnes souffrant d'alcoolisme courent également le risque d'une maladie métabolique des os (Bikle, 1980).

Les effets de l'alcool sur le système endocrinien sont beaucoup moins connus. On pense que l'alcool affecte le système hypothalamo-hypophyso-surrénalien, provoquant une hypoglycémie qui, à son tour, pousse la personne à boire.

Abus d'autres drogues

Cannabis

Le cannabis (marijuana, haschisch) est de loin la drogue illégale la plus consommée dans les pays occidentaux. Elle est d'ailleurs particulièrement prisée au Québec. Le cannabis est extrait d'une plante, le cannabis sativa, qui comporte une concentration variable de THC, une substance psychoactive aux effets hallucinatoires légers. Des parties de la plante sont fumées directement (marijuana), ou transformées en des formes plus concentrées qui peuvent se fumer ou se manger (haschisch, huile de cannabis, beurre de cannabis).

Le cannabis est associé à des problèmes de santé et de dépendance moins graves que ceux associés à l'alcool ou au tabac. L'abus à long terme de cannabis peut cependant entraîner des problèmes de ralentissement de l'activité du système nerveux, qui se traduisent par des difficultés de concentration, par une diminution des capacités pour la pensée abstraite et par des pertes de mémoires (Centre canadien de lutte contre l'alcoolisme et les toxicomanies, 2003). La consommation régulière de cannabis est aussi associée à des problèmes d'insertion sociale, notamment en ce qui a trait à la productivité au travail, à l'engagement dans la vie professionnelle et à la réduction de l'activité sexuelle (Roberts, 2003).

Barbituriques

Depuis leur introduction en 1903, les barbituriques sont utilisés comme hypnotiques, sédatifs et anticonvulsivants. Le phénobarbital et le barbital sont des médicaments d'action longue avec une **demi-vie** (le temps nécessaire pour que la concentration sérique d'un médicament baisse de moitié) de 12 à 24 heures. L'amobarbital (Amytal) a une demi-vie intermédiaire active de 6 à 12 heures; le pento-barbital (Nembutal) et le sécobarbital (Seconal) sont des médicaments d'action brève possédant une demi-vie de 3 à 6 heures (Kaplan et Sadock, 1994).

Les barbituriques sont souvent des médicaments dont on abuse, parce qu'ils sont légalement fabriqués en grandes quantités et proposés sous de nombreuses formes. Le sécobarbital, le pentobarbital et l'amobarbital sont les trois barbituriques dont on abuse le plus souvent. Lorsqu'ils sont en vente au marché noir, leur dosage est inconnu, car les ingrédients sont en grande partie remplacés par du sucre et d'autres substances (Kaplan et Sadock, 1994). L'abus des barbituriques et la quantité d'ordonnances de barbituriques ont diminué depuis l'adoption de la Harrison Narcotic Act en 1914, qui les classe en tant que médicaments contrôlés, sous contrôle fédéral.

L'abus des barbituriques touche le plus souvent les jeunes consommateurs et les personnes d'âge moyen qui abusent des médicaments d'ordonnance. La consommation se fait par voie orale ou intraveineuse. Les jeunes toxicomanes - remplacent parfois l'héroïne ou la morphine par des barbitu-riques, car ils sont moins chers et plus facilement utilisables. Les barbituriques ont une **tolérance croisée** aux autres substances apparentées sur le plan chimique, dont l'alcool, les benzodiazépines et l'héroïne. Les consommateurs par voie intraveineuse ressentent un plaisir violent et bref, suivi d'une somnolence prolongée.

Les personnes souffrant d'une intoxication modérée aux barbituriques présentent les symptômes suivants: troubles de la coordination, labilité émotionnelle, impulsions agressives, lenteur de la parole, troubles de la pensée et jugement faussé. Les signes neurologiques comprennent le nystagmus (oscillations involontaires des yeux), la diplopie (vision double), le strabisme (déviation de l'œil), la démarche ataxique, un signe de Romberg positif (balancement du corps en position debout, les pieds rapprochés et les yeux fermés), l'hypotonie, la dysmétrie (trouble des systèmes de contrôle du mouvement) et une diminution des réflexes superficiels. Les tests sanguins confirment le diagnostic d'intoxication aux barbituriques (Kaplan et Sadock, 1994).

Les barbituriques sont particulièrement dangereux, parce que tous les modes de surconsommation ont des effets délétères potentiels sur la santé de la personne. Ils sont une cause courante d'accidents mortels et sont fréquemment utilisés dans les tentatives de suicide. Les barbituriques trouvés dans les armoires à pharmacie risquent d'être consommés par des enfants et peuvent entraîner des surdoses mortelles. La mort survient à la suite d'un coma profond, qui évolue vers un arrêt respiratoire et une défaillance cardiovasculaire. Les doses mortelles varient énormément d'une personne à l'autre. L'index thérapeutique est restreint pour ce qui concerne les effets sédatifs, la dose thérapeutique étant très proche de la dose létale (Kaplan et Sadock, 1994).

Benzodiazépines

Introduites au début des années 1960, les benzodiazépines ont largement supplanté les barbituriques et les substances apparentées en pratique clinique. La consommation chronique et la consommation associée à une autre drogue ou à l'alcool sont les deux principaux modes d'abus des benzodiazépines (Juergens, 1997). Associées à l'alcool ou à des barbituriques, les benzodiazépines induisent une dépression du système nerveux central et peuvent causer la mort (Paul, 1988).

Les diverses benzodiazépines présentent de grandes différences pharmacologiques, dont la rapidité du début d'action, la demi-vie et les voies par lesquelles elles sont métabolisées dans l'organisme (Scharf et coll., 1988).

Les benzodiazépines qui ont un début d'action rapide sont les plus susceptibles d'être consommées de façon abusive. Le diazépam (Valium) est la benzodiazépine la plus rapidement absorbée et produit une euphorie. C'est la benzodiazépine qui est la plus fréquemment consommée de façon abusive et c'est l'un des médicaments d'ordonnance les plus fréquemment prescrits. Il n'existe pas de consensus au sein de la communauté scientifique sur l'abus possible de diazépam lorsqu'il est prescrit pour des raisons médicales.

Les benzodiazépines, y compris le diazépam, ne sont pas susceptibles de donner lieu à un abus chez les clients qui n'ont pas d'antécédents de dépendance à l'alcool ou à une autre drogue. Même si les mécanismes ne sont pas connus, les personnes souffrant d'une dépendance à un produit chimique réagissent différemment au diazépam que les personnes sans dépendance chimique. La **tolérance** chez les personnes souffrant d'une dépendance à l'alcool ou à une autre drogue est rapide pour ce qui est des effets sédatifs et euphoriques, et négligeable pour les effets anxiolytiques (Francis et Miller, 1991).

Opiacés

Les alcaloïdes opiacés dérivés de l'opium (extrait du pavot asiatique *Pavaver somniferum*) font partie de cette classe de drogues, le plus connu étant la morphine. L'héroïne, la codéine et l'hydromorphone (Dilaudid) sont aussi des alcaloïdes opiacés. La mépéridine (Demerol), la méthadone et le napsylate de propoxyphène (Darvon-N) sont des opiacés synthétiques fabriqués en laboratoire.

L'héroïne est l'opiacé le plus fréquemment consommé de façon abusive. Le nombre de consommateurs est difficile à estimer, mais la police de Montréal signale une recrudescence de sa mise en marché, associée à une baisse des prix. Les héroïnomanes de sexe masculin sont trois fois plus nombreux que ceux de sexe féminin. La plupart des héroïnomanes ont de lourds antécédents de dépendance à l'alcool ou à une drogue. Ils ont commencé à abuser d'une substance à un âge précoce et ont opté pour l'héroïne entre 25 et 35 ans environ. Les héroïnomanes dépensent une fortune pour subvenir à leurs besoins quotidiens. Beaucoup se procurent l'argent nécessaire en commettant des crimes, dont la revente de drogues (Kaplan et Sadock, 1994).

La tolérance aux opiacés se développe très rapidement, mais non la tolérance à leur effet dépresseur. La plupart des décès surviennent à la suite d'un arrêt respiratoire. Une surdose de morphine est mortelle. On peut reconnaître une surdose d'opiacés par ses effets analgésiques importants, mais également par la triple association du coma, des pupilles rétrécies et de la dépression respiratoire.

L'administration en urgence d'un antagoniste des opiacés est nécessaire en cas de surdose. Une première dose de 0,4 mg de naloxone (Narcan) est administrée par voie intraveineuse. La dose peut être administrée à nouveau quatre ou cinq fois au cours des 30 à 45 minutes suivantes, en fonction des signes vitaux et de la réponse du client. Il est impératif de maintenir les voies aériennes dégagées et de surveiller les signes vitaux jusqu'à ce que le client réponde totalement et qu'il soit hors de danger. La naloxone a une durée d'action brève (4 ou 5 heures) ; une surveillance continue est donc nécessaire afin de prévenir le retour des symptômes toxiques dus aux effets des opiacés (Kaplan et Sadock, 1994).

Sevrage des opiacés

Les héroïnomanes et les morphinomanes consomment de grandes quantités de drogue. Les symptômes de manque commencent 6 à 8 heures après la dernière dose et atteignent leur intensité maximale dans les 48 à 72 heures qui suivent. On observe alors de la myalgie, des nausées, des vomissements, de la diarrhée, de la transpiration profuse, de la rhinorrhée, des larmoiements, une dilatation des pupilles, de l'hypertension, de la tachycardie et des irrégularités de température, dont les frissons et la fièvre (Slaby, 1997). Ces symptômes sont très pénibles, presque insupportables. Quand le sevrage se fait brutalement, on le désigne sous le nom de *cold turkey*. Une seule dose de morphine ou d'héroïne peut soulager tous les symptômes du manque.

Traitement à la méthadone

Le traitement à la méthadone est le traitement le plus approprié pour les héroïnomanes et les morphinomanes. La méthadone est un opiacé synthétique administré aux dépendants afin de supprimer les symptômes de manque. Une dose de méthadone de 20 à 80 mg par jour est habituellement suffisante pour stabiliser un client. Le traitement à la méthadone continue jusqu'à ce que le client puisse se passer de méthadone. La méthadone elle-même crée une accoutumance, mais les clients peuvent être sevrés progressivement en diminuant la dose quotidienne. Il est nécessaire de prendre des précautions spéciales lors du sevrage des femmes enceintes dépendantes des opiacés. Habituellement, on prescrit de plus faibles doses de méthadone (10 à 40 mg par jour) (Kaplan et Sadock, 1994).

Cocaïne

La cocaïne (« neige », « coke », « poudre », « coco ») est un alcaloïde très toxicomanogène dérivé de l'*Erythroxylon coca*, une plante indigène de la Bolivie et du Pérou. Les propriétés toxicomanogènes de la cocaïne n'étaient pas connues jusque dans les années 1980, moment où cette drogue est devenue très en vogue.

Les effets pharmacologiques de la cocaïne, qui bloque le recaptage de la sérotonine et des catécholamines, en particulier la dopamine, produisent un sentiment intense d'euphorie. Cela fait de la cocaïne une drogue très toxicomanogène. Une seule dose de cocaïne, en particulier sous la forme de « crack », peut causer une psychodépendance. Le principal effet de la cocaïne est relativement bref (durée de 30 à 60 minutes) lorsqu'elle est administrée par voie intraveineuse ou inhalée. La cocaïne reste, cependant, dans le cerveau pendant environ 10 jours. Après l'effet aigu de la drogue, une période de dépression survient qui peut être suffisamment grave pour entraîner des idées de suicide (Kaplan et Sadock, 1994).

Les personnes qui inhalent la cocaïne fumée peuvent souffrir d'un gonflement et d'une inflammation des fosses nasales, et d'une ulcération du nez. Les personnes sensibles au crack peuvent avoir un arrêt cardiaque soudain.

Comme pour toutes les administrations intraveineuses, le partage des aiguilles peut entraîner des infections graves (notamment le VIH) et une embolie au point d'injection.

L'intoxication à la cocaïne est caractérisée par une irritation, une agitation et une agressivité extrêmes, ainsi que par une activité sexuelle impulsive et une excitation maniaque. La durée de l'intoxication est généralement limitée à une période de 24 heures, après laquelle surviennent les symptômes de sevrage. On désigne souvent ces symptômes par le terme de « crash ».

Le sevrage de la cocaïne est défini dans la classification du DSM-IV comme un syndrome de sevrage caractéristique qui se manifeste quelques heures ou quelques jours après l'arrêt de la consommation de cocaïne.

Un sevrage brutal crée un désir puissant de consommer de la cocaïne. Les clients souffrent d'une dépression grave accompagnée d'idées de suicide. Ils deviennent hypersomnolents et se plaignent de fatigue, d'anhédonie et d'un malaise général. Les symptômes durent généralement quelques semaines. Pendant cette période, les clients risquent de consommer d'autres substances psychotropes, dont l'alcool et les benzodiazépines, pour remplir le vide qu'ils ressentent parce qu'ils ont arrêté de prendre de la cocaïne.

Le traitement de la cocaïnomanie peut être demandé par le cocaïnomane ou requis par la justice. Beaucoup de personnes doivent être hospitalisées, pour garantir qu'elles ne pourront pas se procurer de la cocaïne ni une autre drogue. La psychothérapie traite les problèmes psychologiques sous-jacents. Des groupes de soutien comme les Cocaïnomanes Anonymes (CA) aident la personne à rester sobre. La dépression sous-jacente et la psychose possible nécessitent un traitement médical à base d'antidépresseurs et d'antipsychotiques.

Stimulants

Les stimulants comprennent la caféine, l'éphédrine et l'amphétamine. Les amphétamines sont les stimulants les plus consommés. L'amphétamine a été synthétisée pour la première fois en 1887 ; elle a été mise sur le marché pour la première fois en 1932 sous le nom de Benzédrine. L'inhalateur de Benzédrine était un médicament en vente libre pour la congestion nasale et l'asthme. Les amphétamines et les congénères amphétaminiques (drogues qui exercent une action similaire sur les groupes musculaires) incluent la dextroamphétamine (Dexédrine), la méthamphétamine (Methédrine) et le méthylphénidate (Ritalin) (Kaplan et Sadock, 1994).

L'amphétamine est une drogue très toxicomanogène. Même si elle n'est pas aussi toxicomanogène que la cocaïne, les consommateurs occasionnels commencent rapidement à abuser de la drogue et à la consommer par voie intraveineuse, ce qui conduit à une morbidité physique et psychosociale. Très prisées durant les années 1970, les amphétamines ont connu un regain de faveur du fait de leur association avec la culture « rave ». L'amphétamine

n'est prescrite que pour le déficit d'attention ou trouble d'hyperactivité chez les enfants et les adultes, pour la narcolepsie et l'obésité. Le marché noir de la drogue existe toutefois toujours. Cette drogue est particulièrement appréciée des étudiants, des athlètes, des artistes de spectacle et des routiers, en raison du sentiment de bien-être et de l'absence de fatigue qu'elle procure.

Parce que la tolérance se développe rapidement avec les amphétamines, certains amphétaminomanes peuvent consommer jusqu'à 1 g par jour, tandis que la mort peut survenir à des doses de 120 mg chez les non-consommateurs. Les effets secondaires mortels comprennent l'arrêt cardiaque, l'accident vasculaire cérébral et une atteinte neurologique qui se traduit par des mouvements brefs et saccadés, de la tétanie, des convulsions, le coma et la mort.

Les amphétamines provoquent également de graves effets psychologiques, parmi lesquels l'agitation, la dysphorie, l'insomnie, l'irritabilité, la confusion et la panique. L'intoxication à de hautes doses d'amphétamines peut conduire à une paranoïa induite et à des idées de référence. On a également signalé un comportement meurtrier. Le diagnostic d'intoxication aux amphétamines est posé sur la base des symptômes et des antécédents. Des tests de laboratoire spécifiques servent à diagnostiquer l'« intoxication » ; les examens d'urine sont cependant inefficaces si plus de 48 heures se sont écoulées depuis la dernière dose. Les symptômes de sevrage atteignent normalement leur intensité entre 48 heures et 72 heures après l'arrêt de la drogue ; ils peuvent durer plusieurs semaines. Le symptôme le plus fréquent et le plus dangereux est la dépression accompagnée d'idées de suicide (Kaplan et Sadock, 1994).

Autres drogues chimiques

Des drogues synthétiques apparaissent presque chaque saison sur le marché noir des drogues (ecstasy, GHB, K, etc.). Leur succès dure souvent peu de temps, et leur mauvaise qualité peut donner de véritables cocktails chimiques aux effets imprévisibles et parfois très dangereux pour les consommateurs. Les drogues chimiques illégales les plus courantes sont le LSD, l'ecstasy et le PCP.

L'ecstasy est une drogue chimique associée à la culture rave. Elle procure un sentiment d'euphorie, qui s'émousse vite avec l'accoutumance. L'ecstasy vendue au marché noir est souvent plutôt de l'amphétamine, voire du concentré de caféine. L'ecstasy peut entraîner des états de déshydratation et d'épuisement. Elle peut aussi avoir des effets plus graves si elle est consommée en association avec d'autres drogues.

La phencyclidine (PCP), connue sous le nom de « mescaline », est un hallucinogène puissant qui a des propriétés cholinergiques, dopaminergiques et opioïdes. Cette drogue très prisée au Québec est un médicament dangereux qui peut causer la mort, s'il est consommé en grandes quantités, des suites d'un état de mal épileptique, d'une crise adrénergique ou d'une insuffisance respiratoire. La drogue peut être consommée oralement ou par voie intraveineuse, inhalée ou fumée. L'intoxication au PCP est une véritable urgence médicale qui peut nécessiter un traitement dans un service d'urgence (Slaby, 1997).

Nicotine

La dépendance à la nicotine est décrite sous l'entrée « trouble lié à la consommation de nicotine » et le sevrage de nicotine, sous l'entrée « trouble induit par la nicotine » dans la classification du DSM-IV. Plus d'un tiers de la population mondiale consomme de la nicotine. La cigarette est sa forme d'ingestion la plus fréquente. Bien que la consommation de nicotine ait baissé au cours des dernières années, elle continue d'être très élevée chez certains groupes et populations, dont les femmes, les adolescents, les personnes âgées et les malades mentaux. La consommation de nicotine a augmenté dans de nombreux pays, en particulier dans les pays de l'est de l'Europe. Les individus souffrant d'autres problèmes d'abus de substances, en particulier d'abus d'alcool, sont généralement de gros fumeurs. Beaucoup d'entre eux, en fait, fument une cigarette après l'autre (ils allument parfois leur prochaine cigarette avec celle qu'ils sont en train de fumer).

La dépendance à la nicotine s'installe en relativement peu de temps. Le fumeur moyen consomme de 20 à 30 cigarettes par jour. Les personnes qui fument une cigarette après l'autre peuvent consommer plusieurs paquets par jour. Le sevrage de la nicotine s'accompagne de symptômes marqués, comme l'irritabilité, l'agitation, la difficulté à se concentrer, l'insomnie et la dépression. Beaucoup de personnes prennent du poids, en raison d'une augmentation de leur appétit. Sans assistance médicale, 80 % des fumeurs qui arrêtent rechutent au cours des deux premières années. Au cours des dernières années, la gomme à la nicotine et les timbres à la nicotine ont été utilisés pour réduire les symptômes de sevrage et l'envie de nicotine. Lorsque ces méthodes sont utilisées, une surveillance médicale est conseillée pour contrôler la quantité de nicotine consommée par le client. Un antidépresseur, le bupropion (Zyban) peut également être prescrit comme aide antitabagique. Des approches complémentaires, comme l'acupuncture, donnent aussi de bons résultats sur le tabagisme.

Pronostic

La **sobriété**, associée à une qualité de vie satisfaisante, est l'objectif visé pour surmonter la dépendance. Beaucoup de clients rechutent plusieurs fois avant de parvenir à la sobriété. L'évolution du trouble varie en fonction de la classe de la substance, de la voie d'administration et d'autres facteurs (APA, 1994). Un diagnostic d'abus de substance sera le plus probablement posé chez les personnes qui viennent de commencer à utiliser les substances. Pour beaucoup, l'abus d'une substance particulière peut évoluer vers une dépendance à cette même substance, en particulier si celle-ci présente un fort

potentiel de développement d'une tolérance, d'une dépendance et de modes de consommation compulsive (APA, 1994).

L'évolution de la dépendance à une substance est variable. Elle est habituellement chronique et dure des années, avec des périodes d'abus et d'autres de sobriété partielle ou totale. Pendant les dix premiers mois suivant le début de la guérison, la personne est particulièrement vulnérable à une rechute.

Critères d'évolution positive

Le client :

- restera sobre ;
- reconnaîtra sa dépendance à vie à des substances psychoactives ;
- montrera sa connaissance du processus continu de guérison (« un jour à la fois ») ;
- fixera des objectifs réalistes ;
- assistera régulièrement aux réunions d'un groupe de soutien (Alcooliques Anonymes, Narcotiques Anonymes) ;
- fera preuve d'une plus grande estime de soi ;
- exprimera une diminution de la culpabilité, du sentiment de solitude, de la honte, du désespoir et de la colère ;
- acquerra de nouveaux mécanismes d'adaptation et des stratégies pour gérer l'anxiété, la frustration et la colère ;
- énumérera des solutions de rechange concrètes pour remplacer les comportements de recherche et de consommation de la drogue (passe-temps, école, emploi, travail bénévole, fonctions sociales) ;
- aura le sentiment de maîtriser sa propre vie ;
- exprimera de l'espoir pour l'avenir ;
- participera à un groupe d'entraide (client et famille) ;
- évitera les gens et les situations qui renforcent le syndrome de manque et y contribuent ;
- pourra citer les conséquences des substances psychoactives sur son bien-être biologique, psychosocial, culturel et spirituel ;
- s'intéressera aux programmes d'assistance pour l'abus de substances, comme le programme d'aide aux employés ;
- encouragera sa famille ou des proches à participer à des groupes de soutien Alanon/Alateen.

13.2 DÉMARCHE DE SOINS INFIRMIERS

→ 13.2.1 Collecte de données

Lors de l'interrogatoire sur l'abus de drogue, l'infirmière utilise une approche systématique en intégrant les questions à l'histoire générale des substances légales, comprenant les médicaments, les produits vendus sans ordonnance et les médicaments sur ordonnance. Les questions spécifiques sur l'usage de la nicotine, de la caféine et de l'alcool portent, par exemple, sur le premier épisode de consommation, les

ASPECT PHYSIQUE

- Perturbations potentiellement graves du fonctionnement de tous les systèmes du corps

Michel boit tous les jours depuis 16 ans. Il consomme aussi d'autres substances (cannabis, cocaïne) quand l'occasion se présente. Il a des problèmes de foie assez graves.

ASPECT PSYCHOLOGIQUE

- Détresse, dépression, anxiété

Quand il est trop saoul, Michel a tendance à s'apitoyer sur son sort. Parfois, il est submergé par la culpabilité. Il ne connaît qu'un remède : l'alcool.

ASPECT SOCIAL

- Perturbations du réseau social, isolement

Michel garde rarement un emploi plus de six mois. Quand il se fait des amis, il les perd à force de trop leur demander de l'argent, de l'hébergement, de l'alcool.

DIMENSION SPIRITUELLE

- Culpabilité, dévalorisation de soi, horizons bouchés

Michel a l'impression de ne pas valoir les rêves qu'il avait et d'être trop faible pour avoir une vraie vie.

SCHÉMA DES 4 DIMENSIONS Toxicomanie

modes d'usage, la fréquence et la quantité. L'infirmière doit aussi obtenir des informations sur les autres catégories de drogues présentées dans l'encadré 13.5.

Lorsque le client confirme qu'il consomme l'une de ces drogues, l'infirmière doit obtenir davantage d'informations sur la drogue en question, dont l'âge du client à la première utilisation, la période de consommation la plus intense dans la vie du client, les modes d'utilisation, la présence ou l'absence d'épisodes de consommation excessive et la survenue d'épisodes de voile noir. Il faut examiner l'usage dans le passé immédiat afin de déterminer la possibilité de symptômes de sevrage ou de toxicité. Lorsque le client est incapable de décrire ses antécédents en raison des effets de l'abus de drogue, il faut s'en informer auprès d'un membre de la famille, de proches et des centres de traitement précédents. Si le client prend de la méthadone, l'infirmière doit impérativement vérifier la date et l'heure d'administration de la dernière dose. Il faut aussi s'assurer que le client n'a pas obtenu de méthadone dans la rue avant son admission.

Les antécédents psychosociaux et familiaux, le risque de suicide ou de violence (dirigée contre soi ou contre les autres) et un examen de l'état mental font aussi partie d'antécédents de santé complets. La coopération entre l'infirmière, le client, la famille et l'équipe soignante est

> ### Catégories de drogues prises en considération lors de la collecte de données   ENCADRÉ 13.5
>
> - Nicotine : cigarettes, tabac à mâcher, tabac pour pipe, tabac à priser, etc.
> - Alcool : bière, vin, whisky, gin, etc.
> - Cannabis : marijuana, « marie-jeanne », « pot », « weed », « haschisch »
> - Cocaïne : « crack », etc.
> - Dépresseurs du système nerveux central : barbituriques, benzodiazépines, méthaqualone (Quaalude, « sopers »)
> - Stimulants du système nerveux central : caféine, amphétamines, anorexigènes, bronchodilatateurs, décongestionnants
> - Opiacés : héroïne, codéine, méthadone
> - Hallucinogènes : diéthylamide de l'acide lysergique (LSD), mescaline, phencyclidine (PCP), champignons, peyotl
> - Inhalants : colle, peinture, hydrocarbures aromatiques
> - Stéroïdes anabolisants
> - Drogues synthétiques : chlorhydrate de mépéridine (Demerol), chlorhydrate de propoxyphène (Darvon-N)
> - Médicaments vendus sans ordonnance : antihistaminiques, sirops contre la toux, somnifères, etc.
> - Drogues sur mesure : 3,4 – méthylènedioxyamphétamine (ecstasy), analogues du fentanyl (« China White », héroïne synthétique), médicaments contre la douleur, stimulants

essentielle à la mise en place et à la révision du plan de soins. Pour le client qui abuse de l'alcool ou d'une autre drogue, la voie vers l'abstinence exige des résultats escomptés réalistes et un plan de soins infirmiers cohérent.

Toutefois, il est indispensable que l'infirmière examine sa position personnelle envers l'alcoolisme et connaisse les spécificités de la personne jeune, adulte ou âgée afin de distinguer les changements liés à l'alcool de ceux liés à la période de vie.

Examen physique

Lors de l'examen physique du client, l'infirmière peut relever des signes d'abus d'alcool ou d'une autre drogue. Une attention particulière doit être portée aux domaines d'évaluation présentés dans le tableau 13.1. Pendant le processus d'évaluation, l'infirmière observe le client et l'interroge sur l'incidence d'accidents et de blessures. Il est possible que des clients qui ont de nombreux antécédents de traumatismes et d'admissions à l'hôpital présentent un abus d'alcool ou d'une drogue, ce qui écarte alors les autres causes possibles d'accidents et de blessures. L'infirmière devrait évaluer les altérations ou les troubles de la cognition, de la perception sensorielle, des émotions ou du comportement.

Outils de dépistage

Outre un interrogatoire et un examen physique complets, des instruments de dépistage facilitent la détection de la consommation potentielle de drogues. Le test CAGE est l'instrument le plus fréquemment utilisé pendant l'interrogatoire (voir encadré 13.6). Une réponse positive à l'un des quatre éléments du CAGE indique un problème potentiel lié à la consommation d'alcool.

Parmi les autres instruments fréquemment utilisés, on trouve :
- la version abrégée du test de dépistage d'alcoolodépendance du Michigan (SMAST) (Seltzer, 1975) ;
- le test d'identification des troubles liés à la consommation d'alcool (AUDIT) (Babor et coll., 1989) ;
- la version abrégée de l'échelle de traumatisme (Skinner et coll., 1984).

Test de dépistage de l'alcoolisme CAGE — ENCADRÉ 13.6

1. Avez-vous déjà ressenti le besoin de réduire votre consommation ?
2. Vos proches ont-ils déjà critiqué votre consommation, et cela vous a-t-il ennuyé ?
3. Vous êtes-vous déjà senti coupable à cause de votre consommation ?
4. Avez-vous déjà pris une boisson le matin pour vous calmer ou vous débarrasser d'une gueule de bois (révélateur) ?

Tiré de Ewing JA. *Detecting alcoolism : the CAGE questionnaire,* JAMA 252 : 1905, 1984.

TABLEAU 13.1	Évaluation physique du client présentant un abus d'alcool ou de drogue
Champ d'évaluation	**Signes observables**
Température	Élevée
Pouls	Rapide ; régulier ; irrégulier
Respirations	Rapides ; peu profondes ; déprimées
Taille/Poids	Perte de poids ; apparence malnutrie
Yeux	Conjonctivite ; rouges/injectés de sang ; pupilles dilatées ou myosis extrême ; larmoiement ; nystagmus
Nez	Congestionné ; rouge ; rhinorrhée
Peau	Froide ; moite et froide ; ecchymoses ; pétéchies (petites tâches rougeâtres sur la peau) ; télangiectasie (lésions vasculaires formées par la dilatation d'un groupe de petits vaisseaux de sang) ; érythème des paumes ; chair de poule ; marques d'aiguille
Cavité buccale	Muqueuse rouge, irritée ; langue œdémateuse, saburrale
Abdomen	Brûlures épigastriques ; abdomen distendu ; vomissements ; diarrhée ; hépatomégalie (élargissement du foie)
Parole	Trouble de l'élocution ; incohérence ; déviations du volume et du son
Cognition	Déficiente ; trouble de la mémoire ; blocage de la pensée
Coordination neuromusculaire	Incoordination motrice ; tremblements musculaires légers ; démarche traînante, titubante, instable ; maladresse
Conscience	Confusion de l'orientation, du temps, du lieu et de la personne

Tests de laboratoire

Outre les antécédents et l'examen physique, une partie du processus d'évaluation consiste à effectuer des tests de laboratoire pour contrôler la consommation de drogues. Le dépistage des drogues soulève encore des questions éthiques, telles que la violation potentielle des droits de la personne et l'obtention du consentement éclairé du client (voir chapitre 5). Si on utilise de tels tests, il faut aussi tenir compte du fait qu'ils ne sont que modérément fiables.

Un grand nombre de variables peuvent influer sur les résultats, dont le caractère unique de la drogue, la quantité prise, la fréquence de la consommation, le type de liquides organiques testés (urine, sang), les différences de métabolisme et la demi-vie de la drogue, l'heure et la date du prélèvement en lien avec le moment de la consommation, enfin, la sensibilité du test lui-même.

Les tests de laboratoires les plus couramment utilisés sont les alcootests, la gamma-glutamyl transférase (GGT), et le volume globulaire moyen (VGM). L'alcootest mesure l'intoxication selon la définition juridique. Les taux sériques de gamma-glutamyl transférase augmentent en réponse à l'ingestion d'alcool. La gamma-glutamyl transférase, qu'il y ait ou non d'autres signes d'atteinte du foie, sera plus élevée chez environ 60 % à 80 % des personnes présentant un abus d'alcool chronique. Le volume globulaire moyen (VGM) est élevé chez 35 % des personnes qui consomment de l'alcool de façon excessive ou chronique. On peut aussi réaliser le test d'aspartate aminotransférase (ASAT). Une augmentation des taux de l'ASAT indique une atteinte du foie chez 35 % des consommateurs excessifs d'alcool.

➡ 13.2.2 Diagnostic infirmier

Les diagnostics infirmiers sont établis à partir des informations obtenues pendant la phase d'évaluation. L'exactitude du diagnostic repose sur une évaluation approfondie et minutieuse. Le tableau 13.2 fournit des informations sur l'intoxication due à l'alcool.

Diagnostics infirmiers pour les troubles liés à l'utilisation de substances toxiques

- Stratégies d'adaptation inefficaces
- Déni non constructif
- Dynamique familiale perturbée
- Dynamique familiale dysfonctionnelle : alcoolisme
- Alimentation déficiente ou excessive
- Opérations de la pensée perturbées
- Risque de trauma
- Risque de violence envers soi ou envers les autres

Diagnostics possibles selon l'approche cognitivo-émotivo comportementale (ACÉC)

- Anxiété (niveau à préciser) reliée à la peur de perdre sa valeur personnelle ou de ne pas être aimé
- Sentiment d'impuissance et de colère relié à l'idée que les choses, les événements et les personnes devraient être autrement
- Sentiment de culpabilité relié à l'idée que « j'aurais dû être autrement ou faire autrement »
- Diminution (chronique ou situationnelle) de l'estime de soi reliée à l'idée que « ma valeur personnelle dépend du jugement des autres »
- Perte d'espoir reliée à l'idée que « je n'ai aucun pouvoir sur mes choix »

Voir aussi encadré 13.7.

➡ 13.2.3 Résultats escomptés

Déterminés à partir des diagnostics infirmiers, les résultats escomptés sont les réponses que le client devra fournir.

Le client :

- maintiendra ses signes vitaux dans des limites normales ;

TABLEAU 13.2	Intoxication à l'alcool*
Taux sanguins d'alcool	**Conséquences**
20-50 mg d'alcool pour 100 ml de sang (0,02-0,05)	Aucune conséquence juridique ; perte partielle de la fonction sensorielle ; changements possibles de comportement
80-100 mg d'alcool pour 100 ml de sang (0,08-0,1)	Niveau d'intoxication passible d'une sanction dans la plupart des provinces ; capacité à conduire déficiente ; incoordination et perte de l'équilibre ; démarche titubante ; trouble de l'élocution ; fonction sensorielle déficiente
100-150 mg d'alcool pour 100 ml de sang (0,1-0,15)	Incoordination et perte de l'équilibre importantes ; cognition et jugement très déformés
Taux supérieurs à 200 mg pour 100 ml de sang (0,2-0,3)	Déficience importante de toutes les fonctions motrices et sensorielles
Taux supérieurs à 300mg pour 100 ml de sang (0,3 et au-delà)	Défaillance cardiovasculaire et respiratoire possible ; le coma et la mort surviennent si des gestes salvateurs ne sont pas posés

Tiré de Fleming MF, Barry KL, Addictive disorders, St. Louis, 1992, Mosby; et de Mendelson JH, Mello NK, *Diagnostic criteria for alcoholism and alcohol abuse*. In Mendelson JH, Mello NK, éditeurs, The diagnosis and treatment of alcoholism, New York, 1985, McGraw Hill.

*Note : Avec l'apparition d'une tolérance, ces chiffres cessent d'être exacts. Les taux peuvent également être influencés par le sexe de la personne, son poids et son état de santé.

- présentera une réduction des pensées délirantes, une absence d'hallucinations et une absence d'idées de suicide ou d'homicide ;
- maintiendra une hydratation liquidienne normale ;
- ne souffrira pas de convulsions ;
- déclarera se sentir en sécurité dans son environnement ;
- déclarera ressentir une réduction des symptômes de sevrage (qui peuvent se produire des semaines après la dernière consommation) ;
- participera aux activités thérapeutiques (individuelles ou de groupe) du plan de traitement ;
- aura un régime équilibré comportant suffisamment de calories pour remplir les besoins nutritionnels prescrits ;
- exprimera le besoin de contacter les membres de la famille ou des proches, pour obtenir du soutien ;
- analysera les facteurs qui peuvent faire obstacle au plan de traitement (p. ex. manque de soutien social ou familial, manque de ressources financières, recherche des anciens compagnons de beuverie) ;
- fixera des buts réalistes de réadaptation (p. ex. poursuivre le programme en 12 étapes) ;
- verbalisera le fait que la guérison est un processus continu qui s'opère au jour le jour ;
- verbalisera la capacité à dormir sans sédatifs ;
- exprimera le désir d'établir des relations avec des amis qui ne boivent pas et évitera les situations qui, auparavant, impliquaient la consommation d'alcool.

➡ 13.2.4 Planification

L'infirmière doit mettre au point un plan prenant en compte les besoins de la personne à long terme, car le client a souvent un long passé d'abus d'alcool ou d'autres drogues. Les soins au client sont basés sur les données recueillies pendant le processus de collecte et les besoins immédiats, ainsi que sur les buts à long terme du traitement et des soins de suivi.

La collaboration entre l'infirmière, le client, la famille et l'équipe de soins est essentielle pour la mise au point et la révision du plan de soins. Pour le client qui abuse de substances, la voie vers l'abstinence demande des résultats escomptés réalistes et un plan de soins cohérent.

➡ 13.2.5 Exécution

L'infirmière fournissant des soins au client qui abuse de l'alcool ou d'une drogue envisagera un plan de soins qui réponde aux besoins du client à chaque phase du processus de réhabilitation. La réhabilitation est un processus à long terme souvent interrompu par des périodes de rechute.

Le plan de soins consiste à soulager le client des symptômes et des complications dus au sevrage de l'alcool ou d'une drogue, à lui fournir le soutien nutritif nécessaire, à l'aider à gérer sa colère et sa violence potentielle envers lui-même et envers les autres, à lui procurer un soutien pour augmenter son estime de soi, à l'aider à fixer des objectifs à court et à long terme, à rétablir sa relation avec

ses proches, à lui fournir des ressources pour une réadaptation professionnelle et à suivre ses progrès après sa sortie de l'hôpital.

Interventions de soins infirmiers

1. Surveiller les signes vitaux du client tout en observant les signes et les symptômes de surdose, de sevrage et d'interactions de drogues *afin d'obtenir les informations de base sur l'état du client.*

2. Évaluer les symptômes physiologiques et psychologiques du sevrage et les effets des médicaments prescrits pendant le processus de sevrage *afin de fournir un traitement sûr et efficace pendant le sevrage.*

3. Commencer les interventions thérapeutiques pour traiter les symptômes de sevrage, dont l'anxiété et autres complications *afin d'aider le client à se sevrer de la substance toxicomanogène.*

4. Fournir un soutien psychologique au client, à la famille et aux proches *pour inclure la famille dans le processus de traitement.*

5. Fournir un environnement sûr, calme, non menaçant pour le client qui est en sevrage *en raison de la possibilité d'illusions, de délires ou d'hallucinations pendant le sevrage, de danger pour soi ou pour les autres et de crises épileptiques tonico-cloniques.*

6. Aider le client à satisfaire ses besoins nutritionnels et métaboliques, soit par voie orale soit par voie intraveineuse, en fonction de sa capacité à prendre et à retenir les liquides *afin d'assurer une hydratation adéquate.*

7. Adresser, au besoin, le client à un nutritionniste, en tenant compte de ses préférences spirituelles, culturelles et personnelles *afin d'offrir des soins holistiques et interdisciplinaires.*

8. Augmenter l'apport en glucides s'il y a lieu (p. ex. bonbons durs et autres collations de ce type) *afin de diminuer les besoins du client pour des psychotropes et satisfaire ses besoins oraux.*

9. Commencer le traitement de substitution à base de vitamines et de minéraux (voir encadré 13.4, en page 309). *Une carence en vitamine B peut se manifester même en l'absence de déficiences alimentaires et de malabsorption. Des carences en vitamines A, C, D, E et K surviennent également. Les taux de fer, de magnésium et de zinc peuvent également être touchés par l'absorption d'alcool.*

10. Fournir un soutien au client en étant sensible au déni. Établir une relation empathique avec le client qui nie avoir un problème de consommation abusive. Diverses techniques peuvent être utilisées, dont les techniques psychothérapeutiques, la confrontation et les approches comportementalistes décrites dans ce chapitre. La thérapie familiale peut être également indiquée (voir chapitre 19). *Fournir un soutien et de l'empathie. Cela ne libère pas le client, mais cela l'aide à travailler sur le processus du déni et à*

Diagnostics en collaboration

Diagnostics DSM-IV*

- Troubles de consommation d'alcool
- Troubles induits par l'alcool
- Troubles de consommation d'amphétamines
- Troubles induits par la consommation d'amphétamines
- Troubles de consommation de caféine
- Troubles induits par la consommation de caféine
- Troubles de consommation de cannabis
- Troubles induits par la consommation de cannabis
- Troubles de consommation de cocaïne
- Troubles induits par la consommation de cocaïne
- Troubles de consommation d'hallucinogènes
- Troubles induits par la consommation d'hallucinogènes
- Troubles de consommation de produits pour inhalation
- Troubles induits par la consommation de produits pour inhalation
- Troubles de consommation de nicotine
- Troubles induits par la consommation de nicotine
- Troubles de consommation d'opiacés
- Troubles induits par la consommation d'opiacés
- Troubles de consommation de phencyclidine
- Troubles induits par la consommation de phencyclidine
- Troubles de consommation de sédatifs, d'hypnotiques, d'anxiolytiques
- Troubles induits par la consommation de sédatifs, d'hypnotiques, d'anxiolytiques
- Troubles de consommation d'autres substances (ou d'une substance inconnue)
- Troubles induits par la consommation d'autres substances (ou d'une substance inconnue)

Diagnostics NANDA†

- Inadaptation à un changement dans l'état de santé
- Risque d'aspiration
- Image corporelle perturbée
- Mode de respiration inefficace
- Débit cardiaque diminué
- Stratégies d'adaptation familiale invalidantes
- Stratégies d'adaptation individuelles inefficaces
- Conflit décisionnel (à préciser)
- Déni non constructif
- Diarrhée
- Dynamique familiale perturbée
- Déficit de volume liquidien
- Échanges gazeux perturbés
- Maintien inefficace de l'état de santé
- Hypothermie
- Risque d'infection
- Non-observance (à préciser)
- Alimentation déficiente
- Exercice du rôle parental perturbé
- Exercice du rôle perturbé
- Diminution (chronique ou situationnelle) de l'estime de soi
- Risque d'automutilation
- Dysfonctionnement sexuel
- Habitudes de sommeil perturbées
- Interactions sociales perturbées
- Opérations de la pensée perturbées
- Risque de trauma
- Risque de violence envers les autres
- Risque de violence envers soi

*Tiré de l'American Psychiatric Association, Diagnostic and statistical manual of mental disorders, 4e éd., Paris, Masson, 1996.

†Tiré de l'ANADI. Diagnostics infirmiers : définitions et classification 2001-2002, Paris, Masson, 2002.

prendre conscience que ses problèmes sont liés à l'abus d'alcool ou de drogues (voir chapitre 19).

11. Traiter les complications secondaires dont souffre le client en raison de l'abus d'alcool ou d'une drogue (voir tableau 13.3). *L'abus prolongé d'alcool ou d'une drogue peut causer diverses complications ou divers dommages à tous les organes principaux du corps.*

12. Établir une relation empathique au moyen d'interactions individuelles ou en groupe *pour aider le client à améliorer son estime de soi, et régler ses sentiments de culpabilité et ses remords. Les clients qui abusent d'alcool ou d'une drogue ont tendance à se sentir incompétents et non désirés.*

13. Encourager le client à établir, à rétablir ou à renforcer les liens avec ses proches en utilisant différents moyens comme le jeu de rôle, en lui fournissant un environnement calme et approprié pour rencontrer sa famille, et en restant avec lui, lorsque la chose est possible, lors de la première visite. Informer la

famille des besoins du client avant leur rencontre. *Les clients qui abusent d'alcool ou d'une drogue ont souvent perdu un contact enrichissant avec la famille et les proches.*

14. Encourager le client à remettre en question ses idées irréalistes dans un programme structuré et soutenu. Informer le client, la famille et les proches de l'abus d'alcool ou d'une drogue, des symptômes, du traitement et des résultats du traitement, individuellement, en groupe ou au moyen de documentation. *Le client, la famille et les autres proches ont besoin d'avoir des renseignements sur l'abus de substances. Les informations sur l'abus d'alcool ou d'une drogue, en particulier celles communiquées dans un groupe, fournissent une base commune et donnent au client et à la famille la possibilité d'interagir et d'apprendre des autres.*

15. Aider le client et les membres de la famille à participer pleinement aux groupes de soutien en 12 étapes, parmi lesquels AA, Al-Anon, Al-a-Teen, AcoA, NA et

➡ **Plan de soins infirmiers**

COLLECTE DE DONNÉES

M. Jacques est un ancien militaire sans domicile fixe depuis six mois. Il a été admis à l'unité de soins psychiatriques d'un hôpital pour abus de substances diverses comprenant la consommation excessive d'alcool et de nicotine. Il ne souffre pas d'autres maladies, mais il semble mal nourri. Il y a huit mois, sa femme et lui se sont séparés après 10 ans de mariage. Il a deux garçons de 4 et 6 ans. Sa femme est retournée travailler comme informaticienne dans une société de traitement de données.

Avant qu'il ne commence à boire excessivement, M. Jacques travaillait dans un atelier d'entretien électrique. Lors de son admission, il a déclaré qu'il voulait mener une vie normale pour pouvoir retourner vivre avec sa famille. Sa femme affirme qu'elle l'aime encore et qu'elle fera tout son possible pour l'aider à suivre le traitement et à se réadapter.

Depuis son admission dans l'unité de soins, M. Jacques dit ne pas pouvoir dormir la nuit. Sa femme lui a rendu visite. Elle dit que les enfants « sont impatients de revoir Papa en forme et à la maison ».

DIAGNOSTIC DSM-IV

Axe I :	Dépendance à l'alcool
	Dépendance à la nicotine
	Dépendance à la cocaïne
Axe II :	Aucun diagnostic
Axe III :	Diagnostics médicaux : malnutrition, troubles du sommeil
Axe IV :	Agents stressants psychosociaux graves (extrême = 5) Sans abri ; finances (a perdu son emploi) ; interpersonnel (a perdu sa famille)
Axe V :	Évaluation globale du fonctionnement : en cours EGF = en cours EGF = 70 (année passée)

DIAGNOSTIC INFIRMIER : stratégies d'adaptation inefficaces reliées à une vulnérabilité personnelle et à des méthodes d'adaptation inadéquates.

DONNÉES : sa dépendance à l'alcool et à la nicotine, sa séparation d'avec sa femme et ses enfants, et sa situation de sans-abri.

Résultats escomptés	Interventions/Justifications	Évaluation
• M. Jacques verbalisera son « impuissance » face à l'alcool et aux autres drogues.	• Abonder dans le sens de M. Jacques lorsqu'il déclare être impuissant devant l'alcool *afin de l'aider à briser le cycle du déni. Le soutien de l'infirmière peut l'aider à remplacer sa dépendance à l'alcool.*	• M. Jacques verbalise son impuissance face à l'alcool.
• M. Jacques utilisera des stratégies d'adaptation qui ont précédemment fonctionné et de nouvelles stratégies, pour gérer les problèmes liés à l'abus de substance.	• Évaluer les stratégies d'adaptation habituelles de M. Jacques en lui posant des questions, en le conseillant et en l'aidant à analyser ses forces et faiblesses, *car les méthodes précédentes d'adaptation doivent être examinées pour mettre au point de nouvelles stratégies d'adaptation.*	• M.Jacques intègre de façon efficace de nouvelles stratégies d'adaptation aux méthodes existantes, avant sa sortie de l'hôpital.

DIAGNOSTIC INFIRMIER : diminution chronique de l'estime de soi reliée à des pensées et à des sentiments négatifs sur soi.

DONNÉES : ses échecs familiaux et professionnels liés à son abus d'alcool.

Résultats escomptés	Interventions/Justifications	Évaluation
• M. Jacques commencera à émettre des commentaires positifs à son propre sujet devant le personnel infirmier.	• Renforcer les déclarations de M. Jacques sur sa valeur personnelle *afin de bâtir son estime de soi avec le soutien constant de l'infirmière et des autres.*	• M. Jacques fait part de ses sentiments de valeur personnelle à sa femme et à ses enfants au moment de sa sortie de l'hôpital.
• M. Jacques parlera de la possibilité d'un avenir sans drogues.	• Soutenir les projets de M. Jacques, *parce que le client a besoin de discuter de ses projets d'avenir dans un environnement thérapeutique.*	• M. Jacques a un plan d'action précis, comprenant un nouveau travail et la continuation du programme en douze étapes.

DIAGNOSTIC INFIRMIER : dynamique familiale perturbée reliée aux effets d'une consommation chronique d'alcool et de cocaïne.

DONNÉES : le fait qu'il est séparé de sa femme et de ses enfants depuis huit mois.

Résultats escomptés	Interventions/Justifications	Évaluation
• M. Jacques commencera à communiquer avec sa famille par téléphone et demandera à voir sa famille.	• Encourager M. Jacques à commencer à prendre contact avec sa femme et ses enfants *pour lui fournir un soutien familial solide, l'aider à réintégrer sa famille et arrêter de consommer et d'abuser de substances.*	• M. Jacques est retourné dans sa famille à sa sortie de l'hôpital.

Plan de soins infirmiers (suite)

Résultats escomptés	Interventions/Justifications	Évaluation
• M. Jacques assistera à des séances de thérapie familiale avec sa conjointe.	• Informer M. Jacques et sa conjointe des avantages d'une thérapie familiale, *car les deux adultes de la famille ont besoin de soutien pour surmonter les effets incapacitants des problèmes d'abus de substances.*	• M. Jacques et sa conjointe assistent à des séances de thérapie familiale au moment de la sortie de l'hôpital.
• La conjointe de M. Jacques assistera aux réunions hebdomadaires de Al-Anon.	• Soutenir la conjointe de M. Jacques dans sa décision de participer aux réunions d'Al-Anon *pour l'aider à apprendre de nouvelles façons de communiquer efficacement avec son partenaire.*	• La conjointe de M. Jacques assiste aux réunions d'Al-Anon à la sortie de l'hôpital.

DIAGNOSTIC INFIRMIER : alimentation déficiente reliée à un manque d'intérêt pour la nourriture et au remplacement de la nourriture par de l'alcool ou des drogues.
DONNÉES : sa malnutrition et ses carences en vitamines et en minéraux.

Résultats escomptés	Interventions/Justifications	Évaluation
• M. Jacques mangera au moins la moitié des aliments offerts à chaque repas.	• Fournir les aliments préférés riches en protéines, glucides et vitamines, en particulier des vitamines B, *afin que M. Jacques mange plus de ses aliments préférés et se nourrisse en fonction de ses besoins métaboliques.*	• M. Jacques mangeait la totalité des repas équilibrés au moment de sa sortie de l'hôpital.
• M. Jacques choisira un régime tenant compte des aliments « désirés ».	• Encourager les choix diététiques jusqu'à ce que M. Jacques se sente plus sûr de lui *afin de l'amener à se rendre compte qu'il est capable de faire des choix appropriés.*	• M. Jacques a choisi un régime équilibré conforme au guide alimentaire au moment de sa sortie de l'hôpital.

DIAGNOSTIC INFIRMIER : habitudes de sommeil perturbées reliées aux effets du stress psychologique.
DONNÉES : irritabilité, agitation, dépression et incapacité à s'endormir et à rester endormi sans l'aide d'un sédatif.

Résultats escomptés	Interventions/Justifications	Évaluation
• M. Jacques dormira bien toute la nuit, sans sédatif, pendant toute une semaine.	• Fournir des informations sur les façons de faciliter le sommeil, comme l'utilisation de techniques de relaxation, le fait d'éviter le bruit et un massage calmant du dos *pour l'aider à se détendre et à utiliser ces techniques comme substituts de la consommation d'alcool.*	• M. Jacques dort la nuit entière sans sédatif au moment de sa sortie de l'hôpital.

CA. *L'expérience montre qu'une participation continue à un programme en 12 étapes est très utile pour ne plus consommer d'alcool ni d'autre drogue.*

16. Encourager la famille à être flexible et patiente au sujet de la participation du client aux groupes de soutien. *L'adoption d'un nouveau style de vie, comprenant la participation à un réseau de groupes de soutien, prend du temps et demande des efforts et de la motivation.*

17. Informer le client, la famille et les proches sur l'abus de psychotropes et sur les aspects préventifs, en fournissant des renseignements factuels et des suggestions pour prévenir la consommation d'alcool ou de drogue. *L'infirmière devrait servir de conseil et de ressource en ce qui concerne les dangers de l'abus d'alcool ou de drogue et le besoin d'un style de vie sain.*

18. Aider le client à constituer un réseau de soutien social en le mettant en contact avec les organismes communautaires où il peut trouver à se loger, à se faire des amis et à acquérir la force intérieure qui l'aidera pendant le processus de guérison. *Le client doit faire face à l'énorme tâche de se constituer de nouveaux réseaux de soutien social et il ne peut pas le faire sans soutien ni conseils.*

Modalités de traitement supplémentaires

Les interventions en collaboration demandent la participation de toute l'équipe concernée par le traitement et la réadaptation du client. Ces interventions comprennent, de façon non limitative : des médicaments pour traiter les symptômes de sevrage et les carences en vitamines et en minéraux, une thérapie de conditionnement, une psychothérapie, des conseils en réadaptation professionnelle et la prévention de la rechute. On peut aussi recourir à la thérapie et aux techniques comportementales, à la thérapie de groupe et à la thérapie familiale.

Sevrage/Désintoxication

Le sevrage brutal d'une drogue chez une personne dépendante exige une intervention médicale immédiate. Si des

TABLEAU 13.3	Troubles liés à la consommation excessive d'alcool et à l'abus de drogues
Problème	**Cause soupçonnée**
Hypoglycémie	Alimentation limitée, glycogénose, inhibition de la glyconéogenèse
Acidose lactique	Production excessive d'acide lactique par les hépatocytes
Hyperuricémie	Réduction de la clairance rénale de l'acide urique en raison d'une accumulation d'acide lactique dans l'organisme et de la nécessité de l'éliminer
Œsophagite	Effet toxique direct, vomissements
Gastrite	Effet toxique direct, augmentation de la production de la sécrétine et de l'histamine
Ulcère duodénal	Augmentation de la production de la sécrétine et de l'histamine
Malabsorption	Insuffisance pancréatique, atteinte des muqueuses en raison d'une réduction de l'activité de transport et de la production de disaccharidase, hyperpéristaltisme
Stéatose hépatique	Accumulation de triglycérides dans les hépatocytes
Hyperlipidémie	Augmentation de la production de lipoprotéines, augmentation de la clairance des lipoprotéines, mobilisation des accumulations de gras non hépatiques
Cétonémie à des taux pathologiques	Métabolisme excessivement rapide des graisses
Hépatite alcoolique	Inflammation des hépatocytes et nécrose associées à l'alcoolisme et à son métabolisme
Cirrhose	Scarification des tissus du foie associée à une infiltration des graisses à long terme ou à une hépatite
Pancréatite	Inflammation du pancréas causée par l'alcool conduisant à une augmentation de la production des sécrétines
Anémies	Effet toxique direct, malabsorption des nutriments, malnutrition, diminution de la synthèse de la transferrine
Cœur béribérique	Carence en thiamine
Myocardiopathie	Effet toxique direct, malnutrition
Myopathies squelettiques	Effet toxique direct
Réduction de la densité osseuse avec augmentation du risque de fracture	Excrétion excessive de calcium dans l'urine, mauvaise alimentation, malabsorption de la vitamine D, réduction de l'hydroxylation hépatique de la vitamine D
Altération de la réponse immunitaire	Malnutrition, effet toxique direct
Hémorragies	Altération de la production des protéines intervenant dans la coagulation sanguine
Syndrome de Wernicke-Korsakoff	Carence en thiamine
Tuberculose/pneumonie	Réduction de la résistance aux infections, atélectasie
Cancer du système gastro-intestinal (cou, gorge, estomac, pancréas)	Effets toxiques indirects
Impuissance	Neuropathie et dépresseur du SNC
Névrite périphérique	Malnutrition, en particulier carence en vitamines (complexe de la vitamine B)
Malnutrition	Étant très calorique, l'alcool agit comme un coupe-faim

Tiré de Beare PG, Myers JL. *Adult health nursing*, 2e éd., Saint Louis, Mosby, 1998.

symptômes de sevrage graves apparaissent, le client doit subir une **désintoxication**. Un sevrage progressif de la drogue, ou l'usage d'une drogue de substitution qui empêche ou minimise les symptômes de sevrage, est nécessaire. Les tremblements, la diaphorèse, un pouls rapide (120 à 140 battements/minute), une hypertension (150/90 ou plus) et l'insomnie figurent parmi les premiers symptômes de sevrage ressentis. Les clients souffrent aussi d'agitation extrême. Les hallucinations auditives et visuelles et les crises épileptiques tonico-cloniques surviennent lorsque les stratégies de traitement échouent. Une intervention médicale adéquate et rapide chez les clients en sevrage d'alcool devrait éliminer les symptômes les plus graves, y compris le delirium tremens.

La plupart des unités de désintoxication ont un protocole de médicaments établi, qu'une infirmière gère et surveille. Un protocole type prévoit l'administration d'une benzodiazépine (chlordiazépoxide, diazépam, lorazépam) toutes les 2 à 4 heures. Les signes vitaux du client sont mesurés toutes les 15 minutes jusqu'à ce qu'ils se stabilisent. Une surveillance étroite des signes vitaux est indiquée, au moins pendant les 48 à 72 premières heures. Si le client ne réagit pas aux médicaments, il faut lui administrer des doses plus importantes. Des doses de 10 à 20 fois supérieures aux doses habituelles peuvent être nécessaires pour soulager les symptômes de sevrage. Les doses plus fortes exigent une surveillance étroite de la part de l'infirmière et du médecin pour éviter la surdose. Un traitement adéquat et une surveillance attentive permettent d'éviter une crise épileptique tonico-clonique, une éventuelle défaillance cardiovasculaire et la mort.

Les clients souffrant de graves symptômes de sevrage d'alcool ont généralement besoin de vitamines B, dont la thiamine (vitamine B1), l'acide folique et la vitamine B12, en raison d'une alimentation inadéquate et de malabsorption. Les suppléments thiaminiques aident à prévenir le syndrome de Wernicke (Francis et Franklin, 1988).

Il est nécessaire de surveiller les liquides et les électrolytes du client. Un traitement de substitution peut être indiqué en cas de vomissements, de diarrhée et de diaphorèse. Il faut prendre garde de ne pas trop hydrater le client. La consommation d'alcool qui s'accompagne d'une augmentation des taux d'alcool dans le sang, provoque la diurèse, mais lorsque les taux baissent, la rétention liquidienne survient et la personne peut être trop hydratée. Cela peut entraîner une défaillance cardiaque. Il est essentiel de surveiller les signes d'hydratation excessive chez le client. Les anticonvulsivants sont également indiqués pour prévenir les convulsions, et le sulfate de magnésium pour augmenter le seuil de convulsion. Lorsqu'une recharge potassique est indiquée, du potassium est administré afin de rétablir l'équilibre électrolytique et faciliter l'absorption des suppléments en vitamine B.

Dans le cas de drogues, la désintoxication exige des précautions analogues à celles mentionnées ci-dessus. Il faut surveiller de près les signes vitaux et les taux de méthadone des héroïnomanes. Une surdose de méthadone peut entraîner un arrêt cardiaque et la mort.

Les personnes qui abusent d'hallucinogènes peuvent manifester une psychose toxique. Il est important de déterminer la nature de la drogue en question, car les approches de soins infirmiers diffèrent selon le type de drogue. Les personnes qui souffrent de psychose due au PCP sont belliqueuses et violentes. Elles ne sont pas très sensibles aux approches interpersonnelles. Par contre, les personnes qui vivent un « mauvais voyage » à la suite d'une prise de LSD peuvent être réconfortées verbalement et réorientées (Vourakis et Bennett, 1979).

Psychothérapie

Les psychothérapies pour les personnes abusant d'alcool ou d'une drogue peuvent être individuelles, de groupe ou familiales.

Thérapie individuelle

La psychothérapie individuelle est indiquée pour les clients souffrant de troubles liés à la consommation d'alcool ou d'une drogue, qui sont très anxieux, dont les mécanismes d'adaptation sont inadéquats et qui présentent une faible tolérance à la frustration.

La communication lors du premier contact avec le thérapeute est très importante. Le thérapeute doit être empathique et encourageant, et assumer un rôle actif dans la thérapie. Les clients alcooliques sont habitués à être rejetés. Le client peut interpréter comme un rejet une réticence à aborder ouvertement son problème d'alcoolisme et ses résistances psychologiques. L'élimination des barrières intellectuelles et émotionnelles entre le client et le thérapeute devrait être un objectif premier.

La psychothérapie auprès des clients qui abusent de l'alcool est compliquée. Pendant toute la durée de la thérapie, les clients testent le lien thérapeutique entre le client et le thérapeute. Les thérapeutes doivent être conscients de plusieurs éléments au cours de la thérapie, dont la possibilité d'une **rechute** (retour à l'abus d'alcool ou d'une drogue ou à la dépendance), d'un début de dépression et d'un refus de continuer la thérapie. De nombreux clients alcooliques sont déprimés lorsqu'ils cessent de consommer de l'alcool et sont obligés d'apprendre de nouvelles façons de s'adapter, parce que les techniques d'adaptation et les défenses précédentes ne fonctionnent plus. La compréhension des proches est essentielle. La participation du conjoint à une thérapie conjugale, ou de la famille à une thérapie familiale, peut faire avancer le processus thérapeutique. La participation à des groupes de soutien en douze étapes fournit un soutien au conjoint et aux adolescents et permet aux membres de la famille de comprendre le processus de la maladie, les modes de résistance et le besoin de soutien du client.

ALERTES Lorsqu'un héroïnomane est admis dans un service de désintoxication, l'infirmière devrait communiquer avec la pharmacie où le client reçoit sa méthadone pour s'assurer de l'heure à laquelle la dernière dose a été administrée, afin d'éviter une surdose de méthadone qui peut être mortelle.

Thérapie de groupe

La thérapie de groupe comporte certains avantages pour les clients alcooliques que n'offre pas la thérapie individuelle. Dans un groupe, les clients qui ont eu des problèmes similaires peuvent échanger leur expérience et se soutenir les uns les autres dans un environnement relativement sûr. Le thérapeute facilite la participation des membres du groupe et aide à clarifier les interactions interpersonnelles. Les anciens buveurs ou consommateurs de drogue qui sont restés sobres peuvent faire part de leur expérience et servir de modèles aux nouveaux clients.

Les discussions de groupe sont plus faciles lorsque les règles et les objectifs de base sont établis avec les clients au début de la thérapie de groupe. La sobriété, une participation régulière, une volonté de partager ses expériences et de combattre ses résistances et la confidentialité sont des règles de base courantes. La thérapie de groupe vise la sobriété, le désir de changer et d'apprendre de nouvelles façons de régler les problèmes, et la volonté de reconnaître les sentiments et les pensées, comme la culpabilité, la dépression, l'insuffisance, l'anxiété et la peur.

Thérapie familiale

Au cours des dernières années, la thérapie familiale a gagné en crédibilité auprès des clients alcooliques. La thérapie familiale est basée sur la théorie des systèmes familiaux. Le génogramme (Bowen, 1978) permet d'examiner l'usage intergénérationnel d'alcool ou d'une drogue. La reconnaissance et l'acceptation de l'alcoolisme comme une maladie qui touche tous les membres de la famille entraînent le besoin de recourir à une thérapie familiale. Souvent, lorsque le membre de la famille qui consomme de l'alcool de façon excessive devient sobre, c'est toute la dynamique de la famille qui change. Il est bien connu que certains clients rechutent parce que la famille ne sait pas comment communiquer avec la personne lorsqu'elle est sobre. Par exemple, la conjointe du client alcoolique a du mal à abandonner la position de pouvoir qu'elle occupait dans la famille lorsque le client consommait de l'alcool de façon excessive.

Les membres des familles alcooliques ont tendance à ne pas faire confiance les uns aux autres, à ne pas se sentir aimés et désirés, et à porter une lourde charge de culpabilité. Les mythes et les secrets familiaux sont étouffés. La thérapie familiale permet d'apprendre des façons saines d'interagir afin de résoudre les problèmes. On peut insuffler de l'espoir et de la confiance, et les enfants peuvent être soulagés du lourd fardeau qu'ils portent, en particulier de la culpabilité qu'ils ressentent parce qu'ils pensent être responsables du problème d'alcoolisme du parent.

La thérapie familiale fournit une structure grâce à laquelle la famille tout entière peut être éduquée sur l'alcoolisme. Les enfants, qui courent un grand risque de devenir alcooliques en raison de prédispositions génétiques, peuvent être informés sur l'importance de s'abstenir de consommer de l'alcool. Les membres de la famille peuvent soutenir le client en participant aux réunions des Alcooliques Anonymes, même si ces réunions entrent en conflit avec des activités familiales planifiées.

Thérapie comportementale

Pour le traitement pharmacologique de l'alcoolisme, on a principalement recours à la naltrexone (ReVia), un médicament qui atténue le désir de consommer de l'alcool. Ce médicament diminue l'euphorie associée à la prise d'alcool, sans toutefois entraîner des conséquences physiques désagréables comme pouvait autrefois le faire le disulfirame (Antabuse). La naltrexone est un antagoniste des récepteurs aux opiacés et elle ne doit pas être administrée aux clients dépendants aux opiacés, car elle peut alors précipiter un syndrome de sevrage. Les principaux effets secondaires associés à la naltrexone sont l'anxiété, la sédation, les étourdissements, les nausées et la perte de poids. On doit également surveiller la fonction hépatique avant d'entreprendre le traitement et en cours de traitement avec la naltrexone.

La plupart des clients reçoivent 50 mg de naltrexone quotidiennement. Si des doses plus fortes sont administrées, une hépatotoxicité peut survenir.

On utilise aussi d'autres techniques comportementales, comme l'acquisition de nouvelles compétences pour les aider à refuser la boisson, les cours d'affirmation de soi, une thérapie de relaxation et une thérapie de **prévention de la rechute** (un moyen d'aider la personne dépendante à maintenir des changements de comportements pendant une longue période de temps). La plupart des clients rechutent un minimum de 3 à 4 fois avant d'arriver à la sobriété (abstinence complète de l'alcool et d'une drogue, conjointement à une qualité de vie satisfaisante).

Approche thérapeutique : modèle cognitif – approche cognitivo-comportementale et approche émotivo-rationnelle

La première étape à franchir, pour la personne aux prises avec un problème d'abus de substances, est de comprendre comment fonctionnent les mécanismes qui l'ont amenée à boire ou à se droguer. Comment la personne en est-elle arrivée à adopter ces habitudes de consommation, qui lui sont personnelles ? Dans un deuxième temps, il lui sera possible travailler à changer les éléments internes qui déclenchent l'envie de boire ou de se droguer. Dans une troisième étape, si la personne entretient l'idée que « la boisson ou la drogue n'est plus une bonne affaire pour moi », elle sera amenée graduellement à atteindre les objectifs qui auront été fixés. Il ne suffit pas de comprendre l'origine de certaines habitudes ancrées; il s'agit aussi de modifier certaines émotions qui les ont engendrées. Ce travail de transformation demande des efforts et du temps, et on peut s'attendre, en étant réaliste, à des périodes de rechute. Il faut plus que quelques jours pour arriver à changer de manière stable des habitudes entretenues depuis des années.

Première étape du travail

La première étape consiste à comprendre comment les émotions surviennent et comment il est possible de les modifier. Pour cela, il est nécessaire tout d'abord de comprendre le système ABCD de l'approche émotivo-rationnelle. Pour le toxicomane, l'ennemi est souvent un enchaînement de pensées et d'émotions. La pensée «Je suis une personne misérable», qui cause la déprime, accompagne souvent celle qui cause la culpabilité: «Je n'aurais pas dû faire ce que j'ai fait, et comme je l'ai fait, je suis indigne.» Le toxicomane se sent alors à la fois coupable et déprimé, et il est souvent triste; il n'est pas rare qu'il soit également anxieux, redoutant de tomber encore plus bas ou éprouvant une anxiété seconde à propos de sa déprime et de sa tristesse: «Et si je déprimais au point de ne plus pouvoir en sortir!» Il pourra aussi se montrer hostile envers tous ceux qu'il considère à tort comme les responsables de sa dépression: enfants ingrats, conjoint infidèle, patron intolérant. En fait, les personnes aux prises avec un trouble lié à l'abus d'une substance ressentent souvent la panoplie complète des émotions dysfonctionnelles, y compris le découragement: «Je ne m'en sortirai jamais» ou le désespoir: «Je serais mieux mort.»

Deuxième étape du travail – la confrontation des idées

Pour combattre ces idées dysfonctionnelles tenaces, le traitement à entreprendre est une reconstruction cognitive (voir chapitre 3 sur le questionnement socratique). Elle se fera le plus aisément avec un intervenant, mais il existe des outils écrits qui permettent à la personne d'entreprendre le travail de façon autonome.

Troisième étape du travail – l'atteinte d'objectifs

Faute de mettre en place un plan d'action efficace, beaucoup de personnes déploient leurs efforts de façon désorganisée et perdent de l'énergie dans des activités qui ne les mènent nulle part. Les objectifs sont plus faciles à atteindre s'ils sont connus, et si l'on s'assure de la méthode permettant de les atteindre. Il n'est pas question ici de générer de l'anxiété par des objectifs trop précis. Les objectifs peuvent se concevoir de diverses manières. On peut établir d'abord un objectif général, un but à atteindre dans un secteur déterminé, par exemple «acquérir de l'assurance personnelle». Pour atteindre l'objectif général, il sera utile de le découper en objectifs secondaires, par exemple «acquérir de l'assurance personnelle au travail ou dans les rapports sociaux». Les objectifs secondaires seront ensuite divisés en mini-objectifs, que la personne peut atteindre en un mois, par exemple «tenter d'entrer en communication avec telle personne au travail». Enfin, les mini-objectifs seront subdivisés en micro-objectifs, que la personne peut atteindre immédiatement, en quelques heures ou dans la journée: «Aujourd'hui j'aborderai une personne lors de mon repas.» Cette approche cognitivo-comportementale est basée sur une conception réaliste du fonctionnement humain. Nous ne pouvons maîtriser que très peu de choses dans l'avenir. Tout commence par le premier pas. Il ne s'agit pas de rêver à des objectifs généraux mais de réaliser d'abord les micro-projets.

Groupes de soutien en douze étapes

Les *Alcooliques Anonymes* (AA) ont été le premier groupe d'entraide pour les alcooliques rétablis. Le groupe a été fondé en 1935 par deux alcooliques, un courtier et un chirurgien. La philosophie du groupe est que le soutien et l'encouragement d'autres personnes souffrant d'alcoolisme peuvent aider les personnes sur le chemin du rétablissement. Les nouveaux membres ont un parrain (un alcoolique rétabli qui fournit une assistance 24 heures sur 24 si nécessaire). Les réunions des AA reposent sur un programme en 12 étapes qui permet aux alcooliques de réorganiser leur vie et de réaliser les changements nécessaires. Les 12 étapes des Alcooliques Anonymes sont présentées dans l'encadré 13.19.

Divers groupes AA existent dans chaque communauté. Les réunions peuvent être publiques ou privées. Les conjoints, les amis et les proches sont invités à participer aux réunions publiques, de même que les élèves-infirmières et les étudiants d'autres domaines de la santé. Dans les réunions privées, seules sont invitées les personnes en voie de rétablissement. Certains groupes sont réservés à des populations spécifiques, comme les femmes, les non-fumeurs, les personnes qui ont des intérêts professionnels similaires et les groupes professionnels spécialisés.

Les *Narcotiques Anonymes* (NA) ont une philosophie semblable à celle des AA. C'est un groupe de soutien pour les consommateurs de stupéfiants, en particulier d'opiacés.

Les groupes d'entraide *Al-Anon* et *Al-a-Teen* travaillent indépendamment des groupes AA. Ils ont été mis sur pied pour aider les membres de la famille de personnes alcooliques à faire face aux problèmes communs.

Al-Anon est un groupe d'entraide pour les conjoints et les amis de personnes alcooliques. Les réunions permettent aux membres de comprendre l'alcoolisme, de parler de problèmes communs et de proposer des solutions. On y traite des comportements et des problèmes communs aux processus de la maladie, parmi lesquels l'évitement, la complicité, la culpabilité et la honte.

Al-a-Teen est un groupe d'entraide pour les adolescents (enfants de plus de 10 ans) qui ont des parents alcooliques. À l'instar d'Al-Anon, le groupe aide à éliminer la culpabilité ressentie en raison de l'alcoolisme des parents et

Les douze étapes des Alcooliques Anonymes
ENCADRÉ 13.9

1. Nous avons admis que nous étions impuissants devant l'alcool, que nous avions perdu la maîtrise de nos vies.
2. Nous en sommes venus à croire qu'une puissance supérieure à nous-mêmes pouvait nous rendre la raison.
3. Nous avons décidé de confier notre volonté et nos vies aux soins de Dieu tel que nous Le concevions.
4. Nous avons courageusement procédé à un inventaire moral minutieux de nous-mêmes.
5. Nous avons avoué à Dieu, à nous-mêmes et à un autre être humain la nature exacte de nos torts.
6. Nous avons pleinement consenti à ce que Dieu élimine tous ces défauts de caractère.
7. Nous Lui avons humblement demandé de faire disparaître nos déficiences.
8. Nous avons dressé une liste de toutes les personnes que nous avions lésées et nous avons consenti à leur faire amende honorable.
9. Nous avons réparé nos torts directement envers ces personnes, partout où c'était possible, sauf lorsqu'en ce faisant, nous pouvions leur nuire ou faire tort à d'autres.
10. Nous avons poursuivi notre inventaire personnel et promptement admis nos torts dès que nous nous en sommes aperçus.
11. Nous avons cherché par la prière et la méditation à améliorer notre contact conscient avec Dieu, tel que nous Le concevions, Lui demandant seulement de connaître Sa volonté à notre égard et de nous donner la force de l'exécuter.
12. Ayant connu un réveil spirituel comme résultat de ces étapes, nous avons alors essayé de transmettre ce message à d'autres alcooliques et de mettre en pratique ces principes dans tous les domaines de notre vie.

redonne un sentiment de valeur personnelle. Il existe des groupes Al-Anon spécialement conçus pour les enfants adultes d'alcooliques. Ces groupes d'entraide sont conçus pour les adultes élevés dans un foyer d'alcooliques. Les enfants de parents alcooliques sont fréquemment privés du soutien moral et de l'amour des parents. Ils débutent leur vie adulte avec une image de soi diminuée et vivent des difficultés interpersonnelles. Les groupes d'entraide leur donnent l'occasion de parler de leurs problèmes et de sentir l'acceptation des personnes qui vivent des problèmes similaires.

Les enfants d'alcooliques, devenus adultes, peuvent manifester de la **codépendance**, consistant à vouloir tout contrôler, à excuser les comportements des autres (en particulier le comportement de personnes alcooliques), à être incapables de se faire confiance, et à éprouver des sentiments d'incompétence et d'insécurité. Les personnes codépendantes ont constamment besoin d'assumer les responsabilités d'autrui.

Les attitudes codépendantes (p. ex. prestation de soins, soutien moral, assistance et abnégation) sont plutôt observées chez les femmes. Les infirmières forment un groupe qui est particulièrement sollicité à cet égard. Les personnes élevées dans des foyers d'alcooliques peuvent être codépendantes à un haut degré. Les comportements de responsabilité excessive, en particulier des conjointes codépendantes, peuvent plus facilement s'expliquer par le stress que par des personnalités inadaptées ou perturbées (Montgomery et Johnson, 1992).

Voir Annexe E pour la liste des ressources.

Maisons de transition

Après les soins actifs en milieu hospitalier, les clients ont besoin de temps pour réussir le processus de réadaptation. Les maisons de transition fournissent un refuge ainsi qu'un soutien, une thérapie de groupe et un accès direct aux réunions des AA. On aide le client à réintégrer progressivement sa famille, le monde du travail et la société. Le placement en maison de transition est fortement recommandé pour les clients qui se sont détachés de leur famille ou qui sont sans abri.

Hospitalisation de jour ou de nuit

L'hospitalisation partielle est recommandée pour les clients qui ont besoin d'un soutien thérapeutique supplémentaire de la part de professionnels. Certains clients recommencent à travailler et passent la nuit à l'hôpital, tandis que d'autres passent la journée dans le centre de soins et rentrent chez eux le soir. Comme le séjour en maison de transition, l'hospitalisation partielle fournit un soutien thérapeutique supplémentaire pendant les premiers temps ou les périodes difficiles de la réadaptation.

➡ 13.2.6 Évaluation

Le but de l'évaluation est de mesurer les changements survenus à la suite des interventions thérapeutiques. L'infirmière observe les changements de comportements et les réponses au traitement et aux interventions en utilisant les critères de résultat. La résolution de la phase aiguë n'est que la première étape vers la guérison. Le succès du processus de rétablissement et de réadaptation dépend de plusieurs facteurs, y compris de l'accès aux groupes de soutien en 12 étapes, d'une continuation des soins, du soutien de la famille ou de proches, de la réadaptation professionnelle et du soutien de la communauté (voir encadré 13.10).

De nombreux clients rechutent plusieurs fois pendant le processus de réadaptation. Il est difficile de prédire le moment où les clients acceptent le fait qu'ils sont impuissants face à une substance psychotrope. Lorsqu'ils deviennent sobres, ils s'engagent à changer leur style de vie, ce qui touche souvent leurs relations avec la famille, avec des proches et avec les collègues de travail. De nombreux clients s'engagent à participer à vie dans un programme en 12 étapes.

SOINS INFIRMIERS DANS LE MILIEU DE VIE

Troubles liés à l'abus d'alcool ou de drogues

L'infirmière qui œuvre au sein de la communauté auprès de clients souffrant d'une dépendance peut avoir des réactions moralisatrices lorsqu'elle observe des rechutes chroniques. Les rechutes sont courantes et sont une source de frustration pour le client comme pour l'infirmière, qui peuvent se sentir tous deux désespérés par ce comportement autodestructeur. Il est souhaitable d'être tolérant en raison de la perturbation des processus de pensée qu'entraîne la consommation chronique d'alcool ou de drogues. Il est très important de comprendre que la rechute fait partie du processus de réhabilitation et qu'un renforcement continu des techniques d'interaction et d'adaptation positives finiront par porter leurs fruits et changer le comportement du client.

La capacité à apporter un soutien psychologique est peut-être la qualité essentielle à cultiver par l'infirmière lorsqu'elle traite ce type de clients. Offrir sans cesse son aide et son soutien lorsque rien ne semble fonctionner demande de la ténacité et de l'endurance. La connaissance des étapes que vivent les clients pendant le traitement peut aider l'infirmière à accepter les clients tout en encourageant les changements de comportement positifs. Il est important d'évaluer l'acceptation par le client de son problème de dépendance et de l'influence négative qu'a cette dépendance sur la qualité de sa vie. Le client qui nie l'existence d'un problème a davantage besoin d'une forte confrontation avec la réalité que d'un programme communautaire.

Le niveau de développement du client doit être évalué, tout en l'encourageant à admettre son problème de dépendance. Les adolescents, par exemple, écouteront plus volontiers les conseils d'un camarade de leur âge que ceux d'un adulte. Il faut aussi évaluer le niveau de fonctionnement antérieur du client, car de nombreux clients manifestent une comorbidité et peuvent souffrir d'une déficience fonctionnelle, même lorsqu'ils sont sobres. La dépression est une comorbidité fréquente chez les clients souffrant de troubles liés à l'abus d'alcool ou de drogues, et il est important que l'infirmière en santé mentale et en psychiatrie surveille les idées suicidaires, en particulier chez le client qui « préférerait mourir qu'être soûl ».

L'infirmière doit constamment recommander la participation aux Alcooliques Anonymes ou à un autre groupe de soutien, encourager et conseiller les membres de la famille, mettre d'autres professionnels à contribution, par exemple les travailleurs sociaux, et étudier la possibilité d'intégrer le client dans un groupe de services communautaires, pour lui donner un but dans la vie et une plus grande valeur personnelle. La qualité interpersonnelle du lien entre le client et l'infirmière est primordiale. Une grande honnêteté et l'absence de jugements personnels sont indispensables dans cette relation, les deux parties aspirant à un comportement d'une grande qualité et à un grand sens de la responsabilité.

CONCEPTS-CLÉS

- L'évaluation de l'abus d'alcool ou de drogues devrait faire partie de l'examen physique et des antécédents de santé de chaque client.
- L'abus d'alcool reste aujourd'hui un grand problème aux Québec, et ce, pour tous les âges.
- La consommation de nicotine est un grave problème de santé.
- Le syndrome d'alcoolisme fœtal est évitable si la femme enceinte s'abstient de boire de l'alcool pendant sa grossesse.
- Des antécédents familiaux d'alcoolisme constituent le principal facteur de risque d'alcoolisme.
- Un double diagnostic ou la comorbidité requiert une évaluation approfondie suivie du traitement simultané de l'abus d'alcool ou d'une drogue et des troubles psychiatriques.
- Les diagnostics actuels d'abus d'alcool ou d'une drogue et de dépendance du DSM-IV ne décrivent pas avec exactitude l'abus d'alcool ou d'une drogue dans la population adolescente. Il est préférable d'utiliser des termes comme consommation « problématique » ou consommation excessive d'alcool ou de drogue.

- On appelle polytoxicomane une personne qui consomme plusieurs types de drogues.
- Les complications secondaires de l'alcoolisme peuvent provoquer une atteinte de l'un des organes ou des appareils principaux de l'organisme.
- Pour guérir de l'abus d'alcool ou de drogue, il faut s'engager à participer à des programmes de traitement et de réadaptation à long terme, comme les groupes en 12 étapes.

SITUATIONS CLINIQUES

1. Au cours d'un repas au restaurant avec son conjoint, Nancy Trudeau, jeune femme de 28 ans, a pris sept margaritas et s'est enivrée. Lorsqu'elle a quitté le restaurant, elle a eu de la difficulté à marcher et elle est tombée. Elle a commencé à injurier son conjoint. Lorsqu'il a essayé de lui faire prendre un taxi, elle est devenue agressive. Il l'a emmenée aux services d'urgence, où elle a dit à l'infirmière d'admission : « Je rentre à la maison. Je vais très bien. »

Pensée critique – Évaluation

- Quel est le problème immédiat de Nancy ?
- Est-ce que Nancy représente un danger pour elle-même et pour les autres ? Pourquoi ?
- Quels symptômes typiques d'une personne au diagnostic soupçonné d'alcoolisme présente-t-elle ?
- Étant donné l'attitude de Nancy, comment l'évalueriez-vous pour l'alcoolisme ?
- Quels tests de laboratoire pourraient servir à déterminer son degré d'alcoolisme ?

Chapitre 14

Alain Huot
B.A., M.Ps.
Collège Lionel-Groulx

France Maltais
B.Sc.inf., M.Éd.
Collège du Vieux-Montréal

Vivianne Saba
M.Sc.inf.

DELIRIUM, DÉMENCE, AMNÉSIE ET AUTRES TROUBLES COGNITIFS

OBJECTIFS D'APPRENTISSAGE

APRÈS AVOIR LU CE CHAPITRE, VOUS DEVRIEZ ÊTRE EN MESURE :

- D'EXPLIQUER LES NOMBREUSES THÉORIES SUR LA NATURE ET LE DÉVELOPPEMENT DE LA MALADIE D'ALZHEIMER AINSI QUE LES JUSTIFICATIONS DES THÉORIES COURAMMENT ACCEPTÉES ;

- DE DÉCRIRE LES CHANGEMENTS PHYSIOPATHOLOGIQUES DU CERVEAU DUS À LA MALADIE D'ALZHEIMER ;

- DE CLASSIFIER LES SYMPTÔMES DE LA MALADIE D'ALZHEIMER SELON TROIS STADES (DÉBUT/LÉGER, AVANCÉ/MODÉRÉ ET TERMINAL/SÉVÈRE) ;

- DE COMPARER LES DIFFÉRENTS TYPES DE DÉMENCE (RÉVERSIBLE ET IRRÉVERSIBLE) ;

- DE DÉCRIRE ET PLANIFIER LES ACTIVITÉS THÉRAPEUTIQUES POUR DES CLIENTS ATTEINTS DE DÉMENCE.

PLAN DU CHAPITRE

MOTS-CLÉS

Agnosie: incapacité de saisir la signification des stimuli auditifs, visuels et sensoriels alors que les sens restent intacts.

Agraphie: perte de la capacité d'écrire.

Alexie: perte de la capacité de comprendre et d'interpréter le langage écrit.

Aphasie: perte partielle ou totale de la fonction de la parole.

Aphasie expressive: impossibilité de parler ou d'écrire (appelée également aphasie de Broca).

Aphasie réceptive: impossibilité de comprendre le langage parlé ou écrit (appelée également aphasie de Wernicke).

Apraxie: perte de la capacité de réaliser des mouvements complexes et d'utiliser les objets.

Delirium: perturbation de la conscience et modification de la cognition se manifestant en un court laps de temps et tendant à fluctuer au cours de la journée. Le delirium se caractérise par: une perte d'orientation dans le temps et l'espace; une aptitude réduite à focaliser, maintenir ou détourner son attention; un discours incohérent; une activité continuelle sans but.

Démence: altération globale des fonctions intellectuelles (cognitives), incluant la pensée, la mémoire et le raisonnement, qui est habituellement progressive et suffisamment grave pour perturber le fonctionnement social et professionnel normal de la personne.

Dysarthrie: difficulté à articuler les mots, particulièrement frustrante, car le client sait quels mots employer, mais n'arrive pas à les formuler (liée le plus souvent aux démences vasculaires et aux attaques).

Enchevêtrement neurofibrillaire: accumulation de filaments torsadés dans les cellules du cerveau, constituant l'une des anomalies structurales caractéristiques qui confirment à l'autopsie le diagnostic de la maladie d'Alzheimer.

Maladie d'Alzheimer: maladie neurologique dégénérative caractérisée par une dégradation progressive, structurelle et mortelle du cerveau, causée par la présence des protéines β-amyloïdes, et conduisant à la perte des fonctions cognitives et aux symptômes de la démence progressive.

Néologisme: mot inventé auquel on associe une signification.

Persévération: répétition de mouvements ou de mots.

Plaques névritiques: groupements en forme de croix de Malte et composés des fibres amyloïdes présentes dans le cerveau des sujets atteints de la maladie d'Alzheimer.

Réaction de catastrophe: changement soudain ou graduel dans le comportement des clients atteints de démence, provoqué par leur incapacité à comprendre les stimuli de l'environnement et à s'y adapter.

Syndrome des états crépusculaires: trouble du comportement associé à l'exacerbation de la confusion à la tombée du jour.

14.1 DELIRIUM, DÉMENCE, AMNÉSIE ET AUTRES TROUBLES COGNITIFS

La **démence** est une altération globale des fonctions intellectuelles (cognitives), habituellement progressive et suffisamment grave pour perturber le fonctionnement social et professionnel de la personne atteinte. Le syndrome regroupe de nombreuses maladies et pathologies, la plus courante étant la maladie d'Alzheimer. La démence est souvent confondue avec ce que l'on nomme, en langage courant, *sénilité*, qui désigne la détérioration des aptitudes cognitives et des fonctions corporelles à un âge avancé.

La **maladie d'Alzheimer** affecte d'abord la mémoire à court terme, puis l'ensemble des aptitudes intellectuelles, comme le langage, la lecture, l'écriture et la compréhension. Les clients deviennent confus et perdent conscience de leur environnement, devenant progressivement incapables de se charger des activités de la vie quotidienne (AVQ): s'alimenter, se vêtir et soigner leur apparence ou se laver (voir figure 14.1). La morbidité augmente et la mort s'ensuit.

14.1.1 Perspectives historiques et théoriques

La démence chez les individus ayant dépassé 65 ans (démence à début tardif) est connue depuis Hippocrate, le père de la médecine (460-375 av. J.-C.), et Galien, le père de la physiologie expérimentale (130-200 apr. J.-C.). La démence à début précoce a été décrite pour la première fois par Griesinger, dans son ouvrage sur la pathologie psychiatrique. Il distingue cette maladie de la démence vasculaire et de la neurosyphilis, en faisant porter l'attention sur l'importante atrophie du cerveau que l'on observe à l'autopsie.

Alois Alzheimer (1864-1915), neurologue allemand, a étudié la neuropathologie et collaboré avec le neurologue Franz Nissl (1860-1919). Nissl travaillait déjà depuis 1895 avec le psychiatre Émile Kraepelin (1856-1926) sur les bases structurales de la maladie psychiatrique. En 1903, Kraepelin a transféré son bureau à Munich, s'adjoignant Nissl et Alzheimer. À peu près au même moment, s'opérait une révolution dans les méthodes histologiques, grâce à la fois aux techniques du microscope et à l'apparition des

FIGURE 14.1 Une femme éprouve du chagrin devant la perte des facultés de son mari résultant de la maladie d'Alzheimer.
Copyright Cathy Lander-Coldberg, Lander photographics

colorants métalliques pour les tissus nerveux. En 1899, Ramón y Cajal a montré l'utilité de cette nouvelle technique de coloration en étudiant la structure et la forme des tissus nerveux. Nissl a mis au point un colorant pour les cellules neuronales en 1892 et, en 1902, Max Bielschowsky, neuropathologiste allemand (1869-1940), a élaboré le colorant à base d'argent qui allait permettre à Alzheimer de démontrer l'existence des plaques névritiques (ou séniles) et des enchevêtrements neurofibrillaires du cerveau, maintenant bien connus. En 1906, Alzheimer a annoncé la découverte de lésions dans le cerveau d'une femme de 51 ans qui souffrait de démence et de paranoïa, découverte qu'il a publiée en 1907.

En 1910, Kraepelin fait référence à des cas identiques à celui du Dr Alzheimer sous le nom de maladie d'Alzheimer ou démence « présénile » (intitulée démence à début précoce dans la classification du DSM-IV), dont la fréquence, on le sait maintenant, est bien inférieure à celle de la démence « sénile » (ou démence à début tardif dans la classification du DSM-IV). Parce que la maladie d'Alzheimer a été introduite dans le texte précurseur de Kraepelin, on l'a considérée comme un processus psychiatrique plutôt que neurologique, la faisant soigner par des spécialistes en psychiatrie.

En 1948, Jervis a rédigé la première description des lésions d'Alzheimer affectant les individus souffrant du syndrome de Down après l'âge de 40 ans. Il reliait la maladie d'Alzheimer à un processus de vieillissement accéléré (qu'à l'époque on croyait relever du syndrome de Down).

Les connaissances sur la maladie d'Alzheimer ont connu de grands progrès entre 1968 et 1970, avec la publication d'une importante série d'articles écrits par l'équipe de pathologistes cliniques anglais formée par Tomlison, Blessed et Roth. Ces auteurs ont comparé les cerveaux d'individus sains âgés de plus de 65 ans à ceux d'un groupe témoin atteint de démence. À leur grande surprise, ils ont découvert que 62 % des individus souffrant de démence présentaient les enchevêtrements et les plaques décrits par Alzheimer. À l'aide d'un test neurophysiologique, ils ont pu montrer que la gravité de la démence était en corrélation directe avec le nombre de plaques cérébrales. Seulement 22 % des individus présentaient une artériosclérose et un ramollissement cérébral indiquant une maladie vasculaire cérébrale.

L'utilisation des images agrandies à 400 000 fois au moyen d'un microscope électronique a permis de mieux cerner les lésions de la maladie d'Alzheimer. Les enchevêtrements révélés au microscope sont composés de deux structures torsadées, désignées sous le nom de filaments hélicoïdaux. Les plaques séniles et les lésions vasculaires sont composées de faisceaux de structures torsadées non ramifiées – les fibres amyloïdes.

Récemment, un progrès décisif dans la connaissance de la maladie d'Alzheimer a été rendu possible avec la découverte de la composition chimique des dépôts amyloïdes qui forment les plaques séniles et les lésions vasculaires. Glenner et Wong (1984a, 1984b) ont montré qu'ils étaient composés d'une seule protéine, le peptide β-amyloïde. Cette découverte a permis d'améliorer les traitements possibles pour la maladie d'Alzheimer.

14.1.2 Étiologie

La maladie d'Alzheimer est la forme de démence la plus répandue. Il existe néanmoins d'autres types de démence, dont certaines sont réversibles. On peut considérer deux types de troubles : ceux qui sont réversibles et ceux qui sont irréversibles. Les différents types de démence irréversibles sont répertoriés dans le tableau 14.1, tandis que les troubles démentiels réversibles sont présentés dans le tableau 14.2. Environ 10 % des clients sont atteints de démences réversibles susceptibles d'être améliorées et, dans un faible pourcentage, d'être guéries grâce à un traitement adéquat (voir encadré 14.1).

Démences irréversibles

On a baptisé la maladie d'Alzheimer la « maladie du siècle ». Il s'agit d'une maladie insidieuse, dont la progression est irréversible et qui conduit à la mort. Plusieurs théories sur ses causes sont actuellement examinées, dont les suivantes :

- agents infectieux ;
- agents neurotoxiques ;
- angiopathie ou rupture de la barrière hémato-encéphalique ;
- déficiences sur le plan des neurotransmetteurs et des récepteurs ;
- protéines anormales et leurs produits ;
- défauts génétiques.

TABLEAU 14.1	Facteurs étiologiques dans la démence primaire (démence irréversible)	
Maladie qui provoque la démence primaire	**Incidence à l'autopsie**	
Maladie d'Alzheimer	62,6	
Démence vasculaire (anciennement démence par infarctus cérébraux multiples)	21,4	
Mélange de maladie d'Alzheimer et de démence vasculaire	6,3	
Maladie de Parkinson	5,7	
Maladie de Pick	3,0	
Maladie de Creutzfeldt-Jakob, y compris le syndrome de Gerstmann-Sträussler-Scheinker (SGSS)	0,5	
Autres cas : Démence à corps de Lewy diffuse Maladie de Steele-Richardson-Olszewski ou paralysie supranucléaire progressive Encéphalopathie de Binswanger Syndrome de Down	0,5	

Tiré de Glenner G.G. « Alzheimer's disease », dans *Encyclopedia of human biology*, chapitre 1, p. 103, 1994.

Agents infectieux

Une protéine fibrillaire, ou prion, est associée au processus infectieux de la maladie de Creutzfeldt-Jakob. Ce prion présente les caractéristiques des fibrilles amyloïdes et se retrouve dans la matière grise du cerveau (le cortex). Cette découverte suggère la possibilité d'une relation avec la maladie d'Alzheimer (Prusiner, 1984, 1991). Néanmoins, l'ordre dans lequel les acides aminés sont disposés dans les fibrilles amyloïdes des dépôts de la maladie d'Alzheimer est notablement différent de celui du prion. Ceci infirme l'hypothèse d'une identité chimique entre ces deux types de démence.

TABLEAU 14.2	Facteurs étiologiques dans la démence secondaire (démence réversible)		
Intoxications	**Autres troubles dus aux électrolytes**	**Causes infectieuses**	**Causes cérébrales**
Intoxication aux barbituriques Alcoolisme Polypharmacie Troubles métaboliques Déperdition potassique à la suite d'une auto-purgation	Maladie hépatique Porphyrie Problème nutritionnel Dénutrition due à la négligence prolongée ou à l'isolement Syndrome de malabsorption chronique Carence de vitamine B12 Encéphalopathie nicotinique	Maladie respiratoire chronique avec décompensation cardiaque Tuberculose pulmonaire Endocardite bactérienne Maladie endocrinienne Myxœdème Insuffisance de l'hypophyse Maladie d'Addison	Tumeur cérébrale à évolution lente (méningiome frontal) Embolies cérébrales multiples Hydrocéphalie à pression normale*

*L'hydrocéphalie à pression normale est une maladie qui se manifeste par la démence, l'instabilité de la démarche et l'incontinence urinaire. La dilatation des ventricules sans augmentation du fluide cérébral en est aussi une manifestation importante. Le *shunt* constitue un traitement efficace.

Agents neurotoxiques

McNiel (1995) a signalé la présence d'aluminium dans le cerveau des clients atteints de la maladie d'Alzheimer. Les recherches n'ont cependant pas pu confirmer les résultats de cette étude. En raison d'un manque de cohérence dans les résultats, il n'est pas sûr que l'aluminium soit un facteur contributif dans la maladie d'Alzheimer.

On étudie actuellement la corrélation entre le zinc et la maladie d'Alzheimer. On a trouvé à l'autopsie des niveaux très faibles de zinc dans la zone de l'hippocampe, cependant d'autres recherches ont révélé des concentrations de zinc à un niveau toxique. Le rôle précis du zinc reste encore à étudier.

CRITÈRES DSM-IV

Démence de type Alzheimer   ENCADRÉ 14.1

A. Apparition de déficits cognitifs multiples, comme en témoignent à la fois :
  - une altération de la mémoire à court et à long terme (altération de la capacité à apprendre des informations nouvelles ou à se rappeler les informations apprises antérieurement) ;
  - une (ou plusieurs) des perturbations cognitives suivantes :
    a) aphasie (perturbation du langage),
    b) apraxie (altération de la capacité à réaliser une activité motrice malgré des fonctions motrices intactes),
    c) agnosie (impossibilité de reconnaître des objets malgré des fonctions sensorielles intactes),
    d) perturbation des fonctions exécutives (faire des projets, organiser, ordonner dans le temps, avoir une pensée abstraite).
B. Les déficits cognitifs des critères A1 et A2 sont tous deux à l'origine d'une altération significative du fonctionnement social ou professionnel et représentent une régression objectivale par rapport au niveau de fonctionnement antérieur.
C. L'évolution est caractérisée par un début progressif et un déclin cognitif continu.
D. Les déficits cognitifs des critères A1 et A2 ne sont pas dus :
  - à d'autres affections du système nerveux central qui peuvent entraîner des déficits progressifs de la mémoire et du fonctionnement cognitif (maladie cérébrovasculaire, maladie de Parkinson, maladie de Huntington, hématome sous-dural, hydrocéphalie à pression normale, tumeur cérébrale) ;
  - à des affections générales pouvant entraîner une démence (hypothyroïdie, carence en vitamine B12 ou en folates, pellagre, hypercalcémie, neurosyphilis, infection par le VIH) ;
  - à des troubles provoqués par les substances toxiques.
E. Les déficits ne surviennent pas exclusivement au cours d'un delirium.
F. la perturbation n'est pas mieux expliquée par un autre trouble de l'axe 1 (p. ex. : trouble dépressif majeur, schizophrénie).

Tiré du *DSM-IV, Manuel diagnostique et statistique des troubles mentaux*, Paris, Masson, 1996.

Angiopathie et rupture de la barrière hémato-encéphalique

On a remarqué des altérations des parois capillaires dans le cerveau des personnes souffrant de la maladie d'Alzheimer. Ces modifications comprennent des épaississements, l'apparition de vaisseaux nodulaires et la disparition du fin réseau de fibres nerveuses qui recouvre normalement les surfaces en contact avec le sang. On a suggéré que ces lésions et la détérioration des nerfs qui en résulte détruisent la barrière qui empêche de nombreux constituants du sérum sanguin de pénétrer dans le cerveau (la barrière hémato-encéphalique). On a récemment pu montrer que la présence de dépôts amyloïdes sur les parois des vaisseaux sanguins et dans les capillaires du cortex cérébral est presque toujours associée à la maladie d'Alzheimer. Ceci confirme que ces lésions vasculaires résultent de la rupture de la barrière hémato-encéphalique (Scheibel et coll., 1987). Les protéines sériques pénètrent donc dans la matière grise (cortex) du cerveau. Une protéine sérique, l'activateur de protéine sphingolipide, a pu être identifiée et isolée dans le noyau des plaques névritiques ; cette preuve vient renforcer l'hypothèse de la rupture de la barrière hémato-encéphalique dans la maladie d'Alzheimer.

Déficiences des neurotransmetteurs

La choline-acétylase est une enzyme nécessaire à la production de l'acétylcholine. L'acétylcholine est un neurotransmetteur dont le rôle est de transmettre les impulsions entre les neurones. Les recherches ont montré une diminution de l'activité de la choline-acétylase dans le cerveau des clients atteints de la maladie d'Alzheimer. Cette diminution de la choline-acétylase est directement reliée à une altération de la mémoire et des fonctions cognitives.

Protéines anormales et leurs produits

On a découvert les deux protéines jouant un rôle dans la maladie d'Alzheimer : la β-amyloïde et la protéine tau, qui interagissent avec l'hippocampe et le cortex cérébral. On pense qu'elles font partie du système de communication chargé de la mémoire, de la cognition et du comportement.

La découverte de la principale protéine qui compose les dépôts amyloïdes fibrillaires, la β-amyloïde, à la fois dans la maladie d'Alzheimer et dans le syndrome de Down, est à l'origine d'études de biologie moléculaire. Cette protéine a été pour la première fois isolée et purifiée, et sa séquence d'acides aminés a pu être établie, d'après les vaisseaux cérébraux remplis de β-amyloïde des clients atteints de la maladie d'Alzheimer et du syndrome de Down (Wong et coll., 1985). En raison de sa présence en tant que fibrille amyloïde chez 100 % des individus atteints du syndrome de Down, on a émis l'hypothèse que la β-amyloïde était un marqueur chimique pour le syndrome de Down et que le codage génétique de son précurseur se trouverait sur le chromosome 21, le chromosome anormal triple qui caractérise le syndrome de Down (Glenner et Wong, 1984a, 1984b).

L'état des connaissances actuelles suggère une séquence génétique complexe conduisant à l'amylose cérébro-vasculaire, aux plaques et aux enchevêtrements.

La découverte de l'enzyme ou des enzymes anormales responsables de la formation amyloïde dans le cerveau permettrait la mise au point d'inhibiteurs spécifiques et, par conséquent, d'un traitement pour la maladie d'Alzheimer. De telles découvertes peuvent également déboucher sur un test diagnostique pour la maladie, qui ne nécessiterait ni autopsie ni biopsie du cerveau.

Défauts génétiques

Certains défauts sur les chromosomes 14 et 21 correspondent à un faible pourcentage des cas de maladie d'Alzheimer familiale. Toutefois, le chromosome 19, qui détermine le code de l'apolipoprotéine E (apo E), est vraisemblablement associé aux cas de manifestation tardive de la maladie d'Alzheimer. Il existe trois allèles de l'apo E : les allèles E^2, E^3 et E^4. L'allèle E^4 est connu comme le facteur de risque le plus élevé. Un seul allèle E^4 est porteur d'un risque de 47 % de la maladie d'Alzheimer, et deux allèles E^4 engendrent un risque de 91 %. Étant donné que 40 % des individus chez lesquels la maladie d'Alzheimer se manifeste tardivement sont porteurs d'un ou de plusieurs allèles apo E^4, les chercheurs ont recours à ce test, mais ce dernier n'est pas encore recommandé pour un usage clinique.

Nature de la maladie d'Alzheimer

La maladie d'Alzheimer est une maladie neurodégénérative au cours de laquelle le cortex cérébral – qui contient les cellules impliquées dans la mémoire et la cognition – est détruit. La perte de la matière grise entraîne une distanciation du cerveau et du crâne, faisant s'élargir de plus en plus les fissures qui lui donnent son apparence convolutée (sillons), ainsi qu'une dilatation des citernes qui collectent les fluides et les substances cérébro-spinaux (ventricules).

La dégradation de la matière grise est causée par l'accumulation des lésions destructrices, caractéristiques de la maladie. Ces lésions sont formées des **plaques névritiques** séniles, composées de fibres amyloïdes, ainsi que des **enchevêtrements neurofibrillaires**, composés de filaments hélicoïdaux qui détruisent les neurones et les dépôts amyloïdes des parois des vaisseaux sanguins cérébraux. Bien qu'on ne connaisse pas encore parfaitement le processus de destruction de la matière grise par ces lésions, on peut toutefois faire certaines suppositions. Dans la maladie d'Alzheimer, un précurseur de la protéine β-amyloïde anormal circule dans le sang et forme des fibrilles amyloïdes sur les parois des vaisseaux sanguins. Ces fibrilles attaquent le vaisseau, occasionnant des fuites. Ce précurseur de la protéine β-amyloïde anormal pénètre alors dans les tissus cérébraux, bloquant les récepteurs nécessaires au métabolisme des neurones eux-mêmes, interférant avec leur

fonctionnement et entraînant la formation d'enchevêtrements qui les détruisent. Le précurseur s'infiltre également dans les zones cérébrales, où les enzymes digestives le divisent afin d'en libérer la β-protéine qui s'accumule pour former les plaques séniles. À l'endroit où elles entrent en contact avec les fibres nerveuses, ces plaques les enveloppent, ce qui entraîne leur destruction.

Autres démences

Démence vasculaire (démence à infarctus multiples)

Dans les paragraphes suivants, on décrit neuf types de démence. La démence vasculaire résulte de l'occlusion ou de l'obstruction des petites artères ou artérioles du cortex cérébral causée par le processus de l'athérosclérose, de telle sorte que les éléments nutritifs ne peuvent pénétrer dans le cerveau. De temps à autre, une rupture de ces vaisseaux peut survenir, produisant une hémorragie dans le tissu cérébral, ou obstruant le vaisseau, et causant ainsi un ramollissement cérébral (accidents vasculaires cérébraux) et des espaces interstitiels (lacunæ). Comme ces lésions sont généralement limitées à la matière grise, la paralysie survient rarement. La tomodensitométrie, l'imagerie par résonance magnétique (IRM) ou la tomographie d'émission de positrons (TEP) révèlent souvent des accidents vasculaires cérébraux autrement indétectables. Les critères relatifs à la démence vasculaire sont énumérés dans l'encadré 14.2.

CRITÈRES DSM-IV
Démence vasculaire   ENCADRÉ 14.2

A. Apparition de déficits cognitifs multiples comme en témoignent à la fois :
- une altération de la mémoire à court et à long terme (altération de la capacité à apprendre des informations nouvelles ou à se rappeler les informations apprises antérieurement) ;
- une (ou plusieurs) des perturbations cognitives suivantes :
  a) aphasie,
  b) apraxie,
  c) agnosie,
  d) perturbation des fonctions exécutives.

B. Les déficits cognitifs des critères A1 et A2 sont tous deux à l'origine d'une altération significative du fonctionnement professionnel et représentent un déclin significatif par rapport au niveau de fonctionnement antérieur.

C. Signes et symptômes neurologiques en foyer (p. ex. exagération des réflexes ostéotendineux, réflexe cutané plantaire en extension, paralysie pseudo-bulbaire, troubles de la marche, faiblesse d'une extrémité) ou mise en évidence d'après les examens complémentaires (IRM) d'une maladie vasculaire cérébrale (p. ex. infarctus multiples dans le cortex et la substance blanche sous-corticale) jugée liée, sur le plan étiologique, à la perturbation.

D. Les déficits ne surviennent pas exclusivement au cours de l'évolution d'un delirium.

Tiré du *DSM-IV, Manuel diagnostique et statistique des troubles mentaux*, Paris, Masson, 1996.

Démence de Parkinson

La démence de Parkinson est associée à la maladie de Parkinson, qui a été décrite pour la première fois en 1817 par Parkinson, dans son *Essai sur la paralysie agitante*, comme « des mouvements tremblants involontaires, avec une force musculaire réduite, dans les membres au repos, même soutenus, une propension à courber le tronc vers l'avant et à passer de la marche à la course et une altération des sens et de l'intellect ». Sur le plan clinique, on a plus tard mis l'accent sur la raideur musculaire, l'immobilité du visage et le côté marmonné du discours. Ces signes moteurs caractéristiques restent des critères diagnostiques. Les neurones de la substance noire (tronc cérébral), où est produite la dopamine, forment des lésions pigmentées qui constituent un signe de la maladie. Ces lésions ont été décrites pour la première fois en 1913 par Lewy et se nomment corps de Lewy. Dans à peu près 30 % des cas, on observe dans la maladie de Parkinson les lésions amyloïdes de la maladie d'Alzheimer, tandis qu'environ 50 % des clients souffrant de la maladie d'Alzheimer manifestent les symptômes typiques de la maladie de Parkinson.

Maladie de Pick

La maladie de Pick, du nom du médecin tchécoslovaque Arnold Pick (1851-1924), est un processus dégénératif touchant habituellement les neurones situés au niveau des lobes frontaux et temporaux du cerveau. Sur le plan clinique, cette maladie se distingue par des changements de la personnalité survenant tôt dans le déroulement de la maladie, une détérioration des aptitudes sociales, un affect émoussé, une désinhibition du comportement et d'importants troubles du langage.

Maladie de Creutzfeldt-Jakob

La maladie de Creutzfeldt-Jakob, décrite pour la première fois en 1921 par Jakob, est un processus infectieux (mais non contagieux) pouvant se transmettre par les greffons cornéens, les électrodes contaminées et les injections d'hormones de croissance à l'état brut provenant de la glande pituitaire humaine. Après une épidémie survenue en Grande-Bretagne à la fin des années 1990, on a également découvert une forme animale de la maladie qui serait transmissible à l'homme (Durrieu, 2001). Il semblerait que cette maladie soit causée par un agent infectieux, nommé prion, donnant au cerveau une apparence spongieuse (encéphalopathie spongiforme) et entraînant une vacuolisation des neurones (création, dans le protoplasme de la cellule, d'un espace vide empli d'air ou de liquide). Sa progression est plus rapide que celle de la maladie d'Alzheimer. Elle commence par des manifestations insidieuses de confusion, de dépression et d'altération des sensations et progresse en quelques semaines ou quelques mois vers la démence, l'ataxie, la paralysie et quelquefois une cécité corticale. Bien que le syndrome de Creutzfeldt-Jakob représente seulement 0,5 % des cas de démence primaire, il est suggéré de retirer un client souffrant de démence chronique de toute liste de donneurs, afin d'éviter le risque de transmettre la maladie.

Syndrome de Gerstmann-Sträussler-Sheinker

Le syndrome de Gerstmann-Sträussler-Sheinker, comme la maladie de Creutzfeldt-Jakob, est un processus infectieux, mais il comporte une composante génétique, une mutation de la protéine du prion, qui en fait une maladie familiale.

Démence à corps de Lewy

La démence à corps de Lewy est une démence primaire dégénérative tardive que l'on remarque essentiellement chez les hommes, chez qui les corps de Lewy, comme dans la maladie de Parkinson, peuvent s'observer dans les neurones de la matière grise. Il n'est pas rare de déceler une démarche ataxique précoce et des symptômes psychiatriques (hallucinations, crises de délire et comportement violent ou agressif). Cette démence est associée aux lésions de la maladie d'Alzheimer, ainsi qu'à celles de la maladie de Parkinson.

Paralysie supranucléaire progressive

La paralysie supranucléaire progressive est une maladie dégénérative qui affecte plus particulièrement le noyau des neurones et manifeste cliniquement une démence, une paralysie oculaire progressive, des difficultés aux articulations (**dysarthrie**), une rigidité musculaire (plus marquée au cou) et une démarche ataxique. L'incidence en est deux fois plus élevée chez les hommes que chez les femmes.

Maladie de Binswanger

La maladie de Binswanger touche les petites artères et les artérioles du cerveau, entraînant des rétrécissements, modérés ou sévères, comme ceux que l'on remarque dans les cas de démence vasculaire. Les lésions sont visibles dans la matière blanche et grise. La démence est un symptôme courant mais non constant et peut s'accompagner de vertiges, d'une démarche ataxique et d'hémiparésie.

Démence du syndrome de Down

Malgré les lésions importantes détectées à l'autopsie, du type de celles de la maladie d'Alzheimer, la démence du syndrome de Down reste difficile à diagnostiquer. On ne peut constater une démence que chez 50 % des individus de plus de 40 ans souffrant du syndrome de Down, cette démence se manifestant généralement par une perte de mémoire. Il est cependant difficile d'établir la présence de la démence dans le contexte de la déficience mentale.

Accidents vasculaires cérébraux

Les accidents vasculaires cérébraux (AVC) sont des épisodes de congestion cérébrale survenant chez environ 20 % des clients souffrant de la maladie d'Alzheimer. Ils sont dus aux dépôts amyloïdes cérébro-vasculaires qui obstruent les vaisseaux ou entraînent leur rupture, produisant une hémorragie cérébrale. Cette lésion survient essentiellement dans la matière grise et par conséquent ne provoque pas la paralysie. Toutefois, si le vaisseau éclate dans les leptoméninges (à la surface du cerveau), une hémorragie sévère peut entraîner la paralysie ou même la mort.

Démences réversibles

Les démences réversibles font partie d'un groupe de processus représentant à peu près 20 % des cas de démence. La grande majorité de ces démences se traitent. À titre d'exemple, la maladie métabolique et la carence en vitamine B12 imitent la plupart des symptômes de la maladie d'Alzheimer. Les symptômes de la démence du client peuvent être enrayés, et celui-ci recouvre son bien-être s'il reçoit des injections de vitamine B12 avant que surviennent les lésions irréversibles. De même, dans le cas de certaines tumeurs bénignes superficielles (méningiomes), leur élimination par un chirurgien fait disparaître les symptômes de démence. Les facteurs étiologiques des démences réversibles sont abordés dans le tableau 14.2.

La dépression est une démence réversible que l'on rencontre couramment chez les personnes âgées. Ces dernières ne présentent pas forcément les signes et symptômes habituels de la dépression et ne manifestent qu'une perte de la mémoire. On soigne facilement la dépression grâce aux antidépresseurs. Il arrive parfois qu'un client souffre à la fois de dépression et de démence, ce qui rend le diagnostic plus difficile.

Troubles souvent confondus avec la démence

Il est facile de confondre des troubles comme le délire ou les troubles amnésiques avec la démence, puisque les clients peuvent souffrir des mêmes symptômes. Le traitement de chacun de ces troubles varie grandement, d'où l'importance de la précision du diagnostic.

Delirium

Le **delirium** est un état de confusion mentale et d'excitation, caractérisé par une désorientation dans le temps ou dans l'espace, généralement combinée avec des illusions et des hallucinations. L'esprit divague, le discours est incohérent et il est fréquent que le client se livre à des activités répétitives sans but.

Le delirium se caractérise par une obnubilation, doublée d'une capacité réduite à changer de sujet et à maintenir son attention. Le client peut ou non être agité, somnolent ou avoir des hallucinations. La manifestation des symptômes peut durer de quelques heures à quelques jours, et ces symptômes varient au cours d'une même journée (Rockwell, 1991). Des périodes de lucidité ou une altération de la cognition, par exemple un déficit de la mémoire, des troubles de la parole ou une altération de la perception, peuvent se manifester. Les clients seront agités et repliés sur eux-mêmes, ou en larmes et tristes. Le delirium a toujours une cause organique.

Le delirium survient généralement chez les clients atteints de la maladie d'Alzheimer, alors qu'une infection grave ou une affection médicale générale se superpose aux conditions préexistantes. Au moins 22 % des clients âgés sont pris de delirium à un moment ou à un autre de leur hospitalisation (Lyness, 1990). Le delirium peut également être le premier ou le seul indicateur de maladies : pneumonie, infarctus du myocarde ou encore intoxication à une substance (intoxication médicamenteuse). Un échec dans l'identification du delirium peut conduire à une morbidité et à une mortalité significatives, résultant toutes deux de la maladie sous-jacente ainsi que des blessures involontairement auto-infligées. Lorsque le delirium masque la démence de type Alzheimer, il est encore plus difficile de faire la distinction entre les deux, bien que ce soit d'autant plus indispensable pour le bien du client. Les critères relatifs au delirium sont énumérés dans l'encadré 14.3. On trouve une comparaison du delirium, de la dépression et de la démence au tableau 14.3.

Troubles amnésiques

Les troubles amnésiques se caractérisent par une altération de la mémoire due soit aux effets physiologiques directs d'une affection médicale générale, soit aux effets persistants d'un abus d'alcool ou de drogue, ou de l'exposition à une toxine. L'attention se porte principalement sur les troubles de la mémoire, qui seront qualifiés soit de transitoires (d'une durée de quelques heures ou de quelques jours mais de moins d'un mois), soit de chroniques (d'une durée de plus d'un mois). Les critères relatifs aux troubles amnésiques sont énumérés à l'encadré 14.4.

14.1.3 Épidémiologie

La prévalence des démences survenant entre 65 et 70 ans est de moins de 5 %. Cette prévalence augmente avec l'âge. La moitié de toutes les démences résultent de la maladie d'Alzheimer.

La société Alzheimer du Canada signale qu'en 2001 près de 365 000 Canadiens étaient atteints par la maladie à des degrés divers. Les deux tiers de ces personnes sont des femmes. La Société estime que, d'ici 2015, plus de 40 000 nouveaux cas pourraient être enregistrés chaque année (voir encadré 14.5). Des données américaines indiquent qu'une famille sur trois (parmi celles dont l'un des membres est âgé de plus de 65 ans) comprend une personne souffrant de cette maladie. Le client le plus jeune qui ait été diagnostiqué par autopsie avait 38 ans, alors que l'âge moyen des clients souffrant de cette maladie avoisine 75 ans. Le pourcentage des cas en dessous de 60 ans n'est que de 0,1 %. La durée de vie d'un client souffrant de la maladie d'Alzheimer est réduite de moitié, la mort survenant entre 5 et 15 ans après la découverte des premiers symptômes, bien qu'on ait enregistré de rares cas survivant de 20 à 30 ans. Généralement, plus le client est jeune, plus la maladie progresse rapidement et plus il est probable qu'elle soit familiale.

TABLEAU 14.3	Comparaison du delirium, de la dépression et de la démence		
	Delirium	**Dépression**	**Démence**
Apparition	Rapide (quelques heures ou quelques jours)	Rapide (quelques semaines à quelques mois)	Graduelle (quelques années)
Évolution	Fluctue grandement ; peut s'étaler sur plusieurs semaines si l'on n'en décèle pas la cause	Peut se résoudre spontanément ou devenir chronique sans traitement	Chronique ; déclin lent mais continu
Niveau de conscience	Oscille entre très alerte et difficile à stimuler	Normal	Normal
Orientation	Le client est désorienté, troublé	Le client peut paraître désorienté	Le client est désorienté, confus
Affect	Fluctuant	Triste, déprimé, inquiet, coupable	Labile ; apathie se manifestant aux stades avancés
Attention	Toujours altérée	Difficulté à se concentrer ; le client peut faire des actions répétitives	Peut rester intacte ; le client peut se concentrer sur une chose en particulier pendant un long moment
Sommeil	Toujours troublé	Troublé ; hypersomnie ou insomnie, le client se réveille aux premières heures du jour	Généralement normal
Comportement	Agité, nerveux	Le client peut être fatigué, apathique ou occasionnellement agité	Le client peut être agité ou apathique ; errance
Discours	Clairsemé ou rapide ; le client peut être incohérent	Plat, clairsemé, parfois avec quelques éclats de voix ; compréhensible	Clairsemé ou rapide ; répétitif ; le client peut être incohérent
Mémoire	Altérée, surtout concernant les événements récents	Varie d'un jour à l'autre ; client lent à se souvenir ; déficits fréquents à court terme	Altérée, surtout concernant les événements récents
Cognition	Pensée désorganisée	Peut paraître altérée	Raisonnement et calcul désordonnés
Contenu de la pensée	Incohérent, confus, délirant, stéréotypé	Négatif, hypocondriaque, pensées de mort, paranoïaque	Désorganisé, contenu riche, pensée délirante, paranoïaque
Perception	Interprétation erronée, illusions, hallucinations	Déformée ; interprétation négative des gens et des événements	Aucun changement
Jugement	Pauvre	Pauvre	Pauvre ; comportement socialement inapproprié
Discernement	Au cours des moments de lucidité	Peut être altéré	Absent
Performance lors de l'évaluation de l'état mental	Faible mais variable ; s'améliore au cours des moments de lucidité et de la guérison	Trouble de la mémoire ; le client calcule, dessine, suit les indications généralement facilement ; répond fréquemment « Je ne sais pas »	Invariablement mauvaise ; se détériore progressivement ; le client tente de répondre à toutes les questions

Tiré de Holt J. « How to help confused patients », *Am. J. Nurs.*, n° 93, 1993, p. 32-36.

Plusieurs facteurs peuvent provoquer la mort chez un malade atteint de la maladie d'Alzheimer, le plus courant étant la pneumonie par aspiration, due à l'incapacité de déglutir correctement et provoquant la régurgitation de la nourriture dans les poumons. La thrombophlébite et l'embolie, l'infection urinaire et l'infection des escarres de décubitus sont d'autres causes possibles de décès.

14.1.4 Description clinique

Maladie d'Alzheimer

La maladie d'Alzheimer est décrite comme une maladie « globale » affectant toutes les zones de la matière grise (cortex) du cerveau, qui constitue la surface externe de celui-ci et est le siège des processus cognitifs. Deux

Delirium   ENCADRÉ 14.3

CRITÈRES DSM-IV

A. Perturbation de la conscience (baisse d'une conscience claire de l'environnement) avec diminution de la capacité à focaliser, à maintenir ou à mobiliser l'attention.
B. Modification du fonctionnement cognitif (p. ex. : déficit de la mémoire, désorientation, perturbation du langage) ou bien survenue d'une altération de la perception qui n'est pas mieux expliquée par une démence préexistante, stabilisée ou en évolution.
C. Le trouble s'installe rapidement (habituellement en quelques heures ou quelques jours) et varie tout le long de la journée.
D. Mise en évidence, d'après l'histoire de la maladie, l'examen physique ou les examens complémentaires, que la perturbation est due soit aux conséquences physiologiques d'une affection médicale générale, soit à une intoxication ou à un état de sevrage lié à une intoxication par une substance.

Tiré du *DSM-IV, Manuel diagnostique et statistique des troubles mentaux*, Paris, Masson, 1996.

Troubles amnésiques   ENCADRÉ 14.4

CRITÈRES DSM-IV

A. Apparition d'une altération de la mémoire dont témoigne une altération de la capacité à apprendre des informations nouvelles ou à se rappeler des informations apprises antérieurement.
B. L'altération de la mémoire est à l'origine d'une altération significative du fonctionnement social ou professionnel et représente une régression objective par rapport au niveau de fonctionnement antérieur.
C. L'altération de la mémoire ne survient pas exclusivement au cours d'un delirium ou d'une démence.
D. Mise en évidence, d'après l'histoire de la maladie, l'examen physique ou les examens complémentaires, que la perturbation est la conséquence physiologique directe d'une affection médicale générale (notamment un traumatisme physique).

Tiré du *DSM-IV, Manuel diagnostique et statistique des troubles mentaux*, Paris, Masson, 1996.

La démence au Canada   ENCADRÉ 14.5

En 2001, 364 000 Canadiens âgés de plus de 65 ans souffraient de la maladie d'Alzheimer et de démences connexes :
- 247 520 sont des femmes ;
- 116 480 sont des hommes.

238 000 Canadiens âgés de plus de 65 ans souffraient de la maladie d'Alzheimer.

Un Canadien sur 13 âgé de plus de 65 ans est atteint de la maladie d'Alzheimer et de démences connexes :
- 1 sur 50 entre 65 et 74 ans ;
- 1 sur 9 entre 75 et 84 ans ;
- 1 sur 3 âgé de plus de 85 ans.

Données de la Société Alzheimer du Canada

caractéristiques rendent le diagnostic difficile au tout début de la maladie. Au départ, les enchevêtrements neurofibrillaires attaquent l'hippocampe cérébral, provoquant une perte de la mémoire récente. Survient généralement une détérioration non symétrique, ou inégale, des régions temporopariétales, entraînant des déficits cognitifs sur le plan de l'apprentissage, de l'attention, du jugement, de l'orientation, ou du discours et du langage. Pour compliquer davantage les choses, d'autres régions du cerveau sont parfois atteintes, ce qui déclenche alors un ensemble de symptômes. La situation est aggravée par le caractère insidieux des débuts de la maladie, qui peut paraître, à l'observateur inexercé, n'être que de l'inattention, de l'agitation, de légères distractions ou encore de la dépression.

Par conséquent, un client souffrant de la maladie d'Alzheimer ne présente pas des antécédents uniformes ou cohérents, et l'on ne peut établir avec précision le début de la maladie. Cet état de fait risque de poser un sérieux problème de diagnostic différentiel. Il arrive souvent que des membres de la famille qui n'ont pas vu la personne depuis longtemps ne soient pas en mesure de remarquer les changements subtils qui interviennent. Les jugements précipités qui se basent sur une courte visite conduisent régulièrement à des conflits entre le membre de la famille soignant et les autres membres de la famille, particulièrement lorsqu'il est question d'un placement en établissement. Si le client se perd ou a un accident, on ne constate souvent que trop tard l'ampleur des pertes cognitives. De tels incidents peuvent alors motiver les membres de la famille à agir dans l'intérêt de leur proche.

On remarque souvent les premiers symptômes de la démence à la suite d'une intervention chirurgicale nécessitant une anesthésie générale. La réserve des neurones étant nettement réduite par la maladie d'Alzheimer, un manque d'oxygène temporaire pendant l'anesthésie réduit subséquemment le nombre de neurones en activité, mettant en évidence pour la première fois les symptômes initiaux de la maladie.

Le soignant aura tendance à chercher à obtenir une aide médicale lorsqu'il remarquera les difficultés comportementales spécifiques suivantes :
- difficulté à faire ses courses, activité impliquant des tâches séquentielles : mettre plusieurs listes en corrélation, planifier, se souvenir et calculer la monnaie ;
- problèmes pour se déplacer, avec le risque de se perdre ou d'avoir des accidents ;
- oubli de rendez-vous ou d'engagements ;
- difficulté avec les tâches financières, particulièrement lorsqu'il s'agit de mettre à jour un compte-chèques, de payer les factures ou de comprendre des états financiers ;
- allées et venues sans raison ou égarement ;
- incapacité à identifier les personnes qu'on devrait connaître ou erreurs sur l'identité d'amis ou de membres de la famille ;
- incapacité à effectuer les tâches ménagères courantes (p. ex. faire la cuisine et le ménage).

Bien que les clients eux-mêmes puissent repérer des signes précoces de troubles cognitifs, un grand nombre d'entre eux recourront à un ou plusieurs des mécanismes de défense suivants : le déni, le refoulement, la projection, la régression ou la rationalisation. Certains réussiront à duper un certain temps leur famille, leurs amis et leur employeur. La nécessité de distinguer ces comportements des déficits cognitifs complique le processus diagnostique.

Des antécédents de santé détaillés peuvent révéler plusieurs ou tous les symptômes suivants liés à la maladie :
- opérations de la pensée perturbées (paranoïa) ;
- confusion ou désorientation ;
- trouble de la perception sensorielle (hallucinations) ;
- altération de l'intellect et troubles de la mémoire (plus spécifiquement de la mémoire à court terme dans les débuts de la maladie) ;
- obnubilation ;
- perte des fonctions corporelles ;
- déficit de soins personnels ;
- peur, anxiété, dépression, agressivité ;
- réactions de panique et de rage (réactions de catastrophe) ;
- perturbation de l'identité personnelle, sentiment d'impuissance ;
- mobilité physique réduite ;
- isolement social, apathie ;
- communication verbale altérée ;
- labilité émotionnelle ;
- habitudes de sommeil perturbées.

Stades de la maladie d'Alzheimer

Même si des auteurs ont proposé jusqu'à 15 stades différents dans la progression de la maladie d'Alzheimer, il est plus efficace et plus pratique de ramener leur nombre à trois. Ces trois stades sont détaillés ci-dessous et résumés au tableau 14.4. À chacun de ces stades se juxtaposent des pertes physiques et psycho-émotives additionnelles, ainsi que des besoins de dépendance accrus.

Stade 1 : début ou léger

La perte de mémoire ou amnésie est la caractéristique distinctive du stade 1. Il arrive souvent que cette perte soit si légère que le client, sa famille et les soignants l'attribuent à un « vieillissement normal ». Mais au fur et à mesure que cette maladie insidieuse progresse, le client prend souvent conscience de l'existence d'un problème. La mémoire des événements récents est touchée, alors que le client peut se remémorer en détail des événements d'un passé lointain. Il est fréquemment incapable de trouver ses mots ou d'employer les mots appropriés, quand il n'arrive pas à se remémorer certaines choses. L'utilisation de **néologismes** (mots inventés auxquels on associe une signification) est également fréquente. Durant cette période de prise de conscience, nombreux sont les clients qui souffrent de dépression grave.

Stade 2 : avancé ou modéré

Les symptômes du stade 1 s'intensifient. Les pertes de mémoire et les déficits cognitifs gênent les activités de la vie quotidienne. Les clients sont souvent désorientés dans le temps et dans l'espace. Les signes d'aphasie sont apparents. Les clients éprouvent de la difficulté à prendre des décisions, en raison d'un manque de concentration et d'aptitudes cognitives à porter un jugement approprié. Ils peuvent être plongés dans des délires issus d'idées fausses de nature paranoïde.

Alors que la maladie progresse vers la phase terminale, la mémoire, à court et à long terme, se trouve affectée. Le client fait preuve d'**agnosie**, d'**apraxie** et de **persévération**. Il est courant, durant cette période, que les clients souffrent du **syndrome des états crépusculaires**, de **réactions de catastrophe** et des épisode d'errance (voir encadré 14.6).

Stade 3 : terminal ou sévère

Le client devient complètement dépendant des soignants, en particulier pour les activités de la vie quotidienne.

TABLEAU 14.4	Stades de la maladie d'Alzheimer	
Stade 1 : début ou léger	**Stade 2 : avancé ou modéré**	**Stade 3 : terminal ou sévère**
Perte de la mémoire récente	Amplification des symptômes du stade 1	Amplification des symptômes du stade 2
Perte cognitive dans les domaines suivants :	Augmentation des problèmes de comportement, pouvant inclure :	Incontinence urinaire complète (vraie)
communication	réactions de catastrophe	Étouffement
calcul	syndrome des états crépusculaires	Émaciation
reconnaissance	persévération	Prise en charge thérapeutique complète
Anxiété et confusion	allées et venues sans but	Troubles progressifs de la démarche conduisant à l'immobilisation
Légers problèmes de comportement comme l'incapacité à entreprendre et à compléter une tâche	errance	
	confusion	
	légère incontinence urinaire réflexe	
	hypertonie	

Raisons de l'errance

Il existe une variété de raisons pouvant expliquer l'errance chez une personne atteinte de la maladie d'Alzheimer :

- elle a peut-être trop chaud ou trop froid ;
- elle a peut-être faim ou elle a mal ;
- elle essaie peut-être de recréer une activité antérieure, comme se rendre au travail ou prendre l'autobus.

Déterminer la raison de l'errance peut s'avérer tout un défi pour l'aidant, surtout lorsque la communication verbale devient difficile. En observant les indices non verbaux, il vous sera peut-être plus facile d'établir la raison de l'errance.

- Ce comportement survient-il de façon systématique ?
- Les épisodes d'errance semblent-ils sans but et confus ?
- La personne a-t-elle un but précis lorsqu'elle erre ?

Si vous réussissez à établir les détails des épisodes d'errance, vous pourrez peut-être parvenir à en identifier la raison. Lorsque vous déterminez la cause de l'errance, vous pouvez mettre en place des stratégies qui vous permettront de mieux faire face au comportement.

Voici quelques exemples de types d'errance associés à la maladie d'Alzheimer ainsi que certaines raisons possibles expliquant ce comportement.

Types d'errance

Errance sans but

- Ce type d'errance consiste en une déambulation imprécise sans véritable direction ou destination.
- L'ennui ou le besoin d'exercice peut déclencher un épisode d'errance sans but ; tout comme une réaction à un médicament, un stress ou un inconfort physique.

Errance avec but

- L'errance avec but comporte souvent un objectif précis.

- L'individu peut sembler chercher quelque chose ou vouloir retourner dans un environnement de son passé qui lui est familier. Ce type d'errance indique peut-être que la personne cherche à se rassurer.
- Il peut aussi s'agir du résultat d'un besoin physique, comme la faim ou l'envie d'aller aux toilettes.

Errance la nuit

- La nuit est souvent un moment propice à l'errance.
- Les troubles de sommeil peuvent causer une certaine agitation ou désorientation au milieu de la nuit.
- De plus, parce que la personne est confuse à propos du temps qui s'écoule, elle n'est peut-être pas consciente de la différence entre le jour et la nuit.
- Il est possible qu'elle se réveille, sorte de son lit et s'habille ou se rende à la cuisine pour aller chercher quelque chose à manger.

Errance complexe

- Lors d'un épisode d'errance, la personne atteinte de la maladie d'Alzheimer effectuera peut-être en plus des gestes répétitifs.
- Parce qu'elle a besoin de se tenir occupée, elle tentera peut-être de reprendre des habitudes antérieures ou de récréer une activité ou une routine établies il y a longtemps, comme se rendre au travail ou prendre l'autobus.

Quelques stratégies

- Déterminer les raisons de l'errance ;
- Rassurer la personne et la distraire avec une autre activité ;
- Placer hors de portée les serrures des portes extérieures ;
- Masquer les portes avec de la peinture et du papier peint ;
- Prévoir des promenades et de l'exercice réguliers ;
- Placer hors de vue et de portée les déclencheurs (par ex. manteau, clés, chapeau).

Société Alzheimer. *Le registre d'errance Alzheimer, Raisons de l'errance.*

Toute communication significative avec le client cesse. Toutes les décisions concernant ses besoins bio-psychosociaux doivent être prises par le soignant. Le schéma des quatre dimensions à la page 340 présente les altérations marquées aux plans physique, psychologique, social et spirituel de la personne.

14.1.5 Pronostic

Il n'existe à l'heure actuelle aucun traitement médical pouvant prévenir la maladie d'Alzheimer, l'arrêter ou en modifier l'évolution, cependant il existe des méthodes permettant d'atténuer certains de ses symptômes. Plusieurs traitements sont également très prometteurs : la vitamine E jumelée au donépézil (Aricept) a permis de soulager les symptômes de la démence lors d'un essai clinique avec des clients souffrant de la maladie d'Alzheimer.

Des interventions positives de la part du soignant peuvent conduire à une modification du comportement du client, réduire son anxiété, éviter l'incontinence et éliminer les troubles du sommeil ainsi que la dépression. Un programme d'activités thérapeutiques bien planifié peut améliorer la conscience du client, ses réactions physiques et verbales, ainsi que son niveau de fonctionnement. L'administration de certains médicaments peut s'avérer nécessaire (cet aspect est traité dans la suite du chapitre).

14.1.6 Critères d'évolution positive

Les caractéristiques de la maladie d'Alzheimer et des autres démences primaires ne rentrent pas dans les critères d'évolution positive. Le client et le soignant passeront d'un niveau de besoin à un autre. Avant que s'effectuent les ajustements des soins, on doit considérer les signes positifs suivants, relevant de certains domaines précis.

Le client :

- ne risque pas de s'infliger des blessures ni de faire l'objet de mauvais traitements de la part du soignant ;
- accomplit les AVQ et les APVQ (activités procédurales de la vie quotidienne) avec le minimum d'aide ;
- est libéré des réactions de catastrophe et est capable de communiquer ses besoins et ses désirs ;
- participe à un programme d'activités thérapeutiques destiné à évaluer ses besoins.

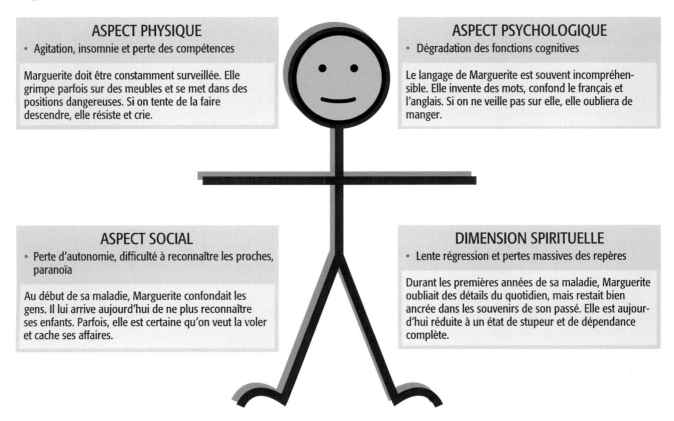

ASPECT PHYSIQUE

- Agitation, insomnie et perte des compétences

Marguerite doit être constamment surveillée. Elle grimpe parfois sur des meubles et se met dans des positions dangereuses. Si on tente de la faire descendre, elle résiste et crie.

ASPECT PSYCHOLOGIQUE

- Dégradation des fonctions cognitives

Le langage de Marguerite est souvent incompréhensible. Elle invente des mots, confond le français et l'anglais. Si on ne veille pas sur elle, elle oubliera de manger.

ASPECT SOCIAL

- Perte d'autonomie, difficulté à reconnaître les proches, paranoïa

Au début de sa maladie, Marguerite confondait les gens. Il lui arrive aujourd'hui de ne plus reconnaître ses enfants. Parfois, elle est certaine qu'on veut la voler et cache ses affaires.

DIMENSION SPIRITUELLE

- Lente régression et pertes massives des repères

Durant les premières années de sa maladie, Marguerite oubliait des détails du quotidien, mais restait bien ancrée dans les souvenirs de son passé. Elle est aujourd'hui réduite à un état de stupeur et de dépendance complète.

SCHÉMA DES 4 DIMENSIONS Délire lié à la démence

L'infirmière :

- a établi son programme de soins quotidien en ayant une bonne connaissance de la maladie d'Alzheimer ou des maladies qui lui sont associées ;
- recourt aux interactions positives ;
- planifie des soins personnels et les ressources nécessaires ;
- prend les mesures juridiques et financières appropriées pour le client ;
- met en place des solutions de secours en cas d'urgence (p. ex. : maladie soudaine ou mort du client ou de l'aidant naturel).

14.1.7 Aidants naturels

La famille doit faire l'objet d'une attention particulière parce que, sans soutien, prendre soin de quelqu'un atteint de la maladie d'Alzheimer peut devenir un fardeau accablant. Le placement dans un établissement de soins à long terme est généralement la dernière étape de l'engagement de l'aidant naturel. De nombreuses années d'inquiétude précèdent le choix d'un placement à l'extérieur du domicile. Le stress émotionnel et les frais financiers finissent par devenir importants. Les soins de santé et les services de soutien à domicile, l'équipement particulier et la nourriture, ainsi que la perte du salaire du client et de l'aidant

naturel ne sont que quelques-unes des dépenses afférentes. Plus de 50 % des coûts relatifs aux soins infirmiers à domicile sont défrayés directement par les clients et leur famille. L'enseignement à la famille et l'aide psychologique peuvent faciliter les demandes de soins d'un client souffrant de la maladie d'Alzheimer.

14.2 DÉMARCHE DE SOINS INFIRMIERS

➡ 14.2.1 Collecte de données

La collecte de données sur des clients atteints de démence est difficile et doit s'appuyer sur des informations provenant de plusieurs sources. Une collecte de données complète doit inclure des antécédents approfondis et une évaluation physique du client, de son fonctionnement et de son état mental.

Milieu environnant favorable pendant la collecte de données

Au moment de l'entrevue avec le client ou du test d'évaluation, il est primordial de disposer d'un environnement physique et affectif positif. La pièce doit être tranquille, silencieuse et isolée de l'agitation et du bruit. Il se peut que le client souffre de déficits visuels et auditifs, dans lequel cas l'intervenante doit établir un contact visuel et parler directement au client, en restant dans les basses fréquences (les tonalités élevées étant généralement moins faciles à discerner) et en articulant distinctement. L'appareil auditif et les lunettes du client, s'il les porte habituellement, doivent être correctement ajustés. Tout document imprimé nécessitant une réponse de la part du client doit être imprimé en gros caractères, faciles à lire. Si le français est la langue seconde du client, quelqu'un parlant sa langue maternelle devra lui faire passer le test ou le traduire pour lui et pour l'intervenante, afin que les résultats obtenus soient pertinents. Il est permis de paraphraser certaines questions afin de clarifier un point particulier. On doit allouer au client une période de temps suffisante

pour qu'il puisse traiter les informations et formuler une réponse exacte. De manière générale, l'attitude de l'intervenante doit être amicale, non menaçante et neutre. Fournir une rétroaction positive au client en lui disant « Vous vous en sortez bien », « C'est très bien » ou « Cette question est particulièrement difficile » l'aide à surmonter le stress lié au test. Il faut éviter de donner des indications sur la justesse des réponses. L'encadré 14.7 porte sur les soins dans le milieu de vie auprès de personnes aux prises avec un delirium, de la démence, de l'amnésie et d'autres troubles cognitifs. Les informations qui se trouvent dans cet encadré peuvent être utiles au moment de la collecte de données. Quant à l'encadré 14.8, il présente des questions cibles visant à optimiser la collecte de données auprès de ces personnes.

SOINS INFIRMIERS DANS LE MILIEU DE VIE

Delirium, démence, amnésie et autres troubles cognitifs

ENCADRÉ 14.7

L'augmentation progressive de la population âgée, résultant à la fois d'une augmentation de leur nombre et de l'accroissement de leur longévité, exige plus de soutien communautaire pour aider les familles dont les membres vieillissants agissent de façon inhabituelle ou troublante, en raison de troubles cognitifs ou d'autres problèmes mentaux ou physiques.

On peut demander à une infirmière en santé mentale d'évaluer une personne qui habite chez elle, mais qui est incapable de se soigner seule et refuse de se faire aider par ses aidants naturels. L'infirmière devra alors évaluer les différents comptes rendus des aidants naturels, observer le comportement du client, évaluer son observance thérapeutique et tenter une interaction individuelle, comprenant un examen de l'état mental de ce client. Il est essentiel que ce contact personnel s'établisse dans le respect et soit entretenu avec patience.

Les comportements reconnus comme anormaux peuvent n'être en réalité que des tentatives du client pour satisfaire un besoin de base susceptible d'être comblé par une intervention rapide, comme fournir un environnement plus stimulant ou plus confortable en termes de température. La douleur constitue un facteur critique ; elle doit être gérée ou soulagée par des médicaments. Une confusion apparente peut en fait résulter d'une perte auditive à laquelle on remédie par le port d'un appareil auditif ou son remplacement en cas de défectuosité. Les personnes très âgées risquent de souffrir d'une infection urinaire, qui conduit parfois à l'agitation ou à la nervosité. Certains médicaments peuvent provoquer des effets paradoxaux de stimulation ou de désinhibition, plutôt que de sédation, conduisant parfois l'aidant naturel inexpérimenté à augmenter la posologie, ce qui ne fait qu'aggraver le problème. L'ingestion de plusieurs médicaments ou d'une dose courante trop élevée pour l'âge de la personne risque également d'entraîner des effets négatifs et de conduire au delirium. Il est primordial de protéger le client agité des chutes ou d'autres blessures accidentelles potentielles. Même si l'un des objectifs des soins infirmiers communautaires est de fournir au client la possibilité de rester chez lui le plus longtemps possible, si l'infirmière n'est pas en mesure de découvrir un agent étiologique, il y a lieu alors d'envisager l'hospitalisation du client.

Lorsque l'on a exclu le delirium résultant de problèmes physiologiques, la démence et la dépression constituent les deux troubles mentaux les plus courants des clients âgés. La démence et la dépression se manifestent plus graduellement que le delirium, et un examen approfondi de l'état mental peut souvent aider l'infirmière à cerner le problème et à déterminer les recommandations thérapeutiques. On décèle généralement de l'apathie dans la dépression et la démence ; toutefois, chez l'individu déprimé, les processus cognitifs restent intacts. Les troubles pouvant également être concomitants, le traitement de la dépression peut stabiliser une personne, révélant alors une difficulté cognitive sous-jacente.

Une médication efficace pour le traitement de la démence d'Alzheimer fait depuis peu office de traitement standard, bien que les médicaments perdent progressivement leur efficacité avec le temps et n'offrent qu'une amélioration réduite du fonctionnement. Ces médicaments n'ont que peu d'effets secondaires et sont tout à fait efficaces pour enrayer la maladie dans ses premiers stades ; toutefois, ils ne semblent pas présenter beaucoup d'avantages pour les clients à des stades avancés de démence.

Il est également nécessaire d'évaluer attentivement les besoins de l'aidant naturel en matière de soutien, en s'attachant à mettre en œuvre un service de relève permettant aux membres de la famille de s'accorder un répit. L'infirmière communautaire doit être attentive à l'existence de services à proximité, donnant accès à un traitement de jour ou à un service d'aide à domicile. Si de tels services ne sont pas proposés au sein de la collectivité, les infirmières peuvent suggérer à l'administration publique ou aux agences à but non lucratif de les mettre en place.

La prolifération de résidences-services est un progrès récent. À l'inverse des centres de soins infirmiers actuels, la plupart de ces résidences de type familial sont dotées d'un personnel non accrédité, disposant d'une expérience et d'une formation médicale minimales. Les visites d'une infirmière en santé mentale peuvent améliorer sensiblement la qualité des soins prodigués, tout en fournissant sur place des évaluations de l'état mental des résidants et des réactions ou des besoins en matière de médicaments.

Outils d'évaluation cognitive

De nombreux outils permettent d'évaluer l'état cognitif d'une personne. Si le client est trop épuisé, s'il n'arrive pas à maintenir son attention longtemps ou s'il montre des signes d'anxiété, il est possible de lui faire passer un test en plusieurs étapes. On recommande de faire passer le test au client seul, sans un aidant naturel ni un répondant à ses côtés, de sorte que les réponses du client lui soient propres, sans qu'elles puissent être influencées par les suggestions ou les réponses d'un autre.

On doit réaliser les entrevues avec l'aidant naturel avec la même attention que pour celles avec le client, individuellement et en privé, ceci afin de garantir des réponses honnêtes et de ne pas parler du client en sa présence.

Il existe des outils permettant de réaliser une évaluation cognitive de l'orientation, du fonctionnement intellectuel, de la mémoire, des capacités en lecture et en arithmétique. Voici quelques-uns des outils les plus utilisés:
- le mini-examen de l'état mental (Mini-Mental State Examination – MMSE);
- l'échelle d'évaluation de l'humeur dans la démence;
- l'échelle Blessed d'évaluation de la démence.

Mini-examen de l'état mental

Le MMSE, élaboré par Folstein, semble être le plus utile et le plus apprécié de ces outils. Il suffit de cinq à dix minutes pour administrer l'examen, et celui-ci offre une méthode standardisée de collecte de données, de notation et d'interprétation dans certains domaines spécifiques de déficit cognitif.

Échelle d'évaluation de l'humeur dans la démence

Cette échelle permet une meilleure précision, même si le test est assez long à faire passer. La collecte des données s'effectue grâce à une entrevue clinique. On obtient également des informations objectives de la part du soignant, que celui-ci soit un membre de la famille ou un professionnel. La notation est plus complexe que pour le MMSE, toutefois elle fournit des données de base détaillées, utiles pour une comparaison ultérieure et un diagnostic différentiel.

Échelle Blessed d'évaluation de la démence

L'échelle Blessed est courte, pratique, facile à employer et fait office d'échelle d'évaluation standardisée. Elle détermine la perte des capacités fonctionnelles tout en mesurant la perte de capacité à exécuter les AVQ. D'utilisation simple, sa notation est riche en informations.

Déficits neurologiques

Les changements pathologiques du cerveau abordés précédemment (plaques séniles, enchevêtrements fibrillaires et dépôts fibrillaires des vaisseaux cérébraux) entraînent des déficits neurologiques ayant pour conséquence des modifications du comportement. Déterminer l'état d'un client atteint de la maladie d'Alzheimer ou d'une autre démence associée implique nécessairement d'évaluer les déficits neurologiques qui en résultent (Zgola, 1987). (L'acronyme PALMER aide à se rappeler ces déficits.)

Perception et organisation

Dans quelle mesure le client:
- interprète-t-il les signes sensoriels?
- comprend-il les relations entre les objets et entre lui-même et l'environnement?
- exécute-t-il les mouvements comme s'asseoir, rester debout et se déplacer?
- effectue-t-il les tâches comme s'habiller correctement?
- trouve-t-il la solution à des énigmes simples?

QUESTIONS POUR LA COLLECTE DE DONNÉES

Delirium, démence, amnésie et autres troubles cognitifs

ENCADRÉ 14.8

On peut utiliser les questions suivantes pour obtenir la liste exhaustive des antécédents thérapeutiques:
1. La maladie s'est-elle manifestée rapidement ou de façon insidieuse?
2. L'évolution du déclin cognitif était-elle fluctuante (delirium) ou continue (démence)?
3. Depuis combien de temps les symptômes suivants durent-ils?
   a) difficulté à apprendre et à retenir des informations nouvelles;
   b) difficulté à accomplir des tâches à étapes multiples (p. ex.: conduire, faire la cuisine, gérer les finances);
   c) difficulté à résoudre les problèmes;
   d) désorientation;
   e) difficulté à trouver ses mots;
   f) difficulté à prendre part à la conversation;
   g) changements du comportement de base (irritabilité, passivité, méfiance).

4. Le client présente-t-il les antécédents suivants:
   a) troubles psychiatriques identifiés (dépression);
   b) trouble neurologique (traumatisme crânien, accident vasculaire cérébral, maladie de Parkinson);
   c) consommation d'alcool ou d'autres drogues;
   d) trouble endocrinien (diabète, hypothyroïdie);
   e) troubles rénaux;
   f) infection (pneumonie, infection urinaire).

5. Demander au client, à sa famille ou au soignant d'énumérer tous les médicaments que le client prend (avec ou sans ordonnance, y compris les préparations à base de plantes médicinales).

6. Se renseigner sur d'éventuels antécédents familiaux de démence: syndrome de Down ou toutes les autres maladies familiales pouvant conduire à la démence (p. ex.: chorée de Huntington).

Attention

Dans quelle mesure le client :
- entreprend-il une tâche ?
- poursuit-il une activité (durée réduite de l'attention ou perte d'intérêt) ?
- met-il fin à une activité soit parce qu'elle est achevée, soit pour respecter une structure établie (persévérance) ?

Langage

Dans quelle mesure le client :
- exprime-t-il ses pensées verbalement ? (Inaptitude – **aphasie expressive**) ;
- comprend-il ce qu'on lui dit ? (Inaptitude – **aphasie réceptive**) ;
- lit-il et comprend-il les mots écrits ? (Inaptitude – **alexie**) ;
- exprime-t-il ses pensées par écrit ? (Inaptitude – **agraphie**).

Mémoire

Dans quelle mesure le client se souvient-il :
- des événements récents immédiatement après qu'ils ont eu lieu (mémoire immédiate) ?
- des événements récents après quelques minutes (mémoire récente) ?
- des événements passés remontant à des mois ou à des années (mémoire à long terme) ?

Émotion

La maîtrise émotionnelle du client est-elle :
- cohérente et appropriée à la situation ?
- soutenue pendant une durée raisonnable ?
- modifiée par rapport au comportement antérieur ?

Raisonnement et jugement

Dans quelle mesure le client :
- a-t-il pris des décisions appropriées en se fondant sur un conseil judicieux ou sur des faits ?
- s'est-il conformé aux conventions sociales ?
- a-t-il réagi convenablement en situation d'urgence ?

État émotif

Humeur et état psychique

Chaque fois qu'une infirmière entre en contact avec un client, elle effectue une évaluation informelle de l'humeur et de l'état psychique de ce client. Le recours systématique aux deux principes directeurs suivants, pour évaluer les symptômes et les comportements des clients, garantira la fiabilité de l'outil de collecte des données : les énoncés significatifs du client doivent être consignés afin d'accroître l'objectivité et l'utilité du rapport ; des examens de l'état mental, détaillés et effectués régulièrement, aident le personnel spécialisé à communiquer les informations de façon méthodique.

Dépression

La dépression secondaire pouvant être une maladie concomitante chez le client atteint de démence ou de la maladie d'Alzheimer, on doit évaluer minutieusement les signes et les symptômes et établir des plans thérapeutiques (voir chapitre 10 et tableau 14.3). Foreman et coll. (1996) distinguent la dépression du delirium et de la démence en se basant sur les signes et les symptômes suivants : apparition variable de la maladie, brusque et réversible avec un traitement ; conscience claire ; champ de l'attention normal (mais le client se laisse distraire facilement) ; déficit de la mémoire sélective ; pensée intacte (mais le client manifeste à la fois détresse et désespoir). Les clients peuvent connaître également des changements dans leurs habitudes de sommeil et dans leur appétit, ainsi qu'une fatigue accrue. On peut avoir recours à l'échelle d'évaluation de l'état dépressif en gériatrie à titre d'outil d'évaluation au stade léger de la maladie d'Alzheimer, lorsque l'aptitude linguistique est encore intacte et que le client est capable d'exprimer sa tristesse, sa culpabilité et ses idées suicidaires.

ALERTES Signes de broncho-aspiration (étouffement) :
- larmoiements intenses ;
- rougeurs du visage ;
- râles continus détectés pendant l'auscultation pulmonaire ;
- fréquence respiratoire variable ;
- grimaces ;
- toux ;
- étouffement ;
- raclements de gorge ;
- réserve de nourriture dans la cavité buccale.

Compétence fonctionnelle

Il est essentiel de déterminer la compétence fonctionnelle d'un client au moment de formuler les diagnostics infirmiers. Une incompétence excessive peut se manifester lorsque le soignant réagit verbalement ou physiquement avec plus d'empressement que nécessaire, diminuant de ce fait les aptitudes du client à parler ou à pratiquer certaines activités. Il est primordial que les clients atteints de la maladie d'Alzheimer gardent une certaine indépendance pour les AVQ et les APVQ afin de pouvoir conserver leur estime de soi et s'engager dans des activités intéressantes.

Comportement

Les comportements que l'on rencontre le plus souvent chez les clients atteints de la maladie d'Alzheimer et d'autres troubles cognitifs peuvent être regroupés ainsi :
- Comportements liés à l'humeur :
  - marche et recherche de choses sans but, errance (signes éventuels d'anxiété) ;
  - socialisation diminuée ou inappropriée (signes éventuels d'apathie) ;
  - refus de s'alimenter, de se laver ou de se vêtir et de soigner son apparence (signes éventuels de dépression) ;

– accumulation de choses ou accusations de vol (signes éventuels de paranoïa).
- Comportements résultant de troubles de la perception et de la cognition :
  – inversion du jour et de la nuit ;
  – alimentation inappropriée (manger trop rapidement ou en trop grande quantité, manger des articles non comestibles) ;
  – chutes, accidents (se cogner contre les murs ou les meubles, ne pas être conscient des risques) ;
  – délire, hallucinations, paranoïa.
- Comportements résultant de la perte de la maîtrise des impulsions :
  – activités d'élimination inappropriées ;
  – comportement sexuel inapproprié (masturbation en public, exhibition du pénis ou de la poitrine, commentaires ou langage sexuellement explicites, pulsion sexuelle démesurée) ;
  – comportement social inapproprié (se déshabiller en public, être grossier, mal élevé ou agressif).

Chaque fois qu'un changement du comportement survient, comparativement aux comportements observés antérieurement, il est nécessaire de réévaluer le client. Celui-ci n'est souvent pas en mesure de verbaliser certains symptômes de sa maladie. Pour réussir à déterminer comment il se sent, il faut des qualités d'observation aiguisées, tout particulièrement en matière d'évaluation du langage corporel.

Manifestations physiques

L'altération de l'état nutritionnel peut devenir un problème multifactoriel. Parmi les raisons connexes, on trouve l'incapacité fonctionnelle d'acheter et de préparer la nourriture, le manque de ressources financières pour l'acheter, certains états pathologiques diminuant l'appétit du client âgé, ou un dysfonctionnement cognitif l'empêchant de se souvenir de manger. On doit répertorier les *changements de poids* d'un ou deux kilos ou plus et examiner, parmi les problèmes sans rapport avec la démence, ceux que l'on peut résoudre. Si l'on ne remarque pas d'autres signes ni symptômes, on doit alors passer à l'évaluation de l'environnement immédiat du client. L'infirmière doit être attentive aux éléments suivants tout en s'attachant à les corriger : lumière gênante, disposition des chaises (les groupes doivent être homogènes et compatibles), niveau sonore, et confort des tables et des chaises.

On doit apprendre à l'aidant naturel à tenir un journal alimentaire et à surveiller les différents apports nutritionnels, en étant attentif à une éventuelle déshydratation. Il arrive fréquemment que les clients âgés réduisent de manière significative leur consommation de liquides pour pallier l'incontinence. La *déshydratation et la malnutrition* conduisent à plusieurs problèmes de santé, dont l'hypoalbuminurie, l'hypoprotéinémie, l'anémie, l'hypoglycémie, et d'autres carences en vitamines et en minéraux.

La *broncho-aspiration* présente un risque au stade 3 de la maladie d'Alzheimer, la pneumonie par aspiration qui en résulte étant souvent la cause immédiate du décès. Le soignant qui surveille le client en train de manger doit s'assurer que celui-ci avale à chaque bouchée, en vérifiant que le larynx se soulève avant de revenir en position initiale. Le client doit, si possible, s'asseoir selon un angle de 90 degrés et on doit l'inciter, lorsqu'il avale, à maintenir le menton vers la poitrine, plutôt qu'en hyperextension. Les liquides épaissis sont souvent plus faciles à avaler. Lorsque les clients deviennent dépendants, on doit les laisser en position assise pendant 30 minutes après les repas ; on doit également vérifier la cavité buccale afin de s'assurer que des « réserves » de nourriture n'y sont pas logées qui devraient alors être retirées. Ces interventions infirmières servent à prévenir l'aspiration silencieuse survenant lorsque le client est en position couchée.

On remarque souvent des *changements sur le plan de la démarche*, et là encore les infirmières doivent être attentives aux autres processus morbides comme les problèmes de vision, la douleur découlant de l'arthrose ou d'une blessure (douleur que le client peut ne pas identifier), la neuropathie résultant de problèmes vasculaires ou diabétiques, ou la baisse générale du réflexe de redressement (réflexe permettant d'entretenir entre le corps et la tête un rapport défini et de maintenir le corps en position normale). En traitant les problèmes sous-jacents, on obtient généralement une meilleure démarche chez le client aux premiers stades de la maladie d'Alzheimer ; cependant, au fur et à mesure que la maladie évolue, la diminution de la perception sensorielle, les déficits neurologiques ainsi que l'hypertonie exigent de la part du soignant une attention accrue et des interventions afin de prévenir les chutes.

Les clients peuvent se plaindre de *frissons*, même durant les journées les plus chaudes de l'été. Le niveau d'activité et la quantité de graisse corporelle font partie des multiples facteurs de sensibilité à la chaleur et au froid. La meilleure façon de déterminer la réaction d'un client à la température ambiante est de toucher sa peau : s'il y a diaphorèse, il faut réduire le nombre d'épaisseurs de vêtements ; à l'inverse, si la peau est froide au toucher, c'est que le client a besoin d'être mieux couvert, même si cela peut paraître excessif étant donné la température.

L'*incontinence* se manifeste généralement aux derniers stades de la maladie d'Alzheimer. À cause des changements physiques et cognitifs, le client n'est plus en mesure de maîtriser sa vessie ni ses intestins. L'incontinence fonctionnelle est associée au déficit cognitif. La perte de maîtrise de la vessie est directement liée au fonctionnement physique et cognitif ou aux contraintes de l'environnement. L'incontinence peut également être le signe d'une infection urinaire ou, chez les hommes âgés, d'une hypertrophie bénigne de la prostate. Un examen méticuleux du fonctionnement anormal de la vessie et des intestins est essentiel, comme l'est une évaluation continue de la prise de médicaments, de la consommation de liquides et de nourriture, ainsi que des contraintes environnementales potentielles (côté de lit, faible éclairage, ceinture de fauteuil roulant).

ALERTES Types d'incontinence urinaire :
- à l'effort : perte involontaire de petites quantités d'urine au moment de tousser, d'éternuer, de rire, etc. ;
- par réduction du temps d'alerte : perte de grandes quantités d'urine due à l'incapacité à retarder l'élimination au moment où l'on sent que la vessie est pleine ;
- réflexe : perte de petites quantités d'urine due au stress agissant sur une vessie trop pleine ;
- fonctionnelle : perte de grandes quantités d'urine due à des déficits cognitifs (qui rendent incapable de reconnaître les signes provenant de la vessie), à l'incapacité à trouver les toilettes ou à une apraxie croissante.

Examen physique et analyses de laboratoire

On doit réaliser un examen physique minutieux afin d'exclure la néoplasie (p. ex. : tumeurs cérébrales), les troubles métaboliques, les maladies systémiques (p. ex. : hypertension, infection par le VIH) et la polypharmacie. L'examen physique, l'évaluation de l'état mental et l'évaluation fonctionnelle sont indispensables pour dresser une liste de diagnostics différentiels.

On conduit l'évaluation diagnostique afin d'exclure certaines causes de changements cognitifs. Les analyses de sang doivent comprendre une formule sanguine, la vitesse de sédimentation (VS), la composition du sérum sanguin (électrolytes et glucose), la vitamine B12 et le folate, les tests d'exploration fonctionnels hépatiques, les examens de la thyroïde, la sérologie, le VIH, ainsi que le test rapide de réagine plasmatique (RPR) et le test de microhémagglutination (MHA-TP) pour le *Treponema pallidum* (pour exclure la neurosyphilis). Parmi les autres analyses diagnostiques, on peut citer une radiographie pulmonaire, un électrocardiogramme, un tomodensitogramme (cerveau), une IRM, ainsi qu'une analyse d'urine.

➡ 14.2.2 Diagnostic infirmier

La collecte de données de la démarche de soins infirmiers permet d'établir les diagnostics infirmiers. L'exactitude du diagnostic dépend d'une bonne analyse et d'une interprétation méticuleuse et approfondie (voir encadré 14.9).

Diagnostics en collaboration

ENCADRÉ 14.9

Diagnostics du DSM-IV*

Troubles amnésiques
- Trouble amnésique dû à une affection médicale générale (p. ex. : traumatisme physique ou carence vitaminique)
- Trouble amnésique non spécifié
- Trouble amnésique persistant induit par une substance (sans code distinct ; comprend les effets secondaires des médicaments)

Troubles du delirium
- Delirium dû à une affection médicale générale (p. ex. : encéphalopathie hépatique, déséquilibre électrolytique, etc. ; l'affection médicale générale peut également être codée sur l'axe III)
- Delirium non spécifié
- Delirium induit par une substance (sans code distinct)
- Delirium dû à des étiologies multiples (sans code distinct)

Démence
- Démence de type Alzheimer (manifestation précoce ou tardive)
- Démence vasculaire
- Démence due à la maladie du VIH
- Démence due à un traumatisme crânien
- Démence due à la maladie de Parkinson
- Démence due à la chorée de Huntington
- Démence due à la maladie de Creutzfeld-Jakob
- Démence due à d'autres affections médicales générales (p. ex. : hydrocéphalie à pression normale, hypothyroïdie, tumeur cérébrale, carence en vitamine B12)
- Démence non spécifiée
- Démence persistante induite par une substance (sans code distinct)
- Démence due à des étiologies multiples (sans code distinct)

Diagnostics de l'ANADI†

Inadaptation à un changement dans l'état de santé
Anxiété
Risque d'aspiration (fausse route)
Tension dans l'exercice du rôle de l'aidant naturel
Communication verbale altérée
Stratégies d'adaptation inefficaces d'une collectivité
Confusion aiguë
Confusion chronique
Constipation
Stratégies d'adaptation familiale compromises ou invalidantes
Stratégies d'adaptation inefficaces
Déni non constructif
Syndrome d'interprétation erronée de l'environnement
Dynamique familiale perturbée
Fatigue
Chagrin anticipé
Maintien inefficace de l'état de santé
Entretien inefficace du domicile
Perte d'espoir
Risque d'accident
Connaissances insuffisantes (pathologie, neurologie, thérapie, médication)
Troubles de la mémoire
Mobilité physique réduite
Alimentation déficiente
Sentiment d'impuissance
Déficit de soins personnels (se laver, effectuer ses soins d'hygiène, se vêtir et soigner son apparence, s'alimenter, utiliser les toilettes)
Diminution situationnelle de l'estime de soi

Diagnostics en collaboration (suite)

Autres troubles cognitifs
- Troubles cognitifs non spécifiés (p. ex. : trouble neuro-cognitif léger ou syndrome commotionnel à la suite d'un traumatisme crânien)

Trouble de la perception sensorielle (préciser : visuelle, kinesthésique, gustative, tactile, olfactive)
Dysfonctionnement sexuel
Habitudes sexuelles perturbées
Habitudes de sommeil perturbées
Interactions sociales perturbées
Isolement social (du client et de sa famille)
Opérations de la pensée perturbées
Risque de violence envers les autres

*Tiré du *DSM-IV, Manuel diagnostique et statistique des troubles mentaux*, Paris, Masson, 1996.
†Tiré de la North American Nursing Diagnosis Association. *NANDA nursing diagnoses : definitions and classification, 2001-2002*, Philadelphia, 2002, The Association.

Diagnostics infirmiers du delirium, de la démence et des troubles amnésiques et cognitifs

Sécurité ou risques pour la santé :
- risque d'aspiration (fausse route) ;
- risque de température corporelle anormale ;
- constipation ;
- diarrhée ;
- maintien inefficace de l'état de santé ;
- entretien inefficace du domicile ;
- risque d'accident ;
- alimentation déficiente ;
- mobilité physique réduite ;
- douleur ;
- risque d'intoxication ;
- mécanismes de protection inefficaces ;
- déficit de soins personnels : se laver, effectuer ses soins d'hygiène ;
- déficit de soins personnels : se vêtir, soigner son apparence ;
- déficit de soins personnels : s'alimenter ;
- déficit de soins personnels : utiliser les toilettes ;
- risque de suffocation ;
- trouble de la déglutition ;
- risque de trauma ;
- élimination urinaire altérée ;
- rétention urinaire ;
- risque de violence envers les autres.

Troubles de la perception et de la cognition :
- anxiété ;
- image corporelle perturbée ;
- incontinence fécale ;
- confusion aiguë ;
- confusion chronique ;
- activités de loisirs insuffisantes ;
- syndrome d'interprétation erronée de l'environnement ;
- perte d'espoir ;
- incontinence urinaire à l'effort ;
- incontinence urinaire complète (vraie) ;
- incontinence urinaire par besoin impérieux ;
- incontinence urinaire fonctionnelle ;
- incontinence urinaire réflexe ;
- troubles de la mémoire ;
- sentiment d'impuissance ;

- syndrome d'inadaptation à un changement de milieu ;
- trouble de la perception sensorielle (visuelle, kinesthésique, gustative, tactile, olfactive) ;
- habitudes de sommeil perturbées ;
- opérations de la pensée perturbées.

Problèmes pour communiquer et pour entrer en contact avec autrui :
- communication verbale altérée ;
- conflit décisionnel (à préciser) ;
- fatigue ;
- diminution situationnelle de l'estime de soi ;
- dysfonctionnement sexuel ;
- habitudes sexuelles perturbées.

Perturbation des stratégies d'adaptation (individuelle ou familiale, ou les deux) :
- inadaptation à un changement dans l'état de santé ;
- tension dans l'exercice du rôle de l'aidant naturel ;
- risque de tension dans l'exercice du rôle de l'aidant naturel ;
- stratégies d'adaptation inefficaces ;
- stratégies d'adaptation familiale compromises ;
- stratégies d'adaptation familiale invalidantes ;
- déni non constructif ;
- dynamique familiale perturbée ;
- peur ;
- chagrin anticipé ;
- prise en charge inefficace du programme thérapeutique ;
- isolement social (du client et de sa famille).

Besoins en enseignement du client et de sa famille :
- tension dans l'exercice du rôle de l'aidant naturel.

➡ 14.2.3 Résultats escomptés

Les critères de résultat découlent des diagnostics infirmiers. Il s'agit des réactions du client qui sont escomptées et restent à réaliser.

Le client :
- atteindra et maintiendra le plus haut niveau possible de fonctionnement, selon ses capacités ;
- conservera une condition physique optimale ;

- participera à un programme d'activités thérapeutiques ayant pour but la stimulation cognitive et la socialisation, ainsi que la satisfaction d'autres besoins psychosociaux ;
- participera, autant que possible, à la planification des soins, et ce, tant que sa capacité à prendre des décisions reste intacte.

L'aidant naturel :

- maintiendra son état de santé physique et mentale à un niveau optimal ;
- amorcera des contacts avec les services d'aide concernant les groupes de soutien ou l'aide psychologique individuelle, la prise en charge (gestion de cas) et les services de relève ;
- augmentera ses connaissances de base sur le processus de la maladie et les problèmes de santé possibles, sur les interactions positives et sur les activités thérapeutiques.

➡ 14.2.4 Planification

Certaines questions doivent être abordées afin d'obtenir une planification appropriée pour le client atteint d'un trouble cognitif. Par ailleurs, une étude de cas et des plans de soins infirmiers sont présentés à l'encadré 14.10.

Objectifs à court et à long terme

Les infirmières, dans leurs divers rôles, seront en contact avec le client et sa famille pendant des durées variables. Certaines infirmières en soins de courte durée peuvent ne disposer que de quelques heures ou de quelques jours pour établir et exécuter un plan de traitement. La collecte de données, le diagnostic, les résultats escomptés, la planification, l'exécution et l'évaluation seront de ce fait centrés essentiellement sur la résolution de problèmes urgents (p. ex. crises traumatiques, soins préopératoires et postopératoires et stabilisation des besoins médicaux, de santé et de sécurité).

Les infirmières spécialisées dans les soins gériatriques et de longue durée s'attachent principalement à maintenir, chez le client, le meilleur niveau de fonctionnement, en informant l'aidant naturel des interventions efficaces et des résultats réalistes, tout en l'orientant vers les solutions possibles pour les soins à domicile et dans le milieu de vie.

Flexibilité et changement

La documentation relative au plan de soins peut être modifiée, car le plan de soins varie en fonction des données recueillies. Les infirmières en soins de courte durée peuvent devoir adapter le plan de soins pour le faire correspondre aux besoins du client à chaque quart de travail, alors que les infirmières de soins de longue durée doivent fixer les intervalles (p. ex. : tous les trois mois) auxquels les besoins du client sont réexaminés et les soins ajustés en conséquence.

Collaboration

La coopération des infirmières, tant en soins de courte durée qu'en soins de longue durée, et celle des autres membres de l'équipe soignante sont primordiales. Les connaissances et l'expérience de chacun assurent, sur tous les plans, une meilleure efficacité et un plus grand réalisme en ce qui concerne les résultats du client et la gratification du soignant.

➡ 14.2.5 Exécution

Les interventions de soins infirmiers et le traitement des clients atteints de troubles cognitifs fournissent l'occasion aux infirmières et aux aidants naturels de vivre un éventail de situations à la fois stimulantes et gratifiantes. Chaque plan de soins doit refléter les qualités uniques de l'individu traité, et l'on doit porter une attention particulière à la famille comme au client. C'est l'infirmière qui organise les efforts de l'équipe soignante en vue d'atteindre les objectifs à court et à long terme adaptés aux problèmes de la démence et du delirium.

On doit également tenir compte de l'aidant naturel et du réseau de soutien du client en faisant participer la famille et les proches à la planification, à l'intervention et à l'évaluation. Les lignes directrices de l'enseignement pour le client et sa famille, présentées plus loin, comportent la liste des questions à aborder selon leur engagement (voir encadré 14.11). Il est nécessaire d'aborder rapidement les questions ayant trait aux directives données d'avance, au testament biologique ainsi qu'aux options de traitement. Le client a besoin des connaissances de base concernant le diagnostic, le traitement et le pronostic. Au fur et à mesure que se développera la relation thérapeutique entre l'infirmière, le client, sa famille et les aidants naturels, l'infirmière pourra de mieux en mieux aborder ces sujets délicats et souvent douloureux, tout en préservant l'espoir. Les types et les niveaux de soins sont détaillés à l'encadré 14.12.

Interventions de soins infirmiers

1. Informer tous les soignants (membres de la famille et personnel infirmier) du plan de soins infirmiers *afin de conserver une approche physique et cognitive cohérente.*
2. Déterminer l'état de santé actuel du client et encourager celui-ci à utiliser ses aptitudes *pour promouvoir l'autonomie aussi longtemps que possible.*
3. Conduire toute interaction avec le client dans un climat agréable, réconfortant et inspirant le calme *pour réduire l'anxiété, car les clients atteints de troubles cognitifs ressentent fortement le climat émotionnel qui les entoure.*
4. Ne pas demander au client de participer aux AVQ lorsqu'il est agité *parce que cela ne fera qu'accroître sa frustration.*
5. Tenter de comprendre les sentiments du client *afin de réduire sa frustration et de satisfaire ses besoins.*

→ Plan de soins infirmiers

COLLECTE DE DONNÉES

Gabrielle est une femme de 63 ans qui a été adressée par son médecin à une infirmière en soins à domicile, pour une évaluation. Le diagnostic concerne la probabilité d'une maladie d'Alzheimer doublée d'une hypertension. Voici les données recueillies auprès d'Alain, le mari de Gabrielle, âgé de 64 ans, représentant commercial :

- deux ans d'antécédents de perte de mémoire ;
- antérieurement d'apparence soignée, refuse maintenant de se laver et de changer de vêtements, et s'habille de façon inappropriée, enfilant ses vêtements dans le désordre ;
- semble comprendre ce qu'on lui dit, si les idées sont énoncées lentement et simplement ;
- expression orale révélant une grammaire incorrecte ; cherche ses mots et répète les mots utilisés par l'intervenant ;
- la sœur de Gabrielle, veuve, rend visite à Gabrielle pendant la journée et reste la nuit si son mari n'est pas là ;

- de récents épisodes de pleurs, de négativisme et d'accès de colère ont inquiété Anne, la sœur de Gabrielle, et l'ont rendue craintive ;
- Alain rentre moins souvent à la maison et délègue les soins à Anne, qui perd du poids et néglige ses activités sociales personnelles.

Diagnostic du DSM-IV

Axe I :	Démence de type Alzheimer avec des troubles de la perception
	Démence de type Alzheimer avec des troubles du comportement
Axe II :	Exclusion du trouble de la personnalité dépendante
Axe III :	Hypertension
Axe IV :	Difficultés à accéder aux services de soins de santé
	Autres problèmes psychosociaux
Axe V :	EGF = 35 (actuel)
	EGF = 45 (l'an passé)

DIAGNOSTIC INFIRMIER : déficit de soins personnels : se laver, effectuer ses soins d'hygiène, se vêtir, soigner son apparence, relié à une altération de la perception sensorielle consécutive à des lésions cérébrales.

DONNÉES : incapacité à reconnaître l'existence d'un besoin pour ses soins personnels (se laver, changer de vêtements), à se vêtir dans l'ordre, à raisonner et à juger (choix inapproprié de vêtements).

Résultats escomptés	Interventions/*Justifications*	Évaluation
• Gabrielle se lavera trois fois par semaine.	• Déterminer certaines règles pour les moments consacrés à la toilette et pour la manière de se laver. *Établir une procédure basée sur les habitudes antérieures de Gabrielle, pour faire appel à la mémoire lointaine qu'elle a conservée.* • Garantir l'intimité *pour préserver la dignité et l'estime de soi de la cliente.* • S'assurer que la température de la pièce et de l'eau sont agréables. *Le confort et la sécurité encourageront des réactions positives de la part de la cliente.* • Réduire la stimulation sensorielle (p. ex. : le bruit de la télévision, de la radio, des autres personnes) pour permettre à la cliente de se concentrer sur la tâche en cours. On peut devoir recouvrir les miroirs si la cliente croit à tort qu'il s'agit d'un observateur. *Limiter le nombre de réactions possibles de la part de Gabrielle pour faciliter sa coopération et son indépendance.* • Fournir une auxiliaire familiale trois fois par semaine pendant deux semaines. *Les aidants naturels, Anne et Alain, augmenteront leurs connaissances et leurs compétences et de ce fait gagneront en confiance et en aisance pour prendre soin de Gabrielle. L'auxiliaire familiale enseignera aux aidants naturels les moyens de maintenir l'intégrité de la peau et l'état général. L'infirmière assurant la surveillance vérifiera l'état général de Gabrielle ainsi que son hypertension.*	• L'auxiliaire familiale a réussi, avec la participation d'Anne, à laver Gabrielle à deux reprises au cours de la première semaine. Durant la deuxième semaine, Anne a réussi à le faire à deux occasions, avec l'aide de l'infirmière. Prolonger l'intervention de l'auxiliaire familiale pendant une semaine supplémentaire et réévaluer.
• Gabrielle soignera son apparence.	• Recenser les domaines de dysfonctionnement dans le soin de son apparence physique. • Établir des codes adéquats de signes visuels et verbaux pour encourager à soigner son apparence. • N'intervenir qu'au besoin, pour achever les tâches. • Avoir recours au renforcement positif. • Conseiller une prophylaxie dentaire et aider la famille à prendre à l'avance le rendez-vous avec le dentiste et l'hygiéniste, afin d'assurer une visite réussie. • Aider Anne et Alain à élaborer un plan de suivi concernant l'hygiène buccale quotidienne. *Ces interventions visent à réduire le stress à la fois pour la cliente et pour les aidants naturels, à éviter une déficience excessive et à assurer un environnement positif tout en évitant les déficiences physiques inutiles.*	• Anne et Alain ont réussi, cinq jours sur sept, à aider Gabrielle à se laver les dents et à se coiffer. Ils ont pris un rendez-vous avec le dentiste qui s'occupait de Gabrielle auparavant, et Alain a informé ce dernier de la situation actuelle. Évaluer ultérieurement le succès de la visite.

Plan de soins infirmiers (suite)

Résultat escomptés	Interventions/*Justifications*	Évaluation
• Gabrielle s'habillera de façon appropriée.	• Examiner la garde-robe. • Simplifier les choix d'habillement de Gabrielle grâce aux interventions suivantes : – retirer les vêtements qu'elle ne porte pas ces temps-ci ; – assembler des tenues coordonnées en les disposant chacune sur un cintre et en limitant le nombre de tenues entre six et huit ; – empiler les vêtements dans l'ordre dans lequel ils devront être enfilés. • Passer en revue les vêtements et aider la famille à choisir ceux qui conviennent et que Gabrielle peut encore enfiler facilement (p. ex. : éliminer les boutons, les boucles, les collants, etc. et les remplacer par des ceintures élastiques, des boutons-pression, des fermetures Velcro et des bas aux genoux ou aux cuisses). *La cliente conservera décision et autonomie tout en effectuant des choix simples et sera présentable, renforçant ainsi son estime de soi et réduisant le stress de tous.*	• La famille, l'infirmière et l'auxiliaire familiale remarquent une amélioration de l'apparence de Gabrielle. Celle-ci répond avec des sourires aux compliments sur son apparence. Alain éprouve quelques difficultés à changer le style vestimentaire de Gabrielle (elle ne peut plus mettre de collants ni de talons comme elle en avait l'habitude) et à retirer certaines de ses tenues favorites de la penderie. Anne apprécie la facilité avec laquelle il est possible d'habiller Gabrielle ainsi que le confort accru dont elle bénéficie maintenant, comme le manifeste sa volonté de participer aux activités et à des interactions plus calmes.

DIAGNOSTIC INFIRMIER : opérations de la pensée perturbées reliées à l'incapacité de traiter et de synthétiser les informations.
DONNÉES : perte de la mémoire récente ; capacité réduite à analyser, à raisonner et à juger ; interruption de la suite logique des pensées.

Résultats escomptés	Interventions/*Justifications*	Évaluation
• Gabrielle utilisera son intellect et son discernement au mieux de ses capacités.	• Mettre en place des activités thérapeutiques stimulantes. La stimulation cognitive des secteurs en déficit tout comme le renforcement positif favorisent l'estime de soi et encouragent Gabrielle à atteindre le meilleur niveau de fonctionnement possible.	• Alain et Anne ont découvert que Gabrielle apprécie les promenades et ont établi des parcours types. Gabrielle a identifié certains oiseaux autrefois familiers et demandé à avoir des graines pour les nourrir. Elle apprécie également les casse-tête simples et aide Anne à faire la lessive.
• Gabrielle conservera une certaine maîtrise sur sa vie en exerçant son droit de choisir.	• Évaluer l'environnement et les activités et collaborer avec tous les aidants naturels pour : – simplifier les choix en matière de nourriture, de vêtements, de couleurs et d'activités ; – recourir à plusieurs signes sensoriels, surtout auditifs, visuels et tactiles, pour indiquer les choix. *Les choix, même simples, redonnent de l'importance à Gabrielle et améliorent son estime de soi, l'incitant à essayer de participer aux activités quotidiennes.*	• Gabrielle réagit à l'utilisation de plusieurs signes en exerçant son droit de choisir. (Au cours de la première semaine, Gabrielle a effectué cinq choix de manière indépendante. Durant la deuxième semaine, elle en a effectué sept.)
• Gabrielle se concentrera sur le lieu, l'heure, les activités au programme et les membres de la famille.	• Établir un calendrier sommaire avec des actes quotidiens et s'assurer de la présence d'horloges faciles à consulter. • Encourager les membres de la famille à répéter souvent leur nom, au cours de la conversation, ainsi que la relation qui les unit à Gabrielle. *Ces actions aident à surmonter la perte de mémoire récente. En mettant en place une routine, on réduit le stress de la prise de décisions ; les signes verbaux renforcent la cognition et éliminent le besoin de bavarder.*	• Après deux semaines, Gabrielle connaît l'heure de ses promenades avec Alain et indique qu'elle désire des graines pour les oiseaux. Elle confond moins les personnes au moment de les identifier et reconnaît toujours Alain et Anne.
• Gabrielle aura recours à sa mémoire à long terme.	• Prévoir des périodes quotidiennes de réminiscence, en faisant appel à des photographies, à des livres d'images spécialement assemblés et à des boîtes de bric-à-brac. *L'utilisation de plusieurs signes sensoriels fait appel aux aptitudes indemnes pour stimuler le recours à la mémoire à long terme.*	• Gabrielle a regardé de vieilles photographies avec Alain et Anne, en indiquant les lieux et les personnes qu'elle connaissait par de courtes phrases ou des sourires. Elle est d'elle-même allée chercher la boîte de pelotes de laine de différentes couleurs et de différentes textures et les a manipulées avec satisfaction, se souvenant qu'elle tricotait lorsqu'elle était en bonne santé.

➜ **Plan de soins infirmiers (suite)**

Résultats escomptés	Interventions/*Justifications*	Évaluation
• Gabrielle manifestera moins de réactions de catastrophe (voir encadré 14.12).	• Analyser, avec tous les aidants naturels, quels ont pu en être les facteurs étiologiques. • Simplifier l'environnement (les meubles et les objets, les couleurs, le niveau sonore). *Grâce à l'analyse et à la simplification de l'environnement, on préserve la sécurité de la cliente en réduisant les agents stressants qui causent les incidents graves. Une planification collaborative assure une approche efficace et cohérente des tâches, réduisant le stress de la cliente et de l'aidant naturel.*	• Gabrielle a eu deux réactions de catastrophe au cours des deux dernières semaines. Alain et Anne ont analysé chaque incident et découvert que les causes sous-jacentes étaient l'augmentation du bruit ambiant dû aux travaux dans la rue face à la maison et le départ précipité pour se rendre au rendez-vous chez le dentiste.

DIAGNOSTIC INFIRMIER : stratégies d'adaptation familiale compromises reliées à des connaissances insuffisantes du processus de la maladie d'Alzheimer par les aidants naturels, à l'incapacité de l'époux à gérer adéquatement les conflits émotifs, les changements de rôles, l'abandon temporaire et l'insuffisance des réseaux de soutien, ainsi qu'à une communication et une relation inefficaces avec l'aidant naturel secondaire.

DONNÉES : absences plus fréquentes d'Alain, perte de poids et repli sur soi d'Anne.

Résultats escomptés de la famille	Interventions/*Justifications*	Évaluation
• Alain et Anne vont exprimer la perception qu'ils ont de leur rôle et de leurs responsabilités respectifs dans les soins de Gabrielle (voir encadré 14.11).	• Favoriser un contact avec tous les membres de la famille. *Le partage de la connaissance de l'état et du pronostic renforcera le noyau d'un réseau de soutien basé sur le respect mutuel et la compréhension.* • Aborder les déficits sur le plan des connaissances et obtenir une rétroaction de la part des participants. *La compréhension dissipe la peur et permet une planification rationnelle ; chaque personne retient les informations de manière unique, et une compréhension commune est indispensable à une planification et à une exécution efficaces.* • Collaborer au développement de rôles associés à chacun des soignants. *Comprendre le rôle de chacun, y compris ses attentes et ses limites, pour éviter les comportements conduisant à l'abus et à l'abandon et obtenir des résultats de soins positifs pour la cliente.*	• Alain et Anne ont rencontré les autres membres de la famille habitant dans la région et ces derniers ont manifesté leur gratitude d'avoir été informés de l'état de santé de Gabrielle ; ils ont proposé leur aide pour les sorties et pour les soins en soirée. Lors de deux visites consécutives de l'infirmière, Alain et Anne ont réussi à passer en revue les informations concernant les déficits neurologiques et pathologiques de la maladie d'Alzheimer et s'adaptent aux différentes manifestations comportementales de Gabrielle. Les interventions ont été réussies à quatre occasions. Ils s'en sont mutuellement félicités.

Résultats escomptés des aidants naturels	Interventions/*Justifications*	Évaluation
• Alain et Anne exprimeront leurs sentiments de façon à se réconforter mutuellement.	• Animer les séances directement ou adresser les aidants naturels aux professionnels de la santé appropriés. *Les aidants naturels ont besoin de s'exprimer au sein d'un environnement non critique et neutre.*	• Alain et Anne prennent le petit déjeuner ensemble la plupart des jours de la semaine pour planifier la journée et passer en revue les activités de la veille. Les modifications en matière de planification ont été dans la plupart des cas acceptées.
• Alain et Anne obtiendront la coopération de tous les membres de la famille et des personnes de soutien pour planifier les tâches, résoudre les problèmes et prendre des décisions concernant les soins de Gabrielle et leurs propres besoins.	• Informer la famille de l'existence de services de soutien au sein de la collectivité. • Encourager la présence aux groupes de soutien ou aux séances de counseling individuel. *Les services de soutien et les groupes fournissent une aide extérieure et traitent les besoins de l'aidant naturel.* • Encourager les méthodes positives (p. ex. les calendriers, la définition de responsabilités et de tâches de résolution de problèmes). *En communiquant et en planifiant les tâches, on évite les conflits tout en visant des résultats positifs.*	• Alain et Anne ont assisté ensemble à un groupe de soutien sur la maladie d'Alzheimer pendant qu'un des petits-enfants est resté avec Gabrielle. Alain est arrivé en retard un soir, mais s'en est excusé auprès d'Anne plus tard.

Plan de soins infirmiers (suite)

Résultats escomptés des aidants naturels	Interventions/Justifications	Évaluation
• Alain et Anne adopteront des stratégies d'adaptation efficaces.	• Proposer des méthodes saines pour les auto-soins des aidants naturels (p. ex.: socialisation, exercice, alimentation adéquate et temps libre pour se ressourcer). *L'adoption de stratégies d'adaptation positives restaure la santé physique et mentale et fait renaître une unité familiale fonctionnelle.*	• Anne n'a repris qu'un kilo, mais a reconnu qu'elle mangeait mieux et se sentait plus énergique. Elle a suivi un cours de couture, reprenant une ancienne activité. Alain est parti dîner avec un vieil ami pendant qu'Anne restait avec Gabrielle pour la soirée.

ENSEIGNEMENT AU CLIENT

Troubles cognitifs ENCADRÉ 14.11

1. Un solide réseau de soutien, professionnel et familial, est important pour l'aidant naturel qui doit exécuter des tâches épuisantes.
2. Une intervention psychiatrique auprès de l'aidant naturel peut l'aider à s'adapter aux difficultés qui surviennent.
3. L'aidant naturel doit avoir la possibilité d'achever le processus de deuil et disposer du temps nécessaire pour cela.
4. Pour réussir à s'adapter, il est primordial d'exprimer ses inquiétudes et ses sentiments.
5. On doit entamer certaines actions dans le domaine financier pendant que le client dispose toujours de la capacité de prendre des décisions.

6. Réagir aux sentiments du client et les valider grâce à des mots, au langage corporel et à des actions *afin de transmettre au client l'impression qu'il est compris et accroître son sentiment d'estime de soi.*
7. Aider le client à garder son estime de soi en le traitant comme un adulte. Recourir aux mots appropriés *afin d'éviter de l'infantiliser ou de le traiter avec condescendance.*
8. En cas d'erreur ou d'échec, rassurer le client sur le fait que rien de grave n'est arrivé et éviter de le critiquer. Éviter les réponses et les directives négatives et les « pourquoi ? ». *Les clients atteints de démence sont souvent conscients que quelque chose ne va pas concernant leur rendement; de plus, ils ne comprennent pas entièrement leur environnement. Ils sont sensibles à la critique et risquent de ne pouvoir répondre aux différents « pourquoi ? », ce qui provoque chez eux un sentiment d'échec.*
9. Fournir au client l'occasion d'effectuer des choix simples. *Le fait de choisir procure un certain pouvoir au client et l'aide à garder un certain sentiment d'indépendance.*
10. Instaurer des habitudes assez structurées. *Ceci aide à surmonter les pertes de mémoire à court terme, favorise l'indépendance et réduit l'anxiété.*

11. Féliciter le client pour ses réussites et l'encourager à utiliser les forces qui lui restent *pour accroître l'estime de soi et réduire le sentiment d'échec.*
12. Simplifier le message verbal en n'utilisant que cinq ou six mots à la fois. Accompagner les mots de signes visuels et tactiles *pour réduire la confusion et clarifier le message.*
13. Répéter le message autant de fois que nécessaire en laissant du temps pour les réponses. Utiliser les mêmes mots. Ne pas formuler de nouveau message avant de s'être assurée que le précédent a été bien enregistré, ou changer de méthode et revenir au message d'origine en l'expliquant avec d'autres termes. *Recourir à ces techniques pour atténuer certains problèmes de comportement comme les réactions de catastrophe (voir encadré 14.13) et le syndrome crépusculaire, et empêcher ainsi la survenue d'une déficience excessive.*
14. Diviser chaque tâche en composantes bien distinctes *pour éviter la confusion et la frustration.*
15. Faire participer le client aux activités auxquelles il souhaite prendre part. Organiser ces activités en tête-à-tête ou en petits groupes et pour de courtes périodes *afin d'atténuer la résistance et d'encourager la réussite.*
16. Accorder au client du temps pour lui-même. Éviter de le stimuler trop ou de le fatiguer *afin de garantir sa vie privée, de lui témoigner du respect et de ménager son énergie.*
17. Conserver une certaine souplesse à l'organisation du quotidien *afin de donner la priorité au sentiment de sécurité du client et de réduire la frustration.*

Modalités de traitement possibles

Équipe interdisciplinaire

Le but de l'équipe interdisciplinaire est d'apporter au client des soins holistiques, produisant des résultats quantifiables. Les clients âgés, particulièrement s'ils sont atteints de troubles cognitifs, présentent des problèmes sanitaires, sociaux et économiques complexes nécessitant une approche systémique. Le client et, le cas échéant, sa

Types et niveaux de soins pour les troubles cognitifs   ENCADRÉ 14.12

Soins de courte durée

Les infirmières travaillant dans une clinique, un cabinet de médecin, un service d'urgence ou un établissement de soins de courte durée doivent être attentives aux signes et aux symptômes de déficit cognitif. Il est primordial que les infirmières comprennent les différences existant entre la démence, le delirium et la dépression, et qu'elles établissent une planification en conséquence. Les soins infirmiers doivent être holistiques, l'évaluation et l'intervention visant également à satisfaire les besoins des aidants naturels.

Centres de jour

En général, les centres de jour concentrent leurs efforts sur l'éducation, la réhabilitation, la formation et le maintien des fonctions physiques et de l'état mental.

Les centres de jour pour personnes atteintes de démence fournissent un service de relève spécialisé pour les aidants naturels de clients atteints de démence. Les programmes offrent des activités thérapeutiques et des approches de gestion appropriée des comportements pour le client souffrant de démence.

Services de garde à domicile

Au fur et à mesure de l'évolution de la maladie, un soutien physique et mental important devient de plus en plus nécessaire à domicile. Le rôle des infirmières responsables de la prise en charge globale est de coordonner et de mettre à disposition des soins appropriés pour le client et l'aidant naturel à domicile. Cela permet au client de rester à la maison plus longtemps, améliorant ainsi sa qualité de vie, économisant les ressources financières et émotionnelles et retardant l'hospitalisation.

Établissements de soins pour bénéficiaires internes

Il existe plusieurs options de soins en établissement. Les services proposés comprennent l'entretien ménager et les repas communautaires qui peuvent suffire pendant les premiers stades de la maladie. Mais dès que les déficits de la mémoire et de la prise de décisions s'aggravent, il faut davantage de surveillance. Le placement dans un établissement de soins pour les internes s'avère approprié au cours des stades modérés de démence, étant donné que, physiquement, le client reste très actif et qu'il se sent en forme. Le personnel de ces établissements est en général formé pour soigner la démence et a appris à interagir positivement pour l'obtention des résultats.

Centres d'hébergement et de soins de longue durée

Les centres d'hébergement et de soins de longue durée fournissent des soins infirmiers professionnels 24 heures sur 24. Les clients qui en sont aux derniers stades de la démence d'Alzheimer y sont admis en raison de leurs besoins considérables de soins.

Soins palliatifs

On considère que les clients aux derniers stades de la maladie d'Alzheimer sont en phase terminale et admissibles dans les services de soins palliatifs. Les soins palliatifs sont concentrés avant tout, pour le client comme pour l'aidant naturel, sur le maintien de la qualité de vie. On n'a pas recours aux interventions pour sauver la vie. On mise plutôt sur le confort des clients et sur le soutien aux familles durant le stade terminal.

---

famille sont les membres les plus importants de l'équipe interdisciplinaire. Les professionnels suivants font partie de l'équipe : l'infirmière soignante, l'infirmière clinicienne spécialisée, le gérontologue, le gérontopsychiatre, le travailleur social, le diététiste, le pharmacien et les spécialistes de la rééducation (orthophonie, physiothérapie, ergothérapie), chacun disposant de connaissances spécifiques en gérontologie.

Interventions pharmacologiques

Les interventions pharmacologiques contre les troubles cognitifs peuvent être efficaces dans le cas de deux types de médicaments :

- les médicaments qui visent à modifier le comportement pour améliorer le niveau de fonctionnement du client ;
- les médicaments approuvés pour le traitement de la maladie d'Alzheimer.

L'administration simultanée de plusieurs médicaments peut entraîner le délire (intoxication médicamenteuse) ; il faut, par conséquent, administrer les médicaments un par un et selon la posologie la plus faible pour obtenir un fonctionnement optimal tout en éliminant les symptômes

indésirables. Par la suite, on pourra augmenter progressivement la posologie pour atteindre un effet optimal.

Les décisions en matière de pharmacothérapie doivent se fonder sur les symptômes associés au comportement déficient et sur l'état fonctionnel du client. On utilise le trazodone (Desyrel) dans le traitement des troubles du comportement de la démence nécessitant une sédation nocturne. Les clients souffrant de symptômes similaires à ceux de la dépression peuvent également avoir recours au trazodone ou à un inhibiteur sélectif du recaptage de la sérotonine (ISRS). On peut prescrire aux clients souffrant d'anxiété modérée ou d'irritabilité de l'alprazolam (Xanax) ou de la buspirone (BuSpar). On a recours aux neuroleptiques (halopéridol [Haldol] et rispéridone [Risperdal]) en cas de délire, d'hallucinations, de paranoïa ou d'agitation grave. On utilise certains anticonvulsivants comme l'acide valproïque (Depakene), le divalproex (Épival) et la carbamazépine (Tegretol) chez les clients impulsifs, agressifs et violents. Le lithium sert à traiter les épisodes maniaques. Le plan thérapeutique est spécifiquement conçu en fonction de l'individu et de ses problèmes de comportement.

Réactions de catastrophe | ENCADRÉ 14.13

Les réactions de catastrophe sont des réactions exagérées en réponse à un échec ressenti au cours d'une tâche ou d'un changement dans l'environnement (Webster et Grossberg, 1996).

Il arrive souvent que les clients atteints de démence soient étiquetés, à tort, comme perturbateurs, peu coopératifs, menaçants ou ne respectant pas le traitement. Ces clients n'ont pourtant pas l'intention de déranger, d'attirer l'attention ni de blesser l'aidant naturel, mais font de leur mieux pour comprendre un monde qu'ils n'arrivent plus à appréhender. Une réaction de catastrophe se manifeste par de l'agressivité verbale ou physique, des éclats de voix, des inquiétudes, de la colère ou de la tension exprimée à travers le langage corporel, les changements d'humeur, les allées et venues sans but, la paranoïa, les pleurs ou le rire hystérique.

Analyse d'une réaction de catastrophe

La personne :

- tentait-elle sans succès d'intégrer un ou deux messages sensoriels simultanément ?
- se sentait-elle angoissée (p. ex. dans un nouvel environnement ou entourée d'un personnel inconnu) ?
- vient-elle de vivre un incident mineur (p. ex. renverser une boisson ou faire tomber un objet) ou échoue-t-elle dans une tâche en particulier ?
- lui a-t-on demandé de raisonner, d'exercer son jugement ou d'effectuer une tâche complexe comprenant plusieurs étapes ?

- éprouve-t-elle les effets d'interactions négatives, comme la gronderie, la dispute, la colère, la frustration ou l'irritation ?
- a-t-elle des hallucinations, un délire ou des illusions ?

Intervention dans le cas d'une réaction de catastrophe

- Rassurer le client en lui rappelant qu'il est en sécurité ;
- utiliser des interactions positives ;
- respecter l'« espace personnel » du client. Ne pas toucher la personne sans lui demander sa permission ;
- éliminer ou réduire toutes les stimulations extérieures ;
- détecter et éliminer la source du problème, ou éloigner la personne ;
- rediriger le client vers une activité moins exigeante ;
- être patient et laisser assez de temps au client pour qu'il se calme. Cela peut prendre quelques minutes ou quelques heures, selon le client et la situation.

Si l'infirmière ne peut arrêter ni minimiser la réaction :

- laisser le client seul pendant un moment, dans un endroit silencieux et rassurant, à la vue du personnel ou de la famille ;
- lorsque l'infirmière revient auprès du client, agir comme si rien ne s'était passé. Diriger la conversation sur des sujets familiers ;
- désigner une personne pour s'adresser au client. Ne pas faire trop de gestes avec les mains et être attentive à ses propres expressions faciales. Parler d'une voix douce et non menaçante au moment de reprendre une conversation ou une tâche.

Avant de mettre en place le traitement pharmacologique des troubles du comportement, il importe d'avoir épuisé toutes les techniques de gestion du comportement, soit l'ensemble des stratégies sociales et environnementales. Si toutes ces mesures ont échoué, on doit alors recourir aux médicaments pour modifier les comportements. Dans le chapitre 20, on aborde en détail les médicaments utilisés pour modifier le comportement et améliorer le fonctionnement.

Pharmacothérapie expérimentale dans la maladie d'Alzheimer

La recherche pharmaceutique est actuellement sur le point de permettre la découverte d'un médicament qui ralentirait ou renverserait le déclin cognitif des personnes atteintes de la maladie d'Alzheimer. La tacrine (Cognex) constitue un traitement de substitution cholinergique. Ce médicament semble diminuer la quantité d'acétylcholine chez les personnes atteintes. Il inhibe la cholinestérase de sorte que l'acétylcholine ne se dégrade plus aussi rapidement. On a également recours à un autre médicament, le donépézil (Aricept), un inhibiteur de la cholinestérase, pour traiter, avec un certain succès, principalement les cas légers de maladie d'Alzheimer. Actuellement, on évalue le rôle des anti-inflammatoires non stéroïdiens. Une enzyme, la cyclooxygénase, pourrait intervenir pour retarder l'apparition des symptômes.

On mène parallèlement d'autres essais cliniques sur les œstrogènes, le facteur de croissance neuronal et l'inhibiteur calcique. La vitamine E et le déprényl, qui inhibent l'oxydation, ont été mentionnés précédemment.

Programme d'activités thérapeutiques

Une activité se décrit comme un projet qu'une personne entreprend avec plaisir et qui suscite un sentiment positif. Un *programme d'activités thérapeutiques* fait partie d'un plan de soins complet basé sur l'évaluation des besoins du client et sur les tentatives antérieures pour améliorer son état. Il est spécialement conçu pour satisfaire les besoins identifiés et maintenir le meilleur niveau de fonctionnement possible chez une personne (Stehman et coll., 1991).

La clé du succès consiste à tirer parti des compétences et des aptitudes qui sont restées intactes (p. ex. : recourir à la mémoire lointaine, aux gestes quotidiens, à la motricité fine ou globale et aux réponses affectives intactes). Pour les personnes atteintes de la maladie d'Alzheimer, il est extrêmement difficile, sinon impossible, d'acquérir de nouvelles compétences. La règle « utiliser sous peine de perdre » s'applique tout à fait lorsque l'on travaille avec les clients souffrant de démence. Une fois perdue, une aptitude disparaît pratiquement pour toujours et il est impossible de la récupérer.

Le programme thérapeutique est le principal traitement des personnes atteintes de démence, étant donné que les premières pertes neurologiques résultent de leur incapacité à planifier une activité, à l'entreprendre, à l'exécuter dans un ordre préétabli, ou à s'en souvenir. Le rôle du soignant consiste donc à aider le client tout le long de l'activité. On doit recourir au renforcement positif à chacune des étapes.

Certains critères objectifs permettent de mesurer le succès d'un programme d'activités thérapeutiques en posant les questions suivantes :

- la durée quotidienne ou hebdomadaire pendant laquelle le client participe activement a-t-elle augmenté ou diminué ?
- les réactions de catastrophe ou le syndrome des états crépusculaires ont-t-il diminué ?
- le niveau de fonctionnement pendant les AVQ ou les APVQ reste-t-il stable, ou diminue-t-il à un rythme plus lent qu'avant le début du programme ?
- les aidants naturels éprouvent-ils moins de stress, c'est-à-dire moins d'épisodes de colère ou de larmes, bénéficient-ils d'une amélioration du sommeil ou d'un sentiment accru de bien-être physique et mental ?

➡ 14.2.6 Évaluation

Dans les cas de maladie d'Alzheimer et de démence, il est particulièrement difficile d'évaluer les progrès du client ainsi que l'obtention de résultats satisfaisants. On doit considérer attentivement tous les facteurs susceptibles d'influencer l'obtention des résultats. Il est nécessaire de comprendre les questions suivantes et d'y répondre avant d'aborder certains thèmes spécifiques :

- le déficit cognitif est-il réversible ou irréversible ?
- le client donne-t-il des signes de delirium, de dépression, de démence, ou d'une combinaison de ces états ?
- de quels soins est-il question (de courte ou de longue durée, à domicile) ?
- quelle est la situation de l'aidant naturel ?
- quels problèmes de santé a-t-on détecté dans les antécédents thérapeutiques ?
- quel est le profil pharmaceutique actuel ?
- l'observance thérapeutique pose-t-elle un problème ?
- quels troubles du comportement a-t-on décelés ?
- quel est l'état fonctionnel du client ?
- quel est le plan de soins interdisciplinaire ?

Après s'être entendues sur les réponses à ces questions, l'infirmière et l'équipe interdisciplinaire seront mieux à même d'apprécier le degré de réalisation de certains objectifs spécifiques parmi les résultats escomptés.

CONCEPTS-CLÉS

- La démence, un des problèmes médicaux les plus envahissants chez les personnes âgées, est un trouble lié à l'âge touchant approximativement 15 % des Canadiens âgés de 75 ans et plus.

- La plupart des personnes diagnostiquées pour une maladie d'Alzheimer probable reçoivent des soins à domicile, du moins au début de leur maladie.
- Selon les cinq théories actuelles relatives aux causes de la maladie d'Alzheimer, cette maladie découle d'agents infectieux, d'agents neurotoxiques, d'une angiopathie et d'une incompétence de la barrière hémato-encéphalique, de déficiences sur le plan des neurotransmetteurs et des récepteurs, de protéines anormales et de leurs produits.
- Quelle qu'en soit la cause biologique, l'effet de ces maladies se traduit par une altération de la neurochimie ou de la neurophysiologie qui perturbe le métabolisme cérébral.
- Le processus pathologique des troubles cognitifs entraîne des déficits neurologiques : capacité réduite à percevoir l'environnement et à formuler des réponses appropriées, réduction du champ de l'attention, déficits sur le plan du langage, perte de mémoire, modifications des réponses affectives, et déclin de la capacité de raisonnement et de jugement.
- La maladie d'Alzheimer comporte trois stades : léger, modéré et sévère.
- De nombreux outils d'évaluation peuvent être utilisés pour établir les diagnostics médicaux et infirmiers.
- L'infirmière doit planifier et surveiller les programmes d'activités thérapeutiques afin d'atteindre, chez le client, le meilleur niveau de fonctionnement possible, et d'empêcher une déficience excessive.
- Prendre soin d'une personne souffrant de troubles cognitifs représente pour les soignants un fardeau physique et mental.
- Tous les soins infirmiers pour les clients souffrant de troubles cognitifs doivent être effectués en collaboration avec les aidants naturels du client.
- On doit établir des plans de soins basés sur l'évaluation à la fois des besoins du client et des besoins de l'aidant naturel.
- La réussite d'un plan de soins est liée à l'atteinte d'un état fonctionnel et non à des critères de guérison.

SITUATIONS CLINIQUES

1. Henri arrive au service des urgences, accompagné par sa femme Anne, pour faire soigner une importante plaie ouverte à l'avant-bras droit. Il a le bras ensanglanté et enveloppé dans un grand bandage. Pendant que l'on s'occupe de la blessure d'Henri, l'infirmière interroge Anne et remarque que la tenue de celle-ci est débraillée, que son apparence laisse à désirer et qu'elle a de grands cernes sous les yeux. Henri, à la retraite depuis 7 ans, est âgé de 68 ans. Anne, quant à elle, a 64 ans et cherche à travailler à temps partiel en tant qu'employée de banque pour compléter leur revenu. Anne raconte qu'Henri « se comporte bizarrement »,

« ne tient pas en place », « fait des chutes dans la salle de bains », et qu'il vient de lui faire passer trois nuits blanches. Elle ajoute qu'elle est épuisée et déclare : « Si je ne dors pas, je risque de le frapper. » D'autres questions révèlent alors qu'Henri a perdu son emploi d'employé de banque à cause de sa faible productivité et de ses erreurs de calcul. L'affect d'Henri est plat. Il déclare : « Je ne me souviens plus comment je me suis blessé. » Son hygiène et sa tenue sont négligées, comme l'attestent son apparence, ses vêtements sales et son odeur corporelle repoussante. Anne confirme qu'aucun d'eux n'a vu de médecin « depuis un certain temps » parce qu'Henri prétextait que les médecins « étaient tous inutiles ».

Pensée critique – Collecte de données

- Quels sont les besoins primaires immédiats et à long terme d'Henri et d'Anne ?

- À quelle approche devrait-on recourir pour gagner leur confiance ?

- Quel outil d'évaluation devrait-on utiliser pour déterminer leur état psychosocial ?

- Quelles questions sont susceptibles d'apporter des informations sur la connaissance qu'a Anne du comportement d'Henri ?

- Quelles approches sont susceptibles de conduire ce couple à rechercher de l'aide ultérieurement ?

Alain Huot
B.A., M.Ps.
Collège Lionel-Groulx

Vivianne Saba
M.Sc.inf.

Chapitre 15

TROUBLES DE L'ENFANCE ET DE L'ADOLESCENCE

OBJECTIFS D'APPRENTISSAGE

APRÈS AVOIR LU CE CHAPITRE, VOUS DEVRIEZ ÊTRE EN MESURE :

- DE DÉCRIRE LES TROUBLES DU DÉVELOPPEMENT SURVENANT DURANT L'ENFANCE ET L'ADOLESCENCE, PARMI LESQUELS L'AUTISME, LE SYNDROME DE RETT, LE SYNDROME D'ASPERGER ET LE RETARD MENTAL ;

- DE RECONNAÎTRE LE TROUBLE « DÉFICIT DE L'ATTENTION AVEC HYPERACTIVITÉ » CHEZ LES ENFANTS ET LES ADOLESCENTS ;

- DE FAIRE LA DISTINCTION ENTRE LE TROUBLE OPPOSITIONNEL AVEC PROVOCATION ET LE TROUBLE DES CONDUITES ;

- DE DÉCRIRE LES TICS, LE TROUBLE DE L'ANXIÉTÉ DE SÉPARATION ET LES TROUBLES DU CONTRÔLE SPHINCTÉRIEN ;

- DE SAVOIR APPLIQUER LA DÉMARCHE DE SOINS INFIRMIERS AUX ENFANTS ET AUX ADOLESCENTS.

MOTS-CLÉS

Assentiment: accepter, acquiescer ou donner son accord.

Autisme: trouble envahissant du développement caractérisé par une altération marquée des aptitudes sociales et cognitives.

Contrebande: terme utilisé pour désigner les objets défendus: cigarettes, allumettes, briquets, couteaux, armes, drogues ou alcool.

Encoprésie: émissions fécales involontaires ou délibérées dans des endroits inappropriés.

Énurésie: mictions involontaires ou délibérées au lit ou dans les vêtements.

Jeu thérapeutique: activités récréatives, adaptées à l'âge, et utilisées par l'infirmière à des fins de collecte de données, d'intervention et de promotion d'une croissance et d'un développement normaux de l'enfant.

Modification du comportement: programme de renforcement systématique, structuré et positif qui récompense les acquis comportementaux.

Passage à l'acte: expression d'états émotionnels internes au moyen d'activités ou de comportements souvent destructifs ou inadaptés.

Plaintes somatiques: manifestation ou perception de symptômes physiques en l'absence d'une maladie organique significative sur le plan clinique.

Tic: mouvement ou vocalisation soudains, rapides, non rythmiques et stéréotypés considérés comme irrésistibles, mais souvent répressibles sur une courte durée.

Troubles envahissants du développement: ensemble des troubles au cours desquels l'enfant présente des déficits dans un ensemble de domaines.

15.1 TROUBLES DE L'ENFANCE ET DE L'ADOLESCENCE

L'infirmière aura l'occasion d'évaluer et de traiter les enfants et les adolescents dans divers contextes. Les enfants et les adolescents se présentent souvent pour des problèmes médicaux qui dissimulent parfois un trouble psychiatrique. La collecte de données effectuée par l'infirmière doit permettre de repérer qui, parmi les enfants et les adolescents ainsi que leurs familles, a besoin de soins spécialisés. Une intervention précoce peut limiter les conséquences d'un problème de santé mentale sur le développement d'un enfant. Dans ce chapitre, on aborde les troubles de santé mentale majeurs concernant les enfants et les adolescents et on propose une approche pour appliquer la démarche de soins infirmiers auprès de cette population spécifique.

15.1.1 Perspectives théoriques et historiques

Au cours de l'histoire, la compréhension et le traitement de ces enfants n'ont fait l'objet que de peu d'intérêt et d'attention. Despert (1967), en s'appuyant sur des documents provenant de différentes époques, rapporte des actes d'indifférence envers les enfants, allant même parfois jusqu'à la cruauté. DeMause (1995) a découvert que plus on remonte dans le passé, plus les soins consacrés aux enfants étaient sommaires et l'exercice du rôle parental déficient. Les enfants étaient de façon générale considérés comme des adultes en miniature.

Traditionnellement, les enfants avaient un statut défavorisé par rapport à celui des adultes dans le traitement de déviances comportementales. Les abus commis contre les enfants et les adolescents dans les orphelinats, les maisons de correction et les asiles d'aliénés étaient particulièrement graves. La *Loi sur les jeunes contrevenants* votée en 1978 a marqué un changement de mentalité. À cette époque s'est aussi développé un réseau parallèle de services en santé mentale adaptés aux besoins des jeunes, avec des cliniques spécialisées et des professionnels beaucoup mieux informés.

Les théories du développement montrent comment le développement des enfants est influencé par de multiples facteurs biologiques, psychologiques et sociaux.

Les théories de la réactivité affirment que l'esprit du nouveau-né est une page blanche et que ce sont les influences du milieu qui sont entièrement responsables du développement sain ou pathologique. Les principales théories de la réactivité sont le conditionnement classique et le conditionnement opérant. Selon ces théories, les symptômes sont des comportements acquis et l'amélioration du comportement résulte d'une rééducation et d'un changement du milieu.

Les théories structurales soutiennent pour leur part que le comportement de l'enfant est principalement déterminé par des prédispositions génétiques. Parmi les principaux théoriciens structuraux, on trouve: Bowlby (l'attachement), Freud (le développement psychosexuel), Erikson (le développement psychosocial) et Piaget (le développement cognitif). Le traitement fondé sur une théorie structurale implique une intervention chez l'enfant ou l'adolescent (p. ex. résolution de conflits psychiques, modification des modes d'interaction familiale ou acquisition d'un nouveau schéma mental) (Lewis, 1980).

15.1.2 Retard mental

Étiologie et épidémiologie

Malgré des évaluations approfondies, il s'avère impossible, chez 30% à 40% des individus atteints de débilité mentale, de déceler une étiologie. L'étiologie, lorsqu'elle est détectée, peut être essentiellement biologique ou essentiellement psychosociale, ou provenir d'une combinaison de ces deux facteurs. Les principaux facteurs sont les suivants :

- l'hérédité explique approximativement 5 % des cas. Les principales causes héréditaires de retard mental sont la maladie de Tay-Sachs, la sclérose tubéreuse, le syndrome de Down et le syndrome du X fragile ;
- l'exposition prénatale aux toxines (p. ex. alcoolisme fœtal ou infections) et d'autres problèmes précoces au cours du développement embryonnaire représentent approximativement 30 % des cas ;
- les problèmes au cours des derniers mois de la grossesse et à l'accouchement représentent à peu près 10 % des cas. La malnutrition fœtale, la prématurité, l'hypoxie et les traumatismes durant la grossesse sont les principaux incidents qui peuvent affecter le fœtus ou le nouveau-né ;
- les affections médicales générales contractées par les nourrissons et par les enfants sont à l'origine d'environ 5 % des cas. Il s'agit par exemple d'infections, de traumatismes et d'intoxications au plomb ;
- les carences graves du milieu néo-natal expliquent 15 % à 20 % des cas. Les facteurs incluent une maltraitance et d'autres carences sociales et linguistiques, un manque de stimulation ainsi que des troubles mentaux sévères (p. ex. troubles autistiques) (American Psychiatric Association [APA], 1994).

La prévalence du retard mental varie selon les études, mais elle touche 1 % à 3 % de la population (King et coll., 1997) (voir encadré 15.1).

CRITÈRES DSM-IV

Retard mental ENCADRÉ 15.1

Fonctionnement intellectuel général significativement inférieur à la moyenne : niveau de QI d'environ 70 ou moins, mesuré par un test de QI individuel. Le degré de gravité est déterminé ainsi :
- retard mental léger : niveau de QI de 50-55 à 70 ;
- retard mental moyen : niveau de QI de 35-40 à 50-55 ;
- retard mental grave : niveau de QI de 20-25 à 35-40 ;
- retard mental profond : niveau de QI inférieur à 20-25.

Déficit concomitant ou altération du fonctionnement adaptatif actuel (c'est-à-dire de la capacité du sujet à se conformer aux normes escomptées à son âge dans son milieu culturel) dans au moins deux des domaines suivants : communication, autonomie, vie domestique, attitudes sociales et interpersonnelles, mise à profit des ressources de l'environnement, responsabilité individuelle, aptitudes scolaires, travail, loisirs, santé et sécurité.

Début avant l'âge de 18 ans.

Tiré du *DSM-IV, Manuel diagnostique et statistique des troubles mentaux*, Paris, Masson, 1996.

Description clinique et pronostic

Généralités

L'APA (1994) définit le retard mental comme des limitations relatives du fonctionnement adaptatif. À chaque groupe d'âge correspondent des normes d'autonomie personnelle. Un trop grand écart par rapport à ces normes est considéré comme un retard.

Sous-types

Environ 85 % des individus atteints d'arriération mentale souffrent d'un retard mental léger. Ces enfants peuvent acquérir des compétences sociales et de communication à l'école maternelle. Ils ont un retard sensori-moteur minime, mais ils ne se distinguent pas de la normale avant un âge plus avancé. Ils peuvent acquérir de nouvelles aptitudes scolaires jusqu'à la sixième année du primaire. À l'âge adulte, ils sont généralement capables d'une insertion socioprofessionnelle leur permettant de subvenir à leurs besoins minimaux. Ils peuvent avoir besoin d'aide et de conseils. Cependant, dans la plupart des cas, ils réussissent à vivre au sein de la communauté – certains de façon indépendante et d'autres en établissements surveillés.

À peu près 10 % de l'ensemble de la population atteinte d'arriération mentale souffre d'un retard mental modéré. La plupart de ces individus apprennent à communiquer durant leur jeunesse et peuvent bénéficier d'une formation professionnelle, mais dépassent rarement la deuxième année du primaire. Avec un peu d'encadrement, ils peuvent en général subvenir à leurs propres besoins d'entretien et apprendre à se déplacer dans des endroits familiers. À l'adolescence, les relations de groupe sont souvent susceptibles de se détériorer à cause de l'incapacité de ces individus à se conformer à des règles sociales plus complexes. Arrivés à l'âge adulte, ils peuvent occuper des emplois non spécialisés ou spécialisés et vivre au sein de la collectivité dans des établissements protégés.

Le retard mental sévère touche environ 3 % à 4 % des individus atteints d'arriération mentale. Ces derniers n'acquièrent durant leur petite enfance que peu ou pas d'aptitudes à communiquer, mais peuvent apprendre à parler et développer des aptitudes d'hygiène élémentaires à l'âge scolaire. Ils peuvent apprendre à lire quelques mots essentiels. Adultes, ils seront en mesure d'accomplir des tâches simples, dans un environnement contrôlé. Ils peuvent généralement vivre au sein de la communauté, dans des foyers de groupe ou avec leur famille, à moins qu'un autre handicap ne nécessite des soins infirmiers spécialisés ou d'autres soins.

Seulement 1 % à 2 % des arriérés mentaux souffrent d'un retard mental profond. La plupart présentent également une affection neurologique à l'origine de ce retard. Ces individus disposent de capacités de fonctionnement sensori-motrices minimales, repérées dès le jeune âge. Ils doivent vivre dans des établissements fortement structurés, avec une surveillance et une aide constantes, où la priorité est donnée à une relation individualisée pour leur permettre d'atteindre un développement optimal. Encadrés de la sorte, ils peuvent acquérir quelques habiletés motrices, de soins personnels et de communication (APA, 1994).

Caractéristiques connexes

Les individus atteints de retard mental ne manifestent aucune caractéristique générale du comportement qui soit constante ou spécifique. Les traits de caractère de ces individus vont de la passivité à l'agressivité et l'impulsivité, en passant par la placidité et la dépendance. Ceux qui sont atteints de retard mental plus sévère et souffrent de déficits de communication connexes manifestent plus d'agressivité et d'impulsivité en raison de leur frustration et de leur incapacité à interagir adéquatement avec leur milieu. Certaines affections médicales causant le retard mental entraînent des problèmes spécifiques, comme la prédisposition à l'automutilation que l'on retrouve dans le syndrome de Lesch-Nyhan. En raison de leur vulnérabilité, les individus atteints de retard mental risquent de se faire exploiter. Ils peuvent ainsi se voir refuser certains droits et possibilités ou même être victimes de violence ou d'agressions sexuelles.

On estime que les individus atteints de retard mental présentent un trouble mental comorbide trois ou quatre fois plus fréquemment que le reste de la population. Tout trouble mental peut apparaître chez les individus arriérés, et rien n'indique chez eux que le trouble mental en question soit d'une nature différente. Toutefois, le diagnostic de ces troubles mentaux peut s'avérer difficile en raison des difficultés à communiquer avec eux et des autres handicaps existants. Parmi les troubles mentaux les plus couramment diagnostiqués figurent les troubles déficitaires de l'attention avec hyperactivité, les troubles de l'humeur, les troubles envahissants du développement, le trouble des mouvements stéréotypés et les troubles mentaux dus à une affection médicale générale (comme la démence due à un traumatisme) (APA, 1994).

15.1.3 Trouble envahissant du développement: trouble autistique

Les **troubles envahissants du développement** constituent un ensemble de troubles dans lesquels l'enfant doit surmonter des déficits dans de multiples domaines de développement. Le plus courant de ces troubles est l'**autisme**, caractérisé par une déficience marquée des aptitudes sociales et cognitives (voir encadré 15.2).

Épidémiologie

D'après les études réalisées, le trouble autistique présente un taux de 2 à 5 cas pour 10 000. Ce taux est quatre ou cinq fois plus élevé chez les garçons que chez les filles, mais celles-ci sont généralement plus gravement atteintes. On observe un risque accru de trouble autistique chez la fratrie des individus atteints (APA, 1994).

CRITÈRES DSM-IV

Trouble autistique

ENCADRÉ 15.2

A. Au moins six éléments au total parmi ceux décrits dans les trois domaines suivants:
1. Altération qualitative des interactions sociales, se traduisant par au moins deux des éléments suivants:
   - altération marquée, dans les interactions sociales, de comportements non verbaux multiples, comme le contact oculaire, la mimique faciale, les postures corporelles, les gestes;
   - incapacité à établir des relations avec des camarades correspondant au niveau de développement;
   - le sujet ne cherche pas spontanément à partager ses plaisirs, ses intérêts ou ses réussites avec d'autres personnes (p. ex. il ne cherche pas à montrer, à désigner du doigt ou à apporter les objets qui l'intéressent);
   - manque de réciprocité sociale ou émotionnelle.
2. Altération qualitative de la communication, se traduisant par au moins un des éléments suivants:
   - retard dans le développement du langage parlé ou absence totale de ce développement (sans tentatives de compensation par d'autres modes de communication, comme les gestes ou la mimique);
   - chez les individus maîtrisant suffisamment le langage, incapacité marquée à engager ou à soutenir une conversation avec autrui;
   - usage stéréotypé et répétitif du langage ou langage idiosyncrasique;
   - absence d'un jeu de «faire semblant» varié et spontané, ou d'un jeu d'imitation sociale correspondant au niveau de développement.
3. Caractère restreint, répétitif et stéréotypé des comportements, des intérêts et des activités, se traduisant par au moins un des éléments suivants:
   - préoccupation circonscrite à un ou plusieurs centres d'intérêt stéréotypés et restreints, anormale soit dans son intensité, soit dans son orientation;
   - observation apparemment immuable d'habitudes ou de rituels spécifiques et non fonctionnels;
   - maniérisme moteur stéréotypé et répétitif (battements ou torsions des mains ou des doigts, mouvements complexes de tout le corps);
   - préoccupation persistante pour certaines composantes des objets.

B. Retard ou caractère anormal du fonctionnement, débutant avant l'âge de trois ans, dans au moins un des domaines suivants: (1) interactions sociales; (2) langage nécessaire à la communication sociale; (3) jeu symbolique ou d'imagination.

C. La perturbation n'est pas mieux expliquée par le diagnostic de syndrome de Rett ou de trouble désintégratif de l'enfance.

Tiré du *DSM-IV, Manuel diagnostique et statistique des troubles mentaux*, Paris, Masson, 1996.

Description clinique

Manifestations comportementales

Les principaux symptômes comportementaux sont : de l'hyperactivité, une réduction du champ de l'attention, de l'impulsivité, de l'agressivité, une prédisposition à l'automutilation et des crises de colère. On peut déceler des anomalies sur le plan de l'alimentation (p. ex. limiter l'apport nutritionnel à quelques aliments ou manger des objets non comestibles) ou du sommeil (p. ex. réveils récurrents avec balancements). Ces individus ont souvent des modes de comportement et des centres d'intérêt et d'activités limités, répétitifs et stéréotypés. Ils se concentrent exagérément et de façon intense sur un centre d'intérêt, et observent une routine rigoureuse. Ils peuvent également recourir à des maniérismes stéréotypés et répétitifs ou se préoccuper de façon persistante de certaines composantes d'un objet.

Ils manifestent parfois un besoin obsessif d'ordre et d'habitude en insistant pour placer et replacer sans cesse les objets. Ils se montreront incapables de tolérer des changements même minimes de l'environnement et auront une réaction de catastrophe face à un changement mineur, comme une nouvelle chaise ou une nouvelle disposition des places à table. Ils peuvent également exiger l'observance de certaines règles.

Ces individus ont souvent recours à des activités motrices (p. ex. taper des mains, tourner sur soi-même, se balancer) et posturales stéréotypées (p. ex. marcher sur la pointe des pieds, avoir une posture bizarre ou des mouvements étranges des mains). Leur obsession pour certains articles comme les boutons donne lieu à des jeux incessants. Ils montrent fréquemment de la fascination pour les mouvements rotatifs comme celui des ventilateurs, ou pour l'ouverture et la fermeture de tiroirs ou de portes. Ils peuvent s'attacher de façon inhabituelle à des objets inanimés, comme un bout de ficelle ou d'élastique, ignorant les objets transitionnels habituellement adoptés par les enfants, comme les ours en peluche ou les couvertures.

Manifestations émotionnelles

Les individus autistes manquent généralement de réciprocité émotive (ils ne participent pas activement, par exemple, aux jeux sociaux élémentaires, préférant les activités solitaires ou tentant de limiter la participation des autres au rôle de simples instruments ou aides « mécaniques »). Des anomalies de l'affect et de l'humeur sont parfois présentes, comme le fait de rire nerveusement ou de pleurer sans raison apparente ou encore de ne manifester aucune émotion lorsqu'une réaction est escomptée. Ils peuvent aussi réagir de façon inappropriée face au danger, ne manifester aucune peur apparente face à un danger réel ou avoir peur de certains objets inoffensifs. La prédisposition à l'automutilation se traduit par l'action de se cogner la tête ou de se mordre. Si, au cours du développement, le client acquiert une capacité cognitive suffisante, il peut alors prendre conscience de la

gravité de ses limitations. Ce type d'intéroception est susceptible de provoquer une dépression aggravée s'ajoutant au retard mental.

Manifestations cognitives

Environ 75 % des individus atteints d'un trouble autistique souffrent de retard mental à un certain degré, le plus communément dans la catégorie retard mental moyen (QI de 35 à 50). Les autres aptitudes cognitives peuvent également être touchées. Les problèmes de communication sont généralement si graves sur les plans verbal et non verbal qu'il y a parfois absence de langage parlé. Quant aux individus en mesure de parler, ils risquent d'être incapables de commencer ou d'entretenir une conversation ; ils peuvent aussi recourir à un langage si stéréotypé et répétitif ou idiosyncrasique qu'il est difficile de suivre leur conversation. Leur discours contient souvent des anomalies sur le plan du ton, de l'intonation, du débit et du rythme (p. ex. ton et rythme monotones ou chantants inappropriés, ou élévation du ton à la fin de phrases déclaratives donnant l'impression d'une interrogation). La grammaire reste souvent rudimentaire, stéréotypée et répétitive (p. ex. répétition inappropriée de ritournelles ou de refrains publicitaires, indépendamment de leur signification) ou métaphorique (l'individu ne peut être compris que par ses proches). Les individus sont parfois incapables de comprendre des questions, des instructions ou des blagues élémentaires. D'autres enfants autistes disposent d'une excellente mémoire à long terme pour certains éléments insignifiants comme les horaires de train, les statistiques sportives ou les chansons.

Manifestations perceptives

Les individus peuvent réagir de façon bizarre aux stimuli sensoriels (seuil élevé de tolérance à la douleur, hypersensibilité au bruit ou au toucher, réaction exagérée à la lumière ou à la couleur, ou fascination envers certaines stimulations sensorielles particulières).

Manifestations sociales

La manifestation du trouble autistique dépend du stade de développement et de l'âge chronologique, mais l'autisme reste à tout âge un trouble gravement limitatif. Un développement anormal marqué sur le plan des interactions sociales et de la communication, doublé d'une nette réduction de la gamme d'activités et de centres d'intérêt, limite gravement la capacité de l'individu à vivre en société sans un soutien considérable de la famille et des professionnels.

Les problèmes liés aux interactions sociales sont importants et de longue durée. Les individus ne peuvent généralement pas reconnaître les signaux sociaux et les comportements non verbaux ni y recourir pour gérer les interactions sociales et la communication. Les relations de groupe posent des difficultés variées, en fonction du niveau de développement propre à l'individu. Les jeunes peuvent n'avoir qu'un intérêt restreint, voire inexistant, pour l'amitié, tandis que les individus plus âgés nourrissent un tel intérêt, mais éprouvent de sérieux problèmes à comprendre les conventions sociales et à s'y conformer. Les individus autistes sont souvent incapables d'efforts spontanés visant à partager un plaisir lié à certains centres d'intérêt ou accomplissements (p. ex. ils ne montrent pas les choses ni ne discutent avec autrui des idées qu'ils trouvent intéressantes). Ils ne semblent souvent pas conscients des autres, n'ont aucune notion de leurs besoins et ne s'aperçoivent ni de leur détresse ni de leur joie. Ils paraissent souvent incapables de s'exprimer et leurs manifestations de joie ou de détresse semblent étouffées.

Les enfants autistes n'ont pas pour la plupart les aptitudes développementales qui auraient pu leur permettre de participer à des activités récréatives variées, spontanées et imaginaires ou de participer aux activités sociales propres à leur âge. Le jeu devient mécanique, se situe hors de tout contexte social et est dénué d'imagination.

La nature des déficiences sur le plan des interactions sociales évolue généralement avec le temps, en fonction des niveaux de développement. Les nourrissons peuvent refuser de faire des câlins, montrer de l'aversion ou de l'indifférence en réponse à toute manifestation d'affection ou de contact physique, n'utiliser aucune expression faciale ou fuir le contact visuel, ne pas sourire ni répondre à la voix des parents. Les jeunes enfants traiteront les adultes comme des personnes interchangeables ou se cramponneront mécaniquement à une personne en particulier. Même si les enfants finissent par désirer engager des interactions sociales, ces dernières relèvent d'un comportement inhabituel (p. ex. s'attendre à ce que les autres répondent d'une façon bien précise à des questions rituelles, ne pas respecter les limites spatiales personnelles et agir de façon inappropriée lors d'interactions sociales) (APA, 1994).

Pronostic

Les aptitudes langagières et le niveau intellectuel global constituent des facteurs essentiels pour le pronostic final. Les études existantes sur l'évolution de ce trouble indiquent qu'un faible pourcentage seulement des individus atteints réussit à vivre et à travailler de façon autonome à l'âge adulte. Dans à peu près un tiers des cas, un certain degré d'indépendance est envisageable. Parmi les adultes autistes, même ceux qui disposent du meilleur niveau de fonctionnement continuent habituellement à éprouver des difficultés sur le plan des relations sociales et de la communication, et à ne disposer que d'intérêts et d'activités restreints.

15.1.4 Autres troubles envahissants du développement

Syndrome de Rett

Le syndrome de Rett consiste en de multiples déficiences apparaissant après un développement normal aux périodes prénatale et périnatale et jusqu'aux cinq premiers mois de vie de l'enfant. Entre 5 et 48 mois, on note une décélération de la croissance crânienne, associée à une perte des compétences manuelles acquises antérieurement, et suivie par l'apparition de mouvements caractéristiques et stéréotypés des mains qui ressemblent à l'action d'écrire et de se laver les mains. Il y a une perte de socialisation et une mauvaise coordination de la démarche et des mouvements du tronc. Une altération du langage apparaît, liée à un sévère retard psychomoteur. Le syndrome de Rett est beaucoup moins fréquent que le trouble autistique et s'observe uniquement chez les filles. Ce trouble est permanent et la perte des capacités est généralement persistante et progressive. La guérison est habituellement peu probable. Les difficultés comportementales et communicationnelles se posent en général de façon constante tout au long de la vie (APA, 1994).

Trouble désintégratif de l'enfance

Le trouble désintégratif de l'enfance est très rare, concerne plus fréquemment les garçons que les filles et se distingue par une régression marquée dans plusieurs domaines du fonctionnement, à la suite d'une période de développement apparemment normal d'au moins deux ans. Avant l'âge de 10 ans, la perte clinique significative des acquisitions préalables se manifeste dans au moins deux des domaines suivants : le langage de type expressif ou réceptif, les compétences sociales ou le comportement adaptatif, le contrôle sphinctérien vésical ou anal, le jeu, ou les habiletés motrices. Les individus présentent les déficiences sociales, comportementales et de communication typiques des troubles autistiques. On remarque une altération qualitative des interactions sociales, de la communication ou des comportements restreints, répétitifs ou stéréotypés. La présentation clinique caractéristique comprend une perte des acquisitions et l'atteinte d'un plateau, ce qui limite le potentiel d'amélioration. Dans certains cas cliniques, la perte d'aptitudes est progressive. Le trouble suit une évolution chronique et dure généralement toute la vie (APA, 1994).

Syndrome d'Asperger

Le syndrome d'Asperger présente plusieurs caractéristiques communes au trouble autistique : une déficience grave et prolongée des interactions sociales ainsi que des modes de comportement, des centres d'intérêt et des activités à la fois restreints et répétitifs qui provoquent une altération significative du fonctionnement social et professionnel. Toutefois, à l'inverse du trouble autistique, on ne remarque aucun retard significatif du langage, du développement cognitif, des capacités d'autosoins selon l'âge, des comportements adaptatifs ni de la curiosité envers l'environnement (APA, 1994). Ce trouble suit une évolution continue et dure en général toute la vie.

15.1.5 Trouble « déficit de l'attention avec hyperactivité »

Épidémiologie

On observe le trouble « déficit de l'attention avec hyperactivité » (TDAH) chez les enfants d'âge scolaire. Les taux avoisinent 10 % pour les garçons et 5 % pour les filles. Près de 65 % des enfants hyperactifs restent symptomatiques à l'âge adulte. Chez les adultes, on estime que les taux oscillent entre 2 % et 7 %. Au niveau du primaire, le ratio entre garçons et filles est de 9 pour 1 en milieu clinique et de 4 pour 1 dans le cadre d'études épidémiologiques. Dans le milieu scolaire, le ratio entre garçons et filles varie de 4 pour 1 pour le type hyperactivité-impulsivité prédominante à 2 pour 1 pour le type inattention prédominante. La proportion des individus atteints de TDAH qui satisfont aux critères d'un autre trouble mental s'élève à deux tiers, dont 50 % pour le trouble oppositionnel avec provo-

cation, 30 % à 50 % pour les troubles des conduites, 15 % à 20 % pour les troubles de l'humeur et 20 % à 25 % pour les troubles anxieux (voir encadré 15.3). Parmi les autres troubles courants, on trouve le syndrome de Gilles de La Tourette et les tics chroniques, l'abus d'alcool ou de drogues, les retards sur le plan du langage, ainsi que les troubles d'apprentissage.

Étiologie

Les facteurs génétiques interviennent sans doute dans le TDAH. La concordance est de 51 % chez les jumeaux monozygotes et de 33 % chez les jumeaux dizygotes. Les études sur l'adoption confirment cette prééminence de la génétique sur l'environnement (Cantwell, 1996).

Bien qu'ils ne constituent pas forcément un facteur causal, les antécédents suivants ont été observés lors de l'établissement du diagnostic : enfant maltraité ou négligé, placements répétés en famille d'accueil, exposition aux

CRITÈRES DSM-IV

Trouble « déficit de l'attention avec hyperactivité »

ENCADRÉ 15.3

A. Présence soit de (1), soit de (2) :
1. Au moins six des symptômes suivants d'inattention persistant pendant un minimum de six mois, à un degré qui est inadapté et ne correspond pas au niveau de développement de l'enfant :

   Inattention
   - Souvent, ne parvient pas à prêter attention aux détails, ou fait des fautes d'inattention dans les devoirs scolaires, le travail ou d'autres activités ;
   - a fréquemment de la difficulté à maintenir son attention au travail ou dans les jeux ;
   - semble souvent ne pas écouter quand on lui parle directement ;
   - ne se conforme pas souvent aux consignes et ne parvient pas à terminer d'accomplir ses devoirs scolaires ou ses tâches domestiques ou de remplir ses obligations professionnelles (cela n'est pas dû à des comportements d'opposition ni à une incapacité à comprendre les consignes) ;
   - a souvent du mal à organiser ses travaux ou ses activités ;
   - évite, déteste, ou effectue souvent à contrecœur les tâches qui nécessitent un effort mental soutenu (comme le travail scolaire ou les devoirs à la maison) ;
   - perd souvent les objets nécessaires à son travail ou à ses activités (jouets, cahier de devoirs, crayons, livres et outils) ;
   - se laisse facilement distraire par des stimuli externes ;
   - commet des oublis fréquents dans la vie quotidienne.
2. Six des symptômes suivants d'hyperactivité-impulsivité ont persisté au moins six mois, à un degré qui est inadapté et ne correspond pas au niveau de développement de l'enfant.

   Hyperactivité
   - Remue souvent les mains ou les pieds, ou se tortille sur son siège ;
   - se lève souvent en classe ou dans d'autres situations où il est supposé rester assis ;
   - court souvent ou grimpe partout dans des situations où cela est inapproprié (chez les adolescents ou les adultes, ce symptôme peut se limiter à un sentiment subjectif d'impatience motrice) ;
   - a souvent du mal à se tenir tranquille lors des jeux ou des activités récréatives ;
   - est souvent « sur la brèche » et « ne tient pas en place » ;
   - parle souvent trop.

   Impulsivité
   - Laisse souvent échapper la réponse à une question que l'on n'a pas terminé de formuler ;
   - a souvent du mal à attendre son tour ;
   - interrompt souvent les autres (fait irruption dans les conversations ou les jeux).

B. Certains des symptômes d'hyperactivité-impulsivité ou d'inattention provoquant une gêne fonctionnelle sont apparus avant l'âge de sept ans.

C. Un certain degré de gêne fonctionnelle liée aux symptômes est présent dans au moins deux types d'environnement (par exemple, à l'école ou au travail et à la maison).

D. Une altération significative sur le plan clinique du fonctionnement social, scolaire ou professionnel est clairement mise en évidence.

E. Les symptômes n'apparaissent pas exclusivement au cours d'un trouble envahissant du développement, d'une schizophrénie ou d'un autre trouble psychotique ; ils ne sont pas mieux expliqués par un autre trouble mental (trouble thymique, trouble anxieux, trouble dissociatif ou trouble de la personnalité).

Tiré du *DSM-IV, Manuel diagnostique et statistique des troubles mentaux*, Paris, Masson, 1996.

neurotoxines (p. ex. saturnisme), infections (p. ex. encéphalite), exposition fœtale à la drogue, poids insuffisant à la naissance et retard mental. On a également établi que la fréquence du TDAH est plus élevée chez les proches au premier degré des enfants atteints de TDAH (APA, 1994).

Description clinique

Manifestations comportementales

Les manifestations comportementales touchent habituellement plusieurs domaines de la vie de l'enfant : école, maison, garderie ou activités récréatives. L'ampleur du problème varie généralement selon la période et le contexte. Les symptômes s'aggravent ordinairement dans les situations requérant une attention soutenue et présentant peu d'intérêt ou de variété pour l'enfant ou l'adolescent, comme le fait d'écouter les professeurs, d'accomplir des tâches répétitives ou fastidieuses, ou encore de lire pendant des périodes prolongées. Les symptômes peuvent disparaître ou s'atténuer lorsque l'enfant ou l'adolescent est placé sous une autorité rigoureuse, comme au cours d'un entretien diagnostique, ou lorsqu'il reçoit fréquemment des récompenses pour un comportement approprié. Les symptômes s'aggravent généralement dans des situations de groupe non structurées, dans une salle de classe ou dans la cour de récréation, par exemple.

L'hyperactivité se manifeste sous plusieurs formes : ne pas tenir en place et remuer sur sa chaise, se lever lorsque l'on doit rester assis, courir ou grimper sans se préoccuper du danger ni des limites imposées, jouer bruyamment en dérangeant les autres pendant des activités calmes ou faire preuve d'une activité motrice ou verbale excessive. Bien que les trotineurs se montrent en général curieux et actifs, de par leur développement, les trotineurs atteints de TDAH se distinguent par les caractéristiques suivantes : ils se dépensent sans arrêt en allées et venues, sont incapables de rester immobiles pour accomplir des tâches élémentaires comme enfiler un manteau ou écouter une histoire, ou encore courent, sautent et grimpent sur les meubles.

Les enfants s'assagissent quelque peu en atteignant l'âge scolaire, mais continuent de manifester une hyperactivité excessive. Ils ont de la difficulté à rester assis et s'agrippent aux bords de leur chaise, se tortillent comme s'ils avaient besoin de se dépouiller de leurs vêtements, jouent avec des objets ou tapent des mains et des pieds. À la maison, il leur arrive fréquemment de ne pas terminer leur repas ni même d'achever des activités qu'ils ont entamées. Ils font du vacarme ou interrompent les autres enfants en parlant constamment. Les adolescents expriment souvent un sentiment subjectif d'agitation et préfèrent les activités énergiques plutôt que sédentaires.

L'impulsivité se manifeste de plusieurs façons : impatience, impossibilité de retarder ses réactions, d'attendre son tour, de patienter dans une file d'attente sans pousser, tendance à répondre avant même que les questions soient complètement formulées et action d'interrompre fréquemment les autres au point d'éprouver des problèmes sociaux, scolaires et professionnels. De plus, ils font parfois des commentaires non sollicités, ne se conforment pas aux directives, interviennent maladroitement en interrompant les conversations, agrippent les autres par les vêtements ou par le bras, touchent des choses qui leur sont interdites et font des pitreries dans les moments de tranquillité. Ils peuvent provoquer des accidents en renversant les objets, en fonçant dans les gens, en empoignant des objets dangereux, comme des casseroles chaudes, ou en prenant des risques sans en évaluer les conséquences, comme conduire une bicyclette la nuit sans réflecteurs. Ils sont souvent colériques, font preuve d'un caractère autoritaire et entêté, et insistent continuellement pour obtenir ce qu'ils veulent.

Manifestations émotionnelles

Les individus souffrant de ce trouble sont susceptibles de présenter plusieurs autres maladies en raison de leurs problèmes sous-jacents d'attention, d'hyperactivité et d'impulsivité : faible tolérance à la frustration, labilité de l'humeur, démoralisation, dysphorie et faible estime de soi.

Manifestations cognitives

L'inattention peut se manifester dans un ou plusieurs domaines. Le travail scolaire ou les autres activités peuvent contenir des fautes d'inattention qui trahissent une négligence des détails. Les travaux sont parfois bâclés, illustrant un manque de réflexion sur le projet ou le thème en question, ou encore un manque de persévérance. L'enfant semble être souvent perdu dans ses rêves et ne pas écouter les indications ou les questions. Il peut passer d'une activité à une autre sans avoir achevé la première, semant derrière lui un désordre progressif. Cependant, quand un enfant ne termine ni ses tâches ni ses travaux scolaires, on doit prendre garde à ne pas attribuer trop tôt ce symptôme au TDAH, car d'autres problèmes comme le comportement d'opposition surviennent souvent et peuvent être considérés comme une étape normale du développement du jeune enfant. Les individus souffrant du TDAH éprouvent fréquemment des problèmes d'organisation, trouvent désagréables les tâches requérant un effort mental soutenu et font preuve d'aversion pour ces dernières (particulièrement pour les devoirs). Les fournitures obligatoires sont invariablement éparpillées, perdues, traitées négligemment ou abîmées. Les stimuli non pertinents comme les bruits de la maison les distraient constamment. Ils abandonnent alors la tâche assignée. Ils oublient souvent les choses, manquent leurs rendez-vous, ne respectent pas les délais fixés pour les travaux scolaires ou oublient l'argent de leur repas. Ces comportements ont une grande incidence sur le rendement scolaire.

Manifestations perceptives

Les problèmes perceptifs ne sont pas caractéristiques du TDAH.

Manifestations sociales

Des problèmes interpersonnels risquent de survenir en raison du manque d'attention durant les conversations, des changements de sujets abrupts, de l'absence de respect des règles inhérentes à certains jeux ou activités et du manque apparent d'intérêt pour les autres. Les membres de la famille ressentent souvent de l'animosité, particulièrement lorsque la variabilité des symptômes pousse les parents à croire que le comportement gênant de leur enfant est délibéré. Le TDAH peut provoquer un rejet de l'entourage et entraîner des conflits avec la famille et l'autorité scolaire. L'entourage des enfants hyperactifs assimile souvent cette attention uniquement centrée sur soi à de la paresse, à de l'irresponsabilité ainsi qu'à un comportement d'opposition (APA, 1994).

Pronostic

Les caractéristiques du TDAH persistent à l'adolescence chez 30 % à 80 % des enfants diagnostiqués comme hyperactifs et subsistent à l'âge adulte dans 65 % des cas. Des antécédents familiaux de TDAH et de dégradation psychosociale, ainsi qu'une comorbidité avec les troubles anxieux, les troubles des conduites et ceux de l'humeur augmentent le risque de persistance. On retrouve les comportements délinquants et antisociaux chez 25 % à 40 % des enfants atteints de TDAH qui sont adressés en clinique. Les facteurs prédictifs de mauvais résultats sont les comportements oppositionnels et agressifs envers les adultes, un faible QI, de mauvaises relations de groupe et des symptômes persistants de TDAH. Un trouble oppositionnel avec provocation comorbide augmente le risque de trouble des conduites.

15.1.6 Trouble des conduites

Étiologie

Le trouble des conduites est la raison la plus courante de demande d'évaluation psychiatrique chez les enfants et les adolescents, et affecte dans certaines cliniques 30 % à 50 % de tous les clients adressés. Le ratio entre garçons et filles se situe entre 5 pour 1 et 3 pour 1.

On a répertorié les facteurs prédisposant à un trouble des conduites : rejet et négligence des parents, tempérament difficile du nourrisson, comportement parental erratique et punitions excessives, abus sexuel ou violence physique, manque de surveillance, placement institutionnel prématuré, changement fréquent d'intervenants principaux, famille nombreuse, intégration dans un groupe d'amis délinquants, ainsi que certaines maladies mentales familiales. La fréquence du trouble des conduites augmente lorsqu'un parent biologique ou adoptif souffre d'un trouble de la personnalité antisociale, lorsqu'un parent biologique souffre d'une dépendance à l'alcool ou à des drogues, d'un trouble de l'humeur, de schizophrénie, ou présente des antécédents de TDAH ou

de trouble des conduites, ou encore si un membre de la fratrie est atteint du trouble des conduites (APA, 1994).

Il n'existe pas de modèle standard du trouble des conduites. Un des modèles propose une prédisposition génétique déclenchée par un risque lié à l'environnement et influencée par des facteurs comme les stratégies d'adaptation inefficaces (Steiner et coll., 1997).

Rogeness (1994) a passé en revue les aspects biologiques du trouble des conduites. Ses recherches indiquent que les clients présentant une diminution du fonctionnement noradrénergique et un trouble des conduites réagissent mal aux menaces de punition et ont de ce fait des difficultés à intérioriser les règles sociales. Les études tendent à prouver que la sérotonine inhibe l'agressivité, d'où la théorie selon laquelle un faible taux de sérotonine joue un rôle dans les comportements agressifs de **passage à l'acte** (expression directe d'états affectifs internes, par des actions et un comportement souvent destructeurs et inadaptés). La raison de ce changement de neurotransmetteur reste floue, bien que certaines études mettent en cause le stress psychosocial : la négligence parentale, tout comme les facteurs génétiques.

Certaines modifications biologiques peuvent néanmoins être expliquées par la longue maltraitance et le traumatisme affectif dont souffrent la plupart des enfants atteints du trouble des conduites. Il existe d'autres facteurs de risque répertoriés : les complications à la naissance, l'hyperactivité, les déficits cognitifs, les difficultés sur le plan du langage et du discours, la maladie chronique et la déficience, une combinaison d'agressivité précoce et de timidité ou de rejet par le groupe, un logement en mauvais état et surpeuplé, la pauvreté, ainsi que le manque de respect des règles établies, des parents qui capitulent ou ont des réactions incohérentes face au comportement de l'enfant. Les abus de pouvoir et les pratiques humiliantes des parents constituent un facteur de risque déterminant, la maltraitance étant le facteur de risque le plus répandu (Steiner et coll., 1997).

La comorbidité comprend fréquemment le TDAH, le trouble oppositionnel avec provocation, les troubles anxieux et de l'humeur, le trouble de la personnalité limite chez les filles, le trouble de la personnalité antisociale chez les garçons, le retard mental, ainsi que les troubles développementaux spécifiques (Steiner et coll., 1997).

Épidémiologie

Selon Massé (1999), le TDAH affecte de 3 % à 5 % des enfants d'âge scolaire. Les enfants concernés sont surtout des garçons (ratio de 4 pour 1). Bauermeister et coll. (1994) ont découvert que le trouble des conduites culminait à l'âge de 13 à 16 ans, pour décliner par la suite de façon marquée. Chez les garçons, la prévalence atteignait un sommet entre 10 ans et 13 ans, avec un déclin graduel de 13 ans à 20 ans. Chez les filles, une augmentation graduelle survenait à la fin de l'enfance et au début de

CRITÈRES DSM-IV

Trouble des conduites

ENCADRÉ 15.4

A. Ensemble de conduites, répétitives et persistantes, traduisant un non-respect des droits fondamentaux d'autrui ou des normes et règles sociales correspondant à l'âge du sujet, reconnaissables à la présence d'au moins trois des critères suivants au cours des douze derniers mois, et d'au moins un de ces critères au cours des six derniers mois :

Agression envers les personnes ou les animaux
- brutalise, menace ou intimide souvent d'autres personnes ;
- déclenche souvent les bagarres ;
- a utilisé une arme pouvant blesser sérieusement autrui (bâton, brique, tesson de bouteille, couteau ou arme à feu) ;
- a fait preuve de cruauté physique envers les personnes ;
- a fait preuve de cruauté physique envers les animaux ;
- a commis un vol en affrontant la victime (agression, vol de sac à main, extorsion d'argent, vol à main armée) ;
- a forcé quelqu'un à avoir des relations sexuelles.

Destruction de biens matériels
- a délibérément mis le feu avec l'intention de provoquer des dégâts importants ;
- a délibérément détruit la propriété d'autrui (autrement qu'en y mettant le feu).

Fraude ou vol
- a pénétré par effraction dans une maison, un immeuble ou une voiture appartenant à autrui ;
- ment souvent pour obtenir des biens ou des faveurs ou pour échapper à des obligations (« arnaque » les autres) ;
- a dérobé des objets d'une certaine valeur sans affronter la victime (vol à l'étalage sans destruction ni effraction, contrefaçon).

Violations graves des règles établies
- a commencé avant l'âge de 13 ans à rester dehors toute la nuit en dépit des interdictions parentales ;
- a fait une fugue durant toute la nuit à au moins deux reprises alors qu'il vivait avec ses parents ou dans un foyer nourricier (ou a fugué une seule fois sans rentrer à la maison pendant une longue période) ;
- a commencé avant l'âge de 13 ans à faire souvent l'école buissonnière.

B. Cette perturbation du comportement entraîne une altération significative sur le plan clinique du fonctionnement social, scolaire ou professionnel.

C. Si l'individu est âgé de 18 ans ou plus, le trouble ne répond pas aux critères de la personnalité antisociale.

Tiré du *DSM-IV, Manuel diagnostique et statistique des troubles mentaux*, Paris, Masson, 1996.

---

l'adolescence, le trouble culminait à l'âge de 16 ans et déclinait ensuite très nettement (voir encadré 15.4).

Description clinique

Manifestations comportementales

Le trouble des conduites se caractérise essentiellement par des comportements agressifs et persistants qui contreviennent aux normes sociales correspondant à chaque âge. Ces comportements se manifestent en général dans plusieurs milieux : à la maison, à l'école ou ailleurs dans la communauté. Ils restent cependant difficiles à détecter, l'enfant ou l'adolescent ayant tendance à minimiser les problèmes et les adultes n'en ayant pas vraiment conscience en raison de leur incapacité à les surveiller de près.

Les clients atteints du trouble des conduites sont souvent violents. Ils jouent les tyrans, menacent et intimident, déclenchent les bagarres ; ils agissent cruellement envers les gens ou les animaux, volent et imposent l'activité sexuelle à d'autres. Ce comportement violent risque de conduire au viol, aux agressions et, plus rarement, aux homicides. La destruction délibérée du bien d'autrui peut déboucher sur les incendies provoqués, le vandalisme et la destruction de la propriété à titre de vengeance. En plus des vols qu'il commet, l'enfant ou l'adolescent a tendance à être malhonnête, à mentir ou à manquer à ses promesses pour obtenir des biens ou des faveurs et pour échapper à ses obligations et à ses responsabilités.

Ces clients accusent régulièrement les autres pour échapper aux conséquences de leurs actes. Les manifestations précoces des comportements déviants comprennent généralement une activité sexuelle précoce et débridée, et la consommation d'alcool, de cigarettes ou de drogues. Ces comportements persistent en général à l'âge adulte. Ils mènent fréquemment à des renvois de l'école, à des grossesses non désirées, à des blessures physiques, à des maladies sexuellement transmissibles, à des problèmes judiciaires, à des congédiements ou à l'exclusion d'autres activités ainsi qu'à l'incapacité à fréquenter le réseau scolaire normal.

Les enfants et les adolescents atteints du trouble des conduites se montrent souvent impitoyables, bien qu'il leur arrive de manifester de la culpabilité ou des remords dans l'unique intention de faire réduire les punitions ou d'y échapper. De telles expressions de remords sont souvent peu sincères et artificielles.

Bien qu'ils projettent parfois une image de « durs », ces individus n'ont souvent qu'une faible estime d'eux-mêmes, et ils tolèrent très mal la frustration, se montrent irritables, ont des accès de colère et un comportement téméraire.

Manifestations émotionnelles

Les individus souffrant du trouble des conduites éprouvent en général peu d'empathie pour les autres ou peu d'intérêt pour leurs sentiments, leurs désirs et leur bien-être. La fréquence de l'idéation suicidaire, des tentatives de suicide et du suicide accompli est élevée chez eux.

Manifestations perceptives

Les clients atteints du trouble des conduites ont souvent une fausse interprétation des intentions des autres, particulièrement dans des situations ambiguës. Ils perçoivent les autres comme menaçants et hostiles et se sentent alors en droit de réagir de façon agressive.

Manifestations cognitives

Les individus atteints du trouble des conduites risquent de souffrir de nombreux troubles d'apprentissage ou de déficiences sur le plan du fonctionnement cognitif, comme l'intelligence marginale ; toutefois, aucun de ces symptômes n'est caractéristique du trouble des conduites.

Manifestations sociales

Le taux d'accident semble supérieur à la moyenne. Les relations de groupe sont souvent altérées en conséquence des comportements associés au trouble des conduites (APA, 1994).

Pronostic

Les symptômes les moins graves ont tendance à apparaître très tôt. C'est chez les garçons qu'apparaît le trouble durant l'enfance et ces derniers tendent à avoir davantage de problèmes de bagarres, de vols, de vandalisme et de discipline scolaire. Les filles manifestent, quant à elles, davantage de symptômes relatifs au mensonge, à la fugue, à l'abus d'alcool ou de drogues et à la prostitution. Les garçons ont généralement recours à des agressions physiques alors que les filles ont tendance à affronter moins directement les autres. L'apparition du trouble des conduites avant 10 ans (type débutant durant l'enfance) indique généralement un type de trouble plus grave et persistant qui évolue souvent chez l'adulte en trouble de la personnalité antisociale. Il s'agit généralement de garçons, qui agressent physiquement les autres, qui sont plus susceptibles de présenter un trouble oppositionnel avec provocation et qui satisfont à tous les critères d'un trouble des conduites survenant avant la puberté. Les individus dont le trouble débute à l'adolescence (aucun symptôme du trouble des conduites avant l'âge de 10 ans) manifestent moins d'agressivité, ont des relations sociales plus saines et éprouvent des problèmes de conduite lorsqu'ils sont en groupe (APA, 1994).

Les comportements délinquants entretenus par la pression du groupe ont des chances de diminuer si on limite les contacts de l'enfant avec ses mauvais compagnons. À l'inverse, les comportements délinquants découlant d'une incapacité ou d'une réticence à modifier son comportement ne changeraient probablement pas, même si l'on réduisait les contacts avec le groupe (Steiner et coll., 1997).

15.1.7 Trouble oppositionnel avec provocation

Étiologie

Le trouble oppositionnel avec provocation se rencontre fréquemment dans les familles où les soins aux enfants ont été confiés successivement à plusieurs personnes de référence, ou dans celles où ont cours des pratiques éducatives punitives, incohérentes ou négligentes. Le trouble survient plus communément en cas de graves problèmes conjugaux (APA, 1994) (voir encadré 15.5).

Épidémiologie

Les taux varient considérablement, allant de 2 % à 16 %, en fonction de l'échantillonnage de population et des méthodes de collecte de données utilisées. La prévalence de ce trouble est plus forte chez les garçons avant la puberté et a une fréquence à peu près équivalente après la puberté. Ce trouble est également plus courant lorsque au

CRITÈRES DSM-IV

Trouble oppositionnel avec provocation　　ENCADRÉ 15.5

A. Ensemble de comportements négatifs, hostiles ou provocateurs, persistant pendant un minimum de six mois et durant lesquels sont présentes au moins quatre des manifestations suivantes :
- se met souvent en colère ;
- conteste souvent ce que disent les adultes ;
- s'oppose souvent activement ou refuse de se plier aux demandes ou aux règles des adultes ;
- embête souvent les autres délibérément ;
- accuse souvent les autres de ses erreurs ou de sa mauvaise conduite ;
- est souvent susceptible ou facilement agacé par les autres ;
- est souvent fâché et plein de ressentiment ;
- est souvent méchant et vindicatif.

Note : On ne considère qu'un critère est rempli que si le comportement est observé plus fréquemment que ce qui est habituel chez des sujets d'âge et de niveau de développement comparables.

B. La perturbation des conduites entraîne une altération significative sur le plan clinique du fonctionnement social, scolaire ou professionnel.

C. Les comportements ne sont pas observés exclusivement au cours d'un trouble psychotique ou d'un trouble de l'humeur.

D. Le trouble ne correspond pas aux critères du trouble des conduites ni, si le sujet a plus de 18 ans, à ceux de la personnalité antisociale.

Tiré du *DSM-IV, Manuel diagnostique et statistique des troubles mentaux*, Paris, Masson, 1996.

moins un parent présente l'un des antécédents suivants : trouble de l'humeur, trouble oppositionnel avec provocation, trouble des conduites, TDAH, trouble de la personnalité antisociale, ou trouble lié à l'abus d'alcool ou de drogues. On observe couramment un TDAH et le trouble s'accompagne souvent de troubles d'apprentissage et de communication (APA, 1994).

Description clinique

Manifestations comportementales

Les caractéristiques essentielles sont les suivantes : négativisme, défi, désobéissance et hostilité envers les figures d'autorité, généralement associées à un entêtement persistant, à une résistance face aux directives, ainsi qu'à une réticence à faire des compromis, à obtempérer ou à négocier avec les adultes. Le défi peut aussi se manifester sous la forme délibérée et persistante de confrontation des limites, en ignorant les instructions et en refusant d'accepter ses responsabilités en cas d'inconduite. L'hostilité peut être dirigée envers les adultes ou les jeunes de son âge et consister à agacer verbalement et délibérément les autres. À la maison, les symptômes se manifestent invariablement, mais ils peuvent disparaître ou s'atténuer à l'école et sont habituellement dirigés envers les personnes que l'enfant connaît bien. Les individus souffrant du trouble oppositionnel avec provocation n'ont pas de propension à se percevoir comme étant la source de complications, mais reprochent aux autres leurs demandes déraisonnables et accusent les circonstances.

Manifestations émotionnelles

Au cours de la période scolaire, on peut remarquer les problèmes suivants : faible estime de soi, labilité de l'humeur et faible tolérance à la frustration.

Manifestations cognitives et perceptives

Les symptômes cognitifs et perceptifs ne sont pas caractéristiques du trouble oppositionnel avec provocation.

Manifestations sociales

Durant la petite enfance, on remarque des difficultés en ce qui concerne le tempérament (p. ex. forte réactivité, difficulté à rester calme) ou une activité motrice élevée. Les individus peuvent commencer à être grossiers et à consommer de l'alcool, du tabac et des drogues de façon précoce. Les parents et l'enfant sont entraînés dans un cycle de négativisme qui fait ressortir les pires traits de caractère des uns et des autres (APA, 1994).

Pronostic

La survenue est généralement graduelle, s'étalant d'habitude sur quelques mois ou quelques années. Dans un nombre significatif de cas, le trouble oppositionnel avec provocation se transforme en trouble des conduites.

15.1.8 Tic : syndrome de Gilles de La Tourette

Étiologie et épidémiologie

Bien que transmis génétiquement suivant un mode autosomique dominant, la pénétrance (c'est-à-dire le degré de régularité avec lequel un gène produit son effet spécifique dans la population porteuse) du syndrome de Gilles de La Tourette n'est que de 70 % chez les femmes, mais atteint 99 % chez les hommes (APA, 1994).

Le syndrome de Gilles de La Tourette touche à peu près 4 ou 5 personnes sur 10 000. L'incidence est de 1,5 fois à 3 fois plus élevée chez les hommes que chez les femmes. Les autres troubles associés au syndrome de Gilles de La Tourette sont : le TDAH, le trouble obsessionnel-compulsif et les troubles d'apprentissage (APA, 1994) (voir encadré 15.6).

CRITÈRES DSM-IV

Syndrome de Gilles de La Tourette | ENCADRÉ 15.6

A. Présence de tics moteurs multiples et d'un ou plusieurs tics vocaux à un moment quelconque au cours de l'évolution de la maladie, mais pas nécessairement de façon simultanée.

B. Les tics surviennent à de nombreuses reprises au cours de la journée (généralement par accès), presque tous les jours ou de façon intermittente pendant plus d'une année, durant laquelle il n'y a jamais eu de période sans tics de plus de trois mois consécutifs.

C. La perturbation entraîne une détresse marquée ou une altération significative du fonctionnement dans le domaine social ou professionnel, ou dans d'autres domaines importants.

D. Début avant l'âge de 18 ans.

E. La perturbation n'est pas due aux effets physiologiques d'une substance (p. ex. stimulant) ni à une affection médicale générale (chorée de Huntington ou encéphalite virale).

Tiré du *DSM-IV, Manuel diagnostique et statistique des troubles mentaux*, Paris, Masson, 1996.

Description clinique

Manifestations comportementales

Les tics se manifestent par des symptômes physiques perçus comme des comportements. Un **tic** se définit comme une vocalisation ou un mouvement moteur, soudain, rapide, récurrent, non rythmique et stéréotypé. Il est ressenti comme irrésistible, mais peut être supprimé durant une période variable. Il peut être généralement exacerbé par le stress et atténué au cours de périodes de concentration, comme la lecture ou la couture. Le sommeil réduit considérablement son intensité.

Parmi les tics moteurs simples, on trouve le clignement des yeux, les mouvements brusques du cou, les haussements d'épaules, les grimaces et la toux. Les tics vocaux simples sont le raclement de gorge, le grognement, le reniflement, le ronflement et l'aboiement. Les tics moteurs complexes comprennent les mimiques faciales, les comportements visant à soigner son apparence, les comportements comme sauter, toucher, piétiner, flairer un objet, et l'échopraxie (imitation du comportement des autres). Les tics vocaux complexes comprennent les mots et les phrases répétés hors de propos, la coprolalie (répétition de mots socialement inacceptables, d'obscénités ou de jurons), la palilalie (répétition de ses propres sons ou paroles), ainsi que l'écholalie (répétition du dernier mot, du dernier son ou de la dernière phrase entendue). Chez les personnes atteintes du syndrome de Gilles de La Tourette, le nombre, le type, la fréquence, l'intensité et la sévérité des tics varient au fil du temps. La coprolalie survient dans moins de 10 % des cas. Les tics moteurs complexes relatifs à ce syndrome comprennent des actions comme toucher, s'accroupir, fléchir énergiquement les jambes, revenir sur ses pas et tournoyer lorsque l'on marche. Le tic initial le plus fréquent est le clignement des yeux. Il existe d'autres tics du début, dont la protrusion de la langue, l'action de s'accroupir, de renifler, de sautiller, de faire des bonds, de se racler la gorge, de bégayer, d'émettre des sons ou des mots ainsi que la coprolalie. Parmi les autres problèmes relativement courants, on compte l'hyperactivité, l'inattention et l'impulsivité. Il y a un risque de décollement de la rétine si l'individu se cogne la tête. Des problèmes orthopédiques peuvent résulter de la flexion des jambes, des mouvements brusques du cou ou des rotations de la tête, alors que les problèmes de peau sont causés par les grattements.

Manifestations émotionnelles

Les personnes atteintes du syndrome de Gilles de La Tourette sont si embarrassées par leurs symptômes qu'elles en conçoivent souvent de la honte conduisant à une humeur dépressive.

Manifestations cognitives

Les caractéristiques cognitives détectées chez un client souffrant de ce syndrome sont les obsessions et les compulsions.

Manifestations perceptives

Les problèmes perceptifs ne constituent pas des symptômes caractéristiques du syndrome de Gilles de La Tourette.

Manifestations sociales

Les symptômes fréquemment observés comprennent la gêne dans une situation sociale et le rejet par les autres ; ils troublent le fonctionnement social, scolaire et professionnel. Dans certains cas graves, les tics peuvent perturber les activités de la vie quotidienne, comme lire ou se nourrir, ou entraîner des complications médicales (APA, 1994).

Pronostic

Le syndrome de Gilles de La Tourette peut débuter de manière précoce, dès l'âge de deux ans, mais il se manifeste généralement durant l'enfance ou au début de l'adolescence. Bien qu'il s'agisse presque toujours d'un syndrome permanent, les symptômes diminuent dans la plupart des cas à l'adolescence ou à l'âge adulte (APA, 1994).

15.1.9 Autres tics

Tic moteur ou vocal chronique

Les tics moteurs ou vocaux chroniques s'apparentent à ceux du syndrome de Gilles de La Tourette, sauf que ces tics peuvent être moteurs ou vocaux, et ne doivent pas être multiples. Ces tics ont également tendance à être moins graves (APA, 1994).

Tic transitoire

On établit le diagnostic du tic transitoire dans le cas où la durée des tics s'étale sur plus d'un an. Par ailleurs, les critères sont les mêmes que ceux du syndrome de Gilles de La Tourette, quoique les symptômes soient généralement moins graves (APA, 1994).

Tic non spécifié

On a recours au diagnostic du tic non spécifié lorsqu'il est impossible d'établir un autre diagnostic plus précis. On peut ainsi y inclure les tics durant moins de 4 semaines ou débutant après l'âge de 18 ans (APA, 1994).

15.1.10 Trouble « anxiété de séparation »

Étiologie et épidémiologie

Le trouble « anxiété de séparation » apparaît le plus souvent chez les enfants dont la mère souffre du trouble panique. Le trouble peut aussi survenir à la suite d'un stress (p. ex. mort d'un proche ou d'un animal de compagnie, maladie de l'enfant ou des parents, ou changement de l'environnement) (APA, 1994).

Ce trouble touche approximativement 4 % des enfants et des adolescents et affecte surtout les filles. Il se manifeste généralement avant la fin de l'adolescence (APA, 1994) (voir encadré 15.7).

Description clinique

Manifestations comportementales

Comme ils éprouvent un besoin constant de savoir où se trouvent leurs parents, les enfants atteints de ce trouble ont tendance à garder le contact par l'intermédiaire de fréquents appels téléphoniques. À cause du malaise important qu'ils éprouvent quand ils s'éloignent de la maison, ils peuvent se montrer réticents à voyager seuls ou rechigner à participer à des activités appréciées de leurs camarades, comme les camps de vacances, l'école ou le fait de passer la nuit chez des amis. Ils peuvent également refuser de rester seuls dans une pièce. Les enfants souffrant du trouble « anxiété de séparation » peuvent se cramponner aux

CRITÈRES DSM-IV

Trouble « anxiété de séparation »

ENCADRÉ 15.7

A. Anxiété excessive et inappropriée au stade du développement concernant la séparation d'avec la maison ou les personnes auxquelles l'individu est attaché, se traduisant par au moins trois des manifestations suivantes :
- détresse excessive et récurrente dans les situations de séparation d'avec la maison ou d'avec les principales figures d'attachement, ou en anticipation de telles situations ;
- crainte excessive et persistante concernant la séparation d'avec les principales figures d'attachement ou un malheur pouvant leur arriver ;
- crainte excessive et persistante qu'un événement malheureux ne vienne séparer l'enfant de ses principales figures d'attachement (p. ex. se perdre ou être kidnappé) ;
- réticences persistantes ou refus d'aller à l'école, ou ailleurs, en raison de la peur de la séparation ;
- crainte persistante excessive ou réticence à rester seul à la maison sans l'une des principales figures d'attachement, ou dans d'autres environnements sans adultes de confiance ;

- réticence persistante ou refus d'aller dormir sans être à proximité de l'une des principales figures d'attachement ou encore d'aller passer la nuit en dehors de la maison ;
- cauchemars répétés sur le thème de la séparation ;
- plaintes somatiques répétées (céphalées, douleurs abdominales, nausées ou vomissements) au moment des séparations d'avec les principales figures d'attachement ou par anticipation.

B. Le trouble dure depuis au moins quatre semaines.
C. Début avant l'âge de 18 ans.
D. Le trouble entraîne une détresse sur le plan clinique significative ou une altération du fonctionnement dans le domaine social ou scolaire (professionnel), ou dans d'autres domaines importants.
E. Le trouble ne survient pas exclusivement au cours d'un trouble envahissant du développement, d'une schizophrénie ou d'un autre trouble psychotique et, chez les adolescents et les adultes, il n'est pas mieux expliqué par le diagnostic de trouble panique avec agoraphobie.

Tiré du *DSM-IV, Manuel diagnostique et statistique des troubles mentaux*, Paris, Masson, 1996.

autres, tenter de suivre leurs parents à la trace dans la maison et, avec une fréquence et une intensité croissantes, tenter de les suivre à l'extérieur. L'heure du coucher risque d'être difficile, l'enfant ou l'adolescent insistant pour que ses parents restent à ses côtés jusqu'à ce qu'il s'endorme. Durant la nuit, ces individus peuvent vouloir aller se coucher dans le lit de leurs parents ou d'un proche ; si l'accès leur en est interdit, ils peuvent dormir au pied de la porte de la chambre de la personne en question.

Des troubles physiques surviennent souvent au moment d'une séparation, anticipée ou réelle, et comprennent généralement des maux de ventre et des céphalées, des nausées et des vomissements. Les enfants et les adolescents plus âgés peuvent ressentir des palpitations, souffrir de vertiges et de sensations d'évanouissement. Les maladies somatiques conduisent souvent à des visites chez le médecin et à des interventions médicales inutiles.

Manifestations émotionnelles

Les individus atteints de cette névrose peuvent souffrir d'une détresse excessive et récurrente lorsqu'ils sont éloignés de la maison ou de la figure d'attachement privilégiée. Certains d'entre eux sont extrêmement bouleversés et malheureux loin de la maison, et sont obsédés par des rêves de retrouvailles. Ils peuvent craindre obsessivement qu'il arrive du mal à leurs proches. La crainte d'un danger pour eux-mêmes ou pour leur famille peut se manifester, de même que la peur des animaux, des monstres, du noir, des agresseurs, des cambrioleurs, des kidnappeurs, des accidents ou des voyages en avion ou en train. Des inquiétudes relatives à la mort peuvent également se faire jour. L'humeur de ces personnes peut varier grandement, allant

de l'inquiétude excessive de n'être aimé de personne, qui les pousse à souhaiter mourir, à une forte rage lorsque quelqu'un tente de les séparer de leurs parents ou de leurs proches. Une humeur dépressive justifie parfois un diagnostic de dépression. À l'âge adulte, quelques-uns de ces individus sont susceptibles de présenter un trouble panique avec agoraphobie.

Manifestations cognitives

Les cauchemars mettent souvent en scène des éléments liés aux peurs de l'individu, comme la mort de la famille dans un incendie, un meurtre ou une autre catastrophe. Des difficultés scolaires peuvent résulter d'un refus d'aller à l'école ; elles accentuent dès lors le problème de l'évitement social.

Manifestations perceptives

Lorsqu'ils se retrouvent seuls, les enfants qui souffrent de trouble « anxiété de séparation » sont susceptibles de souffrir de problèmes perceptifs : voir des gens dans leur chambre qui les regardent fixement, ou des créatures menaçantes qui cherchent à les attraper, ainsi que des yeux qui les observent.

Manifestations sociales

Souvent issus de familles très unies, les enfants atteints de ce trouble peuvent manifester un retrait social, de l'apathie et de la tristesse, ou éprouver des difficultés de concentration pour travailler ou jouer lorsqu'ils sont loin de leurs parents ou de leurs proches. Des conflits importants surviennent fréquemment au sein de ces familles, dus à un mécontentement et à une frustration de la part des parents. Par moments, cependant, les enfants peuvent devenir exceptionnellement consciencieux, conciliants et désireux de plaire. Les parents décrivent souvent ces enfants comme exigeants, dérangeants et nécessitant une attention permanente. L'enfant peut se débattre furieusement (APA, 1994).

Pronostic

Les symptômes peuvent aussi bien s'accentuer que se résorber. L'anxiété de séparation et l'évitement de situations impliquant une séparation persistent parfois pendant plusieurs années.

15.1.11 Troubles d'élimination : encoprésie

Étiologie et épidémiologie

Certaines conditions comme un apprentissage de la propreté inadéquat ou un stress psychosocial (p. ex. entrée à l'école ou naissance d'un frère ou d'une sœur) peuvent prédisposer l'enfant à l'**encoprésie** (APA, 1994), qui consiste en une émission fécale répétée en des endroits inappropriés, involontaire ou délibérée.

Environ 1 % des enfants de cinq ans souffrent d'encoprésie. Celle-ci est plus courante chez les garçons (APA, 1994) (voir encadré 15.8).

Encoprésie ENCADRÉ 15.8

A. Émissions fécales répétées dans des endroits inappropriés (p. ex. dans les vêtements ou sur le sol), qu'elles soient involontaires ou délibérées.

B. Le comportement se produit au moins une fois par mois et pendant au moins trois mois.

C. L'enfant a un âge chronologique d'au moins quatre ans (ou un niveau de développement équivalent).

D. Le comportement n'est pas dû exclusivement aux effets physiologiques d'une substance (p. ex. laxatifs) ni à une affection médicale générale, exception faite d'un mécanisme entraînant une constipation.

Tiré du *DSM-IV, Manuel diagnostique et statistique des troubles mentaux*, Paris, Masson, 1996.

Description clinique

Le souillage est la plupart du temps involontaire, bien qu'à certains moments il soit intentionnel. Ce souillage résulte souvent d'un conflit de pouvoir entre l'enfant ou l'adolescent et une figure d'autorité. Il n'est pas dû aux effets physiologiques directs d'une substance comme les laxatifs ni à une affection médicale. Un souillage involontaire résulte souvent d'une constipation, d'une surcharge et d'une rétention avec débordement liquidien accompagnant des selles durcies. La raison sous-jacente à la constipation est généralement psychologique comme une anxiété spécifique liée à un endroit en particulier ou à un mode de comportement anxieux ou oppositionnel.

Caractéristiques connexes

Les enfants souffrant d'encoprésie ressentent souvent de la honte à cause de cette maladie et cherchent à éviter les situations pouvant les conduire à un embarras éventuel, comme participer à un camp de vacances, aller à l'école ou passer la nuit à l'extérieur du milieu familial. L'altération de l'estime de soi de l'enfant découle généralement des effets de l'ostracisme social et de la colère des parents ou des intervenants principaux, de la punition qu'ils infligent ou du rejet qu'ils expriment. Barbouiller avec ses selles est une caractéristique connexe pouvant représenter une tentative de nettoyage ou de dissimulation des matières fécales. Dans les cas plus rares où cette action est délibérée, l'individu présente souvent des caractéristiques du trouble oppositionnel avec provocation ou du trouble des conduites (APA, 1994).

Pronostic

L'encoprésie peut persister pendant de nombreuses années, comportant à la fois des périodes de rémission et d'aggravation, mais elle devient rarement chronique (APA, 1994).

15.1.12 Troubles d'élimination : énurésie

Étiologie et épidémiologie

L'**énurésie** consiste en une émission répétée d'urine soit dans le lit, soit dans les vêtements, de manière involontaire ou délibérée. Certains des facteurs prédisposant aux fuites involontaires sont : un apprentissage de la propreté tardif ou laxiste, un stress psychosocial, un dysfonctionnement de la capacité à retenir l'urine, ainsi qu'une capacité réduite de la vessie (APA, 1994).

À l'âge de cinq ans, 7 % des garçons et 3 % des filles souffrent d'énurésie. À l'âge de 10 ans, ces taux passent respectivement à 3 % et à 2 % (APA, 1994) (voir encadré 15.9).

Énurésie ENCADRÉ 15.9

A. Mictions répétées au lit ou dans les vêtements (qu'elles soient involontaires ou délibérées).

B. Le comportement est significatif sur le plan clinique comme en témoignent soit une fréquence de deux fois par semaine pendant au moins trois mois consécutifs, soit la présence d'une détresse significative sur le plan clinique ou d'une altération de fonctionnement dans le domaine social ou scolaire (professionnel), ou dans d'autres domaines importants.

C. L'enfant a un âge chronologique d'au moins cinq ans (ou un niveau de développement équivalent).

D. Le comportement n'est pas dû exclusivement aux effets physiologiques directs d'une substance (p. ex. diurétiques) ni à une affection médicale générale (diabète, spina bifida, épilepsie).

Tiré du *DSM-IV, Manuel diagnostique et statistique des troubles mentaux*, Paris, Masson, 1996.

Description clinique et caractéristiques connexes

Les critères diagnostiques de l'énurésie révèlent des problèmes caractéristiques de miction en des endroits inappropriés, le jour comme la nuit, dans des situations où on attend de l'enfant qu'il se retienne. Ce déficit est généralement causé par l'ingérence dans les activités sociales ou encore par les effets de l'ostracisme social et de la colère, du rejet ou des punitions venant des parents ou des intervenants principaux sur l'estime de soi de l'enfant. Les autres troubles diagnostiqués conjointement avec l'énurésie comprennent l'encoprésie, le somnambulisme et les terreurs nocturnes (APA, 1994).

Pronostic

L'énurésie persiste jusqu'à l'âge de 18 ans chez seulement 1 % des garçons et chez moins de 1 % des filles. À l'âge adulte, la persistance du trouble ne concerne que 1 % des cas. À peu près 75 % de tous les enfants souffrant d'énurésie ont un parent au premier degré qui a souffert de ce trouble (APA, 1994).

15.1.13 Troubles du développement: troubles d'apprentissage, troubles de l'acquisition de la coordination, troubles de la communication

Étiologie

Les troubles d'apprentissage sont associés à plusieurs facteurs, comme la prédisposition génétique, les blessures périnatales et différents problèmes médicaux ou neurologiques. Ces facteurs ne mènent toutefois pas inévitablement à des troubles d'apprentissage. Certains états pathologiques sont en étroite association avec les troubles d'apprentissage: le saturnisme, le syndrome d'intoxication fœtale à l'alcool, ainsi que le syndrome du X fragile. On doit exclure certains facteurs lorsque l'on évalue les difficultés d'apprentissage: variation normale sur le plan du rendement scolaire, manque d'occasions, enseignement inapproprié, facteurs culturels et problèmes de vision ou d'audition (APA, 1994).

Épidémiologie

La théorie selon laquelle les facteurs génétiques jouent un rôle significatif dans la détermination de l'aptitude ou de l'inhabilité à lire recueille de plus en plus un large consensus. On a établi une liaison entre deux problèmes de lecture distincts et les chromosomes 6 (trouble phonologique) et 15 (lecture de mots) (Breitchman et Yound, 1997).

La prévalence des troubles d'apprentissage varie selon la nature de l'évaluation et des définitions utilisées. Le ministère de l'Éducation du Québec classe environ 12 % des élèves des écoles publiques dans une catégorie de troubles d'apprentissage. Les difficultés les plus fréquentes concernent l'apprentissage de l'écriture et de l'arithmétique

(Van Grunderbeeck, 1999). On n'a pas encore clairement défini la prévalence concernant les troubles de la communication écrite, mais il est rare de détecter ce trouble isolé d'autres troubles d'apprentissage. Le trouble de l'acquisition de la coordination motrice peut atteindre 6 % des enfants âgés de 5 à 11 ans. Le versant expressif du trouble de l'acquisition du langage survient chez 3 % à 5 % des enfants. On estime que le trouble mixte du langage de type développemental touche près de 3 % des enfants d'âge scolaire. À peu près 2 % ou 3 % des enfants de 6 ou 7 ans manifestent un dysfonctionnement phonologique, lequel ne concerne plus que 0,5 % des individus à l'âge de 17 ans. Le bégaiement survient chez 1 % des enfants prépubères pour passer à 0,8 % chez les adolescents. Le taux de prévalence chez les garçons est supérieur à celui des filles dans une proportion de 3 pour 1 (APA, 1994).

Description clinique

Troubles d'apprentissage

Le National Joint Committee on Learning Disabilities définit les difficultés d'apprentissage comme suit (Breitchman et Yound, 1997):

Le terme «difficultés d'apprentissage» est un concept général qui renvoie à un groupe hétérogène de troubles se manifestant par des difficultés significatives sur le plan de l'attention et de l'écoute, de l'expression orale, de la lecture, de l'écriture, du raisonnement ou des aptitudes mathématiques. Les troubles qu'on classe dans cette catégorie sont liés à des dysfonctionnements du système nerveux central et peuvent survenir tout le long de l'existence. Des problèmes de comportements régulateurs, de perception sociale et des interactions sociales peuvent coïncider avec les difficultés d'apprentissage.

Les troubles d'apprentissage comprennent principalement les problèmes de lecture, d'écriture et de calcul. On diagnostique les troubles par l'intermédiaire de tests standardisés individuels lorsque les rendements d'un enfant sont nettement en dessous de ceux qui sont escomptés (généralement définis comme un ou deux écarts-types en dessous de la moyenne du groupe de référence) et lorsqu'il existe une interférence importante avec le rendement scolaire ou des activités de la vie quotidienne. Les troubles d'apprentissage peuvent entraîner de nombreuses difficultés, notamment la démoralisation, une faible estime de soi et des déficits dans les aptitudes sociales. Le taux d'abandon scolaire des enfants et des adolescents souffrant de troubles d'apprentissage est très élevé. Sont également atteints de troubles d'apprentissage 10 % à 25 % des individus souffrant du trouble des conduites, du trouble oppositionnel avec provocation, du TDAH, de dépression majeure ou du trouble dysthymique. Un retard du langage peut survenir dans les troubles d'apprentissage. Ils peuvent aussi être associés au trouble d'acquisition de la coordination. Des anomalies des aptitudes cognitives peuvent apparaître (p. ex. déficits sur le plan de la perception visuelle, du processus linguistique, de l'attention, de la mémoire ou combinaison de ces déficits) et sont souvent associées aux troubles d'apprentissage.

Troubles de l'acquisition de la coordination

On ne diagnostique le trouble de l'acquisition de la coordination que dans les cas où les déficits de la coordination motrice gênent de façon significative le rendement scolaire ou les activités de la vie quotidienne et que le trouble n'est pas lié à une affection médicale (p. ex. infirmité motrice cérébrale ou dystrophie musculaire). Les tâches les plus susceptibles d'être altérées sont celles consistant à : marcher, ramper, s'asseoir, attacher ses lacets, boutonner sa chemise ou remonter la fermeture à glissière de son pantalon. Des troubles de la communication peuvent également être conjointement observés (APA, 1994).

Troubles de la communication

Les caractéristiques du trouble d'expression orale du langage varient parmi les suivantes : pauvreté de langage et de vocabulaire, difficulté à acquérir de nouveaux mots, difficulté à trouver ses mots ou erreurs de vocabulaire, phrases abrégées, grammaire simplifiée, omission de parties essentielles d'une phrase, associations de mots désordonnées et rythme lent d'acquisition linguistique. L'intelligence mesurée par des tests non verbaux est généralement normale. L'état neurologique de l'enfant peut expliquer le trouble d'expression orale du langage (p. ex. encéphalite, traumatisme crânien ou irradiation). Le trouble peut aussi être lié à d'autres problèmes de développement (sans cause neurologique reconnue). Les symptômes du trouble mixte du langage se composent de difficultés réceptives (p. ex. vocabulaire nettement limité, erreurs de conjugaison des verbes, difficulté à se souvenir de certains mots ou à construire des phrases correspondant à son niveau de développement et difficulté générale à exprimer ses idées) et de problèmes d'acquisition linguistique (p. ex. difficulté à comprendre les mots, les phrases ou des types particuliers de mots). Comme c'est le cas pour le trouble d'expression orale du langage, le trouble mixte du langage peut être lié au développement ou acquis. L'enfant peut à l'origine paraître ne pas comprendre ou être inattentif, ne suivant pas les instructions correctement et fournissant des réponses inappropriées aux questions. Il peut se montrer calme ou exceptionnellement bavard. Le dysfonctionnement phonologique (problèmes à recourir à certains sons du langage) et le bégaiement (perturbation de l'aisance dans l'expression et du débit normal du discours) peuvent constituer d'autres troubles de la communication (APA, 1994).

Pronostic

Une détection et une intervention précoces des problèmes de lecture permettent un pronostic encourageant, bien que ces problèmes puissent persister à l'âge adulte. Le degré de déficience dépend d'habitude du niveau d'intelligence glo-

bale en ce qui concerne les troubles liés aux mathématiques. Les enfants les plus brillants peuvent fonctionner normalement ou presque au début du primaire ; cependant, dès la cinquième année, le retard de lecture devient presque toujours apparent. L'évolution du trouble de la communication écrite n'a pas encore été clairement définie. Le trouble de l'acquisition de la coordination motrice présente une évolution variable et peut persister à l'adolescence et à l'âge adulte. Environ la moitié des enfants atteints du versant expressif du trouble de l'acquisition du langage guérit, tandis que l'autre moitié éprouve des difficultés à long terme. Concernant le type acquis, la guérison dépend de la gravité et de l'origine de la lésion, ainsi que de l'âge de l'enfant au moment de l'apparition du trouble. La guérison peut être rapide et complète, ou l'affection peut s'aggraver progressivement. Le pronostic du trouble mixte du langage de type acquis est pire que celui du trouble d'expression orale du langage. Le type acquis dispose d'un pronostic semblable à celui du trouble d'expression du langage. Le pronostic du dysfonctionnement phonologique, pour sa part, varie en fonction de sa cause et de sa gravité. Dans certains cas graves, le langage peut être impossible à comprendre et le trouble peut perdurer, alors que les individus atteints de cas plus légers peuvent guérir spontanément. Le bégaiement survient généralement de façon insidieuse et, une fois détecté, présente une évolution en dents de scie. La guérison survient dans près de 80 % des cas, spontanément dans 60 % des cas, le plus souvent à l'âge de 16 ans (APA, 1994).

15.1.14 Critères d'évolution positive

Le client :

- se livrera à des auto-soins selon ses capacités ;
- manifestera une maîtrise émotionnelle dans la mesure de ses capacités ;
- sera attentif aux tâches, au travail scolaire et aux rendements sans manifester ni colère ni frustration excessives ;
- fera preuve d'estime de soi et d'une image de soi saine ;
- adoptera des habitudes alimentaires et des comportements appropriés pour son âge et sa taille ;
- utilisera des aptitudes cognitives, communicationnelles et linguistiques pour se faire comprendre et satisfaire ses besoins ;
- utilisera des capacités d'interaction en accord avec son niveau de développement ;
- verbalisera sa satisfaction vis-à-vis de son identité et de son orientation sexuelles ;
- entrera en interaction de façon intelligible avec le personnel, ses camarades et sa famille, dans la mesure de ses capacités ;
- sollicitera de l'attention et une aide appropriée de la part de ses proches et s'abstiendra d'entrer en contact excessivement ou inutilement avec des étrangers ;
- suivra le traitement et se conformera à la médication, le cas échéant ;

- jouera de façon appropriée avec ses camarades ;
- participera à des programmes éducatifs et professionnels dans la mesure de ses capacités ;
- mettra en pratique des stratégies d'adaptation et de réduction du stress ;
- réagira de façon satisfaisante à l'aide et aux requêtes des autres ;
- aura recours aux ressources communautaires pour améliorer sa qualité de vie ;
- participera aux thérapies individuelles et familiales en cours.

15.1.15 Violence envers un enfant

Les formes de la violence envers les enfants sont la violence physique, l'abus sexuel, la négligence et le fait d'être témoin de violence. Dans tous les cas, la violence représente un danger majeur pour le développement des enfants. Les victimes de violence infantile ont un taux d'agressions physiques et de comportements antisociaux très supérieur à la moyenne. Un comportement agressif ainsi qu'un comportement sexuel inapproprié comptent parmi les symptômes les plus couramment observés chez les enfants victimes d'agression sexuelle. La délinquance, la violence, les fugues, l'abus d'alcool ou de drogues et les grossesses à l'adolescence sont d'autres effets indirects de la violence (Bellis et Putnam, 1994).

Au Québec, les services de la protection de l'enfance prennent en charge plus de 15 000 enfants annuellement. La cause la plus fréquente d'intervention de la part des services sociaux est la négligence (55 % des cas). L'abus sexuel concernerait 1,10 enfant sur 1 000. Les chiffres semblent traduire une hausse des problèmes de violence, mais cela n'est peut-être dû qu'au fait que les cas sont plus fréquemment rapportés (Éthier, 1999) (voir chapitre 24).

15.1.16 Suicide chez les adolescents

Le suicide chez les adolescents ne correspond à aucune catégorie diagnostique. Les suicides d'adolescents se sont multipliés dans les pays occidentaux et particulièrement au Québec, où les chiffres sont catastrophiques (18 pour 100 000). Le suicide est la première cause de mortalité des jeunes âgés de 15 à 19 ans (Tousignant et Bastien, 1999). Les facteurs prédisposants signalés comprennent : l'anxiété, les comportements perturbateurs, le trouble bipolaire, l'abus d'alcool ou de drogues et les troubles de la personnalité, les antécédents familiaux de troubles de l'humeur et de comportements suicidaires, l'exposition à la violence familiale, l'impulsivité, ainsi que l'accessibilité aux moyens de se supprimer.

Shaffer (1974) a découvert deux groupes à risque en matière de suicide accompli parmi un échantillonnage d'individus situés à la fin de l'enfance et au début de l'adolescence : les individus intelligents et isolés dont la mère a souffert d'un trouble psychiatrique ; les individus agressifs et méfiants avec des problèmes scolaires et une grande vulnérabilité aux critiques. Les individus de ces deux groupes manifestaient un comportement antisocial. Un problème disciplinaire précipitait le plus souvent la tentative de suicide.

Thompson (1987) a découvert que les individus âgés de moins de 15 ans avaient tendance à exprimer davantage de colère et à être plus nerveux et moins dépressifs que les adolescents plus âgés. La pendaison constitue la méthode la plus courante chez la classe d'âge des 10-15 ans, tandis que les adolescents plus âgés recourent plus fréquemment aux armes à feu. Le suicide des enfants et des jeunes adolescents est beaucoup moins souvent précédé de signes avant-coureurs et d'événements déclencheurs. L'intoxication et l'échec sentimental ne semblent pas constituer un risque aussi élevé chez les jeunes de moins de 15 ans que chez les adolescents plus âgés.

15.1.17 Troubles adultes chez les enfants et les adolescents

Abus d'alcool ou de drogues

Un grand nombre d'adolescents consomment des drogues et de l'alcool, mais la majorité n'en abusent pas et n'en sont pas dépendants. Le Centre canadien de prévention contre l'alcoolisme et les toxicomanies rapporte que près d'un tiers des élèves les plus âgés d'une école secondaire indiquaient s'être soûlés durant le mois passé, tandis qu'un quart d'entre eux déclaraient avoir consommé de la marijuana. Près de 10 % d'entre eux affirmèrent en consommer tous les jours.

Avant la fin du secondaire, approximativement 90 % des élèves auront pris de l'alcool et 40 % d'entre eux auront essayé une drogue illicite, généralement de la marijuana (Bukstein et coll., 1997).

Il semblerait que la consommation de drogue joue un rôle davantage social et soit le résultat de comportements de groupe, alors que l'abus et la dépendance résulteraient surtout d'un processus biologique et psychologique. Les facteurs de risque sont les suivants : un dysfonctionnement cognitif, des troubles de la maîtrise de soi, des difficultés concernant la planification, l'attention, le raisonnement abstrait, le jugement, la maîtrise de soi et le contrôle moteur, un besoin de sensations fortes, des difficultés de normalisation de l'affect, des parents abusant d'alcool ou de drogues, une dépression chez la mère et l'anxiété. Les facteurs qui protégeraient contre la consommation sont les suivants : l'intelligence, la capacité à résoudre les problèmes, l'aisance sociale, une estime de soi positive, des relations familiales solides, des modèles de comportement positifs, ainsi qu'une stabilisation de l'affect (Weinberg et coll., 1998).

Dépression

Les études démographiques signalent une prévalence allant de 0,4 % à 2,5 % chez les enfants et de 0,4 % à 8,3 % chez les adolescents, avec une prévalence à vie de dépression majeure de 15 % à 20 % chez les adolescents. Les symptômes de mélancolie, la psychose, les tentatives de suicide, la létalité des tentatives, ainsi que l'altération du fonctionnement augmentent avec l'âge. Les symptômes de névrose d'abandon, les phobies, les **plaintes somatiques** et les problèmes comportementaux surviennent plus fréquemment chez les enfants. La dépression psychotique se manifeste chez les enfants sous forme d'hallucinations auditives plutôt que sous forme de délire, comme c'est le cas chez les adolescents et les adultes. Les enfants et les adolescents souffrant de dépression ont un diagnostic comorbide dans 40 % à 70 % des cas ; ceux qui souffrent d'un trouble dysthymique ou d'anxiété présentent, quant à eux, un diagnostic comorbide dans 10 % à 80 % des cas ; pour finir, ceux qui souffrent d'abus d'alcool ou d'autres drogues présentent une comorbidité dans 20 % à 30 % des cas (Birmaher et coll., 1996).

Trouble bipolaire

Les enfants présentent souvent des symptômes atypiques. Ils sont particulièrement labiles et imprévisibles plutôt qu'obstinés, et se montrent irritables, agressifs ou les deux à la fois, plutôt qu'euphoriques. Un comportement téméraire les conduit souvent à l'échec scolaire, aux bagarres, à des jeux dangereux, ainsi qu'à une activité sexuelle inappropriée. On doit distinguer ces symptômes des phénomènes courants que l'on observe chez les enfants, comme la vantardise, les jeux imaginaires, l'hyperactivité et les bêtises de jeunesse (McClellan et coll., 1997).

Un enfant peut paraître joyeux et arborer une gaieté communicative trompeuse au beau milieu de problèmes majeurs comme un renvoi de l'école ou des disputes familiales. La pensée de ces enfants défie souvent la logique. Ces enfants ou ces adolescents harcèlent souvent les professeurs sur la façon dont ils devraient enseigner. Ils peuvent échouer intentionnellement, car ils sont convaincus de la mauvaise qualité de l'enseignement qu'ils reçoivent. Ils se persuadent qu'ils exerceront un métier prestigieux en dépit de leurs échecs scolaires. Ils sont susceptibles de croire que le vol est légal dans leur cas. À l'inverse, les enfants et les adolescents souffrant du trouble des conduites savent que voler est répréhensible, mais se considèrent au-dessus de la loi.

Les enfants atteints du trouble bipolaire réagissent souvent exagérément face à des perturbations minimes de l'environnement, se comportent sexuellement de façon inappropriée en faisant des avances aux professeurs, en faisant des remarques indécentes à leurs camarades ou en appelant les lignes érotiques. Ils se montrent obsédés par l'argent et commandent des articles par téléphone en utilisant la carte de crédit de quelqu'un d'autre. Pour finir, ils prennent des risques inconsidérés et sont persuadés d'être à l'abri de tout danger.

Psychose

La schizophrénie se manifeste rarement avant l'âge de 12 ans, bien qu'on ait rapporté des cas où elle survenait entre 3 ans et 5 ans. La survenue avant l'âge de 13 ans est la plupart du temps insidieuse et se manifeste par un repli sur soi, un comportement bizarre et un isolement. On a également remarqué d'autres retards relatifs au développement, comprenant un décalage sur le plan des fonctionnements cognitif, moteur, sensoriel et social (McClellan et coll., 1997).

Une psychose chez les enfants d'âge préscolaire pose un problème particulièrement difficile. Il n'est pas rare de remarquer la présence d'hallucinations transitoires provoquées par le stress ainsi que la présence d'amis et de personnages imaginaires. Avant que les enfants n'aient atteint l'âge scolaire, les hallucinations persistantes s'accompagnent de troubles graves. Les contenus délirants et les hallucinations reflètent en général des problèmes de développement. Les hallucinations concernent souvent les monstres, les animaux ou les jouets, tandis que les délires sont axés sur les questions d'identité et sont moins complexes et systématiques. Après l'âge de sept ans, il est rare de remarquer une pensée illogique et incohérente chez les enfants normaux.

Troubles anxieux

Un échantillon issu des soins primaires pédiatriques a révélé une prévalence d'un an chez 15,4 % des individus âgés de 7 à 11 ans. Des études épidémiologiques chez des individus non adressés de 11 ans ont mis en évidence les prévalences suivantes : trouble « anxiété de séparation » : 3,5 % ; trouble d'hyperanxiété : 2,9 % ; phobie simple : 2,4 % ; phobie sociale : 1 %. Les facteurs de risque concernant l'apparition de troubles anxieux chez les enfants comportaient l'inhibition du comportement, un attachement précaire, des facteurs cognitifs, des incidents au cours du développement, des événements traumatiques et le recours à des réseaux de soutien (Bernstein, Borchardt et Perwien, 1996).

Il existe, concernant les symptômes d'anxiété, des différences sur le plan du développement. Les enfants âgés de 5 à 8 ans expriment couramment des inquiétudes peu réalistes sur le mal pouvant être fait à leurs parents ou aux figures d'attachement et refusent d'aller à l'école. De l'âge de 9 ans à celui de 12 ans, les enfants manifestent une détresse excessive lors des séparations. Les adolescents émettent généralement des plaintes somatiques et refusent d'aller à l'école. À tout âge, des inquiétudes peu réalistes à propos d'événements futurs sont caractéristiques du trouble d'hyperanxiété détecté chez les enfants et les adolescents. On observe le refus d'aller à l'école chez les trois quarts des individus souffrant du trouble anxiété de séparation.

Dans une étude récente, plus des deux cinquièmes des jeunes avaient été exposés à au moins un traumatisme majeur avant l'âge de 18 ans. Six pour cent d'entre eux répondaient aux critères relatifs au diagnostic d'état de stress post-traumatique permanent. Les conduites d'évitement étaient plus courantes chez les jeunes enfants. Ces derniers étaient davantage prédisposés à déclarer un trouble envahissant spontané. Les enfants plus âgés revivaient davantage leurs expériences, particulièrement face à certains rappels spécifiques. Une catastrophe naturelle, la séparation des parents, une préoccupation continuelle de la mère concernant l'événement, ainsi qu'une altération du fonctionnement familial constituaient de meilleurs prédicteurs de la survenue de symptômes que l'exposition en soi au traumatisme.

Le trouble obsessionnel-compulsif a une prévalence de 6 mois chez un enfant ou adolescent sur 200. Les enfants manifestent généralement des comportements obsessionnels-compulsifs normaux correspondant à leur âge, comme vouloir accomplir certaines choses « de telle manière », et peuvent insister sur certains rituels avant d'aller au lit. Ces comportements disparaissent d'habitude au cours de l'enfance et sont remplacés par différents passe-temps, collections et centres d'intérêt. On peut distinguer efficacement ces derniers de symptômes plus graves en se basant sur des critères de temps, de contenu et de gravité. Voici quelques-uns des symptômes que l'on décèle fréquemment chez les enfants et les adolescents : obsessions (peur de la contamination), peur qu'il arrive un malheur à soi ou aux autres, thèmes agressifs, idées sexuelles, scrupulosité et religiosité, pensées défendues, obsession pour la symétrie, besoin de parler, de demander ou de se confesser, et comportements compulsifs (se laver, répéter, vérifier, toucher, compter, ranger et organiser, économiser, prier).

15.2 DÉMARCHE DE SOINS INFIRMIERS

La démarche de soins infirmiers (collecte de données, diagnostic infirmier, résultats escomptés, planification, exécution et évaluation) s'applique aux enfants et aux adolescents en milieu psychiatrique. Travailler avec les enfants et les adolescents peut fournir aux infirmières l'occasion d'expériences professionnelles très gratifiantes. Travailler avec cette population dans un établissement de soins psychiatriques est une activité très exigeante, même pour les infirmières les plus expérimentées. Les connaissances sur le développement sont essentielles, tout comme la capacité d'effectuer une collecte de données approfondie, couvrant à la fois les aspects médicaux et psychosociaux. Il est indispensable d'évaluer l'enfant ou l'adolescent dans le contexte de la structure et des dynamiques familiales qui lui sont propres, en tenant compte également de sa situation culturelle et socio-économique.

Souvent, les parents se mettent en quête d'un traitement pour l'enfant ou l'adolescent lorsque l'école le leur conseille ou après que leurs multiples tentatives pour modifier le comportement de l'enfant ou de l'adolescent ont échoué. Ils ont tendance à s'inquiéter d'une maladie (p. ex. gastralgies), alors que le problème principal sous-jacent est souvent de nature psychiatrique. Les adultes conçoivent difficilement que les enfants, plus particulièrement les jeunes enfants, puissent souffrir de troubles mentaux. Dès lors, le traitement peut être reporté pendant des années dans l'espoir que cela « passera avec l'âge ».

Bien qu'il soit courant pour une famille de présenter l'enfant comme le « client désigné » (le membre de la famille souffrant du problème), il est très important de se souvenir que les enfants expriment souvent par leurs actes une dynamique familiale troublée. De plus, les familles sont susceptibles de nier que l'enfant puisse souffrir d'un trouble ayant été détecté chez d'autres membres de la famille, comme les tics, le trouble obsessionnel-compulsif, les troubles de l'humeur ou une psychose.

En plus de la démarche de soins infirmiers, l'infirmière prendra le temps d'éduquer toute la famille à propos du trouble et de la dynamique familiale, puisque la plupart des enfants et des adolescents continueront d'habiter avec leur famille.

Les familles s'attendent à une amélioration du comportement de l'enfant, mais ne réussissent pas à modifier les modèles punitifs ou négatifs d'interaction, verbaux et non verbaux.

Les familles se montrent parfois sceptiques vis-à-vis de certaines recommandations de traitement et critiquent les interventions thérapeutiques. Elles peuvent également continuer de recourir à des techniques multigénérationnelles malsaines pour l'éducation des enfants. Après avoir constaté une amélioration initiale chez un enfant ou un adolescent, elles risquent de décider d'annuler les nouvelles interventions. Ceci aura pour effet d'entraîner une rechute ainsi que l'aggravation du dysfonctionnement familial. L'enfant ou l'adolescent souffre alors à cause d'une exécution laxiste du traitement. Le temps et la croissance de l'enfant ou de l'adolescent peuvent faire perdre des mois ou des années de progrès et d'évolution si la famille ne suit pas le traitement recommandé.

Le succès et les résultats du traitement dépendent de l'engagement de la famille à apprendre de nouvelles aptitudes et à les mettre systématiquement en pratique. Une évaluation et une intervention précoces de tous les parents, des intervenants principaux et des éducateurs constituent l'objectif d'un traitement idéal.

L'une des principales difficultés de la démarche de soins infirmiers est de fixer des objectifs réalistes et accessibles au sein du système familial. Le traitement peut être appliqué à très court terme et ciblé uniquement sur un ou deux comportements.

15.2.1 Collecte de données

Pour effectuer une collecte de données efficace auprès des enfants et des adolescents, il est indispensable d'avoir une compréhension approfondie de leur croissance et de leur développement. De plus, l'infirmière prendra le temps de procéder à une entrevue approfondie sur les antécédents de santé, pour détecter les lignes directrices du fonctionnement de l'enfant ou de l'adolescent dans les années précédentes et dans l'année en cours. Au moment d'obtenir les antécédents, il est important de repérer les intervenants principaux et de leur poser des questions à propos des forces et des caractéristiques positives de l'enfant ou de l'adolescent. Ces proches peuvent être tellement exaspérés par l'enfant ou l'adolescent au début du traitement qu'il leur sera difficile de discerner ses forces. Il est courant que les enfants et les adolescents ne manifestent aucun comportement négatif pendant plusieurs semaines, à la fois dans les établissements pour malades internes et pour malades externes. Une fois que le client commence à extérioriser ses véritables problèmes de comportement, il peut être utile de recourir à ses forces pour améliorer la relation entre l'infirmière et lui.

Au cours de la démarche de traitement, alors que l'enfant ou l'adolescent met l'infirmière à l'épreuve, il sera très profitable de définir les objectifs de traitement en se basant sur les forces nommées lors de la collecte de données. Les enfants et les adolescents ont le potentiel et souvent le désir de s'améliorer et d'obtenir de l'aide. Il est très valorisant pour l'infirmière d'assister aux progrès de l'enfant et de s'apercevoir que la démarche de soins infirmiers apporte des résultats marquants qui changent la vie du client comme de sa famille.

Stade de développement

Tous les enfants ou les adolescents s'efforcent de grandir et de progresser dans tous les domaines de l'existence. Certains, cependant, éprouvent des difficultés dans certains domaines : aptitudes sociales, langage, cognition, moral, psychologie, culture ou développement comportemental. Parce que chacun dispose de forces et de faiblesses qui lui sont propres, l'infirmière doit mener l'évaluation d'un client en tenant compte de son contexte familial et socio-économique tout le long des phases normales du développement. Les enfants et les adolescents peuvent éprouver des retards dans leur développement en raison de traumatismes familiaux, de privations sociales, de mauvais traitements, d'une négligence ou de complications résultant d'un trouble mental majeur. Ils peuvent être en avance dans certains aspects de leur développement, comme la cognition, mais accuser en même temps un retard dans d'autres domaines, comme les aptitudes sociales.

ALERTES L'infirmière doit être extrêmement attentive aux enfants ou aux adolescents qui souffrent du TDAH et qui sont sous médication. Les médicaments stimulants comme le chlorhydrate de méthylphénidate (Ritalin) peuvent entraîner des effets indésirables sur l'appétit, le sommeil et l'agitation. De plus, l'apparition de nouveaux tics ou l'aggravation de tics légers préexistants chez les clients est possible. Il est alors impératif que l'infirmière arrête l'administration du médicament en question, qu'elle justifie ses conclusions et avertisse le médecin de ses observations cliniques. Une modification de la posologie ou l'interruption de la médication sont souvent nécessaires.

Examen physique

Il est important d'effectuer un examen physique approfondi de tous les appareils de l'organisme en tenant compte des antécédents, ceci afin d'assurer une évaluation complète de la santé mentale. L'infirmière joue un rôle-clé dans la détection d'états pathologiques potentiels susceptibles d'influer sur l'état de santé et le bien-être de l'enfant ou de l'adolescent. Elle évalue généralement les vaccins reçus, l'état nutritionnel et l'hygiène corporelle et dentaire de l'enfant ou de l'adolescent. Elle peut en outre prendre en compte d'autres informations concernant la santé : allergies, otites, sinusites, asthme, fonctionnement gastro-intestinal et urinaire, diabète, scoliose ou autres maladies préexistantes. Il est important d'être attentive à certaines maladies non diagnostiquées comme des signes neurologiques anormaux susceptibles d'avoir une influence directe sur le bien-être de l'enfant ou le niveau de fonctionnement optimal de l'adolescent.

Vie familiale

Pour bien comprendre les problèmes de santé mentale, il est primordial de considérer la vie et le milieu familiaux de l'enfant ou de l'adolescent au cours de la collecte de données. De nos jours, nombreuses sont les familles métissées et diversifiées, intégrant différentes races, cultures, religions et croyances. La séparation et le divorce concernent un nombre croissant de familles, et la famille traditionnelle ne constitue plus le seul modèle existant. Notre société se compose entre autres de familles au sein desquelles les enfants sont élevés par des parents homosexuels ou des couples non mariés. Il existe également d'autres familles où ce sont les grands-parents qui élèvent les enfants à cause de problèmes de toutes sortes.

L'infirmière doit acquérir une compréhension des différents types d'interactions existant dans les relations familiales et de la perception qu'en a chacun des membres de la famille. Il est important pour l'infirmière de connaître les caractéristiques du milieu de vie, la propreté et la taille de la maison, l'endroit où l'enfant ou l'adolescent dort et les gens avec lesquels il dort, la façon de prendre les repas, le soin accordé aux animaux de compagnie, les tâches ménagères, les devoirs, les moments et la fréquence des activités récréatives, ainsi que les rituels entourant le moment de se coucher.

ALERTES Lorsqu'elle travaille avec des enfants, l'infirmière doit se rappeler que l'enfant ou l'adolescent est un mineur et que la personne significative de la famille ou le tuteur détient des droits légaux qui s'ajoutent à ceux de l'enfant. Les enfants et les adolescents de moins de 14 ans sont en mesure de donner leur **assentiment**, tandis que les parents ou les tuteurs donnent leur consentement éclairé. Ceci s'applique à toutes les formes de traitement, qu'il s'agisse d'études sur les médicaments ou de recherches et, dans l'établissement pour malades internes, cela s'applique à tous les droits du client en psychiatrie : admission en unité, isolement et contention.

À chaque fois que cela est possible, l'infirmière doit obtenir, en plus de la signature du parent ou du tuteur, la signature de l'enfant ou de l'adolescent sur tous les formulaires requérant un assentiment ou un consentement.

Il est à noter que, en principe, le mineur de 14 ans et plus peut consentir seul aux soins. Cependant, les parents ou le tuteur doivent nécessairement consentir aux soins non requis par son état de santé (comme la chirurgie esthétique), qui représentent un risque sérieux pour la santé du mineur pouvant lui causer des effets graves et permanents. Il est à noter également que les parents ou le tuteur doivent être avisés lorsque le mineur séjourne plus de 12 heures dans un établissement de santé ou de services sociaux..

Activités de la vie quotidienne

Les activités de la vie quotidienne (AVQ) de l'enfant ou de l'adolescent en disent long sur son niveau d'indépendance ou de dépendance ainsi que sur son niveau de développement. Les AVQ sont au centre de nombreux rapports de force au sein de la famille, et une évaluation approfondie peut révéler une dynamique familiale exigeant trop ou trop peu de la part de l'enfant ou de l'adolescent. Celui-ci extériorise souvent les conflits de pouvoir portant sur les AVQ. Ces conflits peuvent se produire quotidiennement, le matin au lever, au moment du départ pour l'école, au retour de l'école et à l'heure du coucher. Des punitions exagérées et des rituels négatifs ont souvent cours au sein de la structure familiale autour des AVQ. L'infirmière joue un rôle important en établissant des attentes appropriées à l'âge et en enseignant des techniques comportementales efficaces à l'enfant ou à l'adolescent et aux parents ou intervenants principaux. Ces attentes et ces techniques favorisent des interactions familiales positives en ce qui concerne les AVQ.

➡ 15.2.2 Diagnostic infirmier

Le processus du diagnostic infirmier pour les enfants et les adolescents est similaire à celui des adultes. Un diagnostic précis succède toujours à une collecte approfondie et judicieuse. Comme il a déjà été mentionné, la clé d'un travail efficace avec ce type de clients consiste à évaluer correctement les problèmes de croissance et de développement, ce qui permet ensuite un diagnostic précis et réaliste. Ce processus doit également tenir compte de la famille.

Tous les diagnostics de l'ANADI auxquels on recourt habituellement sont applicables aux enfants et aux adolescents. Toutefois, à cause de la tendance des jeunes à extérioriser dans leurs actes les problèmes qu'ils connaissent, certains diagnostics revêtent une importance particulière. Les questions de sécurité sont essentielles pour tout client d'un établissement de santé mentale et de psychiatrie, mais elles le sont encore davantage pour les enfants et les adolescents, car même les enfants présentant un développement normal risquent de mal maîtriser leurs impulsions. Il est par conséquent primordial pour l'infirmière de tenir compte de

diagnostics comme le risque de violence envers soi ou envers les autres, ou le risque d'accident. Ceci est particulièrement vrai dans le cas de certains troubles envahissants du développement, où les comportements autistiques peuvent conduire à une auto-mutilation et, dans le cas du trouble « déficit de l'attention avec hyperactivité », où un comportement impulsif et hyperactif extrême risque de provoquer des blessures.

Les problèmes de communication et de relations posent des difficultés lors de la démarche de soins infirmiers. Les enfants, particulièrement les très jeunes enfants, ne disposent souvent pas des aptitudes verbales adéquates pour exprimer leurs besoins et leurs sentiments devant l'infirmière. Dans certains troubles du développement, cela peut même constituer un facteur aggravant. Dans le cas des adolescents, la méfiance à l'égard de l'autorité et du pouvoir est susceptible d'entraver le développement de la relation entre l'infirmière et le client et de faire obstacle aux soins. Il peut donc falloir établir des diagnostics liés aux difficultés de communication. Par ailleurs, il faut aussi envisager un diagnostic de retard de la croissance et du développement lorsque survient une série de déficits affectant les soins infirmiers et la planification de la sortie d'hôpital.

Pour finir, il est pertinent de prendre en considération les problèmes familiaux dans d'autres situations de soins au client. L'infirmière doit également examiner attentivement les diagnostics de l'exercice du rôle perturbé, de l'exercice du rôle parental perturbé ainsi que de la dynamique familiale perturbée. Dans l'établissement du diagnostic infirmier, il faut toujours tenir compte des besoins de la famille. Dans l'encadré 15.10, on présente les principaux diagnostics traités en collaboration auprès des enfants et des adolescents.

➡ 15.2.3 Résultats escomptés

Les critères de résultat sont établis à partir du diagnostic infirmier de la démarche de soins et se formulent en termes simples. Les résultats escomptés pour les enfants et les adolescents seront centrés sur la promotion d'une croissance et d'un développement normaux afin d'améliorer certains déficits du développement. Les résultats escomptés combineront les objectifs de traitement de l'équipe interdisciplinaire, des parents ou des intervenants principaux et de l'enfant ou de l'adolescent. Les enfants et les adolescents sont plus motivés à participer au processus de traitement lorsqu'ils ont la possibilité d'exprimer leur opinion sur les objectifs de ce traitement.

Le client :
- entretiendra avec les adultes des relations correspondant à son âge ;
- avec ses camarades, cessera de manifester des comportements agressifs envers soi et envers les autres, ou en manifestera moins ;
- prendra l'initiative de jeux ou d'activités de loisirs correspondant à son âge afin de s'exprimer ;

Diagnostics en collaboration

ENCADRÉ 15.10

Diagnostics DSM-IV*
- Trouble autistique

- Trouble des conduites

- Trouble « anxiété de séparation »

Diagnostics de l'ANADI†
- Isolement social
- Déficit de soins personnels
- Risque d'automutilation
- Risque de violence envers soi et envers les autres
- Interactions sociales perturbées
- Anxiété
- Stratégies d'adaptation inefficaces

*Tiré du *DSM-IV, Manuel diagnostique et statistique des troubles mentaux*, Paris, Masson, 1996.
†Tiré de la North American Nursing Diagnosis Association : *NANDA nursing diagnoses : definitions and classification*, 1999-2000, Philadelphia, 1999, The Association.

- reconnaîtra les éléments déclencheurs susceptibles de provoquer les réactions négatives du comportement ;
- demandera de l'aide et du soutien de la part des adultes avant de perdre sa maîtrise de soi.

➡ 15.2.4 Planification

Dans les premières phases de la démarche de soins infirmiers, l'infirmière formule des attentes réalistes basées sur le niveau de développement, les aptitudes et le fonctionnement de l'enfant ou de l'adolescent. L'infirmière doit savoir que les modes de comportements négatifs font partie intégrante de la dynamique familiale, ayant souvent été établis depuis longtemps. Les enfants et les adolescents veulent un monde juste et sont réfractaires aux plans de traitement dont les visées sont trop élevées, trop rapides. Ils résistent également au manque de sincérité des figures d'autorité. L'idéal consiste pour l'infirmière à établir des plans visant à obtenir des changements de comportements modérés et progressifs et comportant des objectifs réalisables. L'effort de l'infirmière pour instaurer des objectifs mutuellement consentis prouvera son respect de l'enfant ou de l'adolescent. L'infirmière lui expliquera le plan en termes simples, en lui demandant de se donner la peine de participer activement, en lui faisant comprendre qu'elle travaillera de concert avec lui pour atteindre ces objectifs de traitement.

➡ 15.2.5 Exécution

Au moment d'exécuter le plan de traitement, le rôle de l'infirmière est d'épauler l'enfant ou l'adolescent tout le long du processus de modification du comportement. L'enfant ou l'adolescent sera tenté de recourir aux comportements précédemment établis, dont beaucoup sont susceptibles d'être néfastes. L'infirmière peut exprimer des attentes claires, cohérentes et réalistes en recourant à l'imitation des rôles et aux aptitudes de communication. Elle devra faire respecter des limites cohérentes pendant que

l'enfant ou l'adolescent mettra en doute l'autorité et luttera pour apprendre un comportement adaptatif.

La relation entre l'infirmière et le client est essentielle durant la phase d'exécution. L'enfant ou l'adolescent se tournera vers l'infirmière pour trouver le respect et la confiance instaurés lors de la phase de planification. Cependant, la phase d'exécution est souvent la plus problématique, l'enfant ou l'adolescent testant les limites, passant à l'acte et pouvant devenir manipulateur, arrogant ou agressif dans une tentative de reproduire la dynamique et les comportements familiaux préexistants. Préserver la sécurité de l'enfant ou de l'adolescent est un objectif essentiel de la phase d'exécution. Il est courant pour un adolescent d'être de plus en plus agressif, ce qui conduit souvent à l'isolement et à la contention. L'enfant ou l'adolescent peut échouer de manière répétée dans les phases initiales du traitement. L'infirmière servira de catalyseur pour promouvoir le processus de changement, tandis que l'enfant ou l'adolescent cherchera du réconfort, des encouragements et du soutien auprès d'elle. L'infirmière réévalue constamment les attentes tout le long de la phase d'exécution pour garantir des objectifs réalistes et accessibles. Il peut s'avérer nécessaire d'ajuster les attentes si celles-ci sont soit trop faciles, soit trop difficiles à satisfaire. Dans l'encadré 15.11, on décrit deux plans de soins infirmiers destinés à un jeune de 12 ans aux prises avec un trouble des conduites.

Jeu thérapeutique

Pour les jeunes enfants, les interventions de l'infirmière s'insèrent au sein d'activités de **jeu thérapeutique**. Le jeu constitue le véritable travail des enfants. Ils recourent à des jeux récréatifs ou créatifs en relation avec leurs camarades et avec les adultes en s'exerçant à maîtriser les nouvelles tâches développementales. Les enfants peuvent, grâce au jeu thérapeutique, exprimer leurs pensées, leurs sentiments, leurs frustrations, leurs peurs et leurs espoirs. L'infirmière astucieuse observera attentivement l'enfant en train de jouer et interagira pour modifier certaines distorsions et rétablir des limites saines et des paramètres de sécurité, tandis que l'enfant redéfinira ses comportements grâce au jeu.

Le jeu en groupe et les activités récréatives constituent un autre moyen d'aider l'enfant ou l'adolescent à établir une communication positive au sein du groupe et à améliorer ses relations interpersonnelles. Le jeu en groupe constitue une excellente occasion pour l'infirmière de recourir à l'imitation des rôles, d'enseigner de nouvelles aptitudes correspondant à l'âge, de renforcer les comportements positifs et de favoriser des relations d'aide au sein du groupe. L'infirmière définira les limites du jeu en groupe pour favoriser un environnement sûr et montrer un exemple de coopération et de respect envers les camarades. Les enfants et les adolescents ont souvent appris à taquiner et à provoquer leurs semblables dans le cadre d'un groupe. L'infirmière peut les aider à redéfinir des relations réussies.

Les interventions avec les adolescents sont souvent plus difficiles que celles qui concernent les enfants, en fonction des signes cliniques. Mettre en doute l'autorité et tester les limites et les règles fait partie du comportement normal de développement et de croissance des adolescents. L'infirmière doit établir très tôt au cours du traitement un rapport ainsi qu'une alliance thérapeutique avec l'adolescent. Les interventions de l'infirmière favorisant l'établissement d'une relation de confiance entre elle-même et le client sont fondamentales dans un travail avec des adolescents. L'infirmière doit communiquer une empathie et une compréhension sincères au sujet des difficultés qu'éprouve l'adolescent à ce stade. Les adolescents résistent aux efforts que déploie l'infirmière pour exercer une certaine autorité sur leur point de vue. L'infirmière s'attache à intégrer le point de vue du parent ou de l'intervenant principal et celui du client.

Les adolescents sont à la recherche de modèles ; il est donc impératif que l'infirmière maintienne une distance appropriée et ne tente pas de se comporter comme une adolescente pour se faire accepter d'eux. Les adolescents peuvent chercher à séduire le personnel infirmier, tous sexes confondus, et l'infirmière a l'occasion de faire preuve de maîtrise de soi et de respect et de proposer un modèle adulte de relations interpersonnelles saines. Elle continuera à manifester de l'empathie, de la compréhension, de la sincérité et de l'attention, en conservant en même temps un rôle d'adulte et en pratiquant des limites et des interactions cohérentes.

Les activités de groupe offrent une excellente occasion à l'infirmière d'interagir avec l'adolescent durant le traitement. Elles permettent à l'adolescent de développer des aptitudes interpersonnelles, de fournir et de recevoir une rétroaction et de communiquer avec ses camarades, et elles l'encouragent à tenter de mettre en application des relations plus adultes, comme écouter et apprendre des façons appropriées d'interagir avec les autres.

Programmes de modification du comportement

On a fréquemment recours à un programme de modification du comportement dans les plans de traitement d'enfants de 3 à 11 ans. La **modification du comportement** implique un programme méthodique et structuré très efficace. Un programme de modification du comportement détermine des objectifs de développement qui sont observables et mesurables sur une période établie. Les objectifs sont souvent orientés vers les AVQ et les relations avec les camarades et la fratrie. L'enfant est récompensé pour l'atteinte de chaque objectif. On utilise le plus souvent un tableau mettant tous les objectifs en corrélation, et l'on récompense l'enfant en y apposant des étoiles, des autocollants ou des couleurs pour illustrer les progrès effectués. Plusieurs systèmes scolaires emploient des tableaux colorés (pictogrammes) et un programme de comportement qui peut être exécuté à la maison pour concorder avec le programme scolaire. Ceci renforce la cohérence et consolide la structuration du programme utilisé par l'enfant et par sa famille.

Les préadolescents et les adolescents ont moins tendance à recourir à un programme de modification de comportement structuré avec un tableau des récompenses utilisant des étoiles ou des autocollants. Cette pratique peut être perçue comme humiliante dans leurs tentatives d'accéder à l'indépendance et à l'autonomie. On met souvent en place, avec les préadolescents et les adolescents, des contrats. Ces contrats ne doivent concerner qu'un à trois objectifs, de nature davantage psychodynamique (p. ex. parlera avec les autres de façon respectueuse, participera activement aux activités de groupe). Au lieu de donner des étoiles ou des autocollants lorsque des objectifs sont atteints, on cochera les objectifs en question pour indiquer leur accomplissement.

Interventions de soins infirmiers

Garantir un environnement sûr en permanence. Évaluer les dangers potentiels : **contrebande**, idéation suicidaire et projets pour les réaliser (médicaments, armes, etc.) *afin d'assurer la sécurité*.

1. Surveiller et évaluer continuellement les modifications de comportement et les signes susceptibles d'indiquer l'irritation croissante, la frustration, la colère et les pensées aberrantes, qui peuvent déboucher sur des comportements agressifs *pour prévenir la violence*.

2. Communiquer respect et confiance, d'une manière à la fois verbale et non verbale, *pour former une alliance thérapeutique avec l'enfant ou l'adolescent*.

3. Structurer l'environnement thérapeutique en fixant des limites simples, justes et cohérentes *pour établir des règles claires et des attentes saines*.

4. Avoir recours au renforcement positif et aux compliments sincères *pour promouvoir et renforcer l'estime de soi et la confiance*.

Plan de soins infirmiers

COLLECTE DE DONNÉES

Alexandre est un jeune garçon de 12 ans qui se présente à la clinique pour un trouble des conduites. Il a des antécédents de mauvaises relations avec ses camarades et ses frères et sœurs. Il a eu de nombreuses retenues à l'école l'année précédente et a été exclu temporairement le mois dernier pour s'être battu dans le vestiaire du gymnase. Il a menacé physiquement le professeur qui est intervenu lors de la bagarre. À la maison, il agresse physiquement ses deux frères, âgés de 14 ans et 9 ans, et provoque verbalement sa sœur de 16 ans quotidiennement. Quand il avait huit ans, il a mis le feu à la remise à outils en jouant avec des allumettes. De l'argent, une collection de pièces et des outils ont été volés dans la maison, et en une occasion, il a été surpris avec un de ses camarades à tenter de dérober la bicyclette de son frère. Il n'a jamais été reconnu coupable d'aucun délit. Alexandre donne des coups de pied au chien de la famille et on l'a surpris, au cours des trois derniers mois, en train de torturer le chat. Il tourmente les jeunes enfants sur le chemin de l'école.

Lors de la collecte de données, il s'est présenté comme un jeune garçon d'apparence soignée, souffrant d'acné. Il est colérique, grossier, et nie l'existence de problèmes à la maison ou à l'école. Il nie avoir menti ou volé ou s'être montré cruel envers les enfants ou les animaux. Il déclare que ses frères et sa sœur sont jaloux de lui et essayent de lui causer des ennuis et que c'est pour cette raison qu'il se retrouve ici aujourd'hui. Les antécédents familiaux révèlent la dépression sévère d'un oncle maternel, qui s'est suicidé en se tirant une balle dans la tête lorsque Alexandre avait huit ans. On relève également dans la famille l'alcoolisme du père biologique. Les notes d'Alexandre à l'école ont oscillé entre les 60 % et les 50 % au cours de la dernière année, alors qu'il avait auparavant toujours des 90 % et des 80 %. Il refuse de collaborer au traitement et fait porter tout le blâme sur ses parents. Il se promet bien de se venger de son professeur pour lui avoir causé des problèmes.

DIAGNOSTIC DSM-IV

Axe I : Trouble des conduites sans problème d'apprentissage

Axe II : Aucun

Axe III : Acné

Axe IV : Sévérité des agents stressants – 3 (modéré) : retenue à l'école

Suicide d'un oncle maternel, alcoolisme du père biologique, problèmes financiers (le père vient de perdre son emploi)

Axe V : EGF = 45 (courant)

EGF = 5 (année antérieure)

DIAGNOSTIC INFIRMIER : risque de violence envers les autres relié à un manque de connaissances et de moyens pour canaliser son hostilité.
DONNÉES : antécédents d'agression envers les camarades et la fratrie, retenue et exclusion de l'école, menace envers un professeur, antécédents de cruauté envers les enfants et les animaux et antécédents de pyromanie.

Résultats escomptés	Interventions/Justifications	Évaluation
• Alexandre ne menacera plus les autres.	• Surveiller toutes les conversations et les interactions avec les camarades et les adultes. • Fixer des limites claires en ce qui concerne toute provocation envers les autres, passive ou directe. *Des attentes claires et structurées permettent de préciser ces limites pour améliorer l'autocontrôle.*	• Alexandre continue à provoquer verbalement ses camarades d'une manière subtile et passive, deux fois par jour en moyenne.
• Alexandre connaîtra les facteurs déclenchant ses passages à l'acte et ses agressions.	• Avoir une conversation quotidienne en tête-à-tête avec Alexandre pour discuter des incidents et établir une corrélation avec ses émotions avant et durant ces situations et son comportement, *ceci afin d'établir un lien entre ses émotions négatives et son attitude agressive.*	• Alexandre est capable de reconnaître les événements déclencheurs et leur corrélation avec ses sentiments dans 50 % des cas.
• Alexandre signera un contrat de comportement pour être en mesure de se maîtriser lui-même.	• Encourager toute participation à des activités structurées. • Lorsqu'il est en colère, Alexandre s'éloignera de la personne ou de la situation immédiatement (afin de pouvoir se maîtriser). • Alexandre tiendra son journal tous les jours *pour exprimer ses sentiments hostiles d'une manière saine.* • Alexandre s'adonnera à des activités récréatives pour canaliser son agressivité (jouer au basket, patiner sur une planche à roulettes, pratiquer le ping-pong, frapper sur un sac de sable), *ceci afin d'extérioriser ses sentiments hostiles d'une manière socialement acceptable et sans danger.*	• Alexandre participe chaque jour à 90 % des activités de groupe. • Alexandre s'éloigne toutes les fois qu'une situation stressante se présente. • Alexandre rédige son journal tous les soirs. • Alexandre lance le ballon dans le filet de basketball lorsqu'il se sent en colère. En cas de rage intense, il préfère jouer seul plutôt qu'en groupe.

Plan de soins infirmiers (suite)

Évaluation (*suite*)

- Alexandre a toujours besoin de l'intervention d'un adulte, quand il est extrêmement fâché, pour pouvoir se maîtriser et demeurer en sécurité.

DIAGNOSTIC INFIRMIER : interactions sociales perturbées reliées au manque de relations positives avec les camarades et la fratrie.
DONNÉES : les menaces et les provocations envers ses camarades et la fratrie.

Résultats escomptés	Interventions/Justifications	Évaluation
• Alexandre participera à des activités sociales correspondant à son âge, avec ses camarades et ses frères et sœurs, d'une manière positive.	• Inciter Alexandre à participer à des activités correspondant à son âge *pour accroître son estime de soi et l'amener à nouer des relations positives avec ses camarades et ses frères et sœur.* • Féliciter Alexandre immédiatement afin de lui fournir un renforcement positif pour toutes les interactions sociales appropriées avec ses camarades. Établir des limites fermes et cohérentes aux interactions négatives *pour définir clairement les paramètres d'une interaction sociale acceptable.*	• Alexandre participe aux activités de ses camarades pendant 75 % du temps sans manifester un comportement bagarreur.
• Alexandre entamera une relation thérapeutique avec son infirmière.	• Organiser une rencontre individuelle quotidienne avec Alexandre pour parler de son journal et de ses impressions concernant ses camarades, sa fratrie, ou sa famille et *l'aider ainsi à exprimer ses sentiments d'une façon constructive et positive en lui fournissant un modèle de comportement approprié adulte/client.*	• Alexandre vient rencontrer son infirmière chaque jour pour parler de ses sentiments et de ses pensées d'une manière constructive.
• Alexandre apprendra à connaître le système de soutien et l'utilisera.	• Montrer à Alexandre comment accéder au réseau de soutien *pour lui fournir une ressource sûre et rassurante dans les moments de stress intense, de colère et d'agressivité, ainsi qu'un modèle de comportement positif de relations entre un client et une figure d'autorité.*	• Alexandre est capable de rencontrer le personnel et les adultes une fois par jour afin d'exprimer ses sentiments d'une manière positive.

5. Communiquer efficacement avec la famille et l'enfant ou l'adolescent, *pour consolider les acquis du traitement et introduire de nouvelles façons de faire à la maison.*

Modalités de traitement supplémentaires

Dans le contexte de la santé mentale et de la psychiatrie, on a recours à de nombreuses interventions en collaboration avec les enfants et les adolescents (voir annexe E). Les médicaments donnent souvent d'excellents résultats. Les classes de médicaments et les posologies évoluent rapidement, avec l'avènement de la psychiatrie biologique. Les classes les plus courantes de médicaments demeurent les stimulants, les antidépresseurs, les anxiolytiques, les anticonvulsivants et les antipsychotiques. L'infirmière a un rôle crucial à jouer dans l'administration de ces préparations, puisqu'elle assure le suivi de leur efficacité clinique, note les réactions indésirables, évalue le titrage et les intervalles posologiques, en favorisant ainsi un bien-être optimal. Elle joue un rôle clé dans la communication de ces données à l'équipe soignante pluridisciplinaire et aux parents ou à l'intervenant principal. En conséquence, elle doit s'informer constamment des nouveaux médicaments et de leur incidence clinique sur la population.

La thérapie par l'art, la musicothérapie, l'ergothérapie, la récréologie, en plus des traitements individuels, familiaux, en groupe ou à l'école, constituent des modalités de traitement supplémentaires importantes pour la promotion de la santé et du bien-être des enfants et des adolescents. Une coordination et une communication suivies par toute l'équipe multidisciplinaire permettent d'améliorer les acquis développementaux et de renforcer les nouvelles aptitudes thérapeutiques. L'infirmière qui joue un rôle actif dans ces modalités peut évaluer le client dans divers contextes, tout en encourageant le développement et la motricité fine ainsi que les relations interpersonnelles.

La plupart des individus souffrant de retards mentaux modérés sont capables d'acquérir des aptitudes de communication durant la petite enfance et bénéficieront ainsi d'une formation professionnelle, mais ils ne pourront pas progresser sur le plan scolaire au-delà de la deuxième année.

Ils peuvent en général vivre dans la communauté en foyers collectifs ou avec leur famille, à moins que d'autres handicaps physiques ou mentaux ne requièrent des soins spécialisés.

➡ 15.2.6 Évaluation

La phase d'évaluation de la démarche de soins infirmiers atteste des progrès du traitement par des résultats concrets. Une infirmière dotée du sens de l'observation revoit objectivement la phase d'évaluation pour juger de l'efficacité du plan de soins. En plus des résultats, elle examine d'autres facteurs. Par exemple, les objectifs du traitement sont-ils adaptés au niveau cognitif et développemental de l'enfant ou de l'adolescent ? Existe-t-il d'autres agents stressants sur le plan familial ou dans le système de soutien qui peuvent aggraver les problèmes actuels, entraînant des attentes irréalistes de la part de l'enfant ou de l'adolescent (problèmes de santé, d'argent ou de placement) ?

Il arrive que l'on fixe des objectifs de traitement inappropriés en surestimant ou en sous-estimant le potentiel de l'enfant. Cette lacune se corrige en modifiant les composantes mesurables. À titre d'exemple, si l'infirmière établit que Jean diminuera ses interactions négatives avec ses camarades de 90 % en une semaine, et qu'à la fin de la semaine Jean n'a fait aucun progrès, il est irréaliste de continuer à espérer une diminution de 90 %. Il faut modifier ce pourcentage (par exemple le diminuer à 60 %), modifier l'échéance (l'augmenter à trois semaines) afin de proposer un objectif plus réaliste pour l'enfant.

Il est judicieux de recourir à l'expérience d'une équipe multidisciplinaire pour coordonner toutes les modifications du plan de soins afin de maintenir une cohérence dans l'exécution du traitement. Il importe également de communiquer régulièrement l'évaluation du traitement à la famille. Ceci permet de consolider les acquis du traitement, d'instaurer de nouvelles méthodes d'intervention parentale, d'aider les parents ou les intervenants principaux à faire un suivi et d'établir de nouvelles attentes plus réalistes.

La durée d'hospitalisation a été radicalement réduite en raison des contraintes budgétaires qui pèsent sur le système de santé. C'est pourquoi il est crucial que l'infirmière aide les parents ou les intervenants principaux à comprendre les objectifs du traitement, et leur explique l'exécution et l'évaluation du plan de soins à domicile. On recommande à l'infirmière de commencer l'enseignement à la famille dès le début du traitement pour les préparer rapidement à une éventuelle sortie d'hôpital. Le travail entamé à l'hôpital sera poursuivi à la maison ou dans un autre contexte : placement familial, soins en établissement ou foyer collectif. Dans les cas graves ou chroniques, les enfants et les adolescents peuvent être placés en hôpital psychiatrique. Ce type de placement est cependant rare. Les enfants souffrant de troubles mentaux sévères et chroniques rentrent à la maison, et la responsabilité et le fardeau incombent à leur famille.

L'infirmière qui travaille avec des enfants et des adolescents est consciente de la signification de la relation infirmière-client et prend suffisamment de temps pour que celle-ci puisse s'épanouir. Les enfants et les adolescents réagissent souvent de façon négative au moment où se termine le traitement (voir chapitre 1).

À la fin de la démarche, l'infirmière a la difficile tâche de continuer à prodiguer des soins et de conserver un modèle de comportement qui respecte l'intégrité et la confiance établies au cours du traitement. Ce modèle de comportement peut laisser une impression durable et saine d'achèvement d'un processus, et son importance pour un enfant et un adolescent en contexte psychiatrique ne devrait pas être sous-estimée.

À la phase d'évaluation, l'infirmière encourage l'enfant ou l'adolescent, ainsi que sa famille, à réaliser une transition harmonieuse vers une relation thérapeutique avec l'intervenant suivant dans le domaine de la santé (infirmière spécialisée, travailleur social, psychologue ou psychiatre). Le rôle de l'infirmière est fondamental pour l'enfant ou l'adolescent durant la démarche thérapeutique, même s'il reste encore bien des efforts à réaliser pour le client et sa famille.

CONCEPTS-CLÉS

- Parmi tous les individus atteints de retard mental, 85 % souffrent de retard mental léger, 10 % de retard mental modéré, 3 % à 4 % de retard mental grave et 1 % à 2 % de retard mental profond.
- Les troubles mentaux les plus courants sont les suivants : troubles « déficit de l'attention avec hyperactivité », troubles de l'humeur, troubles envahissants du développement, mouvements stéréotypés et troubles mentaux dus à une affection médicale générale.
- Les enfants autistes présentent des mouvements répétitifs, une absence de réciprocité émotionnelle, une altération de la communication (à la fois verbale et non verbale) et une indifférence affective. Soixante-quinze pour cent de ces enfants souffrent de retard mental à un degré variable.
- Les enfants atteints du trouble « déficit de l'attention avec hyperactivité » peuvent présenter les antécédents suivants : violence ou négligence, placements familiaux multiples, exposition aux neurotoxines, infections, exposition intra-utérine aux drogues, faible poids à la naissance, retard mental.
- Le trouble « déficit de l'attention avec hyperactivité » cause des problèmes d'estime de soi sur les plans scolaire, social et professionnel en raison de manifestations exigeantes, impulsives et donnant l'apparence de la paresse.
- Le trouble des conduites se caractérise principalement par le comportement violent et agressif du client et son indifférence envers ceux qui sont touchés par ses actions.

- Tout comme l'autisme, le syndrome de Gilles de La Tourette entraîne des mouvements, des sons et des actions répétitifs ; néanmoins, à la différence de l'autisme, ces symptômes diminuent durant l'adolescence et à l'âge adulte.
- L'anxiété de séparation est un trouble perturbateur qui empêche les enfants de participer à des activités normales en raison de leur peur incessante qu'il arrive malheur aux êtres aimés, en leur absence.
- L'encoprésie résulte souvent de conflits de pouvoir importants entre l'enfant ou l'adolescent et la figure d'autorité.
- Les programmes de modification de comportement sont des plans systématiques et structurés comportant un échéancier. Le client est récompensé lorsqu'il atteint les objectifs.
- La détection précoce et le traitement de l'enfant et de l'adolescent peuvent permettre de l'aider dans son contexte familial, scolaire et social, à court et à long terme.
- Les interventions de soins infirmiers avec les enfants et les adolescents sont exigeantes et difficiles. L'infirmière doit coopérer de façon très étroite avec la famille et l'équipe multidisciplinaire.

SITUATIONS CLINIQUES

1. Les parents de Charles, garçon de neuf ans, intelligent, racontent que celui-ci est souvent pointilleux, irritable et incapable de suivre des directives simples, et qu'il a besoin de rappels constants. Terminer ses devoirs lui prend des heures tous les soirs. Il montre facilement sa frustration et est incapable de finir ses devoirs. À l'école, son professeur signale qu'il est agité, n'attend pas son tour pour s'exprimer, interrompt les autres et se lève fréquemment en dérangeant les autres élèves. Durant la récréation, il se bat continuellement avec ses camarades et ne se fait pas d'amis à l'école. Dans son quartier, aucun des enfants ne veut le prendre dans son équipe parce qu'il est désagréable et discute toutes les règles.

Pensée critique – Évaluation
- Quel niveau de surveillance adulte est acceptable pour un garçon de neuf ans ? Pourquoi ?
- Quel effet auront les punitions sur les progrès scolaires de Charles ?
- En se basant sur ses relations avec ses camarades, l'estime de soi de Charles est-elle positive ou négative ?
- Les frustrations de Charles découlent-elles du fait d'être un mauvais garçon ou d'un besoin d'intervention thérapeutique ?

Alain Huot
B.A., M.Ps.
Collège Lionel-Groulx

France Maltais
B.Sc.inf., M.Éd.
Collège du Vieux-Montréal

Vivianne Saba
M.Sc.inf.

Chapitre 16

TROUBLES DE L'ALIMENTATION

OBJECTIFS D'APPRENTISSAGE

APRÈS AVOIR LU CE CHAPITRE, VOUS DEVRIEZ ÊTRE EN MESURE :

- DE RECONNAÎTRE LES SYMPTÔMES COMPORTEMENTAUX ET PSYCHOLOGIQUES DE L'ANOREXIE MENTALE ET DE LA BOULIMIE ;

- DE COMPARER ET DE DIFFÉRENCIER LES COMPLICATIONS MÉDICALES DE L'ANOREXIE MENTALE ET DE LA BOULIMIE ;

- D'ANALYSER LES INTERACTIONS COMPLEXES DES DIVERS FACTEURS BIOLOGIQUES, SOCIOCULTURELS, FAMILIAUX, PSYCHOLOGIQUES ET COGNITIFS CONTRIBUANT À L'ÉTIOLOGIE DES TROUBLES DE L'ALIMENTATION ;

- D'EXPLIQUER LE CERCLE VICIEUX DES TROUBLES DES CONDUITES ALIMENTAIRES ;

- D'ABORDER LES PROBLÈMES PSYCHOLOGIQUES QUI SOUS-TENDENT LES TROUBLES DES CONDUITES ALIMENTAIRES ;

- DE DÉCRIRE LE TYPE DE RELATION THÉRAPEUTIQUE LE PLUS EFFICACE AVEC DES CLIENTS SOUFFRANT DE TROUBLES DE L'ALIMENTATION ; CETTE DESCRIPTION INCLURA L'APPROCHE ET L'ATTITUDE DE L'INFIRMIÈRE AU COURS DE CETTE RELATION ;

- D'APPLIQUER LA DÉMARCHE DE SOINS INFIRMIERS : COLLECTE DE DONNÉES, DIAGNOSTIC, RÉSULTATS ESCOMPTÉS, PLANIFICATION, EXÉCUTION ET ÉVALUATION, AUX CLIENTS SOUFFRANT DE TROUBLES DE L'ALIMENTATION.

MOTS-CLÉS

Alexithymie : caractéristique des individus qui éprouvent des difficultés à reconnaître et à décrire leurs émotions. Ce terme signifie littéralement « pas de mots pour les émotions ». Les individus qui souffrent de troubles de l'alimentation ont souvent une vie émotionnelle restreinte.

Anorexie mentale : trouble de l'alimentation classifié dans le DSM-IV et caractérisé par : le refus de s'alimenter, un poids inférieur à 85 % du poids santé, une peur intense de prendre du poids malgré une maigreur évidente, une distorsion de la perception de l'image corporelle et, chez les femmes, une aménorrhée. Le poids est insuffisant quand l'indice de masse corporelle (IMC = poids en kg / taille en m²) est inférieur ou égal à 17,5.

Bénéfice secondaire : toute compensation résultant d'une maladie : attention personnalisée ou sympathie, fuite devant les responsabilités. Les individus souffrant de troubles de l'alimentation peuvent obtenir un bénéfice secondaire lorsque la famille ou les amis accordent une grande attention à leurs conduites alimentaires (préparation de repas spéciaux, diverses tentatives pour les encourager à manger).

Boulimie : trouble de l'alimentation classifié dans le DSM-IV et caractérisé par des épisodes d'hyperphagie et un sentiment de perte de contrôle, suivis de conduites compensatoires inappropriées pour prévenir la prise de poids, comme des vomissements provoqués, un emploi abusif de laxatifs, de diurétiques, de produits amaigrissants, de lavements, un jeûne ou la pratique d'exercices physiques excessifs dans une recherche obsessive de l'image corporelle et du maintien pondéral.

Comorbidité : coexistence de deux ou plusieurs troubles psychiatriques dont les causes sont liées ou non, ou qui sont dus à une prédisposition sous-jacente. La dépression est un trouble comorbide courant chez les clients souffrant de troubles de l'alimentation. Il existe plusieurs théories portant sur l'association des troubles des conduites alimentaires et des troubles de l'humeur.

Déficits intéroceptifs : inaptitude à reconnaître correctement les sensations corporelles et à y répondre. Les individus souffrant de troubles de l'alimentation ont souvent un rapport faussé avec leur corps ; ils ont du mal à reconnaître ou à accepter leurs sensations physiques (faim, satiété, fatigue ou douleur), de même que leurs émotions.

Familles enchevêtrées : mode de relations familiales dans lequel les enfants sont obligés de se conformer aux attentes des parents plutôt que d'exprimer leur individualité. On observe un investissement intense des membres de la famille, la désapprobation des relations extérieures, ainsi que l'absence de limites claires entre les individus (la mère « ressent » les émotions de sa fille).

Hyperphagie boulimique : ingurgitation massive de nourriture non suivie des purges typiques de la boulimie. L'hyperphagie boulimique est habituellement connue sous le terme d'hyperphagie compulsive. Le DSM-IV la classifie en tant que diagnostic proposé pour étude ultérieure.

Image corporelle perturbée : distorsion de la perception qu'a un individu de son image corporelle, de sa taille, de son poids et de ses proportions, telles qu'il les perçoit et les ressent subjectivement. Les anorexiques se plaignent régulièrement d'être « grosses » ou croient avoir un ventre, des hanches ou des cuisses énormes, alors qu'elles souffrent d'insuffisance pondérale.

Instabilité affective : succession d'humeurs changeantes durant laquelle l'individu réagit aux événements extérieurs sans pouvoir contenir ses émotions.

Pensée dichotomique : distorsion cognitive fréquente chez les individus souffrant de troubles de l'alimentation, dans laquelle le sujet ne voit une situation que comme bonne ou mauvaise, blanche ou noire. Si la situation n'est pas parfaite, il la considérera alors comme un échec.

Purge : vomissements provoqués et abus de laxatifs, de diurétiques, de sirop d'ipéca, de produits amaigrissants ou de lavements, pour éviter un gain pondéral à la suite d'une crise de boulimie. En plus de ces méthodes, on recourt également à des périodes de jeûne ou d'exercices excessifs.

16.1 TROUBLES DE L'ALIMENTATION

Les troubles de l'alimentation sont classés parmi les troubles mentaux depuis quelques décennies seulement. Pourtant, la privation de nourriture, son ingurgitation massive et la **purge** se pratiquent depuis des siècles, pour toutes sortes de motifs religieux et médicaux. L'incidence de l'**anorexie mentale**, caractérisée avant tout par une privation de nourriture et une distorsion de l'image corporelle, ainsi que celle de la **boulimie**, qui consiste à ingurgiter de grandes quantités de nourriture pour ensuite se faire vomir, a augmenté de façon spectaculaire durant le dernier quart de siècle. L'augmentation du nombre de ces conduites alimentaires déviantes a suscité une intense activité scientifique cherchant à les expliquer.

La nourriture a une grande valeur émotive. Elle est aussi un symbole culturel puissant. Elle représente la sécurité, la vie, le bien-être, voire la richesse, même si l'approvisionnement alimentaire est largement considéré comme acquis dans les sociétés occidentales. Le refus de s'alimenter et le manque d'appétit choquent, car ils ressemblent à un refus de vivre. Bien que les troubles de l'alimentation concernent en grande majorité des femmes, certains hommes souffrent d'anorexie mentale et de boulimie.

L'émergence de troubles de l'alimentation de la fin du XXe siècle a coïncidé avec trois tendances culturelles importantes : l'emprise de plus en plus grande de l'industrie de la mode, le développement de l'industrie des régimes amaigrissants et de l'exercice physique, ainsi que les transformations du statut de la femme. Ces grandes tendances culturelles sont résumées dans l'encadré 16.1.

16.1.1 Perspectives historiques et théoriques

Avant d'affecter les jeunes femmes d'aujourd'hui, soumises à des impératifs de minceur tyranniques, les troubles des conduites alimentaires ont pris plusieurs autres formes, que nombre d'auteurs se sont attachés à étudier (Bell, 1987 ; Brumberg, 1989).

Incidence au cours de l'histoire

Maître (2000) présente une analyse de la vie de plusieurs saintes et d'autres femmes qui ont eu une vie de dévouement extrême. Marie de l'Incarnation (1599-1672), par exemple, se privait de nourriture par dévotion au Christ. Elle se nourrissait uniquement spirituellement, de l'Eucharistie et de prières. Une autre sainte, Catherine de Sienne (1347-1380), tenait un journal détaillé de ses jeûnes et de ses vomissements provoqués. Sa piété allait jusqu'à la flagellation et à divers châtiments corporels. Les médecins de l'époque médiévale baptisèrent ce phénomène *anorexia mirabilis* (perte d'appétit miraculeuse). De nombreuses « saintes anorexiques » furent prises de crises de boulimie parfois suivies de purges. On observait déjà chez ces saintes le chevauchement des conduites boulimique et anorexique, qu'on observe aujourd'hui chez les clientes des cliniques de troubles alimentaires. Au cours des siècles ultérieurs, en Europe, le jeûne a continué de représenter non seulement une manifestation de piété, mais également une preuve de mysticisme et de magie. Les sceptiques accusaient les anorexiques de satanisme et de sorcellerie (Brumberg, 1989).

Les psychanalystes furent les premiers à considérer l'anorexie et la boulimie comme des sujets d'études cliniques. Dans « le cas d'Ellen West », le psychanalyste américain Binswanger (1958) cite l'exemple d'une femme qu'il traitait aux alentours de 1915. Celle-ci s'était fait maigrir de 83 à 49 kg à coups de crises de boulimie et de jeûnes, accompagnés d'exercices physiques excessifs, d'un abus de laxatifs et de vomissements provoqués. Elle était obsédée par la nourriture et déprimée, et se suicida 13 ans plus tard (Binswanger, 1958).

Les études de cas psychanalytiques ne comprenaient aucune discussion sur les influences socioculturelles ou biologiques. Elles se concentraient plutôt sur les symptômes de la boulimie en tant que manifestations de craintes de fécondation orale, d'érotisme buccal, de rejet de la féminité et d'une haine inconsciente de la mère. Quelques rares études, moins connues, ont indiqué des comportements boulimiques chez certaines jeunes filles dans les pensionnats ainsi que chez les enfants réfugiés (Johnson et Connors, 1987). Ces exemples étaient clairement liés à

Tendances culturelles et troubles de l'alimentation ENCADRÉ 16.1

Industrie de la mode

- Depuis son émergence dans les années 1920, l'industrie de la mode reflète – autant qu'elle impose – un idéal de beauté. Soutenue par des moyens de diffusion colossaux, cette industrie exerce une grande influence sur les femmes. Un bombardement publicitaire envahissant leur fait valoir un idéal de minceur et de forme physique « parfaite », impossible à atteindre par la majorité d'entre elles (voir figure 16.1). Les mannequins vedettes (*top model*) pèsent 25 % de moins que la moyenne des femmes (Guéricolas, 1998). Des études épidémiologiques ont montré que seulement 0,1 % des femmes correspondent au type corporel idéalisé, ce qui conduit l'immense majorité des femmes à penser qu'elles sont trop grosses, même si elles ont un poids normal et sont en bonne santé. Un tiers des femmes qui ont un poids santé d'un point de vue médical reconnaissent qu'elles suivent un régime (Bourque, 1991). L'idéal de minceur est présent non seulement chez les élèves du secondaire, mais aussi chez ceux du primaire et du collégial qui suivent un régime amaigrissant parce qu'ils ne sont pas satisfaits de leur corps.

Industrie des régimes amaigrissants et l'exercice physique

- Comme l'industrie de la mode, l'industrie des régimes amaigrissants et de l'exercice physique fait fortune en imposant aux femmes un idéal de minceur. Depuis les années 1950, le contrôle du poids corporel a cessé d'être l'apanage des médecins pour devenir une activité commerciale dirigée par des entrepreneurs opportunistes qui ne sont pas des professionnels de la santé. Les femmes sont submergées d'annonces dans les médias : pilules, poudres, aliments préparés, livres sur les régimes, vidéocassettes, mais aussi inscriptions à des clubs de remise en forme et à des programmes d'amaigrissement, tous destinés à leur procurer un « corps parfait ».

Transformations des rôles féminins

- Les rôles des femmes ont changé radicalement depuis un siècle. Jusqu'à la Première Guerre mondiale, le principal rôle féminin était celui de mère. L'image corporelle culturellement valorisée pour les femmes correspondait à cet idéal : poitrine ample et hanches larges. L'idéal féminin actuel valorise la performance et la séduction plutôt que la maternité. Les exigences du marché du travail et de l'ensemble de la société obligent les femmes à être plus efficaces que leurs confrères masculins. Qui plus est, les femmes assument souvent des rôles de représentation sur le marché du travail : relations publiques, relations avec la clientèle, etc. L'apparence valorisée aujourd'hui est singulièrement androgyne : formes athlétiques, poitrines presque plates et surtout, absence de courbes trop prononcées (Guéricolas, 1998).

vague de l'épidémie actuelle des troubles de l'alimentation. Le DSM-IV a repris le terme de Russell (1979) *boulimie* dans sa nomenclature. Ce terme associe la boulimie à l'anorexie mentale (Boskind-Lodahl, 1976 ; Boskind-Lodahl et White, 1983).

16.1.2 Étiologie

Les divers courants étiologiques actuels décrivent les troubles de l'alimentation comme un phénomène complexe résultant de variables biologiques, socioculturelles et psychologiques (voir encadré 16.2).

FIGURE 16.1 Les magazines de mode sont l'un des exemples de l'influence des médias sur la perception que les femmes ont d'elles-mêmes.
Copyright Cathy Lander-Goldberg, Lander Photographics.

> **Facteurs étiologiques liés aux troubles de l'alimentation** — ENCADRÉ 16.2
>
> **Facteurs biologiques**
> - Antécédents familiaux de dépression
> - Tendance à l'obésité
>
> **Facteurs socioculturels**
> - Industrie des régimes amaigrissants et de l'exercice physique
> - Industrie de la mode
> - Transformations des rôles féminins
> - Pressions de l'entourage
>
> **Facteurs psychologiques**
> - Faible estime de soi
> - Perfectionnisme
> - Instabilité affective
> - Déficits intéroceptifs
> - Inefficacité
> - Docilité – besoin de faire plaisir aux autres
>
> **Facteurs familiaux**
> - Familles enchevêtrées
> - Mauvaise résolution des conflits
> - Problème d'individuation et de séparation
> - Incidence de l'alcoolisme, des abus sexuels ou de la violence physique

des problèmes de séparation, lesquels constituent de nos jours un facteur primordial de la boulimie chez les femmes qui vivent loin de leur foyer, notamment dans des résidences étudiantes.

Dans les années 1950, l'hyperphagie chez la population obèse était décrite comme une autre forme de troubles de l'alimentation (Hamburger, 1951 ; Stunkard, 1959). Cette maladie fort répandue était comparée à l'alcoolisme, avec les mêmes besoins irrésistibles, les mêmes ingurgitations en secret, suivies de sentiments de honte et de culpabilité. Le terme *hyperphagie compulsive ou boulimie* était employé pour décrire ce trouble.

Dans le courant des années 1970, la psychologue Marlene Boskind-Lodahl a créé l'expression *boulimie-anorexie* pour décrire le comportement d'un groupe de femmes qui consultaient la clinique de santé mentale de l'Université Cornell. Ces femmes avaient un poids santé, ou juste en dessous, et manifestaient toutes la peur de grossir et l'obsession de la minceur des anorexiques. Elles mangeaient frénétiquement, pour ensuite se purger. Dans son livre publié en 1983, l'auteure décrit la première

Facteurs biologiques

La plupart des recherches dans le domaine biologique établissent une corrélation entre les troubles de l'alimentation et la dépression. Il existe, chez les sujets présentant des troubles de l'alimentation, une forte incidence de comorbidité avec les troubles de l'humeur, ainsi qu'une très forte incidence de dépression chez les membres de leur famille. Comme les facteurs biogénétiques prédisposent probablement les individus aux troubles de l'humeur, les mêmes facteurs pourraient contribuer au développement des troubles de l'alimentation. L'hypothèse concernant ce lien est renforcée par l'efficacité des antidépresseurs dans le traitement de la dépression associée et dans le soulagement de certains symptômes des troubles de l'alimentation.

Selon de récentes études, il existe un dérèglement de la sérotonine dans les cas de troubles de l'alimentation (Brewerton, 1995). D'autres études ont mis en évidence des niveaux anormalement élevés de l'hormone du stress et des taux particulièrement bas de l'hormone de sensation de satiété (U.S. Department of Health and Human Services, 1993). Toutefois, on ignore si ces marqueurs neuroendocriniens sont une cause ou une résultante.

Une tendance biologique à l'excédent de poids augmente la probabilité d'insatisfaction corporelle et la propension à suivre un régime, ce qui constitue un des facteurs de déclenchement majeurs d'un trouble de l'alimentation.

Facteurs cognitifs

Les études basées sur l'approche cognitive décrivent certaines caractéristiques psychiques des troubles de l'alimentation (Bauer et Anderson, 1989). Celles-ci comprennent la **pensée dichotomique** (voir les situations comme toutes bonnes ou toutes mauvaises), les problèmes reliés à un contrôle exagéré (se considérer comme seul responsable du bonheur ou du malheur des autres) et la personnalisation (se comparer constamment aux autres et croire que les autres n'agissent qu'en fonction de soi-même).

Selon Cottraux (2001), la thérapie cognitive considère la boulimie comme résultant d'idées obsédantes et d'une personnalité compulsive. Cette théorie est centrée sur les attitudes dysfonctionnelles des boulimiques vis-à-vis du poids et de la forme du corps, sur leur manque de connaissance des problèmes nutritionnels et sur leur perfectionnisme.

Desaulniers (1997), à partir d'une approche cognitive rationnelle-émotive, dresse la liste des croyances entretenues par les personnes présentant un trouble de l'alimentation. Voici quelques-unes de ces croyances : « Si je maigrissais, les gens m'aimeraient davantage » ; « C'est épouvantable d'être gros » ; « Si je n'étais pas grosse, il m'aimerait » ; « Mon poids augmente à vue d'œil » ; « Plus je suis maigre, plus je suis jolie ».

Facteurs socioculturels

Dès le début de son adolescence, la jeune fille préanorexique ou préboulimique est bombardée d'un nombre incalculable d'annonces publicitaires, réalisées par l'industrie de la mode et des régimes amaigrissants, qui l'incitent à se nourrir, à se vêtir et à faire de l'exercice pour être belle. Très tôt, elle a appris à idéaliser un modèle de minceur totalement irréaliste (Vernon-Guidry, Williamson et Netemeyer, 1997). Pour elle, la nourriture est associée au plaisir, au réconfort et à l'amour. De plus, il se peut que la nourriture ait été utilisée dans sa famille comme une récompense ou une punition (ambivalence).

Facteurs psychologiques

Bien que les mêmes influences socioculturelles s'exercent sur toutes les adolescentes, les troubles de l'alimentation ne touchent qu'une minorité assez faible d'individus. Certaines jeunes filles semblent s'adapter plus efficacement que les autres, en fonction de leur personnalité et de

leur réseau de soutien. Les traits de caractère habituels de celles qui présentent des troubles de l'alimentation sont les suivants :

- le perfectionnisme ;
- l'insécurité sur le plan social ;
- **l'instabilité affective** (sautes d'humeur) ;
- **les déficits intéroceptifs** (inaptitude à reconnaître correctement les sensations corporelles et à y répondre) ;
- **l'alexithymie** (difficulté à reconnaître et à décrire ses émotions) ;
- l'immaturité ;
- la docilité ;
- l'impression d'inefficacité dans les interactions sociales.

Ces traits de personnalité augmentent la vulnérabilité aux troubles de l'alimentation. L'estime de soi constitue également un facteur important. Les études ont montré que les individus chez lesquels on a diagnostiqué un trouble de l'alimentation présentaient une moins bonne estime de soi que les groupes témoins.

Facteurs familiaux

L'environnement familial peut influer sur les caractéristiques personnelles. Bien que des stéréotypes « de familles atteintes de troubles de l'alimentation » aient été décrits par Minuchin, Rosman et Baker (1978), il est difficile de dresser le portrait type d'une famille dont un des membres souffre d'un trouble de l'alimentation. Ce type de trouble s'observe dans toutes les classes socioéconomiques. L'environnement familial des personnes atteintes d'un trouble de l'alimentation est souvent tendu, rigide et enchevêtré. Les **familles enchevêtrées** n'établissent pas de limites claires entre les individus ; ces derniers s'impliquent fortement les uns envers les autres et leurs modes de relations favorisent le conformisme. Ces familles découragent l'expression directe des émotions. Elles ont tendance à ne pas résoudre les conflits facilement, les désaccords étant niés ou évités, et les disputes continuelles ne débouchent sur aucune solution, voire conduisent à la violence. Il en résulte une tension permanente, une peur des conflits, et la conviction que les conflits sont nuisibles et dangereux. Ces familles accordent souvent beaucoup d'importance à l'apparence extérieure, à l'intégration sociale et à la réussite. On observe, dans beaucoup de ces milieux familiaux, un abus d'alcool et de drogues, des troubles de l'humeur importants et même des abus sexuels.

Dans les familles gravement dysfonctionnelles, les dégâts peuvent être importants. Les abus sexuels ont des conséquences dramatiques. Mais, même dans les familles où il n'existe pas d'abus sexuels ni de violence physique, il arrive qu'on n'encourage pas l'enfant à être indépendant, à avoir confiance en lui ou à croire en ses propres capacités. L'enfant peut apprendre à éviter les conflits pour plaire aux autres, et à redouter les responsabilités des adultes. Parce qu'il n'a pas appris à être autonome et indépendant, une crise peut survenir à l'adolescence. À cette même période, le sentiment du moi n'est pas complètement construit et les pressions qui l'incitent à devenir autonome et à devenir un individu à part entière peuvent être terrifiantes, non seulement pour lui, mais également pour ses parents.

Devant cette crise, il n'est pas surprenant qu'une jeune fille se sente désemparée. Elle croit qu'elle n'a aucune maîtrise sur sa vie et tente désespérément de dominer la situation. Le mythe de la minceur, présenté comme la clé de la confiance et du succès dans les publicités de régimes amaigrissants, peut exercer une certaine fascination et être perçu comme une manière efficace de diriger sa vie. La jeune fille commence à se mettre au régime, perd du poids et se sent mieux. Par conséquent, elle continue à suivre des régimes et à maigrir, en considérant qu'il s'agit d'une réussite et qu'elle maîtrise mieux sa vie. Malheureusement, ce comportement est souvent motivé par la recherche de **bénéfices secondaires**, comme l'attention et l'envie de ses camarades. Plus tard, lorsqu'on lui dit qu'elle est trop maigre et qu'elle devrait manger plus, elle ressent une impression de puissance encore inconnue. En perdant du poids, elle obtient non seulement l'attention des autres,

mais elle est capable de provoquer leur envie, ou la frustration de ceux qui essayent de la faire manger normalement. Ces bénéfices secondaires sont extrêmement gratifiants, surtout pour une personne qui a une faible estime de soi. Les régimes détournent la jeune fille des conflits réels et lui procure une fausse sensation de maîtrise.

Dans une telle situation, il arrive que la jeune fille soit incapable de suivre ses régimes. La boulimie apparaît souvent comme une réaction aux privations imposées. Cette hyperphagie ne soulage pas uniquement la sensation de faim; elle endort aussi la douleur émotionnelle. Elle peut également représenter une rébellion contre la contrainte de la minceur. Cette boulimie est néanmoins temporaire, et les problèmes réapparaissent rapidement; avec eux réapparaissent également la culpabilité concernant la nourriture et la panique liée à la perte de contrôle, ainsi qu'un gain de poids. La jeune fille se purge pour lutter contre l'hyperphagie – et contre la culpabilité. La figure 16.2 illustre les relations existant entre tous les facteurs étiologiques dans le cycle des troubles de l'alimentation.

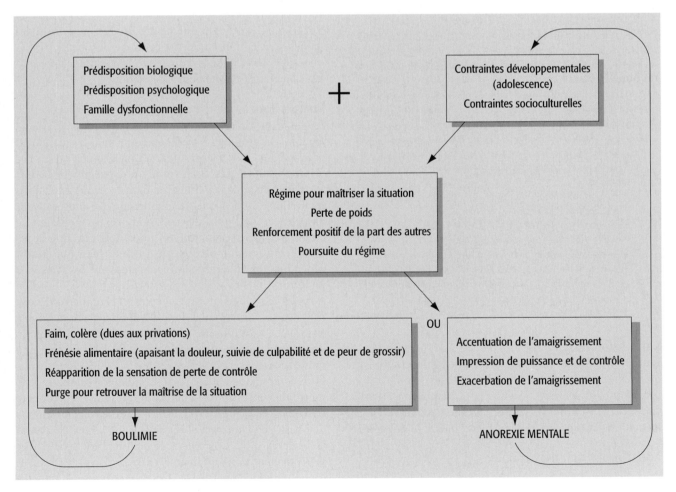

FIGURE 16.2 Cycle des troubles de l'alimentation

16.1.3 Épidémiologie

Steiger et Champagne (1999) rapportent que de 0,5 à 1 % des adolescentes présentent des symptômes conformes au diagnostic d'anorexie, la boulimie sévère affectant de 1 à 4 % des individus de ce groupe d'âge. Selon les mêmes auteurs, les altérations des comportements alimentaires, incluant les régimes avec utilisation occasionnelle de produits amaigrissants, de laxatifs ou de vomitifs concernent 10 % des jeunes femmes. Entre 5 et 25 % de toutes les femmes ont recours à la boulimie sans purge au moins une fois par semaine (Bourque, 1991). Le nombre d'hommes chez qui on observe ces comportements est sensiblement inférieur.

L'incidence et la prévalence des troubles de l'alimentation sont exposées dans l'encadré 16.3.

Épidémiologie des troubles de l'alimentation **ENCADRÉ 16.3**

- L'âge moyen du début des troubles de l'alimentation est de 14 ou 15 ans.
- 10 % des adolescentes sont atteintes d'anorexie mentale ; 15 % souffrent de boulimie.
- De 5 à 25 % de la population (surtout les femmes) souffrent d'hyperphagie boulimique régulière (mais ne se purgent pas).
- De 0,5 à 1 % des adolescentes souffrent d'anorexie mentale. L'anorexie mentale est beaucoup moins courante chez les hommes.
- De 90 à 95 % des clients ayant des troubles de l'alimentation sont des femmes.
- Les taux de mortalité pour la boulimie sont de 0 à 19 % ; en ce qui concerne l'anorexie, les taux de mortalité varient entre 6 et 20 %.
- Des taux d'incidence et de prévalence similaires sont observés dans tous les pays occidentaux où la nourriture est abondante et la pratique des régimes, répandue.
- Comorbidité
  Axe I : troubles de l'humeur
  troubles anxieux
  troubles dissociatifs
  troubles reliés à une substance
  Axe II : trouble de la personnalité limite
  trouble de la personnalité évitante
  trouble de la personnalité obsessionnelle-compulsive

Ratio selon le sexe

Les données sur les troubles de l'alimentation indiquent qu'ils affectent les jeunes femmes, dans une proportion écrasante (90 à 95 %) (Steiger et Champagne, 1999). Cependant, on observe depuis peu une tendance à l'augmentation des troubles de l'alimentation chez les hommes.

Âge d'apparition des troubles

Les troubles de l'alimentation se déclarent généralement au milieu de l'adolescence (vers 14 ou 15 ans) et concernent surtout les femmes âgées de moins de 30 ans (Steiger et Champagne, 1999).

Études interculturelles

Les taux d'incidence et de prévalence des troubles de l'alimentation dans le monde sont similaires en Europe, aux États-Unis, au Canada, au Mexique, au Japon, en Australie et dans tous les pays qui disposent de ressources alimentaires abondantes. Il est communément admis que l'abondance de nourriture est une condition nécessaire à l'apparition de ces troubles qui sont dus à la généralisation des régimes amaigrissants. Les troubles de l'alimentation affectent dans une plus grande proportion les jeunes filles de milieu aisé que celles appartenant à d'autres milieux socioéconomiques. L'anorexie mentale est aussi fréquente chez les jeunes athlètes ; la faible masse corporelle peut être un facteur de performance dans certains sports. (Guéricolas, 1998 ; Steiger et Champagne, 1999).

Mortalité

Selon des données essentiellement américaines, le taux de mortalité après 10 ans d'anorexie mentale s'élève à 6 ou 7 %. Après 20 ou 30 ans, il atteint 18 à 20 %. En ce qui concerne la boulimie, les estimations varient entre 0 et 19 %. Les taux les plus bas présentés dans certaines études s'expliquent par le fait que beaucoup de décès dus à des jeûnes sont en fait enregistrés comme des arrêts cardiaques ou la conséquence d'une myocardiopathie, et ne sont jamais imputés directement à la boulimie.

Comorbidité

La **comorbidité** est la coexistence de deux ou plusieurs troubles. Les troubles de l'alimentation sont fréquemment accompagnés par des troubles de l'axe I et de l'axe II. Les sections antérieures sur l'étiologie mentionnent la très forte incidence de la dépression dans les troubles de l'alimentation (50 à 80 %). La dépression est plus souvent associée à la boulimie qu'à l'anorexie mentale. Le trouble d'anxiété généralisée, le trouble panique et les troubles d'abus de drogue ou d'alcool, bien que moins répandus que la dépression, sont souvent associés à la boulimie.

Dans le cas de l'anorexie mentale, la comorbidité concerne surtout les troubles anxieux, spécialement le trouble panique, l'agoraphobie, la phobie sociale et le trouble obsessionnel-compulsif (Halmi et coll., 1991). Selon une étude récente, le comportement de 37 % des clients souffrant d'anorexie mentale correspondait aussi aux critères du trouble obsessionnel-compulsif du DSM, cette proportion étant, en comparaison, de 3 % pour les clients atteints de boulimie (Thornton et Russell, 1997). Dans l'anorexie mentale, la perte de poids et la malnutrition exacerbent généralement la symptomatologie dépressive, anxieuse et obsessionnelle-compulsive. Ces symptômes s'atténuent, mais ne disparaissent pas, avec le retour à un poids santé

(Pollice et coll., 1997). De nombreuses études se sont penchées sur le phénomène des *troubles comorbides de la personnalité*, bien connu des cliniciens spécialisés dans les troubles de l'alimentation. Les taux de prévalence des troubles comorbides de la personnalité (axe II) varient d'un tiers à trois quarts des clients atteints de troubles de l'alimentation (Gartner, Marcus et Halmi, 1989 ; Herzog et coll., 1992).

On note également une prévalence des troubles de la personnalité limite correspondant au diagnostic de l'axe II, associés aux troubles de l'alimentation, aux troubles de la personnalité évitante et aux troubles obsessionnels-compulsifs (Herzog et autres, 1992).

Lorsque l'on aborde les troubles de l'alimentation, les troubles de la personnalité limite et les troubles dissociatifs, il faut s'interroger sur la présence d'un abus sexuel. De nombreux chercheurs se sont intéressés à un lien possible entre un antécédent d'agression sexuelle et l'apparition de troubles de l'alimentation, de troubles de la personnalité limite et de troubles dissociatifs de l'identité. Des études ont montré une très forte incidence (25 à 30 %) d'abus sexuel au cours de l'enfance chez les clients souffrant de troubles de l'alimentation. Néanmoins, cette incidence n'est pas plus forte que celle observée généralement dans la population psychiatrique. Par conséquent, l'abus sexuel durant l'enfance est un facteur de risque pour l'apparition d'un trouble psychiatrique, mais il n'a pas de corrélation spécifique avec un trouble de l'alimentation. En revanche, les clients atteints de troubles de l'alimentation qui ont été abusés sexuellement présentent une incidence plus forte de troubles dissociatifs comorbides, de troubles obsessionnels-compulsifs et de phobies (Connors et Morse, 1993 ; Folsom et coll., 1993 ; Moyer et coll., 1997 ; Waller, 1993).

Le phénomène des troubles dissociatifs, particulièrement les troubles dissociatifs de l'identité (appelés antérieurement troubles de la personnalité multiple), chez les clients souffrant de troubles de l'alimentation constitue un thème de recherche récent et particulièrement riche. Les études commencent à cerner le lien existant entre un passé d'abus sexuel (et de violence physique) et l'apparition d'un trouble de l'alimentation. Les chercheurs s'attachent aussi à étudier les incidences de ce phénomène dans le traitement.

16.1.4 Description clinique

Les troubles de l'alimentation représentent un groupe facile à reconnaître parmi les diagnostics psychiatriques. Cependant, il reste difficile et compliqué de poser un diagnostic précis selon le DSM-IV et d'établir des diagnostics infirmiers précis reflétant le cas particulier du client.

L'anorexie mentale et la boulimie figurent parmi les diagnostics de troubles de l'alimentation du DSM-IV. Les troubles des conduites alimentaires qui ne répondent pas aux critères de l'anorexie mentale ou de la boulimie sont diagnostiqués dans la catégorie des troubles de l'alimen-

tation non spécifiés. L'encadré 16.4 détaille ces trois diagnostics. Les symptômes cliniques de l'anorexie mentale et de la boulimie mentale sont présentés dans les encadrés 16.5 et 16.6.

La classification du DSM-IV n'inclut pas l'obésité dans les troubles de l'alimentation parce qu'il n'a pas été établi que tous les cas d'obésité impliquent un trouble psychiatrique sous-jacent. Si des facteurs psychologiques interviennent directement dans l'obésité d'un sujet, le DSM-IV les classifiera dans les facteurs psychologiques d'une affection médicale. L'obésité elle-même est considérée par la classification internationale des maladies (CIM-10) comme une affection médicale générale (APA, 1994).

Le fait d'inclure l'**hyperphagie boulimique** dans la classification du DSM-IV – ou de l'en exclure – a fait l'objet de controverses. Même si l'hyperphagie boulimique ne constitue pas un diagnostic séparé, elle est citée comme un exemple de trouble de l'alimentation non spécifié, et apparaît dans la classification du DSM-IV comme une proposition de diagnostic pour étude ultérieure. Les recherches entamées depuis justifieront peut-être de l'inclure comme un diagnostic de troubles de l'alimentation dans la prochaine révision du DSM. La boulimie est décrite comme une série d'épisodes récurrents d'ingurgitation d'une quantité de nourriture largement supérieure à ce que la plupart des gens absorberaient en une période similaire et dans les mêmes circonstances, accompagnée d'un sentiment de perte de contrôle. Les indicateurs spécifiques de cette perte de contrôle comprennent : le fait de manger sans avoir faim, le fait de manger jusqu'à ressentir une impression désagréable de satiété, le fait de manger seul parce que l'on a honte, etc. Il existe d'autres critères, comme la détresse, la culpabilité et le dégoût face à un tel comportement. Pour pouvoir poser ce diagnostic, il faut constater une fréquence de deux épisodes d'hyperphagie boulimique par semaine durant six mois (APA, 1996 ; Spitzer et coll., 1992, 1993).

Même si elles sont classifiées comme des diagnostics distincts, l'anorexie mentale et la boulimie présentent de nombreuses caractéristiques similaires. Dans la pratique, beaucoup de personnes dont le poids est faible et qui sont atteintes d'anorexie mentale ont des crises de boulimie suivies de purges occasionnelles, et beaucoup d'autres assimilent de petites quantités de nourriture, mais ne vivent jamais d'épisodes d'hyperphagie boulimique. Les sous-types permettent aux cliniciens de poser un diagnostic précis. À titre d'exemple, si un individu satisfait à la fois aux critères de la boulimie et de l'anorexie mentale, le diagnostic d'anorexie mentale de type boulimie avec vomissements provoqués sera posé, parce que c'est le seul qui comprend *tous* les symptômes (aucun des sous-types de la boulimie ne comprend une perte de poids). Le schéma des 4 dimensions présente des manifestations cliniques d'anorexie mentale en se basant sur une étude de cas (voir page 396).

CRITÈRES DSM-IV

Anorexie mentale et boulimie

ENCADRÉ 16.4

Anorexie mentale

A. Refus de maintenir le poids corporel au niveau ou au-dessus d'un poids santé minimum pour l'âge et pour la taille (perte de poids conduisant au maintien du poids à moins de 85 % du poids attendu, ou incapacité à prendre du poids pendant la période de croissance résultant en un poids inférieur à 85 % du poids attendu).

B. Peur intense de prendre du poids ou de devenir gros, alors que le poids est inférieur à la normale.

C. Altération de la perception du poids et de la forme de son propre corps, influence excessive du poids et de la forme corporelle sur l'estime de soi, ou déni de la gravité de la maigreur actuelle.

D. Chez les femmes postpubères, aménorrhée, c'est-à-dire absence d'au moins trois cycles menstruels consécutifs. Une femme est considérée comme aménorrhéique si les règles ne surviennent qu'après l'administration d'hormones, par exemple d'œstrogènes.

Préciser le type :

– Type restrictif : pendant l'épisode actuel d'anorexie mentale, le sujet n'a pas, de manière régulière, de crises de boulimie ni de comportements de purge (vomissements provoqués ou mauvaise utilisation des laxatifs, diurétiques et lavements).

– Type avec crise de boulimie ou prise de purgatifs : pendant l'épisode actuel d'anorexie mentale, le sujet a, de manière régulière, traversé des crises de boulimie ou recouru aux vomissements provoqués ou à la prise de purgatifs (vomissements provoqués ou mauvaise utilisation des laxatifs, diurétiques et lavements).

Boulimie

A. Présence récurrente de crises de boulimie. Une crise de boulimie répond aux deux caractéristiques suivantes :

– absorption, en une période de temps limitée (moins de deux heures), d'une quantité de nourriture largement supérieure à ce que la plupart des gens absorberaient en une période de temps similaire et dans les mêmes circonstances ;

– sentiment d'une perte de contrôle sur le comportement alimentaire pendant la crise (p. ex. impression de ne pas pouvoir s'arrêter de manger ou de ne pas pouvoir maîtriser ce que l'on mange ou la quantité que l'on mange).

B. Comportements compensatoires inappropriés et récurrents visant à prévenir la prise de poids, parmi lesquels : vomisse-

ments provoqués, emploi abusif de laxatifs ou de diurétiques, recours aux lavements ou à d'autres médicaments, jeûne ou exercice physique excessif.

C. Les crises de boulimie et les comportements compensatoires inappropriés surviennent en moyenne au moins deux fois par semaine pendant trois mois.

D. Le poids et la forme corporelle influent de manière excessive sur l'estime de soi.

E. Le trouble ne se présente pas exclusivement pendant des périodes d'anorexie mentale.

Préciser le type :

– Type avec vomissements ou prise de purgatifs : pendant l'épisode de boulimie, le sujet a eu régulièrement recours aux vomissements provoqués, à l'emploi abusif de laxatifs, à des diurétiques ainsi qu'à des lavements.

– Type sans vomissements ni prise de purgatifs : pendant l'épisode de boulimie, le sujet a présenté d'autres comportements compensatoires inappropriés, comme le jeûne ou l'exercice physique excessif, mais n'a pas eu régulièrement recours aux vomissements provoqués ni à l'emploi abusif de laxatifs, de diurétiques ou de lavements.

Troubles des conduites alimentaires non spécifiés

Les troubles des conduites alimentaires non spécifiés sont une catégorie regroupant les troubles qui ne remplissent pas les critères d'un trouble des conduites alimentaires précis. En voici quelques exemples :

• Chez une femme, tous les critères de l'anorexie mentale sont présents, si ce n'est qu'elle a des règles régulières ;

• Tous les critères de l'anorexie mentale sont remplis excepté que, malgré une importante perte de poids, le poids actuel du sujet reste dans les limites de la normale ;

• Tous les critères de la boulimie sont présents, mais les crises de boulimie surviennent à une fréquence inférieure à deux fois par semaine, ou pendant une période de moins de trois mois ;

• L'utilisation régulière de méthodes compensatoires inappropriées fait suite à l'absorption de petites quantités de nourriture chez un individu de poids santé ;

• Le sujet mâche et recrache, sans les avaler, de grandes quantités de nourriture ;

• Hyperphagie boulimique : il existe des épisodes récurrents de crises de boulimie en l'absence d'un recours régulier aux comportements compensatoires inappropriés caractéristiques de la boulimie.

Tiré du *DSM-IV, Manuel diagnostique et statistique des troubles mentaux*, Paris, Masson, 1996.

16.1.5 Pronostic

On considère que le pronostic des troubles de l'alimentation est moins bon que pour d'autres groupes de diagnostics. Néanmoins, les troubles de l'alimentation peuvent être traités et de nombreuses personnes bénéficient d'une rémission complète. L'évolution de la maladie varie sensiblement. Certains individus récupèrent complètement d'un unique épisode d'anorexie mentale ou de boulimie,

dont la durée n'excède habituellement pas un an. Certaines adolescentes devenues anorexiques retrouvent leur poids santé dans l'année, mais deviennent boulimiques. D'autres adolescentes souffrent d'anorexie de façon chronique pendant de nombreuses années. Elles conservent un faible poids. Parfois, leur état se détériore, et elles perdent de plus en plus de poids. Dans d'autres cas enfin, un gain de poids est suivi de rechutes. La boulimie est généralement

SYMPTÔMES CLINIQUES

Anorexie mentale

Symptômes comportementaux
- Refus de s'alimenter – restriction de l'ingestion et refus de se nourrir.
- Rituels ou comportements compulsifs concernant la nourriture, les repas ou la perte de poids.
- Le cas échéant, vomissements provoqués, utilisation de laxatifs et de diurétiques ou recours à des exercices physiques excessifs afin de perdre du poids.
- Port de vêtements trop grands ou superposition de vêtements.

Symptômes physiques
- Poids inférieur de 15 % au poids santé.
- Aménorrhée – absence de trois cycles menstruels ou plus (primaire ou secondaire).
- Bradycardie, baisse de la température corporelle.
- Cachexie, yeux enfoncés, ossature saillante, peau sèche.
- Lanugo sur le visage.
- Constipation.
- Frilosité.

Symptômes psychologiques
- Refus de reconnaître la gravité de la perte de poids.
- Perturbation de l'image corporelle – impression d'être gros alors qu'on est émacié, ou sensation que certaines parties du corps (ventre, fesses, hanches et cuisses) sont extrêmement grosses, comme l'illustre la figure 16.3.
- Peur intense et irrationnelle de grossir qui ne disparaît pas après l'amaigrissement.
- Recherche constante d'un « corps parfait ».
- Influence excessive de la forme et du poids corporel sur l'image de soi.
- Préoccupations concernant la nourriture, la cuisine, les données nutritionnelles et le besoin de nourrir les autres.
- Dans certains cas, retard du développement psycho-sexuel ou manque d'intérêt pour le sexe et les relations sexuelles, selon l'âge.

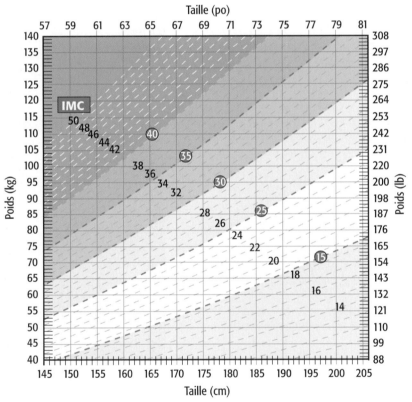

INTERPRÉTATION DES RÉSULTATS
Classification du risque pour la santé en fonction de l'indice de masse corporelle (IMC)

Classification	Poids insuffisant	Poids santé	Excès de poids	Obésité, classe I	Obésité, classe II	Obésité, classe III
Catégorie de l'IMC (kg/m²)	< 18,5	18,5 - 24,9	25,0 - 29,9	30,0 - 34,9	35,0 - 39,9	≥ 40,0
Risque de développer des problèmes de santé	Accru	Moindre	Accru	Élevé	Très élevé	Extrêmement élevé

FIGURE 16.3 Nomogramme de l'indice de masse corporelle
Le calcul de l'indice de la masse corporelle (IMC) permet de pondérer l'écart entre le poids d'une cliente et son poids santé. La formule de l'IMC est : kg/m².

Santé Canada. *Lignes directrices canadiennes pour la classification du poids chez les adultes.* Ministre des Travaux publics et Services gouvernementaux du Canada, 2003.

SYMPTÔMES CLINIQUES

Boulimie

ENCADRÉ 16.6

Symptômes comportementaux
- Épisodes récurrents d'hyperphagie (absorption rapide de grandes quantités de nourriture dans une période de temps extrêmement brève)
- Comportements de purge incluant les vomissements provoqués, l'utilisation des laxatifs, des diurétiques, des produits amaigrissants, du sirop d'ipéca, de lavements, d'exercices physiques excessifs, ou des périodes de jeûne pour compenser l'hyperphagie

Symptômes physiques
- Possibilité de déséquilibre hydrique et électrolytique dû aux purges :
  - Hypokaliémie
  - Alcalose
  - Déshydratation
  - Œdème idiopathique
- Cardiovasculaires :
  - Hypotension
  - Arythmie ou dysrythmie
  - Myocardiopathie
- Endocriniens :
  - Hypoglycémie
  - Irrégularités menstruelles éventuelles
- Gastro-intestinaux :
  - Constipation, diarrhée
  - Gastroparésie (atonie musculaire gastrique)
  - Reflux œsophagien, œsophagite
  - Syndrome de Mallory-Weiss (dilacération de la muqueuse œsophagienne)
- Dentaires :
  - Érosion de l'émail dentaire
- Gonflement des ganglions lymphatiques parotidiens

Symptômes psychologiques
- Image corporelle perturbée, tendance à se voir extrêmement grosse alors que l'on a un poids santé, impression que certaines parties du corps sont extrêmement volumineuses et disproportionnées (voir figure 16.4)
- Obsession persistante concernant le poids, la forme et les proportions du corps
- Sautes d'humeur et irritabilité
- Influence excessive de l'aspect physique et du poids corporel sur l'image de soi

épisodique, avec des périodes de rémission sans crises boulimiques ni purges, suivies de rechutes. Certains cas de boulimie ont une évolution chronique persistante.

Les études de résultats indiquent que la plupart des individus atteints de boulimie obtiennent une amélioration des symptômes avec le traitement et que 40 à 50 % des clients atteints d'anorexie mentale retrouvent leur poids santé (Herzog et coll., 1996 ; Mehler, 1996). La plupart des études confirment l'efficacité des traitements multidisciplinaires, associant les techniques cognitives et comportementales, la pharmacologie et les thérapies individuelles

A

B

FIGURE 16.4 Les clientes souffrant de troubles de l'alimentation ont une vision déformée de leur apparence physique, et se perçoivent comme incroyablement grosses. A. Une jeune fille se regardant le miroir. B. L'image irréaliste qu'elle se fait d'elle-même, reflétée dans le miroir.

ou de groupe pour réduire efficacement le nombre d'épisodes d'hyperphagie boulimique suivis de purge et pour retrouver un poids santé à long terme (Halmi, 1992; Wilson et Fairburn, 1993).

Les discussions sur la comorbidité indiquent que la présence de troubles de la personnalité ou de troubles dissociatifs laisse entrevoir un pronostic beaucoup plus sévère (Glassman et coll., 1990; Levin et coll., 1993). Une dépression grave accentue le risque de suicide. Un faible poids (à la fois dans l'anorexie mentale et dans la boulimie) et un début tardif sont associés à un pronostic sombre (Glassman et coll., 1990).

16.1.6 Critères d'évolution positive

La cliente:

- ne s'auto-mutilera pas;
- atteindra un poids minimum normal (écart de plus ou moins 15%) correspondant à celui fixé par l'équipe soignante;
- absorbera une quantité de calories adéquate pour maintenir un poids santé;
- se montrera capable de respecter un programme établi après sa sortie du centre hospitalier (observance thérapeutique, planification des repas, maîtrise des crises de boulimie suivies de vomissements, et plan de soins à domicile);
- exprimera sa perception et sa compréhension des problèmes psychologiques et des troubles des conduites alimentaires, ainsi que de l'obsession de la nourriture et du régime, afin de les surmonter;
- prouvera qu'elle dispose de meilleures stratégies d'adaptation pour réagir au stress et faire face aux problèmes émotionnels;
- fera preuve de comportements plus fonctionnels au sein de la dynamique familiale;
- s'engagera moins souvent dans des conflits avec les autres membres de sa famille;
- assistera aux séances de thérapie de groupe, qui favorisent des habitudes alimentaires saines ainsi qu'une estime et une image de soi positives;
- interagira avec son entourage, qui l'aidera à conserver des modèles d'adaptation sains;
- sera assidu aux rendez-vous, qui permettent de surveiller les comportements et la médication.

16.2 DÉMARCHE DE SOINS INFIRMIERS

➡ 16.2.1 Collecte de données

La collecte de données auprès des clients souffrant de troubles de l'alimentation demande à la fois de la sensibilité, une grande rigueur et des habiletés exceptionnelles d'observation (voir figure 16.5). Les premières minutes de l'entretien sont cruciales, car les premières impressions

FIGURE 16.5 L'hyperphagie est un symptôme significatif de la boulimie.
Copyright Cathy Lander-Goldberg, Lander Photographics

donnent le ton à l'ensemble de l'expérience thérapeutique. Les clients atteints de troubles de l'alimentation sont très sensibles et jugent rapidement s'ils peuvent faire confiance aux autres ou non. Si une alliance thérapeutique peut être établie immédiatement, bien des conflits pourront être évités.

Comme beaucoup de ces clients peuvent présenter certains troubles comorbides, il est essentiel que l'infirmière puisse recueillir des données sur ces troubles (voir encadré 16.7).

➡ 16.2.2 Diagnostic infirmier

Les diagnostics infirmiers sont élaborés à partir des information obtenues durant la collecte de données. L'encadré 16.8 résume les éléments à considérer pour la collecte de données. Le diagnostic sera d'autant plus précis que la collecte aura été méticuleuse et approfondie. Les diagnostics en collaboration sont présentés dans l'encadré 16.9.

Diagnostics infirmiers pour l'anorexie mentale
Risques pour la santé ou la sécurité:

- risque de température corporelle anormale;
- constipation;
- pseudo-constipation;
- déficit de volume liquidien;

ASPECT PHYSIQUE

- Perte de poids marqué
- Symptômes de famine (aménorrhée, apparition d'un duvet sur la peau)

Mélanie est au régime depuis six mois. Elle se trouvait laide, mais a décidé de se «prendre en main». Elle saute le souper et nage 2 km chaque soir. Parfois, elle perd le contrôle et mange tout ce qu'elle trouve dans le réfrigérateur. Elle se punit ensuite en se faisant vomir et en jeûnant deux jours. À 15 ans, elle ne pèse plus que 38 kilos.

ASPECT PSYCHOLOGIQUE

- Image de soi déformée
- Incapacité à exprimer ses émotions
- Mauvaise estime de soi
- Perfectionnisme marqué

Le seul moment où Mélanie se donne le droit d'être satisfaite quand elle se regarde dans le miroir est à la piscine. Elle doit cependant avoir nagé 80 longueurs sans arrêts et ne pas avoir soupé. Autrement, elle scrute impitoyablement ses imperfections.

ASPECT SOCIAL

- Isolement
- Sentiment d'être incomprise
- Conflits étouffés avec les parents

Mélanie se méfie de ceux qui veulent lui venir en aide. Elle n'a besoin de personne et ce qu'elle craint par-dessus tout est de perdre le contrôle sur sa vie. Si elle écoute sa mère, elle sait bien qu'elle risque de devenir aussi grosse qu'elle.

DIMENSION SPIRITUELLE

- Sentiment de n'avoir pas de valeur intrinsèque

Malgré ses succès scolaires, Mélanie n'a pas l'impression qu'elle peut réussir quelque chose d'original ou de personnel dans la vie. Elle mène un combat contre elle-même, pour vaincre la laideur et la faiblesse de son corps.

SCHÉMA DES 4 DIMENSIONS Anorexie mentale

- retard de la croissance et du développement;
- alimentation déficiente;
- risque d'automutilation.

Troubles de la perception, de la cognition et des émotions:
- anxiété;
- image corporelle perturbée;
- perte d'espoir;
- sentiment d'impuissance;
- diminution (situationnelle ou chronique) de l'estime de soi.

Problèmes pour communiquer et pour entrer en contact avec autrui:
- dysfonctionnement sexuel;
- interactions sociales perturbées;
- isolement social.

Perturbation des stratégies d'adaptation:
- stratégies d'adaptation familiale compromises;
- stratégies d'adaptation familiale invalidantes;
- stratégies d'adaptation inefficaces;
- déni non constructif.

Besoins en enseignement du client et de sa famille:
- connaissances insuffisantes sur la nutrition et les effets secondaires des comportements anorexiques;
- non-observance du processus de réalimentation.

Diagnostics infirmiers pour la boulimie mentale

Risques pour la santé ou la sécurité:
- constipation;
- pseudo-constipation;
- déficit de volume liquidien;
- alimentation déficiente;
- risque d'automutilation.

Troubles de la perception, de la cognition et des émotions:
- anxiété;
- **image corporelle perturbée**;
- perte d'espoir;
- sentiment d'impuissance;
- diminution (situationnelle ou chronique) de l'estime de soi.

Problèmes pour communiquer et pour entrer en contact avec autrui:
- dysfonctionnement sexuel;
- interactions sociales perturbées;
- isolement social.

Perturbation des stratégies d'adaptation:
- stratégies d'adaptation familiale compromises;
- stratégies d'adaptation familiale invalidantes;
- stratégies d'adaptation inefficaces.

Troubles comorbides fréquemment associés aux troubles de l'alimentation	ENCADRÉ 16.7

- Troubles de l'humeur
  - Trouble dysthymique
  - Dépression majeure
- Troubles anxieux
  - Trouble anxieux généralisé
  - Agoraphobie
  - Trouble panique
  - Phobie sociale
  - Trouble obsessionnel-compulsif
  - État de stress post-traumatique
- Troubles dissociatifs
  - Trouble dissociatif de l'identité
- Troubles induits par des substances toxiques
- Troubles de la personnalité
  - Trouble de la personnalité limite
  - Trouble de la personnalité obsessionnelle-compulsive
  - Trouble de la personnalité évitante

Besoins en enseignement du client et de sa famille :
- connaissances insuffisantes sur la nutrition et les effets secondaires des comportements boulimiques ;
- non-observance du programme thérapeutique.

➡ 16.2.3 Résultats escomptés

Les résultats escomptés sont déterminés en fonction des diagnostics infirmiers et des attentes concernant les réactions de la cliente.

Résultats escomptés pour l'anorexie mentale

La cliente :
- participera à des rencontres thérapeutiques avec l'équipe soignante ;
- absorbera une quantité de calories adéquate en fonction de son âge, de sa taille et de ses besoins métaboliques ;
- atteindra son poids minimum santé ;
- maintiendra des niveaux normaux de fluides et d'électrolytes ;
- retrouvera son cycle menstruel normal ;
- aura visiblement amélioré son image corporelle par une perception plus réaliste de son physique et de sa taille ;
- utilisera des stratégies d'adaptation plus efficaces pour régler les conflits ;
- surmontera plus facilement les difficultés familiales ;
- exprimera sa prise de conscience des problèmes psychologiques sous-jacents ;
- atteindra un poids santé en fonction de son âge, de sa taille et de ses besoins métaboliques ;

FIGURE 16.6 Entrevue pour la collecte de données initiale entre une infirmière et une jeune femme souffrant de troubles de l'alimentation

QUESTIONS POUR LA COLLECTE DE DONNÉES

Troubles de l'alimentation

ENCADRÉ 16.8

1. « Comment ressentez-vous le fait d'être ici aujourd'hui ? » (S'informer si la cliente est venue de son plein gré ou si on l'oblige à suivre le traitement, et évaluer ainsi sa volonté de s'engager dans une démarche de soins.)

2. « Avez-vous déjà parlé à quelqu'un d'autre de votre trouble de l'alimentation ? » (Pour évaluer le degré de révélation de soi et calmer l'anxiété et le sentiment de honte.)

3. « Avez-vous déjà suivi une thérapie ? » (Pour établir les antécédents de santé, disposer de détails sur les traitements antérieurs, dont le nom du clinicien, les dates du traitement et les résultats, ainsi que l'expérience de la cliente.)

4. « Comment votre poids a-t-il évolué au cours des années ? » (Pour déceler les modèles et les perceptions en ce qui concerne le poids.)
   Recueillir les données suivantes :
   - le poids actuel et les fluctuations des six derniers mois ;
   - le poids souhaité ;
   - les limites inférieure et supérieure du poids à l'âge adulte (en excluant la grossesse) ;
   - les limites inférieure et supérieure du poids durant l'adolescence ;
   - la perception du poids durant l'enfance ;
   - la perception du poids durant l'adolescence ;
   - la perception du poids actuel ;
   - les expériences liées au poids durant l'enfance.

5. « Quelle opinion avez-vous de votre corps ? » (Évaluer l'insatisfaction et la perturbation concernant l'image corporelle.)

6. Établir les antécédents du régime :
   « Quand avez-vous commencé à faire un régime ? »
   « Qu'est-ce qui vous a incitée à le faire ? »
   « Que s'est-il passé ? »

   « Avez-vous perdu ou pris du poids ? »
   « Quelqu'un vous a-t-il incitée à maigrir ? »
   « Quelle méthode avez-vous employée pour maigrir ? »
   (Pour préciser s'il s'agit de jeûne, de régime structuré, de restrictions alimentaires, ou de recours à des produits ou des programmes pour maigrir.)

7. Analyser la boulimie :
   « Avez-vous des épisodes d'hyperphagie ? »
   « Quand est-ce que cela a commencé ? »
   Obtenir des détails sur l'hyperphagie : lieu, moment, durée, fréquence, quantité de nourriture, rituels ou modalités employés.
   Demander à la cliente si elle agit en secret, se cache, vole ou ment. (Pour préciser s'il s'agit de jeûne, de régime structuré, de restrictions alimentaires, ou de recours à des produits ou des programmes pour maigrir.)
   - Vérifier le degré de maîtrise. (La cliente peut-elle interrompre une crise de boulimie, une fois celle-ci commencée ?)

8. Encourager la cliente à reconnaître les émotions associées à la crise de boulimie : avant de commencer, lors des étapes de préparation durant et après la crise.
   Demander à la cliente de se concentrer sur les épisodes passés de boulimie et de répondre à cette question : « Étiez-vous en colère ? anxieuse ? »
   (Pour connaître les sentiments de la cliente à l'égard de l'hyperphagie.)

9. Reconnaître les états de manque (moment de la journée, fin de semaine, liens avec le cycle menstruel ou avec le lieu : voiture, travail, maison, magasins). (Pour établir si la cliente peut associer ces états de manque à certaines situations ou à certains moments précis.)

10. Analyser les comportements de purge. (Pour détecter les méthodes habituelles de purge de la cliente.)

Type :	Fréquence (horaire/journée)	Quantité	Première occurrence (âge)	Dernière occurrence (date)
Vomissements				
Diurétiques				
Laxatifs				
Produits amaigrissants				
Sirop d'ipéca				
Extraits thyroïdiens				
Amphétamines				
Cocaïne				
Exercice (type)				

11. Faire un bilan des menstruations (début, régularité, syndrome prémenstruel, dysfonctionnements menstruels et thérapie hormonale).
    (Pour évaluer les effets des comportements dysfonctionnels sur les règles.)

12. Estimer les effets secondaires des troubles de l'alimentation. (Pour mettre en évidence un problème de santé concomitant.)

13. Déceler une comorbidité (troubles de l'humeur, anxiété, abus d'alcool ou de drogues).

- considérera que son poids et sa silhouette sont normaux et acceptables ;
- retrouvera un intérêt sexuel et un comportement sexuel appropriés à son âge ;

- ne se livrera plus à des rituels alimentaires, et n'éprouvera plus d'obsession pour la nourriture ni de peur de la nourriture ;
- résoudra ses problèmes familiaux.

Résultats escomptés pour la boulimie

La cliente :

- participera à des rencontres thérapeutiques avec l'équipe soignante ;
- maintiendra des niveaux normaux de liquides et d'électrolytes ;
- absorbera une quantité de calories normale en fonction de son âge, de sa taille et de ses besoins métaboliques ;
- cessera les crises de boulimie suivies de vomissements durant l'hospitalisation ;
- utilisera des stratégies d'adaptation individuelles plus efficaces pour régler les conflits ;
- surmontera plus facilement les difficultés familiales ;
- exprimera sa prise de conscience des problèmes psychologiques sous-jacents ;
- arrêtera complètement les crises de boulimie suivies de vomissements et les régimes ;
- considérera que son poids et sa silhouette sont normaux et acceptables ;
- résoudra ses problèmes familiaux et les autres questions sous-jacentes.

➡ 16.2.4 Planification

L'attitude de l'infirmière vis-à-vis de la cliente souffrant d'un trouble de l'alimentation est aussi essentielle dans l'élaboration du plan de soins que dans toute intervention thérapeutique. Les clientes souffrant de troubles de l'alimentation paraissent fragiles mais, bien qu'elles soient vulnérables, elles peuvent se montrer tout à fait rigides et contrariantes. Si une solide alliance thérapeutique n'est pas établie et que l'infirmière n'adopte pas une approche ferme doublée de compassion, la cliente risque de se lancer dans une série de conflits de pouvoir risquant de se solder par un échec du traitement. Par conséquent, le plan de soins doit inclure une collaboration constante de la cliente, de sa famille et de l'équipe interdisciplinaire.

➡ 16.2.5 Exécution

Pour les clientes atteintes d'un trouble de l'alimentation, l'infirmière doit mettre au point un plan d'action équilibré qui comprenne des interventions comportementales afin d'interrompre le cycle des troubles de l'alimentation. On a recours aux interventions psychologiques afin d'améliorer les habiletés d'adaptation et de communication et la prise de conscience des problèmes sous-jacents. Le plan sera exécuté dans un environnement sûr et structuré, afin de prévenir l'automutilation, d'assurer un gain de poids ou de réintroduire la nourriture, d'aider la cliente à expliquer dans ses mots la signification de son comportement, de lui enseigner des stratégies d'adaptation plus efficaces, de surveiller la prise des médicaments et de coordonner les efforts de l'équipe soignante interdisciplinaire. Les problèmes spécifiques auxquels fait face une infirmière communautaire travaillant avec une cliente souffrant d'un trouble de l'alimentation sont abordés dans l'encadré 16.10. Les éléments relatifs à l'enseignement se trouvent dans l'encadré 16.11.

Interventions de soins infirmiers

1. Fournir un environnement sécuritaire *pour assurer la sécurité et prévenir les comportements violents.*
2. Évaluer les risques de suicide : idéation suicidaire, comportement, projet, *pour prévenir l'automutilation* (voir chapitre 25).
3. Établir une alliance thérapeutique avec la cliente *pour encourager la libre expression des idées et des sentiments, y compris les intentions d'autodestruction.*
4. Recouvrer un poids optimal ou un poids santé et un équilibre nutritionnel grâce à un programme comportemental pour *promouvoir la santé et le bien-être.*
   - L'anorexie nécessite une réalimentation, des compléments alimentaires et une alimentation par gavage au besoin.

◗ Diagnostics en collaboration   **ENCADRÉ 16.9**

Diagnostics DSM-IV*	Diagnostics de l'ANADI†
• Anorexie mentale	• Anxiété (préciser le niveau)
	• Image corporelle perturbée
	• Alimentation déficiente
	• Isolement social
	• Stratégies d'adaptation inefficaces
• Boulimie	• Déficit de volume liquidien
	• Diminution (situationnelle ou chronique) de l'estime de soi

*Tiré du *DSM-IV, Manuel diagnostique et statistique des troubles mentaux*, Paris, Masson, 1996.
†Tiré de la North American Nursing Diagnosis Association : *NANDA nursing diagnoses : definitions and classification, 1999-2000*, Philadelphie, 1994, The Association.

SOINS INFIRMIERS DANS LE MILIEU DE VIE

Troubles de l'alimentation

Le principal problème qui se pose aux infirmières en milieu communautaire, pour soutenir les clientes atteintes de troubles de l'alimentation, est la résistance à participer à un traitement. L'infirmière en santé mentale et en psychiatrie est tout à fait incapable d'observer continuellement les façons de se nourrir de la cliente, et d'assister chaque fois au refus de s'alimenter et aux vomissements provoqués. La cliente se montre souvent évasive sur ses intentions et sur ses émotions réelles. Elle peut donner la réponse « correcte » (celle que l'infirmière désire entendre), faussant ainsi la collecte de données. C'est uniquement lorsque l'état physique de la cliente se détériore que l'infirmière peut se faire une idée claire de ce qui arrive réellement.

L'infirmière doit recourir fréquemment aux observations de la famille, des amis, et des autres professionnels pour valider les rapports de la cliente. Elle peut y arriver en proposant des groupes de soutien non seulement à la cliente, mais aussi à sa famille et à ses proches. Les infirmières qui travaillent auprès de clientes souffrant de troubles de l'alimentation doivent posséder des connaissances dans le domaine de l'épreuve de réalité et des autres thérapies cognitives et comportementales. Elles doivent également être sensibilisées aux signes et aux symptômes du trouble, aux problèmes potentiels et aux suggestions pour améliorer la dynamique de communication, y compris la communication familiale. Elles doivent veiller à apporter un soutien tout au long du traitement plutôt que de formuler des critiques.

L'infirmière en milieu communautaire doit planifier ses interventions de façon à favoriser la participation efficace de la cliente et de sa famille au traitement. La signature d'un contrat peut s'avérer un bon moyen pour la cliente de s'engager dans la démarche de soins et de se sentir responsable. L'infirmière encourage la cliente à déceler les situations qui se sont avérées problématiques dans le passé, tout en lui garantissant qu'elle recevra toute l'aide nécessaire et en l'incitant à solliciter cette aide de façon à limiter les dysfonctionnements habituels. L'infirmière offre un soutien aux individus et aux groupes pour renforcer leurs habiletés d'adaptation. Elle a recours aux techniques de formation de liens affectifs pour élargir et renforcer les groupes de soutien, spécialement pour les clientes adolescentes ou âgées d'une vingtaine d'années, qui ont besoin du soutien et du réconfort d'un groupe de personnes connaissant leur situation.

L'infirmière doit connaître les groupes de soutien communautaire pour les clientes souffrant d'anorexie mentale et de boulimie. Certains groupes de soutien s'adressent aux personnes souffrant de troubles de l'alimentation et peuvent constituer une ressource pour les individus atteints d'autres troubles des conduites alimentaires (voir annexe E). Il se peut que les clientes aient besoin de prendre des antidépresseurs ; il faut alors exercer une surveillance pour déterminer l'efficacité et les effets secondaires du traitement. Comme dans toutes les maladies de longue durée, on envisagera la possibilité d'une hospitalisation si le comportement de la cliente met sa vie en danger.

- La boulimie requiert que les repas soient prescrits par un diététiste et que l'infirmière reste auprès de la cliente pendant l'heure suivant chaque repas pour éviter les vomissements provoqués.

5. Créer un environnement structuré et favorable, comportant des limites claires, cohérentes et fermes *pour établir une routine et favoriser un contrôle interne dont la cliente ne dispose pas encore.*

6. Mettre au point un plan de comportement incluant des objectifs de poids (environ 1,5 kg/sem.), des objectifs d'absorption de nourriture (prendre 75 % de tous les repas) et des conséquences en fonction de l'observance (il est préférable d'accorder des privilèges pour l'observance plutôt que de donner des punitions pour la non-observance). *La structuration permet à la cliente d'acquérir une maîtrise de soi et de réduire l'anxiété induite par la non-observance et par une routine imprévisible.*

7. Inciter la cliente à exprimer ses pensées, ses sentiments et ses inquiétudes concernant son corps et son image corporelle. *Cette expression permet de concrétiser les problèmes et d'amener la cliente à surmonter ses sentiments de honte, de culpabilité et de crainte liés à certains conflits précis, et de mettre à jour les problèmes sous-jacents (intimité, sexe, responsabilités, identité).*

8. Continuer à soutenir la cliente afin que celle-ci progresse dans la compréhension de la distorsion de son image corporelle. *L'objectif est que la cliente prenne conscience que les préoccupations au sujet de ses seins, de ses hanches, de son ventre, de ses jambes, etc. symbolisent des problèmes sous-jacents qui ne seront pas résolus par une transformation de son corps.*

9. Inciter la cliente à se rappeler les expériences positives concernant la nourriture, les moments durant lesquels elle était capable de manger en se limitant à quelques friandises sans se lancer dans une crise de boulimie, *cela afin de souligner sa capacité à se remettre à manger d'une façon raisonnable et de lui redonner espoir.*

10. Adopter une approche à la fois chaleureuse et détachée, sans se montrer trop sympathique, ni avoir une attitude de confrontation *pour établir des limites claires avec la cliente et éviter les résistances.*

11. Intervenir sur le plan de l'anxiété de la cliente en associant à ces sentiments d'anxiété des besoins non comblés et des attentes pouvant constituer des menaces pour sa propre identité. *La prise de conscience par la cliente que l'anxiété résulte de conflits inconscients peut en elle-même apporter un soulagement et amorcer le processus de résolution de problèmes.*

12. Donner à la cliente une rétroaction positive et la féliciter lorsqu'elle suit scrupuleusement le plan de traitement et fait des efforts pour atteindre les objectifs de son contrat. *Les compliments renforcent l'estime de soi, stimulent l'observance, et encouragent la répétition des comportements positifs.*

    Exemples : « Vous avez goûté à trois nouveaux aliments cette semaine. »

    « Vous semblez écouter attentivement lors des réunions de groupe. »

13. Inciter la cliente à participer à des interactions thérapeutiques et à des groupes (thérapie individuelle, thérapie de groupe, thérapie familiale, ergothérapie/récréologie) *pour que les sentiments et les conflits provoqués par le trouble de l'alimentation soient exprimés dans un milieu compréhensif et réduire ainsi l'anxiété et la rediriger d'une manière plus structurée et plus positive.*

14. Amener la cliente à détecter les problèmes qui réduisent son estime de soi : troubles de l'identité, séparation, dysfonctionnement familial et peur de grandir *pour mettre en évidence et traiter les conflits psychologiques sous-jacents des troubles de l'alimentation.*

15. Discuter avec la cliente de la façon dont son obsession concernant la nourriture et le poids l'aide à fuir d'autres problèmes et difficultés de l'existence plus difficiles *afin de la sensibiliser à cet état de fait et de lui faire prendre conscience de la dynamique du trouble.*

16. Collaborer avec les diététistes pour enseigner à la cliente une façon de s'alimenter adaptée à sa taille et à son ossature *afin de corriger les informations erronées sur la taille et le poids idéaux et lui faire prendre conscience des contraintes culturelles concernant la minceur.*

17. Collaborer avec le travailleur social, le thérapeute familial, le médecin et les autres membres de l'équipe interdisciplinaire *pour assurer une cohérence dans l'exécution du plan de soins.*

18. Enseigner des stratégies d'adaptation à l'aide de thérapies variées (cognitives, comportementales. d'affirmation) *pour susciter des pensées réalistes, des sentiments et des stratégies d'adaptation et aider la cliente à réaliser qu'il est irrationnel de croire qu'en perdant du poids, on résout ses problèmes.*

19. Informer la cliente, sa famille et ses proches des caractéristiques du trouble, du traitement des symptômes et de la prévention, *la connaissance conférant un sentiment de maîtrise de la situation et réduisant les peurs et l'anxiété.*

20. Sensibiliser la famille à l'importance des limites et de l'existence d'une séparation entre les individus pour éviter la surprotection et de l'enchevêtrement *afin de permettre à la famille d'abandonner les contraintes inutiles et de promouvoir des relations interpersonnelles satisfaisantes entre les membres de la famille.*

21. Collaborer avec l'ergothérapeute pour enseigner à la cliente les exercices appropriés *afin de réduire les comportements compulsifs et d'encourager la modération.* Certains diagnostics infirmiers sont présentés dans l'encadré 16.12.

Modalités de traitement supplémentaires

Modalités biologiques

Toutes les clientes souffrant d'anorexie mentale et qui pèsent moins de 15 % de leur poids santé doivent être étroitement suivies sur le plan médical. Après la collecte de données initiale et le traitement montrant les effets de la privation de nourriture, parmi lesquels l'aménorrhée, l'ostéoporose et les carences vitaminiques et minérales, il faut surveiller de près la cliente pendant la réalimentation. Le syndrome de réalimentation, provoqué par la nutrition parentérale totale au cours de la phase initiale de traitement auprès de clientes gravement sous-alimentées, présente un risque élevé de complications parfois mortelles. Ce syndrome peut être évité en surveillant soigneusement les taux d'électrolytes, tout en augmentant lentement la nutrition parentérale, sans dépasser 200 à 300 calories tous les 3 ou 4 jours (Mehler, 1996).

On doit évaluer au départ les clientes souffrant de boulimie, en raison des risques graves de déséquilibre hydrique et électrolytique et de tous les effets indésirables de leur comportement de purge. Si ce comportement se prolonge durant le traitement, il faut surveiller constamment le niveau des électrolytes.

Il existe de nombreuses autres modalités de traitement des troubles de l'alimentation. Elles sont abordées dans la section suivante.

Modalités pharmacologiques

Les antidépresseurs tricycliques et, plus récemment, les inhibiteurs sélectifs du recaptage de la sérotonine, comme la fluoxétine (Prozac), la sertraline (Zoloft) et la paroxétine (Paxil), constituent des traitements efficaces pour les troubles de l'alimentation comorbides associés aux troubles affectifs (Pope et Hudson, 1984). Les inhibiteurs sélectifs du recaptage de la sérotonine permettent de prévenir une rechute, après une reprise de poids dans l'anorexie mentale, et ils diminuent de façon significative le nombre des crises de boulimie. Le dosage de ces médicaments, pour obtenir une réduction de l'hyperphagie, effet connu sous le nom d'« effet antiboulimique », est habituellement de plus de 60 mg par jour (Devlin et Walsh, 1989 ; Jimerson et coll., 1996). Le buproprion (Wellbutrin) est contre-indiqué dans le cas des troubles de l'alimentation en raison de sa haute incidence de crises d'épilepsie durant les essais cliniques. On n'a pas recours pas aux antidépresseurs IMAO en raison des restrictions diététiques que requiert leur utilisation.

ENSEIGNEMENT AU CLIENT

Troubles de l'alimentation

ENCADRÉ 16.11

Enseigner aux membres de la famille de la cliente :

- de ne pas se fier exclusivement au poids de la cliente et à la nourriture qu'elle ingère pour mesurer ses progrès. Leur faire comprendre que les troubles de l'alimentation sont des manifestations de problèmes psychologiques sous-jacents. Détailler et expliquer les principaux problèmes : manque d'estime de soi, conflit dû au processus d'individuation et de séparation, déficits intéroceptifs, peur de devenir adulte et évitement des conflits ;
- d'encourager la cliente à partager ce qu'elle a appris lors de la thérapie individuelle et de groupe, en ce qui concerne les problèmes psychologiques particuliers sous-jacents aux troubles de l'alimentation ;
- d'inciter la cliente à exprimer ses pensées et ses sentiments concernant les interactions familiales, qu'elle était dans un premier temps réticente ou craintive à exposer directement ;
- de renoncer à contrôler le comportement de la cliente ; arrêter de surveiller ce qu'elle mange, quand et comment, et combien elle pèse ;
- de comprendre qu'en exerçant un contrôle et une surveillance, on ne fait que renforcer le trouble des conduites alimentaires en créant un conflit de pouvoir dans lequel la cliente se sent traquée et se rebelle, aggravant davantage la situation ;
- de réduire l'enchevêtrement, mettre fin aux comportements qui consistent à préparer des repas séparés, à ne pas fixer des limites claires selon l'âge ou à ne pas s'attendre à ce que le client se conforme aux règles de la famille ;
- de comprendre que leurs tentatives d'aide pourtant bien intentionnées ont des effets contraires à ceux recherchés, parce qu'ils donnent l'impression à leur enfant d'être démunie et incapable d'assumer les responsabilités correspondant à son âge.

Enseigner à la cliente :

- de cesser de convertir ses conflits et ses sentiments en trouble des conduites alimentaires ; d'arrêter d'essayer de satisfaire ses besoins par son comportement, mais plutôt de déceler et d'exprimer ses conflits, ses besoins et ses sentiments ;
- d'exprimer ses pensées et ses émotions en groupe ou en tête-à-tête ; de formuler de manière concrète les impressions diffuses de culpabilité, d'anxiété, de peur, de vide et de tristesse. Ces sentiments sont exprimés en tant qu'expériences liées au corps et au fait d'être grosse. Demander à la cliente de préciser sa pensée : « Qu'est-ce que vous craignez qu'il arrive ? » ou « Lorsque vous dites "je me défonce", quelles pensées vous passent par la tête ? »

On peut utiliser les antipsychotiques en cas d'agitation extrême, lorsque la cliente présente des symptômes psychotiques. Les anxiolytiques sont à éviter, car ils entraînent une dépendance et également parce que les clientes souffrant de troubles de l'alimentation doivent apprendre à tolérer l'anxiété et à s'y adapter, plutôt qu'à l'éviter.

Les effets secondaires des troubles de l'alimentation rendent souvent nécessaire une médication. On peut prévenir l'hypokaliémie en administrant des suppléments de potassium par voie orale ou intraveineuse. L'anémie nutritionnelle peut être traitée avec des suppléments de fer. La métoclopramide (Maxeran) permet de traiter la gastroparésie, ou atonie gastrique. L'infection des glandes parotides se traite avec des antibiotiques. On peut résoudre la dépendance aux laxatifs par une combinaison de laxatifs émollients, de son de blé, de fibres, de liquides et la diminution des doses de laxatifs (si la cliente prend de très fortes doses, allant de 50 à 100 comprimés à la fois, un sevrage brutal est dangereux ; il faut donc procéder de manière progressive et sous surveillance).

Modalités psychothérapeutiques

Psychothérapie individuelle

C'est le traitement de choix pour les troubles de l'alimentation. La thérapie à orientation psychodynamique est un traitement à long terme, menant à une prise de conscience qui permet de remédier aux échecs dûs aux traumatismes lors du développement précoce, lesquels

sont considérés comme les principaux facteurs étiologiques. À l'exception des psychanalystes les plus traditionalistes, tous s'entendent pour recommander un traitement comportant une phase active, encourageant l'utilisation des techniques comportementales pour la gestion des symptômes et la restructuration cognitive des modes de pensée erronés.

ALERTES Si la cliente respecte le contrat et ne prend pas de poids comme prévu, l'infirmière pourra soupçonner que la cliente se purge et en informera l'équipe soignante, laquelle lui recommandera éventuellement d'aborder franchement ce comportement avec la cliente. Il faudra ensuite augmenter la surveillance après les repas et durant l'administration des suppléments pour éviter les vomissements provoqués. L'infirmière reste dans la pièce avec la cliente durant l'heure qui suit le repas ou bien la cliente vient s'asseoir dans le poste des infirmières. On peut modifier le contrat afin d'y insérer cette clause. S'il n'y a pas de reprise de poids dans les jours qui suivent, on peut commencer l'alimentation par gavage.

Les thérapeutes cognitifs recommandent généralement une analyse individuelle, structurée et à court terme, moins orientée sur une prise de conscience et davantage axée sur les modes de pensée.

La plupart des thérapeutes, quelle que soit leur orientation, ont recours à l'hospitalisation afin de traiter les exacerbations aiguës des troubles de l'alimentation et des troubles affectifs concomitants.

Thérapie comportementale

Qu'il s'agisse d'une thérapie individuelle pour une cliente traitée en clinique externe ou en centre hospitalier, la thérapie comportementale est destinée à traiter les symptômes. Les méthodes employées habituellement avec les clientes hospitalisées ou externes comportent des contrats de comportement pour prendre du poids, pour gérer les programmes d'exercices et d'alimentation, et pour réduire les épisodes de boulimie suivis de vomissements provoqués. L'une des interventions efficaces pour la boulimie consiste à exposer la cliente, tout en prévenant sa réaction, aux aliments « angoissants » ou à ceux qui déclenchent l'hyperphagie, et à l'empêcher de se purger.

Thérapie cognitive

La plupart des thérapeutes mentionnent l'emploi de la thérapie cognitive dans le traitement des troubles de l'alimentation. De nombreuses clientes ont des modes de pensée et des croyances erronés en ce qui concerne la nourriture et le poids, mais également au sujet de leur image de soi. Les techniques de recadrage et de restructuration cognitive et la psychothérapie rationnelle-émotive permettent habituellement de modifier leurs distorsions cognitives.

La modification des croyances et des postulats reliés à l'image du corps, en particulier des stéréotypes sociaux concernant l'obligation d'avoir un corps parfait et androgyne, constitue l'une des solutions envisagées à la boulimie. Desaulniers (1997) remet en question les croyances citées comme facteurs prédisposant à l'anorexie mentale et la boulimie afin de réduire l'anxiété à la source de cette problématique.

- Des énoncés, tels que « Si je maigrissais, je serais plus aimée des gens », « Si je n'étais pas grosse, il m'aimerait. », « Plus je suis maigre, plus je suis jolie » présentent des idées douteuses, car les goûts sont difficilement discutables.
- « C'est épouvantable d'être gros » est une idée fausse, car les choses épouvantables n'existent pas. C'est un jugement que la personne porte sur des événements considérés comme étant nuisibles. « Je n'aime pas être gros » est une idée plus juste, moins dramatisante et donc moins anxiogène.
- « Mon poids augmente à vue d'œil » est une exagération langagière. Il est possible que l'individu reprenne du poids. Cela se fait graduellement, et la personne peut maintenir un poids qu'elle trouve raisonnable si elle équilibre adéquatement ses gains et ses pertes d'énergie.

Thérapie familiale

Les adolescentes atteintes de troubles de l'alimentation participent presque toujours à une thérapie familiale qui fait partie intégrante du traitement. Il est essentiel d'éduquer la famille à propos des troubles de l'alimentation, car ces comportements mobilisent souvent l'attention de toute la famille, menant à un surinvestissement émotionnel et à des conflits de pouvoir qui renforcent involontairement le comportement.

Thérapie de groupe

On a fréquemment recours à la thérapie de groupe, que ce soit dans un contexte d'hospitalisation ou dans le cas d'un traitement ambulatoire des troubles de l'alimentation. Cette méthode se justifie doublement. Les clientes souffrant d'anorexie mentale ou de boulimie, ou des deux ensemble, ont souvent tendance à s'isoler des autres et à adopter une position spéciale vis-à-vis de la nourriture et de l'alimentation. L'isolement se traduit par une attitude mystérieuse, par l'impression d'être incomprise et par des bénéfices secondaires liés au fait de se sentir « spéciales ». À l'intérieur d'un groupe dont les membres souffrent du même trouble, les clientes se sentent en confiance et acceptées, pouvant enfin se dévoiler sans avoir à recourir aux manipulations ni aux bénéfices secondaires qu'elles retirent de leur « différence ».

Thérapies par l'expression

La thérapie par l'art, la musicothérapie, la thérapie par la danse et le mouvement, l'écriture d'un journal ou la rédaction de poèmes sont souvent employées dans une approche multidisciplinaire des troubles de l'alimentation. Les symptômes des troubles de l'alimentation étant l'expression indirecte, sur le plan physique, d'une souffrance émotionnelle, de nombreuses clientes ont de la difficulté à traduire leur souffrance en mots, passage obligé des thérapies par la parole. Des techniques non verbales permettent une meilleure expression de soi-même et l'exploration des questions sous-jacentes.

Traitement auxiliaire

Ergothérapie

De nombreuses clientes souffrant de troubles de l'alimentation ont besoin d'aide pour apprendre à planifier les repas, à faire les courses et à cuisiner pour elles-mêmes, surtout si elles ne se sont pas nourries convenablement durant de nombreuses années. Alors que le diététiste planifie les repas, l'ergothérapeute permet à la cliente de suivre sa planification. Il est également nécessaire de l'aider à adopter un programme d'exercice modéré pour pallier des habitudes d'exercices compulsifs.

Éducation et conseils pour la nutrition

Malgré leur obsession pour la nourriture, la plupart des clientes souffrant de troubles de l'alimentation disposent d'une information à la fois inexacte, dépassée et fausse. Une composante importante du traitement des malades consiste à consulter un diététiste professionnel. Le diététiste fixera lui-même l'échelle de poids santé pour la cliente, planifiera le programme de réalimentation, et surveillera la planification des repas. Il peut également fournir des conseils de nutrition et aider la cliente à planifier régulièrement ses repas.

→ Plan de soins infirmiers   ENCADRÉ 16.12

COLLECTE DE DONNÉES

Mélanie, étudiante de première année du collégial, a été hospitalisée pour une cachexie (poids de 43 kg pour une taille de 1,75 m), accompagnée d'hypokaliémie, d'anémie nutritionnelle et d'arythmie cardiaque. Elle vivait dans un appartement, mais elle est revenue à la maison, après avoir échoué au premier semestre, et ses parents, qui ne l'avaient pas vue depuis plusieurs mois, l'ont immédiatement conduite chez leur médecin de famille, qui l'a fait hospitaliser. Le médecin de Mélanie mentionne qu'elle suit un régime et s'adonne à des exercices excessifs depuis deux ans, mais qu'elle a toujours maintenu son poids dans une limite de 10 % du poids santé et qu'elle a suivi une psychothérapie individuelle durant l'année qui a précédé son entrée au collège. Mélanie déclare qu'elle a interrompu cette thérapie lorsqu'elle était au collège, manquant ainsi à sa promesse. Elle minimise son amaigrissement, se plaint d'être grosse, a une attitude renfrognée et colérique, et veut sortir de l'hôpital.

DIAGNOSTIC DSM-IV

Axe I :	Anorexie mentale, du type crise de boulimie/vomissements
Axe II :	Exclure le trouble de la personnalité limite
Axe III :	Différé
Axe IV :	Modéré – 3 (déménagement de la maison)
Axe V :	EGF = 50 (actuel)
	EGF = 65 (année antérieure)

DIAGNOSTIC INFIRMIER : alimentation déficiente reliée à un refus de s'alimenter et à un comportement éventuel de purge.
DONNÉES : perte de poids importante, hypokaliémie et arythmie cardiaque.

Résultats escomptés	Interventions/Justifications	Évaluation
• Mélanie consommera le nombre adéquat de calories pour son âge, sa taille et ses besoins métaboliques (c.-à-d. 75 % des repas à la fin du séjour hospitalier).	• Commencer la réalimentation en collaboration avec l'équipe soignante (voir encadré 16.13). *La privation de nourriture est devenue incontrôlable et Mélanie ne peut pas recommencer à se nourrir par ses propres moyens.*	• Le premier jour, Mélanie a mangé seulement 25 % du repas ; le deuxième jour, elle en a mangé la moitié et a bu les 3 suppléments diététiques en entier. Après 7 jours, elle mange 75 % de tous les repas et on a arrêté les suppléments.
	• Inciter Mélanie à choisir son propre menu. *Elle coopérera plus facilement si elle sent qu'elle peut influer sur le processus de réalimentation.*	• Mélanie a choisi ses propres repas le troisième jour.
• Mélanie atteindra son poids minimum santé (moins de 15 % sous son poids santé : environ 52 kg pour 1,75 m).	• Peser la cliente tous les jours, le dos tourné à la balance. *L'obsession de Mélanie concernant son poids peut être aggravée si elle est informée de l'évolution de son poids quotidiennement. Si elle l'ignore, elle sera en mesure de tolérer un gain de poids, et cela lui permettra de relâcher le contrôle qu'elle exerce sur son corps.*	• Mélanie a atteint le poids prévu au moment de la sortie d'hôpital.
• Mélanie prendra environ 2 kg par semaine.	• Continuer à exécuter le plan de réalimentation et le contrat, comme il a été convenu, *pour maintenir le poids escompté de la cliente.*	

DIAGNOSTIC INFIRMIER : image corporelle perturbée reliée à l'insatisfaction concernant son corps, à la peur d'engraisser, et au fait de minimiser la perte de poids, alors qu'elle est de 15 % sous le poids minimum santé (43 kg pour 1,75 m).

Résultats escomptés	Interventions/Justifications	Évaluation
• Mélanie aura une perception réaliste de sa taille et de sa forme corporelle.	• Favoriser l'expression des pensées et des sentiments concernant le corps. *La verbalisation de problèmes précis peut aider Mélanie à aborder les questions psychologiques liées à son image corporelle.*	• La cliente exprimera une prise de conscience de son insuffisance pondérale et reconnaîtra que son insatisfaction concernant son physique dépend plus de ses problèmes psychologiques que de son poids.
• Mélanie sera plus consciente de la perturbation de son image corporelle.	• Collaborer avec le diététiste pour donner une information factuelle sur le poids et la taille (« Vous pesez 10 kg de moins que le poids santé minimum correspondant à votre âge et à votre taille »), *afin de favoriser une approche réaliste de la différence entre le poids santé et le poids réel.*	• Mélanie dira qu'elle se voit plus grosse qu'elle ne l'est réellement.

Plan de soins infirmiers (suite)   ENCADRÉ 16.12

Résultats escomptés	Interventions/*Justifications*	Évaluation
• Mélanie aura amélioré son image de soi, fondée sur des attributs positifs plutôt que sur son apparence physique.	• Fournir une rétroaction à Mélanie concernant les qualités qu'elle montre dans le milieu. *Son image de soi est strictement fondée sur son corps, et elle a besoin de se voir d'une façon plus réaliste.*	• Mélanie reconnaîtra que ses qualités n'ont rien à voir avec son apparence physique.

DIAGNOSTIC INFIRMIER : non-observance du plan de soins reliée aux conflits sous-jacents (concernant les problèmes de contrôle ou de séparation), qui se manifeste par la colère, le refus de se confier au personnel et les demandes pour obtenir sa sortie d'hôpital.

Résultats escomptés	Interventions/*Justifications*	Évaluation
• Mélanie prendra part à des rencontres thérapeutiques avec le personnel. • Mélanie suivra le plan de soins interdisciplinaire. • Mélanie reconnaîtra son état et la nécessité du traitement.	• Inciter Mélanie à s'engager dans une alliance thérapeutique (recourir à sa participation pour mettre au point un traitement collaboratif). *Faire participer Mélanie aux décisions de l'équipe soignante afin de renforcer sa maîtrise de la situation et réduire ses résistances.* • Établir un contrat multidisciplinaire, avec des attentes et des conséquences claires, *pour renforcer l'observance de la cliente et réduire les résistances.* • Recourir à l'orientation vers la réalité pour contrer les tendances de Mélanie à minimiser la gravité de son état. Lui fournir des informations concernant les analyses de laboratoire, l'état médical, etc. *Son déni pourrait diminuer lors de la présentation de résultats concrets.*	• Mélanie collabore activement avec l'équipe soignante. • Mélanie respecte les attentes du contrat établi pour son comportement. • Mélanie réalise et exprime la nécessité d'une hospitalisation.

Procédure de réalimentation   ENCADRÉ 16.13

Si Mélanie ne mange pas 75 % de ses repas durant le premier jour, elle recevra trois suppléments diététiques le deuxième jour. On maintiendra les suppléments jusqu'à ce qu'elle mange 75 % de ses repas. Si elle ne termine pas les suppléments le deuxième jour, elle sera alimentée par gavage le troisième jour. La réalimentation par gavage se poursuivra jusqu'à ce qu'elle mange 75 % de tous les repas pendant une journée. Si elle refuse l'alimentation par gavage, on la laissera sortir de l'hôpital.

Travail social

Les clientes souffrant de troubles de l'alimentation chronique ont généralement des problèmes de fonctionnement sur le plan social. Les travailleurs sociaux en milieu hospitalier peuvent les assister pour trouver les ressources communautaires dont elles ont besoin en matière de services de traitement de jour et d'autres modalités de logement (comme les foyers d'hébergement et de soins, les foyers de groupe, les centres de traitement à demeure ou de réadaptation professionnelle). Les travailleurs sociaux offrent souvent une thérapie familiale.

Traitement interdisciplinaire

On recommande une approche interdisciplinaire pour le traitement des troubles de l'alimentation. Que le contexte soit hospitalier ou externe, le succès de ce traitement dépend de la collaboration des différents professionnels : infirmières, médecins, psychiatres, psychologues, diététistes, travailleurs sociaux et ergothérapeutes, entre autres.

Les réunions de l'équipe soignante interdisciplinaire sont des occasions propices pour échanger des informations sur l'évaluation et sur le déroulement du plan de soins interdisciplinaire. Ce sont en général les infirmières qui coordonnent ce plan et veillent à son exécution. Les changements dans le réseau de la santé ont eu pour effet de raccourcir les séjours hospitaliers, particulièrement dans le cas de séjours dans des unités de traitement des troubles de l'alimentation, qui tendent à disparaître. Dans ce cas, les clientes sont redirigées vers les unités psychiatriques ou vers les unités médicales. Les infirmières assument de plus en plus un rôle de leadership dans la coordination de l'équipe soignante.

Groupes d'entraide communautaire

Il existe plusieurs groupes d'entraide communautaire qui permettent aux personnes anorexiques et aux personnes boulimiques de s'entraider, par exemple l'ANEB, l'Association québécoise d'aide aux personnes souffrant d'anorexie nerveuse et de boulimie (voir annexe E). Les cliniques spécialisées dans le traitement des troubles alimentaires (à l'hôpital Sainte-Justine, à l'hôpital Douglas, à la clinique Saint-Amour) proposent à leurs clients de participer à des groupes de discussion et d'entraide.

➡ 16.2.6 Évaluation

L'infirmière évalue les progrès de la cliente souffrant de troubles de l'alimentation d'une manière organisée, au moment opportun, et selon les résultats déterminés par le plan de soins. Pour ce type de clientes, l'évaluation porte à la fois sur les aspects physiologiques, comportementaux, psychologiques et sociaux. Pour évaluer les réactions physiologiques au traitement, il faut effectuer un suivi des analyses de laboratoire, des signes vitaux, du poids et des prises de nourriture et de liquides. En observant et en notant les affects de la cliente, sa participation au programme, ses comportements alimentaires, son interaction avec son entourage et ses réactions avec le personnel, on disposera de données pour évaluer la réaction comportementale au traitement. L'écoute et l'interaction avec la cliente lors de la thérapie de groupe, en milieu thérapeutique et au cours des interactions individuelles concernant des questions spécifiques, le plan de traitement ou le contrat permettront d'évaluer la réaction psychologique et comportementale au traitement.

CONCEPTS-CLÉS

- Les troubles de l'alimentation sont des syndromes qui comprennent des caractéristiques à la fois physiologiques, comportementales et psychologiques.
- Le refus de s'alimenter, l'hyperphagie, ainsi que les comportements de purge existent depuis des siècles, mais revêtent une signification psychologique différente selon le contexte culturel. Jusqu'à tout récemment, les troubles de l'alimentation survenaient rarement.
- La récente épidémie des troubles de l'alimentation est due aux tendances culturelles contemporaines de l'industrie de la mode, des régimes amaigrissants et des changements dans les rôles des femmes.
- Les troubles de l'alimentation ont une étiologie multiple, comprenant des facteurs biologiques, socioculturels, psychologiques et familiaux.
- On observe une forte incidence de dépression chez les clients souffrant de troubles de l'alimentation et dans leurs familles. On pense qu'il existe des liens entre ces deux types de troubles.
- Les traits de personnalité communément observés chez les individus atteints de troubles de l'alimentation comprennent : une faible estime de soi, le perfectionnisme, une instabilité affective, des déficits intéroceptifs, une inefficacité ainsi que le désir de plaire aux autres.
- Les familles des personnes souffrant de troubles de l'alimentation présentent des dynamiques communes : enchevêtrement, mauvaise résolution des conflits, séparation incomplète et, dans certains cas, alcoolisme, abus sexuels et violence physique.
- La grande majorité des individus souffrant de troubles de l'alimentation sont des femmes (90 à 95 %). La boulimie se rencontre fréquemment chez les étudiantes de niveau secondaire ou collégial.
- Les clientes souffrant de troubles de l'alimentation présentent fréquemment d'autres diagnostics psychiatriques. Les diagnostics habituels de l'axe I sont les suivants : dépression, troubles anxieux et troubles dissociatifs. Les diagnostics de l'axe II sont les troubles de la personnalité limite, de la personnalité évitante et de la personnalité obsessionnelle-compulsive.
- L'anorexie mentale et la boulimie sont deux diagnostics distincts dans la classification du DSM-IV, mais nombre de leurs caractéristiques se recoupent.
- L'évolution de la maladie peut être chronique ou épisodique, requérant respectivement des traitements à long terme ou récurrents.
- On recommande un traitement interdisciplinaire pour faire face à la nature multiple des troubles de l'alimentation.
- Les complications médicales des troubles de l'alimentation peuvent mettre en danger le pronostic vital. Les vomissements provoqués, de même que les abus de laxatifs et de diurétiques, risquent de conduire à un grave déséquilibre des électrolytes, provoquant des arythmies et des arrêts cardiaques.
- L'infirmière doit adopter une attitude ferme, professionnelle et, néanmoins, pleine de compassion pour éviter les résistances qui nuisent au traitement des individus souffrant de troubles de l'alimentation.
- Le plan de soins doit établir un équilibre entre les interventions comportementales pour interrompre le cycle des conduites, et les interventions psychologiques qui concernent les problèmes sous-jacents.
- On doit fournir un environnement structuré et sûr pour prévenir l'automutilation, pour favoriser la restauration nutritionnelle, ainsi que pour aider la cliente à comprendre la signification de son comportement et à apprendre des stratégies d'adaptation plus efficaces.
- La réalimentation doit être effectuée de façon structurée, avec des attentes et des conséquences clairement définies. Un renforcement positif est plus efficace qu'une punition, et la cohérence s'avère cruciale.
- La cliente doit comprendre que le trouble de l'alimentation est une façon d'éviter les problèmes psychologiques. L'infirmière doit aider la cliente à se concentrer sur les problèmes sous-jacents et sur les conflits plutôt que sur son poids.
- On utilise les antidépresseurs pour traiter une dépression comorbide chez les clientes atteintes de troubles de l'alimentation. Ceux-ci peuvent permettre de réduire les épisodes d'hyperphagie des clientes atteintes de boulimie.
- On recommande généralement à tous les clients souffrant de troubles de l'alimentation une psychothérapie individuelle à long terme, selon des modalités diverses. On a souvent recours aux thérapies familiales et de groupe.

SITUATIONS CLINIQUES

1. Christine, 20 ans, étudiante au collégial, est amenée au service d'urgence par son ami après s'être évanouie, alors qu'elle se trouvait sous la douche. Son ami prend l'infirmière à part et lui confie que Christine est boulimique ; il redoute que son trouble de l'alimentation soit la cause de cet évanouissement. Il explique que Christine a tendance à dissimuler sa boulimie et à être sur la défensive à ce sujet. Le premier examen physique réalisé ne montre aucune blessure due à la chute, et les signes vitaux sont normaux. On note un gonflement des ganglions lymphatiques parotidiens, et le poids se situe dans la moyenne normale. Christine se montre tendue et anxieuse, évitant le contact visuel avec l'infirmière ; elle marmonne qu'elle s'est couchée très tard ces derniers temps afin d'étudier et qu'elle manque de sommeil.

Pensée critique – Collecte de données

- Comment l'infirmière devrait-elle approcher Christine ? Aborder le sujet de la boulimie ?
- Si Christine reste sur la défensive ou qu'elle nie, comment l'infirmière doit-elle réagir ?
- Quels examens physiques complémentaires doivent être effectués ?
- De quels autres renseignements doit-on disposer pour compléter la collecte de données ?

2. Florence, 27 ans, est mariée et mère d'un enfant de 3 ans. Elle vient d'être hospitalisée à la suite d'une tentative de suicide, lors de laquelle elle a ingéré 100 laxatifs ainsi qu'un flacon d'antidépresseurs. Elle est actuellement suivie par un psychiatre pour dépression et boulimie. La collecte de données de soins infirmiers révèle que Florence a des crises de boulimie suivies de vomissements, et qu'elle prend également des laxatifs (habituellement 5 à 6 comprimés par jour). Elle respecte un poids santé pour sa taille, 63 kg pour 1,75 m. Elle participe volontiers aux activités de thérapie par le milieu, bien qu'elle soit déprimée. Elle mange très peu durant les repas et a accepté de ne pas se purger durant son hospitalisation.

Pensée critique – Résultats escomptés

- Comment l'infirmière peut-elle évaluer la participation de Florence à sa thérapie avec l'équipe soignante et avec son entourage ?

- Quelles sont les attentes réalistes pour que Florence mange durant les repas ? Quels éléments doit-on surveiller en ce qui concerne l'amélioration de son état nutritionnel ?
- Comment l'infirmière peut-elle détecter les améliorations de sa conduite alimentaire et la cessation de ses purges ?
- Comment Florence peut-elle prouver sa prise de conscience des problèmes psychologiques sous-jacents qui provoquent sa boulimie ?

3. Hélène est une jeune fille de 16 ans qui est admise à l'hôpital en raison de symptômes de boulimie incontrôlables, comprenant à la fois des crises de boulimie et des vomissements provoqués une dizaine de fois par jour, accompagnés d'un abus de laxatifs.

Durant la première semaine de son hospitalisation, le premier objectif était de rétablir son équilibre hydrique et électrolytique et de la surveiller pour empêcher les vomissements. Durant sa première semaine, Hélène a beaucoup dormi. Elle a participé de manière superficielle à des sessions de groupes, se plaignant principalement des malaises physiques provoqués par l'arrêt des vomissements et des laxatifs. Au cours de la deuxième semaine de traitement, l'équipe a établi des objectifs pour permettre à Hélène de « prendre en main » les questions psychologiques liées à sa boulimie. Ces interventions comprenaient une incitation à travailler sur les questions sous-jacentes d'estime de soi et de dysfonctionnement familial.

Pensée critique – Évaluation

- Comment l'infirmière peut-elle évaluer les progrès d'Hélène concernant son travail sur les problèmes sous-jacents ? Quels résultats spécifiques permettront de déceler de tels progrès ?
- Comment l'infirmière doit-elle formuler ses observations durant les sessions de groupe afin d'évaluer les progrès d'Hélène ?
- Quels indices indiqueront un progrès lorsque Hélène verbalisera son travail sur les problèmes sous-jacents ?

Francine Fiset
B.Sc.inf., M.A. (sexologie)

Chapitre

17

TROUBLES
SEXUELS

OBJECTIFS
D'APPRENTISSAGE

APRÈS AVOIR LU CE CHAPITRE, VOUS DEVRIEZ ÊTRE EN MESURE :

DE DISCUTER DE LA NOTION DE SANTÉ SEXUELLE ;

DE RETRACER L'HISTORIQUE DE LA THÉRAPIE SEXUELLE ;

DE DÉCRIRE LES PHASES DU CYCLE DE LA RÉPONSE SEXUELLE ;

D'ABORDER LES DIFFÉRENTS FACTEURS DE L'ÉTIOLOGIE DES DYSFONCTIONS SEXUELLES ;

DE DÉCRIRE LES CARACTÉRISTIQUES DES DIVERSES DYSFONCTIONS SEXUELLES ;

D'APPLIQUER LA DÉMARCHE DE SOINS INFIRMIERS AUX CLIENTS SOUFFRANT DE DYS-
FONCTION SEXUELLE ;

DE DÉCRIRE LES DIFFÉRENTS TYPES DE PARAPHILIE ET LEUR TRAITEMENT ;

D'APPLIQUER LA DÉMARCHE DE SOINS INFIRMIERS AUX CLIENTS PRÉSENTANT UNE
PARAPHILIE.

MOTS-CLÉS

Depo-Provera (acétate de médroxyprogestérone) : médicament utilisé dans le traitement d'appoint des troubles sexuels ; inhibiteur de l'appétit sexuel ; réduit la concentration en testostérone à un niveau prépubertaire.

Dilatateur vaginal : série graduée de dilatateurs cylindriques introduits dans le vagin pour réduire les spasmes involontaires.

Dysfonctions sexuelles : perturbations d'une des phases de la réponse sexuelle provoquant de la détresse et des difficultés relationnelles. Elles peuvent être primaires (de tout temps) ou secondaires (acquises après un fonctionnement normal).

Exercices de concentration sensorielle : exercices d'apprentissage mis au point par Masters et Johnson et nécessitant une prise de conscience des sensations de plaisir émanant du toucher.

Facteurs déclenchants : stimuli qui intensifient les besoins maladifs et inacceptables d'ordre sexuel.

Identité de genre : concept développé par Robert Stoller qui considère deux aspects dans l'identité sexuelle, soit celui du rôle social et celui du sexe biologique. L'identité de genre correspondant au rôle social de chaque sexe.

Identité sexuelle : conviction profonde d'appartenir à l'un ou l'autre sexe (Bureau, 2003) ; sentiment d'être un homme ou une femme.

Orientation sexuelle : objet de la pulsion sexuelle : hétérosexuelle (sexe opposé), homosexuelle (sexe identique) et bisexuelle (l'un et l'autre sexe) (Kaplan et Sadock, 2002).

Paraphilies : déviations ou troubles sexuels révélant des fantasmes sexuels inappropriés et supposant des actes sexuels déviants, des pulsions sexuelles inappropriées, ainsi qu'un passage à l'acte impliquant ces fantasmes et pulsions.

Pompe à vide pour usage externe (prothèse pénienne externe) : pompe à vide cylindrique servant à aspirer le sang vers le pénis et à l'y emprisonner à l'aide d'anneaux de constrictions, favorisant ainsi l'érection.

Psychoéducation : type de thérapie montrant au client souffrant de paraphilie comment repérer les situations ou les objets pouvant déclencher une activité sexuelle inappropriée et l'aidant à prendre conscience des stratégies de prévention de la rechute et de l'importance de l'observance du traitement.

Récidivité : répétition chronique de comportements sexuels considérés comme inacceptables qui se sont soldés ou non par une condamnation au criminel.

Sexe : ensemble des caractéristiques biologiques qui définissent le fait d'être mâle ou femelle (OMS 2001). Ce terme est aussi souvent utilisé pour parler des activités sexuelles.

Troubles de l'identité sexuelle : trouble qui se manifeste par l'identification intense et persistante à l'autre sexe et par un sentiment de malaise persistant par rapport à son propre sexe et aux rôles qui s'y rattachent.

Viagra : médicament bloquant l'enzyme qui dégrade le GMP cyclique, stimulant ainsi l'effet chimique relaxant sur les cellules du muscle lisse pénien et entraînant l'érection.

Yohimbine : antagoniste des récepteurs α_2 adrénergiques facilitant la circulation sanguine vers les parties génitales (spécialement chez les hommes) et augmentant par conséquent l'excitation.

17.1 TROUBLES SEXUELS

Le présent chapitre porte sur les troubles de la sexualité humaine : les **dysfonctions sexuelles** et les paraphilies. Les **troubles de l'identité sexuelle** ne seront pas abordés dans le cadre de ce chapitre.

Bien qu'ils ne mettent pas, en général, la vie en danger, les troubles sexuels peuvent toutefois entraîner une grande détresse psychologique. Avant d'aborder l'étude des difficultés sexuelles, l'infirmière doit se familiariser avec la notion de santé sexuelle.

La santé sexuelle est une composante de l'état global de la santé. Selon l'OMS (2001), « la santé sexuelle est le processus expérientiel continu d'un état de bien-être physique, psychologique, social et culturel relié à la sexualité ». La santé sexuelle se manifeste par l'expression libre et responsable des capacités sexuelles, favorisant l'harmonie et le bien-être personnel et social, tout en améliorant la qualité de vie de l'individu et de l'ensemble de la société. La santé sexuelle n'est pas seulement l'absence de maladie, d'infirmité et de dysfonctions. La reconnaissance et le respect des droits sexuels sont essentiels à l'atteinte de la santé sexuelle.

La sexualité est un phénomène complexe et sa définition peut varier selon les auteurs. Nous proposons celle de l'OMS (2000) : « Au sens large la sexualité fait partie intégrante de l'être humain. Elle englobe le **sexe**, le genre, l'**identité de genre** et l'**identité sexuelle**, l'orientation sexuelle, l'érotisme, les liens affectifs, l'amour et la reproduction. La sexualité s'exprime et se vit à travers les pensées, les fantasmes, les désirs, les croyances, les attitudes, les valeurs, les activités, les pratiques, les rôles et les relations. »

Le rôle de l'infirmière en matière de santé mentale s'étend de la promotion de la santé sexuelle jusqu'à l'intervention spécialisée en psychothérapie et en **psychoéducation**. Parmi les activités de soins et de traitement, les activités psychothérapeutiques et les activités psychoéducatives et de réadaptation sont reconnues comme des éléments essentiels de la pratique infirmière (Ordre des infirmières et infirmiers du Québec, 2003).

La recherche dans le domaine de l'évaluation et du traitement des dysfonctions sexuelles a donné lieu au développement de la thérapie sexuelle et à l'émergence de la sexologie. Au Québec, les professionnels de la santé, comme l'infirmière, possédant la formation et les compétences requises dans le domaine de la sexualité, de la consultation et de la psychothérapie sont habilités à traiter les troubles sexuels. La professionnalisation des sexologues est toujours à l'étude. Au Québec, les termes *sexologue clinicien* et *sexologue-psychothérapeute* sont aussi couramment utilisés. (Blanchette, 2002).

17.1.1 Dysfonctions sexuelles : perspectives historiques et théoriques

En 1966, un médecin et une psychologue, William Masters et Virginia Johnson, révolutionnèrent la compréhension de la réponse sexuelle humaine en publiant les résultats de 11 années de recherche dans *Human Sexual Response* (*Les réactions sexuelles*), devenu un classique dans le domaine de la thérapie sexuelle. Leur travail reposait sur l'observation directe, en laboratoire, de 10 000 cycles complets de la réponse sexuelle (Masters et Johnson, 1966). Cette recherche a permis de mieux comprendre les caractéristiques du cycle de la réponse sexuelle chez les hommes et les femmes. Masters et Johnson ont décrit avec précision les quatre phases de la réponse sexuelle : la phase d'excitation, la phase du plateau, la phase de l'orgasme et la phase de résolution. Pour les hommes, il faut ajouter la phase réfractaire, au début de la période de résolution (voir figures 17.1 et 17.2).

En 1970, ils publièrent un autre ouvrage, *Human Sexual Inadequacy* (*Les mésententes sexuelles et leurs traitements*), dans lequel ils décrivaient leur traitement des dysfonctions sexuelles, qui s'appuyait principalement sur la thérapie brève de couple. Dans cet ouvrage, Masters et Johnson

mettaient en lumière les causes probables des dysfonctions sexuelles et fournissaient des prescriptions détaillées pour leur traitement.

Masters et Johnson ne furent pas les seuls à explorer le domaine des difficultés sexuelles. À la fin du XIXᵉ siècle et au début du XXᵉ siècle, d'éminents sexologues, chercheurs et praticiens de diverses disciplines – médecine, psychologie, histoire, ethnologie, sociologie – ont essayé de décrire et de comprendre les comportements humains en matière de sexualité. Leurs travaux ont contribué au développement de la sexologie, qui est l'étude du phénomène sexuel.

Parmi eux, Henry Havelock Ellis (1859-1939), dans ses *Études de psychologie sexuelle* (1928), a présenté une synthèse humaniste sur une multitude de sujets sexologiques. On lui doit d'avoir distingué deux catégories de moralité sexuelle : l'une théorique, propre à la culture et qui se veut absolue, et l'autre pratique, qui peut s'appuyer sur des données scientifiques (Gratton, 1981, p. 23).

Sigmund Freud (1856-1939), le père de la psychanalyse, a totalement bouleversé les croyances de son époque au sujet de l'influence de la sexualité dans l'enfance.

Il a élargi la signification du mot *sexualité*. Au-delà du concept de reproduction, il lui attribuait une compréhension plus profonde, énergisant la sexualité en utilisant le terme *libido* (Gratton, 1981). Freud postulait que les expériences sexuelles de l'enfance influaient sur le développement de la personnalité adulte. Les sentiments infantiles, comme la peur de la castration et l'envie du pénis, jumelés aux fantasmes, aux peurs et aux différentes expériences peuvent être à l'origine d'un conflit qui se traduit par une dysfonction sexuelle. Le traitement psychanalytique s'attachait, dès lors, à révéler ces traumatismes anciens.

Alfred Kinsey (1894-1956), un biologiste, était convaincu que les faits sexuels pouvaient et devaient être étudiés comme n'importe quel autre phénomène humain. Ses travaux, effectués en collaboration, consistèrent à réunir pas moins de 18 000 séries d'antécédents de santé sexuelle (Gratton, 1981). Ils ont servi de base pour la demande de

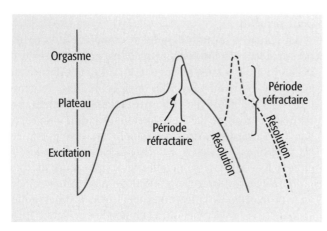

FIGURE 17.1 Cycle de la réponse sexuelle de l'homme
Tiré de Masters, W.H., et V.E. Johnson. *Les réactions sexuelles*, Paris, Robert Laffont, 1968.

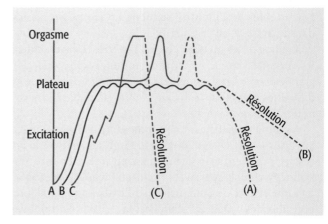

FIGURE 17.2 Cycle de la réponse sexuelle de la femme
Tiré de Masters, W.H., et V.E. Johnson. *Les réactions sexuelles*, Paris, Robert Laffont, 1968.

subvention de recherche auprès du gouvernement américain. Ils ont aussi prélude aux travaux de recherche de Masters and Johnson qui ont littéralement transformé l'approche thérapeutique des dysfonctions sexuelles.

Masters et Johnson postulaient que la thérapie sexuelle devait consister à faire une série d'exercices dirigés, guidés par un thérapeute. À l'origine, leur programme de traitement consistait en une thérapie de couple, durant laquelle les clients travaillaient de concert avec une équipe thérapeutique mixte (hommes et femmes). Le traitement, d'une durée de deux semaines (Masters et Johnson, 1971), comportait une collecte de données approfondie, une table ronde, ainsi que des exercices quotidiens. Masters et Johnson ont mis au point un traitement basé sur des expériences sexuelles structurées, incluant notamment des **exercices de concentration sensorielle** érotiques ainsi que la technique de compression du pénis (abordée plus loin dans ce chapitre).

Depuis la fin des années 1960, on a beaucoup appris sur les dysfonctions sexuelles et la sexualité en général. Bien qu'ils présentent certains avantages, les programmes de traitement structurés, comme celui de Masters et Johnson, ont été remis en question. La sexualité est trop complexe pour être réduite à un simple manuel des rapports sexuels. Au cours des dernières années, on a eu couramment recours à des approches combinant à la fois les théories comportementales et cognitives, ainsi que des thérapies d'orientation psychodynamique. Helen Singer Kaplan (1974) a souligné la nécessité de réintroduire les techniques comportementales parallèlement au traitement psychanalytique.

De nombreux autres auteurs ont tenté diverses approches. Hartman et Fithian (1972) ont proposé une approche thérapeutique basée sur une observation méticuleuse. L'évolution en matière de compréhension de la sexualité féminine a été fortement marquée par la parution du Rapport Hite en 1976 (Bahr, 1988). D'autres, comme Anon (1976), Leiblum et Rosen (1989) et LoPiccolo et Friedman (1988), ont mis en œuvre des stratégies et des perspectives thérapeutiques différentes. Au Québec, diverses approches thérapeutiques ont été développées au cours des 25 dernières années, inspirées de courants de pensée psychologiques et de la thérapie conjugale. Actuellement cinq approches thérapeutiques sont reconnues par l'Association des sexologues du Québec : approche cognitivo-comportementale, approche existentielle, approche sexoanalytique, approche sexocorporelle et approche systémique

Finalement, au cours des dernières années, de nouveaux traitements médicaux ont été mis sur le marché, principalement pour les dysfonctions érectiles. On peut ainsi citer : les traitements par voie orale (yohimbine, testostérone, citrate de sildénafil [Viagra], phentolamine [Rogitine]) ; le traitement transurétral (micropastilles de prostaglandine MUSE) ; le traitement par auto-injection de prostaglandine (Caverject) ; des pompes à vide (pro-

thèses péniennes externes) ainsi que des implants chirurgicaux (prothèse).

17.1.2 Étiologie

Les facteurs étiologiques des dysfonctions sexuelles sont multiples et peuvent être d'origine organique, psychologique et relationnelle (voir encadré 17.1).

Facteurs étiologiques des dysfonctions sexuelles	ENCADRÉ 17.1

Facteurs organiques

Vasculaires	Cardiopathie
	Maladies vasculaires
Neurologiques	Accident vasculaire cérébral
	Traumatismes crâniens
	Maladies de la moelle épinière
	Épilepsie
	Neuropathies périphériques
Endocriniens	Diabète
	Dérèglement des taux hormonaux, en particulier de la testostérone

Facteurs psychologiques

Expériences de l'enfance
Anxiété et stress
Éducation sexuelle absente ou inadéquate

Facteurs relationnels

Différences de désir ou d'intérêt sexuels
Manque de communication
Manque de confiance

Facteurs organiques

Les facteurs organiques pouvant contribuer à l'apparition de dysfonctions sexuelles comprennent les troubles vasculaires, neurologiques et endocriniens, ainsi qu'un ensemble de maladies, dont le cancer, les maladies chroniques et les infections génitales (Wagner et Kaplan, 1993). Les troubles vasculaires sont les cardiopathies et les problèmes circulatoires. Les troubles neurologiques désignent les accidents cérébraux vasculaires, les traumatismes crâniens, les traumatismes médullaires, l'épilepsie ou les neuropathies périphériques. Les facteurs endocriniens comprennent le diabète et un dérèglement hormonal. Les effets de la médication doivent également être pris en compte. Il est reconnu que les antipsychotiques et les hypertenseurs, ainsi que les sédatifs, les tranquillisants, les narcotiques et l'alcool, peuvent avoir un effet négatif sur le fonctionnement sexuel (voir tableaux 17.1 et 17.2). On connaît mieux aujourd'hui le rôle des inhibiteurs sélectifs du recaptage de la sérotonine dans la dysfonction sexuelle (Labbate et coll., 1998) (voir encadré 17.2).

Facteurs psychologiques

Comme nous l'avons mentionné précédemment, les spécialistes ont longtemps été convaincus que les expériences de la

TABLEAU 17.1	Effets des médicaments psychiatriques sur la sexualité des hommes		
Effets	**Médicaments**	**Effets**	**Médicaments**
Baisse ou inhibition du désir	Anticonvulsivants Antipsychotiques Cyprotérone (Androcur) Hallucinogènes Inhibiteurs de la monoamine oxydase (IMAO) (antidépresseur) Inhibiteurs sélectifs du recaptage de la sérotonine (ISRS) (antidépresseurs) Lithium Opiacés Antidépresseurs tricycliques	Incapacité éjaculatoire	Anticonvulsivants Antipsychotiques IMAO ISRS Opiacés
Augmentation du désir	Agoniste de la sérotonine 1A ($5HT_{1A}$) (BusPar) Benzodiazépines (tranquillisants mineurs) ISRS Trazodone (Desyrel) (antidépresseur)	Latence à l'éjaculation	Antipsychotiques Benzodiazépines Bloqueurs α_1 adrénergiques Bloqueurs α_2 adrénergiques IMAO ISRS Opiacés Trazodone (Desyrel) Antidépresseurs tricycliques
Aversion sexuelle	Méthylphénidate (Ritalin)	Éjaculation sans orgasme	Antipsychotiques Antidépresseurs tricycliques
Hypersexualité	Antipsychotiques (rare) Benzodiazépines ISRS Méthylphénidate	Baisse du volume de l'éjaculation	Antipsychotiques Nicotine
Difficulté/Incapacité à obtenir une érection	Anticonvulsivants Antipsychotiques Benzodiazépines Bloqueurs α_1 adrénergiques Bloqueurs α_2 adrénergiques Cyprotérone (Androcur) Diurétiques IMAO ISRS Lithium Méthylphénidate (Ritalin) Nicotine Antidépresseurs tricycliques	Éjaculation douloureuse	Antipsychotiques ISRS Antidépresseurs tricycliques
		Éjaculation trop rapide	Agonistes de la $5HT_{1A}$ Méthylphénidate (Ritalin)
		Baisse de production ou malformation des spermatozoïdes	Anticonvulsivants Antipsychotiques Lithium Nicotine
Difficulté/Incapacité à maintenir une érection	Antipsychotiques Opiacés	Baisse de la mobilité des spermatozoïdes	Anticonvulsivants Nicotine Hypogonadisme Antipsychotiques
Priapisme	Antipsychotiques Bloqueurs α_1 adrénergiques Néfazodone (Serzone) Trazodone (Desyrel)	Gynécomastie	Antipsychotiques Cyprotérone IMAO ISRS Antidépresseurs tricycliques

Tiré de Landry, Éric. «L'impact des médicaments psychiatriques sur les fonctions sexuelles», *Sexologie actuelle*, vol. X, n° 1, octobre 2001.

petite enfance étaient la cause des dysfonctions sexuelles. De fait, beaucoup continuent de penser que les facteurs psychosociaux ont davantage d'importance dans l'étiologie des dysfonctions sexuelles que les autres facteurs. Actuellement, de nombreuses publications et discussions traitent des conséquences des traumatismes sexuels durant l'enfance sur le fonctionnement sexuel subséquent (Beitchman et coll., 1992). Le fait que certains enfants sont issus d'environne-

ments répressifs sur le plan religieux, familial ou culturel, doit également être pris en compte (Money, 1986b).

D'autres difficultés, parmi lesquelles l'anxiété et le stress, sont également susceptibles d'entraîner certains changements du fonctionnement sexuel. Masters et Johnson (1970) ont baptisé *attitude de spectateur* la tendance d'un individu à maîtriser sa propre activité sexuelle, s'empêchant alors de s'abandonner à l'expérience en elle-même. Kaplan

TABLEAU 17.2 — Effets des médicaments psychiatriques sur la sexualité des femmes

Effets	Médicaments	Effets	Médicaments
Baisse et inhibition du désir	Anticonvulsivants Antipsychotiques Cyprotérone (Androcur) Diurétiques Hallucinogènes IMAO ISRS Opiacés Progestatifs Antidépresseurs tricycliques	Latence à l'orgasme	Anticonvulsivants Antipsychotiques Benzodiazépines IMAO ISRS Trazodone Antidépresseurs tricycliques
Augmentation du désir	Agoniste de la sérotonine 1A (5HT$_{1A}$) Benzodiazépines (tranquilisants mineurs) Hallucinogènes ISRS Trazodone (Desyrel) (antidépresseur)	Anorgasmie	Anticonvulsivants Antipsychotiques Benzodiazépines ISRS Opiacés Antidépresseurs tricycliques
		Réduction du nombre d'orgasmes	Antipsychotiques IMAO
Aversion sexuelle	Méthylphénidate (Ritalin)	Orgasme spontané	ISRS (Prozac) Tricycliques
Hypersexualité	Antipsychotiques (rare) ISRS Méthylphénidate (Ritalin)	TROUBLES MENSTRUELS Dysménorrhée	Antipsychotiques
Galactorrhée	Antipsychotiques Cyprotérone (Androcur) IMAO ISRS Antidépresseurs tricycliques	Ménorragie	Anticonvulsivants Antipsychotiques
		Aménorrhée	Anticonvulsivants Antipsychotiques IMAO ISRS Nicotine Opiacés
Gynécomastie	Antipsychotiques Cyprotérone (Androcur) IMAO ISRS Antidépresseurs tricycliques	INFERTILITÉ Baisse de la qualité de l'ovule	Anticonvulsivants
		Hypofertilité	Nicotine
Douleurs aux seins	Antipsychotiques IMAO Antidépresseurs tricycliques	DYSPAREUNIE Douleur lors de la pénétration	Antipsychotiques Benzodiazépines Antidépresseurs tricycliques

Tiré de Landry, Éric. «L'impact des médicaments psychiatriques sur les fonctions sexuelles», *Sexologie actuelle*, vol. X, n° 1, octobre 2001.

(1974) précise que l'anxiété et les conflits intérieurs, quelles que soient leurs sources (complexe d'Œdipe, désir de domination), peuvent susciter des sentiments hostiles au moment des ébats amoureux. L'anxiété peut aussi être liée à la peur d'être rejeté, à la crainte de l'échec et aux exigences de la (du) partenaire. On a remarqué que le stress, quelle qu'en soit la cause, réduisait la libido et diminuait la concentration en testostérone et en hormone lutéinisante (Morokoff et Gilliland, 1993).

Une mauvaise information ou l'ignorance en matière d'éducation sexuelle peuvent, dans une certaine mesure, expliquer une dysfonction sexuelle. À titre d'exemple, le fait d'ignorer où se situe le clitoris peut compliquer l'atteinte du plaisir sexuel. Certains mythes, comme celui selon lequel les hommes sont toujours avides de sexe alors que les femmes ne s'y intéressent jamais, ont également influé sur les attitudes vis-à-vis du sexe.

Facteurs relationnels

Kaplan (1979) rapporte que les problèmes de communication sont un important facteur étiologique des troubles sexuels. Elle signale que la difficulté à communiquer contribue à perpétuer, dans le couple, des rapports destructeurs sur le plan sexuel.

Les facteurs liés au couple mettent en jeu certaines différences au niveau des pulsions et de l'intérêts sexuel. Il arrive fréquemment que les couples ne discutent pas de ce qu'ils apprécient ou n'apprécient pas sur le plan sexuel, ou ne partagent pas leurs sentiments à propos de l'expérience du moment. Dans le couple, la confiance est un facteur primordial de l'établissement d'une bonne relation sexuelle, et la rétroaction en est un ingrédient indispensable.

Money (1986a) utilise le terme *lovemap* pour décrire l'image idéale que se fait un individu des personnes et des éléments qui composent son modèle d'excitation sexuelle. Les *lovemaps* varient d'un individu à l'autre. Par conséquent, deux personnes formant un couple peuvent être incompatibles du point de vue de leurs comportements de séduction.

17.1.3 Épidémiologie

La prévalence des troubles de la fonction sexuelle est difficile à déterminer, en partie à cause de la lenteur avec laquelle progressent les recherches en matière de sexualité féminine. En revanche, la dernière décennie a été marquée par un grand intérêt pour la recherche de traitements pharmacologiques remédiant aux dysfonctions sexuelles masculines. Masters et Johnson (1970) considèrent que 50 % des couples doivent surmonter, à un moment ou à un autre, une dysfonction sexuelle. Spector et Carey (1990) estiment que les problèmes sexuels sont courants dans notre société.

Dans un centre de traitement, 46 % des couples qui s'étaient présentés pour une thérapie sexuelle se sont plaints d'un faible désir sexuel (LoPiccolo et Friedman, 1988). Kaplan (1974) estime que 50 % des hommes souffriront de problèmes d'érection au cours de leur vie. Spector et Carey (1990) affirment que la dysfonction érectile est l'une des causes les plus courantes qui pousse les hommes à suivre une thérapie.

En ce qui concerne les troubles orgasmiques, Renshaw (1988) a découvert que 32 % des femmes souffraient d'un trouble orgasmique primaire, et que les femmes souffrant d'un trouble orgasmique secondaire représentaient 37 % de tous les clients en consultation dans une clinique spécialisée en sexologie. Kinsey et ses collaborateurs (1953) ont remarqué que 10 % des femmes interviewées signalaient une anorgasmie permanente. À l'inverse, Masters et Johnson (1970) considèrent comme rare l'orgasme inhibé chez l'homme et n'en ont observé que 17 cas au cours d'une période de 11 ans.

Kaplan (1974) cite l'éjaculation précoce comme étant la plus courante des dysfonctions sexuelles. En ce qui concerne les douleurs causées par les relations sexuelles, Renshaw (1988) signale 8 % de cas de dyspareunie et 5 % de cas de vaginisme. D'autres chercheurs évoquent cependant des moyennes plus élevées. Il semble y avoir, au sein de la population, une incidence relativement élevée de manque de satisfaction sexuelle, et on déplore l'absence de recherche approfondie et de compréhension de ces problèmes.

17.1.4 Description clinique

La classification du DSM-IV répartit les dysfonctions sexuelles en : troubles du désir sexuel, troubles de l'excitation sexuelle, troubles orgasmiques, douleurs causées par les relations sexuelles, dysfonction sexuelle due à une affection médicale générale, dysfonction sexuelle provoquée par l'alcool ou la drogue et dysfonction sexuelle non spécifiée (voir encadré 17.3). Les trois premières catégories sont basées sur les stades du cycle de la réponse sexuelle de Kaplan (1974).

17.1.5 Pronostic

La thérapie sexuelle a fait d'énormes progrès depuis la publication des travaux de Masters et Johnson. Tout en préconisant une approche éclectique et multiple, Kaplan (1974) reconnaissait que les méthodes d'intervention rapide pouvaient être plus efficaces que les formes traditionnelles de traitement à long terme. Il existe des données pronostiques pour les dysfonctions sexuelles en général ; toutefois, celles-ci ne peuvent pas s'appliquer de façon spécifique à toutes les dysfonctions. Ainsi, le pronostic du trouble du désir sexuel est généralement plus incertain que celui du trouble orgasmique.

Masters et Johnson (1970) ont découvert que le traitement contre l'impuissance primaire avait un taux d'échec de 40,6 %, alors que le taux d'insuccès du traitement contre l'impuissance secondaire était de 26,2 %. Le traitement contre l'éjaculation précoce n'échouait que dans 2,2 % des cas. Enfin, en matière de troubles coïtaux, le taux d'échec était de 19,7 % chez les hommes et de 19,3 % chez les femmes. Après avoir effectué une étude de suivi 5 ans plus tard, Masters et Johnson ont découvert que, hommes et femmes confondus, seulement 5,1 % des clients avaient rechuté. Plus récemment, les sexothérapeutes ont affirmé qu'environ les deux tiers de tous les traitements réussissaient. Zilbergeld et Evans (1980) ont, quant à eux, enregistré un taux de rechute de 54 %. Cet écart serait dû à l'évolution des critères de collecte de données plus qu'à une baisse de l'efficacité thérapeutique. De nombreux professionnels affirment que les troubles du désir sont ceux qui se traitent le moins aisément. Cet état de fait découlerait de la complexité des origines du désir. De par sa relation privilégiée avec le client, l'infirmière en santé communautaire joue un rôle important : elle peut détecter un problème sexuel chez le client, ou encore un besoin d'enseignement sur la sexualité ou d'information sur les effets débilitants d'une maladie ou les effets secondaires d'un médicament (voir encadré 17.7).

17.1.6 Critères d'évolution positive

Le client :
- manifestera de la satisfaction à l'égard de sa propre sexualité ;
- acquerra une meilleure connaissance du trouble dont il est atteint, ainsi que de l'étiologie et des symptômes qui s'y rapportent ;

COMPRÉHENSION ET APPLICATION DE LA RECHERCHE

ENCADRÉ 17.2

Une étude américaine porte sur l'examen rétrospectif des dossiers de 167 hommes et de 429 femmes traités aux inhibiteurs sélectifs du recaptage de la sérotonine (ISRS) au sein d'un établissement pour clients externes. On a demandé aux clients s'ils avaient remarqué la récente apparition d'une dysfonction sexuelle, après avoir amorcé le traitement aux ISRS. L'étude a indiqué que 16,3 % des participants avaient signalé des symptômes d'ordre sexuel, pendant qu'ils prenaient des ISRS. La moyenne d'âge des hommes était de 47,2 ans, alors qu'elle était de 37,5 ans pour les femmes. Parmi les participants à cette étude, 55 % étaient mariés, 33,8 % souffraient d'un trouble dysthymique et 10,2 % étaient atteints de dépression majeure. La majorité des individus étudiés (50,1 %) prenait de la fluoxétine. Trois autres ISRS étaient indiqués.

Un résident en psychiatrie a ensuite passé en revue les dossiers. Les données démographiques, le diagnostic psychiatrique, la consommation de médicaments, le type et la durée des effets secondaires d'ordre sexuel, ainsi que le recours aux médicaments pour traiter ces effets secondaires ont été pris en compte. L'examen des dossiers a démontré qu'il existait trois groupes. Le groupe 1 comprenait des individus ayant signalé une dysfonction sexuelle provoquée par les ISRS et ayant essayé un antidote pharmacologique. Le groupe 2 se composait de ceux qui, à l'instar des individus du groupe 1, étaient atteints d'une dysfonction résultant des ISRS, mais ne prenaient pas l'antidote ou avaient arrêté de prendre les inhibiteurs en question. Les individus du groupe 3, quant à eux, ne signalaient aucune dysfonction. Parmi ceux qui se sont plaints d'effets secondaires d'ordre sexuel, on retrouvait plus d'hommes que de femmes, et davantage d'individus mariés et plus âgés. On n'a détecté, en rapport aux dysfonctions sexuelles, aucune différence significative entre les différents types d'ISRS. Les troubles les plus couramment signalés étaient l'anorgasmie et l'orgasme retardé.

Après avoir déterminé les symptômes spécifiques, on a traité les individus du groupe 1 avec trois différents antidotes pharmacologiques : la yohimbine, l'amantadine et la cyproheptadine. Parmi ces clients, 81 % ont répondu positivement à la yohimbine, 42 % à l'amantadine, et 48 % à la cyproheptadine. Les chercheurs ont eu recours au test du χ^2 pour découvrir que ceux qui prenaient de la yohimbine présentaient une amélioration notable du fonctionnement sexuel. Aucun de ces antidotes n'entraînait une rechute de la dépression.

Les chercheurs ont remarqué que leurs résultats – 16,3 % des clients signalaient une dysfonction sexuelle – étaient inférieurs à ceux des autres études. Ils ont également noté que le fait de ne pas signaler d'effets secondaires d'ordre sexuel pouvait résulter de la gêne ou de la réticence des clients à aborder leurs problèmes sexuels. Ils ont avancé que la raison pour laquelle davantage d'individus mariés, d'hommes et de personnes plus âgées avaient signalé des effets secondaires était probablement due à leur aisance avec le sujet et non à une véritable incidence. Un certain nombre de personnes ont déclaré qu'elles cesseraient de prendre des ISRS si aucun traitement spécifique de leur dysfonction sexuelle n'était découvert. Cela donne à penser que les effets secondaires d'ordre sexuel peuvent constituer une raison importante de la non-observance thérapeutique. Cette étude s'appuie sur des données rétrospectives et sur l'auto-évaluation des participants, lesquelles limitent toutes deux l'utilité de cette étude. Toutefois, elle s'appuyait sur un large échantillon, accroissant de ce fait son utilité. Cette recherche contribue nettement à accroître l'ensemble des connaissances sur la dysfonction sexuelle, sur la consommation des ISRS, ainsi que sur les approches de traitement envisageables contre les effets secondaires d'ordre sexuel de ces médicaments.

Données tirées de Ashton A., Hamer R., Rosen R. : Serotonin-reuptake inhibitor-induced sexual dysfonction and its treatment : a large scale retrospective study of 596 psychiatric outpatients, *J. Sex. Marital. Ther.*, n° 23, vol. 3, p. 165, 1997.

- élaborera des stratégies pour agir sur le trouble en question ;
- communiquera efficacement avec ses proches concernant la sexualité ;
- montrera des aptitudes à communiquer ses besoins et ses désirs sexuels ;
- mettra en œuvre des stratégies d'adaptation efficaces.

Conséquences de l'intervention

La sexualité est un aspect essentiel de la vie de tout être humain. Les infirmières doivent toutes avoir pour objectif d'aider leurs clients à parvenir à une expression sexuelle positive. Favoriser l'atteinte de cet objectif est une tâche gratifiante, bien que difficile.

Pour tout client ou tout couple quel qu'il soit, il est difficile de prédire la durée des interventions et celle du traitement. Certains troubles sont plus difficiles à traiter (p. ex. les troubles du désir sexuel), alors que d'autres sont plus simples à éliminer (p. ex. les troubles coïtaux et l'éjaculation précoce), mais il serait faux de croire que tous les cas de figure vérifient les mêmes principes. Les facteurs particuliers à chaque individu accéléreront ou compliqueront la guérison, exigeant par conséquent une certaine souplesse. Une bonne infirmière doit en avoir systématiquement conscience. En outre, il n'appartient pas qu'à l'infirmière de savoir quand les objectifs sont atteints. Les individus varient dans leurs attentes vis-à-vis des résultats. Il incombe à l'individu seul de décider de son expression et de sa satisfaction sexuelles. Aussi longtemps que l'expression et la satisfaction en question ne sont pas nuisibles pour autrui, celles-ci ne doivent être déterminées par personne d'autre que le client lui-même.

Dysfonctions sexuelles

Troubles du désir sexuel
Baisse du désir sexuel
Déficience ou absence persistante ou répétée de fantaisies imaginatives d'ordre sexuel et de désir d'activités sexuelles. Pour faire la différence entre déficience et absence, le clinicien doit tenir compte des facteurs qui influe sur le fonctionnement sexuel, comme l'âge et les expériences du sujet.

Aversion sexuelle
Aversion extrême, persistante ou répétée, et évitement de tout (ou presque tout) contact génital avec un partenaire sexuel.

Troubles de l'excitation sexuelle
Trouble de l'excitation sexuelle chez la femme
Incapacité persistante ou répétée à atteindre, ou à maintenir, jusqu'à l'accomplissement de l'acte sexuel, une activité sexuelle adéquate (lubrification, intumescence).

Troubles de l'érection chez l'homme
Incapacité persistante ou répétée à atteindre ou à maintenir, jusqu'à l'accomplissement de l'acte sexuel, une érection adéquate.

Troubles de l'orgasme
Troubles de l'orgasme chez la femme
Absence ou retard persistant ou répété de l'orgasme après une phase d'excitation normale. Il existe chez la femme une grande variabilité dans le type ou l'intensité de la stimulation nécessaire pour déclencher un orgasme.

Trouble de l'orgasme chez l'homme
Retard ou absence d'orgasme, persistante ou répétée, après une phase d'excitation normale lors d'une activité sexuelle.

Éjaculation précoce
Trouble de l'orgasme et de l'éjaculation (persistant ou répété) lors de stimulations sexuelles minimes avant, pendant, ou juste après la pénétration, et avant que le sujet ne souhaite éjaculer.

Troubles sexuels avec douleur
Dyspareunie (non due à une affection médicale générale)
Douleur génitale persistante ou répétée associée aux rapports sexuels soit chez l'homme, soit chez la femme.

Vaginisme (non due à une affection médicale générale)
Spasme involontaire répété ou persistant de la musculature du tiers externe du vagin, perturbant les rapports sexuels.

Dysfonction sexuelle due à une affection médicale générale
Employer les mêmes catégories diagnostiques que précédemment, mais indiquer à quelle maladie elles sont attribuables.

Dysfonction sexuelle induite par une substance
Employer les mêmes catégories diagnostiques que précédemment, mais indiquer à quelle substance, prescrite ou non prescrite, elles sont spécifiquement attribuables (alcool, amphétamines, cocaïne, opiacés, sédatif, hypnotique, anxiolytique ou autre substance).

Dysfonction sexuelle non spécifiée
Ne remplit pas les critères d'une dysfonction sexuelle spécifique.

Adapté de l'American Psychiatric Association. *Mini DSM-IV. Critères diagnostiques*, (Washington DC, 1994), traduction française par J.-D. Guelfi et coll., Paris, Masson, 1996, 384 p.

17.2 DÉMARCHE DE SOINS INFIRMIERS

→ 17.2.1 Collecte de données

La sexualité influe sur tous les aspects de la vie quotidienne. L'apparition d'un problème de santé peut modifier nos modes d'expression sexuelle, mais nous ne cessons jamais d'être sexués, et la sexualité demeure un aspect important de la vie humaine. Il est indéniable qu'à l'ère de l'Internet, la profusion d'informations qui circulent sur la sexualité (de l'information scientifique à la pornographie) peut compliquer encore le fait d'aborder la sexualité dans l'intimité. Cohen (1985), à l'occasion d'un séminaire sur la sexualité, observait que, même chez les couples heureux et en bonne santé, il était plus facile de discuter de sexualité avec un ami vivant à l'autre bout du pays, au téléphone, que de parler avec son partenaire de ses besoins ou de ses désirs par rapport à la sexualité.

Lorsqu'elle discute de sexualité avec des clients, l'infirmière doit tenir compte de leur sensibilité. Les patients s'attendent à ce que l'infirmière, de par sa formation, soit capable d'aborder le thème de la sexualité. Les infirmières ont leurs propres attitudes, valeurs et croyances par rapport à des sujets, comme la masturbation et l'homosexualité. Il est donc nécessaire de prendre conscience de ses propres attitudes, valeurs et sentiments avant d'aborder les difficultés sexuelles qui peuvent être reliées à certains problèmes de santé, comme le diabète, le cancer de la prostate, la dépression ou la schizophrénie. Dès lors, une collecte de données holistique doit accorder autant d'importance à la sexualité qu'aux autres fonctions. C'est en combinant une bonne connaissance de soi, de solides connaissances de base et l'expérience de la démarche de soins infirmiers à une attitude ouverte, que l'infirmière se préparera le mieux à s'occuper des autres en matière de sexualité.

La collecte de données constitue une phase cruciale lorsque l'on travaille avec des clients souffrant de dysfonction sexuelle. Une bonne compréhension de la complexité des symptômes et des domaines de fonctionnement touchés est nécessaire. Les dysfonctions sexuelles peuvent surgir au cours des diverses phases du cycle de la réponse sexuelle.

Les dysfonctions peuvent affecter le fonctionnement d'un individu ou concerner le couple. La collecte de données portant sur la sexualité doit s'insérer dans le contexte global des facteurs généraux, comme le milieu, la santé physique, les croyances religieuses et culturelles, l'éducation, la profession, les relations avec les proches, ainsi que les relations sociales. L'infirmière doit non seulement évaluer le trouble en question, mais également tenir compte de la vision qu'a l'individu ou le couple du problème, ainsi que de son désir de changer.

L'infirmière devrait suivre les lignes directrices suivantes lors de l'entretien portant sur la sexualité :
- avant de commencer l'entretien, examiner ses propres sentiments, ses attitudes et ses valeurs par rapport à la sexualité, et s'interroger sur sa propre facilité de communication sur le sujet ;
- veiller à choisir un endroit tranquille où l'intimité sera respectée, allouer suffisamment de temps et adopter une attitude posée lors de la collecte de données ;
- commencer avec des questions d'ordre général portant sur des informations de base ; puis faire coïncider les questions portant sur la sexualité avec le contexte global de la collecte de données ;
- poser d'abord les questions d'ordre sexuel portant sur les domaines les moins sensibles, pour ensuite aborder les domaines plus délicats ;
- maintenir un contact visuel approprié et faire preuve d'une attitude décontractée et intéressée ;
- rester professionnelle et détachée face aux informations demandées ou obtenues. Éviter les réactions extrêmes ;
- utiliser un langage professionnel, mais intelligible avec le client ;
- se rappeler que le ton de la voix et les attitudes de l'infirmière contribuent à inspirer confiance. Si les clients se sentent en sécurité, ils seront plus ouverts.

➡ 17.2.2 Diagnostic infirmier

Après avoir minutieusement recueilli les données, l'infirmière peut analyser les conclusions et parvenir à un diagnostic. Elle doit examiner les diagnostics des dysfonctions sexuelles en relation avec les diagnostics psychiatriques du DSM-IV, ainsi qu'avec les diagnostics infirmiers se rapportant aux troubles signalés (voir l'encadré 17.4). Une combinaison de ces deux types de diagnostics contribue à garantir la mise en place de plans d'intervention adéquats. Les diagnostics sont posés individuellement en faisant la part des informations pertinentes dans toutes celles qui ont été recueillies.

Diagnostics infirmiers relatifs aux dysfonctions sexuelles

- Anxiété
- Communication verbale altérée
- Peur
- Connaissances insuffisantes sur la sexualité humaine
- Douleur
- Exercice du rôle perturbé

- Diminution situationnelle de l'estime de soi
- Dysfonctionnement sexuel
- Isolement social

➡ 17.2.3 Résultats escomptés

Lors de cette phase, l'infirmière détermine avec précision, en fonction du diagnostic infirmier, les critères de résultats ou les résultats escomptés chez le client.
Le client :
- verbalisera son problème sexuel ;
- dressera une liste de sentiments associés au problème en question ;
- demandera à subir un examen physique (le cas échéant) ;
- participera aux séances de thérapie sexuelle (le cas échéant) ;
- appliquera les stratégies acquises lors de la thérapie sexuelle ;
- décrira deux stratégies qu'il a apprises pour améliorer son fonctionnement sexuel ;
- utilisera, dans ses habitudes sexuelles, les stratégies acquises en thérapie.

➡ 17.2.4 Planification

À partir des diagnostics du DSM-IV et des diagnostics infirmiers reflétant l'état du client, l'infirmière peut élaborer un plan de soins individualisé qui portera sur tous les problèmes présents. Au cours de son travail avec les clients et les couples souffrant de dysfonction sexuelle, l'infirmière doit examiner soigneusement les objectifs à long terme et s'interroger sur ce que chaque participant est disposé à entreprendre pour atteindre ces objectifs. Les objectifs peuvent varier selon la situation, les valeurs, les attitudes et la manière dont chacun perçoit son problème. À titre d'exemple, un client souffrant d'un trouble orgasmique primaire peut éprouver de la difficulté avec les exercices de masturbation, lesquels constituent l'une des bases du traitement, parce qu'il croit qu'il est inacceptable de toucher ses propres organes génitaux et qu'on ne peut atteindre l'orgasme qu'avec un partenaire.

➡ 17.2.5 Exécution

L'exécution comprend l'éducation et l'aide psychologique, ainsi que l'assistance pour se familiariser avec les stratégies et un soutien adéquat. L'infirmière doit être au courant des différentes modalités de traitement et de leurs pronostics de guérison respectifs. On n'insistera jamais assez sur l'importance de mener le plan de soins à terme, y compris l'examen et les traitements physiques, ainsi que de répondre aux besoins spécifiques de l'individu ou du couple en matière de thérapie sexuelle. L'infirmière aidera le client, ou les clients, à exprimer leurs inquiétudes concernant le fonctionnement sexuel et participera à l'amélioration des connaissances de base, de l'estime de soi et des

Diagnostics en collaboration

Diagnostics DSM-IV*

Troubles du désir sexuel
- Baisse du désir sexuel
- Aversion sexuelle

Troubles de l'excitation sexuelle
- Troubles de l'excitation sexuelle chez la femme
- Troubles de l'érection chez l'homme

Troubles de l'orgasme
- Troubles de l'orgasme chez la femme
- Troubles de l'orgasme chez l'homme
- Éjaculation précoce

Troubles sexuels avec douleur
- Dyspareunie
- Vaginisme

Dysfonction sexuelle due à une affection médicale générale

Dysfonction sexuelle induite par une substance

Dysfonction sexuelle non spécifiée

Diagnostics de l'ANADI†
- Dysfonctionnement sexuel
- Peur
- Anxiété
- Exercice du rôle perturbé
- Chagrin dysfonctionnel
- Diminution situationnelle de l'estime de soi
- Connaissance insuffisante de la sexualité humaine
- Sentiment d'impuissance

- Douleur chronique
- Habitudes sexuelles perturbées

Note : plusieurs diagnostics infirmiers peuvent correspondre à chacune des dysfonctions sexuelles. La liste ci-dessus n'est pas exhaustive.

*Tiré de l'American Psychiatric Association. Mini DSM-IV. Critères diagnostiques (Washington DC, 1994) traduction française par J.-D. Guelfi et coll., Paris, Masson, 1996.
†Tiré de *Diagnostics infirmiers. Définitions et classification*, 2001-2002, Paris, Masson, 2002.

---

aptitudes communicationnelles. L'infirmière préconisera également un examen ou un traitement physique (ou les deux), ainsi qu'une thérapie sexuelle, surveillera l'observance et le succès du traitement, et aidera à planifier la sortie de l'hôpital de façon appropriée.

La sexualité est un domaine d'intervention spécialisé qui exige essentiellement de bâtir une relation de confiance, franche et sécurisante avec le client. Sans cela, de nombreux problèmes ne pourront être traités, faute d'avoir été détectés.

Interventions de soins infirmiers

1. Aider le client à comprendre le fonctionnement sexuel humain. Lui enseigner le cycle de la réponse sexuelle humaine. Lui conseiller une documentation adaptée (bibliothérapie). *Ces connaissances constitueront pour les clients une base leur permettant d'appréhender les autres problèmes liés aux troubles sexuels.*

2. Informer les clients sur les dysfonctions sexuelles : symptômes, étiologies et traitements possibles. On aura recours à diverses méthodes d'évaluation : les méthodes physiques, urologiques et gynécologiques, les examens de laboratoire et l'évaluation psychosociale de la sexualité. *L'éducation contribue à faire en sorte que les clients comprennent les raisons motivant les changements d'ordre sexuel et qu'ils reconnaissent les symptômes susceptibles d'indiquer la présence d'un trouble.*

3. Aider le client à améliorer sa capacité à communiquer dans l'intimité et au sujet de la sexualité. Enseigner et encourager les modes de communication positifs (voir

encadré 17.5). *La difficulté à exprimer ses besoins et ses désirs en matière de sexualité est souvent à l'origine de la dysfonction sexuelle.*

4. Soutenir les clients dans l'exploration des peurs et de l'anxiété liées à la sexualité, dans une atmosphère de confiance, franche et sereine. Encourager les clients à se rappeler leurs premiers apprentissages de la sexualité, éventuellement en tenant un journal. *Un débat ouvert sur la sexualité aidera le client à surmonter certains refoulements et à être ainsi mieux disposé à vivre des expériences sexuelles satisfaisantes.*

5. Aider le client à accroître son estime de soi par rapport à la sexualité. Encourager l'expression de soi ainsi que les exercices sur l'image corporelle. Aborder différentes variantes des techniques d'expression sexuelle. *Un manque d'estime de soi est souvent un facteur contribuant à la dysfonction sexuelle.*

6. Orienter le client vers des thérapies sexuelles.

Modalités de traitement supplémentaires

Après avoir effectué une évaluation approfondie pour déterminer l'existence de dysfonctions sexuelles, on peut utiliser une large gamme de modalités de traitement (voir encadré 17.6 pour connaître les détails de deux troubles sexuels).

Traitement psychophysiologique

Il est indispensable d'éliminer toute cause organique avant de décider du type d'intervention à privilégier. Diverses spécialités médicales ont mis au point de nouvelles procé-

ENSEIGNEMENT AU CLIENT

Dysfonctions sexuelles

ENCADRÉ 17.5

Enseigner au client et à ses proches :

- Comment introduire plus d'intimité, de caresses et de spontanéité dans la relation, tout en évitant de chercher uniquement l'atteinte de l'orgasme. Demander aux membres du couple d'introduire dans la relation un élément qui, sexuellement parlant, leur soit unique. Leur faire découvrir des gestes à faire pour susciter davantage de plaisir dans leur relation, comme des massages de tout le corps ou de parties du corps en particulier, des jeux érotiques spontanés ou des variations sur le moment ou l'endroit des relations sexuelles.
- Comment améliorer, au sein de la relation, la communication, l'intérêt de l'un envers l'autre, ainsi que la compréhension.
- Comment créer une atmosphère plus érotique au sein de leur relation, sans viser exclusivement le rapport sexuel en tant que tel, celui-ci pouvant provoquer de l'anxiété.

dures diagnostiques et thérapeutiques, qui ont fait rapidement évoluer la pratique de la thérapie sexuelle et de la sexologie clinique.

On a recours, chez les hommes, à diverses méthodes psychophysiologiques pour le diagnostic comme pour le traitement. La pléthysmographie pénienne nocturne (PPN) permet d'étudier les réactions érectiles au cours du cycle de sommeil. On examine généralement le client dans un laboratoire du sommeil où l'on recourt à la pléthysmographie pour surveiller l'érection. La pléthysmographie consiste à utiliser une jauge extensométrique qui entoure parfaitement le pénis et détecte l'érection. Cette information, traitée par l'intermédiaire d'équipements mécaniques et informatiques, fournit une représentation graphique du schéma érectile. Cet examen détecte avec précision si oui ou non l'érection est possible en l'absence de stimuli psychologiques. On peut également déterminer le potentiel érectile durant le jour, grâce à une évaluation utilisant des stimulations visuelles érotiques et le pléthysmographe. Wineze et ses collaborateurs (1988) ont découvert que l'exposition, en laboratoire, à des images érotiques entraînait une érection chez les hommes souffrant de dysfonction sexuelle.

Les examens médicaux chez les hommes peuvent comprendre des analyses endocriniennes, plus précisément de la testostérone et de la prolactine. La testostérone est l'hormone mâle principalement produite par les testicules et responsable des pulsions sexuelles chez l'homme. En général, une concentration élevée en testostérone est synonyme d'un plus grand désir sexuel, alors qu'un taux élevé de prolactine est associé à un faible intérêt sexuel. L'index pénien-brachial mesuré à l'aide du Doppler (appareil à ultrasons) (IPB) est utile pour mesurer les différences entre les pressions artérielles pénienne et brachiale. Une différence de pression trop élevée peut indiquer un blocage des artères caverneuses (Alarie et Villeneuve, 1992). On peut également utiliser l'injection intracaverneuse (test à la papavérine), les ultrasons (utilisation d'ondes sonores pour étudier les structures et les fonctions des organes génitaux mâles) et la cavernographie dynamique. On dispose également d'évaluations neurologiques qui mesurent avec précision différentes composantes infimes du contrôle neural de l'érection.

On déplore que les évaluations et les traitements destinés aux femmes soient encore peu nombreuses dans le domaine psychophysiologique. On utilise la colorimétrie vaginale (photopléthysmographie) pour mesurer la circulation sanguine vers le vagin, laquelle constitue un indicateur de l'excitation. Toutefois, cette procédure demeure peu fiable et effractive. On peut faire appel aux analyses endocriniennes, mais le fonctionnement hormonal de la sexualité féminine est plus complexe que pour la sexualité masculine, et demeure influencé par le cycle menstruel. Les conclusions ainsi obtenues manquent, par conséquent, de pertinence pour l'élaboration du diagnostic. On mesure parfois le taux d'estradiol dans la circulation sanguine, lequel reflèterait les niveaux de désir.

Actuellement, les praticiens disposent de nombreuses méthodes de traitement. On utilise souvent la pharmacothérapie et l'hormonothérapie comme traitements complémentaires. On a approuvé l'utilisation du sildénafil (**Viagra**) au printemps 1998, et ce médicament a immédiatement suscité un intérêt mondial. Le mécanisme d'intervention consiste à bloquer l'enzyme qui dissout la GMP cyclique (guanine monophosphate cyclique) pour stimuler l'effet chimique relaxant sur les muscles péniens. Combiné avec une stimulation, ce médicament entraîne une érection dans l'heure suivant l'ingestion. On le teste actuellement sur les femmes. Les premiers essais cliniques semblent indiquer que ce médicament accroît la circulation sanguine vers les parties génitales de la femme, augmentant ainsi l'excitation. On estime que l'utilisation de la **yohimbine**, un antagoniste α_2 adrénergique, facilite la circulation sanguine vers les parties génitales (Piletz et coll., 1998). Le traitement hormonal substitutif peut également s'avérer utile. Il s'agit de substitution de testostérone chez les hommes (Wagner, Rabkin et Rabkin, 1997) et de substitution d'œstrogène ou de testostérone chez les femmes. On a employé avec succès les anxiolytiques dans le traitement du vaginisme (Plaut et RachBeisel, 1997).

Les injections intracaverneuses de vasodilatateurs, comme la prostaglandine, la papavérine, une combinaison des deux ou d'autres médicaments, s'effectuent directement dans le corps caverneux et provoquent l'érection. Chez les hommes, on peut recourir à une intervention chirurgicale pour modifier la circulation artérielle pénienne ou implanter une prothèse. Les prothèses se présentent généralement sous deux formes et leurs résultats ont été améliorés au cours des années. Elles consistent soit en une tige semirigide généralement faite de silicone ou de métal, soit en des pompes gonflables au niveau de sophistication variable.

La **pompe à vide pour usage externe** facilite chez les hommes l'érection ainsi que la fonction coïtale. La pompe à vide aspire le sang dans le corps caverneux du pénis et l'y emprisonne. En Chine, on a mis au point un système utilisant à la fois des herbes toniques, un dispositif de pompage électronique, un récipient semblable au vagin et rempli de liquide chaud et un appareil contrôlé par le client. Bien qu'il ait prouvé son efficacité, ce système n'est pas encore utilisé en Amérique du Nord.

Aucune méthode sophistiquée de traitement physiologique destinée aux femmes n'existe pour le moment, mais il y a manifestement un besoin dans ce domaine. Différents types de vibromasseurs sont vendus et peuvent être utiles d'un point de vue thérapeutique. Cependant, comme ils sont commercialisés en tant que jouets ou appareils de relaxation et non en tant qu'instruments biomédicaux, ils ne disposent pas de l'homologation ni de la qualité des instruments médicaux.

Traitement psychosocial

Il existe des techniques efficaces de thérapie sexuelle pour les hommes comme pour les femmes, et pour les couples. Ces techniques ont été mises au point par Masters et Johnson et sont devenues de plus en plus efficaces et sophistiquées au fil des années. Masters et Johnson (1970) ont élaboré la technique de concentration sensorielle, qui est centrée sur les sensations corporelles, en ignorant les autres stimuli.

Depuis plusieurs décennies, on a recours aux thérapies corporelles, telles que la guérison par les mains, le massage, les techniques énergisantes spirituelles, la mise en concordance des chakras, ainsi que l'adaptation des principes orientaux de la sexualité, comme le yoga tantrique. On utilise souvent, pour les couples, le massage, afin d'accroître le plaisir et de favoriser une communication non verbale. On recommande fréquemment aux membres d'un couple de se faire des massages durant une heure, sans autre exigence ; en d'autres mots, le partenaire qui reçoit le massage doit se concentrer sur ses propres sensations sans se préoccuper de rendre la pareille. Le caractère relaxant du massage implique également qu'aucun aboutissement de l'excitation ni du désir sexuels ne soit exigé.

Les thérapeutes sexuels et les sexologues cliniciens disposent de diverses méthodes d'intervention. Les exercices à faire en dehors des séances et la psychothérapie constituent généralement l'essentiel de la thérapie (selon l'approche thérapeutique privilégiée). La thérapie sexuelle comprend la plupart du temps des consultations hebdomadaires ou bimensuelles (selon l'approche thérapeutique privilégiée) chez un thérapeute, au cours desquelles les clients ont l'occasion de discuter de leurs symptômes, de leurs progrès, de leurs sentiments et de leurs observations (McCarthy, 1997).

L'enseignement représente un mode d'intervention essentiel pour la thérapie sexuelle (voir encadré 17.7). La restructuration cognitive, consistant à remplacer les pensées négatives sur la sexualité par des pensées positives, peut également être utile. Une amélioration de la communication est aussi bénéfique. Quant aux troubles du désir sexuel, des accessoires érotiques peuvent contribuer à centrer davantage l'individu sur la sexualité. On demande souvent aux clients d'inclure des pensées et des sentiments d'ordre sexuel dans leur emploi du temps journalier. Une incitation à la masturbation régulière, chez les hommes et les femmes, peut contribuer à les rendre plus sensibles à la stimulation sexuelle. Cet apprentissage peut

---

Troubles sexuels avec douleur — ENCADRÉ 17.6

Maladie de Peyronie

On diagnostique la maladie de Peyronie chez 1 % des hommes seulement, plus fréquemment chez les hommes dont l'âge se situe entre 45 et 60 ans (Ducharme et Gill, 1997). Cette maladie se caractérise par la formation d'une lésion dans la tunique du corps caverneux, qui entraîne une déformation et un rétrécissement du pénis en érection. On en ignore encore la cause exacte, mais elle pourrait être due à une activité sexuelle trop vigoureuse ou à un traumatisme contondant du pénis. Elle se traduit par des douleurs lors de l'érection ou par un rapport sexuel difficile ou impossible à cause de la déformation. Les hommes diabétiques sont davantage susceptibles de présenter cette maladie ou des troubles érectiles. On peut avoir recours, pour son traitement, à la chirurgie, à la mise en place d'une prothèse pénienne et à la vitamine E.

Vaginisme

Dans une étude de Spector et Carey (1990), 12 à 17 % des femmes se présentant dans une clinique pour dysfonction sexuelle se plaignaient de vaginisme. Cette maladie consiste en des contractions involontaires du tiers inférieur du vagin. Pour en arriver à ce diagnostic, on doit déceler des antécédents de spasmes récurrents et involontaires du faisceau pubococcygien. Les spasmes du vagin peuvent se déclencher par anticipation de la pénétration. La cause reste encore inconnue, mais plusieurs facteurs peuvent y contribuer, parmi lesquels la chirurgie vaginale, les épisiotomies avec complications, le viol, l'avortement, les examens gynécologiques douloureux, ainsi que des infections vaginales. Ces contractions sont machinales et une tentative de pénétration provoque systématiquement la douleur. On doit exclure les problèmes médicaux ou, le cas échéant, les traiter. En l'absence de problèmes médicaux, le traitement devra se composer de techniques de relaxation et de dilatation, en utilisant des dilatateurs de plus en plus larges pour détendre les muscles du vagin. Il est recommandé de recourir à la psychothérapie, pour dissiper les peurs de la femme et la frustration de son partenaire. Des médicaments contre l'anxiété peuvent parfois être utiles.

aider les hommes et les femmes à atteindre l'orgasme ou à accroître leur potentiel orgasmique. Atteindre l'orgasme peut également nécessiter le recours à une restructuration cognitive des croyances entourant la sexualité et à des techniques réduisant la peur de la perte de contrôle. On utilise l'hypnothérapie pour traiter de nombreuses dysfonctions sexuelles, plus particulièrement pour diminuer les symptômes.

Chez les hommes, la technique arrêt-départ aide à maîtriser l'éjaculation précoce. Selon cette technique mise au point en 1956 par Semans, le couple doit s'exercer aux préliminaires et à la stimulation : il cesse la stimulation directe juste avant que survienne l'éjaculation et jusqu'à ce que l'excitation retombe, puis il répète l'opération trois fois. Cette technique conduit l'homme à prendre davantage conscience de la sensation d'éjaculation imminente (sensation d'inévitabilité), pour pouvoir ensuite mieux maîtriser la cadence.

Après avoir exclu les causes médicales des douleurs provoquées par les relations sexuelles, comme la dyspareunie et le vaginisme, on est en mesure d'envisager les stratégies appropriées. On commence lentement à introduire un doigt ou un **dilatateur vaginal** dans le vagin. L'introduction graduelle de plus grands dilatateurs, combinée avec des techniques de relaxation, aidera la femme à surmonter sa peur et sa douleur et à réduire les spasmes involontaires. Pour cela, on peut acquérir des séries de dilatateurs auprès de firmes d'équipement médical.

Les outils et les méthodes de thérapie sexuelle ont permis de réaliser d'importants progrès. Toutefois, sans la sensibilité et l'attention apportées aux autres facteurs de la sexualité du client, leur efficacité peut être compromise. Parmi ces autres facteurs, on retrouve les valeurs religieuses et culturelles, les autres troubles psychologiques, un apprentissage inadéquat de la sexualité, ainsi que des problèmes reliés à l'image corporelle.

Anon (1976) a mis au point ce qu'on appelle le modèle PLISSIT d'intervention sexuelle. C'est un modèle d'intervention auprès des clients souffrant de dysfonction sexuelle. Le *P* signifie donner la *permission*, c'est-à-dire autoriser les individus à être sexuels et à ressentir des sensations sexuelles. Si, malgré cette intervention, le trouble persiste, on passe alors au *LI*, fournir des *informations limitées* (*limited information*), c'est-à-dire des informations et une éducation concernant certains problèmes particuliers. Si le trouble persiste encore, on passe alors au *SS*, en donnant des *suggestions spécifiques*, c'est-à-dire en faisant appel aux traitements spécifiques des différentes dysfonctions. Enfin, si le trouble perdure encore, on adresse le client à un thérapeute sexuel ou à un sexologue clinicien pour une *thérapie intensive*, désignée par les lettres *IT* (*intensive therapy*).

➡ 17.2.6 Évaluation

L'évaluation de l'efficacité des interventions est un processus continu qui s'effectue à plusieurs niveaux. Si les critères de résultats sont définis minutieusement, l'évaluation constituera un processus assez simple visant à déterminer si ces résultats ont été ou non obtenus. La démarche de soins infirmiers est cyclique ; si elle constate que les critères de résultats n'ont pas été atteints, l'infirmière doit revoir la collecte de données afin de vérifier que des facteurs clés sous-jacents n'ont pas été omis.

L'encadré 17.8 permet de mieux comprendre la nature cyclique de la dysfonction sexuelle. Grâce à la collecte de données, l'infirmière apprend que Victor a souffert, au cours des dernières années, d'une baisse du désir sexuel. L'un des diagnostics infirmiers potentiels était l'anxiété, qui pouvait être due au stress de son travail, à l'anxiété de performance et à un manque de communication. L'un des critères de résultats définis par l'infirmière était que Victor mette en pratique les exercices de concentration sensorielle au cours des relations sexuelles avec sa femme. L'infirmière a ensuite enseigné à Victor comment se concentrer sur ses sensations. Si, lors de l'évaluation, Victor affirme qu'il n'est toujours pas capable de se concentrer sur son corps et qu'il se laisse facilement distraire, quelle action l'infirmière devrait-elle entreprendre ?

La réponse consiste pour l'infirmière à reprendre la collecte de données. A-t-on tenu compte de tous les éléments ? Certaines données des antécédents de Victor ont peut-être été négligées. Celui-ci indique-t-il que son poids a affecté son image corporelle ? Ou encore a-t-il peur d'être touché ? On a peut-être ignoré certains problèmes du couple. Lise a peut-être rejeté Victor dans le passé, et ce dernier lui en veut encore. Si elle découvre des problèmes supplémentaires lors de la collecte de données, l'infirmière doit remanier le plan de soins pour en tenir compte. Les diagnostics infirmiers, les critères de résultats et les interventions seront modifiés. Si rien n'a été négligé lors de la collecte de données, peut-être les résultats escomptés étaient-ils irréalistes. Le problème de l'anxiété éprouvée par Victor peut s'avérer complexe et profond ; il serait utopique de supposer que Victor ferait une prise de conscience importante dès la seconde consultation. On remarque dans cet exemple la nécessité d'une évaluation continue.

17.3 PARAPHILIES

17.3.1 Perspectives historiques et théoriques

Les **paraphilies** constituent un groupe de comportements communément admis dans la description clinique des déviations sexuelles. Les paraphilies sont caractérisées par des fantasmes sexuels inappropriés entraînant des actes sexuels déviants, des pulsions sexuelles inappropriées, et un passage à l'acte impliquant ces fantasmes et ces pulsions.

L'étude des déviations sexuelles a débuté au XIXe siècle. Richard von Kraft-Ebing (1840-1902), psychiatre autrichien, est considéré comme le fondateur de la pathologie

SOINS INFIRMIERS DANS LE MILIEU DE VIE

Dysfonction sexuelle

ENCADRÉ 17.7

Beaucoup de gens trouvent difficile de parler de dysfonction sexuelle à cause de la réticence traditionnelle à aborder le sujet de la sexualité. Les troubles sexuels résultent de divers facteurs incluant les changements naturels du processus du vieillissement, les effets secondaires de différents médicaments ou processus morbides, le viol, ou les antécédents d'abus sexuel. Certains clients peuvent avoir gardé leur problème secret pendant longtemps ou ne pas avoir pris conscience du facteur déclenchant le problème.

D'autres individus peuvent vivre des conflits d'orientation sexuelle ou encore avoir une préférence pour un type d'expérience sexuelle qui n'est pas toléré par la société. Les clients seront ainsi susceptibles de se présenter à l'infirmière en soins psychiatriques communautaires en proie à l'un de ces dilemmes, en s'attendant à ce qu'elle détienne la connaissance et l'expérience nécessaires pour « régler » leur problème. L'infirmière devra alors leur répondre d'une façon neutre, même si les problèmes qui lui sont exposés lui semblent éloignés de sa propre vision ou de son expérience. L'infirmière ne doit pas tolérer ni excuser les comportements blessants reliés à une activité ou à un abus sexuels et doit faire preuve de patience lorsque le client tente d'exprimer des sentiments qu'il n'a peut-être jamais confiés auparavant. L'infirmière doit également prendre conscience qu'il n'existe aucune réponse simple aux questions du client et doit plutôt s'attarder à envisager des stratégies individualisées qui vont répondre aux besoins de la personne qui consulte. Il est important de rappeler au client que les pensées ou les fantasmes en tant que telles ne sont pas nuisibles pour autrui, mais qu'un passage à l'acte peut devenir nuisible pour lui comme pour les autres et qu'il a la capacité de choisir et de décider d'agir ou non. Il importe de préciser qu'il existe des thérapies individuelles et que des groupes de soutien lui sont accessibles. Au Québec, un programme de traitement pour délinquants sexuels a été mis sur pied en 1979 à l'Institut Philippe-Pinel. Depuis 1985, un programme externe a aussi été mis sur pied, permettant de suivre 75 patients (McKibben et Proulx, 1991).

Les questions d'ordre sexuel associées au processus de vieillissement sont de plus en plus courantes, la génération de la pilule anticonceptionnelle devant maintenant s'adapter aux complexités du syndrome d'immunodéficience acquise (SIDA), de la ménopause, et de l'andropause (la version masculine des changements hormonaux). Les femmes sont susceptibles de souffrir de dépression, d'un manque de désir sexuel résultant de la baisse des niveaux d'hormones et, par conséquent, de rapports sexuels douloureux. Quant aux hommes, ils peuvent se sentir prisonniers de leur emploi ou de leur carrière ou encore de la relation avec leur partenaire. Bien qu'il existe des méthodes de protection réduisant les risques, les adultes sexuellement actifs n'étant pas engagés dans des relations stables doivent toujours être conscients du risque des infections transmises sexuellement (ITS).

Certains clients ont déjà contracté une ITS comme la gonorrhée, le virus de l'immunodéficience humaine (VIH), l'herpès génital ou le syndrome d'immunodéficience acquise (SIDA). On peut aider ces clients individuellement ou par l'intermédiaire de groupes de soutien afin de diminuer leur sentiment de culpabilité et examiner leur situation et le genre de relations qu'ils peuvent envisager. On doit les encourager à être d'une honnêteté scrupuleuse avec leurs partenaires éventuels et à explorer, dans leurs relations, les formes les plus sûres d'intimité.

L'infirmière en soins psychiatriques communautaires doit disposer d'informations à jour sur les médicaments, en particulier sur les antidépresseurs, qui peuvent entraîner des effets secondaires affectant la sexualité du client: baisse du désir, orgasme retardé et troubles érectiles. De nombreuses personnes supportent en silence cette rupture de leur mode d'expression habituel, croyant qu'elles souffrent toujours de dépression ou qu'une anomalie supplémentaire est venue s'ajouter à leurs problèmes. Elles auront besoin d'être rassurées sur la nature physiologique et non psychogène de leur problème. Aujourd'hui, de récentes innovations en pharmacothérapie permettent de stimuler la réponse sexuelle lors de l'activité sexuelle. Ces nouveaux médicaments élargissent le choix en matière de traitement des dysfonctions sexuelles et peuvent permettre d'atténuer les effets secondaires de certaines thérapies et de certaines maladies chroniques.

Le contexte de la santé communautaire permet à l'infirmière d'établir une relation suivie avec son client. L'approche holistique et l'établissement d'un partenariat avec le client permet le développement d'une relation de confiance, ce qui contribue à surmonter les obstacles et la distance souvent liés à l'intervention en milieu hospitalier. Dans les domaines soumis aux normes socioculturelles, comme celui des troubles sexuels, cette collaboration peut aboutir à des stratégies de traitement consensuelles efficaces.

---

sexuelle moderne (Gratton, 1981). Son ouvrage *Psychopatia sexualis* (1886), publié en plusieurs langues, était basé sur l'expertise sexo-légale de criminels sexuels. Il fut le premier à définir les termes *sadisme* et *masochisme* et à proposer une classification des déviations sexuelles.

À cette époque, on considère que les pathologies sexuelles sont dues à des dispositions innées ou à des dégénérescences constitutionnelles. Ce courant de pensée sera renversé lorsque Freud publiera, en 1905, les *Trois Essais sur la théorie de la sexualité* (Trempe, 1981, p. 92).

« Freud a effectué sa classification des déviations sexuelles à partir de l'hypothèse que, chez les adultes, toute forme de comportement sexuel qui prédomine sur le coït représente une déficience dans le développement psychosexuel » (Katchadourian et coll., 1982).

Une fois le syndrome psychiatrique décrit cliniquement, plusieurs étapes sont nécessaires pour établir la validité du diagnostic: analyses de laboratoire, différenciation des autres troubles, études de suivi et études familiales. Il est généralement admis qu'un syndrome psychiatrique n'a

Plan de soins infirmiers

COLLECTE DE DONNÉES

Lise et Victor, un couple marié, parlent avec l'infirmière de leurs problèmes sexuels. Lise a 34 ans et Victor en a 35. Tous deux affirment être en parfaite santé et aucun d'entre eux ne prend de médicaments régulièrement. Ils ont deux enfants : Emmanuelle, âgée de 4 ans, et Philippe, âgé de 2 ans. Ils se sont rencontrés il y a six ans et demi, ont vécu ensemble pendant environ huit mois et se sont mariés il y a cinq ans et demi.

Lise et Victor affirment avoir connu une vie sexuelle satisfaisante avant leur mariage et la naissance de leurs enfants. Ils avaient alors des rapports sexuels deux à quatre fois par semaine, auxquels ils prenaient tous les deux plaisir. Lise dit s'être masturbée occasionnellement et continuer à le faire. Victor déclare qu'il se masturbait une fois par jour lorsqu'il était adolescent, mais qu'il le faisait de moins en moins souvent depuis. Il affirme ne pas se masturber en ce moment et ne pas en éprouver le besoin.

Lise déclare que l'intérêt sexuel de Victor a graduellement décru et que celui-ci veut maintenant rarement s'adonner à des activités sexuelles. Elle a parfois l'impression qu'il lui fait l'amour uniquement pour lui faire plaisir. Victor admet que son intérêt pour le sexe a diminué. Il soutient qu'il est en ce moment occupé et nourrit certaines craintes et inquiétudes. Victor affirme que, depuis qu'il s'est lancé en affaires avec un partenaire trois ans plus tôt, il mène une lutte permanente. Il admet que ses pulsions sexuelles sont à la baisse, mais soutient qu'il peut avoir une érection avec une stimulation adéquate. Lise se plaint de n'avoir pas été en mesure d'aborder le problème avec Victor et soutient qu'une dispute éclate chaque fois qu'ils abordent le sujet. Elle se demande si elle est encore désirable.

DIAGNOSTIC DSM-IV

Axe I	Baisse du désir sexuel
Axe II	Différé
Axe III	Inconnu
Axe IV	Gravité des agents stressants psychosexuels (modéré = 3), stress dû à la vie professionnelle, et anxiété
Axe V	EGF = 65 (actuel) EGF = 70 (année antérieure)

DIAGNOSTIC INFIRMIER : dysfonctionnement sexuel relié à l'anxiété et à un manque de communication.
DONNÉES : manque d'intimité sexuelle dans le couple et baisse de l'intérêt sexuel et de la masturbation chez le mari.

Résultats escomptés	Interventions/Justifications	Évaluation
• Lors de la première rencontre avec l'infirmière, Lise et Victor discuteront ensemble de la manière dont chacun d'eux perçoit le problème.	• Évaluer la perception qu'ont Lise et Victor du problème en recueillant les antécédents sexuels de chacun et du couple, *afin de cerner clairement le problème de fonctionnement sexuel et de déterminer la façon dont il est perçu par le couple.* • Demander à chaque client comment il perçoit le problème. Allouer autant de temps à chacun *afin de les aider à comprendre vraiment le problème et d'amorcer la communication entre les partenaires.*	• Lise et Victor ont tous deux décrit le problème comme résultant d'une baisse d'intérêt sexuel de la part de Victor.
• Après la première visite, Lise et Victor trouveront une façon d'avoir davantage de relations intimes.	• Aborder les méthodes possibles pour favoriser l'intimité entre les partenaires, comme les massages ou les bains à deux. *Le couple ne se sentira pas forcé d'avoir un rapport sexuel et sera plus à même de se détendre.* • Faire aux partenaires des suggestions de lecture sur la sexualité. *Les livres sur la sexualité que l'on trouve sur le marché présentent différentes façons de s'adonner à des jeux érotiques.*	• Lise et Victor se sont mis d'accord pour se masser mutuellement durant une demi-heure cette semaine.
• Avant la fin de la deuxième semaine, Victor demandera à son médecin traitant de lui faire subir un examen physique.	• Discuter avec les clients de la nécessité d'exclure toute maladie physique susceptible d'être liée à un changement d'ordre sexuel. *La dysfonction sexuelle peut résulter d'une affection médicale, laquelle doit être détectée avant d'entamer tout traitement.* • *Au besoin, adresser le client à son médecin traitant afin d'exclure tout problème physique.*	• Victor a subi un examen physique qui s'est soldé par un bilan de santé positif.
• Après avoir obtenu les résultats de l'examen physique, Lise et Victor se mettront d'accord pour entamer une thérapie sexuelle avec un thérapeute diplômé.	• Encourager le client à suivre un traitement pour ses problèmes sexuels. *La thérapie sexuelle peut être utile pour surmonter les difficultés sexuelles et l'anxiété.* Informer le couple des approches thérapeutiques, *afin qu'ils puissent effectuer leurs choix en connaissance de cause.* • Adresser le couple à un sexothérapeute diplômé *pour assurer une aide professionnelle continue.*	• Lise et Victor ont commencé à travailler avec un sexothérapeute.

Plan de soins infirmiers (suite)

DIAGNOSTIC INFIRMIER : anxiété reliée au stress de la vie professionnelle, à l'anxiété de performance et au manque de communication.
DONNÉES : déclarations de Victor qui admet son anxiété et son manque d'intérêt sexuel.

Résultats escomptés	Interventions/Justifications	Évaluation
• Dès la deuxième visite, Victor décrira la nature de son anxiété.	• Encourager Victor à prendre conscience de son anxiété et de la manière dont celle-ci affecte sa sexualité. *Connaître ses anxiétés l'aidera à réduire l'inquiétude au moment de s'engager dans d'autres activités.* • Demander à Victor de déceler le type de problèmes conduisant généralement à l'anxiété. *Le couple prend conscience de ces problèmes et met en œuvre des stratégies pour les surmonter.*	• Victor est capable de discuter de ses craintes, des succès de sa vie professionnelle et de sa sécurité financière.
• Dans les moments d'intimité, Victor mettra en pratique avec sa femme les exercices de concentration sensorielle.	• Enseigner à Victor les exercices de concentration sensorielle, *afin de lui apprendre à se concentrer sur les sensations de son corps plutôt que sur son anxiété lors des moments d'intimité avec sa femme.* • Recommander la lecture de documents destinés au couple et décrivant les exercices de concentration sensorielle, *en vue d'informer les clients et de consolider les habiletés acquises.*	• Victor affirme qu'il peut se concentrer sur les sensations de son corps lors des moments d'intimité.

DIAGNOSTIC INFIRMIER : diminution situationnelle de l'estime de soi reliée à un sentiment d'impuissance.
DONNÉES : déclarations de Lise qui dit qu'il est impossible pour eux d'aborder les questions d'ordre sexuel sans se disputer.

Résultats escomptés	Interventions/Justifications	Évaluation
• Lors de la première rencontre avec l'infirmière, Lise et Victor discuteront de leurs préoccupations d'ordre sexuel en prenant le temps de s'écouter mutuellement.	• Encourager le couple à parler plus ouvertement des besoins et des préoccupations d'ordre sexuel. *Les discussions ouvertes favorisent une compréhension mutuelle et découragent les reproches.* • Poser des questions directes et axées sur la sexualité tout au long de la rencontre. *Aider à réduire le sentiment d'impuissance et amorcer la discussion du couple sur la sexualité.*	• Dès la première rencontre, Lise et Victor sont capables d'aborder les préoccupations concernant leur sexualité.
• Après la première rencontre, Lise et Victor consacreront chaque semaine une heure à parler de sexualité dans un contexte détendu et serein.	• Encourager le couple à se réserver du temps pour discuter de leurs besoins sexuels, *afin que chacun soit en mesure de les exprimer, favorisant ainsi l'épanouissement de la sexualité.*	• Lise et Victor déclarent pouvoir discuter calmement de leurs besoins. Lise veut passer plus de temps avec Victor, et Victor aimerait que Lise prévoie des périodes pour discuter de leurs problèmes sexuels.

pas à être entièrement validé par l'ensemble de ces étapes. De nombreux syndromes font cependant l'objet d'une quantité importante de données publiées, pour la plupart des phases de la validation.

On a peu de connaissances, cependant, sur les données relatives aux autres domaines servant à établir la validation clinique. Ainsi, on dispose d'examens de laboratoire et d'études de suivi sur la déviance sexuelle, mais de peu d'études familiales portant sur les paraphilies.

17.3.2 Étiologie

Ce qui prédispose un individu à manifester une paraphilie reste très flou. De nombreuses études ont tenté d'invoquer des facteurs étiologiques et la prévalence des déviances sexuelles. La recherche n'a pas encore résolu l'étiologie de cause à effet des paraphilies. Une des difficultés majeures liées à la recherche sur les paraphilies est que les renseignements proviennent de personnes qui ont été arrêtées ou qui suivent une thérapie (Allgeier, 1989, p.718). Il semble cependant généralement accepté que les hommes sont plus susceptibles que les femmes de s'adonner aux paraphilies.

Facteurs biologiques

Il importe de reconnaître que les individus ne décident pas volontairement du type de schéma d'excitation sexuelle

Facteurs étiologiques des paraphilies | ENCADRÉ 17.9

Facteurs biologiques
- Fonctionnement chromosomique
- Niveaux hormonaux

Facteurs expérientiels
- Antécédents d'abus sexuel

Facteurs environnementaux

Prédisposition héréditaire

qui les caractérise. Selon Kaplan et Sadock (1991), des recherches ont été menées auprès de clients hospitalisés dans des centres spécialisés dans le but de mettre en évidence des anomalies d'origine organique reliées aux paraphilies. Le résultat de ces recherches indiquent trois facteurs d'étiologie particulièrement importants : présence d'un taux hormonal anormal (74 % des cas), présence de symptômes neurologiques graves ou modérés (27 % des cas) et présence d'une anomalie chromosomique (24 % des cas). On a aussi observé – mais à un degré moindre – la présence de convulsions, de dyslexie, de trouble mental majeur et de retard mental.

Les chercheurs proposent différentes étiologies possibles (voir encadré 17.9). Dans le domaine biologique, on s'attache à deux composantes : le fonctionnement chromosomique et les niveaux hormonaux.

En 1942, Klinefelter et ses collègues ont décrit le syndrome de Klinefelter comme une maladie caractérisée par : 1) l'apparition de la gynécomastie (hypertrophie des glandes mammaires) à la puberté ; 2) l'aspermatogenèse (faible production de spermatozoïdes) ; 3) une sécrétion accrue d'hormones folliculostimulantes (FSH) par la glande pituitaire du cerveau.

Le client souffrant de ce syndrome possède 47 chromosomes au lieu des 46 habituels. Un chromosome X supplémentaire est présent. On peut considérer un tel client comme un homme (XY) disposant d'un chromosome X supplémentaire, ou comme une femme (XX) disposant d'un chromosome Y supplémentaire. À la naissance, le client atteint de ce syndrome ressemble à un homme. De ce fait, les parents l'élèveront tout naturellement en tant qu'homme, en lui assignant un rôle sexuel masculin. Money (1957) a décrit le cas d'un garçon de 8 ans souffrant du syndrome de Klinefelter et par ailleurs normal, qui affirmait se sentir plus à l'aise avec des vêtements de fille. Les clients atteints de ce syndrome ont de très petits testicules, produisant peu de testostérone et pratiquement pas de spermatozoïdes. Ils rencontrent également des problèmes en ce qui concerne leur **orientation sexuelle** et la nature de leurs désirs érotiques. Le syndrome de Klinefelter fait partie des affections intersexuelles et est classé dans le DSM-IV comme un trouble de l'identité sexuelle non spécifié (Kaplan et Sadock, 8e éd., 1998, p. 906).

Facteurs génétiques et environnementaux

Gaffney et ses collaborateurs (1984) ont découvert des indices qui pourraient être associés à une transmission héréditaire de la paraphilie. De son côté, Groth (1979) a établi que les individus sexuellement actifs avec des adultes au cours de leur enfance étaient influencés par le milieu et se trouvaient par conséquent prédisposés à devenir pédophiles. Il s'agit d'un exemple de victime devenant un agresseur ou un délinquant sexuel.

17.3.3 Épidémiologie

Selon le DSM-IV, bien que les paraphilies ne soient pas dans l'ensemble diagnostiquées au sein d'établissements de santé, l'importance du marché de la pornographie et de la panoplie perverse donne à penser que la prévalence au sein de la communauté « risque d'être élevée » (American Psychiatric Association (APA), 1994). Les paraphilies qui engendrent généralement des problèmes sont la pédophilie, le voyeurisme et l'exhibitionnisme. Environ la moitié des clients qui manifestent une paraphilie et qui consultent sont mariés (APA, 1994).

17.3.4 Description clinique

Les caractéristiques diagnostiques essentielles d'une paraphilie sont « les fantasmes intenses récurrents provoquant une excitation sexuelle, les pulsions sexuelles, ou les comportements incluant généralement : 1) l'emploi d'objets inanimés ; 2) la souffrance ou l'humiliation pour soi ou son partenaire ; 3) des relations avec des enfants ou d'autres personnes non consentantes, et survenant sur une période d'au moins six mois » (APA, 1994). Un autre critère indique que « le comportement, les pulsions sexuelles ou les fantasmes entraînent une souffrance significative d'un point de vue clinique, au niveau social ou professionnel ou dans d'autres domaines importants » (APA, 1994). Les critères et la description des paraphilies sont résumés dans l'encadré 17.10.

17.3.5 Pronostic

Les infirmières ne doivent prédire la **récidivité** (répétition chronique de comportements sexuels considérés comme inacceptables et qui se sont ou non soldés par une condamnation au criminel) qu'avec une extrême prudence. Les clients qui suivent un traitement pour soigner un trouble sexuel présentent un taux moins élevé de récidivité (Berlin et coll., 1991). L'étude de Berlin et ses collaborateurs (1991) révèle que le taux d'infractions répétées chez les clients qui ne suivent pas (ou n'ont jamais suivi) un traitement est supérieur à celui de ceux qui suivent un traitement. L'observance du traitement est un problème thérapeutique dont doivent tenir compte les infirmières travaillant avec cette population.

Description des paraphilies

Exhibitionnisme

Tendance à exposer ses organes sexuels devant des personnes sans méfiance, provoquant une excitation sexuelle.

Fétichisme

Utilisation d'objets inanimés (sous-vêtements, accessoires de caoutchouc) pour obtenir une réponse sexuelle.

Frotteurisme

Acte de se frotter contre une personne non consentante pour obtenir une excitation sexuelle.

Pédophilie

Attouchements et autres types d'activités sexuelles avec des enfants prépubères (habituellement de moins de 13 ans et ne présentant pas de caractéristiques sexuelles secondaires). Les pédophiles hétérosexuels sont attirés par les filles de moins de 13 ans. Les pédophiles syntones ne considèrent pas ce comportement comme problématique et ne cherchent pas à se faire traiter. Les pédophiles dystoniques sont préoccupés par ce comportement qui les inquiète, et recherchent un traitement pour y mettre fin.

Types de pédophiles

- Homosexuel
- Hétérosexuel
- Bisexuel (attiré par les garçons et les filles)
- Type exclusif (attiré uniquement par les enfants)
- Type non exclusif (attiré également par les adultes des deux sexes)

Masochisme

Comportement sexuel qui consiste à subir une souffrance (physique ou émotionnelle) ou une humiliation pour obtenir une excitation sexuelle.

Sadisme

Comportement sexuel qui consiste à infliger une souffrance (physique ou émotionnelle) ou une humiliation à une autre personne pour obtenir une excitation sexuelle.

Transvestisme fétichiste

Acte de porter les vêtements du sexe opposé (un homme hétérosexuel portant des vêtements féminins) pour obtenir une excitation sexuelle.

Voyeurisme

Tendance à observer des personnes sans méfiance en train de se déshabiller ou de se livrer à des activités sexuelles, provoquant l'excitation sexuelle (voyeur).

Autres paraphilies non spécifiées

Troubles qui ne correspondent pas aux catégories précitées :

- Scatologie téléphonique : appels obscènes, appels au téléphone érotique.
- Nécrophilie : activité sexuelle avec des cadavres.
- Partialisme : focalisation exclusive sur une partie du corps.
- Zoophilie : activité sexuelle avec les animaux (bestialité).
- Coprophilie : excitation sexuelle avec les fèces.
- Clystérophilie : excitation sexuelle avec les lavements.
- Urophilie : excitation sexuelle avec les urines.
- Éphébophilie : attouchements et autres activités sexuelles avec des enfants prépubères (habituellement entre 13 et 19 ans) qui présentent des caractéristiques sexuelles secondaires (poils pubiens, seins).
- Trouble coercitif de la paraphilie : viol, agression sexuelle comprenant un acte sexuel sans le consentement d'autrui.

Tiré du *DSM-IV, Manuel diagnostique et statistique des troubles mentaux*, Paris, Masson, 1996.

Il est également important, pour les infirmières, d'admettre qu'il est impossible de prouver, à l'heure actuelle, l'efficacité du traitement. Des études complémentaires sont nécessaires dans ce domaine.

17.3.6 Critères d'évolution positive

Le client :

- fera état de la nature de la paraphilie et de ses conséquences sur lui-même et sur les autres (interruption ou absence de distorsions cognitives) ;
- identifiera les **facteurs déclenchants** : les stimuli qui accentuent les besoins maladifs d'ordre sexuel et provoquent les comportements sexuels inappropriés ;
- élaborera des stratégies appropriées de prévention de la rechute ;

- communiquera et résoudra les problèmes efficacement ;
- mettra en pratique des stratégies d'adaptation efficaces ;
- repérera les réseaux de soutien.

17.4 DÉMARCHE DE SOINS INFIRMIERS

→ 17.4.1 Collecte de données

Le client souffrant d'une paraphilie est susceptible de manifester une multiplicité de symptômes comportementaux. Certains symptômes sont plus difficiles à reconnaître que d'autres. Le client souffrant de pédophilie peut présenter des troubles de la perception. Ainsi, il est courant d'entendre un client affirmer : « L'enfant avait l'air plus vieux que son âge. » On peut également considérer cela comme une distorsion cognitive (un mécanisme de défense inconscient).

Les distorsions cognitives peuvent se manifester chez les clients souffrant de troubles paraphiliques. Les deux distorsions cognitives les plus fréquemment repérées chez ces clients sont le déni et la rationalisation. Le *déni* est un mécanisme de défense utilisé pour éviter de faire face aux problèmes et aux responsabilités reliés à un comportement. La *rationalisation* est un mécanisme de défense utilisé pour justifier des comportements déviants en imaginant des raisons (justifications) permettant de croire que ces comportements sont acceptables et appropriés. L'infirmière devra surveiller attentivement ces problèmes cruciaux et les détecter rapidement au cours du processus thérapeutique (voir l'encadré 17.11). Par exemple, une affirmation telle que « L'enfant ne s'est pas débattu et a accepté d'avoir des rapports sexuels avec moi » constitue un bon indice de la présence de ces distorsions cognitives.

La perturbation des sentiments est un autre symptôme à prendre en considération. Les clients présentant une paraphilie ne paraissent généralement éprouver aucun remord vis-à-vis de leur victime. Même s'ils éprouvent des remords, ils peuvent, à cause de distorsions cognitives, être incapables de le reconnaître. Il arrive que les clients pédophiles prétendent avoir ressenti l'impression « d'être aimé » par l'enfant avec lequel ils ont eu une activité sexuelle inappropriée.

On doit également évaluer, chez les clients atteints de paraphilie, les troubles de comportement et de relations. On reconnaît ces troubles à l'incapacité du client à établir des relations correspondant à son âge, à l'altération de ses relations avec autrui, et à un retrait social pouvant survenir à la suite d'une situation embarrassante ou de l'attention des médias.

➡ 17.4.2 Diagnostic infirmier

Après avoir recueilli les données relatives au client, l'infirmière peut commencer à formuler les diagnostics (voir encadré 17.12). Ce faisant, il arrive qu'elle remarque que le client souffre de symptômes indiquant la présence de plus d'un diagnostic, comme la paraphilie, les troubles reliés à une substance psycho-active ou les troubles de la personnalité. Ce chapitre ne traitera pas des diagnostics multiples. Il importe cependant que l'infirmière soit consciente de cette éventualité.

Lorsqu'elle dresse la liste des diagnostics relatifs à un client atteint de paraphilie, l'infirmière choisit parmi les nombreux diagnostics possibles ceux qui sont spécifiques et appropriés à chaque individu, en se basant sur l'analyse des données exhaustives obtenues lors de la phase précédente.

Diagnostics infirmiers pour les paraphilies

- Connaissance insuffisante (de la maladie et des différents aspects du traitement)

- Déni non constructif
- Habitudes sexuelles perturbées
- Non-observance thérapeutique
- Image corporelle perturbée
- Interactions sociales perturbées
- Perte d'espoir
- Risque de sentiment de solitude
- Sentiment d'impuissance
- Stratégies d'adaptation défensives
- Risque de violence envers les autres

➡ 17.4.3 Résultats escomptés

Les résultats axés sur le client doivent se rapporter aux diagnostics infirmiers posés et être à l'opposé des caractéristiques les définissant. On doit énoncer ces résultats en termes clairs, mesurables et adaptés aux comportements, tout en précisant, à chaque fois que c'est possible, dans quel délai le client devra obtenir ces résultats. On peut considérer ces résultats comme escomptés ou anticipés, en tant qu'objectifs précis à atteindre à travers l'exécution du plan de soins. Pour déterminer des résultats axés sur le client, l'infirmière pourra employer, par exemple, des verbes comme « (Le client...) fera état de... répertoriera... réussira à... et participera à... ».

Résultats escomptés pour les paraphilies

Le client :

- nommera deux comportements sexuellement inappropriés dans les trois jours suivant son admission ;
- établira une liste de facteurs déclenchants provoquant un acte sexuel inapproprié durant la semaine suivant son admission ;
- décrira deux stratégies d'adaptation appropriées durant la semaine suivant son admission ;
- énumérera de nombreuses stratégies de prévention de la rechute, appropriées à son trouble, durant la deuxième semaine suivant son admission ;
- participera activement à des séances hebdomadaires de psychothérapie de groupe destinées aux clients atteints de troubles sexuels ;
- décrira, avant sa sortie de l'hôpital, deux méthodes appropriées pour satisfaire ses besoins sexuels ;
- expliquera, avant sa sortie de l'hôpital, l'importance de l'observance thérapeutique et du suivi de la psychothérapie de groupe destinée aux malades externes.

➡ 17.4.4 Planification

Une fois que les diagnostics ont été posés et que l'on a cerné le problème du client, l'infirmière commence à mettre au point un plan de soins spécifique pour ce dernier (voir encadré 17.13). Les soins au client doivent avoir pour objectif des résultats axés sur le client, à la fois réalistes et adoptés d'un commun accord. L'infirmière doit

QUESTIONS POUR LA COLLECTE DE DONNÉES

Paraphilies

ENCADRÉ 17.11

1. Qu'est-ce qui vous conduit à chercher un traitement? (Afin d'évaluer le degré d'introspection du client.)

2. Pensez-vous être atteint d'un trouble sexuel? (Pour discerner la présence d'une distorsion cognitive.)

3. Pensez-vous faire du mal à vos victimes, physiquement ou mentalement? (Afin de déterminer s'il y a une perturbation émotionnelle.)

4. Dans quelle mesure ce problème a-t-il affecté votre style de vie et vos relations? (Pour détecter la présence d'une perturbation au niveau des relations.)

 Diagnostics en collaboration

ENCADRÉ 17.12

Diagnostics DSM-IV*
- Exhibitionnisme
- Fétichisme
- Frotteurisme
- Pédophilie
- Masochisme
- Sadisme
- Transvestisme fétichiste
- Voyeurisme

Diagnostics de l'ANADI†
- Anxiété
- Stratégies d'adaptation individuelle inefficaces
- Déni non constructif
- Dynamique familiale perturbée
- Connaissances insuffisantes (à préciser)
- Identité personnelle perturbée
- Exercice du rôle perturbé
- Diminution chronique de l'estime de soi
- Risque d'automutilation
- Habitudes sexuelles perturbées
- Interactions sociales perturbées
- Risque de violence envers autrui

Note: ces diagnostics infirmiers peuvent s'appliquer à tous les diagnostics médicaux relatifs au client atteint de paraphilie.

*Tiré de l'American Psychiatric Association: *Manuel diagnostique et statistique des troubles mentaux*, 4e édition, Washington, D.C., 1994, The Association.
†Tiré de la North America Nursing Diagnosis Association: *NANDA nursing diagnoses: definitions and classifications*, 1999-2000, Philadelphia, 1999, The Association.

---

faire participer le client à l'élaboration du plan de soins individualisé, dans l'espoir qu'il s'engage dans le processus de planification en question.

Dans la population des clients atteints de paraphilie, il n'est pas rare d'observer des distorsions cognitives. Les infirmières doivent en être conscientes au moment d'obtenir la contribution du client à la mise en œuvre du plan de soins. À titre d'exemple, un client manifestant un déni de la paraphilie dont il souffre risque de ne pas coopérer pleinement à la planification des soins ou encore de considérer, à tort, comme réalistes certains résultats escomptés.

➜ 17.4.5 Exécution

L'infirmière doit travailler de concert avec le client afin de concevoir un plan de soins individualisé qui l'aidera à repérer la présence de distorsions cognitives (le cas échéant), à prévenir la récidivité en détectant les facteurs déclenchants menant à une activité sexuelle inappropriée, et à utiliser des stratégies efficaces de prévention de la rechute. L'infirmière doit également expliquer l'importance du traitement sur la récidivité et insister sur l'observance thérapeutique et sur le suivi de la psychothérapie de groupe destinée aux malades externes.

Il est souvent difficile de prodiguer des soins à ces clients, étant donné la nature délicate de ces troubles. Les infirmières doivent reconnaître cette situation et être conscientes de leur plus ou moins grande aisance au moment de discuter de problèmes d'ordre sexuel avec ces clients. La détection d'une paraphilie risque d'avoir des effets dévastateurs sur les clients et leurs proches. Il est primordial que les infirmières fassent participer les proches aux interventions, dans la mesure du possible.

ALERTES L'infirmière doit absolument être attentive aux signes de non-observance du traitement ou aux signes avant-coureurs d'une éventuelle rechute: par exemple, le refus du client de prendre ses médicaments et d'assister aux séances de thérapie. Les déclarations du genre «Je ne vois pas pourquoi j'aurais besoin de ça; je suis ici uniquement parce que les tribunaux m'y ont envoyé», le retrait social, la présence de distorsions cognitives, ainsi que le manque de franchise peuvent tous être considérés comme des facteurs de risque de non-observance.

Interventions de soins infirmiers

1. Aider le client à surmonter les distorsions cognitives au moyen de méthodes de questionnement favorisant une orientation vers la réalité et vers le comportement déviant du client. Une confrontation directe du client, comprenant une explication des conséquences de ces distorsions sur les résultats du traitement, peut s'avérer nécessaire. La tenue d'un journal peut permettre au client de dévoiler ces distorsions cognitives et de détecter ses fantasmes sexuels inappropriés. *Le client doit prendre conscience du problème et l'admettre avant d'entreprendre le traitement.*

2. Informer le client et ses proches sur la paraphilie et sur les modalités du traitement, ainsi que sur la reconnaissance des facteurs déclenchant une activité sexuelle inappropriée et les méthodes contribuant à éviter la rechute. Favoriser la participation active dans le processus éducationnel : demander au client de dresser des listes dans son journal afin que celles-ci puissent être revues par l'infirmière comme par le client. Des exemplaires de ces listes doivent être insérés dans le dossier médical du client pour informer les autres membres de l'équipe sur ses progrès. *Ces connaissances constituent la base du traitement.*

3. Favoriser l'observance du traitement par le client en discutant ouvertement avec lui de l'effet, sur autrui, des comportements sexuels inappropriés. Mettre à sa disposition des recherches traitant des effets du traitement sur les taux de récidivité, ainsi que des documents sur la portée du traitement et sur la manière dont son observance contribue à retrouver la maîtrise des comportements sexuels. *L'observance du traitement réduit le risque de rechute.*

4. Apprendre au client les stratégies d'adaptation et d'affirmation de soi, ainsi que les techniques de résolution de problèmes appropriées *pour faciliter le suivi du plan de traitement et favoriser les comportements sexuels adéquats.*

5. Encourager, chez le client, le développement d'aptitudes sociales appropriées et le soutenir et l'assister dans ses tentatives de maîtriser son trouble. Un encadrement de l'entourage peut être positif pour mettre en valeur les aptitudes sociales appropriées et les sentiments d'acceptation. *Le client risque de se sentir coupable de son comportement et de s'isoler socialement. Le soutien et les encouragements lui feront prendre conscience qu'il existe, dans sa personnalité, des aspects sains, fonctionnels et acceptables.*

Modalités de traitement supplémentaires

Modalités pharmacologiques

Le besoin d'un traitement médicamenteux se fonde sur les efforts de collaboration de toute l'équipe pour évaluer l'intensité des symptômes et l'impulsivité du client.

On a prescrit, avec un certain succès, 500 mg en IM de **Depo-Provera (acétate de médroxyprogestérone)**, une fois par semaine aux clients atteint de paraphilie (Berlin et Meineke, 1981). Cette forme de régulation externe permet au client de construire ses mécanismes de régulation internes pour éviter les rechutes. Les clients ont rapporté que ce médicament réduit la fréquence et l'intensité des pensées et des fantasmes sexuels inadéquats.

L'infirmière doit connaître les effets secondaires de ce médicament. Comme ce type de médicament abaisse la concentration en testostérone et la production de sperme, le client qui prend du Depo-Provera risque de ne pas pouvoir engendrer. Les effets secondaires habituels comprennent une prise de poids, une élévation de la pression artérielle et de la fatigue. L'infirmière peut suggérer une consultation diététique pour aider le client à maintenir son poids et réduire le risque de prendre du poids. On doit prendre la pression artérielle avant d'administrer chaque dose. En général, si la pression artérielle diastolique équivaut à 100 mm de mercure ou plus, il faut cesser la prise du médicament. L'infirmière doit vérifier régulièrement avec le médecin si la pression artérielle permet ou non d'administrer le médicament.

C'est un médicament visqueux dont on ne doit pas injecter plus de 500 mg dans un muscle. On peut utiliser le muscle fessier pour injecter le Depo-Provera. Il n'est pas nécessaire d'utiliser la méthode d'injection en Z parce qu'il n'existe pas de preuve concluante que cette méthode facilite l'absorption. Les clients peuvent se plaindre de douleur au point d'injection et on doit alors les rassurer en leur disant que la douleur ne persiste qu'une journée. Si le produit est injecté dans le deltoïde, l'infirmière doit recommander au client de faire des exercices d'amplitude (faire un mouvement circulaire avec le bras et l'épaule).

On ne doit pas injecter du Depo-Provera sans avoir obtenu le consentement éclairé du client et sans que celui-ci ait signé le formulaire de consentement l'informant sur le médicament et sur ses effets thérapeutiques et non thérapeutiques. L'infirmière passe ces éléments en revue avec le client lorsque le médecin décide d'inclure le Depo-Provera dans le plan de traitement individualisé du client.

Le **Lupron Dépôt (leuprolide)** est un traitement relativement récent et on ne dispose pas de beaucoup de données sur son usage chez les pervers sexuels. Il s'agit d'un antiandrogène plus puissant. Son action est similaire au Depo-Provera puisqu'il abaisse la concentration en testostérone du client atteint de paraphilie. On prescrit généralement ce médicament par IM à raison de 7,5 mg par mois. On trouve également le Lupron seul ; sa posologie habituelle est de 1 mg en injection SC quotidienne.

Les effets secondaires comprennent une baisse de la libido (c'est le résultat recherché), des douleurs osseuses, une gynécomastie, une augmentation de la pilosité, une prise de poids, une élévation de la pression artérielle, des étourdissements, des céphalées, des sautes d'humeur et

→ Plan de soins infirmiers

COLLECTE DE DONNÉES

Robert a 50 ans, il est vice-président d'une grande société et on vient de le diagnostiquer comme étant atteint de voyeurisme. Il s'est livré, par intermittence, à des actes voyeuristes dans le vestiaire des dames de son club sportif. Il se masturbe secrètement en « regardant ». Sa femme n'est pas encore au courant, mais se doute que quelque chose ne va pas. Lorsqu'elle lui a fait part de ses soupçons, Robert a nié le problème.

Robert est d'abord venu se faire traiter de son plein gré, craignant que sa femme ne découvre sa maladie. Il a également reconnu qu'il passait beaucoup de temps, à son travail, à fantasmer et à s'adonner au voyeurisme et à la masturbation. Robert ment à sa femme sur ses allées et venues depuis environ 10 ans.

L'équipe soignante s'est attachée à aider Robert à élaborer des stratégies d'adaptation appropriées. Le traitement consistait également en une psychoéducation portant sur l'identification des facteurs déclenchants ainsi que sur l'élaboration de stratégies appropriées de prévention de la rechute. Une aide psychologique a également été apportée au couple afin de révéler le « secret » du comportement de Robert. On a prescrit à Robert 500 mg de Depo-Provera IM, une fois par semaine, pour l'aider à maîtriser ses actes sexuels inappropriés.

DIAGNOSTIC DSM-IV

Axe I	Voyeurisme
Axe II	Différé – caractéristiques compulsives signalées
Axe III	Diagnostic médical (aucun)
Axe IV	Gravité des agents stressants psychosociaux (modéré = 3), conflit conjugal, stress dû à la vie professionnelle et anxiété
Axe V	EGF = 61 (actuel)
	EGF = 61 (année antérieure)

DIAGNOSTIC INFIRMIER : habitudes sexuelles perturbées reliées aux distorsions cognitives (déni) et à des comportements sexuels socialement inacceptables.
DONNÉES : comportements sexuels ne tenant pas compte d'autrui et masturbation en public.

Résultats escomptés	Interventions/Justifications	Évaluation
• Dans la semaine suivant son admission, Robert reconnaîtra deux comportements sexuels socialement inacceptables.	• Étudier la présence de distorsions cognitives au moyen d'une collecte d'antécédents sexuels approfondis. *En cas de distorsions cognitives, Robert peut être incapable de reconnaître ces comportements sexuels socialement inacceptables, justifiant ainsi la prolongation du traitement.* • Discuter avec Robert des raisons et des modalités des comportements sexuels socialement inacceptables *afin d'éduquer le client en ce qui concerne les comportements sexuels problématiques et leurs conséquences sociales.* • Encourager Robert à participer à un groupe destiné aux clients souffrant de troubles sexuels. *Ces clients croient souvent qu'ils sont les seuls à avoir des comportements sexuels inappropriés, ce qui peut les conduire à éprouver des sentiments de désespoir, de honte et d'isolement. La thérapie de groupe apporte du partage, du soutien et de l'espoir.*	• Une semaine après son admission, Robert a facilement reconnu que ses comportements de voyeurisme et de masturbation étaient inappropriés.

DIAGNOSTIC INFIRMIER : stratégies d'adaptation inefficaces, reliées à l'incapacité de confier son secret à sa femme ainsi qu'à l'inaptitude à résoudre ses problèmes.
DONNÉES : recours à des méthodes d'adaptation inadaptées, telles que le mensonge, la communication inefficace avec sa femme (incapacité de discuter des pensées et des sentiments concernant sa maladie), l'anxiété ainsi que la peur de se faire démasquer par sa femme.

Résultats escomptés	Interventions/Justifications	Évaluation
• Dans la semaine suivant son admission, Robert communiquera efficacement à sa femme et à des membres choisis du personnel ses pensées et sentiments concernant sa maladie et ses comportements.	• Encourager Robert à verbaliser ses pensées et ses sentiments concernant ses méthodes d'adaptation actuelles (mentir sur sa maladie, ne pas révéler ses pensées ni ses sentiments) *afin d'illustrer les conséquences de ces stratégies d'adaptation sur lui-même et sur sa femme.*	• Robert a exprimé de nombreuses pensées et sentiments quant aux conséquences éventuelles sur son mariage.

Plan de soins infirmiers (suite)

Résultats escomptés	Interventions/*Justifications*	Évaluation
• Avant sa sortie de l'hôpital, Robert prendra conscience de deux inquiétudes qu'il nourrit par rapport au fait de révéler à sa femme sa maladie et ses comportements.	• Éduquer Robert et sa femme sur sa maladie, ce qu'elle implique et le traitement à envisager. *Informer Robert et sa femme de la maladie et des aspects du traitement dissipera leurs peurs et leur anxiété, leur donnera confiance, et permettra d'établir une relation de soutien efficace.*	• Au moment de sa sortie de l'hôpital, Robert a réussi à partager son « secret » avec sa femme, laquelle lui a apporté beaucoup de soutien tout en se montrant désireuse d'en apprendre davantage sur les actions à entreprendre pour aider son mari à faire face à sa maladie.
• Avant sa sortie de l'hôpital, Robert formulera deux stratégies de prévention de la rechute, comme appeler sa femme avant de quitter son bureau pour que celle-ci l'attende à une heure précise et ainsi éviter une récidive.	• Aider Robert à formuler des stratégies appropriées pour y recourir en temps opportun, lorsqu'il est vulnérable, *afin de l'empêcher de récidiver.*	• Robert a abordé deux stratégies de prévention de la rechute avec le personnel infirmier. Il appellera sa femme avant de quitter le bureau et discutera de ses pensées inappropriées avec sa femme ou avec son thérapeute.

DIAGNOSTIC INFIRMIER : connaissances insuffisantes de la maladie et du traitement, reliées à des distorsions cognitives, à l'anxiété et à l'incertitude.

DONNÉES : incapacité à rechercher plus tôt un traitement pour guérir sa maladie et modifier ses comportements.

Résultats escomptés	Interventions/*Justifications*	Évaluation
• Robert verbalisera sa compréhension de la maladie.	• Évaluer le niveau de connaissances de Robert concernant sa maladie et sa volonté d'apprendre en posant des questions directes. • Instaurer un climat favorable à l'apprentissage grâce à un environnement calme, rassurant et sûr.	• Au moment de sa sortie de l'hôpital, Robert a réussi à recenser les facteurs déclenchants provoquant les pensées et les sentiments d'ordre sexuel et a mis en œuvre des stratégies appropriées de prévention de la rechute.
• Robert saura repérer les facteurs déclenchants, comme l'emploi du temps non structuré, entraînant les pensées et les sentiments inappropriés. • Avant son congé, Robert formulera deux stratégies de prévention de la rechute, comme une communication ouverte avec sa femme, pour éviter de récidiver.	• Souligner l'importance de déceler les facteurs déclenchants et d'élaborer des stratégies de prévention de la rechute et insister sur le fait que ce sont des étapes décisives du traitement, *pour aider Robert à maîtriser davantage ses comportements inappropriés.* • Recommander à Robert de dresser une liste de facteurs déclenchants provoquant une activité sexuelle inappropriée et revoir cette liste avec lui *afin d'évaluer sa compréhension de la maladie et de la manifestation des symptômes.* • Aider Robert à élaborer des stratégies appropriées de prévention de la rechute en fonction des facteurs déclenchants précédemment identifiés, *afin de mettre en place un plan réaliste permettant d'éviter la récidive.* • Encourager Robert à participer à un groupe de soutien destiné aux clients atteints de troubles sexuels, *afin qu'il puisse bénéficier d'une rétroaction de la part de ses semblables en ce qui concerne le réalisme des facteurs déclenchants repérés et des stratégies de prévention de la rechute.*	

des phlébites. L'infirmière doit être capable de repérer n'importe lequel de ces effets.

Au début du traitement au Lupron Dépôt, on doit prescrire de la flutamine au client (Euflex) pour renforcer l'effet de suppression de la testostérone du Lupron Dépôt par un blocage des récepteurs de la testostérone. On doit la prescrire consécutivement à l'augmentation de la production de testostérone, dans les deux à quatre premières semaines du traitement. Il est vraiment important que l'infirmière fasse un suivi de la pression artérielle du client avant d'administrer le Lupron Dépôt, de même que dans le Depo-Provera.

ENSEIGNEMENT AU CLIENT

Stratégies de prévention de la rechute

ENCADRÉ 17.14

Enseigner au client et à ses proches :

- À repérer les facteurs déclenchants provoquant les pensées et les désirs inappropriés, en dressant une liste des signes avant-coureurs annonçant un acte sexuel inapproprié. Il peut s'agir, par exemple, pour un client atteint de pédophilie, de prétendre devoir passer à 15 h par la cour d'école pour se rendre chez lui (cour d'école = facteur déclenchant).
- Que les stratégies de prévention de la rechute sont liées aux facteurs déclenchants recensés.
- À éviter la récidive.

Inhibiteurs sélectifs du recaptage de la sérotonine

Les publications récentes font état de certains cas concernant le traitement des paraphilies par les inhibiteurs sélectifs du recaptage de la sérotonine (ISRS), comme le Prozac ou le Zoloft. Ces médicaments ont moins d'effets secondaires que les antiandrogènes. Les rapports relatifs aux cas individuels portent sur l'efficacité du traitement des paraphilies avec les ISRS qui, en augmentant l'activité de la sérotonine, diminuent l'appétit sexuel. Il importe de noter qu'il faut disposer de plus de recherches en raison de l'absence d'analyse à double insu dans le domaine (Kafka, 1997).

Groupes psychothérapeutiques/psychopédagogiques

Si elles disposent des qualifications requises, les infirmières peuvent diriger ou codiriger les groupes psychothérapeutiques ou psychopédagogiques avec le médecin ou un autre membre de l'équipe soignante.

Les groupes psychothérapeutiques et psychopédagogiques ont pour objectifs : (1) de s'employer à supprimer les distorsions cognitives ; (2) de fournir un enseignement aux clients sur le repérage des facteurs déclenchants, les stratégies de prévention de la rechute (voir encadré 17.15),

l'importance de l'observance thérapeutique, les problèmes d'estime de soi, les stratégies d'adaptation appropriées et les aptitudes à résoudre les problèmes.

L'ergothérapie et la ludothérapie peuvent également être proposées au client pour l'aider à organiser son emploi du temps, et constituer une stratégie de prévention de la rechute. (voir chapitre 23).

Les thérapies familiales et de couple peuvent également être recommandées, selon les besoins de soins de chaque client. Cette forme de thérapie est généralement donnée par le travailleur social, mais elle peut l'être également par une infirmière titulaire d'une maîtrise ou par un médecin.

➡ 17.4.6 Évaluation

Les infirmières doivent continuellement évaluer l'efficacité de leurs interventions sur les comportements pour réussir à traiter cette population. Si les interventions de l'infirmière n'aident pas le client à atteindre les objectifs, on doit alors envisager de réviser le plan de soins infirmiers. L'infirmière peut discuter du plan avec le client et obtenir son aide pour le réviser. On doit considérer les domaines pour lesquels les résultats escomptés ont été obtenus. Si de nouveaux problèmes surgissent, il faut les intégrer dans le plan de soins du client.

Il n'est pas utopique, dans le traitement d'un client atteint de paraphilie, d'espérer que celui-ci reconnaisse la présence de la paraphilie en question, repère les facteurs déclenchants, élabore des stratégies de prévention de la rechute et reconnaisse l'importance de l'observance thérapeutique après la sortie de l'hôpital. S'il n'obtient pas ces résultats avant sa sortie de l'hôpital, le client présente plus de risques de récidiver. Il est primordial de protéger le client et la société d'une éventuelle rechute ou récidive.

La durée minimale d'un traitement pour clients externes est de deux ans, bien que la durée réelle du traitement puisse être considérablement plus longue. On doit surveiller avec précaution tout changement de l'état de ces clients pouvant entraîner une rechute. Ce contrôle peut s'effectuer par l'intermédiaire de thérapies hebdomadaires de groupe pour clients externes ou, si les groupes ne sont pas recommandés, au moyen de visites périodiques chez le thérapeute du client.

On accorde officiellement sa sortie de l'hôpital à un client, traité comme malade externe, en fonction des progrès réalisés et de son comportement actuel relativement à sa paraphilie.

CONCEPTS-CLÉS

- L'infirmière doit comprendre la sexualité humaine, prendre conscience de ses propres sentiments et valeurs par rapport à la sexualité et s'engager à aborder la sexualité dans les soins au client avec une attitude non critique.

- Les dysfonctions sexuelles sont les problèmes sexuels les plus fréquemment soumis aux professionnels de la santé. On estime que leur prévalence peut atteindre 50%.
- Le manque d'éducation sexuelle ainsi qu'une forte répression semblent contribuer à ce niveau élevé d'incidence des dysfonctions sexuelles.
- La formulation d'un plan de soins doit tenir compte du partenaire. Dans un couple, on ne doit pas rendre injustement l'autre responsable du problème.
- Il faut disposer de critères de résultats spécifiques et réalistes, élaborés par le client (ou par le client et son partenaire) pour exécuter le plan de soins.
- Les interventions de soins infirmiers comprennent l'enseignement au client du fonctionnement, des réactions et des dysfonctions sexuelles, l'aide pour améliorer la communication du client, le soutien pour affronter ses peurs et son anxiété, renforcer son estime de soi, et enfin, l'orientation vers d'autres professionnels.
- Durant les dernières décennies, de nombreux diagnostics et traitements complexes ont été mis au point pour les dysfonctions sexuelles. Ils comprennent les méthodes psychophysiologiques et psychosociales ainsi que les traitements neurologiques, endocriniens et vasculaires, ainsi que les thérapies sexuelles spécifiques. Les modalités de traitement sont davantage axées sur les hommes que sur les femmes.
- L'intervention la plus importante consiste peut-être à donner la permission d'éprouver des sentiments en matière de sexualité et d'avoir des comportements sexuels.
- La paraphilie se définit comme une déviation sexuelle ou un trouble concernant des fantasmes sexuels inappropriés, caractérisée par des actes déviants et des pulsions sexuelles inadéquates et le passage à l'acte impliquant ces fantasmes et ces pulsions.
- Des antécédents familiaux de paraphilie ou le fait d'en avoir été victime peuvent prédisposer les autres membres de la famille à présenter un trouble similaire ou différent.
- Dans la mesure où il en est capable, le client doit participer à l'élaboration du plan de soins, et les objectifs de ce plan doivent refléter un accord mutuel entre l'infirmière et le client.
- Les interventions sont basées sur les besoins individuels du client. Le plan de soins doit comprendre : la résolution des distorsions cognitives, une exploration des effets que les comportements sexuels inappropriés ont sur autrui, une thérapie de groupe de psychoéducation permettant au client d'identifier les facteurs déclenchants qui provoquent les pensées sexuelles inappropriées, l'élaboration de stratégies de prévention de la rechute et les effets du traitement sur la symptomatologie, l'importance de l'observance du traitement durant le séjour hospitalier et après la sortie de l'hôpital,

et l'élaboration de stratégies d'adaptation et de techniques de résolution de problèmes.
- Le client atteint de paraphilie qui suit un traitement a moins de risques que d'autres de récidiver.

SITUATIONS CLINIQUES

1. Catherine, une femme de 28 ans n'ayant jamais été mariée, révèle à l'infirmière qu'elle n'a jamais eu d'orgasme. Lors de la collecte de données, l'infirmière apprend que Catherine a eu au total trois partenaires sexuels, tous trois de sexe masculin. Elle avait 19 ans lors de son premier rapport sexuel. Elle dit ne jamais s'être masturbée, mais nourrit de temps en temps certains fantasmes d'ordre sexuel et admet être parfois excitée en lisant une histoire sexuellement explicite ou en regardant un film contenant des scènes érotiques. Elle vit une relation monogame et sérieuse depuis 3 ans avec un homme qu'elle songe à épouser. Elle dit avoir des relations sexuelles 2 à 3 fois par semaine. Elle y prend généralement plaisir, mais est incapable d'atteindre l'orgasme. Ces derniers temps, cela s'est transformé en problème, pour elle comme pour son partenaire. Ce dernier craint d'être incapable de la satisfaire. Elle se dit inquiète de sa réaction et craint que leur projet soit compromis par cette difficulté.

Pensée critique – Collecte de données
- Quels symptômes manifestés par Catherine se rapportent à une dysfonction sexuelle ?
- Qu'est-ce qui, dans les antécédents de santé de Catherine, conduit l'infirmière à supposer que Catherine souffre de problèmes sexuels ?
- Dans quelle mesure les problèmes sexuels de Catherine affectent-ils les autres domaines de sa relation avec son partenaire ?

2. Martin, 24 ans, étudie à l'université et vit avec ses parents et ses deux sœurs aînées. Après avoir été déclaré coupable d'avoir violé une femme de 22 ans, on l'a obligé à suivre un traitement. Ces cinq dernières années, Martin a participé activement à un groupe de clients externes composé de huit délinquants sexuels. Le Service de probation et de libération conditionnelle est sur le point de le réinsérer dans la communauté sans prescription juridique supplémentaire. L'infirmière responsable du groupe éprouve une réticence devant le désir de Martin de se retirer du groupe. Sa réticence est motivée par la gravité de la maladie de Martin, et non par l'insuffisance des progrès réalisés. Durant les cinq dernières années, Martin a assisté aux séances de groupe hebdomadaires, a pris les médicaments prescrits, a élaboré et mis en œuvre des stratégies appropriées de prévention de la rechute, s'est efforcé de comprendre véritablement la nature de sa maladie.

Pensée critique – Évaluation

- Sur quels critères l'infirmière se fonde-t-elle pour déterminer si Martin est effectivement prêt à arrêter sa thérapie ?
- Quelles seront les préoccupations de l'infirmière concernant le pronostic de Martin après sa sortie du centre hospitalier ?
- Qui l'infirmière doit-elle consulter avant de décider si Martin peut quitter de la thérapie de groupe ?

- La thérapie familiale serait-elle à envisager au terme des séances de thérapie de groupe ? Donner les raisons motivant cette intervention.
- Dans quelle mesure l'infirmière serait-elle responsable d'une éventuelle rechute de Martin après qu'il aura mis fin aux séances de groupe ?

Alain Huot
B.A., M.Ps.
Collège Lionel-Groulx

France Maltais
B.Sc.inf., M.Éd.
Collège du Vieux-Montréal

Vivianne Saba
M.Sc.inf.

Chapitre **18**

TROUBLES D'ADAPTATION

OBJECTIFS D'APPRENTISSAGE

APRÈS AVOIR LU CE CHAPITRE, VOUS DEVRIEZ ÊTRE EN MESURE :

- DE NOMMER CINQ CRITÈRES IMPORTANTS DANS LE DIAGNOSTIC D'UN TROUBLE D'ADAPTATION ;

- D'ANALYSER LES LIENS ENTRE LES ÉVÉNEMENTS DE LA VIE ET LES TROUBLES D'ADAPTATION ;

- D'EXPOSER LES CONSÉQUENCES QU'ENTRAÎNE UN DIAGNOSTIC DE TROUBLE D'ADAPTATION AVEC HUMEUR DÉPRESSIVE POUR LE CLIENT HOSPITALISÉ DANS UN ÉTABLISSEMENT NON PSYCHIATRIQUE ;

- D'APPLIQUER LA DÉMARCHE DE SOINS INFIRMIERS AUX CLIENTS QUI MANIFESTENT DES SYMPTÔMES DE TROUBLE D'ADAPTATION ;

- DE DÉCRIRE LES PRINCIPAUX OBJECTIFS THÉRAPEUTIQUES D'UN CLIENT CHEZ QUI ON A DIAGNOSTIQUÉ UN TROUBLE D'ADAPTATION.

Holisme: terme qui comporte de nombreuses interprétations et significations. Au sens le plus large, le holisme est une philosophie selon laquelle les personnes forment un ensemble complexe et indivisible, avec des composantes physiques, mentales, émotionnelles, spirituelles et sociales interdépendantes.

Perte: processus caractérisé par une série de phases se chevauchant et comportant des manifestations psychologiques et comportementales communes de prise de conscience, d'adaptation et de résolution.

Théorie de développement des adultes: théorie selon laquelle même si une personne a achevé les tâches de l'enfance, elle continue à évoluer au cours de la maturité. L'âge adulte se divise en quatre phases, et les thèmes principaux de l'expérience de l'adulte et de son développement sont traités.

Troubles d'adaptation: altération de l'humeur ou du comportement à court terme avec des manifestations non psychotiques résultant d'agents stressants reconnaissables. On ne peut prédire la gravité de la réaction à partir de l'importance de l'agent stressant.

18.1 TROUBLES D'ADAPTATION

Les **troubles d'adaptation** se traduisent par des réactions inadaptées à certains événements marquants de la vie ; notamment par des comportements, des émotions ou des pensées qui perturbent le fonctionnement d'un individu ou son bien-être. Certains symptômes des troubles d'adaptation sont comparables aux symptômes des troubles de l'humeur et des troubles anxieux. Les troubles d'adaptation sont cependant considérés moins graves que ces autres diagnostics. Ils constituent souvent des épisodes transitoires dans la vie de clients qui jouissent d'une bonne santé mentale.

On peut poser un diagnostic de trouble d'adaptation dans le cas d'individus qui traversent une période de transition difficile, comme un divorce, un déménagement, un deuil, l'adolescence, ou tout autre événement marquant. On diagnostique un trouble d'adaptation si les symptômes, comme l'anxiété ou le manque de concentration, sont assez intenses et si on peut établir un lien temporel entre les symptômes et des circonstances stressantes que vit le client. Les personnes qui requièrent un traitement ambulatoire pour affronter des circonstances difficiles sont également susceptibles de recevoir un diagnostic de troubles d'adaptation.

Quand un médecin pose un diagnostic de trouble d'adaptation, c'est qu'il a des raisons de penser que les symptômes du client disparaîtront lorsque les circonstances difficiles ou la période transitoire qu'il vit passeront. À l'instar des autres clients, celui chez qui on diagnostique un trouble d'adaptation sera évalué continuellement pour détecter une éventuelle intensification ou l'apparition de nouveaux symptômes. Il arrive que le trouble d'adaptation évolue vers une dépression majeure.

18.1.1 Perspectives historiques et théoriques

Selon le DSM-IV (APA, 1996), les troubles d'adaptation sont des épisodes temporaires de dysfonctionnement en réaction à un agent stressant particulier. Pour en arriver à un diagnostic de trouble d'adaptation, le client doit présenter des symptômes issus de l'une des six catégories suivantes : trouble d'adaptation avec humeur dépressive, avec anxiété, avec à la fois anxiété et humeur dépressive, avec perturbation des conduites, avec perturbation à la fois des émotions et des conduites ou trouble non spécifié. Les troubles d'adaptation peuvent être aigus (symptômes persistant moins de six mois) ou chroniques (symptômes persistant plus de six mois) lorsque les facteurs précipitants ont un effet à long terme.

En santé mentale, on ne peut s'en remettre à des outils diagnostiques instantanés et objectifs. On ne peut évidemment pas détecter des troubles mentaux au moyen de radiographies ou d'analyses en laboratoire. La seule méthode à laquelle on peut recourir est la relation thérapeutique avec les clients. L'établissement d'un lien de confiance et d'un dialogue significatif permet aux intervenants d'accumuler des renseignements utiles que le médecin peut utiliser pour poser un diagnostic. La poursuite de la relation thérapeutique permet de modifier, au jour le jour, les diagnostics médicaux et infirmiers. Un diagnostic de trouble d'adaptation indique que le professionnel s'attend à ce que les symptômes pénibles de son client disparaissent rapidement au cours de l'intervention thérapeutique. Cependant, les troubles d'adaptation peuvent être les signes précurseurs de troubles mentaux plus graves.

18.1.2 Étiologie

Lorsqu'on étudie l'origine d'un trouble d'adaptation, on doit tenir compte des rapports qui existent entre la personnalité du client, la crise qu'il vit, son niveau de stress, les facteurs développementaux, les influences culturelles ainsi que le système d'évaluation-interprétation de l'événement par l'individu.

Modèles de crises et de stress

Les événements normaux de la vie requièrent des ajustements physiques et psychologiques fréquents. Chacun développe des stratégies d'adaptation personnelles pour faire face aux aléas de la vie. Néanmoins, les stratégies personnelles qui nous sont familières deviennent parfois inefficaces pour gérer certaines crises plus stressantes ou plus intenses. Selon la perspective propre à la théorie des crises, on peut dire qu'un trouble d'adaptation résulte de l'incapacité d'un individu à employer ses méthodes d'adaptation habituelles ou à en inventer de nouvelles pour réagir à une situation. Cette défaillance des méthodes d'adaptation crée une situation où le client se sent dépassé par les événements, ce qui diminue d'autant sa capacité d'y faire face. Le désarroi du client peut se manifester sous forme de dépression ou d'anxiété.

La théorie de l'adaptation au stress, formulée à l'origine par Selye (1956, 1978), décrit une réaction biologique au stress appelée *syndrome général d'adaptation* (SGA). Le stress y est défini comme une situation qui exige une réponse comportementale adaptée ou un changement physiologique. On a remarqué que les individus réagissent de différentes manières face aux mêmes événements stressants. Ainsi, une personne peut réagir à une dispute par une céphalée, alors qu'une autre éprouvera une sensation de soulagement physique ou psychologique. L'adaptation aux crises et l'adaptation au stress se ressemblent en ceci que, dans les deux cas, le client peut se sentir dépassé et démuni par rapport à une situation. Dans le cas d'un trouble d'adaptation à un stress professionnel élevé qui se prolonge au-delà de ce que le client peut supporter, on parlera plus spécifiquement d'épuisement professionnel (voir encadré 18.8). Les infirmières peuvent jouer un rôle important de prévention des réactions au stress en aidant les clients à cibler les événements stressants qu'ils ont pu vivre et qui peuvent les affecter.

Facteurs précipitants

Les troubles d'adaptation peuvent être déclenchés par un ou plusieurs agents stressants d'origine développementale (adolescence, ménopause), situationnelle (changement d'emploi, divorce, hospitalisation) ou accidentelle (tremblement de terre, guerre, inondation). À titre d'exemple, une remise en question développementale et situationnelle difficile peut se produire au tout début de l'âge adulte lorsque l'adolescent, sortant du cégep, se trouve confronté à son avenir. Construire son identité personnelle est une tâche complexe du développement (voir figure 18.1).

Les adultes d'âge mûr ou les personnes âgées se trouvent également confrontés à des défis développementaux importants qui peuvent provoquer des problèmes d'ajustement situationnels transitoires. À titre d'exemple, bien que la retraite soit généralement considérée comme un avantage et un but à l'âge adulte tardif, elle est souvent vécue comme une perte d'identité et de raison d'être. Parmi les autres événements liés au développement physique ou psychologique individuel, il y a la perte d'un être cher ou le diagnostic d'une maladie grave. Les changements d'emploi, de situation familiale, l'arrivée d'un enfant et les

autres bouleversements exigent souvent de grands efforts d'adaptation, surtout lorsqu'ils surviennent simultanément.

Les troubles d'adaptation sont fréquemment associés aux difficultés de l'adolescence. Les troubles d'adaptation chez les clients adultes hospitalisés correspondent plutôt aux troubles concomitants attribuables à l'abus d'alcool et de drogues (Greenberg, Rosenfeld et Ortega, 1995 ; Kovacs et coll., 1984).

Selon les approches cognitives, l'individu interprète l'événement et sa gravité selon les caractéristiques propres à son système de pensée. L'événement sera perçu comme grave ou bénin selon un système de cognition construit à partir de facteurs qui ont été façonnés tout au long de la vie. « Il n'existe donc pas de relation linéaire entre l'événement et l'émotion suscitée. » (Cottraux, 2001).

Perte

Les travaux de Kubler-Ross (1969) sur la réaction psychologique à une **perte** font encore autorité aujourd'hui. Son modèle a été commenté et exploré par un grand nombre d'auteurs. Selon Kubler-Ross (1969), la perte est un processus caractérisé par une série de phases qui se chevauchent. Ces phases comprennent des manifestations psychologiques et comportementales de prise de conscience, d'adaptation et de résolution. De nombreux exemples de pertes sont donnés dans ce chapitre. Tout processus de changement comporte une perte. Opérer un changement volontaire, comme prendre sa retraite, se marier ou fonder une famille entraîne la perte d'un statut, de libertés ou d'une identité antérieure. Pour Walsh et McGoldrick (1991), les pertes requièrent le passage par un processus de deuil. Ce processus comporte de la douleur, mais il permet aussi des remises en question salutaires. L'infirmière y joue un rôle actif en renseignant le client et en l'aidant à faire son deuil. La peine, le deuil et le chagrin sont d'autres expressions d'une perte et sont abordées dans le chapitre 26.

Influences développementales

Erikson (1963) a élaboré une théorie du développement de la personnalité basée sur la réalisation de tâches spécifiques aux différentes étapes du cycle de vie. Il postule que les difficultés d'adaptation émergent lorsque les tâches appropriées selon l'âge ne sont pas achevées, ce qui empêche la personne de progresser dans l'exécution des tâches développementales. Selon la **théorie de développement des adultes**, les individus continuent à développer leur personnalité et à évoluer, même quand ils ont atteint la maturité.

Colarusso et Nemiroff (1981) soutiennent que les individus continuent à raffiner leur sens de l'identité et du soi et que l'âge adulte se caractérise par des crises normatives liées aux tâches développementales. Suivant ces auteurs, les thèmes du développement de l'âge adulte sont l'intimité, l'amour et la sexualité ; les questions liées au corps, au temps et à la mort ; les relations avec les enfants, les

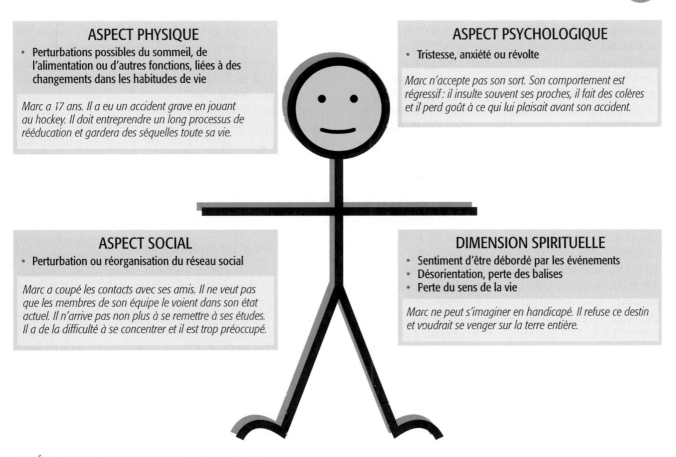

ASPECT PHYSIQUE

- Perturbations possibles du sommeil, de l'alimentation ou d'autres fonctions, liées à des changements dans les habitudes de vie

Marc a 17 ans. Il a eu un accident grave en jouant au hockey. Il doit entreprendre un long processus de rééducation et gardera des séquelles toute sa vie.

ASPECT PSYCHOLOGIQUE

- Tristesse, anxiété ou révolte

Marc n'accepte pas son sort. Son comportement est régressif : il insulte souvent ses proches, il fait des colères et il perd goût à ce qui lui plaisait avant son accident.

ASPECT SOCIAL

- Perturbation ou réorganisation du réseau social

Marc a coupé les contacts avec ses amis. Il ne veut pas que les membres de son équipe le voient dans son état actuel. Il n'arrive pas non plus à se remettre à ses études. Il a de la difficulté à se concentrer et il est trop préoccupé.

DIMENSION SPIRITUELLE

- Sentiment d'être débordé par les événements
- Désorientation, perte des balises
- Perte du sens de la vie

Marc ne peut s'imaginer en handicapé. Il refuse ce destin et voudrait se venger sur la terre entière.

SCHÉMA DES 4 DIMENSIONS Troubles d'adaptation

parents, les mentors et la société ; le travail ; le jeu et les questions d'ordre financier. À mesure que les gens mûrissent, les thèmes du développement de l'adulte constituent, pour le thérapeute, des sources d'information continues et importantes dans l'analyse de la dynamique des problèmes et des symptômes du client.

Colarusso et Nemiroff (1981) reprennent le concept de développement du modèle d'Erikson (1963) et soutiennent que la vie adulte se répartit en grandes phases : le début de la vie adulte (de 20 à 40 ans), l'âge mûr (de 40 à 60 ans), la vieillesse (de 60 à 80 ans) et l'âge avancé (au-delà de 80 ans). Ces auteurs mentionnent également que les trames du développement de l'âge adulte forment un continuum que l'on expérimente différemment selon les divers problèmes qui surviennent au cours de chaque phase.

À titre d'exemple, le thème « temps et mort » correspond à un défi qui se présente typiquement à l'adulte d'âge mûr plutôt qu'au jeune adulte. Une personne d'âge mûr chez qui l'on a diagnostiqué une maladie chronique peut, dans le même temps, avoir des problèmes financiers et des charges professionnelles importantes, être responsable de l'éducation d'un adolescent et perdre l'un de ses parents.

Si les adultes font face à des difficultés particulières selon leur âge et leur situation, tel que Colarusso et

Nemiroff (1981, 1987) le soutiennent, comment un professionnel de la santé mentale peut-il aider les clients à déterminer les aptitudes qui pourraient leur être utiles et à découvrir comment les acquérir et les utiliser ? Un événement précipitant qui stimule habituellement le développement de l'adulte est l'apparition d'une maladie ; qu'il soit malade lui-même ou que ce soit un être cher. Les clients à risques ou ceux qui souffrent d'un trouble d'adaptation sont habituellement soignés par des infirmières au sein d'hôpitaux, d'établissements de soins prolongés, de centres de réadaptation ou encore à domicile. Il s'agit pour les infirmières d'une occasion unique de recueillir des données à long terme et de réaliser des interventions subséquentes qui tiennent compte des difficultés émotionnelles et psychologiques des clients. L'une des activités de l'évaluation de la santé mentale consiste, dans cette optique, à bien saisir ce que la situation signifie pour le client. Ainsi, être hospitalisé pour une hernie n'a pas les mêmes implications, au même âge, que d'être hospitalisé pour la stabilisation d'un diabète récemment détecté.

Influences culturelles, sociales et psychologiques

Il faut examiner la croissance et le développement en prenant en compte le contexte socioculturel. Le sexe, la culture et les facteurs sociaux déterminent en partie la réalité d'une personne. Les infirmières doivent en tenir compte pour nuancer leurs diagnostics infirmiers. À titre d'exemple, une infirmière détecte que l'un de ses clients a des problèmes liés à la mort de sa conjointe et pose un diagnostic de chagrin dysfonctionnel. Toutefois, les comportements que l'infirmière perçoit comme problématiques peuvent être considérés comme normaux dans le contexte socioculturel où vit le client. Si tel est le cas, l'infirmière risque de passer à côté de faits importants. Au lieu de détecter les problèmes du client, l'infirmière fait preuve de préjugés en s'attendant à ce que tous les clients résolvent leurs problèmes de la même manière. L'infirmière doit être consciente que les clients peuvent faire leur deuil à leur manière et elle doit en tenir compte dans sa collecte de données.

Lowenberg (1989), une infirmière spécialisée en recherche, a exploré les pratiques des consommateurs et des praticiens de la santé aux États-Unis, en recourant au **holisme**. D'un point de vue historique, la maladie a d'abord été considérée comme une déviance sociale (Davis, 1972 ; Parsons, 1951), et on étiquetait et stigmatisait de nombreux problèmes interprétés culturellement comme des maladies. L'auteure remarque que l'émergence des concepts holistes amène une vision de la santé dans laquelle les aspects physiques, mentaux, émotionnels, spirituels et sociaux de la personnalité forment un tout indissociable. En reprenant ce concept, certains auteurs ont redéfini l'expérience de la maladie, non comme une détérioration physique mais, de façon plus positive, comme une alarme signalant que certains ajustements sont nécessaires. Lowenberg (1989) fait observer que l'approche holistique amène à considérer la maladie en tant qu'occasion de croissance et de développement.

Contribution de la recherche en soins infirmiers

La recherche en soins infirmiers a contribué à améliorer la compréhension de l'expérience individuelle. Même si cette recherche ne s'est pas concentrée spécifiquement sur le diagnostic des troubles d'adaptation, elle a exploré la signification des événements de l'existence pour les clients et pour les soignants en utilisant les techniques de recherche qualitatives. (Amstrong, 1992 ; Beck, 1992 ; Bergum, 1989 ; Heifner, 1993 ; Lowenberg, 1989 ; Main et coll., 1993 ; Mickley et coll., 1992 ; Murphy, 1993 ; Tanner et coll., 1993). Comprendre l'expérience de la maladie permettra aux infirmières et aux autres professionnels de mettre au point des techniques de collecte des données, des méthodes d'intervention et des modèles d'évaluation du traitement.

18.1.3 Épidémiologie

Les troubles d'adaptation représentent le diagnostic le plus fréquemment posé chez l'adulte (Filteau et Baruch, 1999). Cependant, les données cliniques et symptomatiques concernant les troubles d'adaptation varient grandement et rendent le diagnostic difficile, ce qui contribue d'autant à compliquer la compilation de statistiques sur leur traite-

ment. Le DSM-IV (APA, 1996) cite des taux de prévalence variant de 5 % à 20 % chez les clients externes.

On a réalisé des études portant sur les observations du personnel de consultation et de liaison psychiatrique évaluant les clients dans les unités de soins actifs. Les troubles d'adaptation des malades hospitalisés sont couramment détectés (Popkin et coll., 1990 ; Razavi et coll., 1990 ; Snyder et coll., 1990). De nombreux clients chez qui on a diagnostiqué des maladies chroniques ou terminales présentent des symptômes de dépression majeure ou de troubles d'adaptation.

CRITÈRES DSM-IV

Troubles d'adaptation | ENCADRÉ 18.1

A. Réaction à un ou plusieurs agents stressants psychosociaux, décelable au cours des trois mois suivant la survenue de ces agents.
B. Ces symptômes de détresse sont marqués et plus importants qu'une réaction attendue et normale à cet agent stressant, ou le client connaît une perturbation significative du fonctionnement social ou professionnel.
C. La perturbation ne répond pas aux critères de l'axe I ou de l'axe II. Un diagnostic de troubles d'adaptation peut être posé en présence d'un trouble de l'axe I ou de l'axe II si les symptômes ne sont pas attribuables à ces troubles et qu'un agent stressant existe.
D. Ce diagnostic ne correspond pas aux symptômes de l'expression d'un deuil.
E. Une fois que l'agent stressant a disparu, les symptômes ne persistent pas au-delà de six mois.
　Néanmoins, les symptômes qui persistent plus de six mois en raison de la chronicité de l'agent stressant (une maladie physique chronique) ou comme résultat des conséquences durables d'un agent stressant (divorce, perte d'emploi) peuvent être considérés comme des troubles d'adaptation chroniques.

Tiré du DSM-IV, Manuel diagnostique et statistique des troubles mentaux, Paris, Masson, 1996.

18.1.4 Description clinique

Le DSM-IV donne six sous-types de troubles d'adaptation. Ils sont codés sous l'axe IV, selon le type de symptômes et d'agents stressants détectés. Comme les troubles d'adaptation peuvent présenter des symptomatologies diverses, il est difficile de catégoriser certains symptômes. Les groupes de symptômes généraux se trouvent dans l'encadré 18.2.

18.1.5 Pronostic

On ne dispose pas de données sur les pronostics relatifs aux troubles d'adaptation. La plupart des praticiens considèrent que, parce que les troubles d'adaptation excluent habituellement un problème psychiatrique majeur, on peut espérer que le client résoudra ses problèmes en trouvant les moyens de s'adapter et en mobilisant ses ressources.

18.1.6 Critères d'évolution positive

Le client:

- ne verbalisera aucune pensée d'automutilation;
- formulera, le cas échéant, des objectifs quant à la poursuite des soins après sa sortie d'hôpital;
- trouvera et analysera des stratégies d'adaptation et les moyens d'y recourir.

18.2 DÉMARCHE DE SOINS INFIRMIERS

➤ 18.2.1 Collecte de données

Les clients n'étant généralement pas hospitalisés pour un trouble d'adaptation, les infirmières effectuent plus fréquemment la collecte de données dans un contexte ambulatoire ou à domicile (voir encadré 18.3). Il est possible que les clients externes requièrent un traitement pour des symptômes d'un ou de plusieurs troubles d'adaptation. Les sous-types de troubles d'adaptation avec humeur anxieuse ou dépressive sont les plus couramment diagnostiqués chez les clients adultes (Popkin, 1989).

Les infirmières doivent déceler les agents stressants qui ont déclenché l'apparition des symptômes. L'évaluation des symptômes liés au comportement et à l'humeur ainsi que la congruence des affects sont essentiels à la collecte des données initiale (voir encadré 18.4). Les symptômes varient selon le trouble d'adaptation et peuvent se présenter comme suit:

- *perception sensorielle*: nervosité, inquiétude et trac; autres symptômes congruents à l'humeur anxieuse ou dépressive, comme les céphalées, les maux de dos ou la léthargie;
- *perturbation de la pensée*: obsession de la mort (et non pas idéation suicidaire), incapacité à accomplir les tâches, baisse de la concentration, manque d'attention portée à l'environnement extérieur, manque d'intérêt pour les détails, difficulté à se concentrer et attention réduite conduisant à des difficultés d'apprentissage, sentiment d'ambivalence et difficulté à prendre des décisions, déni de la maladie physique et non-observance du traitement;
- *troubles émotifs*: sentiment de tristesse et chagrin, impression de vide et dévalorisation, baisse de l'estime de soi, inhabilité à articuler ses émotions, inquiétude excessive concernant les événements de la vie;
- *troubles du comportement et des relations*: manque d'intérêt pour les événements extérieurs, détérioration des relations, retrait social, perte d'intérêt pour les passe-temps, désintéressement vis-à-vis des projets professionnels ou des études, détresse spirituelle, augmentation

---

Types de troubles d'adaptation   ENCADRÉ 18.2

Trouble d'adaptation avec humeur dépressive
Considéré lorsque la symptomatologie prédominante comprend une humeur dépressive, une tendance à pleurer constamment et un sentiment de désespoir.

Trouble d'adaptation avec anxiété
Dans ce cas, la symptomatologie prédominante est la nervosité, les préoccupations et l'agitation.

Trouble d'adaptation avec à la fois anxiété et humeur dépressive
On retrouve à la fois les caractéristiques de l'anxiété et de la dépression.

Trouble d'adaptation avec perturbation des conduites
Dans cette catégorie, la conduite du client viole les droits d'autrui ou les principales normes et règles sociales, compte tenu de l'âge du client (vandalisme, bagarre, manquement aux responsabilités légales).

Trouble d'adaptation avec perturbation mixte des émotions et des conduites
La symptomatologie prédominante est une combinaison d'émotions (dépression ou anxiété) et de perturbation des conduites.

Trouble d'adaptation non spécifié
Utilisé pour relier des réactions inadaptées (plaintes de souffrance physique, retrait social et inhibition scolaire ou professionnelle) à des agents stressants psychosociaux ne se trouvant pas dans les autres catégories.

Tiré du *DSM-IV, Manuel diagnostique et statistique des troubles mentaux*, Paris, Masson, 1996.

SOINS INFIRMIERS DANS LE MILIEU DE VIE
Troubles d'adaptation   ENCADRÉ 18.3

Les troubles d'adaptation sont très fréquents. Certains constituent le résultat à long terme de crises de développement et de maturité prévisibles, comme la perte d'un être cher, des problèmes professionnels et financiers. Dans de tels cas, les schémas thérapeutiques sont parfaitement établis et l'infirmière peut ajuster les stratégies d'intervention de crise pour assurer au client que la situation s'améliorera avec le temps. On peut intégrer les clients dans des groupes de soutien pour ces mêmes questions. La plupart des clients répondent positivement à l'enseignement et à la rencontre de gens ayant vécu des expériences similaires; toutefois, en cas de difficultés prolongées, il faudra recourir à des interventions plus intensives. L'infirmière doit envisager un travail à long terme avec le client, en s'axant sur les changements qui interviennent dans l'existence du client, et peut-être même dans son mode de vie, pour réduire le stress, occuper le temps de loisirs, et consolider les capacités d'adaptation.

Enfin, si les symptômes de difficultés d'adaptation persistent durant plus de six mois, on traite les besoins à long terme du client en le redirigeant vers un thérapeute et un groupe de soutien pour un traitement continu. Les troubles d'adaptation exigent souvent des interventions psychosociales prolongées pour favoriser le fonctionnement et la sécurité.

Troubles d'adaptation

ENCADRÉ 18.4

1. Quels événements ont récemment marqué votre vie ? (Pour établir si le client peut discerner un ou plusieurs agents stressants précédant le trouble d'adaptation.)

2. Au cours de votre vie, quel événement vous a profondément touché ? (Pour évaluer la signification de l'événement pour la personne.)

3. Comment avez-vous réagi lorsque de tels événements se sont produits ? (Pour déterminer si le client dispose des capacités d'adaptation adéquates et des ressources potentielles.)

4. Parlez-moi de votre famille, de vos amis et de leur rôle au cours de cet événement. (Pour évaluer le réseau de soutien actuel et obtenir de l'information sur la famille et les proches.)

 Diagnostics en collaboration

ENCADRÉ 18.5

Diagnostics du DSM-IV*	Diagnostics de l'ANADI†
• Trouble d'adaptation avec anxiété	• Anxiété
	• Stratégies d'adaptation inefficaces
	• Habitudes de sommeil perturbées
• Trouble d'adaptation avec humeur dépressive	• Stratégies d'adaptation inefficaces
	• Déni non constructif
	• Isolement social
	• Détresse spirituelle
• Trouble d'adaptation avec perturbation des conduites	• Inadaptation à un changement dans l'état de santé
	• Anxiété
	• Stratégies d'adaptation défensives
	• Stratégies d'adaptation inefficaces
	• Exercice du rôle perturbé
• Trouble d'adaptation avec perturbation mixte des émotions et des conduites	• Inadaptation à un changement dans l'état de santé
	• Anxiété
	• Stratégies d'adaptation défensives
	• Stratégies d'adaptation inefficaces
	• Déni non constructif
	• Habitudes de sommeil perturbées
	• Isolement social
	• Détresse spirituelle
	• Risque de violence envers les autres
	• Risque de violence envers soi

*Tiré du *DSM-IV, Manuel diagnostique et statistique des troubles mentaux*, Paris, Masson, 1996.
†Tiré de la North American Nursing Diagnosis Association : *NANDA nursing diagnoses : definitions and classification*, 1999-2000, Philadelphie, 1994, The Association.

ou baisse de l'activité psychomotrice, logorrhée, difficulté à poursuivre une conversation, tendance à se laisser distraire, insomnie, dérogation aux normes ou aux règles correspondant à son âge, atteinte aux droits d'autrui.

➡ 18.2.2 Diagnostic infirmier

En ce qui a trait aux troubles d'adaptation, on donne la priorité aux diagnostics infirmiers fondés sur les symptômes. La collecte de données fournit une information sur l'anamnèse du client, sur ses symptômes et, spécialement dans le cas de troubles d'adaptation, sur le comportement et les réactions aux agents stressants. Le travail en collaboration et les efforts multidisciplinaires s'axent sur l'aide au client afin que celui-ci rassemble les ressources nécessaires pour attein-

dre un niveau de fonctionnement adéquat dans la vie quotidienne.

Diagnostics infirmiers pour les troubles d'adaptation

- Inadaptation à un changement dans l'état de santé
- Anxiété
- Stratégies d'adaptation individuelles inefficaces
- Chagrin dysfonctionnel
- Diminution (situationnelle ou chronique) de l'estime de soi
- Interactions sociales perturbées
- Détresse spirituelle
- Risque de violence envers les autres
- Risque de violence envers soi

→ 18.2.3 Résultats escomptés

Les critères de résultats peuvent varier en fonction des symptômes. Néanmoins, quels que soient les symptômes, la sécurité du client prime. Les résultats du client, qui sont déterminés à partir des diagnostics infirmiers, sont les comportements ou les réactions que l'on attend du client.

Le client:

- discutera des plans de soins quant aux objectifs à atteindre;
- analysera les ressources d'adaptation et les moyens de les utiliser;
- décrira les agents stressants qu'il a subis antérieurement et les moyens qu'il aurait pu prendre pour les affronter efficacement;
- examinera les changements prévus dans sa vie pour déceler d'avance les sources de stress potentielles.

→ 18.2.4 Planification

Les renseignements obtenus au moment de la collecte de données et l'apport de toute l'équipe soignante permettent d'orienter le traitement des clients atteints de troubles d'adaptation. On individualise le plan de soins selon les besoins du client et les symptômes du trouble d'adaptation. Ces symptômes sont généralement de courte durée, il faut donc prévoir un suivi lorsque le client sortira de l'hôpital. Il convient de prolonger les soins si les symptômes du client sont encore présents au moment de sa sortie. L'infirmière doit être vigilante afin de détecter une recrudescence des symptômes, dans la forme et dans l'intensité.

→ 18.2.5 Exécution

On individualisera, en fonction des symptômes existants, les interventions de soins infirmiers pour le client souffrant de trouble d'adaptation. Tout plan de soins doit comprendre une surveillance constante de l'évolution des symptômes.

Interventions de soins infirmiers

1. Évaluer tout risque d'idéation, de geste ou de projet suicidaires *pour assurer la sécurité du client et éviter qu'il ne se blesse.*
2. Aider le client à développer des stratégies d'adaptation *pour faciliter le recours à ses ressources internes.*
3. Encourager les activités favorisant la socialisation *pour réduire l'isolement et mettre en place des réseaux d'aide sociale.*
4. Soutenir le client dans la verbalisation de ses pensées, de ses émotions et de ses soucis *pour lui permettre de reconnaître ses schémas de pensée et lui donner l'occasion de valider ses sentiments, ses réflexions et de résoudre ses problèmes.*
5. Informer le client, sa famille et ses proches à propos du trouble d'adaptation, y compris le traitement des symptômes, *pour assurer un certain contrôle sur la maladie et diminuer la peur et l'anxiété* (voir encadré 18.7).
6. Établir une alliance thérapeutique avec le client *pour encourager la discussion concernant les pensées et les émotions et déceler plus particulièrement l'idéation suicidaire et l'aggravation des symptômes de dépression.*
7. Soutenir les efforts du client dans la poursuite de ses objectifs *pour l'aider à regagner son estime de soi et pour encourager les gestes constructifs.*
8. Collaborer avec l'équipe soignante multidisciplinaire *pour assurer la cohérence de la mise en application du plan de traitement. Cette cohérence permet de structurer le traitement et d'y impliquer toute l'équipe en s'entendant sur les attentes du client.*
9. Aider le client à reconnaître les symptômes d'anxiété et les agents stressants *pour faciliter la résolution des problèmes et lui inculquer le sentiment qu'il peut les maîtriser.*
10. Encourager le client à se rappeler ses réussites antérieures *pour renforcer l'estime de soi, valider les solutions créatives aux problèmes et lui donner confiance en l'avenir.*

Modalités de traitement supplémentaires

L'infirmière fait partie intégrante de l'équipe multidisciplinaire qui identifie les symptômes ou les comportements caractéristiques (ou cibles). Elle élabore les interventions pour atténuer les symptômes et décide des méthodes d'évaluation pour mesurer les progrès ou la régression du client par rapport aux objectifs escomptés. Comme chaque discipline dispose d'une perspective unique sur le traitement du client, le plan d'intervention élaboré en équipe multidisciplinaire est plus efficace que ne le serait la contribution individuelle de chacun de ses membres. À titre d'exemple, un client qui ne parle pas a des chances de réagir aux interventions proposées par l'ergothérapeute, alors qu'il serait relativement passif pendant des interventions de traitement axées sur la verbalisation.

Médication

On emploie les médicaments modérément dans le cas de troubles d'adaptation puisque ces troubles disparaissent, le plus souvent, une fois que leur cause immédiate a été déterminée et traitée. Comme, dans certains cas, les symptômes risquent d'évoluer vers des symptômes de troubles mentaux graves, les infirmières en santé mentale et en psychiatrie préfèrent également observer les clients sans les effets de la médication. On prescrit souvent des benzodiazépines durant de courtes périodes pour traiter les symptômes d'anxiété. On peut prescrire des antidépresseurs si les symptômes entravent la capacité du client à mobiliser ses ressources.

Traitements d'appoint

Une approche en collaboration à l'égard du client implique souvent le recours à des traitements auxiliaires. Ainsi, la

Plan de soins infirmiers

COLLECTE DE DONNÉES

M. Hubert, un client de 57 ans de l'unité de médecine, est bien connu du personnel infirmier. Il a été hospitalisé plusieurs fois durant les dernières années pour stabiliser son diabète, qui reste difficile à maîtriser. Lors de sa toute récente admission, son implication dans le plan de soins a été atypique, car il n'y accordait qu'un intérêt minime. Il a également consommé des aliments riches en sucre qui appartenaient à son voisin de chambre. Il nie ce comportement, s'intéresse peu à l'enseignement qu'on essaie de lui fournir et se replie sur lui-même. Il affirme réaliser son test de glycémie capillaire à domicile et s'administrer l'insuline convenablement.

M. Hubert a récemment pris sa retraite de l'usine où il travaillait, en raison de son diabète, et sa pension est suffisante pour maintenir son niveau de vie. Lorsqu'on lui demande s'il se sent triste ou déprimé à cause de la retraite, il le dément d'un ton agressif. Sa femme, avec qui il était marié depuis dix ans, est morte il y a environ huit mois. Il dit avoir fait son deuil, reconnaît qu'il se sent moins triste à cause de son décès et déclare vivre cette situation plus sereinement à mesure que le temps

passe. Il est capable de parler des bons moments qu'ils ont partagés ensemble. En même temps, il se montre déçu de passer sa retraite seul et dit se sentir déprimé que cette retraite ne corresponde pas à ce qu'il avait espéré.

Il nie toute idéation suicidaire. Les amis qui viennent le voir confient aux infirmières qu'il rechigne à participer aux activités sociales et qu'il leur a dit qu'il préférait rester seul et n'avait pas envie d'être avec des gens. L'infirmière qui s'occupe de M. Hubert à l'hôpital sait qu'il va sortir de l'hôpital prochainement et amorce le suivi à la maison.

Diagnostics du DSM-IV

Axe I : trouble d'adaptation avec humeur dépressive
Axe II : aucun
Axe III : diabète
Axe IV : extrême = 4 (diabète, décès de la conjointe)
Axe V : EGF = 60 (actuel)
EGF = 80 (année antérieure)

DIAGNOSTIC INFIRMIER : risque de violence envers soi relié à un ensemble de facteurs stressants connus.
FACTEURS DE RISQUE : maladie chronique, dépression à cause de la retraite, changement dans la situation de famille (pertes multiples).

Résultats escomptés	Interventions/*Justifications*	Évaluation
• M. Hubert ne se mutilera pas durant son séjour à l'hôpital.	• Observer fréquemment mais discrètement le comportement de M. Hubert durant les soins de routine. *Une surveillance étroite est nécessaire pour empêcher que le client ne se mutile.*	• M. Hubert demeure en sécurité et ne se blesse pas.
• M. Hubert mettra fin à ses menaces ou à ses gestes suicidaires.	• Écouter soigneusement les déclarations suicidaires et être attentive aux indications non verbales d'intention suicidaire, comme le fait de donner ses biens. *De tels comportements sont des indices majeurs de risque d'automutilation. Ces indices de comportement potentiel sont à la fois verbaux et non verbaux.*	• Absence de comportement ou de menaces de suicide de la part de M. Hubert.
• M. Hubert niera tout projet de suicide.	• Interroger directement le client pour évaluer les intentions de suicide, les projets, et les moyens pour se suicider. *Le risque de suicide augmente si les projets et les moyens existent.*	• M. Hubert nie tout projet de suicide.
• M. Hubert acceptera les termes du contrat de non-automutilation et s'adressera au personnel lorsqu'il se sentira suicidaire.	• Obtenir un accord verbal ou écrit de la part de M. Hubert affirmant qu'il ne se mutilera pas et demandera l'aide du personnel en cas d'intention ou d'impulsion suicidaire, *pour lui garantir qu'il peut obtenir de l'aide s'il perd la maîtrise.*	• M. Hubert accepte les termes du contrat et demande l'aide du personnel pour conserver la maîtrise.

DIAGNOSTIC INFIRMIER : stratégies d'adaptation inefficaces, reliées à un manque de connaissances de la façon de vivre sa crise situationnelle (retraite).
DONNÉES : comportement d'isolement, sautes d'humeur et diminution du bien-être.

Résultats escomptés	Interventions/*Justifications*	Évaluation
• M. Hubert mentionnera des stratégies d'adaptation, telles que l'organisation de ses loisirs.	• Établir une relation de confiance avec M. Hubert *pour lui témoigner de l'empathie et l'encourager à mettre en pratique ses nouvelles stratégies d'adaptation dans un contexte thérapeutique.*	• M. Hubert formule sa confiance dans la relation avec l'infirmière.
• M. Hubert aura recours à ses anciennes méthodes d'adaptation efficaces ainsi qu'à des stratégies nouvellement acquises.	• Féliciter M. Hubert pour son adaptation. *Un renforcement positif favorise la répétition de l'adaptation efficace de M. Hubert.*	• M. Hubert discute de ses projets, en mettant à profit ses méthodes d'adaptation passées et récentes.

Plan de soins infirmiers (suite)   ENCADRÉ 18.6

Résultats escomptés	Interventions/Justifications	Évaluation
• M. Hubert s'adaptera en exprimant sa colère par des mots et non par des actions. • M. Hubert dira qu'il comprend que la perte est un processus qui requiert du temps pour se résoudre.	• Aider M. Hubert à exprimer sa colère et à explorer ses sentiments négatifs. *L'expression de sentiments dans une relation non menaçante peut aider le client à résoudre des conflits et constituer pour lui une occasion de décharger sa colère.* • Déterminer le stade de la perte. *La détermination de ce stade est nécessaire pour intervenir efficacement.* • Expliquer à M. Hubert les sentiments et les comportements qui sont associés à chaque stade de la perte *pour l'aider à concevoir que des émotions comme la colère sont adéquates et acceptables pour résoudre la perte à cette étape.*	• M. Hubert exprimera ses sentiments de colère et de solitude de manière appropriée. • M. Hubert dira que la perte est un processus naturel qui demande du temps pour se résoudre. • M. Hubert exprimera sa compréhension des stades de la perte et identifiera celui qui le caractérise.

DIAGNOSTIC INFIRMIER : interactions sociales perturbées, reliées à des moyens inconnus de s'adapter au changement de rôle (M. Hubert est maintenant retraité).

DONNÉES : interruption de ses activités sociales habituelles et isolement.

Résultats escomptés	Interventions/Justifications	Évaluation
• M. Hubert augmentera ses rencontres sociales et son implication dans des activités selon ses capacités. • M. Hubert recourra efficacement aux systèmes de soutien disponibles au sein et en dehors de l'hôpital.	• Passer en revue les ressources de M. Hubert et trouver les activités qui lui plaisent et qu'il peut reprendre *pour l'encourager à se centrer sur les aspects positifs de sa personnalité et de sa situation.* • Explorer le réseau de soutien social de M. Hubert et son désir de chercher de l'aide. Circonscrire les changements de rôle maintenant qu'il vit seul. *Toutes les occasions de discuter de la socialisation et de ses préférences quant aux activités lui permettent de reconnaître ses propres modes de socialisation et contribuent à l'alliance thérapeutique.*	• M. Hubert passe plus de temps à socialiser avec ses pairs qu'à rester seul. • M. Hubert a socialisé avec certains clients et inventorié les activités du réseau de suivi social.

ENSEIGNEMENT AU CLIENT

ENCADRÉ 18.7

- Enseigner au client, à sa famille et aux proches à détecter les symptômes du trouble d'adaptation et leur rappeler :
  - que les symptômes disparaissent d'ordinaire complètement ;
  - que plusieurs techniques peuvent permettre d'atténuer les symptômes (pratique d'exercices de relaxation qui réduisent l'anxiété) ;
  - que l'on doit immédiatement signaler les symptômes au soignant ;
  - que la réaction à un événement est normale parce que les individus ont des façons de réagir qui leur sont propres ;
  - qu'ils ont déjà, auparavant, surmonté des situations difficiles en ayant recours à des méthodes d'adaptation personnelles, pour insister sur les réussites antérieures.
- Enseigner au client, à sa famille et aux proches la posologie, la fréquence des prises et les effets des médicaments. Ajouter des renseignements sur les effets indésirables courants et leur dire quand appeler le médecin en cas de questions ou de problèmes concernant la prise des médicaments.

récréologie peut être employée pour les clients chez qui on a diagnostiqué un trouble d'adaptation. Il faut découvrir les préférences du client quant aux loisirs et mettre à sa disposition l'équipement nécessaire afin de le motiver à s'intéresser aux activités récréatives. S'il est suffisamment en forme, l'activité physique fournit un bon exutoire aux tensions et à l'anxiété tout en renforçant l'estime de soi.

Thérapies de soutien

Les infirmières cliniciennes spécialisées, les médecins, les travailleurs sociaux et les psychologues sont formés pour apporter un soutien thérapeutique aux clients chez qui on a diagnostiqué un trouble d'adaptation. Comme ces clients sont habituellement traités dans le cadre ambulatoire, ils disposent de nombreuses options de traitement et de sources d'orientation. Les thérapeutes peuvent choisir parmi différentes méthodes d'intervention, selon leurs préférences professionnelles, les problèmes du client et la nature des résultats escomptés. Parmi les méthodes employées avec succès, notons la thérapie cognitive comportementale, la psychothérapie individuelle ou à orientation

L'épuisement professionnel chez les infirmières

DÉFINITION : syndrome d'épuisement physique et émotionnel comprenant une image négative de soi-même, une attitude négative envers le travail, une perte d'intérêt et de préoccupation envers les clients (Masiach, 1976). Peut être temporaire, sérieux ou chronique. N'est pas nécessairement permanent ou relié à un manque de motivation au travail.

DISTINCTIONS : le *burnout* est différent de la dépression, qui est reliée à une perte d'un être cher ou de l'estime de soi. Le déprimé est déprimé partout et fonctionne comme un *burnout* au travail, alors que l'individu atteint de surmenage professionnel peut très bien fonctionner en dehors de son travail. Il se distingue également des problèmes reliés aux différentes étapes de la vie ou aux conflits personnels, bien que parfois ils peuvent s'y confondre.

INCIDENCE : très marquée dans les professions d'aide qui sont essentiellement centrées sur le client. En effet, peu d'attention est apportée aux multiples facteurs de stress auxquels doit faire face le professionnel de la santé.

SYMPTÔMES : perte d'efficacité dans le travail. L'individu fournit de plus en plus d'efforts pour un rendement de moins en moins bon. Insatisfaction dans le travail, irritabilité, rigidité, résistance au changement, surcharge émotionnelle et cognitive. Attitudes négatives et punitives face aux clients. Insomnie, ulcères, migraines, maux de dos, de cou, etc. Usage plus grand d'alcool et de médicaments. Dans les relations avec les collègues : retrait, ou trop grande socialisation, attitude de condescendance ou de paranoïa avec l'administration ou les patients, absentéisme élevé (Bourbeau, Meloche, 1995).

QUATRE ÉTAPES DU PROCESSUS D'ÉPUISEMENT :
(Edelwich et Brodsky, 1983)

1. L'enthousiasme idéaliste teinté d'attentes irréalistes. Suridentification si l'individu croit que le travail peut tout combler. L'infirmière se dit des choses comme : « Je suis indispensable et infatigable » ; « Je vais le guérir » ; « Je veux tous les sauver ».

2. La stagnation, où le travail n'est plus perçu comme si excitant. La satisfaction des besoins personnels, de revenus, d'horaires de travail, de développement professionnel devient importante. L'apparition du sentiment de culpabilité relié à la déception vécue. L'infirmière se dit des choses comme : « Je ne devrais pas me sentir fatiguée puisque j'aime mon travail » ; « Je ne peux pas ne pas combler les attentes du milieu » ; « Je déçois mes clients, mon employeur » ; « Que ferait-il si je n'étais pas là ? ».

3. La frustration, car les besoins personnels ne sont pas comblés : manque de temps et d'énergie. Apparition des sentiments d'hostilité : « On devrait me payer plus cher » ; « On devrait embaucher plus de personnel ». Les troubles émotifs se multiplient : dépression « Je suis une mauvaise aidante » ; anxiété « Comment vais-je être heureuse sans ce travail ? ». Les troubles physiques peuvent se développer à ce stade.

4. L'apathie, où la personne se sent chroniquement frustrée au travail. Découragement : « Je ne m'en sortirai jamais » ; « Je ne pourrai jamais atteindre mes objectifs ».

FACTEURS D'ÉPUISEMENT :

1. PERSONNELS : motivations à aider (besoin d'importance, d'omnipuissance et de connaissance de soi, Edelwich et Brodsky, 1983), capacité de réagir au stress, reliée aux expériences antérieures de l'aidant qui lui ont permis de développer des outils d'adaptation, idées ou attentes irréalistes que l'intervenant se fait au cours d'une relation d'aide (désirs de changements, succès immédiats et tangibles, reconnaissance et remerciements).

2. ORGANISATION DE TRAVAIL : peu de collaboration, incapacité de donner une qualité de service, peu de formation, chef de service rigide, exigeant ou incompétent, travail objectivement trop lourd (durée et physiquement), manque de défi intellectuel et d'avancement.

INTERVENTIONS PROTECTRICES : s'impliquer dans son travail pour l'apprécier mais se protéger par des retraits.

1. ÉMOTIONNELS : garder une certaine distance avec les clients, en évitant la suridentification et en confrontant les idées irréalistes aux attentes, cause de déception : « Un aidant parfait n'existe pas » ; « Je peux me sentir fatiguée tout en aimant mon travail » ; « Il n'y a pas de solution parfaite » ; « Il n'y a pas de solution à tous les problèmes » ; « Je suis une partie de la solution », etc.

2. PHYSIQUE : limiter le temps d'entrevue, limiter la distance viable avec l'aidé, distinguer la vie personnelle et la vie professionnelle et maintenir un réseau social indépendant.

ORGANISATIONNEL : prendre des pauses, déléguer au besoin, faire confiance, laisser aux patrons les règlements qui leur appartiennent, définir ses responsabilités et ne pas endosser celles que l'infirmière n'a pas, reconnaître les données de la réalité que l'on ne peut pas changer, s'absenter pour se reposer, ne pas atteindre le seuil critique.

---

psychodynamique et les thérapies axées sur une stratégie de courte durée. Une thérapie familiale peut être indiquée lorsque le facteur précipitant se rapporte à l'organisation familiale et que le client et la famille ont besoin d'aide pour solutionner le problème. Les autres techniques d'intervention thérapeutique comprennent la rétroaction biologique, les exercices de relaxation, l'hypnose, la méditation, la tenue d'un journal et l'imagerie mentale.

Approche thérapeutique cognitive : cognitivo-comportementale et rationnelle-émotive

La plupart des gens croient que certaines situations engendrent des sentiments inadaptés et des comportements indésirables. Selon l'approche cognitive, ce ne sont pas les événements qui causent des conséquences indésirables, tant au plan émotif que comportemental, mais bien l'interprétation que l'individu fait de ces événements. Les sentiments tels que l'anxiété, la culpabilité, l'hostilité et la déprime, que l'on considère parfois comme dysfonctionnels, peuvent devenir une source de vulnérabilité au stress. C'est en travaillant sur son système de croyances que l'individu modifiera ses émotions et deviendra ainsi moins vulnérable. Le modèle EPEC présenté dans le chapitre 3 (Maltais 2003) et le chapitre 14 (Chambon et coll., 1995) indique que souvent nous interprétons ce qui nous arrive (ÉV) selon un système de pensées automatiques (P) (monologue intérieur), ce qui entraîne des conséquences émotionnelles (ÉM) et comportementales (C). L'anxiété et la colère ont souvent des conséquences aussi bien physiques que mentales : tensions musculaires, céphalées, hypersécrétion gastrique, sueur, palpitations cardiaques, etc.

Notre perception des événements dépend d'un système de croyances qui s'organisent en postulats irrationnels (Cottraux, 2001). En devenant « conscient » de nos croyances irrationnelles, nous sommes prêts à intervenir de manière à pouvoir éventuellement penser autrement. Cottraux propose une procédure en quatre étapes :
1. déterminer d'abord la conséquence désagréable (C) ;
2. préciser l'événement qui a précédé la perturbation émotionnelle (ÉV) ;
3. se représenter le plus clairement possible l'événement pour en ressentir la perturbation émotionnelle (ÉM) ;
4. essayer de changer de registre émotif, c'est-à-dire de ressentir un sentiment moindre.

Maltais (2003) conseille de bannir les attitudes de non-acceptation et de dramatisation et d'utiliser un langage plus réaliste (voir tableau 3.3).

Lorsqu'on change la nature des réactions émotionnelles, l'adaptation au stress est facilitée, les rapports avec la réalité deviennent plus fonctionnels et le sentiment d'impuissance devant les événements « stressants » (ce ne sont pas les événements qui sont stressants mais la perception de ces événements) se modifie.

➡ 18.2.6 Évaluation

L'évaluation des résultats relative aux troubles d'adaptation dépend des caractéristiques particulières de chaque trouble. Pour le client d'humeur anxieuse ou déprimée, l'absence de symptômes problématiques signifie la guérison. Pour la plupart des clients, la disparition des symptômes annonce l'issue du traitement.

Si le client est hospitalisé, l'infirmière doit évaluer son plan de soins et ses réactions aux interventions au moins une fois par jour. La planification rigoureuse de la sortie d'hôpital doit inclure un suivi thérapeutique à domicile ou une visite au médecin traitant pour régler les problèmes potentiels après la sortie du client. Si le client présente encore des symptômes avant sa sortie, l'équipe soignante doit examiner les options de placement en fonction du besoin en matière d'hospitalisation pour soins actifs.

CONCEPTS-CLÉS

- Les troubles d'adaptation sont des épisodes transitoires, significatifs, sur le plan clinique, de symptômes émotionnels ou de comportements non psychotiques en réaction à un ou des agents stressants psychosociaux reconnaissables.
- On envisage un diagnostic de trouble d'adaptation dans le cas où le comportement ou les symptômes du client sont différents de ses modes de réaction habituels et si les symptômes persistent durant moins de six mois (aigus), à moins que ces symptômes ne soient une réaction à un ou des agents stressants continus (chroniques).
- La gravité de la réaction à l'agent stressant n'est pas prévisible à partir de l'agent stressant et elle est spécifique à chaque individu.
- Dans une population adulte, les diagnostics les plus courants de troubles d'adaptation sont les troubles d'adaptation avec humeur dépressive et les troubles d'adaptation avec anxiété.
- Les clients qui souffrent d'un trouble d'adaptation sont souvent traités dans le contexte ambulatoire, la gravité de leurs symptômes ou leur détresse subjective ne requérant pas une hospitalisation.
- On emploie le plus fréquemment une thérapie de soutien pour traiter les clients souffrant de troubles d'adaptation.
- Les clients chez qui on a diagnostiqué un trouble d'adaptation peuvent voir leurs symptômes disparaître ou, au contraire, éprouver une exacerbation pouvant déboucher sur un trouble psychiatrique majeur, tel qu'une dépression grave.
- Des recherches sont nécessaires pour établir la fréquence et l'incidence des troubles d'adaptation et mesurer les résultats des interventions thérapeutiques spécifiques.
- Pour renforcer le processus thérapeutique, on essaiera de comprendre l'expérience du client à partir du point de vue qui lui est propre. L'application de modèles cliniques sera de peu d'utilité, à moins que les résultats escomptés de ces soins n'aient une signification pour le client.
- Les clients connaissent mieux que personne leur existence et peuvent être considérés comme les experts désignés pour déterminer la signification des événements stressants, mobiliser leurs ressources internes et pour préciser leurs préférences en ce qui concerne les soins.

SITUATIONS CLINIQUES

1. Pierre-Yves, un étudiant du secondaire âgé de 16 ans, est amené au centre d'aide psychologique par ses parents, qui déclarent que leur fils est perturbé, qu'il a des problèmes scolaires et qu'il mange et dort sporadiquement. Selon ses parents, les agents stressants que vit l'adolescent viennent d'une rupture avec sa petite amie, qu'il fréquentait depuis six mois, et de la nécessité de perdre sept kilos pour devenir membre de l'équipe de hockey. Après avoir effectué un examen médical complet, l'infirmière discute avec le client des événements récents de sa vie.

Pierre-Yves exprime le regret d'avoir rompu avec sa petite amie, mais affiche une attitude positive en regard de ce changement, affirmant qu'il est peut-être un peu trop jeune pour maintenir une relation stable. Néanmoins, Pierre-Yves manifeste un sentiment de désespoir à l'idée de devoir perdre sept kilos et s'inquiète de ne pas pouvoir faire partie de l'équipe de hockey. Il confie à l'infirmière que, pour perdre du poids, il a pris des coupe-faim qu'un autre étudiant lui avait donnés.

Depuis, il ne peut plus dormir ni se concentrer, et il a commencé à boire de l'alcool pour arriver à dormir. Il a dissimulé ce fait à ses parents et a honte de le leur avouer. Il craint, s'il arrête de prendre ces pilules, de regrossir et risquer ainsi de ne pas être admis dans l'équipe. Il se sent coincé et reste également conscient que son psychisme est affecté par le manque de sommeil et les drogues. Il lui arrive de penser que ce serait mieux s'il n'existait pas. Il ne sait à qui se confier et craint de parler à son entraîneur. Même s'il a d'abord refusé de venir à la clinique, il avoue à l'infirmière se sentir soulagé que ses parents aient insisté pour qu'il parle à une intervenante en santé.

Pensée critique – Collecte de données

- Pierre-Yves vit plusieurs événements problématiques. Lesquels ?
- Quel est le risque de suicide chez Pierre-Yves ?
- Quelles conséquences peuvent avoir les drogues sur le suicide et la santé mentale ?
- Pensez-vous que Pierre-Yves ait une dépendance à l'égard des drogues ou de l'alcool ?

Partie IV
Modalités thérapeutiques

Anne St-Antoine
B.Ps., B.Éd.
Collège de Saint-Laurent

Chapitre **19**

RELATION THÉRAPEUTIQUE

OBJECTIFS D'APPRENTISSAGE

APRÈS AVOIR LU CE CHAPITRE, VOUS DEVRIEZ ÊTRE EN MESURE :

- DE COMPARER LES CONCEPTS DE LIMITE, DE SÉCURITÉ ET DE CONFIANCE AU SEIN DES THÉRAPIES INDIVIDUELLE, FAMILIALE ET DE GROUPE AINSI QUE DANS L'AMBIOTHÉRAPIE ;

- D'EXAMINER LES PROCESSUS QUI CORRESPONDENT AUX DIFFÉRENTES PHASES DE LA THÉRAPIE ;

- DE DÉTERMINER LES CARACTÉRISTIQUES ET LES ATTITUDES PERSONNELLES QUI INFLUENT SUR LA CAPACITÉ DE TRAVAILLER EN TANT QU'INFIRMIÈRE EN SANTÉ MENTALE ET EN PSYCHIATRIE ;

- DE DÉCRIRE LES TÂCHES RELATIVES AUX THÉRAPIES INDIVIDUELLE, FAMILIALE, DE GROUPE ET À L'AMBIOTHÉRAPIE AINSI QUE LA FAÇON DE LES EXÉCUTER ;

- D'EXPLIQUER LE TRANSFERT ET LE CONTRE-TRANSFERT DE MÊME QUE LEURS CONSÉQUENCES SUR LA RELATION THÉRAPEUTIQUE.

Client identifié : au cours d'une thérapie familiale ou de groupe, membre dont le comportement est considéré comme problématique par la famille ou le groupe.

Confiance : assurance que la relation thérapeutique est authentique et fiable ; la confiance s'établit grâce à la cohérence entre les paroles du thérapeute et ses actions.

Contre-transfert : sentiments, positifs ou négatifs, qu'éprouve l'infirmière envers le client, faisant naturellement partie du processus de relation thérapeutique. L'infirmière doit être consciente du contre-transfert et savoir le gérer.

Écoute : attitude attentive de l'infirmière qui montre par ses commentaires et son comportement qu'elle écoute ce que dit le client.

Limite : délimitation et séparation de soi par rapport à autrui grâce à l'établissement de limites et à la détermination de ses propres responsabilités et devoirs envers les autres.

Milieu thérapeutique : environnement conçu pour favoriser la santé mentale, fondé sur l'hypothèse selon laquelle les clients sont des participants actifs de leur propre vie et, par conséquent, qu'ils doivent être impliqués dans la gestion de leur comportement et de leur environnement.

Norme : critère de comportement ou d'attitude et, parfois, perception qu'un groupe a de ses membres ; les normes représentent les attentes en regard des comportements acceptables.

Relation thérapeutique : relation personnelle qui s'établit afin d'aider l'un des participants à trouver des solutions plus adaptées et matures aux difficultés qu'il rencontre. Il s'agit d'une relation objective, axée sur le client et comportant des objectifs clairs.

Rôle : mode de comportement attendu par la société, dépendant normalement du statut de l'individu dans un groupe donné. Peplau (1952) a délimité quatre rôles pour l'infirmière en psychiatrie : la personne-ressource, la conseillère, le substitut et l'experte.

Sécurité : impression rassurante qui s'établit au cours de la relation thérapeutique lorsque les responsabilités et les attentes de chaque participant sont clairement définies. La sécurité provient du fait de connaître les limites d'une relation et d'agir en fonction de ces limites.

Thème : schéma récurrent d'interactions que le client rencontre dans sa relation avec lui-même et avec autrui.

Transfert : sentiments que le client éprouve envers son thérapeute et la relation d'aide, mais qui s'adressent fondamentalement aux proches du client et qui sont transférés durant la relation thérapeutique. Afin d'éviter le contre-transfert négatif, l'infirmière doit être consciente de ce transfert et savoir l'assumer.

19.1 RELATION THÉRAPEUTIQUE

L'entretien thérapeutique implique d'entrer en relation thérapeutique avec un individu, une famille ou un groupe. Ce concept n'a rien de nouveau pour les infirmières, dont la majeure partie du travail consiste en interactions ayant pour but le mieux-être du client. Les infirmières changent un pansement pour faciliter la cicatrisation d'une blessure ou administrent des antibiotiques pour lutter contre une infection. En résumé, un individu (l'infirmière) prodigue des soins (thérapie) à un autre individu. Habituellement, ces soins se manifestent par des actions bien tangibles effectuées au plan technique. L'essentiel du discours de l'infirmière concerne l'enseignement, l'évaluation de l'état du client ou l'échange de civilités.

En revanche, la plus grande part du travail de l'infirmière en santé mentale et en psychiatrie est invisible au premier abord. Les étudiantes, lorsqu'elles débutent, se plaignent souvent qu'il n'y a « rien à faire » en milieu psychiatrique, les techniques de soins y étant effectivement limitées. Certaines se sentent perdues et frustrées, incapables de se situer dans leur rôle d'infirmière.

L'intérêt, en même temps que la difficulté des soins infirmiers, réside dans le fait que l'infirmière utilise ce qu'elle est (le soi) comme agent thérapeutique. Toutes les interactions infirmière-client sont une occasion de « travail ». Tout comme il faut du temps pour apprendre à changer un pansement, donner des médicaments et utiliser les équipements, il faut également du temps pour bien utiliser sa personne et sa façon de communiquer comme moyens curatifs.

Les infirmières peuvent intervenir dans un contexte thérapeutique sans être des psychothérapeutes habilités. Un psychothérapeute est généralement un clinicien de niveau avancé disposant d'une formation spécialisée en psychothérapie.

Ce chapitre porte sur le rôle de l'infirmière en milieu psychiatrique.

19.1.1 Présentation

L'objectif premier de toute infirmière est de promouvoir la santé. Dans un contexte de santé mentale, la promotion de la santé se définit comme « la progression vers une existence créative, constructive et productive tant sur le plan individuel que collectif » (Peplau, 1952). Les infirmières en santé mentale et en psychiatrie ont l'obligation de recourir à leurs aptitudes dans le cadre de la relation thérapeutique pour améliorer et maintenir la santé mentale.

Relation thérapeutique par opposition à relation sociale

La relation thérapeutique se différencie des autres interactions humaines par son objet, son but et les stratégies utilisées. Les infirmières novices se comportent souvent d'une manière plus sociale que thérapeutique dans leurs interventions. Il leur faut réaliser que les relations sociales s'établissent avec les amis et les connaissances dans le but d'en retirer une satisfaction mutuelle. Leur durée, leur objet et leur intensité varient selon les souhaits des participants : ce sont des relations subjectives.

Par opposition à ce type de relation, la **relation thérapeutique** existe pour permettre à l'un des participants, le client, de solutionner de façon efficace et mature certaines difficultés. Il s'agit d'une relation personnelle dans la mesure où « deux personnes font suffisamment connaissance pour aborder un problème en collaborant » (Peplau, 1952). Les fonctions de l'infirmière dans la relation thérapeutique consistent à aider le client à discerner les difficultés ressenties à un niveau émotionnel et à appliquer ses connaissances des principes des relations humaines aux problèmes et questions qui surviennent à tous les niveaux de l'expérience (Peplau, 1952). Cela suppose que l'infirmière a elle-même pris conscience de sa façon d'être et d'agir afin d'être objective et de se concentrer sur les besoins du client.

Rôles dans la relation thérapeutique

Les **rôles** sont des modes de comportement social déterminés par la position ou le statut d'un individu au sein d'une relation ou d'un groupe donnés. L'infirmière s'approprie plusieurs rôles éducatifs et thérapeutiques au cours des différentes phases de la relation thérapeutique. Peplau (1952) a défini quatre rôles pour l'infirmière en santé mentale et en psychiatrie : la *personne-ressource*, qui fournit le soutien nécessaire à la compréhension des situations et des procédures ; la *conseillère*, qui écoute l'histoire et qui guide vers l'identification des sentiments qui y sont associés ; le *substitut*, qui incarne différents rôles des relations passées du client (le parent, le frère ou la sœur, l'épouse, le professeur, etc.) ; et l'*experte*, qui sait s'y retrouver dans la complexité du système de santé.

Aspects de la relation thérapeutique

La relation thérapeutique est orientée vers un but concret, objectif, et se centre sur le client (Fortinash et Holoday-Worret, 1999). Elle met en jeu des processus de transfert et de contre-transfert.

Le *but général* de toute relation thérapeutique est de faciliter la progression du client vers une plus grande autonomie (Kennedy, 1977). Chaque individu est néanmoins unique et l'infirmière se doit, en compagnie de son client, de définir des objectifs spécifiques à chacun. La plupart des personnes désirent se débarrasser des symptômes qui les font souffrir, comme l'anxiété, la dépression, les idéations suicidaires, les crises de colère et les sentiments d'impuissance. La relation thérapeutique devrait permettre à l'individu non pas seulement d'éliminer ces symptômes, mais aussi de les remplacer par des mécanismes d'adaptation plus adéquats. Il s'agit d'une relation où deux participants acceptent d'unir leurs énergies vers l'atteinte d'un objectif. Cela suppose que cette relation comporte des limites : elle existe en réponse à certains buts spécifiques et non pour répondre à tous les besoins du client. Ce concept de limites sera abordé ultérieurement.

Une relation *axée sur le client* signifie que le client, ses buts, ses réactions, ses stratégies d'adaptation et sa croissance sont au centre des préoccupations. Cette relation thérapeutique exige que l'infirmière fixe son attention sur une autre personne et oublie temporairement les événements de sa propre vie, afin de ressentir ce que vit le client (Kennedy, 1977). Cela ne signifie pas que les réactions de l'infirmière et son concept du soi n'ont pas d'importance, mais simplement qu'ils ne constituent pas l'élément central de la relation en question. La connaissance de soi ainsi que l'analyse de ses propres réactions face à un client permettront à l'infirmière de mieux saisir la dynamique personnelle du client. Reconnaître ses propres réactions et non pas se laisser dominer par elles, se servir de cette information pour soutenir le client dans sa progression vers un mieux-être émotionnel, voilà l'une des tâches les plus complexes des soins infirmiers psychiatriques.

L'infirmière se doit donc de rechercher l'*objectivité* dans sa relation avec le client. À titre d'exemple, imaginez que vous êtes de plus en plus irritée par le comportement d'un client. Il ne vous sera d'aucune utilité de vous fâcher, car vous répéterez probablement ainsi les expériences passées du client. En y réfléchissant, vous réalisez que ce client se conduit de façon semblable à l'un de vos proches qui vous perturbe beaucoup. Après avoir pris conscience de ce fait, votre colère s'amenuise et vos interventions visent des buts plus objectifs.

Le **transfert** fait référence aux sentiments que le client éprouve envers l'infirmière et la relation d'aide. Ces sentiments sont le reflet de ceux qu'il éprouvait envers ses proches avant la relation thérapeutique et qu'il transpose maintenant dans cette relation. L'infirmière doit éviter de réagir comme si les sentiments du client s'adressaient à elle personnellement ; de tels sentiments sont en fait suscités par ce que l'infirmière représente pour le client. Il s'agit du rôle de substitut décrit par Peplau. Ainsi, dans l'exemple cité précédemment, le client qui se comporte de façon à fâcher l'infirmière peut réagir à celle-ci comme il le ferait à une figure parentale envahissante. Il est possible que la seule façon pour ce client d'atteindre un certain degré de séparation consiste à repousser le « parent » avec rage. L'infirmière qui réagit comme si ce sentiment lui était adressé manque une occasion de prodiguer des soins de qualité. En répondant plus objectivement et en posant des questions ouvertes, elle peut aider le client à explorer ses sentiments et à cerner certaines constantes dans son comportement. En agissant ainsi, l'infirmière permet au client de se « voir agir » et de parler du comportement et de ce qu'il représente plutôt que de continuer à réagir de la même manière.

Le **contre-transfert** désigne les sentiments de l'infirmière envers le client. Ces sentiments peuvent être positifs ou négatifs et sont inhérents à la relation thérapeutique. Des problèmes surviennent lorsque ces sentiments sont ignorés parce qu'ils contrarient l'infirmière, la surprennent ou l'embarrassent de quelque manière. L'infirmière doit reconnaître, définir et accepter ces sentiments, sinon ils influenceront ses réactions envers le client, de façon évidente ou non (Kennedy, 1977). À titre d'exemple, une infirmière qui ressent de l'attirance ou du mépris pour un client risque d'être horrifiée par de tels sentiments, sachant qu'il s'agit d'une relation professionnelle. Elle peut réagir en gardant ses distances par rapport au client ou en traitant ce dernier superficiellement pour prendre du recul par rapport à ses émotions. Aucun travail ne s'accomplira alors dans la relation thérapeutique puisque celle-ci sera dominée par les problèmes de l'infirmière. Il faut donc être consciente que le succès d'une relation thérapeutique repose bien souvent sur la capacité de l'infirmière à assumer le transfert et le contre-transfert.

Attitudes des aidants

On tend à reconnaître de plus en plus que les qualités personnelles des infirmières ont autant d'importance que les stratégies thérapeutiques employées pour promouvoir la croissance (Brammer, 1993). Les infirmières aidantes savent exprimer leur confiance dans la capacité des gens à résoudre leurs problèmes et à diriger leur existence. Ces personnes ont également tendance à considérer les autres comme dignes de confiance, amicaux et bons. Elles s'identifient plus facilement aux personnes qu'aux choses, montrent des qualités d'adaptation et acceptent de révéler leurs pensées (dans la mesure où cela a une valeur thérapeutique) plutôt que de les dissimuler (Brammer, 1993). Ces infirmières prennent soin d'elles-mêmes et des autres. Elles possèdent de la force et de la maturité, tempérées par l'humilité et la vulnérabilité nécessaires pour affronter les difficultés de la vie. Cette vulnérabilité les aide à instaurer la relation de confiance (Brammer, 1993).

19.1.2 Préparation

Connaissance de soi

De ce qui précède, on peut facilement déduire que le travail en santé mentale et en psychiatrie nécessite que l'infirmière ait une bonne connaissance de soi. Cette prise de conscience est essentielle pour faire la distinction entre les croyances subjectives et les faits. La connaissance de soi consiste à reconnaître ses propres pensées, valeurs, conflits, style d'échange et attitudes, et à prendre conscience de leur influence dans les interactions avec le client. L'infirmière n'a pas à être parfaite ; manifestement, cela

serait irréalisable, même en toute une vie. Elle doit cependant être motivée et ouverte à l'introspection.

Il existe bien des façons d'apprendre à se connaître. Nombre d'infirmières entreprendront une thérapie personnelle dans le but de résoudre leurs conflits personnels. Cette démarche les rend aussi plus sensibles aux expériences de leurs clients. Les groupes d'entraide, de même que le jeu de rôle et la supervision par une personne expérimentée, offrent d'autres moyens d'introspection. L'*auto-analyse* constitue un bon début. Les infirmières peuvent juger de leurs valeurs, attitudes et orientations en se posant des questions d'ordre général. Cette auto-évaluation renforcera leur connaissance de soi et leur permettra d'améliorer leurs habiletés d'interaction thérapeutique.

Éléments de connaissance de soi

Besoin d'être aimée

L'infirmière doit être consciente que le besoin d'être aimée, acceptée et valorisée risque éventuellement de la paralyser au cours des interactions. Elle aura tendance à se sentir blessée ou à se mettre en colère contre un client agressif ou hostile. L'infirmière hésitera à faire des commentaires, de peur que le client ne se sente offensé d'une quelconque manière et la déprécie. Le temps et l'expérience lui montreront que le secret d'une approche efficace consiste simplement à être à l'aise avec l'autre personne. Cela découle d'une attention spéciale apportée au discours du client et à son expérience. Les meilleurs rapports s'établissent lorsque l'infirmière se concentre sur son client et oublie son besoin d'être aimée (Kennedy, 1977).

Juger les autres

Le jugement est une classification stéréotypée et rapide d'une autre personne qui sert à simplifier notre propre expérience des relations. Cette faculté de poser un jugement a parfois du bon ; elle nous permet de prendre une décision rapide dans certaines situations où la sécurité est menacée. Très souvent, les jugements se fondent sur quelques expériences passées qui sont par la suite généralisées. La culture influe aussi sur la façon de percevoir les gens. Le portrait que les médias dressent des individus ou des groupes a une répercussion sur l'idée que l'on s'en fait. Il en résulte des stéréotypes qui dépouillent les individus de leur identité propre. De tels jugements n'ont pas leur place dans une relation thérapeutique centrée sur l'individu, puisqu'ils ne servent qu'à étiqueter les gens et à se distancier d'eux. Même s'il est irréaliste de penser que l'on peut se débarrasser complètement de ses préjugés, les infirmières devraient tout au moins en être conscientes et savoir dans quelle mesure ceux-ci conditionnent leurs relations. Elles doivent pouvoir suspendre leur jugement sur un client pour canaliser leur attention sur l'individu et son expérience et pour rester ouvertes à l'apprentissage (Kennedy, 1977). « Les soins infirmiers consistent à accepter les gens tels qu'ils sont et à les aider en période de stress » (Peplau, 1952).

Imputabilité

L'infirmière en santé mentale et en psychiatrie doit absolument clarifier avec le client sa perception de la responsabilité de chacun au sein de la relation thérapeutique. Dans certains domaines des soins infirmiers, les résultats dépendent uniquement de la performance de l'infirmière (asepsie d'une plaie, administration de médicaments ou remplacement correct du fluide pendant une perfusion). Tous ces soins impliquent que l'infirmière *fasse* quelque chose pour le client. Tel que déjà mentionné, beaucoup de novices dans le domaine de la santé mentale ressentent ce besoin de *faire* quelque chose de tangible. Par conséquent, elles posent beaucoup trop de questions au lieu d'écouter et donnent leur avis plutôt que d'assister les clients dans la résolution de leurs problèmes. Plusieurs infirmières voudront obtenir des résultats rapidement plutôt que d'attendre les résultats du travail thérapeutique. Cette impatience les amène à « prendre la situation en main ». Elles se conduisent alors de façon autoritaire et négligent l'individualité de la personne, deux attitudes non thérapeutiques et potentiellement destructrices.

Il importe donc que l'infirmière définisse clairement ses responsabilités envers son client. Ce n'est pas à elle de délimiter le champ de croissance personnelle du client, de définir la direction qu'elle prendra ou encore le temps qu'il faudra. Son travail consiste « uniquement » à soutenir le travail du client dans le processus thérapeutique. « Le vrai soutien consiste à entrer dans l'expérience des autres personnes, à être capable d'y rester avec elles lorsqu'elles s'explorent et à ne pas reculer lorsque l'expérience menace d'être dure pour soi » (Kennedy, 1977).

Potentiel de croissance

L'infirmière doit faire confiance au client, à ses capacités de grandir, apprendre et changer. Elle doit évaluer ses propres besoins de sympathie et de protection (Fortinash et Holoday-Worret, 1999). Si l'infirmière croit avoir besoin d'être protégée des réalités de l'existence, elle peut aussi en déduire qu'elle sera incapable de faire face aux différents agents stressants. Les infirmières qui pensent ainsi auront tendance à attribuer ces mêmes caractéristiques aux clients et tenteront de les protéger des difficultés du travail sur soi plutôt que de les aider à relever les défis qui les feront progresser.

Ces quelques éléments de connaissance de soi ne constituent pas une liste exhaustive. Les infirmières auront à réexaminer leurs valeurs et leurs attitudes avec chaque nouveau client. Elles devront sans cesse reconsidérer leurs conceptions de dépendance, d'imputabilité, de compétence et d'intimité, pour n'en citer que quelques-unes. La connaissance de soi est en progression continuelle tout simplement parce que chaque phase de la vie, chaque situation est unique.

Inquiétudes de l'infirmière

On a remarqué que les étudiantes en soins infirmiers faisaient généralement face à trois difficultés : une certaine gêne à remplir leur rôle, des craintes et des fantasmes liés au comportement professionnel ainsi qu'une incertitude sur la façon d'appliquer la démarche thérapeutique avec les clients (Denton, 1987). Les infirmières novices expriment habituellement ces anxiétés par la crainte de dire ou de faire « quelque chose de mal » qui affecterait le client de manière permanente. Elles se sentent mal à l'aise avec leur nouveau vocabulaire et s'inquiètent de trouver le mot juste ou approprié. Cette gêne fait partie de l'apprentissage de l'utilisation du soi en tant qu'instrument thérapeutique.

Les étudiantes ont aussi tendance à concentrer leur perception du client exclusivement sur le contenu (les mots) de son discours. En focalisant uniquement sur les mots, elles passent à côté d'une foule d'informations non verbales fournies par le client. Lorsque les infirmières prennent conscience du travail réalisé à chaque étape de la relation, elles sont en mesure d'employer consciemment une multiplicité d'habiletés pour favoriser le changement voulu chez le client. Étant axées sur le processus, elles trouvent les mots beaucoup plus facilement. Il ne faut toutefois pas minimiser l'importance du langage dans la relation thérapeutique. Les praticiennes plus expérimentées se serviront d'ailleurs de la structure des phrases et du choix du vocabulaire afin d'analyser la façon de penser du client.

Les attitudes et le comportement de l'infirmière constituent un aspect important dans l'établissement de la confiance et du sentiment de sécurité nécessaires à la relation thérapeutique. Les manifestations d'attention sont ce que l'on appelle l'**écoute** et comprennent toutes les manières de montrer au client que ce qu'il dit est entendu. Cette attitude encourage celui-ci à exprimer ses sentiments et à raconter ses expériences.

L'infirmière manifeste son attention de façon verbale et non verbale. Les *comportements non verbaux* comprennent une posture détendue, indiquant l'ouverture et l'acceptation, légèrement inclinée vers l'avant pour confirmer l'intérêt (voir figure 19.1). L'infirmière doit maintenir un contact visuel pour « voir » le client. Il ne s'agit pas de le regarder fixement, mais plutôt de capter son regard d'une manière détendue et agréable, en regardant parfois ailleurs. Les *comportements verbaux* confirment que l'on est attentive et incluent les questions ouvertes, la validation, le reflet des émotions ainsi que le fait de laisser le client imposer son rythme (voir chapitre 8).

En manifestant son authenticité, son respect et son empathie, l'infirmière est en mesure de prouver efficacement ses habiletés d'écoute. L'*authenticité* se définit comme la cohérence entre les mots et les actions. Le *respect* se témoigne par une considération inconditionnelle qui se traduit par une écoute attentive et une attitude cohérente. L'*empathie* implique d'envisager la situation du point de vue du client tout en restant objective. Une infirmière

FIGURE 19.1 Le comportement non verbal du thérapeute – posture détendue, légèrement penchée en avant et contact visuel franc – indique l'ouverture, l'acceptation et l'intérêt à l'égard du client.
Copyright Cathy Lander-Goldberg, Lander Photographics, 1995

empathique intervient pour aider le client à comprendre une situation et lui proposer des solutions de rechange pertinentes (Fortinash et Holoday-Worret, 1999).

19.1.3 Instauration

Une relation thérapeutique ne s'établit pas d'un coup de baguette magique. Elle demande beaucoup de travail et une application compétente des connaissances. Les novices se préoccupent tellement du contenu de la séance qu'elles en oublient les concepts de base de la relation thérapeutique. Ces concepts sont l'établissement et le maintien des limites ainsi que l'instauration de sentiments de sécurité et de confiance. Ils interviennent dans la thérapie individuelle comme dans les processus familiaux ou de groupe, bien qu'ils s'articulent de manière différente. Ces trois concepts sont étroitement liés et influent les uns sur les autres.

Établissement et maintien des limites

Les **limites** renvoient à la définition d'une entité. Les frontières d'un pays définissent sa forme, son étendue et sa localisation par rapport aux autres nations. Chaque pays négocie et échange selon de nombreuses modalités. Les limites servent à séparer et à définir les entités là où elles entrent en contact avec les autres.

Sur le plan psychologique, les limites désignent la séparation de soi par rapport aux autres. Elles servent à définir les responsabilités et les devoirs de chacun vis-à-vis des autres. Il s'agit d'un concept très important pour travailler avec les clients, dont le sentiment de soi est souvent diffus. Ces clients n'ont souvent pas idée de leurs responsabilités et demandent aux infirmières de faire des choses qui ne sont pas de leur ressort. Par conséquent, les infirmières doivent posséder un sens très clair de soi et de leur rôle pour éviter toute confusion avec les clients. En voici un exemple: au cours d'une interaction pour découvrir la source de l'agitation du client, l'infirmière et le client arrivent finalement à un stade où ce dernier réalise sa colère envers une personne à propos d'un incident passé. Pour résoudre ce problème, le client suggère que l'infirmière parle de cet incident à l'autre personne afin que celle-ci prenne conscience des conséquences de ses actions. Une infirmière qui obtempérerait à une telle demande se placerait dans une situation difficile, où elle devrait transmettre les réactions émotives d'un tiers (ou parler à sa place). Si l'infirmière, dans une telle situation, est consciente de ses propres limites (et de ses responsabilités concomitantes), elle refusera de transmettre l'information et aidera plutôt le client à trouver le moyen d'accomplir cette tâche lui-même.

Dans le même ordre d'idées, les infirmières peuvent se questionner sur l'utilisation du toucher. Les limites sont respectées si le toucher est utilisé dans un but thérapeutique, exprimant la compassion. Il est préférable de recourir au toucher une fois la confiance établie, selon le client et la situation. Il faut toujours garder une distance thérapeutique avec le client.

Instauration du sentiment de sécurité

La **sécurité** se définit comme une impression rassurante éprouvée à l'intérieur de la relation thérapeutique. Des limites bien définies sont essentielles à l'instauration du sentiment de sécurité. Pour y parvenir, les attentes et les responsabilités de l'infirmière et du client doivent être exprimées. En définissant la structure de la relation thérapeutique, le client peut sans crainte expérimenter de nouvelles façons d'être dans ce cadre bien défini. Par conséquent, l'infirmière doit promouvoir la sécurité dans une relation thérapeutique en agissant de façon cohérente à l'intérieur des limites établies. Se montrer « amicale » peut se révéler à la fois déroutant et menaçant pour les clients. Les infirmières doivent donc se cantonner dans leur rôle qui est d'encourager les clients à se concentrer sur les tâches assignées et à explorer les nouvelles options de croissance, de guérison et de connaissance de soi.

Instauration de la confiance

La **confiance** consiste à se fier à l'authenticité et à la constance de la relation. À mesure que l'infirmière met en pratique les concepts de limites et de sécurité, la confiance s'installe entre elle et le client. La congruence entre ses paroles et ses actions est essentielle. Lorsque le client constate que l'infirmière fait invariablement ce qu'elle s'est engagée à faire dans le cadre de la relation, il se sent à l'aise pour se concentrer sur ce qu'il doit accomplir. De nombreux clients atteignent, dans leur relation avec l'infirmière, un niveau de confiance qu'ils n'ont jamais connu auparavant.

La présence de la confiance dans une relation thérapeutique ne signifie pas l'absence de conflits. La confiance n'est pas synonyme d'accord, mais de cohérence. Si le client formule des demandes inappropriées, l'infirmière n'a pas à les satisfaire pour maintenir la confiance. En fait, la confiance risque même d'être trahie si l'infirmière répond à une demande qui va à l'encontre des objectifs de la relation. La confiance ne consiste pas à faire tout ce que veut le client; elle se développe lorsqu'on fait ce que l'on s'est engagé à faire.

Ces trois aspects – *établissement et maintien des limites, instauration du sentiment de sécurité et instauration de la confiance* – constituent les fondements de toute relation thérapeutique. L'infirmière s'efforce constamment de les intégrer dans chacune de ses relations. Il s'agit de la partie « invisible » du travail de l'infirmière. À partir de ces trois concepts, l'infirmière collabore avec le client dans une relation aux objectifs clairs, axée sur le client, en recourant à plusieurs habiletés comme l'écoute et le reflet.

19.1.4 Phases

Phase d'orientation

La *phase d'orientation* représente la première phase de la relation thérapeutique. Elle survient au moment où le client entre dans le système et ressent la tension et l'anxiété dues à ses besoins, mais aussi au fait de se retrouver dans une situation nouvelle et incertaine. L'orientation permet de délimiter et de clarifier la relation thérapeutique, c'est-à-dire de formuler les conflits du client, les résultats escomptés et de définir la relation entre le client et l'infirmière. L'essentiel du « travail invisible » durant cette phase d'orientation consiste à instaurer les limites. L'infirmière aide le client à clarifier ses impressions du problème et, ce faisant, à définir les limites du travail. De plus, elle convie le client à investir dans la relation thérapeutique pour trouver une réponse à ses questions, exposer ses besoins et s'exprimer sincèrement (Peplau, 1952), définissant ainsi elle-même les limites de la relation.

L'établissement des limites s'effectue selon des modalités spécifiques. L'infirmière approche tout d'abord le client comme un étranger (Peplau, 1952) et doit s'efforcer de devenir son alliée et son soutien. En se présentant au client, l'infirmière doit formuler clairement ses intentions. Lorsqu'elle s'adresse à un nouveau client, il est essentiel qu'elle le fasse de manière appropriée (Peplau, 1952). À titre d'exemple, si elle se présente à un client qui souffre de dépression, l'infirmière pourra lui dire : « Bonjour, je

m'appelle Hélène Landry, je suis votre infirmière. Je travaillerai avec vous durant votre séjour, pour vous aider à vous acclimater à l'hôpital et à établir les éléments qui perturbent votre vie. » Cette introduction permet de qualifier la nature thérapeutique de la relation et de définir le rôle professionnel de l'infirmière. La présentation a aussi pour but de commencer à aborder la portée du travail et de la relation.

L'étape suivante de l'introduction consiste à partir de l'établissement des limites pour déterminer le moment où le travail se fera. Cela peut aller d'un contrat formel avec la fixation de rendez-vous pour un client externe à une simple entente. L'infirmière d'une unité dira : « Je vous rencontrerai 20 minutes par jour, habituellement après le dîner. Comme vous venez d'arriver, j'aimerais, au départ, passer plus de temps avec vous pour faire connaissance. Cela vous convient-il ? » L'infirmière a donc défini la finalité de la relation (familiarisation avec l'hôpital et travail sur les questions problématiques) et la durée (« 20 minutes par jour »). Les données spécifiques peuvent varier en fonction du client et du contexte, tandis que les formulations dépendent de la personnalité de l'infirmière. Ainsi, durant la première rencontre avec un client psychotique et effrayé, on s'efforcera de parler simplement et brièvement. L'infirmière dira : « Je m'appelle Hélène. Je suis votre infirmière. Je veille à votre sécurité. » Ceci contribue également à définir son rôle. Quelle que soit la présentation, celle-ci doit établir les limites et le rôle de l'infirmière, de même que l'étendue du travail et les délais prévus pour le réaliser.

Application à une hospitalisation psychiatrique de courte durée

Les unités de soins psychiatriques servent aussi de centres d'évaluation et d'intervention de crise pour les clients qui sont ensuite dirigés vers d'autres services : hôpital de jour, centres hospitaliers avec soins spécialisés (Institut Philippe Pinel) ou cliniques externes. La durée des séjours étant réduite au minimum, l'infirmière ne dispose que d'un laps de temps limité pour travailler avec le client, établir les limites et instaurer la confiance et la sécurité. L'encadré 19.1 décrit les habiletés spécifiques qui permettent à l'infirmière d'exécuter ces tâches essentielles dans des délais très courts.

Travail durant la phase d'orientation

Ce travail consiste à aider le client à prendre sa place dans le processus thérapeutique grâce à l'instauration des sentiments de sécurité et de confiance. Tel que déjà mentionné, la confiance et la sécurité constituent les premiers niveaux de l'expérience interpersonnelle (Fortinash et Holoday-Worret, 1999). Pour atteindre ces objectifs, l'infirmière doit appliquer les accords pris au moment de la présentation. Comme Peplau (1952) l'a remarqué, « pour le client, une relation utile est une relation dans laquelle il sait toujours ce qu'il doit faire. On le traite comme une personne, avec compréhension et respect ».

Habiletés infirmières servant à établir une relation thérapeutique limitée dans le temps   ENCADRÉ 19.1

Durant une hospitalisation de courte durée, l'infirmière devra :

- faire le tour de ses clients immédiatement après le rapport et se présenter ; rencontrer la famille et les proches, si nécessaire ;
- expliquer les rôles et responsabilités du client, de l'infirmière et des autres intervenants ;
- aborder avec le client la durée de la relation thérapeutique et les objectifs à atteindre dans ce laps de temps ;
- aider le client à fixer les priorités quant aux objectifs réalisables et dresser une liste des ressources qui pourront être utilisées après la sortie de l'hôpital pour atteindre les objectifs à long terme ;
- informer le client de ses droits et des attentes de l'infirmière et du personnel soignant ;
- fournir au client un horaire des diverses séances de groupe, des activités, de la distribution des médicaments et des autres traitements prévus pour la durée du séjour ;
- informer le client, sa famille et ses proches sur les médicaments et autres traitements et leur distribuer de la documentation, approuvée par l'équipe soignante, pour répondre aux besoins du client après sa sortie de l'hôpital et au cours du suivi ;
- discuter de la sortie de l'hôpital (avec le client, sa famille, ses proches) en collaboration avec l'équipe soignante

Il existe des moyens précis pour y arriver. L'infirmière montre que le client peut compter sur elle en étant ponctuelle et prête à discuter de la durée des rencontres, de l'endroit où elles auront lieu, de la confidentialité des informations, de son rôle et de celui du client, ainsi que d'autres questions comme la raison de l'hospitalisation, les origines du problème du client et les autres choix qui s'offrent à lui (Fortinash et Holoday-Worret, 1999). Les remarques de l'infirmière doivent être simples et claires. Le choix des mots utilisés importe moins que l'attention portée au client dans le contexte de la relation thérapeutique.

L'infirmière doit écouter attentivement ce que raconte le client sur sa propre vie (le contenu) et observer la manière dont il expose cette information (le discours). Elle doit poser des questions pour améliorer sa propre compréhension, et celle du client, de l'expérience de ce dernier. À titre d'exemple, un client décrit la mort d'un parent et la rupture subséquente de la famille (le contenu : ce qui est *dit*). Toutefois, le client relate ce qui s'est passé, d'un ton détaché (le discours : la *façon* de le dire). La réaction de l'infirmière consistera à approfondir la signification de cette expérience pour le client. Ainsi, l'infirmière pourra demander : « Dites-moi ce que cela a signifié pour vous », ou encore se contentera de valider sa compréhension et d'encourager le client à poursuivre. Plutôt que d'interpréter (attribuer à l'autre des émotions), l'infirmière devra encourager le client à exprimer et reconnaître ses propres sentiments (Peplau, 1952). Cette façon de faire

permet à la personne de pousser plus loin la recherche de compréhension de l'expérience vécue.

Réactions durant la phase d'orientation

Il arrive que les personnes hospitalisées en santé mentale et en psychiatrie n'aient jamais eu la possibilité de « raconter leur histoire ». Les familles construisent leur propre version autour de thèmes spécifiques et ce « mythe familial » se révèle difficile à remettre en question. Cette loi du silence a pour effet de « bloquer » les émotions et d'empêcher toute résolution. La tâche de l'infirmière, durant l'orientation, consiste à aider le client à poursuivre son histoire.

Alors que certains clients acceptent l'idée de poursuivre leur histoire, d'autres ne tiennent pas à profiter de cette occasion ou ne savent qu'en faire. S'aventurer au-delà des conventions sociales ou familiales acceptées suscite souvent beaucoup d'anxiété. Lorsque le client commence à remettre en question le « mythe familial », l'anxiété peut se manifester sous plusieurs formes. Le client met parfois l'infirmière à l'épreuve en se présentant en retard aux rendez-vous, en y mettant fin trop tôt ou en mettant en doute leur utilité. Il est bien possible qu'il se centre sur l'infirmière elle-même plutôt que sur lui ou sur la relation, en exprimant des doutes sur ses compétences, en essayant de la séduire ou de la choquer par des grossièretés, en la confrontant, en lui narrant des expériences bizarres ou en ayant un comportement étrange (Fortinash et Holoday-Worret, 1999).

L'infirmière devra observer ce comportement avec objectivité et le considérer comme une partie du style relationnel de la personne, mais aussi comme révélateur du niveau d'anxiété. Elle doit y répondre en recentrant la personne sur le travail thérapeutique. À titre d'exemple, si un client a une attitude de retrait, un comportement inhabituel ou qu'il reste silencieux après une question, l'infirmière saisira l'occasion et dira : « Il semble que cette question soit difficile en ce moment. Nous n'avons pas besoin d'en parler tout de suite, si vous préférez attendre. » Ou encore, à un client qui se concentre sur l'infirmière plutôt que sur lui-même, l'infirmière dira : « Vous paraissez avoir des difficultés à parler de vous-même. » Dans les deux cas, l'infirmière prend acte de la situation du client et recentre l'attention sur la relation.

Collecte de données

La phase d'orientation, en plus d'initier la relation, donne l'occasion à l'infirmière de faire la collecte de données.

Thèmes

L'infirmière prête une attention particulière aux thèmes qui forment la trame des histoires du client. Les **thèmes** sont des constantes qui ressortent des interactions que le client a connues. Voici des exemples de thèmes : toutes les relations de couple s'achèvent dans l'amertume et la colère ; le client doute de ses aptitudes en toutes circonstances ; le client blâme les autres de tous ses maux et n'assume aucune responsabilité, le client se décrit comme une victime. Les thèmes constituent la dynamique sous-jacente de nombreuses rencontres. Il importe de discerner ces constantes, ce qui requiert du temps, car elles ne sont mises en évidence qu'au fur et à mesure que le travail progresse. Le client en est parfois conscient et parfois pas.

Les thèmes sont souvent liés aux aspects problématiques de la personne. Celle-ci est habituellement consciente de ses points faibles et collabore à leur détection. En général, les clients sont en mesure d'exprimer leur compréhension de la situation ainsi que ce qu'il faudrait changer pour aller mieux. À titre d'exemple, la femme débordée, mère de trois enfants, déclarera : « Je n'y arrive plus. » Le client psychotique évoquera les voix qui le tourmentent et son désir d'y échapper, alors que le client suicidaire souhaitera mourir. L'infirmière se doit d'accepter cette compréhension et de travailler à créer, dans le cadre de la relation thérapeutique, des occasions pour que le client apprenne à utiliser des stratégies plus appropriées. Les priorités sont fixées par le client et l'infirmière.

Observations

Le cerveau humain assimile les paroles beaucoup plus rapidement que la bouche ne les exprime ; en conséquence, le cerveau demeure en partie « disponible » lorsqu'on ne fait qu'écouter une personne parler. Les infirmières en santé mentale et en psychiatrie amélioreront leur efficacité en employant leur « énergie cérébrale inoccupée » pour observer le client et s'interroger sur la relation qui les unit. L'infirmière prend note de l'affect et du comportement du client, ainsi que des changements qu'ils subissent lorsque certains thèmes sont abordés. Elle reste aussi à l'écoute de ce qui n'est *pas* verbalisé – que ce soit les individus engagés dans la vie du client, qui ne sont pas mentionnés, ou l'omission de sentiments, réactions ou pensées. L'humeur, la cognition, les risques de suicide et d'homicide sont aussi évalués. L'infirmière doit également se pencher sur les sentiments qu'elle ressent dans la relation avec le client et les analyser. Ces sentiments fourniront une source d'information précieuse, entre autres sur la façon qu'a le client d'entrer en relation.

Forces

Un des aspects essentiels de la phase d'orientation consiste à évaluer les forces et les aspects positifs de la personnalité du client. À partir de ces éléments positifs, les aspects problématiques du vécu du client seront abordés. Le travail de l'infirmière consiste à faire évoluer le client vers la santé ; il est donc fondamental qu'elle sache quels sont les aspects sains de la personnalité du client, qu'elle devra renforcer et promouvoir tout en affaiblissant les côtés plus dysfonctionnels.

L'histoire suivante illustre bien ce point. Milton Ericson, un hypnothérapeute connu, travaillait dans un hôpital de vétérans souffrant de troubles sévères et persistants. Un des clients se prenait pour Jésus-Christ et agissait comme tel depuis des années. Ericson s'est présenté et lui a dit : « J'ai entendu dire que vous aviez une certaine expérience en tant que menuisier. » Lorsque le client a acquiescé, Ericson lui a demandé son aide pour un petit projet de menuiserie. Le client a accepté. Avec le temps, Ericson a augmenté la complexité et le temps dévolu aux projets de menuiserie, renforçant ainsi les aspects sains de la personnalité du client. Celui-ci devenait moins délirant et s'ancrait davantage dans la réalité à mesure que le temps passait. Ericson savait trouver l'aspect fonctionnel de la personnalité des clients et s'ingéniait à le renforcer.

Secondé par l'infirmière, le client décèle ses forces, ce qui lui permet de se considérer autrement que comme la somme de tous ses problèmes. Cette nouvelle conception de soi représente le premier pas vers une perception plus objective de la réalité et lui permet de s'engager dans un processus de résolution de problèmes.

Plan de soins infirmiers

Une fois achevée la collecte de données, l'infirmière formule les problèmes du client sous forme de diagnostics infirmiers, décide des critères d'évaluation (objectifs), élabore les interventions infirmières et détermine les actions que le client devra entreprendre. Elle présente ces interventions au client et tous deux s'entendent sur le plan ainsi que sur les délais. À l'échéance, l'infirmière évalue le degré d'atteinte des objectifs.

En résumé, le travail de la *phase d'orientation* consiste à établir les limites de la relation thérapeutique (circonscrire le travail à accomplir, la relation entre le client et l'infirmière, ainsi que sa durée : le « contrat » entre l'infirmière et le client) ; à instaurer la sécurité et la confiance en agissant à l'intérieur des limites établies ; à compléter la collecte de données du client ; et à formuler le plan de soins infirmiers.

Phase de travail

Il n'y a pas de limite nette entre la fin de la phase d'orientation et le commencement de la *phase de travail* proprement dite. Ces phases de la relation se chevauchent. La phase de travail commence une fois les limites établies et lorsque le client agit à l'intérieur de ces limites. La sécurité et la confiance instaurées font que le client accepte de se risquer à explorer d'autres questions. L'infirmière et le client se connaissent suffisamment pour pouvoir collaborer à la résolution d'un problème.

La phase de travail comporte deux parties :
- comprendre le problème ;
- aider le client à transformer cette compréhension en actions qui améliorent son état.

Comprendre le problème

Comprendre le problème implique que l'infirmière possède sa propre définition du problème du client, mais aussi qu'elle tienne compte de la perception de son client. Cette étape, *l'énoncé du problème*, se fait à l'aide de questions ouvertes posées dans le but d'aider le client à réfléchir sur sa propre expérience et peut-être la voir sous une nouvelle perspective. Dans le cadre de ce travail, l'infirmière adopte le rôle de conseillère décrit par Peplau. Cette philosophie de soins part du principe que tout individu possède en lui les capacités de se prendre en main. La fonction de l'infirmière en tant que conseillère consiste à épauler le client dans son apprentissage vers le mieux-être et vers l'intégration de l'expérience (Peplau, 1952).

Cette phase du travail requiert une écoute attentive et des réactions ouvertes, sans préjugés. La réaction de l'infirmière aux déclarations du client ne doit pas empêcher celui-ci de reconnaître les sentiments ou les pensées qui lui permettront de mieux se connaître (Peplau, 1952). Par exemple, dans le cas de la mère débordée, mentionnée précédemment, qui déclarait « Je suis incapable d'y arriver », l'infirmière doit approfondir la compréhension que la cliente a de sa situation. En considérant les deux conversations suivantes, voyez laquelle y parvient le mieux.

Conversation 1

Cliente : Cela m'accable. Je n'en peux plus.
Infirmière : Nous avons tous des moments difficiles.
Cliente : Je viens d'en avoir mon lot.
Infirmière : Alors vous devez en voir le bout. Ne lâchez pas.
Cliente : Merci. C'est ce que je vais faire.

Conversation 2

Cliente : Cela m'accable. Je n'en peux plus.
Infirmière : Je ne suis pas sûre de comprendre. Qu'est-ce qui vous accable ?
Cliente : Ma vie.
Infirmière : Toute votre vie est accablante ?
Cliente : Non, enfin... oui. Il y a tellement à faire.
Infirmière : Vous avez beaucoup à faire ?
Cliente : Oui. Je dois m'occuper des enfants, de la maison, j'ai mon travail, et mon mari n'est jamais là pour m'aider.
Infirmière : Vous avez la charge de vos enfants, de la maison, sans compter votre travail, et sans recevoir beaucoup d'aide.
Cliente : Sans beaucoup d'aide ? Sans aucune aide ! Je suis toujours seule à devoir tout faire, je cours sans arrêt. Il n'est jamais là.
Infirmière : Quel effet cela vous fait-il ?
Cliente : Cela me rend furieuse. Je ne suis pas son esclave.
Infirmière : Cette situation vous met en colère ?
Cliente : Parfois. Parfois je pense que c'est vraiment trop. Ma vie est un désastre.

Dans le premier exemple, l'infirmière bloque toute possibilité d'exploration en apportant un réconfort hâtif. La cliente risque, avec raison, de se considérer comme une pleurnicharde qui s'attendrit sur son propre sort. Il est probable qu'elle ne se permettra plus, pendant les rencontres, de verbaliser son sentiment d'échec. Dans le second exemple, en revanche, l'infirmière se montre simplement réceptive à l'exploration de la réalité de la cliente, mais ne délimite pas ses réponses, permettant ainsi à celle-ci d'avoir une perspective de la situation.

Pour bien montrer que les réponses de l'infirmière encouragent la compréhension de la situation par le client, voici l'exemple d'un client suicidaire.

Client : Je veux mourir.
Infirmière : Vous envisagez sérieusement de mourir ?
Client : Oui. Je pense que cela réglerait tout.
Infirmière : Vous considérez la mort comme une solution ?
Client : Oui.
Infirmière : Je ne suis pas sûre de comprendre. Expliquez-moi.
Client : Expliquer quoi ?
Infirmière : À propos de la mort comme solution.
Client : Eh bien, l'argent de l'assurance rembourserait mes dettes et ma femme aurait suffisamment d'argent pour vivre !
Infirmière : Vous pensez que cela serait une bonne solution financière pour votre épouse ?
Client : Oui. Elle serait probablement plus heureuse aussi... Sans moi.
Infirmière : Vous pensez que votre femme serait plus heureuse si vous mourriez ?
Client : Oui... Enfin, pas tout de suite, naturellement. Elle serait triste... Mais elle s'en remettrait... Et trouverait quelqu'un digne d'elle.
Infirmière : On dirait que vous avez une très bonne opinion de votre femme.
Client : Oh ! oui ! Je ne sais pas comment elle me supporte. Je dois être terrible à vivre.
Infirmière : Vous semblez intrigué par le fait qu'elle continue à vous aimer durant cette période difficile.

Dans ce cas, l'infirmière ne remet pas en question la solution du client qui veut se suicider, mais explore les dynamiques en jeu. Ses questions et déclarations contribuent à introduire les différentes perspectives du client (le fait qu'il mérite d'être aimé malgré sa dépression et la possibilité que cette dépression soit limitée dans le temps).

Une exploration plus poussée avec ces deux clients servira à clarifier les schèmes qui caractérisent leurs pensées et leur comportement et qui contribuent au trouble de l'humeur. Il s'agit d'une information cruciale. La compréhension qu'a le client de son comportement, son humeur ou ses pensées fournit à l'infirmière des indices sur les besoins à combler. L'infirmière obtient cette information aussi clairement que possible sans la contaminer. Pour y arriver, elle agit comme une caisse de résonance de manière à ce que le client exprime sa pensée avec une personne qui ne porte aucun jugement dans le cadre d'une relation nettement définie (Peplau, 1952).

Instaurer la sécurité

Durant la phase de travail de la relation, les concepts de sécurité et de limites reprennent de l'importance. Les clients sentent que l'on attend d'eux qu'ils racontent leur histoire et cela risque de leur occasionner beaucoup d'anxiété. L'infirmière aide le client à établir un rythme approprié pour qu'il ne soit pas submergé par l'anxiété (Peplau, 1952). En évaluant le niveau d'anxiété du client, l'infirmière s'assure qu'il tolère bien le processus et qu'il progresse à un rythme qui lui permet de se sentir en sécurité.

Une autre partie de la compréhension du problème touche la recherche par le client et l'infirmière des situations qui déclenchent la réponse mésadaptée. L'infirmière encourage le client à déterminer si une réaction se produit en réponse à n'importe quel agent stressant ou si ce sont certaines situations spécifiques qui la provoquent ou l'aggravent. Ces éléments sont importants à connaître, car ils aident l'infirmière à guider son client dans l'élaboration de stratégies plus saines et plus efficaces. Pour pouvoir apprendre à réagir de manière saine et cohérente, la personne doit être consciente de ce qui provoque les comportements inappropriés. À titre d'exemple, le client suicidaire, mentionné précédemment, fait peut-être ce que Beck a qualifié de *généralisation excessive* (voir chapitre 3) et aura tendance à généraliser son mépris de soi dans toutes les situations. La mère débordée pourra trouver qu'elle vient à bout de la routine normale sans stress excessif, mais se sentira dépassée lorsque des obligations s'ajouteront (panne de voiture, maladie d'un enfant, demande de bénévolat, etc.).

Les deux exemples précédents requièrent des stratégies différentes. L'infirmière choisira de faire un travail cognitif avec le client déprimé, tandis qu'elle optera pour la gestion du stress et un exercice de résolution de problèmes avec la mère débordée.

L'enseignement de l'infirmière doit répondre aux besoins de chaque client. Ainsi, l'infirmière informera le client de son diagnostic ou des effets des médicaments qu'il prend. Elle le fait en évaluant le degré de connaissance du client et en se basant sur l'expérience qu'il a de ses symptômes et des médicaments pour approfondir sa compréhension. Dans d'autres cas, l'infirmière devra enseigner au client de nouvelles habiletés: techniques de relaxation ou de gestion du stress, ou encore exercices d'affirmation de soi ou travail cognitif.

De la compréhension à l'action

La seconde partie de la phase de travail consiste à aider les clients à concrétiser leur compréhension de la situation dans des changements de comportement ou des actions salutaires. Il y a de nombreuses façons d'y arriver, selon la situation du client et le modèle théorique qu'utilise l'infirmière. Toutes les situations comportent toutefois un élément commun: les changements comportementaux doivent se faire dans l'« ici et maintenant ». Le client met en pratique le changement comportemental visé dans le contexte clinique de la relation thérapeutique. Ainsi, le client suicidaire a peut-être remarqué que ses journées étaient pires lorsqu'il ne se levait pas le matin. Avec l'infirmière, il a repéré ce mode de comportement selon lequel il restait au lit, s'isolait de sa femme, ruminait sur sa propre inutilité et devenait de plus en plus déprimé à mesure que la journée passait. Ce comportement s'est reproduit dans l'unité. Le client et l'infirmière décident de voir si un changement de comportement a un effet sur la perception qu'a le client de lui-même; ils expérimentent le fait, pour le client, de se lever le matin et d'échanger avec au moins une personne au déjeuner. (Ceci correspondrait à une approche issue de la thérapie cognitive).

La mère de famille, quant à elle, a découvert son incapacité à demander de l'aide et à dire « non » à ses enfants. Dans l'unité, elle se montre très dévouée aux autres clients, s'occupe d'eux et néglige ses propres besoins. Après avoir appris quelques techniques d'affirmation de soi, elle met au point avec l'infirmière un plan selon lequel elle devra dire non à trois requêtes et demander de l'aide une fois.

Dans ces deux cas, l'infirmière continue d'aider les clients à prendre conscience des émotions associées à chaque tâche et à intégrer cette expérience dans leur vie (voir chapitre 8 pour plus d'information sur l'affirmation de soi).

Il est toujours possible de travailler dans l'instant présent et cela s'avère particulièrement bénéfique dans le cas d'une hospitalisation à court terme. L'infirmière a pour tâche de faire comprendre aux clients que le point de contrôle se situe à l'intérieur d'eux-mêmes, qu'ils disposent des habiletés pour faire face à différentes situations ou qu'ils peuvent les développer.

Rôles

Une grande partie de l'apprentissage du client s'effectue dans le cadre de sa relation avec l'infirmière. Cela requiert, de la part de cette dernière, une compréhension des différents rôles que le client lui assigne. Tel que mentionné précédemment, les clients réagiront souvent à l'infirmière *comme si* elle était une autre personne issue d'une relation antérieure. Ce processus inconscient survient lorsque la situation du client réactive les émotions d'une relation antérieure (transfert) (Peplau, 1952). À titre d'exemple, un client qui manque d'affection répondra à l'infirmière *comme si* c'était sa mère; la personnalité limite considérera l'infirmière comme un tyran lorsque celle-ci établira les règles et les limites ; un client manquant d'estime de soi lui répondra comme à une figure d'autorité. En outre, le client anticipera le comportement de l'infirmière comme celui du précédent modèle de comportement. L'infirmière a pour fonction de permettre aux clients de reconnaître les ressemblances et les différences entre elle et l'ancien modèle, et de se faire connaître en tant que personne en se montrant naturelle et authentique (Peplau, 1952).

En stéréotypant l'infirmière, les clients restreignent leurs actions et réactions à celles de leurs expériences passées. Ce mode d'interaction répétitif reste limité et risque de renforcer un comportement mésadapté. À mesure que l'infirmière révèle graduellement son individualité, elle montre la diversité des réactions humaines aux clients, qui se sentent ainsi libres d'explorer leurs diverses réactions.

Par exemple, on imagine notre mère débordée participant à un groupe de créativité et renversant par mégarde de la peinture. Elle semble horrifiée et commence à nettoyer frénétiquement. L'infirmière s'approche d'elle.

Cliente :	Je suis désolée ! Je suis vraiment désolée ! Je n'arrive pas à croire comment je peux être si maladroite ! Je ne fais rien de bien.
Infirmière :	[Reconnaissant que la cliente semble vouloir que l'infirmière participe à sa position de « parent critique »] Vous attendez-vous à ce que je vous critique ?
Cliente :	Eh bien, vous devriez ! J'ai fait un beau dégât. Vous ne voyez pas ce que j'ai fait ?
Infirmière :	Je vois que vous avez eu un accident et que vous nettoyez. Cela me semble responsable. Puis-je vous aider ?
Cliente :	Non, j'ai presque terminé. Ce n'était pas si grave.
Infirmière :	Je vous remercie de vous en occuper.

En étant sincère et en communiquant son point de vue, l'infirmière offre à la cliente une excellente occasion d'apprendre. L'infirmière ne répond pas selon le mode critique anticipé. Au lieu de cela, elle donne son point de vue et reconnaît que la réaction de la cliente est appropriée.

Selon l'infirmière, la cliente agit de façon responsable. La cliente peut n'avoir jamais envisagé la chose sous cet angle, car sa perception reste figée dans un mode d'autocritique, un schéma qu'elle met en pratique dans le moment présent avec l'infirmière. Cette dernière saisit l'occasion de rejeter le rôle critique que la cliente tente de lui assigner et reconnaît les forces de la cliente.

L'infirmière en santé mentale et en psychiatrie se rend compte que *chacune* des interactions constitue une occasion de prodiguer des soins et de promouvoir la santé.

Instauration de la confiance

Dans le scénario précédent, l'infirmière inspirait confiance à la cliente par une cohérence entre ses mots et ses actions.

En prenant conscience des rôles que la cliente lui fait endosser et en refusant d'agir comme sa mère, sa sœur, son professeur ou son mari, bref en restant elle-même, l'infirmière assume sa part de la relation thérapeutique en focalisant sur le problème de la cliente à assumer la critique.

Au fur et à mesure que les clients apprennent à se reposer sur la sincérité de l'infirmière et font l'expérience de son acceptation, ils commencent à prendre confiance en eux-mêmes. Il s'agit d'une des caractéristiques remarquables d'une relation thérapeutique efficace : une fois que le client se sent en sécurité et en confiance dans la relation, il commence à incorporer ces mêmes éléments dans son concept de soi. L'infirmière doit mettre en évidence les possibilités de croissance ou de changement dans l'instant présent parce qu'elle n'aura peut-être pas d'autres occasions de le faire. Ces commentaires s'avèrent particulièrement utiles s'ils concernent les objectifs quotidiens du client afin que ce dernier voie le travail accompli, ce dont il n'a pas toujours conscience.

Le client finira par comprendre la situation et ses causes, il développera certaines habiletés pour y faire face et acquerra la confiance pour les mettre en pratique. Il sera alors temps de mettre fin à la relation thérapeutique.

Phase de terminaison

Dans la culture occidentale, l'achèvement d'une relation ne s'effectue généralement pas correctement. On a tendance à ignorer, déprécier ou hâter la fin d'une relation, qu'il s'agisse de relations superficielles ou intimes. De même, la *terminaison* constitue souvent une phase difficile de la thérapie parce qu'elle représente une « fin ». Associée consciemment ou non à la mort, la terminaison suscite bien des craintes et des anxiétés. Elle oblige à se confronter aux limites de la relation et, par conséquent, à reconnaître les limites de la vie elle-même. De façon concrète, la terminaison représente pour le client la perte tangible de l'infirmière. La relation arrive à son terme et le client doit affronter la vie sans son soutien. Néanmoins, quand vient cette fin, il prend également conscience de ses accomplissements, de sa croissance et de sa propre individualité. Le *travail thérapeutique* de l'infirmière consiste à encourager le client à accepter les limites de la relation et le fait qu'il porte maintenant en lui la sécurité et la confiance.

Avant la terminaison

Le travail de terminaison s'amorce dès la phase d'introduction, quand l'infirmière délimite la durée de la relation thérapeutique. Dans un contexte hospitalier, elle déclarera : « *Durant votre hospitalisation,* nous travaillerons ensemble. » L'infirmière en hôpital de jour dira « Pendant les six semaines que dure le programme... » L'infirmière établit l'échéancier au cours des premières rencontres et commence à préparer le client pour la fin de la relation. De plus, au cours de la période d'introduction, elle définit exactement la phase de travail et ses objectifs précis. En raison des courtes durées de séjour, il se révèle impératif que l'infirmière délimite aussi clairement que possible les objectifs du client, les délais, le régime thérapeutique ainsi que les questions relatives à la terminaison (voir encadré 19.1).

L'infirmière doit également garder la fin de la relation à l'esprit pendant la phase de travail. Des commentaires du type « Pendant que nous travaillons encore ensemble... » ou « Durant le temps qu'il nous reste... » réintroduisent la notion de limite de temps et contribuent à faire admettre l'idée de terminaison au client.

Il sera également efficace de souligner la croissance ou les accomplissements en vue de l'atteinte des objectifs au moment même où ils surviennent dans la phase de travail. En remarquant cette progression, l'infirmière renforce l'idée que la relation vise l'atteinte de certains objectifs. De tels commentaires favorisent la confiance et la sécurité de la personne en l'encourageant à croire à son efficacité dans certains domaines de son existence et, par conséquent, à se sentir plus sûr d'elle.

Quand le client commence à accomplir davantage par lui-même, l'infirmière passe à la phase de terminaison en espaçant les rencontres pour allouer plus de temps au client « afin qu'il se débrouille seul », selon ses capacités. Cela constitue pour lui une occasion de se prendre en charge progressivement, ce que l'infirmière encourage.

Au cours de cette transition vers la phase de terminaison (et durant la phase de terminaison elle-même), de nouveaux sujets ne doivent pas être introduits. C'est le moment de consolider les acquis et de prendre conscience du travail accompli. Si d'autres problèmes apparaissent, on les considérera comme des éléments pour un travail à venir. Il ne serait pas juste de soulever des questions qui ne pourraient être résolues dans le laps de temps qui reste (voir encadré 19.2).

Reconnaissance des objectifs du client durant la phase de travail — ENCADRÉ 19.2

- L'infirmière devrait aider le client à reconnaître le travail réalisé par rapport à l'objectif quotidien ainsi que les questions qui restent en suspens. Une revue de la journée s'avère à la fois utile et encourageante.
- L'infirmière devrait formuler ses observations à propos des progrès du client, en vue de l'atteinte des objectifs.
- On recommande de fixer préliminairement des objectifs pour le prochain quart ou la prochaine journée, car cela aide le client à prendre conscience des progrès réalisés, le rapprochant de ses objectifs.

Réactions en phase de terminaison

Lorsque se profile la phase de terminaison, les clients réagissent de diverses manières, selon leur personnalité ou leurs capacités d'adaptation. Certains nieront l'imminence de la séparation. Des clients tenteront de s'arranger pour voir l'infirmière après être sortis de l'hôpital ou prévoiront

de la visiter « en passant ». En planifiant des contacts à venir, ils tentent de nier l'impact de la séparation en cours. D'autres minimiseront l'importance de cette relation et ignoreront ou éviteront l'infirmière. La colère constitue aussi une réaction habituelle. Dans une ultime tentative de camoufler la douleur provoquée par la séparation, le client exprimera sa colère envers l'infirmière, l'institution ou les autres clients. Certains vivront la terminaison comme un rejet, réactivant, par le fait même, d'anciens sentiments d'infériorité ou un concept de soi négatif. D'autres tenteront d'éviter complètement la situation en demandant de sortir de l'hôpital plus tôt que prévu ou en ne participant pas aux activités. Quelques-uns régresseront pour prouver leur besoin constant de l'infirmière, issu de l'impression qu'ils ne peuvent envisager la vie tout seuls. Ils pourront même tenter de se suicider. Enfin, certains clients accepteront la terminaison et verbaliseront à propos de leurs réactions (Fortinash et Holoday-Worret, 1999). Ces diverses stratégies rappellent les différentes étapes du deuil (déni, colère, marchandage et acceptation) (voir chapitre 26). Il n'y a pas à s'en surprendre puisque la terminaison est vécue, par plusieurs, comme une perte (voir encadré 19.3).

Réactions caractéristiques du client à la terminaison de la relation — ENCADRÉ 19.3

Déni
Dépréciation de la relation
Rejet
Régression
Colère
Tentative de suicide
Acceptation

Rôle de l'infirmière en phase de terminaison

Comme la culture nord-américaine compose très mal avec la terminaison, peu de clients disposent des schèmes de référence nécessaires pour résoudre cet aspect crucial de la vie de tout individu. L'infirmière a alors l'occasion d'aider le client à vivre, de manière positive, une séparation et la fin de quelque chose, lui donnant ainsi la possibilité de transférer cette connaissance à d'autres situations. Pour y parvenir, l'infirmière doit bien maîtriser l'objectif de la terminaison, soit terminer la relation thérapeutique en rassurant le client sur sa capacité à fonctionner de manière autonome (Fortinash et Holoday-Worret, 1999).

La seconde étape implique que l'infirmière ait une idée claire de la dynamique du deuil (voir chapitre 26) et de la manière dont cette expérience affecte le client, et elle aussi. À titre d'exemple, il importe que l'infirmière ne réagisse pas à la colère du client ou à sa régression de manière personnelle, mais, qu'au contraire, elle continue de contribuer à clarifier les sentiments et les réactions du client.

La préparation à la fin d'une relation thérapeutique prend du temps. En règle générale, le tiers de la durée totale de la relation doit être consacré aux questions concernant la terminaison. Même si ce n'est pas toujours possible, en raison des exigences du système de santé, cela met en évidence l'importance de cet aspect des soins.

Même si la terminaison est abordée initialement et tout au long de la relation, elle ne commence formellement que lorsque le client a atteint les objectifs fixés et un niveau d'autonomie supérieur.

L'infirmière donne le signal de la fin prochaine en incitant le client à parler ouvertement de ses sentiments face à cet événement. Elle continue de montrer son acceptation et son objectivité même si le client exprime sa colère, son apathie ou son déni. En acceptant les sentiments de son client, l'infirmière reconnaît la normalité de ce type de réaction face à une perte. Cette attitude permet au client d'accepter ses propres réactions, de les vivre pleinement au lieu de les refouler, et de les considérer comme faisant partie du processus thérapeutique.

L'infirmière encourage le client à prendre conscience des progrès réalisés durant leur travail ensemble. Il est souvent utile de revoir les améliorations accomplies au cours de la relation en parlant de la détresse initiale du client, de l'apprentissage réalisé et des changements dans le comportement. Même si le client est conscient du travail accompli, il est très important que l'infirmière communique sa perception des acquis. Elle peut également expliquer les apprentissages qu'elle-même aura réalisés en travaillant avec le client. Ceux-ci sont souvent surpris de découvrir que les infirmières aussi apprennent au sein de la relation; que cela leur soit dit renforce leur estime et leur confiance en eux-mêmes. L'influence positive que les individus peuvent avoir les uns sur les autres est ainsi démontrée.

La déception par rapport à ce qui n'a pas été accompli constitue un aspect normal de la terminaison. Pour certains, il s'agira d'une partie essentielle du travail, alors que pour d'autres cela consistera en une simple remarque. Dans tous les cas, la discussion sur le travail qui reste à accomplir ne doit pas être évitée, car elle constitue une occasion de démontrer au client que la croissance personnelle se poursuit tout au long de la vie. Les clients et les infirmières qui se sentent déçus au moment de la terminaison se sont souvent fixé des objectifs irréalistes ou impossibles à atteindre dans les délais alloués. Ce sera le cas des clients qui s'attendent à fonctionner de manière optimale dans toutes les sphères de leur existence au moment de leur sortie de l'hôpital et des infirmières qui pensent que tous leurs clients se réaliseront pleinement durant la thérapie.

Les infirmières, comme les clients, doivent manifester leurs sentiments ambivalents au sujet de la séparation. Un commentaire du type « Je me sens également triste parce que cette relation touche à sa fin, et je suis contente du travail que nous avons accompli » amène les clients à percevoir comme normale leur propre réaction face à la séparation.

Même avec la meilleure préparation, la plupart des clients se montrent anxieux au moment de quitter l'hôpital ou de terminer la thérapie, craignant d'être incapables de se débrouiller seuls. Une liste des ressources offertes dans la collectivité et un premier contact déjà pris à la clinique externe les aideront à savoir qu'ils obtiendront de l'aide en cas de besoin.

Durant les hospitalisations à court terme, l'accent est souvent mis sur l'évaluation, l'instauration ou la stabilisation de la médication et sur l'intervention de crise. Le suivi s'avère donc essentiel et il est préférable de discuter des modalités de ce suivi durant l'hospitalisation. Il est également important d'aider le client à établir un plan d'action pour les objectifs qui lui restent à atteindre.

19.1.5 Milieu thérapeutique

Le milieu thérapeutique se définit comme un environnement spécifiquement conçu pour favoriser la santé. Dès le départ, on a reconnu l'importance de l'environnement, ou du milieu, dans le processus de guérison. En fait, Florence Nightingale définissait la tâche de l'infirmière comme l'organisation de l'environnement pour permettre au corps de guérir. Le même principe s'applique aux soins infirmiers psychiatriques.

L'unité d'hospitalisation psychiatrique représente une entité sociale en soi, composée de clients à différentes étapes de leur séjour, chacun avec ses préoccupations, interagissant pour satisfaire des besoins uniques sur les plans personnel et social. On peut considérer le milieu à la fois comme un grand groupe de travail ayant pour tâche de guérir et comme une collectivité chargée de tous les aspects de la vie en communauté. L'infirmière représente une constante dans ce système, entrant en relation avec les clients et le personnel de mille façons. Ces interactions essentielles contribuent à créer une atmosphère ou culture spécifique à chaque unité.

Historique

Dans les années 50, Maxwell Jones a élaboré le concept de communauté thérapeutique dans le but de créer une culture consacrée à la santé (Jones, 1953). Il fut l'un des premiers à intervenir en partant du principe que l'environnement hospitalier influe sur les symptômes, les comportements et les progrès des personnes hospitalisées.

Depuis lors, le terme *communauté thérapeutique* a été remplacé par *milieu thérapeutique*. Un **milieu thérapeutique**, tout comme une *relation thérapeutique*, est un environnement conçu pour favoriser la santé. C'est également un environnement destiné à favoriser des expériences salutaires et réparatrices qui améliorent la capacité d'adaptation du client. Un milieu peut être hiérarchique ou démocratique, encourager la résolution de problèmes ou appliquer les règles de manière rigide. Cet environnement peut encourager la responsabilité individuelle ou la maîtrise du comportement. L'une des tâches les plus ardues des soins infirmiers en santé mentale et en psychiatrie consiste à se servir de l'environnement consciemment pour promouvoir le fonctionnement sain des individus et du groupe dans sa totalité. L'infirmière, qui participe à la plupart des activités de l'unité, devient une personne clé dans la création d'un milieu efficace.

Principes de l'ambiothérapie ou thérapie par le milieu

Le principe de base de l'ambiothérapie est que les *clients sont des acteurs actifs et non passifs de leur existence*. Cela suppose que les clients « sont maîtres » de leur comportement et de leur environnement et, par conséquent, qu'ils doivent s'impliquer dans la gestion des deux. Dans le milieu, on considère les individus comme indépendants. Les conflits ou les comportements déviants sont traités dans l'instant présent et en fonction de leur impact sur les autres. La présence des pairs s'avère nécessaire pour l'apprentissage qui découle des différentes interactions, mais aussi pour l'effet salutaire qu'exerce l'entourage. Les principes de l'ambiothérapie se résument ainsi :

- promouvoir le respect fondamental des individus (clients et personnel) ;
- se servir des échanges entre le personnel et le client à des fins thérapeutiques ;
- encourager le client à se comporter à la hauteur de ses capacités et renforcer son estime de soi ;
- promouvoir la socialisation ;
- donner l'occasion aux clients de participer à la gestion de l'unité (Herz, 1969 ; Jones, 1953).

L'infirmière doit systématiquement promouvoir ces objectifs par ses agissements.

Instauration des limites, de la sécurité et de la confiance dans un milieu

Les concepts de limites, de sécurité et de confiance permettent de formuler la relation thérapeutique abordée pré-

cédemment. Dans ce contexte, on les amplifie de façon à répondre aux besoins d'un type de collectivité spécifique : l'unité psychiatrique.

Limites

On a déjà déterminé que les limites servent à définir les fonctions et, par conséquent, les responsabilités. L'infirmière doit énoncer les limites et les clarifier pour les clients. Il n'est pas aisé pour les individus de s'insérer dans une nouvelle culture (celle de l'unité) et de s'y retrouver. Cela se complique si la personne souffre d'un trouble émotionnel ou cognitif dû à un problème psychiatrique. En délimitant les fonctions et les tâches des divers groupes et des activités offertes dans l'unité, l'infirmière favorise l'utilisation efficace de ces groupes et activités. Par exemple, la plupart des unités organisent des rencontres pour le personnel et les clients afin de décider ensemble des activités de la journée et des questions concernant la vie en commun. Ces rencontres, appelées *réunions communautaires* ou *réunions contacts*, constituent une excellente occasion d'établir les limites, car elles visent entre autres à orienter le client. Cette étape correspond à la phase d'orientation de la relation thérapeutique. Chacun s'y présente et explique son rôle. Bien souvent, la réunion communautaire se borne à une présentation superficielle des membres (clients et personnel) et à un bref échéancier des activités, ce qui gâche une bonne occasion de motiver les clients à organiser leur temps en se concentrant sur leur travail.

On peut comparer les résultats des deux réunions communautaires données en exemple ci-dessous. Dans le premier cas, l'infirmière qui dirige définit de manière lapidaire l'organisation et la finalité du travail.

Exemple 1 (non thérapeutique)

En guise d'introduction, l'animatrice décrit le fonctionnement de la réunion.	Animatrice :	Bonjour. C'est la réunion communautaire, où l'on se présente généralement à tour de rôle. Je m'appelle Lise et je suis infirmière. Je vais distribuer les médicaments aujourd'hui.
Les clients se présentent à la suite de cette introduction.	Cliente :	Je m'appelle Suzanne.
	Client :	Carl.
	Client :	Michel.
	Cliente :	Pénélope.
	Cliente :	Line.
	Cliente :	Carole.
	Intervenante :	Moi, c'est Julie. Je suis l'ergothérapeute. La plupart d'entre vous feront partie de mon groupe.
L'animatrice fournit peu d'aide pour structurer le travail.	Animatrice :	Bon. Les programmes des différents groupes sont affichés sur le tableau. Qui sont les personnes-ressources ?
L'animatrice ne définit pas le rôle des intervenants.	Julie :	Je travaillerai aujourd'hui avec Carl, Pénélope et Line.
	Animatrice :	Je travaillerai avec les autres.
L'animatrice emploie le mot « choses », un terme vague qui ne contribue pas à orienter le travail du groupe.	Animatrice :	Il y a des questions à propos des choses de l'unité ?
	Line :	Je n'ai toujours pas d'eau chaude dans ma chambre.
L'animatrice ne laisse pas le groupe résoudre le problème.	Animatrice :	Je suis au courant. Le service d'entretien s'en occupe. Autre chose ? (Pause) D'accord. La réunion est ajournée.

À première vue, les limites ont été abordées superficiellement. L'infirmière définit l'une de ses fonctions (distribuer les médicaments) et annonce aux clients que des groupes seront formés. Les clients intègrent ce modèle de comportement et répondent à leur tour en donnant des informations personnelles sommaires. À partir de ces éléments, ils peuvent difficilement comprendre l'organisation de l'unité et fonctionner efficacement. On a perdu une belle occasion.

On peut voir, avec l'exemple suivant, les différences de ton et d'attentes lorsque les limites et les tâches sont plus clairement définies.

Exemple 2 (thérapeutique)

L'animatrice expose l'objet de la réunion.	Animatrice :	Bonjour. Nous sommes le mardi 14 juin ; bienvenue à la réunion communautaire. Cette réunion permet d'organiser la journée et d'aborder toutes les questions liées au fait que nous sommes nombreux à vivre ensemble.
L'animatrice structure les tâches.	Animatrice :	Commençons par le début en nous présentant à tour de rôle et en donnant la raison de notre présence.
L'animatrice définit les tâches et explique son rôle aux clients.	Animatrice :	Je m'appelle Lise et je suis l'une des infirmières. Aujourd'hui, je vais distribuer les médicaments. Donc, si l'un d'entre vous a des questions sur sa médication, qu'il n'hésite pas à venir me voir. Je vais également animer le groupe sur la communication et je vous en dirai plus à ce sujet tout à l'heure.
L'animatrice structure le groupe.	Animatrice :	(À chaque client) Pouvez-vous, s'il vous plaît, vous présenter à tout le monde en parlant un peu de vous.
	Cliente :	Eh bien, je crois que tout le monde me connaît ! Je m'appelle Suzanne. Je suis arrivée vendredi. Je vais probablement rentrer chez moi mercredi ou jeudi prochain.
	Client :	Je m'appelle Carl. Je ne sais pas si je vais rentrer un jour chez moi.
	Client :	Moi, c'est Michel. Je suis le camarade de chambre de Carl et il ronfle fort !
L'animatrice se concentre sur les tâches.	Animatrice :	S'il vous plaît, parlez de vous-même.
	Client :	Je suis fatigué. Je ne dors pas bien.
	Animatrice :	Merci.
	Cliente :	Je m'appelle Pénélope. Je suis arrivée hier et j'ai rencontré plusieurs d'entre vous. Cet endroit est vraiment sympathique.
	Cliente :	Line. Je n'ai rien à dire.
	Cliente :	Moi, c'est Carole. Euh !... Je n'aime pas parler en public.
L'animatrice donne un exemple d'acceptation.	Animatrice :	J'apprécie votre effort.
	Intervenante :	Je m'appelle Julie. Je suis l'ergothérapeute. J'animerai aujourd'hui les groupes de 9 h et de 14 h dans la salle d'activités. Je désire également vous rencontrer, Pénélope, pour vous connaître et planifier avec vous l'ergothérapie afin que vous en profitiez pleinement. Pourriez-vous venir me voir après la réunion pour fixer une heure ?
	Pénélope :	Bien sûr.
	Animatrice :	Merci de vous être tous présentés.
L'animatrice définit les rôles et explique comment recourir aux différents intervenants pour faciliter l'accomplissement des tâches.	Animatrice :	Tous les membres du personnel présents sont des personnes-ressources pour chacun d'entre vous. Une ressource est la personne qui travaille avec vous durant la journée. Vous pouvez aborder, avec cette personne, tous les sujets qui vous préoccupent. Je serai la personne-ressource de Suzanne, Michel et Carole. Julie sera la personne-ressource de Carl, Pénélope et Line. Des questions jusqu'ici ?
L'animatrice fait appel au sens des responsabilités des clients, en leur apprenant à satisfaire leurs propres besoins.	Animatrice :	Laissez-moi vous présenter le programme du jour. Il est affiché sur le tableau si vous oubliez l'horaire. Nous voulons surtout vous informer des activités prévues.

Exemple 2 (thérapeutique) (suite)

	Julie :	Le groupe de jeux de rôles se rencontre de 9 h à 10 h. Ce groupe vous aide à analyser les différents rôles que vous jouez dans vos relations. C'est un bon endroit pour repérer des constantes dans votre comportement et dans votre vie. J'en serai l'animatrice.
L'animatrice définit les objectifs.	Animatrice :	Vous disposez de temps libre jusqu'à 10 h 30. Le groupe sur la communication, que j'animerai, se réunira de 10 h 30 à 11 h 30. C'est dans ce groupe que l'on prête attention à sa façon de communiquer avec les autres. C'est l'endroit idéal pour aborder tout problème de communication que vous pourriez avoir. Le dîner sera servi à 11 h 45 et, à 13 h, vous avez le choix d'aller vous promener (si vous avez des sorties libres) ou de jouer à un jeu, comme le bingo, dans l'unité. De 14 h à 15 h a lieu l'activité d'ergothérapie animée par Julie. Cette activité vous permettra de réaliser un projet manuel. C'est l'occasion d'examiner votre façon d'aborder les tâches à accomplir. À 15 h 30, nous rentrons à l'unité et l'équipe de soir vous rencontrera pour revoir avec vous le programme du soir et le personnel qui s'en occupe. Des questions ?
Le client intègre les informations et répond au style de collaboration initié par l'infirmière.	Carl :	On doit absolument jouer au bingo ? Je déteste ce jeu.
	Animatrice :	Non, c'est simplement le premier jeu qui m'est venu à l'esprit. En fait, vous pourrez décider en groupe du jeu qui vous plaira.
L'animatrice soutient l'initiative du client, clarifie la situation et donne l'exemple en acceptant que l'on pose des questions.	Animatrice :	Merci d'avoir posé la question. Cela nous aide à communiquer entre nous et à comprendre ce qui se passe dans l'unité.
L'animatrice fait appel de nouveau au sens des responsabilités.	Animatrice :	D'autres questions sur le programme de la journée ? (Pause) Cela fait beaucoup de choses à se rappeler. Si une question surgit au cours de la journée, vérifiez le programme affiché sur le tableau ou adressez-vous à votre personne-ressource.
L'animatrice continue à instaurer une structure.	Animatrice :	Je crois que nous pouvons maintenant passer au dernier point de cette réunion qui consiste à s'occuper des problèmes qui surviennent chaque fois qu'un grand nombre de personnes vivent ensemble. L'un de vous a-t-il quelque chose à dire ?
	Line :	Je n'ai toujours pas d'eau chaude.
L'animatrice encourage l'interaction.	Animatrice :	Le personnel de nuit m'en a informée. Ça fait un moment maintenant, n'est-ce pas ?
	Line :	Trois jours, et rien n'a été fait pour y remédier.
L'animatrice clarifie les informations.	Animatrice :	Eh bien, on a fait certaines choses ! Le service d'entretien a découvert que le robinet était défectueux et attend de recevoir la pièce de rechange.
Le groupe poursuit la résolution de problèmes (probablement grâce aux exemples d'acceptation et aux encouragements à être responsable déjà donnés par l'animatrice).	Line :	(Sarcastique) Super ! Ils attendent, mais je n'ai toujours pas d'eau chaude.
	Suzanne :	Pas d'eau chaude du tout ?
	Line :	En fait, ma douche fonctionne, mais je n'ai pas d'eau chaude dans le lavabo pour faire un brin de toilette. Je ne vais pas prendre une douche pour me laver simplement le visage.
	Michel :	Pourquoi ne mouilles-tu pas ta débarbouillette dans ta douche ?
	Line :	C'est ce que j'ai fait jusqu'à maintenant, mais après je suis trempée et mes vêtements aussi.
	Suzanne :	Si tu veux te servir de mon lavabo, ça ne me dérange pas, si tu me le demandes d'abord.
Les clients ont précisé leur action selon leurs rôles.	Line :	Vraiment ? Merci. C'est ce que je vais faire.

Exemple 2 (thérapeutique) (suite)

L'animatrice définit son action selon son rôle en tant que membre du personnel.	Animatrice :	Bonne solution. Line, je vais voir ce que le service d'entretien peut faire aujourd'hui.
	Line :	Merci.
	Animatrice :	D'autres problèmes ?
	Michel :	La radio est cassée.
	Carl :	Non, elle n'est pas cassée : ce sont les piles qui sont à plat.
L'animatrice fournit une information ignorée des clients et propose des solutions.	Animatrice :	Nous conservons les piles au poste. Michel, pouvez-vous apporter la radio au poste après cette réunion et nous verrons si elle fonctionne avec de nouvelles piles.
	Michel :	Bien sûr.
L'animatrice remercie les clients de leur contribution.	Animatrice :	Merci. Autre chose ?
	Pénélope :	Je voudrais juste savoir quoi faire à propos de mon fils. Il ne m'écoute plus. C'était un enfant tellement obéissant avant, mais maintenant je m'inquiète sans arrêt.
L'animatrice reconnaît le problème et énumère les moyens d'y remédier, tout en continuant d'orienter le groupe vers la tâche qui fait l'objet de la réunion.	Animatrice :	Pénélope, ce sujet semble être très important pour vous et j'imagine que vous voudrez travailler là-dessus pendant votre séjour ici. Il faudrait que vous en discutiez avec le groupe de communication ou celui de jeux de rôles, ou encore avec votre personne-ressource. Dans cette réunion, nous tentons de nous occuper des détails pratiques de la vie de l'unité.
	Pénélope :	Je suis désolée.
Approche de soutien et d'acceptation.	Animatrice :	Ce n'est pas grave. Ça prend toujours un certain temps avant d'apprendre à s'habituer et à comprendre à quoi servent toutes les réunions. Vous avez l'air d'avoir une bonne idée de certains des problèmes sur lesquels vous désirez travailler.
	Pénélope :	Oh, oui !
L'animatrice continue d'orienter les clients vers le but de la réunion afin d'atteindre les objectifs.	Animatrice :	C'est un très bon début. Des questions concernant la vie ici ?
	Pénélope :	Vous avez dit que vous distribuez les médicaments ? Je sais qu'on m'en a prescrit quelques-uns, où dois-je me présenter ?
L'animatrice donne l'exemple en reconnaissant ses propres erreurs.	Animatrice :	Merci. C'est un point important et j'ai oublié de le mentionner.
L'animatrice clarifie mieux la structure de l'unité.	Animatrice :	Les médicaments sont distribués au poste une première fois à 9 h, juste après cette réunion, puis ensuite à 13 h. L'équipe de soir les distribuera à 17 h et à 21 h. Tous ne reçoivent pas des médicaments chaque fois. Si vous le désirez, je peux vous rencontrer après cette réunion afin de vérifier à quelle heure vous recevrez vos médicaments.
	Pénélope :	Merci, j'aimerais bien. Il y a tellement de choses à se rappeler.
Commentaire positif d'un pair.	Suzanne :	Ne vous inquiétez pas, vous allez vous habituer.
	Pénélope :	(Sourit à Suzanne)
	Animatrice :	Autre chose ?
	Michel :	Je ne sais pas si je dois aborder ce sujet.
L'animatrice continue de ramener le groupe sur l'objet de la réunion.	Animatrice :	A-t-il à voir avec le fait de vivre ensemble ?
	Michel :	Oui.
	Animatrice :	Alors, c'est le moment d'en parler.
	Michel :	D'accord. En fait, j'aime bien Carl et je ne veux pas qu'il le prenne mal, mais je n'arrive pas à dormir avec ses ronflements et je ne crois pas que ce soit bon pour moi.
	Carl :	En effet, je ronfle. Tout le monde me le dit.
L'animatrice émet un commentaire éducatif et positif.	Animatrice :	Le sommeil est important pour être en mesure de fonctionner. Quelqu'un a-t-il une solution ?
	Michel :	Eh bien, j'aimerais une nouvelle chambre !

Exemple 2 (thérapeutique) (suite)

	Animatrice: Ce serait une bonne solution, mais nous ne disposons pas d'une autre chambre et, avec la combinaison actuelle d'hommes et de femmes, on ne peut faire aucun changement.
	Line: Mais ce n'est pas juste! Il devrait être capable de dormir pour l'amour de Dieu. Nous sommes dans un hôpital.
L'animatrice donne l'exemple en orientant vers la réalité et l'acceptation des limites.	**Animatrice:** Je suis entièrement d'accord avec vous, mais un hôpital a aussi ses limites. En ce moment, le nombre de lits disponibles est limité, nous devons donc envisager une solution à partir de ce dont nous disposons.
	Line: N'est-ce pas ridicule? Que pouvons-nous faire? Dormir à tour de rôle?
L'animatrice recentre le groupe sur la résolution de problèmes et ne lui permet pas de passer la séance à ronchonner.	**Animatrice:** Voici une première idée. Y en a-t-il d'autres?
	Pénélope: Peut-être pourrait-il occuper un lit dans une autre unité?
	Michel: En fait, j'ai une idée susceptible de fonctionner.
	Animatrice: Qu'est-ce que c'est?
	Michel: Eh bien, je me demandais s'il est possible que je dorme dans la salle d'isolement, du moment que personne ne l'utilise?
	Animatrice: Qu'en pensez-vous tout le monde?
	Groupe: (Murmures d'assentiment)
L'animatrice soutient l'initiative du client et établit un lien avec les autres quarts de travail, en tant que membre du personnel.	**Animatrice:** C'est une bonne solution, Michel. J'aviserai le personnel de soir et de nuit et vous pourrez commencer dès ce soir.
L'animatrice favorise une communication fonctionnelle en s'assurant que les messages sont transmis correctement.	**Michel:** Merci! (À Carl) Sans rancune? (Aucune réponse)
	Animatrice: Vous ne lui en tenez pas rancune, Carl? Michel désirerait s'en assurer.
	Carl: Non, je ne lui en veux pas. Comme je l'ai dit, c'est un vieux problème.
	Animatrice: D'accord, autre chose? (Pause) Il semble que nous ayons réglé beaucoup de questions. Merci à tous pour votre contribution. Si vous n'y voyez pas d'objection, cette réunion est ajournée.

Quelle différence de ton entre ces deux réunions! La première réunion paraît superficielle, alors que la seconde facilite une progression vers les objectifs prédéterminés de présentation, d'orientation et d'organisation. En outre, l'infirmière a l'occasion d'évaluer l'atmosphère générale du département; ainsi, Pénélope semble déconcertée tandis que Line paraît en colère. Ce type d'information sera extrêmement utile au reste de l'équipe au cours des interactions de la journée.

On se réfère aux limites tout au long de la journée: en présentant les groupes, en définissant les tâches du personnel et des clients et en attribuant les responsabilités des nombreuses actions. Les limites assurent une structure au travail individuel et elles jouent le même rôle dans le milieu.

Sécurité

La sécurité et la confiance s'instaurent de la même façon que les limites en tenant compte du contexte du milieu thérapeutique. Pour se sentir en sécurité, les clients ont besoin de savoir ce que l'on attend d'eux en tant que clients. Doivent-ils faire leur lit? Les appelle-t-on au moment de réunir un groupe ou doivent-ils se rendre à temps en un point donné? Reçoivent-ils leurs médicaments à un endroit ou est-ce qu'on les leur apporte? Comment rejoignent-ils un membre de l'équipe s'ils veulent parler?

Il se peut que le personnel n'informe pas les clients de leurs responsabilités, les considérant comme évidentes. En abordant ces questions de manière systématique, le personnel favorise le sentiment de sécurité et le travail se fait plus facilement.

La nécessité de cette clarification des responsabilités provient, entre autres, du fait que les clients essaient souvent « d'aider » les autres d'une manière ou d'une autre. Un tel type d'aide s'avère généralement négatif, car il prive le client d'une occasion de se prendre en main en accomplissant une tâche ou en s'exprimant lui-même. La promotion de la sécurité s'effectue en délimitant les tâches de chaque membre et en encourageant les clients à respecter leurs responsabilités.

La scène suivante, qui se déroule le même jour que la réunion communautaire déjà présentée, illustre cet état de choses.

Pénélope :	J'ai besoin d'une couverture.
Infirmière :	Elles se trouvent sur le chariot à linge.
Pénélope :	Avec les taies d'oreiller et les draps ?
Infirmière :	Oui. On dirait que vous êtes en train de faire votre lit. Je pensais que vous l'aviez déjà fait.
Pénélope :	Oh ! J'ai fait le mien. Je veux juste aider Michel et préparer la salle d'isolement pour lui.
Infirmière :	Pourquoi avez-vous décidé de faire cela ?
Pénélope :	Oh ! J'ai l'habitude. Je fais toujours des choses comme cela pour les gens.
Infirmière :	Cela vous convient ?
Pénélope :	Tout à fait. Les gens me demandent mon aide et je sais qu'ils ont besoin de moi.
Infirmière :	Alors, vous vous sentez toujours utile ?
Pénélope :	Oui et toujours fatiguée.
Infirmière :	Cela devient fatigant de faire les choses pour les autres.
Pénélope :	Oui, mais je ne sais pas faire autrement.
Infirmière :	Alors vous faites la même chose ici qu'à l'extérieur ?
Pénélope :	Oui.
Infirmière :	Je me demande ce qui arriverait si vous vous occupiez juste de vous et de vos besoins ici et laissiez les autres en faire autant. Vous croyez que Michel est capable de faire son lit lui-même ?
Pénélope :	C'est un adulte, je ne vois pas pourquoi il ne le ferait pas.
Infirmière :	Pensez-vous que vous pouvez le laisser faire son lit et son travail tout seul ?
Pénélope :	J'imagine que je le pourrais. Mais cela serait tellement différent.
Infirmière :	Ce sera différent pour vous de laisser chaque personne faire son travail. Voulez-vous essayer ?
Pénélope :	D'accord.
Infirmière :	Vous me direz plus tard comment cela s'est passé.

Dans cet échange, l'infirmière a pu transformer une question au hasard en une conversation thérapeutique, en se servant de cette interaction pour renforcer les limites des responsabilités personnelles (chacun a sa propre tâche), ramener Pénélope à son travail (explorer ses comportements autodestructeurs) et promouvoir le sentiment de sécurité en précisant les attentes à l'égard du travail de chacun. L'infirmière remplit son rôle d'infirmière intervenant dans une ambiothérapie en employant la communication à des fins thérapeutiques, en encourageant le client à agir dans les limites de ses responsabilités, en favorisant l'autonomie de chaque client, et en respectant le client et le processus thérapeutique.

Confiance

La confiance dans le milieu se construit en agissant selon ses dires. Ainsi, les infirmières qui sont responsables des médicaments les distribuent à l'heure dite et sont prêtes à répondre aux questions qui pourraient être soulevées par les clients. Celles qui sont chargées d'orienter un nouveau client dans l'unité s'occupent vraiment de lui faire découvrir l'unité.

Il faut beaucoup de subtilité pour rendre le milieu propice à la prise de responsabilités, à la croissance et à l'utilisation d'un mode de communication approprié. Chaque fois que l'infirmière entre en interaction avec un client ou un membre du personnel, elle doit le faire en respectant l'orientation de l'ambiothérapie. Au cours de la conversation précédente entre Pénélope et l'infirmière, celle-ci utilise un fait banal (faire un lit) pour mieux définir les responsabilités de la cliente et de ses pairs. Les infirmières en santé mentale et en psychiatrie doivent bien connaître les divers objectifs de l'ambiothérapie ainsi que leur propre rôle afin d'instaurer la confiance ; elles doivent également œuvrer de manière cohérente pour faire de la confiance un objectif majeur pour tous les membres du milieu.

19.1.6 Thérapie de groupe

L'être humain passe la plus grande partie de sa vie en interaction à l'intérieur de groupes. Élevé au sein de groupes familiaux, il participe à des groupes de travail à tout âge et rencontre des gens dans le cadre de groupes formels ou informels. Une grande partie de son « humanité » se définit par ses interactions avec autrui. Avant de se pencher plus particulièrement sur le recours aux groupes en tant que forme de thérapie, il importe d'étudier certaines des caractéristiques communes à tous les groupes.

Groupe en tant que microcosme

Les groupes offrent aux individus l'occasion d'entrer en relation de manière constructive avec d'autres individus. Les groupes permettent de se définir soi-même par l'interaction humaine et l'accomplissement de tâches. Tous les groupes ont une tâche ou un but : les groupes familiaux servent à la protection et au soutien mutuels (particulièrement dans les soins à la progéniture), les groupes de travail sont destinés à accomplir ou à réaliser certaines tâches spécifiques, les groupes sociaux de divers types existent afin de promouvoir les interactions. Chaque groupe fonctionne en tant que microcosme – un univers en miniature – reflétant sa propre culture et ses propres valeurs. Les individus interagissent au sein du microcosme pour satisfaire leurs propres besoins.

Rôles

Pour que le groupe puisse fonctionner, il doit réaliser des tâches spécifiques. Ces tâches sont formulées sous forme de rôles. Chaque individu endosse un rôle selon sa propre dynamique et selon les besoins du groupe. On décrit ces rôles comme *attribués*, ou comme *acquis*. Les rôles attribués dépendent de certaines caractéristiques intrinsèques de l'individu, comme l'âge ou le sexe ; les rôles acquis, quant à eux, se basent sur les réalisations de l'individu selon ses intérêts, sa formation ou ses talents (Sampson et Marthas, 1990). Les métiers de professeur, d'infirmière, de musicien et d'athlète constituent des exemples de rôles acquis. Ces rôles ne se « jouent » qu'en relation avec d'autres rôles. Ainsi, pour remplir son rôle, un parent a besoin d'un enfant, un professeur nécessite un élève, une infirmière requiert un client, et ainsi de suite.

Les rôles existent dans tous les groupes et dépendent de ses enjeux principaux, à savoir accomplir une tâche spécifique, et maintenir la cohésion des membres (Sampson et Marthas, 1990). Des rôles spécifiques s'élaborent au sein du groupe pour servir ces enjeux. L'*expert* dans un groupe contribue à accomplir la tâche spécifique. Le *spécialiste des relations sociales* tente de maintenir une harmonie relative entre les membres tout au long du processus (Sampson et Marthas, 1990). Les membres s'approprient divers rôles en fonction de leurs préférences et des besoins du groupe. Lorsqu'il s'agit de rôles répondant aux besoins personnels de l'individu plutôt qu'à ceux du groupe, on parle alors de *fonctions individuelles*. L'encadré 19.4 présente un résumé de ces rôles.

Normes

Les **normes** représentent les règles inhérentes au groupe en ce qui a trait aux comportements, aux attitudes et aux perceptions de ses membres. Elles désignent les attentes communes quant aux comportements (Sampson et Marthas, 1990). L'une des fonctions principales des normes consiste à permettre au groupe de se coordonner pour arriver à ses objectifs et réaliser ses tâches. En ce sens, les normes ont une *fonction des tâches*. Les normes ont également une fonction de maintien, car elles encadrent les questions qui touchent à l'assiduité, à la résolution de conflits et aux relations personnelles, des questions essentielles au maintien du groupe. Enfin, les normes remplissent une *fonction de la réalité sociale*. Bien des choses que nous « tenons » pour vraies sont déterminées socialement. Dans l'ensemble, les normes des groupes fournissent un cadre à l'interprétation des données (Sampson et Marthas, 1990).

Les normes varient selon leur contenu, leur étendue et leur caractère plus ou moins explicite. Le *contenu* d'une norme renvoie à l'emprise de celle-ci sur les divers aspects de la vie du membre. À titre d'exemple, on peut comparer la norme qui, chez les catholiques, interdisait de manger de la viande le vendredi à celle qui, chez les bouddhistes, interdit de manger de la viande en tout temps (cette dernière a une emprise plus étendue).

Le *caractère explicite* de la norme renvoie à l'aspect évident ou établi de celle-ci. Les normes *manifestes* représentent les attentes quant aux comportements des membres, qui sont généralement énoncées et connues de tous, comme le fait que la séance d'un groupe débute et se termine toujours à une heure précise (Northouse et Northouse, 1992). Les normes *tacites* sont souvent mises en pratique sans être définies. Plutôt que d'être formulées, elles représentent une compréhension commune des comportements acceptés, comme lorsque des membres occupent les mêmes places à chaque nouvelle séance (Northouse et Northouse, 1992). La plupart du temps, un nouveau membre se conformera rapidement aux normes explicites (manifestes) d'un groupe, mais nécessitera davantage de temps pour découvrir et comprendre les normes implicites (tacites) (Sampson et Marthas, 1990).

Les normes peuvent être *aidantes* (elles aident le groupe dans son action) ou *restrictives* (elles entravent l'atteinte des objectifs).

Fonctions individuelles au sein du groupe | ENCADRÉ 19.4

Rôles liés aux tâches

L'instigateur : propose de nouvelles idées, orientations, tâches et méthodes.

L'organisateur : élabore les propositions et développe les projets du groupe.

L'évaluateur : juge les idées, propositions et projets, en étudiant la faisabilité des propositions et l'efficacité des processus.

Le coordonnateur : synthétise les idées et les thèmes afin de clarifier les suggestions et d'aider les différents sous-groupes à progresser efficacement vers leurs objectifs communs.

Rôles liés à la consolidation du groupe

L'incitateur : félicite et approuve les autres membres, exprime l'acceptation des autres et de leurs idées, adopte une attitude ouverte face aux différences existantes.

Le médiateur : arbitre les conflits et les mésententes qui surgissent, en tentant de soulager ou d'abaisser la tension dans le groupe.

Le conciliateur : cherche un terrain d'entente en cas de désaccord, trouve une solution acceptable pour toutes les parties.

Rôles liés aux fonctions individualistes

L'agresseur : agit négativement et de façon hostile envers les autres membres, critique la participation des autres, attaque le groupe et ses membres.

La vedette : attire l'attention sur ses propres activités, se vante, canalise tout vers elle-même.

Le pénitent : utilise le groupe pour s'attirer de la sympathie ou pour favoriser une introspection et un contentement personnel sans égard aux autres ou au groupe dans son ensemble.

Le dominateur : affirme son autorité et cherche à manipuler les autres afin d'avoir la maîtrise sur tout ce qui se passe.

Tâches universelles

Enfin, tous les groupes doivent faire face aux différentes phases de la vie du groupe, à savoir la création du groupe, son travail et sa terminaison. La plupart du temps, le groupe n'en est pas conscient. Durant la *phase de création*, les membres du groupe composent avec l'idée de faire partie d'un groupe. Ils font face aux questions concernant la façon de s'y joindre et de former des associations avec les autres membres. À un certain point, les questions d'acceptation ou de rejet, d'attirance sexuelle et de position dans le groupe sont abordées. Durant la *phase de travail*, le groupe fait une large place à l'accomplissement des tâches. Il se concentre sur les questions de direction, de réalisation, de compétence et de confiance. À la *phase de terminaison*, le groupe est confronté aux problèmes inhérents à toute fin, comme la mort, la perte du groupe, le deuil, la séparation, la solitude ainsi que les limitations.

Types de groupes

Les groupes que l'on trouve dans le milieu de la santé varient selon qu'ils sont axés *sur le contenu (discussion des buts et des tâches)* ou *sur le processus (discussion des relations interpersonnelles)*. Bien que tous les groupes fonctionnent en tenant compte de ces deux éléments, ils varient selon l'importance accordée à chacun (Northouse et Northouse, 1992).

Les *groupes axés sur les tâches* traitent des questions de contenu: définir les tâches et le travail à effectuer pour les accomplir. Il est rare, cependant, qu'un groupe se consacre uniquement aux tâches. Un processus se déroule généralement entre les membres. Les comités qui élaborent des cheminements cliniques ou des plans d'intervention ou qui contrôlent l'amélioration de la qualité constituent des exemples de groupes axés sur les tâches.

Les *groupes axés sur les processus* se concentrent sur les relations entre les membres et leurs modes ou styles de communication. Les thérapies de groupe utilisées pour échanger sur les problèmes des clients hospitalisés font partie de cette catégorie.

Enfin, il existe des groupes *mixtes* s'occupant à la fois des tâches et des processus. De nombreux groupes de soutien mettant l'accent sur l'éducation et l'adaptation appartiennent à cette catégorie (voir figure 19.2).

Aspects de la thérapie de groupe

Les groupes, tout comme les milieux, fonctionnent à la manière d'une collectivité et les individus tendent à agir au sein de ces groupes comme ils le feraient dans la vie. De même, au cours d'une thérapie de groupe, les individus calquent leur comportement sur celui qu'ils adoptent dans d'autres groupes. L'objectif de la thérapie de groupe consiste à permettre aux individus d'établir des relations plus fonctionnelles et plus satisfaisantes. Puisque la dysfonction d'un individu se reproduit dans le groupe, celui-ci a pour tâche d'aider ses membres à comprendre leurs modes d'interaction, afin qu'ils appliquent cette compréhension au domaine bien plus étendu de la vie hors du groupe. Pour ce faire, les membres doivent: obtenir des informations sur la manière dont ils se présentent aux autres, évaluer si cette façon de faire est bien adaptée, découvrir des aspects d'eux-mêmes qu'ils ignorent (forces, aptitudes, habiletés, désirs), adopter graduellement de nouveaux comportements alors qu'ils sont en sécurité au sein du groupe et accepter la responsabilité fondamentale de leur propre vie (Yalom, 1985).

Cohésion

Par *cohésion*, on entend la capacité des membres d'un groupe à travailler de concert pour accomplir des objectifs préétablis; c'est aussi la solidarité que ressentent les membres du groupe et qui les unit. La cohésion se traduit par des résultats positifs: multiplication des échanges, respect des normes, comportements axés sur les objectifs et

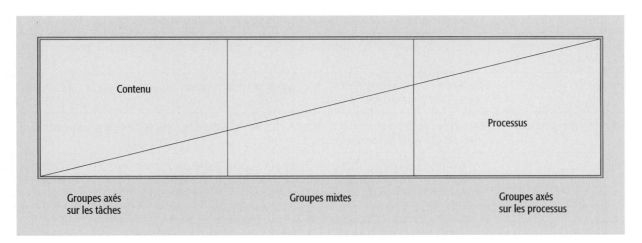

FIGURE 19.2 L'accent est mis respectivement sur le contenu et sur les processus dans différents types de groupes. Les infirmières en santé mentale et en psychiatrie sont davantage impliquées dans la thérapie de groupe axée sur les processus.
Adapté de LOOMIS, M. *Group process for nurses*, Saint-Louis, Mosby, 1979.

satisfaction des membres (Northouse et Northouse, 1992). Le tableau 19.1 résume les facteurs influençant la cohésion.

Facteurs thérapeutiques

On a tenté de cerner les facteurs ayant un effet positif sur les membres d'un groupe. Yalom a déterminé 11 facteurs thérapeutiques que l'on trouve à l'encadré 19.5.

Groupes de clients hospitalisés

Pour animer efficacement un groupe de clients hospitalisés, l'infirmière doit prendre conscience des divers facteurs influençant ce groupe, afin d'adopter un style adapté aux conditions imprévisibles de la thérapie.

Actuellement, le roulement des clients dans les unités de santé mentale et de psychiatrie s'effectue rapidement. Cela signifie que la composition du groupe varie souvent d'une réunion à l'autre. Il est probable qu'un ou plusieurs nouveaux membres arrivent dans le groupe alors que d'autres s'apprêtent à le quitter. Certains membres sont donc rendus à des étapes différentes dans le processus (orientation, travail, terminaison). Cela a des conséquences majeures sur la manière dont les routines s'exécutent et sur les dynamiques qui s'y installent d'une réunion à l'autre. Un roulement trop rapide risque de compromettre la cohésion du groupe. Les différents membres d'un groupe partagent rarement un seul et même diagnostic; la variété des troubles a également des répercussions sur la sécurité et la cohésion de ce groupe. En général, les clients d'une unité participent aux diverses séances de groupe. Dès lors,

on trouve différents niveaux de fonctionnement et de communication, ce qui effraie parfois certains des membres, diminue la cohésion et freine l'instauration de la sécurité.

Les clients hospitalisés sont, par définition, fragiles. Ils sont anxieux, confus et peuvent souffrir de désorganisation. Encore une fois, l'instauration de la sécurité et d'une structure s'impose. Plusieurs clients souffrent d'un manque de motivation. Ils n'assistent aux séances de groupe que parce que les règles de l'unité les y obligent, mais n'y assisteraient pas si on leur donnait le choix. L'infirmière animatrice doit trouver des moyens d'adapter le groupe aux différents clients et à leurs différents besoins. Les changements d'animatrice dans les groupes représentent un autre problème. Non seulement la composition des groupes varie, mais l'animation aussi selon l'affectation du personnel, ce qui perturbe la routine et l'instauration de la sécurité.

Par ailleurs, les clients voient l'animatrice du groupe dans une multiplicité de rôles tout au long de la journée. L'infirmière sert à la fois de personne-ressource, de responsable des médicaments, de membre de l'équipe soignante et d'animatrice du groupe. Les clients risquent facilement de confondre ces différents rôles. Par conséquent, les animatrices ont la responsabilité de clarifier leur rôle et leurs fonctions dans le groupe.

Ainsi, l'animatrice attentive se rendra compte de la nécessité d'établir les limites et d'instaurer la sécurité et la confiance. Afin de construire une relation thérapeutique, elle doit élargir ces concepts à l'échelle du groupe. Au lieu

TABLEAU 19.1	Facteurs influençant la cohésion du groupe
Objectifs du groupe	Des objectifs clairs, basés sur des valeurs et des intérêts communs motivent les membres à adhérer au groupe et à y rester.
Similarité entre les membres	Les membres sont souvent attirés par d'autres membres partageant les mêmes valeurs et croyances. Il arrive néanmoins que des individus recherchent ceux qui ont des valeurs et des attitudes différentes.
Type d'interdépendance entre les membres	Les groupes qui privilégient la coopération plutôt que la compétition tendent à avoir une plus grande cohésion.
Animation	Dans l'ensemble, les groupes ayant un style d'animation démocratique présentent davantage de cohésion que ceux qui adoptent un style autocratique.
Structures de communication	Les structures de communication décentralisées, caractérisées par une plus grande interaction des membres, favorisent le moral et la satisfaction des membres.
Activités	Si on demande aux membres d'effectuer des activités de groupe qu'ils croient être au-dessus de leurs capacités, ils se sentiront moins attirés par le groupe; ceux qui estiment que les activités prévues sont à la hauteur de leur compétence y participeront avec davantage d'entrain.
Ambiance	Le fait de se sentir apprécié et accepté joue beaucoup pour attirer les membres vers un groupe.
Taille	La taille d'un groupe devrait correspondre au nombre de membres requis pour accomplir la tâche visée. Les groupes trop nombreux interfèrent avec les objectifs et risquent de perdre leur cohésion.

Tiré de CARTWRIGHT, D. « The nature of group cohesiveness », dans CARTWRIGHT, D., A. SANDER éditeurs. *Group dynamics : research and theory*, 3e éd., New York, Harper & Row, 1968.

Facteurs thérapeutiques à l'œuvre dans la thérapie de groupe, selon Yalom   ENCADRÉ 19.5

1. *Transmission de l'espoir* : les membres du groupe se situent à divers niveaux du continuum de la santé. Ceux qui tirent profit de l'expérience du groupe peuvent donner espoir à ceux qui éprouvent des difficultés.

2. *Universalité* : les membres participent à la thérapie pour apprendre qu'ils ne sont ni uniques ni seuls dans leur détresse. Ils comprennent que les autres ont des réactions et des pensées semblables aux leurs.

3. *Transmission des informations* : le groupe est un lieu d'apprentissage formel et informel. Certains groupes comme les Alcooliques Anonymes (AA), les groupes d'éducation sur les médicaments et de reconnaissance des symptômes sont spécialement destinés à communiquer de l'information. Dans les groupes où l'on s'attache aux dynamiques personnelles, les membres découvrent les effets de leurs interactions sur la dynamique du groupe.

4. *Altruisme* : de façon générale, les membres du groupe reconnaissent le soutien et l'apport des autres membres. Les membres perçoivent leur progrès comme le résultat du travail de tous les membres du groupe. Le fait de découvrir qu'ils sont utiles renforce le sens de leur propre valeur.

5. *Reprise adaptée du milieu familial* : les individus agissent selon ce que leur a inculqué leur famille. Les personnes atteintes de troubles de santé mentale perpétuent souvent des modèles dysfonctionnels acquis. La thérapie de groupe offre l'occasion de mettre en lumière ces modèles, de les évaluer et de les modifier.

6. *Développement des habiletés sociales* : les interactions avec les autres permettent aux membres d'améliorer leurs aptitudes sociales. Ils réagissent mutuellement au style personnel de chacun au cours des interactions. En reconnaissant les différents effets de leur style sur autrui, ils ont la possibilité de choisir un style qui est plus en accord avec leurs objectifs et de l'adopter.

7. *Conduite mimétique* : les membres du groupe sont très souvent « captifs » de certaines façons d'interagir parce qu'ils n'en envisagent pas d'autres. Dans un groupe, ils voient les autres échanger et peuvent choisir de prendre exemple sur les comportements des autres membres ou du thérapeute. Placés devant différentes options, ils trouvent l'aide nécessaire pour abandonner leurs styles de comportement rigides et adopter plus de souplesse dans leurs interactions.

8. *Catharsis* : la catharsis est le soulagement des émotions intenses. Les clients en psychiatrie hésitent souvent à exprimer ces émotions, de peur qu'elles soient trop difficiles à supporter et que leur révélation entraîne de graves conséquences. Dans la thérapie de groupe, les membres apprennent à exprimer ces émotions et ressentent immédiatement le soulagement de la catharsis. De plus, ils prennent conscience qu'ils ont survécu, ainsi que le groupe, à l'expression de ces émotions sans déclencher aucune calamité.

9. *Facteurs existentiels* : tous les êtres humains doivent affronter l'une des réalités fondamentales de l'existence : le fait qu'au bout du compte l'individu est seul, malgré la présence d'autrui. Les personnes souffrant d'un trouble mental (et les autres) ont parfois tendance à avoir des attentes irréalistes en ce qui touche les relations humaines, croyant que le partenaire, la famille ou l'ami idéal fera disparaître tout sentiment de solitude. Dans la thérapie de groupe, les membres se rendent compte que la compagnie d'autrui atténue l'impression de solitude, sans l'éliminer complètement. En ne recherchant pas l'impossible, les membres seront à même d'apprécier ce qui reste accessible.

10. *Cohésion* : il s'agit de l'un des grands avantages d'un groupe efficace. Beaucoup de membres font face à un isolement extrême dans leur vie de tous les jours et se sentent déconnectés d'autrui. En faisant partie d'un groupe qui atteint des buts précis, ils acquièrent une impression « d'appartenance », le sentiment de faire partie d'un « tout », plus grand que la somme de ses parties.

11. *Apprentissage des relations interpersonnelles* : dans les groupes axés sur les relations interpersonnelles, les membres apprennent à discerner, clarifier et modifier leurs comportements inadaptés.

Tiré de YALOM, I.D. *The theory and practice of group psychotherapy*, 3ᵉ éd., New York, Basic Books, 1985.

d'appliquer individuellement ces concepts, l'animatrice devra les étendre aux conditions uniques du fonctionnement en groupe. Les différentes façons de le faire sont résumées au tableau 19.2.

Limites du groupe

Les limites d'un groupe désignent la structure entourant les tâches, les normes du groupe, les rôles et le temps. Dans un groupe, les limites entre les individus, au même titre que leurs responsabilités et leurs obligations dans la réalisation des tâches doivent être définis.

Pour élargir le concept de limites au travail de groupe, on ajoutera la notion de lieu. Auparavant, le concept de limite spatiale correspondait à l'unité d'hospitalisation. Dans le travail de groupe, l'emplacement se définit comme le lieu précis où le groupe effectue son travail. Comme Yalom (1985) le fait remarquer, une structure externe imposée constitue la première étape vers l'intériorisation d'une structure, ce dont ont besoin les clients désorganisés. Par conséquent, l'animatrice du groupe a la responsabilité de fournir au groupe des limites physiques précises. L'idéal est une pièce confortable munie d'une porte que l'on ferme en début de séance et que l'on ouvre à la fin. On assure ainsi l'intimité du groupe tout en ayant un rappel visuel de la structure. Tous les membres du groupe doivent se voir, les chaises formant un cercle. Cette structure servira à favoriser les échanges. Si les clients ne se voient pas, ils auront tendance à ne s'adresser qu'à l'infirmière (Yalom, 1985). La taille du groupe mérite également considération. Le nombre idéal oscille entre 6 et 10 clients

TABLEAU 19.2 Facteurs à considérer pour un groupe dans une unité de soins en santé mentale et en psychiatrie

Travail d'un groupe de clients hospitalisés	Besoins du client	Technique de l'infirmière/Fonctions de l'Infirmière	Style de l'infirmière encourageant à être fonctionnel	Promotion d'un comportement fonctionnel
Niveau élevé de souffrance dans le groupe causée par : – la détresse personnelle – l'anxiété secondaire de l'hospitalisation – la rapidité du roulement des clients – le manque de préparation – les nombreux rôles du thérapeute	Structure définie au sein de laquelle travailler	Réduire l'ambiguïté de la situation thérapeutique grâce à l'explication des détails	Imposer des limites : – de lieu – de temps – d'orientation Définir les attentes vis-à-vis des comportements (celles du client comme celles du thérapeute) Préciser le déroulement de la séance Expliquer les normes	Être ferme, explicite et active Expliquer les actions Donner l'exemple quant aux sentiments contradictoires et solliciter la rétroaction
La courte durée de la thérapie L'occasion d'explorer – sans nécessairement résoudre – les problèmes de relations interpersonnelles	Objectifs pouvant être atteints : – Comment suis-je perçu par les autres? – De quelle manière mon comportement affecte-t-il les autres? Trouver un contexte où mettre en pratique les nouveaux comportements en toute sécurité	Consolider les forces du client : – en décourageant ses comportements autodestructeurs – en reconnaissant sa participation	Apporter un soutien au client : – en donnant l'exemple de la rétroaction (feedback) – en fournissant une interprétation positive – en faisant des liens avec des situations de la vie hors de l'hôpital	Montrer l'exemple du respect : – en apportant un soutien, en étant constructive et en acceptant les remarques – en se servant des données comme une occasion d'apprentissage – en reconnaissant la participation du client au moment de la synthèse de la séance
Le groupe existe en tant que partie d'un plus grand ensemble : – le client fait partie d'un même milieu, qui est l'unité de soins – la séance de groupe n'est qu'une séance parmi d'autres	Favoriser les relations entre clients	Cerner les problèmes	Favoriser la communication directe : – entre clients – en donnant des exemples concrets Entretenir la relation en posant des questions: – Quel aspect du comportement fait obstacle à la relation idéale?	
Fragilité des clients	Éviter et gérer le stress	Gérer les conflits	Intervenir immédiatement Encourager la résolution de problèmes, l'objectivité et l'apprentissage	Montrer l'exemple, en étant franche, en se révélant soi-même de manière sélective, en prenant des risques

pour des clients hospitalisés (Yalom, 1985). Ce nombre favorise l'interaction de tous les membres, tout en permettant suffisamment d'échanges pour engager le processus thérapeutique.

Le groupe doit avoir une heure précise pour commencer et terminer son travail. Il s'agit ici de la limite temporelle. La meilleure manière d'y arriver est que l'animatrice donne l'exemple de la ponctualité. Elle doit se trouver dans la salle, prête à commencer le travail à l'heure. Elle a la responsabilité de s'assurer que le groupe accomplit les tâches prévues dans le temps imparti. L'animatrice doit accepter le fait que la durée de vie du groupe correspond à une séance. À cause de la rotation fréquente des membres, il paraît peu probable que le même groupe se rencontre d'une séance à l'autre. Par conséquent, l'animatrice doit établir une structure comprenant un début, un milieu et une fin pour chaque séance.

Le commentaire d'introduction au groupe constitue peut-être la meilleure façon, pour l'animatrice, de définir cette structure ainsi que ses limites. Comme dans une relation thérapeutique individuelle, l'introduction sert à préciser :
- le rôle de l'infirmière ;
- le rôle du client ;
- la tâche du groupe ;
- les moyens d'accomplir ces tâches ;
- la période allouée pour accomplir ces tâches.

Un exemple d'introduction est présenté ci-dessous (Yalom, 1985).

Présentation des personnes Établissement des limites spatiales et temporelles Définition du rôle de l'animatrice Définition des tâches Établissement des limites du travail	Bonjour, je m'appelle Marie Tremblay. Bienvenue à la thérapie de groupe quotidienne. Nous nous rencontrerons dans cette salle tous les jours durant une heure, entre 10 h et 11 h. Je vérifierai l'heure régulièrement pour m'assurer que l'on termine à temps. Ce groupe a pour but d'aider les membres à mieux comprendre leurs problèmes et à leur enseigner des manières de communiquer avec les autres. Je sais qu'il existe différentes raisons de venir à l'hôpital et il est possible que vous n'ayez pas envie de parler de certaines d'entre elles devant le groupe.
Précision des tâches	Mais presque tout le monde ici a une chose en commun : des difficultés dans ses relations avec des proches. Les groupes sont plus efficaces que les autres types de thérapie pour aider les gens à mieux comprendre leurs relations avec les autres.
Définition des tâches (et des méthodes permettant de les accomplir)	L'une des façons d'aborder cette tâche sera d'être attentif aux relations s'amorçant entre les différentes personnes de cette salle. Nous n'agissons pas différemment dans l'hôpital qu'à l'extérieur ; par conséquent, plus nous comprendrons les relations dans ce groupe, plus nous comprendrons les relations importantes à l'extérieur de l'hôpital.
Information concernant les limites Assurance concernant la confidentialité pour instaurer le sentiment de sécurité	Vous apprendrez beaucoup sur vous-mêmes et sur les autres dans ce groupe. Il est tout naturel de vouloir partager ce que vous avez appris ici avec votre famille et vos amis, mais la confidentialité se révèle de la plus haute importance. Nous vous demandons de transmettre les informations significatives en évitant de donner les noms des personnes ou les autres informations confidentielles. Ces renseignements sont uniquement destinés aux membres du groupe et au personnel.
Déroulement cohérent et explicite (méthode d'accomplir les tâches)	Comme je l'ai mentionné précédemment, la séance dure une heure. On commencera par faire un tour du groupe en demandant à chacun de dire quelque chose concernant les problèmes auxquels il fait face et sur lesquels il désirerait travailler en groupe. Nous parlerons autant que possible de ces problèmes. Nous garderons ensuite les 10 dernières minutes pour passer tout le monde en revue, afin de vérifier comment chacun se sent et de parler du genre de travail que nous avons vu s'accomplir, pour terminer en traitant toute question laissée en suspens.

Ce type d'introduction structurée et systématique rejoint plusieurs objectifs :
- il informe les nouveaux membres des objectifs et du déroulement de la séance, réduisant ainsi l'anxiété ;
- il facilite le transfert de normes d'une réunion à l'autre malgré la rotation des membres ;
- il délimite le travail du groupe (c'est-à-dire échanger avec autrui) en termes appropriés ;
- il établit les limites (tous les problèmes ne relevant pas d'une discussion de groupe) ;
- il définit le rôle de l'infirmière, tout d'abord implicitement, comme responsable des tâches et de la cohésion

du groupe puis, explicitement, en tant qu'organisatrice et responsable du respect de l'horaire.

L'introduction, cependant, ne répond pas à elle seule à toutes les questions concernant les limites. Au cours de la réunion, l'infirmière devra continuer, sans relâche, à préciser les limites et la structure du groupe, en adoptant un style d'animation énergique et orienté sur l'action visant l'accomplissement des tâches. Yalom (1985) indique qu'un animateur ferme, clair et décidé, qui communique les raisons de ses actions, rassure les clients.

Ainsi, l'animatrice d'un groupe de clients hospitalisés s'attachera à décrire les thèmes de ce groupe, centrera la discussion sur l'apprentissage découlant des relations existantes au sein du groupe, communiquera son ambivalence et son opinion à propos des décisions difficiles qu'elle devra prendre dans le groupe et maintiendra une cohérence pendant toute la séance. Son choix d'actions, d'orientation et de mots correspondra à l'objectif visé : apprendre au sujet des relations.

Sécurité et confiance

On a défini le sentiment de sécurité comme le fait, pour un individu, de savoir à quoi s'attendre dans une situation donnée. Au sein du groupe, ce concept doit englober ce que l'on attend de lui dans ses relations avec autrui. Dans l'exemple ci-dessus, on attend des membres du groupe qu'ils explorent leurs relations mutuelles pour mieux comprendre leurs relations à l'extérieur de l'hôpital. Consciente que les clients hospitalisés peuvent entretenir des relations tumultueuses, l'animatrice du groupe s'efforce de maintenir un environnement sécuritaire et propice au travail. Dans la thérapie de groupe, tout comme dans les autres formes de relation thérapeutique, le sentiment de sécurité s'établit lorsque l'infirmière accepte et valorise chacun des membres en les traitant avec respect et qu'elle manifeste, autant que faire se peut dans les limites établies, de l'empathie face à la situation de chacun. L'infirmière s'attache à consolider les forces du client et à favoriser une amélioration de son comportement (Yalom, 1985). L'infirmière montre l'exemple de comportements favorisant la sécurité en reconnaissant ouvertement la contribution de chacun et en prenant tous les clients au sérieux. Le plus souvent, ces tâches s'accomplissent en établissant un cadre de travail qui permet au groupe de comprendre le comportement du client, en décourageant les comportements autodestructeurs avant que le groupe ne réagisse par la colère et en reconnaissant ponctuellement la contribution de chacun dans le groupe. L'infirmière se doit d'intervenir chaque fois qu'un client en attaque un autre verbalement et de saisir l'occasion de faire réfléchir aux relations qui contribuent à atteindre l'objectif visé par le groupe. Elle intervient aussi souvent que nécessaire pour aider les membres à prendre leurs responsabilités les uns envers les autres de façon sécuritaire et non menaçante.

19.1.7 Thérapie familiale

Définition

La thérapie familiale représente une forme unique de thérapie de groupe en ce qu'elle s'occupe du plus intime de tous les groupes, la famille. Les familles ont la tâche d'élever les enfants conformément à leur culture ainsi que d'apporter soutien et réconfort à tous leurs membres. Une famille qui fonctionne bien se caractérise par une répartition des pouvoirs axée sur la collaboration, l'acceptation de l'individualité des membres, une affection mutuelle ainsi que la capacité de s'adapter aux changements sociaux. En général, les familles se présentent en thérapie lorsqu'elles éprouvent des difficultés à accomplir ces tâches. Ces difficultés surgissent fréquemment à l'occasion de transitions : naissances, décès, mariages, modification du revenu, maladies, divorces ou étapes importantes de croissance entre l'enfance et l'âge adulte.

La difficulté éprouvée s'exprime habituellement par les symptômes dont souffre l'un des membres de la famille. La plupart du temps, ce sera un des enfants qui présentera ces symptômes : échec scolaire, alcoolisme ou toxicomanie, passages à l'acte, repli sur soi ou comportement passif, promiscuité sexuelle. Ces comportements inquiéteront les parents, qui désireront s'engager dans une thérapie. Dans certains cas cependant, les parents sont plutôt contraints de participer au traitement par diverses instances, telle la DPJ (Direction de la protection de la jeunesse).

Les parents considèrent souvent le comportement de l'enfant comme le problème de celui-ci et non comme celui de la famille. Ils présument que la famille redeviendra fonctionnelle dès que cette question sera « réglée ». L'enfant est ainsi perçu comme le **client identifié** (c'est-à-dire celui dont le comportement présente des difficultés). Il arrive que le client identifié soit un adulte. À titre d'exemple, il peut s'agir d'un problème d'alcoolisme de la mère ou d'absentéisme du père, conduisant ainsi la famille à croire qu'une fois ce comportement (ou cet individu) « corrigé », la famille s'en sortira.

Perspective théorique

Les thérapeutes familiaux considèrent le comportement du client identifié simplement comme un message quant au fonctionnement général de la famille. Au lieu de considérer le « client identifié » comme la cause de la détresse familiale, le thérapeute familial le perçoit plutôt comme le « porteur des symptômes » de la famille. Le processus de thérapie familiale s'adresse donc à la famille entière plutôt qu'à l'un de ses membres en particulier.

La thérapie familiale se fonde sur la théorie systémique. On considère la famille comme un système s'efforçant de maintenir l'homéostasie ou l'équilibre. Par conséquent, si le comportement du client identifié change, la théorie des systèmes prédit qu'un autre symptôme se manifestera chez un autre des membres afin de préserver l'équilibre antérieur du système dysfonctionnel. Un système dysfonctionnel ne peut « tolérer » qu'un seul de ses membres soit en santé; le système tout entier doit devenir fonctionnel afin de recouvrer la santé.

Objectifs

L'objectif de la thérapie familiale est de soulager la souffrance de la famille et de favoriser le soutien et la protection de ses membres. Satir (1972) a identifié les quatre domaines de perturbation familiale suivants :

- l'estime de soi ou les sentiments et l'idée qu'un individu se fait de lui-même ;
- les styles de communication au sein de la famille, qui s'avèrent parfois indirects, vagues et malhonnêtes ;
- les règles définissant les comportements dans la famille, tout comme la façon dont ces règles se négocient ;
- les relations avec la société (la manière dont la famille entre en interaction avec les organismes extérieurs).

Les objectifs de la thérapie consistent donc à :

- favoriser l'estime de soi chez les membres de la famille ;
- favoriser une communication directe, claire, précise et honnête ;
- seconder la famille dans la création de règles flexibles, humaines et répondant à divers besoins ;
- soutenir la famille dans l'établissement de liens ouverts et satisfaisants avec la société (Satir, 1972).

Contextes

La thérapie familiale peut se dérouler dans divers contextes. Elle a le plus souvent lieu dans le bureau du professionnel, à la clinique externe. On peut également rencontrer la famille dans un hôpital lorsque le « client identifié » y est admis. Il est toutefois difficile de compléter une thérapie familiale durant une hospitalisation et l'on doit alors prendre des arrangements pour poursuivre la thérapie après que le client est sorti de l'hôpital.

Aux yeux des infirmières, le domicile représente un cadre des plus intéressants. Le milieu familial fournit à l'infirmière beaucoup d'informations quant au style d'interaction unique de la famille. L'utilisation de l'espace, la valeur que l'on accorde aux objets et les échanges à l'intérieur de la maison (par opposition à la clinique) sont souvent très révélateurs des dynamiques familiales.

On peut voir une famille seule ou plusieurs familles ensemble, pour ce qu'on appelle une *thérapie multifamiliale*, au cours de laquelle quatre ou cinq familles se rencontrent en présence d'une infirmière, chaque semaine, afin de discuter de problèmes communs. Cette forme de thérapie fonctionne bien pour les familles confrontées à l'isolement et au manque de soutien familial ou communautaire. Plusieurs couples peuvent également suivre conjointement une thérapie de couple pour rechercher des façons de consolider leur relation conjugale.

Concepts de base de la thérapie familiale

La famille constitue un type particulier de groupe avec des modèles de tâches définis, des rôles attribués à ses membres, des normes et des modes de communication. Comme pour les autres groupes, les difficultés surviennent lorsqu'un de ces aspects est compromis d'une manière ou d'une autre. Les infirmières travaillant comme thérapeutes familiales traitent plusieurs domaines du fonctionnement familial.

Confusion des rôles

Selon le concept traditionnel des rôles familiaux, les parents constituent l'unité première. Ils représentent l'autorité, établissent les règles régissant les comportements et prennent les décisions pour la survie de la famille. Les parents sont perçus comme une unité. Les enfants, considérés comme personnes à charge, disposent de moins d'autorité dans la prise de décision. À mesure que ces derniers grandissent, en acquérant le jugement et la capacité de prendre des décisions, on leur accorde plus d'indépendance et de participation au processus de prise de décision. Il arrive des moments où les membres d'une famille ne sont pas en mesure de remplir adéquatement leurs rôles et des modèles dysfonctionnels surgissent alors. Voici des exemples de confusion des rôles :

- l'un des parents meurt et l'aîné des enfants du même sexe hérite du rôle du parent décédé ;
- un enfant tombe malade et, dans sa tentative de le soutenir, la famille s'emploie à satisfaire tous ses désirs, faisant ainsi de cet enfant la figure d'autorité principale ;
- les parents ne sont pas satisfaits de leur relation de couple et chacun d'entre eux forme une alliance avec l'un des enfants, niant de ce fait l'unité époux/épouse en tant qu'unité première de la famille.

Confusion des tâches

Les tâches de la famille consistent à élever les enfants et à procurer soutien et protection à ses membres, ce qui n'est pas toujours facile à accomplir. Les familles connaissent du stress au cours de périodes de transition parce qu'elles éprouvent de l'incertitude quant à la manière d'accomplir leurs tâches durant ces étapes. En voici quelques exemples :

- la naissance d'un enfant – la famille tente de satisfaire les besoins du nouveau-né tout en continuant de répondre aux besoins des autres membres de la famille ;
- le passage de l'enfance à l'adolescence – la famille doit permettre une séparation et une individuation progressives, tout en soutenant la croissance de l'individu dans ses nouvelles tâches ;
- le déménagement de la famille dans un nouveau milieu – la tâche de la famille consiste à établir des liens avec les ressources de la collectivité, mais elle trouve difficile de repérer ces ressources dans un nouveau milieu.

L'infirmière évaluera la capacité de la famille à accomplir ces tâches et détectera les difficultés survenant dans les divers domaines.

Communication

La communication, verbale et non verbale, constitue, pour les membres de la famille, la façon d'instaurer la confiance et l'amour et de se protéger. Pour ce faire, les messages verbaux doivent correspondre aux messages non verbaux (voir chapitre 8). Les membres de la famille mettent en place une façon unique de communiquer entre eux de façon à établir des normes familiales, accomplir leurs tâches et consolider leurs rôles. De manière générale, ces modes de communication deviennent fermement ancrés et les enfants, une fois adultes, continuent habituellement à recourir aux modes appris dans leur famille d'origine.

L'infirmière étudie les modes de communication de diverses manières. Elle doit obtenir une réponse à cette question : « Qui a le droit de dire quoi à qui et dans quelle situation ? » Cette question a rapport à l'autorité, à la position dans la famille et au contenu (c'est-à-dire ce dont on parle et ce dont on ne parle pas). À titre d'exemple, un enfant peut-il contester une règle établie par les parents ? Les époux ont-ils la possibilité d'exprimer leurs désaccords ? Le font-ils devant leurs enfants ? Y a-t-il un secret de famille que personne n'aborde ?

Les infirmières analysent également les « doubles messages » de la famille ou les messages verbaux qui contredisent les messages non verbaux. L'infirmière peut ainsi se demander si la famille énonce une valeur, tout en agissant de façon à décourager cette prétendue valeur. À titre d'exemple, la famille proclame-t-elle qu'elle souhaite entendre ce qu'un membre a à dire, en l'interrompant ensuite, en se fâchant ou en l'ignorant quand il parle ? Les parents affirment-ils être ouverts aux propositions pour réviser les règles familiales tout en écartant toute suggestion émise ? L'infirmière tente donc de discerner les modèles de communication qui gênent l'accomplissement des tâches de la famille.

Processus thérapeutique

Bien que la famille suive habituellement une thérapie en tant qu'unité, il arrive que l'infirmière souhaite travailler sur un problème spécifique avec l'un des membres, ou encore rencontrer le couple pour tenter de resserrer leurs liens. Cette optique correspond au point de vue de la théorie systémique qui statue que le changement d'un élément du système précipite d'autres changements. L'objectif général reste toutefois de soulager la souffrance de la famille et de renforcer ses capacités à remplir ses tâches. La communication agissant en tant que lien entre tous les membres d'une famille et sa capacité de remplir ses fonctions, on accorde toujours une attention particulière aux modes de communication de la famille, afin de modifier son système d'interaction (Yalom, 1985).

En général, le processus débute lorsque la famille entre en contact avec l'infirmière. Il importe d'identifier le membre qui établit réellement le contact, car il est potentiellement le plus motivé à entreprendre la thérapie. La famille se trouve généralement dans un état de confusion, ses membres se démoralisent fréquemment, se rebutent et se mettent en colère. Ils ont essayé toutes les solutions envisageables, mais continuent d'avoir des problèmes et doivent alors faire appel à une aide extérieure, que cette action soit faite de leur plein gré ou imposée par le système judiciaire.

Les premières rencontres paraissent souvent décousues, alors que les membres de la famille révèlent leur « manière d'être » à l'infirmière. Ils expriment le plus fréquemment des messages contradictoires et manifestent leur confusion. Il est courant d'être témoin de leurs sentiments d'impuissance ainsi que de leurs pertes de maîtrise.

L'infirmière cherche à canaliser l'énergie et les informations désorganisées de la famille vers certaines tâches réalisables. Les membres de la famille fixent les objectifs de la thérapie. L'infirmière écoute chacun des membres, tout en observant leurs interactions afin de repérer la structure et les dynamiques familiales. L'infirmière envisage les problèmes familiaux au moment de la collecte de données, en aidant la famille à les élucider. On aborde alors les problèmes reliés aux rôles, aux tâches et aux normes, l'infirmière apportant un certain recul qui manque à la famille. L'infirmière enseignera souvent à la famille des modes de communication fonctionnels. Elle l'aidera à communiquer au cours des séances et lui assignera éventuellement des « devoirs » qui serviront d'exercices pratiques. On définit et on évalue les modes de communication selon leur utilité.

La famille est régulièrement encouragée à effectuer des changements dans sa routine. Par exemple, si les membres d'une famille sont toujours ensemble, on peut les inciter à interagir davantage avec la collectivité. Un tel élargissement de leur réseau social contribue à réduire leur dépendance mutuelle et excessive et leur procure de nouvelles occasions de s'individualiser. À l'inverse, si les membres d'une famille passent rarement du temps ensemble, on peut leur demander de partager une soirée pour apprendre à se soutenir mutuellement et à se communiquer les informations dont ils ont besoin.

Comme dans les autres relations thérapeutiques, l'infirmière doit être perçue comme compréhensive et réceptive face aux besoins du client. Dans ce cas-ci, c'est une famille qui est le client ; dès lors, l'infirmière doit faire attention à chacun de ses membres et ne pas former une alliance ou comploter avec l'un d'eux contre un autre.

CONCEPTS-CLÉS

- Dans le cadre de la relation thérapeutique, l'infirmière agit en tant que personne-ressource, conseillère, substitut et experte à l'égard du client.
- Pour être une conseillère efficace, l'infirmière doit évaluer constamment ses propres valeurs et attitudes.

- Les concepts de base repris par l'infirmière au cours de la relation thérapeutique sont l'établissement des limites et l'instauration des sentiments de sécurité et de confiance.
- La phase d'orientation de la relation sert à définir le problème ou le conflit du client, le but du travail et la relation entre le client et l'infirmière.
- Durant la phase de travail, l'infirmière manifeste sa compréhension des problèmes du client et aide celui-ci à découvrir des actions lui permettant de mieux s'adapter.

- La phase de terminaison sert à aider le client à reconnaître les progrès accomplis de même que ceux qui restent à faire.
- La finalité première de l'ambiothérapie est d'encourager le client à devenir un participant actif et non passif de sa propre existence.
- La thérapie de groupe permet aux clients de se définir eux-mêmes au moyen d'interactions sociales et de l'accomplissement de tâches.
- La thérapie familiale favorise la santé et la fonctionnalité de toute la structure familiale.

Nancy Légaré
B.Pharm., BCPP
Hôpital Louis-H.-Lafontaine

Chapitre

20

PSYCHOPHARMACOLOGIE ET AUTRES THÉRAPIES BIOLOGIQUES

OBJECTIFS D'APPRENTISSAGE

APRÈS AVOIR LU CE CHAPITRE, VOUS DEVRIEZ ÊTRE EN MESURE :

- DE DÉCRIRE ET ANALYSER LES QUESTIONS LIÉES AU TRAITEMENT PAR ANTIPSY-CHOTIQUES ;

- DE DÉCRIRE ET ANALYSER LES QUESTIONS LIÉES AU TRAITEMENT PAR ANTIDÉ-PRESSEURS ;

- DE DÉCRIRE ET ANALYSER LES QUESTIONS LIÉES AU TRAITEMENT PAR STABILISATEURS DE L'HUMEUR ;

- DE DÉCRIRE ET ANALYSER LES QUESTIONS LIÉES AU TRAITEMENT PAR ANXIOLYTIQUES ET HYPNOTIQUES ;

- DE DÉCRIRE ET ANALYSER LES QUESTIONS LIÉES AU TRAITEMENT PAR PSYCHOS-TIMULANTS ;

- D'EXPLIQUER LES MODALITÉS NON PHARMACOLOGIQUES DE TRAITEMENT DES INDI-VIDUS SOUFFRANT DE TROUBLES DE L'HUMEUR ;

- D'EXPOSER LES THÈMES DES SOINS INFIRMIERS LIÉS À LA PSYCHOPHARMACOLOGIE ET AUX TRAITEMENTS NON PHARMACOLOGIQUES.

MOTS-CLÉS

Agranulocytose: chute de la production des leucocytes, spécifiquement des souches cellulaires neutrophiles, ce qui laisse le corps sans défense contre l'infection bactérienne.

Akathisie: littéralement «phobie de s'asseoir»; syndrome provoqué par les médicaments bloquant les récepteurs dopaminergiques, caractérisé par une agitation motrice et une impression d'agitation intérieure.

Délire anticholinergique: effet toxique des médicaments anticholinergiques qui se caractérise par la confusion, une perturbation de la perception, un trouble du sommeil et une diminution ou une augmentation de l'activité psychomotrice et un changement du niveau de conscience. Ce syndrome peut se manifester par un état psychotique.

Dyskinésie tardive: syndrome comportant des mouvements anormaux et involontaires survenant après des mois ou des années de traitement avec des médicaments bloquant les récepteurs D_2 de la dopamine. Souvent décrits comme des mouvements de mastication linguaux, buccaux et oraux, ils peuvent se produire dans tout le corps.

Effets secondaires: conséquences non thérapeutiques indésirables et souvent prévisibles des médicaments. Ils diminuent généralement avec le temps.

Libération prolongée: caractéristique des médicaments qui se dissolvent lentement et de manière contrôlée, ce qui permet d'espacer les intervalles posologiques.

Métabolite: produit de la biotransformation d'un médicament.

Neuroleptique: au sens littéral, «serrer un neurone»; terme utilisé autrefois pour désigner ce qu'on appelle aujourd'hui médicament antipsychotique typique.

Nouveau: qualificatif synonyme de *atypique*, utilisé pour les médicaments antipsychotiques.

Psychotrope: au sens littéral, «nourriture de la psyché»; médicament qui a une action au niveau du système nerveux central.

Réfractaire: qualifie un client qui n'a pas réagi à l'action de deux médicaments antipsychotiques de classes différentes.

Surveillance des taux sériques: processus qui consiste à obtenir des prélèvements de sang pour établir le taux de concentration du médicament.

Symptôme extrapyramidal: effets secondaires sur la motricité des médicaments qui bloquent les récepteurs dopaminergiques. Les symptômes extrapyramidaux comprennent la dystonie aiguë, l'akathisie, le parkinsonisme, la dyskinésie tardive.

Syndrome malin des neuroleptiques: réaction toxique rare qui peut s'avérer mortelle aux antagonistes de la dopamine et qui se présente sous une multiplicité de symptômes, y compris l'hyperthermie, l'instabilité du système végétatif, la rigidité musculaire et une altération de la conscience.

Titrage: ajustement progressif du dosage pour permettre la tolérance aux effets secondaires.

Traditionnel: qualificatif synonyme de *typique*, utilisé pour les médicaments antipsychotiques.

20.1 PSYCHOPHARMACOLOGIE ET AUTRES THÉRAPIES BIOLOGIQUES

Les textes anciens font mention de maladies mentales qui ont détruit bien des vies sans qu'on puisse les soigner. De fait, les traitements réellement efficaces n'ont fait leur apparition que durant la deuxième moitié du XXe siècle. Ces traitements pharmacologiques ont donné des résultats remarquables.

Avant l'apparition de la chlorpromazine et de la thioridazine dans les années 1950, près d'un demi-million de personnes aux États-Unis était internées dans les institutions psychiatriques. Ces individus, atteints de troubles psychiques graves, ne pouvaient vivre à l'extérieur d'un contexte institutionnel. L'avènement des traitements pharmacologiques s'est soldé par une diminution radicale du nombre de clients hospitalisés qui, 10 ans plus tard, ne s'élevait qu'à 200 000. L'écart entre ces deux chiffres prouve l'efficacité des médicaments antipsychotiques. Malheureusement, il démontre également que cette efficacité varie grandement selon le client. Des millions de personnes continuent de souffrir de troubles mentaux qui vont des symptômes psychotiques aux troubles de l'humeur en passant par l'anxiété et les autres troubles connexes.

20.1.1 Psychopharmacologie

Mode et mécanisme d'action

Dans le cas de troubles mentaux majeurs, même les médicaments les plus efficaces se limitent à traiter les symptômes et n'ont que peu ou pas d'effet sur la physiopathologie sous-jacente. Tous les médicaments comportent à la fois un *mode* et un *mécanisme d'action*. Le mode d'action réfère à l'action du médicament sur l'organisme, tandis que le mécanisme d'action détermine comment il modifie les symptômes, guérit la maladie ou cause des **effets secondaires**, ces conséquences indésirables, non thérapeutiques et prévisibles du médicament qui tendent à s'atténuer avec le temps. Il arrive souvent que l'on connaisse bien le mode d'action des psychotropes sans avoir élucidé leur mécanisme. À titre d'exemple, on sait que le lithium a un effet sur les systèmes neuronaux noradrénergique, sérotoninergique et dopaminergique, sans savoir exactement comment le lithium agit sur le trouble bipolaire.

Le mode et le mécanisme d'action des médicaments sur les différents appareils suscitent une grande variété d'effets indésirables, souvent importants, parfois mortels. Le médicament idéal devrait être à la fois spécifique et curatif, pratique et économique, avec des effets secondaires négligeables. Comme le médicament idéal n'existe pas encore, le traitement pharmacologique constitue toujours un compromis. Le but de tout traitement psychopharmacologique consiste à obtenir un effet maximal pour une toxicité minimale sous une forme acceptable et à un prix abordable pour le client.

Collecte de données de la pharmacothérapie psychotrope

Le terme **psychotrope** signifie littéralement « nourriture de la psyché » et il désigne un médicament qui agit sur le système nerveux. L'emploi sûr et efficace de la psychopharmacologie (le recours à des médicaments ayant une action sur le système nerveux) repose sur une collecte de données précise de l'état du client. En plus de prendre en compte des diagnostics psychiatriques et somatiques, il faut répondre aux questions suivantes pour assurer une évaluation continue du problème avant d'administrer des médicaments :

- Quelle est l'étiologie des symptômes actuels ?
- Quelle est la gravité du problème ?
- Pourquoi maintenant ?

L'étiologie compte pour beaucoup, car c'est en repérant les origines du problème qu'on peut orienter le traitement selon ses causes possibles. À titre d'exemple, un comportement psychotique peut résulter d'un déséquilibre électrolytique ou d'une hyperthyroïdie. En prenant conscience de la gravité des symptômes, on décide parfois d'accélérer le début du traitement. Une infirmière devra, par exemple, décider du mode d'administration en fonction du risque imminent que présente le comportement du client.

Il faut constamment évaluer les symptômes en se posant la question « Pourquoi maintenant ? ». Face à l'intensification de l'activité psychomotrice d'un client sous médication antipsychotique depuis quelques jours, le clinicien doit évaluer si son état est dû à une aggravation de la psychose, ce qui nécessiterait une augmentation de la posologie, ou si le client souffre d'akathisie. Un emploi optimal des médicaments repose non seulement sur le diagnostic, les signes et symptômes dont se plaint le client et le choix du produit, mais également sur le contexte d'administration.

Lors de la collecte des données sur le client avant et durant la pharmacothérapie, il faut prendre en considération les variables des médicaments et du client avant d'amorcer une intervention. Une liste des variables les plus fréquentes des médicaments et des clients apparaît dans l'encadré 20.1. Les variables des médicaments comprennent les caractéristiques pharmacologiques des diverses posologies. Les variables du client incluent les facteurs individuels qui facilitent, entravent ou interagissent avec la pharmacothérapie. La corrélation entre les variables du client et celles des médicaments permet d'optimiser la thérapie individuelle. Le succès de la psychopharmacologie dépend de l'intégration optimale des effets anticipés de la médication sur les particularités personnelles, physiques et psychosociales du client et de l'évaluation par l'infirmière de la réaction du client au traitement psychopharmacologique et la transmission de ces données au médecin prescripteur.

Variables concernant la pharmacothérapie — ENCADRÉ 20.1

Variables concernant les médicaments
- Mode et mécanisme d'action
- Formes galéniques – orale (solide, liquide, sublinguale), parentérale
- Biodisponibilité des différentes préparations
- Délai d'action, effet maximal et durée d'action
- Demi-vie sérique
- Mode d'élimination (hépatique ou rénale)
- Effets secondaires/toxicité (prévisibles ou idiosyncrasiques)
- Coût (prix du médicament, coût de l'administration et de la surveillance)

Variables concernant le client
- Diagnostic
- Autres maladies (cardiovasculaire, hépatique, rénale)
- Âge
- Poids
- Sensibilité anticholinergique
- Antécédents d'effets secondaires
- Réactions antérieures
- Antécédents familiaux concernant la réaction
- Volonté d'observance/Prise de conscience de la maladie
- Ressources financières/Assurance-médicaments
- Réseau de soutien

20.1.2 Antipsychotiques

On croit généralement que les progrès scientifiques majeurs découlent de coïncidences ou du hasard. En réalité, ils résultent de l'observation d'un phénomène nouveau et rare par un individu à l'esprit ouvert possédant de grandes capacités de travail. Plutôt que de rejeter ce qui ne correspond pas aux normes acceptées, cet observateur chevronné s'interroge sur la nature du phénomène et poursuit ses recherches. C'est ainsi que Henri Laborit, un neurochirurgien français, a découvert la chlorpromazine, alors qu'il cherchait un médicament pour réduire l'anxiété des clients en phase préopératoire. Il a remarqué que la chlorpromazine provoquait un état de « quiétude béatifique » et l'a recommandé à ses collègues en psychiatrie pour leurs clients agités. En 1951, Delay et Deniker ont commencé à utiliser la chlorpromazine et ont constaté que leurs clients psychotiques se montraient plus dociles

(Deniker, 1990). Ils ont également noté des effets secondaires qui leur rappelaient la maladie de Parkinson, un trouble des motoneurones. Ils ont donc adopté le qualificatif de **neuroleptique**, qui en grec signifie « serrer un neurone ». En 1954, la chlorpromazine (Largactil) fut le premier antipsychotique mis sur le marché au Canada. Le tableau 20.1 donne la liste des antipsychotiques actuellement en vente au Canada.

Les antipsychotiques se répartissent en deux classes : typiques ou **traditionnels** et atypiques ou **nouveaux**. Depuis l'introduction de la chlorpromazine, aucun autre antipsychotique n'a surpassé son efficacité jusqu'à l'arrivée de la clozapine (Clozaril) en 1991. Jusqu'alors, c'était le profil d'effets secondaires qui permettait de différencier les antipsychotiques typiques entre eux. Les antipsychotiques atypiques (clozapine, rispéridone [Risperdal]) se caractérisent par une réponse améliorée dans le cas des symptômes négatifs, moins d'effets nuisibles sur la cognition et une propension réduite aux effets extrapyramidaux.

Indications

Les antipsychotiques, appelés autrefois tranquillisants majeurs, ont une action bénéfique sur les psychoses. Les antipsychotiques bénéficient généralement aux clients atteints de schizophrénie, de troubles schizophréniformes ou de troubles schizo-affectifs et délirants. Une médication constante permet ainsi d'éviter l'exacerbation de la psychose et l'hospitalisation. Les psychoses secondaires, découlant de déséquilibres hormonaux ou électrolytiques, d'abus de drogue, de tumeurs cérébrales, de manie ou de dépression avec symptômes psychotiques, peuvent tirer profit des antipsychotiques à court terme lorsque l'on soigne le trouble sous-jacent.

Les symptômes de la psychose varient, mais ils se répartissent en trois classes : positifs, négatifs et cognitifs (voir chapitre 11). L'augmentation de l'activité mentale et physique est associée aux symptômes positifs. Les symptômes négatifs se manifestent par la diminution de l'activité physique et mentale. Les symptômes cognitifs résultent de la difficulté à organiser ses pensées, à assimiler les apprentissages et à effectuer les fonctions d'exécution.

Objectifs du traitement

Les antipsychotiques sont utilisés pour réduire les signes et les symptômes de la psychose, y compris les hallucinations, le délire et les pensées paranoïdes. Lors du bilan et au cours du traitement, il faut recueillir des données sur les comportements spécifiques des symptômes psychotiques.

L'objectif général du traitement d'une personne psychotique consiste à lui restituer la maîtrise de ses réactions. Par conséquent, pour atteindre cet objectif, on surveille les symptômes psychotiques et la capacité croissante du client à se prendre en charge.

Mode d'action

Tous les antipsychotiques agissent par blocage des récepteurs de la dopamine. Ces médicaments se fixent sur les récepteurs de la dopamine des neurones postsynaptiques et bloquent les effets de la dopamine endogène. La puissance des antipsychotiques traditionnels dépend de leur affinité avec les récepteurs de la dopamine de type D_2. Les récepteurs D_2 se localisent principalement dans quatre zones du cerveau : les voies mésolimbiques/mésocorticales, nigrostriées et tubéro-infundibulaires. Le blocage des récepteurs dopaminergiques dans ces zones aboutit à différents effets. On pense que les voies mésolimbiques allant du mésencéphale au cerveau limbique antérieur jouent un rôle majeur dans les signes et symptômes positifs de la psychose. Le blocage des récepteurs de la dopamine dans ce secteur, qui peut accumuler un excès de dopamine au cours d'un épisode psychotique, allège les symptômes positifs. Un niveau réduit de dopamine dans les voies mésocorticales contribuerait aux signes et symptômes négatifs des troubles schizophréniques. Le blocage des récepteurs dans cette zone serait susceptible d'aggraver les symptômes négatifs (Davis et coll., 1991).

Les effets secondaires des antipsychotiques résultent également du blocage des récepteurs D_2. Le faisceau nigrostrié se projette de la substance noire au noyau caudé et au putamen du système extrapyramidal. Le blocage des voies nigrostriées provoque un syndrome parkinsonien provoqué par un neuroleptique (bradykinésie, rigidité et tremblements) et des réactions dystoniques (spasmes des muscles de la langue, des mâchoires, des yeux et du cou). L'akathisie et la dyskinésie tardive semblent être reliées à un blocage des récepteurs D_2 de la dopamine. Ces phénomènes, désignés globalement syndrome extrapyramidal, seront expliqués en détail dans ce chapitre. La voie tubéro-infundibulaire part du noyau arqué pour terminer dans l'éminence médiane. Ce faisceau agit sur le contrôle de la fonction endocrinienne par le thalamus. Le blocage de dopamine dans cette zone augmente le niveau de prolactine qui déclenche une gynécomastie et une galactorrhée (hypertrophie des glandes mammaires et écoulement de lait).

Les nouveaux antipsychotiques (dits atypiques) bloquent également les récepteurs de la dopamine. Ceux qui sont sur le marché actuellement inhibent la sérotonine à un degré supérieur à la dopamine. Ce blocage semble expliquer l'atténuation des symptômes négatifs (affect plat, apathie, pauvreté du discours, retrait social) et du syndrome extrapyramidal ainsi que l'amélioration de la fonction cognitive.

Les antipsychotiques ont une affinité très variable avec les autres récepteurs, dont dépendent les effets secondaires supplémentaires dus au blocage de ces récepteurs. Les effets antihistaminiques (H_1) provoquent une sédation, les effets anticholinergiques causent des effets secondaires anticholinergiques et les effets α-bloquants déclenchent

TABLEAU 20.1 Antipsychotiques*

Dénomination commune	Nom de spécialité	Puissance[†]	Posologie habituelle (en mg)	Commentaires
AGENTS TRADITIONNELS (TYPIQUES)				
Phénothiazines				
Aliphatiques				
Chlorpromazine	Largactil	100	60-2 000	IM douloureuse
Methotriméprazine	Nozinan	70	10-200	
Pipérazines				
Fluphénazine	Moditen Modecate	2	2-40	Sous forme injectable de décanoate 25 mg/ml et 100 mg/ml
Perphénazine	Trilafon	10	8-64	
Prochlorpérazine	Stemetil	15	15-150	
Trifluopérazine	Stelazine	5	2-80	
Thiopropérazine	Majeptil	5	30-90	Comprimés et liquide
Péricyazine	Neuleptil	15	5-30	Capsules et liquide
Pipéridines				
Mésoridazine	Serentil	50	50-500	Uniquement en comprimés
Thioridazine	Mellaril	100	50-800	Aucune forme injectable
Pipotiazine	Piportil	25 mg aux 4 sem.	25-150 mg aux 4 sem.	Sous forme injectable de palmitate à 25 mg/ml et 50 mg/ml
Thioxanthènes				
Thiothixène	Navane	4	5-60	Aucune forme injectable
Flupenthixol	Fluanxol	5	3-12	En comprimés et sous-forme injectable de décanoate à 20 mg/ml et 100 mg/ml
Zuclopenthixol	Clopixol	12	20-60	En comprimés et sous forme injectable à libération intermédiaire et de décanoate à 50 mg/ml et à 200 mg/ml
Butyrophénone				
Halopéridol	Haldol	2	1-100	Sous forme injectable à libération immédiate et de décanoate 50 mg/ml et 100 mg/ml
Dibenzoxapine				
Loxapine	Loxapac	10	20-250	Uniquement en comprimés
Diphénylbutylpipéridine				
Pimozide	Orap	2	2-20	Uniquement en comprimés
ANTIPSYCHOTIQUES NOUVEAUX (ATYPIQUES)				
Dibenzodiazépines				
Clozapine	Clorazil	100	50-900	Uniquement en comprimés
Quétiapine	Seroquel	100	100-800	Uniquement en comprimés
Thiénobenzodiazépines				
Olanzapine	Zyprexa	5	5-30	Uniquement en comprimés
Benzisoxazole				
Rispéridone	Risperdal	1	4-8	Comprimés et concentré liquide

* Tous les médicaments sont présentés sous forme de comprimés ou capsules, liquide et de préparation parentérale à moins d'indications contraires.
† Exprimés en équivalence de la chlorpromazine pour les antipsychotiques traditionnels et en posologie relative pour les nouveaux agents.

une hypotension et une tachycardie réflexe. Les effets secondaires du blocage des récepteurs et des antipsychotiques sont présentés dans le tableau 20.2.

Il importe de comprendre les caractéristiques spécifiques des récepteurs sur lesquels agissent les divers médicaments afin d'anticiper leur efficacité et leurs effets secondaires.

TABLEAU 20.2	Effets secondaires associés au blocage des récepteurs			
Dopamine D$_2$	**Histamine H$_1$**	**Cholinergique**	**Adrénergique$_{\alpha 1}$**	**Sérotonine 5-HT$_2$**
Symptômes extrapyramidaux Prolactine	Sédation Prise de poids	Sécheresse de la bouche Vision trouble Tachycardie sinusale Constipation Altération de la mémoire et de la cognition	Hypotension orthostatique Tachycardie réflexe	Prise de poids Troubles gastro-intestinaux Dysfonction sexuelle

Utilisation et efficacité clinique

Même si les antipsychotiques s'avèrent utiles et efficaces, ils constituent également les médicaments les plus toxiques en psychiatrie. On doit administrer la plus faible dose possible pour une efficacité maximale pour la période de temps la plus courte.

La réponse des symptômes cibles varie dans le temps. Les symptômes positifs répondent mieux. La combativité, l'hostilité, l'agitation psychomotrice et l'irritabilité diminuent en quelques heures. Les symptômes affectifs, l'anxiété, la tension, la dépression, les affects inappropriés, la réduction du champ de l'attention et le retrait social peuvent demander de deux à quatre semaines pour s'atténuer. Les symptômes cognitifs et perceptifs comme les hallucinations, le délire et les troubles de la pensée requièrent de deux à huit semaines pour s'améliorer. Les symptômes négatifs – manque de sociabilité, projets irréalistes, manque de jugement et de compréhension de soi – répondent beaucoup plus lentement et difficilement. De nombreux clients souffrent d'hallucinations et de délires fortement ancrés qui ne cèdent que très peu à la médication. Compte tenu des différences de délais pour atténuer les divers symptômes, on doit être conscient que l'augmentation de la posologie n'accélérera pas le soulagement des symptômes les plus durables.

On doit amorcer le traitement aux antipsychotiques en administrant des doses séparées, à raison de trois ou quatre fois par jour. Cette approche a le mérite de déterminer la tolérance du client et de réduire l'impact initial des effets secondaires. Lorsque l'on atteint la dose quotidienne efficace, le client a eu le temps de développer une tolérance aux effets secondaires; on donne alors le médicament en une ou deux prises par jour. En réduisant le nombre de prises, on assure une meilleure observance.

Les antipsychotiques sont, en général, bien absorbés par le tube digestif et métabolisés essentiellement par le foie. La demi-vie d'élimination varie selon les individus, mais elle se situe entre 20 et 40 heures chez les adultes, l'état d'équilibre étant atteint en 4 à 7 jours. La **surveillance des taux sériques**, par des prélèvements réguliers de sang pour vérifier la concentration de médicament, ne s'avère pas nécessaire. Cette surveillance se révèle parfois utile dans des situations précises : une absence de réponse aux doses normales après six semaines, des effets indésirables inhabituels ou graves, des clients qui prennent plusieurs médicaments ou qui souffrent d'une maladie physique, et enfin, pour s'assurer de l'observance de la médication.

Formes galéniques

Liquide

La plupart des antipsychotiques se présentent sous forme liquide. Le manque de compréhension de soi constitue un des symptômes les plus déconcertants des troubles psychotiques. Un client qui ne se considère pas malade se montrera très peu motivé à prendre des médicaments et il risque d'être réfractaire à toute pharmacothérapie. Un tel type de client a tendance à faire semblant d'avaler les comprimés ou les capsules afin d'éviter de les prendre. Les concentrés liquides, administrés en début de traitement, aident à en assurer l'observance.

Injectable

En situation de crise

Les antipsychotiques sous forme injectable à libération immédiate sont utilisés en situation d'urgence psychiatrique. Une seule injection intramusculaire (IM) peut agir rapidement dans le cas de clients qui représentent un danger pour eux-mêmes et pour autrui, mais refusent de prendre un médicament par voie orale (PO). Il est rare qu'on doive administrer des injections répétées toutes les heures jusqu'à ce que le client se calme, une technique dite de tranquillisation (ou de neuroleptisation) rapide. Cette technique augmente le risque de réaction dystonique aiguë et d'apparition du syndrome malin des neuroleptiques (une réaction aux antagonistes de la dopamine qui risque d'être fatale) et, par conséquent, on doit y avoir recours de manière judicieuse. L'administration concomitante de benzodiazépines aide souvent le client à reprendre ses moyens rapidement. On utilise l'association d'halopéridol et de lorazépam (Ativan) à cette même fin (Battaglia et coll., 1992).

En situation chronique

Au Canada, cinq antipsychotiques à action prolongée existent sur le marché. Ces médicaments à **libération prolongée** facilitent l'observance et s'avèrent utiles pour les clients qui rechignent à prendre des médicaments tous les jours (Glazer et Kane, 1992). On administre régulièrement le décanoate d'halopéridol (Haldol LA), le décanoate de fluphénazine (Modecate), le palmitate de pipotiazine (Piportil), le décanoate de flupenthixol (Fluanxol Dépôt) et le décanoate de zuclopenthixol (Clopixol Dépôt) en injections mensuelles pour le décanoate d'halopéridol et le palmitate de pipotiazine ou bimensuelles pour les autres antipsychotiques à action prolongée. En liant la molécule active à une chaîne décanoate ou palmitate et en la dissolvant dans l'huile de sésame, l'huile végétale ou l'huile de noix de coco, on obtient une libération lente si l'on injecte en intramusculaire profonde. Les demi-vies du décanoate d'halopéridol, du décanoate de fluphénazine, du palmitate de pipotiazine, du décanoate de flupenthixol et du décanoate de zuclopenthixol ont une durée de 21 jours, 14 jours,

15 jours, 14 jours et 19 jours respectivement. Ils doivent être administrés selon une technique d'injection en Z (voir figure 20.1).

La surveillance de cette médication dans un contexte ambulatoire doit être sérieusement prise en compte pour ce type d'injections. La conversion du dosage oral au dosage injectable demeure toujours approximative, car la biodisponibilité varie grandement selon les clients. En raison de la longue demi-vie de ces médicaments, la concentration plasmatique stationnaire n'est atteinte que deux ou trois mois après le début des injections. La perte d'efficacité ou les effets secondaires peuvent survenir selon que le taux sérique augmente ou diminue avant de devenir stationnaire. Il faut prévenir les clients de ce fait et les encourager à signaler tout problème à leur médecin. Il faut

√ Exposer la région dorsale du muscle fessier.
√ Calculer et préparer le médicament, puis ajouter 0,2 cc d'air pour s'assurer que le médicament sera injecté jusqu'à la dernière goutte.
√ Changer l'aiguille.
√ Le muscle fessier antérieur est le meilleur choix.
√ Tirer latéralement la peau et les tissus sous-cutanés d'environ 2,5 cm.
√ Choisir une aiguille suffisamment longue pour s'assurer qu'elle atteindra le muscle en profondeur. Introduire l'aiguille à 90°.
√ Aspirer. En l'absence de reflux sanguin, injecter doucement le médicament et attendre environ 10 secondes.
√ Retirer l'aiguille et relâcher la peau.
√ NE PAS masser la région de l'injection.

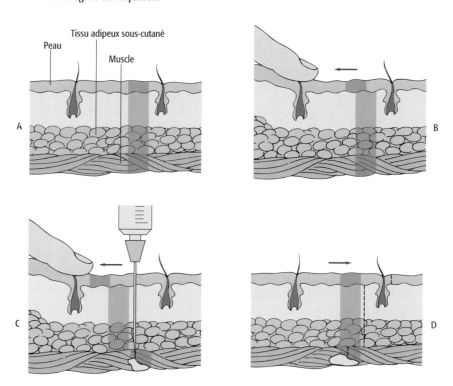

FIGURE 20.1 Méthode d'injection intramusculaire en Z

également les examiner pour détecter les irritations locales et les abcès stériles au point d'injection, qui résultent quelquefois d'injections répétées.

Toxicité des antipsychotiques typiques

Les antipsychotiques se différencient selon le type d'effets secondaires. Les médicaments de faible puissance provoqueront souvent une sédation et une hypotension alors que ceux qui ont une puissance élevée auront tendance à produire des symptômes extrapyramidaux. Les antipsychotiques typiques ont des effets anticholinergiques très divers. La gravité de ces effets (sécheresse de la bouche, vision trouble, tachycardie, rétention urinaire, constipation et désorientation/délire) varie grandement selon les individus. On remarque que les médicaments les plus susceptibles de déclencher des symptômes extrapyramidaux ont une action anticholinergique relativement faible et inversement. On traite les symptômes extrapyramidaux à l'aide d'anticholinergiques d'appoint (procyclidine [Kemadrin], benztropine [Cogentin]). Par conséquent, il est probable que les faibles syndromes extrapyramidaux produits par les médicaments de faible puissance soient dus au profil anticholinergique de ces derniers.

Effets secondaires extrapyramidaux

Le blocage de la dopamine par les antipsychotiques risque de provoquer une variété d'effets secondaires au niveau des mouvements, que l'on appelle **symptômes extrapyramidaux**. Ces symptômes indisposent les clients et sont souvent responsables de la non-observance thérapeutique.

Ils comprennent la dystonie aiguë, le parkinsonisme induit par les neuroleptiques, l'akathisie et la dyskinésie tardive. Le facteur unificateur de ces effets secondaires est la perturbation de l'activité motrice normale (voir tableau 20.3).

Dystonie aiguë

La dystonie aiguë est un spasme musculaire qui atteint jusqu'à 10 % des clients. Cette réaction douloureuse, et souvent terrifiante, touche différents muscles et prend le client par surprise. Les symptômes se présentent sous forme de blépharospasme (fermeture de l'œil), de torticolis (contraction d'un muscle du cou qui cause une torsion latérale de la tête), de crise oculogyre (déviation extrême des yeux vers le haut) et d'opisthotonos (contracture arquée du cou et du dos). Diverses formes graves impliquant la langue ou un laryngospasme peuvent provoquer une dysphagie (difficulté à avaler) et endommager les voies respiratoires.

Fort heureusement les anticholinergiques agissent rapidement. Les formes bénignes seront traitées par des anticholinergiques par voie orale. On remédiera aux formes graves et douloureuses par des injections intramusculaires dès le début. On emploie régulièrement la benztropine (Cogentin), à raison de 2 mg par voie IM et le diphenhydramine (Benadryl), à raison de 50 mg par voie IM, en répétant après 30 minutes si les symptômes persistent.

Syndrome parkinsonien provoqué par un neuroleptique

Il existe un équilibre entre la dopamine et l'acétylcholine dans le cerveau. Le blocage de la dopamine dans les voies

TABLEAU 20.3	Symptômes extrapyramidaux (SEP)			
Type	**Symptômes**	**Délai d'apparition**	**Facteurs de risque**	**Traitement**
Dystonie	Spasme et torsions musculaires, souvent au nivau du visage et du cou, associés à une anxiété aiguë ou une réaction de panique	Généralement dans les 5 premiers jours de traitement avec un antipsychotique	Jeunes hommes, enfants, patients n'ayant jamais reçu d'antipsychotiques de haute puissance, usage récent de cocaïne	Benztropine IM, diphenhydramine IM, lorazépam IM
Akathisie	Impossibilité de rester en place, besoin irrésistible de bouger, irritabilité, agitation	De quelques heures à quelques jours suivant l'introduction d'un antipsychotique	Femmes agées, consommation importante de caféine, anxiété, antipsychotiques de haute puissance	Benzodiazépines, bêta-bloquants
Parkinsonisme	Rigidité, faciès en masque, tremblements, bradykinésie, akinésie, instabilité posturale, hypersalivation	Dans le premier mois de traitement avec un antipsychotique	Femmes agées, antipsychotiques de haute puissance, maladie neurologique concomitante	Antiparkinsoniens
Dyskinésie tardive	Mouvements involontaires du visage, des lèvres, de la mâchoire, de la langue, des yeux, du cou, des membres et du tronc	Après plusieurs mois à plusieurs années de traitement avec un antipsychotique	Femmes agées, enfants, patients ayant présentés beaucoup de SEP, usage chronique de hautes doses d'antipsychotiques, troubles de l'humeur, troubles cognitifs, alcoolisme et toxicomanie	Aucun traitement pharmacologique efficace

nigrostriées provoque une prédominance relative de la concentration d'acétylcholine qui déclenche des symptômes cliniques. Le syndrome parkinsonien provoqué par un neuroleptique se présente sous forme de tremblements, de bradykinésie et d'akinésie (mouvements ralentis ou absence de mouvement), de signes de la roue dentée (saccades musculaires lentes et régulières), d'instabilité posturale, de posture voûtée, de démarche traînante, de perte des associations de mouvements, de faciès en forme de masque (perte de la mobilité des muscles du visage) et d'hypersalivation. Jusqu'à 15 % des clients souffrent du syndrome parkinsonien. Les symptômes apparaissent généralement entre 5 et 30 jours après le début du traitement.

Les anticholinergiques ou agonistes de la dopamine constituent le traitement habituel du parkinsonisme. Certains de ces médicaments, employés pour la maladie de Parkinson idiopathique (dégradation des neurones dopaminergiques dans la substance noire), ont démontré leur efficacité dans l'atténuation des symptômes du syndrome parkinsonien provoqué par un neuroleptique. Le tableau 20.4 énumère les médicaments auxiliaires utilisés habituellement pour traiter les effets extrapyramidaux. On emploie généralement les anticholinergiques dès le début à moins de contre-indications. Le glaucome à angle fermé (dit également glaucome par fermeture de l'angle) constitue une contre-indication absolue.

Les contre-indications relatives comprennent la déshydratation, les arythmies cardiaques et l'hypertrophie bénigne de la prostate. Les signes et symptômes de déshydratation sont parfois exacerbés par les anticholinergiques. Ces derniers accélèrent fréquemment le pouls. Les clients souffrant déjà d'arythmies risquent de voir leur rythme cardiaque s'accélérer. Ceux qui présentent une hypertrophie bénigne de la prostate auront souvent plus de difficulté à uriner lorsqu'ils prennent des anticholinergiques. Les clients plus âgés et ceux qui consomment d'autres médicaments présentant des effets anticholinergiques doivent être particulièrement surveillés. Un excès d'anticholinergiques peut déclencher une rétention urinaire nécessitant la pose d'une sonde, un iléus paralytique et des pertes de mémoire avec confusion, désorientation et délire (rappelant une psychose). Cette dernière manifestation, parfois appelée **délire anticholinergique**, peut présenter tout le spectre des symptômes anticholinergiques : vision trouble, mydriase, tachycardie, tachypnée, diminution des borborygmes et dysfonctionnement mental. Ce syndrome disparaît à l'arrêt des anticholinergiques, mais peut être traité avec un agoniste cholinergique.

En cas de contre-indication des anticholinergiques ou d'intolérance, les agonistes dopaminergiques peuvent se révéler utiles. On a alors recours à l'amantadine (Symmetrel). L'amantadine facilite la libération de la dopamine et restaure ainsi l'équilibre dopamine/acétylcholine. En cas d'administration excessive des agonistes de la dopamine, on risque d'aggraver la psychose. Cela se produit rarement lorsque les doses d'amantadine ne dépassent pas 200 mg/jour. L'élimination de l'amantadine se faisant par les reins, les clients qui souffrent d'insuffisance rénale présentent un risque accru d'accumulation de l'amantadine et d'aggravation de leur psychose.

On doit avertir les clients que, dans la plupart des cas, les effets secondaires anticholinergiques, qu'ils soient provoqués par les médicaments de première intention (antipsychotiques à doses élevées, de faible puissance) ou par un traitement auxiliaire (benztropine [Cogentin], trihexyphénidyle [Artane]) diminuent en quelques semaines. Cette réduction graduelle des effets indésirables se nomme tolérance. La plupart des clients développent une tolérance aux effets parkinsoniens des antipsychotiques dans les trois premiers mois. Par conséquent, on pourrait simplifier les régimes posologiques, réduire les interactions médicamenteuses possibles et améliorer l'observance en tentant de diminuer les doses de médicaments auxiliaires.

TABLEAU 20.4	Médicaments d'appoint pour traiter les effets secondaires extrapyramidaux			
Dénomination commune	Nom de spécialité	Dose équivalente (en mg)	Marge posologique (en mg)	Forme galénique (tous existent sous forme de comprimés à moins d'indication contraire)
Anticholinergiques				
Benztropine	Cogentin	1	1-8	Injectable
Trihexyphénidyle	Artane	2	2-15	Élixir
Procyclidine	Kemadrin	5	2,5-40	Elixir
Bipériden	Akineton	4	2-8	
Ethopropazine	Parsitan	100	150-400	
Antihistaminiques				
Diphenhydramine	Benadryl	50	50-400	Capsule, liquide et injectable
Orphénadrine	Disipal, Norflex	100	150-400	
Agoniste de la dopamine				Capsule et liquide seulement
Amantadine	Symmetrel	s/o	100-400	

Akathisie

Akathisie signifie littéralement « phobie de s'asseoir » et présente à la fois des composantes subjectives et objectives. Les symptômes objectifs les plus communs de l'akathisie comprennent: l'agitation motrice, les allées et venues, le bercement et les battements de pieds. La plupart des clients atteints d'akathisie se plaignent d'une sensation interne d'impatience qui se traduit par une tension, une irritabilité, une incapacité à rester assis tranquille ou à s'allonger. Néanmoins, les clients souffrant d'akathisie peuvent ne pas ressentir cette impression d'agitation intérieure ou ne pas l'exprimer. Même si certains cliniciens pensent que pratiquement tous les clients prenant des antipsychotiques présentent une forme quelconque d'akathisie, elle ne survient de façon claire que chez 25 % de ceux-ci.

Il est parfois difficile de distinguer l'akathisie de l'agitation psychomotrice ou de l'irritabilité due à une psychose qui s'exacerbe. Il importe de faire cette distinction, car l'akathisie répond mieux à une réduction de la posologie. Une erreur d'interprétation de l'akathisie, en la confondant avec l'agitation ou l'anxiété (consécutive à une psychose), peut conduire à augmenter la dose d'antipsychotiques, avec pour résultat une aggravation de l'akathisie. À l'inverse, une exacerbation de la psychose interprétée comme une akathisie peut se traduire par une diminution inadéquate de la médication antipsychotique, résultant en une exacerbation et une prolongation des symptômes, un prolongement du séjour hospitalier, des risques accrus pour le client et le personnel et une médication auxiliaire inutile. L'infirmière doit évaluer soigneusement le client et rapporter ses observations au médecin prescripteur.

L'akathisie réagit à une diminution des antipsychotiques. Lorsque ce n'est pas indiqué sur le plan clinique – à titre d'exemple, lorsque les symptômes répondent bien – les bêta-bloquants et les benzodiazépines constituent les traitements d'appoint les plus courants (Adler et coll., 1993 ; Dumon et coll., 1992). Les bêta-bloquants semblent plus efficaces ; on peut administrer jusqu'à 160 mg de propranolol (Indéral) ou 80 mg de nadolol (Corgard) quotidiennement. Les benzodiazépines constituent un traitement d'appoint optionnel. Des doses de 1 à 4 mg de lorazépam (Ativan) ou de 0,5 à 2 mg de clonazépam (Rivotril) s'avèrent efficaces. De temps à autre, la benztropine (Cogentin) a une action bénéfique, à doses relativement fortes, jusqu'à 6 mg par jour, mais de nombreux clients ne supportent pas une posologie aussi élevée.

Dyskinésie tardive

La **dyskinésie tardive** désigne littéralement des mouvements anormaux se produisant tardivement. Bien qu'ils soient décrits traditionnellement comme un ensemble de mouvements de la bouche, de la langue et de mastication (protrusion linguale, moue et claquements des lèvres, grimaces et mâchonnements), ces mouvements choréo-athéthosiques (rapides et saccadés ; lents et de torsion) peuvent d'abord se produire dans n'importe quelle partie du corps. On remarque souvent des mouvements des bras, des doigts, des jambes, des pieds et du tronc. Dans certains cas rares, ils touchent les muscles de la déglutition ou du diaphragme, ce qui amène le client à s'étouffer ou compromet sa respiration. Le client est fréquemment inconscient de ces mouvements potentiellement irréversibles.

Ces mouvements anormaux augmentent ou diminuent avec le temps. La famille et le personnel soignant qui passent beaucoup de temps avec les clients les signalent souvent en premier. On ne détecte ces mouvements généralement qu'après au moins six mois de traitement antipsychotique, mais ils peuvent se produire plus tôt ou même après des années de médication. L'incidence globale de la dyskinésie tardive est d'environ 4 % chez les clients traités aux antipsychotiques.

La probabilité que ces mouvements soient permanents atteint 50 % chez les clients qui prennent régulièrement des antipsychotiques et présentent des mouvements anormaux et involontaires. Le risque s'accroît encore chez les clients qui doivent demeurer sous traitement pharmacologique.

La prévention de la dyskinésie tardive est essentielle, car aucun traitement efficace n'existe. On doit effectuer une procédure formelle de suivi au moins tous les six mois, tant que le client consomme des antipsychotiques.

La physiopathologie de la dyskinésie tardive n'est que partiellement élucidée et elle découle des interactions complexes de nombreux neurotransmetteurs. Quand les antipsychotiques inhibent leurs récepteurs dopaminergiques, les neurones produisent avec le temps de nouveaux récepteurs dopaminergiques, un processus appelé régulation positive ou hypersensibilité. En cas d'arrêt soudain du médicament, ces récepteurs supplémentaires sont exposés à la dopamine endogène, ce qui provoque des mouvements anormaux. La réduction du dosage risque de causer une accentuation temporaire des mouvements qui disparaissent progressivement à mesure que les neurones s'adaptent à l'absence d'antagonistes de la dopamine.

La dyskinésie de sevrage (ou de retrait) présente les mouvements de la dyskinésie tardive lors de la réduction de la posologie des antipsychotiques. Ces mouvements disparaissent habituellement dans un délai de deux semaines à deux mois. La dyskinésie de sevrage touche principalement et de manière plus aiguë les enfants. À l'inverse, en augmentant les doses d'antipsychotiques et en englobant un plus grand nombre de récepteurs dopaminergiques, on réduit habituellement les mouvements involontaires et anormaux. Cette stratégie augmente davantage le processus toxique à l'origine de ces mouvements et peut finalement provoquer une réapparition de ceux-ci. L'augmentation de la posologie ne fait donc que masquer la dyskinésie tardive et ne constitue pas un traitement acceptable. Les benzodiazépines peuvent s'avérer utiles, mais la réponse est en général temporaire, ne dépassant pas quelques mois. Certains clients gravement atteints ont eu des résultats positifs avec la clozapine (Clozaril) (Tamminga et coll., 1994).

La vitamine E, en doses allant de 800 à 1 200 UI par jour, a été étudiée dans le traitement de la dyskinésie tardive, mais les résultats sont à tout le moins modestes et inégaux. Les nouveaux antipsychotiques et la dyskinésie tardive seront abordés plus loin dans ce chapitre.

ALERTES Les infirmières qui administrent les antipsychotiques doivent surveiller constamment les clients en cas d'effets indésirables. Le syndrome malin des neuroleptiques risque d'apparaître à n'importe quel stade du traitement, mais survient généralement au début. Il s'agit d'une urgence. Les symptômes comprennent une forte fièvre et une rigidité musculaire. Comme ce syndrome met la vie du client en danger, une détection précoce est essentielle.

Syndrome malin des neuroleptiques

Le **syndrome malin des neuroleptiques** constitue une urgence médicale. Il s'agit d'une réaction, qui peut s'avérer mortelle, aux antipsychotiques et qui se caractérise par une rigidité musculaire, une hyperthermie, une altération de la conscience et un dysfonctionnement du système nerveux autonome. Kinross-Wright fut le premier à décrire ce syndrome en 1958 et Delay et Deniker l'ont baptisé syndrome malin des neuroleptiques en 1968. Les chercheurs estiment que les cas de syndrome malin des neuroleptiques sont passés inaperçus ou ont été mal diagnostiqués pendant des années (Caroff et coll., 1991 ; Gurrera et coll., 1992). L'incidence signalée de ce syndrome touche approximativement de 0,5 % à 1,4 % de la population sous antipsychotiques (Pope et coll., 1986). Les résultats de laboratoire comprennent une leucocytose (15 à 30 × 10^9/L), une augmentation de la créatine kinase (dépassant parfois 3 000 UI/ml) et une myoglobinurie.

Le syndrome malin des neuroleptiques peut se produire à n'importe quel moment du traitement, mais il a tendance à survenir peu après le début ou lors d'une augmentation de la posologie. Il existe d'autres facteurs qui peuvent prédisposer le client à ce syndrome : l'administration rapide d'antipsychotiques de forte puissance (tranquillisation rapide) ou l'augmentation du nombre d'injections intramusculaires.

La physiopathologie sous-jacente associée au syndrome malin des neuroleptiques demeure incertaine. Il existe une relation entre ce syndrome et le blocage ou la diminution de la dopamine dans les noyaux gris centraux (qui provoque aussi les symptômes extrapyramidaux). Cette inhibition se retrouve également associée à la production de chaleur par la contraction musculaire et par des effets sur l'hypothalamus, qui contrôle la fonction thermorégulatrice (dissipation de la chaleur).

Le syndrome malin des neuroleptiques peut apparaître dans les heures suivant la première prise ou après des années de traitement. Il se présente de manière bénigne et résolutive ou apparaît de façon fulminante en 48 à 72 heures. Un diagnostic et un traitement rapides tendent à limiter les complications, potentiellement mortelles, suivantes : infarctus du myocarde, insuffisance hépatique, coagulation intravasculaire diffuse et œdème pulmonaire. La destruction rapide des tissus musculaires (rhabdomyolyse) libère de grandes quantités de myoglobine qui se retrouvent dans les urines (myoglobinurie). Dans les cas graves, la myoglobine sature le sérum, ce qui provoque une cristallisation dans les reins et une insuffisance rénale ou une néphropathie permanente.

Traitement

La première intervention d'urgence dans le traitement du syndrome malin des neuroleptiques consiste à arrêter les antipsychotiques. L'hydratation et le refroidissement revêtent une importance primordiale. On a recours à une injection intraveineuse (IV) de relaxant musculaire pour réduire la rigidité musculaire prolongée et faire ainsi tomber la fièvre et diminuer les conséquences de la rupture des tissus musculaires. On administre également des médicaments dopaminergiques (bromocriptine [Parlodel]), de l'amantadine (Symmetrel) et des anticholinergiques.

Les clients qui nécessitent un traitement antipsychotique prolongé passent habituellement à un médicament de structure chimique différente en commençant par une faible posologie et un **titrage** progressif (augmentation progressive des doses pour obtenir une tolérance aux effets secondaires). Dans la mesure du possible, on ne reprend le traitement que deux semaines après que les symptômes ont disparu. La disparition du syndrome malin des neuroleptiques dépend de l'élimination des antipsychotiques. Par conséquent, on évite les antipsychotiques à longue demi-vie (décanoate d'halopéridol, décanoate de fluphénazine, palmitate de pipotiazine, décanoate de flupenthixol et décanoate de zuclopenthixol) chez les clients présentant des antécédents de syndrome malin des neuroleptiques.

Autres effets secondaires

Les antipsychotiques sont associés à une vaste gamme d'effets secondaires. Certains de ces effets sont une prolongation des effets pharmacologiques de ces agents, alors que d'autres sont idiosyncrasiques et imprévisibles. Le blocage dopaminergique risque de provoquer une gynécomastie et une galactorrhée. Les clients atteints de galactorrhée peuvent utiliser des compresses mammaires. Il arrive que les femmes souffrent d'aménorrhée après avoir commencé les antipsychotiques. La plupart du temps, elles sautent un ou deux cycles avant de retrouver leur cycle normal. Une prise de poids due à un mécanisme mal élucidé peut survenir. L'incontinence se retrouve fréquemment chez les clients âgés. Une dysfonction de la régulation de la température peut provoquer une hypothermie en hiver et une hyperthermie en été. On a observé des convulsions induites par ces agents chez des clients sans antécédents de ce type. Il faut donc suivre de près les clients ayant des antécédents épileptiques ou qui sont sujets à des crises épileptiques lorsqu'ils commencent un traitement antipsychotique. Tous ces médicaments abaissent le seuil épileptogène, mais cela est plus fréquent pour les agents de faible puissance (chlorpromazine [Largactil] et thioridazine [Mellaril]).

Les médicaments de faible puissance sont associés à de nombreux problèmes. La thioridazine et la chlorpromazine provoquent fréquemment des changements à l'électrocardiogramme (retards de conduction). Les morts subites, selon des mécanismes inexpliqués, bien que fort rares, surviennent plus souvent avec les médicaments de faible puissance. Les ictères hépatocanaliculaires, rarissimes, se produisent deux ou quatre semaines après le début de la prise de phénothiazine. La photosensibilité – une prédisposition à prendre des coups de soleil – peut durer au moins un mois après l'arrêt des médicaments. Il est recommandé de porter un chapeau et d'appliquer généreusement un écran solaire avant de s'exposer. Des doses élevées de thioridazine risquent de provoquer une rétinite pigmentaire ou une cécité permanente. Les dysfonctions sexuelles semblent affecter 25 % des clients, même si elles ne sont pas signalées dans la plupart des cas. Un tiers des hommes prenant de la thioridazine souffrent d'éjaculation rétrograde. Il est fréquent que les clients se plaignent de problèmes érectiles. Les deux sexes rapportent une anorgasmie. Si les effets secondaires persistent, la réduction de la posologie, le changement de médicament ou l'adjonction d'un autre agent doivent être envisagés selon le contexte. Pour choisir la meilleure intervention, on évaluera la gravité du problème, les bienfaits thérapeutiques du médicament, les autres médicaments pris en concomitance, et l'état psychiatrique et somatique du client.

20.1.3 Antipsychotiques atypiques (nouveaux)

On a longtemps cherché des agents ne présentant pas les effets indésirables des antipsychotiques traditionnels. Certains de ces médicaments existent maintenant. La nomenclature pour les décrire évolue constamment. Le terme d'*antipsychotiques atypiques* s'appliquait initialement aux médicaments qui amélioraient la réponse symptomatique négative et provoquaient des effets extrapyramidaux minimaux. En raison de la connotation péjorative du terme *atypique*, on emploie volontiers la formulation *antipsychotique nouveau*. L'efficacité des antipsychotiques traditionnels (typiques) est liée à l'antagonisme dopaminergique D_2. La caractéristique pharmacologique dominante de ces nouveaux agents réside dans le fait qu'ils bloquent plus la sérotonine que la dopamine, ce qui en fait des antagonistes de la sérotonine-dopamine. Même si les termes génériques *traditionnel* et *nouveau* suffisent actuellement, de nouveaux agents aux modes d'action différents feront bientôt tomber ces termes en désuétude. L'évolution de la psychopharmacologie aidant, la terminologie se référant à la pharmacologie deviendra de plus en plus explicite pour le clinicien.

Clozapine

L'arrivée de la clozapine a suscité un grand enthousiasme dans la communauté psychiatrique. Il s'agit du premier antipsychotique améliorant de façon significative les symptômes négatifs comparativement aux autres antipsychotiques typiques. La clozapine assure une diminution substantielle des symptômes en procurant une qualité de vie à de nombreux individus qui ne répondaient pas adéquatement aux antipsychotiques existants. L'enthousiasme a été tempéré par de nombreux effets secondaires, dont l'agranulocytose qui peut s'avérer mortelle, et le coût très élevé du traitement. Malgré tout, la clozapine constitue le progrès le plus notoire de la pharmacologie des 40 dernières années.

Indications

On prescrit la clozapine pour le traitement de la schizophrénie réfractaire. Par **réfractaire**, on entend une absence de réponse à deux antipsychotiques de classes différentes, administrés à des doses équivalant à 800 mg de chlorpromazine par jour durant au moins 6 semaines. La clozapine est le seul médicament qui a amélioré de façon tangible la réponse des clients réfractaires (Hagger et coll., 1993 ; Kane et coll., 1988 ; Meltzer et coll., 1993). Il existe de nombreuses contre-indications à la clozapine en raison de ses effets secondaires. Même s'il ne s'agit pas d'indications officielles approuvées par Santé Canada, la clozapine se révèle quelquefois utile dans le trouble schizo-affectif (McElroy et coll., 1991), le trouble bipolaire et la dyskinésie tardive sévère (Tamminga, 1994), lorsque les traitements classiques ont échoué.

Mode d'action

Les raisons pharmacologiques qui expliquent les effets uniques de la clozapine demeurent inconnues. La clozapine, comme les antipsychotiques typiques, bloque les récepteurs de la dopamine. Elle inhibe également la sérotonine de façon importante (5-hydroxytryptamine [5-HT]). Néanmoins, la raison de la réponse clinique à la clozapine reste difficile à cerner. Les recherches actuelles se concentrent sur le ratio de blocage de la sérotonine par rapport à la dopamine (Lichter, 1993 ; Pickard et coll., 1992). La clozapine pénètre moins dans le néostriatum responsable du syndrome extrapyramidal que les antipsychotiques typiques, ce qui entraîne une réduction des effets extrapyramidaux. Le blocage d'autres récepteurs, notamment les récepteurs histaminiques, adrénergiques et cholinergiques, provoque des effets secondaires importants.

Utilisation clinique et efficacité

La dose de départ recommandée pour la clozapine est de 12,5 mg. Cette posologie réduit le risque d'hypotension orthostatique et les syncopes, un effet peu fréquent de l'introduction du médicament – effet qui a tendance à être plus répandu chez les clients qui ont pris des benzodiazépines dans la semaine précédant la première prise. La plupart des clients répondent à une posologie quotidienne allant de 300 à 600 mg (habituellement 2 fois par jour ou au coucher). Un titrage progressif est nécessaire en raison des risques d'hypotension, de tachycardie et de sédation. Le développement de la tolérance à ces effets secondaires demande une évaluation complète de la réponse clinique à la clozapine allant jusqu'à six mois. Le risque d'agranulocytose exige des prises de sang régulières pour vérifier la formule blanche des clients sous clozapine. Les clients réagissent d'habitude par une socialisation progressive et une meilleure structuration de la pensée. Si la clozapine agit sur les symptômes positifs, elle se caractérise principalement par son action sur les symptômes négatifs et les troubles de la pensée. Chez les bons répondeurs, l'effet psychologique de la récupération d'une schizophrénie chronique s'avère étonnant, et nombreux sont ceux qui ressentent une amélioration continue durant plusieurs mois. En prenant conscience de leur maladie et en mettant de l'ordre dans leurs pensées, ces clients réalisent alors la gravité de leur état mental et les conséquences de leur maladie. Ils se laissent souvent envahir par la dépression et la dysphorie.

Effets secondaires

Agranulocytose

Environ 0,5 % des clients traités à la clozapine souffrent d'une **agranulocytose** mettant leur vie en danger. Ce risque culmine après un trimestre de traitement et il est maximal durant les six premiers mois (Alvir et Lieberman, 1994). Ensuite, les cas d'agranulocytose se font rares. L'arrêt du traitement, avant que les symptômes infectieux n'apparaissent, garantit généralement la guérison. La surveillance hebdomadaire de la formule blanche s'impose durant les six premiers mois et ensuite, toutes les deux semaines durant la poursuite du traitement. Les clients ne reçoivent leurs doses de clozapine pour 7 ou 14 jours que si leur numération de leucocytes dépasse 3×10^9/L.

L'agranulocytose n'est pas reliée à la dose. Si la chute du taux de globules blancs constitue une menace pour la santé du client, il faut arrêter le produit. La numération de leucocytes, qui devrait comprendre une formule blanche hebdomadaire, doit se poursuivre jusqu'à six mois après le début du traitement. La formule blanche fournit le pourcentage des différentes sortes de leucocytes dans le sang. Les clients dont la numération de leucocytes est inférieure à 2×10^9/L doivent arrêter la clozapine aussitôt et ne *jamais* en reprendre. Il faut surveiller de près ceux dont la numération oscille entre 2,5 et $3,5 \times 10^9$/L. Il faut répéter deux fois par semaine le prélèvement de sang pour ceux qui ont une numération dont les valeurs sont intermédiaires ou qui présentent une chute des valeurs normales. L'encadré 20.2 présente les exigences canadiennes en matière de surveillance hématologique pour les patients qui reçoivent de la clozapine.

Convulsions

Les crises de convulsions sont reliées à la dose et pour cette raison la posologie de la clozapine ne dépasse jamais 900 mg/jour. L'incidence globale atteint 3 % et les crises semblent répondre à la diminution de la posologie. On ajoute parfois un anticonvulsivant, le valproate, le plus souvent administré sous forme de Depakene ou d'Epival. On évite la carbamazépine, un autre anticonvulsivant, en raison de sa propension à réduire la numération de leucocytes. Les spasmes myocloniques ont tendance à précéder les crises d'épilepsie et indiquent généralement la nécessité de réduire la posologie ou de cesser la clozapine

Autres effets secondaires

La clozapine provoque également les effets suivants : sédation, tachycardie, hypotension, troubles digestifs, hyperthermie bénigne, des effets anticholinergiques et une sialorrhée (hypersalivation). La plupart de ces réactions s'atténuent progressivement, mais la fatigue et la sédation tendent à persister. Certains clients risquent de souffrir d'une fatigue extrême durant la phase de titrage. Une tachycardie persistante, accélérant le cœur de plus de 25 battements par minute, est parfois traitée avec des bêtabloquants. Il arrive que des clients se plaignent de vagues brûlures d'estomac, soulagées par la prise de nourriture, et le gain de poids qui en résulte peut être appréciable. La clozapine peut provoquer une intolérance au glucose pouvant se traduire par un diabète. Durant les trois premières semaines du traitement, certains clients ont une légère fièvre qui dure quelques jours. Cette hyperthermie bénigne n'a aucune conséquence clinique et peut être soulagée avec de l'acétaminophène.

La clozapine a des effets anticholinergiques modérés mais, paradoxalement, elle provoque une sialorrhée chez environ 30 % des clients. En cas de sialorrhée persistante et problématique, la diminution de la posologie ou l'association d'anticholinergiques s'avère efficace. L'association d'anticholinergiques demande de la prudence à cause du risque de délire anticholinergique, spécialement chez les personnes âgées et les individus souffrant de constipation.

La clozapine présente un grand potentiel d'action et de grands risques. Une modification soudaine de la posologie peut avoir de graves conséquences. Une interruption brusque risque de déclencher une exacerbation des symptômes psychotiques et un phénomène de rebond anticholinergique (nausées, vomissements, diarrhée). En cas de non-observance dépassant quelques jours, la reprise de la posologie (habituellement de 300 mg à 600 mg/jour) a tendance à provoquer des syncopes, une hypotension orthostatique ou des convulsions. La clozapine, bien qu'indiquée pour les clients réfractaires, dépend également de l'observance du client. La réponse globale résulte non seulement de l'observance du traitement, mais aussi de la persévérance du client. Il est important de noter que l'atténuation des symptômes, lente et graduelle,

Surveillance hématologiques de la clozapine selon le Réseau d'assistance et de soutien au clozaril (RASC)   ENCADRÉ 20.2

Surveillance hématologique (leucocytes et neutrophiles) :
- toutes les semaines pendant 26 semaines ;
- par la suite, toutes les deux semaines, **sauf en cas de code jaune ou de code rouge.**

Définition des codes de couleur :
- Code vert :   Leucocytes >$3,5 \times 10^9$/L
                         Neutrophiles >$2,0 \times 10^9$/L
- Conduite à tenir :   Poursuivre le traitement avec la clozapine.
- Code jaune :   Leucocytes entre 2,0 et $3,5 \times 10^9$/L
                         Neutrophiles entre 1,5 et $2,0 \times 10^9$/L
                                   OU
                         Présence de symptômes pseudogrippaux et/ou fièvre
                                   OU
                         – Baisse unique ou cumulative des leucocytes de >$3,0 \times 10^9$/L et valeur chutant à <$4,0 \times 10^9$/L au cours des 4 dernières semaines ;
                         – Baisse unique ou cumulative des neutrophiles de >$1,5 \times 10^9$/L et valeur chutant à <$2,5 \times 10^9$/L au cours des 4 dernières semaines.
- Conduite à tenir :   Assurer la surveillance hématologique deux fois par semaine ; on peut poursuivre le traitement avec la clozapine. Dès le retour des valeurs dans la zone du code vert, la surveillance deux fois par semaine n'est plus nécessaire.
- Code rouge :   Leucocytes <$2,0 \times 10^9$/L
                         Neutrophiles <$1,5 \times 10^9$/L
- Conduite à tenir :   Confirmer les résultats des analyses de laboratoire dans les 24 heures qui suivent ; cesser immédiatement le traitement avec la clozapine si les résultats sont confirmés par la deuxième analyse. Effectuer la surveillance hématologique durant quatre semaines et surveiller les symptômes d'infection.

prend au moins plusieurs mois. Les clients continuent parfois de noter une amélioration durant toute la première année.

La tomographie d'émission de positrons, présentée à la figure 20.2, montre la différence spectaculaire entre la clozapine, un antipsychotiaque nouveau, et l'halopéridol, un antipsychotique traditionnel.

Autres antipsychotiques nouveaux

Mode d'action

Si l'efficacité de la clozapine reste unique, en particulier pour le traitement des malades réfractaires, il existe cependant d'autres antipsychotiques nouveaux aux effets secondaires plus bénins, dont la rispéridone (Risperdal), l'olanzapine (Zyprexa) et la quétiapine (Seroquel). Par définition, ces antipsychotiques atypiques (nouveaux) diffèrent des médicaments typiques par leurs faibles effets extrapyramidaux et le soulagement des symptômes négatifs. De nombreux clients présentent également une amélioration des fonctions cognitives.

Les nouveaux antipsychotiques diffèrent également, par leurs effets secondaires, des médicaments traditionnels (voir tableau 20.5). À la différence de ces derniers, leur efficacité pharmacologique varie selon les agents, tel que le montre la figure 20.3. On remarque que l'halopéridol a une affinité 10 fois plus forte pour les récepteurs D_2 de la dopamine que

pour les autres récepteurs. Il a, par conséquent, un effet négligeable sur la pression artérielle (récepteurs α_1), la sédation (récepteurs H_1), la prise de poids (récepteurs sérotoninergiques 5-HT_{2c} et H_1) et les récepteurs anticholinergiques. On note également que tous les nouveaux antipsychotiques bloquent 10 fois plus les récepteurs de la sérotonine 5-HT_{2a} que ceux de la dopamine D_2. On suppose que cela explique la différence de ces médicaments avec les agents typiques. On constate que la rispéridone bloque plus les récepteurs de la dopamine D_2 que l'halopéridol, ceux de alors qu'elle a moins d'effets extrapyramidaux. Il semble donc que l'effet pharmacologique sur le récepteur ait, en ce qui concerne l'action générale, autant d'importance que la liaison à un récepteur spécifique.

Il n'existe pas de corrélation directe entre les effets de la liaison au récepteur et l'action clinique. Cependant, cette relation s'avère utile pour envisager les effets potentiels sur les clients. À titre d'exemple, malgré la protection des effets extrapyramidaux qu'offre le blocage des récepteurs sérotoninergiques 5-HT_{2a}, les clients prenant de fortes doses d'olanzapine et de rispéridone requerront probablement une plus grande quantité d'anticholinergiques pour combattre les effets extrapyramidaux que ceux qui prennent de la clozapine ou de la quétiapine, étant donné le blocage plus efficace des récepteurs de la dopamine D_2, qui est exercé par la rispéridone et l'olanzapine comparativement à la clozapine et à la quétiapine.

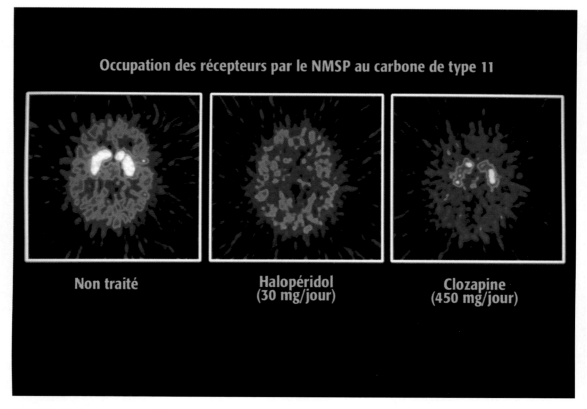

FIGURE 20.2 Image transaxiale par tomographie d'émission de positrons au niveau des noyaux gris centraux. Le N-méthylspipérone (NSMP) au carbone 11 est un marqueur radioactif qui se lie aux récepteurs dopaminergiques de type D_2 et, par conséquent, les fait apparaître en surbrillance. Les trois images correspondent au cerveau d'un schizophrène de 36 ans. Dans la première, celui-ci ne prend aucun médicament et les noyaux gris centraux sont pourvus de récepteurs à la dopamine D_2 que le NSMP fait apparaître en surbrillance. On remarquera l'absence de NMSP dans l'image suivante, après 6 semaines d'administration d'halopéridol à raison de 30 mg/jour, 85 % des récepteurs des noyaux gris étant occupés par ce médicament. Enfin, lorsque cet individu prend 450 mg de clozapine par jour, seulement 37 % de ces récepteurs sont occupés par la clozapine. Même si sa psychose répond aux deux médicaments, les effets secondaires moteurs étaient considérables avec l'halopéridol et absents avec la clozapine.

Données provenant de Tammings C.A. et coll., Maryland Psychiatric Research Center, University of Maryland, Baltimore, référence inédite.

TABLEAU 20.5	Effets habituels des nouveaux antipsychotiques			
	Clozapine	**Rispéridone**	**Olanzapine**	**Quétiapine**
Effets extrapyramidaux	0	+	+	0
Effets sur le cœur	+++	++	+	+
Sédation	++++	++	+	+
Effets anticholinergiques	++++	+	++	0
Gain de poids	+++	++	++++	+

Utilisation clinique et efficacité

Les nouveaux antipsychotiques constituent des médicaments de première intention pour les troubles psychotiques. L'emploi optimal de ces médicaments, tout en offrant une action plus efficace sur les symptômes négatifs que les agents traditionnels, doit également prendre en compte les différentes causes de ces symptômes. La figure 20.4 illustre les multiples étiologies de ces symptômes. Les nouveaux médicaments offrent au clinicien la possibilité de réaliser une collecte de données plus approfondie des symptômes négatifs que les antipsychotiques traditionnels, qui exacerbent parfois les symptômes négatifs.

Tous les nouveaux agents ont une incidence réduite d'effets extrapyramidaux et semblent présenter moins

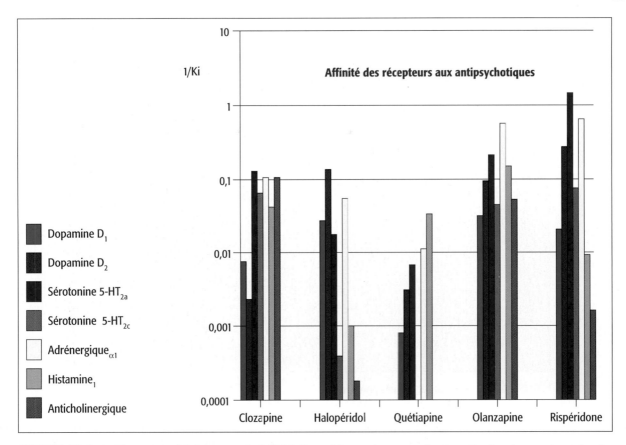

FIGURE 20.3 Le Ki est une unité de mesure de l'affinité d'un médicament pour un récepteur. Plus la colonne est grande, plus l'affinité du récepteur est forte. On remarque que l'échelle logarithmique indique une augmentation de l'affinité 10 fois supérieure pour chaque ligne horizontale.

Reproduit avec l'aimable autorisation de Jay Sherr, University of Maryland, Baltimore, Schools of Pharmacy and Medicine.

de risque de dyskinésie tardive. L'absence d'effets extrapyramidaux explique en grande partie l'observance supérieure notée avec ces nouveaux médicaments et, par conséquent, la diminution des taux de réadmission dans les hôpitaux comparativement aux agents typiques (Conley et coll., 1998).

La rispéridone (Risperdal) est un médicament de puissance élevée. Comme les autres antipsychotiques, elle dispose d'une bonne absorption et peut être prise avec ou sans nourriture. La dose de départ pour les adultes est de 1 mg 2 fois par jour. Cette posologie, en l'absence d'effets secondaires importants, peut être augmentée de 1 mg chaque semaine jusqu'à une dose cible de 4 à 6 mg par jour. Pour les clients âgés qui métabolisent les médicaments plus lentement, on réduira la dose de moitié, en commençant par 0,5 mg 2 fois par jour et en titrant à 1,5 mg 2 fois par jour. Certaines études donnent à penser que les clients prenant moins de 6 mg par jour sont plus susceptibles de sortir de l'hôpital (Love, Conley et Kelly, 1998). Les symptômes extrapyramidaux reliés à la dose surviennent habituellement avec la rispéridone à des posologies dépassant 6 mg par jour. L'anxiété, la rhinite, la somnolence, la tachycardie, une légère prise de poids ainsi qu'une

intolérance au glucose pouvant se traduire par un diabète constituent habituellement les autres effets secondaires.

L'olanzapine (Zyprexa) est un antipsychotique de puissance moyenne. La dose de départ varie entre 5 mg et 10 mg par jour (2,5 mg chez les personnes âgées). La posologie efficace oscille entre 5 mg et 20 mg par jour. De légers symptômes extrapyramidaux, en particulier l'akathisie, risquent d'apparaître à partir de 10 mg par jour. Les autres effets secondaires comprennent l'hypotension orthostatique, les vertiges, la constipation, une prise de poids importante et une intolérance au glucose pouvant se traduire par un diabète.

La quétiapine (Seroquel) est un antipsychotique de faible puissance. La dose de départ pour les adultes est de 25 mg par jour 2 fois par jour, augmentée de 25 mg à 50 mg 2 fois par jour pour atteindre la dose cible de 300 mg par jour. On maintient d'habitude les 2 prises quotidiennes en raison de sa demi-vie de 7 heures. La dose maximale est fixée à 800 mg par jour. La quétiapine ne produit virtuellement aucun symptôme extrapyramidal et n'augmente pas non plus la prolactine. Les effets secondaires vont de l'hypotension orthostatique à la tachycardie en passant par la somnolence et les vertiges. La formation de

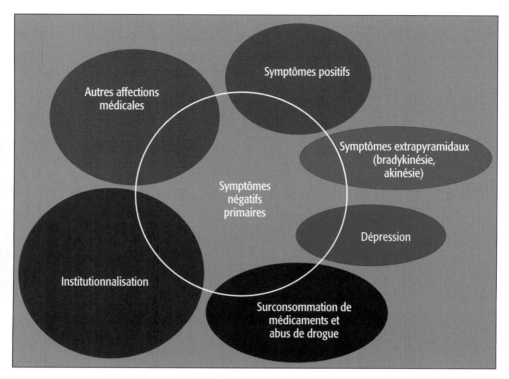

FIGURE 20.4 Symptômes négatifs primaires

cataractes mentionnée dans la monographie ne semble pas représenter un problème clinique important.

La tolérance améliorée des nouveaux antipsychotiques offre de meilleures perspectives à nombre de clients. Malheureusement, 20 % à 30 % des clients risquent de mal régir et d'avoir recours aux antipsychotiques traditionnels. L'absence d'études comparatives bien conçues et fiables sur les nouveaux agents se fait sentir.

Résumé

Depuis leur apparition dans les années 1950, les premiers médicaments vraiment efficaces pour traiter les troubles psychotiques majeurs ont constitué une arme à double tranchant. Les avantages indéniables de ces remèdes se trouvaient contrebalancés par une grave toxicité : syndrome malin des neuroleptiques et dyskinésie tardive. De plus, une proportion importante des clients restait réfractaire au traitement. Les antipsychotiques atypiques annoncent une ère nouvelle dans les soins grâce à leur efficacité et l'absence ou la diminution des symptômes extrapyramidaux. Néanmoins, tout comme on ne prévoyait pas le syndrome malin des neuroleptiques et la dyskinésie tardive à l'arrivée de la chlorpromazine et de la thioridazine, ces nouveaux médicaments risquent d'entraîner des effets secondaires et des réactions indésirables imprévus. Le médecin averti surveillera l'efficacité, mais restera vigilant en cas de toxicité inattendue.

20.1.4 Antidépresseurs

L'imipramine est le premier des antidépresseurs modernes mis sur le marché en 1958. Il s'agit d'un composé tricyclique, résultant d'une modification de la structure d'un antipsychotique, la chlorpromazine. L'imipramine et les autres médicaments similaires sont dits *tricycliques* en raison de leur structure chimique comportant un noyau à trois anneaux facilement identifiable (voir figure 20.5). Le Dr Roland Kuhn, psychiatre suisse, a administré de l'imipramine aux schizophrènes sans résultats cliniques probants. En poursuivant ses observations avec persévérance et finesse sur des clients déprimés, le Dr Kuhn a rapidement conclu que l'imipramine avait une action efficace sur la dépression. Cette découverte a servi de catalyseur à la recherche d'autres antidépresseurs plus efficaces et avec moins d'effets indésirables. Au même moment, les progrès réalisés dans la compréhension du rôle de la sérotonine dans la dépression conduisaient vers une nouvelle classe d'antidépresseurs : les inhibiteurs sélectifs du recaptage de la sérotonine (ISRS).

Indications

Comme leur nom l'indique, les antidépresseurs sont employés dans le traitement des troubles dépressifs majeurs. Les recherches ont cependant conclu à l'utilisation d'antidépresseurs dans un grand nombre de troubles : énurésie, troubles de l'alimentation et troubles anxieux.

Mode d'action

L'hypothèse de la dépression fondée sur les amines biogènes repose sur la réduction de la quantité ou du fonctionnement des neurotransmetteurs de la classe des catécholamines : la norépinéphrine et/ou la sérotonine.

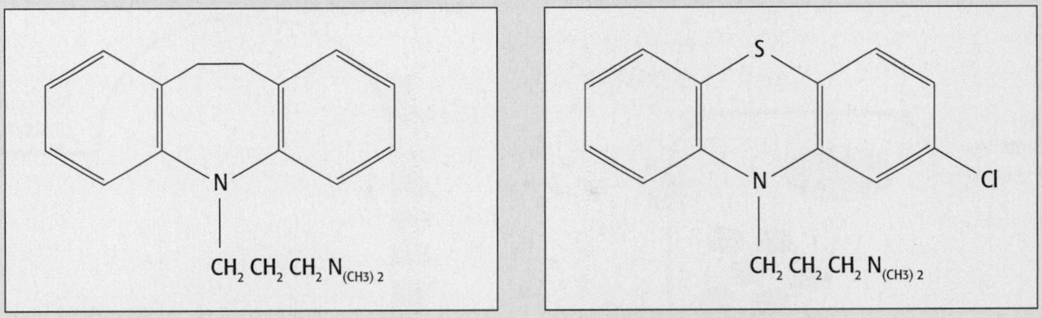

FIGURE 20.5 La dénomination tricyclique s'applique à la chlorpromazine et à l'imipramine pour faire référence aux trois anneaux de leur structure chimique.

Les antidépresseurs agissent au niveau de la norépinéphrine et/ou de la sérotonine. Les neurones présynaptiques synthétisent la norépinéphrine et la sérotonine, qui sont incorporées dans des vésicules. Les potentiels d'action provoquent la libération du contenu des vésicules dans la synapse. Normalement, une fois libérés par les vésicules, les neurotransmetteurs diffusent à travers l'espace synaptique et se fixent sur les récepteurs du neurone postsynaptique. La plus grande partie des neurotransmetteurs ainsi libérés est recapturée par le neurone présynaptique afin de conserver cette ressource précieuse. Ils sont réincorporés dans le processus de synthèse et réintègrent les vésicules pour être réutilisés. Les antidépresseurs cycliques bloquent partiellement le recaptage de la norépinéphrine et de la sérotonine. Au départ, ce blocage du recaptage a pour effet d'augmenter la quantité de neurotransmetteurs dans la synapse. Cette augmentation s'accompagne d'une réduction du nombre de récepteurs dans la membrane postsynaptique. Cette modification de la densité de récepteurs, dite régulation négative, peut prendre plusieurs semaines et elle est associée à la réponse aux antidépresseurs (voir figure 20.6). Dans le cas des clients qui ne répondent pas à un antidépresseur spécifique d'un neurotransmetteur, il est donc logique de changer pour un médicament ayant une action sur un autre neurotransmetteur.

La physiopathologie de la dépression reste mal connue. Une seule théorie n'arrivera probablement pas à expliquer l'étiologie de cette maladie. L'efficacité des médicaments et la possibilité de mesurer les effets interneuronaux apportent de précieux indices pour comprendre les causes de la dépression, qui semblent être multiples. Comme on n'a pas réussi à déterminer un processus sous-jacent unique, l'origine de la dépression n'est pas élucidée.

Antidépresseurs cycliques

Utilisation clinique et efficacité

Environ 70 % des clients souffrant de dépression majeure répondent aux antidépresseurs (Andrews, 1994). La réponse varie d'un individu à l'autre selon le médicament. On ne peut prévoir la probabilité de cette réponse à partir des symptômes. La sélection initiale d'un antidépresseur repose donc sur les antécédents du client et sur l'impact des effets secondaires sur l'état physique et psychiatrique du client (voir encadré 20.1 pour les variables concernant le client).

Les antidépresseurs disposent d'une bonne absorption et d'un métabolisme de premier passage très important. La posologie d'attaque et la posologie d'entretien figurent au tableau 20.6. On commence par de faibles doses d'antidépresseurs tricycliques pour permettre au client de supporter les effets secondaires. La raison principale de l'échec du traitement provient d'une posologie ou d'une durée de traitement inadéquates. Cela peut provenir de la réticence du médecin à prescrire une dose suffisante, afin d'éviter une toxicité importante, ou de la non-observance du client en raison des effets secondaires. La surveillance des taux sériques s'impose dans le cas de l'imipramine (Tofranil), de l'amitriptyline (Elavil), de la désipramine (Norpramin) et de la nortriptyline (Aventyl). Le soulagement des symptômes cibles est graduel, il requiert d'habitude plusieurs semaines. Les délais de réponse aux antidépresseurs sont résumés dans l'encadré 20.3.

Il faut aviser les clients, dès le départ, des éventuels effets secondaires et du délai de réponse (Pollack et Rosenbaum, 1987). Il arrive que les clients et leur famille montrent leur impatience, alors que les premiers souffrent des effets secondaires du médicament avant la disparition des symptômes dépressifs. En discutant avec eux de leurs attentes face à la médication, on améliore l'observance. La dépression peut disparaître et les effets secondaires persister. Dans ce cas, il s'avère important de dire que l'observance du traitement est primordiale. En informant les clients que les effets secondaires se résorbent avec le temps ou qu'il existe des options pour y remédier, on assure également une meilleure observance durant toute la durée du traitement.

Lorsque les clients reçoivent la dose thérapeutique depuis trois ou quatre semaines sans présenter d'amélioration, un

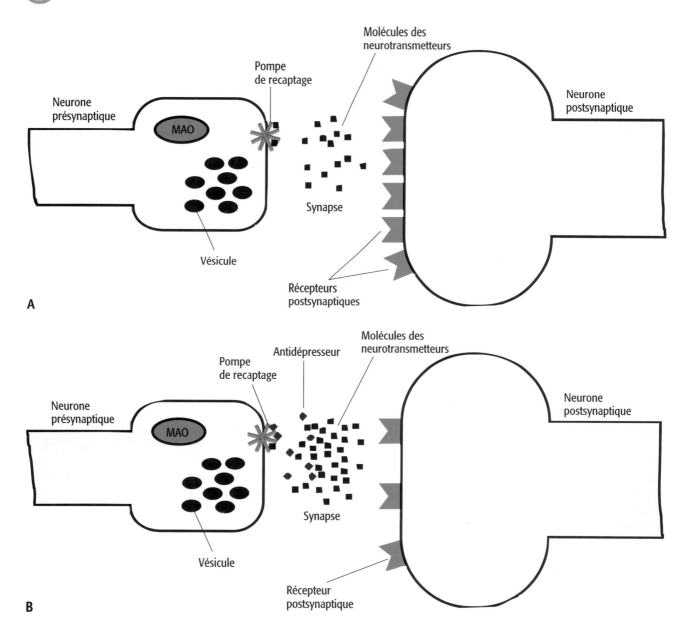

FIGURE 20.6 Réponse à l'antidépresseur

A. État dépressif : faible quantité de neurotransmetteurs dans l'espace synaptique. B. Traitement : l'antidépresseur bloque le recaptage du neurotransmetteur (en rouge). Il en résulte une augmentation du neurotransmetteur dans l'espace synaptique, et finalement, après quelques semaines, les récepteurs postsynaptiques diminuent (régulation négative), correspondant à un soulagement de la dépression. Dans un souci de simplification, nombre de récepteurs et de mécanismes intracellulaires post-synaptiques n'apparaissent pas sur ce croquis ; ils jouent néanmoins un rôle important dans la physiopathologie de la dépression et la réponse aux antidépresseurs.

changement de médicament peut s'imposer. Un traitement d'appoint pour les clients totalement ou partiellement réfractaires se révèle parfois utile.

Le traitement de la première crise (le premier épisode de dépression majeure) doit se poursuivre durant 6 à 12 mois. De nombreux cliniciens soignent les récurrences de la dépression majeure durant au moins cinq ans et recommandent un traitement à vie pour certains clients

(American Psychiatric Association [APA], 1993). Les décisions relatives à la durée du traitement doivent prendre en compte la gravité de la dépression et les antécédents et risques de suicide. On ajoute souvent un antipsychotique dans les dépressions majeures présentant des caractéristiques psychotiques. Ces symptômes disparaissent en même temps que la dépression, et on arrête alors les antipsychotiques.

TABLEAU 20.6	Posologie relative aux antidépresseurs		
Dénomination commune (nom de spécialité)*	**Dose de départ (mg/jour)**	**Dose d'entretien (mg/jour)**	**Indications officielles de Santé Canada**
ANTIDÉPRESSEURS CYCLIQUES			
Antidépresseurs tricycliques			
Amitriptyline (Elavil)	25-50	100-300	
Clomipramine (Anafranil)	25	100-250	
Désipramine (Norpramin)	25-50	100-300	
Doxépine (Sinequan)	25-50	100-300	
Imipramine (Tofranil)	25-50	100-300	
Nortriptyline (Aventyl)	25-50	100-300	
Maprotiline (Ludiomil)	50	100-225	
Trimipramine (Surmontil)	25-50	100-300	
Dibenzoxazépine tricyclique			
Amoxapine (Asendin)	50	100-400	
Triazolopyridines			
Néfazodone (Serzone)	200	300-600	
Trazodone (Desyrel)	50	150-500	
Pipérazinoazépine			
Mirtazapine (Remeron)	15	15-45	
INHIBITEURS DE LA MONOAMINE-OXYDASE			
Phénélizine (Nardil)	15	15-90	
Tranylcypromine (Parnate)	10	10-40	
INHIBITEURS SÉLECTIFS DU RECAPTAGE DE LA SÉROTONINE[†]			
Citalopram (Celexa)	20	20-40	Réservé à la dépression
Fluvoxamine (Luvox)	50	100-300	Trouble obsessionnel-compulsif
Fluoxétine (Prozac)	5-20	20-80	Trouble obsessionnel-compulsif, boulimie
Paroxétine (Paxil)	10-20	20-50	Trouble obsessionnel-compulsif, trouble panique, trouble d'anxiété généralisée et phobie sociale
Sertraline (Zoloft)	50-100	50-200	Trouble obsessionnel-compulsif, panique, boulimie, état de stress post-traumatique
Indolamine			
Bupropion (Wellbutrin)	150	300	
Phényléthylamine			
Venlafaxine (Effexor)	75	150-350	

*Utiliser environ la moitié de la dose chez les personnes âgées.
†Tenir compte des recommandations de Santé Canada en plus de la dépression.

Effets secondaires

Les antidépresseurs cycliques provoquent régulièrement une sédation et des effets anticholinergiques. Ces effets dépendent du degré de blocage des récepteurs histaminiques et cholinergiques de chaque médicament. Les tricycliques du groupe des amines secondaires (nortriptyline et désipramine) sont moins sédatifs et anticholinergiques que ceux du groupe des amines tertiaires (amitryptyline, imipramine, trimipramine et doxépine). Les clients se plaignent souvent de ces effets secondaires qui constituent une raison importante de non-observance thérapeutique. La sédation et la sécheresse de la bouche, appelées effets indésirables, diminuent généralement avec le temps. À la longue, les antidépresseurs provoquent une prise de poids importante.

Une gamme variée d'effets secondaires relève sans doute de l'activité sur les récepteurs du système nerveux central (SNC), d'une allergie ou d'autres mécanismes inexplorés. La meilleure façon de soulager les effets secondaires problématiques consiste à arrêter le médicament en question, mais cela n'est pas toujours possible. À l'exclusion des allergies, la majorité de ces effets diminue nettement avec le temps. S'ils ne disparaissent pas et que les

Temps de réponse aux antidépresseurs — ENCADRÉ 20.3

Première semaine
- Baisse de l'anxiété
- Amélioration du sommeil
- Inconscience du client de ces changements

Première à troisième semaine
- Augmentation de l'activité, de la pulsion sexuelle et des autosoins
- Amélioration de la concentration et de la mémoire
- Rattrapage du retard psychomoteur

Deuxième à quatrième semaine
- Soulagement de l'humeur dépressive
- Atténuation du sentiment de désespoir
- Diminution de l'idéation suicidaire

clients continuent d'en souffrir, alors que l'efficacité du médicament est satisfaisante, il existe de nombreuses façons d'y remédier. Les interventions pour soulager les patients des effets secondaires initiaux ou persistants se retrouvent au tableau 20.7. On ne doit pas sous-estimer les conséquences d'un effet secondaire dit « mineur ». La constipation, dans le cas des personnes âgées, peut provoquer un iléus paralytique, une occlusion intestinale et nécessiter une hospitalisation. La non-observance due aux effets secondaires provoque parfois des rechutes et l'augmentation des risques de suicide.

Un des effets les plus graves des antidépresseurs est directement lié à leur efficacité. Durant l'atténuation graduelle des symptômes dépressifs, le client retrouve de l'énergie et déploie une plus grande activité physique, alors que l'idéation suicidaire demeure. Il risque alors de mettre à exécution ses pensées autodestructrices à ce stade intermédiaire de la réponse, fréquemment durant la seconde semaine du traitement. Il est donc essentiel de surveiller les clients lorsqu'ils émergent de la dépression (APA, 1993).

Les antidépresseurs tricycliques ont une toxicité cardiaque importante. Ce type de médicament provoque un allongement des intervalles sur l'électrocardiogramme (ECG) relié à la dose – une conséquence malheureuse d'un traitement efficace de la dépression, qui s'avère fatale en cas de surdose.

Tout en aidant les clients à surmonter la dépression, les antidépresseurs agissent parfois sur l'humeur au-delà des limites désirables. Il n'est pas rare que des clients atteints de trouble bipolaire se retrouvent en phase maniaque sous l'effet des antidépresseurs. Un premier épisode maniaque survient souvent sous l'action de ce type de médication (Pickar et coll., 1984).

Inhibiteurs de la monoamine-oxydase

On a remarqué que certains clients prenant de l'iproniazide, un inhibiteur de la monoamine-oxydase (IMAO) utilisé comme antituberculeux dans les années 1950, se montraient euphoriques. À partir de cette observation, les IMAO ont été employés comme antidépresseurs, mais leur usage fut restreint en raison de leurs effets secondaires et des limitations diététiques qu'ils entraînent. La recherche d'antidépresseurs s'est donc poursuivie.

Mode d'action

La norépinéphrine, la sérotonine et la dopamine sont des neurotransmetteurs de la classe chimique des monoamines. Leurs molécules sont synthétisées dans les neurones présynaptiques du système nerveux central. Pour maintenir l'homéostasie cellulaire, un mécanisme doit dégrader ces monoamines. La monoamine-oxydase (MAO), une enzyme qui se trouve dans la mitochondrie des cellules, participe à la dégradation normale de ces monoamines. Les IMAO inhibent cette enzyme provoquant tout d'abord une augmentation de la disponibilité des neurotransmetteurs. Comme dans le cas des autres antidépresseurs, cette augmentation initiale déclenche une régulation négative des récepteurs postsynaptiques, qui est associée à la réponse aux antidépresseurs.

Utilisation clinique et efficacité

On recommande les IMAO dans le traitement de la dépression atypique, la dépression majeure sans mélancolie et les troubles dépressifs résistant aux antidépresseurs tricycliques. Une dépression atypique se caractérise par une hypersomnie, une hyperphagie, de l'anxiété et l'absence de symptômes végétatifs. D'autre part, les IMAO sont employés, avec des résultats variables, dans le traitement de certains troubles anxieux, des troubles de l'alimentation ainsi que pour certains syndromes douloureux (p. ex. les migraines).

Les IMAO, d'absorption rapide et métabolisés par le foie, ont une demi-vie d'environ 24 heures. La majorité des individus métabolise les IMAO relativement lentement. Les différences individuelles dans le métabolisme impliquent des variations importantes d'efficacité et de sensibilité aux effets secondaires pour une même posologie (Johnstone et Marsh, 1973). Il n'existe aucun test clinique pour vérifier la vitesse du métabolisme. Par conséquent, les praticiens amorcent le traitement aux IMAO par une posologie de 10 à 15 mg en surveillant les signes vitaux et les effets secondaires avant de procéder au titrage.

Les contre-indications concernant les IMAO sont les suivantes : troubles cérébrovasculaires, maladie cardiovasculaire importante et phéochromocytome (tumeur de la médullosurrénale). Les IMAO sont très rarement prescrits aux personnes âgées de plus de 65 ans parce qu'elles les tolèrent mal. On sait qu'ils aggravent les symptômes de la maladie de Parkinson, provoquent des phases maniaques chez les individus atteints de troubles bipolaires et exacerbent les symptômes psychotiques des schizophrènes. Il faut parfois ajuster la posologie des hypoglycémiants chez les personnes diabétiques. La grossesse constitue une contre-indication absolue pour les IMAO.

TABLEAU 20.7   Effets secondaires des antidépresseurs et interventions de l'infirmière

Effets secondaires	Interventions de l'infirmière
Effets anticholinergiques	
Sécheresse de la bouche	Proposer de la gomme et des bonbons sans sucre, de la salive artificielle. En cas de problème persistant, administrer de la pilocarpine à 1 %, en rince-bouche (4 gouttes de pilocarpine à 4 % et 12 gouttes d'eau), ou du béthanécol (Urecholine) 10-30 mg qd-bid.
Vision trouble : perturbation de la presbytie (vision rapprochée), vision éloignée intacte	Demander si l'ordonnance pour la vision est à jour ; essayer la pilocarpine à 1 % en gouttes ophtalmiques ou le béthanécol 10-30 mg tid.
Rétention urinaire	Si elle n'est pas provoquée par une hypertrophie bénigne de la prostate, essayer de la traiter avec du béthanécol 10-30 mg tid.
Constipation	À titre préventif : encourager la consommation de fruits et de légumes, l'apport de liquides (en même temps que les médicaments) et l'exercice physique modéré (promenades). Traiter avec des laxatifs mucilagineux (Métamucil 1-2 cuillères à thé chaque matin ou docusate 100 mg de sodium qd-bid). Éviter autant que possible les laxatifs stimulants ou en limiter la durée pour éviter une dépendance ; ou encore donner du béthanécol 10-30 mg qd-bid.
Délire anticholinergique (également connu sous le nom de délire atropinique)	Surveiller l'agitation, les signes et symptômes psychotiques ainsi que les spasmes myocloniques pouvant survenir avec ou sans signes anticholinergiques périphériques. Arrêter les antidépresseurs. La physostigmine, 5 mg en IV, est un antagoniste rapide, mais nécessite un équipement de survie et de surveillance cardiaque.
Blocage adrénergique α	
Hypotension orthostatique	Envisager la présence d'autres facteurs, comme un régime hyposodé, un apport de liquide insuffisant, une déshydratation. Les hypotenseurs risquent d'exacerber cet état. Dire au client de changer de position lentement, de poser les pieds par terre une minute avant de se lever, de s'asseoir s'il est étourdi. Proposer des bas de contention, des exercices pour renforcer les muscles des mollets et améliorer le retour veineux.
Dysfonction sexuelle	
Baisse de la libido	S'assurer qu'il n'existe pas d'antécédents de ces troubles avant la dépression ou la médication. Prendre 50 à 100 mg de sildénafil (Viagra), 30 minutes avant la relation sexuelle.
Troubles de l'érection	Il s'agit souvent d'un problème anticholinergique. Changer pour un médicament moins anticholinergique ou du béthanécol.
Priapisme	Trouble rare associé à la trazodone. Érection douloureuse et prolongée sans excitation sexuelle. Urgence médicale à traiter avec une injection d'épinéphrine dans le corps caverneux. Requiert parfois une intervention chirurgicale qui se solde par une impuissance permanente.
Troubles de l'éjaculation	Peut nécessiter un changement de médicament. Essayer 50 à 100 mg de sildérafil (Viagra), 30 minutes avant la relation sexuelle.
Anorgasmie	Essayer un médicament moins sérotoninergique, la cyproheptadine, 4 mg qd. Ce médicament, un antagoniste de la sérotonine, provoque chez certains clients une perte de l'efficacité antidépressive. L'adjonction de buproprion s'avère souvent bénéfique.
Hématologique	
Agranulocytose	Réaction allergique excessivement rare, survenant généralement dans le premier trimestre du traitement. Surveiller la fièvre, les maux de gorge, les ulcérations des muqueuses, la faiblesse. Arrêter le médicament et prendre un médicament d'une autre catégorie.
Pétéchies, ecchymoses Tendance aux hémorragies et saignements	Associés à l'effet des ISRS sur les plaquettes. Survient avec une numération plaquettaire normale ou faible. Arrêter le médicament. Surveiller la formule sanguine, les vertiges et les sensations ébrieuses.
Autres	
Prise de poids	Associée aux antidépresseurs tricycliques et aux IMAO. Conseiller un régime et de l'exercice. Traiter avec des diurétiques (hydrochlorothiazide contre l'œdème).
Perte de poids	Associée aux ISRS, rarement significative au niveau clinique.
Tremblements	Avertir le client d'un risque d'aggravation par la caféine. Évaluer la gêne au niveau des activités quotidiennes. Le propranolol, 10-20 mg tid-qid, est une solution à envisager.
Sevrage des antidépresseurs	Le phénomène de rebond anticholinergique peut provoquer des troubles gastro-intestinaux, des crampes et une diarrhée. Informer le client des éventuels symptômes de sevrage. Arrêter en réduisant progressivement la posologie sur plusieurs semaines. Les symptômes de sevrage des ISRS comprennent : nausées, sensations ébrieuses, vertiges, faiblesses, fatigue, paresthésie, syndrome grippal. Diminuer lentement.

Tiré de Andrews J.M., Nemeroff C.B. « Contemporary management of depression », Am.J.Med. 97, (6A), 24S, 1994 ; adapté de Pollack M.H., et J.F. Rosenbaum, « Management of antidepressant-induced side effects: a practical guide for the clinician », J.Clin. Psychiatry, vol 48, n° 1, p. 3, 1987.

L'emploi des IMAO requiert d'autres précautions. La posologie d'attaque, comme pour les tricycliques, doit faire l'objet d'un titrage pour laisser le client s'habituer aux effets secondaires. Le tableau 20.6 fournit les posologies d'attaque et d'entretien. Les clients qui prennent des IMAO doivent éviter les aliments riches en tyramine (voir encadré 20.4) et les stimulants, en raison du risque d'une crise hypertensive qui peut s'avérer mortelle. Avant de commencer le traitement, il faut absolument prendre en compte l'aptitude du client à se conformer aux restrictions diététiques et médicamenteuses. La réponse thérapeutique peut prendre de trois à six semaines. Hormis en cas d'urgence, l'arrêt de la médication doit s'effectuer progressivement.

Effets secondaires

L'hypotension orthostatique représente un effet secondaire initial et parfois persistant des IMAO. Pour y remédier efficacement, il faut balancer les pieds avant de se lever, changer de position lentement, porter des bas de contention et augmenter la prise de liquides et de sel. Une boisson contenant de la caféine, le matin, s'avère salutaire dans la mesure où l'on surveille les signes vitaux au début. Relativement répandus, l'œdème, les dysfonctions sexuelles et la prise de poids provoquent souvent un arrêt du traitement. Tous les IMAO peuvent provoquer de l'insomnie. En devançant la prise de la dose du soir, on règle souvent le problème. Des plaintes concernant la confusion ou une sensation ébrieuse indiquent parfois une posologie trop forte. Quoique ce type de médicament n'ait pas d'effet direct sur les récepteurs cholinergiques, on constate des effets secondaires anticholinergiques (sécheresse de la bouche, miction difficile, constipation). Une carence en pyridoxine (vitamine B_6) induite par les IMAO risque de causer des paresthésies (engourdissements, picotements, fourmillements) qu'on peut traiter avec de la pyridoxine par voie orale (Goodhart et coll., 1991).

Les clients qui prennent des IMAO doivent absolument éviter de consommer certains aliments. La tyramine provenant de la nourriture sert de précurseur dans la synthèse de la norépinéphrine. En présence d'un IMAO, les aliments riches en tyramine (un acide aminé dérivé de la décomposition bactérienne de la tyrosine contenue dans les produits fermentés) peuvent provoquer une forte augmentation de la norépinéphrine et une crise hypertensive mortelle. L'encadré 20.4 présente une liste des aliments susceptibles d'avoir une interaction avec les IMAO. La tyramine n'est pas le seul produit alimentaire susceptible d'avoir une incidence sur les IMAO. À titre d'exemple, les gourganes contiennent de la dopamine qui peut agir sur la pression artérielle en présence d'un IMAO. Autrefois, l'importance des restrictions alimentaires dues aux IMAO rendait l'observance difficile. Les évaluations concernant le suivi du régime imposé par les IMAO ne dépassaient guère 40 % des clients. Cependant, pour diverses raisons, les accès hypertensifs dus aux IMAO n'atteignent pas un chiffre impressionnant. Il existe d'importantes variations selon les aliments, les marques d'aliments apprêtés et la sensibilité des clients aux interactions alimentaires. Si une tasse de café risque, par exemple, de faire monter la pression artérielle et provoquer une céphalée chez certains clients, elle permettra chez d'autres, au contraire, de traiter une hypotension au réveil.

L'enseignement aux clients doit inclure des instructions claires et simples, à la fois verbales et écrites, pour éviter certains aliments. Il faut également revoir les restrictions concernant d'autres aliments problématiques pour certains clients ou lorsqu'ils sont ingérés en grande quantité. Ces restrictions alimentaires doivent se poursuivre deux semaines après la cessation de la médication. Tous les clients doivent reconnaître les signes annonciateurs de la crise hypertensive : céphalée, raideur du cou, sueurs, nausées et vomissements. En présence de tels symptômes, ils doivent consulter un médecin immédiatement.

Restrictions alimentaires concernant les clients prenant des inhibiteurs de la monoamine-oxydase

ENCADRÉ 20.4

Interdits
- Fromages vieillis
- Avocats mûrs
- Figues mûres
- Anchois
- Tofu et fèves fermentées
- Fèves (gourgane, haricot romain)
- Extrait de levure ou suppléments vitaminiques dérivés de levure
- Foie
- Charcuterie (plus particulièrement les saucisses)
- Hareng mariné
- Extraits de viande (Marmite, Bovril)
- Nourriture fermentée
- Chianti et xérès

Autorisés avec modération
- Bières et ales (la concentration en tyramine varie en fonction de la marque et peut être particulièrement élevée dans les bières importées et dans certaines bières sans alcool)
- Vin blanc et eau-de-vie
- Fromage cottage, fromage à la crème
- Café (moins de deux tasses par jour)
- Chocolat
- Sauce soja (la concentration en tyramine varie en fonction des différentes marques)
- Yogourt et crème sure
- Épinards, raisins secs, tomates, aubergines, prunes

ALERTES Il faut avertir les clients qui prennent des IMAO de ne pas ingérer d'aliments contenant de la tyramine ni de prendre des médicaments qui peuvent avoir des interactions avec les IMAO, en raison des risques de crise hypertensive ou d'hypotension grave. Les symptômes comprennent des céphalées, une raideur de la nuque, des nausées et des vomissements et une diaphorèse. Pour ce type de médicament, l'enseignement au client s'impose.

De nombreuses interactions médicamenteuses existent avec les IMAO et exposent les clients à des risques de crise hypertensive ou d'hypotension. La liste de ces médicaments se trouve dans l'encadré 20.5. Un grand nombre de médicaments en vente libre provoquent une association dangereuse avec les IMAO : les anorexigènes, les décongestionnants nasaux, les antiasthmatiques (y compris les inhalateurs) et les antitussifs (dextrométhorphane). En fait, des centaines de produits offerts en vente libre ou sur ordonnance contiennent des sympathomimétiques dont l'association est déconseillée avec les IMAO. Les clients qui prennent des IMAO doivent être informés et consulter un médecin, un dentiste, une infirmière ou un pharmacien avant de prendre tout autre médicament. Les accès hypertensifs se révèlent généralement plus dangereux et plus répandus que les crises d'hypotension, mais tous deux peuvent résulter de la prise de sympathomimétiques ou d'un écart alimentaire. La crise hypertensive, comme l'hypotension, découle de la réponse adrénergique du client et demeure imprévisible.

Le traitement de la crise hypertensive doit débuter par la prise de 10 mg de nifédipine (Adalat). L'absorption par voie orale est extrêmement rapide et la pression artérielle baisse en quelques minutes. Il faut surveiller les signes vitaux toutes les 10 ou 15 minutes jusqu'à ce que l'état du client se stabilise. On a déjà eu recours à d'autres traitements, notamment les bêta-bloquants, la phentolamine à raison de 5 mg par IV (Rogitine) et la chlorpromazine, à raison de 50 mg par PO.

Les clients qui ne répondent pas à un antidépresseur non IMAO doivent généralement attendre deux semaines avant de prendre un IMAO. La fluoxétine (Prozac) constitue une exception d'importance en raison de sa longue demi-vie et de son **métabolite** actif, la norfluoxétine (environ 7 à 10 jours). Les clients qui viennent d'arrêter la fluoxétine doivent attendre au moins cinq semaines avant de commencer un IMAO.

Inhibiteurs sélectifs du recaptage de la sérotonine

Au cours des dernières années, le rôle de la sérotonine dans la dépression a suscité beaucoup d'intérêt et un foisonnement de recherches. On en arrive aux conclusions suivantes :
- Le liquide céphalorachidien de certaines personnes déprimées montre une baisse de la sérotonine et de son principal métabolite, l'acide 5-hydroxyl-indole-acétique (5-HIAA).
- L'analyse du cerveau de personnes dépressives qui se sont suicidées indique une baisse de la sérotonine.
- Les plaquettes des récepteurs sérotoninergiques de certains clients souffrant de dépression sont altérées.
- Tous les inhibiteurs sélectifs du recaptage de la sérotonine (ISRS) constituent des antidépresseurs efficaces (Risch et Nemeroff, 1992).

Mode d'action

Comme l'indique leur nom, les ISRS agissent principalement en bloquant le recaptage de la sérotonine. Ces médicaments, énumérés au tableau 20.6, ont un effet minimal sur les autres récepteurs, y compris les récepteurs cholinergiques, adrénergiques et histaminiques (Cole, 1992 ; Dechant et Clissold, 1991 ; De Wilde et coll., 1993 ; Wilde et coll., 1993).

Utilisation clinique et efficacité

Outre le traitement de la dépression majeure, tous les ISRS ont démontré leur action dans le trouble obsessionnel-compulsif, le trouble panique et la boulimie, bien que les indications officielles au Canada varient d'un médicament à l'autre.

Les inhibiteurs spécifiques (sélectifs) du recaptage de la sérotonine représentent maintenant la majorité de la consommation des antidépresseurs. Ce succès phénoménal, amorcé dès le lancement de la fluoxétine en 1988, s'explique par plusieurs facteurs. Les effets secondaires sont relativement modérés en comparaison de ceux qu'occasionnent les autres antidépresseurs (Richelson, 1991). La toxicité cardiaque minimale élimine la nécessité d'électrocardiogrammes. Les taux sériques ne sont pas requis pour ajuster la posologie ou surveiller la toxicité. Le titrage s'effectue aisément et, pour la dépression majeure, la dose d'attaque équivaut à la dose d'entretien chez la plupart des clients. Enfin, tous les ISRS existant sur le marché sont relativement sûrs en cas de surdosage. En monothérapie, le surdosage d'un ISRS risque de provoquer des crises convulsives qui, le plus souvent, disparaissent complètement dès que le client arrête de prendre le médicament.

Médicaments à éviter lors de la prise d'inhibiteurs de la monoamine-oxydase   **ENCADRÉ 20.5**

Antiasthmatiques
- Théophylline et inhalateurs contenant de l'épinéphrine ou des bêta-agonistes (salbutamol [Ventolin])

Hypotenseurs
- Méthyldopa (Aldomet), réserpine

Anesthésiques contenant de l'épinéphrine

Produits contre les allergies, le rhume des foins, la toux et le rhume, décongestionnants (Plusieurs combinaisons de produits sont vendus sans ordonnance. Vérifier s'ils contiennent de la pseudoéphédrine, de la phényléphrine ou du dextrométhorphane.)

Buspirone (BusPar)

Mépéridine (Demerol)

Inhibiteurs sélectifs du recaptage de la sérotonine
- Fluoxétine (Prozac), sertraline (Zoloft), paroxétine (Paxil), fluvoxamine (Luvox), néfazodone (Serzone), citalopram (Celexa)

Yohimbine (Yocon)

Les ISRS sont absorbés de façon relativement lente par le tube digestif et les pics plasmatiques surviennent après 4 à 10 heures. Tous les ISRS ont une demi-vie d'une durée moyenne de 15 à 20 heures, à l'exception de la fluoxétine (Prozac) dont la demi-vie avoisine 2 à 3 jours chez les adultes et dont le métabolite actif, la norfluoxétine, a une demi-vie d'environ 7 à 10 jours. Cela veut dire que des ajustements fréquents de la posologie de la fluoxétine ne sont pas requis. Chez les clients âgés, l'élimination risque d'être passablement plus longue et on a mis en évidence des demi-vies de 15 à 21 jours chez ceux qui souffrent d'insuffisance hépatique. On ne peut, en outre, éliminer rapidement la fluoxétine, ce qui a des implications importantes pour les interactions médicamenteuses. On doit prévoir un délai minimal d'élimination de cinq semaines avant de commencer les IMAO. Il faut commencer par administrer de faibles doses aux clients qui passent à un antidépresseur tricyclique et procéder à un titrage progressif, car la fluoxétine restante risque d'inhiber le métabolisme de cet antidépresseur et provoquer des taux sériques toxiques du tricyclique (Vaughn, 1988).

Effets secondaires

Habituellement, les ISRS provoquent les effets secondaires initiaux suivants : nausées, léthargie, vertiges, céphalées, sueurs, anxiété, insomnie, anorexie et nervosité. Ils sont généralement modérés et mieux acceptés par le client que la sédation et les effets anticholinergiques des antidépresseurs tricycliques. Ils deviennent en général plus tolérables après quelques semaines. Même si tous les ISRS provoquent ces mêmes effets indésirables, la sensibilité des individus à un agent particulier varie. La paroxétine (Paxil) a des effets anticholinergiques et sédatifs plus prononcés que les autres ISRS (Tulloch et Johnson, 1992). Ces médicaments, et en particulier la fluoxétine, peuvent provoquer de l'insomnie – une insomnie qui disparaît progressivement, mais persiste chez certains clients. Il faut envisager la réduction de la posologie avant d'ajouter un agent auxiliaire pour faciliter le sommeil, comme 50 mg de trazodone (Desyrel).

La fluoxétine provoque parfois une agitation et une anxiété accrue, mais il s'agit d'une question de posologie car la dose de départ habituelle, 20 mg, est trop forte pour de nombreux clients. Il arrive parfois que les ISRS et plus particulièrement la fluoxétine, causent une agitation et une anxiété importantes qui ressemblent à une forme d'akathisie. De tels symptômes méritent un examen rigoureux, car l'akathisie est associée à une aggravation des tendances agressives et suicidaires. Tous les ISRS ont été associés à l'occasion à des symptômes extrapyramidaux.

L'apparition de la fluoxétine (Prozac) sur le marché a été entourée d'une énorme publicité de même que le risque associé de levée de l'inhibition chez les personnes suicidaires. Cette réaction a d'abord été décrite dans une étude portant sur six clients lors des études d'autorisation préalable à la mise en marché de la fluoxétine (Teicher,

1990). L'augmentation paradoxale de l'idéation suicidaire a été signalée pour pratiquement tous les antidépresseurs (Damluji et Ferguson, 1988 ; Fava et Rosenbaum, 1991). Malheureusement, le sensationnalisme médiatique a amplifié exagérément ce risque. Cette idée persiste dans l'esprit d'une foule de gens malgré les conclusions scientifiques à preuve du contraire. La fluoxétine fait l'objet d'un engouement extrême et les histoires concernant ses avantages et inconvénients ont atteint des proportions fabuleuses. Il faut laisser les clients exprimer leurs émotions vis-à-vis de cette médication, car la non-observance résulte souvent de préoccupations auxquelles on ne s'est pas arrêté.

La dysfonction sexuelle constitue un effet secondaire des ISRS fréquemment ignoré. La baisse de la libido, la dysfonction érectile, l'éjaculation précoce ou l'anorgasmie touchent de 20 % à 40 % des clients. Ceux-ci hésitent souvent à aborder la question. Par conséquent, un questionnement discret révèle souvent ces effets indésirables qui pourraient provoquer la non-observance et la rechute de la dépression. Le tableau 20.7 présente les effets secondaires et les facteurs à considérer dans le traitement des dysfonctions sexuelles provoquées par les antidépresseurs.

Autres antidépresseurs

Récemment, des antidépresseurs présentant des structures chimiques et des modes d'action variés ont été mis sur le marché. Comme il est difficile de regrouper ces agents selon leurs caractéristiques, leur présentation individuelle fait l'objet de cette section.

La clomipramine (Anafranil), premier médicament sur le marché pour le traitement du trouble obsessionnel-compulsif au Canada, est employée en Europe depuis plus d'une décennie contre la dépression. Sa structure chimique correspond à celle des tricycliques et elle comporte les mêmes effets anticholinergiques et sédatifs. Étant plus sérotoninergique que ces agents, la clomipramine déclenche les mêmes effets typiques : troubles digestifs, sueurs, insomnie et nervosité. Tout comme les antidépresseurs tricycliques, la clomipramine doit être titrée. La dose de départ, fixée à 25 mg par jour, atteint 250 mg par jour comme dose maximale. Ce médicament présente un réel risque d'augmentation des crises épileptiques en abaissant le seuil épileptogène. La fluoxétine (Prozac), la sertraline (Zoloft), la paroxétine (Paxil) et la fluvoxamine (Luvox) sont également indiquées au Canada pour le traitement des troubles obsessionnels-compulsifs (Pigot et coll., 1990 ; Wilde et coll., 1993).

Le bupropion à libération prolongée (Wellbutrin SR) dispose d'un mécanisme d'action assez différent en ce qu'il bloque le recaptage de la dopamine en ayant un effet minimal sur le recaptage de la norépinéphrine (Ferris et Cooper, 1993). Pourtant, le bupropion a démontré son efficacité dans le traitement de la dépression. Ses effets secondaires sont modérés et il provoque moins d'effets anticholinergiques, sédatifs et cardiaques que les antidépresseurs tricycliques. L'agitation et l'insomnie représentent ses inconvénients les plus répandus. La dose d'attaque ne dépasse pas 150 mg par jour. Le bupropion peut provoquer des crises d'épilepsie reliées à la dose. Par conséquent, on ne doit pas en prendre plus de 150 mg à la fois ; en cas de posologie maximale, on prend les 150 mg 2 fois par jour.

La venlafaxine (Effexor) est le premier médicament d'une nouvelle classe d'antidépresseurs qui bloquent de manière importante le recaptage de la sérotonine et de la norépinéphrine (Montgomery, 1993). La venlafaxine inhibe aussi légèrement le recaptage de la dopamine. Elle est rapidement absorbée et sa demi-vie est d'environ 5 heures, tandis que la demi-vie de son métabolite actif atteint 11 heures. En raison de sa courte demi-vie, la posologie de la venlafaxine comporte deux ou trois prises quotidiennes et commence par 75 mg, soit 37,5 mg 2 fois par jour. Les études préliminaires montrent que les clients ambulatoires répondent à des doses allant de 75 mg à 225 mg par jour lorsqu'ils sont hospitalisés, alors que les clients souffrant de dépression plus aiguë pourraient nécessiter la dose maximale de 375 mg par jour. Une formulation de venlafaxine à libération prolongée (Effexor XR) qui peut être administrée quotidiennement est commercialisée au Canada.

Les effets secondaires de la venlafaxine ressemblent à ceux des ISRS, avec des effets anticholinergiques légers. La nervosité et l'anxiété qui se manifestent à une faible posologie ont tendance à disparaître lors de l'augmentation de la posologie. L'hypertension, qu'il s'agisse d'augmentation de la pression artérielle diastolique dépassant 90 mm de mercure ou dépassant 10 mm sur les données de base, est reliée à la dose et constitue une indication pour réduire la posologie ou arrêter le médicament.

La mirtazapine (Remeron) dispose d'un mécanisme d'action unique. En bloquant les récepteurs présynaptiques adrénergiques α_2, elle provoque une augmentation de la libération conjointe de la norépinéphrine et de la sérotonine. Elle inhibe efficacement les récepteurs de la sérotonine 5-HT_2 et de la sérotonine 5-HT_3. Le blocage des récepteurs de la sérotonine 5-HT_2 en fait vraisemblablement un antidépresseur avec des effets secondaires réduits sur la fonction sexuelle. Sa demi-vie qui va de 20 à 40 heures permet une seule prise quotidienne. La posologie de la mirtazapine débute à 15 mg par jour pour atteindre le dosage actif de 15 à 45 mg par jour. Les effets secondaires habituels comprennent la somnolence, l'augmentation de l'appétit, la prise de poids et les vertiges. Le blocage des récepteurs de la sérotonine 5-HT_2 semble expliquer l'action antidépressive sérotoninergique sans les effets secondaires sur la fonction sexuelle. Il faut surveiller régulièrement les enzymes hépatiques. La baisse des leucocytes, qui survient rarement, constitue un effet indésirable potentiellement grave. Les infirmières doivent avertir les clients pour qu'ils signalent tout signe ou symptôme d'infection.

Résumé

La dépression est une maladie répandue aux conséquences parfois mortelles. Le traitement pharmacologique de cette maladie, bien qu'efficace, occasionne bien des inconvénients. Les antidépresseurs tricycliques sont mortels à haute dose. Les IMAO demandent une grande discipline alimentaire et une vigilance spéciale au niveau des interactions médicamenteuses. Les ISRS, bien qu'efficaces et provoquant moins d'effets secondaires que les autres agents, causent des dysfonctions sexuelles, un problème difficile à aborder pour les clients et qui conduit souvent à une non-observance. Les infirmières doivent connaître l'efficacité et la toxicité de ces médicaments. De plus, l'enseignement des effets aux clients est crucial pour assurer la sécurité, l'observance et la réponse thérapeutique optimale.

20.1.5 Stabilisateurs de l'humeur

Lithium

Durant des décennies, le lithium a été le traitement de choix pour la manie. Il s'agit du plus simple des médicaments, composé d'un ion unique. Cet ion a été employé à des fins médicales durant plus d'un siècle. À la fin du XIXe, on avait recours au lithium pour traiter la goutte et l'épilepsie et comme sédatif. À peu près au même moment, Trousseau, en France, et Carl et Fritz Lange, au Danemark, ont respectivement signalé l'efficacité du lithium dans la manie et la dépression. Au début du XXe siècle, les stations thermales à la mode vantaient les vertus curatives et rajeunissantes des eaux au lithium. De fait, ces eaux « au lithium » ne contenaient que quelques traces de ce composé aux vertus médicales incroyables. Malheureusement, en 1949, aux États-Unis, on a donné du lithium à des clients cardiaques comme succédané du sel. La toxicité du produit a causé quelques décès et terni la réputation du lithium. La même année, en Australie, John Cade, en remarquant que les cochons d'Inde à qui on donnait du lithium se montraient léthargiques, s'est demandé si le lithium permettrait de calmer ses clients agités et maniaques. Cette intéressante observation constituait une redécouverte de celle de Trousseau, concernant les effets du lithium sur les clients souffrant de manie.

Indications

Le lithium reste l'un des psychotropes les plus efficaces, depuis son utilisation, en 1949, par Cade dans le traitement du trouble bipolaire. Environ 70 % à 80 % des clients atteints de ce trouble répondent au lithium à la fois dans le traitement des crises maniaques aiguës et en traitement d'entretien (Baastrup et coll. 1970 ; Prien, 1992). On recourt régulièrement à ce médicament dans le traitement du trouble schizo-affectif et en association aux antidépresseurs pour soigner la dépression. On l'emploie également dans les troubles du contrôle des impulsions, les comportements autodestructeurs dans les troubles de la conduite, les troubles envahissants du développement et la déficience intellectuelle.

Mode d'action

Le lithium agit sur de nombreux neurotransmetteurs, y compris la dopamine, la norépinéphrine, la sérotonine, l'acétylcholine et l'acide gamma-aminobutyrique (GABA). Il s'agit d'effets modérés et aucun d'eux n'a pu être imputé directement à l'efficacité du lithium dans les troubles bipolaires. Certaines recherches prometteuses semblent indiquer que le lithium agirait à l'intérieur du neurone en interférant avec la fixation de la guanine nucléotide (protéine G) (Manji et coll., 1995). On pense que les protéines G sont les partenaires essentiels de la transmission des signaux chimiques à l'intérieur de la cellule. L'effet des nombreuses substances endogènes et des médicaments qui agissent sur les récepteurs se manifeste à travers l'action intracellulaire des protéines G. Par conséquent, l'action du lithium sur les signaux de transmission se répercute sur les neurotransmetteurs. Les futures études pour élucider les effets du lithium sur les protéines G s'avèrent particulièrement prometteuses pour la compréhension de la nature physiopathologique du trouble bipolaire.

Utilisation clinique et efficacité

Le lithium se caractérise essentiellement par son index thérapeutique étroit. Il requiert une surveillance rigoureuse en raison des graves effets toxiques que peuvent provoquer de légères augmentations des concentrations plasmatiques. De résorption digestive rapide, le lithium est distribué dans tout le corps. Il n'est pas métabolisé et l'excrétion se fait par les reins. La clairance est directement proportionnelle au débit de filtration glomérulaire. La demi-vie est de 24 heures chez les adultes et de 36 heures chez les clients âgés. En raison de sa toxicité possible, on a l'habitude de procéder à un bilan préalable rigoureux. Le bilan de référence avant la prise de lithium se trouve dans l'encadré 20.6. Les valeurs de ce bilan sont essentielles pour l'évaluation de la toxicité aiguë ou chronique du lithium.

La dose d'attaque pour les clients ayant une fonction rénale normale varie généralement entre 900 et 1 200 mg par jour en doses fractionnées. Les formes galéniques du lithium se trouvent au tableau 20.8. Le lithium à libération prolongée peut aider les clients souffrant de troubles gastro-intestinaux. La lente absorption de ce produit permet d'obtenir, 12 heures après la prise, une lithémie qui dépasse de 30 % celle obtenue avec les produits à libération immédiate. Les ajustements ultérieurs de la posologie s'effectuent en fonction des résultats des lithémies. Les clients ayant une fonction rénale normale atteignent un état stable en quatre ou cinq jours, au moment d'obtenir les premières lithémies. On en obtient généralement une plus tôt en cas d'insuffisance rénale ou en cas de toxicité prévisible. On doit faire une lithémie de routine 12 heures après la dernière prise.

Bilan de référence du lithium — ENCADRÉ 20.6

- Signes vitaux
- Poids
- Urée du sang/Clairance de la créatinine
- Électrolytes
- Test de la fonction thyroïdienne
- Formule sanguine avec numération leucocytaire
- Analyse d'urine
- Électrocardiogramme*
- Test de grossesse

*Pour les individus âgés de 40 ans ou plus ou ayant des antécédents de maladie cardio-vasculaire.

La marge thérapeutique du lithium oscille généralement, 12 heures après la dernière prise, entre 0,5 et 1,2 mEq/L. La manie aiguë peut nécessiter des taux plasmatiques atteignant 1,2 à 1,5 mEq/L. Le traitement d'entretien s'effectue à des taux plus faibles. Les dernières études démontrent que des taux de 0,8 à 1 mEq/L réduisent les rechutes et les hospitalisations chez les adultes (Gelenberg et coll., 1989). Les clients âgés semblent répondre à de plus faibles concentrations (0,4 à 0,6 mEq/l) et sont généralement plus sensibles aux effets neurotoxiques des posologies plus fortes.

En traitement d'entretien, on administre le lithium en deux ou trois prises par jour. On semble croire qu'une seule prise par jour au coucher réduirait les effets secondaires comme la polyurie. Cette posologie convient lorsque la dose totale ne dépasse pas 1 500 mg par jour. Une seule prise à une dose supérieure provoque souvent des troubles gastro-intestinaux.

Dans le traitement de la manie, la réponse initiale au lithium prend au moins une semaine. Par conséquent, l'association temporaire d'antipsychotiques permet souvent d'atténuer les symptômes aigus (agitation, irritabilité, insomnie). Les symptômes de la phase maniaque – l'euphorie, la mégalomanie, la logorrhée, la fuite des idées

---

TABLEAU 20.8   Produits à base de lithium

Dénomination commune	Nom de spécialité
Capsules 150 mg de carbonate de lithium 300 mg de carbonate de lithium 600 mg de carbonate de lithium	Lithane, Carbolith, PMS-Lithium Carbonate
Comprimés à libération prolongée 300 mg de carbonate de lithium	Duralith
Sirop Sirop de citrate de lithium 8 mEq/5 ml*	Sirop PMS-Lithium Citrate

*300 mg de carbonate de lithium = 8,12 mEq de lithium

et la désinhibition sexuelle – répondent souvent plus lentement. La monothérapie au lithium peut être efficace pour soulager la dépression des individus qui souffrent en réalité d'un trouble bipolaire, mais qui n'ont pas encore présenté d'épisode maniaque. Le lithium à faible dose (300 mg 2 fois par jour) peut se révéler un traitement adjuvant efficace lors d'une dépression majeure résistante aux antidépresseurs.

Effets secondaires

La prise de lithium implique une surveillance constante des signes et symptômes de toxicité. Il existe deux types d'effets secondaires, ceux qui apparaissent au début du traitement et ceux qui tendent à perdurer (voir l'encadré 20.7). Les symptômes d'apparition précoce disparaissent en grande partie ou en totalité, mais peuvent persister partiellement chez certains clients.

Nombre de problèmes attribuables au lithium se résolvent par de simples interventions. L'hypothyroïdie provoquée par le lithium se compense par l'ajout d'agents thyroïdiens et elle est réversible à l'arrêt du traitement. La prise de poids attribuable au lithium dépasse parfois 10 kg, mais elle répond aux régimes. La leucocytose reste bénigne et ne requiert pas de traitement. On peut soigner l'acné avec des solutions topiques de peroxyde de benzoyle ou d'érythromycine. L'exacerbation du psoriasis peut être grave et imposer l'arrêt du traitement au lithium.

Le lithium a un effet généralement léger et sans conséquences importantes sur la fonction cardiaque. Il a tendance à remplacer le potassium dans les canaux ioniques du cœur. Les modifications de l'ECG ressemblent à celle de l'hypokaliémie et restent la plupart du temps bénignes. Néanmoins, on a observé plus rarement une cardiotoxicité idiosyncrasique qui nécessite une vigilance de la part du clinicien. Les données de référence et un électrocardiogramme annuel sont recommandés chez les clients de 40 ans et plus ou en cas de maladie cardiaque. Le lithium provoque un ralentissement de la conduction sinusale et il est déconseillé en cas de maladie du sinus cardiaque.

On évite habituellement la consommation de lithium durant la grossesse, particulièrement au cours du premier trimestre, en raison d'un faible risque d'incidence de malformation congénitale, la maladie d'Ebstein (Jacobson et coll., 1992 ; Schou et coll., 1973). Bien souvent, on substitue un antipsychotique de puissance élevée au lithium, lors d'un traitement durant la grossesse. Lorsque les répercussions d'un épisode maniaque sur le comportement et sur la santé physique surpassent en gravité les risques d'utilisation du lithium pendant la grossesse, il faut procéder à une surveillance spéciale en raison des modifications de la fonction rénale durant la gestation. On doit arrêter la prise de lithium avant l'accouchement et durant l'allaitement.

La polyurie provoquée par le lithium consiste en un léger diabète insipide néphrogénique. En cas de persistance ou de complications, le traitement de la polyurie demande un diurétique épargneur de potassium, l'amiloride

Concentrations de lithium et effets secondaires — ENCADRÉ 20.7

Effets transitoires et toxicité légère :
- Légers tremblements
- Troubles gastro-intestinaux
- Polyurie légère, polydipsie
- Faiblesse musculaire, léthargie

Effets persistants :
- Légers tremblements
- Polyurie légère, polydipsie
- Augmentation des leucocytes
- Goitre non toxique, hypothyroïdie
- Aggravation du psoriasis
- Acné
- Alopécie
- Prise de poids

Traitement efficace des formes aiguës et prophylaxie : 0,5 à 1,2 mEq/L.

Toxicité modérée – concentration du lithium supérieure à 1,5 mEq/L :
- Accentuation du tremblement
- Réapparition des symptômes gastro-intestinaux
- Confusion
- Sédation, léthargie

Avec l'augmentation des concentrations :
- Ataxie
- Dysarthrie
- Détérioration de l'état mental

Toxicité grave – concentration du lithium supérieure à 2,5 mEq/L :
- Convulsions
- Coma
- Mort
- Collapsus cardiaque

à 5 ou 10 mg par jour. Contrairement aux idées reçues, le lithium présente rarement une néphrotoxicité, même en traitement prolongé, sauf en cas d'élévation des taux plasmatiques (Schou, 1988). Les détériorations des néphrons et l'insuffisance rénale subséquente apparaissent à des taux de lithium supérieurs.

Bien des effets secondaires du lithium sont reliés à la dose (voir encadré 20.7). Chez un client avec une lithémie stable, le retour de certains effets secondaires et passagers du début du traitement indique une toxicité imminente. Des troubles digestifs ou l'accentuation d'un tremblement digital fin amènent à vérifier les taux plasmatiques. Si l'on pouvait se fier à ces signes précurseurs, la lithémie ne serait guère nécessaire. Malheureusement, les premiers signes de toxicité du lithium sont parfois une crise de convulsions ou un collapsus cardiovasculaire. Pour cette raison, on doit accorder une attention spéciale aux facteurs de toxicité chez les clients.

Comme le lithium est excrété par les reins, son élimination dépend directement des facteurs liés au métabolisme du sodium et de l'eau. Un régime alimentaire stable, hyposodé ou non, ne pose aucun problème. C'est un changement dans la consommation de sel qui agit sur les concentrations de lithium. L'augmentation de sel les abaisse et réduit éventuellement l'efficacité du médicament. La diminution de sel dans le régime alimentaire ou un état qui provoque une perte de sodium, comme la fièvre ou la déshydratation, élève les concentrations de lithium. À titre d'exemple, un client sortant de l'hôpital et qui retrouve un régime sensiblement différent à la maison court un risque de toxicité.

L'élévation de la lithémie accentue la toxicité pour le SNC. Il faudrait déterminer immédiatement s'il y a toxicité du lithium chez les clients qui deviennent ataxiques, dysarthriques ou dont l'état mental se modifie.

Résumé

Depuis plus de quatre décennies, le lithium constitue le traitement pharmacologique le plus efficace du trouble bipolaire. Des études approfondies n'ont pu élucider son mécanisme d'action. La recherche de traitements alternatifs se poursuit, en raison de son index thérapeutique restreint et de ses effets indésirables.

Les anticonvulsivants jouent un rôle important dans le traitement des troubles de l'humeur. L'acide valproïque est employé comme médicament de première intention dans le trouble bipolaire, comme on le verra plus en détail dans la section suivante. Pour le moment, le lithium demeure l'élément fondamental du traitement du trouble bipolaire.

20.1.6 Anticonvulsivants en psychiatrie

La terminologie regroupant les médicaments en fonction de leur indication principale est certes utile, mais elle prête parfois à confusion. De tels médicaments présentent des structures chimiques, une pharmacocinétique, un mode d'action et des effets secondaires différents et, dans le cas des anticonvulsivants, une foule de propriétés. Deux anticonvulsivants, employés à l'origine comme antiépileptiques, la carbamazépine (Tegretol) et le valproate (Depakene et Epival), s'utilisent de plus en plus fréquemment dans les troubles psychiatriques.

Indications

On emploie la carbamazépine dans le traitement des épilepsies partielles et temporales ou les crises de grand mal, alors que le valproate est réservé à ces dernières et aux crises d'absences. Ce médicament a reçu l'indication officielle de Santé Canada pour la prévention des accès maniaques aigus (Bowden et coll., 1994). Toutes les autres indications psychiatriques de ces agents se fondent sur des articles scientifiques et des normes médicales. Le trouble bipolaire, pour lequel la carbamazépine et le valproate ont démontré leur efficacité, a fait l'objet de recherches poussées. Le vaste champ d'application de ces agents en psychiatrie se trouve résumé au tableau 20.9. Certaines études ont porté sur l'emploi de ces deux médicaments dans les troubles anxieux et

ceux de l'humeur. La carbamazépine ne semble pas agir sur le trouble panique et le valproate a fort peu d'effet sur la dépression unipolaire.

TABLEAU 20.9	Anticonvulsivants utilisés en psychiatrie	
Usage potentiel	**Carbamazépine**	**Valproate**
Trouble bipolaire	XX	XX
Dépression unipolaire	X	–
Syndromes d'agressivité/de perte de contrôle	XX	X
Trouble panique	–	X
État de stress post-traumatique	X	X
Sevrage d'une drogue	XX	X

XX, efficacité démontrée chez certains clients ; X, utilité possible, mais nécessitant des observations supplémentaires ; –, utilité non démontrée.

Mode d'action

Pour le moment, le mode d'action de ces agents sur la neurobiologie psychiatrique n'est pas élucidé, même si certains points semblent clairs. Les effets de ces médicaments sur les troubles psychiatriques semblent distincts de leur action antiépileptique. Le valproate et la carbamazépine agissent selon des mécanismes différents. Le valproate a un effet léger sur les récepteurs GABA du SNC, alors que la carbamazépine n'en a aucun. Il paraît probable que ces produits aient une action importante sur la chimie interne des neurones selon des voies connues sous le nom de système du second messager (Post et coll., 1992). Le terme de *second messager* s'applique à une variété de réactions chimiques intracellulaires qui influent à la fois sur le métabolisme et le potentiel de transmission des neurones. La stimulation ou l'inhibition des récepteurs de la membrane cellulaire est une manière d'agir sur le système du second messager. Certaines molécules (carbamazépine, valproate ou lithium) semblent influer directement sur le système du second messager. L'étude de ces composants de transduction (seconds messagers) dans la santé ou la maladie et des effets des médicaments sur ces composants conduit à une meilleure compréhension de la physiopathologie de la maladie psychique.

Objectifs du traitement

Les objectifs du traitement des troubles anxieux et de l'humeur ont été exposés précédemment, sans prendre en compte, cependant, le rôle des anticonvulsivants dans la pharmacothérapie de l'agressivité chronique. On a d'abord eu recours aux anticonvulsivants après avoir remarqué le lien entre l'épilepsie et l'agressivité (Monroe, 1970). Une étape importante dans le titrage de la médication consiste à examiner objectivement le type d'agressivité (verbale ou physique, contre soi-même, autrui ou les objets) et la fréquence de survenue avant et après les ajustements de posologie.

Utilisation clinique et efficacité

Il est erroné de penser que ces deux agents disposent d'une efficacité similaire puisqu'ils appartiennent tous deux à la classe des anticonvulsivants. Les clients réfractaires au lithium et au traitement ultérieur avec un de ces anticonvulsivants peuvent fort bien répondre à l'autre. Habituellement, le titrage de ces médicaments s'effectue progressivement pour favoriser la tolérance aux effets secondaires. Le bilan de référence après les antécédents médicaux et l'examen physique comprend l'analyse des électrolytes, les tests d'exploration de la fonction hépatique, la formule sanguine, l'électrocardiogramme et le test de grossesse. Le valproate est tératogène et a été associé à la malformation du tube neural, plus communément appelée spina bifida. Il doit être évité durant la grossesse.

Valproate

Le valproate se trouve sous diverses formes de sels de valproate. Le valproate est le composé commun qui est mesuré dans le taux plasmatique. Depakene est le nom de spécialité du valproate pour les comprimés à libération immédiate et le concentré liquide. L'Epival est un comprimé entero-soluble à libération plus lente. La demi-vie varie de 6 à 16 heures. Les taux sériques doivent être surveillés et la posologie ajustée en conséquence. Il existe parfois un seuil de réponse, car la réaction au valproate se rencontre rarement à des concentrations plasmatiques inférieures à 350 µmol/L (McElroy et coll., 1992). L'efficacité requiert généralement des taux allant de 350 à 700 µmol/L. L'utilisation de ce qu'on nomme une dose d'attaque dans le traitement des accès aigus constitue une exception au titrage initial de ces agents. Les clients souffrant de manie aiguë peuvent prendre jusqu'à 500 mg d'Epival 3 fois par jour et le tolérer sans aucun trouble gastro-intestinal, ni la sédation habituelle. Un tel régime permet aux clients de surmonter l'accès maniaque en trois jours, deux fois plus rapidement qu'avec le traitement au lithium courant (Keck et coll., 1993).

Carbamazépine

La pharmacocinétique de la carbamazépine est unique. Elle a une demi-vie d'environ 36 heures, mais c'est un inducteur enzymatique de son propre métabolisme. Cela signifie qu'en présence de ce médicament, le foie produit plus d'enzymes, ce qui accélère son métabolisme. Après 4 à 6 semaines, la demi-vie de la carbamazépine est de 24 heures. Pour cette raison, les clients prenant de la carbamazépine n'atteignent un état stable qu'un mois après une modification de la posologie. Lorsqu'on emploie la carbamazépine pour traiter les signes et les symptômes d'un sevrage, la posologie reste faible (200 à 400 mg par jour) et la durée, brève. Pour les autres indications, la dose d'attaque est de 200 mg 2 fois par jour, à prendre avec les repas pour limiter les troubles gastro-intestinaux. La posologie moyenne est titrée à 1 000 mg par jour en doses fractionnées, mais elle varie substantiellement et doit être ajustée en fonction des taux sériques. L'efficacité dans le cas des indications psychiatriques demande des concentrations sériques allant de 17 à 50 µmol/L, quoique certains clients souffrent de somnolence et d'ataxie à des concentrations dépassant 17 µmol/L.

Effets secondaires

Valproate

Les troubles gastro-intestinaux – nausées et vomissements, anorexie, dyspepsie et diarrhée – représentent les effets indésirables les plus communs du valproate. Ils se produisent généralement au début et tendent à disparaître avec la durée du traitement. Une réduction de la posologie ou des antihistaminiques H_2 (ranitidine [Zantac]) peuvent venir à bout de troubles persistants. La somnolence initiale est courante, de même que les tremblements. Si ces derniers symptômes persistent et constituent un problème, le propranolol (Inderal) s'avère efficace. Une augmentation des enzymes hépatiques (inférieure à trois fois la limite supérieure de la normale) se produit parfois. Quelles que soient les augmentations mineures de ces enzymes, on poursuit le traitement en raison de ses avantages thérapeutiques importants (McElroy et coll., 1992). Avec ou sans augmentation de l'appétit, il y a un risque de prise de poids. La perte des cheveux touche environ 10 % des clients et est habituellement passagère. Plus sérieux mais plus rares sont la thrombopénie, les coagulopathies, la pancréatite, l'œdème et l'insuffisance rénale. Les enfants de moins de 10 ans courent plus de risques d'insuffisance hépatique, de même que les clients prenant un autre anticonvulsivant. Il faut surveiller de près les enzymes hépatiques.

Carbamazépine

Au début du traitement, les clients se plaignent de sédation, de léthargie, de troubles gastro-intestinaux et de vision trouble. Ces effets secondaires tendent à se résorber avec le temps et constituent la raison principale du titrage du médicament. Une légère rétention d'eau avec œdème peut survenir. Une augmentation des enzymes hépatiques comparable à celle que déclenche le valproate impose, tout comme pour ce médicament, une surveillance périodique des enzymes.

La carbamazépine provoque une suppression prévisible des leucocytes. Dans la plupart des cas, cette diminution bénigne se stabilise à une valeur de 10 % à 15 % inférieure au niveau de référence. Par conséquent, on effectue une analyse de référence des globules blancs pour la répéter périodiquement au cours du traitement. La carbamazépine cause très rarement une agranulocytose, une absence de leucocytes parfois mortelle, mais cela ne doit pas être confondu avec une neutropénie bénigne. De façon similaire, une légère diminution des plaquettes (thrombopénie) n'a généralement aucune signification clinique.

L'ataxie représente un signe de toxicité de la carbamazépine, généralement associé à une augmentation des taux sériques. Les infirmières devraient se questionner avant d'administrer une dose de carbamazépine à un client souffrant d'ataxie. L'urticaire, le prurit et l'érythème apparaissent à l'occasion. Ces éruptions semblent le plus souvent modérées et limitées, mais il faut les évaluer soigneusement et les suivre constamment.

Résumé

L'emploi des anticonvulsivants en psychiatrie augmente rapidement. La preuve de leur efficacité est loin d'être sans équivoque. Leurs effets secondaires et leur toxicité ont parfois de graves conséquences. Par conséquent, avant de commencer une pharmacothérapie, il faut préciser la réponse escomptée et les symptômes cibles. Plusieurs nouveaux anticonvulsivants présentent une utilité dans le traitement du trouble bipolaire, dont la gabapentine (Neurontin), la lamotrigine (Lamictal) et le topiramate (Topamax). Les essais ouverts et les exposés de cas, la plupart du temps chez les clients réfractaires aux traitements habituels, semblent indiquer que certains individus répondent positivement. Néanmoins, avant de conclure à l'utilité et au rôle fondamental de ces médicaments en psychiatrie, il faut disposer d'études menées sur des échantillons randomisés et d'études en double aveugle. Les infirmières doivent être conscientes que la lamotrigine est associée à des éruptions cutanées graves nécessitant l'hospitalisation.

20.1.7 Anxiolytiques et hypnotiques

Une sensation d'extrême anxiété déclenche une réaction d'attaque ou de fuite. Cette réaction provoque une série de modifications physiques ou de réponses observables. La réponse du client, chargée d'émotion, inclut souvent des symptômes physiques impressionnants : douleur thoracique irradiant vers l'épaule et le bras, battements de cœur accélérés ou palpitations et dyspnée. Ce syndrome n'est pas propre à l'époque contemporaine ; il a été solidement étayé durant la guerre de Sécession aux États-Unis dans les années 1860.

De nos jours, de tels symptômes conduisent les gens à consulter. Une fois les causes médicales sous-jacentes écartées, divers traitements sont envisageables. De coutume, une approche globale comprend une psychothérapie associée à une pharmacothérapie d'appoint.

L'anxiété provoque souvent de l'insomnie. Dans le traitement des troubles anxieux, l'endormissement et le sommeil sont liés intrinsèquement à une multiplicité de composés chimiques ayant des propriétés sédatives. Que le médicament s'emploie comme anxiolytique ou comme hypnotique, l'effet des sédatifs sur le sommeil demande réflexion.

Barbituriques

Indications

Premiers agents employés pour le traitement de l'anxiété et de l'insomnie, les barbituriques sont antérieurs aux benzodiazépines. Néanmoins, ces dernières remplacent maintenant la plupart des barbituriques, en raison d'une sécurité et d'une efficacité supérieures comme anxiolytiques et hypnotiques.

Les barbituriques présentent plusieurs désavantages. Leur action sédative dépasse de beaucoup leur action anxiolytique. De nombreux clients développent rapidement une tolérance à leur effet hypnotique. Les doses thérapeutiques et toxiques finissent par se confondre lors d'un emploi prolongé. En monothérapie, un surdosage risque d'être mortel. La mort survient comme conséquence de la dépression respiratoire, ce qui est extrêmement rare avec les benzodiazépines.

Tous les barbituriques risquent de provoquer l'accoutumance. Les barbituriques stimulent les enzymes hépatiques, ce qui accroît le métabolisme, réduit les taux sériques et diminue l'efficacité des autres médicaments métabolisés par le foie, y compris les antidépresseurs tricycliques, les anticonvulsivants, les anticoagulants et certains médicaments utilisés en cardiologie. Les barbituriques ont une interaction avec les contraceptifs oraux et il faut employer d'autres méthodes contraceptives en cas de prises de barbituriques.

Mécanisme d'action

On ignore le mécanisme d'action des barbituriques. Les chercheurs ont découvert que le système réticulé activateur est remarquablement sensible aux barbituriques. Les barbituriques diminuent probablement la réactivité neuronale. À la différence des benzodiazépines, une augmentation de la posologie diminue la pulsion respiratoire et le mécanisme responsable du caractère rythmique de la respiration. Les barbituriques se différencient essentiellement par la durée de leurs demi-vies. L'amobarbital possède la demi-vie active la plus courte, alors que le phénobarbital a la plus longue. Les durées des demi-vies et les posologies habituelles figurent au tableau 20.10.

En dépit de leurs inconvénients, les barbituriques conservent certaines indications. Ils servent d'hypnotiques pour les clients qui ne répondent pas aux benzodiazépines. Le phénobarbital s'emploie occasionnellement pour les troubles épileptiques et l'amobarbital par IV s'utilise en narcoanalyse, une technique de relaxation et d'hypnose induite par un médicament qui permet aux clients convenablement préparés de revivre des souvenirs et des émotions réprimées.

Benzodiazépines

Indications

Il s'agit d'une des classes de médicaments les plus consommées de toute la médecine, comportant de nombreuses

TABLEAU 20.10 Hypnotiques et agents anxiolytiques

Dénomination commune	Nom de spécialité	Indication homologuée	Équivalence approximative en mg de benzo-diazépines	Métabolite actif	Marge posologique (mg par jour)	Demi-vie (en heures)
Barbituriques						
Amobarbital	Amytal	Hypnotique	S/O	–	100-200	8-42
Butabarbital	Butisol	Hypnotique	S/O	–	50-100	34-42
Pentobarbital	Nembutal	Hypnotique	S/O	–	100-200	15-48
Phénobarbital	Luminal	Hypnotique	S/O	–	100-200	80-120
Sécobarbital	Seconal	Hypnotique	S/O	–	100-300	15-40
Benzodiazépines						
Alprazolam	Xanax	A, AD, P	0,5	Non	0,75-4 (A) 4-10 (P)	12-15
Bromazépam	Lectopam	A	3	Oui	2,5-18	8-30
Clonazépam	Rivotril	SLG	2,5	Non	1-6*	20-50
Clorazépate	Tranxene	A	7,5	Oui	7,5-90	20-80
Chlordiazépoxide	Librium	A, SA, PS	10	Oui	25-200	5-30
Diazépam	Valium	A, PS, É	5	Oui	2-40	20-80
Flurazépam	Dalmane	Hypnotique	15	Oui	15-30	8-40
Lorazépam	Ativan	A, PS	1	Non	0,5-10	10-20
Oxazépam	Serax	A, AD, SA	15	Non	30-120	5-20
Nitrazépam	Mogadon	Hypnotique	2,5	Non	2,5-10	15-48
Témazépam	Restoril	Hypnotique	15	Non	15-30	10-20
Triazolam	Halcion	Hypnotique	0,25	Non	0,125-0,25	1,5-5
Non barbituriques, non benzodiazépines						
Buspirone	BusPar	A	S/O		10-60	2-4
Hydrate de chloral	Noctec	Hypnotique	S/O		500-2000	8-11
Éthylchlorvynol	Placidyl	Hypnotique	S/O		500-1000	18-20
Diphénhydramine	Benadryl	Hypnotique	S/O		25-100	3-9
Doxylamine	Unisom 2	Hypnotique	S/O		25-100	8-12
Zaleplon	Starnoc	Hypnotique	S/O		5-10	1
Zopiclone	Imovane	Hypnotique	S/O		3,75-15	4-6,5
Hydroxyzine	Atarax	Hypnotique	S/O		10-400	8-10
L-Tryptophane	Tryptan	Hypnotique	S/O		1000-5000	–

A, anxiété; AD, anxiété associée à la dépression; SA, sevrage alcoolique; SLG, syndrome de Lennox-Gastaut (convulsions); P, trouble panique; PS, trouble psychotique; É, état de mal épileptique.
*Majorer la dose jusqu'à 20 mg par jour en cas de convulsions.

indications. En médecine générale, on se sert des benzodiazépines pour soulager l'anxiété préopératoire et provoquer la sédation dans les anesthésies légères, et pour induire une amnésie antérograde (impossibilité de se rappeler les événements survenus après l'ingestion du médicament) lors des interventions périopératoires (King, 1992). À doses supérieures, elles servent de relaxant des muscles squelettiques. Le diazépam (Valium) s'emploie par voie IV pour soigner l'état de mal épileptique, et le clonazépam par voie orale (Rivotril) pour le syndrome de Lennox-Gastaut. À titre d'hypnotiques, les benzodiazépines s'emploient pour traiter l'insomnie et les troubles anxieux.

Malgré leurs indications hypnotiques et anxiolytiques, on recourt aux benzodiazépines dans bien des contextes. Il existe des preuves restreintes de l'efficacité des benzodiazépines dans le traitement de certains clients atteints de troubles de l'humeur. Le clonazépam (Rivotril) a été employé avec un certain succès dans le traitement du trouble bipolaire et en association avec le lithium chez les clients partiellement réfractaires (Sachs, 1990). L'akathisie répond assez bien aux benzodiazépines. Le chlordiazépoxide (Librium) soulage depuis longtemps les symptômes aigus du sevrage alcoolique. Les benzodiazépines stimulent occasionnellement les clients catatoniques. Quant au lorazépam (Ativan), c'est le traitement classique, en association avec les antipsychotiques, de l'agitation psychotique dans les situations d'urgence.

Mécanisme d'action

Le GABA est le principal neurotransmetteur inhibiteur du cerveau. Les récepteurs, qualifiés de neurotransmetteurs des benzodiazépines, servent de portes aux ions chlorure.

Le GABA ouvre ces canaux ioniques au chlorure dans les neurones, en entraînant une hyperpolarisation du neurone et en réduisant la vitesse de décharge. La présence de benzodiazépines accroît l'activité du GABA, et provoque une plus grande ouverture des canaux ioniques et, par conséquent, une inhibition de l'activité neuronale.

Objectifs du traitement

Dans le traitement de l'anxiété, on considère les médicaments comme des adjuvants à la thérapie. Le traitement pharmacologique soulageant les clients de leurs symptômes, ceux-ci peuvent mieux profiter des diverses psychothérapies. Il arrive que certains clients aient besoin d'un traitement de maintien avec des anxiolytiques. Il faut établir clairement les symptômes cibles d'anxiété et de panique.

L'objectif du traitement des troubles du sommeil consiste à retrouver la structure normale du sommeil. Là encore, une intervention à court terme constitue le traitement standard.

Utilisation clinique et efficacité

Les benzodiazépines représentent le traitement de choix de l'anxiété et des troubles du sommeil. Toutes les benzodiazépines ont une action anxiolytique. Elles peuvent être sédatives à faible dose, soulager l'anxiété à dose plus forte et avoir un effet hypnotique à dose encore plus forte. Le tableau 20.10 dresse la liste des benzodiazépines sur le marché et fournit leur vitesse d'absorption par voie orale, leur demi-vie d'élimination, leurs métabolites actifs et leur puissance relative.

Les benzodiazépines se différencient fondamentalement par leur profil pharmacocinétique et leur puissance. Leur utilisation rationnelle consiste donc à faire correspondre leur profil pharmacocinétique au contexte clinique. Pour le traitement de l'anxiété aiguë ou de l'agitation, une absorption orale rapide est souhaitable, alors que, pour soigner un trouble anxieux chronique, cette rapidité d'absorption compte moins. Les formes parentérales et concentrées de ces médicaments présentent une sensibilité à la lumière et à la chaleur et se dégradent de manière importante si on les laisse à la température de la pièce quelques heures. Ainsi, le lorazépam injectable doit être réfrigéré jusqu'au moment de son utilisation pour éviter cette dégradation.

Un dernier aspect important concernant l'absorption des benzodiazépines : une fois que le médicament pénètre dans le flux sanguin, il doit être absorbé par le cerveau. Les deux benzodiazépines absorbées le plus rapidement sont le diazépam (Valium) et l'alprazolam (Xanax). Cette rapide pénétration explique vraisemblablement l'impression de « planer » décrite habituellement par les consommateurs de ces médicaments. Les individus ne souffrant pas de toxicomanie risquent de trouver cette sensation désagréable et de signaler qu'ils se sentent déconnectés et coupés de la réalité.

Il faut commencer par une faible dose pour augmenter progressivement jusqu'à obtenir la réponse clinique. Une fois la posologie optimale atteinte, l'efficacité peut apparaître très rapidement. Dans les troubles anxieux, le soulagement survient presque immédiatement. L'action anxiolytique, à la dose initiale, ne dure pas toujours aussi longtemps que la demi-vie d'élimination le laisse penser, cela étant probablement dû à la redistribution du produit. On obtient une efficacité prolongée et une concentration stable dans le cerveau avec un dosage constant. Dans le traitement de l'anxiété, la prise des benzodiazépines s'effectue au coucher ou matin et soir. Très rarement, on doit administrer ces médicaments trois fois par jour.

Idéalement, les hypnotiques devraient être absorbés rapidement, avoir une action rapide et une courte demi-vie d'élimination afin de limiter les effets rémanents du lendemain, comme la sédation et la confusion mentale. Dans la réalité, les individus risquent de ressentir une sédation et une somnolence résiduelle le jour suivant.

Le traitement hypnotique, comme le traitement anxiolytique, devrait durer le moins longtemps possible. Les médicaments sont destinés à aider les clients à rétablir un sommeil régulier. On devrait arrêter les benzodiazépines après 7 à 10 jours, le temps d'enseigner les techniques de sommeil au client. Ceux qui continuent la pharmacothérapie courent plus de risques de souffrir d'un rebond du sommeil paradoxal ou d'une anxiété réactionnelle à l'arrêt du médicament.

Effets secondaires

La sédation constitue l'un des effets indésirables les plus répandus des benzodiazépines et elle touche au moins 10 % des clients. Cette baisse de la vigilance a tendance à disparaître avec le temps ou avec une diminution de la posologie. Il faut toujours avertir les clients qu'ils ne doivent pas conduire ni utiliser de la machinerie lorsqu'ils commencent à prendre ces médicaments, même ceux qui consomment des hypnotiques uniquement au coucher. La somnolence résiduelle du lendemain risque d'amoindrir les facultés pour la conduite et de provoquer un dysfonctionnement cognitif qui influera sur le rendement professionnel et scolaire. Les vertiges et l'ataxie se produisent moins fréquemment et concernent les clients âgés et affaiblis. On rencontre de temps en temps une excitabilité paradoxale, une hyperexcitation ou une augmentation de l'agressivité. Ces effets secondaires rares touchent plus communément les enfants et les vieillards présentant une atteinte cérébrale organique. Les clients souffrant d'une maladie pulmonaire obstructive chronique ou d'apnée peuvent développer d'importants troubles respiratoires.

Certaines benzodiazépines ayant un effet tératogène sont contre-indiquées durant la grossesse. Leur emploi durant le dernier trimestre de gestation ou immédiatement après l'accouchement risque de provoquer un syndrome de sevrage chez le nouveau-né. Les benzodiazépines sont secrétées dans le lait maternel à une concentration suffisante pour causer les symptômes suivants : dyspnée, bradycardie et somnolence chez le nourrisson.

Lors d'une utilisation prolongée, l'accumulation des métabolites actifs a des conséquences cliniques importantes. Durant cette période apparaissent la sédation, la dysfonction cognitive et même l'ataxie chez les clients – spécialement chez les personnes âgées et les personnes présentant une insuffisance hépatique. Même dans le cas de produits sans métabolites actifs, il faut surveiller les clients prenant ces puissants médicaments en raison des risques d'ataxie et de chutes.

Abus et sevrage des benzodiazépines et des barbituriques

Avant de recourir à l'une de ces classes de médicaments, le praticien examinera les possibilités d'abus. Dans le cas de clients ayant des antécédents d'alcoolisme ou de toxicomanie, et spécialement dans un contexte ambulatoire, on doit redoubler de vigilance. Les intoxications aux barbituriques comportent les symptômes suivants : confusion, somnolence, irritabilité, hyporéflexie, ataxie et nystagmus. Une prise massive peut aller jusqu'au coma. Les surdosages plus sérieux conduisent à la mort à la suite d'une dépression respiratoire, spécialement en présence d'alcool ou d'autres dépresseurs du SNC. L'intoxication aux benzodiazépines ne présente généralement pas de nystagmus (Roy-Byrne et Hommer, 1988). Le surdosage de benzodiazépines en l'absence d'association à d'autres psychotropes ne met pas la vie en danger. Néanmoins, une intoxication aux benzodiazépines doit toujours être prise au sérieux, car la situation clinique ne fournit pas de certitudes quant à la prise d'autres médicaments. Comme dans le cas des barbituriques, une prise massive de benzodiazépines avec de l'alcool ou d'autres dépresseurs du SNC peut se révéler fatale.

Le syndrome de sevrage physique se manifeste après deux semaines de prise continue de ces médicaments et survient chez la moitié des clients qui les ont consommés durant plus de quatre semaines. Il faut donc les arrêter graduellement. Les symptômes les plus graves surviennent en cas de fortes doses, lors d'une prise prolongée suivie d'un arrêt brusque. Les produits possédant une longue demi-vie d'élimination semblent atténuer la pharmacodépendance, alors que ceux qui ont une courte demi-vie la renforcent. Les symptômes de sevrage des barbituriques apparaissent plus souvent avec des effets plus sérieux que ceux des benzodiazépines. Le sevrage comprend les symptômes suivants : hyperexcitation, anxiété, irritabilité, insomnie, fatigue, douleurs musculaires, tremblements, sueurs et difficultés de concentration. Ces signes et symptômes s'apparentent aux troubles anxieux ou à l'insomnie. L'infirmière communique à l'équipe soignante la réponse du client au protocole de désintoxication.

Anxiolytiques non benzodiazépines

La buspirone (BusPar), premier anxiolytique non benzodiazépine sur le marché, est indiquée pour le traitement des troubles anxieux – spécialement le trouble d'anxiété généralisée. Reconnue pour ses faibles effets secondaires (vertiges, céphalées, léthargie et sensations ébrieuses), elle produit une sédation du SNC et des déficiences cognitives moins fréquemment que les autres anxiolytiques. Les clients anxieux qui répondent à la buspirone signalent souvent qu'ils n'ont pas l'impression de prendre un médicament. Ils se sentent normaux, leurs symptômes ont disparu et ils ne constatent aucun effet secondaire. Il importe de savoir que l'action anxiolytique de la buspirone se fait sentir graduellement au cours des deux premières semaines de traitement et qu'elle ne semble atteindre sa pleine efficacité qu'après trois à six semaines. Pour cette raison, certains individus manifestent leur impatience en attendant que le médicament fasse effet, en particulier s'ils souffrent de stress aigu. En outre, nombre de clients ont déjà pris des benzodiazépines dont l'action anxiolytique est presque immédiate. S'ils ont les mêmes attentes vis-à-vis de la buspirone, on doit les avertir de son efficacité graduelle pour maintenir leur motivation et leur observance.

On ignore le mécanisme d'action de la buspirone. Elle agit comme antagoniste partiel des récepteurs de la sérotonine (Eison et coll., 1986). Cela signifie qu'elle stimule les récepteurs sérotoninergiques, mais pas autant que la sérotonine. On présume que l'hyperstimulation des récepteurs sérotoninergiques cause l'anxiété. À hautes doses, la buspirone bloque les récepteurs dopaminergiques. On ignore actuellement si un traitement prolongé avec une posologie élevée provoque des mouvements involontaires anormaux.

Les hypnotiques les plus sûrs employés couramment pour le traitement de l'insomnie de courte durée comprennent : l'hydrate de chloral (Noctec) et des antihistaminiques, la diphenhydramine (Benadryl, Nytol) et la doxylamine (Unisom 2).

La zopiclone (Imovane) et le zaleplon (Starnoc) sont les premiers d'une nouvelle classe d'hypnotiques. Ils sont indiqués dans le traitement de courte durée de l'insomnie. Le mécanisme d'action de la zopiclone et du zaleplon se différencie de celui des benzodiazépines. Les canaux des ions chlorure du GABA ont plusieurs sites de liaison. Même s'ils entrent en interaction avec les récepteurs des benzodiazépines, la zopiclone et le zaleplon se fixent sélectivement sur certains sites et ont une action différente. La zopiclone et le zaleplon, à la différence des benzodiazépines, n'ont pas d'effets anticonvulsivants ni d'effets myorelaxants. Les effets secondaires habituels sont la sudation, la léthargie et les vertiges.

Résumé

Les anxiolytiques et les hypnotiques ont démontré leur efficacité, mais ont également engendré des problèmes spécifiques. Tout d'abord, la durée du traitement reste souvent imprécise. De plus, un arrêt même graduel risque de déclencher le retour des signes et symptômes originaux. Enfin, il faut souvent prendre en compte la pharmacodépendance.

20.1.8 Psychostimulants

Indications

L'histoire des stimulants en psychiatrie a connu des hauts et des bas. Avant l'apparition des antidépresseurs, on utilisait les stimulants pour traiter la dépression, sans grands résultats. Dans les années 1950, on prescrivait souvent ces médicaments pour réduire l'appétit dans le traitement contre l'obésité. Cette pratique a diminué radicalement à cause de son inefficacité pour maintenir une perte de poids et des risques élevés d'abus de ces médicaments. De nos jours, les stimulants sont employés en psychiatrie pour traiter essentiellement le trouble déficitaire de l'attention avec hyperactivité. Les médicaments pour traiter ces troubles sont les suivants : le méthylphénidate (Ritalin) et la dextroamphétamine (Dexedrine). Il s'agit de substances contrôlées. On utilise les stimulants pour soigner la narcolepsie, et plus rarement, les cas de retrait et d'apathie chez les personnes âgées.

Mode d'action

On fait très souvent appel aux stimulants pour traiter le trouble déficitaire de l'attention avec hyperactivité, une maladie dont la physiopathologie n'est pas élucidée, mais qui implique la dopamine et la norépinéphrine. Tous les stimulants bloquent le recaptage de la dopamine et de la norépinéphrine. La dextroamphétamine inhibe également le recaptage de la sérotonine et les enzymes de la monoamine-oxydase. À des doses plus fortes, la dextroamphétamine augmente la libération de la dopamine et de la norépinéphrine. Le méthylphénidate se distingue de la dextroamphétamine par un plus fort blocage du recaptage de la dopamine et de la norépinéphrine et une plus faible libération de ces deux neurotransmetteurs. Les psychostimulants agissent principalement sur le système réticulé activateur ascendant.

Objectifs du traitement

Les clients atteints du trouble déficitaire de l'attention avec hyperactivité souffrent d'un accroissement de l'activité motrice, d'impulsivité et d'inattention. La pharmacothérapie vise à ralentir l'activité motrice et l'impulsivité. Néanmoins, un traitement optimal intègre les médicaments et les interventions sur le comportement.

Utilisation clinique et efficacité

On a plus fréquemment recours au méthylphénidate qu'à la dextroamphétamine dans le traitement du trouble déficitaire de l'attention avec hyperactivité, même si les deux produits s'avèrent efficaces. Un grand nombre de médecins recommande, pour une action optimale, de réaliser des essais séquentiels de méthylphénidate et de dextroamphétamine pour évaluer lequel des deux présente la meilleure efficacité selon les individus (Calis et coll., 1990). La rapide absorption de ces deux médicaments permet de constater leur efficacité initiale presque immédiatement. Leurs effets apparaissent souvent dans les deux ou trois jours. Les formes pharmaceutiques, les demi-vies et les doses d'attaque et d'entretien figurent au tableau 20.11. Les courtes demi-vies du méthylphénidate et de la dextroamphétamine aboutissent à la réapparition des symptômes dans l'après-midi ou la soirée. Il faut souvent répartir les prises le matin au petit-déjeuner, le midi et dans l'après-midi, lorsque les symptômes refont surface. Une absorption plus tardive tend à provoquer l'insomnie.

Effets secondaires

Ces deux médicaments présentent des effets secondaires similaires : troubles gastro-intestinaux, nausées, crampes et anorexie. Les symptômes gastro-intestinaux disparaissent progressivement. Le manque d'appétit peut durer plusieurs heures après la prise. On a signalé une perte de poids et un retard de croissance en relation avec les deux produits. Une posologie qui prévoit des fenêtres thérapeutiques (administration limitée aux jours d'école ou interruption l'été) permet de pallier les retards de croissance et de maintenir des mensurations et un développement normal des enfants. Tous ces médicaments provoquent occasionnellement des céphalées, des vertiges, de la nervosité, de l'irritabilité et, rarement, un affect labile et des épisodes psychotiques. En cas de persistance, on aura intérêt à réduire la posologie ou à changer de produit.

On observe quelquefois l'apparition de tics. Ces tics s'atténuent avec une réduction de la posologie. Cependant, les enfants commencent souvent ces médications à un âge où apparaît le syndrome de la Tourette. Qu'il s'agisse ou non de ce syndrome, la présence de tics rend difficile la prise de tout stimulant et on doit chercher des solutions de remplacement pour traiter le trouble déficitaire de l'attention avec hyperactivité (antidépresseurs).

Il existe peu de différences entre les effets secondaires du méthylphénidate et ceux de la dextroamphétamine. Ils risquent de déclencher des palpitations, une tachycardie et de faire monter la pression artérielle, sans que ces effets soient inquiétants. Néanmoins, comme il s'agit de sympathomimétiques, les données de référence de la fonction cardiaque, et particulièrement l'hypertension et la tachyarythmie, doivent être enregistrées en début de traitement et durant le titrage du médicament.

Résumé

L'utilisation des psychostimulants a donné lieu à une grande incompréhension de la part du public. Les lésions cérébrales dues aux stimulants constituent un mythe urbain qui, bien que non corroboré, persiste encore. Il faut

TABLEAU 20.11	Psychostimulants			
Nom de spécialité	Formes galéniques	Dose d'attaque (en mg/jour)	Dose moyenne quotidienne (maximale)	Demi-vie (en heures)
Dextroamphétamine (Dexedrine)	Comprimés de 5 et 10 mg Capsules à libération prolongée de 5, 10 et 15 mg	2,5-10	10-20	8-12
Méthylphénidate (Ritalin)	Comprimés de 5, 10 et 20 mg Comprimés à libération prolongée de 20 mg	5-10	20-30	1-2

fournir aux familles des renseignements précis sur l'efficacité escomptée et les effets secondaires. Un traitement optimal requiert que le client, la famille, les professeurs et les cliniciens travaillent de concert.

20.1.9 Autres traitements biologiques

Électroconvulsothérapie

Historique

L'électroconvulsothérapie, parfois désignée sous le nom d'électrochoc, a été administrée pour la première fois, en 1934, pour « soigner » les troubles psychotiques en induisant des convulsions. Au cours des années, ce traitement a donné lieu à bien des controverses, certaines découlant de critiques des groupes de consommateurs. En raison de ces critiques, l'électroconvulsothérapie, frappée de disgrâce, a pratiquement disparu. Cependant, si elle est employée de façon adéquate, elle constitue un traitement pour les clients réfractaires aux autres modalités de traitement.

Il ne s'agit pas d'une innovation. Un médecin suisse, Paracelse, induisait des convulsions par le camphre, dès le XVIe siècle, pour soigner la folie. En 1764, von Auenbrugger employait la même méthode pour soulager les symptômes maniaques. La convulsivothérapie de l'ère moderne remonte aux travaux originaux de von Meduna sur un client frappé de stupeur catatonique depuis quatre ans. En 1934, von Meduna administra une injection d'huile de camphre à un schizophrène, obtenant ainsi une remarquable guérison après une série de traitements. Encouragé par ce succès, von Meduna répéta le même traitement convulsif sur 26 clients, dont 13 montrèrent une amélioration impressionnante.

La divulgation de cette nouvelle cure incita les chercheurs à essayer d'autres méthodes pour provoquer des convulsions. Les recherches se portèrent sur les stimuli électriques pour induire des convulsions. En 1938, Cerletti et Bini gagnaient une notoriété mondiale en administrant 11 électrostimulations crâniennes à un client atteint de schizophrénie qui guérit complètement (Abrams, 1988). Il est fort peu probable que l'on diagnostiquerait une schizophrénie chez ce même client selon les normes actuelles, mais la sécurité relative et l'efficacité potentielle de la procédure ont ouvert un tout nouveau domaine d'action thérapeutique en psychiatrie.

Même si l'électroconvulsothérapie moderne ne présente que peu de ressemblance avec celle d'hier, elle continue de faire l'objet de stigmatisation. La confusion concernant la pratique actuelle de l'électroconvulsothérapie vient d'un manque d'information précise. Les médias en offrent une version barbare.

Les infirmières jouent un rôle essentiel dans l'utilisation de l'électroconvulsothérapie en fournissant un enseignement adéquat au client et à la famille pour atténuer les angoisses et éviter les fausses perceptions concernant son utilisation. Elles doivent donc comprendre les indications, contre-indications, procédures et effets secondaires de l'électroconvulsothérapie pour informer, suivre et aider le client à qui on recommande l'électroconvulsothérapie ainsi que sa famille.

Électroconvulsothérapie moderne

Il s'agit d'un traitement sûr et efficace en cas de dépression majeure. Les meilleurs candidats sont ceux qui souffrent de troubles de l'humeur. La dépression mélancolique, délirante ou psychotique tend à bien répondre à l'électroconvulsothérapie. Les autres indications de ce traitement comprennent : des antécédents positifs avec l'électroconvulsothérapie, les clients qui ne tolèrent pas les effets secondaires des antidépresseurs, les idéations et les comportements suicidaires graves et les clients risquant un déséquilibre hydrique ou électrolytique en raison de l'impossibilité de manger ou de boire résultant d'une dépression sévère. L'électroconvulsothérapie est également efficace dans le traitement de la manie, de la catatonie grave et de la schizophrénie qui ne répondent pas aux médicaments. On envisage également l'électroconvulsothérapie durant le premier trimestre de la grossesse lorsque la pharmacothérapie est contre-indiquée.

Une contre-indication absolue s'applique aux clients ayant une lésion qui occupe de l'espace et produit une pression intracrânienne. On doit prendre en compte les risques pour les clients ayant eu récemment un infarctus du myocarde, un anévrisme, une infection respiratoire aiguë, une arythmie cardiaque, des syndromes organiques, une thrombophlébite ou un glaucome à angle fermé. L'électro-convulsothérapie n'est pas recommandée dans un diagnostic de toxicomanie, de trouble de la personnalité, de dépression situationnelle et de schizophrénie de type paranoïde.

Avant et après l'intervention, le client et sa famille ont besoin de préparation. Le consentement éclairé, dont les infirmières sont souvent témoin, ne peut être obtenu qu'après l'enseignement au client. Ce consentement est donné avant le traitement et il autorise le médecin à y procéder. Le consentement expose la finalité du traitement, le nombre prévu de sessions et les facteurs de risques de l'électroconvulsothérapie. On procède ensuite aux bilans de référence (formule sanguine, analyse d'urine, ECG et examen physique). L'encadré 20.8 traite des contre-indications entre certaines classes de médicaments et l'électroconvulsothérapie (ECT).

De nos jours, le client reçoit une électroconvulsothérapie lorsqu'il est hospitalisé ou en traitement ambulatoire. Les clients jeûnent durant la nuit qui précède l'intervention (rien par voie orale) et on les prépare (en leur demandant de vider leur vessie, d'enlever bijoux, dentier et vernis à ongle). Environ 30 minutes avant le début de l'intervention, ils reçoivent une injection IM d'atropine 0,5 mg ou de glycopyrrolate (Robinul) 0,2 mg, qui réduit les sécrétions et protège contre la bradycardie vagale qui survient parfois après l'application du stimulus. Dans la salle d'ECT, on branche le moniteur cardiaque, le vérificateur de pression artérielle et l'électroencéphalographe pour surveiller les fonctions vitales. L'équipement d'urgence, comprenant l'oxygène, la succion et le chariot d'arrêt cardiaque, doit être placé à portée de la main lors de la procédure. Le personnel doit comprendre à tout le moins un psychiatre, un anesthésiste et une infirmière. Un anesthésique à courte durée d'action et un myorelaxant sont administrés par IV. La paralysie musculaire empêche les mouvements et réduit les risques de fractures et de blessures. Un écarteur dentaire est inséré dans la bouche et on administre de l'oxygène pur.

Une fois l'anesthésie et la paralysie obtenues, on place les électrodes. Pour une électroconvulsothérapie bilatérale, les électrodes sont placées sur la portion antérieure des tempes ; lors d'une électroconvulsothérapie unilatérale, l'électrode est placée sur la portion antérieure de la tempe de l'hémisphère non dominant (droitier = tempe droite). Lorsque les électrodes sont placées, un bref stimulus électrique (généralement moins de deux secondes) est appliqué. Le corps reste immobile et l'EEG confirme la convulsion. Le client se réveille quelques minutes plus tard et on arrête l'oxygénation. On surveille le client pour détecter une dépression respiratoire et un excès de sécrétions qui nécessiteraient une succion. Le client demeure en salle de récupération, durant une à trois heures habituellement, jusqu'à ce que les signes vitaux soient stables et qu'il soit éveillé, ait les idées claires et soit capable de marcher sans assistance. Il est alors en mesure de manger et de reprendre ses activités normales. Certains clients ont sommeil et retournent se coucher.

Médicaments et électroconvulsothérapie (ECT)
ENCADRÉ 20.8

Certains médicaments sont à éviter ou à utiliser avec prudence lors des traitements d'électroconvulsothérapie (ECT).

Médicaments à éviter
- Les anticonvulsivants, les antidépresseurs de la classe des IMAO, la clozapine et le lithium, que l'on recommande de cesser avant le début du traitement d'ECT.

Médicaments à utiliser avec prudence
- Les benzodiazépines ont des propriétés anticonvulsivantes, augmentent le seuil de convulsion et diminuent l'intensité et la durée des convulsions induites par les ECT. Si on doit absolument les administrer, on recommande d'utiliser une faible dose de benzodiazépine à courte durée d'action et d'omettre la prise la veille du traitement d'ECT ;
- Les antipsychotiques peuvent affecter le seuil convulsif. Lorsque leur utilisation s'avère nécessaire, on préconise l'emploi d'un antipsychotique de haute puissance, comme l'halopéridol ;
- Les antidépresseurs. Les ISRS sont généralement considérés compatibles avec l'ECT, alors que les IMAO et le bupropion devraient être administrés avec la plus grande prudence puisque leur toxicité peut être augmentée en présence d'une ECT.

Note : bien que certains antihypertenseurs aient été associés à des cas d'arythmies et de confusion lorsqu'ils ont été prescrits au cours d'une ECT, on recommande que les patients reçoivent ces médicaments comme à l'habitude, avec une petite gorgée d'eau, environ deux heures avant la séance de sismothérapie.

Peu de données sont disponibles dans la documentation scientifique concernant l'emploi de médicaments en concomitance avec l'ECT. Nos connaissances actuelles à ce sujet sont donc limitées. En tout temps, la prudence est de mise, et l'infirmière a un rôle important à jouer dans la surveillance des effets pouvant être induits par une telle combinaison.

La céphalée et les pertes de mémoire sont les effets secondaires le plus souvent associés à l'ECT. En cas de céphalée, on administre des analgésiques légers et on recommande le repos. Les troubles mnésiques tendent à être plus prononcés avec un traitement bilatéral. Ils peuvent être assez graves durant la cure, mais s'atténuent de manière importante après une série de traitements. L'infirmière réoriente le client, lui offre son soutien et le rassure en cas de crainte concernant les pertes de mémoire. Il importe de se rappeler, spécialement avec les clients ayant des trous de mémoire, que l'enseignement au client requiert des répétitions tout au long du traitement. Les infirmières laisseront les clients exprimer leurs craintes en leur fournissant soutien et enseignement pour réduire leur anxiété vis-à-vis de l'ECT.

Dépression saisonnière et photothérapie

Chez certains individus, une altération de l'humeur est liée aux changements de saison. Les études indiquent que les accès maniaques sont plus fréquents en été (Rosenthal et coll., 1983). Inversement, les statistiques démontrent une incidence plus forte de la dépression à la fin de l'automne. En 1961, dans une recherche environnementale, Aschoff a remarqué que les variations saisonnières des troubles de l'humeur étaient plus accentuées dans les pays en voie de développement que dans les pays industrialisés. Il a émis l'hypothèse que des facteurs comme la lumière électrique, le chauffage central et le respect d'un horaire de travail basé sur l'heure, et non sur la quantité de lumière naturelle disponible, diminuaient le risque d'épisodes affectifs. À l'inverse des attentes générales, les variations saisonnières étaient plus fortes sous les climats tempérés que dans les pays nordiques. Au niveau de l'environnement, il existe une corrélation avec l'ensoleillement et non avec la longueur des jours, ce qui implique que la durée et l'intensité de la lumière ont des répercussions sur l'humeur.

Les changements saisonniers, en ce qui a trait au temps et à la durée de l'ensoleillement, provoquent de nombreux changements chez les organismes vivants. On emploie la lumière artificielle pour faire éclore les plantes et favoriser la reproduction animale hors saison et pour accroître la productivité des poules pondeuses. Un éclairage brillant en spectre continu semble améliorer la productivité et diminuer l'irritabilité des travailleurs de quarts, dont les horaires de sommeil coïncident avec la lumière naturelle. En conséquence, de nombreuses observations tendent à prouver que la photothérapie constitue un traitement potentiel pour la dépression saisonnière (Lewy et coll., 1986 ; Rosenthal et coll., 1985 ; Terman et coll., 1986).

Les chercheurs ont étudié la dépression saisonnière, qui d'habitude commence en novembre et se caractérise par une hypersomnie, un état d'anergie, un besoin d'hydrates de carbone se traduisant par une prise de poids, une baisse de la libido, un retrait social et des pensées suicidaires. Cette dépression disparaît en mars et elle est parfois suivie d'une hypomanie au printemps (Kukopulos et Reginaldi, 1973).

Les spécialistes de la dépression saisonnière ont remarqué que certains marqueurs biologiques se retrouvent souvent chez les clients atteints. On a observé des troubles de la structure du sommeil sur l'EEG de sommeil (Rosenthal et coll., 1983). La prolactine et la mélatonine, deux hormones au rythme saisonnier, présentent des concentrations anormalement élevées chez les clients atteints de dépression saisonnière.

Les essais cliniques ont donné lieu à plusieurs généralisations en ce qui concerne l'efficacité de la photothérapie. Un pourcentage de clients, allant jusqu'à 80 %, considère que leur humeur s'améliore grandement avec la photothérapie (Lewy et coll., 1986 ; Rosenthal et coll., 1985). L'intensité de la lumière doit être plusieurs fois supérieure à celle que l'on utilise normalement pour les activités à l'intérieur. Habituellement, les clients sont exposés à huit tubes fluorescents de 1 m 20 à intervalle de 90 cm. L'exposition à la lumière conserve la même efficacité, peu importe le moment de la journée où le traitement est administré. Une cure efficace requiert au moins deux heures d'exposition et une durée de quatre heures accroît l'efficacité. Les effets thérapeutiques semblent liés à la quantité de lumière absorbée par la rétine et non par la peau.

La photothérapie produit des résultats rapides. Certains clients rapportent une amélioration après un à deux traitements, et les effets maximaux se constatent en quatre ou sept jours. À l'inverse, la rechute en cas de manque de lumière est tout aussi rapide. Le mécanisme d'action de la photothérapie et les causes sous-jacentes de la dépression saisonnière ne sont pas complètement élucidés. Les chercheurs s'activent dans les études sur cette question, de même que dans la mise au point d'appareils et de procédés de photothérapie.

CONCEPTS-CLÉS

- Les antipsychotiques atypiques (nouveaux), tout comme les antipsychotiques typiques (traditionnels), bloquent les récepteurs de la dopamine, mais les antipsychotiques atypiques ont une efficacité supérieure sur les symptômes négatifs. En dépit de leur toxicité, les avantages de ces médicaments l'emportent sur leurs inconvénients dans bien des cas.

- La réponse aux antipsychotiques suit l'ordre suivant : d'abord les symptômes positifs, puis les symptômes affectifs, ensuite les symptômes cognitifs et perceptifs, et enfin les symptômes négatifs.

- Le syndrome malin des neuroleptiques constitue une réaction parfois mortelle aux antipsychotiques typiques. Un diagnostic précoce réduit les complications fatales. Cependant, ce syndrome est souvent confondu avec un coup de chaleur, une pneumonie ou une catatonie létale.

- Les antidépresseurs soulagent 70 % des clients atteints de dépression majeure. Le taux d'échec de 30 % est souvent attribuable à une posologie ou à une durée de traitement inadéquates.

- Les antidépresseurs provoquent souvent un regain d'énergie et d'activité physique, alors que l'idéation suicidaire persiste, faisant courir au client un très grand risque de passer à l'acte durant la seconde semaine du traitement.

- La pharmacothérapie de la dépression présente beaucoup de désavantages. Il faut donc connaître la toxicité et l'efficacité des médicaments pour obtenir la réponse optimale.

- La réaction au lithium pouvant prendre une semaine ou plus, un traitement antipsychotique concomitant permet souvent d'atténuer les symptômes psychotiques aigus.

- Les anxiolytiques et les hypnotiques, tels les benzodiazépines, jouent un rôle d'adjuvant dans la thérapie. Un traitement normal, à court terme, oscille entre 7 et 10 jours.

- Les symptômes de sevrage des barbituriques s'apparentent aux troubles anxieux et aux troubles du sommeil d'origine.

- Bien que couramment prescrits, les barbituriques et les benzodiazépines ont tendance à créer une pharmacodépendance qui doit être prise en considération.
- Le recours aux anticonvulsivants exige une réponse et des symptômes cibles clairement définis.

- En dépit des idées reçues, l'électroconvulsothérapie constitue un traitement sûr et efficace de la dépression majeure.
- La photothérapie s'est révélée efficace pour traiter la dépression saisonnière.

Ivan L. Simoneau
inf., Ph.D.Éd. (psychopédagogie)
Collège de Sherbrooke

Chapitre 21

SOINS DE SANTÉ ALTERNATIFS

OBJECTIFS D'APPRENTISSAGE

APRÈS AVOIR LU CE CHAPITRE, VOUS DEVRIEZ ÊTRE EN MESURE :

- DE COMMENTER LES DIFFÉRENCES DE PHILOSOPHIE ENTRE LES MÉDECINES DOUCES ET LA MÉDECINE TRADITIONNELLE (CONVENTIONNELLE) ;

- D'INTERPRÉTER L'INFLUENCE DES RAPPORTS MUTUELS ESPRIT-CORPS SUR LE MIEUX-ÊTRE ET LA PROMOTION DE LA SANTÉ ;

- D'INDIQUER L'EMPLOI ACTUEL DES MÉDECINES DOUCES DANS LE TRAITEMENT DES AFFECTIONS PHYSIQUES ET MENTALES, EN PARTICULIER LES MALADIES CHRONIQUES ;

- D'EXAMINER LE RÔLE DE L'INFIRMIÈRE DANS L'ADMINISTRATION DES SOINS INFIRMIERS HOLISTIQUES ;

- D'ANALYSER L'INCIDENCE DES MÉDECINES DOUCES SUR LE RÔLE QUE JOUE L'INFIRMIÈRE DANS LA MISE EN PRATIQUE DES INTERVENTIONS THÉRAPEUTIQUES ;

- DE DÉCRIRE L'ADJONCTION DES MÉDECINES DOUCES AU PLAN DE SOINS ;

- D'ABORDER, DANS L'ENSEIGNEMENT AU CLIENT, L'UTILISATION CONCOMITANTE DE LA MÉDECINE TRADITIONNELLE (OCCIDENTALE) ET DES MÉDECINES DOUCES ;

- DE DÉCRIRE L'INCIDENCE DES MÉDECINES DOUCES SUR LA PRATIQUE DES SOINS INFIRMIERS, L'ÉDUCATION ET LA RECHERCHE.

MOTS-CLÉS

Maladie : impression d'être souffrant ou d'avoir un malaise. Il s'agit d'une impression subjective qui doit être interprétée par l'individu. La maladie peut être associée ou non à une pathologie. Il s'agit d'un événement inattendu et stressant dans la vie d'une personne qui l'empêche de remplir ses obligations ou ses fonctions habituelles. La maladie est souvent perçue comme une crise. Les termes maladie et pathologie sont souvent utilisés comme synonymes. Néanmoins, une pathologie peut exister sans que l'individu se sente malade, comme dans le cas d'une grosseur dans le sein qui n'a pas été détectée. Nombre de facteurs, considérés comme des causes de maladie, déterminent la réponse individuelle. La maladie chronique est un problème de santé avec des symptômes ou des déficiences requérant des soins à long terme et affectant les individus tout au long de leur vie. L'incidence des maladies chroniques augmente avec le temps et bien des personnes âgées présentent de multiples problèmes de santé chroniques. Cela les oblige à accepter des transformations de leur personnalité et à vivre avec des symptômes de fatigue et de douleur. Elles intègrent dans leur mode de vie des pratiques pour atténuer les symptômes et prévenir les complications. Certaines maladies chroniques permettent de mener une existence pratiquement normale de manière indépendante, d'autres requièrent une assistance ou un placement dans un centre de soins de longue durée.

Médecines douces : médecines complémentaires qui couvrent un vaste champ de philosophies de la guérison, d'approches et de traitements. Elles se définissent comme des moyens, des approches et des pratiques thérapeutiques peu enseignés dans les facultés de médecine, généralement ignorés dans les hôpitaux et, la plupart du temps, non remboursés par les compagnies d'assurance.

Pathologie : terme employé pour décrire une altération des fonctions corporelles et un état qui limite les activités quotidiennes en raison de symptômes reconnaissables. Elle résulte d'une impossibilité de s'adapter à certains agents stressants. Auparavant, on pensait qu'une pathologie spécifique découlait d'une cause particulière. Maintenant, on sait que de nombreux stimuli entrent en ligne de compte, tout comme les réactions de l'individu à ces facteurs et aux remèdes prescrits.

Santé : état de complet bien-être physique caractérisé par l'absence de maladie. Les différentes définitions considèrent la santé comme un phénomène dynamique, centré sur la vie plutôt que sur les différentes maladies. La santé est vue comme un état d'équilibre ou d'adaptation aux changements physiques, psychologiques, sociaux et environnementaux. La santé d'une personne fait référence à son état à un moment donné. Pour certains, la santé se définit comme l'aptitude à pouvoir travailler.

Soins infirmiers : science qui couvre tous les processus de soins de santé de l'individu, de la famille et de la collectivité afin de promouvoir, maintenir et restaurer un état de bien-être. Il s'agit d'une discipline dynamique, évolutionniste et humaniste, basée sur des principes scientifiques et techniques et requérant des qualités humaines, éthiques et spirituelles. Elle a recours à la démarche de soins infirmiers selon une approche holistique et assure une qualité de vie essentielle au soin des malades (définition de l'École d'infirmières de l'Universidad Politécnica de Nicaragua (Lockart, 1998).

Stress : (1) terme qui désigne à la fois un stimulus et une réponse. Il dénote une réponse non spécifique du corps à toute demande, que le fait soit négatif (une expérience douloureuse) ou positif (un événement heureux). (2) L'état produit par un changement de l'environnement, perçu comme difficile, menaçant ou nuisible pour l'équilibre dynamique de la personne. (3) La détérioration du corps au fil des années. (4) Le stress psychologique, défini comme tout processus, provenant de l'environnement extérieur ou de la personne elle-même, qui requiert une évaluation mentale avant l'implication ou l'activation de tout autre système.

21.1 SOINS DE SANTÉ ALTERNATIFS

Alors que le modèle biomédical se fonde avant tout sur le dépistage des causes externes d'une **pathologie** et l'application de méthodes externes de traitement, le modèle des soins non conventionnels ou holistiques vise, quant à lui, à renforcer la résistance interne de l'individu à la maladie ainsi que sa « guérison interne » ou à accroître les pouvoirs de guérison innés du corps. Bien que la pratique biomédicale ait fortement influencé les **soins infirmiers**, ceux-ci se fondent également sur une perspective holistique qui prend en compte l'ensemble des interactions intrapersonnelles, interpersonnelles et environnementales comme autant de facteurs contribuant au bien-être ou à la **maladie** de l'individu.

Certaines pratiques des médecines douces ont été intégrées à la médecine traditionnelle, en particulier celles qui concernent le soulagement de la douleur, le traitement des maladies chroniques, de l'anxiété, de la dépression ainsi que la prévention de la maladie. La présente analyse se concentre sur le contraste inhérent aux philosophies et aux modalités de traitement des deux modèles de soins biomédical et holistique, sur la description de certains types de médecines douces ainsi que leur importance dans la pratique des soins infirmiers.

21.1.1 Domaines d'application des médecines douces

« Les **médecines douces** englobent un ensemble de philosophies, d'approches et de traitements qui se caractérisent généralement par des pratiques de soins de santé peu enseignées dans les facultés de médecine, généralement ignorées dans les hôpitaux et, la plupart du temps, non remboursées par les compagnies d'assurance. » (National Institutes of Health (NIH), 1998). Certaines de ces thérapies reposent sur les principes physiologiques de la médecine traditionnelle, tandis que d'autres émanent de concepts en marge des pratiques médicales admises. Les médecines douces se répartissent en sept domaines d'application: (1) les interventions comportementales esprit-corps; (2) le bioélectromagnétisme; (3) les médecines parallèles (p. ex., la médecine chinoise), l'homéopathie, l'hygiène du milieu; (4) les techniques à mains nues, parfois comprises dans la catégorie des médecines parallèles; (5) les médicaments non admis par les praticiens traditionnels; (6) la phytothérapie; (7) les régimes alimentaires, la nutrition et les compléments alimentaires de même que les changements de mode de vie (Dossey, 1998; Reed et autres, 1994). L'encadré 21.1 dresse la liste de certaines de ces médecines douces.

21.1.2 Survol historique

Anciennes croyances culturelles

Autrefois, on considérait souvent la maladie comme une punition des péchés ou un caprice des dieux – l'accomplissement de la destinée; la guérison passait par la purification du corps à l'aide d'incantations et de plantes médicinales. On croyait que des esprits maléfiques provoquaient les maladies et les événements néfastes, les bons esprits intervenant en faveur d'un individu ou d'un groupe. Les sacrifices des animaux étaient destinés à apaiser les dieux et les esprits faisaient partie intégrante des rites de la guérison. Certains pays, cependant, érigèrent des lois pour réglementer les habitudes d'hygiène, les installations sanitaires et la conservation de la nourriture, afin de protéger les gens de la maladie.

Hippocrate, le père de la médecine moderne, né 400 ans av. J.-C., a introduit l'idée selon laquelle la santé, loin d'être l'affaire des dieux, dépendait de l'harmonie ou de l'équilibre entre le corps, l'esprit et l'environnement. Il a adopté une approche centrée sur le client pour traiter tous les aspects de la personne. Les croyances dominantes de la plupart des pays asiatiques envisageaient l'équilibre entre l'être humain et la nature comme passant par la recherche de la paix intérieure et du bien-être spirituel, de même que par la compréhension et l'interaction des pouvoirs de l'esprit et du corps. Dans nombre de cultures, des prêtres-médecins, nommés saints hommes ou chamans, faisaient office de guérisseurs et pratiquaient la médecine chamanique (Ellis et Hartley, 1998).

ENCADRÉ 21.1 — Domaines des médecines douces et exemples choisis

Interventions esprit-corps
- Méditation
- Prière
- Yoga
- L'art: musique, danse, art dramatique, littérature, humour
- Psychothérapie
- Hypnose

Exercice de la médecine parallèle
- Médecine chinoise traditionnelle
- Acupuncture
- Remèdes ayurvédiques
- Homéopathie
- Naturopathie
- Hygiène du milieu
- Médecine communautaire axée sur la culture

Traitements pharmacologiques et biologiques
- Vaccins et remèdes non reconnus par la médecine traditionelle
- Cartilage animal
- Acide éthylène-diamine-tétra-acétique comme produit chimique chélateur

Régime, nutrition, suppléments et modifications du mode de vie
- Vitamines, minéraux et compléments
- Régimes sur mesure – macrobiotique, contre le cancer, amaigrissant
- Régimes d'élimination – contre les allergies
- Régimes végétariens
- Régimes à base de mets ethniques

Bioélectromagnétisme
- Photothérapie
- Stimulation de la croissance osseuse
- Magnétothérapie

Méthodes de guérison à mains nues
- Ostéopathie
- Chiropratique
- Massages
- Acupression
- Réflexologie
- Toucher thérapeutique

Phytomédicaments
- Plantes médicinales chinoises
- Européens
- Américains

Concepts types de biomédecine

Au dix-septième siècle, le modèle biomédical considérait les relations entre le corps, l'esprit et l'âme comme secondaires. Les praticiens traitaient les affections du corps, alors que les problèmes relatifs à l'esprit et à l'âme restaient l'affaire de l'Église. Cette répartition a permis des progrès spectaculaires dans la compréhension des processus biologiques et dans la découverte de traitements contre les maladies. Cette pratique a perduré jusqu'aux temps modernes. Alors que les médecins traitaient les maladies physiques, les psychiatres s'occupaient des troubles mentaux, et le clergé se consacrait aux besoins spirituels. Encore aujourd'hui, une forte tendance persiste à considérer l'être humain comme un système complexe composé de plusieurs sous-systèmes en interconnexion, l'individu dans sa totalité correspondant alors à la somme des parties qui le composent (Achterberg et autres, 1994 ; Bellamy et Pfister, 1992).

L'exercice de la médecine traditionnelle s'appuie essentiellement sur des traitements normalisés, tels que des médicaments ou des interventions chirurgicales, et le régime des soins s'adapte au client selon la catégorie de maladie, de signes et des symptômes définis qui lui correspondent. Le Dr Andrew Weil (1995), médecin, professeur et auteur de plusieurs ouvrages sur la guérison esprit-corps, a remarqué que les étudiants en médecine se trouvent essentiellement exposés à la médecine hospitalière où les clients gravement malades ne constituent qu'une petite partie de la population générale. « Traiter plutôt que guérir est devenu le maître mot des soins de santé du monde occidental, donnant la priorité à la technologie, à la puissance, à l'analyse et à la réparation des parties endommagées » (Kozier, Erb et Blais, 1997). L'éducation médicale est également *axée sur le médecin*, lui octroyant l'autorité de décider en tant que soignant et reléguant le client à un rôle passif, plutôt désarmé, qui limite sa responsabilité dans le processus de guérison.

Concepts types de holisme

Par opposition, la perspective holistique concerne la guérison de la personne dans sa totalité plutôt que le traitement d'une affection spécifique. Chaque individu est perçu comme unique par rapport aux autres et représentant *davantage* que la somme de ses parties – ce qui touche un aspect, touche tous les autres (Bellamy et Pfister, 1992 ; Dossey et Dossey, 1998 ; Keegan, 1998). En plus d'examiner les symptômes physiques, le clinicien tient compte de l'influence des facteurs culturels et génétiques, des expériences passées et actuelles, de la structure familiale et des rôles sur la perception que l'individu a de la **santé**, de la pathologie et des mécanismes d'adaptation. On encourage les individus à devenir pleinement responsables de leur propre santé de même qu'à participer, en cas de maladie, au processus de guérison. Une modification de l'attitude ou du mode de vie, une certaine maîtrise, la paix intérieure ainsi que la disparition de l'anxiété peuvent indiquer la guérison même si la maladie en question n'est pas complètement traitée. De multiples méthodes peuvent être incorporées au plan de soins individualisé. Nombre de thérapies se fondent sur des croyances et des pratiques orientales et extrême-orientales. Dans la gamme variée des médecines douces, on trouve certains thèmes récurrents : la capacité inhérente d'un individu à récupérer, l'importance de l'estime de soi ainsi que les croyances spirituelles et émotionnelles concernant la santé. Les méthodes de traitement consistent à maintenir ou à rétablir l'équilibre dans tous les aspects de l'individu (voir encadré 21.2).

Thèmes récurrents des médecines douces　　**ENCADRÉ 21.2**

- Les êtres humains disposent d'un pouvoir de guérison inné.
- Les valeurs religieuses et spirituelles comptent pour beaucoup dans l'état de santé.
- L'estime de soi et le fait d'avoir une finalité dans la vie représentent des facteurs positifs du processus de guérison.
- Les pensées, sentiments, émotions, valeurs et significations perçus interviennent sur le fonctionnement physique.
- La plupart des thérapies s'appuient sur les régimes, l'exercice, les techniques de relaxation, un mode de vie et un changement au niveau des attitudes.
- L'accent est mis sur la personne dans sa globalité – santé physique, mentale, émotionnelle et psychosociale.
- La maladie est envisagée comme un déséquilibre, les interventions étant vouées à restaurer cet équilibre.
- L'énergie est la force nécessaire pour atteindre l'équilibre et l'harmonie.

Prépondérance du modèle biomédical

Avant le dix-neuvième siècle, la médecine conventionnelle et les médecines douces coexistaient en se faisant concurrence sur un pied d'égalité. Cependant, durant la deuxième moitié de ce siècle, la découverte scientifique des microbes en tant que cause de nombreuses maladies infectieuses, ainsi que le développement de méthodes permettant de les éradiquer, prouvèrent la supériorité du modèle biomédical. Les taux de guérison augmentèrent et de bons résultats chirurgicaux suivirent l'introduction des techniques aseptiques et les nouvelles découvertes en anesthésie. En 1910, le rapport de recherche d'Abraham Flexner, recommandant l'institution de normes éducatives pour les médecins et une autorisation d'exercer, constitua un autre événement significatif légitimant la médecine conventionnelle. Le financement philanthropique des institutions de formation médicale mit rapidement fin à toute aide financière aux écoles ne disposant pas d'un programme médical et scientifique.

Par suite de l'acceptation du modèle médical, la crédibilité des médecins pratiquant les médecines douces et leurs méthodes furent remises en question, reléguées en marge des soins de santé et qualifiées de « charlatanisme ». Bien que la chiropratique et l'ostéopathie soient demeurées, d'autres disciplines, comme l'homéopathie et la naturopathie, tombèrent pratiquement dans l'oubli (Dossey et Swyers, 1994 ; Kozier, Erb et Blais, 1997). Actuellement, les professionnels des soins de santé ne tiennent pas souvent compte du fait que les gens recourent à de nombreuses médecines douces pour surmonter la maladie (Ellis et Hartley, 1998).

Vers une convergence des philosophies

L'orthodoxie médicale, néanmoins, n'arrive pas à expliquer ni le fonctionnement ni les maladies de l'esprit, tout comme elle ne peut interpréter les interactions entre l'esprit, l'âme et le corps (le cerveau étant considéré comme une partie du corps). La découverte que certaines personnes, pourtant confrontées aux agents pathogènes, ne contractent pas de maladie, a conduit les chercheurs à s'inscrire en faux contre la théorie biologique existante pour explorer d'autres causes déterminantes possibles. Des études épidémiologiques subséquentes ont révélé que l'alimentation, la cigarette et la pollution de l'environnement sont directement associées à l'accroissement du cancer du poumon, que les veufs ont un taux de mortalité plus élevé que les personnes mariées dans la même tranche d'âge, que les facteurs sociologiques influent sur la maladie et que certains groupes religieux se signalent par des taux de morbidité et de mortalité inférieurs pour certaines maladies spécifiques. La forte probabilité qu'une relation de cause à effet existant entre l'esprit, l'âme et le corps et retentisse sur la santé et la maladie incite à pousser plus avant les recherches. Ces conclusions indiquent que bon nombre de maladies chroniques ne relèvent pas des solutions unidimensionnelles de la médecine conventionnelle (Berman et Larson, 1994).

Les scientifiques ont donc exploré les modalités ancestrales de guérison esprit-corps issues d'autres sociétés, plus particulièrement la médecine chinoise. En conséquence, l'acupuncture, la méditation, les techniques de relaxation, les massages et autres interventions connexes ont été intégrés au courant dominant des soins de santé. Certaines facultés ont inclus des cours de médecines douces dans leur cursus ; on a entrepris des recherches supplémentaires et publié de nombreux articles (Bassick, 1996 ; Dossey et Swyers, 1994 ; Reed et autres, 1994 ; Weil, 1995). Toutefois, l'introduction de ces techniques non conventionnelles et complémentaires se trouve ralentie par les mesures de contrôle et de remboursement, les valeurs et les idées fausses de nombreux praticiens traditionnels, de même que par le manque d'essais cliniques à grande échelle démontrant leur efficacité.

21.1.3 Problèmes actuels

Aspect évolutif des soins de santé

Le coût très élevé de la médecine moderne grève à l'heure actuelle l'économie des États-Unis et des autres pays développés, se mettant d'elle-même hors de portée de la grande majorité de la population mondiale, surtout pour les traitements à long terme. Aux États-Unis, près de 70 % du budget de la santé est dédié au traitement de malades chroniques et les coûts monteront en flèche avec le vieillissement de la génération des enfants du baby-boom. Environ 160 millions d'Américains disposent d'un régime de soins gérés et près d'un billion de dollars est dépensé annuellement pour le traitement des maladies et des blessures. Les individus ont souvent besoin d'assistance pour réussir à se retrouver dans les dédales du réseau de la santé.

Malheureusement, les traitements biomédicaux et la technologie de pointe peuvent également avoir des conséquences funestes. Les microbes sont devenus résistants aux médicaments et certaines maladies chroniques réfractaires à toutes les interventions scientifiques ont remplacé les infections en tant que principale cause d'invalidité et de mortalité. Les effets secondaires d'un grand nombre de nouveaux médicaments « miracles » ont parfois une incidence physique et mentale désastreuse sur l'individu.

La détérioration de la confiance du consommateur dans les méthodes de traitement conventionnelles fait que les citoyens se tournent maintenant vers les législateurs pour faire évoluer le réseau de la santé. Ce mécontentement croissant s'explique en grande partie par la montée en flèche des coûts, doublée des restrictions imposées par les soins gérés et les organisations de soins de santé intégrés. La réforme des soins de santé doit se réorienter sur la prévention de la maladie et la promotion de la santé plutôt que de se consacrer uniquement au traitement de la maladie (Dossey et Swyers, 1994 ; Ellis et Hartley, 1998 ; Moran, 1995 ; Weil, 1995). Une grande partie de la population a maintenant recours aux médecines douces pour prendre en charge directement sa santé.

La mondialisation des cultures et les informations fournies par les médias ont largement influencé l'acceptation et l'adoption des médecines douces. Les informations concernant la santé sont propagées presque quotidiennement par la presse, la radio, la télévision et Internet. Des articles apparaissent fréquemment dans les magazines grand public et beaucoup de librairies allouent un espace substantiel aux manuels d'aide devenus des succès de librairie. Les avantages des substances « naturelles », la réduction des effets secondaires et des techniques invasives, une éventuelle baisse des coûts et la possibilité de choisir incitent à préférer les solutions de rechange à la médecine traditionnelle.

Selon une étude réalisée en 1993 auprès de 1539 personnes de 18 ans et plus, environ 70 % à 90 % d'entre elles avaient eu recours au moins une fois aux médecines douces durant l'année précédente. Les gens essaient d'abord les remèdes maison, souvent après avoir consulté leurs proches, pour se tourner ensuite vers les « guérisseurs » ou les représentants du clergé avant de s'adresser aux professionnels de la médecine traditionnelle pour les maladies aiguës. Les participants disaient également recourir en parallèle aux médecines douces et à la médecine traditionnelle en cas de maladies chroniques, en informant ou non leur fournisseur de soins de santé. Près d'un tiers des personnes interrogées prenaient des médicaments en vente libre et 50 % d'entre elles ingéraient des vitamines et des compléments alimentaires.

L'étude a chiffré les dépenses non remboursables à 14 milliards de dollars pour les remèdes issus des médecines douces et destinés au traitement des maladies chroniques de ces répondants ; le nombre moyen de visites aux praticiens en médecines douces excédant celui des visites au personnel soignant de la médecine traditionnelle. L'étude s'est limitée aux 16 médecines douces les plus répandues, dont l'acupuncture et la chiropratique. Le groupe le plus nombreux était âgé de 25 à 49 ans, avait fait des études supérieures et disposait de revenus supérieurs à la moyenne. Parmi les maladies chroniques signalées figuraient les problèmes de dos, les troubles digestifs, les céphalées, les allergies, l'asthme, l'hypertension et les problèmes cardiovasculaires, le diabète, le cancer, l'arthrite et l'abus d'alcool ou d'autres drogues, avec une prépondérance pour l'alcool (Eisenberg et autres, 1993).

Des conclusions similaires sont ressorties d'une étude nationale effectuée en 1997 auprès de 1752 répondants âgés de plus de 18 ans. Aux motifs de l'étude précédente, 18 % des personnes interrogées ont ajouté l'anxiété, tandis que 14 % ont relaté des épisodes dépressifs. Une sensation de **stress** fut rapportée par 43 % des répondants, la moitié d'entre eux le considérant comme un facteur de leur maladie physique. Ils ont remarqué que le stress psychologique occasionnait davantage de fatigue que le stress physique (Clements et Hales, 1997).

Les médecines douces les plus prisées par les répondants des deux études étaient la chiropratique, l'exercice, l'alimentation et les compléments alimentaires, les techniques de réduction du stress, la rétroaction biologique, la méditation, le yoga, les conseils d'ordre spirituel et les prières, les plantes médicinales et les remèdes de bonne femme ainsi que les stratégies de guérison par l'énergie (Clements et Hales, 1997 ; Eisenberg et autres, 1993). Un résumé de ces conclusions figure à l'encadré 21.3.

Une autre étude récente a révélé que les principales préoccupations des personnes âgées sur le plan de la santé concernaient la qualité de vie et la disponibilité des ressources permettant de s'adapter aux changements psychologiques, sociaux et physiologiques du vieillissement. Nombre de ces individus avaient dû faire face à l'isolement social et à l'anxiété, souffraient de multiples problèmes de santé chroniques accompagnés de douleurs, se nourrissaient mal et pratiquaient d'activités peu d'activités. Les inquiétudes d'ordre financier et l'accès aux soins de santé figuraient également parmi leurs principales préoccupations (Dossey, 1997).

Les remèdes traditionnels transmis de génération en génération représentent les médecines douces les plus souvent employées par les personnes âgées. Certains remèdes consistent ainsi à boire une mixture à base de miel, d'huile de carthame et de vinaigre de cidre, à porter des bracelets de cuivre et, plus récemment, à recourir aux aimants pour traiter l'arthrite et les douleurs musculaires.

Obstacles à l'acceptation des médecines douces

Bien que l'usage des médecines douces soit en vogue depuis des siècles en Europe, en Asie et en Extrême-Orient, les résultats thérapeutiques n'ont été relatés que par des comptes rendus isolés, laissant planer un doute sur la rigueur des méthodes de recherche. Le monde médical traditionnel ne

---

Données recueillies lors de deux enquêtes téléphoniques nationales indépendantes — ENCADRÉ 21.3

Ces études ont été réalisées en 1993 (Eisenberg et autres) auprès de 1539 sujets âgés de plus de 18 ans, et en 1997 (Clements et autres) auprès de 1752 sujets âgés de plus de 18 ans. La tranche d'âge la plus largement représentée dans l'étude d'Eisenberg et autres allait de 25 à 49 ans, avait une éducation de niveau collégial et se situait dans une tranche de revenus supérieure à la moyenne.

- Soixante-dix pour cent d'entre eux ont fait appel au moins une fois aux médecines douces au cours de l'année précédente.
- Nombre d'entre eux ont concurremment fait appel aux médecines douces et à la médecine traditionnelle.
- Ils utilisaient les médecines douces dans le traitement des maladies chroniques, en informant ou non leur fournisseur de soins de santé.
- Un tiers d'entre eux prenaient des médicaments en vente libre.
- Cinquante pour cent ingéraient des vitamines et des compléments alimentaires.
- L'utilisation de remèdes maison suivait généralement une consultation auprès de la famille et des amis ou des conseils culturels et spirituels.
- Nombre d'entre eux envisageaient les maladies comme résolutives et préféraient essayer leurs propres remèdes avant de recourir aux pratiques conventionnelles.
- Les raisons premières de ces pratiques étaient le coût élevé des soins médicaux et le fait de prendre la responsabilité de sa propre santé.

Les maladies chroniques répertoriées comprenaient les problèmes de dos, les troubles digestifs, les céphalées, les allergies, l'asthme, les problèmes cardiovasculaires et l'hypertension, le diabète, le cancer, l'arthrite et l'abus d'alcool ou d'autres drogues avec prédominance de l'alcool. (L'anxiété et la dépression figuraient dans l'étude de Clements et Hales.)

Les médecines douces choisies incluaient la chiropratique, l'exercice, la nutrition et les compléments, les techniques de réduction du stress, la rétroaction biologique, la méditation, le yoga, les conseils spirituels et la prière, les remèdes populaires à base de plantes médicinales et les stratégies de guérison par l'énergie.

---

cesse de réclamer des études cliniques menées selon des paramètres stricts et contrôlés (voir encadré 21.4). Une préoccupation de taille concerne la validité des comptes rendus médiatiques et la compétence des journalistes. « Le public a été bombardé d'informations difficiles à démêler », se traduisant parfois par un mauvais usage ou une dépendance excessive à ces produits (Keegan, 1998).

Les coûts exorbitants des recherches s'avèrent prohibitifs pour beaucoup de partisans des médecines douces, empêchant de tester plusieurs méthodes. La forte dépendance de la société vis-à-vis des traitements à la fine pointe de la technologie et des médicaments constitue un autre obstacle, de même que les lois exigeant un permis professionnel pour exercer la médecine. Les pressions politiques et la publicité de l'industrie pharmaceutique n'aident pas non plus, bien que la plupart des compagnies produisent aussi des médicaments en vente libre, succédanés économiques de ceux, plus coûteux, prescrits sur ordonnance.

Note : plusieurs de ces études sont longitudinales et demanderont de nombreux mois ou années avant de donner des résultats. Certaines recherches ont déjà fourni des conclusions préliminaires. La liste qui suit constitue un échantillon de plusieurs travaux de recherche proposés et en cours. Beaucoup de ces constatations concernent des études à entreprendre dans les cinq années qui viennent ou plus tard. Certaines études ont également reçu des subventions de la part d'autres organismes. Les sommes concernées s'élevaient à 20 millions de dollars en 1998.

Recherche en cours

- Financée en 1993 – traitements à base de plantes médicinales contre la maladie de Parkinson pour étudier les effets des remèdes ayurvédiques (Southern Illinois University) ; actuellement, un essai clinique multicentrique est mené en Inde.
- Les médecines douces dans le traitement des sidatiques et des personnes souffrant de dépendance à l'alcool ou aux autres drogues (Bastyr University).

Nouvelles subventions de recherche

- Projet pilote recourant à l'acupuncture pour diverses situations cliniques (emplacements à communiquer).
- Compléments alimentaires – sulfate de glucosamine et de chondroïtine dans le traitement de l'arthrose – sécurité et efficacité (Georgetown University – étude d'une durée de 3 ans).
- Essai clinique aléatoire sur l'efficacité du millepertuis (*Hypericum perforatum*) dans le traitement de la dépression légère à sévère (Duke University Medical Center, 1998).
- Le onzième centre est destiné à l'étude des effets de la chiropratique.

Points à prendre en considération

- Essais sur les effets du *Ginkgo biloba* dans le traitement de la démence et du traumatisme cérébral subséquent aux accidents vasculaires cérébraux.
- Traitements à base de plantes médicinales contre l'hypertrophie bénigne de la prostate.
- Usage de l'ail dans le traitement des maladies cardiovasculaires (réduction du cholestérol).
- Compléments alimentaires, tel le déhydroépiandrostérone (DHA).
- Méthodes complémentaires pour le soulagement de la douleur (aiguë et chronique).

Client averti

La mainmise des médecins sur les informations relatives à la maladie tend à décliner au fur et à mesure que les consommateurs jouent un rôle de plus en plus actif dans la prise de décisions concernant les méthodes de traitement. Les groupes d'entraide et de discussion font régulièrement appel à Internet pour échanger des informations et mettre en commun les compétences actuelles sur de nombreux problèmes de santé qui dépassent les informations courantes détenues par le praticien. Les familles et les clients, confrontés à des situations mettant en danger le pronostic vital, ont ainsi localisé des informations relatives à ce problème particulier et, en les communiquant à leur médecin, sont parvenus à modifier efficacement le protocole médical (Bassick, 1996 ; Jessup, 1995).

Rôle de l'infirmière

« Les infirmières ont comme responsabilité première la promotion de la santé, sa préservation et les activités de prévention ; ces responsabilités constituent l'essence même de la pratique professionnelle des soins infirmiers » (Nunnery, 1997). La santé des individus, des familles et des collectivités représente l'élément central des soins infirmiers, tenant compte des répercussions sur l'état de santé de l'individu, de ses croyances concernant la santé, de même que de ses interactions avec lui-même, autrui et l'environnement. De nombreux modèles de pratique ont été élaborés pour guider l'infirmière dans l'exercice de ses fonctions. Tous ces modèles sont conçus selon une vision holistique du client, sa capacité à s'adapter aux événements, l'incidence des valeurs sociales et culturelles sur ses croyances concernant la santé et la maladie et sa contribution personnelle aux résultats positifs (Kozier et autres, 1997 ; Nunnery, 1997).

L'importance du rôle des infirmières dans la mise en œuvre de pratiques complémentaires et issues des médecines douces en conjonction avec la médecine traditionnelle ne fait aucun doute. À ce sujet, le docteur Wayne B. Jonas signale le fait que les infirmières ont souvent assuré des interventions mettant l'accent sur certains des aspects biopsychosociaux négligés à cause d'un environnement de plus en plus gouverné par les pressions de la technologie et la gestion de la santé. Les soins infirmiers peuvent combler l'écart subsistant entre les médecines douces et la médecine traditionnelle (Keegan, 1998).

21.1.4 Survol des applications de certaines médecines douces

Interventions esprit-corps

Méditation

La relaxation provoquée par la méditation apporte une vaste gamme d'effets physiques et mentaux bénéfiques, incluant une baisse de la fréquence cardiaque et de la pression artérielle, la diminution des taux sériques des corticostéroïdes, une sensation de calme et de paix ainsi qu'une vivacité d'esprit. On s'est servi de la méditation, combinée avec la rétroaction biologique, l'imagerie visuelle et d'autres mesures de réduction du stress, dont le yoga et les techniques de relaxation progressive, dans toute une série de situations (p. ex. l'apaisement de la douleur, la réduction de l'anxiété,

SOINS INFIRMIERS DANS LE MILIEU DE VIE

Médecines douces

Les infirmières en soins psychiatriques communautaires sont parfois stupéfaites de voir à quel point les clients psychiatriques ont recours aux médecines douces. Bien que ces thérapies ne soient pas dénuées d'effets secondaires ou d'interactions avec d'autres médicaments, le fait qu'elles soient « naturelles » les fait considérer par la plupart comme plus « sûres » que les remèdes conventionnels. L'automédication des clients comporte ainsi fréquemment des vitamines, minéraux et préparations de phytothérapie visant à contrer les problèmes de santé. Plusieurs prennent du millepertuis contre la dépression et de la mélatonine contre les insomnies. Certaines personnes donnent des comprimés de *Ginkgo biloba* et de la vitamine E à leurs parents âgés, les encouragent à participer à des expériences énergisantes telles le tai-chi ou le yoga.

De nombreux médecins sont également au courant des récentes études sur le traitement de la démence et prescrivent un traitement de vitamine E à doses massives en conjonction avec d'autres médicaments. Lorsque leurs clients refusent de suivre des traitements plus conventionnels, ils peuvent prescrire du *Ginkgo biloba* pour contrer la perte de mémoire ou du millepertuis pour lutter contre la dépression. Pour certains clients, les traitements comme l'acupuncture, la méditation, la rétroaction biologique et les massages sont prescrits avec un certain succès, plus particulièrement pour réduire le stress et les symptômes

dus au retrait d'un médicament. Certaines formes d'hypnothérapie sont utilisées en cas de pharmacodépendance et de stress post-traumatique.

L'usage très répandu de ces traitements oblige une évaluation infirmière de départ et continue incluant des questions sur les médecines douces, certaines d'entre elles pouvant interagir avec l'allopathie et entraîner de graves effets, comme un temps de coagulation réduit à cause d'agents antioxydants. L'adhésion aux médecines douces est plus répandue dans certains pays que dans d'autres, mais une évaluation psychiatrique exhaustive doit absolument comprendre des questions au client sur l'éventuelle utilisation qu'il en fera.

L'infirmière en soins psychiatriques communautaires doit également être attentive à une autre forme d'automédication : la consommation de drogues illicites. Certains clients croient que la marijuana s'avère plus efficace pour maîtriser leurs symptômes que les médicaments prescrits par leur médecin. Ils peuvent recourir, pour les mêmes raisons, à d'autres drogues illicites ou psychodysleptiques. Il est primordial que l'infirmière en soins psychiatriques communautaires puisse à la fois reconnaître les signes de la consommation de psychotropes et gagner la confiance du client, afin d'établir un dialogue constructif concernant les dangers de ces substances.

---

le soulagement de la dépression, l'augmentation des taux de guérison et la réduction de l'abus d'alcool ou d'autres drogues). Les méthodes de méditation s'apprennent grâce aux audiocassettes destinées à faciliter la maîtrise de la concentration.

Yoga

Le principe de base du yoga consiste à vivre une vie équilibrée. Un entraînement quotidien permet l'adoption de certaines postures corporelles, la maîtrise de la respiration, la réduction de la stimulation des sens, une vie simple et le recours à la méditation dirigée. Pratiqué à l'origine en Inde, le yoga est maintenant une pratique répandue contribuant à favoriser la santé et servant de thérapie pour les personnes souffrant de maladies chroniques (Achterberg et autres, 1994 ; Kozier, Erb et Blais, 1997 ; Taylor, 1994 ; Wanning, 1993).

Thérapies par l'art

La musique, la danse, l'art dramatique, la littérature, l'humour et l'art font partie de l'ambiothérapie. Une musique de fond crée une atmosphère apaisante et constitue souvent une distraction dans les moments de stress et de douleur. On met souvent de la musique dans les unités de soins intensifs, en chambre de naissance, durant une intervention dentaire et même comme stimulus pour les individus aux niveaux de conscience altérés. La musicothérapie permet à l'auditeur d'exprimer ses émotions et sentiments

par l'intermédiaire de la danse, du chant et de l'imagination créatrice (Pope, 1995).

La danse, symbole de joie et de fête dans le monde entier, est employée comme moyen d'accroître son estime de soi et d'améliorer son image corporelle ; d'atténuer la dépression, la peur et l'isolement et d'exprimer ses émotions – même la colère (Achterberg et autres, 1994). Le Canada et la Corée ont entrepris, en collaboration, des recherches en soins infirmiers portant sur les effets positifs de la musique et de la danse sur le mieux-être. Il a été établi que le fait de participer à un groupe thérapeutique de danse ethnique folklorique réduisait l'isolement social chez les Coréens âgés et avait une incidence thérapeutique chez les clients souffrant de troubles psychiques (Choe et Heber, 1997). Un modèle de réadaptation des malades mentaux, issu des soins infirmiers communautaires et qui accordait une grande importance à la musique et à l'art, a donné des résultats remarquables à Séoul, en Corée. Cette étude de deux ans, subventionnée par les Nations Unies, a conclu que la majorité des participants étaient en mesure de vivre normalement et de manière indépendante ; leurs relations familiales s'étaient améliorées et les épisodes récurrents, comme la réhospitalisation, avaient diminué (Kim, 1998)(voir encadré 21.6).

L'art a souvent permis aux enfants et aux adultes d'exprimer leurs sentiments face aux situations stressantes et aux inquiétudes inconscientes concernant la maladie. À l'instar de la musique et de la danse, l'art produit souvent un effet apaisant ou excitant. On recourt à l'expression artistique comme outil psychothérapeutique dans les centres gériatriques, les institutions pour enfants et adolescents, dans les hospices, lors de cures de désintoxication et dans les prisons (Achterberg et autres, 1994 ; Samules, 1995).

Les livres, la poésie et les écrits religieux constituent des moyens de s'évader dans la lecture pendant de longs moments. Les journaux intimes, appelés aussi « méditation de transformation » et de conversation avec soi-même, favorisent également l'expression des émotions (Carson, 1989).

Humour

L'humour et le rire contribuent aussi à exprimer les émotions, à soulager les tensions et l'anxiété et à s'adapter aux situations douloureuses ou désagréables. Le rire a des effets favorables sur les fréquences respiratoire et cardiaque, la pression artérielle et la tension musculaire. Ainsi, bavarder et rire avec un client en racontant une histoire drôle, une anecdote ou une devinette s'avère sain et efficace pour diminuer les tensions.

Activité physique

Les bienfaits de l'activité physique sont bien connus. Elle apporte un sentiment général de bien-être et de vitalité, accroît l'efficacité respiratoire et cardiovasculaire et allonge la durée de vie. Les gens physiquement actifs dorment mieux et ont un meilleur appétit ; l'activité physique est aujourd'hui considérée comme un facteur essentiel des autosoins. Même les individus souffrant d'un handicap peuvent également s'adonner à des exercices simples.

Zoothérapie

Le débat concernant les interventions esprit-corps ne serait pas complet sans mentionner le rôle des animaux de compagnie pour améliorer le bien-être physique et mental. Les études sur la zoothérapie ont montré une réduction de l'hypertension, de la fréquence cardiaque et de l'isolement social. Les individus aveugles, sourds ou paralysés se reposent sur les animaux de compagnie pour accomplir les activités quotidiennes (Jorgenson, 1997). Par exemple, certains chiens sont dressés pour contribuer aux tâches quotidiennes comme ouvrir les portes, allumer ou éteindre les lumières et ramasser les objets tombés par terre (Huff, 1998). De façon générale, les infirmières reconnaissent l'efficacité de la zoothérapie et la défendent activement.

Psychothérapie et hypnose

La psychothérapie est le véhicule et le fondement de tous les autres soins (Achterberg et autres, 1994). De nombreux groupes de soutien social et d'entraide ont expérimenté plusieurs méthodes psychologiques, telles que les multiples approches thérapeutiques et les thérapies cognitive, comportementale et corporelle afin de soulager les participants. Les groupes constituent une thérapie connexe pour contrôler l'abus d'alcool et d'autres drogues, permettre la perte de poids, lutter contre le cancer, réconforter les personnes en deuil et assurer un soutien aux soignants.

L'hypnose existe depuis le dix-huitième siècle en tant que technique de relaxation profonde et fait maintenant partie du traitement de la dépendance à l'alcool ou aux autres drogues, des peurs et des phobies et de la maîtrise de la douleur. Elle a également donné de bons résultats avant que n'existe l'induction anesthésique, en tant que moyen de réduire l'hypertension et d'assurer le suivi du régime alimentaire. L'hypnose comprend l'utilisation d'images mentales, la concentration, l'emploi de mots ou de sons répétitifs ainsi qu'un état de relaxation total.

Exercice de la médecine parallèle

Les médecines douces comprennent notamment l'acupuncture, l'homéopathie, la naturopathie et l'hygiène du milieu.

Acupuncture

L'acupuncture consiste à introduire de fines aiguilles en certains points d'énergie du corps correspondant aux voies de circulation de l'énergie ou aux méridiens qui vont de la surface du corps aux organes internes. Son objectif est de stimuler le qi, ou énergie vitale, et de rétablir l'équilibre là où existent des déséquilibres. Les aiguilles peuvent être chauffées et connectées à un faible courant électrique ou encore tournées manuellement pour créer des vibrations. De nombreuses études ont montré les effets positifs de l'acupuncture sur les troubles d'ordre gynécologique et mental, les problèmes neuronaux et la dépendance à l'alcool ou aux autres drogues. Son efficacité dans le soulagement de la douleur et en anesthésie s'attribue à la libération d'opioïdes endogènes (endorphines) produits par le système nerveux (Achterberg et autres, 1994 ; Kozier, Erb et Blais, 1997). L'acupuncture reste la plus étudiée et la mieux documentée des médecines douces (Reed et autres, 1994).

Homéopathie

L'homéopathie se fonde sur l'idée qu'un médicament susceptible de provoquer certains symptômes pathologiques chez une personne saine peut servir de remède pour une personne malade souffrant des mêmes symptômes. Les remèdes sont fabriqués à base de substances diluées (p. ex. une solution très diluée contenant du sumac vénéneux pourra être prescrite en cas d'érythème). Pour être efficace, le médicament doit être agité vigoureusement ou « potentialisé » afin que la solution puisse extraire l'énergie de la substance dissoute. On emploie ces produits pour traiter les problèmes de santé aigus et chroniques, de même que pour la promotion de la santé.

Les médicaments homéopathiques représentent aujourd'hui un marché de plusieurs millions de dollars. Certains d'entre eux sont en vente libre ; les produits pour soigner les affections graves peuvent être préparés par un pharmacien.

Cette étude, menée en plusieurs étapes, a évalué l'efficacité d'une nouvelle méthode de soins infirmiers développée à Séoul, en Corée, par le Docteur Susie Kim. Elle se composait de huit concepts thérapeutiques interpersonnels : l'attention, la participation, le partage, l'écoute active, la socialisation, les compliments, le soutien et l'espoir.

Contexte

Les statistiques gouvernementales (1995) chiffrent les clients psychiatriques à 1 000 020, soit 2,2 % de la population coréenne. Environ 9 % de ces clients ont besoin d'être hospitalisés ; toutefois, nombre d'entre eux ne peuvent être placés en institution où les soins consistent souvent en des soins de garde et médicaux hors de portée de la plupart. La culture coréenne stigmatise les malades mentaux, surtout les personnes atteintes de schizophrénie.

Conception du programme

Le programme de réadaptation de Kim mettait l'accent sur l'initiative de l'individu et sa réinsertion dans la famille et la communauté. Le programme a été financé par le Programme des Nations Unies pour le développement et a été suivi de quinze répliques. Les principales interventions étaient destinées à résoudre les problèmes d'hospitalisations répétées et à améliorer le fonctionnement psychosocial. Elles incluaient : (1) des visites à domicile pour aider le client à apprendre certaines techniques, comme la réduction du stress ou les stratégies d'adaptation, et pour informer la famille de son rôle ; (2) des soins de jour où le client pouvait mettre en pratique ses aptitudes sociales ; (3) des séminaires d'une fin de semaine pour enseigner aux membres de la famille à prendre soin de la personne au cours de son processus de réadaptation.

Données relatives aux participants

Le groupe expérimental et le groupe témoin, 314 individus au total, comportaient 54 % d'hommes ; 64 % n'avaient jamais été mariés ; la moyenne d'âge était de 39 ans ; 55,8 % avaient fait des études de niveau collégial ou avaient décroché à ce stade ; 85 % n'avaient jamais occupé un emploi. La maladie durait en moyenne depuis 14,9 ans. La schizophrénie constituait le diagnostic le plus fréquent (80,5 %).

Conclusions

Les membres du groupe expérimental ont signalé recevoir davantage de soutien social, ils ont adhéré au traitement pharmacologique et ont estimé qu'ils pouvaient guérir. Les membres des familles ont affirmé maintenir une meilleure relation avec leur proche et avoir constaté des améliorations significatives. Les membres du groupe témoin ont reçu les soins habituels et été transférés dans le programme de réadaptation.

Les données qualitatives ont révélé que le talent musical d'un participant avait été mis en valeur par un pianiste professionnel, lui permettant d'interpréter avec succès la *Sonate à la lune* de Beethoven lors d'un concert à l'Ewha Women University. Un autre homme souffrant de psychose maniaco- dépressive fit sa première apparition publique dans un concours de gospel et enregistra un disque en vente sur le marché. Une femme âgée put apaiser sa dépression chronique grâce à son talent pour confectionner de jolis dés à coudre.

Kim, S. : « Out of darkness », *Reflections*, n° 24 (vol. 3), pp. 8, 1998.

Naturopathie

Il s'agit d'une méthode essentiellement employée par un groupe restreint de médecins, ayant une éducation scientifique et une formation spécialisée en médecines douces. Ces médecins font appel à une sélection éclectique de plantes médicinales, à l'homéopathie, à la diététique et à des thérapies de manipulations corporelles, en conjonction avec des méthodes et normes diagnostiques médicales scientifiques et modernes. La naturopathie vise l'autoguérison et les soins prodigués s'ajustent aux besoins de l'individu traité. Les principes de base comprennent les thérapies inoffensives (le premier rôle du médecin étant celui d'éducateur), l'atteinte et le maintien de la santé et d'un équilibre optimal, le traitement global de la personne, la prévention de la maladie grâce à un mode de vie sain ainsi que l'usage thérapeutique de la nutrition (Reed et autres, 1994).

Hygiène du milieu

Les scientifiques remarquèrent que la sensibilité et les symptômes d'allergie s'amélioraient avec l'élimination de certains aliments, produits chimiques, moisissures, poussières, pollens, etc. Le stress émotionnel a également été perçu comme une défaillance du système immunitaire. Les antécédents relatifs à l'environnement d'un individu sont devenus partie prenante du processus diagnostique, fournissant un compte rendu chronologique de l'étiologie du problème de santé en question. L'élimination des risques de l'environnement est devenue une préoccupation importante de la santé. Le retrait des matériaux d'isolation en amiante des immeubles ; l'installation de pots d'échappement catalytiques sur les voitures ; le retrait du marché de certains pesticides et l'élimination des agents de conservation et des colorants artificiels des aliments, des médicaments et des compléments alimentaires en sont de bons exemples (Reed et autres, 1994).

Méthodes de guérison à mains nues

Les méthodes de guérison à mains nues comprennent l'ostéopathie, la chiropratique, les massages thérapeutiques et le toucher thérapeutique.

L'objectif de cette étude consistait à évaluer les effets sur des adultes sains, d'un programme d'éducation sanitaire portant sur les techniques ayurvédiques (originaires de l'Inde) et occidentales. L'hypothèse était qu'au moins une des deux interventions contribuerait à réduire les risques pour la santé et à améliorer la qualité de vie et de la santé de ce groupe, en comparaison, un an plus tard, d'un groupe témoin. Cette étude a bénéficié d'une subvention de la NIH Alternative Medicine Branch.

Un échantillon a été sélectionné au hasard au sein d'un organisme dispensateur de services à tarifs préférentiels.

Les critères de sélection comprenaient des individus situés dans la tranche d'âge allant de 20 à 56 ans, ne souffrant pas de maladie grave (p. ex. cancer) et parlant anglais.

On a réparti les participants au hasard dans les groupes expérimentaux : ayurvédique (n = 41), occidental (n = 38) et le groupe témoin (n = 45).

Les interventions éducationnelles comprenaient des contenus théoriques sur la relaxation, l'activité et les régimes, donnés durant une fin de semaine et suivis d'appels téléphoniques de consolidation et de séances de perfectionnement trimestrielles.

On enseignait au groupe ayurvédique la méditation à partir du son primordial, le yoga et un régime ayurvédique. Le groupe occidental participait aux exercices d'aérobie et de relaxation progressive des muscles et suivait un régime riche en fibres.

L'évaluation consistait à mesurer, au niveau de base et tous les trois mois, l'indice pondéral et la pression artérielle. On a mesuré, au début, au 6e et au 12e mois, la teneur en lipides, un indice de risque pour la santé ainsi que l'indice de la qualité de la vie (questionnaire SF-36) et d'autres éléments.

Sur les 124 participants au départ, 88 (71 %) sont arrivés au terme de l'étude d'une durée d'un an. L'individu type était une femme (78 %), caucasienne (82 %), âgée en moyenne de 42 ans et de niveau collégial (31 %). Les participants des deux groupes expérimentaux ont signalé une amélioration de la perception concernant l'état général, une résistance à la maladie, davantage d'énergie, moins de symptômes, une pression artérielle plus basse et une meilleure observance du régime que le groupe témoin. La consommation en médicaments délivrés sur ordonnance diminua également.

La corrélation de l'observance du traitement avec le résultat montra une performance du groupe ayurvédique supérieure à celle d'une perception de la santé dépendant du hasard, moins de dépression et un meilleur suivi des pratiques thérapeutiques que le groupe occidental.

L'étude a été présentée par Barbara Riegel, docteur en sciences infirmières, inf. aut., infirmière clinicienne spécialisée, membre de la American Academy of Neurology et David Simon, docteur en médecine, à la Joint Southern California Sigma Theta Tau Chapters Nursing Research Conference (10 et 12 octobre 1996).

Ostéopathie et chiropratique

Ces disciplines impliquent la manipulation des tissus mous et des articulations. Leur exercice requiert une formation spécialisée et une autorisation. Une grande partie du public considère l'ostéopathie comme une partie intégrante de la médecine traditionnelle et l'ostéopathe est souvent le soignant attitré. Le chiropraticien étudie les relations existant entre la pression, les forces ou les tensions sur la colonne vertébrale ainsi que l'efficacité du système neuromusculosquelettique. Les manipulations de la colonne vertébrale, base du traitement, visent à en corriger l'alignement.

Massages thérapeutiques

On répertorie actuellement plus de 80 formes différentes de massothérapies. Elles vont de l'effleurage au malaxage en passant par les frictions et les percussions. La plupart de ces massages s'effectuent avec les mains, toutefois, on emploie aussi les avant-bras, les coudes ou les pieds. La massothérapie vise avant tout la relaxation des muscles et de tout le corps et l'amélioration de la circulation sanguine. Il fut un temps où les techniques de massage faisaient partie du cursus de base des soins infirmiers. Le toucher, véhicule essentiel de la massothérapie, est une forme de communication et de soin (Wanning, 1993).

Toucher thérapeutique

La guérison par le toucher remonte aux premières civilisations. Les infirmières pratiquent depuis longtemps différentes formes de toucher thérapeutique. Les avantages, récemment découverts, du contact physique, tels les massages, comprennent une impression d'équilibre spirituel, le soulagement de la tension et de l'anxiété, l'amélioration de la circulation sanguine, l'apaisement de la douleur et la stimulation du système immunitaire.

Aux États-Unis, le toucher thérapeutique est une méthode de soins reconnue par l'American Holistic Nurses' Association et fait l'objet d'une certification professionnelle depuis 1993 (Kozier, Erb et Blais, 1997 ; Mackey, 1995).

Traitements pharmacologiques et biologiques

En conclusion, les traitements pharmacologiques et biologiques des médecines douces consistent en une gamme de médicaments, de vaccins et de certaines diètes qui sont partiellement exclus de la médecine traditionnelle. Les traitements retenus et décrits se rapportent à la phytothérapie ainsi qu'à la modification de la nutrition au moyen de diètes variées.

Phytothérapie

L'utilisation des plantes médicinales dans le monde entier remonte aux temps anciens. L'écorce des arbres, les racines des plantes, les baies, les feuilles, la résine, les graines et les fleurs ont toutes été réduites en poudre, mélangées à des solutions, infusées et utilisées seules ou en association pour soigner les affections. Les remèdes à base de plantes sont employés par environ quatre milliards de personnes, soit 80 % de la population mondiale (McIntyre, 1996). (Environ un quart des médicaments prescrits comportent au moins un ingrédient actif dérivé des plantes.) Les scientifiques pensent que seulement 1 % des plantes existantes ont été analysées, ce qui laisse place à la découverte de nombreux autres médicaments.

Aujourd'hui, les phytomédicaments ne peuvent être commercialisés qu'en tant que compléments à la nutrition et sont souvent considérés sans valeur thérapeutique ou même potentiellement dangereux. Les politiques et les directives de sécurité ne sont pas clairement établies. Malgré tout, le public achète plus que jamais les médicaments issus des médecines douces et adopte nombre de remèdes originaires d'autres cultures.

Nutrition et régimes

Les besoins alimentaires et nutritionnels font partie intégrante des médecines douces comme de la médecine traditionnelle. L'alimentation « opulente » d'aujourd'hui, riche en graisses animales, en sucres raffinés et en huiles partiellement hydrogénées, contribue à un grand nombre de problèmes de santé dans les pays occidentaux. Les informations pédagogiques incluent maintenant des données concernant la combinaison d'une alimentation saine avec un changement de mode de vie visant à prévenir ou à combattre l'obésité, les maladies cardiovasculaires, le diabète et les autres problèmes chroniques de santé. On adjoint fréquemment les vitamines et les autres compléments alimentaires au plan de suivi médical.

Divers régimes alimentaires ont été mis en place en tant que traitements spécifiques contre le cancer. Parmi eux, le régime de Gerson, faible en sodium, en matières grasses, en protéines et riche en jus de légumes, comprend des suppléments potassiques et thyroïdiens. Les régimes macro-

---

Exemples de plantes et de phytoproduits employés par les médecines douces et l'allopathie traditionnelle
ENCADRÉ 21.8

La plupart de ces végétaux sont originaires de la forêt tropicale, les autres se trouvent dans la mer ou proviennent du monde entier. Les médecines douces et l'allopathie se servent des fleurs, des graines, des feuilles, des troncs et de l'écorce, des parties aériennes, des tubercules, des racines et des graminées. Plus du quart des remèdes des médecines traditionnelles repose sur les propriétés des plantes. Chaque partie d'une plante ou d'un arbre a des propriétés distinctes et des concentrations différentes et peut servir à diverses fins. Ces produits sont inhalés, ingérés, ajoutés à l'eau du bain ou employés en applications. Cette courte liste se limite à quelques exemples :

phytoanalgésiques : spirée blanche, peuplier (baume de Gilead), saule (aspirine), gaulthérie couchée, essence de girofle (utilisée en dentisterie), chrysanthème-matricaire, muscade (contre les migraines), marijuana (nausées et douleurs des cancéreux et des sidatiques) ;

phytonarcotiques : belladone, chélidoine, stramoine, pavot somnifère ;

aromatiques : piment de la Jamaïque, angélique, anis, palétuvier indien, camomille, gingembre, genièvre, lavande, menthe, muscade, menthe pouliot, romarin, armoise absinthe, pin et sapin baumier, cannelle (encens) ; employés comme relaxants ou pour leurs effets broncho-dilatateurs ;

stimulants : marijuana, muscade, peyotl, genêt à balai pour leurs propriétés euphorisantes et hallucinogènes ; ginseng (américain et asiatique) pour ses effets tonifiants au niveau psychique et physique – c'est également une panacée en raison de la variété de ses propriétés ; belladone pour son effet atropinique sur le système nerveux central ;

sédatifs : céleri, eupatoire fistuleuse, houblon commun, sucepin, lavande, aconit, cerisier tardif, kalmie à larges feuilles, passiflore, pêcher, pivoine, pervenche, héliotrope (valériane) ;

phytoantidépresseurs/phytoanxiolytiques : bourrache, millepertuis, lobélie (posologie correcte), romarin, anémone pulsatile, plantes aromatiques ;

phytoproduits anti-vieillissement : Ginkgo (améliore la circulation) ;

phytoantiseptiques : ail (réduit également le cholestérol), oignon, gaulthérie, camphre ;

phytodiaphorétiques : asaret du Canada ;

phytoantioxydants : gingembre, épices (indiennes) ;

cardiotoniques : digitale, muguet, strophantus (strophantoside G) ;

phytomédicaments ophtalmiques : fève de Calabar (physostigmine) contre le glaucome ;

phytoantihypertenseurs : persil, scutellaire, ail, aubépine, cerisier tardif, asaret du Canada (rauwolfia) ;

phytocontraceptifs : dolique tubéreux – diosgénine qui peut être convertie en progestérone (Syntex) ;

phytorelaxants musculaires : Strychnos toxifera à partir duquel on produit le curare – un poison violent employé pour paralyser les muscles thoraciques durant une opération ;

phytoantinéoplasiques : écorce d'if (paclitaxel), pervenche de Madagascar (vincristine, vinblastine) contre la leucémie infantile et la maladie de Hodgkin ;

phytomédicaments du tube digestif : papaye contre la dyspepsie, fleur de réglisse (carbenoxolone) pour traiter les ulcères gastro-duodénaux ;

phytoantidiarrhéiques : pavot somnifère (parégorique) ;

phytopurgatifs : Ricinus communis (huile de ricin) ;

phytoproduits dermatologiques : aloès, gaulthérie (pommade) ;

phytoantibiotiques : eumycètes (pénicillines), iris versicolore (antisyphilitique), lobélie (antisyphilitique) ;

phytoantipaludiques : écorce de quinquina ou baumier du Pérou (quinine) qui sont également des antiarythmiques ;

phytoantiviraux : podophylle pelté – condylomes acuminés et sida.

biotiques contre le cancer, popularisés dans les années 70 et 80, se fondent sur les croyances orientales concernant l'équilibre entre le yin et le yang. Le régime Pritikin, conçu comme un régime pour les cardiaques, est également riche en légumes, en fibres et en glucides complexes et faible en matières grasses. Il requiert, de plus, quarante-cinq minutes d'exercices quotidiens. Les régimes végétariens sont aujourd'hui chose courante aux États-Unis pour contrôler l'indice de masse corporelle. Le personnel soignant doit prêter attention aux régimes ethniques et culturels lorsqu'il planifie certains soins de santé. Certains de ces régimes sont susceptibles de poser un risque pour la santé à cause de l'absence de quelques ingrédients essentiels ou de l'interaction avec des médicaments d'ordonnance. En conclusion, l'addition d'aliments familiers dans la diète peut contribuer à faciliter la guérison, tout comme les substances contenues dans ces aliments.

CONCEPTS-CLÉS

- Un stigmate semble encore rattaché aux médecines douces que la communauté scientifique qualifie de mystification, de sorcellerie, de pratique superstitieuse et dont les résultats sont attribués à certains effets placebo. Toutefois, les infirmières doivent bien se documenter sur les multiples méthodes utilisées par les clients pour gérer leur vie et montrer une neutralité dans ce domaine. Les étapes majeures du plan de soins consistent à recueillir l'anamnèse, étayer ses conclusions et les communiquer aux autres membres de l'équipe soignante.

- Il est primordial d'éduquer le public sur les effets nocifs possibles de la prise conjointe de médicaments issus des médecines douces et de la médecine traditionnelle et sur l'obligation d'en informer les soignants. Les individus doivent également prendre conscience des conséquences de l'autodiagnostic et du retard à obtenir un traitement. Un client informé doit être complètement informé.

- Dossey (1997) défend l'idée selon laquelle les médecines douces et la médecine traditionnelle se complètent pour prodiguer des soins holistiques et recommande vivement aux infirmières de se familiariser avec les méthodes des médecines douces afin de les incorporer, chaque fois que faire se peut, dans le plan de soins.

- Les concepts de soins et de guérison, de même que le souci de la santé en général, constituent les composantes des soins infirmiers. Certains directeurs de services infirmiers prédisent que les soins seront à l'avenir prodigués dans des centres holistiques offrant ce qu'il est aujourd'hui convenu d'appeler médecines douces (Keegan, 1998).

- Selon la définition fournie par l'École d'infirmières de l'Universidad Politécnica de Nicaragua (Lockhart, 1998), les soins infirmiers sont une science qui couvre tous les processus de soins de santé de l'individu, de la famille et de la collectivité afin de promouvoir, maintenir et restaurer un état de bien-être. L'exercice de la profession consiste à entreprendre des actions indépendantes et interdépendantes, en grande partie techniques, comme l'enseignement, l'administration et la recherche. Il s'agit d'une discipline dynamique, évolutionniste et humaniste, basée sur des principes scientifiques et techniques et requérant des qualités humaines, éthiques et spirituelles. Elle a recours à la démarche de soins infirmiers, selon une approche holistique et assure un environnement propice aux soins de santé de l'être humain.

Manon Quesnel
B.Sc.inf.
Pavillon Albert-Prévost

Chapitre 22

INTERVENTION EN SITUATION DE CRISE

OBJECTIFS D'APPRENTISSAGE

APRÈS AVOIR LU CE CHAPITRE, VOUS DEVRIEZ ÊTRE EN MESURE :

DE DÉCRIRE L'ÉVOLUTION HISTORIQUE DE L'INTERVENTION EN SITUATION DE CRISE ;

DE RECONNAÎTRE ET DÉFINIR LES PHASES D'UNE CRISE ;

DE COMMENTER LES FACTEURS DE COMPENSATION QUI COMPROMETTENT L'ÉQUILIBRE ÉMOTIONNEL ;

DE COMPARER LES CRISES EXISTENTIELLES, LES CRISES SITUATIONNELLES ET LES CRISES ACCIDENTELLES ;

DE COMPARER LES APPROCHES GÉNÉRIQUES ET INDIVIDUELLES DES INTERVENTIONS EN SITUATION DE CRISE ;

DE DÉFINIR ET DÉCRIRE LES ÉTAPES DES INTERVENTIONS EN SITUATION DE CRISE ET LES APPLIQUER À LA RÉSOLUTION DES PROBLÈMES.

MOTS-CLÉS

Appréciation: processus de perception constant qui, dans le contexte d'une crise, permet de discerner un événement potentiellement dangereux, d'un événement potentiellement bénéfique ou sans importance.

Cognition: connaissance, prise de conscience de la signification subjective d'un événement.

Coping: emprunt à la langue anglaise qui signifie composer, s'adapter.

Crise: état de déséquilibre, de tension, non résolu par les mécanismes d'adaptation habituellement utilisés.

Debriefing: emprunt à la langue anglaise qui désigne des séances de verbalisation dont le but est de stabiliser rapidement l'état du client à la suite d'un événement traumatisant. En France, on utilise le terme *déchocage*.

Dissonance du moi: incohérence entre les attitudes et le comportement.

Empowerment (autonomisation): réappropriation de son pouvoir, reprise de la maîtrise dans une situation d'abus ou de dépendance.

Équilibre: état de stabilité émotionnelle.

Mécanismes d'adaptation: stratégies, conscientes ou inconscientes, permettant de remédier au stress et à la tension, provoqués par des menaces perçues à l'intégrité psychologique. Il s'agit d'un processus de résolution de problèmes de l'existence.

Méthode générique: méthode d'intervention en situation de crise fondée sur le déroulement caractéristique des différents types de crise plutôt que sur le comportement de chaque individu en crise.

Méthode individuelle: méthode d'intervention en situation de crise qui met l'accent sur l'évaluation professionnelle des processus interpersonnels et psychiques de la personne en crise.

Niveau de fonction antérieur à la crise: aptitudes, facultés d'agir avant qu'une crise ne survienne.

Paradigme: modèle permettant de dresser un tableau clair de la situation.

Perception de l'événement: signification que le client confère à un événement ou à une situation.

Problème immédiat: événement ou situation réels et actuels qui provoquent une crise; événement déclencheur.

Résilience: concept récent désignant les qualités adaptatives et évolutives du moi; capacité de résistance, généralement porteuse d'espoir.

Soutien situationnel: personne, organisme ou service qui peut aider une personne à surmonter une crise.

22.1 INTERVENTION EN SITUATION DE CRISE

L'impossibilité de résoudre un problème provoque chez l'individu une crise psychologique. Tout le monde aspire à un état d'**équilibre** émotionnel et recherche la stabilité, ou l'homéostasie. Un événement heureux ou malheureux, par exemple une naissance ou un deuil, une promotion ou une perte d'emploi, bouleverse les habitudes établies et crée un déséquilibre. L'individu tente alors de maintenir son équilibre ou de le rétablir; il se trouve à un tournant décisif. Confronté à un problème qu'il ne peut résoudre aisément au moyen des **mécanismes d'adaptation** habituels, il ressent une forte tension et une anxiété qui l'empêchent temporairement de trouver une solution. Dans une telle situation, il se sent désemparé, en proie à un désarroi émotionnel et il se trouve incapable de retrouver l'équilibre perdu. C'est l'état de choc.

Une intervention en situation de crise permet d'aider rapidement la personne en crise. Elle représente un traitement à court terme, économique et ponctuel, qui se limite à résoudre un **problème immédiat** et à prévenir que la crise ne perdure.

22.1.1 Historique

En 1942, aux États-Unis, à la suite d'un incendie qui fit 493 victimes dans une boîte de nuit de Boston, le Coconut Grove, on ajouta de nouvelles mesures aux procédures d'aide aux survivants qui constituèrent ensuite un cadre de référence. Dès 1948, Caplan et Lindemann créent, à partir de recherches structurées sur le deuil, la perte et le chagrin, un des premiers services de santé mentale communautaire où des interventions en situation de crise sont offertes.

Selon Gerald Caplan (1961), les aspects les plus importants de la santé mentale sont l'état du moi, l'étape de sa maturité et la qualité de sa structure. L'évaluation de l'état du moi s'effectue à partir de trois principaux critères: la capacité de la personne à supporter le stress et l'anxiété et à maintenir un équilibre personnel, sa capacité à reconnaître la réalité et à y faire face pendant la résolution de problèmes, et la gamme de mécanismes d'adaptation efficaces dont elle dispose pour maintenir son équilibre dans le champ biopsychosocial.

Caplan pense que, dans une approche préventive en santé mentale, tous les éléments qui composent le milieu émotionnel d'une personne doivent être évalués. Les exigences matérielles, physiques et sociales, de même que les besoins, les instincts et les impulsions de l'individu doivent être considérés comme des facteurs déterminants du comportement.

Le Québec a acquis une expertise dans la gestion des crises majeures qui est reconnue au-delà de ses frontières. Depuis les années 1980, des tragédies comme la tuerie à l'École polytechnique de Montréal (décembre 1989) ou l'accident d'autobus de Saint-Joseph-de-la-Rive (octobre 1997) ont plongé brutalement des communautés dans le deuil. Les grands désastres naturels, comme le déluge au Saguenay (juillet 1996) ou la tempête du verglas (janvier 1998), transforment en quelques heures des individus en sinistrés, et ils n'entraînent pas que des pertes matérielles. Nous retiendrons, au-delà du nombre des victimes et des coûts inhérents à la reconstruction des infrastructures, l'impact significatif de stresseurs aussi traumatisants sur la santé physique et psychologique des individus et des intervenants. De plus, ces tragédies ont fait ressortir la nécessité d'intégrer des services psychosociaux dans les mesures d'urgence et de former des individus dans les communautés qui soient aptes à réagir de façon efficace et rapide au moment opportun et à assurer un soutien individuel, familial et collectif qui permette de réduire la souffrance et de prévenir des syndromes traumatiques. Le ministère de la Santé et des Service sociaux réalisa cette intégration en 1994.

Plus récemment, l'Ordre des infirmières et infirmiers du Québec (2003) affirmait que « la santé mentale d'une personne se reconnaît à son niveau de bien-être subjectif, à la compétence avec laquelle elle utilise ses caractéristiques biologiques, affectives, cognitives et sociales et à la qualité des relations qu'elle entretient avec son milieu. Elle nécessite une adaptation constante aux changements et aux difficultés qui se présentent tout au long de la vie. La santé mentale d'une personne est influencée par la qualité de l'environnement humain, physique et socioculturel dans lequel elle vit et par l'importance que celle-ci accorde à l'accroissement et au maintien de son bien-être et à sa qualité de vie. Que ce soit en fonction de leurs causes ou de leurs effets, on reconnaît l'influence des facteurs physiques sur la santé mentale et celle des facteurs psychiques sur la santé physique (OIIQ, 2003) ».

22.1.2 Crises

Définition et description

De très nombreux auteurs ont donné des définitions de la crise ; notamment Parad (1971), Rapoport (1974), Bard et Ellison (1974), Golan (1978), Roberts (1990), Chanel (1992), Aguilera (1995), qui reprennent essentiellement la définition de Caplan (1961), selon laquelle une crise survient « lorsqu'une personne affronte un obstacle dans la réalisation d'un objectif existentiel important qui, durant un temps, semble insurmontable selon les méthodes habituelles de résolution de problèmes. Il s'ensuit une période de déséquilibre, de bouleversements, durant laquelle différentes tentatives pour résoudre le problème échouent ». Caplan considère fondamentalement que l'individu se trouve dans un état d'équilibre émotionnel et que son objectif est toujours de recouvrer cet état ou de le maintenir. L'individu doit donc viser à résoudre son problème ou, en l'absence de solution, à s'adapter. Dans les deux cas, un

nouvel équilibre s'instaure, meilleur ou parfois pire sur le plan de la santé mentale. La tension interne monte, les signes d'anxiété se multiplient, une certaine désorganisation s'ensuit, résultant en une période de contrariété prolongée. C'est ce que Caplan appelle une **crise**. Le résultat dépend du type d'interactions, durant la période de crise, entre l'individu et ses proches.

Une crise dure en moyenne entre une à six semaines. Cette période de transition représente à la fois un danger pour l'individu, en raison de la vulnérabilité psychologique à laquelle il s'expose, mais aussi une occasion de croissance personnelle. Très souvent, le dénouement de la crise dépendra surtout de la présence d'une aide appropriée pendant cette période critique de quatre à six semaines. L'intervention thérapeutique exige un engagement intense du thérapeute comme de la personne, d'où l'importance d'établir l'alliance thérapeutique et de se centrer sur la crise.

Phases

Une crise, suivant Caplan (1974), comprend quatre phases :
1. Augmentation initiale de la tension, alors que le stimulus continue, ce qui provoque une sensation de malaise.
2. Échec des mesures d'adaptation, alors que le stimulus est toujours présent et que la sensation de malaise s'accentue.
3. Nouvelle augmentation de la tension, provoquée par un fort stimulus intérieur, qui mobilise les ressources internes et externes. À cette étape, on emploie les mécanismes de résolution de problèmes urgents. Il est possible de redéfinir le problème ou de se résigner et d'abandonner certains objectifs, en apparence inaccessibles.
4. Si le problème persiste et ne peut être ni solutionné ni évité, la tension s'intensifie et une désorganisation majeure survient.

Aguilera, une infirmière experte pour l'intervention en situation de crise, a développé un **paradigme** illustré à la figure 22.1. Un paradigme est un modèle permettant de dresser un tableau clair de la situation. La partie supérieure de ce paradigme présente la réaction « normale » initiale d'un individu à un événement stressant. Ainsi, dans la colonne de gauche, les facteurs de compensation (décrits un peu plus loin) interviennent favorablement, et la crise est évitée. Dans la colonne de droite cependant, l'absence d'un ou de plusieurs facteurs de compensation empêche la résolution du problème, aggrave le déséquilibre et provoque la crise.

À la suite d'une crise, plusieurs scénarios sont possibles.
• La personne demeure plus fragile et peut présenter des séquelles iatrogènes d'interventions inappropriées.
• La crise se résout spontanément.
• L'équilibre est restauré.

Idéalement, les interventions ont, pour objectif, l'équilibre de la personne, ce qui lui permettra d'acquérir de nouveaux mécanismes d'adaptation et d'éprouver un sentiment

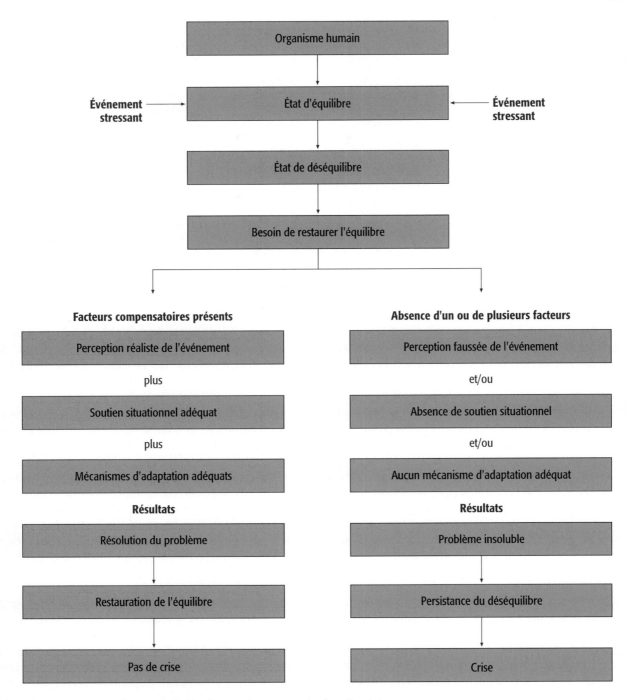

FIGURE 22.1 Paradigme illustrant l'effet des facteurs de compensation lors d'un événement stressant

Tiré de Aguilera D.C. *Crisis intervention : theory and methodoloy*, 8ᵉ édition, Saint Louis, Mosby, 1998.

de maîtrise et de pouvoir sur soi-même et sur son destin, un sentiment de comptence qu'on nomme également **empowerment**. La personne trouve un sens à ce qui lui arrive.

Facteurs de compensation

Lorsqu'une personne doit surmonter une situation stressante, certains facteurs de compensation, ou facteurs stabilisants, sont déterminants dans la résolution de la crise et le retour à l'équilibre (voir figure 22.1). Ces facteurs sont :
- une perception réaliste de l'événement ;
- des **soutiens situationnels** adéquats ;
- des mécanismes d'adaptation appropriés.

Perception de l'événement

La signification cognitive et affective dont on charge un événement influence les sensations de stress. Si la **percep-**

tion de l'événement est réaliste, la relation causale entre l'événement et le stress est reconnue. La recherche de solutions pour soulager ce stress s'en trouve facilitée, ce qui permet à la situation de se résoudre plus efficacement. À l'opposé, plus les **cognitions** entourant l'événement portent des significations négatives, plus la réaction à ce stress est intense et moins l'individu se sentira apte à envisager des solutions pour résoudre le problème.

Lazarus (1966) et ses collègues (1974) ont dirigé leur attention sur l'appréciation, ou le processus cognitif médiateur, pour évaluer les différentes méthodes d'adaptation auxquelles les individus ont recours. L'**appréciation**, dans ce contexte, est un processus de perception constant par lequel on différencie un événement potentiellement dangereux d'un événement potentiellement bénéfique ou sans importance. On a découvert que le sens de la cohérence d'un individu influe de façon importante sur l'appréciation cognitive, spécialement sur l'appréciation secondaire (McSherry et Holm, 1994). Le sens de la cohérence est une inclination globale qui résulte d'une confiance en soi, à la fois pénétrante et constante, mais également dynamique, qui permet de comprendre, de surmonter et de tirer un enseignement d'une crise (Antonovsky, 1987).

Lorsqu'une situation menaçante se présente, la personne effectue une *première* appréciation pour juger du risque qu'elle représente en fonction de ses objectifs futurs et de ses valeurs. Une *seconde* appréciation succède à la première, au cours de laquelle la personne perçoit la gamme des options d'adaptation envisageables pour écarter la menace ou pour obtenir un résultat positif. Une fois que les interventions d'adaptation ont été sélectionnées et entreprises, les indices provenant de l'environnement interne et externe conduisent à des *réappréciations* ou à des changements de la perception originale.

Un tel processus d'appréciation empêche le comportement d'adaptation d'être statique. Il change constamment, qualitativement comme quantitativement, à mesure que de nouveaux renseignements et de nouveaux indices proviennent des activités d'appréciation. De nouvelles réactions d'adaptation peuvent se produire lorsque la situation acquiert une nouvelle signification. Le sens de la cohérence d'une personne est associé à la manière dont celle-ci apprécie les situations stressantes et les affronte (McSherry et Holm, 1994).

Si, au cours du processus d'appréciation, il juge le résultat trop écrasant ou trop difficile pour ses facultés d'adaptation, l'individu aura tendance à utiliser ses mécanismes de défense pour réprimer ou déformer la réalité de la situation. Une appréciation d'un résultat potentiellement positif conduira plus probablement à employer des modes d'action directe, comme la fuite, l'attaque ou le compromis. On a remarqué que les personnes qui ont un sens de la cohérence supérieur disposent de meilleures ressources d'adaptation que les autres (McSherry et Holm, 1994). Lorsqu'une personne a une perception déformée

d'un événement, la relation entre l'événement et le stress qu'elle ressent peut lui échapper complètement. Par conséquent, les tentatives de solution restent inefficaces, et la tension demeure. En d'autres termes, qu'est-ce que l'événement signifie pour l'individu ? Comment va-t-il influencer son avenir ? L'individu est-il en mesure de l'envisager de façon réaliste ou déforme-t-il sa signification ?

Soutiens situationnels

L'être humain est un être relationnel qui, par sa nature, dépend des autres pour évaluer sa propre valeur intrinsèque et extrinsèque. Dans l'élaboration des façons d'être d'une personne, certaines appréciations sont plus signifiantes que d'autres parce qu'elles tendent à renforcer sa propre perception. Des relations de dépendance tendent à s'installer plus facilement avec les personnes dont les appréciations rassurent l'individu et renforcent son intégrité personnelle.

Ces relations significatives avec autrui fournissent à une personne le courage et le soutien dont elle a besoin pour s'adapter aux agents stressants. L'isolement la prive de ces interactions sociales et des occasions de maintenir des relations significatives. Un isolement social soudain ou inattendu se traduit par une perte des soutiens habituels et par une plus grande vulnérabilité.

Le système de croyances sur lequel est fondé le concept de soi et l'estime de soi s'établit à partir des expériences avec les proches. Même si elle demeure relativement stable, l'estime de soi fluctue selon les variables environnementales internes et externes. Pour atteindre et conserver un sens des valeurs et de sa propre valeur, il est souhaitable que la personne soit aimée par les autres et qu'elle soit capable de croire en son potentiel, en un soi idéal, fort, efficace, bon et aimant. Lorsqu'elle a une faible estime de soi ou qu'elle vit une situation qu'elle ressent comme particulièrement menaçante, la personne se trouve en état de vulnérabilité et recherche l'appréciation positive des autres afin de pouvoir se réaliser. Plus l'estime de soi est fragile, plus la menace est forte, plus grand sera le besoin de soutien. À l'inverse, une personne évitera les relations avec ceux qu'elle perçoit comme menaçants pour son ego, que cette menace soit réelle ou imaginaire. Toute situation potentiellement stressante risque de déclencher un questionnement et des doutes sur la façon dont les autres la perçoivent, avec ses défauts réels ou imaginaires (Mechanic, 1974). Néanmoins, toute personne dont l'image est menacée ne souffre pas pour autant d'une baisse de son estime de soi (Jalajas, 1994).

Le succès ou l'échec d'un comportement d'adaptation dépend grandement du support du réseau de soutien. Les proches de la personne constituent la variable environnementale la plus importante. C'est auprès d'eux qu'elle cherche des conseils et un soutien pour résoudre ses problèmes quotidiens.

L'estime de soi influe grandement sur la façon dont les menaces peuvent atteindre le concept de soi et le bien-être (Jalapas, 1994). Toute impression d'échec dans l'obtention d'un soutien adéquat pour répondre à des besoins psychosociaux risque de déclencher, ou d'aggraver, une situation stressante. Toute demande d'aide qui se solde par un revers est également susceptible de nuire à l'estime de soi de la personne.

Mécanismes d'adaptation

Chaque personne est unique et emploie ses propres méthodes pour composer avec l'anxiété et réduire son stress. Pour certains, l'équilibre initial est perturbé bien avant la crise, alors que d'autres adoptent une hygiène de vie qui les protège et favorise leur équilibre. Les mécanismes de défense sont des mécanismes d'adaptation très souvent inconscients qui modulent nos réactions dans le but de réduire l'anxiété et de protéger l'homéostasie. Les mécanismes de défense permettent de modifier la perception de l'événement ou son interprétation, de manière à le rendre plus acceptable (voir chapitre 1).

Au cours des années, le terme *capacité d'adaptation* a été utilisé fréquemment et de façon interchangeable avec d'autres concepts similaires : adéquation, défense, maîtrise et réactions d'ajustement. Au Québec, des termes comme **résilience**, **coping** et *empowerment* désignent des stratégies gagnantes face au stress.

> Dans la promotion de la santé mentale, un nouveau concept emprunté à la science physique émerge pour expliquer la robustesse de certains humains. La résilience est une caractéristique mécanique qui définit la résistance aux chocs des métaux. La résilience se traduit par différentes manières d'être et d'agir qui permettent de faire face et de s'adapter aux événements difficiles de la vie. Par exemple : la confiance en soi, les compétences sociales, la capacité de résoudre des problèmes, l'autonomie, l'optimisme, le sens de l'humour, la créativité, la capacité de donner un sens aux événements, la capacité de demander et de recevoir de l'aide et le soutien du milieu, qui englobe les réseaux de soutiens naturels (par exemple la famille, les amis, les collègues, les voisins) et sociaux (par exemple les réseaux communautaires, les organisations bénévoles et les groupes d'entraide) (Joubert, 2002).

Coleman (1950) a défini l'adaptation comme une réaction d'ajustement qui vise à maintenir l'intégrité psychologique en réponse au stress réel ou imaginaire. Suivant ce concept, les êtres humains répondent au stress par l'offensive, la fuite ou l'accommodement. Les différents mécanismes de défense compliquent ces réactions chaque fois que le stress affecte le moi.

Les réactions d'offensive tendent habituellement à éliminer ou à surmonter les obstacles qui semblent causer le stress. Elles sont fondamentalement constructives ou destructives. La fuite, le retrait ou la peur peuvent simplement consister à éliminer la menace de l'environnement (en éteignant un incendie) ou à s'éloigner d'une situation menaçante (en fuyant le lieu du sinistre). D'autres manœuvres

psychologiques plus complexes peuvent être effectuées, selon la perception que l'on a du danger et des possibilités d'y échapper.

L'accommodement ou les réactions de substitution surviennent lorsque l'attaque ou la fuite paraissent impossibles. Cette méthode consiste généralement à résoudre les problèmes et à accepter des objectifs substitutifs ou un changement des valeurs et des standards intériorisés.

Masserman (1946) a démontré que, dans des situations de frustration extrême, les individus ont tendance à se rallier à l'accommodement par le biais d'objectifs substitutifs, comme le leur enseigne le dicton : « faute de pain, on mange de la galette ». Il s'agit en fait d'un mécanisme de défense, d'une *rationalisation*.

Les mécanismes de réduction de la tension peuvent être manifestes ou cachés, et être activés consciemment ou inconsciemment. On les classe selon les réactions suivantes : agression, régression, retrait et répression. La sélection d'une réponse dépend des actions de réduction de la tension qui ont déjà soulagé l'anxiété et réduit la tension dans des situations similaires antérieures. À force de répétition, la réaction, amenée progressivement à la conscience durant la phase d'apprentissage, se transformera en comportement acquis et fera partie des réponses habituelles. Dans bien des cas, la personne ne saura pas *comment*, et encore moins *pourquoi*, elle réagit au stress dans une situation donnée. À part de ressentir une vague sensation de malaise, elle ne remarque pas la montée et la baisse subséquente du stress. Lorsqu'une nouvelle situation stressante se présente et que les mécanismes de réduction de la tension déjà intériorisés s'avèrent inefficaces, la personne ressent un malaise conscient. Le besoin de « se lancer dans l'action » l'emporte alors, et toutes les autres activités de l'existence sont reléguées au second plan.

Normalement, les mécanismes de défense contribuent positivement au processus d'adaptation. On le vérifie tout spécialement en cas de détresse. Pratiquement tous les mécanismes de défense revêtent une importance pour la survie. Aucun d'eux ne constitue un état pathologique, à moins qu'il n'interfère avec le processus d'adaptation et qu'il consiste à rejeter, falsifier ou fausser la réalité (p. ex. toxicomanie, compulsion, sexe, jeu, travail, cyberdépendance).

Selon Bandura et ses collaborateurs (1977), la décision de recourir à un comportement d'adaptation dépend de la confiance qu'a l'individu en son habileté à surmonter ou à maîtriser les situations problématiques. Les gens craignent et esquivent les situations stressantes et menaçantes qui dépassent leurs capacités. Ils se comportent avec assurance quand ils se croient maîtres de la situation et qu'ils prévoient réussir.

Les mécanismes d'adaptation envisagés sont ceux que les personnes ont l'*habitude* d'employer lorsqu'un problème se présente. Certains s'assoient, prennent le temps de penser ou de discuter avec un ami. Certains se mettent à crier ou essaient de passer leur colère en jurant, en donnant des coups de pied dans les meubles ou en claquant les portes. D'autres encore se disputent avec leurs amis. Certains, enfin, réagissent en prenant temporairement du recul afin de réévaluer le problème. Chacun de ces mécanismes d'adaptation a été utilisé à un moment donné au cours du développement de la personne et a réussi à protéger efficacement son équilibre pour finir par faire partie de sa façon d'aborder les différents stresseurs de la vie quotidienne.

Hans Selye (1975) définit le syndrome général d'adaptation comme le processus par lequel l'organisme répond aux sollicitations qui lui sont faites. Selye considère que la vie implique la présence de stress positif et négatif et que l'absence de stress équivaut à la mort. Toute personne en situation de crise se trouve dans l'une des trois phases suivantes du syndrome d'adaptation : phase d'alarme, phase de résistance ou phase d'épuisement. Prenons le cas d'une personne qui perd son emploi.

- La phase d'alarme débute à l'annonce de la perte de l'emploi.
- La phase de résistance correspond à la période où la personne éprouve de la difficulté à dormir, où elle se demande comment modifier son curriculum vitæ, où elle cherche dans ses connaissances des opportunités d'emploi.
- La phase d'épuisement correspond à la période où elle doit composer avec les formulaires de l'assurance-emploi et les frustrations reliées à la diminution de son revenu.

Les effets physiologiques, hormonaux et neurologiques qui surviennent au cours des trois différentes phases sont autant de signaux qui peuvent déclencher, chez la personne, un réflexe de fuite ou d'attaque afin de se soustraire au stress.

Types de crises

Crises existentielles

Les crises existentielles font partie des crises normales de la vie adulte ; elles modèlent les personnes et leur façon de se percevoir et de concevoir leur rôle et leur statut. Les périodes de transition, ou le passage d'une phase à une autre dans le développement de la personne, constituent des moments propices pour acquérir de la maturité. Ainsi, le début de la scolarisation, l'adolescence, le départ du foyer parental, la formation du couple, la maternité, la crise du milieu de carrière, l'âge mûr et la retraite constituent des exemples de ces moments cruciaux. La manière dont un individu a accompli les tâches développementales au cours de sa vie semble déterminer grandement la perception qu'il a d'une nouvelle période de transition : soit une crise, soit une occasion de croissance.

Un jeune adulte qui a éprouvé des difficultés à accomplir les tâches développementales de l'enfance et à acquérir les habiletés de socialisation propres à cette classe d'âge aura probablement des problèmes à quitter le domicile familial, à fonder une famille ainsi qu'à obtenir un emploi et la reconnaissance sociale. Une crise de transition peut survenir sans suivre le cours habituel des étapes du développement humain, comme lorsqu'un événement par ailleurs normal survient de façon inattendue (mort prématurée). Les événements impromptus ont tendance à être plus difficiles à vivre, parce que les individus ne sont pas préparés à de telles occurrences traumatisantes ; ils risquent donc d'avoir de mauvaises répercussions sur le développement affectif. Par ailleurs, certains événements sont plus bouleversants lorsqu'ils surviennent à un âge donné ; par exemple, la séparation des parents se vit différemment à 10 ans et à l'âge de 30 ans.

Crises situationnelles

Lorsque l'équilibre psychologique d'une personne est troublé par un événement extérieur particulier, cette personne vit une crise dite situationnelle. Il peut s'agir d'un événement qui atteint la personne isolément ou qui concerne ses proches. Les crises situationnelles représentent habituellement une perte importante pour l'individu et aboutissent à une **dissonance du moi**, c'est-à-dire une incohérence entre les attitudes et le comportement. La perte d'un emploi, d'un être cher ou d'un objet précieux, la perte de la santé ou du statut social sont des exemples de crises situationnelles.

L'échelle d'ajustement social de Holmes et Rahe (1967) sert d'indicateur global de crises situationnelles (voir tableau 22.1). Elle ne rend pas compte toutefois de l'intensité subjective des stresseurs auxquels de nombreux adultes sont confrontés.

Holmes et Rahe ont constaté que les individus dont l'échelle comptait 300 unités ou plus de changements de vie en une année présentaient un risque plus élevé de maladie. Huit personnes sur dix présentaient des problèmes de santé, comparativement à seulement une sur trois chez les gens dont le total annuel d'unités était inférieur à 150.

La perte d'un être cher déclenche parfois des sentiments confus, ambivalents et irrésolus. Elle s'aggrave souvent d'un changement du statut social et économique, et au sein du réseau de soutien. Une perte d'emploi occasionne des soucis d'argent, éventuellement un changement de rôle et un sentiment d'échec, de même qu'une diminution de la confiance en soi et de l'estime de soi.

Il est normal de pleurer la perte d'un être cher, mais il est tout aussi naturel de souffrir de l'abandon d'un projet, de la perte d'un objet idéalisé ou d'un changement à l'intérieur de soi-même. Les modifications corporelles survenant avec le temps chez soi-même et chez ses proches aident à définir et à redéfinir la personnalité. Au cours d'une période de stabilité, on définit l'existence en essayant d'en comprendre la signification et les limites. Toute transition d'une phase de développement à une autre met un terme à la structure de vie antérieure ; chaque transition est une fin en soi, un processus qui implique une séparation ou une perte. Levinson a décrit les transitions comme des occasions de revoir et

SOINS INFIRMIERS DANS LE MILIEU DE VIE

Intervention en situation de crise

Une intervention en situation de crise constitue un mécanisme de sécurité pour le public. Dans ce type d'intervention, une infirmière experte contrôle en quelque sorte l'accès de tout le système de santé mentale et, en cas d'urgence, alerte le réseau de maintien de l'ordre. Lorsqu'elle évalue les dangers qu'un individu présente pour lui-même et autrui, l'infirmière est souvent appelée à prendre des décisions qui auront une conséquence directe sur la vie ou la mort des clients dans la collectivité. Il faut donc tenir compte de la collectivité tout entière, tout comme du client.

Les infirmières de liaison en soins de santé et en psychiatrie, du réseau Info-santé, dans les CH, les CHSLD ou les CLSC, jouent un rôle particulièrement important quand des désastres naturels se produisent, à la fois pour ceux qui ont été traumatisés par l'événement lui-même et pour ceux qui ont perdu des proches dans la tragédie. L'état psychiatrique des malades mentaux victimes d'un désastre peut aussi s'aggraver. Ils risquent de souffrir de troubles au cours desquels ils se pensent responsables de la tragédie, et il n'est pas toujours possible de leur faire entendre raison. Une évaluation psychiatrique immédiate et une intervention sont requises pour aider ces individus à se remettre du traumatisme grâce à un réconfort personnel et à une médication. Une hospitalisation s'avère parfois nécessaire.

Les amis et la famille des victimes d'un traumatisme risquent aussi d'être gravement touchés par une réaction émotionnelle accablante qui requiert une intervention psychiatrique. Il faut les rassurer rapidement, les rediriger vers un CLSC ou un CH et leur fournir toute l'information sur la durée probable de leurs symptômes.

L'infirmière doit être en mesure de faire le tri des besoins des individus et de ceux de la communauté, et de proposer son aide aux clients qui expriment leur peur, leur solitude et d'autres problèmes reliés au stress. Certains de ces interlocuteurs auront besoin de rencontrer chaque jour un intervenant qui leur deviendra familier et seront bien connus du personnel du service de crise. Les stratégies consistent essentiellement à détecter une cause immédiate, à évaluer la sécurité personnelle du client et à travailler avec lui pour rétablir son équilibre émotif.

Les interventions varient. Diriger un client vers certains programmes comme les Alcooliques Anonymes, S.O.S violence conjugale ou un programme d'aide aux employés ; suggérer un thérapeute privé ; proposer un truc pratique pour un problème quotidien ; écouter un amoureux au cœur brisé ; conseiller un client récemment sorti de l'hôpital présentant des difficultés d'adaptation, ou encore un parent dont le fils s'éloigne en raison d'un problème de drogue ; tout cela fait partie de la routine d'une infirmière. Certaines personnes appellent les centres de crise et d'écoute comme elles appelleraient leurs amis ou les membres de leur famille, si ces derniers n'étaient pas trop bouleversés ou désorganisés pour être cohérents ou s'ils n'avaient pas tant de préjugés.

Même si un psychiatre est toujours de garde pour les consultations et les ordonnances, l'infirmière d'un centre de crise doit connaître les manuels de diagnostics les plus récents et être en mesure de faire une collecte de données à partir d'une information éparse. Consciente de ses limites personnelles, elle doit être capable de prendre la responsabilité d'actions indépendantes et rapides consistant parfois à appeler l'ambulance, la police ou l'urgence psychosociale. Comme dans bien d'autres situations, ce qui est important, ce sont les moyens que vous aurez privilégiés pour aider la personne plutôt que les résultats.

---

d'évaluer son passé, d'en extraire le meilleur pour sa propre existence et de le dissocier des difficultés et des événements traumatisants. Une transition constitue une occasion de faire un lien entre le passé et les espoirs et les promesses de l'avenir. Durant les transitions, l'individu peut réaliser des changements à la fois en lui-même et dans son milieu. Cela implique d'abandonner les expériences douloureuses et inachevées et d'incorporer le meilleur de son développement et de son expérience (Levinson et coll., 1978).

Crises accidentelles

Les crises accidentelles sont le fait de la nature ou du destin. Il s'agit de désastres qui surviennent sans crier gare : inondations, tempêtes, épidémies et autres désastres naturels, ou attentats terroristes, émeutes, guerres et autres calamités proprement humaines. Bien souvent, le côté imprévisible de tels désastres occasionne une frayeur, une grande confusion et une dissonance du moi chez les victimes. Une des tâches de l'infirmière dans de telles circonstances est de permettre aux victimes d'exprimer leurs émotions et leur détresse (voir encadrés 22.2 et 22.3). Il y a une brèche dans l'illusion d'invincibilité qui conforte nos sociétés riches. Que seule une minorité des survivants d'une catastrophe naturelle présente des troubles psychologiques laisse supposer qu'il existe des différences individuelles quant aux réponses à de tels agents stressants (Phifer, 1990).

En raison des crises accidentelles, des tragédies et des sinistres, qui sont des situations qui sortent de l'ordinaire, mais qui peuvent se produire dans l'environnement de l'infirmière, il nous apparaît utile d'aborder les séances de **debriefing**, ou de verbalisation sur l'événement. Il s'agit d'une technique d'intervention efficace, rapide, simple, flexible et économique. Les séances de *debriefing* constituent une activité de soins de prévention, d'intervention et de postvention. Ces activités de soins sont tour à tour préventives, évaluatives et curatives.

- Préventives, car elles permettent d'informer les victimes et les sauveteurs de ce que les victimes peuvent ressentir ; de laisser libre cours aux sentiments d'impuissance, d'échec et de culpabilité souvent présents chez les victimes ; de renseigner les victimes sur les ressources disponibles, en leur donnant des directives sanitaires au

TABLEAU 22.1　Échelle d'évaluation de l'ajustement social de Holmes et Rahe

Rang	Situations	Unités de changement	Rang	Situations	Unités de changement
1	Décès du conjoint	100	23	Enfant qui quitte le foyer	29
2	Divorce	73	24	Ennuis avec la famille	29
3	Séparation	65	25	Réalisation personnelle remarquable	28
4	Emprisonnement	63	26	Conjointe nommée à un nouveau poste ou licenciée	26
5	Décès d'un membre de la famille immédiate	63	27	Rentrée des classes ou fin des classes	26
6	Blessure ou maladie	53	28	Changement des conditions de vie	25
7	Mariage	50	29	Transformation des habitudes de vie	24
8	Licenciement	47	30	Ennuis avec un patron	23
9	Réconciliation avec le conjoint	45	31	Modification de l'horaire ou des conditions de travail	20
10	Retraite	45	32	Déménagement	20
11	Changement de l'état de santé d'un membre de la famille	44	33	Changement d'école	20
12	Grossesse	40	34	Changement d'activités récréatives	19
13	Troubles d'ordre sexuel	39	35	Changement d'activités religieuses	19
14	Ajout d'un nouveau membre à la famille	39	36	Changements d'activités sociales	18
15	Changement d'ordre professionnel	39	37	Hypothèque ou prêt inférieur à 10 000$	17
16	Changement d'ordre financier	38	38	Modification des habitudes de sommeil	16
17	Décès d'un ami intime	37	39	Modification de la fréquence des rencontres familiales	15
18	Changement d'activité professionnelle	36	40	Modification des habitudes alimentaires	15
19	Augmentation de la fréquence des disputes avec le conjoint	35	41	Vacances	13
20	Hypothèque excédant 10 000 $	31	42	Noël	12
21	Saisie d'un bien hypothéqué ou récupération d'un prêt	30	43	Infractions mineures aux lois	11
22	Changement de responsabilités professionnelles	29			

besoin, en émettant des règles qui encadrent et économisent les ressources financières et humaines.

- Évaluatives, car elles permettent de repérer les sujets plus fragiles et de leur offrir un suivi ; de reconnaître les tensions à l'intérieur d'un groupe et d'en retirer les éléments perturbateurs ; de déterminer les forces d'une communauté ; de déterminer l'importance des ressources à prévoir, le soutien à apporter et l'orientation des séances à venir.
- Curatives, car elles permettent de favoriser l'expression du vécu traumatique ; de normaliser les émotions et les réactions ; d'enrichir les connaissances des personnes, d'enseigner l'abréaction, de favoriser le processus d'intégration de l'événement ou sa résolution ; de dédramatiser en situant l'événement dans le temps ; de restaurer le sentiment de sécurité ; de diminuer l'isolement et de favoriser l'entraide.

Limites des séances de verbalisation

La verbalisation sur l'événement est une technique valable. C'est un moyen efficace, mais ce n'est pas une panacée. Cette activité de groupe (de six à huit participants) nécessite une certaine homogénéité entre les participants regroupés ; par exemple, les enfants doivent être séparés des personnes âgées. La technique s'applique difficilement ou de façon assez limitée « si le sinistre s'étend dans le temps ou l'espace ou lorsqu'il est d'une grande intensité », par exemple la crise du verglas qui a causé, en plein hiver urbain, une perte du réseau électrique qui dura de 2 à 30 jours et qui toucha environ 1 400 000 abonnés dans

Principes du *debriefing*   ENCADRÉ 22.2

Principes du *debriefing* ou déchocage

Nous pouvons résumer ces principes selon un ensemble d'objectifs élaborés avec le professeur Crocq :

- relativiser l'événement et le réinsérer dans le temps et dans l'espace ;
- informer les clients sur les symptômes ;
- favoriser un processus d'abréaction, de verbalisation sur ce qui a été ressenti plutôt que sur ce qui a été vu ;
- atténuer le sentiment d'impuissance, d'échec et de culpabilité ;
- permettre une prise de conscience de la normalité des sentiments ressentis en écoutant le récit des autres ;
- permettre une atténuation des tensions de groupe ;
- repérer les sujets fragiles et leur proposer un suivi ;
- mettre un point final et relativiser l'événement ;
- enseigner à relativiser le souvenir ;
- mettre en garde contre des propos inconsidérés devant les médias ;
- orienter les clients vers l'avenir.

Certains de ces objectifs doivent être adaptés au contexte de l'événement.

Gravier, Véronique, et Didier Cremnitre. *Soins Psychiatrie. Pratique et savoir en santé mentale*, Paris, Masson, n° 188, 1997.

différentes municipalités (Martel, 2000). Ainsi, pour Quarantelli (1986), « si une situation est perçue comme réelle, elle le devient dans ses conséquences ». En clair, le danger est perçu parce que l'événement menace certaines idées bien établies sur soi, sur les autres, sur la société et sa toute-puissance, sur le sens de la vie et sur l'organisation de l'univers, de la nature et de l'ordre de la société existante. Il existe donc des ressources insoupçonnées chez les individus, mais également au sein des communautés, qui leur permettent de satisfaire, avec leurs propres moyens, aux demandes imprévisibles et inéluctables d'adaptation qui leurs sont faites.

Méthodes d'intervention en situation de crise

Suivant Jacobson et ses collaborateurs (1968), les interventions en situation de crise se divisent en deux grandes catégories complémentaires : générique et individuelle.

Méthode générique

La **méthode générique** repose sur le fait qu'il existe certains modes de comportement observables dans la plupart des crises. Nombre d'études et de recherches corroborent cette observation. La méthode générique s'appuie sur le déroulement caractéristique d'un type particulier de crise qui touche des personnes présentant une détresse psychologique aiguë et transitoire. Dans ces groupes, on trouve des personnes qui, à la suite d'événements bouleversants, sont ébranlées en raison d'un stress situationnel (naissance, divorce, chirurgie), d'un stress développemental (parents d'adolescents et nouveaux retraités) ou de stress chronique causé par des conditions de vie pénibles, telles que la pauvreté, le chômage, la toxicomanie, la violence, la discrimination ethnique ou sexuelle. Ainsi, ces personnes peuvent se regrouper et recevoir de l'aide, de l'information, des conseils pratiques et juridiques ou du soutien, ce qui amènent une réduction des symptômes de détresse et une réappropriation du pouvoir de modifier les conditions de sa propre vie. La méthode générique est centrée sur le déroulement caractéristique d'un *type particulier de crise* plutôt que sur la psychodynamique individuelle. Le plan d'intervention, qui est conçu pour répondre aux besoins collectifs plutôt qu'aux besoins individuels, vise une résolution de la crise par l'adaptation.

Méthode individuelle

La **méthode individuelle** diffère de la méthode générique en ce qu'elle exige une collecte de données professionnelle sur les processus intrapsychiques et interpersonnels de l'individu en crise. On l'emploie pour des cas spécifiques, habituellement ceux qui ne répondent pas à la méthode générique. L'intervention se propose de répondre aux besoins uniques de l'individu en crise et de trouver une solution à la situation et aux circonstances particulières ayant provoqué la crise.

Par opposition à une psychothérapie de longue haleine, la méthode individuelle s'intéresse relativement peu au passé de l'individu. L'information dérivant de cette source est considérée comme pertinente seulement dans la mesure où elle constitue un indice pour mieux comprendre la situation de crise présente. On insiste sur les causes immédiates qui perturbent l'équilibre et sur les processus qui permettront de retrouver le **niveau de fonction antérieur à la crise** ou même un niveau supérieur.

Jacobson (1968) mentionne l'inclusion des membres de la famille et des proches dans le processus de résolution de la crise individuelle comme une autre caractéristique qui différencie cette approche de la plupart des psychothérapies individuelles. En comparaison avec la méthode générique, Jacobson juge que la méthode individuelle accorde la priorité à une compréhension plus approfondie des processus biopsychosociaux. C'est une intervention orientée sur la situation particulière de l'individu et elle est effectuée uniquement par des professionnels de la santé mentale.

Résolution de problèmes dans une intervention de crise : application de la théorie des crises

Nous devons à John Dewey (1910) les étapes classiques de la résolution de problèmes qui se résument ainsi :

- perception de la difficulté ;
- localisation et définition de la difficulté ;
- proposition de différentes solutions possibles ;
- examen des conséquences ;
- adoption d'une solution.

Ces étapes de la résolution de problèmes ont perduré, avec des changements mineurs, et constituent toujours une méthode efficace.

Intervention lors des crises accidentelles

La prise de contact avec les sinistrés comporte des principes de base. Les intervenants doivent être actifs : ils vont dans la communauté et se mêlent aux sinistrés sans attendre qu'on les appelle ou qu'on se présente à leurs bureaux. Ils doivent aller là où sont les personnes sinistrées : dans les centre de services aux sinistrés, dans les centres d'hébergement, à domicile ou dans tout autre lieu où leur présence est nécessaire.

Le soutien à apporter aux sinistrés qui vivent un grand stress repose sur des attitudes adéquates, des gestes simples et des gestes à éviter.

Sur le plan des attitudes, il faut établir le contact d'une manière calme, courtoise et rassurante. Ainsi, il faut être compréhensif, chaleureux et empathique. Les intervenants doivent éviter de prendre, pour eux, la colère exprimée par les personnes sinistrées. La compassion, l'écoute empathique et parfois même le silence sont souvent ce dont une personne a le plus besoin durant la phase d'impact.

Pendant cette phase, l'intervention se fait par des actions simples :

- se mêler aux sinistrés et intervenir de façon informelle ;
- s'assurer que les personnes sinistrées reçoivent une réponse ;
- offrir un soutien émotionnel ;
- réconforter les personnes angoissées ou bouleversées, avec des gestes amicaux ou une présence rassurante ;
- permettre aux sinistrés d'exprimer librement leurs pensées et leurs réactions ;
- soutenir le processus de verbalisation ;
- aider les gens à comprendre et la situation et leurs réactions ;
- orienter les personnes dont les réactions sont préoccupantes vers les ressources appropriées ;
- retirer le plus tôt possible d'un groupe les personnes perturbées qui risquent de provoquer un désordre ;
- renforcer les comportements positifs.

Par contre, il faut éviter :

- de secouer les personnes ;
- de leur laisser croire que leurs réactions sont anormales ;
- d'ordonner à une personne de se « réveiller » ;
- de dire : « Moi aussi, j'ai déjà vécu cela » ;
- donner de fausses assurances comme « tout va bien » ;
- de s'apitoyer : « Pauvre vous, vous faites tellement pitié... » ;
- d'administrer des médicaments ou de donner de l'alcool.

Les intervenants qui agissent dans les situations d'urgence doivent se connaître et apprendre à se protéger tant pour le bien des personnes dont ils s'occupent que pour leur propre bien-être. Il arrive que ces intervenants aiment l'action et le risque, qu'ils souhaitent diriger, se faire remarquer, se sentir utiles et être récompensés immédiatement. Cela peut expliquer que certains d'entre eux se donnent parfois trop, qu'ils prennent le risque de dépasser leurs capacités et leurs limites, qu'ils aient peur de perdre la maîtrise de la situation et ne veuillent pas perdre la face.

Dans ces circonstances, certaines réactions se révèlent des indicateurs d'un stress croissant chez les intervenants et d'un dépassement de la capacité à gérer ce stress. Ces indicateurs sont :

- l'excitation à son comble ;
- le sentiment d'invincibilité ;
- la volonté de tout faire soi-même, le sentiment de devoir continuer malgré tout ;
- les tremblements, les spasmes ;
- la distraction, le débordement, l'impuissance, la désorganisation, les erreurs de jugement ;
- l'irritabilité, la frustration ;
- l'incapacité à jouer son rôle.

De fait, les intervenants qui ont des réactions de stress aigu présentent divers signes et symptômes. Nous en présentons une liste ci-dessous.

SIGNES ET SYMPTÔMES DU STRESS AIGU

Physiques	Émotionnels	Cognitifs	Comportementaux
• Augmentation de la tension artérielle	• Anxiété	• Incapacité à effectuer des calculs	• Isolement
• Fatigue	• Peur	• Confusion	• Repli sur soi
• Douleurs musculaires	• Repli sur soi	• Perte de mémoire	• Abus d'alcool
• Nausées	• Ressentiment	• Attention limitée	• Augmentation du tabagisme
• Tremblements	• Recherche d'un bouc émissaire	• Difficulté à prendre des décisions	• Agressivité
• Sueurs	• Culpabilité	• Obsession du détail	
• Augmentation du rythme cardiaque	• Sentiment d'impuissance	• Mauvaise concentration	
• Hyperventilation	• Chagrin	• Difficulté à réfléchir	
• Maux de tête	• Diminution de l'affectivité	• Rappels éclairs	
• Frissons	• Colère		
• Douleurs gastro-intestinales	• Accablement		
• Indigestion	• Sentiment d'être abandonné		
• Désorientation, diminution de la coordination	• Dépression		
• Douleurs thoraciques			

Martel, Claude. « Qu'en est-il de l'intervention psychosociale en sécurité civile au Québec ? », *Santé mentale au Québec*, vol. xxv, n° 1, 2000.

Lorsqu'une personne en crise cherche une aide professionnelle, l'infirmière doit définir le problème et planifier l'intervention en se basant sur la logique et sur sa connaissance du contexte. *L'approche de crise pour la résolution de problèmes* implique une collecte de données auprès de l'individu et sur le problème, une planification de l'intervention thérapeutique, l'intervention et la résolution de la crise, ainsi que la planification préventive (Morley, Messick et Aguilera, 1967).

22.1.3 Étapes de l'intervention en situation de crise

Morley, Messick et Aguilera (1967) ont décrit les étapes spécifiques de l'intervention de soins infirmiers lors d'une situation de crise.

Collecte de données

Lorsqu'une personne en crise a besoin d'aide, il est important qu'elle sente que l'intervenant est suffisamment structuré dans son approche, car elle doit s'en remettre temporairement à lui pour recouvrer son équilibre. En questionnant la personne de façon précise sur ses idées de suicide ou d'homicide, soit sur les moyens et leur accessibilité, sur l'intentionnalité d'un projet, sur le contrôle de l'impulsivité, l'infirmière constitue une base de données précise et fonctionnelle qui permet une évaluation sérieuse des risques. Ces renseignements préciseront les interventions et donneront la direction du traitement, soit une hospitalisation si une protection est requise. Pendant l'évaluation et tout au long du processus de collecte de données, on tentera de déterminer la durée de la crise depuis son apparition, ce qu'elle a perturbé chez la personne et dans son entourage. On examinera les facteurs de protection de la personne, ses facultés d'adaptation, le soutien situationnel, les ressources qui n'ont pas été sollicités ainsi que les motivations. Dès la première rencontre, il est important de créer l'alliance et de chercher l'événement précipitant et les facteurs qui expliquent l'incapacité de l'individu à résoudre son problème. L'infirmière et le client doivent absolument définir la situation clairement avant d'entreprendre toute action pour la modifier. « Qu'est-ce que j'ai besoin de savoir ? » et « Que peut-on faire ? » sont les questions à se poser. Plus le problème est défini de manière précise, plus il sera facile de trouver la solution *ad hoc*. Une des premières questions de l'infirmière consiste *toujours* à demander : « Pourquoi venez-vous chercher de l'aide aujourd'hui ? » On doit toujours mettre l'accent sur le mot « aujourd'hui ». Parfois, la personne esquivera la question en disant : « J'avais l'intention de venir depuis quelque temps. » La réponse usuelle est : « Oui, mais qu'est-ce qui vous a poussé à venir *aujourd'hui* ? » *Il faut chercher la motivation et bien évaluer les risques présents.* Les autres questions à poser sont : « Qu'y a-t-il de *différent* dans votre vie ? » et « *Quand* est-ce que cela est arrivé ? »

Il importe de se souvenir que la tâche de l'infirmière consiste à se concentrer uniquement sur le problème immédiat. Elle n'a pas assez de temps, et il n'est *pas* nécessaire de fouiller le passé du client. D'où la nécessité de demeurer dans le présent, même si cela peut exiger une fermeté bienveillante qui se marie bien avec l'approche directive de ce type d'intervention.

Le second point sur lequel l'infirmière doit se concentrer est la *perception individuelle* de l'événement. Qu'est-ce que celui-ci signifie pour la personne ? Quelle incidence a-t-il sur son avenir ? L'événement est-il perçu de manière réaliste ou sa signification est-elle faussée ?

On interroge ensuite le client sur les *soutiens situationnels* dont il dispose. Dans son milieu, à qui l'infirmière peut-t-elle s'adresser pour le soutenir ? Avec quelle personne aborde-t-il ses problèmes ? Qui est son meilleur ami ? À qui fait-il confiance ? Y a-t-il un membre de sa famille avec qui il se sent particulièrement proche ? Les interventions en situation de crise sont tellement limitées dans le temps que plus le client a de personnes pour l'aider, mieux c'est. De plus, à partir du moment où ils sont impliqués et connaissent bien le problème, les proches peuvent continuer à offrir leur aide une fois que la thérapie est terminée. Certaines organisations et certains services peuvent également servir de soutien (centre de crise, groupe d'entraide, services sociaux, paroisse, organismes municipaux).

L'autre sujet à aborder concerne ce que la personne a l'habitude de faire pour résoudre un problème difficile. Quelles sont les *facultés d'adaptation* du client ? Lui est-il déjà arrivé une chose semblable ? A-t-il déjà traversé une crise par le passé ? Que fait-il d'habitude pour soulager la tension, pour sortir d'un moment difficile ? Pour combattre l'anxiété et la dépression ? A-t-il essayé cette méthode pour résoudre ce problème ? Sinon, pourquoi, puisque cela fonctionne d'habitude ? Selon lui, qu'est-ce qui pourrait soulager ses symptômes de stress ? Parfois, quand on le questionne, le client peut se rappeler des méthodes qu'il n'a pas utilisées depuis des années pour réduire l'anxiété. Chaque individu utilise en effet des méthodes d'adaptation qui lui sont propres.

Planification

Le plan vise à résoudre la situation de crise du client et à restaurer *à tout le moins* son niveau de fonction antérieur à la crise. On doit considérer le temps écoulé depuis l'apparition de la crise, à quel point celle-ci a perturbé la vie de la personne, et les effets de cette perturbation sur autrui. Il faut aussi tenir compte des forces de l'individu et de ses capacités d'adaptation actuelles, ainsi que des autres méthodes d'adaptation envisageables. On inclut les soutiens situationnels du client dans le plan de soins.

Intervention

La nature des techniques d'intervention dépend directement des capacités, de la créativité et de la flexibilité de l'infirmière. Les suggestions suivantes de Morley, Messick et Aguilera se sont avérées utiles :

- *Aider l'individu à comprendre la crise intellectuellement.* Bien souvent, celui-ci ne voit pas la relation entre une situation dangereuse et l'extrême déséquilibre qu'elle produit. L'infirmière peut employer une approche directive, en décrivant la relation entre la crise et l'événement, si le client s'avère incapable de la percevoir lui-même.

- *Encourager l'individu à exprimer des sentiments qu'il n'avait pas manifestés auparavant.* Il arrive souvent que la personne refoule ses sentiments véritables, tels la colère ou d'autres émotions inadmissibles envers quelqu'un qui « doit être aimé et respecté ». Il s'agit parfois de supprimer une peine, un sentiment de culpabilité, ou l'impossibilité de terminer un travail de deuil après un chagrin. L'objectif immédiat de l'intervention consiste à réduire la tension en fournissant les moyens à l'individu de prendre conscience de ses sentiments et de les exprimer. Il est quelquefois nécessaire d'en arriver à une catharsis émotionnelle pour réduire les tensions paralysantes. C'est généralement une infirmière habituée à gérer les fortes réactions émotionnelles du client qui s'en charge.

- *Examiner les mécanismes d'adaptation.* Cela signifie envisager avec le client les diverses possibilités de s'adapter. S'il n'a pas mis en œuvre un comportement qui, par le passé, avait permis de réduire l'anxiété, on évalue avec lui la possibilité d'y recourir dans la présente situation. On explore de nouvelles méthodes et, très souvent, l'individu découvre lui-même des solutions originales, jusqu'alors inutilisées. Cette phase de l'intervention offre des occasions d'apprendre de nouvelles habiletés et de croître.

- *Enrichir le milieu social.* Si la perte d'un proche a déclenché la crise, la possibilité de rencontrer de nouvelles personnes pour remplir ce vide peut s'avérer très efficace, particulièrement si le soutien et les gratifications qu'offrait la personne disparue peuvent aussi être obtenus auprès des nouvelles relations.

Intervention en situation de crise ENCADRÉ 22.4

Que fait l'infirmière qui intervient en situation de crise ?
- Elle relève les signes de la présence d'un état de crise chez la personne ;
- Elle repère les facteurs de risque et leur degré de gravité ;
- Elle établit un lien de confiance avec la personne ;
- Elle recueille de l'information sur la personne afin d'évaluer son fonctionnement général et de juger de l'urgence d'intervenir ;
- Elle recherche avec la personne l'origine de la crise ;
- Elle aide la personne à prendre conscience de la signification cognitive et affective qu'elle accorde aux événements qui sont à l'origine de la crise ;
- Elle incite la personne à exprimer ses émotions ;
- Elle explore les habiletés de maîtrise de la personne et les compétences de son réseau de soutien ;
- Elle offre à la personne le soutien dont elle a besoin, et ce, de façon intensive ;
- Elle s'assure que la personne quitte l'entretien rassurée, moins souffrante et avec l'espoir de trouver des solutions à ce qui l'afflige ;
- Elle dirige la personne vers une ressource appropriée.

Adapté du *Guide d'exercice. L'exercice en santé mentale et en psychiatrie*, OIIQ, 2003.

Résolution de la crise

Durant cette phrase, l'infirmière renforce les mécanismes d'adaptation auxquels l'individu a eu recours pour réduire la tension et l'anxiété. Alors que ces habiletés se renforcent et que des changements positifs surviennent, on peut les récapituler pour que la personne expérimente et valide une nouvelle fois les progrès réalisés. On fournit de l'aide, au besoin, pour planifier l'avenir de manière réaliste (voir encadré 22.4). On aborde également la façon dont la présente expérience peut contribuer à s'adapter aux crises futures.

CONCEPTS-CLÉS

- Les aspects les plus importants de la santé mentale sont l'état du moi, l'étape de sa maturité et la qualité de sa structure.
- Caplan décrit une crise comme une montée de la tension interne, des signes d'anxiété et une désorganisation du fonctionnement, lesquels aboutissent tous à une période prolongée de bouleversement émotionnel.
- Si l'on emploie les mécanismes d'adaptation, on peut recouvrer l'équilibre et transformer une crise en une occasion de croissance.
- Le choix différent des mécanismes d'adaptation dépend de la manière dont chaque individu perçoit la menace.
- Plus l'individu a une vision réaliste de l'événement stressant, plus il a de chances de résoudre le problème rapidement.
- Comme l'évaluation de l'événement représente un processus continu, les comportements d'adaptation ne sont jamais statiques, et de nouvelles significations sont données à l'événement.
- Le manque de soutien situationnel risque de transformer une situation stressante en crise.
- S'adapter consiste à résoudre les problèmes – sans pour autant les dominer.
- Il existe trois réactions à une crise : la lutte, la fuite ou l'accommodement.
- Les réactions qui réduisent la tension – agression, régression, retrait ou répression – dépendent du succès des réactions antérieures.
- La traversée des crises existentielles ou situationnelles semble dépendre de la façon dont l'individu a surmonté les tâches développementales.
- Il existe deux approches d'intervention en situation de crise : la méthode générique, qui s'appuie sur les caractéristiques du déroulement propre aux différents types de crise, et la méthode individuelle, qui met l'accent sur les besoins uniques propres à chaque individu.
- On retrouve quatre phases typiques dans une intervention de crise : collecte de données, planification des interventions thérapeutiques, intervention ainsi que résolution de la crise et planification préventive.

SITUATIONS CLINIQUES

1. Jeudi 20 avril, 13 h 45. Un centre de crise reçoit un appel téléphonique d'un jeune homme qui demande de l'aide. Il se plaint de ne plus être capable de réfléchir, de se sentir seul au monde, d'avoir l'impression qu'il va mourir ou qu'il va se casser tellement il se sent tendu. Il se demande s'il réussira à en parler tellement sa respiration est pénible. Au fil de l'entretien, on apprend que Jean-Michel a 18 ans, qu'il vit chez ses parents, qu'il est d'origine haïtienne, qu'il est étudiant et qu'il travaille la fin de semaine comme surveillant de nuit, depuis un mois, dans un centre d'hébergement privé pour personnes âgées. Depuis lundi matin, au moment où il a reçu l'appel de la responsable de la résidence, Madame Paul, son inquiétude ne fait qu'augmenter. Cette dernière l'informe qu'un résident a déposé une plainte pour le vol de son portefeuille contenant près de 400 $. Elle veut savoir s'il n'y a pas eu d'incident particulier durant la fin de semaine. Après lui avoir répondu que non, Jean-Michel lui indique que les deux nuits ont été, comme à l'habitude, très calmes et qu'il a fait ses tournées, qu'il ne sait rien de cette histoire. La conversation téléphonique se termine par un bref merci, des excuses et «ça suivra son cours». Or ce matin, sur le répondeur, Madame Paul l'invite à recommuniquer avec elle rapidement, et ce, avant sa prochaine nuit de travail.

Bien qu'il se raconte aisément et rapidement, Jean-Michel est très ému. Il craint la réaction de sa famille, la perte de son emploi. Il n'arrive pas à en parler avec sa copine puisque c'est la mère de celle-ci qui l'a informé de ce poste disponible. Son découragement est réel lorsqu'il affirme qu'il n'obtiendra pas de bonnes références et qu'il aura du mal à se trouver un autre emploi d'été. Après avoir écouté attentivement Jean-Michel dénoncer l'injustice et défendre son honnêteté en exprimant sa colère et sa tristesse, l'intervenante demande à Jean-Michel de lui clarifier certains points afin de répondre à sa demande d'aide. D'abord, est-ce qu'il y a d'autres renseignements touchant l'incident du portefeuille ? En tentant de questionner Jean-Michel sur l'origine de son stress, l'intervenante découvre qu'il ne sait pas si on le soupçonne du vol et qu'il n'y a eu aucune autre communication concernant l'événement.

Elle lui demande alors simplement d'où lui vient l'idée qu'il y a eu une accusation de vol à son endroit ? Cette première question donne lieu à un long silence et à une réponse hésitante : «C'est clair que c'est moi le premier qu'on accuse ! ». L'intervenante lui explique qu'en effet, comme il était présent, il est possible qu'il ait des renseignements qui permettent de solutionner la plainte. Elle pose une autre question : «Est-ce que l'on sait si le portefeuille ou l'argent a été retrouvé ? Serait-ce l'objet du deuxième appel de Madame Paul ? » Jean-Michel commence à se rendre compte qu'il lui manque de l'information. Il hésite. Et si le second appel était l'accusation ? L'infirmière se sert du doute comme d'un levier pour le sortir de l'incertitude et lui mentionne qu'avec ces renseignements additionnels, ils pourront continuer l'évaluation.

Jeudi 20 avril, 14 h 20. Deuxième appel de Jean-Michel à l'infirmière du centre de crise. Il exprime spontanément son soulagement. L'appel de Madame Paul est une demande pour qu'il remplace les congés fériés de mai. De plus, il informe l'intervenante qu'il a été capable de savoir la fin de l'histoire du portefeuille. Il imite avec humour la réponse de Madame Paul : «Sa fille avait apporté son veston chez le nettoyeur et le portefeuille a été retrouvé dans la poche intérieure. Elle l'a ramené à son père, sans drame familial, mardi midi. Mais ici, on a cherché partout, pourquoi ? » Jean-Michel s'exprime par la suite avec soulagement en se traitant de tous les noms pour s'être mis dans un pareil état et pour avoir vécu un pareil cauchemar. L'infirmière en profite pour lui rappeler que c'est souvent l'interprétation qu'on donne à un événement plus que l'événement lui-même qui cause la souffrance. Elle le met en garde contre les conclusions hâtives et l'isolement dans lequel il s'est retrouvé. Elle le félicite cependant pour avoir demandé de l'aide et lui rappelle qu'il ne faut pas hésiter à en demander au besoin.

Pensée critique – Exercice

- Nommez les facteurs de compensation présents ou absents dans cette situation. Expliquez-les.

Élise Phaneuf
B.Sc. (ergothérapie)

Chapitre

23

THÉRAPIES PAR L'ACTIVITÉ

OBJECTIFS D'APPRENTISSAGE

APRÈS AVOIR LU CE CHAPITRE, VOUS DEVRIEZ ÊTRE EN MESURE :

- DE DIFFÉRENCIER L'ERGOTHÉRAPIE, L'INTERVENTION EN LOISIRS, L'ART-THÉRAPIE, LA MUSICOTHÉRAPIE, LE PSYCHODRAME AINSI QUE LA THÉRAPIE PAR LA DANSE ET LE MOUVEMENT ;

- DE DÉCRIRE LES SITUATIONS COURANTES POUR LESQUELLES LES THÉRAPIES PAR L'ACTIVITÉ SONT INDIQUÉES ET DE FOURNIR DES EXEMPLES DE MODALITÉS THÉRAPEUTIQUES POUR CHACUNE D'ENTRE ELLES ;

- DE RECONNAÎTRE LES BUTS ET LES OBJECTIFS DES THÉRAPIES PAR L'ACTIVITÉ APPLIQUÉES AUX DIAGNOSTICS SPÉCIFIQUES DU DSM-IV ;

- DE COMPARER ET DE DIFFÉRENCIER LES THÉRAPIES PAR L'ACTIVITÉ ET LES THÉRAPIES VERBALES ;

- DE COMMENTER LES DIFFÉRENTS RÔLES DE L'INFIRMIÈRE À PRIVILÉGIER SELON CHACUNE DES DIFFÉRENTES THÉRAPIES PAR L'ACTIVITÉ.

MOTS-CLÉS

Art-thérapie : utilisation du processus de création artistique en psychothérapie et en réhabilitation.

Développement par thèmes : partie de la thérapie par la danse et le mouvement par laquelle on explore activement un problème ou un sentiment en particulier.

Doublure : individu qui, dans le psychodrame, agit en tant que « voix intérieure » du protagoniste pour exprimer les pensées, sentiments et conflits refoulés.

Ergothérapie : application d'activités significatives visant l'atteinte d'objectifs systématiques pour l'évaluation et le traitement des individus souffrant d'un handicap psychologique, physique ou développemental, dans le but d'optimiser leur autonomie fonctionnelle dans le quotidien et dans leurs occupations.

Fermeture : également appelée « conclusion » ; dernier stade du psychodrame ou de la thérapie par la danse et le mouvement grâce auquel on exprime oralement l'expérience vécue afin de susciter l'introspection et un sentiment d'accomplissement.

Mise en scène : partie « action » du psychodrame, dans laquelle une scène ou une séquence de scènes est interprétée.

Moyen d'expression artistique : support, matériel ou technique contribuant à l'expression artistique.

Musicothérapie : utilisation de la musique à des fins thérapeutiques telles que le rétablissement, le maintien et l'amélioration de la santé physique et mentale.

Projection en miroir : technique du psychodrame ou de la thérapie par la danse et le mouvement dans laquelle un individu imite le comportement d'un autre individu afin de montrer la manière dont il est perçu par les autres et leurs réactions à son égard.

Protagoniste : individu du psychodrame qui illustre et met en acte son problème émotionnel.

Psychodrame : usage de ressources dramatiques orientées vers le but d'étudier et de clarifier les problèmes ou questions soulevés par un individu, contribuant ainsi à son bien-être physique et mental, favorisant son apprentissage et suscitant de nouvelles habiletés.

Récréologie/intervention en loisirs : intervention qui vise à rétablir, guérir ou rééduquer par le jeu, afin d'améliorer le fonctionnement et l'indépendance, et de réduire ou d'éliminer les effets de la maladie ou de la déficience.

Thérapie médiatisée : laboratoire d'expériences supporté par un processus thérapeutique, afin de créer une relation avec le monde des objets (humains et non humains).

Thérapie par l'activité : processus centré sur l'action et ayant pour intention première d'accroître la prise de conscience des sentiments, comportements, perceptions et cognitions, afin de réduire au maximum la maladie et de promouvoir la santé.

Thérapie par la danse et le mouvement : utilisation psychothérapeutique du mouvement en tant que processus stimulant l'intégration émotionnelle, cognitive et physique de l'individu.

23.1 THÉRAPIES PAR L'ACTIVITÉ

Les **thérapies par l'activité**, également connues sous le nom de thérapies occupationnelles, expérientielles ou thérapies par l'expression, comprennent l'ergothérapie, l'intervention en loisirs, l'art-thérapie, la musicothérapie, la thérapie par la danse et le mouvement ainsi que le psychodrame. Les ergothérapeutes prodiguent des soins aux enfants, aux adolescents ainsi qu'aux adultes issus de tous niveaux fonctionnels et de toutes catégories diagnostiques. Ils exercent dans une grande variété d'établissements : les hôpitaux et les centres psychiatriques, les centres de soins prolongés, les centres de réadaptation physique et psychosociale, les maisons d'accueil pour sans-abri, les cliniques spécialisées, les écoles publiques et privées, les foyers de groupe, les centres correctionnels, les centres de jour, les hôpitaux de jour, les cabinets privés et les CLSC.

Les techniques employées dans ces modalités sont dites thérapeutiques à partir du moment où leur intervention première vise à stimuler une prise de conscience du client de ses sentiments, comportements, perceptions, cognitions et sensations, afin d'atténuer au maximum la maladie et de favoriser la santé. L'action inhérente aux thérapies par l'activité peut être physique ou imaginée, ou les deux à

la fois. Ces thérapies par l'activité ne sont pas régies par les mêmes contraintes que les thérapies verbales, puisque la censure exercée par le client sur ses propres pensées et sentiments n'intervient pas. Au lieu de cela, ces modalités thérapeutiques permettent au client de s'exprimer à plusieurs niveaux en même temps : physiquement, émotionnellement et symboliquement. Elles permettent également au client de manifester les conflits, forces et limites, à la fois développementaux et psychologiques, et de résoudre ces problèmes dans le présent. On pense que la démarche créatrice est curative parce qu'elle permet la résolution de problèmes, un regain d'espoir ainsi que le contact avec le monde intérieur (la psyché) et extérieur. Ces expériences d'expression s'avèrent primordiales, tout spécialement dans un établissement pour malades hospitalisés, car le client peut ainsi être perçu comme une personne à part entière, au lieu d'être étiqueté selon une maladie qui finit par le dépersonnaliser.

23.1.1 Perspectives historiques

Le recours aux thérapies par l'activité remonte à la Grèce, la Rome et l'Égypte antiques. Plus de 2000 ans av. J.-C., on considérait l'exercice et les arts comme salutaires, particulièrement pour la mélancolie, aujourd'hui connue sous le nom de *dépression*. Ces activités ne furent toutefois pleinement reconnues et utilisées dans les milieux thérapeutiques qu'aux dix-huitième et dix-neuvième siècles, une fois amorcé le traitement psychologique des malades mentaux dans un contexte thérapeutique. Les infirmières furent les premières à reconnaître la valeur curative de nombre de ces thérapies par l'activité. Florence Nightingale et Susan E. Tracy ont ainsi grandement contribué à la naissance de l'intervention en loisirs et de l'ergothérapie. L'évolution des thérapies par l'activité a étoffé leurs bases théoriques et leur pratique. On doit à cette évolution la reconnaissance de ces thérapies en tant que spécialités, chacune étant dotée de ses propres normes professionnelles, éthiques et pédagogiques. Ces normes furent élaborées afin de s'assurer que les responsables de ces thérapies soient conscients des dynamiques, des limites et des risques inhérents à leur pratique. Les ergothérapeutes se spécialisent généralement dans un domaine particulier. Leur formation professionnelle comprend, de manière générale, une maîtrise en science de l'ergothérapie dans une université reconnue. Leur appartenance est au sein de l'école de réadaptation de la faculté de médecine de l'université.

Dès les années 80, on trouvait régulièrement, dans les établissements psychiatriques, un service de thérapie par l'activité. Il n'était pas rare de voir ces établissements se doter de plusieurs ergothérapeutes et intervenants en loisirs, d'un art-thérapeute, d'un musicothérapeute, d'un dansothérapeute ou d'un thérapeute du psychodrame. Les coupures budgétaires des services de santé ont obligé à réduire l'effectif de plusieurs services de thérapies par l'activité à seulement un ou deux ergothérapeutes ou intervenants en loisirs, ou à le supprimer entièrement. Cette réduction de l'effectif a contraint les autres disciplines, le plus souvent les soins infirmiers, à inclure d'elles-mêmes ces modalités dans le milieu thérapeutique. Sans leur attachement à perpétuer ces thérapies, ces dernières deviendraient, dans certains cas, inaccessibles aux clients. C'est donc grâce à l'effort conjoint des ergothérapeutes et des infirmières que les clients continuent de bénéficier d'une approche multidisciplinaire contribuant à améliorer de manière significative les résultats du traitement (Folsom, Hildreth et Blair, 1992). Le présent chapitre expose les thérapies par l'activité, selon leur mise en pratique par la collaboration optimale entre les thérapeutes par l'activité tels les ergothérapeutes, les intervenants en loisirs et les infirmières.

23.1.2 Rôle des soins infirmiers dans les thérapies par l'activité

Pour pouvoir faire appel à ces méthodes, l'infirmière doit s'assurer de disposer des habiletés nécessaires, ou de l'intérêt et de la capacité lui permettant d'acquérir ces dernières, dans le but de mener à bien une thérapie particulière. L'aisance des infirmières (p. ex. être physiquement active ou directive avec les clients) varie selon les techniques. Même si elles ne se sentent pas à l'aise pour diriger une thérapie par l'activité ou pour y prendre le rôle de co-thérapeute, il leur est toujours utile de se familiariser avec ces thérapies afin de pouvoir les recommander au médecin responsable et de soutenir les interventions de tous les membres de l'équipe qui y sont impliqués. Lorsqu'elle dispose de l'aisance, mais manque de compétences pour diriger la séance d'une thérapie par l'activité spécifique, la participation de l'infirmière demeure tout de même très précieuse, car elle s'intègre au groupe comme observatrice qualifiée ou comme co-thérapeute.

Au fur et à mesure que la lectrice se familiarisera avec chacune des modalités et avec leurs objectifs respectifs, le chevauchement des buts respectifs de leur traitement lui apparaîtra évident. L'approche d'équipe la plus efficace pour nombre de diagnostics aigus consiste à combiner autant de thérapies que possible. Cette variété de thérapies encourage le client à explorer le même problème ou le même symptôme sous plusieurs angles différents. Elle autorise aussi davantage l'adoption de stratégies thérapeutiques avec lesquelles les clients se sentent à l'aise, habitués et en sécurité pour résoudre les conflits et expérimenter le sentiment de réussite.

23.1.3 Ergothérapie

L'ergothérapie a été mise au point au vingtième siècle par Adolf Meyer, un neuropathologiste conscient de l'importance d'envisager l'individu d'un point de vue holistique et d'atteindre un équilibre entre les activités productives, les activités de la vie quotidienne et les loisirs. En 1905, Susan E. Tracy, infirmière et première ergothérapeute à exercer, a observé les avantages de l'ergothérapie dans le soulagement de la tension nerveuse et l'augmentation de la tolérance à l'alitement. Elle a également remarqué que ces avantages persistaient après la sortie d'hôpital. Malgré cette prise de conscience, le recours aux services d'ergothérapie se limita essentiellement aux personnes handicapées physiquement de la Première et de la Deuxième Guerre mondiale. Le docteur William Rush Dunton junior, psychiatre reconnu comme le « père de l'ergothérapie », a affirmé que l'objectif de celle-ci consistait à « détourner l'attention du client des sujets désagréables, à orienter son raisonnement vers des objets plus sains, à contrôler son attention, à garantir son repos, à structurer ses processus mentaux en éduquant ses mains, ses yeux, ses muscles, etc., à lui servir de soupape de sûreté ainsi qu'à lui insuffler une nouvelle vocation » (Dunton, 1915).

Ce n'est qu'à partir des années 50 que la dimension intrapsychique entra en ligne de compte dans les services d'ergothérapie, une fois reconnu le fait que le traitement médical à lui seul ne suffisait pas pour un malade également affecté dans le domaine des habiletés sociales. À cette époque, on a insisté sur l'intégration du client dans un milieu social et sur la valeur thérapeutique des activités.

Aujourd'hui, l'ergothérapie s'attache à évaluer l'exécution des tâches, le fonctionnement cognitif ainsi que le développement psychosocial et à développer des programmes de réadaptation par l'activité. Le traitement vise la reconnaissance et l'utilisation des forces du client, la réduction maximale de ses faiblesses et son adaptation au changement.

L'Association canadienne des ergothérapeutes définit l'**ergothérapie** comme suit : « Art et science fondés sur l'analyse et sur l'utilisation d'activités directement reliées aux rendement occupationnels dans les domaines des soins personnels, du travail et des loisirs. Par l'évaluation, l'analyse et le traitement, les ergothérapeutes s'attaquent aux problèmes d'ordre fonctionnel ou adaptatif des personnes dont le rendement occupationnel est entravé par la maladie, une lésion, un trouble émotif, un trouble du développement, un handicap social ou le vieillissement. L'objectif de l'ergothérapie est de prévenir le handicap, de rétablir le rendement occupationnel, la santé et le bien-être spirituel. De plus, les services d'ergothérapie peuvent être intégrés au réseau de l'enseignement ou à celui de la santé et des services sociaux » (ACE, 1993). « Le préfixe *ergo* (signifiant « travail ») fait référence à une utilisation significative du temps, de l'énergie, des intérêts et de l'attention, visant à assurer l'adaptation et la productivité, à réduire au maximum la maladie et à assurer le maintien de la santé » (Kaplan et Sadock, 1995).

Tout comme les infirmières, les ergothérapeutes traitent les dysfonctions physiques et les déficiences psychosociales. En santé mentale, les objectifs visés par le traitement de l'ergothérapie sont les suivants :

- proposer des activités centrées sur des tâches précises, comme des ateliers de travail, des activités domestiques, des activités d'introspection et autres, pour évaluer les fonctions cognitives, les comportements tels que l'impulsivité, la tolérance à la frustration et la résolution de problèmes des clients ainsi que les habiletés intrapersonnelles et interpersonnelles ;
- contribuer à l'autonomie fonctionnelle en développant des habiletés nécessaires aux activités de la vie quotidienne (p. ex. hygiène, habillage, déplacements) et les activités domestiques (p. ex. repas, lessive, emplettes, entretien ménager) afin d'enseigner ou de rétablir de bonnes habitudes d'hygiène personnelle et de santé ;
- encourager l'autonomie dans la vie quotidienne, telle que la communication, la gestion du stress et le développement d'habiletés sociales, par l'intermédiaire de groupes recourant à du matériel didactique, à la discussion ou aux **thérapies médiatisées** ;
- améliorer les habiletés sensorimotrices grâce à des activités et des exercices d'intégration sensorielle tels que la piscine ou des jeux sportifs ;
- participer à la planification de la sortie d'hôpital et à la réinsertion sociale grâce à des sorties et favoriser l'intégration aux ressources communautaires ;

- fournir une évaluation préprofessionnelle, pouvant comprendre un exercice d'entretien d'embauche, un inventaire des intérêts professionnels ainsi que l'expérimentation de tâches reliées au travail.*

D'un point de vue clinique, on utilise la science de l'ergothérapie pour évaluer, entre autres, le niveau de santé et de sécurité à la maison et pour déterminer les services à mettre en place et leur intensité. L'ergothérapie permet de documenter la capacité de gérer les biens et la personne et de déterminer la capacité d'assumer ses rôles quotidiens ou ses responsabilités professionnelles. Le potentiel de réadaptation est mesuré et le traitement de réadaptation par l'activité qui s'ensuit est adapté pour amener le client vers une récupération de son fonctionnement ou vers le développement d'habiletés pour compenser la dysfonction. Au cours des dernières années, les approches d'activité préconisées sont, entre autres, l'approche cognito-comportementale, l'entraînement aux habiletés sociales et la remédiation cognitive.

L'infirmière contribue étroitement à documenter les évaluations et le traitement des ergothérapeutes en échangeant des observations sur l'autonomie du client, sur l'évolution de sa condition physique et mentale, sur son milieu et son histoire. Elle tient compte de l'analyse des observations de l'ergothérapeute pour orienter ses interventions en relation d'aide en individuel dans un contexte de travail d'équipe. L'infirmière participe souvent aux groupes d'activité en tant que co-thérapeute. Il lui arrive de prendre le rôle de thérapeute principal dans certains programmes spécialisés d'activités où son expertise sur la santé est sollicitée (psycho-éducation sur la maladie, gestion du stress). Ensemble, avec d'autres membres de l'équipe tels que le médecin, le psychiatre, la travailleuse sociale et le psychologue, ils établissent un plan de traitement de réadap-

---

*L'ergothérapie a connu un essor considérable depuis les années 80 avec un nombre grandissant d'ergothérapeutes à travers le monde. Plusieurs se concentrent sur la recherche et ont développé des outils d'évaluation du fonctionnement quotidien standardisés, fidèles et valides. L'ergothérapie arrive maintenant à établir un diagnostic fonctionnel avec l'utilisation d'évaluations qui permettent de quantifier une habileté, de mesurer une performance à la tâche selon des critères de sécurité, d'efficacité, de degré d'autonomie et d'effort à déployer (p. ex. « Assessment of motor and process skills » de Anne G. Fisher). D'autres mesurent l'impact du fonctionnement cognitif sur l'exécution de la tâche (p. ex. le « Perceive, Recall, Plan, Perform » de Chapparo et Ranka). Enfin, Gary Kielhofrer, ergothérapeute américain en réadaptation psychosociale, a développé des concepts d'identité-compétence-performance occupationnelle en lien avec la motivation, les habitudes et l'environnement du client. Ces concepts sont intégrés dans des évaluations précises du fonctionnement et dans un modèle d'intervention de réadaptation propre à l'occupation humaine utilisé par un grand nombre d'ergothérapeutes à travers le monde.

tation en équipe où chacun aura son rôle à jouer (voir encadré 23.1).

23.1.4 Intervention en loisirs

Aussi loin que 2000 ans av. J.-C., les Égyptiens se servaient déjà des jeux, des chansons et de la danse comme

APPLICATION CLINIQUE
Ergothérapie　　　　　　　　　ENCADRÉ 23.1

Une femme de 35 ans, divorcée et sans emploi, est hospitalisée pour une dépression dans une unité psychiatrique. Cette hospitalisation survient à la suite d'une intoxication avec des médicaments qu'on lui avait prescrits. Elle est mère de deux adolescents, a occupé quelques emplois dans l'alimentation par le passé, mais n'a pas travaillé depuis 10 ans. Elle a ingéré cette dose excessive de médicaments prescrits sur ordonnance à cause d'hallucinations d'autodénigrement. Elle a été diagnostiquée pour un trouble schizo-affectif de type dépressif de l'axe I du DSM-IV.

Diagnostic fonctionnel de l'ergothérapeute et diagnostic infirmier
Interactions sociales perturbées ; diminution chronique de l'estime de soi ; déficit cognitif relié à un manque de concentration, à une difficulté à résoudre les problèmes et à une tolérance limitée à la frustration ; stratégies d'adaptation inefficaces reliées à des difficultés à mener les tâches à terme ; exercice du rôle perturbé ; exercice du rôle parental perturbé ; déficit de soins personnels : se laver, effectuer ses soins d'hygiène, se vêtir, soigner son apparence ; risque de violence envers soi.

Activité et objectifs
- Les activités de la vie quotidienne (AVQ) et les tâches d'entretien sont divisées en courtes étapes faciles concernant l'hygiène, la tenue vestimentaire, le maquillage et la lessive. L'ergothérapeute ou l'infirmière assurent un suivi grâce à des contacts quotidiens avec la cliente pour passer en revue les tâches à effectuer et la soutenir.
- Un groupe d'atelier de travail centré sur la tâche est mis en place pour évaluer la concentration, la planification et l'enchaînement des tâches, la confiance en soi et les habiletés à résoudre les problèmes. De plus, ces groupes permettent l'épreuve d'une réalité et stimulent la tolérance aux contacts interpersonnels.
- Les groupes psycho-éducatifs, portant par exemple sur la gestion du stress et l'affirmation de soi, sont offerts à la cliente pour l'aider à reconnaître et à faire davantage appel à des stratégies d'adaptation efficaces. En complément, l'infirmière dispense également un enseignement similaire sur une base individuelle et consolide les changements positifs au niveau du comportement.
- Au fur et à mesure que les symptômes aigus diminuent, l'ergothérapeute évalue les progrès de la cliente et l'aide à préciser des objectifs pour le rôle occupationnel en cours. Il suggère les options à envisager : cours sur le rôle parental et retour graduel à la vie professionnelle.

thérapies, découvrant plus particulièrement leurs avantages pour la mélancolie (*dépression*). En 1854, Florence Nightingale a initié les soldats hospitalisés aux services de loisirs et fut reconnue comme la « mère des loisirs à l'hôpital ». Elle en est venue à prendre conscience de l'importance thérapeutique de tels services en constatant que les clients s'occupant d'animaux manifestaient une amélioration de leur estime personnelle. En 1892, un neuropathologiste, le docteur Adolf Meyer, a remarqué que l'emploi du temps dans certaines activités utiles et gratifiantes s'avérait être un élément fondamental du traitement du client neuropsychiatrique. Durant la Première Guerre mondiale, la Croix-Rouge américaine utilisait les services d'organisation de loisirs dans le contexte hospitalier. Dans les années 20 et 30, des programmes d'intervention en loisirs commencèrent à apparaître dans les hôpitaux psychiatriques et les écoles publiques pour soigner les individus atteints de déficience mentale. Cependant, ce n'est qu'à partir de la Deuxième Guerre mondiale que les services d'organisation de loisirs furent reconnus en tant que traitement valide et curatif, pouvant permettre d'atteindre des buts et des objectifs médicaux spécifiques.

On peut interpréter le mot **récréologie/intervention en loisirs** comme le fait de « se recréer » ou de « se régénérer », par l'intermédiaire d'une certaine forme de jeu, d'amusement ou de détente. Le jeu peut également constituer un outil puissant pour évacuer l'agressivité, accéder à la maîtrise de la motricité chez les enfants et remémorer aux adultes les succès de leur enfance.

L'*American Therapeutic Recreation Association* définit l'intervention en loisirs comme des « services de traitement qui rétablissent, guérissent ou rééduquent, afin d'améliorer le fonctionnement et l'indépendance, et de réduire ou d'éliminer les effets de la maladie ou de la déficience ». L'intervenant en loisirs « planifie, organise et dirige des activités telles que des sports adaptés, de l'art dramatique, des activités sociales et d'artisanat » (*Dictionary of Occupational Titles*, 1991). De plus, l'intervenant organise des événements comme des séances audiovisuelles, des soirées dansantes, des passe-temps et des programmes spéciaux, des activités musicales, des cours de cuisine ainsi que des sorties spéciales comme des jeux de balle ou de ballon, des visites touristiques ou des pique-niques. La récréologie/intervention en loisirs comporte le processus actif de démonstration et de mise en pratique d'habiletés observables au sein des éléments curatifs du jeu (voir figure 23.1 et encadré 23.2). L'intervenant en loisirs choisit une activité en fonction des objectifs du traitement, en tenant compte des capacités fonctionnelles du client, des exigences physiques de l'activité, du degré de coordination, de la tolérance à la participation sociale et à l'interaction ainsi que du niveau de difficulté de l'activité. Les quatre principaux objectifs de l'intervention en loisirs sont les suivants :
- proposer aux clients des activités de la vie quotidienne dites « normales » ;

Récréologie/intervention en loisirs   ENCADRÉ 23.2

L'intervenant en loisirs se trouve au sein d'un établissement psychiatrique pour malades hospitalisés face à une population hétérogène d'adultes chez qui on a diagnostiqué de nombreux troubles, incluant les troubles dépressifs majeurs, la schizophrénie et le trouble bipolaire de l'axe I du DSM-IV.

Diagnostic infirmier et observation de l'animateur en loisirs
Communication verbale altérée ; interactions sociales perturbées ; isolement social ; diminution chronique de l'estime de soi ; stratégies d'adaptation inefficaces reliées à un manque d'habiletés dans la résolution de problèmes et à des difficultés à prendre ses responsabilités.

Activité et objectifs
- Une soirée dansante est organisée avec la participation des clients fonctionnant le mieux auxquels on assigne des tâches précises de préparation afin de favoriser l'indépendance, la prise de responsabilités et les habiletés à la résolution de problèmes. Ces tâches incluent la décoration du local d'arts plastiques, la préparation des amuse-gueules, la sélection de la musique et la confection d'une banderole annonçant la soirée au personnel et aux autres clients de l'unité. L'intervenant en loisirs et l'infirmière font preuve d'enthousiasme ; ils encouragent, soutiennent et aident les clients à résoudre les problèmes surgissant au niveau des différentes tâches à l'aide d'exemples.
- Un environnement sécuritaire et « normal » est mis en place afin que les clients puissent briser l'isolement et profiter de l'occasion pour mettre en pratique les habiletés sociales appropriées. L'intervenant en loisirs et l'infirmière discutent avec les clients de la soirée à venir, contribuant ainsi à l'anticipation de l'événement et fournissant un exemple d'interaction sociale.
- On suscite la participation par des danses que les clients connaissent ou qu'ils peuvent apprendre rapidement. Ceci améliore la confiance en soi et le contact social et sert d'exutoire aux émotions à travers le mouvement, la spontanéité et le jeu. L'intervenant en loisirs et l'infirmière incitent les clients à danser et impliquent les plus timides en les invitant à danser avec eux. Ils entraînent également les clients aux niveaux de fonctionnement les plus bas qui se tiennent à l'écart, en s'asseyant à leurs côtés et en discutant avec eux chaque fois que possible.
- Les clients bénéficient d'une activité sécuritaire et agréable contribuant à leur amusement et à leur santé mentale.

- aider les clients à acquérir des habiletés et des intérêts relatifs aux loisirs adaptés à leur style de vie ;
- aider les clients à effectuer un rapprochement entre l'hôpital et le milieu social ;
- observer les réactions des clients et être attentif aux signes d'évolution favorable ou de détérioration.

23.1.5 Art-thérapie

Tout au long de l'histoire, l'art a constitué un important moyen d'expression. Durant la préhistoire, les symboles et les images composaient les principales formes de communication. En 2000 av. J.-C., les Grecs utilisaient la sculpture sur pierre pour représenter leurs dieux. Les premières églises chrétiennes recouraient à la peinture et à la sculpture pour instruire et provoquer une émotion intense chez des individus pour la plupart illettrés.

Ce n'est qu'à partir de 1922, lorsque Hans Prinzhorn monta une collection d'objets d'art réalisés par les clients d'asiles européens, que l'on envisagea également l'art comme un moyen d'expression de processus psychologiques internes. C'est à partir de ce moment qu'un rapport s'établit entre la maladie et son expression à travers l'art. On entrevit également l'art comme une liaison entre le monde intérieur et extérieur du client lorsque, en 1933, Sigmund Freud décrivit l'inconscient et son expression par l'image, en particulier par les rêves. Freud offrait souvent à ses clients des tubes de peinture pour leur permettre de recréer leurs rêves lorsqu'ils éprouvaient de la difficulté à les exprimer uniquement avec des mots. Comme Freud l'a écrit : « Une partie de la difficulté à faire un compte rendu des rêves est due au fait de devoir traduire ces images par des mots. "Je peux le dessiner, nous affirme souvent un rêveur, mais je ne sais comment l'exprimer par des mots" » (Freud, 1963). En 1964, Carl Jung fit évoluer le symbolisme des objets d'art alors qu'il réalisa que l'art donnait forme au conscient et à l'inconscient (Jung, 1998). Jung observa que de nombreux symboles se recoupaient parmi les cultures et les générations, suggérant qu'un « inconscient universel » se soit communiqué à travers l'art.

Dans les années 40, aux États-Unis, on a fait de l'art-thérapie une thérapie à part entière. Margaret Naumburg et Edith Kramer ont pris la tête de ce mouvement. Naumburg, influencée par Sigmund Freud, envisageait l'art-thérapie d'un point de vue psychanalytique. Elle entrevoyait le fait de s'adonner à l'art comme la libération des pensées inconscientes et encourageait ses clients à se livrer à des associations libres concernant leurs œuvres d'art (Naumburg, 1966). Edith Kramer, quant à elle, s'est concentrée sur l'effet curatif de la démarche créatrice en elle-même. Elle estimait que l'art correspondait à la vie et, qu'à travers l'art, la vie pouvait être « expérimentée », « transformée » et « renouvelée » sans conséquences négatives (Kramer, 1971).

Elinor Ulman a élargi la portée de l'art-thérapie destinée aux clients psychotiques en augmentant son encadrement et en s'attardant davantage sur les mécanismes de défense contre les données inconscientes. Ulman voyait l'art-thérapie comme « un moyen de faire émerger l'ordre du chaos : les sentiments chaotiques et les pulsions internes, la masse des impressions externes déconcertantes. Un moyen de se découvrir soi-même en même temps que le

FIGURE 23.1 Passer le ballon
Plusieurs clients et un thérapeute se servent d'un foulard comme d'un véhicule pour se passer le ballon. Cette activité vise plusieurs objectifs : elle donne une occasion de coordonner les efforts de chacun pour garder le ballon en mouvement sur le foulard, elle stimule le sens des couleurs et fait prendre à chacun conscience de sa dimension physique. Ceci est un bel exemple d'activité sensori-motrice pour personnes âgées.

monde et d'établir un lien entre ces deux réalités » (Ulman et Dachinger, 1975).

L'*American Art Therapy Association* définit l'**art-thérapie** comme suit :

> « L'art-thérapie est une profession des sciences humaines qui recourt à un moyen d'expression artistique, aux images, à la démarche artistique créatrice ainsi qu'aux réactions du client face aux réalisations ainsi créées, en tant que reflets du développement, des habiletés, de la personnalité, des intérêts, des inquiétudes et des conflits d'un individu. La pratique de l'art-thérapie s'appuie sur la connaissance du développement humain et sur les théories psychologiques mises en application dans des modèles d'évaluation et de traitement, incluant les modèles éducatifs, psychodynamiques, cognitifs, intrapersonnels et interpersonnels, et autres modèles thérapeutiques permettant de résoudre les conflits, d'encourager la connaissance de soi, d'acquérir des habiletés sociales, de gérer le comportement, de résoudre les problèmes, de réduire l'anxiété, de s'orienter vers la réalité et d'accroître l'estime de soi. »

On peut envisager l'art-thérapie en suivant presque les mêmes écoles de pensées que celles des thérapies verbales. Les théories les plus couramment appliquées sont la Gestalt-théorie, les théories psychanalytique, développementale et comportementale. Malgré la variété de ces théories, les art-thérapeutes s'entendent généralement pour dire que l'art autorise la communication simultanée de divers éléments de l'expérience par l'intermédiaire d'un seul moyen d'expression.

Le **moyen d'expression artistique**, ou le matériel d'artiste habituellement utilisé, requiert peu ou pas de connaissances techniques et aucune formation artistique spéciale. En fait, comme l'ont remarqué les théoriciens du développement, les personnes physiquement et mentalement saines progressent tout naturellement à travers les différents stades du développement artistique, jusqu'à l'âge de 12 ans, sans aucune formation ni talent particulier. Ainsi, les enfants gribouillent jusqu'à l'âge d'un an, alors que les enfants âgés de 9 à 12 ans procèdent par « schémas » ou symboles répétés. Viktor Lowenfield (Lowenfield et Brittain, 1970) a observé et mis en évidence ces stades, étoffant et validant l'interprétation de l'art. En effet, le niveau auquel un client dessine peut contenir des informations très précieuses quant à ses capacités intellectuelles, de même que sur l'âge du traumatisme émotif ou cognitif. À titre d'exemple, un adulte fonctionnant efficacement et

APPLICATION CLINIQUE

Art-thérapie

Dix adolescents, garçons et filles, âgés de 14 à 17 ans, sont soignés dans un centre de traitement à demeure pour adolescents pour divers troubles de l'axe I du DSM-IV, notamment des troubles dépressifs majeurs et des troubles de conduite. Ces adolescents présentent des antécédents familiaux de violence physique et psychologique, d'abus d'alcool et d'autres drogues ainsi que des antécédents d'échec scolaire et de suspension temporaire de l'école. Deux de ces adolescents ont manifesté des idées suicidaires.

Diagnostic infirmier et observation de l'art-thérapeute

Communication verbale altérée; interactions sociales perturbées; diminution chronique de l'estime de soi; stratégies d'adaptation inefficaces; risque de violence envers soi relié à un manque d'habiletés dans la résolution de problèmes, à une faible maîtrise des impulsions et à une faible tolérance à la frustration; passage à l'acte au niveau du comportement.

Activité et objectifs

- Une multiplicité de moyens d'expression artistique est mise à leur disposition: peinture à l'eau, pastels, argile, aquarelle, marqueurs de couleur, crayons, gommes à effacer, papier à dessin blanc de différents formats, etc. La diversité du matériel proposé au groupe laisse place à toute une gamme d'expressions et donne l'occasion au thérapeute d'observer le niveau des mécanismes de défense utilisés. L'art-thérapeute et l'infirmière observent les clients alors que ceux-ci utilisent le matériel, notant les éléments choisis par chacun et l'adéquation de leur utilisation.

- L'art-thérapeute propose un thème de dessin aux clients en disant: « Dessinez une image de vous-même enfermé dans une boîte et montrez de quelle manière vous vous en sortiriez. La boîte peut avoir n'importe quelle taille ou forme et être fabriquée de n'importe quel matériel selon votre choix. » Ce thème aborde les habiletés de résolution de problèmes, à la fois dans l'utilisation de la page blanche et dans la manière de sortir de la boîte. La réalisation d'une création artistique individuelle favorise l'individuation et, comme pour toute production artistique, agit en tant qu'exutoire sain pour l'expression des pensées et des sentiments. L'art-thérapeute et l'infirmière participent à la production artistique en créant leur propre dessin, contribuant ainsi à réduire le niveau d'anxiété du groupe et à entrer également en contact avec les clients.

- On informe, dès le départ, les clients que tout ce qu'ils dessineront sur la feuille de papier est acceptable. À titre d'exemple, au début de chaque séance, le thérapeute peut déclarer: « Ici, il n'y a pas de bien ou de mal, de bon ou de mauvais, ni de censure. » Cette affirmation crée un environnement sécuritaire et non critique favorisant l'expression de soi. Cette acceptation inconditionnelle renforce également l'estime de soi en garantissant une expérience réussie. Il est important que les participants n'émettent aucun commentaire sur la valeur artistique des productions ni n'influencent leur contenu en suggérant certains ajouts ou suppressions. La contribution la plus importante de la part de l'art-thérapeute et de l'infirmière consistera à démontrer que toutes les productions artistiques ont leur mérite et leur valeur, même s'il s'agit d'une feuille de papier vierge remise en tant que produit fini.

- On encourage les clients à échanger sur leur œuvre avec le groupe. L'art-thérapeute mène la discussion en exposant la métaphore en présence, où la boîte représente le problème et la façon de s'en sortir illustre la manière dont le client résout son problème. De cette discussion découlent une meilleur prise de conscience et une appréciation du contenu de l'œuvre. On engage les membres à formuler tout sentiment ou observation honnête provoqué par celles-ci, sans jugement, et à valoriser toute expression (p. ex. « Lorsque je regarde votre dessin, je vois/perçois... » ou « Je me demande si... »).

- Alors que le groupe commence à dessiner, un client se révèle anxieux à propos du thème choisi et du matériel structuré comprenant des crayons et des pastels. Il gribouille une première tentative, manifestant par la suite son anxiété. Il dessine alors une boîte avec, à l'intérieur, une maison intitulée « dynamite » et se représente en train de faire exploser la boîte (voir figure 23.2). Au cours de la discussion, on amène le client à expliquer dans quelle mesure l'« explosion » est susceptible de résoudre les problèmes et la raison pour laquelle ces problèmes semblent se situer autour d'une maison pouvant « exploser » toute seule (comme montré par l'intitulé « dynamite »). Le groupe énumère les conséquences possibles de l'« explosion » de la boîte et explore les solutions de rechange, assurant ainsi au client un exutoire constructif et sécuritaire de même qu'une possibilité de résoudre les problèmes sans inclure l'« explosion ».

- Après la séance de thérapie, l'art-thérapeute évalue les œuvres pour recueillir des informations supplémentaires quant à la capacité intellectuelle, au niveau de dépression, aux éléments d'idéation suicidaire, à la maîtrise des impulsions et aux défenses utilisées. L'art-thérapeute et l'infirmière échangent également leurs observations respectives à propos des supports artistiques choisis, des réactions verbales des clients face aux œuvres et de la manière dont le contenu se rapporte explicitement aux problèmes de chaque individu.

FIGURE 23.2 Dessinez-vous enfermé dans une boîte et montrez de quelle manière vous vous en sortiriez.
Avec l'aimable autorisation de Theresa Williams-Hessling.

s'exprimant oralement peut paraître à l'aise avec le support artistique jusqu'à ce que le thème de la relation soit abordé, moment à partir duquel son style artistique régressera à celui d'un enfant de cinq ans, suggérant ainsi des problèmes concernant les relations ayant débuté à l'âge de cinq ans.

Il est primordial que le diagnostic et le niveau de fonctionnement des clients soient pris en considération au moment de sélectionner le support artistique et le thème à privilégier. Un choix éclairé du moyen d'expression artistique est important pour protéger les défenses du moi du client et empêcher la décompensation psychotique. À titre d'exemple, la peinture au doigt et l'argile favorisent la régression, tandis que les crayons et les marqueurs stimulent les défenses contre la régression. En d'autres mots, on encouragera les clients souffrant de troubles obsessivo-compulsifs à passer des crayons à la peinture ainsi qu'à un plus grand format de papier, alors qu'on fournira aux schizophrènes un matériel plus structuré, comme des crayons de couleur et des marqueurs ainsi qu'une surface définie sur laquelle dessiner. Les art-thérapeutes suggèrent la plupart du temps un thème, ou sujet, pour fournir aux clients une orientation et une structure. Les thèmes peuvent être aussi précis que « Dessinez votre portrait et celui de votre famille en train de faire une activité ensemble » ou aussi vague que « Servez-vous du matériel artistique pour exprimer quelque chose sur vous-même ».

Les principaux objectifs de l'art-thérapie sont les suivants :
- assurer un environnement sécuritaire sans jugement ni censure pour exprimer des sentiments, des cognitions et un contenu inconscient ;
- opter pour un moyen d'expression encourageant l'équilibre thérapeutique entre la régression et le recours à des défenses saines ;
- inciter les clients à partager verbalement leur œuvre avec le thérapeute, individuellement ou avec le groupe, pour favoriser l'introspection et le contact avec autrui ;
- offrir une expérience créatrice comme exutoire pour les émotions, les cognitions et les perceptions ;
- mettre les clients en contact avec du matériel d'artiste afin qu'ils bénéficient des effets curatifs de la couleur et du dessin.

En Amérique, les ergothérapeutes intègrent l'art-thérapie dans leur programme de traitement. Ils se servent aussi des productions pour clarifier ou détecter des signes de maladie et pour valider, auprès du client et de l'équipe, les pulsions dangereuses ou de mort et certaines impressions diagnostiques (voir encadré 23.3).

23.1.6 Musicothérapie

La musique est présente dans toutes les cultures à travers l'histoire. Utilisée à l'origine dans les rites et les cérémonies religieuses et curatives, la musique a fini par être reconnue à la fois comme une science et comme un art. Depuis le dix-huitième siècle, on considère la musique comme un mode de guérison efficace ; on y avait recours pendant la Première et la Deuxième Guerre mondiale comme thérapie pour les soldats blessés.

On définit la musique comme « la science ou l'art d'assembler ou d'interpréter des combinaisons intelligibles de notes sous forme structurée et organisée, avec une variété infinie d'expressions possibles, reposant sur le lien entre les nombreuses composantes du rythme, de la mélodie, du volume et de la qualité tonale » (Gaston, 1957).

La musique devient **musicothérapie** lorsqu'elle est utilisée pour susciter un changement précis chez la personne qui l'écoute ou qui la joue. « Les réactions seront neurophysiologiques, endocriniennes, physiologiques et sociologiques […] Nous réagissons par le biais de nos propres interprétations, intégrées à partir de nos propres expériences, amplifiées par notre propre système d'analyse émotif, tout ceci vient renforcer cette réaction et lui conférer une signification » (Gaston, 1968). La *National Association of Music Therapy* (1997) qualifie la musicothérapie « d'utilisation de la musique en vue de l'atteinte de buts thérapeutiques : le rétablissement, le maintien et l'amélioration de la santé physique et mentale. Il s'agit de l'application systémique de la musique, dirigée par un musicothérapeute, dans un environnement thérapeutique, afin de provoquer certains changements souhaitables au niveau du comportement. De tels changements permettent à l'individu suivant cette thérapie d'acquérir une meilleure compréhension de lui-même et du monde qui l'entoure, réalisant ainsi une meilleure adaptation à la société ».

La musicothérapie offre une expérience immédiate issue d'une structure définie, encourageant à la fois l'organisation de soi et les contacts sociaux. Le choix du moyen d'expression de la musique repose sur l'âge du client, son niveau de fonctionnement cognitif et ses forces du moi. La démarche thérapeutique peut inclure une musique enregistrée, l'écriture de chansons, le mouvement accompagné par la musique ou encore, le recours à des instruments permettant aux clients de composer de la musique aisément, même avec une formation sommaire en la matière (voir encadré 23.4). Pour qu'une musique soit unanimement acceptée par un groupe composé de personnes diverses, elle doit contenir des sons neutres plutôt qu'une mélodie adoptée uniquement par un groupe d'âge en particulier. « Au point de vue technique, la musique devra être caractérisée par un tempo ou un rythme lent, irrégulier et imprévisible ainsi que par une certaine monotonie homogène généralisée à toute l'œuvre » (Goddaer et Abraham, 1994). Les objectifs à long terme de la musicothérapie sont les suivants :
- améliorer l'estime de soi et la conscience corporelle ;
- stimuler les habiletés de communication ;
- accroître la capacité à mobiliser l'énergie de façon productive ;
- réduire les comportements mésadaptés (stéréotypés, compulsifs, autodestructeurs, violents, perturbateurs, répétitifs, impulsifs) ;

Musicothérapie   ENCADRÉ 23.4

Six adultes suivant un programme d'hôpital de jour sont admis. On a diagnostiqué chez eux une dépression majeure de l'axe I du DSM-IV.

Diagnostic infirmier et observation du musicothérapeute
Communication verbale altérée ; interactions sociales perturbées ; isolement social ; connaissances insuffisantes (à préciser) reliées à un champ de l'attention limité et à des difficultés de concentration ; stratégies d'adaptation inefficaces reliées à un évitement des conflits.

Activité et objectifs
- On demande à chaque membre du groupe de choisir deux chansons : l'une décrivant comment il se sent et l'autre, comment il aimerait se sentir. Ceci donne à chacun la possibilité d'explorer individuellement ses propres sentiments, d'une façon non verbale et non menaçante.
- On fait entendre les chansons de chacun des membres au groupe tout entier et on lance la discussion, en accentuant la prise de conscience, l'identification des sentiments, la catharsis et la verbalisation spontanée en réduisant l'isolement et en accentuant l'attention. Le musicothérapeute et l'infirmière valident, de façon neutre, ces sentiments et font preuve de savoir-faire en communications interpersonnelles.
- Au terme de l'expérience thérapeutique, le musicothérapeute et l'infirmière comparent leurs observations respectives, portant à la fois sur les sentiments exprimés verbalement ou de façon non verbale par les clients. Ils repèrent également les clients actifs et les clients passifs et discutent de leurs observations en fonction des problèmes individuels de chaque client.

- multiplier les interactions avec les pairs et autrui ;
- encourager l'indépendance et l'autodétermination ;
- stimuler la créativité et l'imagination ;
- favoriser l'expression émotionnelle et l'adaptation ;
- susciter un comportement d'écoute ;
- perfectionner la motricité fine et la motricité grossière ;
- améliorer la perception auditive.

23.1.7 Thérapie par la danse et le mouvement

On a eu recours à la danse, à travers l'histoire, pour les fêtes, les pratiques religieuses, le deuil et la guérison. On décrit souvent la thérapie par la danse et le mouvement comme la plus ancienne des thérapies par l'expression, bon nombre de ses concepts étant issus de la Grèce antique et de la vocation religieuse et curative de la danse en Orient.

Au début du vingtième siècle, Isadora Duncan a élaboré un cadre de référence grâce auquel on peut définir la danse moderne et la thérapie par la danse et le mouvement. Le concept de base de Duncan consiste à affirmer que « le mouvement physique est la réaction naturelle et biologique de l'homme à l'émotion intérieure de son âme » (Rosen, 1974). C'est Marion Chase qui, en 1942 aux États-Unis, décrivit officiellement la thérapie par la danse et le mouvement (Charklin, 1975). Chase considérait le mouvement comme une expression directe du soi par le corps, favorisant une conscience accrue du corps et des changements au niveau des sentiments, des cognitions et du comportement. Elle a également fait remarquer que cette conscience accrue du corps dans l'espace débouchait sur une confrontation et une correction des perceptions erronées de l'image corporelle.

On définit la **thérapie par la danse et le mouvement** comme « l'usage thérapeutique du mouvement en tant que processus stimulant l'intégration émotionnelle, cognitive et physique de l'individu » (American Dance Therapy Association).

Les thérapeutes du mouvement et de la danse observent les mouvements des clients qui reflètent leurs difficultés psychologiques. Ces thérapeutes proposent alors des thèmes pour faire évoluer ces mouvements, ayant ainsi une incidence sur les émotions et la cognition. Le déroulement des séances s'établit de sorte que le thérapeute encourage les mouvements spontanés d'un client et les relie aux mouvements des autres par le biais de méthodes visant à **projeter l'action en miroir**, à la prolonger, à la transformer ou à effectuer un mouvement qui y soit contraire. Cette juxtaposition de mouvements se fonde sur l'évaluation du processus, par le thérapeute, au fur et à mesure qu'il se déroule (voir encadré 23.5). Ce processus se compose de trois parties :
- l'échauffement accentue la prise de conscience des clients de leur état mental et physique, et augmente leur aisance face au mouvement. Cet échauffement s'attache à présenter les différents membres du groupe, à accroître leur niveau d'aisance ainsi qu'à déterminer les thèmes ou questions à aborder ;
- l'étape du **développement par thèmes** explore les problèmes ou les sentiments en question ;
- à la **fermeture**, on échange oralement, mais aussi de façon non verbale, sur l'expérience vécue, afin de favoriser l'introspection et un sentiment d'accomplissement.

Comme l'a remarqué Marion Chase à propos de la thérapie par la danse et le mouvement : « Ceux qui en tirent profit sont ceux qui comprennent ce qui s'est passé » (Charklin, 1975).

23.1.8 Psychodrame

Le psychodrame a été développé au début des années 1900 par Jacob L. Moreno, un psychiatre roumain, partant du principe que le jeu est, par nature, thérapeutique. En 1934, Moreno a fondé le *Psychodrama Institute* à Beacon, dans l'État de New York. Il considérait les individus

APPLICATION CLINIQUE

Thérapie par la danse et le mouvement

ENCADRÉ 23.5

Six clientes d'un programme d'hospitalisation traitant les troubles de l'alimentation, chez qui on a diagnostiqué une anorexie mentale ou une boulimie mentale de l'axe I du DSM-IV, se voient prescrire une thérapie de groupe par la danse et le mouvement s'étalant sur une semaine.

Diagnostic infirmier et observation du thérapeute par la danse et le mouvement

Diminution chronique de l'estime de soi ; image corporelle perturbée ; trouble de la perception sensorielle kinesthésique reliée au sentiment d'être détachée de son corps ; communication verbale altérée ; interactions sociales perturbées ; isolement social ; connaissances insuffisantes (à préciser) reliées aux sentiments d'autodévalorisation, à la faible tolérance à l'erreur et à la difficulté de reconnaître ses sentiments ; stratégies d'adaptation inefficaces reliées à des limites physiques, sexuelles et internes.

Activité et objectifs

- La séance débute par un exercice d'échauffement et des techniques de relaxation qui consistent à s'étendre sur un matelas et à se servir de la respiration diaphragmatique pour se détendre. On incite les clientes à être attentives à toute tension de leur corps et à leurs sentiments. Cette expérience réduit l'anxiété, favorise la prise de conscience corporelle et la centration sur les sentiments.
- On propose aux clientes un thème concernant les limites et on leur demande de choisir une partenaire pour explorer les problèmes de définition et de maintien de celles-ci. On donne une serviette à l'une des deux partenaires en lui disant qu'elle lui « appartient », à elle et à elle seule. On demande à l'autre partenaire d'essayer de s'emparer de la serviette en affirmant qu'elle lui appartient également. Cet exercice symbolise les expériences émotionnelles et kinesthésiques (mouvement) inhérentes à la défense de ce qui appartient exclusivement à l'individu, tandis que la serviette personnifie les limites physiques, sexuelles et internes. On fait également appel à l'estime de soi alors qu'on donne l'occasion à la cliente d'« assurer » avec succès sa propre défense. Cet exercice permet également de prendre conscience de son corps et de ses forces et de solliciter la spontanéité et une résolution de problèmes créative. Le thérapeute par la danse et le mouvement et l'infirmière repèrent et soutiennent les clientes qui font preuve de passivité, d'ambivalence ou qui ont des difficultés à maintenir les limites. Ils observent les différentes tentatives, efficaces ou non, des clientes pour défendre leurs limites et sont prêts à prendre part à l'exercice si une partenaire vient à manquer ou pour donner l'exemple.
- Le thème est suivi par la fermeture prenant la forme d'une discussion ouverte au cours de laquelle on pousse les clientes à parler de leur expérience et des différents moyens utilisés pour résoudre les problèmes et faire face à la situation. Le thérapeute par la danse et le mouvement ainsi que l'infirmière partagent leurs observations respectives. Ils intègrent à la discussion, chaque fois que possible, les clientes discrètes ou en retrait et reconnaissent et valorisent les efforts des clientes ayant pris un risque.

comme des « acteurs naturels » et était persuadé que la santé passait par l'expression spontanée de différents rôles. Il avait remarqué que lorsque cette spontanéité était entravée, le soi ne pouvait se manifester ni évoluer et qu'aucun changement ne survenait. Par l'intermédiaire du psychodrame, Moreno s'est attaché à stimuler la spontanéité, constituant un répertoire permettant de réagir aux nouvelles situations et résolvant les émotions refoulées du passé (Moreno, 1964).

Le **psychodrame** constitue un recours à une « action dramatique guidée pour étudier les questions ou problèmes soulevés par un individu. Utilisant les méthodes expérientielles, la sociométrie, la théorie des rôles et la dynamique des groupes, le psychodrame participe à l'introspection, à l'enrichissement personnel et à l'intégration aux niveaux cognitif, affectif et comportemental. Il clarifie les problèmes, contribue au bien-être physique et mental, favorise l'apprentissage et fait naître de nouvelles habiletés » (American Society of Group Psychotherapy and Psychodrama, 1998).

Le psychodrame emploie des techniques dramatiques pour « mettre en acte » le problème émotionnel (voir encadré 23.6). L'action comporte six aspects opérationnels, énumérés dans l'encadré 23.7.

Les clients peuvent se servir de cette modalité pour reproduire des situations passées, aborder des dilemmes actuels ou encore explorer des aspirations ou des rêves d'avenir. En traitant ces problèmes « dans l'immédiat », on prend conscience des problèmes en présence et on a l'occasion de travailler activement pour les surmonter. L'objectif premier du psychodrame est d'offrir une expérience permettant de rendre le comportement en question « visible et mesurable, puis de le réintégrer au sein de l'inconscient du client » (Landy, 1986).

Trois phases composent le psychodrame :

- l'échauffement prépare le groupe en présentant les membres les uns aux autres et en décidant des **protagonistes** et de la mise en scène ;
- la **mise en scène**, ou la partie action, consiste en une scène ou en une séquence de scènes mises en acte pour dépeindre le problème et explorer de nouvelles méthodes pour le résoudre ;
- la conclusion facilite la discussion entre les membres du groupe concernant la mise en scène ainsi que les expériences et réactions des individus ayant participé au processus (Fleshman et Fryrear, 1981).

Le psychodrame est une forme de thérapie très efficace. Il faut donc appliquer ses techniques avec prudence selon le niveau de fonctionnement et la force du moi des clients du groupe. À titre d'exemple, les expressions chargées d'émotion et de fantasmes doivent être réservées aux groupes non psychotiques de haut niveau de fonctionnement, alors que les jeux de rôles réalistes fondés sur la réalité sont préférables pour les schizophrènes ou les clients ayant un trouble de la personnalité limite.

APPLICATION CLINIQUE

Psychodrame ENCADRÉ 23.6

Huit hommes et femmes, âgés de 20 à 30 ans, participent à un groupe dans une clinique externe portant sur le deuil non résolu. Tous les membres du groupe ont perdu un proche de leur famille. Durant l'échauffement, une femme de 20 ans est désignée comme protagoniste. Il s'agit d'une étudiante chez qui on a diagnostiqué un trouble dépressif majeur de l'axe I du DSM-IV. Son deuil se manifeste par un isolement face à ses amis et à sa famille, par l'alternance de jeûnes et de frénésies alimentaires et par d'incontrôlables épisodes de larmes. Ces symptômes ont été précipités par la mort de sa sœur aînée, tuée dans un accident de voiture lorsque la cliente avait 17 ans. La femme décrit son deuil et son regret d'être arrivée trop tard à l'hôpital pour faire ses adieux à sa sœur avant que celle-ci ne meure.

Diagnostic infirmier

Chagrin dysfonctionnel, relié à la culpabilité et à la colère refoulée; déni non constructif; inadaptation à un changement dans l'état de santé; perte d'espoir; isolement social; interactions sociales perturbées.

Activité et objectifs

- On sélectionne le protagoniste en fonction des individus qui prennent la parole les premiers ou paraissent plus tendus ou anxieux. On invite alors la cliente choisie à prendre part à la discussion préliminaire d'échauffement.
- Au cours de l'échauffement, on demande à la protagoniste de choisir quelqu'un pour jouer son ego-auxiliaire (sa sœur) et d'autres membres du groupe pour jouer les doublures (pensées intérieures) l'aidant à verbaliser ses pensées, ses sentiments et ses conflits refoulés. On met en scène l'hôpital et les autres membres prennent place pour pouvoir être témoins de la scène sans la gêner. La cliente décrit la manière dont sa sœur aurait pu répondre (attentionnée, renfermée, hostile, affectueuse). Au fur et à mesure que la cliente exprime sa perte et situe la mise en scène, elle aborde le déni, obtient l'attention de tous et multiplie ses contacts avec autrui.
- La mise en scène autorise la protagoniste à entretenir avec sa sœur la conversation qu'elle n'a pu avoir avant que celle-ci ne meure. On demande à la cliente de communiquer à sa sœur tout ce qu'elle souhaite, plus spécialement les choses qu'elle croit n'avoir pu régler avant sa mort. Cette discussion constitue l'occasion de résoudre la culpabilité et la colère et de mettre en œuvre le processus de deuil. L'infirmière est prête, si on le lui demande, à participer à la mise en scène, soit en tant qu'ego-auxiliaire, soit en tant que doublure.
- La fermeture implique une discussion entre la protagoniste, l'ego-auxiliaire, les doublures et les autres membres du groupe concernant les sentiments et pensées découlant de la mise en scène. La rétroaction et les observations surviennent également à ce stade. C'est l'occasion pour le thérapeute et l'infirmière d'évaluer le degré d'initiative relatif à l'amorce du processus de deuil de la protagoniste et des autres membres. Le thérapeute et l'infirmière profitent également de ce moment pour aider le groupe à émerger d'un état émotif intense et à réintégrer une saine distance par rapport à l'expérience. Ils sondent l'anxiété, le repli sur soi ou la colère éventuels des clients et encouragent ces derniers à examiner leurs réactions au sein du groupe. Ces réactions sont, autant que possible, « normalisées » en étant reliées à différents stades du deuil et en faisant appel aux habiletés d'écoute réflexive et empathique.

Éléments d'un psychodrame ENCADRÉ 23.7

- Le protagoniste, habituellement le client, expose et met en acte ses problèmes émotionnels et ses relations interpersonnelles.
- L'ego-auxiliaire, ou *alter ego*, est choisi parmi les membres du groupe par le protagoniste pour interpréter les proches de la vie du client.
- Le metteur en scène, ou psychodramatiste, sert de directeur du psychodrame et suscite le déploiement, par le client, de nouvelles perceptions, de nouveaux comportements et de contacts avec autrui.
- Les **doublures** agissent en tant que « voix intérieures » du protagoniste et expriment les pensées, sentiments et conflits refoulés.
- Le groupe apporte, quant à lui, observations et soutien, et profite par sa propre catharsis et son identification.
- L'espace peut symboliser tout environnement ou instant vécu ou imaginé par le protagoniste.

En Amérique, plusieurs ergothérapeutes, psychologues et infirmiers, après avoir suivi une formation spécialisée sur le psychodrame, intègrent cette activité à leur programme de réadaptation.

CONCEPTS-CLÉS

- Les thérapies par l'activité, également connues sous le nom de thérapies occupationnelles, expérientielles ou thérapies par l'expression, comprennent l'ergothérapie, l'intervention en loisirs, l'art-thérapie, la musicothérapie, la thérapie par la danse et le mouvement ainsi que le psychodrame.
- L'intention motivant les thérapies par l'activité est d'accroître la prise de conscience par le client de ses sentiments, comportements, perceptions, cognitions et sensations.
- On recourt aux thérapies par l'activité dans une variété de contextes thérapeutiques.
- Il est important pour les infirmières de se familiariser avec les différentes thérapies par l'activité afin de pouvoir les recommander au médecin responsable et de collaborer avec les thérapeutes par l'activité pour assurer ces expériences thérapeutiques aux clients.
- L'ergothérapie se concentre sur l'évaluation de l'exécution des tâches, le fonctionnement cognitif, le développement psychosocial, l'identification des forces, l'amélioration des faiblesses et l'adaptation au changement. Selon ces évaluations, l'ergothérapeute prépare un programme d'activités de réadaptation pour optimiser le fonctionnement du client.
- Le rôle de l'infirmière en lien à l'ergothérapie comprend le contact quotidien avec les clients pour leur apporter encouragement, soutien, imitation des rôles,

enseignement, discussion et épreuve de réalité face aux tâches imposées.

- L'intervention en loisirs intègre le processus actif de démonstration et d'application des habiletés observables à travers les éléments curatifs du jeu, afin d'aider les clients à mettre en pratique des habiletés et intérêts de loisirs en lien avec leur style de vie.
- Le rôle de l'infirmière dans l'intervention en loisirs comporte la promotion des activités et des interactions incitant à l'indépendance, à la prise de responsabilités et aux habiletés à la résolution de problèmes.
- L'art-thérapie fait appel aux moyens d'expression artistique comme moyen de communication non verbale visant à résoudre les conflits et à susciter la conscience de soi.
- Le rôle de l'infirmière comme co-thérapeute dans l'art-thérapie consiste à porter une attention à l'usage que font les clients des moyens d'expression artistique, à encourager les clients à exprimer verbalement leurs réactions face aux œuvres et à faire le lien entre le contenu de ces œuvres et les problèmes particuliers de chaque client.
- La musicothérapie se sert de la musique suivant une structure définie, permettant de provoquer des changements précis et de promouvoir l'organisation, les contacts sociaux ou l'expression.
- Le rôle de l'infirmière comme co-thérapeute dans la musicothérapie comprend l'observation du caractère actif ou passif des clients durant l'expérience musicale ainsi que l'identification de tous les sentiments, verbaux ou non, exprimés par ces derniers.
- La thérapie par la danse et le mouvement incite à l'expression des émotions pour éliminer les tensions, développer une image corporelle plus positive et prendre conscience de son corps et de l'interaction sociale par l'intermédiaire d'exercices rythmiques et de réactions à la musique.
- Le rôle de l'infirmière comme co-thérapeute dans la thérapie par la danse et le mouvement implique la participation à l'activité, l'observation des clients et l'encouragement de ceux-ci par le biais de remarques honnêtes ainsi que l'encouragement, chaque fois que possible, à la discussion.
- Le psychodrame utilise l'expression spontanée et les techniques dramatiques pour mettre en acte les problèmes émotionnels et favoriser la santé grâce à la mise en œuvre de nouvelles perceptions, de nouveaux comportements et contacts avec autrui.
- Le rôle de l'infirmière comme co-thérapeute dans le psychodrame consiste à examiner les réactions des clients et à les amener à établir un lien entre celles-ci et leurs propres problèmes. Cette thérapie peut éventuellement impliquer la participation de l'infirmière au psychodrame en tant qu'ego-auxiliaire ou doublure.

Partie V
Questions contemporaines

Ivan L. Simoneau
inf., Ph.D.Éd. (psychopédagogie)
Collège de Sherbrooke

Chapitre

24

VIOLENCE ET IMPACT PSYCHOLOGIQUE

OBJECTIFS D'APPRENTISSAGE

APRÈS AVOIR LU CE CHAPITRE, VOUS DEVRIEZ ÊTRE EN MESURE :

- DE CONNAÎTRE LA PROBLÉMATIQUE ET LES RÉPERCUSSIONS PSYCHOLOGIQUES DE LA VIOLENCE CHEZ CERTAINES CLIENTÈLES AU QUÉBEC ;

- DE CONNAÎTRE LE RÔLE DE L'INFIRMIÈRE EN SANTÉ MENTALE ET EN PSYCHIATRIE RELATIVEMENT AUX PROBLÈMES GÉNÉRÉS PAR LA VIOLENCE ;

- DE PRENDRE EN COMPTE LES IMPACTS DE LA VIOLENCE À LONG TERME CHEZ LES PERSONNES VIOLENTÉES DANS LE CADRE DE LA PRATIQUE DES SOINS INFIRMIERS EN SANTÉ MENTALE ET EN PSYCHIATRIE ;

- D'EFFECTUER DU DÉPISTAGE DE PREMIÈRE LIGNE AUPRÈS DE LA CLIENTÈLE VIOLENTÉE ;

- D'INTERVENIR AUPRÈS DE LA CLIENTÈLE VIOLENTÉE ET DE LA DIRIGER VERS DES RESSOURCES COMPÉTENTES.

MOTS-CLÉS

Brutalisation d'une femme : violence physique ou mentale à l'égard d'une femme et perpétrée par son conjoint actuel ou par celui avec lequel elle a eu des relations antérieurement.

Négligence à l'égard d'un enfant : violence ou menace à la santé et au bien-être de l'enfant par un parent, un tuteur légal ou toute autre personne responsable de la santé et du bien-être de cet enfant, par le manquement à lui procurer la nourriture, les vêtements, l'abri ou les soins médicaux appropriés ou en exposant sa santé et son bien-être à des risques indus.

Survivant : personne ayant subi des sévices physiques, psychologiques ou sexuels et qui a été en mesure de se tirer des situations à risque. De façon générale, le survivant conserve des stigmates psychologiques pouvant compromettre l'intégrité psychologique de la personne.

Viol : agression sexuelle réalisée sous la contrainte physique.

Violence à l'égard d'une personne âgée : comprend la négligence émotionnelle et psychologique, la violence émotionnelle et psychologique, la violation des droits de la personne, l'exploitation financière, la négligence physique ou la violence physique directe à l'endroit des personnes ayant dépassé 65 ans.

Violence familiale : violence physique et psychologique ; l'abus sexuel exercé le plus souvent par des hommes à l'endroit des femmes et des enfants afin de conserver leur pouvoir et leur ascendant.

Violence physique à l'égard d'un enfant : blessures infligées à un enfant, pouvant aller des ecchymoses aux excoriations et des traumatismes neurologiques graves à la mort. Les violences psychologiques en font également partie.

Violence psychologique à l'égard d'un enfant : rejet, dégradation/dévalorisation, terrorisme, isolement, corruption, exploitation, refus de la stimulation essentielle à un enfant, ou parentage incohérent et inconsistant.

La violence touche quotidiennement de nombreuses clientèles. Toutefois, ce sont les femmes, les enfants et les personnes âgées qui sont, la plupart du temps, les plus durement touchés et éprouvés. C'est la raison pour laquelle le présent chapitre aborde la problématique de la violence en se centrant sur la violence envers les femmes, les agressions sexuelles, les abus physiques, psychologiques et sexuels à l'égard des enfants, ainsi que sur les mauvais traitements à l'endroit des personnes âgées.

Ce chapitre traite des répercussions psychologiques chez les personnes ayant subi de la violence, des sévices et des abus de toutes formes. L'infirmière en santé mentale et en psychiatrie rencontre sur une base régulière des clients dont les troubles de santé mentale découlent d'un passé chargé de sévices et d'abus. Il est donc important que les étudiantes infirmières et les infirmières en santé mentale et en psychiatrie puissent discerner chez leurs clients des comportements qui découlent de cette problématique et qui peuvent refaire surface au cours de la mise en place de l'alliance et des entretiens thérapeutiques. Il est aussi important pour les étudiantes et les infirmières de savoir comment diriger ces personnes vers des ressources spécialisées, le cas échéant. Avant de débuter la lecture des diverses sections de ce chapitre, il serait pertinent de consulter l'encadré 24.1 portant sur les survivants de la violence. Les conséquences psychologiques de la violence y sont largement décrites et discutées.

24.1 FEMMES BATTUES

La problématique des femmes battues existe depuis toujours. Toutefois, à la suite de la montée du mouvement féministe, dans les années 1960, nombreuses sont les femmes qui ont décrié les mauvais traitements et les abus qu'elles subissaient quotidiennement. Les groupes de femmes se sont unis pour intervenir auprès de décideurs politiques et légaux afin que la société se dote de cadres légaux et moraux pour les protéger contre les abus de toutes sortes. Malgré le fait que la société québécoise soit proactive en matière de mesures de protection physique et psychologique des femmes, encore trop de femmes subissent des sévices et des abus au quotidien : une seule femme abusée en est une de trop. De nombreux auteurs (Gelles, 1997 ; Kurs, 1993 ; Stark et Flitcraft, 1996) ont signalé que les comportements violents, répétitifs, continus et s'aggravant avec le temps, en l'absence de provocation ou pour des motifs insignifiants et caractérisés par une attitude coercitive, sont les résultats de mauvais traitements infligés aux femmes par des hommes et ce, le plus souvent par les conjoints.

La violence faite à l'égard des femmes demeure une cause importante de blessures physiques chez ces dernières. Il faut ajouter que le cycle de la violence est tellement pernicieux et hermétique que, malgré le fait que certaines femmes s'éloignent du milieu violent, nombre d'entre elles poursuivent une relation qui se dégrade progressivement jusqu'à en devenir dangereuse pour leur intégrité physique et psychologique.

Les séquelles psychologiques sont plus difficiles à documenter, mais sont néanmoins importantes chez les femmes abusées. Notamment, les sévices et les abus contraignent leur développement et leur épanouissement sur les plans psychologique, social et spirituel. À ce sujet, Stark et Flitcraft (1996) ont rapporté que les

SOINS INFIRMIERS DANS LE MILIEU DE VIE

Survivants de la violence

Les victimes de traumatisme se trouvent à tout âge, quels que soient le sexe ou la nationalité. Leur point commun touche à l'impossibilité de vivre une vie pleinement satisfaisante en raison d'un événement perturbateur, qu'il s'agisse de maltraitance durant l'enfance, de viol à l'âge adulte ou de conflit armé. Les membres de la famille ou les étrangers jouent un rôle actif dans cet événement qui peut constituer une menace de mort ou une cruelle humiliation. Les réactions de la famille, des amis ou de la société s'avèrent parfois problématiques.

Dans un contexte communautaire, l'infirmière qui travaille avec ce groupe de clients disparates doit se montrer flexible et tolérante. Comme pour tous les troubles émotionnels, l'existence d'un solide réseau de soutien est essentielle. Le compte rendu d'un traumatisme requiert un travail d'équipe dans lequel l'infirmière joue le rôle de conseillère en écoutant tous les détails ou celui d'animatrice en aidant des victimes à restructurer leur vie et leur réseau social. Cette relation sera plus soutenue qu'une intervention immédiate dans un contexte hospitalier.

Il est souvent difficile, dans de telles situations, de connaître la vérité, l'agresseur ou le violeur étant impliqué et risquant de menacer la victime et les personnes qui lui portent secours. Les infirmières risquent de ressentir de la colère ou de la peur envers l'auteur des sévices et doivent maîtriser leurs réactions. Il se peut que d'autres professionnels, y compris les services de protection de la jeunesse (Direction de la protection de la jeunesse) ou la police, soient concernés et les échanges doivent rester francs et ouverts. Il

n'existe aucune marge d'erreur possible lorsqu'il s'agit d'une situation aussi grave que la maltraitance d'un enfant ou la **brutalisation d'une femme** par son conjoint.

On diagnostique fréquemment un état de stress post-traumatique chez les vétérans. Ces individus vivent souvent en marge de la société et ont tendance à abuser de l'alcool et de drogues. Ils peuvent se montrer rétifs à toute offre d'assistance et doivent recevoir une aide psychologique spécialisée avant d'accepter de participer à une thérapie de groupe. L'infirmière en santé mentale et en psychiatrie rencontrera souvent ce type d'individu dans les établissements pour sans-abri ou vivant dans la rue. Elle devra tolérer de fréquentes rebuffades avant de pouvoir établir une relation thérapeutique. La patience et l'humour permettent souvent de surmonter des situations tendues et d'instaurer une interaction efficace.

L'infirmière qui travaille en milieu communautaire a des chances de rencontrer des victimes persuadées de la légitimité de leurs droits et considérant qu'elles méritent un traitement spécial. Ces individus ont tendance à épuiser rapidement la plus patiente des professionnelles de la santé. L'infirmière doit bien connaître les droits de ces clients et circonscrire leurs attentes. Une fois qu'on a offert au client toute l'aide disponible, on doit l'informer qu'il n'en recevra pas d'autre, peu importe sa détresse ou sa colère. Une telle situation exige souvent un effort concerté de tous les professionnels de la santé, afin qu'une seule personne n'ait pas à supporter le poids de l'agressivité du client.

---

effets indirects des sévices provoquaient des séquelles plus profondes sur la santé de la femme que les effets directs. Ces séquelles sont les douleurs chroniques, la dépression, l'anxiété intense, les abus d'alcool ou de drogues et les tentatives de suicide pour échapper à des situations violentes.

Enfin, quoiqu'il n'existe actuellement que peu de rapports sur la violence chez les couples homosexuels, des chercheurs ont signalé que l'incidence de la violence dans cette population était comparable, sinon supérieure, à celle qui prévaut chez les couples hétérosexuels (Bourg et Stock, 1994; Gelles, 1997; Renzetti, 1992).

24.1.1 Caractéristiques

Dans ce chapitre, on désigne sous le terme *femme battue* une femme qui est frappée par son conjoint, y compris une lesbienne. Lorsqu'elle essaye de quitter le compagnon qui la domine, elle s'expose à un danger encore plus grand. Même si l'existence de la violence chez les couples homosexuels est connue, le texte qui suit se concentre sur la violence conjugale la plus courante, soit celle de l'homme agresseur et de la femme agressée.

Lorsque l'on parle de femme battue, la violence ne se limite pas toujours aux coups. Une survivante peut avoir vécu sous la menace constante de son agresseur sans toutefois afficher aucune meurtrissure sur son corps. Un tel abus psy-

chologique s'avère néanmoins dévastateur. Certaines femmes battues signalent qu'avec le temps, la violence physique cède la place à une violence psychologique extrême. Lorsque cette transposition survient, la menace de violence terrorise la femme à un tel point qu'il suffit de la mentionner pour exercer une domination. L'encadré 24.2 décrit les raisons soulignées et documentées ainsi que les comportements observés chez les conjoints abuseurs.

Les femmes battues appartiennent à tous les groupes socioéconomiques, religieux et ethniques. Néanmoins, il est à noter que les femmes de la classe moyenne et supérieure sont en mesure de dissimuler les attaques qu'elles subissent. Les femmes de ces strates sociales disposent de ressources matérielles leur permettant de consulter un médecin en pratique privée, davantage susceptible de garder leur secret et de ne poser aucune question.

24.1.2 Problématique québécoise

Au Québec, plus de 50 000 femmes sont agressées par leur conjoint (mariages et unions de fait) chaque année. La moitié des agressions s'observent chez des conjoints d'union récente (moins de trois ans). Ce nombre de cas d'agressions représente un taux de 3 %. Dans 59 % des cas, on observe une occurrence unique de violence. Dans 66 % des cas, la violence rapportée est une violence dite mineure et dans

- Exploitation financière – contrôle strict de l'argent (même si la femme en gagne), de la nourriture, des vêtements, du transport et des autres ressources.
- Violence sexuelle – comprend le viol conjugal et l'emploi de la contrainte pour forcer la femme à des activités sexuelles contre sa volonté.
- Menaces et intimidation, y compris les menaces de retirer les enfants à la femme, de leur faire du mal ou d'agresser d'autres membres de la famille.
- Menaces de blesser ou de tuer les animaux familiers.
- Stratégie pour isoler la femme de son réseau de soutien, y compris sa famille, ses amis et les professionnels de la santé.
- Insultes et humiliations constantes à l'égard de la femme.
- Destruction intentionnelle des objets afin de terroriser la femme.

34%, il s'agit de violence grave. Dans les cas de violence grave, 57% des épisodes entraînent des séquelles physiques (Laroche, 1999). Par ailleurs, Jean (2002) signale que le taux de violence envers les femmes au Québec est légèrement supérieur au taux canadien (2,5% c. 2,2%). Une analyse plus fine de la situation révèle qu'entre 1980 et 1994, les homicides de conjointes (incluant les conjointes de fait) ont représenté plus du quart (28,5%) des homicides au Québec (Jean, 2002). À titre d'exemple, en 1997, on a enregistré au Québec 77 cas de meurtres et de tentatives de meurtre de conjoints (presque toujours des conjointes). En 1996, ce nombre s'élevait à 91 cas (Jean, 2002).

24.2 DÉMARCHE DE SOINS INFIRMIERS

→ 24.2.1 Collecte de données

Pour recueillir les données portant sur une femme ayant subi de la violence, l'infirmière examinera soigneusement ses propres convictions et préjugés sur le sujet. À titre d'exemple, si l'infirmière pense que la femme est responsable du problème parce que celle-ci demeure dans une relation abusive, elle risquera de communiquer son attitude à la femme battue, consciemment ou non. L'attitude de l'infirmière et son intervention risquent donc de contribuer à persécuter de nouveau la victime.

La collecte de données holistique constituant le fondement de la démarche de soins infirmiers, il faut, durant cette étape, prendre en considération la dimension culturelle. La culture influe souvent sur l'interprétation et la réaction de la femme battue. Il est indispensable d'en tenir compte pour pouvoir établir un plan de soins.

La culture détermine également le recours aux ressources communautaires d'aide aux femmes violentées et abu-

sées. Les femmes de certains groupes ethniques sont isolées et ignorent les ressources à leur disposition en cas d'agression et d'abus. De plus, elles se méfient des soignants en dehors de leurs groupes culturels et craignent d'être ostracisées par leur propre communauté si elles font appel à la société en général.

Même des veuves âgées peuvent présenter des problèmes découlant d'une relation abusive avec leur mari défunt. Nombre de femmes battues signalent une myriade de malaises physiques en s'abstenant de parler de la violence qui les occasionne. Comme elles sont conditionnées à croire que, d'une manière ou d'une autre, elles ont provoqué ces sévices, elles se sentent coupables et honteuses. Cependant, si on leur pose des questions directes dans les conditions appropriées, la plupart des femmes reconnaissent la nature et la cause de leurs blessures. Ces conditions requièrent d'être respectueuse et sensible à leur aveu et de les informer qu'elles ne sont nullement coupables et qu'aucun être humain n'a le droit d'en frapper un autre.

Durant la collecte de données et l'anamnèse, il est préférable que l'infirmière commence par les questions les moins délicates pour progresser graduellement vers les points litigieux. On doit formuler ces questions clairement et simplement, en se servant du langage et des termes employés par la femme elle-même. Il est aussi courant d'observer que les femmes cherchent à se faire traiter pour les effets indirects de leurs relations violentes. Leurs plaintes concernent alors des réactions au stress occasionné par ces sévices ou des douleurs résiduelles de blessures passées. Il arrive fréquemment que la femme semble déprimée, anxieuse et fatiguée. La femme battue souffre souvent de plus de syndromes chroniques et douloureux qu'une autre. Ses antécédents indiquent des accidents fréquents et d'autres traumatismes, comme des excoriations, des ecchymoses et des fractures. On trouve également des histoires d'avortements spontanés, de tentatives de suicide et d'abus d'alcool ou de drogues.

Les autres indices potentiels de violence se trouvent dans les antécédents familiaux et, en ce qui concerne le partenaire, comprennent les éléments suivants :
- sévérité marquée en matière de discipline ;
- usage de punitions physiques ;
- violence envers les enfants ;
- abus d'alcool ou de drogues ;
- possessivité et jalousie extrêmes ;
- antécédents familiaux de violence ;
- chômage ;
- tendance à isoler les membres de sa famille.

Par ailleurs, des recherches révèlent qu'une femme battue court un plus grand risque si elle essaie de quitter son agresseur (Campbell et Humphrey, 1993 ; Gelles, 1997). Par conséquent, la cliente doit être consciente de ce risque, et l'infirmière doit l'aider à élaborer un plan de sauvegarde. Un tel plan doit comprendre les numéros de téléphone des ressources communautaires et des centres de crise à proximité.

➡ 24.2.2 Diagnostic infirmier

Les diagnostics infirmiers étant formulés selon les informations obtenues durant la collecte de données, leur précision dépend d'une appréciation méticuleuse et approfondie. Voici quelques exemples de diagnostics infirmiers qui pourraient s'appliquer dans le cas d'une problématique de femme battue :

- douleurs reliées à des blessures résultant de la brutalisation et qui se manifestent par la difficulté à respirer profondément et à dormir (fractures multiples) ;
- risque d'accident relié aux agressions présentes et passées du conjoint ;
- peur reliée à des menaces d'augmenter les sévices ;
- stratégies d'adaptation familiale compromises reliées à l'agression du conjoint et au déni de la femme.

Diagnostics du DSM-IV

Le DSM-IV n'a pas attribué de diagnostic précis pour la femme battue. Stark et Flitcraft (1996) recommandent la désignation d'« agression physique d'un adulte » parce que, même s'il s'agit d'un diagnostic psychiatrique, celui-ci ne représente pas une stigmatisation et permet à la femme d'avoir accès aux ressources. Certains chercheurs et cliniciens maintiennent que l'état de stress post-traumatique constitue un diagnostic approprié pour de nombreuses femmes battues qui sont agressées de manière répétitive et sévère (Briere, 1996 ; van der Kolk, McFarlane et Weisaeth, 1996).

➡ 24.2.3 Résultats escomptés

Les objectifs à court terme (ou résultats escomptés) dans un cas de femme battue consistent à stabiliser son état physique (blessures) et à assurer sa sécurité physique et psychologique.

La cliente devra :

- signaler une diminution des douleurs dues aux blessures reçues durant un épisode de brutalisation ;
- montrer qu'elle n'a aucune difficulté à respirer et déclarer qu'elle se sent plus détendue ;
- exprimer moins de crainte et d'anxiété tout en étant capable de discuter avec l'infirmière de la violence subie et d'examiner les options possibles pour y mettre fin ;
- formuler sa prise de conscience du danger grandissant de la situation, conséquence de l'aggravation de la violence avec le temps ;
- discuter avec l'infirmière des conséquences pour elle-même, son conjoint et les autres membres de la famille si elle demeure dans une situation violente, de même qu'explorer les solutions de rechange pour la famille ;
- montrer sa prise de conscience du besoin de sécurité physique et psychologique en prenant des mesures pour se protéger à l'avenir ;
- examiner la possibilité de poursuivre son conjoint et d'obtenir une injonction s'il n'est pas incarcéré ;

- dresser des plans pour assurer sa sécurité en cas de menaces futures ;
- avoir recours aux ressources communautaires pour renforcer son estime de soi et son indépendance, et participer à un groupe de soutien pour femmes battues.

➡ 24.2.4 Planification

Le plan de soins de toute victime de violence doit d'abord se concentrer sur les problèmes physiques urgents, assurer la sécurité immédiate de la victime, examiner les implications de la violence sur la femme et les autres membres de la famille et discuter des mesures de sécurité physique et psychologique à prendre à l'avenir. Dans le cas d'une femme battue qui a recours au déni lorsqu'elle est confrontée par l'infirmière, il faut examiner toutes les options possibles parce qu'elle pourrait en avoir besoin à l'avenir. L'infirmière doit élaborer avec la cliente un plan de soins qui vise à renforcer ses capacités à prendre des décisions appropriées en ce qui la concerne. Ce n'est que par une liberté d'action, et non par les menaces et l'intimidation, qu'une cliente sera en mesure de rassembler ses forces pour prendre des décisions de manière indépendante.

➡ 24.2.5 Exécution

Une fois stabilisé l'état de la femme battue, il importe d'évaluer sa sécurité future et d'explorer avec elle ses craintes, ses anxiétés et ses préoccupations. Malgré le besoin de fuir une situation violente, la femme peut être persuadée qu'elle n'a pas d'autre option que de retourner chez elle. Si elle choisit de retourner avec son agresseur, on doit respecter son choix. La décision de quitter l'agresseur se prend habituellement de manière progressive. Il est essentiel, cependant, que la femme prenne conscience des autres options. L'infirmière peut jouer un rôle décisif dans cette prise de conscience.

À l'heure actuelle, le Québec dispose d'une législation qui offre une protection aux victimes de **violence familiale** et on remarque une tendance nationale très claire à édicter des lois pour assurer cette protection. Même si, à la requête d'une femme battue, certains professionnels optent pour le maintien de la confidentialité, l'imminence du danger pour cette femme constitue le facteur décisif au moment de dénoncer les faits.

Interventions de soins infirmiers

La prévention primaire dans le cas des femmes battues consiste à dépister les familles à risque et à transformer la perception sociétale de la violence envers les femmes. Les infirmières devraient s'engager politiquement dans la promotion de l'indépendance sociale, économique et psychologique des femmes. L'acceptation de la violence à l'égard des femmes dans les films, à la télévision, dans les magazines et la musique est intolérable. Les infirmières devraient bien connaître les facteurs, tels que la pauvreté, les drogues et le chômage, qui augmentent les risques de violence familiale.

La prévention secondaire, en ce qui a trait à la brutalisation des femmes, comprend le repérage précoce des cas et une intervention décisive. Les interventions spécifiques de l'infirmière dépendront de l'étape à laquelle se trouve la femme battue : celle qui en est encore à occulter la violence requiert une stratégie différente de celle qui est déterminée à mettre fin à la relation. Dans bien des cas, l'infirmière expérimentée est en mesure de travailler et d'intervenir auprès de femmes battues.

La prévention tertiaire s'adresse à des femmes qui font l'objet d'agressions répétées. On s'efforce alors de les encourager à surmonter les effets physiques et psychologiques de la violence et à prévenir les agressions. Comme l'agresseur menace et harasse fréquemment la femme au moment où elle s'apprête à le quitter, il lui est parfois très difficile d'aller jusqu'au bout. Toutes ces femmes se retrouvent fréquemment dans des ressources communautaires ou des maisons de transition pour y obtenir aide et sécurité. Les infirmières sont souvent en position de soutenir et de conseiller les femmes battues qui trouvent refuge dans ces lieux.

➡ 24.2.6 Évaluation

L'évaluation représente une composante essentielle de la démarche de soins infirmiers, plus particulièrement dans le cas des femmes battues, car des interventions inappropriées de l'infirmière risquent de se solder par des sévices graves ou même par la mort. Les infirmières qui travaillent dans des contextes où les femmes battues cherchent à se faire traiter doivent être particulièrement bien informées des différentes réactions de ces femmes. L'évaluation correcte des résultats et des interventions dépend directement de cette connaissance. Une fois établi le plan de soins complets, l'évaluation repose sur l'atteinte des objectifs de la cliente.

24.3 AGRESSIONS À CARACTÈRE SEXUEL

Le viol est une forme absolue de violence faite envers les femmes. Il est toutefois difficile d'estimer la prévalence du **viol** étant donné que, dans de nombreux cas, ils ne sont pas signalés. En plus des sévices physiques liés au viol, il faut considérer les conséquences dévastatrices psychologiques à court, moyen et long terme de cette forme d'agression sexuelle. Enfin, le *Code criminel* reconnaît la catégorie « agression sexuelle » et le projet de loi C-127 vise à faire augmenter les taux de signalement des agressions sexuelles.

24.3.1 Effets du viol sur la victime

Plusieurs victimes éprouvent des effets dévastateurs après leur agression. Dans le passé, on considérait fréquemment le viol comme une relation sexuelle non voulue n'entraînant que peu ou pas de conséquences. Aujourd'hui, la société est davantage consciente des effets à court, moyen et long terme du viol.

Dans une analyse documentaire des conséquences psychologiques du viol, Resick (1993) indique qu'un mois après leur viol, la majorité des femmes continuent de ressentir de la peur, de souffrir de dépression, de dysfonction sexuelle et d'éprouver des problèmes d'adaptation sociale. La plupart des femmes signalent une baisse des symptômes après deux à trois mois. Un an après, cependant, plusieurs des victimes souffrent toujours de ces symptômes en comparaison avec un groupe témoin de femmes n'ayant pas été violées. Approximativement un tiers des femmes continuaient à ressentir de la détresse trois à six ans après l'incident. Resick (1993) rapporte que les symptômes chez ces femmes devenaient chroniques et qu'elles souffraient d'un état de stress post-traumatique, de dépression, d'anxiété, de dysfonctions sexuelles et d'inadaptation sociale. De plus, les victimes de viol déclarent se sentir davantage en colère, hostiles et troublées que les femmes du groupe témoin, et consomment davantage d'alcool ou de drogues que ces dernières.

Des éléments non résolus peuvent refaire surface sous la forme de troubles anxieux, affectifs et même, dans certains cas, de troubles psychotiques. Ainsi, l'infirmière en santé mentale et en psychiatrie doit être attentive à des propos qui pourraient laisser sous-entendre un passé d'agression à caractère sexuel et, selon la pertinence de la problématique traitée, en explorer le contenu avec la cliente. À l'heure actuelle, les éléments de recherche n'établissent pas clairement si les facteurs démographiques, tels l'âge, le statut socioéconomique et l'ethnie, ont un effet déterminant sur le traumatisme du viol. Les femmes souffrant de troubles mentaux ou subissant une ou de multiples persécutions semblent éprouver davantage de difficultés à surmonter les effets à long terme du viol. Resick (1993) rapporte que les facteurs de préagression, d'agression et de postagression sont susceptibles d'influencer le fonctionnement psychologique de la victime de viol.

Malgré des différences dans les réactions, le viol reste une expérience traumatisante pour les victimes et celles-ci nécessitent l'assistance et le soutien immédiats des professionnels de la santé.

Comme pour le cas de la problématique des femmes battues, les infirmières sont souvent les premières personnes à soutenir les victimes de viol. Il leur incombe d'accepter la responsabilité de s'informer et d'acquérir une compétence en matière de soutien aux victimes d'agression sexuelle. Ce soutien peut revêtir diverses formes allant de la détection à l'accompagnement lors de la révélation, aux interventions thérapeutiques pour la guérison de cette population souvent négligée.

24.3.2 **Problématique québécoise**

Selon Stermac, DuMont et Dunn (1998), les jeunes femmes agées de 18 à 24 ans sont les plus susceptibles d'être victimes d'agression à caractère sexuel (viol) et dans 84 % des cas, la victime connaît l'agresseur. Ainsi, il y a lieu de considérer le fait que le viol perpétré par un étranger constitue l'exception, et non la règle, et que ce n'est pas dans les ruelles sombres que les violeurs commettent le plus souvent leur agression, mais lors de rendez-vous galants, de soirées ou d'autres réunions sociales.

L'Institut de la statistique du Québec estime que 90 % des cas d'agressions sexuelles restent non signalés. Dans une enquête récente, 16 femmes sur 1 000 ont rapporté avoir été victimes d'un délit à caractère sexuel. Par ailleurs, plus du quart (environ 26 %) des femmes rapportent ne pas se sentir en sécurité et craindre la perspective d'une agression sexuelle, et ce, particulièrement en milieu urbain (Laroque, 1999 et 2001). Il faut souligner que Laroche (1999, 2001) se réfère largement aux études américaines, faute de données canadiennes. Par ailleurs, il estime que les taux réels des agressions à caractère sexuel seraient inférieurs de ce côté-ci de la frontière.

24.4 **ENFANTS VICTIMES DE NÉGLIGENCE, D'ABUS PSYCHOLOGIQUES, PHYSIQUES ET SEXUELS**

La violence et la **négligence à l'égard des enfants** est largement documentée au Québec et de nombreux ouvrages spécialisés traitant de cette problématique sont offerts en langue française. L'ouvrage de soins infirmiers en pédiatrie de Walley et Wong (2003) expose la problématique de la violence envers les enfants et en discute selon la perspective des soins infirmiers. Ainsi, nous invitons la lectrice et le lecteur à consulter le chapitre 14 de cet ouvrage qui porte sur l'enfant négligé et abusé ainsi que sur la démarche de soins. De plus, l'ouvrage de Walley et Wong propose des plans de soins particuliers liés à cette problématique. Quant au présent ouvrage, il traite plutôt des conséquences à long terme des négligences et des divers abus vécus à l'enfance et à l'adolescence.

24.4.1 **Effets à long terme**

Puisqu'il n'existe aucun profil précis des enfants victimes d'abus sexuels, il n'en existe pas plus pour les survivants adultes. La plupart des survivants de sévices sexuels déclarent avoir suivi des traitements avec plusieurs thérapeutes avant d'en avoir trouvé un qui puisse détecter efficacement leur problème et favoriser leur processus de guérison (Urbancic, 1993). La multiplication des publications cliniques, les ateliers de formation et la recherche permettent d'espérer une évolution rapide de cette situation. Une prise de conscience grandissante du fait que les individus peuvent se remettre des sévices sexuels de leur

enfance se traduit par le terme « survivant » plutôt que « victime » qu'utilisent les professionnels. Un **survivant** est perçu comme une personne débarrassée de sa mentalité de victime sans défense au profit d'une attitude autonome, persuadée de pouvoir surmonter son traumatisme et d'en guérir.

Les cliniciens et les chercheurs catégorisent de différentes façons les effets à long terme de l'abus sexuel des enfants. Jehu (1992) considère que les problèmes les plus communs des survivants cherchant un traitement sont : l'état de stress post-traumatique, le comportement autodestructeur, les perturbations de l'humeur, les problèmes interpersonnels et la dysfonction sexuelle. La dysfonction sexuelle inclut le viol, la prostitution, la sexualité compulsive et une orientation sexuelle confuse.

Pour nombre de survivants d'abus sexuels subis dans l'enfance, l'état de stress post-traumatique se caractérise par des retours en arrière et des rêves récurrents (Van der Kolk, McFarlane, et Weisaeth, 1996). D'autres symptômes d'un état de stress post-traumatique incluent un affect émoussé ou restreint, des problèmes de mémoire, des difficultés de concentration, une culpabilité et une honte irrationnelles, une vigilance constante, des troubles du sommeil et des accès d'anxiété. Les souvenirs traumatisants peuvent être remémorés par l'odorat, le toucher, le goût, la vue ou l'ouïe. Le survivant peut être, par conséquent, envahi par la terreur lorsque sa mémoire sensorielle réagit à un signal externe. À titre d'exemple, une survivante, en présence de quelqu'un ressemblant à son agresseur, ressentira un sentiment envahissant de peur, de panique et de terreur. Inconsciente de la connexion existant entre sa forte réaction et cet individu, qui lui remémore son expérience d'enfant maltraitée, elle sera incapable d'expliquer logiquement sa réaction et craindra de « devenir folle ».

À de nombreuses occasions, les survivants signaleront des symptômes physiques récurrents qui ne correspondent à aucune organicité. Récemment, les cliniciens, les chercheurs et les survivants ont commencé à établir un lien particulier entre plusieurs de ces symptômes et l'abus, qu'ils nomment *souvenirs corporels*. Selon la recherche d'Urbancic, environ 35 % de l'échantillon d'adultes survivants (1993) ont signalé des symptômes susceptibles d'être classés comme des souvenirs corporels. Les femmes forcées à des relations sexuelles bucco-génitales avaient tendance à décrire des symptômes tels que l'absence de réflexe nauséeux, les crispations en occlusion, les difficultés à déglutir et les morsures graves de la cavité buccale. Les femmes ayant été pénétrées par le vagin ou le rectum se plaignent souvent de douleurs pelviennes ou rectales durant les rapports sexuels. D'autres souvenirs corporels se manifestent également par une forte oppression dans la poitrine et une difficulté à respirer (l'auteur des mauvais traitements s'étendant sur l'enfant), ainsi que l'engourdissement périodique de la main (celle qui servait à la masturbation).

Les survivants ayant des souvenirs corporels consultent en vain les médecins, car il n'existe aucune explication organique à ces symptômes. Il est aussi probable que nombre de survivants aient subi des chirurgies inutiles pour traiter ces symptômes. Encore une fois, comme le survivant et le professionnel de la santé ignorent la relation entre ces symptômes physiques et l'abus sexuel, on comprend pourquoi cet état physique contribue au sentiment d'anxiété, de confusion, d'impuissance et de dépression du survivant.

La plupart des survivants de l'étude d'Urbancic (1993) indiquent des difficultés à faire confiance à autrui, se sentent isolés, différents, déprimés, vulnérables et démunis. La plupart se plaignent également d'une faible estime de soi et d'un profond sentiment de honte et de culpabilité. Près de 20 % des femmes relatent des expériences de dissociation et de dépersonnalisation, de crises de panique et d'agoraphobie. Une multiplicité de symptômes est signalée par des survivants adultes d'abus sexuels dans l'enfance, ne laissant aucun doute sur le fait que de telles expériences ont souvent de graves répercussions.

24.4.2 Problématique québécoise

Les chercheurs Aubin et Durand (2002) rapportent que 20 % des enfants québécois (un sur cinq) ont subi au moins deux formes de mauvais traitements au cours de leur vie et que 10 % d'entre eux souffriraient aussi d'insécurité alimentaire. Par ailleurs, selon ces mêmes auteurs, il appert que l'importance du phénomène de la violence et des abus envers les enfants au Québec est inférieure à ce qu'il est possible d'observer aux États-Unis, mais qu'elle est comparable à celle des autres provinces canadiennes. Aubin et Durand (2002) ajoutent que la violence envers les enfants est associée à des idées suicidaires et à des problèmes d'adaptation sociale.

Dans un même ordre d'idée, Tourigny et coll. (2001) signalent que la négligence et les mauvais traitements diminuent avec l'âge des enfants et que les abus physiques atteignent un paroxysme à l'âge de 12 ans, puis deviennent moins fréquents par la suite. Quant aux abus sexuels, ils augmentent avec l'âge et sont rapportés surtout quand

les filles en sont victimes. Il faut noter que les garçons sont davantage victimes de violence et de mauvais traitements que les filles. Le tableau 24.1 présente le nombre de cas recensés, le taux de signalement à la Direction de la protection de la jeunesse (DPJ) et le taux de signalement de cas jugés fondés par la DPJ relativement à la négligence et à trois autres formes d'abus.

Les enfants exposés à la violence familiale éprouvent davantage de problèmes comportementaux, émotionnels et sanitaires et de déficits cognitifs que les autres ; arrivés à l'âge adulte, ces enfants souffrent de toute une gamme de séquelles psychologiques à long terme.

24.5 VIOLENCE À L'ÉGARD DES PERSONNES ÂGÉES

La violence à l'égard des personnes âgées est un aspect de la violence qui a suscité une prise de conscience tardive chez le grand public. C'est ce qui explique que ce phénomène reste mal connu et peu étudié. Au cours des dix dernières années, le développement constant des connaissances sur les personnes âgées maltraitées a dissipé les convictions solidement ancrées à propos de ce type de violence. La première publication sur ce sujet est parue en 1975 dans le *British Medical Journal*. Elle décrivait le phénomène de la « brutalisation des grands-mères ». On croyait alors que ce type de violence était le propre de soignants stressés et débordés par leurs responsabilités, qui battaient leurs clients âgés indisciplinés. Cette explication justifiait la condamnation de la victime, car on la disait indisciplinée. De la même façon qu'on reproche aux enfants maltraités ou aux femmes battues d'avoir provoqué l'abus, on accuse les personnes âgées de « l'avoir bien cherché ».

En Amérique du Nord, en raison des changements démographiques, l'allongement de la durée de vie et la constante progression du nombre des personnes âgées font qu'elles représentent une proportion de plus en plus importante de la population. Ce poids démographique suscite un intérêt accru du public, car ce phénomène prendra une ampleur quasi exponentielle au cours des 20 prochaines années. Malgré cela, l'isolement et la

TABLEAU 24.1	Enfants victimes de négligence et d'abus psychologiques, physiques et sexuels (Québec)		
	Nombre de cas recensés (1999)	Taux de signalements à la DPJ (pour 1 000)	Cas jugés fondés par la DPJ (pour 1 000)
Négligence	12 952	7,8	5,6
Abus psychologiques	5 590	3,4	2,5
Abus physiques	5 488	3,3	1,9
Abus sexuels	ND	1,7	0,9

Tourigny, M., et coll. *Les mauvais traitements envers les enfants*, Québec, ISQ, 2001.

dépendance de nombreux aînés aux mains d'individus qui les maltraitent, rendent difficile la description et l'explication précises des différents paramètres de ce phénomène occulté.

Même confrontés aux preuves indiscutables de mauvais traitements, les aînés répugnent fréquemment à reconnaître les faits. Les signalements d'abus par les personnes âgées elles-mêmes ne représentent qu'un très faible pourcentage des actes violents perpétrés à leur égard (Tatara, 1993). Comme les autres victimes d'abus, les personnes âgées se sentent trop honteuses ou coupables pour révéler l'abus et sont souvent convaincues qu'elles l'ont provoqué d'une certaine manière, ou qu'elles le méritent. Leur agresseur faisant la plupart du temps partie de leur famille, elles hésitent parfois à dénoncer les incidents abusifs par crainte d'un éventuel placement en établissement ou de la perte de la seule maison qu'elles connaissent. Qui plus est, comme c'est le cas pour les femmes battues et les enfants maltraités, les personnes âgées nourrissent de profonds sentiments d'affection et de loyauté envers leur agresseur.

24.5.1 Définition

On distingue six principales catégories de **violence à l'égard d'une personne âgée** (Sengstock et Barrett, 1993):
1. Négligence psychologique;
2. Violence psychologique;
3. Violation des droits de la personne;
4. Exploitation financière;
5. Négligence physique;
6. Violence physique directe.

La *négligence psychologique* consiste à ignorer ou à ne pas veiller systématiquement aux intérêts de la personne âgée. La *violence psychologique* consiste à isoler la personne âgée, en menaçant dans une certaine mesure sa sécurité, en l'effrayant et en lui adressant la parole de manière violente. On viole les droits des personnes âgées lorsqu'on les force à agir contre leur volonté, par exemple, obliger une personne âgée à déménager dans un centre de soins infirmiers contre son gré.

L'*exploitation financière* se caractérise par le vol ou l'utilisation à des fins abusives de l'argent de la personne âgée, de ses propriétés ou de ses biens. La *négligence physique*, quant à elle, résulte du manquement à subvenir aux besoins essentiels quotidiens des aînés. Enfin, la *violence physique directe* se définit comme des actions délibérées visant à blesser les personnes âgées. Elle peut comprendre les coups, les agressions sexuelles ou les menaces de représailles répétées.

24.5.2 Personnes âgées victimes de violence

Aux États-Unis, il est estimé qu'environ 5 % des personnes âgées de plus de 65 ans sont chaque année victimes d'abus ou de négligence sous une forme ou une autre. Ce pourcentage signifie que deux millions de personnes âgées sont maltraitées annuellement (Wolf, 1995). Plus près de nous, au Québec, des études révèlent que leurs bases de données sont encore trop peu étoffées pour proposer des données fiables sur le phénomène de violence envers les personnes âgées. Par conséquent, les publications québécoises en gérontologie rapportent des données anecdotiques ne dressant qu'un portrait « impressionniste » à l'égard de cette problématique (Laroche, 1999 et Portrait social 2001).

Toutefois, les informations documentées, à l'heure actuelle, révèlent les faits suivants: la catégorie des personnes âgées victimes de violence comprend les individus âgés de 65 ans et plus; il n'existe aucune caractéristique particulière les définissant et les victimes peuvent être des hommes ou des femmes, en bonne ou en mauvaise santé, et disposant ou non de toutes leurs facultés. En ce qui concerne la gravité, les maris se révèlent plus violents envers leur femme que les femmes à l'endroit de leur mari.

24.5.3 Auteurs des mauvais traitements

Le stéréotype de la personne âgée maltraitée correspondait à une femme âgée de race blanche, agressée par sa fille d'âge mûr, chargée de s'occuper d'elle et submergée par la responsabilité. Toutefois, de récentes recherches indiquent que les personnes les plus susceptibles de manifester des comportements abusifs envers les personnes âgées cohabitent avec elles – leur fils, leur fille ou leur conjoint. La recherche de Pillemer et Finkelhor (1988) confirme ce point de vue et démontre que les époux sont les auteurs les plus fréquents et que les personnes âgées vivant seules subissent bien moins de sévices (75 % de moins) que celles qui cohabitent avec autrui. Bien que l'abus survienne généralement au domicile de l'aîné, il n'est pas rare que des proches rendent visite à leur parent dans les centres de soins infirmiers et les malmènent. Comme pour les autres cas de violence, l'abus exercé à l'endroit des personnes âgées s'intensifie graduellement en intensité et en fréquence.

Les fils semblent davantage susceptibles d'infliger une violence physique, tandis que les filles font souvent preuve de violence ou de négligence psychologiques.

24.6 DÉMARCHE DE SOINS INFIRMIERS

24.6.1 Collecte de données

Comme pour les autres types de violence, de négligence et d'abus, il est primordial d'interroger l'aîné en privé. À l'hôpital, il est tout à fait possible d'affirmer simplement que les règlements de l'établissement exigent que le client soit vu en particulier. Si l'infirmière mène l'entretien à domicile, il peut alors être très difficile d'avoir accès à l'aîné ; elle risque même de mettre en péril sa propre sécurité en exigeant une certaine intimité. Dans ce cas, on doit évaluer les auteurs présumés par rapport au risque potentiel qu'ils représentent pour les étrangers. Cette évaluation doit préciser si l'agresseur en question abuse de l'alcool ou de drogues ou s'il a des antécédents de maladie mentale ou de violence ; ces facteurs risquant éventuellement de compromettre la sécurité de l'infirmière. Il est parfois possible de trouver un membre de la famille digne de confiance et qui sera en mesure de laisser l'infirmière rendre visite à l'aîné en garantissant sa sécurité. Il est toujours envisageable de requérir la présence d'une autre infirmière au cours d'une visite à domicile, mais en aucun cas les infirmières ne doivent compromettre intentionnellement leur sécurité dans des situations jugées dangereuses.

Il n'est pas rare que l'auteur, comme la victime, garde le secret concernant la violence. Comme pour les autres types de violence familiale, les agresseurs menacent fréquemment leur victime de représailles si elle dénonce l'abus. Toutefois, même sans cette menace, il s'écoule souvent beaucoup de temps avant que la personne âgée maltraitée se résigne à révéler la violence dont elle est victime. Cette réticence est généralement due à la honte, à la culpabilisation, tout comme à la peur de l'abandon, du placement en établissement ou des graves conséquences pour l'agresseur. Sengstock et Barrett (1993) affirment que les personnes âgées sont incapables de dénoncer les mauvais traitements dont elles sont victimes parce qu'elles sont accablées par la réalité de la maltraitance.

Les aînés peuvent aussi être victimes de mauvais traitements à la suite d'une surconsommation de médicaments, d'un isolement social ou encore de la menace de punition physique au cas où leur comportement serait jugé inacceptable.

L'infirmière doit aussi prêter attention aux signes d'exploitation ou d'abandon. Les signes d'*exploitation* comprennent les plaintes de l'aîné ou les preuves concernant un détournement de leur argent, une perte de maîtrise de leurs finances, l'appropriation de leurs biens matériels sans une approbation librement consentie ainsi que des besoins financiers non satisfaits contrastant avec leur situation financière réelle. Les signes d'*abandon* incluent des témoignages de la personne âgée indiquant qu'elle a été laissée seule et démunie pendant de longues périodes sans aide suffisante.

➡ 24.6.2 Diagnostic infirmier

On formule les diagnostics infirmiers à partir de l'information obtenue au moment de la collecte de données de la démarche de soins infirmiers. La précision des diagnostics dépend ainsi d'une collecte de données méticuleuse et approfondie. Les diagnostics ci-après illustrent quelques-unes des possibilités applicables à des cas de violence, de négligence et d'abus :

- débit cardiaque diminué et intolérance à l'activité reliés au changement dans l'état de santé manifesté par une insuffisance cardiaque congestive ;
- chagrin chronique relié à la maladie physique, à la perturbation dans l'exercice du rôle et au manque de soutien social ;
- anxiété modérée à sévère reliée à un changement de l'état de santé et l'exercice du rôle ;
- stratégies d'adaptation familiale compromises reliées à l'abus d'alcool et à la tension dans l'exercice du rôle de l'aidant naturel ;
- identité personnelle perturbée reliée à des changements dans l'état de santé et l'exercice du rôle.

Aucun diagnostic du DSM-IV ne s'applique pour l'instant à la violence envers les personnes âgées.

➡ 24.6.3 Résultats escomptés

Les résultats escomptés correspondent aux comportements que la personne devrait manifester ou accomplir par suite de l'exécution du plan de soins et des interventions.

Le client doit :

- examiner les options concernant sa situation à domicile dans un environnement où il y a de la violence ;
- exprimer ses sentiments concernant le changement de son état de santé, sa dépendance par rapport à ses enfants, les soins reçus de la part de ses enfants ainsi que les options envisageables pour faire face à toutes les préoccupations.

➡ 24.6.4 Planification

À l'instar des autres victimes de violence familiale, un aspect majeur du plan de soins destiné aux aînés victimes de mauvais traitements consiste à assurer leur sécurité. Parce qu'au Québec le signalement des cas de violence est obligatoire, il est essentiel que les infirmières et les autres professionnels de la santé restent vigilants à l'égard des risques encourus par un aîné, chaque fois qu'ils relèvent des indicateurs potentiels de violence. Comme mentionné précédemment, les personnes âgées auront souvent tendance à nier l'existence de l'abus ; il est, par conséquent, nécessaire d'établir une relation de confiance avec elles, afin de faciliter les révélations. Sengstock et Barrett (1993) considèrent l'instauration de la confiance comme la composante décisive dans la planification des soins destinés aux clients maltraités. Ils recommandent précisément de s'abstenir de critiquer l'agresseur, les personnes âgées ayant tendance à défendre vigoureusement leurs proches, malgré l'abus dont elles sont victimes. Les infirmières pressées par le temps, notamment dans les salles ou les cliniques d'urgence, risquent d'avoir des difficultés à établir le climat de confiance nécessaire aux confidences des clients âgés maltraités. Néanmoins, l'infirmière est souvent la mieux placée pour évaluer et identifier ces clients maltraités. Le plan de soins devra donc accorder du temps à l'infirmière pour lui permettre de communiquer au client son intérêt, sa compassion et son désir d'explorer avec lui les options et les ressources disponibles. Cet élément est déterminant pour que les clients révèlent des informations essentielles ou, au contraire, continuent de souffrir en silence.

➡ 24.6.5 Exécution

Comme dans les autres cas de violence familiale, l'infirmière peut se voir confier le rôle de coordonnatrice des soins. Elle peut travailler étroitement avec la travailleuse sociale pour élaborer et exécuter le plan de soins. Elle agira en tant que personne ressource pour aider la personne âgée à clarifier ses sentiments, prendre conscience de ses forces, percevoir de façon réaliste la situation et explorer les options envisageables avant de prendre des décisions. L'infirmière se trouve alors en position d'évaluer dans leur ensemble les besoins biopsychosociaux, spirituels et culturels du client.

Interventions de soins infirmiers

Comme mentionné ci-dessus, les interventions de l'infirmière seront axées sur la réponse à donner aux besoins biopsychosociaux, spirituels et culturels du client. L'infirmière pourra ainsi aider la personne à accepter les limites et l'encourager à optimiser sa capacité de prendre des décisions et son autonomie. Il est également essentiel de l'aider à s'enquérir des ressources communautaires disponibles visant à optimiser sa santé physique et mentale. Certaines personnes auront besoin d'aide pour surmonter la culpabilité et la honte d'avoir été un fardeau pour la famille et d'avoir subi de mauvais traitements. Un plan de soins devra être élaboré et il doit clairement détailler les obligations de la famille, les droits de la personne et les conséquences d'éventuels comportements violents ou négligents à l'avenir. L'augmentation des besoins, en matière de soins, élève proportionnellement les risques de mauvais traitements. Un suivi et une évaluation continus s'imposent, ce qui alourdit considérablement la tâche des infirmières, les amenant à prodiguer davantage de soins à domicile aux clients âgés.

L'infirmière en soins à domicile doit être prête à apporter une aide psychosociale, à recommander la consultation de spécialistes, à assurer un soutien et à fournir de l'information aux clients âgés et à leur famille.

➡ 24.6.6 Évaluation

Il est primordial d'évaluer l'efficacité des résultats du plan de soins infirmiers pour les personnes âgées maltraitées, l'abus en question risquant de se perpétuer et même de s'intensifier si ces aînés décident de retourner dans un environnement violent. Dans certains cas, le risque d'aggravation est important dans la mesure où la personne abusée requerra davantage d'assistance de la part de soignants dysfonctionnels, lesquels risquent probablement de continuer à la maltraiter en raison de leurs problèmes personnels. Néanmoins, les infirmières ne sont souvent pas en mesure d'assurer le suivi des clients après leur sortie de l'hôpital.

Sengstock et Barrett (1993) prétendent que certains indices contribuent à déterminer l'efficacité de l'intervention de soins infirmiers. Ces indices incluent la volonté du client âgé d'admettre la violence, de même que sa disposition, ainsi que celle des abuseurs, à accepter les interventions extérieures ou le retrait de l'aîné de l'environnement violent. Nombre de ressources destinées aux personnes âgées sont disponibles dans la plupart des collectivités, mais elles sont inutiles si la famille nie l'existence de l'abus. À l'instar des femmes battues, il faut parfois de nombreux épisodes de violence pour que les clients âgés prennent progressivement la décision de quitter un environnement violent.

CONCEPTS-CLÉS

- La violence et les comportements abusifs sont un problème majeur de santé publique.
- Les infirmières, assumant plusieurs rôles dans divers milieux, sont particulièrement bien placées pour défendre les intérêts des victimes de violence familiale et intervenir en leur faveur.
- La victime de violence interpersonnelle connaît généralement son agresseur.
- La violence familiale se définit généralement comme la violence physique et psychologique et l'abus sexuel exercé par des hommes à l'endroit des femmes afin de conserver leur pouvoir et leur ascendant.
- De par ses séquelles, la violence psychologique peut s'avérer aussi dévastatrice que la violence physique directe.
- La plupart des violences physiques et des abus sexuels envers les enfants sont perpétrés par des gens que l'enfant connaît.
- Les interventions de l'infirmière sont essentielles pour garantir la protection, la sécurité et le soutien de la victime.
- La violence à l'égard des aînés suscite un intérêt accru du public en raison du vieillissement de la population.

Marie-Josée Désy
inf., M.Sc.inf.
Hôpital Rivière-des-Prairies

Chapitre

25

SUICIDE

OBJECTIFS D'APPRENTISSAGE

APRÈS AVOIR LU CE CHAPITRE, VOUS DEVRIEZ ÊTRE EN MESURE :

DE DISCUTER DE L'INCIDENCE DU SUICIDE EN FONCTION DE CERTAINES VARIABLES TELS L'ÂGE, LE SEXE, LE STATUT SOCIO-ÉCONOMIQUE ET LES FACTEURS FAMILIAUX ;

DE COMPARER LES THÉORIES SOCIOLOGIQUE, PSYCHOLOGIQUE ET BIOLOGIQUE PORTANT SUR L'ÉTIOLOGIE DU SUICIDE ;

DE FAIRE LA DISTINCTION ENTRE L'IDÉE SUICIDAIRE, LE GESTE SUICIDAIRE, LA TENTATIVE ET LE SUICIDE ACCOMPLI ;

DE DÉGAGER LES PRINCIPAUX ÉLÉMENTS DE LA COLLECTE DE DONNÉES SUR LES RISQUES DE SUICIDE ;

DE METTRE EN APPLICATION LA DÉMARCHE DE SOINS INFIRMIERS DESTINÉE AUX CLIENTS SUICIDAIRES ET À LEUR FAMILLE ;

D'ÉLABORER UN PLAN DE SOINS INFIRMIERS POUR UN CLIENT HOSPITALISÉ EN PSYCHIATRIE EN RAISON D'UN ÉTAT DÉPRESSIF ET SUICIDAIRE ;

DE DÉFINIR LA RESPONSABILITÉ DES PROFESSIONNELS DE LA SANTÉ DANS LA PROTECTION DES CLIENTS CONTRE L'AUTOMUTILATION ;

DE DÉBATTRE DU RÔLE D'ORIENTATION ET D'ASSISTANCE DES PARENTS ET DES PROCHES DANS L'OBSERVATION DES INDICES D'AUTODESTRUCTION CHEZ LES JEUNES.

PLAN DU CHAPITRE

MOTS-CLÉS

Comorbidité : survenue de deux ou plusieurs troubles concomitants chez le même individu.

Comportement suicidaire : ensemble des manifestations suicidaires qui vont de l'idée suicidaire passagère jusqu'au suicide accompli.

Érosion suicidaire : comportement autodestructeur passif pouvant mener à la mort (grève de la faim ou refus de prendre des médicaments essentiels à la vie) (Ménard-Buteau et Buteau, 2001).

Plan suicidaire : élaboration claire et précise de la structure (où, quand, comment) d'un projet suicidaire.

Idées ou pensées ou idéations suicidaires : dans cette catégorie, on inclut les comportements qui peuvent être directement observés et que l'on peut légitimement interpréter comme traduisant une intention possible de suicide, ou qui tendent vers cette intention mais où l'acte létal n'a pas été accompli (Comité de la santé mentale du Québec, 1982).

Létalité : probabilité que la mise en œuvre du projet suicidaire provoquera la mort, exprimée sur un axe de niveau allant de faible à élevé (de la surdose d'aspirine à la balle de revolver dans la tête).

Parasuicides : D'Amours (1995) utilise cette expression pour désigner l'ensemble des gestes suicidaires qui ne conduisent pas à la mort et qu'un individu signale en réponse à des questions sur ce sujet. On hésite à parler franchement de tentative de suicide du fait qu'il est difficile d'établir l'intention réelle de mourir dans ce genre de cas autodéclaré.

Perturbation : détermination du niveau de stress d'un individu selon une échelle mise au point par Shneidman et allant de 1 à 9, qui décrit l'intensité du bouleversement et de l'inquiétude de cet individu.

Suicide accompli : tout décès causé par un acte délibéré, menaçant la vie et accompli par une personne contre elle-même. (Comité de la santé mentale du Québec, 1982).

Suicidologie : étude scientifique et humaine de l'autodestruction.

Tentative de suicide : tout acte par lequel une personne s'inflige une blessure ou s'expose à un danger dans le but avoué de mourir, peu importe que cette mort soit entrevue comme certaine ou non (Adam, Bouckoms, et Streiner, 1982 ; Tousignant, Hamel et Bastien, 1990).

25.1 SUICIDE

Le suicide, acte qui consiste à s'enlever la vie, constitue un problème majeur de santé publique et de santé mentale au Québec. En effet, il s'agit de la première cause de mortalité chez les jeunes hommes québécois de 15 à 29 ans, devant le sida, le cancer et les accidents de la route. D'ailleurs, entre 1976 et 1996, le taux de suicide a augmenté de 62 % dans la population totale du Québec (Charbonneau et Houle, 1999). De plus, le nombre de décès par suicide au Québec (approximativement 1 323 en 2001) représenterait près du tiers de tous les suicides commis au Canada. Il faut retenir qu'au Québec, organisé en 17 régions socio-sanitaires, le taux de suicide a augmenté depuis 1990 et ce, dans la majorité de ces régions (Ministère de la Santé et des Services Sociaux, 1998).

Des propos suicidaires, des menaces ou des tentatives de suicide peuvent être à l'origine d'une demande d'aide auprès d'une ressource en psychiatrie et en santé mentale. Le risque imminent d'une conduite suicidaire est l'un des critères essentiels indiquant l'hospitalisation en centre psychiatrique. Les professionnels de la santé de toutes les disciplines sont de plus en plus appelés à évaluer les risques de suicide d'un client et à veiller à ce que ce dernier bénéficie d'une intervention rapide pour garantir sa sécurité psychologique et physique. En raison de la nature globale de leur pratique dans le domaine de la santé, les infirmières sont bien placées pour contribuer à ces efforts.

25.1.1 Perspectives historiques et théoriques

On a fréquemment abordé le suicide en tant que phénomène social, psychologique et religieux au cours de l'histoire. En l'an 673, il était considéré en Europe comme une infraction contre le roi et comme un outrage. On refusait une sépulture chrétienne aux suicidés et tous leurs biens étaient confisqués au profit du roi jusqu'à ce que l'on s'entende pour dire que le suicide résultait d'une affection physique ou de folie (Celo-Cruz, 1992). Shakespeare parle du suicide dans *Roméo et Juliette* et *Macbeth*. Après le krach boursier de 1929, et durant la grande crise qui a suivi, on a assisté à une augmentation des suicides, les gens préférant s'ôter la vie plutôt que d'affronter la ruine financière et l'humiliation. Les pilotes japonais kamikazes de la Seconde Guerre mondiale ont fait du suicide une preuve d'héroïsme consistant à sacrifier leur vie pour leur pays et leurs principes religieux.

Tout au long de l'histoire, les individus ont eu recours au suicide comme solution aux déceptions qu'ils devaient affronter et aux obstacles qu'ils devaient surmonter. Ce n'est qu'à la fin du XIXe siècle que des pionniers, comme le sociologue Durkheim et le psychanalyste Freud, ont commencé à étudier ce phénomène du point de vue théorique.

Théorie sociologique

Selon Durkheim (1897), le suicide est avant tout un *fait social* où la genèse du comportement est liée à des facteurs sociaux, parmi lesquels l'intégration et la réglementation, et non à des facteurs individuels. La société, à partir de sa capacité d'intégrer et de diriger les individus, montre son degré de cohésion sociale. Le nombre de suicides recensés dans une communauté exprime son degré de souffrance et de désunion et la faiblesse de sa morale sociale (Désy, 1998).

Durkheim (1897) considère que toute vie sociale est faite de trois courants : un courant d'*égoïsme* qui permet à l'individu d'avoir une certaine personnalité, un courant d'*altruisme* qui l'incite à abandonner cette personnalité lorsque les circonstances l'exigent, et un courant d'*anomie* qui invite l'individu à s'ouvrir aux idées de progrès ou de changement. Ces courants, qui sont des forces extérieures au sujet, se tempèrent mutuellement pour établir un équilibre. Cependant, il suffit que l'un de ces courants gagne en force pour qu'il devienne *suicidogène* et contamine les sujets les moins résistants à ce courant (Désy, 1998 ; Gratton, 1996).

La typologie des suicides (égoïste, altruiste, anomique et fataliste) proposée par Durkheim fait ressortir l'esprit « collectif » qu'il associe au phénomène suicidaire et relègue les facteurs personnels à l'arrière-plan, à un rôle accessoire.

Ainsi, les suicides *égoïste* et *altruiste* sont liés au degré d'intégration à la communauté. Le suicide *égoïste* caractérise une société où l'individu, moins intégré et souffrant d'un manque de soutien social, fait passer ses valeurs personnelles avant celles de la collectivité. À l'inverse, le suicide *altruiste* reflète une société où l'individu, trop intégré, oublie ses valeurs propres pour ne considérer que celles de la collectivité (c'était le cas des kamikazes). Par ailleurs, une société où la personne, à la suite d'un bouleversement qui modifie son rôle social (p. ex. perte d'emploi, emprisonnement), est livrée à elle-même sans règles suffisantes, donne lieu au suicide *anomique*. Le suicide *fataliste*, rapidement traité par l'auteur qui le considère comme étant très rare, est le fruit d'une société où l'individu ploie sous un excès de réglementation et perd la maîtrise de sa propre destinée (Désy, 1998 ; Gratton, 1996).

Théorie psychanalytique

Freud considérait le suicide d'un point de vue psychanalytique. En 1910, lors d'une rencontre à Vienne sur le suicide, il décrivit avec Stekel l'autodestruction comme une hostilité redirigée vers un objet d'amour intériorisé (Freud, 1920 ; Stekel, 1967). Ces premières formulations ne prenaient pas en compte d'autres sentiments essentiels, comme la honte, le désespoir, l'impuissance, le sentiment d'inutilité et la peur. Plus tard, Freud incorpora à ses impressions sur le suicide de nombreux autres éléments cliniques, sociologiques et psychologiques, comme la culpabilité (Litman, 1967). Freud estimait que les individus étaient en quelque sorte vulnérables en raison de trois éléments (Litman, 1967) :

- l'instinct de mort ;

- la division du moi lorsque l'individu est incapable de conserver la maîtrise de ses instincts et qu'il doit se conformer à la volonté des autres ou mourir ;
- l'influence d'institutions comme la famille et la société, qui exigent que chacun se soumette à la loi du groupe par le recours à la culpabilité.

Les théoriciens de la psychanalyse qui ont succédé à Freud apportèrent à leur tour leur propre point de vue sur le suicide (Weiss, 1966). Menninger mentionne plusieurs impulsions suicidaires : le désir de tuer, le désir d'être tué et l'envie de mourir. Selon Jung, l'individu suicidaire a le désir inconscient d'une renaissance spirituelle après avoir ressenti l'impression que son existence a perdu toute signification. Adler souligne l'importance de l'infériorité, du narcissisme et d'une faible estime de soi dans un acte suicidaire. Horney pense que le suicide représente une solution pour quelqu'un qui ressent une aliénation extrême en raison d'une grande différence entre son moi idéalisé et son moi psychosocial (Weiss, 1966).

Théorie interpersonnelle

Sullivan a consolidé cette base théorique du suicide en insistant sur l'importance des facteurs de relations interpersonnelles. Selon lui, les individus ne peuvent jamais vraiment se soustraire à l'interaction avec leurs proches au cours de l'existence (Sullivan, 1931). Il considère par conséquent que l'on doit interpréter le suicide dans le contexte de la perception que le suicidé a de ses proches. Il pense que le suicide met en évidence l'échec dans le domaine des conflits interpersonnels (Sullivan, 1956).

Ces théories sociologique, psychanalytique et interpersonnelle furent à l'origine des principales étiologies contemporaines qui suivirent dans les années soixante.

25.1.2 Étiologie

La **suicidologie**, qui consiste en l'étude scientifique, humaine et contemporaine du suicide, a fait son apparition au début des années 1960 (Shneidman, 1969).

Facteurs biologiques

La structure et la chimie du cerveau ont fait l'objet d'études spécifiques en relation avec les troubles de l'humeur et de l'affectivité (voir chapitre 10). On a mis en évidence le rôle des neurotransmetteurs, composés chimiques du cerveau qui régulent les humeurs (sérotonine, dopamine, norépinéphrine, acide Υ-aminobutyrique [GABA]). Des anomalies dans le système sérotoninergique ont été mises en évidence par de récentes recherches chez les adultes suicidaires. En 1994, dans une recherche réalisée par Nielson et ses confrères, un gène spécifique fut mis en cause en liaison à une prédisposition concernant des comportements antisociaux et suicidaires, qui sont apparemment régulés par la sérotonine (Nielson et coll., 1994). Il n'existe actuellement aucun médicament qui puisse influer sur le **comportement suicidaire**. Cependant, les produits qui régulent le taux de la sérotonine sont efficaces dans le traitement des troubles de l'humeur qui peuvent accompagner l'**idéation suicidaire** (voir chapitres 10 et 20).

La corrélation neurobiologique entre la dépression et le suicide constitue un autre facteur. Le suicide semble fréquemment lié à la dépression ; lorsque les éléments dépressifs s'estompent, on peut alors penser que le risque suicidaire va baisser. Selon Cummings (1993), on serait en mesure d'établir des corrélations entre la dépression et des altérations de certaines zones du cerveau (voir chapitres 4 et 10).

Humeur : la tristesse et la dysphorie sont associées à des lésions limbiques pouvant être corrigées par la dopamine.

Affect : le tronc cérébral et le système limbique influent sur les expressions du visage et les réactions musculaires associées aux émotions (pleurs).

Motivation : certains changements dans la réaction au plaisir, modulés par la dopamine et les antagonistes de la dopamine, sont liés au degré de motivation.

Contenu cognitif : une dysfonction du lobe frontal pourrait être liée aux sentiments de désespoir et d'inutilité, précurseurs du suicide.

Une avancée remarquable dans les connaissances en psychobiologie oblige les infirmières à prendre en compte dans leur pratique les aspects psychophysiologiques des maladies dans le domaine des sciences du comportement. Trygstad (1994), lors d'une étude descriptive des besoins d'apprentissage psychobiologiques des infirmières en psychiatrie, distingue cinq domaines d'intérêt qui sont énumérés dans l'encadré 25.1.

Facteurs psychologiques

Les théories intrapsychique et interpersonnelle continuent de dominer le champ psychologique du comportement suicidaire. Les étiologies contemporaines offrent différentes compréhensions d'un comportement suicidaire (Linehan, 1993 ; Masterson, 1976), qui peut être :

- une agression envers soi-même ou une autodestruction considérée comme un crime contre l'objet d'amour envers lequel la personne se sent ambivalente, avec pour résultat un état d'isolement et de solitude.

Domaines d'intérêt pour les infirmières en psychiatrie et en santé mentale   ENCADRÉ 25.1

1. Connaissance de la médication psychiatrique.
2. Connaissance des effets, sur l'état de santé de la personne, de l'interaction de la médication psychiatrique avec d'autres substances (p. ex. drogues illicites et médicaments en vente libre).
3. Capacité à gérer un milieu thérapeutique où on traite des problèmes psychiatriques aigus et chroniques.
4. Maintien de la sécurité du client et gestion des facteurs sensoriels et environnementaux influant sur cette sécurité.
5. Habiletés d'autosoins du soignant.

- la mort comme une rédemption pour les mauvaises actions ;
- la mort comme un moyen de récupérer l'objet d'amour perdu ;
- le suicide comme un résultat secondaire d'un processus dépressif majeur ;
- l'idée suicidaire et le comportement parasuicidaire résultant de l'anxiété de séparation.

La plupart des théoriciens psychodynamiques de l'école freudienne considèrent que la dépression résulte de la perte d'un objet d'amour significatif entraînant des sentiments de désespoir, de vulnérabilité, de culpabilité et de perte de l'estime de soi. Le suicide constitue une façon de se délivrer de la souffrance inhérente à ces sentiments (Toolan, 1974). Ce modèle insiste sur le fonctionnement de la psyché et l'expression des expériences subjectives. L'examen des études de cas de certains individus ayant vécu des expériences similaires a permis de mettre en lumière les mécanismes mentaux conduisant aux tentatives de suicide ou aux suicides (Andreasen, 1984).

La théorie cognitive enrichit la connaissance des épisodes suicidaires en insistant sur le rôle des modes de pensée particuliers : négativisme, impression d'inutilité, perception sombre de l'avenir. Une hypothèse a été formulée selon laquelle la rigidité cognitive – l'impossibilité d'aborder les problèmes et les solutions – serait un facteur de suicide lorsqu'elle est associée au stress (Rudd et coll., 1994).

Shneidman (1985) emploie le terme de **perturbation** et définit celle-ci comme un déterminant du niveau de détresse de l'individu, évalué selon une échelle graduée de un à neuf. Shneidman (1985), grâce à ses 35 années d'expérience en tant que suicidologiste, a exposé les caractéristiques psychologiques communes du suicide. Il a défini le suicide comme « une réaction à une décision interne selon laquelle la douleur est insupportable, intolérable et inacceptable. C'est un refus d'accepter la souffrance, plutôt que la souffrance elle-même ».

L'impression d'abandon et l'anxiété qu'elle provoque sont importantes pour comprendre et prévenir un geste suicidaire chez les clients souffrant de troubles interpersonnels, spécialement les individus présentant un trouble de la personnalité limite (Linehan, 1993 ; Masterson, 1976) (voir chapitre 12).

En outre, l'élaboration d'approches comportementales fondées sur la théorie de l'apprentissage a contribué à la compréhension et au traitement des problèmes de santé mentale. Les interventions centrées sur les **idées suicidaires** et basées sur la théorie de l'apprentissage consistent à diminuer l'importance des événements désagréables et à augmenter celle des événements agréables. Utiliser des techniques de relaxation, développer des habiletés de gestion du stress destinées à réduire la tension et se familiariser avec la technique de résolution de problèmes semblent constituer des moyens utiles pour lutter contre la dépression et les comportements suicidaires (Lewinsohn et Mischel, 1980).

Facteurs sociologiques

Les sociologues contemporains ont repris les travaux de Durkheim sur le suicide. Ils reconnaissent le principe selon lequel l'éloignement du groupe social à la suite d'une rupture des relations familiales, communautaires ou sociales pousse certains individus à tenter de se suicider ou même à accomplir un suicide (Maris, 1985 ; Richman, 1986). Les sociologues Hoyer et Lund (1993) ont extrait des données empiriques d'une étude prospective menée de 1970 à 1975 en Norvège et portant sur 100 000 femmes, confirmant l'intuition de Durkheim, selon laquelle le mariage et la maternité réduisent le taux de suicide chez les femmes.

Les résultats des études sociologiques confèrent donc une autre dimension aux explications biologiques et psychologiques du comportement suicidaire. Dans une approche plus holistique, on aura recours au modèle biopsychosocial intégrant toutes ces écoles de pensée dans l'explication de la complexité du comportement suicidaire humain (voir encadré 25.2).

Facteurs étiologiques reliés au suicide — ENCADRÉ 25.2

Facteurs biologiques
- Les recherches approfondies ont permis d'établir un lien entre les réactions émotionnelles et les neurotransmetteurs : en particulier la sérotonine, la dopamine, la norépinéphrine, et l'acide ɣ-aminobutyrique (GABA).
- La sérotonine joue un rôle majeur dans la régulation de l'humeur et l'apparition d'épisodes dépressifs ou suicidaires.
- Un gène spécifique a été relié au comportement suicidaire, mettant en évidence une étiologie génétique.
- Certaines altérations spécifiques de la structure cérébrale ont une corrélation avec la dépression, l'humeur, l'affect, la motivation et le contenu cognitif.

Facteurs psychologiques
- Auto-agression
- Conflits interpersonnels non résolus
- Modes de pensée négatifs
- Diminution du renforcement positif

Facteurs sociologiques
- Isolement et exclusion d'un groupe social
- Influences biopsychosociales

25.1.3 Épidémiologie

Prévalence des comportements suicidaires

Le suicide s'observe à tout âge (y compris chez les jeunes enfants), sans différence de sexe, d'origine ethnique ni de niveau socio-économique. Wilson (1994) a signalé que le suicide représentait 1 % des décès dans le monde. De plus, il semblerait que la prévalence réelle du suicide soit de 30 % à 200 % supérieure à celle qui est annoncée officiellement (Ménard-Buteau et Buteau, 2001). Ainsi, chaque année, plus d'un million de personnes se suicident dans le monde, soit approximativement deux personnes à la minute. Même s'il est difficile de dénombrer exactement les tentatives suicidaires, l'Organisation mondiale de la santé (OMS) estime que pour chaque **suicide accompli**, il pourrait y avoir jusqu'à 40 tentatives de suicide (OMS, 2000). Cependant, des chercheurs québécois estiment, quant à eux, que ce ratio pourrait atteindre près de 200 tentatives par suicide accompli chez les jeunes du Québec (Tousignant et coll., 1984).

Au Canada, 3 700 personnes de 10 ans et plus sont décédées par suicide en 1998, ce qui représente en moyenne 10 suicides par jour environ. Pour la même année, 1 364 suicides se commettaient au Québec pour une moyenne d'environ 5 suicides par jour. Ainsi, on constate que le taux de suicide au Québec (21/100 000 personnes de 10 ans et plus) est supérieur au taux national (14/100 000 personnes) (Langlois et Morrison, 2002).

On doit reconnaître, toutefois, qu'il est difficile de quantifier et de mesurer des comportements suicidaires, ainsi que les idées et les tentatives de suicide. Au Québec, c'est par une enquête quinquennale qu'on estime le nombre de comportements suicidaires et l'évolution du phénomène au sein de la population québécoise, étant donné qu'aucune banque de données ou système de surveillance ne permet d'établir la prévalence de ces comportements suicidaires de manière méthodique et récurrente (Boyer et coll., 1998). Le document *Enquête sociale et de santé 1998* présente les résultats de l'étude de Boyer portant sur les idées suicidaires et les tentatives de suicide (que les auteurs appellent **parasuicides**).

L'enquête indique qu'en 1998, 3,9 % de la population québécoise (environ 222 000 personnes) de 15 ans et plus signale avoir eu des idées suicidaires sérieuses au cours des 12 derniers mois. La répartition du phénomène entre les hommes et les femmes est égale. Une différence s'observe cependant en fonction de l'âge, chez l'homme comme chez la femme. Le groupe des 15 à 24 ans présente la prévalence la plus élevée : 7 %, tandis que chez les personnes de 45 à 64 ans, la prévalence est inférieure à 2,9 %. Même dans les autres groupes d'âge, aucune différence entre les hommes et les femmes n'a pu être établie pour ce qui est des idées suicidaires (voir tableau 25.1).

En ce qui concerne les tentatives de suicide, la prévalence au cours d'une période de 12 mois est estimée à 5 personnes sur 1 000, ce qui signifie qu'environ 29 000 personnes signalent avoir attenté à leur vie. La proportion des personnes qui signalent une tentative suicidaire est similaire chez les deux sexes ; cependant, elle diffère quand on examine les groupes d'âge. Ainsi, chez les personnes de 15 à 24 ans, la prévalence de 1,4 % est plus élevée que chez les autres groupes d'âge (25-44 ans : 0,5 % ; 45-64 ans : 0,3 %). Mais cette différence n'est valable que pour les femmes (voir tableau 25.2).

TABLEAU 25.1	Présence d'idées suicidaires au cours d'une période de 12 mois, selon le sexe et l'âge, population de 15 ans et plus, Québec, 1998	
	%	Pe '000
Hommes		
15-24 ans	6,3	31
25-44 ans	4,5	53
45-64 ans	2,7	23
65 ans et plus	0,5	2
Total	**3,9**	**109**
Femmes	8,5	40
15-24 ans	4,0	46
25-44 ans	2,9	25
45-64 ans	0,5	2
Total	**3,9**	**113**
Sexes réunis		
15-24 ans	7,4	71
25-44 ans	4,3	99
45-64 ans	2,9	48
65 ans et plus	0,5	4
Total	**3,9**	**222**

PE: données provisoires estimées; '000 en milliers

Source: Institut de la statistique du Québec, *Enquête sociale et de santé 1998.*

TABLEAU 25.2	Présence de tentatives suicidaires au cours d'une période de 12 mois, selon le sexe et l'âge, population de 15 ans et plus, Québec, 1998	
	%	Pe '000
Hommes		
15-24 ans	0,9	4
25-44 ans	0,6	6
45-64 ans	0,4	3
65 ans et plus	–	–
Total	**0,5**	**13**
Femmes		
15-24 ans	2,0	9
25-44 ans	0,4	4
45-64 ans	0,3	2
65 ans et plus	–	–
Total	**0,5**	**15**
Sexes réunis		
15-24 ans	1,4	13
25-44 ans	0,5	10
45-64 ans	0,3	5
64 ans et plus	–	–
Total	**0,5**	**29**

Source: Institut de la statistique du Québec, *Enquête sociale et de santé 1998.*

Âge

Au Québec, la répartition des suicides en fonction de l'âge est particulière et diffère du profil observé au Canada et aux États-Unis où, depuis une vingtaine d'années, on constate une augmentation du risque suicidaire tant chez les jeunes que chez les personnes âgées (Lester et Leenaars, 1998). Le Québec se caractérise par une augmentation encore plus marquée du taux de suicide chez les jeunes et par une relative stabilité du taux de suicide chez les personnes âgées (Boyer et St-Laurent, 1999; Beaupré et St-Laurent, 1998).

Cependant, aux États-Unis, les taux les plus élevés de suicide sont observés chez la population ayant dépassé 65 ans. Les personnes âgées américaines semblent présenter des taux de suicide dépassant de 50% celui de la moyenne de la population américaine générale (U.S. Senate Special Committee on Aging, Federal Council on Aging, et U.S. Department of Health and Human Services, 1991).

Au Québec, les suicides des personnes de plus de 65 ans représentent moins de 10% de l'ensemble des suicides (Santé et Services Sociaux, 1998). En 1999, 224 décès (170 hommes, 54 femmes) chez des personnes âgées de 65 ans et plus étaient imputés au suicide (Institut de la statistique du Québec, 2002).

Toujours au Québec, les deux tranches d'âge les plus touchées par le suicide sont les jeunes hommes de 15 à 24 ans, avec un taux de 40/100 000, et les personnes de 25 à 34 ans, avec un taux de 47/100 000 en 1999 (Institut de la statistique du Québec, 2002).

Sexe

Au Québec, 80% des suicides sont commis par des hommes. Plus précisément, les taux de suicide les plus élevés sont observés chez les hommes de 20 à 44 ans (Saint-Laurent, 1999). On constate également que, chez les adolescents de 15 à 19 ans, il y a 8 fois plus de suicides qu'il y a 30 ans. Au Québec, depuis plusieurs décennies, le taux de suicide est plus élevé chez les hommes que chez les femmes (Bureau du Coroner, 2001, voir aussi figure 25.1). On a mentionné fréquemment que la proportion était de quatre hommes pour une femme. En mai 2003, dans le cadre du congrès de l'Association francophone pour le savoir (Acfas), qui se tenait à Rimouski, Éric Malenfant, de Statistique Canada, tenait les propos suivants, rapportés dans le journal *Le Devoir*:

« En plus de se caractériser par un taux de suicide parmi les plus élevés au monde, le Québec se distingue par un écart marqué entre le nombre d'hommes et de femmes qui s'enlèvent la vie.

« Les jeunes hommes sont huit fois plus nombreux à se suicider que les jeunes femmes québécoises. Un phénomène qui s'observe également en Pologne, en Lituanie et en Irlande, trois pays ayant connu un fort encadrement religieux qui a valorisé les rôle parentaux traditionnels. Lesquels ont volé en éclats ces dernières années en raison

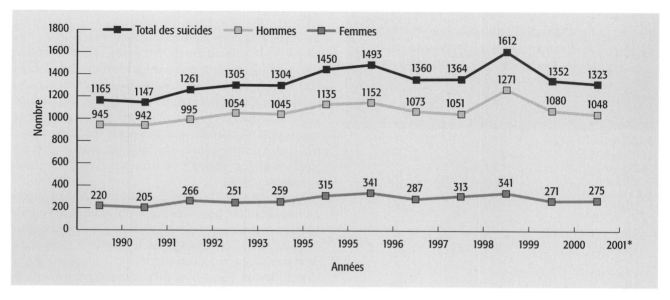

FIGURE 25.1 Statistiques sur les suicides au Québec. Fluctuation du nombre de suicides au Québec selon le sexe : 1990-2001
*Les données pour 2001 sont préliminaires. Source : Bureau du coroner.

de l'effritement de la pratique religieuse et de l'émancipation des femmes... » (Gravel, *Le Devoir*, 22 mai 2003).

Cependant, en matière de tentatives suicidaires, les statistiques font état d'un taux plus élevé chez les femmes que chez les hommes (4/1) et le taux d'hospitalisations pour une tentative suicidaire est une fois et demie plus élevé chez les femmes que chez les hommes (Langlois et Morrison, 2002). Ces chiffres pourraient être expliqués par la **létalité** du moyen choisi par les hommes (p. ex. strangulation, arme à feu), qui accompliraient plus fréquemment leur suicide, par rapport aux moyens privilégiés par les femmes (p. ex. médication) qui donneraient lieu à plus de tentatives de suicide.

Statut socioéconomique

Le suicide concerne toutes les classes de la société et le niveau économique n'est pas forcément en corrélation directe avec le risque suicidaire. D'ailleurs, on constate que des écrits et des recherches scientifiques portant sur des variables socioéconomiques, telles que l'emploi, le chômage, le revenu, la scolarité et le statut matrimonial, comme prédicteurs du suicide semblent arriver à des conclusions parfois ambivalentes et peu significatives (Hasselback et coll., 1991). La différence des résultats semble être liée au contexte dans lequel s'effectue la recherche : région géographique, année, étendue, nombre et âge des sujets. Au Québec, dans les recherches, on retrouve peu d'informations sur les antécédents sociaux des personnes décédées par suicide, informations qui seraient pourtant utiles en matière de prévention et d'intervention (Saint-Laurent et Tennina, 2000).

Même si les variables socioéconomiques ne semblent pas, ici au Québec, suffire pour prédire qu'un suicide va être commis, il faut se rappeler que le suicide est un geste

multifactoriel et que ces variables associées à d'autres facteurs particuliers peuvent contribuer à la crise suicidaire.

Cependant, on a constaté que l'état matrimonial et le revenu avaient une influence sur la présence d'idées suicidaires (Boyer et coll., 1998). Ainsi, les personnes célibataires seraient plus nombreuses (8 %) à présenter des idées suicidaires sérieuses que les personnes mariées (1, 8 %), ou encore celles vivant en union de fait (3,4 %). Les personnes veuves, séparées ou divorcées, quant à elles, signalent avoir des idées suicidaires dans une proportion de 4,6 %. On observe aussi une prévalence plus élevée d'idées suicidaires chez les personnes dont le revenu est très bas (8 %) par rapport aux personnes dont le revenu est moyen inférieur (3,6 %), moyen supérieur (3,2 %) ou supérieur (3,2 %). Les auteurs ont également établi une prévalence des idées suicidaires liée aux variables : Perception de sa situation financière, Scolarité relative et Statut d'activité (voir tableau 25.3).

On constate également que certains groupes de personnes sont plus touchés que d'autres par le phénomène du suicide. Ainsi, le suicide est une des préoccupations majeures des peuples autochtones, puisque le nombre déclaré depuis les 10 à 15 dernières années est trois fois plus élevé que pour l'ensemble de la population canadienne (Montagne et Brant, 2001). Il en est de même pour les suicides en milieu carcéral, qui seraient six fois plus nombreux que dans la population générale (Ménard-Buteau et Buteau, 2001).

Le groupe des homosexuels et des lesbiennes est aussi considéré comme présentant un plus fort risque de suicide, dont le taux, selon Santé Canada (1994), serait six fois plus élevé chez les homosexuels que dans la population générale, et deux fois plus chez les lesbiennes. Le stress lié à la reconnaissance et à l'acceptation de leur identité sexuelle rendrait

TABLEAU 25.3	Présence d'idées suicidaires au cours d'une période de 12 mois selon certaines caractéristiques démographiques et socio-économiques, population de 15 ans et plus, Québec, 1998
	%
État matrimonial de fait	
Marié	1,8
En union de fait	3,4
Veuf, séparé ou divorcé	4,6
Célibataire	7,5
Niveau de revenu	
Très pauvre	8,3
Pauvre	5,1
Moyen inférieur	3,6
Moyen supérieur	3,2
Supérieur	3,2
Perception de sa situation financière	
À l'aise	2,7
Suffisant	2,5
Pauvre	6,8
Très pauvre	14,8
Scolarité relative	
Plus faible	4,9
Faible	3,8
Moyenne	3,7
Élevée	3,5
Plus élevée	3,6
Statut d'activité (12 mois)	
En emploi	3,4
Aux études	7,1
Tient maison	2,6
À la retraite	1,3
Sans emploi	10,5

Source : Institut de la statistique du Québec, *Enquête sociale et de santé 1998*.

les adolescent(e)s homosexuel(le)s plus vulnérables (Santé Canada, 1994).

Influences familiales

La famille exerce une influence considérable sur l'enfant ou l'adolescent qui, habituellement, vit cette période transitoire auprès des siens. De plus, la famille, en fonction de sa capacité et de ses limites, est le cadre de vie privilégié où s'acquiert une grande partie des connaissances et des habiletés sociales essentielles à la vie adulte. Par ailleurs, la plupart des gestes suicidaires se produisent à l'intérieur du domicile familial (Davidson et Choquet, 1981 ; Garfinkel, Froese et Hood, 1982).

Plusieurs écrits soulignent l'importance de la dimension familiale dans la formation du dessein suicidaire de l'adolescent. D'après Côté, Pronovost et Ross (1990), les difficultés familiales sont les événements déclencheurs les plus importants parmi les divers facteurs de risque. Les conflits familiaux, la carence d'attention parentale et le manque de cohésion dans la famille sont les dysfonctionnement les plus fréquemment mentionnés dans les écrits (Bastien, Tousignant et Hamel 1996 ; Campbell et coll., 1993 ; Farberow, 1985 ; Séguin, 1991). Le comportement suicidaire traduit, selon Chabrol (1984), l'incapacité familiale à assurer un rôle de soutien auprès de l'adolescent.

La séparation des parents a souvent été désignée comme un événement majeur prédisposant l'adolescent à adopter une attitude suicidaire (Adam, Bouckoms et Streiner, 1982 ; Tishler, McKenry et Morgan, 1981). Pour certains auteurs, cette association ne fait pas de doute ; d'autres recherches considèrent cependant que c'est la qualité du climat familial, plus que l'organisation structurelle (p. ex. parents divorcés), qui contribue à provoquer des comportements suicidaires (Stanley et Barter, 1970 ; Adam et coll., 1982 ; Tousignant, Hamel et Bastien, 1988).

D'ailleurs, Tousignant, Bastien et Hamel (1994), à la suite d'une recherche effectuée auprès de 150 adolescents (78 suicidaires et 72 non suicidaires) de 3e, 4e et 5e secondaire, constatent que le taux de séparation parentale est plus élevé chez les sujets non suicidaires. Les auteurs émettent l'hypothèse que ce taux pourrait représenter un facteur de protection pour l'adolescent plutôt qu'un facteur de vulnérabilité. Sans nier que la séparation des parents soit une expérience difficile, les effets néfastes à long terme semblent minimes, comparativement aux tensions vécues dans une famille intacte mais conflictuelle. Ainsi, la séparation des parents, lorsqu'elle est nécessaire, peut jouer en faveur d'une bonne entente familiale. En revanche, éviter de se séparer, alors que des problèmes sérieux existent, crée un climat familial malsain pouvant rendre l'adolescent plus vulnérable à des idées suicidaires (Tousignant et coll., 1994).

Méthodes utilisées

En 1998 au Canada, les différents moyens utilisés pour commettre un suicide sont les suivants :
- la suffocation (39 %), principalement par pendaison ou strangulation (hommes : 40 % ; femmes : 34 %) ;
- l'empoisonnement (26 %), principalement la prise d'une surdose de drogues ou de médicaments et l'inhalation de gaz d'échappement de véhicules automobiles :
  - drogues et médicaments (hommes : 8,4 % ; femmes : 31,2 %),
  - gaz d'échappement de véhicules à moteur (hommes : 7,8 % ; femmes : 5,2 %),
  - autre monoxyde de carbone (hommes : 4,6 % ; femmes : 3,8 %),
  - empoisonnements autres et non précisés (hommes : 1,2 % ; femmes : 1,2 %) ;

- armes à feu (22 %) (hommes : 26 % ; femmes : 7 %) ;
- saut d'un lieu élevé (4,3 %) (hommes : 3,9 % ; femmes : 5,8 %) ;
- noyade ou submersion (3,3 %) (hommes : 2,7 % ; femmes : 5,6 %) ;
- instruments tranchants ou perforants (1,6 %) (hommes : 1,6 % ; femmes : 1,4 %) ;
- moyens autres et non précisés (3,9 %) (hommes : 3,5 % ; femmes : 5,4 %).

Maladies mentales et physiques associées au suicide

Le comportement suicidaire survient parfois en concomitance avec des problèmes psychiatriques, des maladies physiques et d'autres affections. Les maladies psychiatriques, la consommation et l'abus d'alcool ou de drogues ainsi que des affections médicales peuvent jouer un rôle important dans un projet suicidaire. Une étude sur le comportement suicidaire en relation avec le tabagisme a révélé que les fumeurs présentent un risque supérieur (43 %) d'idéation suicidaire légère ou grave par rapport aux individus qui ne fument pas (Tanskanen et coll., 1998).

Troubles psychiatriques

La présence d'un problème de santé mentale peut contribuer au processus suicidaire. De plus, on évoque la possibilité que la présence d'une maladie mentale multiplie par 10 le risque d'un passage à l'acte. Les tentatives de suicide seraient plus fréquentes chez des personnes ayant un trouble de la personnalité avec impulsivité, un problème de toxicomanie ou un trouble d'adaptation. Les personnes qui commettent un suicide seraient davantage atteintes de troubles affectifs majeurs (dépression, trouble unipolaire ou bipolaire), de schizophrénie ou de troubles liés à l'abus de drogues et d'alcool (Blumenthal, 1990). Par ailleurs, d'autres chercheurs s'accordent pour dire que la **comorbidité** entre les troubles de l'humeur et l'abus de drogues est extrêmement élevée chez ces personnes.

Maladies physiques

Dans le profil des individus présentant un risque de suicide, les problèmes médicaux figurent comme un élément important, quel que soit l'âge, surtout lorsqu'il s'agit d'une maladie chronique et invalidante. Au Québec, parmi les maladies chroniques les plus souvent associées au suicide on trouve : l'arthrite et le rhumatisme (11,8 %), l'hypertension (8,5 %), les affections respiratoires (5,4 %), les maladies cardiaques (4,6 %) et les troubles mentaux (4,3 %). Depuis 1987, on remarque une augmentation de la fréquence des affections chroniques ayant un lien avec le suicide. Seule la fréquence des troubles mentaux n'a pas augmenté (Levasseur et Goulet, 2000). On sait que certaines maladies physiques apparaissent avec le vieillissement de la population ; il faudrait s'inquiéter davantage de l'effet de ces affections sur le moral des personnes âgées afin de prévenir les risques de suicide qui pourraient en découler.

Les problèmes de santé mentale ou physique mettent souvent en relief la souffrance émotionnelle des personnes suicidaires et peuvent contribuer à leur décision de mourir. Les infirmières ont un rôle critique à jouer pour évaluer la dépression des clients et leurs risques de suicide dans le milieu médico-chirurgical. En prévenant l'équipe soignante, elles peuvent contribuer à éviter les tentatives de suicide et les décès.

ALERTES La personne suicidaire qui présente des symptômes d'une dépression majeure peut ne pas avoir la force physique de mener à bien son projet suicidaire. Il faut rester vigilant car, dès que la personne sera moins déprimée et aura l'énergie suffisante, elle risque de passer à l'acte. La personne peut paraître calme et sereine parce que sa décision de mourir est prise.

Mythes concernant le suicide

En dépit des études réalisées sur le sujet, et malgré les efforts déployés pour sensibiliser le public au phénomène suicidaire, les préjugés et les idées fausses circulent encore. Il importe de dénoncer ces croyances non prouvées scientifiquement, qui risquent de porter préjudice à la personne suicidaire et de faire obstacle aux interventions auprès des personnes à risque. Ces idées sont résumées dans le tableau 25.4.

25.1.4 Description clinique

L'évaluation du risque suicidaire nécessite, de la part de l'infirmière, des connaissances spécifiques et des habiletés particulières, principalement en matière de relation d'aide. Se limiter à transmettre aux autres membres de l'équipe soignante une inquiétude concernant le risque suicidaire d'un client ne sera plus considéré désormais comme une réaction appropriée ou suffisamment prudente. L'infirmière doit recourir aux techniques d'entrevue pour aborder directement le suicide avec le client et sa famille, lors de la collecte de données initiale ou à tout moment jugé pertinent en cours de traitement. L'infirmière attentive aux antécédents médicaux, aux antécédents psychiatriques et aux comportements suicidaires antérieurs du client arrivera à dégager de nouvelles pistes pour orienter et améliorer l'évaluation tout au long du processus de soins.

Facteurs associés au phénomène suicidaire

Les facteurs de risque – ou prédicteurs – sont des caractéristiques qui, en interaction, sont susceptibles de provoquer l'émergence d'un comportement suicidaire.

On distingue trois types de facteurs de risque :

- les facteurs de vulnérabilité, qui sont des prédispositions individuelles et des facteurs liés au milieu social, contribuant à fragiliser l'individu, à déstabiliser son équilibre ou à le rendre moins apte à rétablir son équilibre ;
- les facteurs précipitants, qui sont des facteurs liés aux événements de la vie, contribuant, lorsqu'ils surviennent chez un individu déjà vulnérable, à déclencher la crise suicidaire ;

TABLEAU 25.4	Mythes et réalités concernant le suicide (Morissette, 1984)
Mythes	**Réalités**
Les personnes qui parlent de suicide ou qui menacent de se suicider ne passent jamais à l'acte	Sur dix personnes qui se suicident, huit ont donné des indices précurseurs de leurs intentions. Souvent, les membres de la famille ou les proches avouent n'avoir rien perçu de ces indices. Il faut donc prendre au sérieux tout propos et tout projet suicidaire.
Les candidats au suicide sont clairement et formellement décidés à mourir	Ce mythe comprend la référence au «choix» de mourir que fait la personne. Au contraire, la personne qui commet le suicide agit par manque de choix et de solutions. D'ailleurs, la plupart des personnes qui pensent au suicide ne savent pas si elles veulent ou non mourir et éprouvent de l'indécision et de l'ambivalence face à la mort jusqu'à la toute fin.
La personne suicidaire est lâche ou courageuse	Ce mythe sous-entend que la personne suicidaire est lâche parce qu'elle fuit ses responsabilités, ou qu'elle est courageuse parce qu'elle affronte la mort héroïquement. La réalité du suicide ne correspond ni à l'un ni à l'autre, mais plutôt au désir qu'a la personne d'atténuer l'intense souffrance qui rend sa vie intolérable à ce moment-là, aucune autre solution ne lui paraissant envisageable.
Le suicide arrive précipitamment, se produit sans avertissement	Le suicide n'est pas un geste commis au hasard ou «sans crier gare». Il est l'aboutissement d'une crise suicidaire dont le processus peut parfois être très rapide chez des personnes particulièrement impulsives, mais même dans ce cas, il demeure presque toujours observable. Les signaux et les messages suicidaires peuvent être indirects et exprimés à des personnes différentes, qui ne sont ni des membres de la famille ni des amis. Il faut alors être attentive et perspicace pour saisir le sens de ces indices.
Le suicide est un problème qui dure toute la vie, la tendance au suicide est irréversible. «Suicidaire un jour, suicidaire toujours»	Une crise suicidaire a un début et une fin et ne dure jamais toute une vie. Souvent, la personne suicidaire croit qu'elle ne verra jamais la fin de sa souffrance, qu'elle ne s'en sortira jamais, qu'il n'y a rien ni personne qui puisse l'aider, et qu'elle ne retrouvera jamais le plaisir de vivre. Une période (quelques semaines) de crise situationnelle est vécue par environ 50 % des personnes suicidaires et il semble que cet épisode suicidaire pourra se résoudre sans rechute si l'aide apportée et les solutions envisagées sont adaptées aux attentes de la personne.
L'amélioration à la suite d'une crise suicidaire ou d'une tentative de suicide indique que le risque suicidaire est faible	ATTENTION! Une rémission spontanée ou une guérison subite à la suite d'une crise suicidaire sérieuse (p. ex. une personne qui, du jour au lendemain, dira se sentir tout à fait bien et ne plus avoir de pensées suicidaires ou même niera avoir déjà souhaité mourir) peut être le signal qu'une nouvelle crise se prépare. En fait, la personne suicidaire demeure fragile et présente un fort risque de récidive, principalement les trois premiers mois suivant une conduite suicidaire et surtout si elle ne bénéficie d'aucune intervention ou soutien. Le calme et la sérénité apparents chez la personne ne sont pas nécessairement les indices d'une résorption de la crise suicidaire mais peuvent être l'effet bienfaisant et apaisant de la prise de décision d'un passage à l'acte imminent.
Les pauvres ont plus tendance à se suicider ou, inversement, les riches se suicident plus souvent que les pauvres	On dit du suicide qu'il est «démocratique» (CPS de Québec dans Morissette, 1984), puisqu'il ne semble pas y avoir de lien direct entre les revenus et le risque suicidaire. Les données sur le sujet ne concordent pas et peuvent même être contradictoires (Santé Canada, 1994). De plus, elles ne permettent pas d'affirmer avec certitude que la richesse ou la pauvreté constituent un prédicteur susceptible de provoquer une conduite suicidaire. Cependant, associée à d'autres difficultés personnelles (p. ex. perte, deuil, maladie), la présence de difficultés financières ne peut qu'intensifier une crise déjà existante.
La tendance au suicide est héréditaire ou se retrouve dans les mêmes familles	Le suicide ou la tendance suicidaire est une question individuelle et non une question d'hérédité. Il ne faut cependant pas nier ni sous-estimer l'impact qu'un suicide peut avoir sur les autres membres de la famille. Par ailleurs, la présence de plusieurs suicidants dans une famille entraîne la possibilité d'un apprentissage social de modèles comportementaux suicidaires.
Toutes les personnes ayant tendance à se suicider sont des malades mentaux et le suicide est toujours le fait d'une personnalité psychotique	Il ne faut pas être «fou» ou «malade mental» pour se suicider; il faut être souffrant, malheureux, désespéré et isolé dans ses difficultés. Certes, la dépression fait fréquemment partie du tableau clinique de la personne suicidaire, mais il faut prendre en compte le contexte et le vécu de la personne pour comprendre qu'un geste suicidaire n'est pas un «geste fou».
Tous les suicidaires qui font des menaces et des tentatives sont des manipulateurs	Effectivement, il arrive qu'une personne utilise une menace suicidaire pour manipuler son entourage afin d'obtenir un gain secondaire (p. ex. «si tu me quittes, je me tue»). Cependant, prendre cette menace à la légère peut être dangereux ; on considère en effet que 10 % des personnes qui ont accompli leur suicide ont utilisé ce type de comportement. Il faut comprendre que, même utilisé pour manipuler, le comportement suicidaire est un signe que la relation entre un individu et son environnement est insatisfaisante et problématique.

- les facteurs de contamination, qui sont des facteurs contribuant à favoriser l'imitation du geste suicidaire d'une personne par une autre. La contamination serait, en partie, liée au type de traitement (sensationnalisme) lors de la couverture médiatique d'un événement suicidaire ainsi qu'au fait que le geste est parfois perçu comme étant valorisé au sein de la collectivité. Ces facteurs ne font cependant pas l'unanimité.

Parmi les facteurs de vulnérabilité, on trouve des prédispositions individuelles et des facteurs liés au milieu social.

Les prédispositions individuelles sont :

- les troubles mentaux (schizophrénie, troubles de l'humeur, troubles de la personnalité) ;
- la toxicomanie, l'abus d'alcool et de drogues ;
- la dépression ;
- le sentiment d'impuissance ou de ne pas maîtriser sa destinée ;
- une faible estime de soi ;
- la détresse, le désespoir, le pessimisme, le rejet et l'impression que sa mort serait préférable pour les autres.

Les facteurs liés au milieu social comprennent entre autres :

- l'absence de soutien social, d'amis et de parents ;
- des liens fragiles, peu nombreux et peu significatifs ;
- l'isolement et l'impression d'être mal aimé et mal compris ;
- les valeurs et les attitudes culturelles ;
- un milieu familial perturbé et marqué par la violence ;
- des conditions économiques difficiles ;
- des antécédents suicidaires chez des proches ;
- le suicide d'amis, de connaissances ou de personnages publics.

Parmi les facteurs précipitants, on trouve des facteurs liés aux événements de la vie, qui peuvent être, par exemple :

- le décès d'un parent ou d'un ami ;
- la perte d'un emploi, des difficultés financières ;
- une rupture amoureuse, ou un échec scolaire ou professionnel ;
- une maladie chronique ou incurable ;
- des conflits interpersonnels, des déceptions ;
- des circonstances favorisant l'accès à des moyens de se donner la mort.

Il existe également des facteurs de protection. Ce sont des facteurs favorisant l'adaptation et le bon fonctionnement de la personne dans son milieu et la protégeant des effets négatifs des facteurs de risque. Les facteurs de protection sont des conditions qui favorisent l'atteinte, le maintien et le rétablissement de l'équilibre.

Les principaux facteurs de protection sont les suivants :

- une bonne estime de soi ;
- des capacités personnelles d'adaptation et de gestion du stress ;
- une tolérance élevée à la frustration ;
- la capacité de verbaliser ses émotions ;
- la capacité de communiquer convenablement ;
- de bonnes stratégies de résolution de problèmes ;
- la capacité de demander de l'aide ;
- des intérêts et des compétences diversifiés ;
- de bonnes habiletés sociales ;
- un encadrement parental et des liens d'attachement positif ;
- l'existence de succès et de réussites ;
- un bon réseau social et un sentiment d'appartenance.

Il est important de se rappeler que la cause établie de la conduite suicidaire n'est que la « pointe de l'iceberg ».

Une conduite suicidaire est soumise à l'interaction de facteurs associés : facteurs de risque (facteurs de vulnérabilité et facteurs précipitants), facteurs de protection et facteurs de contamination. Aucun de ces facteurs pris individuellement ne peut expliquer seul un geste suicidaire.

Processus de la crise suicidaire

L'individu en vient à considérer le suicide comme la solution radicale à tous ses problèmes, parce qu'il se trouve dans une des situations suivantes :

- il fait face à un problème inattendu, intolérable, sans solution ;
- il perçoit ce problème comme faisant partie d'une série sans fin de problèmes passés et à venir ;
- il est convaincu que la mort est la seule réponse à ces divers problèmes ;
- il se sent de plus en plus seul et incapable de partager ses problèmes avec qui que ce soit, ou il se sent isolé à cause d'une maladie incurable.

À ce moment, il peut facilement ignorer les contraintes ou les normes sociales qui lui interdiraient le suicide comme étant immoral ou irrationnel. La mort devient nécessaire et il s'assure ainsi que ses problèmes ne vont pas réapparaître.

Il faut cependant noter qu'avant d'en arriver au suicide, l'individu a souvent essayé d'autres solutions, mais comme ces solutions ont été inefficaces, le suicide devient la SEULE solution possible.

Évaluation du niveau de suicidalité

Lorsqu'on est en présence d'une personne suicidaire, il est essentiel d'évaluer le niveau de suicidalité, qui comporte les éléments suivants :

- le potentiel suicidaire est la présence de facteurs associés au phénomène suicidaire : prédicteurs (facteurs de vulnérabilité et facteurs précipitants) ;
- le risque suicidaire est la probabilité ou la possibilité que la personne qui signale son intention passe à l'acte dans les deux prochaines années ;
- l'urgence suicidaire est la probabilité que la personne qui signale son intention se donne la mort dans les 48 prochaines heures.

Les éléments permettant de bien distinguer le risque suicidaire de l'urgence suicidaire sont présentés dans le tableau 25.5.

Il existe des signes avant-coureurs d'un geste suicidaire. La grande majorité des personnes qui pensent au suicide expriment ouvertement leurs intentions à quelqu'un de l'entourage. Cependant, la personne peut ne pas paraître déprimée, et sous un comportement de « bouffon » ou de « dur » peuvent se cacher une grande tristesse et un grand désespoir. Il est donc important de reconnaître les signes avant-coureurs, dont voici une liste non exhaustive :

- Symptômes psychologiques :
  - absence de plaisir (anhédonie) ;

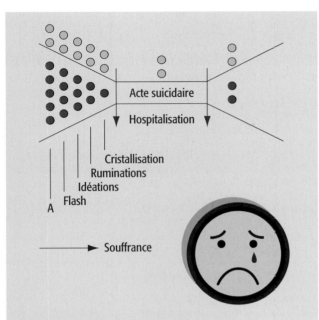

Étapes du continuum de la crise suicidaire

- **A :** Recherche active de solutions – élimination de solutions inappropriées.
- **Flash :** Apparition de l'idée suicidaire. L'idée de mort peut apparaître comme une solution puis disparaître.
- **Idéations :** Idées de suicide qui se concrétisent mais sans préparation, sans plan précis.
- **Ruminations** de l'idée suicidaire : La personne se sent impuissante pour régler son problème et croit qu'il n'y a plus de solution possible. L'idée du suicide revient régulièrement et semble pouvoir de plus en plus résoudre la crise et sa douleur.
- **Cristallisation :** Ruminations qui sont présentes jour et nuit. La personne est persuadée que seul le suicide pourra la délivrer de sa souffrance. Elle élabore un scénario de suicide, le plan se précise et les préparatifs sont en cours. Parfois, à cette étape, la personne entrevoit la fin de sa souffrance et présente des signes de mieux-être ; elle est plus sereine, plus souriante …

Les 2 flèches rouges indiquent les périodes où la personne suicidaire est habituellement hospitalisée : avant la tentative (propos suicidaires) ou après la tentative.

FIGURE 25.2 Schéma du continuum de la crise suicidaire
Adapté de Monique Séguin. *Le suicide. Comment prévenir. Comment intervenir*, Logiques, 1991.

- perte du désir sexuel ;
- perte de mémoire, irritabilité, indécision ;
- ennui, tristesse.
- Signes biologiques :
  - réveil très matinal ;
  - sommeil irrégulier ;
  - hypersomnie ou insomnie.
- Indices comportementaux :
  - incohérence du langage ;
  - déséquilibre émotif et physique consécutif à un certain nombre d'événements douloureux (divorce, séparation, peine d'amour, perte significative, échec scolaire, etc.) ;
  - émotions qui éclatent soudainement ;

- hyperactivité, impossibilité de rester en place ;
- manque d'énergie, ralentissement moteur ;
- migraines ;
- perte de poids ;
- douleurs musculaires.
- Messages directs :
  - « Je veux en finir » ;
  - « Je ne peux pas en supporter plus » ;
  - « La vie n'en vaut pas la peine » ;
  - « Je ne m'en sortirai jamais ».
- Messages indirects :
  - « Vous seriez bien mieux sans moi » ;
  - « Je suis inutile » ;
  - « J'achève de vous causer des problèmes » ;
  - « J'ai trouvé LA solution à mes problèmes » ;
  - « Ça va mieux, tout sera réglé avant longtemps » ;
  - « J'ai fait mon testament » ;
  - « Je vais faire un long voyage ».
- Comportements particuliers :
  - isolement, retrait ;
  - intérêt pour les armes à feu, les médicaments, etc ;
  - allusions fréquentes à une absence de longue durée (voyage) ;
  - don d'objets qui sont chers à la personne ;
  - abus d'alcool ou de médicaments, ou des deux en même temps ;
  - admiration du courage de ceux qui se suicident ;
  - volonté de mettre ses affaires en ordre ;
  - rédaction de notes.

ALERTES Les questions posées au client suicidaire et aux membres de sa famille sur l'accès à des armes dangereuses doivent figurer dans la collecte de données. De nombreuses questions permettront de vérifier si des armes à feu ou d'autres armes dangereuses se trouvent dans la maison et sont facilement accessibles. Si les clients connaissent le maniement des armes à feu (policiers, personnel militaire ou chasseurs), le risque de suicide augmente considérablement. À l'issue de la collecte de données, on doit prendre des dispositions pour mettre les armes en sûreté et les retirer de la maison, des automobiles ou des camions du client. Généralement, on exige une ordonnance du médecin avant que les armes dangereuses ne soient restituées au client à haut risque.

25.1.5 Pronostic

Le comportement suicidaire est un problème de santé mentale traitable. Le pronostic de beaucoup de clients suicidaires est lié à la gravité des troubles mentaux qui les accompagnent. La plupart des comportements suicidaires étant en corrélation étroite avec des troubles dépressifs majeurs, un traitement efficace de la dépression se traduit par une réduction rapide du risque de suicide. La majorité des clients souffrant de dépression et que l'on traite au moyen d'antidépresseurs manifestent une amélioration sensible ou une complète rémission de leurs symptômes dépressifs, selon les recommandations de pratique clinique

TABLEAU 25.5 — Évaluation du niveau de suicidalité

Risque suicidaire	Urgence suicidaire
But : Évaluer le risque de suicide à court terme	**But :** Évaluer le degré de dangerosité
Ce qui augmente le risque suicidaire : • présence d'un projet suicidaire • présence de prédicteurs majeurs • réseau de soutien limité	**Les niveaux de dangerosité :** • *Danger 1* : y a déjà pensé • *Danger 2* : y pense de temps en temps • *Danger 3* : pense au suicide tous les jours, pas de planification • *Danger 4* : il manque un ou deux éléments à la planification (où, quand, comment…), ruminations toujours présentes • *Danger 5* : au delà de 48 heures • *Danger 6* : dans les 48 heures • *Danger 7* : menace suicidaire pendant l'entretien ou immédiatement après • *Danger 8* : tentative suicidaire déjà faite (coupure, médicaments, etc.), se moque de la létalité du geste
Niveaux de risque	**Niveaux de dangerosité**
Risque **FAIBLE** : 1 – 2 – 3 • dépression vague, le client se sent seul, inutile : état qui dure depuis un mois environ • sous traitement médical, suivi par un thérapeute • recherche d'affection et d'attention	Urgence **NULLE** ou **FAIBLE** : dangers 1 – 2 • présente un état de vulnérabilité • anxieux mais demeure calme, sans perte de contrôle • idées suicidaires absentes ou passagères
	Urgence **LÉGÈRE** : danger 3 • présente un état de déséquilibre partiel • présence d'idées suicidaires régulières mais non constantes (qq. fois/sem.) • pas de plan suicidaire • garde espoir, parle de projets futurs (à approfondir) • accepte l'aide
Risque **MOYEN** : 4 – 5 – 6 • en crise : a subi une perte significative (être cher, objet, emploi), une séparation, un divorce, deuil • exemple : femme de plus de 40 ans dont les enfants sont grands, qui boit ou se drogue et se sent inutile • personnes de 20 à 30 ans qui prennent des drogues dures et se sentent prises dans un piège • personnes qui agissent impulsivement	Urgence **MODÉRÉE** : dangers 4 – 5 • présente un état de déséquilibre • **danger 4 :** pense au suicide presque tous les jours, ruminations toujours présentes, planification incomplète, client très ambivalent • **danger 5 :** devient obnubilé par le suicide, plan suicidaire pouvant être exécuté dans plus de 48 heures, client moins ambivalent, le désir de mort s'installe
Risque **ÉLEVÉ** : 7 – 8 – (9, c'est la mort) • intention de suicide sérieuse et précise • le client a vécu plusieurs expériences de pertes, d'échecs et de deuils • problème de santé mentale : dépression, psychose, etc. • a déjà fait des tentatives • difficultés d'adaptation	Urgence **ÉLEVÉE** : dangers 6 – 7 – 8 • **danger 6 :** planification complète, suicide prévu dans moins de 48 heures, présente de l'agitation, des affects plats, le moyen est à sa portée • **danger 7 :** menace de se suicider immédiatement ou peu de temps après l'entretien, manifeste de l'agitation, des affects plats, le moyen est à sa portée • **danger 8 :** tentative en cours, intervention médicale nécessaire

(Cummings, 1993). Les clients atteints de schizophrénie et de trouble panique, qui maintiennent un taux sérique thérapeutique des psychotropes prescrits, présentent également une réaction favorable et un risque de suicide moindre (voir chapitre 20 pour un complément d'information sur les médicaments).

25.1.6 Critères d'évolution positive

Ces critères constituent des lignes directrices essentielles, pour le client comme pour le personnel infirmier, et attestent de l'atteinte des objectifs thérapeutiques. L'évaluation lors de l'admission est un travail préparatoire pour les critères d'évolution positive. L'absence d'une évaluation précise, approfondie et bien documentée ainsi que d'un plan de traitement approprié peut retarder l'efficacité des interventions et l'établissement, en temps opportun, d'activités préparant la sortie de l'hôpital. Les critères d'évolution positive contribuent à fixer les délais d'atteinte des objectifs, à répartir les responsabilités et les obligations en les mettant par écrit, ainsi qu'à répondre à diverses exigences dans les domaines institutionnel ou professionnel, ou encore à des impératifs de certification, juridiques ou financiers.

Les critères d'évolution positive pour le client suicidaire doivent comprendre :

- des indications stipulant que le client n'est désormais plus en danger imminent de se suicider ;
- l'assurance que le cadre de vie du client est suffisamment sûr pour son retour ;
- l'accès à un réseau de soutien cohérent au cas où il éprouverait des sentiments autodestructeurs ;
- un engagement de la part du client à faire appel à la psychothérapie pour comprendre les crises précipitant les idées ou les tentatives de suicide ;
- l'accord du client pour recourir à un service d'écoute téléphonique pour suicidaires ou pour appeler un ami ou un membre de la famille dans le cas où il aurait de nouveau des idées suicidaires.

25.2 DÉMARCHE DE SOINS INFIRMIERS

➡ 25.2.1 Collecte de données

La collecte de données constitue une étape décisive pour garantir la sécurité du client. Une collecte précise, se poursuivant tout au long de l'hospitalisation, aide l'infirmière à intervenir de façon appropriée et à planifier la sortie d'hôpital. Pour déterminer le risque d'automutilation d'un individu, il faut procéder à une évaluation approfondie des facteurs contribuant à provoquer la **tentative de suicide**

(p. ex. examen de l'état mental et évaluation du réseau de soutien du client).

La collecte initiale (voir tableau 25.6) aide à déterminer la présence de facteurs de risque spécifiques. On notera que la présence de symptômes ne signifie pas nécessairement que le client est suicidaire. Il faut observer un ensemble de symptômes dans un intervalle de temps donné pour évaluer avec précision l'intention suicidaire (voir encadré 25.3).

Lorsqu'elle évaluera le potentiel de suicide d'un client, l'infirmière sera attentive aux éléments suivants :

1. *Le comportement observable du client.* Un client calme peut être hautement suicidaire, tandis qu'un client agité ne sera parfois pas dangereux. Bien que les apparences soient parfois trompeuses, une perturbation accrue (Shneidman, 1985, 1996) annonce souvent une tentative de suicide imminente et se caractérise par l'impulsivité, l'instabilité, l'agitation motrice excessive, et l'amélioration de l'affect. Chez certains clients, cependant, le repli sur soi, l'apathie, l'irritabilité et l'immobilité peuvent empirer avec l'imminence du suicide.

   Les suicides sont commis aussi dans les hôpitaux. Il est primordial que l'infirmière surveille systématiquement le comportement suicidaire du client, son affect et ses interactions avec autrui. Les niveaux de létalité peuvent augmenter durant l'hospitalisation, particulièrement lorsque la dépression s'estompe et que la sortie de l'hôpital devient imminente ;

2. *Les antécédents du client.* Un examen approfondi révélera parfois des événements précipitants contribuant à susciter les **pensées suicidaires** actuelles. Il est alors

TABLEAU 25.6 Évaluation initiale du risque suicidaire à court terme	
Éléments à évaluer	**Questions types**
Projet suicidaire • Planification • Letalité du geste • Intention suicidaire • Accès au moyen Plus le scénario est clair, précis, létal, accessible et rapproché dans le temps, plus le RISQUE est grand	• Avez-vous déjà pensé à mourir ? • Avez-vous une idée du moyen que vous utiliseriez ? Où, quand, comment ? • Qu'est-ce qui vous fait souffrir au point de vouloir mourir ainsi ? • Est-ce facile pour vous d'accéder à ce moyen ? (p. ex. arme à feu, arme blanche, médicaments, corde)
Prédicteurs majeurs • Tentatives antérieure • Dépression • Abus drogue, alcool Le risque augmente en présence d'un prédicteur	• Avez-vous déjà essayé de vous suicider ? • Prenez-vous des médicaments ? • Avez-vous déjà consulté en psychiatrie ? • Consommez-vous de l'alcool, des drogues ?
Réseau de soutien • Communication • Famille, amis • Autres ressources Le risque s'accroît si la communication est difficile et si le réseau de soutien est limité	• Avez-vous parlé de ce que vous vivez à quelqu'un ? • Avez-vous des personnes auxquelles vous confier ? • Qui, dans votre entourage, pourrait vous aider ?

SOINS INFIRMIERS DANS LE MILIEU DE VIE

Suicide

Tous les intervenants en santé mentale s'accordent pour dire que l'évaluation du risque de suicide des individus souffrant de dépression et de leur capacité à adhérer à un contrat de « non-suicide » avec leur professionnel en santé mentale est une procédure habituelle. L'évaluation s'appuie sur la létalité du projet de suicide et sur les moyens de le mettre à exécution. L'infirmière communautaire qui connaît la famille et le mode de vie du client et qui peut lui donner accès aux ressources en santé mentale dispose d'avantages indéniables. Si elle s'engage aux côtés des clients de façon prolongée, elle acquiert à leurs yeux une certaine crédibilité et les ententes sont basées sur une relation de confiance.

Il importe de considérer l'individu dans son milieu quotidien ; le fait de travailler au sein de la communauté constitue encore un avantage. Les personnes âgées, vivant seules, présentent un risque élevé d'actes suicidaires, tout comme les individus jeunes chez qui on vient de diagnostiquer un trouble psychiatrique majeur. On peut effectuer une collecte de données non seulement à partir des caractéristiques démographiques du client, mais aussi en s'appuyant sur les entrevues réalisées avec les personnes de son réseau de soutien. L'intervieweuse doit centrer ses questions sur l'apparition d'un état végétatif symptomatique de la dépression, ainsi que sur les croyances religieuses, les habitudes personnelles et l'observance thérapeutique. Les capacités de l'individu, plus particulièrement son aptitude à s'organiser, sont extrêmement importantes. Les individus chez lesquels on constate une amélioration présentent souvent un risque accru, étant en meilleure position de planifier et

de réaliser leur projet létal. Les autres éléments à considérer comme facteurs de risque sont les effets désinhibiteurs de certains médicaments et les effets psychodysleptiques de l'abus d'alcool ou de drogues.

L'évaluation du risque de suicide reste un problème délicat au sein de la collectivité, nombre de clients recherchant la sécurité des unités d'hôpitaux psychiatriques après avoir découvert que l'expression d'une intention suicidaire suffisait pour y être admis. Ces individus ont pour but de manipuler le système et tentent d'obtenir ce dont ils estiment avoir besoin, sans faire aucun effort pour se changer eux-mêmes.

Bien que les infirmières en soins communautaires soient parfois exposées aux manœuvres de certains clients, préserver la vie demeure une tâche essentielle, quel que soit le nombre de fois où le client invoque le risque de suicide comme stratagème pour entrer à l'hôpital. On doit évaluer chacune des situations individuellement, et envisager tous les cas de figure sans tenir compte du comportement passé du client. Le rôle primordial de l'infirmière consiste à assurer la défense du client. Le contact humain et une attention exclusive, doublés d'un contrat de non-automutilation, aideront le client à surmonter son désespoir, son isolement et son comportement suicidaire subséquent. Une hospitalisation à temps partiel ou un programme de traitement de jour constituent parfois un soutien individuel suffisant. Dans d'autres cas, seules les contraintes imposées par l'hospitalisation pourront empêcher le suicide.

important de déterminer la raison conduisant le client à se sentir suicidaire. En obtenant les antécédents du client, l'infirmière pourra repérer les schémas d'adaptation autodestructeurs et les expériences passées ayant un effet négatif sur l'estime de soi du client. Pour prédire une éventuelle tentative de suicide, il importe de noter les dates des anniversaires importants ;

3. *Les informations en provenance des amis et des proches.* On peut recueillir des informations utiles auprès des amis et des proches du client. Il est souvent profitable d'interviewer le client et sa famille ensemble et séparément (au cas où l'ami ou le proche en question hésiterait à parler ouvertement devant le client). L'infirmière doit évaluer la manière dont les proches perçoivent les comportements suicidaires du client. Les membres de la famille qui éprouvent de la colère, de l'écœurement ou de la frustration en réaction au comportement autodestructeur du client peuvent, en fait, pousser celui-ci à mettre son projet à exécution ;

4. *Les antécédents de gestes ou de tentatives suicidaires.* Le client recourt souvent à la tentative de suicide pour affronter des sentiments douloureux. Les gens ayant eu recours à ce type d'adaptation par le passé sont particulièrement susceptibles d'y recourir à nouveau ;

5. *L'examen de l'état mental.* Des troubles au niveau de la concentration, de l'orientation et de la mémoire suggèrent un éventuel syndrome cérébral organique, susceptible de diminuer le contrôle des impulsions et d'augmenter le potentiel d'autodestruction. Les troubles du processus mental, que révèlent les hallucinations auditives, entraînent une augmentation du risque d'action destructive pour le client ;

6. *L'examen physique.* En présence de signes et de symptômes d'abus d'alcool ou d'autres drogues (p. ex. baisse de l'attention, irritabilité, euphorie, trouble de l'élocution, démarche instable, rougeur du visage, agitation psychomotrice, traces de piqûres), de tentatives de suicide passées (p. ex. cicatrices aux poignets), ou d'un état pathologique débilitant, on doit toujours procéder à un examen physique ;

7. *L'intuition de l'infirmière.* Les sentiments d'appréhension, d'anxiété ou de tristesse inexpliquée qu'éprouve l'infirmière elle-même constituent parfois les seuls indices indiquant qu'un client d'apparence calme est en proie à des impulsions suicidaires. Bien que l'on décrive ces sentiments comme des intuitions, les recherches semblent indiquer que les « sentiments intuitifs » se basent généralement sur les expériences passées de

situations similaires (Aguilera, 1998). Néanmoins, si l'infirmière se sent «mal à l'aise» au sujet du client, elle ne doit pas négliger cette importante source d'information.

Les infirmières utilisent les questions de la collecte de données pour déterminer le risque de suicide du client.

L'analyse suivante renvoie à la rubrique «Situations cliniques» (voir page 595). L'infirmière sait que sa première tâche consiste à établir un contact avec le client. Elle a prévu d'écouter ce que Jean pense de sa situation et de lui communiquer ensuite sa propre compréhension et ses sentiments. L'infirmière comprend à quel point il est important d'établir un contact avec Jean et d'obtenir sa confiance. Elle est persuadée que l'approche centrée sur le client, mise au point par Rogers (1961), facilitera une communication ouverte et lui permettra d'évaluer précisément le risque de suicide de Jean (voir chapitre 3 pour un complément d'information sur Carl Rogers).

L'infirmière fait appel à des techniques d'écoute empathique en étant à la fois attentive aux faits et aux sentiments (c'est-à-dire à ce qui s'est produit et à la manière dont le client l'a ressenti). Elle manifeste son intérêt en reformulant les propos de Jean afin que ce dernier sache qu'elle a entendu tout ce qu'il lui a dit.

Lorsque les sentiments sont manifestement présents sans toutefois avoir été exprimés par Jean, l'infirmière commente gentiment: «Je sens votre bouleversement par la manière dont vous vous exprimez. Vous semblez également frustré et fâché de ce qui s'est passé.»

Le contact humain ne passe pas uniquement par la communication verbale. Le contact non verbal et physique peut parfois être très efficace. Une main posée sur l'avant-bras du client ou un bras passé par-dessus son épaule peut avoir sur lui un effet calmant non négligeable et traduit par la même occasion l'intérêt de l'infirmière.

L'infirmière montre sa compassion envers Jean en lui tendant un mouchoir lorsque ses yeux s'emplissent de larmes. Non seulement elle reconnaît ses sentiments, mais elle répond d'une manière calme et contrôlée, résistant à l'envie de se montrer anxieuse, en colère ou déprimée par l'intensité des sentiments du client. Au cours de la collecte de données sur Jean, l'infirmière utilise les questions du tableau 25.6.

À la suite d'une tentative de suicide, un individu risque de tenter à nouveau de se suicider. Lorsque l'on admet dans un hôpital des clients à la suite d'une tentative de suicide, on doit procéder régulièrement à des collectes de données pour déterminer si ces personnes présentent encore un risque élevé.

➜ 25.2.2 Diagnostic infirmier

Les clients suicidaires sont fréquemment admis dans des unités psychiatriques, des services d'urgence et des unités de soins intensifs des hôpitaux de médecine générale. La pendaison, la surdose de médicaments et les sauts dans le vide constituent des méthodes de suicide fréquentes dans les hôpitaux. Un diagnostic infirmier précis, basé sur une collecte de données approfondie et continue, est essentiel pour établir les besoins prioritaires du client en matière d'interventions de l'infirmière.

Un diagnostic infirmier complet est personnalisé et rattaché au comportement du client et à ses besoins en soins infirmiers. Il nécessite une validation par le client. Toutefois, il arrive que le client nie son intention suicidaire ou la nécessité de précautions additionnelles. Dans le cas du diagnostic «risque élevé de violence envers soi-même», on recommande de se concentrer sur le niveau de risque. *Lorsque l'on diagnostique le risque de suicide, il est préférable de pécher par excès de prudence plutôt que de risquer des blessures graves ou la mort.*

Diagnostics infirmiers pour le suicide

Diagnostic primaire:
• risque de violence envers soi.

Les diagnostics secondaires peuvent être les suivants:
• stratégies d'adaptation défensives;
• stratégies d'adaptation inefficaces;
• perte d'espoir;
• sentiment d'impuissance;
• perturbation chronique de l'estime de soi;
• isolement social;
• opérations de la pensée perturbées.

Diagnostics en collaboration

Les clients souffrant de maladies mentales chroniques courent un risque particulièrement élevé de suicide. De nombreux diagnostics médicaux comprennent un groupe de symptômes renvoyant au diagnostic infirmier de risque élevé de violence envers soi.

La dépression majeure et le trouble bipolaire sont des troubles affectifs pouvant inclure des idées, des projets et des gestes suicidaires ainsi que des tentatives de suicide récurrentes.

La schizophrénie, associée à des caractéristiques psychotiques comme le délire et les hallucinations auditives, peut également conduire à des comportements dangereux; des voix hostiles peuvent être entendues qui ordonnent au client de se tuer.

Les troubles mentaux causés par une affection médicale (comme l'abus d'alcool ou de drogues) peuvent entraîner un risque de suicide accru si le client répète des schémas négatifs ou autodestructeurs. Le client peut faire face à une recrudescence de violence envers lui-même lorsqu'il tente d'affronter le stress par la consommation d'alcool ou de drogues, en manifestant des comportements impulsifs, en étant confus ou en ayant des réactions adaptatives limitées et des sautes d'humeur.

Les diagnostics médicaux d'anorexie et de boulimie mentales et la non-observance thérapeutique conduisent à des comportements autodestructeurs indirects, parfois décrits comme des formes passives de suicide.

Les clients souffrant de troubles de la personnalité, comme le trouble de la personnalité limite, antisociale ou schizotypique, sont susceptibles de se suicider, plus particulièrement en cas d'abus d'alcool ou de drogues ou de diagnostic concomitant de l'axe I (voir encadré 25.4).

➡ 25.2.3 Résultats escomptés

Les résultats découlent des diagnostics infirmiers et se définissent comme les réactions ou les comportements escomptés de la part du client, qu'il manifeste effectivement à la suite des interventions de l'infirmière. On doit énoncer les résultats en des termes clairs, comportementaux ou mesurables.

Le client :

- ne présentera plus de risque d'automutilation et sera en sécurité ;
- verbalisera l'absence d'idée, de projets ou d'intentions suicidaires ;
- exprimera son désir de vivre et fera une liste des raisons qui motivent ce désir ;
- sera d'accord pour respecter, pendant une durée donnée, un « contrat de non-automutilation » signé avec le personnel infirmier, le psychiatre traitant ou le thérapeute individuel. Le client conviendra d'informer immédiatement le personnel si des sentiments ou pensées suicidaires réapparaissent ;
- fera preuve d'un affect amélioré comportant des expressions variées, de la spontanéité et des propos enjoués, qui traduisent une attitude optimiste et pleine d'espoir ;
- provoquera des interactions sociales avec ses semblables et avec le personnel (individuellement et en groupe) ;
- recourra à des stratégies d'adaptation efficaces pour lutter contre ses accès de désespoir ;
- exprimera un sentiment d'estime de soi ;
- satisfera ses propres besoins au moyen d'une communication claire et directe ;
- exprimera des attentes de rôle et des objectifs réalistes pour les atteindre ;
- manifestera une absence de pensée psychotique (p. ex. délire, hallucinations auditives incitant à l'automutilation) ;
- fera des projets d'avenir comprenant une psychothérapie de suivi et une observance thérapeutique ;
- dressera une liste d'amis ou de personnes ressources (p. ex. un membre du clergé) auquel il pourra faire appel pour empêcher les éventuelles tentatives si les pensées suicidaires réapparaissent, ou projettera d'utiliser un service d'écoute téléphonique.

➡ 25.2.4 Planification

L'infirmière, consciente du risque de suicide d'un client et de ses tentatives de suicide récurrentes, établit un plan de soins visant à sauver des vies et à rétablir la stabilité biopsychosociale. Le plan de soins destiné au client suicidaire a pour objectif premier de réduire le risque de comportements autodestructeurs en surveillant les actions du client et en lui assurant un environnement sûr, en favorisant ses sentiments d'estime et d'espoir, en améliorant ses stratégies d'adaptation et en réduisant son isolement social.

➡ 25.2.5 Exécution

La première responsabilité de l'infirmière est de prévenir le suicide. Elle doit donc remarquer les comportements

---

 Diagnostics en collaboration

ENCADRÉ 25.4

Diagnostics DSM-IV*
- Dépression majeure, épisode isolé
- Dépression majeure récurrente
- Dépression majeure avec caractéristiques psychotiques

- Trouble bipolaire

- Schizophrénie

- Troubles mentaux causés par une affection médicale générale

Diagnostics de l'ANADI†
- Risque de violence envers soi‡
- Stratégies d'adaptation inefficaces
- Diminution chronique de l'estime de soi
- Perte d'espoir
- Sentiment d'impuissance
- Opérations de la pensée perturbées
- Stratégies d'adaptation défensive
- Interactions sociales perturbées
- Communication verbale altérée
- Troubles de la perception sensorielle (à préciser)
- Opérations de la pensée perturbées
- Isolement social
- Stratégies d'adaptation inefficaces
- Déficit de soins personnels (à préciser)

*Tiré de l'American Psychiatric Association : *Diagnostic and statistical manual of mental disorders*, 4ᵉ édition, Washington, D.C., 1994, The Association.
†Tiré de ANADI. *Diagnostics infirmiers 2001-2002 : définitions et classification*, Paris, Masson, 2002.
‡Le risque élevé de violence peut être présent dans tous les diagnostics du DSM-IV cités ci-dessus.

Plan de soins infirmiers   ENCADRÉ 25.5

COLLECTE DE DONNÉES

Stéphanie, quinze ans, a été admise dans l'unité psychiatrique pour adolescents d'un hôpital communautaire local après que l'infirmière-thérapeute a jugé qu'elle présentait un danger imminent de suicide. Au cours des dernières années, Stéphanie a souvent songé à mourir. Elle déclare avoir pris des surdoses d'analgésiques et d'antibiotiques à trois reprises dans les six derniers mois mais n'en a jamais parlé à personne et n'a pas cherché à se faire soigner. Elle affirme avoir tenté de se suicider pour la première fois à l'âge de dix ans en se tailladant les poignets avec une lame de rasoir. Dans les dernières années, elle s'est entaillé les poignets à cinq ou six reprises. Stéphanie se plaint de ne pouvoir améliorer sa relation avec sa mère, qui ne la comprend pas et la rejette. Elle affirme avoir de mauvais résultats scolaires, se sentir plus irritable, souffrir d'insomnie, avoir des pensées morbides, peu d'appétit et une faible estime de soi, et elle déclare des antécédents d'abus sexuel par le copain de sa gardienne lorsqu'elle avait huit ans.

Durant sa séance hebdomadaire de thérapie, Stéphanie annonce à son thérapeute : « Je ne désire plus désormais honorer notre contrat de non-automutilation. Rien ne change à la maison. Ma mère me déteste et me rejette de sa vie. Mon beau-père est la seule personne qu'elle aime à part elle-même. Je hais la personne à laquelle je ressemble et celle que je suis. J'ai conservé la plupart des comprimés donnés par mon médecin lorsque je me suis blessée à la jambe. » En riant, elle ajoute : « Je crois que ça suffit largement pour supprimer toute souffrance. »

Interrogée de manière à approfondir la question, Stéphanie admet qu'elle prévoit de mettre fin à ses jours. Elle déclare qu'elle ne sait pas exactement quand elle attentera à sa vie mais promet : « Je n'attendrai plus très longtemps. »

Pour lui assurer une sécurité immédiate, l'infirmière thérapeute a ordonné son admission à l'hôpital.

DIAGNOSTIC DSM-IV

Axe I :	Dépression majeure récurrente
	Trouble d'adaptation
Axe II :	Trouble d'acquisition de la lecture
	Caractéristiques de personnalité limite
Axe III :	Fracture du tibia gauche ; en voie de guérison
Axe IV :	Deux surdoses graves, entailles des poignets, pensées morbides persistantes, dépression grave, relations familiales dysfonctionnelles
Axe V :	EGF = 10 (actuel)
	EGF = 35 (année passée)

DIAGNOSTIC INFIRMIER : risque élevé de violence envers soi. Facteurs de risque : relations familiales tendues, mode d'adaptation inefficace, faible estime de soi, séquelles d'abus sexuels, verbalisation de l'intention de mourir, antécédents de nombreuses tentatives de suicide antérieures, projet de suicide, humeur gravement dépressive.

Résultats escomptés	Interventions/*Justifications*	Évaluation
• Stéphanie exprimera l'absence d'idée, d'intention et de projet suicidaires.	• Faire la fouille des effets personnels de la cliente pour retirer tout objet dangereux et rester attentive à tout comportement mystérieux. *En protégeant la cliente de ses comportements autodestructeurs, on favorise la sécurité et on transmet un message d'intérêt et de compassion.*	• Au troisième jour d'hospitalisation, Stéphanie a annoncé à son infirmière qu'elle désirait vivre. Elle a affirmé que les idées suicidaires avaient cessé à partir du cinquième jour d'hospitalisation.
• Stéphanie exprimera le désir de vivre et établira la liste des nombreuses raisons qui l'y incitent.	• Aider Stéphanie dans l'adoption de nouvelles attitudes optimistes. Soutenir ses efforts d'autoévaluation positive, de maîtrise de soi et de détermination des objectifs *afin de renforcer l'estime de soi et de susciter l'espoir, indispensable au changement*	• La cliente a déclaré attendre avec impatience les vacances d'été. Elle a accepté un emploi en tant qu'assistante d'un vétérinaire. Elle qualifie positivement son apparence et son intelligence.
• Stéphanie fera des projets d'avenir incluant l'établissement d'un réseau de soutien viable et un plan quotidien d'activités structurées avec les amis et la famille, des exercices journaliers, des séances de thérapie hebdomadaires et une observance thérapeutique.	• Inciter Stéphanie à établir la liste des personnes qu'elle contactera si elle a besoin d'aide et l'épauler pour mettre en place un plan quotidien d'activités structurées comprenant des soins de santé. *Un soutien additionnel et des activités favorisant la réussite contribueront au renforcement de la confiance en soi de la cliente et diminueront le sentiment d'aliénation, tout en réduisant le risque de suicide.*	• Stéphanie a mis sur pied un plan d'activités incluant des soins de santé et un emploi à temps partiel. Elle a inclus sa mère, son beau-père et deux amis dans la liste des personnes auxquelles elle se confierait.

Plan de soins infirmiers (suite)

DIAGNOSTIC INFIRMIER : stratégies d'adaptation inefficaces, reliées à des schémas de pensée négatifs, à des comportements autodestructeurs, à une perturbation de l'identité personnelle, à de multiples agents stressants et à un réseau de soutien inefficace.

DONNÉES : les comportements autodestructeurs, le manque d'affirmation de soi, l'altération du jugement et de l'introspection, la colère mal dirigée et l'isolement social.

Résultats escomptés	Interventions/*Justifications*	Évaluation
• Stéphanie fera preuve de meilleures stratégies d'adaptation : • en discutant ouvertement de ses sentiments et de ses besoins ; • en acceptant la responsabilité de ses sentiments sans accuser les autres ; • en dressant une liste écrite des stratégies d'adaptation saines à employer dans les moments de stress ; • en tenant un journal quotidien des pensées et sentiments concernant ses relations ; • en faisant des efforts pour communiquer avec son entourage et rétablir la communication avec sa famille.	• Enseigner des techniques cognitives et comportementales à Stéphanie pour l'aider à limiter ses schémas de pensées négatifs et ses comportements autodestructeurs et recourir à des autoévaluations plus réalistes. L'encourager à assister à tous les groupes de psychoéducation. Passer quotidiennement son journal en revue. Souligner toutes les pensées autodestructrices. Donner l'exemple de l'affirmation de soi. *Les modalités thérapeutiques peuvent aider la cliente à percevoir les pensées et les comportements autodestructeurs et à les remplacer par un mode d'adaptation sain et approprié.*	• Stéphanie évoque directement ses sentiments avec autrui lors des thérapies de groupe, familiales et individuelles. • Stéphanie répertorie ses « erreurs » dans son journal et les remet en cause, prend la responsabilité de ses sentiments et de ses actions et cesse progressivement de rejeter la responsabilité sur les autres.

DIAGNOSTIC INFIRMIER : stratégies d'adaptation familiale invalidantes, reliées à des relations familiales très conflictuelles, à une querelle avec sa mère et à des relations hostiles avec son beau-père, et communication inefficace et conflit face au rôle parental.

DONNÉES : les comportements distants des parents vis-à-vis de la cliente, l'incapacité à établir des limites cohérentes et l'incongruité des limites parents-enfant.

Résultats escomptés	Interventions/*Justifications*	Évaluation
• Les parents assisteront à toutes les thérapies familiales et à tous les groupes de soutien prévus pour eux, où ils discuteront de leurs sentiments de peur, de culpabilité et de frustration liés aux tentatives de suicide de Stéphanie.	• Encourager les parents à participer activement au traitement de Stéphanie. Mettre régulièrement les parents au courant des changements de comportement de Stéphanie. Encourager Stéphanie et ses parents à exprimer directement leurs sentiments. Donner l'exemple d'une aptitude d'écoute et d'une affirmation de soi efficaces. *En faisant preuve d'engagement dans le traitement de Stéphanie, ses parents lui transmettront un message de compassion et d'intérêt et leur volonté de procéder aux changements nécessaires.*	• Les parents ont assisté à tous les groupes familiaux. La mère a prévu de passer un après-midi par semaine avec Stéphanie. Les parents ont discuté ouvertement de leurs sentiments avec la cliente et entre eux. Ils ont demandé les coordonnées d'un atelier de compétences parentales.
• Les parents feront la preuve de leur volonté d'écouter les préoccupations et les doutes de leur fille. Les parents féliciteront Stéphanie lorsqu'elle adoptera des comportements d'adaptation sains.	• Informer les parents de tout changement dans le comportement de Stéphanie. Apporter soutien et réconfort lorsque l'humeur et le comportement de Stéphanie fluctuent. Aborder les signes annonciateurs d'une décompensation imminente, comme une augmentation de l'irritabilité ou de l'isolement, l'échec à suivre le régime thérapeutique, ainsi qu'une humeur déprimée. Informer les parents des facteurs de risque faisant suite à l'hospitalisation (pertes importantes ou déceptions annonçant une décompensation). Encourager les tentatives des parents d'améliorer la communication et les compétences parentales. *Communiquer avec les familles et leur assurer un soutien, pour améliorer le soutien au client, réduire l'anxiété des membres de la famille et favoriser une adaptation saine.*	• Les parents ont rassuré Stéphanie lorsque celle-ci a émis des doutes sur elle-même. Ils ont demandé à participer au groupe de suivi des parents après la sortie d'hôpital de Stéphanie.

potentiellement létaux des clients à risque et intervenir judicieusement. Ce qui signifie d'évaluer continuellement les facteurs de létalité afin de déterminer le niveau de risque du client, de travailler avec lui pour lui redonner espoir, de le mettre en contact avec les ressources et de lui donner les moyens de parfaire son adaptation.

Interventions de soins infirmiers

On doit exécuter les interventions suivantes pour tous les clients suicidaires hospitalisés.

Pour assurer la sécurité et éviter la violence

1. Toutes les précautions pour empêcher le suicide doivent être strictement renforcées. Le fait de préserver un environnement sûr y contribue :

   a) en comptant systématiquement les couverts et autres objets contondants avant et après chaque usage par le client ;

   b) en étant au courant de toutes les allées et venues du client ;

   c) en assurant une surveillance individuelle du client selon les besoins, appréciés en fonction de l'évaluation de son niveau de létalité actuel ;

   d) en veillant à ce que le personnel de l'unité comprenne en permanence des personnes expérimentées, particulièrement au moment des repas, des pauses, des vacances, des changements de quart de travail ou des réunions du personnel de l'unité (moments durant lesquels sont commis la plupart des suicides dans les hôpitaux) ;

   e) en prévoyant un voisin de chambre pour le client suicidaire ;

   f) en demandant à ce que les visiteurs présentent tous les cadeaux au personnel ;

   g) en fouillant l'individu suicidaire au retour des promenades, pour s'assurer de l'absence de drogue, d'objets contondants, de cordons, de lacets et d'autres armes potentielles ;

   h) en évaluant minutieusement le client avant toute promenade afin de d'établir le niveau de risque actuel du client ;

   i) en incitant le client à signer un contrat de « non-suicide » d'une durée déterminée, lequel sera revu durant l'hospitalisation et avant la sortie d'hôpital et renégocié avant son expiration ; *tout cela afin de prouver au client les soins, l'intérêt et le suivi constant de l'infirmière.* Les contrats de « non-suicide » n'excluent pas la nécessité d'une observation et d'une surveillance constante.

2. En n'oubliant pas que la plupart des suicides sont commis dans les 90 jours suivant la sortie de l'hôpital, l'infirmière doit s'assurer, avec l'aide des familles, des gardiens, des services sociaux ou des autorités légales de retirer toute arme potentielle (p. ex. armes à feu ou drogue) de l'environnement du client avant son retour à la maison.

3. Le fait de travailler avec des clients suicidaires est émotionnellement épuisant et provoque l'anxiété ; l'infirmière doit donc créer un environnement de soutien pour elle-même et pour le reste du personnel, en organisant une surveillance quotidienne et des discussions informelles portant sur les sentiments relatifs au suicide, à la mort, à l'hostilité, à la colère, à la dépression et aux autres émotions douloureuses. La relation entretenue de façon soutenue avec un client suicidaire est une expérience intense, qui oblige le client et l'infirmière à affronter leurs sentiments sur la signification de la vie et de la mort. C'est une occasion, pour l'infirmière, de partager son attachement à la vie, son espoir et son dévouement à autrui. *Pour entretenir ce genre de relation thérapeutique intense, l'infirmière doit recevoir du soutien et être supervisée. Elle-même et le client pourront ainsi éprouver moins d'anxiété et disposer de plus d'énergie pour se concentrer sur l'espoir et la santé.*

Pour mettre en pratique les stratégies d'adaptation améliorées

1. Les infirmières recourent à des techniques spécifiques incluant la neutralité, l'écoute empathique, l'encouragement, la tolérance à l'expression de la douleur, la souplesse dans la réponse aux besoins des clients ainsi que l'établissement de limites cohérentes.

2. L'infirmière encourage le client à se concentrer sur ses forces plutôt que sur ses faiblesses afin de prendre conscience des qualités et des capacités qui lui ont permis de s'adapter dans le passé. Les infirmières fournissent des occasions d'apprentissage en initiant le client aux modalités thérapeutiques favorisant la pensée positive et l'adaptation. *En remplaçant ou en substituant ses pensées et croyances irrationnelles et ses impressions d'autodénigrement, le client devient apte à envisager la vie de manière réaliste et rationnelle.*

3. Les infirmières atténuent les problèmes en aidant les clients à établir des priorités dans leurs préoccupations, et à les diviser en éléments plus maîtrisables. L'infirmière peut participer à ce processus :

   a) en encourageant le client à établir un ordre de priorité pour ses problèmes, du plus urgent au moins urgent ;

   b) en aidant le client à trouver des solutions immédiates pour les problèmes les plus urgents ;

   c) en remettant à plus tard la découverte de solutions aux problèmes moins pressants ;

   d) en encourageant le client à déléguer à d'autres, le cas échéant, la résolution de problèmes ;

   e) en aidant l'individu à reconnaître les problèmes se situant hors de son champ d'action ;

   f) en détectant, en définissant et en favorisant les comportements d'adaptation sains chez le client ;

   g) en approuvant la perpétuation des comportements sains lorsqu'ils traduisent l'existence de meilleures stratégies d'adaptation (renforcement positif) ;

h) en amenant le client à évoquer les sentiments provoqués par une adaptation inefficace (p. ex. frustration, colère, impression de ne pas être à la hauteur);

i) en approuvant les décisions rationnelles du client dénotant un jugement pondéré;

j) en encourageant le client à prendre seul ses décisions;

k) en reconnaissant la volonté montrée par le client de mettre en application des comportements d'adaptation appropriés, comme l'affirmation de soi;

l) en répondant aux affirmations délirantes du client par l'exposition de la situation réelle sans discuter avec le client.

Pour renforcer les réseaux de soutien familiaux et sociaux

1. S'assurer du concours de la famille dans le traitement du client. *La présence de la famille aux groupes de psychoéducation et à la thérapie familiale est une composante essentielle pour aider le client à comprendre les structures, les systèmes et les dynamiques familiales complexes et toxiques pouvant contribuer à ses sentiments suicidaires, et à travailler sur ces sujets.*

2. Déterminer dans quelle mesure le soutien familial existant pourra contribuer à la gestion générale du risque. Informer les membres de la famille des signes à surveiller chez le client au moment où la dépression s'estompe et que la sortie de l'hôpital est imminente. Encourager le retrait de toute arme létale dans l'entourage du client.

3. Dispenser compréhension et encouragement aux membres de la famille qui expriment leurs sentiments (p. ex. frustration, impuissance ou culpabilité) et manifestent un affect intense.

4. Contacter les services sociaux pour les besoins en matière de soutien professionnel ou financier.

5. Recommander, le cas échéant, des groupes de suivi médical et de soutien.

6. Recommander un service d'écoute téléphonique sur le suicide auquel le client peut faire appel s'il se sent accablé ou suicidaire à l'avenir.

Modalités de traitement supplémentaires

En fonction du diagnostic du client, les interventions pharmacologiques sont généralement un élément important du traitement des suicidaires. On prescrit fréquemment des antidépresseurs, des anxiolytiques et des antipsychotiques, suivant les besoins du client, ses antécédents et ses réactions antérieures aux interventions pharmacologiques.

Les interventions psychothérapeutiques sont multiples: techniques d'intéroception, recadrage cognitif et brèves interventions de crise axées sur les solutions.

On peut utiliser les électrochocs avec les adultes dont les schémas de réaction reflètent un manque de réaction positive aux médicaments (dépression « incurable » ou « réfractaire »). Ces adultes présentent simultanément des antécédents à long terme de dépression grave et l'intention imminente de mettre fin à leur vie. Les électrochocs sont traités au chapitre 20.

➡ 25.2.6 Évaluation

Une évaluation de la réaction du client au plan de soins est déterminante dans le travail avec les individus suicidaires. Une évaluation constante, englobant toutes les composantes, prend en compte la précision du diagnostic infirmier, la pertinence des interventions basée sur les réactions du client, ainsi que la rapidité avec laquelle l'intervention a été menée. L'évaluation aide l'infirmière à cibler les résultats décisifs pour la survie du client. Un manque de réaction positive de la part du client aux interventions de l'infirmière peut signifier un besoin de les modifier, de mettre d'autres modalités de traitement en application ou de reconsidérer les délais prévus pour l'obtention des résultats.

Une évaluation minutieuse des réactions du client suicidaire aux interventions de l'infirmière, destinées à promouvoir la santé et la stabilisation biopsychosociale, assure au client une sécurité constante et le prépare à la sortie de l'hôpital.

CONCEPTS-CLÉS

- Le suicide constitue un problème majeur de santé publique et de santé mentale aux États-Unis, au Québec et au Canada.

- Durkheim répertorie quatre sous-types de suicide en les classifiant selon les aspects sociaux et culturels: anomique, égoïste, altruiste et fataliste.

- Les étiologies du suicide comprennent: les facteurs biologiques, découlant de déséquilibres chimiques; les facteurs psychologiques, permettant de comprendre le suicide et les dynamiques des approches intrapsychique, interpersonnelle, cognitive et comportementale des comportements suicidaires; les facteurs sociologiques, liés aux influences des groupes sociaux contribuant au suicide.

- Le suicide compte pour près de 1 % des décès dans le monde.

- Au Québec, les deux tranches d'âge les plus touchées par le suicide sont les jeunes hommes de 15 à 24 ans et les personnes de 25 à 34 ans. Les hommes présentent un risque de suicide plus élevé que les femmes. Le suicide touche toutes les classes socioéconomiques.

- Le comportement suicidaire peut être associé à la présence de troubles psychiatriques et d'autres problèmes, parmi lesquels la dépression, la schizophrénie, le trouble panique, l'abus d'alcool ou de drogues, certains troubles de la personnalité (comme le trouble de la personnalité limite) et les affections médicales.

- La présence d'un projet suicidaire, celle d'un prédicteur majeur et la qualité du réseau de soutien constituent trois facteurs déterminants indiquant le niveau de suicidalité et les interventions nécessaires à la sécurité de la personne.

- Le comportement suicidaire peut être traité.
- Les critères d'évolution positive relatifs au client suicidaire doivent inclure des indications stipulant que le client n'est désormais plus en danger imminent de se suicider, que son milieu de vie est suffisamment sûr pour autoriser son retour, et que le réseau de soutien est en place et accessible au client.
- Le plan de soins diminue avant tout le risque de comportements autodestructeurs en surveillant les comportements du client et en garantissant un environnement sûr, en favorisant la confiance en soi et l'espoir, en améliorant les stratégies d'adaptation, en limitant l'isolement social et en contribuant à l'estime de soi.

SITUATIONS CLINIQUES

1. Jean, 24 ans, a été hospitalisé à l'âge de 18 ans après une surdose d'antidépresseurs tricycliques. À l'époque, la tentative de suicide de Jean semblait être liée à la fin d'une relation sentimentale qui a duré deux ans. Depuis son premier épisode de dépression majeure, Jean a obtenu avec succès son diplôme collégial et, à la suite du décès soudain de son père, il est retourné vivre avec sa mère. Rapidement, cependant, il a commencé à se sentir frustré et complexé de ne pas trouver d'emploi en rapport avec ses diplômes et ses facultés intellec-

tuelles. Il a été forcé d'accepter un poste à temps partiel, au salaire minimum et avec peu d'avantages sociaux. Lorsque sa copine a soudain déménagé dans une autre province, il s'est senti rejeté, abandonné.

La mère de Jean, ayant remarqué qu'il était de plus en plus replié sur lui-même et isolé, s'est inquiétée du fait qu'il puisse mettre fin à ses jours. Après avoir trouvé un pistolet posé sur sa table de nuit, elle a téléphoné au centre local d'intervention d'urgence en santé mentale pour exprimer ses inquiétudes vis-à-vis du comportement de son fils. En parlant avec l'infirmière, elle a ajouté que Jean lui avait récemment donné la directive de faire don de ses organes à la science au cas où « il lui arriverait quelque chose ».

L'infirmière a demandé à ce que Jean se présente au centre pour une évaluation immédiate afin de déterminer son risque de suicide.

Pensée critique – Collecte de données
- Quelle information recueillie au cours de la conversation téléphonique avec la mère de Jean a alerté l'infirmière de la nécessité d'une évaluation immédiate ?
- Quel rapport cette information a-t-elle avec des idées suicidaires ?
- Quels autres facteurs l'infirmière considérera-t-elle en évaluant le risque de suicide de Jean durant l'entretien en tête-à-tête ?
- Citez un facteur signalé dans la collecte de données et pouvant contribuer à réduire le risque d'automutilation de Jean.

Alain Huot
B.A., M.Ps.
Collège Lionel-Groulx

Vivianne Saba
M.Sc.inf.

Chapitre 26

CHAGRIN ET DEUIL

OBJECTIFS D'APPRENTISSAGE

APRÈS AVOIR LU CE CHAPITRE, VOUS DEVRIEZ ÊTRE EN MESURE :

○ DE COMMENTER LES QUATRE PRINCIPALES CATÉGORIES DES SYMPTÔMES DU CHAGRIN ;

○ DE DÉSIGNER TROIS COMPOSANTES DU PROCESSUS DE DEUIL ;

○ DE FAIRE LA DISTINCTION ENTRE LES SYMPTÔMES ET LES COMPORTEMENTS DU CHAGRIN ET CEUX DE LA DÉPRESSION ;

○ D'ANALYSER LE RISQUE DE RÉACTIONS DE CHAGRIN COMPLEXE CHEZ CERTAINS CLIENTS À RISQUE ;

○ D'ABORDER LES PRINCIPAUX OBJECTIFS D'UNE INTERVENTION AUPRÈS D'UN CLIENT ÉPROUVANT UN CHAGRIN AIGU ;

○ D'ÉVALUER LES « STADES D'INTERVENTION » EN CE QUI CONCERNE L'EFFICACITÉ DE L'INTERVENTION ;

○ DE COMPARER LE CHAGRIN PERSISTANT AVEC D'AUTRES TYPES DE CHAGRIN ET DE DRESSER LA LISTE DES PERSONNES À RISQUE POUR CE TYPE DE CHAGRIN ;

○ D'EXPLIQUER DANS QUELLE MESURE L'ÉTAT DE STRESS POST TRAUMATIQUE PEUT ACCOMPAGNER LE CHAGRIN COMPLEXE.

PLAN DU CHAPITRE

MOTS-CLÉS

Chagrin : réponse naturelle et dynamique à une perte. Le chagrin concerne tous les aspects spirituels, sociaux, émotionnels, comportementaux, cognitifs et physiques de l'individu.

Chagrin aigu : réponse initiale à une perte. Bien que diminuant avec le temps, le chagrin aigu risque de perdurer plusieurs années, en fonction de la signification de la personne ou de l'objet perdu pour le survivant.

Chagrin par anticipation : chagrin ressenti avant que la mort ou la perte ne survienne (lorsqu'un proche est en phase terminale).

Chagrin persistant : chagrin dû à une perte constante, comme celle qui correspond à une longue maladie chronique chez un être aimé.

Chagrin complexe : expression d'un chagrin d'une intensité plus ou moins forte et d'une durée plus ou moins prolongée que ce qui est toléré par les normes sociales. Ce chagrin risque de se manifester sous la forme d'une atteinte physique ou émotionnelle grave.

Chagrin différé : chagrin qui n'est exprimé ou ressenti que bien après la perte, souvent en raison de circonstances, telles que la nécessité de survivre (comme chez les réfugiés).

Deuil : situation d'une personne ayant perdu quelqu'un ou quelque chose auquel elle était profondément attachée ; état émotionnel de cette personne ; expression sociale du chagrin.

Postvention : traitement du chagrin après le décès et avant qu'un état pathologique ne s'installe.

Soutien social : présence d'autres individus en mesure de se montrer compréhensifs, de fournir des encouragements et une aide, spécialement durant les moments difficiles.

Tâches du chagrin : tâches ou activités courantes dans l'expérience psychosociale du chagrin. L'accomplissement de ces tâches permet de résoudre le chagrin.

Travail de deuil : effort psychologique intense pour exprimer pleinement les sentiments reliés au chagrin, comprendre la relation avec la personne décédée et, paradoxalement, exécuter les activités de la vie quotidienne.

26.1 CHAGRIN ET DEUIL

Le chagrin constitue une réaction psychologique et physiologique douloureuse à une perte. Bien qu'il soit plus communément associé au décès d'un proche, le chagrin se manifeste également en présence d'une perte considérable, incluant la perte de l'estime de soi, de l'identité, de la dignité ou du sentiment de sa propre valeur. Le chagrin s'abat sur le client nouvellement admis dans un hôpital psychiatrique, celui qui subit une chirurgie mutilante, les parents d'un enfant souffrant d'une malformation congénitale, l'enfant qui change d'école, la victime de violence, l'infirmière travaillant avec des victimes de violence, l'amoureux trahi ou encore la personne qui perd son emploi ou prend sa retraite. La plupart des infirmières vivent quotidiennement le chagrin – celui des autres et le leur.

Ce chapitre décrit le chagrin selon les termes suivants : définitions, réactions ou manifestations, stades ou processus et types de chagrin, incluant le chagrin par anticipation, aigu, complexe et persistant. Cette description comprend les informations sur la collecte de données, les diagnostics, les interventions et les études de cas.

On utilise souvent les termes **chagrin** et **deuil** de façon interchangeable et certains désaccords subsistent quant à leur signification (voir Mots-clés) (Parkes, 1998b).

Dans certains cas, une intervention psychosociale ou pharmacologique peut s'avérer salutaire pour une personne endeuillée, alors que, dans d'autres cas, le chagrin devient pathologique (voir plus loin le chagrin complexe). Toutefois, malgré la terrible douleur qu'il provoque, il importe de comprendre que le chagrin constitue un processus normal (et, à vrai dire, inévitable) de la vie (American Psychiatric Association [APA], 1994 ; Freud, 1917 ; Lev et McCorkle, 1998).

26.1.1 Réactions

On peut étudier les réactions au deuil (perte) sous l'angle d'une série de manifestations physiques, cognitives, sociales et affectives de la douleur – dont l'intensité surprend souvent les parents du défunt. Le travail précurseur de Lindemann sur le chagrin (1944) indiquait déjà plusieurs manifestations du chagrin : la souffrance physique, l'obsession pour l'image du défunt, la culpabilité, les réactions hostiles et la perturbation des modèles de comportement. Ces diverses manifestations se présentent comme suit.

Manifestations physiques

Les manifestations physiques du chagrin comprennent une baisse d'énergie, l'anorexie, une sensation de suffocation ou d'oppression dans la poitrine, une gêne respiratoire, une sécheresse buccale et des troubles gastro-intestinaux. La fatigue, l'épuisement et l'insomnie sont courants. Les personnes affligées consultent fréquemment pour de vagues symptômes, comme une oppression pulmonaire ou des problèmes gastro-intestinaux, souvent sans aucun fondement physiologique (Steen, 1998). De plus, même si le chagrin est rarement la cause directe d'une maladie ou d'un décès, il se traduit souvent par un affaiblissement de la réponse immunitaire (Lev et McCorkle, 1998). Ainsi, il existe un lien évident entre le chagrin et la vulnérabilité accrue aux affections physiques ou mentales, plus particulièrement l'infarctus du myocarde, l'hypertension, la polyarthrite rhumatoïde, la dépression, l'abus d'alcool ou de drogue ainsi que la malnutrition (Carman, 1997).

Manifestations cognitives

Les manifestations cognitives s'orientent sur l'obsession pour l'image du défunt et les pensées le concernant. La nature et l'intensité de cette obsession involontaire surprennent et déconcertent plus d'une personne. Ces obsessions prennent souvent la forme de conversations avec le défunt. Particulièrement chez les personnes âgées, ces conversations peuvent se poursuivre jusqu'à la fin de l'existence du survivant. Avec le temps, les obsessions diminuent, bien que les liens avec le défunt puissent persister pendant plusieurs années voire, pour certaines personnes, jusqu'à la mort (Weiss et Richards, 1997). Ces liens prennent parfois la forme de souvenirs, tels que des objets précieux, ou la renégociation des relations avec le disparu. Considérée antérieurement par certains comme un symptôme à résoudre, la volonté de maintenir des liens entre les vivants et les morts est de plus en plus considérée comme un comportement normal (Silverman et Worden, 1992 ; Weiss et Richards, 1997). D'ailleurs, dans certaines cultures (p. ex. chinoise et vietnamienne), on considère le fait de ne pas entretenir de liens avec les ancêtres décédés comme pathologique.

La difficulté de concentration représente un autre symptôme courant et se manifeste par un relâchement complet de l'attention ou même une perte des notions de temps et de lieu. Il est habituel de chercher et d'espérer la personne ou l'objet perdu. Certaines personnes en deuil font l'expérience d'hallucinations. On décrit le plus souvent ces dernières comme des visions fugitives du défunt ou l'interception de courts messages (deux ou trois mots) formulés apparemment par le défunt. Dans la plupart des cas, les hallucinations s'estompent un ou deux mois après le décès et doivent dès lors être considérées comme faisant partie du processus de deuil normal. Dans quelques rares cas, les hallucinations persistent, se multiplient et s'intensifient ou deviennent malveillantes ou menaçantes, incitant par exemple le survivant à rejoindre le défunt. Il s'agit alors d'hallucinations négatives et une intervention thérapeutique, incluant l'hospitalisation ou le recours aux antipsychotiques, s'avère parfois nécessaire.

Manifestations comportementales et relationnelles

Les manifestations comportementales et relationnelles du chagrin comprennent la perturbation des modèles de comportement, allant de l'incapacité de vaquer aux activités quotidiennes les plus simples, à la procrastination dans la réalisation de ces tâches, en passant par un comportement agité et désorganisé consistant à « chercher » ce qui est perdu et à se livrer à des ruminations et des réminiscences obsessives (Lindemann, 1994 ; Weiss et Richards, 1997). La vie et les schémas antérieurs perdent toute signification

et n'apportent plus aucune satisfaction sans l'objet ou la personne perdu, et il ne semble exister aucune nouvelle vie ou nouveau schéma vers lesquels l'individu endeuillé puisse se tourner. Cette perte de contact et de signification constitue une étiologie majeure du désespoir.

Manifestations affectives

Les manifestations affectives du chagrin sont souvent accablantes, la tristesse, la culpabilité et la colère étant les plus courantes. La tristesse, la solitude et le désespoir tendent à prédominer et peuvent, en association avec d'autres symptômes, correspondre aux critères d'un diagnostic de trouble affectif (p. ex. dépression majeure ou trouble dysthymique). Un retard psychomoteur, une culpabilité morbide et des idées suicidaires sont moins courants dans le processus de deuil et le différencient de la dépression majeure ou des troubles dysthymiques qui durent généralement plus longtemps (APA, 1994 ; Nuss et Zubenko, 1992). Toutefois, le chagrin dysfonctionnel ou non résolu peut se transformer en dépression majeure.

La culpabilité constitue un thème prépondérant du chagrin, même chez des enfants qui ne sont âgés que de 2 ans (Gibbons, 1992 ; Jacob, 1996). Plusieurs survivants cherchent à retracer les échecs ou omissions susceptibles d'avoir entaché la relation et, en l'absence d'erreur grave, se mettent à amplifier la moindre transgression (Lindemann, 1944). La culpabilité s'avère souvent particulièrement pénible pour ceux qui entretenaient une relation ambivalente avec le défunt, caractérisée par des sentiments refoulés ou non résolus. Il n'est pas rare que des individus ayant traversé une expérience intense (p.ex. la guerre) et ayant survécu à leurs proches disparus ressentent ce que l'on nomme le « sentiment de culpabilité du survivant ». Les survivants, persuadés qu'ils auraient dû mourir à la place de leur proche défunt, éprouvent une culpabilité similaire. Le chagrin, accompagné d'une « culpabilité autre que celle qui porte sur les actions prises ou non au moment de la mort » et comprenant une baisse persistante de l'estime de soi ainsi qu'une ambivalence concernant le fait de continuer à vivre, indique un risque de suicide accru et la nécessité d'intervenir (APA, 1994). La colère est courante et peut être dirigée vers la personne décédée, les membres de la famille, le personnel soignant, Dieu ou être dirigée vers soi-même.

La colère constitue généralement une réponse à l'anxiété résultant de l'impuissance et de la vulnérabilité devant la mort d'un proche ou d'autres pertes. La colère envers le défunt est habituelle : « Comment a-t-il (elle) pu me faire ça à moi ? C'est injuste ! » Plusieurs survivants ont l'impression qu'il est « mal » de ressentir de la colère envers un proche décédé et retournent cette colère contre eux-mêmes. Cette colère rentrée peut également traduire l'incapacité du survivant à laisser partir la personne ou l'objet perdu. Pour ceux qui ont passé toute leur vie à réprimer la colère, ces sentiments accablants et « mauvais » ou incompatibles avec le moi sont très affligeants et font craindre de

« devenir fou ». Certains individus ont besoin d'avoir une permission pour éprouver de la colère. Si le décès à lui seul ne suffit pas à provoquer de la colère, veiller à ce qui l'entoure, comme à la préparation des funérailles, peut entraîner la colère. La mort d'un proche, la perte généralement la plus grave et la plus douloureuse qu'il est donné de vivre, est parfois perçue par certains entrepreneurs de pompes funèbres, avocats et autres comme un moment de vulnérabilité dont on peut tirer profit.

Le besoin de consommer de l'alcool ou des drogues, incluant les médicaments d'ordonnance, peut se faire sentir et augmenter si le survivant en prend déjà. Les personnes en deuil ayant des antécédents de consommation exagérée d'alcool, de drogues ou de maladie mentale présentent un risque de récurrence ou d'exacerbation de ces problèmes.

26.1.2　Stades et processus du deuil

Stades

On décrit souvent le deuil en fonction de stades. Bien qu'il existe certaines variantes dans les théories axées sur les stades, on peut les résumer en trois stades : l'évitement (torpeur et émoussement), l'affrontement (désorganisation et désespoir) et le rétablissement (réorganisation et guérison) (Kemp, 1999 ; Parkes, 1998b). L'évitement comprend le refus initial, puis de brèves périodes subséquentes durant lesquelles le survivant oublie la perte qu'il a vécue et se remémore ensuite avec douleur et consternation la souffrance et le chagrin qu'il éprouve. L'affrontement constitue la période souvent longue de deuil actif, incluant les manifestations aiguës physiques, cognitives, comportementales et affectives du chagrin. Le rétablissement survient, non comme une phase distincte, mais comme une diminution *graduelle* des symptômes et une adaptation à la vie dépouillée de l'objet d'attachement perdu. La définition selon des stades pose problème, car ceux-ci sont établis dans la théorie et non dans la réalité, ce qui risque, par conséquent, de faire croire à tort que le chagrin consiste en une progression ordonnée de stades, se soldant par la fin du deuil.

Processus

Caractéristiques

Au lieu de stades bien définis, il est plus efficace de voir le deuil comme un processus comportant des réactions habituelles et dynamiques au chagrin. Ainsi, une personne réagira d'abord à la mort d'un être cher par la consternation et l'incrédulité, puis par la protestation et le désespoir. Elle traversera ensuite une période d'activité cognitive impassible (organisation des funérailles, etc.), entrecoupée de vagues de désespoir. Elle fera par la suite l'expérience du manque, du désespoir et de la désorganisation (sanglots, confusion, divagations). Enfin, elle entamera graduellement le long, douloureux et complexe processus de reconstruction de sa vie sans la personne disparue. La

caractéristique essentielle de ce processus est sa nature dynamique et sa constante évolution (Cowles et Rodgers, 1991 ; Parkes, 1998b). Les périodes de fonctionnement en apparence normal peuvent être entrecoupées de périodes de détresse psychologique ou de symptômes (presque impossibles à distinguer de ceux de la dépression majeure). Nombre de gens déclarent ainsi : « J'ai l'impression d'aller bien et puis, sans aucune raison, je me mets à pleurer. ».

Le processus de deuil peut inclure tous les symptômes, réactions ou phases mentionnés plus haut, ou plusieurs d'entre eux. Le « stade d'évitement », ou la période d'activité cognitive organisée, peut être escamoté ou ne transparaître que très peu sur le plan de la résolution, de la réorganisation ou de l'adaptation à l'environnement en l'absence de la personne disparue. De plus, lorsque le décès est prévu, le processus de deuil débute avant même la disparition de l'être cher. Le chagrin survenant avant le décès ou une autre perte se nomme *chagrin par anticipation* et il est abordé plus loin. Un résumé des théories du chagrin est présenté dans l'encadré 26.1.

Travail de deuil

Les stades et le processus s'associent à une autre caractéristique commune du chagrin, à savoir le travail. Nommé pour la première fois par Lindemann (1944), le **travail de deuil** permet aux individus de progresser d'un stade à l'autre du chagrin. Le travail de deuil représente à la fois une lutte pour ne pas céder au désespoir et la volonté de faire face à cette réalité. Lors de ce processus, la personne en deuil doit expédier les affaires courantes : paiement des factures, prises de décision et, en même temps, être capable d'exprimer les émotions profondes et douloureuses du deuil.

Tâches du chagrin

Il existe certaines **tâches du chagrin**, dont l'accomplissement accélère la résolution (Kemp, 1999). Ces tâches consistent à :

- raconter les « circonstances de la mort » ou à détailler les événements entourant la mort ou la perte ;
- exprimer et accepter la tristesse du deuil ;
- exprimer et accepter la culpabilité, la colère et les autres sentiments perçus comme négatifs ;
- revoir la relation avec le défunt ;
- explorer les différentes possibilités de vie après cette perte (p. ex. nouvelles relations, activités, sources de soutien, etc.) ;
- comprendre les processus et problèmes courants du deuil ;
- être compris et accepté par autrui.

Facteurs de complication

Divers facteurs compliquent le travail de deuil ; tout d'abord, son caractère extrêmement douloureux. De nombreuses

Lindemann

Le chagrin se manifeste par une série de symptômes psychologiques et somatiques prévisibles. Le deuil aigu se caractérise par une souffrance somatique, la persistance de l'image de la personne décédée, la culpabilité, les réactions hostiles et la perte des modèles de comportement. Les réactions dysfonctionnelles ou « morbides » se caractérisent par une distorsion de certains aspects du « chagrin normal ». La durée du chagrin et l'apparition du chagrin dysfonctionnel dépendent largement du travail de deuil de la personne qui en souffre.

Kübler-Ross

Les stades précédant la mort, selon Elisabeth Kübler-Ross, (refus, colère, marchandage, dépression, acceptation) s'appliquent également au chagrin. La réaction initiale à une perte comprend souvent le refus, la colère et le marchandage. Le refus se caractérise par une impossibilité d'accepter la perte. La colère est parfois dirigée vers le personnel soignant et, ensuite, vers la personne décédée. Une tentative futile de « renverser la réalité » accompagne fréquemment le marchandage et le refus. La dépression est souvent la phase la plus longue et, dans le cas d'un chagrin dysfonctionnel, elle peut devenir chronique et répondre aux critères de dépression majeure du DSM-IV. L'acceptation de la perte se produit graduellement et elle inclut les aspects des autres étapes. À mesure que le travail de deuil se poursuit, l'acceptation s'affirme.

Bowlby

Le chagrin et la perte se caractérisent tout d'abord par une impression d'engourdissement durant laquelle on prend conscience de la perte sans nécessairement la considérer comme réelle. Cette phase d'engourdissement est suivie par un désir et une recherche, durant lesquelles on n'a pas encore pleinement pris conscience de ce qui nous arrive. Durant la troisième phase, de désespoir et de désorganisation, la perte est bien réelle, et la souffrance émotionnelle intense, de même qu'une désorganisation cognitive apparaissent. La réorganisation constitue la phase finale et se caractérise par une adaptation graduelle à la vie sans la personne défunte.

Engel

L'état de choc et l'incrédulité constituent les réactions initiales. La prise de conscience de la perte et sa signification apparaissent au cours de la première année de deuil. Finalement, la relation est résolue et relativisée.

Shneidman

Shneidman ne conceptualise pas le chagrin selon une structure ou des étapes comme le font les autres théoriciens. Il considère que l'expression du chagrin dépend fondamentalement de la personnalité ou du style de vie de l'individu. Une personne constamment déprimée et coupable vivra son deuil de cette façon. Un autre individu qui évite de s'impliquer émotionnellement avec les autres s'interdira également tout signe d'affliction.

Synthèse théorique

Le chagrin tend à se présenter selon différentes phases. La réaction initiale à une perte est souvent un état de choc, un engourdissement, une dénégation ou toute autre tentative d'échapper à la réalité et à la souffrance de cette perte. Un déséquilibre physique et psychologique succède à cette phase initiale – qui, dans le cas du chagrin persistant, peut durer indéfiniment. La troisième phase de résolution ou de récupération représente un processus graduel durant lequel « les bons jours sont plus nombreux que les mauvais jours ». Finalement, sans oublier le défunt, la relation avec ce dernier se résout et elle est relativisée.

---

personnes sont surprises par l'intensité et la profondeur de la douleur vécue durant le deuil et tentent souvent, consciemment ou inconsciemment, d'éviter le désarroi en se replongeant aussitôt dans un horaire surchargé ou en prenant des vacances. Par ailleurs, ce travail est en lui-même contradictoire. La douleur nécessite d'être extériorisée, mais cette extériorisation fait souvent craindre la perte de la maîtrise de ses sentiments : « Je sais que si je commence à pleurer, je ne m'arrêterai jamais. » D'autre part, l'adaptation basée sur les émotions (telle l'expression de sentiments profonds et intenses), de même que celle qui est basée sur la résolution de problèmes (telle la mise en place de stratégies pour continuer à vivre) sont toutes deux nécessaires à l'achèvement du travail. Finalement, la plupart des valeurs culturelles du monde occidental découragent la manifestation du chagrin. On valorise plutôt la maîtrise de soi, particulièrement chez les hommes. La tendance consiste à essayer d'expédier le chagrin et à se remettre au travail ou à continuer d'aller de l'avant dans la vie. Les rites qui aidaient autrefois à l'expression du chagrin par l'individu et par la communauté ne consistent maintenant souvent qu'en brèves « cérémonies » de la vie du défunt. Par conséquent, l'expression du chagrin se limite à ce qui est « permis » en public. Mais que se passe-t-il lorsque la personne en deuil se retrouve seule avec sa douleur ?

26.1.3 Types de chagrin

Les différents types de chagrins incluent le chagrin par anticipation, le chagrin aigu, le chagrin complexe et le chagrin persistant. Leur définition fait encore l'objet de désaccords, particulièrement sur la question du temps requis pour la résolution de ces différents types de chagrin.

Chagrin par anticipation

Le **chagrin par anticipation**, ou deuil par anticipation, est associé à une mort annoncée ou à une perte prévue (Shneidman, 1980). Le chagrin par anticipation peut débuter par un diagnostic catastrophique, lorsque le client et sa famille entrent dans une nouvelle période de leur vie qui est caractérisée par un sentiment prononcé de vulnérabilité. L'ancienne période de bien-être, dans laquelle la mort, la souffrance et la perte n'existaient pas, se termine alors, et est suivie par le chagrin relatif à la perte. Ici, comme dans d'autres situations, la nature du chagrin peut être multiple. À titre d'exemple, une famille dont un des membres est atteint de démence peut manifester un chagrin aigu (relié à l'état actuel), persistant (reflétant la perte progressive de cette personne pour la famille) et par anticipation (alors que la réalité du trouble à long terme s'établit).

Au début de l'élaboration du modèle du chagrin par anticipation, on percevait ce type de chagrin comme un processus d'adaptation pouvant aider à dénouer les relations et à préparer les survivants, dans une certaine mesure, à la perte anticipée. Idéalement, la prise de conscience de l'imminence de la perte procurerait aux individus l'occasion de travailler sur une réconciliation interpersonnelle et spirituelle et de se soutenir mutuellement (Parkes, 1998a ; Rando, 1988). Plus récemment, certains cliniciens et chercheurs ont envisagé le chagrin par anticipation comme étant associé à une forte incidence de dépression (Levy, 1991) ou à une distanciation de la famille par rapport au client (McCabe, 1997). La plupart des gens s'accordent à dire que ce chagrin commence avec l'apparition d'une maladie physique ou mentale grave (Walker et Pomeroy, 1997) ; que ce chagrin peut être qualifié de chagrin par anticipation et implique une douleur, comme c'est le cas pour les autres formes de chagrin (Chapman et Pepler, 1998) ; qu'un manque de réaction émotionnelle à une maladie grave ou à une perte indique la présence probable d'un chagrin complexe ou dysfonctionnel (Sheldon, 1998). On considère donc le chagrin par anticipation comme normatif, et une intervention peut se révéler salutaire pour les personnes qui y sont confrontées (voir encadré 26.2).

Chagrin aigu

Le **chagrin aigu**, habituellement relégué à tort au rang de simple chagrin, constitue l'archétype de l'expérience douloureuse ressentie après une perte. Ses symptômes et son processus ont déjà été décrits dans ce chapitre. Bien que beaucoup s'entendent pour dire que le chagrin aigu (normal) est limité dans le temps, certaines interrogations demeurent concernant sa durée. Une ancienne théorie proposait une durée d'environ un an (Shneidman, 1980). Plus récemment, on a mis en relation la durée du chagrin aigu avec la sévérité des symptômes, du traumatisme ou de la perte, la nature de la relation et les valeurs culturelles (APA, 1994 ; Kemp, 1998, 1999). Le chagrin aigu n'a pas de fin bien définie ; graduellement, la tristesse s'atténue, la douleur s'estompe et la personne en deuil finit par aller de l'avant dans sa vie – bien qu'une complète rémission puisse ne jamais survenir (Weiss et Richards, 1997). Dans certaines sociétés (p. ex. en Inde) et chez certains individus faisant partie de certaines religions (p. ex. juive et hindoue), le chagrin peut persister et demeurer intemporel (Goodman et coll., 1991).

COMPRÉHENSION ET
APPLICATION DE LA RECHERCHE

Chagrin par anticipation   ENCADRÉ 26.2

L'objectif de cette étude corrélationnelle, transversale et exploratoire consistait à analyser les relations entre le mode d'adaptation générale, l'espoir et le chagrin par anticipation dans un échantillon composé de familles dont l'un des membres souffrait d'un cancer en phase terminale. Les données ont été obtenues par divers outils, comme une échelle d'adaptation, un indice d'espoir, un inventaire du chagrin, ainsi que de l'information contextuelle. Les modalités du chagrin par anticipation semblaient très individualisées, et l'anxiété reliée à la mort représentait une composante importante de ce type de chagrin. Cette anxiété, le désespoir, la colère/l'hostilité et la souffrance somatique sont les aspects les plus courants du chagrin par anticipation. L'adaptation émotionnelle constitue le seul mode d'adaptation où on a observé des différences significatives entre les personnes interrogées. Les femmes ont plus souvent recours aux stratégies d'adaptation émotive que les hommes ; elles expriment davantage leur colère que les hommes, mais leur degré de souffrance somatique ne diffère pas de celui des hommes. Les conclusions de cette étude permettent d'affirmer qu'un chagrin par anticipation contribue probablement à la résolution du chagrin après le décès et réduit l'incidence du chagrin complexe. Les résultats de l'étude confirment les pratiques de soins palliatifs qui encouragent l'expression des sentiments et le travail pour résoudre les relations durant la phase terminale d'une maladie.

Chapman K.J., Pepler C. : Coping, hope, and anticipatory grief in family members in palliative home care, *Cancer Nurs.* vol. 21, nº 226, 1998.

Au cours du processus de guérison et de reprise en main, surviennent des moments d'exacerbation où certaines situations ou événements ravivent la douleur, submergeant encore une fois la personne en deuil. Les vacances, les anniversaires et les autres moments significatifs prévisibles raniment presque invariablement le chagrin. D'autres facteurs déclenchants moins évidents rendent l'individu plus vulnérable parce qu'il ne peut s'y préparer. Une chanson, une image ou une odeur surgissant inopinément fait alors ressurgir la tristesse avec autant d'intensité qu'au début du deuil. Ces moments d'exacerbation s'espacent également au fil du temps.

Chagrin complexe

On a abordé le **chagrin complexe** sous des angles divers. Lindemann (1944) et une foule d'auteurs et de chercheurs contemporains (Bowlby, 1980 ; Cowles et Rodgers, 1991 ; Parkes, 1998a) ont mis l'accent sur les aspects fonctionnels et normatifs du chagrin. En d'autres mots, le chagrin est considéré comme « normal » jusqu'à un certain point, point au-delà duquel on le considère comme « dysfonctionnel », « pathologique » ou, plus récemment, « complexe » (Horowitz et coll., 1997). L'état de stress post-traumatique (ESPT) en constitue parfois un des

COMPRÉHENSION ET
APPLICATION DE LA RECHERCHE

Chagrin complexe ENCADRÉ 26.3

Cette étude clinique avait pour objectif d'établir des critères pour le diagnostic du chagrin complexe par opposition au trouble dépressif majeur (ce dernier étant un diagnostic commun de personnes souffrant de chagrin complexe ou non résolu). Grâce à un entretien structuré comprenant des questions sur 30 symptômes antérieurement liés au chagrin complexe, les chercheurs ont interrogé des sujets qui venaient de perdre leur conjoint. Les entrevues se sont déroulées 6 mois et 14 mois après la mort pour éviter la détresse habituelle de la date anniversaire du décès. Sept symptômes de chagrin ont été reconnus comme des critères potentiels de diagnostic de chagrin complexe. Ces symptômes au 14ᵉ mois comprenaient des pensées dérangeantes intenses et des serrements de cœur, un sentiment de perte, une impression horrible de solitude et de vide intérieur, un évitement marqué des tâches évoquant le défunt, des troubles inhabituels du sommeil, et une perte marquée d'intérêt pour les activités personnelles. Ces symptômes constituent à la fois des paramètres d'évaluation et une occasion propice de poursuivre la recherche afin de mieux définir le chagrin complexe.

Horowitz M.J. et autres : Diagnostic criteria for complicated grief disorder,
Am. J. Psychiatry, vol. 154, nº 904, 1997.

aspects (Kemp, 1998). Si la dépression fait office de trait prédominant du deuil et demeure incapacitante deux mois après la perte chez le client, on peut poser un diagnostic de trouble dépressif majeur (APA, 1994) (voir encadré 26.3).

Toutes les sources renvoient essentiellement au même phénomène lorsqu'il s'agit de décrire le chagrin complexe : un chagrin qui s'éternise et se caractérise par une incapacité ou par d'autres schémas dysfonctionnels plus importants que ne le définissent habituellement les valeurs culturelles. Les types de chagrin complexe (Hospice and Palliative Nurses Association [HPNA] ; Kemp, 1999 ; Parkes, 1998a) comprennent :

- le *chagrin traumatique* qui survient par suite d'une perte traumatique, comme celle d'une épouse assassinée, d'un enfant mort précipitamment ou accidentellement, d'un viol ou de décès multiples. L'état de stress post-traumatique (ESPT) souvent concomitant est un facteur de complication et le chagrin relié à cet état peut se caractériser par un engourdissement psychique, des pensées envahissantes, l'évitement des stimuli, une excitation accrue et d'autres aspects de l'ESPT (APA, 1994). On peut également être en présence de distorsions, généralement d'exagération, d'une ou de plusieurs composantes du chagrin, dont la colère et la culpabilité sont les plus courantes ;

- le *chagrin absent ou inhibé* qui se définit par une expression émotionnelle minimale et se trouve parfois relié à

un traumatisme semblable à ceux qui sont mentionnés plus haut. Le chagrin absent peut se transformer en **chagrin différé** et, dès lors, subsister des années après la perte. Les facteurs déclenchant cette transition vers le chagrin différé représentent souvent des expériences marquantes, telles qu'une psychothérapie ou une conversion religieuse ;

- le *chagrin contradictoire* qui peut se manifester lorsque la relation avec le défunt ou l'objet perdu est ambivalente ou conflictuelle. La réaction initiale à la perte peut être minime, puis s'intensifier plutôt que de diminuer avec le temps, et le survivant peut se sentir « traqué » par le défunt. Un survivant adulte victime d'abus sexuel dans l'enfance et dont le parent abusif meurt est un bon exemple de personne risquant d'éprouver un chagrin contradictoire ;

- le *chagrin persistant* qui survient à la suite d'une perte et ne connaît pas de fin. Il peut être lié à une relation de dépendance extrême entre le survivant et le défunt. Dans d'autres cas, le chagrin persistant est le résultat d'une perte grave et d'un manque de ressources ou de soutien pour y faire face. Ce type de chagrin est particulièrement courant parmi certains groupes culturels, tels les réfugiés cambodgiens ou les Amérindiens.

Généralement, le chagrin est relié à des questions non résolues dans la relation avec la personne décédée ; à l'inhibition du chagrin ; au manque de soutien social ; à la suppression des rituels dans la culture occidentale (p. ex. des périodes de deuil de un ou deux jours) ; aux disparitions incertaines (p. ex. les prisonniers de guerre) ; aux pertes traumatiques (p. ex. un meurtre) ; aux pertes rarement abordées (p. ex. le viol) ; aux pertes sous-évaluées, comme celle ressentie par suite d'un avortement, d'une fausse couche, ou aux pertes négligées ; et, pour finir, à l'accumulation du chagrin actuel sur un chagrin passé non résolu.

ALERTES Les éléments suivants augmentent le potentiel de chagrin dysfonctionnel chez un client :

- antécédents psychiatriques prémorbides ;
- isolement social ;
- relation avec la personne décédée caractérisée par des conflits non résolus, une ambivalence (c'est-à-dire une relation oscillant entre l'amour et la haine) ;
- relation enchevêtrée avec la personne décédée et forte introjection, d'où la difficulté à « lâcher prise » ;
- personne refusant d'éprouver du chagrin ;
- manque de maturité dû à un jeune âge.

Chagrin persistant

Abordé uniquement de manière sommaire par les auteurs, le **chagrin persistant** est une forme de chagrin pouvant inclure les caractéristiques propres aux autres types de chagrin, mais s'en distinguant par de nombreux aspects essentiels. Tout d'abord, ce type de chagrin est la réponse à une perte *persistante* comme l'est, par exemple, la maladie chronique d'un être cher. Deuxièmement, les personnes éprouvant un chagrin persistant souffrent rarement d'une incapacité telle que la dépression majeure et fonctionnent généralement mieux au niveau des activités de la vie quotidienne que ceux qui sont confrontés à d'autres types de chagrin (Burke et coll., 1992). Les personnes à risque pour ce type de chagrin comprennent les parents d'enfants atteints de retard mental, de schizophrénie ou d'autres maladies chroniques ; les conjoints de personnes souffrant d'une maladie chronique de longue durée, telle que la sclérose en plaques, l'alcoolisme ou la maladie d'Alzheimer ; ou encore, les individus atteints de ces maladies (Hainsworth, 1996 ; Lindgren, 1996). Aucun écrit ne traite encore des effets de la disparition de l'étiologie du chagrin persistant sur le processus du chagrin (c.-à-d. quand la personne atteinte d'invalidité meurt).

Chagrin et dépression

On fait souvent un rapprochement entre le chagrin et la dépression. Le chagrin, en particulier le chagrin complexe ou dysfonctionnel, comprend également certaines des caractéristiques de l'ESPT puisqu'ils impliquent tous deux invariablement une perte (voir tableau 26.1).

26.1.4 Soins du deuil au cours de la vie

Prévention

Avant la perte

Le chagrin est une expérience universelle à laquelle on se trouve confronté avec ou sans avertissement et qui survient plusieurs fois et à des intensités variables tout au long d'une vie. Les principaux déterminants psychosociaux de la pathologie du chagrin sont la présence d'antécédents psychiatriques antérieurs à la perte et un **soutien social** inadéquat (Nuss et Zubenko, 1992). Il s'ensuit que la promotion de base de la santé mentale, tels l'implication de la famille dans des activités communautaires, un parentage amélioré ainsi que divers efforts visant à promouvoir la santé mentale et spirituelle, est le meilleur atout pour surmonter le chagrin.

Quand la perte est imminente

Dans le cas d'une maladie fatale ou d'autres pertes prévisibles, il faut envisager la promotion de la santé ou la prévention de l'invalidité en relation avec le travail de deuil. Les interventions mises en place lors de telles situations comprennent l'aide aux clients et aux familles et portent sur le travail de réconciliation personnelle, interpersonnelle et spirituelle – et pas forcément sur le chagrin par anticipation. Même dans le cas d'excellentes relations, certains problèmes non résolus ou certains aspects peuvent requérir une amélioration et, que l'on aborde ces problèmes interpersonnels ou non, la promotion de la santé à ce stade de la vie implique la promotion de la participation

du *client et de la famille* aux soins. Une participation efficace aux soins a un effet positif sur le processus du chagrin succédant au décès (les effets à long terme sur les aidants naturels des personnes atteintes de la maladie d'Alzheimer, de schizophrénie et d'autres maladies chroniques similaires ne sont toutefois pas connus). À ce stade, une série de modes d'intervention existe, dont l'aide psychologique formelle ou informelle dispensée dans les milieux de soins de courte durée, les groupes de soutien familial, les soins palliatifs et le soutien de la religion. Les infirmières et autres professionnels des soins de santé doivent répondre aux besoins du client et des membres de la famille en matière de santé.

On offre systématiquement une consultation préventive aux survivants dans certaines circonstances. À titre d'exemple, les programmes de soins palliatifs et les centres d'hébergement de longue durée proposent généralement une aide téléphonique ou des visites à intervalles réguliers aux personnes en deuil. De nombreux programmes de soins palliatifs incluent l'organisation périodique de piqueniques ou d'autres activités pour les veufs ou les orphelins. Les églises et les synagogues tiennent des « ateliers sur le chagrin » pour les membres de la communauté. Ces ateliers consistent généralement en des groupes limités dans le temps, se réunissant par exemple les fins de semaine, un peu de la même manière que les groupes d'entraide. Des activités religieuses destinées aux personnes endeuillées sont également offertes, parfois à l'occasion de différentes fêtes religieuses liées à la mort ou au souvenir.

Après la perte

Le troisième point d'intervention survient après la perte. Shneidman (1973) appelait cette étape **postvention**, alors que d'autres la nommaient simplement thérapie du chagrin. À cette étape, l'intervention peut être préventive et viser à traiter les problèmes existants de nature interpersonnelle ou liés au chagrin normatif ou dysfonctionnel. Les tâches du chagrin (voir analyse précédente) fournissent un cadre de référence pour l'intervention succédant à la perte.

Thérapie du chagrin adaptée aux problèmes

La thérapie du chagrin est proposée lorsqu'un problème – pas nécessairement issu d'un chagrin dysfonctionnel – existe ou est anticipé. Comme les autres processus inévitables de l'existence, les transitions difficiles et douloureuses du chagrin normatif s'effectuent généralement grâce à la compréhension et au soutien. La thérapie du chagrin se concentre souvent sur les réactions émotionnelles à la perte et sur la résolution des problèmes posés par la poursuite de la vie (c.-à-d. défaire les liens de l'attachement [Worden, 1982]). Les problèmes émotifs consistent pour la plupart à raconter encore et encore les détails du déroulement (de la mort et des aspects l'entourant) et de l'histoire de la relation, en insistant sur l'expérience et

TABLEAU 26.1	Comparaison entre le chagrin, la dépression et l'état de stress post-traumatique	
Chagrin	**Dépression**	**État de stress post-traumatique**
Processus lié à une perte	Trouble affectif cyclique ou relativement statique n'étant pas nécessairement relié à une perte.	Trouble anxieux relativement statique relié à un traumatisme. L'événement précipitant se situant à l'extérieur de l'expérience humaine habituelle.
Les symptômes apparaissent habituellement peu de temps après cette perte.	Les symptômes peuvent être associés ou non à une perte reconnue.	Les symptômes apparaissent parfois des années après le traumatisme.
Les symptômes dépressifs comprennent la dysphorie, la tristesse, le désespoir, l'affliction; la colère est fréquente tout comme les périodes d'agitation.	Les symptômes dépressifs sont similaires à ceux du chagrin mais plus intenses, exception faite de la colère, qui est rarement exprimée, et d'un retard psychomoteur, d'une culpabilité morbide et d'idées suicidaires plus fréquentes.	Les symptômes dépressifs sont courants. Les autres symptômes comprennent le fait de revivre le traumatisme de façon persistante (au lieu des obsessions pour l'image du défunt, comme dans le chagrin). Intensification de la fonction d'alerte.
Les symptômes physiques sont de nature très variée. Les séquelles risquent de comprendre une cardiopathie et des maladies chroniques.	Les symptômes physiques sont avant tout neurovégétatifs.	Les troubles du sommeil peuvent ressembler à ceux du chagrin ou de la dépression; l'hyper-vigilance est répandue.

l'expression des sentiments, en particulier la tristesse, la colère, la culpabilité ou d'autres sentiments troublants. Dans les phases précédentes du processus, la personne en deuil peut ne se souvenir que des aspects positifs du défunt. Puis, au long de sa progression dans le travail de deuil, émergent les qualités tant négatives que positives du défunt et de la relation. Des stratégies centrées sur les problèmes peuvent aborder certaines questions ou mettre en place un soutien, des relations et d'autres éléments inhérents à la « nouvelle vie » ou à la vie après la mort d'un être cher. La thérapie centrée sur la famille s'attache à améliorer les communications, à accroître la cohésion et à faire valoir la résolution de problèmes (Kissane et coll., 1998).

En réaction à une utilisation excessive de médicaments pour masquer le chagrin, certains praticiens déconseillent la prise d'anxiolytiques ou d'antidépresseurs aux personnes en deuil, et ce, même en cas de chagrin « normal ».

Le réconfort est une composante essentielle de la thérapie du chagrin. L'absence de normes culturelles pour exprimer ou affronter le chagrin donne à certains l'impression que ce dernier signifie le début de la folie. Bien que certaines soient sceptiques au départ, les personnes en deuil éprouvent le besoin d'entendre de la part de l'infirmière que ce qu'elles vivent est un chagrin, qu'il s'agit bien là d'une étape normale et non des prémisses d'une maladie mentale. Les tâches du chagrin abordées précédemment fournissent un cadre de référence à la thérapie.

ALERTES La probabilité d'une tentative de suicide ou d'un suicide augmente avec un chagrin, spécialement un chagrin dysfonctionnel. La perte de tout un réseau de soutien psychosocial est particulièrement significative chez les hommes. Une baisse sensible de l'estime de soi, la culpabilisation face à la mort et l'ambivalence face à la vie laissent présager un risque de suicide marqué.

Interventions au niveau du chagrin complexe ou dysfonctionnel

Le chagrin complexe révèle parfois un chagrin antérieur non résolu ou un état psychologique préexistant, auquel le traitement doit s'adresser. Une question fondamentale fréquente à résoudre lors du chagrin complexe est d'amener le client à exprimer son chagrin plutôt qu'à se limiter à la colère et à la culpabilité. Il est courant pour les survivants de nourrir des fantasmes flous de catastrophe pouvant survenir à la suite de l'expression de leur peine : « Si je commence à pleurer, je ne cesserai jamais. » Les clients éprouvant un chagrin complexe risquent davantage de se suicider ou, plus rarement, de blesser autrui. Ils peuvent également souffrir de troubles mentaux et physiques.

L'omnipraticien, l'infirmière ou les autres professionnels de la santé doivent s'impliquer ou être au courant du traitement du client. Il est courant de voir ces clients consulter à plusieurs reprises, souvent pour des problèmes vagues ou difficiles à évaluer, qui en réalité sont l'expression somatique du chagrin. Une prise de conscience du chagrin complexe et une thérapie continue peuvent aider l'équipe soignante à éviter les examens et les traitements inutiles. Il existe aussi un risque significatif de suicide chez ces clients et le personnel soignant avisé pourra rester vigilant aux idées et aux gestes suicidaires ainsi qu'aux tentatives d'obtenir des quantités létales de médicaments. Tous les professionnels concernés par le traitement d'une personne éprouvant un chagrin complexe ne doivent pas oublier que sa recherche d'aide auprès de multiples sources risque de déboucher sur la prise de doses létales de médicaments.

26.1.5 Spiritualité et chagrin

Tous les besoins fondamentaux et toutes les questions d'ordre spirituel se trouvent en quelque sorte remis en cause par l'expérience du chagrin : la signification de la vie, l'espoir, les liens familiaux, le pardon et la transcendance disparaissent, laissant l'individu endeuillé dans un grand vide spirituel. Les convictions maintenues jusqu'alors, incluant les réponses aux problèmes existentiels, sont remises en question et susceptibles de ne plus compter devant la réalité des sentiments. Certains peuvent entrevoir le chagrin comme une mise à l'épreuve de la foi et interpréter la prise de conscience ou la reconnaissance de la colère comme un échec spirituel personnel (source additionnelle de culpabilité). Alors que certaines cultures considèrent les rêves et les visions comme des événements spirituels importants, les cultures occidentales ne leur accordent qu'un caractère immatériel et pathologique. La personne en deuil peut manifester de la réticence à partager ses expériences et ses sentiments avec sa famille, ses amis ou les membres du clergé. Alors que les personnes en deuil luttent pour replacer dans leur contexte le doute et la confusion accompagnant ces expériences, l'infirmière doit les écouter en gardant l'esprit ouvert et en s'attachant à déterminer dans quelle mesure ces expériences confirment ou infirment leurs croyances.

Ceux qui font l'expérience du chagrin en ressortent transformés pour le meilleur ou pour le pire. Le deuil peut être « l'amorce d'une nouvelle vie » dans laquelle la discontinuité de la mort ou de la perte et du chagrin peuvent déboucher sur une « continuité plus grande » (Carse, 1980). Le deuil peut également mener à une vie appauvrie. Les interventions au niveau du chagrin sont plus efficaces lorsqu'elles sont utilisées pour promouvoir la santé et prévenir les dysfonctionnements. Elles le sont moins dans les périodes de postvention et lorsqu'il s'agit de traiter un chagrin complexe.

26.2 DÉMARCHE DE SOINS INFIRMIERS

26.2.1 Collecte de données

La collecte de données d'une personne en deuil s'appuie sur la connaissance des aspects normatifs et pathologiques du processus de deuil, sur les éléments qui influencent le chagrin ainsi que sur les ressources accessibles à l'individu en deuil. La collecte comprend les éléments suivants : le chagrin tel qu'il est vécu par la personne en deuil ; les facteurs inhibant ou contribuant à faire progresser la personne dans le processus de deuil, dont les normes culturelles et religieuses ; la capacité de la personne en deuil de mobiliser les stratégies d'adaptation cognitives, comportementales et émotionnelles fondamentales. On doit évaluer le niveau actuel de fonctionnement du client, en gardant à l'esprit que, dans une certaine mesure (à propos de laquelle subsistent des désaccords), certaines défaillances sont à envisager (voir encadré 26.4).

Perturbations physiques

Les perturbations physiques du chagrin aigu comprennent l'affaiblissement, l'anorexie, l'essoufflement, la sensation d'oppression de la poitrine, la bouche sèche et les troubles gastro-intestinaux tels la constipation ou la diarrhée, les douleurs abdominales, l'aérophagie, les nausées et les vomissements. Les problèmes cardiovasculaires et gastro-intestinaux prévalent dans les cas de chagrin persistant.

Perturbations cognitives

Les perturbations cognitives concernent le plus souvent les obsessions pour les images et les pensées à propos du défunt. Cette obsession peut être si envahissante que la personne en deuil est incapable de poursuivre certaines activités de la vie quotidienne. L'incapacité de maîtriser les pensées provoque une détresse chez nombre de personnes en deuil. Ces pensées obsessives sont considérées comme normales dans le chagrin aigu ; elles constituent simplement une partie du processus. On considère comme pathologiques les obsessions provoquant des perturbations importantes de la vie quotidienne (p. ex. au niveau du travail) environ un an après la date de la mort d'un adulte et environ deux ans après la mort d'un enfant.

Perturbations comportementales et sociales

Les perturbations comportementales et sociales peuvent résulter des aspects dépressifs du chagrin. Les personnes en deuil se disent « bloquées » et sont dès lors incapables d'entretenir une quelconque relation interpersonnelle. Il existe chez les survivants une tendance à ruminer sur la mort et la relation antérieure avec le défunt. Dans les premières phases du processus, du moins, les discussions tendent à porter uniquement sur les qualités du défunt et à ignorer les multiples facettes de sa personnalité. Plusieurs personnes en deuil pleurent pour n'importe quelle raison, embarrassant souvent le proche du défunt et les autres personnes. En cas de chagrin persistant, la discussion portant sur les circonstances de la mort et la relation a tendance à être répétitive et superficielle plutôt qu'évolutive et pénétrante.

Perturbations affectives

Les perturbations affectives concernent avant tout la tristesse, la dépression, la colère et la culpabilité. Les normes culturelles enjoignant de « tenir le coup » inhibent l'expression de ces sentiments. Les gens en deuil se rendent vite à l'évidence que « personne n'est intéressé à entendre leur triste histoire ». Le chagrin et les sentiments de dépression ne sont considérés comme pathologiques que s'ils persistent un an ou deux après la mort ou que s'ils impliquent des idées suicidaires.

26.2.2 Diagnostic infirmier

Le diagnostic infirmier du chagrin ou des problèmes qui s'y rapportent peut être compliqué par l'approche courante consistant à détecter les problèmes physiques ou psychologiques et à tenter de soulager ou de supprimer les malaises en découlant (voir encadré 26.5). D'une part, le processus de deuil lui-même implique beaucoup de souffrance et toute tentative d'éviter ou d'éliminer cette souffrance, même avec les meilleures intentions, peut entraver le processus de deuil. Cependant, une souffrance extrême peut nécessiter une intervention pharmacologique. Le degré à partir duquel la souffrance cesse d'être normale pour devenir extrême ou anormale ne peut pas être fixé objectivement. Un diagnostic perspicace doit dès lors considérer l'*expression* des sentiments normaux – la colère, la culpabilité, la tristesse – autant que leur origine.

Diagnostic infirmier pour le chagrin aigu

- Identité personnelle perturbée reliée aux changements des rôles et des relations, se manifestant par l'incapacité à établir de nouveaux schémas de rapport à autrui et à l'environnement après la mort d'un conjoint ou d'un proche.
- Diminution situationnelle de l'estime de soi reliée à des sentiments envahissants de culpabilité et distorsions cognitives secondaires à la culpabilité, se manifestant par la rumination concernant les problèmes relationnels avec le défunt et les autoaccusations qui s'ensuivent.
- Interactions sociales perturbées reliées à l'incapacité de remplir son rôle et aux interruptions des modes de comportements et d'interactions, se manifestant par la difficulté à s'adapter aux changements et à amorcer des relations en raison de la situation actuelle.

Diagnostic infirmier pour le chagrin complexe ou dysfonctionnel

- Chagrin dysfonctionnel relié à une culpabilité non résolue, se manifestant par de fréquentes références aux échecs personnels dans la relation avec le défunt.
- Chagrin dysfonctionnel (inexprimé) relié à la peur d'une catastrophe en cas d'expression du chagrin, se manifestant par l'absence d'expression des sentiments reliés au processus de deuil.
- Risque de violence envers soi. Facteurs de risque : sentiments d'impuissance et de colère, signalement et observation d'incidents de rage dus à l'incapacité perçue de vivre sans le défunt.

Diagnostic infirmier pour le chagrin persistant

On explore et élabore encore le concept du chagrin persistant. Aucun diagnostic infirmier de chagrin persistant n'a encore été reconnu. Un diagnostic toutefois susceptible de s'y appliquer serait :

- Tension dans l'exercice du rôle d'aidant naturel relié au chagrin persistant, se manifestant par le retrait de l'aidant naturel de la vie collective pour s'occuper d'un proche souffrant de schizophrénie.

QUESTIONS POUR LA COLLECTE DE DONNÉES

Personnes vivant un chagrin   ENCADRÉ 26.4

1. Dites-moi comment se présente la vie pour vous depuis la mort de votre mari.
2. Comment avez-vous réagi à d'autres pertes majeures au cours de votre vie ?
3. Sur qui vous reposez-vous lorsque vous traversez, comme maintenant, une période difficile ? Dites-moi à quoi ressemble une demande d'aide de votre part.
4. Revoyons ensemble toutes les ordonnances et autres médicaments ou vitamines que vous prenez.
5. Combien de fois vous arrive-t-il de consommer de l'alcool (ou de la drogue) ? Lorsque vous buvez (ou prenez de la drogue), quelle quantité en prenez-vous ? Comment vous sentez-vous ?
6. On s'abstiendra de poser la question : « Comment allez-vous ? » Les normes culturelles font que chacun répond « bien », « ça va » ou « pas mal ». Il s'agit de phrases sans signification.

➡ 26.2.3 Résultats escomptés

Les critères des résultats escomptés concernent l'amélioration des stratégies ou méthodes d'adaptation émotionnelle (p. ex. une meilleure expression des sentiments reliés au chagrin) et des habiletés d'adaptation cognitive et comportementale (p. ex. les stratégies permettant de mettre au point des modes de vie plus fonctionnels en adéquation avec les nouvelles circonstances de vie). Les critères des résultats escomptés sont les suivants :

- verbaliser l'absence d'idées suicidaires ;
- cesser de refouler sa peine pour exprimer tout sentiment de culpabilité ou de colère relié à la mort et au chagrin ;
- exprimer les sentiments à la fois positifs et négatifs concernant le défunt au lieu d'idéaliser ses qualités ;
- explorer la relation entretenue avec le défunt sous ses multiples facettes, incluant les aspects positifs et négatifs ;
- établir et mettre en application des projets de vie raisonnables et adaptés, ainsi que le rôle approprié aux circonstances présentes ;
- participer de façon hebdomadaire à au moins une activité sociale ou communautaire.

➡ 26.2.4 Planification

Le plan de soins destiné à une personne souffrant de chagrin aigu consiste principalement à soutenir la mobilisation des ressources personnelles et communautaires du client, fournir des données normatives relatives au processus du chagrin et aider la personne dans son travail de deuil. Chacune de ces interventions est abordée ci-dessous.

Il est parfois nécessaire de mobiliser les ressources (p. ex. famille, amis, etc.), les individus étant généralement réticents à demander de l'aide et les ressources en question ne sachant pas comment apporter leur soutien. De plus, certains des symptômes du chagrin (p. ex. fatigue, tristesse et colère) favorisent l'isolement plutôt que les contacts. Si la personne en deuil ou le réseau de soutien prennent contact, l'autre partie réagira fréquemment de façon appropriée. Cependant, le parent du défunt et les ressources persistent trop souvent dans leur isolement, chacun souhaitant pouvoir entrer en contact avec l'autre.

On peut fournir des données normatives sur le chagrin (c.-à-d. l'explication des difficultés physiques, émotionnelles, sociales et spirituelles inhérentes au processus) aux proches du défunt comme à leur réseau de soutien. Dans une culture manquant à bien des égards de rites et de tradi-

Diagnostics en collaboration   ENCADRÉ 26.5

Diagnostics du DSM-IV*	Diagnostics de l'ANADI†
Trouble de l'adaptation	Inadaptation à un changement dans l'état de santé
Trouble dysthymique	Stratégies d'adaptation familiales invalidantes
Trouble dépressif majeur	Stratégies d'adaptation inefficaces
	Déni non constructif
	Dynamique familiale perturbée
	Fatigue
	Chagrin par anticipation
	Chagrin dysfonctionnel
	Perte d'espoir
	Identité personnelle perturbée
	Syndrome post-traumatique
	Sentiment d'impuissance
	Exercice du rôle perturbé
	Diminution situationnelle de l'estime de soi
	Habitudes sexuelles perturbées
	Habitudes de sommeil perturbées
	Interactions sociales perturbées
	Isolement social
	Détresse spirituelle
	Opérations de la pensée perturbées
	Risque de violence envers les autres
	Risque de violence envers soi

*Tiré du *DSM-IV, Manuel diagnostique et statistique des troubles mentaux*, Paris, Masson, 1996.
†Tiré de l'ANADI. *Diagnostics infirmiers : définitions et classifications, 2001-2002*, Paris, Masson, 2002.

tions, le chagrin semble parfois mystérieux et pathologique, même pour les individus qui devraient, en principe, assurer leur collaboration (p. ex. le clergé). L'infirmière enseigne aux survivants ainsi qu'aux autres (comme les membres de la famille) ce à quoi ils doivent s'attendre durant le processus de deuil. Les groupes de survivants constituent un milieu idéal pour un tel enseignement.

Soutenir le parent du défunt dans son travail de deuil implique de faciliter la révélation des circonstances de la mort du proche et des événements s'y reliant et d'explorer les aspects à la fois positifs et négatifs de la relation avec le défunt ainsi que d'élaborer des stratégies d'adaptation cognitives et comportementales. L'aide pour mobiliser les ressources et la transmission des données normatives font également partie du soutien.

Le plan de soins destiné à une personne confrontée à un chagrin dysfonctionnel tient compte principalement de l'état pathologique du client ainsi que de l'évaluation des aspects normatifs du chagrin. Les plans peuvent aussi être orientés vers la collectivité. Dans le cadre d'une planification centrée sur la collectivité, les infirmières aident les centres communautaires, les hôpitaux, les églises et les autres organismes à mettre sur pied des groupes d'entraide pour les personnes en deuil. Les infirmières tiennent également le rôle d'animatrices dans de tels groupes (voir encadré 26.6).

26.2.5 Exécution

La principale priorité dans la planification des soins destinés à une personne éprouvant un chagrin dysfonctionnel consiste à évaluer le risque de violence envers soi-même ou autrui. On doit également se préoccuper de la santé physique du client. Le plan inclura les efforts visant à résoudre le chagrin par le biais de moyens émotionnels, cognitifs et comportementaux. La pharmacodépendance est un obstacle majeur à l'atteinte des objectifs par l'individu. La dépendance aux anxiolytiques est courante. Dans de nombreux cas, l'approche peut être orientée vers un progrès personnel plutôt que vers le traitement des symptômes.

Interventions de soins infirmiers

Les soins aux personnes endeuillées devraient idéalement être données dans leur milieu de vie avant que la situation du client ne se détériore au point de nécessiter une hospitalisation.

- L'infirmière évalue le client pour déceler toute tentative de se suicider ou de tuer autrui, cela *afin d'assurer la sécurité et de prévenir la violence.*
- Promouvoir une alliance thérapeutique entre le client et l'infirmière. *Instaurer une relation de travail peut s'avérer difficile en raison des sentiments refoulés du client. La mort et les autres pertes d'importance sont souvent perçues comme un anéantissement complet des certitudes et de l'organisation qui structurent la vie des individus.*

Chagrin et deuil

ENCADRÉ 26.6

L'infirmière rencontre le chagrin et la perte un peu partout: une femme âgée qui voit mourir son mari après un an de maladie, un jeune schizophrène qui a perdu espoir dans l'avenir ou un homme d'âge mûr qui se retrouve brusquement au chômage. Chacun fait face à un changement dramatique dans sa vie, sans possibilité de stabilisation immédiate. L'infirmière psychiatrique en santé communautaire doit réagir avec compassion et esprit pratique devant chaque crise. Elle doit évaluer le besoin du client d'exprimer sa douleur ou de garder le silence. L'infirmière exprime son empathie et son chagrin de façon professionnelle, dans la mesure où elle maintient une objectivité émotionnelle.

Durant la réaction initiale au chagrin, l'infirmière doit encourager l'expression des souvenirs et de l'émotion. Elle doit aussi évaluer l'aptitude individuelle à tolérer les émotions négatives, ainsi que la prise de médicaments prescrits, le cas échéant, de même qu'aider la personne à s'adapter au changement et à la perte. L'infirmière doit considérer à la fois le client et son réseau de soutien pour juger de l'intervention qui convient.

Le milieu de vie est un environnement idéal pour soutenir le processus de deuil. L'infirmière psychiatrique en santé communautaire doit s'assurer que le client est redirigé vers les groupes de soutien adéquats et offrir le réconfort et l'aide individuelle nécessaires. Elle doit respecter et encourager les rites en fonction des préférences culturelles.

La période d'affliction varie grandement selon les individus, si bien que les étapes bien définies du deuil doivent être adaptées à chaque individu. Certains individus éprouvent de la difficulté à se concentrer sur le chagrin et, dans ce cas, le processus semble prendre plus de temps. Il se peut qu'une personne ait réintégré son état normal, antérieur au deuil, mais se sente encore engourdie et angoissée. Le rôle de l'infirmière consiste à reconnaître la durée du processus et à enjoindre la famille et la collectivité à respecter le temps nécessaire au client pour surmonter son chagrin.

L'infirmière doit donc prévoir au moins une année de suivi avec le client et son réseau de soutien, afin de pouvoir évaluer le niveau de fonctionnement du client, son alimentation et son sommeil. Si ce dernier semble encore extrêmement dysfonctionnel et déprimé durant plus de six mois, il s'agit peut-être d'un chagrin pathologique, et il est nécessaire de considérer la présence d'éventuelles pensées suicidaires. En cas d'inquiétude grave et si le client semble déprimé au niveau clinique, il faut l'orienter vers un psychiatre parce qu'il a éventuellement besoin d'être hospitalisé et de prendre des médicaments. Après toute perte importante, il faut avant tout se préoccuper de la sécurité du client.

- Favoriser l'expression des sentiments du client reliés à la perte et valider les sentiments déjà formulés. Commencer également à ouvrir la voie à d'autres sentiments reliés à la perte. Aider le client à adopter un rôle actif dans l'exploration et la compréhension de la réponse globale au chagrin. Les sentiments ambivalents sont particulièrement difficiles à admettre pour certains clients. *Nombre d'entre eux sont enclins à simplement répéter les sentiments et les pensées plutôt qu'à les explorer, à les élaborer et à les comprendre. Bien qu'une certaine répétition des sentiments, des préoccupations et des expériences soit inévitable et en quelque sorte souhaitable, il est primordial pour le client de comprendre la réponse au chagrin dans sa totalité avant de pouvoir entamer le processus de guérison.*
- Aider le client à comprendre la relation qui l'unissait à la personne ou l'objet perdu et à exprimer et à comprendre le chagrin et les sentiments concomitants. Favoriser la récapitulation de la relation du client avec le défunt et l'aider à aborder et à comprendre la signification de cette relation, ses forces et ses faiblesses, les espoirs comblés et les déceptions. *Il est essentiel que le client aille au-delà du chagrin relié à la mort et à la perte et commence à intégrer la signification de la relation dans son intégralité, avec ses bons et ses mauvais aspects.*
- Faciliter l'expression complète du chagrin en aidant le client à intégrer les sentiments, à la fois positifs et négatifs, dus à la perte et à la relation avec le défunt. *Il est primordial pour le client de se rappeler du défunt comme d'un être humain réel avec ses bons et ses mauvais côtés, afin de « se détacher » de l'image idéalisée de la personne et de commencer à aller de l'avant en renonçant à la culpabilité et aux remords. Certains survivants y réussissent mieux que d'autres.*
- Promouvoir les interactions avec autrui et offrir un nombre d'options limitées et précises au client afin d'accroître le soutien social, individuel ou communautaire. Encourager le client à continuer à prendre part aux interactions sociales, même si, comme l'affirment certains parents du défunt, « il a l'esprit ailleurs ». *Il est important pour les clients de commencer à aller de l'avant et à « prendre part de nouveau à la vie », même si cela implique tout d'abord de « le faire machinalement ». Avec l'encouragement de la famille et des amis, le client devrait éventuellement construire une vie sociale saine, tout en faisant face aux bons et aux mauvais souvenirs du défunt.*

Interventions en collaboration

L'approche multidisciplinaire d'une équipe composée d'une infirmière, d'un psychiatre, d'un psychologue, d'un travailleur social, d'un ergothérapeute et d'autres membres de l'équipe soignante n'est généralement pas nécessaire, bien que les ressources communautaires comptent pour une part non négligeable des soins. Après les soins infirmiers, à cause de la fréquence et de la nature vague des maux physiques, les soins du médecin généraliste, de même que ceux des autres ressources de soins primaires, jouent un rôle essentiel dans le traitement du client.

Plan de soins infirmiers | ENCADRÉ 26.7

M. Lavoisier et sa femme étaient mariés depuis 41 ans, lorsque cette dernière est morte, il y a 18 mois, d'une endocardite bactérienne. Depuis la mort de sa femme, M. Lavoisier s'est replié sur lui-même. Il manifeste une colère extrême envers les médecins et les infirmières qui ont soigné sa femme. Il conserve sa maison exactement comme elle était lorsque sa femme était en vie. Il ne s'est débarrassé d'aucun de ses biens et a renouvelé les abonnements aux magazines qu'elle était seule à lire. M. Lavoisier, comme sa femme, buvaient beaucoup, mais ils ont toujours nié leur alcoolisme. Ils n'avaient pas d'enfants. De fréquentes altercations verbales et une violence physique occasionnelle caractérisaient leur relation. M Lavoisier continue à boire quotidiennement. Il se plaint de problèmes de cœur et il est furieux contre son médecin qui soutient qu'il ne souffre que d'une légère hypertension susceptible de se résorber par suite d'un changement de régime alimentaire. Il garde maintenant ses rideaux fermés et nie tout besoin d'entretenir des relations interpersonnelles.

Diagnostics du DSM-IV

Axe I	Dépression majeure ; alcoolisme
Axe II	Aucun diagnostic connu
Axe III	Hypertension
Axe IV	Gravité : extrême – 6 (décès de l'épouse)
Axe V	EGF = 45 (actuel)
	EGF = 45 (année antérieure)

DIAGNOSTIC INFIRMIER : chagrin dysfonctionnel (persistant), relié à l'incapacité d'exprimer de façon appropriée toute la gamme des sentiments associés à la mort de sa femme.

DONNÉES : isolement social, danger projeté, consommation quotidienne d'alcool et plaintes somatiques.

Résultats escomptés	Interventions / *Justifications*	Évaluation
• M. Lavoisier s'investira dans une alliance thérapeutique avec l'infirmière.	• Effectuer des visites hebdomadaires au domicile de M. Lavoisier, selon un horaire régulier. *La constance et la fiabilité sont essentielles pour entretenir des relations fécondes.*	• M. Lavoisier consent aux visites.
• M. Lavoisier cessera sa consommation d'alcool au moins 4 heures avant et durant la visite de l'infirmière.	• Établir un contrat avec M. Lavoisier stipulant qu'il est sobre lors des visites. *La sobriété est indispensable à la relation thérapeutique et à la croissance personnelle.* • Aménager un plan de soins contre la pharmacodépendance (voir chapitre 13).	• M. Lavoisier reste sobre lors des visites. • M. Lavoisier adhère à un programme (les 12 étapes ou un autre) destiné à promouvoir la sobriété et persiste dans celui-ci.
• M. Lavoisier exprimera sa colère, sa tristesse et les autres sentiments concernant la mort de sa femme.	• Présenter graduellement certains des aspects de l'expérience du chagrin de M. Lavoisier qui l'aideront à manifester sa tristesse et son ambivalence. *Les sentiments de tristesse et d'ambivalence représentent une menace pour M. Lavoisier et on ne doit pas les introduire trop rapidement.* • Reconnaître la légitimité de la colère de M. Lavoisier. Faire preuve d'acceptation et de compréhension face à l'ambivalence et aux autres sentiments, tels que la tristesse et la confusion. *La colère est le moyen grâce auquel le client pourra exprimer d'autres sentiments dont il n'a pas encore pris conscience. Le fait de favoriser l'expression des autres sentiments contribue à mieux gérer la colère et à promouvoir la résolution du chagrin.*	• M. Lavoisier est en mesure d'exprimer sa tristesse, sa confusion, son ambivalence et les autres sentiments en plus de sa colère. • M. Lavoisier commence à accepter la validité de la colère et des autres sentiments pouvant être dissimulés derrière l'extériorisation de la colère et de la rage.
• M. Lavoisier abordera ses espérances (réalisées ou déçues) et ses déceptions concernant la relation entretenue avec sa femme.	• Aider M. Lavoisier à revoir sa relation avec sa femme ainsi que les espoirs qu'ils entretenaient l'un l'autre, autant ceux qui ont été comblés que ceux qui ont conduit à des déceptions. *Bien qu'ils soient attribuables à la mort de sa femme, les problèmes de M. Lavoisier sont également, dans une certaine mesure, attribuables à sa relation avec elle et à sa difficulté à s'adapter à la perte de celle-ci.*	• M. Lavoisier aborde sa relation avec sa femme en des termes réalistes (sans l'idéaliser, ni l'aborder de manière complètement négative) et exprime les sentiments à la fois positifs et négatifs de cette relation.
• M. Lavoisier fera le deuil de sa femme, de sa relation avec elle et de lui-même d'une façon fonctionnelle.	• Favoriser l'amalgame, par M. Lavoisier, de tous les sentiments et réactions reliés à sa relation avec sa femme, à sa vie et à son comportement dysfonctionnel actuel. *(C'est l'expression du chagrin dans sa totalité.)*	• M. Lavoisier exprime entièrement son chagrin.

ENCADRÉ 26.7

Dɪᴀɢɴᴏsᴛɪᴄ ɪɴFɪRMɪᴇR : isolement social relié à des modes de comportements d'isolement à la suite d'un chagrin non résolu.
Dᴏɴɴᴇ́ᴇs : refus de s'engager dans des relations interpersonnelles.

Résultats escomptés	Interventions / *Justifications*	Évaluation
• M. Lavoisier consentira aux visites régulières de l'infirmière à son domicile.	• Respecter une limite de 30 minutes par visite ; rester fidèle à l'horaire. *La structuration des soins renforce la discipline, la compréhension et la prévisibilité et aide M. Lavoisier à établir des stratégies d'adaptation cognitives, telles que des projets d'avenir réalistes.*	• M. Lavoisier tolère les visites et admet finalement qu'il les espère.
• M. Lavoisier participera à une activité sociale par jour. (Aucun alcool ne doit être servi ni à la portée.)	• Donner à M. Lavoisier le choix entre plusieurs activités sociales susceptibles de lui être agréables ou accessibles. *Les activités plaisantes et en groupe ont plus de chance d'être répétées ; un choix trop vaste a tendance à submerger le client ; une durée limitée réduira l'anxiété.*	• M. Lavoisier participe et assiste aux activités, tout en manifestant une réaction favorable.
• M. Lavoisier participera à la phase terminale de sa relation en augmentant ses activités sociales et en continuant à cesser de consommer de l'alcool.	• Impliquer M. Lavoisier dans la planification de l'achèvement de la relation en collaborant avec lui pour établir des projets visant une meilleure insertion sociale. L'infirmière et M. Lavoisier doivent rédiger ensemble un horaire relatif à la fin de la relation visant à réduire la fréquence des visites pour, à terme, les supprimer entièrement. *L'alliance thérapeutique s'achemine de la collaboration entre l'infirmière et le client vers l'atteinte de l'indépendance par le client.*	• M. Lavoisier participe à planification de la fin de la relation, se lance dans de nouvelles activités sociales et poursuit sa guérison.

ᴇ ɴ s ᴇ ɪ ɢ ɴ ᴇ M ᴇ ɴ ᴛ   ᴀ ᴜ   ᴄ ʟ ɪ ᴇ ɴ ᴛ

Personnes vivant un chagrin **ENCADRÉ 26.8**

La société contemporaine, centrée sur la technologie, dispose de peu de traditions concernant le chagrin. Il est par conséquent essentiel de fournir aux personnes endeuillées des données normatives concernant la peine. Elles doivent comprendre les éléments suivants :
• les réactions physiques au chagrin ;
• les réactions cognitives au chagrin ;
• les réactions comportementales au chagrin ;
• les réactions affectives au chagrin.
• Il est utile d'en dresser une liste (en des termes compréhensibles) et de revoir cette liste avec la personne en deuil. Il importe spécialement de discuter avec cette personne de la force ou de l'intensité des sentiments succédant à une perte.

➡ 26.2.6 Évaluation

L'infirmière évalue la capacité du client à communiquer ses sentiments et à mettre en application des stratégies d'adaptation efficaces, comme la consolidation de ses interactions sociales. Le client doit exprimer ses sentiments associés à la perte et reliés à la relation avec le défunt. L'expression des sentiments concernant uniquement la perte n'est pas suffisante pour progresser pleinement dans les tâches du chagrin (voir encadré 26.8). L'infirmière doit garder à l'esprit que le chagrin constitue une réaction normale à la perte et que les sentiments qui y sont associés sont nécessairement douloureux. La clé du succès du travail du deuil dépend de la compréhension qu'a l'individu de sa relation avec le défunt. Lorsqu'il atteint cette compréhension, le client est en mesure de continuer à travailler et à s'investir dans de nouvelles relations.

C O N C E P T S - C L É S

• Le chagrin atteint l'individu dans sa totalité. Les symptômes sont à la fois physiques, cognitifs, comportementaux et affectifs.
• Bien que le deuil soit habituellement vécu selon une série de phases, il est préférable de conceptualiser le deuil en termes de processus dynamique habituellement caractérisé par l'accomplissement de certaines tâches.
• Il existe plusieurs types de chagrin : aigu, par anticipation, dysfonctionnel ou complexe et persistant.
• Les risques de chagrin dysfonctionnel diminuent lorsque les clients ont une vie de famille bien établie, s'occupent de la personne en fin de vie, participent à des programmes communautaires de deuil et reçoivent un traitement en cas de risque. Le traitement des personnes souffrant de chagrin dysfonctionnel comprend l'expression des sentiments étouffés, la mobilisation des facultés

d'adaptation à la fois cognitives et comportementales, la prise en charge des aspects non résolus de la relation et l'encouragement à participer à des activités sociales.

SITUATIONS CLINIQUES

1. Mme Tremblay, âgée de 70 ans, vit seule dans un appartement qu'elle a partagé avec son mari durant 17 ans depuis sa retraite. Son mari est mort le mois dernier, après avoir lutté pendant deux ans contre un cancer de la prostate. Depuis le décès de son époux, Mme Tremblay se sent triste et déprimée. Elle aimerait bien voir des gens, mais affirme : « Ils sont heureux et je suis triste, et ce n'est bon pour personne. » Durant la dernière semaine, à l'exception de la promenade quotidienne autour du pâté de maisons qu'elle se force à faire, Mme Tremblay a passé tout son temps seule dans l'appartement. Elle a perdu l'appétit, a de la difficulté à dormir et se sent coupable « en raison de toutes les choses que je n'ai pas pu faire pour mon mari ». La plupart des autres résidents de l'immeuble ont le même âge qu'elle et elle se sent très proche de certains d'entre eux. Son fils unique vit dans une autre ville et lui a offert d'emménager dans une chambre chez lui.

Pensée critique – Collecte de données

- Selon votre évaluation, de quel type de chagrin Mme Tremblay souffre-t-elle ?
- À partir de vos connaissances du processus de deuil, quels sont les trois besoins les plus importants de cette dame ?
- Quels sont les ressources personnelles les plus utiles à Mme Tremblay dans le moment présent ?

2. M. et Mme Jobin ont un fils âgé de 26 ans, Jacques, qui souffre d'une schizophrénie chronique de type indifférencié. Jacques vit avec sa famille la plus grande partie de l'année, sauf lorsqu'il rentre à l'hôpital (deux ou trois fois par année). Il n'a jamais travaillé, n'a pas d'amis et s'isole la plupart du temps. Il souffre d'épisodes violents, selon une fréquence mensuelle, et ne prend pas ses médicaments régulièrement. Les Jobin ont essayé plusieurs centres hospitaliers, une série d'antipsychotiques, plusieurs thérapeutes et même les médecines douces, sans toutefois rien changer à l'évolution de la maladie. M. Jobin est très pris par son travail au magasin de pièces d'automobile et Mme Jobin reste à la maison avec son fils. Ils essaient de voir une infirmière spécialisée des services communautaires de l'hôpital. Ils se plaignent d'un sentiment de désespoir écrasant et d'un épuisement physique et mental. L'infirmière pose un diagnostic de tension dans l'exercice du rôle relié au chagrin persistant, comme en témoigne le retrait de l'aidant naturel (mère) de la vie collective, afin de pouvoir soigner son fils souffrant de schizophrénie chronique. L'infirmière exécute un plan de soins qui comprend une consultation psychologique hebdomadaire du couple, un groupe de soutien familial régulier dans un contexte communautaire et des visites bihebdomadaires d'un membre des services communautaires pour aider Jacques dans l'observance thérapeutique.

Pensée critique – Planification

- Selon votre opinion, Jacques devrait-il connaître une amélioration sensible de son trouble mental ?
- Une grande partie des soins est destinée aux parents. Pourquoi doit-on les traiter plutôt que Jacques, alors que celui-ci souffre d'un trouble mental ?
- Discutez de la réussite potentielle de ce plan. Les Jobin vont-ils retrouver le bonheur à la suite de ce plan de soins ?
- Abordez chacun des sentiments que les membres d'une famille comptant une personne souffrant d'une maladie mentale chronique éprouvent : colère, chagrin, amour, dégoût et désespoir.

Ivan L. Simoneau
inf., Ph.D.Éd. (psychopédagogie)
Collège de Sherbrooke

Chapitre 27

ASPECTS PSYCHOLOGIQUES DE LA MALADIE PHYSIOLOGIQUE

OBJECTIFS D'APPRENTISSAGE

APRÈS AVOIR LU CE CHAPITRE, VOUS DEVRIEZ ÊTRE EN MESURE :

- DE COMMENTER L'INFLUENCE DES RAPPORTS MUTUELS ESPRIT-CORPS SUR LA PROMOTION DU MIEUX-ÊTRE ET DE LA SANTÉ ;

- DE DÉCRIRE L'IMPACT DES RAPPORTS MUTUELS ESPRIT-CORPS AU COURS D'UNE MALADIE PHYSIOLOGIQUE ;

- DE DISTINGUER LES PRINCIPAUX AGENTS STRESSANTS PHYSIOLOGIQUES ET PSYCHOSOCIAUX ;

- DE DÉFINIR LES CONCEPTS DE STRESS ET D'ADAPTATION ;

- DE DÉCRIRE LES PROCESSUS INHÉRENTS AUX RÉPONSES ET À L'ADAPTATION DE L'ESPRIT ET DU CORPS AU STRESS (ÉVALUATION COGNITIVE, RÉPONSES DU SYSTÈME NERVEUX VÉGÉTATIF ET STRATÉGIES D'ADAPTATION) ;

- D'ANALYSER LE RÔLE DU SOUTIEN SOCIAL DANS L'ADAPTATION AU STRESS ET SON INFLUENCE SUR CELLE-CI ;

- DE DÉTERMINER CERTAINS GROUPES À RISQUE QUANT AUX INTERACTIONS PSYCHO-LOGIQUES ET PHYSIOLOGIQUES DE LA MALADIE ;

- D'ÉTABLIR UN PLAN DE SOINS QUI INCLUT DES INTERVENTIONS DESTINÉES À RÉPONDRE AUX BESOINS PSYCHOSOCIAUX ET PHYSIOLOGIQUES D'UN INDIVIDU QUI ÉPROUVE UN PROBLÈME DE SANTÉ.

PLAN DU CHAPITRE

MOTS-CLÉS

Adaptation: processus continu et permanent, se déroulant tout au long du continuum temporel, commençant à la naissance et se terminant à la mort. L'adaptation implique des processus neurochimiques et endocriniens, à la fois cognitifs et physiologiques.

Ajustement: réaction d'une personne en fonction des interruptions provoquées par le stress ou les événements stressants.

Autodétermination: mode de contrôle dans lequel les individus assument une responsabilité personnelle pour la conduite de leur vie, recourent à la résolution de problèmes pour prendre des décisions, et font appel à leurs ressources intérieures pour atteindre des objectifs et affronter les difficultés.

Espoir: concept multidimensionnel consistant en une évaluation interne ainsi qu'en une réaction à une menace ou à un défi. Cette réaction débouche sur l'établissement d'objectifs, la prise de conscience du prix à payer pour les atteindre, l'emploi de toutes les ressources intérieures et extérieures pour y parvenir, et les efforts concertés qu'ils requièrent.

Psychobiologie: fusionnement de la biologie et des fonctions cérébrales pour décrire l'interaction entre la nature inhérente et génétique de l'individu et son expérience existentielle.

Résilience: capacité à se rétablir d'une maladie, d'un changement de vie, ou de bouleversements; ce terme général décrit des processus dynamiques impliquant une réponse efficace du sujet face aux agents stressants et aux événements déplaisants; désir de vaincre plutôt que de simplement survivre.

Rôle de malade: ensemble de normes sociales auxquelles une personne malade se conforme, telles que être dispensé de ses responsabilités sociales habituelles; ne pas se considérer responsable de sa maladie; être obligé « de vouloir guérir »; et être contraint de trouver une aide qualifiée.

Stress: terme qui réfère à la fois à un stimulus et à une réponse. Il peut dénoter une réaction non spécifique du corps à toute demande lui étant faite, que la cause en soit négative (une expérience douloureuse) ou positive (un événement heureux). Un état provoqué par une modification de l'environnement perçue comme une menace, un défi, un préjudice à l'équilibre dynamique de la personne. La détérioration physique provoquée par l'âge. Le stress psychologique se définit comme tous les processus, qu'ils proviennent de l'environnement extérieur ou de la personne elle-même, requérant une évaluation mentale de l'événement avant l'implication ou l'activation d'un autre système.

Tolérance: aptitude à surmonter les changements, à se remettre d'une maladie grave, ou à survivre après une tragédie, en dépit de tout.

27.1 ASPECTS PSYCHOLOGIQUES DE LA MALADIE PHYSIOLOGIQUE

27.1.1 Survol historique

La relation entre l'esprit, le corps et l'âme suscite l'intérêt depuis des siècles. La manière dont les êtres humains perçoivent les stimuli dans leur milieu et y réagissent intrigue autant les scientifiques d'aujourd'hui qu'elle piquait la curiosité des philosophes de l'Antiquité. Aristote croyait que le cœur était le centre de la pensée, que le cerveau contribuait à rafraîchir le corps, et qu'un cerveau alourdi par la somnolence forçait la tête à se pencher vers l'avant. Ces conceptions semblent aujourd'hui naïves et même cocasses, mais elles ont fait office de vérité jusqu'au dix-neuvième siècle (Swerdlow, 1995). Ces croyances sont peut-être à l'origine d'expressions consacrées telles que « j'ai le cœur brisé », pour exprimer la tristesse, ou encore « j'ai la tête lourde », pour manifester une fatigue extrême.

Traditionnellement, on envisageait le corps, l'esprit et l'âme comme des entités ou des éléments indépendants. En Occident, les guérisseurs pratiquaient des saignées ou examinaient la bile pour soigner le corps, les magiciens et les alchimistes s'occupaient de l'esprit, l'âme restant l'apanage des religions orthodoxes. On expliquait les maladies par des superstitions, des mythes et par la sorcellerie et on recourait à des rituels pour les guérir (Joseph, 1996; Swerdlow, 1995). Longtemps considérés comme les marionnettes des dieux, les humains étaient les récepteurs passifs des événements extérieurs. Le philosophe et mathématicien français René Descartes (1596-1650) considérait que le corps était une machine et qu'il fallait l'étudier logiquement, comme toute autre machine. Selon sa prémisse, l'esprit était le siège des pensées, de la conscience et de l'âme, mais il ne pouvait pas entrer en contact direct avec la réalité, restant dès lors inaccessible à toute étude. En revanche, il estimait que le comportement de l'individu pouvait faire l'objet d'observations et d'interprétations. Cette séparation de l'esprit et du corps est restée en vogue jusqu'à ce que Sigmund Freud (1856-1939) réintroduise un lien entre eux.

27.1.2 Facteurs contribuant à un changement de philosophie

Modèle biomédical

Depuis le dix-neuvième siècle, où les scientifiques ont découvert que les microbes étaient à l'origine de plusieurs maladies physiologiques, le modèle biomédical de la médecine traditionnelle occidentale se fonde sur une relation de cause à effet. Ce modèle a favorisé l'étude et l'explication des fonctions corporelles, sans toutefois permettre d'expliquer les fonctions ou les maladies de l'esprit, ni d'interpréter les interactions entre l'esprit, l'âme et le corps. Le fait que certaines personnes puissent survivre à des événements tragiques ou à des maladies graves et qu'elles soient capables de surmonter des handicaps, là où d'autres échouent, a conduit les scientifiques à se pencher sur les caractéristiques particulières des survivants.

Perspectives philosophiques orientales

Par contraste, les philosophies orientales estiment que les humains peuvent parvenir à un équilibre entre l'esprit, le corps et l'âme grâce à la méditation, à des exercices et à l'autodiscipline, des pratiques qui sont intimement liées aux croyances religieuses. L'emploi de l'acupuncture par la médecine chinoise repose sur la conviction que le cerveau est contrôlé par le foie, le cœur, la rate, les poumons et les reins, lesquels communiquent avec lui par le biais de canaux énergétiques (Swerdlow, 1995). Au cours des dernières années, l'Occident s'est initié à des thérapies comme la méditation, l'autohypnose, la rétroaction biologique, l'acupuncture et l'acupression. Ces traitements s'inscrivent dans la recherche d'un mode de vie plus sain, comme une solution de rechange à la consommation d'alcool, de drogues et de molécules psychotropes. Ils servent de substituts ou de compléments à la chirurgie et à la médecine conventionnelle comme moyen de s'adapter au stress et à la maladie. Cette combinaison des traitements traditionnels et de médecines douces caractérise essentiellement l'approche des soins holistiques (voir chapitre 21).

Soins holistiques et prise en charge de sa santé

Les soins holistiques mettent l'accent sur la prise en charge par l'individu de sa santé psychologique, physiologique et spirituelle et sur la prévention de maladies susceptibles de perturber son équilibre. En raison de ses expériences et de son adaptation aux événements, chaque individu est considéré comme unique et indépendant des autres. Les expériences passées et les interactions antérieures avec les autres influencent les perceptions et l'interprétation actuelle des événements. Le caractère génétique, la culture et les croyances spirituelles ont également une incidence sur le choix de certaines stratégies d'adaptation. Le modèle de soins holistiques intègre de multiples disciplines et offre ainsi des mesures de soutien à l'individu pour qu'il préserve sa santé ou qu'il guérisse d'une maladie, ou encore, le cas échéant, qu'il gère ses effets à long terme. Ce modèle prend en compte l'influence des traitements traditionnels, complémentaires, ou de médecine douce, pour atteindre les objectifs visés. Ainsi, dans ce cadre conceptuel, il est impératif que les équipes soignantes considèrent les interactions dynamiques entre les processus mentaux et

physiques, pour maintenir l'équilibre ou pour affronter la maladie résultant de déséquilibres.

27.1.3 Application des disciplines scientifiques à la compréhension de l'influence de la cognition et des émotions sur la santé

Au cours des 20 dernières années, des scientifiques dans diverses disciplines se sont intéressés à établir les liens qui existent entre la pensée et les émotions d'une personne et sa santé globale. Parmi ces disciplines, on retrouve la psychobiologie, la psychoneuroimmunologie et la neuroendocrinologie. Les paragraphes suivants décrivent brièvement les percées scientifiques dans chacune de ces disciplines en ce qui concerne la compréhension de l'influence de la cognition et des émotions sur la santé globale.

Psychobiologie

La **psychobiologie** résulte du fusionnement de la biologie et de l'étude des fonctions cérébrales. Elle vise à décrire les interactions entre le bagage génétique et biologique d'un individu et ses expériences de vie (Glod, 1998). Les progrès dans ce domaine ont été lents, jusqu'à ce que les scientifiques ne parviennent, au vingtième siècle, à mieux comprendre les interactions cérébrales et corporelles. Les théories actuelles estiment que les expériences humaines modifient la structure et les fonctions cérébrales, particulièrement durant la première décennie de la vie. Ces expériences, positives ou négatives, aident à définir l'identité et le mode de pensée d'un individu de même que ses émotions et son comportement. Les moments difficiles de l'existence contribuent également à façonner l'individu et son comportement. Certaines études laissent entrevoir une association entre l'exposition à la musique classique in utero et un QI supérieur chez le nourrisson; entre l'abus d'alcool ou d'autres drogues par la mère durant la grossesse et une hyperactivité et un manque d'attention chez l'enfant; et entre la violence physique et l'agression sexuelle pendant l'enfance et une activité du lobe gauche cérébral réduite (Glod, 1998).

Psychoneuroimmunologie

La branche de la psychoneuroimmunologie (anciennement la médecine psychosomatique) s'intéresse à l'impact des troubles émotionnels et psychologiques sur les systèmes immunitaire et neuronal, le fonctionnement organique et les malaises suivants: maladies cardiovasculaires, ulcères gastriques, colite ulcéreuse, asthme, migraines, manifestations dermatologiques, arthrite et cancer. On étudie le processus cognitif, le processus neuroendocrinien et le processus immunitaire de formation d'anticorps par les systèmes cellulaire et huméral (sang et plasma) comme faisant partie d'une seule entité (Glod, 1998; Pender, 1996; Stuart et Laraia, 1998).

En 1964, George Solomon, de l'université de Californie à Los Angeles, a pour la première fois forgé le terme psychoneuroimmunologie. De nombreux travaux dirigés par Solomon et ses collaborateurs laissent penser que la réponse immunitaire à la maladie est en association étroite avec les émotions et les attitudes face au stress (Glaser et Glaser, 1991 ; Groer, 1991). Une exposition prolongée au stress et à des niveaux d'anxiété élevés a été mise en relation avec un affaiblissement immunitaire, alors qu'une meilleure résistance à la maladie a été associée à une réduction du stress et de l'anxiété. L'une des explications possibles est que les cellules immunitaires et neuroendocriniennes transmettent leurs signaux selon les mêmes canaux et partagent des sites récepteurs communs. Cela incite à penser que les hormones endocriniennes et les neuropeptides modifient le fonctionnement des cellules immunitaires, et que les produits du système immunitaire ont une incidence sur la fonction endocrinienne. La libération, par le système nerveux végétatif, de catécholamines en réponse au stress peut également avoir un effet adverse sur le système immunitaire. Des travaux ont aussi montré une étroite relation entre les séries de pertes que les personnes âgées vivent et les épisodes de maladie et la mortalité (Porth, 1998).

Une grande partie des recherches entreprises s'intéresse à l'immunodépression. On croit que l'imagerie mentale contribue à la libération de substances chimiques dans le cerveau, ce qui a des répercussions sur le système immunitaire. On a mené des études sur les effets bénéfiques de la méditation et de l'hypnose sur les allergies et les infections virales.

Neuroendocrinologie

Une avance spectaculaire dans la compréhension des relations cerveau-esprit-corps est survenue lorsque, dans les années quatre-vingt, Candace Pert, biologiste moléculaire, et ses collaborateurs ont isolé le récepteur de l'opiacé dans le cerveau, (Monat et Lazarus, 1991 ; Moyers, 1993 ; Porth, 1998 ; Swerdlow, 1995). Ceci a conduit à la découverte des morphines endogènes (endorphines) et d'autres transmetteurs chimiques libérés par le cerveau, par les systèmes immunitaire et endocrinien, et les autres parties du corps. On a découvert que les potentiels d'action transmis par les molécules libérées par une partie du corps se diffusent à la surface de toutes les cellules du corps. Pert a nommé ces interactions complexes « réseau de communication psychosomatique » et a affirmé que toutes les émotions sont (de fait) des neuropeptides se fixant sur les récepteurs et déchargeant une charge électrique dans les neurones (Swerdlow, 1995). Selon Pert, l'esprit réside dans le corps, tout comme le cerveau. On a jusqu'à présent compté soixante neuropeptides.

On a constaté que les endorphines et les enképhalines, qui sont des peptides, soulagent la douleur par le biais d'un mécanisme identique à celui de la morphine et des autres narcotiques. On pense également que les placebos, l'acupuncture et la neurostimulation transcutanée libèrent des endorphines, ce qui contribue au soulagement de la douleur (voir figure 27.1). On a constaté que l'imagerie mentale, la musique et l'humour servaient à distraire les individus de la douleur et du stress (Black et Massatarin-Jacobs, 1997 ; Selye, 1978 ; Smeltzer et Bare, 1996).

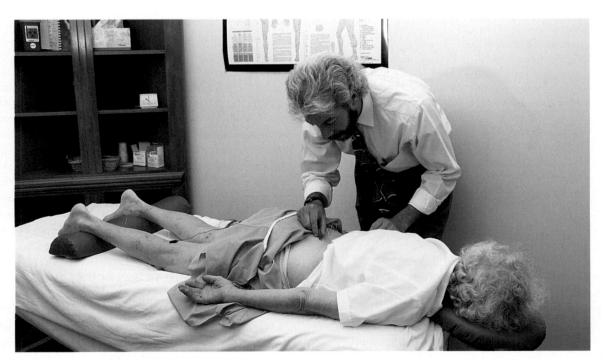

FIGURE 27.1 L'acupuncture, un traitement dérivé de la philosophie orientale, est de mieux en mieux acceptée par les pratiques de santé conventionnelles.
Copyright Cathy Lander-Goldberg, Lander Photographics

27.1.4 Stress en tant que facteur déterminant dans la maladie

Il existe une foule de publications sur la relation entre le **stress** (réponse non spécifique du corps à toute demande positive ou négative qui lui est faite) et son potentiel pathologique. Toutefois, le stress et ses origines sont souvent difficiles à déceler. On a mené de nombreuses études auprès de différentes populations sur les effets stressants de divers facteurs (p. ex. le deuil, le divorce, la dépression clinique, les agents stressants chroniques, le stress scolaire) et l'incidence des maladies mentales et physiques. Certaines études ont aussi révélé que les individus ne s'adaptent pas toujours de façon positive aux catastrophes naturelles comme les tremblements de terre, les inondations et la guerre. Les événements positifs provoquent également un stress (Glaser et Glaser, 1992 ; Glod, 1998 ; Monat et Lazarus, 1991). L'encadré 27.1 énumère plusieurs facteurs de stress liés à des réponses ou à des comportements physiologiques, psychologiques et émotionnels. L'encadré 27.2 décrit quant à lui les nombreux indicateurs du stress.

Sources d'agents stressants physiologiques et psychosociaux — ENCADRÉ 27.1

Agents stressants physiologiques
Agents infectieux (virus, bactéries, champignons)
Agents chimiques (drogues, alcool, poison)
Agents physiques (chaleur/froid, radiations, décharges électriques, traumatismes)
Affaiblissement du système immunitaire
Anomalies génétiques
Maladie
Vieillissement

Agents stressants psychosociaux
Tracasseries quotidiennes (frustrations habituelles)
Événements de la vie (naissance/mort, changements professionnels, changement de rôle, maladie)
Catastrophes majeures (tremblement de terre, inondations)
Guerre
La réponse aux agents stressants et l'effet de ceux-ci dépendent de la perception qu'a l'individu de leur intensité et de :
- la durée de l'agent stressant
- les effets cumulatifs des agents stressants simultanés
- la séquence des agents stressants
- la gravité des agents stressants
- l'expérience préalable qu'a l'individu des agents stressants
- la solidité du soutien social

On considère aujourd'hui que plusieurs facteurs sont cause de maladie et déterminent la réaction de l'individu, notamment le nombre d'agents stressants, leur intensité et leur durée (Glod, 1998). Les origines culturelles, les valeurs et les croyances d'un individu influencent également la perception de sa maîtrise des événements. D'autres facteurs pouvant influer sur cette réponse sont les expériences passées de l'individu face à un agent stressant

---

Manifestations physiques et comportementales dues au stress — ENCADRÉ 27.2

Sécheresse de la bouche et de la gorge
Palpitations
Insomnie ou cauchemars
Augmentation de la fréquence des mictions
Tension musculaire et migraines
Douleurs lombaires ou cervicales
Perte ou augmentation de l'appétit
Symptômes gastro-intestinaux
  « Gargouillements » dans l'estomac
  Crampes, constipation, ou diarrhée
  Vomissements
  Modifications du cycle menstruel
  Tics nerveux ou contractions musculaires
  Bouffées de chaleur ou sueurs
  Toux nerveuse
Irritabilité, hyperexcitation, dépression
Perturbations du comportement
Sensation d'irréalité
Fatigue fréquente, faiblesse, étourdissements
Impression d'anxiété sans cause identifiable
Besoin intense de pleurer ou de s'enfuir
Tendance à sursauter facilement, à demeurer sur le qui-vive, tension
Problèmes de concentration, manque d'intérêt
Inattention
Tendance à fumer
Augmentation de la consommation d'alcool ou d'autres drogues
Prédisposition aux accidents
Mouvements répétitifs – se ronger les ongles
Comportement impulsif, instabilité émotionnelle
Rire nerveux
Bégaiement et autres difficultés d'expression orale
Agitation motrice : allées et venues sans raison

---

donné ou à des agents stressants similaires, de même que sa capacité à **s'ajuster** aux changements dans le mode de vie attribuables au stress ou aux événements stressants. Les interactions entre l'esprit et le corps sont ici mises en évidence. La figure 27.2 illustre les réponses psychologiques et physiologiques de l'individu en réponse au stress, soit les interactions esprit-corps. Par ailleurs, les problèmes physiologiques, qu'ils soient aigus ou chroniques, entraînent inévitablement des réponses au plan psychologique. Le tableau 27.1 présente des exemples de problèmes physiologiques et les réponses psychologiques correspondantes.

27.1.5 Cadre de référence pour l'étude des réponses de l'esprit et du corps au stress

La relation entre l'esprit et le corps constitue un facteur important dans la promotion de la santé et dans le processus de rétablissement. La santé mentale et la santé physique sont intimement liées. Les chercheurs ont découvert de nombreux facteurs qui conditionnent la réponse humaine

Réactions psychologiques et physiologiques au stress

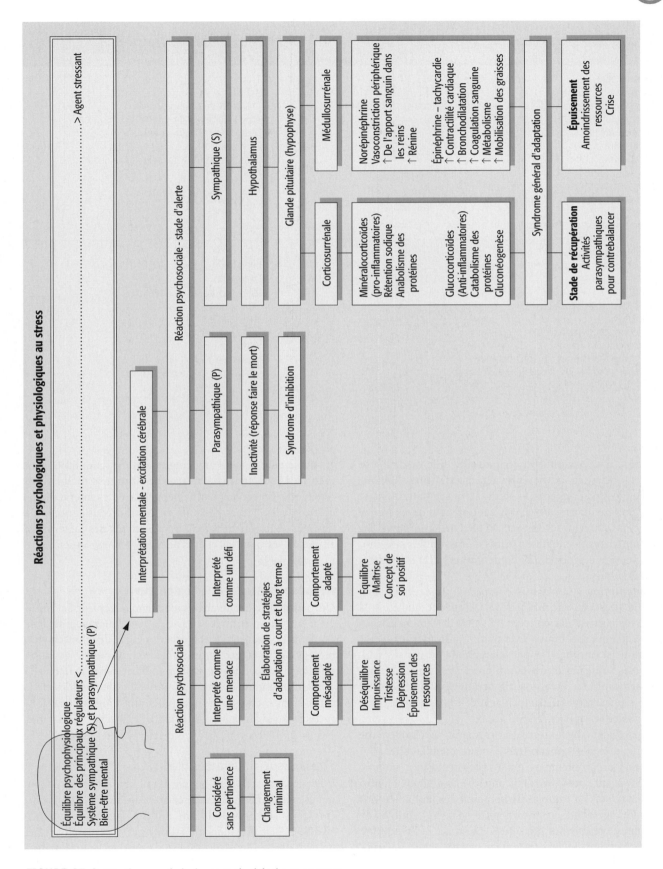

FIGURE 27.2 Réactions psychologiques et physiologiques au stress

Adapté de Lewis S. et autres. *Medical-surgical nursing assessment and management of clinical problems*, 5ᵉ édition, Saint Louis, Mosby, 1999; et Kozier B., Blais K. *Concepts and issues in nursing practice*, 2ᵉ édition, Menlo Park, Californie, Addison-Wesley, 1992.

TABLEAU 27.1	Exemples d'effets psychologiques découlant de problèmes physiologiques	
Problèmes physiologiques		**Effets psychologiques connexes**
Problème aigu		
Traumatisme		Anxiété
Intervention chirurgicale (défiguration ou atteinte des fonctions corporelles)		Crainte d'être difforme, mutilé
Problèmes cardiovasculaires:		Atteinte à l'image de soi et à l'estime de soi
Infarctus du myocarde		Perte de la confiance en soi
Hypertension		Confusion
Accident vasculaire cérébral		Choc, impossibilité de prendre une décision
Douleur		Déni
Événement stressant		
Catastrophe majeure (inondation, tremblement de terre)		
Guerre		
Diagnostic mettant en jeu le pronostic vital		
Problèmes chroniques		
Effets progressifs d'un grave problème de santé		Impuissance (incertitude face à l'avenir)
Épilepsie		Dépression
Arthrite		Idées suicidaires
Insuffisance rénale/hépatique		Sentiment de désespoir
Diabète		Impuissance
État de stress post-traumatique		Fatigue chronique
Maladie terminale (cancer)		Insomnie
Vieillissement/problèmes de santé multiples		Inquiétude au sujet de ses finances
Maladie respiratoire obstructive (fibrose kystique)		Difficulté à prendre des décisions
Affaiblissement de la réponse immunitaire (sida)		

au stress. Une personne cherchant une aide médicale se trouve confrontée à différentes émotions avant d'obtenir un diagnostic: l'anxiété, la peur, le chagrin, le déni et la colère. La dépression et un sentiment d'impuissance succèdent souvent à l'annonce d'une maladie grave. La personne déprimée tentera parfois de dissimuler ses émotions, l'équipe soignante doit donc rester à l'affût des indices les plus subtils.

L'**adaptation** à la maladie comprend plusieurs tâches: gérer le stress associé à la perte de l'indépendance, de la maîtrise de sa vie, du concept de soi et de l'image corporelle; s'adapter aux limites éventuelles; affronter un avenir incertain; surmonter l'impact de la maladie sur ses relations. Les stratégies d'adaptation que les personnes auront acquises pour faire face au stress seront appliquées ensuite à des situations similaires (Black et Matassarin-Jacobs, 1997; Smeltzer et Bare 1996).

La maladie physique risque d'amener à négliger une maladie mentale concomitante, tout comme elle peut exacerber un problème psychiatrique préexistant, comme peuvent le faire aussi les médicaments. Le délire, la confusion, l'anxiété, les troubles du sommeil, les hallucinations et les changements de personnalité sont susceptibles de découler de problèmes physiques. Le stress, la fluctuation des niveaux hormonaux (p. ex. l'hyperthyroïdie), les troubles de l'alimentation, les déséquilibres électrolytiques et les problèmes vasculaires et neurologiques (comprenant les traumatismes crâniens et les tumeurs cérébrales) sont

les principales causes de dérèglement du fonctionnement mental. Les facteurs de risques additionnels incluent les infections, l'encéphalopathie hépatique et les interventions chirurgicales. L'anesthésie, le déséquilibre alimentaire, la douleur et les médicaments représentent des facteurs de risque élevés pour les clients âgés en soins postopératoires (Conrad, 1998).

Réponse au stress et à la douleur

Une partie de la recherche psychologique actuelle se consacre à la relation entre le stress et la perception accrue de la douleur. Les travaux concernent les effets de la rétroaction biologique, de la méditation et des techniques de réduction du stress comme moyens pour amoindrir la perception de la douleur physique. Les travaux traitent également des effets du soutien social sur les réactions physiques et émotionnelles et sur la perception de la douleur (Black et Matassarin-Jacobs, 1997; Moyers, 1993; Smeltzer et Bare, 1996).

Stress associé aux actes médicaux

D'autres études se sont penchées sur le stress présent lors des examens, des actes médicaux et des interventions chirurgicales. Les résultats ont montré que les personnes stressées sont plus déprimées avant et après la chirurgie, qu'elles nécessitent davantage d'anesthésie et d'analgésiques, et que leur fonctionnement immunitaire est inférieur à celui d'individus moins stressés (Dossey, 1991; Smeltzer et Bare, 1996).

Le trouble panique se retrouve associé à une multiplicité de problèmes physiques, dont l'asthme, les antécédents de maltraitance et d'abus sexuel, le syndrome du côlon irritable, et les migraines. S'agissant d'un trouble généralement mal compris, l'individu risque de se sentir stigmatisé. La description du DSM-IV (American Psychiatric Association, 1994) du trouble panique précise qu'il s'agit « d'attaques de panique inattendues et récurrentes suivies pendant au moins un mois de préoccupations à propos de la possibilité d'avoir une autre attaque ». Les symptômes comprennent la dyspnée, les douleurs thoraciques, les palpitations, la peur de perdre la maîtrise de soi, la terreur, ainsi qu'une impression de mort imminente, et, dans 50 % à 60 % des cas, une dépression antérieure. L'aggravation progressive des symptômes amène à recourir de plus en plus aux services d'urgence et provoque des tentatives de suicide.

Les épisodes de panique durant le post-partum surviennent souvent au cours des douze premières semaines après l'accouchement, et le plus souvent au cours de la septième semaine. On diagnostique souvent à tort ces épisodes en tant que dépression post-partum. Une étude phénoménologique, poursuivie durant une période de onze mois, s'est concentrée sur les symptômes de six femmes mariées ayant souffert d'un épisode de panique pour la première fois à la suite d'un accouchement. Cinq des six femmes étaient multipares ; la sixième était primipare. Toutes ont suivi un traitement psychiatrique, cinq d'entre elles ont pris des psychotropes. Les conclusions de cette recherche confirment que les symptômes étaient similaires à ceux d'individus souffrant d'autres problèmes physiologiques.

L'analyse de la transcription des entrevues a débouché sur la formulation de 214 observations révélatrices. Après avoir établi la signification de ces observations, on les a regroupées sous six thèmes principaux. Ces femmes se sentaient paralysées par des événements physiques et émotionnels terrifiants et pensaient qu'elles avaient perdu la maîtrise d'elles-mêmes ; le fonctionnement cognitif diminuait pendant et entre les attaques ; leurs tentatives pour essayer de masquer leur panique provoquaient un épuisement total ; elles tentaient l'impossible pour trouver moyen de prévenir les attaques de panique ; ces attaques répétées provoquaient une baisse de leur estime de soi et un sentiment d'amertume à l'idée de ne pas être capables de gérer leur vie ; les mères étaient obsédées par la possibilité de séquelles pour elles-mêmes et leur famille.

On a proposé plusieurs interventions infirmières, notamment la diffusion d'informations aux jeunes mères concernant la possibilité d'attaques de panique, la réassurance que la dysfonction cognitive constitue une conséquence naturelle de ce trouble, et la création d'un environnement bienveillant et chaleureux pour permettre aux femmes d'exprimer leurs inquiétudes. D'autres interventions possibles concernaient l'écriture d'un journal pour déceler les événements provoquant les attaques de panique et ainsi les éviter, de même que la mise en place de groupes de soutien pour les femmes et leur famille. On considère également que l'information provenant de femmes ayant surmonté leur panique grâce à un traitement et la constatation du bon développement de leurs enfants s'avèrent extrêmement positives durant le processus de récupération.

Beck, C. « Postpartum onset of panic disorder », *Image J. Sch.*, vol. 30, n° 2, p. 131, 1998.

27.1.6 Stratégies d'adaptation et adaptation au stress

Plusieurs stratégies d'adaptation au stress et de réduction de ses effets émanent des pratiques orientales et ont été introduites au fil des années. L'exercice et les loisirs présentent de multiples avantages, notamment une oxygénation accrue, la modification de la fréquence cardiaque ainsi que la réduction de la pression artérielle. En outre, l'exercice favorise la relaxation, assure un sommeil paisible, un soulagement de l'inquiétude, un meilleur appétit et un sentiment de bien-être général. La musicothérapie et l'humour contribuent également à soulager la tension et l'anxiété et à réduire l'agressivité. Les saunas ou les massages aident à la relaxation et stimulent la circulation sanguine. La zoothérapie a été mise en place en tant que moyen d'interaction sociale destiné à atténuer les tensions et la dépression. La relaxation, l'imagerie mentale dirigée, la rétroaction biologique, la méditation et le yoga, que l'on soit malade ou bien portant, apportent la quiétude et le sentiment de maîtriser les événements (voir chapitre 21).

Résistance et ressources d'adaptation

Tolérance

La capacité qu'ont certaines personnes de surmonter l'adversité, de guérir d'une maladie grave contre tout espoir, ou de survivre à une tragédie a constitué un sujet d'étude pour bien des scientifiques. On a eu recours au concept de **tolérance** pour décrire cette composante de la personnalité qui permet de maîtriser les événements stressants et de percevoir le stress comme un défi et une occasion de progresser. Des études ont montré que la tolérance agit comme un agent modérateur du stress et de la tension psychologique. La tolérance contribue à augmenter le taux de survie des cancéreux, à abaisser la pression artérielle et à retarder la progression du syndrome lié au sida.

Les personnes qui font preuve de tolérance prennent généralement soin d'elles-mêmes et sont en bonne santé physique et mentale (Black et Matassarin-Jacobs, 1997 ; Pender, 1996 ; Pollack et Duffy, 1990 ; Smeltzer et Bare, 1996).

Résilience

La résilience est une force de caractère qui s'apparente à l'endurance, à la capacité de récupérer et de triompher de l'adversité. La **résilience** est un processus dynamique impliquant certains mécanismes de protection tels que des stratégies efficaces de résolution de problèmes et l'adaptabilité aux situations auxquelles l'individu ne peut rien changer. Des travaux ont révélé que les enfants résilients peuvent rester mentalement sains en dépit de la négligence et des symptômes dépressifs de la mère (Conrad, 1998). Mynatt (1998) a montré par ses recherches les bienfaits d'une intervention éducative pour la modification des comportements autodestructeurs des femmes ayant connu une vie chaotique, en tant que victimes de mauvais traitements et de négligence dans l'enfance ou à l'âge adulte. Wagnild et Young (1990) ont attribué la résilience de certaines femmes âgées à la persévérance, au fait qu'elles avaient une vision équilibrée de la vie, à l'autosuffisance, et à leur conviction que la vie a un sens. Ces individus se perçoivent souvent comme des « gagnants » plutôt que comme des « survivants ». Selon Stuart et Laraia (1998), l'enthousiasme, la tolérance, la résilience, le dynamisme, la stabilité émotionnelle, l'optimisme et l'autodétermination sont autant de termes qui contribuent à décrire une personnalité capable d'« autoguérison ».

Espoir

On a défini l'**espoir** comme un concept multidimensionnel apportant du réconfort face aux menaces de l'existence et aux défis personnels. On a mené des recherches sur les stratégies d'adaptation auprès de quatre groupes d'individus devant la perspective d'une greffe du cœur, vivant avec un traumatisme médullaire, combattant un cancer du sein, ou combinant allaitement et vie professionnelle. Les conclusions de cette étude ont permis d'élaborer la définition suivante (Morse et Doberneck, 1995) :

L'espoir constitue une réponse à une menace se traduisant par l'établissement d'un objectif ; par la prise de conscience des conséquences d'un échec face à cet objectif ; par la planification des modes d'évaluation et de la mobilisation de l'aide et des ressources internes et externes pour atteindre l'objectif ; de même que par la réévaluation et la révision du plan alors qu'on s'efforce et qu'on lutte pour atteindre cet objectif.

On a défini l'esprit humain comme une force unificatrice apportant à la fois sens et but à la vie et à la maladie, en tant que composante essentielle de l'espoir, et en tant que force intérieure permettant à l'individu de surmonter, ou de vaincre, les circonstances adverses. Nombre d'études ont montré l'importance des facteurs spirituels dans le renforcement de l'immunité et le sentiment de mieux-être (O'Neill et Kenny, 1998).

Capacité de prise en charge de sa vie

Les individus qui prennent leur propre vie en charge sont convaincus de leur responsabilité personnelle dans la gestion de leur vie et dans la réduction des facteurs de risque concernant leur santé physique et mentale. Ainsi, faire le choix conscient et éclairé d'un style de vie sain requiert de s'alimenter correctement, de faire de l'exercice, de dormir suffisamment et de recourir à des stratégies de réduction du stress pour minimiser les dangers de maladie cardiaque et d'hypertension. Aux prises avec la maladie, ces individus font appel à leurs forces intérieures et participent au processus de guérison. On a associé un niveau élevé d'estime de soi, le sentiment que la vie a une signification et une faible anxiété avec ce sens de la maîtrise sur sa propre vie (Black et Matassarin-Jacobs, 1996 ; Kozier, Erb et Blais, 1997).

Une recherche auprès de personnes d'un âge avancé qui ont survécu à la poliomyélite a établi que les personnes les plus capables d'**autodétermination** signalaient moins de symptômes de détresse et disposaient de plus de ressources d'adaptation que les personnes convaincues de n'avoir aucune prise sur les symptômes progressifs de leur maladie. Les individus qui se sentaient en charge de la maladie s'impliquaient plus dans le plan de soins (Kuehn et Winters, 1994).

Soutien social

Un sentiment d'appartenance et l'impression d'être accepté, utile, aimé et valorisé en tant qu'être humain font partie intégrante du soutien social. La reconnaissance, par les autres, de sa propre valeur aide un individu à découvrir ses forces et son potentiel. Le soutien émotionnel des proches dans une situation difficile ou pendant une crise joue un rôle primordial dans l'acceptation d'une maladie et le choix de stratégies d'adaptation appropriées.

La famille représente le premier groupe de soutien social. Une famille où les relations sont harmonieuses aura tendance à s'intégrer dans le réseau social plus vaste de la collectivité et disposera de ressources supplémentaires en cas de besoin. Des réseaux de soutien organisés et des groupes d'entraide facilitent l'adaptation aux changements en offrant un environnement propice à la croissance personnelle et en servant de rempart contre les répercussions des événements stressants (Pender, 1996).

27.1.7 Risque de problèmes de santé par interaction psychologique-physiologique

Personnes souffrant de maladies aiguës

Une maladie aiguë peut soudainement interrompre ou mettre fin aux activités d'un individu. Elle entraîne généralement une perte temporaire de maîtrise sur sa vie et sur son corps. La peur, l'anxiété, le sentiment d'impuissance, la détresse, l'hostilité et la colère constituent des réponses courantes aux maladies aiguës. Lorsque celles-ci surviennent, la personne se demandera souvent « Pourquoi moi ? » ou « Qu'ai-je fait pour mériter cela ? ». L'individu niera parfois la maladie et tentera de poursuivre ses activités habituelles, avec pour résultats probables des complications et la prolongation du rétablissement.

Durant les étapes de sa guérison, la personne confrontée aux effets durables d'un problème aigu (p. ex., des brûlures ou un traumatisme médullaire) devra modifier la perception qu'elle a d'elle-même, de son identité et de son apparence physique. L'événement traumatique renforce souvent l'empathie et la foi religieuse et devient un aspect important de la vie (Black et Matassarin-Jacobs, 1997 ; Smeltzer et Bare, 1996).

Personnes souffrant de problèmes de santé chroniques

Les effets à long terme et l'imprévisibilité de la maladie chronique mettent l'estime de soi, l'image corporelle et la sexualité de la personne à rude épreuve, tout comme ils bouleversent ses relations sociales et ses rôles habituels au sein de la famille, de la vie professionnelle et de la collectivité. La personne atteinte d'une maladie chronique perd fréquemment son sentiment d'autonomie (Eakes, Burke et Hainsworth, 1998 ; Gorman, 1998 ; Thorne et Paterson, 1998).

Les maladies chroniques se définissent comme des problèmes de santé permanents ou progressifs nécessitant une adaptation continuelle de la part de l'individu et de son réseau social. La dépression constitue une réaction courante aux maladies chroniques, s'accompagnant de troubles du sommeil, de manque d'appétit, de négligence de l'apparence physique et de fatigue. Un état chronique a une incidence sur tous les aspects de la vie d'un individu et nécessite une surveillance à long terme par les professionnels de la santé.

Face à une situation sans issue prévisible, la personne ressentira une tristesse chronique, cyclique ou récurrente, déclenchée intérieurement ou par un événement extérieur lui rappelant ses pertes, réelles ou symboliques, ses déceptions ou ses peurs. Cette tristesse risque de progresser ou de s'intensifier (Eakes et Burke, 1998). Les membres de la famille et les aidants naturels d'un malade chronique sont également sujets au chagrin persistant. Un changement de rôle provoqué par la maladie ou la mort d'un proche évoque la disparité entre le présent et le passé.

Les malades chroniques adoptent parfois un **rôle de malade**. Ils ont alors tendance à se prévaloir de leur état pour obtenir des bénéfices secondaires ou de l'attention, contrôler les autres ou éviter les responsabilités. Ces comportements découlent fréquemment de la colère, de la peur ou de la dépression (Black et Matassarin-Jacobs, 1997). Le rôle d'« invalide » résulte également d'un apitoiement sur son propre sort. La récupération survient avec la réintégration dans la société et le retour du fonctionnement de l'individu au meilleur de ses capacités. Pour atteindre cet objectif, il est essentiel d'intégrer la famille, les proches et le client dans l'enseignement et les traitements.

Personnes souffrant de problèmes de santé multiples

Des problèmes de santé multiples surviennent régulièrement lorsqu'une personne réagit mentalement et physiquement à la maladie chronique. La personne qui souffre de diabète à long terme risque de présenter des complications impliquant tout le système physiologique. La personne souffrant de bronchopneumopathie chronique obstructive (BPCO) se trouve fréquemment aux prises avec des troubles circulatoires et cardiovasculaires. Les complications de la BPCO conduisent à des insuffisances respiratoires, à des déséquilibres fluidiques et électrolytiques, à la dépression et à l'anxiété.

Les déséquilibres endocriniens ont tendance à entraîner de nombreuses perturbations des fonctions de survie. Les individus dont l'immunité est affaiblie risquent de nombreuses complications. Ces maladies entraînent divers degrés de détresse psychologique (Black et Matassarin-Jacobs, 1997).

Personnes atteintes du VIH

Le sida, stade avancé de l'infection par le VIH, est mortel. L'infection par le VIH se caractérise par une déficience de l'immunité naturelle contre les maladies, tout particulièrement contre certaines infections opportunistes et certains cancers associés au sida (maladie de Kaposi, lymphome non hodgkinien).

Bien que les hommes ayant des relations sexuelles avec d'autres hommes soient considérés à risque pour l'infection par le VIH, le nombre de cas rapportés par suite d'une transmission hétérosexuelle augmente à un rythme dépassant celui de la transmission homosexuelle. Il peut s'écouler beaucoup de temps avant que l'on puisse diagnostiquer ceux qui sont infectés mais asymptomatiques.

Les problèmes liés spécifiquement au VIH observés au moment de l'admission en établissement psychiatrique sont l'anxiété et la dépression attribuables à la détérioration physique, au rejet social qu'entraîne la séropositivité, à la consommation accrue de drogues en réaction, à la honte ou la culpabilité stigmatisant les pratiques sexuelles, à la culpabilité ou la peur d'avoir contaminé les autres (y compris la crainte des représailles), et aux pensées criminelles concernant le responsable présumé de l'infection.

Les recherches et les résultats cliniques indiquent que l'infection par le VIH atteint le cerveau et provoque certains déficits du système nerveux central chez certains individus.

Les symptômes cliniques persistants, associés à des caractéristiques cognitives, somatiques et comportementales (en plus des symptômes affectifs) altèrent l'état de santé du client et son aptitude à suivre le protocole thérapeutique. Ceux-ci comprennent un affect négatif, une irritabilité, une perte d'énergie et une léthargie, une baisse de performance, associés à de l'agitation ou à une perturbation du sommeil, une sensation d'impuissance, une attitude punitive et accusatrice, et la peur et l'inquiétude persistantes. Dans certains cas, un processus pathologique existe, caractérisé par l'aliénation, la culpabilité irrationnelle, la baisse de l'estime de soi et des idées clairement suicidaires. Bien que le suicide chez les séropositifs et les sidatiques soit compréhensible, il y a moyen de le prévenir en évaluant les risques de suicide au moment de la collecte de données.

De nombreux sidatiques misent sur les médecines douces (phytoproduits) et les traitements d'appoint (acupuncture) pour soigner leur maladie et leurs symptômes particuliers. Pour maintenir une relation thérapeutique, l'infirmière doit absolument comprendre les convictions du client et respecter ses choix en termes de traitement.

Personnes âgées

Un bonne proportion de la population âgée en Amérique du Nord vit de manière autonome et est en mesure de profiter de ses années de retraite. Toutefois, le vieillissement apporte souvent son lot de problèmes de santé qui compromettent l'indépendance. L'âge entraîne un déclin graduel de la coordination des différents appareils et systèmes. Avec ces changements cumulatifs et progressifs, la réaction au stress devient plus incertaine. Une personne âgée ayant une fonction cardiaque adéquate au repos peut requérir davantage de temps pour récupérer après un effort prolongé. Parmi les autres problèmes de santé que l'on rencontre souvent chez les personnes âgées, notons l'affaiblissement de la résistance aux infections de même que la diminution de la capacité compensatoire de la régulation hormonale et neuronale, ce qui conduit souvent à un temps de réaction ralenti (Black et Matassarin-Jacobs, 1997 ; Smeltzer et Bare, 1996).

Les troubles de santé mentale représentent un problème majeur pour les personnes âgées. Une adaptation psychologique réussie au vieillissement dépend de la capacité d'adaptation de l'individu aux multiples agents stressants, à leur gravité et au changement. Une image de soi positive et le fait de trouver un but ou une signification à la vie en constituent des composantes essentielles.

Personnes confrontées à la douleur physique

Il existe de nombreuses définitions de la douleur. McCaffery, Beebe et Latham (1998) affirment que la douleur consiste en ce que la personne perçoit et qu'elle existe du moment que la personne en fait état. L'expérience de la douleur dépend de nombreuses variables, notamment de l'âge de la personne, de sa culture, de son sexe, de sa tolérance à la douleur, de sa perception, de même que de la situation en elle-même. La douleur est un phénomène multidimensionnel, à la fois physiologique et psychologique. Les réponses physiologiques à la douleur comprennent la tachycardie, la diaphorèse, la tachypnée et les variations de pression artérielle. Les réponses psychologiques incluent un schéma de réponses destinées à se protéger soi-même contre la douleur. La douleur devient le centre des préoc-

cupations, et l'individu adopte une position de protection visant à protéger la partie douloureuse. Une forte anxiété a tendance à accroître la perception de la douleur, et la personne cherchera un soulagement en faisant les cent pas, en agitant les mains ou en consommant de l'alcool ou de la drogue pour oublier la souffrance. Parmi les autres réponses psychologiques, notons une modification des processus de la pensée, des modifications de la structure du sommeil, la fatigue, la tension, l'agitation, des crises de larmes, ainsi qu'une crainte d'une intensification ou du retour de la douleur. Plusieurs auront tendance à penser que la douleur traduit une progression de la maladie (Black et Matassarin-Jacobs, 1997 ; Porth, 1998).

Personnes en phase terminale

Face à l'imminence de la mort, la détresse spirituelle constitue une réponse courante des clients atteints de maladie menaçant leur pronostic vital. Le chagrin est une réponse normale à la perte. Les altérations de la fréquence cardiaque et de la pression artérielle, tout comme les changements d'humeur et d'affect, comme la dépression, sont autant de manifestations du chagrin. Le passage de la vie à la mort peut s'étendre de plusieurs mois à un an ou davantage et comprend une série de crises et de paliers. Chaque crise se traduit par une anxiété accrue, chaque palier provoque un sentiment d'espoir.

Autres populations à risque de problèmes de santé par interaction psychologique-physiologique

Les autres populations à risque incluent les sans-abri, les individus occupant des emplois stressants (p. ex. policier, travailleur de la santé), les aidants naturels de personnes atteintes de maladie chronique ou en crise, ainsi que les individus exposés à des situations de violence.

27.2 DÉMARCHE DE SOINS INFIRMIERS

La démarche de soins infirmiers en six étapes constitue une méthode efficace pour recueillir les renseignements nécessaires aux soins, pour résoudre les problèmes, pour prendre des décisions et pour assurer aux clients des soins individualisés de meilleure qualité. La nature cyclique de la démarche de soins infirmiers réduit au minimum les erreurs et les omissions concernant les clients, grâce à une évaluation continue des réponses des clients et de leurs perceptions, pensées et sentiments. Les paragraphes suivants traitent de la démarche de soins auprès de personnes aux prises avec des problèmes de santé mentale dus à des problèmes d'ordre physiologique.

→ 27.2.1 Collecte de données

La collecte de données représente l'une des étapes essentielles de la démarche de soins infirmiers. L'infirmière recourt à des ressources diverses pour recueillir les données sur l'état de santé du client. La plupart des renseignements seront préférablement fournis par le client lui-même. L'investigation des antécédents doit inclure des questions se rapportant aux problèmes de santé actuels et leur impact sur les activités quotidiennes, de même que des question sur le réseau de soutien social et familial, la profession, la religion ou les croyances, et sur les antécédents ethniques et culturels (voir chapitre 7).

Au cours de la première entrevue, l'infirmière écoute le récit subjectif du client concernant ses symptômes et observe ses comportements verbaux et non verbaux. Lorsque le client ne peut fournir de rapport précis, l'infirmière peut faire appel à une personne-ressource (Fortinash et Holoday-Worret, 1999). Certaines manifestations physiques et comportementales permettent à l'infirmière de circonscrire un problème de gestion de stress (voir encadré 27.4). Ces informations sont ajoutées à la collecte de données dans le cadre de la démarche de soins infirmiers.

COMPRÉHENSION ET APPLICATION DE LA RECHERCHE

ENCADRÉ 27.4

Il semble que la qualité de la réponse de l'infirmière ait une influence sur les personnes souffrant de détresse, comme l'anxiété, la colère et la dépression reliées à un état de santé. Une étude a exploré la relation entre la perception du client de l'empathie de l'infirmière face à ses besoins et l'influence de cette empathie sur sa détresse. On a demandé à 70 infirmières en médecine ou en chirurgie de répondre à une série d'énonciations écrites concernant des situations hypothétiques. Par la suite, on a présenté à chacune d'entre elles une série de 13 vidéos de clients souffrant de détresse et on leur a demandé comment elles réagiraient devant chaque situation. On a ensuite évalué les réponses selon une échelle d'empathie. Le chercheur s'est ensuite présenté à l'unité hospitalière et a sélectionné un des clients dont l'infirmière s'occupait ce jour-là. Elle lui a communiqué les données personnelles de ce dernier et a fait état du temps passé avec celui-ci, y compris ses propres impressions concernant le client et la durée de temps passée avec lui.

Après avoir obtenu leur consentement, on a demandé aux clients de remplir trois questionnaires concernant les interactions avec l'infirmière. Ces outils étaient destinés à mesurer 1) leur perception de l'empathie, 2) l'expression de leurs sentiments et émotions, de même que 3) l'anxiété, la dépression et la colère. Les résultats ont montré que les infirmières ayant obtenu de bons résultats dans l'expression de l'empathie étaient également perçues par le client comme empathiques. Ces clients avaient tendance à afficher une détresse moindre. Ils se sentaient compris.

Il s'agit d'une des premières études établissant un lien entre la mesure de l'empathie de l'infirmière et les émotions du client.

Oslon, J. «Relationships between nurse-expressed empathy, patient-perceived empathy and patient distress», *Image J. Nurs. Sch.*, vol. 27, n° 4, p. 317, 1995.

On obtient également des renseignements à partir des rapports d'épreuves et de procédés diagnostiques, du dossier du client, et auprès des autres membres de l'équipe soignante.

L'analyse des données, organisées au préalable selon un ordre logique, constitue la dernière phase de la collecte de données. Les diagnostics infirmiers émergent de l'analyse des données et mettent en lumière les besoins effectifs du client.

➡ 27.2.2 Diagnostic infirmier

Le diagnostic infirmier consiste en une description méthodique d'un besoin ou d'un problème de santé auquel l'intervention de l'infirmière peut remédier. L'énoncé est rédigé de manière à relier le problème ou le besoin aux facteurs étiologiques. Par exemple, une personne peut souffrir d'anxiété modérée à grave (selon le diagnostic) liée aux effets d'un infarctus du myocarde ou à l'éventualité d'une opération à cœur ouvert (origine de l'étiologie). Les diagnostics infirmiers peuvent renvoyer à des problèmes de santé réels ou potentiels et peuvent servir de références étiologiques pour d'autres diagnostics infirmiers.

On a inclus récemment le concept de mieux-être et l'énoncé des forces de l'individu sur la liste de l'Association nord-américaine de diagnostic infirmier des diagnostics approuvés (ANADI, 1994). L'énoncé *motivation à s'améliorer* dans le diagnostic des stratégies d'adaptation familiale peut révéler que la famille s'adapte efficacement aux changements que la maladie d'un de ses membres lui impose. L'énoncé du diagnostic (p. ex. anxiété) est validé ultérieurement par la juxtaposition d'un facteur qualificatif (p. ex. grave). Le fait de formuler l'énoncé du diagnostic en respectant le format PES (*P* pour problème/besoin, *É* pour étiologie, et *S* pour signes et symptômes ou facteurs de risque) assure une rigueur scientifique et aide à éliminer les erreurs de jugement (Doenges et Moorhouse, 1992).

➡ 27.2.3 Résultats escomptés

Selon McFarland et McFarlane (1997), on détermine les résultats à partir des diagnostics. Chaque diagnostic infirmier peut comprendre plusieurs résultats escomptés pour le client, d'ordre physiologique, psychologique, cognitif, socioculturel, ou spirituel. Ces résultats doivent être exprimés en termes d'états de santé souhaitables pour le client, et ils doivent être précis. À titre d'exemple, voici deux énoncés précis: «Le client sera en mesure d'exprimer ses craintes concernant les répercussions de son récent infarctus du myocarde sur son mode de vie futur» ou encore «Le client reconnaîtra la relation entre l'anxiété et l'occurrence et l'intensité de la douleur». D'autres exemples de résultats escomptés pour un cardiaque incluront l'approfondissement de ses connaissances concernant les avantages d'une saine alimentation et de l'exercice ainsi que des techniques de réduction du stress.

➡ 27.2.4 Planification

La phase de planification consiste à établir des priorités en ce qui concerne les besoins, à fixer les objectifs découlant des diagnostics infirmiers, et à décider des moyens précis pour les atteindre. Le choix d'interventions infirmières les plus appropriées pour parvenir aux résultats physiologiques et psychologiques visés constitue l'étape suivante de la planification. Les interventions se basent sur les fondements et les normes scientifiques de soins et sont conçues pour répondre à un besoin particulier.

La planification de la sortie d'hôpital et des besoins à venir fait également partie du plan de soins. Elle est entreprise dès l'entrée du client dans le milieu de soins. La continuité des soins est essentielle après le retour du client au domicile.

➡ 27.2.5 Exécution

Au cours de la phase d'exécution, l'infirmière exécute les interventions qui ont été choisies au préalable. Un plan élaboré soigneusement doit laisser de la place à une certaine flexibilité. Dès lors, l'infirmière surveille constamment la réponse globale du client aux interventions afin d'apporter des modifications au plan de soins ou de le revoir au besoin.

Les contraintes de temps, les interruptions et d'autres facteurs peuvent limiter l'efficacité de l'intervention de l'infirmière. Ainsi, pour assurer une continuité des soins, la phase d'exécution exige de la part de l'infirmière la mise sur pied d'une documentation méticuleuse et concise et le signalement approprié aux autres membres de l'équipe soignante des progrès du client.

➡ 27.2.6 Évaluation

La phase d'évaluation détermine la pertinence des interventions, de même que le progrès du client. Le processus nécessite une réévaluation continue. Toutefois, de nouveaux problèmes peuvent surgir au cours de la réadaptation. La collecte de données, de nouveaux diagnostics ou la révision de ces derniers, de même que la formulation de nouveaux objectifs peuvent s'avérer nécessaires. On peut suggérer une physiothérapie, adresser le client à une infirmière en soins à domicile, aux services sociaux, à un groupe de soutien, etc. On doit réévaluer les priorités pour satisfaire aux besoins changeants en matière de soins.

La planification de l'arrêt des soins infirmiers s'effectue lorsque les résultats escomptés ont été atteints. La planification de la sortie d'hôpital consiste à assurer au client la continuation du suivi afin de répondre à tout besoin non

---

SOINS INFIRMIERS DANS LE MILIEU DE VIE

Aspect psychologique d'une maladie physiologique

ENCADRÉ 27.5

Lorsqu'un individu, encore affaibli, retourne chez lui après un séjour à l'hôpital, la dynamique familiale se trouve perturbée de plusieurs façons. Même le retour à la maison d'une femme et d'un nouveau-né après l'accouchement risque d'avoir un effet perturbateur sur la vie familiale, bien qu'il s'agisse généralement d'un événement positif à long terme. Il importe d'évaluer la perception qu'a le client de son niveau de fonctionnement afin de juger de sa congruence avec la perception des besoins de ce dernier par sa famille. En cas de trop grande disparité, le client risque d'épuiser toute son énergie pour essayer de correspondre aux attentes des autres, ou dans le cas inverse, la famille aura tendance à en faire trop en sapant l'autonomie du client. Dans tous les cas, l'infirmière communautaire en santé mentale doit être en mesure de faciliter la communication entre les divers membres de la famille pour en arriver à une évaluation réaliste de la situation du client et des implications sur sa santé mentale. Ce type d'intervention vise à prévenir les effets débilitants de la dépression associée à un affaiblissement physique.

Les maladies chroniques ne constituent pas seulement une atteinte physique, elles provoquent bien souvent des frustrations qui peuvent aller jusqu'à la dépression et au comportement suicidaire du client. Cela constitue une réelle difficulté pour l'infirmière en santé mentale travaillant dans le milieu de vie. En plus de soutenir le client, de l'encourager et de le soigner en raison de ses symptômes physiques, l'infirmière doit rester constamment attentive à son état mental et à celui de sa famille et de son réseau de soutien. La fluctuation des symptômes physiques provoque souvent des humeurs labiles. Le client risque alors de présenter un affect positif afin de masquer une dépression occultée. La collecte de données nécessite donc un questionnement direct si les émotions du client ne correspondent pas à son état physique. Il est possible d'intercaler des questions thérapeutiques en fournissant des renseignements sur l'état du client, la médication et ses effets secondaires.

Pour maintenir un état d'esprit relativement positif chez le client, on tiendra compte des facteurs suivants : la perception qu'il a de son degré d'autonomie, ses efforts fructueux pour réduire le stress, et les compensations fort limitées qu'apporte l'attitude de dépendance. Il faut chaque fois que possible favoriser l'indépendance du client, tout lui en offrant constamment de l'aide. En tant que membre de l'équipe soignante, le client doit prendre des décisions et recevoir toute l'information sur les choix possibles. On doit lui enseigner des techniques de réduction du stress, telles que l'imagerie visuelle ou le rêve éveillé dirigé ou encore la rétroaction biologique, afin de réduire son anxiété. Les contacts physiques, par exemple les massages, ont également un effet thérapeutique. On doit également proposer et encourager des activités agréables comme les passe-temps ou la lecture. Dans le but d'éduquer les soignants, l'infirmière doit donner l'exemple d'une attitude positive envers le client et sa famille afin d'encourager les interactions, de réduire la frustration et de minimiser les revendications.

Cliente souffrant d'une maladie terminale   ENCADRÉ 27.6

Anh Huyn, une Chinoise de 68 ans, souffre d'un cancer métastatique du col de l'utérus et se trouve maintenant en phase terminale à la suite d'une intervention chirurgicale, il y a deux ans, et d'une curiepuncture. On l'a hospitalisée pour une colostomie et pour soulager sa douleur. Anh Huyn réside depuis approximativement dix ans à Montréal et ne parle pas le français. Son mari le parle un peu ; certains des membres de sa famille sont en mesure de le parler, de l'écrire et de le lire. Elle est bouddhiste par conviction, mais ne fréquente aucun temple. Elle suit un régime asiatique normal. Le schéma ci-dessous regroupe les divers agents stressants et les phases de la démarche de soins infirmiers pour présenter une vue d'ensemble du plan de soins.

* Les diagnostics infirmiers comprennent, sans s'y limiter, les éléments suivants :
- Anxiété
- Image corporelle perturbée
- Incontinence fécale
- Communication verbale altérée
- Stratégie d'adaptation inefficace
- Dynamique familiale perturbée
- Peur
- Chagrin anticipé
- Risque d'infection
- Connaissances insuffisantes reliées au diagnostic et au traitement
- Alimentation déficiente
- Douleur
- Sentiment d'impuissance
- Interactions sociales perturbées
- Risque de détresse spirituelle
- Élimination urinaire altérée en raison des métastases

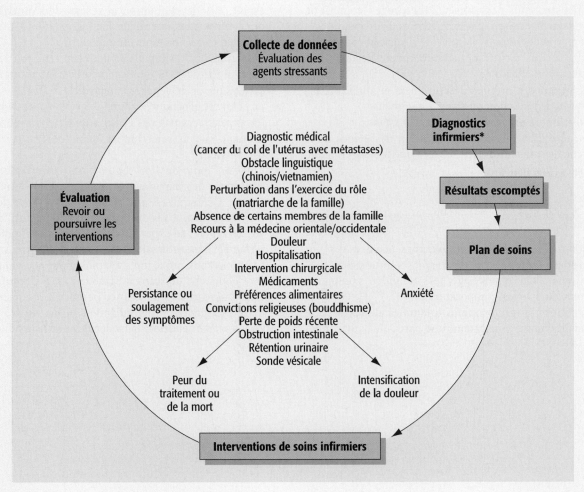

comblé. On prend des mesures de suivi et l'on enseigne aux aidants naturels et au client des méthodes favorisant la guérison et la santé future.

Pour relever le défi de la phase d'évaluation, il importe que les infirmières possèdent une connaissance étendue des réponses biologiques et comportementales de l'humain au stress. Elles doivent aussi tenir compte de l'influence qu'exercent les événements vécus, les conditions sociales et culturelles, l'échelle des valeurs et le système de croyances sur l'individu dans le maintien de sa santé et dans son adaptation aux événements stressants et à la maladie (McCloskey et Bulechek, 1996).

Le choix d'interventions infirmières spécifiques pour un client particulier fait partie du processus de prise de décision clinique. En s'occupant des besoins psychologiques d'un malade, l'infirmière doit être en mesure de :

- saisir le concept de stress ;
- reconnaître l'effet du stress dans les interactions esprit-corps ;
- connaître les facteurs altérant la résistance au stress ;
- formuler des plans réalistes pour renforcer les facteurs déterminants et les attitudes d'adaptation positives ;
- entreprendre des actions pour réduire le stress de l'individu ;
- instruire l'individu sur la manière de maîtriser les agents stressants personnels (« recadrage » cognitif de l'événement stressant par des activités de diversion) ;
- intégrer le client dans la prise de décision ; fournir un renforcement positif pour promouvoir des mesures d'adaptation efficaces ;
- reconnaître ses propres déséquilibres et appliquer les mesures de réduction du stress à elle-même ;
- choisir un mode de vie sain pour elle-même.

L'encadré 27.6 présente l'application des étapes de la démarche de soins infirmiers au cas d'une femme en phase terminale d'une maladie.

CONCEPTS-CLÉS

- Durant des siècles, les philosophes occidentaux ont considéré l'âme, le corps et l'esprit comme des entités distinctes. On a envisagé les individus comme la somme de diverses composantes.
- Par contre, les philosophies orientales abordent l'être humain comme constituant une partie de l'environnement ; les expériences passées et présentes ont une grande portée sur le comportement.
- Les soins holistiques représentent une fusion des approches occidentale et orientale de la santé, intégrant les traitements classiques, les médecines douces et les thérapies complémentaires.
- La théorie et les recherches ont établi l'existence de liens très forts entre le stress et la maladie.
- On considère le stress comme un stimulus et une réponse ; il est également perçu comme un défi ou une menace ; on a établi une relation directe entre un stress prolongé et des maladies psychologiques et physiologiques.
- La réaction d'un individu au stress varie et comprend un ensemble de réactions intégrées à la fois physiques, psychologiques et spirituelles.
- Les individus disposent de nombreuses stratégies d'adaptation pour réduire le stress et ses inconvénients.
- Les caractéristiques individuelles (tolérance, résilience, espoir, autodétermination et réseau de soutien) sont des composantes essentielles de l'adaptation au stress, à la maladie et à une mort imminente.
- Les stratégies d'adaptation peuvent être considérées comme efficaces ou inefficaces ; une adaptation inefficace risque de déclencher la maladie.
- Le potentiel génétique, culturel, les croyances religieuses, les expériences passées et les interactions avec autrui influent sur la sélection et l'emploi des stratégies d'adaptation.
- Certains individus présentent un risque accru de contracter des maladies psychologiques ou physiologiques. Ce risque est attribuable à la présence de problèmes de santé chroniques, aigus et multiples, au vieillissement, à l'expérience de la douleur, à la maladie terminale, aux professions stressantes, à la précarité de l'emploi et aux procédures technologiques de pointe.
- Une démarche de soins infirmiers efficace requiert de l'infirmière une connaissance poussée de la science et de la théorie des soins infirmiers et des autres disciplines, en particulier de la médecine et de la psychologie.

Anne St-Antoine
B.Ps., B.Éd.
Collège de Saint-Laurent

Chapitre 28

TROUBLES SÉVÈRES ET PERSISTANTS

OBJECTIFS D'APPRENTISSAGE

APRÈS AVOIR LU CE CHAPITRE, VOUS DEVRIEZ ÊTRE EN MESURE :

- DE DÉGAGER LES COMPOSANTES DE LA DÉSINSTITUTIONNALISATION QUI ONT GRAVEMENT AFFECTÉ LES PERSONNES SOUFFRANT DE TROUBLES DE SANTÉ MENTALE SÉVÈRES ET PERSISTANTS ;

- D'ABORDER LES RÉPERCUSSIONS PSYCHOLOGIQUES DES TROUBLES MENTAUX CHRONIQUES ET LEURS CONSÉQUENCES SUR LE CLIENT ET SA FAMILLE ;

- DE DÉCRIRE LES MANIFESTATIONS DES TROUBLES SÉVÈRES ET PERSISTANTS ET LEURS RÉPERCUSSIONS SUR LA CAPACITÉ DE L'INDIVIDU À SE PRENDRE EN CHARGE ;

- D'OBSERVER LES RAPPORTS ENTRE LA PAUVRETÉ, LES TROUBLES MENTAUX CHRONIQUES ET L'ITINÉRANCE ;

- DE FAIRE LA DISTINCTION ENTRE LE COMPORTEMENT DE PERSONNES ATTEINTES DE TROUBLES SÉVÈRES ET PERSISTANTS AYANT DÉJÀ ÉTÉ INSTITUTIONNALISÉES ET CELUI D'INDIVIDUS PLUS JEUNES N'AYANT QUE PEU D'EXPÉRIENCE DE CE TYPE DE TRAITEMENT ;

- D'APPLIQUER LA DÉMARCHE DE SOINS INFIRMIERS AUX CLIENTS SOUFFRANT DE TROUBLES SÉVÈRES ET PERSISTANTS.

MOTS-CLÉS

Contrainte chimique : emploi de psychotropes pour réduire ou éliminer les symptômes psychiatriques. La gestion pharmacologique des symptômes est une autre façon de décrire la contrainte chimique.

Désinstitutionnalisation : grand mouvement de réinsertion des clients psychiatriques dans la communauté, ayant débuté dans les années 60.

Double diagnostic : terme désignant un individu à qui l'on a diagnostiqué deux troubles psychiatriques primaires, le plus souvent lorsque l'un de ces diagnostics concerne l'alcoolisme ou la toxicomanie. À titre d'exemple, il peut s'agir d'un trouble lié à la toxicomanie et d'un trouble de l'humeur.

Idées d'influence : conviction erronée d'une personne croyant que ses pensées sont contrôlées par une force extérieure (p. ex., par un radar, des extraterrestres ou une autre personne).

Institutionnalisation : placement ou confinement d'une personne souffrant de troubles mentaux dans un établissement psychiatrique.

Intervention de protection : intervention de soins infirmiers visant à restreindre l'aire d'activité du client pour lui permettre de retrouver la maîtrise de son comportement. On peut demander au client de demeurer dans sa chambre, le conduire à la salle d'isolement ou encore utiliser la contention. Ce type d'intervention s'applique uniquement pendant les périodes d'extrême agitation, d'idéation suicidaire ou en cas de risque de violence envers soi-même ou envers autrui.

Malade mental chronique : appellation désignant l'individu qui présente des symptômes sévères et persistants de trouble mental.

Parasitaire : mode de vie s'exprimant par une dépendance totale envers un autre individu ou l'environnement pour l'ensemble de ses besoins.

Politique restrictive d'hospitalisation : composante du processus de désinstitutionnalisation qui limite l'admission aux unités psychiatriques aux personnes présentant un danger pour elles-mêmes ou pour autrui.

Sectorisation : composante du processus de désinstitutionnalisation limitant l'individu aux soins psychiatriques offerts dans son secteur de résidence.

Transinstitutionnalisation : conséquence secondaire à la désinstitutionnalisation par laquelle une personne atteinte de troubles mentaux est transférée dans une autre institution plus ou moins adaptée à ses besoins.

Trouble de santé mentale sévère et persistant : trouble psychiatrique chronique comportant des rémissions et des périodes de récurrence de symptômes graves et incapacitants.

Trouble du rythme veille-sommeil : inversion du rythme circadien ; l'individu dort le jour et est actif la nuit.

28.1 TROUBLES SÉVÈRES ET PERSISTANTS

Les troubles mentaux chroniques éprouvent profondément l'individu, les membres de sa famille, l'équipe soignante et la collectivité. Bien que tout diagnostic psychiatrique porte en soi la menace d'une affection incapacitante, celui d'un **trouble de santé mentale sévère et persistant** (un trouble psychiatrique persistant entrecoupé de rémissions et de périodes de récurrence de symptômes graves et invalidants) concerne le plus souvent les individus les plus gravement atteints (Birren et autres, 1992 ; Krauss et Slavinsky, 1982 ; Lipton et Cancro, 1995). Les troubles sévères et persistants représentent actuellement un problème social, médical et politique grave. Ces individus malades vivent dans un monde où ils doivent entrer en relation avec les autres, être en mesure de se procurer un toit et de pourvoir à leurs besoins essentiels. La gravité et la fréquence des symptômes psychiatriques influent directement sur la capacité de l'individu à s'intégrer dans la société. Si la société se soucie du bien-être d'une personne récupérant d'une maladie psychiatrique et réintégrant ses fonctions normales, elle rejette et exclut souvent les personnes atteintes de troubles mentaux chroniques (Kaplan et Sadock, 1998 ; Krauss et Slavinsky, 1982).

De tous les professionnels de la santé, ce sont les infirmières qui entretiennent les contacts les plus fréquents et les plus suivis avec les **malades mentaux chroniques**. Ces malades et leurs familles dépendent, plus que tout autre client, de la compassion et des soins professionnels des infirmières. Ces dernières les accompagnent dans leurs efforts pour s'adapter aux manifestations comportementales et émotionnelles de leur trouble. En même temps qu'elles aident ces personnes à surmonter les crises et les encouragent durant les périodes de rémission, les infirmières soutiennent également les familles obligées de cohabiter avec une personne perturbée dans son comportement et ses émotions.

28.1.1 Développement

Le psychiatre posera un diagnostic de maladie mentale sévère et persistante lorsqu'il est persuadé que l'individu souffrira de symptômes psychiatriques transitoires et récurrents tout au long de son existence. Ces symptômes passent souvent pour des comportements étranges (« Elle est comme cela ») sans qu'ils soient reconnus comme les manifestations d'un trouble mental. Les membres de la famille auront ainsi tendance à tolérer une série d'attitudes sans comprendre clairement qu'il s'agit d'un trouble psychiatrique. Il arrive même que les professionnels de la santé mentale ne mettent pas clairement en évidence la maladie de ces clients traités en consultation externe ou hospitalisés.

On établira souvent un diagnostic de trouble sévère et persistant rétrospectivement. Lorsque les symptômes ont duré suffisamment longtemps pour confirmer avec certitude une affection chronique, l'individu risque d'avoir connu plusieurs épisodes symptomatiques. En revoyant les antécédents de cette personne, son comportement et ses symptômes, un profil se dessine, révélant la chronicité et les conséquences du trouble mental en question. Ces épisodes apparaissent souvent comme les symptômes spécifiques d'un trouble mental global (Kaplan et Sadock, 1998; Lipton et Cancro, 1995; Rawnsley, 1991).

Caractéristiques diagnostiques

Les personnes atteintes de troubles mentaux chroniques souffrent de troubles émotionnels graves et récurrents qui compromettent leur capacité de vivre et d'agir de façon autonome. Cette définition englobe des troubles interférant avec la capacité de l'individu d'accomplir les activités de la vie quotidienne en rapport avec l'hygiène et les auto-soins, les relations interpersonnelles, les interactions sociales, l'apprentissage, les loisirs et l'autonomie financière. Les diagnostics sous-jacents aux troubles sévères et persistants comprennent la schizophrénie, les troubles de l'humeur, le trouble délirant, la démence et autres troubles cognitifs ainsi que d'autres troubles psychotiques. Les enfants présentent souvent les diagnostics suivants: trouble du développement profond, schizophrénie infantile, trouble de comportement et retard mental (American Psychiatric Association [APA], 1994; Kaplan et Sadock, 1998).

Conséquences de la désinstitutionnalisation

D'un point de vue psychologique, l'impact négatif d'une **institutionnalisation** à long terme sur l'état mental du client semble évident. L'arrivée des antipsychotiques (neuroleptiques) dans les années 60 a permis de mieux maîtriser les symptômes et d'obtenir une meilleure réponse à la psychothérapie. Finalement, les coûts élevés entraînés par les méga-institutions psychiatriques ont amené les gouvernements à croire que la communauté offrirait un milieu de vie plus approprié à nos malades chroniques.

En accord avec ce qui se passe en Europe et dans le reste de l'Amérique du Nord, le Québec entreprend son grand mouvement de **désinstitutionnalisation** en 1997. Le gouvernement élu prévoit la fermeture de 6 000 lits de psychiatrie, soit une réduction de 50 %.

Malheureusement, peu de ressources en santé mentale s'ajoutent, faute de fonds nécessaires à leur création.

Dans la seule région du Montréal métropolitain, on estime que 20 000 personnes fréquentent les soupes populaires, les centres de jour et les refuges. De ce nombre, plusieurs sont des « ex-psychiatrisés » souffrant de désorganisation chronique que les familles d'accueil, les foyers de groupe ou les logements supervisés ont refusés.

28.1.2 Manifestations psychologiques

Chaque personne souffrant de troubles de santé mentale chroniques présente de nombreuses manifestations psychologiques, cognitives ou comportementales découlant de la maladie, mais aussi de son expérience unique en tant qu'individu.

Opérations de la pensée perturbées

On définit les opérations de la pensée perturbées comme tout dérèglement empêchant l'individu de résoudre des problèmes et de penser logiquement. Il peut s'agir de troubles de la forme de la pensée (fuite des idées, mutisme, etc.), de son contenu (idées délirantes, **idées d'influence**, obsessions, etc.) ou encore de troubles perceptuels (hallucinations, dépersonnalisation, etc.). Ce type de dérèglement mental peut être transitoire, récurrent ou permanent. Les perturbations transitoires et récurrentes des opérations de la pensée posent de sérieux problèmes aux personnes souffrant de troubles mentaux chroniques qui tentent de vivre de manière indépendante.

Les personnes souffrant de troubles mentaux chroniques disposent de ressources limitées pour résoudre les problèmes quotidiens, en raison de leur manque d'aptitude à communiquer leurs pensées et leurs émotions. De plus, des agents stressants risquent de perturber encore davantage leur faculté d'adaptation (Kaplan et Sadock, 1998; Krauss et Slavinsky, 1982).

Diminution chronique de l'estime de soi

Il s'agit là d'un problème permanent chez les personnes souffrant de troubles sévères et persistants. Le trouble mental modifie la perception de soi-même et la capacité de trouver un sens à sa vie ou aux événements. Exclues de nombreuses activités sociales en raison de leur aspect et de leur comportement différents de celui des autres, ces personnes se considèrent comme inefficaces et vulnérables; un grand nombre d'entre elles sont parfaitement conscientes de leur déviance (Drew, 1991; Gerhart, 1990; Lefley, 1987; Mueser et Gingerich, 1994; Rawnsley, 1991). Celles qui obtiennent quelques résultats sont réticentes à poursuivre leurs efforts par peur de l'échec ou parce qu'elles sont persuadées qu'elles ne peuvent progresser (Bernheim et Lehman, 1985; Krauss et Slavinsky, 1982).

Solitude

Que la solitude résulte d'une volonté propre ou de l'évitement des autres, les personnes souffrant de troubles mentaux chroniques sont souvent isolées. « La solitude survient lorsque le besoin d'intimité n'est pas comblé. Elle paralyse les gens émotionnellement et les rend vulnérables »

(Copel, 1988). Les problèmes de relations sociales, l'impossibilité de prendre des décisions et une focalisation sur sa propre faiblesse ou sur celle des autres expliquent cette solitude. Les personnes atteintes, généralement incompétentes à exprimer leur solitude, auront tendance à se replier sur elles-mêmes par crainte de rebuffades. Elles montrent toutefois une grande détresse lorsqu'on leur demande de parler de leurs sentiments de solitude. La solitude est toujours une réalité difficile à assumer, mais les personnes atteintes de troubles sévères et persistants se sentent souvent incapables de modifier leur comportement ou leur existence pour briser le cercle de leur isolement (Copel, 1988).

Perte d'espoir

Les individus qui luttent contre un trouble mental majeur souffrent souvent d'un accablant mépris de soi et de désespoir. Ce mépris de soi survient lorsque la personne se rend compte de l'inutilité ou de l'insignifiance de tous ses efforts. Ce sentiment contribue à diminuer l'estime de soi de l'individu de même qu'à accroître son risque de dépression.

La perte d'espoir est un indicateur crucial d'un potentiel suicidaire à long terme (Kaplan et Sadock, 1998). Ce sentiment conduit la personne à penser qu'elle a peu d'options ou de choix envisageables. Elle est alors incapable de mobiliser l'énergie nécessaire pour dissiper les impressions de futilité et de désespoir (Fortinash et Holoday-Worret, 1999).

Dépression

Des épisodes dépressifs peuvent s'ajouter aux autres troubles mentaux chroniques, compliquant d'autant la vie de l'individu. On a défini la dépression comme « un état émotionnel caractérisé par le découragement, la tristesse, le mépris de soi, une lenteur ou une agitation psychomotrice, et divers degrés d'inaptitude à prendre soin de soi » (Kaplan et Sadock, 1998 ; McFarland et autres, 1992).

ALERTES La possibilité de suicide est toujours présente chez les schizophrènes qui souffrent souvent de dépression et qui sont aux prises avec un délire et des hallucinations leur enjoignant de se suicider (Torrey, 1995).

La dépression est attribuable à la prise de conscience par l'individu de son incapacité à s'adapter au monde. Les personnes frappées de troubles mentaux chroniques à l'âge adulte, après avoir établi des relations et connu des succès dans la vie, présentent un risque plus élevé de suicide durant les épisodes dépressifs. Lorsque la dépression s'associe à la schizophrénie ou à la maladie d'Alzheimer, le risque de suicide augmente grandement (voir chapitre 9).

Suicide

Les tentatives de suicide chez les personnes souffrant de maladie mentale chronique se produisent plus fréquemment en cas de troubles de l'humeur ou de schizophrénie. S'il arrive que ces malades expriment leurs tendances suicidaires durant leur séjour hospitalier, c'est après avoir quitté l'hôpital qu'ils risquent le plus de passer à l'acte (Roy, 1995). Cependant, toute personne exprimant des idées suicidaires ou ayant des antécédents suicidaires doit être considérée comme présentant des risques élevés de tentatives de suicide. Ce thème est abordé plus en profondeur au chapitre 25.

Dans les cas d'idées suicidaires, il est important d'examiner les fantasmes des clients pour comprendre la signification apportée à l'acte. Ce type de fantasmes inclut généralement un besoin de vengeance, de puissance, de maîtrise, de punition, de sacrifice, de réunion avec les morts ou de recherche d'une nouvelle vie. Les personnes qui ont perdu l'objet de leur affection, reçu une profonde blessure à leur amour-propre, ressenti les effets puissants de la rage et de la culpabilité ou qui s'identifient à un suicidé sont les plus susceptibles de se supprimer (Kaplan et Sadock, 1998).

28.1.3 Manifestations comportementales

Les personnes souffrant de troubles sévères et persistants ont souvent des difficultés à prendre soin d'eux-mêmes, à assurer leur hygiène personnelle, à entretenir des relations interpersonnelles et à conserver un travail. Leur comportement violent et parfois criminel les isole de leur famille et des services professionnels de santé mentale. De telles manifestations touchent les jeunes enfants de même que les adultes et les personnes âgées. Le degré d'atteinte permettra de déterminer l'étendue et la nature des manifestations comportementales de l'individu. Les personnes souffrant de troubles mentaux sévères et persistants qui reçoivent des psychotropes peuvent sembler plus autonomes lorsqu'elles sont hospitalisées que lorsqu'elles retournent dans leur milieu de vie. En cas de non-observance thérapeutique, les manifestations comportementales problématiques peuvent réapparaître. Il importe donc d'évaluer la nature et l'étendue des manifestations comportementales de l'individu dans la collectivité, telles que décrites par le client, sa famille ou ses soignants.

ALERTES Les personnes qui souffrent de schizophrénie sont davantage susceptibles de se suicider dans les cinq premières années de l'apparition des symptômes. Les individus les plus à risque sont ceux qui ont des périodes de rémission et de rechute, une bonne capacité d'introspection, qui ne répondent pas bien à la médication, qui sont isolés socialement et qui n'ont que peu d'espoir face à l'avenir (Torrey, 1995).

Activités de la vie quotidienne

Ces activités regroupent les aptitudes essentielles requises pour vivre de manière indépendante. Les personnes atteintes de troubles chroniques manquent souvent d'habiletés fondamentales en ce qui a trait, entre autres, à l'hygiène personnelle, aux bonnes manières à table et aux interactions sociales. Un comportement négligent à cet égard découle d'un manque de jugement, d'inattention ou d'un manque de motivation de leur part (Bellack et Mueser, 1986 ; Bernheim et Lehman, 1985).

Ce manque d'aptitudes essentielles rend l'individu incapable de se faire accepter socialement. Le fait de ne pouvoir s'intégrer influe négativement sur la qualité de vie de nombreuses personnes atteintes (Castle, 1997). Les schizophrènes sont ainsi fréquemment asociaux en raison de ce manque d'aptitudes sociales (Bachrach, 1996 ; Bellack et Mueser, 1986 ; Kousis et Eaton, 1997 ; Torrey, 1995).

Existence indépendante

Au cours du processus de désinstitutionnalisation, on pensait que la détérioration mentale était provoquée par l'hospitalisation à long terme. On négligeait le fait que nombre de personnes souffrant de troubles mentaux chroniques éprouvent de grandes difficultés à vivre en société. Pis encore, on a ignoré le fait que de tels individus souffriraient d'importantes exacerbations au cours de leur maladie (Belcher, 1991).

La survie personnelle dépend des capacités de la personne à gagner sa vie, à trouver un endroit pour vivre et à maintenir des relations interpersonnelles. Une grande proportion des personnes atteintes de troubles mentaux chroniques vivent dans des conditions de pauvreté et dépendent grandement du soutien d'autrui tant sur le plan personnel que financier (Hogstel, 1995 ; Lurigio et Lewis, 1989).

Observance thérapeutique

Les gens aux prises avec un trouble mental sévère et persistant trouvent souvent difficile de prendre régulièrement des psychotropes. Pour certains, cela provient d'un préjugé à l'égard de la médication ; en revanche, d'autres ont tendance à croire que leur état s'est tellement amélioré qu'ils n'ont plus besoin de médicaments (Ruscher, de Wit et Mazmanian, 1997). Les effets secondaires des médicaments constituent l'une des raisons principales de la non-observance thérapeutique (Piazza et autres, 1997). L'aptitude de l'individu à se rappeler de prendre ses médicaments en respectant la posologie, de même que son aptitude à comprendre la nécessité de la médication doivent être évaluées (So, Toglia et Donohue, 1997). La durée de la maladie et le niveau de scolarisation atteint avant les premières manifestations de la maladie augmentent la probabilité de comprendre la nécessité du traitement pharmacologique (Tempier, 1996). Les programmes d'éducation à l'automédication tendent à améliorer la prise régulière de médication (Hornung et autres, 1996 ; Ruscher, de Wit et Mazmanian, 1997).

Affections médicales chez les personnes atteintes de troubles sévères et persistants

Les personnes souffrant de troubles mentaux sévères et persistants risquent de présenter les mêmes problèmes physiologiques, obstétricaux, chirurgicaux et médicaux que la population en général. Il a été prouvé que ce groupe a un taux plus élevé de morbidité et de mortalité (Felker, Yazel et Short, 1996). On peut, dans certains cas, attribuer ce taux élevé de maladie au manque de connaissances et de vigilance à l'égard des signes et des symptômes de maladies courantes (Getty, Persese et Knab, 1998). Certains de ces individus ne savent même pas comment accéder au système de santé lorsqu'ils tombent malades et l'on risque parfois de ne pas reconnaître leur maladie lorsqu'ils viennent se faire soigner. Certaines données tendent à montrer que les clients psychiatriques ne reçoivent pas les mêmes quantités d'analgésiques que les autres clients lorsqu'ils sont hospitalisés pour un problème physique (Wise et Mann, 1996). Il importe donc de bien évaluer l'état physique et psychiatrique des clients hospitalisés. De nombreuses affections médicales risquent de passer pour des troubles psychiatriques ou encore d'exacerber ceux-ci. Les malades souffrant de troubles mentaux chroniques présentent un taux de mortalité plus élevé que le reste de la population en raison d'affections médicales qui ne sont ni diagnostiquées ni traitées, et à cause de leur comportement autodestructeur (Dembling, 1997 ; Felker, Yazel et Short, 1996).

Emploi

L'emploi constitue un facteur clé de la réadaptation des personnes atteintes de troubles sévères et persistants puisqu'il procure un sens et une structure à la vie de l'individu. Toutefois, pour obtenir un emploi, il faut être capable de se rendre au lieu de travail, de remplir un formulaire de demande d'emploi et de passer une entrevue. Certaines personnes atteintes de maladie mentale chronique n'ont pas reçu de formation professionnelle, tandis que d'autres ne sont pas en mesure de réintégrer leur emploi antérieur. Lorsqu'elles parviennent à obtenir un poste, elles ont souvent du mal à le conserver. L'incapacité d'obtenir un emploi constitue une difficulté majeure pour le client psychiatrique et contribue de façon importante à la détérioration de sa qualité de vie (voir figure 28.1).

Tout semble indiquer que les personnes qui obtiennent un emploi dans un programme assisté comprenant un travail et des services d'aide professionnels sont plus à même de conserver leur poste.

Vie dépendante de la famille

Plusieurs personnes atteintes de troubles mentaux chroniques vivent avec leur famille. L'évolution du traitement de ce type de clients est passée de l'hospitalisation à long terme à une brève hospitalisation suivie de traitements externes. Les professionnels de la santé mentale considèrent la famille comme un premier recours pour les individus atteints de troubles sévères et persistants. On attend des membres de la famille qu'ils assurent les activités de soins comme l'évaluation, le suivi de l'observance thérapeutique tout en se faisant le défenseur de leurs intérêts (Saunders, 1997). Cependant, toutes les familles ne sont pas en mesure de s'adapter aux

FIGURE 28.1 Les personnes souffrant de troubles mentaux sévères et persistants éprouvent des difficultés à obtenir et à conserver un emploi stable et dépendent des autres pour subsister.
Copyright Cathy Lander-Goldberg, Lander Photographics

nombreuses demandes d'un membre souffrant de troubles mentaux sévères et persistants. La présence du malade à la maison draine les ressources personnelles, émotionnelles et financières des proches. Dans certains cas, la famille est dysfonctionnelle et s'avère incapable de fournir le moindre soutien à l'individu atteint.

Il arrive que les personnes souffrant de troubles sévères et persistants se soient mariées et aient eu des enfants avant ou durant l'apparition de symptômes psychiatriques importants. Il est possible qu'elles soient hospitalisées à répétition ou suivies dans des cliniques externes. Leur conjoint doit vivre avec un adulte au comportement imprévisible et parfois même singulier. Durant les périodes d'exacerbation, la personne atteinte doit recevoir des soins fréquents et être étroitement surveillée. La présence d'enfants au domicile constitue un grand stress pour toutes les personnes concernées (Torrey, 1988).

Certains individus souffrant de troubles de l'humeur sont en mesure de conserver un emploi; ils sont néanmoins incapables de dissimuler leur trouble aux membres de leur famille.

Les enfants des personnes souffrant de troubles sévères et persistants sont plus susceptibles de souffrir eux-mêmes de la maladie. L'affection psychiatrique d'un des parents a des conséquences importantes sur leur développement (Powell, 1998). On a pu établir une corrélation entre une vie familiale instable et l'apparition de maladie mentale chronique chez les enfants. Ceux-ci sont également plus à risque d'être maltraités. L'environnement familial et la capacité d'adaptation des membres de la famille à la maladie mentale de l'un d'entre eux doivent être évalués (Krauss et Slavinsky, 1982).

Le comportement des personnes atteintes peut être passif ou hostile. Certains individus vivent selon un mode **parasitaire** (totalement dépendants de quelqu'un d'autre pour leurs moindres besoins), sont apathiques et demeurent dans un isolement volontaire à l'intérieur de l'unité familiale. D'autres peuvent refuser de prendre leurs médicaments et vivent dans un profond désespoir et une détresse totale. La pensée délirante, les comportements bizarres stéréotypés et les troubles de l'alimentation contribuent à perturber la vie familiale (Lipton et Cancro, 1995). Il arrive parfois que ces personnes adoptent un comportement hostile, agressif et violent envers les membres de la famille. Le **trouble du rythme veille-sommeil** (un renversement des modes de sommeil conduisant l'individu à dormir le jour et à être actif la nuit), les fugues, une mauvaise hygiène personnelle et le vandalisme constituent quelques-uns des comportements frustrants qui désorganisent les familles (Bernheim et Lehman, 1985; Krauss et Slavinsky, 1982; Lefley, 1987; Steinglass et Horan, 1988).

Sexualité

Les troubles de santé mentale sévères et persistants s'accompagnent de nombreux problèmes sexuels et relationnels (Bhui, Puffett et Strathdee, 1997). Les gens atteints ont des pulsions sexuelles normales, mais peuvent s'avérer incapables de discerner les réactions sexuelles appropriées. Ils peuvent vivre dans la promiscuité sexuelle ou encore être victimes de l'exploitation des autres en raison de leurs besoins d'acceptation et d'affection. Ils courent également un risque de contracter l'infection au VIH et les autres infections transmises sexuellement (Carey et autres, 1997).

Le viol est un phénomène courant chez les femmes souffrant de maladie mentale chronique en raison de leur difficulté à discerner les avances sexuelles inappropriées. Des grossesses peuvent survenir durant les hospitalisations, augmentant encore davantage les agents stressants pour toutes les personnes concernées (News, 1997). Ces femmes sont moins bien informées sur la menstruation, sur les moyens contraceptifs ou sur le dépistage des cancers du sein ou du col de l'utérus (Ritsher, Coursey et Ferrell, 1997). Elles sont sujettes aux grossesses non désirées et reçoivent moins de soins prénataux. Ces femmes sont davantage à risque d'être exposées à des comportements violents et ont rarement un partenaire stable (Gold Award, 1996 ; Miller et Finnerty, 1996 ; Ritsher, Coursey et Ferrell, 1997).

Certaines personnes souffrant de troubles mentaux chroniques peuvent également se rendre coupables d'actes sexuels répréhensibles. Ces individus se masturbent ou exposent leurs organes génitaux de manière offensante ou menaçante pour les autres (Bernheim et Lehman, 1985 ; Isaac et Armat, 1990). Afin de limiter ce type de comportement sexuel agressif, on a eu recours à la punition, à la stigmatisation et à la castration chimique. La prise de médroxyprogestérone (Provera, Depo-Provera) ou de cyprotérone (Androcur) peut réduire la pulsion sexuelle d'un individu et correspond à une castration chirurgicale.

Comportement violent et criminel

Les personnes atteintes de maladie mentale chronique se rendent coupables d'un nombre disproportionné d'actes violents ou criminels qui révèlent un manque de jugement et de maîtrise de soi (Isaac et Armat, 1990). Il arrive qu'elles agissent ainsi en réaction à des menaces perçues mais imaginaires (Green, 1997). Leur violence peut présenter un danger pour les membres de la famille ou pour les soignants ; les enfants peuvent devenir la cible d'agressions verbales et physiques. Ce comportement violent rend souvent la vie en collectivité difficile voire totalement impossible. Les personnes qui ont fait l'objet d'un double diagnostic (p. ex., qui souffrent à la fois de troubles mentaux et d'alcoolisme ou de toxicomanie) sont plus à risque de violence (Bernheim et Lehman, 1985 ; Issac et Armat, 1990 ; McFarland et autres, 1989 ; Tardiff, 1984).

Plusieurs personnes souffrant de troubles sévères et persistants sont bien connues du système judiciaire (McFarland et autres, 1989 ; Tardiff, 1984). Elles commettent des crimes pour de multiples raisons : un manque de maîtrise de leurs pulsions, des passages à l'acte allant de la mauvaise conduite à la violation du droit de propriété, en passant par le trouble de la paix publique. Certaines auront tendance à faire du vol à l'étalage ou à la tire ou encore à s'adonner à la prostitution pour survivre (Lurigio et Lewis, 1989).

Un certain nombre de personnes atteintes de troubles mentaux chroniques commettent des délits constituant une menace pour la sécurité publique, comme le vol par effraction, les agressions, le viol et le vol à main armée. Les jeunes atteints de maladie mentale chronique qui ont reçu peu de traitements auront davantage tendance à commettre des actes violents. Les trois principaux facteurs prédictifs de violence sont des antécédents de violence, l'alcoolisme ou la toxicomanie et la non-observance thérapeutique. Aux États-Unis, chaque année, un millier de personnes sont assassinées par des personnes souffrant de troubles mentaux chroniques (Torrey, 1996).

De nombreux meurtres ont été commis par des individus qui subissent une perte de contact avec la réalité, qui maîtrisent mal leurs pulsions et qui sont toxicomanes. En raison des politiques restreintes d'hospitalisation, de nombreux individus violents sont traités durant une brève période pour ensuite être renvoyés dans leur milieu. Leurs crimes sont souvent commis sous l'influence de délires et d'hallucinations, quand ils se croient chargés de commettre certains actes. D'autres ont un comportement criminel parce qu'ils sont incapables de maîtriser leurs pulsions (Kaplan et Sadock, 1998 ; Silva, Leong et Weinstock, 1997).

Après avoir commis un acte criminel, les personnes atteintes de troubles mentaux chroniques sont plus susceptibles de se retrouver en prison que dans un établissement psychiatrique. Même en prison, ces personnes conservent le droit d'accepter ou de refuser leurs médicaments. La Charte des droits et libertés entre ici en conflit avec le droit des membres d'une famille de vivre sans peur d'être blessés ou que d'autres ne le soient (Isaac et Armat, 1990 ; Lurigio et Lewis, 1989 ; Tardiff, 1984).

28.1.4 Problèmes particuliers

La population de personnes atteintes de troubles mentaux chroniques se compose de sous-groupes aux prises avec des problèmes particuliers uniques qui limitent leur capacité à répondre aux interventions psychiatriques.

Retard mental

Un quotient intellectuel inférieur à 70 associé à des troubles d'adaptation et de fonctionnement qui apparaissent avant l'âge de 18 ans constituent les caractéristiques essentielles du retard mental. Les déficits cognitifs et les dysfonctions neurologiques sont révélés par un manque dans le domaine de la pensée concrète. Les personnes souffrant d'un retard mental léger à modéré semblent être les plus susceptibles de souffrir de troubles mentaux. Le conflit entre les attentes de l'individu et ses aptitudes réelles risque de provoquer un stress permanent. Outre les différents troubles de la personnalité (TP), la personne souffrant de retard mental et de maladie mentale est exposée à des troubles de l'humeur et même à des troubles psychotiques. Diverses sources signalent qu'au moins 40 % des individus souffrant de retard mental satisfont aux critères d'au moins un trouble psychiatrique (Kaplan et Sadock, 1998). Chez ce type de personnes, la dépression et les troubles psychotiques ne sont pas toujours décelés (Szymanski et Croker, 1995). On rapporte souvent une diminution du fonctionnement du système nerveux central chez ces clients. La masturbation excessive et l'automutilation sont souvent associées à une dysfonction neurologique sous-jacente (Gorman, 1997). Le traitement de cette population spécifique requiert une approche interdisciplinaire.

Troubles sensoriels et problèmes de communication

Les individus souffrant d'un déficit sensoriel sont aux prises avec des difficultés de communication même lorsqu'ils jouissent d'une bonne santé mentale. Il n'est donc pas surprenant d'apprendre que les individus atteints d'un trouble sévère et persistant accompagné d'un déficit auditif ou visuel courent le risque d'être hospitalisés plus longtemps et d'être moins bien soignés (Dickert, 1988 ; Fitzgerald et Parkes, 1998). On cite des cas où des malentendants sont restés en institution durant des années avant que l'on reconnaisse que leurs déficits sociaux ne provenaient pas d'une maladie mentale. Tout individu présentant des symptômes de maladie mentale chronique devrait faire l'objet d'une évaluation médicale poussée avant qu'un diagnostic final soit posé.

Personnes âgées

Ce groupe de clients comprend à la fois ceux qui souffrent de troubles mentaux depuis des décennies et ceux chez qui on a diagnostiqué un trouble de santé mentale après l'âge de 50 ans. En raison de son caractère insidieux, l'apparition d'un trouble mental chez une personne âgée peut souvent passer inaperçue aux yeux des membres de sa famille ou des soignants. La dépression constitue un problème grave chez les gens âgés et l'on se doit d'intervenir de façon appropriée pour réduire les risques de suicide. La schizophrénie se manifeste habituellement durant la jeunesse et, en conséquence, de nombreuses personnes vieillissent avec cette maladie (Harvey et autres, 1997). Néanmoins, il arrive que la schizophrénie ne se manifeste pas avant l'âge de 45 ans (Harris et Jeste, 1995). Les proches des personnes âgées souffrant d'une maladie mentale chronique en deviennent souvent les principaux soignants, ce qui les place dans une situation fort difficile (Krach et Yang, 1992 ; Post, 1995).

La maladie d'Alzheimer et les autres démences représentent les maladies mentales chroniques les plus répandues chez les personnes âgées. Pas moins de 20 % des personnes ayant dépassé 80 ans souffrent d'une forme quelconque de démence. Il s'agit d'une maladie sournoise exigeant une évaluation et un diagnostic minutieux (Kaplan et Sadock, 1998 ; McPherson, 1995). Les modifications du comportement, de même que les pertes de mémoire et la désorientation, préoccupent les conjoints et les enfants, inquiets pour la sécurité des personnes atteintes. Certains clients sont en proie à une telle agitation qu'un traitement intensif s'impose (Mintzer et autres, 1997). À mesure que les déficits cognitifs progressent, la personne peut être terrorisée par ses proches, devenus des étrangers à ses yeux. Il va sans dire qu'un tel comportement perturbe gravement le conjoint et les enfants adultes (Small, 1995).

Toxicomanie

Les personnes atteintes de troubles sévères et persistants qui souffrent d'alcoolisme ou de toxicomanie sont parmi les plus difficiles à traiter, tant sur le plan psychiatrique que lorsqu'il s'agit de programmes de lutte contre la dépendance. Les personnes présentant un **double diagnostic** ont

des taux d'hospitalisation élevés. Le taux d'alcoolisme ou de toxicomanie est bien plus élevé parmi les personnes atteintes de troubles mentaux chroniques que dans le reste de la population. La coexistence de la toxicomanie et de la maladie mentale annonce un pronostic sombre. La prise de drogues peut causer une distorsion des symptômes et affaiblir la maîtrise des pulsions. Ces personnes ont souvent des conditions de vie instables ; elles sombrent fréquemment dans l'itinérance et tendent à avoir un comportement violent et criminel. Elles sont également beaucoup plus difficiles à soigner que les personnes atteintes d'un seul trouble psychiatrique (Caton et autres, 1989 ; Osher et Kofoed, 1989).

28.1.5 Enfants et adolescents

On considère généralement le diagnostic de troubles sévères et persistants comme s'appliquant à des adultes. Cependant, nombre de maladies mentales chroniques apparaissent durant l'enfance ou l'adolescence. Des enfants de plus de cinq ans peuvent souffrir de schizophrénie et les troubles bipolaires peuvent parfois être associés à d'autres diagnostics comme les troubles de comportement. Dans le cas où les parents souffrent de trouble bipolaire, on a tendance à ignorer les symptômes des enfants jusqu'à ce que ceux-ci s'aggravent (Cogan, 1998 ; Faedda et autres, 1995).

Le plus souvent, les enfants présentant une maladie mentale chronique à un jeune âge en seront affectés tout au long de leur existence. Il est fréquent que l'on ne reconnaisse que rétrospectivement les manifestations d'un trouble mental chez les adolescents. Nul besoin de spécifier les ravages causés par la maladie chez ces jeunes, dans leurs familles et dans la société (Angold et autres, 1998).

Enfants

Il est difficile d'imaginer ce qu'affrontent quotidiennement les enfants atteints de troubles mentaux chroniques. Le mot *chronique* renvoie, à la fois, à la durée anticipée du suivi, à une catégorie de diagnostics et à un ensemble de comportements (Koret, 1981). La liste des symptômes comprend les problèmes interpersonnels, les difficultés scolaires ou d'apprentissage, les comportements déviants ou qui ne concordent pas avec le niveau de développement de l'enfant. Ces problèmes sont sérieux et persistent généralement. Il est même parfois difficile de faire la distinction entre les comportements d'enfants gravement perturbés et les comportements de ceux qui souffrent de déficit auditif ou visuel, ou de lésion cérébrale (Kauffman, 1981 ; Koret, 1981 ; Silver, 1988 ; Szatmari, 1995).

La plupart des enfants atteints de troubles sévères et persistants ne peuvent récupérer et revenir à un niveau de fonctionnement optimal antérieur pour la simple et bonne raison qu'à aucun moment de leur développement les fondements de leur personnalité n'auront atteint un niveau correspondant à leur âge. Incapables de développer les habiletés de base requises pour leur développement, ces enfants ont tendance à souffrir de déficits de la personnalité et du développement social (Kaplan et Sadock, 1998 ; Koret, 1981 ; Szatmari, 1995). Leur vie n'est souvent faite que de pensées terrifiantes, d'une peur constante de l'échec et d'une profonde tristesse. Ils vivent dans la crainte de leur propre agressivité et de celle des autres. Les enfants souffrant de ces troubles inquiètent à la fois les autres enfants et les adultes, parce qu'ils sont perçus, à juste titre, comme des menaces physiques. Ils sont difficiles à approcher en raison de leur comportement morose, agressif, abusif, ingrat et exigeant (Enzer, 1988).

Les troubles de l'humeur, la schizophrénie, les troubles de comportement et l'autisme font partie des troubles psychiatriques survenant durant l'enfance (Caton et autres, 1989 ; Kaplan et Sadock, 1998 ; Szatmari, 1995).

Les enfants atteints de troubles sévères et persistants ont une image très négative d'eux-mêmes : ils se jugent méchants ou déficients, et certains vont même jusqu'à ne pas se considérer entièrement humains. La gamme de leurs problèmes comportementaux va du retrait quasi total à des actes agressifs dirigés envers soi-même et envers autrui (Kaplan et Sadock, 1998 ; Kauffman, 1981).

ALERTES Les adolescents qui essaient de se suicider et ceux qui y parviennent présentent des caractéristiques similaires. Ces adolescents souffrent le plus souvent de troubles bipolaires ou de schizophrénie. Ceux qui sont atteints de troubles de l'humeur ou de toxicomanie et qui ont des antécédents de comportement agressif font partie des clients à risques élevés. Chez les filles, la dépression est un facteur de risque sérieux. Les garçons présentent souvent des états psychopathologiques plus graves que les filles qui se suicident (Kaplan et Sadock, 1998).

Adolescents

Pour de nombreux jeunes gens, l'adolescence est une période difficile et tumultueuse. Les jeunes atteints de troubles psychiatriques posent un défi considérable à leur famille et aux professionnels de la santé lorsqu'ils traversent cette période de transition marquée par les changements hormonaux et les difficultés relationnelles. Les troubles de comportement à l'adolescence sont souvent associés à l'apparition d'un trouble bipolaire. Ces adolescents vivent de nombreux bouleversements provoqués par les actes criminels, la toxicomanie et un comportement agressif et autodestructeur (Hodgman, 1996).

Lorsqu'ils tentent de comprendre le comportement de leur jeune, les membres de la famille risquent de ne pas reconnaître tout de suite les symptômes de la maladie mentale. Les troubles psychiatriques susceptibles d'apparaître durant l'adolescence comprennent la schizophrénie, les troubles bipolaires, les troubles de comportement et la toxicomanie.

La formation professionnelle (métiers) peut s'avérer bénéfique étant donné qu'elle répond au besoin de ces jeunes gens d'avoir une activité constructive (Lloyd et Bassett, 1997).

28.1.6 Personnes sans-abri

Nombre de sans-abri souffrant de troubles mentaux sévères et persistants ont déjà été institutionnalisés. Cependant, un nombre croissant d'itinérants sont des jeunes souffrant de psychopathologies sévères et persistantes auxquelles s'ajoutent des problèmes de toxicomanie ou d'alcoolisme. La pauvreté, le chômage et la réduction du nombre de lits en santé mentale et en psychiatrie (**politique restrictive d'hospitalisation**) contribuent à transformer en sans-abri les personnes atteintes de troubles mentaux chroniques qui s'avèrent incapables de maintenir des conditions de vie stables. Chez ces sans-abri, on établit fréquemment un diagnostic primaire de toxicomanie. Toutefois, pour nombre d'entre eux, on conclut à un double diagnostic (Cohen et Thompson, 1992 ; Fischer et Breakey, 1986).

Les sans-abri souffrant de maladie mentale sont les êtres les plus déshérités de notre société actuelle. Incapables de raisonner clairement, de prendre des décisions appropriées et de se procurer des médicaments, des traitements ou un abri, ils errent dans les rues de nos grandes villes.

La récession et le manque de logements à prix raisonnable ont contribué à augmenter la population des femmes sans-abri. Il s'agit, la plupart du temps, de célibataires ou de femmes âgées souffrant de maladies mentales évidentes. Les femmes itinérantes célibataires souffrant de maladie mentale ont des antécédents comparables à ceux des hommes, c'est-à-dire un taux élevé d'alcoolisme ou de toxicomanie s'accompagnant d'un trouble de la personnalité ou d'un autre trouble mental. Il arrive qu'elles se joignent à un ou plusieurs hommes pour des raisons de camaraderie et de sécurité, ou qu'elles restent solitaires, vivant dans la crainte d'une agression ou d'un acte violent. Les femmes âgées itinérantes qui sont atteintes de maladie mentale n'ont, pour la plupart, plus de contact avec leur famille, leurs amis ou avec les professionnels de la santé (Strasser, 1978). Ce sont des clochardes (*bag ladies*) qui transportent toutes leurs possessions dans des sacs de plastique, des paniers à provisions, des chariots d'épicerie (voir figure 28.2). Elles sont davantage susceptibles de souffrir de troubles psychotiques secondaires à l'alcoolisme.

28.1.7 Personnel soignant

On retrouve les personnes souffrant de troubles sévères et persistants à domicile, dans les foyers de groupe, dans les appartements supervisés, dans les centres hospitaliers (CH), dans les établissements psychiatriques (Hôpital Louis-H. Lafontaine, Hôpital Douglas, Hôpital Rivière-des-Prairies, Centre hospitalier Robert-Giffard, etc.), dans les établissements correctionnels (Institut Philippe-Pinel, Bordeaux, Parthenais, etc.) et finalement, dans les centres hospitaliers de soins de longue durée (CHSLD). Au Québec, l'accès aux soins psychiatriques fait l'objet d'une

FIGURE 28.2 De nombreux sans-abri souffrent de troubles de santé mentale chroniques. Ils sont isolés socialement et on peut souvent les voir transportant tous leurs biens personnels dans des sacs ou des chariots.
Copyright Cathy Lander-Goldberg, Lander Photographics

sectorisation. Dans chacun de ces contextes, la nature des soins infirmiers requis et prodigués est différente, selon la mission de l'établissement.

Établissements psychiatriques

En dépit de la désinstitutionnalisation, les hôpitaux fournissent encore la majorité des soins psychiatriques. Le milieu hospitalier psychiatrique conserve un rôle important pour le traitement des maladies mentales graves. Il fournit un environnement thérapeutique structuré, destiné à pourvoir aux besoins des individus en ce qui touche aux soins, à la protection et à la supervision. Certains milieux sont dotés d'une unité de soins intensifs où le ratio infirmière/clients permet l'apport de soins adéquats dans un environnement où les stimuli sont réduits au minimum. Il offre aussi à la famille la possibilité de rencontrer les membres de l'équipe soignante et de recevoir soutien et conseils (Menninger, 1995).

Le syndrome de la « porte tournante » se manifeste chez bon nombre de clients hospitalisés à court terme qui sortent dès que leurs symptômes ont disparu. Des gens atteints de troubles chroniques reçoivent ainsi des soins épisodiques destinés à éliminer leurs symptômes et sont ensuite renvoyés à leur famille, aux programmes communautaires ou encore abandonnés à eux-mêmes (Saunders, 1997).

Hôpitaux généraux

Les unités psychiatriques des hôpitaux généraux sont habituellement dotées d'une salle d'isolement et de contention, afin d'empêcher les clients agités de se blesser eux-mêmes ou de blesser autrui. La mise en isolement est une **intervention de protection** qui place l'individu dans un milieu exempt de stimuli afin de lui permettre de retrouver la maîtrise de son comportement le plus rapidement possible.

Suivi

Les programmes de suivi comprennent une gamme de programmes communautaires et de services allant de l'hôpital de jour aux suivis à domicile. La nature et le type des programmes d'une collectivité dépendent de sa taille ainsi que de ses capacités financières. La plupart du temps, les services de consultation externe se trouvent en annexe aux centres hospitaliers.

De nombreux programmes communautaires ont été mis sur pied ; certains comprennent des services de soins partiels associés à des soins de jour dans les hôpitaux, l'individu retournant chez lui pour y passer la nuit. Ce type de programme privilégie surtout une amélioration des aptitudes de la personne atteinte à vivre en société (Marshall et Demmler, 1990 ; Menninger, 1995). Les autres modes de résidence comprennent, entre autres, des logements qu'un professionnel de la santé (infirmière, éducateur, etc.) visite une fois par jour ou à intervalles réguliers. Dans d'autres cas, l'intervenant réside sur place afin d'aider les résidants à résoudre leurs problèmes domestiques ou interpersonnels. Il existe aussi, dans plusieurs grandes villes du Québec, les programmes SIM (suivi intensif dans le milieu) dans le cadre desquels les intervenants se rendent au domicile des clients et assurent un suivi de l'état de santé. Ils apportent aussi un soutien psychologique et social à des gens souvent sans le sou et sans contacts sociaux. Le suivi communautaire diminue le taux de réhospitalisation en favorisant l'observance thérapeutique, la gestion de la crise, la résolution des problèmes lorsqu'ils surviennent, etc.

Refuges pour sans-abri

D'autres types de programmes communautaires fournissent des services aux personnes souffrant de troubles de santé mentale chroniques : les refuges (Old Brewery Mission, La Maison du Père, l'Armée du Salut, Le Chaînon, etc.), les soupes populaires et les programmes de traitement pour alcooliques et toxicomanes (DOMRÉMY, les AA, etc.). Les refuges sont en mesure de fournir le repas du soir, des vêtements propres et un endroit pour prendre une douche, mais ne disposent pas de personnel ou de services pour encadrer les sans-abri violents ou psychotiques.

Placement en famille d'accueil

Le placement en famille d'accueil constitue une solution temporaire ou permanente pour sortir l'enfant, l'adolescent ou l'adulte souffrant de maladie mentale chronique d'un environnement dangereux. Les jeunes atteints de troubles mentaux chroniques risquent en effet d'être maltraités par leurs parents ou leurs frères et sœurs. Le placement familial et thérapeutique doit être choisi de manière à assurer la sécurité de l'enfant (Gross, 1995). Les adultes qui courent des risques élevés chez eux doivent être mis en placement familial pour recevoir les soins physiques appropriés et connaître des relations interpersonnelles normales (Green, 1995b).

Centres hospitaliers de soins de longue durée (CHSLD)

La désinstitutionnalisation s'est soldée, en particulier, par un transfert des clients d'une institution à une autre, ce que l'on a nommé **transinstitutionnalisation**. N'étant pas conçus pour accueillir des gens atteints de troubles chroniques, les CHSLD ne disposent pas d'un personnel formé pour traiter une clientèle souffrant de symptômes psychotiques. Le personnel y fait donc largement usage de **contrainte chimique** (l'emploi de psychotropes pour réduire ou éliminer les symptômes psychiatriques). La clientèle âgée atteinte de troubles chroniques reçoit moins de soins au moment de son admission dans un CHSLD que les individus alertes et conscients de leur environnement. Les premiers risquent de se voir prescrire des posologies ou des médicaments inappropriés qui causeront des manifestations comportementales. Ce type de clientèle pose souvent des problèmes de comportement perturbateur et requiert l'attention d'un psychogériatre et d'infirmières spécialisées dans le domaine. Il existe également un risque de négligence ou d'abus physique envers ce type de clients dans les centres où les membres du personnel ne sont pas suffisamment préparés ou supervisés.

Pénitenciers et établissements de détention

Les dernières statistiques indiquent qu'un pourcentage élevé des personnes incarcérées dans les établissements pénitenciers souffre de troubles sévères et persistants. La plupart de ces délinquants présentent de lourds antécédents de maladie mentale et sont incapables de vivre en société. Une grande proportion de ces malades n'a pas non plus de domicile fixe (Jordan et autres, 1996 ; Lamb et Weinberger, 1998 ; Teplin, Abram et McClelland, 1996). Il va sans dire que l'emprisonnement de ces individus pose de sérieux problèmes au système pénitentiaire.

Certains individus incarcérés dans les centres de détention ont été arrêtés pour des infractions mineures. Lorsqu'il appert que ces contrevenants souffrent de maladie mentale chronique, ils sont généralement envoyés dans un établissement psychiatrique (de préférence à une unité psycholégale) pour y être traités sous mandat du Lieutenant-gouverneur.

Nombre de gens atteints de troubles mentaux chroniques purgent de longues peines de prison en ne recevant qu'un minimum de soins. Nos prisons semblent en bonne voie de devenir les asiles d'autrefois...

Famille

Beaucoup de personnes atteintes de troubles sévères et persistants vivent dans leur famille. Les membres de ces familles doivent assumer la responsabilité du client, avec peu ou pas de soutien, sans beaucoup de ressources et sans gratitude aucune. Les comportements accompagnant la maladie mentale chronique bouleversent la vie des membres de la famille et constituent un lourd fardeau. Les contraintes qu'ils sont en mesure de supporter dépendent de leur endurance physique et de leur santé émotionnelle, de même que de la nature et de l'intensité de la maladie mentale de leur parent.

Il importe de reconnaître que la structure familiale fournit habituellement le meilleur cadre aux adultes souffrant de troubles sévères et persistants. Il s'agit néanmoins d'une lourde responsabilité pour le conjoint ou les autres membres de la famille. Dans le but de maintenir leur stabilité émotionnelle, les aidants naturels doivent être adressés à des groupes d'entraide ou recevoir une aide psychologique. L'encadré 28.1 fournit l'information que l'infirmière doit transmettre à la famille au sujet de la maladie.

En tout temps, il est difficile de vivre avec un membre de la famille atteint d'un trouble sévère et persistant, qu'il soit hospitalisé ou non, en période de désorganisation ou

Conseils pratiques en cas de crise

ENCADRÉ 28.1

- Il importe avant tout d'éviter l'escalade des symptômes psychotiques et d'apporter immédiatement protection et soutien à la personne souffrant de troubles sévères et persistants ainsi qu'aux membres de sa famille.
- Les signes annonciateurs d'une crise comprennent l'insomnie, l'augmentation des rituels et de la méfiance, et les explosions de colère imprévisibles.
- Les interventions verbales doivent être énoncées doucement et simplement, sur un ton aucunement menaçant.
- Accepter le fait que la personne souffrant de troubles sévères et persistants éprouve une perte de contact avec la réalité et qu'elle puisse agir à la demande de ses hallucinations.
- Il est important de rester calme et de faire confiance à son intuition. En cas de frayeur, il faut agir immédiatement. Si l'on est seul, appeler une autre personne ou s'éloigner du danger pour demander de l'aide. Si la police doit être appelée, expliquer qu'un proche qui souffre de troubles mentaux est présentement en crise et dangereux pour lui-même ou pour autrui. (Si la police est informée qu'il s'agit d'une crise psychiatrique, elle emploiera des stratégies différentes de celles utilisées en cas d'actes criminels.)

- Quelques suggestions :
  - Ne pas proférer de menaces. Cela risque d'augmenter la méfiance ou le comportement agressif.
  - Ne pas crier. Si la personne ne semble pas entendre, c'est qu'elle écoute probablement des « voix ».
  - Ne pas critiquer. Cela ne ferait qu'empirer les choses.
  - Ne pas se disputer avec un autre membre de la famille. Ce n'est pas le moment de rejeter le blâme ou de prouver que l'on a raison.
  - Ne pas narguer la personne. Elle risque alors de mettre ses menaces à exécution, avec des conséquences tragiques.
  - Adopter une posture non menaçante. Si la personne est assise, s'asseoir également.
  - Éviter tout contact visuel ou tactile prolongé.
  - Répondre aux demandes qui ne constituent pas un danger. Cela procure à l'individu un sens de maîtrise qui pourrait l'amener à mieux coopérer.
  - Ne pas bloquer la sortie. Se placer néanmoins entre le client et une issue, au cas où l'on aurait à quitter précipitamment la pièce.
  - Veiller à ce que les lieux soient évacués. Tous les membres de la famille doivent sortir si la personne semble incontrôlable et constitue un danger.

stable. Les infirmières qui travaillent avec cette clientèle doivent être conscientes des besoins et des inquiétudes des autres membres de la famille (Riebschleger, 1991).

Activités de promotion de la santé

Ce type d'activité comprend divers programmes d'éducation en matière de santé mentale ayant pour but la prévention de la maladie et le maintien du bien-être. Dans le cadre d'activités conçues pour une clientèle atteinte de troubles sévères et persistants, l'enseignement visera à réduire la fréquence des exacerbations, à renforcer les aptitudes de l'individu à vivre de façon autonome, à améliorer le respect de la médication, des suivis externes et des conseils d'usage en matière de santé, à encourager la reconnaissance des signes et des symptômes indiquant le besoin d'intervention et à aider les familles. Les activités de promotion de la santé peuvent comprendre :

- les activités de la vie quotidienne (AVQ). Elles peuvent être présentées sous forme de fiches individuelles, de plans élaborés avec la famille et le client ou d'objectifs fixés par le client et le soignant ;
- un enseignement au client et à sa famille sur les médicaments (fréquence des prises, effets secondaires et nécessité de l'observance). Il peut aussi être question des actions à entreprendre dans le cas d'effets secondaires dérangeants ou lorsque le client pense à arrêter la prise de médicaments ;
- l'information à la famille quant à la nature de la maladie et aux changements qui découlent des problèmes de santé à long terme. Ces programmes d'information

devraient inclure les signes et les symptômes d'exacerbation de même que les stratégies pour répondre aux symptômes positifs et négatifs. Les familles doivent aussi être guidées dans l'élaboration de méthodes pour mieux faire face à d'éventuels comportements psychotiques ou violents ;

- l'éducation sexuelle, dont les comportements sexuels appropriés et l'hygiène personnelle, l'importance des examens gynécologiques et l'observation des signes et des symptômes anormaux. Les hommes doivent apprendre à utiliser un préservatif et à éviter les pratiques sexuelles non protégées. Les femmes doivent connaître les responsabilités et les risques inhérents à la grossesse et les moyens d'éviter une grossesse non désirée, de même que les infections transmissibles sexuellement et les risques de violence ;
- le soutien, l'encouragement et l'aide pour affronter la vie quotidienne avec un membre de la famille atteint d'un trouble mental chronique. Les exacerbations ajoutent une tension émotionnelle dans une vie déjà difficile. À ce titre, le conjoint contribue grandement à la qualité de vie de son partenaire. Les enfants dont les parents sont malades ont souvent besoin d'être rassurés et de savoir qu'ils ne sont pas responsables de cette maladie. Ils doivent aussi être mis en contact avec d'autres adultes présentant des comportements sains ;
- les programmes communautaires de promotion de la santé. Ces programmes visent la réinsertion des clients atteints de troubles sévères et persistants dans la collectivité. Les programmes de prévention dans le milieu

scolaire incluent l'enseignement des signes et des symptômes de maladie mentale chez les enfants et les adolescents. On y aborde également les stratégies de prévention du suicide ou d'autres actes violents.

28.1.8 Droits des personnes souffrant de troubles sévères et persistants

Les infirmières ont le devoir d'intercéder en faveur des droits des personnes atteintes de troubles sévères et persistants auprès des instances locales, régionales et provinciales pour que leur soit reconnu le droit à des soins de qualité prodigués dans le cadre de programmes plus faciles d'accès et adaptés à leurs besoins. Il va sans dire que les individus qui sont, de toute évidence, incapables de prendre soin d'eux-mêmes ne devraient pas errer dans les rues sans soins psychiatriques. De la même manière, les personnes malades qui, en raison de leurs comportements violents, constituent un danger pour la société devraient recevoir des soins dans un établissement spécialisé plutôt que dans une institution pénale.

Le manque de logements à loyer modique pour ces clients à faibles revenus ou encore prestataires de l'aide sociale favorise les problèmes d'errance et de délinquance.

L'accessibilité des soins devient de plus en plus préoccupante. La possibilité pour l'individu d'obtenir un traitement se trouve limitée par son inaptitude à demander de l'aide, de même que par son manque de connaissances. Les infirmières doivent militer de pair avec les associations et les groupes communautaires pour réclamer un meilleur financement de la santé mentale. Elles doivent également se préoccuper de la qualité des soins reçus par cette clientèle particulière. Des hospitalisations épisodiques et des suivis mensuels à la clinique externe ne suffisent pas à ce type de clients. Des cliniques de type « sans rendez-vous » devraient exister pour favoriser l'observance thérapeutique et fournir des services de psychothérapie individuelle ou de groupe favorisant la reconnaissance et l'expression des émotions. Une équipe interdisciplinaire composée d'infirmières, de travailleurs sociaux, d'ergothérapeutes, d'éducateurs et de psychiatres semble être en mesure de fournir les services les mieux adaptés. Il s'avère maintenant nécessaire de mettre sur pied des programmes spéciaux pour le traitement des sans-abri souffrant de troubles de santé mentale chroniques qui fréquentent les refuges et les soupes populaires. Ceux-ci seraient gérés par des infirmières et l'on y distribuerait gratuitement de la médication psychiatrique afin de diminuer la désorganisation et d'améliorer, du même coup, la qualité de vie des utilisateurs.

28.2 DÉMARCHE DE SOINS INFIRMIERS

➡ 28.2.1 Collecte de données

La première entrevue avec une personne atteinte de troubles sévères et persistants est, pour l'infirmière en santé mentale et en psychiatrie, l'occasion d'instaurer une relation thérapeutique basée sur une confiance mutuelle. L'infirmière se doit donc d'être à l'écoute des besoins exprimés tout en amassant le plus d'information possible sur le client, sur son état de santé physique et mental ainsi que sur ses conditions de vie et sur sa perception du problème l'amenant à consulter. La nature et le but de l'entrevue sont précisés ainsi que l'endroit où elle se déroulera et sa durée approximative. Pour les clients ayant des antécédents de violence ou de passage à l'acte, l'entrevue devra se faire dans un endroit sécuritaire, porte ouverte, avec une tierce personne à proximité (p. ex., le préposé aux bénéficiaires). La collecte de données constitue une étape cruciale, à partir de laquelle seront élaborés les différents objectifs et interventions visant la résolution des problèmes présentés (voir encadrés 28.2 et 28.3).

➡ 28.2.2 Diagnostic infirmier

Pour établir un diagnostic infirmier, l'infirmière procède à l'analyse et à l'interprétation des données recueillies pendant la collecte de données. Les diagnostics infirmiers permettent de formuler, selon un vocabulaire commun, un énoncé de problème de santé.

Diagnostics infirmiers des troubles sévères et persistants

Risques pour la santé ou la sécurité :
- Maintien inefficace de l'état de santé
- Risque d'accident
- Alimentation déficiente
- Déficit de soins personnels : se laver, effectuer des soins d'hygiène
- Déficit de soins personnels : se vêtir, soigner son apparence
- Risque d'automutilation
- Risque de violence envers soi ou envers les autres

Troubles de la perception et de la cognition :
- Anxiété
- Peur
- Perte d'espoir
- Identité personnelle perturbée
- Sentiment d'impuissance
- Diminution chronique de l'estime de soi
- Trouble de la perception sensorielle (hallucinations)
- Opérations de la pensée perturbées (délire, difficulté à résoudre des problèmes)

Problèmes de communication et de relations avec ses semblables :
- Communication verbale altérée
- Retard de la croissance et du développement
- Habitudes sexuelles perturbées
- Interactions sociales perturbées
- Isolement social

Collecte de données pour des clients atteints de troubles sévères et persistants ENCADRÉ 28.2

TROUBLES PHYSIOLOGIQUES

Intégrité de la peau

Au moment de la prise des signes vitaux ou au cours de la supervision des soins d'hygiène, l'infirmière examinera le client pour déceler toute trace d'atteinte à l'intégrité de la peau, telles des abrasions, des ecchymoses, des lacérations, des cicatrices et des traces de piqûres. Les abrasions, les ecchymoses et les lacérations peuvent indiquer que le client a souffert d'un traumatisme ou s'est automutilé avant son admission. L'infirmière devra déterminer s'il s'agit de blessures récentes ou non et cherchera à en déterminer la nature et la cause. Tout signe d'infection ou d'inflammation sera noté et signalé sans délai au médecin. En cas de signe de traumatisme ou de violence, un examen plus approfondi pourra s'avérer nécessaire.

Fonction métabolique et hormonale

Les enfants atteints de troubles sévères et persistants risquent davantage de souffrir de troubles métaboliques congénitaux. Cette information peut être obtenue au moment de l'élaboration du génogramme, à la lecture du dossier antérieur, mais aussi par l'évaluation des caractéristiques physiques et par l'analyse des résultats des épreuves de laboratoire. Des antécédents de diabète et de maladie rénale doivent être recherchés. Dans le cas des femmes, on vérifiera les caractéristiques de la menstruation. La liste des médicaments prescrits peut aussi guider la reconnaissance de troubles métaboliques ou hormonaux.

Circulation

L'infirmière cherchera dans le dossier médical du client des indications de problèmes neurologiques ou cardiaques.

Nutrition

Il est important de vérifier régulièrement le poids du client tout comme ses habitudes alimentaires actuelles et passées. En raison de la confusion et la désorganisation de leur vie, de nombreux clients souffrant de troubles chroniques présentent d'importantes carences nutritionnelles.

Il faut également tenir compte du fait que la nouvelle génération d'antipsychotiques favorise la prise de poids massive, l'augmentation du taux de triglycérides ainsi que le diabète.

Régulation physique

L'évaluation portera ici sur la température du client, sa coloration générale, sa pilosité et sa posture.

Oxygénation

L'observation de la fonction respiratoire du client comprendra la détection de dyspnée, de toux, de respiration laborieuse ainsi que la description des caractéristiques des expectorations, s'il y a lieu. Il faut également savoir si le client fume, depuis combien de temps et combien de cigarettes par jour.

Élimination

Il est essentiel de s'assurer que le client a des habitudes d'élimination régulières. L'infirmière s'informera des difficultés éventuelles à retenir l'urine et les fèces ou des comportements ritualisés accompagnant l'élimination. Les urines sont habituellement analysées à l'arrivée pour détecter la prise de drogues ou de médicaments.

ALTÉRATION DE LA MOBILITÉ

Activité

La nature et l'intensité de l'activité du client fournissent des renseignements précieux à l'infirmière. Celle-ci se fera un devoir de vérifier la présence de troubles de la démarche, de tremblements et de rituels accompagnant les déplacements. Une personne atteinte de trouble mental chronique pourra être léthargique ou, au contraire, hyperactive et bouger rapidement. La léthargie peut être une manifestation de dépression majeure ou un aspect catatonique de la schizophrénie. L'agitation motrice importante est due à l'anxiété, aux hallucinations, au délire paranoïde ou à d'autres troubles neurologiques ou mentaux.

Repos

Les habitudes de sommeil des clients souffrant de maladie mentale chronique s'écartent fréquemment de la norme. Ils peuvent présenter une inversion du sommeil (dormir durant le jour et rester éveillés la nuit). Le nombre d'heures de sommeil doit être surveillé tout comme l'aptitude de la personne à s'endormir et à rester endormie.

Loisirs

Les personnes atteintes de troubles sévères et persistants présentent des déficits importants en ce qui touche les activités récréatives et le travail. Les difficultés éprouvées à simplement passer au travers de la journée résultent, pour la plupart de ces personnes, en une vie triste, exempte de valorisation.

Gestion du milieu de vie

En évaluant les aptitudes du client à prendre en charge sa santé, l'infirmière obtiendra des indices importants pour le plan de soins durant le traitement, de même que pour la planification de la sortie de l'hôpital.

L'une des composantes essentielles de cet aspect concerne l'évaluation du risque de blessures ou de violence, tout comme les habitudes de consommation de drogues et d'alcool.

Activités de la vie quotidienne (AVQ)

La capacité à exécuter les tâches de la vie quotidienne doit être évaluée. Les personnes atteintes de troubles sévères et persistants sont fréquemment incapables de prendre un bain ou une douche ou d'organiser et entretenir leur domicile.

COMMUNICATION

Communication verbale

La langue d'usage, la capacité à lire et à écrire peuvent être influencées par un état psychotique aigu. La présence d'un trouble de la parole lié à un défaut physique constituera un indice important pour l'infirmière. Les symptômes verbaux des troubles psychiatriques comprennent : les jeux de mots, les rimes, l'écholalie, le mutisme, la salade de mots, les références symboliques, les néologismes, la pauvreté du discours (alogie) et la logorrhée.

Communication non verbale

Les altérations de la communication non verbale se manifestent par la posture, la façon de s'habiller, les comportements, le faciès, etc. L'incapacité à établir et à maintenir un contact visuel fournit à l'infirmière des indices essentiels tout comme la présence de rituels.

Collecte de données pour des clients atteints de troubles sévères et persistants (suite)   ENCADRÉ 28.2

TROUBLES DE LA COGNITION
Orientation
L'évaluation de l'orientation de l'individu concernant le temps, le lieu et les personnes constitue une donnée majeure pour le plan de soins. Il se peut qu'une personne soit bien orientée dans les trois sphères, ou uniquement dans l'une d'entre elles. Par exemple, le client sait très bien qui il est et où il se trouve, mais ignore le mois ou l'année. Cette confusion mentale peut provenir du trouble psychiatrique de l'individu, des effets secondaires des médicaments ou encore de troubles physiques.

Mémoire
À l'aide d'un outil de mesure, l'infirmière testera la mémoire de l'individu pour s'assurer que sa mémoire, tant récente que lointaine, est intacte. L'aptitude d'un individu à maintenir un raisonnement concret ou abstrait influence directement sa capacité à comprendre et à communiquer efficacement.

Perception
On doit vérifier la compréhension qu'a la personne des objectifs et de la nature du traitement. Plusieurs personnes souffrant de troubles chroniques ne perçoivent pas clairement la nécessité de leur hospitalisation dans une unité psychiatrique.

Opérations de la pensée
La personne atteinte de maladie mentale chronique risque de présenter une ou plusieurs altérations sur le plan des opérations de la pensée. Celles-ci peuvent inclure : la pensée concrète, le délire, la pensée magique, le relâchement des associations, les idées de référence, la fuite des idées, les idées d'influence, les obsessions et les pensées tangentielles et circonstanciées.

Ces personnes peuvent avoir des idées délirantes très précises, telles les idées de grandeur, de persécution, de référence, d'influence ou encore des idées somatiques ou nihilistes.

TROUBLES DE LA PERCEPTION
Perception sensorielle
La vue, l'ouïe, le goût, le toucher et l'odorat peuvent être altérés par la présence de troubles physiques et mentaux. Les personnes atteintes d'affection mentale chronique sont parfois aux prises avec des hallucinations touchant un ou plusieurs de leurs sens. Les hallucinations les plus courantes sont les hallucinations auditives, au cours desquelles l'individu entend des voix.

Attention
L'infirmière évaluera l'aptitude du client à suivre les directives, de même que les signaux visuels et verbaux. La distractibilité, la célérité mentale excessive, l'inattention ou l'inattention sélective constituent des indices de troubles psychiatriques. Dans les troubles de l'humeur, plus l'individu souffre de manie, plus il aura tendance à se laisser distraire.

Concept de soi
La personne atteinte de troubles mentaux chroniques éprouve, par définition ou presque, des perturbations sur le plan de l'image, de l'estime et de l'identité personnelles. L'évaluation de ces perturbations inclura les déclarations négatives portant sur l'image et la valeur personnelles.

Sens de la vie
Les personnes atteintes de troubles mentaux chroniques ont de la difficulté à trouver un sens à la vie, qui leur semble dénuée de signification et d'espoir. Elles auront tendance à exprimer le doute que leur vie s'améliore un jour. De plus, elles exposeront leur impuissance à réaliser un quelconque changement dans leur existence. Lorsqu'un individu exprime une telle impression de désespoir et d'inutilité, il faut évaluer ses idées suicidaires.

PERTURBATION DES INTERACTIONS
Rôle
L'élaboration de l'écocarte permet à l'infirmière de mieux comprendre la situation familiale, les relations de la personne avec ses parents, ses frères et sœurs, son conjoint, ses enfants, mais aussi de mieux cerner son aptitude à vivre en société.

Les relations sexuelles posent souvent des difficultés. Il existe des variations considérables dans l'expression sexuelle chez les personnes atteintes de maladie mentale chronique. Certaines se montreront peu intéressées, d'autres auront de la peine à réprimer leurs pulsions sexuelles. Il est aussi important de noter tout comportement sexuel inapproprié.

Socialisation
Ce type de clients éprouve fréquemment des problèmes à maintenir des relations avec autrui. Ils ne disposent bien souvent que de peu d'habileté à établir des relations significatives avec des gens hors de leur milieu familial. L'âge du début de la maladie est un facteur déterminant pour l'aptitude à socialiser.

TROUBLES ÉMOTIFS
Bien-être
L'état psychologique de l'individu risque de modifier sa perception de la douleur et de l'inconfort. Certains sujets se trouvent incapables de les décrire et doivent s'en remettre à l'infirmière ou aux autres pour se rendre compte des changements qui pourraient influer sur leur niveau de confort.

Intégrité émotionnelle
Les personnes atteintes de troubles mentaux chroniques seront susceptibles de souffrir de perturbations de l'humeur, telles que la dépression, l'anxiété, la manie, l'agitation et la peur. Ces troubles émotionnels sont liés au trouble mental dont souffre l'individu. L'évaluation portera sur la manière dont l'individu s'adapte aux troubles émotionnels. La colère et l'agressivité seront souvent exprimées au moyen de sarcasmes, d'argumentation à propos de détails, d'une attitude dominatrice ainsi que de menaces ou de recours à la violence.

TROUBLES DE LA RÉSOLUTION DE PROBLÈMES
Adaptation (coping)
Les mesures d'adaptation des personnes atteintes de maladie mentale chronique sont souvent inappropriées. Les mécanismes de défense le plus souvent utilisés comprennent : la rationalisation, la sublimation, le déplacement, la régression, la projection, le déni et l'annulation rétroactive.

Collecte de données pour des clients atteints de troubles sévères et persistants (suite)   ENCADRÉ 28.2

TROUBLES DE LA RÉSOLUTION DE PROBLÈMES (suite)

Participation

La capacité et la motivation de l'individu à participer au traitement se mesure au moment de son admission et à intervalles réguliers. Les clients présentant des antécédents de non-observance peuvent se montrer parfaitement disciplinés dans un environnement contrôlé.

Jugement

Les personnes atteintes de maladie mentale chronique font preuve d'un manque flagrant de jugement. Les opérations de la pensée perturbées et une existence désorganisée se reflètent sur l'aptitude de l'individu à prendre des décisions. Ces personnes peuvent donc se montrer indécises et être très mauvais juges d'elles-mêmes et d'autrui. La gravité de la maladie a une influence directe sur leurs difficultés.

QUESTIONS POUR LA COLLECTE DE DONNÉES

ENCADRÉ 28.3

Personnes atteintes de troubles sévères et persistants

- Quand avez-vous ressenti pour la première fois des difficultés à gérer votre vie ? *Pour évaluer la durée des troubles mentaux chroniques.*
- Décrivez-moi l'endroit où vous vivez. *Pour connaître la situation actuelle du client.*
- Vous arrive-t-il d'entendre des voix ? *Pour vérifier la possibilité d'hallucinations auditives.*
- Que vous disent ces voix ? *Pour savoir s'il s'agit d'hallucinations troublantes ou menaçantes.*

- Vous est-il arrivé d'avoir l'impression que la vie ne valait pas la peine d'être vécue ? *Pour détecter un sentiment de désespoir et la dépression.*
- Vous arrive-t-il d'être si agité que vous arrivez à peine à vous maîtriser ? *Pour reconnaître la présence de manie.*
- Vous est-il déjà arrivé d'avoir envie de vous blesser ou de blesser quelqu'un d'autre ? *Pour repérer les comportements violents envers soi et envers autrui.*

Troubles de l'adaptation (client/famille) :
- Stratégies d'adaptation défensives
- Stratégies d'adaptation familiale compromises
- Stratégies d'adaptation familiale invalidantes
- Stratégies d'adaptation inefficaces
- Déni non constructif

Besoins d'apprentissage du client et de la famille :
- Connaissances insuffisantes (médicaments, traitement, symptômes)
- Non-observance (médicaments, traitement, suivi)
- Exercice du rôle perturbé

➡ 28.2.3 Résultats escomptés

Les objectifs de soins pour les individus souffrant de troubles mentaux chroniques doivent, comme pour toute autre clientèle, être formulés de façon claire et mesurable, en ce qui concerne le comportement anticipé ou escompté et inclure l'échéance prévue pour les atteindre. Comme il existe des variantes importantes relatives à la gravité et à la nature des troubles de ces clients, la liste suivante ne se veut pas exhaustive.

Le client devra :
- verbaliser l'absence d'idées et de projets suicidaires ;
- adopter une attitude optimiste et cohérente ;
- énumérer plusieurs raisons de vivre ;
- prendre soin de lui-même d'une manière correspondant à son âge ;

- adresser la parole au personnel ;
- montrer une aptitude à résoudre des problèmes ;
- exprimer sa valeur personnelle ;
- montrer une absence de délire ;
- entamer des relations positives avec ses proches ou avec les personnes lui servant de soutien ;
- affirmer se sentir maître de lui-même et de la situation ;
- faire des choix concernant la gestion des soins ;
- montrer son intention de ne pas attaquer verbalement les autres ;
- manifester une absence de comportement violent ou agressif ;
- communiquer avec les autres en employant un langage, un ton et un mode d'expression appropriés ;
- participer à des groupes d'activités sans les interrompre ;
- faire preuve d'un comportement socialement acceptable ;
- respecter les règlements de l'établissement ;
- se nourrir d'aliments diversifiés et en quantités adéquates ;
- cesser de parler tout seul ;
- demander l'aide du personnel en cas d'hallucinations ;
- éviter de se blesser ou de blesser les autres ;
- faire preuve d'un raisonnement basé sur la réalité dans son comportement à la fois verbal et non verbal ;
- faire la distinction entre lui-même, les autres et l'environnement ;
- avoir recours aux stratégies d'adaptation d'une manière fonctionnelle et efficace ;

- faire preuve d'une absence de confusion mentale ;
- montrer sa capacité à se situer dans le temps, à reconnaître le lieu et les personnes ;
- rester assis sans s'agiter durant les repas ou les activités ;
- montrer qu'il est capable de maîtriser sa colère et ses impulsions.

➡ 28.2.4 Planification

Les personnes souffrant de troubles sévères et persistants présentent également des problèmes sur le plan physique, un état mental perturbé, des réactions émotionnelles vives, un statut social précaire ainsi qu'une perturbation de leur spiritualité. L'infirmière qui les prend en charge aura parfois de la difficulté à fixer des priorités dans l'établissement du plan d'intervention. Outre l'enseignement d'une meilleure connaissance de la maladie, l'infirmière doit aussi s'attarder aux interactions sociales, à l'estime de soi, à l'observance thérapeutique et à la planification de la sortie de l'hôpital. Elle doit garder à l'esprit que l'altération de la perception sensorielle tout comme l'altération des opérations de la pensée peuvent limiter la participation active du client. De plus, quelle que soit l'intervention planifiée, si celle-ci ne répond pas aux besoins du client, cela risque de se répercuter sur son aptitude ou sa disposition à suivre le plan de soins. Les membres de la famille, l'équipe externe et les intervenants communautaires doivent être également impliqués dans le processus de planification de la sortie de l'hôpital, pour pouvoir assurer un fonctionnement prolongé (voir encadré 28.4).

➡ 28.2.5 Exécution

Interventions de soins infirmiers

1. Évaluer les risques d'agressivité ou de passage à l'acte suicidaire à l'aide d'instruments de mesure appropriés.

2. Aviser le client des comportements qui ne seront pas tolérés. Établir un contrat de vie avec le client.

3. Déterminer, en sa compagnie, les stratégies à utiliser en cas d'augmentation de l'anxiété et de perte de maîtrise.

4. Fournir une rétroaction positive chaque fois que le client maîtrise son comportement *pour assurer la répétition des comportements positifs.*

5. Appliquer une mesure de protection (restriction de l'aire d'activité, isolement, contention) durant les périodes où il risque de se blesser ou de blesser les autres *afin de garantir la sécurité.*

6. Enseigner aux membres de la famille les signes de non-observance thérapeutique et d'exacerbation des troubles mentaux.

7. Enseigner les mesures d'urgence à la famille *afin d'assurer la sécurité des membres de la famille en cas de crise.*

8. Orienter le client dans la réalité de façon non confrontante *pour réduire le risque de perturbations et de réactions nuisibles.*

9. Apprendre au client à reconnaître ses comportements dangereux ou inappropriés *pour renforcer sa prise de conscience de lui-même.*

10. Vérifier régulièrement auprès du client s'il est victime d'hallucinations ou de délire *pour déterminer l'intensité des symptômes psychotiques.*

11. Tenter de déterminer la signification des hallucinations ou du délire du client *pour en saisir les intentions.*

12. Enjoindre le client d'avertir le personnel du début ou de l'exacerbation des épisodes d'hallucinations *pour en identifier les agents causals et réduire leur impact.*

13. Enseigner au client à « maîtriser » les hallucinations, par exemple en leur ordonnant à voix haute de cesser, en écoutant la radio ou de la musique, en parlant au téléphone, etc., *pour mettre à sa disposition des stratégies de maîtrise des hallucinations.*

14. Féliciter le client pour ses efforts dans la réduction des hallucinations *afin de renforcer sa capacité à se comporter de façon fonctionnelle.*

S O I N S   I N F I R M I E R S   D A N S   L E   M I L I E U   D E   V I E

Personnes atteintes d'un trouble de santé mentale sévère et persistant

ENCADRÉ 28.4

Qu'elle travaille en clinique externe, en hôpital de jour ou en CLSC, l'infirmière psychiatrique propose des activités de soutien individualisées et familiales et surveille l'observance thérapeutique et les réactions à la médication. Durant les périodes de rémission, les clients sont en mesure de bien fonctionner. Il suffit souvent que l'infirmière fasse un suivi téléphonique hebdomadaire et une visite mensuelle. Néanmoins, les périodes de rémission sont souvent trompeuses, à la fois pour l'infirmière et pour le client. Convaincu qu'il n'a plus besoin de prendre des médicaments, ce dernier aura tendance à les arrêter sans consulter. Malheureusement, l'arrêt de la médication aboutit la plupart du temps à l'altération progressive des opérations de la pensée. L'infirmière doit veiller à ce que l'état du client ne régresse pas jusqu'au point où une

hospitalisation s'avère nécessaire. L'infirmière qui travaille dans la communauté doit pouvoir faire la différence entre une perturbation chronique du fonctionnement et un épisode psychotique aigu. Pour ce faire, l'établissement d'une relation de confiance est essentiel au suivi en communauté et plus spécifiquement à la prévention des rechutes. La relation infirmière-client ne se veut toutefois pas exclusive. Il est aussi important d'inciter le client à s'intégrer à la communauté au moyen d'un emploi intéressant, de groupes d'entraide, de loisirs récréatifs et d'activités éducatives. Nombre de personnes souffrant de troubles sévères et persistants vivent dans un isolement total et doivent être encouragées à sortir de leur milieu confiné.

15. Aider le client à avoir une bonne son hygiène, à soigner son apparence et à s'adonner aux activités de la vie quotidienne *pour renforcer son estime de soi par une amélioration de son allure et par la satisfaction de pouvoir se débrouiller seul.*

16. Aider le client dans la sélection des vêtements appropriés *pour éviter qu'il ne soit ridiculisé par les autres clients.*

17. Surveiller les modes d'élimination et les habitudes de propreté et instaurer une routine *pour encourager l'hygiène et prévenir les problèmes intestinaux et vésicaux. Les états psychotiques rendent difficile la réalisation des activités quotidiennes.*

18. Établir un horaire régulier pour les repas *afin de rappeler au client le moment de manger. Les personnes souffrant de psychose peuvent oublier ou refuser de s'alimenter, ce qui menace leur santé physique.*

19. Superviser la préparation des repas pour assurer la sécurité. *Les personnes souffrant de psychose peuvent être négligents lorsqu'ils cuisinent.*

20. Assurer la régulation du cycle veille-sommeil *pour favoriser un horaire adéquat de sommeil et encourager les clients à être actifs dans la journée, les clients psychotiques ayant l'habitude de cycles irréguliers.*

21. Porter attention aux modes de communication verbale et non verbale du client *pour mieux le comprendre et anticiper ses besoins.*

22. Encourager le client à parler avec les autres *pour améliorer sa socialisation et briser son isolement.*

23. Enseigner au client des techniques de gestion de l'anxiété en cas de problème de communication *pour réduire son anxiété lorsqu'il éprouve des difficultés à s'exprimer.*

24. Féliciter le client lorsqu'il s'exprime clairement et de manière efficace *afin de l'encourager à poursuivre ses efforts.*

25. Favoriser les habiletés sociales : une communication claire, de bonnes manières à table et la participation aux activités sociales, *pour faciliter l'acceptation du client par les autres et renforcer son estime de soi.*

26. Agir à titre de modèle dans l'apprentissage d'aptitudes sociales *pour enseigner au client les aptitudes sociales à adopter.*

27. Complimenter le client en cas d'interactions sociales appropriées *pour renforcer le comportement social adéquat.*

28. Informer le client et sa famille des caractéristiques du trouble mental et de la gestion des symptômes *afin que cette connaissance renforce l'observance et limite la culpabilité.*

29. Organiser des rencontres avec la famille pour que celle-ci puisse exprimer ses inquiétudes concernant le client *en éliminant ainsi une certaine confusion et en offrant à chacun la possibilité d'exprimer ses sentiments.*

30. Apprendre à la famille à reconnaître les comportements et les symptômes dénotant la non-observance thérapeutique *pour favoriser une intervention précoce, assurer une meilleure observance et éviter les rechutes.*

Modalités de traitement supplémentaires

Les infirmières travaillant avec des personnes atteintes de troubles sévères et persistants collaborent avec une multiplicité de spécialistes et de disciplines de la santé mentale.

Psychotropes

La médication antipsychotique a pour principale fonction de réduire les comportements psychotiques et l'anxiété du client. Les antipsychotiques sont les médicaments les plus couramment utilisés pour les clients souffrant de maladie mentale chronique.

On peut donner de l'halopéridol (Haldol) et de la loxapine (Loxapac), à la fois durant les épisodes aigus de psychose et dans la gestion à long terme des symptômes du client. À fortes doses, l'halopéridol provoque des réactions extrapyramidales ; il faut donc noter l'apparition des effets secondaires et les signaler au praticien. Il est également possible de donner des anxiolytiques et des antidépresseurs aux clients souffrant de maladie mentale chronique (voir chapitre 20 pour plus d'information sur les médicaments).

Ergothérapie, thérapie de groupe et autres thérapies

La thérapie de groupe offre aux personnes atteintes de troubles sévères et persistants la possibilité d'améliorer leurs habiletés de communication. Le groupe constitue une occasion d'interagir avec les autres dans un environnement sécuritaire. Les infirmières et les autres thérapeutes servent de modèles de comportement pour les interactions sociales.

L'ergothérapie permet à ce type de clients d'exprimer ses sentiments par le biais de projets artistiques. Le client peut également faire divers apprentissages : se vêtir, soigner son apparence et prendre soin de son domicile. Les activités de danse et de musique peuvent aussi s'avérer bénéfiques pour les clients atteints de troubles chroniques. L'ergothérapeute travaille en étroite collaboration avec l'infirmière psychiatrique.

➡ 28.2.6 Évaluation

Dans l'exercice de ses fonctions, l'infirmière évalue les changements dans les comportements du client et ses réactions au traitement et aux interventions. À l'échéance fixée au moment de la formulation des objectifs, il importe de vérifier le niveau d'atteinte ou la progression vers les résultats escomptés. On précise alors la date d'atteinte de l'objectif ou l'on renouvelle, au besoin, l'échéancier. Il arrive fréquemment qu'en cours d'évaluation l'infirmière décide que certains objectifs ne s'appliquent plus en raison des modifications de l'état du client.

→ **Plan de soins infirmiers**

COLLECTE DE DONNÉES

Bernard a été évalué à l'urgence de l'hôpital et admis en psychiatrie. Il a déjà été hospitalisé trois fois au cours des 10 dernières années.

Quatrième enfant de la famille, Bernard paraissait normal à tous égards jusqu'à l'apparition d'une psychose à l'âge de 16 ans. Il est resté chez ses parents jusqu'à 28 ans. Il a ensuite habité en famille d'accueil pour se retrouver finalement en logement supervisé. Il est suivi en clinique externe depuis cinq ans.

Il y a quatre semaines, Bernard s'est trouvé à court d'antipsychotiques. Il a commencé à être agressif et a menacé un autre résidant, l'accusant de voler sa nourriture. Lorsque l'éducateur est intervenu, Bernard s'est mis en colère et s'est enfui. Sa famille n'avait pas été en mesure de le retrouver avant d'être avisée qu'il se trouvait à l'hôpital.

Pendant sa fugue, Bernard vivait entre la rue et les refuges. Une soupe populaire a finalement fait appel à la police parce que Bernard se montrait violent et agressif envers le personnel et les autres personnes et refusait de collaborer. Bernard s'est débattu jusqu'à ce que la police puisse le maîtriser, après quoi il a été conduit à l'hôpital. Il n'avait alors pas pris d'antipsychotiques depuis près d'un mois.

Au moment de son admission à l'unité, Bernard souffrait de graves hallucinations. Son affect était plat et ses mouvements, lents. Lorsque le personnel ou les autres clients l'approchaient, Bernard les ignorait ou encore leur adressait la parole sur un ton agressif. Il ne présentait aucun antécédent d'alcoolisme ou de toxicomanie. Son apparence était négligée et ses vêtements, sales.

DIAGNOSTIC SELON LE DSM-IV :

Axe I :	Schizophrénie de type indifférencié ; épisodique avec des symptômes résiduels entre les épisodes
Axe II :	Différé
Axe III :	Différé
Axe IV :	Maladie chronique grave, errance, non-observance thérapeutique
Axe V :	EGF = 30 (actuel)
	EGF = 50 (année précédente)

DIAGNOSTIC INFIRMIER : trouble de la perception sensorielle auditive liée à une augmentation de l'anxiété et des stimuli internes et à la non-observance thérapeutique.

DONNÉES : indifférence envers son entourage et agressivité verbale et physique.

Résultats escomptés	Interventions/*Justifications*	Évaluation
• Bernard fera appel au personnel lorsqu'il se sentira anxieux ou lorsque ses hallucinations apparaîtront.	• Surveiller étroitement les allées et venues dans l'unité, donner des instructions claires et concises sur les comportements acceptables, apporter soutien et aide pendant les activités d'hygiène, d'alimentation, de toilette, etc.	• Bernard a fait appel au personnel lorsqu'il s'est senti anxieux, en exprimant la manière dont il se sentait.
• Bernard sera en mesure d'entretenir une courte conversation sans être halluciné.	• Inviter Bernard à se concentrer sur les activités ou sur les événements réels *pour renforcer la réalité et le détourner de ses hallucinations.* • Détecter les agents stressants qui provoquent les hallucinations *pour aider Bernard à commencer à éliminer ou réduire ses hallucinations.*	• Bernard a tenu des conversations avec le personnel, les clients et sa famille sans avoir d'hallucinations.
• Bernard s'abstiendra de se blesser ou de blesser autrui.	• S'en tenir aux directives de l'hôpital quant aux contraintes chimiques, à l'utilisation de la contention ou de l'isolement *si Bernard risque de se blesser ou de blesser autrui.* • Accepter et approuver les sentiments sous-jacents aux hallucinations de Bernard, *afin qu'il se sente compris et que cela réduise son anxiété.* • Mettre des restrictions à son comportement, s'il y a lieu, *afin d'assurer un environnement sûr à tous les clients.* • Encourager Bernard à prendre ses médicaments *pour maîtriser ses symptômes psychotiques.*	• Bernard ne s'est pas blessé et n'a représenté aucune menace pour autrui.
• Bernard aura recours à des techniques ainsi qu'à des activités destinées à gérer son stress et son anxiété.	• Récompenser les efforts de Bernard chaque fois qu'il recourt à des techniques de distraction ou de gestion de ses hallucinations, *afin de promouvoir la répétition d'un comportement positif.* • Assurer un milieu cohérent et structuré *afin de promouvoir la confiance, la sécurité ainsi qu'une impression de bien-être.* • Exploiter les situations de groupe pour l'apprentissage et la mise en pratique des activités de la vie quotidienne, *afin d'accroître le sentiment de compétence de Bernard.*	• Bernard a recouru à des techniques de gestion du stress et de ses sentiments d'anxiété.

Plan de soins infirmiers (suite)

ENCADRÉ 28.5

DIAGNOSTIC INFIRMIER : isolement social lié à l'altération de son état mental et à des ressources personnelles insuffisantes.

DONNÉES : fuite du logement supervisé, retrait du monde et des gens, attitude taciturne, affect plat ainsi qu'un contact visuel minimal ou absent.

Résultats escomptés	Interventions/*Justifications*	Évaluation
• Bernard dira qu'il souhaite initier des interactions sociales avec les personnes de son entourage.	• Décider quotidiennement avec Bernard des activités individuelles ou de groupe auxquelles il participera, *pour lui laisser savoir que sa participation est souhaitable et qu'il est un membre distinct du groupe.*	• Bernard a manifesté son souhait de participer aux interactions sociales de l'unité.
• Bernard participera à des activités sociales avec sa famille et les autres personnes de l'unité (p. ex. les repas, les jeux ainsi que l'artisanat).	• Donner l'exemple quant aux comportements sociaux à adopter en tête-à-tête ou en groupe, *afin d'aider Bernard à discerner les attitudes appropriées.* • Aider Bernard à rechercher les autres clients ayant des intérêts comparables aux siens, *afin de promouvoir une meilleure socialisation.* • Féliciter Bernard pour ses tentatives de recherche d'autres clients nourrissant les mêmes intérêts, *afin de maintenir une socialisation positive.* • Inciter la famille de Bernard à l'appeler au téléphone et à lui rendre visite sur place. *Un solide réseau familial renforcera ses contacts sociaux et favorisera son estime de soi.*	• Bernard a participé aux activités sociales de l'unité et a entretenu des contacts avec sa famille.
• Bernard se plaira à converser avec les autres clients, le personnel et sa famille.	• Proposer à Bernard des activités classées par ordre de difficulté, selon son degré de tolérance, *afin de l'exposer graduellement à des interactions sociales plus complexes.* • Fournir à Bernard l'occasion de faire des sorties, seul ou accompagné d'un membre du personnel, *afin de favoriser une variété d'expériences sociales plus complexes.*	• Bernard s'est dit content de participer à des activités sociales.

DIAGNOSTIC INFIRMIER : communication verbale altérée liée à des opérations de la pensée perturbées, à des troubles de la perception sensorielle (hallucinations auditives) et à l'utilisation d'un langage inefficace dans ses interactions.

DONNÉES : attitude taciturne ou refus de parler pendant de longues périodes.

Résultats escomptés	Interventions/*Justifications*	Évaluation
• Bernard communiquera ses pensées d'une manière cohérente et orientée vers un but.	• Adopter une attitude calme et sereine plutôt que d'essayer de forcer Bernard à parler, *afin de lui manifester de l'acceptation.* • Écouter activement et rester attentive aux indices verbaux et non verbaux de la communication, *afin de manifester de l'intérêt à satisfaire les besoins de Bernard.* • Anticiper les besoins de Bernard jusqu'à ce qu'il soit en mesure de communiquer efficacement *afin de lui garantir sécurité et confort.*	• Bernard a communiqué ses pensées et sentiments d'une manière orientée vers un but.
• Bernard fera preuve d'une pensée ancrée dans la réalité dans ses communications verbales.	• Encourager Bernard à aborder les autres clients pour entamer une conversation, *afin de lui permettre de mettre en pratique ses aptitudes de communication dans un milieu sûr.* • Aider Bernard à écouter et à participer à de réelles conversations avec le personnel et les autres clients durant les activités individuelles ou de groupe, *afin de l'inciter à réagir à la réalité plutôt qu'à ses propres pensées délirantes.*	• Bernard a été en mesure d'entretenir des communications verbales basées sur la réalité avec le personnel, ses pairs et les membres de sa famille.
• Bernard mettra en œuvre des stratégies pour réduire son anxiété et favoriser une communication verbale cohérente et constructive.	• Apprendre à Bernard des stratégies pratiques (respiration profonde, remplacement des pensées négatives et irrationnelles par des pensées réalistes, demande d'aide à une personne) dès qu'il fait face à des problèmes de communication verbale, *afin de réduire son anxiété et de promouvoir une forme d'expression plus fonctionnelle.* • Féliciter Bernard pour ses tentatives d'entamer des conversations cohérentes et constructives avec autrui, *afin d'accroître son estime de soi et de favoriser des formes d'expression fonctionnelles.*	• Bernard a été à même de distinguer des stratégies efficaces et d'y recourir pour maîtriser son anxiété et communiquer verbalement de manière efficace.

➡ **Plan de soins infirmiers (suite)**

DIAGNOSTIC INFIRMIER : déficit de soins personnels (partiel ou total), se laver, effectuer ses soins d'hygiène, se vêtir et soigner son apparence, liée à une perte de contact avec la réalité causée par des troubles de la perception sensorielle et des opérations de la pensée perturbuées.

DONNÉES : apparence et hygiène négligées.

Résultats escomptés	Interventions/*Justifications*	Évaluation
• Bernard prendra sa douche tous les jours et s'habillera convenablement.	• Aider Bernard à assurer son hygiène, à soigner son apparence, à s'habiller et à faire sa lessive jusqu'à ce qu'il puisse le faire de manière indépendante, *afin de préserver sa dignité et son estime de soi.* • Mettre en place des routines d'auto-soins, en ajoutant des tâches plus complexes au fur et à mesure que l'état de Bernard s'améliore, *afin de structurer son monde chaotique et de favoriser la réussite.* • Féliciter Bernard pour ses tentatives d'auto-soins et pour chaque tâche accomplie, *afin d'accroître son sentiment d'estime de soi.*	• Bernard a exécuté toutes les activités visant à assurer son hygiène, à soigner son apparence et à s'habiller d'une manière convenable.

CONCEPTS-CLÉS

- Les manifestations des troubles sévères et persistants comprennent à la fois des exacerbations aiguës et des périodes de rémission.
- Les personnes atteintes de troubles sévères et persistants peuvent présenter un ou plusieurs troubles mentaux.
- La maladie mentale chronique touche tous les aspects de la vie de l'individu.
- Les personnes souffrant de troubles mentaux chroniques risquent d'éprouver de la difficulté à gérer la prise de médication.
- Un bon nombre de troubles mentaux chroniques apparaissent à l'adolescence.
- Les troubles sévères et persistants ne réduisent pas l'espérance de vie des gens atteints.
- Les jeunes atteints de maladie mentale chronique auront davantage tendance à vivre une vie chaotique résultant de leurs troubles non traités et d'alcoolisme ou de toxicomanie.
- Les gens atteints de troubles mentaux chroniques vivent généralement dans la pauvreté.
- Les personnes atteintes de maladie mentale chronique ont des pulsions et des intérêts sexuels normaux, même si elles ne les expriment pas toujours de manière appropriée.
- Le taux de suicide est élevé chez les personnes souffrant de troubles sévères et persistants.
- Les proches des personnes affectées par un trouble mental chronique vivent un stress intense et chronique.
- Les personnes atteintes de troubles mentaux chroniques peuvent apprendre à maîtriser leurs hallucinations et leurs idées délirantes.
- Les membres de la famille sont en mesure d'apprendre à gérer la crise et à en prévenir la violence.

Ivan L. Simoneau
inf., Ph.D.Éd. (psychopédagogie)
Collège de Sherbrooke

Chapitre **29**

SOINS INFIRMIERS COMMUNAUTAIRES EN SANTÉ MENTALE ET EN PSYCHIATRIE

OBJECTIFS D'APPRENTISSAGE

APRÈS AVOIR LU CE CHAPITRE, VOUS DEVRIEZ ÊTRE EN MESURE :

- DE DÉFINIR CE QU'EST LA DÉSINSTITUTIONNALISATION ;

- D'ABORDER LES FACTEURS QUI ONT INFLUENCÉ LA DÉSINSTITUTIONNALISATION ;

- DE DÉCRIRE LES COMPOSANTES DES SOINS INFIRMIERS COMMUNAUTAIRES EN SANTÉ MENTALE ET EN PSYCHIATRIE ;

- DE COMPARER LES DIFFÉRENTES MODALITÉS DE LOGEMENT PROPOSÉES AUX CLIENTS EN PSYCHIATRIE ;

- D'ÉNUMÉRER LES OPTIONS DE TRAITEMENT AMBULATOIRE QUI EXISTENT À L'ÉCHELLE COMMUNAUTAIRE ;

- DE COMPARER LA THÉRAPIE ET LA RÉADAPTATION EN SOINS INFIRMIERS COMMU-NAUTAIRES EN SANTÉ MENTALE ET EN PSYCHIATRIE ;

- DE COMMENTER LES DIFFÉRENTES COMPOSANTES DE LA GESTION DE CAS DES SOINS ;

- D'ANALYSER LES CONSÉQUENCES DES SOINS GÉRÉS SUR LA RÉADAPTATION DANS LE MILIEU COMMUNAUTAIRE DES CLIENTS EN PSYCHIATRIE.

MOTS-CLÉS

Activités de la vie quotidienne : ensemble des activités qui font partie de la routine journalière, telles que l'hygiène personnelle, l'habillement, l'alimentation et les loisirs.

Centre communautaire de santé mentale : clinique externe qui fournit une gamme de traitements de santé mentale à la communauté.

Désinstitutionnalisation : processus de transfert des clients des hôpitaux et des institutions en santé mentale et en psychiatrie vers la communauté. Ce terme désigne plus particulièrement la sortie, au cours des années soixante, des malades mentaux chroniques après une hospitalisation à long terme vers des soins moins structurés.

Établissement de soins en commun : foyer collectif spécialisé en santé mentale. Ce type de foyer dispose en permanence de personnel et d'administration, mais pas forcément de personnel infirmier. On les appelle aussi foyers d'hébergement et de soins.

Gestion de cas : coordination clinique du traitement interne et externe pour aider le client à atteindre le meilleur niveau de fonctionnement possible. Ces services comprennent l'intervention de crise, le support psychologique, la consultation ou la collaboration avec les équipes soignantes multidisciplinaires, la pharmacothérapie et le suivi de l'état mental.

Habiletés de la vie quotidienne autonome : activités requises pour la vie adulte indépendante (préparation des repas, magasinage, transport, gestion financière). Les habiletés de la vie quotidienne autonome sont liées aux activités de la vie quotidienne, mais elles requièrent un niveau plus élevé d'habileté et de conceptualisation.

Milieu familial pour adultes : modalité de logement dans laquelle une famille prend un ou deux pensionnaires à son domicile pour vivre avec elle.

Plan de cheminement clinique : suivi systématique dont le but est de développer pour la personne un programme de suivi intensif dans le milieu (SIM).

Programme de réadaptation en établissement pour adultes : établissements de soins ouverts toute la journée, fournissant un programme de santé mentale et un placement communautaire pour les personnes qui ont besoin d'un environnement plus structuré que les foyers de groupes et les foyers d'hébergement et de soins.

29.1 SOINS INFIRMIERS COMMUNAUTAIRES EN SANTÉ MENTALE ET EN PSYCHIATRIE

Actuellement, dans le domaine de la santé mentale et de la psychiatrie, on met l'accent sur les interventions ambulatoires ou communautaires. Ce type de traitement s'insère dans un continuum de soins auquel participent l'hôpital local, les programmes d'hospitalisation à temps partiel, les établissements de traitement et d'évaluation, les programmes de réadaptation en santé mentale et en psychiatrie, les services de relève de même que divers services de logement indépendant et semi-indépendant. Les soins communautaires en santé mentale et en psychiatrie englobent différents modes de traitement, dans divers contextes, pour répondre aux besoins des clients qui s'efforcent de conserver leur place au sein de la communauté.

29.1.1 Rôle de l'infirmière

Le rôle de l'infirmière spécialisée en soins infirmiers communautaires en santé mentale et en psychiatrie consiste à aider les clients à maintenir, dans la communauté, le meilleur niveau de fonctionnement possible et le maximum d'indépendance. Un tel rôle requiert une connaissance approfondie du comportement et du développement de la personne, des troubles mentaux graves et persistants ainsi que des traitements actuels. Cela demande aussi des habiletés d'évaluation et d'introspection fondées sur l'expérience et sur un jugement sûr. Une habileté à animer les réunions de groupe ou de famille s'avère également essentielle. Pour faciliter l'adaptation du client dans sa communauté, l'infirmière devra, en outre, posséder une connaissance approfondie des ressources locales, du réseau communautaire et des modalités de soins en équipe multidisciplinaire, et elle devra avoir de l'expérience dans le travail en milieu familial.

29.1.2 Rappel historique

C'est en œuvrant à l'amélioration des conditions de vie de la population, en contribuant à élargir l'accès aux soins de santé et en offrant des soins à domicile aux malades que se sont toujours illustrées les figures dominantes et les pionnières des soins infirmiers. L'hygiène publique demeure depuis longtemps le concept central pour lutter contre l'épidémie.

Au Québec, la salubrité publique était assurée en 1840 par les bureaux de santé municipaux. L'approche préventive est apparue dans les unités sanitaires en 1933. Les premiers CLSC ont été créés en 1971-1972 pour remplacer les unités sanitaires. Durant ces années, le terme *santé communautaire* a remplacé le terme *hygiène publique* et plusieurs restructurations de tout le système de santé et des services sociaux ont été réalisées.

Le milieu de la santé communautaire a été mouvementé dans les années 90, alors que le virage ambulatoire suggérait à la population la prise en charge de sa santé et ramenait un grand flux de clients des centres hospitaliers vers la communauté. Les ajustements que le virage ambulatoire exigeait de la population, des intervenants de la santé et des milieux communautaires, et le rythme auquel ces changements étaient prévus ont posé des nouvelles balises dans l'histoire de la santé communautaire.

Désinstitutionnalisation

Durant la **désinstitutionnalisation**, les budgets gouvernementaux furent transférés aux diverses communautés pour répondre aux besoins de santé mentale sur le plan local. À cette fin, et dans l'intention de mettre sur pied un système de prévention et de suivi pour limiter les hospitalisations en santé mentale et en psychiatrie, on créa les **centres communautaires de santé mentale**. On a ainsi transféré le traitement des personnes souffrant de maladies mentales graves des grands hôpitaux publics vers les services communautaires.

Psychotropes

Outre les investissements au niveau communautaire, l'introduction des phénothiazines et du carbonate de lithium à la fin des années 50 pour le traitement des maladies mentales persistantes a précipité la désinstitutionnalisation, ce qui a permis à des clients auparavant totalement psychotiques de sortir de l'hôpital. De nos jours, l'amélioration constante des psychotropes continue d'influencer grandement le pronostic du traitement psychiatrique, ce qui occasionne une sortie rapide, mais parfois prématurée, des hôpitaux.

Influences juridiques

Le mouvement de désinstitutionnalisation a été grandement influencé par le mouvement des droits de la personne, qui insistait sur le droit des individus à décider eux-mêmes de leur sort. À cette époque, les tribunaux ont restreint la pratique d'interner d'office un individu dans une institution psychiatrique. Les poursuites ont abouti à davantage de traitements et à la préséance de la solution la moins restrictive pour les malades mentaux. Les établissements en santé mentale et en psychiatrie se sont axés sur les traitements plutôt que sur les soins de garde.

Acceptation sociale

La désinstitutionnalisation, comme tout changement social, a engendré une série de problèmes imprévus. Bien souvent les actes législatifs devançaient l'acceptation sociale. Les communautés n'étaient pas prêtes à accepter des malades aux prises avec des troubles mentaux chroniques qui, auparavant, étaient internés dans des établissements. Le manque de ressources, la mauvaise coordination et la fragmentation caractérisaient les soins communautaires. Les malades chroniques sont passés de l'arrière-salle des hôpitaux publics aux ruelles des cités et une grande majorité d'entre eux sont devenus des sans-abri au sortir de l'hôpital. Même lorsqu'ils disposaient d'un toit, une grande proportion d'entre eux vivait dans la pauvreté ou était au chômage et était incapable de pourvoir aux néces-

sités élémentaires de la vie quotidienne. Les traitements communautaires manquaient du suivi nécessaire pour que les malades mentaux puissent fonctionner à l'extérieur de l'hôpital. Bien des experts attribuent le syndrome de « la porte tournante » – les allées et venues des clients en psychiatrie entre l'hôpital et la communauté – au manque de ressources communautaires.

29.1.3 Systèmes de traitement actuels en santé mentale et en psychiatrie communautaire

Pour convaincre les clients et leurs familles de l'efficacité des soins prodigués, les infirmières spécialisées en soins communautaires en santé mentale et en psychiatrie doivent comprendre le contexte, la diversité et les différentes variables des systèmes existants. Les soins communautaires en santé mentale et en psychiatrie sont parfois assurés et financés par un partenariat des secteurs public et privé.

Systèmes intégrés de soins

Les systèmes intégrés de soins ont été conçus dans le but d'assurer toute une gamme de services dans le domaine de la santé mentale. Ce continuum de soins va, selon les besoins, du niveau de traitement le plus intensif à l'hôpital jusqu'à la simple gestion pharmacologique, réalisée par un praticien de médecine générale ou par une infirmière clinicienne, en liaison avec des psychiatres.

Dans certaines localités, les membres du personnel des hôpitaux et des ressources communautaires collaborent pour analyser les besoins en santé mentale et y répondre.

Financement

Dans la plupart des cas, le réseau hospitalier public et le système de soins communautaires (réseau de soutien) disposent de financements distincts. Les budgets destinés à la santé mentale sont directement confiés aux administrateurs (hôpitaux). Un réseau de soutien consiste en des ressources communautaires qui se répartissent des budgets et certaines responsabilités en matière de soins de santé. Il s'agit aussi d'une approche particulièrement efficace en régions éloignées, où il est beaucoup plus difficile de s'assurer des prestations de soins. En règle générale, l'engagement de plusieurs niveaux de gouvernement dans la distribution des fonds a pour résultat l'allocation d'une proportion plus importante d'argent aux coûts administratifs qu'aux clients. Les institutions locales ont habituellement une meilleure perception des besoins réels de la communauté à desservir, ce qui permet d'éviter le gaspillage des fonds pour des programmes inutiles.

Philosophie

Deux écoles de pensée s'opposent actuellement en ce qui concerne l'organisation des systèmes de soins de santé mentale. Ces deux approches font l'objet de débats intenses dans les zones hospitalières desservant l'essentiel de la population qui souffre de troubles mentaux chroniques. Deux arguments alimentent ce débat : la *liberté de choix* et la *continuité des soins* pour les clients traités en psychiatrie.

Liberté de choix

Les tenants de la liberté de choix soutiennent que toute personne, quelles que soient ses déficiences, a le droit d'avoir accès à une gamme complète de traitements. De cette façon, les clients choisissent parmi les différentes modalités de traitement et les prestations de soins, et sont en mesure de recevoir des soins de plusieurs ressources. Le client dispose de toutes les possibilités pour concevoir son propre traitement. Dans la réalité, les systèmes fondés sur la liberté de choix présentent un certain nombre de problèmes qui surviennent communément dans le domaine des soins aux clients. Les clients atteints de troubles mentaux graves et persistants ont souvent des symptômes qui altèrent leur comportement et ils ont tendance à se montrer désagréables ou à ne pas collaborer, ce qui les porte à rejeter toute proposition. Nombre de ressources refusent d'offrir des options de traitement aux malades atteints de troubles mentaux graves en raison de la nature même du travail. En conséquence, il existe dans ce système une pénurie de services pour les clients qui en ont le plus besoin. En outre, si le client a toute liberté de choix, l'administrateur de soins l'a aussi. Dans ce système, ce dernier peut refuser de traiter une personne avec laquelle il est difficile de communiquer en raison de ses symptômes. Par conséquent, un client qu'il est compliqué de soigner est souvent laissé à lui-même. Ces problèmes s'ajoutent au fait que les troubles mentaux graves se caractérisent par un symptôme primaire d'isolement social. Il arrive fréquemment qu'un client arrête son traitement, en raison d'un manque de jugement attribuable à l'aggravation de son cas, alors qu'il a en fait plus que jamais besoin de soins. Dans un système offrant une multiplicité d'options de traitement sans aucun contact centralisé, l'isolement du client aura des chances de passer inaperçu en raison de la fragmentation des soins.

Continuité des soins

Les partisans de la continuité des soins insistent sur le fait que des personnes souffrant de troubles mentaux persistants et graves requièrent une prestation de services stable au cours des phases et des épisodes de leur maladie. Ils partent de l'hypothèse fondamentale que ce sont les symptômes mêmes de la maladie mentale qui perturbent le traitement des malades et que ces mêmes symptômes doivent être traités. Dans ce type de système, une gestionnaire de cas réalise l'évaluation, planifie le traitement et se charge de diriger le client vers les services appropriés. Cette coordonnatrice peut prodiguer ou non l'essentiel des soins, mais il lui revient d'amorcer la relation avec le client. L'un des inconvénients de ce système réside dans le fait que le client risque d'être limité par la perception qu'a la gestionnaire de son état et de sa situation, ou du système de soins. Autre inconvénient : si la gestionnaire de cas quitte son poste, une perturbation grave dans la relation avec le client risque de lui donner l'impression d'être abandonné. Néanmoins, ce type de système présente l'intérêt de moins fragmenter le traitement et d'assurer un contact au client, qui trouve ainsi quelqu'un qui prend en charge la coordination des soins et une personne à qui il peut s'adresser.

La plupart des systèmes, qu'ils offrent une liberté de choix ou une continuité de soins, fonctionnent selon le principe des *soins ponctuels*, conformément au modèle médical. Selon cette conception, le client ne rentre dans le système que lorsque ses symptômes requièrent un traitement, tout comme un individu qui se fait soigner au cabinet de son praticien. Ce modèle présente l'avantage de rendre les traitements accessibles à un plus grand nombre de clients, puisque tous n'ont pas besoin de services au même moment. Malheureusement, ce modèle n'accorde pas de place à la prévention. Bien souvent, les clients ne rencontrent un intervenant qu'en cas de besoin aigu. Les soins intensifs en contexte hospitalier sont plus onéreux, à la fois pour le système et pour le client. En cas d'épisode sérieux, le rétablissement sera d'autant plus long et difficile, et il sera davantage perturbateur pour le client.

La gestion de cas

L'instauration des soins gérés durant la dernière décennie visait à comprimer les coûts de la santé. La simplicité du raisonnement économique est évidente, les conséquences cliniques le sont moins. Dans le contexte des soins gérés, on a restreint les services des centres communautaires de santé mentale. Une stigmatisation des services de santé mentale perdure dans le système actuel de santé, comme le prouve la disparité entre les remboursements admissibles pour les maladies mentales et les maladies physiques.

Le système de santé a recours à des infirmières ou à des responsables de la gestion de cas pour vérifier l'efficacité et la rentabilité du traitement du client. Cet examen des activités requiert que les infirmières indiquent clairement les besoins du client et les bénéfices du traitement. Dans le contexte des soins gérés, la défense des droits des clients consiste à fournir un traitement axé sur des objectifs, fondé sur un plan de soins réalistes et mesurables, ainsi que sur une organisation des soins selon des principes consacrés et des pratiques privilégiées (Schreter, 1997).

29.1.4 Composantes des soins communautaires en santé mentale et en psychiatrie

Programmes communautaires en santé mentale et en psychiatrie

Tel que le confirment les recherches, dans le cas de maladie mentale, l'association d'un programme de traitements et d'une pharmacothérapie empêche plus efficacement les rechutes que la seule administration de médicaments (Janicak et coll., 1998). Les programmes communautaires en santé mentale et en psychiatrie, offerts par des équipes interdisciplinaires durant les jours ouvrables, sont destinés aux malades externes. Comme ils se déroulent durant la journée, on les nommait antérieurement traitements de jour. Ils occupent généralement une tranche horaire de trois ou de six heures et comprennent au moins l'une des techniques de thérapie de groupe suivantes : interventions psychoéducatives, formation professionnelle, ou intervention dans le milieu, et des activités diverses.

Dans le domaine de la santé mentale et de la psychiatrie, il existe une différence fondamentale entre la thérapie et la réadaptation. Toutes deux sont essentielles pour le traitement global des malades mentaux. Toutes deux ont pour principe théorique la prévention des rechutes et de l'aggravation de l'état du malade. La distinction entre elles s'établit à partir de l'approche du traitement. La thérapie vise à réduire les malaises, les difficultés, les symptômes du malade et le danger qu'il représente, afin de pouvoir le réinsérer dans la communauté. La réadaptation se concentre, quant à elle, sur l'amplification des points forts et des qualités d'une personne et sur l'amélioration de sa santé par des activités compensatoires pour qu'elle recouvre ou améliore son fonctionnement social (Anthony, 1978). Il existe quatre modèles principaux de programmes communautaires en santé mentale et en psychiatrie : *l'hôpital de jour, le centre de jour, la réadaptation psychiatrique/formation axée sur les compétences et les modèles de pavillons psychosociaux.*

Hôpital de jour

En ce qui concerne les soins, les programmes d'hôpital de jour sont les plus intensifs de tous les modèles thérapeutiques. Dans le continuum de soins, ils représentent l'étape suivant l'hospitalisation et ils sont spécialement destinés à éviter cette hospitalisation. Ces programmes se déroulent dans un contexte hospitalier.

Les clients participent à ce type de programmes d'hôpital de jour soit lorsqu'ils sortent de l'hôpital encore fragilisés, soit lorsque leurs symptômes, devenus trop intenses, requièrent une intervention intensive et structurée. Il s'agit d'une intervention à court terme et la moyenne de séjour oscille entre trois semaines et trois mois. Les programmes d'hôpital de jour comptent généralement des infirmières spécialisées en soins de santé mentale et en psychiatrie, des psychiatres et un personnel détenteur d'un baccalauréat en psychologie ou en travail social. L'ensemble du traitement comprend une thérapie individuelle, une thérapie de groupe, des interventions psychoéducatives et certaines activités structurées, de même qu'un suivi pharmacologique. L'objectif de ces programmes est d'élever le fonctionnement du client à un niveau qui lui permettra de demeurer à l'extérieur de l'hôpital. L'accent est mis sur la réduction des symptômes qui inhibent fortement ou inter-

disent complètement la vie en communauté. L'infirmière œuvrant au sein d'un programme d'hôpital de jour fait le suivi des symptômes et de l'état mental des clients, anime les groupes, intervient en psychoéducation, programme et réalise les activités, et collabore avec le psychiatre pour suivre l'action et les effets secondaires des médicaments.

Centre de jour

Ce modèle thérapeutique est similaire à l'hôpital de jour. Le séjour du client y dure toutefois plus longtemps, des mois, voire des années, et le traitement y est moins intense. De nombreux programmes en centre de jour comprennent une formation professionnelle s'ajoutant aux interventions en psychoéducation et aux activités, et ils s'inscrivent dans le cadre de la réadaptation en santé mentale et en psychiatrie. Le programme de base en centre de jour peut inclure une thérapie individuelle, une gestion de cas ou un suivi pharmacologique, mais il comprend obligatoirement une thérapie de groupe, des interventions psychoéducatives et des activités. Dans ce contexte, le rôle de l'infirmière dans l'équipe interdisciplinaire consiste à planifier la programmation ainsi qu'à surveiller l'état mental du client et les effets de la médication. Une connaissance approfondie de la thérapie de groupe et des compétences en matière de processus s'imposent.

Au cours de la dernière décennie, on a affirmé que les activités de loisir proposées dans le cadre des centres de jour ne favorisaient pas le rétablissement des clients, qu'elles ne sont qu'une occupation, sans constituer un véritable traitement. Le jeu est pourtant une expérience importante de l'existence humaine, et on y a souvent recours pour la réadaptation des clients en santé mentale et en psychiatrie. En tant que thérapie, le jeu s'adresse aux déficits cognitifs et interpersonnels, comme l'isolement social et le manque de spontanéité caractéristiques des troubles mentaux graves.

Réadaptation psychiatrique/ formation axée sur les compétences

La réadaptation en santé mentale et psychiatrie et les programmes de formation axée sur les compétences se distinguent par leurs objectifs des autres programmes thérapeutiques. Ce programme vise à une acquisition d'aptitudes de la part du client pour contrebalancer les déficits cognitifs et neuropsychiatriques attribuables aux troubles mentaux. Bien que la réadaptation en santé mentale et en psychiatrie existe depuis plusieurs décennies, ce traitement jouit actuellement d'une popularité en raison des nouvelles techniques qui permettent de mettre en évidence le lien entre les lésions cérébrales et les troubles mentaux. Selon l'hypothèse fondamentale de la réadaptation, le client souffre d'un déficit sur le plan des compétences ou ne dispose pas des aptitudes nécessaires pour vivre, étudier ou travailler (Anthony, 1978). L'objectif est donc d'obtenir un changement comportemental et d'attribuer la responsabilité de l'exécution du traitement au client et non à l'intervenant. L'infirmière qui travaille dans un tel environnement se charge d'aider le client à déterminer un besoin précis et de mettre au point un plan d'intervention conçu pour favoriser le changement comportemental. Elle prend également en charge les interventions psychoéducatives et les enseignements qui répondent aux besoins cognitifs des clients (voir la rubrique Situations cliniques n° 1).

Modèles de pavillons psychosociaux

Ces modèles sont répandus à travers le monde puisqu'il existe actuellement 310 pavillons dans 21 pays. L'idée sous-jacente de ce modèle, c'est que chaque personne a un sens de l'appartenance, éprouve le besoin d'être voulue et acceptée, d'être utile et se préoccupe de pérennité. Le pavillon constitue un endroit où les clients peuvent satisfaire leurs besoins essentiels de nourriture, de vêtements, de logement, de relations sociales et d'activités (Mastboom, 1992). Les clients, ou membres du pavillon, viennent travailler au pavillon pour assurer son fonctionnement.

« En travaillant coude à coude avec les membres [du pavillon], le personnel prend conscience du potentiel social et professionnel des membres... et ces derniers commencent à se découvrir des aptitudes personnelles et des talents qui améliorent leurs relations sociales et professionnelles » (Fountain House, 1981). La plupart des pavillons se composent des éléments suivants : un café où les membres travaillent pour préparer les repas et les casse-croûte, un local d'entretien pour effectuer le nettoyage et l'entretien du bâtiment, ainsi qu'une unité de services aux membres, où des membres reçoivent les appels téléphoniques, réalisent un journal quotidien, trouvent des logements disponibles à proximité et tiennent un magasin d'aubaines. Certains pavillons disposent d'appartements loués aux membres. La plupart offrent des emplois temporaires afin de donner aux membres une première occasion de travail dans la communauté. Une infirmière qui travaille dans ce contexte participe avec les membres aux tâches et au fonctionnement du pavillon. Cela signifie aider un membre à nettoyer les salles de bains ou trouver une tâche appropriée pour quelqu'un dont les symptômes s'aggravent. Cela consiste également à contacter un employeur potentiel ou à aider les membres à organiser un événement dans le pavillon. Quelle que soit la tâche quotidienne, elle comprend toujours la démarche de soins infirmiers sous-jacente d'évaluation continue de l'état mental du client et l'atteinte des objectifs du programme et du groupe.

ALERTES L'infirmière doit rester constamment à l'affût des idées et des tentatives de suicide. Les premiers mois qui suivent la sortie du client de l'hôpital sont les plus dangereux. Les personnes aux prises avec la schizophrénie, qui entendent des voix (hallucinations auditives) leur ordonnant de se blesser, présentent un risque égal et même supérieur aux dépres-

sifs. Des antécédents de tentatives de suicide et la létalité de ces tentatives constituent un excellent indice de prédiction des risques.

Gestion de cas

Les infirmières spécialisées en soins de santé mentale et en psychiatrie sont engagées depuis des années dans la coordination des soins à des clients souffrant de troubles mentaux. En raison de l'ampleur des besoins et de la complexité des problèmes posés par la maladie chronique, des services de soins sont offerts dans divers endroits. Cette segmentation augmente radicalement la fragmentation des soins, la gestion de la maladie mentale requiert alors une coordination scrupuleuse. Cette gestion s'applique en développant des **plans de cheminement clinique** ou de suivi systématique dont le but est d'offrir à la personne un suivi intensif dans son milieu (SIM).

La **gestion de cas** s'efforce de coordonner les soins et de réduire cette fragmentation. Dans le cas des soins en santé mentale et en psychiatrie, cette gestion peut être réalisée par une gestionnaire de cas ou par une équipe interdisciplinaire regroupant des infirmières, des médecins et des travailleurs sociaux responsables de l'élaboration des soins pour une clientèle particulière. La première composante de tous les modèles de gestion de cas est la coordination des soins. La gestion de cas a pour objectif de représenter les individus ou les familles en intégrant et en coordonnant les soins ou les services (Bower, 1992). Elle a pour but :

- d'améliorer les **activités de la vie quotidienne** du client ;
- de favoriser l'utilisation appropriée des ressources ;
- de prévenir, dans la mesure du possible, les exacerbations de la maladie ou les hospitalisations intempestives ;
- de retarder l'institutionnalisation ;
- d'optimiser la qualité de vie du client.

En tant que responsable de la gestion de cas, l'infirmière a pour rôle de représenter le client ou sa famille en coordonnant ou en fournissant les services tout au long du continuum des soins et pendant la durée complète de la maladie. Une gestion de cas efficace contribue à minimiser les coûts des soins de santé pour le client, pour sa famille et pour la société (voir encadré 29.1). On recommande un baccalauréat en sciences infirmières et trois années d'expérience clinique pertinente comme formation minimale pour devenir gestionnaire de cas (American Nurses Association, 1994). Certains programmes de gestion de cas excèdent cette recommandation en n'acceptant que les détentrices d'une maîtrise, alors que d'autres programmes engagent des bacheliers spécialisés en psychologie ou en travail social.

29.1.5 Niveaux d'assistance fonctionnelle

Le fait d'occuper une place dans la société témoigne de l'adaptation du client. Dans son échelle de la hiérarchie des

Gestion de cas, pourquoi ? ENCADRÉ 29.1

La gestion de cas est applicable à toute une gamme de problèmes et de besoins en santé. Elle est donc souvent utilisée pour une multiplicité de raisons, dont les suivantes :

1. La gestion de cas considère l'ensemble des besoins des clients et de leur famille, elle est axée sur les besoins du client. Les clients et leur famille se montrent généralement très satisfaits de la gestion de cas.
2. L'une des caractéristiques essentielles de la gestion de cas est l'orientation vers des résultats thérapeutiques. L'objectif consiste à faire progresser le client et sa famille vers un résultat optimal.
3. La gestion de cas permet et facilite la coordination des soins du client, ce qui réduit la fragmentation.
4. La gestion de cas vise à rentabiliser les soins en minimisant la fragmentation, en optimisant la coordination et en facilitant la progression du client et de sa famille dans le réseau de la santé.
5. Les contributions des différentes disciplines de la santé sont à la fois coordonnées et renforcées par la gestion de cas.
6. Les hôpitaux et autres établissements de soins peuvent se servir de la gestion de cas dans leurs stratégies de marketing destinées aux clients, à leur famille et aux employeurs.

Adapté de l'American Nurses Association : *Case management by nurses*, Washington, D.C., The Association, 1992.

besoins, Maslow considère que la nourriture, le logement et l'habillement représentent les exigences de base à satisfaire avant de pouvoir progresser vers un niveau plus élevé de besoins et de développement (Maslow, 1954). À l'époque de la désinstitutionnalisation, on a vu apparaître une nouvelle classe de malades mentaux : les sans-abri psychiatrisés. À mesure que les malades sortaient des hôpitaux sans suivi et sans aucun endroit où aller, ils se retrouvaient dans la rue. Les gens souffrant de maladie mentale sont beaucoup plus susceptibles que la moyenne de la population de vivre dans des logements insalubres, dans des quartiers mal famés et de consacrer une proportion plus élevée de leurs revenus au logement (Owen et coll., 1996). Au cours des deux dernières décennies, les communautés ont mis sur pied divers types de logements communautaires qui correspondent mieux aux besoins des individus souffrant de maladie mentale. Les individus gravement malades qui résident dans un milieu familial pour adultes ont un taux d'hospitalisation inférieur (Rimmerman et coll., 1992). Le tableau 29.1 présente les modalités de logements existantes dans un continuum de soins.

Les **programmes de réadaptation en établissement pour adultes**, également appelés centres de traitement intensif à demeure ou centres résidentiels et de traitement pour adultes, sont conçus pour les individus atteints d'un trouble psychiatrique grave, qui requièrent une surveillance constante. Jusqu'à l'entrée en vigueur de ces programmes, les malades qui souffraient de troubles mentaux graves et persistants étaient internés indéfiniment dans

des hôpitaux. Les programmes de réadaptation en établissement pour adultes sont dotés d'un personnel infirmier et d'un psychiatre consultant 24 heures sur 24, de programmes de formation à la vie quotidienne et de réadaptation, tous situés dans le même établissement. Les résidants y demeurent souvent durant deux ans alors qu'ils apprennent les habiletés de base nécessaires pour progresser jusqu'au niveau suivant de la vie en communauté. Ces habiletés comprennent : la prise de médicaments tels que prescrits, la description des effets secondaires à leur médecin, les règles de base d'hygiène et de soins de l'apparence, ainsi qu'un comportement approprié. La programmation de la réadaptation dans ces établissements se conforme aux modèles de programmes de traitement psychiatrique communautaires mentionnés précédemment.

Les **établissements de soins en commun**, ou foyers d'hébergement et de soins, sont des foyers destinés à des groupes de six à quinze résidants souffrant de troubles mentaux graves et persistants. Les établissements de soins en commun fournissent la nourriture, le logement, ainsi qu'un suivi de l'observance pharmacologique et des habiletés de la vie quotidienne. Les résidants de ces établissements reçoivent souvent un traitement ambulatoire au CLSC. Dans certaines localités, ces centres offrent des consultations gratuites dans les établissements de soins en commun. La plupart de ces établissements de soins exigent que le résidant s'engage dans un certain type de traitement d'appoint.

Les **milieux familiaux pour adultes** fournissent un cadre de vie plus personnel et plus tranquille pour les clients ayant besoin de surveillance. Nommées également *placement familial pour adultes*, ces modalités de logement sont fournies par des familles qui acceptent d'« adopter » une ou deux personnes chez elles. Le client fait partie de la famille et l'on s'attend à ce qu'il s'insère dans la routine normale de la maisonnée. Le soignant du milieu familial pour adultes supervise, le cas échéant, la prise de médicaments, s'assure que le client accomplit les tâches routinières de la vie quotidienne, et aide le client à acquérir les aptitudes lui permettant de vivre de façon autonome en communauté. Le milieu familial pour adultes profite au client incapable de tolérer le grand nombre de personnes résidant dans les établissements de soins en commun, mais il s'avère plus difficile pour celui qui n'accepte pas l'intimité familiale.

Les **personnes semi-autonomes** vivent avec deux ou trois autres personnes et ne requièrent qu'une surveillance minimale. Les clients dans ce type de situation sont généralement assistés par un personnel chargé de leur enseigner systématiquement les **habiletés de la vie quotidienne autonome**, telles que la cuisine et la réalisation d'un budget.

29.1.6 Visites à domicile

Les infirmières en soins communautaires de santé mentale et de psychiatrie rencontrent des clients dans une multiplicité de contextes. Comme on l'a vu précédemment, les

TABLEAU 29.1	Modalités de vie en société			
			Modalités de vie structurée	
Autonomie	**Semi-autonomie**	**Milieu familial pour adulte**	**Établissement de soins en commun**	**Centre hospitalier spécialisé**
Description fonctionnelle Vit seul ou avec d'autres sans besoin de surveillance. Dispose d'une totale liberté. Affiche un comportement responsable. Se charge des tâches et des responsabilités convenablement.	Partage des responsabilités avec deux ou quatre autres personnes. A besoin d'une structuration et d'une supervision minimale. Tente d'acquérir son autonomie en renforçant les habiletés requises. A besoin du soutien de la vie en commun.	Mode de vie familial Nécessite moins de structuration que les modalités de vie structurée et le traitement intensif à demeure. A besoin d'une surveillance continue. Dispose d'une certaine autonomie selon ses caractéristiques individuelles.	Mode de vie structuré Ne requérant pas autant de structuration que les centres de traitement intensif à demeure. Soins continus	Mode de vie structuré Soins et surveillance continus
Critères du client Stable Possède la plupart des habiletés nécessaires pour vivre de manière indépendante. Réalise les activités de la vie quotidienne (AVQ). Prend ses médicaments sans problèmes. Organise son temps adéquatement.	Possède la plupart des habiletés nécessaires pour vivre de façon autonome. Collabore avec les autres. Effectue la plupart des activités de la vie quotidienne (AVQ). Prend ses médicaments sans problèmes. Organise son temps adéquatement.	Est en mesure de s'entendre avec les autres. Se conforme aux règles de la maison et du plan de soins (le cas échéant). Organise son temps adéquatement. Effectue la plupart des activités de la vie quotidienne (AVQ). Prend ses médicaments de manière appropriée.	Est capable de collaborer avec les autres et le personnel. Se conforme aux règles et à la structure de la maison.	Niveau de fonctionnement justifiant des soins constants Incapable de prendre soin de lui-même. Se conforme aux règles de l'établissement et au plan de soins.

malades aux prises avec des troubles de santé mentale graves et persistants peuvent appeler « maison » différentes modalités de logement. Ainsi, « maison » peut désigner tout lieu destiné aux sans-abri, le parc voisin ou même le pont le plus proche.

De nombreux services de soins à domicile disposent maintenant d'une sous-spécialité en santé mentale et en psychiatrie, et les gestionnaires de cas en santé mentale et en psychiatrie communautaires réalisent des visites à domicile dans certaines circonstances.

Sécurité

Les visites à domicile varient selon le motif, la durée, la fréquence et les résultats. L'évaluation des risques potentiels que la visite présente est cruciale et doit précéder toute intervention. Cette évaluation comprend toujours les antécédents du client, ses relations habituelles avec les infirmières, son état mental récent ou actuel et le type de résidence dans lequel il vit. L'infirmière peut alors décider de s'y rendre seule ou avec un autre membre de l'équipe soignante ou un professionnel de la santé mentale.

Catégories

Les objectifs des visites à domicile dans le domaine des soins infirmiers communautaires en santé mentale et en psychiatrie se répartissent en trois catégories principales : participation du client, évaluation du client et enseignement au client. Les troubles mentaux ayant comme symptômes primaires un retrait et un isolement social, il est parfois nécessaire avant toute chose d'intégrer la personne dans la communauté. Le client a souvent tendance à s'isoler chez lui et d'en sortir le moins possible. Les visites à domicile ne sont en général pas planifiées avec lui, car l'anticipation risque d'aggraver son anxiété et de provoquer une exacerbation des symptômes. Il arrive aussi que les clients évitent les visiteurs, par crainte d'être hospitalisés d'office. L'objectif de la visite consiste à inciter le client à participer au système de soins en rencontrant le responsable de la gestion de cas ou l'infirmière. Il faut parfois rendre visite aux clients pendant plusieurs mois avant qu'ils n'acceptent de participer au traitement du CLSC. Cette approche proactive en santé mentale communautaire permet de rejoindre des clients qui se refusent généralement au traitement traditionnel en cabinet (Herinckx et coll., 1997).

Une visite à domicile est souvent une expérience éclairante. Lorsqu'elle le rencontre dans son contexte quotidien, l'infirmière approfondit sa compréhension du niveau de fonctionnement global de son client. Une clinique externe donne l'occasion de voir le client dans un milieu semi-public et durant une courte période. Le domicile du client offre à l'infirmière une connaissance approfondie de la manière dont il fonctionne à un niveau fondamental et durable (c'est-à-dire sur le plan des tâches de la vie quotidienne et des aptitudes de la vie autonome (voir encadré 29.2).

Les déficits cognitifs provoqués par la maladie mentale interfèrent fréquemment avec l'apprentissage du client et, plus en profondeur, avec les processus d'apprentissage. Certains clients sont incapables de répéter un apprentissage si le contexte change. Une visite à domicile constitue une approche efficace pour enseigner les aptitudes de la vie autonome au client qui présente des déficits de transfert d'apprentissage. Durant une démonstration à la maison, les clients ont la possibilité d'employer leurs propres appareils et accessoires dans leur propre milieu, ce qui facilite la mémorisation. Il faut parfois recommencer le processus d'apprentissage si le client change de résidence.

ENSEIGNEMENT AU CLIENT

Schizophrénie   ENCADRÉ 29.2

Enseigner au client :
- que la schizophrénie est un trouble cérébral qui demande à la fois une pharmacothérapie et une thérapie psychosociale ;
- que l'isolement constitue un symptôme courant et qu'il est important d'avertir les intervenants lorsque l'idée d'interagir avec les autres le rebute ou l'effraie ;
- que la maîtrise des symptômes risque de prendre des mois ;
- qu'une participation plus intense à la thérapie donne de meilleurs résultats

Enseigner à la famille :
- que la schizophrénie est une maladie cérébrale qui touche 1 % de la population mondiale. Cette maladie n'a rien à voir avec la façon dont le client a été élevé ;
- que les maladies mentales chroniques ont un retentissement particulier sur la famille. Il existe des ressources communautaires (voir Annexe F) pour l'éducation et le soutien des familles, qui aident les familles à supporter leurs difficultés émotionnelles, à briser leur isolement et qui leur apportent une multitude d'informations ;
- que l'expression intense de sentiments négatifs dans le cadre familial risque d'aggraver les symptômes de schizophrénie. Il est important que tous les membres de la famille expriment leur chagrin et abordent les conflits ;
- que les médicaments prescrits sont importants et qu'il faut parfois exercer une surveillance et un suivi pour s'assurer de leur efficacité et évaluer les symptômes ;
- que les CLSC et certaines commissions scolaires organisent des groupes d'entraide pour les parents et les frères et sœurs des gens atteints de troubles mentaux.

29.1.7 Judiciarisation

Il s'agit là d'un problème urgent à l'échelle nationale. Le pourcentage de la population judiciarisée souffrant de troubles mentaux identifiables varie de 6 % à 25 %. Les facteurs qui justifient la judiciarisation de malades mentaux comprennent l'itinérance, l'attitude de la communauté et des membres des forces de l'ordre, la rigidité des critères de placement et le manque de soutien communautaire adéquat. Les responsabilités de l'infirmière dans les institutions correctionnelles varient et peuvent comprendre les interventions suivantes :
- l'évaluation des tendances suicidaires ;
- l'évaluation de l'état mental ;
- le suivi de l'efficacité des médicaments ;
- la liaison entre les détenus et les administrateurs de soins communautaires ;
- la prestation de soins, le cas échéant.

29.1.8 Autres composantes des soins infirmiers communautaires en santé mentale et en psychiatrie

Ce type de soins comprend fréquemment des interventions en cas de crise à la fois auprès d'individus et de groupes. Nombreuses sont les communautés qui disposent d'équipes multidisciplinaires spéciales composées de praticiens prodiguant des soins de santé mentale aux sinistrés. Le chapitre 22 détaille les interventions en cas de crise avec les groupes et les individus.

Les clients qui souffrent d'exacerbations sévères des symptômes propres à leurs santé mentale ont parfois besoin d'être internés d'office dans un établissement, pour leur propre sécurité ou la sécurité d'autrui. Une connaissance des soins infirmiers appropriés et des autres modalités de traitement s'avère cruciale.

Les infirmières spécialisées en santé mentale et en psychiatrie communautaires doivent également gérer la pharmacothérapie. Surtout si elles travaillent dans des cliniques de distribution des médicaments ou dans des cliniques de suivi, là où leur responsabilité principale consiste à faire le suivi des réactions et des effets secondaires des médicaments prescrits aux clients, ou encore si elles s'occupent des programmes de réadaptation en santé mentale et en psychiatrie, où le suivi de la médication constitue l'une de leurs fonctions. Quel que soit leur contexte d'intervention, une connaissance approfondie de la psychopharmacologie est exigée (voir chapitre 20).

CONCEPTS-CLÉS

- Le nombre de services communautaires de santé mentale s'est grandement accru depuis les années soixante.
- Les programmes communautaires de santé mentale sont des éléments essentiels du traitement des personnes souffrant de maladie mentale persistante.
- L'infirmière en soins communautaires de santé mentale et de psychiatrie joue un rôle crucial en tant que gestionnaire de cas.

- Les infirmières en soins communautaires spécialisées en santé mentale et en psychiatrie collaborent fréquemment avec les équipes multidisciplinaires ou en font partie.
- La visite à domicile a pour objectif d'inciter le client à se faire traiter, de l'évaluer et de lui enseigner des habiletés pour la vie en société.
- La gestion de cas a une influence décisive sur la prestation des soins communautaires en santé mentale et en psychiatrie.

SITUATIONS CLINIQUES

1. Pierre, âgé de quarante-trois ans, présente des antécédents de schizophrénie paranoïde chronique. Il habite un logement subventionné et suit un traitement au centre de jour en santé mentale et en psychiatrie cinq jours par semaine. Au centre de jour, il s'emploie à certaines tâches et à diverses activités. Dans cet environnement, il a un comportement approprié et sympathique. Il ne manifeste aucun symptôme positif de sa maladie, mais présente des symptômes négatifs récurrents d'affect émoussé et de manque d'hygiène. Comme il a exprimé le désir de prendre l'autobus, l'infirmière lui a offert de se rendre à son appartement pour lui montrer le trajet de sa maison au centre de jour.

    Lorsque l'infirmière est entrée dans l'appartement de Pierre, elle s'est rendu compte de son insalubrité. Les comptoirs de cuisine étaient couverts de vaisselle sale et moisie et ils étaient infestés de blattes. Les vêtements sales s'empilaient dans tous les coins et il régnait une forte odeur nauséabonde. Pierre avait caché un salami sous le divan par crainte que le voisin ne vienne le voler dans son réfrigérateur. On observait des brûlures de cigarette à la fois sur le divan et sur le lit et il n'y avait pas de serviettes de toilette dans la salle de bains, ce qui ne semblait poser aucun problème à Pierre, qui déclarait ne jamais se laver les mains après avoir été aux toilettes et ne pas prendre non plus de bains.

Pensée critique – Évaluation

- Qu'est-ce qui inquiète le plus l'infirmière ? Comment va-t-elle modifier le plan de soins de Pierre ? Énumérez les problèmes par ordre de priorité.
- Quelles ressources pourraient êtres utiles pour le traitement de Pierre ? Comment l'infirmière abordera-t-elle cette question avec lui ?
- Compte tenu de l'importance du problème d'hygiène de Pierre, comment l'infirmière sélectionnera-t-elle ses tâches au pavillon ? A-t-elle l'obligation de protéger la santé des autres membres du centre de jour ? Quel type d'intervention peut-elle choisir pour aider Pierre à surmonter son problème sans lui faire honte, tout en protégeant les autres ?
- Quels sont les symptômes particuliers de la schizophrénie qui empêchent Pierre de comprendre le lien entre ses habitudes de vie et son suivi au centre de jour ?

2. Thomas, un étudiant de vingt ans, a été autorisé, il y a deux semaines, à quitter le service de santé mentale et de psychiatrie pour vivre de manière autonome. Quatre de ses amis l'avaient auparavant amené à l'hôpital parce qu'il était ivre et qu'il se montrait agressif et menaçant au cours d'une fête. Ses amis avaient signalé alors que le comportement de Thomas avait changé au cours du dernier mois. Avant d'être hospitalisé, il avait pris l'habitude de passer des nuits blanches, de boire beaucoup d'alcool, de se bagarrer avec les autres résidants du dortoir et il a reçu deux contraventions pour excès de vitesse dans la semaine précédente. On a diagnostiqué chez lui un trouble bipolaire de type I, avec un seul épisode maniaque. Il a pris du carbonate de lithium à 300 mg tid et du clonazépam (Rivotril) à 2 mg au coucher. À sa sortie de l'hôpital, on lui a remis suffisamment de médicaments pour une semaine. L'infirmière chargée de son cas vient de recevoir aujourd'hui un appel inquiet du gérant de l'appartement de Thomas ; ce dernier lui ayant déclaré d'un ton sarcastique qu'il mettrait fin à ses jours si on lui demandait de baisser le volume de la musique. Le gérant a également mentionné que les autres locataires se plaignaient que Thomas faisait du bruit toute la nuit durant. L'infirmière, qui n'a pas vu Thomas depuis sa sortie, est incapable de le joindre par téléphone.

Diagnostics infirmiers

1. Risque d'accident relié à un comportement destructif et à une hyperactivité, comme l'attestent une agitation croissante et un comportement potentiellement nuisible (consommation d'alcool, excès de vitesse, bagarre).
2. Risque de violence envers soi relié à l'excitation maniaque, comme l'atteste une activité motrice croissante accompagnée d'un comportement provocateur.
3. Habitudes de sommeil perturbées reliées à une hyperactivité excessive.
4. Interactions sociales perturbées se traduisant par des interactions dysfonctionnelles avec les pairs et avec autrui.

Pensée critique – Évaluation

- L'infirmière devrait-elle se rendre au domicile de Thomas ? Quel facteur doit-elle prendre en compte au moment de décider de sa visite à domicile ?
- Quelles évaluations doivent être réalisées au cours d'une entrevue avec Thomas ? Quels sont les autres diagnostics du DSM-IV à envisager en ce moment ? Comment l'infirmière pourra-t-elle s'assurer de la sécurité personnelle de Thomas ?
- Si Thomas refuse de la rencontrer ou s'il adopte une attitude défensive ou négative, comment l'infirmière doit-elle réagir ? Comment devrait-elle procéder ?
- De quels autres renseignements devra-t-elle disposer pour compléter la collecte de données infirmière ?

Ivan L. Simoneau
inf., Ph.D.Éd. (psychopédagogie)
Collège de Sherbrooke

Chapitre 30

Spiritualité

OBJECTIFS D'APPRENTISSAGE

Après avoir lu ce chapitre, vous devriez être en mesure :

- **De comparer et de différencier les concepts de spiritualité et de religion ;**
- **De donner trois arguments pour justifier l'importance et l'utilité d'une évaluation spirituelle pour les clients souffrant de maladie mentale ;**
- **D'établir un scénario infirmière-client en utilisant des stratégies d'évaluation spirituelle et d'intervention qui contribuent à la santé mentale et affective du client.**

30.1 RAPPORT ENTRE LES TENDANCES SPIRITUELLES ET LES QUESTIONS DE SANTÉ MENTALE

L'Organisation mondiale de la santé (1946) définit la santé comme un état complet de bien-être à la fois physique, mental et social, et non pas comme la simple absence de maladie ou d'infirmité. Toutefois, d'autres définitions plus récentes de la santé tiennent compte des dimensions affective et spirituelle. Qui plus est, on n'envisage plus aujourd'hui la santé comme un état passif, mais comme un processus dynamique visant à atteindre des niveaux toujours plus élevés de mieux-être dans chacune de ces dimensions. Selon le modèle de bien-être de Russell, la santé spirituelle constitue un cadre englobant toutes les autres dimensions. Dans ce modèle, la spiritualité n'est pas forcément assimilée à un dogme religieux, mais représente plutôt la philosophie et les valeurs d'un individu et le sens qu'il donne à sa vie (Perrin et McDermott, 1997).

On croit de plus en plus que la maladie mentale aiguë ou chronique s'associe à des sentiments croissants de perte et d'impuissance. La maladie mentale, particulièrement la maladie mentale chronique, déclenche souvent un cycle de perte : les sentiments d'impuissance conduisent au désespoir, lequel accentue à son tour le sentiment de perte. Des données scientifiques (Perrin et McDermott, 1997) et empiriques montrent que des avantages importants peuvent résulter d'un soutien spirituel de qualité, s'il est offert de façon cohérente et efficace au sein d'une approche multidisciplinaire du traitement. Ces avantages peuvent avoir une influence sur le client comme sur les membres de l'équipe de soins. L'un de ces avantages étant des séjours hospitaliers plus courts pour les clients dont les problèmes et préoccupations d'ordre spirituel sont traités de manière efficace. S'occuper des problèmes spirituels d'un client contribue à réduire son anxiété, à améliorer la maîtrise de ses symptômes et à réduire le nombre de ses plaintes ; ce qui se traduit par un niveau de satisfaction accru chez la personne (Perrin et McDermott, 1997).

30.2 SPIRITUALITÉ EN TANT QUE DIMENSION DE LA PERSONNE

Chaque personne comprend plusieurs facettes : physique, cognitive, affective, sociale et spirituelle. Ignorer l'une de ces composantes équivaut à négliger une partie importante de l'individu, entraînant de graves conséquences. Chacun dispose d'une dimension spirituelle qui peut s'exprimer de diverses manières, de façon formelle ou informelle. La spiritualité d'une personne repose sur des convictions fondamentales concernant l'humain, le divin et leur relation. Ces convictions guérissent et nourrissent l'individu, mais peuvent aussi le punir et le paralyser. Dans le traitement, il est primordial de prêter attention aux dimensions spirituelles de l'individu.

30.2.1 Le concept de la spiritualité : une perspective québécoise

En s'appuyant sur un paradigme holistique, Pépin et Cara (2001), deux chercheuses québécoises, ont examiné la réappropriation de la dimension spirituelle par les infirmières. Historiquement, la pratique infirmière a longtemps été exercée dans un cadre religieux. Par la suite, cette pratique a fortement été influencée par le développement et l'apport des sciences exactes et par l'accent mis sur l'aspect biologique.

De nos jours, on assiste à de nouvelles préoccupations en ce qui a trait aux sources spirituelles et à la signification des soins donnés en fonction de l'environnement personnel du client. En effet, dans le cadre de leur travail, les infirmières sont constamment interpellées par des questions fondamentales portant sur le sens de la vie, sur la santé, la souffrance et la mort. C'est essentiellement cette quête de sens, suscitée par diverses expériences de santé, dont la maladie, qui ramène les infirmières à des valeurs fondamentales et qui en incite d'autres à ne plus opposer science et religion ou science et spiritualité.

Selon les chercheuses, le concept de spiritualité englobe le concept de religion sans pour autant faire appel à des affiliations religieuses précises. Une telle compréhension et application du concept de spiritualité permet à l'infirmière d'intervenir auprès du client et de sa famille de façon universelle et personnelle.

30.3 SPIRITUALITÉ ET SANTÉ MENTALE

La spiritualité fait partie intégrante de l'individu. Elle est le lien qui le rattache aux autres, au monde environnant et au divin, quelle qu'en soit sa perception. Des épreuves qui auraient pu être déroutantes ou accablantes acquièrent une signification grâce à la spiritualité et contribuent à l'expérience de vie. La spiritualité permet de comprendre le cycle de la vie et de la mort. Elle donne à l'individu de l'espoir, la force de rire et de célébrer la vie tout en demeurant conscient de la réalité de la maladie et de son caractère tragique.

La spiritualité joue un rôle important dans la santé mentale. Elle confère un sentiment d'espoir à de nombreux individus aux prises avec une maladie chronique souvent accablante. Grâce à elle, ceux qui sont rejetés par leur famille et leurs amis en raison de leur maladie peuvent continuer à éprouver un sentiment d'interdépendance et d'appartenance. Ceux qui se sentent abandonnés peuvent y puiser le sentiment d'être aimés et acceptés pour ce qu'ils sont, en tant qu'individus uniques et malgré leur maladie mentale. La spiritualité constitue également un point d'ancrage solide pour les individus chez qui la maladie provoque un sentiment de chaos interne. Mais cette même spiritualité porteuse d'espoir, qui permet à un individu de se sentir accepté, peut également, si l'on n'y prend garde, se transformer en un châtiment ou une entrave au lieu de favoriser la guérison.

30.3.1 Définition des termes

La **spiritualité** est une recherche du sacré, un besoin de prendre conscience du divin, quelle que soit la conception que l'on s'en fait. La spiritualité est la composante de la personnalité reliée au transcendant et à l'universel. Elle définit le rapport de l'individu avec le divin et la façon dont ce rapport influence l'expérience personnelle avec les autres et le monde environnant. La spiritualité intègre une compréhension du sacré, de la foi et de tout ce qui est intangible. La spiritualité peut s'exprimer dans la religion et les rites, sans s'y limiter. La musique, l'art, la poésie, la danse et les contes en sont également des expressions. La spiritualité, c'est prendre conscience qu'un fil conducteur court dans toute la création ; c'est aussi tenter de ressentir profondément ce lien. L'encadré 30.1 contient la liste des objectifs de la spiritualité.

La **religion** est une manière d'exprimer sa spiritualité. Elle peut se vivre au moyen de l'adhésion à une communauté particulière utilisant un système formel et organisé de croyances, ou être moins formelle et consister en un ensemble de croyances et pratiques plus individualisées. L'expression religieuse peut inclure des rites, des cérémonies, de la musique, de l'art ainsi que la participation intentionnelle d'un individu à une communauté ayant une compréhension de l'histoire et de l'avenir qui lui est spécifique. Le christianisme, le judaïsme, le bouddhisme, l'hindouisme, le taoïsme et l'islam sont des croyances religieuses formelles dont chaque fidèle est en mesure de vivre sa spiritualité. La spiritualité nouvel âge consiste en un assemblage de pratiques individuelles, pour la plupart sans rapport avec les communautés religieuses formelles.

Objectifs de la spiritualité — **ENCADRÉ 30.1**

- Présenter une image du divin.
- Présenter une image de l'humain.
- Permettre la compréhension de la relation entre le divin et l'humain.
- Aider à appréhender les idées de damnation, de salut et de neutralité divine.
- Contribuer à donner des croyances et un sens à la vie.
- Aider à se doter d'un sens du devoir, de la vocation ou de l'obligation morale.
- Aider à s'interroger sur sa propre expérience du divin et du sacré.
- Aider à affronter les situations entrant en conflit avec les conceptions spirituelles.
- Proposer des modèles de rites et de pratiques.
- Faire le lien avec un groupe confessionnel.
- Offrir une autorité et une orientation dans le système de croyances, de significations et de rites d'un individu.

30.4 PRINCIPALES QUESTIONS SPIRITUELLES

Les principales questions d'ordre spirituel incluent la peur de la mort et de la perte, pour soi-même et pour autrui. La spiritualité permet à l'individu de composer avec ces sentiments en lui apportant de l'espoir et en donnant un sens à des expériences qui, autrement, seraient paralysantes. Une compréhension spirituelle qui dépasse le caractère purement physique de notre lien avec la création aide à atténuer la peur et la douleur de la perte. L'impression d'un lien avec le divin allège les sentiments d'abandon, de chagrin et d'isolement tout en favorisant l'acceptation de soi. On doit envisager la spiritualité comme une composante clé du processus de guérison et comme une partie intégrante du plan de soins du client.

Les questions spirituelles importantes tendent à rester constantes, sans égard aux besoins en soins de santé. Des questions comme la perte, la peur, la mort, l'abandon et l'impression d'isolement peuvent toucher des clients souffrant de maladies physiques ou mentales. Les réactions à ces sentiments vont du développement de nouvelles significations et de nouvelles forces à l'acceptation, au chagrin et jusqu'à un sentiment de désespoir. Le fait de comprendre et de valider ces sentiments constitue en soi une intervention spirituelle qui permet ensuite d'aider le client à envisager des manières de réécrire l'histoire de sa vie afin d'englober ces expériences. Dans ces moments-là, la spiritualité peut être d'un grand secours.

Pour assurer des interventions spirituelles efficaces, il est primordial de distinguer d'abord les personnes qui sont en questionnement spirituel, plus particulièrement celles en quête d'un sens à donner à leur vie. Fitchett (1997) définit ces individus comme éprouvant de nombreux besoins spirituels sans détenir les ressources spirituelles nécessaires pour les satisfaire. Ces individus risquent davantage de faire face à des questions sans réponse et d'être insatisfaits quant à leur cheminement personnel. Ils auraient avantage à recevoir des soins qui tiennent compte de cette problématique.

30.4.1 Évaluation spirituelle

L'un des rôles de l'infirmière consiste à évaluer les besoins spirituels d'un individu et les interventions permettant d'y répondre. Pour communiquer avec le client là où il « est rendu » sur le plan de la spiritualité, il faut admettre ses propres partis pris et accepter de les laisser de côté au moment de l'interaction. Le modèle d'évaluation spirituelle « 7 x 7 » de Fitchett (1993) est extrêmement utile parce qu'il constitue une approche holistique du client semblable à celle qu'utiliserait une équipe multidisciplinaire. Le premier « 7 » de ce système multiaxial décrit sept dimensions clés prédéfinies d'un individu (voir encadré 30.2).

Sept éléments clés : modèle d'évaluation spirituelle de Fitchett — **ENCADRÉ 30.2**

1. Médical
2. Psychologique
3. Psychosocial
4. Structures familiales
5. Ethnique et culturel
6. Sociétal
7. Spirituel

Même si tous les membres d'une équipe interdisciplinaire peuvent posséder des connaissances et influer sur chacune de ces sept dimensions, chacun des axes spécifiques correspond habituellement à un domaine de spécialisation. Bien que la septième dimension (la spiritualité) soit traditionnellement du ressort d'un membre du clergé, les questions spirituelles risquent de ne pas être abordées si l'infrastructure ne dispose pas d'un service de pastorale ou si le client n'appartient à aucun groupe confessionnel précis. Même un client appartenant à un groupe confessionnel peut se montrer peu enclin à plonger en profondeur dans les aspects de la spiritualité liés à la maladie mentale. Dès lors, les interventions de l'infirmière qui portent sur ces questions peuvent se révéler cruciales. L'encadré 30.3 fournit un outil d'évaluation spirituelle.

30.4.2 Dimension spirituelle

La septième dimension, la **dimension spirituelle**, comprend les sept axes suivants :

Axe 1 : croyances et sens

La croyance et le sens forment le principe essentiel et fondamental sous-tendant ce modèle. Un individu perçoit l'existence en fonction de la signification qu'il lui accorde. En d'autres mots, tout ce en quoi l'individu croit est important et donne du sens à sa vie. Cet axe a pour objet la manière dont une personne comprend le monde qui l'entoure et les significations qu'elle attribue aux gens, aux relations, aux événements, aux pensées, aux actions ainsi qu'aux conséquences. Certaines des questions pouvant figurer dans l'évaluation de cet axe comprennent :

- Quelles sont les croyances de l'individu qui donnent un sens et un but à sa vie, et quels sont les symboles importants qui les incarnent ?
- En quoi l'expérience propre à cette personne reflète-t-elle ou révèle-t-elle ces thèmes sous-jacents ?
- Certains domaines de cette expérience interfèrent-ils avec ces thèmes sous-jacents, ces croyances fondamentales ?
- Y a-t-il des situations ou des problèmes actuels qui entrent en conflit direct avec ces croyances ?
- Dans quelle mesure la personne est-elle capable d'exprimer de façon consciente ces croyances ?
- Dans quelle mesure ces croyances semblent-elles constituer une partie inconsciente de la vision du monde de l'individu ?

Axe 2 : vocation et obligations

La perception qu'a un individu de ses croyances et de leur sens débouche sur la direction que cette personne donnera à sa vie. Cet axe est étroitement lié au premier, car un individu n'entreprend généralement que ce qui correspond à ce qu'il considère important. Si une tâche, une action ou une pensée n'a aucun sens pour un individu, celui-ci aura moins tendance à s'y engager ou à y consacrer ses pensées. Lorsque les circonstances placent un individu dans une position où ses actions entrent en conflit avec son système de croyances et de significations fondamentales, cela risque de provoquer une crise et un stress important. Les questions portant sur cet axe sont :

- Quel est le sens du devoir, de la vocation ou de l'obligation morale de cette personne ?
- Dans quelle mesure est-elle capable de les exprimer ?
- Quelles sont les conséquences de la situation actuelle ou de la maladie du client sur ces éléments ?

Axe 3 : expérience et émotion

Dans cet axe, l'individu passe en revue les émotions, positives ou punitives, qu'il a éprouvées en se trouvant aux prises avec sa propre expérience de la foi. Les questions à traiter dans cet axe sont les suivantes :

- Quelle est l'expérience du divin ou du sacré de cette personne ?
- Quelles émotions ou humeurs sont associées à ces expériences ?
- Dans quelle mesure la situation actuelle du client renvoie-t-elle à ces expériences ?

Axe 4 : courage et maturité

Cet axe est orienté sur la manière dont un individu s'adapte aux situations pouvant entrer en conflit avec ses croyances et ses convictions fondamentales. Les questions

Outil d'évaluation spirituelle ENCADRÉ 30.3

Les questions suivantes peuvent vous aider à évaluer et à approfondir votre prise de conscience de la spiritualité ou celle d'autrui.

Sens et but

Les questions qui suivent permettent d'évaluer la capacité d'une personne à trouver un sens à sa vie et à se réaliser, à faire preuve d'espoir tout en acceptant l'ambiguïté et l'incertitude:

- Qu'est-ce qui donne un sens à votre vie?
- Avez-vous un but dans l'existence?
- Votre maladie interfère-t-elle avec les objectifs que vous vous êtes fixés?
- Pourquoi désirez-vous vous rétablir?
- Quel espoir avez-vous d'améliorer votre état de santé?
- Avez-vous l'impression qu'il est de votre devoir de maintenir votre santé?
- Serez-vous en mesure d'apporter les changements nécessaires à votre vie pour préserver votre santé?
- Êtes-vous motivé à vous rétablir?
- Quelle est la chose la plus importante ou la plus puissante dans votre vie?

Forces intérieures

Les questions qui suivent permettent d'évaluer la capacité de l'individu à manifester de la joie et à reconnaître ses forces, ses choix, ses objectifs et sa foi:

- Qu'est-ce qui vous apporte de la joie et de la paix?
- Que pouvez-vous faire pour vous sentir en vie et de bonne humeur?
- Quelles sont les caractéristiques de votre personnalité qui vous plaisent?
- Quelles sont vos forces personnelles?
- Quelles options s'offrent à vous pour faciliter votre guérison?
- Quels objectifs de vie vous êtes-vous donnés?
- Croyez-vous qu'un quelconque stress puisse être à l'origine de votre maladie?
- Jusqu'à quel point étiez-vous conscient de votre corps avant de tomber malade?
- En quoi croyez-vous?
- La foi occupe-t-elle une place importante dans votre vie?
- Dans quelle mesure votre maladie a-t-elle influencé votre foi?
- La foi joue-t-elle un rôle dans la prise de conscience de votre état de santé?

Interrelations

Les questions qui suivent permettent d'évaluer le concept de soi, l'estime de soi et le sentiment de soi positifs de l'individu; son sentiment d'appartenance au monde et aux autres; sa capacité à se consacrer à ses propres intérêts, à s'aimer et à se pardonner:

- Quels sentiments nourrissez-vous à votre égard en ce moment?
- Comment vous sentez-vous lorsque vous prenez pleinement conscience de vous-même?
- Vous consacrez-vous à vos intérêts personnels?
- Que faites-vous pour vous témoigner de l'affection?

- Pouvez-vous vous pardonner?
- Que faites-vous pour apaiser votre âme?

Les questions qui suivent permettent d'évaluer la capacité de l'individu à se sentir proche de sa famille, de ses amis et des différents groupes sociaux, ainsi qu'à pardonner aux autres:

- Qui sont vos proches?
- Avez-vous de la famille ou des amis dans la région qui sont à même de vous aider?
- Quels sont les gens de qui vous êtes le plus près?
- Appartenez-vous à un groupe quelconque?
- Parvenez-vous à demander de l'aide lorsque vous en avez besoin?
- Pouvez-vous confier vos sentiments à quelqu'un?
- Quelles sont les plus grandes preuves d'amour que les autres vous aient données?
- Quelles preuves de votre amour avez-vous données aux autres?
- Êtes-vous capable de pardonner à autrui?

Les questions qui suivent permettent d'évaluer la capacité de la personne à trouver une signification aux dévotions ou aux activités religieuses et à sentir un lien avec le sacré:

- La pratique religieuse compte-t-elle pour vous?
- Quel est, selon vous, l'acte religieux le plus important de votre vie?
- Participez-vous à des activités religieuses?
- Croyez-vous en Dieu ou en une force supérieure?
- Croyez-vous au pouvoir de la prière?
- Avez-vous déjà tenté de faire le vide dans votre esprit pour voir ce que cette expérience donnerait?
- Faites-vous appel à des techniques de relaxation ou d'imagerie?
- Méditez-vous?
- Priez-vous?
- En quoi consistent vos prières?
- Comment sont-elles exaucées?
- Avez-vous un sentiment d'appartenance au monde?

Les questions qui suivent permettent d'évaluer la capacité d'une personne à entrer en contact avec la vie et la nature, à prendre conscience des effets de l'environnement sur la vie et la santé, ainsi que sa capacité à se sentir concernée par la santé de l'environnement:

- Vous arrive-t-il de vous sentir en lien avec le monde, l'univers?
- Dans quelle mesure votre environnement a-t-il une influence sur votre bien-être?
- Quels sont les agents stressants environnementaux auxquels vous vous heurtez à votre travail et à la maison?
- Quels moyens vous permettent de diminuer vos agents stressants environnementaux?
- L'état de votre environnement immédiat vous inquiète-t-il?
- Prenez-vous part à certaines actions liées à l'environnement, en recyclant les ressources naturelles à la maison, au travail ou dans votre collectivité?
- La survie de la planète vous inquiète-t-elle?

Tiré de DOSSEY B.M. «Holistic modalities and healing moments», *Am. J. Nurs.*, vol. 6, n° 44 (1998).

Sources: BURKHARDT M.A. «Spirituality: an analysis of the concept», *Holist. Nurs. Pract.*, vol. 3, n° 3 (1989), p. 69; et DOSSEY B.M. et coll., éditeurs. *Holistic nursing: a handbook for practice*, 2e édition, Gaithersburg, MD, 1995, Aspen.

de cet axe portent sur la manière dont un client fait face à des problèmes extrêmement stressants et difficiles :

- Dans quelle mesure la spiritualité du client est-elle adaptable ?
- Comment le client a-t-il affronté, par le passé, les situations entrant en conflit avec sa compréhension spirituelle du moment ?
- Les nouvelles expériences doivent-elles se greffer au système de croyances existant, ou les croyances de la personne peuvent-elles s'adapter à ces nouvelles expériences ?
- Jusqu'à quel point la spiritualité de la personne est-elle concrète ?
- Quelle capacité d'adaptation la personne possède-t-elle actuellement ?

Axe 5 : rites et pratiques

- Quels sont les rites et pratiques spirituels de cette personne ?
- Sont-ils formels ou informels ?
- L'individu les suit-il régulièrement ?
- Dans quelle mesure soutiennent-ils l'individu ?
- Dans quelle mesure la situation actuelle du client modifie-t-elle ces rites ?

Axe 6 : communauté

Famille d'origine : comment la famille d'origine du client partageait-elle ses expériences spirituelles ?

Structure familiale actuelle : comment la famille actuelle du client partage-t-elle ses expériences spirituelles ?

Comment cette personne envisage-t-elle la participation à un groupe confessionnel ?

- Groupe confessionnel d'origine
  À quel point le groupe confessionnel d'origine du client était-il formel ?
  À quel point était-il informel ?
  Dans quelle mesure le client y était-il actif ? inactif ?
- Groupe confessionnel actuel
  À quel point le groupe confessionnel actuel du client est-il formel ?
  À quel point est-il informel ?
  Dans quelle mesure le client y est-il actif ? inactif ?

Axe 7 : autorité et conseil

- D'où vient le système de croyances, de significations et de rites du client ?
- Aux prises avec des problèmes, une tragédie ou un doute, le client fait-il appel à quelqu'un pour le conseiller ?
- Le client cherche-t-il des réponses à partir de sources internes ou externes ?
- Cette source est-elle immuable ou flexible ?

30.5 ÉTUDES DE CAS D'INTERVENTIONS SPIRITUELLES

30.5.1 Douleur

Danielle, une cliente dépressive et anxieuse, a également souffert d'une pancréatite aiguë qui l'a confinée à l'hôpital pendant un mois. Quelques semaines après être sortie de l'hôpital, elle y est revenue pour une discussion. Au cours de la conversation, elle a admis que l'expérience de cette maladie avait eu un effet durable sur sa foi et sa spiritualité. Accablée de douleurs terribles pour la première fois de sa vie, cette femme d'âge mûr a avoué que cette souffrance insupportable l'avait sensibilisée au concept « des tourments et de la damnation ». Même si ses convictions religieuses lui ont permis de supporter les symptômes de sa maladie, l'expérience d'une douleur atroce l'a amenée à remettre en question les principes spirituels fondamentaux qui l'avaient guidée jusqu'à ce jour. Durant sa maladie, elle s'est interrogée en particulier sur sa compréhension de la relation entre le divin et l'humain et sur le concept de damnation et de salut.

30.5.2 Tourment spirituel

Pierre, un mormon dans la cinquantaine, était en proie à un tourment spirituel. Son retard de développement permanent, conjugué à son trouble bipolaire, l'avait empêché de se marier. Sa propre compréhension de ses principes religieux – qu'elle ait concordé avec les traditions de sa religion ou non – l'inclinait à penser qu'il « n'entrerait pas au paradis ». Cette affirmation était toujours exprimée sur un ton larmoyant et affligé. Sa propre foi le « punissait ». Dans ce cas, l'intervention appropriée a consisté à l'écouter, à reconnaître sa souffrance et à l'aider à entrer en contact avec des membres de sa congrégation religieuse avec qui il pourrait aborder ses problèmes.

30.5.3 Châtiment

Marie, une femme dans la cinquantaine, était catholique pratiquante et convaincue que ses épisodes dépressifs constituaient un « châtiment » approprié pour les abus sexuels dont elle avait été l'objet étant enfant. Profondément convaincue de sa culpabilité, en raison du plaisir ressenti et de l'attention reçue lors de ces abus, elle y trouvait ainsi la confirmation de sa médiocrité et de son incapacité à être aimée en tant qu'adulte. Marie était très ancrée dans ses convictions religieuses ; les membres du clergé avaient bien plus de poids à ses yeux que les médecins ou les autres membres de l'équipe soignante. On présenta Marie à un prêtre sympathique qui était également psychothérapeute. Toutes les interventions furent axées sur ses croyances et destinées à l'aider à se percevoir comme la survivante d'un

Spiritualité et bien-être

Le bien-être spirituel des clients psychiatriques reste un domaine inexploré. Il s'agit d'un aspect des soins souvent négligé et ignoré au cours de la collecte de données. Les infirmières pensent-elles même aux besoins spirituels de leurs clients comme faisant partie intégrante de cette collecte ? La plupart du temps, elles ont tendance à se laisser happer par les tâches consistant à aider les clients à affronter leurs multiples problèmes : comportement, prise de médicaments, gestion du budget, conditions de logement et peut-être abus d'alcool ou d'autres drogues. Malheureusement, ces tâches de la vie quotidienne ont souvent préséance. Peut-être parce qu'il leur est difficile d'être à l'aise lorsqu'il s'agit de traiter des besoins religieux des clients, ou parce qu'elles présument simplement que la spiritualité n'est pas importante dans leur vie.

L'évaluation des besoins spirituels des clients devrait inclure leurs croyances et valeurs, religieuses ou non. Leurs croyances et valeurs religieuses seront de nature complexe, personnelle et intime. À titre d'exemple, une cliente affirmait que ses croyances religieuses l'aidaient à prendre du recul dans l'environnement chaotique de son foyer d'hébergement et de soins ; elles lui donnaient un sentiment de paix et, surtout, du temps pour elle-même. Bien que les croyances et valeurs religieuses d'un client puissent ne pas recouper la conception que l'on se fait de pratiques religieuses, elles représentent une idée tangible à laquelle cette personne peut se raccrocher. Cette cliente croyait que la présence d'une puissance supérieure extérieure pouvait la guider et la soutenir. Même chez les clients qui affichent des croyances non religieuses d'une façon mystique – sans aucun délire –, ces expériences de croyances profondes leur font prendre conscience de leur propre valeur et améliorent leur estime de soi et leur confiance en soi.

La documentation sur la spiritualité et la maladie mentale reste sommaire. Toutefois, ces écrits indiquent qu'en répondant aux besoins spirituels des clients, on dresse un barrage contre l'anxiété qui les assaille quotidiennement. Malgré cette anxiété, une présence spirituelle facilite l'affirmation de soi. Pour bien des clients, les croyances spirituelles sont tout ce qu'il leur reste, car ils n'ont ni le soutien d'une famille, ni l'affection d'amis, ni même un réseau social. Pour ces clients douloureusement conscients de leurs pertes, la spiritualité sert à alléger l'angoisse résultant du fait de souffrir d'une maladie mentale ou d'être perçu comme différent. La religion aide à améliorer la qualité de vie de ces clients, souvent isolés, apeurés, esseulés et ignorés.

Le recours à la prière peut fournir la force nécessaire pour surmonter leurs incertitudes quand il s'agit de vivre, de s'organiser et de survivre dans un monde qui leur semble hostile et inhospitalier. Durant les interventions thérapeutiques, il faut être en mesure de faciliter la prière et d'y prendre part avec les clients.

Pour effectuer des interventions infirmières spirituelles, il faut être à l'aise pour discuter des croyances et des valeurs religieuses, y compris de sa propre foi en Dieu ou en une puissance supérieure, et être capable de participer à l'expérience qu'en font les clients. Il est important de prendre l'initiative afin de déterminer, à leur point de vue, ce dont ils ont besoin à un moment précis. En répondant aux intérêts spirituels exprimés par les clients, une infirmière peut communiquer un sentiment d'espoir et d'estime de soi qui apportera un sens et un but à leur vie.

---

abus plutôt que comme une coupable. Un rituel sacramentel conforme à sa foi fut également inclus afin d'éliminer le « besoin » profond de Marie d'être punie.

30.5.4 Voix

Frédéric, un client schizophrène membre d'un groupe protestant charismatique, a déclaré avoir « le don de la sagesse ». Ses symptômes comprenaient des hallucinations auditives. Au cours des discussions, il a reconnu que durant les services religieux, il était courant pour lui et les autres de se lever et de « parler de nouvelles langues », un événement fréquent dans sa confession religieuse. Il a également révélé que les voix qu'il entendait étaient malveillantes et lui enjoignaient souvent de se blesser. L'aumônier de l'hôpital s'est chargé du cas de Frédéric. Sans remettre en cause les expériences mystiques que Frédéric disait vivre au cours des services religieux, l'aumônier fut en mesure de l'aider à faire la distinction entre les voix malveillantes lui enjoignant de se faire mal et les expériences mystiques reliées à ses conceptions religieuses. Cette distinction établie, la répugnance de Frédéric à prendre ses antipsychotiques a fléchi. Cette amélioration de l'obser-

vance pharmacologique a amélioré sa qualité de vie et réduit le nombre de ses hospitalisations.

30.5.5 Culpabilité

Aline, une femme dans la quarantaine souffrant de trouble bipolaire, était accablée par la culpabilité en raison de son comportement durant les phases maniaques de sa maladie. Elle avait des activités sexuelles risquées et un comportement irresponsable sur le plan financier. Issue d'un milieu protestant qui mettait traditionnellement l'accent sur la « responsabilité personnelle » et les « conséquences spirituelles » de ses actions, elle se croyait « damnée » et était persuadée de l'inutilité de toute tentative. On l'a informée à propos de sa maladie et on lui a montré comment gérer ses symptômes au moyen de médicaments. Elle est finalement parvenue à considérer sa maladie mentale de la même manière qu'elle aurait perçu une maladie physique chronique comme le diabète. Cela lui a permis de surmonter sa culpabilité. Pour maintenir son observance, Aline a également commencé à intégrer des éléments de sa tradition religieuse dans le traitement en recourant à la prière quotidienne pour prendre ses médicaments.

30.5.6 Religiosité

Henri, un individu d'une dévotion extrême souffrant d'un trouble schizo-affectif, avait tendance à répondre de manière décousue dès qu'on lui adressait la parole. Toute tentative de discuter avec lui en employant un langage traditionnel correspondant à sa confession l'incitait à se lancer dans des discours confus à propos de sa « relation spéciale » avec Dieu « en tant que prophète ». Pour persuader Henri d'aborder un sujet spirituel à des fins d'évaluation ou d'intervention, il était nécessaire d'employer un langage qu'il ne considérait pas comme « religieux ». Lorsque, pour parler de sa foi, le personnel soignant s'adressait à lui d'une manière ordinaire, plutôt que d'utiliser une forme « spirituelle », et évitait les expressions qui déclenchaient les réponses erratiques d'Henri, celui-ci était alors bien plus capable de maintenir un dialogue sensé avec les membres du personnel.

Les intervenants de la santé qui prennent en compte la dimension spirituelle de la personne dans le cadre de leur pratique professionnelle jouent un rôle important dans la vie des individus et dans les établissements de santé. En effet, dans le domaine de la spiritualité et de la maladie mentale, le client accorde une autorité et une compétence variables aux différents intervenants composant l'équipe soignante. Pour certains clients, le médecin constitue « l'autorité suprême » lorsqu'ils font face à une crise, aux difficultés subséquentes et à l'interprétation possible de cette crise. Pour d'autres, cette « autorité suprême » sera attribuée à une infirmière, un travailleur social ou un thérapeute. En tentant d'aider les malades mentaux à progresser vers la guérison sans aborder la question spirituelle et son importance dans leur existence, on risque d'entraver le processus de rétablissement.

CONCEPTS-CLÉS

- On croit de plus en plus que la qualité de l'évaluation spirituelle contribue de manière importante à réduire les sentiments d'impuissance et de désespoir du client.
- La spiritualité constitue une dimension essentielle de la nature humaine favorisant la communication avec les autres, la collectivité et le monde.
- La spiritualité et la religion se manifestent sous de multiples formes.
- Les principes fondamentaux soutenant la dimension spirituelle de l'individu sont la croyance et le sens.
- La culture et l'expérience de vie d'une personne peuvent avoir une influence sur sa spiritualité.
- L'infirmière doit tenir compte de la dimension spirituelle du client dans le cadre de sa pratique professionnelle et de ses interventions auprès de ce dernier.

ANNEXE A

INDEX DES DIAGNOSTICS INFIRMIERS DE L'ANADI (2001-2002) CODIFICATION SELON LA TAXINOMIE II

Douleur aiguë	00132
Douleur chronique	00133
Dynamique familiale dysfonctionnelle : alcoolisme	00063
Dynamique familiale perturbée	00060
Dysfonctionnement neuro-vasculaire périphérique, Risque de	00086
Dysréflexie autonome	00009
Dysréflexie autonome, Risque de	00010
Échanges gazeux perturbés	00030
Élan vital, Perte d'	00101
Élimination urinaire altérée	00016
Entretien inefficace du domicile	00098
Errance	00154
Espoir, Perte d'	00124
Estime de soi, Diminution chronique de	00119
Estime de soi, Diminution situationnelle de l'	00120
Estime de soi, Risque de diminution situationnelle de l'	00153
Fatigue	00093
Fausse route, Risque de (Risque d'aspiration)	00039
Hyperthermie	00007
Hypothermie	00006
Identité personnelle perturbée	00121
Image corporelle perturbée	00118
Immobilité, Risque de syndrome d'	00040
Inadaptation à un changement dans l'état de santé	00070
Inadaptation à un changement de milieu, Syndrome d'	00114
Inadaption à un changement de milieu, Risque de syndrome d'	00149
Incontinence fécale	00014
Incontinence urinaire à l'effort	00017
Incontinence urinaire complète (vraie)	00021
Incontinence urinaire fonctionnelle	00020
Incontinence urinaire par besoin impérieux	00019
Incontinence urinaire par besoin impérieux, Risque d'	00022
Incontinence urinaire réflexe	00018
Infection, Risque d'	00004
Intégrité de la peau, Atteinte à l'	00046
Intégrité de la peau, Risque d'atteinte à l'	00047
Intégrité des tissus, Atteinte à l'	00044
Interactions sociales perturbées	00052
Interprétation erronée de l'environnement, Syndrome d'	00127
Intolérance à l'activité	00092
Intolérance à l'activité, Risque d'	00094
Intoxication, Risque d'	00037
Irrigation tissulaire inefficace (préciser : cérébrale, cardio-pulmonaire, gastro-intestinale, périphérique, rénale)	00024
Isolement social	00053
Loisirs insuffisantes, Activités de	00097

Tiré de ANADI. *Diagnostics infirmiers : 2001-2002, Définitions et classification*, Paris, Masson, 2002.

ANNEXE B

DIAGNOSTICS DU DSM-IV

1. ÉVALUATION MULTIAXIALE

Le système multiaxial implique une évaluation sur plusieurs axes, chacun représentant un domaine particulier, susceptible d'aider le clinicien dans son choix thérapeutique et dans son pronostic. Constituée de cinq axes, la classification du DSM-IV facilite une évaluation systématique et globale tenant compte des divers troubles mentaux, des affections médicales générales, des problèmes psychosociaux et environnementaux ainsi que du niveau de fonctionnement qui pourrait être mal évalué si l'attention était uniquement centrée sur l'évaluation du seul problème manifeste.

Axe I : Troubles cliniques
Autres situations qui peuvent faire l'objet d'un examen clinique

Il sert à décrire l'ensemble des troubles ou des situations de la classification, à l'exception des troubles de la personnalité et du retard mental (figurant sur l'axe II). Cet axe comprend en outre d'autres situations qui peuvent faire l'objet d'un examen clinique.

Axe II : Troubles de la personnalité
Retard mental

Il sert à indiquer les troubles de la personnalité et le retard mental. Il peut aussi être utilisé pour noter les principales caractéristiques d'inadaptation de la personnalité et les mécanisme de défense.

Axe III : Affections médicales générales

Il permet d'enregistrer les affections médicales générales susceptibles d'avoir une importance pour la compréhension ou la prise en charge du sujet ayant un trouble mental.

Axe IV : Problèmes psychosociaux et environnementaux

Il permet de rendre compte des problèmes psychosociaux qui peuvent affecter le diagnostic, le traitement et le pronostic des troubles mentaux (axes I et II). Un problème psychosocial ou environnemental peut se présenter sous la forme d'un événement de vie négatif (ou positif lorsqu'il constitue un problème), d'une difficulté ou d'une déficience de l'environnement, d'un stress familial ou interpersonnel, d'une inadéquation du support social ou des ressources personnelles ou de tout autre problème relatif à un contexte dans lequel des difficultés de la personne se sont développées.

Ces problèmes ont été regroupés dans les neuf catégories suivantes :
* problèmes avec le groupe de support principal ;
* problèmes liés à l'environnement social ;
* problèmes d'éducation ;
* problèmes professionnels ;
* problèmes de logement ;
* problèmes économiques ;
* problèmes d'accès aux services de santé ;
* problème en relation avec les institutions judiciaires/pénales ;
* autres problèmes psychosociaux et environnementaux.

Axe V : Évaluation globale du fonctionnement (EGF)

Il permet au clinicien d'indiquer un jugement sur le niveau de fonctionnement global de l'individu. Cette information est utile pour planifier le traitement, évaluer son impact et prédire son résultat. L'enregistrement du fonctionnement global sur l'axe V se fait à l'aide de l'échelle d'évaluation globale du fonctionnement (voir annexe F).

Extraits de : AMERICAN PSYCHIATRIC ASSOCIATION – DSM-IV. *Manuel diagnostique et statistique des Troubles mentaux*, 4e édition (Version Internationale, Washington DC, 1995). Traduction française par J.-D. GUELFI *et al.*, Masson, Paris, 1996, 1056 pages.

2. CLASSIFICATION

Note : L'American Psychiatrist Association (APA) n'entend pas réviser le DSM avant 2006. Elle a cependant publié en 2000 un DSM-IV-TR (*Text Revision*) comportant des révisions mineures sur des critères diagnostiques :

- Les changements de personnalité dus à une affection médicale générale sont maintenant considérés chez les patients souffrant d'une démence (comme la maladie d'Alzheimer) ;
- Pour pouvoir poser un diagnostic de syndrome de Gilles de la Tourette ou de trouble de tics, il faut désormais que les symptômes du patient lui causent de la détresse ou nuisent à son fonctionnement ;
- On peut maintenant poser un diagnostic pour plusieurs paraphilies (exhibitionnisme, frotteurisme, pédophilie, sadisme sexuel et voyeurisme) si l'on observe le comportement correspondant à ces paraphilies chez le client, *même dans les cas où la paraphilie ne cause pas de détresse ou ne nuit pas au fonctionnement global de ce client* (source : PsycNet UK).

Une traduction française du DSM-IV-TR est en préparation mais n'était pas encore publiée au moment de la parution de notre ouvrage.

NS = Non spécifié
Un x suivant le code de diagnostic indique qu'il faut préciser un numéro de code.
La troncation (…) utilisée dans la désignation de certains troubles indique la nécessité de préciser le trouble mental ou l'affection médicale générale (p. ex. 293.0 : Délire dû à une hypothyroïdie).
Si les symptômes remplissent les critères, on peut faire suivre le diagnostic de l'un des descriptifs de gravité ci-après :

- Léger
- Moyen
- Sévère

Si les symptômes ne remplissent plus les critères, on peut faire suivre le diagnostic de l'un des descriptifs ci-après :

- En rémission partielle
- En rémission complète
- Antécédents

Troubles apparaissant habituellement durant la première et la deuxième enfance, ou à l'adolescence

Retard mental
Note : ces troubles sont codés sur l'axe II
317	Retard mental léger
318.0	Retard mental moyen
318.1	Retard mental grave
318.2	Retard mental profond
318	Retard mental, sévérité non spécifiée

Troubles des apprentissages
315.00	Trouble de la lecture
315.1	Trouble du calcul
315.2	Trouble de l'expression écrite
315.9	Trouble des apprentissages NS

Troubles des habiletés motrices
315.4	Trouble de l'acquisition de la coordination

Troubles de la communication
315.31	Trouble du langage de type expressif
315.31	Trouble du langage de type mixte, expressif / réceptif
315.39	Trouble phonologique
307.0	Bégaiement
307.9	Trouble de la communication, NS

Troubles envahissants du développement
299.0	Trouble autistique
299.80	Autisme atypique
299.80	Syndrome de Rett
299.10	Trouble désintégratif de l'enfance
299.80	Syndrome d'Asperger
299.80	Trouble envahissant du développement NS

Troubles déficitaires de l'attention et comportement perturbateur
314.xx	Déficit de l'attention / hyperactivité
.01	Type mixte
.00	Type inattention prédominante
.01	Type hyperactivité-impulsivité prédominante
314.9	Déficit de l'attention / hyperactivité NS
312.8	Trouble des conduites

Spécifier le type : à début pendant l'enfance/à début pendant l'adolescence
313.81	Trouble oppositionnel avec provocation
312.9	Trouble comportement perturbateur NS

Troubles de l'alimentation et troubles des conduites alimentaires de la première ou de la deuxième enfance
307.52	Pica
307.53	Mérycisme
307.59	Trouble d'alimentation de la première ou de la deuxième enfance

Tics
307.23	Syndrome de Gilles de la Tourette
307.22	Tic moteur ou vocal chronique
307.21	Tic transitoire

Spécifier si : épisode isolé ou récurrent
307.20	Tic NS

Troubles du contrôle sphinctérien

___.___   Encoprésie

787.6   Avec constipation et incontinence
par débordement

307.7   Sans constipation ni incontinence
par débordement

307.6   Énurésie (non due à une affection médicale
générale)
Spécifier si : exclusivement nocturne, exclusivement diurne ou nocturne
et diurne

*Autres troubles de la première et de
la deuxième enfance ou de l'adolescence*

309.21   Anxiété de séparation
Spécifier si : début précoce

313.23   Mutisme sélectif

313.89   Trouble réactionnel de l'attachement
de la première ou de la deuxième enfance
Spécifier le type : inhibé/désinhibé

307.3   Mouvements stéréotypés
Spécifier si : avec comportement d'automutilation

313.9   Trouble de la première et de la deuxième
enfance ou de l'adolescence NS

Délirium, démences, troubles amnésiques et autres troubles cognitifs

Délirium

293.0   Délirium dû à… (*spécifier l'affection médicale
générale*)

___.___   Délirium dû à l'intoxication par une substance
(*se référer aux Troubles liés à une substance
pour les codes spécifiques de chaque substance*)

___.___   Délirium dû au sevrage d'une substance (*se référer aux Troubles liés à une substance pour les
codes spécifiques de chaque substance*)

___.___   Délirium dû à des étiologies multiples (*coder
chaque étiologie spécifique*)

780.09   Délirium NS

Démence

290.xx   Démence de type Alzheimer à début précoce
(*coder aussi la maladie d'Alzheimer à début
précoce G30.0 sur l'axe III*)

.10   non compliquée

.12   avec idées délirantes

.13   avec humeur dépressive
Spécifier si : avec perturbation du comportement

290.xx   Démence de type Alzheimer à début tardif
(*coder aussi la maladie d'Alzheimer à début
précoce G30.1 sur l'axe III*)

.0   non compliquée

.20   avec idées délirantes

.21   avec humeur dépressive
Spécifier si : avec perturbation du comportement

290.xx   Démence vasculaire

.40   non compliquée

.42   avec idées délirantes

.43   avec humeur dépressive
Spécifier si : avec perturbation du comportement

294.9   Démence due à la maladie VIH (*coder aussi
l'infection du système nerveux central par le
VIH B22.0 sur l'axe III*)

294.1   Démence due à un traumatisme crânien (*coder
aussi la lésion cérébrale S09.9 [854.00] sur
l'axe III*)

294.1   Démence due à la maladie de Parkinson (*coder
aussi la maladie de Parkinson G20 sur l'axe III*)

294.1   Démence due à la maladie de Huntington
(*coder aussi la maladie de Huntington G10 sur
l'axe III*)

290.10   Démence due à la maladie de Pick (*coder aussi
la maladie de Pick G31.0 sur l'axe III*)

290.10   Démence due à la maladie de Jakob-Creutzfeldt
(*coder aussi la maladie de Jakob-Creutzfeldt
A81.0 sur l'axe III*)

294.1   Démence due à… [*indiquer l'affection médicale
générale non citée ci-dessus*] (*coder aussi
l'affection médicale générale sur l'axe III*)

___.___   Démence persistante due à une substance (*se
référer aux Troubles liés à une substance pour
les codes spécifiques de chaque substance*)

___.___   Démence due à des étiologies multiples (*coder
chaque étiologie spécifique*)

294.8   Démence NS

Troubles amnésiques

294.0   Trouble amnésique dû à… (*indiquer l'affection
médicale générale*)
Spécifier si : transitoire ou chronique

___.___   Trouble amnésique persistant induit par une
substance (*se référer aux Troubles liés à une
substance pour les codes spécifiques de chaque
substance*)

294.8   Trouble amnésique NS

Autres troubles cognitifs

294.9   Trouble cognitif NS

Troubles mentaux dus à une affection médicale générale non classée ailleurs

293.89   Trouble catatonique dû à (*indiquer l'affection
médicale générale*)

Troubles mentaux dus à une affection médicale générale non classée ailleurs (suite)

310.1 Modification de la personnalité due à… (*indiquer l'affection médicale générale*)

Spécifier le type: labile/désinhibé/agressif/apathique/paranoïaque/ autre type/type combiné/type non spécifié

293.9 Trouble mental NS dû à (*indiquer l'affection médicale générale*)

Troubles liés à une substance

[a]*Les descripteurs peuvent s'appliquer à la dépendance à une substance*:

Avec dépendance physiologique/sans dépendance physiologique

Rémission complète précoce/rémission partielle précoce

Rémission prolongée complète / Rémission prolongée partielle

Traitement par agoniste/en environnement protégé

Les spécifications suivantes s'appliquent aux troubles induits par une substance comme suit:

[i]*Avec début pendant l'intoxication*

[w]*Avec début pendant le sevrage*

Troubles liés à l'alcool

Troubles liés à l'utilisation de l'alcool

303.90 Dépendance alcoolique

305.00 Abus d'alcool

Troubles induits par l'alcool

303.00 Intoxication alcoolique

291.8 Sevrage alcoolique

Spécifier si: avec perturbations des perceptions

291.0 Délirium par intoxication alcoolique

291.0 Délirium du sevrage alcoolique

291.2 Démence persistante induite par l'alcool

291.1 Trouble amnésique persistant induit par l'alcool

291.x Trouble psychotique induit par l'alcool

   .5 avec idées délirantes[i,w]

   .3 avec hallucinations[i,w]

291.8 Trouble de l'humeur induit par l'alcool[i,w]

291.8 Trouble anxieux induit par l'alcool[i,w]

291.8 Dysfonction sexuelle induite par l'alcool[i]

291.8 Trouble du sommeil induit par l'alcool[i,w]

291.9 Trouble lié à l'alcool NS

Troubles liés aux amphétamines

Troubles liés à l'utilisation d'amphétamines

304.40 Dépendance à l'amphétamine

305.70 Abus d'amphétamines

Troubles induits par l'amphétamine

292.89 Intoxication à l'amphétamine

Spécifier si: accompagnés de troubles des perceptions

292.0 Sevrage

292.81 Délirium par intoxication à l'amphétamine

292.xx Trouble psychotique induit par l'amphétamine

   .11 avec idées délirantes[i]

   .12 avec hallucinations[i]

292.84 Trouble de l'humeur induit par l'amphétamine[i,w]

292.89 Trouble anxieux induit par l'amphétamine[i]

292.89 Dysfonction sexuelle induite par l'amphétamine[i]

292.89 Trouble du sommeil induit par l'amphétamine[i,w]

292.9 Trouble lié à l'amphétamine NS

Troubles liés à la caféine

Troubles induits par la caféine

305.90 Intoxication à la caféine

292.89 Trouble anxieux induit par la caféine[i]

292.89 Trouble du sommeil induit par la caféine[i]

292.9 Trouble lié à la caféine NS

Troubles liés au cannabis

Troubles liés à l'utilisation du cannabis

304.30 Dépendance au cannabis

Troubles induits par le cannabis

305.20 Abus de cannabis

292.89 Intoxication au cannabis

Spécifier si: avec perturbations des perceptions

292.81 Délirium par intoxication au cannabis

292.xx Trouble psychotique induit par le cannabis

   .11 avec idées délirantes[i]

   .12 avec hallucinations[i]

292.89 Trouble anxieux induit par le cannabis[i]

292.9 Trouble lié au cannabis NS

Troubles liés à la cocaïne

Troubles liés à l'utilisation de cocaïne

304.20 Dépendance à la cocaïne

305.60 Abus de cocaïne

Troubles induits par la cocaïne

292.89 Intoxication à la cocaïne

Spécifier si: avec perturbations des perceptions

292.0 Sevrage

292.81 Délire induit par l'intoxication à la cocaïne

292.xx Trouble psychotique induit par la cocaïne

   .11 avec idées délirantes[i]

   .12 avec hallucinations[i]

292.84 Trouble de l'humeur induit par la cocaïne[i, w]

292.89 Trouble anxieux induit par la cocaïne[i, w]

Troubles liés à la cocaïne (suite)

Troubles induits par la cocaïne (suite)

292.89   Dysfonction sexuelle induite par la cocaïne[i]
292.89   Trouble du sommeil induit par la cocaïne[i, w]
292.9   Trouble lié à la cocaïne NS

Troubles liés aux hallucinogènes

Troubles liés à l'utilisation des hallucinogènes

304.50   Dépendance[a] aux hallucinogènes
305.30   Abus d'hallucinogènes

Troubles induits par les hallucinogènes

292.89   Intoxication aux hallucinogènes
292.89   Trouble persistant des perceptions dû aux hallucinogènes (flashbacks)
292.81   Délirium par intoxication aux hallucinogènes
292.xx   Troubles psychotiques induit par les hallucinogènes
   .11   avec idées délirantes[i]
   .12   avec hallucinations[i]
292.84   Trouble de l'humeur induit par les hallucinogènes[i]
292.89   Trouble anxieux induit par les hallucinogènes[i]
292.9   Trouble lié aux hallucinogènes NS

Troubles liés aux solvants volatils

Troubles liés à l'utilisation de solvants volatils

304.60   Dépendance à des solvants volatils
305.90   Abus de solvants volatils

Troubles induits par les solvants volatils

292.89   Intoxication par des solvants volatils
292.81   Délirium par intoxication aux solvants volatils
292.82   Démence persistante induite par les solvants volatils
292.xx   Trouble psychotique induit par les solvants volatils
   .11   avec idées délirantes[i]
   .12   avec hallucinations[i]
292.84   Trouble de l'humeur induit par les solvants volatils[i]
292.89   Trouble anxieux induit par les solvants volatils[i]
292.9   Trouble lié aux solvants volatils NS

Troubles liés à la nicotine

Trouble lié à l'utilisation de la nicotine

305.10   Dépendance à la nicotine

Trouble induit par la nicotine

292.0   Sevrage à la nicotine
292.9   Trouble lié à la nicotine NS

Troubles liés aux opiacés

Troubles liés à l'utilisation des opiacés

304.00   Dépendance aux opiacés
305.50   Abus d'opiacés

Troubles induits par les opiacés

292.89   Intoxication aux opiacés
          Spécifier si: avec perturbations des perceptions
292.0   Sevrage aux opiacés
292.81   Délirium par intoxication aux opiacés
292.xx   Troubles psychotiques induits par les opiacés
   .11   avec idées délirantes[i]
   .12   avec hallucinations[i]
292.84   Trouble de l'humeur induit par les opiacés[i]
292.89   Dysfonction sexuelle induite par les opiacés[i]
292.89   Trouble du sommeil induit par les opiacés[i, w]
292.9   Trouble lié aux opiacés NS

Troubles liés à la phencyclidine (ou aux substances similaires)

Troubles liés à l'utilisation de la phencyclidine

304.90   Dépendance à la phencyclidine
305.90   Abus de la phencyclidine

Troubles induits par la phencyclidine

292.89   Intoxication à la phencyclidine
          Spécifier si: avec perturbations des perceptions
292.81   Délirium par intoxication à la phencyclidine
292.xx   Trouble psychotique induit par la phencyclidine
   .11   avec idées délirantes[i]
   .12   avec hallucinations[i]
292.84   Trouble de l'humeur induit par la phencyclidine[i]
292.89   Trouble anxieux induit par la phencyclidine[i]
292.9   Trouble lié à la phencyclidine NS

Troubles liés aux sédatifs, hypnotiques ou anxiolytiques

Troubles liés à l'utilisation de sédatifs, d'hypnotiques ou d'anxiolytiques

304.10   Dépendance aux sédatifs, hypnotiques ou anxiolytiques
305.40   Abus de sédatifs, hypnotiques ou anxiolytiques

Troubles induits par les sédatifs, les hypnotiques ou les anxiolytiques

292.89   Intoxication aux sédatifs, hypnotiques ou anxiolytiques
292.0   Sevrage aux sédatifs, hypnotiques ou anxiolytiques
          Spécifier si: avec perturbations des perceptions
292.81   Délirium par intoxication aux sédatifs, hypnotiques ou anxiolytiques

*Troubles liés aux sédatifs, hypnotiques
ou anxiolytiques (suite)*

Troubles induits par les sédatifs,
les hypnotiques ou les anxiolytiques (suite)

292.81 Délirium du sevrage aux sédatifs, hypnotiques ou anxiolytiques

292.82 Démence persistante induite par les sédatifs, hypnotiques ou anxiolytiques

292.83 Trouble amnésique persistant induit par les sédatifs, hypnotiques ou anxiolytiques

292.xx Trouble psychotique induit par les sédatifs, hypnotiques ou anxiolytiques

.11 avec idées délirantes[i, w]

.12 avec hallucinations[i, w]

292.84 Trouble de l'humeur induit par les sédatifs, hypnotiques ou anxiolytiques[i, w]

292.89 Trouble anxieux induit par les sédatifs, hypnotiques ou anxiolytiques[w]

292.89 Dysfonction sexuelle induite par les sédatifs, hypnotiques ou anxiolytiques[i]

292.89 Trouble du sommeil induit par les sédatifs, hypnotiques ou anxiolytiques[i, w]

292.9 Trouble NS lié aux sédatifs, hypnotiques ou anxiolytiques

Troubles liés à plusieurs substances

304.80 Dépendance[a] à plusieurs substances

Troubles liés à une substance autre (ou inconnue)

Troubles liés à l'utilisation d'une substance autre (ou inconnue)

304.90 Dépendance à une substance autre (ou inconnue)

305.90 Abus d'une substance autre (ou inconnue)

292.89 Intoxication par une substance autre (ou inconnue)

Spécifier si : avec perturbations des perceptions

292.0 Sevrage à une substance autre (ou inconnue)

Spécifier si : avec perturbations des perceptions

292.81 Délirium par intoxication à une substance autre (ou inconnue)

292.82 Démence persistante induite par une substance autre (ou inconnue)

292.83 Trouble amnésique persistant induit par une substance autre (ou inconnue)

292.xx Trouble psychotique induit par une substance autre (ou inconnue)

.11 avec idées délirantes[i, w]

.12 avec hallucinations[i, w]

292.84 Trouble de l'humeur induit par une substance autre (ou inconnue)[i, w]

292.89 Trouble anxieux induit par une substance autre (ou inconnue)[i, w]

292.89 Dysfonction sexuelle induite par une substance autre (ou inconnue)[i]

292.89 Trouble du sommeil induit par une substance autre (ou inconnue)[i, w]

292.9 Trouble lié à une substance autre (ou inconnue)NS

Schizophrénie et autres troubles psychotiques

295.xx Schizophrénie

La classification suivante de l'évolution longitudinale s'applique à tous les sous-types de schizophrénie :

• Épisodique avec symptômes résiduels entre les épisodes (spécifier si : avec symptômes négatifs dominants)/épisodique sans symptômes résiduels entre les épisodes/continu (spécifier si : avec symptômes négatifs dominants)

• Épisode isolé en rémission partielle (spécifier si : avec symptômes négatifs dominants)/épisode isolé en rémission complète

• Autre type ou type non spécifié

.30 Type paranoïde

.10 Type désorganisé

.20 Type catatonique

.90 Type indifférencié

.60 Type Résiduel

295.40 Trouble schizophréniforme

Spécifier si : sans caractéristiques de bon pronostic ou avec caractéristiques de bon pronostic

295.70 Trouble schizo-affectif

Spécifier le type : bipolaire/dépressif

297.1 Trouble délirant

Spécifier le type : érotomaniaque, mégalomaniaque, à type de jalousie, à type de persécution, somatique, mixte, non spécifié

298.8 Trouble psychotique bref

Spécifier si : avec facteurs de stress marqués/sans facteurs de stress marqués/avec apparition post-partum

297.3 Trouble psychotique partagé

293.xx Trouble psychotique dû à… (*indiquer l'affection médicale générale*)

.81 avec idées délirantes

.82 avec hallucinations

——·— Trouble psychotique induit par une substance (*pour connaître les codes particuliers aux substances, se reporter aux Troubles induits par des substances psychoactives*)

Spécifier si : apparition durant l'intoxication/apparition durant le sevrage

298.9 Trouble psychotique NS

Troubles de l'humeur

Coder au 5ᵉ chiffre l'état actuel de la dépression majeure et du trouble bipolaire :

1 = Léger
2 = Moyen
3 = Sévère, sans caractéristiques psychotiques
4 = Sévère, avec caractéristiques psychotiques
Spécifier : congruentes ou non congruentes à l'humeur
5 = En rémission partielle
6 = En rémission complète
0 = Non spécifié

Les descripteurs ci-après s'appliquent (pour l'épisode actuel ou l'épisode le plus récent) aux troubles de l'humeur tel qu'indiqué :
[a]Sévérité/psychotique/descripteurs de rémission
[b]Chronique
[c]Avec caractéristiques catatoniques
[d]Avec caractéristiques mélancoliques
[e]Avec caractéristiques atypiques
[f]Avec apparition postpartum

Les descripteurs ci-après s'appliquent aux troubles de l'humeur tel qu'indiqué :
[g]Avec ou sans guérison complète entre les épisodes
[h]Caractère saisonnier
[i]À cycles rapides

Troubles dépressifs

296.xx   Dépression majeure
.2x   Épisode isolé[a, b, c, d, e, f]
.3x   Récurrente[a, b, c, d, e, f, g, h]
300.4   Dysthymie
Spécifier si : à début précoce ou à début tardif
Spécifier : de type atypique
311   Trouble dépressif NS

Troubles bipolaires

296.xx   Trouble bipolaire I
.0x   Épisode maniaque isolé[a, c, f]
Spécifier si : mixte
.40   plus récent épisode hypomaniaque[g, h, i]
.4x   plus récent épisode maniaque[a, c, f, g, h, i]
.6x   plus récent épisode mixte[a, c, f, g, h, i]
.5x   plus récent épisode dépressif[a, b, c, d, e, f, g, h, i]
.7   plus récent épisode non spécifié[g, h, i]
296.89   Trouble bipolaire II[a, b, c, d, e, f, g, h, i]
Spécifier (épisode actuel ou plus récent) : hypomaniaque/dépressif
301.13   Trouble cyclothymique
296.80   Trouble bipolaire NS

Autres troubles de l'humeur

293.83   Trouble de l'humeur dû à (indiquer l'affection médicale générale)
Spécifier le type : à forme dépressive/avec épisode de dépression majeure/avec caractéristiques maniaques/avec caractéristiques mixtes

___.___   Trouble de l'humeur induit par une substance (*Se référer aux Troubles liés à une substance pour les codes spécifiques de chaque substance*)
Spécifier le type : à forme dépressive/à caractéristiques maniaques/à caractéristiques mixtes
Spécifier si : à début durant l'intoxication/à début durant le sevrage

296.90   Trouble de l'humeur NS

Troubles anxieux

300.01   Trouble panique sans agoraphobie
300.21   Trouble panique avec agoraphobie
300.22   Agoraphobie sans antécédents de trouble panique
300.29   Phobie spécifique
Spécifier le type : des animaux/de la nature/du sang, des injections, des blessures/de situation/autre type
300.23   Phobie sociale
Spécifier si : généralisée
300.3   Trouble obsessionnel-compulsif
Spécifier si : avec peu de prise de conscience
309.81   État de stress post-traumatique
Spécifier si : aigu ou chronique
Spécifier si : avec survenue différée
308.3   État de stress aigu
300.02   Anxiété généralisée
293.89   Trouble anxieux dû à... (*indiquer l'affection médicale générale*)
Spécifier si : à anxiété généralisée/avec attaques de panique/avec symptômes obsessionnel-compulsifs

___.___   Trouble anxieux induit par une substance (*se référer aux Troubles liés à une substance pour les codes spécifiques de chaque substance*)
Spécifier si : avec anxiété généralisée/attaques de panique/avec symptômes obsessionnels-compulsif/avec symptômes phobiques
Spécifier si : à début durant l'intoxication/à début durant le sevrage

300.00   Trouble anxieux NS

Troubles somatoformes

300.81   Trouble de somatisation
300.81   Trouble somatoforme indifférencié
300.11   Trouble de conversion
Spécifier si : avec symptôme ou déficit moteur/avec symptôme ou déficit sensoriel/avec crises d'épilepsie ou convulsions/à présentation mixte
307.xx   Trouble douloureux
.80   associé à des facteurs psychologiques
.89   associé à des facteurs psychologiques et à un affection médicale générale
Spécifier si : de type aigu/chronique
300.7   Hypochondrie
Spécifier si : avec peu de prise de conscience

Troubles somatoformes (suite)

300.7   Peur d'une dysmorphie corporelle
300.81   Trouble somatoforme NS

Troubles factices

300.xx   Trouble factice
    .16   Avec signes et symptômes psychologiques prédominants
    .19   Avec signes et symptômes physiques prédominants
    .19   Avec une association de signes et de symptômes psychologiques et physiques
300.19   Trouble factice NS

Troubles dissociatifs

300.12   Amnésie dissociative
300.13   Fugue dissociative
300.14   Trouble dissociatif de l'identité
300.6   Trouble de dépersonnalisation
300.15   Trouble dissociatif NS

Troubles sexuels et de l'identité sexuelle

Dysfonctions sexuelles

Les descripteurs ci-après s'appliquent à toutes les dysfonctions sexuelles primaires :

- Type de te tout temps
- Type acquis
- Type généralisé
- Type situationnel
- Du à des facteurs psychologiques / Du à une combinaison de facteurs

Troubles du désir sexuel
302.71   Trouble : Baisse du désir sexuel
302.79   Trouble : Aversion sexuelle

Troubles de l'excitation sexuelle
302.72   Trouble de l'excitation sexuelle chez la femme
302.72   Trouble de l'érection chez l'homme

Troubles de l'orgasme
302.73   Inhibition de l'orgasme chez la femme
302.74   Inhibition de l'orgasme chez l'homme
302.75   Éjaculation précoce

Troubles sexuels douloureux
302.76   Dyspareunie (non due à une affection médicale générale)
306.51   Vaginisme (non dû à une affection médicale générale)

Dysfonction sexuelle due à une affection médicale
625.8   Trouble : Baisse du désir chez la femme due à… (*indiquer l'affection médicale générale*)
608.89   Trouble : Baisse du désir chez l'homme due à… (*indiquer l'affection médicale générale*)
607.84   Trouble de l'érection chez l'homme dû à… (*indiquer l'affection médicale générale*)
625.0   Dyspareunie chez la femme due à… (*indiquer l'affection médicale générale*)
608.89   Dyspareunie chez l'homme due à… (*indiquer l'affection médicale générale*)
625.8   Autre dysfonction sexuelle chez la femme due à… (*indiquer l'affection médicale générale*)
608.89   Autre dysfonction sexuelle chez l'homme due à… (*indiquer l'affection médicale générale*)
___.__   Dysfonction sexuelle induite par une substance (*se référer aux Troubles liés à une substance pour les codes spécifiques de chaque substance*)
    Spécifier si : avec baisse du désir/baisse de l'excitation/baisse de l'orgasme/ douleurs sexuelles
    Spécifier si : Avec début pendant l'intoxication
302.70   Dysfonction sexuelle NS

Paraphilies

302.4   Exhibitionnisme
302.81   Fétichisme
302.89   Frotteurisme
302.2   Pédophilie
    Spécifier si : attiré sexuellement par les garçons, attiré sexuellement par les filles / attiré sexuellement par les filles et par les garçons ; spécifier : si limité à l'inceste ; spécifier le type : exclusif ou non exclusif
302.83   Masochisme sexuel
302.84   Sadisme sexuel
302.3   Travestisme fétichiste
    Spécifier si : avec dysphorie concernant l'identité sexuelle
302.82   Voyeurisme
302.9   Paraphilie NS

Troubles de l'identité sexuelle

302.xx   Trouble de l'identité sexuelle
    .6   chez les enfants
    .85   chez les adolescents et les adultes
    Spécifier si : attiré sexuellement par les hommes / attiré sexuellement par les femmes / attiré sexuellement par les deux sexes / attiré sexuellement ni par un sexe, ni par l'autre
302.6   Trouble de l'identité sexuelle NS
302.9   Trouble sexuel NS

Troubles des conduites alimentaires

307.1   Anorexie mentale (*Anorexia nervosa*)
    Spécifier le type : type restrictif / type avec crises de boulimie / vomissements ou prise de purgatifs

Troubles des conduites alimentaires (suite)

307.51 Boulimie

> *Spécifier le type :* avec vomissements ou prise de purgatifs / sans vomissements ou prise de purgatifs

307.50 Trouble des conduites alimentaires NS

Troubles du sommeil

Troubles primaires du sommeil

Dyssomnies

307.42 Insomnie primaire

307.44 Hypersomnie primaire

> *Spécifier si :* récurrente

347 Narcolepsie

780.59 Trouble du sommeil lié à la respiration

307.45 Trouble du sommeil lié au rythme circadien

> *Spécifier le type :* type avec retard de phase / type avec changement de fuseaux horaires / type travail posté / type non spécifié

307.47 Dyssomnie NS

Parasomnies

307.47 Cauchemars

307.46 Terreurs nocturnes

307.46 Somnambulisme

307.47 Parasomnie NS

Troubles du sommeil liés à un autre trouble mental

307.42 Insomnie liée à…(*indiquer le trouble sur l'axe I ou II*)

307.44 Hypersomnie liée à… (*indiquer le trouble sur l'axe I ou II*)

Autres troubles du sommeil

780.xx Trouble du sommeil dû à… (*indiquer l'affection médicale générale*)

   .52 Insomnie

   .54 Hypersomnie

   .59 Parasomnie

   .59 Type mixte

___.__ Trouble du sommeil induit par une substance (*se référer aux Troubles liés à une substance pour les codes spécifiques de chaque substance*)

> *Spécifier le type :* type insomnie, type hypersomnie, type parasomnie, type mixte
>
> *Spécifier si :* avec début durant l'intoxication / avec début durant le sevrage

Troubles du contrôle des impulsions non classés ailleurs

312.34 Trouble explosif intermittent

312.32 Kleptomanie

312.33 Pyromanie

312.31 Jeu pathologique

312.39 Trichotillomanie

312.30 Trouble du contrôle des impulsions NS

Troubles de l'adaptation

309.xx Trouble de l'adaptation

   .0 avec humeur dépressive

   .24 avec anxiété

   .28 avec à la fois anxiété et humeur dépressive

   .3 avec perturbation des conduites

   .4 avec perturbation à la fois des émotions et des conduites

   .9 non spécifié

> *Spécifier si :* aigu / chronique

Troubles de la personnalité

Note : Coder sur l'axe II

301.0 Personnalité paranoïaque

301.20 Personnalité schizoïde

301.22 Personnalité schizotypique

301.7 Personnalité antisociale

301.83 Personnalité borderline

301.50 Personnalité histrionique

301.81 Personnalité narcissique

301.82 Personnalité évitante

301.6 Personnalité dépendante

301.4 Personnalité obsessionnelle-compulsive

301.9 Trouble de la personnalité NS

Autres troubles qui peuvent faire l'objet d'un examen clinique

Facteurs psychologiques influençant une affection médicale

316 …[Spécifier le facteur psychologique] influençant…

[*indiquer l'affection médicale générale*]

Choisir en fonction des facteurs :

- Trouble mental influençant une affection médicale
- Symptômes psychologiques influençant une affection médicale
- Traits de la personnalité ou style de coping influençant une affection médicale
- Comportements inadaptés en matière de santé influençant une affection médicale
- Réponse physiologique liée au stress influençant une affection médicale
- Facteurs psychologiques autres ou non spécifiés influençant une affection médicale

Troubles des mouvements induits par un médicament

332.1 Parkinsonisme induit par les neuroleptiques

Troubles des mouvements induits
par un médicament (suite)

333.92 Syndrome malin des neuroleptiques
33.7 Dystonie aiguë induite par les neuroleptiques
333.99 Akathisie aiguë induite par les neuroleptiques
333.82 Dyskinésie tardive induite par les neuroleptiques
333.1 Tremblement d'attitude induit par une substance médicamenteuse
333.90 Trouble des mouvements induit par une substance médicamenteuse NS

Autre trouble induit par une substance médicamenteuse
995.2 Réactions indésirables d'un médicament NS

Problèmes relationnels
V61.9 Problème relationnel lié à un trouble mental ou une affection médicale générale
V61.20 Problèmes dans les relations parent-enfant
V61.1 Problème dans les relations avec le partenaire
V61.8 Problème dans les relations avec la fratrie
V62.81 Problème dans les relations NS

Problèmes liés à l'abus ou à la négligence

V61.21 Abus physique d'un enfant (*coder 995.5 si le motif d'examen concerne la victime*)
V61.21 Abus sexuel d'un enfant (*coder 995.5 si le motif d'examen concerne la victime*)
V61.21 Négligence envers un enfant (*coder 995.5 si le motif d'examen concerne la victime*)
V61.1 Abus physique d'un adulte (*coder 995.81 si le motif d'examen concerne la victime*)
V61.1 Abus sexuel d'un adulte (*coder 995.81 si le motif d'examen concerne la victime*)

Situations supplémentaires qui peuvent faire l'objet
d'un examen clinique

V15.81 Non-observance du traitement
V65.2 Simulation
V71.01 Comportement antisocial de l'adulte
V71.02 Comportement antisocial de l'enfant ou de l'adolescent
V62.89 Fonctionnement intellectuel limite
Note : à coder sur l'axe II
780.9 Déclin cognitif lié à l'âge
V62.82 Deuil
V62.3 Problème scolaire ou universitaire
V62.2 Problème professionnel
313.82 Problème d'identité
V62.89 Problème religieux ou spirituel
V62.4 Problème lié à l'acculturation
V62.89 Problème en rapport avec une étape de la vie

Codes additionnels

300.9 Trouble mental non spécifié (non psychotique)
V71.09 Absence de diagnostic ou d'affection sur l'axe I
799.9 Affection ou diagnostic différé sur l'axe I
V71.09 Absence de diagnostic sur l'axe II
799.9 Diagnostic différé sur l'axe II

Système multiaxial

Axe I Troubles cliniques
Autres situations qui peuvent faire l'objet d'un examen clinique
Axe II Troubles de la personnalité
Retard mental
Axe III Affections médicales générales
Axe IV Problèmes psychosociaux et environnementaux
Axe V Évaluation globale du fonctionnement

ANNEXE C

APPROCHE OMÉGA

Nicole Dupont et Yves Proulx

Nos remerciements à toute l'équipe de conception pour son travail exceptionnel : Robert Arbour, André Argouin , Rosaire Fortin, Bruno Guillemette, Jeanne Lefebvre, Michel Plante, Yves Proulx , Marie-Josée Robitaille, Clermont Sévigny.

1. HISTORIQUE

Au printemps 1997, un regroupement d'établissements à vocation psychiatrique du Québec faisait une demande de programme à l'Association pour la santé et la sécurité du travail, secteur des affaires sociales (ASSTSAS). Trois de ces établissements – le Centre hospitalier Robert-Giffard, l'Hôpital Douglas et le Centre hospitalier de Charlevoix – se sont par la suite engagés activement dans le projet en prêtant six ressources spécialisées, qui se sont jointes à celles de l'ASSTSAS, pour constituer une équipe de conception de neuf personnes.

Cette équipe a élaboré un programme de formation à trois niveaux : la formation *Oméga de base* pour les milieux institutionnels (centre hospitalier, urgence générale et psychiatrique), la formation *Oméga plus* pour les équipes d'intervention, qui aborde des techniques de maîtrise physique plus complexes, et la formation *Oméga pour les travailleurs dans la communauté* pour les équipes œuvrant auprès des personnes non hospitalisées (CLSC, cliniques externes en santé mentale, équipes de suivi dans la communauté).

L'objectif prioritaire des trois formations Oméga est d'assurer la sécurité du personnel soignant sans négliger celle des clients. Pour atteindre cet objectif, Oméga propose divers outils : un modèle d'évaluation de la situation de travail, une grille d'évaluation du potentiel de dangerosité et enfin, des techniques verbales, psychologiques et physiques pour intervenir dans la plupart des situations.

2. LES FONDEMENTS D'OMÉGA : VALEURS ET PRINCIPES

Quatre valeurs guident le choix des interventions et des comportements enseignés dans Oméga :
- le **respect** (de soi, des collègues, des clients) – agir avec courtoisie, retenue et considération protéger la dignité et l'amour-propre de chacun ;
- le **professionnalisme** – agir de manière éthique (écoute, confidentialité, transparence, honnêteté) ; prendre les moyens nécessaires, raisonnables et légaux pour réaliser son mandat ;
- la **responsabilisation** (de l'intervenant, des collègues, des clients) – rendre compte de ses gestes (positifs ou négatifs), respecter ses engagements, réparer ses fautes et assumer les conséquences de ses actes ;

- la **sécurité** (de soi, des collègues, des clients) – veiller à la sécurité de chacun tant sur les plans physique et psychologique que social et déontologique.

Ces valeurs permettent d'apprécier la qualité d'une intervention. Plus elles sont respectées, plus l'intervention est appropriée. L'infirmière devrait également appliquer les principes suivants, qui lui permettront d'assurer sa sécurité.

Se protéger
- en gardant une distance sécuritaire ;
- en ayant une équipe de soutien ;
- en ayant un système de communication approprié ;
- en recueillant de l'information.

Évaluer
- sa situation de travail ;
- le client ;
- ses propres forces et limites.

Prévoir
- la possibilité d'avoir besoin d'aide ;
- l'intervention à effectuer ;
- les issues possibles.

Prendre le temps
- d'écouter ;
- d'attendre l'aide demandée ;
- de consulter le plan d'intervention ;
- de communiquer.

Se centrer sur la personne
- sur le vécu du client ;
- sur le contenu de son discours ;
- sur sa sécurité ;
- sur les collègues et les autres personnes présentes.

3. LA SITUATION DE TRAVAIL

Chaque situation de travail étant particulière, le personnel soignant doit déterminer au préalable les éléments susceptibles de l'aider (éléments de protection) :
- les aspects favorisant la **protection**, par exemple la présence d'un collègue, d'un moyen de communication, d'un endroit où battre en retraite ;
- les conditions favorables à la **gestion d'une crise d'agressivité**, par exemple la présence d'un membre de l'équipe de soins apte à gérer une crise ;

- les facteurs facilitant **l'apaisement du client agressif**, par exemple la possibilité de répondre à ses besoins, de négocier, d'arriver à une entente.

L'équipe de soins doit également être en mesure d'établir les éléments susceptibles de causer un problème (éléments de risque) :

- les conditions pouvant **précipiter et amplifier la crise**, par exemple la frustration, la déception, l'incompréhension ;
- les facteurs pouvant **menacer la sécurité** du client, de l'équipe de soins et des autres clients, par exemple la présence d'une arme ;
- les aspects pouvant **limiter la possibilité de gérer l'événement**, par exemple l'isolement ou la présence de collègues inexpérimentés en gestion de crise.

Le modèle de la situation de travail (voir figure A, page 20) permet à l'infirmière de systématiser sa démarche d'évaluation des éléments de risque et des éléments de protection. Il est à noter que plusieurs éléments de la situation de travail sont en constante évolution.

Dans une situation de travail donnée, l'infirmière peut utiliser les éléments de protection qu'elle juge nécessaires. Si elle doit faire une intervention à risque (p. ex. une entrevue avec un client peu coopératif), elle compensera ce facteur de risque en ayant recours à des éléments de protection appropriés (p. ex. faire l'entrevue dans un endroit non isolé ou laisser la porte du bureau entrouverte, aviser un collègue et même retarder l'entrevue si nécessaire).

3.1 L'appréciation du degré d'alerte

Lors du premier contact avec un client ainsi que tout au long de l'interaction avec celui-ci, il est essentiel que l'infirmière fasse une bonne évaluation de la situation afin d'adopter le niveau de vigilance nécessaire. Cette **appréciation du degré d'alerte** doit inclure certains éléments spécifiques.

L'infirmière doit pouvoir **anticiper** les événements afin d'assurer sa protection personnelle, en s'informant et en prévoyant l'aide nécessaire et en gardant une distance sécuritaire.

Elle doit **observer** les paramètres physiques (âge, taille, poids, force), le comportement non verbal (attitude, gestuelle, démarche) et verbal de la personne (cohérence des propos, personne ciblée).

Enfin, elle doit **jauger** le client, c'est-à-dire évaluer la qualité du contact visuel et du contact verbal, afin de déceler les indices qui devraient la mettre en état d'alerte lorsqu'elle s'approche de lui. Elle s'assurera d'avoir la « permission tacite » de la personne avant de l'approcher, sinon elle devra le faire avec une très grande vigilance.

Cette appréciation doit se faire tout au long de l'intervention afin que l'infirmière adapte son niveau d'alerte aux réactions du client (voir figure B, page 20).

4. GRILLE DU POTENTIEL DE DANGEROSITÉ

Lors de l'appréciation du degré d'alerte, il est utile que l'infirmière ait un outil qui lui permette de mesurer le degré de dangerosité du client et qui la guide dans le choix des interventions appropriées. La **grille du potentiel de dangerosité** classe sur une échelle de neuf niveaux les réactions d'une personne lors d'un contact. L'intervention verbale, psychologique et physique doit s'ajuster en fonction des réactions du client. La grille permet de mesurer l'intensité possible des réactions de la personne et de prévoir l'évolution de la relation ainsi que l'effet de l'intervention (voir figure C, page 20).

Il faut préciser que la grille du potentiel de dangerosité s'applique lorsque le client est en relation interpersonnelle. C'est sa réaction à cette relation qui permet de le situer sur la grille.

Par exemple, où peut-on situer une personne qui refuse de quitter le bureau d'évaluation ? Tout dépend de sa réaction à la demande ! Si elle éclate en sanglots, elle est probablement en tension émotive. Si elle répond : « Je vais quitter le bureau à la condition de pouvoir faire un appel téléphonique », elle est probablement en collaboration conditionnelle. Si elle répond : « Essaie de me sortir... » et prend une attitude dominante, elle est probablement en intimidation psychologique.

Au cours d'une intervention, une personne peut donc passer par différents niveaux, et l'intervenant doit s'assurer d'ajuster ses interventions aux réactions du client.

5. PYRAMIDE D'INTERVENTION

Compte tenu du niveau élevé de risque de blessure et de l'impact souvent négatif de l'intervention physique, tant pour les personnes en crise que pour l'équipe de soins, il est important d'en limiter l'utilisation. Diverses techniques d'intervention verbale et psychologique permettent à l'infirmière de favoriser une résolution de la crise, sans avoir recours à l'intervention physique.

Ces diverses techniques sont illustrées par la pyramide d'intervention (voir figure D, page 20). Les sept niveaux de la pyramide illustrent des techniques d'intervention qui vont d'une approche large et non directive à des interventions de plus en plus encadrantes. L'infirmière devra choisir l'intervention qui cadre le mieux avec la situation, tout en tenant compte des valeurs de respect, de professionnalisme, de responsabilisation et de sécurité du programme Oméga.

5.1 La pacification

La base des interventions est la **pacification de la crise** (voir figure D), mise au point par le psychologue Michel Plante. Cette technique d'écoute empathique « radicale », qui se centre sur la personne, sans demande ni allusion au comportement, permet de distinguer rapidement le type d'agressivité (de source émotionnelle ou action calculée). Dans le cas de crises émotionnelles, elle suffira souvent à elle seule à résoudre l'épisode de violence. Il est essentiel d'établir un premier contact en utilisant une phrase d'introduction simple et respectueuse (p. ex. « Ça ne va pas ? »), de façon à permettre au client d'entrer en communication verbale. Le but de la pacification est de *faire passer la crise en mots*. L'utilisation de techniques d'écoute simples, comme le reflet de sentiment, le reflet écho et la reformulation, rend la pacification accessible à toute l'équipe de soins. De plus, cette technique a comme avantage de donner accès à des renseignements sur le vécu du client et sur ses difficultés. Ainsi, la crise devient un « levier » permettant d'accompagner la personne vers un changement, ce qui lui donne une valeur indiscutable du point de vue clinique (voir encadré 1).

Comment pacifier ?　　ENCADRÉ 1

Attitudes physiques
- Bougez lentement, évitez les gestes brusques.
- Maintenez une distance sécuritaire de base, soit quatre mètres et plus (pour jauger la situation).
- Tenez vos mains ouvertes devant vous, à hauteur du thorax.
- Placez-vous de biais, vers le côté non dominant de la personne agressive (habituellement la gauche), évitez le face-à-face.

Attitudes verbales
- Adoptez un ton calme.
- Il peut être nécessaire de créer une trêve en attirant l'attention du client agressif pour établir le contact (p. ex. en l'interpellant, en se plaçant dans son champ de vision, en faisant une diversion).
- Centrez-vous sur le client et amorcez la pacification par une phrase d'introduction simple et respectueuse : « Ça ne va pas ? »
- Ne lui demandez pas de se calmer, n'essayez pas de le raisonner, ne commentez pas ses comportements et ne vous justifiez pas ; parlez peu.
- Encouragez le client à s'exprimer sans restriction (même si son discours peut être dérangeant) ; il vous percevra alors comme un témoin respectueux et votre sécurité en sera accrue.
- Quand il aura évacué la plus grande partie de sa tension, vous pourrez l'aider à trouver une solution, un compromis acceptable pour tout le monde, ou lui demander quelque chose.

5.2 La trêve

La **trêve** (voir figure D) est une technique qui s'avère nécessaire, lorsqu'on doit créer un temps d'arrêt dans l'action en cours, afin d'établir un climat plus propice aux interventions psychologiques, tout en prévenant l'escalade.

Par exemple, une infirmière qui assiste à une altercation entre deux personnes peut devoir créer une trêve en coupant le contact visuel entre ces deux personnes (pour séparer les adversaires). Il y a plusieurs façons d'obtenir une trêve : manifester sa présence en s'assurant d'être vu, offrir de l'aide, créer une diversion, faire de l'humour, réorienter la discussion, etc. Toutes ces interventions doivent être empreintes de respect envers les personnes concernées. Ce temps d'arrêt permet d'intervenir de façon plus sécuritaire puisqu'il prévient l'escalade.

5.3 La requête alpha

La **requête alpha** (voir figure D) est une demande précise, claire et encadrante à laquelle le client en crise doit être en mesure de répondre et que l'infirmière est autorisée à faire. Elle permet d'éviter les malentendus, les discussions et les négociations.

La demande doit être **SMART**, c'est-à-dire qu'elle doit respecter cinq critères essentiels.
- Spécifique : demande adressée à une personne précise, pas un « on » indéterminé.
- Mesurable : demande dont la réponse recherchée est observable. Par exemple, « Je vous demande de venir avec moi » (facile à observer) plutôt que « Je vous demande de me faire confiance » (difficile à évaluer).
- Action positive : demande qui amène le client à agir dans le sens voulu plutôt que d'inhiber une action non désirée. Par exemple, « Venez vous asseoir ici » (demande de faire quelque chose) plutôt que « Arrêtez de déambuler » (demande d'arrêter quelque chose sans donner d'indication sur le comportement souhaité).
- Réaliste : demande à la mesure des capacités actuelles de la personne.
- Temps : demande qui prescrit un délai clair d'exécution.

De plus, cette demande peut s'appuyer sur une **observation** (s'en tenir à l'observation et éviter les interprétations) et une **justification ou responsabilisation** (code de vie, plan de traitement, inquiétude personnelle ou professionnelle véritable).

Ainsi, plutôt que de dire « Monsieur, calmez-vous ! », à une personne en colère contre une autre et qui brandit un plateau, on préférera : « Monsieur Robert (spécifique), vous brandissez un plateau (observation), je vous demande de le déposer sur la table (mesurable, action positive et réaliste) immédiatement (campée dans le temps). »

5.4 Le recadrage

Certaines personnes utilisent différents modes de résistance pour éviter de répondre, de se conformer à une demande ou pour déstabiliser l'équipe de soins. Confrontée à la résistance d'un client, une infirmière peut utiliser la technique de **recadrage** (voir figure D) pour rester centrée sur sa demande et garder sa distance psychologique. Cette stratégie lui permet d'éviter de répondre à la résistance du client par sa propre résistance et d'éviter l'escalade de la situation agressive.

5.4.1 Comment recadrer ?

On commence par utiliser l'approche du *disque rayé* en répétant plusieurs fois la demande initiale (requête alpha) dans les mêmes mots et sur le même ton.

Si le client résiste encore, il faut **capter de nouveau son attention** en utilisant un langage verbal et corporel plus ferme, pour arrêter l'expression de résistance, et reprendre la demande initiale dans les mêmes mots et sur le même ton.

Si la personne maintient toujours sa résistance, l'on doit **suspendre la discussion (repli stratégique)**. L'infirmière met un terme à la discussion en donnant un délai au client afin qu'il puisse penser à la demande, et met l'accent sur les bénéfices qu'il retirera de l'exécution rapide de la demande.

L'infirmière doit utiliser ce délai pour se situer de nouveau par rapport à l'exécution de sa demande, reprendre sa distance psychologique, prévoir l'intervention à venir et consulter l'équipe de soins (voir encadré 2).

Ce délai donne également un temps de réflexion au client et lui permet de ne pas perdre la face. Souvent, il décidera d'obtempérer en signifiant au personnel soignant que c'est parce qu'il le veut bien !

ENCADRÉ 2

Pendant le délai accordé lors d'un recadrage, l'équipe de soins doit se demander :
- La demande est-elle absolument nécessaire ?
- Est-il absolument nécessaire que la demande soit respectée maintenant ?
- Avons-nous tenu compte de nos valeurs : la sécurité, le professionnalisme, le respect, la responsabilisation ?
- Avons-nous pris le temps de… ?

5.5 L'alternative

L'alternative (voir figure D) vient au terme d'une succession d'interventions à encadrement plus souple, comme la pacification, la requête alpha et le recadrage, sans que l'on ait obtenu la collaboration souhaitée de la personne en crise.

L'alternative permet d'énoncer et d'expliquer les issues possibles afin de responsabiliser le client quant à son choix de comportement. L'infirmière doit demeurer cohérente et assurer la continuité avec les messages et les demandes qu'elle a adressés à la personne antérieurement. Elle doit aussi s'assurer que l'alternative répond au préalable suivant : *le client et l'équipe de soins sont capables d'assumer les options offertes et leurs conséquences.* L'alternative s'énonce en trois segments :
- l'alerte, pour capter l'attention du client ;
- l'alternative, pour énoncer et expliquer les issues possibles ;
- l'officialisation, pour demander à la personne de décider et d'exprimer l'issue choisie.

Par exemple, une alternative pourrait s'exprimer ainsi : « Monsieur Robert (alerte), vous pouvez aller vous reposer à votre chambre **ou** vous asseoir à la salle de télévision (alternative), choisissez (officialisation) ».

5.6 L'option finale

L'option finale (voir figure D) fait suite au refus du client de répondre ou de choisir l'une des options offertes. L'infirmière choisit alors elle-même l'une des deux options énoncées pour en faire son option finale. Puis, elle permet à la personne d'exprimer sa préférence quant au mode d'application de cette option, afin de la responsabiliser.

L'option finale doit répondre au même préalable que l'alternative, c'est-à-dire que *le client et l'équipe de soins soient capables d'assumer les options et leurs conséquences.* Ici aussi, l'option finale s'exprimera en trois temps :
- l'alerte, pour capter de nouveau l'attention du client ;
- l'alternative, pour énoncer les deux moyens proposés par l'option finale ;
- l'officialisation, pour demander au client de décider et d'exprimer sa préférence quant aux moyens d'application.

L'option finale pourrait donc s'exprimer comme suit : « Monsieur Robert, vous avez le choix (alerte) : vous décidez de vous rendre à votre chambre seul **ou** vous préférez y aller escorté des employés qui sont ici (alternative), choisissez (officialisation) ».

5.7 L'intervention physique

L'intervention physique est une mesure de dernier recours (voir figure D). Il est essentiel que l'équipe de soins se concerte avant d'utiliser de telles mesures. La mesure choisie doit être légale, acceptable sur le plan éthique, et professionnelle.

L'intervention physique comporte des risques importants de blessure pour le client à maîtriser et pour l'équipe de soins. Afin de réduire ces risques, il est important de respecter certaines règles d'application, entre autres, les règles d'intervention d'équipe, de la mécanique corporelle et de l'ajustement de l'intensité afin que l'intervention soit adéquate sans être abusive.

L'intervention d'équipe doit être structurée, concertée et sécuritaire. L'équipe est composée :
- d'un **leader**, c'est la seule personne qui parle et dirige ;
- d'**équipiers** qui restent centrés sur l'intervention menée par le leader et interviennent si nécessaire ;
- de **soutiens** qui sécurisent le milieu, rassurent les autres personnes et portent assistance au besoin.

L'équipe doit prendre le temps de s'organiser et s'entendre sur les principes d'action en tenant compte des paramètres physiques de la personne et des zones d'approche plus sécuritaires. La communication doit être constamment maintenue au sein de l'équipe. Les intervenants doivent utiliser tous les recours psychologiques possibles afin d'éviter l'intervention physique. L'équipe doit observer et rassurer le client **avant**, **pendant et après** l'intervention. Finalement, elle doit clore l'intervention, ramener le calme et procéder à une révision postévénement.

6. LA RÉVISION POSTÉVÉNEMENT

Élément essentiel du programme Oméga, la **révision postévénement** vise deux objectifs. Dans un premier temps, elle permet de prendre soin des membres de l'équipe ; elle sert ensuite à faire l'évaluation du déroulement de l'événement. Elle permet à l'équipe de soins :
- de ventiler ses émotions ;
- de revoir ensemble l'événement afin d'en clarifier les composantes ;
- de rétablir l'équilibre émotionnel, tant avec le client qu'entre les membres de l'équipe ;
- de décoder les signes précurseurs ;
- de déterminer les améliorations à apporter en ce qui touche l'intervention et l'environnement ;
- de maintenir une attitude professionnelle.

Cette révision doit se faire dans le **respect de chacun**.

Ainsi, lorsqu'un membre de l'équipe est perturbé, on doit éviter les questionnements accusateurs et les « pourquoi ». Il est alors inapproprié de juger les comportements ou les réactions, de banaliser l'événement ainsi que de défendre ou d'excuser un agresseur.

La révision postévénement sert à élaborer des stratégies d'intervention plus appropriées à l'équipe, tout en respectant les forces et les faiblesses de chacun. Elle permet également de reconnaître les besoins de suivi à court, moyen et long terme, tant pour les individus que pour l'équipe.

Lors de la révision postévénement, l'utilisation des divers outils de la formation Oméga (situation de travail, grille du potentiel de dangerosité, pyramide d'intervention) permet d'améliorer la communication au sein de l'équipe par l'utilisation d'un langage commun.

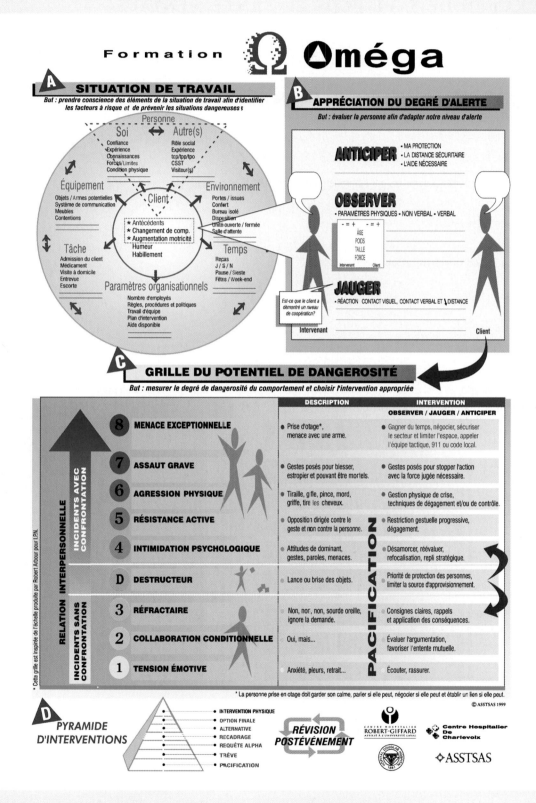

ANNEXE D

EXAMEN DE TYPE ECOS EN SANTÉ MENTALE

Alice Guillemette
B. Sc. inf.
Collège de Shawinigan

Mise en situation de type ÉCOS N⁰ 1

Contexte : visite à domicile, par l'infirmière en santé mentale et en psychiatrie

Nom : José DiCarlo

Raison de la consultation : idées suicidaires

Situation

José DiCarlo, 25 ans, est suivi pour dépression majeure. Lorque vous vous rendez chez lui pour évaluer sa santé mentale, il vous déclare : « Vous pouvez aller ailleurs, moi je n'en vaux pas la peine… C'est fini… Vous perdez votre temps avec moi. »

Instructions

Vous avez **10 minutes** pour :

- **évaluer** l'état de santé mentale de José ;
- **mesurer** le risque suicidaire en établissant une relation aidante.

Scénario fictif pour client suicidaire

Nom : José DiCarlo
Âge : 25 ans
Occupation : sans emploi

Contexte avant la maladie
- Votre poids : 55 kilos.
- Vous consommez quelques bières en fin de semaine.
- Vous fumez un paquet de cigarettes par jour.
- Vous ne prenez pas de drogue.
- Vous n'avez pas de maladie importante.
- Vous avez un ami et une amie de cœur.
- Vous avez abandonné vos études en 3e secondaire, vos résultats scolaires étant médiocres.
- La communication familiale est difficile. Vos parents vous rendent responsable de tous leurs problèmes, ils se disputent fréquemment et vous traitent de « grand niaiseux « et de « bon à rien ».
- Vous travaillez comme livreur pour un marché d'alimentation depuis l'âge de 18 ans. C'est le seul emploi que vous avez trouvé. Le patron est très sévère avec vous, bien que vous fassiez des heures supplémentaires gratuitement.
- Vous aimez la mécanique, la chasse, la pêche, le cinéma, les courses automobiles et le travail du bois.

Contexte actuel
- Vous avez maigri de cinq kilos en un mois, sans avoir suivi de régime.
- Depuis une semaine, vous dormez une à deux heures par nuit. Comme vous vous réveillez vers 5 heures du matin, vous vous sentez fatigué.
- Votre alimentation quotidienne consiste à grignoter et à boire cinq ou six cafés et du cola. Vous n'avez pas vraiment faim et vous n'avez pas augmenté votre consommation d'alcool.
- Après que le psychiatre a diagnostiqué une dépression majeure, vous avez été hospitalisé il y a deux mois. D'après votre ordonnance, vous prenez 20 mg de Paxil une fois par jour, au lever, et, si le besoin s'en fait sentir, 30 mg de Sérax au coucher. Il a été convenu qu'un suivi à domicile hebdomadaire serait pratiqué.
- Vous ne prenez plus aucun médicament depuis deux semaines.
- Vous fumez deux à trois joints de marijuana par semaine.
- Votre amie de cœur vous a quitté il y a six mois.
- Vous vous sentez triste et vous pleurez souvent sans savoir pourquoi.
- Vous vous montrez parfois agressif dans vos propos avec vos collègues de travail.
- Vous avez de la difficulté à vous concentrer.
- Vous ne vous sentez pas malade physiquement.
- Vous vous dépréciez souvent.
- Vous ne ressentez pas de culpabilité.
- Vous pensez que le suicide serait la seule façon de régler vos problèmes.
- Vous avez décidé de vous pendre, mais vous ne savez pas où ni quand.
- Vous avez acheté une corde la semaine dernière.
- Vous êtes désespéré : vous n'avez plus aucun plaisir à vivre.
- Vous pensez à vous ôter la vie au moins deux fois par semaine, plutôt le soir, et ces pensées peuvent durer quelques heures.
- C'est la première fois que vous vivez une telle situation.
- Votre envie de vivre se situe à 20 % environ.
- Vous avez peur de ce que vous allez faire.
- Vous n'entendez pas de voix.
- Vous ne savez pas ce qui cause ce malaise général.
- Vous parlez de façon cohérente.
- Vous ne faites pas le ménage chez vous et vous regardez beaucoup la télévision.
- Vous n'aimez plus votre travail, le patron est continuellement sur votre dos et vos collègues se moquent de vous.
- Vous êtes incapable pour le moment de répondre à la question : « Qu'est-ce qui pourrait m'inciter à vivre ? »

Histoire familiale et contexte socioéconomique
- Votre mère a souvent fait des dépressions.
- Vous n'avez pas de frère, mais vous avez deux sœurs qui habitent près de chez vous et qui vous téléphonent souvent. Pourtant, elles ne savent pas que vous pensez au suicide. Si c'était le cas, il est fort probable qu'elles vous aideraient.
- Vous n'aviez qu'un ami et il a déménagé récemment.

Scénario fictif pour client suicidaire (suite)

Histoire familiale et contexte socioéconomique (suite)
- Vous avez quelques contacts de courte durée avec des vendeurs de drogue.
- Depuis cinq mois, vous demeurez dans un petit appartement, car vos parents vous ont expulsé de la maison familiale parce que vous ne leur versiez plus les vingt dollars de la pension hebdomadaire.
- Vos parents ne veulent plus avoir affaire à vous : ils ne sont pas venus vous voir à l'hôpital ni à votre appartement.
- Votre propriétaire veut vous expulser car vous ne lui avez jamais payé le loyer.
- Vous n'avez plus un sou en poche.
- Vous n'avez pas de testament ni d'assurances.
- Vous n'avez pas fait dernièrement de dons à des êtres chers.

Matériel
- Chaise et table de cuisine
- Bloc-notes et crayon
- Appareils pour la prise des signes vitaux
- Feuille de kardex ou de suivi à domicile : plan de soins pour José DiCarlo

Consignes à l'intention de l'acteur
- Vous êtes en tenue négligée : jean malpropre, cheveux ébouriffés.
- Vous êtes assis de façon nonchalante dans un fauteuil.
- Vous regardez peu l'intervenante et votre visage est triste.
- Vous parlez lentement et vous prenez du temps pour répondre aux questions, en raison de votre lenteur d'esprit.
- Votre appartement est en désordre : vaisselle sale et restes de nourriture sur la table, linge par terre, etc.

Consignes à l'intention de l'observateur
Si l'élève veut prendre les signes vitaux, dire : « Ils sont normaux. »
Se placer en retrait, mais de façon à bien voir l'expression non verbale de l'acteur et de l'élève.

NOM DE L'ÉLÈVE : _____

Grille d'observation n° 1

L'ÉLÈVE EXAMINE LES ÉLÉMENTS SUIVANTS	À COCHER	POINTS
1. Signes vitaux (dire qu'elle les prendrait)		
2. Perte de poids non causée par un régime		
3. Prise régulière de médicaments antidépresseurs		
4. Prise de drogues : quantité consommée et fréquence de consommation		
5. Prise d'alcool : quantité consommée et fréquence de consommation		
6. Tabagisme		
7. Sommeil et fatigue		
8. Alimentation suffisante		
9. Perception d'être malade physiquement		
10. Perte récente d'ami(e)s		
11. Soutien : **l'élève doit citer 2 éléments de la liste pour obtenir les points** • amis • amies • parents • frères et sœurs • collègues de travail		
12. Fréquence des pensées suicidaires : par jour, par semaine, par mois		
13. Durée des pensées suicidaires : permanentes ou intermittentes		
14. Méthode pour s'ôter la vie		
15. Moment choisi pour s'ôter la vie		
16. Achat de matériel pour s'ôter la vie		
17. Cause des idées suicidaires		
18. Qualité des relations professionnelles et satisfaction liée au travail		
19. Tentatives antérieures de suicide		
20. Sentiments négatifs vécus actuellement : **l'élève doit citer 2 éléments de la liste pour obtenir les points** • tristesse • désespoir • agressivité • dépréciation de soi • culpabilité		
21. Présence d'hallucinations ou de voix ordonnant de se suicider		
22. Antécédents familiaux de suicide		
23. Indices annonçant l'intention de s'ôter la vie : **l'élève doit citer 2 éléments de la liste pour obtenir les points** • modification du testament • vérification des assurances • dons d'effets personnels		
24. Pourcentage de soi ayant envie de vivre		
25. Ce qui pourrait inciter à vivre		
L'ÉLÈVE ADOPTE DES COMPORTEMENTS AIDANTS	À COCHER	POINTS
26. Amorcer la relation aidante : **l'élève doit citer 3 éléments de la liste pour obtenir les points** • se présenter • saluer • dire au client qu'elle veut l'aider à régler ses problèmes • demander au client s'il veut bien répondre aux questions pendant 10 minutes		
27. Pratiquer l'écoute active : **l'élève doit citer 2 éléments de la liste pour obtenir les points** • bon contact visuel • se placer face à face • être attentive au non-verbal • utiliser le reflet simple		
28. Poser des questions ouvertes		
29. Reformuler ce que dit le client		
30. Manifester du respect : **l'élève doit citer 3 éléments de la liste pour obtenir les points** • vouvoyer • respecter le client même s'il • ne pas formuler de jugements prend du temps pour répondre • encourager la poursuite de la conversation • utiliser le silence		
31. Valider ses perceptions avec le client		

Note : _____ points sur 60

NOM DE L'ÉLÈVE : _____

Grille d'observation n° 2

L'ÉLÈVE EXAMINE LES ÉLÉMENTS SUIVANTS	À COCHER	POINTS
1. Signes vitaux (dire qu'elle les prendrait)		1
2. Perte de poids non causée par un régime		1
3. Prise régulière de médicaments antidépresseurs		2
4. Prise de drogues : quantité consommée et fréquence de consommation		2
5. Prise d'alcool : quantité consommée et fréquence de consommation		1
6. Tabagisme		1
7. Sommeil et fatigue		2
8. Alimentation suffisante		1
9. Perception d'être malade physiquement		1
10. Perte récente d'ami(e)s		2
11. Soutien : **l'élève doit citer 2 éléments de la liste pour obtenir les points** • amis • amies • parents • frères et sœurs • collègues de travail		2
12. Fréquence des pensées suicidaires : par jour, par semaine, par mois		2
13. Durée des pensées suicidaires : permanentes ou intermittentes		2
14. Méthode pour s'ôter la vie		3
15. Moment choisi pour s'ôter la vie		2
16. Achat de matériel pour s'ôter la vie		4
17. Cause des idées suicidaires		1
18. Qualité des relations professionnelles et satisfaction liée au travail		2
19. Tentatives antérieures de suicide		1
20. Sentiments négatifs vécus actuellement : **l'élève doit citer 2 éléments de la liste pour obtenir les points** • tristesse • désespoir • agressivité • dépréciation de soi • culpabilité		3
21. Présence d'hallucinations ou de voix ordonnant de se suicider		2
22. Antécédents familiaux de suicide		1
23. Indices annonçant l'intention de s'ôter la vie : **l'élève doit citer 2 éléments de la liste pour obtenir les points** • modification du testament • vérification des assurances • dons d'effets personnels		2
24. Pourcentage de soi ayant envie de vivre		1
25. Ce qui pourrait inciter à vivre		2
L'ÉLÈVE ADOPTE DES COMPORTEMENTS AIDANTS	**À COCHER**	**POINTS**
26. Amorcer la relation aidante : **l'élève doit citer 3 éléments de la liste pour obtenir les points** • se présenter • saluer • dire au client qu'elle veut l'aider à régler ses problèmes • demander au client s'il veut bien répondre aux questions pendant 10 minutes		3
27. Pratiquer l'écoute active : **l'élève doit citer 2 éléments de la liste pour obtenir les points** • bon contact visuel • se placer face à face • être attentive au non-verbal • utiliser le reflet simple		2
28. Poser des questions ouvertes		2
29. Reformuler ce que dit le client		4
30. Manifester du respect : **l'élève doit citer 3 éléments de la liste pour obtenir les points** • vouvoyer • respecter le client même s'il • ne pas formuler de jugements prend du temps pour répondre • encourager la poursuite de la conversation • utiliser le silence		3
31. Valider ses perceptions avec le client		2

Seuil de réussite : 36 points sur 60

Mise en situation de type ÉCOS N⁰ 2

Contexte : centre de jour psychiatrique

Nom : Stéphane Brûlé

Raison de la consultation : insomnie à la suite de rituels

Situation

Stéphane, 22 ans, se présente pour une consultation parce que sa mère lui a dit qu'il faisait trop de ménage. Il déclare : « Je ne me sens pas bien, je n'ai presque plus le temps de dormir ». Son dossier révèle qu'il a été hospitalisé l'année dernière pour trouble obsessionnel-compulsif.

Instructions

Vous avez **10 minutes** pour :

- **examiner** la situation avec Stéphane en établissant une relation aidante.

Scénario fictif pour client atteint d'un trouble obsessionnel-compulsif

Nom : Stéphane Brûlé
Âge : 22 ans
Occupation : préposé au rangement dans une bibliothèque

Histoire familiale et contexte socioéconomique

- Vous demeurez dans un appartement à loyer modeste, chez votre mère ; celle-ci, qui tolère habituellement vos comportements, affirme désormais que vous êtes malade.
- Votre père s'emporte de plus en plus souvent contre vous en vous demandant d'arrêter de faire le ménage.
- Vous êtes un enfant adopté.
- Vous n'avez jamais eu d'ami(e)s, parce que vous êtes trop timide, selon vous.
- Vous avez abandonné vos études vers 14 ans.
- Vous avez peu de contacts extérieurs ; la personne que vous voyez le plus souvent est la vendeuse du dépanneur.
- Votre mère gère votre argent, car vous êtes incapable de faire les comptes ; vous dites qu'il ne faut pas dépenser pour rien.

Contexte actuel

- Votre avez maigri de quatre kilos ces trois dernières semaines sans avoir suivi de régime.
- Vous n'avez pas vraiment faim et vous vous contentez de grignoter.
- Vous prenez deux heures chaque jour pour manger ; vous inspectez chaque particule de nourriture, les couverts et la vaisselle.
- Vous buvez quatre cafés par jour, préparés avec de l'eau que vous avez pris soin de faire bouillir pour « éviter les bibittes ».
- Vous dormez environ deux heures par nuit depuis une semaine et vous vous sentez fatigué.
- Vous hésitez à vous coucher dans votre lit, situé au sous-sol, parce que vous craignez les araignées.
- Vous n'avez pas d'hallucinations auditives ni visuelles.
- Vous avez été hospitalisé pendant cinq jours l'année dernière.
- Votre médecin vous avait prescrit du Prozac, mais vous n'en prenez plus depuis un mois ; vous ne prenez pas d'autre médicament.
- Depuis deux semaines, vous vous mettez en colère contre des collègues de travail qui se moquent de vous et vous disent de vous dépêcher.
- Vous ne vous sentez pas malade physiquement.
- Vous avez un bon sens de l'orientation : vous connaissez votre nom, vous savez quel jour nous sommes et où vous vous trouvez actuellement.
- Vous pensez que vous êtes un bon à rien et vous vous sentez inutile.
- Vous craignez de perdre votre maîtrise parce que vous faites des crises de colère violente.
- Vous passez six heures par jour à faire le ménage dans la maison ; vous frottez les mêmes choses longuement et méticuleusement.
- Vous prenez deux bains par jour et votre toilette du matin dure une heure.
- Vous vous lavez souvent les mains ; vous n'avez pas de plaies aux mains.
- Vous hésitez jusqu'à une demi-heure pour choisir vos vêtements le matin.
- Vous n'avez pas de temps à consacrer aux loisirs.
- Votre travail consiste à ranger les livres sur les rayons, dans une bibliothèque ; il vous arrive de vérifier l'alignement des livres sept ou huit fois jusqu'à ce que vous le trouviez parfait.
- Vous effectuez régulièrement des heures de travail supplémentaires : vous travaillez 10 heures par jour, 5 jours par semaine.
- Vous quittez votre poste insatisfait du travail accompli.
- Vous savez que vous êtes exagérément minutieux dans votre façon de faire le ménage, mais vous êtes incapable de vous arrêter.
- Vous ne savez pas ce qui cause cet état.
- Votre patron vous a convoqué dans son bureau la semaine dernière, pour vous dire que vous étiez très dévoué mais trop lent et que vous risquiez de perdre votre emploi.

Matériel

- Chaise placée très loin de la table
- Bloc-notes et crayon sur la table
- Dossier psychiatrique de l'année dernière

Consignes à l'intention de l'acteur

- Vous hésitez à vous asseoir sur la chaise : à plusieurs reprises, vous passez votre main dessus pour la nettoyer. Vous vous penchez pour en inspecter la propreté. Vous vous asseyez sur le bout de la chaise, vous ne vous adossez pas.
- Si l'infirmière vous dit que la chaise est propre, vous commencez à vous énerver en vous éloignant de la chaise et en répondant que vous avez « peur des bibittes ». Vous dites que vous aimez mieux rester debout.
- Tout au long de l'entrevue, vous parlez lentement, de façon cohérente, avec une voix faible et sur un ton monotone ; vous prenez du temps pour répondre aux questions en raison de votre lenteur d'esprit.
- Votre visage est inexpressif, vous faites peu de gestes et vous regardez souvent le sol.
- Vous avez les cheveux en désordre.

Consignes à l'intention de l'observateur

Se placer en retrait, mais de façon à bien voir l'expression non verbale de l'acteur et de l'élève.
Ne pas permettre à l'élève de sortir avec les notes qu'il a prises.

NOM DE L'ÉLÈVE : _____

Grille d'observation n° 1

L'ÉLÈVE EXAMINE LES ÉLÉMENTS SUIVANTS :	À COCHER	POINTS
1. Description du ménage effectué à votre domicile : **L'élève doit citer 2 éléments de la liste pour obtenir les points** • nombre d'heures par jour • habitudes • besoin de nettoyer de nouveau ce qui a déjà été nettoyé		
2. Nombre d'heures par jour consacrées aux AVQ (activités de la vie quotidienne) : **L'élève doit citer 3 éléments de la liste pour obtenir les points** • hygiène personnelle • manger • dormir • s'habiller		
3. Travail à l'extérieur : **L'élève doit citer 2 éléments de la liste pour obtenir les points** • description • nombre d'heures par jour • besoin de refaire ce qui a déjà été fait		
4. Perte de poids non reliée à un régime		
5. Sensation d'être physiquement malade		
6. Sentiment d'anxiété ou de peur		
7. Attitude de vos parents lorsque vous faites le ménage		
8. Attitude de vos collègues de travail envers vous		
9. Perte de maîtrise de soi ou peur de perdre cette maîtrise		
10. Opinion sur le besoin de faire le ménage		
11. Impression d'entendre des voix		
12. Prise de médicaments actuelle		
13. Gestion financière		
14. Orientation : personne, espace et temps	À COCHER	POINTS
L'ÉLÈVE ADOPTE DES COMPORTEMENTS AIDANTS		
15. Pratiquer l'écoute active et montrer de l'empathie : **L'élève doit citer 2 éléments de la liste pour obtenir les points** • se placer face à face • se placer à une distance sociale, ne pas empiéter sur la zone intime • utiliser la reformulation		
16. Poser des questions ouvertes		
17. Manifester son respect de façon chaleureuse : **L'élève doit citer 4 éléments de la liste pour obtenir les points** • saluer • respecter le client même s'il prend du temps pour répondre • se présenter • encourager la poursuite de la conversation • vouvoyer • utiliser le silence • ne pas formuler de jugements		
18. Valider ses perceptions avec le client		

Note : _____ points sur 50

NOM DE L'ÉLÈVE : _____

Grille d'observation n° 2

L'ÉLÈVE EXAMINE LES ÉLÉMENTS SUIVANTS :	À COCHER	POINTS
1. Description du ménage effectué à votre domicile : **L'élève doit citer 2 éléments de la liste pour obtenir les points** • nombre d'heures par jour • habitudes • besoin de nettoyer de nouveau ce qui a déjà été nettoyé		4
2. Nombre d'heures par jour consacrées aux AVQ (activités de la vie quotidienne) : **L'élève doit citer 3 éléments de la liste pour obtenir les points** • hygiène personnelle • manger • dormir • s'habiller		3
3. Travail à l'extérieur : **L'élève doit citer 3 éléments de la liste pour obtenir les points** • description • nombre d'heures par jour • besoin de refaire ce qui a déjà été fait		2
4. Perte de poids non reliée à un régime		1
5. Sensation d'être physiquement malade		2
6. Sentiment d'anxiété ou de peur		4
7. Attitude de vos parents lorsque vous faites le ménage		1
8. Attitude de vos collègues de travail envers vous		2
9. Perte de maîtrise de soi ou peur de perdre cette maîtrise		2
10. Opinion sur le besoin de faire le ménage		3
11. Impression d'entendre des voix		3
12. Prise de médicaments actuelle		4
13. Gestion financière		1
14. Orientation : personne, espace et temps		3
L'ÉLÈVE ADOPTE DES COMPORTEMENTS AIDANTS	À COCHER	POINTS
15. Pratiquer l'écoute active et montrer de l'empathie : **L'élève doit citer 2 éléments de la liste pour obtenir les points** • se placer face à face • se placer à une distance sociale, ne pas empiéter sur la zone intime • utiliser la reformulation		4
16. Poser des questions ouvertes		4
17. Manifester son respect de façon chaleureuse : **L'élève doit citer 4 éléments de la liste pour obtenir les points** • saluer • respecter le client même s'il prend du temps pour répondre • se présenter • encourager la poursuite de la conversation • vouvoyer • utiliser le silence • ne pas formuler de jugements		4
18. Valider ses perceptions avec le client		3

Seuil de réussite : 30 points sur 50

Mise en situation de type ÉCOS N⁰ 3

Contexte : unité de psychiatrie

Nom : Louis Larivière

Raison de la consultation : hallucinations

Situation

Louis, 23 ans, admis la nuit précédente pour schizophrénie, a heurté accidentellement sa tête contre le lit. Le médecin a prescrit une radiographie du crâne. Vous entrez dans sa chambre pour l'aviser qu'il doit passer cet examen dans quelques minutes. Il est caché derrière la porte.

Instructions

Vous avez **10 minutes** pour :

- **amener** Louis à son examen radiologique.

Scénario fictif pour client souffrant d'hallucinations

Nom : Louis Larivière
Âge : 23 ans
Occupation : sans emploi

Contexte actuel

Raison de l'admission : le client a été amené par la police à la suite d'une plainte des parents. Il aurait voulu égorger sa mère. D'après elle, son fils voit des démons et entend leurs voix.

Matériel

- Chaise, lit d'hôpital dans une chambre où on entre par une porte (à défaut, paravent dans la chambre)
- Une paire de pantoufles de papier
- Avertisseur (« bip-bip »)
- Kardex : nom du client, âge, diagnostic médical (schizophrénie, type à définir)
- Plan de soins : observation des hallucinations auditives

Consignes à l'intention de l'acteur

- Vous êtes recroquevillé derrière la porte de la chambre.
- Votre regard est fixé sur le plancher au début de l'entretien ; vos mains recouvrent votre visage.
- Si l'infirmière vous demande de l'écouter, donc de cesser d'écouter les voix, vous relevez la tête pendant quelques secondes : vous écartez les doigts pour vous permettre de voir, puis vous écartez les mains et vous relevez la tête vers elle, comme pour établir un contact pendant quelques instants, mais sans contact des yeux.
- Si l'infirmière vous touche sans vous avertir, vous avez un mouvement de recul et vous agitez les mains comme si vous vouliez éloigner quelqu'un (les démons pour lui).
- Si elle vous parle avec une voix forte, qu'elle s'approche trop vite ou qu'elle est trop près de vous, vous vous recroquevillez encore plus pour exprimer votre peur.
- Les seuls mots que vous prononcez durant tout le scénario, de façon indistincte (en bredouillant), sont : « peur…, démons…, parlent…, cacher… ». Vous les prononcez à trois reprises au début de l'entretien.
- Votre visage est inexpressif quand vous déclarez que vous avez peur.
- Vous parlez lentement, avec une voix faible, sur un ton neutre.
- Vous êtes nu-pieds, habillé d'une chemise d'hôpital et d'un blue-jean troué.
- Vos cheveux sont en désordre.
- Vous ne faites aucun effort en vue d'aller subir cet examen si :
  - l'infirmière vous demande de vous « lever de là rapidement » de façon trop insistante ;
  - elle ne prend pas le temps de créer un climat de confiance au début de l'entretien, pour vous réconforter et vous ramener en douceur à la réalité.

NOM DE L'ÉLÈVE : _____

Grille d'observation n° 1

L'ÉLÈVE AMORCE LA RELATION AIDANTE	À COCHER	POINTS
1. Fixer l'avertisseur sur vos vêtements de façon à ce que l'équipe soit alertée si vous faites face à un problème de violence.		
2. Prononcer le prénom du client en entrant dans la chambre, mais avant de s'approcher de lui.		
3. Vous présenter : dire votre prénom et préciser au client que c'est son infirmière qui lui parle. **L'élève doit le dire 2 fois pour obtenir les points.**		
4. Demander au client : «Ca ne va pas ?» en commençant l'entretien.		
5. Déclarer au client que vous savez qu'il entend des voix, mais que vous ne voyez personne à part vous deux dans cette chambre en ce moment.		
6. Lui demander de cesser d'écouter ces voix, car vous avez quelque chose à lui dire.		
7. Situer le client dans la réalité : l'appeler par son prénom, préciser le lieu et le jour. **L'élève doit préciser les 3 éléments pour obtenir les points.**		
8. Réconforter le client : **L'élève doit citer 2 éléments de la liste pour obtenir les points** • lui dire que vous allez être patiente avec lui • lui déclarer que vous allez l'aider à surmonter ce problème mais ne pas le rassurer hâtivement en annonçant, par exemple, «Tout va bien» • lui dire que vous savez qu'il a très peur • l'informer que vous allez l'accompagner à l'examen dont il est question		
9. Utiliser une voix douce, un ton cordial.		
10. Tout au long de l'entretien, respecter une distance minimale entre vous et le client : une longueur de bras ou un mètre environ.		
11. Garder vos mains à hauteur de la taille ou de toute autre façon qui vous permette d'intervenir rapidement pour vous défendre en cas de besoin.		
12. Ne pas toucher le client sans le prévenir.		
13. Demander au client de vous regarder pour savoir s'il est prêt à écouter le message.		
14. Une fois que vous savez qu'il vous entend bien, l'informer qu'il devra aller passer un examen dans quelques minutes.		
15. Préciser de quel examen il s'agit, ici une radiographie, sans donner plus de détails pour le moment.		
16. Utiliser des questions fermées, tant que le client conserve une attitude de retrait ou de méfiance.		
17. Lui demander de se lever doucement en lui expliquant qu'il va ressentir de la fatigue et des engourdissements.		
18. Utiliser un vocabulaire simple et peu de mots.		

Note : _____ points sur 40

NOM DE L'ÉLÈVE : _____

Grille d'observation n° 2

L'ÉLÈVE AMORCE LA RELATION AIDANTE	À COCHER	POINTS
1. Fixer l'avertisseur sur vos vêtements de façon à ce que l'équipe soit alertée si vous faites face à un problème de violence.		2
2. Prononcer le prénom du client en entrant dans la chambre, mais avant de s'approcher de lui.		2
3. Vous présenter : dire votre prénom et préciser au client que c'est son infirmière qui lui parle. **L'élève doit le dire 2 fois pour obtenir les points.**		3
4. Demander au client «Ca ne va pas?» en commençant l'entretien.		1
5. Déclarer au client que vous savez qu'il entend des voix, mais que vous ne voyez personne à part vous deux dans cette chambre en ce moment.		3
6. Lui demander de cesser d'écouter ces voix, car vous avez quelque chose à lui dire.		3
7. Situer le client dans la réalité : l'appeler par son prénom, préciser le lieu et le jour. **L'élève doit préciser les 3 éléments pour obtenir les points.**		3
8. Réconforter le client : **l'élève doit citer 2 éléments de la liste pour obtenir les points** • lui dire que vous allez être patiente avec lui • lui déclarer que vous allez l'aider à surmonter ce problème mais ne pas le rassurer hâtivement en annonçant, par exemple, «Tout va bien» • lui dire que vous savez qu'il a très peur • l'informer que vous allez l'accompagner à l'examen dont il est question		4
9. Utiliser une voix douce, un ton cordial.		1
10. Tout au long de l'entretien, respecter une distance minimale entre vous et le client : une longueur de bras ou un mètre environ.		2
11. Garder vos mains à hauteur de la taille ou de toute autre façon qui vous permette d'intervenir rapidement pour vous défendre en cas de besoin.		2
12. Ne pas toucher le client sans le prévenir.		3
13. Demander au client de vous regarder pour savoir s'il est prêt à écouter le message.		3
14. Une fois que vous savez qu'il vous entend bien, l'informer qu'il devra aller passer un examen dans quelques minutes.		2
15. Préciser de quel examen il s'agit, ici une radiographie, sans donner plus de détails pour le moment.		2
16. Utiliser des questions fermées, tant que le client conserve une attitude de retrait ou de méfiance.		2
17. Lui demander de se lever doucement en lui expliquant qu'il va ressentir de la fatigue et des engourdissements.		1
18. Utiliser un vocabulaire simple et peu de mots.		1

Seuil de réussite : 24 points sur 40

Mise en situation de type ÉCOS N⁰ 4

Contexte : unité de psychiatrie

Nom : Frank Landry

Raison de la consultation : violence

Situation

Vous êtes assise dans la cuisine avec Louis, un de vos clients. Le son de la radio est assez fort. Frank arrive à côté de vous, les bras en l'air, criant à tue-tête : « Ça ne se passera pas comme ça ! Vous êtes tous des menteurs ! » puis il donne un violent coup de poing sur votre table. Il est enragé.

Instructions

Vous avez **10 minutes** pour :

- **intervenir** auprès de Frank selon une méthode appropriée, de façon à ce qu'il entre dans une phase d'apaisement.

Scénario fictif pour client violent

Nom : Frank Landry
Âge : 33 ans
Occupation : préposé à l'expédition dans une usine

Contexte avant l'hospitalisation

- Vous avez une bonne santé physique (choisir un homme de physique imposant si possible).
- Vous prenez 2 mg de Haldol deux fois par jour.
- Vous êtes impulsif et impatient, vous vous fâchez facilement, vous tenez souvent des propos agressifs, mais vous n'avez pas de gestes de violence.
- Vous dites que votre patron est toujours sur votre dos, bien que votre travail soit de meilleure qualité que celui des autres, selon vous.
- Vous respectez difficilement la discipline ; si vous faites un écart, vous dites avoir « oublié » et c'est toujours la faute des autres.
- Vous aimez vous moquer des autres.
- Vous êtes entré à l'hôpital il y a 2 semaines, après avoir mis le feu à votre lieu de travail à la suite d'une violente altercation avec votre patron.

Contexte familial et social

- Vous avez toujours eu des différends à l'école, au travail, avec votre famille.
- Vous êtes célibataire et vivez loin de votre famille.

Matériel

- Dossier médical
- Radio allumée, dont le son est assez fort, mais pas si fort que l'on ne puisse s'entendre parler
- Profil de médicaments : le médecin a prescrit 2 mg de Haldol deux fois par jour (administré ce matin à 7 h) et 2,5 mg de Haldol IM au besoin, que vous n'avez pas reçu aujourd'hui
- Votre plan de soins :
  - diagnostic infirmier : risque de violence envers les autres
  - objectifs de soins : reconnaître les comportements agressifs, repérer les facteurs qui déclenchent les crises de rage, manifester la maîtrise de soi par une attitude détendue

Une chaise, une table avec un café dans un coin de la pièce ; à l'autre extrémité de la pièce, le poste des infirmières avec un mannequin habillé en préposé ou en gardien de sécurité. (L'idéal serait d'avoir deux pièces séparées, l'une servant de cuisine et l'autre, de poste des infirmières avec le gardien ; vous expliquez cela rapidement à l'élève en début de situation.)

Consignes à l'intention de l'acteur

Au début de l'échange :

- Vous êtes enragé car vous ne sortirez pas cette fin de semaine comme il était prévu, n'ayant pas respecté le plan thérapeutique ; vous êtes descendu à la cafétéria pour boire du café bien que cela vous soit interdit.
- Pour votre sortie de fin de semaine, vous comptiez vous rendre seul dans votre camp de pêche (ou aller chasser le renard, selon la saison).
- Vous avez les poings serrés.
- Vos yeux fixent ceux de l'infirmière.
- Vous vous tenez très près de l'infirmière, à côté d'elle, à environ 30 cm.
- Vous n'avez pas d'hallucinations visuelles ou auditives.
- Vos propos sont cohérents et votre orientation est bonne.
- Vous déclarez à l'infirmière : « Vous n'êtes qu'une petite débutante, je sais que ça ne fait pas longtemps que vous êtes ici, vous ne connaissez rien… »
- Vous parlez d'une foix forte et avec un débit rapide.
- Vous dites : « Je ne suis pas malade, je n'ai pas à être enfermé ici. »
- Vous n'aimez pas votre médecin.

Deux minutes après le début de l'échange :

- Vous jurez car vos projets sont contrariés.
- Vous déclarez que vous allez « mettre le feu ici aussi ».
- Si l'infirmière s'éloigne, vous vous rapprochez d'elle.
- Vous promettez à l'infirmière d'être calme si elle vous laisse sortir.

Scénario fictif pour client violent (suite)

Consignes à l'intention de l'acteur (suite)

Vous vous montrez plus calme si l'infirmière :
- garde son calme et prend le temps de comprendre ce que vous vivez ;
- reconnaît et nomme vos principaux sentiments : colère et frustration ;
- se montre respectueuse envers vous.

Vous poursuivez votre crise de colère si l'infirmière :
- vous fait des reproches ;
- menace de vous envoyer en salle de retrait ;
- veut vous donner un calmant en injection ;
- vous demande de vous calmer ;
- vous montre qu'elle a peur en haussant le ton ou en allant et venant nerveusement dans la pièce ;
- vous rétorque que le médecin sait ce qu'il fait ou qu'il a raison de ne pas accorder la sortie.

NOM DE L'ÉLÈVE : _____

Grille d'observation n° 1

L'ÉLÈVE INTERVIENT POUR OBTENIR UN APAISEMENT	À COCHER	POINTS
1. Sortir calmement de la pièce en demandant au client de vous suivre pour aller parler de tout cela au poste (ou dire que vous allez sortir, ou encore vous tenir dans l'encadrement de la porte).		
2. Ne jamais tourner le dos au client au cours de l'échange.		
3. Conserver une distance d'un mètre environ (un peu plus qu'une longueur de bras) entre vous et le client.		
4. Garder vos mains à hauteur de la taille ou de toute autre façon qui vous permette d'intervenir rapidement pour vous défendre en cas de besoin.		
5. Demander au client : « Ca ne va pas ? » ou encore « Voulez-vous m'en parler, ou me raconter ? » en commençant l'entretien, ou prononcer une phrase courte centrée sur l'émotion.		
6. Parler calmement sur un ton doux.		
7. Dire au client que vous comprenez la colère qu'il vit en ce moment ou utiliser le reflet de sentiment.		
8. Dire au client que vous êtes disposée à l'écouter pour qu'il vous raconte ce qui s'est passé.		
9. Manifester du respect et de la chaleur en le laissant parler.		
10. Encourager le client à s'exprimer ou à poursuivre, par des gestes d'acquiescement.		
11. Utiliser le silence pour lui laisser le temps d'organiser ses idées.		
12. En cas de jurons ou de paroles méprisantes à votre égard, ne pas intervenir, ni pour le reprendre ni pour lui faire des reproches.		
13. Utiliser un vocabulaire simple et peu de mots.		
14. Ne pas discuter le non-respect du plan thérapeutique.		
15. Proposer une médication au besoin.		

Note : _____ points sur 40

NOM DE L'ÉLÈVE : _____

Grille d'observation n° 2

L'ÉLÈVE INTERVIENT POUR OBTENIR UN APAISEMENT	À COCHER	POINTS
1. Sortir calmement de la pièce en demandant au client de vous suivre pour aller parler de tout cela au poste (ou dire que vous allez sortir, ou encore vous tenir dans l'encadrement de la porte).		4
2. Ne jamais tourner le dos au client au cours de l'échange.		3
3. Conserver une distance d'un mètre environ (un peu plus qu'une longueur de bras) entre vous et le client.		3
4. Garder vos mains à hauteur de la taille ou de toute autre façon qui vous permette d'intervenir rapidement pour vous défendre en cas de besoin.		3
5. Demander au client : « Ca ne va pas ? » ou encore « Voulez-vous m'en parler, ou me raconter ? » en commençant l'entretien, ou prononcer une phrase courte centrée sur l'émotion.		2
6. Parler calmement sur un ton doux.		3
7. Dire au client que vous comprenez la colère qu'il vit en ce moment ou utiliser le reflet de sentiment.		3
8. Dire au client que vous êtes disposée à l'écouter pour qu'il vous raconte ce qui s'est passé.		2
9. Manifester du respect et de la chaleur en le laissant parler.		2
10. Encourager le client à s'exprimer ou à poursuivre, par des gestes d'acquiescement.		3
11. Utiliser le silence pour lui laisser le temps d'organiser ses idées.		2
12. En cas de jurons ou de paroles méprisantes à votre égard, ne pas intervenir, ni pour le reprendre ni pour lui faire des reproches.		3
13. Utiliser un vocabulaire simple et peu de mots.		2
14. Ne pas discuter le non-respect du plan thérapeutique.		3
15. Proposer une médication au besoin.		2

Seuil de réussite : 24 points sur 40

Mise en situation de type ÉCOS N⁰ 5

Contexte : unité de psychiatrie

Nom : Mimi Dupont

Raison de la consultation : prise de lithium

Situation

Mimi, 39 ans, ayant cessé de prendre son lithium, a été admise à l'hôpital pour trouble bipolaire avec épisode de manie. Le médecin lui prescrit 150 mg de Lithane trois fois par jour. Elle vous déclare : « Je veux me sentir mieux et bien paraître… je suis décidée à bien prendre mon médicament, mais j'aimerais comprendre pourquoi ce médicament est si important pour moi. » Ses capacités sont favorables à l'apprentissage. Mimi étant prête à collaborer, vous entamez l'entretien selon la méthode face à face, de manière informelle.

Instructions

Vous avez **10 minutes** pour :

- **renseigner** Mimi sur la prise de lithium ;
- **préciser** quelles seraient les conséquences si elle ne prenait pas ce médicament conformément à la prescription.

Scénario fictif pour client ayant interrompu son traitement

Nom : Mimi Dupont
Âge : 39 ans
Occupation : sans emploi

Contexte avant l'hospitalisation
- Vous êtes atteinte de trouble bipolaire, type maniaque.
- Vous avez été hospitalisée il y a deux ans.
- Vous avez scrupuleusement pris votre lithium pendant 8 mois.
- Vous croyant guérie, vous avez arrêté le lithium.
- Deux mois après, soit il y a deux semaines, vos amis vous ont amenée à l'hôpital pour comportements bizarres : insomnie, langage inaudible, irritabilité et actes d'exhibitionnisme en public.

Contexte socio-familial
- Vous êtes célibataire.
- Vous êtes bénéficiaire de l'aide sociale.
- Vous avez deux amies.
- Votre mère habite loin de chez vous, mais elle vous téléphone souvent.

Matériel
- Table
- Deux chaises placées loin de la table
- Papier et crayons
- CPS
- Dossier médical contenant les résultats de lithémie avec les normalités
- Kardex et plan de soins pour cliente atteinte d'un trouble bipolaire avec épisode de manie

Consignes à l'intention de l'acteur
- Vous entrez dans la salle en marchant lentement.
- Vous ne souriez pas, ou très peu, durant tout l'entretien.
- Vous attendez que l'infirmière vous invite à vous asseoir, ce que vous faites sans parler.
- Vous posez quelques questions, liées à ce que l'infirmière vous explique. À deux ou trois reprises, vous faites semblant de ne pas comprendre, surtout si elle utilise un langage médical ; les autres fois, vous écoutez ce qu'elle dit en montrant que vous voulez bien comprendre les explications.
- Vous gesticulez peu.
- Si l'infirmière annonce que vous pourriez prendre du poids en prenant ce médicament, vous répondez que vous ne voulez pas grossir, car vous êtes soucieuse de votre apparence.

NOM DE L'ÉLÈVE : _____

Grille d'observation n° 1

L'ÉLÈVE DONNE DE L'ENSEIGNEMENT SUR LA PRISE DE LITHIUM	À COCHER	POINTS
1. Préciser l'importance de respecter scrupuleusement la prescription médicale (heure de la prise et dose requise), même si l'on se sent mieux.		
2. Enjoindre à la cliente de se présenter à toutes ses prises de sang : une ou deux fois par semaine au début, puis tous les deux ou trois mois.		
3. Informer la cliente du principal effet du lithium, qui est de stabiliser l'humeur.		
4. Préciser que l'effet principal peut prendre de une à trois semaines pour se faire ressentir.		
5. Faire connaître la normalité du lithium dans le sang : 0,8 à 1,2 mmol/L, de façon à ce que la cliente soit capable de mieux prendre en charge sa santé.		
6. Fournir de l'information relative aux avantages d'un régime faible en calories, qui prévient le gain de poids et permet de conserver une apparence agréable.		
7. Mentionner **2** effets secondaires fréquents du lithium : • légers tremblements des mains • maux de tête • gain de poids • soif • fatigue (faiblesse) • troubles de la mémoire • urine fréquemment		
8. Conseiller **1** moyen pour éviter la sécheresse de la bouche • s'hydrater abondamment • sucer des bonbons acidulés • mâcher de la gomme sans sucre		
9. Insister sur l'importance d'un apport de sel normal dans l'alimentation, pour prévenir la toxicité.		
10. Conseiller de limiter la consommation des aliments à base de caféine car ils ont un effet diurétique : **L'élève doit citer 1 élément de la liste pour obtenir les points** • cola • thé • chocolat • café		
11. Conseiller d'éviter la consommation d'alcool car il renforce l'effet sédatif du médicament.		
12. Prévenir la cliente que si elle éprouve une somnolence après la prise de ce médicament, elle doit éviter la conduite automobile et les activités de précision jusqu'à ce que le médecin donne son accord pour qu'elle effectue de telles activités.		
13. Insister sur le fait que le lithium est un médicament que l'on prend à long terme.		
14. Conseiller de consommer de l'eau salée pour éviter la toxicité en cas de : **L'élève doit citer 1 élément de la liste pour obtenir les points** • transpiration excessive • fièvre • diarrhée		
15. Indiquer à la cliente qu'elle doit consulter son médecin avant de prendre des médicaments en vente libre ou en cas de grossesse.		
L'ÉLÈVE PRÉCISE QUELLES CONSÉQUENCES IMPLIQUE LE FAIT DE NE PAS PRENDRE SON LITHIUM CONFORMÉMENT À LA PRESCRIPTION		
16. Énumérer des symptômes fréquents qui vont se manifester de nouveau et obligatoirement lors d'un épisode maniaque : **L'élève doit citer 2 éléments de la liste pour obtenir les points** • réduction du besoin de dormir • disposition à parler beaucoup plus que d'habitude • exagération de sa valeur et de ses compétences • idées qui défilent dans la tête de façon rapide et désordonnée • incapacité à se concentrer (distractibilité) • tendance à pratiquer des activités de façon excessive		
17. Énumérer des signes fréquents de toxicité apparaissant en cas d'élévation du lithium dans le sang : **L'élève doit citer 2 éléments de la liste pour obtenir les points** • nausées • troubles d'élocution • faiblesse • vomissements • tremblements • diminution de l'équilibre • diarrhée		

NOM DE L'ÉLÈVE : _____

Grille d'observation n° 1 (suite)

L'ÉLÈVE PRÉCISE QUELLES CONSÉQUENCES IMPLIQUE LE FAIT DE NE PAS PRENDRE SON LITHIUM CONFORMÉMENT À LA PRESCRIPTION (suite)	À COCHER	POINTS
18. Rappeler l'importance de se présenter aux examens de suivi pour éviter des problèmes de santé liés à la prise de lithium : **L'élève doit citer 1 élément de la liste pour obtenir les points** • examens du cœur • examens de la thyroïde • examens des reins		
L'ÉLÈVE UTILISE DES HABILETÉS RELATIONNELLES PÉDAGOGIQUES		
19. Entamer l'entretien en établissant une relation aidante **L'élève doit mettre en pratique 2 éléments de la liste pour obtenir les points** • se présenter • saluer • se placer face au client, pour un bon contact visuel		
20. Parler calmement avec un ton doux.		
21. Utiliser la rétroaction pendant l'entretien, pour vérifier la compréhension.		
22. Utiliser un vocabulaire familier avec des mots simples.		
23. Manifester du respect et de la chaleur : **L'élève doit mettre en pratique 3 éléments de la liste pour obtenir les points** • vouvoyer • encourager la poursuite de la conversation • respecter la cliente, même si elle met du temps à comprendre • laisser à la cliente tout le temps nécessaire pour poser des questions		

Note : _____ points sur 50

NOM DE L'ÉLÈVE : _____

Grille d'observation n° 2

L'ÉLÈVE DONNE DE L'ENSEIGNEMENT SUR LA PRISE DE LITHIUM	À COCHER	POINTS
1. Préciser l'importance de respecter scrupuleusement la prescription médicale (heure de la prise et dose requise), même si l'on se sent mieux.		4
2. Enjoindre à la cliente de se présenter à toutes ses prises de sang : une ou deux fois par semaine au début, puis tous les deux ou trois mois.		2
3. Informer la cliente du principal effet du lithium, qui est de stabiliser l'humeur.		2
4. Préciser que l'effet principal peut prendre une à trois semaines pour se faire ressentir.		2
5. Faire connaître la normalité du lithium dans le sang : 0,8 à 1,2 mmol/L, de façon à ce que la cliente soit capable de mieux prendre en charge sa santé.		1
6. Fournir de l'information relative aux avantages d'un régime faible en calories, qui prévient le gain de poids et permet de conserver une apparence agréable.		2
7. Mentionner **2** effets secondaires fréquents du lithium : • légers tremblements des mains • maux de tête • gain de poids • soif • fatigue (faiblesse) • troubles de la mémoire • urine fréquemment		3
8. Conseiller **1** moyen pour éviter la sécheresse de la bouche : • s'hydrater abondamment • sucer des bonbons acidulés • mâcher de la gomme sans sucre		1
9. Insister sur l'importance d'un apport de sel normal dans l'alimentation, pour prévenir la toxicité.		3
10. Conseiller de limiter la consommation des aliments à base de caféine car ils ont un effet diurétique : **L'élève doit citer 1 élément de la liste pour obtenir les points** • cola • thé • chocolat • café		2
11. Conseiller d'éviter la consommation d'alcool car il renforce l'effet sédatif du médicament.		2
12. Prévenir la cliente que si elle éprouve une somnolence après la prise de ce médicament, elle doit éviter la conduite automobile et les activités de précision jusqu'à ce que le médecin donne son accord pour qu'elle effectue de telles activités.		2
13. Insister sur le fait que le lithium est un médicament que l'on prend à long terme.		3
14. Conseiller de consommer de l'eau salée pour éviter la toxicité en cas de : **L'élève doit citer 1 élément de la liste pour obtenir les points** • transpiration excessive • fièvre • diarrhée		1
15. Indiquer à la cliente qu'elle doit consulter son médecin avant de prendre des médicaments en vente libre ou en cas de grossesse.		1
L'ÉLÈVE PRÉCISE QUELLES CONSÉQUENCES IMPLIQUE LE FAIT DE NE PAS PRENDRE SON LITHIUM CONFORMÉMENT À LA PRESCRIPTION	À COCHER	POINTS
16. Énumérer des symptômes fréquents qui vont se manifester de nouveau et obligatoirement lors d'un épisode maniaque : **L'élève doit citer 2 éléments de la liste pour obtenir les points** • réduction du besoin de dormir • disposition à parler beaucoup plus que d'habitude • exagération de sa valeur et de ses compétences • idées qui défilent dans la tête de façon rapide et désordonnée • incapacité à se concentrer (distractibilité) • tendance à pratiquer des activités de façon excessive		2
17. Énumérer des signes fréquents de toxicité apparaissant en cas d'élévation du lithium dans le sang : **L'élève doit citer 2 éléments de la liste pour obtenir les points** • nausées • troubles d'élocution • faiblesse • vomissements • tremblements • diminution de l'équilibre • diarrhée		4

NOM DE L'ÉLÈVE : _____

Grille d'observation n° 2 (suite)

L'ÉLÈVE PRÉCISE QUELLES CONSÉQUENCES IMPLIQUE LE FAIT DE NE PAS PRENDRE SON LITHIUM CONFORMÉMENT À LA PRESCRIPTION (suite)	À COCHER	POINTS
18. Rappeler l'importance de se présenter aux examens de suivi pour éviter des problèmes de santé liés à la prise de lithium : **L'élève doit citer 1 élément de la liste pour obtenir les points** • examens du cœur • examens de la thyroïde • examens des reins		2
L'ÉLÈVE UTILISE DES HABILETÉS RELATIONNELLES PÉDAGOGIQUES	**À COCHER**	**POINTS**
19. Entamer l'entretien en établissant une relation aidante : **L'élève doit mettre en pratique 2 éléments de la liste pour obtenir les points** • se présenter • saluer • se placer face au client, pour un bon contact visuel		2
20. Parler calmement avec un ton doux.		1
21. Utiliser la rétroaction pendant l'entretien, pour vérifier la compréhension.		3
22. Utiliser un vocabulaire familier avec des mots simples.		2
23. Manifester du respect et de la chaleur : **L'élève doit mettre en pratique 3 éléments de la liste pour obtenir les points** • vouvoyer • encourager la poursuite de la conversation • respecter la cliente même si elle met du temps à comprendre • laisser à la cliente tout le temps nécessaire pour poser des questions		3

Seuil de réussite : 30 sur 50

ANNEXE E

LISTE DES RESSOURCES QUÉBÉCOISES ET CANADIENNES

RÉPERTOIRES

Répertoire provincial des ressources en maladies mentales
de la Fondation des maladies mentales
http://www.fmm-mif.ca/fr/ressources/repertoire

Répertoire de groupes d'entraide et d'associations en
santé du Centre d'information sur la santé de l'enfant (CISE)
de l'Hôpital Sainte-Justine
http://www.hsj.qc.ca/General/Public/CISE/resspres.htm

Répertoire du Carrefour communautaire
http://www.vitrine-sur-montreal.qc.ca/echange/repertoire.htm
Ressources pour groupes démographiques spécifiques
http://pages.infinit.net/tsssss/ts/grethniq.htm

ORGANISMES EN SANTÉ MENTALE ET EN PSYCHIATRIE

CHAPITRE 1 – PRINCIPES ET PERSPECTIVES DE LA PRATIQUE DES SOINS INFIRMIERS EN SANTÉ MENTALE ET EN PSYCHIATRIE

Association canadienne pour la santé mentale
– Division du Québec
http://www.acsm.qc.ca/
911, rue Jean-Talon Est, bureau 326
Montréal, Québec Canada H2R 1V5
Tél.: (514) 849 3291
Téléc.: (514) 849 8372
Courriel: acsm@cam.org

    Coordonnées des filiales
    http://www.acsm.qc.ca/membres.html

Association québécoise des infirmières et infirmiers en psychiatrie
et en santé mentale du Québec
http://www.aqiip.org
67, rue Dufresne, St-Luc, Québec Canada J2W 1L7
Tél.: (450) 359-1977
Téléc.: (450) 349-1341
Courriel: info@aqiip.org

Association québécoise des infirmières et infirmiers
en recherche clinique (AQIIRC)
http://www.aqiirc.qc.ca
C.P. 9351, Sainte-Foy, Québec Canada G1V 4B5
Tél.: (418) 656-8711, poste 1600
Courriel: info@aqiirc.qc.ca

    Coordonnées des régions
    http://www.aqiirc.qc.ca/contacts.htm

Canadian Public Health Association /
Association canadienne de santé publique (ACSP)
http://www.cpha.ca
1565, avenue Carling, suite 400
Ottawa, Ontario Canada K1Z 8R1
Tél.: (613) 725-3769
Téléc.: (613) 725-9826
Courriel: info@cpha.ca

Direction de santé publique de Montréal
http://www.santepub-mtl.qc.ca/
1301, rue Sherbrooke Est
Montréal, Québec Canada H2L 1M3
Tél.: (514) 528-2400

Direction de santé publique de Québec
http://www.dspq.qc.ca/
2400, rue d'Estimauville
Beauport, Québec Canada G1E 7G9
Tél.: (418) 666-7000
Téléc.: (418) 666-2776

Fondation de recherche en sciences
infirmières du Québec (FRESIQ)
http://fresiq.oiiq.org/
4200, boul. Dorchester Ouest
Montréal, Québec Canada H3Z 1V4
Tél.: (514) 935-2505, poste 232 ou 1 800 363 6048
Téléc.: (514) 935-1799
Courriel: fresiq@oiiq.org

Fondation des maladies mentales
http://www.fmm-mif.ca/
2120, rue Sherbrooke Est, bureau 401
Montréal, Québec Canada H2K 1C3
Tél.: (514) 529-5354
Téléc.: (514) 529-9877
Courriel: info@fmm-mif.ca

Groupe de recherche sur les aspects sociaux
de la santé et de la prévention (GRASP)
http://www.grasp.umontreal.ca
GRASP, Université de Montréal
C.P. 6128, succ. Centre-ville
Montréal, Québec H3C 3J7
Tél.: (514) 343-6193
Téléc.: (514) 343-2334
Courriel: grasp@umontreal.ca

Réseau de santé mentale du Fonds de la recherche
en santé du Québec (RMSQ)
http://www.rsmq.qc.ca

Santé Canada
http://www.hc-sc.gc.ca/
Complexe Guy-Favreau, 200, boul. René-Lévesque Ouest
Tour Est, bureau 218, Montréal, Québec Canada H2Z 1X4
Tél.: (514) 283-2306
Téléc.: (514) 283-6739
Courriel: info@hc-sc.gc.ca

    Direction générale de la santé de la
    population et de la santé publique (DGSPSP)
    http://www.hc-sc.gc.ca/pphb-dgspsp/
    L.P. 0904A, Édifice Brooke-Claxton, pré Tunney,
    Ottawa, Ontario Canada K1A 0K9
    Tél.: (613) 957-2991
    Téléc.: (613) 941-5366
    Courriel: info@www.hc-sc.gc.ca

Santé mentale
http://www.hc-sc.gc.ca/francais/vie_saine/mentale.html

CHAPITRE 5 – DROITS ET RESPONSABILITÉS LÉGALES EN PSYCHIATRIE

Association des centres jeunesse du Québec
http://www.acjq.qc.ca/
2000, rue Mansfield, bureau 1100
Montréal, Québec Canada H3A 2Z8
Tél. : (514) 842-5181
Téléc. : (514) 842-4834

> Coordonnées des directeurs et directrices de la protection de la jeunesse des centres jeunesse du Québec
> http://www.acjq.qc.ca/02_nos/top_05b.htm

Association des groupes d'intervention en défense de droits en santé mentale du Québec (AGIDD-SMQ)
http://www.cam.org/~agidd/
4837, rue Boyer, bureau 210
Montréal, Québec Canada H2J 3E6
Tél. : (514) 523-3443
Téléc. : (514) 523-0797
Courriel : agidd@cam.org

Association du Québec pour l'intégration sociale
http://www.total.net/~aqisiqdi/aqis/aqis.html
3958, rue Dandurand
Montréal, Québec Canada H1X 1P7
Tél. : (514) 725-7245
Téléc. : (514) 725-2796
Courriel : aqisiqdi@total.net

Centre de référence et d'écoute Face à Face
Tél. : (514) 934-4546

Conseil pour la protection des malades (CPM)
http://cpm.qc.ca
420, de la Gauchetière Ouest, bureau 320
Montréal, Québec Canada H2Z 1E1
Tél. : (514) 861-5922
Téléc. : (514) 861-5189
Courriel : info@cpm.qc.ca

Curateur public du Québec
http://www.curateur.gouv.qc.ca/
Siège social, 600, boul. René-Lévesque Ouest, 10e étage
Montréal, Québec Canada H3B 4W9
Tél. : (514) 873-4074 ou 1 800 363-9020

CHAPITRE 6 – SOINS TRANSCULTURELS

Association multi-ethnique pour l'intégration des personnes handicapées du Québec (AMEIPHQ)
6462, boul. Saint-Laurent
Montréal, Québec Canada H2S 3C4
Tél. : (514) 272-0680
Téléc. : (514) 272-8530
Courriel : ameiphq@total.net

Communauté juive
Tél. : (514) 733-1818

Service de consultation culturelle (SCC)
http://ww2.mcgill.ca/psychiatry/ccs/fr/
Institut de psychiatrie communautaire et familiale,
Hôpital Général Juif, Sir Mortimer B. Davis, 4333, Chemin de la Côte Ste-Catherine, suite 218 B
Montréal, Québec Canada H3T 1E2
Tél. : (514) 340-8222, poste 5246
Téléc. : (514) 340-7503
Courriel : ccs@med.mcgill.ca

CHAPITRE 7 – DÉMARCHE DE SOINS INFIRMIERS

Association québécoise des classifications de soins infirmiers (AQCSI)
http://www.aqcsi.org/
10555, avenue de Bois-de-Boulogne
Montréal, Québec Canada H4N 1L4
Tél. : (514) 332-3000
Téléc. : (514) 332-0527

CHAPITRE 9 – TROUBLES ANXIEUX

Agoraphobie Anonyme
Tél. : 368-0338

Association des troubles anxieux du Québec (ATAQ)
http://www.ataq.org/
C. P. 49019, Montréal, Québec Canada H1N 3T6
Tél. : (514) 251-0083
Téléc. : (514) 251-0071
Courriel : info@ataq.org

Phobies-Zéro
http://www.phobies-zero.qc.ca/frame.html
Ligne d'écoute : (514) 276-3105

PsychoMédia
http://www.psychomedia.qc.ca/

Trouble de déficit d'attention des adultes avec ou sans hyperactivité (TDA/H)
http://www3.sympatico.ca/loredu/daa/
Courriel : gulemo@sympatico.ca

Vivre avec le trouble obsessionnel compulsif (TOC)
http://iquebec.ifrance.com/Vivre-avec-le-TOC/
Courriel : Vivre-avec-TOC@iquebec.com

CHAPITRE 10 – TROUBLES DE L'HUMEUR

Déprimés anonymes
C. P. 215, succ. R
Montréal, Québec Canada H2S 3K9
Tél. : (514) 278-2133
Téléc. : (514) 278-5677
Ligne d'écoute : (514) 278-2130

Revivre – Association québécoise de soutien aux personnes souffrant de troubles anxieux, dépressifs ou bipolaires
http://www.revivre.org/
Tél. : (514) REVIVRE [738-4873]
ou 1 866 REVIVRE [738-4873]
Courriel : revivre@revivre.org

CHAPITRE 11 – SCHIZOPHRÉNIES

La schizophrénie – Guide à l'intention des familles
http://www.hc-sc.gc.ca/hppb/sante-mentale/pubs/
la_schizophrenie/index.html

Schizophrenia Society of Canada/
Société canadienne de schizophrénie
http://www.schizophrenia.ca/french.html
50, Acadia Avenue, suite 205
Markham, Ontario Canada L3R 0B3
Tél. : (905) 415-2007 ou 1-888-SSC-HOPE
ou [1-888-772-4673]
Téléc.: (905) 415-2337
Courriel : info@schizophrenia.ca

Société québécoise de la schizophrénie (SQS)
http://www.schizophrenie.qc.ca/
7401, rue Hochelaga, Montréal, Québec Canada H1N 3M5
Tél. : (514) 251-4000, poste 3400 ou 1-866-888-2323
Téléc.: (514) 251-6347
Courriel : info@schizophrenie.qc.ca

**CHAPITRE 13 – TROUBLES LIÉS À L'ABUS D'ALCOOL
OU DE DROGUES**

Accès-aux-faits
Tél. : (514) 288-0800

Al-Anon et Alateen
http://www.odyssee.net/~poucha/alanon.index.html
C.P. 114, station C, Montréal, Québec Canada H2L 4J7
Tél. : (514) 866-9803 ou (418) 990-2666
Courriel : alanon@globetrotter.qc.ca

Alcoholicos anonimos oficina intergrupal hispana
6420, rue Victoria, Montréal, Québec Canada H3W 2S7
Tél. : (514) 735-8274

Alcooliques Anonymes (AA)
http://www.alcoholics-anonymous.org/
default/ fr_about.cfm
1480, rue Bélanger, bureau 101
Montréal, Québec Canada H2G 1A7
Tél. : (514) 376-9230
Téléc.: (514) 374-2250

Association pulmonaire du Québec
http://www.pq.lung.ca/
Bureau de Montréal, 800, de Maisonneuve Est, bureau 800
Montréal, Québec Canada H2L 4L8
Tél. : (514) 287-7400 ou 1-800-295-8111
Téléc.: (514) 287-1978
Courriel : asspulm@cam.org

Centre canadien de lutte contre
l'alcoolisme et les toxicomanies (CCLAT)
http://www.ccsa.ca/cclat.htm
75, rue Albert, bureau 300
Ottawa, Ontario Canada K1P 5E7
Tél. : (613) 235-4048
Téléc.: (613) 235-8101

Centre national de documentation
sur le tabac et la santé (CNDTS)
http://www.ncth.ca/NCTHweb.nsf/
MainFrameSet_FR?OpenFrameSet
75, rue Albert, bureau 508
Ottawa, Ontario, Canada K1P 5E7
Tél. : (613) 567-3050 ou 1-800-267-5234
Téléc.: (613) 567-2730
Courriel : info-services@cctc.ca

Service d'information sur le SAF et les EAF
http://www.ccsa.ca/fasis/fasservf.htm
Tél. : (613) 235-4048, poste 223 ou 1-800-559-4514
Téléc.: (613) 235-8101
Courriel : fas@ccsa.ca

Centre de toxicomanie et de santé mentale
http://www.camh.net/francais/
33, rue Russell, Toronto, Ontario Canada M5S 2S1
Tél. : (416) 595-6111 ou 1-800-463-6273

Centre professionnel de traitement de la
codépendance et des dépendances (CAFAT)
http://www.cafat.qc.ca/
111, boul. des Laurentides, bureau 210
Pont-Viau, Laval, Québec Canada H7G 2T2
Tél. : (514) 669-9669
Téléc.: (514) 669-8199
Courriel : info@cafat.qc.ca

Centre québécois d'excellence
pour la prévention et le traitement du jeu
http://gambling.psy.ulaval.ca/
Université Laval, Québec, Québec Canada G1K 7P4
ou 1030, rue Cherrier, bureau 505
Montréal, Québec Canada H2L 1H9
Tél. : (418) 656-5389 [656-JEUX] ou : (514) 524-1333
Téléc.: (418) 656-3646 ou (514) 524-6836
Courriel : jeux@psy.ulaval.ca

Cocaïnomanes Anonymes
http://www.ca.org/francais/
Tél. : (514) 527-9999 ou (514) 932-5555

Drogue : Aide et référence
http://www.info-reference.qc.ca/drogue.html
Tél. : (514) 527-2626 ou 1-800-265-2626
Téléc.: (514) 527-9712
Courriel : dar@info-reference.qc.ca

Éduc alcool
http://www.educalcool.qc.ca/
606, rue Cathcart, bureau 700
Montréal, Québec Canada H3B 1K9
Tél. : (514) 875-7454 ou 1 888 ALCOOL1
Téléc.: (514) 875-5990

Fédération québécoise des centres de réadaptation
pour personnes alcooliques et autres toxicomanes
http://www.fqcrpat.qc.ca/
204, rue Notre-Dame Ouest, bureau 350
Montréal, Québec Canada H2Y 1T3
Tél.: (514) 287-9625
Téléc.: (514) 287-9649
Courriel: fqcrpat@fqcrpat.qc.ca

Gamblers Anonymes
http://members.tripod.com/~gamblersanonymes/menu.htm
Gam-Anon, Montréal, Québec Canada
Ligne d'écoute: (514) 484-6666
Courriel: sweetdove_1@hotmail.com

Jeu: Aide et référence
http://www.info-reference.qc.ca/jeu.html
Tél.: (514) 527-0140
ou 1-800-461-0140 ou 1-866-S.O.S.-JEUX
Téléc.: (514) 527-9712
Courriel: jar@info-reference.qc.ca

Msss-Jeu pathologique
http://www.msss.gouv.qc.ca/f/sujets/jeupatho.htm

Nar-Anon. Groupe d'entraide pour les familles
et amis des dépendants de drogues
http://members.tripod.com/~nar_anon/
Courriel:gel@videotron.ca

Narcotiques Anonymes (NA)
http://www.naquebec.org/
Tél.: (514) 249-0555 ou 1-800-879-0333
Courriel: naquebec@naquebec.org

Problème de jeu excessif...
http://www.joueur-excessif.com/
Centre Dollard-Cormier, 950, rue Louvain Est
Montréal, Québec Canada H2M 2E8
Tél.: (514) 385-0046
Téléc.: (514) 385-5728
Courriel: joueur-excessif.cdc@ssss.gouv.qc.ca

SAFERA
http://www.safera.qc.ca/
845, Chemin du Bord de l'eau
Saint-Henri-de-Lévis, Québec Canada G0R 3E0
Tél: (418) 882-2488 ou 1-866-A SAFERA (272-3372)
Téléc.: (418) 882-2488 ou 1-418-882-MÈRE (6373)
Courriel: info@safera.qc.ca

Santé Canada – Vie saine – Syndrome
d'alcoolisme fœtal / Effets de l'alcool sur le fœtus
http://www.hc-sc.gc.ca/francais/vie_saine/saf.html

Toxquebec.com
http://www.toxquebec.com/
111, rue Normand, Montréal, Québec Canada H2Y 2K6
Tél.: (514) 288-2611
Téléc.: (514) 288-2919
Courriel: info@toxquebec.com

Vivez sans fumée !
http://www.hc-sc.gc.ca/hecs-sesc/tabac/index.html
Programme de la lutte au tabagisme, Santé Canada,
Indice de l'adresse: 3507C, Ottawa, Canada K1A 0K9
Tél.: 1-866-318-1116
Téléc.: (613) 954-2284
Courriel: TCP-PLT-questions@hc-sc.gc.ca

**CHAPITRE 14 – DELIRIUM, DÉMENCE, AMNÉSIE
ET AUTRES TROUBLES COGNITIFS**

Association scientifique pour la modification
du comportement (ASMC)
http://pages.infinit.net/gtweb/asmc.html
1054, rue Pariseau
L'Assomption, Québec Canada J5W 1A3
Tél.: (450) 589-2714
Téléc.: (450) 589-2516
Courriel: asmc@videotron.ca

Centre de consultation et de formation en
psychogériatrie / Clinique de la mémoire de Montréal
http://www.ccfp-quebec.ca/
910, rue Bélanger Est, bureau 200
Montréal, Québec, Canada H2S 3P4
Tél.: (514) 273-2266
Téléc.: (514) 273-2158
Courriel: services@ccfp-quebec.ca

Fédération québécoise des sociétés Alzheimer
http://www.alzheimerquebec.ca
5165, rue Sherbrooke Ouest, bureau 211
Montréal, Québec Canada H4A 1T6
Tél.: (514) 369-7891
ou 1 888 636-6473 ou 1-888-MEMOIRE
Téléc.: (514) 369-7900
Courriel: info-fqsa@alzheimerquebec.ca

   Coordonnées des bureaux
   http://www.alzheimer.ca/french/offices/qc.htm

Société Alzheimer du Canada
http://www.alzheimer.ca/
20, ave Eglinton Ouest, bureau 1200
Toronto, Ontario Canada M4R 1K8
Tél.: (416) 488-8772 ou 1 800 616-8816
Téléc.: (416) 488-3778
Courriel: info@alzheimer.ca

**CHAPITRE 15 – TROUBLES DE L'ENFANCE
ET DE L'ADOLESCENCE**

Association de Montréal pour la déficience intellectuelle
(AMDI) / Montreal association for the intellectually
handicapped (MAIH)
http://www.delegation.ca/amdi/
633, boul. Crémazie Est, bureau 100
Montréal, Québec Canada H2M 1L9
Tél.: (514) 381-2307
Téléc.: (514) 381-0454
Courriel: amdi@delegation.ca

Association de paralysie cérébrale du Québec
http://lesbonsarien.qc.ca/
Siège social, 988, rue Galt Ouest, C.P. 1781
Sherbrooke, Québec Canada J1H 5N8
Tél.: (819) 829-1144 ou 1-800-311-3770
Téléc.: (819) 829-1121
Courriel: info@paralysiecerebrale.com

Association de parents d'enfants trisomiques
du Montréal métropolitain (APETMM)
– Regroupement pour la trisomie 21
http://www.trisomie.qc.ca/ ou
http://www.cvm.qc.ca/jfmartin/trisomie/index.html
633, boul. Crémazie Est, 2e étage
Montréal, Québec Canada H2M 1L9
Tél.: (514) 850-0666
Téléc.: (514) 850-0660
Courriel: info@trisomie.qc.ca

　　Coordonnées des autres associations
　　http://www.cdss.ca/queparents.html

Association québécoise de l'épilepsie
http://www.cam.org/~aqe/
1015, côte du Beaver Hall, bureau 111
Montréal, Québec Canada H2Z 1S1
Tél.: (514) 875-5595
Téléc.: (514) 875-0077
Courriel: aqe@cam.org

Association québécoise pour enfants avec troubles
d'apprentissage (AQETA) / Learning Disabilities
Association of Québec (LDAQ)
http://www.aqeta.qc.ca/
284, rue Notre Dame Ouest, bureau 300
Montréal, Québec Canada H2Y 1T7
Tél.: (514) 847-1324
Téléc.: (514) 281-5187
Courriel: info@aqeta.qc.ca

Canadian Down Syndrome Society /
Association canadienne du syndrome de Down
http://www.cdss.ca/
14 Street N.W., suite 811
Calgary, Alberta Canada T2N 2A4
Tél.: (403) 270-8500 ou 1-800-883-5608
Téléc.: (403) 270-8291
Courriel: dsinfo@cdss.ca

Centre d'excellence pour le développement
des jeunes enfants (CEDJE)
http://www.excellence-earlychildhood.ca/ home.asp?lang=FR
Université de Montréal, 3050, rue Édouard-Montpetit
salle A2010, Montréal, Québec Canada H3T 1G7
Tél.: (514) 343-6963
Téléc.: (514) 343-6962
Courriel: grip@umontreal.ca

Éducation Coup-de-fil
Tél.: (514) 525-2573

Fédération québécoise de l'autisme et des autres troubles
envahissants du développement (FQATED)
http://www.autisme.qc.ca/
65, rue de Castelnau Ouest, bureau 104
Montréal, Québec Canada H2R 2W3
Tél.: (514) 270-7386
Téléc.: (514) 270-9261
Courriel: jean-claude.marion@qc.aira.com

　　Coordonnées des associations régionales
　　http://www.autisme.qc.ca/associations/index.html

Gai-Écoute
Tél.: (514) 866-0103 ou le 1-888-505-1010

Guide pour parents d'enfants hyperactifs
http://planete.qc.ca/sante/elaine/dhtml/
Courriel: elaine@planete.qc.ca

Groupe de recherche sur l'inadaptation
psychosociale chez l'enfant (GRIP)
http://www.grip.umontreal.ca/entree_ie4.html
GRIP, Université de Montréal, 3050, rue Édouard-Montpetit
Montréal, Québec Canada H3T 1J7
Tél.: (514) 343-6963
Téléc.: (514) 343-6962
Courriel: grip@umontreal.ca

Parents Anonymes
Tél.: 288-5555

Projet 10
Tél.: (514) 989-4585

Regroupement des associations de parents aptes
à négocier un déficit d'attention (PANDA) du Québec
http://www.associationpanda.qc.ca/regroupement/ index.htm
2, chemin du Ravin
Sainte-Thérèse-de-Blainville, Québec Canada J7E 2T2
Tél.: (450) 979-7788 ou 1-877-979-7788
Téléc.: (450) 979-5533
Courriel: cote.francine@sympatico.ca

CHAPITRE 16 – TROUBLES DE L'ALIMENTATION

ANEB-Québec. Association québécoise d'aide aux
personnes souffrant d'anorexie nerveuse et de boulimie
http://www.generation.net/~anebque
114, avenue Donegani
Pointe-Claire, Québec Canada H9R 2W4
Tél.: (514) 630-0907
Téléc.: (514) 630-1225
Courriel: info@anebque.qc.ca

Centre de traitement des désordres alimentaires du Québec
8149, Du Mistral, bureau 201
Charny, Québec Canada G6X 1G5
Tél.: (418) 832-0574

Clinique St-Amour
http://www.cliniquestamour.com/
1120, boul. de la Rive-Sud, bureau 200, C.P. 11
St-Romuald, Québec Canada G6W 5M6
Tél.: (418) 834-9825
Courriel: info@cliniquestamour.com

Les troubles de l'alimentation chez les adolescents :
Les principes de diagnostic et de traitement par
la Société canadienne de pédiatrie (SCP)
http://www.cps.ca/francais/enonces/AM/am96-04.htm

Outremangeurs Anonymes (OA)
http://www.outremangeurs.org/
312, rue Beaubien Est, Montréal, Québec Canada H2S 1R8
Tél. : (514) 490-1939 ou 1-877-509-1939
Courriel : reunions@outremangeurs.org

Programme des troubles de l'alimentation,
Hôpital Douglas, 6605 boulevard Lasalle
Verdun, Québec Canada H4H 1R3
Tél. : (514) 761-6131, poste 22895
Téléc.: (514) 888-4085

CHAPITRE 24 – VIOLENCE ET IMPACT PSYCHOLOGIQUE

Agression sexuelle
Tél. : (514) 934-4504

Auberge Shalom
Tél. : (514) 731-0833

Canadian Women's Health Network (CWHN) /
Réseau canadien pour la santé des femmes (RCSF)
http://www.cwhn.ca/
419 avenue Graham, bureau 203
Winnipeg, Manitoba Canada R3C 0M3
Tél. : (204) 942-5500 ou 1-888-818-9172
Téléc.: (204) 989-2355
Courriel : cwhn@cwhn.ca

Centre de recherche interdisciplinaire sur la violence familiale
et la violence faite aux femmes (CRI-VIFF)
http://www.criviff.umontreal.ca/
Université de Montréal, École de service social,
C.P. 6128, succ. Centre-ville
Montréal, Québec Canada H3C 3J7
ou Université Laval, Pavillon Charles-De Koninck,
Faculté des sciences sociales,
Sainte-Foy, Québec Canada G1K 7P4
Tél. : (514) 343-5708 ou (418) 656-3286
Téléc.: (514) 343-2493 ou (418) 656-3309
Courriels : irmgard.klucaric@umontreal.ca ou
criviff@fss.ulaval.ca

Centre de santé des femmes de Montréal
http://www.csfmontreal.qc.ca/
1103, boul. Saint-Joseph Est
Montréal, Québec Canada H2J 1L3
Tél. : (514) 270-6110
Téléc. : (514) 270-6115
Courriel : info@csfmontreal.qc.ca

Fédération de ressources d'hébergement pour femmes
violentées et en difficulté du Québec (FRHFVDQ)
http://www.fede.qc.ca/
110, rue Sainte-Thérèse, bureau 505
Montréal, Québec Canada H2Y 1E6
Tél. : (514) 878-9757
Téléc.: (514) 878-9755
Courriel : info@fede.qc.ca

Coordonnées des membres
http://www.fede.qc.ca/membres/index.html

Fondation Marie-Vincent
http://www.marievincent.org/
492, boul. Décarie
Ville Saint-Laurent, Québec Canada H4L 3K9
Tél. : (514) 362-6226 ou 1-888-561-2433
Téléc.: (514) 748-1547
Courriel : info@marie-vincent.org

Groupe de recherche et d'action sur la victimisation
des enfants et Alliance de recherche en développement
des enfants dans leur communauté (GRAVE – ARDEC)
http://www.unites.uqam.ca/grave/
Mouvement contre le viol et l'inceste,
Collectif des femmes de Montréal
C.P. 364, succ. Notre-Dame-de-Grâce
Montréal, Québec Canada H4A 3P7
Tél. : (514) 278-9383
Téléc.: (514) 278-9385
Courriel : mcvi@cam.org

Mouvement sensibilisation pour une enfance meilleure (SEM)
http://www.cam.org/~sem/
165 A, rue Saint-Paul, 2e étage
Saint-Jean-sur-Richelieu, Québec Canada J3B 1Z8
Tél. : (450) 348-0209
Téléc.: (450) 348-9665
Courriel : sem@cam.org

Partenariat de recherche et d'intervention en matière d'abus
sexuel à l'endroit des enfants (PRIMASE)
http://primase.qc.ca
Courriel : courrier@primase.qc.ca

Programme régional d'intervention masculine Après-Coup
148, rue St-Louis, Longueuil, Québec Canada J4R 2L5
Tél. : (450) 672-6461 ou 1 800 330-6461
Téléc.: (450) 672-6742
Courriel : service@apres-coup.com

Regroupement des intervenants
en matière d'agression sexuelle (RIMAS)
http://www.rimas.qc.ca/
C.P. 393, rue Sherbrooke, Québec Canada J1H 5J7
Tél. : (819) 564-5135
Téléc.: (819) 564-6531
Courriel : rimas@rimas.qc.ca

Regroupement provincial des maisons d'hébergement et
de transition pour femmes victimes de violence conjugale
http://www.maisons-femmes.qc.ca/
C. P. 55005, CFP Notre-Dame, 11, rue Notre-Dame Ouest
Montréal, Québec Canada H2Y 4A7
Tél. : (514) 878-9134
Téléc.: (514) 878-9136
Courriel : info@maisons-femmes.qc.ca

Coordonnées des membres
http://www.maisons-femmes.qc.ca/joindre/liste.html

Regroupement québécois des centres d'aide et de lutte
contre les agressions à caractère sexuel (CALACS)
http://www.rcalacs.qc.ca/
C.P. 56528, succ. Ontario
Montréal, Québec Canada H1W 3Z3
Tél. : (514) 529-5252
Télec. : (514) 529-5255
Courriel : rcalacs@qc.caira.com

> Coordonnées des CALACS
> http://www.rcalacs.qc.ca/membres.html

Réseau Hommes Québec
http://www.cam.org/~rhq/
C. P. 62, succ. Beaubien,
Montréal, Québec Canada H2G 3C8
Tél. : (514) 276-4545 ou 1-877-908-4545
Courriel : rhq@cam.org

Réseau québécois d'action pour la santé des femmes
http://www.rqasf.qc.ca/
4273, rue Drolet, bureau 406,
Montréal, Québec Canada H2W 2L7
Tél. : (514) 877-3189
Télec. : (514) 877-0357
Courriel : rqasf@rqasf.qc.ca

Santé Canada
http://www.hc-sc.gc.ca/
Complexe Guy-Favreau, 200, boul. René-Lévesque Ouest
Tour Est, bureau 218
Montréal, Québec Canada H2Z 1X4
Tél. : (514) 283-2306
Télec. : (514) 283-6739
Courriel : info@hc-sc.gc.ca

> Centre national d'information sur la violence
> dans la famille (CNIVF)
> http://www.hc-sc.gc.ca/hppb/violencefamiliale/ index.html
> Unité de prévention de la violence familiale, Division
> de la santé des collectivités, Centre du développement
> humain en santé, Santé Canada, Indice de l'adresse :
> 1907D1, Immeuble Jeanne-Mance, Pré Tunney,
> Ottawa, Ontario Canada K1A 1B4
> Tél. : (613) 957-2938 ou 1-800-267-1291
> Télec. : (613) 941-8930

> Section de la violence envers les enfants
> http://www.hc-sc.gc.ca/pphb-dgspsp/
> cm-vee/index_f.html

S.O.S. Violence conjugale
Tél. : (514) 873-9010 ou 1-800-363-9010

Trêve pour elles
3365, rue Granby C.P. 51119
Montréal, Québec Canada H1N 3T8
Tél. : (514) 251-0323
Télec. : (514) 251-2433
Courriel : trevepourelles@sympatico.ca

Viol / Inceste Anonyme
Tél. : (514) 628-7860

CHAPITRE 25 – SUICIDE

Association québécoise de suicidologie
http://www.cam.org/aqs/
800, boul. Saint-Joseph Est
Montréal, Québec Canada H2J 1K4
Tél. : (514) 528-5858
Télec. : (514) 528-0958
Ligne d'écoute : 1-866-APPELLE
Courriel : aqs@cam.org

Jeunesse J'écoute / Kids Help Phone et Bell en direct
http://jeunesse.sympatico.ca
911, rue Jean-Talon Est, bureau 323
Montréal, Québec Canada H2R 1V5
Tél. : (514) 273-7007
Télec. : (514) 273-0589
Courriel : quebec@kidshelp.sympatico.ca
Ligne d'écoute : 1-800-668-6868

Parler c'est grandir
http://www.detresse.com/accueil.asp

Suicide Action Montréal
C.P. 310, succ. Saint-Michel
Montréal, Québec Canada H2A 3M1
Tél. : (514) 723-4000

Tel-Aide
Tél. : (514) 935-1101

Tel-Aînés
Ligne d'écoute : (514) 353-2463
Courriel : tel-aines@tel-ecoute.org

Tel-Écoute
http://www.tel-ecoute.org
Tél. : (514) 493-4512
Télec. : (514) 493-6250
Ligne d'écoute : (514) 493-4484
Courriel : tel-ecoute@tel-ecoute.org

Tel-Jeunes
http://www.teljeunes.com
C.P. 186, succ. Place d'Armes
Montréal, Québec Canada H2Y 3G7
Tél. : (514) 288-2266 ou 1-800-263-2266

CHAPITRE 29 – SOINS INFIRMIERS COMMUNAUTAIRES EN SANTÉ MENTALE ET EN PSYCHIATRIE

ACT-Québec
Suivi intensif dans la communauté en santé mentale
http://www3.sympatico.ca/actquebec/depart.htm

Association IRIS
http://pages.infinit.net/iris/
Siège social, 2430, boul. Henri-Bourassa Est, bureau 101
Montréal, Québec Canada H2B 1T7
Tél. : (514) 381-8026
Télec. : (514) 388-8053
Courriel : assiris@videotron.ca

Association québécoise des parents
et amis du malade mental (AQPAMM)
http://www3.sympatico.ca/aqpamm/
1260, rue Ste-Catherine Est, bureau 202 A
Montréal, Québec Canada H2L 2H2
Tél.: (514) 524-7131
Téléc.: (514) 524-1728
Courriel: aqpamm@sympatico.com

Émotifs Anonymes (ÉA)
http://www.emotifsanonymes.org/
Tél.: (514) 990-5886 ou (514) 522-2617
Courriel: emotifanonymes@quebecemail.com

Fédération des familles et amis de la personne
atteinte de maladie mentale (FFAPAMM)
http://www.ffapamm.qc.ca/
1990 rue Jean-Talon Nord, bureau 203
Québec, Québec Canada G1N 4K8
Tél.: 418-687-0474 ou 1 800 323-0474
Téléc.: 418-687-0123
Courriel: info@ffapamm.qc.ca

Fédération québécoise des centres de réadaptation
en déficience intellectuelle (CRDI)
http://www.fqcrdi.qc.ca/
601, rue Adoncour, bureau 202
Longueuil, Québec Canada J4G 2M6
Tél.: (450) 646-7540
Téléc.: (450) 646-7072
Courriel: info@fqcrdi.qc.ca

Fédération québécoise des organismes
communautaires Famille (FQOCF)
http://www.cam.org/fuf/
222, avenue Victoria
Saint-Lambert, Québec Canada J4P 2H6
Tél.: (450) 466-2538
Téléc.: (450) 466-4196
Courriel: fqocf@cam.org

Institut de formation d'aide communautaire
à l'enfant et à la famille (IFACEF)
http://www.ifacef.org/
1020, boul. Henri-Bourassa Est
Montréal, Québec Canada H2C 1G2
Tél.: (514) 388-7216
Téléc.: (514) 388-7804
Courriel: ifacefinfo@qc.aira.com

Regroupement des ressources alternatives
en santé mentale du Québec (RRASMQ)
http://www.rrasmq.com/
4837 Boyer, bureau 240
Montréal, Québec Canada H2J 3E6
Tél.: (514) 523-7919
Téléc.: (514) 523-7619
Courriel: rrasmq@rrasmq.com

Regroupement des ressources non-institutionnelles
en santé mentale de Québec (RRNISMQ)
http://www.clic.net/~rrnismq/
160, rue Saint-Joseph Est
Québec, Québec Canada G1K 3A7
Tél.: (418) 640-5253
Téléc.: (418) 640-5966
Courriel: rrnismq@clic.net

Réseau alternatif et communautaire
des organismes en santé mentale
du Montréal métropolitain (RACOR)
http://www.communautique.qc.ca/racor/
55, avenue du Mont-Royal Ouest, bureau 206
Montréal, Québec Canada H2T 2S6
Tél: (514) 847-0787
Téléc.: (514) 847-0813

ANNEXE F

ÉCHELLE D'ÉVALUATION DES SYMPTÔMES
EXTRAPYRAMIDAUX (ESRS)

(CHOUINARD)

© 1979

1) Période _____ ⊔_⊔_⊔_⊔

2) N° du sujet _____ ⊔_⊔_⊔_⊔

3) Sexe (M = 1; F = 2) _____ ⊔_⊔

4) Évaluateur _____ ⊔_⊔_⊔_⊔

5) Projet _____ ⊔_⊔_⊔_⊔_⊔

I. PARKINSONISME, DYSTONIE ET DYSKINÉSIE : QUESTIONNAIRE

Questionnez le patient sur l'intensité de chaque symptôme
et cotez en conséquence.

	Absent	Léger	Modéré	Sévère	
1. Impression de ralentissement ou de faiblesse, difficulté à accomplir des tâches courantes.	0	1	2	3	⊔
2. Difficulté à marcher ou équilibre incertain.	0	1	2	3	⊔
3. Difficulté à avaler ou à parler.	0	1	2	3	⊔
4. Raideur, posture rigide.	0	1	2	3	⊔
5. Crampes ou douleurs aux membres, au dos ou au cou.	0	1	2	3	⊔
6. Incapacité à tenir en place, nervosité, besoin impérieux de bouger.	0	1	2	3	⊔
7. Tremblements.	0	1	2	3	⊔
8. Crises oculogyres ou posture figée anormale.	0	1	2	3	⊔
9. Hypersalivation.	0	1	2	3	⊔
10. Mouvements involontaires anormaux (dyskinésie) des extrémités ou du tronc.	0	1	2	3	⊔
11. Mouvements involontaires anormaux (dyskinésie) de la langue, de la mâchoire, des lèvres ou du visage.	0	1	2	3	⊔
12. Étourdissements au passage à la station debout (surtout le matin).	0	1	2	3	⊔

II. PARKINSONISME : EXAMEN

1. Mouvements automatiques de
   l'expression
   (masque facial/élocution)

   0 : normaux ⊔
   1 : très légère pauvreté de l'expression faciale
   2 : légère pauvreté de l'expression faciale
   3 : rare sourire spontané, clignement d'yeux ralenti, voix
       légèrement monotone
   4 : absence de sourire spontané, regard figé, élocution faible
       et monotone, marmonnement
   5 : masque facial marqué, incapacité de froncer les sourcils,
       parole lente et sourde
   6 : masque facial extrêmement sévère accompagné d'une
       élocution inintelligible

2. Bradykinésie

0 : aucune
1 : impression générale de ralentissement des mouvements
2 : ralentissement certain des mouvements
3 : très légère difficulté à amorcer un mouvement
4 : difficulté, de légère à modérée, à amorcer un mouvement
5 : difficulté à amorcer ou à interrompre tout mouvement, ou à différer l'accomplissement d'un geste volontaire
6 : rares mouvements volontaires, immobilité presque complète

3. Rigidité   Total _____

membre supérieur droit   _____
membre supérieur gauche _____
membre inférieur droit   _____
membre inférieur gauche _____

0 : tonus musculaire normal
1 : très légère, à peine perceptible
2 : légère (résistance perceptible à la mobilisation passive des membres)
3 : modérée (résistance évidente à la mobilisation passive des membres)
4 : modérément sévère (résistance sensible, mais mouvement du membre encore facile)
5 : sévère (résistance marquée avec une nette difficulté à bouger le membre)
6 : très sévère (membre presque gelé)

4. Démarche et posture

0 : normales
1 : léger appauvrissement des mouvements pendulaires des bras
2 : appauvrissement modéré des mouvements pendulaires des bras, marche normale
3 : disparition des mouvements pendulaires des bras, tête fléchie, marche plus ou moins normale
4 : posture rigide (cou, dos), marche à petits pas (démarche traînante)
5 : plus prononcée, festination ou incapacité à se tourner
6 : triple flexion, très grande difficulté à marcher

5. Tremblement   Total _____

			Occasionnel	Fréquent	Continuel ou quasi continuel
membre supérieur droit _____	tête _____	absent : 0			
membre supérieur gauche _____	menton _____	douteux : 1			
membre inférieur droit _____	mâchoire _____	petite amplitude :	2	3	4
membre inférieur gauche _____	langue _____	amplitude modérée :	3	4	5
	lèvres _____	grande amplitude :	4	5	6

6. Akathisie

0 : aucune
1 : semble agité, nerveux, impatient, mal à l'aise
2 : présente un besoin de bouger au moins une extrémité
3 : présente souvent le besoin de bouger une extrémité ou de changer de position
4 : remue une extrémité presque constamment en position assise ou piétine à la station debout
5 : incapable de rester assis plus longtemps qu'une brève période
6 : bouge ou marche constamment

7. Sialorrhée

0 : aucune
1 : très légère
2 : légère
3 : modérée : altère l'élocution
4 : modérément sévère
5 : sévère
6 : extrêmement sévère : porte à baver

8. Stabilité posturale

0 : normale
1 : hésitation en cas de poussée, mais absence de rétropulsion
2 : rétropulsion, mais récupération sans assistance
3 : rétropulsion exagérée, sans chute
4 : absence de réponse posturale, tomberait sans l'aide de l'examinateur
5 : instabilité à la station debout, même en l'absence de poussée
6 : incapacité à demeurer en station debout sans aide

III. DYSTONIE : EXAMEN

1. Dystonie aiguë de torsion   Total _____

membre supérieur droit	_____	tête	_____	0 : aucune
membre supérieur gauche	_____	mâchoire	_____	1 : très légère
membre inférieur droit	_____	langue	_____	2 : légère
membre inférieur gauche	_____	lèvres	_____	3 : modérée
		yeux	_____	4 : modérément sévère
		tronc	_____	5 : sévère
				6 : très sévère

2. Dystonie non aiguë, chronique ou tardive   Total _____

membre supérieur droit	_____	tête	_____	0 : aucune
membre supérieur gauche	_____	mâchoire	_____	1 : très légère
membre inférieur droit	_____	langue	_____	2 : légère
membre inférieur gauche	_____	lèvres	_____	3 : modérée
		visage	_____	4 : modérément sévère
		tronc	_____	5 : sévère
				6 : très sévère

IV. MOUVEMENTS DYSKINÉTIQUES : EXAMEN

	Occasionnels*	Fréquents**	Continuels ou quasi continuels
1. Mouvements de la langue (lent mouvement latéral ou de torsion de la langue)			
absents : 0			
douteux : 1			
nettement présents, dans la cavité buccale :	2	3	4
avec protrusion occasionnelle partielle :	3	4	5
avec protrusion complète :	4	5	6

	Occasionnels*	Fréquents**	Continuels ou quasi continuels

2. Mouvements de la mâchoire (mouvement latéral, mâchonnement, mordillement, serrement des dents)   ⊔

absents : 0			
douteux : 1			
nettement présents, de faible amplitude :	2	3	4
d'amplitude modérée, mais sans ouverture de la bouche :	3	4	5
de grande amplitude, avec ouverture de la bouche :	4	5	6

3. Mouvements bucco-labiaux (plissement, moue, claquement, etc.)   ⊔

absents : 0			
douteux : 1			
nettement présents, de faible amplitude :	2	3	4
d'amplitude modérée, mouvements des lèvres vers l'avant :	3	4	5
de grande amplitude, claquement bruyant et prononcé des lèvres :	4	5	6

4. Mouvements du tronc (balancement, torsion, girations pelviennes)   ⊔

absents : 0			
douteux : 1			
nettement présents, de faible amplitude :	2	3	4
d'amplitude modérée :	3	4	5
d'une amplitude plus importante :	4	5	6

5. Extrémités supérieures (mouvements choréo-athétosiques uniquement : bras, poignets, mains, doigts)   ⊔

absents : 0			
douteux : 1			
nettement présents, de faible amplitude, mouvements dans un membre :	2	3	4
d'amplitude modérée, mouvements dans un membre ou mouvements de faible amplitude touchant les deux membres :	3	4	5
d'amplitude plus importante, mouvements touchant deux membres :	4	5	6

6. Extrémités inférieures (mouvements choréo-athétosiques uniquement : jambes, genoux, chevilles, orteils)   ⊔

absents : 0			
douteux : 1			
nettement présents, de faible amplitude, mouvements dans un membre :	2	3	4
d'amplitude modérée, mouvements dans un membre ou mouvements de faible amplitude touchant les deux membres :	3	4	5
d'amplitude plus importante, mouvements touchant les deux membres :	4	5	6

	Occasionnels*	Fréquents**	Continuels ou quasi continuels

7. Autres mouvements involontaires (déglutition, respiration irrégulière, froncement des sourcils, clignement d'yeux, grimaces, soupirs, etc.)

	Occasionnels*	Fréquents**	Continuels ou quasi continuels
absents : 0			
douteux : 1			
nettement présents, de faible amplitude :	2	3	4
d'amplitude modérée :	3	4	5
d'amplitude plus importante :	4	5	6

PRÉCISER : _____

* En cas d'activation ou rarement spontanés
** Fréquemment spontanés et présents en cas d'activation

_____   _____
Examinateur   Date

ÉCHELLE D'ÉVALUATION DES SYMPTÔMES EXTRAPYRAMIDAUX (ESRS)

(CHOUINARD)

© **1979**

1) Période _____   ⎿__⎿__⎿__

2) N° du sujet _____   ⎿__⎿__⎿__

3) Sexe (M = 1; F = 2) _____   ⎿__⎿

4) Évaluateur _____   ⎿__⎿__⎿

5) Projet _____   ⎿__⎿__⎿__⎿

V.   IMPRESSION CLINIQUE GLOBALE : SÉVÉRITÉ DE LA DYSKINÉSIE

En fonction de votre expérience clinique, quel est présentement le degré de sévérité de la dyskinésie ?   ⎿__⎿

0 : absent	3 : léger	6 : marqué
1 : douteux	4 : modéré	7 : sévère
2 : très léger	5 : modérément sévère	8 : extrêmement sévère

VI.   IMPRESSION CLINIQUE GLOBALE : SÉVÉRITÉ DU PARKINSONISME

En fonction de votre expérience clinique, quel est présentement le degré de sévérité du parkinsonisme ?   ⎿__⎿

0 : absent	3 : léger	6 : marqué
1 : douteux	4 : modéré	7 : sévère
2 : très léger	5 : modérément sévère	8 : extrêmement sévère

VII.   IMPRESSION CLINIQUE GLOBALE : SÉVÉRITÉ DE LA DYSTONIE

En fonction de votre expérience clinique, quel est présentement le degré de sévérité de la dystonie ?   ⎿__⎿

0 : absent	3 : léger	6 : marqué
1 : douteux	4 : modéré	7 : sévère
2 : très léger	5 : modérément sévère	8 : extrêmement sévère

VIII. IMPRESSION CLINIQUE GLOBALE : SÉVÉRITÉ DE L'AKATHISIE

En fonction de votre expérience clinique, quel est présentement le degré de sévérité de l'akathisie ?   ⎿__⎿

0 : absent	3 : léger	6 : marqué
1 : douteux	4 : modéré	7 : sévère
2 : très léger	5 : modérément sévère	8 : extrêmement sévère

IX.   STADE DU PARKINSONISME (Hoehn et Yahr)

0 : absent   ⎿__⎿

1 : participation unilatérale seulement, altération fonctionnelle minimale ou nulle (stade 1)

2 : participation bilatérale ou médiane, sans altération de l'équilibre (stade 2)

3 : invalidité de légère à modérée : premiers signes d'une altération de la posture ou des réflexes posturaux (instabilité quand le patient se tourne ou quand il reçoit une poussée en station debout, pieds joints et yeux fermés), le patient est sur le plan physique capable d'assurer le déroulement fonctionnel de sa vie (stade 3)

4 : invalidité sévère : le patient est encore capable de marcher et de se tenir debout sans aide, mais souffre d'une incapacité marquée (stade 4)

5 : confinement au lit ou à la chaise roulante (stade 5)

_____   _____

Examinateur   Date

TEST DE FOLSTEIN SUR L'ÉTAT MENTAL

Nom _____ Âge _____ Date de naissance _____ Date _____

DEMANDEZ AU SUJET DE DIRE :

Son nom _____ Sa date de naissance _____ Sa profession _____

	Cote maximale	Cote du sujet

ORIENTATION

1) Demandez au sujet le jour de la semaine ( ),
   la date ( ), le mois ( ), l'année ( ), la saison ( ).   **5**   ⌴

2) Demandez-lui ensuite d'identifier où il est :
   province ( ), ville ( ), rue ( ), immeuble ( ), étage ( ).   **5**   ⌴

ENREGISTREMENT

3) Mentionnez trois objets (MAISON, ARBRE, VOITURE).   **3**   ⌴
   Prenez une seconde pour prononcer chaque mot.
   Par la suite, demandez au sujet de répéter les trois mots.
   Donnez un point par bonne réponse.
   Répétez la démarche jusqu'à ce que le sujet apprenne tous les mots.
   Comptez le nombre d'essais et notez-le.

   Nombre d'essais : _____

ATTENTION ET CALCUL

4) Demandez au sujet de faire la soustraction   **5**   ⌴
   par intervalles de 7 à partir de 100 :
   $100 - 7 = ($ $)$, $93 - 7 = ($ $)$, $86 - 7 = ($ $)$, $79 - 7 = ($ $)$, $72 - 7 = ($ $)$.
   Donnez un point par bonne réponse.
   (Une autre épreuve serait de demander au sujet d'épeler le mont « MONDE » à l'envers.)

ÉVOCATION

5) Demandez au sujet de nommer les trois objets déjà mentionnés :   **3**   ⌴
   MAISON ( ), ARBRE ( ), VOITURE ( ).

LANGAGE

6) Montrez au sujet un crayon et une montre   **9**   ⌴
   et demandez-lui de les nommer (2 points).
   Demander au sujet de répéter la phrase suivante : « PAS DE SI, NI DE MAIS » (1 point)
   Demandez au sujet d'obéir à un ordre en trois temps (3 points) :
   « Prenez ce morceau de papier avec la main droite, pliez-le en deux et mettez-le sur le plancher ».
   Demandez au sujet de lire cette phrase tout en suivant l'instruction suivante (1 point) : « Fermez les yeux ».
   Demandez au sujet de copier le dessin ci-dessous (1 point).

Indiquez dans quel état se trouve le patient :
vigilance, somnolence, stupeur, coma.
Le résultat obtenu est un indice des diagnostics suivants :
• 10 et −: Démence   • 20 et −: Pseudo-démence   • 25 et −: Dépression   • 27 et +: État normal

Source : Lalonde, P., Grundberg, F. *et al.*, *Psychiatrie clinique approche bio-psycho-sociale*, Montréal, Gaëtan Morin éditeur, 1988, p. 143.

Cette échelle permet au clinicien d'évaluer le fonctionnement psychologique, social et professionnel du client sur un continuum hypothétique allant de la santé mentale à la maladie. Il ne faut pas tenir compte d'une altération du fonctionnement due à des facteurs limitants d'ordre physique ou environnemental.

ÉCHELLE D'ÉVALUATION GLOBALE DU FONCTIONNEMENT (EGF)
(Échelle G.A.F. ou Global Assessment of Functioning Scale)
Code (NB : Utiliser des codes intermédiaires lorsque cela est justifié : p. ex. 45, 68, 72)

100 | **Niveau supérieur de fonctionnement dans une grande variété d'activités. N'est jamais débordé par les problèmes rencontrés. Est recherché par autrui en raison de ses nombreuses qualités. Absence**
91 | **de symptômes.**

90 | Symptômes absents ou minimes (p. ex. anxiété légère avant un examen), fonctionnement satisfaisant dans tous les domaines, intéressé et impliqué dans une grande variété d'activités, socialement efficace, en général satisfait de la vie, pas plus de problèmes ou de préoccupations que les soucis de tous les jours
81 | (p. ex. conflit occasionnel avec des membres de la famille).

80 | **Si des symptômes sont présents, ils sont transitoires et il s'agit de réactions prévisibles à des facteurs de stress** (p. ex. des difficultés de concentration après une dispute familiale) ; **pas plus qu'une altération**
71 | **légère du fonctionnement social, professionnel ou scolaire** (p. ex. retard temporaire du travail scolaire).

70 | Quelques symptômes légers (p. ex. humeur dépressive et insomnie légère) ou une certaine difficulté dans le fonctionnement social, professionnel ou scolaire (p. ex. école buissonnière épisodique ou vol en famille)
61 | mais fonctionne assez bien de façon générale et entretient plusieurs relations interpersonnelles positives.

60 | **Symptômes d'intensité moyenne** (p. ex. émoussement affectif, prolixité circonlocutoire, attaques de panique épisodiques) **ou difficultés d'intensité moyenne dans le fonctionnement social, professionnel ou scolaire**
51 | (p. ex. peu d'amis, conflits avec les camarades de classe ou les collègues de travail).

50 | **Symptômes importants** (p. ex. idéation suicidaire, rituels obsessionnels sévères, vols répétés dans les grands magasins) **ou altération importante du fonctionnement social, professionnel ou scolaire** (p. ex. absence
41 | d'amis, incapacité à garder un emploi).

40 | **Existence d'une certaine altération du sens de la réalité ou de la communication** (p. ex. discours par moments illogique, obscur ou inadapté) **ou déficience majeure dans plusieurs domaines, p. ex. le travail, l'école, les relations familiales, le jugement, la pensée ou l'humeur** (p. ex. un homme déprimé évite ses amis, néglige sa famille et est incapable de travailler ; un enfant bat fréquemment des enfants plus jeunes que lui,
31 | se montre provoquant à la maison et échoue à l'école).

30 | **Le comportement est notablement influencé par des idées délirantes ou des hallucinations ou trouble grave de la communication ou du jugement** (p. ex. parfois incohérent, actes grossièrement inadaptés, préoccupation suicidaire) **ou incapable de fonctionner dans presque tous les domaines** (p. ex. reste au lit toute la journée,
21 | absence de travail, de foyer ou d'amis).

20 | **Existence d'un certain danger d'auto ou d'hétéro-agression** (p. ex. tentative de suicide sans attente précise de la mort, violence fréquente, excitation maniaque) **ou incapacité temporaire à maintenir une hygiène corporelle minimum** (p. ex. se barbouille d'excréments) **ou altération massive de la communication**
11 | (p. ex. incohérence indiscutable ou mutisme).

10 | **Danger persistant d'auto ou d'hétéro-agression grave** (p. ex. accès répétés de violence) **ou incapacité durable**
1 | **à maintenir un hygiène corporelle minimum ou geste suicidaire avec attente précise de la mort.**

0 | Information inadéquate.

Tiré de : AMERICAN PSYCHIATRIC ASSOCIATION – DSM-IV, Manuel diagnostique et statistique des Troubles mentaux, 4ᵉ édition (Version Internationale, Washington DC, 1995) Traduction française par J.-D. GUELFI et al., Masson, Paris, 1996, 1056 pages.

BIBLIOGRAPHIE

Édition originale

CHAPITRE 1

American Journal of Nursing: Health care reform (video), 32nd biennial convention of Sigma Theta Tau, Alan Trench/Helene Fuld Trust, 1993.

American Nurses Association: Psychiatric mental health nursing. Psychopharmacology project, Washington, DC, 1994a, The Association.

American Nurses Association: A statement on public mental health clinical nursing practice and standards of public mental health nursing practice, Washington, DC, 1994b, The Association.

American Nurses Association: Standards of clinical nursing practice, Kansas City, Mo, 1991, The Association.

American Psychiatric Association: Diagnostic and statistical manual of mental disorders, ed 4, Washington, DC, 1994, The Association.

Beeber LS: The one-to-one relationship in nursing practice: the next generation. In Anderson CA, editor: Psychiatric nursing 1974 to 1994: a report on the state of the art, St. Louis, 1995, Mosby.

Bernstein L, Bernstein R: Interviewing: a guide for health professions, Norwalk, Conn, 1985, Appleton Century Crofts.

Betemps E, Ragiel C: Psychiatric epidemiology: facts and myths on mental health and illness, J Nursing 32:23, 1994.

Brammer L: The helping relationship: process and skills, Boston, 1993, Allyn & Bacon.

Calabria M, Macrae J: Suggestions for thought by Florence Nightingale, Philadelphia, 1994, University of Pennsylvania Press.

Caplan G: Principles of preventive psychiatry, New York, 1964, Basic Books.

Carkhoff R: Helping and human realities, New York, 1969, Holt, Rinehart, & Winston.

Carkhoff R, Traux C: Toward effective counseling and psychotherapy, Chicago, 1967, Aldine Publishing.

Clark MJ: Nursing in the community Norwalk, Conn, 1992, Appleton & Lange.

Eaton W et al: The design of the epidemiologic catchment area surveys, Arch of Gen Psychiatry 41:942, 1984.

Erikson E: Childhood in society, ed 2, New York, 1963, WW Norton.

Grob G: From asylum to community, Princeton, 1991, Princeton University Press.

Grob GN: Mental health policy in America, Health Affairs Fall:7, 1992.

Huffman K, Vernoy M, Williams B: Psychology in action, ed 2, New York, 1995, John Wiley & Sons.

Kaplan H, Sadock B: Synopsis of psychiatry, ed 6, Baltimore, 1994, Williams & Wilkins.

Kessler RC et al: Lifetime and 12 month prevalence of DSM-IV psychiatric disorders in the United States, Arch of Gen Psychiatry 51:8, 1994.

Klerman GL: The National Institute of Mental Health Epidemiology Catchment Area (NIMH-ECA) Program, Soc Psychiatry Psychiatr Epidemiol 21:159, 1986.

Klerman GL: Paradigm shifts in U.S. epidemiology since World War II, Soc Psychiatry Psychiatr Epidemiol 25:27, 1990.

Kraus JB: Health care reform: essential mental health services, Washington DC, 1993, American Nurses Publishing.

Leavell HR et al: Preventive medicine for the doctor in his community, ed 3, New York, 1965, McGraw-Hill.

Lego S: The one-to-one nurse-patient relationship. In Anderson CA, editor: Psychiatric nursing 1974 to 1994: a report on the state of the art, St. Louis, 1995, Mosby.

Maxman J, Ward N: Essential psychopathology and its treatment, New York, 1995, WW Norton.

Mohr W: Managed care and mental health services: how we got to where we are, J Am Psychiatr Nurses Assoc 4:5, 1998.

Monderscheid R, Sonnenschein M, editors: Mental health in the United States, 1996, Department of Health and Human Services Publication, Washington, DC, 1996, U.S. Government Printing Office.

Mullahy C: The case manager's handbook, Gaithersburg, Md, 1995, Aspen Publications.

North American Nursing Diagnosis Association: Nursing diagnoses: definitions and classification, Philadelphia, 1996, The Association.

National Alliance of Mentally Ill: Millions with serious brain disorders at risk for managed care, NAMI Advocate 19(2), 1997.

National Alliance of Mentally Ill: Overcoming depression in an era of managed care, NAMI Advocate 20(2), 1998.

O'Toole A, Loonis M: Revision of the phenomena of concern for psychiatric mental health nursing, Arch Psychiatric Nurs 3:5, 1989.

Peplau H: Interpersonal relations in nursing, New York, 1952, CP Putnam.

Redick R et al: Expansion and evolution of mental health care in the United States, Center for Mental Health Services Publications No. 210, 1994.

Robins L, Regier D, editors: Psychiatric disorders in America: the epidemiological catchment area study, New York, 1991, Free Press.

Ruben BD: The health caregiver-patient relationship: pathology, etiology, treatment. In Ray EB, Donohan L, editors: Communication and health: systems and applications, Hillsdale, NJ, 1990, Lawrence Earlbaum.

Thompson TL: Patient health care: issues in communication. In Ray EB, Donohan L, editors: Communication and health: systems and applications, Hillsdale, NJ, 1990, Lawrence Earlbaum.

Tommasini N: Private insurance coverage for treatment of mental illness, Arch Psychiatric Nurs, vol 1, 1994.

U.S. Department of Health and Human Services: Healthy People 2000: national health promotion and disease prevention objectives, Boston, 1992, Jones & Bartlet.

CHAPITRE 2

Fortinash K, Holoday-Worret P: Psychiatric nursing care plans, ed 2, St. Louis, 1995, Mosby

Holoday-Worret P: Accumulated clinical anecdotal notes (unpublished).

Peplau H: Interpersonal relations in nursing, New York, 1982, Putnam.

CHAPITRE 3

Beck AT: Depression: clinical, experimental and theoretical aspects, New York, 1967, Harper & Row.

Beck AT: Depression: causes and treatment, Philadelphia, 1971, University of Pennsylvania Press.

Beck AT: The diagnosis and management of depression, Philadelphia, 1973, University of Pennsylvania Press.

Beck AT et al: Cognitive therapy of depression, New York, 1979, Guilford Press.

Berne E: Games people play, New York, 1964, Ballantine.

Berne E: What do you say after you say "Hello"? New York, 1972, Grove Press.

Corey G: Theory and practice of counseling and psychotherapy, ed 4, Pacific Grove, Calif, 1991, Brooks/Cole Publishing.

Ellis A: Humanistic psychotherapy, New York, 1973, McGraw-Hill.

Ellis A: Handbook of rational-emotive therapy, New York, 1977, Springer Publishing.

Ellis A: The practice of rational-emotive therapy, New York, 1987, Springer Publishing.

Fisch R, Weakland J, Segal: The tactics of change, San Francisco, 1986, Jossey-Bass.

Freud A: Introduction to psychoanalysis for teachers, London, 1931, George Allen.

Freud A: The writings of Anna Freud, New York, 1967, International Universities Press.

Freud A: Psychoanalysis for teachers and parents: introductory lectures, New York, 1979, WW Norton.

Freud S: The ego and the id, New York, 1960, Norton Library.

Goulding M, Goulding R: Changing lives through redecision therapy, New York, 1979, Grove Press.

Greene RL: Brief strategic treatment: the tactical promotion of change, Newsletter, Academy of San Diego Psychologists, pp 1-4, May 1991.

Kovel J: A complete guide to therapy from psychoanalysis to behavior modification, New York, 1976, Pantheon Books.

Rogers CP: Client centered therapy, Boston, 1951, Houghton Mifflin.

Rogers CP: On becoming a person, Boston, 1961, Houghton Mifflin.

Rogers CR: Person to person, the problem of being human, Walnut Creek, Calif, 1967, Real People Press.

Rogers P, Reich R, Nicholi AM Jr, editors: Psychosomatic medicine and consultation-liaison psychiatry. In The new Harvard guide to psychiatry, Cambridge, Mass, 1988, Belknap Press of Harvard University Press.

Skinner BF: Science and human behavior, New York, 1953, MacMillan.

Stein H, Edwards M: Classical Adlerian theory and practice. In Marcus P, Rosenberg A, editors: Philosophies of life and their impact on practice, New York, 1998, NYU Press.

Stevens O, editor: Gestalt is—addresses, essays, lectures, Moab, Utah, 1975, Real People Press.

Watzlawick P, Weakland J, Fisch R: Change, New York, 1974, WW Norton.

Watzlawick P: How real is real? New York, 1977, Vintage Books.

Internet sources

Internet Mental Health, http://www.mental-health.com/copy/html

Mental Health Info Source, http://www.mhsource.com/edu/index.html

PsychoPro Online, http://www.onlinepsych.com

CHAPITRE 4

Amen DG: Brain SPECT imaging in psychiatry, Prim Psychiatry 5:83, 1998.

American Nurses Association: Psychopharmacology guidelines for psychiatric mental health nurses: psychiatric mental health nursing psychopharmacology project, Washington, DC, 1994, The Association.

Andreasen NC: Brain imaging in psychiatry, Science, 239:1381, 1988.

Andreasen NC, Black DW: Introductory textbook of psychiatry, Washington, DC, 1995, American Psychiatric Press.

Arango, V et al: Localized alterations in pre-and post-synaptic serotonin binding sites in the ventrolateral prefrontal cortex of suicide victims, Brain Res 688:121, 1995.

Bear MF, Connors, BW, Paradiso MA: Neuroscience: exploring the brain, Baltimore, 1996, Williams & Wilkens.

Carpenter WT, Buchanan RW: Medical progress: schizophrenia, N Engl J Med 330:681, 1994.

Collins RC: Neurology, Philadelphia, 1997, WB Saunders.

Cooper JR, Bloom FE, Roth RH: The biochemical basis of neuropharmacology, ed 7, New York, 1995, Oxford University Press.

Crow TJ: Schizophrenia as failure of hemisphere dominance for language, TINS 20:339, 1997.

Davidson RJ: Anterior cerebral asymmetry and the nature of emotions, Brain Cogn 20:125, 1992.

Davis M: The role of the amygdala in fear and anxiety, Annu Rev Neurosci 15:353, 1992.

Gross-Isseroff R et al: The suicide brain: a review of postmortem receptor transporter binding studies, Neurosci Biobehav Rev 22(5):653, 1998.

Haines DE: Fundamental neuroscience, New York, 1997, Churchill Livingstone.

Kaplan HI, Sadock BJ: Comprehensive textbook of psychiatry, ed 6, Baltimore, 1995, Williams & Wilkens.

Keltner NL: Pathoanatomy of schizophrenia, Perspect Psychiatr Care 32(2):32, 1996.

Keltner NL et al: Psychobiological foundations of psychiatric care, St. Louis, 1998, Mosby.

Margolin R. In Sadovoy J, Lazarus L, Jarvik L, editors: Neuroimaging, Washington, DC, 1993, American Psychiatric Press.

Roberts GW, Leigh PN, Weinberger DR: Neuropsychiatric disorders, London, 1993, Mosby-Wolfe.

Selkoe D: Aging brain, aging mind, Sci Am 267:135, 1992.

Thibodeau G, Patton K: Anatomy and physiology, ed 4, St. Louis, 1998, Mosby.

Yates M et al: $5HT_2$ receptor changes in major depression, Biol Psychiatry 27:489, 1990.

Yudofsky SC, Hales RE: The American psychiatric press textbook of neuropsychiatry, Washington DC, 1992, American Psychiatric Press.

CHAPITRE 5

Addington v. Texas, 441 US 418 (1979).

American heritage dictionary, 1993.

American Nurses Association: Code for nurses, Kansas City, Mo, 1982, The Association.

American Psychiatric Association: Electroconvulsive therapy: task force report 14, Washington, DC, 1978, The Association.

Americans With Disabilities Act (42 USC x12101).

Appelbaum P: Resurrecting the right to treatment, Hosp Community Psychiatry 38(7):703, 1987.

Appelbaum PS: Almost a revolution: mental health law and the limits of change, New York, 1994, Oxford University Press.

Appelbaum PS, Greer A: Confidentiality in group therapy, Hosp Community Psychiatry 44(4):311, 1993.

Black's law dictionary, St. Paul, Minn, 1990, West Publishing.

Brakel SJ, Parry J, Weiner BA: The mentally disabled and the law, ed 3, Chicago, 1985, American Bar Foundation.

Cal Civ Code x43.92.

Callahan LA et al: Measuring the effects of the guilty but mentally ill (GBMI) verdict, Law Hum Behav 16(4):441, 1992.

Cauchon D: Patients often aren't informed of full danger, USA Today, p 1A, December 6, 1995.

Chally PS, Loriz L: Ethics in the trenches: decision making in practice, Am J Nurs 98(6):17, 1998.

45 CFR x46.116.

Davis AJ, Aroskar MA: Ethical dilemmas and nursing practice, ed 3, Norwalk, Conn, 1991, Appleton & Lange.

Dee V, van Servellen G, Brecht ML: Managed behavioral health care patients and their nursing care problems, level of functioning and impairment on discharge, J Am Psychiatr Nurses Assoc 4(2):57, 1998.

Doe v. Roe, 599 NYS2d 350 (NY App Div 1993).

Dukoff R, Sunderland T: Durable power of attorney and informed consent with Alzheimer's disease patients: a clinical study, Am J Psychiatry 154(8):1070, 1997.

Estates of Morgan v. Fairfield Family Counseling Center, 673 NE2d 1311 (Ohio 1997).

Fitzsimons L: Electroconvulsive therapy: what nurses need to know, J Psychosoc Nurs 33(12):14, 1995.

Geller J: Rx: a tincture of coercion in outpatient treatment? Hosp Community Psychiatry 42(10):1068, 1991.

Goldstein A: Ahead of the fed: How some states are already regulating managed care, Time, p 30, July 13, 1998.

Graham v. State of Tennessee, 541 SW2d 531 (Tenn 1977).

Guardianship of Weedon, 565 NE2d 432 (MA 1992).

Hall v. Schulte, 836 P2d 989 (Ariz Or of App 1992).

Hatley v. Kassen, 859 SW2d 367 (Tex App Dallas 1992).

Heinecke v. Department of Commerce, 810 P2d 459 (Utah App 1991).

Hilts PJ: Agency faults a U.C.L.A. study for suffering of mental patients, New York Times, p A1, March 10, 1994.

In the Interest of RAJ, 554 NW2d 809 (ND 1996).

Jackson v. Indiana, 406 US 715 (1972).

Jaffee v. Redmond, 116 S Ct 1923 (1996).

Kansas v. Hendricks, 117 S Ct 2072 (US Sup Ct 1997).

Laben JK, MacLean CP: *Legal issues and guidelines for nurses who care for the mentally ill,* Owings Mills, Md, 1989, National Health Publishing.

Laben JK, Spencer LD: Decentralization of forensic services, *Community Ment Health J* 12(4):405, 1976.

LaFond JQ: Law and the delivery of involuntary mental health services, *Am J Orthopsychiatry* 64(2):409, 1994.

Lake v. Cameron, 364 F2d 657 (DC Cir 1966 en banc).

Lamb HR, Weinberger LE: Persons with severe mental illness in jails and prisons: a review, *Psychiatr Serv* 49(4):483, 1998.

Lazarus A: Disputes over payment for hospitalization under mental health "carve-out" programs. *Hosp Community Psychiatry* 45(2):115, 1994.

Leonard v. Iowa, 491 NW2d 508 (Iowa Sup Ct 1992).

Lyon M, Levine ML, Susman J: Patient's bill of rights: a survey of state statutes, *Ment Phys Disabil Law Rep* 6(3):178, 1982.

Mackie v. Runyon, 804 F Supp 1508 (1992).

Mink v. Alabama Department of Mental Health and Mental Retardation, 620 So2d 22 (1993).

Mordai MD, Rabinowitz IJ: Why and how to establish computerized system for psychiatric case records, *Hosp Community Psychiatry* 44(11):1091, 1993.

News and notes, *Hosp Community Psychiatry* 43(8):851, 1992.

Norris MK, Kennedy CW: How patients perceive the seclusion process, *J Psychosoc Nurs Ment Health Serv* 30(3):7, 1992.

Nurse's handbook of law and ethics, Springhouse, Penn, 1992, Springhouse.

O'Connor v. Donaldson, 422 U5 563 (1975).

Olsen DP: Ethical consideration of video monitoring psychiatric patients in seclusion and restraint, *Arch Psychiatr Nurs* 12(2):90, 1998.

Outlaw FJ, Lowery BJ: Seclusion: the nursing challenge, *J Psychosoc Nurs Ment Health Serv* 30(4):13, 1992.

Parry J: Mental disabilities under the APA: a difficult path to follow, *Ment Phys Disabil Law Rep* 17(1):100, 1985.

Peck v. the Counseling Service of Addison County, Inc., 449A2d 422 (Vt 1985).

Poss v. Department of Human Resources, 426 SE2d 635 (Go Or App 1992).

Purtilo R: *Ethical dimensions in the health professions,* ed 2, Philadelphia, 1993, WB Saunders.

Reinhard SC: Perspectives of the family's caregiving experience in mental illness, *Image: J Nurs Sch* 26(1):70, 1994.

Rennie v. Klein 416 F Supp 1294 (1979); 653 F2d 836 (3rd Cir 1981); 454 US 1978 (1982).

Rhode Island Department of Mental Health, Retardation, and Hospitals v. RB, 541 A2d (RI 1988).

Rogers v. Okin 478 F Supp 1342 (D Mass 1979).

Rogers v. Okin 634 F2d 650 (1980).

Rudegair TS, Applebaum PS: On the duty to protect: an evolutionary perspective, *Bull Am Acad Psychiatry Law* 20(4):419, 1992.

Russell J: *Out of bounds sexual exploitation in counseling and therapy,* London, 1993, Sage Publications.

Sales BD, Shuman DW: Mental health law and mental health care: introduction, *Am J Orthopsychiatry* 64(2):172, 1994.

Shah S: *Criminal responsibility in forensic psychiatry and psychology,* Philadelphia, 1986, FA Davis.

Simon RI: Psychiatrists' duties in discharging sicker and potentially violent inpatients in the managed care era, *Psychiatr Serv* 49(1):62, 1998.

Smith v. King, 615 So2s 69 (Ala Sup Ct 1993).

Statement on psychiatric mental health nursing practice and standards of psychiatric mental health clinical nursing practice, Washington, DC, 1994, American Nurses Publishing.

Stefan S: What constitutes departure from professional judgment? *Ment Phys Disabil Law Rep* 17(2):207, 1993.

Strasburger L, Jorgenson L, Randles R: Criminalization of psychotherapist-patient sex, *Am J Psychiatry* 148:859, 1991.

Tarasoff v. Regents of the University of California, 529 P2d 553 (Cal 1974) and 551 P2d 334 (Cal 1976).

Tenn Ann Code x33-6-201, 33-10-103, 33-3-105.

Tooke SR, Brown JS: Perceptions of seclusion: comparing patient and staff reactions, *J Psychosoc Nurs Ment Health Serv* 30(8):23, 1992.

Torrey EF, Kaplan RS: A national survey of the use of outpatient commitment, *Psychiatr Serv* 46(8):778, 1995.

Treatment for major depression in managed care and fee-for-service systems, *Am J Psychiatry* 155:859, 1998.

Wash Ann Code x71.05.370.

Washington; antipsychotic medication; ECT: legislative and regulatory developments, *Ment Phys Disabil Law Rep* 17(2):206, 1993.

Weiner BA, Wettstein RM: *Legal issues in mental health care,* New York, 1993, Plenum Press.

Wexler DB, Winick BJ: Therapeutic jurisprudence and criminal justice mental health issues, *Ment Phys Disabil Law Rep* 16(2):225, 1992.

Woe v. Cuomo 638 F Supp 1506 (ED NY 1986).

Wolpe PR, Schwartz SL, Sanford B: Psychiatric inpatients' knowledge of their rights, *Hosp Community Psychiatry* 42(11):1168, 1991.

Wyatt v. Stickney 344 F Supp 373 (1972).

Youngberg v. Romeo 461 US 308 (1982).

CHAPITRE 6

American Nurses Association: *Multicultural issues in the nursing workforce,* Washington, DC, 1993, The Association.

American Nurses Association: Addressing cultural diversity in the profession, *Am Nurse* 30(1):25, 1994.

American Nurses Association: Improving minority health outcomes through culturally specific care, *Nurs Trends Issues* 2(3):1, 1997.

American Psychiatric Association: *Diagnostic and statistical manual of mental disorders,* ed 4, Washington, DC, 1994, The Association.

Baker F: Psychiatric treatment of older African-Americans, *Hosp Community Psychiatry* 45(32), 1994.

Bartol G, Richardson L: Using literature to create cultural competence, *Image: J Nurs Sch* 30(1):75, 1998.

Bruce M, Takeuchi E, Leaf P: Poverty and psychiatric status: longitudinal evidence from the New Haven Epidemiologic Catchment Area Study, *Arch Gen Psychiatry* 48:470, 1991.

Camphina-Bacote J: Cultural competence in psychiatric mental health nursing: a conceptual model, *Nurs Clin North Am* 29(1), 1994.

Cook J: Who "mothers" the chronically mentally ill? *Fam Relations* 37:42, 1988.

Davis K: *Mental health training and black colleges: identifying the need.* Keynote speaker at the September African-American Behavioral Health Conference in Atlanta, 1995.

Fielo S, Degazon C: When cultures collide: decision making in a multicultural environment, *Nurs Health Care Perspect* 18(5):238, 1997.

Foster S: The pragmatics of culture: the rhetoric of difference in psychiatric nursing, *Arch Psychiatr Nurs* 4(5):292, 1990.

Friedman S, Paradis C, Hatch M: Characteristics of African-American and white patients with panic disorder and agoraphobia, *Hosp Community Psychiatry* 45, 1994.

Germain C: Cultural care: a bridge between sickness, illness, and disease, *Holistic Nurs Pract* 6(3):1-9, 1992.

Geuss R: *The idea of a critical theory,* New York, 1981, Cambridge University Press.

Go H: Changing populations and health. In Edelman CL, Mandle CL, editors: *Health promotion throughout the lifespan,* ed 3, St. Louis, 1994, Mosby.

Goldman H: Mental illness and family burden: a public health perspective, *Hosp Community Psychiatry* 33:557, 1982.

Greco J: America's changing workforce, *J Bus Strategy* 19(2):43, 1998.

Hickling F, Griffith E: Clinical perspectives on the Rastafari movement, *Hosp Community Psychiatry* 45, 1994.

Hofstede G: *Culture's consequences: international differences in work-related values,* Thousand Oaks, Calif, 1980, Sage Publications.

Hofstede G: *Cultures and organizations: software of the mind,* New York, 1991, McGraw-Hill.

Hofstede G: In Kim U et al, editors: *Individualism and collectivism: theory, method, and applications,* Thousand Oaks, Calif, 1994, Sage Publications.

Information please: almanac 1995, Boston, 1995, Houghton Mifflin.

Keltner N, Folks D: Psychopharmacology update, *Perspect Psychiatr Care* 28(1):33, 1992.

Kim U: Individualism and collectivism: conceptual clarification and elaboration. In Kim U et al, editors *Individualism and collectivism: theory, method and applications,* Thousand Oaks, Calif, 1994, Sage Publications.

Kleinman A: *Patients and healers in the context of culture,* Berkeley, Calif, 1980, University of California Press.

Kleinman A: *The illness narratives: suffering, healing, and the human condition,* New York, 1988, Basic Books.

LaFromboise T, Coleman H, Gerton J: Psychological impact of biculturalism: evidence and theory, *Psychol Bull* 14:395, 1993.

Lawson W et al: Race as a factor in inpatient and outpatient admissions and diagnoses, *Hosp Community Psychiatry* 45(72), 1994.

Lefley H: The family's response to mental illness in a relative. In Hatfield A, editor: *Families of the mentally ill,* New York, 1987, Guilford Press.

Leininger M: *Culture, care, diversity, and universality: a theory of nursing,* New York, 1991, National League of Nursing.

Lester N: Cultural competence: a nursing dialogue, *Am J Nurs* 98(8):26, 1998.

Lin K: Cultural aspects of mental health for Asian-Americans. In Gaw A, editor: *Cross-cultural psychiatry,* Boston, 1982, John Wright.

Mandersheid R, Sonnenschein M: Percentage of clinically trained mental health personnel. In *Mental health, United States,* Washington, DC, 1996, U.S. Department of Health and Human Services.

Mensah L: Transcultural, cross-cultural, and multicultural health perspectives in focus. In Masi R, Mensah L, McLeod K, editors: *Health and cultures: exploring the relationships,* vol 1, New York, 1993, Mosaic Press.

Minehan M: Increasing immigration will diversify issues, *Human Resources Magazine* 42(11):160, 1997.

Morris P, Silove D: Cultural influences in psychotherapy with refugee survivors of torture and trauma, *Hosp Community Psychiatry* 43(3), 1992.

Nelson S et al: An overview of mental health services for American Indians and Alaska natives in the 1990s, *Hosp Community Psychiatry* 43(3), 1992.

Purnell L, Paulanka B: *Transcultural health care: a culturally competent approach,* Philadelphia, 1998, FA Davis.

Ruiz P, Venegas-Samuels K, Alarcon R: The economics of pain: mental health care costs among minorities, *Psychiatr Clin North Am* 18(3):659, 1995.

Spector RE: *Cultural diversity in health and illness,* ed 4, Norwalk, Conn, 1996, Appleton & Lange.

Spurlock J: Black Americans. In Comas-Diaz L, Griffith E, editors: *Cross-cultural mental health,* New York, 1988, John Wiley & Sons.

Swanson D: *Considering the communication traits of expressiveness, advocacy, and argumentativeness in the multicultural student population at the University of Guam,* 1993, Unpublished manuscript.

Tripp-Remier T: *Cultural assessment: a multidimensional approach,* Monterey, Calif, 1995, Wadsworth.

Yamamoto J: Japanese Americans. In Gaw A, editor: *Cross-cultural psychiatry,* Boston, 1982, John Wright.

CHAPITRE 7

American Health Consultants: Monthly update on hospital-based care planning and critical pathways, *Hosp Case Manage* 1(10):173, 1993.

American Nurses Association: *Nursing, a social policy statement,* Kansas City, Mo, 1990, The Association.

American Nurses Association: *Standards of clinical nursing practice,* Kansas City, Mo, 1991, The Association.

American Psychiatric Association: *Diagnostic and statistical manual of mental disorders,* ed 4, Washington, DC, 1994, The Association.

Benner P: *From novice to expert: excellence and power in clinical nursing practice,* Menlo Park, Calif, 1984, Addison-Wesley.

Boomsa J, Dingemans CAJ, Dassen TWN: The nursing process in crisis-oriented home care, *J Psychiatr Ment Health Nurs* 4:295, 1997.

Bulechek GM, McCloskey JC: Nursing interventions, *Nurs Clin North Am* 27:289, 1992a.

Bulechek GM, McCloskey JC, editors: *Nursing interventions: essential nursing treatments,* ed 2, Philadelphia, 1992b, WB Saunders.

Carnevali DL, Thomas MD: *Diagnostic reasoning and treatment decision-making in nursing,* Philadelphia, 1993, JB Lippincott.

Carpenito LJ: *Nursing diagnosis: application to clinical practice,* ed 6, Philadelphia, 1996, JB Lippincott.

Carrol-Johnson R: *Classification of nursing diagnosis: proceedings of the eighth conference,* Philadelphia, 1993, JB Lippincott.

Davie JK: The nursing process. In Thelan LA et al, editors: *Critical care nursing: diagnosis and management,* ed 3, St Louis, 1998, Mosby.

Fortinash KM: Assessment of mental status. In Malasanos L, Barkauskas V, and Stoltenberg-Allen K, editors: *Health assessment,* ed 4, St Louis, 1990, Mosby.

Fortinash KM, Holoday-Worret PA: *Psychiatric nursing care plans,* ed 3, St Louis, 1999, Mosby.

Gordon M: *Nursing diagnosis: process and application,* ed 3, St. Louis, 1994, Mosby.

Johnson M, Maas ML: *Nursing outcomes classification (NOC),* St. Louis, 1997, Mosby.

Kaplan H: *The comprehensive textbook of psychiatry,* ed 6, Baltimore, 1995, Williams & Wilkins.

Kaplan H, Sadock B: *Synopsis of psychiatry–behavioral science–clinical psychiatry,* ed 8, Baltimore, 1998, Williams & Wilkins.

Kritek PB: Generation and classification of nursing diagnoses: toward a theory of nursing, *Image J Nurs Sch* 10:73, 1978.

McCloskey JC, Bulechek GM: *Nursing interventions classification,* ed 2, St. Louis, 1996, Mosby.

McCloskey JC et al: Standardizing the language for nursing treatments: an overview of the issues, *Nurs Outlook* 42:56, 1994.

Medina L: Clinical pathways: sharp home health, *Home Care,* October 1995.

Munhall PL, Oiler CJ: *Nursing research,* ed 2, New York, 1993, National League for Nursing.

North American Nursing Diagnosis Association: *Taxonomy I–revised–1990, with official diagnostic categories,* St. Louis, 1990, NANDA.

North American Nursing Diagnosis Association: *NANDA, nursing diagnoses: definitions and classification, 1995-1996,* Philadelphia, 1994, The Association.

North American Nursing Diagnosis Association: *Taxonomy I–revised–1999, with official diagnostic categories*, St. Louis, 1999, NANDA.

Olsen DP, Rickles H, Travlik K: A treatment team model of managed mental health care, *Psychiatr Serv* 46(3):252, 1995.

Provancha LE, Hurst S: Home health case management: an old approach to a new system, *NSI Home Health Newsletter* 1994.

Smith SK: An analysis of the phenonemon of deterioration in the critically ill, *Image J Nurs Sch* 20:12, 1988.

Southwick K et al: Strategies for health care excellence: care paths for psychiatric patients, *COR Health Care Resources*, 8(2):1, 1995.

Tanner C et al: Diagnostic reasoning strategies of nurses and nursing students, *Nurs Res* 36:358, 1987.

Wescott MR: *Antecedents and consequences of intuitive thinking: final report to U.S. Department of Health, Education and Welfare*, Poughkeepsie, NY, 1968, Vassar College.

Wilkinson J: *Nursing process in action: a critical thinking approach*, Redwood City, Calif, 1992, Addison-Wesley.

CHAPITRE 8

Alligood MR: Empathy: the importance of recognizing two types, *J Psychosoc Nurs* 30:3, 1992.

Armstrong MA, Kelly AE: Enhancing staff nurses' interpersonal skills: theory to practice, *Clin Nurse Spec* 7:6, 1993.

Balzer-Riley J: *Communications in nursing*, ed 3, St. Louis, 1996, Mosby.

Cochrane DA et al: Patient education: do they really understand us? *Am J Nurs*, July 1992.

Ferguson MS, Campinha-Bacote J: Humor in nursing, *J Psychosoc Nurs* 26(4):29, 1989.

Fontaine KL, Fletcher JS: *Essentials of mental health nursing*, ed 2, Reading, Mass, 1995, Addison-Wesley.

Fortinash KM, Holoday-Worret PA: *Psychiatric nursing care plans*, ed 3, St. Louis, 1999, Mosby.

Kemper BJ: Therapeutic listening: developing the concept, *J Psychosoc Nurs* 30:7, 1992.

Kirkham S: Nurses' descriptions of caring for culturally diverse clients, *Clin Nurs Res* (7):125, 1998.

Leininger M: Overview of the theory of culture care with the ethnonursing research method, *J Transcult Nurs* 8(2):32, 1997.

Lester N: Cultural competence: a nursing dialogue, part I, *Am J Nurs* 98(8):26, 1998a.

Lester N: Cultural competence: a nursing dialogue, part II, *Am J Nurs* 98(9):36, 1998b.

Morse J et al: Exploring empathy: a conceptual fit for nursing practice? *Image: J Nurs Sch* 24:4, 1992.

Northouse PG, Northouse LL: *Health communication: strategies for health professionals*, ed 2, East Norwalk, Conn, 1992, Appleton & Lange.

Pike AW: On the nature and place of empathy in clinical nursing practice, *J Prof Nurs* 6(4):235, 1990.

Rowland-Morin PA, Carroll JG: Verbal communication skills and the patient satisfaction survey, *Evaluation Health Prof* 13:2, 1990.

Shives LR: *Basic concepts of psychiatric mental health nursing*, ed 3, Philadelphia, 1994, JB Lippincott.

Smith J: Privileged communication: psychiatric mental health nurses and the law, *Perspect Psychiatr Care* 26:4, 1990.

Stern SB: Privileged communication: an ethical and legal right of psychiatric clients, *Perspect Psychiatr Care* 26:4, 1990.

Stewart M: Nurses need to strengthen cultural competence for next century to ensure quality patient care, *Am Nurse*, January/February 1998.

Stricker G, Fisher M: *Self-disclosure in the therapeutic relationship*, New York, 1990, Plenum Press.

Tommasini NR: The use of touch with the hospitalized psychiatric patient, *Arch Psych Nurs* 4(4):213, 1990.

Trossman S: Diversity: a continuing challenge, *Am Nurse*, January/February 1998.

Williams C: Biopsychosocial elements of empathy: a multidimensional model, *Issues Ment Health Nurs* 11:155, 1990.

CHAPITRE 9

American Psychiatric Association: *Diagnostic and statistical manual of mental disorders*, ed 4, Washington, DC, 1994, The Association.

Bailey K, Glod CA: Post-traumatic stress disorder; a role for psychopharmacology, *J Psychosoc Nurs Ment Health Serv* 29(9):42, 1991.

Fortinash K, Holoday-Worret P: *Psychiatric nursing care plans*, ed 3, St. Louis, 1999, Mosby.

Foucault M: *Madness and civilization*, New York, 1988, Vantage.

Freud S: Introductory lectures on psychoanalysis. In *The standard edition of the complete psychological works*, London, 1963, Hogarth Press (originally published in 1917).

Freud S: *The standard edition of the complete psychological works*, London, 1963, Hogarth Press.

Gellengarg A et al: *The practitioner's guide to psychoactive drugs*, ed 3, New York, 1991, Plenum.

Hall CS: *A primer of Freudian psychology*, Cleveland, 1954, World.

Hall C, Lindzey G: *Theories of personality*, New York, 1978, Wiley.

Heidegger M: *Being and time*, New York, 1962, Harper & Row.

Katon W et al: Panic disorder epidemiology in primary care, *J Fam Pract* 23(3):233, 1986.

Keltner NL, Folks DG: *Psychotropic drugs*, ed 2, St. Louis, 1997, Mosby.

Kierkegaard S: *The concept of anxiety*, Princeton, 1980, Princeton University Press.

Kim M et al: *Pocket guide to nursing diagnosis*, ed 6, St. Louis, 1995, Mosby.

Klerman G: Modern concepts of anxiety and panic. In Ballenger J, editor: *Clinical aspects of panic disorder*, New York, 1990, Wiley-Less.

Kluft, RP: Enhancing the hospital treatment of dissociative disorder patients by developing nursing expertise in the application of hypnotic techniques without formal trance induction, *Am J Clin Hypnosis* 34(3):158, 1992.

May R: *The meaning of anxiety*, New York, 1979, Pocket Books.

Meleis A: *Theoretical nursing, development and progress*, Philadelphia, 1985, JB Lippincott.

Neziroglu FA, Yaryura-Tobias JA: A review of cognitive-behavioral and pharmacological treatment of body dysmorphic disorder, *Behav Modif* 21:324, 1997.

North American Nursing Diagnosis Association: Classification of nursing diagnosis. In *Proceedings of the ninth conference*, Philadelphia, 1991, JB Lippincott.

North American Nursing Diagnosis Association: *NANDA nursing diagnoses: definitions and classifications, 1999-2000*, Philadelphia, 1999, The Association.

Patterson JG, Zderad LT: *Humanistic nursing*, New York, 1976, Wiley.

Peplau H: *Interpersonal relations in nursing*, New York, 1952, Putnam.

Peplau H: *Interpersonal relations in nursing: a conceptual frame of reference for psychodynamic nursing*, New York, 1991, Springer.

Ross CA et al: Management of anxiety and panic attacks in immediate care facilities, *Gen Hosp Psychiatry* 10(2):120, 1988.

Roy-Byrne PP: Generalized anxiety and mixed anxiety-depression: association with disability and health care utilization, *J Clin Psychol* 57(7):86, 1996.

Selye H: *The stress of life*, New York, 1956, McGraw-Hill.

Stein M, Unde T: Panic disorder and major depression: lifetime relationship and biological markers. In Ballenger J, editor: *Clinical aspects of panic disorder*, New York, 1990, Wiley-Less.

Swenson RP, Kuch K: Clinical features of panic and related disorders. In Ballenger J, editor: *Clinical aspects of panic disorder*, New York, 1990, Wiley-Less.

Wolpe J: *The practice of behavior therapy*, ed 2, New York, 1973, Pergamon Press.

CHAPITRE 10

Abramson LY, Melalsy GI, Alloy LB: Hopelessness depression: a theory-based type of depression, *Psychol Rev* 93:358, 1989.

Abramson LY, Seligman MEP, Teasdale JD: Learned helplessness in humans: critique and reformulation, *Abnorm Psychol* 87:49, 1978.

Akiskal HS: New insights into the nature and heterogeneity of mood disorders, *J Clin Psychiatry* 50:6, 1989.

American Psychiatric Association: *Diagnostic and statistical manual of mental disorders*, ed 4, Washington, DC, 1994, The Association.

American Psychiatric Association Task Force: The dexamethasone suppression test: an overview of its current status in psychiatry, *Am J Psychiatry* 144:1253, 1987.

Angst J: Clinical course of affective disorders. In Helgason T, Daly R, editors: *Depressive illness: prediction of course and outcome*, Berlin, Germany, 1988, Springer-Verlag.

Barondes S: *Molecules and mental illness*, New York, 1993, Scientific American Library.

Barondes S: *Mood genes: hunting for the origins of mania and depression*, New York, 1998, WH Freeman.

Beck AT: *Depression: clinical, experiential, and theoretical aspects*, New York, 1967, Hober.

Boulby J: *Attachment*, New York, 1969, Basic Books.

Boyce P et al: Personality as a vulnerability factor to depression, *Br J Psychiatry* 159:106, 1991.

Brown GW, Harris T: *Social origins of depression*, New York, 1978, The Free Press.

Consensus Development Panel: Mood disorders: pharmacological prevention of recurrences, *Am J Psychiatry* 142:469, 1985.

Cornelis CM, Ameling EH, Delonghe F: Life events and social network in relation to the onset of depression, *Acta Psychiatr Scand* 80:174, 1989.

Depression Guideline Panel: *Depression in primary care*, vol 1, *Detection and diagnosis*, Washington DC, 1993, U.S. Department of Health and Human Services, Agency for Health Care Policy and Research.

Diehl DJ, Gershon S: The role of dopamine in mental disorders, *Compr Psychiatry* 33:115, 1992.

Ehlers CL, Frank E, Kupfer DJ: Social zeitgebers and biological rhythms: a unified approach to understanding the etiology of depression, *Arch Gen Psychiatry* 45:948, 1988.

Frank E et al: Efficacy of interpersonal psychotherapy as a maintenance treatment of recurrent depression. *Arch Gen Psychiatry* 48:1053, 1991.

Freeman A et al: *Clinical applications of cognitive therapy*, New York, 1990, Plenum Press.

Freud S: Mourning and melancholia. In *The complete psychological works of Sigmund Freud*, London, 1957, Hogarth Press.

Fuller RW: Role of serotonin in therapy of depression and related disorders, *J Clin Psychiatry* 52:52, 1991.

George MS et al: Mood improvement following daily left prefrontal repetitive transcranial magnetic stimulation in patients with depression: a placebo-controlled crossover trial, *Am J Psychiatry* 154:1752, 1997.

Gloaguen V et al: A meta-analysis of the effects of cognitive therapy in depressed patients, *J Affect Disord* 49:59, 1998.

Greden JF: *Recurrent depression*, Indianapolis, 1993, Dista Products.

Hagerty BM et al: Prodromal symptoms of recurrent major depressive episodes: a qualitative analysis, *Am J Orthopsychiatry* 67:308, 1997.

Hirshfeld RMA et al: Premorbid personality assessments of first onset of major depression, *Arch Gen Psychiatry* 46:345, 1989.

Horwath E et al: Depressive symptoms as relative and attributable risk factors for first onset major depression, *Arch Gen Psychiatry* 49:817, 1992.

Keller MB: The course of manic-depressive illness, *Clin Psychiatry* 49:4, 1988.

Kendler KS et al: The identification and validation of distinct depressive syndromes in a population-based sample of female twins, *Arch Gen Psychiatry*:391, 1996.

Kessler RC et al: Lifetime and 12-month prevalence of DSM-IIIR psychiatric disorders in the U.S., *Arch Gen Psychiatry* 51:8, 1994.

Klerman GL: Treatment of recurrent unipolar major depressive disorder, *Arch Gen Psychiatry* 47:1158-1162, 1990.

Klerman GL, Weissman MM: The course, morbidity, and costs of depression, *Arch Gen Psychiatry* 49:831, 1992.

Kraepelin E: *Lectures in clinical psychiatry*, London, 1913, Bailliere, Tindall, & Cox.

Kraepelin E: *Manic-depressive insanity and paranoia*, Edinburgh, UK, 1921, E & S Livingstone.

Leonard BE: Biochemical aspects of treatment-resistant depression, *Br J Psychiatry* 152:453, 1988.

Leonhard K: Aufteilung der endogenen Psychosen. Cited in Buher J: *Depression: theory and research*, New York, 1974, Winston Wiley.

Lewinsohn PM et al: Age cohort changes in the lifetime occurrence of depression and other mental disorders, *J Abnorm Psychiatry* 102:110, 1993.

McGriffin P, Katz R: The genetics of depression: current approaches, *Br J Psychiatry* 155:18, 1989.

McPherson H, Herbison P, Romans S: Life events and relapse in established bipolar affective disorder, *Br J Psychiatry* 157:381, 1993.

Murray CJL, Lopez AD: *The global burden of disease: a comprehensive assessment of mortality and disability from diseases, injuries, and risk factors in 1990 and projected*, Boston, 1996, Harvard University Press.

Nolen-Hoeksema S: Sex differences in unipolar women: evidence and theory, *Psychol Bull* 101(2):259, 1987.

North American Nursing Diagnosis Association: *NANDA nursing diagnoses: definitions and classifications 1999-2000*, Philadelphia, 1999, The Association.

Paykel ES: Recent life events in the development of the depressive disorder. In Depue RA, editor: *The psychobiology of the depressive disorders: implications for the effects of stress*, New York, 1979, Academic Press.

Phillips KA et al: A review of the depressive personality, *Am J Psychiatry* 147:830, 1990.

Pilgrim JA et al: Low blood pressure, low mood? *Br Med J* 304:75, 1992.

Pitula CR, Daugherty SR: Sources of social support and conflict in hospitalized depressed women, *Res Nurs Health* 18(2):325, 1995.

Post RM: Transduction of psychosocial stress in the neurobiology of recurrent affective disorders, *Am J Psychiatry* 149:999, 1992.

Post RM: Molecular biology of behavior, *Arch Gen Psychiatry*, 607, 1997.

Robins CJ, Hayes AM: An appraisal of cognitive therapy, *J Consult Clin Psychol* 61:205, 1993.

Sargeant JK et al: Factors associated with 1-year outcome of major depression in the community, *Arch Gen Psychiatry* 47:519, 1990.

Schmaling K, Becker J: Empirical studies of the interpersonal relations of adult depressives. In Becker J, Kleinman D, editors: *Psychosocial aspects of depression*, Hillsdale, NJ, 1991, Lawrence Erlbaum.

Scott J: Cognitive therapy of affective disorders: a review, *J Affect Disord* 37:1, 1996.

Seligman MEP: *Helplessness: on depression development and death*, New York, 1975, WH Freeman.

Stravynski A, Greenberg D: The psychological management of depression, *Acta Psychiatr Scand* 85:407, 1992.

Thase ME: Long-term treatment of recurrent depressive disorders, *J Clin Psychiatry* 53:32, 1992.

Tweed DL: Depression-related impairment: estimating concurrent and lingering effects, *Psychol Med* 23:373, 1993.

Young EA et al: Dissociation between pituitary and adrenal suppression to dexamethasone in depression, *Arch Gen Psychiatry* 50:395, 1993.

Zimmerman M, Coryell W, Pfohl B: The validity of the DST as a maker for endogenous depression, *Arch Gen Psychiatry* 43:347, 1986.

CHAPITRE 11

American Psychiatric Association: *Diagnostic and statistical manual of mental disorders,* ed 4, Washington, DC, 1994, The Association.

Andreasen N, Carpenter W: Diagnosis and classification of schizophrenia, *Schizophr Bull* 19(2):199, 1993.

Arieti S: *Interpretation of schizophrenia,* ed 2, New York, 1974, Basic Books.

Arieti S: Schizophrenia: the manifest symptomatology, the psychodynamic and formal mechanisms. In Arieti S, editor: *American handbook of psychiatry,* vol 1, New York, 1959, Basic Books.

Bawden E: Reaching out to the mentally ill homeless, *J Psychosoc Nurs* 28(3):6, 1990.

Bellack A, Mueser K: Psychosocial treatment for schizophrenia, *Schizophr Bull* 19(2):317, 1993.

Bendik M: Reaching the breaking point: dangers of mistreatment in elder caregiving situations, *J Elder Abuse Negl* 4(3):39, 1992.

Benes F: Neurobiological investigations in cingulate cortex of schizophrenic brain, *Schizophr Bull* 19(3):537, 1993.

Betemps E, Ragiel C: Psychiatric epidemiology: facts and myths on mental health and illness, *J Psychosoc Nurs* 32(5):23, 1994.

Bogerts B: Recent advances in the neuropathology of schizophrenia, *Schizophr Bull* 19(2):431, 1993.

Boyd M: Integration of psychosocial rehabilitation into psychiatric nursing practice, *Issues Ment Health Nurs* 15:13, 1994.

Breier A et al: Effects of clozapine on positive and negative symptoms in outpatients with schizophrenia, *Am J Psychiatry* 151(1):20, 1994.

Brown J: Role of selenium and other trace elements in the geography of schizophrenia, *Schizophr Bull* 20(2):387, 1994.

Calev A, Edelist S: Affect and memory in schizophrenia: negative emotion words are forgotten less rapidly than other words by long-hospitalized schizophrenics, *Psychopathology* 26:229, 1993.

Cannon J, Marco E: Structural brain abnormalities as indicators of vulnerability to schizophrenia, *Schizophr Bull* 20(1):89, 1994.

Castle D, Murray R: The epidemiology of late-onset schizophrenia, *Schizophr Bull* 19(4):691, 1993.

Clementz B, McDowell J, Zisook S: Saccadic system fixing among schizophrenic patients and their first-degree biological relatives, *J Abnorm Psychol* 130(2):277, 1994.

Cohen C: Poverty and the course of schizophrenia: implications for research and policy, *Hosp Community Psychiatry* 44(10):951, 1993.

Collins-Colon T: Do it yourself: medication management for community-based clients, *J Psychosoc Nurs* 28(6): 25, 1990.

Crow T: Molecular pathology of schizophrenia: more than one disease process? *BMJ* 12:66, January 1980.

D'Angelo E: Conceptual disorganization in children at risk for schizophrenia, *Psychopathology* 26:195, 1993.

Dauner A, Blair D: Akathisia: when treatment creates a problem, *J Psychosoc Nurs* 28(10):13, 1990.

DeMann J: First person account: the evolution of a person with schizophrenia, *Schizophr Bull* 20(3):579, 1994.

Draine J et al: Predictors of reincarceration among patients who received psychiatric services in jail, *Hosp Community Psychiatry* 45(2):163, 1994.

Dworkin R et al: Childhood precursors of affective vs. social deficits in adolescents at risk for schizophrenia, *Schizophr Bull* 19(3):563, 1993.

Dworkin R et al: Social competence deficits in adolescents at risk for schizophrenia, *J Nerv Ment Dis* 182(2):103, 1994.

Dzurec L: How do they see themselves? Self-perception and functioning for people with chronic schizophrenia, *J Psychosoc Nurs* 28(8):10, 1990.

Elkashef A et al: Basal ganglia pathology in schizophrenia and tardive dyskinesia: an MRI quantitative study, *Am J Psychiatry* 151(5):752, 1994.

Evans D et al: Self-perception and adolescent psychopathology: a clinical-developmental perspective, *Am J Orthopsychiatry* 64(2):293, 1994.

Fields J et al: Assessing positive and negative symptoms in children and adolescents, *Am J Psychiatry* 151(2):249, 1994

Fortinash KM: Assessment of mental status. In Malasanos L, Barkauskas V, Stoltenberg-Allen K, editors: *Health assessment,* ed 4, St. Louis, 1990, Mosby.

Fortinash KM, Holoday-Worret PA: *Psychiatric nursing care plans,* ed 3, St. Louis, 1999, Mosby.

Fuentes I et al: Relationships between electrodermal activity and symptomatology in schizophrenia, *Psychopathology* 26:47, 1993.

Goldman R et al: Neuropsychological prediction of treatment efficacy and one-year outcome in schizophrenia, *Psychopathology* 26:122, 1993.

Green M et al: Dichotic listening during auditory hallucinations in patients with schizophrenia, *Am J Psychiatry* 151(3):357, 1994.

Gundel H, Rudolf G: Schizophrenic autism: proposal for a nomothetic definition, *Psychopathology* 26:304, 1993

Gur R et al: Clinical subtypes of schizophrenia: differences in brain and CSF volume, *Am J Psychiatry* 151(3):343, 1994.

Gur R, Pearlson G: Neuroimaging in schizophrenia research, *Schizophr Bull* 19(2):337, 1993.

Gureje O et al: Early brain trauma and schizophrenia in Nigerian patients, *Am J Psychiatry* 151(3):368, 1994.

Harper-Jaques S, Reimer M: Aggressive behavior and the brain: a different perspective for the mental health nurse, *Arch Psychiatr Nurs* 6(5):312, 1992.

Harris J: Self-care actions of chronic schizophrenics associated with meeting solitude and social interaction requisites, *Arch Psychiatr Nurs* 4(5):298, 1990.

Hemsley D et al: The neuropsychology of schizophrenia: act 3, *BBS* 16(1):209, 1993.

Hietala J et al: Striatal D_2 dopamine receptor characteristics in neuroleptic-naive schizophrenic patients studied with positron emission tomography, *Arch Gen Psychiatry* 51:116, 1994.

Hoffman R: Commentary: dissecting psychotic speech, *J Nerv Ment Dis* 182(4):212, 1994.

Janicak P et al: *Principles and practice of psychopharmacotherapy,* Baltimore, 1993, Williams & Wilkins.

Joseph M: The neuropsychology of schizophrenia: beyond the dopamine hypothesis to behavioral function, *BBS* 16(1):203, 1993.

Kaplan HI, Sadock BJ: *Synopsis of psychiatry: behavioral sciences, clinical psychiatry,* ed 8, Baltimore, 1998, Williams & Wilkins.

Keltner N, Folks D: *Psychotropic drugs,* St. Louis, 1993, Mosby.

Kendler K, Diehl S: The genetics of schizophrenia: a current, genetic-epidemiologic perspective, *Schizophr Bull* 19(2):261, 1993.

Kennedy B et al: Hallucinatory experiences of psychiatric patients in seclusion, *Arch Psychiatr Nurs* 8(3):169, 1994.

Kennedy M: Relationship between psychiatric diagnosis and patient aggression, *Issues Ment Health Nurs* 14:263, 1993.

Lenzenweger M: Psychometric high-risk paradigm, perceptual aberrations, and schizotypy: an update, *Schizophr Bull* 20(1):121-135, 1994.

Lewandowski L: Brain-behavior relationships. In Hartlage L et al, editors: *Essentials of neuropsychological assessment,* New York, 1991, Springer.

Lieberman J, Koreen: Neurochemistry and neuroendocrinology of schizophrenia: a selective review, *Schizophr Bull* 19(2), 371, 1993.

Liberman R et al: Optimal drug and behavior therapy for treatment-refractory schizophrenic patients, *Am J Psychiatry* 151(5):756, 1994.

Linszen D et al: Cannabis abuse and the course of recent-onset schizophrenic disorders, *Arch Gen Psychiatry* 51(4):273, 1994.

Macciardi F et al: Analysis of the D_4 dopamine receptor gene in an Italian schizophrenia kindred, *Arch Gen Psychiatry* 51(4):288, 1994.

Malone J: Schizophrenia research update: implications for nursing, *J Psychosoc Nurs* 28(8), 4, 1990.

Mann N et al: Psychosocial rehabilitation in schizophrenia: beginnings in acute hospitalization, *Arch Psychiatr Nurs* 7(3):154, 1993.

Mannion E et al: Designing psychoeducational services for spouses of persons with serious mental illness, *Community Ment Health J* 30(2):177-190, 1994.

Mattos J: Science—brain work, pictures shed light on the mystery of schizophrenia, *Time Magazine* 146(21), 1995.

McCain N, Smith J: Stress and coping in the context of psychoneuroimmunology: a holistic framework for nursing practice and research, *Arch Psychiatr Nurs* 8(4):221, 1994.

McEnvoy J et al: Insight about psychosis among outpatients with schizophrenia, *Hosp Community Psychiatry* 44(9):883, 1993.

Meador K, Nichols F: The neurological examination as it relates to neuropsychological issues. In Hartlage L et al, editors: *Essentials of neuropsychological assessment,* New York, 1991, Springer.

Morrison E: The evolution of a concept: aggression and violence in psychiatric settings, *Arch Psychiatr Nurs* 8(4):245, 1994.

Mulvey E: Assessing the evidence of a link between mental illness and violence, *Hosp Community Psychiatry* 45(7):663, 1994.

Natale A, Barron C: Mothers' causal explanations for their son's schizophrenia: relationship to depression and guilt, *Arch Psychiatr Nurs* 8(4):228, 1994.

North American Nursing Diagnosis Association: *NANDA nursing diagnoses: definitions and classifications: 1999-2000,* Philadelphia, 1999, The Association.

Oke S et al: The contingent negative variation in positive and negative types of schizophrenia, *Am J Psychiatry* 151(3):432, 1994.

Olfson M et al: Inpatient treatment of schizophrenia in general hospitals, *Hosp Community Psychiatry* 44(1):40, 1993.

Orrison WW et al: *Functional brain imaging,* St. Louis, 1995, Mosby.

Osmon D: The neuropsychological examination. In Hartlage L et al, editors: *Essentials of neuropsychological assessment* New York, 1991, Springer.

Peplau H: Future directions in psychiatric nursing from the perspective of history, *J Psychosoc Nurs* 18, 1989.

Peplau H: Principles of psychiatric nursing. In Arieti S, editor: *American handbook of psychiatry,* vol 2, New York, 1959, Basic Books.

Perry W, Braff D: Information-processing deficits and thought disorder in schizophrenia, *Am J Psychiatry* 151(3):363, 1994.

Plum F: Prospects for research on schizophrenia. III. Neuropsychology: neuropathological findings, *Neurosci Res Prog Bull* 10:348, 1972.

Previc F: A neuropsychology of schizophrenia without vision, *BBS* 16(1):207, 1993.

Sabate O et al: Failure to find evidence of linkage or association between dopamine D_3 receptor gene and schizophrenia, *Am J Psychiatry* 151(1):107, 1994.

Scherling D: Prenatal cocaine exposure and childhood psychopathology, *Am J Orthopsychiatry* 64(1):9, 1994.

Shore D: *Recent developments in schizophrenia research: relevance for psychiatric nurses.* Plenary session address to American Psychiatric Nurses' Association Convention, Denver, 1989.

Smothergill D, Kraut A: Toward the more direct study of attention in schizophrenia: alertness decrement and encoding facilitation, *BBS* 16(1):208, 1993.

Stirling J et al: Expressed emotion and schizophrenia: the ontogeny of EE during an 18-month follow-up, *Capsules Comments Psychiatr Nurs* 1(1):40, 1994.

Takei N et al: Prenatal exposure to influenza and the development of schizophrenia: is the effect confined to females? *Am J Psychiatry* 151(1):117, 1994.

Thompson J, Strand K: Psychiatric nursing in a psychosocial setting, *J Psychosoc Nurs* 32(2):25, 1994.

Trygstad L: The need to know: biological learning needs identified by practicing psychiatric nurses, *J Psychosoc Nurs* 32(2):13, 1994.

Tsuang M: Genetics, epidemiology, and the search for causes of schizophrenia, *Am J Psychiatry* 151(1):3, 1994.

Turnbull J et al: Turn it around: short-term management for aggression and anger, *J Psychosoc Nurs* 28(6):6, 1990.

Turner B: First person account: the children of madness, *Schizophr Bull* 19(3):649, 1993.

Valente S: Electroconvulsive therapy, *Arch Psychiatr Nurs* 5(4):223, 1991.

vanKarmen D et al: CSF dopamine B-hydroxylase in schizophrenia: associations with premorbid functioning and brain computerized tomography scan measures, *Am J Psychiatry* 151(3):372, 1994.

Vincent M, White K: Patient violence toward a nurse: predictable and preventable? *J Psychosoc Nurs* 32(2):30, 1994.

Weiden P, Havens L: Psychotherapeutic management techniques in the treatment of outpatients with schizophrenia, *Hosp Community Psychiatry* 45(6):549, 1994.

Weiss F: The right to refuse: informed consent and the psychosocial nurse, *J Psychosoc Nurs* 28(8):25, 1990.

CHAPITRE 12

Akhtar S: *Broken structures: severe personality disorders and their treatments,* Northvale, NJ, 1992, Jason Aronson.

Alger I: The dialectical approach to understanding and treating borderline personality disorder, *Psychiatr Serv* 47:927, September 1996.

American Psychiatric Association: *The American Psychiatric Association's psychiatric glossary,* Washington, DC, 1984, American Psychiatric Press.

American Psychiatric Association: *Diagnostic and statistical manual of mental disorders,* ed 4, Washington, DC, 1994, The Association.

Brown GL et al: Aggression, suicide and serotonin relationships to CSF amine metabolites, *Am J Psychiatry* 139:741, 1982.

Brown GL, Linnoila MI: CSF serotonin metabolite (5-HIAA) studies in depression, impulsivity, and violence, *J Clin Psychiatry* 51(suppl):31, April 1990.

Carpenito LJ: *Nursing diagnosis: application to clinical practice,* Philadelphia, 1992, JB Lippincott.

Coryell WH, Zimmerman MBA: Personality disorder in the families of depressed, schizophrenia, and never-ill probands, *Am J Psychiatry* 146:496, April 1989.

Erikson EH: *Childhood and society,* New York, 1950, WW Norton.
Fortinash KM, Holoday-Worret PA: *Psychiatric nursing care plans,* ed 2, St Louis, 1999, Mosby.
Freud S: Three essays on the theory of sexuality, *Standard Edition* 7:125, 1905.
Freud S: The development of the libido and the sexual organizations, *Standard Edition* 16:320, 1917.
Freud S: The ego and the id, *Standard Edition* 19:3, 1923.
Freud S: The dissolution of the Oedipus complex, *Standard Edition* 19:72, 1924.
Gunderson JG: *Borderline personality disorder,* Washington, DC, 1984, American Psychiatric Press.
Horner AJ: *The primacy of structure: psychotherapy of underlying character pathology,* Northvale, NJ, 1990, Jason Arnson.
Houseman C: The paranoid person: a biopsychosocial perspective, *Arch Psychiatr Nurs* 5(6):176, 1990.
Kaplan HI, Sadock BJ: *Pocket handbook of clinical psychiatry,* Baltimore, 1990, Williams & Wilkins.
Kavoussi RJ, Siever LJ: Biologic validators of personality disorders. In Oldham JM, editor: *Personality disorders: new perspectives on diagnostic validity,* Washington, DC, 1991, American Psychiatric Press.
Keltner NL, Folks DG: *Psychotropic drugs,* St Louis, 1993, Mosby.
Kernberg OF: *Severe personality disorders: psychotherapeutic strategies,* New Haven, Conn, 1984, Yale University Press.
Kernberg OF: *Borderline conditions and pathological narcissism,* Northvale, NJ, 1985, Jason Aronson.
Kreisman JJ, Straus H: *I hate you—don't leave me: understanding the borderline personality,* Los Angeles, 1989, Body Press.
Lencz T et al: Impaired eye tracking in undergraduates with schizotypal personality disorder, *Am J Psychiatry* 150(1):152, 1993.
Linehan MM: *Cognitive-behavioral treatment of borderline personality disorder,* New York, 1993, Guilford Press.
Mahler MS: Thoughts about development and individuation, *Psychoanal Study Child* 18:307, 1963.
Mahler MS: A study of the separation-individuation process and its possible application to borderline phenomena in the psychoanalytic situation, *Psychoanal Study Child* 26:403, 1971.
Mahler MS: On the first three subphases of the separation-individuation process, *Int J Psychoanal* 53:333, 1972a.
Mahler MS: Rapprochement subphase of the separation-individuation process, *Psychoanal Q* 41:487, 1972b.
Manfield P: *Split self split object: understanding and treating borderline, narcissistic, and schizoid disorders,* Northvale, NJ, 1992, Jason Aronson.
Mann JJ et al: Increased serotonin-2 and beta-adrenergic receptor binding in the frontal cortices of suicide victims, *Arch Gen Psychiatry* 43:954, 1986.
Marin D et al: Biological models and treatments for personality disorders, *Psychiatr Ann* 19:143, March 1989.
Masterson JF: *Psychotherapy of the borderline adult: a developmental approach,* New York, 1976, Brunner/Mazel.
Myers MG, Stewart DG, Brown SA: Progression from conduct disorder to antisocial personality disorder following treatment for adolescent substance abuse, *Am J Psychiatry* 155:479, 1998.
North American Nursing Diagnosis Association: *NANDA nursing diagnoses: definitions and classification, 1999-2000,* Philadelphia, 1999, The Association.
Oldham JM, Skodol AE: Personality disorders and mood disorders. In Tasman A, Riba MB, editors: *American Psychiatric Press Review of Psychiatry,* vol 11, Washington, DC, 1992, American Psychiatric Press.
Pajer KA: What happens to "bad" girls? A review of the adult outcomes of antisocial adolescent girls, *Am J Psychiatry* 155:862, July 1998.
Roitman SE et al: Attentional functioning in schizoptypal personality disorder, *Am J Psychiatry* 154:655, 1997.
Siever LJ: Biologic markers in schizotypal personality disorder, *Schizophr Bull* 11:564, 1985.
Siever LJ: Schizophrenia spectrum personality disorders. In Tasman A, Riba MB, editors: *American Psychiatric Press Review of Psychiatry,* vol 11, Washington, DC, 1992, American Psychiatric Press.
Siever LJ, Davis KL: A psychobiological perspective on the personality disorders, *Am J Psychiatry* 148(12):1647, 1991.
Smith LL et al: Nurse-patient boundaries crossing the line: how to recognize signs of professional sexual misconduct and intervene effectively, *Am J Nursing* 97:26, December 1997.
Soloff PH et al: Pharmacotherapy and borderline subtypes. In Oldham JM, editor: *Personality disorders: new perspectives on diagnostic validity,* Washington, DC, 1991, American Psychiatric Press.
Stanley M, Stanley B: Postmortem evidence for serotonin's role in suicide, *J Clin Psychiatry* 51(suppl):22, April 1990.
Steele RL: Staff attitudes toward seclusion and restraint: anything new? *Perspect Psychiatr Care* 29:23, July-September 1993.
Townsend MC: *Nursing diagnoses in psychiatric nursing: a pocket guide for care plan construction,* ed 3, Philadelphia, 1994, FA Davis.
Tyson P, Tyson R: *Psychoanalytic theories of development and integration,* New Haven, Conn, 1990, Yale University Press.
Valente SM: Deliberate self-injury management in a psychiatric setting, *J Psychosoc Nurs* 29:19, December 1991.
Widiger TA, Corbitt EM, Millon T: Antisocial personality disorder. In Tasman A, Riba M, editors: *American Psychiatric Press Review of Psychiatry,* vol 11, Washington, DC, 1992, American Psychiatric Press.
Widiger TA, Rogers JH: Prevalence and comorbidity of personality disorders, *Psychiatr Ann* 19:132, March 1989.

CHAPITRE 13

Adams EH et al: *Overview of selected drug trends* (NIDA Publ No. RP0731), Rockville, Md, 1989, National Institute on Drug Abuse.
American Nurses Association: *Addictions and psychological dysfunction in nursing,* New York, 1984, The Association.
American Psychiatric Association: *Diagnostic and statistical manual of mental disorders,* ed 4, Washington, DC, 1994, The Association.
Babor TF et al: *AUDIT the alcohol use disorders identification test: guidelines for use in primary care,* Geneva, 1989, World Health Organization.
Beare PG, Myers JL: *Adult health nursing,* ed 3, St. Louis, 1998, Mosby.
Bikle D: Effects of alcohol disease on bone, *Compr Ther* 14(2):16, 1980.
Bowen M: *Family therapy in clinical practice,* New York, 1978, Jason Aronson.
Cigarette smoking among adults, *MMWR* 41(20), 1990.
Cook P et al: *Alcohol, tobacco, and other drugs may harm the unborn,* Rockville, Md, 1990, U.S. Department of Health and Human Services, Office for Substance Abuse Prevention.
Cooper ML: Alcohol and increased behavioral risks for AIDS, *Alcohol Health Res World* 16:64, 1990.
Crespi TM, Sabatelli RM: Children of alcoholics and adolescence: individuation development and family systems, *Adolescence* 32:407, 1997.
Cuffel BJ: Prevalence estimates of substance abuse in schizophrenia and their correlates, *J Nerv Dis* 180(9):589, 1992.
Donahue RP et al: Alcohol and hemorrhagic stroke, *JAMA* 255:2311, 1986.
Drake RE et al: Diagnosis of alcohol use disorders in schizophrenia, *Schizophr Bull* 16(1):57, 1990.
Dupont RL, Saylor KE: Sedatives/hypnotics and benzodiazepines. In Francis RJ, Miller SI: *Clinical textbook of addictive disorders,* New York, 1991, Guilford Press.
Dulit RA et al: Substance use in borderline personality disorder, *Am J Psychiatry* 147(8):1002, 1990.
El-Mallakh P: Treatment models for clients with co-occurring addictive and mental disorders, *Arch Psychiatr Nurs* 12(2):71, 1998.
Ewing H: Care of women and children in the prenatal period. In Fleming MF, Barry KL, editors: *Addictive disorders,* St. Louis, 1992, Mosby.
Ewing JA: Detecting alcoholism: the CAGE questionnaire, *JAMA* 252:1905, 1984.
Fleming MF, Barry KL: *Addictive disorders,* St. Louis, 1992, Mosby.
Flynn S: Adolescent substance abuse. In Fleming MF, Barry KL, editors: *Addictive disorders,* St. Louis, 1992, Mosby.
Francis RI, Franklin IE: Alcohol and other psychoactive substance use disorders. In Talbott IA et al, editors: *Textbook of psychiatry,* Washington, DC, 1988, American Psychiatric Association.
Francis RJ, Miller SI: Addiction treatment: the widening scope. In Francis RJ, Miller SI, editors: *Clinical textbook of addictive disorders,* New York, 1991, Guilford Press.
Gafoor M, Rassool GH: The co-existence of psychiatric disorders and substance abuse: working with dual diagnosis patients, *J Adv Nurs* 27:497, 1998.
Galamos JT: Alcoholic liver disease: fatty liver, hepatitis and cirrhosis. In Berk JE, editor: *Gastroenterology,* Philadelphia, 1985, WB Saunders.
Goodwin DW et al: Alcohol problems in four adoptees raised apart from biological parents, *Arch Gen Psychiatry* 28:228, 1973.
Goodwin DW et al: Drinking problems in adopted and nonadopted sons of alcoholics, *Arch Gen Psychiatry* 31:164, 1974.
Grella CE, Anglin MD, Wagalter SE: Cocaine and crack use and HIV risk behaviors among high-risk methadone maintenance clients, *Drug Alcohol Depend* 37:15, 1995.
High school senior survey. Unpublished data, Institute for Health and Aging, University of California at San Francisco (1990). In Horgan et al: *Substance abuse: the nation's number one health problem,* Princeton, NJ, 1990, Institute for Health Policy, Brandeis University, The Robert Wood Johnson Foundation.
Horgan et al: Substance abuse: the nation's number one health problem, Princeton, NJ, 1990, Institute for Health Policy, Brandeis University, The Robert Wood Johnson Foundation.
Jellinek EM: *Phases in drinking history of alcoholics,* New Haven, Conn, 1946, Hillhouse Press.
Jellinek EM: *The disease concept of alcoholism,* New Haven, Conn, 1960, Hillhouse Press.
Jellinek EM: Phases of alcohol addiction, *Q J Stud Alcohol* 38:114, 1977.
Johnson L et al: *Details of annual survey,* Ann Arbor, 1988, University of Michigan News and Information Services.
Juergens MS: Benzodiazepines, other sedatives, hypnotics, and anxiolytic drugs, and addiction. In Miller NS, editor: *The principles and practice of addictions in psychiatry,* Philadelphia, 1997, WB Saunders.
Kaplan HI, Sadock BJ: *Synopsis of psychiatry: behavioral sciences, clinic psychiatry,* ed 7, Baltimore, Md, 1994, Williams & Wilkins.
Kelly SJ et al: Birth outcomes, health problems, and neglect with prenatal exposure to cocaine, *J Pediatr Nurs* 17:130, 1991.
Knott DH: The addictive process. Lecture presented June 1987 at the University of Utah Summer School on Alcoholism and Other Drug Dependencies, Salt Lake City. In Varcarolis EM, editor: *Foundations of psychiatric mental health nursing,* ed 2, Philadelphia, 1994, WB Saunders.
Kozel NJ, Adams EH: Epidemiology of drug abuse: an overview, *Science* 234:970, 1986.
Krach P: Discovering the secret: nursing assessment of elderly alcoholics in the home, *J Geronol Nurs* 16(11):32, 1992.
Landry MJ et al: Anxiety, depression and substance use disorder: diagnosis, treatment and prescribing practices, *J Psychoactive Drugs* 23(4):397, 1991.
Lehman A et al: Assessment and classification of patients with psychiatric and substance abuse syndromes, *Hosp Community Psychiatry* 40(10):1019, 1987.
Lieber CS, Leo MA: Alcohol and the liver. In Lieber CS, editor: *Medical disorders of alcoholism: pathogenesis and treatment,* Philadelphia, 1982, WB Saunders.
McDonald DI: *Drugs, drinking and adolescents,* St Louis, 1989, Mosby.
Mendelson JH, Mello NK: Diagnostic criteria for alcoholism and alcohol abuse. In Mendelson JH, Mello NK, editors: *The diagnosis and treatment of alcoholism,* New York, 1985, McGraw-Hill.
Miller P: Family structure, personality, drinking, smoking and illicit drug use: a study of UK teenagers, *Drug Alcohol Depend* 45:121, 1997.
Montgomery P, Johnson B: The stress of marriage to an alcoholic, *J Psychosoc Nurs* 30(10):12, 1992.
Mueser PR et al: Prevalence of substance abuse in schizophrenics: demographic and clinical correlates, *Schizophr Bull* 16(1):31, 1990.
Mynatt S: A model of contributing risk factors to chemical dependency in nurses, *J Psychosoc Nurs* 34:13, 1996.
National Institute on Drug Abuse: *National household survey on drug abuse: preliminary results from 1996 national survey on drug abuse,* Washington, DC, 1997, U.S. Department of Health and Human Services.
North American Nursing Diagnosis Association: *NANDA nursing diagnoses: definitions and classifications, 1999-2000,* Philadelphia, 1999, The Association.
Nurses: help your patients stop smoking, Washington, DC, 1992, U.S. Department of Health and Human Services.
Office of National Drug Control Policy: *National drug control strategy, part 1 (September 1989),* Washington, DC, 1989, U.S. Government Printing Office.
Office of National Drug Control Policy: *National drug control strategy: reclaiming our community from drugs and violence (February 1994),* Washington, DC, 1994, U.S. Government Printing Office.
Paul SM: Anxiety and depression: a common neurobiological substrate? *J Clin Psychiatry* 49:13, 1988.
Rice DP: Unpublished data, Institute for Health and Aging, University of California at San Francisco (1990). In Horgan C et al: *Substance abuse: the nation's number one health problem,* Princeton, NJ, 1990, Institute for Health Policy, Brandeis University, The Robert Wood Johnson Foundation.
Robins LN et al: Lifetime prevalence of specific psychiatric disorders in three sites, *Arch Gen Psychiatry* 41:949, 1984.
Ross HE et al: The prevalence of psychiatric disorders in patients with alcohol and other drug problems, *Arch Gen Psychiatry* 17(3):321, 1988.
Saitz R, O'Malley SS: Alcohol and other substance abuse: pharmacotherapeutics for alcohol abuse, *Med Clin North Am* 18(4):881, 1997.
Scharf MB et al: Therapeutic substitution: clinical differences among benzodiazepine compounds, *US Pharmacist* H1, December 1988.

Scheitlin K: Identifying and helping children of alcoholics, *Nurse Pract* 15(2):34, 1990.

Schuckit MA: Low level response to alcohol as a predictor of future alcoholism, *Am J Psychiatry* 15:184, 1994.

Schuckit M: Genetics and the risk of alcoholism, *JAMA* 254:2614, 1985.

Seltzer MS et al: A self administered Short Michigan Alcoholism Screening Test (SMAST), *J Stud Alcohol* 36(1):117, 1975.

Skinner HA et al: Identification of alcohol abuse using laboratory tests and a history of trauma, *Ann Intern Med* 101:847, 1984.

Slaby A: Treatment of addictive disorders in emergency populations. In Miller NS, editor: *The principles and practice of addictions in psychiatry*, Philadelphia, 1997, WB Saunders.

Stanton MD et al: *The family therapy of drug abuse and addiction*, New York, 1982, Guilford Press.

Stein M: Medical disorders in addicted patients. In Miller NS, editor: *The principles and practice of addictions in psychiatry*, Philadelphia, 1997, WB Saunders.

Stratton K, Howe C, Battaglia F, editors: *Fetal alcohol syndrome: diagnosis, epidemiology prevention, and treatment*, Washington, DC, 1996, National Academy Press.

Sullivan EJ: Comparison of chemically dependent and nondependent nurses on familial, personal and professional characteristics, *J Stud Alcohol* 48:563, 1987.

Sullivan EJ, Handley SM: Alcohol and drug abuse in nurses, *Annu Rev Nurs Res* 10:113, 1992.

Trinkoff A, Storr C: Substance use among nurses: difference between specialty, *Am J Public Health* 88(4):581, 1998.

Vourakis C, Bennett G: Angel dust: not heaven sent, *Am J Nurs* 79:649, 1979.

Zimberg S et al: Dual diagnosis in urban substance abuse and mental health clinics, *Psychiatr Serv* 48(8):1058, 1997.

CHAPITRE 14

Agency for Health Care Policy and Research: *Depression in primary care*, vol 1, *Detection and diagnosis*, Rockville, Md, 1996, U.S. Department of Health and Human Services.

Alzheimer A: Über eine eigenartige Erkrankung der Kirnrinde, *Allgemeine Z Psychiatrie* 64:146, 1907.

American Psychiatric Association: *Diagnostic and statistical manual of mental disorders*, ed 4, Washington DC, 1994, The Association.

Boyd CO, Vernon GM: Primary care of the older adult with end stage Alzheimer's disease, *Nurse Pract* 23(4):63, 1998.

Burgener SC et al: Effective caregiving approaches for patients with Alzheimer's disease, *Geriatr Nurs* 19(3):121, 1998.

Corder EH et al: Gene dose of apolipoprotein E type e4 allele and the risk of Alzheimer's disease in late-onset families, *Science* 261:921, 1993.

Foreman M et al: Assessing cognitive function, *Geriatr Nurs* 5:228, 1996.

Gage FH et al: Gene therapy in the CNS: intracerebral grafting of genetically modified cells, *Prog Brain Res* 86:205, 1990.

Glenner, GG: Alzheimer's disease. In *Encyclopedia of human biology* 1:108, 1994.

Glenner GG, Wong CW: Alzheimer's disease and Down's syndrome: sharing of a unique cerebrovascular amyloid fibril protein, *Biochem Biophys Res Commun* 122:1131, 1984a.

Glenner GG, Wong CW: Alzheimer's disease: initial report of the purification and characterization of a novel cerebrovascular amyloid protein, *Biochem Biophys Res Commun* 120:885, 1984b.

Holt J: How to help confused patients, *Am J Nurs* 93:32, 1993.

Ikeda S et al: Gerstmann-Sträussler-Scheinker disease showing ß-protein amyloid deposits in the peripheral regions of PrP-Immunoreactive amyloid plaques, *Neurodegeneration* 1:281, 1992.

Kidd M: Paired helical filaments in electron microscopy of Alzheimer's disease, *Nature* 197:192, 1963.

Lyness JM: Delirium: masquerades and mis-diagnosis in elderly patients, *J Am Geriatr Soc* 38(11):1235, 1990.

Mangeno M, Middemiss C: Alzheimer's disease: preventing and recognizing misdiagnoses, *Nurse Pract* 22(10):58, 1997.

McNiel C: *Alzheimer's disease: unraveling the mysteries*, Rockville, Md, 1995, National Institutes of Health.

Needham J: Alzheimer's disease: diagnosis and management, *Contin Med Educ Resources*, p 15, 1998.

North America Nursing Diagnosis Association: *NANDA nursing diagnoses: definitions and classifications, 1999-2000*, Philadelphia, 1999, The Association.

Prusiner SB: Some speculations about prions, amyloid, and Alzheimer's disease, *N Engl J Med* 310:661, 1984.

Prusiner SB: Molecular biology of prion diseases, *Science* 252:1515, 1991

Rockwell E: *Behavior problems in Alzheimer's disease* (accompanies the video "Speaking for Them"), Silver Spring, Md., 1991, Alzheimer's Disease Education and Referral Center (ADEAR).

Scheibel AB et al: Denervation microangiopathy in senile dementia, Alzheimer type, *Alzheimer Dis Assoc Disord* 1:19, 1987.

Selkoe DJ: Aging brain, aging mind, *Sci Am* 267(3):134, 1992.

Stehman J et al: *Training manual for Alzheimer's care specialists*, Manuscript submitted for publication, 1991.

Tomlinson BE et al: Observations on the brains of demented old people, *J Neurol Sci* 11:205, 1972.

U.S. Department of Health and Human Services: *Depression is a treatable illness: a patient guide*, Rockville, Md, 1993, The Department.

U.S. Department of Health and Human Services: Quick reference guide for clinicians: early identification of Alzheimer's disease and related dementias, *J Am Acad Nurse Pract* 9(2):85, 1997.

Webster J, Grossberg GT: Strategies for treating dementing disorders, *Nurs Home Med* (6):161, 1996.

Wong CW et al: Neuritic plaques and cerebrovascular amyloid in Alzheimer's disease are antigenically related, *Proc Nat Acad Sci USA* 82:8729, 1985.

Zgola J: *Doing things: a guide to programming activities for persons with Alzheimer's disease and related disorders*, Baltimore, 1987, Johns Hopkins University Press.

CHAPITRE 15

Achenback TM et al: Six-year predictors of problems in a national sample. IV Young adult signs of disturbance, *J Am Acad Child Adolesc Psychiatry* 37:7, 1998.

American Psychiatric Association: *Diagnostic and statistical manual of mental disorders*, ed 4, Washington DC, 1994, The Association.

Bauermeister J et al: Epidemiology of disruptive behavior disorders, *Child Adolesc Psychiatr Clin North Am* 3(2) 1994.

Beitchman J, Yound A: Learning disorders with emphasis on reading disorders: a review of the past 10 years, *J Am Acad Child Adolesc Psychiatry* 36:8, 1997.

Bellis M, Putnam F: The psychobiology of childhood maltreatment, *Child Adolesc Psychiatr Clin North Am* 3(4), 1994.

Bernstein GA, Borchardt CM, Perwien AR: Anxiety disorder in children and adolescents: a review of the past 10 years, *J Am Acad Child Adolesc Psychiatry* 35:9, 1996.

Birmaher B et al: Childhood and adolescent depression: a review of the past 10 years, part I, *J Am Acad Child Adolesc Psychiatry* 35:11, 1996.

Bukstein O et al: Practice parameters for the assessment and treatment of children and adolescents with substance use disorders, *J Am Acad Child Adolesc Psychiatry* 36:10, 1997.

Cantwell DP: Attention deficit disorder: a review of the past 10 years, *J Am Acad Child Adolesc Psychiatry* 35:8, 1996.

DeMause L: The evolution of childhood. In DeMause, editor: *History of childhood*, Psychohistory Press, New York, 1974. Northvale, NJ, 1995, Jason Aronson.

Despert J: *The emotionally disturbed child: then and now*, New York, 1967, Vantage Press.

Dulcan M et al: Practice parameters for the assessment and treatment of children, adolescents, and adults with ADHA, *J Am Acad Child Adolesc Psychiatry* 36:10, 1997.

Fortinash KM, Holoday-Worret PA: *Psychiatric nursing care plans*, ed 3, St. Louis, 1999, Mosby.

Geller B, Luby J: Child and adolescent bipolar disorder: a review of the past 10 years, *J Am Acad Child Adolesc Psychiatry* 36:9, 1997.

Grøholt B et al: Suicide among children and younger and older adolescents in Norway: a comparative study, *J Am Acad Child Adolesc Psychiatry* 37:5, 1998.

Hirshberg JC: Child psychiatry: introduction. In Kaplan H et al, editors: *Comprehensive textbook of psychiatry/III*, ed 3, vol 3, Baltimore, 1980, Williams & Wilkins.

King BH et al: Mental retardation: a review of the past 10 years, part I, *J Am Acad Child Adolesc Psychiatry* 36:12, 1997.

Lewis M: A structural overview of psychopathology in childhood and adolescence. In Kaplan H et al, editors: *Comprehensive textbook of psychiatry/III*, ed 3, vol 3, Baltimore, 1980, Williams & Wilkins.

March JS, Leonard HL: Obsessive-compulsive disorder in children and adolescents: a review of the past 10 years, *J Am Acad Child Adolesc Psychiatry* 34:10, 1996.

McClellan J et al: Practice parameters for the assessment and treatment of children and adolescents with bipolar disorder, *J Am Acad Child Adolesc Psychiatry* 36:10, 1997.

North American Nursing Diagnosis Association: *NANDA nursing diagnoses: definitions and classifications, 1999-2000*, Philadelphia, 1999, The Association.

Otnow LD: Etiology of aggressive conduct disorders: neuropsychiatric and family contributions, *Child Adolesc Psychiatr Clin North Am* 3(2), 1994.

Pfefferbaum B: Posttraumatic stress disorder in children: a review of the past 10 years, *J Am Acad Child Adolesc Psychiatry* 36:11, 1997.

Rogeness G: Biologic findings in conduct disorder, *Child Adolesc Psychiatr Clin North Am* 3(2), 1994.

Shaffer D: Suicide in children and early adolescence, *J Child Psychol Psychiatry* 15(4):275, 1974.

Steiner H et al: Practice parameters for assessment and treatment of children and adolescents with conduct disorder, *J Am Acad Child Adolesc Psychiatry* 36:10, 1997.

Sulik LR, Garfinkel BD: Adolescent suicidal behavior: understanding the breadth of the problem, *Child Adolesc Psychiatr Clin North Am* 1(1), 1992.

Thompson T: Childhood and adolescent suicide in Manitoba: a demographic study *Can J Psychiatry* 32(4): 264, 1987.

Volkmar FR: Childhood and adolescent psychosis: a review of the past 10 years, *J Am Acad Child Adolesc Psychiatry* 35:7, 1996.

Weinberg NZ et al: Adolescent substance abuse: a review of the past 10 years, *J Am Acad Child Adolesc Psychiatry* 37:3, 1998.

CHAPITRE 16

American Psychiatric Association: *Diagnostic and statistical manual of mental disorders*, ed 4, Washington, DC, 1994, The Association.

Bauer B, Anderson W: Bulimic beliefs: food for thought, *J Coun Dev* 67:416, 1989.

Bell R: *Holy anorexia*, Chicago, 1987, University of Chicago Press.

Binswanger L: The case of Ellen West. In May R, Angel E, Ellenburger H, editors: *Existence*, New York, 1958, Basic Books.

Boskind-Lodahl M: Cinderella's stepsisters: a feminist perspective on anorexia nervosa and bulimia, *Signs* 343, 1976.

Boskind-Lodahl M, White W: *Bulima-rexia: the binge/purge cycle*, New York, 1983, WW Norton.

Brewerton T: Toward a unified theory of serotonin dysregulation in eating and related disorders, *Psychoneuro-endocrinology* 20(6):561, 1995.

Brumberg J: *Fasting girls*, New York, 1989, New American Library.

Connors M, Morse W: Sexual abuse and eating disorders: a review, *Int J Eat Disord* 13(1):1, 1993.

Devlin M, Walsh B: Eating disorders and depression, *Psych Ann* 19(9):473, 1989.

Folsom V et al: The impact of sexual and physical abuse on eating disordered and psychiatric symptoms, *Int J Eat Disord* 13:249, 1993.

Gartner A, Marcus R, Halmi K: DSM-IIIR personality disorders in patients with eating disorders, *Am J Psychiatry* 146:1585, 1989.

Glassman JN et al: Some correlates of treatment response to a multicomponent psychotherapy program in outpatients with eating disorders, *Ann Clin Psychiatry* 2:33, 1990.

Halmi K: *A clinical overview of anorexia nervosa*, Presentation at conference: Eating Disorders: a practical clinical update, San Francisco, 1992.

Halmi K et al: Comorbidity of psychiatric diagnoses in anorexia nervosa, *Arch Gen Psychiatry* 48:712, 1991.

Hamburger W: Emotional aspects of obesity, *Med Clin North Am* 35:483, 1951.

Herzog D et al: The prevalence of personality disorders in 210 women with eating disorders, *J Clin Psychiatry* 53:147, 1992.

Herzog D et al: Comorbidity and outcome in eating disorders, *Psychiatr Clin North Am* 19(4):843, 1996.

Jimerson D et al: Medications in the treatment of eating disorders, *Psychiatr Clin North Am* 19(4):739, 1996.

Johnson C, Connors M: *The etiology and treatment of bulimia nervosa*, New York, 1987, Basic Books.

Levin A et al: Multiple personality in eating disorder patients, *Int J Eat Disord* 13(2):235, 1993.

Lindner R: The case of Laura. In *The fifty minute hour*, New York, 1955, Holt, Rinehart & Winston.

Mehler P: Eating disorders: (1) anorexia nervosa; (2) bulimia nervosa, *Hosp Pract*, 1996.

Minuchin S, Rosman B, Baker L: *Psychosomatic families: anorexia nervosa in context*, Cambridge, Mass., 1978, Harvard University Press.

Moyer D et al: Childhood sexual abuse and precursors of binge eating in an adolescent female population, *Int J Eat Disord* 21(1):23, 1997.

From North American Nursing Diagnosis Association: *NANDA nursing diagnoses: definitions and classifications, 1999-2000*, Philadelphia, 1999, The Association.

Orbach S: *Fat is a feminist issue*, New York, 1978, Berkeley Books.

Pollice C et al: Relationship of depression, anxiety and obsessionality to state of illness in anorexia nervosa, *Int J Eat Disord* 21:367, 1997.

Pope H, Hudson J: *New hope for binge eaters*, New York, 1984, Harper & Row.

Russell G: Bulimia nervosa: an ominous variant of anorexia nervosa, *Psychol Med* 9:429, 1979.

Spitzer R et al: Binge eating disorder: a multisite field trial of the diagnostic criteria, *Int J Eat Disord* 11:191, 1992.

Spitzer R et al: Binge eating disorder: its further validation in a multisite study, *Int J Eat Disord* 13:137, 1993.

Stunkard A: Eating patterns and obesity, *Psychiatry Q* 33:284, 1959.

Thornton C, Russell J: Obsessive compulsive comorbidity in the dieting disorders, *Int J Eat Disord* 21(1):83, 1997.
US Department of Health and Human Services, Public Health Service, NIH pub No. 94-3477, 1993.
Vanderlinden J et al: Dissociative experiences and trauma in eating disorders, *Int J Eat Disord* 13:187, 1993.
Vernon-Guidry, S, Williamson D, Netemeyer R: Structural modeling analysis of body dysphoria and eating disorder symptoms in preadolescent girls, *Eat Disord* 5(1):15, 1997.
Waller G: Association of sexual abuse and borderline personality disorder in eating disordered women, *Int J Eat Disord* 13:259, 1993.
Walsh B, Devlin M: The pharmacologic treatment of eating disorders, *Psychiatr Clin North Am* 15:149, 1992.
Wilson G, Fairburn C: Cognitive treatments for eating disorders, *J Consult Clin Psychol* 61:261, 1993.
Wooley S, Wooley O: Intensive outpatient and residential treatment for bulimia. In Garner D, Garfinkel P, editors: *Handbook of psychotherapy for anorexia nervosa and bulimia*, New York, 1985, Guilford Press.

CHAPITRE 17

Abel GG et al: Sexually aggressive behavior. In Curran WJ et al, editors: *Forensic psychiatry and psychology*, Philadelphia, 1986, FA Davis.
Abel GG et al: Self-reported sex crimes of nonincarcerated paraphiliacs, *J Interpersonal Violence* 2(1):3, 1987.
Abel GG, Osborn C: Stopping sexual violence, *Psychiatr Ann* 22(6):301, 1992.
American Psychiatric Association: *Diagnostic and statistical manual of mental disorders*, ed 4, Washington, DC, 1994, The Association.
Anon J: The PLISSIT model, *J Sex Educ Ther* 2(1):1, 1976.
Arndt WB Jr: *Gender disorders and the paraphilias*, Madison, Conn, 1991, International Universities Press.
Ashton A, Hamer R, Rosen R: Serotonin-reuptake inhibitor-induced sexual dysfunction and its treatment: a large scale retrospective study of 596 psychiatric outpatients, *J Sex Marital Ther* 23(3):165, 1997.
Baker HJ, Stoller J: Can a biological force contribute to gender identity? *Am J Psychiatry* 124(12):1653, 1968.
Beitchman J et al: A review of the long-term effects of child sexual abuse, *Child Abuse Negl* 16:101, 1992.
Bergner RM: Money's "lovemap" account of the paraphilias: a critique and reformulation, *Am J Psychother* 42(2):254, 1988.
Berlin FS: Special considerations in the psychiatric evaluation of sexual offenders against minors. In Rosner R, Schwartz H, editors: *Juvenile psychiatry and the law: critical issues in American psychiatry and the law*, vol 4, New York, 1989, Plenum Press.
Berlin FS: The paraphilias and Depo-Provera: some medical, ethical and legal considerations, *Bull Am Acad Psychiatry Law* 17(3):233, 1989.
Berlin FS et al: A five-year plus follow-up survey of criminal recidivism within a treated cohort of 406 pedophiles, 111 exhibitionists and 109 sexual aggressives: issues and outcomes, *Am J Forensic Psychiatry* 12(3):5, 1991.
Berlin FS, Malin HM: Media distortion of the public's perception of recidivism and psychiatric rehabilitation, *Am J Psychiatry* 148(11):1572, 1991.
Berlin FS, Meineke CF: Treatment of sex offenders with antiandrogen medication: conceptualization, review of treatment modalities and preliminary findings, *Am J Psychiatry* 138:601, 1981.
Bradford JM, Gratzner TG: A treatment for impulse control disorders and paraphilia, *Can J Psychiatry* 40:4, 1995.
Brecher E: *The sex researchers*, New York, 1971, New American Library.
Ducharme S, Gill K: Management of the male sexual dysfunctions. In Sipski M, Alexander C: *Sexual function in people with disability and chronic illness: a health professionals guide*, Gaithersburg, Md, 1997, Aspen.
Gaffney GS et al: Is there familial transmission of pedophilia? *J Nerv Ment Dis* 172:546, 1984.
Groth AN: *Men who rape*, New York, 1979, Plenum Press.
Hartman W, Fithian M: *Treatment of sexual dysfunction: a bio-psycho-social approach*, Long Beach, Calif, 1972, Center for Marital and Sexual Studies.
Kafka MP: Sertraline pharmacotherapy for paraphilias and paraphilia-related disorders: an open trial, *Ann Clin Psychiatry* 6:189, 1994.
Kafka MP: How are drugs used in the treatment of paraphuilic disorders? *Harvard Ment Health Letter* 13(9):8, 1997.
Kaplan H: *The new sex therapy*, New York, 1974, Brunner/Mazel.
Kaplan HI, Sadock BJ: Paraphilias. In Kaplan HI, Sadock, BJ, editors: *Synopsis of psychiatry, behavioral sciences, clinical psychiatry*, ed 6, Baltimore, 1991, Williams & Wilkins.
Kiersch TA: Treatment of sex offenders with Depo-Provera, *Bull Am Acad Psychiatry Law* 18(2):179, 1990.
Kim MJ et al: *Pocket guide to nursing diagnoses*, ed 5, St. Louis, 1993, Mosby.
Kinsey A et al: *Sexual behavior in the human female*, Philadelphia, 1953, WB Saunders.
Klinefelter HF et al: Syndrome characterized by gynecomastia, aspermatogenesis without A-Leydigism, and increased excretion of FSH, *J Clin Endocrinol Metab* 2(2):615, 1994.
Labbate LL et al: Sexual dysfunction induced by serotonin reuptake antidepressants, *J Sex Marital Ther* 24(1):3, 1998.
Leiblum S, Rosen R: *Principles and practice of sex therapy*, New York 1989, Guilford Press.
LeMone P: Human sexuality in adults with insulin-dependent diabetes mellitus, *Image: J Nurs Sch* 25(2):101, 1993.
LoPiccolo J, Friedman J: Broad spectrum treatment of low sexual desire: integration of cognitive, behavioral and systematic therapy. In Leiblum S, Rosen R, editors: *Sexual desire disorders*, New York, 1988, Guilford Press.
Masters W, Johnson V *Human sexual inadequacy*, Boston, 1970, Little, Brown.
Masters W, Johnson V: *Human sexual response*, Boston, 1966, Little, Brown.
McCarthy B: Chronic sexual dysfunction: assessment, intervention and realistic expectations, *J Sex Educ Therapy* 22(2):51, 1997.
Meyer WJ et al: Depo-Provera treatment for sex offending behavior: an evaluation of outcome, *Bull Am Acad Psychiatry Law* 20(3):249, 1992.
Money J et al: Imprinting and the establishment of gender role, *Arch Neurol Psychiatry* 77:333, 1957.
Money J: *Lovemaps*, Buffalo, NY, 1986a, Prometheus Books.
Money J: *Lovemaps: clinical concepts of sexual/erotic health and pathology, paraphilia, and gender transposition in childhood, adolescence, and maturity*, New York, 1986b, Irvington.
Money J: *Venuses penuses: sexology, sexosophy and exigency theory*, Buffalo, NY, 1986c, Prometheus Books.
Money J: Treatment guidelines: antiandrogen and counseling of paraphilic sex offenders, *J Sex Marital Ther* 13(3):219, 1987.
Morokoff P, Gillilland R: Stress, sexual functioning and marital satisfaction, *J Sex Res* 30:43, 1993.
North American Nursing Diagnosis Association: *NANDA nursing diagnoses: definitions and classifications, 1999-2000*, Philadelphia, 1999, The Association.
Piletz J et al: Plasma MHPG response to yohimbine treatment in women with hypoactive sexual desire, *J Sex Marital Ther* 24(1):43, 1998.
Plaut M, RachBeisel J: Use of anxiolytic medication in the treatment of vaginismis and severe aversion to penetration, case report, *J Sex Educ Ther* 22(3):43, 1997.
Renshaw D: Profile of 2376 patients treated at Loyola Sex Clinic between 1972 and 1978, *J Sex Marital Ther* 3:111, 1988.
Schiavi R et al: Erectile function and penile blood pressure in diabetes mellitus, *J Sex Marital Ther* 20(2):119, 1994.
Semans R: Premature ejaculation: a new approach, *South Med J* 49:353, 1956.
Simon WT, Schouten PG: Plethysmography in the assessment of sexual deviance: an overview, *Arch Sex Behav* 20(1):75, 1991.
Spector I, Carey M: Incidence and prevalence of the sexual dysfunctions: a critical review of the literature, *Arch Sex Behav* 19:389, 1990.
Wagner G, Kaplan, HS: *The new injection treatment for impotence*, New York, 1993, Brunner/Mazel.
Wagner G, Rabkin J, Rabkin R: Effects of testosterone replacement therapy on sexual interest, function and behavior in HIV|m+ men, *J Sex Res* 34(1):27, 1997.
Whipple B, McGreer KB: Management of sexual dysfunction in women. In Sipski M, Alexander C: *Sexual function in people with disability and chronic illness: a health professionals guide*, Gaithersburg, Md, 1997, Aspen.
Wilson GD: An ethological approach to sexual deviation. In Wilson GD, editor: *Variant sexuality: research and theory*, Baltimore, 1987, The Johns Hopkins University Press.
Wincze J et al: Comparison of nocturnal penile tumescence response and penile response to erotic stimulation during waking states in comprehensively diagnosed groups of males experiencing erectile difficulties, *Arch Sex Behav* 17:333, 1988.
Zilbergeld B, Evans M: The inadequacy of Masters and Johnson, *Psych Today* 14:29, 1980.

CHAPITRE 18

American Nurses Association: *Statement on psychiatric-mental health clinical nursing practice and standards of psychiatric-mental health clinical nursing practice*, Washington, DC, 1994, American Nurses Publishing.
American Psychiatric Association: *Diagnostic and statistical manual of mental disorders*, ed 2, Washington, DC, 1968, The Association.
American Psychiatric Association: *Diagnostic and statistical manual of mental disorders*, ed 3, Washington, DC, 1980, The Association.
American Psychiatric Association: *Diagnostic and statistical manual of mental disorders*, ed 3 revised, Washington, DC, 1987, The Association.
American Psychiatric Association: *Diagnostic and statistical manual of mental disorders*, ed 4, Washington, DC, 1994, The Association.
Armstrong M: *Being pregnant and using drugs: a retrospective phenomenological inquiry*. Unpublished doctoral dissertation. San Diego, Calif., 1992, University of San Diego.
Beck C: The lived experience of postpartum depression: a phenomenological study, *Nurs Research* 41(3):166, 1992.
Bergum V: *Woman to mother: a transformation*, Boston, 1989, Bergin & Garvey.
Blier R: *Science and gender*, New York, 1986, Pergamon Press.
Colarusso C, Nemiroff R: *Adult development: a new dimension in psychodynamic theory and practice*, New York, 1981, Plenum Press.
Colarusso C, Nemiroff R: Clinical implications of adult development, *Am J Psychiatry* 144(10):1263, 1987.
Coward D: The lived experience of self-trancendence in women with advanced breast cancer, *Nurs Sci Q* 3(4):162, 1990.
Davis F: Deviance disavowal: the management of strained interaction by the visibly handicapped. In Davis F, editor: *Illness, interaction and the self*, Belmont, Calif, 1972, Wadsworth.
Erikson EH: *Childhood and society*, ed 2, New York, 1963, WW Norton.
Gilligan C: *In a different voice: psychological theory and women's development*, Cambridge, Mass., 1982, Harvard University Press.
Greenberg W, Rosenfeld D, Ortega E: Adjustment disorder as an admission diagnosis, *Am J Psychiatry* 152(3):459, 1995.
Heifner C: Positive connectedness in the psychiatric nurse-patient relationship, *Arch Psychiatr Nurs* 7(1):11, 1993.
Jordan J et al: *Women's growth in connection: writings from the stone center*, New York, 1991, Guilford Press.
Kirk S, Kutchins H: *The selling of DSM: the rhetoric of science in psychiatry*, New York, 1992, Aldine de Gruyter.
Kovacs M et al: A controlled prospective study of DSM-III adjustment disorder in childhood: short-term prognosis and long-term predictive validity, *Arch Gen Psychiatry* 51(4):535, 1994.
Kubler-Ross E: *On death and dying*, New York, 1969, Macmillan.
Lerner H: *Women in therapy*, Northvale, NJ, 1988, Jason Aronson Press.
Levine S: *Healing into life and death*, New York, 1987, Doubleday.
Lewis H: Is Freud an enemy of women's liberation? Some historical considerations. In Bernay T, Cantor D, editors: *The psychology of today's woman: new psychoanalytic visions*, Cambridge, Mass, 1986, Harvard University Press.
Lowenberg J: *Caring and responsibility: the crossroads between holistic practice and traditional medicine*, Pittsburgh, 1989, University of Pennsylvania Press.
Main M et al: Information sharing concerning schizophrenia in a family member: adult siblings' perspectives, *Arch Psychiatr Nurs* 7(3):147, 1993.
Meth R, Pasick R: *Men in therapy: the challenge of change*, New York, 1990, Guilford Press.
Mickley J et al: Spiritual well-being, religiousness and hope among women with breast cancer, *Image J Nurs Sch* 24(4):267, 1992.
Murphy S: Coping strategies of abstainers from alcohol up to three years post-treatment, *Image J Nurs Sch* 25(1):29, 1993.
Napier A: Heroism, men, and marriage, *J Marital Fam Ther* 17(1):9, 1991.
Nemiroff R, Colarusso C: *Psychotherapy and psychoanalysis in the second half of life*, New York, 1985, Plenum Press.
North American Nursing Diagnosis Association: *NANDA nursing diagnoses: definitions and classifications, 1999-2000*, Philadelphia, 1999, The Association.
Parsons T: *The social system*, New York, 1951, The Free Press.
Pittman F: The secret passions of men, *J Marital Fam Ther* 17(1):17, 1991.
Popkin M: Adjustment disorder and impulse control. In Kaplan H, Saddock B, editors: *Comprehensive textbook of psychiatry/V*, Baltimore, 1989, Williams & Wilkins.
Popkin M: Adjustment disorders in medically ill inpatients referred for consultation in a university hospital, *Psychosomatics* 31(4):410, 1990.
Razavi D et al: Screening for adjustment disorders and major depressive disorders in cancer inpatients, *Br J Psychiatry* 156:79, 1990.
Ruckdeschel H: *Psychotherapy for the old old: ten patients' report on their treatment for depression*. Unpublished doctoral dissertation, 1993, University of Pennsylvania.
Selye H: *Stress without distress*, New York, 1956, New American Library.
Selye H: *The stress of life*, New York, 1978, McGraw-Hill.
Snyder S, Strain J, Wolf D: Differentiating major depression from adjustment disorder with depressed mood in the medical setting, *Gen Hosp Psychiatry* 12:159, 1990.
Spector R: *Cultural diversity in health and illness*, ed 3, Norwalk, Conn, 1991, Appleton & Lange.
Tanner C et al: The phenomenology of knowing the patient, *Image J Nurs Sch* 25(4):273, 1993.

Walsh F, McGoldrick M: *Living beyond loss*, New York, 1991, WW Norton.

CHAPITRE 19

Brammer LM: *The helping relationship: process and skills*, Boston, 1993, Allyn & Bacon.

Cartwright D: The nature of group cohesiveness. In Cartwright D, Zander A, editors: *Group dynamics: research and theory*, ed 3, New York, 1968, Harper & Row.

Corey G: *Becoming a helper*, Pacific Grove, Calif, 1989, Brooks/Cole Publishing.

Corey G: *Case approach to counseling and psychotherapy*, ed 3, Pacific Grove, Calif, 1991, Brooks/Cole.

Corey G: *Theory and practice of group counseling*, ed 3, Pacific Grove, Calif, 1990, Brooks/Cole.

Cosgray E et al: A day in the life of an inpatient: an experiential game to promote empathy for individuals in a psychiatric hospital, *Arch Psychiatr Nurs* 6:6, 1990.

Denton PL: *Psychiatric occupations therapy: a workbook of practical skills*, New York, 1987, Little, Brown.

Fortinash KM, Holoday-Worret PA: *Psychiatric nursing care plans*, ed 3, St. Louis, 1999, Mosby.

Herz MI: The therapeutic milieu: a necessity, *Int J Psychiatry* 7:209, 1969.

Hogarth C: Families and family therapy. In Johnson B, editor: *Psychiatric mental health nursing: adaptation and growth*, ed 3, Philadelphia, 1993.

Jones M: *The therapeutic community*, New York, 1953, Basic Books.

Kennedy E: *On becoming a counselor*, New York, 1977, Seabury Press.

Northouse P, Northouse L: *Health communication: strategies for health professionals*, Norwalk, Conn., 1992, Appleton & Lange.

Peplau HE: *Interpersonal relations in nursing*, New York, 1952, GP Putnam's Sons.

Sadock BJ: Group psychotherapy, combined psychotherapy and psychodrama. In Kaplan HL, Sadock BJ, editors: *Comprehensive textbook of psychiatry*, ed 6, Baltimore, 1995, Williams & Wilkins.

Sampson E, Marthas M: *Group process for the health professions*, New York, 1990, Delmar.

Satir V: *Peoplemaking*, Palo Alto, Calif. 1972, Science & Behavior Books.

Sayre J: Common errors in communication made by students in psychiatric nursing, *Perspect Psychiatr Care* 5:175, 1978.

Yalom ID: *The theory and practice of group psychotherapy*, ed 3 New York, 1985, Basic Books.

Internet Sources

Internet Mental Health, *http://www.mental-health.com/copy/html*

Mental Health InfoSource, *http://www.mhsource.com/edu/index.html*

PsychPro Online, *http://www.onlinepsych.com*

CHAPITRE 20

Abrams R: *Electroconvulsive therapy*, New York, 1988, Oxford University Press.

Adler LA et al: A controlled comparison of the effects of propranolol, benztropine and placebo on akathisia: an interim analysis, *Psychopharmacol Bull* 29(2):283, 1993.

Alvir JM, Lieberman JA: A reevaluation of the clinical characteristics of clozapine-induced agranulocytosis in light of the United States experience, *J Clin Psychopharmacol* 14(2):87, 1994.

American Psychiatric Association: Practice guidelines for major depressive disorder in adults, *Am J Psychiatry* 150(suppl):1, 1993.

Andrews JM, Nemeroff CB: Contemporary management of depression, *Am J Med* 97(6A):24S, 1994.

Aschoff J: Annual rhythms in man. In *Handbook of behavioral neurobiology*, New York, 1981, Plenum Press.

Baastrup PC et al: Prophylactic lithium: double-blind discontinuation in manic-depressive and recurrent depressive disorders, *Lancet* 2:326, 1970.

Baldessarini RJ: Drugs and the treatment of psychiatric disorders. In Gilman AG et al, editors: *Goodman and Gilman's the pharmacologic basis of therapeutics*, ed 8, New York, 1990, Pergamon.

Battaglia J et al: *Rapid tranquilization of agitated psychotic patients in the emergency room*. Presented at New Clinical Drug Evaluation Unit, Boca Raton, Fla., May 1992.

Borison RL et al: Risperidone: clinical safety and efficacy in schizophrenia, *Psychopharmacol Bull* 28(2):213, 1992.

Bowden C et al: Efficacy of divalproex vs lithium and placebo in the treatment of mania, *JAMA* 271:918, 1994.

Calis KA et al: Attention-deficit hyperactivity disorder, *Clin Pharmacy* 9:632, 1990.

Caroff SN et al: Neuroleptic malignant syndrome: diagnostic issues, *Psychiatr Ann* 21(2):130, 1991.

Cole J: New directions in antidepressant therapy: a review of sertraline, a unique serotonin reuptake inhibitor, *J Clin Psychiatry* 53(9):335, 1992.

Conley RR et al: Rehospitalization rates of recently discharged patients on risperidone and clozapine. Presented at the New Clinical Drug Evaluation Unit Annual Meeting, Boca Raton, Fla., June 10-13, 1998.

Damluji NF, Ferguson JM: Paradoxical worsening of depressive symptomatology caused by antidepressants, *J Clin Psychopharmacol* 8(5):347, 1988.

Davis KL et al: Dopamine in schizophrenia: a review and reconceptualization, *Am J Psychiatry* 148:1474, 1991.

De Wilde J et al: A double-blind, comparative, multi-center study comparing paroxetine with fluoxetine in depressed patients, *Acta Psychiatr Scand* 87:141, 1993.

Dechant KL, Clissold SP: Paroxetine—a review of its pharmacodynamic and pharmacokinetic properties and therapeutic potential in depressive illness, *Drugs* 41(2):225, 1991.

Delgado PL et al: Serotonin function and the mechanism of antidepressant action, *Arch Gen Psychiatry* 47:411, 1990.

Deniker P: The neuroleptics: an historical survey, *Acta Psychiatr Scand* 82 (suppl 358):83, 1990.

Dumon JP et al: Randomized, double-blind, crossover, placebo-controlled comparison of propranolol and betaxolol in the treatment of neuroleptic-induced akathisia, *Am J Psychiatry* 149:647, 1992.

Eison AS et al: Review of its pharmacology and current perspectives on its mechanism of action, *Am J Med* 80 (suppl 3B):1, 1986.

Fava M, Rosenbaum JF: Suicidality and fluoxetine: is there a relationship, *J Clin Psychiatry* 52:108, 1991.

Ferris RM, Cooper BR: Mechanism of antidepressant activity of bupropion, *J Clin Psychiatry* 11(1):2, 1993.

Gelenberg AJ et al: Comparison of standard and low serum levels of lithium for maintenance treatment of bipolar disorder, *N Engl J Med* 321(22):1489, 1989.

Glazer WM, Kane JM: Depot neuroleptic therapy: an underutilized treatment option, *J Clin Psychiatry* 53:426, 1992.

Goodhart RS et al: Phenelzine-associated peripheral neuropathy, clinical and electrophysiologic findings, *Aust NZ J Med* 21:339, 1991.

Gurrera RJ et al: A comparison of diagnostic criteria for neuroleptic malignant syndrome, *J Clin Psychiatry* 53:56, 1992.

Hagger C et al: Improvement in cognitive functions and psychiatric symptoms in treatment-refractory schizophrenic patients receiving clozapine, *Biol Psychiatry* 34:702, 1993.

Jacobson SJ et al: Prospective multi-center study of pregnancy outcome after lithium exposure during the first trimester, *Lancet* 339:530, 1992.

Johnstone EC, Marsh W: The relationship between response to phenelzine and acetylation status in depressed patients, *Proc R Soc Lond Biol Sci* 66:947, 1973.

Kane JM, Marder SR: Psychopharmacologic treatment of schizophrenia, *Special Report: schizophrenia*, 19(2):113, 1993.

Kane J et al: Clozapine for the treatment of schizophrenia, *Arch Gen Psychiatry* 45:789, 1988.

Keck PE et al: Valproate oral loading in the treatment of acute mania, *J Clin Psychiatry* 54:305, 1993.

King DJ: Benzodiazepines, amnesia and sedation: theoretical and clinical issues and controversies, *Human Pharmacol* 7:75, 1992.

Kukopulos A, Reginaldi D: Does lithium prevent depression by suppressing manias? *Int J Pharmacopsychiatry* 8 152, 1973.

Lader M: Rebound insomnia and newer hypnotics, *Psychopharmacology* 108(3):649, 1992.

Lewy AJ et al: Treatment of winter depression with light. In Shagass C et al, editors: *Biological psychiatry*, vol 6, New York, 1986, Elsevier.

Lichter JB et al: A hypervariable segment in the human dopamine receptor D_4 (DRD4) gene, *Hum Mol Genet* 2(6):767, 1993.

Love RC, Conley RR, Kelly DL: A Dose-outcome analysis of risperidone use in the Maryland State Mental Health System, XXIst CINP Congress, Glasgow, Scotland, July 12-16, 1998.

Manji HK et al: Signal transduction pathways, molecular targets for lithium's actions, *Arch Gen Psychiatry* 52 531, 1995.

McElroy SL et al: Clozapine in the treatment of psychotic mood disorders, schizoaffective disorder and schizophrenia, *J Clin Psychiatry* 51:411, 1991.

McElroy SL et al: Valproate in the treatment of bipolar disorder: literature review and clinical guidelines, *J Clin Psychiatry* 12:42S, 1992.

Meltzer HY et al: Cost effectiveness of clozapine in neuroleptic-resistant patients, *Am J Psychiatry* 150:1630, 1993.

Merlotti L et al: The dose effects of zolpidem on the sleep of healthy normals, *J Clin Psychiatry* 9(1):9, 1989.

Monroe RR: *Episodic behavioral disorders*, Cambridge, Mass, 1970, Harvard University Press.

Montgomery S: Venlafaxine: a new dimension in antidepressant pharmacotherapy, *J Clin Psychiatry* 54:3:119, 1993.

Pickar D et al: Mania and hypomania during antidepressant pharmacotherapy: clinical and research implications. In Post RM, Ballenger JC, editors: *Neurobiology of mood disorders*, Baltimore, 1984, Williams & Wilkins.

Pickar D et al: Clinical and biologic response to clozapine in patients with schizophrenia, crossover comparison with fluphenazine, *Arch Gen Psychiatry* 49 345, 1992.

Pigot TA et al: Controlled comparison of clomipramine and fluoxetine in the treatment of obsessive-compulsive disorder, *Arch Gen Psychiatry* 47(10):926, 1990.

Pollack MH, Rosenbaum JF: Management of antidepressant-induced side effects: a practical guide for the clinician, *J Clin Psychiatry* 48(1):3, 1987.

Pope H et al: Frequency and presentation of neuroleptic malignant syndrome in a large psychiatric hospital, *Am J Psychiatry* 143(10):1227, 1986.

Post RM et al: Mechanism of action of anticonvulsants in affective disorders: comparisons with lithium, *J Clin Psychopharmacol* 12:23S, 1992.

Pratt DS, Dubois RS: Hepatotoxicity due to pemoline: a report of two cases, *J Pediatr Gastroenterol Nutr* 10:239, 1990.

Prien RF: Maintenance therapy. In Paykel E, editor: *Handbook of affective disorders*, London. 1992, Churchill Livingston.

Quitkin FM et al: Response to phenelzine and imipramine in placebo nonresponders with atypical depression, *Arch Gen Psychiatry* 48:319, 1991.

Richelson R: Side effects of old and new generation antidepressants: a pharmacologic framework, *J Clin Psychiatry* 9(1):13, 1991.

Risch SC, Nemeroff CB: Neurochemical alterations of serotonergic neuronal systems in depression, *J Clin Psychiatry* 53(10, suppl):3, 1992.

Rosenthal NE et al: Seasonal variation in affective disorders. In Wehr TA, Goodwin FK, editors: *Biological rhythms and psychiatry*, Pacific Grove, Calif, 1983, Boxwood Press.

Rosenthal NE et al: Antidepressant effects of light in seasonal affective disorder, *Am J Psychiatry* 142:163, 1985.

Roy-Byrne PP, Hommer D: Benzodiazepine withdrawal: overview and implications for the treatment of anxiety, *Am J Med* 84(6):1041, 1988.

Sachs GS: Use of clonazepam for bipolar affective disorder, *J Clin Psychiatry* 51(5, suppl):31, 1990.

Sanger DJ et al: The behavioral profile of zolpidem, a novel hypnotic drug of imidazopyridins structure. *Physiol Behav* 4:(2):39, 1987.

Scharf MB et al: Dose response effects of zolpidem in normal geriatric subjects. *J Clin Psychiatry* 52:77, 1991.

Schou M: Effects of long-term lithium treatment on kidney function: an overview, *J Psychiatr Res* 22:287, 1988.

Schou M et al: Lithium and pregnancy. I. Report from the register of lithium babies, *BMJ* 2:135, 1973.

Stimmel et al

Tamminga CA et al: Clozapine in tardive dyskinesia: observations from human and animal model studies. *J Clin Psychiatry* 55(9, suppl B):102, 1994.

Teicher MH et al: Emergence of intense suicidal preoccupation during fluoxetine treatment, *Am J Psychiatry* 247(2):207, 1990.

Terman M et al: Bright light treatment of seasonal affective disorder, *New Research Abstracts*, 139th annual meeting of the American Psychiatric Association, 1986.

Thomas H et al: Droperidol versus haloperidol for chemical restraint of agitated and combative patients, *Ann Emerg Med* 21(4):407, 1992.

Tulloch IF, Johnson AM: The pharmacologic profile of paroxetine, a new selective serotonin reuptake inhibitor, *J Clin Psychiatry* 53(suppl 2):7, 1992.

Vaughn DA: Interaction of fluoxetine and tricyclic antidepressants, *Am J Psychiatry* 145:1478, 1988.

Wilde MI et al: Fluvoxamine: an updated review of its pharmacology and therapeutic use in depressive illness, *Drugs* 46(5):895, 1993.

Wysowski DK, Barash D: Adverse behavioral reactions attributed to triazolam in the food and drug administration's spontaneous reporting system, *Arch Intern Med*151:2003, 1991.

CHAPITRE 21

Achterberg J et al: Mind-body interventions. In *Alternative medicine: expanding medical horizons*, Torrance, Calif, 1994, Homestead Schools.

Associated Press: Echinacea roots prized by diggers, *San Diego Union-Tribune*, p, A7, August 10, 1998.

Baer R et al: Diet and nutrition in the prevention and treatment of chronic disease. In *Alternative medicine: expanding medical horizons*, Torrance, Calif, 1994, Homestead Schools.

Bassick J, producer: *The doctor is in: alternative medicine*, Princeton, NJ, 1996, Films for the Humanities and Sciences.

Bellamy D, Pfister A: *World medicine: plants, patients and people*, Mass, 1992, Blackwell.

Berman B, Larson D: Preface. In *Alternative medicine: expanding medical horizons*, Torrance, Calif, 1994, Homestead Schools.
Carson V: *Spiritual dimensions of nursing practice*, Philadelphia, 1989, WB Saunders.
Choe M, Heber L: Listen to the music, *Reflections* 23(2):17, 1997.
Clark C: Cancer specialists hear spiritual guru, *San Diego Union-Tribune*, p B-7, March 28, 1998.
Clements M, Hales D: How healthy are we? *Parade Magazine*, September 7, 1997 (national survey).
Cousins N: *Anatomy of an illness as perceived by the patient*, New York, 1979, WW Norton.
Dossey B: Using imagery to help your patient heal, *Am J Nurs* 95(6):41, 1995.
Dossey B: Complementary and alternative therapies for our aging society, *J Gerontol Nurs* 23(9):45, 1997.
Dossey B: Holistic modalities and healing moments, *Am J Nurs* 98(6):44, 1998.
Dossey B, Dossey L: Body-mind-spirit: attending to holistic care, *Am J Nurs* 98(8):35, 1998.
Dossey L, Swyers J: Introduction. In *Alternative medicine: expanding medical horizons*, Torrance, Calif, 1994, Homestead Schools.
Eakes G, Burke M, Hainsworth M: Middle-range theory of chronic sorrow, *Image J Nurs Sch* 30(2):179, 1998.
Eisenberg D et al: Unconventional medicine in U.S.: prevalence, costs, and patterns of use, *N Engl J Med* 328(4):245, 1993.
Ellis J, Hartley C: *Nursing in today's world: challenges, issues and trends*, Philadelphia, 1998, JB Lippincott.
Gibson L: Healing and humor, *Nursing* 94(9):56-57, 1994.
Huff C: Nature's Prozac, *Remedy*, p 8, March/April 1998.
Jessup A: The democratization of expertise: information-sharing on the Internet, *Alternative Ther Health Med* 1(4):22, 1995.
Jorgenson J: Therapeutic use of companion animals in health care, *Image J Nurs Sch* 29(3):249, 1997.
Keegan L: Getting comfortable with alternative and complementary therapies, *Nursing* 98(4):50, 1998.
Kim S: Out of darkness, *Reflections* 24(3):8, 1998.
Kozier B, Erb G, Blais K: *Professional nursing practice*, Menlo Park, Calif, 1997, Addison-Wesley.
Lawrence R: Magnets stop pain ... ease arthritis, help heal broken bones and more, *Health Confidential*, p 7, January 1996.
Lockhart J: Hallowed ground: Managua, Nicaragua, *Reflections* 24(3):24, 1998.
Mackey R: Discovering the healing power of therapeutic touch, *Am J Nurs* 95(4):27, 1995.
Malik, T: The safety of herbal medicine, *Alternative Ther* 1(4):27, 1995.
McIntyre A: Healing with flowers. In *Flower power*, New York, 1996, Henry Holt.
Moran J: Making alternative therapies everyone's issue, *Alternative Ther Health Med* 1(4):79, 1995.
Moss R et al: Pharmacological and biological treatments. In *Alternative medicine: expanding medical horizons*, Torrance, Calif, 1994, Homestead Schools.
National Institutes of Health, Office of Alternative Medicine: *Complementary and alternative medicine at the NIH* (online), Springfield, Md, Spring 1998.
Nunnery R: *Advancing your career: concepts of professional nursing*, Philadelphia, 1997, FA Davis.
Pope D: Music, noise, and the human voice in the nurse-patient environment, *Image J Nurs Sch* 27(4):291, 1995.
Reed J et al: Alternative systems of medical practice. In *Alternative medicine: expanding medical horizons*, Torrance, Calif, 1994, Homestead Schools.
Riegel B, Simon D: *Effectiveness of Ayurvedic or Western health promotion strategies in healthy adults*. Presentation at Sigma Theta Tau research conference, San Diego, Calif, October 10, 1996.
Rubik B et al: Bioelectromagnetics applications in medicine. In *Alternative therapies: expanding medical horizons*, Torrance, Calif, 1994, Homestead Schools.
Samules M: Art as a healing force, *Alternative Ther Health Med* 1(4):38, 1995.
Slagle N: Issues of alternative therapies, Nurs Pract 21(2):16, 1996.
Taylor E: Yoga and meditation, *Alternative Ther Health Med* 1(4):77, 1994.
Thorne S, Paterson B: Shifting images of chronic illness, *Image: J Nurs Sch* 30(2):173, 1998.
Villaire M: OAM funded programs at Bastyr University provide updates, *Alternative Ther Health Med* 1(4):14, 1995.
Wanning T: Massage, acupuncture, yoga, t'ai chi and Feldenkrais, *J Occup Health Nurses* 41(7):349, 1993.
Weil A: *Spontaneous healing*, New York, 1995, Fawcett Columbine.

CHAPITRE 22

Aguilera DC: *Crisis intervention: theory and methodology*, ed 8, St Louis, 1998, Mosby.
Antonovsky A: *Unraveling the mystery of health: how people manage stress and stay well*, San Francisco, 1987, Jossey-Bass.
Bandura A et al: Cognitive processes mediating behavioral change, *J Pers Soc Psychol* 35:125, 1977.
Canatsey K, Roper JM: Removal from stimuli for crisis intervention: using least restrictive methods to improve the quality of patient care, *Issues Ment Health Nurs* 18(1):35, 1997.
Caplan C: *An approach to community mental health*, New York, 1961, Grune & Stratton.
Caplan C: *Support systems and community mental health: lectures in concept development*, New York, 1974, Behavioral Publications.
Coleman JC: *Abnormal psychology and modern life*, Chicago, 1950, Scott, Foresman.
Cropley A, Field T: Achievement in science and intellectual style, *J Appl Psychol* 53:132, 1969.
Dewey J: *How we think*, Boston, 1910, DC Heath.
Dyehouse JM, Sommers MS: Brief intervention after alcohol-related injuries, *Nurs Clin North Am* 33(1):93, 1998.
D'Zurilla TJ, Maydeu-Olivares A: Conceptual and methodological issues in social problem–solving assessment, *Behav Ther* 26(3):409, 1995.
Guilford JP: *The nature of human intelligence*, New York, 1967, McGraw-Hill.
Hales A et al: Role of the psychiatric clinical nurse specialist in the emergency department, *Nurse Spec* 11(6):264, 1997.
Helms S: Experiences of stress in accident and emergency nurses, Belgrave Department of Child Psychiatry, King's College Hospital, London, UK, *Br J Hosp Med* 33:152, 1996.
Inkeles A: Social structure and the socialization of confidence, *Harvard Educ Rev* 36:265, 1966.
Jackson G: Crisis theory, *New Dir Ment Health Serv* 6:1, 1980.
Jacobson G: Crisis theory and treatment strategy: some sociocultural and psychodynamic considerations, *J Nerv Ment Dis* 141:209, 1965.
Jacobson G et al: Generic and individual approaches to crisis intervention, *Am J Public Health* 58:339, 1968.
Jalajas DS: The role of self-esteem in the stress process: empirical results from job hunting, *J Appl Soc Psychol* 24(22):1984, 1994.
Janis IL: *Psychological stress, psychoanalytical and behavioral studies of surgical patients*, New York, 1958, John Wiley & Sons.
Johnson DM: *The psychology of thought and judgment*, New York, 1955, Harper & Row.
Kaplan DM, Mason EA: Maternal reactions to premature birth viewed as an acute emotional disorder, *Am J Orthopsychiatry* 30:539, 1960.
Lazarus RS: *Psychological stress and the coping process*, New York, 1966, McGraw-Hill.
Lazarus RS et al: The psychology of coping: issues in research and assessment. In Coehlo GV et al, editors: *Coping and adaptation*, New York, 1974, Basic Books.
Levinson DJ et al: *The seasons of a man's life*, New York, 1978, Alfred A Knopf.
Liefland L et al: A crisis intervention program: staff go the extra mile for client improvement, *J Psychosoc Nurs Ment Health Serv* 35(2):32, 1997.
Lindemann E: Symptomatology and management of acute grief, *Am J Psychiatry* 101:101, 1944.
Littlepage GE et al: An input-process-output analysis of influence and performance in problem-solving groups, *J Pers Soc Psychol* 69(5):877, 1995.
Masserman JH: *Principles of dynamic psychology*, Philadelphia, 1946, WB Saunders.
McSherry WC, Holm JE: Sense of coherence: its effects on psychological and physiological processes prior to, during, and after a stressful situation, *J Clin Psychol* 50(4):476, 1994.
Mechanic D: Social structure and personal adaptation: some neglected dimensions. In Coelho GV et al, editors: *Coping and adaptation*, New York, 1974, Basic Books.
Morley WE, Messick JM, Aguilera DC: Crisis: paradigms of intervention, *J Psychiatr Nurs* 5:538, 1967.
Neely KW, Spitzer WJ: A model for a statewide critical incident stress (CIS) debriefing program for emergency services personnel, *Prehosp Disaster Med* 12(2):43, 1997.
Noguera P: Preventing and producing violence: a critical analysis of response to school violence, *Harvard Educ Rev* 63:2, 1995.
Phifer JF: Psychological distress and somatic symptoms after natural disaster: differential vulnerability among older adults, *Psychol Aging* 5(3):412, 1990.
Rappoport R: Normal crises, family structure and mental health, *Fam Process* 2:68, 1963.
Riley B: *Application of Aguilera's crisis model to caregivers of elders relocating to nursing homes*, doctoral dissertation, Birmingham, 1993, University of Alabama at Birmingham, unpublished.
Thomas, SP: Assessing and intervening with anger disorders, *Nurs Clin North Am* 33(1):121, 1998.
Toby J: Everyday school violence: how disorder fuels it, *Am Educator*, p 4, Winter 1993/1994.
Tomic W: Training in inductive reasoning and problem solving, *Contemp Educ Psychol* 20(4):483, 1995.

CHAPITRE 23

Boxill EH: *Music therapy for the developmentally disabled*, 1985, Pro-Ed.
Charklin H: *Marion Chase, her papers*, Columbia, Md, 1975, American Dance Therapy Association.
Dictionary of Occupational Titles, ed 4, Washington, DC, 1991.
Dunton WR: *Occupational therapy: a manual for nurses*, 1915.
Fleshman B, Fryrear JL: *The arts in therapy*, Chicago, 1981, Nelson-Hall.
Folsum JC, Hildreth NH, Blair DT: Behavioral interventions in the dementias by a multi-therapist team. In *Memory function and age-related disorders*, New York, 1992, Springer.
Freud S: *Dreams, new introductory lectures on psychoanalysis*, vol xv, London, 1963, Hogath Press.
Gaston E: Factors contributing to responses in music. In *Book of proceedings*, Kansas City, Kansas, 1957, National Association for Music Therapy.
Gaston F: *Music in therapy*, New York, 1968, Macmillan.
Goddaer J, Abraham IL: Effects of relaxing music on agitation during meals among nursing home residents with severe cognitive impairment, *Arch Psychiatr Nurs* 8(3)150, 1994.
Goldenson RM, editor: *Longman dictionary of psychology and psychiatry*, New York, 1984, Longman.
Haun P: *Recreation: a medical viewpoint*, New York, 1965, Teachers College.
Jung CG: *Man and his symbols*, New York, 1998, Doubleday.
Kaplan HI, Sadock BJ: *Comprehensive textbook of psychiatry*, ed 6, Baltimore, 1995, Williams & Wilkins.
Kramer E: *Art as therapy with children*, New York, 1971, Schocken Books.
Landy RJ: *Drama therapy: concepts and practices*, Springfield, Ill, 1986, Charles C. Thomas.
Lepola I, Vanhanen L: The patient's daily activities in acute psychiatric care, *J Psychiatr Ment Health Nurs* 4:29, 1997.
Lowenfield V, Brittain WC: *Creative and mental growth*, ed 5, New York, 1970, Macmillan.
McCaffrey G: The use of leisure activities in a therapeutic community, *J Psychiatr Ment Health Nurs* 5:53, 1998.
Moreno J: *Psychodrama*, vol 1, New York, 1964, Beacon House.
Naumburg M: *Dynamically oriented art therapy: its principles and practice*, New York, 1966, Grune & Stratton.
Rosen F: *Dance in psychotherapy*, New York, 1974, a Dance Horizons Republication.
Sadock BJ: Group psychotherapy, combined psychotherapy and psychodrama. In Kaplan HL, Sadock BJ, editors: *Comprehensive textbook of psychiatry*, ed 6, Baltimore, 1995, Williams & Wilkins.
Ulman E, Dachinger P, editors: *Art therapy in theory and practice*, New York, 1975, Schocken Books.

Professional Associations

American Art Therapy Association, Baltimore, Md.
American Dance Therapy Association, Columbia, Md.
American Music Therapy Association, Silver Springs, Md.
American Occupational Therapy Association, Bethesda, Md.
American Society of Group Psychotherapy and Psychodrama, Princeton, NJ.
American Therapeutic Recreation Association, Hattiesburg, Miss.

CHAPITRE 24

Ammerman RT, Hersen M: *Assessment of family violence: a clinical and legal sourcebook*, New York, 1992, John Wiley & Sons.
American Medical Association Council on Scientific Affairs: Violence against women: relevance for medical practitioners, *JAMA* 267:3184, 1992.
American Professional Society on Abused Children Task Force: *Guidelines for psychosocial evaluation of suspected sexual abuse in young children*, Chicago, 1990, The Task Force.
Ascione FR: Battered women's reports of their partners' and their children's cruelty to animals, *J Emotional Abuse* 1:119, 1998.
Avni N: Battered wives: characteristics of their courtship days, *J Interpers Violence* 6:232, 1991.
Bandura A: *Aggression: a social learning analysis*, Morristown, NJ, 1973, Prentice Hall.
Barbee EL: Ethnicity and woman abuse in the United States. In Sampselle C, editor: *Violence against women*, New York, 1992, Hemisphere.
Barnett OL, Miller-Perrin CL, Perrin R: *Family violence across the lifespan: an introduction*, Thousand Oaks, Calif, 1997, Sage.
Becker JV: Offenders: characteristics and treatment. In Behrman RE, editor: *The future of children: sexual abuse of children*, Los Altos, Calif, 1994, The Center for the Future of Children, The David and Lucille Packard Foundation.

Berkowitz CD et al: American Medical Association diagnostic and treatment guidelines on child physical abuse and neglect, *Arch Fam Med* 1:187, 1992.

Bograd M: Feminist perspectives on wife abuse: an introduction. In Yllo K, Bograd M, editors: *Feminist perspectives on wife abuse,* Newbury Park, Calif, 1988, Sage.

Bohn D, Parker B: Domestic violence and pregnancy. In Campbell J, Humphreys J, editors: *Nursing care of survivors of family violence,* St. Louis, 1993, Mosby.

Botash AS, Braen GR, Gilchrist VJ: Acute care for sexual assault victims, *Patient Care* 28:112, 1994.

Bourg S, Stock HV: A review of domestic violence arrest statistics in a police department using pro-arrest police, *J Fam Violence* 9:177, 1994.

Brendtro M, Bowker LH: Battered women: how can nurses help? *Issues Ment Health Nurs* 10:169, 1989.

Briere J: *Child abuse trauma,* Newbury Park, Calif, 1992, Sage.

Briere J: *Therapy for adults molested as children: beyond survival,* New York, 1996, Springer.

Burgess A et al: Child molestation: assessing impact in multiple victims (part 1), *Arch Psychiatr Nurs* 1:33, 1987.

Campbell JC, Fishwick N: Abuse of female partners. In Campbell JC, Humphreys J, editors: *Nursing care of survivors of family violence,* St. Louis, 1993, Mosby.

Campbell JC, Humphreys J: *Nursing care of survivors of family violence,* St. Louis, 1993, Mosby.

Carmen E, Rieker PP: A psychosocial model of the victim-to-patient process, *Psychiatr Clin North Am* 12:431, 1989.

Chaffin M: Research in action: assessment and treatment of child sexual abusers, *J Interpersonal Violence* 9:224, 1994.

Cohen MA, Miller T: The cost of mental health care for victims of crime, *J Interpersonal Violence* 13:93, 1998.

Courtois C: *Healing the incest wound,* New York, 1988, Norton.

Deblinger E et al: Psychosocial characteristics and correlate of symptom distress in nonoffending mothers of sexually abused children, *J Interpersonal Violence* 8:155, 1993.

Edleson JL, Eisikovits ZC: *Future interventions with battered women and their families,* Thousand Oaks, Calif, 1996, Sage.

Eilenberg J et al: Quality and use of trauma histories obtained from psychiatric outpatients through mandated inquiries, *Psychiatr Serv* 47:165, 1996.

Elliot M: *Female abuse of children,* New York, 1993, Guilford.

Flitcraft AH: American Medical Association diagnostic and treatment guidelines on domestic violence, *Arch Fam Med* 1:39, 1992.

Gelles RJ: *Intimate violence in families,* Thousand Oaks, Calif, 1997, Sage.

Gelles RJ, Cornell CP: *Intimate violence in families,* Newbury Park, Calif, 1990, Sage.

Giardino A et al: *A practical guide to the evaluation of sexual abuse in the prepubertal child,* Newbury Park, Calif, 1992, Sage.

Graham-Bermann SA, Levendosky AA: Traumatic stress symptoms in children of battered women, *J Interpersonal Violence* 13:111, 1998.

Henderson J: Incest. In Freedman AM, Kaplan HI, Sadock BS, editors: *Comprehensive textbook of psychiatry,* Baltimore, 1975, Williams & Wilkins.

Herman J: *Trauma and recovery, 1992,* New York, Basic Books.

Holden GW, Geffner R, Jouriles EN: *Children exposed to marital violence: theory, research and applied issues,* Washington, DC, 1998, American Psychological Association.

Humphreys J, Ramsey AM: Child abuse. In Campbell J, Humphreys J, editors: *Nursing care of survivors of family violence* St. Louis, 1993, Mosby.

Jacobson A, Herald C: The relevance of childhood sexual abuse to adult psychiatric inpatient care, *Hosp Community Psychiatry* 41:154, 1990.

Jehu D: Adult survivors of sexual abuse. In Ammerman R, Hersen M, editors: *The assessment of family violence,* New York, 1992, John Wiley & Sons.

Kempe CH et al: The battered child syndrome, *JAMA* 181:17, 1962.

Kendall-Tackett K, Williams LM, Finkelhor D: Impact of sexual abuse on children: a review and synthesis of recent empirical studies, *Psychol Bull* 113:164, 1993.

King MC, Ryan J: Abused women: dispelling myths and encouraging intervention, *Nurse Pract* 14:47, 1989.

Koss MP: Detecting the scope of rape, *J Interpersonal Violence* 8:198, 1993.

Kurz D: 18 Social science perspectives on wife abuse: current debates and future directions. In Bart PB, Moran EG, editors: *Violence against women.* Newbury Park, Calif, 1993, Sage.

Limandri BJ, Tilden VP: Nurses' reasoning in the assessment of family violence, *Image J Nurs Sch* 28:247, 1996.

Lonsway KA: Beyond "No means no": outcomes of an intensive program to train peer facilitators for campus acquaintance rape education, *J Interpersonal Violence* 13:73, 1998.

Martin PY, Hummer RA: Fraternities and rape on campus. In Bart PB, Moran EG, editors: *Violence against women,* Newbury Park, Calif, 1993, Sage.

McFarlane J, Parker B: *Abuse during pregnancy,* White Plains, NY, 1994, March of Dimes Birth Defects Foundation.

Pagelow MD: Response to Hamberger's comments, *J Interpersonal Violence* 8:137, 1993.

Pillemer KA: Risk factors in elder abuse: results from a case-control study. In Pillimer KA, Wolf R, editors: *Elder abuse: conflict in the family,* Dover, England, 1986, Auburn House.

Pillemer KA, Finkelhor D: The prevalence of elder abuse: a random sample survey, *Gerontologist* 28:51, 1988.

Quinsey VL, Rice ME, Harris GT: Actuarial prediction of sexual recidivism, *J Interpersonal Violence* 10:85, 1995.

Quinsey VL, Walker WD: Dealing with dangerousness: community risk management strategies with violent offenders. In Peters RD, editor: *Aggression and violence throughout the life span,* Newbury Park, Calif, 1992, Sage.

Reel SJ: Violence during pregnancy, *Crit Care Nurs Clin North Am* 9:149, 1997.

Renzetti CM: *Violent betrayal: partner abuse in lesbian relationships,* Newbury Park, Calif, 1992, Sage.

Resick P: The psychological impact of rape, *J Interpersonal Violence* 8:223. 1993.

Russell D: *Sexual exploitation,* Beverly Hills, Calif, 1984, Sage.

Russell D: *The secret trauma,* New York, 1986, Basic Books.

Ryan G, Lane S, editors: Juvenile offenders: defining the population. In Ryan G, Lane S, editors: *Juvenile sexual offending,* Lexington, Mass, 1991, Lexington Books.

Sampselle CM: *Violence against women,* New York, 1992, Hemisphere.

Scully D, Marolla J: Riding the bull at Gilley's: convicted rapists describe the rewards of rape. In Bart EP, Moran G, editors: *Violence against women,* Newbury Park, Calif, 1993, Sage.

Sengstock MC, Barrett S: Abuse and neglect of the elderly in family settings. In Campbell JC, Humphreys J, editors: *Nursing care of survivors of family violence,* St. Louis, 1993, Mosby.

Stark E, Flitcraft A: *Women at risk: domestic violence and womens' health,* Thousand Oaks, Calif, 1996, Sage.

Stermac L, DuMont J, Dunn S: Violence in known-assailant sexual assaults, *J Interpersonal Violence* 13:398, 1998.

Straus MA, Sugarman DB, Giles-Sims: Spanking by parents and subsequent antisocial behavior of children, *Arch Pediatr Adolesc Med* 151:761, 1997.

Tatara T: Understanding the nature and scope of domestic elder abuse with the use of state aggregate data: summaries of the key findings of a national survey of state APS and aging agencies, *J Elder Abuse Neglect* 5:35, 1993.

Urbancic J: Intrafamilial sexual abuse. In Campbell J, Humphries J, editors: *Nursing care of survivors of family violence,* St. Louis, 1993, Mosby.

U.S. Bureau of Census: *Statistical abstract of the U.S. 1994 census,* ed 114, Washington, DC, 1994, The Bureau.

U.S. Department of Labor, Women's Bureau: Domestic violence: a workplace issue. In *Facts on working women,* No. 96.3, Washington, DC, 1996, The Bureau.

van der Kolk BA, McFarlane AC, Weisaeth L: Traumatic stress: the effects of overwhelming experience on mind, body, and society, New York, 1996, Guilford.

Walker LE: *Abused women and survivor therapy,* Washington, DC, 1994, American Psychological Association.

Wang CT, Daro D: *Current trends in child abuse reporting and fatalities: the results of the 1997 annual fifty state survey,* Chicago, 1998, Prevent Child Abuse America.

Warshaw C: Limitations of the medical model in the care of battered women, *Gender Sociology* 3:506, 1989.

Warshaw R: *I never called it rape,* San Francisco, 1988, Harper Row.

Wolf R: Abuse of the elderly. In Gelles R, editor: *Visions 2010: families & violence, abuse and neglect,* Minneapolis, 1995, National Council on Family Relations.

Wyatt GE: The sexual abuse of Afro-American and White-American women in childhood, *Child Abuse Negl* 9:507, 1985.

CHAPITRE 25

Aguilera DC: Suicide: theoretical concepts. In Aguilera DC: *Crisis intervention: theory and methodology,* ed 8, St. Louis, 1998, Mosby.

American Psychiatric Association: *Diagnostic and statistical manual of mental disorders,* ed 4, 1994. Washington, DC, The Association.

Andreasen N: *The broken brain,* New York, 1984, Harper & Row.

Arato M et al: Retrospective psychiatric assessment of 200 suicides, *Acta Psychiatr Scand* 77:454, 1988.

Barbee M: Professionally speaking: what are the warning signs for suicidal adolescents? *J Psychosoc Nurs Ment Health Serv* 31:37, 1993.

Barber ME et al: Aborted suicide attempts: a new classification of suicidal behavior, *Am J Psychiatry* 155(3):385, 1998.

Beautrais AL et al: Prevalence and comorbidity of mental disorders in persons making serious suicide attempts: a case-control study, *Am J Psychiatry* 153:1009, August 1996

Blazer D: *Suicide risk factors in the elderly: an epidemiological study.* Paper presented at the conference, Suicide Risk in the Elderly, Boston, 1989, Boston Society for Gerontologic Psychiatry.

Bongar B: *The suicidal patient, clinical and legal standards of care,* Washington, DC, 1991, American Psychological Association.

Boyd J, Moscicki E: Firearms and youth suicide, *Am J Public Health* 76:1240, 1986.

Brodsky BS et al: Characteristics of borderline personality disorder associated with suicidal behavior, *Am J Psychiatry* 154(12):1715, 1997.

Buchanan D, Farran C, Clark D: Suicidal thought and self-transcendence in older adults, *J Psychosoc Nurs Ment Health Serv* 33(10):31, 1995.

Celo-Cruz M: Aid-in-dying: should we decriminalize physician-assisted suicide and physician-committed euthanasia? *Am J Law Med* 4:369, 1992.

Cohen L et al: Suicide and schizophrenia: data from a prospective community treatment study, *Am J Psychiatry* 147:602, 1990.

Cummings J: The neuroanatomy of depression, *J Clin Psychiatry* 54:14, 1993.

Depression in primary care: detection, diagnosis, and treatment: a quick reference guide for clinicians based on Clinical Practice Guidelines, U.S. Department of Health and Human Services, vols 1 and 2, *J Psychosoc Nurs Ment Health Serv* 31:19, 1993.

Durkheim E: *Suicide,* Glencol, 1951, The Free Press (originally published as *Le Suicide* in 1897).

Earle K et al: Characteristics of outpatient suicides, *Hosp Community Psychiatry* 45:123, 1994.

Egan MP et al: The "no suicide contract": helpful or harmful? *J Psychosoc Nurs Ment Health Serv* 35(3):31, 1997.

Facts about suicide in the USA, Denver, 1993, American Association of Suicidology.

Farberow N, editor: *The many faces of suicide: indirect self-destructive behavior,* New York, 1980, McGraw-Hill.

Fawcett J et al: Suicide: clues from interpersonal communication, *Arch Gen Psychiatry* 21:129, 1969.

Fortinash KM, Holoday-Worret PA: *Psychiatric nursing care plans,* ed 3, St. Louis, 1999, Mosby.

Freud S: *Mourning and melancholia,* Collected papers, London, 1920, Hogarth Press (originally published in Germany in 1917).

Gonzales L et al: Longitudinal follow-up of unipolar depressives: an investigation of predictors of relapse, *J Consult Clin Psychol* 53:461, 1985.

Green E, Katz J, Marcus P: Practice guideline for suicide/self-harm prevention. In Green E, Katz J, editors: *Clinical practice guidelines for the adult patient,* St Louis, 1994, Mosby.

Gunderson JG: *Borderline personality disorder,* Washington, DC, 1984, American Psychiatric Press.

Heacock D: Suicidal behavior in black and Hispanic youth, *Psychiatr Ann* 20:134, 1990.

Heilä H et al: Suicide and schizophrenia: a nationwide psychological autopsy study on age- and sex-specific clinical characteristics of 92 suicide victims with schizophrenia, *Am J Psychiatry* 154:1235, September 1997.

Hoyer G, Lund E: Suicide among women related to number of children in marriage, *Arch Gen Psychiatry* 50(2):134, 1993.

Husain S: Current perspectives on the role of psychosocial factors in adolescent suicide, *Psychiatr Ann* 20:122, 1990.

Johnson J: Panic disorder, comorbidity, and suicide attempts, *Arch Gen Psychiatry* 47:805, 1990.

Lepine J et al: Suicide attempts in patients with panic disorder, *Arch Gen Psychiatry* 50:144, 1993.

Lester D: The association between quality of life and suicide and homicide rates, *J Soc Psychol* 124:247, 1984.

Lewinsohn P, Mischel W: Social competence and depression: the role of illusory self-perceptions, *J Abnorm Psychol* 89:203, 1980.

Linehan MM: *Cognitive-behavioral treatment of borderline personality disorder,* New York, 1993, Guildford Press.

Litman R, Farberow N: *Youth suicide in California,* Sacramento, 1986, California Department of Mental Health CMV 85-2482.

Litman R: Sigmund Freud on suicide, *Bull Suicidology,* p 11, July 1967.

Maris R: The adolescent suicide problem, *Suicide Life Threat Behav* 15:91, 1985.

Marshall J: Changes in aged white male suicide: 1948-1972, *J Gerontol* 33:763, 1978.

Masterson JF: *Psychotherapy of the borderline adult: a developmental approach,* New York, 1976, Brunner/Mazel.

May P, Dizmang L: Suicide and the American Indian, *Psychiatr Ann* 4(9):22, 1974.

McIntosh J: Older adults: the next suicide epidemic? *Suicide Life Threat Behav* 22: 322, 1992.

Mellick E et al: Suicide among elderly white men: development of a profile, *J Psychosoc Nurs Ment Health Serv* 30:29, 1992.
Miles C: Conditions predisposing to suicide: a review, *J Nerv Ment Dis* 164:231, 1977.
Miller M: *Suicide after sixty: the final alternative*, New York, 1979, Springer.
Monk M: Epidemiology of suicide, *Epidemiol Rev* 9:51, 1987.
Monk M, Warshaur E: Completed and attempted suicide in three ethnic groups, *Am J Epidemiol* 100:333, 1974.
Nielson D et al: Suicidality and 5-hydroxyindoleacetic acid concentration associated with tryptophanhydroxylase polymorphism, *Arch Gen Psychiatry* 51:34, 1994.
North American Nursing Diagnosis Association: *NANDA nursing diagnoses: definitions and classifications, 1999-2000*, Philadelphia, 1999, The Association.
National Center for Health Statistics: *Health, United States, 1989*, DHHS Pub No. (PHS)90-1232, Washington, DC, 1990, U.S. Department of Health and Human Services.
Nyman A, Jonsson H: Patterns of self-destructive behavior in schizophrenia, *Acta Psychiatr Scand* 73:252, 1986.
Richman J: *Family therapy for suicidal people*, New York, 1986, Springer.
Rogers C, editor: *On becoming a person*, Boston, 1961, Houghton Mifflin.
Rudd D et al: Problem-solving appraisal in suicide ideators and attempters, *Am J Orthopsychiatry* 64(1):136, 1994.
Sakinofsky I et al: Problem resolution and repetition of parasuicide: a prospective study, *Br J Psychiatry* 156:395, 1991.
Shneidman E: *Definition of suicide*, New York, 1985, John Wiley & Sons.
Shneidman E: Fifty-eight years. In Shneidman E, editor: *On the nature of suicide*, San Francisco, 1969, Jossey-Bass.
Shneidman ES: *The suicidal mind*, New York, 1996, Oxford University Press.
Shore J: American Indian suicide—fact and fantasy, *Psychiatry* 38:86, 1975.
Smith J et al: Comparison of suicide among Anglos and Hispanics in five Southwestern states, *Suicide Life Threat Behav* 15:14, 1985.
Stekel W: Suicide and will. In Freidman P, editor: *On suicide*, New York, 1967, International Universities Press.
Sullivan H: Socio-psychiatric research: its implications for the schizophrenia problem and mental hygiene, *Am J Psychiatry* 10:977, 1931.
Sullivan H: The manic-depressive psychosis. In Perry H et al, editors: *Clinical studies in psychiatry*, New York, 1956, WW Norton.
Tanskanen A et al: Smoking and suicidality among psychiatric patients, *Am J Psychiatry* 155:129, January 1998.
Tishler C et al: Adolescent suicide attempts: some significant factors, *Suicide Life Threat Behav* 11:86, 1981.
Toolan J: Depression and suicide. In Caplan G, editor: *Child and adolescent psychiatry, sociocultural and community psychiatry*, New York, 1974, Basic Books.
Trygstad L: The need to know: biological learning needs identified by practicing psychiatric nurses, *J Psychosoc Nurs Ment Health Serv* 32(2):13, 1994.
U.S. Senate Special Committee on Aging, Federal Council on Aging, U.S. Department of Health and Human Services: *Aging America: trends and projections*, Washington, DC, 1991, U.S. Government Printing Office.
Valente S: Adolescent suicide: assessment and intervention, *J Child Adolesc Psychiatr Nurs* 2(1):34, 1989.

CHAPITRE 26

American Psychiatric Association: *Diagnostic and statistical manual of mental disorders*, ed 4, Washington, DC, 1994, The Association.
Bowlby J: *Loss: sadness and depression*, vol 3, *Attachment and loss*, New York, 1980, Basic Books.
Burke ML et al: Current knowledge and research on chronic sorrow: a foundation for inquiry, *Death Studies* 16:231, 1992.
Carman MB: The psychology of normal aging, *Psychiatr Clin North Am* 20:15, 1997.
Carse JB: *Death and existence*, New York, 1980, John Wiley & Sons.
Chapman KJ, Pepler C: Coping, hope, and anticipatory grief in family members in palliative home care, *Cancer Nurs* 21:226, 1998.
Cowles KV, Rodgers BL: The concept of grief: a foundation for nursing research and practice, *Res Nurs Health* 14:119, 1991.
Engel G: Grief and grieving, *Am J Nurs* 64:93, 1964.
Freud S: Mourning and melancholia. In Strachey J, editor, *The standard edition of the complete psychological works of Sigmund Freud*, vol 14, London, 1917, Hogarth Press.
Gibbons MB: A child dies, a child survives: the impact of sibling loss, *J Pediatr Health Care* 6:65, 1992.
Goodman M et al: Cultural differences among elderly women in coping with the death of an adult child, *J Gerontol* 46:321, 1991.
Hainsworth MA: Helping spouses with chronic sorrow related to multiple sclerosis, *J Psychosoc Nurs Ment Health Serv* 34:36, 1996.
Horowitz MJ et al: Diagnostic criteria for complicated grief disorder, *Am J Psychiatry* 154:904, 1997.
Hospice and Palliative Nurses Association: *The hospice nurses study guide: a preparation for the CRNH candidate*, ed 2, Pittsburgh, 1997, The Association.
Jacob SR: The grief experience of older women whose husbands had hospice care, *J Adv Nurs* 24:280, 1996.
Kemp C: Refugee mental health issues, *Refugee health*, *http://www.baylor.edu/-Charles_Kemp/refugee_health.htm*, 1998.
Kemp C: *Terminal illness: a guide to nursing care*, ed 2, Philadelphia, 1999 Lippincott–Williams & Wilkins.
Kissane DW et al: Family grief therapy: a preliminary account of a new model to promote healthy family functioning during palliative care and bereavement, *Psycho-Oncology* 7:14, 1998.
Kubler-Ross E: *On death and dying*, New York, 1969, Macmillan.
Lev EL, McCorkle R: Loss, grief, and bereavement in family members of cancer patients, *Semin Oncol Nurs* 14:145, 1998.
Levy LH: Anticipatory grief: its measurement and proposed reconceptualization, *Hosp J* 7:1, 1991.
Lindemann E: Symptomatology and management of acute grief, *Am J Psychiatry* 101:141, 1944.
Lindgren CL: Chronic sorrow in persons with Parkinson's disease and their spouses, *Sch Inq Nurs Pract* 10:351, 1996.
McCabe MJ: Clinical responses to clinical issues. In Portenoy RK, Bruera E, editors: *Topics in palliative care*, vol 1, New York, 1997, Oxford University Press.
Nuss WS, Zubenko GS: Correlates of persistent depressive symptoms in widows, *Am J Psychiatry* 149:346, 1992
Parkes CM: Bereavement in adult life, *BMJ* 316:856, 1998b.
Parkes CM: Bereavement. In Doyle D, Hanks GWC, MacDonald N, editors: *Oxford textbook of palliative medicine*, ed 2, Oxford, 1998a, Oxford University Press.
Rando TA: *Grieving*, Lexington, Mass, 1988, Lexington Books.
Sheldon F: ABC of palliative care: bereavement, *BMJ* 316:456, 1998.
Shneidman ES: *Deaths of man*, New York, 1973, Quadrangle/The New York Times Book Co.
Shneidman ES, *Voices of death*, New York, 1980, Harper & Row.
Silverman PR, Worden JW: Children's reactions in the early months after the death of a parent, *Am J Orthopsychiatry* 62:93, 1992.
Steen KF: A comprehensive approach to bereavement, *Nurse Pract* 23:54, 1998.
Walker RJ, Pomeroy EC: The impact of anticipatory grief on caregivers of persons with Alzheimer's disease, *Home Health Care Q* 16:55, 1997.
Weiss RS, Richards TA: A scale for predicting quality of recovery following the death of a partner, *J Pers Soc Psychol* 72:885, 1997.
Worden J: *Grief counseling and grief therapy: a handbook for the mental health practioner*, New York, 1982, Springer.

CHAPITRE 27

American Psychiatric Association: *Diagnostic and statistical manual of mental disorders*, ed 4, Washington, DC, The Association.
Brown G, Rundell J: Suicidal tendencies in women with human immunodeficiency virus infection, *Am J Psychiatry* 146:556, 1989.
Buck B, Duffy VJ: The use of psychotropic medications in outpatient AIDS care, *AIDS Patient Care* 7(4):203, 1993.
Centers for Disease Control and Prevention: *HIV surveillance report, June 1997*, Atlanta, 1997, U.S. Department of Health and Human Services
Duffy VJ: Crisis points in HIV disease, *AIDS Patient Care* 8(1):28, 1994.
Frierson RL, Lippmann SB: Suicide and AIDS, *Psychosomatics* 29:226, 1988.
Gala C et al: The psychosocial impact of HIV infection in gay men, drug users and heterosexuals, *Br J Psychiatry* 163:651, 1993.
Glass RM: AIDS and suicide, *JAMA* 259:1369, 1988.
Guenter P et al: Relationships among nutritional status, disease progression and survival in HIV infection, *J Acquir Immune Defic Syndr* 6:1130, 1993.
Kaplan MS, Marks G, Mertens SB: Distress and coping among women with HIV infection: preliminary findings from a multiethnic sample, *Am J Orthopsychiatry* 67:80, 1997.
Kieger K et al: AIDS and suicide in California, *JAMA* 266:1881, 1988.
Mainous AG et al: Illustrations and implications of current models of HIV health service provision in rural areas, *AIDS Patient Care STDs* 11:25, 1997.
Marzuk PM et al: Increased risk of suicide in persons with AIDS, *JAMA* 259:1333, 1988.
McCain NL et al: The influence of stress management training in HIV disease, *Nurs Res* 45:246, 1996.
North American Nursing Diagnosis Association: *NANDA nursing diagnoses: definitions and classifications, 1999-2000*, Philadelphia, 1999, The Association.
Pergami A et al: The psychosocial impact of HIV infection in women, *J Psychosom Res* 37(7):687, 1993.
Perry S, Jacobsen P: Neuropsychiatric manifestations of AIDS-spectrum disorders, *Hosp Community Psychiatry* 37:135, 1986.
Perry S, Markowitz J: Psychiatric intervention for AIDS-spectrum disorders, *Hosp Community Psychiatr* 37:1001, 1986.
Plott RT et al: Suicide of AIDS patients in Texas: a preliminary report, *Tex Med* 85:40, 1989.
Rabkin JG et al: Effect of imipramine on mood and enumerative measures of immune status in depressed patients with HIV illness, *Am J Psychiatry* 151(4):516, 1994.
Shaffer HJ, Costikyan DS: Cocaine psychosis and AIDS: a contemporary diagnostic dilemma, *J Subst Abuse Treat* 5:9, 1988.
U.S. Department of Health and Human Services: Trends in AIDS among men who have sex with men—United States, 1989-1994, *MMWR* 44:401, 1995.
U.S. Department of Health and Human Services: Update: trends in AIDS incidence—United States, 1996, *MMWR* 46:861, 1997.
American Psychiatric Association: *Diagnostic and statistical manual of mental disorders*, ed 4, Washington, DC, 1994, The Association.
Associated Press: Deputy overcomes loss of limb: returns to duty, *San Diego Union-Tribune*, August 8, 1996.
Beck C: Postpartum onset of panic disorder, *Image J Nurs Sch* 30(2):131, 1998.
Black J, Matassarin-Jacobs E: *Medical-surgical nursing: a psychophysiological approach*, Philadelphia, 1997, WB Saunders.
Carson: *Spiritual dimensions of nursing practice*, Philadelphia, 1989, WB Saunders.
Conrad B: Maternal depressive symptoms and homeless children's mental health: risk and resiliency, *Arch Psychiatr Nurs* 12(1):50, 1998.
Doenges M, Moorhouse M: *Application of nursing process and nursing diagnosis*, Philadelphia, 1992, FA Davis.
Dossey B: Awakening the inner healer, *Am J Nurs* 91(8):31, 1991.
Dossey B: Using imagery to help your patient heal, *Am J Nurs* 98(1):41, 1998.
Dyer J, McGuinnes T: Resilience: analysis of the concept, *Arch Psychiatr Nurs* 10(5):276, 1996.
Eakes G, Burke M, Hainsworth M: Middle-range theory of chronic sorrow, *Image J Nurs Sch* 30(2):179, 1998.
Fortinash K, Holoday-Worret P: *Psychiatric nursing care plans*, ed 3, St Louis, 1999, Mosby.
Glaser, Glaser: Perspectives of psychoimmune response. In Adler R, Felton D, Cohen N, editors: *Psychoneuroimmunology*, San Diego, 1991, Academic Press.
Glod C: *Contemporary psychiatric mental health nursing: the brain-behavior connection*, Philadelphia, 1998, FA Davis.
Goetinck S: Key to repairing human tissue, *San Diego Union-Tribune*, p A-1, November 6, 1998.
Gorman L: Mental illness due to a general medical condition. In Glod C, editor: *Contemporary psychiatric mental health nursing: the brain-behavior connection*, Philazdelphia, 1998, FA Davis.
Graham D: Brain can sprout new cells, researchers find, *San Diego Union-Tribune*, p A-1, October 30, 1998.
Groer M: Psychoneuroimmunology, *Am J Nurs* 91(8):33, 1991.
Jarrett M et al: The relationship between psychological distress and gastrointestinal symptoms in women with irritable bowel syndrome, *Nurs Res* 47(3):154, 1998.
Joseph R: *Neuropsychiatry, neuropsychology, and clinical neuroscience*, ed 2, Philadelphia, 1996, Williams & Wilkins.
Kozier B, Erb G, Blais K: *Concepts and issues in nursing practice*, ed 2, Park, Calif, 1992, Addison-Wesley.
Kozier B, Erb G, Blais K: *Professional nursing practice: concepts and perspectives*, Menlo Park, Calif, 1997, Addison-Wesley.
Kuehn A, Winters R: A study of symptom distress, health locus of control and coping resources of aging post-polio survivors, *Image J Nurs Sch* 26(4):325, 1994.
Lazarus R, Folkman S: *Stress, appraisal and coping*, New York, 1984, Springer.
Lazarus R, Folkman S: The concept of coping. In Monat A, Lazarus R, editors: *Stress and coping*, New York, 1991, Columbia University Press.
Lewis S et al: *Medical-surgical nursing: assessment and management of clinical problems*, ed 5, St Louis, 1999, Mosby.
Lindenberg C et al: Risk and resilience: building protective factors, *Matern Child Nurs J* 23(2):99, 1998.
McCaffery M, Beebe A, Latham J: *Pain: clinical manual for nursing practice*, ed 2, St Louis, 1998, Mosby.
McCloskey JC, Bulechek GM: *Nursing interventions classifications*, ed 2, St Louis, 1996, Mosby.
McFarland GK, McFarlane EA: *Nursing diagnosis and intervention*, ed 3, St Louis, 1997, Mosby.
Messner R, Lewis S: Double trouble: managing chronic illness and depression, *Nursing* 95(8):46, 1995.
Monat A, Lazarus R: *Stress and coping*, New York, 1991, Columbia University Press.

Morse J, Doberneck B: Delineating the concept of hope, *Image J Nurs Sch* 27(4):277, 1995.

Moyers B: *Healing of the mind*, New York, 1993, Doubleday.

Mynatt S: Increasing resiliency to substance abuse in recovering women with comorbid depression, *J Psychosoc Nurs* 36(1):28, 1998.

North American Nursing Diagnosis Association: *Nursing diagnoses: definitions and classification, 1999-2000*, Philadelphia, 1999, The Association.

Olson J: Relationships between nurse-expressed empathy, patient-perceived empathy and patient distress, *Image J Nurs Sch* 27(4):317, 1995.

O'Neill D, Kenny E: Spirituality and chronic illness, *Image J Nurs Sch* 30(3):275, 1998.

Pender N: Stress management. In *Health promotion in nursing practice*, ed 3, Stamford, Conn, 1996, Appleton & Lange.

Pollack, Duffy: The health-related hardiness scale: development and psychometric analysis, *Nurs Res* 39(4):218, 1990.

Porth C: *Pathophysiology: concepts of altered health states*, ed 5, Philadelphia, 1998, JB Lippincott.

Selye H: *Stress of life*, ed 2, New York, 1978, McGraw-Hill.

Smeltzer C, Bare B: Human response to illness. In Brunner, Sudarth: *Medical-surgical nursing*, ed 8, Philadelphia, 1996, Lippincott-Raven.

Stuart GW, Laraia MT: *Stuart and Sundeen's principles and practice of psychiatric nursing*, ed 6, St Louis, 1998, Mosby.

Swerdlow J: Quiet miracles of the mind, *National Geographic* 187(6):2, 1995.

Thorne S, Paterson B: Shifting images of chronic illness, *Image J Nurs Sch* 30(2):173, 1998.

Wagnild G, Young H: Resilience among older women, *Image J Nurs Sch* 22(4):252, 1990.

CHAPITRE 28

Aiken LH et al: Private foundations in health affairs: a case study of the development of a national initiative for the chronically mentally ill, *Am Psychol* 41(11):1290, 1986.

Akiskal HS, Weller EB: Child psychiatry: special areas of interest—mood disorders and suicide in children and adolescents. In Kaplan HI, Sadock BJ, editors: *Comprehensive textbook of psychiatry*, vol 2, ed 6, Baltimore, 1995, Williams & Wilkins.

American Psychiatric Association: *Diagnostic and statistical manual of mental disorders*, ed 4, Washington, DC, 1994, The Association.

Angold A et al: Perceived burden and service use for child and adolescent psychiatric disorders, *Am J Public Health* 88:75-80, 1998.

Bachrach LL: The chronic patient: patient's quality of life: a continuing concern in the literature, *Psychiatr Serv* 47:1305, 1996.

Bassuck E, Rosenberg L: Psychosocial characteristics of homeless children and children with homes, *Pediatrics* 85(3):257, 1990.

Bassuck E, Rubin L: Homeless children: a neglected population, *Am J Orthopsychiatry* 57(2):279, 1987.

Baxter E, Hopper K: Troubled on the streets: the mentally disabled homeless poor. In Talbott JA, editor: *The chronic mental patient: five years later*, Orlando, Fla., 1984, Grune & Stratton.

Bean GJ et al: Mental health and homelessness: issues and findings, *Soc Work* 32(5):411, 1987.

Belcher JR: Moving into homelessness after psychiatric hospitalization, *J Soc Serv Res* 14(3/4):63, 1991.

Belcher JR, DiBlasio FA: *Helping the homeless: where do we go from here?* Lexington, Mass, 1990, Lexington Books.

Bellack AS, Mueser KT: A comprehensive treatment program for schizophrenia and chronic mental illness, *Community Ment Health J* 22(3):174, 1986.

Benda BB: Crime, drug abuse and mental illness: a comparison of homeless men and women, *J Soc Serv Res* 13(30):39, 1990.

Bernheim KF, Lehman AF: *Working with families of the mentally ill*, New York, 1985, WW Norton.

Bhui K, Puffet A, Strathdee G: Sexual relationship problems amongst patients with severe chronic psychoses, *Soc Psychiatry Psychiatr Epidemiol* 32:459, 1997.

Birren JE et al: *Handbook of mental health and aging*, ed 2, San Diego, 1992, Academic Press.

Bond GR et al: An update on supported employment for people with severe mental illness, *Psychiatr Serv* 48:335, 1997.

Boyd MA, Luetje V: The individual who is severely and persistently mentally ill: directions for research and practice, *Issues Ment Health Nurs* 13:207, 1992.

Breakey WR et al: Health and mental health problems of homeless men and women in Baltimore, *JAMA* 262(1):1352, 1989.

Brooks GW: Vocational rehabilitation. In Talbott JA, editor: *The chronic mentally ill: treatment, programs, systems*, New York, 1981, Human Sciences Press.

Brown C, Hamera E, Long C: The daily activities check list: a functional assessment for consumers with mental illness living in the community, *Occup Ther Health Care* 10(3):33, 1996.

Carey MP et al: Behavioral risk for HIV infection among adults with a severe and persistent mental illness: patterns and psychological antecedents, *Community Ment Health J* 33(2):133, 1997.

Carter JH: Chronic mental illness and homelessness in black populations: prologue and prospects, *J Nat Med Assoc* 83(4):313, 1991.

Castle LN: Beyond medication: what else does the patient with schizophrenia need to reintegrate into the community? *J Psychosoc Nurs Ment Health Serv* 35(9):18, 1997.

Caton CLM et al: Young chronic clients and substance abuse, *Hosp Community Psychiatry* 40(10):1037, 1989.

Cogan MB: *Diagnosis and treatment*, (online), 1998.

Cohen CI, Thompson KS: Homeless mentally ill or mentally ill homeless? *Am J Psychiatry* 149(6):816, 1992.

Copel LC: Loneliness: a conceptual model, *Psychosoc Nurs* 26(1):14, 1988.

Dail PW: The psychosocial context of homeless mothers with young children: program and policy implications, *Child Welfare* 49(4):291, 1990.

Dembling B: Datapoints: mental disorders as contributing cause of death in the United States in 1992, *Psychiatr Serv* 48:45, 1997.

Dennis DL et al: A decade of research and services for homeless mentally ill persons: where do we stand? *Am Psychol* 46(11):1129, 1991.

Dickert J: Examination of bias in mental health evaluation of deaf patients, *Soc Work* 33(3):273, 1988.

Doornbas MM: The problems and coping methods of caregivers of young adults with mental illness, *J Psychol Nurs Ment Health Serv* 35(9):41, 1997.

Drake RE, Cotton PG: Depression, hopelessness and suicide in chronic schizophrenia, *Br J Psychiatry* 148:554, 1984.

Drake RE, Wallach MA: Substance abuse among the chronically mentally ill, *Hosp Community Psychiatry* 40(10):1041, 1989.

Drew N: Combating the social isolation of chronic mental illness, *J Psychosoc Nurs* 29(6):14, 1991.

Enzer NB: The real problem: human pain. In Looney JG, editor: *Chronic mental illness in children and adolescents*, Washington, DC, 1988, American Psychiatric Press.

Faedda GL et al: Pediatric-onset bipolar disorder: a neglected clinical and public health problem, *Harvard Rev Psychiatry* 3(4):171, 1995.

Felker B, Yazel JJ, Short D: Mortality and medical comorbidity amongst psychiatric patients: a review, *Psychiatr Serv* 47:1356, 1996.

Fenton WS et al: Randomized trial of general hospital and residential alternative care for patients with severe and persistent mental illness, *Am J Psychiatry* 155:516, 1998.

Ferguson MA: Psychiatric nursing in a shelter for the homeless, *Am J Nurs* 89:1060, 1989.

Fischer PJ, Breakey WR: Homelessness and mental health: an overview, *Int J Ment Health* 14(4):41, 1986.

Fitzgerald RG, Parkes CM: Blindness and loss of other sensory and cognitive functions, *Br MJ* 316(7138):1160, 1998.

Florenzano RU: Chronic mental illness in adolescence: a global overview, *Pediatrician* 18:142, 1991.

Forchuck C: Reconceptualizing the environment of the individual with a chronic mental illness, *Issues Ment Health Nurs* 12:159, 1991.

Forte JA: Operating a member-employing therapeutic business as part of an alternative mental health center, *Health Soc Work* 16(3):213, 1991.

Fortinash KM, Holoday-Worret PA: *Psychiatric nursing care plans*, ed 3, St. Louis, 1999, Mosby.

Foster GW et al: *Child care work with emotionally disturbed children*, Pittsburgh, 1972, University of Pittsburgh Press.

Gater R et al: The care of patients with chronic schizophrenia: a comparison between two services, *Psychol Med* 27:1325, 1997.

Gerhart UC: *Caring for the chronic mentally ill*, Itasca, Ill, 1990, FE Peacock.

Getty C, Perese E, Knab S: Capacity for self-care of persons with mental illnesses living in community residences and the ability of their surrogate families to perform health care functions, *Issues Ment Health Nurs* 19:53, 1998.

Goodman LA: The prevalence of abuse among homeless and housed poor mothers: a comparison study, *Am J Orthopsychiatry* 61(4):489, 1991.

Gold award: comprehensive prenatal and postpartum psychiatric care for women with severe mental illness, *Psychiatr Serv* 47:1108, 1996.

Gold award: linking mentally ill persons with services through crisis intervention, mobile outreach, and community education, *Psychiatr Serv* 48:1450, 1997.

Gorman PA: Sensory dysfunction in dual diagnosis: mental retardation/mental illness and autism, *Occup Ther Ment Health* 13(1):3, 1997.

Green SA: Silence and violence, *Psychiatr Serv* 48:175, 1997.

Green WH: Child psychiatry: special areas of interest—schizophrenia with childhood onset. In Kaplan HI, Sadock BJ, editors: *Comprehensive textbook of psychiatry*, vol 2, ed 6, Baltimore, 1995a, Williams and Wilkins.

Green WH: Foster care. In Kaplan HI, Sadock BJ, editors: *Comprehensive textbook of psychiatry*, vol 2, ed 6, Baltimore, 1995b, Williams & Wilkins.

Gross RL: Foster care. In Kaplan HI, Sadock BJ, editors: *Comprehensive textbook of psychiatry*, vol 2, ed 6. Baltimore, 1995, Williams & Wilkins.

Harris M, Bachrach LL: Perspectives on homeless mentally ill women, *Hosp Community Psychiatry* 41(23):253, 1990.

Harris MJ, Jeste DP: Schizophrenia and delusional disorders. In Kaplan HI, Sadock BJ, editors: *Comprehensive textbook of psychiatry*, vol 2, ed 6, Baltimore, 1995, Williams & Wilkins.

Harvey PD et al: Cognitive impairment in geriatric chronic schizophrenic patients: a cross-national study in New York and London, *Int Geriatr Psychiatry* 12:1001, 1997.

Hellman RE: Issues in the treatment of lesbian women and gay men with chronic mental illness, *Psychiatr Serv* 47:1093, 1996.

Hier SJ et al: Social adjustment and symptomatology in two types of homeless adolescents: runaways and throwaways, *Adolescence* 25(100):761, 1990.

Hodgman CH: Adolescent psychiatric conditions, *Compr Ther* 22:796, 1996.

Hogstel MO: *Geropsychiatric nursing*, ed 2, St Louis, 1995, Mosby.

Holcomb WR, Ahr PR: Who really treats the severely impaired young adult client? A comparison of treatment settings, *Hosp Community Psychiatry* 38(6):625, 1987.

Hornung WP et al: Psychoeducational training for schizophrenic patients: background, procedure and empirical findings, *Patient Educ Counsel* 29:257, 1996.

Isaac RJ, Armat VC: *Madness in the streets*, New York, 1990, The Free Press.

Jarvik LF, Small GW: Introduction and overview. In Kaplan HI, Sadock BJ, editors: *Comprehensive textbook of psychiatry*, vol 2, ed 6, Baltimore, 1995, Williams & Wilkins.

Jordan BK et al: Prevalence of psychiatric disorders among incarcerated women: convicted felons entering prison, *Arch Gen Psychiatry*, 53:513, 1996.

Kaplan HI, Sadock BJ: *Kaplan and Sadock's synopsis of psychiatry: behavioral sciences/clinical psychiatry*, ed 8, Baltimore, 1998, Williams & Wilkins.

Kauffman JM: *Characteristics of children's behavior disorders*, ed 2, Columbus, Ohio, 1981, Charles E Merrill.

Klinkenberg WD, Calsyn RJ: Predictors of receipt of aftercare and recidivism among persons with chronic mental illness: a review, *Psychiatr Serv* 47:487, 1996.

Koret S: Specialized programs for the chronically mentally ill child. In Talbott JA, editor: *The chronic mentally ill: treatment, programs, systems*, New York, 1981, Human Science Press.

Kouzis AC, Eaton WW: Psychopathology and the development of disability, *Soc Psychiatry Psychiatr Epidemiol* 32:379, 1997.

Krach P, Yang J: Functional status of older persons with chronic mental illness living in a home setting, *Arch Psychiatr Nurs* 6(2):90, 1992.

Krauss JB, Slavinsky AT: *The chronically ill psychiatric patient and the community*, Boston, 1982, Blackwell Scientific Publications.

Lamb HR, Lamb DM: Factors contributing to homelessness among the chronically and severely mentally ill, *Hosp Community Psychiatry* 41(3):301, 1990.

Lamb HR, Weinberger LE: Persons with severe mental illness in jails and prisons: a review, *Psychiatr Serv* 49:483, 1998.

Lefley JP: Behavioral manifestations of mental illness. In Hatfield AB, Lefley HP, editors: *Families of the mentally ill: coping and adaptation*, New York, 1987, Guilford Press.

Lehman AF: Strategies for improving services for the chronic mentally ill, *Hosp Community Psychiatry* 40(9):916, 1989.

Lipton AA, Cancro R: Schizophrenia: clinical features. In Kaplan JI, Sadock BJ, editors: *Comprehensive textbook of psychiatry*, vol 1, ed 6, Baltimore, 1995, Williams & Wilkins.

Lloyd C, Bassett J: Life is for living: a prevocational programme for young people with psychosis, *Aust Occup Ther J* 44(2):82, 1997.

Lurigio AJ, Lewis DA: Worlds that fail: a longitudinal study of urban mental patients, *J Soc Issues* 45(3):79, 1989.

Marshall C, Demmler J: Psychosocial rehabilitation as treatment in partial care settings: service delivery for adults with chronic mental illness, *J Rehab* (2):27, 1990.

Martin J: The trauma of homelessness, *Int J Ment Health* 20(2):17, 1991.

McFarland BH et al: Chronic mental illness and the criminal justice system, *Hosp Community Psychiatry* 40(7):718, 1989.

McFarland GK et al: *Nursing diagnoses and process in psychiatric mental health nursing*, ed 2, Philadelphia, 1992, JB Lippincott.

McPherson S: Neurological evaluation. In Kaplan JI, Sadock BJ, editors: *Comprehensive textbook of psychiatry,* vol 2, ed 6, Baltimore, 1995, Williams & Wilkins.

Menninger WW: The chronically mentally ill. In Kaplan HI, Sadock BJ, editors: *Comprehensive textbook of psychiatry,* vol 2, ed 5, Baltimore, 1989, Williams & Wilkins.

Menninger WW: Role of the psychiatric hospital in the treatment of mental illness. In Kaplan JI, Sadock BJ, editors: *Comprehensive textbook of psychiatry,* vol 2, ed 6, Baltimore, 1995, Williams & Wilkins.

Miller LJ, Finnerty M: Sexuality, pregnancy, and childrearing among women with schizophrenia—spectrum disorders, *Psychiatr Serv* 47:502, 1996.

Mintzer, JE et al: The effectiveness of a continuum of care using brief and partial hospitalization for agitated dementia patients, *Psychiatr Serv* 48:1435, 1997.

Morrisey JP, Dennis DL: *NIMH-funded research concerning homeless mentally ill persons: implications for policy and practice,* Albany, 1986, New York State Office of Mental Health.

Mosher-Ashley PM: Attitudes of nursing and rest home administrators toward deinstitutionalized elders with psychiatric disorders, *Community Ment Health J* 27(4):241, 1991.

Mueser KT, Gingerich S: *Coping with schizophrenia: a guide for families,* Oakland, Calif, 1994, New Harbinger.

Mueser KT et al: Family burden of schizophrenia and bipolar disorder: perceptions of relatives and professionals, *Psychiatr Serv* 47:507, 1996.

News in mental health nursing: sex in the state hospital a continuing headache, *J Psychosoc Nurs* 35(6):6, 1997.

North American Nursing Diagnosis Association: *NANDA nursing diagnoses: definitions and classifications, 1999-2000,* Philadelphia, 1999, The Association.

Osher FC, Kofoed LL: Treatment of patients with psychiatric and psychoactive substance abuse disorders, *Hosp Community Psychiatry* 40(10):1025, 1989.

Pepper B: A public policy for the long-term mentally ill: a positive alternative to reinstitutionalization, *Am J Orthopsychiatry* 57(3):452, 1987.

Pepper B, Ryglewicz H: The young chronic patient: a new focus. In Talbott JA, editor: *The chronic mental patient,* 1984, Allyn & Bacon.

Piazza LA et al: Sexual functioning in chronically depressed patients treated with SSRI antidepressants: a pilot study, *Am J Psychiatry* 154:1757, 1997.

Post F: Geriatric psychiatry: schizophrenia and delusional disorders. In Kaplan HI, Sadock BJ, editors: *Comprehensive textbook of psychiatry,* vol 2, ed 6, Baltimore, 1995, Williams & Wilkins.

Powell J: First person account: paranoid schizophrenia—a daughter's story, *Schizophr Bull* 24:175, 1998.

Powers JL et al: Maltreatment among runaway and homeless youth, *Child Abuse Negl* 14(1):87, 1990.

Price V: Runaways and street youth. In Kneerin J, editor: *Homelessness: critical issues for policy and practice,* Boston, 1987, The Boston Foundation.

Pruchno RA, Burant CJ, Peters ND: Understanding the well-being of caregivers, *Gerontologist* 37:102, 1997.

Rawnsley MM: Chronic mental illness: the timeless trajectory, *Sch Inq Nurs Pract* 5(3):205, 1991.

Reinhard SC: Living with mental illness: effects of professional support and personal control on caregiver burden, *Res Nurs Health* 17:79, 1994.

Riebschleger JL: Families of chronically mentally ill people: siblings speak to social workers, *Health Soc Work* 16(2):94, 1991.

Ritsher JEB, Coursey RD, Ferrell EW: A survey on issues in the lives of women with severe mental illness, *Psychiatr Serv* 48:1273, 1997.

Rossi PH, Wright JD: The determinants of homelessness, *Health Affairs,* p 19, Spring 1987.

Rotherman-Borus MJ: Serving runaway and homeless youth, *Fam Community Health* 14(3):23, 1991.

Roy A: Emergency psychiatry. In Kaplan HI, Sadock BJ, editors: *Comprehensive textbook of psychiatry,* vol 2, ed 6, Baltimore, 1995, Williams & Wilkins.

Ruscher SM, de Wit R, Mazmanian D: Psychiatric patients' attitudes about medication and factors affecting noncompliance, *Psychiatr Serv* 48:82, 1997.

Saunders J: Walking a mile in their shoes ... symbolic interaction for families living with severe mental illness, *J Psychosoc Nurs Ment Health Serv* 35(6):45, 1997.

Scholler-Jaquish A: Health care for the homeless: RN to BSN education, *Nurse Educ* 18(5):33, 1993.

Seltzer MM, Li LW: The transitions of caregiving: subjective and objective definitions, *Gerontologist* 36:614, 1996.

Shaner et al: Monetary reinforcement of abstinence from cocaine among mentally ill patients with cocaine dependence, *Psychiatr Serv* 48:807, 1997.

Sharfstein SS, Webb WL, Stoline AM: *Schizophrenia: questions and answers,* National Institute of Mental Health (on-line), 1995.

Sharfstein SS et al: *Schizophrenia: questions and answers,* National Institute of Mental Health (on-line), 1998.

Silva JA, Leong GB, Weinstock R: Violent behaviors associated with the antichrist delusion, *J Forensic Sci* 42:1058, 1997.

Silver LB: The scope of the problem in children and adolescents. In Looney JG, editor: *Chronic mental illness in children and adolescents,* Washington, DC, 1988, American Psychiatric Press.

Small GW: Alzheimer's disease and other dementing disorders. In Kaplan HI, Sadock BJ, editors: *Comprehensive textbook of psychiatry,* vol 2, ed 6, Baltimore, 1995, Williams & Wilkins.

So YP, Toglia J, Donohue MV: A study of memory functioning in chronic schizophrenic patients, *Occup Ther Ment Health* 13(1):1, 1997.

Steinglass P, Horan ME: Families and chronic medical illness. In Walsh F, Anderson C, editors: *Chronic disorders and the family,* New York, 1988, Haworth Press.

Strasser JA: Urban transient women, *Am J Nurs* 78(12):2076, 1978.

Surber RW et al: Effects of fiscal retrenchment on public mental health services for the chronic mentally ill, *Community Ment Health J* 22(3):215, 1986.

Szatmari P: Schizophrenia with childhood onset. In Kaplan JI, Sadock BS, editors: *Comprehensive textbook of psychiatry,* vol 2, ed 6, Baltimore, 1995, Williams & Wilkins.

Szymanski LS, Crocker AC: Mental retardation. In Kaplan HI, Sadock BJ, editors: *Comprehensive textbook of psychiatry,* vol 2, ed 6, Baltimore, 1995, Williams & Wilkins.

Tardiff K: Research on violence. In Talbott JA, editor: *The chronic mental patient: five years later,* New York, 1984, Grune & Stratton.

Tardiff, K et al: A prospective study of violence by psychiatric patients after hospital discharge, *Psychiatr Serv* 48:678, 1997.

Tempier R: Long-term psychiatric patients' knowledge about their medication, *Psychiatr Serv* 47:1385, 1996.

Teplin LA, Abram KM, McClelland GM: Prevalence of psychiatric disorders among incarcerated women. I. Pretrial jail detainees, *Arch Gen Psychiatry* 53:505, 1996.

Torrey EF: *Nowhere to go: the tragic odyssey of the homeless mentally ill,* New York, 1988, Harper.

Torrey EF: *Surviving schizophrenia,* ed 3, New York, 1995, Harper Perennial.

Torrey EF: *Out of the shadows: confronting America's mental illness,* New York, 1996, John Wiley & Sons.

U.S. Department of Health and Human Services: *National Plan for the Chronically Mentally Ill,* 1981, Washington, DC, The Department.

Wagner J, Menke E: The depression of homeless children: a focus for nursing intervention, *Issues Compr Pediatr Nurs* 14(1):17, 1991.

Wise TN, Mann LS: Utilization of pain medication in hospitalized psychiatric patients, *Gen Hosp Psychiatry* 18:422, 1996.

CHAPITRE 29

American Nurses Association: *Statement on psychiatric mental health clinical nursing practice and standards of psychiatric mental health clinical nursing practice,* Washington, DC, 1994, The Association.

Anthony WA: *The principles of psychiatric rehabilitation,* Baltimore, 1978, University Park Press.

Bower KA: *Case management by nurses,* Washington, DC, 1992, American Nurses Association.

The Fountain House concept paper, New York, 1981, Fountain House.

Herinckx Ha et al: Assertive community treatment versus usual care in engaging and retaining clients with severe mental illness, *Psychiatr Serv* 48(10):1297, 1997.

Janicak et al: *Treatment with antipsychotics: principles and practice of psychopharmacotherapy,* ed 2, Baltimore, 1998, Williams & Wilkens.

Liberman RP et al: Skills training versus psychosocial occupational therapy for persons with persistent schizophrenia, *Am J Psychiatry* 155(8), 1998.

Maslow AH: *Motivation and personality,* New York, 1954, Harper & Row.

Mastboom J: Forty clubhouses: models and practices, *Psychosoc Rehabil J,* 16(2), 1992.

Owen C et al: Housing accommodation preferences of peoples with psychiatric disabilities, *Psychiatr Serv* 47(6):628, 1996.

Rimmerman A et: The rehabilitation of persons with severe mental illness in adult homes: the NYPCC study, *Psychosoc Rehabil J* 15(2):55, 1992.

Schreter RK: Essential skills for managed behavioral health care, *Psychiatr Serv* 48(5):653, 1997.

CHAPITRE 30

Anderson H, Foley E: Experiences in need of ritual, *Christian Century,* 114(31):1002, 1997.

Appleby C: Integrated delivery: organized chaos, *Hosp Health Netw,* 71(14):50, 1997.

Becker V, editor: *Recovery devotional Bible, new international version,* Grand Rapids, Mich, 1993, Zondervan.

Culligan K: Spirituality and healing in medicine, *America* 175(5):17, 1996.

Episcopal Church: *The book of common prayer,* Philadelphia, 1979, Seabury Press.

Evans F: *New St. Joseph's people's prayer book,* New York, 1993, Catholic Book Publishing.

Fitchett G: *Assessing spiritual needs: a guide for caregivers,* Minn, 1993, Augsburg.

Fitchett G: *Developing outcome-focused spiritual care: facing the challenge of filling a new wineskin.* Unpublished monograph presented to the national meeting of the College of Chaplains, 1997.

Ford-Grabowsky M: *Prayers for all people,* New York, 1995, Doubleday.

Fowler JW: *Stages of faith,* San Francisco, 1981, Harper San Francisco.

Hall BA: Spirituality in terminal illness: an alternative view of theory, *J Holist Nurs* 15(1):82, 1997.

Holst L: *Hospital ministry,* New York, 1992, Crossroads.

Hunter RJ, editor: Dictionary of pastoral care and counseling, Nashville, 1996, Abingdon Press.

Job R, Shawchuck N: A guide to prayer, Nashville, Tenn, 1983, The Upper Room.

Kelly EW: Spirituality and religion in counseling and psychotherapy, 1995, American Counseling Association.

Moore T: Care of the soul, New York, 1992, HarperCollins.

Nichols JE: The relationship between meaning in life and chronic illness, master's thesis, San Diego, 1998, San Diego State University.

Nouwen H: The wounded healer, New York, 1990, Doubleday.

Oman M: Prayers for healing, Berkeley, Calif, 1997, Conari Press.

Perrin KM, McDermott RJ: The spiritual dimension of health: a review, *Am J Health Stud* 13(2):90, 1997.

Pichards PS, Bergin AE: A spiritual strategy for counseling and psychotherapy, Washington, DC, 1997, American Psychological Association.

Roukerna RW: The soul in distress, New York, 1997, Haworth Pastoral Press.

Santrock JW: Life-span development, Chicago, 1997, Brown & Benchmark.

Smith J: The HarperCollins dictionary of religion, New York, 1995, HarperCollins.

United Church Of Christ: Book of worship, New York, 1986, United Church Of Christ.

Warter C: Recovery of the sacred, Deerfield Beach, Fla, 1994, Health Communications.

Édition de langue française

CHAPITRE 1

American Nurses Association, American Psychiatric Nurses Association et International Society of Psychiatric-Mental Health Nurses (2000). *Scopes and Standards of Psychiatric-Mental Health Nursing Practice*, Washington (D.C.), ANA.
Ministère de la Santé et des Services sociaux (1989). *Politique de santé mentale*, Québec, MSSS.
Ministère de la Santé et des Services sociaux (1992). *La politique de la santé et du bien-être*, Québec, MSSS, Gouvernement du Québec.
Ministère de la Santé et des Services sociaux (1998). *Plan d'action pour la transformation des services de santé mentale*, Québec, MSSS.
Ministère de la Santé et des Services sociaux (2001). *Accentuer la transformation des services de santé mentale: Cibles prioritaires adoptées au Forum sur la santé mentale de septembre 2000*, Québec, MSSS.
Ministère de la Santé et des Services sociaux (2001). *Le système de santé et de services sociaux du Québec: Une image chiffrée*, Québec, MSSS.
Ordre des infirmières et infirmiers du Québec (2002). *La vision contemporaine de l'exercice infirmier au Québec: La pratique infirmière en santé mentale et en psychiatrie*, mémoire présenté au Groupe de travail ministériel sur les professions de la santé et des relations humaines, dans le cadre de la mise à jour du système professionnel, Montréal, OIIQ.
Ordre des infirmières et infirmiers du Québec (2003). *Guide d'exercice: L'exercice en santé mentale et en psychiatrie*, Montréal, OIIQ.
Petitat, A. (1989). *Les infirmières: De la vocation à la profession*, Montréal, Boréal.
Santé Québec. Lavallée, C.; Bellerose, C.; Camirand, J.; Caris, J. (sous la direction de) (1995). *Aspects sociaux reliés à la santé: Rapport de l'Enquête sociale et de la santé 1992-1993*, volume 1, Montréal, MSSS, Gouvernement du Québec.

CHAPITRE 3

Adler, R. et Towne, N. *Communication et interactions*, Québec, Éditions Études Vivantes, 1998.
Augendre, P. « Vers la maîtrise des émotions », *Vie et santé*, vol. 3, n° 1112 (1986), p.19-23.
Augendre, P. « La stratégie rationnelle émotive », *Vie et santé*, vol. 12, n° 1142 (1988), p.18-24.
Auger, L. *S'aider soi-même*, Éditions de l'Homme, Montréal, 1974.
Beck, A. T. *Cognitive Therapy and the Emotional Disorders*, International University Press, New York (NY), 1976.
Bérubé, D. « Le transfert et le contre-transfert », *Soins Psychiatrie*, N°s 122-123 (déc. 1990, janvier 1991), p. 35-39.
Chambon, O., Marie-Cardine, M. « La réadaptation sociale des psychotiques chroniques: approche cognitivo-comportementale. Essai d'une approche cognitive en pays de langue française », *Santé mentale au Québec*, XIX. 1. 19-32, 1994.
Cottraux, J., *Les thérapies comportementales et cognitives*, Paris, Masson, 2001.
Lalonde, Aubut, Grunberg et collaborateurs, *Psychiatrie clinique: Une approche bio-psycho-sociale*, Tome II, Québec, Gaëtan Morin, 2001.
Ellis, A. et Harper, R. A. *L'approche émotivo-rationnelle* (traduction de « A New Guide to a Rational Living »), Montréal, Les Éditions de l'Homme, 1992.
Fillion, F. *La boîte à outils de l'animateur émotivo-rationnel imparfait*, Montréal, Centre d'animation émotivo-rationnelle, 1993.
Maltais, F. *Élaboration de modules d'enseignement de la relation d'aide selon l'approche cognitivo-émotivo-comportementale*, Mémoire, Université de Sherbrooke, Sherbrooke, 2002.
Marc-Aurele. *Pensées pour moi-même, suivies du manuel d'Épictète*, Paris, Flammarion, 1964.
Saint-Laurent, M. et Pinard, G. « Psychiatrie clinique: Une approche bio-psycho-sociale ». In P. Lalonde (dir.), *Thérapie cognitive* (Tome II), Boucherville, Gaëtan Morin éditeur, 1999, p. 1326-1341.

CHAPITRE 5

Code civil du Québec, L.R.Q., 1991, c. C-64
Code de déontologie des infirmières et infirmiers, L.R.Q., c. C-26, a. 87; 2001, c.78, a.6
Code de procédure civile, L.R.Q., c. C-25
Collège des médecins du Québec, *Serment professionnel* (en ligne), 2003. [http://www.cmq.org/pages/sections/medAujou/sermprof.html].
Curateur public du Québec. *Déclaration de services aux citoyens: la protection et la représentation des personnes inaptes* (en ligne), 2001. [http://www. curateur.gouv.qc.ca/cura/ html/ren-gen/depliants .html]
Gouvernement du Québec. *Curateur public du Québec* (en ligne), 2002. [http://www.curateur.gouv .qc.ca/ index.html].
Gouvernement du Québec. *Ministère de la Santé et des Services sociaux du Québec* (en ligne), 2003. [http://www.msss.gouv.qc.ca/f/index.htm].
Loi sur l'accès aux documents des organismes publics et sur la protection des renseignements personnels, L.R.Q., c. A-2.1
Loi sur la protection des personnes dont l'état mental présente un danger pour elles-mêmes ou pour autrui, L.R.Q., P-38.001
Loi sur les services de santé et les services sociaux, L.R.Q., c.S-4.2
Ministère de la Santé et des Services sociaux du Québec. *Guide pratique en santé mentale*, Québec, 1999, 103 p.
Nouveau Petit Robert, dictionnaire alphabétique et analogique de la langue française. Paris, Dictionnaires Le Robert, version électronique 1.3, 1997.
Ordre des infirmières et infirmiers du Québec. *Code de déontologie des infirmières et infirmiers* (en ligne), 2003. [http://www.oiiq.org/].
Ordre des infirmières et infirmiers du Québec. *Guide d'application de la nouvelle Loi sur les infirmières et les infirmiers et de la Loi modifiant le Code des professions et d'autres dispositions législatives dans le domaine de la santé*(en ligne), 2003. [http://www.oiiq.org/publications/publications_alpha.asp#G].
Ordre des infirmières et infirmiers du Québec. *Ordre des infirmières et infirmiers du Québec* (en ligne), 2003. [http://www.oiiq.org/].
Potter, Patricia A., et Perry, Anne G. *Soins infirmiers*, Laval, Éditions Études Vivantes, 2002, 1617 p.
Service de police de la Ville de Montréal (SPVM), Division des affaires juridiques. *Nouvelles et publications* (en ligne), 2003. [http://www.spcum.qc.ca/fr/ nouv_pub/cjurpubf.asp].

CHAPITRE 7

ANADI. *Diagnostics infirmiers: Définitions et classification 2001-2002*. Masson, Paris, 2002.
Benner, Patricia. *De novice à expert: Excellence en soins infirmiers*. ERPI, Montréal, 1995.
Johnson, Marion et Meridean Maas. *Classification des résultats de soins infirmiers: CRSI-NOC*. Masson, Paris, 1999.
McCloskey, Joanne et Gloria Bulechek. *Classification des interventions de soins infirmiers: CISI-NIC*. Masson, Paris, 2000.
Taylor, Cynthia et Sparks, Sheila. *Diagnostics infirmiers: guide pour le plan de soins*, 4e édition, Montréal, Décarie, 1995.

CHAPITRE 8

Postel, J. *Dictionnaire de psychiatrie et de psychopathologie*, Paris, Larousse, 1998.

CHAPITRE 9

Auger, L., *S'aider soi-même*. Montréal: Éditions de l'Homme, 1974.
Beck, A. T., *Cognitive Therapy and the Emotional Disorders*. New York (NY): International University Press, 1976.
Charbonneau, C. (1998). « La psychologie interculturelle: présentation », *Revue québécoise de psychologie*, 19,(3), p. 65-74.
Cottraux, J., *Les thérapies comportementales et cognitives*, Masson, Paris, 2001.
Ellis, A. et Harper, R. A., *L'approche émotivo-rationnelle* (traduction de « A New Guide to a Rational Living »). Montréal, Les Éditions de l'Homme, 1992.
Fortin, L. (1999). « Troubles anxieux, trouble panique et phobies ». Dans F. Lalonde, J. Aubut, et F. Grunberg. *Psychiatrie clinique. Une approche bio-psycho-sociale*. Tome I: *Introduction et syndromes cliniques*. Montréal: Gaëtan Morin.
Greiger, R. et Boyd, J, *Rational-Emotive Therapy*, New York, Van Nostrand, 1980.
Joyal, M. (2002). « Le trouble obsessionnel-compulsif: lever le voile ». *Le Médecin du Québec*, 35(8), pp. 40-45.
Ladouceur, R. et Cottraux, J., *Ruminations obsédantes*. Dans R. Ladouceur, O. Fontaine, J. Cottraux (éd). *Thérapie comportementale et cognitive* (p. 55-62). Masson: Paris, 1993.
Ladouceur, R., Fontaine, O., Cottraux, J., *Thérapie comportementale et cognitive*, Masson: Paris, 1992.
Maltais, F., *Élaboration de modules d'enseignement de la relation d'aide selon l'approche cognitivo-émotivo-comportementale*, Thèse, Université de Sherbrooke, Sherbrooke, 2002.
Marchand, A., Brillon, P., « Thérapie cognitive et troubles anxieux », *Revue québécoise de psychologie*, vol. 16, n° 2, 1995.
Rapee R. Barlow D. *Chronic anxiety*, Guilfod Press, New-York, 1991.
Ressource communautaire, Association des troubles anxieux du Québec (ATAQ), [http://www.uquebec.ca/~uah1104/ataq.htm].
Taubes, I. (2000). « Vivre avec une phobie », *Psychologies*, 191, p. 60-63.
Taylor, C. et S. Sparks (1995). *Diagnostics infirmiers: Guide pour le plan de soins* (4e édition). Montréal: Décarie.

CHAPITRE 10

Auger, L. *S'aider soi-même*, Montréal, Éditions de l'Homme, 1974.
Beck, A. T. *Cognitive Therapy and the Emotional Disorders*. New-York, International University Press, 1976.
Bugeaud, E. & Savard, P. (2001). « Mater la dépression réfractaire sans brûler les étapes ». *Le Clinicien*, 16,(1), pp. 86-96.
Cottraux, J. *Les thérapies cognitives*. Paris, Retz, 1992.
Ellis, A. et Harper, R. A. *L'approche émotivo-rationnelle* (traduction de «A New Guide to a Rational Living»), Montréal, Les Éditions de l'Homme, 1992.
Kramlinger, Keith (2002). *Clinique Mayo – La dépression: Comprendre, identifier et traiter*. Saint-Constant: Lavoie-Broquet.
Leblanc, J. (1999). « Troubles de l'humeur (affectifs) ». Dans P. Lalonde, J. Aubut, et F. Grunberg. *Psychiatrie clinique. Une approche bio-psycho-sociale*. Tome I: *Introduction et syndromes cliniques*. Montréal: Gaëtan Morin.
Maltais, F. (2002). *Élaboration de modules d'enseignement de la relation d'aide selon l'approche cognitivo-émotivo-comportementale*, Mémoire, Université de Sherbrooke, Sherbrooke, 2002.
Thériault, C. (1994). *Les hauts et les bas de la maniaco-dépression*. Montréal: Leméac.

CHAPITRE 11

APA. *DSM-IV. Manuel diagnostique et statistique des troubles mentaux*, 4e éd., version internationale. Paris, Masson, 1996.
APA. *Diagnostic and statistical manual of mental disorder*, 2000.
Beck, A.T., Freeman, A., et coll., 1990 « Cognitive Therapy of Personality Disorders », in Chambon, O. Marie-Cardine, M., « Réadaptation et psychothérapie des psychoses chroniques. Essai d'une approche cognitive en pays de langue française », *Santé mentale au Québec*, 1994, XIX.1. 18-32.
Beck, A.T., Rysgm A., Shaw, B., Emery, G., 1979, « Cognitive Therapy of Depression », New York Guild, Guilford, in Chambon, O. Marie-Cardine, M., « Réadaptation et psychothérapie des psychoses chroniques. Essai d'une approche cognitive en pays de langue française », *Santé mentale au Québec*, 1994, XIX.1. 18-32.
Bentaleb, L.A., Stip, E., et Beauregard, M. (2000). « Psychopathologie et bases neurobiologiques des hallucinations auditives dans la schizophrénie ». *Santé mentale au Québec*, 25(1), p. 241-256.
Brenner H. D., Hodel B., Roder V. et coll. « Treatment of Cognitive Dysfunctions and Behavioral Deficits in Schizophrenia ». *Schizophr. Bull.*, 1992: 18: 21-24, in Briand, C., Lalonde, P., Lesage, A. Morin, Ch., (1999), « La résolution de problèmes: apport théorique et opérationnel dans une approche intégrée de la schizophrénie », *Annuaire Méd.-Psychol.*, 157: 10, p. 687-699.
Briand, C., Lalonde, P., Lesage, A. Morin, Ch., (1999), « La résolution de problèmes: apport théorique et opérationnel dans une approche intégrée de la schizophrénie », *Annuaire Méd.-Psychol.*, 157: 10, p. 687-699.
Chambon, O., Marie-Cardine, M., (1992 a), *La réadaptation sociale des psychotiques chroniques: approche cognitivo-comportementale*, Collection Nodules, PUF, Paris.
Chambon, O., Marie-Cardine, M., (1992 b) « Psychose », in Ladouceur, R., Fontaine, O., Cottraux, J., *Thérapie comportementale et cognitive*, Masson, Paris.
Chambon, O., Marie-Cardine, M., (1992 c). « Réhabilitation des troubles psychothiques », in Ladouceur, R., Fontaine, O., Cottraux, J., *Thérapie comportementale et cognitive*, Masson, Paris.
Chambon, O., Marie-Cardine, M., (1993 c), *La réadaptation sociale des psychotiques chroniques: approche cognitivo-comportementale*, Collection Médecine et Psychothérapie, Paris, in Chambon, O. Marie-Cardine, M., « Réadaptation et psychothérapie des psychoses chroniques. Essai d'une approche cognitive en pays de langue française », *Santé mentale au Québec*, 1994, XIX.1. 18-32.
Chambon, O., Marie-Cardine, M., (1994). « La réadaptation sociale des psychotiques chroniques: approche cognitivo-comportementale. Essai d'une approche cognitive en pays de langue française », *Santé mentale au Québec*, XIX. 1. 19-32
Chambon, O., Marie-Cardine, M., Cottraux, J., Garcia, J.P., Favrod, J., Deleu, G. 1994. « Impact d'un programme global d'entraînement aux habilités sociales sur le fonctionnement social et la qualité de vie subjective des schizophrènes », à paraître dans le *Journal de Thérapie Comportementale et Cognitive*.
Chambon, O., Laurent, N. et Marie-Cardine, G. 1995. « Les approches comportementales et cognitives de la réadaptation sociale des schizophrènes ». In G. Vidon (dir.), *La réhabilitation psychosociale en psychiatrie*. Éditions Frison-Roche, Paris.
Cottraux, J., *Les thérapies comportementales et cognitives*, Masson, Paris, 2001.
D'Zurilla T. J., Nezu A. M. « Development and preminary evaluation of the social problem-solving inventory », J. *Consult. Clin. Psychol*, 1990: 2: 156-163 in Briand, C., Lalonde, P., Lesage, A. Morin, Ch., (1999), « La résolution de problèmes: apport théorique et opérationnel dans une approche intégrée de la schizophrénie », *Annuaire Méd.- Psychol.*, 157: 10, p. 687-699.
Lezak M. D., « Neuropsychological Assessment », 3e édition, Oxford University Press, Oxford (1995), in Briand, C., Lalonde, P., Lesage, A. Morin, Ch., (1999), « La résolution de problèmes: apport théorique et opérationnel dans une approche intégrée de la schizophrénie », *Annuaire Méd.-Psychol.*, 157: 10, p. 687-699.

Konen A., Neis, L., Hodel, B., Brenner, H.K. « À propos des thérapies cognitivo-comportementales de la schizophrénie », *L'Encéphale*, 1993, XIX : 44-55.
Lalonde, P. (1999). « Schizophrénies ». Dans P. Lalonde, J. Aubut, et F. Grunberg. *Psychiatrie clinique : Une approche biopsycho-sociale*. Tome I *Introduction et syndromes cliniques*, Montréal : Gaétan Morin.
Maltais, F., *Élaboration de modules d'enseignement de la relation d'aide selon l'approche cognitivo-émotivo-comportementale*, Mémoire, Université de Sherbrooke, Sherbrooke, 2002.
Smith C.A., Lazarus R. S. « Appraisal comonents, core relational themes and the emotions ». *Cognition and Emotion*, 1993 ; 7 : 233-269 in Briand, C., Lalonde, P., Lesage, A. Morin, Ch., (1999), « La résolution de problèmes : apport théorique et opérationnel dans une approche intégrée de la schizophrénie », *Annuaire Méd.-Psychol.*, 157 : 10, p. 687-699.
Vidon, G., Antoniol, B., Bonnet, c., Caria, A., Chambon, O., Dubuis, J., Gasser., Y., Gomes, M., Goutal, M., Houver, J., Kovess, V., Laurent, N., Marie-Cardine, M., Massé, G., Muldworf, L., Olié, J.-P., Perpoil, J.-P., Petitjean, F., Rechtman, R., Regnaut, N., Roelandt, J. L., Vanelle, J.Mé. Wetsch-Benqué, M., *La réhabilitation psychosociale en psychiatrie*, éd. Frison-Roche, Paris, 1995.

CHAPITRE 12

APA. (1996). DSM-IV. *Manuel diagnostique et statistique des troubles mentaux* 4e éd., version internationale. Paris : Masson.
APA (2000). *Diagnostic and statistical manual of mental disorder.*
Beck, A.T., Freeman A., *Cognitive therapy of personality disorders*, Guilford Press, New-York, 1990.
Cottraux, J., Blacburn, I. M., *Thérapies cognitives des troubles de la personnalité*, Masson, Paris, 1995.
Cottraux, J., « Les thérapies comportementales et cognitives », *Médecine et psychothérapie*, Masson, Paris, 2001
Cousineau, P., « L'approche cognitive et les troubles de la personnalité », *Revue québécoise de psychologie*, vol. 16, nº 2, 1995, p. 131-151
Renaud, S. (1999). « Les troubles de la personnalité : Guide à l'usage de l'omnipraticien ». *Le Clinicien*, 14 (1), p. 117-132.
Young, J., *Cognitive therapy for personality disorders, a schema focused approach*, Professionnal Ressource Exchange, Sarasota, 1990

CHAPITRE 13

Auger, L. *Vous défaire de votre dépendance de l'alcool et/ou de la drogue*, CIM, Saint-Hilaire, Québec, 1997.
Ben Amar M, Champagne P, Vallée R, Cyr JF, Léonard L, Charbonneau J (2002). « Chapitre 8 : Alcool ». Dans : *Les Psychotropes. Pharmacologie et toxicomanie*, sous la dir. de M. Ben Amar et L. Léonard. Montréal, PUM, p. 221-303.
Centre canadien de lutte contre l'alcoolisme et les toxicomanies (2003). *Comment la marijuana affecte-t-elle la santé ?* Ottawa : Santé Canada.
Guyon, L., et Desjardins. *La consommation d'alcool et de drogue*. Rapport de l'Institut de la Statistique du Québec, 2002.
ISQ. *Enquête sociale et de santé*, Deuxième édition, 2000.
Maltais, F. *Élaboration de modules d'enseignement de la relation d'aide selon l'approche cognitivo-émotivo-comportementale*, Mémoire, Sherbrooke, 2002.
Roberts, G. *Est-ce que le cannabis est sans danger ?* Ottawa : Centre canadien de lutte contre l'alcoolisme et les toxicomanies, 2003.
Single, E., Robson, L., Xie, X. et Rehm, J. *Le coût de l'abus de substances au Canada*. Ottawa : Centre canadien de lutte contre l'alcoolisme et les toxicomanies, 1996.
Système canadien de surveillance périnatale. *L'alcool et la grossesse*. Ottawa : Santé Canada, 1998.

CHAPITRE 14

Société canadienne de l'Alzheimer http://www. alzheimer. ca/french/index.php

CHAPITRE 15

Éthier, L.S. (1999). « La violence et la négligence envers les enfants ». Dans E. Habimana, L.S Éthier, D. Petot, et M. Tousignant. *Psychopathologie de l'enfant et de l'adolescent. Approche intégrative*. Boucherville : Gaëtan Morin éditeur.
Massé, L. (1999). « Le déficit de l'attention ». Dans E. Habimana, L.S. Éthier, D. Petot, et M. Tousignant. *Psychopathologie de l'enfant et de l'adolescent. Approche intégrative*. Boucherville : Gaëtan Morin éditeur.
Tousignant, M., Bastien, M-F. (1999). « Le suicide et les comportements suicidaires ». Dans E. Habimana, L.S. Éthier, D. Petot, et M. Tousignant. *Psychopathologie de l'enfant et de l'adolescent. Approche intégrative*. Boucherville : Gaëtan Morin éditeur.
Van Grunderbeeck, N. (1999). « Les troubles d'apprentissage ». Dans E. Habimana, L.S. Éthier, D. Petot, et M. Tousignant. *Psychopathologie de l'enfant et de l'adolescent. Approche intégrative*. Boucherville : Gaëtan Morin éditeur.

CHAPITRE 16

Bourque, D. (1991). *À dix kilos du bonheur*. Montréal, Les éditions de l'Homme.
Cottraux, J., *Les thérapies comportementales et cognitives, Médecine et psychothérapie*, Masson, Paris, 2001.
Desaulniers, L.G., *Les sottises qui nous nuisent sur…*, Service d'Aide Personnelle, Bibliothèque Nationale du Québec, 1997.
Guéricolas, P. (1998). « Le nouveau culte des apparences : Sois belle et battante ». *La Gazette des femmes*, 20 (1) p 19-32.
Maître, J. (2000). *Anorexies religieuses, anorexie mentale. Essai de psychanalyse sociohistorique : de Marie de l'Incarnation à Simone Weil*. Paris, Cerf.
Steiger, H., et Champagne, J. (1999). « Les troubles de l'alimentation : l'anorexie nerveuse et la boulimie », dans E. Habimana, L.S. Éthier, D. Petot, et M. Tousignant. *Psychologie de l'enfant et de l'adolescent : approche intégrative*. Montréal, Gaëtan Morin.

CHAPITRE 17

Alarie, Pierre, et Richard Villeneuve, « L'Impuissance », *Évaluations et solutions*, Éditions de l'Homme, 1992, 223 p.
Allgeier A. R., et Allgeier E.R., « Sexualité humaine : Dimensions et Interactions », CEC, Collégial et universitaire, Montréal, 1989, p.718.
Anadi. *Diagnostics infirmiers, Définitions et classification 2001-2002*, Paris, Masson, 2002.
Association des sexologues : www.associationdessexologues.com
Bahr, Rose Thérèse. « Sex Therapy », in Beck, C.K., R.P. Rawlins, et S.R. Williams. *Mental Health-Psychiatric Nursing A holistic Life Cycle Approach*, Mosby, 1988, p. 576 à 590.
Blanchette, François. « Et puis qu'est-ce qui se passe avec l'incorporation ? » *Sexologie actuelle*, octobre 2002, vol. XI, nº 1, p. 16.
Cohen, Rona Lee. « Sexual and Self-Care Practice of Adults », in Riehl-Sisca, Joan. *The Science and art of self care*, Appleton-century-Crofts, Norwalk Connecticut, 1985, p.298 à 307.
Gratton, Henri. « Histoire de la sexologie », dans *Sexologie contemporaine*, Les presses de l'Université du Québec, Québec, 1981, p.19-45.
Kaplan, Helen Singer. *La nouvelle thérapie sexuelle*, Paris, Éd. Buchet/Chastel, 1979.
Katchadourian, Herant A., Donald T. Lunde, et Robert Trotter. *La sexualité humaine*, Montréal, HRW, 1982, p.305.
Laboratoires Janssen-Ortho inc., *Faits sur la dysfonction érectile*, Montréal, 1998, p.11 à 13.
Landry, Eric. « L'impact des médicaments psychiatriques sur les fonctions sexuelles », *Sexologie actuelle*, vol.X, nº1, octobre 2001.
Masters, William H., et Virginia E. Johnson. *Les mésententes sexuelles et leurs traitements*, traduction Robert Laffont, Belgique, Marabout, 1971.
Masters, William H., et Virginia E. Johnson. *Les réactions sexuelles*, Paris, Robert Lafont, 1968.
McKibben, André, et Jean Proulx. « Évaluation et traitement des délinquants sexuels à l'Institut Philippe-Pinel de Montréal », *Bulletin de l'Association des sexologues du Québec*, Volume XII, nº 3, été 1991, p. 17 à 26.
Ordre des infirmières et infirmiers du Québec. *L'exercice infirmier en santé mentale et psychiatrie*, Montréal, 2003, p.47.
Paho/Who en collaboration avec WAS, *Promotion of Sexual Health : Recommendations for action*, 2001, [www.sieccan. org/documents.html].
Trempe, Jean-Pierre. « Déviations de la conduite érotique », dans *Sexologie contemporaine*, Les presses de l'Université du Québec, Québec, 1981, p.199 -316.

CHAPITRE 18

Bourgault, D., Meloche, M., (1995) *Le burnout ou mourir d'épuisement comme un caméléon sur une jupe écossaise*, Service Social Psychiatrique, Hôpital Notre-Dame, Montréal.
Chambon, O., Laurent, N. et Marie-Cardine, G. 1995. « Les approches comportementales et cognitives de la réadaptation sociale des schizophrènes ». dans G. Vidon (dir.), *La réhabilitation psychosociale en psychiatrie*. Paris : Éditions Frison-Roche.
Cottraux, J., « Les thérapies comportementales et cognitives », *Médecine et psychothérapie*, Masson, Paris, 2001.
Edelwich et Brodsky, 1980, « Burn-out, Stage of Disillusionment in the Helping Professor », *Human Science Press*, p. 11-30.
Filteau, M-J., Baruch, P. (1999). « Troubles de l'adaptation ». Dans P. Lalonde, J. Aubut et F. Grunberg. *Psychiatrie clinique. Une approche bio-psycho-sociale. Tome I : Introduction et syndromes cliniques*. Montréal : Gaëtan Morin.
Maltais, F. (2002). *Élaboration de modules d'enseignement de la relation d'aide selon l'approche cognitivo-émotivo-comportementale*, Mémoire, Université de Sherbrooke, Sherbrooke.
Masiach, C., 1976, « Burn-out », *Human Behavior*, sept., vol. 5, p. 16-22.

CHAPITRE 22

Aguilera, D.C. *Intervention en situation de crise, théorie et méthodologie*, Montréal, Éditions du renouveau pédagogique, 1995.
Bard, M. and Ellison, D., « Crisis Intervention and Investigation of Forcible Rape », *Police Chief*, 5 : 68-74, 1974.
Chanel, François. « Crise Gestalt et paradoxes » dans *Revue Québécoise de Gestalt*, vol. 1, nº 1, 1992.
Chalifour, Jacques. *Guide d'exercice : L'exercice en santé mentale et psychiatrie*, Montréal, OIIQ, 2003.
Golan, Naomi. « Treatment in crisis situations », *The Free Press*, New York, 1978.
Gravier, Véronique, et Didier Cremnitre. *Soins Psychiatrie : Pratique et savoir en santé mentale*, Paris, Masson, nº 188, février 1997, p. 27-30.
Joubert, Natacha. « La prévention du suicide au Québec/À tant vouloir éviter la mort, on finit par éviter la vie », *Frontières*, automne, 2002
Lalonde, Pierre. *Psychiatrie clinique : une approche bio-psychosociale* Sous la direction de Lalonde, Aubut, Grundberg, 3e édition, Montréal, Gaëtan Morin, 1999.
Martel, Claude. « Qu'en est-il de l'intervention psychosociale en sécurité civile au Québec ? » Dans *Santé mentale au Québec* – Les désastres naturels, vol. XXV, Nº 1., Printemps 2000
Parad, *Encyclopedia of social work*. 19th ed. Washington, D.C. : National Association of Social Workers, 1995.
Quarantelli, Enrico L. (1986) cité dans Martel, Claude. « Qu'en est-il de l'intervention psychosociale en sécurité civile au Québec ? », dans *Santé mentale au Québec* – Les désastres naturels, vol. XXV, nº 1, printemps 2000.
Rapoport, Lydia., 1974, « The State of Crisis : Some Theoretical Considerations ». Dans Parad, H. *Crisis Intervention : Selected Readings*. New York : Family Services Association of America, p. 22-31
Roberts, A.R. « An overview of crisis theory and crisis intervention » dans *Crisis Intervention handbook : Assessment, treatment and research*. Belmont, CA, Wadsworth, 1990.
Selye, Hans. *Le stress de la vie*, Paris, Gallimard, 1975.

CHAPITRE 24

Aubin, L., et N. Durand. *La violence familiale dans la vie des enfants*, Québec, ISQ, 2002.
Jean, S. « Données sociodémographiques en bref », *Bulletin*, 6(2), collection « Les conditions de vie », Québec, ISQ, 2002.
ISQ. *Portrait social du Québec*, 2001.
Laroche, D. *La sécurité des personnes*, Québec, ISQ, 1999.
Laroche, D. *La violence conjugale envers les femmes*, Québec, ISQ, 1999.
Laroche, D. *Portrait social du Québec*, Québec, ISQ, 2001.
Tourigny, M., et coll. *Les mauvais traitements envers les enfants*, Québec, ISQ, 2001.

CHAPITRE 25

Adam, K.S., Bouckoms, A., et Streiner, D. « Parental Loss and Family Stability in Attempted Suicide ». *Arch. Gen. Psychiatry*, 39, 1982, p. 1081-1085.
Bastien, M.-F., Tousignant, M., et Hamel, S. « Étude comparative de l'intégration chez des adolescents suicidaires et non suicidaires victimes de carence d'attention parentale ». *Santé Mentale au Québec*, XXI (2), 1996, p. 33-52.
Beaupré, M., et D. St-Laurent. «Deux causes de décès : le cancer et le suicide», dans *D'une génération à l'autre : évolution des conditions de vie*, Bureau de la statistique du Québec, Gouvernement du Québec, vol. 1, 1998, p. 49-81.
Blumenthal, S.J. (1990). « Youth Suicide : Risk Factors, Assessment and Treatment of Adolescent and Young Adult Suicidal Patients ». *Psychiatric Clinics of North America*, 13 (3), 511-556.
Boyer, R., et D. St-Laurent. «Le suicide au Québec», *Frontières*, 12(1), 1999, p.50-53.
Boyer, Richard, Danielle St-Laurent, Michel Préville, Gilles Légaré, Raymond Massé et Carole Poulin. « Enquête sociale et de santé » *1998*, 2e édition, chapitre 17, *Idées suicidaires et parasuicides* (en ligne) Mise à jour : 27 février 2001 (consulté le 1er juin 2003). [http://www.stat.gouv.qc.ca/ publications/santé/pdf/e_soc98v2-7.pdf]
Bureau du coroner. *Rapport annuel 2000*, Sainte-Foy, Les Publications du Québec, 2001.
Campbell, N.B., Milling, L., Laughlin, A., et Bush, E. (1993). « The Psychosocial Climate of Families with Suicidal Preadolescent Children », *Amer. J. Orthopsychiat.* 63 (1), 142-145.
Chabrol, H. (1984). *Les comportements suicidaires de l'adolescent*, Paris : PUF.
Charbonneau, L., et Houle, J. (1999). Suicide, hommes et socialisation. *Frontières*, 12(1), 62-68.
Côté, L., Pronovost, J. et Ross, C. (1990). « Comportements et idéations suicidaires chez les jeunes québécois », *Psychologie médicale*, 22 (5), 389-392.
D'Amours, Y. « Le point sur la délinquance et le suicide chez les jeunes. » *Conseil permanent de la jeunesse*. (1995). Gouvernement du Québec.
Davidson, F. et Choquet, M. (1981). *Le suicide de l'adolescent : étude épidémiologique*. Paris : Éditions ESF.
DÉSY, M-J., (1998). *Perception des membres de la famille du retour éventuel de l'adolescent suicidaire à domicile*, mémoire non publié, Université de Montréal, Montréal, Canada.

Durkheim, E. (1897/1967). *Le suicide*. Paris : Presses universitaires de France.

Farberow, N.L. (1985). « Youth Suicide : A Summary ». In M.L. Peck, N.L. Farberow et R.E. Litman, *Youth Suicide* (p. 191-203). New York : Springer.

Garfinkel. B.D., Froese, A., Hood, J. (1982). « Suicide Attempts in Children and Adolescents ». *American Journal of Psychiatry*, 139 (10), 1257-1261.

Gratton, F. *Les Suicides d'être de jeunes Québécois*. Presses de l'Université du Québec, Québec, 1996, 328 p.

Gravel, Pauline. « Le suicide emporte huit hommes pour une femme au Québec ». *Le Devoir*, jeudi 22 mai 2003. p. A1 et A 8.

Hasselback, P., K. Lee, Y. Mao, R. Nichol et D.T. Wigle. « The relationship of suicide rates to socio-demographic factors in Canadian census divisions », *Canadian Journal of Psychiatry*, 36 (1991), p. 655-659.

Institut de la statistique du québec. *La situation démographique au Québec*, chapitre 4, La mortalité (en ligne), 2002 (consulté le 2 juin 2003) [http://www.stat.gouv.qc.ca/publications/demograp/pdf/bilan02_4.pdf].

Langlois, S., et Morrison, P. *Suicides et tentatives de suicide*. Rapports sur la santé, 13(2), Statistique Canada, n° 82-003 au catalogue, 2002, p. 9-25.

Lester, D., et Leenaars, AA. « Suicide in Canada and United-State : A Societal Comparison ». In Leenaars, AA., Wenckstern, S., Sakinofsky, I., Dyck, RJ., Kral, MJ., et Bland, RC. (Eds.) *Suicide in Canada*. University of Toronto Press, 1998, p. 109-121.

Levasseur, M. et L. Goulet (2000). « Problèmes de santé », dans *Enquête sociale et de santé 1998*, Québec, Institut de la statistique du Québec, chapitre 12.

Ménard-Buteau, C., Buteau, J. (2001). « Suicide ». In P. Lalonde, J. Aubut et F. Grunberg. *Psychiatrie clinique. Une approche bio-psycho-sociale, Spécialités, traitements, sciences fondamentales et sujets d'intérêt*. Tome II. Montréal, Paris : Gaëtan Morin. 1770-1792.

Montagne, G., et C.C. Brant. « Psychiatrie des autochtones ». In P. Lalonde, J. Aubut et F. Grunberg. *Psychiatrie clinique. Une approche bio-psycho-sociale, Spécialités, traitements, sciences fondamentales et sujets d'intérêt*. Tome II. Montréal, Paris : Gaëtan Morin. 2001. 1760-1768.

Ministère de la Santé et des Services Sociaux. *S'entraider pour la vie : stratégie québécoise face au suicide*. Québec : Ministère de la santé et des services sociaux, Gouvernement du Québec, 1998.

Organisation Mondiale de la Santé. *Multisite intervention study on suicidal behaviors – supre-miss* (en ligne), 2000 (consulté le 2 juin 2003). [http://www5.who.int/mental_health/download.cfm?=000000 0384].

Saint-Laurent. D. « Analyse statistique du suicide chez les hommes ». Sous la direction de L. Charbonneau (Éd.), *Le dossier des hommes et du suicide de la Semaine de prévention du suicide* (p 5-7). Montréal : Association québécoise de suicidologie. 1999.

Saint-Laurent. D., et Tennina, S. *Résultats de l'enquête portant sur les personnes décédées par suicide au Québec entre le 1er septembre et le 31 décembre 1996*. Québec : Ministère de la santé et des services sociaux, Directions des communications, 2000.

Santé Canada. *Le suicide au Canada*. Mise à jour du Rapport du Groupe d'étude sur le suicide au Canada. Santé nationale et Bien-être social Canada. 1994.

Séguin, M. (1991). *Le Suicide : comment prévenir, comment intervenir*. Montréal : Logiques.

Stanley, E.J., et Barter, J.T. (1970). « Adolescent suicidal behavior », *American Journal of Orthopsychiatry*, 40 (1), 87-96.

Tishler, C.L., McKenry, P.C., et Morgan, K. (1981). « Adolescent Suicide Attempts : Some Significant Factors », *Suicide and Life-Threatening Behavior*, 11, 86-92.

Tousignant, M., Hanigan, D. et Bergeron, L. (1984). « Le mal de vivre : comportements et idéations suicidaires chez les cégépiens de Montréal », *Santé Mentale du Québec*, IX (2), 122-133.

Tousignant, M., Hamel, S., et Bastien, M.-F. (1988). « Structure familiale, relations parents-enfants et conduites suicidaires à l'école secondaire », *Santé Mentale au Québec*, XIII, 79-83.

Tousignant, M., Hamel. S., et Bastien, M.-F. (1990). « Le suicide chez les jeunes », *Interface*, 11(3), 22-26.

Tousignant, M., Bastien, M-F., et Hamel, S. (1994). « Écologie de la famille, réseau social et comportements suicidaires en milieu scolaire », *Santé Mentale au Québec*, XIX (2), 41-62.

Chapitre 30

Pépin, J. et Cara, C. (2001). « La réappropriation de la dimension spirituelle en sciences infirmières », *Théologiques* 9/2 p. 33-46.

INDEX

A